# 日本の演劇
## 公演と劇評目録
## 1980年～2018年

監修　鈴木理映子
協力　青山学院大学総合文化政策学部附置
　　　青山コミュニティ・ラボ（ACL）

日外アソシエーツ

# Catalog of Japanese Theater Performances and Drama Reviews 1980-2018

Supervised by
Rieko Suzuki

In Collaboration with
ACL

Compiled by
Nichigai Associates, Inc.

©2019 by Nichigai Associates, Inc.
Printed in Japan

本書はディジタルデータでご利用いただくことができます。詳細はお問い合わせください。

●編集担当● 荒井 理恵
装丁：小林 彩子（flavour）

# はじめに

　日本の現代演劇の上演データとその批評記事情報を結びつけたアーカイブの構築は、もともと、青山学院大学大学院総合文化政策学研究科修士課程の修了プロジェクト（個人研究）として出発した。2013年の初めに、1980年から1995年までを対象に、およそ3,590件の批評記事情報をCD-ROMにまとめ、その後、新聞社データーベースなどで抽出可能なデータをのぞいた1,870件を検索できるウェブ版を2014年に公開している（http://acl-ctca.net/）。本書はそのアイデアをもとに、対象を2018年にまで拡大したものである。なお、収録にあたっては、あらたに上演・批評データを収集、項目の整理を行った。

　その時、その場における実演を前提とする演劇は、元来、記録の難しいジャンルとされる。録画、録音、再生技術の発展と共にアーカイブへの意識は高まってきたが、さまざまな分野の専門家が関わる総合芸術ゆえの権利の複雑さもあり、その多くはいまだ個々の上演主体（劇場や劇団、アーティスト）の活動の範囲を超えて活用されているとはいえない。また、こうした記録の多くは、「その時」「その場」の目撃者であり、当事者である観客の存在を取り落としがちでもある。「その時」「その場」とはどのような文脈、背景を持ち、その作品はどのように受け止められたのか。このアーカイブは、ともすればロマンティックな「一回性」の神話と共に消費されてしまう、再生不可能な事象（＝演劇）をわずかでも呼び起こすための糸口として構想された。

　今回の目録に収録された批評の情報はのべ7,602件。それらは一つひとつの上演のあらましを知るためだけでなく、時代の証言としてもさまざまな文脈で参照されるだろう。ここに凝縮された作り手と観客の歴史の一端が、あらたな作品や言説を生み、それらが積み重なり、またアーカイブとして参照されていく——。このプロジェクトと本書とが、わずか

でも、過去から未来へと、つながり続いていく演劇運動の動力となるのなら、これほど嬉しいことはない。

　なお、一連の批評アーカイブの発端となるアイデアは、青山学院大学大学院総合文化政策学研究科の竹内孝宏先生の示唆によるもので、ウェブ公開時には、同研究科の杉浦勢之先生にもご尽力をいただいた。振り返れば、月刊の演劇情報誌の仕事を辞し、大学という場にふたたび足を踏み入れたのは、消費されるものとしての作品、情報、言葉から距離をとり、演劇を社会に応答する思考の扉として捉え直すためだった。演劇に携わる個人としての葛藤が、具体的な形を持ったアーカイブへと発展するまでには、大学院でのさまざまな出会い、日常の労働や消費とは切り離された時間が不可欠だったことは言うまでもない。また、ウェブ版のシステム構築、サイト制作は、エンジニアの岡崎潤さん、安立創さんにお願いした。お二人の知見、技術、プロジェクトへの強い関心を抜きにして、このアーカイブの現在はなかったし、本書への発展もなかったはずだ。そして、単体では無味乾燥にも思えるデータの集積が、どれほどの価値と可能性を生み出すものなのか、書籍化を通じ、あらためて認識させてくださった日外アソシエーツ編集部の荒井理恵さん、児山政彦さんの熱意と的確な編集にも感謝したい。

　今、こうして600頁を超す書物を前に、その厚み、存在感に圧倒されつつ、まだ出合えていない幾多の記録、記憶にも思いを馳せている。

2019年5月

鈴木理映子

# 目　次

本　文………………………………………… 1

団体名索引………………………………… 511

作家・演出家名索引……………………… 583

評者名索引………………………………… 621

# 凡　例

1．本書の内容
　本書は、1980（昭和55）年から2018（平成30）年12月までに、日本国内の演劇雑誌に発表された批評記事（劇評）と、その公演情報を記載した目録である。

2．基本方針
　(1) 収録対象
　　1) 公演は日本の劇場で上演された現代演劇のほか、海外からの来日・招聘公演も含めた。歌舞伎などの古典芸能、オペラ、舞踊は対象外とした。
　　2) 雑誌記事は主要な演劇雑誌の批評を対象とし、時評・短評は対象外とした。採録対象は、「テアトロ」（カモミール社）、「新劇」（白水社）、「しんげき」（白水社）、「Les Specs」（白水社）、「シアターアーツ」（AICT日本センター（出版）晩成書房（発売））である。
　　3) 収録数は公演7,072件、記事のべ7,602件である。
　(2) 公演名・団体名見出し
　　1) 公演名・団体名とも原則掲載雑誌の表示に拠ったが、一部表記の統一を図ったものがある。
　　2) 団体名は上演主体となった劇団、主催、制作などの団体を記載した。名前の先頭の「劇団」は適宜省略した。
　　3) ただし、明らかな誤記・誤植は訂正した。
　(3) 上演データ
　　1) 公演の上演年月日・場所・作家・演出家・スタッフ（振付・音楽）などを記載した。
　　2) 上演データは、原則掲載雑誌の表示に拠ったが、一部表記の統一を図ったものがある。
　　3) 雑誌記事情報ほか、各種資料から確認できたものを記載した。

(4) 批評記事
  1) 対象の上演データごとにその批評記事を記載した。

3. 排列
(1) 公演名の五十音順で排列し、同一の公演タイトルが並んだ場合は団体名順とし、その下を上演年順（旧→新）に排列した。その際、濁音・半濁音は清音扱い、ヂ→シ、ヅ→スとみなした。拗促音は直音扱い、長音（音引き）は無視した。
(2) 上演データの冒頭には索引用の4桁番号を付した。
(3) 批評記事情報は、雑誌名の五十音順、さらに刊行年順（旧→新）に排列した。

4. 記載事項
記載事項とその順序は以下の通りである。
    公演名見出し　㋣団体名見出し
    上演番号／上演／場所／作家・演出家／スタッフ／注記
    ◇記事タイトル（サブタイトル）／評者／雑誌名／巻号／刊行年月／掲載頁

5. 索引
(1) 団体名索引
  1) 排列は団体名の読みの五十音順とし、同一団体の中は公演の上演年順（旧→新）、同年は公演の読みの五十音順とした。
  2) 本文における所在は上演番号で示した。
(2) 作家・演出家名索引
  1) 公演の作家、演出家名を五十音順に排列した。本文における所在は上演番号で示した。
(3) 評者名索引
  1) 批評記事の評者名を五十音順に排列した。本文における所在は上演番号で示した。

6．参考資料・出典
　　上演データ
　　　　「ACL 現代演劇批評アーカイブ」
　　　　青山学院大学総合文化政策学部附置青山コミュニティ・ラボ（ACL）
　　　　　（http://acl-ctca.net/）
　　　　「現代演劇上演記録データベース」早稲田大学演劇博物館
　　　　　（https://www.waseda.jp/enpaku/db/）
　　　　『演劇年鑑』日本演劇協会（小学館）
　　　　その他劇団・劇場の公式ウェブサイトなど
　　雑誌データ
　　　　「magazineplus」

# 日本の演劇―公演と劇評目録

## 1980年～2018年

## 【あ】

**嗚呼いま、だから愛。** 劇モダンスイマーズ
*0001* 上演：2016年4月22日〜5月3日　場所：東京芸術劇場シアターイースト　作・演出：蓬莱竜太
◇「現代日本の問題とは（青年劇場『雲ヲ摑ム』、モダンスイマーズ『嗚呼いま、だから愛。』、文学座『野鴨』、青年座『フォーカード』）」丸田真悟　テアトロ　919　2016.7　p44〜46

*0002* 上演：2018年4月19日〜4月29日　場所：東京芸術劇場シアターイースト　作・演出：蓬莱竜太
◇「様々な相貌見せる「日常」（モダンスイマーズ『嗚呼いま、だから愛。』、文学座『最後の炎』、新国立劇場『1984』、青年団＋こまばアゴラ演劇学校"無隣館"『革命日記』、ナイロン100℃『百年の秘密』）」丸田真悟　テアトロ　947　2018.7　p32〜35

**ああ家族！** 劇地人会
*0003* 上演：1983年6月14日〜6月26日　場所：三越ロイヤルシアター　作：エドワルド・デ・フィリッポ　訳・潤色：田之倉稔　演出：木村光一
◇「デ・フィリッポの作劇術（地人会『ああ家族！』）」ほんちえいき　テアトロ　486　1983.8　p26〜28

**ああ求婚** 劇昴
*0004* 上演：1986年3月26日〜4月3日　場所：三百人劇場　作：バーナード・ショー　訳：島川聖一郎　演出：樋口昌弘
◇「軽いスケッチに終る（すばる『ああ求婚』）」千野幸一　テアトロ　520　1986.6　p21〜24

**あゝ、荒野** Bunkamura, Quaras
*0005* 上演：2011年10月29日〜11月6日　場所：さいたま芸術劇場　作：寺山修司、夕暮マリー　演出：蜷川幸雄
◇「自由意志の結果は？（Bunkamura/Quaras『あゝ、荒野』、シス・カンパニー『その妹』、パルコ企画制作『90ミニッツ』）」北川登園　テアトロ　858　2012.2　p56〜57

**あゝ東京行進曲** 1980
*0006* 上演：2013年3月7日〜3月10日　場所：シアターX　原作：結城亮一　脚本：藤田傳　演出：関矢幸雄
◇「レパートリーを彫琢する劇団（朋友『真砂女』、ワンツーワークス『奇妙旅行』、劇団1980『あゝ東京行進曲』）」中本信幸　テアトロ　875　2013.5　p50〜51

**嗚呼・冒険王** 劇松竹、岡部企画
*0007* 上演：1994年11月16日〜11月23日　場所：サンシャイン劇場　作・演出：岡部耕大
◇「わが恋着の2本（松竹＋岡部企画『嗚呼・冒険王』、青年座『オルメドの騎士』）」大場建治　テアトロ　625　1995.1　p76〜78

**嗚呼、萬朝報！** 劇温泉ドラゴン
*0008* 上演：2018年4月25日〜5月3日　場所：ラビネスト　作：原田ゆう　演出：シライケイタ
◇「古典の現代化とフィジカルシアター（ワタナベエンターテインメント『5DAYS〜辺境のロミオとジュリエット〜』、ヒンドゥー五千回『空観』、温泉ドラゴン『嗚呼、萬朝報！』、コクーン歌舞伎『切られの与三』）」七字英輔　テアトロ　947　2018.7　p36〜38

**アイ・アム・マイ・オウン・ワイフ** 劇燐光群
*0009* 上演：2010年2月6日〜2月16日　場所：吉祥寺シアター　作・演出：坂手洋二
◇「異質の現代劇舞台それぞれ（幹の会＋リリック『冬のライオン』、水戸芸術館『パパ、I LOVE YOU！』、燐光群『アイ・アム・マイ・オウン・ワイフ』）」斎藤偕子　テアトロ　832　2010.4　p42〜43

**IRON** 劇飛ぶ劇場
*0010* 上演：1999年10月29日〜11月31日　場所：東京芸術劇場小ホール　作・演出：泊篤志
◇「"地域"の芝居に東京で酔う！（地域劇団東京演劇祭ふぁいなる、飛ぶ劇場『IRON』、カタコンベ『あなたから逃げていく街に漂う煙について』、紅王国『不死病』）」浦崎浩實　テアトロ　690　2000.1　p76〜78

**アイアンマン―エディさんのコブシ** 劇ウォーキング・スタッフ
*0011* 上演：1993年9月16日〜9月19日　場所：俳優座劇場　作・演出：和田憲明
◇「解散が惜しまれる成果（ぐるーぷえいと『塩祝申そう』、文学座『フエンテ・オベフーナ』、岡部企画『夢みた夢子』、ウォーキング・スタッフ『アイアンマン』、青年劇場『将軍が目覚めた時』、ピープル・シアター『地の、十字架たちよ』、日生劇場国際児童フェスティバル『八人の犬士たち』）」江原吉博　テアトロ　609　1993.11　p75〜80

**合縁奇縁くされ縁** 劇テレビ東京
*0012* 上演：1994年3月4日〜3月23日　場所：三越劇場　脚本：石井君子　演出：清水満　※有吉佐和子原作『三婆』より
◇「老年の華・虚・醜（東演『楽園終着駅』、三越劇場『合縁奇縁くされ縁』、世仁下乃一座『別れが辻』）」岩波剛　テアトロ　616　1994.5　p62〜64

**愛が聞こえます** 劇青年劇場
*0013* 上演：1996年5月17日〜5月19日　場所：前進座劇場　作：高橋正圀　演出：松波喬介
◇「「何もない空間」に世界を構築する（グローブ座カンパニー『ヴェニスの商人』、青年劇場『愛が聞こえます』、銀座セゾン劇場『セツァンの善人』、文学座『シンガー』、NLT『貧すれば鈍す』『いっしょに夕食を！』、東京乾電池『田園ハレム―常盤女子高物語』）」結城雅秀　テアトロ　644　1996.7　p59〜65

**アイ・ガット・マーマン** 劇プエルタ・デル・ソル
*0014* 上演：1992年5月8日〜7月31日　場所：博品

館劇場　作・演出・振付：宮本亜門

◇「おしゃれして、劇場に行こう」布施英利　Les Specs　39 (8)　1992.8　p24〜25

## アイ・ガット・マーマン　[団]宮本企画

**0015** 上演：1989年12月23日〜12月28日　場所：博品館劇場　作・演出・振付：宮本亜門　編曲：深沢桂子

◇「おお！ ミュージカル時代」萩尾瞳　しんげき　37 (3)　1990.3　p42〜45

## 愛さずにはいられない　[団]青年劇場

**0016** 上演：1982年9月24日〜9月30日　場所：砂防会館ホール　作・演出：ジェームス三木

◇「ジェームズ・三木初登板緒戦を飾る」西村博子　新劇　29 (12)　1982.12　p34〜35

**0017** 上演：2002年5月17日〜5月23日　場所：朝日生命ホール　作・演出：ジェームス三木

◇「記憶という傷痕（扉座『そらにさからふもの』, シアターコクーン『欲望という名の電車』, 青年劇場『愛さずにいられない』）」北川登園　テアトロ　723　2002.7　p52〜53

## 相沢三郎の世界　[団]花企画

**0018** 上演：1994年6月3日〜6月6日　場所：シアターVアカサカ　作・演出：植村達雄

◇「演出意図の衝突と調和（松竹『ヴェニスの商人』, 流山児★事務所『悪漢リチャード』, 昴『熱いトタン屋根の上の猫』, 木山事務所『私の下町―母の写真』, 花企画『相沢三郎の世界』, 黒テント『窓ぎわのセロ弾きのゴーシュ』）」結城雅秀　テアトロ　619　1994.8　p58〜64

**0019** 上演：1999年6月3日〜6月6日　場所：シアターVアカサカ　作・演出：植村達雄

◇「コトバ、さまざま（プロジェクトOIE『ミッドサマーナイトドリーム』, 風『ヘレン・ケラー ひびき合うものたち』, 燐『にしむくさむらい』, 花企画『相沢三郎の世界』, ストアハウスカンパニー『箱―Boxes―』）」浦崎浩實　テアトロ　684　1999.8　p64〜66

## 愛しすぎる男たち　[団]一跡二跳

**0020** 上演：1994年11月23日〜11月27日　場所：シアターサンモール　作・演出：古城十忍

◇「古典を伝統的な手法で演出する（円, 六行会『十二夜』, オクスフォード劇団『ロミオとジュリエット』, 桜花舎『贋の侍女』, 銀座セゾン劇場『エンジェルス・イン・アメリカ』, 文学座『背信の日々』, ハーフムーン・シアター『リタ・ジョーの幻想』, 一跡二跳『愛しすぎる男たち』, 青杜『怪盗三日月丸』）」結城雅秀　テアトロ　626　1995.2　p62〜70

**0021** 上演：2001年1月17日〜1月23日　場所：青山円形劇場　作・演出：古城十忍

◇「人間のヘソ、芝居のヘソ（一跡二跳『愛しすぎる男たち』, かながわ舞台芸術工房ASK『ギンネム屋敷』ほか）」浦崎浩實　テアトロ　705　2001.3　p66〜67

## 愛情の内乱　[団]T Factory

**0022** 上演：2016年5月12日〜5月25日　場所：吉祥寺シアター　作・演出：川村毅

◇「女たちの渦巻く百面相（Tファクトリー『愛情の内乱』, オフィスワンダーランド『奇妙なり』, 文学座『何か いけないことをしましたでしょうか？という私たちのハナシ』）」斎藤偕子　テアトロ　921　2016.8　p23〜25

## アイスクリームマン 中産階級の劇的休息　[団]岩松了プロデュース

**0023** 上演：1992年5月30日〜6月7日　場所：シアタートップス　作・演出：岩松了

◇「アイスクリームマンに岩松了の芝居は理解できるか？」風間研　Les Specs　39 (8)　1992.8　p18〜19

◇「排気ガスの出ない演劇会」三田格　Les Specs　39 (8)　1992.8　p26〜27

**0024** 上演：1994年4月12日〜4月24日　場所：シアタートップス　作・演出：岩松了

◇「テクストの解釈ということ（ESC『ロミオとジュリエット』, 四季『この生命は誰のもの？』, 青年座『幻に心もそぞろ狂おしのわれら将門』, 俳優座『コーカサスの白墨の輪』, 岩松了プロデュース『アイスクリームマン』, 花組芝居『定本いろは四谷怪談』）」結城雅秀　テアトロ　618　1994.7　p48〜54

## 愛すればこそ　[団]青年座

**0025** 上演：1993年10月8日〜10月17日　場所：本多劇場　作：谷崎潤一郎　演出：森塚敏

◇「古さに新しさを求める試み（地人会『朝焼けのマンハッタン』, 文学座『恋と仮面のカーニバル』, 昴『チャリング・クロス街84番地』, 燐光群『神々の国の首都』, 民藝『終末の刻』,1980『裏読み 味噌樽で縮んだズボン』, 音楽座『リトル プリンス』, 青年座『愛すればこそ』）」江原吉博　テアトロ　610　1993.12　p70〜76

## あいたか ないか　[団]あうん堂

**0026** 上演：1999年9月14日〜9月15日　場所：ウィングフィールド　作・演出：杉山晴佳

◇「9月の関西 劇のはじまり、あるいは迷路への入り口（桃園会『熱帯夜―うちやまつり前日譚』, 船の階『海に送った灯』, あうん堂『あいたか ないか』）」太田耕人　テアトロ　687　1999.11　p70〜72

## I DO！ I DO！　[団]タチ・ワールド

**0027** 上演：2018年4月26日〜4月30日　場所：ウッディシアター中目黒　台本・詞：トム・ジョーンズ　演出・訳・訳詞：勝田安彦　音楽：ハーヴィー・シュミット

◇「耳を澄ませ、観察し、俯瞰する（パラドックス定数『731』, タチ・ワールド『I DO！ I DO！』, 劇団NLT『マカロニ金融』,KAAT+世田谷パブリックシアター『バリーターク』）」杉山弘　テアトロ　947　2018.7　p28〜30

## 愛と偶然の戯れ　[団]櫻花舎

**0028** 上演：1996年6月7日〜6月9日　場所：青山円形劇場　作：マリヴォー　訳：鈴木康司　演出：守輪咲良

◇「日本人という民族, それにフランスの国民性（地人会『日本の面影』, 青年団『冒険王』, 櫻花舎『愛と偶然の戯れ』, ギィ・フォワシイ・シアター『動機』他, 木山事務所『瀕死の王様』, みなと座『大

浦屋お慶』, 四季『イリヤ・ダーリン』)」結城雅秀 テアトロ 645 1996.8 p69～76

**愛と偶然の戯れ** [団]文学座

*0029* 上演：1987年12月5日～12月16日 場所：紀伊國屋ホール 作：マリヴォー 訳・演出：鵜山仁

◇「人間を見据える目(文学座『愛と偶然の戯れ』)」千野幸一 テアトロ 540 1988.2 p32～33

**愛と死を抱きしめて** [団]ITPいわき演劇プロジェクト

*0030* 上演：2017年8月26日～8月27日 場所：チームスマイル・いわきPIT 作・演出：高木達

◇「夏の遊びと演じる輝き(加藤健一事務所『喝采』, 梅左事務所『しずのおだまき』, いわき演劇プロジェクト『愛と死を抱きしめて』, トム・プロジェクト『風間杜夫ひとり芝居/ピース』)」斎藤偕子 テアトロ 938 2017.11 p72～73

**愛と勇気のエンゲキ コラソン!!** [団]TB-PLANET

*0031* 上演：1998年2月27日～3月2日 場所：パナソニック・グローブ座 演出：和久田理人

◇「シェイクスピアの言葉の手触り(銀座セゾン劇場『ハムレット』, 岡部企画『紙屋悦子の青春』, TBプラネット『愛と勇気のエンゲキ[コラソン!!]』, 東京オレンジ『Tigershot Meet With Shakespeare』)」長谷部浩 テアトロ 668 1998.5 p62～64

**あいにゆくから** [団]演劇集団円

*0032* 上演：2003年11月1日～11月13日 場所：ステージ円 作：松田正隆 演出：岸田良二

◇「幻想とリアル、そしてブラックコメディ(演劇集団・円『あいにゆくから』, 俳優座『三人姉妹』, ナイロン100℃『ハルディン・ホテル』)」七字英輔 テアトロ 745 2004.1 p66～68

**愛の渦** [団]ポツドール

*0033* 上演：2009年2月19日～3月15日 場所：シアタートップス 作・演出：三浦大輔

◇「宙づりにされる笑い(ポツドール『愛の渦』, モダンスイマーズ『トワイライツ』, 箱庭円舞曲『メガネに騙された』)」丸田真悟 テアトロ 819 2009.5 p44～45

**愛のおわり** [団]ジュヌヴィリエ国立演劇センター

*0034* 上演：2016年12月22日～12月28日 場所：こまばアゴラ劇場 作・演出：パスカル・ランベール 演出・日本語監修：平田オリザ 訳：平野暁人

◇「家族的か、個人的か、社会的か(青年座『砂漠のクリスマス』, 青年団国際交流企画『愛のおわり』, 新進演劇人養成企画『メカニズム作戦』)」斎藤偕子 テアトロ 929 2017.3 p54～55

**愛の、革命記念日。** [団]流星舎

*0035* 上演：1980年 作：森尻純夫

◇「表徴と時間」利光哲夫 新劇 27(4) 1980.4 p30～33

**愛の乞食** [団]唐組

*0036* 上演：1991年10月4日～10月13日 場所：目黒不動尊大本堂裏境内ビンボー館 作・演出：唐十郎

◇「生きるための根拠」長谷部浩 しんげき 38(13) 1991.12 p74～77

**愛の乞食 ジョン・シルバー3** [団]流山児★事務所

*0037* 上演：1997年12月5日～12月14日 場所：本多劇場 作：唐十郎 演出：山崎哲

◇「あの冷たい暴力(T.P.T『燈臺』, ヤングヴィック劇場&KPプロダクション『リア王』, P4合同公演『Fairy Tale』, ナイロン100℃『フランケンシュタイン』, 流山児★事務所『愛の乞食』)」長谷部浩 テアトロ 665 1998.2 p122～125

**愛の勝利** [団]TPT

*0038* 上演：1999年2月12日～3月14日 場所：ベニサン・ピット 作：マリヴォー 演出：デヴィッド・ルヴォー

◇「愛の喜劇二題(T.P.T『愛の勝利』, パルコ劇場『第二章』)」渡辺淳 テアトロ 680 1999.4 p62～63

**愛のスクランブル** [団]五月舎

*0039* 上演：1986年4月4日～4月15日 場所：紀伊國屋ホール 作：佐藤五月 演出：小林裕

◇「風俗喜劇の難しさ(五月舎『愛のスクランブル』)」石崎勝久 テアトロ 520 1986.6 p26～27

**愛の物語 堕天女の夫** [団]花企画

*0040* 上演：1996年6月20日～6月23日 場所：築地本願寺ブディストホール 作：植村達雄 演出：木内稔

◇「演劇への思い入れ(流山児★事務所『ダフネの嵐』, 一跡二跳『リセット』, 花企画『堕天女の夫』)」大沢圭司 テアトロ 646 1996.9 p73～75

**愛の森―清盛をめぐる女人たち** [団]文学座

*0041* 上演：1995年6月22日～6月30日 場所：紀伊國屋ホール 作：清水邦夫 演出：鵜山仁

◇「人物が立つ(離風霊船『赤い鳥逃げた…』, 一跡二跳『眠れる森の死体』, 文学座『愛の森』, つかこうへい事務所『銀ちゃんが逝く』, 木山事務所『紙風船』『この道はいつかきた道』)」大沢圭司 テアトロ 633 1995.9 p70～73

**曖昧屋** [団]メインステージM&S

*0042* 上演：1986年10月31日～11月11日 場所：FM東京ホール 作・演出：斉樹潤哉

◇「空足」渡辺保 新劇 34(1) 1987.1 p38～43

**相宿／酔っぱらいマルメラードフ** [団]同人会, 現代

*0043* 上演：1998年10月21日～10月25日 場所：ウッディシアター中目黒 作：椎名麟三(相宿) 演出：成田次穂(相宿) 作・演出：高堂要(酔っぱらいマルメラードフ)

◇「佐野史郎・伊藤克・北島角子の力量(トム・プロジェクト『マラカス―消尽』, 同人会+現代『椎名麟三没後25周年記念公演』, 夜の樹『夜の隣人た

ち』,演奏舞台『能・21・シリーズ1』,沖縄実験劇場『山のサバニ―ヤンバル・パルチザン伝』)」浦崎浩實 テアトロ 677 1999.1 p78〜80

**相寄る魂** [団]ギィ・フォワシィ・シアター

*0044* 上演:1998年3月13日〜3月16日 場所:シアターX 作:ギィ・フォワシィ 訳・演出:岡田正子

◇「黒い笑いと静かな演劇(青年団『東京ノート』,ギイ・フォワシイ・シアター『ガラス壷』『相寄る魂』『失業保険受領者会社』『救急車』)」川口賢哉 テアトロ 668 1998.5 p65〜67

*0045* 上演:2007年11月1日〜11月8日 場所:銀座みゆき館劇場 作:ギィ・フォワシィ 訳:梅田晴夫 台本・演出:関川慎二

◇「現代を照らす万華鏡(一跡二跳『誰も見たことのない場所』,ピープルシアター『聖なる路地』,ギイ・フォワシィ・シアター『母からの手紙』『相寄る魂』他,アリストパネス・カンパニー『男やもめのスラム団地』)」中本信幸 テアトロ 800 2008.1 p124〜125

**相寄る魂/ファンファーレを待ちながら** [団]ギィ・フォワシィ・シアター

*0046* 上演:2014年9月5日〜9月9日 場所:スタジオAR 作:ギィ・フォワシィ 訳:梅田晴夫(相寄る魂),和田誠一(ファンファーレを待ちながら) 演出:山本健翔

◇「劇的ファンタジーの飛翔効果(ギイ・フォワシイ・シアター『相寄る魂』『ファンファーレを待ちながら』,ジャブジャブサーキット『ディラックの花嫁』,子供のためのシェイクスピアカンパニー『ハムレット』,青年劇場『羽衣 House』)」中本信幸 テアトロ 896 2014.11 p40〜41

**I LOVE ×××** [団]穿㚙

*0047* 上演:1995年8月30日〜9月3日 場所:タイニイ・アリス 演出・構成:孟京輝

◇「ベケット的手法の現在(ヤン・ファーブル『死ぬほど普通の女』,劇団穿㚙『I LOVE ×××』)」大岡淳 テアトロ 635 1995.11 p76〜77

**アイ・ラブ・坊っちゃん** [団]音楽座

*0048* 上演:1995年3月3日〜3月14日 場所:シアターコクーン 脚本・演出:ワームホールプロジェクト 音楽:船山基紀 振付:前田清実

◇「練り上げられた舞台の楽しさ(博品館『リトル・ショップ・オブ・ホラーズ』,音楽座『アイ・ラブ・坊ちゃん』,サンシャイン劇場『ボーイング・ボーイング』,ダブルフェイス『トップダンサー』,MODE『窓からあなたが見える』)」大沢圭司 テアトロ 629 1995.5 p57〜60

*0049* 上演:2007年6月1日〜6月10日 場所:東京芸術劇場 作:横山由和 演出:ワームホールプロジェクト

◇「さまざまな人生という舞台(新国立劇場『夏の夜の夢』,音楽座ミュージカル『アイ・ラブ・坊っちゃん』,劇団1980『下弦の夏―昭和十九年―』)」北川登園 テアトロ 795 2007.8 p46〜47

**アインシュタインの子供たち** [団]扉座

*0050* 上演:1994年11月30日〜12月11日 場所:シアターサンモール 作・演出:横内謙介

◇「演劇をもっと愛するために?(扉座『アインシュタインの子どもたち』,ブリキの自発団『キケキケ、犬ノ声』)」山登敬之 テアトロ 626 1995.2 p72〜73

**アヴァター 聖なる化身** [団]ピープルシアター

*0051* 上演:2003年6月3日〜6月8日 場所:シアターX 作:ロベルト・ラモス=ペレア 訳:中川秀子 演出:森井睦

◇「「言葉」と「風俗」のあいだ(新国立劇場『サド侯爵夫人』,ピープルシアター『アヴァター 聖なる化身』,加藤健一事務所『木の皿』,青年座『パートタイマー・秋子』)」みなもとごろう テアトロ 739 2003.8 p58〜60

**AWAKE AND SING!** [団]文学座アトリエの会

*0052* 上演:2006年12月2日〜12月17日 場所:文学座アトリエ 作:クリフォード・オデッツ 訳:黒田絵美子 演出:上村聡史

◇「アルバニアとアメリカ(NLT『アルバニアンドリーム』,文学座アトリエ『AWAKE AND SING!』)」田之倉稔 テアトロ 788 2007.2 p44〜45

**OUT** [団]自転車キンクリートSTORE

*0053* 上演:2000年11月29日〜12月10日 場所:全労済ホール/スペース・ゼロ 作:飯島早苗 演出:鈴木裕美

◇「重い命題をつきつける二作(自転車キンクリートSTORE『OUT』,泪目銀座『OVER THE CENTURY〜百年の彼方に〜』)」桂木嶺 テアトロ 705 2001.3 p68〜69

**アウトダフェ** [団]マレビトの会

*0054* 上演:2006年9月28日〜10月1日 場所:AI・HALL 作・演出:松田正隆

◇「10月の関西 灰になる言葉(マレビトの会『アウトダフェ』,犯罪友の会『かしげ傘』,南河内万歳一座『百物語』)」太田耕人 テアトロ 785 2006.12 p66〜68

**アウトロー・WE 望郷編** [団]京楽座

*0055* 上演:2008年11月12日〜11月16日 場所:紀伊國屋サザンシアター 原作:姜祺東 脚本:杉浦久幸,中川小鐵 演出:西川信廣

◇「根深い「同化と排他」の心性(世田谷パブリックシアター『友達』,Bunkamura『表裏源内蛙合戦』,京楽座『アウトロー・WE』)」村井健 テアトロ 815 2009.1 p40〜41

**阿吽―女と胃袋** [団]東京ギンガ堂

*0056* 上演:1996年6月19日〜6月27日 場所:シアターX 作・演出:品川能正

◇「価値体系の極度の転換,そして狂気(文学座アトリエ『モーリー・スウィニー』,円『薔薇と海賊』,こまつ座『頭痛肩こり樋口一葉』,自由劇場『ダム・ウェイター』,東京ギンガ堂『阿吽―女と胃袋』,燐『救いの猫ロリータはいま…』,ピープルシアター『阿詩瑪』)」結城雅秀 テアトロ 646 1996.9

p66〜72

0057 上演：2002年10月30日〜11月3日　場所：シアターVアカサカ　作・演出：品川能正

◇「安んじて観劇に身をゆだねたく候（木山事務所『人間万事漱石の自転車』,東京ギンガ堂『阿吽—女と胃袋』,名取事務所+シアターX『ロスメルスホルムの白い馬』）」浦崎浩實　テアトロ　731　2003.1　p54〜56

### 会えないで帰った月夜　[団]PM/飛ぶ教室

0058 上演：2009年6月25日〜6月27日　場所：AI・HALL　作・演出：蟷螂襲

◇「7月の関西 劇団の力を伸ばす（桃園会『a tide of classics』,劇団・太陽族『擦刻』,PM/飛ぶ教室『会えないで帰った月夜』）」太田耕人　テアトロ　824　2009.9　p54〜56

### 青い紙のラブレター　[団]五月舎

0059 上演：1982年4月2日〜4月13日　場所：俳優座劇場　作：アーノルド・ウェスカー　訳・演出：木村光一

◇「青い紙のラブレター」山本健一　新劇　29(6)　1982.6　p32〜33

◇「恐ろしい問い（地人会『クリスティーン・その愛のかたち』,五月舎『青い紙のラブレター』）」岩波剛　テアトロ　472　1982.6　p32〜33

### AOI/KOMACHI　[団]世田谷パブリックシアター

0060 上演：2003年11月14日〜11月30日　場所：シアタートラム　作：三島由紀夫　作・演出：川村毅

◇「演劇は時代の歪んだ鏡か（NLT『裸足で散歩』,文学座『リチャード三世』,世田谷パブリックシアター『AOI/KOMACHI』）」岩波剛　テアトロ　745　2004.1　p60〜62

### 碧い彗星の一夜　[団]演劇団

0061 上演：1981年10月　場所：オレンジルーム　作：北村想　演出：流山児祥

◇「『碧い彗星の一夜』を観て」彦坂尚嘉　新劇　28(12)　1981.12　p34〜35

### 青い図書カード　[団]仲間

0062 上演：2002年7月24日〜7月27日　場所：東京芸術劇場小ホール2　原作：ジェリー・スピネッリ　訳：菊島伊久栄　脚本・演出：藤井清美

◇「屈指のギャグ芝居など（S.W.A.T！『幕末ジャイアンツ』,オフィスプロジェクトM『Life Cycle』,R+1『水の村幻想奇譚』,ミュージカル座『舞台に立ちたい』,仲間『青い図書カード』,弘前劇場『月の二階の下』）」浦崎浩實　テアトロ　727　2002.10　p56〜59

### 青い鳥　[団]パルコ

0063 上演：1991年9月23日〜10月1日　場所：PARCO SPACE PART3　作：斎藤憐　演出：小川真由美

◇「小川真由美の乳暈を見ながら女優について考えた」豊崎由美　しんげき　38(13)　1991.12　p70〜73

### 青い鳥たち、カゴから　[団]テアトル・エコー

0064 上演：2018年8月10日〜8月22日　場所：エコー劇場　作・演出：土田英生

◇「絶妙なアンサンブル効果（テアトル・エコー『青い鳥たち、カゴから』,座・高円寺『ピノッキオ』,こまつ座『マンザナ、わが町』）」中本信幸　テアトロ　952　2018.11　p52〜53

### 青い鳥のハムレット　[団]青い鳥

0065 上演：1992年10月10日〜10月24日　場所：紀伊國屋ホール　作：シェイクスピア　訳：小田島雄志　脚色：天光真弓　脚色・演出：芹川藍

◇「意識の存在と実態の非存在（東京国際演劇祭『東京大仏心中』,MODEと青春5月党『魚の祭』,青い鳥『青い鳥のハムレット』）」みなもとごろう　テアトロ　598　1992.12　p78〜80

### 葵上　[団]総合芸術学院

0066 上演：1980年　作：三島由紀夫　演出：荒川哲生

◇「三島戯曲へ最低の礼を」堂本正樹　新劇　27(5)　1980.5　p26〜29

### 葵上／斑女　[団]TPT

0067 上演：1995年9月14日〜10月8日　場所：ベニサン・ピット　作：三島由紀夫　演出：デヴィッド・ルヴォー

◇「夢と夢のはざまで（T・P・T『葵上』『斑女』）」長谷部浩　テアトロ　635　1995.11　p78〜79

### 葵上曼陀羅／それでどうしたの…　[団]松田晴世の会

0068 上演：1983年4月　場所：紀伊國屋ホール　原作：井原西鶴　構成：山口洋子

◇「どうせ私を騙すなら（ことばの劇場）」安達英一　新劇　30(7)　1983.7　p24〜28

### アオイバラ　[団]宇宙堂

0069 上演：2004年4月23日〜5月9日　場所：ザ・スズナリ　作・演出：渡辺えり子

◇「ロマンを秘める異なる才能躍如（宇宙堂『アオイバラ』,大人計画『ドライブインカリフォルニア』,新感線『髑髏城の七人』）」斎藤偕子　テアトロ　751　2004.7　p60〜61

### 青い瞳　[団]Bunkamura

0070 上演：2015年11月1日〜11月26日　場所：シアターコクーン　作・演出：岩松了

◇「永遠に不可解な男女の関係（民藝『大正の肖像画』,シアターコクーン『青い瞳』,パルコ劇場『オレアナ』,文学座『再びこの地を踏まず』）」水落潔　テアトロ　913　2016.1　p26〜27

### 青い実をたべた　[団]青い鳥

0071 上演：1986年10月23日〜11月6日　場所：青山円形劇場　作・演出：市堂令

◇「消えた手触り」鴻英良　新劇　34(1)　1987.1　p26〜31

◇「少年の死体は歩く」佐々木幹郎　新劇　34(1)　1987.1　p32〜37

あおい

## 青い実をたべた一つめたい水。おいしい水
　劇青い鳥
*0072* 上演：1989年4月9日～4月27日　場所：青山円形劇場　作・演出：市堂令
◇「痴呆性老人の世界とテレビ・メディア」七星英輔　新劇　36（7）1989.7 p26～29

## 青き美しきアジア　劇新宿梁山泊
*0073* 上演：1994年10月9日～10月28日　場所：新宿住友ビル三角広場・特設テント　作：鄭義信　演出：金盾進
◇「俳優と作品の関係（加藤健一事務所『審判』，地人会『調理場』，NLT『女占い師』，新宿梁山泊『青き美しきアジア』，花企画『鐘が鳴る』，オフィス・シルバーライニング『サンシャインボーイズ』）」大沢圭司　テアトロ　623　1994.12 p68～72

## 蒼き狼　劇「蒼き狼」上演実行委員会
*0074* 上演：1981年7月2日～7月17日　場所：東横劇場　原作：井上靖　脚本・演出：藤田敏雄
◇「浄瑠璃とミュージカル（東横劇場『蒼き狼』）」日下令光　テアトロ　463　1981.9 p26～29

## 蒼き狼　劇松竹
*0075* 上演：1983年10月1日～10月27日　場所：新橋演舞場　原作：井上靖　脚本・演出：榎本滋民
◇「テムジン・北大路の眼（新橋演舞場『蒼き狼』）」ほんちえいき　テアトロ　490　1983.12 p21～24

## 青木さん家の奥さん　劇青年団
*0076* 上演：2009年8月26日～8月30日　場所：精華小劇場　作・演出：平田オリザ
◇「9月の関西 南河内万歳一座VS青年団（南河内万歳一座『S高原から』，青年団『青木さん家の奥さん』，女性芸術劇場『雑草ワルツ』）」太田耕人　テアトロ　826　2009.11 p52～54

## 青木さん家の奥さんII　劇南河内アマゾン
*0077* 上演：1994年7月21日～7月24日　場所：扇町ミュージアムスクエア　作・演出：内藤裕敬
◇「8月の関西 実力派4女優の対決（南河内アマゾン『青木さん家の奥さんII』，ニュートラル『そして列車はゆく』，劇団虚構パーティー『双子のキメラ』）」宮辻政夫　テアトロ　621　1994.10 p64～65

## 仰げば尊くなし　劇三田村組
*0078* 上演：2006年7月4日～7月9日　場所：中野ザ・ポケット　作・演出：蓬莱竜太
◇「共犯関係を逆手にとる舞台（シベリア少女鉄道『残酷な神が支配する』，ポツドール『女のみち』，三田村組『仰げば尊くなし』，風間杜夫アーカイブスシアター『黄昏にカウントコール』）」丸田真悟　テアトロ　782　2006.9 p44～45

## あおげばとうとし　劇青年座
*0079* 上演：2007年11月16日～11月25日　場所：本多劇場　作：中島淳彦　演出：黒岩亮
◇「場所が紡ぎ出す物語（俳優座『スティール・マグノリアズ』，青年座『あおげばとうとし』，道学先生『デンキ島』）」丸田真悟　テアトロ　802　2008.2 p64～65

## 蒼ざめた馬　劇俳優座LABO
*0080* 上演：2004年6月23日～6月30日　場所：俳優座5F稽古場　作：小里清　演出：西ヶ谷正人
◇「線路を列車が走らない―俳優座LABO『蒼ざめた馬』」根津芳樹　シアターアーツ　20　2004.9 p88～89
◇「政治と演劇（昴『コリオレイナス』，民藝『マツモト・シスターズ』，俳優座LABO『蒼ざめた馬』）」渡辺淳　テアトロ　754　2004.9 p52～54

## 青空　劇維新派
*0081* 上演：1994年10月14日～10月23日　場所：旧梅田東小学校体育館　作：大島真寿美，大田和司　作・演出：松本雄吉
◇「死線を超えて―神戸復興への願いを込め…―維新派『青空』/ダムタイプ『S/N』を中心に」九鬼葉子　シアターアーツ　2　1995.4 p116～118

## 青空…！　劇トム・プロジェクト
*0082* 上演：2011年1月25日～1月30日　場所：赤坂RED/THEATER　作・演出：東憲司
◇「弱り目に抗して花やぐ…（トム・プロジェクト『青空…！』，民藝『喜劇 ファッションショー』，黒テント『6号室』）」中本信幸　テアトロ　846　2011.4 p46～47

## 青空・もんしろちょう　劇木山事務所
*0083* 上演：2000年3月15日～3月23日　場所：紀伊國屋サザンシアター　作：別役実　演出：末木利文
◇「舞台の上の"ジェネレイション"（木山事務所『青空・もんしろちょう』，惑星ピスタチオ『4人のN氏』）」みなもとごろう　テアトロ　694　2000.5 p66～67

## 青猫物語　劇M.O.P.
*0084* 上演：1994年12月16日～12月18日　場所：近鉄小劇場　作・演出：マキノノゾミ
◇「1月の関西 劇団に合う芝居とは（M・O・P『青猫物語』，松本タダスケと仲間たち『スイカのあたまの戦争』）」宮辻政夫　テアトロ　627　1995.3 p134～135

## 青猫物語　劇東宝
*0085* 上演：2008年9月5日～9月28日　場所：シアタークリエ　作：マキノノゾミ　演出：山田和也
◇「自分を一番知らないのは自分（音楽座ミュージカル『七つの人形の恋物語』，シス・カンパニー『人形の家』，東宝製作・シアタークリエ『青猫物語』，東京演劇集団風『肝っ玉おっ母とその子供たち，マハゴニー市の興亡』）」北川登園　テアトロ　812　2008.11 p48～50

## 蒼の組曲　劇ジャブジャブサーキット
*0086* 上演：2010年9月30日～10月3日　場所：ザ・スズナリ　作・演出：はせひろいち
◇「知の俯瞰と意志の仰視（演劇集団円『シーンズ フロム ザ ビッグ ピクチャー』，ジャブジャブサーキット『蒼の組曲』，ONEOR8『絶滅のトリ』，トム・プロジェクト『鬼灯町鬼灯通り三丁目』）」丸田真悟　テアトロ　841　2010.12 p52～54

## 青ひげ公の城　囲演劇集団池の下
*0087* 上演：1999年3月11日～3月14日　場所：東京グローブ座　作：寺山修司　演出：長野和文
◇「皮膚に切り傷—グローブ座春のフェスティバル（レニ・バッソ『bittersidewinder』、ジャブジャブサーキット『バクスター氏の実験』、演劇集団池の下『青ひげ公の城』）」長谷部浩　テアトロ　681　1999.5　p52～53

## 青ひげ公の城　囲NOISEプロデュース'96
*0088* 上演：1996年9月19日～9月25日　場所：シアターX　作：寺山修司　構成・演出：如月小春
◇「「演じること」を問いかける（NOISEプロデュース'96『青ひげ公の城』、離風霊船『JJ』、東京壱組『果てるまで行く』）」大沢圭司　テアトロ　649　1996.12　p77～79

## 青ひげ公の城　囲パルコ
*0089* 上演：2003年3月28日～4月17日　場所：PARCO劇場　作：寺山修司　演出・音楽：J・A・シーザー
◇「ゲームとメタシアター（tpt『ヴァージニア・ウルフなんかこわくない?』、パルコ劇場『青ひげ公の城』、劇団☆新感線『花の紅天狗』）」水落潔　テアトロ　736　2003.6　p56～57

## 青ひげ公の城　囲パルコ、天井桟敷
*0090* 上演：1979年10月23日～11月18日　場所：PARCO西武劇場　作・演出：寺山修司　音楽：J・A・シーザー
◇「劇を演じる七人の女優（西武劇場『青ひげ公の城』）」木村重雄　テアトロ　443　1980.1　p30～31

## 青ひげ公の城　囲流山児★事務所
*0091* 上演：1989年5月19日～5月28日　場所：本多劇場　作：寺山修司　演出：佐藤信
◇「月よりももっと遠い時間（流山児★事務所『青ひげ公の城』）」渡辺保　テアトロ　557　1989.7　p21～22

*0092* 上演：1995年6月8日～6月18日　場所：本多劇場　作：寺山修司　演出：生田萬
◇「激情の中で燃え尽きる魂（ブランドラ劇場『ジュリアス・シーザー』、韓国・劇団自由『血の婚礼』、流山児★事務所『青ひげ公の城』、オンシアター自由劇場『スカパン』、かたつむりの会『六月の電話』、岡part企画『女狐』、昴『ザ・カヴァルケイダーズ』）」結城雅秀　テアトロ　632　1995.8　p69～76

*0093* 上演：2003年2月1日～2月9日　場所：東京芸術劇場中ホール　原作：寺山修司　作：山崎哲　演出：流山児祥
◇「エンゲキ御破産!?—日本のポストドラマ演劇（遊園地再生事業団『トーキョーボディ』、日本劇団協議会『青ひげ公の城』、シアターコクーン『ニンゲン御破産』）」七字英輔　テアトロ　734　2003.4　p50～52

## 青ひげ先生の聴診器　囲青年劇場
*0094* 上演：2011年3月4日～3月13日　場所：紀伊國屋サザンシアター　作：高橋正圀　演出：松波喬介
◇「演劇は「正義」を語り、観客を啓蒙するためのものか（東京演劇アンサンブル『道路』、二兎社『シングルマザーズ』、青年劇場『青ひげ先生の聴診器』）」七字英輔　テアトロ　847　2011.5　p42～44

## 青ひげと最後の花嫁　囲文学座
*0095* 上演：1989年12月8日～12月17日　場所：文学座アトリエ　作：別役実　演出：藤原新平
◇「芝居が連れてゆくところ」林あまり　新劇　37(2)　1990.2　p44～49

## 青べか物語　囲文学座アトリエの会
*0096* 上演：2017年5月12日～5月26日　場所：文学座アトリエ　原作：山本周五郎　脚色：戌井昭人　演出：所奏
◇「過去のこだわり、でも今を生きる力（俳優座『北へんろ』、文学座アトリエ『青べか物語』、青年劇場『梅子とよっちゃん』）」斎藤偕子　テアトロ　933　2017.7　p40～41

## 青森県のせむし男　囲演劇集団池の下
*0097* 上演：1998年3月18日～3月22日　場所：タイニイ・アリス　作：寺山修司　演出：長野和文
◇「〈場所〉のなまえ（M・O・P『遠州の葬儀屋』、トム・プロジェクト『ホームレス・ハート』、青蛹みに・しあた『テレスコープ＝彷徨篇』、演劇集団池の下『青森県のせむし男』）」浦崎浩實　テアトロ　669　1998.6　p68～69

## 赤い糸に結ばれて　囲まにまアート
*0098* 上演：1997年9月10日～9月15日　場所：全労済ホール／スペース・ゼロ　作：藤川健夫　台本・演出：立沢雅人
◇「幕切れがキマらない！（俳優座『村岡伊平治伝』、まにまアート『赤い糸に結ばれて』、文化座『いろはに金米糖』、東演『そして、あなたに逢えた』、キンダースペース『残酷な17才』）」浦崎浩實　テアトロ　661　1997.11　p64～66

## アーカイヴス　囲T Factory
*0099* 上演：2002年5月31日～6月9日　場所：ザ・スズナリ　作・演出：川村毅
◇「その背後の無底の深淵（T factory『アーカイヴス』、遊◎機械／全自動シアター『ピッチフォークディズニー』、テアトロ・ヴァシェッロ『かもめ』、ポカリン記憶舎『庭宴』）」里見宗律　テアトロ　725　2002.8　p58～60

## 赤い階段の家　囲演劇集団円
*0100* 上演：1995年10月6日～10月15日　場所：六行会ホール　作：岩松了　演出：國峰眞
◇「シェイクスピア翻案の魅力（俳優座『正observations・室鷲郎』、銀座セゾン劇場『ハムレット』、シアターX『女中たち』、パルコ『熱海殺人事件、モンテカルロ版』、円『赤い階段の家』、ONLYクライマックス『四人兄弟』）」結城雅秀　テアトロ　636　1995.12　p64～70

## あかい壁の家　囲オフィス300
*0101* 上演：2013年8月1日～8月11日　場所：本多

劇場　作・演出：渡辺えり　振付：村本すみれ

◇「アート・技術・の支え（世田谷パブリックシアター+コンプリシテ『春琴』，オフィス3○○『あかい壁の家』）」斎藤偕子　テアトロ　881　2013.10　p46～47

**紅いカラス**　[団]犯罪友の会

*0102* 上演：2002年4月11日～4月14日　場所：ウィングフィールド　作・演出：武田一度

◇「4月の関西 引用の創造性（劇団・太陽族『ここからは遠い国』，MONO『橋を渡ったら泣け』，劇団八時半『ママ』，犯罪友の会『紅いカラス』）」太田耕人　テアトロ　722　2002.6　p64～66

**赤い薬**　[団]MONO

*0103* 上演：2010年2月19日～2月28日　場所：HEP HALL　作・演出：土田英生

◇「3月の関西 あらためて演じる（MONO『赤い薬』，メイシアタープロデュース『かもめ』，空の驛舎『エリアンの手記』）」太田耕人　テアトロ　833　2010.5　p54～56

**赤い靴**　[団]3○○

*0104* 上演：1994年8月1日～8月21日　場所：ザ・スズナリ　作・演出：渡辺えり子

◇「舞台の「空気」と「時間」（レクラム舎『風の吹く日は』，青年団『S高原から』，3○○『赤い靴』，銀座セゾン劇場『飛竜伝'94』，自転車キンクリート『ダイヤルMを廻せ！』）」大沢圭司　テアトロ　621　1994.10　p54～57

**赤いざくろ／女優（その1）**　[団]虹企画/ぐるうぷシュラ

*0105* 上演：2001年　場所：虹企画アトリエ・ミニミニシアター　作：田中澄江　作・演出：三條三輪　演出：菰岡喜一郎

◇「古典が甦る時と枯死する時（イプセンを上演する会『ヘッダ・ガブラー』，東演『黄昏のメルヘン』，虹企画Group シュラ『赤いざくろ』『女優（その1）』，グリング『3/3サンブンノサン』）」浦崎浩實　テアトロ　718　2002.2　p58～59

**赤い城 黒い砂**　[団]南座

*0106* 上演：2008年4月1日～4月26日　場所：日生劇場　原作：シェイクスピア，ジョン・フレッチャー　脚本：蓬莱竜太　演出：栗山民也　音楽：甲斐正人　振付：夏貴陽子

◇「キャノンを翻案するということ 日生劇場『赤い城黒い砂』」吉田季実子　シアターアーツ　39　2009.6　p126～128

**赤い月**　[団]文学座

*0107* 上演：2005年8月23日～9月2日　場所：紀伊國屋ホール　作：なかにし礼　演出：鵜山仁

◇「生きて、死ぬ。その壮大なドラマ（シアターコクーン『天保十二年のシェイクスピア』，文学座『赤い月』，俳優座劇場プロデュース『夜の来訪者』，パルコ劇場『ドレッサー』）」結城雅秀　テアトロ　770　2005.11　p54～57

**赤い鳥逃げた…**　[団]離風霊船

*0108* 上演：1995年7月2日～7月16日　場所：シアタートップス　作・演出：大橋泰彦

◇「人物が立つ（離風霊船『赤い鳥逃げた…』，一跡二跳『眠れる森の死体』，文学座『愛の森』，つかこうへい事務所『銀ちゃんが逝く』，木山事務所『紙風船』『この道はいつかきた道』）」大沢圭司　テアトロ　633　1995.9　p70～73

**赤い鳥逃げた…'88**　[団]離風霊船

*0109* 上演：1988年8月10日～8月15日　場所：シアターグリーン　作・演出：大橋泰彦

◇「演技・夏のさかりに」扇田昭彦　新劇　35（10）　1988.10　p34～37

◇「涙と笑いの夏」林あまり　新劇　35（10）　1988.10　p42～45

**赤い鳥の居る風景**　[団]木山事務所

*0110* 上演：2004年3月25日～3月28日　場所：三百人劇場　作：別役実　演出：木山潔

◇「劇作家あるいは観客にとって主題とは…（羊団『石なんか投げないで』，アートスフィア/阿部事務所企画・制作『千年の三人姉妹』，木山事務所『赤い鳥の居る風景』，民藝『巨匠』）」みなもとごろう　テアトロ　750　2004.6　p54～56

**赤色エレジー**　[団]文学座

*0111* 上演：1980年9月26日～10月5日　場所：文学座アトリエ　作：別役実　演出：藤原新平

◇「詩人と民衆の空間」利光哲夫　新劇　27（12）　1980.12　p34～37

**赤鬼**　[団]東京芸術劇場

*0112* 上演：2009年11月19日～11月23日　場所：東京芸術劇場小ホール1　作：野田秀樹　訳・演出：プラディット・プラサートーン

◇「他者はどこにいるのかバンコク・シアターネットワーク×東京芸術劇場『赤鬼』『農業少女』」高橋宏幸　シアターアーツ　41　2009.12　p114～117

**赤鬼**　[団]Bunkamura

*0113* 上演：2004年8月31日～10月20日　場所：シアターコクーン　作・演出：野田秀樹　※ロンドンバージョン，タイバージョン，日本バージョン三作連続上演

◇「クロスレビュー『赤鬼』 記録と記憶に残る事件―『赤鬼』三作連続上演を観て」杉山弘　シアターアーツ　21　2004.12　p14～16

◇「クロスレビュー『赤鬼』赤鬼はお花がお好き」杵渕里果　シアターアーツ　21　2004.12　p17～19

◇「さまざまな戦争（THE・ガジラ『八月の狩』，シアターコクーン『赤鬼』，tpt『カモの変奏曲・シカゴの性倒錯』，シス・カンパニー『ママがわたしに言ったこと』）」渡辺淳　テアトロ　756　2004.11　p62～64

◇「闇に差す一条の光（新国立劇場『胎内』，シアターコクーン『赤鬼』（日本バージョン），遊機械オフィス・プロデュース『溺れた世界』）」内田洋一　テアトロ　757　2004.12　p44～46

**赤樫降りて**　[団]東宝現代劇75人の会

*0114* 上演：2001年8月1日～8月5日　場所：東京

芸術劇場小ホール　作・演出：阿部照義
◇「うそらしくない嘘を生かせ(リーディングサーカスvol.1『朗読 宮部みゆきの世界』、東宝現代劇75人の会『赤樫降りて』、花企画『ものみな歌でおわる』、木山事務所『ミレット』)」佐藤康平　テアトロ　713　2001.10　p46～48

### あかきくちびるあせぬまに　⓽文化座
*0115* 上演：1989年7月26日～8月6日　場所：サンシャイン劇場　原作：連城三紀彦　脚色：八木柊一郎　演出：鈴木完一郎
◇「様々な位相のテンション(文化座『あかきくちびるあせぬまに』)」みなもとごろう　テアトロ　560　1989.10　p28～29

### 赤きこころもて飛鳥　⓽俳優座
*0116* 上演：1988年7月6日～7月17日　場所：俳優座劇場　作：斎藤憐　演出：千田是也
◇「辛口の歴史劇の条件は？(俳優座『赤きこころもて飛鳥』)」菅孝行　テアトロ　547　1988.9　p26～27

### 赤毛のアン　⓽四季
*0117* 上演：1980年4月4日～4月9日　場所：日生劇場　原作：モンゴメリ　訳：吉田美枝、梶賀千鶴子　演出：浅利慶太　作詞：ドナルド・ハーロン　作曲：ノーマン・キャンベル
◇「三つの劇場公演を見て(前進座『太陽の子』、東京演劇アンサンブル『走れメロス』、四季『赤毛のアン』)」田島義雄　テアトロ　448　1980.6　p32～35

### 赤毛のアン　⓽メープルリーフ・シアター
*0118* 上演：2001年10月11日～10月14日　場所：三百人劇場　作：ジョセフ・ロビネット　訳：吉原豊司　演出：貝山武久
◇「レディと少女(パルコ・ルテアトル銀座提携『ポンコツ車のレディ』、メープルリーフ・シアター『赤毛のアン』)」斎藤偕子　テアトロ　715　2001.12　p48～49

### 明石原人 ある夫婦の物語　⓽民藝
*0119* 上演：2004年1月29日～2月11日　場所：紀伊國屋ホール　作：小幡欣治　演出：丹野郁弓
◇「コミュニティのドラマいろいろ(民藝『明石原人』、文学座『風の中の蝶たち』、円『スティール・マグノリアス』、ラッパ屋『裸でスキップ』)」渡辺淳　テアトロ　804　2004.4　p50～52

### 赤シャツ　⓽青年座
*0120* 上演：2001年5月7日～5月15日　場所：紀伊國屋ホール　作：マキノノゾミ　演出：宮田慶子
◇「愛すべき人物の誕生(青年座『赤シャツ』、M.O.P.『黒いハンカチーフ』、星の村』)」丸田真悟　テアトロ　709　2001.7　p52～53

### アカシヤの雨にうたれて　⓽うらら舎
*0121* 上演：1993年8月27日～9月5日　場所：俳優座劇場　原作：清水邦夫　演出：李麗仙
◇「肉体言語の不在(ONLYクライマックス『沈黙の自治会』、うらら舎『アカシヤの雨にうたれて』)」斎藤偕子　テアトロ　609　1993.11　p64～65

### 赤ずきんチャチャ　⓽博品館劇場
*0122* 上演：1995年8月9日～8月20日　場所：博品館劇場　原作：彩花みん　台本・作詞：織田ゆり子　演出：三ツ矢雄二　音楽：佐橋俊彦
◇「夢の続きを追いかけて(博品館劇場『赤ずきんチャチャ』、３○○『風の降る森』)」林あまり　テアトロ　634　1995.10　p63～64

### 赤ずきんちゃん　⓽トリコ・A
*0123* 上演：2015年1月15日～1月19日　場所：ウィングフィールド　作・演出：山口茜
◇「1月の関西 逆転する説話(トリコ・A『赤ずきんちゃん』)」太田耕人　テアトロ　901　2015.3　p66～67

### 赤ずきんちゃんの森の狼たちのクリスマス　⓽兵庫県立ピッコロ劇団
*0124* 上演：2017年12月16日～12月17日　場所：兵庫県立芸術文化センター　作：別役実　演出・振付：森田守恒　音楽：谷川賢作
◇「1月の関西 表と裏、内と外。人間の両面性の謎を読む(空飛ぶ旅団『アトリエのある背中』、南河内万歳一座『びっくり仰天街』、エイチエムビー・シアターカンパニー『盟三五大切』、くじら企画『サヨナフ』、兵庫県立ピッコロ劇団『赤ずきんちゃんの森の狼たちのクリスマス』)」九鬼葉子　テアトロ　943　2018.3　p82～84

### 赤ずきんちゃんの森の狼たちのクリスマス　⓽流山児組'99
*0125* 上演：1999年7月28日～8月2日　場所：Space早稲田　作：別役実　演出：流山児祥
◇「主張の詳解より創造の膨らみを(演奏舞台『噛ふ～桐生悠々』、キャラメルボックス『TRUTH』、流山児組'99『あかずきんちゃんの森の狼たちのクリスマス』)」佐藤康平　テアトロ　686　1999.10　p72～73

### アガタ　⓽シアターX
*0126* 上演：1994年8月17日～8月22日　場所：シアターX　作：マルグリット・デュラス　訳・演出：渡辺守章
◇「役者は年齢を超越する(グローブ座『ハムレット』、万有引力『ハムレット』、博品館『ローゼンクランツとギルデンスターンは死んだ』、昴、ザ・サード・ステージ『ベルナルダ・アルバの家』、シアターX(カイ)『アガタ』、うらら舎『少女仮面』)」結城雅秀　テアトロ　621　1994.10　p47～53

### アガタ　⓽トライアウト
*0127* 上演：1998年7月14日～7月21日　場所：青山円形劇場　作：マルグリット・デュラス　訳・演出：渡辺守章
◇「セクシュアリティーと演劇(篠井英介プロデュース『毛皮のマリー』、渡辺守章演出『アガタ』)」里見宗律　テアトロ　672　1998.9　p72～73

### アガタ　⓽文学座
*0128* 上演：1987年4月6日～4月19日　場所：文学座アトリエ　作：マルグリット・デュラス　訳・演出：鵜山仁
◇「オフ・シアター断想」鴻英良　新劇　34(6)

# あかつ

1987.6 p18〜23
◇「都市のかたち」佐々木幹郎　新劇 34(6) 1987.6 p24〜29
◇「収穫なし」渡辺保　新劇 34(6) 1987.6 p30〜35
◇「フランス現代劇の味わい(文学座アトリエ『パスポート』『アガタ』)」渡辺淳　テアトロ 532 1987.6 p21〜23

## アカツキ7　㈹S.W.A.T！
**0129** 上演：2003年4月26日〜5月3日　場所：本多劇場　作・演出：四大海
◇「アンサンブル効果(S.W.A.T！『アカツキ7』、アリストパネス・カンパニー『まぼろしの一家』、演劇集団 円『アトリエ』)」中本信幸　テアトロ 737　2003.7　p48〜49

## 暁の使者　㈹劇工房燐
**0130** 上演：1997年12月2日〜12月5日　場所：シアターX　作・演出：小松幹生　演出：手塚敏夫
◇「〈や・お・い〉などについて(弘前劇場『休憩室』、燐『暁の使者』、虹企画/ぐるうぷ・しゅら『牡丹燈幻想』、S.W.A.T！『緑の戦場』)」浦崎浩實　テアトロ 665　1998.2　p82〜84

## 赤のソリスト93　㈹一跡二跳
**0131** 上演：1993年10月6日〜10月11日　場所：SPACE107　作・演出：古城十忍
◇「生きる力と勇気を与えてくれた芝居(博品館『私はシャーリー・ヴァレンタイン』、MODE『きみのともだち』、東京ギンガ堂『フェイク―記憶の庭園』、一跡二跳『赤のソリスト93』)」結城雅秀　テアトロ 610　1993.12　p62〜65

## 赤ひげ　㈹東京芸術座
**0132** 上演：2010年8月25日〜8月29日　場所：俳優座劇場　原作：山本周五郎　台本・演出：川池吏司
◇「サーチライトの威力(東京芸術座『赤ひげ』、トム・プロジェクト『ぺてんばなし』、青旅鹿『北守の騎士とカルボナードの踊る魔女』)」中本信幸　テアトロ 840　2010.11　p52〜53

## 赤ひげ　㈹俳優座
**0133** 上演：2008年1月16日〜1月25日　場所：俳優座劇場　原作：山本周五郎　脚本・演出：安川修一
◇「人間の多面性を描く(音楽座ミュージカル『メトロに乗って』、俳優座『赤ひげ』)」水落潔　テアトロ 803　2008.3　p64〜65

## あかるい郊外の店　㈹地人会
**0134** 上演：1998年2月27日〜3月11日　場所：紀伊國屋ホール　作：山田太一　演出：木村光一
◇「人気劇団の舞台二つ(無名塾『いのちぼうにふろう物語』、地人会『あかるい郊外の店』)」水落潔　テアトロ 668　1998.5　p56〜57

## 明るい冒険―見よ、ポロロッカ空に逝く！
㈹夢の遊眠社
**0135** 上演：1987年4月16日〜5月5日　場所：青山劇場　作・演出：野田秀樹

◇「神聖喜劇のシンワカ」鴻英良　新劇 34(7) 1987.7 p22〜27

## 空き室あり！　サツキ荘'98秋　㈹カクスコ
**0136** 上演：1998年9月2日〜9月13日　場所：紀伊國屋ホール　作・演出：中村育二
◇「創作劇の難しさ(三生社『デュエット』、シルバーライニング『アパートの鍵貸します』、カクスコ『空き室あり！』、銀座セゾン劇場『ヴェリズモ・オペラをどうぞ！』)」水落潔　テアトロ 674 1998.11　p56〜57

## 秋のエチュード　㈹ちかまつ芝居
**0137** 上演：1988年10月25日〜10月30日　場所：タイニイ・アリス　構成・演出：松本修
◇「チェーホフは同時代人か？」衛紀生　新劇 36(1)　1989.1　p26〜29
◇「チェーホフ変奏曲の現在」扇田昭彦　新劇 36(1)　1989.1　p34〜37

## 秋の蛍　㈹文学座
**0138** 上演：2001年11月14日〜11月22日　場所：紀伊國屋ホール　作：鄭義信　演出：松本祐子
◇「孤独な人間たちを描いた三つの舞台(MODE『ワーニャ伯父さん』、青年団プロデュース『雲母坂』、文学座『秋の蛍』)」水落潔　テアトロ 717 2002.1　p74〜75

## 秋日和／精霊流し　㈹岡部企画
**0139** 上演：2001年7月4日〜7月9日　場所：紀伊國屋ホール　作・演出：岡部耕大
◇「宇宙の精霊たちに癒される！(岡部企画『秋日和』『精霊流し』、演劇実験室・紅王国『水神抄』、こんにちは『森は生きている―オーケストラ版』、虹企画・ぐるうぷシュラ『牡丹燈幻想』)」浦崎浩實　テアトロ 712　2001.9　p60〜62

## 阿Q外傳　㈹地人会
**0140** 上演：1994年6月12日〜6月21日　場所：紀伊國屋ホール　作：宮本研　演出：木村光一
◇「アンチ・ヒーローの形象化(文学座アトリエの会『シンガー』、地人会『阿Q外傳』、第三エロチカ『クリシェ』)」渡辺淳　テアトロ 619　1994.8 p66〜68

## 悪意の女　㈹三人芝居
**0141** 上演：1997年2月11日〜2月16日　場所：シアター・トップス　作・演出：北野ひろし
◇「民族の音楽、病院のハムレット(四季『ヴェニスの商人』、文学座『あ?!それが問題だ』、パルコ劇場『シルヴィア』、SWAT！『雪原を血にそめて』、三人芝居『悪意の女』)」結城雅秀　テアトロ 645　1997.4　p65〜69

## 芥島異聞―逆さ吊りの夢　㈹萬國四季協會
**0142** 上演：2017年6月21日〜6月25日　場所：SPACE雑遊　作：響リュウ　演出：渡辺大策
◇「温故知新の乱舞(萬國四季協會〈かきつばた〉『芥島異聞―逆さ吊りの夢―』、ワンツーワークス『アジアン・エイリアン』、文学座第114回公演／紀伊國屋書店提携『中橋公館』、演劇集団ア・ラ・プラス『ビザール―奇妙な午後―』)」中本信幸　テアトロ 936　2017.9　p73〜74

**悪童日記** 🅂サファリ・P
*0143* 上演：2017年3月17日～3月21日　場所：アトリエ劇研　原作：アゴタ・クリストフ　訳：堀茂樹　脚色・演出：山口茜
◇「4月の関西　大阪府吹田市と大東市が地域密着の演劇を主催し、成果（ファミリーミュージカル『さよなら、五月』、大東市主催『河内キリシタン列伝』、エイチエムピー・シアターカンパニー『アラビアの夜』、サファリ・P『悪童日記』、突劇金魚『僕のヘビ母さん』）」九鬼葉子　テアトロ　932　2017.6　p37～39

**悪童日記** 🅂木冬社
*0144* 上演：1994年7月7日～7月17日　場所：シアターX　原作：アゴタ・クリストフ　脚色・演出：清水邦夫　演出：松本典子
◇「双子に"ノックアウト"！―木冬社『悪童日記』」林あまり　シアターアーツ　1　1994.12　p105～107

**悪の教典** 🅂ロマンチカ
*0145* 上演：1992年7月9日～7月12日　場所：R・labo　作・演出：林巻子
◇「肉のある舞台」布施英利　Les Specs　39（10）　1992.10　p22～23

**アクバルの姫君** 🅂燐光群
*0146* 上演：1995年2月18日～2月28日　場所：ザ・スズナリ　作：薦田愛　構成・演出：坂手洋二
◇「巧まれた不可思議」江原吉博　テアトロ　628　1995.4　p58～59

**あくびと風の威力** 🅂芝居屋坂道ストア
*0147* 上演：1999年6月11日～6月13日　場所：扇町ミュージアムスクエア　作・演出：角ひろみ
◇「6月の関西　開かれた作品（199Q太陽族『レ・ボリューション#99』、芝居屋坂道ストア『あくびと風の威力』、3つの木綿『柘榴』）」太田耕人　テアトロ　684　1999.8　p79～81

**悪魔の唄** 🅂阿佐ヶ谷スパイダース
*0148* 上演：2005年2月17日～3月2日　場所：本多劇場　作・演出：長塚圭史
◇「さまざまな笑い（阿佐ヶ谷スパイダース『悪魔の唄』、シス・カンパニー/大人計画『蛇よ！』、新国立劇場『花咲く港』）」北川登園　テアトロ　763　2005.5　p62～64

**悪魔のハレルヤ** 🅂青年劇場
*0149* 上演：2004年5月28日～6月6日　場所：紀伊國屋サザンシアター　作・演出：ジェームス三木
◇「メッセージいろいろ（青年劇場『悪魔のハレルヤ』、ひょうご舞台芸術『曲がり角の向こうには』、文学座『パレードを待たしながら』、ギイ・フォワシイ・シアター『シカゴ・ブルース』）」渡辺淳　テアトロ　753　2004.8　p38～40

**悪霊** 🅂壁ノ花団
*0150* 上演：2007年8月30日～9月2日　場所：アトリエ劇研　作・演出：水沼健

◇「9月の関西　現実になる幻想（壁ノ花団『悪霊』、空の驛舎『太陽風』）」太田耕人　テアトロ　798　2007.11　p58～59

**悪霊～下女の恋** 🅂スズキビリーバーズ
*0151* 上演：2001年6月22日～7月3日　場所：本多劇場　作・演出：松尾スズキ
◇「"松尾スズキ"という現象―イジメと虐待（スズキビリーバーズ『悪霊～下女の恋』『マシーン日記』）」七字英輔　テアトロ　713　2001.10　p58～59

**アゲイン―怪人二十面相の優しい夜** 🅂扉座
*0152* 上演：1999年5月1日～5月12日　場所：紀伊國屋サザンシアター　作・演出：横内謙介
◇「キオスク・牛丼・黒マント（遊園地再生事業団『おはようと、その他の伝言』、唐組『眠り草』、扉座『アゲイン―怪人二十面相の優しい夜―』）」長谷部浩　テアトロ　683　1999.7　p48～50
*0153* 上演：2001年4月26日～5月3日　場所：紀伊國屋サザンシアター　作・演出：横内謙介
◇「21世紀に届ける人生とロマン（扉座『アゲイン～怪人二十面相の優しい夜』、遊◎機械/全自動シアター『食卓の木の下で』、キャラメルボックス『風を継ぐ者』）」桂木嶺　テアトロ　709　2001.7　p56～57

**赤穂浪士　目に青葉ヤマホトトギス** 🅂夢の遊眠社
*0154* 上演：1991年5月8日～5月26日　場所：シアターアプル　作・演出：野田秀樹
◇「転生という救い」長谷部浩　しんげき　38（6）　1991.6　p44～47

**朝・江戸の酔醒** 🅂五月舎
*0155* 上演：1983年9月12日～9月20日　場所：紀伊國屋ホール　作：佐藤五月　演出：小林裕
◇「黙阿弥・南北・芭蕉・江戸の夕映え（ことばの劇場）」郡司正勝　新劇　30（11）　1983.11　p61～64

**あさがおの半鐘** 🅂犯罪友の会
*0156* 上演：2002年10月23日～10月28日　場所：難波宮跡公園野外特設劇場　作・演出：武田一度
◇「11月の関西　「えい。解散を命ずる」（劇団・太陽族『そして夜に光った』、劇団八時半『火花みたいに』、犯罪友の会『あさがおの半鐘』）」太田耕人　テアトロ　731　2003.1　p106～108

**浅川町5丁目1番5号** 🅂NEO企画
*0157* 上演：2000年6月23日～6月25日　場所：天白文化小劇場　作：芳崎洋子　演出：菊本健郎
◇「7月の関西　記憶という差異（ひょうご舞台芸術『水の記憶』、NEO企画『浅川町5丁目1番5号』、三角フラスコ『ホテルニューカレドニア』、アグリーダックリング『こども魂』）」太田耕人　テアトロ　698　2000.9　p61～63

**朝きみは汽車にのる** 🅂翌檜座
*0158* 上演：2004年5月18日～5月23日　場所：新生館スタジオ　作：小松幹生　演出：山村晋平
◇「電車の中の化粧鏡と現代の演劇（勝田演劇事務

所『白い悪魔』, 劇工房・燐『あなたに逢いたくて』, 翌檜座『朝きみは汽車にのる』, 燐光群・グッドフェローズ『犀』)」浦崎浩實　テアトロ　751　2004.7　p54〜56

**あさきゆめみし** [団]伽藍博物堂

*0159* 上演：1997年10月21日〜11月2日　場所：三百人劇場　作・演出：佐藤剛史

◇「「ぢらい」に心奪われる！(第13回地域劇団東京演劇祭, 花企画『岬に住む人をめぐって』, 青杜『樹海』, 本多劇場『K2—運命のザイル』)」浦崎浩實　テアトロ　664　1998.1　p71〜73

**浅草紅団** [団]シアターアプル

*0160* 上演：1988年10月15日〜10月30日　場所：シアターアプル　作：岸田理生　演出：神代辰巳

◇「岸田理生と川端康成の気質(シアター・アプル『浅草紅団』)」村井健　テアトロ　551　1989.1　p30〜31

**浅草・花岡写真館** [団]地人会

*0161* 上演：2002年6月5日〜6月16日　場所：紀伊國屋サザンシアター　作：山田太一　演出：木村光一

◇「愛のかたちいろいろ(地人会『浅草・花岡写真館』, 俳優座『舞姫—鷗外の恋』, 円『エレクトル』, 虹企画・ぐるうぷシュラ『女房学校』)」渡辺淳　テアトロ　725　2002.8　p62〜63

**アーサー家のローズ** [団]博品館劇場

*0162* 上演：1994年5月11日〜5月29日　場所：博品館劇場　原案・潤色：若村こうじ　脚本・演出：知念正文　音楽：栗田信生　振付：新倉まりこ

◇「人物配置の巧みさ(こまつ座『頭痛肩こり樋口一葉』, 音楽座『泣かないで』, 東京芸術座『12人の怒れる男たち』,1980『行路死亡人考』, 博品館劇場『アーサー家のローズ』,NOISE『朝、冷たい水で』, 青年団『東京ノート』)」大沢圭司　テアトロ　618　1994.7　p56〜61

**アサシン—彰義隊後日譚** [団]め組

*0163* 上演：2006年8月4日〜8月6日　場所：紀伊國屋サザンシアター　作：合馬百香　演出：与儀英一

◇「幕末に翻弄された人たち(劇団1980『ええじゃないか』, 劇団俳協『新撰組—名もなき男たちの挿話』, 劇団め組『アサシン—彰義隊後日譚』)」北川登園　テアトロ　783　2006.10　p52〜53

**朝、冷たい水で** [団]NOISE

*0164* 上演：1994年5月13日〜5月22日　場所：ザ・スズナリ　作・演出：如月小春

◇「人物配置の巧みさ(こまつ座『頭痛肩こり樋口一葉』, 音楽座『泣かないで』, 東京芸術座『12人の怒れる男たち』,1980『行路死亡人考』, 博品館劇場『アーサー家のローズ』,NOISE『朝、冷たい水で』, 青年団『東京ノート』)」大沢圭司　テアトロ　618　1994.7　p56〜61

**朝に別れのギムレットを** [団]冒険物語

*0165* 上演：1989年1月12日〜1月16日　場所：青山円形劇場　作・演出：うちやまきよつぐ

◇「食べること、つながること」林あまり　新劇　36(3)　1989.3　p42〜45

**朝の時間** [団]テアトル・エコー

*0166* 上演：2005年5月29日〜6月5日　場所：俳優座劇場　作：水谷龍二　演出：永井寛孝

◇「宇宙全体に溢れる愛(京楽座『しのだづま考』, 新国立劇場『箱根強羅ホテル』,tpt『桜の園』, テアトル・エコー『朝の時間』)」結城雅秀　テアトロ　767　2005.8　p58〜60

**朝日のような夕日をつれて—天ノ磐戸編**
[団]オフィス・ザ・サード・ステージ

*0167* 上演：1987年7月3日〜7月13日　場所：恵比寿ファクトリー　原作：鴻上尚史　脚本・演出：木野花

◇「ノスタルジックな虚無感覚」鴻英良　新劇　34(9)　1987.9　p18〜23

**朝日のような夕日をつれて'97** [団]第三舞台

*0168* 上演：1997年1月27日〜3月2日　場所：紀伊國屋サザンシアター　作・演出：鴻上尚史

◇「パイプ椅子がぐにゃりと溶けて(第三舞台『朝日のような夕日をつれて'97』,R・U・P『サイレントヒート』, シアタープロジェクトさっぽろ『銀河鉄道の夜』,JIS企画『チュニジアの歌姫』)」長谷部浩　テアトロ　654　1997.4　p60〜69

**麻布怪談** [団]1980

*0169* 上演：2011年5月9日〜5月15日　場所：俳優座劇場　作・脚色：小林恭二　演出：井上思　振付：武元賀寿子

◇「人間観察の目(新国立劇場『鳥瞰図』, 劇団1980『麻布怪談』, イキウメ『散歩する侵略者』)」杉山弘　テアトロ　849　2011.7　p40〜41

**朝未来** [団]東演

*0170* 上演：1983年5月15日〜5月29日　場所：東演パラータ　作：謝名元慶福　演出：松川暢生

◇「明治からの問い(東演『朝未来』)」宮岸泰治　テアトロ　485　1983.7　p30〜31

*0171* 上演：1987年4月7日〜5月5日　場所：俳優座劇場　作：謝名元慶福　演出：松川暢生

◇「復帰十五周年の沖縄劇(東演『風のユンタ』)」ほんちえいき　テアトロ　532　1987.6　p24〜25

**あざみの蜜** [団]現代演劇協会, プロツーカンパニー

*0172* 上演：1993年11月1日〜11月7日　場所：三百人劇場　作：井出伊代子　演出：樋口昌弘

◇「劇作女流三人展の成果(民藝『メイ・ストーム—花のもとにて—』, 現代演劇協会+プロツーカンパニー『あざみの蜜』, 木山事務所『築地ホテル館炎上』, 文学座『舞台・愛しすぎる人たちよ』,S.W.A.T+博品館劇場『幕末青春譜 明日に架ける橋』)」江原吉博　テアトロ　612　1994.1　p73〜76

**鮮やかな朝** [団]Vカンパニー

*0173* 上演：1993年　場所：ウィングフィールド　作：森脇京子　演出：大谷潔

◇「「南河内」と「そとば」合同公演(そとばこま

ち&南河内万歳一座『九月の昆虫記』,M・O・Pプロデュース『エンジェル・アイズ』, ひょうご舞台芸術『クックドゥードゥルドゥー』,Vカンパニー『鮮やかな朝』, 市民小劇場・A計劃『夢で逢えたら』)」宮辻政夫　テアトロ　610　1993.12　p133〜135

**朝焼けのマンハッタン**　[団]地人会

**0174** 上演：1993年10月8日〜10月19日　場所：紀伊國屋ホール　作：斎藤憐　演出：木村光一

◇「古さに新しさを求める試み(地人会『朝焼けのマンハッタン』, 文学座『恋と仮面のカーニバル』, 昴『チャリング・クロス街84番地』, 燐光群『神々の国の首都』, 民藝『終末の刻』,1980『裏読み 味噌樽で縮んだズボン』, 音楽座『リトル プリンス』, 青年座『愛すればこそ』)」江原吉博　テアトロ　610　1993.12　p70〜76

**0175** 上演：2007年7月7日〜7月19日　場所：紀伊國屋サザンシアター　作：斎藤憐　演出：佐藤信

◇「人間の尊厳と時代・国家(地人会『朝焼けのマンハッタン』, メープルリーフ・シアター『リタ・ジョーの幻想』, ミズキ事務所『黄昏のメルヘン』, 俳優座劇場『ボールは高く雲に入り』)」丸田真悟　テアトロ　796　2007.9　p54〜55

**アザリアのピノッキオ**　[団]パレスチナ・キャラバン

**0176** 上演：2007年9月27日〜9月30日, 10月4日〜10月7日　場所：井の頭公園　作・演出：翠羅臼

◇「新演出と新しい協同作業(埼玉県芸術文化振興財団・ホリプロ『オセロー』, 世田谷パブリックシアター『三文オペラ』, パレスチナ・キャラバン『アザリアのピノッキオ』)」扇田昭彦　テアトロ　799　2007.12　p48〜50

**朝はだんだん見えてくる**　[団]民藝

**0177** 上演：1980年9月10日〜9月16日　場所：砂防会館ホール　原作：岩瀬成子　作：大橋喜一　演出：高橋清祐

◇「沈黙の先への注文(民芸『朝はだんだん見えてくる』)」宮岸泰治　テアトロ　453　1980.11　p31〜33

**アジア温泉**　[団]新国立劇場

**0178** 上演：2013年5月10日〜5月26日　場所：新国立劇場　作：鄭義信　演出：孫榥策

◇「民衆のパワーと孤独(こまつ座『うかうか三十、ちょろちょろ四十』,Pカンパニー『とうめいなすいさいが』『鼎たたいて鳴るよしもがな』, 新国立劇場『アジア温泉』)」斎藤偕子　テアトロ　877　2013.7　p46〜47

**足跡の中から明日を**　[団]太陽族

**0179** 上演：2009年4月9日〜4月12日　場所：精華小劇場　作：中島陸郎　演出：岩崎正裕

◇「4月の関西 N氏をめぐる追憶、あるいは間テクスト性(DIVEプロデュース『中島陸郎を演劇する』,dracom『BROILER'S SONG』, 劇団・太陽族『足跡の中から明日を』, 兵庫県立ピッコロ劇団『あの森には行ってはならない』)」太田耕人　テアトロ　820　2009.6　p52〜54

**足跡姫〜時代錯誤冬幽霊**　[団]NODA・MAP

**0180** 上演：2017年1月18日〜3月12日　場所：東京芸術劇場プレイハウス　作・演出：野田秀樹

◇「現実を打ち破る想像の力(NODA・MAP『足跡姫〜時代錯誤冬幽霊〜』, 二兎社『ザ・空気』, トラッシュマスターズ『たわけ者の血潮』)」七字英輔　テアトロ　930　2017.4　p44〜47

**アジアの女**　[団]新国立劇場

**0181** 上演：2006年9月28日〜10月15日　場所：新国立劇場小劇場　作・演出：長塚圭史

◇「寺島しのぶの声に瞠目する(二兎社『書く女』, 新国立劇場『アジアの女』)」内田洋一　テアトロ　785　2006.12　p58〜59

**アジアン・エイリアン**　[団]一跡二跳

**0182** 上演：1998年7月22日〜7月27日　場所：シアタートップス　作・演出：古城十忍

◇「空間の〈呼吸〉、人物の〈呼吸〉(燐光群『ロウチ氏の死と復活』, 一跡二跳『アジアン・エイリアン』, 青杜『セラピスト』, 石原広子朗読の會『文學を呼吸する』, 民話芸術座『火の鳥』)」浦崎浩實　テアトロ　673　1998.10　p74〜76

**アジアン・エイリアン**　[団]ワンツーワークス

**0183** 上演：2017年6月22日〜7月2日　場所：赤坂RED/THEATER　作・演出：古城十忍

◇「温故知新の乱舞(萬國四季協会〈かきつばた〉『芥島異聞—逆さ吊りの夢—』, ワンツーワークス『アジアン・エイリアン』, 文学座第114回公演・紀伊国屋書店提携『中橋公館』, 演劇集団ア・ラ・プラス『ビザール〜奇妙な午後〜』)」中本信幸　テアトロ　936　2017.9　p73〜74

**紫陽花**　[団]球

**0184** 上演：2018年6月6日〜6月10日　場所：梅ヶ丘BOX　作・演出：田口萌

◇「老婦人を演じる若い女優の「異化効果」(五反田団『うん、さようなら』,CANプロ『母の法廷』, 劇団昴『冬』『ダウィー夫人の勲章』, 青年劇場『分岐点〜ぼくらの黎明期〜』, 劇団球『紫陽花』)」杉山弘　テアトロ　949　2018.8　p51〜53

**アジサイ光線**　[団]少年王者舘

**0185** 上演：2008年7月31日〜8月3日　場所：精華小劇場　構成・演出：天野天街

◇「8月の関西 西日本演劇圏の黎明？(劇団・太陽族『往くも還るも』, 桃園会『お顔』, 少年王者舘『アジサイ光線』, 大阪女優の会『夕凪の街 桜の国』)」太田耕人　テアトロ　811　2008.10　p51〜53

**紫陽花の指絵**　[団]犯罪友の会

**0186** 上演：2001年11月7日〜11月12日　場所：京大西部講堂前野外劇場　作・演出：武田一度

◇「11月の関西 反復による前進(劇団八時半『うれしい朝を木の下で』, 犯罪友の会『紫陽花の指絵』, ジャブジャブサーキット『「中野エスパー」をめぐる冒険』)」太田耕人　テアトロ　717　2002.1　p80〜82

**足摺岬**　[団]俳優座

**0187** 上演：2004年4月28日〜5月2日　場所：シアターX　作：田宮虎彦　脚色：堀江安夫　演

## あした

出：袋正
◇「愛と死と（ロイヤル・シェイクスピア・カンパニー『オセロー』、俳優座『足摺岬』、THE・ガジラ『国粋主義者のための戦争寓話』）」渡辺淳　テアトロ　751　2004.7　p57～59

### 明日　劇大阪
**0188**　上演：1994年6月　場所：谷町劇場　原作：井上光晴　脚色：小松幹生　演出：堀江ひろゆき
◇「6月の関西 戦時下の生活の確実な手ざわり（劇団大阪『明日』、兵庫県立ピッコロ劇団『海を山に』、ひょうご舞台芸術『庭を持たない女たち』）」宮辻政夫　テアトロ　619　1994.8　p78～80

### 明日を心の友として　劇佐藤B作プロデュース
**0189**　上演：1987年12月18日～12月28日　場所：紀伊國屋ホール　作：松原敏春　演出：岩松了
◇「抒情とレトロ感覚」鴻英良　新劇　35（3）1988.3　p22～27

### 明日がある、かな　劇トム・プロジェクト
**0190**　上演：2017年10月24日～10月30日　場所：紀伊國屋ホール　作・演出：中津留章仁
◇「物語性に持ち味を発揮した佳作（パルコ『すべての四月のために』、ナイロン100℃『ちょっと、まってください』、トム・プロジェクト『明日がある、かな』、ワンツーワークス『消滅寸前（あるいは逃げ出すネズミ）』）」小山内伸　テアトロ　941　2018.1　p29～31

### 明日——一九四五年八月八日・長崎　劇青年座
**0191**　上演：2005年8月11日～8月13日　場所：紀伊國屋ホール　原作：井上光晴　脚色：小松幹生　演出：鈴木完一郎
◇「戦時中の体験を語り継ぐ（プロツーカンパニー『もうひとつのグラウンド・ゼロ』、青年座『明日』、東演『月光の夏』、関西芸術座『少年H』、燐光群『だるまさんがころんだ』）」野中広樹　テアトロ　769　2005.10　p60～63

### 明日に夢中　劇Cカンパニー
**0192**　上演：1989年10月11日～11月9日　場所：シアタートップス　作・演出：長谷川康夫
◇「死ぬのはいつも他人」長谷部浩　新劇　36（12）　1989.12　p34～37

### 明日の幸福　劇朋友
**0193**　上演：2005年9月14日～9月23日　場所：三越劇場　作：中野實　演出：石井ふく子
◇「定型を破る女たち（紀尾井朗読スペシャル『ほいとうの妻―山頭火たれ山頭火たれ―』『中也が愛した女―いかに泰子いまこそは―』、朋友『明日の幸福』）」中本信幸　テアトロ　771　2005.12　p56～57

### あしたの憂歌—ぼちぼちいこか番外編　劇
**0194**　上演：1997年5月8日～5月11日　場所：ウィングフィールド　作・演出：岩崎正裕
◇「5月の関西 問題提起も意匠の一つ？（199Q太陽族『あしたの憂歌』、MONO『一初恋』、別嬢倶楽部『HOTEL BLUE BEE』）」宮辻政夫　テアト

ロ　657　1997.7　p62～63

### あしたも7時　劇テアトル・エコー
**0195**　上演：1997年5月27日～6月1日　場所：紀伊國屋ホール　作：ポール・オズボーン　訳：松岡和子　演出：西川信廣
◇「空間の立ち上がり（勅使川原三郎＋KARAS（世田谷パブリックシアター）『Q』（銀座セゾン劇場）『HERE TO HERE』、テアトル・エコー『あしたも7時』）」渡辺淳　テアトロ　658　1997.8　p64～65

### 明日は天気　劇東京演劇集団風
**0196**　上演：2007年5月8日～5月13日　場所：レパートリーシアターKAZE　作：岸田國士　演出：桐山知也
◇「さまざまの取り組み（黒テント『かもめ』、東京演劇集団風『明日は天気』、新国立劇場『下周村』）」斎藤偕子　テアトロ　793　2007.7　p44～45

### 明日は天気になる　劇時空劇場
**0197**　上演：1996年6月7日～6月9日　場所：扇町ミュージアムスクエア　作・演出：松田正隆
◇「たまたまそこが京都だった—松田正隆と時空劇場の過程」荻野達也　シアターアーツ　7　1997.1　p145～150
◇「6月の関西 もう一歩、踏み込んだ世界を（時空劇場『明日は天気になる』、兵庫県立ピッコロ劇団『四人姉妹』、ランニングシアターダッシュ『新・ぼくの先生』、逆境VAND『痛い目にあいたい』）」宮辻政夫　テアトロ　645　1996.8　p81～84

### 明日は船にのって　劇工房燐
**0198**　上演：2000年11月23日～11月29日　場所：TACCS1179　作：小松幹生　演出：手塚敏夫
◇「人生における《出発》の種々相—チェーホフ的な世界をめぐって（民藝『桜の園』、俳優座劇場プロデュース『かどで』『釣堀にて』、劇工房燐『明日は船にのって』）」みなもとごろう　テアトロ　704　2001.2　p62～65

### ASINAMALI（アシナマリ）　劇コミティド・アーティスツ
**0199**　上演：1989年2月14日～2月28日　場所：PARCO SPACE PART3
◇「被抑圧者の演劇と自己批評の演劇」七字英輔　新劇　36（5）　1989.5　p26～29

### 足の裏の神様　劇あさり座
**0200**　上演：1998年6月9日～6月18日　場所：俳優座劇場　原作：渡辺喜恵子　脚色：松山善三　演出：斉藤耕一
◇「二つの舞台の憂鬱（東京グローブ座RSC『ロミオとジュリエット』、あさり座『足の裏の神様』）」大場建治　テアトロ　671　1998.8　p70～71

### 足場の上のゴースト　劇PM/飛ぶ教室
**0201**　上演：1996年12月27日～12月29日　場所：ウィングフィールド　作・演出：蟷螂襲
◇「1月の関西 殺人とミカン（時空劇場『雪がふる』、劇団その1『名人戦2046』、PM/飛ぶ教室『足場の上のゴースト』、転球劇場『竹輪』）」宮辻政夫　テアトロ　653　1997.3　p79～81

*0202* 上演：2017年1月27日～1月29日　場所：AI・HALL　作・演出：蟷螂襲
◇「2月の関西 大胆な諷刺劇と"ぽろっかす"の愛の表現～大阪色の舞台続く～（劇団・太陽族『大阪レ・ミゼラブル』，メイシアタープロデュース『人恋歌～晶子と鉄幹～』，PM/飛ぶ教室『足場の上のゴースト』，DIVEプロデュース『メイド イン ジャパン』，あごうさとし演出『走りながら眠れ』，桃園会『ふっと溶暗』）」九鬼葉子　テアトロ　930　2017.4　p52～54

### 阿詩瑪―愛と勇気のファンタジー　㈲ピープルシアター

*0203* 上演：1996年7月11日～7月14日　場所：東京芸術劇場小ホール1　原作：木下順二　脚本・演出：森井睦　振付：斉藤千雪　音楽：羽田野勝寛
◇「価値体系の極度の転換，そして狂気（文学座アトリエ『モーリー・スウィニー』，円『薔薇と海賊』，こまつ座『頭痛肩こり樋口一葉』，自由劇場『ダム・ウェイター』，東京ギンガ堂『阿吽―女と胃袋』，燐『救いの猫ロリータはいま…』，ピープルシアター『阿詩瑪』」結城雅秀　テアトロ　646　1996.9　p66～72

*0204* 上演：2000年10月17日～10月22日　場所：東京芸術劇場小ホール1　原作：木下順二　脚本・演出：森井睦
◇「事実の持つ不安定と嘘の持つ安定と（地人会『恋ひ歌―白蓮と龍介』，紅王国『人造天女』，ピープル・シアター『阿詩瑪』，メープルリーフ・シアター『ジン・ゲーム』）」みなもとごろう　テアトロ　701　2000.12　p52～55

### 阿修羅の妻　㈲俳優座

*0205* 上演：2001年5月16日～5月26日　場所：俳優座劇場　原作：杉本苑子　脚色：八木柊一郎　演出：安武武
◇「東京裁判と南方熊楠―問いかける"稗史"の力（新国立劇場『夢の裂け目』，俳優座『阿修羅の妻』，東京演劇集団風『ボイラールーム・ロマンス』）」みなもとごろう　テアトロ　709　2001.7　p42～44

### 明日を紡ぐ娘たち　㈲東京演劇アンサンブル

*0206* 上演：2007年4月20日～4月29日　場所：ブレヒトの芝居小屋　作：広度常敏　演出：公家義徳　音楽：林光
◇「時代を超えて，時代と向き合う（東京演劇アンサンブル『明日を紡ぐ娘たち』，ピッコロ劇団『場所と思い出』，モダンスイマーズ『回転する夜』，ピューアーマリー『HONK！ みにくいアヒルの子』）」丸田真悟　テアトロ　793　2007.7　p48～50

### US/THEM わたしたちと彼ら　㈲オフィスコットーネ

*0207* 上演：2018年9月20日～9月27日　場所：下北沢小劇場B1　作：カーリー・ヴェイス　訳：小田島恒志，小田島則子　演出：スズキ拓朗
◇「テロリズムと不条理に満ちた世界（オフィスコットーネ『踊るよ島ト少し短く』，『US/THEM わたしたちと彼ら』，パラドックス定数『蛇と天秤』）」七字英輔　テアトロ　953　2018.12　p46～47

### アスペクツ・オブ・ラブ 恋はめぐる　㈲四季

*0208* 上演：1992年1月6日～2月22日　場所：青山劇場　原作：アンドリュー・ロイド＝ウェバー　台本：デビッド・ガーネット　台本・演出：浅利慶太　作曲：ドン・ブラック　作詞：チャールズ・ハート
◇「そろそろ，恋愛にも飽きがきたらしい」豊崎由美　しんげき　39(3)　1992.3　p70～73

### 東男迷都路　㈲兵庫県立ピッコロ劇団

*0209* 上演：2015年10月23日～10月30日　場所：ピッコロシアター　作：シェイクスピア　翻案：喜志哲雄　演出：孫高宏
◇「11月の関西 新進劇作家の季節（iaku『Walk in closet』，劇団計画Ⅱ『また愛か』，劇団大阪『姉川写真館の四季』，兵庫県立ピッコロ劇団『東男迷都路』，劇団・太陽族『劇論』，遊劇体『鳥笛』『公孫樹下』）」太田耕人　テアトロ　913　2016.1　p36～38

### 東おんなに京おんな　㈲トム・プロジェクト

*0210* 上演：2015年12月2日～12月6日　場所：あうるすぽっと　作：ひょうご　演出：田村孝裕
◇「世はあげて笑いにかたむく？（トムプロジェクト『東おんなに京おんな』，NLT『旦那様は狩りにお出かけ』，俳小『イルクーツク物語』）」中本信幸　テアトロ　914　2016.2　p50～51

### 吾嬬町綺譚―風の社　㈲卍

*0211* 上演：1984年3月25日～4月1日　場所：哥以劇場　作・演出：菅間勇
◇「きつねの行方（ことばの劇場）」長谷部浩　新劇　31(5)　1984.5　p37～40

### アーズリー家の三姉妹　㈲俳優座LABO

*0212* 上演：2000年6月11日～6月18日　場所：俳優座5F稽古場　原作：サマセット・モーム　訳：木下順二　演出：原田一樹
◇「間接的手法で本質を抉り出す（青年団『ソウル市民1919』，俳優座LABO『アーズリー家の三姉妹』，昴『罪と罰』，文学座アトリエ『心破れて』）」結城雅秀　テアトロ　697　2000.8　p56～59

### あ?!それが問題だ　㈲文学座

*0213* 上演：1997年2月5日～2月16日　場所：サンシャイン劇場　作：シェイクスピア　台本・演出：江守徹
◇「民族の音楽，病院のハムレット（四季『ヴェニスの商人』，文学座『あ?!それが問題だ』，パルコ劇場『シルヴィア』，SWAT！『雪原を血にそめて』，三人芝居『悪意の女』）」結城雅秀　テアトロ　654　1997.4　p65～69

### a tide of classics　㈲桃園会

*0214* 上演：2007年6月13日～6月17日　場所：ウィングフィールド　作：岸田國士　演出：深津篤史
◇「6月の関西 家族の空間（桃園会『a tide of classics』，焚火の事務所『ワスレノコリ』，演ユニット・昼ノ月『顔を見ないと忘れる』，犯罪友の会『私はライ』，劇団大阪『涙の谷，銀河の丘』）」太田耕人　テアトロ　795　2007.8　p59～61

*0215* 上演：2009年6月25日～6月30日　場所：

あたう

ウィングフィールド　作：岸田國士　演出：深津篤史

◇「7月の関西 劇団の力を伸ばす（桃園会『a tide of classics』, 劇団・太陽族『擦刻』, PM/飛ぶ教室『会えないで帰った月夜』）」太田耕人　テアトロ　824　2009.9　p54～56

**0216** 上演：2011年7月12日～7月17日　場所：ウィングフィールド　作：岸田國士（動員挿話・ぶらんこ）, 菊池寛（父帰る）　演出：深津篤史

◇「7月の関西〈父なるもの〉の喪失（桃園会『a tide of classics～動員挿話・ぶらんこ・父帰る』, MONO特別企画『空と私のあいだ』, 下鴨車窓『人魚』）」太田耕人　テアトロ　852　2011.9　p51～53

**仇討ち**　㋲日本劇作家協会東海支部プロデュース

**0217** 上演：2003年1月31日～2月2日　場所：長久手町文化の家　作：杉本明朗

◇「名古屋の活力をみせた三公演（劇団B級遊撃隊『消しゴム』, 日本劇作家協会東海支部プロデュース『劇王』, 少年ボーイズ『予想屋』）」河野光雄　テアトロ　734　2003.4　p54～53

**あたしちゃん、行く先を言って**　㋲地点

**0218** 上演：2009年5月13日～5月15日　場所：京都芸術センター　作：太田省吾　構成・演出：三浦基

◇「5月の関西 俳優を視る（スイス銀行『地球のみなさん、悪く思わないでください』, 地点『あたしちゃん、行く先を言って』, 浪花グランドロマン『うずまき』, 無名劇団『プラズマ』）」太田耕人　テアトロ　821　2009.7　p50～52

**頭ならびに腹**　㋲劇工房燐

**0219** 上演：2003年7月2日～7月6日　場所：シアターX　作：小松幹生　演出：手塚敏夫

◇「日常の姿をした恐ろしい思想劇（劇工房燐『頭ならびに腹』, 演劇集団・円『リチャード三世』）」みなもとごろう　テアトロ　740　2003.9　p52～53

**あた山心中─散ル散ル、満チル**　㋲吉田日出子プロデュース

**0220** 上演：1989年4月28日～5月7日　場所：自由劇場　作：竹内銃一郎　演出：鵜山仁

◇「痴呆性老人の世界とテレビ・メディア」七字英輔　新劇　36(7)　1989.7　p26～29

**熱海殺人事件 モンテカルロ・イリュージョン**　㋲パルコ

**0221** 上演：1995年10月1日～10月15日　場所：PARCO劇場　作・演出：つかこうへい

◇「シェイクスピア翻案の魅力（俳優座『正劇・室鶯郎』, 銀座セゾン劇場『ハムレット』, シアターX『女中たち』, パルコ劇場『熱海殺人事件, モンテカルロ版』, 円『赤い階段の家』, ONLYクライマックス『四人兄弟』）」結城雅秀　テアトロ　636　1995.12　p64～70

**アダムの星**　㋲青年劇場

**0222** 上演：1993年2月18日～2月23日　場所：朝日生命ホール　作・演出：ジェームス三木

◇「地球の通行人（劇団協議会『はるなつあきふゆ』, 青年劇場『アダムの星』, 東京演劇アンサンブル『鳥の女』）」岩波剛　テアトロ　603　1993.5　p58～61

**新しい祝日**　㋲イキウメ

**0223** 上演：2014年11月28日～12月14日　場所：東京芸術劇場シアターイースト　作・演出：前川知大

◇「繰り返される時間の意味（燐光群『8分間』, 渡辺源四郎商店『さらば！原子力ロボむつ』, イキウメ『新しい祝日』）」丸田真悟　テアトロ　900　2015.2　p110～111

**あちゃらか商人**　㋲黒テント

**0224** 上演：1994年4月14日～4月24日　場所：本多劇場　作：山元清多　演出：加藤直　音楽：林光

◇「芝居の神髄は「語り」にあり（パルコ『ゴールド家のたそがれ』, 文化座『サンダカン八番娼館』, 四季『ジーザス・クライスト＝スーパースター』, 東京サンシャイン・ボーイズ『ショウ・マスト・ゴー・オン』, 自転車キンクリーツ『ハムレット』, 黒テント『あちゃらか商人』）」結城雅秀　テアトロ　617　1994.6　p53～57

**アチャラカ 昭和の喜劇人・古川ロッパ、ハリキる**　㋲オフィスワンダーランド

**0225** 上演：2013年9月5日～9月8日　場所：紀伊國屋ホール　作・演出：竹内一郎

◇「歳月の経過（青年劇場『怒濤』, オフィスワンダーランド『アチャラカ』, 演劇集団円『夏ノ方舟』）」山本健一　テアトロ　882　2013.11　p50～51

**アチャラカ・ブギ**　㋲東京ギンガ堂

**0226** 上演：1997年3月19日～3月23日　場所：パナソニック・グローブ座　作・演出：品川能正

◇「ここでは何が語られようとしているのか（グローブ座春のフェスティバル, 199Q太陽族『ここからは遠い国』, iOJO！『オッホの時刻と気分』, 東京ギンガ堂『アチャラカ・ブギ』, 珍しいキノコ舞踊団『もうお腹さまなんか出なくていいんだわ！』）」長谷部浩　テアトロ　655　1997.5　p60～63

**あちらの人々は白昼に主婦と集団で待ち合わせをする**　㋲鋼鉄猿廻し一座

**0227** 上演：2000年3月8日～3月12日　場所：カラビンカ　作・演出：中村賢司

◇「3月の関西 多声のテクスト（アイホール演劇ファクトリー『春の音、曇天。をつけてみる』, 鋼鉄猿廻し一座『あちらの人々は白昼に主婦と集団で待ち合わせをする』, 魚灯『祭りの兆し』）」太田耕人　テアトロ　694　2000.5　p82～84

**熱いトタン屋根の上の猫**　㋲昴

**0228** 上演：1994年6月10日～6月30日　場所：三百人劇場　作：テネシー・ウィリアムズ　訳：沼澤洽治　演出：ジョン・ディロン

◇「演出意図の衝突と調和（松竹『ヴェニスの商人』, 流山児★事務所『悪漢リチャード』, 昴『熱いトタン屋根の上の猫』, 本木山事務所『私の下，一母の写真』, 花企画『相沢三郎の世界』, 黒テント『窓ぎわのセロ弾きのゴーシュ』）」結城雅秀　テアトロ

619 1994.8 p58～64

## 悪漢でいっぱい ㊥ちかまつ芝居
**0229** 上演：1987年8月 場所：大塚ジェルスホール 原作：近松門左衛門 構成・演出：石川耕士
◇「ちかまつ芝居の『悪漢でいっぱい』」渡辺保 新劇 34（10） 1987.10 p38～43

## 悪漢リチャード ㊥流山児★事務所
**0230** 上演：1994年5月25日～6月5日 場所：本多劇場 原作：シェイクスピア 脚本：山元清多 流山児祥
◇「演出意図の衝突と調和（松竹『ヴェニスの商人』、流山児★事務所『悪漢リチャード』、昴『熱いトタン屋根の上の猫』、木山事務所『私の下町一母の写真』、花企画『相沢三郎の世界』、黒テント『窓ぎわのセロ弾きのゴーシュ』）」結城雅秀 テアトロ 619 1994.8 p58～64

## 敦―山月記・名人伝 ㊥世田谷パブリックシアター
**0231** 上演：2005年6月13日～6月21日 場所：世田谷パブリックシアター 原作：中島敦 構成・演出：野村萬斎
◇「『敦―山月記・名人伝―』の課題」小田幸子 シアターアーツ 25 2005.12 p62～64
◇「名作に挑み、嘘＝真実を見てきたように語る（東京芸術座『地球の上に朝が来る』、THEATRE1010『写楽考』、世田谷パブリックシアター『敦―山月記・名人伝―』、虹企画・ぐるうぷ・シュラ『テネシー・ウィリアムズの世界Ⅱ』）」中本信幸 テアトロ 770 2005.11 p46～48

## ASHES ㊥RINK
**0232** 上演：1987年2月4日～2月8日 場所：下北沢駅前劇場 作：デヴィッド・ラドキン 訳：本田次布 演出：伊藤精治
◇「嵐のような〈劇性〉、風のような〈中間〉」鴻英良 新劇 34（4） 1987.4 p22～27

## アット・ホーム・アット・ザ・ズー ㊥シス・カンパニー
**0233** 上演：2010年6月17日～7月19日 場所：シアタートラム 作：エドワード・オールビー 訳：徐賀世子 演出：千葉哲也
◇「今は昔（シス・カンパニー『アット・ホーム・アット・ザ・ズー』、NLT『ダルマーさんに会いたい』、プロジェクトナッター『わが友ヒットラー』）」斎藤偕子 テアトロ 838 2010.9 p36～37

## あっぱれクライトン ㊥民藝
**0234** 上演：1997年9月23日～9月30日 場所：東京芸術劇場中ホール 作：ジェームス・マシュー・バリー 訳：丹野郁弓 演出：滝沢修
◇「三つの喜劇（民藝『あっぱれクライトン』、前進座『戦国武士の有給休暇』、こまつ座『花よりタンゴ』）」水落潔 テアトロ 662 1997.12 p66～67

## アテネのタイモン ㊥シェイクスピア・シアター
**0235** 上演：1996年1月10日～1月16日 場所：パナソニック・グローブ座 作：シェイクスピア 訳：小田島雄志 演出：出口典雄
◇「暗い問題劇の徹底的な喜劇化（安澤事務所＋幹の会『メジャー・フォー・メジャー』、シェイクスピア・シアター『アテネのタイモン』、T.P.T『渦巻』、俳優座『桜の園』、シルバーライニング『おお、星条旗娘！』、流山児★事務所『ピカレスク南北』）」結城雅秀 テアトロ 640 1996.3 p70～76

## アテンプツ・オン・ハー・ライフ ㊥エイチエムピー・シアターカンパニー
**0236** 上演：2012年10月18日～10月21日 場所：AI・HALL 作：マーティン・クリンプ 訳：平川大作 演出：笠井友仁
◇「10月の関西 解体する主体、解かれる物語（エイチエムピー・シアターカンパニー『アテンプツ・オン・ハー・ライフ』、極東退屈道場『タイムズ』、DRY BONES『蒸気愛論』）」太田耕人 テアトロ 869 2012.12 p53～55

## アート ㊥松竹
**0237** 上演：1999年6月4日～6月20日 場所：サンシャイン劇場 作：ヤスミナ・レザ 演出：パトリス・ケルブラ
◇「フランスの新風二題（ひょうご舞台芸術『おばかさんの夕食会』、松竹・サンシャイン劇場『アート』）」渡辺淳 テアトロ 684 1999.8 p56～57

**0238** 上演：2001年5月17日～5月31日 場所：サンシャイン劇場 作：ヤスミナ・レザ 訳：齋藤雅文 演出：パトリス・ケルブラ
◇「俳優の個性が躍動する舞台（埼玉県芸術文化振興財団・ホリプロ『ウィンザーの陽気な女房たち』、松竹『アート』、ジャブジャブサーキット『高野の七福神』、テアトロ・デル・ヴィコロ『フラミニアの誘拐』）」結城雅秀 テアトロ 709 2001.7 p58～62

## アドウェントゥーラ ㊥Ugly duckling
**0239** 上演：2001年4月6日～4月8日 場所：全労済ホール/スペース・ゼロ 作：樋口美友喜 演出：池田祐佳理
◇「4月の関西 ポスト近代のエンタテイメント（遊気舎『月影ホテル』、クロムモリブデン『エスエフ』、転球劇場『Jack』、アグリーダックリング『アドウェントゥーラ』）」太田耕人 テアトロ 708 2001.6 p101～103

**0240** 上演：2003年10月23日～10月26日 場所：ウィングフィールド 作：樋口美友喜 演出：池田祐佳理
◇「11月の関西 物語のちから（楽市楽座『アメリカンドリームと犬の生活』、犯罪友の会『一花のいたち』、アグリーダックリング『アドウェントゥーラ』）」太田耕人 テアトロ 745 2004.1 p112～114

## あと少し待って ㊥三角フラスコ
**0241** 上演：2011年10月15日～10月18日 場所：ウィングフィールド 作・演出：生田恵
◇「10月の関西 あふれる光、閉ざされた闇（維新派『風景画』、三角フラスコ『あと少し待って』、ジャブジャブサーキット『無重力チルドレン』）」太田耕人 テアトロ 855 2011.12 p48～50

アトミック☆ストーム [団]流山児★事務所

0242 上演：2013年5月31日〜6月16日　場所：座・高円寺1　作：佃典彦　演出：中屋敷法仁　作詞：中屋敷法仁　作曲：斎藤ネコ

◇「どこから現実に切り込むか（ワンツーワークス『恐怖が始まる』，流山児★事務所『アトミック☆ストーム』，燐光群『帰還』）」みなもとごろう　テアトロ　879　2013.8　p50〜51

アトムへの伝言 [団]扉座

0243 上演：2005年12月2日〜12月11日　場所：紀伊國屋ホール　作・演出：横内謙介

◇「理想世界と自爆行為（NODA・MAP『贋作・罪と罰』，扉座『アトムへの伝言』）」野中広樹　テアトロ　774　2006.2　p64〜65

0244 上演：2011年6月15日〜6月19日　場所：紀伊國屋ホール　作・演出：横内謙介

◇「真摯な思いを託す軽みと重み（Pカンパニー『夢、ハムレットの〜陽炎篇〜』，文化座『骸骨ビルの庭』，扉座『アトムへの伝言』）」みなもとごろう　テアトロ　852　2011.9　p40〜41

0245 上演：2013年7月3日〜7月7日　場所：紀伊國屋ホール　作・演出：横内謙介

◇「実在と非現実を映す詐術（青年座『崩れゆくセールスマン』，世仁下乃一座『華のまるやま七人みさき』，扉座『アトムへの伝言』）」中本信幸　テアトロ　880　2013.9　p50〜51

アトリエ [団]演劇集団円

0246 上演：1982年5月13日〜5月25日　場所：ステージ円　作：ジャン=クロード・グランベール　訳・演出：大間知靖子

◇「流れを重視した演出（円『アトリエ』）」伊藤洋　テアトロ　473　1982.7　p30〜31

0247 上演：2003年5月16日〜5月31日　場所：ステージ円　作：ジャン=クロード・グランベール　訳・演出：大間知靖子

◇「アンサンブル効果（S.W.A.T！『アカツキ7』，アリストパネス・カンパニー『まぼろしの一家』，演劇集団 円『アトリエ』）」中本信幸　テアトロ　737　2003.7　p48〜49

アトリエ [団]青年劇場

0248 上演：2017年9月15日〜9月24日　場所：紀伊國屋ホール　作：ジャン=クロード・グランベール　訳：大間知靖子　演出：藤井ごう

◇「多様な演劇、多様な劇場（青年劇場『アトリエ』，劇団NLT『何をしてたの五十年』，劇団匂組『ミロンガ』，状況劇場（うらら舎の改名）『六条御息所』）」斎藤偕子　テアトロ　939　2017.12　p42〜43

アトリエのある背中 [団]虚空旅団

0249 上演：2017年12月22日〜12月24日　場所：八尾プリズムホール 小ホール　作：北村想　演出：高橋恵

◇「1月の関西 表と裏、内と外。人間の両面性の謎を追う（虚空旅団『アトリエのある背中』，南河内万歳一座『びっくり仰天街』，エイチエムピー・シアターカンパニー『盟三五大切』，くじら企画『サヨナフ』，兵庫県立ピッコロ劇団『赤ずきんちゃんの森の狼たちのクリスマス』）」九鬼葉子　テアトロ　943　2018.3　p82〜84

アドルフに告ぐ [団]俳優座

0250 上演：1994年1月9日〜1月26日　場所：俳優座劇場　原作：手塚治虫　脚本：原徹郎　演出：亀井光子

◇「有能な役者による自己の実現（俳優座『アドルフに告ぐ』，睦月の会『船長』，劇書房・松竹『女たちの十二夜』，ギィ・フォワシィ・シアター『橋の上の男』）」結城雅秀　テアトロ　614　1994.3　p82〜85

アドレナリン・ハート [団]The Bush Theatre

0251 上演：2004年3月4日〜3月7日　場所：シアタートラム　作：ジョージア・フィッチ　演出：マイク・ブラッドウェル

◇「現代社会の“負”を凝視する（ユニークポイント『トリガー』，メープルリーフ・シアター『やとわれ仕事』，ブッシュシアター『アドレナリン・ハート』，ヤーン・カンパニー『ロメオ+ジュリエット』，燐光群『だるまさんがころんだ』）」丸田真悟　テアトロ　749　2004.5　p50〜52

あとは野となれ山となれ [団]トム・プロジェクト

0252 上演：2011年10月4日〜10月10日　場所：本多劇場　作：水谷龍二　演出：高瀬久男　音楽：原島正治

◇「再演が新発見を生む（こまつ座『キネマの天地』，可児市文化振興財団『エレジー』，トム・プロジェクト『あとは野となれ山となれ』）」高橋豊　テアトロ　855　2011.12　p38〜39

アナザータイム [団]文学座

0253 上演：1992年1月31日〜2月11日　場所：サンシャイン劇場　作：ロナルド・ハーウッド　訳：出戸一幸　演出：加藤武

◇「人生の哀歓を綴る家庭劇（文学座『アナザータイム』）」水落潔　テアトロ　590　1992.4　p42〜43

アナザディ [団]遊◎機械/全自動シアター

0254 上演：1999年9月7日〜9月19日　場所：世田谷パブリックシアター　作：高泉淳子　演出：白井晃

◇「DよりWの方が当たってないのかナ（遊◎機械/全自動シアター『アナザディ』，ふるさときゃらばん『噂のファミリー・1億円の花婿』，オペラシアターこんにゃく座『歌芝居・魔法の笛』）」佐藤康平　テアトロ　687　1999.11　p58〜59

あなたがいるから [団]SHIMIN劇場Ⅱ

0255 上演：2008年6月　場所：シアターイワト　作：友澤晃一　演出：高橋幸夫

◇「「真実」を探る劇的趣向（ギイ・フォワシイ・シアター『オーカッサンとニコレット』，俳優座劇場『真実のゆくえ』，SHIMIN劇場Ⅱ『あなたがいるから』）」中本信幸　テアトロ　809　2008.8　p46〜47

あなたがちくわ [団]芝居屋坂道ストア

0256 上演：1996年2月　場所：シアター・ポシェット　作・演出：角ひろみ

◇「2月の関西 役者修行とは（兵庫県立ピッコロ劇団『わたしの夢は舞う』，アイホール自主企画『蝶の

やうな私の郷愁』、ひょうご舞台芸術『おやすみデズデモーナ、おはようジュリエット』、芝居屋坂道ストア『あなたがちくわを』)」宮辻政夫　テアトロ　641　1996.4　p79～81

**あなたから逃げて行く街に漂う煙について**　㈲カタコンペ
*0257*　上演：1999年10月25日～10月26日　場所：東京芸術劇場小ホール2　作・演出：戸中井三太
◇「"地域"の芝居に東京で酔う！(地域劇団東京演劇祭ふぁいなる、飛ぶ劇場『IRON』、カタコンペ『あなたから逃げていく街に漂う煙について』、紅王国『不死病』)」浦崎浩實　テアトロ　690　2000.1　p76～78

**あなた次第**　㈲迷夢迷住
*0258*　上演：1994年3月5日～3月6日　場所：アートスペース無門館　作・演出：桃田のん
◇「出会いは何によって創り出すことができるか——迷夢迷住『あなた次第』を中心に」瀬戸宏　シアターアーツ　1　1994.12　p108～110

**あなただけ今晩は**　㈲博品館劇場
*0259*　上演：1980年1月11日～1月15日　場所：博品館劇場　原作：アレクサンドル・ブレフォール　潤色・演出：中村咩夫　作曲：M・モノー
◇「ミュージカルの「楽しさ」」木村隆　新劇　27(3)　1980.3　p34～37

**あなたと別れたい**　㈲二兎社
*0260*　上演：1990年2月16日～3月4日　場所：シアタートップス　作・演出：永井愛
◇「おんなのためいき」岡本蛍　しんげき　37(5)　1990.5　p44～47

**あなたに逢いたくて**　㈲劇工房燐
*0261*　上演：2004年5月19日～5月23日　場所：シアターX　作：北野ひろし　演出：手塚敏夫
◇「電車の中の化粧鏡と現代の演劇(勝田演劇事務所『白い悪魔』、劇工房・燐『あなたに逢いたくて』、翌檜座『朝きみは汽車にのる』、燐光群・グッドフェローズ『犀』)」浦崎浩實　テアトロ　751　2004.7　p54～56

**あなたに会ったことがある**　㈲MODE
*0262*　上演：2011年11月15日～11月20日　場所：笹塚ファクトリー　原作：カフカ　構成・演出：松本修
◇「意欲のからまわり—三者三様(MODE『あなたに会ったことがある』、ザ・スズナリ30周年記念『うお傳説』、東京ギンガ堂『女優XJ』)」七字英輔　テアトロ　858　2012.2　p64～66

**あなたに会ったことがある・4…チェーホフ短編小説より**　㈲MODE
*0263*　上演：2016年3月16日～3月21日　場所：上野ストアハウス　原作：チェーホフ　脚本：竹内銃一郎　演出：松本修
◇「記憶の渦巻く舞台(民藝『二人だけの芝居』、燐光群『カムアウト』、MODE『あなたに会ったことがある・4…チェーホフ短編小説より』)」斎藤偕子　テアトロ　918　2016.6　p26～28

**あなたの笑顔**　㈲エ・ネスト
*0264*　上演：2009年12月3日～12月6日　場所：文化シャッターBXホール　作・演出：石森史郎
◇「メルヘン劇の照射力(扉座『サッキマスの物語』、エ・ネスト『あなたの笑顔』、文学座『崩れたバランス』、虹企画・ぐるうぷ・しゅら『化石童話』)」中本信幸　テアトロ　830　2010.2　p54～55

**あなたの思い出**　㈲TEAM僕らの調査局
*0265*　上演：1992年6月2日～6月7日　場所：下北沢駅前劇場　作：細谷マリコ　演出：宮本勝行
◇「排気ガスの出ない演劇会」三田格　Les Specs　39(8)　1992.8　p26～27

**あなたまでの6人**　㈲俳優座
*0266*　上演：1998年5月7日～5月24日　場所：俳優座5F稽古場　作：ジョン・グエア　訳・演出：青井陽治
◇「対照的な魅力—J・グエアと坂手洋二と(俳優座『あなたまでの6人』、燐光群『沖縄ミルクプラントの最后』、新国立劇場『幽霊はここにいる』、シェイクスピア・シアター『ヴェニスの商人』)」みなもとごろう　テアトロ　670　1998.7　p50～53

**アナトミア**　㈲演劇集団フラジャイル
*0267*　上演：2001年10月11日～10月14日　場所：中野ザ・ポケット　作：小里清　演出：桜井秀峰
◇「芝居の"生"は"死"から始まる(遊◎機械/全自動シアター『ラ・ヴィータ』、カメレオン会議プロデュース1"4作品連続公演"ほか)」浦崎浩實　テアトロ　715　2001.12　p58～60

**A Number**　㈲TPT
*0268*　上演：2005年4月30日～5月13日　場所：ベニサン・ピット　作：キャリル・チャーチル　訳：常田景子　演出：サーシャ・ウェアーズ
◇「近未来とアイデンティティ(tpt『A Number』、KERA・MAP『砂の上の植物群』、東京演劇集団風『エヴァ、帰りのない旅』、青年劇場『ナース・コール』)」北川登園　テアトロ　765　2005.7　p58～60

**アニー**　㈲日本テレビ
*0269*　上演：1989年8月11日～8月31日　場所：青山円形劇場　作：チャールズ・ストラウス　演出：篠崎光正
◇「ミュージカル評—犬の時代」萩尾瞳　新劇　36(10)　1989.10　p42～45

**アニエス・ベラドンヌ**　㈲フランス演劇クレアシオン
*0270*　上演：2004年3月26日～3月31日　場所：シアターX　作：ジャン＝ポール・アレーグル　訳・演出：岡田正子
◇「演技のリアリティ(フランス演劇クレアシオン『アニエス・ベラドンヌ』、東京演劇集団・風『ドン・ジュアン』、流山児★事務所『イエロー・フィーバー』)」渡辺淳　テアトロ　750　2004.6　p50～51

**兄おとうと**　㈲こまつ座
*0271*　上演：2003年5月11日～5月31日　場所：紀伊

あにか　　　　　　　　　　　　　　　　　　　　　　　　　　0272～0285

　　　國屋ホール　作：井上ひさし　演出：鵜山仁
　◇「三本の優れた創作劇（民藝『モンゴル帰りの爺』、新国立劇場『涙の谷、銀河の丘』、こまつ座『兄おとうと』）」水落潔　テアトロ　737　2003.7　p54～53

**兄帰る**　⑤二兎社
**0272**　上演：1999年6月25日～7月11日　場所：シアタートラム　作・演出：永井愛
　◇「社会の変質を伝える喜劇二本（二兎社『兄帰る』、流山児★事務所『みどりの星の落ちる先』）」七字英輔　テアトロ　685　1999.9　p64～65

**0273**　上演：2013年8月3日～9月1日　場所：東京芸術劇場　作・演出：永井愛
　◇「世代による価値観の相違（青年座『LOVE, LOVE, LOVE』、二兎社『兄帰る』、NLT『花はらんまん』）」水落潔　テアトロ　881　2013.10　p42～43

**アーニー・パイル**　⑤新橋演舞場
**0274**　上演：1985年4月3日～4月27日　場所：新橋演舞場　作：斎藤憐　演出：宮島春彦
　◇「主題の重さと展開の面白さ（新橋演舞場『アーニー・パイル』）」千野幸一　テアトロ　508　1985.6　p26～29

**アニマル・ファーム―動物農場**　⑤民藝
**0275**　上演：1997年6月4日～6月22日　場所：紀伊國屋ホール　原作：ジョージ・オーウェル　脚色：ピーター・ホール　訳・演出：丹野郁弓
　◇「時代を描いた三つの劇（文学座『柘榴のある家』、民藝『アニマル・ファーム―動物農場』、加藤健一事務所『カッコの巣の上を』）」水落潔　テアトロ　658　1997.8　p62～63

**姉川写真館の四季**　⑤大阪
**0276**　上演：2015年11月6日～11月15日　場所：谷町劇場　作：伊地知克介
　◇「11月の関西 新進劇作家の季節（iaku『Walk in closet』、演劇計画Ⅱ『また愛か』、劇団大阪『姉川写真館の四季』、兵庫県立ピッコロ劇団『東男迷都路』、劇団・太陽族『劇論』、遊劇体『鳥笛』『公孫樹下』）」太田耕人　913　2016.1　p36～38

**あの、愛の一群たち**　⑤木冬社
**0277**　上演：1980年7月12日～7月22日　場所：紀伊國屋ホール　作：清水邦夫　演出：秋浜悟史
　◇「時間の意識への深まり」森秀男　新劇　27（9）　1980.9　p21～24
　◇「中年、この性的熟練者」堂本正樹　新劇　27（9）　1980.9　p26～29
　◇「《風》の感触（木冬社『あの、愛の一群たち』）」渡辺淳　テアトロ　451　1980.9　p42～43

**あの歌が思い出せない**　⑤とっても便利
**0278**　上演：1999年12月16日～12月19日　場所：扇町ミュージアムスクエア　作・演出：大野裕之
　◇「12月の関西 演劇は家父長制に反抗する（199Q太陽族『永遠の雨よりわずかに速く』、とっても便利『あの歌が思い出せない』、糾－あざない－『数億分のいちの空』）」太田耕人　テアトロ　691　2000.2　p127～129

**あの大鴉、さえも**　⑤秘法零番館
**0279**　上演：1980年11月　場所：下北沢スーパー・マーケット　作・演出：竹内銃一郎
　◇「「いま、政治劇とは？」利光哲夫　新劇　28（2）　1981.2　p30～33
　◇「"屋台崩"しの向う側―試行する空間」衛紀生　新劇　28（2）　1981.2　p34～37

**あの大鴉、さえも**　⑤秘法七番館
**0280**　上演：1985年5月1日～5月5日　場所：本多劇場　作・演出：竹内銃一郎
　◇「たくましい重層の笑い（秘法七番館『あの大鴉、さえも』）」扇田昭彦　テアトロ　509　1985.7　p26～28

**あの大鴉、さえも**　⑤兵庫県立ピッコロ劇団
**0281**　上演：2008年4月24日～4月27日　場所：ピッコロシアター中ホール　作：竹内銃一郎　演出：松本祐子
　◇「5月の関西 「伝説」の劇、「伝説」の集団（兵庫県立ピッコロ劇団『あの大鴉、さえも』、ユリイカ百貨店『チョコレート・ハウス』、ガバメント・オブ・ドッグス『Refresh！』、維新派『聖・家族』）」太田耕人　テアトロ　807　2008.7　p52～54

**あの大鴉、さえも**　⑤ヒンドゥー五千回
**0282**　上演：2001年9月26日～9月30日　場所：中野ザ・ポケット　作：竹内銃一郎　演出：扇田拓也
　◇「芝居の"生"は"死"から始まる（遊◎機械／全自動シアター『ラ・ヴィータ』、カメレオン会議プロデュース1"4作品連続公演"ほか）」浦崎浩實　テアトロ　715　2001.12　p58～60

**あの川に遠い窓**　⑤弘前劇場, J.CLIP
**0283**　上演：2003年5月7日～5月11日　場所：シアタートラム　作・演出：長谷川孝治
　◇「戯曲表現の位相と舞台の可能性（俳優座『九番目のラオ・ジウ』、弘前劇場／J.CLIP制作協力『あの川に遠い窓』、ポイント東京『山ほととぎすほしいまま』）」みなもとごろう　テアトロ　737　2003.7　p44～46

**アノコ。**　⑤結城座
**0284**　上演：1994年9月7日～9月15日　場所：本願寺　演出・装置：佐藤信
　◇「歴史と日常から（青年座『Mother』『火の起源』『レンタルファミリー』『カデット』、結城座『アノコ』）」渡辺淳　テアトロ　622　1994.11　p74～75

**あの子はだあれ、だれでしょね**　⑤文学座アトリエの会
**0285**　上演：2015年9月16日～9月30日　場所：文学座アトリエ　演出：別役実　演出：藤原新平
　◇「現実と虚構のはざまで問う（トラッシュマスターズ『そぞろの民』、文学座アトリエ『あの子はだあれ、だれでしょね』、新宿梁山泊『少女仮面』）」斎藤偕子　テアトロ　911　2015.12　p26～27,62

22　　　　　　　　　　　　　　　　　　　　日本の演劇―公演と劇評目録

あの小説の中で集まろう [団]遊園地再生事業団

0286 上演：1997年6月5日〜6月19日 場所：シアタートラム 作・演出：宮沢章夫

◇「空虚さえ空虚ならば(劇工房燐『猫ふんぢゃった』,遊園地再生事業団『あの小説の中で集まろう』,ク・ナウカ『熱帯樹』)」大岡淳 テアトロ 658 1997.8 p72〜73

あの町から遠く離れて [団]A級 Missing Link

0287 上演：2013年11月8日〜11月10日 場所：カフェ+ギャラリーcan tutku 作・演出：土橋淳志

◇「11月の関西 喪失される日常(南河内万歳一座『満月』,劇団大阪『臨界幻想』,A級 Missing Link『あの町から遠く離れて』)」太田耕人 テアトロ 885 2014.1 p50〜52

0288 上演：2014年5月31日〜6月3日 場所：ウィングフィールド 作・演出：土橋淳志

◇「6月の関西 解きつつ紡ぐ(KUTO - 10『ストレッチポリマーインターフェース』,A級 Missing Link『あの町から遠く離れて』,劇団 太陽族『執行の七人』)」太田耕人 テアトロ 893 2014.8 p33〜35

あの森には行ってはならない [団]兵庫県立ピッコロ劇団

0289 上演：2009年4月16日〜4月19日 場所：ピッコロシアター 脚本・演出：ウォーリー木下

◇「4月の関西 N氏をめぐる追憶、あるいは間テクスト性(DIVEプロデュース『中島陸郎を演劇する』,dracom『BROILER'S SONG』,劇団・太陽族『足跡の中から明日を』,兵庫県立ピッコロ劇団『あの森には行ってはならない』)」太田耕人 テアトロ 820 2009.6 p52〜54

あのやさしい夜のなかへ [団]シアター21

0290 上演：2006年10月13日〜10月22日 場所：紀伊國屋サザンシアター 作：ノーマン・クリスプ 訳：小田島恒志 演出：山下悟

◇「様々な絆描く舞台(THE・ガジラ『わが闘争』,東京ギンガ堂+釜山市立劇団『くじら島』,シアター21『あのやさしい夜のなかへ』,THE SHAMPOO HAT『津田沼』)」丸田真悟 テアトロ 785 2006.12 p50〜52

アパートの鍵貸します [団]シルバーライニング

0291 上演：1998年8月27日〜9月6日 場所：紀伊國屋サザンシアター 作：ニール・サイモン 訳：竜真知子 演出：竹邑類 作曲：バート・バカラック

◇「創作劇の難しさ(三生社『デュエット』,シルバーライニング『アパートの鍵貸します』,カクスコ『空き室あり！』,銀座セゾン劇場『ヴェリズモ・オペラをどうぞ！』)」水落潔 テアトロ 674 1998.11 p56〜57

アパートの鍵貸します [団]薔薇座

0292 上演：1988年12月22日〜12月25日 場所：サンシャイン劇場 作：ニール・サイモン 訳：勝田安彦,勝田有子 演出：野沢那智

◇「もう1度「歩む」ならわしを取戻すために」衛紀生 新劇 36(3) 1989.3 p26〜29

アパートの窓割ります [団]シベリア少女鉄道

0293 上演：2005年2月11日〜2月20日 場所：シアター・トップス 作・演出：土屋亮一

◇「夢で逢いましょう(少年王者舘KUDANproject『くだんの件』,宇宙堂『花粉の夜に眠る戀〜オールドリフレイン』,シベリア少女鉄道『アパートの窓割ります』)」野中広樹 テアトロ 762 2005.4 p50〜51

アパートメントハウス・ナンバー#04 [団]現代制作舎,百年ハモニカ

0294 上演：2000年11月25日〜11月30日 場所：「劇」小劇場 作・演出：百年ハモニカ

◇「作者とは？(青杜『春の赤ずきん』,現代制作舎・百年ハモニカ提携『APARTMENT HOUSE#4』,演奏舞台『暗殺風聞—'84気ヲツケ カケアシ ススメ』)」佐藤康平 テアトロ 704 2001.2 p72〜73

アーバンクロウ [団]THEガジラ

0295 上演：2000年10月13日〜10月29日 場所：ザ・スズナリ 作・演出：鐘下辰男

◇「「壁」とのたたかい四態(tpt『地獄のオルフェ』,昴『怒りの葡萄』,The・ガジラ『アーバンクロウ』,文学座『缶詰』)」渡辺淳 テアトロ 701 2000.12 p99〜101

アピりんご [団]レ・ゾランジュ・ブル

0296 上演：1998年9月 場所：利賀山房 原作：オッフェンバック 演出：オリバー・メディカス

◇「「とやま舞台芸術祭利賀'98秋」の演劇公演から(劇団文芸座 利賀版『夜の来訪者』,テアトル・ア・ドーフィンヌ『女中たち』,レ・ゾランジュ・ブル『アピりんご』)」三原文 テアトロ 674 1998.11 p70〜72

あひるの靴 アンデルセンの一生 [団]潮流

0297 上演：1998年9月4日〜9月6日 場所：コークステップ・ホール 作：水上勉 演出：藤本栄治

◇「9月の関西 日常生活をどう描き出すか(インパクトD『UNDERGROUND』,コズミックシアター『NO WAY OUT』,関西芸術座『遥かなる甲子園』,潮流『あひるの靴』,199Q太陽族『それを夢と知らない』)」宮辻政夫 テアトロ 674 1998.11 p82〜84

家鴨列車 [団]オンシアター自由劇場

0298 上演：1986年2月19日〜3月19日 場所：自由劇場 作：田槇道子 演出：串田和美

◇「自由劇場のカラー(オンシアター自由劇場『家鴨列車』)」大笹吉雄 テアトロ 519 1986.5 p30〜31

アプサンス〜ある不在 [団]ヨオの会,J.CLIP

0299 上演：2008年6月19日〜6月29日 場所：俳優座劇場 作：ロレー・ベロン 訳・演出：大間知靖子

◇「失われた時間(ヨオの会 ジェイクリップ『アプサンス—ある不在』,民藝『プライス—代償』,Bunkamura『道元の冒険』)」水落潔 テアトロ 810 2008.9 p48〜49

# あふり　　　　　　　　　　　　　　　　　　　　　　0300〜0314

## アフリカの太陽　⓽演劇集団円
0300　上演：2005年3月17日〜3月27日　場所：ステージ円　作・演出：宋英徳
　◇「優しさと厳しさ（演劇集団円『アフリカの太陽』、思い出を売る男』、木山事務所『最終目的地は日本』）」北川登園　テアトロ　764　2005.6　p50〜51

## アプレゲール　⓽THEガジラ
0301　上演：1992年12月11日〜12月20日　場所：シアタートップス　作・演出：鐘下辰男
　◇「演劇で「世界」が解けるか？（善人会議『女殺桜地獄』、THE・ガジラ『アプレゲール』）」内野儀　テアトロ　601　1993.3　p108〜110

0302　上演：1994年9月22日〜9月28日　場所：紀伊國屋ホール　作・演出：鐘下辰男
　◇「作家と観客の『事情』（俳優座劇場プロデュース『二十日鼠と人間』、THE・ガジラ『アプレゲール』、水戸芸術館ACM劇場『恋する妊婦』）」山登敬之　テアトロ　623　1994.12　p64〜66

## アプローズ　⓽四季
0303　上演：1982年7月5日〜7月28日　場所：日生劇場　作：ベティ・カムデン　台本：アドルフ・グリーン　訳：ダン・ケニー、青井陽治　演出：浅利慶太
　◇「魅力ある前田美波里のマーゴ（四季『アプローズ』）」千野幸一　テアトロ　475　1982.9　p30〜31

0304　上演：1983年2月3日〜3月7日　作：ベティ・カムデン　台本：アドルフ・グリーン　訳：ダン・ケニー、青井陽治　演出：浅利慶太
　◇「舞台みたまま（ことばの劇場）」安達英一　新劇　30(5)　1983.5　p29〜32

## 阿部一族の復讐　⓽演劇集団日本
0305　上演：1980年　場所：パモス青芸館　作・演出：太田竜
　◇「私の内なる観客」利光哲夫　新劇　27(6)　1980.6　p30〜33

## 阿部定の犬　⓽エイチエムピー・シアターカンパニー
0306　上演：2015年8月6日〜8月9日　場所：アイシアター　作：佐藤信　演出：笠井友仁
　◇「8月の関西 アイのかたち（エイチエムピー・シアターカンパニー『阿部定の犬』、Dracom Gala『たんじょうかい#3』）」太田耕人　テアトロ　909　2015.10　p28〜29

## 阿部定の犬　⓽日本劇団協議会
0307　上演：2014年6月7日〜6月22日　場所：Space早稲田　作：佐藤信　演出：西沢栄治　振付：北村真実　音楽：諏訪創
　◇「演劇の眼差しと時代感覚（日本劇団協議会『阿部定の犬』、新国立劇場『十九歳のジェイコブ』、劇団チョコレートケーキ『サラエヴォの黒い手』）」丸田真悟　テアトロ　893　2014.8　p26〜27

## アベノ座の怪人たち　⓽スクエア
0308　上演：2014年5月9日〜5月11日　場所：近鉄アート館　作：森澤匡晴　演出：上田一軒
　◇「5月の関西 心理とプロット（OFT『わたしの焦げた眼球/遠視』、犯罪友の会『横丁のダーリン』、遊気舎『最後の剥製の猿』、dracom gala『たんじょうかい#2』、ニットキャップシアター『月がみていた話』、スクエア特別公演『アベノ座の怪人たち』）」太田耕人　テアトロ　891　2014.7　p51〜53

## 阿片と拳銃　⓽M.O.P.
0309　上演：2008年8月6日〜8月18日　場所：紀伊國屋ホール　作・演出：マキノノゾミ　音楽：川崎晴美
　◇「時空を超えた世界（シアター1010『夜と星と風の物語』、日生劇場＋文学座ファミリーステージ『トムは真夜中の庭で』、劇団M.O.P.『阿片と拳銃』）」水落潔　テアトロ　811　2008.10　p42〜43

## 阿呆劇 ファルスタッフ　⓽Bunkamura
0310　上演：1999年6月12日〜6月27日　場所：シアターコクーン　作：ヴェルディ　構成・演出：白井晃
　◇「教育の混沌をそのまま提示した舞台（ピープルシアター『プラットホーム・嘆きの春』、岡部企画『がんばろう』、シアターコクーン『ファルスタッフ』、一跡二跳『ガッコー設立委員会！』）」佐藤康平　テアトロ　684　1999.8　p67〜69

## 阿呆劇・フィガロの結婚　⓽Bunkamura
0311　上演：1995年10月24日〜11月14日　場所：シアターコクーン　原作：ボーマルシェ　台本：山元清多　演出・美術：串田和美　音楽監督：朝比奈尚行
　◇「日米共同による2言語の芝居（昴・MRT『沈黙』、文学座『野分立つ』『噂のチャーリー』、こまつ座『父と暮せば』、二兎社『パパのデモクラシー』、シアター・コクーン『阿呆劇・フィガロの結婚』、博品館劇場『ブラック・コメディ』）」結城雅秀　テアトロ　638　1996.1　p63〜69

## 阿呆の鼻毛で蜻蛉をつなぐ　⓽アミューズ
0312　上演：2012年9月21日〜9月30日　場所：本多劇場　作：赤堀雅秋　演出：河原雅彦
　◇「アンサンブルの妙（柿喰う客『無差別』、トム・プロジェクト『満月の人よ』、アミューズ『阿呆の鼻毛で蜻蛉をつなぐ』）」丸田真悟　テアトロ　869　2012.12　p44〜45

## 阿呆浪士　⓽ラッパ屋
0313　上演：1998年6月4日〜6月30日　場所：シアター・トップス　作・演出：鈴木聡
　◇「賢明な実作者は傑作ミマンで勝負する!?（木山事務所『ピアフの妹』、岡部企画＋シアターX『新大久保の猫』、ラッパ屋『阿呆浪士』、花企画『旅愁の人』、かたつむりの会『月と卵』）」浦崎浩實　テアトロ　671　1998.8　p62〜64

## アポカリプティカ—20世紀の黙示録　⓽東京演劇集団風
0314　上演：2008年9月4日〜9月7日　場所：レパートリーシアターKAZE　作・演出：ミラン・スラデク
　◇「人間、この愚者のあがき（東京演劇集団風『アポカリプティカ』、文学座アトリエの会『ミセス・サ

ヴェッジ』,THE・ガジラ『ゆらゆら』)」斎藤偕子　テアトロ　812　2008.11　p56〜57

**甘い丘**　⑱KAKUTA
*0315* 上演：2009年10月30日〜11月8日　場所：シアタートラム　作・演出：桑原裕子
◇「物語の創造と脱構築（KAKUTA『甘い丘』、砂地『ナノクライシス ポルノグラフィティ』、トム・プロジェクト『逝った男の残したものは』)」村井健　テアトロ　829　2010.1　p48〜49

**甘い傷**　⑱龍昇企画
*0316* 上演：2016年12月17日〜12月25日　場所：スタジオあくとれ　作：平田俊子　演出：西沢栄治
◇「人はどんな形で時代を超えるのか（劇団鳥獣戯画『踊れ唐獅子』、劇団NLT『OH！マイママ』、龍昇企画『甘い傷』)」黒羽英二　テアトロ　929　2017.3　p66〜67

**甘い生活**　⑱燐光群
*0317* 上演：1996年11月15日〜12月1日　場所：ザ・スズナリ　作・演出：坂手洋二
◇「アンダーグラウンドから目覚めて（ウジェーヌ・イヨネスコ劇場『ゴドーを待ちながら』、燐光群『甘い生活』)」大岡淳　テアトロ　651　1997.1　p68〜69

**甘え**　⑱劇団、本谷有希子
*0318* 上演：2010年5月10日〜6月6日　場所：青山円形劇場　作・演出：本谷有希子
◇「若手四人の充実（劇団、本谷有希子『甘え』、パルコ・プロデュース『裏切りの街』、イキウメ『プランクトンの踊り場』、チェルフィッチュ『ホットペッパー、クーラー、そしてお別れの挨拶』)」林あまり　テアトロ　835　2010.7　p43〜45

**甘粕大尉―季節はずれの卒論**　⑱演奏舞台
*0319* 上演：1995年7月15日〜7月16日　場所：文芸坐ル・ピリエ　作・演出：久保田猛
◇「異色の顔合わせが生むパワー（青春五月党『グリーン・ベンチ』、第三エロチカ『四谷怪談・解剖室』、地人会『はつ恋―抱月と須磨子』、俳優座『ソフィストリー詭弁』、トム・プロジェクト『たたかう女』、演奏舞台『甘粕大尉―季節はずれの卒論』、劇団青社『ペガサス』)」結城雅秀　テアトロ　633　1995.9　p62〜69

**甘き夢みし酔ひもせず、ん？**　⑱未来劇場
*0320* 上演：1998年4月15日〜4月26日　場所：博品館劇場　作・演出：里吉しげみ　音楽：小林亜星
◇「現代演劇の財産（未来劇場『甘き夢みし酔ひもせず、ん？』、青年座『MOTHER』、サンシャイン劇場『アマデウス』)」水落潔　テアトロ　670　1998.7　p48〜49

**あまつ空なる…**　⑱俳優座
*0321* 上演：1987年11月13日〜11月29日　場所：俳優座劇場　作：中村眞一郎　演出：千田是也
◇「日本古典の異国風味劇（俳優座『あまつ空なる…』)」蔵原惟治　テアトロ　539　1988.1　p32〜33

**あまつつみ**　⑱あうん堂
*0322* 上演：2002年3月8日〜3月10日　場所：全労済ホール／スペース・ゼロ　作・演出：杉山晴佳
◇「3月の関西 差異としての関係（桃園会『のたり、のたり』『四季一会』、アグリーダックリング『がくぶちの王国』、異国幻燈舎『殿上鳩の旦那』、あうん堂『あまつつみ』)」太田耕人　テアトロ　721　2002.5　p56〜58

**アマデウス**　⑱松竹
*0323* 上演：1982年6月8日〜7月11日　場所：サンシャイン劇場　作：ピーター・シェーファー　訳：倉橋健、甲斐萬里江　演出：ジャイルス・ブロック
◇「戯曲の良さと幸四郎の好演（松竹『アマデウス』)」戸部銀作　テアトロ　474　1982.8　p21〜24
*0324* 上演：1983年5月12日〜6月12日　場所：サンシャイン劇場　作：ピーター・シェーファー　訳：倉橋健、甲斐萬里江　演出：ジャイルス・ブロック
◇「『アマデウス』の余慶（松竹『アマデウス』)」阪田寛夫　テアトロ　485　1983.7　p21〜23
*0325* 上演：1993年8月28日〜9月26日　場所：サンシャイン劇場　作：ピーター・シェーファー　訳：倉橋健、甲斐萬里江　演出：ジャイルス・ブロック
◇「外国人演出家による二つの回想劇（松竹『アマデウス』、メジャーリーグ『ガラスの動物園』)」結城雅秀　テアトロ　609　1993.11　p67〜69
*0326* 上演：1998年4月25日〜5月17日　場所：サンシャイン劇場　作：ピーター・シェーファー　訳：倉橋健、甲斐萬里江　演出：ジャイルス・ブロック
◇「現代演劇の財産（未来劇場『甘き夢みし酔ひもせず、ん？』、青年座『MOTHER』、サンシャイン劇場『アマデウス』)」水落潔　テアトロ　670　1998.7　p48〜49
*0327* 上演：2017年9月24日〜10月9日　場所：サンシャイン劇場　作：ピーター・シェーファー　訳：倉橋健、甲斐萬里江　演出：松本幸四郎
◇「寛容という名の変奏（松竹『アマデウス』、劇団民藝『33の変奏曲』、劇団1980『素顔 楢山節考』、Bunkamura『危険な関係』)」杉山弘　テアトロ　939　2017.12　p36〜38

**天邪鬼**　⑱柿喰う客
*0328* 上演：2015年9月16日〜9月23日　場所：本多劇場　作・演出：中屋敷法仁
◇「語りと対話の絶妙なバランス（On7『その頬、熱線に焼かれ』、柿喰う客『天邪鬼』、カタルシツの『語る室』)」丸田真悟　テアトロ　911　2015.12　p32〜33,61,63

**アマハラ**　⑱維新派
*0329* 上演：2016年10月14日〜10月24日　場所：平城宮跡　作・演出：松本雄吉
◇「10月の関西 関西発の企画、演劇祭が相次ぐ

あめ　　　　　　　　　　　　　　　　　　　　　　　　　　　　0330〜0343

(維新派『アマハラ』, 現代演劇レトロスペクティブ『夜の子供2』, Plant M『君ヲ泣ク』, 匿名劇壇『戸惑えよ』, ヨーロッパ企画『来てつかるべき新世界』, ジャブジャブサーキット『猿川方程式の誤算あるいは死亡フラグの正しい折り方』)」九鬼葉子　テアトロ　925　2016.12　p70〜72

雨　⑫こまつ座
**0330**　上演：1996年9月5日〜9月17日　場所：紀伊國屋ホール　作：井上ひさし　演出：木村光一
◇「二つの名作の再演(文学座『女の一生』, こまつ座『雨』)」水落潔　テアトロ　648　1996.11　p64〜65

雨　⑫新国立劇場
**0331**　上演：2011年6月9日〜6月29日　場所：新国立劇場　作：井上ひさし　演出：栗山民也
◇「華を競う女優たち(ナイロン100℃『黒い十人の女』, シス・カンパニー『ベッジ・パードン』, 新国立劇場『雨』)」杉山弘　テアトロ　851　2011.8　p44〜45

雨　⑫民藝
**0332**　上演：1988年12月8日〜12月24日　場所：三越劇場　作：サマセット・モーム　脚色：ジョン・コルトン, クレメンス・ランドルフ　訳：里居正美　演出：若杉光夫
◇「役者の存在感(民芸『雨』)」斎藤偕子　テアトロ　552　1989.2　p25〜26

雨上がりの夜空に…　⑫東京乾電池
**0333**　上演：2003年2月12日〜2月23日　場所：本多劇場　作：ベンガル　演出：綾田俊樹
◇「無謀なモチーフに拍手を送りつつも…(オフィスプロジェクトM『明治とサムライと×××』, 東京乾電池『雨上がりの夜空に…』, 青年座『見よ, 飛行機の高く飛べるを』, 青杜『TELESCOPE テレスコープ』, 虹企画・グループしゅら『桃花村祝婚歌』)」浦崎浩實　テアトロ　734　2003.4　p46〜49

雨かしら　⑫兵庫県立ピッコロ劇団
**0334**　上演：2001年6月6日〜6月10日　場所：ピッコロシアター　作・演出：内藤裕敬
◇「6月の関西〈影響〉を意識する(兵庫県立ピッコロ劇団『雨かしら』, OMSプロデュース『その鉄塔に男たちはいるという』, A級 Missing Link『自由を我等に』)」太田耕人　テアトロ　710　2001.8　p81〜83

**0335**　上演：2005年7月7日〜7月13日　場所：ピッコロシアター　作・演出：内藤裕敬
◇「7月の関西 含意される語り手(マレビトの会『王女A』, 劇団M.O.P.『水平線ホテル』, ピッコロ劇団『雨かしら』)」太田耕人　テアトロ　768　2005.9　p114〜116

雨ニ浮カブ　⑫芝居屋坂道ストア
**0336**　上演：2002年2月8日〜2月11日　場所：扇町ミュージアムスクエア　作・演出：角ひろみ
◇「2月の関西 公的ということ(CREATIVE FORCE OSAKA『大胸騒ぎ』, エレベーター企画『近代愛』, 芝居屋坂道ストア『雨ニ浮カブ』)」太田耕人　テアトロ　720　2002.4　p59〜61

雨の運動会　⑫文学座アトリエの会
**0337**　上演：1988年9月16日〜9月25日　場所：文学座アトリエ　作：金杉忠男　演出：坂口芳貞
◇「老人の眼差し, 死者の記憶」七字英輔　新劇　35(11)　1988.11　p30〜33

雨の塔　⑫第七病棟
**0338**　上演：2000年4月7日〜4月30日　場所：水天宮箱崎旧倉庫　作：唐十郎　演出：石橋蓮司, 第七病棟演出部　音楽：田山雅充
◇「不信に満ちた家族の濃密な対話(新国立劇場『夜への長い旅路』, 第七病棟『雨の塔』, 彩の国さいたま芸術劇場『夏の夜の夢』, 円『から騒ぎ』)」結城雅秀　テアトロ　696　2000.7　p68〜71

雨の夏、三十人のジュリエットが還ってきた
　⑫東宝
**0339**　上演：1982年5月4日〜5月28日　場所：日生劇場　作：清水邦夫　演出：蜷川幸雄
◇「追放された無数の〈ロミオ〉たちは…」衛紀生　テアトロ　29(7)　1982.7　p24〜25
◇「新しいロミオは生まれたか(東宝『雨の夏, 三十人のジュリエットが還ってきた』)」大笹吉雄　テアトロ　473　1982.7　p21〜24

雨の夏、三十人のジュリエットが還ってきた
　⑫Bunkamura
**0340**　上演：2009年5月6日〜5月30日　場所：シアターコクーン　作：清水邦夫　演出：蜷川幸雄
◇「「演劇」は終わらない 『雨の夏, 三十人のジュリエットが還ってきた』を考える」嶋田直哉　シアターアーツ　40　2009.9　p131〜134
◇「再演・リメイク・再創造(リ・クリエイション)(座・高円寺『化粧 二幕』, Bunkamura『雨の夏, 三十人のジュリエットが還ってきた』, 俳優座『蟹工船』)」七字英輔　テアトロ　821　2009.7　p38〜40

雨のハムレット　⑫清水紘治企画
**0341**　上演：1987年4月17日〜4月28日　場所：ザ・スズナリ　作：シェイクスピア　訳：小田島雄志　演出：清水紘治
◇「神聖喜劇のシンワカ」鴻英良　新劇　34(7)　1987.7　p22〜27

雨降りしきる風の吹く日は―チェーホフ作「桜の園」より　⑫レクラム舎
**0342**　上演：1993年8月11日〜8月15日　場所：ジァン・ジァン　作：小松幹生　演出：赤石武生
◇「人生について考えさせてくれる芝居(銀座セゾン劇場『エリザベス』, レクラム舎『雨降りしきる』)」結城雅秀　テアトロ　608　1993.10　p48〜50

あめゆきさんの歌　⑫文化座
**0343**　上演：1980年11月4日〜11月9日　場所：都市センターホール　原作：山崎朋子　脚色：ふじたあさや
◇「鈴木光枝の蓄積(文化座『あめゆきさんの歌』)」宮岸泰治　テアトロ　455　1981.1　p32〜34

### アメリカ　㈳アトリエ劇研
*0344* 上演：2006年9月9日～9月10日　場所：アトリエ劇研　作・演出：松本邦雄
◇「9月の関西 異領域との交通（松本邦雄作・演出『アメリカ』，チェルフィッチュ『体と関係のない時間』，劇団態変『ラ・バルティーダ―出発'06』）」太田耕人　テアトロ　784　2006.11　p66～68

### アメリカ　㈳世田谷パブリックシアター
*0345* 上演：2001年3月17日～3月25日　場所：シアタートラム　原作：カフカ　構成・演出：松本修
◇「人間疎外劇いろいろ（燐光群『ララミー・プロジェクト』，世田谷パブリックシアター『AMERIKA』，青年劇場『殯の海』，東京演劇アンサンブル『海鳴りの底から』，文学座アトリエ『柘榴変』）」渡辺淳　テアトロ　708　2001.6　p50～54

### アメリカ　㈳MODE，世田谷パブリックシアター
*0346* 上演：2003年3月1日～3月16日　場所：シアタートラム　作・演出：松本修
◇「松本修の「世界劇場」（MODE＋世田谷パブリックシアター『アメリカ』，パルコ制作『オケピ！』）」内田洋一　テアトロ　723　2003.5　p44～45

### アメリカの時計　㈳俳優座
*0347* 上演：1986年1月10日～1月26日　場所：俳優座劇場　作：アーサー・ミラー　訳：倉橋健　演出：増見利清
◇「現代の不安を衝く（俳優座『アメリカの時計』）」千田幸一　テアトロ　517　1986.3　p21～24

### アメリカの日々　㈳昴
*0348* 上演：1986年5月29日～6月8日　場所：三百人劇場　作：A・R・ガーニー　訳：村田元史
◇「軽やかな人生（すばる『アメリカの日々』）」斎藤偕子　テアトロ　522　1986.8　p21～22

### アメリカンドリームと犬の生活　㈳楽市楽座
*0349* 上演：2003年10月17日～10月19日　場所：中之島公園剣先広場・特設野外劇場ラフレシア　作・演出：長山現
◇「11月の関西 物語のちから（楽市楽座『アメリカンドリームと犬の生活』，犯罪友の会『一花のいたち』，アグリーダックリング『アドウェントゥーラ』）」太田耕人　テアトロ　745　2004.1　p112～114

### アメリカン・バッファロー　㈳TPT
*0350* 上演：2005年12月22日～2006年1月8日　場所：ベニサン・ピット　作：デイヴィッド・マメット　訳：広田敦郎　演出：門井均
◇「70年代の熱気が今（tpt『アメリカン・バッファロー』，新劇梁山泊『風のほこり』，劇団四季『鹿鳴館』，音楽座ミュージカル『とってもゴースト』）」結城雅秀　テアトロ　775　2006.3　p75～77

### アメリカン・バッファロー　㈳扉座，岡森企画
*0351* 上演：1995年4月5日～5月11日　場所：OFF・OFFシアター　作：デイヴィッド・マメット　訳・演出：小澤僥謳
◇「引き裂かれた人物像（NODA・MAP『贋作・罪と罰』，扉座・岡森企画『アメリカン・バッファロー』，B級遊撃隊『TOTOからの電話』）」大沢圭司　テアトロ　630　1995.6　p59～61

### 綾描恋糸染　㈳梅左事務所
*0352* 上演：2008年11月12日～11月13日　場所：シアターX　脚本・演出：堀川登志子
◇「曖昧さを映す（梅左事務所＋シアターX『綾描恋糸染』，虹企画／ぐるうぷ・しゅろ＋ペルソナ合同公演『お医者さん万歳！』，アリストパネスカンパニー『パラオ島の自由と憂鬱』，SHIMIN劇場II『おたふく・南天・福寿草』，俳協『新・明暗』）」中本信幸　テアトロ　816　2009.2　p56～57

### 亜也子―母の桜は散らない桜　㈳青年座
*0353* 上演：1988年10月21日～10月30日　場所：本多劇場　作：岡部耕大　演出：越光照文
◇「コスモスと桜――時代の黄昏に」扇田昭彦　新劇　35(12)　1988.12　p34～37
◇「桜の巨木は延命した（青年座『亜也子』）」菅孝行　テアトロ　551　1989.1　p21～22

### 怪しき村の旅人　㈳ステージ・ワンダー，世田谷パブリックシアター
*0354* 上演：1998年3月20日～3月29日　場所：世田谷パブリックシアター　原作：武田泰淳　演出：塩見哲
◇「斜面に立つ人物たち（一跡二跳『平面になる』，オフィス・ワンダーランド『ジャン・ジァン 賭博師 梟』，東京演劇集団 風『火のようにさみしい姉がいて』，ステージ・ワンダー＋世田谷パブリックシアター『怪しき村の旅人』）」浦崎浩實　テアトロ　668　1998.5　p58～59

### あやつむぎ　㈳犯罪友の会
*0355* 上演：2010年10月14日～10月19日　場所：難波宮跡公園野外特設劇場　作・演出：武田一度
◇「10月の関西 空間と演技（劇団大阪『まほろば』，スイス銀行『おっぱい博士』，犯罪友の会『あやつむぎ』）」太田耕人　テアトロ　841　2010.12　p58～60

### あゆみ　㈳青年座
*0356* 上演：2014年7月12日～7月21日　場所：青年座劇場　作・演出：柴幸男
◇「時空をまたぐ劇的ありよう（萬國四季協會『黒椿洋裁店』，青年座『あゆみ』，シス・カンパニー『抜目のない未亡人』）」中本信幸　テアトロ　894　2014.9　p34～35

### アライブ・フロム・パレスチナ―占領下の物語　㈳アルカサバ・シアター
*0357* 上演：2004年2月25日～2月29日　場所：シアタートラム　考案：アルカサバ・シアター　演出：ニザール・ズビ
◇「「西洋演劇」の受容と了解の構造」内野儀　シアターアーツ　19　2004.6　p72～74

# あらか　　　　　　　　　　　　　　　　　　　0358〜0370

**あらかじめ失われた恋人たちよ―劇篇**　団木冬社
*0358*　上演：1981年10月16日〜10月18日　場所：砂防会館ホール　作・演出：清水邦夫
◇「幻の蝶のありか」森秀男　新劇　28(12)　1981.12　p26〜29
◇「ゆたかなイメージの記号的効用(木冬社『あらかじめ失われた恋人たちよ―劇篇』)」渡辺淳　テアトロ　466　1981.12　p26〜27

**嵐になるまで待って**　団演劇集団キャラメルボックス
*0359*　上演：1997年7月31日〜8月17日　場所：サンシャイン劇場　作・演出：成井豊
◇「視線、声、形(多摩市文化振興財団『寺山修司の迷宮世界◎100年気球メトロポリス』、キャラメルボックス『嵐になるまで待って』、銀座セゾン劇場『夕鶴』)」長谷部浩　テアトロ　660　1997.10　p61〜65

**アラビアの夜**　団エイチエムピー・シアターカンパニー
*0360*　上演：2017年3月18日〜3月20日　場所：インディペンデントシアター1st　作：ローラント・シンメルプフェニヒ　訳：大塚直　ドラマトゥルク：くるみざわしん　演出・舞台美術：笠井友仁
◇「4月の関西　大阪府吹田市と大東市が地域密着の演劇を主催し、成果(ファミリーミュージカル『さよなら、五月』、大東市主催『河内キリシタン列伝』、エイチエムピー・シアターカンパニー『アラビアの夜』、サファリ・P『悪童日記』、突劇金魚『僕のヘビ母さん』)」九鬼葉子　テアトロ　932　2017.6　p37〜39

**アラビアン・ナイト**　団文学座
*0361*　上演：2002年3月29日〜4月6日　場所：全労済ホール/スペース・ゼロ　脚色：ドミニク・クック　訳：鵜澤麻由子　演出：高瀬久男
◇「語りの力、イリュージョンの力(世田谷パブリックシアター　音楽劇『ふたごの星』、文学座ファミリーシアター『アラビアン・ナイト』『新羅生門』、JIS企画『今宵かぎりは…』)」大岡淳　テアトロ　727　2002.10　p50〜52

**アラブ・イスラエル・クックブック**　団一跡二跳
*0362*　上演：2006年11月3日〜11月12日　場所：シアター・トップス　作：ロビン・ソーンズ　訳：鈴木小百合　演出：古城十忍
◇「見事な江守の「シラノ」(青年劇場『族譜』、一跡二跳『アラブ・イスラエル・クックブック』、文学座・ひょうご舞台芸術『シラノ・ド・ベルジュラック』)」水落潔　テアトロ　787　2007.1　p60〜61

**アララビアンナイト2006**　団虹企画/ぐるうぷ・しゅら
*0363*　上演：2006年　場所：虹企画アトリエ・ミニミニシアター　作・演出：三條三輪
◇「自己愛を越えて…(青い鳥+北村想『もろびとこぞりてver.2,3』、銅鑼『流星ワゴン』、萬國四季協會『THE MONSTER CARNIVAL'06―眠れない夜の悪夢は惑う』、虹企画/ぐるうぷ・しゅら『アララビアンナイト2006』)」浦崎浩實　テアトロ　776　2006.4　p58〜59

**ありがちなはなし　噂のジュリエット篇**　団自転車キンクリーツカンパニープロデュース
*0364*　上演：1991年10月31日〜11月3日　場所：近鉄小劇場　作：飯島早苗　演出：鈴木裕美
◇「生きるための根拠」長谷部浩　しんげき　38(13)　1991.12　p74〜77
◇「飽食観劇」岡本螢　しんげき　38(13)　1991.12　p78〜81

**アリゲーター・ダンス2**　団ウォーキング・スタッフ
*0365*　上演：1997年10月2日〜10月12日　場所：シアタートップス　作・演出：和田憲明
◇「最低辺の現実に肉薄する試み(ウォーキング・スタッフ『アリゲーター・ダンス2』、下北沢『劇』小劇場開場記念公演『蜜の味』二等経基礎学校『狂人教』、文学座『人生と呼べる人生』、東京ギンガ堂『クレイジー・フルーツ』、兵庫県立ピッコロ劇団『わたしの夢は舞う』)」江原吉博　テアトロ　662　1997.12　p72〜74

**アリス―どんどんお家が遠くなる**　団結城座
*0366*　上演：1996年7月24日〜7月28日　場所：三鷹市芸術文化センター　作・演出：加藤直
◇「子供たちの迷宮(黒テント俳優基礎学校『殺人教育』、結城座『アリス―どんどんお家が遠くなる』)」大岡淳　テアトロ　655　1997.5　p74〜75

**蟻たちへの伝言**　団オフィス樹
*0367*　上演：1999年9月11日〜9月12日　場所：東京芸術劇場小ホール2　作：花季実子　演出：石川妙子
◇「芝居は"人恋しさ"に始まる！(文化座『パートナー』、オフィス樹『蟻たちへの伝言』、THE・ガジラ『tatsuya/最愛なる者の側へ』、OPEN SESAME『クラウンのいる風景=星の砂漠』)」浦崎浩實　テアトロ　687　1999.11　p62〜64

**ありてなければ**　団民藝
*0368*　上演：2002年9月21日〜10月4日　場所：紀伊國屋サザンシアター　作：大西信行　演出：高橋清祐
◇「問い続けること(民藝『ありてなければ』、広島の女上演委員会『広島の女』、東京演劇アンサンブル『常陸坊海尊』)」北川登園　テアトロ　729　2002.12　p54〜53

**ありとほし**　団遊劇体
*0369*　上演：2016年10月21日〜10月25日　場所：アトリエ劇研　脚本・演出：キタモトマサヤ
◇「11月の関西　新しい演劇的地平への模索と挑戦(兵庫県立ピッコロ劇団『砂壁の部屋』、あごうさとし新作公演『Pure Nation』、遊劇体『ありとほし』、極東退屈道場『百式サクセション』、清流劇場『アルトゥロ・ウイ』)」九鬼葉子　テアトロ　926　2017.1　p71〜73

**或いは魂の止まり木**　団A級 Missing Link
*0370*　上演：2013年3月1日〜3月3日　場所：AI・

HALL　作・演出：土橋淳志
◇「3月の関西 創られた世界（ピッコロシアタープロデュース『泡』,MONO『うぶな雲は空で迷う』,A級Missing Link『或いは魂の止まり木』, 空の驛舎『ライオンのいる場所』, 犯罪友の会『ラジオの時間』）」太田耕人　テアトロ　875　2013.5　p55～57

**0371** 上演：2016年7月15日～7月18日　場所：AI・HALL　作：土橋淳志　演出：竹内銃一郎
◇「8月の関西 OMS戯曲賞受賞作家の活躍（A級Missing Link『或いは魂の止まり木』, 下鴨車窓『旅行者』, 空の驛舎『ただ夜、夜と記されて』, 兵庫県立ピッコロ劇団『オズのオジさんやーい』, 空晴『ここも誰かの旅先』）」九鬼葉子　テアトロ　923　2016.10　p46～48

## あるいは友をつどいて　[団]THEガジラ

**0372** 上演：2004年12月9日～12月19日　場所：東京芸術劇場　作・演出：鐘下辰男
◇「にんげん、このミステリアスな存在（THE・ガジラ『あるいは友をつどいて』, ナイロン100℃『消失』,JIS企画『マダラ姫』）」斎藤偕子　テアトロ　760　2005.2　p66～68

## ある馬の物語　[団]俳優座

**0373** 上演：2011年11月14日～11月23日　場所：あうるすぽっと　原作：トルストイ　脚色：マルク・ロゾーフスキー　訳：桜井郁子　演出：眞鍋卓嗣
◇「劇団・プロダクションの個性が光る公演（パルコ製作『想い出のカルテット』, 俳優座『ある馬の物語』, ラッパ屋『ハズバンズ&ワイブズ』）」七字英輔　テアトロ　857　2012.1　p44～46

## ある馬の物語　[団]ボリショイドラマ劇場

**0374** 上演：1983年9月16日～9月21日　場所：国立劇場　原作：トルストイ　脚色：マルク・ロゾーフスキー　演出：G・トフストノーゴフ
◇「斬新な演出と俳優の至芸（ボリショイドラマ劇場『ある馬の物語』『検察官』）」中本信幸　テアトロ　489　1983.11　p30～33

## R.A.2「Recording Angel」- Trilogy Part.2　[団]時々自動

**0375** 上演：2000年7月29日～7月30日　場所：セッションハウス　演出：朝比奈尚行
◇「入れ子じかけの劇場（俳優座『我らが祖国のために』, 世田谷パブリックシアターこどもの劇場2000『音楽劇 ネネム』, 時々自動『Recording Angel vol.2』）」大岡淳　テアトロ　699　2000.10　p46～48

## 或る女　[団]THEガジラ

**0376** 上演：2016年6月30日～7月3日　場所：下北沢小劇場B1　原作：有島武郎　台本・演出：鐘下辰男
◇「緊張空間における光と闇（演劇企画集団ザ・ガジラ『或る女』, パルコ『母と惑星について、および自転する女たちの記録』, 世田谷パブリックシアター『レイディアント・ヴァーミン』, ロベール・ルパージュ『887』, 民藝『炭鉱の絵描きたち』, パルコ『BENT』）」結城雅秀　テアトロ　922　2016.9　p40～43

## アルカディア　[団]シス・カンパニー

**0377** 上演：2016年4月6日～4月30日　場所：シアターコクーン　作：トム・ストッパード　訳：小田島恒志　演出：栗山民也
◇「過去は現在とつながり、全ては寂滅（シス・カンパニー『アルカディア』, 新国立劇場『たとえば野に咲く花のように』, 劇団東演『兄弟』, 劇団昴『ヴェニスの商人』, 東京演劇集団風『マハゴニー市の興亡』, 名取事務所『記念碑』）」結城雅秀　テアトロ　918　2016.6　p30～33

## アルカリ　[団]壁ノ花団

**0378** 上演：2008年11月20日～11月24日　場所：アトリエ劇研　作・演出：水沼健
◇「11月の関西 ノンセンス、不条理、笑い（壁ノ花団『アルカリ』, 下鴨車窓『書庫』, スクエア『誉め兄弟』）」太田耕人　テアトロ　815　2009.1　p46～48

## アルケオプテリクスの卵　[団]B級遊撃隊

**0379** 上演：2001年8月22日～8月26日　場所：ザ・スズナリ　作：佃典彦　演出：神谷尚吾
◇「生きることの意味を考える晩年の名優（松竹『サラ』, 幹の会+リリック『冬物語』, 扉座『ハムレット』『フォーティンブラス』,B級遊撃隊『アルケオプテリクスの卵』）」結城雅秀　テアトロ　714　2001.11　p40～44

## ある結婚の風景　[団]TPT

**0380** 上演：2008年3月5日～3月16日　場所：ベニサン・ピット　作：イングマール・ベルイマン　台本：広田敦郎　演出：鈴木裕美
◇「イメージの重層化が生み出すリアリティ（チェルフィッチュ『フリータイム』, 五反田団『偉大なる生活の冒険』,TPT『ある結婚の風景』, 加藤健一事務所『思い出のすきまに』）」丸田真悟　テアトロ　805　2008.5　p41～43

## 或る「小倉日記」伝　[団]前進座

**0381** 上演：2009年10月9日～10月12日　場所：前進座劇場　原作：松本清張　脚色：鈴木幹二　演出：鈴木龍男
◇「執念のトリック（青年劇場『結の風らぷそでぃ』, ジャブジャブサーキット『河童橋の魔女』, 前進座『或る「小倉日記」伝』）」中本信幸　テアトロ　827　2009.12　p40～41

## アルゴス坂の白い家―クリュタイメストラ　[団]新国立劇場

**0382** 上演：2007年9月20日～10月7日　場所：新国立劇場中劇場　作：川村毅　演出：鵜山仁　音楽：久米大作
◇「古典の書替えの成否、あるいは疑問（新国立劇場『アルゴス坂の白い家』, 新国立劇場『たとえば野に咲く花のように』,THE・ガジラ『ヘル』）」七字英輔　テアトロ　799　2007.12　p51～53

## アルジャーノンに花束を　[団]昴

**0383** 上演：1990年9月21日～10月7日　場所：三百人劇場　作：ダニエル・キイス　脚色：デヴィッド・ロジャース　脚本・演出：菊池准
◇「痛切な物語（昴『アルジャーノンに花束を』）」斎

藤偕子　テアトロ　574　1990.12　p24〜25
**0384**　上演：2001年7月13日〜8月3日　場所：三百人劇場　原作：ダニエル・キイス　脚本・演出：菊池准　振付：川原あけ未　音楽：上田亨
　◇「役を生きること（仕事プロジェクト『お隣りの脱走兵』、俳優座劇場『こわれがめ』、シアターコクーン『三文オペラ』、昴『アルジャーノンに花束を』）」渡辺淳　テアトロ　712　2001.9　p56〜59

**ある戦いの描写　カフカの作品より**　㈲ジョルジオ・B・コルセッティ・カンパニー
**0385**　上演：1992年8月19日〜8月23日　場所：ラフォーレミュージアム赤坂　作：カフカ　演出：ジョルジオ・B・コルセッティ
　◇「水に溶けた体」布施英利　Les Specs　39（11）　1992.11　p38〜39

**あるタップ・ダンサーの物語**　㈲状況劇場
**0386**　上演：1984年4月20日〜4月22日　場所：能古島　作・演出：唐十郎
　◇「綾なす「思い」の流れ（ことばの劇場）」松岡和子　新劇　31（6）　1984.6　p33〜36
　◇「ごく、ごく私的に、懐かしの…（ことばの劇場）」萩原なぎさ　新劇　31（7）　1984.7　p40〜44

**アルデールまたは聖女**　㈲四季
**0387**　上演：1983年1月27日〜2月5日　場所：第一生命ホール　作：ジャン・アヌイ　訳：諏訪正　演出：浅利慶太
　◇「記念公演の成果（四季『アルデールまたは聖女』『ユリディス』）」渡辺淳　テアトロ　482　1983.4　p38〜40,62

**アルトゥロ・ウイ**　㈲清流劇場
**0388**　上演：2016年10月19日〜10月23日　場所：インディペンデントシアター2nd　原作：ブレヒト　訳・ドラマトゥルク：市川明　ドラマトゥルク：柏木貴久子　構成・演出：田中孝弥
　◇「11月の関西　新しい演劇的地平への模索と挑戦（兵庫県立ピッコロ劇団『砂壁の部屋』、あごうさとし新作公演『Pure Nation』、遊劇体『ありとほし』、極東退屈道場『百式サクセション』、清流劇場『アルトゥロ・ウイ』）」九鬼葉子　テアトロ　926　2017.1　p71〜73

**アルトゥロ・ウイの興隆**　㈲ベルリナー・アンサンブル
**0389**　上演：2005年6月22日〜6月30日　場所：新国立劇場中劇場 PLAY HOUSE　作：ブレヒト　演出：ハイナー・ミュラー
　◇「ミュラーは何を意図したのか（新国立劇場主催/ベルリナー・アンサンブル『アルトゥロ・ウイの興隆』）」田之倉稔　テアトロ　768　2005.9　p50〜52

**アルトナの幽閉者**　㈲新国立劇場
**0390**　上演：2014年2月19日〜3月9日　場所：新国立劇場　作：サルトル　訳：岩切正一郎　演出：上村聡史
　◇「戯曲の重量と演出・演技（新国立劇場『アルトナの幽閉者』、さいたまネクストシアター『2014年・蒼白の少年少女たちによるカリギュラ』、Pカンパニー『猿飛佐助の憂鬱』）」みなもとごろう　テアトロ　889　2014.5　p44〜45

**ある夏の一日**　㈲地点
**0391**　上演：2004年1月16日〜1月18日　場所：こまばアゴラ劇場　作：ヨン・フォッセ　訳：河合純枝　演出：三浦基
　◇「私たちに「21世紀のベケット」は必要か？　ヨン・フォッセ本邦初演が突きつけた課題」山川三太　シアターアーツ　19　2004.6　p88〜92

**ある人形一座によるハムレット**　㈲結城座
**0392**　上演：1986年1月12日〜1月26日　場所：武蔵野芸能劇場　作：シェイクスピア　台本・演出：福田善之
　◇「場所と記憶」鴻英良　新劇　33（4）　1986.4　p18〜23

**アルバートを探せ**　㈲文学座アトリエの会
**0393**　上演：2005年12月6日〜12月20日　場所：文学座アトリエ　作：小里清　演出：西川信廣
　◇「芝居はまことにおそろしい（パルコ劇場『12人の優しい日本人』、文学座アトリエの会『アルバートを探せ』）」内田洋一　テアトロ　774　2006.2　p66〜67

**アルバニアンドリーム**　㈲NLT
**0394**　上演：2006年11月29日〜12月3日　場所：シアターX　作：小池竹見　演出：北澤秀人
　◇「アルバニアとアメリカ（NLT『アルバニアンドリーム』、文学座アトリエ『AWAKE AND SING！』）」田之倉稔　テアトロ　788　2007.2　p44〜45

**アル・ハムレット・サミット**　㈲スレイマン・アルバッサーム・シアターカンパニー
**0395**　上演：2004年2月12日〜2月17日　場所：パークタワーホール　作・演出：スレイマン・アルバッサーム
　◇「「西洋演劇」の受容と了解の構造」内野儀　シアターアーツ　19　2004.6　p72〜74

**あるハムレット役者の夢**　㈲青年劇場
**0396**　上演：2008年2月14日〜2月19日　場所：シアターサンモール　作：ジャン＝クロード・グランベール　訳：土方与平　演出：松波喬介
　◇「記憶として受け継がれるもの（こまつ座『人間合格』、演劇復興の会『海ゆかば水漬く屍』、青年劇場『あるハムレット役者の夢』、パパ・タラフマラ『シンデレラ』）」丸田真悟　テアトロ　804　2008.4　p42〜44

**或る日、或る時**　㈲森組芝居
**0397**　上演：2015年10月17日〜10月25日　場所：座・高円寺1　作：森治美　演出：高橋正徳
　◇「強固な意志の実現（エイコーン『メアリー・スチュアート』、桟敷童子『泥花』、オフィス樹『邪宗門』、空気はぜひ必要です）、トム・プロジェクト『南阿佐ヶ谷の母』、森組芝居『或る日、或る時』、新

国立劇場『桜の園』)」結城雅秀　テアトロ　913　2016.1　p29〜32,60〜62

**R.P.G.**　[団]朋友

**0398** 上演：2011年2月23日〜3月1日　場所：中野ザ・ポケット　原作：宮部みゆき　脚本・演出：古城十忍

◇「弱き死すべきもの人間の賛歌(朋友『R.P.G』,Hプロデュース『音楽劇わが町』,こまつ座『日本人のへそ』)」中本信幸　テアトロ　847　2011.5　p38〜39

**ある日せっせ、せっせと 兎に角編**　[団]青い鳥

**0399** 上演：1987年6月23日〜7月7日　場所：シアターモリエール　作・演出：市堂令

◇「ノスタルジックな虚無感覚」鴻英良　新劇　34(9)　1987.9　p18〜23

◇「集団ということ」佐々木幹郎　新劇　34(9)　1987.9　p24〜29

**ある日、ぼくらは夢の中で出会う**　[団]ショーマ

**0400** 上演：1984年10月28日〜11月5日　場所：シアターグリーン　作・演出：高橋いさを

◇「ある日,ぼくらは劇場のなかで出会う(ことばの劇場)」西村博子　新劇　32(2)　1985.2　p42〜47

**アルベルト・シュペーア**　[団]民藝

**0401** 上演：2002年6月19日〜7月2日　場所：紀伊國屋サザンシアター　脚色：ディヴィッド・エドガー　訳・演出：丹野郁弓

◇「翻訳か翻案か(民藝『アルベルト・シュペーア』,新国立劇場『楼の園』)」渡辺淳　テアトロ　726　2002.9　p58〜59

**あるポーランド神父の死**　[団]文学座アトリエの会

**0402** 上演：1987年11月1日〜11月12日　場所：文学座アトリエ　作：ロナルド・ハーウッド　訳：甲斐萬里江　演出：藤原新平

◇「映画スタジオの青い鳥」鴻英良　新劇　35(1)　1988.1　p26〜31

◇「蜷川幸雄演出の『ギプス』」渡辺保　新劇　35(1)　1988.1　p38〜43

**アルマ即興**　[団]京都芸術センター

**0403** 上演：2004年9月28日〜10月3日　場所：京都芸術センター　作：イヨネスコ　演出：水沼健

◇「10月の関西 侵入する脅威(マレビトの会『蜻蛉』,演劇計画2004『アルマ即興』,ニットキャップシアター『男亡者の泣きぬるところ』,劇場あてがき企画『今日、このハコ』)」太田耕人　テアトロ　757　2004.12　p66〜68

**或る憂鬱**　[団]THEガジラ

**0404** 上演：2001年11月1日〜11月9日　場所：紀伊國屋ホール　作・演出：鐘下辰男

◇「キムラ緑子の快演は掘り出し物(M.O.P.『ジンジャーブレッド・レディはなぜアル中になったのか』,ナイロン100℃『ノーアート、ノーライフ』,ザ・ガジラ『或る憂鬱』)」内田洋一　テアトロ　717　2002.1　p56〜58

**ある夜—老いた大地よ〜『また終わるために』より**　[団]世田谷パブリックシアター

**0405** 上演：2006年10月26日〜10月29日　場所：シアタートラム　作：ベケット　訳：高橋康也,宇野邦一　演出：太田省吾

◇「哀愁漂う中にきらめく個性(東京ヴォードヴィルショー『エキストラ』,アリストパネス・カンパニー『男装の麗人伝説』,夜の樹『蓮の花』,銕仙会『ベケットの夕べ』,世田谷パブリックシアター『ベケットを読む』)」結城雅秀　テアトロ　787　2007.1　p56〜59

**アレキサンドル昇天 青木繁・神話の住処**　[団]オフィスワンダーランド

**0406** 上演：2015年9月3日〜9月6日　場所：紀伊國屋ホール　作・演出：竹内一郎　振付：加藤真由美

◇「秋の前線(加藤健一事務所『滝沢家の内乱』,パルコ・プロダクション『転校生』,オフィスワンダーランド『アレキサンドル昇天』,座・高円寺『ふたごの星』)」斎藤偕子　テアトロ　910　2015.11　p36〜37

**アレグロ**　[団]タチ・ワールド

**0407** 上演：2017年5月17日〜5月21日　場所：ウッディシアター中目黒　台本・作詞：オスカー・ハマースタイン2世　演出・訳・訳詞：勝田安彦　音楽：リチャード・ロジャース　振付：ジム・クラーク　音楽監督：安藤由布樹

◇「虚像と史実、メルヘンと寓話の現在形(ヴィレッヂ『クヒオ大佐の妻』,マコンドープロデュース『祖国は我らのために』,パルコ・兵庫県立芸術文化センター『ダニーと紺碧の海』,タチ・ワールド『アレグロ』)」小山内伸　テアトロ　935　2017.8　p36〜38

**荒地とせきれい**　[団]国際舞台芸術研究所

**0408** 上演：1982年7月24日〜7月26日　場所：五箇山スキー場ゲレンデ　演出：ジョン・フォックス

◇「利賀村への旅」渡辺保　テアトロ　476　1982.10　p54〜59

**アロハ颱風**　[団]ラッパ屋

**0409** 上演：1993年8月1日〜8月4日　場所：シアターサンモール　作・演出：鈴木聡

◇「舞台へ誘う「仕掛け」(テアトル・エコー『馬かける男たち』,ラッパ屋『アロハ颱風』,岡部企画『精霊流し』,流山児★事務所『tatsuya』,扉座『うたかたの城』)」大沢圭司　テアトロ　608　1993.10　p52〜55

**アローン・アゲイン**　[団]演劇集団キャラメルボックス

**0410** 上演：1994年4月8日〜4月24日　場所：シアターアプル　作・演出：成井豊　演出：真柴あずき　音楽：SPIRAL LIFE

◇「「時間」を感じさせる舞台(地人会『奇妙な果実』,アトリエ・ダンカン『ラストチャンスキャバレー』,キャラメルボックス『アローン・アゲイン』,プラチナ・ペーパーズ『櫻の園』,俳優座『闘江風土記』)」大沢圭司　テアトロ　617　1994.6

# あわ

## 泡 ㊀兵庫県立ピッコロ劇団
*0411* 上演：2013年2月21日〜2月24日　場所：兵庫県立芸術文化センター　作・演出：岩松了
◇「3月の関西 創られた世界（ピッコロシアタープロデュース『泡』，MONO『うぶな雲は空で迷う』，A級Missing Link『或いは魂の止まり木』，空の驛舎『ライオンのいる場所』，犯罪友の会『ラジオの時間』）」太田耕人　テアトロ　875　2013.5　p55〜57

## あわて幕やぶけ芝居 ㊀東京芸術座
*0412* 上演：1994年9月　場所：シアターサンモール　作・演出：大橋喜一　演出：杉本孝司
◇「舞台における言葉（パルコ劇場『オレアナ』，円『木を揺らすー2』，東京サンシャインボーイズ『罠』，こまつ座『父と暮らせば』，東京芸術座『あわて幕やぶけ芝居』）」大沢圭司　テアトロ　622　1994.11　p67〜71

## あわれ彼女は娼婦 ㊀演劇集団円
*0413* 上演：2013年4月19日〜4月30日　場所：ステージ円　作：ジョン・フォード　訳：小田島雄志　演出：立川三貴　ドラマトゥルグ：山本健翔　振付：井手茂太
◇「愛のドラマは異なるもの（演劇集団円『あわれ彼女は娼婦』，エイコーン『メアリー・スチュアート』，劇団NLT『恋の冷凍保存』）」中本信幸　テアトロ　877　2013.7　p48〜49

## あわれ彼女は娼婦 ㊀新国立劇場
*0414* 上演：2016年6月8日〜6月26日　場所：新国立劇場　作：ジョン・フォード　訳：小田島雄志　演出：栗山民也
◇「連続的に変化する意識と観念（シス・カンパニー『コペンハーゲン』，新国立劇場『あわれ彼女は娼婦』，彩の国シェイクスピア『尺には尺を』，テアトル・エコー『淑女はここにいる』，オフィスコットーネ『烙もなく汚れなく』）」結城雅秀　テアトロ　921　2016.8　p26〜29

## あわれ彼女は娼婦 ㊀TPT
*0415* 上演：1993年6月9日〜6月30日　場所：ベニサン・ピット　作：ジョン・フォード　訳：小田島雄志　演出：デヴィッド・ルヴォー
◇「ものみなウェルメイドに向かうか？（NOISE『A・R』，かたつむりの会『魔女の猫探し』，T・P・T『あわれ彼女は娼婦』）」内野儀　テアトロ　606　1993.8　p60〜62

## あわれ彼女は娼婦 ㊀Bunkamura
*0416* 上演：2006年7月6日〜7月30日　場所：シアターコクーン　作：ジョン・フォード　訳：小田島雄志　演出：蜷川幸雄　振付：夏貴陽子
◇「若者の情念と不安（Bunkamuraシアターコクーン『あわれ彼女は娼婦』，地人会『フィガロの離婚』，俳優座ラボ『主人は浮気なテロリスト!?』，ルームルーデンス『身毒丸』）」結城雅秀　テアトロ　782　2006.9　p46〜49

## 暗愚小傳 ㊀青年団
*0417* 上演：2004年6月17日〜7月4日　場所：こまばアゴラ劇場　作・演出：平田オリザ
◇「死の先を見つめる夫婦の会話（新国立劇場『請願—静かな叫び』，青年団『暗愚小傳』，世田谷パブリックシアター+コンプリシテ『エレファント・バニッシュ』）」丸山真悟　テアトロ　754　2004.9　p58〜59

## アンコントロール ㊀THEガジラ
*0418* 上演：2003年7月6日〜7月27日　場所：ザ・スズナリ　作・演出：鐘下辰男
◇「「現在」に負けない作品（THE・ガジラ『アンコントロール』，M・O・P『オールディーズ・バット・ゴールディーズ』，流山児★事務所『書を捨てよ、町へ出よう』）」林あまり　テアトロ　740　2003.9　p50〜51

## 暗殺風聞—'84気ヲツケ カケアシ ススメ ㊀演奏舞台
*0419* 上演：2000年12月8日〜12月10日　場所：アトリエフォンテーヌ　作・演出：久保田猛
◇「作者とは？（青杜『春の赤ずきん』，現代制作舎・百年ハーモニカ提携『APARTMENT HOUSE#4』，演奏舞台『暗殺風聞—'84気ヲツケ カケアシ ススメ』）」佐藤康平　テアトロ　704　2001.2　p72〜73

## 安寿—ANJU ㊀NANYA-SHIP
*0420* 上演：2000年4月6日〜4月9日　場所：シアターX　作・脚色：杉浦久幸　演出：宮田慶子
◇「想像の域を超えた作劇の発想（岡部企画『真田風雲録』，NANYA-SHIP・シアターX提携『安寿—ANJU』，語りと音楽の会『山林鉄道』）」佐藤康平　テアトロ　695　2000.6　p58〜59

## 按針—イングリッシュサムライ ㊀ホリプロ
*0421* 上演：2009年12月10日〜2010年1月18日　場所：天王洲 銀河劇場　脚本：マイク・ポウルトン　脚本共同執筆：河合祥一郎　演出：グレゴリー・ドーラン　音楽：藤原道山
◇「三つの群像劇（ホリプロ『按針—イングリッシュサムライ』，Bunkamura『東京月光魔曲』，俳優座『どん底』）」水落潔　テアトロ　831　2010.3　p48〜49

## 「安政異聞」より 松陰吉田寅次郎 ㊀自由人会
*0422* 上演：2004年1月9日〜1月10日　場所：シアターX　原作：押川昌一　演出：ふるかわ照
◇「時代ものが映える（自由人会『松陰吉田寅次郎』，少年王者館KUDAN Project『真夜中の弥次さん喜多さん』，俳優座『三屋清左衛門残日録〜夕映えの人』）」中本信幸　テアトロ　747　2004.3　p108〜109

## 安全な真空 ㊀タラントット鼻行類
*0423* 上演：1992年
◇「演劇と名前」宮沢章夫　しんげき　39(3)　1992.3　p82〜85

## アンダーグラウンド ㊀IMPACT DRIVE
*0424* 上演：1998年8月29日〜8月30日　場所：大阪南港ふれあい港館広場　原作：ばんどちかこ　構成：岡野史
◇「9月の関西 日常生活をどう描き出すか（インパ

クトD『UNDERGROUND』、コズミックシアター『NO WAY OUT』、関西芸術座『遥かなる甲子園』、潮流『あひるの靴』、199Q太陽族『それを夢と知らない』)」宮辻政夫　テアトロ　674　1998.11　p82〜84

**ANTAR（アンタル）** 劇ハカワーティ
*0425* 上演：1989年　場所：ラフォーレミュージアム原宿　作・演出：ラディ・シェハーデ
◇「被抑圧者の演劇と自己批評の演劇」七字英輔　新劇　36(5)　1989.5　p26〜29

**アンチクロックワイズ・ワンダーランド** 劇阿佐ヶ谷スパイダース
*0426* 上演：2010年1月21日〜2月14日　場所：本多劇場　作・演出：長塚圭史
◇「世界を疑わなくては (阿佐ヶ谷スパイダース『アンチクロックワイズ・ワンダーランド』、Bunkamura/Quaras『血は立ったまま眠っている』、シス・カンパニー『えれがんす』)」林あまり　テアトロ　832　2010.4　p46〜47

**アンチゴーヌ** 劇四季
*0427* 上演：1987年1月23日〜1月30日　場所：第一生命ホール　作：ジャン・アヌイ　訳：諏訪正　演出：浅利慶太
◇「クレオンの悲劇 (四季『ペラックのアポロ/アンチゴーヌ』)」千野幸一　テアトロ　530　1987.4　p26〜28

*0428* 上演：2005年3月6日〜3月22日　場所：自由劇場　作：ジャン・アヌイ　訳：諏訪正　演出：浅利慶太　音楽：林光
◇「ピランデッロと劇中劇 (ク・ナウカ『山の巨人たち』、四季『アンチゴーヌ』、ホリプロ『デモクラシー』)」田之倉稔　テアトロ　763　2005.5　p66〜69

**アンチゴーヌ** 劇地人会
*0429* 上演：2001年6月3日〜6月16日　場所：紀伊國屋ホール　作：ジャン・アヌイ　訳：芥川比呂志　演出：木村光一
◇「楽屋における女優の孤独と情熱 (ベルリン・ルネッサンス劇場『マレーネ』、木冬社『女優N―戯曲推理小説より』、地人会『アンチゴーヌ』、東京ギンガ堂『KAZUKI〜ここが私の地球』)」結城雅秀　テアトロ　710　2001.8　p64〜68

**アンティゴネ** 劇ギリシャ国立劇場
*0430* 上演：2003年3月11日〜3月16日　場所：東京国際フォーラムホールC　作：ソフォクレス　演出：ニキティス・コンドゥーリ
◇「舞台の人生模様アラカルト (ギリシャ国立劇場『アンティゴネ』、加藤健一事務所『ギャンブラー』、演劇集団円『マクロプロス一三〇〇年の秘密』)」斎藤偕子　テアトロ　735　2003.5　p40〜42

**アンデルセン・プロジェクト** 劇世田谷パブリックシアター
*0431* 上演：2006年6月23日〜6月30日〔ルパージュ版〕、2006年7月1日〜7月8日〔白井版〕　場所：世田谷パブリックシアター　作・演出：ロベール・ルパージュ　訳：松岡和子　演出：白井晃
◇「世田谷は燃えているか――ロベール・ルパージュ作『アンデルセン・プロジェクト』」吉野万里雄　シアターアーツ　28　2006.9　p78〜80
◇「見世物からメタ・シアターへ (世田谷パブリックシアター ルパージュ版/白井版『アンデルセン・プロジェクト』)」田之倉稔　テアトロ　782　2006.9　p55〜57

**アンドウ家の一夜** 劇彩の国さいたま芸術劇場
*0432* 上演：2009年6月18日〜7月1日　場所：彩の国さいたま芸術劇場小ホール　作：ケラリーノ・サンドロヴィッチ　演出：蜷川幸雄
◇「それぞれの公共劇場の特性を (さいたまゴールド・シアター『アンドウ家の一夜』、新国立劇場『現代能楽集 鵺』、東京芸術劇場 プロペラ来日公演『夏の夜の夢』)」高橋豊　テアトロ　824　2009.9　p42〜43

**And The World Goes 'Round** 劇三越社
*0433* 上演：1993年8月7日〜8月29日　場所：博品館劇場　オリジナル演出・振付：スーザン・ストローマン、スコット・エリス　日本版演出・振付：ロン・ギブス
◇「ウェルメイドの難しさ (三越・文学座『夜のキャンバス』、博品館劇場・三生社『And The World Goes 'Round』、セイブ ザ ライフ『バーバパパ』)」江原吉博　テアトロ　608　1993.10　p56〜58

**アントニーとクレオパトラ** うずめ劇場
*0434* 上演：2016年10月25日〜10月30日　場所：シアターX　原作：シェイクスピア　訳：松岡和子　台本・演出：ペーター・ゲスナー
◇「恋と劇場 演じるしかない人生 (NLT、劇団ま・劇場、うずめ劇場『アントニーとクレオパトラ』、CANプロ『変な女の恋』)」斎藤偕子　テアトロ　926　2017.1　p48〜49

**アントニーとクレオパトラ** 劇彩の国さいたま芸術劇場
*0435* 上演：2011年10月1日〜10月15日　場所：彩の国さいたま芸術劇場　作：シェイクスピア　訳：松岡和子　演出：蜷川幸雄　音楽：阿部海太郎
◇「定評ある「シリーズ」と再演舞台 (彩の国さいたま芸術劇場『アントニーとクレオパトラ』、黒テント『窓ぎわのセロ弾きのゴーシュ』、流山児★事務所『ユーリンタウン』)」七字英輔　テアトロ　855　2011.12　p40〜41

**アンドラ** 劇清流劇場
*0436* 上演：2018年3月7日〜3月11日　場所：一心寺シアター倶楽　作：マックス・フリッシュ　訳・ドラマトゥルク：市川明　ドラマトゥルク：柏木貴久子　演出：田中孝弥
◇「3月の関西 才能の交流。演劇界の広がりへの可能性 (演劇EXPO2018『流れんな』、現代演劇レトロスペクティヴ『二十世紀の退屈男』、兵庫県立ピッコロ劇団『マルーンの長いみち』、大阪劇団協議会合同公演『築地にひびく銅鑼』、清流劇場『アンドラ』)」九鬼葉子　テアトロ　945　2018.5　p38〜40

## アンドロマック ㊀浅利演出事務所
**0437** 上演：2018年9月7日～9月12日　場所：自由劇場　作：ジャン・ラシーヌ　訳：宮島春彦　演出：浅利慶太
　◇「人間の強さと脆さ(文化座『反応工程』、新橋演舞場『オセロー』、NODA・MAP『贋作 桜の森の満開の下』、浅利事務所『アンドロマック』)」水落潔　テアトロ　952　2018.11　p46～48

## アンドロマック ㊀四季
**0438** 上演：2002年2月19日～3月6日　場所：四季劇場・秋　作：ジャン・ラシーヌ　訳：宮島春彦　台本・演出：浅利慶太
　◇「古典作家の初期作品(四季『アンドロマック』、新国立劇場『くしゃみ/the Sneeze』、東京演集団風『ゴドーを待ちながら』)」渡辺淳　テアトロ　721　2002.5　p50～52

## アントン・チェーホフ ドラマ四幕 三人姉妹 ㊀TPT
**0439** 上演：2004年12月16日～12月29日　場所：ベニサン・ピット　作：チェーホフ　台本：広田敦郎　演出：ロバート・アラン・アッカーマン
　◇「2005年のチェーホフ、カフカ、シェイクスピア(tpt『三人姉妹』、新国立劇場『城』、遊園地再生事業団＋ニブロール『トーキョー/不在/ハムレット』)」野中広樹　テアトロ　761　2005.3　p104～106

## アンナ・カレーニナ ㊀エイコーン
**0440** 上演：2012年1月　場所：かめありリリオホール　作：トルストイ　脚色・演出：加来英治
　◇「この世の関節がはずれてしまったのか(民藝『思案橋』、エイコーン『アンナ・カレーニナ』、昴ザ・サード・ステージ『暗いところで待ち合わせ』)」中本信幸　テアトロ　859　2012.3　p54～55

## アンナ・カレーニナ ㊀民藝
**0441** 上演：2000年1月19日～2月1日　場所：紀伊國屋ホール　作：トルストイ　脚色：ヘレン・エドマンドソン　訳・演出：丹野郁弓
　◇「ふたつの世紀ドラマ(ひょうご舞台芸術＋キャスター・ウエストエンド・シアター『二十世紀』、民藝『アンナ・カレーニナ』)」渡辺淳　テアトロ　692　2000.3　p92～93

## アンナ・クリスティ ㊀ホリプロ
**0442** 上演：2018年7月13日～7月29日　場所：よみうり大手町ホール　作：ユージン・オニール　訳：徐賀世子　演出：栗山民也
　◇「人間の業の深さを描く三作品(俳小特別プロジェクト『女人嵯峨』、ホリプロ『アンナ・クリスティ』、ホリプロ『レインマン』)」水落潔　テアトロ　951　2018.10　p40～41

## 杏仁豆腐のココロ ㊀海のサーカス
**0443** 上演：2002年12月17日～12月18日　場所：扇町ミュージアムスクエア　作・演出：鄭義信
　◇「1月の関西 共同体のほうへ(海のサーカス『杏仁豆腐のココロ』、A級 Missing Link『Missing Linkの謎を追え！』、人間座『人形師卯吉の余生』)」太田耕人　テアトロ　733　2003.3　p81～83

## アンネの日記 ㊀埼芸
**0444** 上演：1985年10月6日～10月8日　場所：三百人劇場　原作：アンネ・フランク　脚色：アルバート・ハケット，フランセス・G・ハケット　訳：菅原卓　演出：由布木一平
　◇「地域演劇東京演劇祭(多様に展開する地域演劇)」藤木宏幸　テアトロ　515　1986.1　p68～72

## アンネの日記 ㊀民藝
**0445** 上演：1979年12月11日～12月27日　場所：三越劇場　原作：アンネ・フランク　作：フランセス・グッドリッチ　脚色：アルバート・ハケット　演出：滝沢修
　◇「成果を見せた新演出(民藝『アンネの日記』)」浜村道哉　テアトロ　444　1980.2　p34～35

**0446** 上演：2011年7月21日～7月31日　場所：アルテリオ小劇場　原作：アンネ・フランク　脚色：フランセス・グッドリッチ，アルバート・ハケット　訳・演出：丹野郁弓
　◇「炎暑をしずめる名作劇効果(虹企画・ぐるうぷしゅら『じょるじゅ・だんだん』、日生劇場ファミリーフェスティヴァル2011『三銃士』、民藝『アンネの日記』)」中本信幸　テアトロ　853　2011.10　p38～39

## アンマー達のカチャーシー ㊀東演
**0447** 上演：1985年11月29日～12月10日　場所：東演パラータ　作：謝名元慶福　演出：松川暢生
　◇「作者・演出・演者の三位一体(東演『アンマー達のカチャーシー』)」矢野輝雄　テアトロ　516　1986.2　p32～33

**0448** 上演：1987年5月1日～5月5日　場所：俳優座劇場　作：謝名元慶福　演出：松川暢生
　◇「復帰十五周年の沖縄劇(東演『風のユンタ』)」ほんちえいき　テアトロ　532　1987.6　p24～25

## アンモナイトクエスト―遠く雷鳴の聞こえる夜 ㊀新宿梁山泊
**0449** 上演：1988年10月15日～10月30日　場所：自由ヶ丘特設テント　作：山川三太　演出：金盾進
　◇「「美しい」芝居あります」林あまり　新劇36(1)　1989.1　p42～45

## 安楽病棟 ㊀青年座
**0450** 上演：2018年6月22日～7月1日　場所：本多劇場　脚本：シライケイタ　原作：帚木蓬生　演出：磯村純
　◇「活況を呈した六月 brisk June(劇団四季『恋に落ちたシェイクスピア』、青年座『安楽病棟』、二兎社『ザ・空気ver.2誰も書いてはならぬ』、てがみ座『海越えの花たち』)」小山内伸　テアトロ　950　2018.9　p52～54

## 安楽兵舎VSOP ㊀青年劇場
**0451** 上演：1991年2月8日～2月12日　場所：朝日生命ホール　作・演出：ジェームス三木

◇「リアリズム演劇の理想と現実（青年劇場『安楽兵舎VSOP』）」瀬戸宏　テアトロ　578　1991.4　p21〜22

## 【い】

### 飯縄おろし　[団]オフィスプロジェクトM

**0452** 上演：2004年2月25日〜3月1日　場所：梅ヶ丘BOX　作・演出：丸尾聡

◇「歴史の深層に（劇団仲間『蝦夷地別件』，オフィスプロジェクトM『飯縄おろし』，劇団1980『こい』『榎物語』，青年座『殺陣師段平』）」中本信幸　テアトロ　749　2004.5　p60〜62

### 言いだしかねて　[団]MODE

**0453** 上演：1989年6月13日〜6月18日　場所：シアタートップス　構成・演出：松本修

◇「演技はめぐる」扇田昭彦　新劇　36（8）　1989.8　p30〜33

◇「演出が強く語りはじめる」長谷部浩　新劇　36（8）　1989.8　p34〜37

### 家　[団]上海人民芸術院

**0454** 上演：1985年9月5日〜9月16日　場所：サンシャイン劇場　原作：巴金　作：曹禺　演出：黄佐臨

◇「人間と体制の根を考察（上海人民芸術劇院『家』）」渡辺淳　テアトロ　513　1985.11　p21〜23

### 家を出た　[団]京都府立文化芸術会館

**0455** 上演：1998年1月23日〜1月25日　場所：京都府立文化芸術会館ホール　作：鈴江俊郎　演出：土田英生

◇「2月の関西 三作家の新作（『家を出た』制作実行委員会プロデュース『家を出た』，くじら企画『黄昏ワルツ』，メイシアタープロデュース『新・曾根崎心中』）」宮辻政夫　テアトロ　667　1998.4　p59〜61

### 家路　[団]文学座，三越劇場

**0456** 上演：1999年2月5日〜2月21日　場所：三越劇場　作：平石耕一　演出：藤原新平

◇「平和な家庭という幻想（文学座＋三越『家路』，あまがさき近松創造劇場『蜻蛉』，ザ・コア・システム『夏の匂い』）」江原吉博　テアトロ　680　1999.4　p60〜61

### イエスタデイ　[団]演劇集団円

**0457** 上演：1989年6月19日〜6月30日　場所：ステージ円　作・演出：佐久間崇

◇「日常性のアイロニーと恐怖」七字英輔　新劇　36（9）　1989.9　p26〜29

### イエスタデイ　[団]木冬社

**0458** 上演：2003年8月20日〜8月24日　場所：シアターX　作：清水邦夫　演出：松本典子

◇「家族のドラマ三様（Bunkamura/フジテレビ主催『エレクトラ』，トム・プロジェクト『夏きたりなば』，木冬社『イエスタディ』）」渡辺淳　テアトロ　742　2003.11　p50〜52

### イエスタディ／ある恋の物語　[団]木冬社

**0459** 上演：1997年4月11日〜4月20日　場所：サイスタジオ　作：清水邦夫　演出：松本典子

◇「個人と国家の永遠の葛藤（パルコ劇場『ヘアー'97』，木冬社サイスタジオにおける小さな公演『イエスタディ』『ある恋の物語』）」江原吉博　テアトロ　656　1997.6　p68〜69

### イエスマンの最後のイエス　[団]一跡二跳

**0460** 上演：1992年7月8日〜7月12日　場所：ジァン・ジァン　作・演出：古城十忍

◇「必要にして十分か？（俳優座『とりあえずの死』，文学座アトリエ『フェードル』，円『わが師わが街』，一跡二跳『イエスマンの最後のイエス』）」みなもとごろう　テアトロ　595　1992.9　p66〜68

### 家出ショウ　[団]芝居屋坂道ストア

**0461** 上演：1999年10月6日〜10月13日　場所：カラビンカ　作・演出：角ひろみ

◇「10月の関西 境界に佇む（楽市楽座『ジェットゴースター』，芝居屋坂道ストア『家出ショウ』，アノニム『一家風』）」太田耕人　テアトロ　688　1999.12　p105〜107

### 家には高い木があった　[団]弘前劇場

**0462** 上演：1995年1月13日〜1月15日　場所：こまばアゴラ劇場　作・演出：長谷川孝治

◇「消費される言葉からの決別—舞台に〈いる〉ための試論—サードステージ・プロデュース『祈る女』/劇団弘前劇場『家には高い木があった』」衛紀生　シアターアーツ　2　1995.4　p109〜111

◇「舞台にみなぎる緊張感（弘前劇場『家には高い木があった』，青年劇場『もう1人のヒト』，NLT『ジャングル・ジム』，アートスフィア『熱帯祝祭劇マウイ』，BOYAKIの会『KVETCH（ぼやき）』）」大沢圭司　テアトロ　628　1995.4　p68〜71

**0463** 上演：1997年6月20日〜6月22日　場所：青山円形劇場　作・演出：長谷川孝治

◇「方言と方言らしさの落差（青年団『バルカン動物園』，弘前劇場『家には高い木があった』，花企画『被告の椅子』）」江原吉博　テアトロ　658　1997.8　p66〜67

**0464** 上演：2004年2月19日〜2月22日　場所：東京芸術劇場小ホール2　作・演出：長谷川孝治

◇「生活感を共有する…（テアトル・エコー『マチのモノガタリ』，加藤健一事務所『すべて世は事も無し』，弘前劇場『家には高い木があった』，円『私の金子みすゞ』，ギィ・フォワシィ・シアター＋シアターX『ギィ・フォワシィ演劇コンクール』）」浦崎浩實　テアトロ　749　2004.5　p53〜55

### 家の内臓　[団]アル☆カンパニー

**0465** 上演：2010年5月21日〜5月30日　場所：SPACE雑遊　作・演出：前田司郎

◇「父娘の愛情をきめ細かく（文学座『麦の穂の揺れる穂先に』，加藤健一事務所『モリー先生との火曜日』，アル☆カンパニー『家の内臓』）」丸田真悟　テアトロ　837　2010.8　p44〜45

## いえる

**イェルマ** ㊞演劇集団円
0466 上演：1979年11月29日～12月8日　場所：紀伊國屋ホール　作：ガルシア・ロルカ　訳：会田由、内田喜彦　演出：村田元
◇「死の宿命感（円『イエルマ』）」岩瀬孝　テアトロ　444　1980.2　p25～28

**イェルマ** ㊞TPT
0467 上演：2011年4月5日～4月12日　場所：ASAKURA劇場　作：ガルシア・ロルカ　訳・台本・詞：広田敦郎　演出：門井均
◇「翻訳劇スタイルに、それぞれ工夫（昴『エデンの東』、tpt『イエルマ』、ティーファクトリー『豚小屋』）」みなもとごろう　テアトロ　851　2011.8　p42～43

**イェルマ** ㊞ヌリア・エスペル劇団
0468 上演：1988年8月4日～8月11日　場所：銀座セゾン劇場　作：ガルシア・ロルカ　訳：渡辺浩子、乾英一郎　演出：ビクトル・ガルシア
◇「陰喩としての不妊（ヌリア・エスペル『イエルマ』）」市川雅　テアトロ　548　1988.10　p28～29

**イェルマ** ㊞パルコ
0469 上演：1988年3月12日～3月24日　場所：PARCO SPACE PART3　作：ガルシア・ロルカ　訳：乾英一郎　訳・演出：渡辺浩子
◇「チラシの魔法にかけられて」林あまり　新劇　35（6）　1988.6　p38～41
◇「産む性としての女性の悲劇（パルコ『イエルマ』）」岩波剛　テアトロ　543　1988.5　p30～31

**イエロー・フィーバー** ㊞俳小
0470 上演：2018年3月21日～3月25日　場所：d-倉庫　作：リック・シオミ　訳：吉原豊司　演出：河田園子
◇「演目と舞台づくりの問題意識（青年劇場『きみはいくさに征ったけれども』、俳小『イエロー・フィーバー』、名取事務所『渇愛』）」斎藤偕子　テアトロ　946　2018.6　p24～25

**イエロー・フィーバー** ㊞流山児★事務所
0471 上演：2004年3月17日～3月23日　場所：シアターX　原作：リック・シオミ　台本・演出：流山児祥
◇「演技のリアリティ（フランス演劇クレアシオン『アニェス・ベラドンヌ』、東京演劇集団・風『ドン・ジュアン』、流山児★事務所『イエロー・フィーバー』）」渡辺淳　テアトロ　750　2004.6　p50～51

**いかけしごむ** ㊞かたつむりの会
0472 上演：1989年6月9日～6月11日　場所：ジャン・ジャン　作：別役実　演出：村井志摩子
◇「現代の『辺年の悪所』（かたつむりの会『いかけしごむ』）」斎藤偕子　テアトロ　557　1989.8　p24～25

**怒りをこめてふり返れ** ㊞地人会
0473 上演：2004年11月2日～11月13日　場所：紀伊國屋ホール　作：ジョン・オズボーン　訳・演出：木村光一
◇「人間と愛の再検証（新国立劇場『ヒトノカケラ』、トム・プロジェクトプロデュース『帰郷』、昴『チェーホフ的気分』、地人会『怒りをこめてふり返れ』）」渡辺淳　テアトロ　759　2005.1　p56～58

**怒りのぶどう** ㊞民藝
0474 上演：1994年9月5日～9月23日　場所：銀座セゾン劇場　原作：スタインベック　脚色：フランク・ギャラーティ　訳：丹野郁弓　演出：渡辺浩子
◇「舞台の絵画的効果と群衆処理（松竹『オセロー』、銀座セゾン劇場＋民芸『怒りのぶどう』、T・P・T『双頭の鷲』、テアトル・エコー『リチャード三世』、平成元年『教祖リチャード』、東京演劇集団風『桜の園』、ピープルシアター『地の風』）」結城雅秀　テアトロ　622　1994.11　p59～66

**怒りの葡萄** ㊞昴
0475 上演：2000年10月17日～11月8日　場所：三百人劇場　原作：スタインベック　脚色：フランク・ギャラーティ　訳：沼澤洽治　演出：ジョン・ディロン
◇「『壁』とのたたかい四態（tpt『地獄のオルフェ』、昴『怒りの葡萄』、The・ガジラ『アーバンクロウ』、文学座『缶詰』）」渡辺淳　テアトロ　701　2000.12　p99～101

0476 上演：2003年6月21日～6月29日　場所：サンシャイン劇場　原作：スタインベック　脚色：フランク・ギャラーティ　訳：沼澤洽治　演出：ジョン・ディロン
◇「運命の指針たる女たち（昴『怒りの葡萄』、虹企画／ぐるうぷ・しゅら『俺たち天使じゃないけれど』、NLT『記憶の窓』）」浦崎浩實　テアトロ　740　2003.9　p48～49

**イカルガの祭り** ㊞本多劇場
0477 上演：1983年1月8日～1月31日　場所：本多劇場　作・演出：斎藤憐
◇「殺戮ゲームの意味するもの（本多劇場『イカルガの祭り』）」渡辺淳　テアトロ　481　1983.3　p30～32

**イカれてるぜ！** ㊞加藤健一事務所
0478 上演：2018年9月26日～10月10日　場所：本多劇場　作：レイ・クーニー　訳：小田島恒志　演出：堤泰之
◇「芝居も色々、役者も色々（民藝『時を接ぐ』、加藤健一事務所『イカれてるぜ！』、こまつ座『母と暮せば』、劇団NLT『やっとことっちゃうんとこな』）」水落潔　テアトロ　953　2018.12　p34～36

**息をひそめて―シリア革命の真実** ㊞ワンツーワークス
0479 上演：2013年11月11日～11月17日　場所：赤坂RED/THEATER　作：ゾウ・ラファティ　訳：霜康司　演出：古城十忍
◇「舞台としての現実感は（ワンツーワークス『息をひそめて―シリア革命の真実―』、新国立劇場『ピグマリオン』、Bunkamura『マクベス』）」みなもと

ごろう　テアトロ　886　2014.2　p76〜77

### イキシマbreath island ㈲精華小劇場
**0480** 上演：2010年2月18日〜2月28日　場所：精華小劇場　作：松田正隆　演出：松本雄吉
◇「2月の関西 他者性を演じる（ピッコロシアタープロデュース『真田風雲録』、ヨーロッパ企画『曲がれ！スプーン』、精華小劇場製作作品『イキシマbreath island』）」太田耕人　テアトロ　832　2010.4　p53〜55

### 生きてゐる小平次 ㈲くじら企画
**0481** 上演：2002年1月13日〜1月14日　場所：大阪市立芸術創造館　作：鈴木泉三郎　演出：大竹野正典
◇「1月の関西 物語の解体（KAVC企画『カラカラ#1吉永の場合』『カラカラ#2遠山の場合』、くじら企画『生きてゐる小平次』、磁場製作所『彼方の水源』）」太田耕人　テアトロ　719　2002.3　p79〜81

### 生きてゐる小平次 ㈲ク・ナウカ
**0482** 上演：2002年3月28日〜3月31日　場所：法政大学ホール　作：鈴木泉三郎　演出：宮城聰
◇「存在の演劇（ク・ナウカ『生きてゐる小平次』、ポカリン記憶舎 和服美女空間『水鏡』）」里見宗律　テアトロ　722　2002.6　p52〜53

### 生きてるものはいないのか ㈲京都芸術センター
**0483** 上演：2007年10月18日〜10月21日　場所：京都芸術センター　作・演出：前田司郎
◇「10月の関西 ベタということ、そしてその対極（兵庫県立ピッコロ劇団『モスラを待って』、犯罪友の会『たぼり鴉』、演劇計画2007『生きてるものはいないのか』）」太田耕人　テアトロ　799　2007.12　p59〜61

### 生きてるものはいないのか ㈲五反田団
**0484** 上演：2007年11月3日〜11月12日　場所：こまばアゴラ劇場　作・演出：前田司郎
◇「あとは沈黙、のあと—『生きてるものはいないのか』をめぐって」林カヲル　シアターアーツ　33　2007.12　p38〜40
◇「オタクかマルチチュードか—五反田団をめぐって」西堂行人　シアターアーツ　33　2007.12　p41〜44

### 生きてるものはいないのか／生きてるものか ㈲五反田団
**0485** 上演：2009年10月17日〜11月1日　場所：東京芸術劇場小ホール1　作・演出：前田司郎
◇「どうする、終わりを（五反田団『生きてるものはいないのか』『生きてるものか』、毬谷友子ひとり語り『弥々』、NLT『OH！マイママ』、青い鳥『ザ・還暦』）」斎藤偕子　テアトロ　829　2010.1　p54〜57

### イキトン ㈲遊気舎
**0486** 上演：2010年8月27日〜8月29日　場所：神戸アートビレッジセンター　脚本・演出：久保田浩
◇「9月の関西 異界をつくる（くじら企画『サラサーテの盤』、浪花グランドロマン『人造都市』、遊気舎『イキトン』）」太田耕人　テアトロ　840　2010.11　p74〜76

### 異郷の涙 ㈲太陽族
**0487** 上演：2012年2月11日〜2月12日　場所：ドーンセンター　作・演出：岩崎正裕
◇「2月の関西 再利用される過去、あるいはポストモダン（劇団 太陽族『異郷の涙』、桃園会『blue film』、KUTO・10『楽園！』、ニットキャップシアター『さらば箱船』、日韓共同創作『小町風伝』）」太田耕人　テアトロ　860　2012.4　p51〜53

### I KILL ㈲少年王者舘
**0488** 上演：2006年8月1日〜8月6日　場所：精華小劇場　作・演出：天野天街
◇「8月の関西 ポスト＝ドラマの二つの地平（維新派『ナツノトビラ』、少年王者舘『I KILL』）」太田耕人　テアトロ　783　2006.10　p62〜64

### 池袋モンパルナス ㈲銅鑼
**0489** 上演：2018年5月24日〜5月27日　場所：東京芸術劇場シアターウエスト　作：小関直人　演出：野崎美子
◇「時代の荒波の中で（劇団文化座公演151『夢たち』、演劇集団ワンダーランド＋平石耕一事務所『戦争と日本人』、劇団銅鑼『池袋モンパルナス』、劇団芝居屋『通る夜・2018』）」黒羽英二　テアトロ　949　2018.8　p54〜56

### 居酒屋物語〜ヨシダさんがイッタ ㈲オフィスプロジェクトM
**0490** 上演：2001年9月5日〜9月11日　場所：中野ザ・ポケット　作：丸尾聡
◇「ステージに吹く、新しい、風。（青年座『君はこの国を好きか』、オフィスプロジェクトM『居酒屋物語』、東京演劇集団 風『かもめ』）」桂木嶺　テアトロ　714　2001.11　p52〜53

### イサドラ ㈲TPT
**0491** 上演：1997年5月20日〜6月29日　場所：ベニサン・ピット　作：マーティン・シャーマン　訳：小田島恒志　演出：ロバート・アラン・アッカーマン
◇「チェーホフを縦糸として（T.P.T『イサドラ』、流山児★事務所『ザ・寺山』、カクスコ『上りの始発〜丸子組旅にでる』、R・U・Pプロデュース『広島に原爆を落とす日』）」長谷部浩　テアトロ　658　1997.8　p57〜61

### 十六夜日記 ㈲かたつむりの会
**0492** 上演：1999年9月8日〜9月12日　場所：ジァン・ジァン　作：別役実　演出：村井志摩子
◇「現代の家族の様々な形（東京オピニオンズ＋TBS『マディソン郡の橋』、かたつむりの会『十六夜日記』、地人会『土曜・日曜・月曜』、木山事務所『壁の中の妖精』）」水落潔　テアトロ　687　1999.11　p48〜50

### 石なんか投げないで ㈲羊団
**0493** 上演：2004年3月11日〜3月14日　場所：メイシアター小ホール　作：松田正隆　演出：水沼健

◇「劇作家あるいは観客にとって主題とは…(羊団『石なんか投げないで』,アートスフィア/阿部事務所企画・制作『千年の三人姉妹』,木山事務所『赤い鳥の居る風景』,民藝『巨匠』)」みなもとごろう　テアトロ　750　2004.6　p54〜56

**衣裳** [団]文学座

**0494** 上演：1984年6月8日〜6月17日　場所：俳優座劇場　作：森本薫　演出：黒木仁

◇「俳優の年輪(現代劇センター『蝶蝠安』『雪の宿場街』,文学座『弥太五郎源七』『衣裳』)」大笹吉雄　テアトロ　498　1984.8　p30〜33

**遺書—限りなき愛** [団]東宝

**0495** 上演：1982年3月5日〜4月29日　場所：芸術座　作・演出：小幡欣治

◇「泣いたけど、芸術座の「現代劇」」西村博子　新劇　29(6)　1982.6　p30〜31

**石よ哭け** [団]文化座

**0496** 上演：1983年8月27日〜9月5日　場所：文化座アトリエ　作：水上勉　演出：入谷俊一

◇「プロパガンダと様式の古さ—『蟹工船』『闘の中の白い道』『石よ哭け』」堂本正樹　新劇　30(11)　1983.11　p77〜80

**異人たちの辻** [団]ピープルシアター

**0497** 上演：1994年12月13日〜12月18日　場所：東京芸術劇場小ホール　作・演出：森井睦

◇「確固たるドラマの枠組(俳優座『カラマーゾフの兄弟』,木村プロ『危険なダブルキャスト』,四季『キャッツ』,幹の会・安沢事務所『オセロー』,竹中直人の会『月光のつつしみ』,ピープルシアター『異人たちの辻』,扉座『新羅生門』)」結城雅秀　テアトロ　627　1995.3　p76〜83

**0498** 上演：1999年10月12日〜10月17日　場所：東京芸術劇場小ホール1　作・演出：森井睦

◇「"原っぱ"に心残して(キンダースペース『夜明けに消えた』,ピープルシアター『異人たちの辻』,トム・プロジェクト『夏』,篠塚祥司プロデュース『胸さわぎの放課後'99』)」佐藤康平　テアトロ　688　1999.12　p62〜64

**異人の唄—アンティゴネ** [団]新国立劇場

**0499** 上演：2007年11月14日〜12月2日　場所：新国立劇場　作：土田世紀　演出：鐘下辰男

◇「演劇の「ドラマ」の三つの現れ方(新国立劇場『異人の唄—アンティゴネ—』,燐光群『ワールド・トレード・センター』,Bunkamura『カリギュラ』)」七字英輔　テアトロ　800　2008.1　p117〜119

**椅子**

**0500** 上演：1980年　場所：文芸坐ル・ピリエ　作：イヨネスコ　脚色・演出：小林勝也

◇「人形とオブジェと」利光哲夫　新劇　27(7)　1980.7　p30〜33

**椅子** [団]KUNIO03

**0501** 上演：2008年2月1日〜2月3日　場所：AI・HALL　作：イヨネスコ　演出：杉原邦生

◇「2月の関西 翻訳劇の翻案、そして領有(KUNIO03『椅子』,メイシアタープロデュース・売込隊ビーム『お気に召すまま』,ベトナムからの笑い声『ベトナムイサン』,地点『話セバ解カル』)」太田耕人　テアトロ　804　2008.4　p58〜60

**椅子の下に眠れるひとは** [団]ブリキの自発団

**0502** 上演：1989年10月13日〜10月15日　場所：日産住宅展示場　作・演出：生田萬

◇「たずねる演劇、逃げる演劇」扇田昭彦　新劇　36(12)　1989.12　p30〜33

◇「死ぬのはいつも他人」長谷部浩　新劇　36(12)　1989.12　p34〜37

◇「私も"役"をもらえました！」林あまり　新劇　36(12)　1989.12　p38〜41

**泉鏡花の婦系図** [団]花組芝居

**0503** 上演：2001年7月7日〜7月15日　場所：世田谷パブリックシアター　作：泉鏡花　脚本・演出：加納幸和

◇「観客のいらだち(演劇集団円『永遠—PARTⅡ・彼女と彼』,花組芝居『泉鏡花の婦系図』,青山円形劇場プロデュース『室温〜夜の音楽〜』)」林あまり　テアトロ　712　2001.9　p48〜49

**泉鏡花の海神別荘** [団]花組芝居

**0504** 上演：2000年12月9日〜12月13日　場所：ラフォーレミュージアム原宿　作：泉鏡花　構成・演出：加納幸和

◇「新しいエロスの誕生(花組芝居『泉鏡花の海神別荘』,夜の樹『な…七つの大罪』,Cherry Bombers project『The Cherry Bonbers』)」林あまり　テアトロ　704　2001.2　p66〜67

**泉鏡花の天守物語** [団]花組芝居

**0505** 上演：2000年1月8日〜1月16日　場所：シアターアプル　作：泉鏡花　構成・演出：加納幸和　振付：佐藤誓　音楽：坂本朗

◇「鏡花に因む二つの舞台(シアターコクーン『唐版 滝の白糸』,花組芝居『泉鏡花の天守物語』)」水落潔　テアトロ　692　2000.3　p84〜85

**泉鏡花の日本橋** [団]花組芝居

**0506** 上演：1998年5月13日〜5月31日　場所：シアタートラム　作：泉鏡花　脚本・演出：加納幸和

◇「『おりき』『人間合格』の成果(花組芝居『日本橋』,三生社『花粉熱』,文化座『おりき』,こまつ座『人間合格』)」水落潔　テアトロ　671　1998.8　p54〜56

**泉鏡花の夜叉ケ池** [団]花組芝居

**0507** 上演：1991年3月3日〜3月17日　場所：青山円形劇場　作：泉鏡花　構成・演出：加納幸和

◇「『夜叉ケ池』にだるまが行け」だるま食堂　しんげき　38(5)　1991.5　p34〜37

**和泉屋染物店／父と母** [団]シアターX

**0508** 上演：2000年1月11日〜1月16日　場所：シアターX　作：木下杢太郎(和泉屋染物店),郡虎彦(父と母)　演出：川和孝

◇「砂を見つめながら(遊園地再生事業団『砂に沈む月』,シアターX名作劇場『和泉屋染物店』『父と母』)」長谷部浩　テアトロ　692　2000.3

## イスメネ・控室・地下鉄～終わらない終りについての三章 ㊣黒テント、日本劇団協議会

**0509** 上演：2009年2月13日〜2月22日　場所：シアターイワト　作：佐藤信　演出：出演俳優陣　音楽：磯田収
◇「ためらう者のドラマ（黒テント／社団法人日本劇団協議会主催『イスメネ/控室/地下鉄』、マネ協プロデュース『フィレモン』、水戸芸術館ACM劇場『北京の幽霊』）」蔵原惟治　テアトロ　818　2009.4　p42〜44

## 出雲の阿国 ㊣前進座

**0510** 上演：2002年10月11日〜10月26日　場所：前進座劇場　作：有吉佐和子　脚色・演出：津上忠　演出：鈴木龍男
◇「栄光と孤独と（文学座『人が恋しい西の窓』、前進座『出雲の阿国』、二兎社『新・明暗』）」水落潔　テアトロ　729　2002.12　p46〜47

## 異族の歌―伊藤素子オンライン詐欺事件 ㊣転位・21

**0511** 上演：1982年6月11日〜6月23日　場所：ザ・スズナリ　作・演出：山崎哲
◇「消えた〈道行〉―山崎哲の作劇法とその変化」衛紀生　新劇　29(8)　1982.8　p24〜25

## いそという女 ㊣俳優座劇場

**0512** 上演：1995年10月18日〜10月29日　場所：俳優座劇場　原作：山本周五郎　脚色：八木柊一郎　演出：鈴木完一郎
◇「中途半端な二本（俳優座劇場プロデュース『いそという女』、NLT『耳に蚤一疑いのとりこ』）」大場建治　テアトロ　636　1995.12　p52〜53

## 偉大なる生活の冒険 ㊣五反田団

**0513** 上演：2008年3月6日〜3月16日　場所：こまばアゴラ劇場　作・演出：前田司郎
◇「前田司郎の危うい叙情―五反田団『偉大なる生活の冒険』」小田幸子　シアターアーツ　35　2008.6　p100〜103
◇「イメージの重層化が生み出すリアリティ（チェルフィッチュ『フリータイム』、五反田団『偉大なる生活の冒険』、TPT『ある結婚の風景』、加藤健一事務所『思い出のすきまに』）」丸田真悟　テアトロ　805　2008.5　p41〜43

## 痛い目にあいたい ㊣逆境VAND

**0514** 上演：1996年6月1日〜6月2日　場所：全労済ホール/スペース・ゼロ　作・演出：高橋あやのすけ
◇「6月の関西　もう一歩、踏み込んだ世界を（時空劇場『明日は天気になる』、兵庫県立ピッコロ劇団『四人姉妹』、ランニングシアターダッシュ『新・ぼくの先生』、逆境VAND『痛い目にあいたい』）」宮辻政夫　テアトロ　645　1996.8　p81〜84

## 悪戯 ㊣タ・マニネ

**0515** 上演：2000年5月19日〜6月4日　場所：シアターコクーン　作・演出：岩松了
◇「大人の舞台を観るよろこび（タ・マニネ『悪戯』、木冬社『恋する人びと』、扉座『いとしの儚』）」林あまり　テアトロ　697　2000.8　p42〜43

## 舳 ㊣大阪

**0516** 上演：2013年6月7日〜9日、14日〜16日　場所：谷町劇場　作：真船豊　演出：熊本一
◇「6月の関西　発掘するエクリチュール（兵庫県立ピッコロ劇団『不条理・四谷怪談』、南河内万歳一座『宝島』、劇団大阪『舳』）」太田耕人　テアトロ　879　2013.8　p58〜60

## 舳 ㊣シス・カンパニー

**0517** 上演：2014年12月1日〜12月28日　場所：世田谷パブリックシアター　作：真船豊　演出：長塚圭史
◇「家族間の憎しみ、故郷への愛着（シス・カンパニー『舳』、民藝『バウンテイフルへの旅』、新国立劇場『星ノ数ホド』）」水落潔　テアトロ　900　2015.2　p106〜109

## いたち回路 ㊣A級 Missing Link

**0518** 上演：2005年5月21日〜5月22日　場所：AI・HALL　作・演出：土橋淳志
◇「6月の関西　生きられる時間（劇団・太陽族『JAPANESE IDIOT』、アグリーダックリング『トキシラズ 黎明篇』、A級 Missing Link『いたち回路』）」太田耕人　テアトロ　767　2005.8　p66〜68

## 韋駄天 ㊣山本能楽堂

**0519** 上演：2017年8月20日　場所：山本能楽堂　演出：林慎一郎
◇「9月の関西　一般のお客様に、作品をいかに届けるのか（サファリ・P『財産没収』、アイホールがつくる伊丹の物語『さよなら家族』、能×現代演劇work『韋駄天』、PROJECT真夏の太陽ガールズ『キラメキ』）」九鬼葉子　テアトロ　938　2017.11　p79〜81

## 市ヶ尾の坂 ㊣竹中直人の会

**0520** 上演：1992年9月10日〜9月23日　場所：ザ・スズナリ　作・演出：岩松了
◇「ゴドーは待たせながら」三田格　Les Specs　39(11)　1992.11　p40〜41

## いちご畑よ永遠に ㊣扉座

**0521** 上演：2002年11月19日〜11月27日　場所：紀伊國屋サザンシアター　作・演出：横内謙介
◇「アメリカ・フランス・イギリス―さまざまな人生を追っかける（パルコ・ル テアトル銀座提携公演『ブロンドに首ったけ』、青年座『ハロルドとモード』、扉座『いちご畑よ永遠に』）」みなもとごろう　テアトロ　731　2003.1　p62〜64

## 一日の楽天 すずなりの海 ㊣青い鳥

**0522** 上演：1985年11月14日〜12月1日　場所：ザ・スズナリ　作・演出：市堂令
◇「たそがれの町からたそがれの海辺へ（ことばの劇場）」川本三郎　新劇　33(2)　1986.2　p58〜61

## 一族再會／堅壘奪取 ㊣現代演劇協会

**0523** 上演：2011年11月16日〜11月20日　場所：シアターグリーン　作：福田恆存　演出：菊

いちろ

池准（一族再會）、福田逸（堅壘奪取）
◇「発見の楽しみ（青年座『切り子たちの秋』、福田恆存生誕百年記念公演『一族再會』『堅壘奪取』、NLT『検察官』）」杉山弘　テアトロ　857　2012.1　p36～37

**一郎ちゃんがもっと行く**　㊙リリパット・アーミー
*0524* 上演：1991年3月5日～3月10日　場所：シアタートップス　作・演出：わかぎゑふ
◇「『夜叉ケ池』にだるまが行け」だるま食堂　しんげき　38(5)　1991.5　p34～37

**一花のいたち**　㊙犯罪友の会
*0525* 上演：2003年10月23日～10月28日　場所：難波宮跡公園野外特設劇場　作・演出：武田一度
◇「11月の関西 物語のちから（楽市楽座『アメリカンドリームと犬の生活』、犯罪友の会『一花のいたち』、アグリーダックリング『アドヴェントゥーラ』）」太田耕人　テアトロ　745　2004.1　p112～114

**一家風**　㊙創造集団アノニム
*0526* 上演：1999年10月9日～10月10日　場所：くるみ座稽古場　作：森本薫
◇「10月の関西 境界に佇む（楽市楽座『ジェットゴースター』、芝居屋坂道ストア『家出ショウ』、アノニム『一家風』）」太田耕人　テアトロ　688　1999.12　p105～107

**いつか見た男達 again**　㊙東京ヴォードヴィルショー
*0527* 上演：1986年6月25日～7月10日　場所：紀伊國屋ホール　作・演出：松原敏春
◇「「笑い」から「泣き」まで」佐々木幹郎　新劇　33(9)　1986.9　p28～33

**いつかみた夏の思い出**　㊙青い鳥
*0528* 上演：1986年4月17日～5月11日　場所：シアター・トップス　作・演出：市堂令
◇「科学的認識と遊戯」鴻英良　新劇　33(7)　1986.7　p22～27
◇「観客席は浮遊している」佐々木幹郎　新劇　33(7)　1986.7　p28～33

**いつか夢みたように**　㊙萬國四季協會
*0529* 上演：2009年1月15日～1月18日　場所：中野光座　作：ごとうかず美　演出：渡辺大策
◇「集団と個（俳優座『村岡伊平治伝』、萬國四季協會『いつか夢みたように』、トム・プロジェクト『かもめ来るころ』）」蔵原惟治　テアトロ　817　2009.3　p58～60

**一軒の家・一本の樹・一人の息子**　㊙兵庫県立ピッコロ劇団
*0530* 上演：2008年6月13日～6月18日　場所：ピッコロシアター　作：別役実　演出：佐野剛
◇「6月の関西 劇的イリュージョンを超えて（兵庫県立ピッコロ劇団『一軒の家・一本の樹・一人の息子』、演劇ユニット・昼の月『顔を見ないで忘れる』、中野劇団『楽屋ちゃん』、PM/飛ぶ教室『きょうも恋唄』、南河内万歳一座『ジャングル』）」太田耕人　テアトロ　809　2008.8　p51～53

**一身上の都合**　㊙関西俳優協議会
*0531* 上演：1997年11月19日～11月21日　場所：よみうり文化センター　作：森脇京子　演出：田中弘史
◇「12月の関西 鉱脈を掘り進む（関俳協新人研修事業積年受賞者公演『一身上の都合』、劇団大坂『そして、あなたに逢えた』、関西芸術座『ロミオとジュリエット』、199Q太陽族『透明ノ庭』）」宮辻政夫　テアトロ　665　1998.2　p130～133

**イッセー尾形のとまらない生活**　㊙ジァン・ジァン
*0532* 上演：1990年10月8日～10月11日　場所：ジァン・ジァン　演出：森田雄三
◇「出る幕がない」岡本螢　しんげき　37(12)　1990.12　p22～25

**逝った男の残したものは**　㊙トム・プロジェクト
*0533* 上演：2009年10月30日～11月8日　場所：紀伊國屋ホール　作・演出：水谷龍二
◇「物語の創造と脱構築（KAKUTA『甘い丘』、砂地『ナノ クライシス ポルノグラフィティ』、トム・プロジェクト『逝った男の残したものは』）」村井健　テアトロ　829　2010.1　p48～49

**一天地六～幕末新宿遊俠伝**　㊙椿組
*0534* 上演：2004年7月15日～7月25日　場所：花園神社境内特設ステージ　作・演出：水谷龍二　振付：伊藤多恵
◇「芝居は芝居、夢は夢、されど…（椿組『一天地六～幕末新宿遊俠伝』、ジャブジャブサーキット『動物ダウト ver.04』、ピープルシアター『猿の王国』、HAPPY HUNTING GROUND『その鉄塔に男たちはいるという』『約三十の嘘』）」浦崎浩實　テアトロ　754　2004.9　p55～57

**一点の恥辱（はじ）なきことを**　㊙ピープルシアター
*0535* 上演：2008年7月16日～7月21日　場所：シアターX　作・演出：森井睦
◇「劇的ファンタジーの妙（ピープルシアター『一点の恥辱なきことを』、うりんこ『ダイアル・ア・ゴースト』、東京演劇集団風『乞食―あるいは死んだ犬』）」中本信幸　テアトロ　811　2008.10　p46～47

**イット・ランズ・イン・ザ・ファミリー～パパと呼ばないで**　㊙パルコ
*0536* 上演：2004年7月8日～7月25日　場所：ル・テアトル銀座　作：レイ・クーニー　訳：小田島雄志、小田島恒志　演出：山田和也
◇「劇界制する小田島父子の翻訳（パルコプロデュース『イット・ランズ・イン・ザ・ファミリー』、俳優座劇場プロデュース『ハロー・アンド・グッドバイ』、子供のためのシェイクスピアカンパニー『ハムレット』）」北川登園　テアトロ　754　2004.9　p50～51

**一発逆転**　㊙テアトル・エコー
*0537* 上演：1983年2月9日～2月20日　場所：紀伊國屋ホール　作：トム・ストッパード　訳：

小田島雄志　演出：熊倉一雄、江里口喬
◇「舞台みたまま（ことばの劇場）」安達英一　新劇　30（5）　1983.5　p29～32
◇「人生っていいもんだ（テアトル・エコー『一発逆転』）」千野幸一　テアトロ　482　1983.4　p21～24

## イッヒ・ビン・ヴァイル　㊙宮本企画
*0538* 上演：1989年9月29日～10月4日　場所：PARCO SPACE PART3　作・演出：宮本亜門
◇「人は何のために生きるのか」七字英輔　新劇　36（12）　1989.12　p26～29
◇「ミュージカル評—とってもオリジナル？ちょっぴりオリジナル」萩尾瞳　新劇　36（12）　1989.12　p42～45

## 一本刀土俵入／松竹梅湯島掛額　㊙前進座
*0539* 上演：2014年1月4日～1月17日　場所：南座　作：長谷川伸（一本刀土俵入）、福森久助、河竹黙阿弥（松竹梅湯島掛額）、平田兼三（一本刀土俵入）、鈴木龍男（松竹梅湯島掛額）
◇「霊験あらたかな舞台（前進座『一本刀土俵入』『松竹梅湯島掛額』、萬國四季協會『瀕死の王さま』、世田谷パブリックシアター企画制作『Tribes』）」中本信幸　テアトロ　887　2014.3　p70～71

## いつもいつも君を憶ふ　㊙俳優座
*0540* 上演：2018年1月11日～1月21日　場所：俳優座劇場　作：山谷典子　演出：深作健太
◇「時代に翻弄された人々（シスカンパニー『近松心中物語』、俳優座『いつもいつも君を憶ふ』、文学座『この道はいつか来た道』）」水落潔　テアトロ　944　2018.4　p44～45

## idiot　㊙東京ノーヴィ・レパートリーシアター
*0541* 上演：2011年11月10日～11月13日　場所：シアターX　原作：ドストエフスキー　訳：遠坂創三　演出：レオニード・アニシモフ
◇「さよなら劇三題の三様三態（SHIMIN劇場Ⅱ『さよならを踏みしめて』、東京ノーヴィ・レパートリーシアター『idiot』、俳優座劇場プロデュース『十二人の怒れる男たち』）」中本信幸　テアトロ　857　2012.1　p38～39

## いとこ同志　㊙まつもと市民芸術館
*0542* 上演：2005年4月29日～5月3日　場所：まつもと市民芸術館 実験劇場　作・演出：坂手洋二
◇「シュールな世界をリアルな手触りで（文学座アトリエ『ぬけがら』、まつもと市民芸術館『いとこ同志』、新国立劇場『その河をこえて、五月』）」丸田真悟　テアトロ　765　2005.7　p52～54

*0543* 上演：2007年6月～8月　場所：まつもと市民芸術館　作・演出：坂手洋二
◇「完成度の高い夏の舞台（スタジオ・ライフ『孤児のミューズたち』、ティーファクトリー『路上』、公共ホール演劇製作ネットワーク事業『いとこ同志』、こまつ座+シス・カンパニー『ロマンス』）」斎藤偕子　テアトロ　797　2007.10　p49～51

## いとしいいとしいといふ心　㊙猫のお尻
*0544* 上演：1995年3月10日～3月12日　場所：扇町ミュージアムスクエア　作・演出：大前田一
◇「3月の関西 脚本などに手応え（劇団猫のお尻『いとしいいとしいといふ心』、WORKERS『Torch Song Trilogy』、劇団パノラマ☆アワー『健さん、俺も男だ！』）」宮辻政夫　テアトロ　629　1995.5　p63～65

## いとしいとしのぶーたれ乞食　㊙レクラム舎
*0545* 上演：1980年　場所：レクラム舎　作：清水邦夫　演出：田中邦雄
◇「水・鏡・変身」利光哲夫　新劇　27（5）　1980.5　p30～33

## 糸地獄　㊙岸田事務所、演劇企画集団・楽天団
*0546* 上演：1987年6月22日～6月28日　場所：ベニサン・ピット　作：岸田理生　演出：和田喜夫
◇「集団ということ」佐々木幹郎　新劇　34（9）　1987.9　p24～29

## いとしの儚（はかな）～100 Days Love　㊙扉座
*0547* 上演：2000年5月30日～6月9日　場所：紀伊國屋ホール　作・演出：横内謙介
◇「大人の舞台を観るよろこび（タ・マニネ『悪戯』、木冬社『恋する人びと』、扉座『いとしの儚』）」林あまり　テアトロ　697　2000.8　p42～43

## 糸女　㊙みなと座
*0548* 上演：1994年10月27日～10月30日　場所：東京芸術劇場中ホール　原作：河竹登志夫　脚色：久保田千太郎　演出：西川信廣
◇「もっとパワフルな台詞を！（スフィア『インスペクター・コールズ』、劇工房ライミング『マクベス』、みなと座『糸女』、文化座『夢の碑—田中一村伝』、音楽座『ホーム』、演奏舞台『私の上に降る雪は』）」結城雅秀　テアトロ　625　1995.1　p62～69

*0549* 上演：1998年2月16日～2月22日　場所：東京芸術劇場中ホール　原作：河竹登志夫　脚色：久保田千太郎　演出：西川信廣
◇「女たちの生きざま（文学座『華岡青洲の妻』、みなと座『糸女』）」斎藤偕子　テアトロ　667　1998.4　p52～53

## 糸女郎　㊙唐組
*0550* 上演：2002年5月4日～6月23日　場所：花園神社境内　作・演出：唐十郎
◇「観客と一体となる稀有な舞台（文学座『野分立つ』、唐組『糸女郎』、手織座『湯葉と文鎮』）」佐藤康平　テアトロ　723　2002.7　p54～53

*0551* 上演：2003年11月1日～11月3日　場所：雑司ヶ谷鬼子母神　作・演出：唐十郎　演出：久保井研
◇「ブルーワーカーたちの離合集散のドラマ」堀切直人　シアターアーツ　19　2004.6　p75～77

## イヌの仇討　㊙こまつ座
*0552* 上演：1988年9月26日～10月9日　場所：紀

伊國屋ホール　作：井上ひさし　演出：木村光一

◇「「共同体」の病」七字英輔　新劇　35(12)　1988.12　p30〜33

◇「上野介の死に方(こまつ座『イヌの仇討』)」矢野誠一　テアトロ　550　1988.12　p24〜25

***0553*** 上演：2017年7月5日〜7月23日　場所：紀伊國屋サザンシアターTAKASHIMAYA　作：井上ひさし　演出：東憲司

◇「古典の現代化はアイデア次第(オフィスコットーネ・プロデュース『怪談 牡丹燈籠』，鵺的『奇想の前提』，こまつ座『イヌの仇討』，劇団青年座『旗を高く揚げよ』)」杉山弘　テアトロ　937　2017.10　p48〜50

## イヌの仇討　[団]シアタームーブメント仙台

***0554*** 上演：2000年12月21日〜12月24日　場所：仙台市青年文化センターシアターホール　作：井上ひさし　演出：宮田慶子

◇「新たな視点の「忠臣蔵」(シアタームーブメント・仙台V演劇プロデュース『イヌの仇討』，ミスタースリムカンパニー『ドリーム』，岡部企画『色悪』)」佐藤康平　テアトロ　705　2001.3　p76〜78

***0555*** 上演：2002年1月22日〜1月23日　場所：世田谷パブリックシアター　作：井上ひさし　演出：宮田慶子

◇「執着と情熱の芝居(シアター・ムーブメント・仙台『イヌの仇討』，金沢市民芸術村ドラマ工房『蚕気楼』)」杉山弘　テアトロ　720　2002.4　p42〜43

## 犬の生活　[団]燐光群

***0556*** 上演：1993年4月29日〜5月10日　場所：文芸坐ル・ピリエ　作・演出：坂手洋二

◇「政治的上演は可能か？(青年団『ソウル市民』，シアターコクーン『ハムレット』，燐光群『犬の生活』)」内野儀　テアトロ　605　1993.7　p54〜57

## イヌの日　[団]阿佐ヶ谷スパイダース

***0557*** 上演：2006年11月9日〜11月26日　場所：本多劇場　作・演出：長塚圭史

◇「島や地下壕など緊密な空間を舞台に(扉座『ご長寿ねばねばランド』，桟敷童子『海猫街』，阿佐ヶ谷スパイダース『イヌの日』)」高橋豊　テアトロ　787　2007.1　p62〜63

## いぬもあるけばぼうにあたる　[団]俳優座劇場

***0558*** 上演：1998年2月21日〜3月1日　場所：俳優座劇場　作：別役実　演出：岸田良二

◇「一本の木があれば祭りが始まる(MODE+世田谷パブリックシアター『プラトーノフ』，俳優座『チェーホフ家の人々』，ロシア国立オムスクドラマ劇場『三人姉妹』『砂の女』，TPS『ブルーストッキングの女たち』，俳優座劇場プロデュース『いぬもあるけばぼうにあたる』)」七字英輔　テアトロ　668　1998.5　p72〜77

## 犬は鎖につなぐべからず〜岸田國士一幕劇コレクション　[団]ナイロン100℃

***0559*** 上演：2007年5月10日〜6月3日　場所：青山円形劇場　原作：岸田國士　演出：ケラリーノ・サンドロヴィッチ

◇「帯のように長く、襷のように軽く—『犬は鎖につなぐべからず』をめぐって」林カヲル　シアターアーツ　31　2007.6　p45〜47

◇「レトロにギャグにナンセンス(ナイロン100℃『犬は鎖につなぐべからず』，大人計画『ドブの輝き』，青果鹿『めくるめく沈酔金魚』)」七字英輔　テアトロ　793　2007.7　p40〜42

## 伊能忠敬物語 人生を二度生きた男　[団]俳優座

***0560*** 上演：1999年12月10日〜12月27日　場所：新国立劇場　作：佐藤五月　演出：佐竹修　音楽：池辺晋一郎

◇「劇場空間とテレビの画面(俳優座『伊能忠敬物語』，自転車キンクリートSTORE『マクベス』)」結城雅秀　テアトロ　691　2000.2　p80〜81

## イノセント・ピープル　[団]大阪

***0561*** 上演：2012年6月8日〜6月10日，6月15日〜6月17日　場所：谷町劇場　作：畑澤聖悟　演出：堀江ひろゆき

◇「6月の関西 再演される〈現在〉(土田英生セレクション『燕のいる駅』，劇団大阪『イノセント・ピープル』，南河内万歳一座『夕陽ヶ丘まぼろし営業所』，兵庫県立ピッコロ劇団『博多小女郎波枕』)」太田耕人　テアトロ　865　2012.8　p51〜53

## 命をかけて　[団]F.Y.K企画

***0562*** 上演：2004年　場所：新生館スタジオ　脚本：藤川健夫　原作：広岩近広　演出：山村晋平

◇「役者の動きや台詞は装置に規定される(テアトル・エコー『星逢井戸命洗濯』，京楽座『ピアノのはなし』，F.Y.K企画『命をかけて』)」浦崎浩實　テアトロ　755　2004.10　p58〜59

## 命を弄ぶ男ふたり　[団]木山事務所

***0563*** 上演：1995年6月15日〜6月19日　場所：俳優座劇場　作：岸田國士　演出：末木利文

◇「「多重化」の意味(青山劇場『ラ・マンチャの男』，1980『蚤とり侍』，木山事務所『命を弄ぶ男ふたり』『壊れた風景』，花企画『吾心の深き底には』，円小劇場の会『蛇』『雨空』)」大沢圭司　テアトロ　632　1995.8　p65〜68

## いのちの渚　[団]俳優座

***0564*** 上演：2012年11月7日〜11月18日　場所：俳優座劇場　作：吉原公一郎　演出：落合真奈美

◇「過ぎたるは(文学座『タネも仕掛けも』，俳優座『いのちの渚』，トム・プロジェクトプロデュース『欺瞞と戯言』)」杉山弘　テアトロ　871　2013.1　p46〜47

## いのちぼうにふろう物語　[団]無名塾

***0565*** 上演：1998年2月23日〜3月8日　場所：サンシャイン劇場　原作：山本周五郎　劇作：隆巴　演出：林清人

◇「人気劇団の舞台二つ(無名塾『いのちぼうにふろう物語』，地人会『あかるい郊外の店』)」水落潔　テアトロ　668　1998.5　p56〜57

## 祈りと怪物 ～ウィルヴィルの三姉妹～KERAバージョン ⓣBunkamura, キューブ

***0566*** 上演：2012年12月9日～12月30日　場所：シアターコクーン　作・演出：ケラリーノ・サンドロヴィッチ
- ◇「マニエリズムの諸相と舞台のスタイル(シス・カンパニー『トップドッグ/アンダードッグ』，Bunkamura&キューブ『祈りと怪物』，東京芸術劇場&テルアビブ市立カメリ・シアター『トロイアの女たち』)」みなもとごろう　テアトロ　872　2013.2　p64～66

## 祈りと怪物 ～ウィルヴィルの三姉妹～蜷川バージョン ⓣBunkamura

***0567*** 上演：2013年1月12日～2月3日　場所：シアターコクーン　作：ケラリーノ・サンドロヴィッチ　演出：蜷川幸雄
- ◇「人間、この愚かなる者(世田谷パブリックシアター『ヘーベスト』，俳優座『心細い日のサングラス』，Bunkamura『祈りと怪物』)」水落潔　テアトロ　873　2013.3　p54～55

## 祈りはたらけ ⓣ指輪ホテル

***0568*** 上演：2000年3月25日～3月31日　場所：辰巳倉庫内特設劇場　作・演出：羊屋白玉
- ◇「演劇界のバービー人形―指輪ホテル公演『祈りはたらけ』」里見宗律　シアターアーツ　12　2000.7　p118～119

## 祈る女 ⓣサードステージ

***0569*** 上演：1995年1月19日～2月5日　場所：青山円形劇場　作：鈴木勝秀　演出：木野花
- ◇「消費される言葉からの決別―舞台に〈いる〉ための試論―サードステージ・プロデュース『祈る女』/劇団弘前劇場『家には高い木があった』」衛紀生　シアターアーツ　2　1995.4　p109～111

## イーハトーボの祈り ⓣ青社

***0570*** 上演：2003年　原作：宮沢賢治　構成：寺島幹夫　脚色：古川登志夫　演出：飯田かおり
- ◇「芝居の数だけ、"希望"がある…(花組芝居『シャンソマニア』，扉座『きらら浮世伝』，青社『イーハトーボの祈り』，大正新劇団『イヨネスコの夫婦善哉』，弘前劇場『今日もいい天気』)」浦崎浩實　テアトロ　741　2003.10　p54～53

## イーハトーボの劇列車 ⓣ五月舎

***0571*** 上演：1980年10月3日～10月23日　場所：呉服橋三越劇場　作：井上ひさし　演出：木村光一
- ◇「趣向と思想」森秀男　新劇　27(12)　1980.12　p25～28
- ◇「ノンセンスに輝く宮沢賢治像(五月舎『イーハトーボの劇列車』)」岩波剛　テアトロ　454　1980.12　p32～35

## イーハトーボの劇列車 ⓣこまつ座

***0572*** 上演：1986年3月13日～3月30日　場所：本多劇場　作：井上ひさし　演出：木村光一
- ◇「様々なる演技」渡辺保　新劇　33(5)　1986.5　p30～35

***0573*** 上演：1993年4月3日～4月18日　場所：紀伊國屋ホール　作：井上ひさし　演出：木村光一
- ◇「名作の余韻(こまつ座『イーハトーボの劇列車』，青年座『カルメン』)」斎藤偕子　テアトロ　604　1993.6　p68～70

***0574*** 上演：1999年2月5日～2月21日　場所：紀伊國屋ホール　作：井上ひさし　演出：木村光一
- ◇「旧作の再上演に思うこと(新国立劇場『子午線の祀り』，民藝『グレイクリスマス』，こまつ座『イーハトーボの劇列車』)」水落潔　テアトロ　680　1999.4　p64～65

## If I Were You こっちの身にもなってよ ⓣ加藤健一事務所

***0575*** 上演：2014年8月9日～8月24日　場所：本多劇場　作：アラン・エイクボーン　訳：小田島恒志、小田島則子　演出：高瀬久男
- ◇「ダブル、トリプルのドラマ空間(文学座アトリエ『終の楽園』，加藤健一事務所『If I Were You こっちの身にもなってよ』，オフィスコットーネ『密会』)」斎藤偕子　テアトロ　895　2014.10　p40～41

## イプセン作『人民の敵』変奏曲 社会の敵はだれだ ⓣ名取事務所

***0576*** 上演：2016年11月26日～11月27日　場所：あうるすぽっと　原作：イプセン　台本・演出：毛利三彌
- ◇「社会批判と女性の矜持と驕慢(イプセン現代演劇祭より)」七字英輔　テアトロ　928　2017.2　p72～73

## イプセンの女たち―鷲を鳥籠に入れたら ⓣユーニ・ダール

***0577*** 上演：2013年11月30日～12月1日　場所：あうるすぽっと　作：イプセン
- ◇「魅惑的ノーラ競演(前)現代イプセン演劇祭(ノルウェー：ユーニ・ダール『イプセンの女たち』，ベルギー：ティージースタン『ノーラ』，ルーマニア：国立ラドゥ・スタンカ劇場『ノーラ』)」斎藤偕子　テアトロ　886　2014.2　p70～71

## 異邦人 ⓣ京都舞台芸術協会プロデュース

***0578*** 上演：2011年6月9日～6月12日　場所：京都芸術センター　作：山岡徳貴子　演出：柳沼昭徳
- ◇「6月の関西 女性劇作家の成熟(兵庫県立ピッコロ劇団『螢の光』，京都舞台芸術協会プロデュース公演『異邦人』，ルドルフ『ルドルフのまっしろけでゴー』)」太田耕人　テアトロ　851　2011.8　p55～57

## 異邦人 ⓣ魚灯

***0579*** 上演：2005年12月1日～12月4日　場所：アトリエ劇研　作・演出：山岡徳貴子
- ◇「12月の関西 季節の到来(PM/飛ぶ教室『ゴースト・オブ・ア・チャンス』，魚灯『異邦人』，MONO『衛兵たち、西高東低の鼻を嘆く』)」太田

耕人　テアトロ　774　2006.2　p106～108

異邦人　[団]東京演劇集団風

0580 上演：2014年1月20日～1月27日　場所：レパートリーシアターKAZE　作：アルベール・カミュ　訳：窪田啓, 谷島貫太　脚本：浅野佳成　演出：白石圭司

◇「翻訳劇上演の難しさと幸福な気分（東京演劇集団風『異邦人』, 名取事務所『HOW I LEARNED TO DRIVE』, タチ・ワールド『グロリアス・ワンズ—輝ける役者たち—』）」杉山弘　テアトロ　888　2014.4　p40～41

いま、ここにある武器　[団]シアター風姿花伝

0581 上演：2016年8月15日～8月28日　場所：シアター風姿花伝　作：ジョー・ペンホール　演出：千葉哲也

◇「情熱、熱狂、花園神社野外劇（椿組『贋・四谷怪談』, 劇団桟敷童子『夏に死す』, 風姿花伝『いま、ここにある武器』, 劇団昴 ザ・サード・ステージ『ザ・グリークス』全三部, エイコーン『松井須磨子』, 東京演劇集団風『ジャンヌ・ダルク—ジャンヌと炎』）」結城雅秀　テアトロ　923　2016.10　p38～41

未だ定まらず　[団]演劇集団円

0582 上演：2011年6月22日～7月3日　場所：ステージ円　作・演出：前田司郎

◇「シュールリアリズムのタッチ（円『未だ定まらず』, パルコ・プロデュース『幽霊たち』, 子供のためのシェイクスピアカンパニー『冬物語』,NLT『水族館』）」斎藤偕子　テアトロ　852　2011.9　p44～46

現代頓服談（いまばなしとんぷくだん）　[団]1980

0583 上演：2004年9月8日～9月12日　場所：シアタートラム　作・演出：藤田傳

◇「セックスはスポーツ？（ナイロン100℃『男性の好きなスポーツ』,THEATRE1010『月の光の中のフランキーとジョニー』, 劇団1980『現代頓服談』）」北川登園　テアトロ　756　2004.11　p54～56

今ひとたびの修羅　[団]シス・カンパニー

0584 上演：2013年4月5日～4月29日　場所：新国立劇場　原作：尾崎士郎　脚色：宮本研　演出：いのうえひでのり

◇「形容本位の舞台、さまざま（シス・カンパニー『今ひとたびの修羅』, こまつ座&ホリプロ『木の上の軍隊』, 東京芸術劇場『おのれナポレオン』）」みなもとごろう　テアトロ　876　2013.6　p50～51

いま、ラジオがそう云った。　[団]PM/飛ぶ教室

0585 上演：1997年6月6日～6月8日　場所：扇町ミュージアムスクエア　作・演出：蟷螂襲

◇「6月の関西 手応え不足（劇団大阪『タッチューから吹く風』,PM/飛ぶ教室『いま、ラジオがそう云った』,R・U・Pプロデュース『河童』）」宮辻政夫　テアトロ　658　1997.8　p74～75

今は亡きヘンリー・モス　[団]CATプロデュース

0586 上演：2010年8月22日～8月29日　場所：赤坂RED/THEATER　作：サム・シェパード　訳・演出：小川絵梨子　振付：足立美幸

◇「「人間」、単純か複雑か？（平田オリザ+石黒浩研究室『森の奥』ロボット版, シーエイティプロデュース、ジェイクリップ『今は亡きヘンリー・モス』, 文学座アトリエの会『トロイアの女たち』）」斎藤偕子　テアトロ　840　2010.11　p54～56

今は昔、栄養映画館　[団]木場勝己プロデュース

0587 上演：1998年12月20日～12月27日　場所：紀伊國屋ホール　作・演出：竹内銃一郎

◇「新旧「書き替え狂言」の成否（木場勝己プロデュース『今は昔、栄養映画館』, 新国立劇場『新・雨月物語』）」七字英輔　テアトロ　679　1999.3　p88～89

イメージシネサーカス　[団]むごん劇かんぱにい

0588 上演：1991年2月13日～2月14日　場所：本多劇場　演出：IKUO三橋

◇「なんてすてきな時間」岡本蛍　しんげき　38(4)　1991.4　p26～29

イメージの世界　[団]ユニークポイント

0589 上演：2007年3月2日～3月11日　場所：OFF・OFFシアター　作・演出：山田裕幸

◇「舞台成果と俳優の演技（地人会『ブルーストッキングの女たち』, 横浜ボートシアター『火山の王宮』, ユニークポイント『イメージの世界』, フジテレビジョン『殺人者』）」斎藤偕子　テアトロ　791　2007.5　p46～47

イメルダ　[団]赤信号劇団

0590 上演：1995年7月18日～7月27日　場所：本多劇場　作：三谷幸喜　演出：渡辺えり子

◇「前衛VSウェルメイド？（山の手事情社『夏夢ちゃん』, 赤信号劇団『イメルダ』）」山登敬之　テアトロ　633　1995.9　p74～75

いやな話　[団]文芸坐ル・ピリエ

0591 上演：1981年7月2日～7月13日　場所：文芸坐ル・ピリエ　原作：ドストエフスキー　訳：岡田正子　脚色・演出：ニコラ・バタイユ

◇「百余年後の舞台では…（木山事務所『ペテルブルグの夢』, 文芸坐『いやな話』）」伊藤洋　テアトロ　463　1981.9　p38～40

いやむしろわすれて草　[団]青山円劇カウンシル

0592 上演：2013年5月16日～5月26日　場所：青山円形劇場　作・演出：前田司郎　音楽：澤口希, 澤口遙

◇「様々なタッチで描かれる家族の絆（ハイバイ『て』, 青山円劇カウンシル#6『いやむしろわすれて草』, 桟敷童子『風撃ち』, 無名塾『ウィリアム・シェイクスピア』）」丸田真悟　テアトロ　879　2013.8　p52～54

イヨネスコの夫婦善哉　[団]大正直劇団

0593 上演：2003年7月21日～7月31日　場所：CAFE TEATRO LA CAMPANELLA　原作：イヨネスコ　潤色・演出：串田杢弥

◇「芝居の数だけ、“希望”がある…（花組芝居『シャンソマニア』, 扉座『きらら浮世伝』, 青杜『イーハートーボの祈り』, 大正直劇団『イヨネスコの夫婦善哉』, 弘前劇場『今日もいい天気』）」浦崎浩實　テアトロ　741　2003.10　p54～53

## 入江 [団]ギィ・フォワシィ・シアター

0594 上演：1980年6月7日〜6月15日　場所：パモス青芸館　作：ギィ・フォワシィ　訳：小澤僥謳　演出：中村哮夫

◇「小さな夢の結末(ギィ・フォワシイ・シアター『入江』)」溝口廸夫　テアトロ　450　1980.8　p40〜42

## イリヤ・ダーリン [団]四季

0595 上演：1996年5月30日〜6月30日　場所：青山劇場　作：ジュールス・ダッシン　演出：浅利慶太　振付：山田卓

◇「日本人という民族,それにフランスの国民性(地人会『日本の面影』,青年団『冒険王』,櫻花舍『愛と偶然の戯れ』,ギィ・フォワシイ・シアター『動機』他,木山事務所『瀕死の王様』,みなと座『大浦屋お慶』,四季『イリヤ・ダーリン』)」結城雅秀　テアトロ　645　1996.8　p69〜76

## イリュージョン・コミック [団]演劇集団円

0596 上演：2000年10月26日〜11月5日　場所：シアターX　作：ピエール・コルネイユ　訳：井村順一　台本・演出：前川錬一

◇「夢と現実と(新国立劇場『欲望という名の電車』,円『イリュージョン・コミック』,四季『夢から醒めた夢』)」渡辺淳　テアトロ　703　2001.1　p62〜63

## イルクーツク物語 [団]俳小

0597 上演：2015年12月9日〜12月13日　場所：シアターグリーン BIG TREE THEATER　作：アルブーゾフ　訳：川上洸,泉三太郎　演出：河田園子　音楽：日高哲英

◇「世はあげて笑いにかたむく？(トムプロジェクト『東おんなに京おんな』,NLT『旦那様は狩りにお出かけ』,俳小『イルクーツク物語』)」中本信幸　テアトロ　914　2016.2　p50〜51

## イレカワ [団]中野劇団

0598 上演：2013年8月11日〜8月13日　場所：インディペンデントシアター1st　作・演出：中野守

◇「8月の関西 記号の記号として(演劇集団よろずや『バイバイ』,中野劇団『イレカワ』)」太田耕人　テアトロ　881　2013.10　p48〜49

## 色悪 悪の限りを尽くし三郎 [団]岡部企画

0599 上演：2000年12月21日〜12月27日　場所：六行会ホール　作・演出：岡部耕大

◇「新たな視点の「忠臣蔵」(シアタームーブメント・仙台V演劇プロデュース『イヌの仇討』,ミスタースリムカンパニー『ドリーム』,岡部企画『色悪』)」佐藤康平　テアトロ　705　2001.3　p76〜78

## イロアセル [団]新国立劇場

0600 上演：2011年10月18日〜11月5日　場所：新国立劇場　作：倉持裕　演出：鵜山仁

◇「言葉の色と艶とニュアンス(新国立劇場『イロアセル』『天守物語』,文学座『岸田國士短編集「明日は天気」「驟雨」「秘密の代償」』)」水落潔　テアトロ　857　2012.1　p40〜41

## 色は臭へど [団]態変

0601 上演：1984年5月11日〜5月13日　場所：タイニイ・アリス　作・演出：金満里

◇「青い鳥だ態変だ(ことばの劇場)」川本三郎　新劇　31(7)　1984.7　p29〜35

## 色は臭へどⅣ [団]態変

0602 上演：2005年3月18日〜3月20日　場所：ウィングフィールド　作・演出：金満里

◇「4月の関西 アウラを呼吸する(焚火の事務所『浄火』,態変『色は臭へどⅣ』,ドラマリーディング『一劇場へ!!』)」太田耕人　テアトロ　764　2005.6　p66〜68

## いろはに金米糖 [団]文化座

0603 上演：1997年9月4日〜9月15日　場所：紀伊國屋サザンシアター　作：堀江安夫　演出：鈴木完一郎

◇「幕切れがキマらない！(俳優座『村岡伊平治伝』,まにまアート『赤い糸に結ばれて』,文化座『いろはに金米糖』,東演『そして、あなたに逢えた』,キンダースペース『残酷な17才』)」浦崎浩實　テアトロ　661　1997.11　p64〜66

0604 上演：2001年3月8日〜3月18日　場所：サンシャイン劇場　作：堀江安夫　演出：鈴木完一郎

◇「インタープリティションとアーティキュレイション(東演『どん底』,文化座『いろはに金米糖』,民藝『晴れのちくもり時々涙…』,S.W.A.T！『The Great Quiz Show』)」みなもとごろう　テアトロ　707　2001.5　p49〜51

## いろは四谷怪談 [団]花組芝居

0605 上演：1987年9月2日〜9月6日　場所：タイニイ・アリス　作・演出：加納幸和

◇「守川くみ子と立石涼子」渡辺保　新劇　34(11)　1987.11　p30〜35

0606 上演：2017年8月26日〜9月8日　場所：ザ・スズナリ　脚本・演出：加納幸和

◇「ドイツ演劇の現在地(世田谷パブリックシアター『チック』,東京演劇アンサンブル『泥棒たち』,東京芸術座『父を騙す―72年目の遺言―』,Bunkamura『プレイヤー』,花組芝居『いろは四谷怪談』)」杉山弘　テアトロ　938　2017.11　p65〜67

## いろゆらぎ [団]犯罪友の会

0607 上演：2011年10月13日〜10月18日　場所：難波宮跡公園野外特設劇場　作・演出：武田一度

◇「11月の関西 新しき収穫(犯罪友の会『いろゆらぎ』,トリコA『和知の収穫祭―反応しあう―』,エイチエムピー・シアターカンパニー『最後の炎』)」太田耕人　テアトロ　857　2012.1　p52〜53

## イワーノフ／オイディプス王 [団]新国立劇場

0608 上演：2006年11月2日〜11月12日　場所：新国立劇場中劇場　作：チェーホフ,池田健太郎(イワーノフ),ソフォクレス　訳：福田恆存(オイディプス王)　構成・演出：鈴木忠志

◇「演劇の異世界へ(新国立劇場“劇的な情念をめぐって”『シラノ・ド・ベルジュラック』『イワーノフ

/オイディプス王』)」田之倉稔　テアトロ　787　2007.1　p108〜109

**印象 タイタス・アンドロニカス**　⓼山の手事情社
**0609**　上演：1999年7月8日〜7月11日　場所：全労済ホール／スペース・ゼロ　作：シェイクスピア　構成・演出：安田雅弘
◇「舞台の上の時代と現在と　リアリティのありか（演劇集団円『猫町』、山の手事情社『印象 タイタス・アンドロニカス』、こまつ座『頭痛 肩こり 樋口一葉』）」みなもとごろう　テアトロ　685　1999.9　p76〜78

**印象 夏の夜の夢**　⓼山の手事情社
**0610**　上演：2000年6月14日〜6月18日　場所：東京芸術劇場小ホール　作：シェイクスピア　構成・演出：安田雅弘
◇「夏の夜の悪夢を求めて（山の手事情社『印象 夏の夜の夢』、結城座『ユビュ王』、シアターコクーン『キレイ 神様と待ち合わせした女』）」大岡淳　テアトロ　697　2000.8　p53〜55

**インスペクター・コールズ**　⓼東京オピニオンズフェスティバル
**0611**　上演：1994年11月11日〜12月4日　場所：アートスフィア　作：J・B・プリーストリー　演出：スティーブン・ダルドリー
◇「もっとパワフルな台詞を！（スフィア『インスペクター・コールズ』、劇工房ライミング『マクベス』、みなと座『糸女』、文化座『夢の碑―田中一村伝』、音楽座『ホーム』、演奏舞台『私の上に降る雪は』）」結城雅秀　テアトロ　625　1995.1　p62〜69

**インディア・ソング**　⓼青年団
**0612**　上演：2002年12月27日〜12月29日　場所：こまばアゴラ劇場　作：マルグリット・デュラス　訳：田中倫郎　演出：ロラン・グットマン
◇「もはや語るべきことも何もなく…（竹中直人の会『月光のつ、しみ』、青年団『インディア・ソング』）」大岡淳　テアトロ　733　2003.3　p76〜77

**インディアン**
**0613**　上演：1980年6月26日〜7月8日　場所：文芸坐ル・ピリエ　作：ピエール・ルーディ　訳：岡田正子　演出：ニコラ・バタイユ
◇「中年,この性的熟練者」堂本正樹　新劇　27(9)　1980.9　p26〜29

**INTO THE WOODS**　⓼新国立劇場
**0614**　上演：2004年6月9日〜6月26日　場所：新国立劇場中劇場　台本：ジェイムズ・ラパイン　訳：橋本邦彦　演出・振付：宮本亜門　作詞・作曲：スティーブン・ソンドハイム
◇「物語からの逃走（新国立劇場『INTO THE WOODS』、世田谷パブリックシアター『時の物置』、俳優座『タルチュフ』）」内田洋一　テアトロ　753　2004.8　p34〜36

**インポッシブル・マリッジ ありえない結婚**　⓼俳優座劇場
**0615**　上演：2014年9月25日〜10月5日　場所：俳優座劇場　作：ベス・ヘンリー　訳：常田景子　演出：西川信廣
◇「自由なき時代の個人（俳優座劇場プロデュース『インポッシブル・マリッジ』、二兎社『鷗外の怪談』、民藝『コラボレーション』）」北川登園　テアトロ　897　2014.12　p28〜29

# 【う】

**ヴァージニア・ウルフなんかこわくない**　⓼サークル・レパートリー劇団
**0616**　上演：1985年6月12日〜6月16日　場所：国立劇場　作：エドワード・オールビー　演出：マーシャル・メイソン
◇「夢と現実の乖離（サークルレップ来日公演）」斎藤偕子　テアトロ　510　1985.8　p34〜36

**ヴァージニア・ウルフなんかこわくない？**　⓼シス・カンパニー
**0617**　上演：2006年6月5日〜6月30日　場所：シアターコクーン　作：エドワード・オールビー　訳：徐賀世子　演出：ケラリーノ・サンドロヴィッチ
◇「演出と演技に精彩と陰影―シス・カンパニー『ヴァージニア・ウルフなんかこわくない？』」扇田昭彦　シアターアーツ　28　2006.9　p72〜74
◇「巧いことの意味（シス・カンパニー『ヴァージニア・ウルフなんかこわくない？』、新国立劇場『やわらかい服を着て』）」斎藤偕子　テアトロ　781　2006.8　p64〜65

**ヴァージニア・ウルフなんかこわくない？**　⓼TPT
**0618**　上演：2003年3月21日〜4月13日　場所：ベニサン・ピット　作：エドワード・オールビー　訳：広田敦郎　演出：アリ・エデルソン
◇「ゲームとメタシアター（tpt『ヴァージニア・ウルフなんかこわくない？』、パルコ劇場『青ひげ公の城』、劇団☆新感線『花の紅天狗』）」水落潔　テアトロ　736　2003.6　p56〜57

**ヴァン・ゴッホ 社会が自殺させた男**　⓼ホモフィクタス
**0619**　上演：1996年1月27日　場所：パナソニック・グローブ座　作：アントナン・アルトー
◇「散文的テキストの上演（ホモフィクタス『ヴァン・ゴッホ 社会が自殺させた男』、黒テント『KAN-GAN』）」大岡淳　テアトロ　641　1996.4　p77〜78

**ウィークエンダー**　⓼壁ノ花団
**0620**　上演：2017年9月28日〜10月1日　場所：オーバルシアター　作・演出：水沼健
◇「10月の関西 小空間での実験続く。着実な前

進に期待（コンプリ団『夏休みのばあちゃん家』，壁ノ花団『ウィークエンダー』，A級 Missing Link『罪だったり罰だったり』，虚空旅団『Voice Training』，兵庫県立ピッコロ劇団『かさぶた式部考』）」九鬼葉子　テアトロ　939　2017.12　p50～52

ヴィシーでの出来事　[団]民藝

0621 上演：1987年7月4日～7月12日　場所：砂防会館ホール　作：アーサー・ミラー　訳：倉橋健　演出：内山鶉

◇「ノスタルジックな虚無感覚」鴻英良　新劇　34（9）　1987.9　p18～23

◇「民芸の『ヴィシーでの出来事』」渡辺保　新劇　34（9）　1987.9　p30～35

ウィッシュリスト　[団]京芸, 人形劇団京芸

0622 上演：2009年8月20日～8月23日　場所：京都府立文化芸術会館　作：オーエン・コルファー　脚色：安田晋　演出：北村直樹

◇「8月の関西 子どもと老人と。（兵庫県立ピッコロ劇団『うそツキ、大好き、かぐや姫』，劇団京芸・人形劇団京芸『ウィッシュリスト』，焚火の事務所『硝子の声』，極東退屈劇場『リメンバー・ワイキキ・ビーチ』）」太田耕人　テアトロ　825　2009.10　p56～58

ウィー・トーマス　[団]パルコ

0623 上演：2003年6月28日～7月9日　場所：PARCO劇場　作：マーティン・マクドナー　訳：目黒条　演出：長塚圭史

◇「アブザード、ドタバタ、ポロロッカ（パルコ・プロデュース『ウィー・トーマス』，NLT『さぁどうする!?』，青い鳥『ポロロッカ』）」斎藤偕子　テアトロ　741　2003.10　p51～53

ヴィヨン 笑う中世　[団]コーロ・カロス

0624 上演：1997年4月12日～4月13日　場所：パナソニック・グローブ座　台本・演出：加藤直　作曲：林光

◇「混沌から響く歌声（太虚<TAO>『ハイナーミュラー・アンソロジー』，プロダクション坂手塚プレゼンツ『男の一生』，コーロ・カロス『ヴィヨン 笑う中世』，黒テント『夕日の老人ブルース』）」大岡淳　テアトロ　656　1997.6　p70～72

ウィリアム・シェイクスピア　[団]無名塾

0625 上演：2013年5月18日～5月25日　場所：吉祥寺シアター　作：カスパー・ヨハネス・ボイエ　訳：福井信子, 小田島雄志　脚色・演出：杉本凌士　振付：山崎涼子　音楽：フリードリヒ・クーラウ

◇「様々なタッチで描かれる家族の絆（ハイバイ『て』，青山円劇カウンシル#6『いやむしろわすれて草』，桟敷童子『風撃ち』，無名塾『ウィリアム・シェイクスピア』）」丸田真悟　テアトロ　879　2013.8　p52～54

ウィンザーの陽気な女房たち　[団]彩の国さいたま芸術劇場, ホリプロ

0626 上演：2001年5月11日～5月27日　場所：彩の国さいたま芸術劇場小ホール　作：シェイクスピア　訳：松岡和子　演出：鴻上尚史

◇「俳優の個性が躍動する舞台（埼玉県芸術文化振興財団・ホリプロ『ウィンザーの陽気な女房たち』，松竹『アート』，ジャブジャブサーキット『高野の七福神』，テアトロ・デル・ヴィコロ『フラミニアの誘拐』）」結城雅秀　テアトロ　709　2001.7　p58～62

ウィンザーの陽気な女房たち　[団]俳優座

0627 上演：1983年1月9日～1月23日　場所：東横劇場　作：シェイクスピア　訳：小田島雄志　演出：増見利清

◇「いま時代は“ねくら”か（俳優座『ウィンザーの陽気な女房たち』）」結城雅秀　テアトロ　481　1983.3　p25～28

ウィンズロウ・ボーイ　[団]自転車キンクリートSTORE

0628 上演：2005年9月7日～9月18日　場所：俳優座劇場　原作：テレンス・ラティガン　訳：常田景子　演出：坂手洋二

◇「吹き出しのような会話に切実感（劇団八時半『私の音符は武装している』，こまつ座『小林一茶』，自転車キンクリートSTORE『ウィンズロウ・ボーイ』，文学座アトリエ『焼けた花園』）」丸田真悟　テアトロ　770　2005.11　p50～52

ウィンズロウ・ボーイ　[団]新国立劇場

0629 上演：2015年4月9日～4月26日　場所：新国立劇場小劇場　作：テレンス・ラティガン　訳：小川絵梨子　演出：鈴木裕美

◇「戯曲の弾性と舞台の表相（俳優座劇場プロデュース『十二人の怒れる男たち』，彩の国シェイクスピア・シリーズ『リチャード二世』，新国立劇場『ウィンズロウ・ボーイ』）」みなもとごろう　テアトロ　904　2015.6　p42～43

ウィンダミア・レディ　[団]東京芸術座

0630 上演：2002年8月29日～9月2日　場所：紀伊國屋サザンシアター　作・演出：平石耕一

◇「問われる演出の工夫（東京芸術座『ウィンダミア・レディ』，tpt『bash』，青年座『お茶をすすって』，紅王国『女郎花』）」渡辺淳　テアトロ　728　2002.11　p54～56

ウィンドミル・ベイビー　[団]演劇企画集団・楽天団プロデュース

0631 上演：2010年5月8日～5月10日　場所：座・高円寺2　作：デービッド・ミルロイ　演出：和田喜夫

◇「面白さダントツのトラッシュマスターズ（トラッシュマスターズ『convention hazard奇行遊戯』，KAKUTA『めぐるめく』，楽天団プロデュース『ウィンドミル・ベイビー』）」村井健　テアトロ　837　2010.8　p46～47

ウェアハウス―Error　[団]ザズゥ・シアター

0632 上演：1997年8月15日～8月17日　場所：ジァン・ジァン　作：エドワード・オールビー　構成・演出：鈴木勝秀

◇「娯楽劇への苦言（座・キューピー・マジック『黒いスーツのサンタクロース』，ZAZOUS THEATER『ウェアハウス～Error～』）」大岡淳　テアトロ　660　1997.10　p72～73

うえあ

## ウエアハウス—circle ㊙演劇集団円
*0633* 上演：2011年9月30日～10月12日　場所：シアタートラム　作：エドワード・オールビー　構成・演出：鈴木勝忠
◇「孤独な魂の叫び（新国立劇場『朱雀家の滅亡』、俳小『プラトーノフ』、演劇集団円『ウエアハウス—circle』）」北川登園　テアトロ　855　2011.12　p34～35

## ウエストサイドワルツ ㊙松竹,文学座
*0634* 上演：1994年2月3日～2月13日　場所：サンシャイン劇場　作：アーネスト・トンプソン　訳・演出：江守徹
◇「時間と空間を超越する役者たち（マルーラ+博品館『MITSUKO』、木山事務所『壁の中の妖精』、フラワーズ・カンパニー『カラマーゾフの兄弟』、松竹+文学座『ウエストサイド・ワルツ』）」結城雅秀　テアトロ　615　1994.4　p60～63

## ウエストサイドワルツ ㊙文学座
*0635* 上演：1985年2月2日～2月24日　場所：サンシャイン劇場　作：アーネスト・トンプソン　訳・演出：江守徹
◇「『新劇』巡礼老舗マップ・1・文学座の『ウエストサイドワルツ』」堂本正樹　新劇　32(4)　1985.4　p32～35
◇「ロウジン讃歌（ことばの劇場）」安達英一　新劇　32(7)　1985.7　p82～85
◇「成熟した『3』のドラマ（文学座『ウエストサイドワルツ』）」扇田昭彦　テアトロ　506　1985.4　p26～29

## ウェッド ㊙松竹
*0636* 上演：1987年1月29日～2月13日　場所：サンシャイン劇場　作・演出：佐藤浩史　作詞：片桐和子　音楽：ボブ佐久間
◇「スタッフ、キャストの意欲（サンシャイン劇場『ウェッド』）」石崎勝久　テアトロ　530　1987.4　p32～34

## ヴェニスの商人 ㊙ASC
*0637* 上演：2009年4月25日～5月3日　場所：遊空間がざびぃ　作：シェイクスピア　訳：小田島雄志　演出：彩乃木崇之
◇「心にしみる斬新な表現（トム・プロジェクト『風のセールスマン』、ASC『ヴェニスの商人』、萬國四季協會『砂上』）」斎藤偕子　テアトロ　821　2009.7　p36～37

## ヴェニスの商人 ㊙銀河劇場, ホリプロ
*0638* 上演：2007年8月17日～9月30日　場所：天王洲　銀河劇場　作：シェイクスピア　訳：河合祥一郎　演出：グレゴリー・ドーラン
◇「差別や偏見、そして欲望の果ては？（ホリプロ・天王洲　銀河劇場『ヴェニスの商人』、月蝕歌劇団　寺山修司　過激なる疾走、東京演劇集団風『マハゴニー市の興亡』）」北川登園　テアトロ　798　2007.11　p52～53

## ヴェニスの商人 ㊙彩の国さいたま芸術劇場
*0639* 上演：2013年9月5日～9月22日　場所：彩の国さいたま芸術劇場大ホール　作：シェイク スピア　訳：松岡和子　演出：蜷川幸雄　音楽：阿部海太郎
◇「共同体と排除の論理（彩の国シェイクスピア・シリーズ『ヴェニスの商人』、文学座アトリエの会『熱帯のアンナ』、新国立劇場『OPUS/作品』）」田之倉稔　テアトロ　882　2013.11　p56～57

## ヴェニスの商人 ㊙四季
*0640* 上演：1997年2月5日～2月26日　場所：パナソニック・グローブ座　作：シェイクスピア　訳：福田恆存　演出：浅利慶太
◇「民族の音楽、病院のハムレット（四季『ヴェニスの商人』、文学座『あ?!それが問題だ』、パルコ劇場『シルヴィア』、SWAT！『雪原を血にそめて』、三人芝居『悪意の女』）」結城雅秀　テアトロ　654　1997.4　p65～69

## ヴェニスの商人 ㊙松竹
*0641* 上演：1994年5月20日～6月12日　場所：サンシャイン劇場　作：シェイクスピア　訳：小田島雄志　演出：グレン・ウォルフォード
◇「演出意図の衝突と調和（松竹『ヴェニスの商人』、流山児★事務所『悪漢リチャード』、昴『熱いトタン屋根の上の猫』、木山事務所『私の下町—母の写真』、花企画『相沢三郎の世界』、黒テント『窓ぎわのセロ弾きのゴーシュ』）」結城雅秀　テアトロ　619　1994.8　p58～64

## ヴェニスの商人 ㊙昴
*0642* 上演：1983年6月4日,5日,20日～28日　場所：三百人劇場　作：シェイクスピア　訳：福田恆存　演出：末木利文, 小池朝雄
◇「言葉の力と近代的解釈（すばる『ヴェニスの商人』、東宝『ロミオとジュリエット』）」結城雅秀　テアトロ　486　1983.8　p20～33

*0643* 上演：2016年4月9日～4月28日　場所：Pit昴　作：シェイクスピア　訳：福田恆存　演出：鵜山仁
◇「過去は現在とつながり、全ては寂滅（シス・カンパニー『アルカディア』、新国立劇場『たとえば野に咲く花のように』、劇団東演『兄弟』、劇団昴『ヴェニスの商人』、東京演劇集団風『マハゴニー市の興亡』、名取事務所『記念碑』）」結城雅秀　テアトロ　918　2016.6　p30～33

## ヴェニスの商人 ㊙東京グローブ座
*0644* 上演：1996年5月9日～5月26日　場所：パナソニック・グローブ座　作：シェイクスピア　訳：本橋哲也, 本橋たまき　演出：ジェラード・マーフィー
◇「『何もない空間』に世界を構築する（グローブ座カンパニー『ヴェニスの商人』、青年劇場『愛が聞こえます』、銀座セゾン劇場『セツァンの善人』、文学座『シンガー』、NLT『貧すれば鈍す』『いっしょに夕食を！』、東京乾電池『田園ハレム—常盤女子高物語』）」結城雅秀　テアトロ　644　1996.7　p59～65

*0645* 上演：2002年7月17日～7月28日　場所：東京グローブ座　作：シェイクスピア　構成：田中浩司　演出：小田島雄志　山崎清介
◇「恐るべき子供たちの祭り（文学座アトリエ『ロベルト・ズッコ』、ナイロン100℃『フローズン・ビー

チ』, グローブ座カンパニー『ヴェニスの商人』)」斎藤偕子　テアトロ　726　2002.9　p52～54

## ヴェニスの商人　[団]俳優座

**0646** 上演：1982年1月10日～1月26日　場所：東横劇場　作：シェイクスピア　訳：小田島雄志　演出：増見利清

◇「薄味のごった煮(俳優座『ヴェニスの商人』)」中野里皓史　テアトロ　469　1982.3　p21～24

## 上野動物園再々々襲撃　[団]青年団

**0647** 上演：2001年5月23日～6月3日　場所：シアタートラム　原作：金杉忠男　脚本・構成・演出：平田オリザ

◇「舞台は自律しているか、しすぎてはいないか？(新国立劇場 中劇場『贋作・桜の森の満開の下』, 青年団『上野動物園再々々襲撃』, 劇工房燐『陽炎家』)」みなもとごろう　テアトロ　710　2001.8　p74～76

**0648** 上演：2006年5月12日～5月14日　場所：紀伊國屋サザンシアター　原作：金杉忠男　脚本・構成・演出：平田オリザ

◇「表現の困難さをどう引き受けるか(文学座+青年団『チェンジングルーム』『卵』, 青年団『上野動物園再々々襲撃』, 萬國四季協會『海鳥譚』)」丸田真悟　テアトロ　779　2006.7　p56～57

## ヴェリズモ・オペラをどうぞ！　[団]銀座セゾン劇場

**0649** 上演：1998年9月3日～9月26日　場所：銀座セゾン劇場　作：市川森一　演出：遠藤吉博

◇「創作劇の難しさ(三生社『デュエット』, シルバーライニング『アパートの鍵貸します』, カクスコ『空き室あり！』, 銀座セゾン劇場『ヴェリズモ・オペラをどうぞ！』)」水落潔　テアトロ　674　1998.11　p56～57

## ヴェローナの二紳士／こころ　[団]シェイクスピア・シアター

**0650** 上演：2007年6月2日～6月10日　場所：俳優座劇場　作：シェイクスピア　訳：小田島雄志(ヴェローナの二紳士)　夏目漱石, 出口典雄(こころ)　演出：出口典雄

◇「時代に殉じる(SHIMIN劇場Ⅱ『ホームレスたちの挽歌』, シェイクスピア・シアター『ヴェローナの二紳士』『こころ』, 水戸芸術館『襤褸と宝石』)」中本信幸　テアトロ　795　2007.8　p54～58

## 我愛弥 WAR I NEED　[団]往来

**0651** 上演：1995年4月　場所：ウィングフィールド　作：田中守幸　演出：鈴木健之亮

◇「5月の関西 台詞構造の単調さ(往来『我愛弥WAR I NEED』, そとばこまち『なんぼのもんじゃい』,MOTHER『クラウドバスター～吸血鬼は彗星の夜に～』)」宮辻政夫　テアトロ　631　1995.7　p80～81

## ヴォイツェク　[団]コンパス・シアター・カンパニー

**0652** 上演：1995年3月30日～3月31日　場所：パナソニック・グローブ座　作：ゲオルク・ビュヒナー　英訳：J・マケンドリック　演出：ニール・シッソンズ　作曲：A・ベルク

◇「制約を創造の源泉とする…(コンパス『夏の夜の夢』『ヴォイツェク』,RSC『恋の骨折り損』, 円+シアターX『母』, 俳優座『南回帰線にジャポネースの歌は弾ね』, 文化座『青春デンデケデケデケ』, 一跡二跳『ONとOFFのセレナーデ』)」結城雅秀　テアトロ　630　1995.6　p62～68

## ヴォイツェク　[団]68/71黒色テント

**0653** 上演：1985年5月18日～5月27日　場所：新宿十二社熊野神社 黒色テント　作：ゲオルク・ビュヒナー　演出：佐藤信

◇「たどりつけない神社 (大っきらいだパフォーマンスなんて！〈特集〉)」長谷部浩　新劇　32(7)　1985.7　p78～81

## Walk in closet　[団]iaku

**0654** 上演：2015年11月13日～11月16日　場所：AI・HALL　作：横山拓也　演出：上田一軒

◇「11月の関西 新進劇作家の季節(iaku『Walk in closet』, 演劇計画Ⅱ『また愛か』, 劇団大阪『姉川写真館の四季』, 兵庫県立ピッコロ劇団『東男迷都路』, 劇団・太陽族『劇論』, 遊劇体『鳥笛』『公孫樹下』)」太田耕人　テアトロ　913　2016.1　p36～38

## うお傳説―立教大助教授教え子殺人事件　[団]ザ・スズナリ

**0655** 上演：2011年11月19日～11月28日　場所：ザ・スズナリ　作：山崎哲　演出：関美能留

◇「意欲のからまわり―三者三様(MODE『あなたに会ったことがある』, ザ・スズナリ30周年記念『うお傳説』, 東京ギンガ堂『女優X』)」七字英輔　テアトロ　858　2012.2　p64～66

## うお傳説―立教大助教授教え子殺人事件　[団]転位・21

**0656** 上演：1980年7月4日～7月13日　場所：旧眞空鑑劇場　作・演出：山崎哲

◇「確かな才能の開花―走りはじめた第二世代」衛紀生　新劇　27(9)　1980.9　p34～37

**0657** 上演：1981年6月18日～6月29日　場所：ザ・スズナリ　作・演出：山崎哲

◇「事実(リアル)と真実(リアル)」衛紀生　新劇　28(8)　1981.8　p30～31

◇「お隣りさんの中にあなたがいて」唐十郎　新劇　29(2)　1982.2　p30～33

## ヴォートリンの犯罪　[団]劇工房ライミング

**0658** 上演：1986年4月9日～4月15日　場所：ジァン・ジァン　作：ニコラス・ライト　演出：田島哲

◇「ロンドン, パリ, ナポリ, そして東京」渡辺保　新劇　33(6)　1986.6　p30～35

## 魚の祭　[団]MODE, 青春五月党

**0659** 上演：1992年10月14日～10月18日　場所：青山円形劇場　作：柳美里　演出：松本修

◇「意識の存在と実態の非存在(東京国際演劇祭『東京大仏心中』,MODEと青春5月党『魚の祭』, 青い鳥『青い鳥のハムレット』)」みなもとごろう　テアトロ　598　1992.12　p78～80

## うおや

**ヴォヤージュ** 圈Bunkamura
0660 上演：2000年10月2日～10月22日　場所：シアターコクーン　作：斎藤憐,岩松了,生田萬　構成・演出：串田和美
◇「台本の出来不出来が決め手（トム・プロジェクト 長塚京三ひとり芝居『侍』、シアターコクーン『VOYAGE』）」江原吉博　テアトロ　701　2000.12　p48～49

**ウォルター・ミティにさよなら** 圈ショーマ
0661 上演：1987年8月12日～8月21日　場所：シアタートップス　作・演出：高橋いさを
◇「フィクションとメタフィクション」鴻英良　新劇　34(10)　1987.10　p26～31
◇「ちかまつ芝居の『悪漢でいっぱい』」渡辺保　新劇　34(10)　1987.10　p38～43

**うかうか三十、ちょろちょろ四十** 圈こまつ座
0662 上演：2013年5月18日～6月2日　場所：紀伊國屋サザンシアター　作：井上ひさし　演出：鵜山仁
◇「民衆のパワーと孤独（こまつ座『うかうか三十、ちょろちょろ四十』、Pカンパニー『とうめいなすいさい』『鼎たたいて鳴るよしもがな』、新国立劇場『アジア温泉』）」斎藤偕子　テアトロ　877　2013.7　p46～47

**うかうか三十、ちょろちょろ四十** 圈人形劇団ブーク
0663 上演：2006年10月13日～10月22日　場所：ブーク人形劇場　作：井上ひさし　演出：井上幸子
◇「多彩な表現の可能性（民藝『待てば海路の…』、緒形拳ひとり舞台『白野（シラノ）』、人形劇団ブーク『La pupa Teatro 11 おとなの時間』）」水落潔　テアトロ　785　2006.12　p54～55

**浮かれるペリカァン** 圈黒テント
0664 上演：2017年12月13日～12月19日　場所：d-倉庫　作・演出：坂口瑞穂
◇「状況変れど生き抜く力（普間馬鈴薯堂『光合成クラブ・Ⅱ―男のいない女たち―』、直井おさむ企画『同窓会へようこそ』、劇団俳小『袴垂れはどこだ』、劇団黒テント『浮かれるペリカァン』）」黒羽英二　テアトロ　943　2018.3　p76～78

**浮巣** 圈日生劇場、東宝
0665 上演：1985年7月3日～7月28日　場所：日生劇場　作：八木柊一郎　演出：戌井市郎
◇「杉村・森の初顔合せ（東宝・日生公演『浮巣』）」藤田洋　テアトロ　511　1985.9　p26～27

**受付** 圈かたつむりの会,俳優座劇場
0666 上演：1987年2月26日～3月1日　場所：俳優座劇場　作：別役実　演出：村井志摩子
◇「大いなる単純、華麗なる空虚」鴻英良　新劇　34(5)　1987.5　p22～27

**動かぬ旅人** 圈フィリップ・ジャンティ・カンパニー
0667 上演：1996年6月25日～6月30日,7月25日～30日　場所：PARCO劇場　作・演出：フィリップ・ジャンティ
◇「特集・劇評バトル（フィリップ・ジャンティ・カンパニー『動かぬ旅人』）」村井健、みなもとごろう、渡辺淳　テアトロ　646　1996.9　p22～27

**うさぎの電報** 圈清流劇場
0668 上演：2002年7月19日～7月21日　場所：扇町ミュージアムスクエア　作・演出：田中孝弥
◇「7月の関西 非=劇場空間から（劇場衛星『ここでKissして』、WI'RE『MESS』、絆『ゆらゆらと水』、清流劇場『うさぎの電報』）」太田耕人　テアトロ　726　2002.9　p64～66

**牛蛙** 圈文学座アトリエの会
0669 上演：2001年12月6日～12月18日　場所：文学座アトリエ　作：川村毅　演出：藤原新平
◇「今、語っておくこと（劇団1980『戦争案内』、岡部企画『天使が微笑んだ男』、文学座アトリエの会『牛蛙』）」北川登園　テアトロ　718　2002.2　p48～50

**失われた時間を求めて** 圈阿佐ヶ谷スパイダース
0670 上演：2008年5月8日～5月27日　場所：ベニサン・ピット　作・演出：長塚圭史
◇「夢の魔性のおそろしさ（Bunkamura『わが魂は輝く水なり』、シス・カンパニー『瞼の母』、阿佐ヶ谷スパイダース『失われた時間を求めて』）」内田洋一　テアトロ　807　2008.7　p46～48

**牛の人** 圈健康
0671 上演：1990年3月14日～3月25日　場所：ザ・スズナリ　作・演出：ケラリーノ・サンドロヴィッチ
◇「右脳で感動する芝居について左脳で考えた」豊崎由美　しんげき　37(6)　1990.6　p42～45

**うしろ姿のしぐれてゆくか 漂白の俳人・種田山頭火** 圈鉄鉢の会
0672 上演：1986年10月5日～10月10日　場所：池袋プラネタリウム　作：宮本研　演出：高山図南雄
◇「宇宙の孤客（鉄鉢の会『うしろ姿のしぐれてゆくか』）」岩波剛　テアトロ　526　1986.12　p36～37

**うしろ姿のしぐれてゆくか 漂白の俳人・種田山頭火** 圈民藝
0673 上演：2012年6月1日～6月13日　場所：紀伊國屋サザンシアター　作：宮本研　演出：兒玉庸策
◇「個の生き方と集団表象（民藝『うしろ姿のしぐれてゆくか』、流山児★事務所『さらば、豚』、扉座『つか版・忠臣蔵～スカイツリー篇』）」田之倉稔　テアトロ　865　2012.8　p44～45

**うしろの正面だあれ** 圈演劇集団円
0674 上演：1983年3月9日～3月23日　場所：俳優座劇場　作：別役実　演出：高橋昌也
◇「家族の言葉 言葉の家族（ことばの劇場）」川本三郎　新劇　30(5)　1983.5　p25～28

## うしろの正面だあれ ⓣ旧眞空鑑
**0675** 上演：1987年　場所：旧眞空鑑アトリエ　作：別役実　演出：劇団共同
◇「劇の発生、詩の言葉」佐々木幹郎　新劇 34(8)　1987.8　p28〜33

## うずまき ⓣ浪花グランドロマン
**0676** 上演：2009年5月9日〜5月10日　場所：ウィングフィールド　作：オダタクミ　演出：たまご☆マン
◇「5月の関西　俳優を視る（スイス銀行『地球のみなさん、悪く思わないでください』、地点『あたしちゃん、行く先を言って』、浪花グランドロマン『うずまき』、無名劇団『プラズマ』）」太田耕人　テアトロ　821　2009.7　p50〜52

## 渦巻 ⓣTPT
**0677** 上演：1995年12月21日〜1996年1月21日　場所：ベニサン・ピット　作：ノエル・カワード　訳：常田景子　演出：宮本亜門
◇「暗い問題劇の徹底的な喜劇化（安澤事務所＋幹の会『メジャー・フォー・メジャー』、シェイクスピア・シアター『アテネのタイモン』、T.P.T『渦巻』、俳優座『桜の園』、シルバーライニング『おお、星条旗娘！』、流山児★事務所『ピカレスク南北』）」結城雅秀　テアトロ　640　1996.3　p70〜76

## 渦虫綱 ⓣ太陽族
**0678** 上演：2005年2月25日〜2月27日　場所：AI・HALL　作・演出：岩崎正裕
◇「3月の関西　拡散する物語（桃園会『釣堀にて』『父帰る』、近代劇場PART19『彼氏のそこちから』、劇団・太陽族『渦虫綱』）」太田耕人　テアトロ　763　2005.5　p113〜115

## 嘘つき女・英子 ⓣえるむ
**0679** 上演：1997年3月31日〜4月1日　場所：三百人劇場　作・演出：ふじたあさや
◇「三つの新しい作品（人形劇団ブーク『ちびっこカムのぼうけん』、えるむ『嘘つき女・英子』、青年座スタジオ『ジャンナ』）」水落潔　テアトロ　656　1997.6　p66〜67

## うそツキ、大好き、かぐや姫 ⓣ兵庫県立ピッコロ劇団
**0680** 上演：2009年8月8日〜8月9日　場所：ピッコロシアター　作：俵万智　演出：平井久美子
◇「8月の関西　子どもと老人と。（兵庫県立ピッコロ劇団『うそツキ、大好き、かぐや姫』、劇団京芸・人形劇団京芸『ウィッシュリスト』、焚火の事務所『硝子の声』、極東退屈劇場『リメンバー・ワイキキ・ビーチ』）」太田耕人　テアトロ　825　2009.10　p56〜58

## うそつきビリー ⓣテアトル・エコー
**0681** 上演：2001年4月10日〜4月22日　場所：エコー劇場　作：キース・ウォーターハウス、ウィルス・ホール　訳：野口絵美　訳・演出：西川信廣
◇「五人の女優による結婚を巡る議論劇（tpt『結婚』、ラッパ屋『斎藤幸子』、ナイロン100℃『すべての犬は天国へ行く』、テアトル・エコー『うそつきビリー』）」結城雅秀　テアトロ　708　2001.6　p62〜65

## 歌うシャイロック ⓣ兵庫県立ピッコロ劇団
**0682** 上演：2017年2月24日〜3月6日　場所：神戸アートビレッジセンター　作・演出：鄭義信
◇「3月の関西　名作に独自のアプローチ。力作続く（兵庫県立ピッコロ劇団『歌うシャイロック』、地点『ファッツァー』、清流劇場『オイディプス王』、空の驛舎『どこかの通りを突っ走って』、MONO『ハテノウタ』）」九鬼葉子　テアトロ　931　2017.5　p49〜51

## 歌うワーニャおじさん ⓣ黒テント
**0683** 上演：2010年9月16日〜9月26日　場所：イワト劇場　作：チェーホフ　訳：松下裕　構成・演出：斎藤晴彦　作曲：古賀義弥
◇「笑う門には福？（黒テント『ミュージカル・チェーホフ歌うワーニャおじさん』、俳小『トキワ荘の夏』、昴『機械じかけのピアノのための未完成の戯曲』）」中本信幸　テアトロ　841　2010.12　p50〜51

## 歌え！ 悲しみの深き淵より ⓣ東演
**0684** 上演：1981年9月4日〜9月16日　場所：三越劇場　作：ロバート・アンダーソン　演出：木村光一
◇「親子の繋がりと間隙（東演『歌え！悲しみの深き淵より』）」ほんちえいき　テアトロ　465　1981.11　p26〜29

## うたかたの城 ⓣ扉座
**0685** 上演：1993年7月28日〜8月8日　場所：本多劇場　演出：横内謙介
◇「舞台へ誘う「仕掛け」（テアトル・エコー『馬かける男たち』、ラッパ屋『アロハ颱風』、岡部企画『精霊流し』、流山児★事務所『tatsuya』、扉座『うたかたの城』）」大沢圭司　テアトロ　608　1993.10　p52〜55

## 宇田川心中 ⓣ1980, 新宿梁山泊
**0686** 上演：2009年11月7日〜11月22日　場所：青山公園南地区広場　特設テント　原作・脚本：小林恭二　演出：金守珍
◇「幽霊芝居のメリット（東京ギンガ堂『The Sound of Silence—沈黙の声』、昴『河の向うで人が呼ぶ』、東京ミルクホール『水晶の夜』、劇団1980＋新宿梁山泊『宇田川心中』）」中本信幸　テアトロ　829　2010.1　p50〜51

## 歌芝居 をぐり ⓣ京楽座
**0687** 上演：2005年2月4日〜2月6日　場所：シアターX　作：ふじたあさや
◇「芝居化レシピのいろいろ（こまつ座『円生と志ん生』、劇団1980『子別れ〜アローン・アゲイン〜』、萬國四季協會『風の森』、京楽座『歌芝居 をぐり』）」中本信幸　テアトロ　762　2005.4　p56〜57

## 歌物語 オーカッサンとニコレット ⓣNLT
**0688** 上演：2008年12月3日〜12月7日　場所：シアターグリーン　作：不詳　訳：川本茂雄　演出：川端槇二　振付：大原晶子
◇「夢に居直るか 現実に囚われるか（NLT『オーカッサンとニコレット』、新国立劇場『舞台は夢〜イ

リュージョン・コミック～』,朋友『9人の女』)」蔵原惟治　テアトロ　816　2009.2　p53～55

## 歌わせたい男たち　団二兎社

**0689**　上演：2005年10月8日～11月13日　場所：ベニサン・ピット　作・演出：永井愛
- ◇「歌わせたい男たちと、長いものにまかれた女―二兎社『歌わせたい男たち』」杵渕里果　シアターアーツ　26　2006.3　p94～96
- ◇「日本人の戯画描く政治的笑劇(二兎社『歌わせたい男たち』、俳優座新進演出家三連続公演『湖の秋』『三ちゃんと梨枝』『しとやかな獣』)」内田洋一　テアトロ　771　2005.12　p48～50

**0690**　上演：2008年2月29日～3月23日　場所：紀伊國屋ホール　作・演出：永井愛
- ◇「思想風土の逆説をめぐるドラマ(世田谷パブリックシアター+コンプリシテ共同制作『春琴』、二兎社『歌わせたい男たち』、横浜座『山本周五郎の妻』)」みなもとごろう　テアトロ　805　2008.5　p38～40

## うちやまつり　団桃園会

**0691**　上演：1997年12月26日～12月28日　場所：AI・HALL　作・演出：深津篤史
- ◇「1月の関西 日常レベルでない言葉の表現(OMSプロデュース『夏休み』、桃園会『うちやまつり』、劇団神戸『火の鳥Ⅲ(ギリシャ篇)』)」宮辻政夫　テアトロ　666　1998.8　p80～81

## うちやまつり／paradise lost, lost　団桃園会

**0692**　上演：2015年2月18日～2月22日　場所：AI・HALL　作：深津篤史　演出：空ノ驛舎,清水友陽
- ◇「3月の関西 反復と古典(桃園会『うちやまつり／paradise lost, lost』、兵庫県立ピッコロ劇団『マクベス』)」太田耕人　テアトロ　903　2015.5　p44～46

## 宇宙狂時代　団文芸坐ル・ピリエ, 黙示体

**0693**　上演：1980年　場所：文芸坐ル・ピリエ　作：花輪あや　演出：行田藤兵衛
- ◇「迷走する劇空間」衛祐生　新劇　27(8)　1980.8　p34～37

## 宇宙でいちばん速い時計　団世田谷パブリックシアター, 遊機械オフィス

**0694**　上演：2003年10月3日～10月20日　場所：シアタートラム　作：フィリップ・リドリー　訳：小宮山智津子　演出：白井晃
- ◇「千葉雅子の眼(猫のホテル『裏日本～大きな波に乗るがいい～』、世田谷パブリックシアター+遊機械オフィスプロデュース『宇宙でいちばん速い時計』)」林あまり　テアトロ　743　2003.12　p46～47

## 宇宙で眠るための方法について　団第三舞台

**0695**　上演：1984年2月21日～2月26日　場所：ザ・スズナリ　作・演出：鴻上尚史
- ◇「フィリップ・K・ディックに導かれて(ことばの劇場)」川本三郎　新劇　31(5)　1984.5　p26～29

## 宇宙で眠るための方法について・序章　団第三舞台

**0696**　上演：1989年2月11日～3月12日　場所：紀伊國屋ホール　作・演出：鴻上尚史
- ◇「被抑圧者の演劇と自己批評の演劇」七字英輔　新劇　36(5)　1989.5　p26～29

## 宇宙の旅、セミが鳴いて　団京都芸術センター

**0697**　上演：2003年10月4日～10月13日　場所：京都芸術センター講堂　作：鈴江俊郎　演出：髙瀬久男
- ◇「10月の関西 リアリズムを逃れて(京都ビエンナーレ2003『宇宙の旅、セミが鳴いて』、焚火の事務所『狐のつかい』、トリコ・A『木辻嘘801』)」太田耕人　テアトロ　743　2003.12　p62～64

## 宇宙はこうなっている　団劇団・岡村靖幸

**0698**　上演：1992年
- ◇「逃走することだけ上手になって」三田格　Les Specs　39(9)　1992.9　p24～25

## 有頂天時代 銀座生れといたしましては　団銀座セゾン劇場

**0699**　上演：1988年1月4日～1月31日　場所：銀座セゾン劇場　作：矢代静一　演出：栗山昌良
- ◇「観客席から、こんにちは」林あまり　新劇　35(4)　1988.4　p42～45
- ◇「思い入れの食いちがい(銀座セゾン劇場『有頂天時代』)」石崎勝久　テアトロ　541　1988.3　p28～29

## ウチハソバヤジャナイ　団シリーウォークプロデュース

**0700**　上演：2004年3月10日～3月22日　場所：ザ・スズナリ　作：ケラリーノ・サンドロヴィッチ　脚色・演出：ブルースカイ
- ◇「旬一毛皮族(毛皮族『DEEPキリスト狂』、シリーウォークプロデュース『ウチハソバヤジャナイ』、新国立劇場『こんにちは、母さん』)」林あまり　テアトロ　749　2004.5　p56～57

## 美しきものの伝説　団京都演劇会議

**0701**　上演：1995年5月17日～5月23日　場所：春日小学校跡地講堂　作：宮本研　演出：マキノノゾミ
- ◇「6月の関西 別役实の新作(兵庫県ピッコロ劇団『風の中の街』、関西芸能座『虫』、京都演劇会議『美しきものの伝説』)」宮辻政夫　テアトロ　632　1995.8　p79～81

## 美しきものの伝説　団「座・新劇」上演実行委員会

**0702**　上演：1994年7月26日～7月31日　場所：俳優座劇場　作：宮本研　演出：石澤秀二
- ◇「〈座・新劇〉の3作品について」森秀男　シアターアーツ　1　1994.12　p102～104

## 美しきものの伝説　団シス・カンパニー

**0703**　上演：2004年2月17日～3月10日　場所：紀伊國屋ホール　作：宮本研　演出：マキノノゾミ
- ◇「たたかう相手は誰か、何か(青年劇場『GULF―弟の戦争』、地人会『世紀末のカーニバル』、シ

ス・カンパニー『美しきものの伝説』,新国立劇場『The Game/ザ・ゲーム』)」渡辺淳 テアトロ 749 2004.5 p46〜49

### 美しきものの伝説 [団]新国立劇場

**0704** 上演：1999年11月4日〜11月21日 場所：新国立劇場中劇場 作：宮本研 演出：木村光一

◇「ウェルメードとステロタイプと(新国立劇場『美しきものの伝説』,文学座『翔べない金糸雀(カナリア)の唄』)」七字英輔 テアトロ 690 2000.1 p66〜67

### 美しきものの伝説 [団]青年座

**0705** 上演：2002年7月6日〜7月14日 場所：紀伊國屋サザンシアター 作：宮本研 演出：鈴木完一郎

◇「光を抜けて、闇を潜って(青年座『美しきものの伝説』,THE・ガジラ『薮の中』,加藤健一事務所『劇評』)」大岡淳 テアトロ 726 2002.9 p46〜48

### 美しきものの伝説 [団]地人会

**0706** 上演：1984年6月22日〜7月8日 場所：本多劇場 作：宮本研 演出：木村光一

◇「きらめきを失くした言葉たち(ことばの劇場)」高野嗣郎 新劇 31(9) 1984.9 p26〜29

### 美しきものの伝説 [団]俳小

**0707** 上演：2006年9月20日〜9月24日 場所：東京芸術劇場小ホール2 作：宮本研 演出：入谷俊一

◇「言わずもがなの趣向(俳小『美しきものの伝説』,東演『大地のカケラ』,俳優座『罪と罰』)」中本信幸 テアトロ 785 2006.12 p56〜57

### 美しきものの伝説 [団]文学座

**0708** 上演：2011年2月13日〜2月22日 場所：紀伊國屋サザンシアター 作：宮本研 演出：西川信廣

◇「歴史と伝説の狭間(新国立劇場『焼肉ドラゴン』,テレビ朝日/ホリプロ『ザ・シェイプ・オブ・シングス〜モノノカタチ〜』,文学座『美しきものの伝説』)」北川登園 テアトロ 846 2011.4 p42〜43

### うつぼ猿／くさびら [団]日生劇場

**0709** 上演：2006年8月4日〜8月6日 場所：日生劇場 現代語訳・作詞：谷川俊太郎 演出：小森美巳 作曲：小森昭宏

◇「夏休みの子供向けの舞台(仲間『ふたりのイーダ』,日生劇場『うつぼ猿』『くさびら』)」野中広樹 テアトロ 783 2006.10 p56〜57

### うつろわぬ愛 [団]昴

**0710** 上演：2007年7月25日〜7月29日 場所：紀伊國屋サザンシアター 原作：チェーホフ 脚色：ロミュラス・リニー 訳：沼澤洽治 演出：ジョン・ディロン 振付：神崎由布子 音楽：日高哲英

◇「外国人演出家の視点(昴『うつろわぬ愛』,日本テレビ/ホリプロ/天王洲 銀河劇場『錦繍』,日生劇場+文学座ファミリーステージ『若草物語』)」水落潔 テアトロ 797 2007.10 p52〜53

### 腕ずく [団]テアトル・エコー

**0711** 上演：1986年3月20日〜4月9日 場所：テアトル・エコー 作：ジャック・ドヴァル 訳：大久保輝臣 演出：キノトール

◇「ロンドン,パリ,ナポリ,そして東京」渡辺保 新劇 33(6) 1986.6 p30〜35

### うどん屋 [団]北区つかこうへい劇団

**0712** 上演：2007年6月1日〜6月2日 場所：田端文士村記念館 作・演出：くるみざわしん

◇「緊密な人間ドラマ(円『実験』,萬國四季協會<モード>『黒椿洋裁店』,シアターX『フェイドラの恋』,北区つかこうへい劇団『うどん屋』,THE・ガジラ『かげろふ人』)」斎藤偕子 テアトロ 795 2007.8 p43〜45

### うどん屋 [団]光の領地

**0713** 上演：2008年1月11日〜1月13日 場所：ウィングフィールド 作・演出：くるみざわしん

◇「1月の関西 うどん屋はうどん屋だ。(劇団光の領地『うどん屋』)」太田耕人 テアトロ 803 2008.3 p62〜63

### 鰻の出前 [団]ラッパ屋

**0714** 上演：1997年3月12日〜4月2日 場所：シアター・トップス 作・演出：鈴木聡

◇「ドイツ的なるものと日本的なるもの(円『廃屋の怪人・パウル氏』,東京演劇アンサンブル『魔子とルイズ』,ラッパ屋『鰻の出前』)」七字英輔 テアトロ 655 1997.5 p70〜72

### うぶな雲は空で迷う [団]MONO

**0715** 上演：2013年3月8日〜3月11日 場所：ABCホール 作・演出：土田英生

◇「3月の関西 創られた世界(ピッコロシアタープロデュース『泡』,MONO『うぶな雲は空で迷う』,A級Missing Link『或いは魂の止まり木』,空の驛舎『ライオンのいる場所』,犯罪友の会『ラジオの時間』)」太田耕人 テアトロ 875 2013.5 p55〜57

### 馬かける男たち [団]テアトル・エコー

**0716** 上演：1993年7月16日〜8月1日 場所：テアトル・エコー 作：ジョン・セシル・ホールム,ジョージ・アボット 訳：中川千尋 演出：西川信廣

◇「舞台へ誘う「仕掛け」(テアトル・エコー『馬かける男たち』,ラッパ屋『アロハ颱風』,岡部企画『精霊流し』,流山児★事務所『tatsuya』,扉座『うたかたの城』)」大沢圭司 テアトロ 608 1993.10 p52〜55

### umami [団]兵庫県立ピッコロ劇団

**0717** 上演：2018年4月6日〜4月8日 場所：ピッコロシアター中ホール 作：早船聡 演出：吉村祐樹

◇「4月の関西 深津篤史戯曲に新たな息吹。深津演劇祭に成果(桃園会『深海魚』,あうん堂『五軒町商店街寄合会』,空の驛舎『かえりみちの木』,MONO『隣の芝生も。』,兵庫県立ピッコロ劇団オフシアター『umami』)」九鬼葉子 テアトロ 946

2018.6　p43〜45

**ウーマン・イン・マインド**　⑳俳優座
*0718*　上演：1989年7月1日〜7月16日　場所：俳優座劇場　作：アラン・エイクボーン　訳：吉田美枝　演出：増見利清
◇「日常性のアイロニーと恐怖」七字英輔　新劇36(9)　1989.9　p26〜29
◇「難物戯曲への体当り(俳優座『ウーマン・イン・マインド』)」藤田洋　テアトロ　559　1989.9　p24〜25

**海へ…ヘミングウェイ幻想／陸へ…サムトの女たち**　⑳木冬社リターン
*0719*　上演：1998年7月2日〜7月15日　場所：シアターX　作・演出：清水邦夫
◇「二つの創作劇の面白さ(木冬社リターン『海へ…ヘミングウェイ幻想』『陸へ…サムトの女たち』、俳優座『黄金色の夕暮』)」水落潔　テアトロ　672　1998.9　p68〜69

**海を山に**　⑳兵庫県立ピッコロ劇団
*0720*　上演：1994年6月1日〜6月5日　場所：ピッコロシアター　作・演出：秋浜悟史
◇「6月の関西 戦時下の生活の確実な手ざわり(劇団大阪『明日』、兵庫県立ピッコロ劇団『海を山に』、ひょうご舞台芸術『庭を持たない女たち』)」宮辻政夫　テアトロ　619　1994.8　p78〜80

**海をゆく者**　⑳パルコ
*0721*　上演：2009年11月16日〜12月8日　場所：PARCO劇場　作：コナー・マクファーソン　訳：小田島恒志　演出：栗山民也
◇「裁き裁かれる人たち(Bunkamura『十二人の怒れる男』、パルコ・プロデュース『海をゆく者』、加藤健一事務所『高き彼物』、民藝『神戸北ホテル』)」北川登園　テアトロ　830　2010.2　p44〜46

**海霧**　⑳民藝
*0722*　上演：2008年12月6日〜12月20日　場所：三越劇場　原作：原田康子　脚本：小池倫代　演出：丹野郁弓
◇「それぞれの生き方(民藝『海霧』、文学座アトリエの会『日陰者に照る月』、NODA・MAP『パイパー』)」水落潔　テアトロ　817　2009.3　p55〜57

**海越えの花たち**　⑳てがみ座
*0723*　上演：2018年6月20日〜6月26日　場所：紀伊國屋ホール　作：長田育恵　演出：木野花
◇「活況を呈した六月 brisk June(劇団四季『恋に落ちたシェイクスピア』、青年座『安楽病棟』、二兎社『ザ・空気ver.2誰も書いてはならぬ』、てがみ座『海越えの花たち』)」小山内伸　テアトロ　950　2018.9　p52〜54

**海との対話**　⑳東京演劇集団風、マントゥール劇場
*0724*　上演：2014年8月20日〜8月24日　場所：レパートリーシアターKAZE　作・演出：フランソワ・シャファン　訳：大野舞　演出：江原早哉香
◇「悪夢か、ファンタジーか、歴史か(劇団集団風

『海との対話』、青果鹿『路地裏のシュラ』、チョコレートケーキ『親愛なる我が総統』)」斎藤偕子　テアトロ　896　2014.11　p42〜43

**海と日傘**　⑳木山事務所
*0725*　上演：1997年6月13日〜6月19日　場所：俳優座劇場　作：松田正隆　演出：末木利文
◇「戯曲と舞台と(木山事務所プロデュース『海と日傘』、かたつむりの会『もうひとりの飼主』、扉座『ドラキュラ白書』)」林あまり　テアトロ　658　1997.8　p68〜69

**海と日傘**　⑳時空劇場
*0726*　上演：1994年1月28日〜1月30日　場所：扇町ミュージアムスクエア　作・演出：松田正隆
◇「岸田戯曲賞の鈴江俊郎と松田正隆」宮辻政夫　シアターアーツ　5　1996.5　p104〜105
◇「演劇の状況が浮かび上がる(ひょうご舞台芸術『かもめ』、そとばこまちworkers『Birth』、大阪新劇団協議会プロデュース『なにわの薨』、時空劇場『海と日傘』)」宮辻政夫　テアトロ　615　1994.4　p82〜84

**海と日傘 韓国語版**　⑳京都芸術センター
*0727*　上演：2003年3月27日〜3月30日　場所：京都芸術センター　作：松田正隆　演出：ソン・ソノ
◇「4月の関西 権力のかたち(劇団・太陽族『私たちの望むものは』、近松劇場『月が乾く』、水の会『じゃんぐる』、京都芸術センター・日韓プロジェクト『海と日傘』韓国語版)」太田耕人　テアトロ　736　2003.6　p66〜68

**海と日傘 日本語版**　⑳京都芸術センター
*0728*　上演：2003年3月12日〜3月17日　場所：京都芸術センター　作：松田正隆　演出：三浦基
◇「3月の関西 遠くの脅威(南河内万歳一座『さらバイ』、京都芸術センター・日韓プロジェクト『海と日傘』日本語版、アグリーダックリング『教科の書』)」太田耕人　テアトロ　735　2003.5　p62〜64

**海鳴り**　⑳民藝
*0729*　上演：2008年10月9日〜10月20日　場所：紀伊國屋サザンシアター　原作：藤沢周平　脚色：吉永仁郎　演出：高橋清祐
◇「長崎から江戸へ(朋友『ザ・パイロット』、民藝『海鳴り』)」田之倉稔　テアトロ　813　2008.12　p44〜45

**海鳴りの底から**　⑳東京演劇アンサンブル
*0730*　上演：2001年3月19日〜3月28日　場所：ブレヒトの芝居小屋　原作：堀田善衞　作・演出：広渡常敏
◇「人間疎外劇いろいろ(燐光群『ララミー・プロジェクト』、世田谷パブリックシアター『AMERIKA』、青年劇場『殯の海』、東京演劇アンサンブル『海鳴りの底から』、文学座アトリエ『柘榴変』)」渡辺淳　テアトロ　708　2001.6　p50〜54

**海に送った灯**　⑳船の階
*0731*　上演：1999年9月9日〜9月12日　場所：都住創センター　作・演出：久野那美

◇「9月の関西 劇のはじまり、あるいは迷路への入り口（桃園会『熱帯夜〜うちやまつり前日譚』，船の階『海に送った灯』，あうん堂『あいたか ないか』）」太田耕人　テアトロ　687　1999.11　p70〜72

**海猫街―ソコハ、海賊ノ末裔ノ地** [団]桟敷童子

0732 上演：2006年10月27日〜11月12日　場所：ベニサン・ピット　作：サジキドウジ　演出：東憲司

◇「逆巻く不可視の海を―桟敷童子『海猫街』」藤倉秀彦　シアターアーツ　29　2006.12　p101〜103

◇「島や地下壕など緊密な空間を舞台に（扉座『ご長寿ねばねばランド』，桟敷童子『海猫街』，阿佐ヶ谷スパイダース『イヌの日』）」高橋豊　テアトロ　787　2007.1　p62〜63

**海の一座** [団]文化座

0733 上演：1984年9月7日〜9月16日　場所：文学座アトリエ　作：謝名元慶福　演出：八木貞男

◇「重い内容と明るい形式（文化座『海の一座』）」八橋卓　テアトロ　501　1984.11　p26〜27

0734 上演：1987年4月7日〜5月5日　場所：俳優座劇場　作：謝名元慶福

◇「復帰十五周年の沖縄劇（東演『風のユンタ』）」ほんちえいき　テアトロ　532　1987.6　p24〜25

**海の上のピアニスト** [団]オン・タイム

0735 上演：2003年6月5日〜6月15日　場所：ル・テアトル銀座　作：アレクサンドロ・バリッコ　訳：草皆伸子　台本・演出：青井陽治　作曲・演奏：稲本響

◇「三者三様の心意気（俳優座『しまいこんでいた歌』，オン・タイム企画・制作『海の上のピアニスト』，SPAC『シラノ・ド・ベルジュラック』）」斎藤偕子　テアトロ　739　2003.8　p48〜50

**海の上のピアニスト** [団]スカイスケープ

0736 上演：2002年7月24日〜7月28日　場所：東京芸術劇場中ホール　作：アレクサンドロ・バリッコ　訳：草皆伸子　演出：青井陽治

◇「いくつかの死とひとつの生（スカイスケープ主催『海の上のピアニスト』，燐光群『CVR―チャーリー・ビクター・ロミオ』，ひょうご舞台芸術『ジェイプス―記憶の棲む家』，世田谷パブリックシアター『まちがいの狂言』）」渡辺淳　テアトロ　727　2002.10　p53〜55

**海の凹凸** [団]俳優座

0737 上演：2017年9月20日〜10月1日　場所：俳優座劇場　作：詩森ろば　演出：眞鍋卓嗣

◇「対立の彼岸から此岸へ（テレビ朝日『謎の変奏曲』，ティーファクトリー『エフェメラル・エレメンツ』，俳優座『海の凹凸』，HEADS・こまばアゴラ劇場『を待ちながら』）」小山内伸　テアトロ　939　2017.12　p39〜41

**海の口笛 渡り海女の伝説より** [団]唐組

0738 上演：1997年5月3日〜6月22日　場所：花園神社　作・演出：唐十郎

◇「悪魔の後ろ姿（カムカムミニキーナ『鈴木の大地』，THE・ガジラ『PW PRISONER OF WAR』，M・O・P『KANOKO』，唐組『海の口笛 渡り海女の伝説より』）」長谷部浩　テアトロ　657　1997.7　p50〜53

**海の五十二万石―玄海 あたらしい海** [団]東京演劇アンサンブル

0739 上演：2006年9月19日〜10月17日　場所：ブレヒトの芝居小屋　作：広渡常敏　演出：志賀澤子　音楽：池辺晋一郎

◇「海に生きる者の夢とロマン（東京演劇アンサンブル『海の五十二万石』，オフィス樹『オホーツクの女』，青年座『ブンナよ、木からおりてこい』，京楽座『破戒』）」結城雅秀　テアトロ　785　2006.12　p46〜49

**海のてっぺん** [団]一跡二跳

0740 上演：2001年4月25日〜4月29日　場所：紀伊國屋ホール　作・演出：古城十忍

◇「息子と嫁と母の関係（一跡二跳『海のてっぺん』，流山児★事務所『ゾンビな夜』，鳥獣戯画『真夏の夜の夢』）」浦崎浩實　テアトロ　709　2001.7　p48〜49

**海のてっぺん** [団]ワンツーワークス

0741 上演：2014年11月20日〜11月30日　場所：吉祥寺シアター　作・演出：古城十忍

◇「在世あれこれ（ワンツーワークス『海のてっぺん』，俳協『紙屋悦子の青春』，トム・プロジェクト『萩咲く頃に』）」中本信幸　テアトロ　900　2015.2　p114〜115

**海の夫人** [団]新国立劇場

0742 上演：2015年5月13日〜5月31日　場所：新国立劇場　作：イプセン　訳：アンネ・ランデ・ペータス，長島確　演出：宮田慶子

◇「直視を促す表現方法（フランス演劇クレアシオン『私は太田、広島の川』，加藤健一事務所『バカのカベ』，新国立劇場『海の夫人』）」斎藤偕子　テアトロ　905　2015.7　p30〜31

**海の夫人** [団]民藝

0743 上演：2002年1月30日〜2月11日　場所：紀伊國屋サザンシアター　作：イプセン　台本・演出：丹野郁弓

◇「女が主役（民藝『海の夫人』，トム・プロジェクトプロデュース『乙女の祈り』，シス・カンパニー『売り言葉』）」渡辺淳　テアトロ　720　2002.4　p46〜47

**海の沸点** [団]地人会

0744 上演：1997年7月11日〜7月23日　場所：紀伊國屋ホール　作：坂手洋二　演出：栗山民也

◇「断片〜7月の劇をめぐる（NODA・MAP『キル』，青年団プロデュース+月の岬プロジェクト『月の岬』，地人会『海の沸点』，燐光群『皮革製造所殺人事件』，自転車キンクリート『例の件だけど、』）」長谷部浩　テアトロ　659　1997.9　p72〜75

**海の眼鏡** [団]文学座アトリエの会

0745 上演：2012年12月8日〜12月22日　場所：文

学座アトリエ　作：東憲司　演出：髙橋正徳
◇「言わずもがなの妙手いろいろ（アリストパネス・カンパニー『救世軍バーバラ少佐』、メープルリーフ・シアター『請願』、文学座アトリエの会『海の眼鏡』）」中本信幸　テアトロ　872　2013.2　p62〜63

## 海辺のカフカ　㈲ホリプロ
**0746**　上演：2012年5月3日〜5月20日　場所：彩の国さいたま芸術劇場大ホール　原作：村上春樹　脚本：フランク・ギャラティ　訳：平塚隼介　演出：蜷川幸雄
◇「舞台としての深度（ホリプロ『海辺のカフカ』、新国立劇場『負傷者16人—SIXTEEN WOUNDED—』、ナイロン100℃『百年の秘密』）」髙橋豊　テアトロ　863　2012.7　p40〜41

## 海ゆかば水漬く屍　㈲演劇復興の会
**0747**　上演：2008年2月16日〜2月24日　場所：赤坂RED/THEATER　作：別役実　演出：小林勝也
◇「記憶として受け継がれるもの（こまつ座『人間合格』、演劇復興の会『海ゆかば水漬く屍』、青年劇場『ある哈姆雷特役者の夢』、パパ・タラフマラ『シンデレラ』）」丸田真悟　テアトロ　804　2008.4　p42〜44

## 海よりも長い夜　㈲青年団
**0748**　上演：1999年6月3日〜6月13日　場所：シアタートラム　作・演出：平田オリザ
◇「今、個人がポリティカルであるということ…（青年団『海よりも長い夜』、こまつ座『父と暮せば』）」斎藤偕子　テアトロ　684　1999.8　p54〜55

## 梅子とよっちゃん　㈲青年劇場
**0749**　上演：2017年5月12日〜5月21日　場所：紀伊國屋サザンシアターTAKASHIMAYA　作：福山啓子　演出：瀬戸山美咲
◇「過去のこだわり、でも今を生きる力（俳優座『北へんろ』、文学座アトリエ『青べか物語』、青年劇場『梅子とよっちゃん』）」斎藤偕子　テアトロ　933　2017.7　p40〜41

## 梅津さんの穴を埋める　㈲演劇集団円
**0750**　上演：2005年5月18日〜5月29日　場所：ステージ円　作・演出：土屋理敬
◇「劇的文体の妙（グループしぜん『瞼の母』、萬國四季協會『岬—波の間に間に義経さまが—』、演劇集団円『梅津さんの穴を埋める』）」中本信幸　テアトロ　765　2005.7　p56〜57

## 埋められた子供　㈲俳優座
**0751**　上演：1992年8月19日〜8月25日　場所：俳優座第一稽古場　作：サム・シェパード　訳・演出：安井武
◇「演劇を作る「戦略」について（パルコ『ザ・ウーマン・イン・ブラック』、キャラメルボックス『カレッジ・オブ・ザ・ウィンド』、東京壱組『夏の夜の夢』、俳優座LABO『埋められた子供』）」大沢圭司　テアトロ　596　1992.10　p58〜62

## 埋められた子供　㈲パルコ
**0752**　上演：1986年6月19日〜6月26日　場所：PARCO SPACE PART3　作：サム・シェパード　訳：安井武　演出：ロジャー・パルバース
◇「砂漠というユートピア」鴻英良　新劇　33(9)　1986.9　p22〜27

## 埋められた子供　㈲ミルウォーキー・レパートリー・シアター
**0753**　上演：1983年5月31日〜6月2日　場所：シアターアプル　作：サム・シェパード　演出：シャロン・オット
◇「写実を超えるものを（MRT『ガラスの動物園』『埋められた子供』）」安井武　テアトロ　486　1983.8　p56〜59

## 恭しき娼婦　㈲あすなろ
**0754**　上演：1999年10月13日〜10月17日　場所：SPACE107　作：サルトル　訳：芥川比呂志　演出：西木一夫
◇「夢か現か、現か夢か…（MODE『夢の女』、俳優座『かもめ』、シアターコクーン『かもめ』、昴『ワーニャ伯父さん』、あすなろ『恭しき娼婦』）」結城雅秀　テアトロ　688　1999.12　p56〜59

## 恭しき娼婦 2018　㈲新宿梁山泊
**0755**　上演：2018年10月10日〜10月14日　場所：シアターウエスト　作：サルトル　訳：芥川比呂志　演出：金守珍
◇「「女性」という「怪物」が拓く世界（東京演劇アンサンブル『トゥーランドット姫あるいは嘘のウワヌリ大会議』、パルコ『ライオンのあとで』、世田谷パブリックシアター『竹取』、新宿梁山泊『恭しき娼婦』）」髙橋豊　テアトロ　953　2018.12　p37〜39

## 裏切りの街　㈲唐組
**0756**　上演：1995年5月6日〜6月25日　場所：花園神社境内特設テント　作・演出：唐十郎
◇「戦略の深化（青年団『火宅か修羅か』、唐組『裏切りの街』、新宿梁山泊『人魚伝説』、青年劇場『時間のない喫茶店』、鳥獣戯画『SUKEROKU—花菖蒲助六惣賑』、ZAZOUS THEATER『ルーニィー』）」大沢圭司　テアトロ　631　1995.7　p66〜70

## 裏切りの街　㈲パルコ
**0757**　上演：2010年5月7日〜5月30日　場所：PARCO劇場　作・演出：三浦大輔
◇「若手四人の充実（劇団、本谷有希子『甘え』、パルコ・プロデュース『裏切りの街』、イキウメ『プランクトンの踊り場』、チェルフィッチュ『ホットペッパー、クーラー、そしてお別れの挨拶』）」林あまり　テアトロ　835　2010.7　p43〜45

## 裏小路　㈲トム・プロジェクトプロデュース
**0758**　上演：2013年10月17日〜10月22日　場所：紀伊國屋ホール　作・演出：中津留章仁
◇「誇り高き人たち（トム・プロジェクトプロデュース『裏小路』、俳優座『気骨の判決』、俳小『幻燈辻馬車』）」北川登園　テアトロ　885　2014.1　p40〜41

### うら騒ぎ／ノイゼズ・オフ [団]新国立劇場
**0759** 上演：2005年6月27日〜7月14日　場所：新国立劇場小劇場 THE PIT　作：マイケル・フレイン　訳：小田島恒志　演出：白井晃
◇「孤独と不義の代償（俳優座LABO『銘々のテーブル』,THE・ガジラ『死の棘』,青年座『こんにゃくの花』,黒テント『帝国の建設者』,新国立劇場『うら騒ぎ/ノイゼズ・オフ』）」結城雅秀　テアトロ　768　2005.9　p56〜59

### 裏日本〜大きな波に乗るがいい [団]猫のホテル
**0760** 上演：2003年10月16日〜11月3日　場所：ザ・スズナリ　作・演出：千葉雅子
◇「千葉雅子の眼（猫のホテル『裏日本〜大きな波に乗るがいい〜』,世田谷パブリックシアター+遊機械オフィスプロデュース『宇宙でいちばん速い時計』）」林あまり　テアトロ　743　2003.12　p46〜47

### 裏山の犬にでも喰われろ！ [団]A級 Missing Link
**0761** 上演：2008年7月3日〜7月7日　場所：精華小劇場　作・演出：土橋淳志
◇「7月の関西 どこでもない空間（WANDERING PARTY『レオナール・F S改』,A級 Missing Link『裏山の犬にでも喰われろ！』,遊劇体『山吹』,地点『三人姉妹』）」太田耕人　テアトロ　810　2008.9　p81〜83

### 裏読み 味噌樽で縮んだズボン [団]1980
**0762** 上演：1993年10月8日〜10月12日　場所：ジァン・ジァン　作・演出：藤田傳
◇「古さに新しさを求める試み（地人会『朝焼けのマンハッタン』,文学座『恋と仮面のカーニバル』,昴『チャリング・クロス街84番地』,燐光群『神々の国の首都』,民藝『終末の刻』,1980『裏読み 味噌樽で縮んだズボン』,音楽座『リトル プリンス』,青年座『愛すればこそ』）」江原吉博　テアトロ　610　1993.12　p70〜76

### 売り言葉 [団]シス・カンパニー
**0763** 上演：2002年2月2日〜2月20日　場所：スパイラルホール　作・演出：野田秀樹
◇「女が主役（民藝『海の夫人』,トム・プロジェクトプロデュース『乙女の祈り』,シス・カンパニー『売り言葉』）」渡辺淳　テアトロ　720　2002.4　p46〜47

### 麗しき三兄妹 [団]トム・プロジェクト
**0764** 上演：1999年6月29日〜7月4日　場所：シアタートップス　作・演出：水谷龍二
◇「紡いだ人生を一人で語り演ずるのが…（花組芝居『奥女中たち』,トム・プロジェクト『麗しき三兄妹』,東京乾電池『三ねん坂の裏の坂』）」佐藤康平　テアトロ　685　1999.9　p72〜73

### 麗しのサブリナ [団]オフィス・イレブン
**0765** 上演：2002年7月16日〜7月18日　場所：博品館劇場　原作：サミュエル・テイラー　訳：まごいずみ　演出：原田一樹
◇「苦悩の新進作家に拍手（円小劇場『蔵のある家』,椿組『東京ウェポン』,オフィスイレブン『麗しのサブリナ』,劇工房燐『トラブル2002』）」佐藤康平　テアトロ　726　2002.9　p56〜57

### 麗しのサブリナ [団]オフィス・ナイン,博品館劇場
**0766** 上演：1989年2月12日〜3月5日　場所：博品館劇場　原作：サミュエル・テイラー　台本・演出：司このみ
◇「ミュージカル評―キャスト替わりのおもしろさ」萩尾瞳　新劇　36(4)　1989.4　p42〜45

### 麗しのハリマオ [団]水戸芸術館ACM劇場
**0767** 上演：2007年1月19日〜2月4日　場所：水戸芸術館ACM劇場　作・演出：長谷川裕久
◇「過剰性―爛熟と生成（埼玉県芸術文化振興財団『コリオレイナス』,水戸芸術館『麗しのハリマオ』）」斎藤偕子　テアトロ　790　2007.4　p54〜55

### うれしい朝を木の下で [団]八時半
**0768** 上演：2001年11月9日〜11月11日　場所：扇町ミュージアムスクエア　作・演出：鈴江俊郎
◇「11月の関西 反復による前進（劇団八時半『うれしい朝を木の下で』,犯罪友の会『紫陽花の指絵』,ジャブジャブサーキット『「中野エスパー」をめぐる冒険』）」太田耕人　テアトロ　717　2002.1　p80〜82

### 噂の男 [団]パルコ
**0769** 上演：2006年8月11日〜9月3日　場所：PARCO劇場　作：福島三郎　演出：ケラリーノ・サンドロヴィッチ
◇「双曲化する二つの喜劇―モラルとアンモラル（こまつ座『紙屋町さくらホテル』,パルコ劇場『噂の男』）」みなもとごろう　テアトロ　783　2006.10　p46〜47

### 噂のチャーリー [団]文学座
**0770** 上演：1995年11月1日〜11月9日　場所：紀伊國屋ホール　作：ニール・サイモン　訳：黒田絵美子　演出：坂口芳貞
◇「日米共同による2言語の芝居（昴・MRT『沈黙』,文学座『野分立つ』『噂のチャーリー』,こまつ座『父と暮せば』,二兎社『パパのデモクラシー』,シアター・コクーン『阿呆劇・フィガロの結婚』,博品館劇場『ブラック・コメディ』）」結城雅秀　テアトロ　638　1996.1　p63〜69

### 噂のファミリー 1億円の花婿 [団]ふるさときゃらばん
**0771** 上演：1999年9月8日〜10月13日　場所：サンシャイン劇場　作・演出：石塚克彦
◇「DよりWの方が当たってないのかナ（遊◎機械/全自動シアター『アナザディ』,ふるさときゃらばん『噂のファミリー・1億円の花婿』,オペラシアターこんにゃく座『歌芝居・魔法の笛』）」佐藤康平　テアトロ　687　1999.11　p58〜59

### 運河 [団]A級 Missing Link
**0772** 上演：2000年12月8日〜12月10日　場所：大阪市立芸術創造館　作：土橋淳志
◇「12月の関西 クラシック・ルネサンスの始まり（南船北馬一団『恋愛恐怖病・修羅・盆栽』,A級 Missing Link『運河』,三角フラスコ『惑星のプロペラ』）」太田耕人　テアトロ　704　2001.2

p82～84

**うん、さようなら** [団]五反田団

*0773* 上演：2018年5月26日～6月4日　場所：アトリエヘリコプター　作・演出：前田司郎

◇「老婦人を演じる若い女優の「異化効果」(五反田団『うん、さようなら』,CANプロ『母の法廷』,劇団昴『冬』『ダウィー夫人の勲章』,青年劇場『分岐点～ぼくらの黎明期～』,劇団球『紫陽花』)」杉山弘　テアトロ　949　2018.8　p51～53

**雲丈郭** [団]ひげ太夫

*0774* 上演：2007年3月23日～3月27日　場所：麻布die pratze　作・演出：吉村やよひ

◇「日常を撃つ妙技(ひげ太夫『雲丈郭』,風『第三帝国の恐怖と悲惨』,NLT『極楽ホームへいらっしゃい』)」中本信幸　テアトロ　792　2007.6　p46～47

**運転免許 私の場合 HOW I LEARNED TO DRIVE** [団]名取事務所

*0775* 上演：2014年1月22日～1月26日　場所：「劇」小劇場　作：ポーラ・ヴォーゲル　訳・演出：小川絵梨子

◇「翻訳劇上演の難しさと幸福な気分(東京演劇集団風『異邦人』,名取事務所『HOW I LEARNED TO DRIVE』,タチ・ワールド『グロリアス・ワンズ―輝ける役者たち―』)」杉山弘　テアトロ　888　2014.4　p40～41

**運命の分れ目** [団]花企画

*0776* 上演：1999年　場所：シアターVアカサカ　作・演出：植村達雄

◇「バーチャルな幸福感を求めたら…(花企画『運命の分れ目』,オフィスワンダーランド『賭博師梟(FUKUROH)』,参人芝居『カゾクゲーム』)」佐藤康平　テアトロ　690　2000.1　p72～73

## 【え】

**エアポート'97** [団]ラッパ屋

*0777* 上演：1997年8月30日～9月7日　場所：本多劇場　作・演出：鈴木聡

◇「女性性と演劇(遊◎機械/全自動シアター『こわれた玩具』,ラッパ屋『エアポート'97』)」里見宗律　テアトロ　661　1997.11　p72～73

**A・R** [団]NOISE

*0778* 上演：1993年5月29日～6月6日　場所：ザ・スズナリ　作・演出：如月小春

◇「ものみなウェルメイドに向かう？(NOISE『A・R』,かたつむりの会『魔女の猫探し』,T・P・T『あわれ彼女は娼婦』)」内野儀　テアトロ　606　1993.8　p60～62

**永遠の青空** [団]青年座

*0779* 上演：1992年6月19日～6月28日　場所：紀伊國屋ホール　作：砂本量　演出：高木達

◇「生への強い意志がわいてくる(青年座『永遠の青空』)」内田洋一　テアトロ　594　1992.8　p136～137

**永遠の雨よりわずかに速く** [団]199Q太陽族

*0780* 上演：1999年12月17日～12月19日　場所：AI・HALL　作・演出：岩崎正裕

◇「12月の関西 演劇は家父長制に反抗する(199Q太陽族『永遠の雨よりわずかに速く』,とっても便利『あの歌が思い出せない』,糾～あざない～『数億分のいちの空』)」太田耕人　テアトロ　691　2000.2　p127～129

**永遠の一瞬―Time Stands Still** [団]新国立劇場

*0781* 上演：2014年7月8日～7月27日　場所：新国立劇場　作：ドナルド・マーグリーズ　訳：常田景子　演出：宮田慶子

◇「いろいろのときの重さ(岩波ホール発『白石加代子百物語ファイナル』,Pカンパニー『スパイものがたり』,新国立劇場『永遠の一瞬』)」斎藤偕子　テアトロ　894　2014.9　p36～37

**永遠の旅路―アンデルセンの恋** [団]東京芸術座

*0782* 上演：1999年4月9日～4月17日　場所：六行会ホール　作：勝山俊介　演出：印南貞人

◇「〈説明〉でなく〈表現〉が欲しい(NODA・MAP『半神』,東京演劇アンサンブル『桜の森の満開の下』,未来劇場『花ぞむかしの色に化けなん』,東京芸術座『永遠の旅路』)」浦崎浩實　テアトロ　682　1999.6　p56～57

**永遠―PARTⅠ.彼女** [団]演劇集団円

*0783* 上演：2000年8月31日～9月10日　場所：紀伊國屋サザンシアター　作：岸田理生　演出：山本健翔

◇「日常と狂気と幻想と(俳優座『ロッテ』,青年座『天草記』,円『永遠―PART1.彼女』)」渡辺淳　テアトロ　700　2000.11　p107～109

**永遠―PARTⅡ・彼女と彼** [団]演劇集団円

*0784* 上演：2001年6月21日～6月30日　場所：紀伊國屋サザンシアター　作：岸田理生　演出：山本健翔

◇「観客のいらだち(演劇集団円『永遠―PARTⅡ・彼女と彼』,花組芝居『泉鏡花の婦系図』,青山円形劇場プロデュース『室温～夜の音楽～』)」林あまり　テアトロ　712　2001.9　p48～49

**映画に出たい！** [団]パルコ

*0785* 上演：1982年9月4日～9月23日　場所：PARCO西武劇場　作：ニール・サイモン　訳・演出：福田陽一郎

◇「滲み出る人生の哀歓(西武劇場『映画に出たい！』)」千野幸一　テアトロ　477　1982.11　p21～24

**栄光の季節** [団]東演

*0786* 上演：1993年12月2日～12月12日　場所：東演パラータ　作：ジェイソン・ミラー　訳：黒田絵美子　演出：小林裕

◇「壺にはまった芸の力(民藝『君はいま何処に…』,東演『栄光の季節』)」江原吉博　テアトロ　613　1994.2　p75～76

**映像都市1991** 団新宿梁山泊
*0787* 上演：1991年2月7日〜2月9日　場所：大田区民プラザ　作：鄭義信　演出：金盾進
◇「〈奇妙な躯の震え〉と〈目眩の心地よさ〉」宮沢章夫　しんげき　38（5）　1991.5　p26〜29
◇「とにかく，さっぱり，ワカラナイ」安住恭子　しんげき　38（6）　1991.6　p56〜59

**映像都市2008** 団姫路市文化振興財団
*0788* 上演：2008年9月20日〜9月21日　場所：姫路キャスパホール　作・演出：鄭義信
◇「9月の関西 ローカルであるということ（姫路市文化振興財団設立二十周年『映像都市2008』，『廓』上演を成功させる会『廓』，ドラマ・リーディング『パーマネント・ウェイ』）」太田耕人　テアトロ　812　2008.11　p79〜81

**8ビートは親父のロックⅡ** 団ネヴァーランド・ミュージカル・コミュニティ
*0789* 上演：1984年　作・演出：堤泰之
◇「悲劇の楽しみ方（ことばの劇場）」萩原なぎさ　新劇　31（9）　1984.9　p30〜35

**衛兵たち，西高東低の鼻を嘆く** 団MONO
*0790* 上演：2005年11月18日〜11月23日　場所：ART COMPLEX 1928　作・演出：土田英生
◇「12月の関西 季節の到来（PM/飛ぶ教室『ゴースト・オブ・ア・チャンス』，魚灯『異邦人』，MONO『衛兵たち，西高東低の鼻を嘆く』）」太田耕人　テアトロ　774　2006.2　p106〜108

**エイミーズ・ビュー** 団民藝
*0791* 上演：2006年6月21日〜7月3日　場所：紀伊國屋サザンシアター　作：デイヴィッド・ヘアー　訳・演出：丹野郁弓
◇「昭和の宿題や信念の物語（新国立劇場『夢の痂』，文学座アトリエの会『オトコとオコ』，民藝『エイミーズ・ビュー』）」北川登園　テアトロ　782　2006.9　p40〜42

**エヴァ，帰りのない旅** 団東京演劇集団風
*0792* 上演：2005年5月10日〜5月15日　場所：レパートリーシアターKAZE　作：ダイアン・サミュエルズ　訳：小田島恒志　演出：和田喜夫
◇「近未来とアイデンティティ（tpt『A Number』，KERA・MAP『砂の上の植物群』，東京演劇集団風『エヴァ，帰りのない旅』，青年劇場『ナース・コール』）」北川登園　テアトロ　765　2005.7　p58〜60

**エヴァ，帰りのない旅 キンダー・トランスポート** 団ひょうご舞台芸術
*0793* 上演：1998年2月26日〜3月8日　場所：新神戸オリエンタル劇場　作：ダイアン・サミュエルズ　訳：小田島恒志　演出：栗山民也
◇「ドラマを探せば，そこに女性がいた ひょうご舞台芸術の試みから」畑律江　シアターアーツ　10　1999.7　p112〜115
◇「3月の関西 重い問いかけの劇（ひょうご舞台芸術『エヴァ，帰りのない旅』，演劇集団虹『月の海』，羊団『Jerichoエリコ』，大阪新劇団協議会『陽だまりの樹』）」宮辻政夫　テアトロ　668　1998.5　p78〜80

**エヴァの森** 団東演
*0794* 上演：1986年7月10日〜7月20日　場所：東演パラータ　作：ランフォード・ウィルソン　訳：相沢史郎　演出：原孝
◇「『リア』と『フール・フォア・ラブ』」渡辺保　新劇　33（9）　1986.9　p34〜39

**ええじゃないか** 団1980
*0795* 上演：2006年7月26日〜7月30日　場所：紀伊國屋サザンシアター　原作：今村昌平　脚本：藤田傳　演出：金守珍
◇「幕末に翻弄された人たち（劇団1980『ええじゃないか』，劇団俳協『新撰組一名もなき男たちの挿話』，劇団め組『アサシン一彰義隊後日譚』）」北川登園　テアトロ　783　2006.10　p52〜53
*0796* 上演：2008年5月7日〜5月11日　場所：紀伊國屋サザンシアター　原作：今村昌平　脚本：藤田傳　演出：金守珍　振付：大川妙子　音楽：元一
◇「アンサンブルの強み（劇団ギルド『誰？』，劇団1980『ええじゃないか』，イッツフォーリーズ『天切り松』）」中本信幸　テアトロ　807　2008.7　p44〜45

**エエトコ** 団遊気舎
*0797* 上演：2011年5月12日〜5月15日　場所：神戸アートビレッジセンター　作・演出：久保田浩
◇「5月の関西 軽やかさとローカリティー（遊気舎『エエトコ』，ヨーロッパ企画『芝浦ブラウザー』，スクエア『ラブ★ギャラクシー』）」太田耕人　テアトロ　849　2011.7　p50〜52

**繪がたり 瀧の白糸** 団鏡花劇場
*0798* 上演：1988年10月4日〜10月6日　場所：三百人劇場　作：泉鏡花　演出：浦川徳久
◇「風土と演劇と一地域劇団東京演劇祭」藤木宏幸　テアトロ　550　1988.12　p28〜29

**エキストラ** 団東京ヴォードヴィルショー
*0799* 上演：2006年11月10日〜11月29日　場所：紀伊國屋サザンシアター　作・演出：三谷幸喜
◇「哀愁漂う中にきらめく個性（東京ヴォードヴィルショー『エキストラ』，アリストパネス・カンパニー『男装の麗人伝説』，夜の樹『蓮の花』，鋳仙会『ベケットの夕べ』，世田谷パブリックシアター『ベケットを読む』）」結城雅秀　テアトロ　787　2007.1　p56〜59

**エキスポ** 団道学先生
*0800* 上演：2004年7月28日〜8月1日　場所：紀伊國屋ホール　作・演出：中島淳彦　演出：黒岩亮
◇「珍奇な話の清涼効果（文学座『モンテ・クリスト伯』，道学先生『エキスポ』，劇作家・小松幹生の仕事 R+1『横恋ほうず走り雨』他）」中本信幸　テアトロ　755　2004.10　p54〜56

**エクウス** 団四季
*0801* 上演：1981年7月17日〜7月28日　場所：日

生劇場　作：ピーター・シェファー　訳：倉橋健　演出：浅利慶太

◇「説得力の出た現代告発（四季『エクウス』）」千野幸一　テアトロ　464　1981.10　p28〜30

**0802** 上演：2016年6月26日〜7月10日　場所：自由劇場　作：ピーター・シェファー　演出：浅利慶太

◇「古今南北酷暑の連鎖（劇団四季『エクウス』，花組芝居『恐怖時代』，新国立劇場『月・こうこう、風・そうそう』）」斎藤偕子　テアトロ　922　2016.9　p38〜39

### エゲリア　[団]文学座

**0803** 上演：2012年9月7日〜9月23日　場所：吉祥寺シアター　作：瀬戸口郁　演出：西川信廣

◇「新劇的一代記―芸術家の悲喜劇（文学座『エゲリア』，俳優座『かもめ』，NLT『ポプラの館』）」斎藤偕子　テアトロ　868　2012.11　p44〜45

### S/N　[団]ダムタイプ

**0804** 上演：1994年12月2日〜12月4日　場所：ランドマークホール　作：古橋悌二

◇「死線を超えて―神戸復興への願いを込め…―維新派『青空』/ダムタイプ『S/N』を中心に」九鬼葉子　シアターアーツ　2　1995.4　p116〜118

**0805** 上演：1996年1月26日〜2月4日　場所：東京芸術劇場小ホール1　構想・演出：古橋悌二

◇「露呈する「現実」と演劇の問題（ダムタイプ『S/N』，N‐3○○『深夜特急』）」内野儀　テアトロ　641　1996.4　p74〜76

### エスエフ　[団]クロムモリブデン

**0806** 上演：2001年4月13日〜4月15日　場所：AI・HALL　作・演出：青木秀樹

◇「4月の関西 ポスト近代のエンタテイメント（遊気舎『月影ホテル』，クロムモリブデン『エスエフ』，転球劇場『Jack』，アグリーダックリング『アドウェントゥーラ』）」太田耕人　テアトロ　708　2001.6　p101〜103

### SFX・OZ　[団]コマ・スタジアム

**0807** 上演：1989年4月2日〜5月5日　場所：新宿コマ劇場　原作：ライマン・フランク・ボーム　訳：早川保清　演出：鵜山仁

◇「ミュージカル評―仮面舞踏会の誘惑」萩尾瞳　新劇　36（7）　1989.7　p42〜45

### S―記憶のけもの―　[団]遊◎機械/全自動シアター

**0808** 上演：2000年4月7日〜4月20日　場所：青山円形劇場　作：木内宏昌　演出：白井晃

◇「テーマ主義とザッピング芝居と…（遊◎機械スペシャルPRESENTS『S―記憶のけもの―』，えとせとら・eye『陽のあたる教室』，青杜『REVENGE』その他）」浦崎浩實　テアトロ　695　2000.6　p53〜55

### S高原から

**0809** 上演：1998年8月　作：平田オリザ　演出：はせひろいち

◇「最近の名古屋の演劇」安住恭子　シアターアーツ　10　1999.7　p116〜119

### S高原から　[団]青年団

**0810** 上演：1994年8月3日〜8月7日　場所：俳優座劇場　作・演出：平田オリザ

◇「舞台の「空気」と「時間」（レクラム舎『風の吹く日は』，青年団『S高原から』，300『赤い靴』，銀座セゾン劇場『飛竜伝'94』，自転車キンクリート『ダイヤルMを廻せ！』）」大沢圭司　テアトロ　621　1994.10　p54〜57

### S高原から　[団]南河内万歳一座

**0811** 上演：2009年8月17日〜8月23日　場所：精華小劇場　作：平田オリザ　演出：内藤裕敬

◇「9月の関西 南河内万歳一座VS青年団（南河内万歳一座『S高原から』，青年団『青木さん家の奥さん』，女性芸術劇場『雑草ワルツ』）」太田耕人　テアトロ　826　2009.11　p52〜54

### S高原から　[団]ら・すとら〜だ

**0812** 上演：2001年9月24日〜9月30日　場所：大阪市立芸術創造館　作：平田オリザ　演出：北岡啓孝

◇「10月の関西 世界の現れ方をみつめる（タイタスプロジェクト2001『のにさくはな』，ピッコロ劇団『夢幻家族』，ら・すとら〜だ『S高原から』）」太田耕人　テアトロ　715　2001.12　p74〜76

### S小学校の眠らない夜　[団]太陽族

**0813** 上演：2010年7月1日〜7月4日　場所：精華小劇場　作・演出：岩崎正裕

◇「7月の関西 眠らないで見る夢（劇団Ugly duckling『ゲゲゲのげ』，劇団・太陽族『S小学校の眠らない夜』，突劇金魚『幼虫主人の庭』）」太田耕人　テアトロ　838　2010.9　p47〜49

### S町の物語　[団]レクラム舎

**0814** 上演：2012年5月10日〜5月13日　場所：スタジオAR　作・演出：喜一朗　振付：池田瑞臣　音楽：奥野敦士

◇「知的刺激にあふれる舞台（鈴木忠志演出『シンデレラ シンデレラ』，地人会新社『シズウェは死んだ!?』，レクラム舎『S町の物語』）」河野孝　テアトロ　863　2012.7　p36〜37

### エスペラント―教師たちの修学旅行の夜　[団]文学座アトリエの会

**0815** 上演：2006年3月25日〜4月9日　場所：文学座アトリエ　作：青木豪　演出：坂口芳貞

◇「役者人生の黄昏を生きる（木山事務所『出番を待ちながら』，ホリプロ『ライフ・イン・ザ・シアター』，文学座アトリエ『エスペラント』，演劇集団・円『まちがいつづき』，TPT『皆に伝えよ！ ソイレント・グリーンは人肉だと』）」結城雅秀　テアトロ　778　2006.6　p48〜52

### エセルとジューリアス　[団]俳優座

**0816** 上演：1985年5月26日〜6月9日　場所：俳優座劇場　作：レオン・クルチコフスキ　訳：中本信幸　演出：千田是也

◇「適確な心理劇として成功（俳優座『エセルとジューリアス』）」ほんちえいき　テアトロ　510　1985.8　p26〜29

### 蝦夷地別件　㊀仲間
*0817* 上演：2004年2月25日～2月29日　場所：俳優座劇場　原作：船戸与一　脚本：鐘下辰男　演出：亀井光子
◇「歴史の深層に（劇団仲間『蝦夷地別件』、オフィスプロジェクトM『飯縄おろし』、劇団1980『こい』『榎物語』、青年座『殺陣師段平』）」中本信幸　テアトロ　749　2004.5　p60～62

### エダニク　㊀真夏の會
*0818* 上演：2011年8月11日～8月14日　場所：AI・HALL　作・演出：林慎一郎
◇「8月の関西 まぼろしの都市（マレビト・ライブ『N市民 緑下家の物語』、極楽退屈道場『サブウェイ』、真夏の會『エダニク』、少年王者舘『超コンデンス』）」太田耕人　テアトロ　853　2011.10　p47～49

### 越後つついし親不知　㊀文化座
*0819* 上演：1982年10月30日～11月14日　場所：俳優座劇場　作：水上勉　演出：木村光一
◇「神話的背光のなかの哀歌（文化座『越後つついし親不知』）」岩波剛　テアトロ　479　1983.1　p30～32

### 越前紙漉き唄　㊀前進座
*0820* 上演：1983年10月27日～11月10日　場所：前進座劇場　作：水上勉　演出：津上忠
◇「対照的な日本の〈女〉（前進座『越前紙漉き唄』、文化座『おりき』）」藤木宏幸　テアトロ　491　1984.1　p26～27

### 越前竹人形　㊀文学座
*0821* 上演：2016年10月25日～11月3日　場所：紀伊國屋ホール　作：水上勉　演出：髙橋正徳
◇「風土に根差した劇世界（文学座『越前竹人形』、俳優座『常陸坊海尊』）」水落潔　テアトロ　926　2017.1　p46～47

### 越前竹人形　㊀三越劇場
*0822* 上演：1981年1月4日～1月25日　場所：三越劇場　作：水上勉　演出：木村光一
◇「仮面・人形・本地もの」堂本正樹　新劇　28(3)　1981.3　p30～33

### 越境する蝸牛　㊀太陽族
*0823* 上演：2007年6月27日～7月1日　場所：精華小劇場　作・演出：岩崎正裕
◇「7月の関西 物語化されない記憶（維新派『nostalgia』、劇団・太陽族『越境する蝸牛』、遊劇体『天守物語』）」太田耕人　テアトロ　796　2007.9　p66～68

### エッグ　㊀NODA・MAP
*0824* 上演：2012年9月5日～10月28日　場所：東京芸術劇場　作・演出：野田秀樹
◇「さあ新しい器で！ 船出のとき（こまつ座『芭蕉通夜舟』、彩の国シェイクスピア・シリーズ『トロイラスとクレシダ』、NODA・MAP『エッグ』）」高橋豊　テアトロ　868　2012.11　p48～49

*0825* 上演：2015年2月3日～2月22日　場所：東京芸術劇場　作・演出：野田秀樹
◇「忘れるなよ、過去を（彩の国さいたま芸術劇場『ハムレット』、世田谷パブリックシアター『マーキュリー・ファー』、NODA・MAP『エッグ』）」結城雅秀　テアトロ　902　2015.4　p38～39

### XY+Z あるしあわせのかたち　㊀ニュースタッフ・エージェンシー
*0826* 上演：1994年3月8日～3月15日　場所：シアターアプル　作：北野ひろし　演出：久野浩平
◇「斬新な着想、人間性の描写（RSC『ジュリアス・シーザー』、劇書房・松竹『ラヴ』、ONLYクライマックス『結婚契約破棄宣言』、ニュースタッフ・エージェンシー『XYプラスZ』、燐光群『神田川の妻』）」結城雅秀　テアトロ　616　1994.5　p65～69

### エディアカラの楽園　㊀遊劇体
*0827* 上演：2004年3月18日～3月21日　場所：大阪市立芸術創造館　作・演出：キタモトマサヤ
◇「4月の関西 メタファーとリアリティー（遊劇体『エディアカラの楽園』、立身出世劇場『黄昏のカンガルーハイツ』、劇団八時半『山から吹きおり』）」太田耕人　テアトロ　750　2004.6　p60～62

### エデンの東　㊀昴
*0828* 上演：2011年5月28日～6月5日　場所：本多劇場　原作：スタインベック　脚色：竹重洋平　演出：河田園子　振付：神崎由布子　音楽：日高哲英
◇「翻訳劇スタイルに、それぞれ工夫（昴『エデンの東』、tpt『イェルマ』、ティーファクトリー『豚小屋』）」みなもとごろう　テアトロ　851　2011.8　p42～43

### 江戸のマハラジャ　㊀扉座
*0829* 上演：2017年11月29日～12月10日　場所：座・高円寺1　作・演出：横内謙介　振付：ラッキィ池田、彩木エリ
◇「荒廃の世を生きる人々（名作劇場『ことづけ』『喜寿万歳』、扉座『江戸のマハラジャ』）」黒羽英二　テアトロ　942　2018.2　p70～71

### 江戸のろくでなし　㊀青年座
*0830* 上演：1982年11月5日～11月23日　場所：サンシャイン劇場　作：矢代静一　演出：鈴木完一郎
◇「俗と聖のかかわり（青年座『江戸のろくでなし』）」渡辺淳　テアトロ　479　1983.1　p38～39

### エトランゼ　㊀桟敷童子
*0831* 上演：2015年8月19日～8月30日　場所：すみだパークスタジオ倉　作：サジキドウジ　演出：東憲司
◇「新しい表現求め、今の時代の窒息感（シス・カンパニー『RED』、オフィスコットーネ『人民の敵』、燐光群『バートルビーズ』、劇団桟敷童子『エトランゼ』）」河野孝　テアトロ　910　2015.11　p32～34

### エドワード二世　㊀新国立劇場
*0832* 上演：2013年10月8日～10月27日　場所：新国立劇場　作：クリストファー・マーロウ

えとわ

訳：河合祥一郎　演出：森新太郎
◇「息遣いの聞こえる舞台（新国立劇場『エドワード二世』,Dステ『十二夜』,DULL-COLORED POP プロデュース『最後の精神分析―フロイトVSルイス』」杉山弘　テアトロ　883　2013.12　p44～45

**エドワード・ボンドのリア**　㊙まつもと市民芸術館
**0833**　上演：2009年11月20日～12月6日　場所：シアタートラム　作：エドワード・ボンド　演出：白井晃
◇「罪と罰（名取事務所『ヨーン・ガブリエル・ボルクマン』,アリストパネス・カンパニー『戯れの恋』,まつもと市民芸術館『エドワード・ボンドのリア』）」蔵原惟治　テアトロ　830　2010.2　p50～51

**エニシング・ゴーズ**　㊙東宝
**0834**　上演：1989年8月5日～8月28日　場所：日生劇場　作詞・作曲：コール・ポーター　訳：青井陽治　演出・振付：宮本亜門
◇「ミュージカル評―犬の時代」萩尾瞳　新劇 36 (10)　1989.10　p42～45

**NG/OK**　㊙文芸坐ル・ピリエ, ザットマン7
**0835**　上演：1980年　場所：文芸坐ル・ピリエ　作・演出：吉田豊
◇「中年,この性的熟練者」堂本正樹　新劇 27 (9)　1980.9　p26～29

**N市民 緑下家の物語**　㊙マレビト・ライブ
**0836**　上演：2011年8月5日～8月7日　場所：京都芸術センター　作・演出：松田正隆
◇「8月の関西 まほろしの都市（マレビト・ライブ『N市民 緑下家の物語』,極東退屈道場『サブウェイ』,真冬の會『エダニク』,少年王者舘『超コンデンス』）」太田耕人　テアトロ　853　2011.10　p47～49

**エネミイ**　㊙新国立劇場
**0837**　上演：2010年7月1日～7月18日　場所：新国立劇場　作：蓬莱竜太　演出：鈴木裕美
◇「「戦い」をめぐる三つの舞台（民藝『峯の雪』,木山事務所『壁の中の妖精』,新国立劇場『エネミイ』）」髙橋豊　テアトロ　838　2010.9　p38～39

**エノケソ一代記**　㊙シス・カンパニー
**0838**　上演：2016年11月27日～12月26日　場所：世田谷パブリックシアター　作・演出：三谷幸喜
◇「執着する人々のドラマ（シス・カンパニー『エノケソ一代記』,トム・プロジェクト『挽歌』,民藝『SOETSU―韓くにの白き太陽―』）」水落潔　テアトロ　928　2017.2　p54～55

**榎本武揚**　㊙銀座セゾン劇場
**0839**　上演：1991年9月11日～9月29日　場所：銀座セゾン劇場　作：安部公房　演出：竹内銃一郎
◇「忠誠でも裏切りでもなく（銀座セゾン劇場『榎本武揚』」瀬戸宏　テアトロ　585　1991.11　p38～39

**EVER MORE**　㊙流山児★事務所
**0840**　上演：2002年2月12日～2月18日　場所：Space早稲田　作：石井貴久　演出：流山児祥
◇「海亀・幻想の彼方に乙姫の美が（青杜『東京海亀伝説～幻の少女篇～』,流山児★事務所『EVER MORE』,青年劇場『ケプラー～あこがれの星海航路～』）」佐藤康平　テアトロ　720　2002.4　p50～51

**エビータ**　㊙四季
**0841**　上演：1996年12月7日～1997年2月16日　場所：日生劇場　作詞：ティム・ライス　演出：浅利慶太　作曲：アンドリュー・ロイド＝ウェバー
◇「徹底したマクベスの改作（流山児★事務所『焼跡のマクベス』,東京シェイクスピア・カンパニー『マクベス裁判』,鐘下辰男ワークショップ『火男の火』,四季『エビータ』,ピープルシアター『プラットホーム・炎の秋』,劇団1980『新・棄老伝説 ニッポン縁切堂』）」結城雅秀　テアトロ　652　1997.2　p71～77

**f/Fパラサイト（平行植物）**　㊙モルシアター
**0842**　上演：1986年10月9日～10月12日　場所：T2スタジオ　作・演出：豊島重之
◇「一風変わった演劇」鴻英良　新劇 33 (12)　1986.12　p22～27
◇「世界はB級感覚」鴻英良　新劇 34 (2)　1987.2　p22～27

**エフェメラル・エレメンツ**　㊙T Factory
**0843**　上演：2017年9月22日～10月3日　場所：吉祥寺シアター　作・演出：川村毅
◇「対立の彼岸から此岸へ（テレビ朝日『謎の変奏曲』,ティーファクトリー『エフェメラル・エレメンツ』,俳優座『海の凹凸』,HEADS・こまばアゴラ劇場『を待ちながら』）」小山内伸　テアトロ　939　2017.12　p39～41

**M・バタフライ**　㊙四季
**0844**　上演：1989年10月3日～10月23日　場所：銀座セゾン劇場　作：デイヴィッド・ヘンリー・ウォン　訳：吉田美枝　演出：ジョン・デクスター
◇「演技の幅を越えること（四季『M・バタフライ』」村井健　テアトロ　562　1989.12　p21～22

**エリアンの手記―中野富士見中学校事件**
㊙空の驛舎
**0845**　上演：2010年3月12日～3月14日　場所：AI・HALL　作：山崎哲　演出：中村賢司
◇「3月の関西 あらためて演じる（MONO『赤い薬』,メイシアタープロデュース『かもめ』,空の驛舎『エリアンの手記』）」太田耕人　テアトロ　833　2010.5　p54～56

**エリアンの手記―中野富士見中学校事件**
㊙転位・21
**0846**　上演：1986年10月26日～11月4日　場所：本多劇場　作・演出：山崎哲
◇「消えた手触り」鴻英良　新劇 34 (1)

1987.1 p26～31

◇「少年の死体は歩く」佐々木幹郎 新劇 34(1) 1987.1 p32～37

◇「夢さめて,はぐれて(転位21『エリアンの手記』)」衛紀生 テアトロ 527 1987.1 p34～36

**Jericho** [団]地点

**0847** 上演：2006年1月8日～1月9日 場所：京都芸術劇場 作：松田正隆 演出：三浦基

◇「1月の関西 土着と洗練(地点『Jericho』『沈黙と光』,ひょうご舞台芸術『獅子を飼う』)」太田耕人 テアトロ 775 2006.3 p80～82

**Jericho** [団]羊団

**0848** 上演：1998年3月10日～3月15日 場所：ウィングフィールド 作：松田正隆 演出：水沼健

◇「3月の関西 重い問いかけの劇(ひょうご舞台芸術『エヴァ、帰りのない旅』,演劇集団虹『月の海』,羊団『Jericho』,大阪新劇団協議会『陽だまりの樹』)」宮辻政夫 テアトロ 668 1998.5 p78～80

**Jericho 2** [団]内田淳子&ネットワークユニットDuo

**0849** 上演：2003年7月3日～7月9日 場所：京都芸術センター 作：松田正隆 演出：三浦基

◇「7月の関西 再演の実験性(内田淳子&ネットワークユニットDuo『Jericho 2』,楽市楽座『夜の鳥がひろげる巨きな翼の下で私達は悪い夢を…』,劇団八時半『棗の実』)」太田耕人 テアトロ 740 2003.9 p60～62

**エリサと白鳥の王子たち** [団]日生劇場

**0850** 上演：2018年7月28日～7月29日 場所：日生劇場 原作：アンデルセン 脚本：長田育恵 演出：扇田拓也 振付：広崎うらん

◇「一世一代の舞台(シーエイティプロデュース『フリー・コミティッド』,On7『その頰、熱線に焼かれ』,燐光群『九月、東京の路上で』,日生劇場ファミリーフェスティヴァル『エリサと白鳥の王子たち』)」杉山弘 テアトロ 951 2018.10 p42～43

**エリザベス** [団]銀座セゾン劇場

**0851** 上演：1993年7月31日～8月29日 場所：銀座セゾン劇場 作：フランシスコ・オルス 演出：ヌリラ・エスペル

◇「人生について考えさせてくれる芝居(銀座セゾン劇場『エリザベス』,レクラム舎『雨降りしきる』)」結城雅秀 テアトロ 608 1993.10 p48～50

**0852** 上演：1995年8月1日～8月30日 場所：銀座セゾン劇場 作：フランシスコ・オルス 訳：古屋雄一郎 演出：ヌリア・エスペル

◇「身体的表現の役割(レクラム舎『住めば都よ北の空』『人類館』,銀座セゾン劇場『エリザベス』)」渡辺淳 テアトロ 634 1995.10 p61～62

**エリザベス・サンダースホーム物語 ママちゃま** [団]前進座

**0853** 上演：1983年12月2日～12月27日 場所：新橋演舞場 作・演出：津上忠

◇「前進座十二月特別公演—そろって力作・力演」石崎勝久 テアトロ 492 1984.2 p38～39

**エリザベス・レックス** [団]オン・タイム

**0854** 上演：2004年11月11日～11月12日 場所：シアター1010 作：ティモシー・フィンドリー 訳・演出：青井陽治

◇「『子午線の祀り』の面白さ(オン・タイム製作『エリザベス・レックス』,世田谷パブリックシアター『子午線の祀り』)」水落潔 テアトロ 760 2005.2 p50～51

**エリゼのために 麗しき懐かしき君の名はエリゼ** [団]プロジェクト・ナビ

**0855** 上演：1989年12月1日～12月5日 場所：ザ・スズナリ 作・演出：北村想

◇「太宰治と三島由紀夫」七字英輔 しんげき 37(3) 1990.3 p26～29

**エル・スール～わが心の博多、そして西鉄ライオンズ** [団]トム・プロジェクト

**0856** 上演：2009年8月25日～8月31日 場所：本多劇場 作・演出：東憲司

◇「ルールが先にある現実と、ない現実(俳優座劇場プロデュース『サマーハウスの夢』,トム・プロジェクト『エル・スール』,龍昇企画『モグラ町1丁目』)」蔵原惟治 テアトロ 826 2009.11 p46～48

**えれがんす** [団]シス・カンパニー

**0857** 上演：2010年1月29日～2月14日 場所：紀伊國屋ホール 作：マギー 作・演出：千葉雅子

◇「世界を疑わなくては(阿佐ヶ谷スパイダース『アンチクロックワイズ・ワンダーランド』,Bunkamura/Quaras『血は立ったまま眠っている』,シス・カンパニー『えれがんす』)」林あまり テアトロ 832 2010.4 p46～47

**エレキング** [団]トランジスタ・ヒッピーズ

**0858** 上演：1990年8月8日～8月12日 場所：ザ・スズナリ 作・演出：山下哲,トランジスタ・ヒッピーズ

◇「長かった少年の月日」岡本蛍 しんげき 37(10) 1990.10 p46～49

**エレクトラ** [団]ク・ナウカ

**0859** 上演：1997年11月8日～11月20日 場所：ニッシン物流・品川倉庫 原作：ソフォクレス 脚色・演出：宮城聰

◇「ロマン主義と演劇(新国立劇場開場記念公演『銀ちゃんが逝く』,ク・ナウカ『エレクトラ』,燐光群『漱石とヘルン』,シアターXプロデュース『王女イヴォナ』)」里見宗律 テアトロ 664 1998.1 p64～67

**エレクトラ** [団]SCOT

**0860** 上演：2009年 場所：利賀創造交流館・芸術劇場 作：ソフォクレス 演出：鈴木忠志

◇「国際交流効果、せりふの生かし方(SCOTウインターシーズン(利賀村)『エレクトラ』,TPTリスタート(BankART Studio)『醜い男』)」斎藤偕子 テアトロ 820 2009.6 p36～37

**エレクトラ** [団]Bunkamura, フジテレビ

**0861** 上演：2003年9月6日～9月30日　場所：シアターコクーン　作：ソフォクレス　訳：山形治江　演出：蜷川幸雄

◇「家族のドラマ三様（Bunkamura/フジテレビ主催『エレクトラ』, トム・プロジェクト『夏きたりなば』, 木冬社『イエスタディ』）」渡辺淳　テアトロ　742　2003.11　p50～52

**エレクトラ** [団]水戸芸術館ACM劇場

**0862** 上演：1996年1月5日～1月21日　場所：水戸芸術館ACM劇場　作：ソフォクレス, ホフマンスタール　演出：鈴木忠志, 宮城聰

◇「翼なき名匠の世界（ACM劇場'96ニューイヤー・パフォーマンス『ピランデルロの殿様』『エレクトラ』）」大岡淳　テアトロ　640　1996.3　p77～79

**エレクトラ／夜叉ヶ池** [団]SPAC（静岡県舞台芸術センター）

**0863** 上演：2008年5月10日～6月29日　場所：静岡芸術劇場　作：ホフマンスタール（エレクトラ）, 泉鏡花（夜叉ヶ池）　演出：鈴木忠志（エレクトラ）, 宮城聰（夜叉ヶ池）　※Shizuoka 春の芸術祭2008

◇「「世界は劇場にあり」と二つの舞台（SPAC『エレクトラ』と『夜叉ヶ池』）」高橋豊　テアトロ　809　2008.8　p36～37

**エレクトル** [団]演劇集団円

**0864** 上演：2002年6月7日～6月16日　場所：紀伊國屋ホール　作：ジャン・ジロドゥ　訳：鬼頭哲人　演出：前川錬一

◇「愛のかたちいろいろ（地人会『浅草・花岡写真館』, 俳優座『舞姫―鷗外の恋』, 円『エレクトル』, 虹企画・ぐるうぷシュラ『女房学校』）」渡辺淳　テアトロ　725　2002.8　p62～63

**エレジー 父の夢は舞う** [団]可児市文化振興財団

**0865** 上演：2011年10月13日～10月19日　場所：吉祥寺シアター　作：清水邦夫　演出：西川信廣

◇「再演が新発見を生む（こまつ座『キネマの天地』, 可児市文化振興財団『エレジー』, トム・プロジェクト『あとは野となれ山となれ』）」高橋豊　テアトロ　855　2011.12　p38～39

**エレジー 父の夢は舞う** [団]民藝

**0866** 上演：1983年9月3日～9月23日　場所：三越劇場　作：清水邦夫　演出：宇野重吉

◇「清水邦夫の"男"の理想像とは？（ことばの劇場）」きだきんのすけ　新劇　30（11）　1983.11　p73～75

◇「親父の領分（ことばの劇場）」安達英一　新劇　31（1）　1984.1　p25～29

◇「批評行為としての劇場体験を（民芸『エレジー』）」衛紀生　テアトロ　489　1983.11　p38～40

**エレジー 父の夢は舞う** [団]木冬社

**0867** 上演：1999年3月4日～3月17日　場所：紀伊國屋サザンシアター　作・演出：清水邦夫

◇「悲・喜劇の手ごたえ（木冬社『エレジー』, パルコ・プロデュース『温水夫妻』）」渡辺淳　テアトロ　681　1999.5　p48～49

**A列車** [団]オンシアター自由劇場

**0868** 上演：1989年9月13日～9月26日　場所：シアターコクーン　作・演出：串田和美

◇「60年代の熱い想い」七字英輔　新劇　36（11）　1989.11　p26～29

◇「人は何のために生きるのか」七字英輔　新劇　36（12）　1989.12　p26～29

◇「シアターコクーン開場（シアターコクーン『A列車』）」石崎勝久　テアトロ　561　1989.11　p32～33

**エレノア** [団]兵庫県立ピッコロ劇団

**0869** 上演：2012年4月20日～4月22日　場所：ピッコロシアター　作：早船聡　演出：吉村祐樹

◇「兵庫県立ピッコロ劇団の躍進―オフシアター『エレノア』」九鬼葉子　シアターアーツ　51　2012.6　p118～121

◇「5月の関西 事実から紡がれた虚構（演劇集団よろずや『青眉のひと』, 兵庫県立芸術文化センタープロデュース『神戸 はばたきの坂』, 兵庫県立ピッコロ劇団『エレノア』）」太田耕人　テアトロ　863　2012.7　p51～53

**エレファント・ソング** [団]名取事務所

**0870** 上演：2017年3月17日～3月26日　場所：「劇」小劇場　作：ニコラス・ビヨン　訳：吉原豊司　演出：扇田拓也

◇「心理サスペンス劇の佳作2本（パルコ『不信―彼女が嘘をつく理由』, 名取事務所『エレファント・ソング』, 流山児★事務所『だいこん・珍奇なゴドー』, 劇団黒テント『亡国のダンサー』）」杉山弘　テアトロ　932　2017.6　p24～26

**エレファント・バニッシュ** [団]世田谷パブリックシアター, コンプリシテ

**0871** 上演：2003年5月23日～6月8日　場所：世田谷パブリックシアター　作：村上春樹　演出：サイモン・マクバーニー

◇「ロンドンと東京、二つの『エレファント・バニッシュ』」松岡和子　シアターアーツ　18　2003.8　p100～102

◇「演出の手並み（ユーゴザーパド劇場『巨匠とマルガリータ』『かもめ』, 世田谷パブリックシアター+コンプリシテ『エレファント・バニッシュ』, ギイ・フォワシィ・シアター『ロイヤル・セレモニー行進曲』）」渡辺淳　テアトロ　739　2003.8　p52～54

**0872** 上演：2004年6月26日～7月11日　場所：世田谷パブリックシアター　作：村上春樹　演出：サイモン・マクバーニー

◇「死の先を見つめる夫婦の会話（新国立劇場『請願―静かな叫び』, 青年団『暗愚小傳』, 世田谷パブリックシアター+コンプリシテ『エレファント・バニッシュ』）」丸田真悟　テアトロ　754　2004.9　p58～59

エレファント・マン　団文学座アトリエの会
*0873* 上演：2000年11月17日〜12月18日　場所：文学座アトリエ　作：バーナード・ポメランス　訳：山崎正和　演出：北則昭
◇「ドラマとりどり(セゾンシアタープログラム『レティスとラベッジ』、文学座アトリエ『マイシスター・インディス・ハウス』『エレファントマン』『ザ・ウィアー(堰)』、東演『楽園終着駅』『そして、あなたに逢えた』)」渡辺淳　テアトロ　704　2001.2　p58〜61

エレファントマン　団四季
*0874* 上演：1980年9月16日〜10月28日　場所：日生劇場　作：バーナード・ポメランス　演出：浅利慶太
◇「その告発について(四季『エレファント・マン』)」日下令光　テアトロ　453　1980.11　p21〜24

エレファントマン　団日本ろう者劇団
*0875* 上演：2010年10月21日〜10月23日　場所：シアターX　作：クリストファー・デヴォア　脚色・演出・美術：米内山明宏
◇「異なるものの現実(日本ろう者劇団『エレファントマン』、Bunkamura『タンゴ』、ロベール・ルパージュ『The Blue Dragon』)」田之倉稔　テアトロ　843　2011.1　p40〜41

エレメント　団ARTLIFE21実行委員会
*0876* 上演：1994年3月1日〜3月7日　場所：スパイラルホール　作・演出：太田省吾
◇「答えなき答えへの挑戦(ARTLIFE21実行委員会『エレメント』)」斎藤偕子　テアトロ　616　1994.5　p57〜58

エレンディラ　団彩の国さいたま芸術劇場, ホリプロ
*0877* 上演：2007年8月9日〜9月2日　場所：彩の国さいたま芸術劇場　原作：G・ガルシア＝マルケス　脚本：坂手洋二　演出：蜷川幸雄
◇「演劇の力は謎へと向かう((財)埼玉県芸術文化振興財団・ホリプロ他『エレンディラ』、劇団ダンダンブエノ『砂利』)」内田洋一　テアトロ　797　2007.10　p56〜57

エロスの果て　団大人計画
*0878* 上演：2001年3月14日〜4月1日　場所：本多劇場　作・演出：松尾スズキ
◇「「果て」は描けたか—大人計画公演『エロスの果て』」林あまり　シアターアーツ　14　2001.8　p120〜122
◇「言葉の力が支える舞台(大人計画『エロスの果て』、パルコ劇場『毛皮のマリー』、菅間馬鈴薯堂『チェーホフのブローチ』)」林あまり　テアトロ　708　2001.6　p58〜59

宴会泥棒　団NLT
*0879* 上演：2004年10月29日〜11月7日　場所：博品館劇場　作：ジュリオ・スカルニッチ, レンゾ・タルブージ　脚色・演出：釜紹人
◇「七十年の時を隔てて甦った喜劇(パルコ・プロデュース『ピローマン』、テアトル・エコー『ルームサービス』、NLT『宴会泥棒』、シルバーライニング『セメタリー倶楽部』)」みなもとごろう　テアトロ　759　2005.1　p60〜63

*0880* 上演：2007年1月25日〜1月28日　場所：博品館劇場　作：ジュリオ・スカルニッチ, レンゾ・タルブージ　脚色・演出：釜紹人
◇「時空を超えて今を写す(萬國四季會『花も嵐も』、NLT『宴会泥棒』、アステム制作『元禄光琳模様』)」中santoku信幸　テアトロ　790　2007.4　p56〜57

エンジェル・アイズ　団M.O.P.
*0881* 上演：2007年8月29日〜9月5日　場所：紀伊國屋ホール　作・演出：マキノノゾミ
◇「勇気ある舞台(松竹株式会社、Bunkamura『ドラクル』、M.O.P.『エンジェル・アイズ』、燐光群＋フィリピン国際交流プログラム『白髪の房』『現代能楽集 三人姉妹』)」林あまり　テアトロ　798　2007.11　p54〜55

エンジェル・アイズ　団M.O.P.プロデュース
*0882* 上演：1993年9月15日〜9月19日　場所：シアター・ドラマシティ　作：マキノノゾミ
◇「「南河内」と「そとば」合同公演(そとばこまち&南河内万歳一座『九月の昆虫記』、M・O・Pプロデュース『エンジェル・アイズ』、ひょうご舞台芸術『クックドゥードゥルドゥー』、Vカンパニー『鮮やかな朝』、市民小劇場・A計画『夢で逢えたら』)」宮辻政夫　テアトロ　610　1993.12　p133〜135

エンジェルス・イン・アメリカ　団銀座セゾン劇場
*0883* 上演：1994年11月24日〜12月23日　場所：銀座セゾン劇場　作：トニー・クシュナー　訳：吉田美枝　演出：ロバート・アラン・アッカーマン
◇「翻訳物現代劇の受容—パルコ劇場『オレアナ』/セゾン劇場『エンジェルス・イン・アメリカ』評」斎藤偕子　シアターアーツ　2　1995.4　p112〜115
◇「古典を伝統的な手法で演出する(円、六行会『十二夜』、オクスフォード劇団『ロミオとジュリエット』、桜花舎『贋の侍女』、銀座セゾン劇場『エンジェルス・イン・アメリカ』、文学座『背信の日々』、ハーフムーン・シアター『リタ・ジョーの幻想』、一跡二跳『愛しすぎる男たち』、青壮『怪盗三日月丸』)」結城雅秀　テアトロ　626　1995.2　p62〜70

*0884* 上演：1995年12月9日〜1996年1月15日　場所：銀座セゾン劇場　作：トニー・クシュナー　訳：吉田美枝　演出：ロバート・アラン・アッカーマン
◇「翻訳劇上演の難しさ—『エンジェルス・イン・アメリカ』をめぐって」米屋尚子　シアターアーツ　5　1996.5　p100〜103

エンジェルス・イン・アメリカ　団TPT
*0885* 上演：2004年1月20日〜1月25日, 2月13日〜2月29日　場所：ベニサン・ピット　作：トニー・クシュナー　台本：薛珠麗, tpt workshop

## えんし

◇「古典で描く現代の悲劇(埼玉県芸術文化振興財団・ホリプロ『タイタス・アンドロニカス』, tpt『エンジェルス・イン・アメリカ』, トム・プロジェクト『掃除屋!』」北川登園　テアトロ　748　2004.4　p46～47

### エンジェルズ・イン・アメリカ 第二部　団銀座セゾン劇場

**0886** 上演：1995年12月9日～1996年1月15日　場所：銀座セゾン劇場　作：トニー・クシュナー　訳：吉田美枝　演出：ロバート・アラン・アッカーマン

◇「最も衝撃的な事象(銀座セゾン劇場『エンジェルズ・イン・アメリカ』第二部, 地人会『五重奏』, 俳優座『ミラノの奇跡』, 英国・ウォータミル劇団『オセロ』, 櫻花舎『奴隷島』『いさかい』, 燐光群『反戦自衛官=森の中のまわり道』, 入道雲『サトコ一蝶の街のマリア』)」結城雅秀　テアトロ　639　1996.2　p65～71

### 遠州の葬儀屋　団M.O.P.

**0887** 上演：1998年4月3日～4月5日　場所：紀伊國屋ホール　作：土田英生　演出：マキノノゾミ

◇「〈場所〉のなまえ(M・O・P『遠州の葬儀屋』, トム・プロジェクト『ホームレス・ハート』, 青杜み・しあた『テレスコープ～彷徨篇』, 演劇集団池の下『青森県のせむし男』)」浦崎浩實　テアトロ　669　1998.6　p68～69

### エンジョイ！　団新国立劇場

**0888** 上演：2006年12月7日～12月23日　場所：新国立劇場小劇場　作・演出：岡田利規

◇「ソウル1929、日本2006(青年団『ソウル市民三部作連続上演』, 新国立劇場『エンジョイ！』, NODA・MAP『ロープ』)」林あまり　テアトロ　788　2007.2　p46～47

### 円生と志ん生　団こまつ座

**0889** 上演：2005年2月5日～2月27日　場所：紀伊國屋ホール　作：井上ひさし　演出：鵜山仁

◇「芝居化レシピのいろいろ(こまつ座『円生と志ん生』, 劇団1980『子別れ～アローン・アゲイン～』, 萬國四季協會『風の森』, 京楽座『歌芝居 をぐり』)」中本信幸　テアトロ　762　2005.4　p56～57

### 演じる女たち〈3部作〉―ギリシャ悲劇からの断章　団国際交流基金, Bunkamura

**0890** 上演：2007年10月6日～10月8日　場所：シアターコクーン　演出：アビラシュ・ピライ, オプリヤクリ・コジャクリ, モハメド・アゲパティ

◇「自死の変奏曲(俳小『狂美花』, 国際交流基金/Bunkamura/朝日新聞社『演じる女たち〈3部作〉―ギリシャ悲劇からの断章』, 民藝『白バラの祈り ゾフィー・ショル、最期の日々』)」田之倉稔　テアトロ　799　2007.12　p54～55

### エンター・アキレス　団DV8 Physical Theatre

**0891** 上演：1998年12月4日～12月6日　場所：神奈川県立青少年センターホール　演出・振付：ロイド・ニューソン

◇「アバンギャルドと悲劇(日本総合悲劇協会『ふくすけ』, DV8 Physical Theatre『エンター・アキレス』)」里見宗律　テアトロ　679　1999.3　p92～93

### エンドゲーム　団世田谷パブリックシアター

**0892** 上演：2006年9月22日～10月1日　場所：シアタートラム　作：ベケット　訳：岡室美奈子　演出：佐藤信

◇「不条理の世界を描くブラックユーモア溢れた舞台(世田谷パブリックシアター『エンドゲーム』, 円『ロンサム・ウェスト』, 昴『夏の夜の夢』)」北川登園　テアトロ　785　2006.12　p60～61

### エンドレス・ショック　団東宝

**0893** 上演：2015年2月～3月　場所：帝国劇場　作・演出：ジャニー喜多川

◇「さらにもう一度、新たな発見を(シス・カンパニー『三人姉妹』, 東京芸術劇場『狂人なおもて往生をとぐ』, 東宝『エンドレス・ショック』)」高橋豊　テアトロ　902　2015.4　p34～35

### 遠雷　団俳優座

**0894** 上演：1985年9月11日～9月23日　場所：俳優座劇場　原作：立松和平　脚色：小松幹生　演出：安井武

◇「始まりなく始まる意味(俳優座『遠雷』)」宮岸泰治　テアトロ　513　1985.11　p24～27

## 【お】

### OR　団ダムタイプ

**0895** 上演：1997年10月1日～10月5日　場所：パーク・タワーホール

◇「死へと赴くイマジネーション(THE・ガジラ『仮釈放』, ダムタイプ『OR』)」里見宗律　テアトロ　662　1997.12　p78～79

### お熱いのがお好き　団シアターアプル

**0896** 上演：1986年11月20日～12月7日　場所：シアターアプル　脚本：ピーター・ストーン　作詞：ボブ・メリル　演出：加藤直　音楽：ジュール・スタイン

◇「役者の持味について(シアター・アプル『お熱いのがお好き』, つづきサロン『恋の歓び』)」石崎勝久　テアトロ　528　1987.2　p36～39

### お医者さん万歳！　団虹企画/ぐるうぷシュラ, ペルソナ

**0897** 上演：2008年11月20日～11月23日　場所：虹企画アトリエ・ミニミニシアター　作：モリエール　訳：風見弦　台本・演出：三條三輪

◇「曖昧さを映す(梅左事務所+シアターX『綾描恋糸染』, 虹企画/ぐるうぷ・しゅら+ペルソナ合同公演『お医者さん万歳！』, アリストパネスカンパニー『パラオ島の自由と憂鬱』, SHIMIN劇場II『おたふく・南天・福寿草』, 俳協『新・明暗』)」中本信幸　テアトロ　816　2009.2　p56～57

### オイディプス　団錬肉工房

**0898** 上演：2013年3月6日～3月10日　場所：上野

ストアハウス　作：ソフォクレス　テクスト：高柳誠　演出：岡本章
◇「現代ルーマニア演劇は魅了する（ルーマニア国立ルトゥ・スタンカ劇場『ルル』、世田谷パブリックシアター『マクベス』、錬肉工房『オイディプス』）」高橋豊　テアトロ　875　2013.5　p46〜47

**オイディプス王**　㊐昴
*0899*　上演：1983年10月25日〜10月28日　場所：三百人劇場　作：ソフォクレス　訳・演出：福田恆存
◇「言葉、儀式と伝統による精神の浄化（昴『オイディプス王』）」結城雅秀　テアトロ　491　1984.1　p30〜32

**オイディプス王**　㊐清流劇場
*0900*　上演：2017年3月9日〜3月12日　場所：AI・HALL　原作：ソフォクレス　訳・ドラマトゥルク：丹下和彦　ドラマトゥルク：柏木貴久子　演出：田中孝弥
◇「3月の関西 名作に独自のアプローチ。力作続く（兵庫県立ピッコロ劇団『歌うシャイロック』、地点『ファッツァー』、清流劇場『オイディプス王』、空の驛舎『どこかの通りを突っ走って』、MONO『ハテノウタ』）」九鬼葉子　テアトロ　931　2017.5　p49〜51

**オイディプス王**　㊐東宝
*0901*　上演：1986年5月1日〜5月8日　場所：築地本願寺境内　作：ソフォクレス　演出：蜷川幸雄
◇「観客席は浮遊している」佐々木幹郎　新劇　33(7)　1986.7　p28〜33

**オイディプス王**　㊐ひょうご舞台芸術
*0902*　上演：1994年9月9日〜9月18日　場所：新神戸オリエンタル劇場　作：ソフォクレス　演出：宮島春彦　脚色・監修：山崎正和
◇「9月の関西 大阪新劇フェス開幕（潮流『大江山妖鬼伝説―酒呑童子と茨木童子』、ひょうご舞台芸術『オイディプス王』）」宮辻政夫　テアトロ　622　1994.11　p80〜81
◇「「方言」による多様性の主張（昴『リチャード二世』、パルコ『毛皮のマリー』、劇団1980『へのへのもへ』、優曇華の会『ミス・ジュリー』、ひょうご舞台芸術『オイディプス王』、俳優座ラボ『去るものは日々に遠し』、文学座『ふるめありめに袖はぬらさじ』）」結城雅秀　テアトロ　623　1994.12　p54〜61

**オイディプス王**　㊐Bunkamura
*0903*　上演：2002年6月7日〜6月30日　場所：シアターコクーン　作：ソフォクレス　訳：山形治江　演出：蜷川幸雄
◇「鮮血にまみれるオイディプス（シアターコクーン『オイディプス王』、宇宙堂『詩のしの詩』）」内田洋一　テアトロ　725　2002.8　p66〜67

**オイディプスとの旅**　㊐舞天
*0904*　上演：1995年5月20日　場所：湘南台文化センター市民シアター　作：蔣正一
◇「民族性と普遍性と（劇団舞天『オイディプスとの旅』、R・フォアマン作・巻上公一演出『マイン

ド・キング』）」大岡淳　テアトロ　632　1995.8　p77〜78

**オイディプス,WHY？**　㊐第三エロチカ
*0905*　上演：1997年9月17日〜9月21日　場所：シアタートラム　作・演出：川村毅
◇「人がみずからの時間と向き合うとき（T.P.T『白夜』、ケイダッシュステージ『ラパン・アジールに来たピカソ』、東京演劇集団・風『桜の園』、第三エロチカ『オイディプスWHY？』）」長谷部浩　テアトロ　661　1997.11　p67〜69

**オイ、山本！**　㊐カクスコ
*0906*　上演：1991年4月2日〜4月8日　場所：シアタートップス　作：MEN　演出：中村育二
◇「ラストにこだわる」岡本蛍　しんげき　38(6)　1991.6　p48〜51

**オイル**　㊐NODA・MAP
*0907*　上演：2003年4月11日〜5月25日　場所：シアターコクーン　作・演出：野田秀樹
◇「NODA・MAP『オイル』 「虐殺の記憶、物語の復讐」」今村めぐみ　シアターアーツ　18　2003.8　p76〜79
◇「NODA・MAP『オイル』 「音の暗闇の記憶」」みなもとごろう　シアターアーツ　18　2003.8　p80〜81
◇「現代の寓話が世界を再生する（NODA・MAP『オイル』、黒テント『絶対飛行機』）」西堂行人　テアトロ　736　2003.6　p51〜53

**お岩幽霊 ぶるのすあいれす**　㊐流山児★事務所
*0908*　上演：2010年6月23日〜6月30日　場所：ザ・スズナリ　作：坂口瑞穂　演出：流山児祥
◇「永遠の課題、精神の廃墟（流山児★事務所『お岩幽霊 ぶるのすあいれす』、ナイロン100℃『2番目、或いは3番目』、モダンスイマーズ『真夏の迷光とサイコ』）」北川登園　テアトロ　838　2010.9　p42〜43

**鷗外の怪談**　㊐二兎社
*0909*　上演：2014年10月2日〜10月26日　場所：東京芸術劇場　作・演出：永井愛
◇「自由なき時代の個人（俳優座劇場プロデュース『インポッシブル・マリッジ』、二兎社『鷗外の怪談』、民藝『コラボレーション』）」北川登園　テアトロ　897　2014.12　p28〜29

**黄金の馬車**　㊐SPAC（静岡県舞台芸術センター）
*0910*　上演：2013年6月1日,8日,15日,22日　場所：野外劇場「有度」　原案：プロスペル・メリメ　作：ジャン・ルノワール　台本：久保田梓美　演出：宮城聰
◇「宮城聰の反メタシアター？―SPACの『黄金の馬車』を芸道ものとして読む」井上優　シアターアーツ　56　2013.9　p39〜43

**黄金バット―幻想教師出現**　㊐唐組
*0911*　上演：1981年10月17日〜11月29日　場所：両国駅構内紅テント　作・演出：唐十郎
◇「〈不在〉としての〈少年〉」山崎哲　新劇　29(1)　1982.1　p38〜40

## おうこ

### 黄金バット伝説　団民藝
**0912** 上演：1995年1月19日～1月27日　場所：朝日生命ホール　原作：加太こうじ　演出：伊東弘充
◇「芝居はフィクションだ！（民芸『黄金バット伝説』、木冬社『わが夢にみた青春の友』）」江原吉博　テアトロ　627　1995.3　p72～73

### 王様　団下鴨車窓
**0913** 上演：2010年12月16日～12月23日　場所：アトリエ劇研　作・演出：田辺剛
◇「1月の関西 別れの挨拶（くじら企画『山の声』、Ugly duckling『凛然グッド・バイ』、下鴨車窓『王様』）」太田耕人　テアトロ　845　2011.3　p96～98

### 王様と私　団東宝
**0914** 上演：1989年3月4日～4月27日　場所：帝国劇場　作：オスカー・ハマースタイン2世　訳：森岩雄、高田蓉子　演出：中村哮夫
◇「ミュージカル評—歌やダンスは飾りじゃない」萩尾瞳　新劇　36(5)　1989.5　p42～45

### 王様と私たち／橋の上の男　団ギィ・フォワシィ・シアター
**0915** 上演：2006年6月16日～7月2日　場所：シアターX　作：ギィ・フォワシィ　訳：山本邦彦　演出：沢田次郎（王様と私たち）、中西和久、シャンタル・ブイッソン（橋の上の男）
◇「さまざまな舞台上のアポリア（ギィ・フォワシィ・シアター『王様と私たち』『橋の上の男』、子供のためのシェイクスピアカンパニー『リチャード三世』、俳小『ら抜きの殺意』）」みなもとごろう　テアトロ　782　2006.9　p50～51

### 王様は白く思想する　団文学座アトリエの会
**0916** 上演：1999年4月8日～4月18日　場所：文学座アトリエ　作：鈴江俊郎　演出：鵜澤秀行
◇「セリフの向う側（ザ・ガジラ＋世田谷パブリックシアター『龍を撫でた男』、文学座アトリエ『王様は白く思想する』、地人会『ガラスの動物園』）」渡辺淳　テアトロ　682　1999.6　p64～66

### 王子の狐かぎをくはえて　団文化座
**0917** 上演：2010年3月1日～3月7日　場所：北とぴあ・つつじホール　作：瀬戸口郁　演出：西川信廣
◇「劇的魔術の威力（NLT『シャルルとアンヌと社長の死体』、こまつ座『シャンハイムーン』、龍昇企画『納屋の中の戀』、文化座『王子の狐かぎをくはえて』）」中本信幸　テアトロ　833　2010.5　p42～43

### 奥州白石噺　団前進座
**0918** 上演：1983年12月2日～12月27日　場所：新橋演舞場
◇「前進座十二月特別公演—そろって力作・力演」石崎勝久　テアトロ　492　1984.2　p38～39

### 王女イヴォナ　団シアターX
**0919** 上演：1997年10月24日～11月3日　場所：シアターX　作：ヴィトルド・コンブローヴィッチ　訳：関口時正　演出：ヤン・ペシェク
◇「ロマン主義と演劇（新国立劇場開場記念公演『銀ちゃんが逝く』、ク・ナウカ『エレクトラ』、燐光群『漱石とヘルン』、シアターXプロデュース『王女イヴォナ』）」里見宗律　テアトロ　664　1998.1　p64～67

### 王将　団トム・プロジェクト
**0920** 上演：2000年2月5日～2月13日　場所：本多劇場　作：北條秀司　演出：松尾スズキ
◇「闇は"悪"ではないとやさしく教える（トム・プロジェクト『王将』、スイセイ・ミュージカル『夢のタイムリミット』、オペラシアターこんにゃく座『ファーブル昆虫記』『ふしぎなたまご』）」佐藤康平　テアトロ　693　2000.4　p62～63

### 往生安楽園　団遊劇体
**0921** 上演：2013年10月18日～10月21日　場所：アトリエ劇研　作・演出：キタモトマサヤ
◇「10月の関西 秀作ひしめく秋（維新派『MAREBITO』、兵庫県立ピッコロ劇団『間違いの喜劇—現夢也双子戯劇—』、遊劇体『往生安楽園』ほか）」太田耕人　テアトロ　883　2013.12　p57～59

### 王女A　団マレビトの会
**0922** 上演：2005年7月2日～7月10日　場所：アトリエ劇研　作・演出：松田正隆
◇「7月の関西 含意される語り手（マレビトの会『王女A』、劇団M.O.P.『水平線ホテル』、ピッコロ劇団『雨かしら』）」太田耕人　テアトロ　768　2005.9　p114～116

### 王女クリテムネストラ　団SCOT
**0923** 上演：1988年3月19日～3月22日　場所：海岸通り三菱倉庫　作：アイスキュロス、エウリピデス　演出：鈴木忠志
◇「アヴァンギャルドの力」長谷部浩　新劇　35(6)　1988.6　p34～37

### 王女メディア　団松竹
**0924** 上演：1994年11月29日～12月7日　場所：サンシャイン劇場　作：エウリピデス　演出：蜷川幸雄
◇「翻案劇3題（松竹『王女メディア』、うらら舎『水の街のメディア』、東宝『虎―野田秀樹の国性爺合戦』）」渡辺淳　テアトロ　626　1995.2　p80～82

### 王女メディア　団ク・ナウカ
**0925** 上演：2000年11月1日～11月5日　場所：青山円形劇場　原作：エウリピデス　台本・演出：宮城聰
◇「『漂流演劇』はどこへ向かうのか（青山演劇フェスティバル『漂流演劇2000』）」野中広樹　テアトロ　703　2001.1　p66～68

**0926** 上演：2005年7月19日～8月1日　場所：東京国立博物館　原作：エウリピデス　台本・演出：宮城聰
◇「図式的な、あまりに図式的な—ク・ナウカ『王女メディア』」林カヲル　シアターアーツ　24　2005.9　p52～54

◇「歴史と伝統の重み（東京ギンガ堂＋ソウル市劇団『沈黙の海峡』，ク・ナウカ『王女メデイア』，青年座スタジオ公演『龍か、あれは俺の友だち』，円『マクベス』）」結城雅秀　テアトロ　769　2005.10　p52～55

**桜桃ごっこ** [団]糾

0927 上演：1999年5月15日～5月16日　場所：ウィングフィールド　作：芳崎洋子　演出：糾

◇「5月の関西 再演の厚み、新作の心意気（芸術祭典・京主催『夏の砂の上』，三角フラスコ『マンボウ水族館』，糾～あざない～『桜桃ごっこ』）」太田耕人　テアトロ　683　1999.7　p66～68

**王妃クリテムネストラ** [団]SCOT

0928 上演：1983年8月4日～8月5日　場所：利賀山房　作：アイスキュロス，エウリピデス　演出：鈴木忠志

◇「血と肉の饗宴（ことばの劇場）」鴻英良　新劇　30（10）　1983.10　p36～39

0929 上演：1986年7月30日～8月9日　場所：利賀野外劇場　作：アイスキュロス，エウリピデス　訳：呉茂一他　構成・演出：鈴木忠志

◇「演出家の度胸」佐々木幹郎　新劇　33（10）　1986.10　p28～33

**逢魔ヶ恋暦** [団]松竹

0930 上演：1988年10月2日～10月27日　場所：新橋演舞場　作：唐十郎　演出：渡辺えり子

◇「正しい〈羊〉の飼い方」林あまり　新劇　35（12）　1988.12　p42～45

**鸚鵡とカナリア** [団]善人会議

0931 上演：1987年6月21日～6月28日　場所：ザ・スズナリ　作・演出：横内謙介

◇「日常のハードボイルド（善人会議『鸚鵡とカナリア』）」大笹吉雄　テアトロ　535　1987.9　p32～33

**大いなる相続** [団]青年座

0932 上演：1998年7月24日～8月2日　場所：紀伊國屋サザンシアター　作：砂本量　演出：高木達

◇「久々の喜劇の傑作（青年座『大いなる相続』，昴ザ・サード・ステージ『プレイング・フォア・タイム』，広島の女上演委員会『汽車』，東宝現代劇75人の会『返り花』）」江原吉博　テアトロ　673　1998.10　p64～66

**大いなる道化たち** [団]早稲田「新」劇場

0933 上演：1980年　　構成・演出：大橋宏

◇「逆説的劇空間は喜劇を蘇らせるか」衛紀生　新劇　27（7）　1980.7　p34～37

**大浦屋お慶** [団]みなと座

0934 上演：1996年6月5日～6月9日　場所：東京芸術劇場中ホール　作：橋本和子　演出：西川信廣

◇「日本人という民族，それにフランスの国民性（地人会『日本の面影』，青年団『冒険王』，櫻花舎『愛と偶然の戯れ』，ギィ・フォワシイ・シアター『動機』他，木山事務所『瀕死の王様』，みなと座『大浦屋お慶』，四季『イリヤ・ダーリン』）」結城雅秀　テアトロ　645　1996.8　p69～76

**大江戸ロケット** [団]劇団☆新感線，ホリプロ

0935 上演：2001年8月7日～8月26日　場所：松竹座　作：中島かずき　演出：いのうえひでのり

◇「8月の関西 過剰なスペクタクルのゆくえ（ホリプロ・劇団☆新感線共同企画『大江戸ロケット』，維新派『さかしま』）」九鬼葉子　テアトロ　713　2001.10　p64～66

**大江山妖鬼伝説―酒呑童子と茨木童子** [団]潮流

0936 上演：1994年9月9日～9月11日　場所：近鉄小劇場　作：吉永仁郎　演出：藤本栄治

◇「9月の関西 大阪新劇フェス開幕（潮流『大江山妖鬼伝説―酒呑童子と茨木童子』，ひょうご舞台芸術『オイディプス王』）」宮辻政夫　テアトロ　622　1994.11　p80～81

**大岡越前―卯の花が咲くとき** [団]俳優座，三越劇場

0937 上演：2010年6月10日～6月26日　場所：三越劇場　脚本：筑地久実　脚本：RaiKen Plus　演出：金子良次

◇「遊び心が拓く夢、過去から未来へ（扉座『神崎与五郎東下り』，俳小『テンペスト』，新国立劇場『夢の痂』，俳優座＋三越劇場『大岡越前』）」中本信幸　テアトロ　837　2010.8　p50～51

**おお！ 活動狂時代** [団]薔薇座

0938 上演：1990年1月19日～1月30日　場所：サンシャイン劇場　作・作詞：ワーナー・ブラウン　演出：野沢那智　振付：シュニー・パスミサーノ　作詞・作曲：デビッド・ヘネカー

◇「おお！ ミュージカル時代」萩尾瞳　しんげき　37（3）　1990.3　p42～45

**大きな青の音** [団]八時半

0939 上演：1999年1月8日～1月10日　場所：アトリエ劇研　作・演出：鈴江俊郎

◇「1月の関西 深まる孤独（ママチョップ『Baby』，劇団八時半『大きな青の音』）」宮辻政夫　テアトロ　679　1999.3　p96～97

**大喰い女と骨なしヴァランタン** [団]未来劇場

0940 上演：1981年3月5日～3月22日　場所：博品館劇場　作・演出：里吉しげみ

◇「未来劇場のいまと未来（未来劇場『大喰い女と骨なしヴァランタン』）」矢野誠一　テアトロ　459　1981.5　p32～33

**大阪が燃えた―空襲の証言** [団]高橋美美子プロデュース

0941 上演：1995年8月　場所：近鉄小劇場　作・構成：和田徹　演出：岩田直二

◇「8月の関西 朗読の持つ力（南河内万歳一座『夏休み』，高橋美美子プロデュース『大阪が燃えた―空襲の証言』）」宮辻政夫　テアトロ　634　1995.10　p80～81

**大阪芝居～街編** [団]リリパット・アーミーII

0942 上演：2007年5月18日～5月20日　場所：ウルトラマーケット　作：わかぎゑふ　演出：

朝深大介
◇「5月の関西 模倣と約束事(リリパットアーミーII『大阪芝居～街編～』、遊気舎『シャイア2－仮面の忍者か赤影は？～』、魚灯『静物たちの遊泳」」太田耕人　テアトロ　793　2007.7　p57～59

## 大阪縦断20kmの旅　㊐兵庫県立ピッコロ劇団
**0943** 上演：1999年2月26日～2月27日　場所：ピッコロシアター中ホール　作・演出：髙橋健二
◇「3月の関西 もう一つの顔(兵庫県立ピッコロ劇団『1999明日の劇場』、関西芸術座『風が吹くとき』)」宮辻政夫　テアトロ　681　1999.5　p58～59

## 大阪マクベス　㊐太陽族、AI・HALL
**0944** 上演：2011年2月4日～2月7日　場所：AI・HALL　作・演出：岩崎正裕
◇「2月の関西 叙情と風刺(PM/飛ぶ教室『りんりんと、手ぶらで行く』、劇団・太陽族＋アイホール共同製作『大阪マクベス』、期間限定Saccharin『その鉄塔に女たちはいるという』)」太田耕人　テアトロ　846　2011.4　p56～58

## 大阪レ・ミゼラブル　㊐太陽族
**0945** 上演：2017年2月3日～2月5日　場所：AI・HALL　原作：ユーゴー　作・演出：岩崎正裕
◇「2月の関西 大胆な諷刺劇と"ぼろっかす"の愛の表現～大阪色の舞台続く～(劇団・太陽族『大阪レ・ミゼラブル』、メイシアタープロデュース『人恋歌～晶子と鉄幹～』、PM/飛ぶ教室『足場の上のゴースト』、DIVEプロデュース『メイドインジャパン』、あごうさとし演出『走りながら眠れ』、桃園会『ふっと溶暗』)」九鬼葉子　テアトロ　930　2017.4　p52～54

## お＞酒よ　㊐グループしぜん
**0946** 上演：2003年10月　場所：浅草橋アドリブ小劇場　作・構成・演出：伊藤漠
◇「演劇の効用(加藤健一事務所『詩人の恋』、パルコ/NLT提携『幸せの背くらべ』、メープルリーフ・シアター『太公望のひとりごと』、グループしぜん『お、酒よ』)」中本信幸　テアトロ　743　2003.12　p48～50

## おお、星条旗娘！　㊐シルバーライニング
**0947** 上演：1996年1月19日～1月23日　場所：シアターサンモール　作：ニール・サイモン　訳：小田島雄志、小田島若子　演出：富田稔史
◇「暗い問題劇の徹底的な喜劇化(安澤事務所＋幹の会『メジャー・フォー・メジャー』、シェイクスピア・シアター『アテネのタイモン』、T.P.T『渦巻』、俳優座『桜の園』、シルバーライニング『おお、星条旗娘！』、流山児★事務所『ピカレスク南北』)」結城雅秀　テアトロ　640　1996.3　p70～76

## 大空の虹を見ると私の心は踊る　㊐文学座
**0948** 上演：2013年12月6日～12月15日　場所：紀伊國屋サザンシアター　作：鄭義信　演出：松本祐子
◇「居場所を求める人たち(民藝『八月の鯨』、文学座『大空の虹を見ると私の心は踊る』、シス・カンパニー『グッドバイ』)」水落潔　テアトロ　886　2014.2　p78～79

## 大つごもり　㊐文化座
**0949** 上演：2010年10月7日～10月17日　場所：文化座アトリエ　原作：樋口一葉　脚色：久保田万太郎　演出：原田一樹
◇「『継続』という再発見(テアトル・エコー『日本人のへそ』、俳優座『樫の木坂 四姉妹』、文化座『大つごもり』)」髙橋豊　テアトロ　841　2010.12　p48～49

## 大寺學校　㊐文学座
**0950** 上演：2002年1月22日～2月7日　場所：文学座アトリエ　作：久保田万太郎　演出：戌井市郎
◇「風俗劇の陥穽〈風俗〉から〈風俗〉へ(文学座『大寺學校』、俳優座『黄金色の夕暮』)」みなもとごろう　テアトロ　720　2002.4　p48～49

## 大胸騒ぎ　㊐CREATIVE FORCE OSAKA
**0951** 上演：2002年2月1日～2月6日　場所：近鉄小劇場　作・演出：内藤裕敬
◇「2月の関西 公的ということ(CREATIVE FORCE OSAKA『大胸騒ぎ』、エレベーター企画『近代愛』、芝居屋坂道ストア『雨ニ浮カブ』)」太田耕人　テアトロ　720　2002.4　p59～61

## 公の園　㊐演劇企画ユニットDONNA-DONNA
**0952** 上演：2002年2月21日～2月26日　場所：シアタートップス　作・演出：上杉祥三
◇「死を舞台に投げ見せた鬼籍の二人(DONNA-DONNA『公の園』、3.1の会『自由の彼方で』、源氏物語朗読『六条の御息所』、龍昇企画『水を運ぶ夜』)」佐藤康平　テアトロ　721　2002.5　p46～47

## おおらかな悲劇／敵前逃亡のマリア　㊐北区つかこうへい劇団
**0953** 上演：1998年2月12日～2月15日　場所：タイニイ・アリス　演出：平林史有、庄司雅子
◇「新人の味わい、ヴェテランの鞜海！(北区つかこうへい劇団新人劇作家公演No.1、文化座アトリエ『思い出してよ！』、レクラム舎＋シアターX『梅花美しき日々』、コンニチ・ショー『野良犬』、Nest『Circulation Module』)」浦崎浩實　テアトロ　667　1998.4　p56～58

## 大笑い／詩人の墓／相寄る魂　㊐ギイ・フォワシイ・シアター
**0954** 上演：2010年2月11日～2月21日　場所：銀座みゆき館劇場　作：ギイ・フォワシイ　訳：山本邦彦、梅田晴夫　演出：村田亮
◇「劇的状態の呈示(Pカンパニー『バス停のある風景／バス停のカモメ他』、ギイ・フォワシイ・シアター『大笑い／詩人の墓』、青年劇場『三年寝太郎／先駆けるもの』)」蔵原惟治　テアトロ　832　2010.4　p44～45

## おかあさん疲れたよ　㊐関西芸術座
**0955** 上演：1997年8月　場所：エルシアター　作：田辺聖子　脚色：ふじたあさや　演出：道井直次
◇「9月の関西 時代をどう表現するか(関西芸術座『おかあさん疲れたよ』、劇団その1『夕暮れ少年』、劇団潮流『続・夢幻乱歩祭』、劇団2年6組山田学級

『真夏の夜の山田の夢』)」宮辻政夫 テアトロ 661 1997.11 p77〜79

**お顔** [団]桃園会

0956 上演：2008年7月31日〜8月5日 場所：ウィングフィールド 作：佃典彦 演出：深津篤史

◇「8月の関西 西日本演劇圏の黎明？(劇団・太陽族『往くも還るも』,桃園会『お顔』,少年王者舘『アジサイ光線』,大阪女優の会『夕凪の街 桜の国』)」太田耕人 テアトロ 811 2008.10 p51〜53

**冒した者** [団]文学座アトリエの会

0957 上演：2017年9月6日〜9月22日 場所：文学座アトリエ 作：三好十郎 演出：上村聡史

◇「台詞の力と身体の力(文学座『冒した者』,シス・カンパニー『ワーニャ伯父さん』,演劇集団円『DOUBLE TOMORROW』)」丸田真悟 テアトロ 938 2017.11 p68〜70

**おかしな二人** [団]加藤健一事務所

0958 上演：1989年10月25日〜11月6日 場所：本多劇場 作：ニール・サイモン 演出：綾田俊樹

◇「小劇場のいい女たち」林あまり 新劇 37(1) 1990.1 p38〜41

**おかしな二人・女性版** [団]博品館劇場

0959 上演：1988年5月6日〜5月26日 場所：博品館劇場 作：ニール・サイモン 訳・演出：酒井洋子

◇「ウェルメイドについて」扇田昭彦 新劇 35(7) 1988.7 p30〜33

**緒形拳ひとり舞台『白野―シラノ』** [団]Bunkamura

0960 上演：2006年10月14日〜10月17日 場所：シアターコクーン内特設小劇場 作：エドモン・ロスタン 翻案：額田六福,沢田正二郎 構成：島田正吾 演出：鈴木勝秀

◇「「白野」と「シラノ」を観て―『シラノ・ド・ベルジュラック』」穴澤万里子 シアターアーツ 29 2006.12 p89〜91

◇「多彩な表現の可能性(民藝『待てば海路の…』,緒形拳ひとり舞台『白野(シラノ)』,人形劇団プーク『La pupa Teatro 11 おとなの時間』)」水落潔 テアトロ 785 2006.12 p54〜55

**オーカッサンとニコレット** [団]ギィ・フォワシィ・シアター

0961 上演：2008年5月21日〜5月25日 場所：シアターX 作：ピエール・ノット 台本・演出：平山勝

◇「「真実」を探る劇的趣向(ギイ・フォワシイ・シアター『オーカッサンとニコレット』,俳優座劇場『真実のゆくえ』,SHIMIN劇場Ⅱ『あなたがいるから』)」中本信幸 テアトロ 809 2008.8 p46〜47

**お勝手の姫** [団]ACTネットワーク

0962 上演：2000年3月10日〜3月12日 場所：スタジオあくとれ 作：小川未玲 演出：西原れん

◇「佃典彦、小川未玲の各2作品を中心に(グローブ座『春のフェスティバル』,ガマ発動機『精肉工場のミスターケチャップ』,ACTネットワーク『お勝手の姫』,テアトル・エコー『やっかいな楽園』)」浦崎浩實 テアトロ 694 2000.5 p68〜70

**お金** [団]東京壱組

0963 上演：1991年10月11日〜10月22日 場所：築地本願寺ブディストホール 作・演出：大谷亮介

◇「'91年度・私にとっての収穫('91演劇界回顧)」岡本蛍 しんげき 39(2) 1992.2 p26〜29

**丘の上のイエッペ** [団]地人会

0964 上演：2005年3月25日〜3月31日 場所：紀伊國屋ホール 作：ルドヴィ・ホルベア 訳：毛利三彌 台本・演出：木村光一 振付：前田清実 音楽：上田亨

◇「演ずる側の目線(地人会『丘の上のイエッペ』,横浜ボートシアター『極めて家庭的に 軽の太子とその妹』,青年劇場『3150万秒と、少し』,黒テント『ロベルト・ズッコ』)」中本信幸 テアトロ 764 2005.6 p57〜59

**丘の上のハムレットの馬鹿** [団]むうぷ・おん

0965 上演：1988年8月4日〜8月14日 場所：東京グローブ座 作：シェイクスピア 訳：小田島雄志 構成・演出：加藤直

◇「涙と笑いの夏」林あまり 新劇 35(10) 1988.10 p42〜45

**沖縄** [団]東京演劇アンサンブル

0966 上演：1995年9月28日〜10月3日 場所：ブレヒトの芝居小屋 作：木下順二 演出：広渡常敏

◇「《戦後》ではなくて《戦後》性―戦後一幕物傑作選(水谷内助義プロデュース『天国への遠征』,北篠純プロデュース『崑崙山の人々』,木山潔プロデュース『雲の涯』,東京演劇アンサンブル『沖縄』)」みなもとごろう テアトロ 638 1996.1 p76〜79

**沖縄** [団]民藝

0967 上演：2007年4月7日〜4月18日 場所：紀伊國屋サザンシアター 作：木下順二 演出：兒玉庸策 振付：児玉洋子,児玉由利子

◇「沖縄、現代医療、レイシズム(劇団民藝『沖縄』,劇団一跡二跳『きりぎりす』,新国立劇場『CLEANSKINS/きれいな肌』)」七字英輔 テアトロ 792 2007.6 p48〜50

**OKINAWA1972** [団]流山児★事務所

0968 上演：2016年9月15日〜10月2日 場所：Space早稲田 作・演出：詩森ろば 企画：流山児祥

◇「時代に負けず貫く魂(流山児★事務所『OKINAWA1972』,名作劇場『五兵衛と六兵衛』『柿實る村』)」黒羽英二 テアトロ 925 2016.12 p64〜65

**沖縄ミルクプラントの最后** [団]燐光群

0969 上演：1998年4月25日〜5月10日 場所：ザ・

スズナリ　作・演出：坂手洋二

◇「対照的な魅力―J・グエアと坂手洋二と（俳優座『あなたまでの6人』，燐光群『沖縄ミルクプラントの最后』，新国立劇場『幽霊はここにいる』，シェイクスピア・シアター『ヴェニスの商人』）」みなもとごろう　テアトロ　670　1998.7　p50～53

**お気に召すまま**　[団]子供のためのシェイクスピアカンパニー

*0970* 上演：2010年7月17日～7月25日　場所：あうるすぽっと　作：シェイクスピア　訳：小田島雄志　脚色・演出：山崎清介

◇「虚実・SF・神話ない交ぜの万華鏡（昴『スタア』,SHIMIN劇場Ⅱ『オロチの水』，東京ギンガ堂『東京・坊っちゃん』，子供のためのシェイクスピアカンパニー『お気に召すまま』）」中本信幸　テアトロ　838　2010.9　p40～41

**お気に召すまま**　[団]彩の国さいたま芸術劇場

*0971* 上演：2004年8月6日～8月21日　場所：彩の国さいたま芸術劇場　作：シェイクスピア　演出：蜷川幸雄

◇「終末を生きる若者の祈り（彩の国シェイクスピア・シリーズ『お気に召すまま』，東京演劇集団風『ハムレット』）」内田洋一　テアトロ　755　2004.10　p52～53

**お気に召すまま**　[団]東京シェイクスピア・カンパニー

*0972* 上演：1996年7月17日～7月21日　場所：萬スタジオ　作：シェイクスピア　訳・演出・制作総指揮：江戸馨

◇「孤独な女の激情を端正に描く（昴 ザ・サード・ステージ『修道女』，ピース・ユニット『ベンチ』，三人芝居『トラブル』，東京シェイクスピアカンパニー『お気に召すまま』，グローブ座カンパニー『十二夜』，日生劇場『走れメロス』）」結城雅秀　テアトロ　647　1996.10　p72～78

**お気に召すまま**　[団]俳優座

*0973* 上演：1988年1月7日～1月19日　場所：俳優座劇場　作：シェイクスピア　訳：小田島雄志　演出：増見利清

◇「新劇シェイクスピアの今日的形態（俳優座『お気に召すまま』）」瀬戸宏　テアトロ　541　1988.3　p30～31

**お気に召すまま**　[団]メイシアター，売込隊ビーム

*0974* 上演：2008年2月21日～2月24日　場所：メイシアター　作・演出：横山拓也

◇「2月の関西 翻訳劇の翻案、そして領有（KUNIO03『椅子』，メイシアタープロデュース・売込隊ビーム『お気に召すまま』，ベトナムからの笑い声『ベトナムイサン』，地点『話セバ解カル』）」太田耕人　テアトロ　804　2008.4　p58～60

**お気に召すままお芝居を**　[団]木山事務所，山崎正和スタジオ

*0975* 上演：1988年9月10日～9月18日　場所：紀伊國屋ホール　作・演出：山崎正和

◇「老人の眼差し，死者の記憶」七字英輔　新劇　35（11）　1988.11　p30～33

**お気に召すまま／尺には尺を**　[団]文学座

*0976* 上演：2014年2月11日～3月4日　場所：あうるすぽっと　作：シェイクスピア　演出：鵜山仁（尺には尺を），高瀬久男（お気に召すまま）

◇「功を奏した新劇団の重み（文学座『お気に召すまま』『尺には尺を』，民藝『蠟燭の灯、太陽の光』）」斎藤偕子　テアトロ　888　2014.4　p44～45

**お侠―生涯を嘘で固めた女**　[団]みなと座

*0977* 上演：1992年6月25日～7月5日　場所：本多劇場　作・演出：岡部耕大

◇「なぜ昭和と訣別しないのか（みなと座『お侠』，黒テント『荷風のオペラ』）」内野儀　テアトロ　595　1992.9　p63～65

**屋上庭園／動員挿話**　[団]新国立劇場

*0978* 上演：2005年10月31日～10月16日　場所：新国立劇場　作：岸田國士　演出：宮田慶子（屋上庭園），深津篤史（動員挿話）

◇「劇に「命」が躍ると…（新国立劇場『屋上庭園』『動員挿話』，黒テント『ぴらんでっろ―作者を探す6人の登場人物』,NLT『ボビー』，青年座『パートタイマー・秋子』）」中本信幸　テアトロ　773　2006.1　p59～61

**屋上の狂人／父帰る**　[団]シス・カンパニー

*0979* 上演：2006年4月1日～4月30日　場所：シアタートラム　作：菊池寛　演出：河原雅彦

◇「ああ、家族（シス・カンパニー『屋上の狂人』『父帰る』，新国立劇場『マテリアル・ママ』，東京演劇集団・風『マイロの通夜』）」田之倉稔　テアトロ　779　2006.7　p52～54

**屋上のひと**　[団]プロジェクト・ナビ

*0980* 上演：1990年5月10日～5月13日　場所：名古屋市芸術創造センター　作・演出：北村想

◇「演劇のかたちときもち」安住恭子　しんげき　37（7）　1990.7　p26～29

◇「私たちの孤独の似姿がある屋上にて」豊崎由美　しんげき　37（8）　1990.8　p70～73

**屋上のペーパームーン―ニセ夜間金庫事件顛末記**　[団]くじら企画

*0981* 上演：2000年7月20日～7月23日　場所：茶臼山舞台　作：大竹野正典

◇「8月の関西 大阪弁、この演劇的なるもの（くじら企画『屋上ペーパームーン』，転球劇場『生。』，深津企画『床の新聞』）」太田耕人　テアトロ　699　2000.10　p64～66

**奥女中たち**　[団]花組芝居

*0982* 上演：1999年6月24日～7月18日　場所：ザ・スズナリ　作・演出：加納幸和

◇「紡いだ人生を一人で語り演ずるのが…（花組芝居『奥女中たち』，トム・プロジェクト『麗しき三兄妹』，東京乾電池『三ねん坂の裏の坂』）」佐藤康平　テアトロ　685　1999.9　p72～73

**億萬長者夫人**　[団]昴

*0983* 上演：2006年6月19日～7月2日　場所：三百人劇場　作：福田恆存　演出：菊池准　音

楽：上田亨
◇「「性」の深淵をのぞく悲喜劇（昴『億萬長者夫人』、青年座『蛇』、虹企画・ぐるぅぷシュラ『テネシィ・ウィリアムズの世界Ⅲ』）」中本信幸　テアトロ　782　2006.9　p52～54

**をぐり考**　㊞京楽座
*0984* 上演：2004年1月29日～2月1日　場所：シアターX　作・演出：ふじたあさや
◇「流れにさおさす（演奏舞台『嚙ふ一桐生態々』、京楽座『をぐり考』、昴『羅城門』、東京演劇アンサンブル『日本の気象』、こんにゃく座『花のラ・マンチャ騎士道あるいはドン・キホーテ最後の冒険』）」中本信幸　テアトロ　748　2004.4　p53～55

**送り火**　㊞民藝
*0985* 上演：2017年4月14日～4月24日　場所：紀伊國屋サザンシアターTAKASHIMAYA　作：ナガイヒデミ　演出：兒玉庸策
◇「漂流する日本と忘れるということ（地点『忘れる日本人』、民藝『送り火』、東京芸術座『おんやりょう』）」丸田真悟　テアトロ　933　2017.7　p45～46

**オケハザマ**　㊞流山児★事務所
*0986* 上演：2018年1月24日～2月4日　場所：ザ・スズナリ　作：しりあがり寿　演出：流山児祥
◇「真実は時空を超えて（皇國四季協會『白鳥銀塩館』、流山児★事務所『オケハザマ』）」黒羽英二　テアトロ　944　2018.4　p50～51

**オケピ！**　㊞パルコ
*0987* 上演：2000年6月6日～7月9日　場所：青山劇場　作・演出：三谷幸喜
◇「リアル・タッチの手ごたえ（パルコ・プロデュース『オケピ！』、ハーフムーン・シアター・カンパニー『聖女グレース』、三人芝居『帰ってきたオトウサン』、劇工房燐『悲喜こもごも』）」渡辺淳　テアトロ　697　2000.8　p50～52
*0988* 上演：2003年3月11日～4月20日　場所：青山劇場　作・演出：三谷幸喜　音楽：服部隆之
◇「松本修の「世界劇場」（MODE+世田谷パブリックシアター『アメリカ』、パルコ制作『オケピ！』）」内田洋一　テアトロ　735　2003.5　p44～45

**お言葉をかえすようですが**　㊞ザズゥ・シアター
*0989* 上演：1988年1月25日～1月28日　場所：タイニイ・アリス　作：敷居高　演出：鈴木勝秀
◇「観客席から、こんにちは」林あまり　新劇　35(4)　1988.4　p42～45

**osanbaカメちゃん―平成助産婦ものがたり**　㊞民藝
*0990* 上演：1996年1月26日～2月3日　場所：朝日生命ホール　原作：波多江伸子　作：大橋喜一　演出：兒玉庸策
◇「『おりき』の力強さ（民藝『osanbaカメちゃん』、朋友『チロリンマンの逆襲』、文化座『おりき』）」八橋卓　テアトロ　641　1996.4　p70～72

**おさん茂兵衛**　㊞松竹
*0991* 上演：1987年1月3日～1月27日　場所：日生劇場　作：川口松太郎　演出：戌井市郎
◇「恋物語に終った姦通劇（松竹現代劇『おさん茂兵衛』）」清水一朗　テアトロ　529　1987.3　p31～33

**お忍び**　㊞遊劇体
*0992* 上演：2014年10月17日～10月20日　場所：五條會館　作：泉鏡花　演出：キタモトマサヤ
◇「10月の関西 類似と相同（遊劇体『お忍び』、地点『光のない。』、犯罪友の会『ほつれ髪』）」太田耕人　テアトロ　897　2014.12　p41～43

**おしまいのとき**　㊞ポツドール
*0993* 上演：2011年9月8日～9月25日　場所：ザ・スズナリ　作・演出：三浦大輔
◇「「現代」を描く気鋭の新作3本（トラッシュマスターズ『背水の孤島』、ポツドール『おしまいのとき』、文学座『連結の子』）」七字英輔　テアトロ　854　2011.11　p46～48

**おしゃべりランチ／大海原で**　㊞優曇華の会
*0994* 上演：1993年12月7日～12月12日　場所：東京芸術劇場小ホール1　作：ロン・ハート　訳：出戸一幸（おしゃべりランチ）　ムロジェック　訳：工藤幸雄（大海原で）　演出：吉岩正晴
◇「「物語」の生まれ方（文学座アトリエ公演『窓から外を見ている』、扉座『夜曲』、博品館劇場『姫ちゃんのリボン』、優曇華の会『おしゃべりランチ』『大海原で』）」大沢圭司　テアトロ　613　1994.2　p68～71

**御蚕様（オシラサマ）**　㊞演劇実験室∴紅王国
*0995* 上演：2002年2月20日～2月26日　場所：劇場MOMO　作・演出：野中友博
◇「コラボレーションの成果（錬肉工房+神奈川芸術文化財団『現代能 ベルナルダ・アルバの家』、演劇実験室∴紅王国『御蚕様（オシラサマ）』、燐光群+グッドフェローズ『ワンス・アポン・ア・タイム・イン京都 錦小路の素浪人』）」大岡淳　テアトロ　721　2002.5　p39～41

**伯父ワーニャ**　㊞モスクワ芸術座
*0996* 上演：1988年3月15日～3月20日　場所：日生劇場　作：チェーホフ　演出：オレグ・エフレーモフ
◇「内側からの明かり」扇田昭彦　新劇　35(5)　1988.5　p30～33
◇「激しいチェーホフ（モスクワ芸術座『伯父ワーニャ』）」千野幸一　テアトロ　543　1988.5　p24～25

**オスカー**　㊞NLT
*0997* 上演：2002年11月29日～12月8日　場所：俳優座劇場　作：クロード・マニエ　訳：梅田晴夫　演出：鵜山仁
◇「人生は常に現在形か？（文学座『オナー』、NLT『オスカー』）」みなもとごろう　テアトロ　732　2003.2　p56～57
*0998* 上演：2007年11月16日～11月21日　場所：俳優座劇場　作：クロード・マニエ　訳：梅田晴夫　演出：鵜山仁

おすの

◇「波瀾万丈─革命友情劇/粋なフランス喜劇(東京ギンガ堂『孫文と梅屋庄吉』,NLT『オスカー』)」斎藤偕子　テアトロ　800　2008.1　p120～121

**オズのオジさんやーい**　団兵庫県立ピッコロ劇団
0999 上演：2016年8月6日～8月7日　場所：ピッコロシアター大ホール　作：ライマン・フランク・ボーム　書き下ろし・別役実　演出：平井久美子　振付：森田守恒　音楽：橋本剛
◇「8月の関西OMS戯曲賞受賞作家の活躍(A級Missing Link『或いは魂の止まり木』,下鴨車窓『旅行者』,空の驛舎『ただ夜、夜と記されて』,兵庫県立ピッコロ劇団『オズのオジさんやーい』,空晴『ここも誰かの旅先』)」九鬼葉子　テアトロ　923　2016.10　p46～48

**オズの魔法使い**　団人形劇団ブーク
1000 上演：2011年8月25日～8月28日　場所：紀伊國屋ホール　原作：ライマン・フランク・ボーム　脚色・演出：井上幸子　音楽：堀井勝美
◇「破局に棹さす(人形劇団ブーク『オズの魔法使い』,東京芸術座『おれはなにわのライオンや』,東京演劇アンサンブル『シャイロック』,俳優座『ワーニャ伯父さん』)」中本信幸　テアトロ　854　2011.11　p42～43

**小津のまほうつかい**　団TEAM僕らの調査局
1001 上演：1992年7月30日～8月2日　場所：シアターサンモール　作・演出：宮本勝行
◇「ゴージャスな表現の後に」三田格　Les Specs 39 (10)　1992.10　p24～25

**オセロ**　団ウォータミル劇団
1002 上演：1995年12月6日～12月9日　場所：パナソニック・グローブ座　作：シェイクスピア　演出：エドワード・ホール
◇「最も衝撃的な事象(銀座セゾン劇場『エンジェルズ・イン・アメリカ』第二部,地人会『五重奏』,俳優座『ミラノの奇跡』,英国・ウォータミル劇団『オセロ』,櫻花舎『奴隷島』『いさかい』,燐光群『反戦自衛官=森の中のまわり道』,入道雲『サトコー蟻の街のマリア』)」結城雅秀　テアトロ　639　1996.2　p65～71

**オセロ**　団世田谷パブリックシアター
1003 上演：2013年6月9日～6月23日　場所：世田谷パブリックシアター　作：シェイクスピア　構成・台本・演出：白井晃
◇「西欧劇の系譜(新国立劇場『つく、きえる』,昴『汚れた手』,世田谷パブリックシアター『オセロ』)」水落潔　テアトロ　879　2013.8　p46～47

**オセロー**　団演劇集団円
1004 上演：2007年7月20日～7月29日　場所：紀伊國屋ホール　作：シェイクスピア　訳：松岡和子　演出：平光琢也
◇「イメージと嫉妬の物語(ビエンナーレKAZE演劇祭2007『フランクフルトに恋人がいるサックス奏者が語るパンダの物語』,『年老いたクラウン』,演劇集団円『オセロー』)」北川登園　テアトロ　797　2007.10　p46～48

**オセロー**　団ク・ナウカ
1005 上演：2005年11月1日～11月13日　場所：東京国立博物館　日本庭園　特設能舞台　原作：シェイクスピア　謡曲台本：平川祐弘　演出：宮城聰
◇「白い仮面・黒いハンカチーフーク・ナウカで夢幻能な『オセロー』」塚本知佳　シアターアーツ　25　2005.12　p62～64

**オセロー**　団彩の国さいたま芸術劇場, ホリプロ
1006 上演：2007年10月4日～10月21日　場所：彩の国さいたま芸術劇場大ホール　作：シェイクスピア　訳：松岡和子　演出：蜷川幸雄
◇「新演出と新しい協同作業(埼玉芸術文化振興財団・ホリプロ『オセロー』,世田谷パブリックシアター『三文オペラ』,パレスチナ・キャラバン『アザリアのピノッキオ』)」扇田昭彦　テアトロ　799　2007.12　p48～50

**オセロー**　団松竹
1007 上演：1994年9月2日～9月25日　場所：日生劇場　作：シェイクスピア　訳：小田島雄志　演出：蜷川幸雄
◇「舞台の絵画的効果と群衆処理(松竹『オセロー』,銀座セゾン劇場＋民芸『怒りのぶどう』,T・P・T『双頭の鷲』,テアトル・エコー『リチャード三世』,平成元年『教祖リチャード』,東京演劇集団風『桜の園』,ピープルシアター『地の風』)」結城雅秀　テアトロ　622　1994.11　p59～66

**オセロー**　団新橋演舞場
1008 上演：2018年9月2日～9月26日　場所：新橋演舞場　作：シェイクスピア　訳：河合祥一郎　演出：井上尊晶
◇「人間の強さと脆さ(文化座『反応工程』,新橋演舞場『オセロー』,NODA・MAP『贋作 桜の森の満開の下』,浅利事務所『アンドロマック』)」水落潔　テアトロ　952　2018.11　p46～48

**オセロー**　団昴
1009 上演：1987年11月12日～11月17日　場所：三百人劇場　作：シェイクスピア　訳：福田恆存　演出：村田元史
◇「張出し舞台をどう活かすか―シェイクスピア演劇祭(三百人劇場)」大場建治　テアトロ　540　1988.2　p28～31

**オセロー**　団幹の会, 安澤事務所
1010 上演：1995年1月10日～1月21日　場所：紀伊國屋ホール　作：シェイクスピア　訳：小田島雄志　演出：栗山民也
◇「確固たるドラマの枠組(俳優座『カラマーゾフの兄弟』,木村プロ『危険なダブルキャスト』,四季『キャッツ』,幹の会・安澤事務所『オセロー』,竹中直人の会『月光のつつしみ』,ピープルシアター『異人たちの辻』,扉座『新羅生門』)」結城雅秀　テアトロ　627　1995.3　p76～83

**オセロー**　団ロイヤル・シェイクスピア・カンパニー
1011 上演：2004年4月15日～4月29日　場所：ル・テアトル銀座　作：シェイクスピア　演出：

グレゴリー・ドーラン

◇「愛と死と（ロイヤル・シェイクスピア・カンパニー『オセロー』，俳優座『足摺岬』，THE・ガジラ『国粋主義者のための戦争寓話』）」渡辺淳　テアトロ　751　2004.7　p57～59

## 遅咲きの花のワルツ　[団]俳優座

**1012** 上演：1998年10月14日～10月25日　場所：俳優座劇場　原作：佐藤愛子　脚本：吉永仁郎　演出：阿部廣次

◇「老舗劇団の5公演（文学座『牛乳屋テヴィエ物語』，手織座『季節のない街』，俳優座『遅咲きの花のワルツ』，ピープルシアター『幻影のムーランルージュ』，青年座『ムーランルージュ』）」水落潔　テアトロ　675　1998.12　p49～51

## おそるべき親たち　[団]TPT

**1013** 上演：2010年10月21日～11月3日　場所：東京芸術劇場小ホール2　作：ジャン・コクトー　台本：木内宏昌　演出：熊林弘高

◇「愛は常識を超える（ティーファクトリー『新宿八犬伝 第五巻―犬街の夜―』，tpt『おそるべき親たち』，朋友『真砂女』）」北川登園　テアトロ　843　2011.1　p44～45

## オダサク、わが友　[団]大阪現代舞台芸術協会，AI・HALL

**1014** 上演：2012年11月2日～11月4日　場所：AI・HALL　作：北村想　演出：深津篤史

◇「11月の関西 語られる風景（AI・HALL+DIVE『オダサク、わが友』，遊劇体『戰國茶漬』，五期会『浮標』）」太田耕人　テアトロ　871　2013.1　p77～79

## オダサク、わが友　[団]大阪現代舞台芸術協会，メイシアター

**1015** 上演：2011年3月26日～3月27日　場所：メイシアター　作：北村想　演出：深津篤史

◇「4月の関西 語り手のいる舞台―物語化する演劇（地点『Kappa/或小説』，DIVE×メイシアター合同プロデュース『オダサク、わが友』，壁ノ花団『フォーエバーヤング』，ピースピット『BOOK』）」太田耕人　テアトロ　848　2011.6　p56～58

## おたふく・南天・福寿草　[団]SHIMIN劇場Ⅱ

**1016** 上演：2008年12月　場所：池袋小劇場　作：川崎少百合　演出：高橋幸夫

◇「曖昧さを映す（梅左事務所+シアターX『綾描恋糸染』，虹企画/ぐるうぷ・しゅら+ペルソナ合同公演『お医者さん万歳！』，アリストパネスカンパニー『パラオ島の自由と憂鬱』，SHIMIN劇場Ⅱ『おたふく・南天・福寿草』，俳協『新・明暗』）」中本信幸　テアトロ　816　2009.2　p56～57

## おたふく物語　[団]前進座

**1017** 上演：2012年10月23日～10月25日　場所：前進座劇場　原作：山本周五郎　演出・脚色：橋本英治　音楽：小六禮次郎

◇「美とは？ 問題劇の楽しみ（前進座『おたふく物語』，うらら舎『卒塔婆小町』，Pカンパニー『ベツヤクのビョーインモノ2本立て雰囲気のある死体&むりがとおれば』）」中本信幸　テアトロ　871　2013.1　p52～53

## おたまじゃくしはかえるのこ　[団]演劇集団円

**1018** 上演：1985年11月1日～11月12日　場所：紀伊國屋ホール　作：別役実　演出：高橋昌也

◇「中村伸郎のダンディズム（円『おたまじゃくしはかえるのこ』）」矢野誠一　テアトロ　515　1986.1　p32～35

## 落ちこぼれの神様　[団]あしぶえ

**1019** 上演：1987年10月17日～10月18日　場所：三百人劇場　作・演出：園山土筆

◇「水準高く充実した舞台（第三回地域劇団東京演劇祭）」藤木宏幸　テアトロ　538　1987.12　p36～37

## お茶をすすって　[団]青年座

**1020** 上演：2002年9月5日～9月15日　場所：青年座劇場　作：ふたくちつよし　演出：黒岩亮

◇「問われる演出の工夫（東京芸術座『ウィンダミア・レディ』，tpt『bash』，青年座『お茶をすすって』，紅王国『女郎花』）」渡辺淳　テアトロ　728　2002.11　p54～56

## お茶と説教　[団]東京乾電池

**1021** 上演：1988年3月1日～3月5日　場所：紀伊國屋ホール　作・演出：岩松了

◇「「感動させない芝居」のめまい」七字英輔　新劇　35（5）　1988.5　p26～29

## オットーと呼ばれる日本人　[団]新国立劇場

**1022** 上演：2008年5月27日～6月8日　場所：新国立劇場　作：木下順二　演出：鵜山仁

◇「劇空間の問題（文学座『風のつめたき櫻かな』，東京ギンガ堂『ねこになった漱石』，新国立劇場『オットーと呼ばれる日本人』）」蔵原惟治　テアトロ　809　2008.8　p40～42

## オットーと呼ばれる日本人　[団]民藝

**1023** 上演：2000年4月1日～4月14日　場所：紀伊國屋サザンシアター　作：木下順二　演出：米倉斉加年

◇「ドラマに見る歴史の種々相（民藝『オットーと呼ばれる日本人』，日本・ハンガリー友好演劇『鉄格子』，燐光群『パウダー・ケグ』，パルコ劇場『サイドマン』）」渡辺淳　テアトロ　695　2000.6　p50～52

## 良人の教育／故郷の人　[団]オフィス樹，シアターX

**1024** 上演：2016年3月15日～3月19日　場所：シアターX　作：本庄佳輔（良人の教育），佐藤紅緑（故郷の人）　企画・演出：川和孝

◇「グローバル時代の創作劇？　翻訳劇？（てがみ座『対岸の永遠』，地点『スポーツ劇』，オフィス樹『名作劇場』）」斎藤偕子　テアトロ　917　2016.5　p26～29

## おっぱい博士　[団]スイス銀行

**1025** 上演：2010年10月15日～10月17日　場所：インディペンデントシアター1st　作：桝野幸宏　演出：大村アトム

◇「10月の関西 空間と演技（劇団大阪『まほろば』，スイス銀行『おっぱい博士』，犯罪友の会『あやつむぎ』）」太田耕人　テアトロ　841　2010.12

## おつへ

p58～60

### オッペケペ  ㊀流山児★事務所
**1026** 上演：2007年9月4日～9月17日　場所：ベニサン・ピット　作：福田善之　演出：流山児祥　振付：北村真実　音楽：本田実
◇「趣向と技巧と思想（シアターナインス『シェイクスピア・ソナタ』、流山児★事務所『オッペケペ』、オペラシアターこんにゃく座『Opera club Macbeth』）」水落潔　テアトロ　798　2007.11　p56～57

### オッホの時刻と気分  ㊀¡OJO！
**1027** 上演：1997年3月14日～3月16日　場所：パナソニック・グローブ座　作・演出：黒川麻衣
◇「ここでは何が語られようとしているのか（グローブ座春のフェスティバル,199Q太陽族『ここからは遠い国』,¡OJO！『オッホの時刻と気分』、東京ギンガ堂『アチャラカ・ブギ』、珍しいキノコ舞踊団『もうお陽さまなんか出なくてもかまわない』）」長谷部浩　テアトロ　655　1997.5　p60～63

### おつむてんてん  ㊀浪漫亭企画
**1028** 上演：1995年8月19日～8月24日　場所：シアターX　作：高堂要　演出：伊藤勝昭
◇「視覚の芝居と聴覚の芝居（銀座セゾン劇場＋T.P.T『マクベス』、シェイクスピア・シアター『マクベス』、民藝『壊れたガラス』、MOP『青猫物語』、青年劇場『私よりましな私』、東京演劇集団風『かもめ』、浪漫亭企画『おつむてんてん』）」結城雅秀　テアトロ　648　1996.11　p70～77

### お父さんのお父さん  ㊀東京乾電池
**1029** 上演：1990年11月1日～11月11日　場所：本多劇場　作・演出：岩松了
◇「世紀末の善意と笑い」安住恭子　しんげき 38（4）　1991.4　p34～37

### お父さんの海水浴  ㊀東京乾電池
**1030** 上演：1989年7月20日～7月27日　場所：紀伊國屋ホール　作・演出：岩松了
◇「中心の不在、あるいは中心の遍在」七字英輔　新劇　36（10）　1989.10　p26～29

### お父さんのハイライト  ㊀大阪放送劇団
**1031** 上演：2011年11月18日～11月20日　場所：A&Hホール　作：森脇京子　演出：西山辰夫
◇「12月の関西 劇団の行方（水の会 最終公演『サン』、木ノ下歌舞伎『夏祭浪花鑑』、大阪放送劇団『お父さんのハイライト』）」太田耕人　テアトロ　858　2012.2　p81～83

### 弟の戦争  ㊀うりんこ
**1032** 上演：2005年12月18日　場所：北とぴあ・さくらホール　原作：ロバート・ウェストール　訳：原田勝　脚本・演出：鐘下辰男
◇「いかに生きるか、何をなすべきか（うりんこ『弟の戦争』、トム・プロジェクト『夕空晴れて』、俳優座『喜多川歌麿女絵草紙』）」中本信幸　テアトロ　775　2006.3　p78～79

### 弟の戦争  ㊀俳小
**1033** 上演：2016年12月7日～12月11日　場所：シアターグリーン BOX in BOX THEATER　原作：ロバート・ウェストール　脚色：篠原久美子　訳：原田勝　演出：河田園子
◇「演劇力の乱舞（1980『謎解き 河内十人斬り』、勝田演劇事務所『タイタス・アンドロニカス』、俳小『弟の戦争』）」中本信幸　テアトロ　928　2017.2　p70～71

### 弟よ  ㊀潮流
**1034** 上演：2001年9月6日～9月9日　場所：HEP HALL　作：清水邦夫　演出：藤本栄治
◇「9月の関西 世界観と物語と。（劇団潮流『弟よ』、劇団京芸『さよなら竜馬』、深津篤史企画『百舌鳥夕雲町歌声喫茶』『湾岸線浜浦駅高架下午4：00AM（土・日除ク）』、MONO『約三十の嘘』）」太田耕人　テアトロ　714　2001.11　p60～62

### 弟よ—姉、乙女から坂本龍馬への伝言  ㊀木冬社
**1035** 上演：1990年12月8日～12月18日　場所：紀伊國屋ホール　作・演出：清水邦夫
◇「裏側の正史（木冬社『弟よ—姉、乙女から坂本龍馬への伝言』）」斎藤偕子　テアトロ　576　1991.2　p25～26

### お伽の棺  ㊀扉座
**1036** 上演：1994年6月11日～6月26日　場所：ザ・スズナリ　作・演出：横内謙介
◇「『スタイル』からの戦略（トム・プロジェクト『ベンチャーズの夜』、扉座『お伽の棺』、かたつむりの会『消えなさい・ローラ』、燐『スターマン』、文学座『日暮れて、二楽章のセレナーデ』）」大沢圭一　テアトロ　619　1994.8　p70～73

### オトギバナシ  ㊀とっても便利
**1037** 上演：2007年1月20日～1月28日　場所：HEP HALL　作・演出：大野裕之
◇「1月の関西 つきつめられない表現（近松賞受賞作品『元禄光琳模様』、劇団とっても便利『オトギバナシ』、ニットキャップシアター『お彼岸の魚』）」太田耕人　テアトロ　789　2007.3　p118～120

### おどくみ  ㊀新国立劇場
**1038** 上演：2011年6月27日～7月18日　場所：新国立劇場　作：青木豪　演出：宮田慶子
◇「歳月で風化した秩序（民藝『帰還』、新国立劇場『おどくみ』、Bunkamura/大規模修繕劇団『血の婚礼』）」水落潔　テアトロ　852　2011.9　p42～43

### オトコおとこ  ㊀文学座アトリエの会
**1039** 上演：2006年6月17日～7月2日　場所：文学座アトリエ　作：川村毅　演出：高橋正徳
◇「昭和の宿題や信念の物語（新国立劇場『夢の痂』、文学座アトリエの会『オトコおとこ』、民藝『エイミーズ・ビュー』）」北川登園　テアトロ　782　2006.9　p40～42

### おとことおんなの午后—"質屋"より  ㊀第七病棟
**1040** 上演：1983年5月13日～6月5日　場所：第七病棟　原作：山崎哲　演出：石橋蓮司
◇「行ってきました第七病棟（ことばの劇場）」高野嗣郎　新劇　30（7）　1983.8　p25～27

**男の一生** [団]Production 坂手塚

1041 上演：1997年3月27日～4月6日 場所：ザ・スズナリ 作・演出：坂手洋二

◇「混沌から響く歌声（太虚<TAO>『ハイナーミュラー・アンソロジー』，プロダクション坂手塚プレゼンツ『男の一生』，コーロ・カロス『ヴィヨン 笑う中世』，黒テント『夕日の老人ブルース』）」大岡淳 テアトロ 656 1997.6 p70～72

**男の一生** [団]三田村組

1042 上演：2010年11月26日～12月5日 場所：中野ザ・ポケット 作・演出：蓬莱竜太

◇「三者三様、回想の男あるいは女の一生（燐光群『3分間の女の一生』，三田村組『男の一生』，Pカンパニー『どうしてそんなにのろいのか』）」みなもとごろう テアトロ 844 2011.2 p60～61

**男亡者の泣きぬるところ** [団]ニットキャップシアター

1043 上演：2004年10月1日～10月18日 場所：アトリエ劇研 作・演出：ごまのはえ

◇「10月の関西 侵入する脅威（マレビトの会『蜻蛉』，演劇計画2004『アルマ即興』，ニットキャップシアター『男亡者の泣きぬるところ』，劇場あてがき企画『今日、このハコ』）」太田耕人 テアトロ 757 2004.12 p66～68

**男やもめのスラム団地** [団]アリストパネス・カンパニー

1044 上演：2007年11月16日～11月25日 場所：スタジオAR 作：バーナード・ショー 訳・演出：黒川欣映

◇「現代を照らす万華鏡（一跡二跳『誰も見たことのない場所』，ピープルシアター『聖なる路地』，ギイ・フォワシィ・シアター『母からの手紙』『相寄る魂』他，アリストパネス・カンパニー『男やもめのスラム団地』）」中本信幸 テアトロ 800 2008.1 p124～125

**男は男だ** [団]東京演劇アンサンブル

1045 上演：1982年9月14日～10月17日 場所：ブレヒトの芝居小屋 作：ブレヒト 訳：浅野利昭 演出：広渡常敏

◇「芝居としてのブレヒト劇（東京演劇アンサンブル『男は男だ』）」大笹吉雄 テアトロ 477 1982.11 p34～36

**大人の時間** [団]THEガジラ

1046 上演：2009年11月19日～11月29日 場所：吉祥寺シアター 作・演出：鐘下辰男

◇「少年犯罪二題と風評の日本人（THE・ガジラ『大人の時間』，演劇実験室∴紅王国『我が名はレギオン』，燐光群『ハシムラ東郷』）」七字英輔 テアトロ 830 2010.2 p47～49

**お隣りの脱走兵** [団]仕事プロジェクト

1047 上演：2001年6月20日～7月1日 場所：紀伊國屋ホール 作：斎藤憐 演出：西川信廣 音楽：後藤浩明

◇「役を生きること（仕事プロジェクト『お隣りの脱走兵』，俳優座劇場『こわれがめ』，シアターコクーン『三文オペラ』，昴『アルジャーノンに花束を』）」渡辺淳 テアトロ 712 2001.9 p56～59

**大人は、かく戦えり** [団]シス・カンパニー

1048 上演：2011年1月6日～1月30日 場所：新国立劇場 作：ヤスミナ・レザ 訳：徐賀世子 演出：マギー

◇「「憂い顔の喜劇」たち（Bunkamura『十二夜』，シス・カンパニー『大人は、かく戦えり』，ホリプロ『ろくでなし啄木』）」高橋豊 テアトロ 845 2011.3 p58～59

**音のいない世界で** [団]新国立劇場

1049 上演：2012年12月23日～2013年1月20日 場所：新国立劇場 作・演出：長塚圭史

◇「時は往く怖いファンタジー（勝田演劇事務所『ボーンルーム～骨格標本室～』，円・こどもステージ『魔女とたまごとお月様』，新国立劇場『音のいない世界で』）」斎藤偕子 テアトロ 873 2013.3 p52～53

**乙女の祈り** [団]トム・プロジェクトプロデュース

1050 上演：2002年1月30日～2月10日 場所：本多劇場 作・演出：水谷龍二

◇「女が主役（民藝『海の夫人』，トム・プロジェクトプロデュース『乙女の祈り』，シス・カンパニー『売り言葉』）」渡辺淳 テアトロ 720 2002.4 p46～47

**踊り子** [団]菅間馬鈴薯堂

1051 上演：2016年10月12日～10月17日 場所：江古田ワンズスタジオ 構成台本：菅間勇 企画・制作：稲川美代子

◇「時代を超えて生き抜く人々（劇団朋友『真砂女』，菅間馬鈴薯堂『踊り子』）」黒羽英二 テアトロ 926 2017.1 p52～54

**踊れ唐獅子** [団]鳥獣戯画

1052 上演：2016年11月23日～11月30日 場所：ザ・スズナリ 作・演出・振付：知念正文 音楽：雨宮賢明

◇「人はどんな形で時代を超えるのか（劇団鳥獣戯画『踊れ唐獅子』，劇団NLT『OH！ マイママ』，龍昇企画『甘い傷』）」黒羽英二 テアトロ 929 2017.3 p66～67

**踊る砂の伝説―乙女の胸には赤道色の果実** [団]3○○

1053 上演：1989年11月17日～11月20日 場所：バウスシアター 作・演出：渡辺えり子

◇「いきどまりを表現する」長谷部浩 新劇 37(2) 1990.2 p38～43

◇「芝居が連れてゆくところ」林あまり 新劇 37(2) 1990.2 p44～49

**踊るよ鳥ト少し短く** [団]オフィスコットーネ

1054 上演：2018年9月20日～9月27日 場所：下北沢小劇場B1 作：ノゾエ征爾 演出：山田佳奈

◇「テロリズムと不条理に満ちた世界（オフィスコットーネ『踊るよ鳥ト少し短く』『US/THEM わたしたちと彼ら』，パラドックス定数『蛇と天秤』）」七字英輔 テアトロ 953 2018.12 p46～47

**オナー** 〔団〕演劇集団円
**1055** 上演：2002年2月15日～2月27日　場所：ステージ円　作：ジョアンナ・マレースミス　訳：佐和田敬司　演出：村田大
◇「家族の紐帯、その光と影（世田谷パブリックシアター『パードレ・ノーストロ―我らが父よ』、演劇集団円『オナー』、東京演劇集団 風『パレードを待ちながら』）」七字英輔　テアトロ　720　2002.4　p52～55

**オナー** 〔団〕文学座アトリエの会
**1056** 上演：2002年12月11日～12月23日　場所：文学座アトリエ　作：ジョアンナ・マレースミス　訳：佐和田敬司　演出：西川信廣
◇「人生は常に現在形か？（文学座『オナー』、NLT『オスカー』）」みなもとごろう　テアトロ　732　2003.2　p56～57

**お夏清十郎／文七元結** 〔団〕前進座
**1057** 上演：1980年6月5日～6月22日　場所：東横劇場　作：真山青果、三遊亭円朝　演出：高瀬精一郎
◇「やりたいこととやれること」利光哲夫　新劇　27(8)　1980.8　p29～33

**鬼沢** 〔団〕萬國四季協會
**1058** 上演：2004年5月13日～5月16日　場所：中野光座　作：響リュウ　演出：渡辺大策
◇「人間存在のあやうさ（グループしぜん『人斬り以蔵』、萬國四季協會『鬼沢』、円『Life×3』、NLT『毒薬と老嬢』、ぽっくすおふぃす『鍵』）」中本信幸　テアトロ　753　2004.8　p41～43
**1059** 上演：2010年1月13日～1月17日　場所：シアターイワト　作：響リュウ　演出：渡辺大策
◇「よく出来た戯曲の舞台化（加藤健一事務所『シャドーランズ』、俳優座劇場『十二人の怒れる男たち』、萬國四季協會『鬼沢』）」斎藤偕子　テアトロ　831　2010.3　p50～51

**鬼夜叉** 〔団〕め組
**1060** 上演：2006年3月31日～4月4日　場所：吉祥寺シアター　作：合馬百香　演出：与儀英一
◇「奇想の劇二題（劇団め組『鬼夜叉』、新国立劇場『カエル』）」七字英輔　テアトロ　778　2006.5

**おのれナポレオン** 〔団〕東京芸術劇場
**1061** 上演：2013年4月9日～5月12日　場所：東京芸術劇場プレイハウス　作・演出：三谷幸喜
◇「形容本位の舞台、さまざま（シス・カンパニー『今ひとたびの修羅』、こまつ座＆ホリプロ『木の上の軍隊』、東京芸術劇場『おのれナポレオン』）」みなもとごろう　テアトロ　876　2013.6　p50～51

**おばあちゃんたちの船出** 〔団〕青杜
**1062** 上演：2001年3月31日～4月1日　場所：ミニシアター・アクロス　作・演出：古川登志夫
◇「老人と月、老人と船（岡部企画プロデュース『権兵衛―荒畑寮の人々』、青杜『おばあちゃんたちの船出』、ベンガル・綾田プロデュース『質屋の女』）」浦崎浩實　テアトロ　708　2001.6　p55～57

**おばかさんの夕食会** 〔団〕ひょうご舞台芸術
**1063** 上演：1999年4月30日～5月9日　場所：新神戸オリエンタル劇場　作：フランシス・ヴェベール　訳・演出：鵜山仁
◇「フランスの新劇二題（ひょうご舞台芸術『おばかさんの夕食会』、松竹・サンシャイン劇場『アート』）」渡辺淳　テアトロ　684　1999.8　p56～57

**お馬鹿屋敷** 〔団〕南河内万歳一座
**1064** 上演：2006年6月3日～6月9日　場所：ウルトラマーケット　作・演出：内藤裕敬
◇「6月の関西 ジャンルを揺るがす（兵庫県立ピッコロ劇団『喜劇 ほらんばか』『楽屋』、南河内万歳一座『お馬鹿屋敷』）」太田耕人　テアトロ　781　2006.8　p102～104
**1065** 上演：2012年11月19日～11月26日　場所：シアトリカル應典院　作・演出：内藤裕敬
◇「12月の関西 迷路としての演劇（南河内万歳一座『お馬鹿屋敷』、KUTO-10『血、きってみる』、トリコ・Aプロデュース『ROUVA』）」太田耕人　テアトロ　872　2013.2　p86～88

**お化け煙突物語** 〔団〕状況劇場
**1066** 上演：1981年7月　場所：紅テント　作・演出：唐十郎
◇「都市の影の部分」森秀男　新劇　28(8)　1981.8　p26～29

**OVER THE CENTURY～百年の彼方に**
〔団〕泪目銀座
**1067** 上演：2000年12月22日～2001年1月11日　場所：シアタートップス　作・演出：福島三郎
◇「重い命題をつきつける二作（自転車キンクリートSTORE『OUT』、泪目銀座『OVER THE CENTURY～百年の彼方に～』）」桂木嶺　テアトロ　705　2001.3　p68～69

**OPUS／作品** 〔団〕新国立劇場
**1068** 上演：2013年9月10日～9月29日　場所：新国立劇場　作：マイケル・ホリンガー　訳：平川大作　演出：小川絵梨子
◇「共同体と排除の論理（彩の国シェイクスピア・シリーズ『ヴェニスの商人』、文学座アトリエの会『熱帯のアンナ』、新国立劇場『OPUS／作品』）」田之倉稔　テアトロ　882　2013.11　p56～57

**雄蜂の玉座** 〔団〕演劇実験室∴紅王国
**1069** 上演：2003年5月16日～5月18日　場所：スタジオあくとれ　作・演出：野中友博
◇「待って、待って、待ちきれなくって…（萬國四季協會『Z航海団』、紅王国『雄蜂の玉座』、てんびん座『ザ・多喜二』、グループしぜん『父 砧へ帰る』）」浦崎浩實　テアトロ　737　2003.7　p50～53

**叔母との旅** 〔団〕演劇集団円
**1070** 上演：1994年3月12日～3月19日　場所：全労済ホール／スペース・ゼロ　原作：グレアム・グリーン　脚色：ジャイルズ・ハヴァガル　訳・演出：安西徹雄
◇「『演じる』ことの位相（円『叔母との旅』、加藤健一事務所『パパ、I Love You！』、民藝『旧アルバート街のメルヘン』、ギィ・フォワシィ・シアター

『湾岸から遠く離れて』, 東京ギンガ堂『ブレイン・ストーム'94』, 楽劇コースケ事務所『Face to Mask』, 楽天団『恋 其之四』)」大沢圭司　テアトロ　616　1994.5　p70～75

**叔母との旅**　[団]シス・カンパニー

**1071** 上演：2010年8月20日～9月19日　場所：青山円形劇場　原作：グレアム・グリーン　脚色：ジャイルズ・ハヴァガル　訳：小田島恒志　演出：松村武

◇「観客の想像力について（シス・カンパニー『叔母との旅』, 東京演劇集団風『瀕死の王さま』, 劇団NLT『ペン』)」北川登園　テアトロ　840　2010.11　p48～49

**おはなはん**　[団]民藝

**1072** 上演：1994年6月18日～6月28日　場所：東京芸術劇場中ホール　原作：林謙一　作：小野田勇　演出：米倉斉加年

◇「失われた時を求めて（みなと座『女相撲』, 民藝『おはなはん』)」土岐迫子　テアトロ　619　1994.8　p76～77

**おはようと、その他の伝言**　[団]遊園地再生事業団

**1073** 上演：1999年5月14日～5月19日　場所：世田谷パブリックシアター　作・演出：宮沢章夫

◇「キオスク・牛丼・黒マント（遊園地再生事業団『おはようと、その他の伝言』, 唐組『眠り草』, 扉座『アゲイン―怪人二十面相の優しい夜―』)」長谷部浩　テアトロ　683　1999.7　p48～50

**お彼岸の魚**　[団]ニットキャップシアター

**1074** 上演：2006年12月22日～12月26日　場所：インディペンデントシアター2nd　作・演出：ごまのはえ

◇「1月の関西 つきつめられない表現（近松賞受賞作品『元禄光琳模様』, 劇団とっても便利『オトギバナシ』, ニットキャップシアター『お彼岸の魚』)」太田耕人　テアトロ　789　2007.3　p118～120

**帯に短し…くちなし幻想**　[団]民藝

**1075** 上演：1996年5月9日～5月28日　場所：紀伊國屋ホール　作：佐藤五月　演出：高橋清祐

◇「日常生活のドラマ三態（民藝『帯に短し…』, 文学座アトリエの会『思い出せない夢のいくつか』『水面鏡』)」渡辺淳　テアトロ　644　1996.7　p50～52

**OFF**　[団]七曜日

**1076** 上演：1988年1月26日～2月1日　場所：下北沢駅前劇場　作・演出：石井章雄

◇「観客席から、こんにちは」林あまり　新劇　35（4）　1988.4　p42～45

**オーファンズ**　[団]TBS

**1077** 上演：2000年9月9日～10月1日　場所：サンシャイン劇場　作：ライル・ケスラー　訳：小田島恒志　台本・演出：栗田芳宏

◇「人間精神の根幹を成すもの（青年団プロデュース+『月の岬』プロジェクト『月の岬』, サンシャイン劇場製作『オーファンズ』, グッド・フェローズプロデュース『2.5Minute Ride』, ギィ・フォワシイ・シアター『バドゥー警視』)」結城雅秀　テアトロ　700　2000.11　p112～115

**オブセッション・サイト**　[団]第三エロチカ

**1078** 上演：1996年8月17日～8月28日　場所：METホール　作・演出：川村毅

◇「「世界最大のデパート」での演劇と文化―劇団3○○と第三エロチカの公演から ピーター・エカソール 訳」内野儀　シアターアーツ　7　1997.1　p140～144

◇「「戦後」への挑発（シアターX特別企画『サクラのサクラ 原体験』, 第三エロチカ『オブセッション・サイト』)」大岡淳　テアトロ　647　1996.10　p70～71

**オフ・ブロードウェイ・ミュージカル 殺しの接吻―レディーを扱うやり方じゃない**　[団]タチ・ワールド

**1079** 上演：2013年10月2日～10月7日　場所：恵比寿エコー劇場　作：ウィリアム・ゴールドマン　台本・作詞・音楽：D・J・コーヘン　訳・演出：勝田安彦　振付：ジム・クラーク

◇「小規模舞台への親しみ（人形劇団プーク『カチカチ山』『約束』, タチ・ワールド『殺しの接吻』, 勝田演劇事務所『メアリー・スチュアート』)」斎藤偕子　テアトロ　883　2013.12　p50～51

**男冬村（おふゆむら）會議事録**　[団]1980

**1080** 上演：1999年12月3日～12月10日　場所：紀伊國屋サザンシアター　作・演出：藤田傳

◇「才気十分に、観客振り回す（青杜『サイロの砦』, 岡部企画『武士の旗』, 劇団1980『男冬村會議事録』)」佐藤康平　テアトロ　691　2000.2　p78～79

**オペラ座の怪人**　[団]四季

**1081** 上演：1988年4月29日～9月20日　場所：日生劇場　原作：ガストン・ルルー　日本語台本：浅利慶太, 安東伸介　台本・作曲：アンドリュー・ロイド=ウェバー　台本：リチャード・スティルゴー　演出：ハロルド・プリンス

◇「ウェルメイドについて」扇田昭彦　新劇　35（7）　1988.7　p30～33

◇「歌の説得力について（四季『オペラ座の怪人』)」村井健　テアトロ　545　1988.7　p21～23

**1082** 上演：1989年4月20日～7月21日　場所：日生劇場　原作：ガストン・ルルー　日本語台本：浅利慶太, 安東伸介　台本・作曲：アンドリュー・ロイド=ウェバー　台本：リチャード・スティルゴー　演出：ハロルド・プリンス

◇「ミュージカル評―仮面舞踏会の誘惑」萩尾瞳　新劇　36（7）　1989.7　p42～45

**お弁当**　[団]ラックシステム

**1083** 上演：2002年6月4日～6月9日　場所：扇町ミュージアムスクエア　作・演出：わかぎゑふ

◇「6月の関西 反復の可能性（ラックシステム『お弁当』, 南河内万歳一座『改訂版・賞金稼ぎ』, 桃園会『ハルのいる家』, 劇団大阪『戦い』)」太田耕人

テアトロ　725　2002.8　p106〜108

**オホーツクの女**　[団]オフィス樹

**1084** 上演：2006年10月11日〜10月15日　場所：東京芸術劇場小ホール2　作：本山節弥　演出：岩村久雄

◇「海に生きる者の夢とロマン（東京演劇アンサンブル『海の五十二万石』，オフィス樹『オホーツクの女』，青年座『ブンナよ、木からおりてこい』，京楽座『破戒』）」結城雅秀　テアトロ　785　2006.12　p46〜49

**溺れた世界**　[団]遊機械オフィス

**1085** 上演：2004年10月3日〜10月24日　場所：シアタートラム　作：ゲイリー・オーウェン　訳：小宮山智津子　演出：白井晃

◇「闇に差す一条の光（新国立劇場『胎内』，シアターコクーン『赤鬼』（日本バージョン），遊機械オフィス・プロデュース『溺れた世界』）」内田洋一　テアトロ　757　2004.12　p44〜46

**溺れる男**　[団]アートネットワーク・ジャパン

**1086** 上演：2008年3月6日〜3月9日　場所：にしすがも創造舎　作：ダニエル・ベロネッセ

◇「過去と現在の照合（東京都国際芸術祭2008TIF『溺れる男』『ムネモパーク』『スリー・スペルズ』）」村井健　テアトロ　805　2008.5　p46〜47

**溺れる花嫁**　[団]ドラマクリオ

**1087** 上演：2006年9月23日〜9月24日　場所：紀尾井小ホール　作：マイケル・フッチャー，ヘレン・ハワード　訳：名和由理　演出：鵜山仁　※ドラマリーディング

◇「時の流れ・記憶の陰影（宇宙堂『夢ノかたち〜緑の指』，ドラマクリオ『溺れる花嫁』，勝田演劇事務所『九つの不気味な物語〜欧米怪談集』）」斎藤偕子　テアトロ　785　2006.12　p44〜45

**OH！　マイパパ**　[団]NLT

**1088** 上演：2009年3月25日〜3月29日　場所：シアターグリーン　作：レイ・クーニー　訳：黒田絵美子　演出：大江祥彦

◇「持続力の行方（め組『新撰組』，NLT『OH！　マイパパ』，シアターXプロデュース『カヴァレリア・ルスティカーナ』）」中本信幸　テアトロ　820　2009.6　p46〜47

**オーマイパパ**　[団]遊◎機械/全自動シアター

**1089** 上演：1993年7月1日〜7月25日　場所：博品館劇場　作：高泉淳子　演出：白井晃

◇「観る方の想像力（新宿梁山泊『それからの夏』，300『月に眠る人』，葦の会『遥か遠き果てに』，みなと座『夏子の冒険』，遊◎機械/全自動シアター『オーマイパパ』）」大沢圭司　テアトロ　607　1993.9　p140〜143

**OH！　マイママ**　[団]NLT

**1090** 上演：2009年10月22日〜10月25日　場所：博品館劇場　作：ブリケール&ラセイグ　訳：佐藤康　演出：釜紹人

◇「どうする、終わりを（五反田団『生きてるものはいないのか』『生きてるものか』，毬谷友子ひとり語り『弥々』，NLT『OH！　マイママ』，青い鳥『ザ還暦』）」斎藤偕子　テアトロ　829　2010.1　p54〜56

**1091** 上演：2016年12月13日〜12月14日　場所：亀戸カメリアホール　作：ブリケール&ラセイグ　訳：佐藤康　演出：釜紹人

◇「人はどんな形で時代を超えるのか（劇団鳥獣戯画『踊れ唐獅子』，劇団NLT『OH！　マイママ』，龍昇企画『甘い傷』）」黒羽英二　テアトロ　929　2017.3　p66〜67

**おまえを殺しちゃうかもしれない**　[団]そとばこまち

**1092** 上演：1996年4月13日〜4月21日　場所：全労済ホール/スペース・ゼロ　作：小松純也　演出：山西惇

◇「足元から始める作業（NODA・MAP『TABOO』，そとばこまち『おまえを殺しちゃうかもしれない』，東京演劇集団風『星の王子さま』）」林あまり　テアトロ　643　1996.6　p40〜41

**おまえにも罪がある**　[団]俳優座

**1093** 上演：1984年7月　場所：俳優座劇場　作：安部公房　演出：千田是也

◇「"輝き"の遺産（俳優座『おまえにも罪がある』『海賊，森を走ればそれは焔…』）」矢野誠一　テアトロ　499　1984.9　p25〜28

**を待ちながら**　[団]HEADS

**1094** 上演：2017年9月17日〜10月1日　場所：こまばアゴラ劇場　作：山下澄人　演出：飴屋法水

◇「対立の彼岸から此岸へ（テレビ朝日『謎の変奏曲』，ティーファクトリー『エフェメラル・エレメンツ』，俳優座『海の凹凸』，HEADS・こまばアゴラ劇場『を待ちながら』）」小山内伸　テアトロ　939　2017.12　p39〜41

**おままごと**　[団]兵庫県立ピッコロ劇団

**1095** 上演：2000年10月6日〜10月12日　場所：ピッコロシアター　作：別役実　演出：藤原新平

◇「10月の関西 方言の日常性、せりふの非日常性（兵庫県立ピッコロ劇団『おままごと』，異国幻燈舎『ブルペン』，流山児★事務所『百舌鳥夕雲町歌声喫茶』，劇団衛星『どんぐり森のうたたねの木』）」太田耕人　テアトロ　701　2000.12　p66〜68

**女郎花**　[団]演劇実験室∴紅王国

**1096** 上演：2002年9月11日〜9月17日　場所：「劇」小劇場　作・演出：野中友博

◇「問われる演出の工夫（東京芸術座『ウィンダミア・レディ』，tpt『bash』，青年座『お茶をすすって』，紅王国『女郎花』）」渡辺淳　テアトロ　728　2002.11　p54〜56

**汚名**　[団]燐光群

**1097** 上演：1991年6月23日〜7月9日　場所：シアタートップス　作・演出：坂手洋二

◇「形成されないメッセージ（燐光群『汚名』）」瀬戸宏　テアトロ　583　1991.9　p44〜45

**お召し列車**　[団]燐光群

**1098** 上演：2015年11月27日〜12月6日　場所：

座・高円寺1　作・演出：坂手洋二

◇「これを観ずして「俳協」を語るなかれ（劇団俳協『待つ人々』，パルコ招聘『バトルフィールド』，梅左事務所『清姫異聞』，燐光群『お召し列車』）」結城雅秀　テアトロ　914　2016.2　p44〜45

## 思い出してよ！　[団]文化座

**1099** 上演：1998年1月18日〜1月25日　場所：文化座アトリエ　作：窪田吉宏　演出：貝山武久

◇「新人の味わい，ヴェテランの韜晦！（北区つかこうへい劇団新人劇作家公演No.1，文化座アトリエ『思い出してよ！』，レクラム舎+シアターX『梅花美しき日々』，コンチック・ショー『野良犬』，Nest『Circulation Module』）」浦崎浩實　テアトロ　667　1998.4　p56〜58

## 思い出せない夢のいくつか　[団]青年団プロデュース

**1100** 上演：1994年2月4日〜2月15日　場所：シードホール　作：平田オリザ

◇「心情あふるる曖昧さ（青年団プロデュース『思い出せない夢のいくつか』，遊園地再生事業団『砂の国の遠い声』）」山登敬之　テアトロ　615　1994.4　p74〜76

## 思い出せない夢のいくつか／水面鏡　[団]文学座アトリエの会

**1101** 上演：1996年5月10日〜5月19日　場所：文学座アトリエ　作：平田オリザ（思い出せない夢のいくつか），杉浦久幸（水面鏡）　演出：西川信廣（水面鏡），坂口芳貞（思い出せない夢のいくつか）

◇「日常生活のドラマ三態（民藝『帯に短し…』，文学座アトリエの会『思い出せない夢のいくつか』『水面鏡』）」渡辺淳　テアトロ　644　1996.7　p50〜52

## 思い出を売る男　[団]蒲田演劇工場

**1102** 上演：2005年7月21日〜7月27日　場所：蒲田演劇工場　作：加藤道夫　演出：藤原新平

◇「戦後六十年を考える（Rカンパニー『21C：マドモアゼル・モーツァルト』，蒲田演劇工場『思い出を売る男』，トム・プロジェクト『ダモイ』，オフィス・タイプス『夢の海賊』）」北川登園　テアトロ　769　2005.10　p49〜51

## 思い出を売る男　[団]四季

**1103** 上演：2005年4月6日〜4月24日　場所：自由劇場　作：加藤道夫　演出：浅利慶太

◇「優しさと厳しさ（演劇集団円『アフリカの太陽』，劇団四季『思い出を売る男』，木山事務所『最終目的地は日本』）」北川登園　テアトロ　764　2005.6　p50〜51

## 思ヒ出ニ、タダイマ！　[団]トム・プロジェクト

**1104** 上演：2008年10月22日〜10月26日　場所：ザ・スズナリ　作・演出：鳳いく太

◇「芝居いろいろ、遊びをせんとや生まれけむ（テアトルエコー『フレディ』，下條アトムひとり芝居『思ヒ出ニ、タダイマ！』，田畑智子ひとり芝居『バッタモン』，ピープルシアター『狂気の路地』，東京ギンガ堂『サムライ 高峰譲吉』）」中本信幸　テアトロ　815　2009.1　p38〜39

## 想い出のカルテット〜もう一度唄わせて　[団]パルコ

**1105** 上演：2011年10月12日〜10月30日　場所：ル・テアトル銀座　作：ロナルド・ハーウッド　訳：丹野郁弓　作・演出：高橋昌也

◇「劇団・プロダクションの個性が光る公演（パルコ製作『想い出のカルテット』，俳優座『ある馬の物語』，ラッパ屋『ハズバンズ&ワイブズ』）」七字英輔　テアトロ　857　2012.1　p44〜46

## 思い出のすきまに　[団]加藤健一事務所

**1106** 上演：2008年3月12日〜3月26日　場所：本多劇場　作：マイケル・ヒーリー　訳：小田島恒志　演出：鵜山仁

◇「イメージの重層化が生み出すリアリティ（チェルフィッチュ『フリータイム』，五反田団『偉大なる生活の冒険』，TPT『ある結婚の風景』，加藤健一事務所『思い出のすきまに』）」丸田真悟　テアトロ　805　2008.5　p41〜43

## 思い出のブライトン・ビーチ　[団]文学座

**1107** 上演：2001年5月20日〜5月29日　場所：紀伊國屋ホール　作：ニール・サイモン　訳：鳴海四郎　演出：坂口芳貞

◇「お天道様はまだ頭上を回っている（黒テント『メザスヒカリノサキニアルモノ若しくはパラダイス』，文学座『思い出のブライトン・ビーチ』）」大岡淳　テアトロ　710　2001.8　p72〜73

**1108** 上演：2011年4月29日〜5月8日　場所：全労済ホール/スペース・ゼロ　作：ニール・サイモン　訳：鳴海四郎　演出：望月純吉

◇「人間の絆を描く三作品（文学座『思い出のブライトン・ビーチ』，Bunkamura『たいこどんどん』，俳優座『月光の海 ギタラ』）」水落潔　テアトロ　849　2011.7　p42〜43

## 表裏源内蛙合戦　[団]Bunkamura

**1109** 上演：2008年11月9日〜12月4日　場所：シアターコクーン　作：井上ひさし　演出：蜷川幸雄

◇「根深い「同化と排他」の心性（世田谷パブリックシアター『友達』，Bunkamura『表裏源内蛙合戦』，京楽座『アウトロー・WE』）」村井健　テアトロ　815　2009.1　p40〜41

## 表と裏と、その向こう　[団]イキウメ

**1110** 上演：2008年7月2日〜7月6日　場所：紀伊國屋ホール　作・演出：前川知大

◇「力作揃った七月の創作劇（新国立劇場『まほろば』，イキウメ『表と裏と、その向こう』，一跡二跳『流れる庭—あるいは方舟』）」村井健　テアトロ　810　2008.9　p52〜54

## 表に出ろいっ！　[団]NODA・MAP

**1111** 上演：2010年9月5日〜9月28日　場所：東京芸術劇場　作・演出：野田秀樹

◇「伝説的作品と新作と（青年劇場『島』，俳優座『心の止り—この人を心の止りに朝夕見てこそ』，NODA・MAP番外公演『表に出ろいっ！』）」水落潔　テアトロ　840　2010.11　p50〜51

おやすみ、母さん　㈲メジャーリーグ
1112　上演：2001年10月12日～10月21日　場所：シアタートラム　作：マーシャ・ノーマン　訳：酒井洋子　演出：鈴木裕美
◇「絶望という名の希望（シアターコクーン『三人姉妹』、メジャーリーグ『おやすみ、母さん』）」北川登園　テアトロ　715　2001.12　p50～51

おやすみ、こどもたち　シアター21
1113　上演：2001年7月27日～8月5日　場所：PARCO劇場　作：リチャード・ネルソン　訳：小田島恒志　演出：岸田良二
◇「精緻に描写された弟への恋愛感情（シアター21『おやすみ、こどもたち』、テアトル・エコー『ブローニュの森は大騒ぎ』）」結城雅秀　テアトロ　713　2001.10　p50～51

おやすみデズデモーナ おはようジュリエット
㈲ひょうご舞台芸術
1114　上演：1996年1月25日～2月4日　場所：アートスフィア　作：アン・マリー・マクドナルド　脚本：勝田安彦　訳：山内あゆ子　脚色：小田島雄志　演出：グレッグ・デール
◇「強烈な陰影と媒体の多様化（ヒューストン・グランド・オペラ『ポーギーとベス』、東京ルネッサン『ポリグラフーうそ発見器』、パルコ劇場『シャネル』、劇団京『危険な曲がり角』、サードステージ『トランス』、ひょうご舞台芸術『おやすみデズデモーナ、おはようジュリエット』）」結城雅秀　テアトロ　641　1996.4　p62～68
◇「2月の関西 役者修行とは（兵庫県立ピッコロ劇団『わたしの夢は舞う』、アイホール自主企画『蝶のような私の郷愁』、ひょうご舞台芸術『おやすみデズデモーナ、おはようジュリエット』、芝居屋坂道ストア『あなたがちくわ』）」宮辻政夫　テアトロ　641　1996.4　p79～81

おやすみの前に　㈲パルコ
1115　上演：2002年5月5日～5月19日　場所：PARCO劇場　作：福島三郎　演出：宮田慶子
◇「「みんな、自分でいっぱい」な時代に。（青い鳥『Tokyo Paris London SAKURA』、パルコ劇場『おやすみの前に』、ひょうご舞台芸術『ロンサム・ウエスト 神の忘れたまいし土地』）」桂木嶺　テアトロ　723　2002.7　p60～61

オラトリオ ヤマトタケル―愛と平和への出発（たびだち）　㈲ボニージャックス
1116　上演：1992年4月26日　場所：国技館
◇「「平和」が海をこえるには」コリーヌ・プレ Les Specs　39（7）　1992.7　p18～19

阿蘭陀影繪　㈲文学座
1117　上演：2001年8月11日～8月25日　場所：三越劇場　作：金子成人　演出：戌井市郎
◇「三つの創作劇（道化『にわか師三代』、文学座『阿蘭陀影繪』、PARCO劇場『二人の噺』）」水落潔　テアトロ　713　2001.10　p44～45

お蘭、登場　㈲シス・カンパニー
1118　上演：2018年6月16日～7月16日　場所：シアタートラム　作：北村想　演出：寺十吾
◇「その先が見たい（新国立劇場『消えていくなら朝』、ナイロン100℃『擊丸』、流山児★事務所『満州戦線』、KAAT×地点『山山』、シス・カンパニー『お蘭、登場』）」杉山弘　テアトロ　950　2018.9　p46～48

おりき　㈲文学座
1119　上演：1982年8月5日～8月27日　場所：三越劇場　原作：樋口一葉　脚色：久保田万太郎　演出：戌井市郎
◇「初心をたしかめる（文学座『沢氏の二人娘』『おりき』『かくて新年は』『蛍』）」ほんちえいき　テアトロ　476　1982.10　p21～24

おりき　㈲文化座
1120　上演：1983年10月28日～11月3日　場所：俳優座劇場　作：三好十郎　演出：鈴木光枝
◇「対照的な日本の〈女〉（前進座『越前紙漉き唄』、文化座『おりき』）」藤木宏幸　テアトロ　491　1984.1　p26～27
1121　上演：1987年1月10日～1月25日　場所：サンシャイン劇場　作：三好十郎　演出：鈴木光枝
◇「『おりき』初演と今と（文化座『おりき』）」ほんちえいき　テアトロ　529　1987.3　p25～27
1122　上演：1996年2月16日～2月25日　場所：本多劇場　作：三好十郎　演出：鈴木光枝
◇「『おりき』の力強さ（民藝『osanbaカメちゃん』、朋友『チロリンマンの逆襲』、文化座『おりき』）」八橋卓　テアトロ　641　1996.4　p70～72
1123　上演：1998年6月6日～6月14日　場所：サンシャイン劇場　作：三好十郎　演出：鈴木光枝
◇「『おりき』『人間合格』の成果（花組芝居『日本橋』、三生社『花粉熱』、文化座『おりき』、こまつ座『人間合格』）」水落潔　テアトロ　671　1998.8　p54～56

オリバー！　㈲四季
1124　上演：1981年3月27日～4月5日　場所：日生劇場　作：ライオネル・バート　訳：梶賀千鶴子　演出：浅利慶太
◇「群舞の楽しさを強調（四季『オリバー！』）」荒牧正憲　テアトロ　460　1981.6　p34～35

オリュウノオバ物語　㈲演劇集団円
1125　上演：2005年10月28日～11月6日　場所：シアタートラム　脚本：嶽本あゆ美　演出：大橋也寸　※中上健次作「千年の愉楽」より
◇「不思議な満足感（演劇集団円『オリュウノオバ物語』、アリストパネス・カンパニー『聖者のお水』、世田谷パブリックシアター『偶然の音楽』、木山事務所『妖精たちの砦』）」結城雅秀　テアトロ　773　2006.1　p52～55

オリンポスのMIMOS　㈲汎マイム工房
1126　上演：2001年10月15日～10月18日　場所：スタジオP.A.C汎マイム工房　作：アイスキュロス、ソフォクレス、エウリピデス　翻案・演出：あらい汎　音楽：淡海悟郎

◇「ありえたかもしれぬ歴史の一幕(汎マイム工房『オリンポスのMIMOS』,文学座『崩れた石垣、のぼる鮭たち』,流山児★事務所『幕末2001』)」大岡淳　テアトロ　715　2001.12　p62〜64

## ALL UNDER THE WORLD 地球は沈没した 燐光群

***1127*** 上演：2012年3月19日〜3月26日　場所：笹塚ファクトリー　坂手洋二　構成・演出：リアン・イングルスルード　オリジナルテキスト・演出：坂手洋二

◇「言葉と身体のかかわり(燐光群『ALL UNDER THE WORLD』,黒テント『シェフェレ』,フランス演劇クレアシオン『天国への二枚の切符』)」みなもとごろう　テアトロ　862　2012.6　p36〜37

## オルゴールの墓 第七病棟

***1128*** 上演：1992年6月4日〜6月28日　場所：柏湯　作：唐十郎　演出：石橋蓮司、第七病棟演出部

◇「演劇の〈ブランド性〉ということ(第七病棟『オルゴールの墓』,青い鳥『みずみずしい水、みずくさい水』,かたつむりの会『死のような死』,NOISE『夜の学校』)」内野儀　テアトロ　594　1992.8　p82〜84,153

## オールディーズ M.O.P.

***1129*** 上演：1993年11月　場所：近鉄小劇場　作・演出：マキノノゾミ

◇「南河内の傑作「賞金稼ぎ」(南河内万歳一座『賞金稼ぎ』,河東けいひとり芝居『母』,西鶴ネッサンス委員会『好色一代男』,M・O・P『オールディーズ』)」宮辻政夫　テアトロ　612　1994.1　p77〜80

## オールディーズ・バット・ゴールディーズ M.O.P.

***1130*** 上演：2003年7月24日〜7月30日　場所：紀伊國屋ホール　作・演出：マキノノゾミ

◇「「現在」に負けない作品(THE・ガジラ『アンコントロール』,M・O・P『オールディーズ・バット・ゴールディーズ』,流山児★事務所『書を捨てよ、町へ出よう』)」林あまり　テアトロ　740　2003.9　p50〜51

## オールド・バンチ 男たちの挽歌 パラダイス一座

***1131*** 上演：2006年12月6日〜12月13日　場所：ザ・スズナリ　作：山元清多　演出：流山児祥　音楽：高橋悠治

◇「かぶく精神が映える(パラダイス一座『オールド・バンチ』,虹企画／ぐるうぷ・しゅら『東京都四谷階段』)」中本信幸　テアトロ　788　2007.2　p56〜57

## オールドリフレイン―花粉の夜ニ眠ル戀 3○○

***1132*** 上演：1987年4月17日〜5月5日　場所：シアターモリエール　作・演出：渡辺えり子

◇「オドラデク」佐々木幹郎　新劇　34(7)　1987.7　p28〜33

## オルメドの騎士 青年座

***1133*** 上演：1994年11月19日〜11月27日　場所：本多劇場　作：ロペ・デ・ベガ　台本・演出：伊藤大

◇「わが恋着の2本(松竹+岡部企画『嗚呼・冒険王』,青年座『オルメドの騎士』)」大場建治　テアトロ　625　1995.1　p76〜78

## オールライト 青年劇場

***1134*** 上演：2015年5月9日〜5月10日　場所：紀伊國屋サザンシアター　作：瀬戸山美咲　演出：藤井ごう

◇「全ては開始点に戻って終結(俳優座『フル・サークル』,ホリプロ『夜想曲集』,青年劇場『オールライト』)」結城雅秀　テアトロ　905　2015.7　p32〜33

## オレアナ パルコ

***1135*** 上演：1994年9月12日〜9月28日　場所：PARCO劇場　作：デイヴィッド・マメット　訳：酒井洋子　演出：西川信廣

◇「翻訳物現代劇の受容―パルコ劇場『オレアナ』／セゾン劇場『エンジェルス・イン・アメリカ』評」斎藤偕子　シアターアーツ　2　1995.4　p112〜115

◇「舞台における言葉(パルコ劇場『オレアナ』,円木を揺らす―2』,東京サンシャインボーイズ『罠』,こまつ座『父と暮らせば』,東京芸術座『あわて幕やぶけ芝居』)」大沢信司　テアトロ　622　1994.11　p67〜71

***1136*** 上演：1999年8月6日〜8月22日　場所：PARCO劇場　作：デイヴィッド・マメット　訳：酒井洋子　演出：西川信廣

◇「時事的問題劇の再演(パルコ劇場『オレアナ』,青年座『見よ、飛行機の高く飛べるを』,木山事務所『はだしのゲン』)」渡辺淳　テアトロ　686　1999.10　p74〜75

***1137*** 上演：2015年11月6日〜11月29日　場所：PARCO劇場　作：デイヴィッド・マメット　訳：小田島恒志　演出：栗山民也

◇「永遠に不可解な男女の関係(民藝『大正の肖像画』,シアターコクーン『青い瞳』,パルコ劇場『オレアナ』,文学座『再びこの地を踏まず』)」水落潔　テアトロ　913　2016.1　p26〜27

## オレステス ホリプロ

***1138*** 上演：2006年9月6日〜10月1日　場所：シアターコクーン　作：エウリピデス　訳：山形治江　演出：蜷川幸雄　音楽：池上知嘉子

◇「浮遊と降臨―蜷川幸雄演出『オレステス』をめぐって」林カヲル　シアターアーツ　29　2006.12　p86〜88

◇「雨音に無言の抗議を聴く(ホリプロ制作『オレステス』,SISカンパニー『猿のゆりかご』,文学座『ゆれる車の音』)」内田洋一　テアトロ　784　2006.11　p58〜60

## オレステス SITI

***1139*** 上演：1992年8月　場所：利賀野外劇場　作：エウリピデス　演出：アン・ボガート

◇「アメリカ的な、あまりにアメリカ的な(利賀フェスティバル'92参加作品『オレステス』)」内野儀　テアトロ　596　1992.10　p56〜57

**俺たち天使じゃないけれど** [団]虹企画/ぐるうぷシュラ

*1140* 上演：2003年　場所：虹企画アトリエ・ミニミニシアター　作：アルベール・ユッソン　演出：三條三輪

◇「運命の指針たる女たち（昴『怒りの葡萄』, 虹企画/ぐるうぷ・しゅら『俺たち天使じゃないけれど』,NLT『記憶の窓』）」浦崎浩實　テアトロ　740　2003.9　p48〜49

**俺たちは志士じゃない** [団]演劇集団キャラメルボックス, 惑星ピスタチオ

*1141* 上演：1994年9月21日〜9月27日　場所：シアタードラマシティ　作・演出：成井豊, 真柴あずき

◇「10月の関西 百間の世界の舞台化」宮辻政夫　テアトロ　623　1994.12　p79〜81

**おれたちは天使じゃない** [団]無名塾

*1142* 上演：2016年3月5日〜3月13日　場所：世田谷パブリックシアター　作：アルベール・ユッソン　脚色：サム&トベッラ・スピーワック　訳・演出：丹野郁弓

◇「あの人たちが居て、今の日本がある（トム・プロジェクト『砦』, 劇団一九八〇『楢山節考』, 東京演劇アンサンブル『最後の審判の日』, 無名塾『おれたちは天使じゃない』, 俳優座劇場プロデュース『もし、終電に乗り遅れたら…』）」結城雅秀　テアトロ　917　2016.5　p32〜35

**俺のお尻から優しい音楽** [団]五反田団

*1143* 上演：2011年2月4日〜2月13日　場所：三鷹市芸術文化センター星のホール　作・演出：前田司郎

◇「いろいろ（水戸芸術館ACM劇場『ライフ・イン・ザ・シアター』, チェルフィッチュ『ゾウガメのソニックライフ』, 五反田団『俺のお尻から優しい音楽』）」斎藤偕子　テアトロ　846　2011.4　p44〜45

**俺の酒が呑めない** [団]青年座

*1144* 上演：2016年1月22日〜1月31日　場所：青年座劇場　作：古川貴義　演出：磯村純

◇「歴史に取材し、次世代につなぐ（野田地図『逆鱗』, 東京芸術座『勲章の川―花岡事件―』, 萬國四季協會・白蘭『荒野の映写片』, 青年座『俺の酒が呑めない』）」結城雅秀　テアトロ　916　2016.4　p30〜32

**俺の優しさ** [団]スクエア

*1145* 上演：2000年5月4日〜5月7日　場所：ウィングフィールド　作：森澤匡晴

◇「5月の関西 ジェンダーへの意識（第6回女性芸術劇場『桜色観覧車』, スクエア『俺の優しさ』, 芝居屋坂道ストア『誘惑エレキテル。』, 転球劇場『CAT』）」太田耕人　テアトロ　696　2000.7　p82〜84

**おればなにわのライオンや―動物園がからっぽになった日** [団]東京芸術座

*1146* 上演：2011年8月31日〜9月4日　場所：紀伊國屋ホール　作：さねとうあきら　演出：杉本孝司

◇「破局に棹さす（人形劇団プーク『オズの魔法使い』, 東京芸術座『おればなにわのライオンや』, 東京演劇アンサンブル『シャイロック』, 俳優座『ワーニャ伯父さん』）」中本信幸　テアトロ　854　2011.11　p42〜43

**オレンジ色の夢** [団]吹きだまり

*1147* 上演：1998年5月14日〜5月17日　場所：吹きだまりアトリエ　作・演出：大島信久

◇「初日がモンダイ！（S.W.A.T！『幕末ジャイアンツ』, 夏の大三角形『贋作・宝島』, フールズキャップ『紙のライオン』, 吹きだまり『オレンジ色の夢』）」浦崎浩實　テアトロ　670　1998.7　p54〜55

**愚かな女** [団]西武劇場

*1148* 上演：1985年2月3日〜2月24日　場所：PARCO西武劇場　作：マルセル・アシャール　訳：泉田武二　演出：福田陽一郎

◇「宝田明の好演（西武劇場『愚かな女』）」石崎勝久　テアトロ　506　1985.4　p30〜33

**オロチの水** [団]SHIMIN劇場Ⅱ

*1149* 上演：2010年7月　場所：シアターイワト　作：スズキ与太郎　演出：久保晶

◇「虚実・SF・神話ない交ぜの万華鏡（昴『スタア』,SHIMIN劇場Ⅱ『オロチの水』, 東京ギンガ堂『東京・坊っちゃん』, 子供のためのシェイクスピアカンパニー『お気に召すまま』）」中本信幸　テアトロ　838　2010.9　p40〜41

**終わらない夜** [団]初舞台

*1150* 上演：1998年9月9日〜9月15日　場所：シアタートラム　作・演出：勝然武美

◇「心動かされた台詞（日生劇場『辰之助の 走れメロス』, 扉座『三好家の引っ越し』, 初舞台『終わらない夜』, 銅鑼『らぶそんぐ』）」浦崎浩實　テアトロ　674　1998.11　p64〜66

**終りに見た街** [団]前進座

*1151* 上演：1988年3月10日〜3月21日　場所：前進座劇場　原作：山田太一　脚色：小松幹生　演出：香川良成

◇「戦争を知らない世代に（前進座『終りに見た街』）」藤木宏幸　テアトロ　543　1988.5　p32〜33

**ON！**

*1152* 上演：1986年　場所：ザ・スズナリ　作・演出：土井美和子

◇「踊っているときだけは夢のようにきれいになれた（ことばの劇場）」川本三郎　新劇　33（3）　1986.3　p48〜52

**音楽劇 ガラスの仮面** [団]彩の国さいたま芸術劇場

*1153* 上演：2008年8月8日〜8月24日　場所：さいたま芸術劇場大ホール　原作：美内すずえ　脚本：青木豪　演出：蜷川幸雄

◇「「序章」の舞台〜「ガラスの仮面」（彩の国ファミリーシアター『音楽劇 ガラスの仮面』, Bunkamura『女教師は二度抱かれた』, 調布市せんがわ劇場『ロミオとジュリエット』）」林あまり

テアトロ　811　2008.10　p44〜45

**音楽劇 サマーハウスの夢**　⓽俳優座劇場

*1154* 上演：2009年8月27日〜9月6日　場所：俳優座劇場　作：アラン・エイクボーン　訳：出戸一幸　演出：宮崎真子　作曲・音楽：ジョン・パティソン　振付：新海絵理子

◇「ルールが先にある現実と、ない現実(俳優座劇場プロデュース『サマーハウスの夢』、トム・プロジェクト『エル・スール』、龍昇企画『モグラ町1丁目』)」蔵原惟治　テアトロ　826　2009.11　p46〜48

**音楽劇 三文オペラ**　⓽世田谷パブリックシアター

*1155* 上演：2007年10月9日〜10月28日　場所：世田谷パブリックシアター　作：ブレヒト　訳：酒寄進一　演出：白井晃　振付：井手茂太　三宅純

◇「二文オペラ席から—白井晃演出 音楽劇『三文オペラ』」杵渕里果　シアターアーツ　33　2007.12　p35〜37

**音楽劇 三文オペラ**　⓽Bunkamura

*1156* 上演：2009年4月5日〜4月29日　場所：シアターコクーン　作：ブレヒト　訳：酒寄進一　演出：宮本亜門　音楽：クルト・ヴァイル

◇「舞台から遠く離れて 宮本亜門演出『三文オペラ』を考える」嶋田直哉　シアターアーツ　39　2009.6　p122〜125

**音楽劇 ネネム**　⓽世田谷パブリックシアター

*1157* 上演：2000年7月22日〜7月30日　場所：世田谷パブリックシアター　作：藤原正教　脚色・演出：佐藤信

◇「入れ子じかけの劇場(俳優座『我らが祖国のために』、世田谷パブリックシアターこどもの劇場2000『音楽劇 ネネム』、時々自動『Recording Angel vol.2』)」大岡淳　テアトロ　699　2000.10　p46〜48

**音楽劇 ブッダ**　⓽新国立劇場

*1158* 上演：1998年9月7日〜9月30日　場所：新国立劇場中劇場　原作：手塚治虫　脚本：佐藤信　演出：栗山民也　音楽：仙波清彦, 金子飛鳥　美術：堀尾幸男　音楽・振付：前田清実

◇「幻のフランス、幻のインド(無言劇かんぱにい+劇団鳥獣戯画『モダンダモン』、谷正雄プロデュース『ピアフの妹』、新国立劇場『音楽劇 ブッダ』)」七字英輔　テアトロ　674　1998.11　p74〜77

**温室**　⓽新国立劇場

*1159* 上演：2012年6月27日〜7月16日　場所：新国立劇場小劇場　作：ハロルド・ピンター　訳：喜志哲雄　演出：深津篤史

◇「グロテスクなハロルド・ピンター『温室』を観る(クロスレビュー)」太田耕人　シアターアーツ　52　2012.10　p56〜59

◇「回転舞台の上、ねじれた権力の形—新国立劇場『温室』(クロスレビュー)」伊藤寧美　シアターアーツ　52　2012.10　p60〜63

◇「今日が、どう語られている？(新国立劇場『温室』、演劇集団円『ガリレイの生涯』、子どものためのシェイクスピアカンパニー『ヘンリー六世III』『リチャード三世』)」斎藤偕子　テアトロ　866　2012.9　p48〜50

**温室の前**　⓽THEガジラ

*1160* 上演：1997年7月5日〜7月16日　場所：ザ・スズナリ　作：岸田國士　演出：鐘下辰男

◇「岸田戯曲の裸形—見事な鐘下演出(ザ・ガジラ『温室の前』、文学座アトリエ『寒花』、ピッコロ劇団『風の中の街』)」みなもとごろう　テアトロ　659　1997.9　p69〜71

**オンディーヌ**　⓽浅利慶太プロデュース

*1161* 上演：2015年4月19日〜5月5日　場所：自由劇場　作：ジャン・ジロドゥ　訳：米村晰　演出：浅利慶太

◇「ベテランたちの再スタート(浅利慶太プロデュース『オンディーヌ』、白石加代子・新シリーズ『笑った分だけ、怖くなる』)」小藤田千栄子　テアトロ　905　2015.7　p28〜29

**オンディーヌ**　⓽四季

*1162* 上演：1981年10月5日〜10月28日　場所：日生劇場　作：ジャン・ジロドゥ　訳：諏訪正　演出：浅利慶太

◇「スペクタクル的演出の詩情(四季『オンディーヌ』)」伊藤洋　テアトロ　466　1981.12　p21〜24

*1163* 上演：1988年7月15日〜7月24日　場所：東京グローブ座　作：ジャン・ジロドゥ　訳：諏訪正　演出：浅利慶太

◇「三十五年の成果(四季『オンディーヌ』)」千野幸一　テアトロ　547　1988.9　p28〜29

*1164* 上演：2003年11月11日〜11月30日　場所：自由劇場　作：ジャン・ジロドゥ　訳：米村晰　演出：浅利慶太

◇「さまざまな意匠(劇団四季『オンディーヌ』、アトリエダンカン企画製作『欲望という名の電車』、演劇実験室∴紅王国『蛭子の栖』)」北川登園　テアトロ　745　2004.1　p52〜54

**オンディーヌを求めて／花嫁付き添い人の秘密**　⓽Subaru P.BOX

*1165* 上演：2003年4月11日〜4月25日　場所：三百人劇場　作：倉本聰(オンディーヌを求めて), エリザベス・コールマン(花嫁付き添い人の秘密)　演出：河面園子(オンディーヌを求めて), 訳・演出：三輪えり花(花嫁付き添い人の秘密)

◇「ウェディング・コメディの傑作(Subaru P.BOX『花嫁付き添い人の秘密』『オンディーヌを求めて』、海市・工房『天使の梯子』、流山児★事務所『Sheep fucker's exit〜殺しのコンツェルト』)」浦崎浩實　テアトロ　736　2003.6　p60〜62

**ONとOFFのセレナーデ**　⓽一跡二跳

*1166* 上演：1995年4月13日〜4月16日　場所：六行会ホール　作・演出：古城十忍

◇「制約を創造の源泉とする…(コンパス『夏の夜の夢』『ヴォイツェク』, RSC『恋の骨折り損』, 円+

シアターX『母』,俳優座『南回帰線にジャポネースの歌は弾ね』,文化座『青春デンデケデケデケ』,一跡二跳『ONとOFFのセレナーデ』)」結城雅秀　テアトロ　630　1995.6　p62〜68

**女占い師**　[団]NLT

*1167* 上演：1994年10月5日〜10月10日　場所：博品館劇場　作：アンドレ・ルッサン　訳：梅田晴夫　演出：川端槇二

◇「俳優と作品の関係(加藤健一事務所『審判』,地人会『調理場』,NLT『女占い師』,新宿梁山泊『青き美しきアジア』,花企画『鐘が鳴る』,オフィス・シルバーライニング『サンシャインボーイズ』)」大沢圭司　テアトロ　623　1994.12　p68〜72

**女・おんな・オンナ**　[団]青年劇場

*1168* 上演：1994年5月14日〜5月20日　場所：朝日生命ホール　作：立原りゅう　演出：堀口始

◇「女たちの生き方(T・P・T『ヘッダ・ガブラー』,青年劇場『女・おんな・オンナ』)」斎藤偕子　テアトロ　618　1994.7　p46〜47

**女学者**　[団]俳優座

*1169* 上演：1989年1月9日〜1月22日　場所：俳優座劇場　作：モリエール　訳：矢代静一　演出：島田安行

◇「「無知」こそ真の「知」(俳優座『女学者』)」堀切直人　テアトロ　553　1989.3　p25〜26

**女教師は二度抱かれた**　[団]Bunkamura

*1170* 上演：2008年8月4日〜8月27日　場所：シアターコクーン　作・演出：松尾スズキ

◇「「序章」の舞台〜「ガラスの仮面」(彩の国ファミリーシアター『音楽劇 ガラスの仮面』,Bunkamura『女教師は二度抱かれた』,調布市せんがわ劇場『ロミオとジュリエット』)」林あまり　テアトロ　811　2008.10　p44〜45

**女殺油地獄**　[団]銀座セゾン劇場

*1171* 上演：1990年6月9日〜6月30日　場所：銀座セゾン劇場　脚本：横内謙介　演出：杉田成道

◇「質屋の女・油屋の女」岡本蛍　しんげき　37(8)　1990.8　p78〜81

**女殺油地獄**　[団]THEガジラ

*1172* 上演：1993年9月8日〜9月12日　場所：俳優座劇場　脚本・構成・演出：鐘下辰男

◇「「古典」を読み解く意味(THE・ガジラ『女殺油地獄』,東京乾電池『みず色の空、そら色の水』)」大沢圭司　テアトロ　609　1993.11　p72〜74

**女殺桜地獄**　[団]善人会議

*1173* 上演：1992年12月12日〜12月27日　場所：俳優座劇場　作・演出：横内謙介

◇「演劇で「世界」が解けるか？(善人会議『女殺桜地獄』,THE・ガジラ『アプレゲール』)」内野儀　テアトロ　601　1993.3　p108〜110

**女シラノ**　[団]状況劇場

*1174* 上演：1980年5月9日〜5月18日,30日,7月6日　場所：花園神社　作・演出：唐十郎

◇「海へ出る女シラノ」森秀男　新劇　27(7)　1980.7　p21〜25

**女相撲―憧れのハワイ場所**　[団]みなと座

*1175* 上演：1994年6月7日〜6月15日　場所：東京芸術劇場小ホール　作：早坂暁　演出：西川信廣

◇「失われた時を求めて(みなと座『女相撲』,民藝『おはなはん』)」土岐迫子　テアトロ　619　1994.8　p76〜77

**をんな善哉**　[団]青年座

*1176* 上演：2011年5月12日〜5月22日　場所：紀伊國屋サザンシアター　作：鈴木聡　演出：宮田慶子

◇「芝居の効用あらたか(青果鹿『川竹の流れ流れて、あゝゴールデン浴場』,劇団ギルド『Stake Out〜張り込み』,青年座『をんな善哉』)」中本信幸　テアトロ　849　2011.7　p44〜45

**女相続人**　[団]俳優座劇場

*1177* 上演：2006年4月13日〜4月23日　場所：俳優座劇場　原作：ヘンリー・ジェイムズ　脚本：オーガスタ&ルース・ゲッツ　訳：安達紫帆　演出：西川信廣

◇「人間の愚かさと悲しさを描く(民藝『審判』,俳優座劇場プロデュース『女相続人』)」水落潔　テアトロ　778　2006.6　p58〜59

**女たちのジハード**　[団]朋友

*1178* 上演：2012年2月23日〜2月25日　場所：かめありリリオホール　原作：篠田節子　脚本：篠原久美子　演出：宮崎真子　音楽：後藤浩明

◇「舞台化の巧み(朋友『女たちのジハード』,梅左事務所『藤戸』,青年劇場『野球部員、舞台に立つ！』)」中本信幸　テアトロ　861　2012.5　p50〜51

**女たちの十二夜**　[団]劇書房,松竹

*1179* 上演：1993年12月9日〜12月26日　場所：サンシャイン劇場　作：シェイクスピア　訳：小田島雄志　演出：鵜山仁

◇「有能な役者による自己の実現(俳優座『アドルフに告ぐ』,睦月の会『船長』,劇書房・松竹『女たちの十二夜』,ギィ・フォワシィ・シアター『橋の上の男』)」結城雅秀　テアトロ　614　1994.3　p82〜85

**女たちの十二夜**　[団]松竹

*1180* 上演：1991年7月24日〜8月4日　場所：サンシャイン劇場　作：シェイクスピア　訳：小田島雄志　演出：鵜山仁

◇「与太噺「十二夜道中」」豊崎由美　しんげき　38(11)　1991.10　p24〜27

◇「"苦さ"のヒフ感覚」安住恭子　しんげき　38(12)　1991.11　p52〜55

**女たちの招魂祭**　[団]朋友

*1181* 上演：2013年10月23日〜10月27日　場所：俳優座劇場　作：八木柊一郎　演出：西川信廣　振付：室町あかね

◇「不条理劇の最果てを探る営み(ハーフムーン・シアター・カンパニー『政治の風景 日常の風景』,

朋友『女たちの招魂祭』，ジャブジャブサーキット『月光カノン』)」中本信幸　テアトロ　885　2014.1　p44〜45

## 女たちのまつり　㊊民藝

*1182* 上演：1994年1月29日〜2月6日　場所：朝日生命ホール　作：宮原昭夫　演出：渾大防一枝
- ◇「「存在すること」への問いかけ（俳優座劇場『ピンクの象と五人の紳士』，I・Q150『月光夜曲』，東京芸術劇場『洒落男たち』，万有引力『電球式アンモナイト』，民藝『女たちのまつり』)」大沢圭司　テアトロ　615　1994.4　p64〜67

## 女と男のいる舗道　㊊シアタープロジェクトさっぽろ（TPS）

*1183* 上演：1997年9月20日〜9月24日　場所：日食倉庫コンカリーニョ　構成・演出：松本修
- ◇「こわばり，揺らぎ，色気のさまざまなかたち（シリーウォークプロデュース『病気』，青山円形劇場＋演劇企画集団66『スパイものがたり〜へのへのもへじの謎』，TPS＝シアタープロジェクトさっぽろ『女と男のいる舗道』，劇団☆新感線『髑髏城の七人』)」長谷部浩　テアトロ　662　1997.12　p80〜84

## 女と男のいる舗道　㊊MODE

*1184* 上演：1999年6月26日〜7月4日　場所：アトリエMODE　作・演出：松本修
- ◇「電話のない空間を待ちながら…（自転車キンクリートSTORE『蠅取り紙 山田家の5人兄妹』，石井恆一プロデュース『僕の錬金時間』，MODE『女と男のいる舗道』，無条件降伏委員会『膵』)」浦崎浩實　テアトロ　685　1999.9　p68〜69

## 女と刀　㊊文化座

*1185* 上演：1979年11月8日〜11月15日　場所：都市センターホール　作：ふじたあさや　演出：鈴木光枝
- ◇「現代語りものをめざす（文化座『女と刀』)」宮岸泰治　テアトロ　443　1980.1　p26〜28

## 女の一生　㊊文学座

*1186* 上演：1983年2月5日〜2月23日　場所：東横劇場　作：森本薫　補訂・演出：戌井市郎
- ◇「布引けいの歴史は今も（文学座『女の一生』)」ほんちえいき　テアトロ　492　1984.2　p25〜28

*1187* 上演：1989年2月4日〜2月26日　場所：サンシャイン劇場　作：森本薫　補訂・演出：戌井市郎
- ◇「ゆたかな転機」扇田昭彦　新劇　36(4)　1989.4　p30〜33
- ◇「布引けいとの距離（文学座『女の一生』)」千野幸一　テアトロ　554　1989.4　p26〜27

*1188* 上演：1996年8月24日〜9月11日　場所：三越劇場　作：森本薫　補訂・演出：戌井市郎
- ◇「二つの名作の再演（文学座『女の一生』，こまつ座『雨』)」水落潔　テアトロ　648　1996.11　p64〜65

*1189* 上演：2010年3月1日〜3月10日　場所：俳優座劇場　作：森本薫　補綴：戌井市郎　演出：江守徹
- ◇「新たな可能性拓いた舞台（文学座『女の一生』，自転車キンクリートSTORE『富士見町アパートメント』，青年座イヨネスコ上演委員会『禿の女歌手』)」丸田真悟　テアトロ　833　2010.5　p38〜39

*1190* 上演：2015年3月6日〜3月18日　場所：三越劇場　作：森本薫　補訂・演出：戌井市郎　演出補佐：鵜山仁
- ◇「作者が役者と共に介入する舞台（カタルシツ〈イキウメ別館〉『地下室の手記』，劇作家協会プログラム『詩人の家』，文学座『女の一生』)」斎藤偕子　テアトロ　903　2015.5　p38〜39

## 女の平和　㊊関西芸術座

*1191* 上演：1995年4月5日〜4月9日　場所：関西芸術座スタジオ　作：アリストパネス　訳：高津春繁　台本：田中千禾夫，早野寿郎　演出：河東けい
- ◇「4月の関西 関西新劇陣の好舞台（大阪新劇団協議会プロデュース『茶館』，劇団M・O・P『ちゃっかり八兵衛』，関西芸術座『女の平和』，九鬼莫子プロデュース『29歳の女たち』)」宮辻政夫　テアトロ　630　1995.6　p108〜110

## 女のほむら　㊊ピープルシアター

*1192* 上演：2013年1月16日〜1月20日　場所：東京芸術劇場シアターウエスト　原作：根本順善　脚本・演出：森井睦　舞台美術：假屋崎省吾
- ◇「異種ジャンル混交芝居の楽しみ（前進座劇場ファイナル公演『三人吉三巴白浪』，レクラム舎『それはさておき恋はくせもの』，ピープルシアター『女のほむら』，萬國四季協會『真夜中のアンサンブル』)」中本信幸　テアトロ　873　2013.3　p56〜57

## 女のみち　㊊ポツドール

*1193* 上演：2006年7月5日〜7月10日　場所：シアタートップス　作・演出：溝口真希子
- ◇「共犯関係を逆手にとる舞台（シベリア少女鉄道『残酷な神が支配する』，ポツドール『女のみち』，三田村組『仰げば尊くなし』，風間杜夫アーカイブシアター『黄昏にカウントコール』)」丸田真悟　テアトロ　782　2006.9　p44〜45

## 女よ、気をつけろ！／或る夜の出来事　㊊オフィス樹，シアターX

*1194* 上演：2015年3月17日〜3月21日　場所：シアターX　作：北尾亀男（女よ、気をつけろ！），鳥居興三（或る夜の出来事）　企画・演出：川和孝
- ◇「耐え難い人災（俳小『子供の時間』，オフィスコットーネ『漂泊』，名作劇場『女よ、気をつけろ！』『或る夜の出来事』)」斎藤偕子　テアトロ　904　2015.6　p36〜37

## おんにょろ盛衰記　㊊東京演劇アンサンブル

*1195* 上演：1999年8月1日〜8月2日　場所：紀伊國屋サザンシアター　作：木下順二　演出：広渡常敏
- ◇「子どもの時間、大人の時間（うりんこ『ロビンソンとクルーソー』，うりんこ『よみがえれ！ ブッダ』，東京演劇アンサンブル『ちゅうたのくうそう』，東京演劇アンサンブル『おんにょろ盛衰記』，

たんぽぽ『距離 DISTANCE〜俺たちの HARMONY〜』,R+1『真夜中のキッチン』)」浦崎浩實　テアトロ　686　1999.10　p64〜67

**おんにょろ盛衰記／三年寝太郎**　[団]民藝

1196 上演：1986年12月10日〜12月24日　場所：三越劇場　作：木下順二　演出：宇野重吉

◇「宇野重吉一座の果たす役割(民芸『おんにょろ盛衰記 三年寝太郎』)」清水一朗　テアトロ　528　1987.2　p34〜35

**御柱**　[団]民藝, 三越劇場

1197 上演：1987年11月27日〜12月3日　場所：三越劇場　作：有島武郎　演出：内山鶉

◇「宇野重吉の死」渡辺保　新劇　35(3)　1988.3　p34〜39

**おんやりょう**　[団]東京芸術座

1198 上演：2017年4月9日〜4月16日　場所：東京芸術座アトリエ　作・演出：内藤裕子

◇「漂流する日本と忘れるということ(地点『忘れる日本人』, 民藝『送り火』, 東京芸術座『おんやりょう』)」丸田真悟　テアトロ　933　2017.7　p45〜46

**オンリー・ワン**　[団]スイセイ・ミュージカル

1199 上演：2001年2月28日〜3月4日　場所：シアターサンモール　作：高橋由美子　演出：西田直木

◇「ちまたに "役者" があふれている…(青年劇場『かもめ』, 木山事務所『仮名手本ハムレット』, オフィス・ワンダーランド『漂鳥の儚』, スイセイ・ミュージカル『ONLY ONE』ほか)」浦崎浩實　テアトロ　707　2001.5　p56〜69

◇「清水の才に脚光再び期待したい(演劇企画木冬社『破れた魂に侵入』,S.W.A.T！『突撃！ 第九八独立普通科連隊』, 翌檜座+鴎座『終着駅の向こうには…』, スイセイ・ミュージカル『ONLY ONE』, 芝居小屋六面座『鈴の鳴る家』)」佐藤康平　テアトロ　718　2002.2　p54〜53

## 【か】

**会議**　[団]手の会

1200 上演：1982年2月2日〜2月8日　場所：紀伊國屋ホール　作：別役実　演出：末木利文

◇「過剰と不足—ドラマの実の結び方」衛紀生　新劇　29(4)　1982.4　p28〜29

◇「会議への期待と不安(手の会『会議』)」渡辺淳　テアトロ　470　1982.4　p24〜25

**会議**　[団]宮沢章夫&ウクレレプロデュース

1201 上演：1997年11月5日〜11月9日　場所：青山円形劇場　作：別役実　演出：宮沢章夫

◇「想像力のさまざまなかたち(青年団プロデュース『マッチ売りの少女たち〜別役実 初期作品群より』, 宮沢章夫&ウクレレプロデュース『会議』, 松竹『ハムレット』,3〇〇『ガーデン』)」長谷部浩　テアトロ　664　1998.1　p60〜63

**皆既食**　[団]Bunkamura

1202 上演：2014年11月7日〜11月29日　場所：シアターコクーン　作：クリストファー・ハンプトン　訳：小田島恒志　演出：蜷川幸雄

◇「演劇と文学へのオマージュ(加藤健一事務所『ブロードウェイから45秒』,Bunkamura『皆既食』, トラッシュマスターズ『儚みのしつらえ』)」小山内伸　テアトロ　899　2015.1　p26〜27

**海峡を越えた女**　[団]オフィスプロジェクトM

1203 上演：2006年10月25日〜10月29日　場所：サンモールスタジオ　作・演出：丸尾聡

◇「生きることの美しさ、怪しさ(ピープルシアター『砂のクロニクル』, オフィスプロジェクトM『海峡を越えた女』, グループしぜん『人生万華鏡』, め組『傀儡〜KUGUTSU』)」中本信幸　テアトロ　787　2007.1　p104〜105

**会議は踊る**　[団]宝塚歌劇団

1204 上演：1989年4月2日〜4月29日　場所：東京宝塚劇場　作：フランツ・ガイガー　脚色・演出：阿古健

◇「ミュージカル評—成熟のあと」萩尾瞳　新劇　36(6)　1989.6　p42〜45

**外交官**　[団]青年座

1205 上演：2015年7月31日〜8月9日　場所：青年座劇場　作：野木萌葱　演出：黒岩亮

◇「濃密、かつ重厚な議論劇(劇団青年座『外交官』, 俳優座稽古場公演『詩人かたぎ』, ジャブジャブサーキット『さよならウィキペディア』)」結城雅秀　テアトロ　909　2015.10　p24〜25

**骸骨ビルの庭**　[団]文化座

1206 上演：2011年6月16日〜6月26日　場所：俳優座劇場　原作：宮本輝　脚色：小松幹生　演出：黒岩亮　振付：渡辺美津子

◇「真摯な思いを託す軽みと重み(Pカンパニー『夢、ハムレットの〜陽炎篇〜』, 文化座『骸骨ビルの庭』, 扉座『アトムへの伝言』)」みなもとごろう　テアトロ　852　2011.9　p40〜41

**KAIZAN 魔剣の誕生**　[団]プロジェクト介山60

1207 上演：2003年　場所：シアターVアカサカ　作：笠井心　演出：植村達雄

◇「詩人、小説家、芸術家、無名の個人の "劇" (ピープルシアター『プラットホーム・光の夏』, プロジェクト介山60『KAIZAN 魔剣の誕生』, 広島の女上演委員会『白い蝶々/ミモザ/木蓮』他)」浦崎浩實　テアトロ　745　2004.1　p63〜65

**会社の人事**　[団]龍昇企画

1208 上演：1987年10月21日〜10月25日　場所：T2スタジオ　作：犬井邦益　演出：松本修

◇「おののきの空間」佐々木幹郎　新劇　35(1)　1988.1　p32〜37

**海獣**　[団]桟敷童子

1209 上演：2009年12月5日〜12月16日　場所：すみだパークスタジオ2号倉庫内特設劇場　作：サジキドウジ　演出：東憲司

◇「座敷わらし、海獣、ジャム(イキウメ『見えざ

### 海神別荘 ㊥銀座セゾン劇場
*1210* 上演：1994年1月5日～1月27日　場所：銀座セゾン劇場　作：泉鏡花　演出：坂東玉三郎
　◇「玉三郎演出の視覚的舞台(銀座セゾン劇場『海神別荘』)」田之倉稔　テアトロ　614　1994.3　p78～79

### 海神別荘 ㊥遊劇体
*1211* 上演：2009年6月11日～6月17日　場所：ウィングフィールド　作：泉鏡花　演出：キタモトマサヤ
　◇「6月の関西 肉体と声 (兵庫県立ピッコロ劇団『ノット アバウト ナイチンゲール』，南河内万歳一座『似姿物小屋』，遊劇体『海神別荘』)」太田耕人　テアトロ　823　2009.8　p49～51

### 怪人21面相 ㊥ウォーキング・スタッフ
*1212* 上演：2017年6月19日～6月26日　場所：シアター711　作：野木萌葱　演出：和田憲明
　◇「小説から，したたかに離れて(日本劇団協議会『SCRAP』，ウォーキング・スタッフ『怪人21面相』，チェルフィッチュ『部屋に流れる時間の旅』)」小山内伸　テアトロ　936　2017.9　p68～70

### ガイズ＆ドールズ ㊥東宝
*1213* 上演：1985年5月4日～5月27日　場所：日生劇場　作：ジョー・スワーリング，エイブ・バロウズ　訳：青井陽治　演出：釜紹人
　◇「50年代ミュージカルの競演(東宝『ガイズ＆ドールズ』，芸術座『ラブコール』)」風早美樹　テアトロ　507　1985.5　p28～30

### 海賊，森を走ればそれは焰 ㊥俳優座
*1214* 上演：1984年7月7日～7月20日　場所：俳優座劇場　作：清水邦夫　演出：増見利清
　◇「"輝き"の遺産(俳優座『おまえにも罪がある』『海賊，森を走ればそれは焰…』)」矢野誠一　テアトロ　499　1984.9　p25～28

### 解体 タイタス―ローマの没落 ㊥ルーマニア・ブランドラ劇場
*1215* 上演：2009年10月1日～10月4日　場所：紀伊國屋サザンシアター　作：ハイナー・ミュラー　演出：アレクサンドル・ダリエ
　◇「残酷な不条理感漂う舞台(トマ・カラジウ劇場『三人姉妹』，ブランドラ劇場『解体 タイタス―ローマの没落』，ナイロン100℃『世田谷カフカ』，パルコ劇場『中国の不思議な役人』)」扇田昭彦　テアトロ　827　2009.12　p31～33

### 怪誕身毒丸 ㊥花組芝居
*1216* 上演：1988年7月20日～7月31日　場所：タイニイ・アリス　作・演出：加納幸和
　◇「「劇評家」のユウウツ」衛紀生　新劇　35(9)　1988.9　p26～29

### 階段の上の時間 ㊥三越劇場
*1217* 上演：1980年6月5日～6月25日　場所：呉服橋三越劇場　作：ウィリアム・インジ　訳：演出：木村光一
　◇「中年，この性的熟練者」堂本正樹　新劇　27(9)　1980.9　p26～29

### 怪談 牡丹燈籠 ㊥オフィスコットーネ
*1218* 上演：2017年7月14日～7月30日　場所：すみだパークスタジオ倉　原作：三遊亭円朝　脚本：フジノサツコ　演出：森新太郎
　◇「古典の現代化はアイデア次第(オフィスコットーネ・プロデュース『怪談 牡丹燈籠』，綯の『奇想の前提』，こまつ座『イヌの仇討』，劇団青年座『旗を高く揚げよ』)」杉山弘　テアトロ　937　2017.10　p48～50

### 怪談 牡丹燈籠 ㊥シス・カンパニー
*1219* 上演：2009年8月6日～8月31日　場所：シアターコクーン　作：大西信行　演出：いのうえひでのり
　◇「怪しい噺の真(め組『信長』，NLT『花の元禄後始末』，シス・カンパニー『怪談 牡丹燈籠』)」中本信幸　テアトロ　825　2009.10　p46～47

### 怪談 牡丹燈籠 ㊥人形劇団ブーク
*1220* 上演：2009年8月20日～8月23日　場所：紀伊國屋ホール　原作：三遊亭円朝　脚色：川尻泰司　潤色・演出：井上幸子
　◇「古典に新趣向を凝らす(子供のためのシェイクスピア『マクベス』，日生劇場＋文学座ファミリーステージ『かぐや姫』，人形劇団ブーク『怪談 牡丹燈籠』)」水落潔　テアトロ　825　2009.10　p48～49

*1221* 上演：2012年8月23日～8月26日　場所：紀伊國屋ホール　原作：三遊亭円朝　脚色：川尻泰司　潤色・演出：井上幸子
　◇「新しい修辞としての古典(人形劇団ブーク『怪談 牡丹燈籠』，劇団1980『ボクゼン』，RADAイン東京20周年記念公演『人形の家』)」田之倉稔　テアトロ　868　2012.11　p46～47

### 怪談 牡丹燈籠 ㊥文学座
*1222* 上演：1986年8月9日～9月7日　場所：三越劇場　原作：三遊亭円朝　脚色：大西信行　演出：戌井市郎
　◇「白石加代子のラネーフスカヤ夫人」渡辺保　新劇　33(10)　1986.10　p34～39
　◇「「風の駅」の感動」渡辺保　新劇　34(2)　1987.2　p34～39

*1223* 上演：1995年8月11日～9月9日　場所：三越劇場　原作：三遊亭円朝　脚色：大西信行　演出：戌井市郎
　◇「極限状況における人間の魂の尊厳(ひょうご舞台芸術『ゲットー』，劇団ひまわり『コルチャック先生』，六行会『ワンダリング・アイズ』，文学座『怪談・牡丹燈籠』，SWAT！『ジャスティス』，扉座『曲がり角の悲劇』，仲間『見えない友達』)」結城雅秀　テアトロ　634　1995.10　p65～71

*1224* 上演：1998年8月13日～8月30日　場所：三越劇場　原作：三遊亭円朝　脚色：大西信行　演出：戌井市郎
　◇「近代の毒消しとして…(東宝・パルコ提携『きららの指輪たち』，文学座『怪談 牡丹燈籠』，銀座セ

ゾン劇場『ミハイル・バリシニコフ&坂東玉三郎』)」みなもとごろう テアトロ 673 1998.10 p62〜63

**海鳥譚** [団]萬國四季協會

*1225* 上演：2006年5月11日〜5月14日 場所：中野光座 作：響リュウ 演出：渡辺大策

◇「表現の困難さをどう引き受けるか(文学座+青年団『チェンジングルーム』『卵』,青年団『上野動物園再々々襲撃』,萬國四季協會『海鳥譚』)」丸田真悟 テアトロ 779 2006.7 p56〜57

**改訂決定版tatsuya 最愛なる者の側へ** [団]流山児★事務所

*1226* 上演：1992年8月26日〜9月2日 場所：タイニイ・アリス 作：鐘下辰男 演出：流山児祥

◇「演出の「力」(流山児★事務所『改訂決定版tatsuya』,THE・ガジラ『POPCORN NAVY』,太虚『ハムレットマシーン』,東京演劇アンサンブル『ハムレットマシーン』)」内野儀 テアトロ 597 1992.11 p68〜72

**改訂版 風の降る森** [団]3○○

*1227* 上演：1995年8月5日〜8月27日 場所：シアタートップス 作・演出：渡辺えり子

◇「夢の続きを追いかけて(博品館劇場『赤ずきんチャチャ』,3○○『風の降る森』)」林あまり テアトロ 634 1995.10 p63〜64

**改訂版・賞金稼ぎ** [団]南河内万歳一座

*1228* 上演：2002年6月7日〜6月16日 場所：HEP HALL 作・演出：内藤裕敬

◇「6月の関西 反復の可能性(ラックシステム『お弁当』,南河内万歳一座『改訂版・賞金稼ぎ』,桃園会『ハルのいる家』,劇団大阪『戦い』)」太田耕人 テアトロ 725 2002.8 p106〜108

**改訂版・大漫才〜変われるものなら変わってみろよ** [団]東京壱組

*1229* 上演：1989年2月25日〜3月1日 場所：本多劇場 作・演出：吉田秀穂 演出：大谷亮介

◇「おいしい役者たち」林あまり 新劇 36(5) 1989.5 p38〜41

**改定版 夜の子供2 コカコーラ殺人事件** [団]ブリキの自発団

*1230* 上演：1992年3月12日〜3月14日 場所：大田区民プラザ大ホール 作・演出：生田萬

◇「追憶の汗は匂わない」」コリーヌ・ブレ Les Specs 39(6) 1992.6 p14〜15

**回転する夜** [団]モダンスイマーズ

*1231* 上演：2007年4月18日〜4月30日 場所：シアタートップス 作・演出：蓬莱竜太

◇「時代を超えて、時代と向き合う(東京演劇アンサンブル『明日を紡ぐ娘たち』,ピッコロ劇団『場所と思い出』,モダンスイマーズ『回転する夜』,ピュアーマリー『HONK! みにくいアヒルの子』)」丸田真悟 テアトロ 793 2007.7 p48〜50

**街踏劇ぽちぽちいこか** [団]199Q太陽族

*1232* 上演：2000年10月28日〜10月29日, 11月2日〜11月5日 場所：天王寺公園, 生國魂神社, 元精華小学校の講堂 作・演出：岩崎正裕

◇「11月関西 野外劇の季節(維新派『流星』,犯罪友の会『牡丹のゆくへ』,199Q太陽族『街踏劇ぽちぽちいこか』,桃園会『世界に一家』)」太田耕人 テアトロ 703 2001.1 p111〜113

**怪盗コブラ仮面** [団]青杜

*1233* 上演：1996年11月23日〜11月30日 場所：スペースアクロス 作・演出：古川登志夫

◇「新しい感性の出現(文学座アトリエの会『髪をかきあげる』,二兎社『僕の東京日記』,青杜『怪盗コブラ仮面』)」江原吉博 テアトロ 652 1997.2 p62〜63

**怪盗三日月丸** [団]青杜

*1234* 上演：1994年11月23日〜11月30日 場所：スペースアクロス 作・演出：古川登志夫

◇「古典を伝統的な手法で演出する(円,六行会『十二夜』,オクスフォード劇団『ロミオとジュリエット』,桜花舎『贋の侍女』,銀座セゾン劇場『エンジェルス・イン・アメリカ』,文学座『背信の日々』,ハーフムーン・シアター『リタ・ジョーの幻想』,一跡二跳『愛しすぎる男たち』,青杜『怪盗三日月丸』)」結城雅秀 テアトロ 626 1995.2 p62〜70

*1235* 上演：1999年3月30日〜4月4日 場所：スペースアクロス 作・演出：古川登志夫

◇「客席を考えさせる土壌を耕す舞台(三人芝居『ベッドルーム』,青杜みに・しあた『怪盗三日月丸』,ショーマ『MIST—ミスト』)」佐藤康平 テアトロ 682 1999.6 p60〜62

**怪盗乱魔 亭主と間男の共存できる家族制度を求めて** [団]夢の遊眠社

*1236* 上演：1982年1月9日〜1月21日 場所：紀伊國屋ホール 作・演出：野田秀樹

◇「愛と成熟の間」扇田昭彦 新劇 29(3) 1982.3 p25〜28

◇「褒包茎経(ほうほけきょう)(夢の遊眠社『怪盗乱魔』)」堂本正樹 テアトロ 469 1982.3 p28〜29

**回遊〜せいリング** [団]海亀の産卵

*1237* 上演：2006年9月6日〜9月10日 場所：劇場MOMO 作・演出：友寄有司

◇「「聖」と「俗」のあわいに…(青年劇場スタジオ結(Yui)『博士の愛した数式』,東京芸術座『よだかの星—わが子よ、賢治—』,海亀の産卵『回遊〜せいリング』)」中本信幸 テアトロ 784 2006.11 p56〜57

**カヴァレリア・ルスティカーナ** [団]シアターX

*1238* 上演：2009年4月9日〜4月11日 場所：シアターX 作：ジョヴァンニ・ヴェルガ 演出：藪西正道 作曲：ピエトロ・マスカーニ 編曲：前田佳世子 音楽監督・指揮：天沼裕子

◇「持続力の行方(め組『新撰組』,NLT『OH! マイパパ』,シアターXプロデュース『カヴァレリア・ルスティカーナ』)」中本信幸 テアトロ 820 2009.6 p46〜47

**カウラの班長会議** [団]燐光群

*1239* 上演：2013年3月8日〜3月24日 場所：ザ・

スズナリ　作・演出：坂手洋二

◇「警告に満ちた力作舞台！(燐光群『カウラの班長会議』,新国立劇場『長い墓標の列』,トラッシュマスターズ『来訪者』)」村井健　テアトロ　875　2013.5　p42〜43

**帰ってきたオトウサン**　[団]三人芝居

**1240**　上演：2000年5月31日〜6月5日　場所：ザ・スズナリ　作：北野ひろし　演出：中村まり子

◇「リアル・タッチの手ごたえ(パルコ・プロデュース『オケピ！』,ハーフムーン・シアター・カンパニー『聖女グレース』,三人芝居『帰ってきたオトウサン』,劇工房燐『悲喜こもごも』)」渡辺淳　テアトロ　697　2000.8　p50〜52

**帰ってきた日本**　[団]SCOT

**1241**　上演：1994年7月〜8月　場所：新利賀山房　構成・演出：鈴木忠志

◇「日本批判と電子のチェーホフ(鈴木忠志構成・演出『帰ってきた日本』,アン・ボガート演出『スモール・ライフ/ビッグ・ドリーム』)」内野儀　テアトロ　621　1994.10　p58〜60

**帰りたいうちに**　[団]南船北馬一団

**1242**　上演：2001年4月28日〜4月30日　場所：扇町ミュージアムスクエア　作・演出：棚瀬美幸

◇「5月の関西 逆転と認知(ひょうご舞台芸術『プルーフ/証明』,南船北馬一団『帰りたいうちに』,PM/飛ぶ教室『悲しい親分』,楽市楽座『ジャングルノート』)」太田耕人　テアトロ　709　2001.7　p66〜68

**ΛΛΛかえりの合図、まってた食卓、そこ、きっと―**　[団]マームとジプシー

**1243**　上演：2014年6月8日〜6月22日　場所：東京芸術劇場シアターイースト　作・演出：藤田貴大

◇「スリリングな台本を活かせたか(世田谷パブリックシアター『ビッグ・フェラー』,文学座アトリエ『信じる機械』,マームとジプシー『ΛΛΛかえりの合図、まってた食卓、そこ、きっと―』)」江原吉博　テアトロ　893　2014.8　p24〜25

**返り花**　[団]東宝現代劇75人の会

**1244**　上演：1998年8月17日〜8月23日　場所：紀伊國屋サザンシアター　作：阿部照義　演出：丸山博一

◇「久々の喜劇の傑作(青年座『大いなる相続』,昴ザ・サード・ステージ『プレイング・フォア・タイム』,広島の女上演委員会『汽車』,東宝現代劇75人の会『返り花』)」江原吉博　テアトロ　673　1998.10　p64〜66

**かえりみちの木**　[団]空の驛舎

**1245**　上演：2018年3月16日〜3月18日　場所：AI・HALL　作・演出：中村ケンシ

◇「4月の関西 深津篤史戯曲に新たな息吹。深津演劇祭に成果(桃園会『深海魚』,あうん堂『五軒町商店街寄合会』,空の驛舎『かえりみちの木』,MONO『隣の芝生も。』,兵庫県立ピッコロ劇団オフシアター『umami』)」九鬼葉子　テアトロ　946　2018.6　p43〜45

**カエル**　[団]新国立劇場

**1246**　上演：2006年4月1日〜4月13日　場所：新国立劇場小劇場　作：過士行　訳：菱沼彬晁　演出：鵜山仁

◇「奇想の劇二題(劇団め組『鬼夜叉』,新国立劇場『カエル』)」七字英輔　テアトロ　778　2006.6　p56〜57

**かえるでんち**　[団]太陽族

**1247**　上演：2017年6月1日〜6月4日　場所：ウィングフィールド　作：深津篤史　演出：岩崎正裕

◇「6月の関西 戦争と対立がテーマの新作・再演続く(兵庫県立ピッコロ劇団『西海渡花香』,木ノ下歌舞伎『東海道四谷怪談―通し上演』,南河内万歳一座『守護神』,匿名劇壇『レモンキャンディ』,劇団・太陽族『かえるでんち』)」九鬼葉子　テアトロ　935　2017.8　p52〜54

**かえるでんち**　[団]桃園会

**1248**　上演：2001年7月6日〜7月8日　場所：AI・HALL　作・演出：深津篤史

◇「7月の関西 女性作家の競演(劇団八時半『弾道へ光』,アグリーダックリング『さっちゃん』,糾〜あざない〜『沙羅、すべり』,桃園会『かえるでんち』)」太田耕人　テアトロ　712　2001.9　p66〜68

**帰れ、いとしのシーバ**　[団]民藝

**1249**　上演：2011年4月8日〜4月19日　場所：紀伊國屋サザンシアター　作：ウィリアム・インジ　訳：丹野郁弓　演出：兒玉庸策

◇「腹を括った一作(中津留章仁Lovers Vol.3『黄色い叫び』,民藝『帰れ、いとしのシーバ』)」村井健　テアトロ　848　2011.6　p46〜47

**顔／音の世界／女人渇仰**　[団]文学座

**1250**　上演：2002年2月20日〜3月5日　場所：文学座アトリエ　作：岸田國士　演出：今村由香(顔),松本祐子(音の世界・女人渇仰)

◇「文学座の実力(文学座『顔』『音の世界』『女人渇仰』)」水落潔　テアトロ　721　2002.5　p44〜45

**顔を見ないと忘れる**　[団]演劇ユニット・昼ノ月

**1251**　上演：2007年6月9日〜6月10日　場所：人間座アトリエ　作・演出：鈴江俊郎

◇「6月の関西 家族の空間(桃園会『a tide of classics』,焚火の事務所『ワスレノコリ』,演劇ユニット・昼ノ月『顔を見ないと忘れる』,犯罪友の会『私はライト』,劇団大阪『涙の谷、銀河の丘』)」太田耕人　テアトロ　795　2007.8　p59〜61

**1252**　上演：2008年6月6日〜6月9日　場所：アトリエ劇研　作・演出：鈴江俊郎

◇「6月の関西 劇的イリュージョンを超えて(兵庫県立ピッコロ劇団『一軒の家・一本の樹・一人の息子』,演劇ユニット・昼ノ月『顔を見ないと忘れる』,中野劇団『楽屋ちゃん』,PM/飛ぶ教室『きょうも恋唄』,南河内万歳一座『ジャングル』)」太田耕人　テアトロ　809　2008.8　p51〜53

**顔 MASCARA**　[団]青年劇場

**1253**　上演：2003年2月22日〜2月25日　場所：シア

ターサンモール　作：アリエル・ドーフマン,ロドリゴ・ドーフマン　訳・演出：宮崎真子
◇「政治的演劇三題（青年劇場『顔MASCARA』、三・一の会『その日、その日にこそ』、早春の賦制作委員会『小林多喜二―早春の賦―』）」七字英輔　テアトロ　735　2003.5　p48～50

## 顔よ　劇ポツドール

***1254***　上演：2008年4月4日～4月13日　場所：本多劇場　作・演出：三浦大輔
◇「さまざまな時代の『青春』劇（北九州芸術劇場『青春の門―放浪篇』、ポツドール『顔よ』、俳優座『颶風のあと』）」七字英輔　テアトロ　806　2008.6　p37～39

## カガクするココロ　劇青年団

***1255***　上演：1996年11月8日～11月24日　場所：こまばアゴラ劇場　作・演出：平田オリザ
◇「青年団の実験室演劇（青年団『カガクするココロ』『北限の猿』）」山登敬之　テアトロ　651　1997.1　p70～72

***1256***　上演：2000年7月5日～7月11日　場所：こまばアゴラ劇場　作・演出：平田オリザ
◇「ありふれた、余りにもありふれた…（青年座『とかげ』、青年団『カガクするココロ』）」大岡淳　テアトロ　698　2000.9　p40～41

## カガクノカケラ　劇虚空旅団

***1257***　上演：2011年9月9日～9月11日　場所：ウィングフィールド　作・演出：高橋恵
◇「9月の関西　逃れゆくびと（ヨーロッパ企画『ロベルトの操縦』、虚空旅団『カガクノカケラ』、劇団・太陽族『スタイリッシュ（仮）』）」太田耕人　テアトロ　854　2011.11　p54～56

## 案山子　劇トム・プロジェクト

***1258***　上演：2014年2月7日～2月16日　場所：本多劇場　作・演出：東憲司
◇「現代劇のスタイルさまざま（トム・プロジェクト『案山子』、Bunkamura『もっと泣いてよフラッパー』、東京芸術劇場『障子の国のティンカーベル』）」みなもとごろう　テアトロ　888　2014.4　p42～43

## 鏡の向こうに　劇俳優詩房

***1259***　上演：1995年11月　場所：ウィングフィールド　作：中島陸郎　演出：岩崎正裕
◇「11月の関西　一人芝居を二つ（M・O・P『ラヴィアンローズ・スイート』、俳優詩房『鏡の向こうに』、金真須美プロデュース『贋ダイヤを弔う』）」宮辻政夫　テアトロ　638　1996.1　p80～81

## 鏡よ、鏡　劇青年座

***1260***　上演：1980年6月25日～6月29日、9月18日～11月22日　場所：青年座劇場　作：石澤富子　演出：栗山昌良
◇「青年座の三つの舞台（青年座「鏡よ鏡」「ほととぎす、ほととぎす」「ドラマ１発！マッドマウス」）」大笹吉雄　テアトロ　451　1980.9　p34～38

## 輝く午後の光に～メノポーズ物語　劇トム・プロジェクト

***1261***　上演：2001年10月2日～10月11日　場所：博品館劇場　作：高橋悠玄　演出：下条アトム
◇「『手話』が輝く伝達美（オフィス樹『ハルピン帰りのヤスケ』、トム・プロジェクト『輝く午後の光に～メノポーズ物語』、錬肉工房『カフカ』、演奏舞台『太鼓』『火山島』、俳優座劇場プロデュース『小さき神のつくりし子ら』、佐野史郎×安達祐実二人芝居『春』）」佐藤康平　テアトロ　715　2001.12　p54～53

## ガガーリン・ウェイ　劇AI・HALL

***1262***　上演：2005年2月12日～2月13日　場所：AI・HALL　作：グレゴリー・バーク　訳：谷岡健彦　台本・演出：土田英生　※ドラマリーディング
◇「2月の関西　手触りと類型化（絆～あざない～『とおとし』、スクエア『ラブコメ』、日英現代戯曲交流プロジェクト『ガガーリン・ウェイ』）」太田耕人　テアトロ　762　2005.4　p64～66

## 鍵　劇ぼっくすおふぃす

***1263***　上演：2004年6月9日～6月13日　場所：「劇」小劇場　作・演出：神品正子
◇「人間存在のあやうさ（グループしぜん『人斬り以蔵』、萬國四季協會『鬼沢』、円『Life×3』、NLT『毒薬と老嬢』、ぼっくすおふぃす『鍵』）」中本信幸　テアトロ　753　2004.8　p41～43

## 書留へ ピアノより　劇スペース・ゼロ

***1264***　上演：1993年12月　場所：全労済ホール/スペース・ゼロ　作：鈴江俊郎　演出：古賀かつゆき
◇「演出を考える（『書留へ ピアノより』、往来『幽霊』、コーロ『日の丸心中』）」宮辻政夫　テアトロ　614　1994.3　p94～95

## かきに赤い花咲くいつかのあの家　劇秘法4番館

***1265***　上演：1983年10月28日～11月7日　場所：ザ・スズナリ　作・演出：竹内銃一郎
◇「東芝日曜劇場『聖家族』像を解体する試み」高取英　新劇　30（12）　1983.12　p35～38

## 限りなく透明に近い男　劇青年劇場

***1266***　上演：1990年5月12日～5月13日　場所：前進座劇場　作・演出：飯沢匡
◇「この人を見よ！（青年劇場『限りなく透明に近い男』）」岩波剛　テアトロ　569　1990.7　p24～25

## 書く女　劇二兎社

***1267***　上演：2006年10月2日～10月15日　場所：世田谷パブリックシアター　作・演出：永井愛
◇「寺島しのぶの声に瞠目する（二兎社『書く女』、新国立劇場『アジアの女』）」内田洋一　テアトロ　785　2006.12　p58～59

***1268***　上演：2016年1月21日～1月31日　場所：世田谷パブリックシアター　作・演出：永井愛
◇「『写実劇』の面目（二兎社『書く女』、阿佐ヶ谷Picasso『壊れたガラス』、民藝『光の国から僕らのために』）」斎藤偕子　テアトロ　916　2016.4　p34～35

## 隠し砦の肝っ玉　劇黒テント

***1269***　上演：2002年10月12日～10月27日　場所：北

千住西口イベント広場　作・演出：山元清多
◇「続けてゆく生、続いてゆく生（日本総合悲劇協会『業音』，黒テント『隠し砦の肝っ玉』，遊◎機械／全自動シアター『クラブ・オブ・アリス』）」林あまり　テアトロ　729　2002.12　p48〜49

**学習図鑑 見たことのない小さな海の巨人の僕の必需品**　団遊◎機械／全自動シアター
**1270** 上演：1987年7月31日〜8月9日　場所：シアター・トップス　原案：高泉淳子　演出：白井晃
◇「エクスキューズの演技」佐々木幹郎　新劇　34（10）　1987.10　p31〜37

**学習図鑑VOL・2**　団遊◎機械／全自動シアター
**1271** 上演：1989年10月7日〜10月11日　場所：青山円形劇場　原案：高泉淳子　構成・演出：吉澤耕一　共同演出：白井晃
◇「演技と劇場」長谷部浩　新劇　37（1）　1990.1　p34〜37

**かくて新年は**　団新国立劇場
**1272** 上演：1999年12月8日〜12月26日　場所：新国立劇場小劇場　作：森本薫　演出：宮田慶子
◇「戯曲史への好奇心—わたしの『俳優無用論』（民藝『二人だけの舞踏会』，新国立劇場『かくて新年は』）」みなもとごろう　テアトロ　691　2000.2　p72〜73

**かくて新年は**　団文学座
**1273** 上演：1982年8月5日〜8月27日　場所：三越劇場　作：森本薫　演出：戌井市郎
◇「初心をたしかめる（文学座『沢氏の二人娘』『おりき』『かくて新年は』『蛍』）」ほんちえいき　テアトロ　476　1982.10　p21〜24

**がくぶちの王国**　団Ugly duckling
**1274** 上演：2002年3月2日〜3月3日　場所：ドーンセンター　原作：梅谷二美　作：樋口美友喜　演出：池田祐佳理
◇「3月の関西 差異としての関係（桃園会『のたり，のたり』『四季一会』，アグリーダックリング『がくぶちの王国』，異国幻燈舎『殿上湯の旦那』，あうん堂『あまつつみ』）」太田耕人　テアトロ　721　2002.5　p56〜58

**革命日記**　団青年団，アゴラ企画・こまばアゴラ劇場
**1275** 上演：2018年4月14日〜4月30日　場所：こまばアゴラ劇場　作・演出：平田オリザ
◇「様々な相貌みせる『日常』（モダンスイマーズ『嗚呼いま、だから愛。』，文学座『最後の炎』，新国立劇場『1984』，青年団＋こまばアゴラ演劇学校"無隣館『革命日記』，ナイロン100℃『百年の秘密』）」丸田真悟　テアトロ　947　2018.7　p32〜35

**革命のミステリー**　団ユシェット座
**1276** 上演：1990年11月23日〜12月2日　場所：全労済ホール／スペース・ゼロ　原作：デュマ　作：ロジェ・デフォセ　演出：ニコラ・バタイユ

◇「成熟みせる老舗小劇場（ユシェット座『革命のミステリー』）」藤田洋　テアトロ　576　1991.2　p34〜35

**かくも長き快楽**　団ブリキの自発団
**1277** 上演：1986年10月1日〜11月3日　場所：ザ・スズナリ　作・演出：生田萬
◇「世界はB級感覚」鴻英良　新劇　34（2）　1987.2　p22〜27

**楽屋**　団TPT
**1278** 上演：1998年9月3日〜10月3日　場所：ベニサン・ピット　作：清水邦夫　演出：鈴木裕美
◇「止まった時計（民藝『るつぼ』，T・P・T『楽屋』）」長谷部浩　テアトロ　674　1998.11　p62〜63

**楽屋ちゃん**　団中野劇団
**1279** 上演：2008年6月7日〜6月8日　場所：精華小劇場　作・演出：中野守
◇「6月の関西 劇的イリュージョンを超えて（兵庫県立ピッコロ劇団『一軒の家・一本の樹・一人の息子』，演劇ユニット・昼ノ月『顔を見ないと忘れ』，中野劇団『楽屋ちゃん』，PM／飛ぶ教室『きょうも恋唄』，南河内万歳一座『ジャングル』）」太田耕人　テアトロ　809　2008.8　p51〜53

**楽屋〜流れ去るものはやがてなつかしき**　団シス・カンパニー
**1280** 上演：2009年5月10日〜6月14日　場所：シアタートラム　作：清水邦夫　演出：生瀬勝久
◇「ドミノの"リアル"（イキウメ『関ະドミノ』，シス・カンパニー『楽屋〜流れ去るものはやがてなつかしき』，新国立劇場『タトゥー』）」林あまり　テアトロ　821　2009.7　p42〜43

**かぐや姫**　団仲間
**1281** 上演：1995年7月27日〜7月30日　場所：東京芸術劇場小ホール2　作：若林一郎　演出：高田潔　音楽：間宮芳生
◇「演劇と向かい合う（昴 ザ・サード・ステージ『カモメたちの晩夏』，空組『想稿・銀河鉄道の夜』，グローブ座カンパニー『ロミオとジュリエット』，仲間『かぐや姫』）」大沢圭司　テアトロ　634　1995.10　p72〜75

**かぐや姫**　団文学座，日生劇場
**1282** 上演：2009年8月7日〜8月9日　場所：日生劇場　作：高瀬久男　演出：高橋正徳
◇「古典に新趣向を凝らす（子供のためのシェイクスピア『マクベス』，日生劇場＋文学座ファミリーステージ『かぐや姫』，人形劇団プーク『怪談 牡丹燈籠』）」水落潔　テアトロ　825　2009.10　p48〜49

**幽れ窓（かくれまど）**　団文学座アトリエの会
**1283** 上演：1998年12月10日〜12月20日　場所：文学座アトリエ　作：皆川博子　演出：杉本正治
◇「二人の小説家の初戯曲（文学座アトリエ『幽れ窓』，小松重男事務所『ぴすかうと物語』『密夫屋』）」水落潔　テアトロ　679　1999.3　p90〜91

**隠れる女**　[団]竹中直人の会
1284 上演：2000年12月7日～12月30日　場所：本多劇場　作・演出：岩松了
◇「コミュニケーションの不在（竹中直人の会『隠れる女』,tpt『薔薇の花束の秘密』）」北川登園　テアトロ　705　2001.3　p74～75

**賭け**　[団]華のん企画
1285 上演：2012年4月18日～4月22日　場所：あうるすぽっと　作：チェーホフ　訳：松下裕　脚本・演出：山崎清介
◇「いつの時代も金がらみ（東京演劇集団風『セチュアンの善人』,民藝『マギーの博物館』,華のん企画『賭け』）」北川登園　テアトロ　862　2012.6　p40～41

**歌劇ホフマン物語**　[団]Bunkamura
1286 上演：1989年10月14日～10月29日　場所：シアターコクーン　作：E.T.A・ホフマン　翻案・演出：鵜山仁
◇「ミュージカル評―拡がる境界線」萩尾瞳　新劇　37(1)　1990.1　p42～45

**景清**　[団]演劇集団円
1287 上演：2016年11月17日～11月27日　場所：吉祥寺シアター　原作：近松門左衛門　脚本：フジノサツコ　演出：森新太郎　人形デザイン：西原梨恵
◇「意味ある古典の再読（演劇集団円『景清』,東演『琉球の風』,俳優座劇場『ハーヴェイ』）」杉山弘　テアトロ　928　2017.2　p56～57

**蜻蛉**　[団]あまがさき近松創造劇場
1288 上演：1999年1月29日～1月30日　場所：新国立劇場小劇場　作：松田正隆　演出：岩崎正裕
◇「平和な家庭という幻想（文学座+三越『家路』,あまがさき近松創造劇場『蜻蛉』,ザ・コア・システム『夏の匂い』）」江原吉博　テアトロ　680　1999.4　p60～61

**蜻蛉**　[団]マレビトの会
1289 上演：2004年9月15日～9月20日　場所：アトリエ劇研　作・演出：松田正隆
◇「10月の関西 侵入する脅威（マレビトの会『蜻蛉』,演劇計画2004『アルマ即興』,ニットキャップシアター『男亡者の泣きぬるところ』,劇場あてがき企画『今日、このハコ』）」太田耕人　テアトロ　757　2004.12　p66～68

**陽炎家**　[団]劇工房燐
1290 上演：2001年5月24日～5月30日　場所：TACCS1179　作：北野ひろし　演出：手塚敏夫
◇「舞台は自律しているか、しすぎてはいないか？（新国立劇場 中劇場『贋作・桜の森の満開の下』,青年団『上野動物園再々々襲撃』,劇工房燐『陽炎家』）」みなもとごろう　テアトロ　710　2001.8　p74～76

**かげろふ人 ワンス・アポン・ア・タイム・イン・京都**　[団]THEガジラ
1291 上演：1993年6月4日～6月18日　場所：シアタートップス　作・演出：鐘下辰男
◇「才気と,そのストイシズム（シアターコクーン『恋人たちの短い夜』,パルコ・パート3『ダア！ ダア！ ダア！』,ONLYクライマックス『結婚契約破棄宣言』,文学座アトリエ『花の氷室』,THE・ガジラ『かげろふ人』）」大沢圭司　テアトロ　606　1993.8　p66～71

1292 上演：2007年6月15日～6月27日　場所：ベニサン・ピット　作・演出：鐘下辰男
◇「緊密な人間ドラマ（円『実験』,萬國四季協會<モード>『黒椿洋裁店』,シアターX『フェイドラの恋』,北区つかこうへい劇団『うどん屋』,THE・ガジラ『かげろふ人』）」斎藤偕子　テアトロ　795　2007.8　p43～45

**下弦の夏―昭和十九年**　[団]1980
1293 上演：2007年6月13日～6月17日　場所：紀伊國屋サザンシアター　作・演出：藤田傳
◇「さまざまな人生という舞台（新国立劇場『夏の夜の夢』,音楽座ミュージカル『アイ・ラブ・坊っちゃん』,劇団1980『下弦の夏―昭和十九年―』）」北川登園　テアトロ　795　2007.8　p46～47

**かごの鳥 助ケテ下サイ、オ兄サマ。**　[団]鳩ぽっぽ商会
1294 上演：1987年1月30日～2月8日　場所：シードホール　作：別所文　演出：竹内銃一郎
◇「変貌のターニング・ポイント」佐々木幹郎　新劇　34(4)　1987.4　p28～33

**囲むフォーメーションZ**　[団]ヨーロッパ企画
1295 上演：2005年7月30日～8月3日　場所：アートコンプレックス1928　作・演出：上田誠
◇「8月の関西 俳優を見る（アトリエ劇研提携公演『12』,ヨーロッパ企画『囲むフォーメーションZ』）」太田耕人　テアトロ　769　2005.10　p106～108

**傘とサンダル**　[団]岩松了プロデュース
1296 上演：1996年7月9日～7月21日　場所：シアタートップス　作・演出：岩松了
◇「特集・劇評バトル（岩松了プロデュース『傘とサンダル』）」内野儀,林あまり,七字英輔　テアトロ　646　1996.9　p40～44

**風浪**　[団]「座・新劇」上演実行委員会
1297 上演：1994年6月9日～6月18日　場所：俳優座劇場　作：木下順二　演出：広渡常敏
◇「〈座・新劇〉の3作品について」森秀男　シアターアーツ　1　1994.12　p102～104
◇「問題の多い「風浪」（座・新劇『風浪』）」水落潔　テアトロ　619　1994.8　p56～57

**KASANE**　[団]THEガジラ
1298 上演：2004年2月7日～2月17日　場所：本多劇場　作・演出：鐘下辰男
◇「料理は火を通してから出して！（パルコ劇場『GOOD』,シアターコクーン『カメレオンズ・リップ』,THE・ガジラ『KASANE』）」内田洋一　テ

アトロ　748　2004.4　p43〜45

### 累―かさね―　㊐少年王者舘
**1299** 上演：2012年8月9日〜8月12日　場所：インディペンデントシアター2nd　作・演出：天野天街
◇「8月の関西 イリュージョンへの自己言及（少年王者舘『累―かさね―』、アートクロウド×hmp『更地』）」太田耕人　テアトロ　867　2012.10　p50〜51

### 風花　㊐あまがさき近松創造劇場
**1300** 上演：2000年2月25日〜2月27日　場所：ピッコロシアター　作：松田正隆　演出：宮田慶子
◇「ミレニアムの〈虚実皮膜〉―現代の2つの近松」山森雅弘　シアターアーツ　12　2000.7　p114〜116
◇「「状況」を捉えるということ（世田谷パブリックシアター『ロベルト・ズッコ』、あまがさき近松創造劇場『風花』、文化座『遠い花一汝が名はピーチ・ブロッサム―』）」七字英輔　テアトロ　694　2000.5　p74〜76

### 風花の駅　㊐龍昇企画
**1301** 上演：1985年3月29日〜3月31日　場所：明石スタジオ　作・演出：乾燿
◇「遠くを見つめる道化師たち（大っきらいなパフォーマンスなんて！〈特集〉」衛紀生　新劇　32(7)　1985.7　p73〜76

### かさぶた式部考　㊐兵庫県立ピッコロ劇団
**1302** 上演：2017年9月29日〜10月4日　場所：ピッコロシアター大ホール　作：秋元松代　演出：藤原新平
◇「10月の関西 小空間での実験作続く。着実な前進に期待（コンプリ団『夏休みのばあちゃん家』、壁ノ花団『ウィークエンダー』、A級 Missing Link『罪だったり罰だったり』、虚空旅団『Voice Training』、兵庫県立ピッコロ劇団『かさぶた式部考』）」九鬼葉子　テアトロ　939　2017.12　p50〜52

### 風間杜夫ひとり芝居／ピース　㊐トム・プロジェクト
**1303** 上演：2017年9月3日〜9月10日　場所：俳優座劇場　作・演出：水谷龍二
◇「夏の遊びと演じる輝き（加藤健一事務所『喝采』、梅左事務所『しずのおだまき』、いわき演劇プロジェクト『愛と死を抱きしめて』、トム・プロジェクト『風間杜夫ひとり芝居／ピース』）」斎藤偕子　テアトロ　938　2017.11　p72〜73

### 火山の王宮 象を殺した者　㊐横浜ボートシアター
**1304** 上演：2007年3月16日〜3月18日　場所：シアターX　作・演出：遠藤啄郎
◇「舞台成果と俳優の演技（地人会『ブルーストッキングの女たち』、横浜ボートシアター『火山の王宮』、ユニークポイント『イメージの世界』、フジテレビジョン『殺人者』）」斎藤偕子　テアトロ　791　2007.5　p46〜47

### 火山灰地 第Ⅰ部・第Ⅱ部　㊐民藝
**1305** 上演：2005年3月20日〜3月29日　場所：東京芸術劇場中ホール　作：久保栄　演出：内山鶉　音楽：林光
◇「2005年の『火山灰地』」今村忠純　シアターアーツ　22　2005.3　p60〜66
◇「「土に棲む人びと」造形の難しさ―『火山灰地』を観て（民藝『火山灰地 第Ⅰ部・第Ⅱ部』）」石澤秀二　テアトロ　764　2005.6　p47〜49

### カシオペアの丘で　㊐演劇集団円
**1306** 上演：2011年4月15日〜4月28日　場所：ステージ円　原作：重松清　脚色・演出：土屋理敬
◇「クローデルとベケットの今（青年団国際演劇交流プロジェクト2011『交換』、新国立劇場『ゴドーを待ちながら』、演劇集団円『カシオペアの丘で』）」みなもとごろう　テアトロ　848　2011.6　p50〜52

### かしかしら　㊐フリーク・ランド
**1307** 上演：2002年1月31日〜2月3日　場所：西荻WENZスタジオ　作：三原世司奈　演出：花房トオル
◇「海と水のある乾いた風景（木山事務所『はごろも』、フリーク・ランド『かしかしら』）」北川登園　テアトロ　720　2002.4　p44〜45

### かしげ傘　㊐犯罪者の会
**1308** 上演：2006年10月19日〜10月25日　場所：難波宮跡公園野外特設劇場　作・演出：武田一度
◇「10月の関西 灰になる言葉（マレビトの会『アウトダフェ』、犯罪者の会『かしげ傘』、南河内万歳一座『百物語』）」太田耕人　テアトロ　785　2006.12　p66〜68

### 樫の木坂 四姉妹　㊐俳優座
**1309** 上演：2010年9月20日〜10月3日　場所：シアター人　作：堀江安夫　演出：袋正
◇「「継続」という再発見（テアトル・エコー『日本人のへそ』、俳優座『樫の木坂 四姉妹』、文化座『大つごもり』）」高橋豊　テアトロ　841　2010.12　p48〜49
**1310** 上演：2012年9月2日〜9月3日　場所：東部文化会館　作：堀江安夫　演出：袋正
◇「試みと達成の間に…（シアターX『新作オペラ地獄変』、パルコ・プロデュース『其れ成心中』、俳優座『樫の木坂 四姉妹』）」みなもとごろう　テアトロ　867　2012.10　p44〜45

### 梶山太郎氏の憂鬱と微笑　㊐道学先生
**1311** 上演：2017年6月7日〜6月18日　場所：赤坂RED/THEATER　作・演出：中島淳彦
◇「嗚呼、人生（劇団道学先生『梶山太郎氏の憂鬱と微笑』、新国立劇場『君が人生の時』、地人会新社『これはあなたのもの』、CANプロ『記憶パズル』）」杉山弘　テアトロ　935　2017.8　p40〜42

### 下周村―花に嵐のたとえもあるさ　㊐新国立劇場
**1312** 上演：2007年5月15日〜5月20日　場所：新

国立劇場小劇場　作・演出：平田オリザ, 李六乙　音楽：郭文景
◇「さまざまの取り組み(黒テント『かもめ』, 東京演劇集団風『明日は天気』, 新国立劇場『下周村』)」斎藤偕子　テアトロ　793　2007.7　p44〜45

**華氏451度**　[団]神奈川芸術劇場
**1313** 上演：2018年9月28日〜10月14日　場所：神奈川芸術劇場　原作：レイ・ブラッドベリ　上演台本：長塚圭史　演出：白井晃
◇「原作の世界観をどう舞台化するか(青年劇場『キネマの神様』,KAAT神奈川芸術劇場『華氏451度』, ピープルシアター『燃えひろがる荒野』, 東京芸術劇場『ゲゲゲの先生へ』, シス・カンパニー『出口なし』)」杉山弘　テアトロ　953　2018.12　p40〜43

**カズオ**　[団]二兎社
**1314** 上演：1986年10月10日〜10月12日　場所：スタジオ200　作・演出：永井愛
◇「自転車キンクリート」渡辺保　新劇　33(12)　1986.12　p34〜39

**KAZUKI〜ここが私の地球**　[団]東京ギンガ堂
**1315** 上演：1999年3月10日〜3月14日　場所：シアターVアカサカ　作・演出：品川能正
◇「一面的に描かなかった画家の創意(東京ギンガ堂『KAZUKI〜ここが私の地球』, 結城座『人情噺文七元結』, 自転車キンクリートSTORE『検察側の証人』)」佐藤康平　テアトロ　681　1999.5　p56〜57
**1316** 上演：2001年5月19日〜5月22日　場所：紀伊國屋サザンシアター　作・演出：品川能正
◇「楽屋における女優の孤独と情熱(ベルリン・ルネッサンス劇場『マレーネ』, 木冬社『女優N―戯曲推理小説より』, 地人会『アンチゴーヌ』, 東京ギンガ堂『KAZUKI〜ここが私の地球』)」結城雅秀　テアトロ　710　2001.8　p64〜68
**1317** 上演：2004年10月7日〜10月11日　場所：紀伊國屋ホール　作・演出：品川能正
◇「庶民に迫る、芸術家に迫る(東京ヴォードヴィルショー『その人、女優？』, 東京ギンガ堂『KAZUKI〜ここが私の地球』, 漣『久保美芸子ひとり語りⅦ』)」浦崎浩實　テアトロ　757　2004.12　p48〜49

**ガス燈**　[団]シアター1010
**1318** 上演：2005年3月11日〜3月20日　場所：シアター1010　作：パトリック・ハミルトン　訳：三田地里穂　演出：西川信廣　音楽：上田亨
◇「女たちのドラマ(日本劇団協議会主催/文化座製作『二人の老女の伝説』,THEATRE1010『ガス燈』)」渡辺淳　テアトロ　763　2005.5　p56〜57

**カストリ・エレジー**　[団]THEガジラ
**1319** 上演：1994年3月24日〜4月3日　場所：シアタートップス　作・演出：鐘下辰男
◇「絶望の果てに何を見るのか(サードステージ『ゴドーを待ちながら』, 扉座『ジプシー〜千の輪の切り株の上の物語』『新羅生門』,THE・ガジラ『カストリ・エレジー』, シアターコクーン『NEVER SAY DREAM』)」山登敬之　テアトロ　617　1994.6　p58〜62
**1320** 上演：1998年10月3日〜10月11日　場所：新国立劇場小劇場 THE PIT　作・演出：鐘下辰男
◇「芝居とパンフの危険な(!?)関係(シアターコクーン『Zenmai 金色の草原に立つ時限爆弾を持った少年』,THE・ガジラ『カストリ・エレジー』, 燐光群『神々の国の首都』, 柄本劇団『定理と法則』, 三人芝居『変な女の恋』, 第14回地域劇団東京演劇祭)」浦崎浩實　テアトロ　675　1998.12　p58〜61

**カスパー**　[団]STUDIOコクーン
**1321** 上演：2001年10月22日〜10月30日　場所：ベニサン・ピット　作：ペーター・ハントケ　演出：井上尊晶
◇「生き方を問う(俳優座space V『日々の敵』『僕の東京日記』, 新国立劇場『コペンハーゲン』,B.B『森の精』,Studioコクーンプロジェクト『カスパー』)」渡辺淳　テアトロ　717　2002.1　p70〜73

**カスパー・ハウザー**　[団]演劇実験室◎万有引力
**1322** 上演：1995年11月22日〜11月26日　場所：全労済ホール/スペース・ゼロ　作・演出：J・A・シーザー
◇「寺山修司の彷徨(演劇実験室 万有引力『カスパー・ハウザー』, 蜷川幸雄演出『身毒丸』)」大岡淳　テアトロ　639　1996.2　p78〜79

**粕谷怪談 贋作蘆花傳**　[団]1980
**1323** 上演：2014年12月3日〜12月7日　場所：シアターX　作・演出：渡辺千明　振付：春日鶴壽　音楽：平岩佐和子
◇「ディートリッヒに会った(T・プロジェクト『マレーネ』, 劇団1980『粕谷怪談 贋作蘆花傳』, 俳小『マイス・アンド・メン』, 勝田演劇事務所『ヘッダ・ガーブラー』)」結城雅秀　テアトロ　900　2015.2　p112〜113

**風撃ち**　[団]桟敷童子
**1324** 上演：2013年5月17日〜5月29日　場所：すみだパークスタジオ倉　作：サジキドウジ　演出：東憲司
◇「様々なタッチで描かれる家族の絆(ハイバイ『て』, 青山円劇カウンシル#6『いやむしろわすれて草』, 桟敷童子『風撃ち』, 無名塾『ウィリアム・シェイクスピア』)」丸田真悟　テアトロ　879　2013.8　p52〜54

**風をおこした男―田漢伝**　[団]上海戯劇学院
**1325** 上演：2018年10月6日〜10月7日　場所：世田谷パブリックシアター　作・演出：田沁鑫
◇「時流に竿さす芝居にエールを！(花組芝居『天守物語』, 世田谷パブリックシアター『風をおこした男 田漢伝』, 地人会『金魚鉢の中の少女』)」中本信幸　テアトロ　953　2018.12　p50〜51

**風を食らう**　[団]ジァン・ジァン
**1326** 上演：2000年2月26日〜2月27日　場所：ジァン・ジァン　作：三原世司奈　演出：國峰眞
◇「対話なき対話、そして孤独(テアトロ書き下ろし・ファンタスティック劇場〈三原世司奈シリーズ〉

ジァン・ジァンプロデュース『風を食らう』)」北川登園　テアトロ　695　2000.6　p44〜45

### 風を継ぐ者　[団]演劇集団キャラメルボックス

1327 上演：2001年4月6日〜5月8日　場所：サンシャイン劇場　作・演出：成井豊, 真柴あずき　音楽：ZABADAK

◇「21世紀に届ける人生とロマン(扉座『アゲイン〜怪人二十面相の優しい夜』, 遊◎機械/全自動シアター『食卓の木の下で』, キャラメルボックス『風を継ぐ者』)」桂木嶺　テアトロ　709　2001.7　p56〜57

### 風をつむぐ少年　[団]文学座

1328 上演：2005年4月29日〜5月8日　場所：全労済ホール/スペース・ゼロ　原作：ポール・フライシュマン　訳・脚色：坂口玲子　演出：鵜山仁

◇「情念を超えて「自然」と和解する(岡部企画『花祭』, 文学座『風をつむぐ少年』, 唐組『鉛の兵隊』, 東京演劇アンサンブル『林檎園日記』)」結城雅秀　テアトロ　765　2005.7　p46〜48

### 風薫る日に　[団]俳優座

1329 上演：2006年5月10日〜5月21日　場所：俳優座劇場　作：ふたくちつよし　演出：亀井光子　音楽：内藤正彦

◇「抽象と具象(日本大学芸術学部NAP『周辺飛行』, 地人会『日本の面影』, 俳優座『風薫る日に』)」斎藤偕子　テアトロ　779　2006.7　p58〜59

### 風が吹くとき　[団]関西芸術座

1330 上演：1999年3月10日〜3月14日　場所：関芸スタジオ　原作：レイモンド・ブリッグス　台本：高木達　演出：亀井賢二

◇「3月の関西 もう一つの顔(兵庫県立ピッコロ劇団『1999明日の劇場』, 関西芸術座『風が吹くとき』)」宮辻政夫　テアトロ　681　1999.5　p58〜59

### 風が吹くとき　[団]青年座

1331 上演：1986年7月29日〜8月9日　場所：青年座劇場　原作：レイモンド・ブリッグス　台本：高木達　演出：越光照文

◇「笑い、そして痛み(青年座『風が吹くとき』)」ほんちえいき　テアトロ　524　1986.10　p24〜25

### 化石童話　[団]虹企画/ぐるうぷシュラ

1332 上演：2009年12月　場所：テルプシコール　作・演出：三條三輪

◇「メルヘン劇の照射力(扉座『サツキマスの物語』, エ・ネスト『あなたの笑顔』, 文学座『崩れたバランス』, 虹企画/ぐるうぷ・しゅら『化石童話』)」中本信幸　テアトロ　830　2010.2　p54〜55

### 風立ちぬ　[団]東京乾電池

1333 上演：1998年6月24日〜7月1日　場所：東京グローブ座　作・演出：竹内銃一郎

◇「光に曝されて, はじめて蠢くもの(演劇集団円『光る時間』, 東京乾電池『風立ちぬ』, スタジオライフ『訪問者』, 文学座アトリエ『みみず』)」川口賢哉　テアトロ　672　1998.9　p76〜78

### 仮説『I』を棄却するマリコ　[団]off - H

1334 上演：2000年3月28日〜3月29日　場所：ウィングフィールド　作：はせひろいち　演出：深津篤史

◇「4月の関西 新しい一人芝居(京芸『はたがめの鳴る里』, 京芸『花いちもんめ』, 中村美保一人芝居『私、うれしい』, 池上和美一人芝居『曲がり角と郷愁』, off - H『仮説『I』を棄却するマリコ』, アグリーダックリング『つぶならべ』)」太田耕人　テアトロ　695　2000.6　p64〜68

### 風と共に去りぬ　[団]東宝

1335 上演：2011年6月18日〜7月10日　場所：帝国劇場　原作：マーガレット・ミッチェル　脚本：菊田一夫　潤色：堀越真　演出：山田和也

◇「ストレートプレイならではの強さ(天王洲銀河劇場『G.G.R』, 東宝 帝劇開場100周年記念公演『風と共に去りぬ』)」小藤田千栄子　テアトロ　852　2011.9　p38〜39

### 風の一座 沖縄のロミオとジュリエット　[団]銅鑼

1336 上演：1999年2月6日〜2月14日　場所：三百人劇場　作：謝名元慶福　演出：松川暢生

◇「終わり方がむつかしい(銅鑼『風の一座 沖縄のロミオとジュリエット』, 青年劇場『銀色の狂騒曲』, 松竹+松竹芸能『ザ・近松』, 京『桜の園』)」浦崎浩實　テアトロ　680　1999.4　p68〜70

### 風の牛若丸　[団]離風霊船

1337 上演：1990年3月7日〜3月11日　場所：青山円形劇場　作・演出：伊東由美子

◇「昔噺と由美子ランド」萩原朔美　しんげき　37(5)　1990.5　p48〜51

### 風の駅　[団]転形劇場

1338 上演：1986年11月20日〜12月7日　場所：T2スタジオ　作・演出：太田省吾

◇「劇作家の反撃」佐々木幹郎　新劇　34(2)　1987.2　p28〜33

◇「「風の駅」の感動」渡辺保　新劇　34(2)　1987.2　p34〜39

### 風の季節　[団]俳優座劇場

1339 上演：2001年12月7日〜12月16日　場所：俳優座劇場　作：川崎照代　演出：靍田俊哉

◇「女性像のリアリテは…(青年座『悔しい女』, 俳優座劇場プロデュース『風の季節』, シアターコクーン『四谷怪談』)」みなもとごろう　テアトロ　718　2002.2　p51〜53

### 風の姿で　[団]犯罪友の会

1340 上演：2016年7月8日〜7月10日　場所：ウィングフィールド　作・演出：武田一度

◇「7月の関西 関西の観客層を広げる試み(リリパットアーミー30周年記念公演『銀の系譜』, 兵庫県立芸術文化センター『冷蔵庫のうえの人生』, 劇団未来『その頬、熱線に焼かれ』, 劇団犯罪友の会『風の姿で』)」九鬼葉子　テアトロ　922　2016.9　p49〜51

風のセールスマン　㈲トム・プロジェクト
1341　上演：2009年5月27日～6月1日　場所：紀伊
　　　國屋ホール　作：別役実　演出：柄本明
　　◇「心にしみる斬新な表現(トム・プロジェクト
　　　『風のセールスマン』、ASC『ヴェニスの商人』、萬國
　　　四季協會『砂上』)」斎藤偕子　テアトロ　821
　　　2009.7　p36～37

風のタキシード　㈲東京ヴォードヴィルショー,
　　南河内万歳一座
1342　上演：1987年3月18日～3月22日　場所：シ
　　　アター・トップス　作・演出：内藤裕敬　演
　　　出：井上智昭
　　◇「都市のかたち」佐々木幹郎　新劇　34(6)
　　　1987.6　p24～29

風のつめたき櫻かな　㈲文学座
1343　上演：2008年5月22日～6月1日　場所：紀伊
　　　國屋サザンシアター　作：平田オリザ　演
　　　出：戌井市郎
　　◇「劇空間の問題(文学座『風のつめたき櫻かな』、
　　　東京ギンガ堂『ねこになった漱石』、新国立劇場
　　　『オットーと呼ばれる日本人』)」蔵原惟治　テア
　　　トロ　809　2008.8　p40～42

風の中を跳べ、鯨…　㈲展覧会のA
1344　上演：2000年1月28日～1月30日　場所：
　　　ウィングフィールド　作：田中守幸
　　◇「2月の関西 再演という反復(展覧会A『風の中
　　　を跳べ、鯨…』,3つの木綿『柘榴』、突撃ネクタリン
　　　『眠たしの虜』、嘘つき『地球は踊らない』、C・T・T
　　　制作・杉山企画『ミレニアム・スウィート』)」太田
　　　耕人　テアトロ　693　2000.4　p111～113

風の中の蝶たち　㈲文学座
1345　上演：2004年1月30日～2月8日　場所：紀伊
　　　國屋サザンシアター　原作：山田風太郎　脚
　　　色：吉永仁郎　演出：戌井市郎
　　◇「コミュニティのドラマいろいろ(民藝『明石原
　　　人』、文学座『風の中の蝶たち』、円『スティール・
　　　マグノリアス』、ラッパ屋『裸でスキップ』)」渡辺
　　　淳　テアトロ　748　2004.4　p50～52

風の中の街　㈲兵庫県立ピッコロ劇団
1346　上演：1995年5月19日～5月24日　場所：ピッ
　　　コロシアター　作：別役実　演出：藤原新平
　　◇「震災演劇の試み―リアルな現在―深津篤史作
　　　『カラカラ』と別役実作『風の中の街』」内田洋
　　　一　シアターアーツ　3　1995.10　p161～164
　　◇「6月の関西 別役実の新作(兵庫県立ピッコロ劇
　　　団『風の中の街』、関西芸術座『虫』、京都演劇会議
　　　『美しきものの伝説』)」宮辻政夫　テアトロ
　　　632　1995.8　p79～81
1347　上演：1997年6月27日～6月28日　場所：三
　　　百人劇場　作：別役実　演出：藤原新平
　　◇「岸田戯曲の裸形一見事な鐘下演出(ザ・ガジラ
　　　『温室の前』、文学座アトリエ『寒花』、ピッコロ劇団
　　　『風の中の街』)」みなもとごろう　テアトロ
　　　659　1997.9　p69～71

風の匂い・3―フーレップ物語　㈲演劇集団ア
　　ジア劇場
1348　上演：1982年11月25日～11月4日　場所：ワ
　　　セダ演戯稽古場アトリエ　構成・演出：林
　　　英樹
　　◇「演じられる劇の在り処」西堂行人　新劇
　　　30(2)　1983.2　p42～43

風の吹く日は―チェーホフ作「かもめ」より
　　㈲レクラム舎
1349　上演：1994年8月2日～8月7日　場所：シア
　　　ターX　作：小松幹生　演出：赤石武生
　　◇「舞台の「空気」と「時間」(レクラム舎『風の吹
　　　く日は』、青年団『S高原から』、300『赤い靴』、銀座
　　　セゾン劇場『飛竜伝'94』、自転車キンクリート『ダ
　　　イヤルMを廻せ!』)」大沢圭司　テアトロ　621
　　　1994.10　p54～57

風の吹く夢　㈲THE SHAMPOO HAT
1350　上演：2014年9月10日～9月23日　場所：ザ・
　　　スズナリ　作・演出：赤堀雅秋
　　◇「痛快喜劇と超弩級の神話劇(THE SHAMPOO
　　　HAT『風の吹く夢』、トム・プロジェクト『淑女の
　　　ロマンス』、世田谷パブリックシアター『炎 アンサ
　　　ンディ』)」村井健　テアトロ　897　2014.12
　　　p36～37

風の降る森　㈲3〇〇
1351　上演：1989年5月8日～5月21日　場所：ザ・
　　　スズナリ　作・演出：渡辺えり子
　　◇「待ちつづけた灯」林あまり　新劇　36(7)
　　　1989.7　p38～41

風のほこり　㈲新宿梁山泊
1352　上演：2006年1月1日～1月4日　場所：ザ・ス
　　　ズナリ　作：唐十郎　演出：金守珍
　　◇「70年代の熱気が今(tpt『アメリカン・バッファ
　　　ロー』、新宿梁山泊『風のほこり』、劇団四季『鹿鳴
　　　館』、音楽座ミュージカル『とってもゴースト』)」
　　　結城雅秀　テアトロ　775　2006.3　p75～77
1353　上演：2011年2月3日～2月5日　場所：芝居
　　　砦・満天星　作：唐十郎　演出：金守珍
　　◇「書くこと、行うこと―新宿梁山泊『風のほこ
　　　り』」梅山いつき　シアターアーツ　46
　　　2011.3　p141～143

風の森　㈲萬國四季協會
1354　上演：2005年1月13日～1月16日　場所：中
　　　野光座　作：響リュウ　演出：渡辺大策
　　◇「芝居化レシピのいろいろ(こまつ座『円生と志
　　　ん生』、劇団1980『子別れ―アローン・アゲイン～』、
　　　萬國四季協會『風の森』、京楽座『歌芝居をめぐり』)」
　　　中本信幸　テアトロ　762　2005.4　p56～57

風のユンタ　㈲東演
1355　上演：1987年4月7日～5月5日　場所：俳優
　　　座劇場　作：謝名元慶福
　　◇「復帰十五周年の沖縄劇(東演『風のユンタ』)」
　　　ほんちえいき　テアトロ　532　1987.6
　　　p24～25

### 風よ、声よ、光よ　[団]U・フィールド

1356 上演：2001年10月24日～10月28日　場所：中野ザ・ポケット　作：井上弘久　演出：森屋由紀　音楽：渡辺禎史

◇「実存在を多様に攻め上げ（ピープルシアター『琉歌・アンティゴネー』，鳥獣戯画『カリフォルニアドリーミン』，Uフィールド『風よ、声よ、光よ』，朋友『一九一七年の三人姉妹』）」佐藤康平　テアトロ　717　2002.1　p64～65

### 家族　[団]現代演劇協会

1357 上演：1997年3月7日～3月20日　場所：三百人劇場

◇「“既視感”の功罪（現代演劇協会『家族』，日本『ふるさとへ帰ろうよ あなた』，韓国『母という名の女』，アメリカ『（PARENT）thetical - 親』，中国『夫妻夜話』）」みなもとごろう　テアトロ　655　1997.5　p64～67

### カゾクカレンダー　[団]青年座

1358 上演：2003年12月6日～12月14日　場所：本多劇場　作：藤井清美　演出：鈴木完一郎

◇「嘘から真実が（アリストパネス・カンパニー『喪服のエレクトラ』，流山児★事務所『ハイ・ライフ』，青年座『カゾク・カレンダー』，一跡二跳『パラサイト パラダイス』，S.W.A.T！『第九八独立普通科連隊 西へ！』）」中本信幸　テアトロ　746　2004.2　p64～66

### カゾクゲーム　[団]参人芝居

1359 上演：1999年11月11日～11月14日　場所：大塚ジェルスホール　作：やのひでのり　演出：山口あきら

◇「バーチャルな幸福感を求めたら…（花企画『運命の分れ目』，オフィスワンダーランド『賭博師梟（FUKUROH）』，参人芝居『カゾクゲーム』）」佐藤康平　テアトロ　690　2000.1　p72～73

### 家族な人々　[団]俳優座LABO

1360 上演：1998年11月18日～11月25日　場所：俳優座5F稽古場　作：ふたくちつよし　演出：亀井光子

◇「アンチ・ヒーローへのオマージュ（日生劇場『リンドバークの飛行』『七つの大罪』，俳優座劇場プロデュース『疵だらけのお秋』，民藝『勤皇やくざ瓦版』，俳優座LABO『家族な人々』，文学座『ジンジャーブレッド・レディー』）」渡辺淳　テアトロ　678　1999.2　p66～69

### 家族の気分　[団]キャスター・ウエストエンド・シアター

1361 上演：1998年1月10日～1月20日　場所：紀伊國屋サザンシアター　作：アニエス・ジャウイ，ジャン・ピエール・バクリ　訳：鵜山仁　演出：西川信廣

◇「this great stage（新国立劇場開場記念公演『リア王』，キャスター・ウエストエンド・シアター『家族の気分』）」大場建治　テアトロ　666　1998.3　p74～75

### 家族の写真　[団]俳優座劇場

1362 上演：2005年6月9日～6月19日　場所：俳優座劇場　作：ナジェージダ・プトゥーシキナ　訳：大森雅子　演出：鵜山仁

◇「時間の刻印（流山児★事務所『戦場のピクニック・コンダクタ』，俳優座劇場プロデュース『家族の写真』，オン・タイム製作『ちいさな歳月』，民藝『山猫理髪店』）」田之倉稔　テアトロ　767　2005.8　p48～50

1363 上演：2007年11月3日～11月10日　場所：俳優座劇場　作：ナジェージダ・プトゥーシキナ　訳：大森雅子　演出：鵜山仁

◇「さまざまな笑い（パルコ製作『リグレッツ・オンリー』，俳優座劇場プロデュース『家族の写真』，文学座『殿様と私』）」北川登園　テアトロ　800　2008.1　p122～123

1364 上演：2010年10月28日～11月3日　場所：俳優座劇場　作：ナジェージダ・プトゥーシキナ　訳：大森雅子　演出：鵜山仁

◇「役者の見せる舞台（新国立劇場『やけたトタン屋根の上の猫』，俳優座劇場『家族の写真』，劇団NLT・博品館劇場『テーブルに十三人』）」斎藤偕子　テアトロ　843　2011.1　p42～43

### 華族令嬢たちの大正・昭和　[団]俳優座LABO

1365 上演：2016年8月24日～8月31日　場所：俳優座5F稽古場　演出：堀越大史

◇「今では皇室にのみ残る伝統と慣習（劇団俳優座『華族令嬢たちの大正・昭和』，Tファクトリー『荒野のリア』，ホリプロ『娼年』，CATプロデュース『クレシダ』，文学座アトリエの会『弁明』，東京演劇集団風『母が口にした『進歩』、…』）」結城雅秀　テアトロ　924　2016.11　p42～45

### 火宅か修羅か　[団]青年団

1366 上演：1995年5月18日～6月12日　場所：こまばアゴラ劇場　作・演出：平田オリザ

◇「戦略の深化（青年団『火宅か修羅か』，唐組『裏切りの街』，新宿梁山泊『人魚伝説』，青年劇場『時間のない喫茶店』，鳥獣戯画『SUKEROKU―花菖蒲助六恋賑』，ZAZOUS THEATER『ルーニィー』）」大沢圭司　テアトロ　631　1995.7　p66～70

### 片づけたい女たち　[団]グループる・ばる

1367 上演：2004年1月10日～1月25日　場所：シアタートラム　作・演出：永井愛

◇「時代感覚と舞台の緊迫感（グループる・ばる『片づけたい女たち』，木山事務所『仮名手本ハムレット』，流山児★事務所『ガラスの動物園』）」斎藤偕子　テアトロ　748　2004.4　p48～49

### かたつむりの島にへんな人がたずねてくる記　[団]清流劇場

1368 上演：1999年12月21日～12月26日　場所：ウィングフィールド　作：香中穹　演出：田中孝弥

◇「1月の関西 距離をとって見る眼（流星倶楽部『真紅の頬で海へと還る、そんな時も笑っていたい』，南船北馬一団『ほら そら ごらん』，清流劇場『かたつむりの島にへんな人がたずねてくる記』，覇王樹座『枯れ葉が舞い散ればきみは気づく』）」太田耕人　テアトロ　692　2000.3　p97～99

**傾く時のなかで―アリストクラツ(名門)** [団]文学座
1369 上演:1992年5月25日〜6月2日　場所:紀伊國屋ホール　作:ブライアン・フリール　訳:甲斐萬里江　演出:藤原新平
◇「成熟の方へ(文学座『傾く時のなかで』)」大場建治　テアトロ　594　1992.8　p80〜81

**騙り。** [団]T Factory
1370 上演:2012年4月18日〜4月22日　場所:座・高円寺1　作:ピエル・パオロ・パゾリーニ　訳:石川若枝　演出:川村毅
◇「観るものの精神構造(ティーファクトリー『騙り。』,演劇集団 円『胸の谷間に蟻』,俳優座『ヒメハル』)」斎藤偕子　テアトロ　863　2012.7　p42〜43

**かたりの椅子** [団]二兎社
1371 上演:2010年4月2日〜4月18日　場所:世田谷パブリックシアター　作・演出:永井愛
◇「貧困と官僚主義(ティーファクトリー『大市民』,東京芸術座『蟹工船』,二兎社『かたりの椅子』)」七字英輔　テアトロ　834　2010.6　p38〜40

**語・演・歌**
1372 上演:2001年　場所:紀伊國屋サザンシアター　演出:中原薫　企画・製作:戸田宗宏　※宗田千恵子一人芝居
◇「野外劇を含む異色の四本(うりんこ『老人が来た〜止まった時間』,宗田千恵子一人芝居『語・演・歌』,流山児★事務所『書を捨てよ、町へ出よう』,椿組『新宿〜路地裏の空海』)」佐藤康平　テアトロ　712　2001.9　p52〜53

**語る室** [団]カタルシツ
1373 上演:2015年9月19日〜10月4日　場所:東京芸術劇場シアターイースト　作・演出:前川知大　音楽:平本正宏
◇「語りと対話の絶妙なバランス(On7『その頬、熱線に焼かれ』,柿喰う客『天邪鬼』,カタルシツの『語る室』)」丸田真悟　テアトロ　911　2015.12　p32〜33,61,63

**カチカチ山** [団]潮流
1374 上演:1986年10月26日〜10月28日　場所:三百人劇場　作:太宰治　台本・演出:藤本栄治
◇「地域演劇東京演劇祭(多様に展開する地域演劇)」藤木宏幸　テアトロ　515　1986.1　p68〜72

**カチカチ山/約束…** [団]人形劇団プーク
1375 上演:2013年10月10日〜10月20日　場所:プーク人形劇場　原作:太宰治(カチカチ山),田辺聖子(約束…)　脚色・演出:岡本和彦(カチカチ山),井上幸子(約束…)
◇「小規模舞台への親しみ(人形劇団プーク『カチカチ山』『約束』,タチ・ワールド『殺しの接吻』,勝田演劇事務所『メアリー・スチュアート』)」斎藤偕子　テアトロ　883　2013.12　p50〜51

**渇愛** [団]名取事務所
1376 上演:2018年3月9日〜3月18日　場所:下北沢小劇場B1　作:金旼貞　訳:石川樹里　演出:寺十吾
◇「演目と舞台づくりの問題意識(青年劇場『きみはいくさに往ったけれど』,俳小『イエロー・フィーバー』,名取事務所『渇愛』)」斎藤偕子　テアトロ　946　2018.6　p24〜25

**ガッコー設立委員会!** [団]一跡二跳
1377 上演:1999年6月16日〜6月23日　場所:シアタートップス　作・演出:古城十忍
◇「教育の混沌をそのまま提示した舞台(ピープルシアター『プラットホーム・嘆きの春』,岡部企画『がんばろう』,シアターコクーン『ファルスタッフ』,一跡二跳『ガッコー設立委員会!』)」佐藤康平　テアトロ　684　1999.8　p67〜69

**カッコーの巣の上を** [団]加藤健一事務所
1378 上演:1997年6月4日〜6月29日　場所:本多劇場　原作:ケン・キージ　脚色:デール・ワッサーマン　訳:小田島雄志,小田島若子　演出:綾田俊樹
◇「時代を描いた三つの劇(文学座『柘榴のある家』,民藝『アニマル・ファーム―動物農場』,加藤健一事務所『カッコーの巣の上を』)」水落潔　テアトロ　658　1997.8　p62〜63

**カッコーの巣の上を** [団]五月舎
1379 上演:1987年8月20日〜8月31日　場所:紀伊國屋ホール　原作:ケン・キージ　脚色:デール・ワッサーマン　訳:小田島雄志,小田島若子　演出:小林裕
◇「演出家のたくらみ」鴻英良　新劇　34(11)　1987.11　p18〜23

**喝采** [団]加藤健一事務所
1380 上演:2017年8月30日〜9月10日　場所:本多劇場　作:ロナルド・ハーウッド　訳:小田島恒志,小田島則子　演出:松本祐子
◇「夏の遊びと演じる輝き(加藤健一事務所『喝采』,梅左事務所『しずのおだまき』,いわき演劇プロジェクト『愛と死を抱きしめて』,トム・プロジェクト『風間杜夫ひとり芝居/ピース』)」斎藤偕子　テアトロ　938　2017.11　p72〜73

**かっちゃんミミちゃん おはなしBOX** [団]兵庫県立ピッコロ劇団
1381 上演:2016年9月10日〜9月11日　場所:ピッコロシアター中ホール　脚本・演出:風太郎
◇「9月の関西 観客層を広げなければならない、というミッション(コンブリ団『カラカラ』,エイチエムピー・シアターカンパニー『四谷怪談』,兵庫県立ピッコロ劇団オフオフシアター『おはなしBOX』,兵庫県立芸術文化センタープロデュース『テロ』,壁ノ花団『水いらずの星』)」九鬼葉子　テアトロ　924　2016.11　p50〜52

**勝手にしやがれ** [団]演劇団
1382 上演:1981年4月13日〜4月30日　場所:高田馬場群六舎スタジオ　作・演出:山崎哲
◇「『碧い彗星の一夜』を観て」彦坂尚嘉　新劇　28(12)　1981.12　p34〜35

## 河童 ㊀R・U・P

**1383** 上演：1997年6月13日～6月15日　場所：扇町ミュージアムスクエア　作：中島かずき　演出：ラサール石井
- ◇「6月の関西 手応え不足（劇団大阪『タッチューから吹く風』、PM/飛ぶ教室『いま、ラジオがそう云った』、R・U・Pプロデュース『河童』）」宮辻政夫　テアトロ　658　1997.8　p74～75

## Kappa／或小説 ㊀地点

**1384** 上演：2011年3月13日（神奈川芸術劇場大スタジオ）、3月26日～3月27日（びわ湖ホール）　原作：芥川龍之介　構成：永山智行　演出：三浦基
- ◇「アイデンティティはどこに（NODA・MAP『南へ』、NLT『ササフラスの枝にそよぐ風』、地点『舞台で観る、芥川龍之介の言葉 Kappa／或小説』）」斎藤偕子　テアトロ　847　2011.5　p36～37
- ◇「4月の関西 語り手のいる舞台—物語化する演劇（地点『Kappa／或小説』、DIVE×メイシアター合同プロデュース『オダサク、わが友』、壁ノ花団『フォーエバーヤング』、ピースピット『BOOK』）」太田耕人　テアトロ　848　2011.6　p56～58

## 河童橋の魔女 ㊀ジャブジャブサーキット

**1385** 上演：2009年10月7日～10月11日　場所：ザ・スズナリ　作・演出：はせひろいち
- ◇「執念のトリック（青年劇場『結の風らぶでぃ』、ジャブジャブサーキット『河童橋の魔女』、前進座『或る「小倉日記」伝』）」中本信幸　テアトロ　827　2009.12　p40～41

## カッポレはもう踊らない ㊀うらら舎

**1386** 上演：1997年10月18日～10月26日　場所：ザ・スズナリ　作：楠美津香　演出：西川信廣　※李麗仙一人芝居
- ◇「秋の傑作舞台、続々登場（JAC『GEKI TOTSU』、三人芝居『動物園の豚』、ピープルシアター『プラットホーム 聖なる冬』、青年劇場『甦る夏の日』、うらら舎『カッポレはもう踊らない』、月蝕歌劇団『高丘親王航海記—夢の宇宙誌』）」浦崎浩實　テアトロ　662　1997.12　p75～77

## 桂木先生砂漠で踊る 実験 ㊀青い鳥

**1387** 上演：1999年5月26日～5月30日　場所：中野ザ・ポケット　作：ドゥエルナ・アイン　演出：芹川藍
- ◇「劇場のミミクリー惑いはあやかしのお隣さん（芹川藍A・SO・BO・PROJECT『実験 桂木先生砂漠で踊る』、R・U・Pプロデュース『月晶島綺譚』）」岡野宏文　テアトロ　684　1999.8　p70～71

## カデット ㊀青年座

**1388** 上演：1994年9月21日～10月22日　場所：青年座劇場　作：鐘下辰男　演出：黒岩亮
- ◇「歴史と日常から（青年座『Mother』『火の起源』『レンタルファミリー』『カデット』、結城座『アノコ』）」渡辺淳　テアトロ　622　1994.11　p74～75

## カーテン ㊀唐組

**1389** 上演：2005年10月22日～10月30日　場所：雑司ヶ谷鬼子母神　作・演出：唐十郎
- ◇「寺山・唐作品の感染力（黒テント『血筋』、演劇実験室・紅王国『美神の鏡』、新国立劇場・唐ゼミ★『黒いチューリップ』『盲導犬』、唐組『カーテン』）」野中広樹　テアトロ　771　2005.12　p58～60

## ガーデン 空の海、風の国 ㊀３○○

**1390** 上演：1997年10月23日～11月2日　場所：紀伊國屋サザンシアター　作・演出：渡辺えり子
- ◇「想像力のさまざまなかたち（青年プロデュース『マッチ売りの少女たち—別役実 初期作品群より』、宮沢章夫&ウクレレプロデュース『会議』、松竹『ハムレット』、３○○『ガーデン』）」長谷部浩　テアトロ　664　1998.1　p60～63

## かどで／釣堀にて ㊀俳優座劇場

**1391** 上演：2000年11月24日～12月3日　場所：俳優座劇場　作：久保田万太郎　演出：坂口芳貞
- ◇「人生における《出発》の種々相—チェーホフ的な世界をめぐって（民藝『桜の園』、俳優座劇場プロデュース『かどで』『釣堀にて』、劇工房燐『明日は船にのって』）」みなもとごろう　テアトロ　704　2001.2　p62～65

## かどで／華々しき一族 ㊀文学座アトリエの会

**1392** 上演：2007年11月29日～12月13日　場所：文学座アトリエ　作：森本薫　演出：戌井市郎、森さゆ里（華々しき一族）
- ◇「老舗の味（文学座アトリエ『かどで』『華々しき一族』、民藝『坐漁荘の人びと』）」蔵原惟治　テアトロ　802　2008.2　p62～63

## カドリール ゆらゆるスカーツ ㊀俳優座

**1393** 上演：1990年7月4日～7月17日　場所：俳優座劇場　作：八木柊一郎　演出：島田安行
- ◇「「曖昧さ」が曖昧になった舞台（俳優座『カドリール ゆらゆるスカーツ』）」斎藤偕子　テアトロ　571　1990.9　p24～25

## 悲しい親分 ㊀PM/飛ぶ教室

**1394** 上演：2001年5月10日～5月13日　場所：扇町ミュージアムスクエア　作・演出：蠍蟷襲
- ◇「5月の関西 逆転と認知（ひょうご舞台芸術『プルーフ／証明』、南部北馬一団『帰りたいうちらに』、PM/飛ぶ教室『悲しい親分』、楽市楽座『ジャングルノート』）」太田耕人　テアトロ　709　2001.7　p66～68

## 哀しき狙撃手 ㊀空間演技

**1395** 上演：1985年10月20日～11月5日　場所：シアター・ビッグヒル　作・演出：岡部耕大
- ◇「暴力の二つの顔（地人会『教員室』、空間演技『哀しき狙撃手』）」岩波剛　テアトロ　515　1986.1　p42～45

## 悲しみよ、消えないでくれ ㊀モダンスイマーズ

**1396** 上演：2018年6月7日～6月17日　場所：東京芸術劇場シアターイースト　作・演出：蓬莱竜太
- ◇「違和感の正体（青年団『日本文学盛衰史』、モダンスイマーズ『悲しみよ、消えないでくれ』、劇団下

町ダニーローズ『人形島同窓会』)」丸田真悟　テアトロ　950　2018.9　p68～69

### 彼方の水源　[団]磁場製作所

*1397* 上演：2002年1月18日～2月20日　場所：ウィングフィールド　作：大正まろん　演出：キタモトマサヤ

◇「1月の関西 物語の解体(KAVC企画『カラカラ#1吉永の場合』『カラカラ#2遠山の場合』, くじら企画『生きてゐる小平次』, 磁場製作所『彼方の水源』)」太田耕人　テアトロ　719　2002.3　p79～81

### KANADEHON 忠臣蔵　[団]兵庫県立ピッコロ劇団

*1398* 上演：2006年1月28日～2月3日　場所：兵庫県立芸術文化センター中ホール　作：石川耕士　演出：加納幸和

◇「2月の関西 京都の精華(烏丸ストロークロック『クヨウミチ』, 劇団八時半『完璧な冬の日』, ピッコロ劇団『KANADEHON 忠臣蔵』)」太田耕人　テアトロ　776　2006.4　p66～68

### 仮名手本忠臣蔵　[団]新神戸オリエンタル劇場

*1399* 上演：1988年10月5日～12月28日　場所：新神戸オリエンタル劇場　脚本：堀井康明　演出：蜷川幸雄

◇「根源的(ラディカル)な意志」七字英輔　新劇　36(1)　1989.1　p30～33

### 仮名手本ハムレット　[団]木山事務所

*1400* 上演：2001年3月2日～3月6日　場所：俳優座劇場　作：堤春恵　演出：末木利文

◇「ちまたに"役者"があふれている…(青年劇場『かもめ』, 木山事務所『仮名手本ハムレット』, オフィス・ワンダーランド『漂鳥の儚』, スイセイ・ミュージカル『ONLY ONE』ほか)」浦崎浩實　テアトロ　707　2001.5　p56～69

*1401* 上演：2004年1月21日～1月25日　場所：東京芸術劇場中ホール　作：堤春恵　演出：末木利文

◇「時代感覚と舞台の緊迫感(グループる・ばる『片づけたい女たち』, 木山事務所『仮名手本ハムレット』, 流山児★事務所『ガラスの動物園』)」斎藤偕子　テアトロ　748　2004.4　p48～49

### かなりやの家　[団]手の会

*1402* 上演：1981年9月2日～9月8日　場所：紀伊國屋ホール　作：山崎正和　演出：末木利文

◇「ホーム・ドラマの秩序(手の会『かなりやの家』)」矢野誠一　テアトロ　465　1981.11　p30～31

### 蟹　[団]桟敷童子

*1403* 上演：2010年7月16日～8月1日　場所：すみだパークスタジオ倉　作：サジキドウジ　演出：東憲司　音楽：川崎貴人

◇「遺された言葉を探して(こまつ座&ホリプロ『黙阿彌オペラ』,M.O.P.『さらば八月のうた』, 桟敷童子『蟹』)」杉山弘　テアトロ　839　2010.10　p48～49

### 蟹工船　[団]東京芸術座

*1404* 上演：1983年9月10日～9月15日　場所：読売ホール　原作：小林多喜二　脚色：大垣肇　演出：村山知義

◇「プロパガンダと様式の古さ―『蟹工船』『闘の中の白い道』『石よ哭け』」堂本正樹　新劇　30(11)　1983.11　p77～80

*1405* 上演：2010年3月26日～3月30日　場所：東京芸術劇場中ホール　原作：小林多喜二　脚色：大垣肇　演出：印南貞人, 川池丈司(村山知義演出による)

◇「貧困と官僚主義(ティーファクトリー『大市民』, 東京芸術座『蟹工船』, 二兎社『かたりの椅子』)」七字英輔　テアトロ　834　2010.6　p38～40

### 蟹工船　[団]俳優座

*1406* 上演：2009年5月15日～5月24日　場所：俳優座劇場　原作：小林多喜二　脚色・演出：安川修一　振付：河路雅義

◇「再演・リメイク・再創造(リ・クリエイション)(座・高円寺『化粧 二幕』,Bunkamura『雨の夏、三十人のジュリエットが還ってきた』, 俳優座『蟹工船』)」七字英輔　テアトロ　821　2009.7　p38～40

### 鐘が鳴る　[団]花企画

*1407* 上演：1994年10月7日～10月10日　場所：築地本願寺ブディストホール　作・演出：植村達雄

◇「俳優と作品の関係(加藤健一事務所『審判』, 地人会『調理場』,NLT『女占い師』, 新宿梁山泊『青き美しきアジア』, 花企画『鐘が鳴る』, オフィス・シルバーライニング『サンシャインボーイズ』)」大沢圭司　テアトロ　623　1994.12　p68～72

### KANOKO　[団]M.O.P.

*1408* 上演：1997年5月7日～5月11日　場所：紀伊國屋ホール　作・演出：マキノノゾミ

◇「悪魔の後ろ姿(カムカムミニキーナ『鈴木の大地』,THE・ガジラ『PW PRISONER OF WAR』, M・O・P『KANOKO』, 唐組『海の口笛 渡り海女の伝説より』)」長谷部浩　テアトロ　657　1997.7　p50～53

### かの子かんのん　[団]民藝

*1409* 上演：2000年9月29日～10月15日　場所：紀伊國屋サザンシアター　作：小幡欣治　演出：兒玉庸策

◇「強烈なヒロイン像に挑む女優たち(民藝『かの子かんのん』, エイコーン企画・製作『欲望という名の電車』)」斎藤偕子　テアトロ　701　2000.12　p56～57

### かのような私―或いは斎藤平の一生　[団]文学座アトリエの会

*1410* 上演：2018年9月7日～9月21日　場所：文学座アトリエ　作：古川健　演出：高橋正徳

◇「科学者の責任の在り処問う(パルコプロデュース『チルドレン』, 文学座アトリエ『かのような私』, トム・プロジェクト『にっぽん男女騒乱期』, 名作劇場『家主の上京』『屑屋の神様』)」丸田真悟　テアトロ　952　2018.11　p54～56

## カノン ㊞NODA・MAP
*1411* 上演：2000年4月1日〜5月14日　場所：シアターコクーン　作・演出：野田秀樹
◇「妄評多罪(NODA・MAP『カノン』、青年座『マンチューリアー贋／川島芳子伝』、新国立劇場『新・地獄変』)」大場建治　テアトロ　695　2000.6　p60〜62

## 荷風のオペラ ㊞黒テント
*1412* 上演：1992年6月25日〜7月5日　場所：黒テント作業場　作・演出：佐藤信　作曲：林光
◇「なぜ昭和と訣別しないのか(みなと座『お侠』、黒テント『荷風のオペラ』)」内野儀　テアトロ　595　1992.9　p63〜65
◇「舞台の「外」へ向かう力(風『三人姉妹』、黒テント『荷風のオペラ』、アテナの会『ピアフの妹』、仲間『ゴヤ』、B『ブリーズ』)」大沢圭司　テアトロ　610　1993.12　p66〜69

## カフェ・ガールズ ㊞三角フラスコ
*1413* 上演：2000年4月23日〜4月24日　場所：ドーンセンター　作・演出：花田明子
◇「5月の関西 ジェンダーへの意識(第6回女性芸術劇場『桜色観覧車』、スクエア『俺の優しさ』、芝居屋坂道ストア『誘惑エレキテル。』、転球劇場『CAT』)」太田耕人　テアトロ　696　2000.7　p82〜84

## カフカ ㊞錬肉工房
*1414* 上演：2001年10月5日〜10月8日　場所：シアタートラム　作：カフカ　テクスト：阿部日奈子　構成・演出：岡本章
◇「『手話』が輝く伝達美(オフィス樹『ハルピン帰りのヤスケ』、トム・プロジェクト『輝く午後の光に〜メノポーズ物語』、錬肉工房『カフカ』、演奏舞台『太鼓』『火山島』、俳優座劇場プロデュース『小さき神のつくりし子ら』、佐野史郎＋安達祐実二人芝居『春』)」佐藤康平　テアトロ　715　2001.12　p54〜53

## カフカズ・ディック ㊞オリガト・プラスティコ
*1415* 上演：2001年1月26日〜2月4日　場所：本多劇場　作・演出：ケラリーノ・サンドロヴィッチ
◇「嘘か真か必然か(オリガト・プラスティコ『カフカズ・ディック』、産経新聞社／ワンダープロダクション／ステージ・ワンダー『ロード・ショー』)」斎藤偕子　テアトロ　706　2001.4　p46〜47

## カフカの猿 ㊞ヤングヴィック劇場
*1416* 上演：2012年5月2日〜5月6日　場所：シアタートラム　原作：カフカ　翻案：コリン・ティーバン　演出：ウォルター・マイヤーヨハン　※フランツ・カフカ『ある学会報告』より
◇「一歩踏み込む勇気(NODA・MAP『THE BEE』、ヤングヴィック劇場『カフカの猿』、イキウメ『ミッション』)」杉山弘　テアトロ　863　2012.7　p38〜39

## かぶき座の怪人―花組歌戯場繫馬 ㊞花組芝居
*1417* 上演：1989年3月18日〜3月19日　場所：近鉄小劇場　演出：加納幸和
◇「抜け落ちたもの(花組芝居『かぶき座の怪人』)」村井健　テアトロ　555　1989.5　p25〜26

## カプチーノの味 ㊞劇プロジェクト・K地から
*1418* 上演：2006年12月2日〜12月3日　場所：ウィングフィールド　作：喩栄軍　演出：岩崎正裕
◇「12月の関西 時代を拓く演劇(劇プロジェクト・K地から『カプチーノの味』、絆〜あざない〜『すいかずら』)」太田耕人　テアトロ　788　2007.2　p64〜66

## 花粉熱 ㊞現代演劇協会，RADAイン東京
*1419* 上演：2003年9月11日〜9月15日　場所：三百人劇場　作：ノエル・カワード　訳：福田逸　演出：ニコラス・バーター
◇「日常をこえる(東京演劇アンサンブル『ヒロシマの夜打つ太鼓』、人間座・花企画・亀の子新社・ノーベルエージェンシー合同公演『火を継ぐもの』、銅鑼『Big Brother』、現代演劇協会 RADAイン東京『花粉熱』)」中本信幸　テアトロ　742　2003.11　p59〜61

## 花粉熱 ㊞三生社
*1420* 上演：1998年6月2日〜6月7日　場所：博品館劇場　作：ノエル・カワード　台本・演出：竹邑類
◇「『おりき』『人間合格』の成果(花組芝居『日本橋』、三生社『花粉熱』、文化座『おりき』、こまつ座『人間合格』)」水落潔　テアトロ　671　1998.8　p54〜56

## 花粉の夜に眠る戀〜オールドリフレイン ㊞宇宙堂
*1421* 上演：2005年2月4日〜2月13日　場所：本多劇場　作・演出：渡辺えり子
◇「夢で逢いましょう(少年王者館KUDANproject『くだんの件』、宇宙堂『花粉の夜に眠る戀〜オールドリフレイン』、シベリア少女鉄道『アパートの窓割ります』)」野中広樹　テアトロ　762　2005.4　p50〜51

## 壁―占領下の物語II ㊞アルカサバ・シアター
*1422* 上演：2005年3月10日〜3月15日　場所：パークタワーホール　作・演出：ジョージ・イブラヒム
◇「バナールの詩学―アルカサバ・シアター『壁―占領下の物語II』」野田学　シアターアーツ　23　2005.6　p56〜58

## 壁の中の妖精―生きているってこんなに素晴らしい ㊞木山事務所
*1423* 上演：1994年2月13日〜2月16日　場所：全労済ホール／スペース・ゼロ　作・演出：福田善之
◇「時間と空間を超越する役者たち(マルーラ＋博品館『MITSUKO』、木山事務所『壁の中の妖精』、フラワーズ・カンパニー『カラマーゾフの兄弟』、松竹＋文学座『ウェストサイド・ワルツ』)」結城雅秀　テアトロ　615　1994.4　p60〜63

*1424* 上演：1999年9月17日〜9月23日　場所：俳

かまた

優座劇場　作・作詞・演出：福田善之
◇「現代の家族の様々な形(東京オピニオンズ＋TBS『マディソン郡の橋』、かたつむりの会『十六夜日記』、地人会『土曜・日曜・月曜』、木山事務所『壁の中の妖精』)」水落潔　テアトロ　687　1999.11　p48～50

**1425** 上演：2005年8月12日～8月14日　場所：新国立劇場小劇場　作・演出：福田善之
◇「時代と闘った女性たち(名取事務所『ふたりのノーラ』、木山事務所『壁の中の妖精』)」田之倉稔　テアトロ　769　2005.10　p56～57

**1426** 上演：2010年6月30日～7月3日　場所：あうるすぽっと　作・演出：福田善之　作曲：上田亨　振付：上島雪夫
◇「『戦い』をめぐる三つの舞台(民藝『峯の雪』、木山事務所『壁の中の妖精』、新国立劇場『エネミイ』)」高橋豊　テアトロ　838　2010.9　p38～39

## 蒲田行進曲　㈲R・U・P

**1427** 上演：1999年3月5日～3月27日　場所：シアターコクーン　作・演出：つかこうへい　音楽：からさき昌一、西城将典
◇「憂鬱と不条理(R.U.Pプロデュース『蒲田行進曲』、B級遊撃隊『大改訂版 KAN・KAN男』)」岡野宏文　テアトロ　681　1999.5　p46～47

## 蒲田行進曲　つかこうへい事務所

**1428** 上演：1982年9月1日～11月7日　場所：紀伊國屋ホール　作・演出：つかこうへい
◇「固有名詞群による閉鎖」梅本洋一　新劇　29(11)　1982.11　p25～26

## かまどの虫　㈲青果鹿

**1429** 上演：2008年9月4日～9月8日　場所：明石スタジオ　作・演出：澤藤桂
◇「智と情のあわい(二十一世紀歌舞伎組『新・水滸伝』、青果鹿『かまどの虫』、青年劇場『藪の中から龍之介』)」中本信幸　テアトロ　812　2008.11　p54～55

## 髪をかきあげる　㈲文学座アトリエの会

**1430** 上演：1996年11月29日～12月8日　場所：文学座アトリエ　作：鈴江俊郎　演出：高瀬久男
◇「新しい感性の出現(文学座アトリエの会『髪をかきあげる』、二兎社『僕の東京日記』、青社『怪盗コブラ仮面』)」江原吉博　テアトロ　652　1997.2　p62～63

## 神隠し八十八ものがたり　㈲東京芸術座

**1431** 上演：2015年3月27日～3月30日、4月4日～4月6日　場所：東京芸術座アトリエ　作・演出：岡安伸治
◇「在世綾錦(あやにしき)のもろもろ(青年座『鏽一たたら』、東京芸術座『神隠し八十八ものがたり』、こまつ座『小林一茶』)」中本信幸　テアトロ　904　2015.6　p44～45

## 盟三五大切　㈲エイチエムビー・シアターカンパニー

**1432** 上演：2017年12月7日～12月10日　場所：AI・HALL　原作：鶴屋南北　作：くるみざわしん　演出：笠井友仁
◇「1月の関西 表と裏、内と外。人間の両面性の謎を追う(虚空旅団『アトリエのある背中』、南河内万歳一座『びっくり仰天街』、エイチエムビー・シアターカンパニー『盟三五大切』、くじら企画『サヨナフ』、兵庫県立ピッコロ劇団『赤ずきんちゃんの森の狼たちのクリスマス』)」九鬼葉子　テアトロ　943　2018.3　p82～84

## 盟三五大切　㈲青年座

**1433** 上演：1989年10月28日～11月5日　場所：東京グローブ座　原作：鶴屋南北　演出：鈴木完一郎
◇「正体のない男たち」七字英輔　新劇　37(1)　1990.1　p26～29
◇「あわれ源五兵衛(青年座『盟三五大切』)」宮下展夫　テアトロ　563　1990.1　p21～22

**1434** 上演：1998年4月11日～4月12日　場所：彩の国さいたま芸術劇場大ホール　原作：鶴屋南北　台本・演出：石澤秀二
◇「せりふの持つ肉体(青年座『盟三五大切』、東京芸術座『勲章の川』、朋友『Later Life』)」みなもとごろう　テアトロ　669　1998.6　p72～74

## 盟三五大切　㈲流山児★事務所

**1435** 上演：2002年12月4日～12月15日　場所：ベニサン・ピット　原作：鶴屋南北　脚色：山元清多　演出：流山児祥
◇「精神風土の虚実(俳優座 8人で語る『不忠臣蔵』、流山児★事務所『盟三五大切』、虹企画・ぐるうぶシュラ『女優』)」斎藤偕子　テアトロ　732　2003.2　p60～61

## 神々の国の首都　㈲燐光群

**1436** 上演：1993年9月12日～9月29日　場所：ザ・スズナリ　作・演出：坂手洋二
◇「古さに新しさを求める試み(地人会『朝焼けのマンハッタン』、文學座『恋と仮面のカーニバル』、昴『チャリング・クロス街84番地』、燐光群『神々の国の首都』、民藝『終末の刻』、1980『裏読み 味噌樽で縮んだズボン』、音楽座『リトル プリンス』、青年座『愛すればこそ』)」江原吉博　テアトロ　610　1993.12　p70～76

**1437** 上演：1998年10月17日～10月25日　場所：新国立劇場小劇場 THE PIT　作・演出：坂手洋二
◇「芝居とパンフの危険な(!?)関係(シアターコクーン『Zenmai 金色の草原に立つ時限爆弾をきいた少年』、THE・ガジラ『カストリ・エレジー』、燐光群『神々の国の首都』、柄本劇団『定理と法則』、三人芝居『変な女の恋』、第14回地域間東京演劇祭)」浦崎浩實　テアトロ　675　1998.12　p58～61

## 神々は、戯れせんとや生まれけん　㈲ピープルシアター

**1438** 上演：2002年10月22日～10月27日　場所：東京芸術劇場小ホール1　作・演出：森井睦
◇「真実を求めて(昴『転落』、加藤健一事務所『バッファローの月』、朋友『キエ』、ピープルシアター『神々は、戯れせんとや生まれけん』)」渡辺淳　テアトロ　731　2003.1　p58～60

## 神様が眠っていた12ヶ月　⓾朋友
***1439*** 上演：2003年11月11日〜11月17日　場所：紀伊國屋サザンシアター　作：杉浦久幸　演出：西川信廣
◇「虚実の狭間で（昴『ナイチンゲールではなく』、木山事務所『チャーチ家の肖像』、テアトル・エコー『ドアをあけると…』、朋友『神様が眠っていた12ヶ月』）」渡辺淳　テアトロ　745　2004.1　p55〜57

## カミサマの恋　⓾民藝
***1440*** 上演：2011年10月5日〜10月19日　場所：紀伊國屋ホール　作：畑澤聖悟　演出：丹野郁弓
◇「役者の現代世界の創造方（民藝『カミサマの恋』、朋友『幽霊人命救助隊』、Pカンパニー『岸田國士的なものをめぐって〜『果樹園に降る雨』「はっさく」「曼珠沙華」』）」斎藤偕子　テアトロ　855　2011.12　p36〜37

## 紙芝居活劇オペラ 怪人フー・マンチュー
⓾演劇実験室◎万有引力
***1441*** 上演：2012年7月26日〜7月29日　場所：座・高円寺1　原作：サックス・ローマー　作詞・脚色：寺山修司　演出・音楽・美術：J・A・シーザー
◇「見世物のイマーゴ・ムンディ（ビープルシアター『新宿・夏の渦』、万有引力『怪人フー・マンチュー』、無人駅『南北逆曼荼羅』）」田之倉稔　テアトロ　867　2012.10　p40〜41

## 紙芝居の絵の町で　⓾唐組
***1442*** 上演：2006年5月6日〜5月7日　場所：花園神社境内　作・演出：唐十郎
◇「幼き日々の夢の思い出（シアター1010『秘密の花園』、唐組『紙芝居の絵の町で』、黒テント『森の直前の夜』『西埠頭』、東京演劇アンサンブル『ガリレイの生涯』）」結城雅秀　テアトロ　779　2006.7　p46〜49

## 噛みついた女　⓾新国立劇場
***1443*** 上演：2016年1月8日〜1月13日　場所：新国立劇場小劇場　作：三好十郎　演出：栗山民也
◇「神を感じさせる…（文学座アトリエ『白鯨』、タチ・ワールド『口笛は誰でも吹ける』、パルコ『レミング』、俳優座『城塞』、新国立劇場第9期生『噛みついた女』）」結城雅秀　テアトロ　915　2016.3　p65〜67

## 神と人とのあいだ 第一部 審判　⓾民藝
***1444*** 上演：2006年4月7日〜4月19日　場所：紀伊國屋サザンシアター　作：木下順二　演出：宇野重吉　演出補佐：兒玉庸策
◇「人間の愚かさと悲しさを描く（民藝『審判』、俳優座劇場プロデュース『女相続人』）」水落潔　テアトロ　778　2006.6　p58〜59

## 神と人とのあいだ 第一部「審判」第二部「夏・南方のローマンス」　⓾民藝
***1445*** 上演：2018年2月24日〜3月10日　場所：紀伊國屋サザンシアターTAKASHIMAYA　作：木下順二　演出：兒玉庸策（第一部）、丹野郁弓（第二部）
◇「都市の孤独と、歴史を生きること（NLT『毒薬と老嬢』、民藝『『神と人とのあいだ』第一部「審判」第二部「夏・南方のローマンス」』）」斎藤偕子　テアトロ　945　2018.5　p26〜27

## 神なき国の騎士―あるいは、何がドン・キホーテにそうさせたのか？　⓾世田谷パブリックシアター
***1446*** 上演：2014年3月3日〜3月16日　場所：世田谷パブリックシアター　作：川村毅　演出：野村萬斎
◇「現世の最果てに挑む（虹企画・ぐるうぷシュラ『欲望という名の電車』、世田谷パブリックシアター『神なき国の騎士――あるいは、何がドン・キホーテにそうさせたのか？』、Tファクトリー『荒野のリア』）」中本信幸　テアトロ　889　2014.5　p42〜43

## 紙のライオン　⓾フールズキャップ
***1447*** 上演：1998年5月8日〜5月10日　場所：萬スタジオ　作・演出：柏倉敏之
◇「初日がモンダイ！（S.W.A.T！『幕末ジャイアンツ』、夏の大三角形『贋作・宝島』、フールズキャップ『紙のライオン』、吹きだまり『オレンジ色の夢』）」浦崎浩實　テアトロ　670　1998.7　p54〜55

## 紙風船　⓾木山事務所
***1448*** 上演：1995年6月20日〜6月25日　場所：俳優座劇場　作：岸田國士　演出：末木利文
◇「人物が立つ（離風霊船『赤い鳥逃げた…』、一跡二跳『眠れる森の死体』、文学座『愛の森』、つかこうへい事務所『銀ちゃんが逝く』、木山事務所『紙風船』『この道はいつかきた道』）」大沢圭司　テアトロ　683　1995.9　p70〜73

## 紙屋悦子の青春　⓾岡部企画
***1449*** 上演：1998年3月3日〜3月9日　場所：ザ・スズナリ　作：松田正隆　演出：岡部耕大
◇「シェイクスピアの言葉の手触り（銀座セゾン劇場『ハムレット』、岡部企画『紙屋悦子の青春』、TBブラネット『愛と勇気のエンゲキ『コラソン!!』』、東京オレンジ『Tigershot Meet With Shakespeare』）」長谷部浩　テアトロ　668　1998.5　p62〜64

## 紙屋悦子の青春　⓾俳協
***1450*** 上演：2014年11月27日〜11月30日　場所：TACCS1179　作：松田正隆　演出：増田敦
◇「在世あれこれ（ワンツーワークス『海のてっぺん』、俳協『紙屋悦子の青春』、トム・プロジェクト『萩咲く頃に』）」中本信幸　テアトロ　900　2015.2　p114〜115

## 紙屋悦子の青春／坂の上の家／海と日傘　⓾木山事務所
***1451*** 上演：1999年3月21日〜3月30日　場所：紀伊國屋サザンシアター　作：松田正隆　演出：福田善之
◇「「ひっそり生きる」文化伝統（木山事務所『紙屋悦子の青春』『坂の上の家』『海と日傘』）」斎藤偕子　テアトロ　682　1999.6　p46〜47

**紙屋町さくらホテル** 🏠こまつ座
**1452** 上演：2006年8月6日～8月20日　場所：紀伊國屋ホール　作：井上ひさし　演出：鵜山仁
　◇「双曲化する二つの喜劇―モラルとアンモラル（こまつ座『紙屋町さくらホテル』、パルコ劇場『噂の男』）」みなもとごろう　テアトロ　783　2006.10　p46～47

**1453** 上演：2016年7月5日～7月24日　場所：新国立劇場中劇場　作：井上ひさし　演出：鵜山仁
　◇「時空は回帰するか？（萬国四季協會『哄笑、時の泡―おお、海よ、波立つ蒼い歳月―』、劇団NLT『ペンキ塗りたて―残された肖像画―』、こまつ座『紙屋町さくらホテル』」中本信幸　テアトロ　922　2016.9　p44～45

**紙屋町さくらホテル**　🏠新国立劇場
**1454** 上演：1997年10月22日～11月22日　場所：新国立劇場　作：井上ひさし　演出：渡辺浩子
　◇「long long critic - 1 - 新国立劇場開場記念公演　井上演劇の総集編（『紙屋町さくらホテル』）」村井健　テアトロ　664　1998.1　p102～104

**1455** 上演：2001年4月4日～4月25日　場所：新国立劇場中劇場　演出：渡辺浩子　作・演出：井上ひさし
　◇「二つの優れた創作劇の再演（地人会『雪国』、新国立劇場『紙屋町さくらホテル』）」水落潔　テアトロ　708　2001.6　p48～49

**カミュの『異邦人』**　🏠東京演劇集団風
**1456** 上演：2012年8月23日～8月27日　場所：レパートリーシアターKAZE　原作：アルベール・カミュ　訳：窪田啓, 谷島貫太　脚色：浅野佳成　演出：南雲史彦
　◇「国際的な協働作業の成果（東京演劇集団風『第五回ビエンナーレKAZE国際演劇祭2012』）」北川登園　テアトロ　868　2012.11　p42～43

**神鷲は死なない**　🏠オフィスワンダーランド
**1457** 上演：2003年12月3日～12月6日　場所：東京芸術劇場小ホール2　作：さいふうめい　演出：岩村久雄
　◇「悲憤、悲嘆、悲傷―三つの戦後史（劇団1980『少年乱暴―へいせいニッポン烈伝―』、オフィス・ワンダーランド『神鷲は死なない』、東京ギンガ堂『光る森』）」七字英輔　テアトロ　746　2004.2　p58～60

**カムアウト**　🏠燐光群
**1458** 上演：1991年2月6日～2月19日　場所：ザ・スズナリ　作・演出：坂手洋二
　◇「少年の話、レズビアンの話、わたしの話」豊崎由美　しんげき　38(4)　1991.4　p18～211
　◇「私たちはすでに劇場にいる」宮沢章夫　しんげき　38(4)　1991.4　p30～33

**カムアウト 2016 ←→1989**　🏠燐光群
**1459** 上演：2016年3月19日～3月31日　場所：ザ・スズナリ　作：坂手洋二　演出：藤井ごう
　◇「記憶の渦巻く舞台（民藝『二人だけの芝居』、燐光群『カムアウト』、MODE『あなたにであった』がある・4…チェーホフ短編小説より』）」斎藤偕子　テアトロ　918　2016.6　p26～28

**カムサハムニダ**　🏠青年劇場
**1460** 上演：2001年9月29日　場所：前進座劇場　原作：飯尾憲士　脚色：瓜生正美　演出：林英雄
　◇「アイデンティティ探し（俳優座『坊っちゃん』、青年劇場『カムサハムニダ』）」渡辺淳　テアトロ　714　2001.11　p54～53

**カム・ブロー・ユア・ホーン**　🏠博品館劇場
**1461** 上演：1989年1月5日～1月22日　場所：博品館劇場　作：ニール・サイモン　訳：酒井法子　演出：出口典雄
　◇「もう1度『歩む』ならわしを取戻すために」衛紀生　新劇　36(3)　1989.3　p26～29
　◇「巨人と等身大のあいだ」扇田昭彦　新劇　36(3)　1989.3　p34～37

**がめつい奴**　🏠大阪新劇団協議会
**1462** 上演：1997年2月21日～2月23日　場所：近鉄劇場　作：菊田一夫　演出：熊本一
　◇「3月の関西 再生への願望描く（OMSプロデュース『ともだちが来た』、大阪新劇団協議会プロデュース『がめつい奴』、演劇集団虹プロデュース『人形の家』）」宮辻政夫　テアトロ　655　1997.5　p78～80

**がめつい奴**　🏠松竹、蝉の会
**1463** 上演：1992年2月15日～3月1日　場所：サンシャイン劇場　作：菊田一夫　演出：渡辺浩子
　◇「あいまいになった性格劇（蝉の会『がめつい奴』）」斎藤偕子　テアトロ　590　1992.4　p44～45

**1464** 上演：1994年2月16日～2月27日　場所：サンシャイン劇場　作：菊田一夫　演出：渡辺浩子
　◇「リアリティはどこから？（銀座セゾン劇場『天守物語』、松竹＋蝉の会『がめつい奴』）」みなもとごろう　テアトロ　615　1994.4　p68～70

**カメレオンズ・リップ**　🏠Bunkamura
**1465** 上演：2004年2月6日～2月29日　場所：シアターコクーン　作・演出：ケラリーノ・サンドロヴィッチ
　◇「料理は火を通してから出して！（パルコ劇場『GOOD』、シアターコクーン『カメレオンズ・リップ』、THE・ガジラ『KASANE』）」内田洋一　テアトロ　748　2004.4　p43～45

**仮面軍団**　🏠南河内万歳一座
**1466** 上演：1988年7月6日～7月17日　場所：タイニイ・アリス　作・演出：内藤裕敬
　◇「若さという神話」長谷部浩　新劇　35(9)　1988.9　p38～41

**1467** 上演：2005年9月23日～9月29日　場所：ウルトラマーケット　作・演出：内藤裕敬
　◇「10月の関西 小説から舞台へ（演劇計画2005『象を使う』、エレベーター企画『私が語りはじめた

彼は』, 南河内万歳一座『仮面軍団』)」太田耕人　テアトロ　771　2005.12　p102〜104

### カモの変奏曲／シカゴの性倒錯　[団]TPT

1468 上演：2004年8月12日〜8月29日　場所：ベニサン・ピット　作：デイヴィッド・マメット　訳：広田敦郎（カモの変奏曲）　訳：青井陽治（シカゴの性倒錯）　演出：木内宏昌（カモの変奏曲）, アリ・エデルソン（シカゴの性倒錯）

◇「さまざまな戦争（THE・ガジラ『八月の狩』, シアターコクーン『赤鬼』,tpt『カモの変奏曲・シカゴの性倒錯』, シス・カンパニー『ママがわたしに言ったこと』)」渡辺淳　テアトロ　756　2004.11　p62〜64

### かもめ　[団]演劇集団ア・ラ・プラス, 壁なき演劇センター

1469 上演：2016年8月1日〜8月7日　場所：東演パラータ　作：チェーホフ　訳：神西清　演出・構成：杉山剛志

◇「「死」への一直線（演劇集団ア・ラ・プラス『かもめ』)」七字英輔　テアトロ　924　2016.11　p46〜47

### かもめ　[団]勝田演劇事務所

1470 上演：2015年6月3日〜6月7日　場所：d-倉庫　作：チェーホフ　訳：沼野充義　演出：松本祐子

◇「現代との接点があってこそ（勝田演劇事務所『かもめ』, 新国立劇場『東海道四谷怪談』, パルコ劇場『メアリー・ステュアート』)」杉山弘　テアトロ　907　2015.8　p39〜40

### かもめ　[団]河原企画プロデュース

1471 上演：1980年　　作・演出：覚王

◇「かもめよ, かもめ」利光哲夫　新劇　27(9)　1980.9　p30〜33

### かもめ　[団]木山事務所

1472 上演：1998年5月22日〜5月31日　場所：俳優座劇場　作：チェーホフ　英訳：マイケル・フレイン　訳：小田島雄志　演出：宮田慶子

◇「主題追求の不徹底（新国立劇場『虹を渡る女』, オフィシャルサプライヤー『ワーニャ伯父さん』, 劇団1980『七人目の悪霊』, 木山事務所『かもめ』)」江原吉博　テアトロ　670　1998.7　p42〜44

### かもめ　[団]黒テント

1473 上演：2007年4月20日〜4月29日　場所：シアターイワト　作：チェーホフ　訳：小田島雄志　演出：斎藤晴彦

◇「さまざまの取り組み（黒テント『かもめ』, 東京演劇集団風『明日は天気』, 新国立劇場『下周村』)」斎藤偕子　テアトロ　793　2007.7　p44〜45

### かもめ　[団]四季

1474 上演：1980年7月6日〜7月27日　場所：日生劇場　作：チェーホフ　演出：アンドレイ・シェルバン

◇「かもめよ, かもめ」利光哲夫　新劇　27(9)　1980.9　p30〜33

◇「「あてこみ（スタンドプレー）」の功罪」堂本正樹　新劇　27(10)　1980.10　p26〜29

◇「重層的な鋭い喜劇（四季『かもめ』)」扇田昭彦　テアトロ　451　1980.9　p26〜29

### かもめ　[団]シス・カンパニー

1475 上演：2013年9月4日〜9月28日　場所：シアターコクーン　作：チェーホフ　台本・演出：ケラリーノ・サンドロヴィッチ

◇「西洋古典生む笑いの今（シス・カンパニー『かもめ』, 俳優座『三人姉妹』,（財）現代演劇協会『夕闇』)」斎藤偕子　テアトロ　882　2013.11　p54〜55

### かもめ　[団]新劇団協議会

1476 上演：1987年2月28日〜3月21日　場所：青山円形劇場　作：チェーホフ　訳：池田健太郎　演出：広渡常敏

◇「演劇空間への挑戦（新劇団協議会『かもめ』)」千野幸一　テアトロ　531　1987.5　p24〜25

### かもめ　[団]新国立劇場

1477 上演：2002年1月11日〜1月29日　場所：新国立劇場小劇場 THE PIT　作：チェーホフ　訳：小田島雄志　演出：マキノノゾミ

◇「チェーホフとブレヒトは蘇ったか？（俳優座『肝っ玉おっ母とその子供たち』, 新国立劇場『かもめ』)」中本信幸　テアトロ　719　2002.3　p70〜71

### かもめ　[団]STUDIOコクーン

1478 上演：1999年3月30日〜4月4日　場所：STUDIOコクーン　作：チェーホフ　訳：小田島雄志　演出：蜷川幸雄

◇「停滞する時間と飛躍する時間（東京演劇集団・風『かもめ』,STUDIOコクーン『かもめ』, 演劇集団円『ワーニャ伯父ちゃん』, 燐光群『喋る』『その後』)」みなもとごろう　テアトロ　682　1999.6　p48〜50

### かもめ　[団]青年劇場

1479 上演：2001年2月21日〜2月25日　場所：シアターサンモール　作：チェーホフ　訳：松下裕　演出：セルゲイ・カルギン

◇「ちまたに“役者”があふれている…（青年劇場『かもめ』, 木山事務所『仮名手本ハムレット』, オフィス・ワンダーランド『漂鳥の儚』, スイセイ・ミュージカル『ONLY ONE』ほか)」浦崎浩實　テアトロ　707　2001.5　p56〜69

### かもめ　[団]地点

1480 上演：2007年8月4日〜8月5日　場所：びわ湖ホール・大ホール　作：チェーホフ　演出：三浦基

◇「8月の関西 よく分からない芝居の魅力（地点『かもめ』, 南船北馬一団『ななし』)」太田耕人　テアトロ　797　2007.10　p61〜63

### かもめ　[団]テアトロ・ヴァッシェロ

1481 上演：2002年5月31日〜6月2日　場所：法政大学学生会館大ホール　作：チェーホフ　演出：ジャンカルロ・ナンニ

◇「前衛演劇上演の規範教本としての『かもめ』

―テアトロ・ヴァッシェロ公演」溝口廸夫　シアターアーツ　17　2002.8　p120〜123
◇「その背後の無底の深淵（T factory『アーカイヴス』，遊◎機械/全自動シアター『ピッチフォークディズニー』，テアトロ・ヴァッシェロ『かもめ』，ポかリン記憶舎『庭宴』）」里見宗律　テアトロ　725　2002.8　p58〜60

かもめ　[団]TPT
1482 上演：2004年3月25日〜4月11日　場所：ベニサン・ピット　作：チェーホフ　台本：木内宏昌　演出：熊林弘高
◇「不条理劇の威力（新国立劇場『THE OTHER SIDE/線のむこう側』，MODE『ささやく声』，tpt『かもめ』）」内田洋一　テアトロ　750　2004.6　p42〜44

かもめ　[団]東京演劇アンサンブル
1483 上演：1980年9月16日〜9月15日　場所：ブレヒトの芝居小屋　作：チェーホフ　訳：池田健太郎　演出：広渡常敏
◇「フラグメントのシムフォニー（東京演劇アンサンブル『かもめ』）」茨木憲　テアトロ　453　1980.11　p25〜27

かもめ　[団]東京演劇集団風
1484 上演：1996年9月19日〜9月23日　場所：シアターVアカサカ　作：チェーホフ　訳：松下裕　演出：井森雅人
◇「視覚の芝居と聴覚の芝居（銀座セゾン劇場+T.P.T『マクベス』，シェイクスピア・シアター『マクベス』，民藝『壊れたガラス』，MOP『青猫物語』，青年劇場『私よりましな私』，東京演劇集団風『かもめ』，浪漫亭企画『おつむてんてん』）」結城雅秀　テアトロ　648　1996.11　p70〜77
1485 上演：1999年4月2日〜4月7日　場所：レパートリーシアターKAZE　作：チェーホフ　訳：松下裕　演出：浅野佳成
◇「停滞する時間と飛躍する時間（東京演劇集団・風『かもめ』，STUDIOコクーン『かもめ』，演劇集団円『ワーニャ伯父ちゃん』，燐光群『喋る』『その後』）」みなもとごろう　テアトロ　682　1999.6　p48〜50
1486 上演：2001年9月18日〜9月23日　場所：レパートリーシアターKAZE　作：チェーホフ　訳：松下裕　演出：浅野佳成　音楽：八幡茂
◇「ステージに吹く、新しい、風。（青年座『君はこの国を好きか』，オフィスプロジェクトM『居酒屋物語』，東京演劇集団 風『かもめ』）」桂木嶺　テアトロ　714　2001.11　p52〜53
1487 上演：2004年9月29日〜10月3日　場所：レパートリーシアターKAZE　作：チェーホフ　訳：松下裕　演出：浅野佳成
◇「チェーホフの秋（ロシア国立アカデミーマールイ劇場『かもめ』『三人姉妹』，東京演劇アンサンブル『ワーニャ伯父さん』，東京演劇集団風『かもめ』）」北川登園　テアトロ　757　2004.12　p54〜56

かもめ　[団]東京乾電池
1488 上演：1991年11月16日〜11月24日　場所：本多劇場　作：チェーホフ　演出：柄本明，岩松了
◇「憂鬱と快活」岡本蛍　しんげき　39（1）　1992.1　p34〜37

かもめ　[団]東宝
1489 上演：1980年7月4日〜8月29日　場所：芸術座　作：チェーホフ　訳：倉橋健　演出：マイケル・ボグダノフ
◇「かもめよ，かもめ」利光哲夫　新劇　27（9）　1980.9　p30〜33
◇「鉄骨のなかの鴎（芸術座『かもめ』）」茨木憲　テアトロ　451　1980.9　p30〜33

かもめ　[団]仲間
1490 上演：1986年10月24日〜10月31日　場所：俳優座劇場　原作：チェーホフ　台本：マルグリット・デュラス　訳：利光哲夫　演出：増見利清，亀井光子
◇「デュラス風チェホフ劇の味（仲間『かもめ』）」渡辺淳　テアトロ　527　1987.1　p26〜27

かもめ　[団]俳優座
1491 上演：1999年9月29日〜10月10日　場所：俳優座劇場　作：チェーホフ　訳・演出：安井武
◇「夢か現か、現か夢か…（MODE『夢の女』，俳優座『かもめ』，シアターコクーン『かもめ』，昴『ワーニャ伯父さん』，あすなろ『恭しき娼婦』）」結城雅秀　テアトロ　688　1999.12　p56〜59
1492 上演：2012年9月8日〜9月23日　場所：俳優座5F稽古場　作：チェーホフ　脚色：小田島雄志　演出：眞鍋卓嗣
◇「新劇的一代記―芸術家の悲喜劇（文学座『エゲリア』，俳優座『かもめ』，NLT『ポプラの館』）」斎藤偕子　テアトロ　868　2012.11　p44〜45

かもめ　[団]ひょうご舞台芸術
1493 上演：1994年2月18日〜3月1日　場所：新神戸オリエンタル劇場　作：チェーホフ　台本：宮島春彦　演出：井上思
◇「演劇の状況が浮かび上がる（ひょうご舞台芸術『かもめ』，そとばこまちworkers『Birth』，大阪新劇団協議会プロデュース『なにわの甍』，時空劇場『海と日傘』）」宮辻政夫　テアトロ　615　1994.4　p82〜84

かもめ　[団]福岡県民創作劇場
1494 上演：2001年12月1日〜12月7日　場所：ぽんプラザホール　作：チェーホフ　演出：安永史明
◇「古典のこころみ―福岡県民創作劇場の『四谷怪談』『ハムレット』『かもめ』」梁木靖弘　シアターアーツ　16　2002.4　p138〜139

かもめ　[団]文学座
1495 上演：1987年10月8日〜11月1日　場所：サンシャイン劇場　作：チェーホフ　訳：池田健太郎　演出：江守徹
◇「蜷川幸雄演出の『ギプス』」渡辺保　新劇　35（1）　1988.1　p38〜43
◇「チェーホフの“喜劇”とは（文学座『かもめ』）」

衛紀生　テアトロ　538　1987.12　p27～29

**かもめ**　㊙Bunkamura
*1496* 上演：1999年10月8日～10月24日　場所：シアターコクーン　作：チェーホフ　訳・演出：岩松了
◇「チェーホフの小さな言葉たち 岩松了翻訳・演出『かもめ』について」長井和博　シアターアーツ　11　2000.1　p120～123
◇「夢か現か、現か夢か…（MODE『夢の女』、俳優座『かもめ』、シアターコクーン『かもめ』、昴『ワーニャ伯父さん』、あすなろ『恭しき娼婦』）」結城雅秀　テアトロ　688　1999.12　p56～59

**かもめ**　㊙ホリプロ
*1497* 上演：2008年6月20日～7月12日　場所：赤坂ACTシアター　作：チェーホフ　訳：沼野充義　演出：栗山民也
◇「人間、この不可思議な存在（ホリプロ企画制作『かもめ』、燐光群+グッドフェローズ『ローゼ・ベルント』、パルコ・プロデュース『SISTERS』）」北川登園　テアトロ　810　2008.9　p44～46

**かもめ**　㊙メイシアター
*1498* 上演：2010年3月11日～3月14日　場所：メイシアター　作：チェーホフ　訳：神西清　演出：岩崎正裕
◇「3月の関西 あらためて演じる（MONO『赤い薬』、メイシアタープロデュース『かもめ』、空の驛舎『エリアンの手記』）」太田耕人　テアトロ　833　2010.5　p54～56

**かもめ**　㊙モスクワ芸術座
*1499* 上演：1988年3月3日～3月13日　場所：日生劇場　作：チェーホフ　演出：オレグ・エフレーモフ
◇「内側からの明かり」扇田昭彦　新劇　35(5)　1988.5　p30～33
◇「ペレストロイカの「かもめ」（モスクワ芸術座『かもめ』）」大笹吉雄　テアトロ　543　1988.5　p21～23

**かもめ**　㊙楽市楽座
*1500* 上演：2002年10月18日～10月19日　場所：中之島剣先公園特設野外円形劇場　作：チェーホフ　訳・演出：長山現
◇「10月の関西 古典の野外上演（劇団態変『夏至夜夢』、楽市楽座『かもめ』、兵庫県立ピッコロ劇団『縦の木に短冊』、くじら企画『サヨナフ』）」太田耕人　テアトロ　729　2002.12　p64～66

**かもめ**　㊙レンコム劇場
*1501* 上演：1999年4月23日～4月25日　場所：グランシップ 中ホール　作：チェーホフ　演出：マルク・ザハーロク
◇「二十世紀をよぎって（劇団SPAC『シラノ・ド・ベルジュラック』、レンコム劇場『かもめ』、TPT『橋からの眺め』）」七字英輔　テアトロ　683　1999.7　p51～53

**かもめ**　㊙ロシア国立アカデミーマールイ劇場
*1502* 上演：2004年10月2日～10月5日　場所：アートスフィア　作：チェーホフ　演出：ユーリー・ソローミン
◇「チェーホフの秋（ロシア国立アカデミーマールイ劇場『かもめ』、『三人姉妹』、東京演劇アンサンブル『ワーニャ伯父さん』、東京演劇集団風『かもめ』）」北川登園　テアトロ　757　2004.12　p54～56

**かもめ来るころ―松下竜一と洋子**　㊙トム・プロジェクト
*1503* 上演：2009年1月17日～1月25日　場所：ベニサン・ピット　原作：松下竜一　作・演出：ふたくちつよし
◇「集団と個（俳優座『村岡伊平治伝』、萬國四季協會『いつか夢みたように』、トム・プロジェクト『かもめ来るころ』）」蔵原惟治　テアトロ　817　2009.3　p58～60

**カモメたちの晩夏**　㊙昴 ザ・サード・ステージ
*1504* 上演：1995年7月24日～7月30日　場所：三百人劇場特設会場　作・演出：西川信廣
◇「演劇と向かい合う（昴 ザ・サード・ステージ『カモメたちの晩夏』、空組『想稿・銀河鉄道の夜』、グロープ座カンパニー『ロミオとジュリエット』、仲『かぐや姫』）」大沢圭司　テアトロ　634　1995.10　p72～75

**カモメに飛ぶことを教えた猫**　㊙仲間
*1505* 上演：2001年7月29日　場所：東京芸術劇場小ホール2　原作：ルイス・セプルベダ　訳：河野万里子　脚本：いずみ凛　演出：菊池准
◇「コイズミさんと"劇"の関係をめぐって（ひまわり『コルチャック先生』、広島の女上演委員会『ヒロシマのピーターパン・デスティニー』、仲間『カモメに飛ぶことを教えた猫』、R+1『仙人がくれた不思議なずきん』）」浦崎浩實　テアトロ　713　2001.10　p54～56

**COLOR**　㊙Y・K・K
*1506* 上演：2000年7月28日～7月30日　場所：名演小劇場　作・演出：西加寿子
◇「心の壁に迫る二作品（うりんこ『老人が来た』、Y・K・K『COLOR』）」河野光雄　テアトロ　700　2000.11　p122～123

**カラカラ**　㊙神戸アートビレッジセンター
*1507* 上演：2002年1月18日～1月20日　場所：神戸アートビレッジセンター　作・演出：深津篤史
◇「合わせ鏡の震災劇連作―深津篤史プロデュース『カラカラ』」中西理　シアターアーツ　16　2002.4　p136～135
◇「1月の関西 物語の解体（KAVC企画『カラカラ#1古永の場合』『カラカラ#2遠山の場合』、くじら企画『生きてゐる小平次』、磁場製作所『彼方の水源』）」太田耕人　テアトロ　719　2002.3　p79～81

**カラカラ**　㊙コンブリ団
*1508* 上演：2016年9月2日～9月5日　場所：ウィングフィールド　作：深津篤史　演出：はせひろいち
◇「9月の関西 観客層を広げなければならない、というミッション（コンブリ団『カラカラ』、エイ

チエムピー・シアターカンパニー『四谷怪談』，兵庫県立ピッコロ劇団オフオフシアター『おはなしBOX』，兵庫県立芸術文化センタープロデュース『テロ』，壁ノ花団『水いらずの星』）」九鬼葉子　テアトロ　924　2016.11　p50～52

**カラカラ** [団]桃園会

**1509** 上演：1995年5月　場所：京都・春日小学校跡地講堂　作・演出：深津篤史

◇「震災演劇の試み―リアルの現在―深津篤史作『カラカラ』と別役実作『風の中の街』」内田洋一　シアターアーツ　3　1995.10　p161～164

**ガラクータの禁歌隊** [団]フォーリーズ

**1510** 上演：1989年12月8日～12月18日　場所：アトリエフォンテーヌ　作・作詞・演出：忠の仁　作曲：上田亨

◇「ミュージカル評―ブロードウェイから東京へ」萩尾瞳　新劇　37（2）　1990.2　p50～55

**からくり儀右衛門～技術で明治維新を支えた男** [団]オフィスワンダーランド

**1511** 上演：2017年5月26日～5月28日　場所：南大塚ホール　作・演出：竹内一郎

◇「世相を照らす群像劇（演劇集団円+シアターX提携公演『爪の灯』，劇団櫂人『ブルーストッキングの女たち』，オフィスワンダーランド『からくり儀右衛門～技術で明治維新を支えた男～』）」中本信幸　テアトロ　935　2017.8　p46～47

**からくり儀右衛門～東芝を創った男** [団]オフィスワンダーランド

**1512** 上演：2011年5月26日～5月29日　場所：紀伊國屋ホール　作・演出：竹内一郎

◇「奈落から照射する（THE・ガジラ『どん底』，オフィスワンダーランド『からくり儀右衛門』，萬國四季協會『木霊坂夢野病院』）」中本信幸　テアトロ　851　2011.8　p46～47

**から騒ぎ** [団]演劇集団円

**1513** 上演：2000年4月20日～4月30日　場所：紀伊國屋ホール　作：シェイクスピア　翻案・演出：安西徹雄

◇「不信に満ちた家族の濃密な対話（新国立劇場『夜への長い旅路』，第七病棟『雨の塔』，彩の国さいたま芸術劇場『夏の夜の夢』，円『から騒ぎ』）」結城雅秀　テアトロ　696　2000.7　p68～71

**から騒ぎ** [団]劇工房ライミング

**1514** 上演：1986年11月7日～11月16日　場所：ベニサン・ピット　作：シェイクスピア　演出：グレン・ウォルフォード

◇「空足」渡辺保　新劇　34（1）　1987.1　p38～43

**から騒ぎ** [団]昴

**1515** 上演：1999年6月11日～6月30日　場所：三百人劇場　作：シェイクスピア　訳：福田恆存　演出：菊池准

◇「視覚効果だけでなく台詞も大切（新国立劇場『羅生門』，世田谷パブリックシアター『ジョルジュ』，昴『から騒ぎ』）」江原吉博　テアトロ　684　1999.8　p58～59

**ガラス壷** [団]ギィ・フォワシィ・シアター

**1516** 上演：1998年3月13日～3月16日　場所：シアターX　作：ギィ・フォワシィ　訳：梅田晴夫　演出：岡田正子

◇「黒い笑いと静かな演劇（青年団『東京ノート』，ギイ・フォワシイ・シアター『ガラス壷』『相寄る魂』『失業保険受領者会社』『救急車』）」川口賢哉　テアトロ　668　1998.5　p65～67

**ガラスの仮面** [団]松竹

**1517** 上演：1988年8月3日～8月27日　場所：新橋演舞場　作：美内すずえ　演出：坂東玉三郎

◇「演技・夏のさかりに」扇田昭彦　新劇　35（10）　1988.10　p34～37

**硝子の声** [団]焚火の事務所

**1518** 上演：2009年8月6日～8月9日　場所：精華小劇場　作・演出：三枝希望

◇「8月の関西 子どもと老人と。（兵庫県立ピッコロ劇団『うそツキ、大好き、かぐや姫』，劇団京芸・人形劇団京芸『ウィッシュリスト』，焚火の事務所『硝子の声』，極東退屈劇場『リメンバー・ワイキキ・ビーチ』）」太田耕人　テアトロ　825　2009.10　p56～58

**ガラスの動物園** [団]演劇集団円

**1519** 上演：1986年7月14日～7月24日　場所：紀伊國屋ホール　作：テネシー・ウィリアムズ　訳：鳴海四郎　演出：テレンス・ナップ

◇「『リア』と『フール・フォア・ラブ』」渡辺保　新劇　33（9）　1986.9　p34～39

**ガラスの動物園** [団]シス・カンパニー

**1520** 上演：2012年3月10日～4月3日　場所：シアターコクーン　作：テネシー・ウィリアムズ　訳：徐賀世子　演出：長塚圭史

◇「作者のイメージ（シス・カンパニー『ガラスの動物園』，世田谷パブリックシアター『サド公爵夫人』，Pカンパニー『別役実VS阿藤智恵 日替わり公演 会議 どこまでも続く空のむこうに』）」斎藤偕子　テアトロ　861　2012.5　p52～54

**ガラスの動物園** [団]新国立劇場

**1521** 上演：2006年2月9日～2月26日　場所：新国立劇場小劇場 THE PIT　作：テネシー・ウィリアムズ　訳：小田島雄志　演出：イリーナ・ブルック　音楽：フランク・フレンジー

◇「演出力（燐光群『スタッフ・ハプンズ』，文学座『湖のまるい星』，新国立劇場『ガラスの動物園』）」斎藤偕子　テアトロ　776　2006.4　p60～62

**ガラスの動物園** [団]地人会

**1522** 上演：1999年4月16日～4月28日　場所：紀伊國屋サザンシアター　作：テネシー・ウィリアムズ　訳：小田島雄志　演出：栗山民也

◇「セリフの向う側（ザ・ガジラ+世田谷パブリックシアター『龍を撫でた男』，文学座アトリエ『王様は白く思想する』，地人会『ガラスの動物園』）」渡辺淳　テアトロ　682　1999.6　p64～66

### ガラスの動物園　TPT
***1523*** 上演：2001年9月1日～9月30日　場所：ベニサン・ピット　作：テネシー・ウィリアムズ　訳：小田島雄志　演出：ロバート・アラン・アッカーマン
- ◇「『ガラスの動物園』tpt公演 生きたローラと記憶の中のローラ」古後奈緒子　シアターアーツ　15　2001.12　p111～113
- ◇「『ガラスの動物園』tpt公演 ガラスの博物館？」小谷野敦　シアターアーツ　15　2001.12　p113～114
- ◇「力強いブランチ（青山演劇フェスティバルラストスペシャル『欲望という名の電車』,tpt『ガラスの動物園』,第三舞台『ファントム・ペイン』）」林あまり　テアトロ　714　2001.11　p46～47

### ガラスの動物園　東京演劇集団風
***1524*** 上演：1995年3月15日～3月19日　場所：青山円形劇場　作：テネシー・ウィリアムズ　訳：小田島雄志　演出：井森雅人
- ◇「小さな人生（地人会『夜中に起きているのは』,ギィ・フォワシィ・シアター『湾岸から遠く離れて』）」斎藤偕子　テアトロ　629　1995.5　p47～48

### ガラスの動物園　ミルウォーキー・レパートリー・シアター
***1525*** 上演：1983年5月24日～6月9日　場所：シアターアプル　作：テネシー・ウィリアムズ　演出：ジョン・ディロン
- ◇「写実を超えるものを（MRT『ガラスの動物園』『埋められた子供』）」安井武　テアトロ　486　1983.8　p56～59

### ガラスの動物園　メジャーリーグ
***1526*** 上演：1993年8月29日～9月12日　場所：シアターコクーン　作：テネシー・ウィリアムズ　訳：松岡和子　演出：マイケル・ブルーム
- ◇「外国人演出家による二つの回想術（松竹『アマデウス』,メジャーリーグ『ガラスの動物園』）」結城雅秀　テアトロ　609　1993.11　p67～69

### ガラスの動物園　流山児★事務所
***1527*** 上演：2004年1月30日～2月11日　場所：ベニサン・ピット　作：テネシー・ウィリアムズ　訳：鳴海四郎　演出：松本祐子
- ◇「時代感覚と舞台の緊迫感（グループ・ばる『片づけたい女たち』,木山事務所『仮名手本ハムレット』,流山児★事務所『ガラスの動物園』）」斎藤偕子　テアトロ　748　2004.4　p48～49

### ガラスの葉　世田谷パブリックシアター
***1528*** 上演：2010年9月26日～10月10日　場所：世田谷パブリックシアター　作：フィリップ・リドリー　訳：小宮山智津子　演出：白井晃
- ◇「複雑な現代の人間模様（世田谷パブリックシアター『ガラスの葉』,文学座アトリエ『カラムとセフィーの物語』,遊園地再生事業団『ジャパニーズ・スリーピング／世界でいちばん眠い場所』）」斎藤偕子　テアトロ　841　2010.12　p44～45

### ガラス壜の中の船　199Q太陽族
***1529*** 上演：1998年5月12日～5月17日　場所：ウィングフィールド　作・演出：岩崎正裕
- ◇「5月の関西 商業演劇風の小劇場（2TB『略奪王NAGAMASA』,199Q太陽族『ガラス壜の中の船』）」宮辻政夫　テアトロ　670　1998.7　p62～63

### 鴉よ、おれたちは弾丸（たま）をこめる　彩の国さいたま芸術劇場
***1530*** 上演：2013年5月16日～5月19日　場所：彩の国さいたま芸術劇場大稽古場　作：清水邦夫　演出：蜷川幸雄
- ◇「人の世は夢…か？―「夢」三態（ティーファクトリー『カルデロン』,パルコ劇場『レミング』,さいたまゴールド・シアター『鴉よ、おれたちは弾丸をこめる』）」七字英輔　テアトロ　877　2013.7　p54～56

### からたち日記由来　SCOT
***1531*** 上演：2014年12月19日～12月26日　場所：吉祥寺シアター　作：鹿沢信夫　演出：鈴木忠志
- ◇「騙りの力、「心で好きとさけんでも…」（SCOT『からたち日記由来』,東宝『ロンドン版ショーシャンクの空に』）」河野孝　テアトロ　901　2015.3　p52～53

### 体と関係のない時間　チェルフィッチュ
***1532*** 上演：2006年9月22日～9月24日　場所：京都芸術センター・フリースペース　作・演出：岡田利規
- ◇「9月の関西 異領域との交通（松本邦夫作・演出『アメリカ』,チェルフィッチュ『体と関係のない時間』,劇団態変『ラ・バルティーダー出発'06』）」太田耕人　テアトロ　784　2006.11　p66～68

### 唐版・滝の白糸　松竹
***1533*** 上演：1989年3月5日～3月28日　場所：日生劇場　作：唐十郎　演出：蜷川幸雄
- ◇「「夢」のゆくえ」扇田昭彦　新劇　36（5）　1989.5　p30～33

### 唐版・滝の白糸　Bunkamura
***1534*** 上演：2000年1月7日～1月26日　場所：シアターコクーン　作：唐十郎　演出：蜷川幸雄　振付：花柳輔太朗
- ◇「鏡花に因む二つの舞台（シアターコクーン『唐版 滝の白糸』,花組芝居『泉鏡花の天守物語』）」水落潔　テアトロ　692　2000.3　p84～85

***1535*** 上演：2013年10月8日～10月29日　場所：シアターコクーン　作：唐十郎　演出：蜷川幸雄
- ◇「常に時代を反映する物語（こまつ座＆ホリプロ『それからのブンとフン』,Bunkamura『唐版滝の白糸』,NODA・MAP『MIWA』）」北川登園　テアトロ　883　2013.12　p48～49

### カラフト伯父さん　トム・プロジェクト
***1536*** 上演：2005年6月10日～6月19日　場所：吉祥寺シアター　作・演出：鄭義信
- ◇「時代を映す喜劇（マウスプロモーション『桜の園』,ギィ・フォワシイシアター『バドゥー警視』,

山の手事情社『銀河鉄道の夜』，トム・プロジェクト『カラフト伯父さん』）」中本信幸　テアトロ 767　2005.8　p52〜54

*1537* 上演：2007年1月15日〜1月21日　場所：ベニサン・ピット　作・演出：鄭義信　振付：吉野記代子

◇「人間、この混沌とした存在（ホリプロ『スウィーニー・トッド』，トム・プロジェクト『カラフト伯父さん』，東京演劇集団風『マハゴニー市の興亡』，黒テント『メザスヒカリノサキニアルモノ若しくはパラダイス』，レクラム舎『Bench3』）」結城雅秀　テアトロ　789　2007.3　p108〜112

## カラブリテイエン　[団]南船北馬一団

*1538* 上演：2001年7月28日〜7月29日　場所：HEP HALL　作・演出：棚瀬美幸

◇「舞台と現実の狭間で―第1回女性作家・演出家フェス〜姫ごと〜」粟田倘右　シアターアーツ　15　2001.12　p140〜142

## カラマーゾフの兄弟　[団]俳優座

*1539* 上演：1995年1月10日〜1月25日　場所：俳優座劇場　原作：ドストエフスキー　脚本：八木柊一郎　演出：千田是也

◇「確固たるドラマの枠組（俳優座『カラマーゾフの兄弟』，木村プロ『危険なダブルキャスト』，四季『キャッツ』，幹の会・安沢事務所『オセロー』，竹中直人の会『月光のつつしみ』，ピープルシアター『異人たちの辻』，扉座『新羅生門』）」結城雅秀　テアトロ　627　1995.3　p76〜83

*1540* 上演：1997年6月23日〜6月29日　場所：俳優座劇場　原作：ドストエフスキー　脚本：八木柊一郎　演出：千田是也

◇「方向性を見失った時代の歌（俳優座『カラマーゾフの兄弟』，蟬の会『しりたまはずやわがこひは』，銀座セゾン劇場『昭和歌謡大全集』）」水落潔　テアトロ　659　1997.9　p76〜77

*1541* 上演：2012年1月11日〜1月22日　場所：俳優座劇場　原作：ドストエフスキー　脚本：八木柊一郎　演出：中野誠也

◇「アメリカとロシアの異端者（文学座『メモリーズ―Tウイリアムズ一幕劇一挙上演』，青年座『欲望という名の電車』，俳優座『カラマーゾフの兄弟』）」斎藤偕子　テアトロ　859　2012.3　p52〜53

## カラマーゾフの兄弟 あの人に伝えて、私はここにいる　[団]フラワーズ・カンパニー

*1542* 上演：1994年1月21日〜1月30日　場所：本多劇場　原作：ドストエフスキー　脚色・演出：木野花

◇「時間と空間を超越する役者たち（マルーラ+博品館『MITSUKO』，木山事務所『壁の中の妖精』，フラワーズ・カンパニー『カラマーゾフの兄弟』，松竹+文学座『ウェストサイド・ワルツ』）」結城雅秀　テアトロ　615　1994.4　p60〜63

## カラマーゾフの兄弟 僕たちは、まもなくお別れです　[団]フラワーズ・カンパニー

*1543* 上演：1992年7月17日〜7月28日　場所：全労済ホール/スペース・ゼロ　作：ドストエフスキー　脚色・構成台本・演出：木野花

◇「ヌーヴォー・ヌーヴォー・シアター」コリーヌ・ブレ　Les Specs　39（10）　1992.10　p18〜19

## カラムとセフィーの物語　[団]文学座アトリエの会

*1544* 上演：2010年10月1日〜10月14日　場所：文学座アトリエ　作：マロリー・ブラックマン　脚色：ドミニク・クック　訳：中山夏織　演出：高瀬久男

◇「複雑な現代の人間模様（世田谷パブリックシアター『ガラスの葉』，文学座アトリエ『カラムとセフィーの物語』，遊園地再生事業団『ジャパニーズ・スリーピング/世界でいちばん眠い場所』）」斎藤偕子　テアトロ　841　2010.12　p44〜45

## からゆきさん　[団]青年座

*1545* 上演：2015年11月14日〜11月23日　場所：紀伊國屋ホール　作：宮本研　演出：伊藤大

◇「過酷な「下流」の変わらぬ哀しみ（青年座『からゆきさん』，東演『明治の柩』，俳優座『ラスト・イン・ラプソディ』）」高橋豊　テアトロ　914　2016.2　p42〜43

## カリギュラ　[団]清水紘治企画

*1546* 上演：1984年2月9日〜2月19日　場所：本多劇場　作：アルベール・カミュ　訳：小澤僥謳　演出：岡村春彦

◇「悲劇的道化の神話（清水紘治企画『カリギュラ』）」安井武　テアトロ　494　1984.4　p32〜33

## カリギュラ　[団]Bunkamura

*1547* 上演：2007年11月7日〜11月30日　場所：シアターコクーン　作：アルベール・カミュ　訳：岩切正一郎　演出：蜷川幸雄

◇「演劇の「ドラマ」の三つの現れ方（新国立劇場『異人の唄―アンティゴネ―』，燐光群『ワールド・トレード・センター』，Bunkamura『カリギュラ』）」七字英輔　テアトロ　800　2008.1　p117〜119

## カリギュラ　[団]ロマンチカ

*1548* 上演：1990年12月5日〜12月8日　場所：東京芸術劇場　作：アルベール・カミュ　演出：林巻子

◇「終わらせることなく表現される新しさ」宮沢章夫　しんげき　38（3）　1991.3　p30〜33

## 仮釈放　[団]THEガジラ

*1549* 上演：1997年10月15日〜10月28日　場所：シアタートップス　原作：吉村昭　脚本・演出：鐘下辰男

◇「死へと赴くイマジネーション（THE・ガジラ『仮釈放』，ダムタイプ『OR』）」里見宗律　テアトロ　662　1997.12　p78〜79

## 雁の帰るとき　[団]仲間

*1550* 上演：1988年11月6日〜11月13日　場所：俳優座劇場　作：早坂久子　演出：稲岡正順

◇「時代への一つの証言（仲間『雁の帰るとき』）」大笹吉雄　テアトロ　551　1989.1　p26〜27

## 雁の寺　[団]文学座

*1551* 上演：1980年12月9日〜12月23日　場所：東

横劇場　作：水上勉　演出：木村光一

◇「仮面・人形・本地もの」堂本正樹　新劇 28(3)　1981.3　p30〜33

◇「もう一つの「雁の寺」(文学座『雁の寺』)」大笹吉雄　テアトロ　456　1981.2　p25〜27

## カリフォルニア・スィート　[団]テアトル・エコー

**1552** 上演：1992年9月7日〜9月27日　場所：テアトル・エコー　作：ニール・サイモン　訳・演出：酒井洋子

◇「演出の功(テアトル・エコー『カリフォルニア・スィート』,民芸『吉野の盗賊』)」水落潔　テアトロ　597　1992.11　p73〜76

## カリフォルニアドリーミン　[団]鳥獣戯画

**1553** 上演：2001年10月30日〜11月4日　場所：ザ・スズナリ　作・演出・振付：知念正文　音楽：雨宮賢明

◇「実存在を多様に攻め上げ(ピープルシアター『琉歌・アンティゴネー』,鳥獣戯画『カリフォルニアドリーミン』,Uフィールド『風よ、声よ、光よ』,朋友『一九一七年の三人姉妹』)」佐藤康平　テアトロ　717　2002.1　p64〜65

## ガリレイの生涯　[団]演劇集団円

**1554** 上演：2012年7月6日〜7月15日　場所：シアタートラム　作：ブレヒト　訳：千田是也　演出：森新太郎

◇「今日が、どう語られている？(新国立劇場『温室』,演劇集団円『ガリレイの生涯』,子どものためのシェイクスピアカンパニー『ヘンリー六世Ⅲ』『リチャード三世』)」斎藤偕子　テアトロ　866　2012.9　p48〜50

## ガリレイの生涯　[団]東京演劇アンサンブル

**1555** 上演：1986年3月7日〜3月16日　場所：ブレヒトの芝居小屋　作：ブレヒト　訳：千田是也　演出：広渡常敏

◇「科学的認識と遊戯」鴻英良　新劇　33(7)　1986.7　p22〜27

◇「中空に浮かぶ宇宙観ドラマ(東京演劇アンサンブル『ガリレイの生涯』)」宮下啓三　テアトロ　519　1986.5　p26〜29

**1556** 上演：1999年5月11日〜5月23日　場所：ブレヒトの芝居小屋　作：ブレヒト　訳：浅野利昭　演出：広渡常敏　音楽：林光

◇「十七世紀と現代―世界の多義性をめぐって(東京演劇アンサンブル『ガリレイの生涯』,シェイクスピア・シアター『リア王』,幹の会+リリックプロデュース『十二夜』)」みなもとごろう　テアトロ　683　1999.7　p54〜56

**1557** 上演：2006年5月9日〜5月17日　場所：ブレヒトの芝居小屋　作：ブレヒト　訳：浅野利昭　演出：広渡常敏　音楽：林光

◇「幼き日々の夢の思い出(シアター1010『秘密の花園』,唐組『紙芝居の絵の町で』,黒テント『森の直前の夜』『西埠頭』,東京演劇アンサンブル『ガリレイの生涯』)」結城雅秀　テアトロ　779　2006.7　p46〜49

## ガリレイの生涯　[団]文学座

**1558** 上演：2013年6月14日〜6月25日　場所：あうるすぽっと　作：ブレヒト　訳：岩淵達治　演出：高瀬久男

◇「汚れちまった科学者に―文学座『ガリレイの生涯』」長崎航　シアターアーツ　56　2013.9　p48〜51

◇「今、われわれの演じる西洋近代名作(文学座『ガリレイの生涯』,シス・カンパニー『ドレッサー』,華のん企画・子供のためのシェイクスピア『ジュリアス・シーザー』)」斎藤偕子　テアトロ　880　2013.9　p48〜49

## ガリレオの生涯　[団]世田谷パブリックシアター

**1559** 上演：1999年3月6日〜3月22日　場所：世田谷パブリックシアター　作：ブレヒト　演出：松本修

◇「長蛇を逸したブレヒト劇(銀座セゾン劇場『裸足で散歩』,加藤健一事務所『銀幕の向うに』,世田谷パブリックシアター『ガリレオの生涯』)」村井健　テアトロ　681　1999.5　p44〜45

## ガールズ・タイム 女のコよ、大志を抱け！　[団]パルコ

**1560** 上演：1995年11月6日〜12月14日　場所：PARCO劇場　作：大石静　演出・振付：宮本亜門

◇「四季の年・亜門の戦略―ミュージカル時評」小藤田千栄子　シアターアーツ　4　1996.1　p155〜157

## カルデロン&ピュラデス　[団]T Factory

**1561** 上演：2013年4月17日〜4月22日　場所：座・高円寺1　作：ピエル・パオロ・パゾリーニ　訳：田之倉稔,石川若枝　演出：川村毅　※リーディング

◇「人の世は夢…か？―「夢」三態(ティーファクトリー『カルデロン』,パルコ劇場『レミング』,さいたまゴールド・シアター『鴉よ、おれたちは弾丸をこめる』)」七字英輔　テアトロ　877　2013.7　p54〜56

## GULF―弟の戦争　[団]青年劇場

**1562** 上演：2004年2月18日〜2月23日　場所：朝日生命ホール　原作：ロバート・ウェストール　脚本：篠原久美子　演出：高瀬久男

◇「たたかう相手は誰か、何か(青年劇場『GULF―弟の戦争』,地人会『世紀末のカーニバル』,シス・カンパニー『美しきものの伝説』,新国立劇場『The Game/ザ・ゲーム』)」渡辺淳　テアトロ　749　2004.5　p46〜49

## ガールフレンド　[団]自転車キンクリート

**1563** 上演：1989年11月9日〜11月16日　場所：紀伊國屋ホール　作：飯島早苗　演出：鈴木裕美

◇「小劇場のいい女たち」林あまり　新劇　37(1)　1990.1　p38〜41

## ガルボの帽子―「ある日せっせ、せっせと」より　[団]青い鳥

**1564** 上演：1991年10月30日〜11月10日　場所：

紀伊國屋ホール　作：天衣織女, 上村柚梨子, 葛西佐紀　演出：芹川藍
◇「名もない人々の無為の日々」安住恭子　しんげき　39 (1)　1992.1　p42〜45

カルメン　[団]カンパニーデラシネラ
1565 上演：2013年1月24日〜1月27日　場所：神戸アートビレッジセンター KAVC　作：プロスペル・メリメ　演出：小野寺修二
◇「1月の関西 女性作家の競演 (辻企画『不埒なまぐろ』, 燈座『人の香り』, 虚空旅団『ゆうまぐれ、龍のひげ』, カンパニーデラシネラ『カルメン』)」太田耕人　テアトロ　873　2013.3　p58〜60

カルメン　[団]青年座
1566 上演：1993年4月8日〜4月11日　場所：本多劇場　原作：プロスペル・メリメ　台本・演出：鈴木完一郎　作曲：ビゼー
◇「名作の余韻 (こまつ座『イーハトーボの劇列車』, 青年座『カルメン』)」斎藤偕子　テアトロ　604　1993.6　p68〜70

カルメン　[団]東宝
1567 上演：1989年1月3日〜2月27日　場所：青山劇場　原作：プロスペル・メリメ　脚本・訳詞：なかにし礼　演出：マイク・アシュマン　作曲：ビゼー
◇「ミュージカル評―ミュージカルへのアプローチ」萩尾瞳　新劇　36 (3)　1989.3　p46〜49

カルメンの悲劇　[団]銀座セゾン劇場
1568 上演：1987年3月2日〜4月26日　場所：銀座セゾン劇場　作：マリウス・コンスタン, ジャン=クロード・カリエール　作・演出：ピーター・ブルック
◇「大いなる単純, 華麗なる空虚」鴻英良　新劇　34 (5)　1987.5　p22〜27
◇「観客と舞台の出会い方」佐々木幹郎　新劇　34 (5)　1987.5　p28〜33
◇「劇評家殺人事件」渡辺保　新劇　34 (5)　1987.5　p34〜39

彼氏のそこぢから　[団]近松劇場
1569 上演：2005年3月10日〜3月11日　場所：メイシアター　作：鈴江俊郎　演出：水沼健
◇「3月の関西 拡散する物語 (桃園会『釣堀にて』『父帰る』, 近松劇場PART19『彼氏のそこぢから』, 劇団・太陽族『渦虫綱』)」太田耕人　テアトロ　763　2005.5　p113〜115

カレッジ・オブ・ザ・ウィンド　[団]演劇集団キャラメルボックス
1570 上演：1992年7月30日〜8月24日　場所：紀伊國屋ホール　作・演出：成井豊
◇「演劇を作る「戦略」について (パルコ『ザ・ウーマン・イン・ブラック』, キャラメルボックス『カレッジ・オブ・ザ・ウィンド』, 東京壱組『夏の夜の夢』, 俳優座LABO『埋められた子供』)」大沢圭司　テアトロ　596　1992.10　p58〜62
◇「終わりのない「芝居」を見る観客たち」風間研　Les Specs　39 (11)　1992.11　p32〜33

枯れ葉が舞い散ればきみは気づく　[団]覇王樹座
1571 上演：1999年12月22日〜12月24日　場所：一心寺シアター・PART2　作：土橋淳志
◇「1月の関西 距離をとって見る眼 (流星倶楽部『真紅の頬で海へと還る、そんな時も笑っていたい』, 南船北馬一団『ほら そら ごらん』, 清流劇場『かたつむりの島にへんな人がたずねてくる記』, 覇王樹座『枯れ葉が舞い散ればきみは気づく』)」太田耕人　テアトロ　692　2000.3　p97〜99

カレー屋の女　[団]流山児★事務所
1572 上演：1998年9月2日〜9月6日　場所：シアタートラム　作：佃典彦　演出：北村壽子
◇「エネルギッシュで猥雑で (流山児★事務所『煙の向こうのもう一つのエントツ』, 流山児★事務所『カレー屋の女』, カメレオン会議『たしあたま』, 東京芸術座『どん底』)」江原吉博　テアトロ　674　1998.11　p58〜60

渇いた蜃気楼　[団]下鴨車窓
1573 上演：2017年7月7日〜7月9日　場所：ウィングフィールド　作・演出：田辺剛
◇「7月の関西 危機に無感覚になった、のんきな人々 (劇団未来『ずぶ濡れのハト』, 遊劇舞台二月病『Round』, エイチエムピー・シアターカンパニー『月の光』, 下鴨車窓『渇いた蜃気楼』)」九鬼葉子　テアトロ　936　2017.9　p86〜88

渇いた人々は、とりあえず死を叫び　[団]俳優座
1574 上演：2009年10月8日〜10月18日　場所：あうるすぽっと　作：青木豪　演出：高岸未朝
◇「フィクションというリアリティ (演劇集団円『コネマラの骸骨』, 俳優座『渇いた人々は、とりあえず死を叫び』, パルコ・プロデュース『ベッドルーム・ファンタジー』)」北川登園　テアトロ　827　2009.12　p37〜39

川を越え、森をぬけて　[団]シアター21
1575 上演：2000年12月8日〜12月17日　場所：紀伊國屋サザンシアター　作：ジョー・ディピエトロ　訳：小田島恒志, 平川大作　演出：鵜山仁
◇「明断な台詞を異様な尊厳をもって語る (地人会『この夏、突然に』, あまがさき近松創造劇場『ここでkissして』, メジャーリーグ『リチャード三世』, シアター21『川を越え、森をぬけて』)」結城雅秀　テアトロ　704　2001.2　p74〜77

河をゆく　[団]文学座
1576 上演：1997年8月22日〜8月31日　場所：文学座アトリエ　作：宮沢章夫　演出：小林勝也
◇「めでたさも… (文学座アトリエ『河をゆく』, パルコ劇場+松竹『スカイライト』)」大場建治　テアトロ　661　1997.11　p62〜63

河をわたる　[団]卍
1577 上演：1986年7月16日〜7月22日　場所：T2スタジオ　作・演出：菅間勇
◇「演出家の度胸」佐々木幹郎　新劇　33 (10)　1986.10　p28〜33

川を渡る夏　[団]演劇集団円
1578 上演：1986年9月26日〜10月9日　場所：ス

テージ円　作：渡辺えり子　演出：大間知靖子
◇「一風変わった演劇」鴻英良　新劇　33（12）　1986.12　p22〜27
◇「自転車キンクリート」渡辺保　新劇　33（12）　1986.12　p34〜39
◇「水の夢、水の記憶（円『川を渡る夏』）」大笹吉雄　テアトロ　526　1986.12　p34〜35

### 川底にみどりの魚はいる　[団]八時半

**1579** 上演：1998年5月22日〜5月24日　場所：アトリエ劇研　作・演出：鈴江俊郎
◇「6月の関西「日常」の描き方（MONO『きゅうりの花』, 南船北馬一団『ただすまう』, 劇団八時半『川底にみどりの魚はいる』, 関西芸術座『バーディ』）」宮辻政夫　テアトロ　671　1998.8　p82〜84

### 川竹の流れ流れて、あゝゴールデン浴場　[団]青果鹿

**1580** 上演：2011年5月3日〜5月9日　場所：ゴールデン街劇場　作・演出：澤藤桂
◇「芝居の効用あらたか（青果鹿『川竹の流れ流れて、あゝゴールデン浴場』, 劇団ギルド『Stake Out〜張り込み』, 青年座『をんな善哉』）」中本信幸　テアトロ　849　2011.7　p44〜45

### 河内キリシタン列伝　[団]大東市

**1581** 上演：2017年3月26日　場所：旧深野北小学校体育館　原作：神田宏大　作・演出：高橋恵
◇「4月の関西 大阪府吹田市と大東市が地域密着の演劇を主催し、成果（ファミリーミュージカル『さよなら、五月』, 大東市主催『河内キリシタン列伝』, エイチエムピー・シアターカンパニー『アラビアの夜』, サファリ・P『悪童日記』, 突劇金魚『僕のヘビ母さん』）」九鬼葉子　テアトロ　932　2017.6　p37〜39

### 河の向うで人が呼ぶ　[団]昴

**1582** 上演：2009年10月31日〜11月8日　場所：あうるすぽっと　脚本：山田太一　演出：村田元史
◇「幽霊芝居のメリット（東京ギンガ堂『The Sound of Silence―沈黙の声』, 昴『河の向うで人が呼ぶ』, 東京ミルクホール『水晶の夜』, 劇団1980+新宿梁山泊『宇田川心中』）」中本信幸　テアトロ　829　2010.1　p50〜51

### 厠の兵隊　[団]桟敷童子

**1583** 上演：2010年4月16日〜4月26日　場所：すみだパークスタジオ倉　作：サジキドウジ　演出：東憲司
◇「日本人のメンタリティ（シス・カンパニー『2人の夫とわたしの事情』, 新国立劇場『夢の泪』, 桟敷童子『厠の兵隊』, 李麗仙一人芝居『桜川』）」七字英輔　テアトロ　835　2010.7　p40〜42

### 寒花　[団]文学座

**1584** 上演：1997年7月4日〜7月13日　場所：文学座アトリエ　作：鐘下辰男　演出：西川信廣
◇「岸田戯曲の裸形―見事な鐘下演出（ザ・ガジラ『温室の前』, 文学座アトリエ『寒花』, ピッコロ劇団『風の中の街』）」みなもとごろう　テアトロ　659　1997.9　p69〜71

### カンカラ　[団]維新派

**1585** 上演：2002年7月19日〜7月28日　場所：岡山市犬島銅精錬所跡　作・演出：松本雄吉
◇「8月の関西 ゆたかな野外の収穫（維新派『カンカラ』, 遊劇体『二人で狂う』,MONO『きゅうりの花』, 魚灯『満開の案山子がなる』, 佳梯かこプロデュース『ソラノテザワリ』）」太田耕人　テアトロ　727　2002.10　p63〜65

### KAN－GAN　[団]黒テント

**1586** 上演：1996年2月16日〜2月25日　場所：ザ・スズナリ　原作：郭宝崑　訳：延江昭子, 福永綾子　演出：佐藤信　音楽：足立智美
◇「散文的テキストの上演（ホモフィクタス『ヴァン・ゴッホ 社会が自殺させた男』, 黒テント『KAN－GAN』）」大岡淳　テアトロ　641　1996.4　p77〜78

### カン・カン　[団]テレビ朝日

**1587** 上演：1989年9月8日〜9月17日　場所：厚生年金会館ホール　原作：エイブ・バロウズ　作：コール・ポーター　演出：ダレット・ノリス
◇「ミュージカル評―アンビバレントな日々」萩尾瞳　新劇　36（11）　1989.11　p38〜41

### 神崎与五郎 東下り　[団]扉座

**1588** 上演：2010年5月19日〜5月30日　場所：座・高円寺　作・演出：横内謙介
◇「遊び心が拓く夢、過去から未来へ（扉座『神崎与五郎東下り』, 俳小『テンペスト』, 新国立劇場『夢の痂』, 俳優座+三越劇場『大岡越前』）」中本信幸　テアトロ　837　2010.8　p50〜51

### 贋作・桜の森の満開の下　[団]新国立劇場

**1589** 上演：2001年6月1日〜6月30日　場所：新国立劇場中劇場 PLAY HOUSE　作・演出：野田秀樹
◇「舞台は自律しているか、しすぎてはいないか？（新国立劇場 中劇場『贋作・桜の森の満開の下』, 青年団『上野動物園再々々襲撃』, 劇工房燐『陽炎家』）」みなもとごろう　テアトロ　710　2001.8　p74〜76

### 贋作・桜の森の満開の下　[団]NODA・MAP

**1590** 上演：2018年9月1日〜9月12日　場所：東京芸術劇場　作・演出：野田秀樹
◇「人間の強さと脆さ（文化座『反応工程』, 新橋演舞場『オセロー』,NODA・MAP『贋作 桜の森の満開の下』, 浅利事務所『アンドロマック』）」水落潔　テアトロ　952　2018.11　p46〜48

### 贋作・桜の森の満開の下　[団]夢の遊眠社

**1591** 上演：1989年2月11日〜2月28日　場所：日本青年館大ホール　作・演出：野田秀樹
◇「ゆたかな転機」扇田昭彦　新劇　36（4）　1989.4　p30〜33
◇「劇の溜息」長谷部浩　新劇　36（5）　1989.5　p34〜37

◇「野田秀樹の「世界巡り」(夢の遊眠社『贋作・桜の森の満開の下』)」松井憲太郎　テアトロ　554　1989.4　p24〜25
**1592**　上演：1992年1月20日〜2月9日　場所：日本青年館大ホール　作・演出：野田秀樹
◇「劇場に浮遊する色彩」末永蒼生　Les Specs 39(4)　1992.4　p18〜19

**贋作・宝島**　🅟 夏の大三角形
**1593**　上演：1998年5月6日〜5月10日　場所：シアターサンモール　作・構成・演出：飯島研
◇「初日がモンダイ！(S.W.A.T.)『幕末ジャイアンツ』、夏の大三角形『贋作・宝島』、フールズキャップ『紙のライオン』、吹きだまり『オレンジ色の夢』)」浦崎浩實　テアトロ　670　1998.7　p54〜55

**贋作・罪と罰**　🅟 NODA・MAP
**1594**　上演：1995年4月1日〜5月21日　場所：シアターコクーン　作・演出：野田秀樹
◇「野田秀樹とテアトル・ド・コンプリシテー NODA・MAP『贋作・罪と罰』」野田学　シアターアーツ　3　1995.10　p155〜157
◇「引き裂かれた人物像(NODA・MAP『贋作・罪と罰』、扉座・岡森企画『アメリカン・バッファロー』、B級進撃隊『TOTOからの電話』)」大沢圭司　テアトロ　630　1995.6　p59〜61
**1595**　上演：2005年12月6日〜2006年1月29日　場所：シアターコクーン　作・演出：野田秀樹
◇「理想世界と自爆行為(NODA・MAP『贋作・罪と罰』、扉座『アトムへの伝言』)」野中広樹　テアトロ　774　2006.2　p64〜65

**看守さんの耳は福耳**　🅟 東京乾電池
**1596**　上演：1981年1月5日〜1月11日　場所：ジァン・ジァン　作・演出：小形雄二
◇「鞍馬天狗の正体」森秀男　新劇　28(3)　1981.3　p26〜29

**勧進帳**　🅟 木ノ下歌舞伎
**1597**　上演：2010年5月27日〜5月30日　場所：アトリエ劇研　補綴：木ノ下裕一　演出：杉原邦生
◇「6月の関西 古典に書き込む(ルドルフ『授業』、木ノ下歌舞伎『勧進帳』、遊劇体『多神教』)」太田耕人　テアトロ　837　2010.8　p56〜58

**関数ドミノ**　🅟 イキウメ
**1598**　上演：2009年5月8日〜5月24日　場所：赤坂RED/THEATER　作・演出：前川知大
◇「ドミノの"リアル"(イキウメ『関数ドミノ』、シス・カンパニー『楽屋〜流れ去るものはやがてなつかしき』、新国立劇場『タトゥー』)」林あまり　テアトロ　821　2009.7　p42〜43

**関数ドミノ**　🅟 ワタナベエンターテインメント
**1599**　上演：2017年10月4日〜10月15日　場所：本多劇場　作・演出：前川知大　演出：寺十吾
◇「だから芝居は楽しい(KAAT神奈川芸術劇場『作者を探す六人の登場人物』、東京芸術劇場『One Green Bottle〜「表に出ろいっ！」English version〜』、WATANABE ENTERTAINMENT『関数ドミノ』、新国立劇場『トロイ戦争は起こらない』、劇団俳優座『クスコ〜愛の叛乱〜』)」杉山弘　テアトロ　941　2018.1　p26〜28

**缶詰**　🅟 文学座
**1600**　上演：2000年10月20日〜10月30日　場所：紀伊國屋サザンシアター　作：水谷龍二　演出：鵜山仁
◇「「壁」とのたたかい四態(tpt『地獄のオルフェ』、昴『怒りの葡萄』、The・ガジラ『アーバンクロウ』、文学座『缶詰』)」渡辺淳　テアトロ　701　2000.12　p99〜101

**完全姉妹**　🅟 トム・プロジェクト
**1601**　上演：2013年5月11日〜5月19日　場所：赤坂RED/THEATER　作・演出：中津留章仁
◇「死者と生者の視線持て(文学座アトリエの会『十字軍』、青年座『横濱短篇ホテル』、トム・プロジェクト『完全姉妹』)」北川登園　テアトロ　877　2013.7　p50〜51

**間奏曲**　🅟 四季
**1602**　上演：2005年12月9日〜12月23日　場所：自由劇場　作：ジャン・ジロドゥ　訳：米村晰　演出：浅利慶太
◇「「耳で観る」という想像力(RSC『夏の夜の夢』、日欧舞台芸術交流会『トロイラスとクレシダ』、テアトル・エコー『暗くなったら帰っておいで』、劇団四季『間奏曲』)」結城雅秀　テアトロ　774　2006.2　p60〜63

**神田川の妻**　🅟 燐光群
**1603**　上演：1994年3月10日〜3月23日　場所：ザ・スズナリ　作・演出：坂手洋二
◇「小さな「共同体」のドラマの貧困〜燐光群『神田川の妻』評」七字英輔　シアターアーツ　1　1994.12　p98〜101
◇「斬新な着想、人間性の描写(RSC『ジュリアス・シーザー』、劇書房・松竹『ラヴ』、ONLYクライマックス『結婚契約破棄宣言』、ニュースタッフ・エージェンシー『XYプラスZ』、燐光群『神田川の妻』)」結城雅秀　テアトロ　616　1994.5　p65〜69

**邯鄲**　🅟 総合芸術学院
**1604**　上演：1980年　作：三島由紀夫
◇「三島戯曲へ最低の礼を」堂本正樹　新劇　27(5)　1980.5　p26〜29

**官能の形態**　🅟 ロマンチカ
**1605**　上演：1992年7月16日〜7月21日　場所：R・labo　作・演出：林巻子
◇「肉のある舞台」布施英利　Les Specs 39(10)　1992.10　p22〜23

**がんばれッ 日本国憲法**　🅟 青年法律家協会神奈川支部
**1606**　上演：1992年　場所：神奈川県立青少年センターホール　作：間部敏明
◇「「平和」が海をこえるには」コリーヌ・プレ　Les Specs　39(7)　1992.7　p18〜19

**がんばろう**　🅟 岡部企画
**1607**　上演：1999年6月4日〜6月7日　場所：紀伊國屋ホール　作・演出：岡部耕大

## 【き】

**完璧な一日** ㊐流山児★事務所
*1608* 上演：2000年1月8日～1月16日　場所：ザ・スズナリ　作：佃典彦　演出・美術：篠井英介
◇「「効果」は十分『友情』のロングラン（愛のチャリティー劇場『友情～秋桜のバラード～』、流山児★事務所『完璧な一日』、演劇集団円『抱擁ワルツ』）」佐藤康平　テアトロ　692　2000.3　p86～87

**完璧な冬の日** ㊐八時半
*1609* 上演：2006年2月17日～2月19日　場所：精華小劇場　作・演出：鈴江俊郎
◇「2月の関西 京都の精華（烏丸ストロークロック『クヨウミチ』、劇団八時半『完璧な冬の日』、ピッコロ劇団『KANADEHON忠臣蔵』）」太田耕人　テアトロ　776　2006.4　p66～68

**陥没** ㊐柄本劇団
*1610* 上演：1990年7月12日～7月22日　場所：紀伊國屋ホール　作：岩松了　演出：柄本明
◇「中途のドラマ」安住恭子　しんげき　37(9)　1990.9　p38～41
◇「だからといってどうというわけではないが岩松了の音楽に対する厳格な姿勢について」宮沢章夫　しんげき　37(10)　1990.10　p50～53

**陥没** ㊐Bunkamura, キューブ
*1611* 上演：2017年2月4日～2月26日　場所：シアターコクーン　作・演出：ケラリーノ・サンドロヴィッチ
◇「「沖縄」は何も変わっていない（俳優座劇場『人形の家』、文化座『命どぅ宝』、シアターコクーン『陥没』）」杉山弘　テアトロ　930　2017.4　p42～43

**管理人** ㊐世田谷パブリックシアター
*1612* 上演：2017年11月26日～12月17日　場所：シアタートラム　作：ハロルド・ピンター　訳：徐賀世子　演出：森新太郎
◇「期待を膨らませたものの（てがみ座『風紋～青のはて2017～』,JACROW『骨と肉』,Bunkamura『24番地の桜の園』、世田谷パブリックシアター『管理人』、加藤健一事務所『夢一夜』）」杉山弘　テアトロ　942　2018.2　p54～56

**巌流島** ㊐パルコ
*1613* 上演：1996年10月15日～11月4日　場所：PARCO劇場　作：三谷幸喜　演出：山田和也
◇「喜劇の主役（パルコ・プロデュース『巌流島』、青年劇場『キッスだけでいいわ』）」大沢圭司　テアトロ　651　1997.1　p66～67

**ギィ・フォワシィ 演劇コンクール** ㊐ギィ・フォワシィ・シアター
*1614* 上演：2004年2月13日～2月15日　場所：シアターX
◇「生活感を共有する…（テアトル・エコー『マチのモノガタリ』、加藤健一事務所『すべて世は事も無し』、弘前劇場『家には高い木があった』、円『私の金子みすゞ』、ギィ・フォワシィ・シアター＋シアターX『ギィ・フォワシィ演劇コンクール』）」浦崎浩實　テアトロ　749　2004.5　p53～55

**黄色い叫び** ㊐トラッシュマスターズ
*1615* 上演：2011年4月13日～4月24日　場所：ワーサルシアター　作・演出：中津留章仁
◇「腹を括った一作（中津留章仁Lovers Vol.3『黄色い叫び』、民藝『帰れ、いとしのシーバ』）」村井健　テアトロ　848　2011.6　p46～47

**黄色い花** ㊐三角フラスコ
*1616* 上演：1999年6月24日～6月27日　場所：劇研アトリエ　作・演出：花田明子
◇「7月の関西 若い演技者たちの台頭（C・T・T『さよなら方舟』、三角フラスコ『黄色い花』）」太田耕人　テアトロ　685　1999.9　p79～81

**黄色い部屋の秘密 ニヤリの月と散り散りの森** ㊐３○○
*1617* 上演：1983年8月10日～8月16日　場所：紀伊國屋ホール　作・演出：渡辺えり子
◇「演劇はツキである（ことばの劇場）」高野嗣郎　新劇　30(10)　1983.10　p29～31

**消えた海賊** ㊐東京演劇アンサンブル
*1618* 上演：2002年3月28日～3月31日　場所：東京芸術劇場　作・演出：広渡常敏　音楽：林光
◇「ことばを超える演劇こそが…（東演『三文オペラ』、こまつ座『国語元年』、東京演劇アンサンブル『消えた海賊』）」中本信幸　テアトロ　721　2002.5　p48～49

**消えていくなら朝** ㊐新国立劇場
*1619* 上演：2018年7月12日～7月29日　場所：新国立劇場小劇場　作：蓬莱竜太　演出：宮田慶子
◇「その先が見たい（新国立劇場『消えていくなら朝』、ナイロン100℃『睾丸』、流山児★事務所『満州戦線』、KAAT×地点『山山』、シス・カンパニー『お蘭、登場！』）」杉山弘　テアトロ　950　2018.9　p46～48

**キエ 囚われ女の日記** ㊐朋友
*1620* 上演：2002年10月19日～10月24日　場所：紀伊國屋ホール　作：八木柊一郎　演出：西川信廣
◇「真実を求めて（昴『転落』、加藤健一事務所『バッファローの月』、朋友『キエ』、ピープルシアター『神々は、戯れせんとや生まれけん』）」渡辺淳

テアトロ　731　2003.1　p58〜60

## 消えなさい・ローラ　ⓣかたつむりの会
1621　上演：1994年6月15日〜6月19日　場所：ジァン・ジァン　作：別役実　演出：村井志摩子
◇「『スタイル』からの戦略（トム・プロジェクト『ベンチャーズの夜』，扉座『お伽の棺』，かたつむりの会『消えなさい・ローラ』，燐『スターマン』，文学座『日暮れて、二楽章のセレナーデ』）」大沢圭司　テアトロ　619　1994.8　p70〜73

## 記憶、或いは辺境　ⓣ風琴工房
1622　上演：2004年5月12日〜5月19日　場所：ザ・スズナリ　作・演出：詩森ろば
◇「言葉が創り出す空間（風琴工房『記憶、或いは辺境』，俳優座劇場プロデュース『名は五徳』，青年団『ヤルタ会談』『忠臣蔵・OL編』，新国立劇場『てのひらのこびと』）」丸田真悟　テアトロ　751　2004.7　p51〜53
1623　上演：2012年6月27日〜7月8日　場所：池袋シアターKASSAI　作・演出：詩森ろば　音楽：青木タクヘイ
◇「再演されるべき作品（俳優座劇場プロデュース『東京原子核クラブ』，風琴工房『記憶、或いは辺境』，中津留章仁『Lover's『水無月の雲々』）」丸田真悟　テアトロ　866　2012.9　p42〜43

## 記憶の通り路─孤独に苛まれている老婦人には気をつけて　ⓣ東京演劇集団風
1624　上演：2018年8月28日〜9月2日　場所：レパートリーシアターKAZE　作：マテイ・ヴィスニユック　訳：川口覚子　構成・演出：江原早哉香　舞台美術・衣裳：アンドラ・バドゥレスコ　作曲・音楽制作：パンジャマン・クルシエ　人形・マスク美術：エリック・ドゥニエ
◇「家族という厄介な関係（ハイバイ『て』『夫婦』，石井光三オフィスプロデュース『死神の精度〜7Days Judgement』，シーエイティプロデュース『黄昏』，神奈川芸術劇場『グレーテルとヘンゼル』，東京演劇集団風『記憶の通り路─孤独に苛まれている老婦人には気をつけて』）」杉山弘　テアトロ　952　2018.11　p49〜51

## 記憶のパズル　ⓣ森組芝居
1625　上演：2017年2月8日〜2月12日　場所：俳優座劇場　作：森治美　演出：市川正
◇「時空を経て見える舞台力（森組芝居『記憶のパズル』，KAZE『Voices in the Dark─分解された劇場あるいは人間ゴミ箱』，オフィス3〇〇『鯨よ！私の手に乗れ』）」斎藤偕子　テアトロ　930　2017.4　p40〜41

## 記憶の窓　ⓣNLT
1626　上演：2003年7月2日〜7月6日　場所：内幸町ホール　原作：高橋克彦　脚本：道又力　演出：原田一樹
◇「運命の指針たる女たち（昴『怒りの葡萄』，虹企画／ぐるぷ・しゅら『俺たち天使じゃないけれど』，NLT『記憶の窓』）」浦崎浩實　テアトロ　740　2003.9　p48〜49

## 記憶パズル　ⓣCANプロ
1627　上演：2017年6月7日〜6月11日　場所：スタジオCAN　作：磐城春　演出：佐藤雄一
◇「嗚呼、人生（劇団道学先生『梶山太郎氏の憂鬱と微笑』，新国立劇場『君が人生の時』，他人会新社『これはあなたのもの』，CANプロ『記憶パズル』）」杉山弘　テアトロ　935　2017.8　p40〜42

## 木を揺らす　ⓣ演劇集団円
1628　上演：1990年5月26日〜6月4日　場所：シアターサンモール　作：太田省吾　演出：前川錬一
◇「引用が表現になる時（円『木を揺らす』）」みなもとごろう　テアトロ　570　1990.8　p24〜25

## 木を揺らす─2　ⓣ演劇集団円
1629　上演：1994年9月14日〜9月25日　場所：シアターX　作・演出：太田省吾
◇「舞台における言葉（パルコ劇場『オレアナ』，円『木を揺らす─2』，東京サンシャインボーイズ『罠』，こまつ座『父と暮らせば』，東京芸術座『あわて幕やぶけ芝居』）」大沢圭司　テアトロ　622　1994.11　p67〜71

## 機械　ⓣペンギンプルペイルパイルズ
1630　上演：2005年2月17日〜3月6日　場所：OFF・OFFシアター　作・演出：倉持裕
◇「芸術家の運命と〈体制〉（風琴工房『機械と音楽』，ペンギンプルペイルパイルズ『機械』，一跡二跳『眠れる森の美女』）」浦崎浩實　テアトロ　763　2005.5　p60〜61

## 機械じかけのピアノのための未完成の戯曲　ⓣ昴
1631　上演：2010年10月9日〜10月17日　場所：あうるすぽっと　作：ニキータ・ミハルコフ，アレクサンドル・アダバシアン　訳：松村都　台本：福田逸　演出：菊池准　振付：神崎由布子　音楽：上田亨
◇「笑う門には福？（黒テント『ミュージカル・チェーホフ歌うワーニャおじさん』，俳小『トキワ荘の夏』，昴『機械じかけのピアノのための未完成の戯曲』）」中本信幸　テアトロ　841　2010.12　p50〜51

## 機械と音楽　ⓣ風琴工房
1632　上演：2005年3月9日〜3月16日　場所：ザ・スズナリ　作・演出：詩森ろば
◇「芸術家の運命と〈体制〉（風琴工房『機械と音楽』，ペンギンプルペイルパイルズ『機械』，一跡二跳『眠れる森の美女』）」浦崎浩實　テアトロ　763　2005.5　p60〜61

## 帰還　ⓣ民藝
1633　上演：2011年6月22日〜7月4日　場所：紀伊國屋サザンシアター　作：坂手洋二　演出：山下悟
◇「歳月で風化した秩序（民藝『帰還』，新国立劇場『おどくみ』，Bunkamura／大規模修繕劇団『血の婚礼』）」水落潔　テアトロ　852　2011.9　p42〜43

帰還　㈱燐光群
***1634*** 上演：2013年5月31日〜6月9日　場所：ザ・スズナリ　作・演出：坂手洋二
　◇「どこから現実に切り込むか（ワンツーワークス『恐怖が始まる』，流山児★事務所『アトミック☆ストーム』，燐光群『帰還』）」みなもとごろう　テアトロ　879　2013.8　p50〜51

危機一髪　㈱昴
***1635*** 上演：2012年6月9日〜6月17日　場所：俳優座劇場　作：ソーントン・ワイルダー　訳：水谷八也　演出：鵜山仁
　◇「過酷と慰撫（文学座アトリエの会『ナシャ・クラサ 私たちは共に学んだ』，SHIMIN劇場Ⅱ『そして・家族とは？ ごめんなさい』，俳優座ラボ『バック オブ ブライズ』，昴『危機一髪』）」中本信幸　テアトロ　865　2012.8　p46〜47

帰郷　㈱トム・プロジェクトプロデュース
***1636*** 上演：2004年10月22日〜10月29日　場所：紀伊國屋ホール　作：松田正隆　演出：高瀬久男
　◇「人間と愛の再検証（新国立劇場『ヒトノカケラ』，トム・プロジェクトプロデュース『帰郷』，昴『チェーホフ的気分』，地人会『怒りをこめてふり返れ』）」渡辺淳　テアトロ　759　2005.1　p56〜58

戯曲推理小説─ローズマリーの赤ん坊のように
　㈱木冬社
***1637*** 上演：1987年11月6日〜11月15日　場所：PARCO SPACE PART3　作・演出：清水邦夫
　◇「身につまされる錯乱のドラマ（木冬社『戯曲推理小説』）」菅孝行　テアトロ　539　1988.1　p34〜35
***1638*** 上演：1999年11月10日〜11月14日　場所：サイスタジオ　演出：松本典子，清水邦夫
　◇「"引用"とポプリとの間に…（千田是也記念公演『ブレヒトオペラ』，木冬社『戯曲推理小説』『戯曲推理小説』）」みなもとごろう　テアトロ　690　2000.1　p74〜75

戯曲冒険小説─歳月よ、老いさらばえた姫たちよ　㈱木冬社
***1639*** 上演：1999年11月10日〜11月14日　場所：サイスタジオ　演出：松本典子，清水邦夫
　◇「"引用"とポプリとの間に…（千田是也記念公演『ブレヒトオペラ』，木冬社『戯曲推理小説』『戯曲冒険小説』）」みなもとごろう　テアトロ　690　2000.1　p74〜75

キケキケ、犬ノ声　㈱ブリキの自発団
***1640*** 上演：1994年12月4日〜12月11日　場所：ザ・スズナリ　作・演出：生田萬
　◇「演劇をもっと愛するために？（扉座『アインシュタインの子どもたち』，ブリキの自発団『キケキケ、犬ノ声』）」山登敬之　テアトロ　626　1995.2　p72〜73

喜劇 僧侶と娼婦　㈱ソパナム座
***1641*** 上演：1982年

　◇「ルーツに根ざした現代演劇」梅本洋一　新劇　29(10)　1982.10　p36〜37

喜劇の殿さん　㈱民藝
***1642*** 上演：2006年12月6日〜12月21日　場所：三越劇場　作：小幡欣治　演出：丹野郁弓
　◇「夢に賭けた芸人たち（民藝『喜劇の殿さん』，木山事務所『人形の夢ひとの夢』）」水落潔　テアトロ　788　2007.2　p54〜55

喜劇 花の元禄後始末 紀伊国屋文左衛門の妻
　㈱NLT
***1643*** 上演：2009年8月14日〜8月30日　場所：三越劇場　作・演出：池田政之
　◇「怪しい噺の真（め組『信長』，NLT『花の元禄後始末』，シス・カンパニー『怪談 牡丹燈籠』）」中本信幸　テアトロ　825　2009.10　p46〜47

喜劇 ファッションショー　㈱民藝
***1644*** 上演：2011年1月28日〜2月8日　場所：紀伊國屋サザンシアター　作：木庭久美子　演出：渾大防一枝
　◇「弱り目に抗して花やぐ…（トム・プロジェクト『青空…！』，民藝『喜劇 ファッションショー』，黒テント『6号室』）」中本信幸　テアトロ　846　2011.4　p46〜47

喜劇 ほらんばか／楽屋　㈱兵庫県立ピッコロ劇団
***1645*** 上演：2006年6月9日〜6月15日　場所：ピッコロシアター　作：秋浜悟史（喜劇 ほらんばか），清水邦夫（楽屋）　演出：鵜山仁
　◇「6月の関西 ジャンルを揺るがす（兵庫県立ピッコロ劇団『喜劇 ほらんばか』『楽屋』，南河内万歳一座『お馬鹿屋敷』）」太田耕人　テアトロ　781　2006.8　p102〜104

喜劇 ロミオとジュリエット　㈱黒テント，PETA
***1646*** 上演：1997年10月30日〜11月9日　場所：「劇」小劇場　原作：シェイクスピア　共同台本：山元清多，ロディ・ヴェラ　共同演出：山元清多，ソクシー・トパチオ
　◇「戦争とジャパユキと70年代と（扉座『ホテルカリフォルニア─私戯曲 県立厚木高校物語』，ハーフムーン・シアターカンパニー『パレードを待ちながら』，黒テント+PETA『喜劇ロミオとジュリエット』）」七字英輔　テアトロ　664　1998.1　p68〜70

危険な関係　㈱松竹
***1647*** 上演：1988年6月14日〜7月3日　場所：サンシャイン劇場　脚本：クリストファー・ハンプトン　訳：吉田美枝　演出：デヴィッド・ルヴォー
　◇「父の力、父の不在」七字英輔　新劇　35(9)　1988.9　p30〜33

危険な関係　㈱パルコ
***1648*** 上演：1993年3月4日〜3月21日　場所：PARCO劇場　脚本：クリストファー・ハンプトン　訳：吉田美枝　演出：デヴィッド・

## きけん

ルヴォー
◇「脚本、そして演出の構図（黒テント『窓ぎわのセロ弾きのゴーシュ』、パルコ『危険な関係』、アートスフィア『香港ラプソディー』）」大沢圭司　テアトロ　603　1993.5　p62〜64

### 危険な関係　㊞Bunkamura
**1649** 上演：2017年10月8日〜10月31日　場所：シアターコクーン　脚本：クリストファー・ハンプトン　演出：リチャード・トワイマン
◇「寛容という名の変奏（松竹『アマデウス』、劇団民藝『33の変奏曲』、劇団1980『素劇 楢山節考』、Bunkamura『危険な関係』）」杉山弘　テアトロ　939　2017.12　p36〜38

### 危険な関係　㊞ロイヤル・シェイクスピア・カンパニー
**1650** 上演：1991年1月6日〜1月16日　場所：パナソニック・グローブ座　脚本：クリストファー・ハンプトン　演出：デヴィッド・ルヴォー
◇「たくらみに満ちた技術」長谷部浩　しんげき　38（4）　1991.4　p22〜25

### 危険なダブルキャスト　㊞木村プロダクション
**1651** 上演：1995年1月5日〜1月16日　場所：博品館劇場　作：ロベール・トマ　訳：大久保輝臣　演出：大野木直之
◇「確固たるドラマの枠組（俳優座『カラマーゾフの兄弟』、木村プロ『危険なダブルキャスト』、四季『キャッツ』、幹の会・安沢事務所『オセロー』、竹中直人の会『月光のつつしみ』、ピープルシアター『異人たちの辻』、扉座『新羅生門』）」結城雅孝　テアトロ　627　1995.3　p76〜83

### 危険な曲り角　㊞俳優座LABO
**1652** 上演：2001年8月5日〜8月12日　場所：俳優座5F稽古場　作：J・B・プリーストリー　訳：内村直也　演出：原田一樹
◇「息をもつかせぬ展開の妙（俳優座LABO『危険な曲り角』、北区つかこうへい劇団『新・飛龍伝』）」大岡淳　テアトロ　713　2001.10　p52〜53

### 奇行遊戯　㊞トラッシュマスターズ
**1653** 上演：2018年6月20日〜6月24日　場所：上野ストアハウス　作・演出：中津留章仁
◇「古今東西変らぬものは（狂言劇場『狂言呼声』『狂言楢山節考』、トラッシュマスターズ『奇行遊戯』、萬國四季協會『三人姉妹』）」黒羽英二　テアトロ　950　2018.9　p65〜67

### 気骨の判決　㊞俳優座
**1654** 上演：2013年11月15日〜11月24日　場所：紀伊國屋ホール　原作：清永聡　作：竹内一郎　演出：川口啓史
◇「誇り高き人たち（トム・プロジェクトプロデュース『裏小路』、俳優座『気骨の判決』、新小『幻燈辻馬車』）」北川登園　テアトロ　885　2014.1　p40〜41

### 戯式　㊞正直者の会
**1655** 上演：2018年1月30日　場所：ウィングフィールド　作・演出：田中遊

◇「2月の関西 阪神大震災に静かに思いを馳せる（Plant M『blue film』、匣の階『パノラマビールの夜』、烏丸ストロークロック『まほろばの景』、能×現代演劇work『ともえと、』、田中遊『戯式』）」九鬼葉子　テアトロ　944　2018.4　p65〜67

### 岸田國士短編集「明日は天気」「驟雨」「秘密の代償」　㊞文学座
**1656** 上演：2011年11月4日〜11月13日　場所：紀伊國屋サザンシアター　作：岸田國士　演出：西川信廣
◇「言葉の色と艶とニュアンス（新国立劇場『イロアセル』『天守物語』、文学座『岸田國士短編集「明日は天気」「驟雨」「秘密の代償」』）」水落潔　テアトロ　857　2012.1　p40〜41

### 岸田國士的なるものをめぐって〜3人の作家による新作短編集　㊞Pカンパニー
**1657** 上演：2011年9月30日〜10月5日　場所：スタジオP　作：石原燃（はっさく）、阿藤智恵（曼珠沙華）、竹本稔（果樹園に降る雨）　演出：小笠原響（はっさく）、冨士川正美（曼珠沙華）、木島恭（果樹園に降る雨）
◇「役者の現代世界の創造方（民藝『カミサマの恋』、朋友『幽霊人命救助隊』、Pカンパニー『岸田國士的なるものをめぐって〜「果樹園に降る雨」「はっさく」「曼珠沙華」』）」斎藤偕子　テアトロ　855　2011.12　p36〜37

### キジムナー・キジムナー　㊞青年劇場
**1658** 上演：2003年9月21日　場所：前進座劇場　作：高橋正圀　演出：松波喬介
◇「表現への欲求と必然性（宇宙堂『りぼん』、新国立劇場/維新派『ノクターン』、青年劇場『キジムナー・キジムナー』）」丸田真悟　テアトロ　742　2003.11　p56〜58

### 汽車　㊞広島の女上演委員会
**1659** 上演：1998年5月5日〜5月7日　場所：四谷区民ホール　作・演出：村井志摩子
◇「久々の喜劇の傑作（青年座『大いなる相続』、昴ザ・サード・ステージ『プレイング・フォア・タイム』、広島の女上演委員会『汽車』、東宝現代劇75人の会『返り花』）」江原吉博　テアトロ　673　1998.10　p64〜66

### 記者と事件　㊞ナイスミドル劇場
**1660** 上演：1996年1月12日〜1月14日　場所：ウィングフィールド　作：アムリン・グレイ　訳・台本：鳴原真一　演出：菊川徳之助
◇「1月の関西 人間と、周囲の世界（ナイスミドル劇場『記者と事件』、office utata'neプロデュース『グレイオルゴール』）」宮辻政夫　テアトロ　640　1996.4　p80〜81

### 岸 リトラル　㊞世田谷パブリックシアター
**1661** 上演：2018年2月20日〜3月11日　場所：シアタートラム　作：ワジディ・ムアワッド　訳：藤井慎太郎　演出：上村聡史
◇「死を見つめる生を鮮やかに描く（世田谷パブリックシアター『岸 リトラル』、トラッシュマスターズ『埋没』、文学座『真実』）」丸田真悟　テアトロ　945　2018.5　p32〜33

キスインヘル [団]悪い芝居
1662 上演：2015年6月17日～6月23日 場所：HEP HALL 作・演出：山崎彬
◇「6・7月の関西 この不確かなリアリティ（南河内万歳一座『楽園』, 悪い芝居『キスインヘル』, PM/飛ぶ教室『とりあえず、ボレロ』）」太田耕人 テアトロ 908 2015.9 p38～39

奇数な二人 [団]自宅劇場
1663 上演：1980年4月22日～4月24日 場所：ジァン・ジァン 作・演出：花房徹
◇「二つの町の二つの不思議な芝居」衛紀生 新劇 27(6) 1980.6 p34～37

疵だらけのお秋 [団]俳優座劇場
1664 上演：1998年11月21日～11月29日 場所：俳優座劇場 作：三好十郎 演出：鵜山仁
◇「アンチ・ヒーローへのオマージュ（日生劇場『リンドバークの飛行』『七つの大罪』, 俳優座劇場プロデュース『疵だらけのお秋』, 民藝『勤皇やくざ瓦版』, 俳優座LABO『家族な人々』, 文学座『ジンジャーブレッド・レディー』）」渡辺淳 テアトロ 678 1999.2 p66～69

キス・ミー・ケイト [団]シアターアプル
1665 上演：1985年9月28日～10月16日 場所：シアターアプル 台本：ベラ・スペワック, サム・スペワック 訳：和田誠 演出：宮島春彦
◇「二十年の進歩（シアターアプル「キス・ミー・ケイト」）」石崎勝久 テアトロ 514 1985.12 p28～29

奇跡の人 [団]松竹
1666 上演：1986年2月5日～2月28日 場所：日生劇場 作：ウィリアム・ギブスン 訳：額田やえ子 演出：今野勉
◇「全存在を賭けた闘争（松竹『奇跡の人』）」結城雅秀 テアトロ 518 1986.4 p32～33

奇跡の人 [団]日生劇場
1667 上演：1987年8月2日～8月25日 場所：日生劇場 作：ウィリアム・ギブソン 訳：額田やえ子 演出：テリー・シュライバー
◇「"闘い"から"心"の解放へ（日生劇場『奇跡の人』）」岩波剛 テアトロ 536 1987.10 p34～35

季節のない街 [団]手織座
1668 上演：1998年10月12日～11月2日 場所：劇団手織座アトリエ 原作：山本周五郎 脚本・演出：大西信行
◇「老舗劇団の5公演（文学座『牛乳屋テヴィエ物語』, 手織座『季節のない街』, 俳優座『遅咲きの花のワルツ』, ピープルシアター『幻影のムーランルージュ』, 青年座『ムーランルージュ』）」水落潔 テアトロ 675 1998.12 p49～51

季節はずれの長屋の花見 [団]俳優座
1669 上演：1989年4月17日～4月30日 場所：俳優座劇場 作：吉永仁郎 演出：阿部廣次
◇「口さきばかりではらわたはなし（俳優座『季節はずれの長屋の花見』）」矢野誠一 テアトロ 556 1989.6 p28～29

奇想の前提 [団]鴿的
1670 上演：2017年7月21日～7月30日 場所：テアトルBONBON 作：高木登 演出：寺十吾
◇「古典の現代化はアイデア次第（オフィスコットーネ・プロデュース『怪談 牡丹燈籠』, 鴿的『奇想の前提』, こまつ座『イヌの仇討』, 劇団青年座『旗を高く揚げよ』）」杉山弘 テアトロ 937 2017.10 p48～50

貴族の階段 [団]俳優座
1671 上演：1984年12月8日～12月25日 場所：サンシャイン劇場 原作：武田泰淳 作：田中千禾夫 演出：千田是也
◇「栗原小巻の氷見子（俳優座『貴族の階段』）」大笹吉雄 テアトロ 504 1985.2 p28～29

喜多川歌麿女絵草紙 [団]俳優座
1672 上演：2006年1月11日～1月22日 場所：紀伊國屋サザンシアター 原作：藤沢周平 脚本：池田政之 演出：安川修一
◇「いかに生きるか、何をなすべきか（うりんこ『弟の戦争』, トム・プロジェクト『夕空晴れて』, 俳優座『喜多川歌麿女絵草紙』）」中本信幸 テアトロ 775 2006.3 p78～79

北の阿修羅は生きているか [団]文学座
1673 上演：1999年5月17日～5月27日 場所：紀伊國屋サザンシアター 作：鐘下辰男 演出：西川信廣
◇「裸の人間群像（文学座『北の阿修羅は生きているか』, 山海塾『ひびき』）」渡辺淳 テアトロ 683 1999.7 p60～61

北へんろ [団]俳優座
1674 上演：2017年4月13日～4月22日 場所：シアターX 作：堀江安夫 演出：眞鍋卓嗣
◇「過去のこだわり、でも今を生きる力（俳優座『北へんろ』, 文学座アトリエ『青べか物語』, 青年劇場『梅子とよっちゃん』）」斎藤偕子 テアトロ 933 2017.7 p40～41

北街物語 [団]赤い風
1675 上演：1986年10月25日～10月26日 場所：三百人劇場 作：工藤森栄 作・演出：おきあんご
◇「着実な展開みせる地域演劇—地域劇団東京演劇祭」藤木宏幸 テアトロ 527 1987.1 p40～41

奇ッ怪～小泉八雲から聞いた話 [団]世田谷パブリックシアター
1676 上演：2009年7月3日～7月20日 場所：世田谷パブリックシアター 構成・脚本・演出：前川知大
◇「現代を投影する再話のドラマ（世田谷パブリックシアター『奇ッ怪』, 燐光群『現代能楽集 イプセン』, M.O.P.『リボルバー』）」みなもとごろう テアトロ 825 2009.10 p43～45

## きつし

**木辻嘘801** 圑トリコ・A
1677 上演：2003年9月13日～9月15日　場所：京都芸術センター・フリースペース　作・演出：山口茜
◇「10月の関西 リアリズムを逃れて（京都ビエンナーレ2003『宇宙の旅、セミが鳴いて』、焚火の事務所『狐のつかい』、トリコ・A『木辻嘘801』）」太田耕人　テアトロ　743　2003.12　p62～64

**キッスだけでいいわ** 圑青年劇場
1678 上演：1996年11月12日～11月14日　場所：東京芸術劇場中ホール　作：髙橋正圀　演出：松波喬介
◇「喜劇の主役（パルコ・プロデュース『厳流島』、青年劇場『キッスだけでいいわ』）」大沢圭司　テアトロ　651　1997.1　p66～67

**KITCHEN** 圑Bunkamura
1679 上演：2005年4月5日～4月24日　場所：シアターコクーン　作：アーノルド・ウェスカー　訳：小田島雄志　演出：蜷川幸雄
◇「再演三題…回る旅人生・拡散した空間・モノクロの幻想（シアターX『母アンナ・フィアリングとその子供たち』、シアターコクーン『KITCHEN』、北九州芸術劇場『ルル』）」斎藤偕子　テアトロ　764　2005.6　p60～62

**キッチン・カタ** 圑アジア女性演劇会議（AWT）特別企画
1680 上演：2002年5月25日～5月26日　場所：Space EDGE　作：スルジット・パーター　演出：ニーラム・マン・シン・チャウドリー
◇「ザ・カンパニー公演『キッチン・カタ』 物語の完結性」外岡尚美　シアターアーツ　17　2002.8　p92～95
◇「ザ・カンパニー公演『キッチン・カタ』 色彩と沈黙」太田耕人　シアターアーツ　17　2002.8　p96～98

**啄木鳥が鳴く森の中で** 圑俳小
1681 上演：2009年9月30日～10月4日　場所：東京芸術劇場小ホール2　作：フリードリヒ・デュレンマット　演出：入谷俊一　音楽：平岩佐和子
◇「現代の幻想（燐光群＋グッドフェローズ『BUG/バグ』、青果鹿『プルカニロ博士の実験』、劇団俳小『啄木鳥が鳴く森の中で』、黒テント『ショボロヴィッチ巡業劇団』）」斎藤偕子　テアトロ　827　2009.12　p34～36

**きつねのかみそり** 圑虚空旅団
1682 上演：2018年9月14日～9月16日　場所：AI・HALL　作・演出：高橋恵
◇「9月の関西 怒り、諷刺、茶化し。多彩なアプローチ（劇団犯罪友の会『私はレフト』、能×現代演劇work#5『ハナタカ』、匿名劇壇『笑う茶化師と事情女子』、虚空旅団『きつねのかみそり』、平成30年度兵庫県舞台芸術団体フェスティバル『通天閣』）」九鬼葉子　テアトロ　952　2018.11　p68～70

**狐のつかい** 圑焚火の事務所
1683 上演：2003年9月19日～9月21日　場所：大阪市立芸術創造館　作・演出：三枝希望
◇「10月の関西 リアリズムを逃れて（京都ビエンナーレ2003『宇宙の旅、セミが鳴いて』、焚火の事務所『狐のつかい』、トリコ・A『木辻嘘801』）」太田耕人　テアトロ　743　2003.12　p62～64

**狐火** 圑メープルリーフ・シアター
1684 上演：2004年10月8日～10月11日　場所：三百人劇場　作：スーザン・クーパー、ヒューム・クローニン　訳：吉原豊司　演出：貝山武久　振付：稲木雄二　音楽：外山誠二、石川真起、大島正光
◇「ヴァラエティに富んだ翻訳劇四題（世田谷パブリックシアター『リア王の悲劇』、俳小『―悲喜劇―自殺者』、メープルリーフ・シアター『狐火』、シアターアンネフォール『BLASTED―爆風―』）」七字英輔　テアトロ　757　2004.12　p60～62

**来てけつかるべき新世界** 圑ヨーロッパ企画
1685 上演：2016年10月5日～10月11日　場所：ABCホール　作・演出：上田誠
◇「10月の関西 関西発の企画、演劇祭が相次ぐ（維新派『アマハラ』、現代演劇レトロスペクティブ『夜の子供よ』、Plant M『君ヲ追ヲ』、匿名劇壇『戸惑えよ』、ヨーロッパ企画『来てけつかるべき新世界』、ジャブジャブサーキット『猿川方程式の誤算あるいは死亡フラグの正しい折り方』）」九鬼葉子　テアトロ　925　2016.12　p70～72

**樹と樹の夢** 圑神奈川芸術文化財団
1686 上演：2000年3月10日～3月12日　場所：相鉄本多劇場　原作：G・ガルシア＝マルケス　演出：加藤直　美術：荒ま良　振付：伊藤多恵　作曲：萩京子　※マルケス「予告された殺人の記録」より
◇「地上の片隅の、ちょっとした出来事（ASK演劇1999『樹と樹の夢』）」大岡淳　テアトロ　694　2000.5　p58～59

**キートン** 圑維新派
1687 上演：2004年10月8日～10月27日　場所：大阪南港・野外特設劇場　作・演出：松本雄吉
◇「クロスレビュー『キートン』 スペクタクルに抗するスペクタクル」髙橋宏幸　シアターアーツ　21　2004.12　p28～31
◇「クロスレビュー『キートン』 光と影。その野外の世界―維新派『キートン』」九鬼葉子　シアターアーツ　21　2004.12　p32～34
◇「11月の関西 偽史からはなれて（桃園会『熱帯夜』『うちやまつり』、維新派『キートン』、犯罪者の会『白いとかげ』）」太田耕人　テアトロ　759　2005.1　p106～108

**木に花咲く** 圑青年座
1688 上演：1980年6月18日～6月22日、9月17日～11月21日　場所：青年座劇場　作：別役実　演出：石澤秀二
◇「桜の木の下の憎しみ」森秀男　新劇　27（8）1980.8　p21～24
◇「爛漫たる闇（青年座『青春の砂のなんと早く』『木に花咲く』）」岩波剛　テアトロ　450　1980.8　p30～34

### 砧

1689 上演：1980年
◇「単純は複雑」堂本正樹　新劇　27(12)　1980.12　p30～33

### きぬという道連れ　[団]まにまアート

1690 上演：1996年5月30日～6月9日　場所：俳優座劇場　作：秋元松代　演出：石澤秀二，立沢雅人
◇「押入のなかの骸骨(東京演劇アンサンブル『沼地』，俳優座・三越劇場提携『ゆの暖簾』，まにまアート『きぬという道連れ』，金杉忠男アソシエーツ『POOL SIDE』)」みなもとごろう　テアトロ　645　1996.8　p65～68

### キネマの神様　[団]青年劇場

1691 上演：2018年9月14日～9月23日　場所：紀伊國屋サザンシアターTAKASHIMAYA　原作：原田マハ　脚本：高橋正圀　演出：藤井ごう
◇「原作の世界観をどう舞台化するか(青年劇場『キネマの神様』，KAAT神奈川芸術劇場『華氏451度』，ピープルシアター『燃えひろがる荒野』，東京芸術劇場『ゲゲゲの先生へ』，シス・カンパニー『出口なし』)」杉山弘　テアトロ　953　2018.12　p40～43

### キネマの天地　[団]こまつ座

1692 上演：2011年9月5日～10月1日　場所：紀伊國屋サザンシアター　作：井上ひさし　演出：栗山民也
◇「再演が新発見を生む(こまつ座『キネマの天地』，可児市文化振興財団『エレジー』，トム・プロジェクト『あとは野となれ山となれ』)」高橋豊　テアトロ　855　2011.12　p38～39

### キネマの天地　[団]松竹

1693 上演：1986年12月5日～12月27日　場所：日生劇場　作・演出：井上ひさし
◇「騙され切れないもどかしさ(松竹・日生『キネマの天地』)」千野幸一　テアトロ　528　1987.2　p28～29

### 記念碑　[団]名取事務所

1694 上演：2016年3月23日～3月27日　場所：「劇」小劇場　作：コリーン・ワグナー　訳：吉原豊司　演出：小笠原響
◇「過去は現在とつながり、全ては寂滅(シス・カンパニー『アルカディア』，新国立劇場『たとえば野に咲く花のように』，劇団東演『兄弟』，劇団昴『ヴェニスの商人』，東京演劇集団風『マハゴニー市の興亡』，名取事務所『記念碑』)」結城雅秀　テアトロ　918　2016.6　p30～33

### 木の上の軍隊　[団]こまつ座，ホリプロ

1695 上演：2013年4月5日～4月29日　場所：シアターコクーン　原案：井上ひさし　作：蓬莱竜太　演出：栗山民也
◇「形容本位の舞台、さまざま(シス・カンパニー『今ひとたびの修羅』，こまつ座&ホリプロ『木の上の軍隊』，東京芸術劇場『おのれナポレオン』)」みなもとごろう　テアトロ　876　2013.6　p50～51

### 昨日たちの旋律 イエスタデイズ・メロディ　[団]スーパーエキセントリック・シアター

1696 上演：1998年4月9日～4月29日　場所：東京芸術劇場中ホール　作：加藤学生，旗野修二　演出：三宅裕司
◇「八十年代演劇のアイコンを探して(流山児★事務所『私の青空』，21世紀FOX『冒険!!ロビンソン・クルウ島』，スーパーエキセントリック・シアター『昨日たちの旋律』)」川口賢哉　テアトロ　669　1998.6　p66～67

### 昨日はもっと美しかった―某地方巡査と息子にまつわる挿話　[団]木冬社

1697 上演：1982年1月20日～2月3日　場所：俳優座劇場　作・演出：清水邦夫
◇「愛と成熟の間」扇田昭彦　新劇　29(3)　1982.3　p25～28

### 木の咲くとき　[団]関西芸術座

1698 上演：1997年3月19日～3月23日　場所：関芸スタジオ　作：坂本真貴乃　演出：大井敦代
◇「4月の関西 人間とは何か、を問う眼(南河内万歳一座『錆びたナイフ』，ひょうご舞台芸術『バッファローの月』，関西芸術座『木の咲くとき』)」宮辻政夫　テアトロ　656　1997.6　p82～83

### 木の皿　[団]加藤健一事務所

1699 上演：2003年5月30日～6月15日　場所：本多劇場　作：エドマンド・モリス　訳：小田島恒志　演出：久世龍之介
◇「「言葉」と「風俗」のあいだ(新国立劇場『サド侯爵夫人』，ピープルシアター『アヴァター 聖なる化身』，加藤健一事務所『木の皿』，青年座『パートタイマー・秋子』)」みなもとごろう　テアトロ　739　2003.8　p58～60

### ギプス　[団]NINAGAWA STUDIO

1700 上演：1987年10月31日～11月7日　場所：ベニサン・ピット　作：宇野イサム　演出：蜷川幸雄
◇「蜷川幸雄演出の『ギプス』」渡辺保　新劇　35(1)　1988.1　p38～43

### 希望―幕末無頼伝　[団]青年座

1701 上演：1990年7月26日～7月30日　場所：紀伊國屋ホール　作：福田善之　演出：観世栄夫
◇「転形期を駆ける青年ロマネスク(青年座『希望―幕末無頼伝』)」佐伯隆幸　テアトロ　572　1990.10　p21～23

### 欺瞞と戯言　[団]トム・プロジェクト

1702 上演：2012年11月2日～11月11日　場所：本多劇場　作・演出：中津留章仁
◇「過ぎたるは(文学座『タネも仕掛けも』，俳優座『いのちの渚』，トム・プロジェクトプロデュース『欺瞞と戯言』)」杉山弘　テアトロ　871　2013.1　p46～47

### 君ヲ泣ク　[団]Plant M

1703 上演：2016年9月25日～10月2日　場所：アートグラウンドcocoromi　作・演出：樋口ミユ
◇「10月の関西 関西発の企画、演劇祭が相次ぐ

(維新派『アマハラ』, 現代演劇レトロスペクティブ『夜の子供2』,Plant M『君ヲ泣ク』, 匿名劇壇『戸惑えよ』, ヨーロッパ企画『来てけつかるべき新世界』, ジャブジャブサーキット『猿川方程式の誤算あるいは死亡フラグの正しい折り方』)」九鬼葉子　テアトロ　925　2016.12　p70〜72

### 君が人生の時　[団]新劇団協議会

1704 上演：1986年2月12日〜2月23日　場所：読売ホール　作：ウィリアム・サローヤン　訳：加藤道夫　演出：木村光一

◇「凶器と毒薬」渡辺保　新劇　33(4)　1986.4　p30〜35

◇「優しさの単純な深さ(新劇合同『君が人生の時』)」ほんちえいき　テアトロ　518　1986.4　p28〜31

### 君が人生の時　[団]新国立劇場

1705 上演：2017年6月13日〜7月2日　場所：新国立劇場中劇場　作：ウィリアム・サローヤン　訳：浦辺千鶴　演出：宮田慶子

◇「嗚呼、人生(劇団道学先生『梶山太郎氏の憂鬱と微笑』, 新国立劇場『君が人生の時』, 地人会新社『これはあなたのもの』,CANプロ『記憶パズル』)」杉山弘　テアトロ　935　2017.8　p40〜42

### きみのともだち　[団]MODE

1706 上演：1993年10月14日〜10月24日　場所：ザ・スズナリ　構成・演出：松本修

◇「生きる力と勇気を与えてくれた芝居(博品館『私はシャーリー・ヴァレンタイン』,MODE『きみのともだち』, 東京ギンガ堂『フェイク—記憶の庭園』, 一跡二跳『赤のソリスト93』)」結城雅秀　テアトロ　610　1993.12　p62〜65

### 奇妙な果実　[団]地人会

1707 上演：1994年4月3日〜4月10日　場所：全労済ホール/スペース・ゼロ　作・演出：木村光一　音楽：岩間南平, 奥村豊

◇「「時間」を感じさせる舞台(地人会『奇妙な果実』, アトリエ・ダンカン『ラストチャンスキャバレー』, キャラメルボックス『アローン・アゲイン』, プラチナ・ペーパーズ『櫻の園』, 俳優座『闇江風土記』)」大沢圭司　テアトロ　617　1994.6　p49〜52

### 奇妙なり—岡本一平とかの子の数奇な航海　[団]オフィスワンダーランド

1708 上演：2016年5月26日〜5月29日　場所：紀伊國屋ホール　作・演出：竹内一郎

◇「女たちの渦巻く百面相(Tファクトリー『愛情の内乱』, オフィスワンダーランド『奇妙なり』, 文学座『何か いけないことをしましたでしょうか?という私たちのハナシ』)」斎藤偕子　テアトロ　921　2016.8　p23〜25

### 奇妙旅行　[団]ワンツーワークス

1709 上演：2013年2月28日〜3月10日　場所：テアトルBONBON　作・演出：古城十忍

◇「レパートリーを彫琢する劇団(朋友『真砂女』, ワンツーワークス『奇妙旅行』, 劇団1980『あゝ東京行進曲』)」中本信幸　テアトロ　875　2013.5　p50〜51

### きみは いくさに 往ったけれど　[団]青年劇場

1710 上演：2018年3月13日〜3月18日　場所：紀伊國屋サザンシアターTAKASHIMAYA　作：大西弘記　演出：関根信一

◇「演目と舞台づくりの問題意識(青年劇場『きみは いくさに 往ったけれど』, 俳小『イエロー・フィーバー』, 名取事務所『渇愛』)」斎藤偕子　テアトロ　946　2018.6　p24〜25

### 君はいま、何処に…　[団]民藝

1711 上演：1993年12月9日〜12月23日　場所：三越劇場　原作：小島政二郎　脚本：砂田量爾　演出：高橋清祐

◇「壺にはまった芸の力(民藝『君はいま何処に…』, 東演『栄光の季節』)」江原吉博　テアトロ　613　1994.2　p75〜76

### 君はこの国を好きか　[団]青年座

1712 上演：2001年9月1日〜9月15日　場所：青年座劇場　原作：鷺沢萠　脚本：藤井清美　演出：伊藤大

◇「ステージに吹く、新しい、風。(青年座『君はこの国を好きか』, オフィスプロジェクトM『居酒屋物語』, 東京演劇集団 風『かもめ』)」桂木嶺　テアトロ　714　2001.11　p52〜53

### 肝っ玉おっ母と子供たち　[団]無名塾, パルコ

1713 上演：1988年10月19日〜11月3日　場所：PARCO劇場　作：ブレヒト　訳：丸本隆　演出：隆巴

◇「これこそ八〇年代のブレヒト?(無名塾『胆っ玉おっ母と子供たち』)」岩波剛　テアトロ　550　1988.12　p26〜27

### 肝っ玉おっ母とその子どもたち　[団]足立コミュニティ・アーツ

1714 上演：2008年1月18日〜1月30日　場所：シアター1010　作：ブレヒト　訳・台本：岩淵達治　演出：西川信廣

◇「身近な不安を感じさせる「リア王」(足立コミュニティ・アーツ『肝っ玉おっ母とその子どもたち』, 埼玉県芸術文化振興財団+ホリプロ『リア王』, NLT『ジゼルと粋な子供たち』)」北川登園　テアトロ　804　2008.4　p46〜48

### 肝っ玉おっ母とその子供たち　[団]東京演劇集団風

1715 上演：1999年9月6日〜9月15日　場所：レパートリーシアターKAZE　作：ブレヒト　台本：横山由和　演出：浅野佳成

◇「戦争と金銭欲と—「地獄めぐり」二題(東京演劇集団風『肝っ玉おっ母とその子供たち』, ナイロン100℃『テイク・ザ・マネー・アンド・ラン』)」七字英輔　テアトロ　687　1999.11　p56〜57

1716 上演：2000年9月8日〜9月15日　場所：レパートリーシアターKAZE　作：ブレヒト　台本：横山由和　演出：浅野佳成

◇「対照的な三つの舞台(新国立劇場『マクベス』, 俳優座劇場プロデュース『高き彼物』, 東京演劇集団風『肝っ玉おっ母とその子供たち』)」斎藤偕子　テアトロ　700　2000.11　p104〜106

*1717* 上演：2003年4月11日～4月13日　場所：レパートリーシアターKAZE　作：ブレヒト　訳：岩淵達治　上演台本：横山由和　演出：浅野佳成
◇「磨けば光る（青年劇場『袖振り合うも』、東京演劇集団風『肝っ玉おっ母とその子供たち』）」中本信幸　テアトロ　736　2003.6　p54～53

*1718* 上演：2004年5月5日～5月9日　場所：レパートリーシアターKAZE　作：ブレヒト　訳：岩淵達治　台本・演出：浅野佳成
◇「「不条理」という現実の中で（青年団『山羊―シルビアってだれ？―』、シス・カンパニー『ダム・ウェイター』、岡部企画『蜂の巣城―2002年中津江村より』、東京演劇集団風『肝っ玉おっ母とその子供たち』）」北川登園　テアトロ　751　2004.7　p48～50

*1719* 上演：2008年8月8日～8月10日　場所：レパートリーシアターKAZE　作：ブレヒト　演出：浅野佳成
◇「自分を一番知らないのは自分（音楽座ミュージカル『七つの人形の恋物語』、シス・カンパニー『人形の家』、東宝製作・シアタークリエ『青猫物語』、東京演劇集団風『肝っ玉おっ母とその子供たち、マハゴニー市の興亡』）」北川登園　テアトロ　812　2008.11　p48～50

*1720* 上演：2013年3月7日～3月10日　場所：レパートリーシアターKAZE　作：ブレヒト　台本・演出：浅野佳成
◇「視覚的な身体表現の面白さ（東京演劇集団風『ダンゼン・鉄はいくらか』『肝っ玉おっ母とその子供たち』、ルーマニア国立ラドゥ・スタンカ劇場『ゴドーは待たれながら』）」北川登園　テアトロ　875　2013.5　p44～45

## 肝っ玉おっ母とその子供たち　㈹俳優座

*1721* 上演：1984年5月8日～5月27日　場所：俳優座劇場　作：ブレヒト　訳・演出：千田是也
◇「反戦劇の味わい（俳優座『肝っ玉おっ母とその子供たち』）」渡辺淳　テアトロ　497　1984.7　p26～28

*1722* 上演：2000年1月27日～2月6日　場所：俳優座劇場　作：ブレヒト　訳：千田是也　演出：アレクサンドル・マーリン　作曲：P.パウル　訳詞：岩淵達治
◇「人間の異常・狂気（俳優座『肝っ玉おっ母とその子供たち』、パルコ劇場『ニジンスキー』）」斎藤偕子　テアトロ　693　2000.4　p54～55

*1723* 上演：2002年1月9日～1月13日　場所：俳優座劇場　作：ブレヒト　訳：千田是也　演出：アレクサンドル・マーリン
◇「チェーホフとブレヒトは蘇ったか？（俳優座『肝っ玉おっ母とその子供たち』、新国立劇場『かもめ』）」中本信幸　テアトロ　719　2002.3　p70～71

## 肝っ玉おっ母とその子供たち～あとから生まれてくる人たちに　㈹東京演劇集団風

*1724* 上演：2017年3月10日～3月12日　場所：レパートリーシアターKAZE　作：ブレヒト　訳：岩淵達治　台本・演出：浅野佳成
◇「批判の風にさらされない権力は傲慢を極める（青年劇場『原理日本』、Pカンパニー『白い花を隠す』、東京演劇集団風『肝っ玉おっ母とその子供たち』―あとから生まれてくる人たちに―）」杉山弘　テアトロ　931　2017.5　p26～27

## 肝っ玉おっ母とその子供たち／ノラが夫を捨てたあと　㈹東京演劇アンサンブル

*1725* 上演：1998年3月20日～3月22日　場所：東京芸術劇場小ホール1　作：ブレヒト　訳：千田是元慶福（肝っ玉おっ母とその子供たち）　エルフリーデ・イェリネク　訳：岩淵達治（ノラが夫を捨てたあと）　台本・演出：広渡常敏（肝っ玉おっ母とその子供たち）、ティルツァ・ブルンケン（ノラが夫を捨てたあと）
◇「現代演劇の"うち"と"そと"（東京演劇アンサンブル『肝っ玉おっ母とその子供たち』『ノラが夫を捨てたあと』、民藝『夢二の妻』、青年劇場アトリエ『サラエヴォのゴドー』、三人芝居『バラック』）」みなもとごろう　テアトロ　668　1998.5　p68～71

## 逆光線玉葱　㈹68/71黒色テント

*1726* 上演：1988年4月15日～4月24日　場所：品川駅港南口前黒色テント　作・演出：佐藤信
◇「立ちつくすテント劇場（68/71黒色テント『逆光線玉葱』）」西堂行人　テアトロ　544　1988.6　p24～25

## 逆修の塔　満鉄と和子　㈹青年座

*1727* 上演：1983年1月8日～1月23日　場所：俳優座劇場　作：岡部耕大　演出：五十嵐康治
◇「残ったものと去ったもの（青年座『逆修の塔』）」みなもとごろう　テアトロ　481　1983.3　p34～36

## キャッツ　㈹四季

*1728* 上演：1983年11月11日～1984年11月10日　場所：キャッツシアター　原作：T・S・エリオット　台本・演出：浅利慶太　作曲：アンドリュー・ロイド＝ウェバー
◇「猫と犬はどうがうか（四季『キャッツ』）」宮下展夫　テアトロ　491　1984.1　p21～23

*1729* 上演：1988年　場所：キャッツシアター　原作：T・S・エリオット　台本・演出：浅利慶太　作曲：アンドリュー・ロイド＝ウェーバー
◇「ミュージカル評―キャスト替わりのおもしろさ」萩尾瞳　新劇　36(4)　1989.4　p42～45

*1730* 上演：1995年1月4日～12月14日　場所：キャッツシアター　原作：T・S・エリオット　台本・演出：浅利慶太　作曲：アンドリュー・ロイド＝ウェバー
◇「四季の年・亜門の戦略―ミュージカル時評」小藤田千栄子　シアターアーツ　4　1996.1　p155～157
◇「確固たるドラマの枠組（俳優座『カラマーゾフの兄弟』、木村プロ『危険なダブルキャスト』、四季『キャッツ』、幹の会・安沢事務所『オセロー』、竹中直人の会『月光のつつしみ』、ピープルシアター『異人たちの辻』、扉座『新羅生門』）」結城雅秀　テア

きやつ　　　　　　　　　　　　　　　　　　　　　　　　　　　　　　　　　　　　　1731〜1744

トロ　627　1995.3　p76〜83

## CAT　⓺転球劇場
**1731** 上演：2000年4月21日〜4月26日　場所：HEP HALL　作・演出：日暮忠夫
◇「5月の関西 ジェンダーへの意識（第6回女性芸術劇場『桜色観driving車』、スクエア『俺の優しさ』、芝居屋坂道ストア『誘惑エレキテル。』、転球劇場『CAT』）」太田耕人　テアトロ　696　2000.7　p82〜84

## キャバレー　⓺空間演技
**1732** 上演：1980年11月20日〜12月4日　場所：新宿もりえーる　作・演出：岡部耕大
◇「役者ぶりの次へ」堂本正樹　新劇　28（2）1981.2　p26〜29

## キャバレー　⓺シアターアプル
**1733** 上演：1995年12月1日〜12月10日　場所：シアターアプル　台本：ジョー・マスタロフ　作詞：フレッド・エブ　訳：川本燿子　演出：トニー・スティーブンス　作曲：ジョン・カンダー
◇「二つの大衆的な舞台（シアターアプル『キャバレー』、民藝『研師源六』）」水落潔　テアトロ　639　1996.2　p63〜64

## キャバレー　⓺ホリプロ
**1734** 上演：2001年6月8日〜7月1日　場所：赤坂ACTシアター　脚本：ジョー・マスタロフ　演出：サム・メンデス　作曲：ジョン・ケンダー　作詞：フレッド・エブ
◇「リフレッシュの様やいかに（ロイヤル・シェイクスピア・カンパニー『テンペスト』、木山事務所『桜の園』、ホリプロほか『キャバレー』）」渡辺淳　テアトロ　710　2001.8　p62〜63

## キャバレー'99／わたしたち 夢 売ってます　⓺オフィスプロジェクトM
**1735** 上演：1999年12月8日〜12月14日　場所：中野ザ・ポケット　作・演出：丸尾聡
◇「"自分史"を越えるには？（東演『祖父に捧げるブルース・ハープ』、オフィス・プロジェクトM『キャバレー'99／わたしたち 夢 売ってます』、ウォーキング・スタッフ『stones〜コケムスイシタチ』）」浦崎浩實　テアトロ　691　2000.2　p76〜77

## キャベツの類　⓺五反田団
**1736** 上演：2005年3月8日〜3月13日　場所：こまばアゴラ劇場　作・演出：前田司郎
◇「暗闇の向こうに続く場所（錬肉工房『月光の遠近法』、五反田団『キャベツの類』、弘前劇場+ROGO『FRAGMENT「F.+2」』、ユニークポイント『鉄扉の中の自由』）」野中広樹　テアトロ　764　2005.6　p54〜56

## キャラメルと弾丸、凪の日のこと　⓺三人芝居
**1737** 上演：2004年7月24日〜7月27日　場所：大阪市立芸術創造館　作・演出：深津篤史
◇「8月の関西 なにもない場所から（『キャラメルと弾丸、凪の日のこと』、トリコ・Aプロデュース『肉付きの面現代版―絵―』、清流劇場『わが町』）」太田耕人　テアトロ　755　2004.10　p66〜68

## キャンドルは燃えているか　⓺演劇集団キャラメルボックス
**1738** 上演：1993年12月8日〜12月12日　場所：シアターアプル　作・演出：成井豊
◇「激情、愛と自由と良心（無名塾『リチャード三世』、まにまアート『山ほととぎすほしいまま』、キャラメルボックス『キャンドルは燃えているか』、新人会『私を蘇らせて』）」結城雅秀　テアトロ　613　1994.2　p64〜67

## ギャンブラー　⓺加藤健一事務所
**1739** 上演：2003年2月27日〜3月16日　場所：本多劇場　作：ジョン・セシル・ホールム、ジョージ・アボット　訳：小田島恒志　演出：久世龍之介
◇「舞台の人生模様アラカルト（ギリシャ国立劇場『アンティゴネ』、加藤健一事務所『ギャンブラー』、演劇集団円『マクロプロス一三〇〇年の秘密』）」斎藤偕子　テアトロ　735　2003.5　p40〜42

## Q・E・D　⓺Nest
**1740** 上演：1994年9月24日〜9月26日　場所：ラフォーレミュージアム原宿　原案・構成：石山雄三
◇「見ること、見られること、見せること（木山事務所『はるなつあきふゆ』、S.W.A.T！『My Boy〜嘆きの銀河』、東京ギンガ堂『クレイジー・フルーツ〜夢野Q作とドグラ・マグラ』、NEST『Q・E・D』）」山登敬之　テアトロ　622　1994.11　p76〜78

## 旧アルバート街のメルヘン　⓺民藝
**1741** 上演：1994年3月9日〜3月21日　場所：紀伊國屋ホール　作：アルブーゾフ　訳：尼宮玲子　演出：高橋清祐
◇「「演じる」ことの位相（円『叔母との旅』、加藤健一事務所『パパ、I Love You！』、民藝『旧アルバート街のメルヘン』、ギイ・フォワシイ・シアター『湾岸から遠く離れて』、東京ギンガ堂『ブレイン・ストーム'94』、楽劇コースケ事務所『Face to Mask』、楽天団『恋 其之四』）」大沢圭司　テアトロ　616　1994.5　p70〜75

## 救急車　⓺ギイ・フォワシイ・シアター
**1742** 上演：1998年3月18日〜3月22日　場所：シアターX　作：ギイ・フォワシイ　訳：和田誠一　演出：原田一樹
◇「黒い笑いと静かな演劇（青年団『東京ノート』、ギイ・フォワシイ・シアター『相寄る魂』『失業保険受領者達』『救急車』）」川口賢哉　テアトロ　668　1998.5　p65〜67

## 休憩室　⓺弘前劇場
**1743** 上演：1997年11月22日〜11月23日　場所：彩の国さいたま芸術劇場小ホール　作・演出：長谷川孝治
◇「〈や・お・い〉などについて（弘前劇場『休憩室』、燐『暁の使者』、虹企画『ぐるうぷ・しゅら『牡丹燈幻想』、S.W.A.T！『緑の戦場』）」浦崎浩實　テアトロ　665　1998.2　p82〜84

## 吸血鬼　⓺グリング
**1744** 上演：2009年3月5日〜3月11日　場所：青山

円形劇場　作・演出：青木豪
◇「現在と過去と想念が入り混じるドラマ二つ（グリング『吸血鬼』,THE・ガジラ『PW/Prisoner of War』）」七字英輔　テアトロ　819　2009.5　p48～49

**吸血鬼の咀嚼について** 🅣演劇組織 夜の樹
*1745* 上演：1995年11月21日～11月26日　場所：文芸坐ル・ピリエ　作・演出：和田周
◇「記憶のそれぞれ（一跡二跳『声しか見えない』,夜の樹『吸血鬼の咀嚼について』)」林あまり　テアトロ　638　1996.1　p114～115

**既舎／僧俗物語** 🅣オフィス樹、シアターX
*1746* 上演：2017年3月15日～3月19日　場所：シアターX　作：田中純（既舎）、江戸馬齢（僧俗物語）　企画・演出：川和孝　制作：平樹典子
◇「百年二百年前人はどんな暮らしをしていたか（劇団俳小『谷のかげ』『満月』、第四四回名作劇場『既舎』『僧俗物語』)」黒羽英二　テアトロ　931　2017.5　p36～37

**99連隊** 🅣東京サンシャインボーイズ
*1747* 上演：1991年12月21日～1992年1月5日　場所：シアタートップス
◇「イガグリを脱いだ男たち」だるま食堂　しんげき　39（3）　1992.3　p90～93

**95kgと97kgのあいだ** 🅣彩の国さいたま芸術劇場
*1748* 上演：2009年3月18日～3月29日　場所：にしすがも創造舎　作：清水邦夫　演出：蜷川幸雄
◇「「あたらしいリアル」とは？（フェスティバル/トーキョー『ユートピア？』『転校生』『95kgと97kgのあいだ』)」丸山真悟　テアトロ　820　2009.6　p44～45

**95kgと97kgのあいだ** 🅣NINAGAWA STUDIO
*1749* 上演：1985年6月15日～6月30日　場所：ベニサン・ピット　作：清水邦夫　演出：蜷川幸雄
◇「振り向いたらアカン！（ことばの劇場）」わたせひろのぶ　新劇　32（9）　1985.9　p70～73

**救世軍バーバラ少佐** 🅣アリストパネス・カンパニー
*1750* 上演：2012年11月16日～11月25日　場所：スタジオAR　作：バーナード・ショー　訳・演出：黒川欣映
◇「言わずもがなの妙手いろいろ（アリストパネス・カンパニー『救世軍バーバラ少佐』、メープルリーフ・シアター/水田の会『請願』、文学座アトリエの会『海の眼鏡』)」中本信幸　テアトロ　872　2013.2　p62～63

**牛乳屋テヴィエ物語** 🅣文学座
*1751* 上演：1998年9月27日～10月4日　場所：東京芸術劇場　作：グリゴーリイ・ゴーリン　訳：桜井郁子　演出：鵜山仁
◇「老舗劇団の5公演（文学座『牛乳屋テヴィエ物語』、手織座『季節のない街』、俳優座『遅咲きの花のワルツ』、ピープルシアター『幻影のムーランルージュ』、青年座『ムーランルージュ』)」水落潔　テアトロ　675　1998.12　p49～51

**9人の女** 🅣朋友
*1752* 上演：2008年12月3日～12月7日　場所：俳優座劇場　作・演出：レーネ・テレーセ・テイゲン　訳：小牧游　音楽：後藤浩明
◇「夢に居直るか現実に囚われるか（NLT『オーカッサンとニコレット』、新国立劇場『舞台は夢～イリュージョン・コミック～』、朋友『9人の女』)」蔵原惟治　テアトロ　816　2009.2　p53～55

**九番目のラオ・ジウ** 🅣俳優座
*1753* 上演：2003年5月8日～5月18日　場所：俳優座劇場　作：郭宝崑　訳：山元清多　構成・演出：原田一樹
◇「戯曲表現の位相と舞台の可能性（俳優座『九番目のラオ・ジウ』、弘前劇場/J.CLIP制作協力『あの川に遠い窓』、ポイント東京『山ほととぎすほしいまま』)」みなもとごろう　テアトロ　737　2003.7　p44～46

**きゅうりの花** 🅣Cucumber
*1754* 上演：2017年8月11日～8月13日　場所：ABCホール　作・演出：土田英生
◇「8月の関西 消える京都のブラックボックス—必要性証明（遊劇体『ふたりの蜜月』、あごうさとし構成・演出『リチャード三世—ある王の身体—』、土田英生セレクション『きゅうりの花』、ももちの世界『黒いらくだ』)」九鬼葉子　テアトロ　937　2017.10　p65～67

**きゅうりの花** 🅣Happy Hunting Ground
*1755* 上演：2005年7月8日～7月31日　場所：サイスタジオコモネB　作：土田英生
◇「ひとりの人間の死の背後に（Happy Hunting Ground『きゅうりの花』、加藤健一事務所『ヒーロー』、ピュアーマリー『マウストラップ』)」みなもとごろう　テアトロ　768　2005.9　p66～68

**きゅうりの花** 🅣MONO
*1756* 上演：1998年6月4日～6月7日　場所：扇町ミュージアムスクエア　作・演出：土田英生
◇「6月の関西 「日常」の描き方（MONO『きゅうりの花』、南船北馬一団『ただまち』、劇団六時半『川底にみどりの魚はいる』、関西芸術座『バーディ』)」宮辻政夫　テアトロ　671　1998.8　p82～84

*1757* 上演：2002年8月1日～8月6日　場所：扇町ミュージアムスクエア　作・演出：土田英生
◇「8月の関西 ゆたかな野外の収穫（維新派『カンカラ』、遊劇体『二人で狂う』、MONO『きゅうりの花』、魚灯『満開の案山子がなる』、佳梯かこプロデュース『ソラノテザワリ』)」太田耕人　テアトロ　727　2002.10　p63～65

**キュービック・ナイトメアー** 🅣太虚〈TAO〉
*1758* 上演：1986年9月12日～9月15日　場所：ベニサン・ピット　構成・演出：鈴木健二
◇「とめどもない方向へ」佐々木幹郎　新劇　33（11）　1986.11　p28～33

◇「「風の駅」の感動」渡辺保　新劇　34(2)　1987.2　p34～39

## キュルトヘンの帽子　[団]西友

1759 上演：1985年8月23日～8月25日　場所：新宿文化センター　原作・脚本：萩尾望都　演出：小林裕

◇「おじさんの子供のミュージカル観激記(ことばの劇場)」わたせひろのぶ　新劇　32(10)　1985.10　p69～72

## 御意にまかす　[団]文学座

1760 上演：1992年11月13日～11月22日　場所：紀伊國屋ホール　作：ルイージ・ピランデッロ　訳：岩田豊雄　演出：鵜山仁

◇「受け継ぐということ(文学座『御意にまかす』,青年座『ブンナよ,木からおりてこい』)」宮下展夫　テアトロ　599　1993.1　p65～67

## 教育　[団]俳優座

1761 上演：1986年2月25日～3月2日　場所：俳優座劇場　作・演出：田中千禾夫

◇「様々なる演技」渡辺保　新劇　33(5)　1986.5　p30～35

## 教員室　[団]地人会

1762 上演：1985年11月1日～11月5日　場所：本多劇場　作：山田太一　演出：木村光一

◇「暴力の二つの顔(地人会『教員室』,空間演技『哀しき狙撃手』)」岩波剛　テアトロ　515　1986.1　p42～45

## 教科の書　[団]Ugly duckling

1763 上演：2003年2月27日～3月2日　場所：大阪市立芸術創造館　作：秋田雨雀,藤井真澄　構成：樋口美友喜

◇「3月の関西 遠くの脅威(南河内万歳一座『さらバイ』,京都芸術センター・日韓プロジェクト『海と日傘』日本語版,アグリーダックリング『教科の書』)」太田耕人　テアトロ　735　2003.5　p62～64

## 鏡花万華鏡 風流線　[団]演劇集団円

1764 上演：2004年7月16日～7月25日　場所：紀伊國屋ホール　原作：泉鏡花　台本：齋藤雅文　台本・演出：山本健翔

◇「愛と外道の闇をめぐるドラマ(世田谷パブリックシアター『求塚』,演劇集団円『風流線』)」斎藤偕子　テアトロ　754　2004.9　p60～61

## 狂気の路地　[団]ピープルシアター

1765 上演：2008年10月29日～11月3日　場所：東京芸術劇場小ホール1　作・演出：森井睦

◇「芝居いろいろ、遊びをせんとや生まれけむ(テアトルエコー『フレディ』,下條アトムひとり芝居『思ヒ出ニ、タダイマ！』,田畑智子ひとり芝居『バッタモン』,ピープルシアター『狂気の路地』,東京ギンガ堂『サムライ 高峰譲吉』)」中本信幸　テアトロ　815　2009.1　p38～39

## 狂言「呼声」／狂言「楢山節考」　[団]狂言劇場

1766 上演：2018年6月23日～6月30日　場所：世田谷パブリックシアター　原作：深沢七郎　脚色：岡本克己　演出：野村万作

◇「古今東西変らぬものは(狂言劇場『狂言呼声』『狂言楢山節考』,トラッシュマスターズ『奇行遊戯』,萬國四季協會『三人姉妹』)」黒羽英二　テアトロ　950　2018.9　p65～67

## 今日子　[団]演劇集団円

1767 上演：1989年1月22日～2月24日　場所：シアターサンモール　作・演出：つかこうへい

◇「「やさしさ」のアンチテーゼ」七字英輔　新劇　36(4)　1989.4　p26～29

◇「暴力はひとのこころをわしづかみにする」長谷部浩　新劇　36(4)　1989.4　p34～37

◇「「わたしは違う」ってホント？」林あまり　新劇　36(4)　1989.4　p38～41

◇「つかこうへいの作劇術(シアター・サンモール『今日子』)」村井健　テアトロ　554　1989.4　p21～22

## 今日、このハコ　[団]劇場あてがき企画

1768 上演：2004年10月14日～10月17日　場所：大阪市立芸術創造館　作・演出：蟷螂襲,田辺剛,横山拓也,中村賢司

◇「10月の関西 侵入する脅威(マレビトの会『蜻蛉』,演劇計画2004『アルマ即興』,ニットキャップシアター『男亡者の泣きぬるところ』,劇場あてがき企画『今日、このハコ』)」太田耕人　テアトロ　757　2004.12　p66～68

## 郷愁の丘ロマントピア　[団]ホエイ

1769 上演：2018年1月1日～1月21日　場所：こまばアゴラ劇場　作・演出：山田百次

◇「時空を自由に往来し歴史を描く新手法—青年団リンク ホエイ『郷愁の丘ロマントピア』」中西理　シアターアーツ　62　2018.5　p141～147

## 狂人教育　[団]黒テント

1770 上演：1997年　作：寺山修司　演出：佐藤信

◇「子供たちの迷宮(黒テント俳優基礎学校『狂人教育』,結城座『アリス—どんどんお家が遠くなる』)」大岡淳　テアトロ　655　1997.5　p74～75

## 狂人教育　[団]流山児★事務所

1771 上演：2001年8月17日～8月19日　場所：かめありリリオホール　作：寺山修司　演出：流山児祥

◇「復活する古典の群(流山児★事務所『狂人教育』,第三エロチカ『ニッポン・ウォーズ ニュー・バージョン』,メイエルホリド・シアター・センター『変身』,燐光群『BREATHLESS 1990 ゴミ袋を呼吸する夜の物語』)」大岡淳　テアトロ　714　2001.11　p48～51

## 狂人なおもて往生をとぐ～昔、僕達は愛した　[団]東京芸術劇場

1772 上演：2015年2月10日～2月26日　場所：東京芸術劇場シアターウエスト　作：清水邦夫　演出：熊林弘高　ドラマターグ：木内宏昌

◇「さらにもう一度、新たな発見を(シス・カンパニー『三人姉妹』,東京芸術劇場『狂人なおもて往生をとぐ』,東宝『エンドレス・ショック』)」高橋豊

テアトロ　902　2015.4　p34〜35

### 狂想曲　[団]東京ギンガ堂

**1773** 上演：1995年4月19日〜4月23日　場所：青山円形劇場　作・演出：品川能正

◇「役者個人の固有の魅力（松竹『ハムレット』,ヒラ・グローブ座『リチャード三世』,民藝『熊楠の家』,グローブ座カンパニー『ハムレット』,テアトル・エコー『ボディ・ランゲージ』,まにまアート『極めて家庭的に―木村好子の詩集より』,東京ギンガ堂『狂想曲』）」結城雅秀　テアトロ　631　1995.7　p71〜78

### 教祖リチャード　[団]平成元年

**1774** 上演：1994年8月25日〜8月29日　場所：文芸坐ル・ピリエ　作・演出：高林幸兵

◇「舞台の絵画的効果と群衆処理（松竹『オセロー』,銀座セゾン劇場+民芸『怒りのぶどう』,T・P・T『双頭の鷲』,テアトル・エコー『リチャード三世』,平成元年『教祖リチャード』,東京演劇集団風『桜の園』,ピープルシアター『地の風』）」結城雅秀　テアトロ　622　1994.11　p59〜66

### 兄弟　[団]東演

**1775** 上演：2016年3月30日〜4月3日　場所：あうるすぽっと　原作：余華　脚本・演出：松本祐子

◇「過去は現在とつながり、全ては寂滅（シス・カンパニー『アルカディア』,新国立劇場『たとえば野に咲く花のように』,劇団東演『兄弟』,劇団昴『ヴェニスの商人』,東京演劇集団風『マハゴニー市の興亡』,名取事務所『記念碑』）」結城雅秀　テアトロ　918　2016.6　p30〜33

### 兄弟姉妹　[団]レニングラード・マールイ・ドラマ劇場

**1776** 上演：1989年8月19日〜9月21日　場所：銀座セゾン劇場　作：フョードル・アブラーモフ　脚色：セルゲイ・ベフチェレフ, アルカージー・カッツマン　脚色・演出：レフ・ドージン

◇「演劇にこころを動かす」長谷部浩　新劇　36(11)　1989.11　p30〜33

◇「リアリズムの可能性（レニングラード・マールイ・ドラマ劇場『兄弟姉妹』）」大笹吉雄　テアトロ　560　1989.10　p25〜27

### 京都11区　[団]MONO

**1777** 上演：2003年8月21日〜8月25日　場所：AI・HALL　作・演出：土田英生

◇「9月の関西 名指しとマイノリティ（劇団・太陽族『それを夢と知らない』,MONO『京都11区』,糾〜あざない〜『ネクタルの音』）」太田耕人　テアトロ　742　2003.11　p66〜68

### きょうの雨 あしたの風　[団]俳優座

**1778** 上演：2002年10月2日〜10月13日　場所：俳優座劇場　原作：藤沢周平　脚色：吉永仁郎　演出：安川修一

◇「昔を今へ（青年劇場『銃口』,世田谷パブリックシアター『ミレナ』,俳優座『きょうの雨 あしたの風』,燐光群『最後の一人までが全体である』,円『ブラインド・タッチ』）」渡辺淳　テアトロ　729　2002.12　p50〜53

### キョウノコト。　[団]夏目組

**1779** 上演：1998年11月27日〜11月29日　場所：扇町ミュージアムスクエア　脚本・演出・美術：夏目雅也

◇「12月の関西 世界、闘争、笑い（夏目組『キョウノコト。』,創造集団アノニム『よるのたかさで光をのぞむ』,MONO『その鉄塔に男たちはいるという』）」宮辻政夫　テアトロ　678　1999.2　p82〜84

### 狂美花　[団]俳小

**1780** 上演：2007年9月27日〜10月1日　場所：東京芸術劇場小ホール2　作：畠山貴憲　演出：入谷俊一　音楽：高橋久美子

◇「自死の変奏曲（俳小『狂美花』,国際交流基金/Bunkamura/朝日新聞社『演じる女たち〈3部作〉―ギリシャ悲劇からの断章』,民藝『白バラの祈り ゾフィー・ショル、最期の日々』）」田之倉稔　テアトロ　799　2007.12　p54〜55

### 恐怖が始まる　[団]ワンツーワークス

**1781** 上演：2013年5月24日〜6月4日　場所：劇場HOPE　作・演出：古城十忍

◇「どこから現実に切り込むか（ワンツーワークス『恐怖が始まる』,流山児★事務所『アトミック☆ストーム』,燐光群『帰還』）」みなもとごろう　テアトロ　879　2013.8　p50〜51

### 恐怖時代　[団]東宝

**1782** 上演：1985年2月5日〜2月28日　場所：日生劇場　原作：谷崎潤一郎　演出：蜷川幸雄

◇「苦しみに愛をこめて…」秋川比呂美　新劇　32(4)　1985.4　p26〜29

◇「現出した嗜虐の世界（東宝『恐怖時代』）」千野幸一　テアトロ　506　1985.4　p21〜24

### 恐怖時代　[団]花組芝居

**1783** 上演：2016年7月6日〜7月11日　場所：ザ・スズナリ　原作：谷崎潤一郎　脚本・演出：加納幸和

◇「古今南北酷暑の連鎖（劇団四季『エクウス』,花組芝居『恐怖時代』,新国立劇場『月・こうこう、風・そうそう』）」斎藤偕子　テアトロ　922　2016.9　p38〜39

### 今日もいい天気　[団]弘前劇場

**1784** 上演：2003年8月2日〜8月3日　場所：こまばアゴラ劇場　作・演出：畑澤聖悟

◇「芝居の数だけ、"希望"がある…（花組芝居『シャンソマニア』,扉座『きらら浮世伝』,青杜『イーハトーボの祈り』,大正直劇団『イヨネスコの夫婦善哉』,弘前劇場『今日もいい天気』）」浦崎浩實　テアトロ　741　2003.10　p54〜53

### きょうも恋唄　[団]PM/飛ぶ教室

**1785** 上演：2008年6月5日〜6月8日　場所：ウィングフィールド　作・演出：蟷螂襲

◇「6月の関西 劇的イリュージョンを超えて（兵庫県立ピッコロ劇団『一軒の家・一本の樹・一人の息子』,演劇ユニット・昼ノ月『顔を見ないと忘れる』,中野劇団『楽屋ちゃん』,PM/飛ぶ教室『きょうも恋唄』,南河内万歳一座『ジャングル』）」太田

## きよく　　　　　　　　　　　　　　　　　　　　　　　　　　　　　　　1786〜1799

耕人　テアトロ　809　2008.8　p51〜53

**極東の地、西の果て**　㊞トラッシュマスターズ
**1786** 上演：2013年7月25日〜7月28日　場所：本多劇場　作・演出：中津留章仁
◇「挑戦とシンボリックとさりげなさ（トラッシュマスターズ『極東の地、西の果て』、カタルシツ『地下室の手記』、トム・プロジェクト『百枚の写真』）」村井健　テアトロ　881　2013.10　p44〜45

**巨匠**　㊞SPAC（静岡県舞台芸術センター）
**1787** 上演：2007年11月9日〜11月11日　場所：静岡芸術劇場　作：木下順二　演出：宮城聰　音楽：棚川寛子
◇「意欲的な二本の芝居（静岡県舞台芸術センター『巨匠』、世田谷パブリックシアター『審判』」高橋豊　テアトロ　802　2008.2　p56〜57

**巨匠**　㊞民藝
**1788** 上演：1997年2月5日〜2月11日　場所：俳優座劇場　作：木下順二　演出：内山鶉
◇「『巨匠』と『恋文』の面白さ（民藝『巨匠』、三越劇場『恋文』）」水落潔　テアトロ　653　1997.3　p64〜65

**1789** 上演：2004年4月8日〜4月29日　場所：俳優座劇場　作：木下順二　演出：守分寿男
◇「劇作家あるいは観客にとって主題とは…（羊団『石なんか投げないで』、アートスフィア／阿部事務所企画・制作『千年の三人姉妹』、木山事務所『赤い鳥の居る風景』、民藝『巨匠』）」みなもとごろう　テアトロ　750　2004.6　p54〜56

**1790** 上演：2010年1月22日〜2月9日　場所：俳優座劇場　作：木下順二　演出：内山鶉
◇「命懸けの自己証明（民藝『巨匠』、モダンスイマーズ『凡骨タウン』、パルコ・プロデュース『なにわバタフライ』）」北川登園　テアトロ　832　2010.4　p48〜49

**巨匠とマルガリータ／かもめ**　㊞モスクワ・ユーゴザーパド劇場
**1791** 上演：2003年6月1日〜6月8日　場所：アートスフィア　作：ミハイル・ブルガーコフ（巨匠とマルガリータ）、チェーホフ（かもめ）　脚色・演出：ワレリー・ベリャコーヴィッチ
◇「演出の手並み（ユーゴザーパド劇場『巨匠とマルガリータ』『かもめ』、世田谷パブリックシアター＋コンプリシテ『エレファント・バニッシュ』、ギイ・フォワシィ・シアター『ロイヤル・セレモニー行進曲』）」渡辺淳　テアトロ　739　2003.8　p52〜54

**巨匠とマルガリータ／マクベス**　㊞モスクワ・ユーゴザーパド劇場
**1792** 上演：2006年3月22日〜3月24日　場所：アートスフィア　作：ミハイル・ブルガーコフ（巨匠とマルガリータ）、シェイクスピア（マクベス）　脚色・演出：ワレリー・ベリャコーヴィッチ
◇「壮大なスモール（ユーゴザーパド劇場『巨匠とマルガリータ』『マクベス』）」村井健　テアトロ　778　2006.5　p46〜47

**巨人伝説**　㊞俳優座
**1793** 上演：2014年11月6日〜11月16日　場所：俳優座劇場　作：安部公房　演出：眞鍋卓嗣　振付：長谷川寧　音楽：松本淳一
◇「才女の弱さ、庶民のしたたかさ（パルコ・プロデュース『紫式部ダイアリー』、俳優座『巨人伝説』、円『唖谷シルバー男声合唱団』）」水落潔　テアトロ　899　2015.1　p30〜31

**巨人の帽子**　㊞俳優座
**1794** 上演：1992年4月15日〜4月26日　場所：俳優座劇場　作・演出：ジェームス三木
◇「一工夫欲しいストレート（俳優座『巨人の帽子』）」みなもとごろう　テアトロ　592　1992.6　p42〜43

**虚像の礎**　㊞トラッシュマスターズ
**1795** 上演：2014年3月6日〜3月16日　場所：座・高円寺1　作・演出：中津留章仁
◇「演劇は社会の役に立つべきなのか（トラッシュマスターズ『虚像の礎』、岩松了プロデュース『宅悦とお岩』、流山児★事務所『田園に死す』）」丸田真悟　テアトロ　889　2014.5　p40〜41

**清姫異聞**　㊞梅左事務所
**1796** 上演：2015年11月25日〜11月26日　場所：シアターX　作・演出：堀川登志子
◇「これを観ずして『俳協』を語るなかれ（劇団俳協『待つ人々』、パルコ招聘『バトルフィールド』、梅左事務所『清姫異聞』、燐光群『お召し列車』）」結城雅秀　テアトロ　914　2016.2　p44〜45

**距離　俺たちのHARMONY**　㊞たんぽぽ
**1797** 上演：1999年7月28日〜8月28日　場所：東京芸術劇場中ホール　作：武井岳史　演出：ふじたあさや
◇「子どもの時間、大人の時間（うりんこ『ロビンソンとクルーソー』、うりんこ『よみがえれ！ブッダ』、東京演劇アンサンブル『財産没収』、東京演劇アンサンブル『おんにょろ盛衰記』、たんぽぽ『距離 DISTANCE～俺たちのHARMONY～』、R+1『真夜中のキッチン』）」浦崎浩實　テアトロ　686　1999.10　p64〜67

**キラメキ〜私はトビウオ、あなたは太陽**　㊞PROJECT真夏の太陽ガールズ
**1798** 上演：2017年8月31日〜9月3日　場所：HEP HALL　作・演出：オカモト國ヒコ　演出：中川浩三
◇「9月の関西　一般のお客様に、作品をいかに届けるのか（サファリ・P『財産没収』、アイホールがつくる伊丹の物語『さよなら家族』、能×現代演劇 work『韋駄天』、PROJECT真夏の太陽ガールズ『キラメキ』」九鬼葉子　テアトロ　938　2017.11　p79〜81

**きらめく星座**　㊞こまつ座
**1799** 上演：1985年9月5日〜9月21日　場所：紀伊國屋ホール　作・演出：井上ひさし
◇「紀元2600年（ことばの劇場）」安達英一　新劇　32(11)　1985.11　p58〜61
◇「伝わってくる作者の祈り（こまつ座『きらめく

星座』)」千野幸一　テアトロ　513　1985.11　p30～31

**1800**　上演：1992年2月20日～3月10日　場所：紀伊國屋ホール　作：井上ひさし　演出：木村光一
◇「音楽風土のディファレンス」三田格　Les Specs　39(5)　1992.5　p20～21

**1801**　上演：2014年9月8日～10月5日　場所：紀伊國屋サザンシアター　作：井上ひさし　演出：栗山民也
◇「母が女である時(中津留章仁Lovers『八月の雹』、こまつ座『きらめく星座』、静岡県舞台芸術センター『マハーバーラタ』)」結城雅秀　テアトロ　896　2014.11　p38～39

### きらめく星座　㈲こまつ座，ホリプロ
**1802**　上演：2009年5月6日～5月24日　場所：天王洲 銀河劇場　作：井上ひさし　演出：栗山民也
◇「のるか、反るか…(こまつ座&ホリプロ『きらめく星座』、俳小『賭博師・梟』、SHIMIN劇場Ⅱ『ニングルの森』)」中本信幸　テアトロ　823　2009.8　p40～41

### きらら浮世伝　㈲銀座セゾン劇場
**1803**　上演：1988年3月5日～3月27日　場所：銀座セゾン劇場　作：横内謙介　演出：河合義隆
◇「演出のありかた」衛紀生　新劇　35(5)　1988.5　p22～25
◇「異色チームの結果(銀座セゾン劇場『きらら浮世伝』)」村井健　テアトロ　543　1988.5　p30～31

### きらら浮世伝　㈲扉座
**1804**　上演：2003年7月25日～8月12日　場所：紀伊國屋サザンシアター　作・演出：横内謙介
◇「芝居の数だけ、"希望"がある…(花組芝居『シャンソマニア』、扉座『きらら浮世伝』、青杜『イーハートーボの祈り』、大正直劇団『イヨネスコの夫婦哀歌』、弘前劇場『今日もいい天気』)」浦崎浩實　テアトロ　741　2003.10　p54～53

### 雲母坂　㈲青年団
**1805**　上演：2001年11月16日～11月18日　場所：青山円形劇場　作：松田正隆　演出：平田オリザ
◇「征服されぬ山々―松田正隆『雲母坂』をめぐって」内田洋一　シアターアーツ　16　2002.4　p134～135
◇「孤独な人間たちを描いた三つの舞台(MODE『ワーニャ伯父さん』、青年団プロデュース『雲母坂』、文学座『秋の蛍』)」水落潔　テアトロ　717　2002.1　p74～75

### きららの指輪たち　㈲東宝，パルコ
**1806**　上演：1998年7月31日～8月18日　場所：PARCO劇場　原作：藤堂志津子　脚本：マキノノゾミ　演出：山田和也
◇「近代の毒消しとして…(東宝・パルコ提携『きららの指輪たち』、文学座『怪談 牡丹灯籠』、銀座セゾン劇場『ミハイル・バリシニコフ&坂東玉三郎』)」みなもとごろう　テアトロ　673　1998.10　p62～63

### 斬られの仙太　㈲文化座
**1807**　上演：1988年2月4日～2月14日　場所：サンシャイン劇場　作：三好十郎　演出：秋浜悟史
◇「「何とかしなきゃいけない」世界」扇田昭彦　新劇　35(4)　1988.4　p34～37
◇「政治の現在の反映か(文化座『斬られの仙太』)」菅孝行　テアトロ　542　1988.4　p21～22

### 切られの与三　㈲松竹，Bunkamura
**1808**　上演：2018年5月9日～5月31日　場所：シアターコクーン　作：瀬川如皐　補綴：木ノ下裕一　演出・美術：串田和美
◇「古典の現代化とフィジカルシアター(ワタナベエンターテインメント『5DAYS～辺境のロミオとジュリエット～』、ヒンドゥー五千回『空観』、温泉ドラゴン『嗚呼、萬朝報！』、コクーン歌舞伎『切られの与三』)」七字英輔　テアトロ　947　2018.7　p36～38

### ギリ・アイルに行きたい　㈲青い鳥
**1809**　上演：1989年11月10日～11月19日　場所：本多劇場　作・演出：市堂令
◇「小劇場のいい女たち」林あまり　新劇　37(1)　1990.1　p38～41

### きりぎりす　㈲一跡二跳
**1810**　上演：2007年4月6日～4月15日　場所：シアター・トップス　原作：渡辺啓一　脚色：山田信夫　潤色・演出：古城十忍
◇「沖縄、現代医療、レイシズム(劇団民藝『沖縄』、一跡二跳『きりぎりす』、新国立劇場『CLEANSKINS/きれいな肌』)」七字英輔　テアトロ　792　2007.6　p48～50

### 切り子たちの秋　㈲青年座
**1811**　上演：2011年10月21日～10月30日　場所：青年座劇場　作：ふたくちつよし　演出：黒岩亮
◇「発見の楽しみ(青年座『切り子たちの秋』、福田恆存生誕百年記念公演『一族再會』『堅壘奪取』、NLT『検察官』)」杉山弘　テアトロ　857　2012.1　p36～37

### キリコの小舟　㈲カメレオン会議
**1812**　上演：2000年9月19日～9月22日　場所：中野ザ・ポケット　作：ボーボーズ　構成・演出：竹内銃一郎
◇「芝居の"生"は"死"から始まる(遊◎機械/全自動シアター『ラ・ヴィータ』、カメレオン会議プロデュース1"4作品連続公演"ほか)」浦崎浩實　テアトロ　715　2001.12　p58～60

### 霧山荘殺人事件　㈲シアターアプル
**1813**　上演：1983年4月1日～4月27日　場所：シアターアプル　作：アガサ・クリスティ　訳：深町眞理子　演出：宮島春彦
◇「推理劇の物足りなさ(錯誤の紋章学)」堂本正樹　新劇　30(6)　1983.6　p34～37

◇「謎解き劇の物足りなさ（シアター・アプル『霧山荘殺人事件』）」千野幸一　テアトロ　484　1983.6　p24～25

**麒麟**　[団]青杜

*1814* 上演：2000年7月19日～7月20日　場所：シアターアプル　作・演出：古川登志夫

◇「悲劇か喜劇か、グレーゾンが問題だ!?（演劇有志トウキョウロード『ブドリよ、私は未だ眠る事ができない』,B級遊撃隊『満ち足りた散歩者』,円 小劇場の会『そして、飯島君しかいなくなった』,青杜『麒麟』その他）」浦崎浩實　テアトロ　698　2000.9　p54～56

**キル**　[団]NODA・MAP

*1815* 上演：1994年1月7日～2月27日　場所：シアターコクーン　演出：野田秀樹　衣装：内藤こづえ

◇「魅力とぼしい岩松と野田の新作（竹中直人の会『こわれゆく男』,NODA・MAP『キル』）」村井健　テアトロ　614　1994.3　p76～77

*1816* 上演：1997年7月18日～8月31日　場所：シアターコクーン　作・演出：野田秀樹

◇「断片～7月の劇をめぐる（NODA・MAP『キル』,青年団プロデュース+月の岬プロジェクト『月の岬』,地人会『海の沸点』,燐光群『皮革製造所殺人事件』,自転車キンクリート『例の件だけど、』）」長谷部浩　テアトロ　659　1997.9　p72～75

**キレイ 神様と待ち合わせした女**　[団]Bunkamura

*1817* 上演：2000年6月13日～6月30日　場所：シアターコクーン　作・演出：松尾スズキ

◇「夏の夜の悪夢を求めて（山の手事情社『印象 夏の夜の夢』,結城座『ユビュ王』,シアターコクーン『キレイ 神様と待ち合わせした女』）」大岡淳　テアトロ　697　2000.8　p53～55

*1818* 上演：2005年7月6日～7月30日　場所：シアターコクーン　作・演出：松尾スズキ

◇「坂手洋二の大胆な一歩（燐光群『上演されなかった「三人姉妹」』,シアターコクーン『キレイ』,シス・カンパニー『新編・吾輩は猫である』,パルコ製作『LAST SHOW』）」内田洋一　テアトロ　768　2005.9　p62～65

**極めて家庭的に 軽の太子とその妹**　[団]横浜ボートシアター

*1819* 上演：2005年3月26日～3月30日　場所：横浜にぎわい座小ホール　脚本：秋元松代　演出：緒方規矩子

◇「演ずる側の目線（地人会『丘の上のイエッペ』,横浜ボートシアター『極めて家庭的に 軽の太子とその妹』,青年劇場『3150万秒と、少し』,黒テント『ロベルト・ズッコ』）」中本信幸　テアトロ　764　2005.6　p57～59

**極めて家庭的に―木村好子の詩集より**　[団]まにまアート

*1820* 上演：1995年4月20日～4月30日　場所：OFF・OFFシアター　脚本：秋元松代　演出：立沢雅人

◇「役者個人の固有の魅力（松竹『ハムレット』,ヒラ・グローブ座『リチャード三世』,民藝『熊楠の家』,グローブ座カンパニー『ハムレット』,テアトル・エコー『ボディ・ランゲージ』,まにまアート『極めて家庭的に―木村好子の詩集より』,東京ギンガ堂『狂想曲』）」結城雅秀　テアトロ　631　1995.7　p71～78

**キーン**　[団]西武劇場

*1821* 上演：1985年5月25日～5月30日　場所：PARCO西武劇場　作：レイマンド・フィッツサイモンズ　訳：松岡和子　演出：ジョン・ディヴィッド

◇「江守徹・等身大のキーン（西武劇場『キーン』）」諏訪正　テアトロ　510　1985.8　p21～24

**キーン**　[団]ホリプロ, 銀河劇場

*1822* 上演：2008年9月26日～10月19日　場所：天王洲 銀河劇場　翻案：サルトル　訳：小田島恒志　演出：ウィリアム・オルドロイド

◇「狂気とサスペンスと、悲喜劇（ホリプロ/銀河劇場『キーン』,松竹（サンシャイン劇場）『罠』,テエイパーズ・ハウス『白雪姫と七人のム・フ・フ…』）」斎藤偕子　テアトロ　813　2008.12　p52～53

**キーン 或いは狂気と天才**　[団]新国立劇場

*1823* 上演：1999年10月4日～10月23日　場所：新国立劇場中劇場　原作：サルトル　訳：鈴木力衛　台本：江守徹　台本・演出：栗山民也

◇「中嶋朋子、岸田今日子、江守徹の演技（tpt『債鬼』,演劇集団円『遠い日々の人』,新国立劇場『キーン』）」長谷部浩　テアトロ　688　1999.12　p51～53

**銀色の狂騒曲**　[団]青年劇場

*1824* 上演：1999年2月10日～2月23日　場所：紀伊國屋サザンシアター　作：高橋正圀　演出：松波喬介

◇「終わり方がむつかしい（銅鑼『風の一座 沖縄のロミオとジュリエット』,青年劇場『銀色の狂騒曲』,松竹+松竹芸能『ザ・近松』,京『桜の園』）」浦崎浩實　テアトロ　680　1999.4　p68～70

**金色の翼に乗りて**　[団]ピープルシアター

*1825* 上演：2015年2月18日～2月22日　場所：シアターX　作・演出：森井睦

◇「格差社会と「どん底」（トラッシュマスターズ『砂の骨』,ピープルシアター『金色の翼に乗りて』,加藤健一事務所『ペリクリーズ』）」結城雅秀　テアトロ　903　2015.5　p36～37

**金閣炎上**　[団]青年座

*1826* 上演：1982年3月4日～3月14日　場所：紀伊國屋ホール　作：水上勉　演出：篠崎光正

◇「金閣炎上、心理から生理へ」山本健一　新劇　29（5）　1982.5　p32～33

◇「スピードと余裕（青年座『金閣炎上』）」八橋卓　テアトロ　471　1982.5　p30～33

**金閣炎上**　[団]俳小

*1827* 上演：2005年9月28日～10月2日　場所：東京芸術劇場小ホール2　作：水上勉　演出：入谷俊一　振付：熊谷章

◇「鎮魂の芝居、公平・平等の芝居（俳小『金閣炎

上』,2NKプロジェクト『じゃじゃ馬馴らし』『じゃじゃ馬馴らしが馴らされて』)」浦崎浩實　テアトロ　773　2006.1　p50～51

**金閣寺**　[団]神奈川芸術劇場

**1828** 上演：2011年1月29日～2月14日　場所：神奈川芸術劇場　原作：三島由紀夫　原作翻案：セルジュ・ラモット　訳：常田景子　台本：伊藤ちひろ　演出：宮本亜門

◇「演出家として作品を読む力(葛河思潮社『浮標』,神奈川芸術劇場『金閣寺』)」高橋豊　テアトロ　846　2011.4　p40～41

**銀河ステーションゆき最終バス**　[団]夢工房

**1829** 上演：1997年10月21日～11月2日　場所：三百人劇場　作・演出：石川螢

◇「「ぢらい」に心奪われる！(第13回地域劇団東京演劇祭,花企画『岬に住む人をめぐって』,青杜『樹海』,本多劇場『K2―運命のザイル』)」浦崎浩實　テアトロ　664　1998.1　p71～73

**銀河鉄道の夜**　[団]シアタープロジェクトさっぽろ(TPS)

**1830** 上演：1997年2月5日～2月12日　場所：かでる2・7ホール　原作：宮沢賢治　脚色：北村想　構成・演出・美術：松本修

◇「パイプ椅子がぐにゃりと溶けて(第三舞台『朝日のような夕日をつれて'97』,R・U・P『サイレントヒート』,シアタープロジェクトさっぽろ『銀河鉄道の夜』,JIS企画『チュニジアの歌姫』)」長谷部浩　テアトロ　654　1997.4　p60～69

**銀河鉄道の夜**　[団]東京演劇アンサンブル

**1831** 上演：1982年2月9日～2月22日　場所：朝日生命ホール　原作：宮沢賢治　脚本・演出：広渡常敏

◇「詩の演劇的転化の問題(東京演劇アンサンブル『銀河鉄道の夜』)」菊地貞三　テアトロ　470　1982.4　p26～27

**銀河鉄道の夜**　[団]山の手事情社

**1832** 上演：2005年6月1日～6月5日　場所：東京芸術劇場小ホール1　原作：宮沢賢治　構成・演出：安田雅弘

◇「時代を映す喜劇(マウスプロモーション『桜の田』,ギィ・フォワシイシアター『バドゥー警視』,山の手事情社『銀河鉄道の夜』,トム・プロジェクト『カラフト伯父さん』)」中本信幸　テアトロ　767　2005.8　p52～54

**金魚鉢の中の少女**　[団]地人会新社

**1833** 上演：2018年10月6日～10月14日　場所：赤坂RED/THEATER　作：モーリス・パニッチ　訳・演出：田中壮太郎

◇「時流に竿さす芝居にエールを！(花組芝居『天守物語』,世田谷パブリックシアター『風をおこした男 田漢伝』,地人会『金魚鉢の中の少女』)」中本信幸　テアトロ　953　2018.12　p50～51

**金魚鉢の中の少女**　[団]俳優座

**1834** 上演：2008年7月5日～7月13日　場所：俳優座劇場　作：モーリス・パニッチ　訳・演出：田中壮太郎

◇「筋と意識(子供のためのシェイクスピアカンパニー『シンベリン』,NLT『殺人同盟』,俳優座『金魚鉢の中の少女』)」蔵原惟治　テアトロ　810　2008.9　p55～57

**錦繡**　[団]日本テレビ,ホリプロ,銀河劇場

**1835** 上演：2007年7月21日～8月12日　場所：天王洲 銀河劇場　原作：宮本輝　脚本・演出：ジョン・ケアード　音楽：藤原道山

◇「外国人演出家の視点(昴『うつろわぬ愛』,日本テレビ/ホリプロ/天王洲 銀河劇場『錦繡』,日生劇場+文学座ファミリーステージ『若草物語』)」水落潔　テアトロ　797　2007.10　p52～53

**近代愛**　[団]エレベーター企画

**1836** 上演：2002年2月9日～2月11日　場所：大阪市立芸術創造館　作：横光利一,正宗白鳥,武者小路実篤　演出：外輪能隆

◇「2月の関西 公的ということ(CREATIVE FORCE OSAKA『大胸騒ぎ』,エレベーター企画『近代愛』,芝居屋坂道ストア『雨ニ浮カブ』)」太田耕人　テアトロ　720　2002.4　p59～61

**近代能楽集**　[団]第三エロチカ

**1837** 上演：1989年4月5日～4月9日　場所：全労済ホール/スペース・ゼロ　作：三島由紀夫　演出：川村毅

◇「演出の力」扇田昭彦　新劇　36(6)　1989.6　p30～33

**1838** 上演：2001年1月12日～1月14日　場所：紀伊國屋ホール　作：三島由紀夫　演出：川村毅

◇「軽薄さあふるる真情よ、何処(第三エロチカ『近代能楽集』,シアターコクーン・オンレパートリー2001『真情あふるる軽薄さ2001』)」大岡淳　テアトロ　705　2001.3　p62～65

**近代能楽集/葵上・卒塔婆小町**　[団]パルコ

**1839** 上演：1996年6月5日～6月23日　場所：PARCO劇場　作：三島由紀夫　演出・音楽・衣裳：美輪明宏

◇「舞台における「官能性」とは(博品館劇場+クリエイティブ・アート・スィンク『29歳の女たち』,パルコ劇場『近代能楽集/葵上・卒塔婆小町』,山海塾+銀座セゾン劇場『ひよめき』『ゆらぎ』)」七字英輔　テアトロ　645　1996.8　p77～80

**1840** 上演：1998年4月9日～4月29日　場所：PARCO劇場　作：三島由紀夫　演出・主演：美輪明宏

◇「センチメンタルな欲望(パルコ劇場 近代能楽集『葵上』『卒塔婆小町』,円『湖上』)」里見宗律　テアトロ　669　1998.6　p70～71

**1841** 上演：2002年4月5日～4月29日　場所：PARCO劇場　作：三島由紀夫　演出・主演：美輪明宏

◇「串田和美の「陰翳礼讃」(日藝アートプロジェクト『夏の夜の夢』,パルコ劇場『葵上』『卒塔婆小町』,テアトル・エコー『シルヴィアの結婚』)」内田洋一　テアトロ　722　2002.6　p40～41

**近代能楽集 綾の鼓/弱法師**　[団]新国立劇場

**1842** 上演：2008年9月25日～10月13日　場所：新

国立劇場　作：三島由紀夫　演出：深津篤史（綾の鼓），前田司郎（弱法師）

◇「寓話と不条理とリアリズムの中の「死」（新国立劇場『近代能楽集 綾の鼓，弱法師』，あうるすぽっと『瀕死の王』，劇団俳優座『スペース・ターミナル・ケア』）」七字英輔　テアトロ　813　2008.12　p49〜51

**近代能楽集「源氏供養」「熊野」「卒塔婆小町」** [団]国立劇場

**1843** 上演：1981年7月7日〜7月15日　場所：国立劇場小劇場　作：三島由紀夫　演出：吉田喜重（源氏供養），実相寺昭雄（熊野），竹邑類（卒塔婆小町）

◇「蛇尾に終った完結篇（国立劇場『三島由紀夫近代能楽集』）」戸部銀作　テアトロ　463　1981.9　p42〜43

**銀玉王** [団]黒テント

**1844** 上演：1994年10月15日〜10月24日　場所：黒テント作業場　構成・演出：佐藤信

◇「古典を今，どう扱うのか？（自由劇場『スカパン』，黒テント『銀玉王』，第三エロチカ『グラン＝ギニョル』）」内野儀　テアトロ　623　1994.12　p74〜76

**金玉ムスメ** [団]黒テント

**1845** 上演：2003年9月11日〜9月15日　場所：ザ・スズナリ　作・演出：坂口瑞穂

◇「ウェストエンド!?の風味とフリンジ!?への拘り（パルコ・松竹提携『実を申せば』，黒テント『サハラの薔薇石』『金玉ムスメ』）」みなもとごろう　テアトロ　742　2003.11　p53〜55

**禁断の裸体** [団]Bunkamura

**1846** 上演：2015年4月4日〜4月25日　場所：シアターコクーン　作：ネルソン・ロドリゲス　訳：広田敦郎　演出：三浦大輔

◇「過去よ未来に届け（東京演劇集団風『なぜ ヘカベ』，Bunkamuraシアターコクーン『禁断の裸体』，チョコレートケーキ『追憶のアリラン』）」北川登園　テアトロ　904　2015.6　p40〜41

**銀ちゃんが逝く** [団]新国立劇場

**1847** 上演：1997年11月13日〜12月7日　場所：新国立劇場小劇場　作：つかこうへい

◇「ロマン主義と演劇（新国立劇場開場記念公演『銀ちゃんが逝く』，ク・ナウカ『エレクトラ』，燐光群『漱石とヘルン』，シアターXプロデュース『王女イヴォナ』）」里見宗律　テアトロ　664　1998.1　p64〜67

**銀ちゃんが逝く** [団]つかこうへい事務所

**1848** 上演：1995年7月1日〜7月30日　場所：シアターX　作・演出：つかこうへい

◇「人物が立つ（離風霊船『赤い鳥逃げた…』，一跡二跳『眠れる森の死体』，文学座『愛の森』，つかこうへい事務所『銀ちゃんが逝く』，木山事務所『紙風船』『この道はいつかきた道』）」大沢圭司　テアトロ　633　1995.9　p70〜73

**銀ちゃんのこと 蒲田行進曲より** [団]つかこうへい事務所

**1849** 上演：1981年12月3日〜12月16日　場所：紀伊國屋ホール　作・演出：つかこうへい

◇「砂に埋もれぬ赤い花」森秀男　新劇　29（2）　1982.2　p26〜29

**ギンネム屋敷 道化とカムフラージュ** [団]かながわ舞台芸術工房ASK

**1850** 上演：2000年12月22日〜12月24日　場所：相鉄本多劇場　作：又吉栄喜　構成・演出：加藤直

◇「人間のヘソ、芝居のヘソ（一跡二跳『愛しすぎる男たち』，かながわ舞台芸術工房ASK『ギンネム屋敷』ほか）」浦崎浩實　テアトロ　705　2001.3　p66〜67

**勤皇やくざ瓦版** [団]民藝

**1851** 上演：1998年12月5日〜12月20日　場所：三越劇場　作：吉永仁郎　演出：高橋清祐

◇「アンチ・ヒーローへのオマージュ（日生劇場『リンドバークの飛行』『七つの大罪』，俳優座劇場プロデュース『疵だらけのお秋』，民藝『勤皇やくざ瓦版』，俳優座LABO『家族な人々』，文学座『ジンジャーブレッド・レディー』）」渡辺淳　テアトロ　678　1999.2　p66〜69

**銀の系譜** [団]リリパット・アーミーII

**1852** 上演：2016年6月17日〜6月19日　場所：八尾プリズムホール　作：わかぎゑふ　演出：朝深大介

◇「7月の関西 関西の観客層を広げる試み（リリパットアーミー30周年記念公演『銀の系譜』，兵庫県立芸術文化センター『冷蔵庫のうえの人生』，劇団未来『その頰、熱線に焼かれ』，劇団犯罪友の会『風の姿で』）」九鬼葉子　テアトロ　922　2016.9　p49〜51

**銀の滴 降る降る まわりに—首里1945** [団]文化座

**1853** 上演：2010年12月10日〜12月23日　場所：東京芸術劇場　作：杉浦久幸　演出：黒岩亮

◇「歴史に挑む劇的記憶（文化座『銀の滴 降る降る まわりに—首里945』，ピープルシアター『悲哀の路地』，萬國四季協會『ワーニャ伯父さん』）」中本信幸　テアトロ　845　2011.3　p56〜57

**銀髪慕情** [団]ネヴァーランド・ミュージカル・コミュニティ

**1854** 上演：1987年10月28日〜10月30日　場所：青山円形劇場　作・演出：堤泰之

◇「蜷川幸雄演出の『ギプス』」渡辺保　新劇　35（1）　1988.1　p38〜43

**銀幕の向うに** [団]加藤健一事務所

**1855** 上演：1999年3月5日〜3月28日　場所：本多劇場　作：ニール・サイモン　訳：小田島恒志　演出：久世龍之介

◇「長蛇を逸したブレヒト劇（銀座セゾン劇場『裸足で散歩』，加藤健一事務所『銀幕の向うに』，世田谷パブリックシアター『ガリレオの生涯』）」村井健　テアトロ　681　1999.5　p44〜45

### 近未来能 天鼓　㋳文化座
***1856***　上演：2014年10月24日～11月2日　場所：紀伊國屋サザンシアター　作：青木豪　演出：高橋正徳
◇「「未完。」に挑む役者根性(東京芸術劇場『半神』,文化座『近未来能 天鼓』,無名塾『バリモア』)」北川登園　テアトロ　899　2015.1　p28～29

### 金襴緞子の帯しめながら　㋳文学座アトリエの会
***1857***　上演：1997年3月23日～4月1日　場所：文学座アトリエ　作：別役実　演出：杉本正治
◇「見えない天秤と失われた金貨(文学座アトリエの会『金襴緞子の帯しめながら』,自転車キンクリートSTORE『第17捕虜収容所』,博品館劇場＋メジャーリーグ『ローゼンクランツとギルデンスターンは死んだ』,トム・プロジェクト『風船おじさん』,彩の国さいたま芸術劇場＋テレビ東京＋メジャーリーグ『草迷宮』)」長谷部浩　テアトロ　656　1997.6　p60～64

## 【く】

### 食いしん坊万歳！ ～正岡子規青春狂詩曲 ㋳文学座
***1858***　上演：2017年2月18日～2月27日　場所：紀伊國屋サザンシアターTAKASHIMAYA　作：瀬戸口郁　演出：西川信廣
◇「劇団の志と重なる熱い舞台(文学座『食いしん坊万歳！』,椿組『始まりのアンティゴネ』,青い鳥『普通の生活』,下北澤姉妹社『月の姉妹』)」丸山真一　テアトロ　931　2017.5　p32～34

### クイズ・ショウ　㋳燐光群
***1859***　上演：2015年3月20日～3月31日　場所：ザ・スズナリ　作・演出：坂手洋二
◇「現代社会へのアプローチ(東京ヴォードヴィルショー『田茂神家の一族』,燐光群『クイズ・ショウ』,パルコ『正しい教室』)」高橋豊　テアトロ　904　2015.6　p38～39

### KVETCH（ぼやき）　㋳BOYAKIの会
***1860***　上演：1995年2月10日～2月19日　場所：シアタートップス　作：スティーブン・バーコフ　訳：曽根原美咲　訳・演出：鵜山仁
◇「舞台にみなぎる緊張感(弘前劇場『家には高い木があった』,青年劇場『もう1人のヒト』,NLT『ジャングル・ジム』,アートスフィア『熱帯祝祭劇マウイ』,BOYAKIの会『KVETCH（ぼやき）』)」大沢圭司　テアトロ　628　1995.4　p68～71

### 空観　㋳ヒンドゥー五千回
***1861***　上演：2018年4月25日～4月26日　場所：座・高円寺2　構成・演出：扇田拓也
◇「古典の現代化とフィジカルシアター(ワタナベエンターテインメント『5DAYS～辺境のロミオとジュリエット～』,ヒンドゥー五千回『空観』,温泉ドラゴン『鳴呼、萬朝報！』,コクーン歌舞伎『切られの与三』)」七字英輔　テアトロ　947　2018.7　p36～38

### 空室　㋳如月小春プロデュース
***1862***　上演：1998年10月6日～10月11日　場所：ザ・スズナリ　作：平田俊子　演出：如月小春
◇「半具象の卓抜な演技(如月小春プロデュース『空室』,昴『三人姉妹』,テアトル・ド・コンプリシテ『ストリート・オブ・クロコダイル』)」村井健　テアトロ　675　1998.12　p64～66

### 偶然の悪夢　㋳ナイロン100℃
***1863***　上演：1998年10月21日～10月29日　場所：青山円形劇場　原作：ギュンター・アイヒ　作・演出：ケラリーノ・サンドロヴィッチ
◇「途切れた時間(遊園地再生事業団『14歳の国』,ベターポーツ『GREAT ZEBRA IN THE DARK'98』,ナイロン100℃『偶然の悪夢』)」長谷部浩　テアトロ　675　1998.12　p52～54

### 偶然の音楽　㋳世田谷パブリックシアター
***1864***　上演：2005年10月31日～11月20日　場所：世田谷パブリックシアター　原作：ポール・オースター　訳：柴田元幸　台本・構成・演出：白井晃
◇「不思議な満足感(演劇集団円『オリュウノオバ物語』,アリストパネス・カンパニー『聖者のお水』,世田谷パブリックシアター『偶然の音楽』,木山事務所『妖精たちの砦』)」結城雅秀　テアトロ　773　2006.1　p52～55

### 九月、東京の路上で　㋳燐光群
***1865***　上演：2018年7月21日～8月5日　場所：ザ・スズナリ　作・演出：坂手洋二
◇「一世一代の舞台(シーエイティプロデュース『フリー・コミティッド』,On7『その頬、熱線に焼かれ』,燐光群『九月、東京の路上で』,日生劇場ファミリーフェスティヴァル『エリ818と白鳥の王子たち』)」杉山弘　テアトロ　951　2018.10　p42～43

### 九月になれば　㋳テアトル・エコー
***1866***　上演：2003年8月22日～9月5日　場所：恵比寿エコー劇場　作：ジミー・チン　訳・演出：酒井洋子
◇「夏休み企画の公演から(日生劇場国際ファミリーフェスティヴァル『みどりのゆび』,日本テレビ、パルコ・東宝芸能企画・製作『シンデレラ・ストーリー』,テアトル・エコー『九月になれば』)」水落潔　テアトロ　742　2003.11　p46～47

### 九月の昆虫記　㋳そとばこまち,南河内万歳一座
***1867***　上演：1993年9月22日～9月27日　場所：シアター・ドラマシティ　作・演出：内藤裕敬,生瀬勝久
◇「「南河内」と「そとば」合同公演(そとばこまち&南河内万歳一座『九月の昆虫記』,M・O・Pプロデュース『エンジェル・アイズ』,ひょうご舞台芸術『クックドゥードゥルドゥー』,Vカンパニー『鮮やかな朝』,市民小劇場・A計劃『夢で逢えたら』)」宮辻政夫　テアトロ　610　1993.12　p133～135

### 区切られた四角い直球　㋳八時半
***1868***　上演：1994年5月　場所：スタジオヴァリエ　作：鈴江俊郎　演出：松本徹

◇「官能の歓び(新感線『スサノオ〜武流転生』, 永盛丸プロジェクト『さらば青春』, 八時半『区切られた四角い直球』)」宮辻政夫　テアトロ　618　1994.7　p66〜68

**傀儡幻夢しりーず 忠臣蔵・四谷怪談**　[団]結城座

*1869* 上演：1980年4月25日〜5月18日　場所：結城座　構成・演出：福田善之

◇「人形とオブジェと」利光哲夫　新劇　27(7)　1980.7　p30〜33

**くぐつ草紙**　[団]結城座

*1870* 上演：2001年10月19日〜10月28日　場所：ザ・スズナリ　作・演出：川村毅

◇「愚かな人間への限りない信頼とあふれる愛情(文化座『夢たち』, 昴『嘆きの天使』, 結城座『くぐつ草紙』)」丸田真悟　テアトロ　715　2001.12　p66〜67

**傀儡/KUGUTSU〜忘れ得ぬ面影の総司**　[団]め組

*1871* 上演：2006年11月1日〜11月5日　場所：「劇」小劇場　脚本：合馬百香　演出：与儀英一

◇「生きることの美しさ、怪しさ(ピープルシアター『砂のクロニクル』, オフィスプロジェクトM『海峡を越えた女』, グループしぜん『人生万華鏡』, め組『傀儡〜KUGUTSU』)」中本信幸　テアトロ　787　2007.1　p104〜105

**草枕**　[団]シス・カンパニー

*1872* 上演：2015年6月5日〜7月5日　場所：シアタートラム　脚本：北村想　演出：寺十吾

◇「幻想と現実、そして現実(うらら舎『藤戸』, シス・カンパニー『草枕』, 民藝『クリームの夜』)」斎藤偕子　テアトロ　907　2015.8　p33〜34

**草迷宮**　[団]彩の国さいたま芸術劇場, テレビ東京, メジャーリーグ

*1873* 上演：1997年3月15日〜3月23日　場所：彩の国さいたま芸術劇場大ホール　原作：泉鏡花　脚本：岸田理生　演出：蜷川幸雄

◇「見えない天秤と失われた金貨(文学座アトリエの会『金襴緞子の帯しめながら』, 自転車キンクリートSTORE『第17捕虜収容所』, 博品館劇場+メジャーリーグ『ローゼンクランツとギルデンスターンは死んだ』, トム・プロジェクト『風船おじさん』, 彩の国さいたま芸術劇場+テレビ東京+メジャーリーグ『草迷宮』)」長谷部浩　テアトロ　656　1997.6　p60〜64

**愚者には見えないラ・マンチャの王様の裸**　[団]善人会議

*1874* 上演：1993年5月11日〜5月18日　場所：シアターサンモール　作・演出：横内謙介

◇「演劇の「企み」(善人会議『愚者には見えないラ・マンチャの王様の裸』, シアターコクーン『ブリキノマチノ夏の夜の夢』, 東京壱組『火男の火』, 文学座『息子です こんにちは』)」大沢圭司　テアトロ　605　1993.7　p60〜63

**愚者には見えないラ・マンチャの王様の裸**　[団]扉座

*1875* 上演：2000年11月2日〜11月9日　場所：紀伊國屋サザンシアター　作・演出：横内謙介

◇「何時死がくるか分からんぞ日本少年達(現代制作舎『リメイン〜時は残る、君の心に〜』, 東京ヴォードヴィルショー『竜馬の妻とその夫と愛人』, 扉座『愚者には見えないラ・マンチャの王様の裸』)」佐藤康平　テアトロ　703　2001.1　p60〜61

**くしゃみ/the Sneeze**　[団]新国立劇場

*1876* 上演：2002年2月28日〜3月22日　場所：新国立劇場小劇場 THE PIT　台本：チェーホフ　英訳：マイケル・フレイン　訳：小田島恒志　演出：熊倉一雄

◇「古典作家の初期作品(四季『アンドロマック』, 新国立劇場『くしゃみ/the Sneeze』, 東京演劇集団風『ゴドーを待ちながら』)」渡辺淳　テアトロ　721　2002.5　p50〜52

**郡上の立百姓**　[団]青年劇場

*1877* 上演：2016年9月17日〜9月25日　場所：紀伊國屋ホール　作：こばやしひろし　演出：藤井ごう

◇「表現としての写実と非写実と社会的主題(青年劇場『郡上の立百姓』, オフィスワンダーランド『日本のアニメ夜明け前』)」斎藤偕子　テアトロ　925　2016.12　p50〜51

**くじら島**　[団]東京ギンガ堂, 釜山市立劇団

*1878* 上演：2006年9月28日〜10月1日　場所：国立劇場中ホール　作：洪元基　訳：馬政熙　演出：品川能正, 孫基龍

◇「様々な絆描く舞台(THE・ガジラ『わが闘争』, 東京ギンガ堂+釜山市立劇団『くじら島』, シアター21『あのやさしい夜のなかへ』,THE SHAMPOO HAT『津田沼』)」丸田真悟　テアトロ　785　2006.12　p50〜52

**くじらと見た夢**　[団]燐光群

*1879* 上演：2017年11月17日〜11月26日　場所：座・高円寺1　作・演出：坂手洋二

◇「追及する者と追及される者(城山羊の会『相談者たち』, 水戸芸術館ACM劇場『斜交』, 劇団民藝『「仕事クラブ」の女優たち』, 燐光群『くじらと見た夢』, 世田谷パブリックシアター・兵庫県立芸術文化センター『ペール・ギュント』)」小山内伸　テアトロ　942　2018.2　p57〜60

**くじらの墓標**　[団]燐光群

*1880* 上演：1993年1月7日〜1月17日　場所：ザ・スズナリ　作・演出：坂手洋二

◇「見せることの意義(俳優座『タルチュフ』, 燐光群『くじらの墓標』)」大沢圭司　テアトロ　601　1993.3　p76〜78

*1881* 上演：1994年11月18日〜11月30日　場所：ザ・スズナリ　作・演出：坂手洋二

◇「今月は「転校生」がおもしろかった(青山円形劇場プロデュース『転校生』, 燐光群『くじらの墓標』,ONLYクライマックス『悲喜こもごも』, 東京ヴォードヴィルショー『その場しのぎの男たち』)」山登敬之　テアトロ　625　1995.1　p72〜75

**くじらの墓標2017**　[団]燐光群

*1882* 上演：2017年3月18日〜3月31日　場所：吉祥寺シアター　作・演出：坂手洋二

◇「宿命の場の生と死(燐光群『くじらの墓標2017』,月蝕歌劇団『パノラマ島綺譚』寺山修司―過激なる疾走―『メディア』)」黒羽英二　テアトロ　932　2017.6　p32～33

## 鯨よ！ 私の手に乗れ　⑱オフィス３○○
**1883**　上演：2017年1月18日～2月5日　場所：シアタートラム　作・演出・振付：渡辺えり　音楽：近藤達郎

◇「時空を経て見える舞台力(森組芝居『記憶のパズル』,KAZE『Voices in the Dark―分解された劇場あるいは人間ゴミ箱』,オフィス３○○『鯨よ！私の手に乗れ』)」斎藤偕子　テアトロ　930　2017.4　p40～41

## クスコ～愛の叛乱　⑱俳優座
**1884**　上演：2017年10月25日～11月6日　場所：俳優座5F稽古場　作：斎藤憐　演出：森一

◇「だから芝居は楽しい(KAAT神奈川芸術劇場『作者を探す六人の登場人物』,東京芸術劇場『One Green Bottle～『表に出ろいっ！』English version～』,WATANABE ENTERTAINMENT『関数ドミノ』,新国立劇場『トロイ戦争は起こらない』,劇団俳優座『クスコ～愛の叛乱～』)」杉山弘　テアトロ　941　2018.1　p26～28

## ぐずるぜ　⑱東京タンバリン
**1885**　上演：2002年5月15日～5月19日　場所：下北沢駅前劇場　作・演出：高井浩子

◇「確かな混沌、未整備の肉体の歓喜(オルガンヴィトー『バロウ』『ねむり姫』,東京タンバリン『ぐずるぜ』,鳥獣戯画『雲にのった阿国』)」浦崎浩實　テアトロ　725　2002.7　p62～63

## 崩れた石垣、のぼる鮭たち　⑱文学座
**1886**　上演：2001年10月16日～10月25日　場所：紀伊國屋サザンシアター　作：土田英生　演出：西川信廣

◇「ありえたかもしれぬ歴史の一幕(汎マイム工房『オリンポスのMIMOS』,文学座『崩れた石垣、のぼる鮭たち』,流山児★事務所『幕末2001』)」大岡淳　テアトロ　715　2001.12　p62～64

## 崩れたバランス　⑱文学座アトリエの会
**1887**　上演：2009年11月28日～12月13日　場所：文学座アトリエ　作：ファルク・リヒター　訳：新野守宏　演出：中野志朗

◇「メルヘンの照射力(扉座『サッキマスの物語』,エ・ネスト『あなたの笑顔』,文学座『崩れたバランス』,虹企画/ぐるうぷ・しゅら『化石童話』)」中本信幸　テアトロ　830　2010.2　p54～55

## 崩れゆくセールスマン　⑱青年座
**1888**　上演：2013年6月14日～6月23日　場所：青年座劇場　作：野木萌葱　演出：黒岩亮

◇「実在と非現実を映す詐術(青年座『崩れゆくセールスマン』,世仁下乃一座『華のまるやま七人みさき』,扉座『アトムへの伝言』)」中本信幸　テアトロ　880　2013.9　p50～51

## くたばれ！　芸術家　⑱クリコット２
**1889**　上演：1990年3月16日～4月1日　場所：PARCO劇場　作・演出：タデウシュ・カントール

◇「珠玉の輝き(クリコット２『くたばれ！芸術家』)」渡辺保　テアトロ　567　1990.5　p21～22

## くたばれハムレット　⑱NLT
**1890**　上演：2001年10月23日～10月28日　場所：俳優座劇場　作：ポール・ラドニック　訳：松岡和子　演出：北澤秀人

◇「拘束される身体と解放される身体！―第3回フィジカルシアターフェスティバル(山の手事情社『Fairy Tale』『jam 2001』,東京国際舞台芸術フェスティバル2001〈リージョナルシアター・シリーズ〉,NLT『くたばれハムレット』)」浦崎浩實　テアトロ　717　2002.1　p66～69

## くちなしジョッキィ　⑱Ugly duckling
**1891**　上演：2003年6月20日～6月22日　場所：HEP HALL　作：樋口美友喜　演出：池田祐佳理

◇「6月の関西 想像力の死、死の想像力(南河内万歳一座『みんなの歌』,アグリーダックリング『くちなしジョッキィ』,桃園会『よぶには、とおい』)」太田耕人　テアトロ　739　2003.8　p66～68

## 唇からナイフ　⑱R・U・P［月影十番勝負］
**1892**　上演：1998年7月11日～7月12日　場所：近鉄小劇場　作：中島かずき　演出：鈴木裕美

◇「7月の関西 謎解きの浅さと深さ(桃園会『黒子な私』,永盛丸『手の中の林檎』,R・U・Pプロデュース『唇からナイフ』)」宮辻政夫　テアトロ　672　1998.9　p118～120

## 唇に聴いてみる　⑱南河内万歳一座
**1893**　上演：1984年11月2日～11月4日　場所：オレンジルーム　作・演出：内藤裕敬

◇「ある日、ぼくらは劇場のなかで出会う(ことばの劇場)」西村博子　新劇　32(2)　1985.2　p42～47

**1894**　上演：1986年9月3日～9月7日　場所：タイニイ・アリス　作・演出：内藤裕敬

◇「とめどもない方向へ」佐々木幹郎　新劇　33(11)　1986.11　p28～33

◇「恋 其之弐」渡辺保　新劇　33(11)　1986.11　p34～39

**1895**　上演：1996年5月3日～5月19日　場所：扇町ミュージアムスクエア　作・演出：内藤裕敬

◇「5月の関西 80年代の傑作、今なお新鮮な感動(南河内万歳一座『唇に聴いてみる』,劇団白山座『修士の異常な愛情』)」宮辻政夫　テアトロ　644　1996.7　p114～116

## 口笛は誰でも吹ける　⑱タチ・ワールド
**1896**　上演：2015年12月17日～12月23日　場所：エコー劇場　台本：アーサー・ローレンツ　音楽・詞：スティーヴン・ソンドハイム　演出・訳・訳詞：勝田安彦　振付：ジム・クラーク　音楽監督：呉富美

◇「神を感じさせる…(文学座アトリエ『白鯨』,タチ・ワールド『口笛は誰でも吹ける』,パルコ『レミング』,俳優座『城塞』,新国立劇場第9期生『嚙みついた女』)」結城雅秀　テアトロ　915　2016.3

p65〜67

くちべにの話　[団]Wave Theater Company
1897 上演：1994年8月5日〜8月8日　場所：下北沢駅前劇場　作・演出：寺嶋康憲
◇「演劇は発見だ!?（京劇『孫悟空』,Wave Theater Company『くちべにの話』, ウォーキング・スタッフ『BORN〜MATATABIの時代』）」山登敬之　テアトロ　621　1994.10　p61〜63

口紅―Rouge　[団]文学座
1898 上演：2008年12月2日〜12月10日　場所：東京芸術劇場　作：サタケミキオ　演出：高瀬久男
◇「離婚と家族の絆（パルコ・プロデュース『Good Night Sleep Tight』, 文学座『口紅〜Rouge〜』, 俳優座劇場プロデュース『空の定義』）」北川登園　テアトロ　816　2009.2　p58〜60

朽ちるまにまに　[団]演劇集団円
1899 上演：2014年10月10日〜10月19日　場所：ステージ円　作・演出：桑原裕子
◇「勃興と低迷（演劇集団円 女流劇作家書き下ろしシリーズ『初萩ノ花』『朽ちるまにまに』, Bunkamura『ジュリエット通り』）」江原吉博　テアトロ　897　2014.12　p32〜33

クックドゥードゥルドゥー　[団]ひょうご舞台芸術
1900 上演：1993年　場所：六甲アイランドシアター　作：一色伸幸　演出：栗山民也
◇「「南河内」と「そとば」合同公演（そとばこまち&南河内万歳一座『九月の昆虫記』,M・O・Pプロデュース『エンジェル・アイズ』, ひょうご舞台芸術『クックドゥードゥルドゥー』,Vカンパニー『鮮やかな朝』, 市民小劇場・A計劃『夢で逢えたら』）」宮辻政夫　テアトロ　610　1993.12　p133〜135

GOOD　[団]パルコ
1901 上演：2004年2月12日〜2月15日, 3月12日〜3月28日　場所：PARCO劇場　作：セシル.P.テイラー　訳：常田景子　演出：山田和也
◇「料理は火を通してから出して！（パルコ劇場『GOOD』, シアターコクーン『カメレオンズ・リップ』,THE・ガジラ『KASANE』）」内田洋一　テアトロ　748　2004.4　p43〜45

グッド この善良な人たちが　[団]松竹
1902 上演：1984年5月12日〜6月30日　場所：サンシャイン劇場　作：セシル.P.テイラー　訳：吉岩正晴, 岩谷時子　演出：ハワード・デービス
◇「ナイーヴな仲間たち（ことばの劇場）」安達英一　新劇　31（8）　1984.8　p29〜33
◇「演劇的な視線の交錯（サンシャイン劇場『GOOD』）」諏訪正　テアトロ　497　1984.7　p21〜24

Good Night おやすみなさい　[団]卍
1903 上演：1986年12月3日〜12月7日　場所：ザ・スズナリ　作・演出：菅間勇
◇「劇作家の反撃」佐々木幹郎　新劇　34（2）　1987.2　p28〜33

Good Night Sleep Tight　[団]パルコ
1904 上演：2008年11月18日〜12月28日　場所：PARCO劇場　作・演出：三谷幸喜
◇「離婚と家族の絆（パルコ・プロデュース『Good Night Sleep Tight』, 文学座『口紅〜Rouge〜』, 俳優座劇場プロデュース『空の定義』）」北川登園　テアトロ　816　2009.2　p58〜60

グッド・バイ　[団]メイシアター
1905 上演：2014年3月6日〜3月9日　場所：メイシアター　作・演出：山崎彬
◇「3月の関西 二元論の彼方に（MONO『のぞき穴、哀愁』, メイシアタープロデュース SHOW劇場『グッド・バイ』）」太田耕人　テアトロ　889　2014.5　p50〜51

グッドバイ　[団]シス・カンパニー
1906 上演：2013年11月29日〜12月28日　場所：シアタートラム　作：北村想　演出：寺十吾
◇「居場所を求める人たち（民藝『八月の鯨』, 文学座『大空の虹を見ると私の心は踊る』, シス・カンパニー『グッドバイ』）」水落潔　テアトロ　886　2014.2　p78〜79

グッドバイ―とじこみ付録つき　[団]彗星'86
1907 上演：1983年5月2日〜5月7日　場所：タイニイ・アリス　作・演出：北村想
◇「もうコリゴリ。グッドバイと世仁下する―きどりの弁」西村博子　新劇　30（8）　1983.8　p27〜32

グッバイ・ガール　[団]フジテレビ, キョードー東京
1908 上演：1996年4月6日〜4月29日　場所：PARCO劇場　脚本：ニール・サイモン　訳：常田景子　演出：吉川徹
◇「選択ということ（フジテレビ+キョードー東京『グッバイ・ガール』, 吉田日出子プロデュース『ジョンとジョー』）」大場建治　テアトロ　643　1996.6　p38〜39

くにこ　[団]文学座
1909 上演：2010年11月28日〜12月13日　場所：紀伊國屋サザンシアター　作：中島淳彦　演出：鵜山仁
◇「様々な人生を描く三作品（青年座『黄昏』, 文学座『くにこ』, 民藝『十二月―下宿屋『四丁目ハウス』―』）」水落潔　テアトロ　844　2011.2　p52〜53

KUNISADA 国定忠治　[団]銀座セゾン劇場
1910 上演：1999年9月18日〜10月11日　場所：銀座セゾン劇場　作：村山知義　脚本：山元清多　演出：串田和美
◇「もっと観客を見て！（銀座セゾン劇場『KUNISADA 国定忠治』, 青年座『大菩薩峠』, 黒テント『ちか眼のカメレオン』）」林あまり　テアトロ　688　1999.12　p54〜55

国盗人　[団]世田谷パブリックシアター
1911 上演：2007年6月22日〜7月14日　場所：世田谷パブリックシアター　作：シェイクスピ

ア　翻案：河合祥一郎　演出：野村萬斎
◇「異なる色合い、多彩な方向性(世田谷パブリックシアター『国盗人』、民藝『林の中のナポリ』、俳優座『日本芸人伝─白鳥乱子一座 江戸の極楽とんぼ』)」藤田洋　テアトロ　796　2007.9　p48〜50

**クヒオ大佐の妻**　㈲ヴィレッヂ
*1912* 上演：2017年5月19日〜6月11日　場所：東京芸術劇場シアターウエスト　作・演出：吉田大八
◇「虚像と史実、メルヘンと寓話の現在形(ヴィレッヂ『クヒオ大佐の妻』、マコンドープロデュース『祖国は我らのために』、パルコ・兵庫県立芸術文化センター『ダニーと紺碧の海』、タチ・ワールド『アレグロ』)」小山内伸　テアトロ　935　2017.8　p36〜38

**首のないカマキリ**　㈲俳優座
*1913* 上演：2018年5月18日〜6月3日　場所：俳優座5F稽古場　作：横山拓也　演出：眞鍋卓嗣
◇「「物語」の型を超えて(パルコ『ハングマン』、イキウメ『図書館的人生vol.4 襲ってくるもの』、俳優座『首のないカマキリ』、桟敷童子『翼の卵』)」小山内伸　テアトロ　949　2018.8　p48〜50

**颶風のあと**　㈲俳優座
*1914* 上演：2008年4月8日〜4月20日　場所：俳優座5F稽古場　作・演出：福田善之
◇「さまざまな時代の「青春」劇(北九州芸術劇場『青春の門─放浪篇』、ポツドール『顔よ』、俳優座『颶風のあと』)」七字英輔　テアトロ　806　2008.6　p37〜39

**久保君をのぞくすべてのすみっこ**　㈲八時半
*1915* 上演：2003年11月28日〜11月30日　場所：大阪市立芸術創造館　作：清水邦夫　作・演出：鈴江俊郎
◇「12月の関西 閉ざされた部屋(PM/飛ぶ教室『春』『嘘』『恥』、桃園会『深海魚』、芝居屋坂道ストア『木造モルタル式青空』、劇団八時半『久保君をのぞくすべてのすみっこ』)」太田耕人　テアトロ　746　2004.2　p111〜113

**久保田万太郎を読むⅢ**　㈲朋友
*1916* 上演：2018年6月12日〜6月17日　場所：朋友芸術センター　作：久保田万太郎　監修：西川信廣　音楽：上田亨　企画：西海真理
◇「古きを訪ね何を知るか？(IFYプロジェクト『ソレイル〜太陽の王様〜』、新国立劇場『夢の裂け目』、朋友『久保田万太郎を読むⅢ』)」中本信幸　テアトロ　949　2018.8　p66〜67

**久保田万太郎─言葉の美学**　㈲長岡輝子の会
*1917* 上演：1980年9月12日〜9月23日　場所：銀座みゆき館劇場　作：久保田万太郎　演出：龍岡晋
◇「過剰の貧困と抑制の美」利光哲夫　新劇　27(11)　1980.11　p30〜33

**久保美芸子ひとり語りⅦ**　㈲漣
*1918* 上演：2004年　場所：お江戸日本橋亭　演出：瀬野英也

◇「庶民に迫る、芸術家に迫る(東京ヴォードヴィルショー『その人、女優？』、東京ギンガ堂『KAZUKI─ここが私の地球』、漣『久保美芸子ひとり語りⅦ』)」浦崎浩實　テアトロ　757　2004.12　p48〜49

**KUMAGUSU**　㈲ぶてば企画
*1919* 上演：1989年3月24日〜3月28日　場所：下北沢駅前劇場　作：都築二郎　演出：烏森三郎
◇「「物語」の衰弱に打ち克つためには？」七字英輔　新劇　36(6)　1989.6　p26〜29

**熊楠の家**　㈲東宝現代劇75人の会
*1920* 上演：2000年9月19日〜9月25日　場所：紀伊國屋サザンシアター　作：小幡欣治　演出：丸山博一
◇「人間見据えた芝居二本(東京芸術座『夜明けの街』、東宝現代劇75人の会『熊楠の家』)」佐藤康平　テアトロ　700　2000.11　p116〜117

**熊楠の家**　㈲民藝
*1921* 上演：1995年5月10日〜5月29日　場所：紀伊國屋ホール　作：小幡欣治　演出：観世栄夫
◇「役者個人の固有の魅力(松竹『ハムレット』、ヒラ・グロープ座『リチャード三世』、民藝『熊楠の家』、グローブ座カンパニー『ハムレット』、テアトル・エコー『ボディ・ランゲージ』、まにまアート『極めて家庭的に─木村好子の詩集より』、東京ギンガ堂『狂想曲』)」結城雅秀　テアトロ　631　1995.7　p71〜78
*1922* 上演：2017年6月15日〜6月26日　場所：紀伊國屋サザンシアターTAKASHIMAYA　作：小幡欣治　演出：丹野郁弓
◇「新劇の底力(新劇交流プロジェクト『その人を知らず』、世田谷パブリックシアター『子午線の祀り』、劇団民藝『熊楠の家』、シス・カンパニー『子供の事情』)」杉山弘　テアトロ　936　2017.9　p65〜67

**組曲虐殺**　㈲こまつ座, ホリプロ
*1923* 上演：2009年10月3日〜10月25日　場所：天王洲 銀河劇場　作：井上ひさし　演出：栗山民也　音楽：小曽根真
◇「小林多喜二への明るい鎮魂曲 井上ひさし作『組曲虐殺』」岩成剛　シアターアーツ　41　2009.12　p107〜109
◇「ベテラン作家の新作饗宴(こまつ座+ホリプロ『組曲虐殺』、民藝『らくだ』、青年座『千里眼の女』)」水落潔　テアトロ　827　2009.12　p44〜45

**組み立てられた人間**　㈲ザ・フィジー・カンパニー
*1924* 上演：1985年7月30日〜7月31日　場所：利賀山房　構成・演出：ピン・チョン
◇「観客は白衣を着て(ことばの劇場)」長谷部浩　新劇　32(10)　1985.10　p74〜76

**雲ヲ摑ム**　㈲青年劇場
*1925* 上演：2016年4月21日〜4月30日　場所：紀伊國屋サザンシアター　作・演出：中津留章仁
◇「現代日本の問題とは(青年劇場『雲ヲ摑ム』、モダンスイマーズ『嗚呼いま、だから愛。』、文学座

『野鴨』、青年座『フォーカード』)」丸田真悟　テアトロ　919　2016.7　p44～46

## 蜘蛛女のキス　⑱TPT
*1926*　上演：2000年12月29日～2001年1月28日　場所：ベニサン・ピット　作：マヌエル・プイグ　訳：吉田美枝　演出：ロバート・アラン・アッカーマン
◇「異様な緊張の中で追求する人間の尊厳(tpt『蜘蛛女のキス』、新国立劇場『母たちの国へ』、世田谷パブリックシアター『ゴドーを待ちながら』、俳優座『十二夜』)」結城雅秀　テアトロ　705　2001.3　p70～73

## 雲にのった阿国　⑱鳥獣戯画
*1927*　上演：1997年4月2日～4月6日　場所：本多劇場　作・演出：知念正文
◇「日本の抒情とは何か？(俳優座『門―わが愛』、文化座『替女さ、きてくんない』、鳥獣戯画『雲にのった阿国』、東京演劇集団風『フォーシーズン』)」七字英輔　テアトロ　656　1997.6　p74～76
*1928*　上演：2002年4月24日～4月29日　場所：本多劇場　作・演出・振付：知念正文
◇「確かな混沌、未整備の肉体の歓喜(オルガンヴィトー『バロウ』『ねむり姫』、東京タンバリン『ぐずるぜ』、鳥獣戯画『雲にのった阿国』)」浦崎浩實　テアトロ　723　2002.7　p62～63

## 雲の涯　⑱木山潔プロデュース
*1929*　上演：1995年11月3日～11月8日　場所：六行会ホール　作：田中千禾夫　演出：小林裕
◇《《戦後》ではなくて《戦後》性一幕物傑作選(木谷内助義プロデュース『天国への遠征』、北篠誠プロデュース『崑崙山の人々』、木山潔プロデュース『雲の涯』、東京演劇アンサンブル『沖縄』)」みなもとごろう　テアトロ　638　1996.1　p76～79

## 雲の涯　⑱木山事務所
*1930*　上演：2004年11月13日～11月30日　場所：俳優座劇場　作：田中千禾夫　演出：小林裕
◇「緊張を孕むパッションとロゴスの葛藤(木山事務所『この道はいつか来た道'04 新・ワーグナーの女/この道はいつか来た道/田宮のイメージ/雲の涯/死者を埋葬れ』)」みなもとごろう　テアトロ　760　2005.2　p52～54

## 雲のハンカチ　⑱東京映像芸術学院
*1931*　上演：1981年1月16日～1月19日　場所：東京映像芸術学院ミニシアター　作：トリスタン・ツァラ　訳・演出：利光哲夫
◇「仮面・人形・本地もの」堂本正樹　新劇　28(3)　1981.3　p30～33

## 悔しい女　⑱青年座
*1932*　上演：2001年11月17日～11月25日　場所：本多劇場　作：土田英生　演出：宮田慶子
◇「女性像のリアリテは…(青年座『悔しい女』、俳優座劇場プロデュース『風の季節』、シアターコクーン『四谷怪談』)」みなもとごろう　テアトロ　718　2002.2　p51～53

## クヨウミチ　⑱烏丸ストロークロック
*1933*　上演：2006年1月26日～1月29日　場所：精華小劇場　作・演出：柳沼昭徳
◇「2月の関西 京都の精華(烏丸ストロークロック『クヨウミチ』、劇団八時半『完璧な冬の日』、ピッコロ劇団『KANADEHON 忠臣蔵』)」太田耕人　テアトロ　776　2006.4　p66～68

## 暗いところからやってくる　⑱神奈川芸術劇場
*1934*　上演：2012年7月26日～8月5日　場所：神奈川芸術劇場中スタジオ　作：前川知大　演出：小川絵梨子
◇「暗闇と向き合うこと―KAATキッズ・プログラム 2012 こどもとおとなのためのお芝居『暗いところからやってくる』」佐藤一成　シアターアーツ　52　2012.10　p78～80

## 暗いところで待ち合わせ　⑱昴 ザ・サード・ステージ
*1935*　上演：2012年1月9日～1月15日　場所：シアターグリーン　原作：乙一　脚色：秋之桜子　演出：寺十吾　音楽：坂本弘道
◇「この世の関節がはずれてしまったのか(民藝『思案橋』、エイコーン『アンナ・カレーニナ』、昴 ザ・サード・ステージ『暗いところで待ち合わせ』)」中本信幸　テアトロ　859　2012.3　p54～55

## クライムス オブ ザ ハート　⑱地人会新社
*1936*　上演：2015年4月9日～4月19日　場所：赤坂 RED/THEATER　作：ベス・ヘンリー　訳・演出：田中壮太郎
◇「厄介で愛おしい人間たち(地人会新社『クライムス オブ ザ ハート』、文学座『20000ページ』、民藝『冬の時代』)」丸田真悟　テアトロ　905　2015.7　p34～35

## クラウディアからの手紙　⑱ホリプロ
*1937*　上演：2006年1月18日～2月4日　場所：世田谷パブリックシアター　原作：村尾靖子　脚本・演出：鐘下辰男　音楽：溝口肇　振付：井手茂太　美術：島次郎
◇「人間の魂を連結する…(トム・プロジェクト『夫婦犯罪』、ホリプロ『クラウディアからの手紙』、TBS『レインマン』)」結城雅秀　テアトロ　776　2006.4　p52～54

## Cloud9　⑱パルコ, メジャーリーグ
*1938*　上演：1995年2月3日～2月19日　場所：PARCO劇場　作：キャリル・チャーチル　訳：松岡和子　演出：マシュー・ロイド
◇「言葉の魔術で膨らむイメージ(RSC『ヘンリー6世』、劇団1980『あゝ東京行進曲』、パルコ・メジャーリーグ『クラウド・ナイン』、こまつ座『黙阿弥オペラ』、俳優座劇場『夜の来訪者』、東演『週刊・金色夜叉』、五色の花『2月のディナー』)」結城雅秀　テアトロ　628　1995.4　p60～67

## CLOUD9 銀色の雲の上で　⑱パルコ
*1939*　上演：1988年2月17日～2月29日　場所：PARCO SPACE PART3　作：キャリル・チャーチル　演出：木野花
◇「性にからめとられて」長谷部浩　新劇

35(5) 1988.5 p34〜37
◇「「ニュー歌舞伎」って、なあに？」林あまり 新劇 35(5) 1988.5 p38〜41

### CLOUD9 銀色の雲の上で [団]パルコ, 青い鳥

**1940** 上演：1985年3月1日〜3月9日 場所：PARCO SPACE PART3 作：キャリル・チャーチル 訳：松岡和子 演出：木野花
◇「他者としての性(ことばの劇場)」川本三郎 新劇 32(5) 1985.5 p62〜65

**1941** 上演：1986年2月20日〜2月28日 場所：PARCO SPACE PART3 作：キャリル・チャーチル 訳：松岡和子 演出：木野花
◇「劇作家の反撃」佐々木幹郎 新劇 34(2) 1987.2 p28〜33

### クラウドバスター〜吸血鬼は彗星の夜に [団]MOTHER

**1942** 上演：1995年5月4日〜5月10日 場所：近鉄小劇場 作・演出：G2
◇「5月の関西 台詞構造の単調さ(往来『我愛弥WAR I NEED』,そとばこまち『なんぼのもんじゃい』,MOTHER『クラウドバスター〜吸血鬼は彗星の夜に〜』)」宮辻政夫 テアトロ 631 1995.7 p80〜81

### クラウンのいる風景—星の砂漠 [団]OPEN SESAME

**1943** 上演：1999年9月3日〜9月5日 場所：シアターモリエール
◇「芝居は"人恋しさ"に始まる！(文化座『パートナー』,オフィス樹『蟻たちへの伝言』,THE・ガジラ『tatsuya/最愛なる者の側へ』,OPEN SESAME『クラウンのいる風景—星の砂漠』)」浦崎浩實 テアトロ 687 1999.11 p62〜64

### クラクションを吹きならせ！ [団]民藝

**1944** 上演：1987年9月9日〜9月23日 場所：サンシャイン劇場 作：ダリオ・フォ 台本・演出：渡辺浩子
◇「守川くみ子と立石涼子」渡辺保 新劇 34(11) 1987.11 p30〜35
◇「喜劇の文法の効用(民藝『クラクションを吹きならせ！』)」田之倉稔 テアトロ 537 1987.11 p21〜23

### 暗くなったら帰っておいで イディの一生 [団]テアトル・エコー

**1945** 上演：2005年11月25日〜12月9日 場所：恵比寿エコー劇場 作：ジミー・チン 訳・作詞・演出：酒井洋子
◇「「耳で観る」という想像力(RSC『夏の夜の夢』,日欧舞台芸術交流会『トロイラスとクレシダ』,テアトル・エコー『暗くなったら帰っておいで』,劇団四季『間奏曲』)」結城雅秀 テアトロ 774 2006.2 p60〜63

### グラディスおばあさんの画廊 [団]シアター21

**1946** 上演：2002年3月7日〜3月17日 場所：紀伊國屋サザンシアター 作：ケネス・ロネガン 訳：小田島恒志 演出：宮田慶子
◇「戸田恵子の末期の眼(ホリプロ企画制作『You Are The Top—今宵の君—』,シアター21『グラディスおばあさんの画廊』)」内田洋一 テアトロ 721 2002.5 p42〜43

### 蔵のある家 [団]演劇集団円

**1947** 上演：2002年7月10日〜7月16日 場所：ステージ円 作：平野稔 演出：森泉博行
◇「苦悩の新進作家に拍手(円小劇場『蔵のある家』,椿組『東京ウェポン』,オフィスイレブン『麗しのサブリナ』,劇工房燐『トラブル2002』)」佐藤康平 テアトロ 726 2002.9 p56〜57

### グラバーの息子 [団]民藝

**1948** 上演：1997年3月12日〜3月30日 場所：紀伊國屋サザンシアター 作：定村忠士 演出：米倉斉加年
◇「不屈の精神の行方(こまつ座『黙阿彌オペラ』,東演『モリエール』,民藝『グラバーの息子』)」江原吉博 テアトロ 655 1997.5 p68〜69

### クラブ・オブ・アリス [団]遊◎機械/全自動シアター

**1949** 上演：2002年10月3日〜10月24日 場所：青山円形劇場 作：高泉淳子 演出：白井晃
◇「続けてゆく生、続いてゆく生(日本総合悲劇協会『業音』,黒テント『隠し砦の肝っ玉』,遊◎機械/全自動シアター『クラブ・オブ・アリス』)」林あまり テアトロ 729 2002.12 p48〜49

### クラムボンは笑った [団]かたつむりの会

**1950** 上演：1996年6月12日〜6月16日 場所：ジァン・ジァン 作：別役実 演出：村井志摩子
◇「無駄を削る勇気を(遊◎機械/シアター『ムーンライト』,加藤健一事務所『トレンド・ミー・テナー』,かたつむりの会『クラムボンは笑った』)」林あまり テアトロ 645 1996.8 p63〜64

### グラン=ギニョル [団]第三エロチカ

**1951** 上演：1994年10月4日〜10月10日 場所：浅草フランス座 作・演出：川村毅
◇「古典を今,どう扱うのか？(自由劇場『スカパン』,黒テント『銀玉王』,第三エロチカ『グラン=ギニョル』)」内野儀 テアトロ 623 1994.12 p74〜76

### GRANDE—君によこたふ天の河 [団]ランプティ・パンプティ

**1952** 上演：1988年5月10日〜5月15日 場所：青山円形劇場 作・演出：松本きょうじ
◇「「過去」にむきあう演劇」七字英輔 新劇 35(7) 1988.7 p26〜29

### グリークス—10本のギリシャ劇によるひとつの物語 [団]Bunkamura

**1953** 上演：2000年9月5日〜9月24日 場所：シアターコクーン 作：ジョン・バートン 訳：吉田美枝 演出：蜷川幸雄
◇「機上からの神は(シアターコクーン『グリークス—10本のギリシャ劇によるひとつの物語』)」大場建治 テアトロ 700 2000.11 p120〜121

### ぐり、ぐりっと、 [団]桃園会

**1954** 上演：2009年12月18日〜12月20日 場所：

## くりし

AI・HALL　作：深津篤史　演出：キタモトマサヤ、はせひろいち
◇「1月の関西 一五年前（劇団・太陽族『往くも還るも』、桃園会『ぐり、ぐりっと、』）」太田耕人　テアトロ　831　2010.3　p54〜56

### クリシェ　㊇第三エロチカ
**1955**　上演：1994年6月17日〜6月28日　場所：シードホール　作・演出：川村毅
◇「アンチ・ヒーローの形象化（文学座アトリエの会『シンガー』、地人会『阿Q外傳』、第三エロチカ『クリシェ』）」渡辺淳　テアトロ　619　1994.8　p66〜68

### クリスタルクリアー　㊇文学座アトリエの会
**1956**　上演：1984年4月6日〜4月15日　場所：文学座アトリエ　作：フィル・ヤング　訳・演出：西川信廣
◇「クリスタル・パズル（ことばの劇場）」安達英一　新劇　31(6)　1984.6　p21〜24

### クリスチネ　㊇トリコ・A
**1957**　上演：2010年3月23日〜3月28日　場所：アトリエ劇研　作・演出：山口茜
◇「4月の関西 戯曲と出会う（トリコA『クリスチネ』、マレビトの会『UBU ROI』、ことのは『春の音、曇天。をつけてみる』）」太田耕人　テアトロ　834　2010.6　p45〜47

### クリスティーン・その愛のかたち　㊇地人会
**1958**　上演：1982年3月23日〜4月13日　場所：アトリエフォンテーヌ　作：アーノルド・ウェスカー　訳：小池美佐子　演出：木村光一
◇「恐ろしい問い（地人会『クリスティーン・その愛のかたち』、五月舎『青い紙のラブレター』）」岩波剛　テアトロ　472　1982.6　p32〜33

### クリスマス・キャロル　㊇松竹
**1959**　上演：1996年12月12日〜12月27日　場所：サンシャイン劇場　原作：チャールズ・ディケンズ　脚本：パトリック・ステュアート　訳：川本燁子　演出：ボブ・トムソン
◇「お吉とスクルージ（民藝『波のまにまに お吉』、サンシャイン劇場『クリスマス・キャロル』）」水落潔　テアトロ　652　1997.2　p60〜61

### クリスマス狂騒曲ナポリ風　㊇地人会
**1960**　上演：2001年11月27日〜12月8日　場所：紀伊國屋ホール　作：エドワルド・デ・フィリッポ　訳：田之倉稔　演出：山下悟
◇「人間狂騒曲（新国立劇場『美女で野獣』、地人会『クリスマス狂騒曲ナポリ風』、燐光群＋グッドフェローズ『白鯨』、黒テント『十字軍』）」渡辺淳　テアトロ　718　2002.2　p60〜62

### 栗原課長の秘密基地　㊇演劇集団円
**1961**　上演：2002年4月16日〜4月27日　場所：ステージ円　作：土屋理敬　演出：松井範雄
◇「舞台が舞台であることは？（演劇集団円『栗原課長の秘密基地』、オフィス・ワンダーランド『不死鳥の落胤』、ピープルシアター『心、きれぎれの夢』）」みなもとごろう　テアトロ　722　2002.6　p50〜52

### クリプトグラフ　㊇マレビトの会
**1962**　上演：2009年10月1日〜10月6日　場所：こまばアゴラ劇場　作・演出：松田正隆
◇「演劇への愛情に溢れた舞台（勝田演劇事務所×海のサーカス『バケレロ！』、三田村組『home〜ホーム』、マレビトの会『クリプトグラフ』）」丸田真悟　テアトロ　827　2009.12　p42〜43

### クリームの夜　㊇民藝
**1963**　上演：2015年6月18日〜6月30日　場所：紀伊國屋サザンシアター　作：青木豪　演出：山下悟
◇「幻想と現実、そして現実（うらら舎『藤戸』、シス・カンパニー『草枕』、民藝『クリームの夜』）」斎藤偕子　テアトロ　907　2015.8　p33〜34

### CLEANSKINS/きれいな肌　㊇新国立劇場
**1964**　上演：2007年4月18日〜4月28日　場所：新国立劇場小劇場　作：シャン・カーン　訳：小田島恒志　演出：栗山民也
◇「沖縄、現代医療、レイシズム（劇団民藝『沖縄』、劇団一跡二跳『きりぎりす』、新国立劇場『CLEANSKINS/きれいな肌』）」七字英輔　テアトロ　792　2007.6　p48〜50

### グリーン・ベンチ　㊇青春五月党
**1965**　上演：1995年6月　場所：草月ホール　作：柳美里　演出：渡辺浩子
◇「異色の顔合わせが生むパワー（青春五月党『グリーン・ベンチ』、第三エロチカ『四谷怪談・解剖室』、地人会『はつ恋―抱月と須磨子』、俳優座『ソフィストリー―詭弁』、トム・プロジェクト『たたかう女』、演奏舞台『甘粕大尉―季節はずれの卒論』、劇団青杜『ペガサス』）」結城雅秀　テアトロ　633　1995.9　p62〜69

### 狂おしき怠惰　㊇トラッシュマスターズ
**1966**　上演：2012年2月18日〜2月29日　場所：下北沢駅前劇場　作・演出：中津留章仁
◇「躓き、異化され、魅せつける（文学座『三人姉妹』、オペラシアターこんにゃく座『金色夜叉』、TRASHMASTERS『狂おしき怠惰』）」村井健　テアトロ　860　2012.4　p44〜45

### 俤／春の枯葉　㊇オフィス樹、シアターX
**1967**　上演：2008年1月29日〜2月3日　場所：シアターX　作：宇野信夫（俤）、太宰治（春の枯葉）　演出：川和孝
◇「劇的選択のゆくえ（民藝『選択』、東京演集団風『ピカソの女たち〜オルガ』、オフィス樹・シアターX名作劇場『俤』『春の枯葉』、萬國四季協會『コジラだ！』）」中本信幸　テアトロ　804　2008.4　p52〜54

### 廓　㊇「廓」上演を成功させる会
**1968**　上演：2008年9月13日〜9月14日　場所：呉竹文化センター　作：西口克己　脚本：尾川原和雄　演出：藤沢薫
◇「9月の関西 ローカルであるということ（姫路市文化振興財団設立二十周年『映像都市2008』、『廓』上演を成功させる会『廓』、ドラマ・リーディング

## クレアモントホテルにて ㊙俳優座
*1969* 上演：2014年9月13日〜9月28日　場所：俳優座劇場5F稽古場　作：エリザベス・テイラー　脚本：ふたくちつよし　演出：森一
◇「人間の危うさを描く三つの劇（シス・カンパニー『火のようにさみしい姉がいて』，新国立劇場『三文オペラ』，俳優座『クレアモントホテルにて』）」水落潔　テアトロ　896　2014.11　p34〜35

## グレイオルゴール ㊙office utata'neプロデュース
*1970* 上演：1996年1月13日〜1月15日　場所：扇町ミュージアムスクエア　作・演出：台場達也
◇「1月の関西　人間と、周囲の世界（ナイスミドル劇場『記者と事件』，office utata'neプロデュース『グレイオルゴール』）」宮辻政夫　テアトロ　640　1996.3　p80〜81

## グレイクリスマス ㊙グレイクリスマスの会
*1971* 上演：2009年12月9日〜12月20日　場所：俳優座劇場　作：斎藤憐　演出：高瀬久男
◇「〇九年掉尾を飾った二つの舞台（（財）静岡県文化財団+SPAC『椿姫』，グレイクリスマスの会『グレイクリスマス』）」村井健　テアトロ　831　2010.3　p46〜47

## グレイクリスマス ㊙本多劇場
*1972* 上演：1983年12月8日〜12月25日　場所：本多劇場　作：斎藤憐　演出：栗山民也
◇「Uターンする「桜の園」（本多劇場『グレイクリスマス』）」扇田昭彦　テアトロ　492　1984.2　p34〜37

## グレイクリスマス ㊙民藝
*1973* 上演：1999年1月29日〜2月11日　場所：紀伊國屋サザンシアター　作：斎藤憐　演出：渡辺浩子
◇「旧作の再上演に思うこと（新国立劇場『子午線の祀り』，民藝『グレイクリスマス』，こまつ座『イーハトーボの劇列車』）」水落潔　テアトロ　680　1999.4　p64〜65

## クレイジー・フルーツ ㊙東京ギンガ堂
*1974* 上演：1997年10月8日〜10月12日　場所：シアターVアカサカ　作：品川能正　演出：水島直樹
◇「最底辺の現実に肉薄する試み（ウォーキング・スタッフ『アリゲーター・ダンス2』，下北沢『劇』小劇場開場記念公演『蜜の味』，二等辺三角形』，文学座『人生と呼べる人生』，東京ギンガ堂『クレイジー・フルーツ』，兵庫県立ピッコロ劇団『わたしの夢は舞う』）」江原吉博　テアトロ　662　1997.12　p72〜74

## クレイジー・フルーツ〜夢野Q作とドグラ・マグラ ㊙東京ギンガ堂
*1975* 上演：1994年9月14日〜9月20日　場所：ザ・スズナリ　作・演出：品川能正
◇「見ること, 見られること, 見せること（木山事務所『はるなつあきふゆ』,S.W.A.T！『My Boy〜嘆きの銀河』,東京ギンガ堂『クレイジー・フルーツ〜夢野Q作とドグラ・マグラ』,NEST『Q・E・DJ』）」山登敬之　テアトロ　622　1994.11　p76〜78

## クレイジー!!吉原百人斬り！『籠釣瓶花街酔醒』 ㊙黒テント
*1976* 上演：2007年2月15日〜2月25日　場所：シアターイワト　作・演出：山元清多　振付：渡辺美津子
◇「三つの再演に見る〈現代性〉（黒テント『クレイジー!!吉原百人斬り！『籠釣瓶花街酔醒』』, Bunkamura+キューブ『橋を渡ったら泣け』, ポツドール『激情』）」七字英輔　テアトロ　791　2007.5　p43〜45

## クレシダ ㊙CATプロデュース
*1977* 上演：2016年9月4日〜9月25日　場所：シアタートラム　作：ニコラス・ライト　訳：芦沢みどり　演出：森新太郎
◇「今では皇室にのみ残る伝統と慣習（劇団俳優座『華族令嬢たちの大正・昭和』,Tファクトリー『荒野のリア』,ホリプロ『娼年』,CATプロデュース『クレシダ』,文学座アトリエの会『弁明』,東京演劇集団風『母が口にした『進歩』,…』）」結城雅秀　テアトロ　924　2016.11　p42〜45

## グレーテルとヘンゼル ㊙神奈川芸術劇場
*1978* 上演：2018年8月18日〜8月26日　場所：KAAT神奈川芸術劇場大スタジオ　脚本：スザンヌ・ルボー　訳：岡見さえ　演出：ジェルヴェ・ゴドロ
◇「家族という厄介な関係（ハイバイ『て』『夫婦』,石井光三オフィスプロデュース『死神の精度〜7Days Judgement』,シーエイティプロデュース『黄昏』,神奈川芸術劇場『グレーテルとヘンゼル』,東京演劇集団風『記憶の通り路ー孤独に苛まれている老婦人には気をつけて』）」杉山弘　テアトロ　952　2018.11　p49〜51

## GREAT ZEBRA IN THE DARK'98 ㊙ベターポーツ
*1979* 上演：1998年　作・演出：西島明
◇「途切れた時間（遊園地再生事業団『14歳の国』,ベターポーツ『GREAT ZEBRA IN THE DARK'98』,ナイロン100℃『偶然の悪夢』）」長谷部浩　テアトロ　675　1998.12　p52〜54

## グレンギャリー・グレン・ロス ㊙銀河劇場
*1980* 上演：2011年6月10日〜6月19日　場所：天王洲 銀河劇場　作：デイヴィッド・マメット　訳：常田景子　演出：青山真治
◇「ストレートプレイならではの強さ（天王洲銀河劇場『G.G.R』,東宝 帝劇開場100周年記念公演『風と共に去りぬ』）」小藤田千栄子　テアトロ　852　2011.9　p38〜39

## グレンギャリー・グレン・ロス ㊙パルコ, 文学座
*1981* 上演：1988年2月4日〜2月21日　場所：PARCO劇場　作：デイヴィッド・マメット　訳・演出：江守徹
◇「死の周辺」長谷部浩　新劇　35（4）　1988.4　p38〜41

くれん

◇「男の舞台のリズム感(パルコ・文学座『グレンギャリー・グレン ロス』)」大場建治 テアトロ 542 1988.4 p30〜31

**グレンギャリー・グレン・ロス** 団文学座
*1982* 上演：2009年3月2日〜3月11日 場所：紀伊國屋サザンシアター 作：デイヴィッド・マメット 訳・演出：江守徹
◇「生と性、さまざまな翻訳劇(華のん企画『ワーニャ伯父さん』、文学座『グレンギャリー・グレン・ロス』、パルコ・プロデュース『ストーン夫人のローマの春』)」北川登園 テアトロ 819 2009.5 p42〜43

**黒い十人の女** 団ナイロン100℃
*1983* 上演：2011年5月20日〜6月12日 場所：青山円形劇場 オリジナル脚本：和田夏十 台本・演出：ケラリーノ・サンドロヴィッチ
◇「華を競う女優たち(ナイロン100℃『黒い十人の女』、シス・カンパニー『ベッジ・パードン』、新国立劇場『雨』)」杉山弘 テアトロ 851 2011.8 p44〜45

**黒いスーツのサンタクロース** 団座・キューピー・マジック
*1984* 上演：1997年8月4日〜8月10日 場所：本多劇場 作・演出：田窪一世
◇「娯楽劇への苦言(座・キューピー・マジック『黒いスーツのサンタクロース』、ZAZOUS THEATER『ウェアハウス〜Error〜』)」大岡淳 テアトロ 660 1997.10 p72〜73

**黒い空とふたりと** 団八時半
*1985* 上演：1999年11月2日〜11月3日 場所：扇町ミュージアムスクエア 作：鈴江俊郎
◇「11月の関西 記憶の劇場(維新派『水街』、犯罪友の会『ひだまりの海』、劇団八時半『黒い空とふたりと』、アグリーダックリング『深流波』、スクエア『だし』)」太田耕人 テアトロ 690 2000.1 p82〜84

**黒いチューリップ** 団パルコ
*1986* 上演：1983年2月6日〜3月8日 場所：PARCO西武劇場 作：唐十郎 演出：蜷川幸雄
◇「もっと気軽に、もっと気楽に(ことばの劇場)」高野嗣郎 新劇 30(4) 1983.4 p30〜33
◇「唐対蜷川四本目の勝負(西武劇場『黒いチューリップ』)」石崎勝久 テアトロ 482 1983.4 p42〜44

**黒いチューリップ／盲導犬** 団新国立劇場, 唐ゼミ☆
*1987* 上演：2005年9月27日〜10月9日 場所：新国立劇場小劇場 作・監修：唐十郎 演出：中野敦之
◇「寺山・唐作品の感染力(黒テント『血筋』、演劇実験室□・紅王国『美神の鏡』、新国立劇場・唐ゼミ☆『黒いチューリップ』『盲導犬』、唐組『カーテン』)」野中広樹 テアトロ 771 2005.12 p58〜60

**クロイツェル・ソナタ** 団文学座アトリエの会
*1988* 上演：1998年6月3日〜6月14日 場所：文学座アトリエ 作：岩松了 演出：藤原新平
◇「音楽の力―東西の視点(地人会『デュエットのあとに』、文学座アトリエ『クロイツェル・ソナタ』)」斎藤偕子 テアトロ 671 1998.8 p50〜51

**黒いぬ** 団T Factory
*1989* 上演：2006年12月6日〜12月10日 場所：紀伊國屋ホール 作・演出：川村毅
◇「肉体に刻まれる歴史の刻印(名取事務所+シアターX『ゆうれい』、T FACTORY『黒いぬ』、俳優座『野火』)」斎藤偕子 テアトロ 788 2007.2 p58〜59

**黒い花びら 侠客・千代之介の生涯** 団風間杜夫プロデュース
*1990* 上演：1991年5月10日〜5月28日 場所：本多劇場 作・演出：岡部耕大
◇「重ねてズラした風景(風間杜夫『黒い花びら』)」岩波剛 テアトロ 581 1991.7 p44〜45

**黒いハンカチーフ** 団M.O.P.
*1991* 上演：2001年5月11日〜5月17日 場所：紀伊國屋サザンシアター 作・演出：マキノノゾミ
◇「愛すべき人物の誕生(青年座『赤シャツ』、M.O.P.『黒いハンカチーフ』、宇宙堂『星の村』)」丸田真悟 テアトロ 709 2001.7 p52〜53

**黒いらくだ** 団ももちの世界
*1992* 上演：2017年7月20日〜7月23日 場所：インディペンデントシアター1st 作・演出：ピンク地底人3号
◇「8月の関西 消える京都のブラックボックス―必要性証明(遊劇体『ふたりの蜜月』、あごうさとし構成・演出『リチャード三世―ある王の身体―』、土田英生セレクション『きゅうりの花』、ももちの世界『黒いらくだ』)」九鬼葉子 テアトロ 937 2017.10 p65〜67

**黒色テント版・三文オペラ** 団68/71黒色テント
*1993* 上演：1988年10月21日〜10月30日 場所：品川駅東口前構内特設テント 原作：ブレヒト 脚色：山元清多 演出：佐藤信
◇「根源的(ラディカル)な意志」七字英輔 新劇 36(1) 1989.1 p30〜33

**クロウニィ** 団品行方正児童会
*1994* 上演：1990年4月24日〜4月30日 場所：ザ・スズナリ 作・演出：前川麻子
◇「肯定の創造と優しさに慰藉される90分と60分」豊崎由美 しんげき 37(7) 1990.7 p14〜17

**クローサー** 団キャスター・ウエストエンド・シアター
*1995* 上演：1999年7月21日〜8月1日 場所：PARCO劇場 作：パトリック・マーバー 訳・演出：鵜山仁
◇「戯曲を生かす演出の工夫を(JIS企画『ラストワルツ』、キャスター・ウエストエンド・シアター『クローサー』、S.W.A.T!『Rush(ラッシュ)』)」江原吉博 テアトロ 686 1999.10 p62〜63

**黒塚家の娘** 🏛 シス・カンパニー
***1996*** 上演：2017年5月12日～6月11日　場所：シアタートラム　作：北村想　演出：寺十吾
◇「生老病死からの解放（イキウメ『天の敵』、シス・カンパニー『黒塚家の娘』、劇団昴Page2『ふくろう』、新国立劇場『マリアの首』）」杉山弘　テアトロ　933　2017.7　p36～38

**黒椿洋裁店** 🏛 萬國四季協會
***1997*** 上演：2007年5月17日～5月20日　場所：中野光座　作：響リュウ　演出：渡大策　音楽：清道洋一
◇「緊密な人間ドラマ（円『実験』、萬國四季協會＜モード＞『黒椿洋裁店』、シアターX『フェイドラの恋』、北区つかこうへい劇団『うどん屋』、THE・ガジラ『かげろふ人』）」斎藤偕子　テアトロ　795　2007.8　p43～45
***1998*** 上演：2014年6月25日～6月29日　場所：SPACE雑遊　作：響リュウ　演出：渡辺大策
◇「時空をまたぐ劇的ありよう（萬國四季協會『黒椿洋裁店』、青年座『あゆみ』、シス・カンパニー『抜け目のない未亡人』）」中本信幸　テアトロ　894　2014.9　p34～35

**黒蜥蜴** 🏛 松竹
***1999*** 上演：1990年3月2日～3月26日　場所：新橋演舞場　原作：江戸川乱歩　作：三島由紀夫　演出：坂東玉三郎, 福田逸
◇「おんなのためいき」岡本蛍　しんげき　37(5)　1990.5　p44～47

**黒蜥蜴** 🏛 TPT
***2000*** 上演：2006年11月24日～12月20日　場所：ベニサン・ピット　原作：江戸川乱歩　作：三島由紀夫　演出：デヴィッド・ルヴォー, 門井均
◇「緻密に構成されたオムニバス（劇団M.O.P.『ズビズビ』、北京人民芸術院『雷雨』、TPT『黒蜥蜴』、ひょうご舞台芸術『ブルックリン・ボーイ』）」結城雅秀　テアトロ　788　2007.2　p48～52

**黒念仏殺人事件** 🏛 1980
***2001*** 上演：1997年12月14日～12月20日　場所：紀伊國屋サザンシアター　作・演出：藤田傳　作：武重邦夫
◇「日付のある喜劇二つ（こまつ座『マンザナ、わが町』、劇団1980『黒念仏殺人事件』）」みなもとごろう　テアトロ　666　1998.3　p76～77

**クロマニヨンショック** 🏛 アフロ13
***2002*** 上演：2001年1月11日～1月15日　場所：アートコンプレックス1928　脚本：伊東幸一郎　脚色・演出：佐々木智広
◇「1月の関西　領有という名のパクリ（アフロ13『クロマニヨンショック』、遊劇体フィールドワーク『出口ありません』、ジャブジャブサーキット『サワ氏の仕業Ⅲ』）」太田耕人　テアトロ　705　2001.3　p82～84

**黒雪姫と七人の大人（おおびと）たち** 🏛 虹企画／ぐるうぷシュラ
***2003*** 上演：2004年　場所：虹企画アトリエ・ミニミニシアター　作・演出：三條三輪
◇「ケータイ以前と以後、芝居の存亡（木山事務所『港町ちぎれ雲』、トム・プロジェクト『狐狸狐狸ばなし』、虹企画／ぐるうぷ『黒雪姫と七人の大人たち』）」浦崎浩實　テアトロ　753　2004.8　p44～45

**グロリアス・ワンズ—輝ける役者たち** 🏛 タチ・ワールド
***2004*** 上演：2014年1月22日～1月28日　場所：あうるすぽっと　原作：フランシーヌ・プローズ　脚本：リン・アーリンズ　訳・訳詞・演出：勝田安彦　振付：ジム・クラーク　音楽：スティーヴン・フラハーティ
◇「翻訳劇上演の難しさと幸福な気分（東京演劇集団風『異邦人』、名取事務所『HOW I LEARNED TO DRIVE』、タチ・ワールド『グロリアス・ワンズ—輝ける役者たち』）」杉山弘　テアトロ　888　2014.4　p40～41

**勲章の川—花岡事件** 🏛 東京芸術座
***2005*** 上演：1998年4月9日～4月10日　場所：練馬文化センター　作：本田英郎　演出：髙橋左近
◇「せりふの持つ肉体（青年座『盟三五大切』、東京芸術座『勲章の川』、朋友『Later Life』）」みなもとごろう　テアトロ　669　1998.6　p72～74
***2006*** 上演：2016年1月28日～1月31日　場所：俳優座劇場　作：本田英郎　演出：印南貞人
◇「歴史に取材し、次世代につなぐ（野田地図『逆鱗』、東京芸術座『勲章の川—花岡事件—』、萬國四季協會・白黒『荒野の映写片』、青年座『俺の酒が呑めない』）」結城雅秀　テアトロ　916　2016.4　p30～32

## 【け】

**慶応某年ちぎれ雲** 🏛 木山事務所
***2007*** 上演：2002年4月3日～4月11日　場所：俳優座劇場　作・演出：福田善之
◇「個人が個人であることの困難（木山事務所『慶応某年ちぎれ雲』、俳優座劇場プロデュース『高き彼物』、民藝『その人を知らず』）」大岡淳　テアトロ　722　2002.6　p44～46

**毛皮のマリー** 🏛 篠井英介プロデュース
***2008*** 上演：1998年7月13日～7月26日　場所：ザ・スズナリ　作：寺山修司　演出：J・A・シーザー
◇「セクシュアリティーと演劇（篠井英介プロデュース『毛皮のマリー』、渡辺守章演出『アガタ』）」里見宗律　テアトロ　672　1998.9　p72～73

**毛皮のマリー** 🏛 パルコ
***2009*** 上演：1994年10月4日～10月30日　場所：PARCO劇場　作：寺山修司　演出：ハンス・ペーター・クロース　美術：ジャンハース　衣装：ワダエミ

## けかわ

◇「「方言」による多様性の主張(昴『リチャード二世』、パルコ『毛皮のマリー』、劇団1980『へのへのへ』、優曇華の会『ミス・ジュリー』、ひょうご舞台芸術『オイディプス王』、俳優座ラボ『去るものは日々に遠し』、文学座『ふるあめりかに袖はぬらさじ』)」結城雅秀　テアトロ　623　1994.12　p54〜61

**2010** 上演：2001年3月24日〜4月22日　場所：PARCO劇場　作：寺山修司　演出：美輪明宏

◇「言葉の力が支える舞台(大人計画『エロスの果て』、パルコ劇場『毛皮のマリー』、菅間馬鈴薯堂『チェーホフのブローチ』)」林あまり　テアトロ　708　2001.6　p58〜59

### 毛皮のマリー ㊞翠

**2011** 上演：2007年3月30日〜4月1日　場所：スタジオあくとれ　作：寺山修司　脚色・演出：登り山美穂子

◇「プロの表現・プロの意識(俳小『蜜の味』、翠『毛皮のマリー』、ギイ・フォワシィ・シアター『私もカトリーヌ・ドヌーブ』『父の言い分』『劇的リーディング』)」斎藤偕子　テアトロ　792　p44〜45

### 劇終/OSHIMAI〜くだんの件 ㊞少年王者舘

**2012** 上演：2005年1月26日〜2月1日　場所：横浜相鉄本多劇場　作・演出：天野天街

◇「夢で逢いましょう(少年王者舘KUDANproject『くだんの件』、宇宙堂『花粉の夜に眠る戀〜オールドリフレイン』、シベリア少女鉄道『アパートの窓割ります』)」野中広樹　テアトロ　762　2005.4　p50〜51

### 劇場 ㊞NLT、劇団〈ま〉

**2013** 上演：2016年10月25日〜10月30日　場所：シアターグリーン BIG TREE THEATER　作：サマセット・モーム　訳・脚本・演出：池田政之

◇「恋と劇場 演じるしかない人生(NLT、劇団ま『劇場』、うずめ劇場『アントニーとクレオパトラ』、CANプロ『変な女の恋』)」斎藤偕子　テアトロ　926　2017.1　p48〜49

### 激情 ㊞ポツドール

**2014** 上演：2007年3月4日〜3月11日　場所：本多劇場　脚本・演出：三浦大輔

◇「三つの再演に見る〈現代性〉(黒テント『クレイジー!!吉原百人斬り！』、籠谷瓶花街酔醒』、Bunkamura+キューブ『橋を渡ったら泣け』、ポツドール『激情』)」七字英輔　テアトロ　791　2007.5　p43〜45

### 一劇場へ!! ㊞〈仮設劇場〉WA

**2015** 上演：2005年4月7日〜4月10日　場所：〈仮設劇場〉WA　作：北村想、はせひろいち、松田正隆、鈴江俊郎、土田英生、坂手洋二　演出：内藤裕敬

◇「4月の関西 アウラを呼吸する(焚火の事務所『浄火』、態変『色は臭へどⅣ』、ドラマリーディング『一劇場へ!!』)」太田耕人　テアトロ　764　2005.6　p66〜68

### 劇場の異邦人／坊やに下剤を ㊞NLT

**2016** 上演：2017年7月5日〜7月9日　場所：シアターグリーン BOX in BOX THEATER　作：アンドレ・ルッサン　訳：梅田晴夫　潤色：賀原夏子（劇場の異邦人）　ジョルジュ・フェドー　訳：岩瀬孝（坊やに下剤を）　演出：川端槇二、木村有里

◇「時と所変れば(劇団NLT『劇場の異邦人』『坊やに下剤を』、燐光群『湾岸線浜裏駅高架下4：00A.M.(土、日除ク)』)」黒羽英二　テアトロ　936　2017.9　p71〜72

### 劇場版 日本三文オペラ ㊞兵庫県立ピッコロ劇団

**2017** 上演：2012年2月23日〜2月26日　場所：兵庫県立芸術文化センター　原作：開高健　脚本・演出：内藤裕敬

◇「3月の関西 幻想か、不条理か。(メイシアター×sunday『牡丹灯籠』、空の驛舎『追伸』、神戸アートビレッジセンター『地中』、兵庫県立ピッコロ劇団『劇場版 日本三文オペラ』)」太田耕人　テアトロ　861　2012.5　p75〜77

### GEKI TOTSU ㊞JAC

**2018** 上演：1997年10月7日〜10月12日　場所：三百人劇場　原案：ジャパンアクションクラブ　作・演出：四大海　演出：西本良治郎

◇「秋の傑作舞台、続々登場(JAC『GEKI TOTSU』、三人芝居『動物園の豚』、ピープルシアター『プラットホーム 聖なる冬』、青年劇場『甦る夏の日』、うらら舎『カッポレはもう踊らない』、月蝕歌劇団『高丘親王航海記—夢の宇宙誌』)」浦崎浩實　テアトロ　662　1997.12　p75〜77

### 劇評 ㊞加藤健一事務所

**2019** 上演：2002年7月12日〜7月28日　場所：本多劇場　作：アイラ・レヴィン　訳：小田島恒志　演出：久世龍之介

◇「光を抜けて、闇を潜って(青年座『美しきものの伝説』、THE・ガジラ『藪の中』、加藤健一事務所『劇評』)」大岡淳　テアトロ　726　2002.9　p46〜48

### 逆鱗 ㊞NODA・MAP

**2020** 上演：2016年1月29日〜3月13日　場所：東京芸術劇場プレイハウス　作・演出：野田秀樹

◇「歴史に取材し、次世代につなぐ(野田地図『逆鱗』、東京芸術座『勲章の川—花岡事件—』、萬國四季協會・白蘭『荒野の映写片』、青年座『俺の酒が呑めない』)」結城雅秀　テアトロ　916　2016.4　p30〜32

### 劇論 ㊞太陽族

**2021** 上演：2015年11月12日〜11月15日　場所：ウィングフィールド　作・演出：岩崎正裕

◇「11月の関西 新進劇作家の季節(iaku『Walk in closet』、演劇計画Ⅱ『また愛か』、劇団大阪『姉川写真館の四季』、兵庫県立ピッコロ劇団『東男迷都路』、劇団・太陽族『劇論』、遊劇体『鳥笛』『公孫樹下』)」太田耕人　テアトロ　913　2016.1　p36〜38

## ゲゲゲのげ―逢魔が時に揺れるブランコ ㊐
Ugly duckling
***2022*** 上演：2010年7月9日～7月11日　場所：AI・HALL　作：渡辺えり　演出：池田祐佳理
◇「7月の関西 眠らないで見る夢（劇団Ugly duckling『ゲゲゲのげ』、劇団・太陽族『S小学校の眠らない夜』、突劇金魚『幼虫主人の庭』)」太田耕人　テアトロ　838　2010.9　p47～49

## ゲゲゲのげ―逢魔が時に揺れるブランコ
㊐オフィス３○○
***2023*** 上演：2011年8月1日～8月23日　場所：座・高円寺　作・演出：渡辺えり子　振付：菅原鷹志　音楽：近藤達郎
◇「舞台が孕む「悪意」と「善意」（ジャブジャブサーキット『無重力チルドレン』、オフィス３○○『ゲゲゲのげ 逢魔が時に揺れるブランコ』、日露SAKURAプロジェクト『シベリアに桜咲くとき』)」みなもとごろう　テアトロ　853　2011.10　p36～37

## ゲゲゲのげ―逢魔が時に揺れるブランコ ㊐３○○
***2024*** 上演：1982年9月23日～10月3日　場所：シアターグリーン　作・演出：渡辺えり子
◇「ビワの林に朝日があたるとき―渡辺えり子の眼差し」衛紀生　新劇　29(11)　1982.11　p28～29

***2025*** 上演：1985年1月11日～1月23日　場所：本多劇場　作・演出：渡辺えり子
◇「若さと演技力、あなたなら、どっち？（ことばの劇場)」萩原なぎさ　新劇　32(3)　1985.3　p38～42

## ゲゲゲの先生へ　㊐東京芸術劇場
***2026*** 上演：2018年10月8日～10月21日　場所：東京芸術劇場プレイハウス　原案：水木しげる　脚本・演出：前川知大
◇「原作の世界観をどう舞台化するか（青年劇場『キネマの神様』、KAAT神奈川芸術劇場『華氏451度』、ピープルシアター『燃えひろがる荒野』、東京芸術劇場『ゲゲゲの先生へ』、シス・カンパニー『出口なし』)」杉山弘　テアトロ　953　2018.12　p40～43

## ケサラン／パサラン　㊐ブリキの自発団
***2027*** 上演：1988年8月11日～8月13日　場所：池袋テント劇場　作・演出：生田萬
◇「涙と笑いの夏」林あまり　新劇　35(10)　1988.10　p42～45

## cage　㊐エイチエムピー・シアターカンパニー
***2028*** 上演：2005年5月13日～5月15日　場所：〈仮設劇場〉WA　作・演出：笠井友仁
◇「5月の関西 物語から解き放たれて（hmp『cage』、南船北馬一団『シアン』、南河内万歳一座『みんなの歌2』)」太田耕人　テアトロ　765　2005.7　p66～68

## 消しゴム　㊐B級遊撃隊
***2029*** 上演：2003年1月23日～1月25日　場所：名古屋市西文化小劇場　作：佃典彦　演出：神谷尚吾
◇「名古屋の活力をみせた三公演（劇団B級遊撃隊『消しゴム』、日本劇作家協会東海支部プロデュース『劇王』、少年ボーイズ『予想屋』)」河野光雄　テアトロ　734　2003.4　p54～53

## 化粧　㊐地人会
***2030*** 上演：1982年12月3日～12月7日　場所：ザ・スズナリ　作：井上ひさし　演出：木村光一
◇「淋しい井上ひさし」西村博子　新劇　30(2)　1983.2　p44～45

## 化粧 二幕　㊐座・高円寺
***2031*** 上演：2009年5月1日～5月31日　場所：座・高円寺2　作：井上ひさし　演出：木村光一
◇「再演・リメイク・再創造（リ・クリエイション)（座・高円寺『化粧 二幕』、Bunkamura『雨の夏、三十人のジュリエットが還ってきた』、俳優座『蟹工船』)」七字英輔　テアトロ　821　2009.7　p38～40

## 解脱衣楓累　㊐前進座
***2032*** 上演：1984年3月28日～4月8日　場所：前進座劇場　原作：鶴屋南北　脚色：小池章太郎　演出：高瀬精一郎
◇「百六十二年前の現代劇（前進座『解脱衣楓累』)」津田類　テアトロ　496　1984.6　p25～27

***2033*** 上演：1988年5月15日～5月22日　原作：鶴屋南北　演出：高瀬精一郎
◇「「亡霊」というコンセプト」七字英輔　新劇　35(8)　1988.8　p30～33

## 化蝶譚～けてふたん　㊐演劇実験室∴紅王国
***2034*** 上演：1998年6月10日～6月17日　場所：ウッディシアター中目黒　作・演出：野中友晴
◇「夢うすきファンタジー（唐組『汚れつちまつた悲しみに…』、演劇実験室 紅王国『化蝶譚～けてふたん』、新国立劇場 小劇場『今宵かぎりは…』、旧眞空館『メアリー・ルウ』)」七字英輔　テアトロ　671　1998.8　p74～77

## K2　㊐松竹
***2035*** 上演：1983年11月5日～11月27日　場所：サンシャイン劇場　作：パトリック・メイヤーズ　訳：篠原陽子　演出：テリー・シュライバー
◇「氷壁のスリル（サンシャイン劇場『K2』)」岩波剛　テアトロ　491　1984.1　p24～25

## K2―運命のザイル　㊐本多劇場
***2036*** 上演：1997年10月24日～11月22日　場所：本多劇場　作：パトリック・メイヤーズ　訳：小田島雄志　演出：綾田俊樹
◇「「ちらい」に心奪われる！（第13回地域劇団東京演劇祭、花企画『岬に住む人をめぐって』、青杜『樹海』、本多劇場『K2―運命のザイル』)」浦崎浩實　テアトロ　664　1998.1　p71～73

## 血縁～飛んで火に入る五兄弟　㊐モダンスイマーズ
***2037*** 上演：2009年7月17日～8月2日　場所：赤坂RED/THEATER　作・演出：モダンスイ

マーズ

◇「「家」は消えず、復讐する（劇団、本谷有希子『来来来来来（ライライライライライ）』，モダンスイマーズ『血縁〜飛んで火に入る五兄弟』，演劇集団円『宙をつかむ—海軍じいさんとロケット戦闘機』）」内田洋一　テアトロ　825　2009.10　p50〜52

**月下**　[団]演劇集団円

**2038** 上演：1996年11月13日〜11月25日　場所：シアターX　作：平石耕一　演出：山本健翔

◇「演出意図の分からない芝居（シェアード・エクスペリエンス・シアター『テンペスト』，地人会『ロミオとジュリエット』，円・シアターX『月下』，文学座『特ダネ狂騒曲』，仲間『十二月』，演奏舞台『小〇百姓一揆考』）」結城雅秀　テアトロ　651　1997.1　p73〜79

**月感アンモナイト**　[団]BQMAP

**2039** 上演：2001年3月22日〜3月25日　場所：東京グローブ座　作・演出：奥村直義

◇「先送りの果てへの旅 グローブ座春のフェスティバル（阿佐ヶ谷スパイダース『ライヒ』，劇団☆世界一団『645』，水と油『不時着』，BQMAP『月感アンモナイト』）」野中広樹　テアトロ　707　2001.5　p60〜62

**欠陥+禿の女歌手**　[団]萬國四季協會

**2040** 上演：2015年1月21日〜1月25日　場所：SPACE雑遊　作：イヨネスコ　訳：加藤新吉，諏訪正　演出：渡辺大策

◇「今日との取っ掛かり方（トム・プロジェクト『スィートホーム』，劇団民藝『ヒトジチ』，萬國四季協會『欠陥+禿の女歌手』）」斎藤偕子　テアトロ　902　2015.4　p36〜37

**月光カノン**　[団]ジャブジャブサーキット

**2041** 上演：2013年10月24日〜10月27日　場所：ザ・スズナリ　作・演出：はせひろいち　音楽：ヤストミフルタ

◇「不条理劇の最果てを探る営み（ハーフムーン・シアター・カンパニー『政治の風景 日常の風景』，朋友『女たちの招魂祭』，ジャブジャブサーキット『月光カノン』）」中本信幸　テアトロ　885　2014.1　p44〜45

**月光の海 ギタラ**　[団]俳優座

**2042** 上演：2011年5月14日〜5月23日　場所：紀伊國屋ホール　原作・脚本：毛利恒之　演出：藤原留香

◇「人間の絆を描く三作品（文学座『思い出のブライトン・ビーチ』，Bunkamura『たいこどんどん』，俳優座『月光の海 ギタラ』）」水落潔　テアトロ　849　2011.7　p42〜43

**月光の遠近法**　[団]錬肉工房

**2043** 上演：2005年3月18日〜3月21日　場所：麻布die pratze　テクスト：高柳誠　構成・演出：岡本章

◇「夢幻能の彼方へ—錬肉工房『月光の遠近法』」小田幸子　シアターアーツ　23　2005.6　p48〜50

◇「暗闇の向こうに続く場所（錬肉工房『月光の遠近法』，五反田団『キャベツの類』，弘前劇場+ROGO『FRAGMENT「F.+2」』，ユニークポイント『鉄扉の中の自由』）」野中広樹　テアトロ　764　2005.6　p54〜56

**月光のつゝしみ**　[団]竹中直人の会

**2044** 上演：1994年12月13日〜12月29日　場所：ザ・スズナリ　作・演出：岩松了

◇「確固たるドラマの枠組（俳優座『カラマーゾフの兄弟』，木村プロ『危険なダブルキャスト』，四季『キャッツ』，幹の会・安沢事務所『オセロー』，竹中直人の会『月光のつつしみ』，ピープルシアター『異人たちの辻』，扉座『新羅生門』）」結城雅秀　テアトロ　627　1995.3　p76〜83

**2045** 上演：2002年12月5日〜12月29日　場所：本多劇場　作・演出：岩松了

◇「もはや語るべきことも何もなく…（竹中直人の会『月光のつゝしみ』，青年団『インディア・ソング』）」大岡淳　テアトロ　733　2003.3　p76〜77

**月光の夏**　[団]東演

**2046** 上演：2005年8月14日〜8月15日　場所：紀伊國屋ホール　原作・脚本：毛利恒之　演出：鈴木完一郎　※朗読劇

◇「戦時中の体験を語り継ぐ（プロツーカンパニー『もうひとつのグラウンド・ゼロ』，青年座『明日』，東演『月光の夏』，関西芸術座『少年H』，燐光群『だるまさんがころんだ』）」野中広樹　テアトロ　769　2005.10　p60〜63

**月光夜曲**　[団]I・Q150

**2047** 上演：1994年2月10日〜2月13日　場所：ザ・スズナリ　作・演出：丹野久美子　音楽：只野展也

◇「「存在すること」への問いかけ（俳優座劇場『ピンクの象と五人の紳士』，I・Q150『月光夜曲』，東京芸術劇場『洒落男たち』，万有引力『電球式アンモナイト』，民藝『女たちのまつり』）」大沢圭司　テアトロ　615　1994.4　p64〜67

**結婚**　[団]TPT

**2048** 上演：2001年4月5日〜4月30日　場所：ベニサン・ピット　作：トーマス・ベイブ　訳：常田景子　演出：ロバート・アラン・アッカーマン

◇「五人の女優による結婚を巡る議論劇（tpt『結婚』，ラッパ屋『斎藤幸子』，ナイロン100℃『すべての犬は天国へ行く』，テアトル・エコー『うそつきビリー』）」結城雅秀　テアトロ　708　2001.6　p62〜65

**結婚**　[団]文学座アトリエの会

**2049** 上演：2009年6月20日〜7月5日　場所：文学座アトリエ　作：松田正隆　演出：高瀬久男

◇「企業の作る人間関係描く（青年団国際演劇交流プロジェクト『鳥の飛ぶ高さ』，文学座アトリエの会『結婚』，桟敷童子『ふうふうの神様』）」丸田真悟　テアトロ　824　2009.9　p44〜45

**結婚契約破棄宣言**　[団]ONLYクライマックス

**2050** 上演：1994年2月21日〜2月28日　場所：シアター・トップス　作・演出：北野ひろし

◇「斬新な着想，人間性の描写（RSC『ジュリアス・

シーザー」,劇書房・松竹『ラヴ』,ONLYクライマックス『結婚契約破棄宣言』,ニュースタッフ・エージェンシー『XYプラスZ』,燐光群『神田川の妻』)」結城雅秀　テアトロ　616　1994.5　p65〜69

## 結婚契約破棄宣言 KATEIの問題Part6 ㊙ ONLYクライマックス
**2051** 上演：1993年6月2日〜6月6日　場所：東京芸術劇場小ホール2　作・演出：北野ひろし
◇「才気と、そのストイシズム（シアターコクーン『恋人たちの短い夜』,パルコ・パート3『ダア！ダア！ダア！』,ONLYクライマックス『結婚契約破棄宣言』,文学座アトリエ『花の氷室』,THE・ガジラ『かげろふ人』)」大沢圭司　テアトロ　606　1993.8　p66〜71

## 結婚披露宴—ドストエフスキーによる ㊙ 文学座
**2052** 上演：1980年2月2日〜2月17日　場所：東横劇場　作：アーノルド・ウェスカー　訳・演出：木村光一
◇「ウェスカーは死なず（文学座『結婚披露宴』)」柴田稔彦　テアトロ　446　1980.4　p26〜28

## 月晶島綺譚 ㊙ R・U・P
**2053** 上演：1999年6月11日〜6月27日　場所：銀座セゾン劇場　作：中島かずき　演出：小池竹見
◇「劇場のミミクリー惑いはあやかしのお隣さん（芹川藍A・SO・BO・PROJECT『実験 桂木先生砂漠で踊る』,R・U・Pプロデュース『月晶島綺譚』)」岡野宏文　テアトロ　684　1999.8　p70〜71

## 月蝕歌劇団 ㊙ 演劇団
**2054** 上演：1980年10月7日〜10月12日　場所：下北沢スーパー・マーケット　作：高取英　演出：流山児祥
◇「いつか、獣のように目覚めて」衛紀生　新劇　27(12)　1980.12　p38〜41

## 決定的な失策に補償などありはしない ㊙ A級 Missing Link
**2055** 上演：2006年4月14日〜4月17日　場所：ウィングフィールド　作・演出：土橋淳志
◇「4月の関西 春は過ぐとも（A級 Missing Link『決定的な失策に補償などありはしない』,劇団ミサダプロデュース『夜ニ浮カベテ』)」太田耕人　テアトロ　778　2006.6　p63〜65

## 決定版・團十郎と音二郎 ㊙ 三重県演劇塾
**2056** 上演：1995年3月9日〜3月11日　場所：前進座劇場　作・演出：岡部耕大
◇「台詞に弾丸を籠める…（銀座セゾン劇場+松竹『リチャード三世』,シェイクスピア・シアター『じゃじゃ馬ならし』,青年座『黄昏』,民藝『私を忘れないで』,三重県演劇塾『決定版・團十郎と音二郎』,国際青年演劇センター+北極舎『ティー』,レクラム舎『笑う猫』)」結城雅秀　テアトロ　629　1995.5　p49〜56

## GHETTO 1943年ビルナゲット—劇場の最後の公演 ㊙ ひょうご舞台芸術
**2057** 上演：1995年6月25日〜7月1日　場所：新神戸オリエンタル劇場　作：ジョシュア・ソボル　訳：小田島恒志　演出：栗山民也
◇「「GHETTO」の人形とジョーク—ひょうご舞台芸術『GHETTO』」岩波剛　シアターアーツ　4　1996.1　p149〜151
◇「7月の関西 浮かび上がる人間のドラマ（OMSプロデュース『坂の上の家』,ひょうご舞台芸術『GETTO（ゲットー）』)」宮辻政夫　テアトロ　633　1995.9　p79〜81
◇「極限状況における人間の魂の尊厳（ひょうご舞台芸術『ゲットー』,劇団ひまわり『コルチャック先生』,六行会『ワンダリング・アイズ』,文学座『怪談・牡丹灯籠』,SWAT！『ジャスティス』,扉座『曲がり角の悲劇』,仲間『見えない友達』)」結城雅秀　テアトロ　634　1995.10　p65〜71

## ゲド戦記—影との戦い ㊙ 東京演劇アンサンブル
**2058** 上演：2000年3月2日〜3月5日　場所：ブレヒトの芝居小屋　原作：アーシェラ・K・ル＝グウィン　訳：清水真砂子　脚本：平石耕一　演出：広渡常敏
◇「事件との距離（在日韓国YMCA+上演実行委員会『銃剣と処802の舞い』,東京演劇アンサンブル『ゲド戦記』,オフィス・ワンダーランド『鳳凰の切り札』)」佐藤康平　テアトロ　694　2000.5　p72〜73

## Kと真夜中のほとりで ㊙ マームとジプシー
**2059** 上演：2011年10月14日〜10月24日　場所：こまばアゴラ劇場　作・演出：藤田貴大
◇「欠落と忘却の狭間に広がる風景（遊園地再生事業団『トータル・リビング1986 - 2011』,維新派『風景画—東京・池袋』,マームとジプシー『Kと真夜中のほとりで』)」丸田真悟　テアトロ　855　2011.12　p42〜43

## K.ファウスト ㊙ まつもと市民芸術館
**2060** 上演：2012年10月16日　場所：世田谷パブリックシアター　作・演出・美術：串田和美
◇「オリジンと類型、そして真似（青年座スタジオ『雷鳴』,オフィスワンダーランド『日本アニメ（ジャパニメーション）、夜明け前』,まつもと市民芸術館『K.ファウスト』)」七字英輔　テアトロ　869　2012.12　p48〜49

## ケプラー〜あこがれの星海航路 ㊙ 青年劇場
**2061** 上演：2002年2月14日〜2月24日　場所：シアターサンモール　作：篠原久美子　演出：高瀬久男
◇「海亀・幻想の彼方に乙姫の美が（青社『東京海亀伝説〜幻の少女篇〜』,流山児★事務所『EVER MORE』,青年劇場『ケプラー〜あこがれの星海航路〜』)」佐藤康平　テアトロ　720　2002.4　p50〜51

## ゲーム・オーバー ㊙ ひまわり
**2062** 上演：2000年4月23日〜4月24日　場所：ドーンセンター　作：森脇京子　演出：木嶋茂雄
◇「5月の関西 ジェンダーへの意識（第6回女性芸術劇場『桜色観覧車』,スクエア『俺の優しさ』,芝居屋坂道ストア『誘惑エレキテル。』,転球劇場『CAT』)」太田耕人　テアトロ　696　2000.7　p82〜84

**煙が目にしみる** [団]加藤健一事務所

**2063** 上演：2000年3月1日〜3月20日　場所：本多劇場　原案：鈴置洋孝　脚本：堤泰之　演出：久世龍之介

◇「人間礼賛、そして人間の尊厳（仕事・無名塾『どん底』，加藤健一事務所『煙が目にしみる』，ベル・シェイクスピア・カンパニー+南オーストラリア州立劇場『死の舞踏』，イスラエル・アッコ劇場『ジ・アンソロジー』）」結城雅秀　テアトロ　694　2000.5　p62〜65

**2064** 上演：2002年5月1日〜5月12日　場所：本多劇場　原案：鈴置洋孝　脚本：堤泰之　演出：久世龍之介

◇「物足りない思い（加藤健一事務所『煙が目にしみる』，KOKAMI@network『幽霊はここにいる』，新国立劇場『ワーニャおじさん』）」林あまり　テアトロ　723　2002.7　p64〜65

**2065** 上演：2018年5月3日〜5月13日　場所：本多劇場　原案：鈴置洋孝　作・演出：堤泰之

◇「人が本音を語る時（加藤健一事務所『煙が目にしみる』，こまつ座『たいこどんどん』，前進座『人間万事金世中』）」水落潔　テアトロ　947　2018.7　p26〜27

**けむり太平記** [団]松竹

**2066** 上演：1994年4月2日〜4月26日　場所：中座　作：土井陽子　演出：山内久司　振付：摩耶深雪　音楽：加納光記

◇「芝居と笑い（松竹『けむり太平記』，笑殺軍団リリパット・アーミー『桃天紅』）」宮辻政夫　テアトロ　617　1994.6　p63〜64

**煙の塔** [団]下鴨車窓

**2067** 上演：2013年1月31日〜2月5日　場所：アトリエ劇研　作・演出：田辺剛

◇「2月の関西 記憶を探る（桃園会『blue film』『よぶには、とおい』，下鴨車窓『煙の塔』，WI'RE『ひとがた』，伏兵コード『木菟と岩礁』）」太田耕人　テアトロ　874　2013.4　p53〜55

**煙の向こうのもう一つのエントツ** [団]流山児★事務所

**2068** 上演：1998年8月26日〜8月30日　場所：シアタートラム　作：佃典彦　共同演出：塩野谷正幸，流山児祥

◇「エネルギッシュで猥雑で（流山児★事務所『煙の向こうのもう一つのエントツ』，流山児★事務所『カレー屋の女』，カメレオン会議『たしあたま』，東京芸術座『どん底』）」江原吉博　テアトロ　674　1998.11　p58〜60

**獣のこのこ** [団]Ugly duckling

**2069** 上演：2001年12月14日〜12月16日　場所：扇町ミュージアムスクエア　作：樋口美友喜　演出：池田祐佳理

◇「12月の関西 曖昧化する境界（アグリーダックリング『獣のこのこ』，糾『氷の雨』『犬』，清流劇場『約束のヒト』）」太田耕人　テアトロ　718　2002.2　p66〜68

**獣の柱 まとめ*図書館的人生（下）** [団]イキウメ

**2070** 上演：2013年5月10日〜6月2日　場所：シアタートラム　作・演出：前川知大

◇「何を持って「足るを知る」か。（青年劇場『田畑家の行方』，イキウメ『獣の柱 まとめ*図書館的人生（下）』）」村井健　テアトロ　877　2013.7　p52〜53

**けれどスクリーンいっぱいの星** [団]ショーマ

**2071** 上演：1986年11月27日〜11月30日　場所：下北沢駅前劇場　作・演出：高橋いさを

◇「世界はB級感覚」鴻英良　新劇　34（2）　1987.2　p22〜27

**幻影のムーランルージュ** [団]ピープルシアター

**2072** 上演：1995年9月29日〜10月1日　場所：全労済ホール/スペース・ゼロ　原作：望田市郎　作・演出：森井睦

◇「劇作品と演技の間（ピープルシアター『幻影のムーランルージュ』，劇団キンダースペース『部屋=ROOM』）」植村瞭　テアトロ　636　1995.12　p58〜59

**2073** 上演：1998年10月14日〜10月18日　場所：四谷区民ホール　原作：望田市郎　作・演出：森井睦

◇「老舗劇団の5公演（文学座『牛乳屋テヴィエ物語』，手織座『季節のない街』，俳優座『遅咲きの花のワルツ』，ピープルシアター『幻影のムーランルージュ』，青年座『ムーランルージュ』）」水落潔　テアトロ　675　1998.12　p49〜51

**玄界灘** [団]岡部企画

**2074** 上演：2012年6月27日〜7月1日　場所：紀伊國屋ホール　作・演出：岡部耕大

◇「差別や権力に挑む悪の論理（こまつ座&世田谷パブリックシアター『藪原検校』，トム・プロジェクト『骨唄』，岡部企画『玄界灘』）」北川登園　テアトロ　866　2012.9　p40〜41

**玄海竜二・姫川竜之介兄弟劇団** [団]玄海竜二・姫川竜之介兄弟劇団

**2075** 上演：1983年5月　場所：本多劇場　作：片岡長次郎，玄海竜二

◇「どうせ私を騙すなら（ことばの劇場）」安達英一　新劇　30（7）　1983.7　p24〜28

**検察側の証人** [団]自転車キンクリートSTORE

**2076** 上演：1999年3月13日〜3月24日　場所：紀伊國屋ホール　原作：アガサ・クリスティ　脚本：飯島早苗　演出：鈴木裕美

◇「一面的に描かなかった画家の創意（東京ギンガ堂『KAZUKI〜ここが私の地球』，結城座『人情噺文七元結』，自転車キンクリートSTORE『検察側の証人』）」佐藤康平　テアトロ　681　1999.5　p56〜57

**検察官** [団]NLT

**2077** 上演：2011年11月17日〜11月23日　場所：博品館劇場　作：ゴーゴリ　訳：浦雅春　演出：セミョン・A・プーリバ

◇「発見の楽しみ（青年座『切り子たちの秋』，福田恆存生誕百年記念公演『一族再會』『堅壘奪取』，

NLT『検察官』)」杉山弘　テアトロ　857　2012.1　p36〜37

**検察官　[団]東演**

2078 上演：2017年10月13日〜10月17日　場所：紀伊國屋サザンシアター　作：ゴーゴリ　訳：佐藤史郎　翻案・演出・美術：ワレリー・ベリャコーヴィッチ　制作：横川功

◇「あそびバンザイ（虹企画/ぐるうぷシュラ『バンザイ シェイクスピア パーティー』,前進座『柳橋物語』,劇団東演『検察官』)」中本信幸　テアトロ　939　2017.12　p44〜45

**検察官　[団]ボリショイドラマ劇場**

2079 上演：1983年9月18日〜9月19日　場所：国立劇場　作：ゴーゴリ　演出：G・トフストノーゴフ

◇「斬新な演出と俳優の至芸（ボリショイドラマ劇場『ある馬の物語』『検察官』)」中本信幸　テアトロ　489　1983.11　p30〜33

**検察官　[団]モスクワ・タバコフ劇場**

2080 上演：1993年2月6日〜2月27日　場所：PARCO劇場　作：ゴーゴリ　訳：倉橋健　演出：セルゲイ・カザロフ

◇「タバコフのリアリズム演劇（モスクワ・タバコフ劇場『わが大地』『平凡物語』『検察官』)」内野儀　テアトロ　602　1993.4　p52〜54

**検察官　[団]モスクワ・ユーゴザーパド劇場**

2081 上演：2000年10月7日〜10月13日　場所：アートスフィア　作：ゴーゴリ　演出：ワレリー・ベリャコーヴィッチ

◇「トリッキーな演出に潜むアイロニー（ユーゴザーパド劇場『どん底』『ロミオとジュリエット』『検察官』)」七字英輔　テアトロ　701　2000.12　p60〜62

**検察官／三人姉妹／結婚　[団]国立ポクロフカ劇場**

2082 上演：2001年10月5日〜10月14日　場所：アートスフィア　作：ゴーゴリ,チェーホフ　演出：セルゲイ・アルツィーバシェフ

◇「古典の再生（国立ポクロフカ劇場『検察官』,シェイクスピア・グローブ・シアター・カンパニー『リア王』)」渡辺淳　テアトロ　715　2001.12　p52〜53

**健さん、俺も男だ！　[団]パノラマ☆アワー**

2083 上演：1995年2月　場所：京都市東部文化会館　作・演出：右来左往

◇「脚本などに手応え 3月の関西（劇団猫のお尻『いとしいいとしいといふ心』,そとばこまちWORKERS『Torch Song Trilogy』,劇団パノラマ☆アワー『健さん、俺も男だ！』)」宮辻政夫　テアトロ　629　1995.5　p63〜65

**見参！ リバーサイド犬　[団]万博設計**

2084 上演：2014年1月13日〜1月14日　場所：ウィングフィールド　作・演出：橋本匡

◇「1月の関西 躍動する個性（万博設計『見参！ リバーサイド犬』,遊気舎『剝製の猿/征服』)」太田耕人　テアトロ　887　2014.3　p72〜73

**賢治幻想 電信柱の歌　[団]弘前劇場**

2085 上演：2004年10月22日〜10月24日　場所：東京芸術劇場小ホール2　作：別役実　演出：長谷川孝治

◇「永井戯曲の舞台 明と暗（二兎社『新・明暗』,世田谷パブリックシアター『見よ、飛行機の高く飛べるを』,弘前劇場『賢治幻想 電信柱の歌』)」杉山弘　テアトロ　759　2005.1　p52〜54

**けんじの大じけん　[団]プロジェクト・ナビ**

2086 上演：1995年10月10日〜10月13日　場所：本多劇場　作・演出：北村想

◇「大じけんの謎を解く（プロジェクト・ナビ『けんじの大じけん』)」大岡淳　テアトロ　636　1995.12　p62〜63

**賢者ナータン　[団]清流劇場**

2087 上演：2016年3月10日〜3月13日　場所：AI・HALL　作：ゴットホルト・エフライム・レッシング　訳：市川明　演出：田中孝弥

◇「3月の関西 国際舞台芸術祭の季節（地点『スポーツ劇』『PORTAL』,サファリ・P『欲望線』,清流劇場『賢者ナータン』)」太田耕人　テアトロ　917　2016.5　p39〜41

**賢者ナータン　[団]デュッセルドルフ劇場**

2088 上演：1984年6月27日〜6月28日　場所：日生劇場　作：ゴットホルト・エフライム・レッシング　演出：フォルカー・ヘッセ

◇「遠来の劇団へ注文あり（デュッセルドルフ劇場)」池田信雄　テアトロ　499　1984.9　p21〜24

**現代能楽集 イプセン　[団]燐光群**

2089 上演：2009年7月25日〜8月3日　場所：東京芸術劇場小ホール　作・演出：坂手洋二

◇「現代を投影する再話のドラマ（世田谷パブリックシアター『奇ッ怪』,燐光群『現代能楽集 イプセン』,M.O.P.『リボルバー』)」みなもとごろう　テアトロ　825　2009.10　p43〜45

**現代能楽集 チェーホフ　[団]燐光群**

2090 上演：2010年9月13日〜9月20日　場所：あうるすぽっと　作・演出：坂手洋二

◇「「チェーホフ生誕150年」を飾る舞台の数々（流山児★事務所『櫻の園』,東京演劇アンサンブル『避暑に訪れた人びと』,燐光群『現代能楽集 チェーホフ』)」七字英輔　テアトロ　840　2010.11　p45〜47

**現代能楽集 鵺　[団]新国立劇場**

2091 上演：2009年7月2日〜7月20日　場所：新国立劇場小劇場　作：坂手洋二　演出：鵜山仁

◇「それぞれの公共劇場の特性を（さいたまゴールド・シアター『アンドゥ家の一夜』,新国立劇場『現代能楽集 鵺』,東京芸術劇場 プロペラ来日公演『夏の夜の夢』)」高橋豊　テアトロ　824　2009.9　p42〜43

**現代能楽集 初めてなのに知っていた　[団]燐光群**

2092 上演：2014年3月16日〜3月31日　場所：ザ・スズナリ　作・演出：坂手洋二　音楽：太田恵資

◇「「劇」薬の摩訶ふしぎ(NLT『舞台は夢』、燐光群『現代能楽集 初めてなのに知っていた』、きなせ企画『天下御免☆想定外』)」中本信幸 テアトロ 890 2014.6 p44〜45

**現代能楽集Ⅳ THE DIVER** ㊥世田谷パブリックシアター
2093 上演：2008年9月26日〜10月13日 場所：シアタートラム 作・演出：野田秀樹
◇「女優キャサリン・ハンターに脱帽(世田谷パブリックシアター『現代能楽集Ⅳ THE DIVER』、ナイロン100℃『シャープさんフラットさん』、シアタークリエ『私生活』)」内田洋一 テアトロ 813 2008.12 p40〜42

**現代能楽集Ⅴ「春独丸」「俊寛さん」「愛の鼓動」** ㊥世田谷パブリックシアター
2094 上演：2010年11月16日〜11月28日 場所：シアタートラム 作：川村毅 演出：倉持裕
◇「人間の心の闇に迫る(世田谷パブリックシアター『現代能楽集Ⅴ』、兵庫県立芸術文化センター『令嬢ジュリー』、Bunkamura『徹菌』)」北川登園 テアトロ 844 2011.2 p56〜57

**現代能楽集Ⅵ 奇ッ怪 其ノ弐** ㊥世田谷パブリックシアター
2095 上演：2011年8月19日〜9月1日 場所：世田谷パブリックシアター 作・演出：前川知大
◇「虚と実とリアリティ(NLT＋三越劇場『喜劇 姑は推理(ミステリー)作家』、世田谷パブリックシアター『現代能楽集Ⅵ 奇ッ怪 其ノ弐』、青年座『ほととぎす・ほととぎす』)」水落潔 テアトロ 854 2011.11 p44〜45

**現代能楽集Ⅸ 竹取** ㊥世田谷パブリックシアター
2096 上演：2018年10月5日〜10月17日 場所：シアタートラム 作：平田俊子 構成・演出：小野寺修二
◇「女性という「怪物」が拓く世界(東京演劇アンサンブル『トゥランドット姫あるいは嘘のウワヌリ大会議』、パルコ『ライオンのあとで』、世田谷パブリックシアター『竹取』、新宿梁山泊『恭しき娼婦』)」高橋豊 テアトロ 953 2018.12 p37〜39

**現代能 ベルナルダ・アルバの家** ㊥錬肉工房、神奈川芸術文化財団
2097 上演：2002年3月6日 場所：横浜能楽堂 作：ガルシア・ロルカ テキスト：水原紫苑 構成・演出：岡本章
◇「コラボレーションの成果(錬肉工房＋神奈川芸術文化財団『現代能 ベルナルダ・アルバの家』、演劇実験室∴紅王国『御蚕様(オシラサマ)』、燐光群＋グッドフェローズ『ワンス・アポン・ア・タイム・イン京都 錦小路の素浪人』)」大岡淳 テアトロ 721 2002.5 p39〜41

**現代版「蔦紅葉宇都谷峠」** ㊥空間アート協会
2098 上演：2014年3月21日〜3月22日 場所：藤枝市岡部町内野本陣史跡 作・演出：仲田恭子
◇「幽霊の演劇―仲田恭子作・演出『現代版「蔦紅葉宇都谷峠」』」日比野啓 シアターアーツ 58 2014.5 p45〜47

**現代民話考／おばあさんと酒と役人と／劇版うたよみざる** ㊥ぶどう座
2099 上演：1988年10月15日〜10月16日 場所：三百人劇場 作：ふじたあさや 作・演出：川村光夫
◇「風土と演劇と―地域劇団東京演劇祭」藤木宏幸 テアトロ 550 1988.12 p28〜29

**現代・娘へんろ紀行** ㊥木山事務所
2100 上演：2003年2月6日〜2月15日 場所：俳優座劇場 作：小松幹生 演出：高瀬久男
◇「政治の記憶、個人の記憶(昴『ゴンザーゴ殺し』、木山事務所『現代・娘へんろ紀行』)」北川登園 テアトロ 734 2003.4 p44〜45

**建築家M** ㊥下鴨車窓
2101 上演：2013年5月9日〜5月13日 場所：アトリエ劇研 作・演出：田辺剛
◇「5月の関西 家族というありよう(下鴨車窓『建築家M』、dracom gala公演『たんじょうかい』)」太田耕人 テアトロ 877 2013.7 p70〜71

**建築家とアッシリアの皇帝** ㊥加藤健一事務所
2102 上演：1987年9月3日〜9月15日 場所：本多劇場 作：アラバール 訳：小林修 演出：木野花
◇「演出家のたくらみ」鴻英良 新劇 34(11) 1987.11 p18〜23
◇「降りつむ雪」佐々木ър郎 新劇 34(11) 1987.11 p24〜29

**幻燈辻馬車** ㊥俳小
2103 上演：2013年11月13日〜11月17日 場所：シアターグリーン 原作：山田風太郎 脚本：金子義広 演出：志村智雄
◇「誇り高き人たち(トム・プロジェクトプロデュース『裏小路』、俳優座『気骨の判決』、俳小『幻燈辻馬車』)」北川登園 テアトロ 885 2014.1 p40〜41

**絹布の法被** ㊥松竹、文学座
2104 上演：1995年2月2日〜2月19日 場所：サンシャイン劇場 作・演出：江守徹
◇「秀作「ロマンス―漱石の戀」」水落潔 テアトロ 628 1995.4 p56〜57

**源平布引滝** ㊥松竹
2105 上演：1980年10月3日〜10月27日 場所：サンシャイン劇場 作：並木千柳、三好松洛 脚色・演出：奈河彰輔 演出：戸部銀作、市川猿之助
◇「単純は複雑」堂本正樹 新劇 27(12) 1980.12 p30〜33

**原理日本** ㊥青年劇場
2106 上演：2017年2月17日〜2月26日 場所：青年劇場スタジオ結 作：久板栄二郎 演出：大谷賢治郎
◇「批判の風にさらされない権力は傲慢を極める(青年劇場『原理日本』、Pカンパニー『白い花を隠せ』、東京演劇集団風『肝っ玉おっ母とその子供

ち」―あとから生まれてくる人たちに―)」杉山弘　テアトロ　931　2017.5　p26〜27

## 堅塁奪取／愛をこめてあなたを憎む　㈲T-PROJECT
**2107**　上演：2015年6月20日〜6月28日　場所：「劇」小劇場　作：福田恆存(堅塁奪取)，リンダ・マーシャル　訳：福田逸(愛をこめてあなたを憎む)　演出：菊池准(堅塁奪取)，村田元史(愛をこめてあなたを憎む)
◇「クレシダの白いブーツ(世田谷パブリックシアター『トロイラスとクレシダ』，東京芸術劇場『COCOON―憧れも，初恋も，爆撃も，死も』，Tプロジェクト『堅塁奪取』『愛をこめてあなたを憎む』，俳優座劇場『音楽劇 わが町』)」結城雅秀　テアトロ　908　2015.9　p32〜34

## 堅塁奪取／テムペスト／明暗　㈲昴
**2108**　上演：1996年10月24日〜11月21日　場所：三百人劇場　作：福田恆存　演出：樋口昌弘(堅塁奪取)，福田逸(テムペスト)，村田元史(明暗)
◇「劇芸術プロパーに「回顧」はあるか？(福田恆存回顧『堅塁奪取』『テムペスト』『明暗』)」みなもとごろう　テアトロ　651　1997.1　p62〜63

## 元禄・馬の物言い　㈲朋友
**2109**　上演：2004年3月3日〜3月7日　場所：俳優座劇場　作：篠原久美子　演出：藤井清美
◇「素直な感動と素直な感想(東京演劇集団・風『ヘレン・ケラー〜ひびき合うものたち』，朋友『元禄・馬の物言い』)」北川登園　テアトロ　749　2004.5　p45〜47

## 元禄光琳模様　㈲尼崎市第2回近松賞授賞作品上演実行委員会
**2110**　上演：2007年1月18日〜1月21日　場所：ピッコロシアター　作：保戸田時子　演出：宮田慶子
◇「1月の関西 つきつめられない表現(近松賞受賞作品『元禄光琳模様』，劇団とっても便利『オトギバナシ』，ニットキャップシアター『お彼岸の魚』)」太田耳人　テアトロ　789　2007.3　p118〜120
◇「時空を超えて今を写す(萬國四季協會『花も嵐も』，NLT『宴会泥棒』，アステム制作『元禄光琳模様』)」中本信幸　テアトロ　790　2007.4　p56〜57

## 元禄港歌―千年の恋の森　㈲東宝
**2111**　上演：1980年8月2日〜9月28日　場所：帝国劇場　作：秋元松代　演出：蜷川幸雄
◇「木漏れ日のなかの群像(帝劇『元禄港歌』)」清水一朗　テアトロ　452　1980.10　p21〜24
**2112**　上演：1984年8月5日〜9月28日　場所：帝国劇場　作：秋元松代　演出：蜷川幸雄
◇「大劇場で観る喜劇と悲劇と日常生活(ことばの劇場)」萩原なぎさ　新劇　31(11)　1984.11　p32〜35

## 元禄港歌―千年の恋の森　㈲Bunkamura
**2113**　上演：2016年1月7日〜1月31日　場所：シアターコクーン　作：秋元松代　演出：蜷川幸

雄　振付：花柳寿楽　音楽：猪俣公章
◇「名作の再演二つ(民藝『根岸庵律女』，シアターコクーン『元禄港歌』)」水落潔　テアトロ　915　2016.3　p54〜55

# 【こ】

## GO　㈲東京芸術座
**2114**　上演：2004年8月25日〜8月29日　場所：紀伊國屋サザンシアター　原作：金城一紀　脚本：いずみ凛　演出：杉本孝司
◇「劇的マンダラ(巣林舎『津國女大池』，東京芸術座『GO』，六番シード『ラストシャフル』，東京演劇集団風『三人姉妹』)」中本信幸　テアトロ　756　2004.11　p57〜59

## 恋ひ歌―白蓮と龍介　㈲地人会
**2115**　上演：2000年10月3日〜10月14日　場所：紀伊國屋ホール　作：斎藤憐　演出：木村光一
◇「事実の持つ不安定と嘘の持つ安定と(地人会『恋ひ歌―白蓮と龍介』，紅王国『人造天女』，ピープル・シアター『阿詩瑪』，メープルリーフ・シアター『ジン・ゲーム』)」みなもとごろう　テアトロ　701　2000.12　p52〜55

## こい／榎物語　㈲1980
**2116**　上演：2004年3月16日〜3月21日　場所：OFF・OFFシアター　作：森山正行(こい)，永井荷風(榎物語)　演出：柴田義之(こい)，古澤良治郎(榎物語)
◇「歴史の深層に(劇団仲間『蝦夷地別件』，オフィスプロジェクトM『飯縄おろし』，劇団1980『こい』『榎物語』，青年座『殺陣師段平』)」中本信幸　テアトロ　749　2004.5　p60〜62

## 小泉八雲劇場＝夜光るもの　㈲燐光群
**2117**　上演：1996年3月28日〜3月31日　場所：相鉄本多劇場　台本・演出：坂手洋二
◇「反復される「日本」(太虚〈TAO〉『ダイナード―切開された神話』，燐光群『小泉八雲劇場＝夜光るもの』)」大岡淳　テアトロ　643　1996.6　p51〜52

## 恋する妊婦　㈲Bunkamura
**2118**　上演：2008年2月8日〜2月28日　場所：シアターコクーン　作・演出：岩松了
◇「爆笑チェーホフ(華のん企画『チェーホフ短編集』，Bunkamura『恋する妊婦』，(社)日本劇団協議会主催／次世代を担う演劇人育成公演(10)流山児★事務所『血は立ったまま眠っている』)」林あまり　テアトロ　804　2008.4　p50〜51

## 恋する妊婦　㈲水戸芸術館ACM劇場
**2119**　上演：1994年10月8日〜10月23日　場所：水戸芸術館ACM劇場　作・演出：岩松了
◇「作家と観客の「事情」(俳優座劇場プロデュース『二十日鼠と人間』，THE・ガジラ『アプレゲール』，水戸芸術館ACM劇場『恋する妊婦』)」山登敬之　テアトロ　623　1994.12　p64〜66

**恋する人びと** ㈲木冬社
*2120* 上演：2000年6月1日～6月11日　場所：紀伊國屋サザンシアター　作・演出：清水邦夫
◇「大人の舞台を観るよろこび（タ・マニネ『悪戯』、木冬社『恋する人びと』、扉座『いとしの儚』）」林あまり　テアトロ 697　2000.8 p42～43

**恋 其之弐** ㈲岸田事務所、演劇企画集団・楽天団
*2121* 上演：1986年9月3日～9月7日　場所：T2スタジオ　作：岸田理生　演出：和田喜夫
◇「恋 其之弐」渡辺保　新劇 33(11) 1986.11 p34～39

**恋 其之四** ㈲演劇企画集団・楽天団
*2122* 上演：1994年3月5日～3月13日　場所：スタジオあくとれ　作：岸田理生　演出：和田喜夫
◇「「演じる」ことの位相（円『叔母との旅』、加藤健一事務所『パパ、I Love You！』、民藝『旧アルバート街のメルヘン』、ギィ・フォワシィ・シアター『湾岸から遠く離れて』、東京ギンガ堂『ブレイン・ストーム'94』、楽劇コースケ事務所『Face to Mask』、楽天団『恋 其之四』）」大沢圭司　テアトロ 616　1994.5 p70～75

**恋と革命 学習大学の校舎裏** ㈲Cカンパニープロデュース
*2123* 上演：1992年6月2日～6月10日　場所：シアターサンモール　作・演出：坂元裕二
◇「排気ガスの出ない演劇会」三田格　Les Specs 39(8)　1992.8 p26～27

**恋と仮面のカーニバル** ㈲文学座
*2124* 上演：1993年10月15日～10月24日　場所：サンシャイン劇場　原作：アフラ・ベーン　翻案：ジョン・バートン　訳：安達紫帆　演出：西川信廣
◇「古さに新しさを求める試み（地人会『朝焼けのマンハッタン』、文学座『恋と仮面のカーニバル』、昴『チャリング・クロス街84番地』、燐光群『神々の国の首都』、民藝『終末の刻』、1980『裏読み 味噌樽で縮んだズボン』、音楽座『リトル プリンス』、青年座『愛すればこそ』）」江原吉博　テアトロ 610　1993.12 p70～76

**恋に落ちたシェイクスピア** ㈲四季
*2125* 上演：2018年6月22日～8月26日　場所：自由劇場　原作映画脚本：マーク・ノーマン、トム・ストッパード　台本：リー・ホール　訳：松岡和子　演出：青木豪　音楽：笠松泰洋　振付：脇坂真人
◇「活気を呈した六月 brisk June（劇団四季『恋に落ちたシェイクスピア』、青年座『安楽病棟』、二兎社『ザ・空気ver.2誰も書いてはならない』、てがみ座『海越えの花たち』）」小山内伸　テアトロ 950 2018.9 p52～54

**戀女房—吉原火事** ㈲遊劇体
*2126* 上演：2013年6月28日～7月1日　場所：AI・HALL　作：泉鏡花　演出：キタモトマサヤ
◇「7月の関西 幻想を共有する（遊劇体『戀女房—吉原火事』、くじら企画『ドアの向こうの薔薇』、劇団 太陽族『林檎幻燈』）」太田耕人　テアトロ 880 2013.9 p56～58

**恋のから騒ぎ** ㈲俳優座
*2127* 上演：2003年1月22日～2月2日　場所：俳優座劇場　作：シェイクスピア　訳：武田明日香　台本・演出：佐竹修
◇「なぜ、どうして、古典なのか？（俳優座『恋のから騒ぎ』、鴎座『ワーニャ伯父さん』）」みなもとごろう　テアトロ 734　2003.4 p42～43

**恋の三重奏** ㈲松竹
*2128* 上演：1999年10月21日～11月3日　場所：サンシャイン劇場　作：アラン・エイクボーン　訳：小田島恒志　演出：宮田慶子
◇「恋と人生と政治と（松竹『恋の三重奏』、銀座セゾン劇場『マレーネ』、燐光群『天皇と接吻』）」渡辺淳　テアトロ 690　2000.1 p57～59

**恋の骨折り損** ㈲彩の国さいたま芸術劇場
*2129* 上演：2007年3月16日～3月31日　場所：彩の国さいたま芸術劇場　作：シェイクスピア　訳：松岡和子　演出：蜷川幸雄
◇「鴻上尚史のメッセージ（KOKAMI@network『僕の好きだった革命』、鳳人話プロジェクト『鳳人話～ひのとりひとのはなし』、KUDAN Project『美藝公』、彩の国シェイクスピアシリーズ『恋の骨折り損』）」林あまり　テアトロ 791 2007.5 p50～51

**恋の骨折り損** ㈲ロイヤル・シェイクスピア・カンパニー
*2130* 上演：1995年4月7日～4月29日　場所：銀座セゾン劇場　作：シェイクスピア　演出：イアン・ジャッジ
◇「制約を創造の源泉とする…（コンパス『夏の夜の夢』『ヴォイツェク』、RSC『恋の骨折り損』、円＋シアターX『母』、俳優座『南回帰線にジャポネースの歌は弾む』、文化座『青春デンデケデケデケ』、一跡二跳『ONとOFFのセレナーデ』）」結城雅秀　テアトロ 630　1995.6 p62～68

**戀の病** ㈲ほうふら座
*2131* 上演：2001年1月23日～1月28日　場所：シアタートラム　作：尾崎紅葉　演出：末木利文
◇「二つの新撰組上演が今の日本に語るもの（オフィスプロジェクトM『新撰組』、月蝕歌劇団『新撰組in1944―ナチス少年合唱団―』、俳優『横須賀ドブ板物語』、ほうふら座『戀の病』）」佐藤康平　テアトロ 706 2001.4 p54～53

**恋の歓び** ㈲つづきサロン
*2132* 上演：1986年12月9日～12月18日　場所：ステージつづきサロン　演出：水田晴康
◇「役者の持味について（シアター・アブル『お熱いのがお好き』、つづきサロン『恋の歓び』）」石崎勝久　テアトロ 528　1987.2 p36～39

**恋の冷凍保存** ㈲NLT
*2133* 上演：2013年5月9日～5月14日　場所：俳優座劇場　作：ジャン・ベルナール・リュック　訳：梅田晴夫　演出：釜紹人
◇「愛のドラマは異なるもの（演劇集団円『あわれ彼

女は娼婦』, エイコーン『メアリー・スチュアート』, 劇団NLT『恋の冷凍保存』)」中本信幸　テアトロ　877　2013.7　p48〜49

**恋人たちの短い夜**　[団]Bunkamura

**2134** 上演：1993年5月30日〜6月13日　場所：シアターコクーン　作：野沢尚　演出：鵜山仁

◇「才気と,そのストイシズム(シアターコクーン『恋人たちの短い夜』, パルコ・パート3『ダア！ダア！ダア！』,ONLYクライマックス『結婚契約破棄宣言』, 文学座アトリエ『花の氷室』,THE・ガジラ『かげろふ人』)」大沢圭司　テアトロ　606　1993.8　p66〜71

**恋文**　[団]三越劇場

**2135** 上演：1997年1月4日〜1月23日　場所：三越劇場　原作：連城三紀彦　脚本：堀越真　演出：吉川徹

◇「「巨匠」と「恋文」の面白さ(民藝『巨匠』, 三越劇場『恋文』)」水落潔　テアトロ　653　1997.3　p64〜65

**コインロッカー・ベイビーズ**　[団]紅座

**2136** 上演：1985年　作・演出：樋口隆之

◇「小劇場演劇と座付作者(ことばの劇場)」衛紀生　新劇　32(8)　1985.8　p53〜56

**業音**　[団]日本総合悲劇協会

**2137** 上演：2002年10月9日〜10月26日　場所：草月ホール　作・演出：松尾スズキ

◇「続けてゆく生、続いてゆく生(日本総合悲劇協会『業音』,黒テント『隠し砦の肝っ玉』, 遊◎機械/全自動シアター『クラブ・オブ・アリス』)」林あまり　テアトロ　729　2002.12　p48〜49

**交換**　[団]アゴラ企画・こまばアゴラ劇場

**2138** 上演：2011年4月6日〜4月11日　場所：こまばアゴラ劇場　原作：ポール・クローデル　訳：米谷ゆかり　ドラマターグ：小里清　上演台本：平野暁人　演出：フランク・ディメック

◇「クローデルとベケットの今(青年団国際演劇交流プロジェクト2011『交換』, 新国立劇場『ゴドーを待ちながら』, 演劇集団円『カシオペアの丘で』)」みなもとごろう　テアトロ　848　2011.6　p50〜52

**睾丸**　[団]ナイロン100℃

**2139** 上演：2018年7月6日〜7月29日　場所：東京芸術劇場シアターウエスト　作・演出：ケラリーノ・サンドロヴィッチ

◇「その先が見たい(新国立劇場『消えていくなら朝』, ナイロン100℃『睾丸』, 流山児★事務所『満州戦線』,KAAT×地点『山山』, シス・カンパニー『お蘭、登場』)」杉山弘　テアトロ　950　2018.9　p46〜48

**紅玉**　[団]遊劇体

**2140** 上演：2002年12月13日〜12月15日　場所：大阪市立芸術創造館　作：泉鏡花　演出：キタモトマサヤ

◇「12月の関西 曲がり角にいる作家たち(桃園会『blue film』, 土田英生作・演出『南半球の渦』, 遊劇体『紅玉』)」太田耕人　テアトロ　732　2003.2　p66〜68

**光合成クラブ・Ⅱ〜男のいない女たち**　[団]菅間馬鈴薯堂

**2141** 上演：2017年11月29日〜12月3日　場所：江古田ワンズスタジオ　構成・台本：菅間勇　企画・制作：稲川実代子

◇「状況変れど生き抜く力(菅間馬鈴薯堂『光合成クラブ・Ⅱ〜男のいない女たち〜』, 直井おさむ企画『同窓会へようこそ』, 劇団俳小『袴垂れはどこだ』, 劇団黒テント『浮かれるペリクァン』)」黒羽英二　テアトロ　943　2018.3　p76〜78

**哄笑 智恵子、ゼームス坂病院にて**　[団]木冬社

**2142** 上演：1993年10月27日〜11月4日　場所：東京芸術劇場中ホール　作・演出：清水邦夫

◇「演劇言語の肉体化再考(日独共同プロデュース『砂の駅』,THE・ガジラ『天国への階段』『後藤を待ちながら』, かたつむりの会『招待されなかった客』, 木冬社『哄笑』)」斎藤偕子　テアトロ　612　1994.1　p58〜61

**虹翔伝説**　[団]演劇実験室◎万有引力

**2143** 上演：1984年7月21日〜7月22日　場所：浦安市民会館　作：堂本正樹　演出：J・A・シーザー

◇「ワヤン・クリのように(ことばの劇場)」長谷部浩　新劇　31(9)　1984.9　p36〜39

**哄笑、時の泡―おお、海よ、波立つ蒼い歳月**　[団]萬國四季協會

**2144** 上演：2016年6月29日〜7月3日　場所：SPACE雑遊　作：響リュウ　演出：渡辺大策

◇「時空は回帰するか？(萬国四季協會『哄笑、時の泡―おお、海よ、波立つ蒼い歳月―, 劇団NLT『ペンキ塗りたて〜残された肖像画〜』, こまつ座『紙屋町さくらホテル』)」中本信幸　テアトロ　922　2016.9　p44〜45

**工場物語**　[団]綺畸

**2145** 上演：1982年6月　場所：駒場小劇場　作・演出：如月小春

◇「"ニューロマンティクス"の演劇的展開」長谷部浩　新劇　29(8)　1982.8　p30〜31

**好色一代男**　[団]西鶴ルネッサンス委員会

**2146** 上演：1993年11月　場所：一心寺シアター　原作：井原西鶴　脚本・演出：早坂暁　演出：秋山シュン太郎

◇「南河内の傑作「賞金稼ぎ」(南河内万歳一座『賞金稼ぎ』, 河東けいひとり芝居『母』, 西鶴ルネッサンス委員会『好色一代男』,M・O・P『オールディーズ』)」宮辻政夫　テアトロ　612　1994.1　p77〜80

**好色一代女 - 西鶴今昔**　[団]文学座, 三越劇場

**2147** 上演：1988年8月13日〜9月4日　場所：三越劇場　原作：井原西鶴　作：八木柊一郎　演出：戌井市郎

◇「心ゆさぶる(文学座 三越劇場『好色一代女』)」時実新子　テアトロ　548　1988.10　p21〜22

## こうし

### 好色五人女　⑳鳥獣戯画
*2148* 上演：1988年3月2日～3月6日　場所：本多劇場　作・演出：知念正文
◇「「ニュー歌舞伎」って、なあに？」林あまり　新劇　35(5)　1988.5　p38～41

### 好色五人女／好色一代男／白浪五人男　⑳鳥獣戯画
*2149* 上演：1985年3月14日～3月17日　場所：ザ・スズナリ　作・演出：知念正文
◇「雨空の憂鬱を晴らすエンターテイメント—鳥獣戯画の底力」衛紀生　新劇　32(5)　1985.5　p58～61

### 洪水の前　⑳いずみたくプロデュース・劇団フォーリーズ
*2150* 上演：1980年11月5日　場所：アトリエフォンテーヌ　作：矢代静一　作・作詞・演出：藤田敏雄
◇「みごとな結晶とは（フォーリーズ『洪水の前』）」荒牧正憲　テアトロ　464　1981.10　p32～33

### 巷談小夜きぬた　⑳前進座
*2151* 上演：1985年10月16日～10月27日　場所：前進座劇場　原作：三遊亭円朝　脚本・演出：宇野信夫
◇「笑いを呼ぶ怪談劇（前進座『巷談小夜きぬた』）」ほんちえいき　テアトロ　514　1985.12　p25～27

### 皇帝フョードル　⑳モスクワ・マールイ劇場
*2152* 上演：1993年2月6日～2月11日　場所：東京芸術劇場中ホール　作：トルストイ　訳：安達紀子　演出：ラーヴェンスキフ、ワシーリーエフ、トゥルビナ、ウラジーミル・ベイリス
◇「古典劇の風格と生々しいドキュメントと（モスクワ・マールイ劇場『皇帝フョードル』『桜の園』『ニコライ2世』）」七字英輔　テアトロ　602　1993.4　p48～51

### 幸福　⑳朋友
*2153* 上演：1995年9月12日～9月16日　場所：アートスフィア　原作：向田邦子　脚本：宮川一郎　演出：石井ふく子
◇「台詞における心理描写の不足（民藝『青春の甘き小鳥』、俳優座劇場『二十日鼠と人間』、東京演劇集団風『三人姉妹』、朋友『幸福』、青年劇場『青春の砦』）」結城雅秀　テアトロ　635　1995.11　p64～69

### 神戸北ホテル　⑳民藝
*2154* 上演：2009年12月5日～12月20日　場所：三越劇場　作・演出：小幡欣治　演出：丹野郁弓
◇「裁き裁かれる人たち（Bunkamura『十二人の怒れる男』、パルコ・プロデュース『海をゆく者』、加藤健一事務所『高き彼物』、民藝『神戸北ホテル』）」北川登園　テアトロ　830　2010.2　p44～46

### 神戸 はばたきの坂　⑳兵庫県立芸術文化センター
*2155* 上演：2012年4月28日～5月4日　場所：兵庫県立芸術文化センター　作：高橋知伽江　演出・振付：謝珠栄
◇「5月の関西 事実から紡がれた虚構（演劇集団よろずや『青眉のひと』、兵庫県立芸術文化センタープロデュース『神戸 はばたきの坂』、兵庫県立ピッコロ劇団『エレノア』）」太田耕人　テアトロ　863　2012.7　p51～53

### 蝙蝠安　⑳現代劇センター
*2156* 上演：1984年5月30日～6月3日　場所：本多劇場　作：長谷川伸　演出：池田一臣
◇「俳優の年輪（現代劇センター『螺鈿庵』『雪の宿場』、文学座アトリエ『弥太五郎源七』『衣裳』）」大笹吉雄　テアトロ　498　1984.8　p30～33

### 荒野に立つ　⑳阿佐ヶ谷スパイダース
*2157* 上演：2011年7月14日～7月31日　場所：シアタートラム　作・演出：長塚圭史
◇「現実と切り結ぶイメージ（阿佐ヶ谷スパイダース『荒野に立つ』、文学座アトリエ『山羊…それって…もしかして…シルビア？』、加藤健一事務所『滝沢家の内乱』、俳優座ラボ『妻の家族』）」丸田真悟　テアトロ　853　2011.10　p40～42

### 高野の七福神　⑳ジャブジャブサーキット
*2158* 上演：2001年5月18日～5月23日　場所：ザ・スズナリ　作・演出：はせひろいち
◇「俳優の個性が躍動する舞台（埼玉県芸術文化振興財団・ホリプロ『ウィンザーの陽気な女房たち』、松竹『アート』、ジャブジャブサーキット『高野の七福神』、テアトロ・デル・ヴィコロ『フラミニアの誘拐』）」結城雅秀　テアトロ　709　2001.7　p58～62

### 荒野の映写片　⑳萬國四季協會
*2159* 上演：2016年1月20日～1月24日　場所：SPACE雑遊　作：響リュウ　演出：渡辺大策
◇「歴史に取材し、次世代につなぐ（野田地図『逆鱗』、東京芸術座『勲章の川―花岡事件―』、萬國四季協會・白蘭『荒野の映写片』、青年座『俺の酒が呑めない』）」結城雅秀　テアトロ　916　2016.4　p30～32

### 荒野のリア　⑳T Factory
*2160* 上演：2014年3月13日～3月23日　場所：吉祥寺シアター　原作：シェイクスピア　訳：松岡和子　演出：構成・川村毅
◇「現世の最果てに挑む（虹企画・ぐるうぷシュラ『欲望という名の電車』、世田谷パブリックシアター『神なき国の騎士―あるいは、何がドン・キホーテにそうさせたのか？』、Tファクトリー『荒野のリア』）」中本信幸　テアトロ　889　2014.5　p42～43

*2161* 上演：2016年9月14日～9月19日　場所：吉祥寺シアター　原作：シェイクスピア　訳：松岡和子　構成・演出：川村毅
◇「今では皇室にのみ残る伝統と慣習（劇団俳優座『華族令嬢たちの大正・昭和』、Tファクトリー『荒野のリア』、ホリプロ『娼年』、CATプロデュース『クレシダ』、文学座アトリエの会『弁明』、東京演劇集団風『母が口にした『進歩』、…』）」結城雅秀　テアトロ　924　2016.11　p42～45

### 高野聖　⑳エイチエムピー・シアターカンパニー
*2162* 上演：2018年10月14日～10月21日　場所：

IKSALON表現者工房　原作：泉鏡花　構成・演出：笠井友仁
◇「10月の関西 才能の出会いが状況を活性化させる（姫路市文化国際交流財団・はりま劇団協議会『二十世紀少年少女読本』，おうさか学生演劇祭×劇団壱劇屋×一心寺シアター倶楽協同プロデュース『さよなら竜馬』，劇団しようよ『パフ』，エイチエムピー・シアターカンパニー『高野聖』）」九鬼葉子　テアトロ　953　2018.12　p65〜67

## 黄落　[団]民藝

2163 上演：1997年11月21日〜12月3日　場所：サンシャイン劇場　原作：佐江衆一　脚色：北林谷栄　演出：米倉斉加年
◇「老いと家庭と思想と（民藝『黄落』，俳優座劇場プロデュース『秋日狂乱』，新国立劇場開場記念公演『夜明け前』）」水落潔　テアトロ　665　1998.2　p76〜77

## 効率学のススメ　[団]新国立劇場

2164 上演：2013年4月9日〜4月28日　場所：新国立劇場小劇場　作：アラン・ハリス　訳：長島確　演出：ジョン・E・マグラー
◇「アンサンブルの妙（きなせ企画『大往生』，新国立劇場『効率学のススメ』）」中本信幸　テアトロ　876　2013.6　p52〜53

## 行路死亡人考　[団]1980

2165 上演：1994年4月22日〜5月1日　場所：相鉄本多劇場　作・演出：藤田傳
◇「人物配置の巧みさ（こまつ座『頭痛肩こり樋口一葉』，音楽座『泣かないで』，東京芸術座『12人の怒れる男たち』，1980『行路死亡人考』，博品館劇場『アーサー家のローズ』，NOISE『朝、冷たい水で』，青年団『東京ノート』）」大沢圭司　テアトロ　618　1994.7　p56〜61

2166 上演：2007年12月1日〜12月7日　場所：シアターX　作：藤田傳　演出・音楽：ペトル・ヴトカレウ　振付：西田尭
◇「芝居ならではの劇薬（虹企画・ぐるうぷしゅら『テネシー・ウィリアムズの世界Ⅳ』，トム・プロジェクト『僕と彼と娘のいる場所』，劇団1980『行路死亡人考』，演奏舞台『なつかしの学童疎開』）」中本信幸　テアトロ　802　2008.2　p58〜59

## 声しか見えない―あるいはK氏の右目の大叛乱　[団]一跡二跳

2167 上演：1995年11月15日〜11月19日　場所：東京芸術劇場小ホール1　作・演出：古城十忍
◇「記憶のそれぞれ（一跡二跳『声しか見えない』，夜の樹『吸血鬼の咀嚼について』）」林あまり　テアトロ　638　1996.1　p114〜115

## 氷の雨／犬　[団]糾

2168 上演：2001年12月7日〜12月9日　場所：大阪市立芸術創造館　作：長谷川時雨　演出：芳崎洋子
◇「12月の関西 曖昧化する境界（アグリーダックリング『獣のこのこ』，糾『氷の雨』『犬』，清流劇場『約束のヒト』）」太田耕人　テアトロ　718　2002.2　p66〜68

## 氷の涯　[団]劇集零

2169 上演：1985年12月6日〜12月8日　場所：明石スタジオ　作：やましたうみ　演出：加藤徹
◇「視線を意識してこその役者（ことばの劇場）」衛紀生　新劇　33（2）　1986.2　p49〜52

## 氷屋来たる　[団]新国立劇場

2170 上演：2007年6月18日〜7月8日　場所：新国立劇場　作：ユージン・オニール　訳：沼澤洽治　演出：栗山民也
◇「狂気のふちに立つ俳優の力（新国立劇場『氷屋来たる』，NODA・MAP『THE BEE』（日本バージョン・ロンドンバージョン））」内田洋一　テアトロ　796　2007.9　p51〜53

## 誤解　[団]新国立劇場

2171 上演：2018年10月4日〜10月21日　場所：新国立劇場小劇場　作：アルベール・カミュ　訳：岩切正一郎　演出：稲葉賀恵
◇「歴史的事実を“血肉化”できるかどうか（劇団チョコレートケーキ『ドキュメンタリー』，新国立劇場『誤解』，シーエイティープロデュース『新・6週間のダンスレッスン』）」河野孝　テアトロ　953　2018.12　p44〜45

## コカ・コー（笑）　[団]音楽座

2172 上演：1985年12月5日〜12月15日　場所：本多劇場　作：王景愚　訳：于黛琴　脚本・演出：石澤秀二
◇「共通語を求めて（音楽座『コカ・コー（笑）』）」宮岸泰治　テアトロ　516　1986.2　p28〜29

## コーカサスの白墨の輪　[団]東京演劇アンサンブル

2173 上演：2001年1月26日〜1月31日　場所：ブレヒトの芝居小屋　作：ブレヒト　台本・演出：広渡常敏
◇「人間賛歌さまざま（新国立劇場『ピカドン・キジムナー』，東京演劇アンサンブル『コーカサスの白墨の輪』，円『シラノ・ド・ベル・ジュラック』）」渡辺淳　テアトロ　706　2001.4　p43〜45

## コーカサスの白墨の輪　[団]東京演劇集団風

2174 上演：2015年8月22日〜8月30日　場所：レパートリーシアターKAZE　作：ブレヒト　訳：岩淵達治　演出：江原早哉香　音楽：八幡茂
◇「人は、そういうことはしないものだ…（劇団俳優座『ヘッダ・ガーブレル』，東京演劇集団風『コーカサスの白墨の輪』，青年劇場『真珠の首飾り』，NLTプロデュース『嫁も姑も皆幽霊』）」結城雅秀　テアトロ　910　2015.11　p38〜40

## コーカサスの白墨の輪　[団]俳優座

2175 上演：1980年9月24日〜10月26日　場所：俳優座劇場　作：ブレヒト　訳：内垣啓一　演出：千田是也
◇「物と所有の関係（俳優座『コーカサスの白墨の輪』）」渡辺淳　テアトロ　454　1980.12　p30〜31

2176 上演：1994年5月9日〜5月22日　場所：俳優座劇場　作：ブレヒト　訳：内垣啓一　演

出：千田是也
◇「テクストの解釈ということ（ESC『ロミオとジュリエット』，四季『この生命は誰のもの？』，青年座『幻に心もそぞろ狂おしのわれら将門』，俳優座『コーカサスの白墨の輪』，岩松了プロデュース『アイスクリームマン』，花組芝居『定本いろは四谷怪談』）」結城雅秀　テアトロ　618　1994.7　p48～54

**コーカサスの白墨の輪**　[団]まつもと市民芸術館
*2177* 上演：2005年1月30日～2月20日　場所：世田谷パブリックシアター　作：ブレヒト　英訳：エリック・ベントレー　訳：松岡和子　演出：串田和美
◇「遊戯性と豪華絢爛の絵巻物（まつもと市民芸術館など『コーカサスの白墨の輪』，Bunkamura『幻に心もそぞろ狂おしのわれら将門』，パルコ製作『SHAKESPEARE'S R&J』）」北川登園　テアトロ　762　2005.4　p52～54

**五月の光線**　[団]弘前劇場
*2178* 上演：1996年5月16日～5月19日　場所：こまばアゴラ劇場　作・演出：長谷川孝治
◇「力作三作品（東京芸術座『ブラボー！　ファーブル先生』，ポイント東京企画『帝國こころの妻』，弘前劇場『五月の光線』）」八橋卓　テアトロ　644　1996.7　p56～58

**五月の鷹—北は南の反対ではない**　[団]演劇実験室◎万有引力
*2179* 上演：1998年5月26日～5月31日　場所：「劇」小劇場　演出：J・A・シーザー
◇「秘儀的芸術—このうしろ側の見えざるもの（万有引力『五月の鷹—北は南の反対ではない』，ヴィムヴァンデ・ケイビュス『7-決して語られない秘密』，プラチナ・ペーパーズ&ネルケプランニング『水の味』）」里見宗律　テアトロ　671　1998.8　p66～68

**黄金色の夕暮**　[団]俳優座
*2180* 上演：1998年7月9日～7月21日　場所：紀伊國屋サザンシアター　作：山田太一　演出：安井武
◇「二つの創作劇の面白さ（木冬社リターン『海へ…ヘミングウェイ幻想』『陸へ…サムトの女たち』，俳優座『黄金色の夕暮』）」水落潔　テアトロ　672　1998.9　p68～69

*2181* 上演：2002年2月3日～2月9日　場所：紀伊國屋ホール　作：山田太一　演出：安井武
◇「風俗劇の陥穽〈風俗〉から〈風俗〉へ（文学座『大寺學校』，俳優座『黄金色の夕暮』）」みなもとごろう　テアトロ　720　2002.4　p48～49

**コギ 日本版**　[団]IKSALON表現者工房，DRAMA MISSION Z號
*2182* 上演：2018年4月19日～4月23日　場所：IKSALON表現者工房　原作：コナー・マクファーソン　脚本：リ・サンウ　演出：ミン・ボッキ
◇「5月の関西 重い記憶とどう向き合い、出発するのか（悪い芝居『ラスト・ナイト・エンド・ファースト・モーニング』，IKSALON表現者工房『コギ』，竹内銃一郎集成連続公演『タニマラーさびしい風』，the nextage『みず色の空、そら色の水』，プロトテアトル『どこよりも遠く、どこでもあった場所。あるいは、どこよりも近く、なにもない。』）」九鬼葉子　テアトロ　947　2018.7　p42～44

**呼吸機械**　[団]維新派
*2183* 上演：2008年10月2日～10月13日　場所：さいかち浜野外特設劇場　作・演出：松本雄吉
◇「10月の関西 時を超える—野外劇の豊饒さ（維新派『呼吸機械』，犯罪友の会『ゆうひかげ』）」太田耕人　テアトロ　813　2008.12　p57～59

**國語元年**　[団]こまつ座
*2184* 上演：1986年1月16日～2月3日　場所：紀伊國屋ホール　作：井上ひさし　演出：栗山民也
◇「第1幕第1場の魅力」佐々木幹郎　新劇　33(4)　1986.4　p24～29
◇「お国訛だよ全員集合（こまつ座『國語元年』）」岩波剛　テアトロ　517　1986.3　p28～29

*2185* 上演：2002年3月7日～3月24日　場所：紀伊國屋ホール　作：井上ひさし　演出：栗山民也
◇「ことばを超える演劇こそが…（東演『三文オペラ』，こまつ座『國語元年』，東京演劇アンサンブル『消えた海賊』）」中本信幸　テアトロ　721　2002.5　p48～49

**國語元年**　[団]俳協
*2186* 上演：2010年10月28日～11月7日　場所：TACCS1179　作：井上ひさし　演出：手塚敏夫
◇「音楽劇志向の異化効果（東京ギンガ堂『百年の絆 孫文と梅屋庄吉』，ギイ・フォワシイ・シアター35周年記念公演，京楽座『中西和久のエノケン』，俳協『國語元年』）」中本信幸　テアトロ　843　2011.1　p46～47

**国語事件殺人辞典**　[団]しゃぼん玉座
*2187* 上演：1982年6月27日～7月7日　場所：紀伊國屋ホール　作：井上ひさし　演出：木村光一
◇「劇場が街に連なる演劇を」衛紀生　新劇　29(9)　1982.9　p24～25
◇「十年という経験の継承」西堂行人　新劇　29(9)　1982.9　p28～29
◇「ことばの旅—国語事件殺人辞典」西村博子　新劇　29(9)　1982.9　p30～31
◇「ことばのドン・キホーテ（しゃぼん玉座『国語事件殺人辞典』）」石崎勝久　テアトロ　475　1982.9　p26～29

**国語の時間**　[団]風琴工房
*2188* 上演：2013年2月22日～2月28日　場所：座・高円寺1　作：小里清　演出：詩森ろば
◇「引き裂かれる身体（文学座『セールスマンの死』，風琴工房『国語の時間』，ザ・ガジラ『ゴルゴン』）」丸田真悟　テアトロ　875　2013.5　p48～49

**国粋主義者のための戦争寓話**　[団]THEガジラ
*2189* 上演：2004年5月5日～5月19日　場所：ベニ

サン・ピット　作・演出：鐘下辰男
◇「劇場でおこる暴力」梅山いつき　シアターアーツ　19　2004.6　p85〜87
◇「愛と死と（ロイヤル・シェイクスピア・カンパニー『オセロー』，俳優座『足摺岬』，THE・ガジラ『国粋主義者のための戦争寓話』）」渡辺淳　テアトロ　751　2004.7　p57〜59

**国道、業火、背高泡立草**　[団]烏丸ストロークロック
2190 上演：2016年2月6日〜2月7日　場所：AI・HALL　作・演出：柿沼昭徳
◇「2月の関西 逸れてゆく「現実」（烏丸ストロークロック『国道、業火、背高泡立草』，演劇ラボラトリー上田一軒プロジェクト『花里町プレタポルテ』，オイスターズ『この声』）」太田耕人　テアトロ　916　2016.4　p40〜41

**国民傘―避けえぬ戦争をめぐる3つの物語**　[団]M&O Plays
2191 上演：2011年1月20日〜2月13日　場所：ザ・スズナリ　作・演出：岩松了
◇「きらめくイメージあふれる舞台（Tプロデュース『チェーホフ?!』，M&O Plays『国民傘』，ハイバイ『投げられやすい石』）」丸田真悟　テアトロ　846　2011.4　p48〜49

**国民の映画**　[団]パルコ
2192 上演：2011年3月6日〜4月3日　場所：PARCO劇場　作・演出：三谷幸喜
◇「ヒトラーの陰（東京演劇集団風『これからの人生』，パルコ・プロデュース『国民の映画』）」北川登園　テアトロ　847　2011.5　p40〜41

**極楽トンボの終わらない明日**　[団]ショーマ
2193 上演：1988年6月4日〜6月14日　場所：ザ・スズナリ　作・演出：高橋いさを
◇「ドラマの「新世界」」扇田昭彦　新劇　35（8）　1988.8　p34〜37
◇「やっぱりときめく、小劇場」林あまり　新劇　35（8）　1988.8　p42〜45

**極楽ホームへいらっしゃい**　[団]NLT
2194 上演：2007年4月13日〜4月27日　場所：三越劇場　作・演出：池田政之
◇「日常を撃つ妙技（ひげ太夫『雲丈郭』，風『第三帝国の恐怖と悲惨』，NLT『極楽ホームへいらっしゃい』）」中本信幸　テアトロ　792　2007.6　p46〜47

**COCOON―憧れも、初戀も、爆撃も、死も。**　[団]東京芸術劇場
2195 上演：2015年6月27日〜7月12日　場所：東京芸術劇場シアターイースト　原作：今日マチ子　作・演出：藤田貴大　音楽：原田郁子
◇「クレシダの白いブーツ（世田谷パブリックシアター『トロイラスとクレシダ』，東京芸術劇場『COCOON―憧れも、初恋も、爆撃も、死も』，Tプロジェクト『堅塁奪取』『愛をこめてあなたを憎む』，俳優座劇場『音楽劇 わが町』）」結城雅秀　テアトロ　908　2015.9　p32〜34

**苔生す箱舟**　[団]万博設計
2196 上演：2015年12月11日〜12月13日　場所：ウィングフィールド　作・演出：橋本匡市
◇「12月の関西 異世界からの視点（人間座『最果ての地より さらに遠く』，万博設計『苔生す箱舟』）」太田耕人　テアトロ　914　2016.2　p56〜57

**五軒町商店街寄合会**　[団]あうん堂
2197 上演：2018年3月16日〜3月18日　場所：ウィングフィールド　作：深津篤史　演出：杉山晴佳
◇「4月の関西 深津篤史戯曲に新たな息吹。深津演劇祭に成果（桃園会『深海魚』，あうん堂『五軒町商店街寄合会』，空の驛舎『かえりみちの木』，MONO『隣の芝生も。』，兵庫県立ピッコロ劇団オフシアター『umami』）」九鬼葉子　テアトロ　946　2018.6　p43〜45

**五軒町商店街寄合会**　[団]プロデュース567，桃園会
2198 上演：1996年4月12日〜4月14日　場所：ウィングフィールド　脚本：深津篤史　演出：河辺美樹
◇「4月の関西 常識の舞台化（プロデュース567&桃園会『五軒町商店街寄合会』，劇団☆新感線『Beast is Red―野獣郎見参』）」宮辻政夫　テアトロ　643　1996.6　p85〜86

**ここからは遠い国**　[団]199Q太陽族
2199 上演：1997年3月1日〜3月2日　場所：パナソニック・グローブ座　作・演出：岩崎正裕
◇「関西演劇の力―199Q太陽族『ここからは遠い国』の東京公演」扇田昭彦　シアターアーツ　8　1997.5　p120〜122
◇「ここでは何が語られようとしているのか（グローブ座春のフェスティバル，199Q太陽族『ここからは遠い国』，iOJO！『オッホの時刻と気分』，東京ギンガ堂『アチャラカ・ブギ』，珍しいキノコ舞踊団『もうお陽さまなんか出なくてもかまわない』）」長谷部浩　テアトロ　655　1997.5　p60〜63

**ここからは遠い国**　[団]OMSプロデュース
2200 上演：1999年3月18日〜3月22日　場所：扇町ミュージアムスクエア　作：岩崎正裕　演出：内藤裕敬
◇「4月の関西 内藤演出の特徴（OMSプロデュース『ここからは遠い国』，PM/飛ぶ教室『花見の駅で、二月に』）」宮辻政夫　テアトロ　682　1999.6　p110〜111

**ここからは遠い国**　[団]太陽族
2201 上演：2002年4月12日〜4月14日　場所：AI・HALL　作・演出：岩崎正裕
◇「4月の関西 引用の創造性（劇団・太陽族『ここからは遠い国』，MONO『橋を渡ったら泣け』，劇団八時半『ママ』，犯罪友の会『紅いカラス』）」太田耕人　テアトロ　722　2002.6　p64〜66

**Go Go Girlie！**　[団]遊園地再生事業団
2202 上演：1998年5月7日〜5月10日　場所：本多劇場　作・演出：宮沢章夫
◇「退屈というイマドキの〈気分〉（遊園地再生事

## ここて

劇団『Go Go Girlie！』、惑星ピスタチオ『大切なバカンス』、ナイロン100℃『吉田神経クリニックの場合』）」里見宗律　テアトロ　670　1998.7　p56～57

### ここでKissして ㊞あまがさき近松創造劇場
**2203** 上演：2000年12月15日～12月19日　場所：東京芸術劇場小ホール1　作：松田正隆　演出：鐘下辰男
◇「明断な台詞を異様な尊厳をもって語る（地人会『この夏、突然に』、あまがさき近松創造劇場『ここでkissして』、メジャーリーグ『リチャード三世』、シアター21『川を越え、森をぬけて』）」結城雅秀　テアトロ　704　2001.2　p74～77

### ここでKissして ㊞衛星
**2204** 上演：2002年7月9日～7月14日　場所：京都市東山青少年活動センター・創造活動室　作：松田正隆　演出：田中遊、蓮行
◇「7月の関西 非＝劇場空間から（劇団衛星『ここでKissして』、WI'RE『MESS』、斜『ゆらゆらと水』、清流劇場『うさぎの電報』）」太田耕人　テアトロ　726　2002.9　p64～66

### ここにライオンはいない ㊞大阪
**2205** 上演：2017年11月17日～11月19日　場所：一心寺シアター倶楽　作：伊地知克介　演出：熊本一
◇「12月の関西 大阪劇団協議会フェスティバルに力作続く（劇団未来『静かな海へ—MINAMATA—』、劇団大阪『ここにライオンはいない』、劇団潮流『夢見る言葉』、遊劇体『のたり、のたり』、極東退屈劇場『ファントム』）」九鬼葉子　テアトロ　942　2018.2　p75～77

### ここには映画館があった ㊞燐光群
**2206** 上演：2013年11月15日～11月26日　場所：座・高円寺1　作・演出：坂手洋二
◇「映画館とともに失ったもの（燐光群『ここには映画館があった』、サンプル『永い遠足』、俳優座劇場プロデュース『もし、終電に乗り遅れたら…』）」丸田真悟　テアトロ　886　2014.2　p72～73

### 九つの不気味な物語～欧米怪談集 ㊞勝田演劇事務所
**2207** 上演：2006年10月18日～10月22日　場所：ザムザ阿佐谷　構成・脚色・演出：勝田安彦
◇「時の流れ・記憶の陰影（宇宙堂『夢ノかたち—緑の指』、ドラマクリオ『溺れる花嫁』、勝田演劇事務所『九つの不気味な物語～欧米怪談集』）」斎藤偕子　テアトロ　785　2006.12　p44～45

### 午後の遺言状 ㊞朝日新聞社、アイエス
**2208** 上演：1997年2月8日～3月2日　場所：東京芸術劇場中ホール　原作・脚本：新藤兼人　演出：瀬川昌治
◇「二つの創作劇（青年劇場『唱歌元年』、朝日新聞・アイエス製作『午後の遺言状』）」水落潔　テアトロ　654　1997.4　p56～57

### 午後の遺言状 ㊞テレビ東京、オフィス・イレブン
**2209** 上演：2001年4月23日～5月2日　場所：東京芸術劇場中ホール　原作・脚本：新藤兼人　音楽：林光
◇「本物の三遺言を含んだ「午後の遺言状」（オフィス・イレブン製作『午後の遺言状』、R+1『ブラック・グラフティ』、演奏舞台『破壊裁判』）」佐藤康平　テアトロ　709　2001.7　p54～53

### ここも誰かの旅先 ㊞空晴
**2210** 上演：2016年8月4日～8月9日　場所：HEP HALL　作・演出：岡部尚子
◇「8月の関西 OMS戯曲賞受賞作家の活躍（A級Missing Link『或いは魂の止まり木』、下鴨車窓『旅行者』、空の驛舎『ただ夜、夜と記されて』、兵庫県立ピッコロ劇団『オズのオジさんやーい』、空晴『ここも誰かの旅先』）」九鬼葉子　テアトロ　923　2016.10　p46～48

### ここより永遠に 最後の闘い 完結篇 ㊞21世紀FOX
**2211** 上演：1999年4月27日～5月3日　場所：シアターサンモール　作：北村想　演出：肝付兼太
◇「時代の殺人相鮮やかに（ウォーキング・スタッフ・インパクト『SOLID』、グループしぜん『人斬り以蔵』、21世紀FOX『ここより永遠に 最後の闘い』、原宿シェイクスピア『夏の夜の夢』）」佐藤康平　テアトロ　683　1999.7　p58～59

### 心エネルギー—羽衣伝説 ㊞パルコ、寛斉スーパースタジオ
**2212** 上演：1987年1月14日～1月21日　場所：PARCO劇場　構成・演出：鉄丸
◇「ことばは肉（ししむら）のうちにはぐくまれる」佐々木幹郎　新劇　34(3)　1987.3　p28～33
◇「衝撃的な『こんな話』」渡辺保　新劇　34(3)　1987.3　p34～39

### 心、きれぎれの夢 ㊞ピープルシアター
**2213** 上演：2002年3月26日～3月31日　場所：シアターX　作・演出：森井睦
◇「舞台が舞台であることは？（演劇集団円『栗原課長の秘密基地』、オフィス・ワンダーランド『不死鳥の落胤』、ピープルシアター『心、きれぎれの夢』）」みなもとごろう　テアトロ　722　2002.6　p50～52

### 心と意志 ㊞地人会
**2214** 上演：2003年11月18日～11月30日　場所：紀伊國屋ホール　作・演出：坂手洋二
◇「個と共同体と（ひょうご舞台芸術『ニュルンベルク裁判』、地人会『心と意志』、シアターコクーン『ハムレット』）」渡辺淳　テアトロ　746　2004.2　p61～63

### 心の止り—この人を心の止りに朝夕見てこそ ㊞俳優座
**2215** 上演：2010年9月9日～9月15日　場所：シアターX　作：美苗　演出：森一
◇「伝説的作品と新作と（青年劇場『島』、俳優座『心の止り—この人を心の止りに朝夕見てこそ』、NODA・MAP番外公演『表に出ろいっ！』）」水落潔　テアトロ　840　2010.11　p50～51

## 心細い日のサングラス ㈲俳優座
**2216** 上演：2013年1月9日～1月20日　場所：俳優座劇場　作：山田太一　演出：中野誠也　音楽：内藤正彦
◇「人間、この愚かなる者(世田谷パブリックシアター、俳優座『ハーベスト』、俳優座『心細い日のサングラス』,Bunkamura『祈りと怪物』)」水落潔　テアトロ　873　2013.3　p54～55

## 心破れて ㈲文学座アトリエの会
**2217** 上演：2000年6月15日～6月25日　場所：文学座アトリエ　作：ジョン・フォード　演出：小林勝也
◇「間接的手法で本質を抉り出す(青年団『ソウル市民1919』,俳優座LABO『アーズリー家の三姉妹』,昴『罪と罰』,文学座アトリエ『心破れて』)」結城雅秀　テアトロ　697　2000.8　p56～59

## 心一わが愛 ㈲俳優座
**2218** 上演：1986年10月8日～10月20日　場所：俳優座劇場　原作：夏目漱石　脚本：秦恒平　演出：島田安行
◇「自転車キンクリート」渡辺保　新劇　33(12)　1986.12　p34～39
◇「夏目漱石と井上ひさし(俳優座『心一わが愛』,こまつ座『花よりタンゴ』)」石崎勝久　テアトロ　526　1986.12　p40～43

## コザ版・どん底 ㈲演劇集団創造
**2219** 上演：1986年10月1日～10月2日　場所：三百人劇場　作：知念正真　演出：幸喜良秀
◇「着実な展開みせる地域演劇―地域劇団東京演劇祭」藤木宏幸　テアトロ　527　1987.1　p40～41

## 乞食―あるいは死んだ犬 ㈲東京演劇集団風
**2220** 上演：2008年7月28日～8月3日　場所：レパートリーシアターKAZE　作：ブレヒト　訳：岩淵達治　演出：浅野佳成
◇「劇的ファンタジーの妙(ピープルシアター『一点の恥辱なきことを』,うりんこ『ダイアル・ア・ゴースト』,東京演劇集団風『乞食―あるいは死んだ犬』)」中本信幸　テアトロ　811　2008.10　p46～47

## 乞食と王子 ㈲仲間
**2221** 上演：1997年7月31日～8月3日　場所：東京芸術劇場小ホール2　原作：マーク・トウェイン　戯曲：セルゲイ・ミハルコフ　訳：安西美智子　脚色：さねとうあきら　演出：菊地勇一
◇「台本と演技との間(仲間『乞食と王子』,日生劇場国際児童演劇フェスティヴァル『孫悟空』)」みなもとごろう　テアトロ　660　1997.10　p68～69

## 乞食と夢／掏摸の家 ㈲シアターX
**2222** 上演：1997年1月10日～1月15日　場所：シアターX　作：関口次郎(乞食と夢)、長谷川伸(掏摸の家)　演出：川和孝
◇「台詞術の面とスペクタクル性(RSC『夏の夜の夢』,安藤事務所＋幹の会『リア王』,俳優座『ハムレット』,東京オピニオンズ『太陽が死んだ日』,シアターX『乞食と夢』『掏摸の家』)」結城雅秀　テアトロ　653　1997.3　p69～73

## 孤児たち オーファンズ ㈲四季
**2223** 上演：1987年8月28日～9月6日　場所：俳優座劇場　作：ライル・ケスラー　訳：吉田美枝　演出：浅利慶太
◇「面白さは一級品だが…(四季『孤児たち』)」千野幸一　テアトロ　537　1987.11　p28～29

## 孤児のミューズたち ㈲スタジオライフ
**2224** 上演：2007年7月25日～8月5日　場所：シアターX　作：ミシェル・マルク・ブシャール　訳：佐藤アヤ子　台本・演出：倉田淳
◇「完成度の高い夏の舞台(スタジオ・ライフ『孤児のミューズたち』,ティーファクトリー『路上』,公共ホール演劇製作ネットワーク事業『いとこ同志』,こまつ座＋シス・カンパニー『ロマンス』)」斎藤偕子　テアトロ　797　2007.10　p49～51

## 五重奏 ㈲地人会
**2225** 上演：1995年12月14日～12月26日　場所：紀伊國屋ホール　作：ピーター・シェファー　訳：小田島雄志　演出：木村光一
◇「最も衝撃的な事象(銀座セゾン劇場『エンジェルズ・イン・アメリカ』第二部,地人会『五重奏』,俳優座『ミラノの奇跡』,英国・ウォータミル劇団『オセロ』,櫻乱舎『奴隷島』『いさかい』,燐光群『反戦自衛官＝森の中のまわり道』,入道雲『サトコー蟻の街のマリア』)」結城雅秀　テアトロ　639　1996.2　p65～71

## 湖上 ㈲演劇集団円
**2226** 上演：1998年4月17日～4月26日　場所：シアターX　作：平石耕一　演出：山本健翔
◇「センチメンタルな欲望(パルコ劇場 近代能楽集『葵上』『卒塔婆小町』,円『湖上』)」里見宗律　テアトロ　669　1998.6　p70～71

## 呉将軍の足の爪 ㈲青年劇場
**2227** 上演：2008年4月11日～4月20日　場所：紀伊國屋ホール　作：朴祚烈　訳：石川樹里　演出：瓜生正美　振付：雁坂彰　音楽：川崎絵都夫
◇「外国産劇と国産劇(俳小『ベイビー・ダンス』,東京演劇アンサンブル『日本の気象』,青年劇場『呉将軍の足の爪』)」蔵原惟治　テアトロ　806　2008.6　p34～36

## ゴジラ ㈲離風霊船
**2228** 上演：1987年5月9日～5月11日　場所：ザ・スズナリ　作・演出：大橋泰彦
◇「オドラデク」佐々木幹郎　新劇　34(7)　1987.7　p28～33
◇「快作「ゴジラ」」渡辺保　新劇　34(7)　1987.7　p34～39

## コジラだ！ ㈲萬國四季協會
**2229** 上演：2008年2月1日～2月4日　場所：中野光座　作：ごとうかず美　演出：渡辺大策
◇「劇的選択のゆくえ(民藝『選択』,東京演劇集団風『ピカソの女たち～オルガ』,オフィス樹・シアターX名作劇場『俥』『春の枯葉』,萬國四季協會

## こすと

『コジラだ！』)」中本信幸　テアトロ　804　2008.4　p52～54

### ゴースト・オブ・ア・チャンス　㊞PM/飛ぶ教室
**2230** 上演：2005年12月1日～12月4日　場所：精華小劇場　作・演出：蜷螂襲
◇「12月の関西 季節の到来（PM/飛ぶ教室『ゴースト・オブ・ア・チャンス』，魚灯『異邦人』，MONO『衛兵たち、西高東低の鼻を嘆く』）」太田耕人　テアトロ　774　2006.2　p106～108

### コースト・オブ・ユートピア～ユートピアの岸へ　㊞Bunkamura
**2231** 上演：2009年9月12日～10月4日　場所：シアターコクーン　作：トム・ストッパード　訳：広田敦郎　演出：蜷川幸雄
◇「二つの劇場で芸術監督を務める蜷川幸雄がそれぞれ思いを込めて総力戦 シアターコクーン『コースト・オブ・ユートピア』彩の国さいたま芸術劇場『真田風雲録』」髙橋豊　シアターアーツ　41　2009.12　p110～113
◇「ミクロとマクロの交錯（東京芸術劇場『ザ・ダイバー』，Bunkamura『コースト・オブ・ユートピア～ユートピアの岸へ』）」田之倉稔　テアトロ　826　2009.11　p43～45

### 瞽女さ、きてくんない　㊞文化座
**2232** 上演：1997年4月9日～4月16日　場所：本多劇場　原作：斎藤真一　脚本：堀江安夫　演出：佐々木雄二
◇「日本の抒情とは何か？（俳優座『門―わが愛』，文化座『瞽女さ、きてくんない』，鳥獣戯画『雲にのった阿国』，東京演劇集団風『フォーシーズン』）」七字英輔　テアトロ　656　1997.6　p74～76

### ご存知伝説の鞍馬天狗―ウ・ナロードの詩　㊞東京演劇アンサンブル
**2233** 上演：1981年1月　場所：紀伊國屋ホール　作：三田純市　構成・演出：広渡常敏
◇「鞍馬天狗の正体」森秀男　新劇　28（3）　1981.3　p26～29
◇「仮面・人形・本地もの」堂本正樹　新劇　28（3）　1981.3　p30～33
◇「笑いの中に漂う挫折感（東京演劇アンサンブル『伝説の鞍馬天狗』）」千野幸一　テアトロ　457　1981.3　p26～29

### 木霊坂夢野病院 奇っ怪púb　㊞萬國四季協會
**2234** 上演：2011年6月1日～6月5日　場所：シアターイワト　演出：響リュウ　演出：渡辺大策
◇「奈落から照射する（THE・ガジラ『どん底』，オフィスワンダーランド『からくり儀右衛門』，萬國四季協會『木霊坂夢野病院』）」中本信幸　テアトロ　851　2011.8　p46～47

### 御注意あそばせ　㊞状況劇場
**2235** 上演：1985年9月27日～10月10日　場所：バウスシアター　作：唐十郎　演出：山崎哲
◇「文学座アトリエ，状況劇場（あいまいという名の電車に乗って）」扇田昭彦　テアトロ　514　1985.12　p30～33

### ご長寿ねばねばランド　㊞扉座
**2236** 上演：2006年10月28日～11月5日　場所：紀伊國屋ホール　作・演出：横内謙介
◇「島や地下壕など緊密な空間を舞台に（扉座『ご長寿ねばねばランド』，桟敷童子『海猫街』，阿佐ヶ谷スパイダース『イヌの日』）」髙橋豊　テアトロ　787　2007.1　p62～63

### 国境のある家　㊞青年座
**2237** 上演：1987年10月23日～11月1日　場所：本多劇場　作：八木柊一郎　演出：石澤秀二
◇「蜷川幸雄演出の『ギプス』」渡辺保　新劇　35（1）　1988.1　p38～43
◇「ずれゆく"対話"の果てに（青年座『国境のある家』）」岩波剛　テアトロ　539　1988.1　p26～28

### 国境のある家　㊞俳優座
**2238** 上演：2007年1月26日～2月4日　場所：紀伊國屋ホール　作：八木柊一郎　演出：安川修一
◇「ひばりの行方―三本の作品が奏でる『通奏低音』（シアターコクーン『ひばり』，朋友『黙って行かせて』，俳優座『国境のある家』）」村井健　テアトロ　790　2007.4　p60～62

### コックサッカー・ブルース　㊞第三エロチカ
**2239** 上演：1981年12月18日～12月21日　場所：アルスノーヴァ　作・演出：川村毅
◇「ラディカルな精神のために」西堂行人　新劇　29（4）　1982.4　p32～33
**2240** 上演：1988年3月12日～3月21日　場所：ザ・スズナリ　作・演出：川村毅
◇「性にからめとられて」長谷部浩　新劇　35（5）　1988.5　p34～37
◇「『成熟』を拒む演劇」七字英輔　新劇　35（6）　1988.6　p26～29

### 杭抗（コックリ）　㊞乞局
**2241** 上演：2008年6月4日～6月15日　場所：こまばアゴラ劇場　作・演出：下西啓正
◇「薄気味悪さの底 乞局『杭抗』をめぐって」林カヲル　シアターアーツ　36　2008.9　p116～119

### God Bless Baseball　㊞Asia Culture Center - Asian Arts Theatre, フェスティバル/トーキョー実行委員会, Taipei Arts Festival
**2242** 上演：2015年11月19日～11月29日　場所：あうるすぽっと　作・演出：岡田利規
◇「『戦前』の復活とアレゴリーの可能性―岡田利規作・演出『God Bless Baseball』（特集 忘却の痕跡：戦後七〇年を経て）」森井マスミ　シアターアーツ　60　2016.4　p54～59

### 湖底　㊞青年座
**2243** 上演：2002年5月7日～5月17日　場所：紀伊國屋ホール　原作：薄井ゆうじ　脚色・演出：井上享
◇「時代の影（青年座『湖底』，NLT『毒薬と老嬢』，東京演劇集団風『Touch―孤独から愛へ』，俳優座

『八月に乾杯！』)」渡辺淳　テアトロ　723　2002.7　p48～50

**事ありげな夏の夕暮** [団]文学座アトリエの会

2244 上演：1985年10月4日～10月13日　場所：文学座アトリエ　作：竹内銃一郎　演出：西川信廣

◇「文学座アトリエ,状況劇場（あいまいという名の電車に乗って）」扇田昭彦　テアトロ　514　1985.12　p30～33

**後藤を待ちながら…** [団]THEガジラ

2245 上演：1993年11月3日～11月7日　場所：シアタートップス　作：千葉哲也　原案：光岡湧太郎　脚本・演出：鐘下辰男

◇「演劇言語の肉体化再考（日独共同プロデュース『砂の駅』,THE・ガジラ『天国への階段』『後藤を待ちながら』,かたつむりの会『招待されなかった客』,木冬社『哄笑』)」斎藤偕子　テアトロ　612　1994.1　p58～61

**ゴドーを待ちながら** [団]ウジェーヌ・イヨネスコ劇場

2246 上演：1996年11月25日～11月26日　場所：ブレヒトの芝居小屋　作：ベケット　演出：ペトル・ヴトカレウ,ミハイ・フス

◇「アンダーグラウンドから目覚めて（ウジェーヌ・イヨネスコ劇場『ゴドーを待ちながら』,燐光群『甘い生活』)」大岡淳　テアトロ　651　1997.1　p68～69

**ゴドーを待ちながら** [団]小川洋三プロデュース

2247 上演：1980年9月20日～9月28日　場所：紀伊國屋ホール　作：ベケット　訳：安堂信也,高橋康也　演出：栗山民也

◇「過剰の貧困と抑制の美」利光哲夫　新劇　27(11)　1980.11　p30～33

◇「喜劇・ゴドーの一面（小川洋三プロデュース『ゴドーを待ちながら』)」藤田洋　テアトロ　453　1980.11　p28～30

**ゴドーを待ちながら** [団]銀座セゾン劇場

2248 上演：1994年10月6日～11月3日　場所：銀座セゾン劇場　作：ベケット　訳：安堂信也,高橋康也　演出：蜷川幸雄

◇「欠落した思想劇の妙味（銀座セゾン劇場『ゴドーを待ちながら』)」渡辺淳　テアトロ　623　1994.12　p62～63

**ゴドーを待ちながら** [団]クール・ガイア

2249 上演：2013年12月14日～12月15日　場所：アトリエ劇研　作：ベケット　演出：寂光根隅的父

◇「12月の関西 過去を客体化する（劇団・太陽族『血は立ったまま眠っている』,クール・ガイア『ゴドーを待ちながら』)」太田耕人　テアトロ　886　2014.2　p84～85

**ゴドーを待ちながら** [団]ゴドーを待ちながら上演実行委員会

2250 上演：1997年12月3日～12月6日　場所：大田区民プラザ大ホール　作：ベケット　演出：佐藤康平

◇「三つの「喜劇」,三様の味わい（テアトル・エコー『ら抜きの殺意』,ゴドーを待ちながら上演実行委員会『ゴドーを待ちながら』,木山事務所『私の下町—姉の恋愛』)」七字英輔　テアトロ　665　1998.2　p73～75

**ゴドーを待ちながら** [団]サードステージ

2251 上演：1994年3月24日～4月10日　場所：東京芸術劇場中ホール　作：ベケット　訳：安堂信也,高橋康也　演出：鴻上尚史

◇「絶望の果てに何を見るのか（サードステージ『ゴドーを待ちながら』,扉座『ジプシー～千の輪の切り株の上の物語』『新羅生門』,THE・ガジラ『カストリ・エレジー』,シアターコクーン『NEVER SAY DREAM』)」山登敬之　テアトロ　617　1994.6　p58～62

◇「ゴドーというジェンダー」長谷部浩　テアトロ　625　1995.1　p50～53

**ゴドーを待ちながら** [団]サンウルリム

2252 上演：1999年11月21日～11月23日　場所：セシオン杉並　作：ベケット　訳：呉澄子　演出：林英雄

◇「近・現代古典の再生（俳優座劇場プロデュース『マリアの首』 幻に長崎を想う曲,tpt『令嬢ジュリー』,劇団サンウルリム『ゴドーを待ちながら』)」渡辺淳　テアトロ　691　2000.2　p74～75

**ゴドーを待ちながら** [団]新国立劇場

2253 上演：2011年4月15日～5月1日　場所：新国立劇場　作：ベケット　訳：岩切正一郎　演出：森新太郎

◇「クローデルとベケットの今（青年団国際演劇交流プロジェクト2011『交換』,新国立劇場『ゴドーを待ちながら』,演劇集団円『カシオペアの丘で』)」みなもとごろう　テアトロ　848　2011.6　p50～52

**ゴドーを待ちながら** [団]STUDIOコクーン

2254 上演：2000年2月8日～2月12日　場所：STUDIOコクーン　作：ベケット　訳：安堂信也,高橋康也　演出・美術：串田和美

◇「非在の存在たちのドラマ（世田谷パブリックシアター/シアタープロジェクトさっぽろ『三人姉妹』,STUDIOコクーン『ゴドーを待ちながら』,フランス国立レンヌ劇場/同オルレアン振付センター『ヴォイツェック』)」渡辺淳　テアトロ　693　2000.4　p56～57

**ゴドーを待ちながら** [団]世田谷パブリックシアター

2255 上演：2000年12月9日～12月24日　場所：世田谷パブリックシアター　作：ベケット　訳：安堂信也,高橋康也　演出：佐藤信

◇「異様な緊張の中で追求する人間の尊厳（tpt『蜘蛛女のキス』,新国立劇場『母たちの国へ』,世田谷パブリックシアター『ゴドーを待ちながら』,俳優座『十二夜』)」結城雅秀　テアトロ　705　2001.3　p70～73

**ゴドーを待ちながら** [団]東京演劇集団風

2256 上演：2002年3月5日～3月11日　場所：レ

パートリーシアターKAZE　作：ベケット　訳：安堂信也, 高橋康也　演出：浅野佳成
◇「古典作家の初期作品（四季『アンドロマック』, 新国立劇場『くしゃみ/the Sneeze』, 東京演劇集団風『ゴドーを待ちながら』）」渡辺淳　テアトロ　721　2002.5　p50～52

## ゴドーを待ちながら　[団]Bunkamura

2257 上演：2002年1月15日～1月27日　場所：シアターコクーン　作：ベケット　訳：安堂信也, 高橋康也　演出：串田和美
◇「重いものをかろく（シアターコクーン『ゴドーを待ちながら』, パルコ劇場『彦馬がゆく』）」桂木嶺　テアトロ　719　2002.3　p72～73

## ゴドーを待ちながら／瀕死の王様　[団]ウジェーヌ・イヨネスコ劇場

2258 上演：2001年11月13日～11月18日　場所：六行会ホール　作：イヨネスコ　演出：ペトル・ヴトカレウ
◇「ゴドーという隠された存在（六行会ホール演劇フェスティバル ウジェーヌ・イヨネスコ劇場『ゴドーを待ちながら』『瀕死の王様』）」里見宗律　テアトロ　717　2002.1　p60～61

## ゴドーを待ちながらプラス○　[団]フラワーズ・カンパニー

2259 上演：1994年9月12日～9月18日　場所：スパイラルホール　作：ベケット　脚本：川崎徹　演出：木野花
◇「この秋、力作の三舞台（フラワーズ・カンパニー『ゴドーを待ちながらプラス○』, 青年劇場『村井家の人々』, ギィ・フォワシイ・シアター『詩人の墓』『ストレス解消センター行き』）」斎藤偕子　テアトロ　622　1994.11　p72～73

## ゴドー改続版 ある日せっせと　[団]青い鳥

2260 上演：1984年4月26日～5月7日　場所：タイニイ・アリス　作・演出：市堂令
◇「青い鳥だ態変だ（ことばの劇場）」川本三郎　新劇　31（7）　1984.7　p29～35

## 孤独から一番遠い場所　[団]演劇集団円

2261 上演：2008年10月22日～11月9日　場所：ステージ円　作：鄭義信　演出：森新太郎
◇「“歴史”の虚実、“虚実”の歴史（円『孤独から一番遠い場所』, 青年座 マキノノゾミ三部作『フユヒコ』『赤シャツ』『MOTHER』）」みなもとごろう　テアトロ　815　2009.1　p28～30

## 孤独な惑星　[団]MODE

2262 上演：1998年6月2日～6月7日　場所：「劇」小劇場　作：スティーブン・ディーツ　訳：小宮山智津子　演出：松本修
◇「演技の“必要”と“不必要”（民芸『根岸庵律女』, 流山児★事務所『ピカレスク黙阿弥』,MODE『孤独な惑星』, 扉座『無邪気』）」みなもとごろう　テアトロ　671　1998.8　p58～60

## ことの葉こよみ　[団]犯罪友の会

2263 上演：2017年10月19日～10月24日　場所：難波宮跡公園野外特設劇場　作・演出：武田一度
◇「11月の関西 権力構造の矛盾突く（清流劇場『メアリー・ステュアート』, 劇団犯罪友の会『ことの葉こよみ』, 匿名劇壇『悪い癖』, 空晴『遠くの花火』,iaku『ハイツブリが飛ぶのを』）」九鬼葉子　テアトロ　941　2018.1　p42～44

## 言葉の縁　[団]金魚

2264 上演：2009年7月24日～7月26日　場所：シアタートラム　作・演出：鈴木ユキオ
◇「立てないことを巡って 金魚（鈴木ユキオ）『言葉の先』から『言葉の縁』へ」竹田真理　シアターアーツ　40　2009.9　p142～145

## ゴドーは待たれながら

2265 上演：1992年7月17日～7月19日　場所：ラフォーレ原宿　作：いとうせいこう
◇「ゴージャスな表現の後に」三田格　Les Specs　39（10）　1992.10　p24～25

## ゴドーは待たれながら　[団]ルーマニア国立ラドゥ・スタンカ劇場

2266 上演：2013年3月1日～3月3日　場所：レパートリーシアターKAZE　作：いとうせいこう　構成・演出：古木知彦
◇「視覚的な身体表現の面白さ（東京演劇集団風『ダンゼン・鉄はいくらか』『肝っ玉おっ母とその子供たち』, ルーマニア国立ラドゥ・スタンカ劇場『ゴドーは待たれながら』）」北川登園　テアトロ　875　2013.5　p44～45

## 小泊の長い夏　[団]渡辺源四郎商店

2267 上演：2007年7月12日～7月16日　場所：ザ・スズナリ　作・演出：畑澤聖悟
◇「舞台ならではの手応えと現実感を（渡辺源四郎商店『小泊の長い夏』, 子供のためのシェイクスピアカンパニー『夏の夜の夢』,NLT『佐賀のがばいばあちゃん』）」みなもとごろう　テアトロ　796　2007.9　p58～59

## 子供騙し　[団]トム・プロジェクト

2268 上演：2002年9月11日～9月19日　場所：本多劇場　作・演出：水谷龍二
◇「寡黙な出だしと饒舌な芝居のことなど（トム・プロジェクト『子供騙し』,1980『値踏み算』, オフィス樹『ハルピン帰りのヤスケ』）」浦崎浩實　テアトロ　728　2002.11　p50～52

2269 上演：2005年1月8日～1月16日　場所：紀伊國屋ホール　作・演出：水谷龍二
◇「「悪玉」はどこに？（俳優座『次郎長が行く』, 仲間『森は生きている』, 流山児★事務所『桜姫表裏大綺譚』, トム・プロジェクト『子供騙し』）」中本信幸　テアトロ　761　2005.3　p108～110

## こども魂　[団]Ugly duckling

2270 上演：2000年7月8日～7月9日　場所：扇町ミュージアムスクエア　作：樋口美友喜
◇「7月の関西 記憶という差異（ひょうご舞台芸術『水の記憶』,NEO企画『浅川町5丁目1番5号』, 三角フラスコ『ホテルニューカレドニア』, アグリーダックリング『こども魂』）」太田耕人　テアトロ　698　2000.9　p61～63

**子供の時間** [団]俳小

2271 上演：2015年3月18日～3月22日　場所：シアターグリーン　原作：リリアン・ヘルマン　訳：杉山誠　演出：入谷俊一

◇「耐え難い人災（俳小『子供の時間』，オフィスコットーネ『漂泊』，名作劇場『女よ、気をつけろ！』『或る夜の出来事』）」斎藤偕子　テアトロ　904　2015.6　p36～37

**子供の事情** [団]シス・カンパニー

2272 上演：2017年7月8日～8月6日　場所：新国立劇場中劇場　作・演出：三谷幸喜

◇「新劇の底力（新劇交流プロジェクト『その人を知らず』，世田谷パブリックシアター『子午線の祀り』，劇団民藝『熊楠の家』，シス・カンパニー『子供の事情』）」杉山弘　テアトロ　936　2017.9　p65～67

**子供のためのシェイクスピア「十二夜」** [団]東京グローブ座

2273 上演：1996年7月25日～8月4日　場所：パナソニック・グローブ座　作：シェイクスピア　訳：小田島雄志　構成：田中浩司　演出：山崎清介

◇「孤独な女の激情を端正に描く（昴 ザ・サード・ステージ『修道女』，ピース・ユニット『ベンチ』，三人芝居『トラブル』，東京シェイクスピアカンパニー『お気に召すまま』，グローブ座カンパニー『十二夜』，日生劇場『走れメロス』）」結城雅秀　テアトロ　647　1996.10　p72～78

**子供の領分―金属バット殺人事件** [団]転位・21

2274 上演：1983年11月12日～11月23日　場所：本多劇場　作・演出：山崎哲

◇「親父の領分（ことばの劇場）」安達英一　新劇　31（1）　1984.1　p25～29

◇「金属バットと花ばさみと（ことばの劇場）」長谷部浩　新劇　31（1）　1984.1　p34～37

**コネクト** [団]一跡二跳

2275 上演：2000年7月19日～7月23日　場所：紀伊國屋サザンシアター　作・演出：古城十忍

◇「系統のちがう三本の舞台を観て（文化座『春という黄昏、秋というトスカ』，一跡二跳『コネクト』，うりんこ『女王様 弟を助けて！』）」佐藤康平　テアトロ　698　2000.9　p52～53

**コネマラの骸骨** [団]演劇集団円

2276 上演：2009年10月9日～10月21日　場所：ステージ円　作：マーティン・マクドナー　訳：芦沢みどり　演出：森新太郎

◇「フィクションというリアリティ（演劇集団円『コネマラの骸骨』，俳優座『渇いた人々は、とりあえず死を叫び』，パルコ・プロデュース『ベッドルーム・ファンタジー』）」北川登園　テアトロ　827　2009.12　p37～39

**この生命誰のもの** [団]四季

2277 上演：1979年12月5日～12月28日　場所：サンシャイン劇場　作：ブライアン・クラーク　訳：新庄哲夫　演出：浅利慶太

◇「死を勝ち取る尊厳」木村隆　新劇　27（2）　1980.2　p34～37

◇「明るさこそが理性（四季『この生命誰のもの』）」宮岸泰治　テアトロ　444　1980.2　p36～39

**この生命は誰のもの？** [団]四季

2278 上演：1994年4月29日～5月19日　場所：PARCO劇場　原作：ブライアン・クラーク　演出・潤色：浅利慶太

◇「テクストの解釈ということ（ESC『ロミオとジュリエット』，四季『この生命は誰のもの？』，青年座『幻に心もそぞろ狂おしのわれら将門』，俳優座『コーカサスの白墨の輪』，岩松了プロデュース『アイスクリームマン』，花組芝居『定本いろは四谷怪談』）」結城雅秀　テアトロ　618　1994.7　p48～54

**この恋や思いきるべきさくらんぼ** [団]清流劇場

2279 上演：2004年2月13日～2月15日　場所：AI・HALL　作：北村想　演出：田中孝弥

◇「2月の関西 台頭する演出（清流劇場『この恋や思いきるべきさくらんぼ』，New Produce Project―3『むずかしい演劇』，鉛乃文檎『天使捕獲』『番長皿屋敷』）」太田耕人　テアトロ　748　2004.4　p59～61

**この声** [団]オイスターズ

2280 上演：2016年1月22日～1月24日　場所：AI・HALL　作・演出：平塚直隆

◇「2月の関西 逸れてゆく「現実」（烏丸ストロークロック『国道、業火、背高泡立草』，演劇ラボラトリー上田一軒プロジェクト『花里町プレタポルテ』，オイスターズ『この声』）」太田耕人　テアトロ　916　2016.4　p40～41

**この子たちの夏 1945・ヒロシマ ナガサキ** [団]地人会

2281 上演：1997年8月6日～8月9日　場所：朝日ホール　作・演出：木村光一　※朗読劇

◇「〈季節〉の出し物，再演の意義（広島の女上演委員会『8月6日広島デー1997』，地人会『朗読劇/この子たちの夏1945・ヒロシマ ナガサキ』，レクラム舎『人類館』）」浦崎浩實　テアトロ　660　1997.10　p74～76

2282 上演：2003年8月6日～8月9日　場所：朝日ホール　構成・演出：木村光一　※朗読劇

◇「年々歳々…されど（地人会『この子たちの夏1945・ヒロシマ ナガサキ』，広島の女上演委員会『姉さんの英雄ポロネーズがききたい』，こまつ座『頭痛肩こり樋口一葉』，アイランズ制作『料理昇降機』）」みなもとごろう　テアトロ　741　2003.10　p60～62

**この生は受け入れがたし** [団]青年団

2283 上演：1996年1月11日～1月15日　場所：ザ・スズナリ　作・演出：平田オリザ

◇「腐敗の進行と回虫の現在―『南へ』と『この生は受け入れがたし』」江森盛夫　シアターアーツ　5　1996.5　p97～99

◇「純愛は無限に迂回する（青年団+弘前劇場『この生は受け入れがたし』，S.W.A.T！『FOOL』）」藤谷忠昭　テアトロ　640　1996.3　p68～69

### この夏、突然に [団]地人会

2284 上演：2000年12月12日〜12月24日 場所：紀伊國屋ホール 作：テネシー・ウィリアムズ 訳：安達紫帆 演出：山下悟

◇「明断な台詞を異様な尊厳をもって語る（地人会『この夏、突然に』,あまがさき近松創造劇場『ここでkissして』,メジャーリーグ『リチャード三世』,シアター21『川を越え、森をぬけて』）」結城雅秀 テアトロ 704 2001.2 p74〜77

### この道はいつか来た道 [団]木山事務所

2285 上演：1995年6月20日〜6月25日 場所：俳優座劇場 作：別役実 演出：末木利文

◇「人物が立つ（離風霊船『赤い鳥逃げた…』,一跡二跳『眠れる森の死体』,文学座『愛の森』,つかこうへい事務所『銀ちゃんが逝く』,木山事務所『紙風船』『この道はいつか来た道』）」大沢圭司 テアトロ 633 1995.9 p70〜73

2286 上演：2004年11月13日〜11月30日 場所：俳優座劇場 作：別役実 演出：末木利文

◇「緊張を孕むパッションとロゴスの葛藤（木山事務所『この道はいつか来た道'04 新・ワーグナーの女/この道はいつか来た道/田宮のイメエジ/雲の涯/死者を埋葬れ』）」みなもとごろう テアトロ 760 2005.2 p52〜54

### この道はいつか来た道 [団]文学座

2287 上演：2018年1月16日〜1月21日 場所：シアターX 作：別役実 演出：藤原新平

◇「時代に翻弄された人々（シスカンパニー『近松心中物語』,俳優座『いつもいつも君を憶ふ』,文学座『この道はいつか来た道』）」水落潔 テアトロ 944 2018.4 p44〜45

### 小林一茶 [団]こまつ座

2288 上演：2005年9月8日〜9月25日 場所：紀伊國屋サザンシアター 作：井上ひさし 演出：木村光一

◇「吹き出しのような会話に切実感（劇団八時半『私の音符は武装している』,こまつ座『小林一茶』,自転車キンクリートSTORE『ウィンズロウ・ボーイ』,文学座アトリエ『焼けた花園』）」丸田真悟 テアトロ 770 2005.11 p50〜52

2289 上演：2015年4月6日〜4月29日 場所：紀伊國屋ホール 作：井上ひさし 演出：鵜山仁

◇「在世綾錦（あやにしき）のもろもろ（青年座『鑪―たたら』,東京芸術座『神隠し八十八ものがたり』,こまつ座『小林一茶』）」中本信幸 テアトロ 904 2015.6 p44〜45

### 小林多喜二—早春の賦 [団]早春の賦制作委員会

2290 上演：2003年2月25日〜3月4日 場所：紀伊國屋ホール 作：津上忠 演出：米倉斉加年

◇「政治的演劇三題（青年劇場『顔 MASCARA』,三・一の会『その日、その日にこそ』,早春の賦制作委員会『小林多喜二—早春の賦—』）」七字英輔 テアトロ 735 2003.5 p48〜50

### 五番町夕霧楼 [団]文化座

2291 上演：1985年11月2日〜11月17日 場所：俳優座劇場 作：水上勉 演出：木村光一

◇「佐々木愛の新しい夕子像（文化座『五番町夕霧楼』）」ほんちえいき テアトロ 515 1986.1 p26〜29

### 古風なコメディ [団]民藝

2292 上演：1980年6月5日〜6月26日 場所：PARCO西武劇場 作：アルブーゾフ 訳：芹川嘉久子 台本・演出：宇野重吉

◇「国籍不明が救い（西武劇場・民芸『古風なコメディ』）」戸部銀作 テアトロ 450 1980.8 p21〜24

### コープス—死体！ [団]パルコ

2293 上演：1987年8月8日〜8月27日 場所：PARCO劇場 作：ジェラルド・ムーン 訳・演出：福田陽一郎

◇「ちかまつ芝居の『悪漢でいっぱい』」渡辺保 新劇 34（10） 1987.10 p38〜43

◇「ユニークな復讐劇（パルコ劇場『コープス—死体！』）」渡辺淳 テアトロ 536 1987.10 p21〜23

### 五兵衛と六兵衛／柿實る村 [団]オフィス樹，シアターX

2294 上演：2016年9月28日〜10月2日 場所：シアターX 作：會我廼家五郎（五兵衛と六兵衛），仲木貞一（柿實る村） 企画・演出：川和孝

◇「時代に負けず貫く魂（流山児★事務所『OKINAWA1972』,名作劇場『五兵衛と六兵衛』『柿實る村』）」黒羽英二 テアトロ 925 2016.12 p64〜65

### コペンハーゲン [団]シス・カンパニー

2295 上演：2016年6月4日〜7月3日 場所：シアタートラム 作：マイケル・フレイン 訳：小田島恒志 演出：小川絵梨子

◇「連続的に変化する意識と観念（シス・カンパニー『コペンハーゲン』,新国立劇場『あわれ彼女は娼婦』,彩の国シェイクスピア『尺には尺を』,テアトル・エコー『淑女はここにいる』,オフィスコットーネ『埒もなく汚れなく』）」結城雅秀 テアトロ 921 2016.8 p26〜29

### コペンハーゲン [団]新国立劇場

2296 上演：2001年10月29日〜11月18日 場所：新国立劇場小劇場 作：マイケル・フレイン 演出：鵜山仁

◇「生き方を問う（俳優座space V『日々の敵』『僕の東京日記』,新国立劇場『コペンハーゲン』,B.B『森の精』,Studioコクーンプロジェクト『カスパー』）」渡辺淳 テアトロ 717 2002.1 p70〜73

### 零れる果実 [団]Bunkamura

2297 上演：1996年10月26日〜11月10日 場所：シアターコクーン 作：鈴江俊郎，狩場直史 演出：蜷川幸雄，佐藤信

◇「果実は甘い香りを放っていたか（シアターコクーン『零れる果実』,青山円形劇場 宮沢章夫プロデュース『スチャダラ2010』,パルコ・プロデュース『笑の大学』）」長谷部浩 テアトロ 651 1997.1 p57〜59

### 小町風伝 [団]下鴨車窓

2298 上演：2012年1月20日〜1月22日 場所：AI・

HALL　作：太田省吾　演出：田辺剛
◇「1月の関西 変容する物語性（ラックシステム『体育の時間』，下鴨車窓『小町風伝』，CONTACT GONZO『Mustafa United V.S. FC Super Kanja』）」太田耕人　テアトロ　859　2012.3　p58～60

## 小町風伝　㈲第2回日韓演劇フェスティバル 関西ブロック企画実行委員会
**2299** 上演：2012年2月3日～2月5日　場所：一心寺シアター倶楽　作・演出：李潤澤
◇「2月の関西 再利用される過去，あるいはポストモダン（劇団 太陽族『異郷の涙』，桃園会『blue film』，KUTO-10『楽園！』，ニットキャップシアター『さらば箱船』，日韓共同創作『小町風伝』）」太田耕人　テアトロ　860　2012.4　p51～53

## 小町風伝　㈲転形劇場
**2300** 上演：1981年11月3日～11月8日　場所：LONDON I.C.A.　作・演出：太田省吾
◇「老婆をめぐるふたつの世界」ウィリアム・O・ビーマン　新劇　28(12)　1981.12　p36～37
**2301** 上演：1987年4月28日，29日，7月11日，12日，9月25日，26日，12月19日，20日　場所：青山鋳仙会　作・演出：太田省吾
◇「フィクションとメタフィクション」鴻英良　新劇　34(10)　1987.10　p26～31
◇「物語の死体」佐々木幹郎　新劇　35(3)　1988.3　p28～33

## コミック・ポテンシャル　㈲加藤健一事務所
**2302** 上演：2004年7月28日～8月10日　場所：本多劇場　作：アラン・エイクボーン　訳：小田島恒志　演出：加藤健一
◇「人間のドラマ（燐光群『私たちの戦争』，りゅうとぴあ『ビリーとヘレン』，加藤健一事務所『コミック・ポテンシャル』）」渡辺淳　テアトロ　755　2004.10　p60～62

## コミック・ポテンシャル　㈲松竹，パルコ
**2303** 上演：2001年2月5日～2月21日　場所：ル・テアトル銀座　作：アラン・エイクボーン　訳：小田島恒志　演出：宮田慶子
◇「実録・寓話・近未来（1980（ハチマル）『謎解き 河内十人斬り』，PARCO劇場『兵士の物語』，パルコ・松竹パフォーマンス『コミック・ポテンシャル』）」七字英輔　テアトロ　706　2001.4　p56～58

## コミュニケーションズ　㈲新国立劇場
**2304** 上演：2005年4月8日～4月24日　場所：新国立小劇場　作：綾田俊樹，いとうせいこう，ケラリーノ・サンドロヴィッチ，杉浦久幸，高橋徹収，竹内佑，鄭義信，土田英生，別役実，ふじきみつ彦，武藤真弓，筒井康隆　構成・演出：渡辺えり子
◇「衝撃の舞台，二本！（劇団本谷有希子『乱暴と待機』，うずめ劇場『ねずみ狩り』，新国立劇場『コミュニケーションズ』）」林あまり　テアトロ　764　2005.6　p52～53

## ゴヤ 理性の眠りは怪物を生む　㈲仲間
**2305** 上演：1993年9月23日～9月29日　場所：俳優座劇場　作：A・ブエロ・バジィエッホ　訳：佐藤恭子　演出：増見利清
◇「舞台の「外」へ向かう力（風『三人姉妹』，黒テント『荷風のオペラ』，アテナの会『ピアフの妹』，仲間『ゴヤ』，B『ブリーズ』）」大沢圭司　テアトロ　610　1993.12　p66～69

## 小指の思い出　㈲東京芸術劇場
**2306** 上演：2014年9月29日～10月13日　場所：東京芸術劇場プレイハウス　作：野田秀樹　演出：藤田貴大
◇「現実の前に孕む妄想（東京芸術劇場『小指の思い出』，文化座『旅立つ家族』，流山児★事務所『どんぶりの底』）」丸田真悟　テアトロ　897　2014.12　p34～35

## 小指の思い出　㈲夢の遊眠社
**2307** 上演：1983年9月15日～10月10日　場所：本多劇場　作・演出：野田秀樹
◇「少年時代は転移する（ことばの劇場）」松岡和子　新劇　30(11)　1983.11　p68～72

## 今宵かぎりは…—1928超巴里井主義宣言の夜　㈲JIS企画
**2308** 上演：2002年8月9日～8月18日　場所：本多劇場　作・演出：竹内銃一郎
◇「語りの力、イリュージョンの力（世田谷パブリックシアター 音楽劇『ふたごの星』，文学座ファミリーシアター『アラビアン・ナイト』，扉座『新羅生門』，JIS企画『今宵かぎりは…』）」大岡淳　テアトロ　727　2002.10　p50～52

## 今宵かぎりは…—1928超巴里井主義宣言の夜　㈲新国立劇場
**2309** 上演：1998年6月12日～6月30日　場所：新国立劇場小劇場 THE PIT　作：竹内銃一郎　演出：栗山民也
◇「夢うすきファンタジー（唐組『汚れつちまつた悲しみに…』，演劇実験室 紅王国『化蝶譚〜けてふたん』，新国立劇場 小劇場『今宵かぎりは…』，旧眞空鑑『メアリー・ルウ』）」七字英輔　テアトロ　671　1998.8　p74～77

## コーラスライン　㈲四季
**2310** 上演：1985年3月8日～5月28日　場所：日生劇場　原案：マイケル・ベネット　台本：新庄哲夫　台本・演出：浅利慶太　作曲：ジェームズ・カークウッド，ニコラス・ダンテ，マーヴィン・ハムリッシュ　作詞：エドワード・クレバン
◇「トイレ差別（ことばの劇場）」安達英一　新劇　32(5)　1985.5　p53～56

## COLLAPSAR　㈲ルドルフ
**2311** 上演：2015年4月17日～4月19日　場所：アトリエ劇研　作・演出：筒井加寿子
◇「5月の関西 再読されるテクスト（空の驛舎『追伸』，極東退屈道場『タイムズ』，KUNIO番外公演『ともだちが来た』，ルドルフ『COLLAPSAR』）」太田耕人　テアトロ　905　2015.7　p38～40

## コラボレーション　㈲加藤健一事務所
**2312** 上演：2011年2月19日～2月27日　場所：紀

伊國屋ホール　作：ロナルド・ハーウッド　訳：小田島恒志, 小田島則子　演出：鵜山仁
◇「芸術とは、芝居とは、文化とは（加藤健一事務所『コラボレーション』, モダンスイマーズ『デンキ島〜松田リカ篇〜』, ラッパ屋『凄い金魚』）」杉山弘　テアトロ　847　2011.5　p34〜35

**コラボレーション―R・シュトラウスとS・ツヴァイク**　[団]民藝
**2313** 上演：2014年10月8日〜10月20日　場所：紀伊國屋サザンシアター　作：ロナルド・ハーウッド　訳：丹野郁弓　演出：渾大防一枝
◇「自由なき時代の個人（俳優座劇場プロデュース『インポッシブル・マリッジ』, 二兎社『鷗外の怪談』, 民藝『コラボレーション』）」北川登園　テアトロ　897　2014.12　p28〜29

**来られない友に乾杯**　[団]東宝現代劇75人の会
**2314** 上演：1999年7月21日〜7月25日　場所：シアターサンモール　作：アラン・エイクボーン　訳：水野義一　演出：丸山博一
◇「原作批判としての舞台（劇団ひまわり+電通製作『少年H』, 東宝現代劇75人の会『来られない友に乾杯』, 広島の女上演委員会『ヒロシマ・ガールズ』）」みなもとごろう　テアトロ　686　1999.10　p68〜70

**コーランに倣いて**　[団]イルホム劇場
**2315** 上演：2007年3月8日〜3月10日　場所：新宿パークタワー　作：プーシキン　演出：マルク・ヴァイル
◇「グローカルの強み生かした三つの舞台（イルホム劇場『コーランに倣いて』,SPAC『廃車長屋の異人さん』, 楽天団『レインボーズ・エンド』）」村井健　テアトロ　792　2007.6　p40〜42

**コリオレイナス**　[団]英国アルメイダ劇場
**2316** 上演：2000年10月11日〜10月28日　場所：赤坂ACTシアター　作：シェイクスピア　演出：ジョナサン・ケント
◇「高貴である。でもそれでよいのか？―レイフ・ファインズ主演『リチャード二世』『コリオレイナス』」野田学　シアターアーツ　13　2001.4　p127〜129
◇「台詞の詩的パワーが造る劇的空間（英国アルメイダ劇場『リチャード二世』『コリオレイナス』）」結城雅秀　テアトロ　701　2000.12　p46〜47

**コリオレイナス**　[団]彩の国さいたま芸術劇場
**2317** 上演：2007年1月23日〜2月8日　場所：彩の国さいたま芸術劇場大ホール　作：シェイクスピア　訳：松岡和子　演出：蜷川幸雄　音楽：笠松泰洋
◇「過剰性―爛熟と生成（埼玉県芸術文化振興財団『コリオレイナス』, 水戸芸術館『麗しのハリマオ』）」斎藤偕子　テアトロ　790　2007.4　p54〜55

**コリオレイナス**　[団]昴
**2318** 上演：2004年6月19日〜7月4日　場所：三百人劇場　作：シェイクスピア　訳：福田恆存　演出：村田元史
◇「政治と演劇（昴『コリオレイナス』, 民藝『マツモト・シスターズ』, 俳優座LABO『蒼ざめた馬』）」渡辺淳　テアトロ　754　2004.9　p52〜54

**コリオレイナス**　[団]地点
**2319** 上演：2014年8月28日〜8月31日　場所：あうるすぽっと　作：シェイクスピア　訳：福田恆存　演出：三浦基　音楽：桜井圭介
◇「喜劇の容貌をした悲劇（地点『コリオレイナス』, 青年座『台所の女たちへ』, 少年王者舘+tsumazuki no ishi『寝覚町の旦那のオモチャ』）」丸田真悟　テアトロ　896　2014.11　p36〜37

**コリオレイナス**　[団]パルコ
**2320** 上演：1986年10月2日〜10月19日　場所：PARCO劇場　作：シェイクスピア　台本・演出：高橋昌也
◇「自転車キンクリート」渡辺保　新劇　33（12）　1986.12　p34〜39
◇「どこへ向かって切り込むのか（パルコ劇場『コリオレイナス』）」千野幸一　テアトロ　526　1986.12　p30〜32

**コリオレーナス**　[団]東京グローブ座, ブリティッシュカウンシル
**2321** 上演：1997年6月12日〜6月22日　場所：パナソニック・グローブ座　作：シェイクスピア　演出：スティーブン・バーコフ
◇「シェイクスピアブームの憂鬱（昴『十二夜』, スティーヴン・バーコフ演出『コリオレーナス』）」大場建治　テアトロ　658　1997.8　p70〜71

**コリゴリ博士の華麗なる冒険**　[団]スーパーエキセントリック・シアター
**2322** 上演：1983年5月9日〜5月16日　場所：タイニイ・アリス
◇「もうコリゴリ。グッドバイと世仁下する一きどりの弁」西村博子　新劇　30（8）　1983.8　p27〜32

**狐狸狐狸ばなし**　[団]トム・プロジェクト
**2323** 上演：2004年5月29日〜6月6日　場所：本多劇場　作：北條秀司　演出：ケラリーノ・サンドロヴィッチ
◇「ケータイ以前と以後、芝居の存亡（木山事務所『港町ちぎれ雲』, トム・プロジェクト『狐狸狐狸ばなし』, 虹企画/ぐるうぷ・しゅら『黒雪姫と七人の大人たち』）」浦崎浩實　テアトロ　753　2004.8　p44〜45

**ご臨終**　[団]新国立劇場
**2324** 上演：2014年11月5日〜11月24日　場所：新国立劇場　作：モーリス・パニッチ　訳：吉原豊司　演出：ノゾエ征爾
◇「ディートリッヒの世界（新国立劇場『ご臨終』, 劇団昴『ラインの監視』,NLT『法廷外裁判』）」結城雅秀　テアトロ　899　2015.1　p34〜35

**ゴルゴダ・メール**　[団]俳小
**2325** 上演：2010年3月25日〜3月29日　場所：シアターグリーン BOX in BOX THEATER　作：篠原久美子　演出：河田園子, 松本永実子
◇「重いシチュエーション、重い主題（俳小『ゴル

ゴダ・メール』、東京演劇アンサンブル『山脈』、民藝『そしてナイチンゲールは歌う』）」斎藤偕子　テアトロ　834　2010.6　p32〜33

## ゴルゴン　㈱THEガジラ

**2326**　上演：2013年2月14日〜2月24日　場所：SPACE雑遊　作・演出：鐘下辰男
◇「引き裂かれる身体（文学座『セールスマンの死』、風琴工房『国語の時間』、ザ・ガジラ『ゴルゴン』）」丸田真悟　テアトロ　875　2013.5　p48〜49

## コルチャック　㈱俳優座

**2327**　上演：2006年9月8日〜9月21日　場所：東京国立博物館 本館特別5室　作・演出：安川修一　音楽：長野剛
◇「様々な生き方、死に方（東宝『放浪記』、俳優座『コルチャック』）」水落潔　テアトロ　784　2006.11　p54〜55

**2328**　上演：2009年7月4日〜7月14日　場所：シアターX　原作：近藤二郎、近藤康子　作・演出：安川修一　振付：沢のえみ
◇「愛の諸相（昴『隣で浮気？』、文化座『こんにちは、おばあちゃん』、俳優座『コルチャック』）」蔵原惟治　テアトロ　824　2009.9　p48〜50

## コルチャック先生　㈱ひまわり

**2329**　上演：1995年8月12日〜8月23日　場所：パナソニック・グローブ座　原作：近藤二郎　脚本原作：井上文勝　脚本：いずみ凛　演出：太刀川敬一　音楽：加藤登紀子
◇「極限状況における人間の魂の尊厳（ひょうご舞台芸術『ゲットー』、劇団ひまわり『コルチャック先生』、六行会『ワンダリング・アイズ』、文学座『怪談・牡丹灯籠』、SWAT！『ジャスティス』、扉座『曲がり角の悲劇』、仲間『見えない友達』）」結城雅秀　テアトロ　634　1995.10　p65〜71

**2330**　上演：2001年8月10日〜8月19日　場所：世田谷パブリックシアター　脚本：ヤツェク・ポピュエル　訳：吉野好子　上演台本：劇団ひまわり文芸演出部　演出：アレクサンデル・ファビシャック
◇「コイズミさんと"劇"の関係をめぐって（ひまわり『コルチャック先生』、広島の女上演委員会『ヒロシマのピーターパン・デスティニー』、仲間『カモメに飛ぶことを教えた猫』、R+1『仙人がくれた不思議なずきん』）」浦崎浩實　テアトロ　713　2001.10　p54〜56

## ゴールデン・ボーイ　㈱ザ・ライト・カンパニー・ジャパン

**2331**　上演：1989年9月6日〜9月13日　場所：郵便貯金ホール　作：クリフォード・オデッツ、ウィリアム・ギブソン　脚本：宮島春彦　演出：深水龍作
◇「60年代の熱い想い」七字英輔　新劇　36(11)　1989.11　p26〜29

## ゴールド家のたそがれ　㈱パルコ

**2332**　上演：1994年4月8日〜4月24日　場所：PARCO劇場　作：ジョナサン・トリンズ　訳：児玉寿愛　訳・演出：鵜山仁

◇「芝居の神髄は「語り」にあり（パルコ『ゴールド家のたそがれ』、文化座『サンダカン八番娼館』、四季『ジーザス・クライスト＝スーパースター』、東京サンシャインボーイズ『ショウ・マスト・ゴー・オン』、自転車キンクリーツ『トランクス』、黒テント『あちゃらか商人』）」結城雅秀　テアトロ　617　1994.6　p53〜57

## これがぜんぶエイプリルフールだったなら、とナンシーは　㈱アートネットワーク・ジャパン

**2333**　上演：2007年3月23日〜3月27日　場所：にしすがも創造舎特設劇場　作・演出：ラビア・ムルエ　ドラマトゥルク：ファディ・トゥフィーク　訳：鵜戸聡
◇「身をもって知ること—ラビア・ムルエ『これがぜんぶエイプリルフールだったなら、とナンシーは』」水牛健太郎　シアターアーツ　31　2007.6　p42〜44

## これからの人生　㈱東京演劇集団風

**2334**　上演：2011年3月1日〜3月6日　場所：レパートリーシアターKAZE　作：ロマン・ギャリー　脚色：グザヴィエ・ジャイアール　訳：川口覚子　演出：南雲成成
◇「ヒトラーの陰（東京演劇集団風『これからの人生』、パルコ・プロデュース『国民の映画』）」北川登園　テアトロ　847　2011.5　p40〜41

## コレクター　㈱加藤健一プロデュース

**2335**　上演：1982年12月3日〜12月20日　場所：銀座みゆき館劇場　原作：ジョン・ファウルズ　訳：前田和則　演出：大杉祐
◇「舞台俳優の演出的才能と作家的才能」衛紀生　新劇　30(2)　1983.2　p36〜37

## コレット・コラージュ　㈱シアターVアカサカ

**2336**　上演：1993年10月20日〜11月7日　場所：シアターVアカサカ　台本・詞：トム・ジョーンズ　訳・演出：勝田安彦　音楽：ハーヴェイ・シュミット
◇「「正攻法」の舞台の魅力（東京サンシャインボーイズ『彦馬がゆく』、新宿梁山泊『少女都市からの呼び声』、夜の樹『食卓の輝き』、ぴいろ企画『上手な嘘のつき方』、シアターVアカサカ『コレット・コラージュ』）」大沢圭司　テアトロ　612　1994.1　p66〜69

## コレット・コラージュ　㈱シルバーライニング

**2337**　上演：2011年9月8日〜9月14日　場所：あうるすぽっと　作：ジョーンズ＆シュミット　訳・演出：勝田安彦
◇「現代世界のあり方（青果鹿『ライリュウの化石』、青年劇場『普天間』、東京演劇集団風『ジャンヌ・ダルクージャンヌと炎』、シルバーライニング『コレット・コラージュ』）」斎藤偕子　テアトロ　854　2011.11　p40〜41

## これはあなたのもの 1943—ウクライナ　㈱地人会新社

**2338**　上演：2017年6月14日〜6月25日　場所：新国立劇場小劇場　作：ロアルド・ホフマン　訳：川島慶子　演出：鵜山仁

◇「嗚呼、人生（劇団道学先生『梶山太郎氏の憂鬱と微笑』，新国立劇場『君が人生の時』，地人会新社『これはあなたのもの』，CANプロ『記憶パズル』）」 杉山弘　テアトロ　935　2017.8　p40〜42

**ゴロヴリョフ家の人々　[団]新国立劇場**

*2339* 上演：2003年6月18日〜7月6日　場所：新国立劇場小劇場　原作：サルティコフ・シチェドリン　訳：湯浅芳子　脚本・演出：永井愛

◇「女性作家の新作（新国立劇場『ゴロヴリョフ家の人々』，民藝『遥かなる虹へ』）」 斎藤偕子　テアトロ　740　2003.9　p46〜47

**殺す勇気　[団]旧眞空鑑**

*2340* 上演：2002年3月21日〜3月31日　場所：旧眞空鑑アトリエ　作：ラーシュ・ノレーン　訳・演出：富永由美

◇「身体的行動（文学座アトリエ『退屈な時間』『ベンゲット道路』，新国立劇場『「三人姉妹」を追放されしトゥーゼンバフの物語』，四季『コンタクト』，旧眞空鑑『殺す勇気』）」 渡辺淳　テアトロ　722　2002.6　p56〜59

**子別れ〜アローン・アゲイン　[団]1980**

*2341* 上演：2005年1月26日〜1月31日　場所：下北沢駅前劇場　脚色・演出：大谷美智浩　企画・構成：さとうしゅうへい

◇「芝居化レシピのいろいろ（こまつ座『円生と志ん生』，劇団1980『子別れ〜アローン・アゲイン〜』，萬國四季協會『風の森』，京楽座『歌芝居 をぐり』）」 中本信幸　テアトロ　762　2005.4　p56〜57

**こわれがめ　[団]俳優座劇場**

*2342* 上演：2001年7月6日〜7月15日　場所：俳優座劇場　作：ハインリッヒ・クライスト　訳：山下純照　演出：鵜山仁

◇「役を生きること（仕事プロジェクト『お隣りの脱走兵』，俳優座劇場『こわれがめ』，シアターコクーン『三文オペラ』，昴『アルジャーノンに花束を』）」 渡辺淳　テアトロ　712　2001.9　p56〜59

**こわれた玩具（おもちゃ）　[団]遊◎機械/全自動シアター**

*2343* 上演：1997年9月4日〜9月21日　場所：世田谷パブリックシアター　作：高泉淳子　演出：白井晃

◇「女性性と演劇（遊◎機械/全自動シアター『こわれた玩具』，ラッパ屋『エアポート'97』）」 里見宗律　テアトロ　661　1997.11　p72〜73

**壊れたガラス　[団]阿佐ヶ谷Picasso**

*2344* 上演：2016年1月27日〜1月31日　場所：阿佐ケ谷アルシェ　作：アーサー・ミラー　訳：倉橋健　演出：立川三貴

◇「「写実劇」の面目（二兎社『書く女』，阿佐ヶ谷Picasso『壊れたガラス』，民藝『光の国から僕らのために』）」 斎藤偕子　テアトロ　916　2016.4　p34〜35

**壊れたガラス　[団]民藝**

*2345* 上演：1996年9月20日〜10月5日　場所：紀伊國屋ホール　作：アーサー・ミラー　訳：倉橋健　演出：内山鶉

◇「視覚の芝居と聴覚の芝居（銀座セゾン劇場+T.P.T『マクベス』，シェイクスピア・シアター『マクベス』，民藝『壊れたガラス』，MOP『青猫物語』，青年劇場『私よりましな私』，東京演劇集団風『かもめ』，浪漫亭企画『おつむてんてん』）」 結城雅秀　テアトロ　648　1996.11　p70〜77

**壊れた風景　[団]木山事務所**

*2346* 上演：1995年6月15日〜6月19日　場所：俳優座劇場　作：別役実　演出：末木利文

◇「「多重化」の意味（青山劇場『ラ・マンチャの男』，1980『蚤とり侍』，木山事務所『命を弄ぶ男ふたり』『壊れた風景』，花企画『吾心の深き底には』，円小劇場の会『蛇』『雨空』）」 大沢圭司　テアトロ　632　1995.8　p65〜68

**壊れた風景　[団]俳優座劇場**

*2347* 上演：2007年4月6日〜4月15日　場所：俳優座劇場　作：別役実　演出：山下悟

◇「別役劇に喜劇の力を（木山事務所『やってきたゴドー』，俳優座劇場プロデュース『壊れた風景』，青年劇場『修学旅行』）」 内田洋一　テアトロ　792　2007.6　p52〜54

**壊れた風景　[団]燐光群**

*2348* 上演：2006年9月3日〜9月10日　場所：SPACE雑遊　作：別役実　演出：川畑秀樹

◇「孤独を避ければ、そこは地獄（燐光群/グッドフェローズ『さすらい』『壊れた風景』，『出口なし』プロジェクト『出口なし』，黒テント『ラ・トスカ』，劇団NLT『Daughters』）」 結城雅秀　テアトロ　784　2006.11　p48〜52

**こわれゆく男―中産階級の然るべき頽廃　[団]竹中直人の会**

*2349* 上演：1993年12月17日〜12月26日　場所：本多劇場　作・演出：岩松了

◇「魅力とぼしい岩松と野田の新作（竹中直人の会『こわれゆく男』，NODA・MAP『キル』）」 村井健　テアトロ　614　1994.3　p76〜77

**ゴングが鳴った！　[団]松竹**

*2350* 上演：1984年9月1日〜9月24日　場所：サンシャイン劇場　作：岡田正代　演出：渡辺えり子　振付：謝珠栄

◇「大劇場で観る喜劇と悲劇と日常生活（ことばの劇場）」 萩原なぎさ　新劇　31（11）　1984.11　p32〜35

◇「演出の若さと初井のうまさ（サンシャイン劇場『ゴングが鳴った！』）」 ほんちえいき　テアトロ　501　1984.11　p21〜22

**コンコンとんとんポロンぽろん　[団]のはら工房**

*2351* 上演：2001年1月20日〜1月21日　場所：AI・HALL　作：芳崎洋子　演出：奥野将彰

◇「2001年の阪神大震災―大阪新劇団協会『1995こうべ曼陀羅』/のはら工房『コンコン トントン ポロンぽろん』」 星野明彦　シアターアーツ　14　2001.8　p123〜125

◇「2月の関西 固有名と向きあう（公共ホール演劇製作ネットワーク事業『サド公爵夫人』，MONO『なにもしない冬』，鋼鉄猿廻し一座『ドライヴな夜』，のはら工房『コンコンとんとんポロンぽろん』）」 太

田耕人　テアトロ　706　2001.4　p66～68

## ゴンザーゴ殺し　㊟昴
**2352** 上演：2003年2月7日～2月16日　場所：三百人劇場　作：ネジャルコ・ヨルダノフ　訳：中本信幸　演出：菊池准
- ◇「政治の記憶、個人の記憶（昴『ゴンザーゴ殺し』、木山事務所『現代・娘へんろ紀行』)」北川登園　テアトロ　734　2003.4　p44～45

## 「渾身愛」シリーズ三部作 灯に誘われて
㊟松原敏春プロデュース
**2353** 上演：1989年10月28日～11月5日　場所：紀伊國屋ホール　作・演出：松原敏春
- ◇「正体のない男たち」七字英輔　新劇　37(1)　1990.1　p26～29

## 「渾身愛」シリーズ三部作 明日を心の友として
㊟松原敏春プロデュース
**2354** 上演：1989年10月10日～10月17日　場所：紀伊國屋ホール　作・演出：松原敏春
- ◇「正体のない男たち」七字英輔　新劇　37(1)　1990.1　p26～29

## 「渾身愛」シリーズ三部作 まだ見ぬ幸せ
㊟松原敏春プロデュース
**2355** 上演：1989年10月19日～10月24日　場所：紀伊國屋ホール　作・演出：松原敏春
- ◇「正体のない男たち」七字英輔　新劇　37(1)　1990.1　p26～29

## コンスタント・ワイフ　㊟俳優座LABO
**2356** 上演：2008年2月24日～3月2日　場所：俳優座5F稽古場　作：サマセット・モーム　訳：志賀佳世子、アルベリィ信子　演出：高岸未朝
- ◇「演技・あそび・虚構（まつもと市民芸術館『ジャックとその主人』、俳優座LABO『コンスタント・ワイフ』、イキウメ『眠りのともだち』)」斎藤偕子　テアトロ　805　2008.5　p44～45

## コンタクト　㊟四季
**2357** 上演：2002年5月1日～10月27日　場所：四季劇場・秋　脚本：ジョン・ワイドマン　演出・振付：スーザン・ストローマン
- ◇「身体的行動（文学座アトリエ『退屈な時間』『ベンゲット道路』、新国立劇場『三人姉妹』を追放されしトゥーゼンブフの物語』、四季『コンタクト』、旧眞空團『殺す勇気』)」渡辺淳　テアトロ　722　2002.6　p56～59

## コント・ア・ラ・カルト当世殺人考　㊟木山事務所
**2358** 上演：2005年2月9日～2月17日　場所：俳優座劇場　作：別役実　演出：末木利文
- ◇「ブレヒトの方へ（俳優座『三文オペラ』、東京演劇集団風『第三帝国の恐怖と悲惨』、木山事務所『コント・ア・ラ・カルト当世殺人考』)」田之倉稔　テアトロ　762　2005.4　p46～48

## ゴンドララドンゴ　㊟燐光群
**2359** 上演：2016年7月16日～7月31日　場所：ザ・スズナリ　作・演出：坂手洋二
- ◇「日本人の倫理観を問う（トラッシュマスターズ『殺人者J』、燐光群『ゴンドララドンゴ』、On7『マ○コの話～あるいはヴァギナ・モノローグス～』)」丸田真悟　テアトロ　923　2016.10　p36～37

## こんな梅をみた　㊟プロジェクト・ナビ
**2360** 上演：1991年1月30日～2月3日　場所：うりんこ劇場　作・演出：北村想
- ◇「世紀末の善意と笑い」安住恭子　しんげき　38(4)　1991.4　p34～37

## こんな筈では…　㊟民藝
**2361** 上演：1985年4月20日～5月15日　場所：サンシャイン劇場　作：アレクサンドル・ガーリン　訳：尾宮玲子　台本・演出：宇野重吉
- ◇「「新劇」巡礼老舗マップ‐1‐文学座の『ウエストサイドワルツ』」堂本正樹　新劇　32(4)　1985.7　p32～35
- ◇「ロウジン讃歌（ことばの劇場）」安達英一　新劇　32(7)　1985.7　p82～85
- ◇「神話的世界がひらけた（民芸『こんな筈では…』)」中本信幸　テアトロ　508　1985.6　p21～24

## こんな話　㊟地人会
**2362** 上演：1987年1月10日～1月18日　場所：紀伊國屋ホール　原作：アソル・フガード、ジョン・カニ、ウィンストン・ヌッショナ　訳・演出：木村光一
- ◇「衝撃的な『こんな話』」渡辺保　新劇　34(3)　1987.3　p34～39

## こんな宿屋　㊟プロジェクト・ナビ
**2363** 上演：1991年9月19日～9月23日　場所：本多劇場　作・演出：北村想
- ◇「"苦さ"のヒフ感覚」安住恭子　しんげき　38(12)　1991.11　p52～55
- ◇「真の出ない嘘（プロジェクト・ナビ『こんな宿屋』)」松岡和子　テアトロ　585　1991.11　p40～41

## こんにちは、おばあちゃん　㊟文化座
**2364** 上演：2009年7月16日～7月26日　場所：俳優座劇場　作：フランク・モハー　訳：吉原豊司　演出：黒岩亮
- ◇「愛の諸相（昴『隣で浮気？』、文化座『こんにちは、おばあちゃん』、俳優座『コルチャック』)」蔵原惟治　テアトロ　824　2009.9　p48～50

## こんにちは、母さん　㊟新国立劇場
**2365** 上演：2001年3月12日～3月31日　場所：新国立劇場小劇場 THE PIT　作・演出：永井愛
- ◇「「個」が「孤」であることの「生」の閉塞感を描く—永井愛作・演出『こんにちは、母さん』」村井健　シアターアーツ　14　2001.8　p117～119
- ◇「〈特集・演劇バトル、春爛漫〉(新国立劇場『こんにちは、母さん』)」扇田昭彦、斎藤偕子、大場建治　テアトロ　707　2001.5　p25～27

**2366** 上演：2004年3月10日～3月31日　場所：新国立小劇場　作・演出：永井愛

## こんにちはかぐや姫 ㊐青年劇場
**2367** 上演：1997年5月16日〜5月22日　場所：朝日生命ホール　作：北野茨　脚本・演出：瓜生正美
◇「"メメント・モリ"の変奏（パルコ・松竹提携『バイ・マイセルフ』、青年座『フユヒコ』、演劇集団円『春のうららの隅田川』、青年劇場『こんにちはかぐや姫』）」みなもとごろう　テアトロ 657　1997.7　p58〜61

## こんにゃくの花 ㊐青年座
**2368** 上演：2005年6月20日〜7月3日　場所：青年座劇場　作：ふたくちつよし　演出：黒岩亮
◇「孤独と不義の代償（俳優座LABO『銘々のテーブル』、THE・ガジラ『死の棘』、青年座『こんにゃくの花』、黒テント『帝国の建設者』、新国立劇場『うら騒ぎ/ノイゼズ・オフ』）」結城雅秀　テアトロ 768　2005.9　p56〜59

## こんばんは、父さん ㊐二兎社
**2369** 上演：2012年10月26日〜11月7日　場所：世田谷パブリックシアター　作・演出：永井愛
◇「『失楽の園』を描く3作（二兎社『こんばんは、父さん』、モダンスイマーズ『楽園』、昴『石棺』）」村井健　テアトロ 871　2013.1　p54〜55

## コンフィダント・絆 ㊐パルコ
**2370** 上演：2007年4月7日〜5月6日　場所：PARCO劇場　作・演出：三谷幸喜
◇「渋谷で名作を新装、新作の名作誕生（シス・カンパニー『写楽考』、ホリプロ・Bunkamura『藪原検校』、パルコプロデュース『コンフィダント・絆』）」北川登園　テアトロ 793　2007.7　p46〜47

## 権兵衛—荒畑家の人々 ㊐岡部企画
**2371** 上演：2001年4月3日〜4月8日　場所：俳優座劇場　作・演出：岡部耕大
◇「老人と月、老人と船（岡部企画プロデュース『権兵衛—荒畑家の人々』、青杜『おばあちゃんたちの船出』、ベンガル・綾川プロデュース『質屋の女』）」浦崎浩實　テアトロ 708　2001.6　p55〜57

## 紺碧の朝 ㊐究竟頂
**2372** 上演：1982年7月2日〜4日,9日〜11日　場所：八幡山都営地　作：渋川善助　演出：山川三太
◇「十年という経験の継承」西堂行人　新劇 29(9)　1982.9　p28〜29

## convention hazard奇行遊戯 ㊐トラッシュマスターズ
**2373** 上演：2010年5月26日〜6月2日　場所：下北沢駅前劇場　作・演出：中津留章仁
◇「面白さダントツのトラッシュマスターズ（トラッシュマスターズ『convention hazard奇行遊戯』、KAKUTA『めぐるめく』、楽天団プロデュース『ウィンドミル・ベイビー』）」村井健　テアトロ 837　2010.8　p46〜47

## 崑崙山の人々 ㊐北篠純プロデュース
**2374** 上演：1995年10月26日〜10月31日　場所：六行会ホール　作：飯沢匡　演出：川村毅
◇「《戦後》ではなくて《戦後》性—戦後一幕物傑作選（水谷内助森プロデュース『天国への遠征』、北篠純プロデュース『崑崙山の人々』、木山潔プロデュース『雲の涯』、東京演劇アンサンブル『沖縄』）」みなもとごろう　テアトロ 638　1996.1　p76〜79

# 【さ】

## さあどうする!? ㊐NLT
**2375** 上演：2003年8月6日〜8月10日　場所：俳優座劇場　作：レイ・クーニー　訳：黒田絵美子　演出：グレッグ・デール
◇「アブザード、ドタバタ、ポロロッカ（パルコ・プロデュース『ウィー・トーマス』、NLT『さぁどうする!?』、青い鳥『ポロロッカ』）」斎藤偕子　テアトロ 741　2003.10　p51〜53

## 犀 ㊐スパイラル
**2376** 上演：1986年10月18日〜11月3日　場所：スパイラルホール　作：イヨネスコ　訳：加藤新吉　演出：木村光一
◇「犀化の意味作用（スパイラルホール『犀』）」渡辺淳　テアトロ 526　1986.12　p38〜39

## 犀 ㊐文学座アトリエの会
**2377** 上演：2009年4月14日〜4月29日　場所：文学座アトリエ　作：イヨネスコ　訳：中村まり子　演出：松本祐子
◇「再び集団と個、及び変身（俳小『リビング・クォーター』、文学座アトリエの会『犀』、フランス演劇クレアシオン『砂の病』）」蔵原惟治　テアトロ 820　2009.6　p41〜43

## 犀 ㊐燐光群+グッドフェローズ
**2378** 上演：2004年5月10日〜5月23日　場所：梅ヶ丘BOX　作：イヨネスコ　訳：加藤新吉　上演台本：坂手洋二　演出：大河内なおこ
◇「劇場でおこる暴力」梅山いつき　シアターアーツ 19　2004.6　p85〜87
◇「電車の中の化粧鏡と現代の演劇（勝田演劇事務所『白い悪魔』、劇工房・燐『あなたに逢いたくて』、翌檜座『朝きみは汽車にのる』、燐光群・グッドフェローズ『犀』）」浦崎浩實　テアトロ 751　2004.7　p54〜56

## 西鶴・好色一代男 ㊐パルコ
**2379** 上演：1982年10月8日〜10月24日　場所：PARCO西武劇場　原作：井原西鶴　現代語訳：吉行淳之介　脚色・演出：山崎哲
◇「To be or not to be」梅本洋一　新劇 29(12)　1982.12　p25〜26
◇「脚色劇ふたつ（西武劇場『西鶴・好色一代男』、俳優座『波—わが愛』）」みなもとごろう　テアトロ 478　1982.12　p28〜31

## 債鬼　㊐TPT
***2380*** 上演：1999年9月6日〜10月17日　場所：ベニサン・ピット　作：ストリンドベリ　台本・演出：ジョナサン・バトレル
◇「中嶋朋子、岸田今日子、江守徹の演技（tpt『債鬼』、演劇集団円『遠い日々の人』、新国立劇場『キーン』」長谷部浩　テアトロ　688　1999.12　p51〜53

## 歳月　㊐文学座
***2381*** 上演：1987年8月9日〜9月6日　場所：三越劇場　作：岸田國士　演出：加藤新吉
◇「ちかまつ芝居の『悪魔でいっぱい』」渡辺保　新劇　34(10)　1987.10　p38〜43
◇「文学座らしい四本立て（文学座『歳月』『ふりだした雪』『弥太郎源七』『遊女夕霧』）」水落潔　テアトロ　536　1987.10　p24〜28

## 最後から二番目の邪魔物　㊐流山児★事務所
***2382*** 上演：2002年3月24日〜3月31日　場所：ザ・スズナリ　作：佃典彦　演出：天野天街
◇「時空間を埋め尽くそうとする欲望（流山児★事務所『最後から二番目の邪魔物』、演劇集団円『マルフィ公爵夫人』、月夜果実店『謎のそばにいて』）」丸田真悟　テアトロ　722　2002.6　p42〜43

## 最後の淋しい猫　㊐TPO師団
***2383*** 上演：1981年3月　場所：七ツ寺共同スタジオ　作・演出：北村想
◇「北村想の〈骨〉」衛紀生　新劇　28(5)　1981.5　p26〜29

## 最後の審判の日　㊐東京演劇アンサンブル
***2384*** 上演：2016年3月9日〜3月21日　場所：ブレヒトの芝居小屋　作：エデン・フォン・ホルヴァート　訳：大塚直　演出：公家義徳
◇「あの人たちが居て、今の日本がある（トム・プロジェクト『砦』、劇団一九八〇『楢山節考』、東京演劇アンサンブル『最後の審判の日』、無名塾『おれたちは天使じゃない』、俳優座劇場プロデュース『もし、終電に乗り遅れたら…』）」結城雅秀　テアトロ　917　2016.5　p32〜35

## 最後の精神分析—フロイトVSルイス　㊐DULL-COLORED POP
***2385*** 上演：2013年10月4日〜10月13日　場所：d-倉庫　作：マーク・セント・ジャーメイン　訳・演出：谷賢一
◇「息遣いの聞こえる舞台（新国立劇場『エドワード二世』、Dステ『十二夜』、DULL-COLORED POP プロデュース『最後の精神分析—フロイトVSルイス』）」杉山弘　テアトロ　883　2013.12　p44〜45

## 最後の剝製の猿　㊐遊気舎
***2386*** 上演：2014年5月15日〜5月18日　場所：インディペンデントシアター2nd　作・演出：久保田浩
◇「5月の関西　心理とプロット（OFT『わたしの焦げた眼球/遠視』、犯罪友の会『横丁のダーリン』、遊気舎『最後の剝製の猿』、dracom gala『たんじょうかい#2』、ニットキャップシアター『月がみていた話』、スクエア特別公演『アベノ座の怪人たち』）」太田耕人　テアトロ　891　2014.7　p51〜53

## 最後の晩餐　㊐文学座
***2387*** 上演：2000年5月7日〜5月16日　場所：紀伊國屋ホール　作：別役実　演出：藤原新平
◇「存在の耐えられない軽さ（流山児★事務所『血は立ったまま眠っている』、文学座『最後の晩餐』、THE・ガジラ『レプリカ』、R・U・P『七色インコ』）」七字英輔　テアトロ　696　2000.7　p62〜65

## 最後の一人までが全体である　㊐燐光群
***2388*** 上演：2002年10月3日〜10月20日　場所：ザ・スズナリ　作・演出：坂手洋二
◇「昔を今へ（青年劇場『銃口』、世田谷パブリックシアター『ミレナ』、俳優座『きょうの雨あしたの風』、燐光群『最後の一人までが全体である』、円『ブラインド・タッチ』）」渡辺淳　テアトロ　729　2002.12　p50〜53

## 最後の炎　㊐エイチエムピー・シアターカンパニー
***2389*** 上演：2011年10月20日〜10月23日　場所：AI・HALL　作：デーア・ローアー　訳：新野守広　演出：笠井友仁
◇「11月の関西　新しき収穫（犯罪友の会『いろゆらぎ』、トリコA『和知の収穫祭—反応しあう—』、エイチエムピー・シアターカンパニー『最後の炎』）」太田耕人　テアトロ　857　2012.1　p52〜53

## 最後の炎　㊐文学座アトリエの会
***2390*** 上演：2018年4月14日〜4月28日　場所：文学座アトリエ　作：デーア・ローアー　訳：新野守広　演出：生田みゆき
◇「様々な相貌見せる『日常』（モダンスイマーズ『嗚呼いま、だから愛。』、文学座『最後の炎』、新国立劇場『1984』、青年団＋こまばアゴラ演劇学校『無隣館』『革命日記』、ナイロン100℃『百年の秘密』）」丸田真悟　テアトロ　947　2018.7　p32〜35

## 3156　㊐S.W.A.T！
***2391*** 上演：2000年12月6日〜12月10日　場所：SPACE107　作・演出：四大海
◇「ジェームス三木の"劇"のことなど（青年劇場『翼をください』、虹企画・ぐるうぷシュラ『じょるじゅ・だんだん』、S.W.A.T！『3156 THE BEST OF ME』ほか）」浦崎浩實　テアトロ　704　2001.2　p78〜79

## サイコロの責任　㊐青い鳥
***2392*** 上演：1988年10月13日〜10月29日　場所：紀伊國屋ホール　作・演出：市堂令
◇「『美しい』芝居あります」林あまり　新劇　36(1)　1989.1　p42〜45

## 財産没収　㊐サファリ・P
***2393*** 上演：2017年8月17日〜8月20日　場所：アトリエ劇研　作：テネシー・ウィリアムズ　訳：倉橋健　演出：山口茜
◇「9月の関西　一般のお客様に、作品をいかに届けるのか（サファリ・P『財産没収』、アイホールがつくる伊丹の物語『さよなら家族』、能×現代演劇 work『韋駄天』、PROJECT真夏の太陽ガールズ

『キラメキ』)」九鬼葉子　テアトロ　938　2017.11　p79〜81

〔最終版〕ゆでたまご　⑱青い鳥
**2394** 上演：1993年12月15日〜12月21日　場所：全労済ホール/スペース・ゼロ　作・監修：市堂令　演出：芹川藍
◇「「ことば」へのこだわり（青い鳥〔最終版〕『ゆでたまご』、転位21『ボブと学校』、東京ヴォードヴィルショー『ドン・トン・カルレオーネのギャグギャグエブリバディー』、東京壱組『チャフラフスカの犬』、離風霊船『花椿』）」大沢圭司　テアトロ　614　1994.3　p86〜89

最終目的地は日本　⑱木山事務所
**2395** 上演：2005年4月13日〜4月17日　場所：俳優座劇場　作：堤春恵、崔善愛　演出：末木利文
◇「優しさと厳しさ（演劇集団円『アフリカの太陽』、劇団四季『思い出を売る男』、木山事務所『最終目的地は日本』）」北川登園　テアトロ　764　2005.6　p50〜51

斎藤幸子　⑱ラッパ屋
**2396** 上演：2001年4月4日〜4月30日　場所：シアター・トップス　作・演出：鈴木聡
◇「五人の女優による結婚を巡る議論劇（tpt『結婚』、ラッパ屋『斎藤幸子』、ナイロン100℃『すべての犬は天国へ行く』、テアトル・エコー『うそつきビリー』）」結城雅秀　テアトロ　708　2001.6　p62〜65

サイドマン　⑱パルコ
**2397** 上演：2000年4月7日〜4月30日　場所：PARCO劇場　作：ウォーレン・ライト　訳：福田美環子　演出：福田陽一郎
◇「ドラマに見る歴史の種々相（民藝『オットーと呼ばれる日本人』、日本・ハンガリー友好演劇『鉄格子』、燐光群『パウダー・ケグ』、パルコ劇場『サイドマン』）」渡辺淳　テアトロ　695　2000.6　p50〜52

最果ての地より さらに遠く　⑱人間座
**2398** 上演：2015年12月10日〜12月13日　場所：人間座スタジオ　作：ジニー・ハリス　訳：名和由理　演出：山口浩章
◇「12月の関西 異世界からの視点（人間座『最果ての地より さらに遠く』、万博設計『苦生す箱舟』）」太田耕人　テアトロ　914　2016.2　p56〜57

最果ての地より さらに遠く　⑱文学座
**2399** 上演：2005年1月28日〜2月6日　場所：俳優座劇場　作：ジニー・ハリス　訳：名和由理　演出：西川信廣
◇「南北端の地のドラマ（文学座『最果ての地よりさらに遠く』、地人会『緑のかげのなかへ』『夫への日記』）」渡辺淳　テアトロ　762　2005.4　p58〜59

西遊記　⑱68/71黒色テント
**2400** 上演：1980年4月15日〜4月20日　場所：新宿副都心五号地新黒テント　構成・演出：佐藤信
◇「物語る役者たち」森秀男　新劇　27(6)　1980.6　p21〜24

サイレントヒート　⑱R・U・P
**2401** 上演：1997年1月10日〜1月31日　場所：紀伊國屋ホール　作：深堀寛二　演出：木野花
◇「パイプ椅子がぐにゃりと溶けて（第三舞台『朝日のような夕日をつれて'97』、R・U・P『サイレントヒート』、シアタープロジェクトさっぽろ『銀河鉄道の夜』、JIS企画『チュニジアの歌姫』）」長谷部浩　テアトロ　654　1997.4　p60〜69

サイロの砦　⑱青杜
**2402** 上演：1999年11月27日〜11月30日　場所：スペースアクロス　作・演出：古川登志夫
◇「才気十分に、観客振り回す（青杜『サイロの砦』、岡部企画『武士の旗』、劇団1980『男冬村會議録』）」佐藤康平　テアトロ　691　2000.2　p78〜79
**2403** 上演：2002年7月18日〜7月21日　場所：スペースアクロス　作・演出：古川登志夫
◇「光は闇の中に輝いている――（昴『ゆうれい貸屋』、広島の女上演委員会『星よ降れ震える世界よ』、演奏舞台『能・21シリーズⅡ』『サイロの砦』）」浦崎浩實　テアトロ　726　2002.9　p49〜51

ザ・ウィアー（堰）　⑱文学座アトリエの会
**2404** 上演：2000年11月17日〜12月18日　場所：文学座アトリエ　作：コナー・マクファーソン　訳：鵜澤麻由子　演出：鵜山仁
◇「ドラマとりどり（セゾンシアタープログラム『レティスとラベッジ』、文学座アトリエ『マイシスター・インディス・ハウス』『エレファントマン』『ザ・ウィアー（堰）』、東演『楽園終着駅』『そして、あなたに逢えた』）」渡辺淳　テアトロ　704　2001.2　p58〜61

ザ・ウーマン・イン・ブラック　⑱パルコ
**2405** 上演：1992年8月1日〜8月26日　場所：PARCO劇場　原作：スーザン・ヒル　脚色：スティーブン・マラトレット　訳：川本燁子　演出：ロビン・ハーフォード
◇「演劇を作る「戦略」について（パルコ『ザ・ウーマン・イン・ブラック』、キャラメルボックス『カレッジ・オブ・ザ・ウィンド』、東京壱組『夏の夜の夢』、俳優座LABO『埋められた子供』）」大沢圭司　テアトロ　596　1992.10　p58〜62
**2406** 上演：1999年11月1日〜11月21日　場所：PARCO劇場　原作：スーザン・ヒル　脚色：スティーブン・マラトレット　訳：川本燁子　演出：ロビン・ハーフォード
◇「観客の想像力を刺激する台詞（木山事務所『ワーグナー家の女』、円『サラマンダー』、文学座アトリエ『花のかたち』、パルコ劇場『ザ・ウーマン・イン・ブラック』、京『ゆうれい』）」結城雅秀　テアトロ　690　2000.1　p68〜71

ザ・カヴァルケイダーズ　⑱昴
**2407** 上演：1995年6月15日〜7月2日　場所：三百人劇場　作：ビリー・ローチ　演出：菊池准
◇「激情の中で燃え尽きる魂（ブランドラ劇場『ジュリアス・シーザー』、韓国・劇団自由『血の婚礼』、流山児★事務所『青ひげ公の城』、オンシアター自由

劇場『スカパン』,かたつむりの会『六月の電話』,岡部企画『女狐』,昴『ザ・カヴァルケイダーズ』)」結城雅秀　テアトロ　632　1995.8　p69～76

## さかしま　[団]維新派

**2408** 上演：2001年7月19日～7月22日　場所：奈良県宇陀郡室生村総合運動公園内県民グラウンド　構成・演出：松本雄吉

◇「8月の関西 過剰なスペクタクルのゆくえ（ホリプロ・劇団☆新感線共同企画『大江戸ロケット』,維新派『さかしま』)」九鬼葉子　テアトロ　713　2001.10　p64～66

## 坂の上の家　[団]OMSプロデュース

**2409** 上演：1995年7月6日～7月9日　場所：扇町ミュージアムスクエア　作：松田正隆　演出：竹内銃一郎

◇「7月の関西 浮かび上がる人間のドラマ（OMSプロデュース『坂の上の家』,ひょうご舞台芸術『GETTO（ゲットー）』)」宮辻政夫　テアトロ　633　1995.9　p79～81

## 佐賀のがばいばあちゃん　[団]NLT

**2410** 上演：2007年7月20日～7月29日　場所：俳優座劇場　原作：島田洋七　脚本：青木豪　演出：釜紹人

◇「舞台ならではの手応えと現実感を（渡辺源四郎商店『小泊の長い夏』,子供のためのシェイクスピアカンパニー『夏の夜の夢』,NLT『佐賀のがばいばあちゃん』)」みなもとごろう　テアトロ　796　2007.9　p58～59

## ザ・カントリー　[団]俳優座LABO

**2411** 上演：1991年5月13日～5月19日　場所：俳優座5F稽古場　作：サム・シェパード　訳・演出：安井武

◇「リアリズムと象徴と（俳優座ラボ『ザ・カントリー』)」渡辺淳　テアトロ　581　1991.7　p42～43

## ザ・ガンビーズ・ショウ　[団]ナイロン100℃

**2412** 上演：1998年2月22日～3月2日　場所：本多劇場　作・演出：ケラリーノ・サンドロヴィッチ

◇「疾走するKERA ナイロン100℃「ザ・ガンビーズ・ショウ」から「フローズン・ビーチ」まで」江森盛夫　シアターアーツ　10　1999.7　p109～111

## ザ還暦　[団]青い鳥

**2413** 上演：2009年10月21日～10月25日　場所：あうるすぽっと　作・演出：芹川藍

◇「どうする、終わりを（五反田団『生きてるものはいないのか』『生きてるものか』,毬谷友子ひとり語り『弥々』,NLT『OH！ マイママ』,青い鳥『ザ還暦』)」斎藤偕子　テアトロ　829　2010.1　p54～56

## ザ・キャラクター　[団]NODA・MAP

**2414** 上演：2010年6月20日～8月8日　場所：東京芸術劇場中ホール　作・演出：野田秀樹

◇「宮沢りえの神話的な声（NODA・MAP『ザ・キャラクター』,MODE『変身』,Bunkamura『ファウストの悲劇』)」内田洋一　テアトロ　838　2010.9　p33～35

## Circulation Module　[団]Nest

**2415** 上演：1998年1月15日～1月17日　場所：パークタワーホール　構想・構成：石山雄三

◇「新人の味わい,ヴェテランの韜晦！（北区つかこうへい劇団新人劇作家公演No.1,文化座アトリエ『思い出してよ！』,レクラム舎+シアターX『梅花美しき日々』,コンチック・ショー『野良犬』,Nest『Circulation Module』)」浦崎浩實　テアトロ　667　1998.4　p56～58

## 坐漁荘の人びと　[団]民藝

**2416** 上演：2007年12月5日～12月20日　場所：三越劇場　作：小幡欣治　演出：丹野郁弓

◇「老舗の味（文学座アトリエ『かどで』『華々しき一族』,民藝『坐漁荘の人びと』)」蔵原惟治　テアトロ　802　2008.2　p62～63

## ザ・空気　[団]二兎社

**2417** 上演：2017年1月20日～2月12日　場所：東京芸術劇場シアターイースト　作・演出：永井愛

◇「現実を打ち破る想像の力（NODA・MAP『足跡姫～時代錯誤冬幽霊～』,二兎社『ザ・空気』,トラッシュマスターズ『たわけ者の血潮』)」七字英輔　テアトロ　930　2017.4　p44～47

## ザ・空気ver.2誰も書いてはならぬ　[団]二兎社

**2418** 上演：2018年6月23日～7月16日　場所：東京芸術劇場シアターイースト　作・演出：永井愛

◇「活況を呈した六月 brisk June（劇団四季『恋に落ちたシェイクスピア』,青年座『安楽病棟』,二兎社『ザ・空気ver.2誰も書いてはならぬ』,てがみ座『海越えの花たち』)」小山内伸　テアトロ　950　2018.9　p52～54

## 作者を探す六人の登場人物　[団]神奈川芸術劇場

**2419** 上演：2017年10月26日～11月5日　場所：KAAT神奈川芸術劇場中スタジオ　作：ルイージ・ピランデッロ　訳：白澤定雄　台本・演出：長塚圭史

◇「だから芝居は楽しい（KAAT神奈川芸術劇場『作者を探す六人の登場人物』,東京芸術劇場『One Green Bottle～「表に出ろいっ！」English version～』,WATANABE ENTERTAINMENT『関数ドミノ』,新国立劇場『トロイ戦争は起こらない』,劇団俳優座『クスコ～愛の叛乱～』)」杉山弘　テアトロ　941　2018.1　p26～28

## THE CRISIS―ザ・クライシス―〈危機の十三日間―あとちょっとで世界は滅んだ〉　[団]文学座アトリエの会

**2420** 上演：2004年12月3日～12月20日　場所：文学座アトリエ　原作：ジョン・サマヴィル　訳・ドラマトゥルク：酒井洋子　演出：望月純　構成：瀬戸口郁

◇「劇団の代謝機能（青年座『下北沢5劇場同時公演』,文学座『THE CRISIS』)」丸田真悟　テアトロ　760　2005.2　p60～62

## さくら

**sakura イン・ザ・ウィンド** 劇ヴァイトクス・スタジオ "P.S"、銅鑼

**2421** 上演：2004年3月26日〜3月31日　場所：俳優座劇場　作：アイワラス・モックス　訳：川本燁子　演出・脚本・照明・振付：ヨーナス・ヴァイトクス　振付：ヴェスタ・グラブシュタイテ　音楽：トマス・クターヴィチュス
◇「酷薄な万華鏡（ヴァイトクス・スタジオ "P.S" × 銅鑼『sakura イン・ザ・ウィンド』、劇団め組『岡田以蔵』、東京芸術座『遠い水の記憶』、こまつ座『太鼓たたいて笛ふいて』）」中本信幸　テアトロ 750　2004.6　p45〜47

**桜川** 劇うらら舎

**2422** 上演：2010年4月8日,10日,17日,5月15日　場所：二荒山神社バンバ市民広場、櫻川磯辺稲村神社、戸澤神社境内最上公園内、銕仙会能楽堂　原作：世阿弥　演出：笠井賢一
◇「日本人のメンタリティ（シス・カンパニー『2人の夫とわたしの事情』、新国立劇場『夢の泪』、桟敷童子『厠の兵隊』、李麗仙一人芝居『桜川』）」七字英輔　テアトロ 835　2010.7　p40〜42

**桜飛沫** 劇阿佐ヶ谷スパイダース

**2423** 上演：2006年2月10日〜2月19日　場所：世田谷パブリックシアター　作・演出：長塚圭史
◇「ふたつの世界（山の手事情社『タイタス・アンドロニカス』、シアターコクーン『労働者M』、阿佐ヶ谷スパイダース『桜飛沫』）」野中広樹　テアトロ 776　2006.4　p49〜51

**サクラのサクラ 原体験** 劇シアターX

**2424** 上演：1996年8月3日〜8月10日　場所：シアターX　作：安部公房　演出：大橋也寸
◇「「戦後」への挑発（シアターX特別企画『サクラのサクラ 原体験』、第三エロチカ『オブセッション・サイト』）」大岡淳　テアトロ 647　1996.10　p70〜71

**桜の園** 劇木山事務所

**2425** 上演：2001年6月6日〜6月14日　場所：俳優座劇場　作：チェーホフ　訳：小田島雄志　演出：小林裕
◇「リフレッシュの様やいかに（ロイヤル・シェイクスピア・カンパニー『テンペスト』、木山事務所『桜の園』、ホリプロほか『キャバレー』）」渡辺淳　テアトロ 710　2001.8　p62〜63

**桜の園** 劇京

**2426** 上演：1999年2月5日〜2月14日　場所：本多劇場　作：チェーホフ　訳：中本信幸　演出：吉沢友夫
◇「終わり方がむつかしい（銅鑼『風の一座 沖縄のロミオとジュリエット』、青年劇場『銀色の狂騒曲』、松竹+松竹芸能『ザ・近松』、京『桜の園』）」浦崎浩實　テアトロ 680　1999.4　p68〜70

**桜の園** 劇新国立劇場

**2427** 上演：2015年11月11日〜11月29日　場所：新国立劇場　作：チェーホフ　訳：神西清　演出：鵜山仁
◇「強固な意志の実現（エイコーン『メアリー・スチュアート』、桟敷童子『泥花』、オフィス樹『邪宗門』『空気はぜひ必要です』、トム・プロジェクト『南阿佐ヶ谷の母』、森組芝居『或る日、或る時』、新国立劇場『桜の園』）」結城雅秀　テアトロ 913　2016.1　p29〜32,60〜62

**桜の園** 劇地点

**2428** 上演：2007年11月8日〜11月18日　場所：アトリエ劇研　作：チェーホフ　構成・演出：三浦基
◇「11月の関西 ロングランの季節（デス電所『残魂エンド摂氏零度』、劇団アグリーダックリング『箱師よ、その町の暁に釘を打て。』、地点『桜の園』）」太田耕人　テアトロ 800　2008.1　p129〜131

**2429** 上演：2008年10月18日〜10月22日　場所：吉祥寺シアター　作：チェーホフ　訳：神西清　演出：三浦基
◇「空に楽譜を描く地点『三人姉妹』『桜の園』連続上演をめぐって」林カヲル　シアターアーツ 37　2008.12　p99〜102

**桜の園** 劇TPT

**2430** 上演：2005年5月21日〜6月8日　場所：ベニサン・ピット　作：チェーホフ　脚色：木内宏昌　演出：熊林弘高　振付：若松智子
◇「宇宙全体に溢れる愛（京楽座『しのだづま考』、新国立劇場『箱根強羅ホテル』、tpt『桜の園』、テアトル・エコー『朝の時間』）」結城雅秀　テアトロ 767　2005.8　p58〜60

**桜の園** 劇東演

**2431** 上演：1981年4月4日〜4月22日　場所：三越劇場　作：チェーホフ　訳：宮沢俊一　演出：アナートーリイ・エーフロス
◇「白く激しく苦しげに—エーフロスのチェーホフ」扇田昭彦　新劇 28(6)　1981.6　p21〜24
◇「エーフロスの「桜の園」（東演『桜の園』）」茨木憲　テアトロ 460　1981.6　p21〜26

**桜の園** 劇東京演劇集団風

**2432** 上演：1994年9月10日〜9月15日　場所：シアターVアカサカ　作：チェーホフ　訳：松下裕　演出：高田三悟　美術：アンジェイ・ピョントコフスキ　音楽：小室等
◇「舞台の絵画的効果と群衆処理（松竹『オセロー』、銀座セゾン劇場+民芸『怒りのぶどう』、T・P・T『双頭の鷲』、テアトル・エコー『リチャード三世』、平成元年『教祖リチャード』、東京演劇集団風『桜の園』、ピープルシアター『地の風』）」結城雅秀　テアトロ 622　1994.11　p59〜66

**2433** 上演：1997年9月10日〜9月15日　場所：青山円形劇場　作：チェーホフ　訳：松下裕　演出：井森雅人
◇「人がみずからの時間と向き合うとき（T.P.T『白夜』、ケイダッシュステージ『ラバン・アジールに来たピカソ』、東京演劇集団風『桜の園』、第三エロチカ『オイディプスWHY？』）」長谷部浩　テアトロ 661　1997.11　p67〜69

**桜の園** 劇東京乾電池

**2434** 上演：1994年11月5日〜11月14日　場所：本

◇「観客に思考を強いるもの(円『森から来たカーニバル』、東京乾電池『桜の園』)」大沢圭司　テアトロ　625　1995.1　p70～71

桜の園　⑯東宝
**2435**　上演：1984年10月2日～10月30日　場所：帝国劇場　作：チェーホフ　訳：倉橋健　演出：クリフォード・ウィリアムス
◇「危険な単純化(帝劇『桜の園』)」諏訪正　テアトロ　502　1984.12　p21～22

桜の園　⑯俳優座
**2436**　上演：1981年5月8日～5月31日　場所：俳優座劇場　作：チェーホフ　訳：湯浅芳子　演出：千田是也
◇「チェーホフの読み取り方(俳優座『桜の園』)」茨木憲　テアトロ　461　1981.7　p26～27
**2437**　上演：1996年1月8日～1月23日　場所：俳優座劇場　作：チェーホフ　訳：湯浅芳子　演出：増見利清
◇「暗い問題劇の徹底的な喜劇化(安澤事務所+幹の会『メジャー・フォー・メジャー』、シェイクスピア・シアター『アテネのタイモン』、T.P.T『渦巻』、俳優座『桜の園』、シルバーライニング『おお、星条旗娘！』、流山児★事務所『ピカレスク南北』)」結城雅秀　テアトロ　640　1996.3　p70～76
**2438**　上演：2015年1月15日～1月25日　場所：俳優座劇場　作：チェーホフ　訳：湯浅芳子　演出：川口啓史　音楽：林光
◇「古典をどう演じるか(東京演劇集団風『ハムレット』、文学座アトリエ『リア王』、俳優座『桜の園』)」結城雅秀　テアトロ　901　2015.3　p50～51

桜の園　⑯パルコ
**2439**　上演：2012年6月9日～7月8日　場所：PARCO劇場　作：チェーホフ　訳：小野理子　演出：三谷幸喜
◇「チェーホフの手強さ―三谷幸喜翻案・演出『桜の園』を考える」嶋田直哉　シアターアーツ　52　2012.10　p64～67

桜の園　⑯ブルックリン・アカデミー・オブ・ミュージック、銀座セゾン劇場
**2440**　上演：1989年4月6日～5月14日　場所：銀座セゾン劇場　作：チェーホフ　英訳：エリザベータ・ラブロワ　演出：ピーター・ブルック
◇「演出の力」扇田昭彦　新劇　36(6)　1989.6　p30～33
◇「演出は静かに劇を作り変える」長谷部浩　新劇　36(6)　1989.6　p34～37
◇「人間の喜劇(銀座セゾン劇場『桜の園』)」斎藤偕子　テアトロ　556　1989.6　p21～22

桜の園　⑯文学座
**2441**　上演：1982年10月2日～10月26日　場所：サンシャイン劇場　作：チェーホフ　訳・演出：和田豊

◇「淡々とした演出(文学座『桜の園』)」伊藤洋　テアトロ　478　1982.12　p24～27

桜の園　⑯Bunkamura
**2442**　上演：2003年1月8日～1月26日　場所：シアターコクーン　作：チェーホフ　訳：小田島雄志　演出：蜷川幸雄
◇「意欲は買うが…(シアターコクーン『桜の園』、新国立劇場『ビルグリム』)」中本信幸　テアトロ　733　2003.3　p74～75

桜の園　⑯民藝
**2443**　上演：2000年12月7日～12月21日　場所：三越劇場　作：チェーホフ　訳：牧原純　演出：高橋清祐　音楽：斉藤一郎
◇「人生における《出発》の種々相―チェーホフ的な世界をめぐって(民藝『桜の園』、俳優座劇場プロデュース『かどで』『釣堀にて』、劇工房燐『明日は船にのって』)」みなもとごろう　テアトロ　704　2001.2　p62～65

桜の園　⑯モスクワ・マールイ劇場
**2444**　上演：1993年2月17日～2月21日　場所：東京芸術劇場中ホール　作：チェーホフ　訳：中本信幸　演出：イリインスキー、マルテンス
◇「古典劇の風格と生々しいドキュメントと(モスクワ・マールイ劇場『皇帝フョードル』『桜の園』『ニコライ2世』)」七字英輔　テアトロ　602　1993.4　p48～51

桜の田(その)　⑯マウスプロモーション
**2445**　上演：2005年5月17日～5月22日　場所：博品館劇場　作・演出：池田政之
◇「時代を映す喜劇(マウスプロモーション『桜の田』、ギィ・フォワシイシアター『バドゥー警視』、山の手事情社『銀河鉄道の夜』、トム・プロジェクト『カラフト伯父さん』)」中本信幸　テアトロ　767　2005.8　p52～54

櫻の園　⑯新国立劇場
**2446**　上演：2002年6月21日～7月21日　場所：新国立劇場小劇場 THE PIT　作：チェーホフ　訳：神西清　潤色：堀越真　演出：栗山民也
◇「翻訳か翻案か(民藝『アルベルト・シュベーア』、新国立劇場『櫻の園』)」渡辺ेल्ब　テアトロ　726　2002.9　p58～59

櫻の園　⑯プラチナ・ペーパーズ
**2447**　上演：1994年4月5日～4月10日　場所：東京芸術劇場小ホール1　原作：吉田秋生　脚本：じんのひろあき　構成・演出：堤泰之
◇「「時間」を感じさせる舞台(地人会『奇妙な果実』、アトリエ・ダンカン『ラストチャンスキャバレー』、キャラメルボックス『アローン・アゲイン』、プラチナ・ペーパーズ『櫻の園』、俳優座『岡江風土記』)」大沢圭司　テアトロ　617　1994.6　p49～52

櫻の園　⑯流山児★事務所
**2448**　上演：2010年9月1日～9月7日　場所：あうるすぽっと　作：チェーホフ　訳・台本：木内宏昌　演出：千葉哲也
◇「「チェーホフ生誕150年」を飾る舞台の数々

さくら

(流山児★事務所『櫻の園』,東京演劇アンサンブル『避暑に訪れた人びと』,燐光群『現代能楽集 チェーホフ』)」七字英輔　テアトロ　840　2010.11　p45〜47

### 桜の園 弦楽四重奏による ⓣ青年座
**2449** 上演：1986年11月21日〜11月30日　場所：青年座劇場　作：チェーホフ　訳：石橋幸　演出：鈴木完一郎
  ◇「原作の読み取りの問題(青年座『桜の園』,無名塾『ファーマーダラー』)」中本信幸　テアトロ　528　1987.2　p40〜43

### 桜の花にだまされて ⓣマウスプロモーション
**2450** 上演：2006年5月30日〜6月4日　場所：紀伊國屋サザンシアター　作・演出：池田政之
  ◇「「昭和」の時代を回顧する…(京楽座『中西和久のエノケン』,東京ギンガ堂『夢〜歌舞伎町物語』,青年劇場『尺には尺を』,マウスプロモーション『桜の花にだまされて』)」結城雅秀　テアトロ　781　2006.8　p60〜63

### 桜の森の満開の下 ⓣコズミックシアター
**2451** 上演：1998年4月9日〜4月11日　場所：朝陽会館　原作：坂口安吾　作・演出：ジャニス・A・リン
  ◇「4月の関西 見応えのある作品続く(ひょうご舞台芸術『メッカへの道』,コズミックシアター『桜の森の満開の下』,劇団☆新感線『SUSANOH〜魔性の剣』)」宮辻政夫　テアトロ　669　1998.6　p78〜80

### 桜の森の満開の下 ⓣ東京演劇アンサンブル
**2452** 上演：1984年10月5日〜10月14日　場所：ブレヒトの芝居小屋　原作：坂口安吾　脚色・演出：広渡常敏
  ◇「若い俳優のアンサンブル(東京演劇アンサンブル)」中本信幸　テアトロ　502　1984.12　p29〜32
**2453** 上演：1999年3月25日〜3月28日　場所：ブレヒトの芝居小屋　原作：坂口安吾　脚本・演出：広渡常敏
  ◇「〈説明〉でなく〈表現〉が欲しい(NODA・MAP『半神』,東京演劇アンサンブル『桜の森の満開の下』,未来劇場『花ぞむかしの色に化けなん』,東京芸術座『永遠の旅路』)」浦崎浩實　テアトロ　682　1999.6　p56〜57
**2454** 上演：2005年2月18日〜2月22日　場所：ブレヒトの芝居小屋　作：坂口安吾　脚色・演出：広渡常敏
  ◇「なぜ舞台、なぜ演劇？(東京演劇アンサンブル『桜の森の満開の下』,東京演劇集団風『星の王子さま』,R+1『Bench』)」みなもとごろう　テアトロ　763　2005.5　p58〜59

### 桜の森の満開の下 ⓣライトアイ
**2455** 上演：2017年4月22日　場所：岸和田市立浪切ホール 小ホール　原作：坂口安吾　※林英世ひとり語り
  ◇「5月の関西 打ち震える芝居を求めて(林英世ひとり語り『桜の森の満開の下』,劇団犯罪友の会『ラジオのように』,兵庫県立ピッコロ劇団オフシアター『長い墓標の列』,Plant M『凛然グッドバイ』)」九鬼葉子　テアトロ　933　2017.7　p54〜56

### 桜の森の満開の下 ⓣルンチェルンバシアター
**2456** 上演：2016年4月6日〜4月10日　場所：ルンチェルンバ　原作：坂口安吾　脚本・演出：キタモトマサヤ
  ◇「4月の関西 過去にむかう想像力(MONO『裸に勾玉』,ルンチェルンバシアター『桜の森の満開の下』)」太田耕人　テアトロ　918　2016.6　p44〜45

### 桜姫 ⓣ東宝
**2457** 上演：1988年5月1日〜5月27日　場所：帝国劇場　原作：鶴屋南北　脚本：堀越真　演出：水谷幹夫
  ◇「巧みな南北の書きかえ(帝劇『桜姫』)」水落潔　テアトロ　545　1988.7　p24〜25

### 桜姫 ⓣBunkamura
**2458** 上演：2009年6月7日〜6月30日　場所：シアターコクーン　原作：鶴屋南北　脚本：長塚圭史　演出：串田和美
  ◇「敗北していく男たち(民藝『来年こそは』,文学座『花咲くチェリー』,Bunkamura『桜姫』)」水落潔　テアトロ　823　2009.8　p36〜37

### 桜姫曙草紙 ⓣ花組芝居
**2459** 上演：1988年3月3日〜3月10日　場所：PARCO SPACE PART3　作・演出：加納幸和
  ◇「「ニュー歌舞伎」って、なあに？」林あまり　新劇　35(5)　1988.5　p38〜41

### 桜姫東文章 ⓣ青年座
**2460** 上演：2004年11月25日〜12月5日　場所：OFF・OFFシアター　作：鶴屋南北　脚色・演出：鈴木完一郎
  ◇「劇団の代謝機能(青年座『下北沢5劇場同時公演』,文学座『THE CRISIS』)」丸田真悟　テアトロ　760　2005.2　p60〜62

### 桜姫―歌ヒ鳴ク雉ノ行方 ⓣエイチエムピー・シアターカンパニー
**2461** 上演：2015年4月14日〜4月26日　場所：ウィングフィールド　作：くるみざわしん　演出：笠井友仁
  ◇「4月の関西 外部を照射する(MONO『ぶた草の庭』,エイチエムピー・シアターカンパニー『桜姫―歌ヒ鳴ク雉ノ行方』)」太田耕人　テアトロ　904　2015.6　p46〜47

### 桜姫表裏大綺譚／盟三五大切 ⓣ流山児★事務所
**2462** 上演：2005年1月6日〜1月16日　場所：ベニサン・ピット　原作：鶴屋南北　脚本：佃典彦,山元清多　演出：流山児祥
  ◇「「悪玉」はどこに？(俳優座『次郎長が行く』,仲代『森は生きている』,流山児★事務所『桜姫表裏大綺譚』,トム・プロジェクト『子供騙し』)」中本信幸　テアトロ　761　2005.3　p108〜110

**ザ・クラブ**　[団]三生社

**2463** 上演：1989年5月3日〜5月21日　場所：博品館劇場　作：イヴ・メリアム　訳・演出：青井陽治

◇「ミュージカル評―仮面舞踏会の誘惑」萩尾瞳　新劇　36(7)　1989.7　p42〜45

**THE GREEKS**　[団]昴 ザ・サード・ステージ

**2464** 上演：2016年7月22日〜8月7日　場所：Pit昴　原作：エウリピデス，ホメロス，アイスキュロス，ソフォクレス　編集：ジョン・バートン，ケネス・カヴァンダー　演出：上村聡史

◇「情熱、熱狂、花園神社野外劇（椿組『贋・四谷怪談』，劇団桟敷童子『夏に死す』，風姿花伝『いま、ここにある武器』，劇団昴 ザ・サード・ステージ『ザ・グリークス』全三部，エイコーン『松井須磨子』，東京演劇集団風『ジャンヌ・ダルクージャンヌと炎』）」結城雅秀　テアトロ　923　2016.10　p38〜41

**THE GREEKS**　[団]文学座アトリエの会

**2465** 上演：1990年11月28日〜12月16日　場所：文学座アトリエ　作：エウリピデス，ホメロス，アイスキュロス，ソフォクレス　訳：吉田美枝　演出：吉川徹，鵜山仁，高瀬久男

◇「絶対的なものを相対化する（文学座アトリエ『グリークス』）」渡辺保　テアトロ　576　1991.2　p30〜32

**ザ・グレートクイズショー**　[団]S.W.A.T！

**2466** 上演：2001年3月7日〜3月11日　場所：シアターサンモール　作・演出：四大海

◇「インタープリティションとアーティキュレイション（東演『どん底』，文化座『いろはに金米糖』，民藝『晴れのちくもり時々涙…』，S.W.A.T！『The Great Quiz Show』）」みなもとごろう　テアトロ　707　2001.5　p49〜51

**柘榴**　[団]3つの木綿

**2467** 上演：1999年6月5日〜6月6日　場所：シアトリカル應典院　作・演出：棚瀬美幸

◇「6月の関西 開かれた作品（199Q太陽族『レ・ボリューション#99』，芝居屋坂道ストア『あくびと風の威力』，3つの木綿『柘榴』）」太田耕人　テアトロ　684　1999.8　p79〜81

**2468** 上演：2000年2月5日〜2月6日　場所：ウィングフィールド　作・演出：棚瀬美幸

◇「2月の関西 再演という反復（展覧会のA『風の中を跳べ、鯨…』，3つの木綿『柘榴』，突撃ネクタリン『眠たしの虜』，嘘つき『地球は踊らない』，C・T・T制作・杉山企画『ミレニアム・スウィート』）」太田耕人　テアトロ　693　2000.4　p111〜113

**柘榴のある家―二人佐岐明治之新考**　[団]文学座

**2469** 上演：1997年5月22日〜5月28日　場所：紀伊國屋サザンシアター　作：八木柊一郎　演出：戌井市郎

◇「時代を描いた三つの劇（文学座『柘榴のある家』，民藝『アニマル・ファーム―動物農場』，加藤健一事務所『カッコーの巣の上を』）」水落潔　テアトロ　658　1997.8　p62〜63

**柘榴変**　[団]文学座アトリエの会

**2470** 上演：2001年3月20日〜3月30日　場所：文学座アトリエ　作：竹本穣　演出：高瀬久男

◇「人間疎外劇いろいろ（燐光群『ララミー・プロジェクト』，世田谷パブリックシアター『AMERIKA』，青年劇場『殯の海』，東京演劇アンサンブル『海鳴りの底から』，文学座アトリエ『柘榴変』）」渡辺淳　テアトロ　708　2001.6　p50〜54

**酒と涙とジキルとハイド**　[団]ホリプロ

**2471** 上演：2014年4月10日〜4月30日　場所：東京芸術劇場プレイハウス　作・演出：三谷幸喜　音楽：高良久美子

◇「喜劇の幅を楽しむ―三者三様の喜劇の味（ねずみの三銃士『万獣こわい』，新国立劇場『マニラ瑞穂記』，フジテレビ/ホリプロ主催『酒と涙とジキルとハイド』）」みなもとごろう　テアトロ　890　2014.6　p42〜43

**The Game/ザ・ゲーム**　[団]新国立劇場

**2472** 上演：2004年2月20日〜2月29日　場所：新国立劇場小劇場 THE PIT　原作：イヨネスコ　翻案・演出：ジム・チム，オリヴィア・ヤン

◇「たたかう相手は誰か、何か（青年劇場『GULF―弟の戦争』，地人会『世紀末のカーニバル』，シス・カンパニー『美しきものの伝説』，新国立劇場『The Game/ザ・ゲーム』）」渡辺淳　テアトロ　749　2004.5　p46〜49

**酒も泪も溜息も**　[団]花企画

**2473** 上演：2000年7月27日〜7月30日　場所：シアターVアカサカ　作・演出：植村達雄

◇「自然現象と人間精神の自由（東京演劇アンサンブル『蜃気楼の見える町』，扉座『まほうつかいのでし』，花企画『酒も泪も溜息も』，広島の女上演委員会『もうレクイエムは歌わない』）」結城雅秀　テアトロ　699　2000.10　p50〜54

**鎖骨に天使が眠っている**　[団]ももちの世界

**2474** 上演：2018年6月22日〜6月26日　場所：インディペンデントシアター1st　作・演出：ピンク地底人3号

◇「7月の関西 人物の半生を通し、近・現代の問題を照射（劇団・太陽族『Sumako』，玉造小劇店配給芝居『眠らぬ月の下僕』，遊劇舞台二月病『Delete』，ももちの世界『鎖骨に天使が眠っている』，エイチエムピー・シアターカンパニー『忠臣蔵・序 ビッグバン/抜刀』，劇団未来『斜交』）」九鬼葉子　テアトロ　950　2018.9　p73〜75

**The Sound of Silence―沈黙の声**　[団]東京ギンガ堂，ソウル市劇団

**2475** 上演：2009年10月21日〜10月28日　場所：紀伊國屋ホール　脚本：キム・ジョンスク　脚本・演出：品川能正　演出：ユ・ヒソン　音楽：チャン・ソヨン，上田亨

◇「幽霊芝居のメリット（東京ギンガ堂『The Sound of Silence―沈黙の声』，昴『河の向うで人が呼ぶ』，東京ミルクホール『水晶の夜』，劇団1980+新宿梁山泊『宇田川心中』）」中本信幸　テアトロ　829　2010.1　p50〜51

## ささふ

### ササフラスの枝にそよぐ風　团NLT
2476　上演：2011年2月17日～2月27日　場所：銀座みゆき館劇場　作：ルネ・ド・オバルディア　訳：利光哲夫　演出：竹邑類
◇「アイデンティティはどこに（NODA・MAP『南へ』，NLT『ササフラスの枝にそよぐ風』，地点『舞台で観る，芥川龍之介の言葉 Kappa/或小説』）」斎藤偕子　テアトロ　847　2011.5　p36～37

### 囁谷シルバー男声合唱団　团演劇集団円
2477　上演：2014年11月3日～11月12日　場所：ステージ円　作：角ひろみ　演出：平光琢也
◇「才女の弱さ，庶民のしたたかさ（パルコ・プロデュース『紫式部ダイアリー』，俳優座『巨人伝説』，円『囁谷シルバー男声合唱団』）」水落潔　テアトロ　899　2015.1　p30～31

### ささやく声　团MODE
2478　上演：2004年3月25日～3月31日　場所：ザ・スズナリ　作：ジョー・ペンホール　訳：小宮山智津子　演出：松本修
◇「不条理劇の威力（新国立劇場『THE OTHER SIDE/線のむこう側』，MODE『ささやく声』，tpt『かもめ』）」内田洋一　テアトロ　750　2004.6　p42～44

### ザ・シェイプ・オブ・シングス～モノノカタチ　团テレビ朝日，ホリプロ
2479　上演：2011年2月10日～2月24日　場所：青山円形劇場　作：ニール・ラビュート　訳：吉岡裕一　演出：三浦大輔
◇「歴史と伝説の狭間（新国立劇場『焼肉ドラゴン』，テレビ朝日/ホリプロ『ザ・シェイプ・オブ・シングス～モノノカタチ～』，文学座『美しきものの伝説』）」北川登園　テアトロ　846　2011.4　p42～43

### ザ・シェルター　团加藤健一事務所
2480　上演：1983年6月29日～7月26日　場所：ザ・スズナリ　作：北村想　演出：大杉祐
◇「夢とうつつのI My Moco Moco（ことばの劇場）」沢美也子　新劇　30（9）　1983.9　p35～36

2481　上演：1988年7月11日～7月17日　場所：本多劇場　作：北村想　演出：大杉祐
◇「若さという神話」長谷部浩　新劇　35（9）　1988.9　p38～41
◇「のみごろワイン，あけましょう」林あまり　新劇　35（9）　1988.9　p42～45

### ザ・シェルター　团名演プロデュース
2482　上演：1982年9月　場所：名演会館地下ホール　作：北村想
◇「北村想のT・P・O『ザ・シェルター』」西村博子　新劇　29（11）　1982.11　p34～35

### ザ・シェルター/寿歌　团加藤健一事務所
2483　上演：2012年3月2日～3月11日　場所：本多劇場　作：北村想　演出：大杉祐
◇「生き抜く力としての希望（新国立劇場『パーマ屋スミレ』，銅鑼『砂の上の星』，加藤健一事務所『ザ・シェルター』『寿歌』）」丸田真悟　テアトロ　861　2012.5　p48～49

### 砂上　团萬國四季協會
2484　上演：2009年5月14日～5月17日　場所：中野光座　作：響リュウ　演出：渡辺大策　音楽：清道洋一
◇「心にしみる斬新な表現（トム・プロジェクト『風のセールスマン』，ASC『ヴェニスの商人』，萬國四季協會『砂上』）」斎藤偕子　テアトロ　821　2009.7　p36～37

### 砂塵のニケ　团青年座
2485　上演：2018年3月23日～3月31日　場所：青年座劇場　作：長田育恵　演出：宮田慶子
◇「今年の収穫の1作『砂塵のニケ』（青年座『砂塵のニケ』，Bunkamura『そして僕は途方に暮れる』，JACROW『焰～ほむら～』，ミナモザ『Ten Commandments』）」小山内伸　テアトロ　946　2018.6　p28～31

### ザ・隅田川　团花組芝居
2486　上演：1987年4月1日～4月25日　場所：ベニサン・ピット　作・演出：加納幸和
◇「都市のかたち」佐々木幹郎　新劇　34（6）　1987.6　p24～29

### さすらい　团燐光群
2487　上演：1989年6月2日～6月18日　場所：文芸坐ル・ピリエ　作・演出：坂手洋二
◇「一夜の夢と，さすらいと」林あまり　新劇　36（9）　1989.9　p38～41

### さすらい/壊れた風景　团燐光群
2488　上演：2006年8月16日～8月27日　場所：SPACE雑遊　作：坂手洋二　演出：おおこうちなおこ
◇「孤独を避ければ，そこは地獄（燐光群/グッドフェローズ『さすらい』『壊れた風景』，『出口なし』プロジェクト『出口なし』，黒テント『ラ・トスカ』，劇団NLT『Daughters』）」結城雅秀　テアトロ　784　2006.11　p48～52

### さすらいのジェニー　团下町唐座
2489　上演：1988年4月8日～5月8日　場所：下町唐座　作・演出：唐十郎
◇「ジェニーが消えた園」衛紀生　新劇　35（6）　1988.6　p22～25
◇「時をこえる劇空間」扇田昭彦　新劇　35（6）　1988.6　p30～33
◇「アヴァンギャルドの力」長谷部浩　新劇　35（6）　1988.6　p34～37
◇「唐十郎の現在（下町唐座『さすらいのジェニー』）」村井健　テアトロ　544　1988.6　p26～27

### ザ・ダイバー　团東京芸術劇場
2490　上演：2009年8月20日～9月20日　場所：東京芸術劇場小ホール1　作・演出：野田秀樹
◇「ミクロとマクロの交錯（東京芸術劇場『ザ・ダイバー』，Bunkamura『コースト・オブ・ユートピア～ユートピアの岸へ』）」田之倉稔　テアトロ　826　2009.11　p43～45

**ザ・多喜二** [団]てんびん座

**2491** 上演：2003年5月3日〜5月5日　場所：相鉄本多劇場　作：森木エリ子　演出：椎貝路生

◇「待って、待って、待ちきれなくって…(萬國四季協會『Z航海団』,紅王国『雄蜂の玉座』,てんびん座『ザ・多喜二』,グループしぜん『父 砧へ帰る』)」浦崎浩實　テアトロ　737　2003.7　p50〜53

**ザ・チェーホフ** [団]SCOT

**2492** 上演：1989年7月30日〜8月12日　場所：利賀山房　構成・演出：鈴木忠志

◇「こころの波」長谷部浩　新劇　36(10)　1989.10　p34〜37

◇「利賀村体験記」林あまり　新劇　36(10)　1989.10　p38〜41

**The Cherry Bonbers** [団]Cherry Bombers project

**2493** 上演：2000年12月13日〜12月17日　場所：ザ・スズナリ　作：ケラリーノ・サンドロヴィッチ(第一話),宮藤官九郎(第二話)　演出：手塚とおる(第一話),河原雅彦(第二話)

◇「新しいエロスの誕生(花組芝居『泉鏡花の海神別荘』,夜の樹『な…七つの大罪』,Cherry Bombers project『The Cherry Bonbers』)」林あまり　テアトロ　704　2001.2　p66〜67

**ザ・近松** [団]松竹

**2494** 上演：1999年2月6日〜2月28日　場所：日生劇場　作：横内謙介　演出：大谷亮介

◇「終わり方がむつかしい(銅鑼『風の一座 沖縄のロミオとジュリエット』,青年劇場『銀色の狂騒曲』,松竹+松竹芸能『ザ・近松』,京『桜の園』)」浦崎浩實　テアトロ　680　1999.4　p68〜70

**サツキマスの物語** [団]扉座

**2495** 上演：2009年12月2日〜12月6日　場所：紀伊國屋サザンシアター　作・演出：横内謙介

◇「メルヘン劇の照射力(扉座『サツキマスの物語』,エ・ネスト『あなたの笑顔』,文学座『崩れたバランス』,虹企画/ぐるうぷ・しゅら『化石童話』)」中本信幸　テアトロ　830　2010.2　p54〜55

**昨今横浜異聞／坂の上の家** [団]木山事務所

**2496** 上演：1998年2月4日〜2月10日　場所：俳優座劇場　作：岸田國士(昨今横浜異聞),松田正隆(坂の上の家)　演出：末木利文

◇「家族というファンタジー(岩松了プロデュース『スターマン 2チャンネルのすべて』,木山事務所『昨今横浜異聞』『坂の上の家』)」長谷部浩　テアトロ　667　1998.4　p49〜51

**殺人狂時代** [団]流山児★事務所

**2497** 上演：2002年6月7日〜6月16日　場所：本多劇場　作：鐘下辰男　演出：流山児祥

◇「日本をどう批判するか(新国立劇場『その河をこえて、五月』,流山児★事務所『殺人狂時代』)」大岡淳　テアトロ　725　2002.8　p52〜53

**殺人者** [団]フジテレビ

**2498** 上演：2007年2月19日〜3月11日　場所：東京グローブ座　作・演出：赤堀雅秋

◇「舞台成果と俳優の演技(地人会『ブルーストッキングの女たち』,横浜ボートシアター『火山の王宮』,ユニークポイント『イメージの世界』,フジテレビジョン『殺人者』)」斎藤偕子　テアトロ　791　2007.5　p46〜47

**殺人者J** [団]トラッシュマスターズ

**2499** 上演：2016年7月14日〜7月24日　場所：下北沢駅前劇場　作・演出：中津留章仁

◇「日本人の倫理観を問う(トラッシュマスターズ『殺人者J』,燐光群『ゴンドララドンゴ』,On7『マ○コの話〜あるいはヴァギナ・モノローグス〜』)」丸田真悟　テアトロ　923　2016.10　p36〜37

**殺人同盟** [団]NLT

**2500** 上演：2008年7月16日〜7月23日　場所：俳優座劇場　作：ロベール・トマ　訳：和田誠一　演出：竹邑類

◇「筋と意識(子供のためのシェイクスピアカンパニー『シンベリン』,NLT『殺人同盟』,俳優座『金魚鉢の中の少女』)」蔵原惟治　テアトロ　810　2008.9　p55〜57

**殺人のストーリー―劇評家殺人事件** [団]シアター代官山

**2501** 上演：1987年　場所：シアター代官山　作：ブリケール&ラセイグ　訳：利光哲夫　演出：澤井杏介

◇「劇評家殺人事件」渡辺保　新劇　34(5)　1987.5　p34〜39

**雑草ワルツ** [団]女性芸術劇場

**2502** 上演：2009年9月18日〜9月20日　場所：ドーンセンター　作：高橋恵　演出：岡部尚子

◇「9月の関西 南河内万歳一座VS青年団(南河内万歳一座『S高原から』,青年団『青木さん家の奥さん』,女性芸術劇場『雑草ワルツ』)」太田耕人　テアトロ　826　2009.11　p52〜54

**さっちゃん** [団]Ugly duckling

**2503** 上演：2001年7月13日〜7月15日　場所：HEP HALL　作：樋口美友喜　演出：池田祐佳理

◇「舞台と現実の狭間で―第1回女性作家・演出家フェス〜姫ごと〜」栗田倘右　シアターアーツ　15　2001.12　p140〜142

◇「7月の関西 女性作家の競演(劇団八時半『弾道へ光』,アグリーダックリング『さっちゃん』,糾〜あざない〜『沙羅、すべり』,桃園会『かえるでんち』)」太田耕人　テアトロ　712　2001.9　p66〜68

**THAT FACE〜その顔** [団]青年座

**2504** 上演：2012年6月14日〜6月24日　場所：青年座劇場　作：ポリー・ステナム　訳：小田島恒志,小田島則子　作・演出：伊藤大

◇「浮遊する幻視鏡(青年座『THAT FACE』,虹企画/ぐるうぷしゅら『牡丹燈幻想』,萬國四季協會『漂流夢野一座』)」中本信幸　テアトロ　866　2012.9　p44〜45

**ザ・寺山** [団]流山児★事務所

**2505** 上演：1993年5月27日〜6月13日　場所：本多劇場　作：鄭義信　演出：佐藤信

◇「イメージ・メイカー寺山の定着（寺山修司没後10年記念公演）」斎藤偕子　テアトロ　606　1993.8　p63～65

2506 上演：1997年5月24日～6月1日　場所：本多劇場　作・演出：鄭義信

◇「チェーホフを縦糸として（T.P.T『イサドラ』，流山児★事務所『ザ・寺山』，カクスコ『上りの始発～丸子組旅にでる』，R・U・Pプロデュース『広島に原爆を落とす日』）」長谷部浩　テアトロ　658　1997.8　p57～61

**ザ・テンペスト**　団シェアード・エクスペリエンス・シアター

2507 上演：1996年11月21日～11月26日　場所：パナソニック・グローブ座　作：シェイクスピア　演出：ナンシー・メックラー

◇「演出意図の分からない芝居（シェアード・エクスペリエンス・シアター『テンペスト』，地人会『ロミオとジュリエット』，円・シアターX『月下』，文学座『特ダネ狂騒曲』，仲間『十二月』，演奏舞台『小〇百姓一揆考』）」結城雅秀　テアトロ　651　1997.1　p73～79

**サトコ―蟻の街のマリア**　団入道雲

2508 上演：1995年11月22日～11月26日　場所：東京芸術劇場中ホール　作・演出：星川霞夫

◇「最も衝撃的な事象（銀座セゾン劇場『エンジェルズ・イン・アメリカ』第二部，地人会『五重奏』，俳優座『ミラノの奇跡』，英国・ウォータミル劇団『オセロ』，櫻花舎『奴隷島』『いさかい』，燐光群『反戦自衛官＝森の中のまわり道』，入道雲『サトコ―蟻の街のマリア』）」結城雅秀　テアトロ　639　1996.2　p65～71

**サド侯爵夫人**　団彩の国さいたま芸術劇場

2509 上演：1995年6月2日～6月4日　場所：彩の国さいたま芸術劇場　作：三島由紀夫　演出：渡辺守章

◇「セリフ劇の難しさ（さいたま芸術劇場『サド侯爵夫人』）」斎藤偕子　テアトロ　632　1995.8　p61～62

**サド侯爵夫人**　団松竹

2510 上演：1983年12月2日～12月27日　場所：サンシャイン劇場　作：三島由紀夫　演出：松浦竹夫

◇「女たちによるサド論の魅力（サンシャイン劇場『サド侯爵夫人』）」渡辺淳　テアトロ　492　1984.2　p30～32

**サド侯爵夫人**　団新国立劇場

2511 上演：2003年5月26日～6月11日　場所：新国立劇場小劇場　作：三島由紀夫　演出：鐘下辰男

◇「「言葉」と「風俗」のあいだ（新国立劇場『サド侯爵夫人』，ピープルシアター『アヴァター 聖なる化身』，加藤健一事務所『木の皿』，青年座『パートタイマー・秋子』）」みなもとごろう　テアトロ　739　2003.8　p58～60

**サド侯爵夫人**　団スウェーデン王立劇場

2512 上演：1990年1月8日～1月13日　場所：東京グローブ座　作：三島由紀夫　演出：イングマール・ベルイマン

◇「太宰治と三島由紀夫」七字英輔　しんげき　37（3）　1990.3　p26～29

◇「演劇をめぐる自由と束縛」扇田昭彦　しんげき　37（3）　1990.3　p30～33

**サド侯爵夫人**　団世田谷パブリックシアター

2513 上演：2012年3月6日～3月20日　場所：世田谷パブリックシアター　作：三島由紀夫　演出：野村萬斎

◇「作者のイメージ（シス・カンパニー『ガラスの動物園』，世田谷パブリックシアター『サド公爵夫人』，Pカンパニー『別役実VS阿藤智恵 日替わり公演 会議 どこまでも続く空のむこうに』）」斎藤偕子　テアトロ　861　2012.5　p52～54

**サド侯爵夫人**　団地域創造

2514 上演：2001年2月2日～2月4日　場所：ピッコロシアター　作：三島由紀夫　演出：原田一樹

◇「2月の関西 固有名と向きあう（公共ホール演劇製作ネットワーク事業『サド公爵夫人』，MONO『なにもしない冬』，鋼鉄猿廻し一座『ドライヴな夜』，のはら工房『コンコンとんとんポロンぽろん』）」太田耕人　テアトロ　706　2001.4　p66～68

**サド侯爵夫人**　団水戸芸術館ACM劇場

2515 上演：1990年10月5日～10月21日　場所：水戸芸術館　作：三島由紀夫　演出：ソフィ・ルカシェフスキー

◇「男優の演じる「サド侯爵夫人」水戸芸術館」西谷修　テアトロ　574　1990.12　p30～31

**サド侯爵夫人／わが友ヒットラー**　団Bunkamura

2516 上演：2011年2月2日～3月2日　場所：シアターコクーン　作：三島由紀夫　演出：蜷川幸雄

◇「言葉のドラマトゥルギー（東京演劇集団風『ニーナ あるいは剝製のかもめの脆さについて』，Bunkamura ミシマダブル『サド侯爵夫人』『わが友ヒットラー』）」田之倉稔　テアトロ　846　2011.4　p50～51

**真田十勇士**　団日本テレビ

2517 上演：2014年1月7日～2月2日　場所：青山劇場　作：マキノノゾミ　演出：堤幸彦　音楽：カブリエル・ロベルト

◇「時空を超えた物語世界（Bunkamura『冬眠する熊に添い寝してごらん』，俳優座『東海道四谷怪談』，日本テレビ開局六十年特別舞台『真田十勇士』）」水落潔　テアトロ　887　2014.3　p66～67

**真田風雲録**　団岡部企画

2518 上演：2000年4月6日～4月12日　場所：アイピット目白　作：福田善之　演出：岡部耕大

◇「想像の域を超えた作劇の発想（岡部企画『真田風雲録』，NANYA・SHIP・シアターX提携『安寿―ANJU』，語りと音楽の会『山林鉄道』）」佐藤康平　テアトロ　695　2000.6　p58～59

**真田風雲録**　団彩の国さいたま芸術劇場

2519 上演：2009年10月15日～11月1日　場所：彩

の国さいたま芸術劇場インサイド・シアター　作：福田善之　演出：蜷川幸雄
◇「二つの劇場で芸術監督を務める蜷川幸雄がそれぞれ思いを込めて総力戦 シアターコクーン『コースト・オブ・ユートピア』彩の国さいたま芸術劇場『真田風雲録』」高橋豊　シアターアーツ　41　2009.12　p110〜113

**真田風雲録**　団新劇団協議会
2520 上演：1988年1月23日〜2月5日　場所：よみうりホール　作：福田善之
◇「「何とかしなきゃいけない」世界」扇田昭彦　新劇　35(4)　1988.4　p34〜37
◇「過去の遺産としての光輝（新劇団協議会『真田風雲録』）」佐伯隆幸　テアトロ　542　1988.4　p24〜26

**真田風雲録**　団兵庫県立ピッコロ劇団
2521 上演：2010年2月16日〜2月21日　場所：兵庫県立芸術文化センター　作：福田善之　演出：内藤裕敬
◇「2月の関西 他者性を演じる（ピッコロシアタープロデュース『真田風雲録』、ヨーロッパ企画『曲がれ！スプーン』、精華小劇場製作『イキシマ breath island』）」太田耕人　テアトロ　832　2010.4　p53〜55

**ザ・パイロット**　団青年座
2522 上演：1985年8月15日〜8月25日　場所：紀伊國屋ホール　作：宮本研　演出：五十嵐康治
◇「8月15日・長崎（青年座「ザ・パイロット」）」ほんちえいき　テアトロ　512　1985.10　p26〜28

**ザ・パイロット**　団俳優座
2523 上演：2004年9月15日〜9月26日　場所：俳優座劇場　作：宮本研　演出：安川修一
◇「女優が織りなす〈夜〉の旅路（俳優座『ザ・パイロット』、青年劇場『夜の笑い』、地人会『夜からの声』）」村井健　テアトロ　756　2004.11　p66〜68

**ザ・パイロット**　団朋友
2524 上演：2008年9月18日〜9月23日　場所：シアターサンモール　作：宮本研　演出：高橋正徳　振付：神崎由布子　音楽：熊野大輔
◇「長崎から江戸へ（朋友『ザ・パイロット』、民藝『海鳴り』）」田之倉稔　テアトロ　813　2008.12　p44〜45

**砂漠のクリスマス—OTHER DESERT CITIES**　団青年座
2525 上演：2016年12月16日〜12月23日　場所：青年座劇場　作：ジョン・ロビン・ベイツ　訳：高橋知伽江　演出：須藤黄英
◇「家族的か、個人的か、社会的か（青年座『砂漠のクリスマス』、青年団国際交流企画『愛のおわり』、新進劇場人養成企画『メカニズム作戦』）」斎藤偕子　テアトロ　929　2017.3　p54〜55

**砂漠のように、やさしく**　団NOISE
2526 上演：1987年5月19日〜5月24日　場所：T2スタジオ　作・演出：如月小春
◇「ジョバンニの帰還」鴻英良　新劇　34(8)　1987.8　p22〜27

**サハラの薔薇石**　団黒テント
2527 上演：2003年9月4日〜9月8日　場所：ザ・スズナリ　作・演出：南俊一
◇「ウェストエンド!?の風味とフリンジ!?への拘り（パルコ・松竹提携『実を申せば』、黒テント『サハラの薔薇石』『金玉ムスメ』）」みなもとごろう　テアトロ　742　2003.11　p53〜55

**ザ・パワー・オブ・イエス**　団燐光群
2528 上演：2010年5月10日〜5月23日　場所：ザ・スズナリ　作：デイヴィッド・ヘアー　訳：常田景子　演出：坂手洋二
◇「「金融システム」は世界を救済できるか（東京演劇集団風『闇の光明』『戦場のような女』、燐光群『ザ・パワー・オブ・イエス』）」田之倉稔　テアトロ　835　2010.7　p48〜49

**THE BEE**　団NODA・MAP
2529 上演：2007年6月22日〜7月29日　場所：シアタートラム　原作：筒井康隆　脚本：野田秀樹、コリン・ティーバン　演出：野田秀樹
◇「トリプルレビュー『THE BEE』 都市の空気が芝居をつくる『THE BEE』をめぐる二ան物語〜ロンドン、そして東京」鳩羽風子　シアターアーツ　32　2007.9　p67〜69
◇「狂気のふちに立つ俳優の力（新国立劇場『氷屋来たる』、NODA・MAP『THE BEE』（日本バージョン・ロンドンバージョン））」内田洋一　テアトロ　796　2007.9　p51〜53
2530 上演：2012年4月25日〜5月20日　場所：水天宮ピット　原作：筒井康隆　脚本：野田秀樹、コリン・ティーバン　演出：野田秀樹
◇「一歩踏み込む勇気（NODA・MAP『THE BEE』、ヤングヴィック劇場『カフカの猿』、イキウメ『ミッション』）」杉山弘　テアトロ　863　2012.7　p38〜39

**錆びたナイフ**　団南河内万歳一座
2531 上演：1997年4月5日〜4月20日　場所：ウィングフィールド　作・演出：内藤裕敬
◇「4月の関西 人間とは何か、を問う眼（南河内万歳一座『錆びたナイフ』、ひょうご舞台芸術『バッファローの月』、関西芸術座『木の咲くとき』）」宮辻政夫　テアトロ　656　1997.6　p82〜83

**サブウェイ**　団極東退屈道場
2532 上演：2011年8月11日〜8月14日　場所：AI・HALL　作・演出：林慎一郎
◇「8月の関西 まぼろしの都市（マレビト・ライブ『N市民 緑下家の物語』、極東退屈道場『サブウェイ』、真夏の會『エダニク』、少年王者舘『超コンデンス』）」太田耕人　テアトロ　853　2011.10　p47〜49

**THE BOYS—ストーンヘンジアパートの隣人たち**　団文学座
2533 上演：1998年5月6日〜5月19日　場所：紀伊國屋サザンシアター　作：トム・グリフィン　訳：鴇澤麻由子、今村由香、鵜山仁　演出：西

川信廣
◇「ヴァルネラビリティと「差別」」(文学座『THE BOYS—ストーンヘンジアパートの隣人たち』、T.P.T『娘に祈りを』)」七字英輔　テアトロ　670　1998.7　p45〜47

## THE BOYS—ストーンヘンジアパートの隣人たち　㊹文学座アトリエの会

**2534** 上演：1995年5月26日〜6月4日　場所：文学座アトリエ　作：トム・グリフィン　訳：鵜澤麻由子、今村由香、鵜山仁　演出：西川信廣
◇「演出のスタイルをめぐって(文学座アトリエ『ザ・ボーイズ』、パルコ劇場『椿姫』)」大場建治　テアトロ　632　1995.8　p63〜64

## サマータイムマシン・ブルース／サマータイムマシン・ワンスモア　㊹ヨーロッパ企画

**2535** 上演：2018年8月9日〜8月12日　場所：京都府立文化芸術会館　作・演出：上田誠
◇「8月の関西 触覚で自己認識する(あごうさとし作・演出『触覚の宮殿』、地点『忘れる日本人』、兵庫県立ピッコロ劇団『蒲団と達磨』、ヨーロッパ企画『サマータイムマシン・ブルース』『サマータイムマシン・ワンスモア』)」九鬼葉子　テアトロ　951　2018.10　p49〜51

## THE MERCHANT—商人　㊹文学座アトリエの会

**2536** 上演：1987年6月26日〜7月5日　場所：文学座アトリエ　作：アーノルド・ウェスカー　訳：竹中昌宏　演出：高瀬久男
◇「民芸の『ヴィシーでの出来事』」渡辺保　新劇　34(9)　1987.9　p30〜35

## サマーハウスの夢　㊹俳優座劇場

**2537** 上演：2005年12月3日〜12月11日　場所：俳優座劇場　作：アラン・エイクボーン　訳：出戸一幸　演出：宮ина真子　振付：新海絵理子　装置：堀尾幸男　音楽：ジョン・パティソン
◇「現実に厳しく迫る不条理劇(青年団『砂と兵隊』、流山児★事務所『SMOKE - LONG VERSION』、俳優座劇場プロデュース『サマーハウスの夢』、燐光群『パーマネント・ウェイ』)」丸田真悟　テアトロ　774　2006.2　p56〜58

## ザ・マン・フー　㊹世田谷パブリックシアター

**2538** 上演：1999年10月7日〜10月16日　場所：世田谷パブリックシアター　作：オリバー・サックス　訳：柴田綾子　演出：ピーター・ブルック
◇「二人のブルック、二つの実験 東京国際舞台芸術フェスティバル『ザ・マン・フー』『ダンシング・アット・ルーナッサ』」大岡淳　シアターアーツ　11　2000.1　p117〜119
◇「アングロ・サクソンの現代劇三題(世田谷パブリックシアター『ザ・マン・フー』、東京国際舞台芸術フェスティバル『ダンシング・アット・ルーナッサ』、文学座『夢の島イニシュマーン』)」渡辺淳　テアトロ　688　1999.12　p65〜67

## THUMBING STRIP round1　㊹中村ゆうじ

**2539** 上演：1991年10月24日〜10月26日　場所：クラブ・クアトロ　作・演出：中村ゆうじ
◇「「新しい目付きのリアリズム」の前にあえなく屈服する「ナウ」の脆弱さ」宮沢章夫　しんげき　39(1)　1992.1　p38〜41

## 侍　㊹トム・プロジェクト

**2540** 上演：2000年10月13日〜10月21日　場所：シアタートラム　作・演出：長塚圭史
◇「台本の出来不出来が決め手(トム・プロジェクト 長塚京三ひとり芝居『侍』、シアターコクーン『VOYAGE』)」江原吉博　テアトロ　701　2000.12　p48〜49

## サムライ 高峰譲吉　㊹東京ギンガ堂

**2541** 上演：2008年10月29日〜11月5日　場所：紀伊國屋サザンシアター　作・演出：品川能正
◇「芝居いろいろ、遊びをせんとや生まれけり(テアトルエコー『フレディ』、下條アトムひとり芝居『思ヒ出ニ、タダイマ！』、田ụ智子ひとり芝居『バッタモ二』、ピープルシアター『狂気の路地』、東京ギンガ堂『サムライ 高峰譲吉』)」中本信幸　テアトロ　815　2009.1　p38〜39

## 覚めてる間は夢を見ない　㊹桃園会

**2542** 上演：2014年6月25日〜6月29日　場所：ウィングフィールド　作・総合演出：深津篤史
◇「7月の関西 鮮やかなる再読(桃園会『覚めてる間は夢を見ない』、KUNIO『HAMLET』、大阪現代舞台芸術協会プロデュース『坊っちゃん』、虚空旅団『誰故草』)」太田耕人　テアトロ　894　2014.9　p41〜43

## THE MONSTER CARNIVAL'06—眠れない夜の悪夢(ゆめ)は惑う　㊹萬國四季協會

**2543** 上演：2006年1月19日〜1月22日　場所：中野光座　作：ごとうかず美　演出：渡辺大策
◇「自己愛を越えて…(青い鳥+北相think『もろびとこぞりてver.2,3』、銅鑼『流星ワゴン』、萬國四季協會『THE MONSTER CARNIVAL'06—眠れない夜の悪夢は惑う』、虹企画／ぐるうぷ・しゅら『アララビアンナイト2006』)」浦崎浩實　テアトロ　776　2006.4　p58〜59

## さようならバッキンガム　㊹仲間

**2544** 上演：1996年7月23日〜7月28日　場所：東京芸術劇場小ホール1　作：モリス・グライツマン　脚色：メアリ・モリス　訳：出戸一幸　演出：広渡常敏
◇「忍び寄るクリシェと事大主義(仲間『さようならバッキンガム』、青年座 ドラマティック・リーディング『審判』)」みなもとごろう　テアトロ　647　1996.10　p66〜67

## サヨナフ—ピストル連続射殺魔ノリオの青春　㊹くじら企画

**2545** 上演：2002年10月12日〜10月14日　場所：ウィングフィールド　作・演出：大竹野正典
◇「10月の古典の野外上演(劇団態変『夏至夜夢』、楽市楽座『かもめ』、兵庫県立ピッコロ劇団『樅の木に短冊』、くじら企画『サヨナフ』)」太田耕

人　テアトロ　729　2002.12　p64～66

**2546**　上演：2017年12月15日～12月17日　場所：ウィングフィールド　作：大竹野正典　演出：くじら企画
◇「1月の関西　表と裏、内と外。人間の両面性の謎を追う（虚空旅団『アトリエのある背中』,南河内万歳一座『びっくり仰天街』,エイチエムピー・シアターカンパニー『盟三五大切』,くじら企画『サヨナフ』,兵庫県立ピッコロ劇団『赤ずきんちゃんの森の狼たちのクリスマス』）」九鬼葉子　テアトロ　943　2018.3　p82～84

### さよなら悪魔のいるクリスマス　⑤流山児★事務所
**2547**　上演：1986年12月23日～12月24日　場所：江戸川区文化総合センター　作：北村想　演出：流山児祥
◇「ことばのリズムはドラマに寄りそう」鴻英良　新劇　34（3）　1987.3　p22～27

### さよならウィキペディア　⑤ジャブジャブサーキット
**2548**　上演：2015年7月24日～7月26日　場所：ザ・スズナリ　作・演出：はせひろいち
◇「濃密、かつ重厚な議論劇（劇団青年座『外交官』,俳優座稽古場公演『詩人かたぎ』,ジャブジャブサーキット『さよならウィキペディア』）」結城雅秀　テアトロ　909　2015.10　p24～25

### さよならを踏みしめて　⑤SHIMIN劇場II
**2549**　上演：2011年10月18日～10月23日　場所：IWATO劇場　作：市川敬太　演出：高橋幸夫
◇「さよなら劇三題の三様三態（SHIMIN劇場II『さよならを踏みしめて』,東京ノーヴィ・レパートリーシアター『idiot』,俳優座劇場プロデュース『十二人の怒れる男たち』）」中本信幸　テアトロ　857　2012.1　p38～39

### さよならオレンジ版百物語　⑤南河内万歳一座
**2550**　上演：1994年2月23日～2月26日　場所：オレンジルーム　作・演出：内藤裕敬
◇「失敗作を改良した手柄（南河内万歳一座『さよならオレンジ版百物語』,メイシアタープロデュース『曽我BROTHERS』,KYOTO演劇フェスティバル』）」宮辻政夫　テアトロ　616　1994.5　p80～81

### さよなら家族　⑤AI・HALL
**2551**　上演：2017年9月8日～9月10日　場所：AI・HALL　作・演出：ごまのはえ
◇「9月の関西　一般のお客様に、作品をいかに届けるのか（サファリ・P『財産没収』,アイホールがつくる伊丹の物語『さよなら家族』,能×現代演劇work『韋駄天』,PROJECT真夏の太陽ガールズ『キラメキ』）」九鬼葉子　テアトロ　938　2017.11　p79～81

### さよなら渓谷　⑤THEガジラ
**2552**　上演：2010年12月5日～12月19日　場所：SPACE雑遊　原作：吉田修一　脚本・構成・演出：鐘下辰男
◇「見つめ返す眼差し（トム・プロジェクトプロデュース『百枚の写真――一銭五厘たちの横丁』,

THE SHAMPOO HAT『砂町の王』,THE・ガジラ『さよなら渓谷』）」丸田真悟　テアトロ　844　2011.2　p54～55

### さよなら、五月―サヨナラ、サツキ　⑤メイシアター、千里金蘭大学
**2553**　上演：2017年3月25日～3月26日　場所：メイシアター中ホール　作・演出：岡部尚子　音楽：クスミヒデオ　振付：斉藤千秋
◇「4月の関西　大阪府吹田市と大東市が地域密着の演劇を主催し、成果（ファミリーミュージカル『さよなら、五月』,大東市主催『河内キリシタン列伝』,エイチエムピー・シアターカンパニー『アラビアの夜』,サファリ・P『悪童日記』,突劇金魚『僕のヘビ母さん』）」九鬼葉子　テアトロ　932　2017.6　p37～39

### さよならだけが人生か　⑤青年団
**2554**　上演：1992年5月29日～6月2日　場所：シードホール　作・演出：平田オリザ
◇「サスペンスのつくり方」コリーヌ・ブレ　Les Specs　39（8）　1992.8　p20～21
◇「排気ガスの出ない演劇会」三田格　Les Specs　39（8）　1992.8　p26～27

### さよなら方舟　⑤C・T・T
**2555**　上演：1999年6月26日～6月27日　場所：スペースイサン東福寺　作・演出：山岡徳貴子
◇「7月の関西　若い演技者たちの台頭（C・T・T『さよなら方舟』,三角フラスコ『黄色い花』）」太田耕人　テアトロ　685　1999.9　p79～81

### さよなら竜馬　⑤壱劇屋
**2556**　上演：2018年9月27日～9月30日　場所：一心寺シアター倶楽　作：マキノノゾミ　脚色・演出：大熊隆太郎
◇「10月の関西　才能の出会いが状況を活性化させる（姫路市文化国際交流財団・はりま劇団協議会『二十世紀少年少女読本』,おうさか学生演劇祭×劇団壱劇屋×一心寺シアター倶楽協同プロデュース『さよなら竜馬』,劇団しようよ『バフ』,エイチエムビー・シアターカンパニー『高野聖』）」九鬼葉子　テアトロ　953　2018.12　p65～67

### さよなら竜馬　⑤京芸
**2557**　上演：2001年9月14日～9月15日　場所：京都市呉竹文化センター　作・演出：鈴木哲也
◇「9月の関西　世界観と物語と。（劇団潮流『弟よ』,劇団京芸『さよなら竜馬』,深津篤史企画『百舌鳥夕雲町歌声喫茶』『湾岸線浜浦駅高架下4：00AM（土ノ日除ク）』,MONO『約三十の嘘』）」太田耕人　テアトロ　714　2001.11　p60～62

### The Library of Life まとめ＊図書館的人生（上）　⑤イキウメ
**2558**　上演：2012年11月16日～12月2日　場所：東京芸術劇場　作・演出：前川知大
◇「深みと拡がりを増した世界（イキウメ『まとめ＊図書館的人生（上）』,豊島区テラヤマプロジェクト実行委員会『地球☆空洞説』,燐光群『星の息子』,加藤健一事務所『バカのカベ』）」丸田真悟　テアトロ　872　2013.2　p78～80

**サラエヴォの黒い手** [団]チョコレートケーキ

**2559** 上演：2014年6月11日〜6月15日　場所：下北沢駅前劇場　作：古川健　演出：日澤雄介

◇「演劇の眼差しと時代感覚（日本劇団協議会『阿部定の犬』，新国立劇場『十九歳のジェイコブ』，劇団チョコレートケーキ『サラエヴォの黒い手』）」丸田真悟　テアトロ　893　2014.8　p26〜27

**サラエヴォのゴドー** [団]青年劇場

**2560** 上演：1998年2月13日〜2月22日　場所：青年劇場稽古場　作：広島友好　演出：松波喬介

◇「現代演劇の“うち”と“そと”（東京演劇アンサンブル『肝っ玉おっ母とその子供たち』『ノラが夫を捨てたあと』，民藝『夢二の妻』，青年劇場アトリエ『サラエヴォのゴドー』，三人芝居『バラック』）」みなもとごろう　テアトロ　668　1998.5　p68〜71

**サラサーテの盤** [団]犬の事ム所

**2561** 上演：1994年10月14日〜10月16日　場所：扇町ミュージアムスクエア　原作：内田百閒　作・演出：大竹野正典

◇「10月の関西 百閒の世界の舞台化」宮辻政夫　テアトロ　623　1994.12　p79〜81

**サラサーテの盤** [団]くじら企画

**2562** 上演：2004年8月20日〜8月22日　場所：大阪市立芸術創造館　原作：内田百閒　作・演出：大竹野正典

◇「9月の関西 そこにある部屋（劇団八時半『そこにあるということ』，くじら企画『サラサーテの盤』，糾〜あざない〜『そらきり草』）」太田耕人　テアトロ　756　2004.11　p103〜105

**2563** 上演：2010年8月27日〜8月29日　場所：精華小劇場　作・演出：大竹野正典

◇「9月の関西 異界をつくる（くじら企画『サラサーテの盤』，浪花グランドロマン『人造都市』，遊気舎『イキトン』）」太田耕人　テアトロ　840　2010.11　p74〜76

**The Last Laugh** [団]ビル・ケンライトカンパニー

**2564** 上演：2007年7月11日〜7月22日　場所：PARCO劇場　作：三谷幸喜　脚本：リチャード・ハリス　演出：ボブ・トムソン

◇「通りゃんせ、いつか来た道？（文化座『眼のある風景』，流山児★事務所『ヘレンの首飾り』，ビル・ケンライトカンパニー/パルコ『The Last Laugh』）」中本信幸　テアトロ　796　2007.9　p60〜61

**沙羅、すべり** [団]糾

**2565** 上演：2001年6月23日〜6月24日　場所：大阪市立芸術創造館　作：芳崎洋子

◇「7月の関西 女性作家の競演（劇団八時半『弾道へ光』，アグリーダックリング『さっちゃん』，糾〜あざない〜『沙羅、すべり』，桃園会『かえるでんち』）」太田耕人　テアトロ　712　2001.9　p66〜68

**2566** 上演：2002年8月24日〜8月25日　場所：HEP HALL　作・演出：芳崎洋子

◇「9月の関西 「じつは…」の変容（糾『沙羅、すべり』，みかんがむ『メテオ・カレイド』，そとばこまち『シークレット・ライフ第三部』）」太田耕人　テアトロ　728　2002.11　p64〜66

**さらだ殺人事件** [団]文学座アトリエの会

**2567** 上演：1986年11月4日〜11月16日　場所：文学座アトリエ　作：別役実　演出：藤原新平

◇「消えた手触り」鴻英良　新劇　34（1）　1987.1　p26〜31

◇「少年の死体は歩く」佐々木幹郎　新劇　34（1）　1987.1　p32〜37

◇「空足」渡辺保　新劇　34（1）　1987.1　p38〜43

**更地** [団]アートクラウド，エイチエムピー・シアターカンパニー

**2568** 上演：2012年8月9日〜8月18日　場所：イロリムラ・プチホール　作：太田省吾　演出：笠井友仁，高安美帆

◇「8月の関西 イリュージョンへの自己言及（少年王者舘『累―かさね―』，アートクラウド×hmp『更地』）」太田耕人　テアトロ　867　2012.10　p50〜51

**更地** [団]湘南台文化センター市民センター

**2569** 上演：1992年1月15日〜1月18日　場所：湘南台文化センター　作・演出：太田省吾

◇「突然に奪われる記憶」コリーヌ・ブレ　Les Specs　39（4）　1992.4　p16〜17

**サラ―追想で綴る女優サラ・ベルナールの一生** [団]松竹

**2570** 上演：2001年9月17日〜9月30日　場所：サンシャイン劇場　作：ジョン・マレル　訳：吉原豊司　演出：宮田慶子　音楽：沢田完

◇「生きることの意味を考える晩年の名優（松竹『サラ』，幹の会+リリック『冬物語』，扉座『ハムレット』『フォーティンブラス』，B級遊撃隊『アルケオプテリクスの卵』）」結城雅秀　テアトロ　714　2001.11　p40〜44

**さらっていってよピーターパン** [団]兵庫県立ピッコロ劇団

**2571** 上演：1997年8月8日〜8月9日　場所：ピッコロシアター　作：別役実　演出：秋浜悟史

◇「8月の関西 「共有されない夢想」の時代（兵庫県立ピッコロ劇団『さらっていってよ、ピーターパン』，そとばこまちworkers『Big Beach』）」宮辻政夫　テアトロ　660　1997.10　p80〜81

**2572** 上演：1998年8月15日〜8月16日　場所：世田谷パブリックシアター　作：別役実　演出：秋浜悟史

◇「さらってくれるお芝居を（兵庫県立ピッコロ劇団『さらっていってよピーターパン』，S.W.A.T！『緑の戦場2』，かもねぎショット『約束』）」林あまり　テアトロ　673　1998.10　p70〜71

**さらバイ** [団]南河内万歳一座

**2573** 上演：2003年3月1日〜3月12日　場所：扇町ミュージアムスクエア　作・演出：内藤裕敬

◇「3月の関西 遠くの脅威（南河内万歳一座『さらバイ』，京都芸術センター・日韓プロジェクト『海と日傘』日本語版，アグリーダックリング『教科の書』）」太田耕人　テアトロ　735　2003.5　p62〜64

### さらば！原子力ロボむつ～愛・戦士編　㈲渡辺源四郎商店

**2574** 上演：2014年11月28日～11月30日　場所：にしすがも創造舎　作・演出：畑澤聖悟
◇「繰り返される時間の意味（燐光群『8分間』、渡辺源四郎商店『さらば！原子力ロボむつ』、イキウメ『新しい祝日』）」丸田真悟　テアトロ　900　2015.2　p110～111

### さらば青春　㈲南河内万歳一座

**2575** 上演：1994年4月25日～5月15日　場所：扇町ミュージアムスクエア　作・演出：内藤裕敬
◇「官能の歓び（新感線『スサノオ～武流転生』、永盛丸プロジェクト『さらば青春』、八時半『区切られた四角い直球』）」宮辻政夫　テアトロ　618　1994.7　p66～68

### さらば、夏の思い出　㈲青い鳥

**2576** 上演：1990年11月22日～12月2日　場所：本多劇場　作・演出：市堂令
◇「青い鳥の今の"姿"」安住恭子　しんげき　38(3)　1991.3　p34～37

### さらば箱船　㈲ニットキャップシアター

**2577** 上演：2012年2月10日～2月12日　場所：AI・HALL　作：寺山修司　構成・演出：ごまのはえ
◇「2月の関西　再利用される過去、あるいはポストモダン（劇団　太陽族『異郷の涙』、桃園会『blue film』、KUTO‐10『楽園！』、ニットキャップシアター『さらば箱船』、日韓共同創作『小町風伝』）」太田耕人　テアトロ　860　2012.4　p51～53

### さらば八月のうた　㈲M.O.P.

**2578** 上演：2010年8月4日～8月16日　場所：紀伊國屋ホール　作・演出：マキノノゾミ　音楽：川崎晴美
◇「遺された言葉を探して（こまつ座&ホリプロ『黙阿彌オペラ』、M.O.P.『さらば八月のうた』、桟敷童子『蟹』）」杉山弘　テアトロ　839　2010.10　p48～49

### さらば、豚　㈲流山児★事務所

**2579** 上演：2012年6月6日～6月12日　場所：ザ・スズナリ　作：東憲司　演出：流山児祥
◇「個の生き方と集団表象（民藝『うしろ姿のしぐれてゆくか』、流山児★事務所『さらば、豚』、扉座『つか版・忠臣蔵～スカイツリー篇』）」田之倉稔　テアトロ　865　2012.8　p44～45

### さらば北辺のカモメ　㈲THEガジラ

**2580** 上演：1996年3月23日～3月31日　場所：シアタートップス　作・演出：鐘下辰男
◇「極限状態における人間の価値（俳優座『フル・サークル＝ベルリン一九四五』、ザ・ガジラ『さらば北辺のカモメ』、銀座セゾン劇場『幸せの背くらべ』、結城座『フランケンシュタイン・バイブル』、昴『セールスマンの死』、鳥獣戯画『真夏の夜の夢』）」結城雅秀　テアトロ　643　1996.6　p42～48

### さらば、わが愛　覇王別姫　㈲日本テレビ、Bunkamura

**2581** 上演：2008年3月9日～3月31日　場所：シアターコクーン　原作：李碧華　脚色：岸田理生　演出：蜷川幸雄
◇「さまざまな愛の形（文学座『長崎ぶらぶら節』、日本テレビ/Bunkamura『さらば、わが愛　覇王別姫』、T FACTORY『ワニの涙』）」北川登園　テアトロ　805　2008.5　p36～37

### サラマンダー　㈲演劇集団円

**2582** 上演：1999年11月3日～11月13日　場所：紀伊國屋サザンシアター　作：堤春恵　演出：岸田良二
◇「観客の想像力を刺激する台詞（木山事務所『ワーグナー家の女』、円『サラマンダー』、文学座アトリエ『花のかたち』、パルコ劇場『ザ・ウーマン・イン・ブラック』、京『ゆうれい』）」結城雅秀　テアトロ　690　2000.1　p68～71

### さりとはつらいね…　㈲俳優座

**2583** 上演：1991年12月4日～12月15日　場所：俳優座劇場　作：吉永仁郎　演出：三木のり平
◇「2つの吉永作品の出来ばえ（文学座『彫刻のある風景・新宿角笛』、俳優座『さりとはつらいね…』）」藤田洋　テアトロ　588　1992.2　p154～156

### 猿川方程式の誤算あるいは死亡フラグの正しい折り方　㈲ジャブジャブサーキット

**2584** 上演：2016年10月7日～10月10日　場所：ウィングフィールド　作・演出：はせひろいち
◇「10月の関西　関西発の企画、演劇祭が相次ぐ（維新派『アマハラ』、現代演劇レトロスペクティブ『夜の子供2』、Plant M『君ヲ泣ク』、匿名劇壇『戸惑えよ』、ヨーロッパ企画『来てけつかるべき新世界』、ジャブジャブサーキット『猿川方程式の誤算あるいは死亡フラグの正しい折り方』）」九鬼葉子　テアトロ　925　2016.12　p70～72

### 猿飛佐助の憂鬱　㈲Pカンパニー

**2585** 上演：2014年3月2日～3月9日　場所：吉祥寺シアター　作・演出：福田善之　美術：石井みつる　振付：西川鯉之祐、渡辺美津子、観世家子　音楽：木内753
◇「戯曲の重量と演出・演技（新国立劇場『アルトナの幽閉者』、さいたまネクストシアター『2014年・蒼白の少年少女たちによるカリギュラ』、Pカンパニー『猿飛佐助の憂鬱』）」みなもとごろう　テアトロ　889　2014.5　p44～45

### 猿の王国　㈲ピープルシアター

**2586** 上演：1997年7月15日～7月20日　場所：シアターX　作・演出：森井睦　振付：麿赤兒
◇「天を仰がぬ人々（ピープルシアター『猿の王国』、第三エロチカ『パーマネント・ブレイン・ダメージ』、座・新劇Part2『どん底』）」大岡淳　テアトロ　659　1997.9　p78～79

**2587** 上演：2004年6月30日～7月4日　場所：シアターX　作・演出：森井睦
◇「芝居は芝居、夢は夢、されど…（椿組『一天地六～幕末新宿遊侠伝』、ジャブジャブサーキット『動物ダウト ver.04』、ピープルシアター『猿の王国』、HAPPY HUNTING GROUND『その鉄塔に男たちはいるという』『約三十の嘘』他）」浦崎浩實　テ

さるも　　　　　　　　　　　　　　　　　　　　　　　　　　　　　　　2588〜2602

### 去るものは日々に遠し　圑俳優座
**2588** 上演：1994年10月1日〜10月8日　場所：俳優座劇場　作：鐘下辰男　演出：安井武
◇「「方言」による多様性の主張（昴『リチャード二世』、パルコ『毛皮のマリー』、劇団1980『へのへのもへ』、優曇華の会『ミス・ジュリー』、ひょうご舞台芸術『オイディプス王』、俳優座ラボ『去るものは日々に遠し』、文学座『ふるあめりかに袖はぬらさじ』）」結城雅秀　テアトロ　623　1994.12　p54〜61

### サロメ　圑銀座セゾン劇場
**2589** 上演：1992年4月22日〜4月26日　場所：銀座セゾン劇場　作：オスカー・ワイルド　演出：アンドレ・エンゲル
◇「バーコフ演出の絵とき（銀座セゾン劇場『サロメ』『審判』）」七字英輔　テアトロ　592　1992.6　p46〜48

### サロメ　圑新国立劇場
**2590** 上演：2012年5月31日〜6月17日　場所：新国立劇場　作：オスカー・ワイルド　訳：平野啓一郎　演出：宮本亞門
◇「才子、才に溺れるの譬えも（世田谷パブリックシアター『南部高速道路』、パルコプロデュース『三谷版 桜の園』、新国立劇場『サロメ』）」北川登園　テアトロ　865　2012.8　p42〜43

### サロメの純情　圑地人会
**2591** 上演：1996年10月11日〜10月27日　場所：紀伊國屋ホール　作：斎藤憐　演出：木村光一
◇「芸術至上主義の女の孤独（銀座セゾン劇場『マスター・クラス』、青年座『ベクター』、地人会『サロメの純情』、レクラム舎『プロローグは汽車の中』、文化座『青春』、あすなろ『天皇陛下、萬歳！』）」結城雅秀　テアトロ　649　1996.12　p70〜76

### サワ氏の仕業Ⅲ　圑ジャブジャブサーキット
**2592** 上演：2000年12月7日〜12月10日　場所：ウィングフィールド　作・演出：はせひろいち
◇「1月の関西 領有という名のパクリ（アフロ13『クロマニヨンショック』、遊気体フィールドワーク『出口ありません』、ジャブジャブサーキット『サワ氏の仕業Ⅲ』）」太田耕人　テアトロ　705　2001.3　p82〜84

### 沢氏の二人娘　圑文学座
**2593** 上演：1982年8月5日〜8月27日　場所：三越劇場　作：岸田國士　演出：加藤新吉
◇「初心をたしかめる（文学座『沢氏の二人娘』『おりき』『かくて新年は』『蛍』」ほんちえいき　テアトロ　476　1982.10　p21〜24

### 沢田研二ACTサルバドール・ダリ　圑アトリエ・ダンカン
**2594** 上演：1992年3月12日〜3月22日　場所：パナソニック・グローブ座　作・演出：加藤直
◇「ポテンシャル・ミュージック」三田格　Les Specs　39(6)　1992.6　p20〜21

### サン　圑水の会
**2595** 上演：2011年11月25日〜11月27日　場所：ウィングフィールド　作・演出：中村賢司
◇「12月の関西 劇団の行方（水の会 最終公演『サン』、木ノ下歌舞伎『夏祭浪花鑑』、大阪放送劇団『お父さんのハイライト』）」太田耕人　テアトロ　858　2012.2　p81〜83

### 三月ウサギ　圑昴
**2596** 上演：1981年10月27日〜11月4日　場所：紀伊國屋ホール　作：筒井康隆　演出：樋口昌弘
◇「世界は喜劇へ傾斜する」扇田昭彦　新劇　28(12)　1981.12　p21〜24

### 残酷な神が支配する　圑シベリア少女鉄道
**2597** 上演：2006年7月6日〜7月15日　場所：吉祥寺シアター　作・演出：土屋亮一
◇「共犯関係を逆手にとる舞台（シベリア少女鉄道『残酷な神が支配する』、ポツドール『女のみち』、三田村組『仰げば尊くなし』、風間杜夫アーカイブスシアター『黄昏にカウントコール』）」丸田真悟　テアトロ　782　2006.9　p44〜45

### 残酷な17才　圑キンダースペース
**2598** 上演：1997年9月19日〜9月23日　場所：ザ・スズナリ　作・演出：原田一樹
◇「幕切れがキマらない！（俳優座『村岡伊平治伝』、まにまアート『赤い糸に結ばれて』、文化座『いろはに金米糖』、東演『そして、あなたに逢えた』、キンダースペース『残酷な17才』）」浦崎浩實　テアトロ　661　1997.11　p64〜66

### 残酷の一夜　圑遊劇体
**2599** 上演：2003年4月25日〜4月27日　場所：カラビンカ　作・演出：キタモトマサヤ
◇「5月の関西 演技を演技する（くじら企画『夜、ナク、鳥』、MONO『チェーホフは笑いを教えてくれる』、遊劇体『残酷の一夜』、ひょうご舞台芸術『扉を開けて、ミスター・グリーン』）」太田耕人　テアトロ　737　2003.7　p64〜66

### 珊瑚抄　圑清流劇場
**2600** 上演：1998年11月13日〜11月15日　場所：扇町ミュージアムスクエア　作：香中穹　演出：田中孝弥
◇「11月の関西 大阪弁のブレヒト（南河内万歳一座『ライオン狩り』、清流劇場『珊瑚抄』、劇団大阪『セチュアンの善人』）」宮辻政夫　テアトロ　677　1999.1　p126〜127

### 残魂エンド摂氏零度　圑デス電所
**2601** 上演：2007年11月3日〜11月25日　場所：精華小劇場　作・演出：竹内佑
◇「11月の関西 ロングランの季節（デス電所『残魂エンド摂氏零度』、劇団アグリーダックリング『箱師よ、その町の晩に釘を打て。』、地点『桜の園』）」太田耕人　テアトロ　800　2008.1　p129〜131

### 燦々　圑てがみ座
**2602** 上演：2016年11月3日〜11月13日　場所：座・高円寺1　作：長田育恵　演出：扇田拓也
◇「近代という識域への挑戦（イキウメ『遠野物

語・奇ッ怪 其ノ三』,てがみ座『燦々』,チョコレートケーキ『治天ノ君』)」みなもとごろう　テアトロ　926　2017.1　p50〜51

## サンシャイン・ボーイズ　団オフィス・シルバーライニング
**2603**　上演：1994年10月7日〜10月16日　場所：東京芸術劇場中ホール　作：ニール・サイモン　訳：小田島雄志,小田島若子　演出：小林裕
◇「俳優と作品の関係(加藤健一事務所『審判』,地人会『調理場』,NLT『女占い師』,新宿梁山泊『青き美しきアジア』,花企画『鐘が鳴る』,オフィス・シルバーライニング『サンシャインボーイズ』)」大沢圭司　テアトロ　623　1994.12　p68〜72

## サンシャイン・ボーイズ　団パルコ
**2604**　上演：2008年6月20日〜6月29日　場所：PARCO劇場　作：ニール・サイモン　訳：福田美環子　演出：福田陽一郎
◇「演技者のアウラ(加藤健一事務所『レンド・ミー・ア・テナー』,昴『ジュリアス・シーザー』,パルコ・プロデュース『サンシャイン・ボーイズ』)」中本信幸　テアトロ　810　2008.9　p50〜51

## 33の変奏曲　団パルコ
**2605**　上演：2010年10月8日〜10月31日　場所：ル・テアトル銀座　作：モイゼス・カウフマン　訳：丹野郁弓　演出：高橋昌也
◇「近代古典と二つの新作(新国立劇場『ヘッダ・ガーブレル』,(株)パルコ企画・製作『33の変奏曲』,民藝『どろん どろん』)」水落潔　テアトロ　841　2010.12　p46〜47

## 33の変奏曲　団民藝
**2606**　上演：2017年9月27日〜10月8日　場所：紀伊國屋サザンシアターTAKASHIMAYA　作：モイゼス・カウフマン　訳・演出：丹野郁弓
◇「寛容という名の変奏(松竹『アマデウス』,劇団民藝『33の変奏曲』,劇団1980『素劇 楢山節考』,Bunkamura『危険な関係』)」杉山弘　テアトロ　939　2017.12　p36〜38

## 三銃士　団日生劇場
**2607**　上演：2011年7月21日〜7月24日　場所：日生劇場　原作：デュマ　脚本：中島淳彦　演出：田尾下哲　演出：NAOTO
◇「炎暑をしずめる名作演劇効果(虹企画・ぐるうぷしゅら『じょるじゅ・だんだん』,日生劇場ファミリーフェスティヴァル2011『三銃士』,民藝『アンネの日記』)」中本信幸　テアトロ　853　2011.10　p38〜39

## 山椒大夫考　団京楽座
**2608**　上演：2007年10月2日〜10月3日　場所：紀伊國屋ホール　作・演出：ふじたあさや　音楽：平井澄子
◇「愛しく,美しい可知と大塚のラヴシーン(俳優座『豚と真珠湾』,京楽座『山椒大夫考』『中西和久のエノケン』,東京演劇アンサンブル『母—おふくろ』)」みなもとごろう　テアトロ　799　2007.12　p44〜45

## 3150万秒と、少し—今までになく懸命に生きた一年　団青年劇場
**2609**　上演：2005年3月25日〜3月29日　場所：シアターサンモール　原案：ラルフ・ブラウン　作：藤井清美
◇「演ずる側の目線(地人会『丘の上のイェッペ』,横浜ボートシアター『極めて家庭的に 軽の太子とその妹』,青年劇場『3150万秒と、少し』,黒テント『ロベルト・ズッコ』)」中本信幸　テアトロ　764　2005.6　p57〜59

## サンダカン八番娼館 底辺女性史序章　団文化座
**2610**　上演：1994年4月9日〜4月17日　場所：サンシャイン劇場　原作：山崎朋子　脚本：ふじたあさや　演出：鈴木光枝
◇「芝居の神髄は「語り」にあり(パルコ『ゴールドウラのたそがれ』,文化座『サンダカン八番娼館』,四季『ジーザス・クライスト=スーパースター』,東京サンシャイン・ボーイズ『ショウ・マスト・ゴー・オン』,自転車キンクリーツ『トランクス』,黒テント『あちゃらか商人』)」結城雅秀　テアトロ　617　1994.6　p53〜57

## サンタクロース会議　団青年団
**2611**　上演：2009年12月11日〜12月23日　場所：こまばアゴラ劇場　作・演出：平田オリザ
◇「歯ごたえのある舞台(青年座『第三の証言』,流山児★事務所『田園に死す』,青年団『サンタクロース会議』)」丸田真悟　テアトロ　831　2010.3　p52〜53

## サンタクロースが歌ってくれた　団演劇集団キャラメルボックス
**2612**　上演：1989年12月11日〜12月25日　場所：シアターモリエール　作・演出：成井豊
◇「演劇をめぐる自由と束縛」扇田昭彦　しんげき　37(3)　1990.3　p30〜33

## 三ちゃんと梨枝　団俳優座
**2613**　上演：2005年10月5日〜10月9日　場所：シアターX　作：田中千禾夫　演出：藤原留香
◇「日本人の戯曲描く政治的笑劇(二兎社『歌わせたい男たち』,俳優座新進演出家三連続公演『湖の秋』『三ちゃんと梨枝』『しとやかな獣』)」内田洋一　テアトロ　771　2005.12　p48〜50

## SUNDAY AFTERNOON　団健康
**2614**　上演：1991年12月14日〜12月25日　場所：シードホール　作・演出：ケラリーノ・サンドロヴィッチ
◇「人生はプロモーション・ヴィデオ」三田格　Les Specs　39(4)　1992.4　p22〜23

## サンデー・イン・ニューヨーク　団松竹
**2615**　上演：1980年7月5日〜7月30日　場所：サンシャイン劇場　作：ノーマン・クラスナー　訳・演出：木村光一
◇「中年,この性的熟練者」堂本正樹　新劇　27(9)　1980.9　p26〜29

## SANDSTORM　団マシュマロウェーブ
**2616**　上演：1990年10月2日〜10月4日　場所：青

## さんに

### 三人吉三巴白浪　㋳前進座
**2617** 上演：2013年1月2日～1月9日　場所：前進座劇場　作：河竹黙阿弥　演出：鈴木龍男
◇「異種ジャンル混交芝居の楽しみ（前進座劇場ファイナル公演『三人吉三巴白浪』、レクラム舎『それはさておき恋はくせもの』、ピープルシアター『女のほむら』、萬國四季協会『真夜中のアンサンブル』」中本信幸　テアトロ　873　2013.3　p56～57

### 三人姉妹　㋳演劇集団円
**2618** 上演：1993年10月21日～11月7日　場所：シアターサンモール　作：チェーホフ　訳：神西清　演出：村田大
◇「演出意図の鮮明な『三人姉妹』（加藤健一事務所『三人姉妹』、円『三人姉妹』）」山登敬之　テアトロ　612　1994.1　p70～72

**2619** 上演：2012年10月16日～10月28日　場所：ステージ円　作：チェーホフ　台本・演出：佐久間崇
◇「『異端』と『正統』(TFactory『文体の獣』、パルコプロデュース『ルーマーズ』、演劇集団円『三人姉妹』)」田之倉稔　テアトロ　871　2013.1　p56～57

### 三人姉妹　㋳加藤健一事務所
**2620** 上演：1993年10月21日～11月14日　場所：本多劇場　作：チェーホフ　英訳：マイケル・フレイン　訳：小田島雄志　演出：加藤健一
◇「演出意図の鮮明な『三人姉妹』（加藤健一事務所『三人姉妹』、円『三人姉妹』）」山登敬之　テアトロ　612　1994.1　p70～72

### 三人姉妹　㋳華のん企画
**2621** 上演：2011年10月26日～10月30日　場所：あうるすぽっと　作：チェーホフ　訳：松下裕　脚本・演出：山崎清介
◇「『戦争』と『移動』の中で（ピープルシアター『砂のクロニクル』、京楽座『草鞋をはいて』、華のん企画『三人姉妹』)」高橋豊　テアトロ　857　2012.1　p42～43

### 三人姉妹　㋳木山事務所
**2622** 上演：1999年5月26日～6月3日　場所：俳優座劇場　作：チェーホフ　訳：小田島雄志　演出：勝田安彦
◇「"とらわれ"の寓意性（民藝『大司教の天井』、黒テント『JUNGLE』、トム・プロジェクトプロデュース『絶対零度』、木山事務所『三人姉妹』）」みなもとごろう　テアトロ　684　1999.8　p72～74

### 三人姉妹　㋳銀座セゾン劇場
**2623** 上演：1992年11月10日～11月29日　場所：銀座セゾン劇場　作：チェーホフ　訳：湯浅芳子　演出：蜷川幸雄
◇「20世紀の『夢』の顛末（俳優座『ワッサ・ジェレズノワ』、銀座セゾン劇場『3人姉妹』、）」七字英輔　テアトロ　599　1993.1　p62～64

### 三人姉妹　㋳シス・カンパニー
**2624** 上演：2015年2月7日～3月1日　場所：シアターコクーン　作：チェーホフ　台本・演出：ケラリーノ・サンドロヴィッチ
◇「さらにもう一度、新たな発見を（シス・カンパニー『三人姉妹』、東京芸術劇場『狂人なおもて往生をとぐ』、東宝『エンドレス・ショック』）」高橋豊　テアトロ　902　2015.4　p34～35

### 三人姉妹　㋳昴
**2625** 上演：1998年10月16日～11月3日　場所：三百人劇場　作：チェーホフ　訳：福田逸　演出：菊池准
◇「半具象の卓抜な演技（如月小春プロデュース『空室』、昴『三人姉妹』、テアトル・ド・コンプリシテ『ストリート・オブ・クロコダイル』）」村井健　テアトロ　675　1998.12　p64～66

### 三人姉妹　㋳世田谷パブリックシアター
**2626** 上演：2000年1月29日～2月8日　場所：世田谷パブリックシアター　作：チェーホフ　脚本：筒井ともみ　演出：松本修
◇「非在の存在たちのドラマ（世田谷パブリックシアター／シアタープロジェクトさっぽろ『三人姉妹』、STUDIOコクーン『ゴドーを待ちながら』、フランス国立レンヌ劇場／同オルレアン振付センター『ヴォイツェック』）」渡辺淳　テアトロ　693　2000.4　p56～57

### 三人姉妹　㋳地点
**2627** 上演：2003年11月6日～11月16日　場所：アトリエ春風舎　作：チェーホフ　訳：神西清　演出：三浦基
◇「様式性、リアリティー、関係性（ク・ナウカ『マハーバーラタ』、燐光群『CVR チャーリー・ビクター・ロミオ』、青年団リンク・地点『三人姉妹』）」丸田真悟　テアトロ　745　2004.1　p58～59

**2628** 上演：2008年7月5日～7月13日　場所：大阪市立芸術創造館　作：チェーホフ　訳：神西清　演出：三浦基
◇「空に楽譜を描く地点『三人姉妹』『桜の園』連続上演をめぐって」林カヲル　シアターアーツ　37　2008.12　p99～102
◇「7月の関西 どこでもない空間（WANDERING PARTY『レオナード・FS改』、A級 Missing Link『裏山の犬にでも喰われたい』、遊撃体『山吹』、地点『三人姉妹』）」太田耕人　テアトロ　810　2008.9　p81～83

### 三人姉妹　㋳TPT
**2629** 上演：2007年7月27日～7月31日　場所：ベニサン・ピット　作：チェーホフ　脚色：広田敦郎　演出：門井均　振付：中村音子
◇「うそ寒い現実を映すブラックユーモア（日本劇団協議会 一跡二跳制作『漂流物』、TPT『三人姉妹』、め組『戊辰残照』、レクラム舎『そらの時間ヒトのユメ』）」中本信幸　テアトロ　797　2007.10　p54～55

### 三人姉妹　㋳東京演劇集団風
**2630** 上演：1993年9月29日～10月3日　場所：シアターサンモール　作：チェーホフ　訳：松

下裕　演出：熊井宏之
◇「舞台の「外」へ向かう力（風『三人姉妹』，黒テント『荷風のオペラ』，アテナの会『ピアフの妹』，仲間『ゴヤ』，B『ブリーズ』）」大沢圭司　テアトロ　610　1993.12　p66〜69

**2631** 上演：1995年9月6日〜9月10日　場所：シアターVアカサカ　作：チェーホフ　訳：松下裕　演出：井森雅人
◇「台詞における心理描写の不足（民藝『青春の甘き小鳥』，俳優座劇場『二十日鼠と人間』，東京演劇集団風『三人姉妹』，朋友『幸福』，青年劇場『青春の砦』）」結城雅秀　テアトロ　635　1995.11　p64〜69

**2632** 上演：2004年9月14日〜9月19日　場所：レパートリーシアターKAZE　作：チェーホフ　訳：松下裕　演出：浅野佳成
◇「劇的マンダラ（巣林舎『津國女夫池』，東京芸術座『GO』，六番シード『ラストシャフル』，東京演劇集団風『三人姉妹』）」中本信幸　テアトロ　756　2004.11　p57〜59

### 三人姉妹　[団]東京乾電池

**2633** 上演：1993年11月23日〜12月5日　場所：本多劇場　作：チェーホフ　訳：神西清　演出：柄本明
◇「今こそ等身大のつぶやきを（銀座セゾン劇場『血の婚礼』，東京乾電池『三人姉妹』）」山登敬之　テアトロ　613　1994.2　p72〜74

### 三人姉妹　[団]トマ・カラジウ劇場

**2634** 上演：2009年9月19日〜9月20日　場所：鳥の劇場　作：チェーホフ　演出：アレクサンドル・ダビジャ
◇「残酷な不条理感漂う舞台（トマ・カラジウ劇場『三人姉妹』，ブランドラ劇場『解体 タイタス ローマの没落』，ナイロン100℃『世田谷カフカ』，パルコ劇場『中国の不思議な役人』）」扇田昭彦　テアトロ　827　2009.12　p31〜33

### 三人姉妹　[団]NINAGAWA STUDIO

**2635** 上演：1984年11月22日〜12月9日　場所：ベニサンスタジオ　作：チェーホフ　演出：蜷川幸雄
◇「芝居を聞く（ことばの劇場）」長谷部浩　新劇　32（2）　1985.2　p47〜51

### 三人姉妹　[団]俳優座

**2636** 上演：2003年11月12日〜11月23日　場所：俳優座劇場　作：チェーホフ　訳・演出：安井武
◇「幻想とリアル、そしてブラックコメディ（演劇集団・円『あいにゆくから』，俳優座『三人姉妹』，ナイロン100℃『ハルディン・ホテル』）」七字英輔　テアトロ　745　2004.1　p66〜68

**2637** 上演：2013年9月14日〜9月29日　場所：俳優座5F稽古場　作：チェーホフ　訳・演出：森一
◇「西洋古典生む笑いの今（シス・カンパニー『かもめ』，俳優座『三人姉妹』，（財）現代演劇協会『夕闇』）」斎藤偕子　テアトロ　882　2013.11　p54〜55

### 三人姉妹　[団]萬國四季協會

**2638** 上演：2018年6月27日〜7月1日　場所：上野ストアハウス　作：チェーホフ　訳：中本信幸　演出：渡辺大策
◇「古今東西変らぬものは（狂言劇場『狂言呼声』『狂言楢山節考』，トラッシュマスターズ『奇行遊戯』，萬國四季協會『三人姉妹』）」黒羽英二　テアトロ　950　2018.9　p65〜67

### 三人姉妹　[団]文学座

**2639** 上演：1981年12月3日〜12月20日　場所：東横劇場　作：チェーホフ　訳：神西清　演出：岩村久雄
◇「家庭劇への変貌（文学座『三人姉妹』）」藤田洋　テアトロ　468　1982.2　p25〜28

**2640** 上演：2012年2月10日〜2月19日　場所：紀伊國屋ホール　作：チェーホフ　訳：坂口玲子　演出：坂口芳貞
◇「躓き、異化され、魅せつける（文学座『三人姉妹』，オペラシアターこんにゃく座『金色夜叉』，TRASHMASTERS『狂おしき怠惰』）」村井健　テアトロ　860　2012.4　p44〜45

### 三人姉妹　[団]Bunkamura

**2641** 上演：2001年10月5日〜10月21日　場所：シアターコクーン　作：チェーホフ　訳・演出：岩松了
◇「絶望という名の希望（シアターコクーン『三人姉妹』，メジャーリーグ『おやすみ、母さん』）」北川登園　テアトロ　715　2001.12　p50〜51

### 三人姉妹　[団]ロシア国立アカデミーマールイ劇場

**2642** 上演：2004年10月8日〜10月11日　場所：アートスフィア　作：チェーホフ　演出：ユーリー・ソローミン
◇「チェーホフの秋（ロシア国立アカデミーマールイ劇場『かもめ』『三人姉妹』，東京演劇アンサンブル『ワーニャ伯父さん』，東京演劇集団風『かもめ』）」北川登園　テアトロ　757　2004.12　p54〜56

### 三人姉妹　[団]ロシア国立オムスクドラマ劇場

**2643** 上演：1998年3月4日〜3月5日　場所：東京芸術劇場中ホール　作：チェーホフ　演出：アルカージィ・カーツ
◇「一本の木があれば祭りが始まる（MODE+世田谷パブリックシアター『プラトーノフ』，俳優座『チェーホフ家の人々』，ロシア国立オムスクドラマ劇場『三人姉妹』『砂の女』，TPS『ブルーストッキングの女たち』，俳優座劇場プロデュース『いぬもあるけばぼうにあたる』）」七字英輔　テアトロ　668　1998.5　p72〜77

### 「三人姉妹」を追放されしトゥーゼンバフの物語　[団]新国立劇場

**2644** 上演：2002年4月1日〜4月17日　場所：新国立劇場小劇場 THE PIT　作・演出：岩松了
◇「身体的行動（文学座アトリエ『退屈な時間』『ベンゲット道路』，新国立劇場『「三人姉妹」を追放されしトゥーゼンバフの物語』，四季『コンタクト』，旧眞空鑑『殺す勇気』）」渡辺淳　テアトロ　722　2002.6　p56〜59

## さんに

### 三人姉妹／桜の園　圈SCOT
2645　上演：1986年8月2日～8月9日　場所：利賀山房　作：チェーホフ　訳：神西清　構成・演出：鈴木忠志
◇「関係としてのドラマ」鴻英良　新劇 33(10)　1986.10　p22～27
◇「演出家の度胸」佐々木幹郎　新劇 33(10)　1986.10　p28～33
◇「白石加代子のラネーフスカヤ夫人」渡辺保　新劇 33(10)　1986.10　p34～39
◇「「風の駅」の感動」渡辺保　新劇 34(2)　1987.2　p34～39

### 三人でシェイクスピア　圈鳥獣戯画
2646　上演：2005年10月3日～10月4日　場所：シアターグリーン　原作：ジェス・ウィンフィールド　訳：小田島雄志, 長谷川仰子　演出：知念正文
◇「高齢化社会を生きる（民藝＋無名塾『ドライビング・ミス・デイジー』、パルコ・ルテアトル銀座『ふたりのカレンダー』、昴『八月の鯨』、東京演劇アンサンブル『マイという女』、鳥獣戯画『三人でシェイクスピア』)」結城雅秀　テアトロ 771　2005.12　p51～55

### 三ねん坂の裏の坂　圈東京乾電池
2647　上演：1999年7月30日～8月1日　場所：近鉄アート館　作・演出：ベンガル, 綾田俊樹
◇「紡いだ人生を一人で語り演ずるのが…（花組芝居『奥女中たち』、トム・プロジェクト『麗しき三兄妹』、東京乾電池『三ねん坂の裏の坂』)」佐藤康平　テアトロ 685　1999.9　p72～73

### 三年寝太郎／先駆けるもの　圈青年劇場
2648　上演：2010年2月12日～2月23日　場所：青年劇場スタジオ結　作：木下順二（三年寝太郎）, 秋田雨雀（先駆けるもの）　構成：津上忠（三年寝太郎）, 福山啓子　演出：堀口始（先駆けるもの）
◇「劇的状態の呈示（Pカンパニー『バス停のある風景／バス停のカモメ他』、ギィ・フォワシィ・シアター『相寄る魂／大笑い／詩人の墓』、青年劇場『三年寝太郎／先駆けるもの』)」蔵原惟治　テアトロ 832　2010.4　p44～45

### 365　圈B級遊撃隊
2649　上演：2007年6月15日～6月17日　場所：愛知県芸術劇場小ホール　作：佃典彦　演出：神谷尚吾
◇「"死体"のある風景—劇団B級遊撃隊『365』」安住恭子　シアターアーツ　2007.9　p97～99

### サンフランシスコ案内　圈地人会
2650　上演：1992年9月3日～9月13日　場所：紀伊國屋ホール　作：山田太一　演出：栗山民也
◇「ひとり芝居・スペイン芝居（地人会／中村岩五郎・サンフランシスコ案内』、青年座『モロッコの甘く危険な香り』)」藤田洋　テアトロ 597　1992.11　p64～67
◇「ひとり芝居の刺激とやすらぎ」コリーヌ・ブレ　Les Specs 39(11)　1992.11　p34～35

### 3分間の女の一生　圈燐光群
2651　上演：2010年11月13日～11月23日　場所：座・高円寺1　作・演出：坂手洋二
◇「三者三様、回想の男あるいは女の一生（燐光群『3分間の女の一生』、三田村組『男の一生』、Pカンパニー『どうしてそんなにのろいのか』)」みなもとごろう　テアトロ 844　2011.2　p60～61

### 3/3サンブンノサン　圈グリング
2652　上演：2001年12月14日～12月17日　場所：東京芸術劇場小ホール1　原作：橋口亮輔　作・演出：青木豪
◇「古典が甦る時と枯死する時（イプセンを上演する会『ヘッダ・ガブラー』、東演『黄昏のメルヘン』、虹企画Group シュラ『赤いざくろ』、女優（その1)』、グリング『3/3サンブンノサン』)」浦崎浩實　テアトロ 718　2002.2　p58～59

### 散歩する侵略者　圈イキウメ
2653　上演：2011年5月13日～5月29日　場所：シアタートラム　作・演出：前川知大
◇「人間観察の目（新国立劇場『鳥瞰図』、劇団1980『麻布怪談』、イキウメ『散歩する侵略者』)」杉山弘　テアトロ 849　2011.7　p40～41

### 三文オペラ　圈演劇集団円, 青年座
2654　上演：1996年6月6日～6月15日　場所：紀伊國屋ホール　作：ブレヒト　英訳：マーク・ブリッツシュタイン　訳：川本燁子　演出：宮田慶子（青年座）, 村田元史（円）
◇「英語版の効用やいかに（円, 青年座『三文オペラ』)」渡辺淳　テアトロ 645　1996.8　p60～62

### 三文オペラ　圈ケルン演劇場
2655　上演：1993年11月24日～11月29日　場所：日生劇場　作：ブレヒト　演出：ギュンター・クレーマー
◇「階段と女たちの三文オペラ（ケルン演劇場＝日生劇場『三文オペラ』)」渡辺保　テアトロ 613　1994.2　p60～62

### 三文オペラ　圈新国立劇場
2656　上演：2014年9月10日～9月28日　場所：新国立劇場　作：ブレヒト　訳：谷川道子　演出：宮田慶子　作曲：クルト・ヴァイル　音楽監督：島健
◇「人間の危うさを描く三つの劇（シス・カンパニー『火のようにさみしい姉がいて』、新国立劇場『三文オペラ』、俳優座『クレアモントホテルにて』)」水落潔　テアトロ 896　2014.11　p34～35

### 三文オペラ　圈青年座
2657　上演：1981年6月11日～6月27日　場所：紀伊國屋ホール　原作：ブレヒト　脚本・構成：石澤秀二　演出：鈴木完一郎
◇「笑いに徹した演出（青年座『三文オペラ』)」利光哲夫　テアトロ 463　1981.9　p21～24

### 三文オペラ　圈世田谷パブリックシアター
2658　上演：2007年10月9日～10月28日　場所：世

田谷パブリックシアター　作：ブレヒト　台本・演出：白井晃　訳：酒寄進一　音楽：クルト・ヴァイル　音楽監督：三宅純
　◇「新演出と新しい協同作業(埼玉県芸術文化振興財団・ホリプロ『オセロー』、世田谷パブリックシアター『三文オペラ』、パレスチナ・キャラバン『アザリアのピノッキオ』)」扇田昭彦　テアトロ　799　2007.12　p48～50

### 三文オペラ　㈲東演
**2659**　上演：2002年2月16日～2月24日　場所：世田谷パブリックシアター　作：ブレヒト　訳：佐藤史郎　演出・美術：ワレリー・ベリャコーヴィッチ
　◇「ことばを超える演劇こそが…(東演『三文オペラ』、こまつ座『国語元年』、東京演劇アンサンブル『消えた海賊』)」中本信幸　テアトロ　721　2002.5　p48～49

### 三文オペラ　㈲東京演劇集団風
**2660**　上演：2005年8月20日～8月25日　場所：レパートリーシアターKAZE　作：ブレヒト　訳：岩淵達治　演出：ミラン・スラデク
　◇「小さな国際的なビエンナーレKAZE演劇祭2005(『三文オペラ』『ピカソの女たち』『年老いたクラウン』)」斎藤偕子　テアトロ　770　2005.11　p44～45
**2661**　上演：2009年4月10日～4月12日　場所：レパートリーシアターKAZE　作：ブレヒト　訳：岩淵達治　演出：ミラン・スラデク,浅野佳成
　◇「政治の腐敗と民衆の貧困(Bunkamura『三文オペラ』、東京演劇集団風『三文オペラ』、新国立劇場『シュート・ザ・クロウ』)」北川登園　テアトロ　820　2009.6　p38～40

### 三文オペラ　㈲俳優座
**2662**　上演：2005年2月10日～2月21日　場所：紀伊國屋サザンシアター　作：ブレヒト　訳：千田是也　演出：安井武
　◇「ブレヒトの方へ(俳優座『三文オペラ』、東京演劇集団風『第三帝国の恐怖と悲惨』、木山事務所『コント・ア・ラ・カルト当世殺人考』)」田之倉稔　テアトロ　762　2005.4　p46～48

### 三文オペラ　㈲Bunkamura
**2663**　上演：2001年7月9日～7月27日　場所：シアターコクーン　作：ブレヒト　訳：池内紀　演出：蜷川幸雄
　◇「役を生きること(仕事プロジェクト『お隣りの脱走兵』、俳優座劇場『こわれがめ』、シアターコクーン『三文オペラ』、昴『アルジャーノンに花束を』)」渡辺淳　テアトロ　712　2001.9　p56～59
**2664**　上演：2009年4月5日～4月29日　場所：シアターコクーン　作：ブレヒト　訳：酒寄進一　演出：宮本亜門
　◇「政治の腐敗と民衆の貧困(Bunkamura『三文オペラ』、東京演劇集団風『三文オペラ』、新国立劇場『シュート・ザ・クロウ』)」北川登園　テアトロ　820　2009.6　p38～40

### 三文オペラ　新装黒テント版　㈲黒テント
**2665**　上演：2004年4月21日～4月29日　場所：池上本門寺グランド　作・演出：佐藤信
　◇「劇場でおこる暴力」梅山いつき　シアターアーツ　19　2004.6　p85～87

### 山林鉄道　㈲語りと音楽の会
**2666**　上演：2000年　作：山本鉱太郎　演出：大澤豊
　◇「想像の域を超えた作劇の発想(岡着企画『真田風雲録』、NANYA・SHIP・シアターX提携『安寿―ANJU』、語りと音楽の会『山林鉄道』)」佐藤康平　テアトロ　695　2000.6　p58～59

## 【し】

### し　㈲NODA・MAP
**2667**　上演：1995年12月1日～12月26日　場所：自由劇場　構成・演出：野田秀樹
　◇「演劇はいかにして装置を切り詰めるか(文学座アトリエの会『雛』、NODA・MAP『し』)」藤谷忠昭　テアトロ　639　1996.2　p72～73

### THE OTHER SIDE/線のむこう側　㈲新国立劇場
**2668**　上演：2004年4月12日～4月28日　場所：新国立劇場小劇場　作：アリエル・ドーフマン　訳：水谷八也　演出：孫振策
　◇「思考を促す磁場としての演劇　『THE OTHER SIDE/線のむこう側』」立木あき子　シアターアーツ　19　2004.6　p82～84
　◇「不条理劇の威力(新国立劇場『THE OTHER SIDE/線のむこう側』、MODE『ささやく声』、tpt『かもめ』)」内田洋一　テアトロ　750　2004.6　p42～44

### ジ・アート・オブ・サクセス―風刺画家ウィリアム・ホガースの芸術　㈲劇工房ライミング
**2669**　上演：1989年11月15日～11月26日　場所：ベニサン・ピット　作：ニック・ディア　演出：栗山民也
　◇「役者、この奇怪なるもの」扇田昭彦　新劇　37(1)　1990.1　p30～33

### G.R.ポイント　㈲文学座アトリエの会
**2670**　上演：1983年6月24日～7月3日　場所：文学座アトリエ　作：デイヴィッド・ベリー　訳：小澤僥謳　演出：鵜山仁
　◇「もう一つのベトナム劇(文学座アトリエ『G.R.ポイント』)」岩波剛　テアトロ　487　1983.9　p26～27

### 幸せ最高ありがとうマジで！　㈲パルコ
**2671**　上演：2008年10月21日～11月9日　場所：PARCO劇場　作・演出：本谷有希子
　◇「カウンセリングの時代に(イキウメ『図書館的人生vol.2 盾と矛』、パルコプロデュース『幸せ最高ありがとうマジで！』、劇団1980『素劇 あゝ東京行

進曲』)」林あまり　テアトロ　815　2009.1　p36〜37

**幸せさがそ**　[団]大阪春の演劇まつり

**2672** 上演：1996年9月　場所：ドーンセンター　作：西岡誠一　演出：鈴木健之亮

◇「10月の関西 必然性感じられず（ピッコロ劇団『心中天網島』，大阪春の演劇まつり二十周年記念『幸せさがそ』，オリゴ党『多羅尾伴内の世界』）」宮辻政夫　テアトロ　649　1996.12　p80〜81

**しあわせな日々**　[団]旧眞空鑑

**2673** 上演：1989年5月23日〜27日,9月6日〜10日,10月6日〜10日　場所：旧眞空鑑アトリエ　作：ベケット　訳：安堂信也,高橋康也　演出：豊川潤

◇「死にゆく者の翳」七字英輔　新劇　36(8)　1989.8　p26〜29

**しあわせな日々**　[団]世田谷パブリックシアター

**2674** 上演：1997年10月1日〜10月12日　場所：シアタートラム　原作：サミュエル・ベケット　訳：安堂信也,高橋康也　演出：ピーター・ブルック

◇「ユニークなベケットの舞台化（世田谷パブリックシアター『しあわせな日々』，カンパニー・マギー・マラン『ワーテルゾイ』『メイビー』）」渡辺淳　テアトロ　662　1997.12　p68〜69

**しあわせな日々／芝居**　[団]MODE,世田谷パブリックシアター

**2675** 上演：2000年12月9日〜12月17日　場所：シアタートラム　作：ベケット　訳：安堂信也,高橋康也　演出：松本修

◇「近くて遠い現実、遠くて近い現実（劇団八時半『素足の日記』，俳優座『離れて遠く二万キロ』，MODE×世田谷パブリックシアター提携『しあわせな日々/芝居』）」大岡淳　テアトロ　704　2001.2　p68〜71

**しあわせの雨傘 Potiche〜飾り壺**　[団]NLT

**2676** 上演：2016年5月12日〜5月19日　場所：博品館劇場　作：ピエール・バリエ,ジャン＝ピエール・グレディ　訳：佐藤康　演出：鵜山仁

◇「生存の苦悩と美の啓示（キューブ『八月の家族たち』，パルコ『猟銃』，劇団俳優座『反応行程』，イキウメ『太陽』，劇団NLT『しあわせの雨傘』）」結城雅秀　テアトロ　919　2016.7　p47〜50

**幸せの背くらべ**　[団]銀座セゾン劇場

**2677** 上演：1996年3月22日〜4月14日　場所：銀座セゾン劇場　作：エドワード・オールビー　訳：丹野郁弓　演出：高橋昌也

◇「極限状態における人間の価値（俳優座『フル・サークル—ベルリン一九四五』，ザ・ガジラ『さらば北辺のカモメ』，銀座セゾン劇場『幸せの背くらべ』，結城座『フランケンシュタイン・バイブル』，昴『セールスマンの死』，鳥獣戯画『真夏の夜の夢』）」結城雅秀　テアトロ　643　1996.6　p42〜48

**幸せの背くらべ**　[団]パルコ,NLT

**2678** 上演：2003年10月8日〜10月26日　場所：ル・テアトル銀座　作：エドワード・オールビー　訳：丹野郁弓　演出：高橋昌也

◇「演劇の効用（加藤健一事務所『詩人の恋』，パルコ/NLT提携『幸せの背くらべ』，メープルリーフ・シアター『太公望のひとりごと』，グループしぜん『おゝ酒よ』）」中本信幸　テアトロ　743　2003.12　p48〜50

**幸せの値段**　[団]NLT

**2679** 上演：2012年4月19日〜4月25日　場所：俳優座劇場　作：ジョン・パトリック　訳：安達紫帆　演出：デボラ・ディスノー

◇「更なる飛翔を求めて（文学座『父帰る』『おふくろ』，彩の国シェイクスピア・シリーズ『シンベリン』，劇団NLT『幸せの値段』）」高橋豊　テアトロ　862　2012.6　p38〜39

**シアン**　[団]南船北馬一団

**2680** 上演：2005年5月19日〜5月21日　場所：〈仮設劇場〉WA　作・演出：棚瀬美幸

◇「5月の関西 物語から解き放たれて（hmp『cage』，南船北馬一団『シアン』，南河内万歳一座『みんなの歌3』）」太田耕人　テアトロ　765　2005.7　p66〜68

**ジ・アンソロジー 次期千年期のための諸価値**　[団]イスラエル・アッコ劇場

**2681** 上演：2000年3月4日〜3月5日　場所：セッションハウス　演出：デヴィッド・アヤマン

◇「人間礼賛、そして人間の尊厳（仕事・無名塾『どん底』，加藤健一事務所『煙が目にしみる』，ベル・シェイクスピア・カンパニー+南オーストラリア州立劇場『死の舞踏』，イスラエル・アッコ劇場『ジ・アンソロジー』）」結城雅秀　テアトロ　694　2000.5　p62〜65

**思案橋**　[団]民藝

**2682** 上演：2011年12月4日〜12月20日　場所：三越劇場　原作：藤沢周平　脚本：吉永仁郎　演出：高橋清祐

◇「この世の関節がはずれてしまったのか（民藝『思案橋』，エイコーン『アンナ・カレーニナ』，昴ザ・サード・ステージ『暗いところで待ち合わせ』）」中本信幸　テアトロ　859　2012.3　p54〜55

**J**　[団]離風霊船

**2683** 上演：1996年9月19日〜9月29日　場所：ザ・スズナリ　作・演出：大橋泰彦

◇「「演じること」を問いかける（NOISEプロデュース'96『青ひげ公の城』，離風霊船『J』，東京壱組『果てるまで行く』）」大沢圭司　テアトロ　649　1996.12　p77〜79

**シェイクスピアを盗め！**　[団]うりんこ

**2684** 上演：2003年3月22日〜3月23日　場所：北とぴあ・つつじホール　原作：ゲアリー・ブラックウッド　訳：安達まみ　脚本：田中浩司　演出：山崎清介

◇「小説の劇化による逸品（うりんこ『シェイクスピアを盗め！』，こまつ座『人間合格』，イプセンを上演する会『ロスメルスホルム』）」浦崎浩實　テアトロ　735　2003.5　p46〜47

**SHAKESPEARE'S R&J** ㊙パルコ
2685 上演：2005年2月1日〜2月20日　場所：
PARCO劇場　作：シェイクスピア　訳：松岡和子　潤色・演出：ジョー・カラルコ
◇「遊戯性と豪華絢爛の絵巻物（まつもと市民芸術館など『コーカサスの白墨の輪』、Bunkamura『幻に心もそぞろ狂おしのわれら将軍』、パルコ製作『SHAKESPEARE'S R&J』）」北川登園　テアトロ　762　2005.4　p52〜54

**シェイクスピア・ソナタ** ㊙シアターナインス
2686 上演：2007年8月30日〜9月26日　場所：
PARCO劇場　作・演出：岩松了
◇「趣向と技巧と思想（シアターナインス『シェイクスピア・ソナタ』、流山児★事務所『オッペケペ』、オペラシアターこんにゃく座『Opera club Macbeth』）」水落潔　テアトロ　798　2007.11　p56〜57

**シェイクスピアだよ！ 全員集合!!** ㊙
WAHAHA本舗
2687 上演：1991年8月3日〜8月8日　場所：パナソニック・グローブ座　演出：喰始
◇「〈頭をひっぱたく行為〉の〈表現〉への昇華」宮沢章夫　しんげき　38（11）　1991.10　p36〜39

**ジェイプス—記憶の棲む家** ㊙ひょうご舞台芸術
2688 上演：2002年7月26日〜8月4日　場所：
PARCO劇場　作：サイモン・グレイ　訳：小田島恒志　演出：宮田慶子
◇「いくつかの死とひとつの生（スカイスケープ主催『海の上のピアニスト』、燐光群『CVR—チャーリー・ビクター・ロミオ』、ひょうご舞台芸術『ジェイプス—記憶の棲む家』、世田谷パブリックシアター『まちがいの狂言』）」渡辺淳　テアトロ　727　2002.10　p53〜55

**J・ギャグニー** ㊙プエルタ・デル・ソル
2689 上演：1991年9月12日〜10月8日　場所：ブディストホール　作・演出：宮本亜門
◇「スタッフの仕事の充実度（'91演劇界回顧）」安住恭子　しんげき　39（2）　1992.2　p34〜37

**ジェシカ・モーレン** ㊙烏丸ストロークロック
2690 上演：2000年5月27日〜5月28日　場所：
ウィングフィールド　作・演出：柳沼昭徳
◇「6月の関西 生きることの感触、そして死（八時半『頬を赤くして』、MONO『錦鯉』、烏丸ストロークロック『ジェシカ・モーレン』、桃園会『どこの通りを突っ走って』、PM/飛ぶ教室『舟唄。霧の中を行くための』）」太田耕人　テアトロ　697　2000.8　p66〜68

**ジェット猿人** ㊙芝居屋坂道ストア
2691 上演：2001年7月20日〜7月22日　場所：
HEP HALL　作・演出：角ひろみ
◇「舞台と現実の狭間で—第1回女性作家・演出家フェス〜姫ごと〜」粟田偲右　シアターアーツ　15　2001.12　p140〜142

**ジェットコースター** ㊙楽市楽座
2692 上演：1999年10月14日〜10月16日　場所：築港赤レンガ倉庫敷地特設テント　作・演出：長山現
◇「10月の関西 境界に佇む（楽市楽座『ジェットコースター』、芝居屋坂道ストア『家出ショウ』、アノニム『一家風』）」太田耕人　テアトロ　688　1999.12　p105〜107

**ジェニーの肖像** ㊙勝田演劇事務所
2693 上演：1987年1月16日〜1月23日　場所：本多劇場　原作：ロバート・ネイサン　台本・作詞：イーニド・ファッターマン　演出：勝田安彦　音楽：ハワード・マーレン
◇「衝撃的な『こんな話』」渡辺保　新劇　34（3）　1987.3　p34〜39

**ジェニーの肖像** ㊙タチ・ワールド
2694 上演：2015年9月24日〜9月27日　場所：
THE GREE　原作：ロバート・ネイサン　台本・作詞：イーニド・ファッターマン、デニス・ローザ　演出・訳詩：勝田安彦　音楽：ハワード・マーレン　音楽監督：安藤由布樹
◇「目に見えない存在を認識する（梅田芸術劇場『夜への長い旅路』、俳優座劇場『月の獣』、BLISS企画『花いちもんめ』、タチ・ワールド『ジェニーの肖像』、演劇集団円『フォースタス』）」結城雅秀　テアトロ　911　2015.12　p28〜30,61〜63

**ジェノサイド** ㊙第三エロチカ
2695 上演：1984年11月1日〜11月9日　場所：アートシアター新宿　作・演出：川村毅
◇「死と変容（ことばの劇場）」川本三郎　新劇　32（1）　1985.1　p29〜34
◇「ある日、ぼくらは劇場のなかで出会う（ことばの劇場）」西村博子　新劇　32（2）　1985.2　p42〜47

**シェフェレ 女主人たち** ㊙黒テント
2696 上演：2012年3月23日〜4月1日　場所：
IWATO劇場　作：ヴェルナー・シュヴァーブ　訳：志賀重仁　演出：ヴェアチェスラヴ・サンブリッシュ
◇「言葉と身体のかかわり（燐光群『ALL UNDER THE WORLD』、黒テント『シェフェレ』、フランス演劇クレアシオン『天国への二枚の切符』）」みなもとごろう　テアトロ　862　2012.6　p36〜37

**シェフェレ 女主人たち** ㊙ハット企画
2697 上演：2017年5月11日〜5月21日　場所：
「劇」小劇場　作：ヴェルナー・シュヴァーブ　訳：志賀重仁、服部右吉　演出：ヴェアチェスラブ・サンブリッシュ
◇「高度経済成長期を見つめた秀作（チョコレートケーキ『60's エレジー』、桟敷童子『蝉の詩』、ハット企画『シェフェレ 女主人たち』）」小山内伸　テアトロ　933　2017.7　p42〜44

**ジェラール・フィリップへの愛ゆえに**
[団]ギィ・フォワシィ・シアター
**2698** 上演：2009年4月21日～4月26日　場所：シアターX　作：ピエール・ノット　訳：真知子・ラヴォー　演出：平山勝
◇「「いま」と「ここ」とを目指して（演劇集団円『初夜と蓮根』，ギイ・フォワシィ・シアター『ジェラール・フィリップへの愛ゆえに』，青年劇場『ばんさんかい』）」みなもとごろう　テアトロ　821　2009.7　p44～46

**ジェルソミーナ**　[団]文学座
**2699** 上演：1984年10月26日～11月4日　場所：PARCO西武劇場　共同脚本：金子成人，小林勝也　演出：小林勝也
◇「薄れた宗教的主題（文学座『ジェルソミーナ』）」千野幸一　テアトロ　503　1985.1　p30～32

**ジェローム・ロビンス・ブロードウェイ**　[団]JSB日本衛星放送
**2700** 上演：1991年4月3日～4月20日　場所：厚生年金会館　演出・振付：ジェローム・ロビンス
◇「転生という救い」長谷部浩　しんげき　38（6）　1991.6　p44～47

**THE END**　[団]渋谷慶一郎+岡田利規
**2701** 上演：2013年5月23日～5月24日　場所：オーチャード・ホール　演出：岡田利規
◇「『THE END』―ボーカロイド・オペラを自ら越えてゆく挑発の豊饒」山野雄大　シアターアーツ　55　2013.7　p42～47

**塩祝申そう**　[団]ぐるーぷえいと
**2702** 上演：1988年4月29日～5月8日　場所：SPACE107　作：川崎照代　演出：藤原新平
◇「女の感性（ぐるーぷえいと『塩祝申そう』『鰹群』）」千野幸一　テアトロ　545　1988.7　p30～32
**2703** 上演：1993年9月13日～9月17日　場所：紀伊國屋ホール　作：川崎照代　演出：藤原新平
◇「解散が惜しまれる成果（ぐるーぷえいと『塩祝申そう』，文学座『フエンテ・オベフーナ』，岡部企画『夢みた夢子』，ウォーキング・スタッフ『アイアンマン』，青年劇場『将軍が目覚めた時』，ピープル・シアター『地の、十字架たちよ』，日生劇場国際児童フェスティバル『八人の犬士たち』）」江原吉博　テアトロ　609　1993.11　p75～80

**塩祝申そう 蒼き海よりの旅立ち**　[団]文化座
**2704** 上演：1981年11月6日～11月15日　場所：三百人劇場　作：川崎照代　演出：鈴木光枝
◇「新人作家のデビュー（文化座『塩祝申そう』）」ほんちえいき　テアトロ　467　1982.1　p26～29

**四角関係**　[団]NLT
**2705** 上演：2009年6月9日～6月14日　場所：博品館劇場　作：クロード・マニエ　訳：梅田晴夫　演出：池田政之
◇「栗山・堀尾・市村のトリオ―現代にこその「炎の人」（ホリプロ『炎の人』，俳優座『nine』，NLT『四角関係』）」みなもとごろう　テアトロ　823　2009.8　p42～44

**シカゴ**　[団]東宝
**2706** 上演：1985年11月2日～11月30日　場所：青山劇場　原作：モーリンダラス・ワトキンズ　脚本：フレッド・エブ，ボブ・フォッシー　訳：酒井洋子，岩谷時子　演出：トニー・スティーブンス
◇「大人と子供のミュージカル（帝国劇場『シカゴ』，四季『ドリーミング』）」藤田洋　テアトロ　515　1986.1　p38～41

**シカゴ・ブルース**　[団]ギィ・フォワシィ・シアター
**2707** 上演：2004年5月26日～5月30日　場所：シアターX　作：ギィ・フォワシィ　台本：佐藤康　訳：佐藤実枝，斎藤公一　演出：沢田次郎（日本版），クロディ・ルモニエ（フランス版）
◇「メッセージいろいろ（青年劇場『悪魔のハレルヤ』，ひょうご舞台芸術『曲がり角の向こうには』，文学座『パレードを待ちながら』，ギィ・フォワシイ・シアター『シカゴ・ブルース』）」渡辺淳　テアトロ　753　2004.8　p38～40

**四月のさかな**　[団]sunday
**2708** 上演：2006年11月1日～11月12日　場所：HEP HALL　作・演出：ウォーリー木下
◇「11月の関西 秋の収穫（遊劇体『闇光る』，AI・HALL+岩崎正裕共同製作『ルカ追送』，Ugly duckling『スパイク・レコード』，sunday『四月のさかな』，デス電所『夕景殺伐メロウ』）」太田耕人　テアトロ　787　2007.1　p101～103

**時間ト部屋**　[団]TPT
**2709** 上演：2003年6月20日～7月13日　場所：ベニサン・ピット　作：ボート・シュトラウス　訳：広島実　脚色：木内宏昌　演出：トーマス・オリバー・ニーハウス
◇「通奏低音がききたい（俳優座劇場プロデュース『伯爵夫人』，文学座アトリエ『Just Business―商談』，tpt『時間ト部屋』）」渡辺淳　テアトロ　740　2003.9　p54～56

**時間よ朝に還れ／プゴ テガリ**　[団]仲間
**2710** 上演：1995年11月8日～11月12日　場所：俳優座劇場　作：小松幹生（時間よ朝に還れ），李康白　訳：岸山真里（プゴ テガリ）　演出：高田潔（時間よ朝に還れ），岡和洋（プゴ テガリ）
◇「日韓現代劇連続公演（仲間『時間よ朝に還れ』『プゴ テガリ』，演奏舞台『嗤う―桐生悠々』）」八橋卓　テアトロ　638　1996.1　p74～75

**四季一会**　[団]桃園会
**2711** 上演：2002年3月15日～3月17日　場所：カラビンカ　作：深津篤史　演出：キタモトマサヤ
◇「3月の関西 差異としての関係（桃園会『のたり、のたり』『四季一会』，アグリーダックリング『がくぶちの王国』，異国幻燈舎『殿上湯の旦那』，あうん堂『あまつつみ』）」太田耕人　テアトロ　721　2002.5　p56～58

**敷布を捲って虹色世界**　[団]早稲田銅鑼魔館, 加納幸和事務所
2712 上演：1984年10月12日～10月21日　場所：早稲田銅鑼魔館　作：森尻純夫
◇「ある日,ぼくらは劇場のなかで出会う（ことばの劇場）」西村博子　新劇　32(2)　1985.2　p42～47

**ジークフリート**　[団]四季
2713 上演：1986年1月22日～1月30日　場所：第一生命ホール　作：ジャン・ジロドゥ　訳：諏訪正　演出：浅利慶太
◇「凶器と毒薬」渡辺保　新劇　33(4)　1986.4　p30～35

**シークレット・ライフ第三部・そして、箱船は行くよ編**　[団]そとばこまち
2714 上演：2002年8月28日～9月1日　場所：HEP HALL　作・演出：小原延之
◇「9月の関西「じつは…」の変容（糾『沙羅、すべり』,みかんがむ『メテオ・カレイド』,そとばこまち『シークレット・ライフ第三部』）」太田耕人　テアトロ　728　2002.11　p64～66

**『事件』という名の事件**　[団]青年劇場
2715 上演：2017年11月2日～11月12日　場所：青年劇場スタジオ結　作・演出：ふじたあさや
◇「アジアの中の日本の行方は（ピープルシアター『燃えあがる荒野』,青年劇場『「事件」という名の事件』,ワンダーランド『デモクラティアの種―熊楠が孫文に伝えた世界』）」黒羽英二　テアトロ　941　2018.1　p36～37

**地獄谷温泉無明の宿**　[団]庭劇団ペニノ
2716 上演：2017年11月4日～11月12日　場所：神奈川芸術劇場大スタジオ　作・演出：タニノクロウ
◇「荒んだ心の再生、鮮やかに（文化座『しゃぼん玉』,庭劇団ペニノ『地獄谷温泉無明の宿』,流山児★事務所『ブランキ殺し 上海の春』）」丸田真悟　テアトロ　941　2018.1　p34～35

**地獄でございます**　[団]MONO
2717 上演：2007年2月16日～2月25日　場所：HEP HALL　作・演出：土田英生
◇「2月の関西 好舞台、競いあう！（MONO『地獄でございます』,劇団八時半『むかしここは沼だった。しろく』,桃園会『月ト象ノ庭、或いは宵の鳥、三羽』,地点『ワーニャ伯父さん』）」太田耕人　テアトロ　790　2007.4　p66～68

**地獄のオルフェ**　[団]銀座セゾン劇場
2718 上演：1988年2月8日～2月28日　場所：銀座セゾン劇場　作：テネシー・ウィリアムズ　訳：小田島雄志　演出：栗山昌良
◇「"語りの芝居"の難しさ（銀座セゾン劇場『地獄のオルフェ』）」斎藤偕子　テアトロ　542　1988.4　p28～29

**地獄のオルフェ**　[団]TPT
2719 上演：2000年9月21日～10月15日　場所：ベニサン・ピット　作：テネシー・ウィリアムズ　演出：ジョナサン・バトレル
◇「「壁」とのたたかい四態（tpt『地獄のオルフェ』,昴『怒りの葡萄』,The・ガジラ『アーバンクロウ』,文学座『缶詰』）」渡辺淳　テアトロ　701　2000.12　p99～101

**地獄のオルフェウス**　[団]虹企画/ぐるうぷシュラ
2720 上演：2015年8月　場所：虹企画アトリエ・ミニミニシアター　作：テネシー・ウィリアムズ　訳：鳴海四郎　演出：三條三輪
◇「幽冥界がおどる時（佐々木愛ひとり芝居『幽霊さん』,虹企画『地獄のオルフェウス』,俳優座特別公演『戦争とは…2015』）」中本信幸　テアトロ　909　2015.10　p26～27

**地獄のオルフェウス**　[団]Bunkamura
2721 上演：2015年5月7日～5月31日　場所：シアターコクーン　作：テネシー・ウィリアムズ　訳：広田敦郎　演出：フィリップ・ブリーン　美術：マックス・ジョーンズ　音楽：鈴木光介
◇「三者三様の"伝説"と舞台表現と（朋友『華と石と』,シアターコクーン『地獄のオルフェウス』,トム・プロジェクト『満月の人よ』）」みなもとごろう　テアトロ　905　2015.7　p36～37

**地獄の機械**　[団]演劇集団円, 俳優座劇場
2722 上演：1987年6月3日～6月14日　場所：俳優座劇場　作：ジャン・コクトー　訳・演出：渡辺守章
◇「ジョバンニの父への旅」渡辺保　新劇　34(8)　1987.8　p34～39

**子午線の祀り**　[団]新国立劇場
2723 上演：1999年2月3日～2月20日　場所：新国立劇場中劇場　作：木下順二　共同演出：観世栄夫, 内山鶉, 酒井誠, 高瀬精一郎
◇「旧作の再上演に思うこと（新国立劇場『子午線の祀り』,民藝『グレイクリスマス』,こまつ座『イーハトーボの劇列車』）」水落潔　テアトロ　680　1999.4　p64～65

**子午線の祀り**　[団]世田谷パブリックシアター
2724 上演：2004年12月10日～12月28日　場所：世田谷パブリックシアター　作：木下順二　演出：観世栄夫
◇「『子午線の祀り』第七次公演―現代劇と古典劇のはざまに」小田幸子　シアターアーツ　22　2005.3　p96～98
◇「「子午線の祀り」の面白さ（オン・タイム製作『エリザベス・レックス』,世田谷パブリックシアター『子午線の祀り』）」水落潔　テアトロ　760　2005.2　p50～51
2725 上演：2017年7月1日～7月23日　場所：世田谷パブリックシアター　作：木下順二　演出：野村萬斎　武満徹
◇「新劇の底力（新劇交流プロジェクト『その人を知らず』,世田谷パブリックシアター『子午線の祀り』,劇団民藝『熊楠の家』,シス・カンパニー『子供の事情』）」杉山弘　テアトロ　936　2017.9　p65～67

**子午線の祀り**　[団]山本安英の会

2726 上演：1981年5月1日～5月10日　場所：国立劇場小劇場　作・演出：木下順二　演出：宇野重吉, 観世栄夫, 酒井誠, 高瀬精一郎

◇「雄大にふくらんだ二次公演（山本安英の会『子午線の祀り』）」藤田洋　テアトロ　461　1981.7　p28～29

**「仕事クラブ」の女優たち**　[団]民藝

2727 上演：2017年12月2日～12月17日　場所：三越劇場　原作：青木笙子　脚本：長田育恵　演出：丹野郁弓

◇「追及する者と追及される者（城山羊の会『相談者たち』, 水戸芸術館ACM劇場『斜交』, 劇団民藝『「仕事クラブ」の女優たち』, 燐光群『くじらと見た夢』, 世田谷パブリックシアター・兵庫県立芸術文化センター『ペール・ギュント』）」小山内伸　テアトロ　942　2018.2　p57～60

**ジーザス・クライスト＝スーパースター**　[団]四季

2728 上演：1989年6月20日～6月10日　場所：青山劇場　作：ティム・ライス　訳：岩谷時子　演出：浅利慶太　作曲：アンドリュー・ロイド・ウェバー

◇「ミュージカル評―時代を超える舞台」萩尾瞳　新劇　36（9）　1989.9　p42～45

2729 上演：1994年4月6日～4月20日　場所：日生劇場　作：ティム・ライス　訳：岩谷時子　演出：浅利慶太　作曲：アンドリュー・ロイド・ウェバー

◇「芝居の神髄は「語り」にあり（パルコ『ゴールド家のたそがれ』, 文化座『サンダカン八番娼館』, 四季『ジーザス・クライスト＝スーパースター』, 東京サンシャイン・ボーイズ『ショウ・マスト・ゴー・オン』, 自転車キンクリーツ『トランクス』, 黒テント『あちゃらか商人』）」結城雅秀　テアトロ　617　1994.6　p53～57

**獅子を飼う**　[団]ひょうご舞台芸術

2730 上演：2006年1月10日～1月15日　場所：兵庫県立芸術文化センター　作：山崎正和　演出：栗山民也

◇「1月の関西 土着と洗練（地点『Jericho』『沈黙と光』, ひょうご舞台芸術『獅子を飼う』）」太田耕人　テアトロ　775　2006.3　p80～82

**死者を埋葬（ほうむ）れ**　[団]木山事務所

2731 上演：2004年11月13日～11月30日　場所：俳優座劇場　作：アーウィン・ショー　演出：高瀬一樹

◇「緊張を孕むパッションとロゴスの葛藤（木山事務所『この道はいつか来た道'04 新・ワーグナーの女/この道はいつか来た道/田宮のイメエジ/雲の涯/死者を埋葬れ』）」みなもとごろう　テアトロ　760　2005.2　p52～54

**49日後…**　[団]パルコ

2732 上演：2008年4月12日～5月6日　場所：PARCO劇場　作：竹内佑　演出：古田新太, 池田成志

◇「群唱は見事だが…（赤坂ACTシアターグランドオープニング『トゥーランドット』, パルコプロデュース『49日後…』）」内田洋一　テアトロ　806　2008.6　p32～33

**詩人かたぎ**　[団]俳優座

2733 上演：2015年7月19日～7月25日　場所：俳優座5F稽古場　作：ユージン・オニール　訳・演出：下野武彦

◇「濃密、かつ重厚な議論劇（劇団青年座『外交官』, 俳優座稽古場公演『詩人かたぎ』, ジャブジャブサーキット『さよならウィキペディア』）」結城雅秀　テアトロ　909　2015.10　p24～25

**詩人の家**　[団]Stage Direct Japan

2734 上演：2015年3月4日～3月8日　場所：座・高円寺1　作・演出：阿藤智恵

◇「作者が役者と共に介入する舞台（カタルシツ〈イキウメ別館〉『地下室の手記』, 劇作家協会プログラム『詩人の家』, 文学座『女の一生』）」斎藤偕子　テアトロ　903　2015.5　p38～39

**詩人の恋**　[団]加藤健一事務所

2735 上演：2003年9月24日～10月8日　場所：本多劇場　作：ジョン・マランス　訳：小田島恒志　演出：久世龍之介

◇「演劇の効用（加藤健一事務所『詩人の恋』, パルコ/NLT提携『幸せの背くらべ』, メープルリーフ・シアター『太公望のひとりごと』, グループしぜん『おゝ酒よ』）」中本信幸　テアトロ　743　2003.12　p48～50

**詩人の墓／ストレス解消センター行き**　[団]ギィ・フォワシィ・シアター

2736 上演：1994年9月13日～9月18日　場所：東京芸術劇場小ホール2　作：ギィ・フォワシィ　訳：佐藤実枝, 斎藤公一（ストレス解消センター行き）　訳：山本邦彦（詩人の墓）　演出：原田一樹

◇「この秋、力作の三舞台（フラワーズ・カンパニー『ゴドーを待ちながらプラス○』, 青年劇場『村井家の人々』, ギィ・フォワシイ・シアター『詩人の墓』『ストレス解消センター行き』）」斎藤偕子　テアトロ　622　1994.11　p72～73

**死水微瀾**　[団]成都話劇院

2737 上演：1995年11月3日～11月21日　場所：パナソニック・グローブ座/草月ホール　作：李劼人　脚色・演出：査麗芳

◇「異文化への理解と協調―第二回「BeSeTo演劇祭」を終えて」七字英輔　テアトロ　638　1996.1　p58～60

◇「東洋演劇の苦闘―「BeSeTo演劇祭」（ソウル・アート・センター『トクヘ・オンジュ』, 成都話劇院『死水微瀾』）」大岡淳　テアトロ　638　1996.1　p61～62

**シズウェは死んだ!?**　[団]地人会新社

2738 上演：2012年5月10日～6月3日　場所：赤坂RED/THEATER　作：アソル・フガード, ジョン・カニウィンストン・ヌッショナ　訳：木村光一　演出：鵜山仁

◇「知的刺激にあふれる舞台(鈴木忠志演出『シンデレラ シンデレラ』、地人会新社『シズウェは死んだ!?』、レクラム舎『S町の物語』)」河野孝　テアトロ　863　2012.7　p36〜37

**静かな海へ―MINAMATA―** ㈱トム・プロジェクト
**2739** 上演：2016年10月14日〜10月20日　場所：紀伊國屋ホール　作・演出：ふたくちつよし
◇「秀逸作が出そろった充実の秋(Bunkamura『るつぼ』、民藝『飢棒』、ホリプロ『鱈々』、新国立劇場『フリック』、トム・プロジェクト『静かな海へ〜MINAMATA』、テアトル・エコー『バッファローの月』)」結城雅秀　テアトロ　925　2016.12　p52〜55

**静かな海へ―MINAMATA―** ㈱未来
**2740** 上演：2017年11月24日〜12月3日　場所：劇団未来ワークスタジオ　作：ふたくちつよし　演出：森本景文
◇「12月の関西 大阪劇団協議会フェスティバルに力作続く(劇団未来『静かな海へ―MINAMATA―』、劇団大阪『ここにライオンはいない』、劇団潮流『夢見る言葉』、遊劇体『のたり、のたり』、極東退屈劇場『ファントム』)」九鬼葉子　テアトロ　942　2018.2　p75〜77

**しずかなごはん** ㈱ジャブジャブサーキット
**2741** 上演：2004年9月28日〜10月3日　場所：七ツ寺共同スタジオ　作・演出：はせひろいち
◇「綱渡りのような生の現場―ジャブジャブサーキット『しずかなごはん』」安住恭子　シアターアーツ　21　2004.12　p92〜94
**2742** 上演：2015年12月18日〜12月20日　場所：ウィングフィールド　作・演出：はせひろいち
◇「1月の関西 不在なるもの(ジャブジャブサーキット『しずかなごはん』、空晴『せんたくの日和』)」太田耕人　テアトロ　915　2016.3　p80〜81

**静かな落日―広津家三代** ㈱民藝
**2743** 上演：2001年9月29日〜10月12日　場所：紀伊國屋サザンシアター　作：吉永仁郎　演出：髙橋清祐
◇「舞台のトーンと観客の想像力と(民藝『静かな落日―広津家三代』、東京演劇アンサンブル『食卓のない家』)」みなもとごろう　テアトロ　715　2001.12　p56〜57
**2744** 上演：2012年2月3日〜2月14日　場所：紀伊國屋サザンシアター　作：吉永仁郎　演出：高橋清祐
◇「再演による戯曲の新たな読み込み(民藝『静かな落日』、オリガト・プラスティコ『龍を撫でた男』、こまつ座『雪やこんこん』)」髙橋豊　テアトロ　860　2012.4　p42〜43

**しずかミラクル** ㈱コトリ会議
**2745** 上演：2018年5月17日〜5月21日　場所：大阪市立芸術創造館　作・演出：山本正典
◇「6月の関西 新感覚の劇作家台頭。ベテラン勢も新境地(コトリ会議『しずかミラクル』、少女都市『光の祭典』、うんなま『ひなんくんれん』、トリコA『私の家族』、空晴『となりのところ』、南河内万歳一座『秘密探偵』)」九鬼葉子　テアトロ　949　2018.8　p72〜74

**雫** ㈱文芸坐ル・ピリエ、ギィ・フォワシィ・シアター
**2746** 上演：1980年4月16日〜4月25日　場所：文芸坐ル・ピリエ　作：ギィ・フォワシィ　訳：佐藤実枝　演出：水田晴康
◇「「適度」の熱中と客席」堂本正樹　新劇27(6)　1980.6　p26〜29
◇「新手の不条理劇(ギィ・フォワシィ・シアター/文学座『しずく』)」渡辺淳　テアトロ　448　1980.6　p30〜31

**シズコさん** ㈱民藝
**2747** 上演：2014年4月12日〜4月24日　場所：紀伊國屋サザンシアター　作：佐野洋子　脚色：小池倫代　演出：兒玉庸策
◇「いま一つの、脚色・翻案劇(Quaras『夜中に犬に起こった奇妙な事件』、埼玉県芸術文化振興財団/ホリプロ『わたしを離さないで』、民藝『シズコさん』)」みなもとごろう　テアトロ　891　2014.7　p44〜45

**SISTERS** ㈱パルコ
**2748** 上演：2008年7月5日〜8月3日　場所：PARCO劇場　作・演出：長塚圭史
◇「スイートルーム、スイートホーム 崩壊と新生の家族物語 パルコ・プロデュース『SISTERS』」鳩羽風月　シアターアーツ　36　2008.9　p106〜108
◇「人間、この不可思議な存在(ホリプロ企画制作『かもめ』、燐光群+グッドフェローズ『ローゼ・ベルント』、パルコ・プロデュース『SISTERS』)」北川登園　テアトロ　810　2008.9　p44〜46

**しずのおだまき 北条政子と静御前物語** ㈱梅左事務所
**2749** 上演：2017年8月22日〜8月23日　場所：シアターX　作・演出：堀川登志子
◇「夏の遊びと演じる輝き(加藤健一事務所『喝采』、梅左事務所『しずのおだまき』、いわき演劇プロジェクト『愛と死を抱きしめて』、トム・プロジェクト『風間杜夫ひとり芝居/ピース』)」斎藤偕子　テアトロ　938　2017.11　p72〜73

**私生活** ㈱東宝
**2750** 上演：2008年10月3日〜10月31日　場所：シアタークリエ　作：ノエル・カワード　訳：松岡和子　演出：ジョン・ケアード
◇「女優キャサリン・ハンターに脱帽(世田谷パブリックシアター『現代能楽集Ⅳ THE DIVER』、ナイロン100℃『シャープさんフラットさん』、シアタークリエ『私生活』)」内田洋一　テアトロ　813　2008.12　p40〜42

**ジゼルと粋な子供たち** ㈱NLT
**2751** 上演：2008年1月23日〜1月27日　場所：博品館劇場　作：和田誠一　演出：グレッグ・デール
◇「身近な不安を感じさせる「リア王」(足立コミュニティ・アーツ『肝っ玉おっ母とその子どもた

ち』,埼玉県芸術文化振興財団+ホリプロ『リア王』,NLT『ジゼルと粋な子供たち』)」北川登園　テアトロ　804　2008.4　p46〜48

**時代はサーカスの象にのって'84**　[団]パルコ

*2752* 上演：1984年5月26日〜6月3日　場所：PARCO SPACE PART3　作：寺山修司　演出：萩原朔美

◇「悲劇の楽しみ方(ことばの劇場)」萩原なぎさ　新劇　31(9)　1984.9　p30〜35

**下谷万年町物語**　[団]パルコ

*2753* 上演：1981年2月9日〜3月8日　場所：PARCO西武劇場　作：唐十郎　演出：蜷川幸雄

◇「たくましくも荒くれたノスタルジアー『下谷万年町物語』」松岡和子　新劇　28(4)　1981.4　p30〜33

◇「夢はゴロツキ(西武劇場『下谷万年町物語』)」扇田昭彦　テアトロ　458　1981.4　p34〜37

**下谷万年町物語**　[団]Bunkamura

*2754* 上演：2012年1月6日〜2月12日　場所：シアターコクーン　作：唐十郎　演出：蜷川幸雄

◇「古典と呼ぶには早すぎるけれど(Bunkamuraシアターコクーン『下谷万年町物語』,シス・カンパニー『寿歌』,こまつ座&ホリプロ『十一ぴきのネコ』)」北川登園　テアトロ　859　2012.3　p56〜57

**七人の墓友**　[団]俳優座

*2755* 上演：2014年5月9日〜5月19日　場所：紀伊國屋ホール　作：鈴木聡　演出：佐藤徹也

◇「群を抜く「みすてられた島」の面白さ(俳優座『七人の墓友』,青年劇場『みすてられた島』,演劇集団砂地『3Crock』)」村井健　テアトロ　891　2014.7　p46〜47

**七人目の悪霊**　[団]1980

*2756* 上演：1998年5月12日〜5月17日　場所：ザ・スズナリ　作・演出：藤田傳

◇「主題追求の不徹底(新国立劇場『虹を渡る女』,オフィシャルサプライヤー『ワーニャ伯父さん』,劇団1980『七人目の悪霊』,木山事務所『かもめ』)」江原吉博　テアトロ　670　1998.7　p42〜44

**七方美人**　[団]ジャブジャブサーキットプロデュース

*2757* 上演：1999年9月8日〜9月10日　場所：天白文化小劇場　作・演出：はせひろいち

◇「一人芝居の可能性 アクターズ・フェスティバルNAGOYA'99」安住恭子　シアターアーツ　11　2000.1　p132〜135

**質屋の女**　[団]東京乾電池

*2758* 上演：1990年6月2日〜6月10日　場所：シアタートップス　作・演出：ヘーゼル・ユパンキ

◇「質屋の女・油屋の女」岡本蛍　しんげき　37(8)　1990.8　p78〜81

*2759* 上演：2001年3月22日〜4月1日　場所：ザ・スズナリ　作・演出：ベンガル,綾田俊樹

◇「老人と月、老人と船(岡部企画プロデュース『権兵衛—荒畑家の人々』,青杜『おばあちゃんたちの船出』,ベンガル・綾田プロデュース『質屋の女』)」浦崎浩實　テアトロ　708　2001.6　p55〜57

**シチリアのライム**　[団]勝田演劇事務所

*2760* 上演：2008年4月16日〜4月20日　場所：ザムザ阿佐谷　作：ルイージ・ピランデッロ　訳・演出：勝田安彦

◇「それぞれの味わい—フリンジの翻訳劇(勝田演劇事務所『シチリアのライム』,東京演劇集団風『誘拐—ラプト』,NLT『ホテルZOO』)」みなもとごろう　テアトロ　807　2008.7　p42〜43

**実を申せば**　[団]パルコ,松竹

*2761* 上演：2003年8月30日〜9月26日　場所：PARCO劇場　作・演出：マキノノゾミ

◇「ウェストエンド!?の風味とフリンジ!?への拘り(パルコ・松竹提携『実を申せば』,黒テント『サハラの薔薇石』『金玉ムスメ』)」みなもとごろう　テアトロ　742　2003.11　p53〜55

**室温—夜の音楽**　[団]青山円形劇場

*2762* 上演：2001年7月5日〜7月21日　場所：青山円形劇場　作・演出：ケラリーノ・サンドロヴィッチ　音楽：たま

◇「観客のいらだち(演劇集団円『永遠—PARTⅡ・彼女と彼』,花組芝居『泉鏡花の婦系図』,青山円形劇場プロデュース『室温〜夜の音楽〜』)」林あまり　テアトロ　712　2001.9　p48〜49

**失業保険受領者会社**　[団]ギィ・フォワシィ・シアター

*2763* 上演：1998年3月18日〜3月22日　場所：シアターX　作：ギィ・フォワシィ　訳：中條忍,根岸徹郎　演出：原田一樹

◇「黒い笑いと静かな演劇(青年団『東京ノート』,ギイ・フォワシイ・シアター『ガラス壷』『相寄る魂』『失業保険受領者会社』『救急車』)」川口賢哉　テアトロ　668　1998.5　p65〜67

**60'sエレジー**　[団]チョコレートケーキ

*2764* 上演：2017年5月3日〜5月21日　場所：サンモールスタジオ　作：古川健　演出：日澤雄介

◇「高度経済成長期を見つめた秀作(チョコレートケーキ『60'sエレジー』,桟敷童子『蝉の詩』,ハット企画『シェフェレ 女主人たち』)」小山内伸　テアトロ　933　2017.7　p42〜44

**実験 ヒポクラテスに叛いた男**　[団]演劇集団円

*2765* 上演：2007年5月17日〜5月31日　場所：ステージ円　作・演出：宋英徳

◇「緊密な人間ドラマ(円『実験』,萬國四季協會<モード>『黒椿洋裁店』,シアターX『フェイドラの恋』,北区つかこうへい劇団『うどん屋』,THE・ガジラ『かげろふ人』)」斎藤偕子　テアトロ　795　2007.8　p43〜45

**湿原ラジオ**　[団]スクエア

*2766* 上演：2015年9月4日〜9月6日　場所：近鉄アート館　作：森澤匡晴　演出：上田一軒

◇「9月の関西 文脈を並列する(ヨーロッパ企画

『遊星ブンボーグの接近』,スクエア『湿原ラジオ』,虚空旅団『呼子鳥』)」太田耕人　テアトロ　910　2015.11　p44～45

**執行の七人**　[団]太陽族

**2767** 上演：2014年6月5日～6月9日　場所：シアトリカル應典院　作・演出：岩崎正裕

◇「6月の関西 解きつつ紡ぐ(KUTO－10『ストレッチポリマーインターフェース』,A級 Missing Link『あの町から遠く離れて』,劇団 太陽族『執行の七人』)」太田耕人　テアトロ　893　2014.8　p33～35

**疾走**　[団]aibook

**2768** 上演：2017年8月23日～8月27日　場所：下北沢駅前劇場　作・演出：笹峯愛

◇「女性はどのように生き抜いてきたか(aibook『疾走』,テアトル・エコー『八月の人魚たち』,劇団俳小『夜の学校』)」黒羽英二　テアトロ　938　2017.11　p74～75

**嫉妬.混む！**　[団]トム・プロジェクト

**2769** 上演：2011年12月7日～12月14日　場所：あうるすぽっと　作・演出：中津留章仁

◇「前を向いて歩こうよ(アリストパネス・カンパニー『大逆の影』,虹企画/ぐるうぷシュラ『テネシィ・ウィリアムズの世界V』,トム・プロジェクト『嫉妬.混む！』)」中本信幸　テアトロ　858　2012.2　p60～61

**室内**　[団]SPAC(静岡県舞台芸術センター)

**2770** 上演：2013年6月15日,16日,22日,23日　場所：静岡県舞台芸術公園屋内ホール「楕円堂」　作：メーテルリンク　演出：クロード・レジ

◇「死を想うこと：『室内』(作＝メーテルリンク、演出＝クロード・レジ/ふじのくに⇔せかい演劇祭2013)」塚本知佳　シアターアーツ　56　2013.9　p44～47

**自動小銃の銃口から覗いた風景**　[団]ウィングフィールド

**2771** 上演：1999年7月30日～8月1日　場所：ウィングフィールド　作：中島陸郎　演出：深津篤史

◇「8月の関西 極限状況を書く(ウイングフィールド『自動小銃の銃口から覗いた風景』,MONO『燕のいる駅』,遊劇体『百夜の夢#4 ギルガメシュの夜』)」太田耕人　テアトロ　686　1999.10　p80～82

**しとやかな獣**　[団]東京乾電池

**2772** 上演：1996年9月5日～9月16日　場所：本多劇場　原作・脚本：新藤兼人　演出：柄本明

◇「小説の言葉と映画の言葉(メジャーリーグ『幻の光』,東京乾電池『しとやかな獣』)」江原吉博　テアトロ　648　1996.11　p66～67

**しとやかな獣**　[団]俳優座

**2773** 上演：2005年10月12日～10月16日　場所：シアターX　作：新藤兼人　演出：西ヶ谷正人

◇「日本人の戯画描く政治的笑劇(二兎社『歌わせたい男たち』,俳優座新進演出家三連続公演『湖の秋』『三ちゃんと梨枝』『しとやかな獣』)」内田洋一　テアトロ　771　2005.12　p48～50

**信濃坂**　[団]民藝

**2774** 上演：2003年12月6日～12月20日　場所：三越劇場　作：吉永仁郎　演出：高橋清祐

◇「人間の複雑さを描いた三つの劇(新国立劇場『世阿彌』,民藝『信濃坂』,四季『ひかりごけ』)」水落潔　テアトロ　746　2004.2　p55～57

**死に顔ピース**　[団]ワンツーワークス

**2775** 上演：2016年3月18日～3月27日　場所：赤坂RED/THEATER　作・演出：古城十忍

◇「夫婦と家族の形を見つめる(文学座『春疾風』,ワンツーワークス『死に顔ピース』,結城座+ベトナム青年劇場『野鴨中毒』)」丸田真悟　テアトロ　918　2016.6　p34～35

**死神の精度～7Days Judgement**　[団]石井光三オフィス

**2776** 上演：2018年8月30日～9月9日　場所：あうるすぽっと　原作：伊坂幸太郎　脚色・演出：和田憲明

◇「家族という厄介な関係(ハイバイ『て』『夫婦』,石井光三オフィスプロデュース『死神の精度～7Days Judgement』,シーエイティプロデュース『黄昏』,神奈川芸術劇場『グレーテルとヘンゼル』,東京演劇集団風『記憶の通り路—孤独に苛まれている老婦人には気をつけて』)」杉山弘　テアトロ　952　2018.11　p49～51

**詩(し)のしの詩(うた)**　[団]宇宙堂

**2777** 上演：2002年6月19日～6月30日　場所：本多劇場　作・演出：渡辺えり子

◇「鮮血にまみれるオイディプス(シアターコクーン『オイディプス王』,宇宙堂『詩のしの詩』)」内田洋一　テアトロ　725　2002.8　p66～67

**しのだづま考**　[団]京楽座

**2778** 上演：2005年5月26日～5月29日　場所：紀伊國屋ホール　作・演出：ふじたあさや

◇「宇宙全体に溢れる愛(京楽座『しのだづま考』,新国立劇場『箱根強羅ホテル』,tpt『桜の園』,テアトル・エコー『朝の時間』)」結城雅秀　テアトロ　767　2005.8　p58～60

**死の棘**　[団]THEガジラ

**2779** 上演：2005年6月17日～7月3日　場所：シアタートラム　原作：島尾敏雄　脚本・構成・演出：鐘下辰男

◇「孤独と不義の代償(俳優座LABO『銘々のテーブル』,THE・ガジラ『死の棘』,青年座『こんにゃくの花』,黒テント『帝国の建設者』,新国立劇場『うら騒ぎ/ノイゼズ・オフ』)」結城雅秀　テアトロ　768　2005.9　p56～59

**死の棘・1999**　[団]スーパータンク

**2780** 上演：1999年2月11日～2月16日　場所：THE PIT　原作：島尾敏雄　脚本：近藤峰子　演出：中島陽典

◇「暴力としての観客(スーパータンクプロデュース『死の棘・1999』)」里見宗律　テアトロ　681　1999.5　p50～51

## しのは

**死のバリエーション** 圏世田谷パブリックシアター

**2781** 上演:2007年5月11日〜5月27日 場所:シアタートラム 作:ヨン・フォッセ 訳:長島確 演出:アントワーヌ・コーベ
◇「「生」と「死」の混交した舞台(俳優座『リビエールの夏の祭り』、世田谷パブリックシアター『死のバリエーション』)」田之倉稔 テアトロ 793 2007.7 p38〜39

**死の舞踏** 圏演劇集団円

**2782** 上演:2008年7月17日〜7月31日 場所:ステージ円 作:ストリンドベリ 台本・演出:安西徹雄 音楽:西田幸士郎
◇「「即物性」と「軽さ」の意味と価値(演劇集団円『死の舞踏』、アクターズスタジオ集会『ヘッダ・ガーブレル』)」みなもとごろう テアトロ 811 2008.10 p40〜41

**死の舞踏** 圏ベル・シェークスピア・カンパニー,南オーストラリア州立劇場

**2783** 上演:2000年3月15日〜3月22日 場所:シアターX 原作:ストリンドベリ 脚色・演出:ロジャー・パルバース
◇「人間礼賛、そして人間の尊厳(仕事・無名塾『どん底』、加藤健一事務所『煙が目にしみる』、ベル・シェイクスピア・カンパニー+南オーストラリア州立劇場『死の舞踏』、イスラエル・アッコ劇場『ジ・アンソロジー』)」結城雅秀 テアトロ 694 2000.5 p62〜65

**死のような死** 圏かたつむりの会

**2784** 上演:1992年6月17日〜6月21日 場所:ジァン・ジァン 作:別役実 演出:村井志摩子
◇「演劇の〈ブランド性〉ということ(第七病棟『オルゴールの墓』、青い鳥『みずみずしい水、みずくさい水』、かたつむりの会『死のような死』、NOISE『夜の学校』)」内野儀 テアトロ 594 1992.8 p82〜84,153〜153

**舞台(しばい)・愛しすぎる人たちよ―智恵子と光太郎と** 圏文学座

**2785** 上演:1993年11月11日〜11月20日 場所:紀伊國屋ホール 作:鈴木正光 演出:加藤新吉
◇「劇作女流三人展の成果(民藝『メイ・ストーム―花のもとにて―』、現代演劇協会+プロッツカンパニー『あざみの蜜』、木山事務所『築地ホテル館炎上』、文学座『舞台・愛しすぎる人たちよ』,S.W.A.T+博品館劇場『幕末青春譜 明日に架ける橋』)」江原吉博 テアトロ 612 1994.1 p73〜76

**芝居―朱鷺雄の城** 圏ひょうご舞台芸術

**2786** 上演:2005年11月8日〜11月13日 場所:紀伊國屋サザンシアター 作:山崎正和 演出:鵜山仁
◇「観念の遊戯の成否(ひょうご舞台芸術『芝居―朱鷺雄の城』、KARA・COMPLEX『調教師』、パルコ劇場『メアリー・ステュアート』、KOKAMI@network『トランス』)」七字英輔 テアトロ 773 2006.1 p56〜58

**芝居二態《落語芝居》《漫才芝居》** 圏1980

**2787** 上演:2012年2月21日〜2月26日 場所:俳優座劇場 構成・演出:大谷美智浩
◇「会話と伝達の難しさについて(劇団1980『芝居二態《落語芝居》《漫才芝居》』、東京演劇アンサンブル『荷―チム―』、劇団文化座『眼のある風景―夢しぐれ東長崎バイフー寮』)」七字英輔 テアトロ 861 2012.5 p44〜45

**芝浦ブラウザー** 圏ヨーロッパ企画

**2788** 上演:2011年4月22日〜4月24日 場所:ドラマシティー 作・演出:上田誠
◇「5月の関西 軽やかさとローカリティー(遊ζ舎『エエトコ』、ヨーロッパ企画『芝浦ブラウザー』、スクエア『ラブ★ギャラクシー』)」太田耕人 テアトロ 849 2011.7 p50〜52

**ジハード** 圏彩の国さいたま芸術劇場

**2789** 上演:2018年6月23日〜7月1日 場所:彩の国さいたま芸術劇場NINAGAWA STUDIO 作:イスマイル・サイディ 訳:田ノ口誠悟 演出:瀬戸山美咲
◇「日常の背後に潜むもの(さいたま芸術劇場『ジハード』、日本劇作家協会プログラム『リボンの騎士』、俳優座劇場プロデュース『もし、終電に乗り遅れたら…』)」みなもとごろう テアトロ 950 2018.9 p49〜51

**CVR チャーリー・ビクター・ロミオ** 圏燐光群

**2790** 上演:2002年7月26日〜8月11日 場所:ザ・スズナリ 台本・演出:坂手洋二,ロバート・バーガー,パトリック・ダニエルズ,アービン・グレゴリー 訳:小澤緑
◇「いくつかの死とひとつの生(スカイスケープ主催『海の上のピアニスト』、燐光群『CVR―チャーリー・ビクター・ロミオ』、ひょうご舞台芸術『ジェイプス―記憶の棲む家』、世田谷パブリックシアター『まちがいの狂言』)」渡辺淳 テアトロ 727 2002.10 p53〜55

**2791** 上演:2003年11月5日〜11月24日 場所:ザ・スズナリ 台本・演出:坂手洋二,ロバート・バーガー,パトリック・ダニエルズ,アービン・グレゴリー 訳:小澤緑
◇「様式性、リアリティー、関係性(ク・ナウカ『マハーバーラタ』、燐光群『CVR チャーリー・ビクター・ロミオ』、青年団リンク・地点『三人姉妹』)」丸田真悟 テアトロ 745 2004.1 p58〜59

**シフォン** 圏少年王者舘

**2792** 上演:2007年8月3日〜8月8日 場所:七ツ寺共同スタジオ 作:虎馬鯨 演出:天野天街
◇「圧倒する肉体と声(ウジェーヌ・イヨネスコ劇場『授業』、少年王者舘『シフォン』、ジェットラグプロデュース『夢顔』)」丸田真悟 テアトロ 798 2007.11 p46〜47

**しぶき** 圏猫のホテル

**2793** 上演:1999年4月9日〜4月13日 場所:ザ・スズナリ 作・演出:千葉雅子
◇「闇のイマジネーション(フィリップ・ドゥクフレ&カンパニーD.C.A『SHAZAM!』、猫のホテル

『しぶき』)」里見宗律　テアトロ　682　1999.6　p58〜59

**2794** 上演：2004年9月23日〜10月5日　場所：ザ・スズナリ　作・演出：千葉雅子

◇「"関係"に心ひかれて(黒テント『ぴらんでっろ』, 流山児★事務所『心中天の網島』, 猫のホテル『しぶき』)」林あまり　テアトロ　757　2004.12　p58〜59

### ジプシー—千の輪の切り株の上の物語　[団]善人会議

**2795** 上演：1989年6月21日〜7月2日　場所：本多劇場　作・演出：横内謙介

◇「見えないちからに触れるために」長谷部浩　新劇　36(9)　1989.9　p34〜37

◇「現状肯定のつぶやき(善人会議『ジプシー』)」村井健　テアトロ　559　1989.9　p21〜22

### ジプシー—千の輪の切り株の上の物語　[団]扉座

**2796** 上演：1994年3月24日〜3月27日　場所：全労済ホール/スペース・ゼロ　作・演出：横内謙介

◇「絶望の果てに何を見るのか(サードステージ『ゴドーを待ちながら』, 扉座『ジプシー〜千の輪の切り株の上の物語』『新羅生門』,THE・ガジラ『カストリ・エレジー』, シアターコクーン『NEVER SAY DREAM』)」山登敬之　テアトロ　617　1994.6　p58〜62

### Sheep fucker's exit〜殺しのコンツェルト　[団]流山児★事務所

**2797** 上演：2003年4月16日〜4月20日　場所：ザ・スズナリ　作：スエヒロケイスケ　演出：天野天街

◇「ウェディング・コメディの傑作(Subaru P. BOX『花嫁付き添い人の秘密』『オンディーヌを求めて』, 海市 - 工房『天使の梯子』, 流山児★事務所『Sheep fucker's exit〜殺しのコンツェルト』)」浦崎浩實　テアトロ　736　2003.6　p60〜62

### シブヤから遠く離れて　[団]Bunkamura

**2798** 上演：2004年3月6日〜3月30日　場所：シアターコクーン　作：岩松了　演出：蜷川幸雄

◇「「世界の現実」から遠く離れて—岩松了の新作二本(タ・マニネ『ワニを素手でつかまえる方法』, シアターコクーン『シブヤから遠く離れて』)」七字英輔　テアトロ　749　2004.5　p63〜65

### シベリア　[団]「シベリア」上演委員会

**2799** 上演：2012年10月4日〜10月8日　場所：代々木能舞台　原作：小松重男　脚本・作詞・演出：福田善之　演出協力：観世葉子, ふじたあさや

◇「忘れまいヒロシマの心(民藝『冬の花』,『シベリア』上演委員会『シベリア』, 無名塾『無明長夜』)」北川登園　テアトロ　869　2012.12　p46〜47

### シベリアに桜咲くとき　[団]日露SAKURAプロジェクト

**2800** 上演：2011年8月3日〜8月7日　場所：シアターX　作：ネリ・マトハーノワ　訳：安西美智子　共同演出：アレクセイ・ペセゴフ, 森井睦

◇「舞台が孕む「悪意」と「善意」(ジャブジャブサーキット『無重力チルドレン』, オフィス3〇〇『ゲゲゲのげ—逢魔が時に揺れるブランコ』, 日露SAKURAプロジェクト『シベリアに桜咲くとき』)」みなもとごろう　テアトロ　853　2011.10　p36〜37

### 島　[団]青年劇場

**2801** 上演：2010年9月4日〜9月12日　場所：紀伊國屋サザンシアター　作：堀田清美　演出：藤井ごう

◇「伝説的作品と新作と(青年劇場『島』, 俳優座『心の止り—この人を心の止りに朝夕見てこそ』, NODA・MAP番外公演『表に出ろいっ！』)」水落潔　テアトロ　840　2010.11　p50〜51

### しまいこんでいた歌　[団]俳優座

**2802** 上演：2003年6月4日〜6月15日　場所：紀伊國屋サザンシアター　作：山田太一　演出：安井武

◇「三者三様の心意気(俳優座『しまいこんでいた歌』, オン・タイム企画・制作『海の上のピアニスト』,SPAC『シラノ・ド・ベルジュラック』)」斎藤偕子　テアトロ　739　2003.8　p48〜50

### 島式振動器官　[団]マレビトの会

**2803** 上演：2004年5月1日〜5月9日　場所：アトリエ劇研　作・演出：松田正隆

◇「5月の関西 完成を拒むドラマツルギー(マレビトの会『島式振動器官』, 空の驛舎『すばらしいさようなら』, そとばこまち『丈夫な教室』)」太田耕人　テアトロ　751　2004.7　p66〜68

### 島清、世に敗れたり　[団]演劇集団円, 昴

**2804** 上演：1985年3月1日〜3月10日　場所：三百人劇場　作：松田章一　演出：荒川哲生

◇「好演した役者陣(新劇団協議会・昴+円『島清、世に敗れたり』)」ほんちえいき　テアトロ　507　1985.5　p21〜23

### 島清、世に敗れたり　[団]青年劇場

**2805** 上演：2000年9月15日〜9月26日　場所：紀伊國屋ホール　作：松田章一　演出：松波喬介

◇「イギリスの二作品(地人会『ミュージカル ザ・キッチン』, テアトル・エコー『チンプス』, 青年劇場『島清、世に敗れたり』)」水落潔　テアトロ　700　2000.11　p110〜111

### 島清、世に敗れたり　[団]地人会

**2806** 上演：2005年10月14日〜10月26日　場所：紀伊國屋サザンシアター　作：松田章一　演出：高瀬久男

◇「評伝劇の喚起力(地人会『島清、世に敗れたり』, ピープルシアター『二人の柳』, 東京ギンガ堂『ヒューマン・ダイナモ—人間発動機・野口英世』)」野中広樹　テアトロ　773　2006.1　p48〜49

### しみじみ日本・乃木大将　[団]こまつ座, ホリプロ

**2807** 上演：2012年7月12日〜7月29日　場所：彩の国さいたま芸術劇場　作：井上ひさし　演出：蜷川幸雄

◇「軽やかで心弾む舞台に(演劇企画JOKO『だら

ぶち」、朋友『ら・ら・ら』、こまつ座&ホリプロ『しみじみ日本・乃木大将』」髙橋豊　テアトロ 866　2012.9　p46～47

## 下北沢ビートニクス　⑳ナイロン100℃
**2808**　上演：1996年5月4日～5月6日　場所：近鉄小劇場　作・演出：ケラリーノ・サンドロヴィッチ
◇「透明な笑い―ナイロン100℃『下北沢ビートニクス』ほか」カツラ珪　シアターアーツ 7　1997.1　p148～150

## シャイア2～仮面の忍者か赤影は？　⑳遊気舎
**2809**　上演：2007年5月17日～5月20日　場所：世界館　作・演出：久保田浩
◇「5月の関西 模ško と約束事（リリパットアーミーII『大阪芝居―街編―』、遊気舎『シャイア2～仮面の忍者か赤影は？ ～』、魚灯『静物たちの遊泳』)」太田耕人　テアトロ 793　2007.7　p57～59

## シャイロック　⑳東京演劇アンサンブル
**2810**　上演：2011年9月9日～9月19日　場所：ブレヒトの芝居小屋　作：アーノルド・ウェスカー　訳：竹中昌宏　演出：入江洋佑　音楽：林光
◇「破局に棹さす（人形劇団プーク『オズの魔法使い』、東京芸術座『おれはなにわのライオンや』、東京演劇アンサンブル『シャイロック』、俳優座『ワーニャ伯父さん』)」中本信幸　テアトロ 854　2011.11　p42～43

## 釈迦内柩唄
**2811**　上演：1996年6月　場所：ウィングフィールド　作：水上勉　演出：幸晃彦
◇「7月の関西 「アングラ」二十五年（演劇群『翔』『龍馬を斬った男』、金子順子一人芝居『釈迦内柩唄』、MONO『約三十の嘘』)」宮辻政夫　テアトロ 646　1996.9　p81～82

## ジャガーの眼　⑳唐組
**2812**　上演：1989年10月6日～10月22日　場所：目黒不動尊大本堂裏境内紅テント　作・演出：唐十郎
◇「死ぬのはいつも他人」長谷部浩　新劇 36(12)　1989.12　p34～37

## ジャガーの眼・2008　⑳唐組
**2813**　上演：2008年10月4日～10月19日　場所：三鷹の森ジブリ美術館横・木もれ日原っぱ　作・演出：唐十郎
◇「リンゴとにせ金―唐組『ジャガーの眼・2008』」森井マスミ　シアターアーツ 37　2008.12　p92～95

## 尺には尺を　⑳子供のためのシェイクスピアカンパニー
**2814**　上演：2005年7月13日～7月19日　場所：紀伊國屋サザンシアター　作：シェイクスピア　訳：小田島雄志　脚本・演出：山崎清介
◇「うつつか、夢か（朋友『それどころでない人』、子供のためのシェイクスピアカンパニー『尺には尺を』、椿組『新宿ブギウギ』)」中本信幸　テアトロ 768　2005.9　p60～61

## 尺には尺を　⑳彩の国さいたま芸術劇場
**2815**　上演：2016年5月25日～6月11日　場所：彩の国さいたま芸術劇場大ホール　作：シェイクスピア　訳：松岡和子　演出：蜷川幸雄　演出補佐：井上尊晶
◇「連続的に変化する意識と観念（シス・カンパニー『コペンハーゲン』、新国立劇場『あわれ彼女は娼婦』、彩の国シェイクスピア『尺には尺を』、テアトル・エコー『淑女はここにいる』、オフィスコットーネ『埒もなく汚れなく』)」結城雅秀　テアトロ 921　2016.8　p26～29

## 尺には尺を　⑳シェイクスピア・シアター
**2816**　上演：2000年6月24日～7月2日　場所：ニュー・プレイス　作：シェイクスピア　訳：小田島雄志　演出：出口典雄
◇「象徴性の高い官能と恐怖（パルコ劇場『滅びかけた人類、その愛の本質とは…』、自転車キンクリートSTORE『またもや！ 休むに似たり』、シェイクスピア・シアター『尺には尺を』、コーロ・カロス『北緯三十九度・森からもらった話』)」結城雅秀　テアトロ 698　2000.9　p48～51

## 尺には尺を　⑳青年劇場
**2817**　上演：2006年5月20日～5月28日　場所：紀伊國屋サザンシアター　作：シェイクスピア　訳：小田島雄志　演出：高瀬久男
◇「「昭和」の時代を回顧する…（京楽座『中西和久のエノケン』、東京ギンガ堂『夢～歌舞伎町物語』、青年劇場『尺には尺を』、マウスプロモーション『桜の花にだまされて』)」結城雅秀　テアトロ 781　2006.8　p60～63

## じゃじゃ馬ならし　⑳シェイクスピア・シアター
**2818**　上演：1995年2月22日～3月5日　場所：パナソニック・グローブ座　作：シェイクスピア　訳：小田島雄志　演出：出口典雄
◇「台詞に弾丸を籠める…（銀座セゾン劇場+松竹『リチャード三世』、シェイクスピア・シアター『じゃじゃ馬ならし』、青年座『黄昏』、民藝『私を忘れないで』、三重県演劇塾『決定版・團十郎と音二郎』、国際青年演劇センター+北極舎『ティー』、レクラム舎『笑う猫』)」結城雅秀　テアトロ 629　1995.5　p49～56

## じゃじゃ馬ならし　⑳俳優座
**2819**　上演：1988年11月18日～11月29日　場所：東京グローブ座　作：シェイクスピア　訳：三神勲　演出：千田是也
◇「欲しい猥雑さ（俳優座『じゃじゃ馬ならし』)」千野幸一　テアトロ 551　1989.1　p24～25

## じゃじゃ馬ならし　⑳パルコ
**2820**　上演：1986年9月1日～9月15日　場所：PARCO劇場　作：シェイクスピア　訳：小田島雄志　演出：福田陽一郎
◇「優美に過ぎたる調教（パルコ劇場『じゃじゃ馬ならし』)」結城雅秀　テアトロ 525　1986.11　p26～29

## じゃじゃ馬ならし　圏ロイヤル・シェイクスピア・カンパニー

**2821** 上演：1991年2月1日～2月16日　場所：パナソニック・グローブ座　作：シェイクスピア　演出：ビル・アレキサンダー

◇「たくらみに満ちた技術」長谷部浩　しんげき　38（4）　1991.4　p22～25

## じゃじゃ馬馴らし／じゃじゃ馬馴らしが馴らされて　圏2NKプロジェクト

**2822** 上演：2005年10月20日～10月23日　場所：シアターX　作：シェイクスピア（じゃじゃ馬馴らし），ジョン・フレッチャー（じゃじゃ馬馴らしが馴らされて）　訳・演出：佐藤里恵

◇「鎮魂の芝居、公平・平等の芝居（俳優『金閣炎上』，2NKプロジェクト『じゃじゃ馬馴らし』『じゃじゃ馬馴らしが馴らされて』）」浦崎浩實　テアトロ　773　2006.1　p50～51

## 邪宗門　圏月蝕歌劇団

**2823** 上演：1993年5月5日～5月31日　場所：文芸坐ル・ピリエ　作：寺山修司　演出：高取英

◇「イメージ・メイカー寺山の定着（寺山修司没後10年記念公演）」斎藤偕子　テアトロ　606　1993.8　p63～65

## 邪宗門／空気はぜひ必要です　圏オフィス樹, シアターX

**2824** 上演：2015年10月27日～10月31日　場所：シアターX　作：林和,鵜田英太郎　企画・演出：川和孝

◇「強固な意志の実現（エイコーン『メアリー・スチュアート』，桟敷童子『泥花』，オフィス樹『邪宗門』『空気はぜひ必要です』，トム・プロジェクト『南阿佐ヶ谷の母』，森組芝居『或る日、或る時』，新国立劇場『桜の園』）」結城雅秀　テアトロ　913　2016.1　p29～32,60～62

## ジャスティス　圏S.W.A.T！

**2825** 上演：1995年7月25日～7月30日　場所：博品館劇場　作・演出：四大海

◇「極限状況における人間の魂の尊厳（ひょうご舞台芸術『ゲットー』，劇団ひまわり『コルチャック先生』，六行会『ワンダリング・アイズ』，文学座『怪談・牡丹灯籠』，SWAT！『ジャスティス』，扉座『曲がり角の悲劇』，仲間『見えない友達』）」結城雅秀　テアトロ　634　1995.10　p65～71

## ジャズと拳銃―SIDE2　圏サラリーマン新劇喇叭屋

**2826** 上演：1988年3月13日～3月21日　場所：シアタートップス　作・演出：鈴木聡

◇「内側からの明かり」扇田昭彦　新劇　35（5）　1988.5　p30～33

## Just Business―商談　圏文学座アトリエの会

**2827** 上演：2003年6月26日～7月8日　場所：文学座アトリエ　作：ロジャー・ルーフ　訳：添田園子　演出：鵜山仁

◇「通奏低音がきこえた（俳優座劇場プロデュース『伯爵夫人』，文学座アトリエ『Just Business―商談』,tpt『時間ト部屋』）」渡辺淳　テアトロ　740　2003.9　p54～56

## 車窓から、世界の　圏iaku

**2828** 上演：2016年12月8日～12月10日　場所：ピッコロシアター中ホール　作：横山拓也　演出：上田一軒

◇「1月の関西 京都の小劇場が次々と閉館（劇団fullsize『微熱ガーデン』，iaku『車窓から、世界の』，劇団きづがわ『追憶のアリラン』，点の階『…（てんてんてん）』）」九鬼葉子　テアトロ　929　2017.3　p75～76

## Jack　圏転球劇場

**2829** 上演：2001年4月5日～4月15日　場所：HEP HALL　構成：転球劇場

◇「4月の関西 ポスト近代のエンタテイメント（遊気舎『月影ホテル』，クロムモリブデン『エスエフ』，転球劇場『Jack』，アグリーダックリング『アドウェントゥーラ』）」太田耕人　テアトロ　708　2001.6　p101～103

## ジャック　圏シアターアブル

**2830** 上演：1982年8月17日～9月26日　場所：シアターアブル　構成・演出：リー・シオドア

◇「ダンス・アンサンブルの美事さ（シアター・アブル『ジャック』）」野口久光　テアトロ　476　1982.10　p28～29

## ジャックとその主人　圏まつもと市民芸術館

**2831** 上演：2008年3月6日～3月9日　場所：まつもと市民芸術館小ホール　作：ミラン・クンデラ　訳：近藤真理　演出：串田和美　音楽：荻野清子

◇「演技・あそび・虚構（まつもと市民芸術館『ジャックとその主人』，俳優座LABO『コンスタント・ワイフ』，イキウメ『眠りのともだち』）」斎藤偕子　テアトロ　805　2008.5　p44～45

## 斜交～昭和40年のクロスロード　圏水戸芸術館ACM劇場

**2832** 上演：2017年12月8日～12月10日　場所：草月ホール　作：古川健　演出：高橋正徳

◇「追及する者と追及される者（城山羊の会『相談者たち』，水戸芸術館ACM劇場『斜交』，劇団民藝『仕事クラブ』，燐光群『くじらと見た夢』，世田谷パブリックシアター・兵庫県立芸術文化センター『ペール・ギュント』）」小山内伸　テアトロ　942　2018.2　p57～60

## 斜交～昭和40年のクロスロード　圏未来

**2833** 上演：2018年6月29日～7月8日　場所：劇団未来ワークスタジオ　作：古川健　演出：しまよしみち

◇「7月の関西 人物の半生を通し、近・現代の問題を照射（劇団・太陽族『Sumako』，玉造小劇店配給芝居『眠らぬ月の下після』，遊園舞台フロント『Delete』，ももちの世界『鎮骨に天使が眠っている』，エイチエムピー・シアターカンパニー『忠臣蔵・序 ビッグバン/抜刀』，劇団未来『斜交』）」九鬼葉子　テアトロ　950　2018.9　p73～75

## シャッター通り商店街　圏青年劇場

**2834** 上演：2007年9月14日～9月21日　場所：紀

## しやと

伊國屋サザンシアター　作：高橋正圀　演出：松波喬介
◇「虚構の魔力(うりんこ『パイレーツ・オブ花山田小学校』、青年劇場『焔の黄土、のたうつ龍』、青年劇場『シャッター通り商店街』)」中本信幸　テアトロ　798　2007.11　p50～51

### シャドーランズ　㈲加藤健一事務所
**2835** 上演：2010年1月6日～1月17日　場所：本多劇場　作：ウィリアム・ニコルソン　訳：小田島雄志、小田島恒志　演出：鵜山仁
◇「よく出来た戯曲の舞台化(加藤健一事務所『シャドーランズ』、俳優座劇場『十二人の怒れる男たち』、萬國四季協會『鬼浴』)」斎藤偕子　テアトロ　831　2010.3　p50～51

### シャドー・ランズ—ジョイ、みんな影にすぎないのだから　㈲ひょうご舞台芸術
**2836** 上演：1996年9月14日～9月23日　場所：新神戸オリエンタル劇場　作：ウィリアム・ニコルソン　訳：小田島雄志、小田島恒志　演出：栗山民也
◇「9月の関西 言葉の問題(関西芸術座『ロンリーハート』、AI・HALLプロデュース『みず色の空、そら色の水』、ひょうご舞台芸術『シャドー・ランズ』、劇團コーロ『刻を踏む』)」宮辻政夫　テアトロ　648　1996.11　p81～83

### しゃなりしゃなりと闇夜の鱗粉　㈲青果鹿
**2837** 上演：2008年5月3日～5月6日　場所：サンモールスタジオ　作・演出：澤藤桂
◇「演技と作品/演出様式の融合(モダンスイマーズ『夜光ホテル』、青果鹿『しゃなりしゃなりと闇夜の鱗粉』、萬國四季協會『ふくろう』)」斎藤偕子　テアトロ　807　2008.7　p38～39

### シャネル　㈲パルコ
**2838** 上演：1996年2月8日～2月28日　場所：PARCO劇場　脚本：ウィリアム・ルース　訳：青井陽治　演出：フィリップ・マッキンリー
◇「強烈な陰影と媒体の多様化(ヒューストン・グランド・オペラ『ポーギーとベス』、東京ルネッサンス『ポリグラフーうそ発見器』、パルコ劇場『シャネル』、劇團京『危険な曲がり角』、サードステージ『トランス』、ひょうご舞台芸術『おやすみデズデモーナ、おはようジュリエット』)」結城雅秀　テアトロ　641　1996.4　p62～68

### JAPANESE IDIOT　㈲太陽族
**2839** 上演：2005年6月16日～6月19日　場所：〈仮設劇場〉WA　作・演出：岩崎正裕　作曲：橋本剛　振付：原和代
◇「6月の関西 生きられる時間(劇団・太陽族『JAPANESE IDIOT』、アグリーダックリング『トキシラズ 黎明篇』、A級 Missing Link『いたち回路』)」太田耕人　テアトロ　767　2005.8　p66～68

### ジャパニーズ・スリーピング/世界でいちばん眠い場所　㈲遊園地再生事業団
**2840** 上演：2010年10月15日～10月24日　場所：座・高円寺　作・演出：宮沢章夫
◇「複雑な現代の人間模様(世田谷パブリックシアター『ガラスの葉』、文学座アトリエ『カラムとセフィーの物語』、遊園地再生事業団『ジャパニーズ・スリーピング/世界でいちばん眠い場所』)」斎藤偕子　テアトロ　841　2010.12　p44～45

### 日本のアニメ(ジャパニメーション)夜明け前　㈲オフィスワンダーランド
**2841** 上演：2012年10月4日～10月7日　場所：紀伊國屋ホール　作・演出：竹内一郎
◇「「オリジンと類型、そして図式(青年座スタジオ『雷鳴』、オフィスワンダーランド『日本アニメ(ジャパニメーション)、夜明け前』、まつもと市民芸術館『K.ファウスト』)」七字英輔　テアトロ　869　2012.12　p48～49
**2842** 上演：2016年10月13日～10月16日　場所：中野ザ・ポケット　作：竹内一郎
◇「表現としての写実と非写実と社会的主題(青年劇場『郡上の立百姓』、オフィスワンダーランド『日本のアニメ夜明け前』)」斎藤偕子　テアトロ　925　2016.12　p50～51

### じゃばら　㈲遊気舎
**2843** 上演：1993年8月12日～8月15日　場所：扇町ミュージアムスクエア　作・演出：後藤ひろひと
◇「「ハバリ・ヒニ」について(ライターズカンパニー プロデュース『ハバリ・ヒニ—神に選ばれた人』、MOTHER/リリパット・アーミー共同プロデュース『毒薬と老嬢』、2年6組山田学級『千年銭湯漂流記』、立身出世劇場プロデュース『大迷路…ん？(デカメロン)』、遊気舎『じゃばら』)」宮辻政夫　テアトロ　608　1993.10　p60～63

### シャープさんフラットさん　㈲ナイロン100℃
**2844** 上演：2008年9月16日～10月19日　場所：本多劇場　作・演出：ケラリーノ・サンドロヴィッチ
◇「女優キャサリン・ハンターに脱帽(世田谷パブリックシアター『現代能楽集Ⅳ THE DIVER』、ナイロン100℃『シャープさんフラットさん』、シアタークリエ『私生活』)」内田洋一　テアトロ　813　2008.12　p40～42

### 喋る／その後　㈲燐光群
**2845** 上演：1999年4月1日～4月12日　場所：梅ヶ丘BOX　作：黒沢明(喋る)　構成・演出：坂手洋二
◇「停滞する時間と飛躍する時間(東京演劇集団・風『かもめ』、STUDIOコクーン『かもめ』、演劇集団円『ワーニャ伯父ちゃん』、燐光群『喋る』『その後』)」みなもとごろう　テアトロ　682　1999.6　p48～50

### しゃぼん玉　㈲文化座
**2846** 上演：2017年11月2日～11月12日　場所：シアターX　原作：乃南アサ　作：斉藤祐一　演出：西川信廣
◇「荒んだ心の再生、鮮やかに(文化座『しゃぼん玉』、庭劇団ペニノ『地獄谷温泉無明の宿』、流山児★事務所『ブランキ殺し 上海の春』)」丸田真悟　テアトロ　941　2018.1　p34～35

**シャボン玉とんだ宇宙（ソラ）までとんだ**　[団]音楽座
**2847** 上演：1989年6月1日～6月11日　場所：本多劇場　原作：筒井広志　作・演出：横山由和
◇「ミュージカル評―アンサンブルの勝利」萩尾瞳　新劇　36（8）　1989.8　p42～45

**シャボン玉とんだ宇宙（ソラ）までとんだ**　[団]ヒューマンデザイン
**2848** 上演：2010年3月26日～3月30日　場所：ル・テアトル銀座　原作：筒井広志　脚本：横山由和　脚本・演出：ワームホールプロジェクト　作曲：八幡茂
◇「純愛と倫理観の彼方（ヒューマンデザイン『シャボン玉とんだ宇宙（ソラ）までとんだ』，東京ヴォートヴィルショー『無頼の女房』，演劇集団円『ホームカミング』）」北川登園　テアトロ　834　2010.6　p34～35

**シャボン玉ビリーホリデー**　[団]サラリーマン新劇喇叭屋
**2849** 上演：1988年9月18日～9月27日　場所：シアター・トップス　作・演出：鈴木聡
◇「「機嫌のいい」時代に生きて」扇田昭彦　新劇　35（11）　1988.11　p34～37

**jam**　[団]グリング
**2850** 上演：2009年12月9日～12月23日　場所：東京芸術劇場小ホール1　作・演出：青木豪
◇「座敷わらし、海獣、ジャム（イキウメ『見えざるモノの生き残り』，桟敷童子『海獣』，グリング『jam』）」みなもとごろう　テアトロ　830　2010.2　p52～53

**jamゴールドブレンド／夏の夜の夢／オイディプス@Tokyo**　[団]山の手事情社
**2851** 上演：2004年10月6日～10月17日　場所：青山円形劇場　作・構成・演出：安田雅弘
◇「ドラマのいろいろ（紀尾井朗読スペシャル『蝶々さん』『廃墟』，山の手事情社『jamゴールドブレンド』『夏の夜の夢』『オイディプス@Tokyo』，燐光群『ときはなたれて』）」斎藤偕子　テアトロ　757　2004.12　p40～42

**軍鶏307…戦ウ鶏達ノ物語…**　[団]桟敷童子
**2852** 上演：2007年5月17日～5月27日　場所：すみだパークスタジオ2号倉庫内特設劇場　作：東憲司　演出：サジキドウジ
◇「新作三本の成果（俳優座『上意討ち―拝領妻始末―』，桟敷童子『軍鶏307』，燐光群『放埒の人』）」水落潔　テアトロ　795　2007.8　p52～54

**写楽考**　[団]シアター1010
**2853** 上演：2005年8月30日～9月10日　場所：シアター1010　作：矢代静一　演出：マキノノゾミ
◇「名作に挑み、嘘=真実を見てきたように語る（東京芸術座『地球の上に朝が来る』，THEATRE1010『写楽考』，世田谷パブリックシアター『敦―山月記・名人伝―』，虹企画・ぐるうぷ・シュラ『テネシー・ウィリアムズの世界Ⅱ』）」中本信幸　テアトロ　770　2005.11　p46～48

**写楽考**　[団]シス・カンパニー
**2854** 上演：2007年4月5日～4月29日　場所：シアターコクーン　作：矢代静一　演出：鈴木勝秀
◇「渋谷で名作を新装、新作の名作誕生（シス・カンパニー『写楽考』，ホリプロ・Bunkamura『藪原検校』，パルコプロデュース『コンフィダント・絆』）」北川登園　テアトロ　793　2007.7　p46～47

**写楽考**　[団]青年座
**2855** 上演：1989年4月20日～4月30日　場所：紀伊國屋ホール　作：矢代静一　演出：石澤秀二
◇「待ちつづけた灯」林あまり　新劇　36（7）　1989.7　p38～41
◇「写楽の像と作者の心境（青年座『写楽考』）」村井健　テアトロ　557　1989.7　p24～25

**砂利**　[団]ダンダンブエノ
**2856** 上演：2007年7月21日～7月31日　場所：スパイラルホール　作：本谷有希子　演出：倉持裕
◇「演劇の力は謎へと向かう（（財）埼玉県芸術文化振興財団・ホリプロ他『エレンディラ』，劇団 ダンダンブエノ『砂利』）」内田洋一　テアトロ　797　2007.10　p56～57

**シャルルとアンヌと社長の死体**　[団]NLT
**2857** 上演：2010年2月17日～2月21日　場所：恵比寿エコー劇場　作：M・ガブリエル　潤色・演出：池田政之
◇「劇的魔術の威力（NLT『シャルルとアンヌと社長の死体』，こまつ座『シャンハイムーン』，龍昇企画『納屋の中の戀』，文化座『王子の狐かぎをくはえて』）」中本信幸　テアトロ　833　2010.5　p42～43

**シャーロック・ホームズ最後の冒険**　[団]オフィス・ナイン
**2858** 上演：1988年9月8日～9月18日　場所：博品館劇場　作：チャールズ・マロウィッツ　演出：鵜山仁
◇「正しい〈羊〉の飼い方」林あまり　新劇　35（12）　1988.12　p42～45

**シャーロック・ホームズ探偵物語―血の十字架**　[団]オフィス・ナイン
**2859** 上演：1987年4月11日～4月29日　場所：PARCO劇場　作：ポール・ジョバンニ　訳：倉橋健，小野正和　演出：五社英雄
◇「収穫なし」渡辺保　新劇　34（6）　1987.6　p30～35
◇「細部点検が必要（パルコ劇場『シャーロック・ホームズ探偵物語』）」千野幸一　テアトロ　532　1987.6　p30～31

**JUNGLE**　[団]黒テント
**2860** 上演：1999年5月27日～6月6日　場所：ザ・スズナリ　原作：ブレヒト　訳：浅野利昭　演出・美術：佐藤信
◇「“とらわれ”の寓意性（民藝『大司教の天井』，黒テント『JUNGLE』，トム・プロジェクトプロデュー

ス『絶対零度』, 木山事務所『三人姉妹』)」みなもとごろう　テアトロ　684　1999.8　p72〜74

## じゃんぐる　[団]水の会

**2861** 上演：2003年3月21日〜3月23日　場所：神戸アートビレッジセンター　作・演出：奥野将彰

◇「4月の関西 権力のかたち(劇団・太陽族『私たちの望むものは』, 近松劇場『月が乾く』, 水の会『じゃんぐる』, 京都芸術センター・日韓プロジェクト『海と日傘』韓国語版)」太田耕人　テアトロ　736　2003.6　p66〜68

## ジャングル　[団]南河内万歳一座

**2862** 上演：2008年6月11日〜6月15日　場所：ウルトラマーケット　作・演出：内藤裕敬

◇「6月の関西 劇的イリュージョンを超えて(兵庫県立ピッコロ劇団『一軒の家・一本の樹・一人の息子』, 演劇ユニット・昼ノ月『顔を見ないと忘れる』, 中野劇団『楽屋ちゃん』,PM/飛ぶ教室『きょうも恋唄』, 南河内万歳一座『ジャングル』)」太田耕人　テアトロ　809　2008.8　p51〜53

## ジャングル☆ジム　[団]NLT

**2863** 上演：1995年2月14日〜2月19日　場所：東京芸術劇場小ホール　作：右来左往　演出：原田一樹

◇「舞台にみなぎる緊張感(弘前劇場『家には高い木があった』, 青年劇場『もう1人のヒト』,NLT『ジャングル・ジム』, アートスフィア『熱帯祝祭劇マウイ』,BOYAKIの会『KVETCH(ぼやき)』)」大沢圭司　テアトロ　628　1995.4　p68〜71

## ジャングルノート　[団]楽市楽座

**2864** 上演：2001年5月3日〜5月5日　場所：中之島公園剣先広場・特設野外劇場ラフレシア　作・演出：長山現

◇「5月の関西 逆転と認知(ひょうご舞台芸術『プルーフ/証明』, 南船北馬一団『帰りたいうちに』,PM/飛ぶ教室『悲しい親分』, 楽市楽座『ジャングルノート』)」太田耕人　テアトロ　709　2001.7　p66〜68

## ヂャンヂャン☆オペラ 王國　[団]維新派

**2865** 上演：1998年10月9日〜10月26日　場所：大阪南港ふれあい港館野外特設劇場　作・演出：松本雄吉

◇「10月の関西 別役の107作目(兵庫県立ピッコロ劇団『ホクロのある左足』, 維新派『ヂャンヂャン☆オペラ 王國』)」宮辻政夫　テアトロ　675　1998.12　p67〜68

## ヂャンヂャン☆オペラ'97 南風　[団]維新派

**2866** 上演：1997年10月24日〜11月10日　場所：大阪南港ふれあい港館野外特設劇場　原作：中上健次　脚本：大田和司　脚本・演出：松本雄吉

◇「11月の関西 野外劇の競演(犯罪友の会『椿と海峡』, 維新派『ヂャンヂャン☆オペラ'97 南風』)」宮辻政夫　テアトロ　664　1998.1　p78〜80

## ヂャンヂャンオペラ ROMANCE　[団]維新派

**2867** 上演：1996年10月25日〜11月5日　場所：大阪南港ふれあい港広場　作・演出：松本雄吉

◇「11月の関西 海辺の不思議な大劇場(維新派『ヂャンヂャンオペラ ROMANCE』,KTカンパニー『幽人ども』, 劇団☆新感線『花の紅天狗』)」宮辻政夫　テアトロ　651　1997.1　p80〜81

## シャンソマニア　[団]花組芝居

**2868** 上演：2003年7月24日〜7月28日　場所：草月ホール　作・演出：加納幸和

◇「芝居の数だけ、"希望"がある…(花組芝居『シャンソマニア』, 扉座『きらら浮世伝』, 青杜『イーハトーボの祈り』, 大正直劇団『イヨネスコの夫婦善哉』, 弘前劇場『今日もいい天気』)」浦崎浩實　テアトロ　741　2003.10　p54〜53

## シャンデリア・トラブル(苦い夕立とさかさま双六)　[団]自転車キンクリート

**2869** 上演：1987年7月31日〜8月5日　場所：タイニイ・アリス　作：飯島早苗　演出：鈴木裕美

◇「降りつむ雪」佐々木幹郎　新劇　34(11)　1987.11　p24〜29

## ジャンナ　[団]青年座

**2870** 上演：1997年3月31日〜4月6日　場所：青年座劇場　作：アレクサンドル・ガーリン　訳：堀江新二　演出：伊藤大

◇「三つの新しい作品(人形劇団プーク『ちびっこカムのぼうけん』, えるむ『嘘つき女・英子』, 青年座スタジオ『ジャンナ』)」水落潔　テアトロ　656　1997.6　p66〜67

## ジャンヌ　[団]世田谷パブリックシアター

**2871** 上演：2013年9月5日〜9月24日　場所：世田谷パブリックシアター　作：バーナード・ショー　訳：中川龍一, 小田島雄志　演出：鵜山仁

◇「どうして疑問は続くのか(木山事務所『はだしのゲン』, 東京演劇集団風『なぜへカベ』, 世田谷パブリックシアター『ジャンヌ』)」北川登園　テアトロ　882　2013.11　p52〜53

## ジャンヌ・ダルク―イオアナと炎　[団]東京演劇集団風

**2872** 上演：2009年8月25日〜8月30日　場所：レパートリーシアターKAZE　作：マテイ・ヴィスニユック　訳：志賀重仁　演出：ペトル・ヴトカレウ

◇「多彩なマテイ・ヴィスニユックの世界(ビエンナーレKAZE国際演劇祭2009)」北川登園　テアトロ　826　2009.11　p40〜42

## ジャンヌ・ダルク―ジャンヌと炎　[団]東京演劇集団風

**2873** 上演：2011年9月1日〜9月5日　場所：レパートリーシアターKAZE　作：マテイ・ヴィスニユック　上演台本：ペトル・ヴトカレウ　訳：志賀重仁　演出：浅野佳成

◇「現代世界のあり方(青果鹿『ライリュウの化石』, 青年劇場『普天間』, 東京演劇集団風『ジャンヌ・ダルク―ジャンヌと炎』, シルバーライニング『コレット・コラージュ』)」斎藤偕子　テアトロ

854　2011.11　p40～41

**2874** 上演：2016年7月22日～7月24日　場所：レパートリーシアターKAZE　作：マテイ・ヴィスニユック　上演台本：ペトル・ヴトカレウ　訳：志賀重仁　演出：浅野佳成

◇「情熱、熱狂、花園神社野外劇（椿組『贋・四谷怪談』, 劇団栈敷童子『夏に死す』, 風姿花伝『いま、ここにある武器』, 劇団昴 ザ・サード・ステージ『ザ・グリークス』全三部, エイコーン『松井須磨子』, 東京演劇集団風『ジャンヌ・ダルクージャンヌと炎』）」結城雅秀　テアトロ　923　2016.10　p38～41

**2875** 上演：2017年7月22日～7月24日　場所：レパートリーシアターKAZE　作：マテイ・ヴィスニユック　訳：志賀重仁　台本・演出：浅野佳成

◇「初心貫く創立三十周年の成果（東京演劇集団風の二作品）」北川登園　テアトロ　938　2017.11　p54～55

### ジャンヌ・ダルクージャンヌと炎　[団]東京演劇集団風, ウジェーヌ・イヨネスコ劇場

**2876** 上演：2012年8月23日～8月27日　場所：レパートリーシアターKAZE　作：マテイ・ヴィスニユック　訳：志賀重仁　脚色：ペトル・ヴトカレウ　演出：浅野佳成

◇「国際的な協働作業の成果（東京演劇集団風『第五回ビエンナーレKAZE国際演劇祭2012』）」北川登園　テアトロ　868　2012.11　p42～43

### 上海バンスキング　[団]オンシアター自由劇場

**2877** 上演：1990年4月12日～5月16日　場所：シアターコクーン　作：斎藤憐　演出：串田和美

◇「ニューヨーク・東京・上海」長谷部浩　しんげき　37（6）　1990.6　p46～49

### 上海バンスキング　[団]Bunkamura

**2878** 上演：2010年2月23日～3月14日　場所：シアターコクーン　作：斎藤憐　演出：串田和美

◇「懐旧と挑戦と（Bunkamura主催『上海バンスキング』, テレビ朝日主催『ジョン・ガブリエルと呼ばれた男』, せたがや文化財団主催『マクベス』）」北川登園　テアトロ　833　2010.5　p40～41

### 上海ブギウギ1945　[団]黒テント

**2879** 上演：2007年12月5日～12月16日　場所：シアターイワト　台本・演出：山元清多　振付：渡辺美津子　音楽：服部吉次

◇「過去への遡及と懐旧の思い（ナイロン100℃『わが闇』, オフィス3○○『りぼん』, 黒テント『上海ブギウギ1945』, 遊戯空間『夜叉ケ池』）」七字英輔　テアトロ　802　2008.2　p66～68

### シャンハイムーン　[団]こまつ座

**2880** 上演：1991年3月4日～3月29日　場所：前進座劇場　作：井上ひさし　演出：木村光一

◇「絶望の果ての希望」安住恭子　しんげき　38（5）　1991.5　p30～33

◇「裏返しの公式化（こまつ座『シャンハイムーン』）」瀬戸宏　テアトロ　579　1991.5　p24～25

**2881** 上演：1993年10月23日～11月7日　場所：紀伊國屋ホール　作：井上ひさし　演出：木村光一

◇「高度の象徴性と演技する人間（ルペール劇場『シェイクスピア三部作』, こまつ座『シャンハイ・ムーン』, 俳優座『復活』, ピープルシアター『花の下にて春死なん』）」結城雅秀　テアトロ　612　1994.1　p62～65

**2882** 上演：2010年2月22日～3月7日　場所：紀伊國屋サザンシアター　作：井上ひさし　演出：丹野郁弓

◇「劇的魔術の威力（NLT『シャルルとアンヌと社長の死体』, こまつ座『シャンハイムーン』, 龍昇企画『納屋の中の戀』, 文化座『王子の狐かぎをくはえて』）」中本信幸　テアトロ　833　2010.5　p42～43

### ジャンプ　[団]地人会

**2883** 上演：1986年10月3日～10月12日　場所：本多劇場　作：山田太一　演出：木村光一

◇「自転車キンクリート」渡辺保　新劇　33（12）　1986.12　p34～39

### JUNP THEY SAY　[団]大回転劇団

**2884** 上演：1996年5月24日～6月28日　場所：自由劇場　作・演出：串田杢弥

◇「ネコ、劇場にあらわる（大回転劇団『JUNP THEY SAY』, ホリプロ主催 P.ドゥクフレ演出『DORA～100万回生きたねこ』）」大岡淳　テアトロ　646　1996.9　p76～77

### シャンブル・マンダリン　[団]銀座セゾン劇場

**2885** 上演：1994年1月11日～2月5日　場所：銀座セゾン劇場　作：ロベール・トマ　訳：小沢僥謳　演出：飯沢匡

◇「作品と演出の「ズレ」（銀座セゾン劇場『シャンブル・マンダリン』, 文学座アトリエ『鼻』）」大沢圭司　テアトロ　627　1995.3　p74～75

### シュヴァルツの裸の王様　[団]新劇団協議会

**2886** 上演：1980年2月18日～2月20日　場所：東横劇場　作：エヴゲニィ・シュヴァルツ　訳：土方与平　演出：飯沢匡

◇「黒柳徹子のことば（新劇合同『シュヴァルツの裸の王様』）」矢野誠一　テアトロ　447　1980.5　p26～28

### 十一人の少年　[団]彗星'86

**2887** 上演：1983年7月20日～7月24日　場所：大曽根鈴蘭座　作・演出：北村想

◇「はてしない物語のはじまり（ことばの劇場）」村上知彦　新劇　30（10）　1983.10　p32～36

◇「この原稿は素晴らしく良い原稿である（ことばの劇場）」蛭田権造　新劇　30（10）　1983.10　p40～42

**2888** 上演：1984年5月16日～5月20日　場所：本多劇場　作・演出：北村想

◇「いつか王子様が…（ことばの劇場）」長谷部浩　新劇　31（7）　1984.7　p44～47

### 十一ぴきのネコ　[団]こまつ座

**2889** 上演：1989年9月2日～9月16日　場所：紀伊國屋ホール　作：井上ひさし　演出：高瀬

久男
◇「ミュージカル評―アンビバレントな日々」萩尾瞳　新劇　36(11)　1989.11　p38～41
◇「人は何のために生きるのか」七字英輔　新劇　36(12)　1989.12　p26～29

**十一ぴきのネコ**　[団]こまつ座, ホリプロ

**2890** 上演：2012年1月10日～1月31日　場所：紀伊國屋サザンシアター　作：井上ひさし　演出：長塚圭史
◇「古典と呼ぶには早すぎるけれど(Bunkamuraシアターコクーン『下谷万年町物語』, シス・カンパニー『寿歌』, こまつ座&ホリプロ『十一ぴきのネコ』)」北川登園　テアトロ　859　2012.3　p56～57

**自由を我等に**　[団]A級 Missing Link

**2891** 上演：2001年6月15日～6月17日　場所：ウィングフィールド　作・演出：土橋淳志
◇「6月の関西〈影響〉を意識する(兵庫県立ピッコロ劇団『雨かしら』,OMSプロデュース『その鉄塔に男たちはいるという』,A級 Missing Link『自由を我等に』)」太田耕人　テアトロ　710　2001.8　p81～83

**修学旅行**　[団]青年劇場

**2892** 上演：2007年4月13日～4月20日　場所：紀伊國屋ホール　作：畑澤聖悟　演出：藤井ごう
◇「別役劇に喜劇の力を(木山事務所『やってきたゴドー』, 俳優座劇場プロデュース『壊れた風景』, 青年劇場『修学旅行』)」内田洋一　テアトロ　792　2007.6　p52～54

**十月／マクベス**　[団]十月劇場

**2893** 上演：1985年　作：シェイクスピア　翻案・構成・演出：石川裕人
◇「視線を意識してこその役者(ことばの劇場)」衛紀生　新劇　33(2)　1986.2　p49～52

**週刊・金色夜叉**　[団]東演

**2894** 上演：1995年1月25日～1月29日　場所：本多劇場　作：川崎照代　演出：菊池准
◇「言葉の魔術で膨らむイメージ(RSC『ヘンリー6世』, 劇団1980『あゝ東京行進曲』, パルコ・メジャーリーグ『クラウド・ナイン』, こまつ座『黙阿弥オペラ』, 俳優座劇場『夜の来訪者』, 東演『週刊・金色夜叉』, 五色の花『2月のディナー』)」結城雅秀　テアトロ　628　1995.4　p60～67

**十九歳のジェイコブ**　[団]新国立劇場

**2895** 上演：2014年6月11日～6月29日　場所：新国立劇場　原作：中上健次　脚本：松井周　演出：松本雄吉
◇「演劇の眼差しと時代感覚(日本劇団協議会『阿部定の犬』, 新国立劇場『十九歳のジェイコブ』, 劇団チョコレートケーキ『サラエヴォの黒い手』)」丸田真悟　テアトロ　893　2014.8　p26～27

**集金旅行**　[団]民藝

**2896** 上演：2013年9月18日～9月30日　場所：紀伊國屋サザンシアター　原作：井伏鱒二　脚本：吉永仁郎　演出：高橋清祐
◇「肉親という厄介な絆(民藝『集金旅行』, 梅田芸術劇場/ぴあ企画・制作『トゥルー・ウエスト』, (株)パルコ企画製作『ロスト・イン・ヨンカーズ』)」水落潔　テアトロ　883　2013.12　p46～47

**銃剣と処容の舞い―三・一独立運動・堤岩里事件**　[団]在日韓国YMCA

**2897** 上演：2000年3月1日～3月5日　場所：在日本韓国YMCA・スペースワイ　作：李盤　訳：チョウ紗玉　脚色：高堂要　演出：内田透
◇「事件との距離(在日韓国YMCA+上演実行委員会『銃剣と処容の舞い』, 東京演劇アンサンブル『ゲド戦記』, オフィス・ワンダーランド『鳳凰の切り札』)」佐藤康平　テアトロ　694　2000.5　p72～73

**銃口**　[団]青年劇場

**2898** 上演：2002年9月20日～9月29日　場所：紀伊國屋ホール　原作：三浦綾子　脚色：布勢博一　演出：堀口始
◇「昔を今へ(青年劇場『銃口』, 世田谷パブリックシアター『ミレナ』, 俳優座『きょうの雨 あしたの風』, 燐光群『最後の一人までが全体である』, 円『ブラインド・タッチ』)」渡辺淳　テアトロ　729　2002.12　p50～53

**15人の海民**　[団]清流劇場

**2899** 上演：2012年3月9日～3月11日　場所：AI・HALL　作・演出：田中孝弥
◇「無関心を暴く寓意劇―清流劇場『15人の海民』」正木喜勝　シアターアーツ　51　2012.6　p122～124

**十字軍**　[団]黒テント

**2900** 上演：2001年12月12日～12月16日　場所：ザ・スズナリ　作：ミシェル・アザマ　演出：プロスペール・ディス
◇「人間狂騒曲(新国立劇場『美女で野獣』, 地人会『クリスマス狂騒曲ナポリ風』, 燐光群+グッドフェローズ『白鯨』, 黒テント『十字軍』)」渡辺淳　テアトロ　718　2002.2　p60～62

**十字軍**　[団]文学座アトリエの会

**2901** 上演：2013年4月16日～4月30日　場所：文学座アトリエ　作：ミシェル・アザマ　訳：佐藤康　演出：稲葉賀恵
◇「死者と生者の視線持て(文学座アトリエの会『十字軍』, 青年座『横濱短篇ホテル』, トム・プロジェクト『完全姉妹』)」北川登園　テアトロ　877　2013.7　p50～51

**秋日狂乱**　[団]俳優座劇場

**2902** 上演：1997年11月22日～11月30日　場所：俳優座劇場　作：八木柊一郎　演出：西川信廣
◇「老いと家庭と思想と(民藝『黄落』, 俳優座劇場プロデュース『秋日狂乱』, 新国立劇場開場記念公演『夜明け前』)」水落潔　テアトロ　665　1998.2　p76～77

**修士の異常な愛情―いかにして私は喜劇を愛するようになったか**　[団]白山座

**2903** 上演：1996年　作・演出：川島勇樹
◇「5月の関西 80年代の傑作、今なお新鮮な感動(南河内万歳一座『唇に聴いてみる』, 劇団白山座『修士の異常な愛情』)」宮辻政夫　テアトロ

644　1996.7　p114～116

**終着駅アメリカ**　[団]フォルクスビューネ

**2904** 上演：2005年3月25日～3月28日　場所：世田谷パブリックシアター　作：テネシー・ウィリアムズ　脚色・演出：フランク・カストルフ

◇「『終着駅アメリカ』 遍在するブランチ/遍在するアメリカ、または、パンク野郎カストロフ（クロスレビュー）」日比野啓　シアターアーツ　23　2005.6　p27～30

◇「『終着駅アメリカ』 Public Image Limited―99%、テネシー・ウィリアムズと残りの1%（クロスレビュー）」鹿島則一　シアターアーツ　23　2005.6　p30～33

**終着駅の向こうには…**　[団]翌檜座, 鴎座

**2905** 上演：2001年11月29日～12月2日　場所：TACCS1179　作：丸尾聡　演出：山村晋平

◇「清水の才に脚光再び期待したい（演劇企画木冬社『破れた魂に侵入』,S.W.A.T！『突撃！ 第九八独立普通科連隊』, 翌檜座+鴎座『終着駅の向こうには…』, スイセイ・ミュージカル『ONLY ONE』, 芝居小屋六面座『鈴の鳴る家』）」佐藤康平　テアトロ　718　2002.2　p54～53

**終着駅の向こうには…**　[団]オフィスプロジェクトM

**2906** 上演：2000年6月7日～6月13日　場所：劇場MOMO　作・演出：丸尾聡

◇「俳優の存在感（民藝『炎の人～ヴァン・ゴッホ小伝』, オフィスプロジェクトM『終着駅の向こうには…』）」斎藤偕子　テアトロ　697　2000.8　p60～61

**修道女**　[団]昴 ザ・サード・ステージ

**2907** 上演：1996年7月24日～8月4日　場所：三百人劇場　原作：ドゥニ・ディドロ　訳：浜野浩一　演出：村田元史

◇「孤独な女の激情を端正に描く（昴 ザ・サード・ステージ『修道女』, ピース・ユニット『ベンチ』, 三人芝居『トラブル』, 東京シェイクスピアカンパニー『お気に召すまま』, グローブ座カンパニー『十二夜』, 日生劇場『走れメロス』）」結城雅秀　テアトロ　647　1996.10　p72～78

**姑は推理（みすてりー）作家**　[団]NLT

**2908** 上演：2011年8月13日～8月22日　場所：三越劇場　作・演出：池田政之

◇「虚と実とリアリティ（NLT+三越劇場『喜劇 姑は推理（ミステリー）作家』, 世田谷パブリックシアター『現代能楽集Ⅵ 奇ッ怪 其ノ弐』, 青年座『ほととぎす・ほととぎす』）」水落潔　テアトロ　854　2011.11　p44～45

**12ヶ月のニーナ**　[団]ホリプロ

**2909** 上演：1989年3月13日～3月31日　場所：青山劇場　作・演出：藤田敏雄

◇「ミュージカル評―歌やダンスは飾りじゃない」萩尾瞳　新劇　36（5）　1989.5　p42～45

**十二月**　[団]仲間

**2910** 上演：1996年10月23日～10月27日　場所：東京芸術劇場小ホール　作：小山祐士　演出：藤原新平

◇「演出意図の分からない芝居（シェアード・エクスペリエンス・シアター『テンペスト』, 地人会『ロミオとジュリエット』, 円・シアターX『月下』, 文学座『特ダネ狂騒曲』, 仲間『十二月』, 演奏舞台『小○百姓一揆考』）」結城雅秀　テアトロ　651　1997.1　p73～79

**十二月**　[団]民藝

**2911** 上演：1982年4月4日～4月25日　場所：三越劇場　作：小山祐士　演出：宇野重吉

◇「演出の手綱さばき（民芸『十二月』）」みなもとごろう　テアトロ　472　1982.6　p26～29

**十二月―下宿屋「四丁目ハウス」**　[団]民藝

**2912** 上演：2010年12月3日～12月20日　場所：三越劇場　作：小山祐士　演出：高橋清祐

◇「様々な人生を描く三作品（青年座『黄昏』, 文学座『くにこ』, 民藝『十二月―下宿屋「四丁目ハウス」―』）」水落潔　テアトロ　844　2011.2　p52～53

**12人―奇跡の物語**　[団]オフィスコットーネ

**2913** 上演：2011年6月19日～6月26日　場所：Space早稲田　訳・脚色・演出：小川絵梨子

◇「やはり日本人は議論下手？―オフィスコットーネ『12人～奇跡の物語～』における俳優の演技より」山田剛久　シアターアーツ　48　2011.9　p118～120

**十二人の怒れる男**　[団]Bunkamura

**2914** 上演：2009年11月17日～12月6日　場所：シアターコクーン　作：レジナルド・ローズ　訳：額田やえ子　演出：蜷川幸雄

◇「裁き裁かれる人たち（Bunkamura『十二人の怒れる男』, パルコ・プロデュース『海をゆく者』, 加藤健一事務所『高き彼物』, 民藝『神戸北ホテル』）」北川登園　テアトロ　830　2010.2　p44～46

**12人の怒れる男たち**　[団]東京芸術座

**2915** 上演：1994年4月23日～4月28日　場所：シアターサンモール　作：レジナルド・ローズ　訳：額田やえ子　演出：稲垣純

◇「人物配置の巧みさ（こまつ座『頭痛肩こり樋口一葉』, 音楽座『泣かないで』, 東京芸術座『12人の怒れる男たち』,1980『行路死亡人考』, 博品館劇場『アーサー家のローズ』,NOISE『朝、冷たい水で』, 青年団『東京ノート』）」大沢圭司　テアトロ　618　1994.7　p56～61

**十二人の怒れる男たち**　[団]俳優座劇場

**2916** 上演：1998年6月1日～6月7日　場所：俳優座劇場　作：レジナルド・ローズ　訳：酒井洋子　演出：西川信廣

◇「演劇であること、その必然性についての演劇（黒テント『花』, 俳優座劇場プロデュース『十二人の怒れる男たち』, 劇工房燐『パパは誘拐犯』）」川口賢哉　テアトロ　671　1998.8　p72～73

**2917** 上演：2004年12月2日～12月12日　場所：俳優座劇場　作：レジナルド・ローズ　訳：酒井洋子　演出：西川信廣

◇「歴史を裁く講壇（アリストパネス・カンパニー『松蔭狂詩曲』,虹企画・ぐるうぷしゅら『731の幻想』,演奏舞台『能・21シリーズⅢ』,俳優座劇場プロデュース『十二人の怒れる男たち』）」中本信幸　テアトロ　760　2005.2　p56～58

**2918** 上演：2010年1月18日～1月17日　場所：俳優座劇場　作：レジナルド・ローズ　訳：酒井洋子　演出：西川信廣

◇「よく出来た戯曲の舞台化（加藤健一事務所『シャドーランズ』,俳優座劇場『十二人の怒れる男たち』,萬國四季協會『鬼沢』）」斎藤偕子　テアトロ　831　2010.3　p50～51

**2919** 上演：2011年11月16日～11月20日　場所：俳優座劇場　作：レジナルド・ローズ　訳：酒井洋子　演出：西川信廣

◇「さよなら劇三題の三様三態（SHIMIN劇場Ⅱ『さよならを踏みしめて』,東京ノーヴィ・レパートリーシアター『idiot』,俳優座劇場プロデュース『十二人の怒れる男たち』）」中本信幸　テアトロ　857　2012.1　p38～39

**2920** 上演：2015年3月25日～3月31日　場所：俳優座劇場　作：レジナルド・ローズ　訳：酒井洋子　演出：西川信廣

◇「戯曲の弾性と舞台の表相（俳優座劇場プロデュース『十二人の怒れる男たち』,彩の国シェイクスピア・シリーズ『リチャード二世』,新国立劇場『ウィンズロウ・ボーイ』）」みなもとごろう　テアトロ　904　2015.6　p42～43

### 12人の優しい日本人　[団]東京サンシャインボーイズ

**2921** 上演：1991年3月21日～3月29日　場所：シアタートップス　作・演出：三谷幸喜

◇「ラストにこだわる」岡本蛍　しんげき　38（6）　1991.6　p48～51

**2922** 上演：1992年9月8日～9月20日　場所：PARCO SPACE PART3　作・演出：三谷幸喜,東京サンシャインボーイズ

◇「作品のもつ「潜在力」ということ（東京サンシャインボーイズ『12人の優しい日本人』,銀座セゾン劇場『タイタスアンドロニカス』）」大沢圭司　テアトロ　597　1992.11　p77～79

### 12人の優しい日本人　[団]パルコ

**2923** 上演：2005年11月30日～12月30日　場所：PARCO劇場　作・演出：三谷幸喜

◇「事件は現場で起こっていない―『12人の優しい日本人』をめぐって」林カヲル　シアターアーツ　26　2006.3　p100～102

◇「芝居はまことにおそろしい（パルコ劇場『12人の優しい日本人』,文学座アトリエの会『アルバートを探せ』）」内田洋一　テアトロ　774　2006.2　p66～67

### 十二の月たち―森のおとぎ話　[団]富山市民文化事業団

**2924** 上演：1997年3月21日～3月23日　場所：富山芸術文化ホール　作：マルシャーク　台本・演出：宮島春彦

◇「よみがえったマルシャークの名作（とやま市民演劇公演『十二の月たち―森のおとぎ話』）」矢沢英一　テアトロ　655　1997.5　p76～77

**2925** 上演：1998年3月21日～3月23日　場所：オーバード・ホール　作：マルシャーク　訳：矢沢英一　台本・演出：宮島春彦　音楽：八幡茂

◇「とやま市民演劇公演「十二の月たち―森のおとぎ話」を見て」八木近直　テアトロ　669　1998.6　p76～77

### 十二夜　[団]演劇集団円

**2926** 上演：1994年12月1日～12月7日　場所：六行会ホール　作：シェイクスピア　訳・演出：安西徹雄

◇「古典を伝統的な手法で演出する（円,六行会『十二夜』,オクスフォード劇団『ロミオとジュリエット』,桜花舎『贋の侍女』,銀座セゾン劇場『エンジェルス・イン・アメリカ』,文学座『背信の日々』,ハーフムーン・シアター『リタ・ジョーの幻想』,一跡二跳『愛しすぎる男たち』,青杜『怪盗三日月丸』）」結城雅秀　テアトロ　626　1995.2　p62～70

### 十二夜　[団]銀座セゾン劇場

**2927** 上演：1987年11月11日～12月13日　場所：銀座セゾン劇場　作：シェイクスピア　訳：小田島雄志　演出：エイドリアン・ノーブル

◇「蜷川幸雄演出の『ギプス』」渡辺保　新劇　35（1）　1988.1　p38～43

◇「安全と化したシェイクスピア（『十二夜』『マクベス』『リチャード三世』）」大場建治　テアトロ　539　1988.1　p21～24

### 十二夜　[団]彩の国さいたま芸術劇場

**2928** 上演：1998年10月9日～10月31日　場所：彩の国さいたま芸術劇場小ホール　作：シェイクスピア　訳：松岡和子　演出：蜷川幸雄

◇「虚構の密度が成否を分ける（彩の国シェークスピアカンパニー『十二夜』,青年団プロデュース『新版・小町風伝』,犯罪友の会『牡丹のゆくへ』）」江原吉博　テアトロ　675　1998.12　p62～63

### 十二夜　[団]昴

**2929** 上演：1997年6月6日～6月25日　場所：三百人劇場　作：シェイクスピア　訳：福田恆存　演出：菊池准

◇「シェイクスピアブームの憂鬱（昴『十二夜』,スティーヴン・バーコフ演出『コリオレーナス』）」大場建治　テアトロ　658　1997.8　p70～71

### 十二夜　[団]青年劇場

**2930** 上演：2012年9月14日～9月23日　場所：紀伊國屋サザンシアター　作：シェイクスピア　訳：小田島雄志　演出：松波喬介　音楽：川崎絵都夫

◇「今の時代と古典劇を結ぶ回路（青年劇場『十二夜』,新国立劇場『リチャード三世』,シス・カンパニー『ボクの四谷怪談』）」高橋豊　テアトロ　869　2012.12　p42～43

### 十二夜　[団]太陽劇団

**2931** 上演：1982年　作：シェイクスピア　演出：アリアンヌ・ムヌーシュキン

◇「演劇的引用と形態」梅本洋一　新劇　29(10)　1982.10　p25〜26

## 十二夜　㊙東宝

**2932**　上演：1986年7月5日〜7月28日　場所：日生劇場　作：シェイクスピア　訳：小田島雄志　演出：野田秀樹

◇「人呼んで、恋のドンチャン騒ぎ(東宝『十二夜』)」結城雅秀　テアトロ　523　1986.9　p26〜29

## 十二夜　㊙日本の30代

**2933**　上演：2014年4月18日〜4月28日　場所：下北沢駅前劇場　作：シェイクスピア　訳：小田島雄志　演出：鵜山仁

◇「男と女のままならない関係(ナイロン100℃『パン屋文六の思案』、日本の30代『十二夜』、東京乾電池『そして誰もいなくなった』)」丸田真悟　テアトロ　890　2014.6　p46〜47

## 十二夜　㊙俳優座

**2934**　上演：1993年9月22日〜10月5日　場所：パナソニック・グローブ座　作：シェイクスピア　訳：三神勲　演出：マイケル・ペニントン

◇「時はすべてを運び去るか？(俳優座『十二夜』、四季『ハムレット』)」大場建治　テアトロ　610　1993.12　p58〜61

**2935**　上演：2001年1月9日〜1月21日　場所：俳優座劇場　作：シェイクスピア　訳：三神勲　演出・美術：佐竹修　作曲・音楽監督：上田亨

◇「異様な緊張の中で追求する人間の尊厳(tpt『蜘蛛女のキス』、新国立劇場『母たちの国へ』、世田谷パブリックシアター『ゴドーを待ちながら』、俳優座『十二夜』)」結城雅秀　テアトロ　705　2001.3　p70〜73

## 十二夜　㊙兵庫県立ピッコロ劇団

**2936**　上演：2008年2月27日〜3月2日　場所：兵庫県立芸術文化センター　訳・演出：三輪えり花　音楽監督：池辺晋一郎

◇「3月の関西 兄弟という同一性(MONO『なるべく派手な服を着る』、兵庫県立ピッコロ劇団『十二夜』)」太田耕人　テアトロ　805　2008.5　p51〜53

## 十二夜　㊙Bunkamura

**2937**　上演：2011年1月4日〜1月26日　場所：シアターコクーン　作：シェイクスピア　訳：松岡和子　潤色・演出：串田和美

◇「愛い顔の喜劇」たち(Bunkamura『十二夜』、シス・カンパニー『大人は、かく戦えり』、ホリプロ『ろくでなし啄木』)」高橋豊　テアトロ　845　2011.3　p58〜59

## 十二夜　㊙幹の会, リリック

**2938**　上演：1999年5月21日〜5月23日　場所：紀伊國屋ホール　作：シェイクスピア　訳：小田島雄志　演出：鵜山仁

◇「十七世紀と現代—世界の多義性をめぐって(東京演劇アンサンブル『ガリレイの生涯』、シェイクスピア・シアター『リア王』、幹の会+リリックプロデュース『十二夜』)」みなもとごろう　テアトロ　683　1999.7　p54〜56

## 十二夜　㊙ワタナベエンターテインメント

**2939**　上演：2013年10月4日〜10月13日　場所：紀伊國屋ホール　作：シェイクスピア　訳：松岡和子　演出：青木豪

◇「息遣いの聞こえる舞台(新国立劇場『エドワード二世』、Dステ『十二夜』、DULL-COLORED POPプロデュース『最後の精神分析—フロイトVSルイス』)」杉山弘　テアトロ　883　2013.12　p44〜45

## 十年目の密会　㊙文学座

**2940**　上演：1984年5月9日〜5月20日　場所：紀伊國屋ホール　作：矢代静一　演出：加藤新吉

◇「恋愛と宗教は和解し得るか(文学座『十年目の密会』)」結城雅秀　テアトロ　497　1984.7　p30〜33

## 自由の彼方で　㊙3.1の会

**2941**　上演：2002年3月1日〜3月5日　場所：在日本韓国YMCA・スペースワイ　作：椎名麟三　演出・企画：高堂要　共同演出：伊藤勝昭

◇「死を舞台に投げ見せた鬼籍の二人(DONNA・DONNA『公の園』、3.1の会『自由の彼方で』、源氏物語朗読『六条の御息所』、龍昇企画『水を運ぶ夜』)」佐藤康平　テアトロ　721　2002.5　p46〜47

## 周辺飛行〈ボクたちの安部公房〉―イメージの展覧会より　㊙日本大学芸術学部NAP

**2942**　上演：2006年4月18日〜4月23日　場所：NAPシアター　作：安部公房　演出：加藤直

◇「抽象と具象(日本大学芸術学部NAP『周辺飛行』、地人会『日本の面影』、俳優座『風薫る日に』)」斎藤俉子　テアトロ　779　2006.7　p58〜59

## 終末の刻　㊙民藝

**2943**　上演：1993年10月1日〜10月11日　場所：サンシャイン劇場　作：村山知義　演出：滝沢修

◇「古さに新しさを求める試み(地人会『朝焼けのマンハッタン』、文学座『恋と森のカーニバル』、昴『チャリング・クロス街84番地』、燐光群『神々の国の首都』、民藝『終末の刻』1980『裏読み 味噌樽で縮んだズボン』、音楽座『リトル プリンス』、青年座『愛すればこそ』)」江原吉博　テアトロ　610　1993.12　p70〜76

## 14歳の国　㊙遊園地再生事業団

**2944**　上演：1998年10月7日〜10月12日　場所：青山円形劇場　作・演出：宮沢章夫

◇「途切れた時間(遊園地再生事業団『14歳の国』、ベターポーヅ『GREAT ZEBRA IN THE DARK'98』、ナイロン100℃『偶然の悪夢』)」長谷部浩　テアトロ　675　1998.12　p52〜54

## 秋雷　㊙オフィス樹

**2945**　上演：2000年5月25日〜5月28日　場所：萬スタジオ　作：原武彦　演出：内田透

◇「ペテン師を心良く観せる技(東演『花になりて散らばや』、オフィス樹『秋雷』、トム・プロジェクト『東海道四谷怪談』)」佐藤康平　テアトロ　697　2000.8　p48〜49

**重力** [団]トム・プロジェクト
*2946* 上演：2012年7月19日〜7月25日　場所：赤坂RED/THEATER　作・演出：中島新
◇「企画力に乾杯！（トム・プロジェクト『重力』，劇団ま『審査員』，Pカンパニー『月の岬』）」中本信幸　テアトロ　867　2012.10　p42〜43

**樹海** [団]青杜
*2947* 上演：1997年10月25日〜10月31日　場所：スペースアクロス　作・演出：古川登志夫
◇「「ぢらい」に心奪われる！（第13回地域劇団東京演劇祭，花企画『岬に住む人をめぐって』，青杜『樹海』，本多劇場『K2—運命のザイル』）」浦崎浩實　テアトロ　664　1998.1　p71〜73

**授業** [団]ウジェーヌ・イヨネスコ劇場
*2948* 上演：2007年9月4日〜9月5日　場所：相鉄本多劇場　作：イヨネスコ　演出：ヴィタリエ・ドルチェック
◇「圧倒する肉体と声（ウジェーヌ・イヨネスコ劇場『授業』，少年王者舘『シフォン』，ジェットラグプロデュース『夢顔』）」丸田真悟　テアトロ　798　2007.11　p46〜47

**授業** [団]無名塾
*2949* 上演：2013年2月2日〜3月23日　場所：仲代劇堂　作：イヨネスコ　訳：丹野郁弓　演出：林清人
◇「消えることのない負の記憶（WOWOW ぴあ TSP 銀河劇場 制作『テイキングサイド』，民藝『真夜中の太陽』，無名塾 秘演『授業』）」北川登園　テアトロ　874　2013.4　p44〜45

**授業** [団]ルドルフ
*2950* 上演：2010年6月10日〜6月13日　場所：京都芸術センター　作：イヨネスコ　演出：水沼健
◇「6月の関西 古典に書き込む（ルドルフ『授業』，木ノ下歌舞伎『勧進帳』，遊劇体『多神教』）」太田耕人　テアトロ　837　2010.8　p56〜58

**淑女のロマンス** [団]トム・プロジェクト
*2951* 上演：2014年9月25日〜10月2日　場所：紀伊國屋ホール　作：水谷龍二　演出：高瀬久男
◇「痛快喜劇と超弩級の神話劇（THE SHAMPOO HAT『風の吹く夢』，トム・プロジェクト『淑女のロマンス』，世田谷パブリックシアター『炎 アンサンディ』）」村井健　テアトロ　897　2014.12　p36〜37

**淑女はここにいる** [団]テアトル・エコー
*2952* 上演：2016年5月13日〜5月26日　場所：エコー劇場　作・演出：田村孝裕
◇「連続的に変化する意識と観念（シス・カンパニー『コペンハーゲン』，新国立劇場『あわれ彼女は娼婦』，彩の国シェイクスピア『尺には尺を』，テアトル・エコー『淑女はここにいる』，オフィスコットーネ『埒もなく汚れなく』）」結城雅秀　テアトロ　921　2016.8　p26〜29

**守護神** [団]南河内万歳一座
*2953* 上演：2017年5月24日〜5月29日　場所：一心寺シアター倶楽　作・演出：内藤裕敬
◇「6月の関西 戦争と対立がテーマの新作・再演続く（兵庫県立ピッコロ劇団『西海渡花香』，木ノ下歌舞伎『東海道四谷怪談—通し上演』，南河内万歳一座『守護神』，匿名劇壇『レモンキャンディ』，劇団・太陽族『かえるでんち』）」九鬼葉子　テアトロ　935　2017.8　p52〜54

**酒神ディオニュソス** [団]SCOT
*2954* 上演：2010年12月24日〜12月26日　場所：吉祥寺シアター　原作：エウリピデス　演出：鈴木忠志
◇「狂気が照射する人間の暗部（SCOT『リア王 4ヵ国語版』『酒神ディオニュソス』）」河野孝　テアトロ　845　2011.3　p50〜52

**酒神ディオニュソス** [団]SPAC（静岡県舞台芸術センター）
*2955* 上演：2009年4月25日，5月2日，5日，9日　場所：静岡県舞台芸術公園屋内ホール「楕円堂」　作：エウリピデス　演出：鈴木忠志
◇「犯人はだれか？（SPAC静岡県舞台芸術センター『酒神ディオニュソス』）」渡辺保　テアトロ　821　2009.7　p34〜35

**主人は浮気なテロリスト!?** [団]俳優座LABO
*2956* 上演：2006年7月9日〜7月17日　場所：俳優座5F稽古場　作：ダリオ・フォ　訳：渡辺浩子　演出：高岸未朝
◇「若者の情念と不安（Bunkamuraシアターコクーン『あわれ彼女は娼婦』，地人会『フィガロの離婚』，俳優座ラボ『主人は浮気なテロリスト!?』，ルームルーデンス『身毒丸』）」結城雅秀　テアトロ　782　2006.9　p46〜49

**繻子の靴 四日間のスペイン芝居** [団]SPAC（静岡県舞台芸術センター）
*2957* 上演：2018年6月9日〜6月10日　場所：静岡芸術劇場　作：ポール・クローデル　訳・構成・演出：渡辺守章　映像・美術：高谷史郎　照明：服部基
◇「大航海時代スペインの一大叙事詩「四日間」舞台（SPAC『繻子の靴』）」斎藤偕子　テアトロ　949　2018.8　p42〜43

**修善寺物語** [団]民藝
*2958* 上演：1994年12月8日〜12月24日　場所：三越劇場　作：岡本綺堂　演出：高瀬精一郎
◇「リアルな台詞と朗唱の調和（民藝『修善寺物語』）」水落潔　テアトロ　626　1995.2　p60〜61

**守銭奴** [団]俳優座劇場
*2959* 上演：1996年11月16日〜11月24日　場所：俳優座劇場　作：モリエール　訳：鈴木力衛　演出：鵜山仁
◇「俳優の力を示した三作品（俳優座劇場プロデュース『守銭奴』，無名塾『リチャード三世』，蝉の会『すててこてこてこ』）」水落潔　テアトロ　651　1997.1　p60〜61

**出張の夜** [団]岸田事務所，演劇企画集団・楽天団
*2960* 上演：1990年1月5日〜1月8日　場所：タイニイ・アリス　作：岸田理生　演出：和田喜夫

◇「これからも,ずっと」林あまり　しんげき 37(3)　1990.3　p38〜41

**シュート・ザ・クロウ**　[団]新国立劇場

**2961** 上演：2009年4月10日〜4月26日　場所：新国立劇場　作：オーウェン・マカファーティ　訳：渡辺千鶴,小田島恒志　演出：田村孝裕

◇「政治の腐敗と民衆の貧困(Bunkamura『三文オペラ』,東京演劇集団風『三文オペラ』,新国立劇場『シュート・ザ・クロウ』)」北川登園　テアトロ 820　2009.6　p38〜40

**修羅の旅して**　[団]松竹,演劇企画クォーター

**2962** 上演：1986年7月15日〜7月20日　場所：サンシャイン劇場　作：早坂暁　演出：熊井宏之

◇「いのちの賛歌(サンシャイン劇場『修羅の旅して』)」千野幸一　テアトロ　523　1986.9 p30〜31

**ジュリアス・シーザー**　[団]子供のためのシェイクスピアカンパニー

**2963** 上演：2013年7月11日〜7月16日　場所：あうるすぽっと　作：シェイクスピア　訳：小田島雄志　脚本・演出：山崎清介

◇「今、われわれの演じる西洋近代名作(文学座『ガリレイの生涯』,シス・カンパニー『ドレッサー』,華のん企画・子供のためのシェイクスピア『ジュリアス・シーザー』)」斎藤偕子　テアトロ 880　2013.9　p48〜49

**ジュリアス・シーザー**　[団]彩の国さいたま芸術劇場

**2964** 上演：2014年10月7日〜10月25日　場所：彩の国さいたま芸術劇場　作：シェイクスピア　訳：松岡和子　演出：蜷川幸雄

◇「また、惚れ直してしまいます(オフィスワンダーランド『明星 与謝野鉄幹・晶子の道行き』,彩の国シェイクスピア『ジュリアス・シーザー』,新国立劇場『ブレス・オブ・ライフ』)」結城雅秀　テアトロ　897　2014.12　p30〜31

**ジュリアス・シーザー**　[団]昴

**2965** 上演：2008年6月19日〜6月29日　場所：あうるすぽっと　作：シェイクスピア　訳：福田恆存　演出：ニコラス・バーター

◇「演技者のアウラ(加藤健一事務所『レンド・ミー・ア・テナー』,昴『ジュリアス・シーザー』,パルコ・プロデュース『サンシャイン・ボーイズ』)」中本信幸　テアトロ　810　2008.9　p50〜51

**ジュリアス・シーザー**　[団]ヤングヴィック劇場

**2966** 上演：2000年11月7日〜11月19日　場所：東京グローブ座　作：シェイクスピア　演出：デイヴィッド・ラン

◇「ニュー・ヨークの「寺山修司」！(リチャード・フォアマン『バッドボーイ・ニーチェ！』,二兎社『萩家の三姉妹』,音楽座『メトロに乗って』,英国ヤング・ヴィック劇場『ジュリアス・シーザー』)」結城雅秀　テアトロ　703　2001.1　p56〜59

**ジュリアス・シーザー**　[団]ルーマニア・ブランドラ劇場

**2967** 上演：1995年5月25日〜5月28日　場所：パナソニック・グローブ座　作：シェイクスピア　演出：アレクサンドル・ダリエ

◇「激情の中で燃え尽きる魂(ブランドラ劇場『ジュリアス・シーザー』,韓国・劇団自由『血の婚礼』,流山児★事務所『青ひげ公の城』,オンシアター自由劇場『スカパン』,かたつむりの会『六月の電話』,岡部企画『女狐』,昴『ザ・カヴァルケイダーズ』)」結城雅秀　テアトロ　632　1995.8　p69〜76

**ジュリアス・シーザー**　[団]ロイヤル・シェイクスピア・カンパニー

**2968** 上演：1994年2月24日〜3月5日　場所：パナソニック・グローブ座　作：シェイクスピア　演出：デイヴィット・サッカー

◇「斬新な着想,人間性の描写(RSC『ジュリアス・シーザー』,劇書房・松竹『ラヴ』,ONLYクライマックス『結婚契約破棄宣言』,ニュースタッフ・エージェンシー『XYプラスZ』,燐光群『神田川の妻』)」結城雅秀　テアトロ　616　1994.5　p65〜69

**ジュリエット通り**　[団]Bunkamura

**2969** 上演：2014年10月8日〜10月31日　場所：シアターコクーン　作・演出：岩松了

◇「勃興と低迷(演劇集団円 女流劇作家書き下ろしシリーズ『初萩ノ花』『朽ちるまにまに』,Bunkamura『ジュリエット通り』)」江原吉博　テアトロ　897　2014.12　p32〜33

**ジュリエット―プロコフィエフによる**　[団]水戸芸術館ACM劇場

**2970** 上演：1994年1月7日〜1月23日　場所：水戸芸術館ACM劇場　作・演出：鈴木忠志

◇「哄笑性を獲得した舞台(水戸芸術館ACM劇場『ジュリエット―プロコフィエフによる―』)」七字英輔　テアトロ　614　1994.3　p80〜81

**俊寛**　[団]パルコ

**2971** 上演：1990年1月20日〜2月28日　場所：PARCO劇場　台本：斎藤憐　演出：市川猿之助

◇「企画の面白さと舞台の結果(パルコ劇場『俊寛』)」渡辺保　テアトロ　566　1990.4 p21〜22

**春琴**　[団]世田谷パブリックシアター,コンプリシテ

**2972** 上演：2008年2月21日〜3月5日　場所：世田谷パブリックシアター　作：谷崎潤一郎　台本・演出：サイモン・マクバーニー

◇「思想風土の逆説をめぐるドラマ(世田谷パブリックシアター+コンプリシテ共同制作『春琴』,二兎社『歌わせたい男たち』,横浜夢座『山本周五郎の妻』)」みなもとごろう　テアトロ　805 2008.5　p38〜40

**2973** 上演：2013年8月1日〜8月10日　場所：世田谷パブリックシアター　作：谷崎潤一郎　台本・演出：サイモン・マクバーニー

◇「アート・技術・の支え(世田谷パブリックシアター+コンプリシテ『春琴』,オフィス3〇〇『あかい壁の家』)」斎藤偕子　テアトロ　881 2013.10　p46〜47

**純情雪景色**　[団]テアトル・エコー
**2974** 上演：1980年12月8日～12月24日　場所：テアトル・エコー　作：松原敏春　演出：熊倉一雄
◇「仮面・人形・本地もの」堂本正樹　新劇 28(3)　1981.3　p30～33

**春雷**　[団]宝塚歌劇団
**2975** 上演：2013年8月29日～9月8日　場所：宝塚バウホール　原案：ゲーテ　脚本・演出：原田諒
◇「宝塚歌劇における伝統芸・男役の確立と現在―『春雷』劇評」吉田季実子　シアターアーツ 57　2014.2　p50～57

**上意討ち―拝領妻始末**　[団]俳優座
**2976** 上演：2007年6月8日～6月23日　場所：三越劇場　原作：滝口康彦　シナリオ：橋本忍　脚本・演出：金子良次
◇「新作三本の成果（俳優座『上意討ち―拝領妻始末―』，栈敷童子『軍鶏307』，燐光群『放埒の人』）」水落潔　テアトロ　795　2007.8　p52～54

**松陰狂詩曲**　[団]アリストパネス・カンパニー
**2977** 上演：2004年11月19日～11月28日　場所：スタジオAR　作・演出：黒川欣映
◇「歴史を裁く講壇（アリストパネス・カンパニー『松陰狂詩曲』，虹企画・ぐるうぷしゅら『731の幻想』，演奏舞台『能・21シリーズⅢ』，俳優座劇場プロデュース『十二人の怒れる男たち』）」中本信幸　テアトロ　760　2005.2　p56～58

**上演されなかった『三人姉妹』**　[団]燐光群
**2978** 上演：2005年7月6日～7月17日　場所：紀伊國屋ホール　作・演出：坂手洋二
◇「政治的なもののもとへの身振り燐光群―『上演されなかった「三人姉妹」』」高橋宏幸　シアターアーツ　24　2005.9　p49～51
◇「坂手洋二の大胆な一歩（燐光群『上演されなかった「三人姉妹」』，シアターコクーン『キレイ』，シス・カンパニー『新編・吾輩は猫である』，パルコ製作『LAST SHOW』）」内田洋一　テアトロ 768　2005.9　p62～65

**上演台本**　[団]演劇組織 夜の樹
**2979** 上演：1986年11月　場所：文芸坐ル・ピリエ　作・演出：和田周
◇「少年の死体は歩く」佐々木幹郎　新劇 34(1)　1987.1　p32～37

**浄火**　[団]焚火の事務所
**2980** 上演：2005年3月18日～3月20日　場所：大阪市立芸術創造館　作：西光万吉　演出：三枝希望
◇「4月の関西 アウラを呼吸する（焚火の事務所『浄火』，態変『色は臭へどⅣ』，ドラマリーディング『―劇場へ!!』）」太田耕人　テアトロ　764 2005.6　p66～68

**唱歌元年 螢のひかり窓のゆき**　[団]青年劇場
**2981** 上演：1997年2月7日～2月23日　場所：紀伊國屋ホール　作：島田九輔　演出：松波喬介
◇「二つの創作劇（青年劇場『唱歌元年』，朝日新聞・アイエス製作『午後の遺言状』）」水落潔　テアトロ　654　1997.4　p56～57

**賞金稼ぎ**　[団]南河内万歳一座
**2982** 上演：1993年11月3日～11月7日　場所：AI・HALL　作・演出：内藤裕敬
◇「南河内の傑作「賞金稼ぎ」（南河内万歳一座『賞金稼ぎ』，河東けいひとり芝居『母』，西鶴ルネッサンス委員会『好色一代男』，M・O・P『オールディーズ』）」宮辻政夫　テアトロ　612 1994.1　p77～80

**将軍が目醒めた時**　[団]青年劇場
**2983** 上演：1993年9月10日～9月16日　場所：朝日生命ホール　原案：筒井康隆　脚本：島田九輔　演出：松波喬介
◇「解散が惜しまれる成果（ぐるーぷえいと『塩祝申そう』，文学座『フエンテ・オベフーナ』，岡部企画『夢みた夢子』，ウォーキング・スタッフ『アイアンマン』，青年劇場『将軍が目覚めた時』，ピープル・シアター『地の、十字架たちよ』，日生劇場国際児童フェスティバル『八人の犬士たち』）」江原吉博　テアトロ　609　1993.11　p75～80

**城塞**　[団]俳優座
**2984** 上演：2016年1月6日～1月17日　場所：シアタートラム　作：安部公房　演出：眞鍋卓嗣
◇「神を感じさせる…（文学座アトリエ『白鯨』，タチ・ワールド『口笛は誰でも吹ける』，パルコ『レミング』，俳優座『城塞』，新国立劇場第9期生『嚙みついた女』）」結城雅秀　テアトロ　915　2016.3 p65～67

**消失**　[団]ナイロン100℃
**2985** 上演：2004年12月3日～12月26日　場所：紀伊國屋ホール　作・演出：ケラリーノ・サンドロヴィッチ
◇「Je t'aime, moi non plus―ケラリーノの笑いと愛―ナイロン100℃『消失』」杵渕里果　シアターアーツ　22　2005.3　p99～101
◇「にんげん、このミステリアスな存在（THE・ガジラ『あるいは友をつどいて』，ナイロン100℃『消失』，JIS企画『マダラ姫』）」斎藤偕子　テアトロ　760　2005.2　p66～68

**障子の国のティンカーベル**　[団]STUDIOコクーン
**2986** 上演：2002年11月7日～11月24日　場所：ベニサン・ピット　作：野田秀樹　演出：井上尊晶
◇「深い哀しみたたえる戯画（新国立劇場『↑ヤジルシ―誘われて』，STUDIOコクーン・プロジェクト『障子の国のティンカー・ベル』，パルコ劇場『マイ・ロックンロール・スター』）」内田洋一　テアトロ　731　2003.1　p52～53

**障子の国のティンカーベル**　[団]東京芸術劇場
**2987** 上演：2014年2月13日～2月23日　場所：東京芸術劇場シアターイースト　作：野田秀樹　演出：マルチェロ・マーニ
◇「現代劇のスタイルさまざま（トム・プロジェクト『案山子』，Bunkamura『もっと泣いてよフラッ

パー』, 東京芸術劇場『障子の国のティンカーベル』)」みなもとごろう　テアトロ　888　2014.4　p42～43

**2988** 上演：2015年7月12日～7月19日　場所：東京芸術劇場シアターウエスト　作：野田秀樹　演出：マルチェロ・マーニ

◇「ひとり芝居、再演で充実(無名塾『バリモア』, 東京芸術劇場『障子の国のティンカーベル』, 華のん企画『ロミオとジュリエット』)」河野孝　テアトロ　908　2015.9　p30～31

**少女阿部定**　[団]シアタースキャンダル

**2989** 上演：1981年4月1日～4月10日　場所：自由劇場　作・演出：玉井敬友

◇「玉井敬友のエロス」戸部銀作　新劇　28(6)　1981.6　p30～31

**少々乱暴—へいせいニッポン烈伝**　[団]1980

**2990** 上演：2003年12月1日～12月7日　場所：紀伊國屋サザンシアター　作：藤田傳　演出：関矢幸雄

◇「悲憤、悲嘆、悲傷—三つの戦後史(劇団1980『少々乱暴—へいせいニッポン烈伝—』, オフィス・ワンダーランド『神鷲は死なない』, 東京ギンガ堂『光る森』)」七字英輔　テアトロ　746　2004.2　p58～60

**少女仮面**　[団]うらら舎

**2991** 上演：1994年8月17日～8月24日　場所：本多劇場　作：唐十郎　演出：高瀬久男

◇「役者は年齢を超越する(グローブ座『ハムレット』, 万有引力『ハムレット』, 博品館『ローゼンクランツとギルデンスターンは死んだ』, 昴、ザ・サード・ステージ『ベルナルダ・アルバの家』, シアターX(カイ)『アガタ』, うらら舎『少女仮面』)」結城雅秀　テアトロ　621　1994.10　p47～53

**少女仮面**　[団]状況劇場

**2992** 上演：1986年9月6日～9月28日　場所：花園神社　作・演出：唐十郎

◇「イメージの演劇と肉体」鴻英良　新劇　33(11)　1986.11　p22～27

**少女仮面**　[団]新宿梁山泊

**2993** 上演：2015年9月30日～10月7日　場所：ザ・スズナリ　作：唐十郎　演出：金守珍　振付：大川妙子

◇「現実と虚構のはざまで問う(トラッシュマスターズ『そぞろの民』, 文学座アトリエ『あの子はだあれ、だれでしょね』, 新宿梁山泊『少女仮面』)」斎藤偕子　テアトロ　911　2015.12　p26～27,62

**少女仮面**　[団]パルコ

**2994** 上演：1982年7月18日～8月1日　場所：PARCO劇場　作：唐十郎　演出：小林勝也

◇「演劇の健康と不健康」梅本洋一　新劇　29(9)　1982.9　p21～22

**少女とガソリン**　[団]阿佐ヶ谷スパイダース

**2995** 上演：2007年6月9日～7月4日　場所：ザ・スズナリ　作・演出：長塚圭史

◇「理由ある暴走—『少女とガソリン』をめぐって」林カヲル　シアターアーツ　32　2007.9　p94～96

◇「夫婦・親子の有り様を見つめる(加藤健一事務所『モスクワからの退却』, グリング『ヒトガタ』, 阿佐ヶ谷スパイダース『少女とガソリン』)」丸田真悟　テアトロ　795　2007.8　p48～49

**少女都市からの呼び声**　[団]下町唐座

**2996** 上演：1988年8月19日～9月25日　場所：下町唐座　作・演出：唐十郎

◇「かれのからだは私を誘惑し, 混乱させる」長谷部浩　新劇　35(11)　1988.11　p38～41

◇「失われた状況劇場を探して(下町唐座『少女都市からの呼び声』)」堀切直人　テアトロ　548　1988.10　p24～25

**少女都市からの呼び声**　[団]状況劇場

**2997** 上演：1985年11月8日～11月17日　場所：スペース・デン　作・演出：唐十郎

◇「幻想の妹をめぐって(ことばの劇場)」長谷部浩　新劇　33(2)　1986.2　p54～57

**少女都市からの呼び声**　[団]新宿梁山泊

**2998** 上演：1993年10月28日～11月23日　場所：ザ・スズナリ　作：唐十郎　演出：金盾進

◇「「正攻法」の舞台の魅力(東京サンシャインボーイズ『彦馬がゆく』, 新宿梁山泊『少女都市からの呼び声』, 夜の樹『食卓の輝き』, ぴいろ企画『上手な嘘のつき方』, シアターVアカサカ『コレット・コラージュ』)」大沢圭司　テアトロ　612　1994.1　p66～69

**少女と老女のポルカ**　[団]一跡二跳

**2999** 上演：1997年2月18日～2月23日　場所：シアター・トップス　作・演出：古城十忍

◇「戯曲の解熱、演技の解体(桜組・加藤健一事務所『夢の海賊』, 一跡二跳『少女と老女のポルカ』)」大沢圭司　テアトロ　654　1997.4　p58～59

**上手な嘘のつき方**　[団]ぴいろ企画

**3000** 上演：1993年11月2日～11月10日　場所：シアターモリエール　作：ジェローム・キルティ　訳：喜志哲雄　演出：秋浜悟史

◇「「正攻法」の舞台の魅力(東京サンシャインボーイズ『彦馬がゆく』, 新宿梁山泊『少女都市からの呼び声』, 夜の樹『食卓の輝き』, ぴいろ企画『上手な嘘のつき方』, シアターVアカサカ『コレット・コラージュ』)」大沢圭司　テアトロ　612　1994.1　p66～69

**招待されなかった客**　[団]かたつむりの会

**3001** 上演：1993年10月22日～10月23日　場所：ジァン・ジァン　作：別役実　演出：村井志摩子

◇「演劇言語の肉体化再考(日独共同プロデュース『砂の駅』,THE・ガジラ『天国への階段』『後藤を待ちながら』, かたつむりの会『招待されなかった客』, 木冬社『哄笑』)」斎藤偕子　テアトロ　612　1994.1　p58～61

**使用人**　[団]南河内万歳一座

**3002** 上演：2014年7月31日～8月5日　場所：一心寺シアター倶楽　作：菊池寛　作・演出：内

しよう

藤裕敬
◇「8月の関西 使用される人間(南河内万歳一座『使用人』,ヨーロッパ企画『ビルのゲーツ』)」太田耕人　テアトロ　895　2014.10　p46〜47

娼年　㊞ホリプロ
*3003*　上演：2016年8月26日〜9月4日　場所：東京芸術劇場プレイハウス　原作：石田衣良　脚本・演出：三浦大輔
◇「今では皇室にのみ残る伝統と慣習(劇団俳優座『華族令嬢たちの大正・昭和』,Tファクトリー『荒野のリア』,ホリプロ『娼年』,CATプロデュース『クレシダ』,文学座アトリエの会『弁明』,東京演劇集団風『母が口にした「進歩」、…』」結城雅秀　テアトロ　924　2016.11　p42〜45

少年H　㊞関西芸術座
*3004*　上演：2005年8月16日〜8月17日　場所：紀伊國屋ホール　原作：妹尾河童　脚色：堀江安夫　演出：鈴木完一郎
◇「戦時中の体験を語り継ぐ(ブロツーカンパニー『もうひとつのグラウンド・ゼロ』,青年座『明日』,東演『月光の夏』,関西芸術座『少年H』,燐光群『だるまさんがころんだ』」野中広樹　テアトロ　769　2005.10　p60〜63

少年H　㊞ひまわり
*3005*　上演：1999年8月4日〜8月16日　場所：新国立劇場中劇場　原作：妹尾河童　脚色：マキノノゾミ　演出：栗山民也
◇「原作批判としての舞台(劇団ひまわり+電通製作『少年H』,東宝現代劇75人の会『来られない友に乾杯』,広島の女上演委員会『ヒロシマ・ガールズ』」みなもとごろう　テアトロ　686　1999.10　p68〜70

少年街　㊞維新派
*3006*　上演：1991年10月17日〜11月5日　場所：汐留旧国鉄コンテナヤード<蜃気楼劇場>　作・演出：松本雄吉
◇「ヂャンヂャンオペラの真似がどうしてもしたくって」豊崎由美　しんげき　39(1)　1992.1　p26〜29
◇「森下考案『子供3倍方式』」だるま食堂　しんげき　39(1)　1992.1　p46〜49

少年街序曲　㊞維新派
*3007*　上演：1991年　作・演出：松本雄吉　音楽：内橋和久
◇「イメージの力」安住恭子　しんげき　38(10)　1991.9　p46〜49

少年狩り 末はあやめも知れぬ闇　㊞夢の遊眠社
*3008*　上演：1981年3月19日〜3月23日　場所：紀伊國屋ホール　作：野田秀樹　演出：篠崎光正
◇「綺想六面体のレトリック」扇田昭彦　新劇　28(5)　1981.5　p21〜24

少年と白い馬　㊞文化座
*3009*　上演：2014年5月29日〜6月6日　場所：シアターX　作・演出：島守辰明　企画：阿部義弘
◇「人間至上を撃つはなし(SHIMIN劇場Ⅱ『旦那と彼とカッコとカッコ』,俳協『陽だまりの樹』,文化座『少年と白い馬』)」中本信幸　テアトロ　893　2014.8　p28〜29

少年日記をカバンにつめて　㊞Cカンパニー
*3010*　上演：1988年1月10日〜1月20日　場所：紀伊國屋ホール　作・演出：長谷川康夫
◇「抒情とレトロ感覚」鴻英良　新劇　35(3)　1988.3　p22〜27
◇「宇野重吉の死」渡辺保　新劇　35(3)　1988.3　p34〜39
◇「テンション一点豪華主義(Cカンパニー『少年日記をカバンにつめて』)」村井健　テアトロ　541　1988.3　p32〜33

ショウは終った　㊞サラリーマン新劇喇叭屋
*3011*　上演：1989年4月23日〜5月7日　場所：シアタートップス　作・演出：鈴木聰
◇「痴呆性老人の世界とテレビ・メディア」七字英輔　新劇　36(7)　1989.7　p26〜29
◇「達観と冒険」扇田昭彦　新劇　36(7)　1989.7　p30〜33

情婦─検察側の証人　㊞パルコ
*3012*　上演：1980年10月13日〜11月4日　場所：PARCO西武劇場　作：アガサ・クリスティ　演出：市川崑
◇「成功した市川演出(西武劇場『情婦』)」千野幸一　テアトロ　454　1980.12　p36〜37

丈夫な教室　㊞そとばこまち
*3013*　上演：2004年5月13日〜5月16日　場所：AI・HALL　作・演出：小原延之
◇「5月の関西 完成を拒むドラマツルギー(マレビトの会『島式振動器官』,空の驛舎『すばらしいさようなら』,そとばこまち『丈夫な教室』)」太田耕人　テアトロ　751　2004.7　p66〜68

ショウ・マスト・ゴー・オン 幕を降ろすな　㊞東京サンシャインボーイズ
*3014*　上演：1994年4月1日〜4月20日　場所：紀伊國屋ホール　作・演出：三谷幸喜
◇「芝居の神髄は「語り」にあり(パルコ『ゴールド家のたそがれ』,文化座『サンダカン八番娼館』,四季『ジーザス・クライスト=スーパースター』,東京サンシャイン・ボーイズ『ショウ・マスト・ゴー・オン』,自転車キンクリーツ『トランクス』,黒テント『あちゃらか商人』)」結城雅秀　テアトロ　617　1994.6　p53〜57

小〇百姓一揆考　㊞演奏舞台
*3015*　上演：1996年10月30日〜11月3日　場所：文芸坐ル・ピリエ　作・演出：久保田猛
◇「演出意図の分からない芝居(シェアード・エクスペリエンス・シアター『テンペスト』,地人会『ロミオとジュリエット』,円・シアターX『月下』,文学座『特ダネ狂騒曲』,仲間『十二月』,演奏舞台『小〇百姓一揆考』)」結城雅秀　テアトロ　651　1997.1　p73〜79

*3016*　上演：2005年11月5日〜11月7日　場所：アトリエフォンテーヌ　作・演出：久保田猛
◇「カリスマ俳優の現在(文学座『毒の香り〜浅草オペラ物語』,THE・ガジラ『ヒカルヒト』,演奏舞

台『小○百姓一揆考』)」みなもとごろう　テアトロ　774　2006.2　p54～55

## 消滅寸前(あるいは逃げ出すネズミ)　⑮ワンツーワークス

**3017**　上演：2017年10月20日～10月29日　場所：中野ザ・ポケット　作・演出：古城十忍
◇「物語性に持ち味を発揮した佳作(パルコ『すべての四月のために』,ナイロン100℃『ちょっと、まってください』,トム・プロジェクト『明日がある、かな』,ワンツーワークス『消滅寸前(あるいは逃げ出すネズミ)』)」小山内伸　テアトロ　941　2018.1　p29～31

## 縄文人にあいういう　⑮遊劇体

**3018**　上演：2010年10月22日～10月24日　場所：AI・HALL　作：仁王門大五郎　演出：キタモトマサヤ
◇「11月の関西 空間を書き直す(くじら企画『密会』,遊劇体『縄文人にあいういう』,A級 Missing Link『蒼天、神を殺すにはいい日だ』,兵庫県立ピッコロ劇団『花のもとにて春死なむ』)」太田耕人　テアトロ　843　2011.1　p52～54

## 勝利 ヴィクトール又は権力の座についた子供たち　⑮I・M企画

**3019**　上演：1980年12月　場所：パモス青芸館　作：ロジェ・ヴィトラック　脚色・演出：岩淵達治
◇「いま、政治劇とは？」利光哲夫　新劇　28(2)　1981.2　p30～33

## 精霊流し　⑮岡部企画

**3020**　上演：1993年7月28日～8月1日　場所：東京芸術劇場　作・演出：岡部耕大
◇「舞台へ誘う「仕掛け」(テアトル・エコー『馬かける男たち』,ラッパ屋『アロハ颱風』,岡部企画『精霊流し』,流山児★事務所『tatsuya』,扉座『うたかたの城』)」大沢圭司　テアトロ　608　1993.10　p52～55

## 昭和歌謡大全集　⑮銀座セゾン劇場

**3021**　上演：1997年6月28日～7月27日　場所：銀座セゾン劇場　原作：村上龍　劇化：清水邦夫　演出：蜷川幸雄
◇「方向性を見失った時代の歌(俳優座『カラマーゾフの兄弟』,蟬の会『しりたまはずやわがこひは』,銀座セゾン劇場『昭和歌謡大全集』)」水落潔　テアトロ　659　1997.9　p76～77

## 女王様 弟を助けて！　⑮うりんこ

**3022**　上演：2000年7月22日　場所：東京都児童会館ホール　作：モリス・グライツマン　脚本：メアリ・モリス　訳：出戸一幸　演出：北村直樹
◇「系統のちがう三本の舞台を観て(文化座『春という黄昏、秋というトスカ』,一跡二跳『コネクト』,うりんこ『女王様 弟を助けて！』)」佐藤康平　テアトロ　698　2000.9　p52～53

## 書を捨てよ、町へ出よう─花札伝綺　⑮流山児★事務所

**3023**　上演：2001年7月3日～7月11日　場所：花園神社　作：寺山修司　構成・演出：流山児祥
◇「野外劇を含む異色の四本(うりんこ『老人が来た～止まった時間』,宗田千惠子一人芝居『語・演・歌』,流山児★事務所『書を捨てよ、町へ出よう』,椿組『新宿～路地裏の空海』)」佐藤康平　テアトロ　712　2001.9　p52～53

## 書を捨てよ、町へ出よう─花札伝綺2003　⑮流山児★事務所

**3024**　上演：2003年7月19日～7月27日　場所：本多劇場　作：寺山修司　台本構成・共同演出：青木砂織
◇「「現在」に負けない作品(THE・ガジラ『アンコントロール』,M・O・P『オールディーズ・バット・ゴールディーズ』,流山児★事務所『書を捨てよ、町へ出よう』)」林あまり　テアトロ　740　2003.9　p50～51

## SHOW GIRL・No.16 また逢う日まで　⑮パルコ

**3025**　上演：1988年12月5日～12月25日　場所：PARCO劇場　作・演出：福田陽一郎
◇「食べること、つながること」林あまり　新劇　36(3)　1989.3　p42～45

## 職員会議　⑮1980

**3026**　上演：2006年3月16日～3月21日　場所：下北沢駅前劇場　作：石原哲也　演出：藤田傳
◇「度外れ演劇の試み(劇団1980『職員会議』,横浜アートLIVE2006『ど破天港一代』,ITI世界の秀作短編研究シリーズ フランス編 構造欠陥『舞台のゲーム』他)」中本信幸　テアトロ　778　2006.6　p53～55

## 食卓の輝き　⑮演劇組織 夜の樹

**3027**　上演：1993年11月18日～11月23日　場所：文芸坐ル・ピリエ　作・演出：和田周
◇「『正攻法』の舞台の魅力(東京サンシャインボーイズ『彦馬がゆく』,新宿梁山泊『少女都市からの呼び声』,夜の樹『食卓の輝き』,ぴいろ企画『上手な嘘のつき方』,シアターVアカサカ『コレット・コラージュ』)」大沢圭司　テアトロ　612　1994.1　p66～69

## 食卓の木の下で あの日、あの時、みんな笑った　⑮遊◎機械/全自動シアター

**3028**　上演：1998年6月10日～6月30日　場所：青山円形劇場　作：高泉淳子　演出：白井晃
◇「銃と砂肝(銀座セゾン劇場『ポップコーン』,遊◎機械/全自動シアター『食卓の木の下で』)」長谷部浩　テアトロ　671　1998.8　p52～53

## 食卓のない家　⑮東京演劇アンサンブル

**3029**　上演：2001年9月28日～10月14日　場所：ブレヒトの芝居小屋　原作：円地文子　脚色：志賀澤子　演出：広渡常敏
◇「舞台の力と観客の想像力と(民藝『静かな落日─広津家三代』,東京演劇アンサンブル『食卓のない家』)」みなもとごろう　テアトロ　715　2001.12　p56～57

## 食肉市場のジャンヌ・ダルク　⑮俳優座

**3030**　上演：1982年5月15日～6月1日　場所：俳優

座劇場　作：ブレヒト　訳：岩淵達治　演出：千田是也
◇「あえて教育的演劇を（俳優座『食肉市場のジャンヌ・ダルク』）」千野幸一　テアトロ　473　1982.7　p28〜29

女傑—龍馬が惚れた女　[団]岡部企画
3031 上演：1998年12月8日〜12月13日　場所：紀伊國屋サザンシアター　作・演出：岡部耕大
◇「舞台表現のパラドックス（劇工房燐『深夜急行高知行』，劇団1980『天女譬え歌』，岡部企画プロデュース『女傑—龍馬が惚れた女』，万作の会『狂言・昆劇交流公演』）」みなもとごろう　テアトロ　678　1999.2　p76〜78

書庫　[団]下鴨車窓
3032 上演：2008年11月7日〜11月11日　場所：アトリエ劇研　作・演出：田辺剛
◇「11月の関西 ノンセンス、不条理、笑い（壁ノ花団『アルカリ』，下鴨車窓『書庫』，スクエア『誉め兄弟』）」太田耕人　テアトロ　815　2009.1　p46〜48

諸国を遍歴する二人の騎士の物語　[団]青年座
3033 上演：2004年11月25日〜12月5日　場所：下北沢駅前劇場　作：別役実　演出：伊藤大
◇「劇団の代謝機能（青年座『下北沢5劇場同時公演』，文学座『THE CRISIS』）」丸田真悟　テアトロ　760　2005.2　p60〜62

諸国を遍歴する二人の騎士の物語　[団]パルコ
3034 上演：1987年10月8日〜10月18日　場所：PARCO SPACE PART3　作：別役実　演出：岸田良二
◇「別役劇の新たな地平（パルコ・パート3『諸国を遍歴する二人の騎士の物語』）」岩波剛　テアトロ　538　1987.12　p32〜33

処女水　[団]プロジェクト・ナビ
3035 上演：2001年10月6日〜10月7日　場所：AI・HALL　作・演出：北村想
◇「類のない清冽な印象—プロジェクト・ナビ『処女水』」安住恭子　シアターアーツ　16　2002.4　p140〜141

鮫（ジョーズ）をやっつけろ　[団]演劇集団円
3036 上演：1979年12月18日〜12月25日　場所：文芸坐ル・ピリエ　作：ヴィクトル・アイム　訳・演出：小澤饒謳
◇「装置も芝居をしている（円・文芸座『鮫（ジョーズ）をやっつけろ』）」石崎勝久　テアトロ　445　1980.3　p26〜28

ジョセフィン 虹を夢みて　[団]地人会
3037 上演：2000年2月23日〜3月5日　場所：紀伊國屋サザンシアター　作：青井陽治　演出：木村光一
◇「二つの夢の物語（青年劇場『Reader』，地人会『ジョセフィン』）」渡辺淳　テアトロ　694　2000.5　p60〜61

「処置」および「処置」について　[団]68/71黒色テント
3038 上演：1980年12月10日〜12月28日　場所：68/71作業場　作・演出：佐藤信
◇「処置する者，処置される者」森秀男　新劇　28（2）　1981.2　p21〜24

女中たち　[団]THEガジラ
3039 上演：1999年2月17日〜2月28日　場所：ザ・スズナリ　原作：ジャン・ジュネ　演出：鐘下辰男
◇「演劇という制度への無自覚（S.W.A.T！『大盗賊』，ザ・ガジラ『女中たち』）」里見宗律　テアトロ　680　1999.4　p66〜67

女中たち　[団]3軒茶屋婦人会
3040 上演：2006年2月16日〜2月26日　場所：本多劇場　作：ジャン・ジュネ　訳：青井陽治，武藤洋　演出：3軒茶屋婦人会，G2
◇「伝統と「新劇」との融合（松竹『夏ノ夜ノ夢』，3軒茶屋婦人会『女中たち』，劇団NLT『一人二役』，THE・ガジラ『ひかりごけ』，演劇実験室∴紅王国『不死病2006』）」結城雅秀　テアトロ　777　2006.5　p64〜67

女中たち　[団]シアターX
3041 上演：1995年10月14日〜10月31日　場所：シアターX　作：ジャン・ジュネ　訳・演出：渡辺守章
◇「シェイクスピア翻案の魅力（俳優座『正劇・室鷲郎』，銀座セゾン劇場『ハムレット』，シアターX『女中たち』，パルコ劇場『熱海殺人事件、モンテカルロ版』，円『赤い階段の家』，ONLYクライマックス『四人兄弟』）」結城雅秀　テアトロ　636　1995.12　p64〜70

女中たち　[団]テアトル・ア・ドーフィンヌ
3042 上演：1998年9月　作：ジャン・ジュネ　演出：リチャード・ジュデ，武井真紀子
◇「「とやま舞台芸術祭利賀'98秋」の演劇公演から（劇団文芸座 利賀版『夜の来訪者』，テアトル・ア・ドーフィンヌ『女中たち』，レ・ゾランジュ・ブル『アピりんご』）」三原文　テアトロ　674　1998.11　p70〜72

触覚の宮殿　[団]あごうさとし事務所
3043 上演：2018年7月26日〜7月29日　場所：studio seedbox　作・演出：あごうさとし
◇「8月の関西 触覚で自己認識する（あごうさとし作・演出『触覚の宮殿』，地点『忘れる日本人』，兵庫県立ピッコロ劇団『蒲団と達磨』，ヨーロッパ企画『サマータイムマシン・ブルース』『サマータイムマシン・ワンスモア』）」九鬼葉子　テアトロ　951　2018.10　p49〜51

ショート・アイズ　[団]文学座
3044 上演：1982年6月17日〜6月26日　場所：朝日生命ホール　作：ミギュエル・ピニエロ　訳：小澤饒謳　演出：小林裕
◇「"新劇"のリアリズムの成果（文学座『ショート・アイズ』）」斎藤偕子　テアトロ　474　1982.8　p34〜35

### ジョーの物語 ㊀第三エロチカ
**3045** 上演：1989年9月14日～9月24日　場所：芝浦ファクトリー　作・演出：川村毅
- ◇「60年代の熱い想い」七字英輔　新劇 36(11)　1989.11　p26～29
- ◇「スポーツ演劇のパラドクス(第三エロチカ『ジョーの物語』)」鴻英良　テアトロ 561　1989.11　p28～29

### ショパロヴィッチ巡業劇団 ㊀黒テント
**3046** 上演：2009年10月14日～10月22日　場所：イワト劇場　作：リュボミル・シモヴィッチ　演出：プロスペール・ディス
- ◇「現代の幻想(燐光群+グッドフェローズ『BUG/バグ』、青果鹿『ブルカニロ博士の実験』、劇団俳小『啄木鳥が鳴く森の中で』、黒テント『ショパロヴィッチ巡業劇団』)」斎藤偕子　テアトロ 827　2009.12　p34～36

### ジョバンニの父への旅—「銀河鉄道の夜」より ㊀Pカンパニー
**3047** 上演：2015年6月10日～6月14日　場所：シアターグリーン BOX in BOX THEATER　作：別役実　演出：林次樹　音楽：日高哲英
- ◇「人間の不条理、そして議論劇(Pカンパニー『ジョバンニの父への旅』、演劇集団円『バースデイ・パーティー』、東演・文学座『廃墟』)」結城雅秀　テアトロ 907　2015.8　p37～38

### ジョバンニの父への旅—「銀河鉄道の夜」より ㊀文学座
**3048** 上演：1987年5月31日～6月10日　場所：紀伊國屋ホール　作：別役実　演出：藤原新平
- ◇「ジョバンニの帰還」鴻英良　新劇 34(8)　1987.8　p22～27
- ◇「劇の発生、詩の言葉」佐々木幹郎　新劇 34(8)　1987.8　p28～33
- ◇「ジョバンニの父への旅」渡辺保　新劇 34(8)　1987.8　p34～39
- ◇「「役割」を引き受けるということ(文学座『ジョバンニの父への旅』)」水落潔　テアトロ 534　1987.8　p28～30

### 署名人／マッチ売りの少女 ㊀門井均プロデュース
**3049** 上演：1997年11月6日～11月13日　場所：ベニサン・ピット　作：清水邦夫(署名人)、別役実(マッチ売りの少女)　演出：大鷹明良(署名人)、ジョン・クローリー(マッチ売りの少女)
- ◇「アモルファスあるいは中心の空虚(戦後一幕物傑作選 門井均プロデュース『署名人』『マッチ売りの少女』、北条純プロデュース『城館』『冬ნがまんざい』、木山羔プロデュース『鋏』『秋の歌』、水谷内助義プロデュース『礼服』、仲間『遥走譜』)」みなもとごろう　テアトロ 664　1998.1　p74～77

### 初夜と蓮根 ㊀演劇集団円
**3050** 上演：2009年5月14日～5月27日　場所：ステージ円　作：土田英生　演出：内藤裕子
- ◇「「いま」と「ここ」とを目指して(演劇集団円『初夜と蓮根』、ギイ・フォワシィ・シアター『ジェラール・フィリップへの愛ゆえに』、青年劇場『ぱんさんかい』)」みなもとごろう　テアトロ 821　2009.7　p44～46

### 女優 ㊀虹企画/ぐるうぶシュラ
**3051** 上演：2002年11月22日～11月24日　場所：虹企画アトリエ・ミニミニシアター　作・演出：三條三輪
- ◇「精神風土の虚実(俳優座 8人で語る『不忠臣蔵』、流山児★事務所『盟三五大切』、虹企画・ぐるうぶシュラ『女優』)」斎藤偕子　テアトロ 732　2003.2　p60～61

**3052** 上演：2009年3月　場所：虹企画アトリエ・ミニミニシアター　作：三條三輪　演出：跡見長梵
- ◇「幻想の妙(東京演劇集団風『星の子さま』、オフィスプロジェクトM『離宮のタルト』、虹企画・ぐるうぶしゅら『女優』、民藝+無名塾『ドライビング・ミス・デイジー』)」中本信幸　テアトロ 819　2009.5　p46～47

### 女優X ㊀東京ギンガ堂
**3053** 上演：2011年11月24日～11月27日　場所：紀伊國屋サザンシアター　原作：夏樹静子　脚本・演出：品川能正
- ◇「意欲のからまわり—三者三様(MODE『あなたに会ったことがある』、ザ・スズナリ30周年記念『うお傳説』、東京ギンガ堂『女優X』)」七字英輔　テアトロ 858　2012.2　p64～66

### 女優N「戯曲推理小説」より ㊀木冬社
**3054** 上演：2001年6月7日～7月17日　場所：シアターX　作・演出：清水邦夫
- ◇「楽屋における女優の孤独と情熱(ベルリン・ルネッサンス劇場『マレーネ』、木冬社『女優N—戯曲推理小説より』、地人会『アンチゴーヌ』、東京ギンガ堂『KAZUKI～ここが私の地球』)」結城雅秀　テアトロ 710　2001.8　p64～68

### ジョルジュ ㊀世田谷パブリックシアター
**3055** 上演：1999年6月4日～6月6日　場所：世田谷パブリックシアター　作：斎藤憐　演出：佐藤信
- ◇「視覚効果だけでなく台詞も大切(新国立劇場『羅生門』、世田谷パブリックシアター『ジョルジュ』、昴『から騒ぎ』)」江原吉博　テアトロ 684　1999.8　p58～59

### じょるじゅ・だんだん ㊀虹企画/ぐるうぶシュラ
**3056** 上演：2000年　作：モリエール　演出：三條三輪
- ◇「ジェームス三木の"劇"のことなど(青年劇場『翼をください』、虹企画・ぐるうぶシュラ『じょるじゅ・だんだん』、S.W.A.T！『3156 THE BEST OF ME』ほか)」浦崎浩實　テアトロ 704　2001.2　p78～79

**3057** 上演：2011年7月　場所：虹企画アトリエ・ミニミニシアター　作：モリエール　訳：小場瀬卓三　台本・演出：三條三輪
- ◇「炎暑をしずめる名作劇効果(虹企画・ぐるうぶ

しゅら『じょるじゅ・だんだん』,日生劇場ファミリーフェスティヴァル2011『三銃士』,民藝『アンネの日記』)」中本信幸　テアトロ　853　2011.10　p38〜39

**ジョン・ガブリエルと呼ばれた男**　[団]メジャーリーグ

*3058* 上演：2010年2月12日〜2月21日　場所：世田谷パブリックシアター　作：イプセン　上演台本：笹部博司　訳：森鷗外　演出：栗山民也

◇「懐旧と挑戦と(Bunkamura主催『上海バンスキング』,テレビ朝日主催『ジョン・ガブリエルと呼ばれた男』,せたがや文化財団主催『マクベス』)」北川登園　テアトロ　833　2010.5　p40〜41

**ジョン・シルバー**　[団]水戸芸術館ACM劇場

*3059* 上演：1995年3月11日〜3月26日　場所：水戸芸術館　作：唐十郎　演出：長谷川裕久

◇「小劇場演劇の名作舞台は甦るか？(水戸芸術館ACM劇場『ジョン・シルバー』『ぼくらが非情の大河をくだる時』『眠っちゃいけない子守歌』)」山登敬之　テアトロ　629　1995.5　p61〜62

**ジョンとジョー**　[団]吉田日出子プロデュース

*3060* 上演：1996年4月1日〜4月20日　場所：自由劇場　作：アゴタ・クリストフ　訳：堀茂樹

◇「選択ということ(フジテレビ+キョードー東京『グッバイ・ガール』,吉田日出子プロデュース『ジョンとジョー』)」大場建治　テアトロ　643　1996.6　p38〜39

**ぢらい**　[団]自立の会

*3061* 上演：1997年10月21日〜11月2日　場所：三百人劇場

◇「「ぢらい」に心奪われる！(第13回地域劇団東京演劇祭,花企画『岬に住む人をめぐって』,青杜『樹海』,本多劇場『K2—運命のザイル』)」浦崎浩實　テアトロ　664　1998.1　p71〜73

**白石加代子「百物語シリーズ」**　[団]岩波ホール

*3062* 上演：2014年6月20日〜6月22日　場所：世田谷パブリックシアター　作：三島由紀夫(第九十八話 橋づくし),泉鏡花(第九十九話 天守物語)　構成・演出：鴨下信一

◇「いろいろのときの重さ(岩波ホール発『白石加代子百物語ファイナル』,Pカンパニー『スパイものがたり』,新国立劇場『永遠の一瞬』)」斎藤偕子　テアトロ　894　2014.9　p36〜37

**地雷戦2.0**　[団]薪伝実験劇団

*3063* 上演：2013年12月5日〜12月8日　場所：シアターグリーン BIG TREE THEATER　作・演出：ワン・チョン

◇「伝統的価値観破壊と反戦の意思—薪伝実験劇団『地雷戦2.0』」瀬戸宏　シアターアーツ　58　2014.5　p42〜44

**シー・ラヴズ・ミー**　[団]東宝

*3064* 上演：1995年12月3日〜12月28日　場所：帝国劇場　台本：ジョー・マスタロフ　訳：酒井洋子　演出：釜紹人　振付：前田清実

◇「ゴージャスに夢々しく(四季『美女と野獣』,東宝『シー・ラヴズ・ミー』)」小藤田千栄子　テアトロ　639　1996.2　p76〜77

**白髪の房／現代能楽集 三人姉妹**　[団]燐光群

*3065* 上演：2007年8月30日〜9月5日　場所：笹塚ファクトリー　作：ヴィラヌエヴァ　訳：常田景子(白髪の房)　坂手洋二(現代能楽集 三人姉妹)　演出：竹内一郎(白髪の房),内藤裕敬(現代能楽集 三人姉妹)

◇「勇気ある舞台(松竹株式会社、Bunkamura『ドラクル』,M.O.P.『エンジェル・アイズ』,燐光群+フィリピン国際交流プログラム『白髪の房』『現代能楽集 三人姉妹』)」林あまり　テアトロ　798　2007.11　p54〜55

**白鷺物語**　[団]究竟頂

*3066* 上演：1980年　作：山川三太

◇「過剰の貧困と抑制の美」利光哲夫　新劇　27(11)　1980.11　p30〜33

**白瀬中尉の南極探検**　[団]手の会

*3067* 上演：1986年9月13日〜9月21日　場所：紀伊國屋ホール　作：別役実　演出：末木利文

◇「とめどもない方向へ」佐々木幹郎　新劇　33(11)　1986.11　p28〜33

◇「恋 其之弐」渡辺保　新劇　33(11)　1986.11　p34〜39

◇「別役実の“電信柱”(手の会『白瀬中尉の南極探検』)」ほんちえいき　テアトロ　525　1986.11　p21〜24

**白浪五人女**　[団]1980

*3068* 上演：2012年12月5日〜12月9日　場所：紀伊國屋サザンシアター　作：河竹黙阿弥　演出：藤田傳

◇「男は建て前、女は度胸(現代演劇協会『明暗』,劇団1980『白浪五人女』,劇団民藝『満天の桜』)」北川登園　テアトロ　872　2013.2　p60〜61

**不知火譚**　[団]鳥獣戯画

*3069* 上演：2017年5月10日〜5月14日　場所：本多劇場　原作：柳下亭種員,柳下亭種彦　脚本・演出・振付：知念正文　音楽：雨宮賢明

◇「人は宿命とどう向き合うか(方の会『高橋お伝—毒婦になった女—』,劇団鳥獣戯画『不知火譚』,劇団芝居屋『ポルカ』)」黒羽英二　テアトロ　935　2017.8　p44〜45

**不知火譚 第二章 絡め取りノ陣**　[団]鳥獣戯画

*3070* 上演：2018年10月5日〜10月14日　場所：ザ・スズナリ　原作：柳下亭種員,柳下亭種彦　脚本・演出・振付：知念正文

◇「時空を超えて変らぬものは(劇団鳥獣戯画『不知火譚 第二章』,演劇集団ワンダーランド『漫画の祖、ふたり—楽天と一平』,虹企画/ぐるうぷ・シュラ『スキスキ病気』)」黒羽英二　テアトロ　953　2018.12　p48〜49

**シラノ・ド・ベルジュラック**　[団]朝日新聞社

*3071* 上演：1992年3月1日〜3月11日　場所：東京厚生年金会館ホール　作：エドモン・ロスタン　字幕翻訳：清水馨　演出：ロベール・

オッセン
◇「今日に通じた心意気（J・P・ベルモンド『シラノ・ド・ベルジュ・ラック』）」渡辺淳　テアトロ　591　1992.5　p48〜49

**シラノ・ド・ベルジュラック**　[団]演劇集団円
***3072*** 上演：2001年2月15日〜2月25日　場所：世田谷パブリックシアター　作：エドモン・ロスタン　訳・演出：渡辺守章
◇「人間賛歌さまざま（新国立劇場『ピカドン・キジムナー』, 東京演劇アンサンブル『コーカサスの白墨の輪』, 円『シラノ・ド・ベル・ジュラック』）」渡辺淳　テアトロ　706　2001.4　p43〜45

**シラノ・ド・ベルジュラック**　[団]新国立劇場
***3073*** 上演：2006年11月2日〜11月12日　場所：新国立劇場　作：エドモン・ロスタン　訳：辰野隆, 鈴木信太郎　構成・演出：鈴木忠志
◇「「白野」と「シラノ」を観て—『シラノ・ド・ベルジュラック』」穴澤万里子　シアターアーツ　29　2006.12　p89〜91
◇「演劇の異世界へ（新国立劇場 "劇的な情念をめぐって"『シラノ・ド・ベルジュラック』『イワーノフ/オイディプス王』）」田之倉稔　テアトロ　787　2007.1　p108〜109

**シラノ・ド・ベルジュラック**　[団]SPAC（静岡県舞台芸術センター）
***3074*** 上演：1999年4月16日〜4月24日　場所：舞台芸術公園野外劇場「有度」　作：エドモン・ロスタン　訳：辰野隆, 鈴木信太郎　演出：鈴木忠志
◇「二十世紀をよぎって（劇団SPAC『シラノ・ド・ベルジュラック』, レンコム劇場『かもめ』,TPT『橋からの眺め』）」七字英輔　テアトロ　683　1999.7　p51〜53
***3075*** 上演：2003年6月7日　場所：静岡芸術劇場　作：エドモン・ロスタン　台本・演出：鈴木忠志
◇「三者三様の心意気（俳優座『しまいこんでいた歌』, オン・タイム企画・制作『海の上のピアニスト』,SPAC『シラノ・ド・ベルジュラック』）」斎藤偕子　テアトロ　739　2003.8　p48〜50

**シラノ・ド・ベルジュラック**　[団]文学座
***3076*** 上演：1983年2月3日〜2月27日　場所：サンシャイン劇場　作：エドモン・ロスタン　訳：辰野隆, 鈴木信太郎　演出：藤原新平
◇「風邪ひきシラノ（文学座『シラノ・ド・ベルジュラック』）」矢野誠一　テアトロ　482　1983.4　p26〜29

**シラノ・ド・ベルジュラック**　[団]文学座, ひょうご舞台芸術
***3077*** 上演：2006年11月11日〜11月19日　場所：シアター1010　作：エドモン・ロスタン　訳：辰野隆, 鈴木信太郎　演出：鵜山仁
◇「見事な江守の「シラノ」（青年劇場『族譜』, 一跡二跳『アラブ・イスラエル・クックブック』, 文学座・ひょうご舞台芸術『シラノ・ド・ベルジュラック』）」水落潔　テアトロ　787　2007.1　p60〜61

**シラノ・ド・ベルジュラック**　[団]幹の会, リリック
***3078*** 上演：2000年1月14日〜1月23日　場所：紀伊國屋サザンシアター　作：エドモン・ロスタン　訳：辰野隆, 鈴木信太郎　演出：鵜山仁
◇「台詞劇の復活と前衛劇の台詞（新国立劇場『怒濤』, 幹の会+リリック『シラノ・ド・ベルジュラック』, 第三エロチカ『ハムレットクローン』）」結城雅秀　テアトロ　692　2000.3　p80〜82

**シラノ・ド・ベルジュラック—ナカムラザ・ヴァージョン**　[団]中村座
***3079*** 上演：1989年5月28日〜6月4日　場所：ザ・スズナリ　作・演出：金杉忠男
◇「"演出"への注文あれこれ」林あまり　新劇　36（8）　1989.8　p38〜41

**白雪姫と七人のム・フ・フ…**　[団]テエイパーズ・ハウス
***3080*** 上演：2008年9月25日〜9月28日　場所：シアターグリーン BIG TREE THEATER　作・演出：山下裕士
◇「狂気とサスペンスと、悲喜劇（ホリプロ/銀河劇場『キーン』, 松竹（サンシャイン劇場）『罠』, テエイパーズ・ハウス『白雪姫と七人のム・フ・フ…』）」斎藤偕子　テアトロ　813　2008.12　p52〜53

**尻啖え孫市**　[団]前進座
***3081*** 上演：1983年12月2日〜12月27日　場所：新橋演舞場　原作：司馬遼太郎　脚色：田島栄　演出：十島英明
◇「前進座十二月特別公演—そろって力作・力演」石崎勝久　テアトロ　492　1984.2　p38〜39

**シリーズ罪と罰〜沈黙**　[団]Pカンパニー
***3082*** 上演：2014年10月30日〜11月4日　場所：シアターグリーン BOX in BOX THEATER　作：石原燃　演出：小笠原響　音楽：日高哲英
◇「自由な生きざまか、衝撃度？（黒テント『山崎方代の歌物語』, 勝田演劇事務所『日陰でも110度』, Pカンパニー『シリーズ罪と罰〜沈黙』）」斎藤偕子　テアトロ　899　2015.1　p32〜33

**しりたまはずやわがこひは 藤村と女たち**　[団]蟬の会
***3083*** 上演：1997年6月26日〜7月7日　場所：紀伊國屋ホール　作：吉永仁郎　演出：渡辺浩子
◇「方向性を見失った時代の歌（俳優座『カラマーゾフの兄弟』, 蟬の会『しりたまはずやわがこひは』, 銀座セゾン劇場『昭和歌謡大全集』）」水落潔　テアトロ　659　1997.9　p76〜77

**死立探偵**　[団]ジャブジャブサーキット
***3084*** 上演：2008年11月5日〜11月9日　場所：ザ・スズナリ　作・演出：はせひろいち
◇「現実と精神の乖離（新国立劇場『山の巨人たち』, ギィ・フォワシィ・シアター『背中のナイフ』『証言』, ジャブジャブサーキット『死立探偵』）」蔵原惟治　テアトロ　815　2009.1　p32〜34

## しるう

### シルヴィア 劇 パルコ
***3085*** 上演：1997年2月3日～3月2日　場所：PARCO劇場　作：A・R・ガーニー　訳・演出：福田陽一郎
◇「民族の音楽、病院のハムレット（四季『ヴェニスの商人』、文学座『あ?!それが問題だ』、パルコ劇場『シルヴィア』、SWAT！『雪原を血にそめて』、三人芝居『悪意の女』）」結城雅秀　テアトロ 654　1997.4　p65～69

### シルヴィアの結婚 劇 テアトル・エコー
***3086*** 上演：2002年4月16日～4月28日　場所：エコー劇場　作：ジミー・チン　訳・演出：酒井洋子
◇「串田和美の『陰翳礼讃』（日藝アートプロジェクト『夏の夜の夢』、パルコ劇場『葵上』『卒塔婆小町』、テアトル・エコー『シルヴィアの結婚』）」内田洋一　テアトロ 722　2002.6　p40～41

### しるし 劇 ユニークポイント
***3087*** 上演：2006年3月9日～3月14日　場所：OFF・OFFシアター　作・演出：山田裕幸
◇「こころの図像（紀尾井人形邦楽館『北越誌』、シアター1010『ベルナルダ・アルバの家』、ユニークポイント『しるし』）」斎藤偕子　テアトロ 777　2006.5　p62～63

### シルバーロード 劇 Vegetable Actors Theater
***3088*** 上演：1983年8月29日～9月2日　場所：紀伊國屋ホール　作：尾辻克彦　演出：土門譲
◇「シルバー・ドグマ（ことばの劇場）」安達英一　新劇 30(11) 1983.11　p64～67

### SHIRO 劇 東京キッドブラザーズ
***3089*** 上演：1982年3月13日～4月11日　場所：PARCO SPACE PART3　作・演出：東由多加
◇「新しい精神のぎりぎりとふわふわ」如月小春　新劇 29(5) 1982.5　p26～27

### 城 劇 新国立劇場
***3090*** 上演：2005年1月14日～1月30日　場所：新国立劇場小劇場　原作：カフカ　翻訳：池内紀　構成・演出：松本修　振付：井手茂太　音楽：斉藤ネコ
◇「2005年のチェーホフ、カフカ、シェイクスピア（tpt『三人姉妹』、新国立劇場『城』、遊園地再生事業団『トーキョー/不在/ハムレット』）」野中広樹　テアトロ 761　2005.3　p104～106

### 城 劇 MODE
***3091*** 上演：2013年3月14日～3月20日　場所：あうるすぽっと　作：カフカ　演出：松本修　美術：伊藤雅子　音楽：斎藤ネコ　振付：井手茂太
◇「佳作舞台の再演・三演に新鮮な魅力（MODE『城』、東京芸術劇場『マシーン日記』、東京ヴォードヴィルショー『パパのデモクラシー』）」七字英輔　テアトロ 876　2013.6　p48～49

### 白蟻の巣 劇 新国立劇場
***3092*** 上演：2017年3月2日～3月19日　場所：新国立劇場　作：三島由紀夫　演出：谷賢一
◇「新旧の作に見る虚妄の『日本精神』（演劇実験室◉紅王国『海神の社』、新国立劇場『白蟻の巣』）」七字英輔　テアトロ 931　2017.5　p28～29

### 白い悪魔 劇 勝田演劇事務所
***3093*** 上演：2004年5月11日～5月16日　場所：ザムザ阿佐谷　作：ジョン・ウェブスター　訳：小田島雄志　演出：勝田安彦
◇「電車の中の化粧機と現代の演劇（勝田演劇事務所、劇工房／燐『あなたに逢いたくて』、翌檜座『朝きみは汽車にのる』、燐光群・グッドフェローズ『犀』）」浦崎浩實　テアトロ 751　2004.7　p54～56

### 白い地図 劇 アトリエ・シマダ
***3094*** 上演：1995年8月24日～9月3日　場所：ザ・スズナリ　作：島田三樹彦　演出：松本修
◇「はじまりはいつも魅力的か？（アトリエ・シマダ『白い地図』、北区つかこうへい劇団『つか版・北区お笑い忠臣蔵』）」山登敬之　テアトロ 635　1995.11　p70～71

### 白い蝶々／ミモザ／木蓮 劇 広島の女上演委員会
***3095*** 上演：2003年11月11日～11月16日　場所：「劇」小劇場　作・演出：村井志摩子
◇「詩人、小説家、芸術家、無名の個人の"劇"（ピープルシアター『プラットホーム・光の夏』、プロジェクト介山60『KAIZAN 魔剣の誕生』、広島の女上演委員会『白い蝶々／ミモザ／木蓮 他』）」浦崎浩實　テアトロ 745　2004.1　p63～65

### 白い椿が咲いた 劇 花企画
***3096*** 上演：1996年10月17日～10月20日　場所：築地本願寺ブディストホール　作・演出：植村達雄
◇「リアルで迫力満点の鐘下演出（水谷内助義プロデュース『廃墟』、花企画『白い椿が咲いた』）」江原吉博　テアトロ 649　1996.12　p64～65

### 白いとかげ 劇 犯罪友の会
***3097*** 上演：2004年10月28日～11月2日　場所：難波宮跡公園野外特設劇場　作・演出：武田一度
◇「11月の関西 偽史からはなれて（桃園会『熱帯夜』『うちやまつり』、維新派『キートン』、犯罪友の会『白いとかげ』）」太田耕人　テアトロ 759　2005.1　p106～108

### 白い花を隠す～シリーズ罪と罰 CASE3 劇 Pカンパニー
***3098*** 上演：2017年2月28日～3月5日　場所：シアターグリーン BOX in BOX THEATER　作：石原燃　演出：小笠原響
◇「批判の風にさらされない権力は傲慢を極める（青年劇場『原理日本』、Pカンパニー『白い花を隠す』、京都演劇集団風『肝っ玉おっ母とその子供たち』―あとから生まれてくる人たちに―）」杉山弘　テアトロ 931　2017.5　p26～27

白い夜の宴 [団]民藝

3099 上演：2014年6月20日〜7月2日 場所：紀伊國屋サザンシアター 作：木下順二 演出：丹野郁弓

◇「苦悩する魂の真剣勝負（民藝『白い夜の宴』，パルコ・プロデュース『母に欲す』，花企画『トウサンの娘たち』）」結城雅秀 テアトロ 894 2014.9 p32〜33

ジロさんの憂鬱―練馬一家五人殺害事件 [団]転位・21

3100 上演：1986年4月26日〜5月11日 場所：ザ・スズナリ 作・演出：山崎哲

◇「科学的認識と遊戯」鴻英良 新劇 33（7） 1986.7 p22〜27

◇「観客席は浮遊している」佐々木幹郎 新劇 33（7） 1986.7 p28〜33

◇「清水邦夫と山崎哲と」渡辺保 新劇 33（7） 1986.7 p34〜39

◇「「風の駅」の感動」渡辺保 新劇 34（2） 1987.2 p34〜39

次郎長が行く [団]青年座

3101 上演：1984年4月23日〜5月2日 場所：紀伊國屋ホール 作：宮本研 演出：石澤秀二

◇「二足のワラジの果て（青年座『次郎長が行く』）」ほんちえいき テアトロ 497 1984.7 p34〜37

次郎長が行く [団]俳優座

3102 上演：2005年1月3日〜1月23日 場所：三越劇場 作：宮本研 演出：安川修一

◇「「悪玉」はどこに？（俳優座『次郎長が行く』，仲間『森は生きている』，流山児★事務所『桜姫表裏大綺譚』，トム・プロジェクト『子供騙し』）」中本信幸 テアトロ 761 2005.3 p108〜110

城館（しろ）／冬眠まんざい [団]北篠純プロデュース

3103 上演：1997年11月4日〜11月9日 場所：東京芸術劇場小ホール2 作：矢代静一（城館），秋浜悟史（冬眠まんざい） 演出：宮永雄平

◇「アモルファスあるいは中心の空虚（戦後一幕物傑作選 門井均プロデュース『署名人』『マッチ売りの少女』，北条純プロデュース『城館』『冬眠まんざい』，木山潔プロデュース『鋏』『秋の歌』，水谷内助義プロデュース『礼服』，仲間『遁走譜』）」みなもとごろう テアトロ 664 1998.1 p74〜77

白バラの祈り ゾフィー・ショル、最期の日々 [団]民藝

3104 上演：2007年10月12日〜10月24日 場所：紀伊國屋サザンシアター 作：リリアン・グローグ 訳：吉原豊司 演出：高橋清祐

◇「自死の変奏曲（俳小『狂美花』，国際交流基金/Bunkamura/朝日新聞社『演じる女たち〈3部作〉―ギリシャ悲劇からの断章』，民藝『白バラの祈り ゾフィー・ショル、最期の日々』）」田之倉稔 テアトロ 799 2007.12 p54〜55

白鬚のリア―第一部・崩壊 [団]太虚〈TAO〉

3105 上演：1989年10月25日〜10月29日 場所：住友ベークライト工場跡地 作：シェイクスピア 演出・構成・潤色：鈴木健二 共同構成・潤色：門上庚照

◇「世界の黄昏に向けて」七字英輔 新劇 37（2） 1990.2 p26〜31

神露渕村夜叉伝 [団]1980

3106 上演：1988年4月22日〜4月24日 場所：ザ・スズナリ 作：石山浩一郎 演出：藤田傳

◇「「過去」にむきあう演劇」七字英輔 新劇 35（7） 1988.7 p26〜29

親愛なる我が総統 [団]チョコレートケーキ

3107 上演：2014年9月12日〜9月15日 場所：サンモールスタジオ 作：古川健 演出：日澤雄介

◇「悪夢か、ファンタジーか、歴史か（演劇集団風『海との対話』，青果鹿『路地裏のシュラ』，チョコレートケーキ『親愛なる我が総統』）」斎藤偕子 テアトロ 896 2014.11 p42〜43

新・雨月物語 [団]THEガジラ

3108 上演：2008年1月25日〜2月3日 場所：世田谷パブリックシアター 原作：川口松太郎 脚本・構成・演出：鐘下辰男

◇「積重ね（THE・ガジラ『新・雨月物語』，ACM劇場プロデュース『12ライアーズ―評決者たち―』，（社）日本劇団協議会主催/次世代を担う演劇人育成公演（9）京楽座『ブルーストッキングの女たち』）」斎藤偕子 テアトロ 804 2008.4 p40〜41

新・雨月物語 [団]新国立劇場

3109 上演：1999年1月11日〜1月26日 場所：新国立劇場中劇場 原作：川口松太郎 脚本：鐘下辰男 演出：鵜山仁

◇「新旧「書き替え狂言」の成否（木場勝己プロデュース『今は昔、栄養映画館』，新国立劇場『新・雨月物語』）」七字英輔 テアトロ 679 1999.3 p88〜89

新・内山 [団]京都芸術センター

3110 上演：2015年10月2日〜10月5日 場所：京都芸術センター 作：飴屋法水 作・演出：柳沼昭徳

◇「10月の関西 社会を撃つ（維新派『トワイライト』，伏兵コード『遠浅』，演劇計画Ⅱ『新・内山』）」太田耕人 テアトロ 911 2015.12 p37〜39

新絵島物語／ひとつ屋根の下・窯 [団]前進座

3111 上演：1984年12月1日〜12月27日 場所：新橋演舞場 脚色：津上忠 演出：高瀬精一郎（新絵島物語） 作・演出：宇野信夫（ひとつ屋根の下）

◇「軽量と軽みの差（前進座『新絵島物語・ひとつ屋根の下・窯』）」清水一朗 テアトロ 504 1985.2 p30〜31

新大久保の猫 [団]岡部企画，シアターX

3112 上演：1998年6月10日〜6月21日 場所：シアターX 作・演出：岡部耕大

◇「賢明な実作者は傑作ミマンで勝負する!?（木山事務所『ピアフの妹』，岡部企画＋シアターX『新大

久保の猫』, ラッパ屋『阿呆浪士』, 花企画『旅愁の人』, かたつむりの会『月と卵』)」浦崎浩實　テアトロ　671　1998.8　p62〜64

シンガー　[団]文学座

3113 上演：1996年4月20日〜5月2日　場所：紀伊國屋ホール　作：ピーター・フラナリー　訳：出戸一幸　演出：鵜山仁

◇「「何もない空間」に世界を構築する(グローブ座カンパニー『ヴェニスの商人』, 青年劇場『愛が聞こえます』, 銀座セゾン劇場『セツァンの善人』, 文学座『シンガー』,NLT『貧すれば鈍す』『いっしょに夕食を！』, 東京乾電池『田園ハレム一常盤女子高物語』)」結城雅秀　テアトロ　644　1996.7　p59〜65

シンガー　[団]文学座アトリエの会

3114 上演：1994年6月17日〜6月26日　場所：文学座アトリエ　作：ピーター・フラナリー　訳：出戸一幸　演出：鵜山仁

◇「アンチ・ヒーローの形象化(文学座アトリエの会『シンガー』, 地人会『阿Q外傳』, 第三エロチカ『クリシェ』)」渡辺淳　テアトロ　619　1994.8　p66〜68

深海魚　[団]桃園会

3115 上演：2003年12月10日〜12月14日　場所：ウィングフィールド　作・演出：深津篤史

◇「12月の関西 閉ざされた部屋(PM/飛ぶ教室『春』『嘘』『恥』, 桃園会『深海魚』, 芝居屋坂道ストア『木造モルタル式青空』, 劇団八時半『久保君をのぞくすべてのすみっこ』)」太田耕人　テアトロ　746　2004.2　p111〜113

3116 上演：2018年3月25日〜3月27日　場所：ウィングフィールド　作：深津篤史　演出：森本洋史

◇「4月の関西 深津篤史戯曲に新たな息吹。深津演劇祭に成果(桃園会『深海魚』, あうん堂『五軒町商店街寄合会』, 空の驛舎『かえりみちの木』, MONO『隣の芝生も。』, 兵庫県立ピッコロ劇団オフシアター『umami』)」九鬼葉子　テアトロ　946　2018.6　p43〜45

新歌舞伎 名和長年　[団]とりアート2009

3117 上演：2009年11月2日〜11月3日　場所：米子市公会堂大ホール　作：幸田露伴　演出・台本補綴：石川耕士

◇「米子における「名和長年」上演(とりアート2009『新歌舞伎 名和長年』)」近藤瑞男　テアトロ　829　2010.1　p57〜59

蜃気楼　[団]金沢市民芸術村ドラマ工房

3118 上演：2002年2月1日〜2月3日　場所：シアタートラム　作：林恒宏　演出：西川信廣

◇「執着と情熱の芝居(シアター・ムーブメント・仙台『イヌの仇討』, 金沢市民芸術村ドラマ工房『蜃気楼』)」杉山弘　テアトロ　720　2002.4　p42〜43

新・棄老伝説 ニッポン縁切堂　[団]1980

3119 上演：1996年12月11日〜12月17日　場所：俳優座劇場　作・演出：藤田傳

◇「徹底したマクベスの改作(流山児★事務所『焼跡のマクベス』, 東京シェイクスピア・カンパニー『マクベス裁判』, 鐘下辰男ワークショップ『火男の火』, 四季『エビータ』, ピープルシアター『プラットホーム・炎の秋』, 劇団1980『新・棄老伝説 ニッポン縁切堂』)」結城雅秀　テアトロ　652　1997.2　p71〜77

蜃気楼の見える町　[団]東京演劇アンサンブル

3120 上演：2000年8月12日〜8月20日　場所：ブレヒトの芝居小屋　作・演出：広渡常敏

◇「自然現象と人間精神の自由(東京演劇アンサンブル『蜃気楼の見える町』, 扉座『まほうつかいのでし』, 花企画『酒も泪も溜息も』, 広島の女上演委員会『もうレクイエムは歌わない』)」結城雅秀　テアトロ　699　2000.10　p50〜54

シング ア ソング　[団]トム・プロジェクト

3121 上演：2018年2月7日〜2月16日　場所：本多劇場　作：古川健　演出：日澤雄介

◇「国家と個人、その狭間の意識を問う(パルコ・兵庫県立芸術文化センター『TERROR テロ』, 虚構の劇団『もうひとつの地球の歩き方』, ホリプロ『密やかな結晶』, トム・プロジェクト『シング ア ソング』)」小山内伸　テアトロ　944　2018.4　p46〜49

真紅の頰で海へと還る、そんな時も笑っていたい　[団]流星倶楽部

3122 上演：2000年1月15日〜1月16日　場所：扇町ミュージアムスクエア　作：大正まろん　演出：寺岡永泰

◇「1月の関西 距離をとって見る眼(流星倶楽部『真紅の頰で海へと還る、そんな時も笑っていたい』, 南船北馬一団『ほら そら ごらん』, 清流劇場『かたつむりの島にへんな人がたずねてくる記』, 覇王樹座『枯れ葉が舞い散ればきみは気づく』)」太田耕人　テアトロ　692　2000.3　p97〜99

シングルマザーズ　[団]二兎社

3123 上演：2011年2月20日〜3月28日　場所：東京芸術劇場小ホール1　作・演出：永井愛

◇「演劇は「正義」を語り、観客を啓蒙するためのものか(東京演劇アンサンブル『道路』, 二兎社『シングルマザーズ』, 青年劇場『青ひげ先生の聴診器』)」七字英輔　テアトロ　847　2011.5　p42〜44

ジン・ゲーム——トランプ遊び　[団]メープルリーフ・シアター

3124 上演：2000年10月6日〜10月9日　場所：三百人劇場　作：D・L・コバーン　訳：吉原豊司　演出：貝山武久

◇「事実の持つ不安定と嘘の持つ安定と(地人会『恋ひ歌一白蓮と龍介』, 紅王国『人造天女』, ピープル・シアター『阿詩瑪』, メープルリーフ・シアター『ジン・ゲーム』)」みなもとごろう　テアトロ　701　2000.12　p52〜55

審査員　[団]劇団〈ま〉

3125 上演：2012年7月25日〜7月30日　場所：銀座みゆき館劇場　作・演出：池田政之

◇「企画力に乾杯！(トム・プロジェクト『重力』, 劇団ま『審査員』,Pカンパニー『月の岬』)」中本信幸　テアトロ　867　2012.10　p42〜43

**新作オペラ 地獄変** 🏢シアターX
*3126* 上演：2012年8月10日～8月12日　場所：シアターX　原作：芥川龍之介　台本：入市翔　演出・美術：井田邦明　作曲：ロネン・シャピラ
◇「試みと達成の間に…（シアターX『新作オペラ地獄変』、パルコ・プロデュース『其礼成心中』、俳優座『樫の木坂 四姉妹』）」みなもとごろう　テアトロ　867　2012.10　p44～45

**新作・錆びたナイフ** 🏢南河内万歳一座
*3127* 上演：2001年2月15日～2月18日　場所：近鉄小劇場　作・演出：内藤裕敬
◇「3月の関西 演劇のローカリティ（近松劇場『ハードタイムス』、犯罪友の会『白蓮の針』、南河内万歳一座『新作・錆びたナイフ』）」太田耕人　テアトロ　707　2001.5　p66～68

**新山月記** 🏢龍昇企画
*3128* 上演：1986年4月3日～4月6日　場所：明石スタジオ　作・演出：乾燿
◇「開かれたドラマツルギー」鴻英良　新劇　33(6)　1986.6　p18～23

**新・地獄変** 🏢新国立劇場
*3129* 上演：2000年3月23日～4月15日　場所：新国立劇場小劇場　作：鐘下辰男　演出：鵜山仁　音楽：仙波清彦
◇「妄評多罪（NODA・MAP『カノン』、青年座『マンチューリア一瞥・川島芳子伝』、新国立劇場『新・地獄変』）」大場建治　テアトロ　695　2000.6　p60～62

**真実** 🏢文学座
*3130* 上演：2018年2月24日～3月5日　場所：東京芸術劇場シアターウエスト　作：フロリアン・ゼレール　訳：鵜山仁　演出：西川信廣
◇「死を見つめる生を鮮やかに描く（世田谷パブリックシアター『岸 リトラル』、トラッシュマスターズ『埋没』、文学座『真実』）」丸田真悟　テアトロ　945　2018.5　p32～33

**真実のゆくえ** 🏢俳優座劇場
*3131* 上演：2008年6月5日～6月15日　場所：俳優座劇場　作：ジェフリー・アーチャー　訳：小田島恒志　演出：西川信廣
◇「「真実」を探る劇的趣向（ギイ・フォワシイ・シアター『オーカッサンとニコレット』、俳優座劇場『真実のゆくえ』、SHIMIN劇場Ⅱ『あなたがいるから』）」中本信幸　テアトロ　809　2008.8　p46～47

**新釈・金色夜叉** 🏢文学座
*3132* 上演：1981年9月5日～9月24日　場所：三越劇場　作：宮本研　演出：戌井市郎
◇「宮本戯曲における「文学」からの飛翔」森尻純夫　新劇　28(11)　1981.11　p26～29

**ジンジャーブレッド・レディー** 🏢東宝現代劇75人の会
*3133* 上演：1997年8月7日～8月10日　場所：東京芸術劇場小ホール2　作：ニール・サイモン　訳：酒井洋子　演出：丸山博一

◇「民話劇と和洋の家庭劇（松竹パフォーマンス＋まさかね企画『二十二夜待ち』『彦市ばなし』、東宝現代劇75人の会『ジンジャーブレッド・レディ』、文学座『盛装』）」水落潔　テアトロ　660　1997.10　p66～67

**ジンジャーブレッド・レディー** 🏢文学座
*3134* 上演：1998年11月12日～11月22日　場所：紀伊國屋ホール　作：ニール・サイモン　訳：黒田絵美子　演出：富田稔英
◇「アンチ・ヒーローへのオマージュ（日生劇場『リンドバークの飛行』『七つの大罪』、俳優座劇場プロデュース『疵だらけのお秋』、民藝『勤皇やくざ瓦版』、俳優座LABO『家族な人々』、文学座『ジンジャーブレッド・レディー』）」渡辺淳　テアトロ　678　1999.2　p66～69

**ジンジャーブレッド・レディはなぜアル中になったのか** 🏢M.O.P.
*3135* 上演：2001年11月2日～11月11日　場所：シアターサンモール　作・演出：マキノノゾミ
◇「キムラ緑子の快演は掘り出し物（M.O.P.『ジンジャーブレッド・レディはなぜアル中になったのか』、ナイロン100℃『ノーアート、ノーライフ』、ザ・ガジラ『或る憂鬱』）」内田洋一　テアトロ　717　2002.1　p56～58

**心中・近松の夏** 🏢文学座アトリエの会
*3136* 上演：1986年8月25日～9月4日　場所：文学座アトリエ　構成・演出：石川耕士
◇「恋 其之弐」渡辺保　新劇　33(11)　1986.11　p34～39

**心中天の網島** 🏢近松座
*3137* 上演：1986年3月8日～3月23日　場所：青山劇場　作：近松門左衛門　演出：高瀬精一郎
◇「原作に対する読みの深さ（前進座『羅生門』、近松座『心中天の網島』）」ほんちえいき　テアトロ　519　1986.5　p36～39

**心中天の網島** 🏢流山児★事務所
*3138* 上演：2004年10月3日～10月10日　場所：本多劇場　原作：近松門左衛門、岡本綺堂　脚本：山元清多　演出：篠井英介
◇「「関係」に心ひかれて（黒テント『ぴらんでっろ』、流山児★事務所『心中天の網島』、猫のホテル『しぶき』）」林あまり　テアトロ　757　2004.12　p58～59

**心中天網島** 🏢兵庫県立ピッコロ劇団
*3139* 上演：1996年10月4日～10月10日　場所：ピッコロシアター　原作：近松門左衛門　台本・演出：石澤秀二
◇「10月の関西 必然性感じられず（ピッコロ劇団『心中天網島』、大阪春の演劇まつり二十周年記念『幸せさがそ』、オリゴ党『多羅尾伴内の世界』）」宮辻政夫　テアトロ　649　1996.12　p80～81

**真珠貝のジナイーダ** 🏢モスクワ芸術座
*3140* 上演：1988年3月23日～3月28日　場所：日生劇場　作：チェーホフ　訳：千野幸一　演出：オレグ・エフレーモフ
◇「職人的な仕上げ方（モスクワ芸術座『真珠貝の

ジナイーダ」）」毛利三彌　テアトロ　544　1988.6　p30～31

### 新宿・夏の渦　㊗ピープルシアター
**3141** 上演：2012年7月25日～7月31日　場所：サンモールスタジオ　原作：船戸与一　脚本・演出：森井睦
◇「見世物のイマーゴ・ムンディ（ピープルシアター『新宿・夏の渦』、万有引力『怪人フー・マンチュー』、無人駅『南北逆曼荼羅』）」田之倉稔　テアトロ　867　2012.10　p40～41

**3142** 上演：2015年6月17日～6月21日　場所：シアターX　原作：船戸与一　脚本・演出：森井睦
◇「弱者の喜劇、抵抗は現実を越える（ピープルシアター『新宿・夏の渦』、せんがわ劇場『マヨイガの妖怪たち』）」斎藤偕子　テアトロ　908　2015.9　p28～29

### 新宿八犬伝　㊗第三エロチカ
**3143** 上演：1985年6月21日～6月30日　場所：アシベホール　作・演出：川村毅
◇「振り向いたらアカン！（ことばの劇場）」わたせひろのぶ　新劇　32（9）　1985.9　p70～73
◇「欲望の祭司として（ことばの劇場）」長谷部浩　新劇　32（9）　1985.9　p74～77

### 新宿八犬伝　第五巻—犬街の夜　㊗T Factory
**3144** 上演：2010年10月21日～10月28日　場所：新宿FACE　作・演出：川村毅
◇「愛は常識を超える（ティーファクトリー『新宿八犬伝　第五巻—犬街の夜—』.tpt『おそるべき親たち』、朋友『真砂女』）」北川登園　テアトロ　843　2011.1　p44～45

### 新宿パラダイス　光は新宿より　㊗東京ギンガ堂
**3145** 上演：2009年6月19日～6月28日　場所：歌舞伎町「大久保公園」内特設劇場　作・演出：品川能正　振付：神崎由布子　音楽：上田亨
◇「心眼に映るもの（東京ギンガ堂『新宿パラダイス』、Pカンパニー『死んだ女』、扉座『百鬼丸』）」中本信幸　テアトロ　824　2009.9　p46～47

### 新宿ブギウギ～戦後闇市興亡史　㊗椿組
**3146** 上演：2005年7月15日～7月24日　場所：花園神社境内野外ステージ　作：鈴木哲也　演出：伊東由美子
◇「うつつか、夢か（朋友『それどころでない人』、子供のためのシェイクスピアカンパニー『尺には尺を』、椿組『新宿ブギウギ』）」中本信幸　テアトロ　768　2005.9　p60～61

### 新宿～路地裏の空海　㊗椿組
**3147** 上演：2001年7月17日～7月25日　場所：花園神社境内野外ステージ　作：水谷龍二
◇「野外劇を含む異色の四本（うりんこ『老人が来た～止まった時間』、宗田千恵子一人芝居『語・演・歌』、流山児★事務所『書を捨てよ、町へ出よう』、椿組『新宿～路地裏の空海』）」佐藤康平　テアトロ　712　2001.9　p52～53

### 真珠の首飾り　㊗青年劇場
**3148** 上演：1998年4月11日～4月30日　場所：紀伊國屋サザンシアター　作・演出：ジェームス三木
◇「意欲を見せた三つの公演（青年劇場『真珠の首飾り』、銅羅『ヨーン・ガブリエル・ボルクマン』、ドリーム・カンパニー『トロピカル・マーメイド』）」水落潔　テアトロ　669　1998.6　p58～59

**3149** 上演：2000年5月16日～5月17日　場所：朝日生命ホール　作・演出：ジェームス三木
◇「舞台の中の社会、社会の中の舞台（青年劇場『真珠の首飾り』,1980『幕末太陽傳』、こんにゃく座『吾輩は猫である』、地人会『私のなかの見えない炎』）」みなもとごろう　テアトロ　696　2000.7　p74～77

**3150** 上演：2015年9月11日～9月20日　場所：紀伊國屋ホール　作：ジェームス三木　演出：板倉哲　音楽：近藤浩章
◇「人は、そういうことはしないものだ…（劇団俳優座『ヘッダ・ガーブレル』、東京演劇集団風『コーカサスの白墨の輪』、青年劇場『真珠の首飾り』、NLTプロデュース『嫁も姑も皆幽霊』）」結城雅秀　テアトロ　910　2015.11　p38～40

### しんじょう　㊗南船北馬一団
**3151** 上演：2004年7月2日～7月4日　場所：シアトリカル應典院　作・演出：棚瀬美幸
◇「7月の関西　匿名性ふたたび（劇団・太陽族『空の絵の具』『砂の絵の具』、南船北馬一団『しんじょう』、デス電所『ちょっちゅ念』）」太田耕人　テアトロ　754　2004.9　p66～68

### 真情あふるる軽薄さ2001　㊗Bunkamura
**3152** 上演：2001年1月26日～1月28日　場所：シアターコクーン　作：清水邦夫　演出：蜷川幸雄
◇「軽薄さあふるる真情か、何処（第三エロチカ『近代能楽集』、シアターコクーン・オンレパートリー2001『真情あふるる軽薄さ2001』）」大岡淳　テアトロ　705　2001.3　p62～65

### 新浄瑠璃　百鬼丸　㊗扉座
**3153** 上演：2009年7月8日～7月12日　場所：紀伊國屋サザンシアター　原作：手塚治虫　作・演出：横内謙介
◇「心眼に映るもの（東京ギンガ堂『新宿パラダイス』、Pカンパニー『死んだ女』、扉座『百鬼丸』）」中本信幸　テアトロ　824　2009.9　p46～47

### 信じる機械　㊗文学座アトリエの会
**3154** 上演：2014年5月28日～6月11日　場所：文学座アトリエ　作：アレクシ・ケイ・キャンベル　訳：広田敦郎　演出：上村聡史
◇「スリリングな台本を活かせたか（世田谷パブリックシアター『ビッグ・フェラー』、文学座アトリエ『信じる機械』、マームとジプシー『ΛΛΛかえりの合図、まってた食卓、そこ、きっと―』）」江原吉博　テアトロ　893　2014.8　p24～25

### 新々・帰ってきた日本—「瞼の母」より　㊗SCOT
**3155** 上演：2011年8月19日,26日　場所：利賀野外

劇場　作・演出：鈴木忠志
◇「「母なるもの」に焦がれる日本人の原エートス（SCOTサマーシーズン2011）」河野孝　テアトロ　853　2011.10　p32〜34

**甚助無用鰯烹鍋** [団]テアトル・エコー
3156 上演：1984年5月11日〜5月31日　場所：テアトル・エコー　作：岡本螢　演出：熊倉一雄
◇「江戸のギャルたち（ことばの劇場）」川本三郎　新劇　31（8）　1984.8　p34〜37

**シーンズ・フロム・ザ・ビッグ・ピクチュアー** [団]演劇集団円
3157 上演：2010年10月1日〜10月10日　場所：紀伊國屋ホール　作：オーウェン・マカファーティ　訳：芦沢みどり　演出：平光琢也
◇「知の俯瞰と意志の仰視（演劇集団円『シーンズ フロム ザ ビッグ ピクチュアー』，ジャブジャブサーキット『蒼の組曲』，ONEOR8『絶滅のトリ』，トム・プロジェクト『鬼灯町鬼灯通り三丁目』）」丸田真悟　テアトロ　841　2010.12　p52〜54

**人生ゲーム** [団]サラリーマン新劇喇叭屋
3158 上演：1990年9月10日〜9月24日　場所：シアタートップス　作・演出：鈴木聡
◇「小市民，人生やり直しても小市民，なのかナア」豊崎由美　しんげき　［37］（11）　1990.11　p32〜35

**人生と呼べる人生** [団]文学座
3159 上演：1997年10月5日〜10月12日　場所：東京芸術劇場中ホール　作：松原敏春　演出：鵜山仁
◇「最低辺の現実に肉薄する試み（ウォーキング・スタッフ『アリゲーター・ダンス2』，下北沢『劇』小劇場開場記念公演『蜜の味』『二等辺三角形』，文学座『人生と呼べる人生』，東京ギンガ堂『クレイジー・フルーツ』，兵庫県立ピッコロ劇団『わたしの夢は舞う』）」江原吉博　テアトロ　662　1997.12　p72〜74

**人生万華鏡** [団]グループしぜん
3160 上演：2006年10月　場所：銀座小劇場　作・演出：伊藤漠
◇「生きることの美しさ、怪しさ（ピープルシアター『砂のクロニクル』，オフィスプロジェクトM『海峡を越えた女』，グループしぜん『人生万華鏡』，め組『傀儡〜KUGUTSU』）」中本信幸　テアトロ　787　2007.1　p104〜105

**新撰組** [団]オフィスプロジェクトM
3161 上演：2001年1月17日〜1月21日　場所：中野ザ・ポケット　作・演出：丸尾聡
◇「二つの新撰組上演が今の日本に語るもの（オフィスプロジェクトM『新撰組』，月蝕歌劇団『新撰組in1944—ナチス少年合唱団—』，俳協『横須賀ドブ板物語』，ぽうふら座『戀の病』）」佐藤康平　テアトロ　706　2001.4　p54〜55

**新撰組** [団]め組
3162 上演：2009年3月25日〜3月29日　場所：SPACE107　作：合馬百香　演出：与儀英一
◇「持続力の行方（め組『新撰組』，NLT『OH！ マイパパ』，シアターXプロデュース『カヴァレリア・ルスティカーナ』）」中本信幸　テアトロ　820　2009.6　p46〜47

**新撰組in1944—ナチス少年合唱団** [団]月蝕歌劇団
3163 上演：2001年1月25日〜1月29日　場所：萬スタジオ　作・演出：高取英　音楽：J・A・シーザー
◇「二つの新撰組上演が今の日本に語るもの（オフィスプロジェクトM『新撰組』，月蝕歌劇団『新撰組in1944—ナチス少年合唱団—』，俳協『横須賀ドブ板物語』，ぽうふら座『戀の病』）」佐藤康平　テアトロ　706　2001.4　p54〜53

**新撰組—名もなき男たちの挿話** [団]俳協
3164 上演：2006年7月26日〜7月30日　場所：TACCS1179　作：小金丸大和　演出：増田敦
◇「幕末に翻弄された人たち（劇団1980『ええじゃないか』，劇団俳協『新撰組—名もなき男たちの挿話』，劇団め組『アサシン—彰義隊後日譚』）」北川登園　テアトロ　783　2006.10　p52〜53

**新装大回転 玉手箱** [団]黒テント
3165 上演：2009年6月5日〜6月14日　場所：木場公園内多目的広場　作：坂口瑞穂　演出：佐優陣　音楽：磯田収
◇「力強い「ユーリンタウン」（流山児★事務所『ユーリンタウン』，黒テント『新装大回転 玉手箱』，青年座『その受話器はロバの耳』）」林あまり　テアトロ　823　2009.8　p38〜39

**人造天女** [団]演劇実験室∴紅王国
3166 上演：2000年9月27日〜10月3日　場所：ウッディシアター中目黒　作・演出：野中友博
◇「事実の持つ不安定と嘘の持つ安定と（地人会『恋ひ歌—白蓮と龍介』，紅王国『人造天女』，ピープル・シアター『阿詩瑪』，メープルリーフ・シアター『ジン・ゲーム』）」みなもとごろう　テアトロ　701　2000.12　p52〜55

**人造都市** [団]浪花グランドロマン
3167 上演：2010年9月1日〜9月5日　場所：特設銀色テント　作・演出：たまご☆マン
◇「9月の関西 異界をつくる（くじら企画『サラサーテの盤』，浪花グランドロマン『人造都市』，遊気舎『イキトン』）」太田耕人　テアトロ　840　2010.11　p74〜76

**新・曽根崎心中** [団]メイシアター
3168 上演：1998年2月5日〜2月8日　場所：メイシアター中ホール　作・演出：マキノノゾミ
◇「2月の関西 三作家の新作（『家を出た』制作実行委員会プロデュース『家を出た』，くじら企画『黄昏ワルツ』，メイシアタープロデュース『新・曾根崎心中』）」宮辻政夫　テアトロ　667　1998.4　p59〜61

**死んだ女** [団]Pカンパニー
3169 上演：2009年6月25日〜7月5日　場所：スタジオP　作・演出：阿藤智恵
◇「心眼に映るもの（東京ギンガ堂『新宿パラダイス』，Pカンパニー『死んだ女』，扉座『百鬼丸』）」

中本信幸　テアトロ　824　2009.9　p46〜47

**新・近松心中物語**　[団]ポイント東京

**3170** 上演：2004年3月4日〜4月29日　場所：日生劇場　脚本：秋元松代　演出：蜷川幸雄

◇「女に導かれるファウストと忠兵衛（北九州芸術劇場プロデュース『ファウストーワルプルギスの音楽劇』，ポイント東京製作『新・近松心中物語』）」内田洋一　テアトロ　749　2004.5　p58〜59

**死ンデ、イル。**　[団]モダンスイマーズ

**3171** 上演：2018年7月20日〜7月29日　場所：東京芸術劇場シアターイースト　作・演出：蓬莱竜太

◇「現代社会を見据える眼差し（東京芸術劇場『BOAT』，モダンスイマーズ『死ンデ、イル。』，DULL-COLORED POP『一九六一年：夜に昇る太陽』）」丸田真悟　テアトロ　951　2018.10　p44〜45

**死んでみたら死ぬのもなかなか四谷怪談—恨—**　[団]演劇集団円

**3172** 上演：2010年8月8日〜8月15日　場所：シアタートラム　原作：鶴屋南北　脚色：韓泰淑　演出：森新太郎

◇「悪党不在の怨霊劇（俳優座LABO『ブレーメンの自由』，円『死んでみたら死ぬのもなかなか四谷怪談—恨—』，劇団1980『ひとりの群像』）」中本信幸　テアトロ　839　2010.10　p46〜47

**シンデレラ**　[団]SCOT

**3173** 上演：2013年12月26日　場所：吉祥寺シアター　原作：グリム　演出：鈴木忠志

◇「劇団SCOT吉祥寺公演、「シンデレラ」で演劇白熱教室（『リア王』，『新訳・瞼の母』，『シンデレラ』）」河野孝　テアトロ　887　2014.3　p62〜63

**シンデレラからサド侯爵夫人へ**　[団]SCOT

**3174** 上演：2012年12月8日〜12月24日　場所：吉祥寺シアター　演出：鈴木忠志

◇「空白を記号化する—鈴木忠志『シンデレラからサド侯爵夫人へ（一幕）』における物語と空間」本橋哲也　シアターアーツ　54　2013.4　p71〜77

◇「モダニズムをめぐるシンデレラとサド侯爵夫人（SCOT『シンデレラからサド侯爵夫人へ』）」高橋宏幸　テアトロ　872　2013.2　p58〜59

**シンデレラ シュトルム ウント ドランク**　[団]青い鳥

**3175** 上演：1985年6月22日〜6月30日　場所：PARCO SPACE PART3　作・演出：市堂令

◇「シンデレラはダーウィン博士と出会わない（ことばの劇場）」長谷部浩　新劇　32(8)　1985.8　p58〜61

◇「王子様の出てこない「シンデレラ」（ことばの劇場）」川本三郎　新劇　32(9)　1985.9　p57〜61

**シンデレラ シンデレラ**　[団]SCOT

**3176** 上演：2012年5月4日〜5月6日　場所：静岡芸術劇場　演出：鈴木忠志

◇「知的刺激にあふれる舞台（鈴木忠志演出『シンデレラ シンデレラ』，地人会新社『シズウェは死んだ!?』，レクラム舎『S町の物語』）」河野孝　テアトロ　863　2012.7　p36〜37

**シンデレラ・ストーリー**　[団]日本テレビ，パルコ，東宝

**3177** 上演：2003年8月15日〜8月31日　場所：青山劇場　脚本：鴻上尚史　演出：山田和也　作詞：斉藤由貴　音楽：武部聡志　振付：前田清実

◇「夏休み企画の公演から（日生劇場国際ファミリーフェスティヴァル『みどりのゆび』，日本テレビ、パルコ・東宝芸能企画・製作『シンデレラ・ストーリー』，テアトル・エコー『九月になれば』）」水落潔　テアトロ　742　2003.11　p46〜47

**シンデレラ—ぬか床にひとつ釘を!?**　[団]青い鳥

**3178** 上演：1982年11月26日〜12月1日　場所：ザ・スズナリ　作・演出：市堂令

◇「青い鳥（わたし）はシンデレラ」西村博子　新劇　30(3)　1983.3　p34〜35

**シンデレラ・ファイナル**　[団]青い鳥

**3179** 上演：2004年9月2日〜9月5日　場所：スパイラルホール　作：市堂令　演出：芹川藍

◇「80年代演劇と現在をつなぐもの（青い鳥『シンデレラ・ファイナル』，テアトル・エコー『半変化束恋道中』，文学座アトリエ『テラ・ノヴァ』）」七字英輔　テアトロ　756　2004.11　p60〜61

**新・道元の冒険**　[団]五月舎

**3180** 上演：1982年6月2日〜6月15日　場所：紀伊國屋ホール　作：井上ひさし　演出：木村光一

◇「井上ひさしの冒険」西村博子　新劇　29(8)　1982.8　p28〜29

**しんとく丸**　[団]人形劇団クラルテ

**3181** 上演：1995年10月5日〜10月7日　場所：テイジンホール　脚色・演出：吉田清治

◇「10月の関西 手応えあったが（展覧会のA『NOW HERE WOMAN』，人形劇団クラルテ『しんとく丸』，関西芸術アカデミー『大経師昔暦』，潮流『夢幻乱歩館』）」宮辻政夫　テアトロ　636　1995.12　p72〜74

**身毒丸**　[団]メジャーリーグ

**3182** 上演：1995年12月1日〜12月4日　場所：彩の国さいたま芸術劇場　原作：寺山修司　脚色：岸田理生　演出：蜷川幸雄

◇「寺山修司の彷徨（演劇実験室 万有引力『カスパー・ハウザー』，蜷川幸雄演出『身毒丸』）」大岡淳　テアトロ　639　1996.2　p78〜79

**身毒丸**　[団]ルームルーデンス

**3183** 上演：2006年6月30日〜7月2日　場所：シアタートラム　原作：寺山修司　脚本：岸田理生　脚色・演出：田辺久弥　音楽：中村康隆

◇「若者の情念と不安（Bunkamuraシアターコクーン『あわれ彼女は娼婦』，地人会『フィガロの離婚』，俳優座ラボ『主人は浮気なテロリスト!?』，ルームルーデンス『身毒丸』）」結城雅秀　テアトロ

782　2006.9　p46～49

**シンドバッド・ハイヌーン ふとどきな千夜一夜** [団]自転車キンクリート

3184 上演：1987年2月3日～2月12日　場所：タイニイ・アリス　作：飯島早苗　演出：鈴木裕美

◇「変貌のターニング・ポイント」佐々木幹郎　新劇　34(4)　1987.4　p28～33

**新・二都物語** [団]状況劇場

3185 上演：1982年5月8日～6月27日　場所：花園神社　作・演出：唐十郎

◇「あれから十年、婆アは乙女になるかしら」西村博子　新劇　29(7)　1982.7　p30～31

◇「唐十郎の壁抜け術―「新・二都物語」にふれて」堀切直人　新劇　29(8)　1982.8　p32～35

◇「唐十郎の圏域とその周辺」西堂行人　新劇　29(11)　1982.11　p32～33

**審判** [団]加藤健一事務所

3186 上演：1986年2月1日～2月11日　場所：シアター・トップス　作：バリー・コリンズ　訳：青井陽治　演出：大杉祐

◇「凶器と毒薬」渡辺保　新劇　33(4)　1986.4　p30～35

3187 上演：1994年9月27日～10月6日　場所：本多劇場　作：バリー・コリンズ　訳：青井陽治　演出：星充

◇「俳優と作品の関係（加藤健一事務所『審判』, 地人会『調理場』,NLT『女占い師』, 新宿梁山泊『青き美しきアジア』, 花企画『鐘が鳴る』, オフィス・シルバーライニング『サンシャインボーイズ』）」大沢圭司　テアトロ　623　1994.12　p68～72

**審判** [団]銀座セゾン劇場

3188 上演：1992年4月12日～4月19日　場所：銀座セゾン劇場　作：カフカ　演出：スティーブン・バーコフ

◇「バーコフ演出の絵とき（銀座セゾン劇場『サロメ』『審判』）」七字英輔　テアトロ　592　1992.6　p46～48

**審判** [団]文学座アトリエの会

3189 上演：1980年1月23日～2月1日　場所：文学座アトリエ　作：バリー・コリンズ　訳：青井陽治　演出：藤原新平

◇「なぜ, 私がこんな目に…」森秀男　新劇　27(3)　1980.3　p22～25

◇「人食いとしての世界」扇田昭彦　新劇　27(3)　1980.3　p26～29

◇「一人芝居（モノドラマ）とその受容」堂本正樹　新劇　27(4)　1980.4　p26～29

**新版・ある日、ぼくらは夢の中で出会う** [団]ショーマ

3190 上演：1988年10月8日～10月23日　場所：シアタートップス　作・演出：高橋いさを

◇「破壊された劇場のように、私たちは立ち続ける」長谷部浩　新劇　35(12)　1988.12　p38～41

**審判「神と人とのあいだ」第一部** [団]青年座

3191 上演：1996年7月25日～7月28日　場所：青年座劇場　作：木下順二　演出：鈴木完一郎

◇「忍び寄るクリシェと事大主義（仲間『さようならバッキンガム』, 青年座 ドラマティック・リーディング『審判』）」みなもとごろう　テアトロ　647　1996.10　p66～67

**新版・小町風伝** [団]青年団プロデュース

3192 上演：1998年10月17日～10月18日　場所：湖南台文化センター市民シアター　原作：太田省吾　構成・演出：平田オリザ

◇「虚構の密度が成否を分ける（彩の国シェークスピアカンパニー『十二夜』, 青年団プロデュース『新版・小町風伝』, 犯罪友の会『牡丹のゆくへ』）」江原吉博　テアトロ　675　1998.12　p62～63

**審判／失踪者** [団]世田谷パブリックシアター

3193 上演：2007年11月15日～12月8日　場所：シアタートラム　作：カフカ　訳：池内紀　構成・演出：松本修　振付：井手茂太

◇「意欲的な二本の芝居（静岡県舞台芸術センター『巨匠』, 世田谷パブリックシアター『審判』）」高橋豊　テアトロ　802　2008.2　p56～57

**新版 四谷怪談** [団]青年座

3194 上演：1999年7月8日～7月16日　場所：紀伊國屋サザンシアター　原作：鶴屋南北　脚色・演出：石澤秀二

◇「外国の現代劇と古典の現代劇化（新国立劇場『棋人』, 地人会『谷間の女たち』, 青年座『新版 四谷怪談』）」水落潔　テアトロ　685　1999.9　p66～67

**新・飛龍伝 私のザンパノ** [団]北区つかこうへい劇団

3195 上演：2001年8月17日～8月25日　場所：北とぴあ・さくらホール　作・演出：つかこうへい

◇「息をもつかせぬ展開の妙（俳優座LABO『危険な曲り角』, 北区つかこうへい劇団『新・飛龍伝』）」大岡淳　テアトロ　713　2001.10　p52～53

**シンベリン** [団]オンシアター自由劇場

3196 上演：1982年2月26日～3月10日　場所：自由劇場　作：シェイクスピア　訳：小田島雄志　演出：平林恒茂

◇「シェイクスピア劇を見ることは」梅本洋一　新劇　29(5)　1982.5　p21～22

**シンベリン** [団]子供のためのシェイクスピアカンパニー

3197 上演：2003年7月18日～7月22日　場所：サンシャイン劇場　作：シェイクスピア　訳：小田島雄志　脚色：田中浩司　演出：山崎清介

◇「一服の清涼剤（ぼっくすおふぃすプロデュース『遠い水の記憶 夏の訪問者』, 子供のためのシェイクスピアカンパニー『シンベリン』, ピュアーマリー『ホンク！ みにくいアヒルの子』, 東京演劇アンサンブル『日をさませトラゴロウ』）」中本信幸　テア

トロ　741　2003.10　p56〜59

**3198** 上演：2008年7月9日　場所：早稲田大学大隈記念講堂　作：シェイクスピア　訳：小田島雄志　脚本・演出：山崎清介

◇「筋と意識（子供のためのシェイクスピアカンパニー『シンベリン』,NLT『殺人同盟』,俳優座『金魚鉢の中の少女』）」蔵原惟治　テアトロ　810　2008.9　p55〜57

### シンベリン　[団]彩の国さいたま芸術劇場

**3199** 上演：2012年4月2日〜4月21日　場所：彩の国さいたま芸術劇場大ホール　作：シェイクスピア　訳：松岡和子　演出：蜷川幸雄

◇「更なる飛翔を求めて（文学座『父帰る』『おふくろ』,彩の国シェイクスピア・シリーズ『シンベリン』,劇団NLT『幸せの値段』）」高橋豊　テアトロ　862　2012.6　p38〜39

### シンベリン　[団]ナショナル・シアター

**3200** 上演：1988年6月18日〜6月24日　場所：東京グローブ座　作：シェイクスピア　演出：ピーター・ホール

◇「父の力、父の不在」七字英輔　新劇　35(9)　1988.9　p30〜33

### 新編・吾輩は猫である　[団]シス・カンパニー

**3201** 上演：2005年7月8日〜8月7日　場所：シアタートラム　作：宮本研　演出：井上尊晶

◇「坂手洋二の大胆な一歩（燐光群『上演されなかった「三人姉妹」』,シアターコクーン『キレイ』,シス・カンパニー『新編・吾輩は猫である』,パルコ製作『LAST SHOW』）」内田洋一　テアトロ　768　2005.9　p62〜65

### 新編・吾輩は猫である　[団]文学座

**3202** 上演：1982年12月11日〜12月20日　場所：東横劇場　作：宮本研　演出：戌井市郎

◇「狂気の漱石を思う（文学座『新編・吾輩は猫である』）」八橋卓　テアトロ　480　1983.2　p30〜32

### 新・ぼくの先生　[団]ランニングシアターダッシュ

**3203** 上演：1996年6月14日〜6月16日　場所：AI・HALL　作・演出：大塚雅史

◇「6月の関西 もう一歩,踏み込んだ世界を（時空劇場『明日は天気になる』,兵庫県立ピッコロ劇団『四人姉妹』,ランニングシアターダッシュ『新・ぼくの先生』,逆境VAND『痛い目にあいたい』）」宮辻政夫　テアトロ　645　1996.8　p81〜84

### 人民の敵　[団]オフィスコットーネ

**3204** 上演：2015年8月21日〜9月2日　場所：吉祥寺シアター　作：イプセン　構成・上演台本：フジノサツコ　訳：原千代海　演出：森新太郎

◇「新しい表現求め、今の時代の窒息感（シス・カンパニー『RED』,オフィスコットーネ『人民の敵』,燐光群『バートルビーズ』,劇団栈敷童子『エトランゼ』）」河野孝　テアトロ　910　2015.11　p32〜34

### 『人民の敵』変奏曲 社会の敵はだれだ　[団]tgSTAN

**3205** 上演：2016年12月6日〜12月7日　場所：シアタートラム　作：イプセン　演出：ティージー スタン

◇「社会批判と女性の矜持と驕慢（イプセン現代演劇祭より）」七字英輔　テアトロ　928　2017.2　p72〜73

### 新・明暗　[団]二兎社

**3206** 上演：2002年10月5日〜10月24日　場所：シアタートラム　原作：夏目漱石　作・演出：永井愛

◇「栄光と孤独と（文学座『人が恋しい西の窓』,前進座『出雲の阿国』,二兎社『新・明暗』）」水落潔　テアトロ　729　2002.12　p46〜47

**3207** 上演：2004年10月22日〜11月7日　場所：シアタートラム　原作：夏目漱石　作・演出：永井愛

◇「メタシアトリカルな漱石的シリオコミックの世界—二兎社『新・明暗』」河合祥一郎　シアターアーツ　21　2004.12　p82〜84

◇「永井戯曲の舞台 明と暗（二兎社『新・明暗』,世田谷パブリックシアター『見よ、飛行機の高く飛べるを』,弘前劇場『賢治幻想 電信柱の歌』）」杉山弘　テアトロ　759　2005.1　p52〜54

### 新・明暗　[団]俳協

**3208** 上演：2008年12月3日〜12月12日　場所：TACCS1179　作：永井愛　演出：伍堂哲也

◇「曖昧さを映す（梅左事務所+シアターX『綾描恋糸染』,虹企画/ぐるうぷ・しゅら+ペルソナ合同公演『お医者さん万歳！』,アリストパネスカンパニー『パラオ島の自由と憂鬱』,SHIMIN劇場Ⅱ『おたふく・南天・福寿草』,俳協『新・明暗』）」中本信幸　テアトロ　816　2009.2　p56〜57

### 深夜急行高知行　[団]劇工房燐

**3209** 上演：1998年11月23日〜11月29日　場所：TACCS1179　作：小松幹生　演出：手塚敏夫

◇「舞台表現のパラドックス（劇工房燐『深夜急行高知行』,劇団1980『天女譬え歌』,岡部企画プロデュース『女傑—龍馬が惚れた女』,万作の会『狂言・昆劇交流公演』）」みなもとごろう　テアトロ　678　1999.2　p76〜78

### 新訳・瞼の母　[団]SCOT

**3210** 上演：2013年12月19日〜12月22日　場所：吉祥寺シアター　原作：長谷川伸　演出：鈴木忠志

◇「劇団SCOT吉祥寺公演、「シンデレラ」で演劇白熱教室（『リア王』,『新訳・瞼の母』,『シンデレラ』）」河野孝　テアトロ　887　2014.3　p62〜63

### 深夜特急 めざめれば別の国　[団]N-3○○

**3211** 上演：1996年2月8日〜2月25日　場所：シアター・トップス　作・演出：渡辺えり子

◇「露呈する「現実」と演劇の問題（ダムタイプ『S/N』,N-3○○『深夜特急』）」内野儀　テアトロ　641　1996.4　p74〜76

**深夜特急 めざめれば別の国** [団]3○○

**3212** 上演：1997年1月8日〜1月26日　場所：シアタートップス　作・演出：渡辺えり子

◇「俳優という一冊の本（松竹『夫婦善哉』，自転車キンクリーツカンパニー『法王庁の避妊法』，劇団3○○『深夜特急 めざめれば別の国』）」長谷部浩　テアトロ　653　1997.3　p66〜68

**新・夜空の口紅 さんらいず、さんせっと** [団]秘法零番館

**3213** 上演：1987年3月20日〜3月27日　場所：サンシャインシティ4F広場　作・演出：竹内銃一郎

◇「オフ・シアター断想」鴻英良　新劇　34（6）1987.6　p18〜23

◇「「ほんの気持ち」のバトルロイヤル（秘法零番館『さんらいずさんせっと』）」扇田昭彦　テアトロ　532　1987.6　p26〜27

**新・四谷怪談** [団]中座

**3214** 上演：1989年7月1日〜7月26日　場所：中座　作：ちゃき克彰　演出：青井陽治

◇「お岩の勝ちいくさ」扇田昭彦　新劇　36（9）1989.9　p30〜33

**新羅生門** [団]善人会議

**3215** 上演：1988年5月19日〜5月31日　場所：ザ・スズナリ　作・演出：横内謙介

◇「やっぱりときめく、小劇場」林あまり　新劇　35（8）　1988.8　p42〜45

◇「貧しさの特権（善人会議『新羅生門』）」斎藤偕子　テアトロ　545　1988.7　p28〜29

**新羅生門** [団]扉座

**3216** 上演：1994年3月30日〜3月31日　場所：全労済ホール/スペース・ゼロ　作・演出：横内謙介

◇「絶望の果てに何を見るのか（サードステージ『ゴドーを待ちながら』，扉座『ジプシー〜千の輪の切り株の上の物語』『新羅生門』，THE・ガジラ『カストリ・エレジー』，シアターコクーン『NEVER SAY DREAM』）」山登敬之　テアトロ　617　1994.6　p58〜62

**3217** 上演：1995年1月14日〜1月16日　場所：六行会ホール　作・演出：横内謙介

◇「確固たるドラマの枠組（俳優座『カラマーゾフの兄弟』，木村プロ『危険なダブルキャスト』，四季『キャッツ』，幹の会・安沢事務所『オセロー』，竹中直人の会『月光のつつしみ』，ピープルシアター『異人たちの辻』，扉座『新羅生門』）」結城雅秀　テアトロ　627　1995.3　p76〜83

**3218** 上演：2002年8月2日〜8月11日　場所：シアターサンモール　作：横内謙介　演出：茅野イサム

◇「語りの力、イリュージョンの力（世田谷パブリックシアター 音楽劇『ふたごの星』，文学座ファミリーシアター『アラビアン・ナイト』，扉座『新羅生門』，JIS企画『今宵かぎりは…』）」大岡淳　テアトロ　727　2002.10　p50〜52

**深流波** [団]Ugly duckling

**3219** 上演：1999年10月30日〜10月31日　場所：扇町ミュージアムスクエア　作：樋口美友喜

◇「11月の関西 記憶の劇場（維新派『水街』，犯罪友の会『ひだまりの海』，劇団八時半『黒い空とふたりと』，アグリーダックリング『深流波』，スクエア『だし』）」太田耕人　テアトロ　690　2000.1　p82〜84

**深流波** [団]OMSプロデュース

**3220** 上演：2002年5月18日〜5月26日　場所：扇町ミュージアムスクエア　作：樋口美友喜　構成・演出：生田萬

◇「5月の関西 最後のOMSプロデュース（OMSプロデュース『深流波〜シンリュウハ〜』，PM/飛ぶ教室『前髪に虹がかかった』）」太田耕人　テアトロ　723　2002.7　p106〜108

**森林限界抄** [団]浪漫伝

**3221** 上演：1989年3月10日〜3月13日　場所：明石スタジオ　作・演出：川松理有

◇「おいしい役者たち」林あまり　新劇　36（5）1989.5　p38〜41

**人類館** [団]レクラム舎

**3222** 上演：1997年8月12日〜8月17日　場所：シアタートラム　作：ちねんせいしん　演出：赤石武生

◇「〈季節〉の出し物，再演の意義（広島の女上演委員会『8月6日広島デー1997』，地人会『朗読劇/この子たちの夏1945・ヒロシマ ナガサキ』，レクラム舎『人類館』）」浦崎浩實　テアトロ　660　1997.10　p74〜76

**新・6週間のダンスレッスン** [団]CATプロデュース

**3223** 上演：2018年9月29日〜10月21日　場所：よみうり大手町ホール　作：リチャード・アルファイアリー　訳：常田景子　台本・演出：鈴木勝秀

◇「歴史的事実を"血肉化"できるかどうか（劇団チョコレートケーキ『ドキュメンタリー』，新国立劇場『誤解』，シーエイティープロデュース『新・6週間のダンスレッスン』）」河野孝　テアトロ　953　2018.12　p44〜45

## 【す】

**素足の日記** [団]八時半

**3224** 上演：2000年11月25日〜11月26日　場所：シアタートラム　作・演出：鈴江俊郎

◇「近くて遠い現実、遠くて近い現実（劇団八時半『素足の日記』，俳優座『離れて遠く二万キロ』，MODE×世田谷パブリックシアター提携『しあわせな日々/芝居』）」大岡淳　テアトロ　704　2001.2　p68〜71

**水街** [団]維新派

**3225** 上演：1999年10月22日〜11月8日　場所：南

港ふれあい港館 野外特設劇場　作・演出：松本雄吉　美術：林田裕至　音楽：内橋和久

◇「悪夢で会いましょう～Stardust Nightmares（唐組『秘密の花園』,MONO『―初恋』,維新派『水街』,PM/飛ぶ教室『水嶋さんのストライキ』）」岡野宏文　テアトロ　690　2000.1　p62～65

◇「11月の関西 記憶の劇場（維新派『水街』,犯罪友の会『ひだまりの海』,劇団八時半『黒い空とふたりと』,アグリーダックリング『深流波』,スクエア『だし』）」太田耕人　テアトロ　690　2000.1　p82～84

**すいかずら**　[団]糾

**3226** 上演：2006年12月16日～12月17日　場所：ウィングフィールド　作・演出：芳崎洋子

◇「12月の関西 時代を拓く演劇（劇プロジェクト・K地から『カプチーノの味』,糾～あざない～『すいかずら』）」太田耕人　テアトロ　788　2007.2　p64～66

**水晶の夜「グーテンターク！ 私たち、日本のとある元祖有名少女歌劇団です。」**　[団]東京ミルクホール

**3227** 上演：2009年11月12日～11月15日　場所：東京芸術劇場小ホール2　原作：岩淵達治　脚色・演出：佐野崇匡

◇「幽霊芝居のメリット（東京ギンガ堂『The Sound of Silence―沈黙の声』,昴『河の向うで人が呼ぶ』,東京ミルクホール『水晶の夜』,劇団1980+新宿梁山泊『宇田川心中』）」中本信幸　テアトロ　829　2010.1　p50～51

**水神抄**　[団]演劇実験室∴紅王国

**3228** 上演：2001年6月21日～6月24日　場所：MOMO　作・演出：野中友博

◇「宇宙の精霊たちに癒される！（岡部企画『秋日和』『精霊流し』,演劇実験室∴紅王国『水神抄』,こんにゃく座『森は生きている―オーケストラ版』,虹企画・ぐるうぷシュラ『牡丹燈幻想』）」浦崎浩實　テアトロ　712　2001.9　p60～62

**推進派**　[団]燐光群

**3229** 上演：2011年6月8日～6月19日　場所：ザ・スズナリ　作・演出：坂手洋二

◇「3・11後の現実に向き合う舞台（燐光群『推進派』,文学座アトリエ『にもかかわらず、ドン・キホーテ』,世田谷パブリックシアター『モリー・スウィーニー』,あうるすぽっと『NOISES OFF』）」丸田真悟　テアトロ　851　2011.8　p48～50

**彗星の使者（ジークフリート）**　[団]夢の遊眠社

**3230** 上演：1988年8月1日～8月20日　場所：パルテノン多摩野外特設ステージ　作・演出：野田秀樹

◇「翼が生えるまでのひととき」林あまり　新劇　35（11）　1988.11　p42～45

◇「メタモルフォゼスの認識論（夢の遊眠社『彗星の使者』）」鴻英良　テアトロ　548　1988.10　p26～27

**水仙**　[団]たけぶえ

**3231** 上演：1988年10月11日～10月13日　場所：三百人劇場　作・演出：柴野千栄雄

◇「風土と演劇と―地域劇団東京演劇祭」藤木宏幸　テアトロ　550　1988.12　p28～29

**水族館**　[団]NLT

**3232** 上演：2011年6月29日～7月10日　場所：銀座みゆき館劇場　作：アルド・ニコライ　訳：和田誠一　脚色：ジョルジュ・ソニエ　演出：グレッグ・デール

◇「シュールリアリズムのタッチ（円『未だ定まらず』,パルコ・プロデュース『幽霊たち』,子供のためのシェイクスピアカンパニー『冬物語』,NLT『水族館』）」斎藤偕子　テアトロ　852　2011.9　p44～46

**水族館**　[団]テアトル・エコー

**3233** 上演：1981年9月11日～9月27日　場所：テアトル・エコー　原作：アルド・ニコライ　脚色：ジョルジュ・ソニエ　訳：和田誠一　演出：水田晴康

◇「ままならぬものとの戯れ」扇田昭彦　新劇　28（11）　1981.11　p21～24

**スィートホーム**　[団]トム・プロジェクト

**3234** 上演：2015年2月4日～2月9日　場所：赤坂RED/THEATER　作：古川健　演出：日澤雄介

◇「今日との取っ掛かり方（トム・プロジェクト『スィートホーム』,劇団民藝『ヒトジチ』,萬國四季協會『欠陥+禿の女歌手』）」斎藤偕子　テアトロ　902　2015.4　p36～37

**水平線ホテル**　[団]M.O.P.

**3235** 上演：2005年7月9日　場所：京都府立文化芸術会館　作・演出：マキノノゾミ

◇「7月の関西 含意される語り手（マレビトの会『王女A』,劇団M.O.P.『水平線ホテル』,ピッコロ劇団『雨かしら』）」太田耕人　テアトロ　768　2005.9　p114～116

**スイム スイム スイム―新・真夏の果実**　[団]東京乾電池

**3236** 上演：1998年4月15日～4月21日　場所：全労済ホール/スペース・ゼロ　作：ベンガル　演出：綾田俊樹

◇「神なき時代の罪と罰（THE・ガジラ『貪りと瞋りと愚かさと』,ウォーキング・スタッフ『REDRUM～赤い羊』,パルコ・プロデュース『トランス』,東京乾電池『スイム スイム スイム―新・真夏の果実』）」七字英輔　テアトロ　669　1998.6　p60～64

**スウィーニィ・トッド**　[団]東宝

**3237** 上演：1981年7月3日～8月30日　場所：帝国劇場　原作：クリストファー・ボンド　脚本：ヒュー・ホィーラー　訳：倉橋健,甲斐萬里江　訳詞：滝弘太郎,青井陽治　演出：鈴木忠志　作詞・作曲：スティーブン・ソンドハイム

◇「愛と狂気の伝説劇」森秀男　新劇　28（10）　1981.10　p26～29

◇「《東宝》のあらたな熱意（東宝『スウィーニィ・トッド』）」野口久光　テアトロ　463　1981.9　p30～33

## スウィーニー・トッド　⑤ホリプロ
**3238**　上演：2007年1月5日〜1月29日　場所：日生劇場　原作：クリストファー・ボンド　脚本：ヒュー・ホィーラー　訳・訳詞：橋本邦彦　演出：宮本亞門　作詞・作曲：スティーブン・ソンドハイム

◇「人間、この混沌とした存在（ホリプロ『スウィーニー・トッド』、トム・プロジェクト『カラフト伯父さん』、東京演劇集団風『マハゴニー市の興亡』、黒テント『メザスヒカリノサキニアルモノ若しくはパラダイス』、レクラム舎『Bench3』）」結城雅秀　テアトロ　789　2007.3　p108〜112

## 数億分のいちの空　⑤斜
**3239**　上演：1999年12月18日〜12月19日　場所：ウィングフィールド　作：芳崎洋子　演出：深津篤史

◇「12月の関西 演劇は家父長制に反抗する（199Q太陽族『永遠の雨よりわずかに速く』、とっても便利『あの歌が思い出せない』、斜〜あざない〜『数億分のいちの空』）」太田耕人　テアトロ　691　2000.2　p127〜129

## 数字で書かれた物語／犬が西むきゃ尾は東　⑤文学座アトリエの会
**3240**　上演：2007年6月15日〜7月5日　場所：文学座アトリエ　作：別役実　演出：高瀬久男（数字で書かれた物語）、藤原新平（犬が西むきゃ尾は東）

◇「別役実がもてる訳（文学座アトリエの会『数字で書かれた物語』『犬が西むきゃ尾は東』）」村井健　テアトロ　796　2007.9　p56〜57

## スカイライト　⑤松竹、パルコ
**3241**　上演：1997年9月8日〜9月28日　場所：PARCO劇場　作：デイヴィッド・ヘアー　訳：吉田美枝　演出：ジャイルス・ブロック

◇「めでたさも…（文学座アトリエ『河をゆく』、パルコ劇場＋松竹『スカイライト』）」大場建治　テアトロ　661　1997.11　p62〜63

## スカパン　⑤オンシアター自由劇場
**3242**　上演：1994年10月11日〜10月19日　場所：シアターコクーン　作：モリエール　訳：内藤俊人　演出：真名子敬二

◇「古典を今、どう扱うのか？（自由劇場『スカパン』、黒テント『銀玉王』、第三エロチカ『グラン＝ギニョル』）」内野儀　テアトロ　623　1994.12　p74〜76

**3243**　上演：1995年6月6日〜6月18日　場所：シアターコクーン　作：モリエール　訳：内藤俊人　演出：串田和美

◇「激情の中で燃え尽きる魂（ブランドラ劇場『ジュリアス・シーザー』、韓国・劇団自由『血の婚礼』、流山児★事務所『青ひげ公の城』、オンシアター自由劇場『スカパン』、かたつむりの会『六月の電話』、岡部企画『女狐』、昴『ザ・カヴァルケイダーズ』）」結城雅秀　テアトロ　632　1995.8　p69〜76

## スカパンの悪だくみ　⑤演劇集団円
**3244**　上演：1998年11月6日〜11月12日　場所：紀伊國屋サザンシアター　作：モリエール　訳：鈴木力衛　演出：前川錬一

◇「台本の強さと弱さ（新国立劇場『ディア・ライアー』、演劇集団円『スカパンの悪だくみ』、T.P.T『春のめざめ』、こまつ座『貧乏物語』、ピッコロ劇団『ホクロのある左足』）」渡辺淳　テアトロ　677　1999.1　p72〜74

## スカパンの悪だくみ　⑤俳優座
**3245**　上演：1980年8月13日〜8月27日　場所：三越劇場　作：モリエール　訳：鈴木力衛　演出：西木一夫

◇「暴力性と狂気」利光哲夫　新劇　27（10）　1980.10　p30〜33

◇「橋本功にみる笑劇の魅力（俳優座『スカパンの悪だくみ』）」菊地貞三　テアトロ　452　1980.10　p26〜27

## スカブラ　⑤北区つかこうへい劇団、生田萬演劇実験室
**3246**　上演：1998年7月1日〜7月5日　場所：北とぴあ・つつじホール　作・演出：生田萬

◇「都市の成熟・演劇の成熟（椿組『小さな水の中の果実』、ジャブジャブサーキット『マイケルの冗談』、北区つかこうへい劇団・生田萬演劇実験室『スカブラ』）」浦崎浩實　テアトロ　672　1998.9　p74〜75

## スカーミッシィズ　⑤演劇企画レ・キャンズ
**3247**　上演：1986年4月1日〜4月5日　場所：ジァン・ジァン　作：キャサリン・ヘイズ　訳・演出：吉岩正晴

◇「小品の凝縮力」佐々木幹郎　新劇　33（6）　1986.6　p24〜29

◇「ロンドン、パリ、ナポリ、そして東京」渡辺保　新劇　33（6）　1986.6　p30〜35

## スカーミッシィズ　⑤ハーフムーン・シアター・カンパニー
**3248**　上演：1992年9月22日〜10月11日　場所：シアター代官山　作：キャサリン・ヘイズ　訳・演出：吉岩正晴

◇「ある「演劇祭」への疑問（『女たちの演劇祭（PART2）』ハーフムーン・シアターカンパニー、『スカーミッシィズ』、ニーブタイド『リアル・エステイト』）」大沢圭佑　テアトロ　598　1992.12　p76〜77

## 過ぎし日々―女優志賀暁子のこと　⑤方の会
**3249**　上演：2003年5月28日〜6月1日　場所：シアターVアカサカ　作：市川夏江　演出：原田一樹

◇「忘れられた女優をめぐって…（方の会『過ぎし日々―女優志賀暁子のこと』、東京演劇集団風『パレードを待ちながら』、ジャブジャブサーキット『タイタニック・ポーカー』、文学座『龍の伝説』）」浦崎浩實　テアトロ　739　2003.8　p56〜57

## スキスキ病気　⑤虹企画／ぐるうぷシュラ
**3250**　上演：2018年9月21日〜9月23日　場所：虹企画アトリエ・ミニミニシアター　原作：モリエール　訳：内藤濯　台本・演出：三條三輪

◇「時空を超えて変らぬものは（劇団鳥獣戯画『不知火譚 第二章』, 演劇集団ワンダーランド『漫画の祖、ふたり一楽天と一平』, 虹企画/ぐるうぷ・シュラ『スキスキ病気』）」黒羽英二　テアトロ　953　2018.12　p48〜49

**杉本タダスケと仲間たち スイカあたまの戦争** [団]立身出世劇場

**3251** 上演：1995年1月14日〜1月16日　場所：扇町ミュージアムスクエア　作：北野勇作　演出：杉本タダスケ

◇「1月の関西 劇団に合う芝居とは（M・O・P『青猫物語』, 松本タダスケと仲間たち『スイカのあたまの戦争』）」宮辻政夫　テアトロ　627　1995.3　p134〜135

**SKIN#1 DEPART MIX** [団]M.M.M

**3252** 上演：1988年11月11日〜11月20日　場所：PARCO SPACE PART3　作・演出：飴屋法水　作：大橋二郎

◇「電子の森に、立ちすくんで」長谷部浩　新劇　36（1）　1989.1　p38〜41

**SKIN#2 246MIX** [団]M.M.M

**3253** 上演：1989年6月3日〜6月18日　場所：青山246club　作・演出：飴屋法水　作：大橋二郎

◇「演出が強く語りはじめる」長谷部浩　新劇　36（8）　1989.8　p34〜37

◇「"演出"への注文あれこれ」林あまり　新劇　36（8）　1989.8　p38〜41

**救いの猫ロリータはいま…** [団]劇工房燐

**3254** 上演：1996年6月16日〜6月23日　場所：代々木パオ　作：清水邦夫　演出：手塚敏夫

◇「価値体系の極度の転換, そして狂気（文学座アトリエ『モーリー・スウィニー』, 円『薔薇と海賊』, こまつ座『頭痛肩こり樋口一葉』, 自由劇場『ダム・ウェイター』, 東京ギンガ堂『阿吽—女と胃袋』, 燐『救いの猫ロリータはいま…』, ピープルシアター『阿詩瑪』）」結城雅秀　テアトロ　646　1996.9　p66〜72

**SCRAP** [団]日本劇団協議会

**3255** 上演：2017年7月1日〜7月17日　場所：Space早稲田　作：シライケイタ　演出：日澤雄介

◇「小説から、したたかに離れて（日本劇団協議会『SCRAP』, ウォーキング・スタッフ『怪人21面相』, チェルフィッチュ『部屋に流れる時間の旅』）」小山内伸　テアトロ　936　2017.9　p68〜70

**スクラップ・オペラ『INDEX』** [団]維新派

**3256** 上演：1989年8月9日〜8月13日　場所：タイニイ・アリス　作・演出：松本雄吉

◇「利賀村体験記」林あまり　新劇　36（10）　1989.10　p38〜41

**SUKEROKU—花菖蒲助六恋賑** [団]鳥獣戯画

**3257** 上演：1995年4月12日〜4月16日　場所：本多劇場　作・演出・振付：知念正文

◇「戦略の深化（青年団『火宅か修羅か』, 唐組『裏切りの街』, 新宿梁山泊『人魚伝説』, 青年劇場『時間のない喫茶店』, 鳥獣戯画『SUKEROKU—花菖蒲助六恋賑』, ZAZOUS THEATER『ルーニィー』）」大沢圭司　テアトロ　631　1995.7　p66〜70

**凄い金魚** [団]ラッパ屋

**3258** 上演：2011年3月10日〜3月21日　場所：座・高円寺1　脚本・演出：鈴木聡

◇「芸術とは、芝居とは、文化とは（加藤健一事務所『コラボレーション』, モダンスイマーズ『デンキ島〜松田リカ篇〜』, ラッパ屋『凄い金魚』）」杉山弘　テアトロ　847　2011.5　p34〜35

**朱雀家の滅亡** [団]R・U・P

**3259** 上演：2007年12月4日〜12月16日　場所：あうるすぽっと　作：三島由紀夫　演出：宮田慶子

◇「レトリックと舞台…ドラマのありかは？（あうるすぽっと『朱雀家の滅亡』, パルコプロデュース『ビューティ・クイーン・オグ・リナーン』, パラダイス一座『続・オールド・パンチ 復讐のヒットパレード！』）」みなもとごろう　テアトロ　802　2008.2　p60〜61

**朱雀家の滅亡** [団]銀座セゾン劇場

**3260** 上演：1987年9月9日〜9月27日　場所：銀座セゾン劇場　作：三島由紀夫　演出：出口典雄

◇「演出家のたくらみ」鴻英良　新劇　34（11）　1987.11　p18〜23

◇「降りつむ雪」佐々木幹郎　新劇　34（11）　1987.11　p24〜29

◇「風鐸の奏でる挽歌（銀座セゾン劇場『朱雀家の滅亡』）」清水一朗　テアトロ　537　1987.11　p34〜35

**朱雀家の滅亡** [団]新国立劇場

**3261** 上演：2011年9月20日〜10月10日　場所：新国立劇場　作：三島由紀夫　演出：宮田慶子

◇「孤独な魂の叫び（新国立劇場『朱雀家の滅亡』, 俳小『プラトーノフ』, 演劇集団円『ウエアハウス—circle』）」北川登園　テアトロ　855　2011.12　p34〜35

**スサノオ〜武流転生** [団]劇団☆新感線

**3262** 上演：1994年4月22日〜5月5日　場所：近鉄アート館　作：中島かずき　演出：いのうえひでのり

◇「官能の歓び（新感線『スサノオ〜武流転生』, 永盛丸プロジェクト『さらば青春』, 八時半『区切られた四角い直球』）」宮辻政夫　テアトロ　618　1994.7　p66〜68

**SUSANOH〜魔性の剣** [団]劇団☆新感線

**3263** 上演：1998年3月19日〜3月24日　場所：シアター・ドラマシティ　作：中島かずき　演出：いのうえひでのり

◇「4月の関西 見応えのある作品続く（ひょうご舞台芸術『メッカへの道』, コズミックシアター『桜の森の満開の下』, 劇団☆新感線『SUSANOH〜魔性の剣』）」宮辻政夫　テアトロ　669　1998.6　p78〜80

**スージーウォンの世界** [団]シアターアプル

**3264** 上演：1985年6月8日〜6月23日　場所：シアターアプル　原作：リチャード・メイスン

台本：ポール・オズボーン　訳：山内あゆ子　演出：木村光一

◇「ジュディ・オングの成長ぶり（シアターアプル『スージーウォンの世界』）」石崎勝久　テアトロ　510　1985.8　p30〜32

## 鈴が通る　[団]文化座

**3265** 上演：2006年6月1日〜6月11日　場所：三百人劇場　作：三好十郎　演出：小林裕

◇「素晴らしい二村周作の美術（文化座『鈴が通る』，一跡二跳『平面になる』，NLT『ハーヴィーからの贈り物』，朋友『円山町幻花』）」みなもとごろう　テアトロ　781　2006.8　p57〜59

## 鈴木の大地（一日一話 二十四話連続公演）　[団]カムカムミニキーナ

**3266** 上演：1997年5月1日〜5月27日　場所：シアターグリーン　作・演出：松村武

◇「悪魔の後ろ姿（カムカムミニキーナ『鈴木の大地』，THE・ガジラ『PW PRISONER OF WAR』，M・O・P『KANOKO』，唐組『海の口笛 渡り海女の伝説より』）」長谷部浩　テアトロ　657　1997.7　p50〜53

## 鈴の鳴る家　[団]芝居小屋六面座

**3267** 上演：2001年11月30日〜12月2日　場所：エル・パーク仙台 ギャラリーホール　作・演出：金野むつ江

◇「清水の才に脚光再び期待したい（演劇企画木冬社『破れた魂に侵入』，S.W.A.T！『突撃！ 第九八独立普通科連隊』，翌檜座+鴎座『終着駅の向こうには…』，スイセイ・ミュージカル『ONLY ONE』，芝居小屋六面座『鈴の鳴る家』）」佐藤康平　テアトロ　718　2002.2　p54〜53

## スタア　[団]昴

**3268** 上演：2010年6月26日〜7月4日　場所：俳優座劇場　作：筒井康隆　演出：久世龍之介　振付：神崎由布子

◇「虚実・SF・神話ない交ぜの万華鏡（昴『スタア』，SHIMIN劇場Ⅱ『オロチの水』，東京ギンガ堂『東京・坊っちゃん』，子供のためのシェイクスピアカンパニー『お気に召すまま』）」中本信幸　テアトロ　838　2010.9　p40〜41

## スタイリッシュ（仮）　[団]太陽族

**3269** 上演：2011年8月25日〜8月28日　場所：ウィングフィールド　作・演出：岩崎正裕

◇「9月の関西 逃れゆく人びと（ヨーロッパ企画『ロベルトの操縦』，虚空旅団『カガクノカケラ』，劇団・太陽族『スタイリッシュ（仮）』）」太田耕人　テアトロ　854　2011.11　p54〜56

## スタッフ・ハプンズ　[団]燐光群

**3270** 上演：2006年1月14日〜1月25日　場所：ザ・スズナリ　作：デイヴィッド・ヘアー　訳：常田景子　演出：坂手洋二

◇「演出力（燐光群『スタッフ・ハプンズ』，文学座『湖のまるい星』，新国立劇場『ガラスの動物園』）」斎藤偕子　テアトロ　776　2006.4　p60〜62

## スターマン 2チャンネルのすべて　[団]岩松了プロデュース

**3271** 上演：1998年2月3日〜2月11日　場所：ザ・スズナリ　作・演出：岩松了

◇「家族というファンタジー（岩松了プロデュース『スターマン 2チャンネルのすべて』，木山事務所『昨今横浜異聞』『坂の上の家』）」長谷部浩　テアトロ　667　1998.4　p49〜51

## スターマン 2チャンネルのすべて　[団]劇工房燐

**3272** 上演：1994年6月12日〜6月19日　場所：代々木パオ　作：岩松了　演出：手塚敏夫

◇「「スタイル」からの戦略（トム・プロジェクト『ベンチャーズの夜』，扉座『お伽の棺』，かたつむりの会『消えなさい・ローラ』，燐『スターマン』，文学座『日暮れて、二楽章のセレナーデ』）」大沢圭司　テアトロ　619　1994.8　p70〜73

## スターマン 2チャンネルのすべて　[団]ファザーズ・プロデュース

**3273** 上演：1991年9月3日〜9月12日　場所：ザ・スズナリ　作・演出：岩松了

◇「「芝居がかった」演技が無化されて」豊崎由美　しんげき　38（12）　1991.11　p36〜39

◇「必殺「あんた嫌い」ビーム攻撃」だるま食堂　しんげき　38（12）　1991.11　p56〜59

## 蒸気愛論（すちーむあいろん）　[団]DRY BONES

**3274** 上演：2012年10月11日〜10月15日　場所：ウィングフィールド　作・演出：竹内銃一郎

◇「10月の関西 解体する主体、解かれる物語（エイチエムピー・シアターカンパニー『アテンプツ・オン・ハー・ライフ』，極東退屈道場『タイムズ』，DRY BONES『蒸気愛論』）」太田耕人　テアトロ　869　2012.12　p53〜55

## スチャダラ2010　[団]青山円形劇場，宮沢章夫プロデュース

**3275** 上演：1996年9月28日〜11月12日　場所：青山円形劇場　作：高橋洋二，三木聡，山名宏和，黒川麻衣，細川徹，大野慶助，田中崇，上原美香　構成・演出：宮沢章夫

◇「果実は甘い香りを放っていたか（シアターコクーン『零れる果実』，青山円形劇場 宮沢章夫プロデュース『スチャダラ2010』，パルコ・プロデュース『笑の大学』）」長谷部浩　テアトロ　651　1997.1　p57〜59

## 頭痛肩こり樋口一葉　[団]こまつ座

**3276** 上演：1984年4月5日〜4月19日　場所：紀伊國屋ホール　作：井上ひさし　演出：木村光一

◇「花蛍さん大好き（ことばの劇場）」川本三郎　新劇　31（6）　1984.6　p25〜28

◇「面白かった井の上の一葉（ことばの劇場）」堂本正樹　新劇　31（6）　1984.6　p29〜32

◇「明るい遊女たち（こまつ座『頭痛肩こり樋口一葉』）」宮岸泰治　テアトロ　496　1984.6　p28〜29

**3277** 上演：1988年7月13日〜7月22日　場所：紀伊國屋ホール　作：井上ひさし　演出：木村

すてい

光一
◇「女の本音 結婚の本質(こまつ座『頭痛肩こり樋口一葉』)」道下匡子 テアトロ 547 1988.9 p32～33
3278 上演:1994年5月9日～5月25日 場所:紀伊國屋ホール 作:井上ひさし 演出:木村光一
◇「人物配置の巧みさ(こまつ座『頭痛肩こり樋口一葉』,音楽座『泣かないで』,東京芸術座『12人の怒れる男たち』,1980『行路死亡人考』,博品館劇場『アーサー家のローズ』,NOISE『朝、冷たい水で』,青年団『東京ノート』)」大沢圭司 テアトロ 618 1994.7 p56～61
3279 上演:1996年7月11日～7月28日 場所:紀伊國屋ホール 作:井上ひさし 演出:木村光一
◇「価値体系の極度の転換、そして狂気(文学座アトリエ『モーリー・スウィニー』,円『薔薇と海賊』,こまつ座『頭痛肩こり樋口一葉』,自由劇場『ダム・ウェイター』,東京ギンガ堂『阿吽—女と胃袋』,燐救いの猫になりたいはいま…』,ピープルシアター『阿詩瑪』)」結城雅秀 テアトロ 646 1996.9 p66～72
3280 上演:1999年7月19日～7月31日 場所:紀伊國屋サザンシアター 作:井上ひさし 演出:木村光一
◇「舞台の上の時代と現在と リアリティのありか(演劇集団円『猫町』,山の手事情社『印象 タイタス・アンドロニカス』,こまつ座『頭痛肩こり樋口一葉』)」みなもとごろう テアトロ 685 1999.9 p76～78
3281 上演:2003年8月15日～8月26日 場所:紀伊國屋サザンシアター 作:井上ひさし 演出:木村光一
◇「年々歳々…されど(地人会『この子たちの夏1945・ヒロシマ ナガサキ』,広島の女上演委員会『姉さんの英雄ポロネーズがきいた』,こまつ座『頭痛肩こり樋口一葉』,アイランズ制作『料理昇降機』)」みなもとごろう テアトロ 741 2003.10 p60～62
3282 上演:2013年7月11日～8月11日 場所:紀伊國屋サザンシアター 作:井上ひさし 演出:栗山民也
◇「どこまで踏み込むか!—「評伝劇」の内と外(劇団民藝『無欲の人 熊谷守一物語』,新国立劇場『象』,こまつ座『頭痛肩こり樋口一葉』)」みなもとごろう テアトロ 880 2013.9 p46～47

スティール・マグノリアズ ㈲演劇集団円
3283 上演:2004年1月19日～1月25日 場所:ステージ円 作:ロバート・ハーリング 訳:山本健翔 演出:大間知靖子
◇「コミュニティのドラマいろいろ(民藝『明石原人』,文学座『風の中の蝶たち』,円『スティール・マグノリアズ』,ラッパ屋『裸でスキップ』)」渡辺淳 テアトロ 748 2004.4 p50～52

スティール・マグノリアズ ㈲俳優座
3284 上演:2007年11月14日～11月25日 場所:俳優座5F稽古場 作:ロバート・ハーリング 訳・演出:森一
◇「場所が紡ぎ出す物語(俳優座『スティール・マグノリアズ』,青年座『あおげばとうとし』,道学先生『デンキ島』)」丸田真悟 テアトロ 802 2008.2 p64～65

捨吉/お・酒よ ㈲グループしぜん
3285 上演:2002年 作:三好十郎 演出:伊藤漠
◇「時代を巧みに映し出す舞台(ストアハウスカンパニー『Territory』,S.W.A.T!『拝啓フィリップ・トルシエ様』,人間座・亀の子新社プロデュース『青春を返せ!』,グループしぜん『捨吉』『お、酒よ』)」佐藤康平 テアトロ 722 2002.6 p48～49

ステキなアバター ㈲AI・HALL
3286 上演:2007年3月3日～3月4日 場所:AI・HALL 作:ジュールズ・ホーン 訳:谷岡健彦 演出:ごまのはえ
◇「3月の関西 せりふと演出(兵庫県立ピッコロ劇団『ハムレット』,AI・HALL自主企画・日英現代戯曲交流プロジェクト『ステキなアバター』,犯罪友の会・若手公演『白蓮の針』)」太田耕人 テアトロ 791 2007.5 p55～57

Stake Out～張り込み ㈲ギルド
3287 上演:2011年5月13日～5月15日 場所:MAKOTOシアター銀座 作・演出:髙谷信之
◇「芝居の効用あらたか(青果鹿『川竹の流れ流れて、あゝゴールデン浴場』,劇団ギルド『Stake Out～張り込み』,青年座『をんな善哉』)」中本信幸 テアトロ 849 2011.7 p44～45

すててこてこてこ ㈲蝉の会
3288 上演:1996年11月13日～11月24日 場所:紀伊國屋ホール 作:吉永仁郎 演出:渡辺浩子
◇「俳優の力を示した三作品(俳優座劇場プロデュース『守銭奴』,無名塾『リチャード三世』,蝉の会『すててこてこてこ』)」水落潔 テアトロ 651 1997.1 p60～61

すててこてこてこ ㈲民藝
3289 上演:1982年10月15日～11月3日 場所:砂防会館ホール 作:吉永仁郎 演出:渡辺浩子
◇「虚の花・実の花(仲間『蝶々乱舞』,民芸『すててこてこてこ』)」菊地貞三 テアトロ 478 1982.12 p32～35

STOVE PLAY ㈲山の手事情社
3290 上演:1990年2月10日～2月12日 場所:横浜相鉄本多劇場 作・演出:安田雅弘
◇「演劇における自由さと不自由さについて考えるのは、競馬の予想と同じくらいにムツカシイ」豊崎由美 しんげき 37(5) 1990.5 p36～39

ストリッパー物語 ㈲東京芸術劇場
3291 上演:2013年7月10日～7月28日 場所:東京芸術劇場 作:つかこうへい 構成・演出:三浦大輔

◇「批判もなく敬意もなく—『ストリッパー物語』のこと」林カヲル　シアターアーツ　56　2013.9　p52〜55

◇「表と裏の顔、虚実ないまぜに（パルコ企画・製作『非常の人何ぞ非常に〜奇譚 平賀源内と杉田玄白〜』,Bunkamura企画・製作『盲導犬』,東京芸術劇場Roots Vol.1『ストリッパー物語』）」北川登園　テアトロ　880　2013.9　p44〜45

**ストリート・オブ・クロコダイル** [団]テアトル・ド・コンプリシテ

**3292** 上演：1998年10月9日〜10月21日　場所：世田谷パブリックシアター　作：ブルーノ・シュルツ　演出：サイモン・マクバーニー

◇「半具象の卓抜な演技（如月小春プロデュース『空室』,昴『三人姉妹』,テアトル・ド・コンプリシテ『ストリート・オブ・クロコダイル』）」村井健　テアトロ　675　1998.12　p64〜66

**ストレス解消センター行き** [団]ギィ・フォワシィ・シアター

**3293** 上演：2007年11月1日〜11月8日　場所：銀座みゆき館劇場　作：ギィ・フォワシィ　訳：佐藤実枝,斎藤公一　演出：薛珠麗

◇「現代を照らす万華鏡（一跡二跳『誰も見たことのない場所』,ピープルシアター『聖なる路地』,ギィ・フォワシィ・シアター『母からの手紙』『相寄る魂』他,アリストパネス・カンパニー『男やもめのスラム団地』）」中本信幸　テアトロ　800　2008.1　p124〜125

**ストレッチポリマーインターフェース** [団]KUTO-10

**3294** 上演：2014年5月22日〜5月25日　場所：ウィングフィールド　作：林慎一郎　演出：内藤裕敬

◇「6月の関西 解きつつ紡ぐ（KUTO‐10『ストレッチポリマーインターフェース』,A級 Missing Link『あの町から遠く離れて』,劇団 太陽族『執行の七人』）」太田耕人　テアトロ　893　2014.8　p33〜35

**stones〜コケムスイシタチ** [団]ウォーキング・スタッフプロデュース

**3295** 上演：1999年12月8日〜12月12日　場所：シアター・トップス　作・演出：和田憲明

◇「“自分史”を越えるには？（東演『祖父に捧げるブルース・ハープ』,オフィス・プロジェクトM『キャバレー'99/わたしたち 夢 売ってます』,ウォーキング・スタッフ『stones〜コケムスイシタチ』）」浦崎浩實　テアトロ　691　2000.2　p76〜77

**ストーン夫人のローマの春** [団]パルコ

**3296** 上演：2009年2月28日〜3月22日　場所：PARCO劇場　作：テネシー・ウィリアムズ,マーティン・シャーマン　演出：ロバート・アラン・アッカーマン

◇「生と性、さまざまな翻訳劇（華のん企画『ワーニャ伯父さん』,文学座『グレンギャリー・グレンロス』,パルコ・プロデュース『ストーン夫人のローマの春』）」北川登園　テアトロ　819　2009.5　p42〜43

**石舞台星七変化（ストーンヘンジ）・三部作** [団]夢の遊眠社

**3297** 上演：1986年6月8日　場所：国立競技場第一体育館　作・演出：野田秀樹

◇「終末か,始原か」鴻英良　新劇　33（8）　1986.8　p18〜23

◇「生け贄選びのゲーム」佐々木幹郎　新劇　33（8）　1986.8　p24〜29

◇「世界はB級感覚」鴻英良　新劇　34（2）　1987.2　p22〜27

◇「劇作家の反撃」佐々木幹郎　新劇　34（2）　1987.2　p28〜33

**すなあそび** [団]演劇企画集団66

**3298** 上演：1988年10月5日〜10月10日　場所：ジァン・ジァン　作：別役実　演出：古林逸朗

◇「「共同体」の病」七字英輔　新劇　35（12）　1988.12　p30〜33

**砂壁の部屋** [団]兵庫県立ピッコロ劇団

**3299** 上演：2016年10月27日〜11月1日　場所：ピッコロシアター大ホール　作：上原裕美　演出：岩松了

◇「11月の関西 新しい演劇的地平への模索と挑戦（兵庫県立ピッコロ劇団『砂壁の部屋』,あごうさとし新作公演『Pure Nation』,遊劇体『ありとほし』,極東退屈道場『百式サクセション』,清流劇場『アルトゥロ・ウイ』）」九鬼葉子　テアトロ　926　2017.1　p71〜73

**砂と兵隊** [団]青年団

**3300** 上演：2005年11月18日〜12月4日　場所：こまばアゴラ劇場　作・演出：平田オリザ

◇「現実に厳しく迫る不条理劇（青年団『砂と兵隊』,流山児★事務所『SMOKE‐LONG VERSION』,俳優座劇場プロデュース『サマーハウスの夢』,燐光群『パーマネント・ウェイ』）」丸田真悟　テアトロ　774　2006.2　p56〜58

**砂に沈む月** [団]遊園地再生事業団

**3301** 上演：1999年12月23日〜2000年1月6日　場所：ザ・スズナリ　作・演出：宮沢章夫

◇「砂を見つめながら（遊園地再生事業団『砂に沈む月』,シアターX名作劇場『和泉屋染物店』『父と母』）」長谷部浩　テアトロ　692　2000.3　p88〜90

**砂の上の植物群** [団]KERA・MAP

**3302** 上演：2005年5月1日〜5月14日　場所：シアターアプル　作・演出：ケラリーノ・サンドロヴィッチ

◇「近未来とアイデンティティ（tpt『A Number』,KERA・MAP『砂の上の植物群』,東京演劇集団風『エヴァ、帰りのない旅』,青年劇場『ナース・コール』）」北川登園　テアトロ　765　2005.7　p58〜60

**砂の上の星** [団]銅鑼

**3303** 上演：2012年3月9日〜3月18日　場所：SPACE雑遊　原作：デボラ・エリス　訳：もりうちすみこ　脚本・原案：いずみ凛　演

出：木村早智　音楽：ダニエル・マーカス・クラーク
◇「生き抜く力としての希望（新国立劇場『パーマ屋スミレ』、銅鑼『砂の上の星』、加藤健一事務所『ザ・シェルター』『寿歌』）」丸田真悟　テアトロ　861　2012.5　p48～49

## 砂の駅　Ⓣ日独共同制作プロジェクト
**3304** 上演：1993年10月22日～10月24日　場所：湘南台文化センター市民劇場　作・演出：太田省吾
◇「演劇言語の肉体化再考（日独共同プロデュース『砂の駅』、THE・ガジラ『天国への階段』『後藤を待ちながら』、かたつむりの会『招待されなかった客』、木冬社『哄笑』）」斎藤偕子　テアトロ　612　1994.1　p58～61

## 砂の女　Ⓣロシア国立オムスクドラマ劇場
**3305** 上演：1998年3月12日～3月17日　場所：東京芸術劇場中ホール　原作：安部公房（砂の女）　脚色：オーリガ・ニキフォロフ　演出：アルカージィ・カーツ、ウラジーミル・ペトロフ
◇「一本の木があれば祭りが始まる（MODE+世田谷パブリックシアター『プラトーノフ』、俳優座『チェーホフ家の人々』、ロシア国立オムスクドラマ劇場『三人姉妹』『砂の女』、TPS『ブルーストッキングの女たち』、俳優座劇場プロデュース『いぬもあるけばぼうにあたる』）」七字英輔　テアトロ　668　1998.5　p72～77

## 砂の女　連合赤軍事件ノート　Ⓣ転位・21
**3306** 上演：1981年11月14日～11月29日　場所：ザ・スズナリ　作・演出：山崎哲
◇「砂に埋もれぬ赤い花」森秀男　新劇　29(2)　1982.2　p26～29

## 砂の国の遠い声　Ⓣ遊園地再生事業団
**3307** 上演：1994年2月2日～2月8日　場所：ザ・スズナリ　作・演出：宮沢章夫
◇「心情あふるる曖昧さ（青年団プロデュース『思い出せない夢のいくつか』、遊園地再生事業団『砂の国の遠い声』）」山登敬之　テアトロ　615　1994.4　p74～76

## 砂のクロニクル　Ⓣピープルシアター
**3308** 上演：2006年10月25日～10月30日　場所：東京芸術劇場小ホール　原作：船戸与一　脚本・演出：森井睦　振付：小松花奈子　音楽：園田容子
◇「生きることの美しさ、怪しさ（ピープルシアター『砂のクロニクル』、オフィスプロジェクトM『海峡を越えた女』、グループしぜん『人生万華鏡』、め組『傀儡～KUGUTSU』）」中本信幸　テアトロ　787　2007.1　p104～105

**3309** 上演：2011年10月19日～10月25日　場所：シアターX　原作：船戸与一　脚本・演出：森井睦　振付：小松花奈子
◇「『戦争』と『移動』の中で（ピープルシアター『砂のクロニクル』、京楽座『草鞋をはいて』、華のん企画『三人姉妹』）」高橋豊　テアトロ　857　2012.1　p42～43

## 砂の骨　Ⓣトラッシュマスターズ
**3310** 上演：2015年3月6日～3月15日　場所：シアタートラム　作・演出：中津留章仁
◇「格差社会と『どん底』（トラッシュマスターズ『砂の骨』、ビーブルシアター『金色の翼に乗りて』、加藤健一事務所『ベリクリーズ』）」結城雅秀　テアトロ　903　2015.5　p36～37

## 砂の病　Ⓣフランス演劇クレアシオン
**3311** 上演：2009年4月15日～4月18日　場所：シアターX　作：ジャン＝ポール・アレーグル　訳：岡田正子
◇「再び集団と個、及び変身（俳小『リビング・クォーター』、文学座アトリエの会『犀』、フランス演劇クレアシオン『砂の病』）」蔵原惟治　テアトロ　820　2009.6　p41～43

## 砂町の王　ⓉTHE SHAMPOO HAT
**3312** 上演：2010年12月1日～12月12日　場所：ザ・スズナリ　作・演出：赤堀雅秋
◇「見つめ返す眼差し（トム・プロジェクトプロデュース『百枚めの写真——銭五屋たちの横丁』、THE SHAMPOO HAT『砂町の王』、THE・ガジラ『さよなら渓谷』）」丸田真悟　テアトロ　844　2011.2　p54～55

## スノー・フレイク　Ⓣゲイル・ラジョーイ
**3313** 上演：1995年7月27日　場所：俳優座劇場
◇「子供たちと観る演劇（児演協20周年記念 海外招へい公演、ゲイル・ラジョーイク、アルブレヒト・ローゼル『道化グスタフとそのアンサンブル』、ディナモ・シアター『ミューミュー』、プラハ・ブラックライト・シアター『ふしぎの国のアリス』）」大岡淳　テアトロ　634　1995.10　p76～78

## スノーフレーク　Ⓣアクターズ・フェスティバルNAGOYA実行委員会
**3314** 上演：1999年9月7日～9月8日　場所：愛知県芸術劇場小ホール
◇「一人芝居の可能性 アクターズ・フェスティバルNAGOYA'99」安住恭子　シアターアーツ　11　2000.1　p132～135

## スパイク・レコード　ⓉUgly duckling
**3315** 上演：2006年11月10日～11月12日　場所：ウルトラマーケット　作：樋口美友喜　演出：池田祐佳理
◇「11月の関西 秋の収穫（遊劇体『闇光る』、AI・HALL+岩崎正裕共同製作『ルカ追送』、Ugly duckling『スパイク・レコード』、sunday『四月のさかな』、デス電所『夕景殺伐メロウ』）」太田耕人　テアトロ　787　2007.1　p101～103

## スパイものがたり　ⓉPカンパニー
**3316** 上演：2014年7月7日～7月13日　場所：シアターグリーン BOX in BOX THEATER　作：別役実　演出：林次樹　振付：彦坂有美
◇「いろいろのときの重さ（岩波ホール発『白石加代子百物語ファイナル』、Pカンパニー『スパイものがたり』、新国立劇場『永遠の一瞬』）」斎藤偕子　テアトロ　894　2014.9　p36～37

**スパイものがたり** [団]兵庫県立ピッコロ劇団

**3317** 上演：1997年1月26日　場所：ピッコロシアター　作：別役実　演出：秋浜悟史

◇「2月の関西 松田と平田の違い（松田正隆作 平田オリザ演出『月の岬』,兵庫県立ピッコロ劇団『スパイものがたり』）」宮辻政夫　テアトロ　654　1997.4　p70〜71

**スパイものがたり〜へのへのもへじの謎** [団]青山円形劇場, 演劇企画集団66

**3318** 上演：1997年10月8日〜10月14日　場所：青山円形劇場　作：別役実　演出：古林逸朗

◇「こわばり,揺らぎ,色気のさまざまなかたち（シリーウォークプロデュース『病気』,青山円形劇場+演劇企画集団66『スパイものがたり〜へのへのもへじの謎』,TPS=シアタープロジェクトさっぽろ『女と男のいる舗道』,劇団☆新感線『髑髏城の七人』）」長谷部浩　テアトロ　662　1997.12　p80〜84

**スーパーふぃクション** [団]悪い芝居

**3319** 上演：2014年9月11日〜9月16日　場所：HEP HALL　作・演出：山崎彬

◇「9月の関西 境界を無効にする（悪い芝居『スーパーふぃクション』,あうん堂『どうぎやう むぐら』）」太田耕人　テアトロ　896　2014.11　p48〜49

**すばらしいさようなら** [団]空の驛舎

**3320** 上演：2004年4月28日〜4月29日　場所：ウィングフィールド　作・演出：中村賢司

◇「5月の関西 完成を拒むドラマツルギー（マレビトの会『島式振動器官』,空の驛舎『すばらしいさようなら』,そとばこまち『丈夫な教室』）」太田耕人　テアトロ　751　2004.7　p66〜68

**ズビズビ。** [団]M.O.P.

**3321** 上演：2006年11月28日〜12月3日　場所：紀伊國屋ホール　作・演出：マキノノゾミ

◇「緻密に構成されたオムニバス（劇団M.O.P.『ズビズビ。』,北京人民芸術院『雷雨』,TPT『黒蜥蜴』,ひょうご舞台芸術『ブルックリン・ボーイ』）」結城雅秀　テアトロ　788　2007.2　p48〜52

**スピリット** [団]冒険団

**3322** 上演：1988年2月4日〜2月7日　場所：シアターモリエール　作・演出：中村淳之介

◇「異質性の方へ」七字英輔　新劇　35(4)　1988.4　p30〜33

**ずぶ濡れのハト** [団]未来

**3323** 上演：2017年6月16日〜6月25日　場所：劇団未来ワークスタジオ　作：南出謙吾　演出：しまよしみち

◇「7月の関西 危機に無感覚になった、のんきな人々（劇団未来『ずぶ濡れのハト』,遊劇舞台二月病『Round』,エイチエムピー・シアターカンパニー『月の光』,下鴨車窓『渇いた蜃気楼』）」九鬼葉子　テアトロ　936　2017.9　p86〜88

**スプレイ** [団]パルコ

**3324** 上演：1984年8月4日〜8月26日　場所：PARCO西武劇場　作：ウィリアム・マストロシモヌ　訳：小沢僥謳　演出：五社英雄

◇「三面記事を超えて（ことばの劇場）」堂本正樹　新劇　31(10)　1984.10　p25〜28

◇「常識的社会の告発（西武劇場『スプレイ』）」千野幸一　テアトロ　500　1984.10　p26〜27

**スペース・ターミナル・ケア** [団]俳優座

**3325** 上演：2008年10月4日〜10月12日　場所：紀伊國屋ホール　作：坂手洋二　演出：栗山民也

◇「寓話と不条理とリアリズムの中の「死」（新国立劇場『近代能楽集 綾の鼓,弱法師』,あうるすぽっと『瀕死の王』,劇団俳優座『スペース・ターミナル・ケア』）」七字英輔　テアトロ　813　2008.12　p49〜51

**すべての犬は天国へ行く** [団]ナイロン100℃

**3326** 上演：2001年4月6日〜4月22日　場所：本多劇場　作・演出：ケラリーノ・サンドロヴィッチ

◇「五人の女優による結婚を巡る議論劇（tpt『結婚』,ラッパ屋『斎藤幸子』,ナイロン100℃『すべての犬は天国へ行く』,テアトル・エコー『うそつきビリー』）」結城雅秀　テアトロ　708　2001.6　p62〜65

**すべての四月のために** [団]パルコ

**3327** 上演：2017年11月11日〜11月29日　場所：東京芸術劇場プレイハウス　作・演出：鄭義信

◇「物語性に持ち味を発揮した佳作（パルコ『すべての四月のために』,ナイロン100℃『ちょっと、まってください』,トム・プロジェクト『明日がある、かな』,ワンツーワークス『消滅寸前（あるいは逃げ出すネズミ）』）」小山内伸　テアトロ　941　2018.1　p29〜31

**すべて世は事も無し** [団]加藤健一事務所

**3328** 上演：2004年2月20日〜2月29日　場所：本多劇場　作：ポール・オズボーン　訳：小田島恒志　演出：加藤健一

◇「生活感を共有する…（テアトル・エコー『マチのモノガタリ』,加藤健一事務所『すべて世は事も無し』,弘前劇場『家には高い木があった』,円『私の金子みすゞ』,ギィ・フォワシィ・シアター+シアターX『ギィ・フォワシィ演劇コンクール』）」浦崎浩實　テアトロ　749　2004.5　p53〜55

**スポイルズ・オブ・ウォー そして得たもの** [団]民藝

**3329** 上演：2004年10月2日〜10月15日　場所：紀伊國屋サザンシアター　作：マイケル・ウェラー　訳・演出：丹野郁弓

◇「人と人との結びつきと別れ（民藝『スポイルズ・オブ・ウォー』,円『トラップ・ストリート』,THEATRE 1010『1954のホテルライフ』）」渡辺淳　テアトロ　757　2004.12　p50〜52

**スポーツ劇** [団]地点

**3330** 上演：2016年3月5日〜3月6日　場所：ロームシアター京都　原作：エルフリーデ・イェリネク　訳：津崎正行　演出・構成：三浦基

◇「グローバル時代の創作劇？　翻訳劇？（てがみ座『対岸の永遠』,地点『スポーツ劇』,オフィス樹『名作劇場』）」斎藤偕子　テアトロ　917

2016.5　p26～29
◇「3月の関西 国際舞台芸術祭の季節（地点『スポーツ劇』『PORTAL』、サファリ・P『欲望線』、清流劇場『賢者ナータン』）」太田耕史　テアトロ　917　2016.5　p39～41

## スマイル・ザ・スマッシャー　㈹ペンギンプルペイルパイルズ
***3331***　上演：2004年4月7日～4月14日　場所：ザ・スズナリ　作・演出：倉持裕
◇「"な"の微妙な関係を描く（文学座アトリエの会『中二階な人々』、ペンギンプルペイルパイルズ『スマイル・ザ・スマッシャー』、文学座ファミリーシアター『眠り姫』）」浦崎浩實　テアトロ　750　2004.6　p52～53

## Sumako―或新劇女優探索記　㈹太陽族
***3332***　上演：2018年6月15日～6月17日　場所：AI・HALL　作・演出：岩崎正裕
◇「7月の関西 人物の半生を通し、近・現代の問題を照射（劇団・太陽族『Sumako』、玉造小劇店配給芝居『眠らぬ月の下僕』、遊劇舞台二月病『Delete』、ももちの世界『鎖骨に天使が眠っている』、エイチエムピー・シアターカンパニー『忠臣蔵・序 ビッグバン/抜刀』、劇団未来『斜交』）」九鬼葉子　テアトロ　950　2018.9　p73～75

## 棲家　㈹演劇集団円
***3333***　上演：1985年5月10日～5月17日　場所：ステージ円　作：太田省吾　演出：岸田良二
◇「たどりつけない神社（大っきらいだパフォーマンスなんて！〈特集〉）」長谷部浩　新劇　32（7）　1985.7　p78～81
◇「ロウジン讃歌（ことばの劇場）」安達英一　新劇　32（7）　1985.7　p82～85
◇「「老人もの」の秀作舞台（円『棲家』）」大笹吉雄　テアトロ　509　1985.7　p24～25

## 住み込みの女　㈹状況劇場
***3334***　上演：1983年10月1日～11月6日　場所：新宿十二社　作・演出：唐十郎
◇「リベンジ・オブ・ザ・カラ（ことばの劇場）」高野嗣郎　新劇　30（12）　1983.12　p25～28

## 住めば都と北の空／人類館　㈹レクラム舎
***3335***　上演：1995年8月11日～8月20日　場所：シアターX　作：小松幹生（住めば都と北の空）、ちねんせいしん（人類館）　演出：赤石武生
◇「身体的表現の役割（レクラム舎『住めば都と北の空』『人類館』、銀座セゾン劇場『エリザベス』）」渡辺淳　テアトロ　634　1995.10　p61～62

## SMOKE - LONG VERSION　㈹流山児★事務所
***3336***　上演：2005年11月26日～12月6日　場所：ザ・スズナリ　作：ケラリーノ・サンドロヴィッチ　演出：天野天街
◇「現実に厳しく迫る不条理劇（青年団『砂と兵隊』、流山児★事務所『SMOKE - LONG VERSION』、俳優座劇場プロデュース『サマーハウスの夢』、燐光群『パーマネント・ウェイ』）」丸田真悟　テアトロ　774　2006.2　p56～58

## スモール・ライフ/ビッグ・ドリーム　㈹SITI
***3337***　上演：1994年7月22日～8月7日　場所：利賀山房　演出：アン・ボガート
◇「日本批判と電子のチェーホフ（鈴木忠志構成・演出『帰ってきた日本』、アン・ボガート演出『スモール・ライフ/ビッグ・ドリーム』）」内野儀　テアトロ　621　1994.10　p58～60

## 3on3 喫茶店で起こる3つの物語　㈹青年座
***3338***　上演：2008年6月22日～6月29日　場所：青年座劇場　作：泊篤志、飯島早苗、倉持裕　演出：千田恵子、須藤黄英、磯村純
◇「家族と国家を見据える（新国立劇場『混じりあうこと、消えること』、青年団『眠れない夜なんてない』、(社)日本劇場団協議会『3on3』）」丸田真悟　テアトロ　810　2008.9　p58～59

## 3Crock　㈹演劇集団砂地
***3339***　上演：2014年5月9日～5月12日　場所：吉祥寺シアター　作：河竹黙阿弥　演出：船岩祐太
◇「群を抜く「みすてられた島」の面白さ（俳優座『七人の墓友』、青年劇場『みすてられた島』、演劇集団砂地『3Crock』）」村井健　テアトロ　891　2014.7　p46～47

## スリー・スペルズ　㈹アートネットワーク・ジャパン
***3340***　上演：2008年3月21日～3月23日　場所：にしすがも創造舎　作：ダニエル・ベロネッセ
◇「過去と現在の照合（東京都国際芸術祭2008TIF『溺れる男』『ムネモパーク』『スリー・スペルズ』）」村井健　テアトロ　805　2008.6　p46～47

## スリッパ、誰の？　㈹水戸芸術館ACM劇場
***3341***　上演：2008年6月10日～6月22日　場所：水戸芸術館ACM劇場　作：アラン・エイクボーン　演出：松本小四郎
◇「ドラマ・リーディング？ リラティブリィ・スピーキング？（世田谷パブリックシアター『日本語を読む―リーディング形式による上演』、『ドラマ・リーディング 醜男』、水戸芸術館ACM劇場『スリッパ、誰の？』）」斎藤偕子　テアトロ　809　2008.8　p44～45

## スリーデイズ・オブ・レイン　㈹シアター21
***3342***　上演：2003年7月24日～7月31日　場所：俳優座劇場　作：リチャード・グリーンバーグ　訳：小田島恒志　演出：鵜山仁
◇「人間関係の明暗（シアター21『スリーデイズ・オブ・レイン』、燐光群＋グッドフェローズ『ポッシブル・ワールド』、東京演劇集団・風『出口なし』）」渡辺淳　テアトロ　741　2003.10　p48～50

## スワン・ソングが聴こえる場所　㈹第三舞台
***3343***　上演：1986年6月5日～6月29日　場所：本多劇場　作・演出：鴻上尚史
◇「終末か,始原か」鴻関良　新劇　33（8）　1986.8　p21～23
◇「生け贄選びのゲーム」佐々木幹郎　新劇　33（8）　1986.8　p24～29
◇「2人の啄木」渡辺保　新劇　33（8）　1986.8

p30〜35

## 【 せ 】

世阿彌　㈮銀座セゾン劇場
3344　上演：1988年11月5日〜11月20日　場所：銀座セゾン劇場　作：山崎正和　演出：末木利文
　◇「民衆のまなざしの発見(銀座セゾン劇場『世阿彌』)」西堂行人　テアトロ　551　1989.1　p32〜33

世阿彌　㈮新劇団協議会
3345　上演：1987年3月5日〜3月22日　場所：サンシャイン劇場　作：山崎正和　演出：末木利文
　◇「劇評家殺人事件」渡辺保　新劇　34(5)　1987.5　p34〜39
　◇「「名作」の若い胸板(新劇団協議会『世阿彌』)」堂本正樹　テアトロ　531　1987.5　p21〜23

世阿彌　㈮新国立劇場
3346　上演：2003年11月27日〜12月21日　場所：新国立劇場中劇場　作：山崎正和　演出：栗山民也
　◇「人間の複雑さを描いた三つの劇(新国立劇場『世阿彌』、民藝『信濃坂』、四季『ひかりごけ』)」水落潔　テアトロ　746　2004.2　p55〜57

生。　㈮転球劇場
3347　上演：2000年7月27日〜7月31日　場所：AI・HALL　作：岩崎正裕　演出：転球劇場
　◇「8月の関西 大阪弁、この演劇的なるもの(くじら企画『屋上ペーパームーン』、転球劇場『生。』、深津企画『床の新聞』)」太田耕人　テアトロ　699　2000.10　p64〜66

聖・家族　㈮維新派
3348　上演：2008年4月18日〜4月20日　場所：精華小劇場　作・演出：松本雄吉
　◇「5月の関西 「伝説」の劇、「伝説」の集団(兵庫県立ピッコロ劇団『あの大鴉、さえも』、ユリイカ百貨店『チョコレート・ホース』、ガバメント・オブ・ドッグス『Refresh！』、維新派『聖・家族』)」太田耕人　テアトロ　807　2008.7　p52〜54

請願─静かな叫び　㈮新国立劇場
3349　上演：2004年6月22日〜7月8日　場所：新国立劇場小劇場 THE PIT　作：ブライアン・クラーク　訳：吉原豊司　演出：木村光一
　◇「死の先を見つめる夫婦の会話(新国立劇場『請願─静かな叫び』、青年団『暗愚小傳』、世田谷パブリックシアター＋コンプリシテ『エレファント・バニッシュ』)」丸田真悟　テアトロ　754　2004.9　p58〜59

請願─静かな叫び　㈮メープルリーフ・シアター、水田の会
3350　上演：2012年11月22日〜11月25日　場所：シアターX　作：ブライアン・クラーク　訳：吉原豊司　演出：貝山武久
　◇「言わずもがなの妙手いろいろ(アリストパネス・カンパニー『救世軍バーバラ少佐』、メープルリーフ・シアター/水田の会『請願』、文学座アトリエの会『海の眼鏡』)」中本信幸　テアトロ　872　2013.2　p62〜63

世紀末のカーニバル　㈮地人会
3351　上演：2004年2月17日〜2月29日　場所：紀伊國屋サザンシアター　作：斎藤憐　演出：木村光一
　◇「たたかう相手は誰か、何か(青年劇場『GULF─弟の戦争』、地人会『世紀末のカーニバル』、シス・カンパニー『美しきものの伝説』、新国立劇場『The Game/ザ・ゲーム』)」渡辺淳　テアトロ　749　2004.5　p46〜49

世紀末ラブ─西暦二〇〇八年のロミーシュナイダー　㈮第三エロチカ
3352　上演：1982年10月15日〜10月19日　場所：アートシアター新宿　作・演出：川村毅
　◇「世紀末のダダ」西堂行人　新劇　29(12)　1982.12　p32〜33

正劇・室鶯郎(おせろう)　㈮俳優座
3353　上演：1995年10月20日〜10月31日　場所：パナソニック・グローブ座　作：堤春恵　演出：末木利文
　◇「シェイクスピア翻案の魅力(俳優座『正劇・室鶯郎』、銀座セゾン劇場『ハムレット』、シアターX『女中たち』、パルコ劇場『熱海殺人事件、モンテカルロ版』、円『赤い階段の家』、ONLYクライマックス『四人兄弟』)」結城雅秀　テアトロ　636　1995.12　p64〜70

政治の風景／日常の風景　㈮ハーフムーン・シアター・カンパニー
3354　上演：2013年10月10日〜10月15日　場所：シアター711　作：ハロルド・ピンター　訳：喜志哲雄　演出：吉岩正晴
　◇「不条理劇の最果てを探る営み(ハーフムーン・シアター・カンパニー『政治の風景 日常の風景』、朋友『女たちの招魂祭』、ジャブジャブサーキット『月光カノン』)」中本信幸　テアトロ　885　2014.1　p44〜45

聖者のお水　㈮アリストパネス・カンパニー
3355　上演：2005年11月18日〜11月27日　場所：スタジオAR　作：ジョン・ミリントン・シング　訳・演出：黒川欣映　制作：北川正徳
　◇「不思議な満足感(演劇集団円『オリュウノオバ物語』、アリストパネス・カンパニー『聖者のお水』、世田谷パブリックシアター『偶然の音楽』、木山事務所『妖精たちの砦』)」結城雅秀　テアトロ　773　2006.1　p52〜55

青春　㈮文化座
3356　上演：1996年9月26日〜10月6日　場所：三百人劇場　原作：林京子　脚本：山内久　台本：堀江安夫　演出：越光照文
　◇「芸術至上主義の女の孤独(銀座セゾン劇場『マスター・クラス』、青年座『ベクター』、地人会『サロ

メの純情』, レクラム舎『プロローグは汽車の中』, 文化座『青春』, あすなろ『天皇陛下, 萬歳！』)」結城雅秀　テアトロ　649　1996.12　p70～76

**青春を返せ！**　[団]人間座, 亀の子新社プロデュース

**3357** 上演：2002年　作：藤川健夫　演出：植村達雄

◇「時代を巧みに映し出す舞台(ストアハウスカンパニー『Territory』,S.W.A.T！『拝啓フィリップ・トルシエ様』, 人間座・亀の子新社プロデュース『青春を返せ！』, グループしぜん『捨吉』『お、酒よ』)」佐藤康平　テアトロ　722　2002.6　p48～49

**青春デンデケデケデケ**　[団]文化座

**3358** 上演：1993年10月6日～10月17日　場所：下北沢駅前劇場　原作：芦原すなお　脚本：小松幹生　演出：佐々木雄二

◇「舞台の「外」へ向かう力(風『三人姉妹』, 黒テント『荷風のオペラ』, アテナの会『ピアフの妹』, 仲間『ゴヤ』,B『プリーズ』)」大沢圭司　テアトロ　610　1993.12　p66～69

**3359** 上演：1995年4月1日～4月9日　場所：本多劇場　原作：芦原すなお　脚本：小松幹生　演出：佐々木雄二

◇「制約を創造の源泉とする…(コンパス『夏の夜の夢』『ヴォイツェク』,RSC『恋の骨折り損』, 円+シアターX『母』, 俳優座『南回帰線にジャポネースの歌は弾ね』, 文化座『青春デンデケデケデケ』, 一跡二跳『ONとOFFのセレナーデ』)」結城雅秀　テアトロ　630　1995.6　p62～68

**青春の甘き小鳥**　[団]民藝

**3360** 上演：1995年9月7日～9月22日　場所：紀伊國屋ホール　作：テネシー・ウィリアムズ　訳・演出：丹野郁弓

◇「台詞における心理描写の不足(民藝『青春の甘き小鳥』, 俳優座劇場『二十日鼠と人間』, 東京演劇集団風『三人姉妹』, 朋友『幸福』, 青年劇場『青春の砦』)」結城雅秀　テアトロ　635　1995.11　p64～69

**青春の砂のなんと早く**　[団]青年座

**3361** 上演：1980年6月11日～11月20日　場所：青年座劇場　作：清水邦夫　演出：五十嵐康治

◇「時間の意識への深まり」森秀男　新劇　27(9)　1980.9　p21～24

◇「爛漫たる闇(青年座「青春の砂のなんと早く」「木に花咲く」)」岩波剛　テアトロ　450　1980.8　p30～34

**青春の砦**　[団]青年劇場

**3362** 上演：1995年9月14日～9月21日　場所：朝日生命ホール　劇作：大谷直人　脚本：瓜生正美　演出：中野千春

◇「台詞における心理描写の不足(民藝『青春の甘き小鳥』, 俳優座劇場『二十日鼠と人間』, 東京演劇集団風『三人姉妹』, 朋友『幸福』, 青年劇場『青春の砦』)」結城雅秀　テアトロ　635　1995.11　p64～69

**青春の門―放浪篇**　[団]北九州芸術劇場

**3363** 上演：2008年3月28日～3月30日　場所：あうるすぽっと　原作：五木寛之　脚本・演出：鐘下辰男

◇「さまざまな時代の「青春」劇(北九州芸術劇場『青春の門―放浪篇』, ポツドール『顔よ』, 俳優座『颶風のあと』)」七字英輔　テアトロ　806　2008.6　p37～39

**聖女**　[団]少女都市

**3364** 上演：2016年11月24日～11月27日　場所：インディペンデントシアター1st　作：葭本未織　演出：藤解麻璃亜

◇「12月の関西 現代社会の不安を喚起する(南河内万歳一座『滅裂博士』, 虚空旅団『誰故草』, リリパットアーミー『天獄界～哀しき金糸鳥』, 少女都市『聖女』)」九鬼葉子　テアトロ　928　2017.2　p79～81

**聖女グレース**　[団]ハーフムーン・シアター・カンパニー

**3365** 上演：2000年5月23日～5月28日　場所：アイピット目白　作：ダグ・ルーシー　演出：吉岩正晴

◇「リアル・タッチの手ごたえ(パルコ・プロデュース『オケピ！』, ハーフムーン・シアター・カンパニー『聖女グレース』, 三人芝居『帰ってきたオトウサン』, 劇工房燐『悲喜こもごも』)」渡辺淳　テアトロ　697　2000.8　p50～52

**盛装**　[団]文学座

**3366** 上演：1997年8月19日～8月30日　場所：三越劇場　作：川崎照代　演出：西川信廣

◇「民話劇と和洋の家庭劇(松竹パフォーマンス+まさかね企画『二十二夜待ち』『彦市ばなし』, 東宝現代劇75人の会『ジンジャーブレッド・レディ』, 文学座『盛装』)」水落潔　テアトロ　660　1997.10　p66～67

**成層圏まで徒歩6分**　[団]ジャブジャブサーキット

**3367** 上演：2005年6月10日～6月14日　場所：ザ・スズナリ　作・演出：はせひろいち

◇「心ならずも映画版が思い浮かび(コマ・プロダクション『ミザリー』, ジャブジャブサーキット『成層圏まで徒歩6分』, 犯罪友の会『手の紙』)」浦崎浩實　テアトロ　767　2005.8　p56～57

**聖地X**　[団]イキウメ

**3368** 上演：2015年5月10日～5月31日　場所：シアタートラム　作・演出：前川知大

◇「志を受けついだ俳優陣の気魄(イキウメ『聖地X』, 海外コメディ・シリーズ『ルーマーズ』, 文学座『明治の柩』)」河野孝　テアトロ　907　2015.8　p35～36

**聖都市壊滅幻想**　[団]虹企画/ぐるうぷシュラ

**3369** 上演：2010年5月　場所：アトリエフォンテーヌ　作・演出：三條三輪

◇「能天気を撃つ噺の噺(華のん企画『チェーホフ短編集1+2』, 虹企画/ぐるうぷしゅら『聖都市壊滅幻想』, レクラム舎『ダルクの森』)」中本信幸　テアトロ　835　2010.7　p50～51

**聖なる路地**　[団]ピープルシアター

**3370** 上演：2007年10月24日～10月30日　場所：

東京芸術劇場小ホール1　作・演出：森井睦　振付：小松花奈子　音楽：園田容子
◇「現代を照らす万華鏡（一跡二跳『誰も見たことのない場所』，ピープルシアター『聖なる路地』，ギイ・フォワシィ・シアター『母からの手紙』『相寄る魂』他，アリストパネス・カンパニー『男やもめのスラム団地』）」中本信幸　テアトロ　800　2008.1　p124〜125

**精肉工場のミスターケチャップ** [団]ガマ発動期
3371 上演：2000年3月2日〜3月5日　場所：下北沢駅前劇場　作：佃典彦　演出：伊藤明子
◇「佃典彦、小川未玲の各2作品を中心に（グローブ座『春のフェスティバル』，ガマ発動機『精肉工場のミスターケチャップ』，ACTネットワーク『お勝手の姫』，テアトル・エコー『やっかいな楽園』）」浦崎浩實　テアトロ　694　2000.5　p68〜70

**青眉のひと** [団]演劇集団よろずや
3372 上演：2012年5月4日〜5月5日　場所：大江能楽堂　脚本・原案・演出：寺田夢酔　脚本：森美幸
◇「5月の関西 事実から紡がれた虚構（演劇集団よろずや『青眉のひと』，兵庫県立芸術文化センタープロデュース『神戸 はばたきの坂』，兵庫県立ピッコロ劇団『エレノア』）」太田耕人　テアトロ　863　2012.7　p51〜53

**静物たちの遊泳** [団]魚灯
3373 上演：2007年5月24日〜5月27日　場所：京都芸術センター　作・演出：山岡徳貴子
◇「5月の関西 模倣と約束事（リリパットアーミーII『大阪芝居〜街編〜』，遊気舎『シャイア2〜仮面の忍者か赤影は？ 〜』，魚灯『静物たちの遊泳』）」太田耕人　テアトロ　793　2007.7　p57〜59

**セイムタイム・ネクストイヤー** [団]加藤健一事務所
3374 上演：1995年9月13日〜10月8日　場所：本多劇場　作：バーナード・スレイド　訳：青井陽治　演出：宮田慶子
◇「空しさ，迷い，そして…（THE・ガジラ『汚れっちまった悲しみに…―Nへの手紙―』，かもねぎショット『裸の国』，こんにゃく座『オペラ金色夜叉』，加藤健一事務所『セイムタイム・ネクストイヤー』）」林あまり　テアトロ　635　1995.11　p72〜74

**セイムタイム・ネクストイヤー** [団]博品館劇場
3375 上演：1988年10月8日〜10月30日　場所：博品館劇場　作：バーナード・スレイド　訳：青井陽治，堤孝夫　演出：鴨下信一
◇「どうにかならねぇのか！」衛紀生　新劇　35（12）　1988.12　p26〜29

**生命の王** [団]ひまわり大阪劇団員
3376 上演：2016年5月20日〜5月22日　場所：AI・HALL　作：武者小路実篤　演出：木嶋茂雄
◇「5月の関西 周縁のもつ力（VOGA『Social Walk』，劇団ひまわり大阪劇団員『生命の王』）」太田耕人　テアトロ　919　2016.7　p52〜53

**声紋都市―父への手紙** [団]マレビトの会
3377 上演：2009年3月6日〜3月8日　場所：AI・HALL　作・演出：松田正隆
◇「規定された権力のなかで マレビトの会『声紋都市――父への手紙』」藤原央登　シアターアーツ　39　2009.6　p129〜131
◇「3月の関西 家族の肖像（マレビトの会『声紋都市―父への手紙』，MONO『床下のほら吹き男』，メイシアタープロデュース『チェーホフ 三人姉妹』，兵庫県立ピッコロ劇団『門 若き日の近松』）」太田耕人　テアトロ　819　2009.5　p54〜56

**ゼウスガーデン衰亡史** [団]オフィス・バック
3378 上演：1987年5月28日〜5月31日　場所：銀座小劇場　原作：小林恭二
◇「ジョバンニの帰還」鴻英良　新劇　34（8）　1987.8　p22〜27

**世界に一家** [団]桃園会
3379 上演：2000年10月26日〜10月29日　場所：扇町ミュージアムスクエア　作・演出：深津篤史
◇「11月関西 野外劇の季節（維新派『流星』，犯罪友の会『牡丹のゆくへ』，199Q太陽族『街路劇ぽちぽちいこか』，桃園会『世界に一家』）」太田耕人　テアトロ　703　2001.1　p111〜113

**世界の秀作短編研究シリーズ フランス編――現代フランス演劇の精鋭たちによる短編集** [団]国際演劇協会
3380 上演：2006年3月14日〜3月31日　場所：シアターX
◇「度外れ演劇の試み（劇団1980『職員会議』，横浜アートLIVE2006『ど破天港一代』ITI世界の秀作短編研究シリーズ フランス編 構造欠陥』『舞台のゲーム』他）」中本信幸　テアトロ　778　2006.6　p53〜55

**世界の果てからこんにちは** [団]SCOT
3381 上演：2011年8月20日，27日　場所：利賀野外劇場　構成・演出：鈴木忠志
◇「「母なるもの」に焦がれる日本人の原エートス（SCOTサマーシーズン2011）」河野孝　テアトロ　853　2011.10　p32〜34

**赤道の下のマクベス** [団]新国立劇場
3382 上演：2018年3月6日〜3月25日　場所：新国立劇場　作・演出：鄭義信
◇「「自分で破滅の道を選んだ」日本とヘッダ（新国立劇場『赤道の下のマクベス』，シス・カンパニー『ヘッダ・ガブラー』，名作劇場『長女』『木曽節お六』）」河野孝　テアトロ　946　2018.6　p26〜27

**世田谷カフカ** [団]ナイロン100℃
3383 上演：2009年9月28日〜10月12日　場所：本多劇場　脚本・演出：ケラリーノ・サンドロヴィッチ
◇「残酷な不条理感漂う舞台（トマ・カラジウ劇場『三人姉妹』，ブランドラ劇場『解体 タイタス ローマの没落』，ナイロン100℃『世田谷カフカ』，パルコ劇場『中国の不思議な役人』）」扇田昭彦　テアトロ　827　2009.12　p31〜33

**セチュアンの善人** 団大阪
*3384* 上演：1998年11月6日～11月8日　場所：近鉄小劇場　作：ブレヒト　訳・脚色：市川明　演出：堀江ひろゆき
◇「11月の関西 大阪弁のブレヒト（南河内万歳一座『ライオン狩り』、清流劇場『珊瑚抄』、劇団大阪『セチュアンの善人』）」宮辻政夫　テアトロ 677　1999.1　p126～127

**セチュアンの善人** 団東京演劇アンサンブル
*3385* 上演：1981年10月6日～10月15日　場所：ブレヒトの芝居小屋　作：ブレヒト　演出：広渡常敏
◇「寓話劇の話法（東京演劇アンサンブル『セチュアンの善人』）」八橋卓　テアトロ 466　1981.12　p28～29

*3386* 上演：1998年10月6日～10月9日　場所：シアタートラム　作：ブレヒト　訳：浅野利昭　演出：広渡常敏
◇「さまざまな身体的変奏（太田省吾演劇事務所『水の駅-3』、東京演劇アンサンブル『セチュアンの善人』、サンシャイン劇場『欲望という名の電車』、DiDim Dance Company『明成皇后』）」渡辺淳　テアトロ 675　1998.12　p55～57

**セチュアンの善人** 団東京演劇集団風
*3387* 上演：2012年3月27日～3月31日　場所：レパートリーシアターKAZE　作：ブレヒト　訳：岩淵達治　演出：浅野佳成
◇「いつの時代も金がらみ（東京演劇集団風『セチュアンの善人』、民藝『マギーの博物館』、華のん企画『賭け』）」北川登園　テアトロ 862　2012.6　p40～41

**セツアンの善人** 団銀座セゾン劇場
*3388* 上演：1996年5月4日～5月26日　場所：銀座セゾン劇場　作：ブレヒト　訳：松岡和子　演出：アレクサンドル・ダリエ
◇「「何もない空間」に世界を構築する（グローブ座カンパニー『ヴェニスの商人』、青年劇場『愛が聞こえます』、銀座セゾン劇場『セツアンの善人』、文学座『シンガー』、NLT『貧すれば鈍す』、東京乾電池『田園ハレム一常盤女子高物語』）」結城雅秀　テアトロ 644　1996.7　p59～65

**セツアンの善人** 団新国立劇場
*3389* 上演：1999年5月18日～6月6日　場所：新国立劇場中劇場　作：ブレヒト　訳：松岡和子　演出：串田和美
◇「作り物でどこまで人を魅了できるか（俳優座『ロボット』、パルコ・松竹提携『マトリョーシカ』、新国立劇場『セツアンの善人』）」江原吉博　テアトロ 683　1999.7　p44～45

**セツアンの善人** 団俳優座
*3390* 上演：1986年5月9日～5月25日　場所：俳優座劇場　作：ブレヒト　演出：千田是也
◇「科学的認識と遊戯」鴻英良　新劇 33（7）　1986.7　p22～27
◇「清水邦夫と山崎哲と」渡辺保　新劇 33（7）　1986.7　p34～39

◇「無責任な神々と不幸な善人（俳優座『セツアンの善人』」宮下啓三　テアトロ 521　1986.7　p26～29

**石棺** 団新人会
*3391* 上演：1987年10月7日～10月20日　場所：俳優座劇場　作：ウラヂミール・グバリェフ　訳：金光不二夫　演出：千田是也
◇「ユニークなヒーローの造形（俳優座・新人会『石棺』）」渡辺淳　テアトロ 538　1987.12　p21～23

**石棺** 団昴
*3392* 上演：2012年11月8日～11月14日　場所：座・高円寺2　作：ウラヂミール・グバリェフ　訳・演出：青井陽治
◇「「失楽の園」を描く3作（二兎社『こんばんは、父さん』、モダンスイマーズ『楽園』、昴『石棺』）」村井健　テアトロ 871　2013.1　p54～55

**石鹸王国のはなし～ほんの昨日の事だけど** 団東京壱組
*3393* 上演：1988年　場所：築地本願寺ブディストホール　作・演出：吉田秀穂
◇「〈時代の肩凝り〉おかげんいかが？」林あまり　新劇 35（7）　1988.7　p38～41

**雪原を血にそめて—あさま山荘事件** 団S.W.A.T！
*3394* 上演：1997年2月5～2月9日　場所：博品館劇場　作・演出：四大海
◇「民族の音楽、病院のハムレット（四季『ヴェニスの商人』、文学座『あ?!それが問題だ』、パルコ劇場『シルヴィア』、SWAT！『雪原を血にそめて』、三人芝居『悪意の女』）」結城雅秀　テアトロ 654　1997.4　p65～69

*3395* 上演：2000年8月5日～8月13日　場所：本多劇場　作・演出：四大海
◇「保守的な演劇とグロテスクな現実（劇団S.W.A.T！『雪原を血にそめて』、文学座『峠の雲』、フィリップ・ジャンティ・カンパニー『密航者STOWAWAYS』）」七字英輔　テアトロ 699　2000.10　p42～44

**SETSUKO** 団昴
*3396* 上演：1998年3月4日～3月8日　場所：三百人劇場　作：吉川進　演出：村田元史
◇「一人芝居の熱さに欠けた（財）現代演劇協会主催第二回国際ひとり芝居フェスティバル」村井健　テアトロ 668　1998.5　p54～55

**絶対飛行機** 団黒テント
*3397* 上演：2003年4月19日～4月29日　場所：北千住西口イベント広場特設テント　作・演出：佐藤信　音楽：磯田収
◇「現代の寓話が世界を再生する（NODA・MAP『オイル』、黒テント『絶対飛行機』）」西堂行人　テアトロ 736　2003.6　p51～53

**絶対零度** 団トム・プロジェクトプロデュース
*3398* 上演：1999年5月27日～5月31日　場所：紀伊國屋ホール　作・演出：鐘下辰男

◇「"とらわれ"の寓意性（民藝『大司教の天井』，黒テント『JUNGLE』，トム・プロジェクトプロデュース『絶対零度』，木山事務所『三人姉妹』）」みなもとごろう　テアトロ　684　1999.8　p72～74

**絶頂マクベス**　[団]柿喰う客

**3399** 上演：2012年4月14日～4月23日　場所：吉祥寺シアター　作・演出：中屋敷法仁

◇「風俗を泳ぐ者か、文化を創る者か。―柿喰う客『絶頂マクベス』」今井克佳　シアターアーツ　51　2012.6　p111～114

**Z**　[団]斜光社

**3400** 上演：1979年　場所：銀杏座　作：竹内銃一郎　演出：和田史郎

◇「別れの歌は苦く…」森秀男　新劇　27（2）1980.2　p21～24

**Z航海団**　[団]萬國四季協會

**3401** 上演：2003年5月15日～5月18日　場所：中野光座　作：響リュウ　演出：渡辺大策

◇「待って、待って、待ちきれなくって…（萬國四季協會『Z航海団』，紅王国『雄蜂の玉座』，てんびん座『ザ・多喜二』，グループしぜん『父 砧へ帰る』）」浦崎浩實　テアトロ　737　2003.7　p50～53

**絶滅のトリ**　[団]ONEOR8

**3402** 上演：2010年9月24日～10月3日　場所：シアタートラム　作・演出：田村孝裕

◇「知の俯瞰と意志の仰視（演劇集団円『シーンズ フロム ザ ビッグ ピクチュアー』，ジャブジャブサーキット『蒼の組曲』，ONEOR8『絶滅のトリ』，トム・プロジェクト『鬼灯町鬼灯通り三丁目』）」丸田真悟　テアトロ　841　2010.12　p52～54

**背中のナイフ／証言**　[団]ギィ・フォワシィ・シアター

**3403** 上演：2008年11月1日～11月10日　場所：銀座みゆき館劇場　作：ピエール・ノット　訳：二階堂里芽（背中のナイフ），ギィ・フォワシィ　訳：中條忍（証言）　演出：平山勝

◇「現実と精神の乖離（新国立劇場『山の巨人たち』，ギィ・フォワシィ・シアター『背中のナイフ』『証言』，ジャブジャブサーキット『死立探偵』）」蔵原惟治　テアトロ　815　2009.1　p32～34

**セーヌ川の身元不明の女**　[団]東京演劇アンサンブル

**3404** 上演：2001年6月13日～6月20日　場所：ブレヒトの芝居小屋　作：エデン・フォン・ホルヴァート　訳：寮田光行　演出：広渡常敏

◇「観客の居場所がない！（東京芸術座『NEWS NEWS―テレビは何を伝えたか』，東京演劇アンサンブル『セーヌ川の身元不明の女』，山の手事情社『平成・円朝・牡丹燈籠』）」浦崎浩實　テアトロ　710　2001.8　p69～71

**7―決して語られない秘密**　[団]ヴィムヴァンデ・ケイビュス

**3405** 上演：1998年6月4日～6月6日　場所：かめありリリオホール　演出：ヴィムヴァンデ・ケイビュス

◇「秘儀的芸術―このうしろ側の見えざるもの（万有引力『五月の鷹―北は南の反対ではない』，ヴィムヴァンデ・ケイビュス『7-決して語られない秘密』，プラチナ・ペーパーズ&ネルケプランニング『水の味』）」里見宗律　テアトロ　671　1998.8　p66～68

**蟬の詩**　[団]桟敷童子

**3406** 上演：2017年4月25日～5月7日　場所：すみだパークスタジオ倉　作：サジキドウジ　演出：東憲司

◇「高度経済成長期を見つめた秀作（チョコレートケーキ『60'sエレジー』，桟敷童子『蟬の詩』，ハット企画『シェフェレ 女主人たち』）」小山内伸　テアトロ　933　2017.7　p42～44

**セメタリー倶楽部**　[団]シルバーライニング

**3407** 上演：2004年11月4日～11月7日　場所：ル・テアトル銀座　作：アイヴァン・メンチェル　訳：丹野郁弓　演出：竹邑類

◇「七十年の時を隔てて甦った喜劇（パルコ・プロデュース『ピローマン』，テアトル・エコー『ルームサービス』，NLT『宴会泥棒』，シルバーライニング『セメタリー倶楽部』）」みなもとごろう　テアトロ　759　2005.1　p60～63

**セラピイ**　[団]OFF・OFF・OFF

**3408** 上演：1987年6月11日～6月14日　場所：シアターモリエール　作・演出：品川能正

◇「ジョバンニの父への旅」渡辺保　新劇　34（8）　1987.8　p34～39

**セラピスト**　[団]青杜

**3409** 上演：1998年7月31日～8月2日　場所：シアターアプル　作：古川登志夫　演出：高木優佳

◇「空間の〈呼吸〉、人物の〈呼吸〉（燐光群『ロウチ氏の死と復活』，一跡二跳『アジアン・エイリアン』，青杜『セラピスト』，石原広子朗読の會『文學を呼吸する』，民話芸術座『火の鳥』）」浦崎浩實　テアトロ　673　1998.10　p74～76

**セールスマンの死**　[団]昴

**3410** 上演：1984年6月8日～6月17日　場所：三百人劇場　原作：アーサー・ミラー　訳：沼澤洽治　演出：ジョン・ディロン

◇「平凡な死への鎮魂曲（すばる『セールスマンの死』）」中本信幸　テアトロ　498　1984.8　p21～22

**3411** 上演：1996年4月10日～4月18日　場所：サンシャイン劇場　作：アーサー・ミラー　訳：沼澤洽治　演出：ジョン・ディロン　音楽：アレックス・ノース

◇「極限状態における人間の価値（俳優座『フル・サークル―ベルリン一九四五』，ザ・ガジラ『さらば北辺のカモメ』，銀座セゾン劇場『幸せの背くらべ』，結城座『フランケンシュタイン・バイブル』，昴『セールスマンの死』，鳥獣戯画『真夏の夜の夢』）」結城雅秀　テアトロ　643　1996.6　p42～48

**セールスマンの死**　[団]文学座

**3412** 上演：2013年2月22日～3月5日　場所：あうるすぽっと　作：アーサー・ミラー　訳：酒井洋子　演出：西川信廣

◇「引き裂かれる身体（文学座『セールスマンの死』、風琴工房『国語の時間』、ザ・ガジラ『ゴルゴン』）」丸田真悟　テアトロ　875　2013.5　p48～49

## セールスマンの死　㊂民藝
**3413** 上演：1984年10月16日～10月31日　場所：サンシャイン劇場　作：アーサー・ミラー　訳・演出：菅原卓　演出：滝沢修
◇「五演の到達点（民藝『セールスマンの死』）」宮岸泰治　テアトロ　502　1984.12　p26～28

## セールスマンの死　㊂無名塾
**3414** 上演：2001年1月20日～2月4日　場所：サンシャイン劇場　作：アーサー・ミラー　訳：倉橋健　演出：林清人
◇「家族のための最後の自己犠牲（無名塾『セールスマンの死』、民藝『泰山木の木の下で』『バーディ』、四季『ハムレット』）」結城雅秀　テアトロ　706　2001.4　p50～53

## セルロイド　㊂THEガジラ
**3415** 上演：2007年2月8日～2月21日　場所：ザ・スズナリ　作・演出：鐘下辰男
◇「虚構の世界のリアリティ（民藝『はちどりはうたっている』、THE・ガジラ『セルロイド』）」北川登園　テアトロ　790　2007.4　p58～59

## セルロイドの乳首　㊂唐組
**3416** 上演：1990年5月12日～6月10日　場所：目黒不動尊大本堂裏境内紅テント　作・演出：唐十郎
◇「人形に語りかける」長谷部浩　しんげき　37（7）　1990.7　p18～21
◇「むしろ今何を言っているのだとのそしりも免れぬだろう私の愚意見」宮沢章夫　しんげき　37（8）　1990.8　p82～85

## 前衛漫画劇 新・帰ってきた日本　㊂SCOT
**3417** 上演：2010年8月11日～8月29日　場所：利賀芸術公園　作・演出：鈴木忠志
◇「『日本』への絶望（SCOT『前衛漫画劇 新・帰ってきた日本』）」渡辺保　テアトロ　840　2010.11　p42～44

## 1999年、東京はたった1人の男の為に巨大な精神病院と化していたその男の名はロードランナー　㊂東京ヴォードヴィルショー
**3418** 上演：1982年2月5日～2月11日　場所：エピキュラス　作：喰始　演出：石崎収
◇「ロードランナーを撃つものは」西村博子　新劇　29（4）　1982.4　p34～35

## 1999年のブーとフーとウー　㊂U・快連邦
**3419** 上演：1982年　作：原田一樹
◇「劇場が街に連なる演劇を」衛紀生　新劇　29（9）　1982.9　p24～25

## 1995こうべ曼陀羅　㊂大阪新劇団協議会
**3420** 上演：2001年2月16日～2月18日　場所：エル・シアター　作：清水巖　演出：森本景文
◇「2001年の阪神大震災─大阪新劇団協議会『1995こうべ曼陀羅』/のはら工房『コンコン トントン ボロンぼろん』」星野明彦　シアターアーツ　14　2001.8　p123～125

## 1996・待つ　㊂NINAGAWA COMPANY'DASH
**3421** 上演：1996年11月21日～11月29日　場所：ベニサン・ピット　作：竹内銃一郎　構成・演出：蜷川幸雄
◇「世紀末を泳ぎわたるために（マイケル・ハッジ＆アル・パチーノ『リチャードを探して』、NINAGAWA COMPANY'DASH『1996・待つ』、竹中直人の会『テレビ・デイズ』）」長谷部浩　テアトロ　652　1997.2　p68～70

## 1954のホテルライフ　㊂シアター1010
**3422** 上演：2004年9月25日～10月10日　場所：シアター1010　作・演出：吉田秀穂
◇「人と人との結びつきと別れ（民藝『スポイルズ・オブ・ウォー』、円『トラップ・ストリート』、THEATRE 1010『1954のホテルライフ』）」渡辺淳　テアトロ　757　2004.12　p50～52

## 一九一七年の三人姉妹　㊂朋友
**3423** 上演：2001年10月24日～10月28日　場所：紀伊國屋ホール　作：ペール・ウーロフ・エンクイスト　訳：福田美環子　演出：西川信廣
◇「実存在を多様に攻め上げ（ビーブルシアター『琉歌・アンティゴネー』、鳥獣戯画『カリフォルニアドリーミン』、Uフィールド『風よ、声よ、光よ』、朋友『一九一七年の三人姉妹』）」佐藤康平　テアトロ　717　2002.1　p64～65

## 一九八一・嫉妬　㊂文学座アトリエの会
**3424** 上演：1981年5月6日～5月16日　場所：文学座アトリエ　作：清水邦夫　演出：藤原新平
◇「二人のブランチ」扇田昭彦　新劇　28（7）　1981.7　p21～24
◇「襖の向うとこちら（文学座アトリエ『一九八一・嫉妬』）」大笹吉雄　テアトロ　461　1981.7　p21～24

## 1980年のブルースハープ　㊂THEガジラ
**3425** 上演：1991年12月11日～12月19日　場所：シアタートップス　作・演出：鐘下辰男
◇「研ぎ澄まされた言葉（ザ・ガジラ『1980年のブルースハープ』）」西堂行人　テアトロ　588　1992.2　p158～159
◇「人生はプロモーション・ヴィデオ」三田格　Les Specs　39（4）　1992.4　p22～23

## 一九六一年：夜に昇る太陽　㊂DULL-COLORED POP
**3426** 上演：2018年7月21日～8月5日　場所：こまばアゴラ劇場　作・演出：谷賢一
◇「現代社会を見据える眼差し（東京芸術劇場『BOAT』、モダンスイマーズ『死ンデ、イル。』、DULL-COLORED POP『一九六一年：夜に昇る太陽』）」丸田真悟　テアトロ　951　2018.10　p44～45

## 戰國茶漬　㊂遊劇体
**3427** 上演：2012年10月18日～10月26日　場所：国立文楽劇場小ホール　作：泉鏡花　演出：キタモトマサヤ

◇「11月の関西 語られる風景（AI・HALL+DIVE『オダサク、わが友』, 遊劇体『戰國茶漬』, 五期会『浮標』）」太田耕人　テアトロ　871　2013.1　p77〜79

**戦国武士の有給休暇** [団]前進座

3428 上演：1997年10月2日〜10月22日　場所：前進座劇場　作・演出：ジェームス三木

◇「三つの喜劇（民藝『あっぱれクライトン』, 前進座『戦国武士の有給休暇』, こまつ座『花よりタンゴ』）」水落潔　テアトロ　662　1997.12　p66〜67

**戦士も夢みる** [団]ちかまつ芝居

3429 上演：1988年2月10日〜2月14日　場所：ザ・スズナリ　構成・演出：石川耕士

◇「明るく自閉する方法」衛紀生　新劇　35(4)　1988.4　p26〜29

◇「異質性の方へ」七字英輔　新劇　35(4)　1988.4　p30〜33

**戦場のピクニック・コンダクタ** [団]流山児★事務所

3430 上演：2005年6月3日〜6月12日　場所：本多劇場　作：坂手洋二　演出：流山児祥

◇「時間の刻印（流山児★事務所『戦場のピクニック・コンダクタ』, 俳優座劇場プロデュース『家族の写真』, オン・タイム製作『ちいさな歳月』, 民藝『山猫理髪店』）」田之倉稔　テアトロ　767　2005.8　p48〜50

**戦場のような女** [団]東京演劇集団風

3431 上演：2009年7月24日〜7月28日　場所：レパートリーシアターKAZE　作：マテイ・ヴィスニユック　訳：川口覚子　演出：浅野佳成

◇「多彩なマテイ・ヴィスニユックの世界（ビエンナーレKAZE国際演劇祭2009）」北川登園　テアトロ　826　2009.11　p40〜42

3432 上演：2010年5月7日〜5月11日　場所：レパートリーシアターKAZE　作：マテイ・ヴィスニユック　訳：川口覚子　演出：浅野佳成

◇「「金融システム」は世界を救済できるか（東京演劇集団風『闇の光明』『戦場のような女』, 燐光群『ザ・パワー・オブ・イエス』）」田之倉稔　テアトロ　835　2010.7　p48〜49

3433 上演：2012年1月26日〜1月30日　場所：レパートリーシアターKAZE　作：マテイ・ヴィスニユック　訳：川口覚子　演出：江原早哉香

◇「現前するカオス（東京演劇集団風『戦場のような女』, 萬國四季協會『ジャック、あるいは降参+未来は卵の中に』）」中本信幸　テアトロ　860　2012.4　p46〜47

**先生のオリザニン** [団]俳優座

3434 上演：2014年6月12日〜6月27日　場所：三越劇場　作：堀江安夫　演出：眞鍋卓嗣

◇「福田恆存の遺産、健在なり（演劇集団円『錬金術師』, 昴『リア王』, 俳優座『先生のオリザニン』）」結城雅秀　テアトロ　893　2014.8　p22〜23

**戦争案内** [団]1980

3435 上演：2001年11月28日〜12月3日　場所：紀伊國屋サザンシアター　原作：戸井昌造　脚色・演出：藤田傳

◇「今、語っておくこと（劇団1980『戦争案内』, 岡部企画『天使が微笑んだ男』, 文学座アトリエの会『牛蛙』）」北川登園　テアトロ　718　2002.2　p48〜50

**戦争と市民** [団]燐光群

3436 上演：2008年11月21日〜12月7日　場所：ザ・スズナリ　作・演出：坂手洋二

◇「テーマの現代性とは 戯曲と演出の関係（俳優座『春立ちぬ』, 燐光群『戦争と市民』, 流山児★事務所『ドブネズミたちの眠り』）」みなもとごろう　テアトロ　816　2009.2　p50〜52

**戦争と日本人** [団]演劇集団ワンダーランド, 平石耕一事務所

3437 上演：2018年5月24日〜5月28日　場所：シアター1010ミニシアター　作・演出：平石耕一（平成のほほえみ）　作・演出：竹内一郎　演出：中島直俊（若者たち2018）

◇「時代の荒波の中で（劇団文化座公演151『夢たち』, 演劇集団ワンダーランド+平石耕一事務所『戦争と日本人』, 劇団銅鑼『池袋モンパルナス』, 劇団芝居屋『通る夜・2018』）」黒羽英二　テアトロ　949　2018.8　p54〜56

**戦争とは…2015** [団]俳優座

3438 上演：2015年7月30日〜8月2日　場所：俳優座5F稽古場　構成・演出：菅田華絵　※朗読

◇「幽冥界がおどる時（佐々木愛ひとり芝居『幽霊さん』, 虹企画『地獄のオルフェウス』, 俳優座特別公演『戦争とは…2015』）」中本信幸　テアトロ　909　2015.10　p26〜27

**戦争とは…2016** [団]俳優座

3439 上演：2016年8月11日〜8月14日　場所：俳優座5F稽古場　構成・演出：菅田華絵　※朗読

◇「夏の叫び（俳優座『狙撃兵：デッド・メタファー』, 俳優座『朗読 戦争とは…2016』, トムプロジェクト『百枚めの写真』）」斎藤偕子　テアトロ　923　2016.10　p34〜35

**選択――ヶ瀬典子の場合** [団]民藝

3440 上演：2008年1月23日〜2月3日　場所：紀伊國屋サザンシアター　作：木庭久美子　演出：渾大防一枝

◇「劇的選択のゆくえ（民藝『選択』, 東京演劇集団風『ピカソの女たち〜オルガ』, オフィス樹・シアターX名作劇場『俥』『春の枯葉』, 萬國四季協會『コジラだ！』）」中本信幸　テアトロ　804　2008.4　p52〜54

**せんたくの日和** [団]空晴

3441 上演：2015年12月15日〜12月22日　場所：インディペンデントシアター2nd　作・演出：岡部尚子

◇「1月の関西 不在なるもの（ジャブジャブサーキット『しずかなごはん』, 空晴『せんたくの日和』）」太田耕人　テアトロ　915　2016.3　p80〜81

**ゼンタ城の虜** ㊂夢の遊眠社
*3442* 上演:1981年10月1日～10月14日 場所:駒場小劇場 作・演出:野田秀樹
◇「少年たちは聖なる国をめざす」川本三郎 新劇 28(12) 1981.12 p30～33

**Sentimental Amourette** ㊂品行方正児童会
*3443* 上演:1988年4月27日～5月1日 場所:銀座小劇場 作・演出:前川麻子
◇「お話してよ、私が眠りにつけるように」長谷部浩 新劇 35(7) 1988.7 p34～37

**センチメンタル・ジャーニイ 足のある幽霊**
㊂民藝
*3444* 上演:1980年4月12日～4月27日 場所:PARCO西武劇場 作:イプセン 演出:隆巴
◇「神に向かう姿勢(民芸『センチメンタル・ジャーニー』)」千野幸一 テアトロ 448 1980.6 p26～29

**船長** ㊂睦月の会
*3445* 上演:1993年12月17日～12月25日 場所:東京芸術劇場 脚本:山田洋次 作詞・演出:藤田敏雄
◇「有能な役者による自己の実現(俳優座『アドルフに告ぐ』、睦月の会『船長』、劇書房・松竹『女たちの十二夜』、ギィ・フォワシィ・シアター『橋の上の男』)」結城雅秀 テアトロ 614 1994.3 p82～85

**仙女たちのシンフォニー** ㊂四紀会
*3446* 上演:1985年10月10日～10月12日 場所:三百人劇場 作・演出:桜井敏
◇「地域演劇東京演劇祭(多様に展開する地域演劇)」藤木宏幸 テアトロ 515 1986.1 p68～72

**仙人がくれた不思議なずきん** ㊂R+1
*3447* 上演:2001年8月7日～8月12日 場所:「劇」小劇場 作:小松幹生 演出:喜一朗
◇「コイズミさんと"劇"の関係をめぐって(ひまわり『コルチャック先生』、広島の女上演委員会『ヒロシマのピーターパン・デスティニー』、仲間『カモメに飛ぶことを教えた猫』、R+1『仙人がくれた不思議なずきん』)」浦崎浩實 テアトロ 713 2001.10 p54～56

**千年銭湯漂流記** ㊂2年6組山田学級
*3448* 上演:1993年8月7日 場所:AI・HALL 作・演出:京念門左衛門
◇「「ハバリ・ヒニ」について(ライターズカンパニー プロデュース『ハバリ・ヒニ～神に選ばれた人』、MOTHER/リリパット・アーミー共同プロデュース『毒薬と老嬢』、2年6組山田学級『千年銭湯漂流記』、立身出世劇場プロデュース『大迷路…ん?(デカメロン)』、遊气舎『じゃばら』)」宮辻政夫 テアトロ 608 1993.10 p60～63

**千年の孤独** ㊂新宿梁山泊
*3449* 上演:1988年12月15日～12月20日 場所:ザ・スズナリ 作:鄭義信 演出:金盾進
◇「「幻想」の行方」七字英輔 新劇 36(4) 1989.3 p30～33

*3450* 上演:1999年7月11日～7月22日 場所:紀伊國屋ホール 作:鄭義信 演出:金盾進
◇「完結しない物語を語りつづける(文学座アトリエ『冬のひまわり』、新宿梁山泊『千年の孤独』)」斎藤偕子 テアトロ 685 1999.9 p62～63

**千年の三人姉妹** ㊂アートスフィア、阿部事務所
*3451* 上演:2004年3月20日～3月26日 場所:アートスフィア 作:別役実 演出:藤原新平
◇「劇作家あるいは観客にとって主題とは…(羊団『石なんか投げないで』、アートスフィア/阿部事務所企画・制作『千年の三人姉妹』、木山事務所『赤い鳥の居る風景』、民藝『巨匠』)」みなもとごろう テアトロ 750 2004.6 p54～56

**千年の夏** ㊂転形劇場
*3452* 上演:1985年7月16日～7月23日 場所:T2スタジオ 作・演出:太田省吾
◇「双眼鏡は手にしたけれど(ことばの劇場)」長谷部浩 新劇 32(11) 1985.11 p53～56

**1862上海大冒険** ㊂M.O.P.プロデュース
*3453* 上演:1994年10月5日～10月10日 場所:シアタードラマシティ 作・演出:マキノノゾミ
◇「10月の関西 百聞の世界の舞台化」宮辻政夫 テアトロ 623 1994.12 p79～81

**Zenmai 金色の草原に立つ時限爆弾を持った少年** ㊂Bunkamura
*3454* 上演:1998年10月16日～10月29日 場所:シアターコクーン 原作:春口洋 作・演出:渡辺えり子
◇「芝居とパンフの危険な(!?)関係(シアターコクーン『Zenmai 金色の草原に立つ時限爆弾を持った少年』、THE・ガジラ『カストリ・エレジー』、燐光群『神々の国の首都』、柄本劇団『定理と法則』、三人芝居『変な女の恋』、第14回地域劇団東京演劇祭)」浦崎浩實 テアトロ 675 1998.12 p58～61

**千里眼の女** ㊂青年座
*3455* 上演:2009年10月10日～10月18日 場所:紀伊國屋ホール 作:斎藤雅文 演出:宮田慶子
◇「ベテラン作家の新作饗宴(こまつ座+ホリプロ『組曲虐殺』、民藝『らくだ』、青年座『千里眼の女』)」水落潔 テアトロ 827 2009.12 p44～45

【そ】

**象** ㊂新国立劇場
*3456* 上演:2010年3月5日～3月30日 場所:新国立劇場小劇場 作:別役実 演出:深津篤史
◇「原罪としての象殺し(トム・プロジェクト『藤島土建』、野田秀樹芸術監督就任記念プログラム『農業少女』、新国立劇場『象』)」内田洋一 テアトロ 833 2010.5 p44～46

*3457* 上演:2013年7月2日～7月21日 場所:新国立劇場 作:別役実 演出:深津篤史

◇「どこまで踏み込むか！—「評伝劇」の内と外（劇団民藝『無欲の人 熊谷守一物語』，新国立劇場『象』，こまつ座『頭痛肩こり樋口一葉』）」みなもとごろう テアトロ 880 2013.9 p46〜47

象 [団]細川展裕プロデュース

3458 上演：1998年11月11日〜11月19日 場所：新国立劇場小劇場 作：別役実 演出：竹内銃一郎

◇「戦後「名作」戯曲上演の対照（仲間『二人だけの舞踏会』，文化庁芸術祭主催『象』）」七字英輔 テアトロ 677 1999.1 p82〜84

象 [団]燐光群

3459 上演：2003年12月13日〜12月23日 場所：梅ヶ丘BOX 作：別役実 演出：坂手洋二

◇「見えないものを見る（燐光群『象』，文学座アトリエ『バラード』，OPAP+青年団『もう風も吹かない』）」渡辺淳 テアトロ 747 2004.3 p110〜111

象を使う [団]京都芸術センター

3460 上演：2005年9月17日〜9月25日 場所：京都芸術センター 作：坂口安吾 演出：水沼健

◇「10月の関西 小説から舞台へ（演劇計画2005『象を使う』，エレベーター企画『私が語りはじめた彼は』，南河内万歳一座『仮面軍団』）」太田耕人 テアトロ 771 2005.12 p102〜104

ゾウガメのソニックライフ [団]チェルフィッチュ

3461 上演：2011年2月2日〜2月15日 場所：神奈川芸術劇場 作・演出：岡田利規

◇「いろいろ（水戸芸術館ACM劇場『ライフ・イン・ザ・シアター』，チェルフィッチュ『ゾウガメのソニックライフ』，五反田団『俺のお尻から優しい音楽』）」斎藤偕子 テアトロ 846 2011.4 p44〜45

想稿・銀河鉄道の夜 [団]空組

3462 上演：1995年8月10日〜8月13日 場所：シアターサンモール 作：北村想 演出：加藤健一

◇「演劇と向かい合う（昴 ザ・サード・ステージ『カモメたちの晩夏』，空組『想稿・銀河鉄道の夜』，グローブ座カンパニー『ロミオとジュリエット』，仲間『かぐや姫』）」大沢圭司 テアトロ 634 1995.10 p72〜75

想稿・銀河鉄道の夜 [団]プロジェクト・ナビ

3463 上演：1986年7月1日〜7月6日 場所：ザ・スズナリ 作・演出：北村想

◇「砂漠というユートピア」鴻英良 新劇 33（9） 1986.9 p22〜27

総裁公館—国鉄分割民営ものがたり [団]青年劇場

3464 上演：1989年9月8日〜9月12日 場所：朝日生命ホール 作：石岡三郎 演出：千田是也

◇「座付作者のプラス・マイナス（青年劇場『総裁公館』）」みなもとごろう テアトロ 561 1989.11 p34〜35

掃除屋 [団]トム・プロジェクト

3465 上演：2004年1月28日〜2月7日 場所：シアタートップス 作・演出：水谷龍二

◇「古典で描く現代の悲劇（埼玉県芸術文化振興財団・ホリプロ『タイタス・アンドロニカス』，tpt『エンジェルス・イン・アメリカ』，トム・プロジェクト『掃除屋』）」北川登園 テアトロ 748 2004.4 p46〜47

漱石とヘルン [団]燐光群

3466 上演：1997年11月6日〜11月16日 場所：紀伊國屋サザンシアター 作・演出：坂手洋二

◇「ロマン主義と演劇（新国立劇場開場記念公演『銀ちゃんが逝く』，ク・ナウカ『エレクトラ』，燐光群『漱石とヘルン』，シアターXプロデュース『王女イヴォナ』）」里見宗律 テアトロ 664 1998.1 p64〜67

相対的浮世絵 [団]MONO

3467 上演：2004年12月9日〜12月13日 場所：AI・HALL 作・演出：土田英生

◇「12月の関西 語りえぬものをめぐって（MONO『相対的浮世絵』，焚火の事務所『ねぇ…ねぇ…海はまだですか』，HEP HALL Theatre 14『ハムレット』）」太田耕人 テアトロ 760 2005.2 p119〜121

相談者たち [団]城山羊の会

3468 上演：2017年11月30日〜12月10日 場所：三鷹市芸術文化センター星のホール 作・演出：山内ケンジ

◇「追及する者と追及される者（城山羊の会『相談者たち』，水戸芸術館ACM劇場『斜交』，劇団民藝『「仕事クラブ」の女優たち』，燐光群『くじらと見た夢』，世田谷パブリックシアター・兵庫県立芸術文化センター『ペール・ギュント』）」小山内伸 テアトロ 942 2018.2 p57〜60

蒼天、神を殺すにはいい日だ [団]A級 Missing Link

3469 上演：2010年11月5日〜11月7日 場所：AI・HALL 作・演出：土橋淳志

◇「11月の関西 空間を書き直す（くじら企画『密会』，遊劇体『縄文人にあいういう』，A級 Missing Link『蒼天、神を殺すにはいい日だ』，兵庫県立ピッコロ劇団『花のもとにて春死なむ』）」太田耕人 テアトロ 843 2011.1 p52〜54

双頭の鷲 [団]TPT

3470 上演：1994年8月27日〜9月25日 場所：ベニサン・ピット 作：ジャン・コクトー 訳：吉田美枝 演出：デヴィッド・ルヴォー

◇「舞台の絵画的効果と群衆処理（松竹『オセロー』，銀座セゾン劇場+民芸『怒りのぶどう』，T・P・T『双頭の鷲』，テアトル・エコー『リチャード三世』，平成元年『教祖リチャード』，東京演劇集団風『桜の園』，ピープルシアター『地の風』）」結城雅秀 テアトロ 622 1994.11 p59〜66

双頭の鷲 [団]パルコ

3471 上演：1984年7月5日〜7月24日 場所：PARCO劇場 原作：ジャン・コクトー 訳：池田弘太郎 演出：中村哮夫

◇「悲劇の楽しみ方(ことばの劇場)」萩原なぎさ　新劇　31(9)　1984.9　p30～35

**奏鳴曲ニ短調 ベートーベン 作品三一ノ二／ふきのとう** 団ヨメナ座
***3472*** 上演：1998年7月8日～7月12日　場所：銀座小劇場　作：田中澄江　演出：人見嘉久彦, 岩浅豊明
◇「昭和七年、未発の"ルル"(ヨメナ座『奏鳴曲ニ短調 ベートーベン 作品三一ノ二』『ふきのとう』、結城座『魔界放浪記』、プロジェクトOIE『ハーベイ』)」みなもとごろう　テアトロ　672　1998.9　p70～71

**ソウル市民** 団青年団
***3473*** 上演：1991年6月26日～7月2日　場所：こまばアゴラ劇場　作・演出：平田オリザ
◇「〈物語の困難〉における〈物語る方法〉」宮沢章夫　しんげき　38(10)　1991.9　p42～45
***3474*** 上演：1993年4月21日～4月27日　場所：ザ・スズナリ　作・演出：平田オリザ
◇「政治的上演は可能か？(青年団『ソウル市民』、シアターコクーン『ハムレット』、燐光群『犬の生活』)」内野儀　テアトロ　605　1993.7　p54～57

**ソウル市民 五部作** 団青年団
***3475*** 上演：2011年10月29日～12月4日　場所：吉祥寺シアター　作・演出：平田オリザ
◇「浮かび上がる日本人の心性と差別意識(青年団ソウル市民五部作連続上演『ソウル市民』『ソウル市民1919』『ソウル市民昭和望郷編』『ソウル市民1939・恋愛二重奏』『サンパウロ市民』)」丸田真悟　テアトロ　858　2012.2　p58～59

**ソウル市民 三部作** 団青年団
***3476*** 上演：2006年12月6日～12月17日　場所：吉祥寺シアター　作・演出：平田オリザ
◇「背中の読解―『ソウル市民』三部作をめぐって」林カヲル　シアターアーツ　30　2007.3　p122～124
◇「ソウル1929、日本2006(青年団『ソウル市民三部作連続上演』、新国立劇場『エンジョイ！』、NODA・MAP『ロープ』)」林あまり　テアトロ　788　2007.2　p46～47

**ソウル市民1919** 団青年団
***3477*** 上演：2000年6月8日～6月25日　場所：シアタートラム　作・演出：平田オリザ
◇「間接的手法で本質を抉り出す(青年団『ソウル市民1919』、俳優座LABO『アーズリー家の三姉妹』、昴『罪と罰』、文学座アトリエ『心破れて』)」結城雅秀　テアトロ　697　2000.8　p56～59

**ソウル版熱海殺人事件** 団つかこうへい事務所
***3478*** 上演：1987年4月16日～4月20日　場所：紀伊國屋ホール　作・演出：つかこうへい
◇「オドラデク」佐々木幹郎　新劇　34(7)　1987.7　p28～33

**SOETSU―韓くにの白き太陽** 団民藝
***3479*** 上演：2016年12月3日～12月18日　場所：三越劇場　作：長田育恵　演出：丹野郁弓

◇「執着する人々のドラマ(シス・カンパニー『エノケソ一代記』、トム・プロジェクト『挽歌』、民藝『SOETSU―韓くにの白き太陽―』)」水落潔　テアトロ　928　2017.2　p54～55

**曽我BROTHERS～できるなら雁になって** 団メイシアター
***3480*** 上演：1994年3月9日～3月11日　場所：メイシアター　原作：近松門左衛門　脚色：高瀬せい　演出：妹尾和夫
◇「失敗作を改良した手柄(南河内万歳一座『さよならオレンジ版百物語』、メイシアタープロデュース『曽我BROTHERS』、KYOTO演劇フェスティバル)」宮辻政夫　テアトロ　616　1994.5　p80～81

**続・オールド・バンチ 復讐のヒットパレード！** 団パラダイス一座
***3481*** 上演：2007年12月12日～12月21日　場所：ザ・スズナリ　作：佃典彦　演出：流山児祥　振付：北村真実
◇「彼たちに明日はない―『続オールド・バンチ』をめぐって」林カヲル　シアターアーツ　34　2008.3　p96～98
◇「レトリックと舞台…ドラマのありかは？(あうるすぽっと『朱雀家の滅亡』、パルコプロデュース『ビューティ・クイーン・オブ・リナーン』、パラダイス一座『続・オールド・バンチ 復讐のヒットパレード！』)」みなもとごろう　テアトロ　802　2008.2　p60～61

**続・殺人狂時代** 団流山児★事務所
***3482*** 上演：2004年6月10日～6月20日　場所：本多劇場　作：鐘下辰男　演出：流山児祥
◇「皇民に天皇が殺せるか―『続・殺人狂時代』(作・鐘下辰男、演出・流山児祥)」野田学　シアターアーツ　20　2004.9　p94～95

**続・二号 騒がしいウェディングマーチ** 団文学座
***3483*** 上演：1984年8月4日～8月28日　場所：三越劇場　作・演出：飯沢匡
◇「三十年後の"続"(文学座『続・二号』)」清水一朗　テアトロ　500　1984.10　p24～25

**族譜** 団青年劇場
***3484*** 上演：2006年10月27日～11月5日　場所：紀伊國屋サザンシアター　原作：梶山季之　脚本・演出：ジェームス三木
◇「見事な江守の「シラノ」(青年劇場『族譜』、一跡二跳『アラブ・イスラエル・クックブック』、文学座・ひょうご舞台芸術『シラノ・ド・ベルジュラック』)」水落潔　テアトロ　787　2007.1　p60～61

**続・ポンコツ車と五人の紳士** 団俳優座劇場
***3485*** 上演：1991年1月25日～1月30日　場所：俳優座劇場　作：別役実　演出：岸田良二
◇「約束の土地か許された土地か(俳優座劇場『続・ポンコツ車と五人の紳士』)」鴻英良　テアトロ　578　1991.4　p24～25

**続・夢幻乱歩館 狂恋編** 団潮流
***3486*** 上演：1997年9月5日～9月7日　場所：近鉄

小劇場　作：葛山耿介　演出：藤本栄治

◇「9月の関西 時代をどう表現するか（関西芸術座『おかあさん疲れたよ』, 劇団その1『夕暮れ少年』, 劇団潮流『続・夢幻乱歩館』, 劇団2年6組山田学級『真夏の夜の山田の夢』）」宮辻政夫　テアトロ　661　1997.11　p77～79

## 素劇 あゝ東京行進曲　[団]1980

3487 上演：1995年2月8日～2月15日　場所：ザ・スズナリ　原作：結城亮一　脚本：藤田傳　演出：関矢幸雄

◇「言葉の魔術で膨らむイメージ（RSC『ヘンリー6世』, 劇団1980『あゝ東京行進曲』, パルコ・メジャーリーグ『クラウド・ナイン』, こまつ座『黙阿弥オペラ』, 俳優座劇場『夜の来訪者』, 東演『週刊・金色夜叉』, 五色の花『2月のディナー』）」結城雅秀　テアトロ　628　1995.4　p60～67

3488 上演：2008年10月21日～10月31日　場所：浅草木馬亭　原作：結城亮一　脚本：藤田傳　演出：関矢幸雄

◇「カウンセリングの時代に（イキウメ『図書館的人生vol.2 盾と矛』, パルコプロデュース『幸せ最高ありがとうマジで！』, 劇団1980『素劇 あゝ東京行進曲』）」林あまり　テアトロ　815　2009.1　p36～37

## 素劇 あゝ東京行進曲　[団]新劇団協議会

3489 上演：1990年11月8日～11月22日　場所：東京芸術劇場　作：斎藤憐　演出：千田是也

◇「歌と思想のナツメロの世界（新劇団協議会『東京行進曲』）」宮下展夫　テアトロ　575　1991.1　p21～22

## 素劇 楢山節考　[団]1980

3490 上演：2016年2月26日～3月13日　場所：下高井戸HTS　作：深沢七郎　構成・演出：関矢幸雄

◇「あの人たちが居て、今の日本がある（トム・プロジェクト『砦』, 劇団一九八〇『楢山節考』, 東京演劇アンサンブル『最後の審判の日』, 無名塾『おれたちは天使じゃない』, 俳優座劇場プロデュース『もし、終電に乗り遅れたら…』）」結城雅秀　テアトロ　917　2016.5　p32～35

3491 上演：2017年10月7日～10月15日　場所：シアターX　作：深沢七郎　演出：関矢幸雄

◇「寛容という名の変奏（松竹『アマデウス』, 劇団民藝『33の変奏曲』, 劇団1980『素劇 楢山節考』, Bunkamura『危険な関係』）」杉山弘　テアトロ　939　2017.12　p36～38

## 狙撃兵～デッド・メタファー　[団]俳優座

3492 上演：2016年7月23日～8月7日　場所：俳優座5F稽古場　作：ジョージ・F・ウォーカー　訳：吉原豊司　演出：眞鍋卓嗣

◇「夏の叫び（俳優座『狙撃兵：デッド・メタファー』, 俳優座『朗読 戦争とは…2016』, トムプロジェクト『百枚めの写真』）」斎藤偕子　テアトロ　923　2016.10　p34～35

## そこを右へ曲って　[団]青年劇場

3493 上演：1984年4月7日～4月22日　場所：俳優座劇場　作・演出：飯沢匡

◇「右へ曲れば破滅（青年劇場『そこを右へ曲って』）」八橋卓　テアトロ　496　1984.6　p30～31

## 祖国は我らのために　[団]マコンドープロデュース

3494 上演：2017年5月18日～5月28日　場所：すみだパークスタジオ倉　作：古川健　演出：倉本朋幸

◇「虚像と史実、メルヘンと寓話の現在形（ヴィレッヂ『クヒオ大佐の妻』, マコンドープロデュース『祖国は我らのために』, パルコ・兵庫県立芸術文化センター『ダニーと紺碧の海』, タチ・ワールド『アレグロ』）」小山内伸　テアトロ　935　2017.8　p36～38

## そこにあるということ　[団]八時半

3495 上演：1996年2月　場所：ウィングフィールド　作・演出：鈴江俊郎

◇「岸田戯曲賞の鈴江俊郎と松田正隆」宮辻政夫　シアターアーツ　5　1996.5　p104～105

3496 上演：2004年8月25日～8月29日　場所：アトリエ劇研　作・演出：鈴江俊郎

◇「9月の関西 そこにある部屋（劇団八時半『そこにあるということ』, くじら企画『サラサーテの盤』, 糾～あざない～『そらきり草』）」太田耕人　テアトロ　756　2004.11　p103～105

## そして、あなたに逢えた　[団]大阪

3497 上演：1997年11月21日～11月23日　場所：近鉄小劇場　作：近石綏子　演出：熊本一

◇「12月の関西 鉱脈を掘り進む（関俳協新人研修事業積年受賞者公演『一身上の都合』, 劇団大坂『そして、あなたに逢えた』, 関西芸術座『ロミオとジュリエット』, 199Q太陽族『透明ノ庭』）」宮辻政夫　テアトロ　665　1998.2　p130～133

## そして、あなたに逢えた　[団]東演

3498 上演：1996年9月6日～9月16日　場所：東演パラータ　作：近石綏子　演出：松川暢生

◇「弱者への暖かい目差し（俳優座『とりあえずの死』, 東演『そして、あなたに逢えた』）」八橋卓　テアトロ　648　1996.11　p68～69

3499 上演：1997年8月29日～9月5日　場所：紀伊國屋ホール　作：近石綏子　演出：松川暢生

◇「幕切れがキマらない！（俳優座『村岡伊平治伝』, まにまアート『赤い糸に結ばれて』, 文化座『いろはに金米糖』, 東演『そして、あなたに逢えた』, キンダースペース『残酷な17才』）」浦崎浩實　テアトロ　661　1997.11　p64～66

## そして、飯島君しかいなくなった　[団]演劇集団円

3500 上演：2000年7月4日～7月16日　場所：ステージ円　作：土屋理敬　演出：松井範雄

◇「悲劇か喜劇か、グレーゾンが問題だ!?（演劇有志トウキョウロード『ブドリよ、私は未だ眠る事ができない』, B級遊撃隊『満ち足りた散歩者』, 円 小劇場の会『そして、飯島君しかいなくなった』, 青杜『麒麟』その他）」浦崎浩實　テアトロ　698　2000.9　p54～56

## そして、今は　[団]U・フィールド

3501 上演：2000年10月13日～10月18日　場所：

中野ザ・ポケット　作：井上弘久　演出：森屋由紀
　◇「人間臭いロボット、ロボットじみたニンゲン（参人芝居『デイ・ケア』、九プロダクション<楽市楽座>『ロダンの花子』、Uフィールド『そして、今は』ほか）」浦崎浩實　テアトロ　701　2000.12　p50〜51

## そして・家族とは？ ごめんなさい　㊀ SHIMIN劇場Ⅱ
**3502**　上演：2012年6月　場所：銀座みゆき館劇場　作：市川敬太　演出：高橋幸夫
　◇「過酷と慰撫（文学座アトリエの会『ナシャ・クラサ 私たちは共に学んだ』、SHIMIN劇場Ⅱ『そして・家族とは？ ごめんなさい』、俳優座劇場『パック オブ ライズ』、昴『危機一髪』）」中本信幸　テアトロ　865　2012.8　p46〜47

## そして誰もいなくなった　㊀ ポイント東京
**3503**　上演：2000年6月24日〜7月2日　場所：アートスフィア　作：アガサ・クリスティ　訳：小沢由佳子　演出：山田和也
　◇「人間劇のありよう（俳優座劇場プロデュース『ハーブ園の出来事』、ピープルシアター『りゅうりぇんれん』、現代制作舎『マリアの首』、ポイント東京『そして誰もいなくなった』）」渡辺淳　テアトロ　698　2000.9　p42〜44

## そして誰もいなくなった—ゴドーを待つ十人のインディアン　㊀ 東京乾電池
**3504**　上演：2014年4月10日〜4月20日　場所：本多劇場　作：別役実　演出：柄本明
　◇「男と女のままならない関係（ナイロン100℃『パン屋文六の思案』、且本の30代『十二夜』、東京乾電池『そして誰もいなくなった』）」丸山真悟　テアトロ　890　2014.6　p46〜47

## そして誰もいなくなった—ゴドーを待つ十人の小さなインディアン　㊀ 本多劇場
**3505**　上演：1982年12月4日〜12月26日　場所：本多劇場　作：別役実　演出：藤原新平
　◇「神への憚れ（本多劇場『そして誰もいなくなった』）」千野幸一　テアトロ　480　1983.2　p34〜37

## そしてナイチンゲールは歌う…　㊀ 民藝
**3506**　上演：2010年4月14日〜4月26日　場所：紀伊國屋サザンシアター　作：セシル.P.テイラー　訳・演出：丹野郁弓
　◇「重いシチュエーション、重い主題（俳小『ゴルゴダ・メール』、東京演劇アンサンブル『山脈』、民藝『そしてナイチンゲールは歌う』）」斎藤偕子　テアトロ　834　2010.6　p32〜33

## そして僕は途方に暮れる　㊀ Bunkamura
**3507**　上演：2018年3月6日〜4月11日　場所：シアターコクーン　作・演出：三浦大輔
　◇「今年の収穫の1作『砂塵のニケ』（青年座『砂塵のニケ』、Bunkamura『そして僕は途方に暮れる』、JACROW『焔〜ほむら〜』、ミナモザ『Ten Commandments』）」小山内伸　テアトロ　946　2018.6　p28〜31

## そして夜に光った　㊀ 太陽族
**3508**　上演：2002年11月8日〜11月10日　場所：扇町ミュージアムスクエア　作・演出：岩崎正裕
　◇「11月の関西 『えい。解散を命ずる』（劇団・太陽族『そして夜に光った』、劇団八時半『火花みたいに』、犯罪友の会『あさがおの半鐘』）」太田耕人　テアトロ　731　2003.1　p106〜108

## そして列車はゆく　㊀ ニュートラル
**3509**　上演：1994年7月　場所：カラビンカ　作・演出：大沢秋生
　◇「8月の関西 実力派4女優の対決（南河内アマゾン『青木さん家の奥さんⅡ』、ニュートラル『そして列車はゆく』、劇団虚構パーティー『双子のキメラ』）」宮沢政夫　テアトロ　621　1994.10　p64〜65

## Social Walk　㊀ VOGA
**3510**　上演：2016年5月20日〜5月30日　場所：石清水八幡宮野外特設舞台　脚本・演出：近藤和見
　◇「5月の関西 周縁のもつ力（VOGA『Social Walk』、劇団ひまわり大阪劇団員『生命の王』）」太田耕人　テアトロ　919　2016.7　p52〜53

## そぞろの民　㊀ トラッシュマスターズ
**3511**　上演：2015年9月11日〜9月27日　場所：下北沢駅前劇場　作・演出：中津留章仁
　◇「現実と虚構のはざまで問う（トラッシュマスターズ『そぞろの民』、文学座アトリエ『あの子はだあれ、だれでしょね』、新宿梁山泊『少女仮面』）」斎藤偕子　テアトロ　911　2015.12　p26〜27,62

## 袖振り合うも　㊀ 青年劇場
**3512**　上演：2003年4月4日〜4月12日　場所：紀伊國屋サザンシアター　作：山内久　演出：堀口始
　◇「磨けば光る（青年劇場『袖振り合うも』、東京演劇集団風『肝っ玉おっ母とその子供たち』）」中本信幸　テアトロ　736　2003.6　p54〜53

## 卒塔婆小町　㊀ うらら舎
**3513**　上演：2012年10月18日〜10月20日　場所：鍮仙会能楽堂　作：李麗仙　演出：笠井賢一
　◇「美とは？ 問題劇の楽しみ（前進座『おたふく物語』、うらら舎『卒塔婆小町』、Pカンパニー『ベツヤクのビョーインモノ2本立て雰囲気のある死体&むりがとおれば』）」中本信幸　テアトロ　871　2013.1　p57〜59

## その妹　㊀ シス・カンパニー
**3514**　上演：2011年12月2日〜12月26日　場所：シアタートラム　作：武者小路実篤　演出：河原雅彦
　◇「自由意志の結果は？（Bunkamura/Quaras『あ、荒野』、シス・カンパニー『その妹』、パルコ企画制作『90ミニッツ』）」北川登園　テアトロ　858　2012.2　p56〜57

## その男、ゾルバ　㊀ 梅田コマ劇場
**3515**　上演：1986年11月1日〜11月29日　場所：梅田コマ劇場　作：ジョセフ・スタイン　訳

詞：小田島雄志, 岩谷時子　演出：中村哮夫
◇「真面目さと大きさ（梅田コマ劇場『その男ゾルバ』）」喜志哲雄　テアトロ　527　1987.1　p38〜39

**その男、ゾルバ** [団]新宿コマ劇場

**3516** 上演：1993年4月1日〜4月27日　場所：新宿コマ劇場　作：ジョセフ・スタイン　訳：小田島雄志　訳詞：岩谷時子　演出：中村哮夫
◇「偉大なるマイノリティ（新宿コマスタジアム『その男ゾルバ』）」七字英輔　テアトロ　604　1993.6　p64〜66

**その河をこえて、五月** [団]新国立劇場

**3517** 上演：2002年6月3日〜6月13日　場所：新国立劇場小劇場　作：金明和　作・演出：平田オリザ　演出：李炳焄
◇「二00二年日韓国民交流年記念行事『その河をこえて、五月』 平田は目的地なぞ定めない。歩き方が目的地を作り出した。」日比野啓　シアターアーツ　17　2002.8　p99〜102
◇「『その河をこえて、五月』 脱植民地化と難民への道」本橋哲也　シアターアーツ　17　2002.8　p102〜105
◇「日本をどう批判するか（新国立劇場『その河をこえて、五月』, 流山児★事務所『殺人狂時代』）」大岡淳　テアトロ　725　2002.8　p52〜53

**3518** 上演：2005年5月13日〜5月29日　場所：新国立劇場小劇場 THE PIT　作：金明和　作・演出：平田オリザ　演出：李炳焄
◇「シュールな世界をリアルな手触りで（文学座アトリエ『ぬけがら』, まつもと市民芸術館『いとこ同志』, 新国立劇場『その河をこえて、五月』）」丸田真悟　テアトロ　765　2005.7　p52〜54

**その先は知らず** [団]文学座

**3519** 上演：1992年10月7日〜10月19日　場所：サンシャイン劇場　訳・演出：江守徹
◇「エロスと死（俳優座『不満のコーラス』, 文学座『その先は知らず』, 無名塾『ハロルドとモード』）」岩波剛　テアトロ　598　1992.12　p81〜84

**その受話器はロバの耳** [団]青年座

**3520** 上演：2009年5月23日〜5月31日　場所：本多劇場　作：土田英生　演出：須藤黄英
◇「力強い「ユーリンタウン」（流山児★事務所『ユーリンタウン』, 黒テント『新装大回転 玉手箱』, 青年座『その受話器はロバの耳』）」林あまり　テアトロ　823　2009.8　p38〜39

**その鉄塔に男たちはいるという** [団]OMSプロデュース

**3521** 上演：2001年5月31日〜6月10日　場所：扇町ミュージアムスクエア　作・演出：土田英生
◇「6月の関西〈影響〉を意識する（兵庫県立ピッコロ劇団『雨かしら』, OMSプロデュース『その鉄塔に男たちはいるという』, A級 Missing Link『自由を我等に』）」太田耕人　テアトロ　710　2001.8　p81〜83

**その鉄塔に男たちはいるという** [団]Happy Hunting Ground

**3522** 上演：2004年7月2日〜7月11日　場所：サイスタジオ　作：土田英生
◇「芝居は芝居、夢は夢、されど…（椿組『一天地六〜幕末新宿遊侠伝』, ジャブジャブサーキット『動物ダウト ver.04』, ピープルシアター『猿の王国』, HAPPY HUNTING GROUND『その鉄塔に男たちはいるという』『約三十の嘘』他）」浦崎浩實　テアトロ　754　2004.9　p55〜57

**その鉄塔に男たちはいるという** [団]MONO

**3523** 上演：1998年12月10日〜12月13日　場所：AI・HALL　作・演出：土田英生
◇「12月の関西 世界、闘争、笑い（夏目組『キョウノコト。』, 創造集団アノニム『よるのたかさで光をのぞむ』, MONO『その鉄塔に男たちはいるという』）」宮辻政夫　テアトロ　678　1999.2　p82〜84

**その鉄塔に女たちはいるという** [団]期間限定Saccharin

**3524** 上演：2011年2月17日〜2月23日　場所：大阪府立男女共同参画・青少年センター　作：土田英生　演出：土橋淳志
◇「2月の関西 叙情と風刺（PM/飛ぶ教室『りんりんと、手ぶらで行く』, 劇団・太陽族+アイホール共同製作『大阪マクベス』, 期間限定Saccharin『その鉄塔に女たちはいるという』）」太田耕人　テアトロ　846　2011.4　p56〜58

**その場しのぎの男たち** [団]東京ヴォードヴィルショー

**3525** 上演：1992年10月28日〜11月8日　場所：紀伊國屋ホール　作：三谷幸喜　演出：滝大作
◇「喜劇の効用（東京ヴォードヴィルショウ『その場しのぎの男たち』, 東京サンシャインボーイズ『もはやこれまで』）」渡辺淳　テアトロ　599　1993.1　p72〜74

**3526** 上演：1994年10月28日〜11月8日　場所：紀伊國屋ホール　作：三谷幸喜　演出：滝大作
◇「今月は「転校生」がおもしろかった（青山円形劇場プロデュース『転校生』, 燐光群『くじらの墓標』, ONLYクライマックス『悲喜こもごも』, 東京ヴォードヴィルショー『その場しのぎの男たち』）」山登敬之　テアトロ　625　1995.1　p72〜75

**その日、その日にこそ** [団]3.1の会

**3527** 上演：2003年　場所：在日本韓国YMCA・スペースワイ　作：李盤　台本・演出：伊藤勝昭
◇「政治的演劇三題（青年劇場『顔 MASCARA』, 三・一の会『その日、その日にこそ』, 早春の賦制作委員会『小林多喜二—早春の賦—』）」七字英輔　テアトロ　735　2003.5　p48〜50

**その人を知らず** [団]新劇交流プロジェクト

**3528** 上演：2017年6月29日〜7月10日　場所：あうるすぽっと　作：三好十郎　演出：鵜山仁
◇「新劇の底力（新劇交流プロジェクト『その人を知らず』, 世田谷パブリックシアター『子午線の祀り』, 劇団民藝『熊楠の家』, シス・カンパニー『子供の事情』）」杉山弘　テアトロ　936　2017.9

## そのひ

p65～67

### その人を知らず ㊙東京デスロック
**3529** 上演：2008年12月26日～2009年1月5日　場所：こまばアゴラ劇場　作：三好十郎　演出：多田淳之介
◇「「もっと影を 東京デスロック『その人を知らず』」林カヲル　シアターアーツ　38　2009.3　p138～141

### その人を知らず ㊙文化座
**3530** 上演：1990年2月9日～2月18日　場所：サンシャイン劇場　作：三好十郎　演出：鵜山仁
◇「強靱な精神力(文化座『その人を知らず』)」岩波剛　テアトロ　566　1990.4　p24～25

### その人を知らず ㊙民藝
**3531** 上演：2002年4月12日～4月26日　場所：紀伊國屋サザンシアター　作：三好十郎　演出：内山鶉
◇「個人が個人であることの困難(木山事務所『慶応某年ちぎれ雲』、俳優座劇場プロデュース『高き彼物』、民藝『その人を知らず』)」大岡淳　テアトロ　722　2002.6　p44～46

### その人、女優？ ㊙東京ヴォードヴィルショー
**3532** 上演：2004年10月8日～10月17日　場所：ザ・スズナリ　作：中島淳彦　演出：黒岩亮
◇「庶民に迫る、芸術家に迫る(東京ヴォードヴィルショー『その人、女優？』、劇団KAZUKI～ここが私の地球』、連『久保美芸子ひとり語りⅦ』)」浦崎浩實　テアトロ　757　2004.12　p48～49

### その頬、熱線に焼かれ ㊙On7
**3533** 上演：2015年9月10日～9月20日　場所：こまばアゴラ劇場　作：古川健　演出：日澤雄介
◇「語りと対話の絶妙なバランス(On7『その頬、熱線に焼かれ』、柿喰う客『天邪鬼』、カタルシツの『語る室』)」丸田真悟　テアトロ　911　2015.12　p32～33,61,63

**3534** 上演：2018年8月9日～8月12日　場所：東京芸術劇場シアターウエスト　作：古川健　演出：日澤雄介
◇「一世一代の舞台(シーエイティプロデュース『フリー・コミティッド』、On7『その頬、熱線に焼かれ』、燐光群『九月、東京の路上で』、日生劇場ファミリーフェスティヴァル『エリサと白鳥の王子たち』)」杉山弘　テアトロ　951　2018.10　p42～43

### その頬、熱線に焼かれ ㊙未来
**3535** 上演：2016年6月24日～7月3日　場所：劇団未来ワークスタジオ　作：古川健　演出：しまよしみち
◇「7月の関西 関西の観客層を広げる試み(リリパットアーミーⅡ30周年記念公演『銀の系譜』、兵庫県立芸術文化センター『冷蔵庫のうえの人生』、劇団犯罪友の会『風の姿に』、劇団未来『その頬、熱線に焼かれ』)」九鬼葉子　テアトロ　922　2016.9　p49～51

### so bad year ㊙Ort-d.d、こふく劇場
**3536** 上演：2004年2月17日～2月18日　場所：東京芸術劇場小ホール　作：永山智行　演出：倉迫康史
◇「演出の力わざを感じる舞台『so bad year』(永山智行作、倉迫康史演出)」安住恭子　シアターアーツ　19　2004.6　p95～98

### ソフィストリー―詭弁 ㊙俳優座
**3537** 上演：1995年7月13日～7月25日　場所：東京芸術劇場小ホール　作：ジョナサン・マーク・シャーマン　訳・演出：青井陽治
◇「異色の顔合わせが生むパワー(青春五月党『グリーン・ベンチ』、第三エロチカ『四谷怪談・解剖室』、地人会『はつ恋―抱月と須磨子』、俳優座『ソフィストリー―詭弁』、トム・プロジェクト『たたかう女』、演奏舞台『甘粕大尉―季節はずれの卒論』、劇団青杜『ペガサス』)」結城雅秀　テアトロ　633　1995.9　p62～69

### ソープオペラ ㊙自転車キンクリート
**3538** 上演：1992年7月2日～7月27日　場所：紀伊國屋ホール　作：飯島早苗　演出：鈴木裕美
◇「ジャパニーズ・コミュニケーション」コリーヌ・プレ　Les Specs　39(9)　1992.9　p18～19

### 祖父に捧げるブルース・ハープ ㊙東演
**3539** 上演：1999年12月10日～12月19日　場所：東演パラータ　作：堀江安夫　演出：鷲田照幸
◇「"自分史"を越えるには？(東演『祖父に捧げるブルース・ハープ』、オフィス・プロジェクトM『キャバレー'99/わたしたち 夢 売ってます』、ウォーキング・スタッフ『stones～コケムスイシタチ』)」浦崎浩實　テアトロ　691　2000.2　p76～77

### 空 ㊙青年座
**3540** 上演：2004年11月25日～12月5日　場所：本多劇場　作：福島三郎　演出：宮田慶子
◇「劇団の代謝機能(青年座『下北沢5劇場同時公演』、文学座『THE CRISIS』)」丸田真悟　テアトロ　760　2005.2　p60～62

### 宙(そら)をつかむ―海軍じいさんとロケット戦闘機 ㊙演劇集団円
**3541** 上演：2009年7月17日～7月26日　場所：紀伊國屋ホール　作・演出：宋英徳
◇「「家」は消えず、復響する(劇団、本谷有希子『来来来来来(ライライライライライ)』、モダンスイマーズ『血縁―飛んで火に入る五兄弟』、演劇集団円『宙をつかむ―海軍じいさんとロケット戦闘機』)」内田洋一　テアトロ　825　2009.10　p50～52

### そらきり草 ㊙糾
**3542** 上演：2004年8月27日～8月29日　場所：AI・HALL　作・演出：芳崎洋子
◇「9月の関西 そこにある部屋(劇団八時半『そこにあるということ』、くじら企画『サラサーテの盤』、糾～あざない～『そらきり草』)」太田耕人　テアトロ　756　2004.11　p103～105

### 空飛ぶ家族 ㊙仲間
**3543** 上演：1992年10月21日～10月26日　場所：俳優座劇場　作：小松幹生　演出：高田潔
◇「戯曲と「散文精神」(仲間「空飛ぶ家族」、レクラ

ム舎「ぼくの好きな末の娘」)」みなもとごろう　テアトロ　599　1993.1　p68〜70

## 空と私のあいだ　㊣MONO
**3544** 上演：2011年6月30日〜7月4日　場所：AI・HALL　作・演出：土田英生、横山拓也
◇「7月の関西〈父なるもの〉の喪失(桃園会『a tide of classics〜動員挿話・ぶらんこ・父帰る』、MONO特別企画『空と私のあいだ』、下鴨車窓『人魚』)」太田耕人　テアトロ　852　2011.9　p51〜53

## そらにさかるふもの　㊣扉座
**3545** 上演：2002年4月24日〜5月3日　場所：紀伊國屋ホール　作：大森寿美男　演出：茅野イサム
◇「記憶という傷痕(扉座『そらにさかるふもの』、シアターコクーン『欲望という名の電車』、青年劇場『愛さずにいられない』)」北川登園　テアトロ　723　2002.7　p52〜53

## 空の驛舎　㊣空の驛舎
**3546** 上演：2007年3月16日〜3月18日　場所：精華小劇場　作・演出：中村賢司
◇「4月の関西 戯曲を見直す(空の驛舎『空の驛舎』、A＆Dr Missing Link『人間が不老不死なら全て解決』、アグリーダックリング『三日月エレファント』)」太田耕人　テアトロ　792　2007.6　p59〜61

## 空の絵の具／砂の絵の具　㊣太陽族
**3547** 上演：2004年7月7日〜7月11日　場所：HEP HALL　作・演出：岩崎正裕
◇「7月の関西 匿名性ふたたび(劇団・太陽族『空の絵の具』『砂の絵の具』、南船北馬一座『しんじょう』、デス電所『ちょっちゅ念』)」太田耕人　テアトロ　754　2004.9　p66〜68

## そらの時間ヒトのユメ　㊣レクラム舎
**3548** 上演：2007年8月15日〜8月19日　場所：小劇場 楽園　原作：星新一　脚色：小松幹生　構成・演出：喜一郎　音楽：山下やすし
◇「うそ寒い現実を映すブラックユーモア(日本劇団協議会一跡二跳制作『漂流物』、TPT『三人姉妹』、め組『戊辰残照』、レクラム舎『そらの時間ヒトのユメ』)」中本信幸　テアトロ　797　2007.10　p54〜55

## 空の定義　㊣俳優座劇場
**3549** 上演：2008年12月11日〜12月21日　場所：俳優座劇場　作：青木豪　演出：黒岩亮
◇「離婚と家族の絆(パルコ・プロデュース『Good Night Sleep Tight』、文学座『口紅〜Rouge〜』、俳優座劇場プロデュース『空の定義』)」北川登園　テアトロ　816　2009.2　p58〜60

## ソラノテザワリ　㊣佳梯かこプロデュース
**3550** 上演：2002年7月26日〜7月28日　場所：天白文化小劇場　作：大正まろん　演出：深津篤史
◇「8月の関西 ゆたかな野外の収穫(維新派『カンカラ』、遊機体『二人で狂う』、MONO『きゅうりの花』、魚灯『満開の案山子がなる』、佳梯かこプロデュース『ソラノテザワリ』)」太田耕人　テアトロ　727　2002.10　p63〜65

## ソリッド　㊣ウォーキング・スタッフプロデュース
**3551** 上演：1999年4月22日〜4月29日　場所：シアタートップス　作・演出：和田憲明
◇「時代の殺人相鮮やかに(ウォーキング・スタッフ・インパクト『SOLID』、グループしぜん『人斬り以蔵』、21世紀FOX『ここより永遠に 最後の闘い』、原宿シェイクスピア『夏の夜の夢』)」佐藤康平　テアトロ　683　1999.7　p58〜59

## ソールジャーズ・プレー 兵士たちのブルース
㊣アトリエ・ダンカン、安澤事務所
**3552** 上演：1987年1月26日〜2月6日　場所：本多劇場　作：チャールズ・フラー　訳：小田島雄志、小田島若子　演出：小林裕
◇「軍隊芝居の虚しさ」渡辺保　新劇　34(4)　1987.4　p34〜39

## ソルネス　㊣無名塾
**3553** 上演：1980年11月6日〜11月23日　場所：PARCO西武劇場　作：イプセン　訳：毛利三彌　演出：隆巴
◇「役者ぶりの次へ」堂本正樹　新劇　28(2)　1981.2　p26〜29
◇「意欲的な上演だが(西武劇場『ソルネス』)」藤木宏幸　テアトロ　455　1981.1　p26〜27

## ソレイル〜太陽の王様　㊣IFYプロジェクト
**3554** 上演：2018年5月29日〜6月10日　場所：絵空箱　脚本・演出・音楽：藤倉梓　振付：三枝宏次　美術：トクマスヒロミ
◇「古きを訪ね何を知るか？(IFYプロジェクト『ソレイル〜太陽の王様〜』、新国立劇場『夢の裂け目』、朋友『久保田万太郎を読むⅢ』)」中本信幸　テアトロ　949　2018.8　p66〜67

## それを夢と知らない　㊣199Q太陽族
**3555** 上演：1998年9月11日〜9月13日　場所：扇町ミュージアムスクエア　作・演出：岩崎正裕
◇「9月の関西 日常生活をどう描き出すか(インパクトD『UNDERGROUND』、コズミックシアター『NO WAY OUT』、関西芸術座『遙かなる甲子園』、潮流『あひるの靴』、199Q太陽族『それを夢と知らない』)」宮辻政夫　テアトロ　674　1998.11　p82〜84

## それを夢と知らない　㊣太陽族
**3556** 上演：2003年8月21日〜8月24日　場所：大阪市立芸術創造館　作・演出：岩崎正裕
◇「9月の関西 名指しとマイノリティ(劇団・太陽族『それを夢と知らない』、MONO『京都11区』、糾〜あざない〜『ネクタルの音』)」太田耕人　テアトロ　742　2003.11　p66〜68

## それからの夏　㊣新宿梁山泊
**3557** 上演：1993年7月2日〜7月12日　場所：シードホール　作：鄭義信　演出：金盾進
◇「観る方の想像力(新宿梁山泊『それからの夏』、300『月に眠る人』、葦の会『遥か遠き果てに』、みな座『夏子の冒険』、遊◎機械/全自動シアター

『オーマイパパ』)」大沢圭司　テアトロ　607　1993.9　p140～143

## それからのブンとフン　㈱こまつ座、ホリプロ
**3558**　上演：2013年10月3日～10月15日　場所：天王洲 銀河劇場　作：井上ひさし　演出：栗山民也
◇「常に時代を反映する物語（こまつ座＆ホリプロ『それからのブンとフン』、Bunkamura『唐版滝の白糸』、NODA・MAP『MIWA』）」北川登園　テアトロ　883　2013.12　p48～49

## それでもワタシは空をみる　㈱南船北馬
**3559**　上演：2009年10月9日～10月12日　場所：ウィングフィールド　作・演出：棚瀬美幸
◇「10月の関西 鎖に繋がれて――（木ノ下歌舞伎『伊達娘恋緋鹿子』、南船北馬『それでもワタシは空をみる』、犯罪友の会『ちぎれぐも』）」太田耕人　テアトロ　827　2009.12　p78～80

## それどころでない人　㈱朋友
**3560**　上演：2005年7月13日～7月17日　場所：俳優座劇場　作：畠祐美子　演出：西川信廣
◇「うつつか、夢か（朋友『それどころでない人』、子供のためのシェイクスピアカンパニー『尺には尺を』、椿組『新宿ブギウギ』）」中本信幸　テアトロ　768　2005.9　p60～61

## 其礼成心中　㈱パルコ
**3561**　上演：2012年8月11日～8月22日　場所：PARCO劇場　作・演出：三谷幸喜
◇「試みと達成の間に…（シアターX『新作オペラ地獄変』、パルコ・プロデュース『其礼成心中』、俳優座『樫の木坂 四姉妹』）」みなもとごろう　テアトロ　867　2012.10　p44～45

## それはさておき恋はくせもの　㈱レクラム舎
**3562**　上演：2013年1月11日～1月18日　場所：スタジオAR　作：小松幹生　演出：喜一朗
◇「異種ジャンル混交芝居の楽しみ（前進座劇場ファイナル公演『三人吉三巴白浪』、レクラム舎『それはさておき恋はくせもの』、ピープルシアター『女のほむら』、萬國四季協会『真夜中のアンサンブル』）」中本信幸　テアトロ　873　2013.3　p56～57

## ソワレ・ブルジョワーズ／動機／救急車／相寄る魂　㈱ギイ・フォワシイ・シアター
**3563**　上演：1996年6月2日～6月12日　場所：シアターX　作：ギイ・フォワシイ
◇「日本人という民族、それにフランスの国民性（地人会『日本の面影』、青年団『冒険王』、櫻花舎『愛と偶然の戯れ』、ギイ・フォワシイ・シアター『動機』他、木山事務所『瀕死の王様』、みなと座『大浦屋お慶』、四季『イリヤ・ダーリン』）」結城雅秀　テアトロ　645　1996.8　p69～76

## 孫悟空　㈱中国戯曲学院附属中学校
**3564**　上演：1994年8月4日～8月7日　場所：日生劇場　演出：張春孝
◇「演劇は発見だ!?（京劇『孫悟空』、Wave Theater Company『くちべにの話』、ウォーキング・スタッフ『BORN～MATATABIの時代』）」山登敬之　テアトロ　621　1994.10　p61～63

## 孫悟空　㈱天津市芸術学校
**3565**　上演：1997年8月2日～8月5日　場所：日生劇場　演出：張春孝
◇「台本と演技との間（仲間『乞食と王子』、日生劇場国際児童演劇フェスティヴァル『孫悟空』）」みなもとごろう　テアトロ　660　1997.10　p68～69

## ゾンビな夜　㈱流山児★事務所
**3566**　上演：2001年4月24日～4月30日　場所：ザ・スズナリ　作：石井貴久　演出：山崎哲
◇「息子と嫁と母の関係（一跡二跳『海のてっぺん』、流山児★事務所『ゾンビな夜』、鳥獣戯画『真夏の夜の夢』）」浦崎浩實　テアトロ　709　2001.7　p48～49

## 孫文と梅屋庄吉　㈱東京ギンガ堂
**3567**　上演：2007年10月20日～10月28日　場所：紀伊國屋ホール　作・演出：品川能正　振付：河合弘子
◇「波瀾万丈―革命友情劇／粋なフランス喜劇（東京ギンガ堂『孫文と梅屋庄吉』、NLT『オスカー』）」斎藤偕子　テアトロ　800　2008.1　p120～121

## 【た】

## ダァ！ダァ！ダァ！　㈱東京サンシャインボーイズ
**3568**　上演：1993年6月1日～6月20日　場所：PARCO SPACE PART3　作・演出：三谷幸喜
◇「才気と、そのストイシズム（シアターコクーン『恋人たちの短い夜』、パルコ・パート3『ダァ！ダァ！ダァ！』、ONLYクライマックス『結婚契約破棄宣言』、文学座アトリエ『花の氷室』、THE・ガジラ『かげろふ人』）」大沢圭司　テアトロ　606　1993.8　p66～71

## ダイアル ア ゴースト～幽霊派遣会社　㈱うりんこ
**3569**　上演：2008年7月23日～7月24日　場所：四谷区民ホール　原作：エヴァ・イボットソン　訳：三辺律子　脚本・演出：山崎清介
◇「劇的ファンタジーの妙（ピープルシアター『一点の恥辱なきことを』、うりんこ『ダイアル・ア・ゴースト』、東京演劇集団風『乞食―あるいは死んだ犬』）」中本信幸　テアトロ　811　2008.10　p46～47

## 体育の時間　㈱ラックシステム
**3570**　上演：2012年1月13日～1月18日　場所：世界館　作・演出：わかぎゑふ
◇「1月の関西 変容する物語性（ラックシステム『体育の時間』、下鴨車窓『小町風伝』、CONTACT GONZO『Mustafa United V.S. FC Super Kanja』）」太田耕人　テアトロ　859　2012.3　p58～60

## 大疫病流行記 ⓑ演劇実験室◎万有引力
**3571** 上演：1993年5月1日〜5月7日　場所：全労済ホール／スペース・ゼロ　作：寺山修司　演出：J・A・シーザー
◇「イメージ・メイカー寺山の定着（寺山修司没後10年記念公演）」斎藤偕子　テアトロ　606　1993.8　p63〜65

## 大往生 ⓑ1980
**3572** 上演：1995年11月21日〜11月28日　場所：下北沢駅前劇場　原作：永六輔　脚本・演出：藤田傳
◇「歴史意識の稀薄さを問う（花___春はたびらこ生うる原に』、1980『大往生』）」植村瞭　テアトロ　638　1996.1　p72〜73

## 大往生 ⓑきなせ企画
**3573** 上演：2013年3月29日〜4月2日　場所：三鷹武蔵野芸能劇場　原作：永六輔　脚本・演出：藤田傳
◇「アンサンブルの妙（きなせ企画『大往生』、新国立劇場『効率学のススメ』）」中本信幸　テアトロ　876　2013.6　p52〜53

## 大改訂版 KAN‐KAN男 ⓑB級遊撃隊
**3574** 上演：1999年3月10日〜3月14日　場所：ザ・スズナリ　作・演出：佃典彦
◇「憂鬱と不条理（R.U.Pプロデュース『蒲田行進曲』、B級遊撃隊『大改訂版 KAN‐KAN男』）」岡野宏文　テアトロ　681　1999.5　p46〜47

## Tigershot Meet With Shakespeare
ⓑ東京オレンジ
**3575** 上演：1998年3月13日〜3月16日　場所：パナソニック・グローブ座　訳・構成・演出：横山仁一
◇「シェイクスピアの言葉の手触り（銀座セゾン劇場『ハムレット』、岡崎企画『紙屋悦子の青春』、TBSプラネット『愛と勇気のエンゲキ［コラソン!!］』、東京オレンジ『Tigershot Meet With Shakespeare』）」長谷部浩　テアトロ　668　1998.5　p62〜64

## 対岸の永遠 ⓑてがみ座
**3576** 上演：2016年3月4日〜3月30日　場所：シアター風姿花伝　作：長田育恵　演出：上村聡史
◇「グローバル時代の創作劇？　翻訳劇？（てがみ座『対岸の永遠』、地点『スポーツ劇』、オフィス樹『名作劇場』）」斎藤偕子　テアトロ　917　2016.5　p26〜29

## 大逆の影 ⓑアリストパネス・カンパニー
**3577** 上演：2011年11月18日〜11月27日　場所：スタジオAR　作・演出：黒川欣映
◇「前を向いて歩こうよ（アリストパネス・カンパニー『大逆の影』、虹企画／ぐるぷシュラ『テネシィ・ウィリアムズの世界V』、トム・プロジェクト『嫉妬.混む！』）」中本信幸　テアトロ　858　2012.2　p60〜61

## 第九八独立普通科連隊西へ！ ⓑS.W.A.T！
**3578** 上演：2003年12月10日〜12月14日　場所：新国立劇場小劇場　作・演出：四大海
◇「嘘から真実が（アリストパネス・カンパニー『喪服のエレクトラ』、流山児★事務所『ハイ・ライフ』、青年座『カゾク・カレンダー』、一跡二跳『パラサイト パラダイス』、S.W.A.T！『第九八独立普通科連隊 西へ！』）」中本信幸　テアトロ　746　2004.2　p64〜66

## 大経師昔暦
**3579** 上演：1980年　作：近松門左衛門　演出：観世栄夫
◇「一人芝居（モノドラマ）とその受容」堂本正樹　新劇　27(4)　1980.4　p26〜29

## 大経師昔暦 ⓑ関西芸術アカデミー
**3580** 上演：1995年10月10日〜10月11日　場所：コスモ証券ホール　原作：近松門左衛門　脚本：森安二三子　演出：筒井庸助
◇「10月の関西 手応えあったが（展覧会のA『NOW HERE WOMAN』、人形劇団クラルテ『しんとく丸』、関西芸術アカデミー『大経師昔暦』、潮流『夢幻乱歩館』）」宮辻政夫　テアトロ　636　1995.12　p72〜74

## 退屈な時間／ベンゲット道路 ⓑ文学座アトリエの会
**3581** 上演：2002年3月19日〜4月3日　場所：文学座アトリエ　作：岩田豊雄、森本薫　演出：高瀬久男（退屈な時間）、西川信廣（ベンゲット道路）
◇「身体的行動（文学座アトリエ『退屈な時間』『ベンゲット道路』、新国立劇場『三人姉妹』を追放されトゥーゼンバフの物語』、四季『コンタクト』、旧ണ空鑑『殺す勇気』）」渡辺淳　テアトロ　722　2002.6　p56〜59

## 太公望のひとりごと ⓑメープルリーフ・シアター
**3582** 上演：2003年10月10日〜10月13日　場所：三百人劇場　作：フィリップ・カン・ゴタンダ　訳：吉原豊司　演出：貝山武久
◇「演劇の効用（加藤健一事務所『詩人の恋』、パルコ／NLT提携『幸せの背くらべ』、メープルリーフ・シアター『太公望のひとりごと』、グループしぜん『お、酒よ』）」中本信幸　テアトロ　743　2003.12　p48〜50

## 太鼓／火山島 ⓑ演奏舞台
**3583** 上演：2001年10月12日〜10月14日　場所：アトリエフォンテーヌ　作：木谷茂生　演出：久保田猛
◇「『手話』が輝く伝達美（オフィス樹『ハルピン帰りのヤスケ』、トム・プロジェクト『輝く午後の光に〜メノポーズ物語』、錬肉工房『カフカ』、演奏舞台『太鼓』『火山島』、俳優座劇場プロデュース『小さき神のつくりし子ら』、佐野史郎×安達祐実二人芝居『春』）」佐藤康平　テアトロ　715　2001.12　p54〜53

## 太鼓たたいて笛ふいて ⓑこまつ座
**3584** 上演：2002年7月25日〜8月7日　場所：紀伊國屋サザンシアター　作：井上ひさし　演出：栗山民也

たいこ

◇「東西二つの喜劇のリアリティ(こまつ座『太鼓たたいて笛ふいて』、俳優座劇場プロデュース『ファニー・マネー』)」みなもとごろう　テアトロ　727　2002.10　p48〜49

3585　上演：2004年4月2日〜4月29日　場所：紀伊國屋サザンシアター　作：井上ひさし　演出：栗山民也

◇「酷薄な万華鏡(ヴァイトクス・スタジオ"P.S"×銅鑼『sakura イン・ザ・ウィンド』、劇団め組『岡田以蔵』、東京芸術座『遠い水の記憶』、こまつ座『太鼓たたいて笛ふいて』)」中本信幸　テアトロ　750　2004.6　p45〜47

たいこどんどん　国こまつ座

3586　上演：1995年4月13日〜5月2日　場所：紀伊國屋ホール　作：井上ひさし　演出：木村光一　音楽：宇野誠一郎

◇「井上作品のエネルギー(青年座『つくづく赤い風車』、サンシャイン劇場『父の詫び状』、こまつ座『たいこどんどん』)」水落潔　テアトロ　630　1995.6　p56〜58

3587　上演：2018年5月5日〜5月20日　場所：紀伊國屋サザンシアター　作：井上ひさし　演出：ラサール石井　音楽：玉麻尚一　振付：川崎悦子　美術：島次郎

◇「人が本音を語る時(加藤健一事務所『煙が目にしみる』、こまつ座『たいこどんどん』、前進座『人間万事金世中』)」水落潔　テアトロ　947　2018.7　p26〜27

たいこどんどん　国Bunkamura

3588　上演：2011年5月2日〜5月26日　場所：シアターコクーン　作：井上ひさし　演出：蜷川幸雄

◇「人間の絆を描く三作品(文学座『思い出のブライトン・ビーチ』、Bunkamura『たいこどんどん』、俳優座『月光の海 ギタラ』)」水落潔　テアトロ　849　2011.7　p42〜43

だいこん・珍奇なゴドー　国流山児★事務所

3589　上演：2017年3月15日〜3月22日　場所：ザ・スズナリ　作：戌井昭人　演出：流山児祥　音楽：栗木健　振付：北村真実

◇「心理サスペンス劇の佳作2本(パルコ『不信―彼女が嘘をつく理由』、名取事務所『エレファント・ソング』、流山児★事務所『だいこん・珍奇なゴドー』、劇団黒テント『亡国のダンサー』)」杉山弘　テアトロ　932　2017.3　p24〜26

第三帝国の恐怖と悲惨　国東京演劇集団風

3590　上演：2005年2月2日〜2月6日　場所：レパートリーシアターKAZE　作：ブレヒト　訳・演出：岩淵達治

◇「ブレヒトの方へ(俳優座『三文オペラ』、東京演劇集団風『第三帝国の恐怖と悲惨』、木山事務所『コント・ア・ラ・カルト当世殺人考』)」田之倉稔　テアトロ　762　2005.4　p46〜48

3591　上演：2007年3月24日〜3月29日　場所：レパートリーシアターKAZE　作：ブレヒト　訳・演出：岩淵達治　音楽：八幡茂

◇「日常を撃つ妙技(ひげ太夫『雲丈郭』、風『第三帝国の恐怖と悲惨』、NLT『極楽ホームへいらっしゃい』)」中本信幸　テアトロ　792　2007.6　p46〜47

第三帝国の恐怖と貧困　国東京演劇集団風

3592　上演：2002年9月10日〜9月15日　場所：レパートリーシアターKAZE　作：ブレヒト　訳：千田是也　構成・演出：浅野佳成

◇「小さな劇場の大きな挑戦(ラドゥ・スタンカ劇場『白痴』、東京演劇集団風『第三帝国の恐怖と貧困』)」北川登園　テアトロ　728　2002.11　p48〜49

第三の証言　国青年座

3593　上演：2009年12月17日〜12月23日　場所：紀伊國屋ホール　作：椎名麟三　演出：檀臣幸

◇「歯ごたえのある舞台(青年座『第三の証言』、流山児★事務所『田園に死す』、青年団『サンタクロース会議』)」丸田真悟　テアトロ　831　2010.3　p52〜53

泰山木の木の下で　国民藝

3594　上演：2001年1月26日〜2月1日　場所：紀伊國屋サザンシアター　作：小山祐士　演出：宇野重吉

◇「家族のための最後の自己犠牲(無名塾『セールスマンの死』、民藝『泰山木の木の下で』『バーディ』、四季『ハムレット』)」結城雅秀　テアトロ　706　2001.4　p50〜53

大司教の天井　国民藝

3595　上演：1999年6月11日〜6月27日　場所：紀伊國屋サザンシアター　作：アーサー・ミラー　訳：倉橋健　演出：米倉斉加年

◇「"とらわれ"の寓意性(民藝『大司教の天井』、黒テント『JUNGLE』、トム・プロジェクトプロデュース『絶対零度』、木山事務所『三人姉妹』)」みなもとごろう　テアトロ　684　1999.8　p72〜74

大市民　国T Factory

3596　上演：2010年3月16日〜3月22日　場所：吉祥寺シアター　作・演出：川村毅

◇「貧困と官僚主義(ティーファクトリー『大市民』、東京芸術座『蟹工船』、二兎社『かたりの椅子』)」七字英輔　テアトロ　834　2010.6　p38〜40

第17捕虜収容所　国自転車キンクリートSTORE

3597　上演：1997年4月9日〜4月20日　場所：全労済ホール/スペース・ゼロ　作：DONALD BEVAN,EDMUND TRZCINSKI　訳：鴇澤麻由子　台本：飯島早苗　演出：鈴木裕美

◇「見えない天秤と失われた金貨(文学座アトリエの会『金襴緞子の帯しめながら』、自転車キンクリートSTORE『第17捕虜収容所』、博品館劇場+メジャーリーグ『ローゼンクランツとギルデンスターンは死んだ』、トム・プロジェクト『風船おじさん』、彩の国さいたま芸術劇場+テレビ東京+メジャーリーグ『草迷宮』)」長谷部浩　テアトロ　656　1997.6　p60〜64

大正の肖像画　国民藝

3598　上演：2015年10月20日〜11月1日　場所：紀伊國屋サザンシアター　作：吉永仁郎　演出：高橋清祐

◇「永遠に不可解な男女の関係(民藝『大正の肖像画』、シアターコクーン『青い瞳』、パルコ劇場『オレアナ』、文学座『再びこの地を踏まず』)」水落潔　913　2016.1　p26～27

### 大切なバカンス　㈲惑星ピスタチオ
**3599**　上演：1998年5月7日～6月12日　場所：紀伊國屋ホール　作：平和堂ミラノ　演出：西田シャトナー

◇「退屈というイマドキの〈気分〉(遊園地再生事業団『Go Go Girlie！』、惑星ピスタチオ『大切なバカンス』、ナイロン100℃『吉田神経クリニックの場合』)」里見宗律　テアトロ　670　1998.7　p56～57

### タイタス・アンドロニカス　㈲勝田演劇事務所
**3600**　上演：2016年11月23日～11月28日　場所：d-倉庫　作：シェイクスピア　訳：小田島雄志　演出：小笠原響

◇「演劇力の乱舞(1980『謎解き 河内十人斬り』、勝田演劇事務所『タイタス・アンドロニカス』、俳小『弟の戦争』)」中本信幸　テアトロ　928　2017.2　p70～71

### タイタス・アンドロニカス　㈲銀座セゾン劇場
**3601**　上演：1992年9月9日～9月27日　場所：銀座セゾン劇場　作：シェイクスピア　訳：小田島雄志　演出：ロン・ダニエルズ

◇「作品のもつ「潜在力」ということ(東京サンシャインボーイズ『12人の優しい日本人』、銀座セゾン劇場『タイタスアンドロニカス』)」大沢圭司　テアトロ　597　1992.11　p77～79

### タイタス・アンドロニカス　㈲彩の国さいたま芸術劇場
**3602**　上演：2004年1月16日～2月1日　場所：彩の国さいたま芸術劇場大ホール　作：シェイクスピア　訳：松岡和子　演出：蜷川幸雄

◇「古典で描く現代の悲劇(埼玉県芸術文化振興財団・ホリプロ『タイタス・アンドロニカス』、tpt『エンジェルス・イン・アメリカ』、トム・プロジェクト『掃除屋』)」北川登園　テアトロ　748　2004.4　p46～47

**3603**　上演：2006年4月21日～5月7日　場所：彩の国さいたま芸術劇場大ホール　作：シェイクスピア　訳：松岡和子　演出：蜷川幸雄

◇「『タイタス・アンドロニカス』に於ける形式の美学―蜷川幸雄演出『タイタス・アンドロニカス』」内丸公平　シアターアーツ　27　2006.6　p76～78

### タイタス・アンドロニカス／牡丹燈籠／びん
　㈲山の手事情社
**3604**　上演：2006年1月13日～1月22日　場所：吉祥寺シアター　作：シェイクスピア、三遊亭円朝、山の手俳陣　構成・演出：安田雅弘

◇「ふたつの世界(山の手事情社『タイタス・アンドロニカス』、シアターコクーン『労働者M』、阿佐ヶ谷スパイダース『桜飛沫』)」野中広樹　テアトロ　776　2006.4　p49～51

### 大脱走 太田幸司さん、いかがおすごしですか？　㈲青年座
**3605**　上演：1982年8月17日～9月5日　場所：青年座劇場　作：野田秀樹　演出：石澤秀二

◇「凡人のできることやないけど(青年座『大脱走』)」岩波剛　テアトロ　477　1982.11　p38～39

### 大脱走 太田幸司さん、いかがおすごしですか？　㈲夢の遊眠社
**3606**　上演：1983年3月25日～4月17日　場所：本多劇場　作・演出：野田秀樹

◇「嗚々、夢の遊眠社無惨(ことばの劇場)」今野裕一　新劇　30(6)　1983.6　p21～24

### タイタニック・ポーカー　㈲ジャブジャブサーキット
**3607**　上演：2003年5月22日～5月25日　場所：ザ・スズナリ　草案：北村想　作・演出：はせひろいち

◇「忘れられた女優をめぐって…(方の会『過ぎし日々―女優志賀暁子のこと』、東京演劇集団風『パレードを待ちながら』、ジャブジャブサーキット『タイタニック・ポーカー』、文学座『龍の伝説』)」浦崎浩實　テアトロ　739　2003.8　p56～57

### 代田橋のアトム―決して思い出せない百八の冒険　㈲くらす企画
**3608**　上演：1989年12月25日～12月31日　場所：ザ・スズナリ　作・演出：吉田秀穂

◇「これからも、ずっと」林あまり　しんげき　37(3)　1990.3　p38～41

### 大地のカケラ　㈲東演
**3609**　上演：2006年9月30日～10月9日　場所：東演パラータ　作：はせひろいち　演出：河田園子

◇「言わずもがなの趣向(俳小『美しきものの伝説』、東演『大地のカケラ』、俳優座『罪と罰』)」中本信幸　テアトロ　785　2006.12　p56～57

### 大盗賊　㈲S.W.A.T！
**3610**　上演：1999年2月10日～2月14日　場所：博品館劇場　作・演出：四大海

◇「演劇という制度への無自覚(S.W.A.T！『大盗賊』、ザ・ガジラ『女中たち』)」里見宗律　テアトロ　680　1999.4　p66～67

### 台所の女たちへ　㈲青年座
**3611**　上演：2014年8月21日～8月31日　場所：青年座劇場　作・演出：田村孝裕

◇「喜劇の容貌をした悲劇(地点『コリオレイナス』、青年座『台所の女たちへ』、少年王者舘+tsumazuki no ishi『寝覚町の旦那のオモチャ』)」丸田真悟　テアトロ　896　2014.11　p36～37

### 台所の灯(ともしび)　㈲東京乾電池
**3612**　上演：1988年3月6日～3月8日　場所：紀伊國屋ホール　作・演出：岩松了

◇「「感動させない芝居」のめまい」七字英輔　新劇　35(5)　1988.5　p26～29

## 胎内 ㈱新国立劇場
**3613** 上演：2004年10月4日～10月17日　場所：新国立劇場小劇場　作：三好十郎　演出：栗山民也
◇「闇に差す一条の光（新国立劇場『胎内』、シアターコクーン『赤鬼』（日本バージョン）、遊機械オフィス・プロデュース『溺れた世界』）」内田洋一　テアトロ　757　2004.12　p44～46

## ダイナード―切開された神話 ㈱太虚〈TAO〉
**3614** 上演：1996年3月29日～3月31日　場所：六行会ホール　構成：鈴木絢士、斉藤徹、岸田理生
◇「反復される『日本』（太虚〈TAO〉『ダイナード―切開された神話』、燐光群『小泉八雲劇場＝夜光るもの』）」大岡淳　テアトロ　643　1996.6　p51～52

## 第二次大戦のシュベイク ㈱民藝
**3615** 上演：1988年5月21日～6月5日　場所：サンシャイン劇場　作：ブレヒト　台本・演出：渡辺浩子
◇「大滝秀治のシュヴェイク（民藝『第二次大戦のシュヴェイク』）」岩淵達治　テアトロ　546　1988.8　p24～25

## 第2章 ㈱パルコ
**3616** 上演：1999年2月7日～2月28日　場所：PARCO劇場　作：ニール・サイモン　訳・演出：福田陽一郎
◇「愛の喜劇二題（T.P.T『愛の勝利』、パルコ劇場『第二章』）」渡辺淳　テアトロ　680　1999.4　p62～63

## 第二章 ㈱加藤健一事務所
**3617** 上演：1988年9月21日～10月2日　場所：本多劇場　作：ニール・サイモン　演出：大杉祐
◇「正しい〈羊〉の飼い方」林あまり　新劇　35（12）　1988.12　p42～45

## 頽廃のオペラ ㈱ロマンチカ
**3618** 上演：1992年7月2日～7月8日　場所：R・labo　作・演出：林巻子
◇「肉のある舞台」布施英利　Les Specs　39（10）　1992.10　p22～23

## タイピンにおける死 ㈱アリストパネス・カンパニー
**3619** 上演：2010年11月19日～11月28日　場所：スタジオAR　作・演出：黒川欣映
◇「過去をまさぐる奇手妙手（アリストパネスカンパニー『タイピンにおける死』、虹企画/ぐるうぷシュラ『トリゴーリンの手帳』、劇団め組『PS』）」中本信幸　テアトロ　844　2011.2　p58～59

## 太平洋序曲 ㈱新国立劇場
**3620** 上演：2000年10月2日～10月22日　場所：新国立劇場小劇場　台本：ジョン・ワイドマン　訳：橋本邦彦　演出・振付：宮本亜門　作曲・作詞：スティーブン・ソンドハイム　音楽監督：竹本泰蔵　衣裳：ワダエミ　舞台装置：松井るみ
◇「日米の音楽劇の意欲作（新国立劇場『太平洋序曲』、木山事務所『ぼくの失敗 私の下町3』）」扇田昭彦　テアトロ　701　2000.12　p44～45

**3621** 上演：2002年10月11日～10月31日　場所：新国立劇場小劇場　台本：ジョン・ワイドマン　訳：橋本邦彦　演出・振付：宮本亜門　作曲・作詞：スティーブン・ソンドハイム　振付：麻咲梨乃
◇「夢に見るあの時代へ（世田谷パブリックシアター『月の向こう側』、新国立劇場『太平洋序曲』）」大岡淳　テアトロ　729　2002.12　p56～57

## 大菩薩峠 ㈱グループ2
**3622** 上演：1985年2月8日～2月24日　場所：本多劇場　作：山崎哲　演出：衛紀生
◇「未消化な舞台の空洞（グループ2『大菩薩峠』）」大笹吉雄　テアトロ　506　1985.4　p36～38

## 大菩薩峠 ㈱青年座
**3623** 上演：1999年10月9日～10月17日　場所：本多劇場　原作：中里介山　作：八木柊一郎　演出：鈴木完一郎
◇「もっと観客を見て！（銀座セゾン劇場『KUNISADA 国定忠治』、青年座『大菩薩峠』、黒テント『ちか眼のカメレオン』）」林あまり　テアトロ　688　1999.12　p54～55

## 大漫才―変われるものなら変わってみろ ㈱東京壱組
**3624** 上演：1987年1月　場所：築地本願寺ブディストホール　作・演出：吉田秀穂　演出：大谷亮介
◇「変貌のターニング・ポイント」佐々木幹郎　新劇　34（4）　1987.4　p28～33
◇「軍隊芝居の虚しさ」渡辺保　新劇　34（4）　1987.4　p34～39

## タ・イ・ム ㈱３◯◯
**3625** 上演：1982年4月17日～4月25日　場所：シアターグリーン　作・演出：渡辺えり子
◇「風の匂い―渡辺えり子の原点について」衛紀生　新劇　29（6）　1982.6　p24～25

## タイムズ ㈱極東退屈道場
**3626** 上演：2012年10月5日～10月7日　場所：AI・HALL　作・演出：林慎一郎
◇「10月の関西 解体する主体、解かれる物語（エイチエムピー・シアターカンパニー『アテンプツ・オン・ハー・ライフ』、極東退屈道場『タイムズ』、DRY BONES『蒸気愛脳』）」太田耕人　テアトロ　869　2012.12　p53～55

**3627** 上演：2015年4月24日～4月26日　場所：AI・HALL　作：林慎一郎　演出：佐藤信
◇「5月の関西 再読されるテクスト（空の驛舎『追伸』、極東退屈道場『タイムズ』、KUNIO番外公演『ともだちが来た』、ルドルフ『COLLAPSAR』）」太田耕人　テアトロ　905　2015.7　p38～40

## ダイヤルMを廻せ！ ㈱自転車キンクリート
**3628** 上演：1994年8月11日～8月25日　場所：紀伊國屋ホール　原作：フレデリック・ノット　脚本：飯島早苗　演出：鈴木裕美

◇「舞台の「空気」と「時間」(レクラム舎『風の吹く日は』,青年団『S高原から』,300『赤い靴』,銀座セゾン劇場『飛竜伝'94』,自転車キンクリート『ダイヤルMを廻せ！』)」大沢圭司　テアトロ　621　1994.10　p54〜57

**ダイヤルMを廻せ！**　[団]名画座

**3629** 上演：1986年7月　場所：プーク人形劇場　作：フレデリック・ノット　演出：上田泰人

◇「『リア』と『フール・フォア・ラブ』」渡辺保　新劇　33(9)　1986.9　p34〜39

**太陽**　[団]イキウメ

**3630** 上演：2011年11月10日〜11月27日　場所：青山円形劇場　作・演出：前川知大

◇「アクチュアリティ—舞台の内と外と—(イキウメ『太陽』,燐光群『たった一人の戦争』,扉座『人情噺 紺屋高尾』)」みなもとごろう　テアトロ　858　2012.2　p62〜63

**3631** 上演：2016年5月6日〜5月29日　場所：シアタートラム　作・演出：前川知大

◇「生存の苦悩と美の啓示(キューブ『八月の家族たち』,パルコ『猟銃』,劇団俳優座『反応行程』,イキウメ『太陽』,劇団NLT『しあわせの雨傘』)」結城雅秀　テアトロ　919　2016.7　p47〜50

**太陽が死んだ日**　[団]東京オピニオンズフェスティバル

**3632** 上演：1996年12月14日〜1997年1月9日　場所：アートスフィア　作：ピーター・シェファー　訳：吉田美枝　演出：テリー・ハンズ

◇「台詞術の面とスペクタクル性(RSC『夏の夜の夢』,安澤事務所+幹の会『リア王』,俳優座『ハムレット』,東京オピニオンズ『太陽が死んだ日』,シアターX『乞食と夢』『掏摸の家』)」結城雅秀　テアトロ　653　1997.3　p69〜73

**太陽と月**　[団]青年劇場

**3633** 上演：2010年4月16日〜4月25日　場所：紀伊國屋ホール　作・演出：ジェームス三木　音楽：川崎絵都夫

◇「歴史を問う二作品(劇団☆新感線『薔薇とサムライ』,新国立劇場『夢の裂け目』,青年劇場『太陽と月』)」水落潔　テアトロ　834　2010.6　p36〜37

**太陽の子**　[団]前進座

**3634** 上演：1980年3月26日〜4月5日　場所：読売ホール　原作：灰谷健次郎　脚本：山田民雄　演出：香川良成

◇「三つの劇場公演を見て(前進座『太陽の子』,東京演劇アンサンブル『走れメロス』,四季『赤毛のアン』)」田島義雄　テアトロ　448　1980.6　p32〜35

**太陽風**　[団]空の驛舎

**3635** 上演：2007年9月7日〜9月9日　場所：AI・HALL　作・演出：中村賢司

◇「9月の関西 現実になる幻想(壁ノ花団『悪霊』,空の驛舎『太陽風』)」太田耕人　テアトロ　798　2007.11　p58〜59

**太陽2068**　[団]Bunkamura

**3636** 上演：2014年7月7日〜8月3日　場所：シアターコクーン　作：前川知大　演出：蜷川幸雄

◇「どこかにボタンのかけ違いが…(Bunkamura『太陽2068』,彩の国シェイクスピアシリーズ番外編『ロミオとジュリエット』,青年座『UNIQUE NESS』)」みなもとごろう　テアトロ　895　2014.10　p36〜37

**大恋愛**　[団]オフィス・ザ・サード・ステージ

**3637** 上演：1988年5月1日〜5月16日　場所：恵比寿ファクトリー第1ホール　構成・演出：木野花

◇「〈時代の肩凝り〉おかげんいかが？」林あまり　新劇　35(7)　1988.7　p38〜41

**台湾の、灰色の牛が背のびをしたとき**　[団]維新派

**3638** 上演：2010年7月20日〜8月1日　場所：岡山市犬島・「精錬所」内 野外特設劇場　作・演出：松本雄吉

◇「8月の関西 戦争をみつめる(維新派『台湾の、灰色の牛が背のびをしたとき』,桃園会『浮標』,大阪女優の会『遠くの戦争』)」太田耕人　テアトロ　839　2010.10　p53〜55

**ダーウィンへの最後のタクシー**　[団]演劇企画集団・楽天団

**3639** 上演：2006年2月16日〜2月21日　場所：スタジオあくとれ　原作：レグ・クリップ　訳：佐和田敬司　演出：和田喜夫

◇「拘れる、地下水脈の結節点に。—楽天団『ダーウィンへの最後のタクシー』」梅山いつき　シアターアーツ　26　2006.3　p97〜99

**ダーウィンの城**　[団]文学座アトリエの会

**3640** 上演：2010年10月25日〜11月7日　場所：文学座アトリエ　作：鐘下辰男　演出：高橋正徳

◇「抑えがたい暴力への衝動描く(文学座アトリエ『ダーウィンの城』,五反田団『迷子になるわ』,イキウメ『図書館的人生vol.3 食べもの連鎖』)」丸田真悟　テアトロ　843　2011.1　p38〜39

**ダウト—疑いをめぐる寓話**　[団]文学座アトリエの会

**3641** 上演：2008年4月12日〜4月22日　場所：吉祥寺シアター　作：ジョン・パトリック・シャンリィ　演出：望月純吉

◇「格闘する演劇と格闘じみた演劇(文学座アトリエの会『ダウト—疑いをめぐる寓話』,Bunkamura『どん底』,新国立劇場『焼肉ドラゴン』)」村井健　テアトロ　806　2008.6　p40〜44

**胎(タエ)**　[団]木花(モクファ)

**3642** 上演：1988年5月20日〜5月23日　場所：草月ホール　作・演出：呉泰錫

◇「「亡霊」というコンセプト」七字英輔　新劇　35(8)　1988.8　p30〜33

**高丘親王航海記―夢の宇宙誌** [団]月蝕歌劇団

***3643*** 上演：1997年10月9日～10月13日　場所：萬スタジオ　作：澁澤龍彦　構成・脚色・演出：高取英

◇「秋の傑作舞台，続々登場（JAC『GEKI TOTSU』，三人芝居『動物園の豚』，ピープルシアター『プラットホーム 聖なる冬』，青年劇場『甦る夏の日』，うらら舎『カッポレはもう踊らない』，月蝕歌劇団『高丘親王航海記―夢の宇宙誌』）」浦崎浩實　テアトロ　662　1997.12　p75～77

**高き彼物** [団]加藤健一事務所

***3644*** 上演：2009年11月18日～11月29日　場所：本多劇場　作：マキノノゾミ　演出：高瀬久男

◇「裁き裁かれる人たち（Bunkamura『十二人の怒れる男』，パルコ・プロデュース『海をゆく者』，加藤健一事務所『高き彼物』，民藝『神戸北ホテル』）」北川登園　テアトロ　830　2010.2　p44～46

**高き彼物** [団]俳優座劇場

***3645*** 上演：2000年9月8日～9月16日　場所：俳優座劇場　作：マキノノゾミ　演出：鈴木裕美

◇「対照的な三つの舞台（新国立劇場『マクベス』，俳優座劇場プロデュース『高き彼物』，東京演劇集団風『肝っ玉おっ母とその子供たち』）」斎藤偕子　テアトロ　700　2000.11　p104～106

***3646*** 上演：2002年4月14日～4月17日　場所：俳優座劇場　作：マキノノゾミ　演出：鈴木裕美

◇「個人が個人であることの困難（木山事務所『慶応某年ちぎれ雲』，俳優座劇場プロデュース『高き彼物』，民藝『その人を知らず』）」大岡淳　テアトロ　722　2002.6　p44～46

**高橋お伝―毒婦になった女** [団]方の会

***3647*** 上演：2017年5月18日～5月21日　場所：築地本願寺ブディストホール　原案：福原秀雄　作：若菜トシヒロ　演出：狭間鉄

◇「人は宿命とどう向き合うか（方の会『高橋お伝―毒婦になった女―』，劇団鳥獣戯画『不知火譚』，劇団芝居屋『ポルカ』）」黒羽英二　テアトロ　935　2017.8　p44～45

**高橋おでん 毒婦の父** [団]俳優座

***3648*** 上演：1979年10月18日～10月27日　場所：サンシャイン劇場　作：矢代静一　演出：東野英治郎，島田安行

◇「「性女伝説」矢代版（俳優座『毒婦の父』）」藤田洋　テアトロ　443　1980.1　p21～24

**高橋さんの作り方** [団]グループる・ぱる

***3649*** 上演：2010年5月14日～5月23日　場所：あうるすぽっと　作：土屋理敬　演出：鐘下辰男

◇「俳優の重み（Pカンパニー『夏の砂の上』，グループる・ぱる『高橋さんの作り方』，萬國四季協會『鳥影』）」斎藤偕子　テアトロ　835　2010.7　p46～47

**タカハシ、ドイツへ行く** [団]東京壱組

***3650*** 上演：1988年7月20日～7月27日　場所：ザ・スズナリ　作・演出：吉田秀穂，壱組

◇「涙と笑いの夏」林あまり　新劇　35（10）　1988.10　p42～45

**宝島** [団]南河内万歳一座

***3651*** 上演：2013年5月29日～6月3日　場所：一心寺シアター　作・演出：内藤裕敬

◇「6月の関西 発掘するエクリチュール（兵庫県立ピッコロ劇団『不条理・四谷怪談』，南河内万歳一座『宝島』，劇団大阪『鼬』）」太田耕人　テアトロ　879　2013.8　p58～60

**タカラレ六郎の仇討ち** [団]青年座

***3652*** 上演：2012年10月27日～11月4日　場所：紀伊國屋ホール　作：中島淳彦　演出：黒岩亮

◇「切り捨てられた者たちの意地（文学座『獏さんがゆく』，青年座『タカラレ六郎の仇討ち』，扉座『端敵★天下茶屋』）」丸田真悟　テアトロ　871　2013.1　p48～49

**滝沢家の内乱** [団]加藤健一事務所

***3653*** 上演：2011年7月13日～7月24日　場所：本多劇場　作：吉永仁郎　演出：高瀬久男

◇「現実と切り結ぶイメージ（阿佐ヶ谷スパイダース『荒野に立つ』，文学座アトリエ『山羊…それって…もしかして…シルビア？』，加藤健一事務所『滝沢家の内乱』，俳優座ラボ『妻の家族』）」丸田真悟　テアトロ　853　2011.10　p40～42

***3654*** 上演：2015年8月26日～8月30日　場所：本多劇場　作：吉永仁郎　演出：高瀬久男

◇「秋の前線（加藤健一事務所『滝沢家の内乱』，パルコ・プロダクション『転校生』，オフィスワンダーランド『アレキサンドル昇天』，座・高円寺『ふたごの星』）」斎藤偕子　テアトロ　910　2015.11　p36～37

**滝の茶屋のおじちゃん2003** [団]PM/飛ぶ教室

***3655*** 上演：2003年2月7日～2月9日　場所：神戸アートビレッジセンター　作：蟷螂襲

◇「2月の関西 書きうるテクスト（PM/飛ぶ教室『滝の茶屋のおじちゃん2003』，京都芸術センター『デュオの可能性』，糾～あざない～『雪迎えの朝』）」太田耕人　テアトロ　734　2003.4　p59～61

**「宅悦とお岩」～四谷怪談のそのシーンのために** [団]岩松了プロデュース

***3656*** 上演：2014年3月7日～3月23日　場所：下北沢駅前劇場　作・演出：岩松了

◇「演劇は社会の役に立つべきなのか（トラッシュマスターズ『虚像の礎』，岩松了プロデュース『宅悦とお岩』，流山児★事務所『田園に死す』）」丸田真悟　テアトロ　889　2014.5　p40～41

**啄木伝** [団]文化座

***3657*** 上演：1986年6月11日～6月19日　場所：三百人劇場　作：秋浜悟史　演出：鈴木完一郎

◇「2人の啄木」渡辺保　新劇　33（8）　1986.8　p30～35

◇「挑発的な舞台（文化座『啄木伝』）」藤木宏幸　テアトロ　522　1986.8　p26～27

**啄木の妻** [団]文化座

***3658*** 上演：1981年3月17日～3月29日　場所：俳優座劇場　作：渡辺喜恵子　脚色：野口達二　演出：貝山武久

◇「佐々木愛と長篇ヒロイン（文化座「啄木の妻」）」

浜村道哉　テアトロ　459　1981.5　p26～29

### だけど、ほらごらん　[団]太陽族

**3659** 上演：2006年7月7日～7月9日　場所：AI・HALL　作・演出：岩崎正裕

◇「7月の関西 進化する精華演劇祭（77年企画『マリコの悪縁教室』，桃園会『もういいよ』，劇団・太陽族『だけど、ほらごらん』）」太田耕人　テアトロ　782　2006.9　p62～64

### 竹取物語―本田小学校篇　[団]中村座

**3660** 上演：1980年8月　場所：中村座　作・演出：金杉忠男

◇「暴力性と狂気」利光哲夫　新劇　27（10）1980.10　p30～33

**3661** 上演：1986年12月　場所：中村座　作・演出：金杉忠男

◇「ことばは肉（ししむら）のうちにはぐくまれる」佐々木幹郎　新劇　34（3）　1987.3　p28～33

### だし　[団]スクエア

**3662** 上演：1999年11月5日～11月7日　場所：扇町ミュージアムスクエア　作：森澤匡晴　演出：上田一軒

◇「11月の関西 記憶の劇場（維新派『水街』，犯罪友の会『ひだまりの海』，劇団八時半『黒い空とふたりと』，アグリーダックリング『深流波』，スクエア『だし』）」太田耕人　テアトロ　690　2000.1　p82～84

### たしあたま　[団]カメレオン会議

**3663** 上演：1998年9月4日～9月15日　場所：本多劇場　作：松田正隆，角田智子，桝野幸宏　作・構成・演出：竹内銃一郎

◇「エネルギッシュで猥雑で（流山児★事務所『煙の向こうのもう一つのエントツ』，流山児★事務所『カレー屋の女』，カメレオン会議『たしあたま』，東京芸術座『どん底』）」江原吉博　テアトロ　674　1998.11　p58～60

### 多神教　[団]遊劇体

**3664** 上演：2010年5月21日～5月25日　場所：五條楽園歌舞練場　作：泉鏡花　演出：キタモトマサヤ

◇「6月の関西 古典に書き込む（ルドルフ『授業』，木ノ下歌舞伎『勧進帳』，遊劇体『多神教』）」太田耕人　テアトロ　837　2010.8　p56～58

### たすけて　[団]俳優座

**3665** 上演：1987年5月8日～5月20日　場所：俳優座劇場　作：山内久　演出：安川修一

◇「さまざまな人間模様（俳優座『たすけて』）」ほんちえいき　テアトロ　533　1987.7　p24～25

### 黄昏　[団]CATプロデュース

**3666** 上演：2006年12月13日～12月24日　場所：ル・テアトル銀座　作：アーネスト・トンプソン　訳：吉岡裕一　共同演出：高瀬久男，板垣恭一　振付：夏貴陽子　音楽：溝口肇

◇「井上ひさしの新作（こまつ座『私はだれでしょう』，CATプロデュース『黄昏』）」水落潔　テアトロ　789　2007.3　p106～107

**3667** 上演：2018年8月10日～8月27日　場所：紀伊國屋ホール　作：アーネスト・トンプソン　訳：青井陽治　演出：鵜山仁

◇「家族という厄介な関係（ハイバイ『て』『夫婦』，石井光三オフィスプロデュース『死神の精度～7Days Judgement』，シーエイティプロデュース『黄昏』，神奈川芸術劇場『グレーテルとヘンゼル』，東京演劇集団風『記憶の通り路―孤独に苛まれている老婦人には気をつけて』）」杉山弘　テアトロ　952　2018.11　p49～51

### 黄昏　[団]青年座

**3668** 上演：1995年2月25日～3月2日　場所：紀伊國屋ホール　作：アーネスト・トンプソン　訳：倉橋健　演出：栗山昌良

◇「台詞に弾丸を籠める…（銀座セゾン劇場+松竹『リチャード三世』，シェイクスピア・シアター『じゃじゃ馬ならし』，青年座『黄昏』，民藝『私を忘れないで』，三重県演劇塾『決定版・團十郎と音二郎』，国際青年演劇センター+北極舎『ティー』，レクラム舎『笑う猫』）」結城雅秀　テアトロ　629　1995.5　p49～56

**3669** 上演：2010年11月20日～11月28日　場所：紀伊國屋ホール　作：アーネスト・トンプソン　訳：たかしまちせこ　演出：伊藤大

◇「様々な人生を描く三作品（青年座『黄昏』，文学座『くにこ』，民藝『十二月―下宿屋『四丁目ハウス』―』）」水落潔　テアトロ　844　2011.2　p52～53

### たそがれて、カサブランカ　[団]パルコ

**3670** 上演：1989年4月14日～4月30日　場所：PARCO劇場　作：清水邦夫　演出：杉田成道

◇「清水邦夫のこだわり（パルコ劇場『たそがれて、カサブランカ』）」水落潔　テアトロ　556　1989.6　p24～25

### 黄昏れて、途方に暮れて　[団]東京ヴォードヴィルショー

**3671** 上演：1988年10月6日～10月18日　場所：本多劇場　作・演出：松原敏春　演出：添田忠伸

◇「コスモスと桜――時代の黄昏に」扇田昭彦　新劇　35（12）　1988.12　p34～37

**3672** 上演：2007年9月5日～9月9日　場所：紀伊國屋サザンシアター　作・演出：松原敏春　演出：佐藤B作

◇「心優しい人びと（松原祭〈明日への夢〉『まだ見ぬ幸せ』『黄昏れて、途方に暮れて』，トム・プロジェクト『夏きたりなば』）」斎藤偕子　テアトロ　798　2007.11　p48～49

### 黄昏にカウントコール　[団]風間杜夫アーカイブスシアター

**3673** 上演：2006年7月4日～7月9日　場所：紀伊國屋ホール　作・演出：長谷川康夫　振付：前田清実　音楽：留守晃

◇「共犯関係を逆手にとる舞台（シベリア少女鉄道『残酷な神が支配する』，ポツドール『女のみち』，三

田村組『仰げば尊くなし』、風間杜夫アーカイブスシアター『黄昏にカウントコール』)」丸田真悟　テアトロ　782　2006.9　p44〜45

### 黄昏のカンガルーハイツ　㊙立身出世劇場
**3674**　上演：2004年4月15日〜4月20日　場所：HEP HALL　作・演出：関秀人
　◇「4月の関西 メタファーとリアリティー(遊ild体『エディアカラの楽園』、立身出世劇場『黄昏のカンガルーハイツ』、劇団八時半『山から吹きおり』」太田耕人　テアトロ　750　2004.6　p60〜62

### 黄昏のボードビル　㊙オンシアター自由劇場
**3675**　上演：1996年2月6日〜2月25日　場所：シアターコクーン　原作：斎藤憐　脚色・演出：串田和美　音楽：越部信義、松本治
　◇「演技のいさぎよさ(博品館劇場『貞子』、オンシアター自由劇場『黄昏のボードビル』、空間演技『籠城』)」大場建治　テアトロ　641　1996.4　p57〜59

### 黄昏のメルヘン　㊙東演
**3676**　上演：2001年12月1日〜12月9日　場所：東演パラータ　作：矢代静一　演出：越光照文
　◇「古典が甦る時と枯死する時(イプセンを上演する会『ヘッダ・ガブラー』、東演『黄昏のメルヘン』、虹企画Group シュラ『赤いざくろ』『女優(その1)』、グリング『3/3サンブンノサン』)」浦崎浩實　テアトロ　718　2002.2　p58〜59

### 黄昏のメルヘン　㊙文学座
**3677**　上演：1982年4月3日〜4月17日　場所：紀伊國屋ホール　作：矢代静一　演出：加藤新吉
　◇「軽妙な愛の抒情喜劇(文学座『黄昏のメルヘン』)」ほんちえいき　テアトロ　472　1982.6　p21〜24

### 黄昏のメルヘン　㊙ミズキ事務所
**3678**　上演：2007年7月4日〜7月8日　場所：紀伊國屋ホール　作：矢代静一　演出：小林裕
　◇「人間の尊厳と時代・国家(地人会『朝焼けのマンハッタン』、メープルリーフ・シアター『リタ・ジョーの幻想』、ミズキ事務所『黄昏のメルヘン』、俳優座劇場『ボールは高く雲に入り』)」丸田真悟　テアトロ　796　2007.9　p54〜55

### 黄昏ワルツ　㊙くじら企画
**3679**　上演：1998年1月31日〜2月1日　場所：カラビンカ　作・演出：大竹野正典
　◇「2月の関西 三作家の新作(『家を出た』制作実行委員会プロデュース『家を出た』、くじら企画『黄昏ワルツ』、メイシアタープロデュース『新・曾根崎心中』)」宮辻政夫　テアトロ　667　1998.4　p59〜61

### 戦い　㊙大阪
**3680**　上演：2002年5月24日〜5月26日　場所：谷町劇場　作：ハイナー・ミュラー　訳・構成：市川明　演出：堀江ひろゆき
　◇「6月の関西 反復の可能性(ラックシステム『お弁当』、南河内万歳一座『改訂版・賞金稼ぎ』、桃園会『ハルのいる家』、劇団大阪『戦い』)」太田耕人　テアトロ　725　2002.8　p106〜108

### たたかう女　㊙トム・プロジェクト
**3681**　上演：1995年6月27日〜7月2日　場所：ザ・スズナリ　作・演出：坂手洋二
　◇「異色の顔合わせが生むパワー(青春五月党『グリーン・ベンチ』、第三エロチカ『四谷怪談・解剖室』、地人会『はつ恋─抱月と須磨子』、俳優座『ソフィストリー─詭弁』、トム・プロジェクト『たたかう女』、演奏神家の大尉─季節はずれの卒論』、劇団青杜『ペガサス』)」結城雅美　テアトロ　633　1995.9　p62〜69

### 正しい教室　㊙パルコ
**3682**　上演：2015年4月2日〜4月19日　場所：PARCO劇場　作・演出：蓬莱竜太
　◇「現代社会へのアプローチ(東京ヴォードヴィルショー『田茂神家の一族』、燐光群『クイズ・ショウ』、パルコ『正しい教室』)」高橋豊　テアトロ　904　2015.6　p38〜39

### ただすまう　㊙南船北馬一団
**3683**　上演：1998年5月28日〜5月31日　場所：谷町劇場　作・演出：棚瀬美幸
　◇「6月の関西「日常」の描き方(MONO『きゅうりの花』、南船北馬一団『ただすまう』、劇団八時半『川底にみどりの魚はいる』、関西芸術座『バーディ』)」宮辻政夫　テアトロ　671　1998.8　p82〜84

### 漂う電球　㊙オリガト・プラスティコ
**3684**　上演：2006年9月28日〜10月9日　場所：本多劇場　作：ウディ・アレン　訳：鈴木小百合　演出：ケラリーノ・サンドロヴィッチ
　◇「摩訶不思議！『ガラスの動物園』は永遠に砕けない!?─オリガト・プラスティコ『漂う電球』」桂真菜　シアターアーツ　29　2006.12　p95〜97

### ただ夜、夜と記されて　㊙空の驛舎
**3685**　上演：2016年8月9日〜8月11日　場所：ウィングフィールド　作：中村賢司　演出：空ノ驛舎
　◇「8月の関西 OMS戯曲賞受賞作家の活躍(A級Missing Link『或いは魂の止まり木』、下鴨車窓『旅行者』、空の驛舎『ただ夜、夜と記されて』、兵庫県立ピッコロ劇団『オズのオジさんやーい』、空晴『ここも誰かの旅先』)」九鬼葉子　テアトロ　923　2016.10　p46〜48

### 鑪─たたら　㊙青年座
**3686**　上演：2015年3月20日〜3月29日　場所：青年座劇場　作：早船聡　演出：須藤黄英
　◇「在世綾錦(あやにしき)のもろもろ(青年座『鑪─たたら』、東京芸術座『神隠し八十八ものがたり』、こまつ座『小林一茶』)」中本信幸　テアトロ　904　2015.6　p44〜45

### DUCK SOAP　㊙プロジェクト・ナビ
**3687**　上演：1987年7月7日〜7月12日　場所：タイニイ・アリス　作・演出：北村想
　◇「集団ということ」佐々木幹郎　新劇　34(9)　1987.9　p24〜29
　◇「民芸の『ヴィシーでの出来事』」渡辺保　新劇　34(9)　1987.9　p30〜35

## 脱退会議／その牙に気をつけろ (NLT)

**3688** 上演：2017年4月15日〜4月19日　場所：シアターグリーン BOX in BOX THEATER　作：佐藤正俊（脱退会議）、新堂陣（その牙に気をつけろ）　演出：加納敬次、池田政之

◇「人の世の生き方いろいろ（劇団NLT『脱退会議』『その牙に気をつけろ』、アクターズスタジオ櫻会『流しの辻説法師』）」黒羽英二　テアトロ　933　2017.7　p48〜49

## たった一人の戦争 (燐光群)

**3689** 上演：2011年11月18日〜11月28日　場所：座・高円寺1　作：坂手洋二

◇「アクチュアリティ―舞台の内と外と―（イキウメ『太陽』、燐光群『たった一人の戦争』、扉座『人情噺 紺屋高尾』）」みなもとごろう　テアトロ　858　2012.2　p62〜63

## Touch〜孤独から愛へ (東京演劇団風)

**3690** 上演：2002年4月27日〜4月29日　場所：レパートリーシアターKAZE　作：ライル・ケスラー　訳：吉田美枝　演出：浅野佳成

◇「時代の影（青年座『湖底』、NLT『毒薬と老嬢』、東京演劇団風『Touch〜孤独から愛へ』、俳優座『八月に乾杯！』）」渡辺淳　テアトロ　723　2002.7　p48〜50

**3691** 上演：2006年2月21日〜2月26日　場所：レパートリーシアターKAZE　作：ライル・ケスラー　訳：吉田美枝　演出：浅野佳成

◇「孤立する心を救うものは…（シーエイティプロデュース『6週間のダンスレッスン』、東京演劇集団風『Touch〜孤独から愛へ〜』、地人会『流星に捧げし』）」北川登園　テアトロ　777　2006.5　p59〜61

## タッチューから吹く風 (大阪)

**3692** 上演：1997年5月〜6月　場所：近鉄小劇場　作：西岡誠一　演出：堀江ひろゆき

◇「6月の関西 手応え不足（劇団大阪『タッチューから吹く風』、PM/飛ぶ教室『いま、ラジオがそう云った』、R・U・Pプロデュース『河童』）」宮辻政夫　テアトロ　658　1997.8　p74〜79

## タッチング・ヘヴン (ウェスト・ヨークシャー・プレイハウス)

**3693** 上演：1998年3月4日〜3月8日　場所：三百人劇場　作・演出：ケイ・メラー　演出：ジュード・ケリー

◇「一人芝居の熱さに欠けた（財）現代演劇協会主催第二回国際ひとり芝居フェスティバル」村井健　テアトロ　668　1998.5　p54〜55

## 辰之助の走れメロス (日生劇場)

**3694** 上演：1996年8月21日〜8月26日　場所：日生劇場　原作：太宰治　脚本・演出：菊池准

◇「孤独な女の激情を端正に描く（昴 ザ・サード・ステージ『修道女』、ピース・ユニット『ベンチ』、三人芝居『トラブル』、東京シェイクスピアカンパニー『お気に召すまま』、グローブ座カンパニー『十二夜』、日生劇場『走れメロス』）」結城雅秀　テアトロ　647　1996.10　p72〜78

**3695** 上演：1998年8月22日〜8月27日　場所：日生劇場　原作：太宰治　脚色・演出：菊池准

◇「心動かされた台詞（日生劇場『辰之助の走れメロス』、扉座『三好家の引っ越し』、初舞台『終わらない夜』、銅鑼『らぶそんぐ』）」浦崎浩實　テアトロ　674　1998.11　p64〜66

## tatsuya (流山児★事務所)

**3696** 上演：1993年7月24日〜8月1日　場所：ザ・スズナリ　作：鐘下辰男　演出：流山児祥

◇「舞台へ誘う「仕掛け」（テアトル・エコー『馬かける男たち』、ラッパ屋『アロハ颶風』、岡部企画『精霊流し』、流山児★事務所『tatsuya』、扉座『うたかたの城』）」大沢圭司　テアトロ　608　1993.10　p52〜55

## tatsuya/最愛なる者の側へ (THEガジラ)

**3697** 上演：1999年9月2日〜9月19日　場所：ザ・スズナリ　作・演出：鐘下辰男

◇「芝居は"人恋しさ"に始まる！（文化座『パートナー』、オフィス樹『蟻たちへの伝言』、THE・ガジラ『tatsuya/最愛なる者の側へ』、OPEN SESAME『クラウンのいる風景—星の砂漠』）」浦崎浩實　テアトロ　687　1999.11　p62〜64

## 殺陣師段平 (青年座)

**3698** 上演：2004年3月14日〜3月23日　場所：紀伊國屋サザンシアター　作：長谷川幸延　演出・補綴：鈴木完一郎

◇「歴史の深層に（劇団仲間『蝦夷地別件』、オフィスプロジェクトM『飯縄おろし』、劇団1980『こい『梟物語』、青年座『殺陣師段平』）」中本信幸　テアトロ　749　2004.5　p60〜62

## 建てましにつぐ建てましポルカ (ヨーロッパ企画)

**3699** 上演：2013年9月5日〜9月8日　場所：京都府立文化芸術会館　作・演出：上田誠

◇「9月の関西 手法を見せる（空晴『理想の、あとかたづけ』、ヨーロッパ企画『建てましにつぐ建てましポルカ』）」太田耕人　テアトロ　882　2013.11　p74〜75

## 伊達娘恋緋鹿子 (木ノ下歌舞伎)

**3700** 上演：2009年10月16日〜10月19日　場所：アトリエ劇研　作：菅専助、松田和吉、若竹笛躬　演出：木ノ下裕一

◇「10月の関西 鎖に繋がれて—（木ノ下歌舞伎『伊達娘恋緋鹿子』、南船北馬『それでもワタシは空をみる』、犯罪友の会『ちぎれぐも』）」太田耕人　テアトロ　769　2009.12　p78〜80

## タトゥー (新国立劇場)

**3701** 上演：2009年5月15日〜5月31日　場所：新国立劇場小劇場　作：デーア・ローアー　訳：三輪玲子　演出：岡田利規

◇「ドミノの"リアル"（イキウメ『関数ドミノ』、シス・カンパニー『楽屋―流れ去るものがなつかしき』、新国立劇場『タトゥー』）」林あまり　テアトロ　821　2009.7　p42〜43

## たとえば野に咲く花のように (新国立劇場)

**3702** 上演：2016年4月6日〜4月24日　場所：新国

立劇場小劇場　作：鄭義信　演出：鈴木裕美
◇「過去は現在とつながり、全ては寂滅（シス・カンパニー『アルカディア』，新国立劇場『たとえば野に咲く花のように』，劇団東演『兄弟』，劇団昴『ヴェニスの商人』，東京演劇集団風『マハゴニー市の興亡』，名取事務所『記念碑』）」結城雅秀　テアトロ　918　2016.6　p30〜33

**たとえば野に咲く花のように―アンドロマケ**　[団]新国立劇場

**3703**　上演：2007年10月17日〜11月4日　場所：新国立劇場中劇場　作：鄭義信　演出：鈴木裕美　振付：前田清実
◇「古典の書替えの成否、あるいは疑問（新国立劇場『アルゴス坂の白い家』，新国立劇場『たとえば野に咲く花のように』，THE・ガジラ『ヘル』）」七字英輔　テアトロ　799　2007.12　p51〜53

**田中さんの青空**　[団]演劇集団円

**3704**　上演：2008年5月15日〜5月25日　場所：ステージ円　作：土屋理敬　演出：森新太郎
◇「詩情ゆたかなセリフ（黒テント『玉手箱』，演劇集団円『田中さんの青空』，新国立劇場『鳥瞰図』）」林あまり　テアトロ　809　2008.8　p38〜39

**田中千禾夫・澄江一幕劇集**　[団]俳優座

**3705**　上演：1980年1月26日〜1月31日　場所：紀伊國屋ホール　作：田中澄江　作・演出：田中千禾夫　演出：島田安行
◇「一幕物の魅力」小苅米晛　新劇　27(3)　1980.3　p30〜33

**タナトロジー 死にかたの研究**　[団]民藝

**3706**　上演：1982年12月10日〜12月26日　場所：三越劇場　作：内村直也　演出：宇野重吉
◇「宇野，北林の年輪（民芸『タナトロジー』）」宮岸泰治　テアトロ　480　1983.2　p38〜39

**ダニーと紺碧の海**　[団]パルコ，兵庫県立芸術文化センター

**3707**　上演：2017年5月13日〜5月21日　場所：紀伊國屋ホール　作：ジョン・パトリック・シャンリィ　訳：鈴木小百合　演出：藤田俊太郎
◇「虚像と史実、メルヘンと寓話の現在形（ヴィレッヂ『クヒオ大佐の妻』，マコンドープロデュース『祖国は我らのために』，パルコ・兵庫県立芸術文化センター『ダニーと紺碧の海』，タチ・ワールド『アレグロ』）」小山内伸　テアトロ　935　2017.8　p36〜38

**谷のかげ／満月**　[団]俳小

**3708**　上演：2017年3月15日〜3月19日　場所：d-倉庫　作：ジョン・ミリントン・シング，グレゴリー夫人　訳：松村みね子　台本・演出：松本永実子
◇「百年二百年前人はどんな暮らしをしていたか（劇団俳小『谷のかげ』『満月』，第四四回名作劇場『厩舎』『僧俗物語』）」黒羽英二　テアトロ　931　2017.5　p36〜37

**谷間の女たち**　[団]青年劇場

**3709**　上演：2005年9月25日　場所：前進座劇場　作：アリエル・ドーフマン　訳：水谷八也　演出：鵜山仁
◇「不滅なる女性原理（青年座『夢.桃中軒牛右衛門の』，青年劇場『谷間の女たち』，演劇集団STAMP『油単』）」田之倉稔　テアトロ　771　2005.12　p62〜64

**谷間の女たち**　[団]地人会

**3710**　上演：1999年7月2日〜7月14日　場所：ベニサン・ピット　作：アリエル・ドーフマン　訳：水谷八也　演出：木村光一
◇「外国の現代劇と古典の現代劇化（新国立劇場『棋人』，地人会『谷間の女たち』，青年座『新版 四谷怪談』）」水落潔　テアトロ　685　1999.9　p66〜67

**タニマラ―さびしい風**　[団]キノG-7

**3711**　上演：2018年4月20日〜4月22日　場所：千日亭　作：別所文　作・演出：竹内銃一郎
◇「5月の関西 重い記憶とどう向き合い、出発するのか（悪い芝居『ラスト・ナイト・エンド・ファースト・モーニング』，IKSALON表現者工房『コギ』，竹内銃一郎集成連続公演『タニマラ―さびしい風』，the nextage『みず色の空、そら色の水』，プロトテアトル『どこよりも遠く、どこでもあった場所。あるいは、どこよりも近く、なにもない。』）」九鬼葉子　テアトロ　947　2018.7　p42〜44

**他人の首**　[団]テアトル・エコー

**3712**　上演：1999年5月17日〜5月30日　場所：エコー劇場　作：マルセル・エーメ　訳：上原一子　演出：戸部信一
◇「ユートピアの精神（円『小さなエイヨルフ』，大人計画『母を逃がす』，テアトル・エコー『他人の首』）」里見宗律　テアトロ　683　1999.7　p46〜47

**たぬき**　[団]東宝

**3713**　上演：1983年3月5日〜4月29日　場所：芸術座　作・演出：榎本滋民
◇「生きてる〈芸〉と達者な〈芸〉（芸術座『たぬき』）」衛紀生　テアトロ　483　1983.5　p32〜35

**タネも仕掛けも**　[団]文学座

**3714**　上演：2012年11月2日〜11月11日　場所：紀伊國屋サザンシアター　作：佃典彦　演出：松本祐子
◇「過ぎたるは（文学座『タネも仕掛けも』，俳優座『いのちの渚』，トム・プロジェクトプロデュース『欺瞞と戯言』）」杉山弘　テアトロ　871　2013.1　p46〜47

**田畑家の行方**　[団]青年劇場

**3715**　上演：2013年4月25日〜5月3日　場所：紀伊國屋サザンシアター　作：高橋正圀　演出：福山啓子
◇「何を持って「足るを知る」か。（青年劇場『田畑家の行方』，イキウメ『獣の柱 まとめ*図書館的人生（下）』）」村井健　テアトロ　877　2013.7　p52〜53

**タバタバ／綿畑の孤独のなかで**　[団]演劇企画ユニットDONNA-DONNA

**3716**　上演：2003年9月18日〜9月25日　場所：ザ・

スズナリ　作：ベルナール＝マリ・コルテス　演出・美術：佐藤信
◇「観念の熱と俳優の身体（DONNA・DONNA『タバタバ』『綿畑の孤独のなかで』、うずめ劇場『ペンテジレーア』、山海塾『仮想の庭─うつり』）」斎藤偕子　テアトロ　743　2003.12　p52〜53

## 旅路の果て　㈲MODE
**3717** 上演：1994年11月25日〜11月27日　場所：湘南台文化センター　作・演出：松本修,MODE
◇「私たちは、どこへいくのか（宮沢章夫と松本修の近作をめぐって（阪神大震災と演劇））」長谷部浩　テアトロ　628　1995.4　p38〜42

## 旅立つ家族　㈲文化座
**3718** 上演：2014年10月3日〜10月13日　場所：東京芸術劇場シアターイースト　作：金義卿　演出：金守珍　振付：大川妙子
◇「現実の前に萎む妄想（東京芸術劇場『小指の思い出』、文化座『旅立つ家族』、流山児★事務所『どんぶりの底』）」丸田真悟　テアトロ　897　2014.12　p34〜35

## TABOO　㈲NODA・MAP
**3719** 上演：1996年4月4日〜5月26日　場所：シアターコクーン　作・演出：野田秀樹
◇「足元から始める作業（NODA・MAP『TABOO』、そとばこまち『おまえを殺しちゃうかもしれない』、東京演劇集団風『星の王子さま』）」林あまり　テアトロ　643　1996.6　p40〜41

## ダフネの嵐　㈲流山児★事務所
**3720** 上演：1996年6月26日〜6月30日　場所：本多劇場　作・演出：ラサール石井
◇「演劇への思い入れ（流山児★事務所『ダフネの嵐』、一跡二跳『リセット』、花企画『堕天女の夫』）」大沢圭司　テアトロ　646　1996.9　p73〜75

## ダブル・アクト　㈲ひょうご舞台芸術
**3721** 上演：1999年2月7日〜2月14日　場所：新神戸オリエンタル劇場　作：バリー・クレイトン　訳：鈴木小百合　演出：井上思
◇「2月の関西　企業内の非人間と、男の幼児性（くじら企画『ブカブカジョーシ ブカジョーシ』、ひょうご舞台芸術『ダブル・アクト』）」宮辻政夫　テアトロ　680　1999.4　p76〜77

## DOUBLE TOMORROW　㈲演劇集団円
**3722** 上演：2017年9月8日〜9月17日　場所：吉祥寺シアター　構成・演出：ファビアン・プリオヴィル　ドラマトゥルク：長島確
◇「台詞の力と身体の力（文学座『冒した者』、シス・カンパニー『ワーニャ伯父さん』、演劇集団円『DOUBLE TOMORROW』）」丸田真悟　テアトロ　938　2017.11　p68〜70

## ダブル・フェイク　㈲ジャブジャブサーキット
**3723** 上演：1999年10月19日〜10月21日　場所：東京芸術劇場小ホール2　作・演出：はせひろいち
◇「舞台の上の〈自然〉への欲望（青山円形劇場＋ブリキの自発団『20世紀ノスタルジア ホギウタ』、グループ・ばる『ホトトギス』、ジャブジャブサーキット『ダブルフェイク』）」浦崎浩實　テアトロ　688　1999.12　p60〜61

## たほり鶴　㈲犯罪友の会
**3724** 上演：2007年10月11日〜10月17日　場所：難波宮跡公園野外特設劇場　作・演出：武田一度
◇「10月の関西 ベタということ、そしてその対極（兵庫県立ピッコロ劇団『モスラを待って』、犯罪友の会『たほり鶴』、演劇計画2007『生きてるものはいないのか』）」太田耕人　テアトロ　799　2007.12　p59〜61

## 玉櫛笥 六条御息所　㈲梅左事務所
**3725** 上演：2013年11月26日〜11月27日　場所：シアターX　作・演出：堀川登志子　作曲：水藤桜子　作詞：望月太左衛山　振付：立花寶山　舞台美術：小田切ようこ
◇「劇的時空のたくらみ（梅左事務所『玉櫛笥』、テラヤマ☆歌舞伎『無頼漢』、劇団1980『謎解き 河内十人斬り』）」中本信幸　テアトロ　886　2014.2　p74〜75

## 卵　㈲文学座、青年団
**3726** 上演：2006年5月11日〜5月17日　場所：サイスタジオ　作：李康白　訳：金承福　演出：藤原新平
◇「表現の困難さをどう引き受けるか（文学座＋青年団『チェンジングルーム』『卵』、青年団『上野動物園再々々襲撃』、萬國四季協會『海鳥譚』）」丸田真悟　テアトロ　779　2006.7　p56〜57

## 卵のふる街　㈲ブリキの自発団
**3727** 上演：1982年6月25日〜7月11日　場所：旧眞空館劇場　作・演出：生田萬
◇「不能と夢」西堂行人　新劇　29（10）　1982.10　p32〜33

## 卵の楽園　㈲ブリキの自発団
**3728** 上演：1983年11月1日〜11月22日　場所：タイニイ・アリス　作・演出：生田萬
◇「ガジェット化時代を突き抜けるもの（ことばの劇場）」川本三郎　新劇　31（1）　1984.1　p29〜33

## 黙って行かせて　㈲朋友
**3729** 上演：2007年1月26日〜1月28日　場所：俳優座劇場　原作：ヘルガ・シュナイダー　演出：宮崎真子
◇「ひばりの行方─三本の作品が奏でる「通奏低音」（シアターコクーン『ひばり』、朋友『黙って行かせて』、俳優座『国境のある家』）」村井健　テアトロ　790　2007.4　p60〜62

## 玉手箱　㈲黒テント
**3730** 上演：2008年5月31日〜6月15日　場所：シアターイワト　作：坂口瑞穂　演出：出演俳優陣
◇「詩情ゆたかなセリフ（黒テント『玉手箱』、演劇集団円『田中さんの青空』、新国立劇場『鳥瞰図』）」林あまり　テアトロ　809　2008.8　p38〜39

**タマラ** [団]ロサンゼルス・イル・ヴィットリアーレ

3731 上演：1989年　作：ジョン・クリザンク　演出：リチャード・ローズ
◇「たずねる演劇、逃げる演劇」扇田昭彦　新劇 36(12)　1989.12　p30〜33

**田宮のイメエジ** [団]木山事務所

3732 上演：2004年11月13日〜11月30日　場所：俳優座劇場　作：川口一郎　演出：末木利文
◇「緊張を孕むパッションとロゴスの葛藤(木山事務所『この道はいつか来た道'04 新・ワーグナーの女/この道はいつか来た道/田宮のイメエジ/雲の涯/死者を埋葬れ』)」みなもとごろう　テアトロ 760　2005.2　p52〜54

**ダム・ウェイター** [団]おにぎり貿易

3733 上演：2012年9月11日〜9月13日　場所：Can tutku　作：ハロルド・ピンター　訳：喜志哲雄　演出：森本洋史
◇「9月の関西 部屋という隠喩(桃園会『中野金属荘、PK戦』, ピッコロ劇団『扉を開けて、ミスター・グリーン』, おにぎり貿易『ダム・ウェイター』)」太田耕人　テアトロ 868　2012.11　p53〜55

**ダム・ウェイター** [団]オンシアター自由劇場

3734 上演：1996年7月1日〜7月7日　場所：自由劇場　作：ハロルド・ピンター　訳：喜志哲雄
◇「価値体系の極度の転換, そして狂気(文学座アトリエ『モーリー・スウィニー』, 円『薔薇と海賊』, こまつ座『頭痛肩こり樋口一葉』, 自由劇場『ダム・ウェイター』, 東京ギンガ堂『阿吽—女と胃袋』, 燐『救いの猫ロリータはいま…』, ピープルシアター『阿詩瑪』)」結城雅秀　テアトロ 646　1996.9　p66〜72

**ダム・ウェイター** [団]シス・カンパニー

3735 上演：2004年5月10日〜6月6日　場所：シアタートラム　作：ハロルド・ピンター　訳：常田景子　演出：鈴木勝秀
◇「「不条理」という現実の中で(青年団『山羊—シルビアってだれ？—』, シス・カンパニー『ダム・ウェイター』, 岡部企画『蜂ノ巣城—2002年中津江村より』, 東京演劇集団風『肝っ玉おっ母とその子供たち』)」北川登園　テアトロ 751　2004.7　p48〜50

**ダモイ〜収容所(ラーゲリ)から来た遺書** [団]トム・プロジェクト

3736 上演：2005年7月22日〜8月15日　場所：四谷区民ホール　原作：辺見じゅん　作・演出：ふたくちつよし
◇「戦後六十年を考える(Rカンパニー『21C：マドモアゼル・モーツァルト』, 蒲田演劇工場『思い出を売る男』, トム・プロジェクト『ダモイ』, オフィス・タイプス『夢の海賊』)」北川登園　テアトロ 769　2005.10　p49〜51

3737 上演：2006年7月25日〜7月30日　場所：吉祥寺シアター　原作：辺見じゅん　作・演出：ふたくちつよし
◇「現実の彼方をみつめる(宇宙堂『夢ノかたち・第一部 私の船』, トム・プロジェクト『骨唄』『ダモイ』)」斎藤偕子　テアトロ 783　2006.10　p54〜55

**田茂神家の一族** [団]東京ヴォードヴィルショー

3738 上演：2015年3月13日〜3月29日　場所：紀伊國屋サザンシアター　作：三谷幸喜　演出：山田和也
◇「現代社会へのアプローチ(東京ヴォードヴィルショー『田茂神家の一族』, 燐光群『クイズ・ショウ』, パルコ『正しい教室』)」高橋豊　テアトロ 904　2015.6　p38〜39

**多羅尾伴内の世界** [団]オリゴ党

3739 上演：1996年10月1日〜10月2日　場所：扇町ミュージアムスクエア　作・演出：岩橋貞典
◇「10月の関西 必然性感じられず(ピッコロ劇団『心中天網島』, 大阪春の演劇まつり二十周年記念『幸せさがそ』, オリゴ党『多羅尾伴内の世界』)」宮辻政夫　テアトロ 649　1996.12　p80〜81

**鱈々** [団]ホリプロ

3740 上演：2016年10月7日〜10月30日　場所：天王洲 銀河劇場　作：李康白　訳：石川樹里　演出：栗山民也
◇「秀逸作が出そろった充実の秋(Bunkamura『るつぼ』, 民藝『篦棒』, ホリプロ『鱈々』, 新国立劇場『フリック』, トム・プロジェクト『静かな海へ〜MINAMATA』, テアトル・エコー『バッファローの月』)」結城雅秀　テアトロ 925　2016.12　p52〜55

**だらぶち—月夜に荒ぶる男達** [団]演劇企画JOKO

3741 上演：2012年6月29日〜6月30日　場所：前進座劇場　作：阿寒弁　演出：菊池准, 河田園子　音楽：上田亨
◇「軽やかで心弾む舞台に(演劇企画JOKO『だらぶち』, 朋友『ら・ら・ら』, こまつ座&ホリプロ『しみじみ日本・乃木大将』)」高橋豊　テアトロ 866　2012.9　p46〜47

**タランチュラ** [団]レクラム舎

3742 上演：1984年3月3日〜3月9日　場所：三越ロイヤルシアター　作：小松幹生　演出：赤石武生
◇「混沌とした恐い芝居(レクラム舎『タランチュラ』)」千野幸一　テアトロ 495　1984.5　p144〜145

**ダルクの森 アディクション - 依存** [団]レクラム舎

3743 上演：2010年5月12日〜5月23日　場所：スタジオAR　作・演出：喜一朗　振付：池田瑞臣　音楽：吉岡英利子, 山下やすし
◇「能天気を撃つ嘶の嘶(華のん企画『チェーホフ短編集1+2』, 虹企画/ぐるうぷしゅら『聖都市壊滅幻想』, レクラム舎『ダルクの森』)」中本信幸　テアトロ 835　2010.7　p50〜51

**タルタロスの契り - 命より大切なものがあるんだ** [団]俳小

3744 上演：2016年3月23日〜3月27日　場所：シアターグリーン BOX in BOX THEATER　作・演出：竹内一郎

◇「春を彩る三つの華（エム・アール『葉子』，劇団俳小『タルタロスの契り』，虹企画/ぐるうぷシュラ『どん底』）」黒羽英二　テアトロ　918　2016.6　p36〜38

## タルチュフ　㊨俳優座
**3745**　上演：1993年1月9日〜1月20日　場所：俳優座劇場　作：モリエール　訳：鈴木力衛　演出：増見利清
◇「見せることの意義（俳優座『タルチュフ』，燐光群『くじらの墓標』）」大沢圭司　テアトロ　601　1993.3　p76〜78

**3746**　上演：2004年6月9日〜6月20日　場所：俳優座劇場　作：モリエール　訳：鈴木力衛　演出：安井武
◇「物語からの逃走（新国立劇場『INTO THE WOODS』，世田谷パブリックシアター『時の物置』，俳優座『タルチュフ』）」内田洋一　テアトロ　753　2004.8　p34〜36

## だるまさんがころんだ　㊨燐光群
**3747**　上演：2004年7月17日〜8月4日　場所：ザ・スズナリ　作・演出：坂手洋二
◇「現代社会の"負"を凝視する（ユニークポイント『トリガー』，メープルリーフ・シアター『やとわれ仕事』，ブッシュシアター『アドレナリン・ハート』，ヤーン・カンパニー『ロメオ＋ジュリエット』，燐光群『だるまさんがころんだ』）」丸田真悟　テアトロ　749　2004.5　p50〜52

**3748**　上演：2005年8月14日〜8月31日　場所：ザ・スズナリ　作・演出：坂手洋二
◇「戦時中の体験を語り継ぐ（ブロッサムカンパニー『もうひとつのグラウンド・ゼロ』，青年座『明日』，東演『月光の夏』，関西芸術座『少年H』，燐光群『だるまさんがころんだ』）」野中広樹　テアトロ　769　2005.10　p60〜63

## ダルマーさんに会いたい　㊨NLT
**3749**　上演：2010年6月25日〜7月6日　場所：銀座みゆき館劇場　原作：カターエフ　訳・脚色：和田誠一　演出：山上優
◇「今は昔（シス・カンパニー『アット・ホーム・アット・ザ・ズー』，NLT『ダルマーさんに会いたい』，プロジェクトナッター『わが友ヒットラー』）」斎藤偕子　テアトロ　838　2010.9　p36〜37

## 誰？　㊨ギルド
**3750**　上演：2008年3月　場所：THEATER&COMPANY COREDO　作・演出：高谷信之
◇「アンサンブルの強み（劇団ギルド『誰？』，劇団1980『ええじゃないか』，イッツフォーリーズ『天切り松』）」中本信幸　テアトロ　807　2008.7　p44〜45

## だれか、来る　㊨世田谷パブリックシアター
**3751**　上演：2004年1月16日〜1月18日　場所：世田谷パブリックシアター　作：ヨン・フォッセ　訳：河合純枝　演出：太田省吾
◇「私たちに「21世紀のベケット」は必要か？　ヨン・フォッセ本邦初演が突きつけた課題」山川三太　シアターアーツ　19　2004.6　p88〜92

◇「寓話と象徴の力（THE・ガジラ『無駄骨』，公共ホール演劇製作ネットワーク『だれか、来る』）」新野守広　テアトロ　747　2004.3　p106〜107

## 誰か一人があなたの子　㊨昴
**3752**　上演：1980年6月20日〜7月1日　場所：三百人劇場　作：エドワルド・デ・フィリッポ　訳・演出：福田恆存
◇「中年、この性的熟練者」堂本正樹　新劇　27（9）　1980.9　p26〜29

## 誰もいない国　㊨ハーフムーン・シアター・カンパニー
**3753**　上演：2012年10月23日〜10月28日　場所：シアター711　作：ハロルド・ピンター，喜志哲雄　脚色・演出：吉岩正晴　音楽：藤平美保子
◇「強烈なドラマを支える役者―近代の写実劇と不条理劇（新国立劇場『るつぼ』，ハーフムーン・シアター・カンパニー『誰もいない国』）」斎藤偕子　テアトロ　871　2013.1　p50〜51

## 誰も、何も、どんな巧みな物語も　㊨地点
**3754**　上演：2010年4月22日〜4月25日　場所：京都芸術センター　訳・構成：宇野邦一　演出：三浦基
◇「5月の関西 構造化、あるいは捩りあわせること（南河内万歳一座『びっくり仰天街』，売込隊ビーム『トパスアタマ』，悪い芝居『らぶドロドロ人間』，地点『誰も、何も、どんな巧みな物語も』）」太田耕人　テアトロ　835　2010.7　p55〜57

## 誰も見たことのない場所　㊨一跡二跳
**3755**　上演：2007年10月24日〜10月28日　場所：シアターサンモール　作・演出：古城十忍　作：一跡二跳
◇「現代を照らす万華鏡（一跡二跳『誰も見たことのない場所』，ピープルシアター『聖なる路地』，ギイ・フォワシィ・シアター『母からの手紙』『相寄る魂』他，アリストパネス・カンパニー『男やもめのスラム団地』）」中本信幸　テアトロ　800　2008.1　p124〜125

## 誰も見たことのない場所2015　㊨ワンツーワークス
**3756**　上演：2015年3月13日〜3月19日　場所：赤坂RED/THEATER　作・演出：古城十忍
◇「差別が咲かせた悪の華（こまつ座&世田谷パブリックシアター『藪原検校』，NLT『ミントティー、それともレモン…？』，ワンツーワークス『誰も見たことのない場所2015』）」北川登園　テアトロ　903　2015.5　p34〜35

## 誰故草　㊨虚空旅団
**3757**　上演：2014年7月11日〜7月13日　場所：ウィングフィールド　作・演出：高橋恵
◇「7月の関西 鮮やかなる再読（桃園会『覚めてる間は夢を見ない』，KUNIO『HAMLET』，大阪現代舞台芸術協会プロデュース『坊っちゃん』，虚空旅団『誰故草』）」太田耕人　テアトロ　894　2014.9　p41〜43

**3758**　上演：2016年12月2日〜12月4日　場所：

# たわけ

ウィングフィールド　作・演出：高橋恵
◇「12月の関西 現代社会の不安を喚起する（南河内万歳一座『滅裂博士』、虚空旅団『誰故草』、リリパットアーミー『天獄界〜哀しき金糸鳥』、少女都市『聖女』）」九鬼葉子　テアトロ　928　2017.2　p79〜81

## たわけ者の血潮　団トラッシュマスターズ

**3759** 上演：2017年2月2日〜2月12日　場所：座・高円寺　作・演出：中津留章仁
◇「現実を打ち破る想像の力（NODA・MAP『足跡姫―時代錯誤冬幽霊―』、二兎社『ザ・空気』、トラッシュマスターズ『たわけ者の血潮』）」七字英輔　テアトロ　930　2017.4　p44〜47

## 戯れの恋　団アリストパネス・カンパニー

**3760** 上演：2009年11月20日〜11月29日　場所：スタジオAR　作：バーナード・ショー　訳・演出：黒川欣映
◇「罪と罰（名取事務所『ヨーン・ガブリエル・ボルクマン』、アリストパネス・カンパニー『戯れの恋』、まつもと市民芸術館『エドワード・ボンドのリア』）」蔵原惟治　テアトロ　830　2010.2　p50〜53

## TURN・ON・THE・HEAT　団N・F・C

**3761** 上演：1980年1月3日〜1月10日　場所：博品館劇場　演出：岡田敬二　作詞・作曲：小椋佳　音楽：福井峻　振付：中川久美、フェイ・ウェスト
◇「ミュージカルの「楽しさ」」木村隆　新劇　27(3)　1980.3　p34〜37

## DANKAI・BATTLE　団演劇倶楽部二風館

**3762** 上演：2000年4月23日〜4月26日　場所：ドーンセンター　作：宮地仙　演出：伊武竜太
◇「5月の関西 ジェンダーへの意識（第6回女性芸術劇場『桜色観覧車』、スクエア『俺の優しさ』、芝居屋坂道ストア『誘惑エレキテル。』、転球劇場『CAT』）」太田耕人　テアトロ　696　2000.7　p82〜84

## タンゴ　団Bunkamura

**3763** 上演：2010年11月5日〜11月24日　場所：シアターコクーン　作：ムロジェック　演出：長塚圭史
◇「異なるものの現実（日本ろう者劇団『エレファントマン』、Bunkamura『タンゴ』、ロベール・ルパージュ『The Blue Dragon』）」田之倉稔　テアトロ　843　2011.1　p40〜41

## 炭鉱の絵描きたち　団民藝

**3764** 上演：2016年6月15日〜6月26日　場所：紀伊國屋サザンシアター　作：リー・ホール　訳：丹野郁弓　演出：兒玉庸策
◇「緊張空間における光と闇（演劇企画集団ザ・ガジラ『或る女』、パルコ『母と惑星について、および自転する女たちの記録』、世田谷パブリックシアター『レイディアント・ヴァーミン』、ロベール・ルパージュ『887』、民藝『炭鉱の絵描きたち』、パルコ『BENT』）」結城雅秀　テアトロ　922　2016.9　p40〜43

## タンゴ・冬の終わりに　団パルコ

**3765** 上演：1984年4月3日〜4月30日　場所：PARCO西武劇場　作：清水邦夫　演出：蜷川幸雄
◇「つややかな自虐（西武劇場『タンゴ・冬の終わりに』）」大笹吉雄　テアトロ　496　1984.6　p21〜24

## タンゴ・冬の終わりに　団Bunkamura

**3766** 上演：2006年11月4日〜11月29日　場所：シアターコクーン　作：清水邦夫　演出：蜷川幸雄
◇「闘いの時は過ぎて―蜷川幸雄演出『タンゴ・冬の終わりに』」島崎友紀子　シアターアーツ　29　2006.12　p92〜94
◇「名作は生きている（Bunkamura『タンゴ・冬の終わりに』、音楽座ミュージカル『リトルプリンス』）」北川登園　テアトロ　787　2007.1　p106〜107

## 断罪　団青年座

**3767** 上演：2017年12月8日〜12月17日　場所：青年座劇場　作：中津留章仁　演出：伊藤大
◇「合わせ鏡として観る（劇団チョコレートケーキ『熱狂』『ある記憶の記録』、青年座『断罪』）」丸田真悟　テアトロ　943　2018.3　p74〜75

## タンジー　団松竹

**3768** 上演：1983年7月7日〜8月7日　場所：サンシャイン劇場　作：クレア・ラッカム　訳：篠原陽子　脚色：渡辺えり子　演出：鈴木完一郎　振付：謝珠栄
◇「成功したユニークな手法（サンシャイン劇場『タンジー』）」石崎勝久　テアトロ　487　1983.9　p21〜24

## 團十郎と音二郎　団空間演技

**3769** 上演：1986年2月5日〜2月16日　場所：本多劇場　作・演出：岡部耕大
◇「第1幕第1場の魅力」佐々木幹郎　新劇　33(4)　1986.4　p24〜29

## たんじょうかい　団dracom

**3770** 上演：2013年5月17日〜5月19日　場所：ウィングフィールド　演出：筒井潤
◇「5月の関西 家族というありよう（下鴨車窓『建築家M』、dracom gala公演『たんじょうかい』）」太田耕人　テアトロ　877　2013.7　p70〜71

## たんじょうかい#2　団dracom

**3771** 上演：2014年5月9日〜5月11日　場所：ウィングフィールド　演出：筒井潤
◇「5月の関西 心理とプロット（OFT『わたしの焦げた眼球/遠視』、犯罪友の会『横丁のダーリン』、遊気舎『最後の剥製の猿』、dracom gala『たんじょうかい#2』、ニットキャップシアター『月がみていた話』、スクエア特別公演『アベノ座の怪人たち』）」太田耕人　テアトロ　891　2014.7　p51〜53

## たんじょうかい#3　団dracom

**3772** 上演：2015年8月7日〜8月9日　場所：ウィングフィールド　演出：筒井潤

◇「8月の関西 アイのかたち(エイチエムビー・シアターカンパニー『阿部定の犬』,Dracom Gala『たんじょうかい#3』)」太田耕人　テアトロ　909　2015.10　p28～29

## 男性の好きなスポーツ　㈲ナイロン100℃
***3773*** 上演：2004年8月21日～9月12日　場所：本多劇場　作・演出：ケラリーノ・サンドロヴィッチ
◇「セックスはスポーツ？(ナイロン100℃『男性の好きなスポーツ』,THEATRE1010『月の光の中のフランキーとジョニー』,劇団1980『現代頓珍談』)」北川登園　テアトロ　756　2004.11　p54～56

## ダンゼン・鉄はいくらか　㈲東京演劇集団風
***3774*** 上演：2013年2月21日～2月25日　場所：レパートリーシアターKAZE　作：ブレヒト　訳：岩淵達治　演出：江原早哉香
◇「視覚的な身体表現の面白さ(東京演劇集団風『ダンゼン・鉄はいくらか』『肝っ玉おっ母とその子供たち』,ルーマニア国立ラドゥ・スタンカ劇場『ゴドーは待たれながら』)」北川登園　テアトロ　875　2013.5　p44～45

## 男装の麗人伝説　㈲アリストパネス・カンパニー
***3775*** 上演：2006年11月17日～11月26日　場所：スタジオAR　作・演出：黒川欣映
◇「哀愁漂う中にきらめく個性(東京ヴォードヴィルショー『エキストラ』,アリストパネス・カンパニー『男装の麗人伝説』,夜の樹『蓮の花』,鉞仙社『ベケットの夕べ』,世田谷パブリックシアター『ベケットを読む』)」結城雅秀　テアトロ　787　2007.1　p56～59

## 弾道へ光　㈲八時半
***3776*** 上演：2001年6月22日～6月24日　場所：イサン東福寺　作・演出：山岡徳貴子
◇「7月の関西 女性作家の競演(劇団八時半『弾道へ光』,アグリーダックリング『さっちゃん』,斜～あざない～『沙羅,すべり』,桃園会『かえるでんち』)」太田耕人　テアトロ　712　2001.9　p66～68

## 旦那様は狩りにお出かけ　㈲NLT
***3777*** 上演：2015年12月2日～12月6日　場所：俳優座劇場　作：ジョルジュ・フェドー　訳：米村晰　脚色：池田政之　演出：大江祥彦　音楽：岩崎健一郎
◇「世はあげて笑いにかたむく？(トムプロジェクト『東おんなに京おんな』,NLT『旦那様は狩りにお出かけ』,俳小『イルクーツク物語』)」中本信幸　テアトロ　914　2016.2　p50～51

## 旦那と彼とタケコとカツコ　㈲SHIMIN劇場Ⅱ
***3778*** 上演：2014年5月　場所：銀座みゆき館劇場　作：大坪雅俊　演出・美術：高橋幸夫
◇「人間至上を撃つはなし(SHIMIN劇場Ⅱ『旦那と彼とタケコとカツコ』,俳協『陽だまりの樹』,文化座『少年と白い馬』)」中本信幸　テアトロ　893　2014.8　p28～29

# 【ち】

## 治安演劇法発動前夜―その2
***3779*** 上演：1980年　作：井上文夫
◇「十一年目の旅立ち」衛紀生　新劇　27(11)　1980.11　p34～37

## ちいさき神の、作りし子ら　㈲四季
***3780*** 上演：1981年3月5日～3月22日　場所：日生劇場　作：マーク・メドフ　訳：青井陽治　演出：浅利慶太
◇「人の間の深い谷を提示(四季『小さな神の作りし子ら』)」ほんちえいき　テアトロ　459　1981.5　p21～24

## 小さき神のつくりし子ら 愛は静かに激しく響く　㈲俳優座劇場
***3781*** 上演：2001年10月12日～10月21日　場所：俳優座劇場　作：マーク・メドフ　訳：酒井洋子　演出：西川信廣　音楽：上田亨
◇「『手話』が輝く伝達美(オフィス樹『ハルピン帰りのヤスケ』,トム・プロジェクト『輝く午後の光に～メノポーズ物語』,錬肉工房『カフカ』,演奏舞台『太鼓』『火山島』,俳優座劇場プロデュース『小さき神のつくりし子ら』,佐野史郎×安達祐実二人芝居『春』)」佐藤康平　テアトロ　715　2001.12　p54～53

## 小さなエイヨルフ　㈲演劇集団円
***3782*** 上演：1999年5月13日～5月23日　場所：シアターX　作：イプセン　台本・演出：安西徹雄
◇「ユートピアの精神(円『小さなエイヨルフ』,大人計画『母を逃がす』,テアトル・エコー『他人の首』)」里見宗伴　テアトロ　683　1999.7　p46～47

## ちいさな歳月　㈲オン・タイム
***3783*** 上演：2005年6月11日～6月19日　場所：ル・テアトル銀座　作：ジョン・マイトン　訳・演出：青井陽治
◇「時間の刻印(流山児★事務所『戦場のピクニック・コンダクタ』,俳優座劇場プロデュース『家族の写真』,オン・タイム製作『ちいさな歳月』,民藝『山猫理髪店』)」田之倉稔　テアトロ　767　2005.8　p48～50

## 小さな大國　㈲ブリキの自発団
***3784*** 上演：1985年12月6日～12月15日　場所：T2スタジオ　作・演出：生田萬
◇「たそがれの町からたそがれの海辺へ(ことばの劇場)」川本三郎　新劇　33(2)　1986.2　p58～61

## 小さな水の中の果実　㈲椿組
***3785*** 上演：1998年7月18日～7月25日　場所：花園神社境内特設ステージ　作・演出：鄭義信
◇「都市の成熟・演劇の成熟(椿組『小さな水の中の果実』,ジャブジャブサーキット『マイケルの冗談』,北区つかこうへい劇団・生田萬演劇実験室『ス

ちえつ

カブラ」)」浦崎浩實　テアトロ　672　1998.9
p74～75

**チェックポイント黒点島**　🏢燐光群
3786　上演：2006年11月4日～12月3日　場所：ザ・スズナリ　作・演出：坂手洋二
◇「人間への信頼と再生の希望を描く〈ジャブジャブサーキット『歪みたがる隊列』,燐光群『チェックポイント黒点島』,文学座『冬華』〉」丸田真悟　テアトロ　787　2007.1 p64～65

**チェーホフ?!**　🏢東京芸術劇場
3787　上演：2011年1月25日～2月13日　場所：東京芸術劇場　作・演出：タニノクロウ　ドラマトゥルク：鴻英良
◇「きらめくイメージあふれる舞台（Tプロデュース『チェーホフ?!』,M&O Plays『国民傘』,ハイバイ『投げられやすい石』）」丸田真悟　テアトロ　846　2011.4 p48～49

**チェーホフを待ちながら**　🏢MONO
3788　上演：2009年10月21日～10月25日　場所：AI・HALL　作・演出：土田英生
◇「11月の関西 写真、歴史、記憶（マレビトの会『PARK CITY』,維新派『ろじ式』,MONO『チェーホフを待ちながら』）」太田耕人　テアトロ　829　2010.1 p93～95

**チェーホフ家の人々**　🏢俳優座
3789　上演：1998年3月4日～3月15日　場所：俳優座劇場　作・演出：八木柊一郎
◇「一本の木があれば祭りが始まる（MODE+世田谷パブリックシアター『プラトーノフ』,俳優座『チェーホフ家の人々』,ロシア国立オムスクドラマ劇場『三人姉妹』『砂の女』,TPS『ブルーストッキングの女たち』,俳優座劇場プロデュース『いぬもあるけばぼうにあたる』)」七字英輔　テアトロ　668　1998.5 p72～77

**チェーホフ 三人姉妹**　🏢メイシアター
3790　上演：2009年2月27日～3月1日　場所：吹田市文化会館　作：チェーホフ　演出：深津篤史
◇「3月の関西 家族の肖像（マレビトの会『声紋都市-父への手紙』,MONO『床下のほら吹き男』,メイシアタープロデュース『チェーホフ 三人姉妹』,兵庫県立ピッコロ劇団『門 若き日の近松』）」太田耕人　テアトロ　819　2009.5 p54～56

**チェーホフ短編集～マイケル・フレイン翻案『くしゃみ』より**　🏢華のん企画
3791　上演：2008年1月26日～2月3日　場所：あうるすぽっと　作：チェーホフ　英訳：マイケル・フレイン　訳：小田島恒志　演出：山崎清介
◇「爆笑チェーホフ（華のん企画『チェーホフ短編』,Bunkamura『恋する妊婦』,(社)日本劇団協議会主催/次世代を担う演劇人育成公演(10)流山児★事務所『血は立ったまま眠っている』）」林あまり　テアトロ　804　2008.4 p50～51

**チェーホフ短編集1+2**　🏢華のん企画
3792　上演：2010年4月17日～4月25日　場所：あ

うるすぽっと　作：チェーホフ　演出：山崎清介
◇「能天気を撃つ噺の噺（華のん企画『チェーホフ短編集1+2』,虹企画『ぐるうぷしゅら『聖都市壊滅幻想』,レクラム舎『ダルクの森』）」中本信幸　テアトロ　835　2010.7 p50～51

**チェーホフ的気分**　🏢昴
3793　上演：2004年10月21日～11月3日　場所：三百人劇場　作：ユーリー・ブイチコフ　訳：中本信幸　演出：菊池准
◇「人間と愛の再検証（新国立劇場『ヒトノカケラ』,トム・プロジェクトプロデュース『帰郷』,昴『チェーホフ的気分』,地人会『怒りをこめてふり返れ』）」渡辺淳　テアトロ　759　2005.1 p56～58

**チェーホフの御座舞**　🏢ニットキャップシアター、モノクロームサーカス
3794　上演：2010年12月4日～12月5日　場所：京都府立文化芸術会館　作：チェーホフ　構成・演出：ごまのはえ　振付：坂本公成
◇「12月の関西 創造的なる反復（南河内万歳一座『ラブレター』,MONO『トナカイを数えたら眠れない』,ニットキャップシアター+モノクロームサーカス『チェーホフの御座舞』）」太田耕人　テアトロ　844　2011.2 p65～67

**チェーホフのブローチ～「三人姉妹」の稽古の夜に**　🏢菅間馬鈴薯堂
3795　上演：2001年4月12日～4月15日　場所：スタジオあくとれ　作・演出：菅間勇
◇「言葉の力が支える舞台（大人計画『エロスの果て』,パルコ劇場『毛皮のマリー』,菅間馬鈴薯堂『チェーホフのブローチ』）」林あまり　テアトロ　708　2001.6 p58～59

**チェーホフは笑いを教えてくれる**　🏢MONO
3796　上演：2003年4月25日～4月27日　場所：京都芸術センター　原作：チェーホフ　作・演出：土田英生
◇「演劇の「普遍性」への探求―MONO番外公演『チェーホフは笑いを教えてくれる』」立花恵子　シアターアーツ　18　2003.8 p113～115
◇「5月の関西 演技を演技する（くじら企画『夜、ナク、鳥』,MONO『チェーホフは笑いを教えてくれる』,遊劇体『残酷の一夜』,ひょうご舞台芸術『扉を開けて、ミスター・グリーン』）」太田耕人　テアトロ　737　2003.7 p64～66

**チェロを弾く女**　🏢ギィ・フォワシィ・シアター
3797　上演：1999年8月26日～8月31日　場所：銀座みゆき館劇場　作：ギィ・フォワシィ　訳：山本邦彦　演出：シャンタル・ブッソン
◇「混沌の彼方のもの（日映舞台芸術交流実行委員会『ファウスト』,ギィ・フォワシィ・シアター『チェロを弾く女』,燐光群『トーキョー裁判1999』,青年劇場『二階の女』）」渡辺淳　テアトロ　687　1999.11 p52～54

**チェンジリング**　🏢TPT
3798　上演：1995年3月10日～4月16日　場所：ベニサン・ピット　作：トーマス・ミドルトン、

ウィリアム・ローリー　訳：吉田美枝　演出：デヴィッド・ルヴォー
◇「安易な取り組みを排する（T.P.T『チェンジリング』,ONLYクライマックス『変な女の恋』）」大場建治　テアトロ　629　1995.5　p42～44

**チェンジングルーム** [団]文学座, 青年団
**3799** 上演：2006年5月10日～5月14日　場所：こまばアゴラ劇場　作：デイヴィッド・ストーリー　訳：坂口玲子　演出：桜井秀峰
◇「表現の困難さをどう引き受けるか（文学座+青年団『チェンジングルーム』『卵』, 青年団『上野動物園再々々襲撃』, 萬國四季協會『海鳥譚』）」丸田真悟　テアトロ　779　2006.7　p56～57

**チェンチ一族** [団]天井桟敷
**3800** 上演：1982年5月19日～5月26日　場所：劇団アトリエ　作：アントナン・アルトー　演出：J・A・シーザー
◇「「チェンチ一族」は呼吸する」梅本洋一　新劇　29（8）　1982.8　p21～22

**地下室の手記** [団]カタルシツ
**3801** 上演：2013年7月25日～8月5日　場所：赤坂RED/THEATER　原作：ドストエフスキー　脚本・演出：前川知大
◇「挑戦とシンボリックとさりげなさ（トラッシュマスターズ『極東の地、西の果て』, カタルシツ『地下室の手記』, トム・プロジェクト『百枚めの写真』）」村井健　テアトロ　881　2013.10　p44～45
**3802** 上演：2015年2月25日～3月9日　場所：赤坂RED/THEATER　原作：ドストエフスキー　訳：安岡治子　脚本・演出：前川知大
◇「作者が役者と共に介入する舞台（カタルシツ〈イキウメ別館〉『地下室の手記』, 劇作家協会プログラム『詩人の家』, 文学座『女の一生』）」斎藤偕子　テアトロ　903　2015.5　p38～39

**地下鉄一号線** [団]ハクチョン劇場
**3803** 上演：2001年11月15日～11月18日　場所：シアターコクーン　原作：フォルカー・ルートヴィヒ　演出：キム・ミンギ　音楽：ビルガー・ハイマン
◇「ソウルとベルリンの『地下鉄一号線』（シアターコクーン ハクチョン劇場『地下鉄一号線』）」新野守広　テアトロ　717　2002.1　p62～63

**近松女敵討** [団]文学座
**3804** 上演：1984年2月3日～2月23日　場所：サンシャイン劇場　作：水木洋子　演出：江守徹
◇「近松姦通物語・劇化の課題（文学座『近松女敵討』）」清水一朗　テアトロ　494　1984.4　p26～29

**近松心中考** [団]青年座
**3805** 上演：1980年2月7日～2月17日　場所：紀伊國屋ホール　作：西島大, 石澤秀二　演出：千田是也
◇「近松のとらえかた」森秀男　新劇　27（4）　1980.4　p21～24
◇「近松とブレヒト（青年座『近松心中考』）」藤田洋　テアトロ　446　1980.4　p21～24

**近松心中物語** [団]シス・カンパニー
**3806** 上演：2018年1月10日～2月18日　場所：新国立劇場　作：秋元松代　演出：いのうえひでのり
◇「時代に翻弄された人々（シスカンパニー『近松心中物語』, 俳優座『いつもいつも君を憶ふ』, 文学座『この道はいつか来た道』）」水落潔　テアトロ　944　2018.4　p44～45

**ちか眼のカメレオン** [団]黒テント
**3807** 上演：1999年10月7日～10月17日　場所：ザ・スズナリ　作・演出：山元清多
◇「もっと観客を見て！（銀座セゾン劇場『KUNISADA 国定忠治』, 青年座『大菩薩峠』, 黒テント『ちか眼のカメレオン』）」林あまり　テアトロ　688　1999.12　p54～55

**血、きってみる** [団]KUTO-10
**3808** 上演：2012年11月29日～12月2日　場所：ウィングフィールド　作：樋口ミユ　演出：岩崎正裕
◇「12月の関西 迷路としての演劇（南河内万歳一座『お馬鹿屋敷』,KUTO‐10『血、きってみる』, トリコ・Aプロデュース『ROUVA』）」太田耕人　テアトロ　872　2013.2　p86～88

**地球義理人情** [団]大川興業
**3809** 上演：1991年4月10日～4月17日　場所：ザ・スズナリ　作・演出：大川豊
◇「だるま・オン・ザ・ラン」だるま食堂　しんげき　38（6）　1991.6　p60～63
◇「過激と緻密」安住恭子　しんげき　38（8）　1991.8　p34～37

**地球☆空洞説 地球はもうじきおしまいだ** [団]豊島区テラヤマプロジェクト実行委員会
**3810** 上演：2012年11月22日～11月29日　場所：豊島公会堂　原作：寺山修司　構成・脚色・演出：天野天街, 村井雄, 流山児祥　音楽：J・A・シーザー　振付：前田清実
◇「深みと拡がりを増した世界（イキウメ『まとめ*図書館的人生（上）』, 豊島区テラヤマプロジェクト実行委員会『地球☆空洞説』, 燐光群『星の息子』, 加藤健一事務所『バカのカベ』）」丸田真悟　テアトロ　872　2013.2　p78～80

**地球サイズのハムレット** [団]離風霊船
**3811** 上演：1991年1月10日～1月13日　場所：相鉄本多劇場　作・演出：伊東由美子
◇「世紀末の善意と笑い」安住恭子　しんげき　38（4）　1991.4　p34～37

**地球の上に朝が来る** [団]東京芸術座
**3812** 上演：2005年8月31日～9月4日　場所：紀伊國屋サザンシアター　作：島田九輔　演出：印南貞人　音楽：川本哲
◇「名作に挑み、嘘=真実を見てきたように語る（東京芸術座『地球の上に朝が来る』, THEATRE1010『写楽考』, 世田谷パブリックシアター『敦―山月記・名人伝―』, 虹企画・ぐるうぷ・シュラ『テネシー・ウィリアムズの世界Ⅱ』）」中本

信幸　テアトロ　770　2005.11　p46〜48

地球のぐあいはどうだい？　廻ってますぜ、大将！　[団]五月舎

3813 上演：1981年8月26日〜9月13日　場所：俳優座劇場　作：フランソワ・ビエドウ　訳：岩瀬孝　演出：小沢栄太郎

◇「ほろにがさの構造（五月舎『地球のぐあいはどうだい？ 廻ってますぜ、大将！』）」岩波剛　テアトロ　465　1981.11　p34〜36

地球のみなさん、悪く思わないでください　[団]スイス銀行

3814 上演：2009年5月14日〜5月17日　場所：AI・HALL　作：桝野幸宏　演出：蟷螂襲

◇「5月の関西 俳優を視る（スイス銀行『地球のみなさん、悪く思わないでください』，地点『あたしちゃん、行く先を言って』，浪花グランドロマン『うずまき』，無名劇団『プラズマ』）」太田耕人　テアトロ　821　2009.7　p50〜52

地球は踊らない　[団]嘘つき

3815 上演：2000年1月22日〜1月23日　場所：扇町ミュージアムスクエア　作・演出：伊藤昌弥

◇「2月の関西 再演という反復（展覧会のA『風の中を跳べ、鯨…』，3つの木綿『柘榴』，突撃ネクタリン『眠たしの虜』，嘘つき『地球は踊らない』，C・T・T制作・杉山企画『ミレニアム・スウィート』）」太田耕人　テアトロ　693　2000.4　p111〜113

ちぎれぐも　[団]犯罪友の会

3816 上演：2009年10月15日〜10月20日　場所：難波宮跡公園野外特設劇場　作・演出：武田一度

◇「10月の関西 鎖に繋がれて―（木ノ下歌舞伎『伊達娘恋緋鹿子』，南船北馬『それでもワタシは空をみる』，犯罪友の会『ちぎれぐも』）」太田耕人　テアトロ　827　2009.12　p78〜80

竹輪　[団]転球劇場

3817 上演：1997年1月18日〜1月19日　場所：扇町ミュージアムスクエア　構成：福田転球

◇「1月の関西 殺人とミカン（時空劇場『雪がふる』，劇団その1『名人戦2046』，PM/飛ぶ教室『足場の上のゴースト』，転球劇場『竹輪』）」宮辻政夫　テアトロ　653　1997.3　p79〜81

地上に広がる大空（ウェンディ・シンドローム）　[団]イアキナンディ

3818 上演：2015年11月21日〜11月23日　場所：東京芸術劇場プレイハウス　訳：田尻陽一　作・演出・美術・衣装：アンジェリカ・リデル（アトラ・ビリス・テアトロ）　音楽：チョ・ヨン・ムク

◇「フランス、スペインの劇三題（ピーター・ブルック『バトルフィールド』，アンジェリカ・リデル『地上に広がる大空（ウェンディ・シンドローム）』，勝田演劇事務所プロデュース『ファンドとリス（アラバール2本立て）』）」七字英輔　テアトロ　914　2016.2　p46〜49

血筋　[団]黒テント

3819 上演：2005年9月14日〜9月18日　場所：シアターイワト　原作：寺山修司　演出・美術：桐谷夏子

◇「寺山・唐作品の感染力（黒テント『血筋』，演劇実験室∴紅王国『美神の鏡』，新国立劇場・唐ゼミ★『黒いチューリップ』『盲導犬』，唐組『カーテン』）」野中広樹　テアトロ　771　2005.12　p58〜60

父を騙す―72年目の遺言　[団]東京芸術座

3820 上演：2017年8月15日〜8月20日　場所：紀伊國屋ホール　原案：安保健　作・演出：北原章彦

◇「ドイツ演劇の現在地（世田谷パブリックシアター『チック』，東京演劇アンサンブル『泥棒たち』，東京芸術座『父を騙す―72年目の遺言―』，Bunkamura『プレイヤー』，花組芝居『いろは四谷怪談』）」杉山弘　テアトロ　938　2017.11　p65〜67

父帰る／おふくろ　[団]文学座アトリエの会

3821 上演：2012年3月19日〜4月2日　場所：文学座アトリエ　作：菊池寛（父帰る），田中千禾夫（おふくろ）　演出：江守徹

◇「更なる飛翔を求めて（文学座『父帰る』『おふくろ』，彩の国シェイクスピア・シリーズ『シンベリン』，劇団NLT『幸せの値段』）」高橋豊　テアトロ　862　2012.6　p38〜39

父 砧へ帰る　[団]グループしぜん

3822 上演：2003年　場所：浅草橋アドリブ小劇場　作・演出：伊藤漠

◇「待って、待って、待ちきれなくって…（萬國四季協會『Z航海団』，紅王国『雄蜂の玉座』，てんびん座『ザ・多喜二』，グループしぜん『父 砧へ帰る』）」浦崎浩實　テアトロ　737　2003.7　p50〜53

父と暮せば　[団]こまつ座

3823 上演：1994年9月3日〜9月18日　場所：紀伊國屋ホール　作：井上ひさし　演出：鵜山仁

◇「舞台における言葉（パルコ劇場『オレアナ』，円『木を揺らす―2』，東京サンシャインボーイズ『罠』，こまつ座『父と暮せば』，東京芸術座『あわて幕やぶけ芝居』）」大沢圭司　テアトロ　622　1994.11　p67〜71

3824 上演：1995年11月15日〜12月2日　場所：紀伊國屋ホール　作：井上ひさし　演出：鵜山仁

◇「日米共同による2言語の芝居（昴・MRT『沈黙』，文学座『野分立つ』『噂のチャーリー』，こまつ座『父と暮せば』，二兎社『パパのデモクラシー』，シアター・コクーン『阿呆劇・フィガロの結婚』，博品館劇場『ブラック・コメディ』）」結城雅秀　テアトロ　638　1996.1　p63〜69

3825 上演：1999年5月31日〜6月6日　場所：紀伊國屋サザンシアター　作：井上ひさし　演出：鵜山仁

◇「今、個人がポリティカルであるということ…（青年団『海よりも長い夜』，こまつ座『父と暮せば』）」斎藤偕子　テアトロ　684　1999.8　p54〜55

父の詫び状　[団]松竹

3826 上演：1995年4月7日〜4月23日　場所：サンシャイン劇場　原作：向田邦子　脚本：金子

成人　演出：深町幸男
◇「井上作品のエネルギー（青年座『つくづく赤い風車』，サンシャイン劇場『父の詫び状』，こまつ座『たいこどんどん』）」水落潔　テアトロ　630　1995.6　p56～58

**地中**　㊦神戸アートビレッジセンター
***3827*** 上演：2012年3月9日～3月11日　場所：神戸アートビレッジセンター　作：角ひろみ　演出：丸尾丸一郎
◇「3月の関西 幻想か，不条理か。（メイシアター×sunday『牡丹灯籠』，空の驛舎『追伸』，神戸アートビレッジセンター『地中』，兵庫県立ピッコロ劇団『劇場版 日本三文オペラ』）」太田耕人　テアトロ　861　2012.5　p75～77

**チック**　㊦世田谷パブリックシアター
***3828*** 上演：2017年8月13日～8月27日　場所：シアタートラム　作：ヴォルフガング・ヘルンドルフ　上演台本：ロベルト・コアル　訳・演出：小山ゆうな
◇「ドイツ演劇の現在地（世田谷パブリックシアター『チック』，東京演劇アンサンブル『父を騙す―72年目の遺言―』，Bunkamura『プレイヤー』，花組芝居『いろは四谷怪談』）」杉山弘　テアトロ　938　2017.11　p65～67

**治天ノ君**　㊦チョコレートケーキ
***3829*** 上演：2016年10月27日～11月6日　場所：シアタートラム　作：古川健　演出：日澤雄介
◇「近代という識域への挑戦（イキウメ『遠野物語・奇ッ怪 其ノ三』，てがみ座『燦々』，チョコレートケーキ『治天ノ君』）」みなもとごろう　テアトロ　926　2017.1　p50～51

**血とバラ**　㊦勝田演劇事務所
***3830*** 上演：1988年10月9日～10月19日　場所：ベニサン・ピット　作：シェリダン・レ・ファニュ　訳：山内あゆ子　脚色：ウィルフォード・リーチ　演出：勝田安彦
◇「「共同体」の病」七字英輔　新劇　35(12)　1988.12　p30～33

**千鳥**　㊦俳優座
***3831*** 上演：1999年1月8日～1月20日　場所：紀伊國屋サザンシアター　作：田中千禾夫　演出：阿部廣次
◇「情念の形象化（テアトル・ヴィディ・ローザンヌ『フェードル』，俳優座『千鳥』）」渡辺淳　テアトロ　679　1999.3　p94～95

**地にありて静かに**　㊦メープルリーフ・シアター
***3832*** 上演：2005年10月20日～10月23日　場所：三百人劇場　作：アン・チスレット　訳：吉原豊司　演出：貝山武久
◇「緊迫感溢れるスリリングな会話劇（自転車キンクリートSTORE『ブラウニング・バージョン』，一跡二跳『パラサイト・パラダイス』，メープルリーフシアター『地にありて静かに』）」丸山真悟　テアトロ　773　2006.1　p44～46

**血の泡となりて流れよ**　㊦新演劇人グループテアトロ＜海＞
***3833*** 上演：1980年10月31日～11月9日　場所：銀座みゆき館劇場　作：堂本正樹　演出：福田恒雄
◇「いま，政治劇とは？」利光哲夫　新劇　28(2)　1981.2　p30～33

**地の駅**　㊦転形劇場
***3834*** 上演：1985年1月12日～1月20日　場所：大谷資料館　作・演出：太田省吾
◇「宮のこと（ことばの劇場）」長谷部浩　新劇　32(3)　1985.3　p34～37

**地の風**　㊦ピープルシアター
***3835*** 上演：1994年8月25日～8月28日　場所：スタジオ・バリオ　原作：川田文　脚本・演出：森井睦
◇「舞台の絵画的効果と群衆処理（松竹『オセロー』，銀座セゾン劇場＋民芸『怒りのぶどう』，T・P・T『双頭の鷲』，テアトル・エコー『リチャード三世』，平成元年『教祖リチャード』，東京演劇集団風『桜の園』，ピープルシアター『地の風』）」結城雅秀　テアトロ　622　1994.11　p59～66

**血の婚礼**　㊦銀座セゾン劇場
***3836*** 上演：1993年11月29日～12月23日　場所：銀座セゾン劇場　作：清水邦夫　演出：蜷川幸雄
◇「今こそ等身大のつぶやきを（銀座セゾン劇場『血の婚礼』，東京乾電池『三人姉妹』）」山登敬之　テアトロ　613　1994.2　p72～74

**血の婚礼**　㊦自由
***3837*** 上演：1995年6月7日～6月11日　場所：三百人劇場　作：ガルシア・ロルカ　構成・演出：金正鈺
◇「激情の中で燃え尽きる魂（プランドラ劇場『ジュリアス・シーザー』，韓国・劇団自由『血の婚礼』，流山児★事務所『青ひげ公の城』，テアトロ・シアター自由劇場『スカパン』，かたつむりの会『六月の電話』，岡部企画『女狐』，昴『ザ・カヴァルケイダーズ』）」結城雅秀　テアトロ　632　1995.8　p69～76

**血の婚礼**　㊦NINAGAWA STUDIO
***3838*** 上演：1999年6月17日～6月26日　場所：ベニサン・ピット　作：清水邦夫　共同演出：蜷川幸雄，井上尊晶
◇「ひとのこころ（NINAGAWA STUDIO『血の婚礼』，猫ニャー『弁償するとき目が光る』，劇団☆新感線『直撃！ ドラゴンロック2』）」長谷部浩　テアトロ　685　1999.9　p74～75

**血の婚礼**　㊦Bunkamura〔大規模修繕劇団〕
***3839*** 上演：2011年6月24日～7月30日　場所：にしすがも創造舎　作：清水邦夫　演出：蜷川幸雄
◇「歳月で風化した秩序（民藝『帰還』，新国立劇場『おどくみ』，Bunkamura/大規模修繕劇団『血の婚礼』）」水落潔　テアトロ　852　2011.9　p42～43

## ちのし

### 地の、十字架たちよ ㊤ピープルシアター
**3840** 上演：1993年8月31日〜9月6日　場所：ACT・SEIGEI-THEATER　原作：張貞任　脚色・演出：森井睦
◇「解散が惜しまれる成果（ぐる一ぷえいと『塩祝申そう』）、文学座『フエンテ・オベフーナ』、岡部企画『夢みた夢子』、ウォーキング・スタッフ『アイアンマン』、青年劇場『将軍が目覚めた時』、ピープル・シアター『地の、十字架たちよ』、日生劇場国際児童フェスティバル『八人の犬士たち』」江原吉博　テアトロ　609　1993.11　p75〜80

### 地の乳房 ㊤青年座
**3841** 上演：1984年11月14日〜11月25日　場所：本多劇場　作：水上勉　演出：鈴木完一郎
◇「辺境に生きる底辺の思想（青年座『地の乳房』）」ほんちえいき　テアトロ　503　1985.1　p26〜29

**3842** 上演：2014年10月24日〜11月3日　場所：紀伊國屋ホール　作：水上勉　台本・演出：宮田慶子
◇「超リアリズム芝居の怪保（ピープルシアター『嘆きのベイルート』、青年座『地の乳房』、名作劇場『母の死』『大臣候補』）」中本信幸　テアトロ　899　2015.1　p36〜37

### ちびっこカムのぼうけん ㊤人形劇団プーク
**3843** 上演：1997年3月27日〜3月30日　場所：紀伊國屋ホール　原作：神沢利子　脚本：小松幹生　演出：安尾芳明
◇「三つの新しい作品（人形劇団プーク『ちびっこカムのぼうけん』、えるる『嘘つき女・英子』、青年座スタジオ『ジャンナ』）」水落潔　テアトロ　656　1997.6　p66〜67

### 乳房 ㊤青年座
**3844** 上演：2003年3月16日〜3月26日　場所：紀伊國屋ホール　作：市川森一　演出：宮田慶子
◇「神への挑戦者たち（文学座『ドン・ジュアン』、青年座『乳房』）」渡辺淳　テアトロ　735　2003.5　p52〜53

### 荷―チム― ㊤東京演劇アンサンブル
**3845** 上演：2012年2月24日〜3月4日　場所：ブレヒトの芝居小屋　作：鄭福根　訳：石川樹里　演出：坂上洋二
◇「会話と伝達の難しさについて（劇団1980『芝居二態《落語芝居》《漫才芝居》』、東京演劇アンサンブル『荷―チム―』、劇団文化座『眼のある風景―夢しぐれ東長崎バイフー寮』）」七字英輔　テアトロ　861　2012.5　p44〜45

### チャイルド・オンリー 三年R組紅い教室 ㊤第三エロチカ
**3846** 上演：1984年6月20日〜6月24日　場所：アートシアター新宿　作・演出：川村毅
◇「悲劇の楽しみ方（ことばの劇場）」萩原なぎさ　新劇　31(9)　1984.9　p30〜35

### 茶館 ㊤大阪新劇協議会
**3847** 上演：1995年3月29日〜3月30日　場所：シアター・ドラマシティ　作：老舎　台本：渡辺鶴　総演出：夏淳　演出：須永克彦
◇「4月の関西 関西新劇陣の好舞台（大阪新劇協議会プロデュース『茶館』、劇団M・O・P『ちゃっかり八兵衛』、関西芸術座『女の平和』、九鬼葉子プロデュース『29歳の女たち』）」宮辻政夫　テアトロ　630　1995.6　p108〜110

### 茶館 ㊤北京人民芸術院
**3848** 上演：1983年9月12日〜9月25日　場所：サンシャイン劇場　作：老舎　演出：夏淳
◇「胸しめつけられる詩的余韻（北京人民芸術院『茶館』）」ほんちえいき　テアトロ　489　1983.11　p26〜29

### 着座するコブ ㊤魚灯
**3849** 上演：2008年4月18日〜4月20日　場所：京都芸術センター　作・演出：山岡徳貴子
◇「4月の関西 融化するアイデンティティ（リージョナルシアター・シリーズ『着座するコブ』、下鴨車窓『旅行者』）」太田耕人　テアトロ　806　2008.6　p45〜47

### CHARGE！ ㊤山の手事情社
**3850** 上演：1991年9月5日〜9月13日　場所：本多劇場　構成：安田雅弘
◇「1万分の2のアイロニー（ショーマ『ボクサァ』、山の手事情社『CHARGE！』）」岩波剛　テアトロ　585　1991.11　p42〜44

### チャーズ イン サマー ㊤ターザン・グループ
**3851** 上演：2001年7月6日〜7月8日　場所：HEP HALL　作：桧垣平　演出：大幸亮平
◇「舞台と現実の狭間で―第1回女性作家・演出家フェス～姫ごと～」栗田倆右　シアターアーツ　15　2001.12　p140〜142

### チャーチ家の肖像 ㊤木山事務所
**3852** 上演：2003年10月20日〜10月26日　場所：俳優座劇場　作：ティナ・ハウ　訳：福田美環子　演出：勝田安彦
◇「虚実の狭間で（昴『ナイチンゲールではなく』、木山事務所『チャーチ家の肖像』、テアトル・エコー『ドアをあけると…』、朋友『神様が眠っていた12ヶ月』）」渡辺淳　テアトロ　745　2004.1　p55〜57

### ちゃっかり八兵衛 ㊤M.O.P.
**3853** 上演：1995年3月23日〜3月26日　場所：扇町ミュージアムスクエア　作・演出：マキノノゾミ
◇「4月の関西 関西新劇陣の好舞台（大阪新劇協議会プロデュース『茶館』、劇団M・O・P『ちゃっかり八兵衛』、関西芸術座『女の平和』、九鬼葉子プロデュース『29歳の女たち』）」宮辻政夫　テアトロ　630　1995.6　p108〜110

### チャフラフスカの犬 ㊤東京壱組
**3854** 上演：1994年1月9日〜1月18日　場所：紀伊國屋ホール　作：原田宗典　演出：大谷亮介
◇「『ことば』へのこだわり（青い鳥『最終版』『ゆでたまご』、転位21『ボブと学校』、東京ヴォードヴィルショー『ドン・トン・カルレオーネのギャグギャグエブリバディー』、東京壱組『チャフラフスカ

の犬』,離風霊船『花椿』)」大沢圭司　テアトロ 614　1994.3　p86～89

## チャリング・クロス街84番地　㊺昴
**3855**　上演：1993年9月22日～9月30日　場所：三百人劇場　原作：ヘレーン・ハンフ　訳：江藤淳　潤色・演出：吉岩正晴
◇「古さに新しさを求める試み(地人会『朝焼けのマンハッタン』,文学座『恋と仮面のカーニバル』,昴『チャリング・クロス街84番地』,燐光群『神々の国の首都』,民藝『終末の刻』,1980『裏読み 味噌樽で縮んだズボン』,音楽座『リトル プリンス』,青年座『愛すればこそ』)」江原吉博　テアトロ　610　1993.12　p70～76

## 中国の不思議な役人　㊺パルコ
**3856**　上演：2009年9月12日～10月4日　場所：PARCO劇場　作：寺山修司　演出：白井晃
◇「残酷な不条理感漂う舞台(トマ・カラジッチ劇場『三人姉妹』,プランドラ劇場『解体 タイタス ローマの没落』,ナイロン100℃『世田谷カフカ』,パルコ劇場『中国の不思議な役人』)」扇田昭彦　テアトロ　827　2009.12　p31～33

## 昼餐会　㊺SCOT
**3857**　上演：1983年1月28日～2月27日　場所：早稲田小劇場　作・演出：鈴木忠志
◇「演出という虚構(ことばの劇場)」三浦雅士　新劇　30(4)　1983.4　p34～36

## 忠治御用旅　㊺明治座
**3858**　上演：1990年4月1日～4月26日　場所：明治座　作：中江良夫　演出：杉良太郎
◇「クサい芝居に蓋をしないで」岡本蛍　しんげき　37(6)　1990.6　p50～53

## 忠臣蔵　㊺SPAC(静岡県舞台芸術センター)
**3859**　上演：2013年12月14日～12月23日　場所：静岡芸術劇場　作：平田オリザ　演出：宮城聰
◇「箱への籠城・脱出を求めて—平田オリザ作『忠臣蔵』」スティーブ・コルベイ　シアターアーツ　58　2014.5　p48～50

## 忠臣蔵・序 ビッグバン／抜刀　㊺エイチエムビー・シアターカンパニー
**3860**　上演：2018年7月5日～7月15日　場所：AI・HALL　原作：竹田出雲,三好松洛,並木千柳　作：くるみざわしん　演出・美術：笠井友仁
◇「7月の関西 人物の半生を通し,近・現代の問題を照射(劇団・太陽族『Sumako』,玉造小劇店座付芝居『眠らぬ月の下僕』,遊劇舞台二月病『Delete』,ももちの世界『鎮骨041天使が眠っている』,エイチエムビー・シアターカンパニー『忠臣蔵・序 ビッグバン／抜刀』,劇団未来『斜交』)」九鬼葉子　テアトロ　950　2018.9　p73～75

## ちゅうたのくうそう　㊺東京演劇アンサンブル
**3861**　上演：1999年8月7日　場所：東京都児童会館　演出：小沢正　演出：広渡常敏　音楽：林光
◇「子どもの時間,大人の時間(うりんこ『ロビンソンとクルーソー』,うりんこ『よみがえれ！ ブッダ』,東京演劇アンサンブル『ちゅうたのくうそう』,東京演劇アンサンブル『おんにょろ盛衰記』,

たんぽぽ『距離 DISTANCE～俺たちのHARMONY～』,R+1『真夜中のキッチン』)」浦崎浩實　テアトロ　686　1999.10　p64～67

## 中二階な人々　㊺文学座アトリエの会
**3862**　上演：2004年4月16日～4月29日　場所：文学座アトリエ　作：阿藤智恵　演出：高瀬久男
◇「"な"の微妙な関係を描く(文学座アトリエの会『中二階な人々』,ペンギンプルペイルパイルズ『スマイル・ザ・スマッシャー』,文学座ファミリーシアター『眠り姫』)」浦崎浩實　テアトロ　750　2004.6　p52～53

## 中年ロミオ　㊺ラッパ屋
**3863**　上演：1998年11月24日～12月4日　場所：紀伊國屋サザンシアター　作・演出：鈴木聡
◇「中年たちの祭り(ルナパーク・ミラージュ『ロスト・サブウェイ』,ラッパ屋『中年ロミオ』)」斎藤偕子　テアトロ　678　1999.2　p64～65

## チュニジアの歌姫　㊺JIS企画
**3864**　上演：1997年1月19日～2月2日　場所：本多劇場　作・演出：竹内銃一郎
◇「パイプ椅子がぐにゃりと溶けて(第三舞台『朝日のような夕日をつれて'97』,R・U・P『サイレントヒート』,シアタープロジェクトさっぽろ『銀河鉄道の夜』,JIS企画『チュニジアの歌姫』)」長部浩　テアトロ　654　1997.4　p60～69

## 鳥瞰図　㊺新国立劇場
**3865**　上演：2008年6月11日～6月22日　場所：新国立劇場　作：早船聡　演出：松本祐子
◇「新国立劇場と劇作家 早船聡『鳥瞰図—ちょうかんず—』」嶋田直哉　シアターアーツ　36　2008.9　p102～105
◇「詩情ゆたかなセリフ(黒テント『玉手箱』,演劇集団円『田中さんの青空』,新国立劇場『鳥瞰図』)」林あまり　テアトロ　809　2008.8　p38～39
**3866**　上演：2011年5月10日～5月22日　場所：新国立劇場　作：早船聡　演出：松本祐子
◇「人間観察の目(新国立劇場『鳥瞰図』,劇団1980『麻布怪談』,イキウメ『散歩する侵略者』)」杉山弘　テアトロ　849　2011.7　p40～41

## 調教師　㊺KARA・COMPLEX
**3867**　上演：2005年11月5日～11月20日　場所：シアターコクーン　作：唐十郎　演出：内藤裕敬
◇「観念の遊戯の成否(ひょうご舞台芸術『芝居—朱鷺雄の城』,KARA・COMPLEX『調教師』,パルコ劇場『メアリー・ステュアート』,KOKAMI@network『トランス』)」七字英輔　テアトロ　773　2006.1　p56～58

## 彫刻のある風景・新宿角筈　㊺文学座
**3868**　上演：1991年12月8日～12月19日　場所：紀伊國屋ホール　作：吉永仁郎　演出：加藤武
◇「2つの吉永作品の出来ばえ(文学座『彫刻のある風景・新宿角筈』,俳優座『さりとはつらいね…』)」藤田洋　テアトロ　588　1992.2　p154～156

## 超コンデンス　㊺少年王者舘
**3869**　上演：2011年8月19日～8月21日　場所：京

都芸術センター　作・演出：天野天街

◇「8月の関西 まぼろしの都市（マレビト・ライブ『N市民 緑下家の物語』，極東退屈道場『サブウェイ』，真夏の會『エダニク』，少年王者舘『超コンデンス』）」太田耕人　テアトロ　853　2011.10　p47〜49

**超税金対策殺人事件／妻の女友達** [団]白石加代子新企画

*3870* 上演：2015年4月15日〜4月19日　場所：東京芸術劇場シアターウエスト　作：東野圭吾（超税金対策殺人事件），小池真理子（妻の女友達）　上演台本：笹部博司　演出：小野寺修二

◇「ベテランたちの再スタート（浅利慶太プロデュース『オンディーヌ』，白石加代子・新シリーズ『笑った分だけ、怖くなる』）」小藤田千栄子　テアトロ　905　2015.7　p28〜29

**蝶々さん―ある宣教師夫人の日記より／廃墟―谷崎を読む女たち** [団]新日鉄文化財団

*3871* 上演：2004年9月16日〜9月25日　場所：紀尾井ホール　作：市川森一（蝶々さん），谷崎潤一郎（廃墟）　演出：西川信廣

◇「ドラマのいろいろ（紀尾井朗読スペシャル『蝶々さん』『廃墟』，山の手事情社『jamゴールドブレンド』『夏の夜の夢』『オイディプス@Tokyo』，燐光群『ときはなたれて』）」斎藤偕子　テアトロ　757　2004.12　p40〜42

**蝶々乱舞** [団]仲間

*3872* 上演：1982年9月24日〜9月29日　場所：三百人劇場　作：石崎一正　演出：稲岡正順

◇「虚の花・実の花（仲間『蝶々乱舞』，民芸『すててこてこてこ』）」菊地貞三　テアトロ　478　1982.12　p32〜35

**町人貴族** [団]コメディ・フランセーズ

*3873* 上演：1988年8月16日〜8月25日　場所：銀座セゾン劇場　作：モリエール　演出：ジャン＝リュック・ブテ

◇「共感の笑いか嘲笑か（コメディ・フランセーズ『町人貴族』）」岩瀬孝　テアトロ　548　1988.10　p30〜31

**蝶のやうな私の郷愁** [団]AI・HALL

*3874* 上演：1996年1月　場所：AI・HALL　作・演出：松田正隆

◇「2月の関西 役者修行とは（兵庫県立ピッコロ劇団『わたしの夢は舞う』，アイホール自主企画『蝶のやうな私の郷愁』，ひょうご舞台芸術『おやすみデズデモーナ、おはようジュリエット』，芝居屋坂道ストア『あなたがちくわ』）」宮辻政夫　テアトロ　641　1996.4　p79〜81

**蝶のやうな私の郷愁／パ・ド・ドゥ** [団]京都芸術センター

*3875* 上演：2003年1月23日〜2月2日　場所：大阪市立芸術創造館クラシック・ルネサンス　作：松田正隆，坂本チラノ　演出：森美幸，藤原大介

◇「2月の関西 書きうるテクスト（PM/飛ぶ教室『滝の茶屋のおじちゃん2003』，京都芸術センター『デュオの可能性』，糾〜あざない〜『雪迎えの朝』）」太田耕人　テアトロ　734　2003.4　p59〜61

**調理場** [団]地人会

*3876* 上演：1994年10月14日〜10月25日　場所：紀伊國屋ホール　作：アーノルド・ウェスカー　訳・演出：木村光一

◇「俳優と作品の関係（加藤健一事務所『審判』，地人会『調理場』，NLT『女占い師』，新宿梁山泊『青き美しきアジア』，花企画『鐘が鳴る』，オフィス・シルバーライニング『サンシャインボーイズ』）」大沢圭司　テアトロ　623　1994.12　p68〜72

**直撃！ ドラゴンロック2 轟天大逆転 九龍城のマムシ** [団]劇団☆新感線

*3877* 上演：1999年7月6日〜7月20日　場所：サンシャイン劇場　作・演出：いのうえひでのり

◇「ひとのこころ（NINAGAWA STUDIO『血の婚礼』，猫ニャー『弁償するとき目が光る』，劇団☆新感線『直撃！ ドラゴンロック2』）」長谷部浩　テアトロ　685　1999.9　p74〜75

**チョコレート・ホース** [団]ユリイカ百貨店

*3878* 上演：2008年4月25日〜4月29日　場所：アトリエ劇研　作・演出：たみお

◇「5月の関西 「伝説」の劇、「伝説」の集団（兵庫県立ピッコロ劇団『あの大鴉、さえも』，ユリイカ百貨店『チョコレート・ホース』，ガバメント・オブ・ドッグス『Refresh！』，維新派『聖・家族』）」太田耕人　テアトロ　807　2008.7　p52〜54

**ちょっちゅ念** [団]デス電所

*3879* 上演：2004年7月8日〜7月10日　場所：AI・HALL　作・演出：竹内佑

◇「7月の関西 匿名性ふたたび（劇団・太陽族『空の絵の具』『砂の絵の具』，南船北馬一団『しんじょう』，デス電所『ちょっちゅ念』）」太田耕人　テアトロ　754　2004.9　p66〜68

**ちょっと、まってください** [団]ナイロン100℃

*3880* 上演：2017年11月10日〜12月3日　場所：本多劇場　作・演出：ケラリーノ・サンドロヴィッチ

◇「物語性に持ち味を発揮した佳作（パルコ『すべての四月のために』，ナイロン100℃『ちょっと、まってください』，トム・プロジェクト『明日がある、かな』，ワンツーワークス『消滅寸前（あるいは逃げ出すネズミ）』）」小山内伸　テアトロ　941　2018.1　p29〜31

**ちりもつもれば** [団]俳優座劇場

*3881* 上演：2001年4月13日〜4月22日　場所：俳優座劇場　作：別役実　演出：岸田良二

◇「条理と不条理の関わり（俳優座劇場プロデュース『ちりもつもれば』，ギィ・フォワシィ・シアター25周年記念『湾岸から遠く離れて』『王様と私たち』『動機』『相寄る魂』）」渡辺淳　テアトロ　709　2001.7　p45〜47

**チルドレン** [団]パルコ

*3882* 上演：2018年9月12日〜9月26日　場所：世田谷パブリックシアター　作：ルーシー・カークウッド　訳：小田島恒志　演出：栗山民也

◇「科学者の責任の在り処問う(パルコプロデュース『チルドレン』,文学座アトリエ『かのような私』,トム・プロジェクト『にっぽん男女騒乱期』,名作劇場『家主の上京』『屑屋の神様』)」丸田真悟　テアトロ　952　2018.11　p54～56

## 棋人（チーレン） 圑新国立劇場

**3883** 上演：1999年7月1日～7月18日　場所：新国立劇場小劇場　作：過士行　訳：菱沼彬晁　演出：林兆華

◇「外国の現代劇と古典の現代劇化(新国立劇場『棋人』,地人会『谷間の女たち』,青年座『新版 四谷怪談』)」水落潔　テアトロ　685　1999.9　p66～67

## チロリンマンの逆襲！ 圑朋友

**3884** 上演：1996年2月15日～2月18日　場所：シアターサンモール　作・演出：吉原廣

◇「『おりき』の力強さ(民藝『osanbaカメちゃん』,朋友『チロリンマンの逆襲』,文化座『おりき』)」八橋卓　テアトロ　641　1996.4　p70～72

## 血は立ったまま眠っている 圑太陽族

**3885** 上演：2013年12月13日～12月15日　場所：AI・HALL　作：寺山修司　演出：岩崎正裕

◇「12月の関西 過去を客体化する(劇団・太陽族『血は立ったまま眠っている』,クール・ガイア『ゴドーを待ちながら』)」太田耕人　テアトロ　886　2014.2　p84～85

## 血は立ったまま眠っている 圑日本劇団協議会

**3886** 上演：2008年2月1日～2月11日　場所：SPACE雑遊　作：寺山修司　台本・演出：流山児祥　振付：北村真実　音楽：宇崎竜童

◇「爆笑チェーホフ(華のん企画『チェーホフ短編集』,Bunkamura『恋する妊婦』,(社)日本劇団協議会主催/次世代を担う演劇人育成公演(10)流山児★事務所『血は立ったまま眠っている』)」林あまり　テアトロ　804　2008.4　p50～51

## 血は立ったまま眠っている 圑Bunkamura, Quaras

**3887** 上演：2010年1月18日～2月16日　場所：シアターコクーン　作：寺山修司　演出：蜷川幸雄

◇「世界を疑わなくては(阿佐ヶ谷スパイダース『アンチクロックワイズ・ワンダーランド』,Bunkamura/Quaras『血は立ったまま眠っている』,シス・カンパニー『えれがんす』)」林あまり　テアトロ　832　2010.4　p46～47

## 血は立ったまま眠っている 圑流山児★事務所

**3888** 上演：2000年4月22日～4月25日　場所：ジャン・ジャン　作：寺山修司　演出：流山児祥　音楽：宇崎竜童

◇「存在の耐えられない軽さ(流山児★事務所『血は立ったまま眠っている』,文学座『最後の晩餐』,THE・ガジラ『レプリカ』,R・U・P『七色インコ』)」七字英輔　テアトロ　696　2000.7　p62～65

## チンプス 特選リフォーム見積り無料!? 圑テアトル・エコー

**3889** 上演：2000年8月25日～9月4日　場所：エコー劇場　作：サイモン・ブロック　訳：福田美環子　演出：勝田安彦

◇「イギリスの二作品(地人会『ミュージカル ザ・キッチン』,テアトル・エコー『チンプス』,青年劇場『島清、世に敗れたり』)」水落潔　テアトロ　700　2000.11　p110～111

## 沈黙 圑昴, ミルウォーキー・レパートリー・シアター

**3890** 上演：1995年10月25日～11月12日　場所：三百人劇場　原作：遠藤周作　英訳：ヴァン・ゲッセル　脚本：スティーブン・ディーツ　邦訳：松本永実子　邦訳・演出：村田元史　演出：ジョセフ・ハレンディ

◇「日米共同による2言語の芝居(昴・MRT『沈黙』,文学座『野分立つ』『噂のチャーリー』,こまつ座『父と暮せば』,二兎社『パパのデモクラシー』,シアター・コクーン『阿呆劇・フィガロの結婚』,博品館劇場『ブラック・コメディ』)」結城雅秀　テアトロ　638　1996.1　p63～69

## 沈黙亭のあかり 圑俳優座

**3891** 上演：2010年5月21日～5月30日　場所：紀伊國屋ホール　作：山田太一　演出：中野誠也　音楽：内藤正彦

◇「固有の現代的テンポ(俳優座『沈黙亭のあかり』,ピープルシアター『バグダッドの兵士たち』,青年座『つちのこ』)」斎藤偕子　テアトロ　837　2010.8　p48～49

## 沈黙と光 圑地点

**3892** 上演：2006年1月14日～1月15日　場所：京都芸術劇場　作：松田正隆　演出：三浦基

◇「1月の関西 土着と洗練(地点『Jericho』『沈黙と光』,ひょうご舞台芸術『獅子を飼う』)」太田耕人　テアトロ　775　2006.3　p80～82

## 沈黙と光 圑文学座アトリエの会

**3893** 上演：2002年10月18日～10月30日　場所：文学座アトリエ　作：松田正隆　演出：高瀬久男

◇「風土とホームカミング(文学座アトリエ『沈黙と光』,海市・工房『夜のキリン』)」斎藤偕子　テアトロ　729　2002.12　p58～59

## 沈黙の海峡 圑東京ギンガ堂, ソウル市劇団

**3894** 上演：2005年7月26日～8月3日　場所：俳優座劇場　作・演出：品川能正　音楽：上田亨

◇「歴史と伝統の重み(東京ギンガ堂＋ソウル市劇団『沈黙の海峡』,ク・ナウカ『王女メデイア』,青年座スタジオ公演『龍か、あれは俺の友だち』,円『マクベス』)」結城雅秀　テアトロ　769　2005.10　p52～55

## 沈黙の自治会 圑ONLYクライマックス

**3895** 上演：1993年8月28日～8月31日　場所：シアターサンモール　作・演出：北野ひろし

◇「肉体言語の不在(ONLYクライマックス『沈黙の自治会』,うらら舎『アカシヤの雨にうたれて』)」斎藤偕子　テアトロ　609　1993.11　p64～66

## 【つ】

**追憶のアリラン**　[団]きづがわ

***3896*** 上演：2016年12月23日～12月24日　場所：リバティおおさかホール　作：古川健　演出：林田時夫

◇「1月の関西 京都の小劇場が次々と閉館（劇団fullsize『微熱ガーデン』,iaku『車窓から、世界の』,劇団きづがわ『追憶のアリラン』,点の階『…（てんてんてん）』）」九鬼葉子　テアトロ　929　2017.3　p75～76

**追憶のアリラン**　[団]チョコレートケーキ

***3897*** 上演：2015年4月9日～4月19日　場所：東京芸術劇場　作：古川健　演出：日澤雄介

◇「過去よ未来に届け（東京演劇集団風『なぜ ヘカベ』,Bunkamuraシアターコクーン『禁断の裸体』,チョコレートケーキ『追憶のアリラン』）」北川登園　テアトロ　904　2015.6　p40～41

**追伸**　[団]空の驛舎

***3898*** 上演：2012年3月16日～3月18日　場所：AI・HALL　作・演出：中村賢司

◇「3月の関西 幻想か、不条理か。（メイシアター×sunday『牡丹灯籠』,空の驛舎『追伸』,神戸アートビレッジセンター『地中』,兵庫県立ピッコロ劇団『劇場版 日本三文オペラ』）」太田耕人　テアトロ　861　2012.5　p75～77

***3899*** 上演：2015年4月17日～4月19日　場所：AI・HALL　作：中村賢司　演出：空ノ驛舎

◇「5月の関西 再読されるテクスト（空の驛舎『追伸』,極東退屈道場『タイムズ』,KUNIO番外公演『ともだちが来た』,ルドルフ『COLLAPSAR』）」太田耕人　テアトロ　905　2015.7　p38～40

**追奏曲、砲撃**　[団]桃園会

***3900*** 上演：2007年12月12日～12月18日　場所：精華小劇場　作・演出：深津篤史

◇「12月の関西 演劇的しかけを愉しむ（桃園会『追奏曲、砲撃』,AI・HALL+岩崎正裕 共同製作『フローレンスの庭』,遊劇体『夜叉ヶ池』）」太田耕人　テアトロ　802　2008.2　p95～97

**終の檻**　[団]きなせ企画

***3901*** 上演：2012年3月30日～4月3日　場所：武蔵野芸能劇場　作・演出：藤田傳

◇「終の棲家、終の檻、そして終の映画（劇団俳小『なにもいらない―山頭火と放哉―』,きなせ企画『終の檻』,MODE『満ちる』）」七字英輔　テアトロ　862　2012.6　p42～44

**終の栖・仮の宿―川島芳子伝**　[団]中島葵プロデュース

***3902*** 上演：1988年9月8日～9月18日　場所：ベニサン・ピット　作・演出：岸田理生

◇「老人の眼差し,死者の記憶」七字英輔　新劇　35（11）　1988.11　p30～33

**終の楽園**　[団]文学座アトリエの会

***3903*** 上演：2014年7月26日～8月9日　場所：文学座アトリエ　作：長田育恵　演出：鵜山仁

◇「ダブル、トリプルのドラマ空間（文学座アトリエ『終の楽園』,加藤健一事務所『If I Were You こっちの身にもなってよ』,オフィスコットーネ『密会』）」斎藤偕子　テアトロ　895　2014.10　p40～41

**通天閣**　[団]道化座,兵庫県劇団協議会

***3904*** 上演：2018年9月6日　場所：兵庫県立芸術文化センター　原作：西加奈子　脚本・演出：おおやかづき

◇「9月の関西 怒り、諷刺、茶化し。多彩なアプローチ（劇団犯罪友の会『私はレフト』,能×現代演劇work#5『ハナタカ』,匿名劇壇『笑う茶化師と事情女子』,虚空旅団『きつねのかみそり』,平成30年度兵庫県舞台芸術団体フェスティバル『通天閣』）」九鬼葉子　テアトロ　952　2018.11　p68～70

**つか版・北区お笑い忠臣蔵**　[団]北区つかこうへい劇団

***3905*** 上演：1995年9月7日～9月20日　場所：北区滝野川会館　脚本・構成・演出：藤本聡

◇「はじまりはいつも魅力的か？（アトリエ・シマダ『白い地図』,北区つかこうへい劇団『つか版・北区お笑い忠臣蔵』）」山登敬之　テアトロ　635　1995.11　p70～71

**つか版・忠臣蔵～スカイツリー篇**　[団]扉座

***3906*** 上演：2012年6月15日～6月24日　場所：すみだパークスタジオ倉　原作：つかこうへい　脚本・演出：横内謙介

◇「個の生き方と集団表象（民藝『うしろ姿のしぐれてゆくか』,流山児★事務所『さらば、豚』,扉座『つか版・忠臣蔵～スカイツリー篇』）」田之倉稔　テアトロ　865　2012.8　p44～45

**津軽姥捨口伝**　[団]河童

***3907*** 上演：1987年10月10日～11月11日　場所：三百人劇場　作：石上慎　演出：扇谷国男

◇「水準高く充実した舞台（第三回地域劇団東京演劇祭）」藤木宏幸　テアトロ　538　1987.12　p36～37

**月が乾く**　[団]近松劇場

***3908*** 上演：2003年3月12日～3月14日　場所：メイシアター小ホール　作・演出：深津篤史

◇「4月の関西 権力のかたち（劇団・太陽族『私たちの望むものは』,近松劇場『月が乾く』,水の会『じゃんぐる』,京都芸術センター・日韓プロジェクト『海と日傘』韓国語版）」太田耕人　テアトロ　736　2003.6　p66～68

**月影ホテル**　[団]遊気舎

***3909*** 上演：2001年4月11日～4月15日　場所：扇町ミュージアムスクエア　作：魔人ハンターミツルギ　演出：久保田浩

◇「4月の関西 ポスト近代のエンタテイメント（遊気舎『月影ホテル』,クロムモリブデン『エスエフ』,転球劇場『Jack』,アグリーダックリング『アドウェントゥーラ』）」太田耕人　テアトロ　708　2001.6　p101～103

## 月がとっても蒼いから　㊙文学座アトリエの会

**3910** 上演：1997年11月28日〜12月7日　場所：文学座アトリエ　作：平田オリザ　演出：坂口芳貞

◇「日常的な生と死のドラマ（文学座アトリエ『月がとっても蒼いから』、銀座セゾン劇場『わが町』）」渡辺淳　テアトロ　665　1998.2　p80〜81

## 月がみていた話　㊙ニットキャップシアター

**3911** 上演：2014年5月10日〜5月11日　場所：八尾プリズムホール　作：泊篤志、イトウワカナ　作・演出：ごまのはえ

◇「5月の関西　心理とプロット（OFT『わたしの焦げた眼球/遠視』、犯罪友の会『横丁のダーリン』、遊気舎『最後の剥製の猿』、dracom gala『たんじょうかい#2』、ニットキャップシアター『月がみていた話』、スクエア特別公演『アベノ座の怪人たち』）」太田耕人　テアトロ　891　2014.7　p51〜53

## 月・こうこう、風・そうそう　㊙新国立劇場

**3912** 上演：2016年7月13日〜7月31日　場所：新国立劇場　作：別役実　演出：宮田慶子

◇「古今南北酷暑の連鎖（劇団四季『エクウス』、花組芝居『恐怖時代』、新国立劇場『月・こうこう、風・そうそう』）」斎藤偕子　テアトロ　922　2016.9　p38〜39

## 築地にひびく銅鑼　㊙大阪劇団協議会

**3913** 上演：2018年3月8日〜3月11日　場所：ABCホール　原作：藤本恵子　脚本：宮地仙　演出：キタモトマサヤ

◇「3月の関西　才能の交流。演劇界の広がりへの可能性（演劇EXPO2018『流れんな』、現代演劇レトロスペクティヴ『二十世紀の退屈男』、兵庫県立ピッコロ劇団『マルーンの長いみち』、大阪劇団協議会合同公演『築地にひびく銅鑼』、清流劇場『アンドラ』）」九鬼葉子　テアトロ　945　2018.5　p38〜40

## 築地ホテル館炎上　㊙木山事務所

**3914** 上演：1993年11月3日〜11月7日　場所：国立劇場小劇場　作：堤春恵　演出：末木利文

◇「劇作女流三人展の成果（民藝『メイ・ストーム─花のもとにて─』、現代演劇協会＋プロツーカンパニー『あざみの蜜』、木山事務所『築地ホテル館炎上』、文学座『舞台・愛しすぎた人たちよ』、S.W.A.T＋博品館劇場『幕末青春譜　明日に架ける橋』）」江原吉博　テアトロ　662　1994.1　p73〜76

## 月ト象ノ庭、或いは宵の鳥、三羽　㊙桃園会

**3915** 上演：2007年1月26日〜1月28日　場所：AI・HALL　作・演出：深津篤史

◇「2月の関西　好舞台、競いあう！（MONO『地獄でございます』、劇団八時半『むかしここは沼だった。しろく』、桃園会『月ト象ノ庭、或いは宵の鳥、三羽』、地点『ワーニャ伯父さん』）」太田耕人　テアトロ　790　2007.4　p66〜68

## 月と卵　㊙かたつむりの会

**3916** 上演：1998年6月10日〜6月14日　場所：ジァン・ジァン　作：別役実　演出：村井志摩子

◇「賢明な実作者は傑作ミマンで勝負している!?（木山事務所『ピアフの妹』、岡部企画＋シアターX『新大久保の猫』、ラッパ屋『阿呆浪士』、花企画『旅愁の人』、かたつむりの会『月と卵』）」浦崎浩實　テアトロ　671　1998.8　p62〜64

## 月にぬれた手　㊙舞台芸術学院

**3917** 上演：2011年3月17日〜3月31日　場所：東京芸術劇場小ホール2　作：渡辺えり　演出：鵜山仁

◇「「生か死か？　それが問題だ（東演『ハムレット』、舞台芸術学院60周年記念公演『月にぬれた手』、フランス演劇クレアシオン『天国への二枚の切符』）」中本信幸　テアトロ　848　2011.6　p44〜45

## 月にぬれた手／天使猫　㊙オフィス３〇〇

**3918** 上演：2012年5月17日〜6月3日　場所：座・高円寺　作・演出：渡辺えり、鵜山仁

◇「「想定外」と幻想力（ギイ・フォワシイ・シアター『複合過去』『エリゼ・ビスマルクの長い人生』、青年劇場『臨界幻想2011』、おふぃす３〇〇『月にぬれた手』『天使猫』）」中本信幸　テアトロ　863　2012.7　p44〜46

## 月に眠る人　㊙３〇〇

**3919** 上演：1993年6月3日〜6月13日　場所：シアターアプル　作・演出：渡辺えり子

◇「観る方の想像力（新宿梁山泊『それからの夏』、３〇〇『月に眠る人』、葦の会『遥か遠き果てに』、みなと座『夏子の冒険』、遊◎機械/全自動シアター『オーマイパパ』）」大沢圭司　テアトロ　607　1993.9　p140〜143

## 月の家　㊙新宿梁山泊

**3920** 上演：2013年10月11日〜10月16日　場所：東京芸術劇場シアターイースト　作：ノ・ギョンシク　訳・脚色：篠原ゆり　訳・演出：金守珍　振付：大川妙子

◇「遠くて近い芝居の珍味（虹企画／ぐるうぷシュラ『テネシィ・ウィリアムズの世界Ⅵ』、新宿梁山泊『月の家』、扉座『バイトショウ』）」中本信幸　テアトロ　883　2013.12　p52〜53

## 月の上の夜　㊙パルコ

**3921** 上演：1989年6月11日〜6月25日　場所：PARCO SPACE PART3　作・演出：渡辺えり子

◇「"演出"への注文あれこれ」林あまり　新劇36(8)　1989.8　p38〜41

## 月の海　㊙演劇集団虹

**3922** 上演：1998年2月　場所：近鉄小劇場　作：N・C・ハンター　訳：亀井賢二　演出：瀬木宏康

◇「3月の関西　重い問いかけの劇（ひょうご舞台芸術『エヴァ、帰りのない旅』、演劇集団虹『月の海』、羊団『Jerichoエリコ』、大阪新劇団協議会『陽だまりの樹』）」宮辻政夫　テアトロ　668　1998.5　p78〜80

## 月の獣　㊙俳優座劇場

**3923** 上演：2015年10月4日〜10月13日　場所：俳優座劇場　作：リチャード・カリノスキー　訳：浦辺千鶴　演出：栗山民也

◇「目に見えない存在を認識する（梅田芸術劇場『夜への長い旅路』、俳優座劇場『月の獣』、BLISS企

つきの

画『花いちもんめ』、タチ・ワールド『ジェニーの肖像』、演劇集団円『フォースタス』)」結城雅秀　テアトロ　911　2015.12　p28〜30,61〜63

## 月の姉妹　⑱下北澤姉妹社

**3924**　上演：2017年2月22日〜2月26日　場所：シアター711　上演台本：井上裕朗　原作・演出：西山水木　音楽：中野亮輔
　◇「劇団の志と重なる熱い舞台(文学座『食いしん坊万歳！』、椿組『始まりのアンティゴネ』、青い鳥『普通の生活』、下北澤姉妹社『月の姉妹』)」丸田真悟　テアトロ　931　2017.5　p32〜34

## 月の砂をかむ女　⑱桃唄309

**3925**　上演：2008年4月16日〜4月20日　場所：中野ザ・ポケット　作・演出：長谷基弘
　◇「共同体再生の可能性描く(文化座『月の真昼間』、青年座『ねずみ男』、桃唄309『月の砂をかむ女』)」丸田真悟　テアトロ　807　2008.7　p40〜41

## 月の二階の下　⑱弘前劇場

**3926**　上演：2002年8月2日〜8月4日　場所：こまばアゴラ劇場　作・演出：畑澤聖悟
　◇「屈指のギャグ芝居など(S.W.A.T！『幕末ジャイアンツ』、オフィスプロジェクトM『Life Cycle』、R+1『水の村幻想奇譚』、ミュージカル座『舞台に立ちたい』、仲間『青い図書カード』、弘前劇場『月の二階の下』)」浦崎浩實　テアトロ　727　2002.10　p56〜59

## 月の光　⑱エイチエムピー・シアターカンパニー

**3927**　上演：2017年7月2日〜7月9日　場所：イロリムラ・プチホール　作：ハロルド・ピンター　訳：喜志哲雄　演出・舞台美術：笠井友仁
　◇「7月の関西 危機に無感覚になった、のんきな人々(劇団未来『ずぶ濡れのハト』、遊劇舞台二月病『Round』、エイチエムピー・シアターカンパニー『月の光』、下鴨車窓『渇いた蜃気楼』)」九鬼葉子　テアトロ　936　2017.9　p86〜88

## 月ノ光　⑱JIS企画

**3928**　上演：1995年2月17日〜2月28日　場所：本多劇場　作・演出：竹内銃一郎
　◇「巧まれた不可思議」江原吉博　テアトロ　628　1995.4　p58〜59

**3929**　上演：2000年4月6日〜4月16日　場所：本多劇場　作・演出：竹内銃一郎
　◇「月の魔力─青春・狂気(JIS企画『月ノ光』、新国立劇場『なよたけ』)」斎藤偕子　テアトロ　695　2000.6　p58〜59

## 月の光の中のフランキーとジョニー　⑱シアター1010

**3930**　上演：2004年9月3日〜9月8日　場所：THEATRE1010　作：テレンス・マクナリー　訳：常田景子　演出：西川信廣
　◇「セックスはスポーツ？(ナイロン100℃『男性の好きなスポーツ』、THEATRE1010『月の光の中のフランキーとジョニー』、劇団1980『現代頓服談』)」北川登園　テアトロ　756　2004.11　p54〜56

## 月の真昼間　⑱文化座

**3931**　上演：2008年4月17日〜4月27日　場所：俳優座劇場　原作：森口豁　脚本：杉浦久幸　演出：原田一樹　音楽：海勢頭豊
　◇「共同体再生の可能性描く(文化座『月の真昼間』、青年座『ねずみ男』、桃唄309『月の砂をかむ女』)」丸田真悟　テアトロ　807　2008.7　p40〜41

## 月の岬　⑱青年団プロデュース、月の岬プロジェクト

**3932**　上演：1997年1月31日〜2月2日　場所：アトリエ劇研　作：松田正隆　演出：平田オリザ
　◇「2月の関西 松田と平田の違い(松田正隆作 平田オリザ演出『月の岬』、兵庫県立ピッコロ劇団『スパイものがたり』)」宮辻政夫　テアトロ　654　1997.4　p70〜71

**3933**　上演：1997年7月9日〜7月13日　場所：シアタートラム　作：松田正隆　演出：平田オリザ
　◇「断片─7月の劇をめぐる(NODA・MAP『キル』、青年団プロデュース+月の岬プロジェクト『月の岬』、地人会『海の沸点』、燐光群『皮革製造所殺人事件』、自転車キンクリート『例の件だけど、」)」長谷部浩　テアトロ　659　1997.9　p72〜75

**3934**　上演：2000年9月7日〜9月12日　場所：紀伊國屋ホール　作：松田正隆　演出：平田オリザ
　◇「人間精神の根幹を成すもの(青年団プロデュース+『月の岬』プロジェクト『月の岬』、サンシャイン劇場製作『オーファンズ』、グッド・フェローズプロデュース『2.5Minute Ride』、ギィ・フォワシィ・シアター『バドゥー警視』)」結城雅秀　テアトロ　700　2000.11　p112〜115

## 月の岬　⑱Pカンパニー

**3935**　上演：2012年7月25日〜7月31日　場所：シアターグリーン BOX in BOX THEATER　作：松田正隆　演出：高瀬久男　音楽：原島正治
　◇「企画力に乾杯！(トム・プロジェクト『重力』、劇ま『審査員』、Pカンパニー『月の岬』)」中本信幸　テアトロ　867　2012.10　p42〜43

## 月の向こう側　⑱世田谷パブリックシアター

**3936**　上演：2002年10月19日〜10月27日　場所：世田谷パブリックシアター　作・演出：ロベール・ルパージュ　音楽：ローリー・アンダーソン
　◇「夢に見るあの時代へ(世田谷パブリックシアター『月の向こう側』、新国立劇場『太平洋序曲』)」大岡淳　テアトロ　729　2002.12　p56〜57

## 月夜の潮干狩　⑱田山涼成プロデュース

**3937**　上演：1991年2月5日〜2月10日　場所：シアタートップス　作：加藤千恵　演出：山田亜樹
　◇「絶望の果ての希望」安住恭子　しんげき　38(5)　1991.5　p30〜33
　◇「スタッフの仕事の充実度('91演劇界回顧)」安住恭子　しんげき　39(2)　1992.2　p34〜37

月夜の道化師　団文学座
3938　上演：2002年5月22日～6月2日　場所：紀伊國屋ホール　作：渡辺えり子　演出：鵜山仁
　◇「怒りを包み込んだファンタジー(文学座『月夜の道化師』、こんにゃく座『イヌの仇討あるいは吉良の決断』)」丸田真悟　テアトロ　725　2002.8　p56～57

月は赤らみて血の如く　団ザ・スーパーカムパニイ
3939　上演：1980年
　◇「「適度」の熱中と客席」堂本正樹　新劇　27(6)　1980.6　p26～29

つく、きえる　団新国立劇場
3940　上演：2013年6月4日～6月23日　場所：新国立劇場　作：ローラント・シンメルプフェニヒ　訳：大塚直　演出：宮田慶子
　◇「西欧劇の系譜(新国立劇場『つく、きえる』、昴『汚れた手』、世田谷パブリックシアター『オセロ』)」水落潔　テアトロ　879　2013.8　p46～47

つくづく赤い風車―小林一茶　団青年座
3941　上演：1995年4月7日～4月15日　場所：池袋・西口特設大テント　作：矢代静一　演出：鈴木完一郎
　◇「井上作品のエネルギー(青年座『つくづく赤い風車』、サンシャイン劇場『父の詫び状』、こまつ座『たいこどんどん』)」水落潔　テアトロ　630　1995.6　p56～58

黄楊の櫛　団青の会
3942　上演：1988年7月6日～7月10日　場所：銀座みゆき館劇場　作：岡田八千代　演出：伊藤祥子
　◇「父の力、父の不在」七字英輔　新劇　35(9)　1988.9　p30～33

つづみの女　団潮流
3943　上演：1993年9月9日～9月11日　場所：テイジンホール　作：田中澄江　演出：茂山千之丞
　◇「9月の関西「つづみの女」について」宮辻政夫　テアトロ　609　1993.11　p133～135

つづみの女　団俳優座
3944　上演：1985年3月12日～3月24日　場所：俳優座劇場　作：田中澄江　演出：阿部廣次
　◇「「新劇」巡礼老舗マップ-2-俳優座の『つづみの女』」堂本正樹　新劇　32(5)　1985.5　p70～73
　◇「現代に近づいた再演(俳優座『つづみの女』)」千野幸一　テアトロ　507　1985.5　p26～27

津田沼　団THE SHAMPOO HAT
3945　上演：2006年10月13日～10月22日　場所：ザ・スズナリ　作・演出：赤堀雅秋
　◇「様々な絆描く舞台(THE・ガジラ『わが闘争』、東京ギンガ堂+釜山市立劇団『くじら島』、シアター21『あのやさしい夜のなかへ』、THE SHAMPOO HAT『津田沼』)」丸田真悟　テアトロ　785　2006.12　p50～52

土　団未踏
3946　上演：1981年10月1日～10月3日　場所：読売ホール　作：長塚節　脚色・演出：立川博三
　◇「貧しさと明るさ(未踏『土』)」宮岸泰治　テアトロ　466　1981.12　p34～35

つちのこ　団青年座
3947　上演：2010年6月4日～6月13日　場所：青年座劇場　作：太田善也　演出：黒岩亮
　◇「固有の現代的テンポ(俳優座『沈黙亭のあかり』、ピープルシアター『バグダッドの兵士たち』、青年座『つちのこ』)」斎藤偕子　テアトロ　837　2010.8　p48～49

TSUTOMU　団扉座
3948　上演：2001年12月8日～12月9日　場所：厚木市文化会館小ホール　作・演出：横内謙介
　◇「誠実？　善意？(二兎社『日暮町風土記』、扉座『TSUTOMU』)」斎藤偕子　テアトロ　718　2002.2　p56～57

津波　団唐組
3949　上演：2004年5月1日～6月20日　場所：花園神社　作・演出：唐十郎
　◇「ブルーワーカーたちの離合集散のドラマ」堀切直人　シアターアーツ　19　2004.6　p75～77

津國女夫池　団巣林舎
3950　上演：2004年9月1日～9月5日　場所：紀伊國屋ホール　原作：近松門左衛門　台本・演出：鈴木正光
　◇「劇的マンダラ(巣林舎『津國女夫池』、東京芸術座『GO』、六番シード『ラストシャフル』、東京演劇集団風『三人姉妹』)」中本信幸　テアトロ　756　2004.11　p57～59

椿と海峡　団犯罪友の会
3951　上演：1997年10月22日～10月27日　場所：弁天追悼特設劇場　作・演出：武田一度
　◇「11月の関西　野外劇の競演(犯罪友の会『椿と海峡』、維新派『ヂャンヂャン☆オペラ'97 南風』)」宮辻政夫　テアトロ　664　1998.1　p78～80

椿姫　団静岡県文化財団,SPAC(静岡県舞台芸術センター)
3952　上演：2009年12月11日,13日　場所：グランシップ　中ホール　作：デュマ・フィス　演出・舞台デザイン：鈴木忠志　振付：金森穣
　◇「〇九年掉尾を飾った二つの舞台((財)静岡県文化財団+SPAC『椿姫』、グレイクリスマスの会『グレイクリスマス』)」村井健　テアトロ　831　2010.3　p46～47

椿姫　団松竹
3953　上演：1979年12月　場所：日生劇場　作：デュマ・フィス
　◇「くずおれの美のなかで」扇田昭彦　新劇　27(2)　1980.2　p26～29
　◇「咲かなかった椿(松竹『椿姫』)」木村重雄　テアトロ　444　1980.2　p40～41

**椿姫**　[団]パルコ

**3954** 上演：1995年6月5日～6月30日　場所：PARCO劇場　原作：デュマ・フィス　改作：パム・ジェムス　訳：松岡和子　演出：宮本亜門

◇「演出のスタイルをめぐって（文学座アトリエ『ザ・ボーイズ』，パルコ劇場『椿姫』）」大場建治　テアトロ　632　1995.8　p63～64

**翼をください**　[団]青年劇場

**3955** 上演：2000年12月17日～12月18日　場所：かめありリリオホール　作・演出：ジェームス三木

◇「ジェームス三木の"劇"のことなど（青年劇場『翼をください』，虹企画・ぐるうぷシュラ『じょるじゅ・だんだん』，S.W.A.T！『3156 THE BEST OF ME』ほか）」浦崎浩實　テアトロ　704　2001.2　p78～79

**翼の卵**　[団]桟敷童子

**3956** 上演：2018年5月29日～6月10日　場所：すみだパークスタジオ倉　作：サジキドウジ　演出：東憲司

◇「「物語」の型を超えて（パルコ『ハングマン』，イキウメ『図書館的人生vol.4 襲ってくるもの』，俳優座『首のないカマキリ』，桟敷童子『翼の卵』）」小山内伸　テアトロ　949　2018.8　p48～50

**燕のいる駅**　[団]土田英生セレクション

**3957** 上演：2012年6月13日～6月14日　場所：サンケイホールブリーゼ　作・演出：土田英生

◇「6月の関西 再演される〈現在〉（土田英生セレクション『燕のいる駅』，劇団大阪『イノセント・ピープル』，南河内万歳一座『夕陽ヶ丘まぼろし営業所』，兵庫県立ピッコロ劇団『博多小女郎波枕』）」太田耕人　テアトロ　865　2012.8　p51～53

**燕のいる駅**　[団]MONO

**3958** 上演：1999年7月23日～7月25日　場所：近鉄アート館　作・演出：土田英生

◇「8月の関西 極限状況を書く（ウイングフィールド『自動小銃の銃口から覗いた風景』，MONO『燕のいる駅』，遊劇体『百夜の夢#4 ギルガメシュの夜』）」太田耕人　テアトロ　686　1999.10　p80～82

**つぶならべ**　[団]Ugly duckling

**3959** 上演：2000年3月18日～3月20日　場所：全労済ホール/スペース・ゼロ　作：樋口美友喜　演出：池田祐佳理

◇「4月の関西 新しい一人芝居（京芸『はたがめの鳴る里』，京芸『花いちもんめ』，中村美保一人芝居『私、うれしい』，池上和美一人芝居『曲がり角と郷愁』，off‐H『仮説『I』を棄却するマリコ』，アグリーダックリング『つぶならべ』）」太田耕人　テアトロ　695　2000.6　p64～68

**2.5Minute Ride**　[団]燐光群＋グッドフェローズ

**3960** 上演：2000年9月13日～9月17日　場所：紀伊國屋サザンシアター　作：リサ・クローン　訳：常田景子　演出：坂手洋二

◇「人間精神の根幹を成すもの（青年団プロデュース＋『月の岬』プロジェクト『月の岬』，サンシャイン劇場製作『オーファンズ』，グッド・フェローズプロデュース『2.5Minute Ride』，ギィ・フォワシイ・シアター『バドゥー警視』）」結城雅秀　テアトロ　700　2000.11　p112～115

**妻と社長と九ちゃん**　[団]青年座

**3961** 上演：2005年4月8日～4月17日　場所：紀伊國屋ホール　作：鈴木聡　演出：宮田慶子

◇「卑小なアンチヒーローたちの戦後（俳優座『春、忍び難きを』，青年座『妻と社長と九ちゃん』）」みなもとごろう　テアトロ　765　2005.7　p50～51

**妻の家族**　[団]俳優座LABO

**3962** 上演：2011年7月22日～7月31日　場所：俳優座5F稽古場　原作：鈴木聡　脚色・演出：佐藤徹也

◇「現実と切り結ぶイメージ（阿佐ヶ谷スパイダース『荒野に立つ』，文学座アトリエ『山羊…それって…もしかして…シルビア？』，加藤健一事務所『滝沢家の内乱』，俳優座ラボ『妻の家族』）」丸田真悟　テアトロ　853　2011.10　p40～42

**罪だったり罰だったり**　[団]A級 Missing Link

**3963** 上演：2017年10月6日～10月9日　場所：AI・HALL　作・演出：土橋淳志

◇「10月の関西 小空間での実験作続く。着実な前進に期待（コンブリ団『夏休みのばあちゃん家』，壁ノ花団『ウィークエンダー』，A級 Missing Link『罪だったり罰だったり』，虚空旅団『Voice Training』，兵庫県立ピッコロ劇団『かさぶた式部考』）」九鬼葉子　テアトロ　939　2017.12　p50～52

**罪と罰**　[団]昴

**3964** 上演：2000年6月16日～7月5日　場所：三百人劇場　原作：ドストエフスキー　脚色：福田恆存　脚本・演出：菊池准　音楽：上田亨

◇「間接的手法で本質を抉り出す（青年団『ソウル市民1919』，俳優座LABO『アーズリー家の三姉妹』，昴『罪と罰』，文学座アトリエ『心破れて』）」結城雅秀　テアトロ　697　2000.8　p56～59

**罪と罰**　[団]俳優座

**3965** 上演：2006年10月5日～10月15日　場所：紀伊國屋ホール　原作：ドストエフスキー　脚色：Y・カリャーキン，ユーリー・リュビーモフ　訳：桜井郁子　演出：袋正

◇「言わずもがなの趣向（俳小『美しきものの伝説』，東演『大地のカケラ』，俳優座『罪と罰』）」中本信幸　テアトロ　785　2006.12　p56～57

**罪と罰**　[団]モスクワ・タガンカ劇場

**3966** 上演：1993年3月10日～3月14日　場所：銀座セゾン劇場　作：ドストエフスキー　演出：ユーリー・リュビーモフ

◇「異色の民衆劇（モスクワ・タガンカ劇場『ボリス・ゴドゥノフ』『罪と罰』）」渡辺淳　テアトロ　603　1993.5　p54～56

**つめくさの花の数列の果て～賢治迷い**　[団]演劇組織 夜の樹

**3967** 上演：1996年11月19日～11月24日　場所：文芸坐ル・ピリエ　作・演出：和田周

◇「舞台に渦巻く力（木冬社『火のようにさみしい姉がいて'96』, プロツー・カンパニー『三好家の引っ越し』, 夜の樹『つめくさの花の数列の果て〜賢治迷い』）」林あまり　テアトロ　652　1997.2　p64〜65

### 爪の灯　[団]演劇集団円

**3968** 上演：2017年5月19日〜5月28日　場所：シアターX　作：角ひろみ　演出：國峰眞

◇「世相を照らす群像劇（演劇集団円+シアターX提携公演『爪の灯』, 劇団櫂人『ブルーストッキングの女たち』, オフィスワンダーランド『からくり儀右衛門〜技術で明治維新を支えた男〜』）」中本信幸　テアトロ　935　2017.8　p46〜47

### 強いばかりが男じゃないといつか教えてくれたひと　[団]近松劇場

**3969** 上演：2000年3月8日〜3月12日　場所：メイシアター　作・演出：蟷螂襲

◇「ミレニアムの「虚実皮膜」―現代の2つの近松」山森雅弘　シアターアーツ　12　2000.7　p114〜116

### 釣堀にて／父帰る　[団]桃園会

**3970** 上演：2005年2月25日〜2月27日　場所：大阪市立芸術創造館クラシック・ルネサンス　作：久保田万太郎（釣堀にて）, 菊池寛（父帰る）　演出：深津篤史

◇「3月の関西 拡散する物語（桃園会『釣堀にて』『父帰る』, 近松劇場PART19『彼氏のそこぢから』, 劇団・太陽族『渦虫綱』）」太田耕人　テアトロ　763　2005.5　p113〜115

### ツー・レディーズ・オン・ステージ　[団]シアターアプル

**3971** 上演：1983年10月1日〜10月24日　場所：シアターアプル　作・演出：サミー・ダラス・ベイス　作詞・作曲・音楽監督：マーク・アレミアン

◇「勇気ある挑戦（シアター・アプル『ツー・レディース・オン・ステージ』）」石崎勝久　テアトロ　490　1983.12　p34〜36

### つんぼの視線　[団]国際舞台芸術研究所

**3972** 上演：1982年7月24日〜7月25日　場所：利賀山房　演出：ロバート・ウィルソン　※世界演劇祭

◇「利賀村への旅」渡辺保　テアトロ　476　1982.10　p54〜59

## 【て】

### て　[団]ハイバイ

**3973** 上演：2008年6月18日〜6月23日　場所：下北沢駅前劇場　作・演出：岩井秀人

◇「家族の情景 ハイバイ『て』」小田幸子　シアターアーツ　36　2008.9　p112〜115

**3974** 上演：2013年5月21日〜6月2日　場所：東京芸術劇場シアターイースト　作・演出：岩井秀人

◇「様々なタッチで描かれる家族の絆（ハイバイ『て』, 青山円劇カウンシル#6『いやむしろわすれて草』, 桟敷童子『風撃ち』, 無名塾『ウィリアム・シェイクスピア』）」丸田真悟　テアトロ　879　2013.8　p52〜54

### ティー　[団]国際青年演劇センター, 北極舎

**3975** 上演：1995年2月21日〜2月26日　場所：シアターX　作：ヴェリナ・ヒューストン　訳・演出：若林彰

◇「台詞に弾丸を籠める…（銀座セゾン劇場+松竹『リチャード三世』, シェイクスピア・シアター『じゃじゃ馬ならし』, 青年座『黄昏』, 民藝『私を忘れないで』, 三重県演劇塾『決定版・團十郎と音二郎』, 国際青年演劇センター+北極舎『ティー』, レクラム舎『笑う猫』）」結城雅秀　テアトロ　629　1995.5　p49〜56

### DEAR SPECTRUM　[団]解体社

**3976** 上演：1986年12月20日〜1987年1月18日　場所：オルターナティブ・アート・スペース・モノレール大船駅　作・演出：清水信臣

◇「ことばのリズムはドラマに寄りそう」鴻英良　新劇　34（3）　1987.3　p22〜27

### ディアーナ　[団]シードホール

**3977** 上演：1988年11月3日〜11月6日　場所：シードホール　作・演出：今野祐一

◇「「美しい」芝居あります」林あまり　新劇　36（1）　1989.1　p42〜45

### ディア・ライアー―すてきな嘘つき　[団]新国立劇場

**3978** 上演：1998年11月4日〜11月23日　場所：新国立劇場中劇場　作：ジェローム・キルティ　訳：丹野郁弓　演出：宮田慶子

◇「台本の強さと弱さ（新国立劇場『ディア・ライアー』, 演劇集団円『スカパンの悪だくみ』, T.P.T『春のめざめ』, こまつ座『貧乏物語』, ピッコロ劇団『ホクロのある左足』）」渡辺淳　テアトロ　677　1999.1　p72〜74

### 庭宴　[団]ポかリン記憶舎

**3979** 上演：2002年5月25日〜5月26日　場所：S&E Museum　作・演出：明神慈

◇「その背後の無底の深淵（T factory『アーカイヴス』, 遊◎機械/全自動シアター『ピッチフォークディズニー』, テアトロ・ヴァシェッロ『かもめ』, ポかリン記憶舎『庭宴』）」里見宗律　テアトロ　725　2002.8　p58〜60

### テイキングサイド〜ヒトラーに翻弄された指揮者が裁かれる日　[団]WOWOW, ぴあ, TSP, 銀河劇場

**3980** 上演：2013年2月1日〜2月11日　場所：天王洲 銀河劇場　作：ロナルド・ハーウッド　訳：渾大防一枝　演出：行定勲

◇「消えることのない負の記憶（WOWOW ぴあ TSP 銀河劇場 制作『テイキングサイド』, 民藝『真夜中の太陽』, 無名塾 秘演『授業』）」北川登園　テアトロ　874　2013.4　p44〜45

**テイク・ザ・マネー・アンド・ラン**　[団]ナイロン100℃

**3981** 上演：1999年9月3日〜9月19日　場所：本多劇場　作・演出：ケラリーノ・サンドロヴィッチ
◇「戦争と金銭欲と―「地獄めぐり」二題（東京演劇集団風『肝っ玉おっ母とその子供たち』，ナイロン100℃『テイク・ザ・マネー・アンド・ラン』）」七字英輔　テアトロ　687　1999.11　p56〜57

**Take Me Out**　[団]CATプロデュース

**3982** 上演：2018年3月30日〜5月1日　場所：DDD青山クロスシアター　作：リチャード・グリーンバーグ　訳：小川絵梨子　演出：藤田俊太郎
◇「再演で磨かれた舞台（シーエイティプロデュース『Take Me Out』，トム・プロジェクト『砦』，Pカンパニー『鎮魂歌（レクイエム）』，オフィス・ミヤモト『ブラインド・タッチ』，MONO『隣の芝生も。』）」杉山弘　テアトロ　946　2018.6　p32〜34

**デイ・ケア**　[団]参人芝居

**3983** 上演：2000年10月12日〜10月15日　場所：銀座小劇場　作：やのひでのり　演出：山口あきら
◇「人間臭いロボット、ロボットじみたニンゲン（参人芝居『デイ・ケア』，九プロダクション<楽市楽座>『ロダンの花子』，Uフィールド『そして、今は』ほか）」浦崎浩實　テアトロ　701　2000.12　p50〜51

**帝国エイズの逆襲**　[団]第三エロチカ，パルコ

**3984** 上演：1988年10月15日〜10月26日　場所：PARCO SPACE PART3　作・演出：川村毅
◇「「共同体」の病」七字英輔　新劇　35（12）1988.12　p30〜33

**帝國こころの妻**　[団]ポイント東京

**3985** 上演：1996年5月1日〜5月3日　場所：サンシャイン劇場　原作：秋元松代　演出：金盾進
◇「力作三作品（東京芸術座『ブラボー！　ファーブル先生』，ポイント東京企画『帝國こころの妻』，弘前劇場『五月の光線』）」八橋卓　テアトロ　644　1996.7　p56〜58

**帝国の建設者**　[団]黒テント

**3986** 上演：2005年6月23日〜6月26日　場所：シアターイワト　作：ボリス・ヴィアン　訳：利光哲夫　演出：立山ひろみ
◇「孤独と不義の代償（俳優座LABO『銘々のテーブル』，THE・ガジラ『死の棘』，青年座『こんにゃくの花』，黒テント『帝国の建設者』，新国立劇場『うら騒ぎ/ノイゼズ・オフ』）」結城雅秀　テアトロ　768　2005.9　p56〜59

**ディナー・ウィズ・フレンズ**　[団]シアター21

**3987** 上演：2000年7月21日〜7月30日　場所：PARCO劇場　作：ドナルド・マーグリーズ　訳：小田島恒志　演出：宮田慶子
◇「意味を開示するセリフとしぐさ（シアター21『ディナー・ウィズ・フレンズ』，青年座『ブンナよ、木からおりてこい』）」渡辺淳　テアトロ　699　2000.10　p56〜57

**定年ゴジラ**　[団]文学座

**3988** 上演：2009年11月5日〜11月14日　場所：紀伊國屋サザンシアター　原作：重松清　脚色：杉浦久幸　演出：西川信廣
◇「戦争と平和（ピープルシアター『焼け焦げるたましい』，文学座『定年ゴジラ』，朋友『百合の季節』）」蔵原惟治　テアトロ　829　2010.1　p52〜53

**ディファイルド**　[団]Bunkamura

**3989** 上演：2004年11月11日〜11月27日　場所：シアターコクーン　作：リー・カルチェイム　演出：鈴木勝秀
◇「演技に物申す（円『ビューティクイーン・オブ・リナーン』，新国立劇場『喪服の似合うエレクトラ』，CATプロデュース『ディファイルド』）」渡辺淳　テアトロ　760　2005.2　p63〜65

**DEEPキリスト狂**　[団]毛皮族

**3990** 上演：2004年3月4日〜3月28日　場所：下北沢駅前劇場　作・演出：江本純子
◇「旬―毛皮族（毛皮族『DEEPキリスト狂』，シリーウォークプロデュース『ウチハソバヤジャナイ』，新国立劇場『こんにちは、母さん』）」林あまり　テアトロ　749　2004.5　p56〜57

**堤防の上の鼓手**　[団]テアトル・デュ・ソレイユ

**3991** 上演：2001年9月7日〜9月22日　場所：新国立劇場中劇場　作：エレーヌ・シクスー　訳：松本伊瑳子　演出：アリアンヌ・ムヌーシュキン
◇「異文化摂取とほんとうの演劇体験（フランス太陽劇団『堤防の上の鼓手』）」斎藤偕子　テアトロ　714　2001.11　p36〜38

**定本いろは四谷怪談**　[団]花組芝居

**3992** 上演：1994年5月5日〜5月15日　場所：本多劇場　作・演出：加納幸和
◇「テクストの解釈ということ（ESC『ロミオとジュリエット』，四季『この生命は誰のもの？』，青年座『幻に心もそぞろ狂おしのわれら将門』，俳優座『コーカサスの白墨の輪』，岩松了プロデュース『アイスクリームマン』，花組芝居『定本いろは四谷怪談』）」結城雅秀　テアトロ　618　1994.7　p48〜54

**ディラックの花嫁**　[団]ジャブジャブサーキット

**3993** 上演：2014年9月5日〜9月7日　場所：ザ・スズナリ　作・演出：はせひろいち
◇「劇的ファンタジーの飛翔効果（ギイ・フォワシイ・シアター『相寄る魂』『ファンファーレを待ちながら』，ジャブジャブサーキット『ディラックの花嫁』，子供のためのシェイクスピアカンパニー『ハムレット』，青年劇場『羽衣 House』）」中本信幸　テアトロ　896　2014.11　p40〜41

**定理と法則**　[団]柄本劇団

**3994** 上演：1998年10月3日〜10月13日　場所：本多劇場　作・戯構：坂手洋二
◇「芝居とパンフの危険な（!?）関係（シアターコクーン『Zenmai 金色の草原に立つ時限爆弾を持っ

**泥流の花** Ⓖ萬國四季協會
***3995*** 上演：2015年7月1日～7月5日　場所：SPACE雑遊　作：響リュウ　演出：渡辺大策
◇「華やぐ舞台に効果（萬國四季協会『泥流の花』、青年劇場『動員挿話』『骸骨の舞跳』）」中本信幸　テアトロ　908　2015.9　p36～37

**ティンゲルタンゲル** Ⓖオンシアター自由劇場、Bunkamura
***3996*** 上演：1989年12月16日～12月31日　場所：シアターコクーン　構成・演出：串田和美
◇「これからも、ずっと」林あまり　しんげき　37（3）1990.3　p38～41

**食卓秘法（てえぶるまなあ）・溶ける魚** Ⓖ秘宝壹番館
***3997*** 上演：1981年7月8日～7月15日　場所：大塚ジェルスホール　作・演出：竹内銃一郎
◇「飽食の悪夢」如月小春　新劇　28（9）1981.9　p26～29

**食卓秘法（てえぶるまなあ）2 いただきまぁす別役さん** Ⓖ秘法零番館
***3998*** 上演：1984年6月8日～7月1日　場所：秘法零番館アトリエ　原作：別役実　構成・演出：竹内銃一郎
◇「おい そろそろ飯にしないか（ことばの劇場）」長谷部浩　新劇　31（8）1984.8　p38～42

**大迷路…ん？（デカメロン）** Ⓖ立身出世劇場プロデュース
***3999*** 上演：1993年8月6日～8月8日　場所：オレンジルーム　作：麻創けい子　演出：佐久間広一郎
◇「『ハバリ・ヒニ』について（ライターズカンパニー プロデュース『ハバリ・ヒニ～神に選ばれた人』、MOTHER/リリパット・アーミー共同プロデュース『毒無と老嬢』、2年6組山田学級『千年銭湯漂流記』、立身出世場プロデュース『大迷路…ん？（デカメロン）』、遊気舎『じゃばら』）」宮辻政夫　テアトロ　608　1993.10　p60～63

**敵前逃亡の弥勒菩薩** Ⓖ参人芝居
***4000*** 上演：2002年5月23日～5月26日　場所：麻布die pratze　作：やのひでのり　演出：山口あきら
◇「フランス演劇競演で見えるもの（ギイ・フォワシィ・シアター『橋の上の男』『テラス』、テアトル・エコー『ら抜きの殺意』、参人芝居『敵前逃亡の弥勒菩薩』）」佐藤康平　テアトロ　725　2002.8　p54～53

**出口ありません** Ⓖ遊era体
***4001*** 上演：2000年12月23日～12月24日　場所：ウィングフィールド　作・演出：キタモトマサヤ
◇「1月の関西 領有という名のパクリ（アフロ13『クロマニヨンショック』、遊era体フィールドワーク『出口ありません』、ジャブジャブサーキット『サワ氏の仕事Ⅲ』）」太田耕人　テアトロ　705　2001.3　p82～84

**出口なし** Ⓖジャン・ジャン
***4002*** 上演：1980年10月10日～10月14日　場所：ジャン・ジャン　作：サルトル　訳：利光哲夫　演出：末木利文
◇「単純は複雑」堂本正樹　新劇　27（12）1980.12　p30～33

**出口なし** Ⓖシス・カンパニー
***4003*** 上演：2018年8月25日～9月24日　場所：新国立劇場小劇場　作：サルトル　台本・演出：小川絵梨子
◇「原作の世界観をどう舞台化するか（青年劇場『キネマの神様』、KAAT神奈川芸術劇場『華氏451度』、ピープルシアター『燃えひろがる荒野』、東京芸術劇場『ゲゲゲの先生へ』、シス・カンパニー『出口なし』）」杉山弘　テアトロ　953　2018.12　p40～43

**出口なし** Ⓖ「出口なし」プロジェクト
***4004*** 上演：2006年9月　場所：銕仙会能楽堂　作：サルトル　演出：ギョーム・ガリエンヌ
◇「孤独を避ければ、そこは地獄（燐光群／グッドフェローズ『さすらい』、『壊れた風景』、『出口なし』プロジェクト『出口なし』、黒テント『ラ・トスカ』、劇団NLT『Daughters』）」結城雅秀　テアトロ　784　2006.11　p48～52

**出口なし** Ⓖ東京演劇集団風
***4005*** 上演：2003年7月25日～7月29日　場所：レパートリーシアターKAZE　作：サルトル　訳：伊吹武彦　演出：浅野佳成
◇「人間関係の明暗（シアター21『スリーデイズ・オブ・レイン』、燐光群＋グッドフェローズ『ポッシブル・ワールド』、東京演劇集団・風『出口なし』）」渡辺淳　テアトロ　741　2003.10　p48～50

**出口にて／花をくわえた男** Ⓖ東京演劇アンサンブル
***4006*** 上演：1989年6月9日～6月11日　場所：ブレヒトの芝居小屋　作：ルイージ・ピランデッロ　訳：内山寛　演出：岡井直道
◇「死にゆく者の翳」七字英輔　新劇　36（8）1989.8　p26～29

**木偶の坊や** Ⓖ近松劇場
***4007*** 上演：2004年3月3日～3月7日　場所：メイシアター小ホール　作：樋口美友喜　演出：内藤裕敬
◇「3月の関西 フィギュラ、あるいは相似形への感受性（南河内万歳一座百公演『夜叉ヶ池』、近松劇場『木偶の坊や』、劇団魚灯『笑役』）」太田耕人　テアトロ　749　2004.5　p102～104

**デージーが咲く街─新宿物語** Ⓖ東京ギンガ堂
***4008*** 上演：2007年6月8日～6月17日　場所：歌舞伎町特設テント劇場　脚本：石森史郎　演出：品川能正
◇「上半期ベスト1！（劇団、本谷有希子『ファイナルファンタジックスーパーノーフラット』、黒テント

『鉄砲玉』,東京ギンガ堂『デージーが咲く街―新宿物語』)」林あまり　テアトロ　795　2007.8　p50～51

**デジャ・ヴュ**　[団]第三舞台

**4009** 上演：1983年10月30日～11月13日　場所：早稲田大学大隈講堂裏特設テント　作・演出：鴻上尚史

◇「ガジェット化時代を突き抜けるもの(ことばの劇場)」川本三郎　新劇　31(1)　1984.1　p29～33

**デジャ・ヴュ'86**　[団]第三舞台

**4010** 上演：1986年2月8日～2月27日　場所：紀伊國屋ホール　作・演出：鴻上尚史

◇「第1幕第1場の魅力」佐々木幹郎　新劇　33(4)　1986.4　p24～29

**デジレ**　[団]フランス演劇クレアシオン

**4011** 上演：2001年4月11日～4月15日　場所：シアタートラム　脚本：サッシャ・ギトリー　訳・演出：岡田正子

◇「甘美なる日々(フランス演劇クレアシオン『デジレ』,ルナパーク・ミラージュ『火男』)」大岡淳　テアトロ　708　2001.6　p66～67

**デストラップ 死の罠**　[団]パルコ

**4012** 上演：1985年8月10日～8月25日　場所：PARCO劇場　作：アイラ・レヴィン　訳：吉田美枝　演出：五社英雄

◇「上質の推理劇(パルコ劇場『デストラップ』)」千野幸一　テアトロ　512　1985.10　p21～24

**鉄橋の上のエチュード**　[団]小原延之プロデュース

**4013** 上演：2013年4月5日～4月7日　場所：AI・HALL　作・演出：小原延之

◇「4月の関西 欲望の三角形(兵庫県立ピッコロ劇団オフシアター『私のかわいそうなマラート』『寿歌』,小原延之プロデュース『鉄橋の上のエチュード』)」太田耕人　テアトロ　876　2013.6　p74～75

**鉄格子**　[団]日本・ハンガリー友好演劇上演委員会

**4014** 上演：2000年4月5日～4月9日　場所：東京芸術劇場小ホール2　作：ゲンツ・アールパード　訳：平川大作　演出：貝山武久

◇「ドラマに見る歴史の種々相(民藝『オットーと呼ばれる日本人』,日本・ハンガリー友好演劇『鉄格子』,燐光群『パウダー・ケグ』,パルコ劇場『サイドマン』)」渡辺淳　テアトロ　695　2000.6　p50～52

**デッド・ギルティ**　[団]博品館劇場

**4015** 上演：1998年9月17日～10月6日　場所：博品館劇場　作：リチャード・ハリス　演出：オリオール・スミス

◇「風化と執念(木山事務所『山猫理髪店』,博品館劇場『デッド・ギルティ』)」斎藤偕子　テアトロ　674　1998.11　p54～55

**鉄扉の中の自由**　[団]ユニークポイント

**4016** 上演：2005年3月10日～3月17日　場所：新生館スタジオ　作・演出：山田裕幸

◇「暗闇の向こうに続く場所(錬肉工房『月光の遠近法』,五反田団『キャベツの類』,弘前劇場+ROGO『FRAGMENT「F.+2」』,ユニークポイント『鉄扉の中の自由』)」野中広樹　テアトロ　764　2005.6　p54～56

**鉄砲玉**　[団]黒テント

**4017** 上演：2007年6月1日～6月10日　場所：シアターイワト　作：坂口瑞穂　演出：佐藤信

◇「上半期ベスト1！(劇団、本谷有希子『ファイナルファンタジックスーパーノーフラット』,黒テント『鉄砲玉』,東京ギンガ堂『デージーが咲く街―新宿物語』)」林あまり　テアトロ　795　2007.8　p50～51

**テッポー玉**　[団]黒テント

**4018** 上演：2008年10月9日～10月13日　場所：シアターイワト　作・演出：坂口瑞穂

◇「待つこと―詩と現実(Pカンパニー『ポンコツ車と五人の紳士』『しあわせな男』,俳小『西の国の伊達男』,黒テント『テッポー玉』)」蔵原惟治　テアトロ　813　2008.12　p46～48

**テネシィ・ウィリアムズの世界Ⅱ**　[団]虹企画/ぐるうぷシュラ

**4019** 上演：2005年9月　場所：アトリエ・ミニミニシアター　作：テネシー・ウィリアムズ　演出：三條三輪,跡見梵

◇「名作に挑み､嘘=真実を見てきたように語る(東京芸術座『地球の上に朝が来る』,THEATRE1010『写楽考』,世田谷パブリックシアター『敦―山月記・名人伝―』,虹企画・ぐるうぷ・シュラ『テネシー・ウィリアムズの世界Ⅱ』)」中本信幸　テアトロ　770　2005.11　p46～48

**テネシィ・ウィリアムズの世界Ⅲ**　[団]虹企画/ぐるうぷシュラ

**4020** 上演：2006年6月　場所：虹企画アトリエ・ミニミニシアター　演出：三條三輪,跡見梵

◇「「性」の深淵をのぞく悲喜劇(昴『億萬長者夫人』,青年座『蛇』,虹企画・ぐるうぷシュラ『テネシィ・ウィリアムズの世界Ⅲ』)」中本信幸　テアトロ　782　2006.9　p52～54

**テネシィ・ウィリアムズの世界Ⅳ**　[団]虹企画/ぐるうぷシュラ

**4021** 上演：2007年　作：テネシー・ウィリアムズ　演出：三條三輪

◇「芝居ならではの劇薬(虹企画・ぐるうぷしゅら『テネシー・ウィリアムズの世界Ⅳ』,トム・プロジェクト『僕と彼と娘のいる場所』,劇団1980『行路死亡人考』,演奏舞台『なつかしの学童疎開』)」中本信幸　テアトロ　802　2008.2　p58～59

**テネシィ・ウィリアムズの世界Ⅴ**　[団]虹企画/ぐるうぷシュラ

**4022** 上演：2011年12月　場所：虹企画アトリエ・ミニミニシアター　作：テネシー・ウィリアムズ

◇「前を向いて歩こうよ(アリストパネス・カンパニー『大逆の影』,虹企画/ぐるうぷシュラ『テネシィ・ウィリアムズの世界Ⅴ』,トム・プロジェクト『嫉妬.混む！』)」中本信幸　テアトロ　858　2012.2　p60～61

## テネシィ・ウィリアムズの世界Ⅵ　㊍虹企画/ぐるうぷシュラ

**4023** 上演：2013年9月　場所：虹企画アトリエ・ミニミニシアター　作：テネシー・ウィリアムズ　訳：鳴海四郎　演出：三條三輪、跡見梵

◇「遠くて近い芝居の珍味（虹企画/ぐるうぷシュラ『テネシィ・ウィリアムズの世界Ⅵ』、新宿梁山泊『月の家』、扉座『バイトショウ』）」中本信幸　テアトロ　883　2013.12　p52～53

## 手の紙　㊍犯罪友の会

**4024** 上演：2004年5月28日～5月30日　場所：ウィングフィールド　作・演出：武田一度

◇「6月の関西 匿名性への憧れ（桃園会『中野金属荘、PK戦』、南河内万歳一座＋天下の台所改善隊『日本三文オペラ』、犯罪友の会『手の紙』）」太田耕人　テアトロ　753　2004.8　p50～52

**4025** 上演：2005年5月27日～5月30日　場所：タイニイ・アリス　作・演出：武田一度

◇「心ならずも映画版が思い浮かびて（コマ・プロダクション『ミザリー』、ジャブジャブサーキット『成層圏まで徒歩6分』、犯罪友の会『手の紙』）」浦崎浩實　テアトロ　767　2005.8　p56～57

## 手の中の林檎　㊍永盛丸

**4026** 上演：1998年6月30日～7月5日　場所：扇町ミュージアムスクエア　作・演出：内藤裕敬

◇「7月の関西 謎解きの浅さと深さ（桃園会『黒子な私』、永盛丸『手の中の林檎』、R・U・Pプロデュース『唇からナイフ』）」宮辻政夫　テアトロ　672　1998.9　p118～120

## てのひらのこびと　㊍新国立劇場

**4027** 上演：2004年5月11日～5月27日　場所：新国立劇場小劇場　作：鈴江俊郎　演出：松本祐子

◇「雨になろうとする言葉―『てのひらのこびと』（作・鈴江俊郎、演出・松本祐子）」太田耕人　シアターアーツ　20　2004.9　p97～100

◇「言葉が創り出す空間（風琴工房『記憶、或いは辺境』、俳優座劇場プロデュース『名は五徳』、青年団『ヤルタ会談』『忠臣蔵・OL編』、新国立劇場『てのひらのこびと』）」丸田真悟　テアトロ　751　2004.7　p51～53

## 出番を待ちながら　㊍木山事務所

**4028** 上演：2006年4月3日～4月10日　場所：俳優座劇場　作：ノエル・カワード　訳：高橋知伽江　演出：末木利文　音楽：古賀義弥

◇「役者人生の黄昏を生きる（木山事務所『出番を待ちながら』、ホリプロ『ライフ・イン・ザ・シアター』、文学座アトリエ『エスペラント』、演劇集団・円『まちがいつづき』、TPT『皆に伝えよ！ソイレント・グリーンは人肉だと』）」結城雅秀　テアトロ　778　2006.7　p48～52

## て／夫婦　㊍ハイバイ

**4029** 上演：2018年8月18日～9月2日　場所：東京芸術劇場　作・演出：岩井秀人

◇「家族という厄介な関係（ハイバイ『て』『夫婦』、石井光三オフィスプロデュース『死神の精度～7Days Judgement』、シーエイティプロデュース『黄昏』、神奈川芸術劇場『グレーテルとヘンゼル』、東京演劇集団風『記憶の通り路―孤独に苛まれている老婦人には気をつけて』」杉山弘　テアトロ　952　2018.11　p49～51

## テーブルに十三人　㊍NLT

**4030** 上演：2010年10月27日～10月31日　場所：博品館劇場　作：マルク＝ジルベール・ソヴァジョン　訳：佐康康　演出：竹邑類

◇「役者の見せる舞台（新国立劇場『やけたトタン屋根の上の猫』、俳優座劇場『家族の写真』、劇団NLT・博品館劇場『テーブルに十三人』）」斎藤偕子　テアトロ　843　2011.1　p42～43

## 食卓（テーブル）の木の下で　㊍遊◎機械/全自動シアター

**4031** 上演：2001年4月7日～4月26日　場所：青山円形劇場　作：高泉淳子　演出：白井晃

◇「21世紀に届ける人生とロマン（扉座『アゲイン～怪人二十面相の優しい夜』、遊◎機械/全自動シアター『食卓の木の下で』、キャラメルボックス『風を継ぐ者』）」桂木嶺　テアトロ　709　2001.7　p56～57

## テーブル・マナー　㊍俳優座

**4032** 上演：1987年1月9日～1月22日　場所：俳優座劇場　作：アラン・エイクボーン　訳：大場建治　演出：西木一夫

◇「衝撃的な『こんな話』」渡辺保　新劇34(3)　1987.3　p34～39

◇「薬味の程の良さ（俳優座『テーブル・マナー』）」千野幸一　テアトロ　529　1987.3　p28～30

## デモクラシー　㊍ホリプロ

**4033** 上演：2005年2月11日～2月19日　場所：シアター1010　作：マイケル・フレイン　訳：常田景子　演出：ポール・ミラー

◇「ピランデッロと劇中劇（ク・ナウカ『山の巨人たち』、四季『アンチゴーヌ』、ホリプロ『デモクラシー』）」田之倉稔　テアトロ　763　2005.5　p66～68

## デモクラティアの種―熊楠が孫文に伝えた世界　㊍演劇集団ワンダーランド

**4034** 上演：2017年11月2日～11月5日　場所：紀伊國屋ホール　作・演出：竹内一郎

◇「アジアの中の日本の行方は（ピープルシアター『燃えあがる荒野』、青年劇場『『事件』という名の事件』、ワンダーランド『デモクラティアの種―熊楠が孫文に伝えた世界』）」黒羽英二　テアトロ　941　2018.1　p36～37

## デュエット　㊍三生社

**4035** 上演：1998年8月28日～8月29日　場所：アートスフィア　作：ニール・サイモン　演出：井上思　作曲：M・ハムリッシュ　作詞：C・B・セイガー　振付：芹田恵

◇「創作物の難しさ（三生社『デュエット』、シルバーライニング『アパートの鍵貸します』、カクスコ『空き室あり！』、銀座セゾン劇場『ヴェリズモ・オペラをどうぞ！』）」水落潔　テアトロ　674　1998.11　p56～57

## デュエットのあとに　⦿地人会
**4036**　上演：1998年6月17日〜6月30日　場所：紀伊國屋ホール　作：トム・ケンピンスキー　訳・演出：木村光一
◇「音楽の力一東西の視点（地人会『デュエットのあとに』，文学座アトリエ『クロイツェル・ソナタ』）」斎藤偕子　テアトロ　671　1998.8　p50〜51

## テラ・ノヴァ　⦿文学座アトリエの会
**4037**　上演：2004年9月6日〜9月23日　場所：文学座アトリエ　作：テッド・タリー　訳：名和由理　演出：高橋正徳
◇「80年代演劇と現在をつなぐもの（青い鳥『シンデレラ・ファイナル』，テアトル・エコー『半変化東恋道中』，文学座アトリエ『テラ・ノヴァ』）」七字英輔　テアトロ　756　2004.11　p60〜61

## 寺山修司―過激なる疾走　⦿月蝕歌劇団
**4038**　上演：2007年8月23日〜8月26日　場所：紀伊國屋ホール　作：高取英
◇「差別や偏見、そして欲望の果ては？（ホリプロ・天王洲 銀河劇場『ヴェニスの商人』，月蝕歌劇団『寺山修司 過激なる疾走』，東京演劇集団風『マハゴニー市の興亡』）」北川登園　テアトロ　798　2007.11　p52〜53

**4039**　上演：2017年3月23日〜3月25日　場所：ザムザ阿佐谷　脚本・演出：高取英　音楽：J・A・シーザー
◇「宿命の場の生と死（燐光群『くじらの墓標2017』，月蝕歌劇団『パノラマ島綺譚』『寺山修司―過激なる疾走―』，東京ノーヴイ・レパートリーシアター『メディア』）」黒羽英二　テアトロ　932　2017.6　p32〜33

## 寺山修司の迷宮世界 100年気球メトロポリス　⦿演劇実験室◎万有引力
**4040**　上演：1997年8月8日〜8月10日　場所：パルテノン多摩　原作：寺山修司　構成・演出：J・A・シーザー
◇「視線，声，形（多摩市文化振興財団『寺山修司の迷宮世界◎100年気球メトロポリス』，キャラメルボックス『嵐になるまで待って』，銀座セゾン劇場『夕鶴』）」長谷部浩　テアトロ　660　1997.10　p61〜65

## Delete　⦿遊劇舞台二月病
**4041**　上演：2018年6月23日〜6月24日　場所：ウィングフィールド　作・演出：中川真一
◇「7月の関西 人物の半生を通し、近・現代の問題を照射（劇団・太陽族『Sumako』，玉造小劇店配給芝居『眠らぬ月の下僕』，遊劇舞台二月病『Delete』，ももちの世界『天使が眠っている』，エイチエムピー・シアターカンパニー『忠臣蔵・序 ビッグバン/抜刀』，劇団未来『斜交』）」九鬼葉子　テアトロ　950　2018.9　p73〜75

## Territory　⦿ストアハウスカンパニー
**4042**　上演：2002年3月20日〜3月26日　場所：江古田ストアハウス　構成・演出：木村真悟
◇「時代を巧みに映し出す舞台（ストアハウスカンパニー『Territory』，S.W.A.T『拝啓フィリップ・トルシエ様』，人間座・亀の子新社プロデュース『青春を返せ！』，グループしぜん『捨吉』『お、酒よ』）」佐藤康平　テアトロ　722　2002.6　p48〜49

## テレスコープ　⦿青杜
**4043**　上演：2003年2月14日〜2月16日　場所：紀伊國屋サザンシアター　作・演出：古川登志夫
◇「無謀なモチーフに拍手を送りつつも…（オフィスプロジェクトM『明治とサムライとｘｘｘ』，東京乾電池『雨上がりの夜空に…』，青年座『見よ、飛行機の高く飛べるを』，青杜『TELESCOPE テレスコープ』，虹企画・グループしゅら『桃花村祝婚歌』）」浦崎浩實　テアトロ　734　2003.4　p46〜49

## テレスコープ〜彷徨篇　⦿青杜
**4044**　上演：1998年4月4日〜4月9日　場所：シアターアプル　作：古川登志夫　演出：杉村和哉
◇「〈場所〉のなまえ（M・O・P『遠州の葬儀屋』，トム・プロジェクト『ホームレス・ハート』，青杜みたい・しあた『テレスコープ〜彷徨篇』，演劇集団池の下『青森県のせむし男』）」浦崎浩實　テアトロ　669　1998.6　p68〜69

## テレーズ・ラカン　⦿TPT
**4045**　上演：1998年1月29日〜3月8日　場所：ベニサン・ピット　原作：エミール・ゾラ　訳：吉田美枝　脚色：ニコラス・ライト　演出：デヴィッド・ルヴォー
◇「long long critic‐2‐暴力としての演劇（T.P.T『テレーズ・ラカン』）」里見宗律　テアトロ　667　1998.4　p45〜48

## テレビ・デイズ　⦿竹中直人の会
**4046**　上演：1996年12月11日〜12月29日　場所：本多劇場　作・演出：岩松了
◇「世紀末を泳ぎわたるために（マイケル・ハッジ＆アル・パチーノ『リチャードを探して』，NINAGAWA COMPANY'DASH『1996・待つ』，竹中直人の会『テレビ・デイズ』）」長谷部浩　テアトロ　652　1997.2　p68〜70

## テロ　⦿兵庫県立芸術文化センター
**4047**　上演：2016年8月20日　場所：兵庫県立芸術文化センター　原作：フェルディナント・フォン・シーラッハ　訳：酒寄進一　演出：深作健太
◇「9月の関西 観客層を広げなければならない、というミッション（コンプリ団『カラカラ』，エイチエムピー・シアターカンパニー『四谷怪談』，兵庫県立ピッコロ劇団オフオフシアター『おはなしBOX』，兵庫県立芸術文化センタープロデュース『テロ』，壁ノ花団『水いらずの星』）」九鬼葉子　テアトロ　924　2016.11　p50〜52

**4048**　上演：2018年1月16日〜1月28日　場所：紀伊國屋サザンシアター　作：フェルディナント・フォン・シーラッハ　訳：酒寄進一　演出：森新太郎
◇「国家と個人、その狭間の意識を問う（パルコ・兵庫県立芸術文化センター『TERROR テロ』，虚構の劇団『もうひとつの地球の歩き方』，ホリプロ『密やかな結晶』，トム・プロジェクト『シング ア ソング』）」小山内伸　テアトロ　944　2018.4

p46～49

### 田園に死す　[団]流山児★事務所

4049 上演：2009年12月10日～12月23日　場所：ザ・スズナリ　原作：寺山修司　脚色・構成・演出：天野天街

◇「歯ごたえのある舞台（青年座『第三の証言』，流山児★事務所『田園に死す』，青年団『サンタクロース会議』）」丸田真悟　テアトロ　831　2010.3　p52～53

4050 上演：2014年2月28日～3月10日　場所：ザ・スズナリ　原作：寺山修司　脚色・構成・演出：天野天街

◇「演劇は社会の役に立つべきなのか（トラッシュマスターズ『虚像の礎』，岩松了プロデュース『宅悦とお岩』，流山児★事務所『田園に死す』）」丸田真悟　テアトロ　889　2014.5　p40～41

### 田園ハレム―常盤女子高物語　[団]東京乾電池

4051 上演：1996年5月9日～5月19日　場所：ザ・スズナリ　作・演出：大矢亜由美

◇「「何もない空間」に世界を構築する（グローブ座カンパニー『ヴェニスの商人』，青年劇場『愛が聞こえます』，銀座セゾン劇場『セツァンの善人』，文学座『シンガー』，NLT『貧すれば鈍す』『いっしょに夕食を！』，東京乾電池『田園ハレム―常盤女子高物語』）」結城雅秀　テアトロ　644　1996.7　p59～65

### 天下御免☆想定外　[団]きなせ企画

4052 上演：2014年4月4日～4月8日　場所：武蔵野芸能劇場　作・演出：藤田傳　制作：大矢純子

◇「「劇」薬の摩訶ふしぎ（NLT『舞台は夢』，燐光群『現代能楽集 初めてなのに知っていた』，きなせ企画『天下御免☆想定外』）」中本信幸　テアトロ　890　2014.6　p44～45

### デンキ島―白い家編　[団]道学先生

4053 上演：2007年11月14日～11月25日　場所：シアタートップス　作・演出：蓬莱竜太

◇「場所が紡ぎ出す物語（俳優座『スティール・マグノリアズ』，青年座『あおげばとうとし』，道学先生『デンキ島』）」丸田真悟　テアトロ　802　2008.2　p64～65

### デンキ島―松田リカ篇　[団]モダンスイマーズ

4054 上演：2011年3月9日～3月16日　場所：あうるすぽっと　作・演出：蓬莱竜太

◇「芸術とは、芝居とは、文化とは（加藤健一事務所『コラボレーション』，モダンスイマーズ『デンキ島～松田リカ篇～』，ラッパ屋『凄い金魚』）」杉山弘　テアトロ　847　2011.5　p34～35

### 電球式アンモナイト　[団]演劇実験室◎万有引力

4055 上演：1994年2月10日～2月12日　場所：大田区民プラザ大ホール　作・演出・音楽：J・A・シーザー

◇「「存在すること」への問いかけ（俳優座劇場『ピンクの象と五人の紳士』，I・Q150『月光夜曲』，東京芸術劇場『洒落男たち』，万有引力『電球式アンモナイト』，民藝『女たちのまつり』）」大沢圭司　テアトロ　615　1994.4　p64～67

### 天切り松 人情闇がたり　[団]イッツフォーリーズ

4056 上演：2008年4月24日～4月27日　場所：アトリエフォンテーヌ　原作：浅田次郎　脚本：水谷龍二　演出：鵜山仁

◇「アンサンブルの強み（劇団ギルド『誰？』，劇団1980『ええじゃないか』，イッツフォーリーズ『天切り松』）」中本信幸　テアトロ　807　2008.7　p44～45

### 転校生　[団]青山円形劇場

4057 上演：1994年11月1日～11月4日　場所：青山円形劇場　作・演出：平田オリザ

◇「今月は「転校生」がおもしろかった（青山円形劇場プロデュース『転校生』，燐光群『くじらの墓標』，ONLYクライマックス『悲喜こもごも』，東京ヴォードヴィルショー『その場しのぎの男たち』）」山登敬之　テアトロ　625　1995.1　p72～75

### 転校生　[団]SPAC（静岡県舞台芸術センター）

4058 上演：2007年12月1日～12月2日　場所：静岡芸術劇場　作：平田オリザ　演出：飴屋法水

◇「〈リアルタイム〉の演劇―飴屋法水演出『転校生』」塚本知佳　シアターアーツ　34　2008.3　p93～95

4059 上演：2009年3月26日～3月29日　場所：東京芸術劇場中ホール　作：平田オリザ　演出：飴屋法水

◇「「あたらしいリアル」とは？（フェスティバル/トーキョー『ユートピア？』『転校生』『95kgと97kgのあいだ』）」丸田真悟　テアトロ　820　2009.6　p44～45

### 転校生　[団]パルコ

4060 上演：2015年8月22日～9月6日　場所：Zeppブルーシアター六本木　作：平田オリザ　演出：本広克行

◇「秋の前線（加藤健一事務所『滝沢家の内乱』，パルコ・プロダクション『転校生』，オフィスワンダーランド『アレキサンドル昇天』，座・高円寺『ふたごの星』）」斎藤偕子　テアトロ　910　2015.11　p36～37

### 天国への遠征　[団]水谷内助義プロデュース

4061 上演：1995年10月18日～10月23日　場所：六行会ホール　作：椎名麟三　演出：越光照文

◇「《戦後》ではなくて《戦後》性―戦後一幕物傑作選（水谷内助義プロデュース『天国への遠征』，北篠純プロデュース『崑崙山の人々』，木山潔プロデュース『雲の涯』，東京演劇アンサンブル『沖縄』）」みなもとごろう　テアトロ　638　1996.1　p76～79

### 天国への階段　[団]THEガジラ

4062 上演：1993年10月27日～10月31日　場所：シアタートップス　作・演出：鐘下辰男

◇「演劇言語の肉体化再考（日独共同プロデュース『砂の駅』，THE・ガジラ『天国への階段』『後藤を待ちながら』，かたつむりの会『招待されなかった客』，木冬社『哄笑』）」斎藤偕子　テアトロ　612　1994.1　p58～61

## てんこ

**天国への二枚の切符** 團フランス演劇クレアシオン

4063 上演:2011年4月14日～4月17日 場所:シアターX 作:ジャン=ポール・アレーグル 訳・演出:岡田正子 音楽:北爪道夫
- ◇「生か死か? それが問題だ(東演『ハムレット』、舞台芸術学院60周年記念公演『月にぬれた手』、フランス演劇クレアシオン『天国への二枚の切符』)」中本信幸 テアトロ 848 2011.6 p44～45

4064 上演:2012年4月19日～4月22日 場所:シアターX 作:ジャン=ポール・アレーグル 訳・演出:岡田正子 音楽:北爪道夫
- ◇「言葉と身体のかかわり(燐光群『ALL UNDER THE WORLD』、黒テント『シェフェレ』、フランス演劇クレアシオン『天国への二枚の切符』)」みなもとごろう テアトロ 862 2012.6 p36～37

**天獄界―哀しき金糸鳥** 團リリパット・アーミーⅡ

4065 上演:2016年11月30日～12月4日 場所:近鉄アート館 作・演出:わかぎゑふ
- ◇「12月の関西 現代社会の不安を喚起する(南河内万歳一座『滅裂博士』、虚空旅団『誰故草』、リリパットアーミー『天獄界―哀しき金糸鳥』、少女都市『聖女』)」九鬼葉子 テアトロ 928 2017.2 p79～81

**Ten Commandments** 團ミナモザ

4066 上演:2018年3月21日～3月31日 場所:こまばアゴラ劇場 作・演出:瀬戸山美咲
- ◇「今年の収穫の1作『砂塵のニケ』(青年団『砂塵のニケ』、Bunkamura『そして僕は途方に暮れる』、JACROW『焔～ほむら～』、ミナモザ『Ten Commandments』)」小山内伸 テアトロ 946 2018.6 p28～31

**天才バカボンのパパなのだ** 團テアトル・エコー

4067 上演:1980年 場所:恵比寿エコー劇場 作:別役実 演出:小林勝也
- ◇「役者ぶりの次へ」堂本正樹 新劇 28(2) 1981.2 p26～29

**天使が微笑んだ男** 團岡部企画

4068 上演:2001年12月5日～12月11日 場所:紀伊國屋サザンシアター 作・演出:岡部耕大
- ◇「今、語っておくこと(劇団1980『戦争案内』、岡部企画『天使が微笑んだ男』、文学座アトリエの会『牛蛙』)」北川登園 テアトロ 718 2002.2 p48～50

**電子城―背中だけの騎士** 團唐組

4069 上演:1989年5月12日～7月2日 場所:目黒不動尊大本堂裏境内紅テント 作・演出:唐十郎
- ◇「達観と冒険」扇田昭彦 新劇 36(7) 1989.7 p30～33
- ◇「妄想のふたつのかたち」長谷部浩 新劇 36(7) 1989.7 p34～37
- ◇「紅テントは蘇ったか(唐組『電子城』)」松岡和子 テアトロ 557 1989.7 p26～27

**電子城Ⅱ フェロモンの呪縛の巻** 團唐組

4070 上演:1991年5月11日～6月23日 場所:花園神社 作・演出:唐十郎
- ◇「唐家の人々」だるま食堂 しんげき 38(7) 1991.7 p46～49

**天使たちが街をゆく** 團文学座

4071 上演:1985年5月18日～5月28日 場所:紀伊國屋ホール 作:辻邦生 演出:加藤新吉
- ◇「間違い喜劇の新趣向(文学座『天使たちが街をゆく』)」千野幸一 テアトロ 509 1985.7 p21～23

**天使たちは廃墟に翔く** 團地人会

4072 上演:1989年1月22日～1月31日 場所:紀伊國屋ホール 作:ウィリアム・サローヤン 訳・演出:木村光一
- ◇「「やさしさ」のアンチテーゼ」七字英輔 新劇 36(4) 1989.4 p26～29

**天使都市** 團演劇集団円

4073 上演:2007年10月2日～10月14日 場所:ステージ円 作:松田正隆 演出:森新太郎
- ◇「メロドラマ、ミュージカル、詩(NLT『マグノリアの花たち』、あうるすぽっと『ハロルド&モード』、円『天使都市』)」斎藤偕子 テアトロ 799 2007.12 p46～47

**天使の梯子** 團海市・工房

4074 上演:2003年4月16日～4月20日 場所:「劇」小劇場 作:しゅう史奈 演出:小松幸作
- ◇「ウェディング・コメディの傑作(Subaru P.BOX『花嫁付き添い人の秘密』『オンディーヌを求めて』、海市・工房『天使の梯子』、流山児★事務所『Sheep fucker's exit～殺しのコンツェルト』)」浦崎浩實 テアトロ 736 2003.6 p60～62

**天使捕獲／番長皿屋敷** 團鉛乃文檎

4075 上演:2004年2月13日～2月15日 場所:大阪市立芸術創造館 作:正宗白鳥(天使捕獲)、岡本綺堂(番長皿屋敷) 演出:武田操美
- ◇「2月の関西 台頭する演出(清流劇場『この恋や思いきるべきさくらんぼ』、New Produce Project-3『むずかしい演劇』、鉛乃文檎『天使捕獲』『番長皿屋敷』)」太田耕人 テアトロ 748 2004.4 p59～61

**Dangerous Corner 危険な曲り角** 團京

4076 上演:1996年2月1日～2月5日 場所:劇団京ホール 作:J・B・プリーストリー 訳・演出:速水一郎
- ◇「強烈な陰影と媒体の多様化(ヒューストン・グランド・オペラ『ポーギーとベス』、東京ルネッサンス『ポリグラフーうそ発見器』、バルコ劇場『シャネル』、劇団京『危険な曲がり角』、サードステージ『トランス』、ひょうご舞台芸術『おやすみデズデモーナ、おはようジュリエット』)」結城雅秀 テアトロ 641 1996.4 p62～68

**天守物語** 團銀座セゾン劇場

4077 上演:1994年2月2日～2月23日 場所:銀座セゾン劇場 作:泉鏡花 演出:齋藤雅文 監修:坂東玉三郎

◇「リアリティはどこから？（銀座セゾン劇場『天守物語』、松竹+蟬の会『がめつい奴』）」みなもとごろう　テアトロ　615　1994.4　p68〜70

### 天守物語　㊂ク・ナウカ
**4078**　上演：1996年10月14日〜10月21日　場所：湯島聖堂中庭　原作：泉鏡花　構成・演出：宮城聰

◇「見上げれば、秋の夜空（ク・ナウカ『天守物語』、犯罪友の会『牡丹のゆくへ』）」大岡淳　テアトロ　649　1996.12　p68〜69

### 天守物語　㊂新国立劇場
**4079**　上演：2011年11月5日〜11月20日　場所：新国立劇場　作：泉鏡花　演出：白井晃

◇「言葉の色と艶とニュアンス（新国立劇場『イロアセル』『天守物語』、文学座『岸田國士短編集「明日は天気」「驟雨」「秘密の代償」』）」水落潔　テアトロ　857　2012.1　p40〜41

### 天守物語　㊂辻村ジュサブロー
**4080**　上演：1983年6月4日〜6月28日　場所：前進座劇場　作：泉鏡花　演出：辻村ジュサブロー

◇「なんか妖怪・九日十日（ことばの劇場）」きだきんのすけ　新劇　30(8)　1983.8　p32〜34

### 天守物語　㊂日生劇場
**4081**　上演：1985年12月3日〜12月25日　場所：日生劇場　原作：泉鏡花　演出：増見利清

◇「言霊の荊冠（松竹・日生劇場『天守物語』）」清水一朗　テアトロ　516　1986.2　p30〜31

### 天守物語　㊂花組芝居
**4082**　上演：2018年10月3日〜10月8日　場所：あうるすぽっと　原作：泉鏡花　構成・演出：加納幸和

◇「時流に竿さす芝居にエールを！（花組芝居『天守物語』、世田谷パブリックシアター『風をおこした男 田漢伝』、地人会『金魚鉢の中の少女』）」中本信幸　テアトロ　953　2018.12　p50〜51

### 天守物語　㊂遊劇体
**4083**　上演：2007年6月28日〜7月1日　場所：アトリエS-pace　作：泉鏡花　演出：キタモトマサヤ

◇「7月の関西 物語化されない記憶（維新派『nostalgia』、劇団・太陽族『越境する蝸牛』、遊劇体『天守物語』）」太田耕人　テアトロ　796　2007.9　p66〜68

### 殿上湯の旦那　㊂異国幻燈舎
**4084**　上演：2002年3月9日〜3月10日　場所：扇町ミュージアムスクエア　作・演出：宮沢十馬

◇「3月の関西 差異としての関係（桃園会『のたり、のたり』『四季一会』、アグリーダックリング『がくぶちの王国』、異国幻燈舎『殿上湯の旦那』、あうん堂『あまつつみ』）」太田耕人　テアトロ　721　2002.5　p56〜58

### 天使は瞳を閉じて　㊂第三舞台
**4085**　上演：1988年7月27日〜8月26日　場所：紀伊國屋ホール　作・演出：鴻上尚史

◇「過去にも未来にも連ならない「物語」の生成とその消滅」衛紀生　新劇　35(10)　1988.10　p26〜29

◇「いつも誰かを見つめていたい」長谷部浩　新劇　35(10)　1988.10　p38〜41

◇「翼が生えるまでのひととき」林あまり　新劇　35(11)　1988.11　p42〜45

### 天使は瞳を閉じて インターナショナルバージョン　㊂第三舞台
**4086**　上演：1992年1月11日〜2月9日　場所：シアターアプル　作・演出：鴻上尚史

◇「核の劇場のおわりに」長谷部浩　しんげき　39(3)　1992.3　p74〜77

◇「舞台と客席に溢れる、淋しい若者たち」風間研　Les Specs　39(4)　1992.4　p14〜15

### 伝説の若大将　㊂S.W.A.T
**4087**　上演：2005年7月27日〜7月31日　場所：新国立劇場小劇場　作・演出：四大海

◇「夢よ、再び（S.W.A.T！『伝説の若大将』、NLT『犯人は私だ！』、かもねぎショット『ロシアと20人の女たち』）」中本信幸　テアトロ　769　2005.10　p58〜59

### 天草記　㊂青年座
**4088**　上演：2000年8月25日〜9月15日　場所：青年座劇場　作：松田正隆　演出：宮田慶子

◇「日常と狂気と幻想と（俳優座『ロッテ』、青年座『天草記』、円『永遠のPART1.彼女』）」渡辺淳　テアトロ　700　2000.11　p107〜109

### デンティスト—愛の隠れんぼ　㊂文学座
**4089**　上演：2000年2月5日〜2月20日　場所：三越劇場　作・演出：江守徹

◇「ノンシャランな日本人家族（文学座『デンティスト—愛の隠れんぼ—』、こまつ座『黙阿彌オペラ』、新国立劇場『華々しき一族』）」七字英輔　テアトロ　693　2000.4　p64〜66

### 天敵—新宿どん底物語　㊂空間演技
**4090**　上演：1989年3月31日〜4月6日　場所：紀伊國屋ホール　作・演出：岡部耕大

◇「「物語」の衰弱に打ち克つためには？」七字英輔　新劇　36(6)　1989.6　p26〜29

### …（てんてんてん）　㊂点の階
**4091**　上演：2017年1月12日〜1月15日　場所：京都芸術センター講堂　作：久野那美

◇「1月の関西 京都の小劇場が次々と閉館（劇団fullsize『微熱ガーデン』、iaku『車窓から、世界の』、劇団きづがわ『追憶のアリラン』、点の階『…（てんてんてん）』）」九鬼葉子　テアトロ　929　2017.3　p75〜76

### テントの中から星を見た　㊂青年劇場
**4092**　上演：1987年9月9日〜9月13日　場所：朝日生命ホール　作：山内久　演出：堀口始

◇「守川くみ子と立石涼子」渡辺保　新劇　34(11)　1987.11　p30〜35

### 天日坊　㊂松竹
**4093**　上演：2012年6月15日〜7月7日　場所：シア

ターコクーン　原作：河竹黙阿弥　脚本：宮藤官九郎　演出：串田和美
◇「コクーン歌舞伎と「新しさ」—『天日坊』」吉田季実子　シアターアーツ　52　2012.10　p68〜70

## 天女散花／虹橋贈珠／覇王別姫／貴妃酔酒
㊐梅蘭芳京劇団
**4094** 上演：1999年9月6日〜9月10日　場所：国立大劇場
◇「梅蘭芳にこだわって「梅蘭芳京劇団」を観る」石澤秀二　テアトロ　687　1999.11　p66〜68

## 天女響え歌
㊐1980
**4095** 上演：1998年12月3日〜12月9日　場所：紀伊國屋ホール　作・演出：藤田傳
◇「舞台表現のパラドックス（劇工房燐『深夜急行高知行』、劇団1980『天女響え歌』、岡部企画プロデュース『女傑一龍馬が惚れた女』、万作の会『狂言・昆蘭交流公演』）」みなもとごろう　テアトロ　678　1999.2　p76〜78

## 天皇と接吻
㊐燐光群
**4096** 上演：1999年11月13日〜11月29日　場所：ザ・スズナリ　作・演出：坂手洋二
◇「恋と人生と政治と（松竹『恋の三重奏』、銀座セゾン劇場『マレーネ』、燐光群『天皇と接吻』）」渡辺淳　テアトロ　690　2000.1　p57〜59

## 天皇陛下、萬歳！
㊐あすなろ
**4097** 上演：1996年10月2日〜10月6日　場所：東京芸術劇場小ホール1　作：石森史郎　演出：山村晋平
◇「芸術至上主義の女の孤独（銀座セゾン劇場『マスター・クラス』、青年座『ベクター』、地人会『サロメの純情』、レクラム舎『プロローグは汽車の中』、文化座『青春』、あすなろ『天皇陛下、萬歳！』）」結城雅秀　テアトロ　649　1996.12　p70〜74

## 天の敵
㊐イキウメ
**4098** 上演：2017年5月16日〜6月4日　場所：東京芸術劇場シアターイースト　作・演出：前川知大
◇「生老病死からの解放（イキウメ『天の敵』、シス・カンパニー『黒塚家の娘』、劇団扉Page2『ふくろう』、新国立劇場『マリアの首』）」杉山弘　テアトロ　933　2017.7　p36〜38

## 電波猿の夜
㊐桃園会
**4099** 上演：2008年12月18日〜12月23日　場所：ウィングフィールド　作・演出：深津篤史
◇「1月の関西 虚構と現実の交通（桃園会『電波猿の夜』、空晴『引越のススメ』『一番の誕生日！』、M_Produce『寿歌西へ』）」太田耕人　テアトロ　817　2009.3　p92〜94

## テンペスト
㊐銀座セゾン劇場
**4100** 上演：1991年3月21日〜4月21日　場所：銀座セゾン劇場　作：シェイクスピア　脚本：ジャン＝クロード・カリエール　演出：ピーター・ブルック
◇「"戯れ"に身をあずける（銀座セゾン劇場『テンペスト』）」田之倉稔　テアトロ　579　1991.5　p21〜22

## テンペスト
㊐彩の国さいたま芸術劇場
**4101** 上演：2000年5月27日〜6月4日　場所：彩の国さいたま芸術劇場大ホール　作：シェイクスピア　訳：松岡和子　演出：蜷川幸雄
◇「デクラメイションと平幹二朗（彩の国さいたま芸術劇場『テンペスト』、tpt『Naked—裸』、演劇集団円『ハムレットの楽屋』、イプセンを上演する会『ヨーン・ガブリエル・ボルクマン』）」みなもとごろう　テアトロ　697　2000.8　p44〜47

## テンペスト
㊐新国立劇場
**4102** 上演：2014年5月15日〜6月1日　場所：新国立劇場　作：シェイクスピア　訳：松岡和子　演出：白井晃
◇「出過ぎた脇役たち（青年座『見よ、飛行機の高く飛べるを』、シス・カンパニー『ロンサム・ウェスト』、新国立劇場『テンペスト』）」江原吉博　テアトロ　891　2014.7　p42〜43

## テンペスト
㊐俳小
**4103** 上演：2010年6月5日〜6月13日　場所：シアターグリーン ベースシアター　作：シェイクスピア　訳：小田島雄志　演出：桐山知也　音楽：鈴木光介
◇「遊び心が拓く夢、過去から未来へ（扉座『神崎与五郎東下り』、俳小『テンペスト』、新国立劇場『夢の痂』、俳優座＋三越劇場『大岡越前』）」中本信幸　テアトロ　837　2010.8　p50〜51

## テンペスト
㊐俳優座
**4104** 上演：1984年1月10日〜1月24日　場所：東横劇場　作：シェイクスピア　演出：増見利清
◇「淡彩画の舞台（俳優座『テンペスト』）」大場建治　テアトロ　493　1984.3　p25〜28

## テンペスト
㊐ロイヤル・シェイクスピア・カンパニー
**4105** 上演：2001年5月26日〜6月10日　場所：東京グローブ座　作：シェイクスピア　演出：ジェイムズ・マクドナルド
◇「リフレッシュの様やいかに（ロイヤル・シェイクスピア・カンパニー『テンペスト』、木山事務所『桜の園』、ホリプロほか『キャバレー』）」渡辺淳　テアトロ　710　2001.8　p62〜63

## テンペスト 佐渡の能舞台でのリハーサル
㊐東宝, 日生劇場
**4106** 上演：1987年3月5日〜3月28日　場所：日生劇場　作：シェイクスピア　訳：小田島雄志　演出：蜷川幸雄
◇「内と外のあらし（東宝・日生公演『テンペスト』）」渡辺淳　テアトロ　531　1987.5　p28〜29

## 天保十二年のシェイクスピア
㊐椿組
**4107** 上演：2010年7月16日〜7月25日　場所：花園神社境内特設ステージ　作：井上ひさし　構成・演出：西沢栄治
◇「〈メタ〉より〈ベタ〉―椿組『天保十二年のシェイクスピア』」大塩竜也　シアターアーツ

44　2010.9　p140〜142

**天保十二年のシェイクスピア**　[団]兵庫県立ピッコロ劇団

4108 上演：2011年2月24日〜2月27日　場所：兵庫県立芸術文化センター　作：井上ひさし　演出：松本祐子

◇「3月の関西 記憶を刻む（遊劇体『蘇りて歌はん』，ジャブジャブサーキット『まんどらごら異聞2011』，兵庫県立ピッコロ劇団『天保十二年のシェイクスピア』）」太田耕人　テアトロ　847　2011.5　p50〜52

**天保十二年のシェイクスピア**　[団]Bunkamura

4109 上演：2005年9月9日〜10月22日　場所：シアターコクーン　作：井上ひさし　演出：蜷川幸雄　音楽：宇崎竜童

◇「ニナガワVSイノウエ—今年は大家の演劇が人気『天保12年のシェイクスピア』」河野孝　シアターアーツ　25　2005.12　p56〜58

◇「生きて、死ぬ。その壮大なドラマ（シアターコクーン『天保十二年のシェイクスピア』，文学座『赤い月』，俳優座劇場プロデュース『夜の来訪者』，パルコ劇場『ドレッサー』）」結城雅秀　テアトロ　770　2005.11　p54〜57

**転落**　[団]昴

4110 上演：2002年10月18日〜11月4日　場所：三百人劇場　作：アーサー・ミラー　訳：沼澤洽治　演出：村田元史

◇「真実を求めて（昴『転落』，加藤健一事務所『バッファローの月』，朋友『キエ』，ピープルシアター『神々は、戯れせんとや生まれけん』）」渡辺淳　テアトロ　731　2003.1　p58〜60

**転落の後に**　[団]松竹，民藝

4111 上演：1986年11月1日〜11月16日　場所：サンシャイン劇場　作：アーサー・ミラー　訳：倉橋健　演出：渡辺浩子

◇「消えた手触り」鴻英良　新劇　34（1）　1987.1　p26〜31

◇「空足」渡辺保　新劇　34（1）　1987.1　p38〜43

◇「重苦しさの身上（松竹・民芸提携『転落の後に』）」斎藤偕子　テアトロ　527　1987.1　p21〜24

**天狼騎士団**　[団]演劇団

4112 上演：1984年8月23日〜8月27日　場所：ザ・スズナリ　作：高取英　演出：流山児祥

◇「匂いと速度（ことばの劇場）」川本三郎　新劇　31（11）　1984.11　p21〜24

## 【と】

**ドアをあけると…**　[団]テアトル・エコー

4113 上演：2003年10月31日〜11月7日　場所：紀伊國屋サザンシアター　作：アラン・エイクボーン　訳：出戸一幸　演出：勝田安彦

◇「虚実の狭間で（昴『ナイチンゲールではなく』，木山事務所『チャーチ家の肖像』，テアトル・エコー『ドアをあけると…』，朋友『神様が眠っていた12ヶ月』）」渡辺淳　テアトロ　745　2004.1　p55〜57

**ドアの向こうの薔薇**　[団]犬の事ム所

4114 上演：1996年8月9日〜8月11日　場所：扇町ミュージアムスクエア　作・演出：大竹野正典

◇「8月の関西 暴力，欲望，家庭を描く傑作（犬の事ム所『ドアの向こうの薔薇』，芝居屋坂道ストア『マイナス100℃の夏』，満遊戯賊『義経伝』，THEATER THINKTANK 万化『捏造 大塩騒動伝』）」宮辻政夫　テアトロ　647　1996.10　p82〜84

**ドアの向こうの薔薇**　[団]くじら企画

4115 上演：2013年7月12日〜7月15日　場所：ウィングフィールド　作・演出：大竹野正典

◇「7月の関西 幻想を共有する（遊劇体『戀女房—吉原火事—』，くじら企画『ドアの向こうの薔薇』，劇団 太陽族『林檎幻燈』）」太田耕人　テアトロ　880　2013.9　p56〜58

**トイレはこちら**　[団]かたつむりの会

4116 上演：1987年6月24日〜6月28日　場所：ジァン・ジァン　作：別役実　演出：村井志摩子

◇「他人と無縁でありうるか（かたつむりの会『トイレはこちら』）」清水一朗　テアトロ　535　1987.9　p28〜29

**動員挿話／骸骨の舞跳**　[団]青年劇場

4117 上演：2015年7月10日〜7月20日　場所：青年劇場スタジオ結　作：岸田國士（動員挿話），秋田雨雀（骸骨の舞跳）　演出：大谷賢治郎

◇「華やぐ舞台に効果（萬國四季協会『泥流の花』，青年劇場『動員挿話』『骸骨の舞跳』）」中本信幸　テアトロ　908　2015.9　p36〜37

**12ライアーズ—評決者たち**　[団]水戸芸術館ACM劇場

4118 上演：2008年1月18日〜2月3日　場所：ACM THEATRE　作・演出：長谷川裕久

◇「積重ね（THE・ガジラ『新・雨月物語』，ACM劇場プロデュース『12ライアーズ—評決者たち—』，（社）日本劇団協議会主催/次世代を担う演劇人育成公演（9）京楽座『ブルーストッキングの女たち』）」斎藤偕子　テアトロ　804　2008.4　p40〜41

**21C：マドモアゼル・モーツァルト**　[団]Rカンパニー

4119 上演：2005年7月29日〜8月7日　場所：PARCO劇場　原作：福山庸治　脚本・演出：ワームホールプロジェクト

◇「戦後六十年を考える（Rカンパニー『21C：マドモアゼル・モーツァルト』，蒲田演劇工場『思い出を売る男』，トム・プロジェクト『ダモイ』，オフィス・タイプス『夢の海賊』）」北川登園　テアトロ　769　2005.10　p49〜51

**東海道四谷怪談**　[団]新国立劇場

4120 上演：2015年6月10日〜6月28日　場所：新国立劇場　原作：鶴屋南北　上演台本：フジ

## とうか

ノサツコ　演出：森新太郎
◇「現代との接点があってこそ（勝田演劇事務所『かもめ』、新国立劇場『東海道四谷怪談』、パルコ劇場『メアリー・ステュアート』）」杉山弘　テアトロ 907　2015.8　p39～40

### 東海道四谷怪談　㈲トム・プロジェクト
**4121** 上演：2000年5月30日,31日,6月4日,5日　場所：江東区文化センター　原作：鶴屋南北　脚本・演出：山崎哲
◇「ペテン師を心良く観せる技（東演『花になりて散らばや』、オフィス樹『秋雷』、トム・プロジェクト『東海道四谷怪談』）」佐藤康平　テアトロ 697　2000.8　p48～49

### 東海道四谷怪談～強悪にや誰がした　㈲俳優座
**4122** 上演：2014年1月16日～1月26日　場所：俳優座劇場　作：鶴屋南北　脚本・演出：安川修一
◇「時空を超えた物語世界（Bunkamura『冬眠する熊に添い寝してごらん』、俳優座『東海道四谷怪談』、日本テレビ開局六十年特別舞台『真田十勇士』）」水落潔　テアトロ 887　2014.3　p66～67

### 東海道四谷怪談—通し上演　㈲木ノ下歌舞伎
**4123** 上演：2017年5月21日　場所：京都芸術劇場・春秋座　作：鶴屋南北　監修・補綴：木ノ下裕一　演出：杉原邦生
◇「6月の関西　戦争と対立がテーマの新作・再演続く（兵庫県立ピッコロ劇団『西海渡花香』、木ノ下歌舞伎『東海道四谷怪談—通し上演』、南河内万歳一座『守護神』、匿名劇壇『レモンキャンディ』、劇団・太陽族『かえるでんち』）」九鬼葉子　テアトロ 935　2017.8　p52～54

### 桃花春＝戦の中の青春　㈲文学座
**4124** 上演：1991年5月23日～6月2日　場所：紀伊國屋ホール　作：矢代静一　演出：加藤新吉
◇「〈世界認識〉の行方と〈演技〉の運命」宮沢章夫　しんげき 38(8)　1991.8　p30～33

### 桃花村祝婚歌　㈲虹企画/ぐるうぶシュラ
**4125** 上演：2003年　場所：虹企画アトリエ・ミニミニシアター　台本・演出：三條三輪
◇「無謀なモチーフに拍手を送りつつも…（オフィスプロジェクトM『明治とサムライと×××』、東京乾電池『雨上がりの夜空に…』、青年座『見よ、飛行機の高く飛べるを』、青杜『TELESCOPE テレスコープ』、虹企画・グループしゅら『桃花村祝婚歌』）」浦崎浩實　テアトロ 734　2003.4　p46～49

### 東京アパッチ族　㈲新宿梁山泊
**4126** 上演：1999年5月29日～6月12日　場所：神田花岡町特設テント　作：坂手洋二　演出：金盾進
◇「混迷はいよいよ深まって（新宿梁山泊『東京アパッチ族』、パルコプロデュース『東京原子核クラブ』、鴻上ネットワーク『ものがたり降る夜』）」長谷部浩　テアトロ 684　1999.8　p62～63

### 東京ウェポン　真夏の決闘　㈲椿組
**4127** 上演：2002年7月13日～7月22日　場所：花園神社　作・演出：松村武
◇「苦悩の新進作家に拍手（円小劇場『蔵のある家』、椿組『東京ウェポン』、オフィスイレブン『しのサブリナ』、劇工房燐『トラブル2002』）」佐藤康平　テアトロ 726　2002.9　p56～57

### 東京海亀伝説～幻の少女篇　㈲青杜
**4128** 上演：2002年1月25日～1月27日　場所：銀座小劇場　作・演出：古川登志夫
◇「海亀・幻想の彼方に乙姫の美が（青杜『東京海亀伝説～幻の少女篇～』、流山児★事務所『EVERMORE』、青年座『ケプラー—あこがれの星海航路—』）」佐藤康平　テアトロ 720　2002.4　p50～51

### 東京月光魔曲　㈲Bunkamura
**4129** 上演：2009年12月15日～2010年1月10日　場所：シアターコクーン　作・演出：ケラリーノ・サンドロヴィッチ
◇「三つの群像劇（ホリプロ『按針—イングリッシュサムライ』、Bunkamura『東京月光魔曲』、俳優座『どん底』）」水落潔　テアトロ 831　2010.3　p48～49

### 東京原子核クラブ　㈲俳優座劇場
**4130** 上演：2008年8月30日～9月7日　場所：俳優座劇場　作：マキノノゾミ　演出：宮田慶子
◇「笑いの効用（俳優座劇場プロデュース『東京原子核クラブ』、トム・プロジェクト『鬼灯町鬼灯通り三丁目』）」蔵原惟治　テアトロ 812　2008.11　p52～53

**4131** 上演：2012年6月27日～7月1日　場所：俳優座劇場　作：マキノノゾミ　演出：宮田慶子
◇「再演されるべき作品（俳優座劇場プロデュース『東京原子核クラブ』、風琴工房『記憶、或いは辺境』、中津留章仁Lover's『水無月の云々』）」丸田真悟　テアトロ 866　2012.9　p42～43

### 東京原子核クラブ　㈲パルコ
**4132** 上演：1999年5月30日～6月10日　場所：PARCO劇場　作・演出：マキノノゾミ
◇「混迷はいよいよ深まって（新宿梁山泊『東京アパッチ族』、パルコプロデュース『東京原子核クラブ』、鴻上ネットワーク『ものがたり降る夜』）」長谷部浩　テアトロ 684　1999.8　p62～63

### 東京大仏心中　㈲東京国際演劇祭実行委員会事務局
**4133** 上演：1992年9月20日～9月29日　場所：東京芸術劇場小ホール　演出：竹内銃一郎
◇「意識の存在と実態の非存在（東京国際演劇祭『東京大仏心中』、MODEと青春5月党『魚の祭』、青い鳥『青い鳥のハムレット』）」みなもとごろう　テアトロ 598　1992.12　p78～80

### 東京都四谷階段—赤い雪のせれなあで　㈲虹企画/ぐるうぶシュラ
**4134** 上演：2006年12月　場所：虹企画アトリエ・ミニミニシアター　作・演出：三條三輪
◇「かぶく精神が映える（パラダイス一座『オールド・パンチ』、虹企画・ぐるうぶ・しゅら『東京都四谷階段』）」中本信幸　テアトロ 788　2007.2　p56～57

東京ノート　㋜青年団
4135　上演：1994年5月13日〜5月31日　場所：こまばアゴラ劇場　作・演出：平田オリザ
◇「人物配置の巧みさ（こまつ座『頭痛肩こり樋口一葉』, 音楽座『泣かないで』, 東京芸術座『12人の怒れる男たち』, 1980『行路死亡人考』, 博品館劇場『アーサー家のローズ』, NOISE『朝、冷たい水で』, 青年団『東京ノート』）」大沢圭司　テアトロ 618　1994.7　p56〜61

4136　上演：1998年3月13日〜3月24日　場所：ザ・スズナリ　作・演出：平田オリザ
◇「黒い笑いと静かな演劇（青年団『東京ノート』, ギイ・フォワシイ・シアター『ガラス壺』『相寄る魂』『失業保険受領者会社』『救急車』）」川口賢哉　テアトロ 668　1998.5　p65〜67

東京の道をゆくと　㋜かもねぎショット
4137　上演：1991年2月25日〜3月4日　場所：シルクラブ　作：多田慶子, 木内里美　演出：髙見亮子
◇「女子の"ごっこ"と, 男子の"無闇矢鱈"」豊崎由美　しんげき　38（5）　1991.5　p14〜17
◇「〈演技の質〉と表現のねじれ」宮沢章夫　しんげき　38（7）　1991.7　p38〜41

Tokyo Paris London SAKURA　㋜青い鳥
4138　上演：2002年5月9日〜5月12日　場所：シアタートラム　作：天衣織女　演出：芹川藍
◇「「みんな、自分でいっぱい」な時代に。（青い鳥『Tokyo Paris London SAKURA』, パルコ劇場『おやすみの前に』, ひょうご舞台芸術『ロンサム・ウエスト 神の忘れたまいし土地』）」桂木嶺　テアトロ 723　2002.7　p60〜61

東京・坊っちゃん　㋜東京ギンガ堂
4139　上演：2010年7月9日〜7月17日　場所：大久保公園シアターパーク特設劇場　作・演出：品川能正
◇「虚実・SF・神話ない交ぜの万華鏡（昴『スタア』, SHIMIN劇場Ⅱ『オロチの水』, 東京ギンガ堂『東京・坊っちゃん』, 子供のためのシェイクスピアカンパニー『お気に召すまま』）」中本信幸　テアトロ 838　2010.9　p40〜41

東京マルトゥギー魔弾の射手　㋜風の旅団
4140　上演：1983年　場所：大泉・東映撮影所　作：池内文平, 阪後昇
◇「〈存在〉をして語らしめよ（ことばの劇場）」西堂行人　新劇 30（8）　1983.8　p34〜36

どうぎやう むぐら　㋜あうん堂
4141　上演：2014年9月12日〜9月14日　場所：アトリエS-pace　作・演出：杉山晴佳
◇「9月の関西 境界を無効にする（悪い芝居『スーパーふぃくしょん』, あうん堂『どうぎやう むぐら』）」太田耕人　テアトロ 896　2014.11　p48〜49

東京夢幻図絵　㋜亀屋東西社
4142　上演：1991年6月25日〜6月30日　場所：PARCO SPACE PART3　作：市川正, 吉本哲美　演出：今村昌平

◇「夏のセンソウ」岡本蛍　しんげき　38（10）　1991.9　p38〜41

東京物語　㋜桃の会
4143　上演：1987年4月29日〜10月27日（毎月末）　場所：ザ・スズナリ　作・演出：竹内銃一郎
◇「密室の性的人間と政治的人間（桃の会『東京物語』）」岩波剛　テアトロ 533　1987.7　p26〜27

道化グスタフとそのアンサンブル　㋜アルブレヒト・ローゼル
4144　上演：1995年7月24日〜7月30日　場所：俳優座劇場
◇「子供たちと観る演劇（児演協20周年記念 海外招へい公演, ゲイル・ラジョーイ『スノー・フレイク』, アルブレヒト・ローゼル『道化グスタフとそのアンサンブル』, ディナモ・シアター『ミューミュー』, プラハ・ブラックライト・シアター『ふしぎの国のアリス』）」大岡淳　テアトロ 634　1995.10　p76〜78

峠の雲　㋜文学座
4145　上演：2000年8月11日〜8月27日　場所：三越劇場　作：中野実　演出・補綴：吉本哲雄
◇「保守的な演劇とグロテスクな現実（劇団S.W.A.T！『雪原を血にそめて』, 文学座『峠の雲』, フィリップ・ジャンティ・カンパニー『密航者STOWAWAYS』）」七字英輔　テアトロ 699　2000.10　p42〜44

道元の冒険　㋜Bunkamura
4146　上演：2008年7月7日〜7月28日　場所：シアターコクーン　作：井上ひさし　演出：蜷川幸雄
◇「失われた時間（ヨオの会 ジェイクリップ『アプサンス―ある不在』, 民藝『プライス―代償』, Bunkamura『道元の冒険』）」水落潔　テアトロ 810　2008.9　p48〜49

トウサンの娘たち　㋜花企画
4147　上演：2014年7月15日〜7月17日　場所：シアターX　作・演出：植村達雄　演出補佐：最上勇
◇「苦悩する魂の真剣勝負（民藝『白い夜の宴』, パルコ・プロデュース『母に欲す』, 花企画『トウサンの娘たち』）」結城雅秀　テアトロ 894　2014.9　p32〜33

透視図　㋜維新派
4148　上演：2014年10月11日〜10月28日　場所：中之島GATEサウスピア　構成・演出：松本雄吉　音楽：内橋和久
◇「11月の関西 都市の基層から（維新派『透視図』, アートスペース無門館＋アトリエ劇研開館30周年記念公演『ピエールとリュス』）」太田耕人　テアトロ 896　2015.1　p42〜43

どうしてそんなにのろいのか　㋜Pカンパニー
4149　上演：2010年11月17日〜11月28日　場所：スタジオP　作：竹本穣　演出：冨士川正美
◇「三者三様、回想の男あるいは女の一生（燐光群『3分間の女の一生』, 三田村組『男の一生』, Pカ

ンパニー『どうしてそんなにのろいのか』)」みなもとごろう　テアトロ　844　2011.2　p60～61

## 当世風 雨月物語　㊣演劇集団円
**4150** 上演：2001年9月28日～10月6日　場所：紀伊國屋ホール　作：別役実　演出：國崎眞峰尚
◇「笑えない喜劇と怖くないホラー（PARCO劇場『バッド・ニュース☆グッド・タイミング』、演劇集団円『当世風 雨月物語』）」七字英輔　テアトロ　715　2001.12　p68～70

## 同窓会へようこそ　㊣直井おさむ企画
**4151** 上演：2017年12月6日～12月10日　場所：SPACE雑遊　作：直井おさむ　演出：福井泰司
◇「状況変れど生き抜く力（昔間馬鈴薯亭『光合成クラブ・Ⅱ～男のいない女たち～』、直井おさむ企画『同窓会へようこそ』、劇団俳小『袴垂れはどこだ』、劇団黒テント『浮かれるペリクァン』）」黒羽英二　テアトロ　943　2018.3　p76～78

## 燈臺　㊣TPT
**4152** 上演：1997年11月19日～12月1日　場所：ベニサン・ピット　作：三島由紀夫　演出：デヴィッド・ルヴォー
◇「あの冷たい暴力（T.P.T『燈臺』、ヤングヴィック劇場＆KPプロダクション『リア王』、P4合同公演『Fairy Tale』、ナイロン100℃『フランケンシュタイン』、流山児★事務所『愛の乞食』）」長谷部浩　テアトロ　665　1998.2　p122～125

## 桃天紅　㊣リリパット・アーミー
**4153** 上演：1994年4月12日～4月20日　場所：扇町ミュージアムスクエア　作：中島らも　演出：わかぎゑふ
◇「芝居と笑い（松竹『けむり太平記』、笑殺軍団リリパット・アーミー『桃天紅』）」宮辻政夫　テアトロ　617　1994.6　p63～64

## 洞道のヒカリ虫　㊣世仁下乃一座
**4154** 上演：1987年11月27日～12月9日　場所：文芸坐ル・ピリエ　作・演出：岡安伸治
◇「ヒカリ虫の正体（世仁下乃一座『洞道のヒカリ虫』）」大笹吉雄　テアトロ　540　1988.2　p34～35

## 凍土の鶴よ　㊣銅鑼
**4155** 上演：1996年3月29日～4月2日　場所：俳優座劇場　原作：矢吹正信　作：平石耕一　演出：早川昭二
◇「書き下ろし二作（前進座『闇と舌先』、銅鑼『凍土の鶴よ』）」八橋卓　テアトロ　643　1996.6　p49～50

## 動物園の豚　㊣三人芝居
**4156** 上演：1997年9月23日～9月28日　場所：シアター・トップス　作・演出：北野ひろし
◇「秋の傑作舞台、続々登場（JAC『GEKI TOTSU』、三人芝居『動物園の豚』、ピープルシアター『プラットホーム 聖なる冬』、青年劇団『甦る夏の日』、うらら舎『カッポレはもう踊らない』、月蝕歌劇団『高丘親王航海記―夢の宇宙誌』）」浦崎浩實　テアトロ　662　1997.12　p75～77

## 動物ダウト ver.04　㊣ジャブジャブサーキット
**4157** 上演：2004年7月7日～7月11日　場所：ザ・スズナリ　作・演出：はせひろいち
◇「芝居は芝居、夢は夢、されど…（椿組『一天地六―幕末新宿遊侠伝』、ジャブジャブサーキット『動物ダウト ver.04』、ピープルシアター『猿の王国』、HAPPY HUNTING GROUND『その鉄塔に男たちはいるという』『約三十の嘘』他）」浦崎浩實　テアトロ　754　2004.9　p55～57

## 逃亡　㊣龍の会
**4158** 上演：1996年12月6日～12月8日　場所：神戸アートビレッジセンター　作：高行健　訳：瀬戸宏　演出：深津篤史
◇「12月の関西 意欲作ぞろいだが…（南河内万歳一座『熱血仮面』、龍の会『逃亡』）」宮辻政夫　テアトロ　652　1997.2　p80～81

## 倒木図鑑　㊣悪魔のしるし
**4159** 上演：2012年9月27日～9月30日　場所：KAAT神奈川芸術劇場大スタジオ　構成・演出：危口統之
◇「演出家が死んだ後で―悪魔のしるし『倒木図鑑』」柴田隆子　シアターアーツ　53　2012.12　p68～71

## 冬眠する熊に添い寝してごらん　㊣Bunkamura
**4160** 上演：2014年1月9日～2月1日　場所：シアターコクーン　作：古川日出男　演出：蜷川幸雄
◇「時空を超えた物語世界（Bunkamura『冬眠する熊に添い寝してごらん』、俳優座『東海道四谷怪談』、日本テレビ開局六十年特別舞台『真田十勇士』）」水落潔　テアトロ　887　2014.3　p66～67

## とうめいなすいさいが／鼎たたいて鳴るよしもがな　㊣Pカンパニー
**4161** 上演：2013年4月24日～4月29日　場所：シアターグリーン　作：別役実（とうめいなすいさいが）、竹本穣（鼎たたいて鳴るよしもがな）　演出：冨士川正美（とうめいなすいさいが）、小笠原響（鼎たたいて鳴るよしもがな）
◇「民衆のパワーと孤独（こまつ座『うかうか三十、ちょろちょろ四十』、Pカンパニー『とうめいなすいさいが』『鼎たたいて鳴るよしもがな』、新国立劇場『アジア温泉』）」斎藤偕子　テアトロ　877　2013.7　p46～47

## 透明人間　㊣唐組
**4162** 上演：2006年10月27日～10月29日　場所：雑司ヶ谷鬼子母神　作・演出：唐十郎
◇「水が恐い―唐組『透明人間』」森井マスミ　シアターアーツ　29　2006.12　p98～100

## 透明人間の蒸気　㊣新国立劇場
**4163** 上演：2004年3月17日～4月13日　場所：新国立劇場　作・演出：野田秀樹
◇「長塚圭史の誠実（阿佐ヶ谷スパイダース『はたらくおとこ』、新国立劇場『透明人間の蒸気』、KOKAMI@network『ハルシオン・デイズ』）」林あまり　テアトロ　750　2004.6　p48～49

**透明人間の蒸気** 🏢夢の遊眠社
4164 上演：1991年8月16日～9月23日　場所：シアターコクーン　作・演出：野田秀樹
◇「海の皮膚」長谷部浩　しんげき　38(12)　1991.11　p40～43
◇「観客席が寒い ('91演劇界回顧)」長谷部浩　しんげき　39(2)　1992.2　p22～25
◇「'91年度・私にとっての収穫 ('91演劇界回顧)」岡本螢　しんげき　39(2)　1992.2　p26～29
◇「野田秀樹的新しい一歩 (夢の遊眠社『透明人間の蒸気』)」内田洋一　テアトロ　584　1991.10　p36～37

**透明ノ庭** 🏢199Q太陽族
4165 上演：1997年12月12日～12月14日　場所：AI・HALL　作・演出：岩崎正裕
◇「12月の関西 鉱脈を掘り進む (関俳協新人研修事業積年受賞者公演『一身上の都合』、劇団大坂『そして、あなたに逢えた』、関西芸術座『ロミオとジュリエット』、199Q太陽族『透明ノ庭』)」宮辻政夫　テアトロ　665　1998.2　p130～133

**唐来参和** 🏢しゃぼん玉座
4166 上演：1983年　場所：中央会館　作：井上ひさし　演出：小沢昭一
◇「話す藝 (ことばの劇場)」矢野誠一　新劇　30(9)　1983.9　p32～34
4167 上演：1984年9月27日～10月4日　場所：紀伊國屋ホール　作：井上ひさし　演出：長与孝子
◇「小沢昭一的こころの隠し味 (しゃぼん玉座『唐来参和』)」岩波剛　テアトロ　502　1984.12　p33～34

**トゥーランドット** 🏢赤坂ACTシアター
4168 上演：2008年3月27日～4月27日　場所：赤坂ACTシアター　作：プッチーニ　台本：鈴木勝秀　演出：宮本亜門　振付：ダレン・リー、岡千絵　音楽：久石譲
◇「群唱は見事だが… (赤坂ACTシアターグランドオープニング『トゥーランドット』、パルコプロデュース『49日後…』)」内田洋一　テアトロ　806　2008.6　p32～33

**トゥーランドット姫** 🏢Bunkamura
4169 上演：1997年5月9日～5月25日　場所：シアターコクーン　作：カルロ・ゴッツィ　訳：関口時正　演出：ルドルフ・ジョーウォ
◇「もっと戦慄を！(世田谷パブリックシアター『ライフ・イン・ザ・シアター』、惑星ピスタチオ『熱闘!!飛龍小学校☆パワード』、シアターコクーン『トゥーランドット姫』)」大岡淳　テアトロ　657　1997.7　p54～56

**トゥーランドット姫あるいは嘘のウウヌリ大会議** 🏢東京演劇アンサンブル
4170 上演：2018年9月7日～9月17日　場所：ブレヒトの芝居小屋　作：ブレヒト　訳・ドラマトゥルク：黒田容子　演出：公家義徳
◇「女性という「怪物」が拓く世界 (東京演劇アンサンブル『トゥランドット姫あるいは嘘のウウヌリ大会議』、パルコ『ライオンのあとで』、世田谷パブリックシアター『竹取』、新宿梁山泊『恭しき娼婦』)」高橋豊　テアトロ　953　2018.12　p37～39

**トゥルー・ウエスト** 🏢パルコ
4171 上演：1986年6月29日～7月6日　場所：PARCO SPACE PART3　作：サム・シェパード　訳：甲斐萬里江　演出：西川信廣
◇「砂漠というユートピア」鴻英良　新劇　33(9)　1986.9　p22～27
◇「『リア』と『フール・フォア・ラブ』」渡辺保　新劇　33(9)　1986.9　p34～39

**TRUE WEST～本物の西部** 🏢梅田芸術劇場、ぴあ
4172 上演：2013年9月29日～10月13日　場所：世田谷パブリックシアター　作：サム・シェパード　訳：広田敦郎　演出：スコット・エリオット
◇「肉親という厄介な絆 (民藝『集金旅行』、梅田芸術劇場/ぴあ企画・制作『トゥルー・ウエスト』、(株)パルコ企画製作『ロスト・イン・ヨンカーズ』)」水落潔　テアトロ　883　2013.12　p46～47

**TRUTH** 🏢演劇集団キャラメルボックス
4173 上演：1999年7月23日～8月22日　場所：サンシャイン劇場　作・演出：成井豊、真柴あずき
◇「主張の詳解より創造の膨らみを (演奏舞台『噛ふ一桐生悠々』、キャラメルボックス『TRUTH』、流山児組'99『あかずきんちゃんの森の狼たちのクリスマス』)」佐藤康平　テアトロ　686　1999.10　p72～73

**道路** 🏢東京演劇アンサンブル
4174 上演：2011年2月11日～2月20日　場所：ブレヒトの芝居小屋　作：アゴタ・クリストフ　訳：堀茂樹　演出：三由寛子
◇「演劇は「正義」を語り、観客を啓蒙するためのものか (東京演劇アンサンブル『道路』、二兎社『シングルマザーズ』、青年劇場『青ひげ先生の聴診器』)」七字英輔　テアトロ　847　2011.5　p42～44

**遠浅** 🏢伏兵コード
4175 上演：2015年10月9日～10月13日　場所：シアトリカル應典院　作・演出：稲田真理
◇「10月の関西 社会を撃つ (維新派『トワイライト』、伏兵コード『遠浅』、演劇計画Ⅱ『新・内山』)」太田耕人　テアトロ　911　2015.12　p37～39

**遠い声** 🏢民藝
4176 上演：1997年12月6日～12月24日　場所：三越劇場　原作：瀬戸内寂聴　脚本：砂田量爾　演出：高橋清祐
◇「現代に通じるリアリティ (俳優座LABO『メフィスト』、ポイント東京『常陸坊海尊』、民藝『遠い声』)」江原吉博　テアトロ　665　1998.2　p78～79

**遠い花―汝が名はピーチ・ブロッサム** 🏢文化座
4177 上演：2000年3月16日～3月26日　場所：俳優

座劇場　作：八木柊一郎　演出：鈴木完一郎
◇「「状況」を捉えるということ（世田谷パブリックシアター『ロベルト・ズッコ』，あまがさき近松創造劇場『風花』，文化座『遠い花―汝が名はピーチ・ブロッサム―』）」七字英輔　テアトロ　694　2000.5　p74～76

**遠い日々の人**　[団]演劇集団円
4178 上演：1999年9月29日～10月10日　場所：シアタートラム　作・演出：平田オリザ
◇「中嶋朋子、岸田今日子、江守徹の演技（tpt『債鬼』，演劇集団円『遠い日々の人』，新国立劇場『キーン』）」長谷部浩　テアトロ　688　1999.12　p51～53

**遠い水の記憶**　[団]東京芸術座
4179 上演：2004年3月26日～4月4日　場所：東京芸術座アトリエ　作：神品正子　演出：印南貞人
◇「酷薄な万華鏡（ヴァイトクス・スタジオ "P.S" ×銅鑼『sakura イン・ザ・ウィンド』，劇団め組『岡田以蔵』，東京芸術座『遠い水の記憶』，こまつ座『太鼓たたいて笛ふいて』）」中本信幸　テアトロ　750　2004.6　p45～47

**遠い水の記憶 夏の訪問者**　[団]ぼっくすおふぃす
4180 上演：2003年7月18日～7月21日　場所：シアターサンモール　作・演出：神品正子
◇「一服の清涼剤（ぼっくすおふぃすプロデュース『遠い水の記憶 夏の訪問者』，子供のためのシェイクスピアカンパニー『シンベリン』，ピュアーマリー『ホンク！ みにくいアヒルの子』，東京演劇アンサンブル『目をさませトラゴロウ』）」中本信幸　テアトロ　741　2003.10　p56～59

**遠くの戦争～日本のお母さんへ**　[団]大阪女優の会
4181 上演：2010年8月6日～8月8日　場所：道頓堀ZAZA　作：篠原久美子　脚色：樋口ミユ　演出：池田祐佳理
◇「8月の関西 戦争をみつめる（維新派『台湾の、灰色の牛が背のびをしたとき』，桃園会『浮標』，大阪女優の会『遠くの戦争』）」太田耕人　テアトロ　839　2010.10　p53～55

**遠くの花火**　[団]空晴
4182 上演：2017年10月31日～11月9日　場所：インディペンデントシアター2nd　作・演出：岡部尚子
◇「11月の関西 権力構造の矛盾突く（清流劇場『メアリー・ステュアート』，劇団犯罪友の会『ことの葉こよみ』，匿名劇壇『悪い癖』，空晴『遠くの花火』，iaku『ハイツブリが飛ぶのを』）」九鬼葉子　テアトロ　941　2018.1　p42～44

**とおとし**　[団]糾
4183 上演：2005年2月11日～2月13日　場所：HEP HALL　作・演出：芳崎洋子
◇「2月の関西 手触りと類型化（糾～あざない～『とおとし』，スクエア『ラブコメ』，日英現代戯曲交流プロジェクト『ガガーリン・ウェイ』）」太田耕人　テアトロ　762　2005.4　p64～66

**遠野物語・奇ッ怪 其ノ三**　[団]イキウメ
4184 上演：2016年10月31日～11月20日　場所：世田谷パブリックシアター　原作：柳田國男　脚本・演出：前川知大
◇「近代という識域への挑戦（イキウメ『遠野物語・奇ッ怪 其ノ三』，てがみ座『燦々』，チョコレートケーキ『治天ノ君』）」みなもとごろう　テアトロ　926　2017.1　p50～51

**通る夜・2018**　[団]芝居屋
4185 上演：2018年5月23日～5月27日　場所：中野ポケットスクエア劇場MONO　作・演出：増田再起
◇「時代の荒波の中で（劇団文化座公演151『夢たち』，演劇集団ワンダーランド+平石耕一事務所『戦争と日本人』，劇団銅鑼『池袋モンパルナス』，劇団芝居屋『通る夜・2018』）」黒羽英二　テアトロ　949　2018.8　p54～56

**都会のジャングル**　[団]東京演劇アンサンブル
4186 上演：1983年9月30日～10月11日　場所：ブレヒトの芝居小屋　作：ブレヒト　訳：石黒英男　演出：広渡常敏
◇「青年ブレヒトの眼（東京演劇アンサンブル『都会のジャングル』）」八橋卓　テアトロ　490　1983.12　p38～39

**とかげ**　[団]青年座
4187 上演：2000年7月7日～7月16日　場所：紀伊國屋サザンシアター　作・演出：坂手洋二
◇「ありふれた、余りにもありふれた…（青年座『とかげ』，青年団『カガクするココロ』）」大岡淳　テアトロ　698　2000.9　p40～41

**時を接ぐ**　[団]民藝
4188 上演：2018年9月26日～10月7日　場所：紀伊國屋サザンシアターTAKASHIMAYA　作：黒川陽子　演出：丹野郁弓
◇「芝居も色々、役者も色々（民藝『時を接ぐ』，加藤健一事務所『イカれてるぜ！』，こまつ座『母と暮せば』，劇団NLT『やっとことっちゃうんとこな』）」水落潔　テアトロ　953　2018.12　p34～36

**刻を踏む**　[団]コーロ
4189 上演：1996年9月9日　場所：前進座劇場　作・演出：藤田傳　作：沼田幸二
◇「9月の関西 言葉の問題（関西芸術座『ロンリーハート』，AI・HALLプロデュース『みず色の空、そら色の水』，ひょうご舞台芸術『シャドー・ランズ』，劇団コーロ『刻を踏む』）」宮辻政夫　テアトロ　648　1996.11　p81～83

**研師源六**　[団]民藝
4190 上演：1995年12月8日～12月23日　場所：三越劇場　原作：山本周五郎　脚本：砂田量爾　演出：高橋清祐
◇「二つの大衆的な舞台（シアターアプル『キャバレー』，民藝『研師源六』）」水落潔　テアトロ　639　1996.2　p63～64

**トキシラズ 黎明篇**　[団]Ugly duckling
4191 上演：2005年6月10日～6月12日　場所：ウ

ルトラマーケット　作：樋口美友喜　演出：池田祐佳理
◇「6月の関西 生きられる時間（劇団・太陽族『JAPANESE IDIOT』,アグリーダックリング『トキシラズ 黎明篇』,A級 Missing Link『いたち回路』)」太田耕人　テアトロ　767　2005.8　p66〜68

### 時代（とき）、すでに… ㊵離風霊船
4192　上演：1990年6月13日〜6月24日　場所：シアタートップス　作・演出：大橋泰彦
◇「メメント・カコ」豊崎由美　しんげき 37(9)　1990.9　p26〜29

### 時間（とき）のない喫茶店 ㊵青年劇場
4193　上演：1995年5月16日〜5月21日　場所：朝日生命ホール　作：斉藤樹実子　演出：堀口始
◇「戦略の深化（青年団『火宅か修羅か』,唐組『裏切りの街』,新宿梁山泊『人魚伝説』,青年劇場『時間のない喫茶店』,鳥獣戯画『SUKEROKU─花菖蒲助六恋賑』,ZAZOUS THEATER『ルーニィー』)」大沢圭司　テアトロ　631　1995.7　p66〜70

### 時の物置 ㊵世田谷パブリックシアター
4194　上演：2004年6月5日〜6月20日　場所：世田谷パブリックシアター　作：永井愛　演出：江守徹
◇「物語からの逃走（新国立劇場『INTO THE WOODS』,世田谷パブリックシアター『時の物置』,俳優座『タルチュフ』)」内田洋一　テアトロ　753　2004.8　p34〜36

### 時の物置 ㊵二兎社
4195　上演：1994年12月2日〜12月15日　場所：ベニサン・ピット　作・演出：永井愛
◇「家族を絡めた劇二題（二兎社『時の物置』,結城座『横顔』)」斎藤偕子　テアトロ　626　1995.2　p76〜77

### ときはなたれて ㊵燐光群
4196　上演：2004年10月1日〜11月2日　場所：梅ヶ丘BOX　作：ジェシカ・ブランク,エリック・ジェンセン　訳：常田景子　演出：坂手洋二
◇「ドラマのいろいろ（紀尾井読スペシャル『蝶々さん』,廃墟,山の手事情社『jamゴールドブレンド』,夏の夜の夢』,オイディプス@Tokyo』,燐光群『ときはなたれて』)」斎藤偕子　テアトロ　757　2004.12　p40〜42

### ドキュメンタリー ㊵チョコレートケーキ
4197　上演：2018年9月26日〜9月30日　場所：小劇場 楽園　作：古川健　演出：日澤雄介
◇「歴史的事実を"血肉化"できるかどうか（劇団チョコレートケーキ『ドキュメンタリー』,新国立劇場『誤解』,シーエイティープロデュース『新・6週間のダンスレッスン』)」河野孝　テアトロ　953　2018.12　p44〜45

### トーキョー裁判 ㊵燐光群
4198　上演：1988年4月15日〜4月27日　場所：タイニイ・アリス　作・演出：坂手洋二
◇「〈時代の肩凝り〉おかげんいかが？」林あまり　新劇　35(7)　1988.7　p38〜41

### トーキョー裁判1999 ㊵燐光群
4199　上演：1999年9月1日〜9月12日　場所：シアタートラム　作・演出：坂手洋二
◇「混沌の彼方のもの（日欧舞台芸術交流実行委員会『ファウスト』,ギィ・フォワシィ・シアター『チェロを弾く女』,燐光群『トーキョー裁判1999』,青年劇場『二階の女』)」渡辺淳　テアトロ　687　1999.11　p52〜54

### トーキョー/不在/ハムレット ㊵遊園地再生事業団、ニブロール
4200　上演：2005年1月9日〜1月23日　場所：シアタートラム　作・演出：宮沢章夫
◇「2005年のチェーホフ、カフカ、シェイクスピア（tpt『三人姉妹』,新国立劇場『城』,遊園地再生事業団+ニブロール『トーキョー/不在/ハムレット』)」野中広樹　テアトロ　761　2005.3　p104〜106

### トーキョーボディ ㊵遊園地再生事業団
4201　上演：2003年1月22日〜2月2日　場所：シアタートラム　作・演出：宮沢章夫
◇「エンゲキ御破算!?─日本のポストドラマ演劇（遊園地再生事業団『トーキョーボディ』,日本劇団協議会『青ひげ公の城』,シアターコクーン『ニンゲン御破産』)」七字英輔　テアトロ　734　2003.4　p50〜52

### トキワ荘の夏 ㊵俳小
4202　上演：2010年9月29日〜10月4日　場所：シアターグリーン BIG TREE THEATER　作・演出：竹内一郎
◇「笑う門には福？（黒テント『ミュージカル・チェーホフ歌うワーニャおじさん』,俳小『トキワ荘の夏』,昴『機械じかけのピアノのための未完成の戯曲』)」中本信幸　テアトロ　841　2010.12　p50〜51

### 毒おんな ㊵椿組
4203　上演：2018年3月2日〜3月14日　場所：ザ・スズナリ　作：青木豪　演出：高橋正徳
◇「一緒になりたい相手が、消えてしまう…（椿組『毒おんな』,加藤健一事務所『ドレッサー』,劇団東宝『臨時病室』,ワンツーワークス『蝿の王』)」結城雅秀　テアトロ　945　2018.5　p29〜31

### 特ダネ狂騒曲 ㊵文学座
4204　上演：1996年11月1日〜11月11日　場所：紀伊國屋ホール　作：ベン・ヘクト,チャールズ・マッカーサー　訳：安達紫帆　演出：西川信廣
◇「演出意図の分からない芝居（シェアード・エクスペリエンス・シアター『テンペスト』,地人会『ロミオとジュリエット』,円・シアターX『月下』,文学座『特ダネ狂騒曲』,仲間『十二月』,演奏舞台『小○百姓一揆考』)」結城雅秀　テアトロ　651　1997.1　p73〜79

### 毒の香り〜浅草オペラ物語 ㊵文学座
4205　上演：2005年11月18日〜11月27日　場所：紀伊國屋サザンシアター　作：星川清司　演出：戌井市郎

◇「カリスマ俳優の現在(文学座『毒の香り〜浅草オペラ物語』,THE・ガジラ『ヒカルヒト』,演奏舞台『小〇百姓一揆考』)」みなもとごろう　テアトロ　774　2006.2　p54〜55

**毒の華**　[団]松竹, 仲代プロジェクト

**4206** 上演：1981年10月24日〜11月15日　場所：サンシャイン劇場　原作：ニッコロ・マキャベリ　訳：大岩誠　台本・演出：隆巴

◇「毒の華の咲き具合(松竹・仲代プロジェクト『毒の華』)」渡辺淳　テアトロ　467　1982.1　p21〜24

**トクへ・オンジュ**　[団]ソウル・アート・センター

**4207** 上演：1995年11月3日〜11月21日　場所：パナソニック・グローブ座/草月ホール　作：鄭福根　演出：韓泰淑

◇「異文化への理解と協調―第二回「BeSeTo演劇祭」を終えて」七字英輔　テアトロ　638　1996.1　p58〜60

◇「東洋演劇の苦闘―「BeSeTo演劇祭」(ソウル・アート・センター『トクへ・オンジュ』,成都話劇院『死水微瀾』)」大岡淳　テアトロ　638　1996.1　p61〜62

**毒薬と老嬢**　[団]NLT

**4208** 上演：2002年5月8日〜5月19日　場所：博品館劇場　作：ジョセフ・ケッセルリング　訳：黒田絵美子　演出：グレッグ・デール

◇「時代の影(青年座『湖底』,NLT『毒薬と老嬢』,東京演劇集団風『Touch〜孤独から愛へ』,俳優座『八月に乾杯！』)」渡辺淳　テアトロ　723　2002.7　p48〜50

**4209** 上演：2004年5月21日〜5月30日　場所：博品館劇場　作：ジョセフ・ケッセルリング　訳：黒田絵美子　演出：グレッグ・デール

◇「人間存在のあやうさ(グループしぜん『人斬り以蔵』,萬國四季協會『鬼沢』,円『Life×3』,NLT『毒薬と老嬢』,ぼっくすおふぃす『鍵』)」中本信幸　テアトロ　753　2004.8　p41〜43

**4210** 上演：2018年2月28日〜3月4日　場所：博品館劇場　作：ジョセフ・ケッセルリング　訳：黒田絵美子　演出：賀原夏子,グレッグ・デール

◇「都市の孤独と、歴史を生きること(NLT『毒薬と老嬢』,民藝『「神と人とのあいだ」第一部「審判」第二部「夏・南方のローマンス」』)」斎藤偕子　テアトロ　945　2018.5　p26〜27

**毒薬と老嬢**　[団]MOTHER, リリパット・アーミー

**4211** 上演：1993年7月23日〜7月27日　場所：近鉄小劇場　原作：ジョセフ・ケッセルリング　訳：吉井三奈子　演出：G2, わかぎゑふ

◇「「ハバリ・ヒニ」について(ライターズカンパニー プロデュース『ハバリ・ヒニ〜神に選ばれた人』,MOTHER/リリパット・アーミー共同プロデュース『毒薬と老嬢』,2年6組山田学級『千年銭湯漂流記』,立身出世劇場プロデュース『大迷路…ん？(デカメロン)』,遊気舎『じゃばら』)」宮辻政夫　テアトロ　608　1993.10　p60〜63

**髑髏城の七人**　[団]劇団☆新感線

**4212** 上演：1997年10月8日〜10月21日　場所：サンシャイン劇場　作：中島かずき　演出：いのうえひでのり

◇「こわばり,揺らぎ,色気のさまざまなかたち(シリーウォークプロデュース『病気』,青山円形劇場+演劇企画集団66『スパイものがたり〜へのへのもへじの謎』,TPS=シアタープロジェクトさっぽろ『女と男のいる舗道』,劇団☆新感線『髑髏城の七人』)」長谷部浩　テアトロ　662　1997.12　p80〜84

**4213** 上演：2004年4月29日〜5月8日　場所：新国立劇場　作：中島かずき　演出：いのうえひでのり

◇「ロマンを秘める異なる才能躍如(宇宙堂『アオイバラ』,大人計画『ドライブインカリフォルニア』,新感線『髑髏城の七人』)」斎藤偕子　テアトロ　751　2004.7　p60〜61

**どこかにいます。**　[団]南船北馬一団

**4214** 上演：2005年8月18日〜8月21日　場所：精華小劇場　作・演出：棚瀬美幸

◇「9月の関西 ミステリーに倣う(桃園会『Paradise lost,lost』,南船北馬一団『どこかにいます。』,青年団若手自主企画『笑うタンパク質』)」太田耕人　テアトロ　770　2005.11　p62〜64

**どこかの通りを突っ走って**　[団]空の驛舎

**4215** 上演：2017年2月24日〜2月26日　場所：ウィングフィールド　作：深津篤史　演出：中村賢司

◇「3月の関西 名作に独自のアプローチ。力作続く(兵庫県立ピッコロ劇団『歌うシャイロック』,地点『ファッツァー』,清流劇場『オイディプス王』,空の驛舎『どこかの通りを突っ走って』,MONO『ハテノウタ』)」九鬼葉子　テアトロ　931　2017.5　p49〜51

**どこかの通りを突っ走って**　[団]桃園会

**4216** 上演：2000年6月2日〜6月4日　場所：AI・HALL　作・演出：深津篤史

◇「ゲームの規則―MONO『錦鯉』と桃園会『どこかの通りを突っ走って』」出口逸平　シアターアーツ　13　2001.4　p134〜137

◇「6月の関西 生きることの感触、そして死(八時半『頬を赤くして』,MONO『錦鯉』,烏丸ストロークロック『ジェシカ・モーレン』,桃園会『どこかの通りを突っ走って』,PM/飛ぶ教室『舟唄。霧の中を行くための』)」太田耕人　テアトロ　697　2000.8　p66〜68

**どこよりも遠く、どこでもあった場所。あるいは、どこよりも近く、なにもない。**　[団]プロトテアトル

**4217** 上演：2018年4月27日〜4月29日　場所：ウィングフィールド　作・演出：FOペレイラ宏一朗

◇「5月の関西 重い記憶とどう向き合い、出発するのか(悪い芝居『ラスト・ナイト・エンド・ファースト・モーニング』,IKSALON表現者工房『コギ』,竹内銃一郎集成連続公演『タニマラーさびしい風』,the nextage『みず色の空、そら色の水』,プロトテアトル『どこよりも遠く、どこでもあった

### 年老いたクラウン ㊨オリビエ・コント

**4218** 上演：2005年9月13日〜9月18日　場所：レパートリーシアターKAZE　作：マテイ・ヴィスニユック　訳：チャールズ・リー
◇「小さな国際的なビエンナーレKAZE演劇祭2005（『三文オペラ』『ピカソの女たち』『年老いたクラウン』)」斎藤偕子　テアトロ　770　2005.11　p44〜45

### 年老いたクラウン ㊨東京演劇集団風

**4219** 上演：2007年8月17日〜8月22日　場所：レパートリーシアターKAZE　作：ヴィスニユック　訳：川口覚子　演出：チャールズ・リー
◇「イメージと嫉妬の物語（ビエンナーレKAZE演劇祭2007『フランクフルトに恋人がいるサックス奏者が語るパンダの物語』『年老いたクラウン』劇団円『オセロー』)」北川登園　テアトロ　797　2007.10　p46〜48

### 年老いたクラウン お前の乳房のうえで調教したエスカルゴ ㊨東京演劇集団風

**4220** 上演：2009年8月5日〜8月10日　場所：レパートリーシアターKAZE　作：マテイ・ヴィスニユック　訳：大木宏斗，南雲史成　演出：オリビエ・コント
◇「多彩なマテイ・ヴィスニユックの世界（ビエンナーレKAZE国際演劇祭2009)」北川登園　テアトロ　826　2009.11　p40〜42

### 図書館的人生vol.2 盾と矛 ㊨イキウメ

**4221** 上演：2008年10月24日〜11月3日　場所：三鷹市芸術文化センター星のホール　作・演出：前川知大
◇「カウンセリングの時代に（イキウメ『図書館的人生vol.2 盾と矛』，パルコプロデュース『幸せ最高ありがとうマジで！』，劇団1980『素劇 あ、東京行進曲』)」林あまり　テアトロ　815　2009.1　p36〜37

### 図書館的人生vol.3 食べもの連鎖 ㊨イキウメ

**4222** 上演：2010年10月29日〜11月7日　場所：シアタートラム　作・演出：前川知大
◇「抑えがたい暴力への衝動を描く（文学座アトリエ『ダーウィンの城』，五反田団『迷子になるわ』，イキウメ『図書館的人生vol.3 食べもの連鎖』)」丸田真悟　テアトロ　843　2011.1　p38〜39

### 図書館的人生vol.4 襲ってくるもの ㊨イキウメ

**4223** 上演：2018年5月15日〜6月3日　場所：東京芸術劇場シアターイースト　作・演出：前川知大
◇「『物語』の型を超えて（パルコ『ハングマン』，イキウメ『図書館的人生vol.4 襲ってくるもの』，俳優座『首のないカマキリ』，桟敷童子『翼の卵』)」小山内伸　テアトロ　949　2018.8　p48〜50

### トスキナア ㊨仲間

**4224** 上演：1987年10月18日〜10月22日　場所：前進座劇場　作：石崎一正　演出：稲冨正順
◇「自由と反逆―一瞬の夢（仲間『トスキナア』)」ほんちえいき　テアトロ　539　1988.1　p36〜39

### Daughters/ドーターズ ㊨NLT

**4225** 上演：2006年9月8日〜9月17日　場所：銀座みゆき館劇場　作：ジョン・モーガン・エヴァンス　訳：鴇澤麻由子　演出：北澤秀人
◇「孤独を避ければ、そこは地獄（燐光群/グッドフェローズ『さすらい』『壊れた風景』，『出口なし』プロジェクト『出口なし』，黒テント『ラ・トスカ』，劇団NLT『Daughters』)」結城雅秀　テアトロ　784　2006.11　p48〜52

### トータル・リビング1986 - 2011 ㊨遊園地再生事業団

**4226** 上演：2011年10月14日〜10月24日　場所：にしすがも創造舎　脚本・演出：宮沢章夫
◇「欠落と忘却の狭間に広がる風景（遊園地再生事業団『トータル・リビング1986 - 2011』，維新派『風景画―東京・池袋』，マームとジプシー『Kと真夜中のほとりで』)」丸田真悟　テアトロ　855　2011.12　p42〜43

### トーチソングトリロジー ㊨そとばこまち workers

**4227** 上演：1995年3月　場所：コークステップ・ホール　作：ハーベイ・ファイアスティン　訳：青井陽治　演出：小原延之
◇「3月の関西 脚本などに手応え（劇団猫のお尻『いとしいといとしいふ心』，そとばこまちWORKERS『Torch Song Trilogy』，劇団パノラマ☆アワー『健さん、俺も男だ！』)」宮辻政夫　テアトロ　629　1995.5　p63〜65

### トーチソングトリロジー ㊨パルコ

**4228** 上演：1986年8月1日〜8月20日　場所：PARCO劇場　作：ハーベイ・ファイアスティン　訳・演出：青井陽治
◇「誠実な作り方と連帯感の問題（パルコ劇場『トーチソング・トリロジー』)」藤田洋　テアトロ　524　1986.10　p21〜22

### どちらの側に立つか ㊨民藝

**4229** 上演：1998年1月24日〜2月7日　場所：紀伊國屋サザンシアター　作：ロナルド・ハーウッド　訳・演出：渾大防一枝
◇「生き方を問う二つの舞台（民藝『どちらの側に立つか』，パルコ劇場『ロマンチック・コメディ』)」水落潔　テアトロ　667　1998.4　p54〜55

### 特急二十世紀 ㊨加藤健一事務所

**4230** 上演：2007年3月14日〜3月28日　場所：本多劇場　原作：ベン・ヘクト，チャールズ・マッカーサー　脚本：ケン・ラドウィッグ　訳：小田島恒志　演出：久世龍之介
◇「舞台の醍醐味いろいろ（横浜夢座『ヨコハマキネマホテル』，文学座『初雷』，加藤健一事務所『特急二十世紀』)」中本信幸　テアトロ　791　2007.5　p48〜49

**突撃！ 第九八独立普通科連隊** [団]S.W.A.T！

4231 上演：2001年11月28日〜12月2日　場所：新国立劇場小劇場　作・演出：四大海

◇「清水の才に脚光再び期待したい（演劇企画木冬社『破れた魂に侵入』,S.W.A.T！『突撃！ 第九八独立普通科連隊』, 翌檜座+鴎座『終着駅の向こうには…』, スイセイ・ミュージカル『ONLY ONE』, 芝居小屋六面座『鈴の鳴る家』）」佐藤康平　テアトロ　718　2002.2　p54〜53

**とってもゴースト** [団]音楽座

4232 上演：1989年9月28日〜10月3日　場所：シアターアプル　原作：筒井広志　作・演出：横山由和

◇「ミュージカル評―とってもオリジナル？ ちょっぴりオリジナル」萩尾瞳　新劇　36(12)　1989.12　p42〜45

4233 上演：2006年1月7日〜1月18日　場所：東京芸術劇場中ホール　作：横山由和　脚本・演出：ワームホールプロジェクト

◇「70年代の熱気が今（tpt『アメリカン・バッファロー』, 新宿梁山泊『風のほこり』, 劇団四季『鹿鳴館』, 音楽座ミュージカル『とってもゴースト』）」結城雅秀　テアトロ　775　2006.3　p75〜77

**トップ・ガールズ** [団]演劇企画レ・キャンズ

4234 上演：1983年9月26日〜10月10日　場所：文芸坐ル・ピリエ　作：キャリル・チャーチル　訳：安達紫帆　訳・演出：吉岩正晴

◇「トップ・ガールズの栄光と悲惨（文芸坐ル・ピリエ『トップ・ガールズ』）」渡辺淳　テアトロ　490　1983.12　p32〜33

**トップ・ガールズ** [団]シス・カンパニー

4235 上演：2011年4月1日〜4月24日　場所：シアターコクーン　作：キャリル・チャーチル　訳：徐賀世子　演出：鈴木裕美

◇「「トップ」の女性たちを描く三つの舞台（シス・カンパニー『トップ・ガールズ』, パルコ・プロデュース『欲望という名の電車』, トム・プロジェクト『とんでもない女』）」扇田昭彦　テアトロ　848　2011.6　p48〜49

**トップダンサー** [団]ダブルフェイス

4236 上演：1995年3月4日〜3月12日　場所：シアターサンモール　作：一条さゆり　コント台本：是枝正彦　演出：久世龍之介

◇「練り上げられた舞台の楽しさ（博品館『リトル・ショップ・オブ・ホラーズ』, 音楽座『アイ・ラブ・坊ちゃん』, サンシャイン劇場『ボーイング・ボーイング』, ダブルフェイス『トップダンサー』, MODE『窓からあなたが見える』）」大沢圭司　テアトロ　629　1995.5　p57〜60

**トップドック/アンダードック** [団]シス・カンパニー

4237 上演：2012年11月30日〜12月28日　場所：シアタートラム　作：スーザン - ロリ・パークス　訳・演出：小川絵梨子

◇「マナリズムの諸相と舞台のスタイル（シス・カンパニー『トップドック/アンダードック』, Bunkamura&キューブ『祈りと怪物』, 東京芸術劇場&テルアビブ市立カメリ・シアター『トロイアの女たち』）」みなもとごろう　テアトロ　872　2013.2　p64〜66

**怒濤** [団]新国立劇場

4238 上演：2000年1月11日〜1月29日　場所：新国立劇場小劇場　作：森本薫　演出：マキノノゾミ

◇「台詞劇の復活と前衛劇の台詞（新国立劇場『怒濤』, 幹の会+リリック『シラノ・ド・ベルジュラック』, 第三エロチカ『ハムレットクローン』）」結城雅秀　テアトロ　692　2000.3　p80〜82

**怒濤** [団]青年劇場

4239 上演：2013年9月6日〜9月15日　場所：紀伊國屋サザンシアター　作：森本薫　演出：ふじたあさや　音楽：藤原豊

◇「歳月の経過（青年劇場『怒濤』, オフィスワンダーランド『アチャラカ』, 演劇集団円『夏ノ方舟』）」山本健一　テアトロ　882　2013.11　p50〜51

**TOTOからの電話** [団]B級遊撃隊

4240 上演：1995年4月13日〜4月16日　場所：ザ・スズナリ　作・演出：佃典彦

◇「引き裂かれた人物像（NODA・MAP『贋作・罪と罰』, 扉座・岡森企画『アメリカン・バッファロー』,B級遊撃隊『TOTOからの電話』）」大沢圭司　テアトロ　630　1995.6　p59〜61

**トナカイを数えたら眠れない** [団]MONO

4241 上演：2010年12月9日〜12月13日　場所：ABCホール　作・演出：土田英生

◇「12月の関西 創造的なる反復（南河内万歳一座『ラブレター』,MONO『トナカイを数えたら眠れない』, ニットキャップシアター+モノクロームサーカス『チェーホフの御座舞』）」太田耕人　テアトロ　844　2011.2　p65〜67

**隣で浮気？** [団]昴

4242 上演：2009年6月18日〜6月24日　場所：本多劇場　作：アラン・エイクボーン　訳：三輪えり花　演出：ニコラス・バーター

◇「愛の諸相（昴『隣で浮気？』, 文化座『こんにちは、おばあちゃん』, 俳優座『コルチャック』）」蔵原惟治　テアトロ　824　2009.9　p48〜50

**隣の芝生も。** [団]MONO

4243 上演：2018年3月23日〜3月27日　場所：ABCホール　作・演出：土田英生

◇「再演で磨かれた舞台（シーエイティプロデュース『Take Me Out』, トム・プロジェクト『砦』,Pカンパニー『鎮魂歌（レクイエム）』, オフィス・ミヤモト『ブラインド・タッチ』,MONO『隣の芝生も。』）」杉山弘　テアトロ　946　2018.6　p32〜34

◇「4月の関西 深津篤史戯曲に新たな息吹。深津演劇祭に成果（桃園会『深海魚』, あうん堂『五軒町商店街寄合会』, 空の驛舎『かえりみちの木』, MONO『隣の芝生も。』, 兵庫県立ピッコロ劇団オフシアター『umami』）」九鬼葉子　テアトロ　946　2018.6　p43〜45

**となりのところ** [団]空晴

4244 上演：2018年6月7日〜6月12日　場所：HEP

HALL　作・演出：岡部尚子
◇「6月の関西 新感覚の劇作家台頭。ベテラン勢も新境地（コトリ会議『しずかミラクル』, 少女都市『光の祭典』, うんなま『ひなんくんれん』, トリコ・A『私の家族』, 空晴『となりのところ』, 南河内万歳一座『秘密探偵』）」九鬼葉子　テアトロ　949　2018.8　p72～74

**殿様と私**　[団]文学座

***4245*** 上演：2007年11月2日～11月11日　場所：紀伊國屋サザンシアター　作：マキノノゾミ　演出：西川信廣
◇「さまざまな笑い（パルコ製作『リグレッツ・オンリー』, 俳優座劇場プロデュース『家族の写真』, 文学座『殿様と私』）」北川登園　テアトロ　800　2008.1　p122～123

**賭博師 梟**　[団]オフィスワンダーランド

***4246*** 上演：1999年11月2日～11月4日　場所：スフィアメックス　作：さいふうめい　演出：岩村久雄
◇「バーチャルな幸福感を求めたら…（花企画『運命の分れ目』, オフィスワンダーランド『賭博師梟（FUKUROH）』, 参人芝居『カゾクゲーム』）」佐藤康平　テアトロ　690　2000.1　p72～73

**賭博師 梟**　[団]オフィスワンダーランド, ジァン・ジァン

***4247*** 上演：1998年2月21日～2月22日　場所：ジァン・ジァン　作：さいふうめい　演出：竹内一郎
◇「斜面に立つ人物たち（一跡二跳『平面になる』, オフィス・ワンダーランド+ジァン・ジァン『賭博師 梟』, 東京演劇集団 風『火のようにさみしい姉がいて』, ステージ・ワンダー+世田谷パブリックシアター『怪しき村の旅人』）」浦崎浩實　テアトロ　668　1998.5　p58～59

**賭博師 梟**　[団]俳小

***4248*** 上演：2009年6月3日～6月7日　場所：シアターグリーン BIG TREE THEATER　作：さいふうめい　演出：竹内一郎
◇「のるか、反るか…（こまつ座&ホリプロ『きらめく星座』, 俳小『賭博師・梟』,SHIMIN劇場Ⅱ『ニングルの森』）」中本信幸　テアトロ　823　2009.8　p40～41

**トバスアタマ**　[団]売込隊ビーム

***4249*** 上演：2010年5月21日～5月23日　場所：ABCホール　作・演出：横山拓也
◇「5月の関西 構造化、あるいは撚りあわせること（南河内万歳一座『びっくり仰天街』, 売込隊ビーム『トバスアタマ』, 悪い芝居『らぶドロッドロ人間』, 地点『誰も、何も、どんな巧みな物語も』）」太田耕人　テアトロ　835　2010.7　p55～57

**ど破天港一代**　[団]みなと横浜演劇祭実行委員会

***4250*** 上演：2006年3月18日～3月19日　場所：関内ホール 大ホール　作・演出：花輪充
◇「度外れ演劇の試み（劇団1980『職員会議』, 横浜アートLIVE2006『ど破天港一代』ITI世界の秀作短編研究シリーズ フランス編 構造欠陥『舞台のゲーム』他）」中本信幸　テアトロ　778　2006.6　p53～55

**扉を開けて、ミスター・グリーン**　[団]兵庫県立ピッコロ劇団

***4251*** 上演：2012年9月13日～9月15日　場所：ピッコロシアター　作：ジェフ・バロン　訳：平川大作　演出：眞山直則
◇「9月の関西 部屋という隠喩（桃園会『中野金属荘、PK戦』, ピッコロ劇団『扉を開けて、ミスター・グリーン』, おにぎり貿易『ダム・ウェイター』）」太田耕人　テアトロ　868　2012.11　p53～55

**扉を開けて、ミスター・グリーン**　[団]ひょうご舞台芸術

***4252*** 上演：2003年4月18日～4月27日　場所：新神戸オリエンタル劇場　作：ジェフ・バロン　訳：平川大作　演出：グレッグ・デール
◇「5月の関西 演技を演技する（くじら企画『夜、ナク、鳥』,MONO『チェーホフは笑いを教えてくれる』, 遊劇体『残酷の一夜』, ひょうご舞台芸術『扉を開けて、ミスター・グリーン』）」太田耕人　テアトロ　737　2003.7　p64～66

**ドブネズミたちの眠り**　[団]流山児★事務所

***4253*** 上演：2008年11月29日～12月14日　場所：Space早稲田　作：坂口瑞穂　演出：流山児祥
◇「テーマの現代性とは 戯曲と演出の関係（俳優座『春立ちぬ』, 燐光群『戦争と市民』, 流山児★事務所『ドブネズミたちの眠り』）」みなもとごろう　テアトロ　816　2009.2　p50～52

**ドブの輝き**　[団]大人計画

***4254*** 上演：2007年5月10日～6月3日　場所：本多劇場　作・演出：松尾スズキ, 宮藤官九郎　音楽：門司肇
◇「レトロにギャグにナンセンス（ナイロン100℃『犬は鎖につなぐべからず』, 大人計画『ドブの輝き』, 青果鹿『めくるめく沈酔金魚』）」七字英輔　テアトロ　793　2007.7　p40～42

**飛ぶように過ぎゆく**　[団]太陽族

***4255*** 上演：2003年12月19日～12月21日　場所：AI・HALL　作・演出：岩崎正裕
◇「1月の関西 失効する境界（南船北馬一団『むこうみずなとり』, サラ・ケイン何かがはじまる『4時48分サイコシス』, 劇団・太陽族『飛ぶように過ぎゆく』）」太田耕人　テアトロ　747　2004.3　p116～118

**翔べない金糸雀（カナリア）の唄**　[団]文学座

***4256*** 上演：1999年11月4日～11月10日　場所：俳優座劇場　作：松永尚三　演出：松本祐子
◇「ウェルメードとステロタイプと（新国立劇場『美しきものの伝説』, 文学座『翔べない金糸雀（カナリア）の唄』）」七字英輔　テアトロ　690　2000.1　p66～67

**どぼんど（陥人）～ヴェニスで溺れて**　[団]東京グローブ座

***4257*** 上演：1999年3月24日～3月28日　場所：東京グローブ座　作・演出：松村武
◇「滑走する悪夢（ナイロン100℃『薔薇と大砲～フリドニア日記#2～』, コンドルズ『太陽にくちづけ

## とまと

『V ビューティフルサンデー』,春フェスティバル公演『どぼんど(陥人)〜ヴェニスで溺れて〜』」長谷部浩　テアトロ　682　1999.6　p54〜55

### 戸惑えよ　㊞匿名劇壇
**4258**　上演：2016年9月22日〜9月25日　場所：アートグラウンドcocoromi　作・演出：福谷圭祐
◇「10月の関西 関西発の企画、演劇祭が相次ぐ(維新派『アマハラ』、現代演劇レトロスペクティブ『夜の子供2』, Plant M『君ヲ泣ク』、匿名劇壇『戸惑えよ』、ヨーロッパ企画『来てけつかるべき新世界』、ジャブジャブサーキット『猿川方程式の誤算あるいは死亡フラグの正しい折り方』)」九鬼葉子　テアトロ　925　2016.12　p70〜72

### トムは真夜中の庭で　㊞文学座、日生劇場
**4259**　上演：2008年8月9日〜8月11日　場所：日生劇場　原作：フィリッパ・ピアス　訳：高杉一郎　脚本・演出：高瀬久男　振付：新海絵理子　音楽：川崎絵都夫
◇「時空を超えた世界(シアター1010『夜と星と風の物語』、日生劇場+文学座ファミリーステージ『トムは真夜中の庭で』、劇団M.O.P.『阿片と拳銃』)」水落潔　テアトロ　811　2008.10　p42〜43

### ともえと、　㊞山本能楽堂
**4260**　上演：2018年1月28日〜1月29日　場所：山本能楽堂　作：岡部尚子　作・演出：林慎一郎
◇「2月の関西 阪神大震災に静かに思いを馳せる(Plant M『blue film』、匣の断片『パノラマビールの夜』、烏丸ストロークロック『まほろばの景』、能×現代演劇work『ともえと、』、田中遊『戯式』)」九鬼葉子　テアトロ　944　2018.4　p65〜67

### 友竹正則のエッセイ・ミュージカル江分利満氏の優雅な生活　㊞インターナショナル・カルチャー
**4261**　上演：1985年12月2日〜12月7日　場所：銀座ラ・ポーラ　原作：山口瞳　台本・演出：竹邑類
◇「エッセイ・ミュージカルの優雅な楽しみ(ことばの劇場)」安達英一　新劇　33(2)　1986.2　p62〜65

### 友達　㊞青年座
**4262**　上演：2004年11月25日〜12月5日　場所：「劇」小劇場　作：安部公房　演出：越光照文
◇「劇団の代謝機能(青年座『下北沢5劇場同時公演』、文学座『THE CRISIS』)」丸田真悟　テアトロ　760　2005.2　p60〜62

### 友達　㊞世田谷パブリックシアター
**4263**　上演：2008年11月11日〜11月24日　場所：シアタートラム　作：安部公房　演出：岡田利規
◇「根深い『同化と排他』の心性(世田谷パブリックシアター『友達』、Bunkamura『表裏源内蛙合戦』、京楽座『アウトロー WE』)」村井健　テアトロ　815　2009.1　p40〜41

### ともだちが来た　㊞OMSプロデュース
**4264**　上演：1997年2月20日〜2月23日　場所：扇町ミュージアムスクエア　作：鈴江俊郎　演出：岩松了
◇「3月の関西 再生への願望描く(OMSプロデュース『ともだちが来た』、大阪新劇団協議会プロデュース『がめつい奴』、演劇集団虹プロデュース『人形の家』)」宮辻政夫　テアトロ　655　1997.5　p78〜80

### ともだちが来た　㊞KUNIO
**4265**　上演：2015年5月14日〜5月17日　場所：元・立誠小学校　作：鈴江俊郎　演出：杉原邦生
◇「5月の関西 再読されるテクスト(空の驛舎『追伸』、極東退屈道場『タイムズ』, KUNIO番外公演『ともだちが来た』、ルドルフ『COLLAPSARI』)」太田耕人　テアトロ　905　2015.7　p38〜40

### ともだちや ともだちくるかな　㊞うりんこ
**4266**　上演：2002年8月22日〜8月26日　場所：うりんこ劇場　原作：内田麟太郎　脚本：つげくわえ　演出：寺十吾
◇「名古屋・今夏の注目作品(劇団うりんこ『ともだちや ともだちくるかな』、演劇人集団☆河童塾『H・E・A・T』)」河野光雄　テアトロ　728　2002.11　p58〜59

### 土曜・日曜・月曜　㊞地人会
**4267**　上演：1986年4月8日〜4月27日　場所：三越劇場　作：エドワルド・デ・フィリッポ　訳：田之倉稔　演出：木村光一
◇「ロンドン、パリ、ナポリ、そして東京」渡辺保　新劇　33(6)　1986.6　p30〜35

**4268**　上演：1999年9月16日〜9月29日　場所：紀伊國屋ホール　作：エドワルド・デ・フィリッポ　訳：田之倉稔　演出：木村光一
◇「現代の家族の様々な形(東京オピニオンズ+TBS『マディソン郡の橋』、かたつむりの会『十六夜日記』、地人会『土曜・日曜・月曜』、木山事務所『壁の中の妖精』)」水落潔　テアトロ　687　1999.11　p48〜50

### とよはた雲に入り日さし　㊞民藝
**4269**　上演：1982年9月7日〜9月15日　場所：砂防会館ホール　原作：アーサー・ミラー　翻案・脚色：伊東弘充　演出：滝沢修
◇「時代の符号への警告(民藝『とよはた雲に入り日さし』)」八橋卓　テアトロ　477　1982.11　p30〜33

### ドライヴな夜　㊞鋼鉄猿廻し一座
**4270**　上演：2001年2月10日〜2月12日　場所：ウィングフィールド　作・演出：中村賢司
◇「2月の関西 固有名と向きあう(公共ホール演劇製作ネットワーク事業『サド公爵夫人』, MONO『なにもしない冬』、鋼鉄猿廻し一座『ドライヴな夜』、のはら工房『コンコンとんとんポロンぼろん』)」太田耕人　テアトロ　706　2001.4　p66〜68

### ドライビング・ミス・デイジー　㊞民藝,無名塾
**4271**　上演：2005年10月6日〜10月17日　場所：東京芸術劇場中ホール　作：アルフレッド・ウーリー　訳・演出：丹野郁弓
◇「高齢化社会を生きる(民藝+無名塾『ドライビング・ミス・デイジー』、パルコ・ルテアトル銀座『ふ

たりのカレンダー』，昴『八月の鯨』，東京演劇アンサンブル『マイという女』，鳥獣戯画『三人でシェイクスピア』）」結城雅秀　テアトロ　771　2005.12　p51〜55

*4272* 上演：2009年3月11日〜3月22日　場所：東京芸術劇場中ホール　作：アルフレッド・ウーリー　訳・演出：丹野郁弓
◇「幻想の妙（東京演劇集団風『星の王子さま』，オフィスプロジェクトM『離宮のタルト』，虹企画・ぐるうぷしゅら『女優』，民藝＋無名塾『ドライビング・ミス・デイジー』）」中本信幸　テアトロ　819　2009.5　p46〜47

## ドライブ イン カリフォルニア　㊟大人計画
*4273* 上演：2004年4月28日〜5月16日　場所：本多劇場　作・演出：松尾スズキ
◇「ロマンを秘める異なる才能躍如（宇宙堂『アオイバラ』，大人計画『ドライブインカリフォルニア』，新感線『髑髏城の七人』）」斎藤偕子　テアトロ　751　2004.7　p60〜61

## Tribes　㊟世田谷パブリックシアター
*4274* 上演：2014年1月13日〜1月26日　場所：新国立劇場小劇場 THE PIT　作：ニーナ・レイン　訳・台本：木内宏昌　演出：熊林弘高
◇「霊験あらたかな舞台（前進座『一本刀土俵入』，松竹歌舞伎掛701，萬國四季協会『瀕死の王さま』，世田谷パブリックシアター企画制作『Tribes』）」中本信幸　テアトロ　887　2014.4　p70〜71

## ドラキュラ　㊟パルコ
*4275* 上演：1990年7月7日〜7月29日　場所：PARCO劇場　作：田向正健　演出：青井陽治
◇「ドラキュラという設定（パルコ劇場『ドラキュラ』）」渡辺保　テアトロ　571　1990.9　p21〜22

## ドラキュラ その愛　㊟松竹，日生劇場
*4276* 上演：1984年12月4日〜12月26日　場所：日生劇場　作：ボブ・ホール，デビット・リッチモンド　訳：倉橋健　演出：福田善之
◇「再演への期待とは（松竹・日生劇場『ドラキュラ』）」津田類　テアトロ　504　1985.2　p38〜39

## ドラキュラ伯爵の秋　㊟パルコ，木山事務所
*4277* 上演：1989年11月21日〜11月30日　場所：PARCO SPACE PART3　作：別役実　演出：末木利文
◇「世界の黄昏に向けて」七字英輔　新劇　37（2）　1990.2　p26〜31
◇「帰還と出発」扇田昭彦　新劇　37（2）　1990.2　p32〜37
◇「芝居が連れてゆくところ」林あまり　新劇　37（2）　1990.2　p44〜49

## ドラキュラ白書　㊟扉座
*4278* 上演：1997年5月28日〜6月8日　場所：ザ・スズナリ　作・演出：横内謙介
◇「戯曲と舞台と（木山事務所プロデュース『海と日傘』，かたくりの会『もうひとりの飼主』，扉座『ドラキュラ白書』）」林あまり　テアトロ　658　1997.8　p68〜69

## ドラクル　㊟松竹，Bunkamura
*4279* 上演：2007年9月1日〜9月26日　場所：シアターコクーン　作・演出：長塚圭史
◇「勇気ある舞台（松竹株式会社，Bunkamura『ドラクル』，M.O.P.『エンジェル・アイズ』，燐光群＋フィリピン国際交流プログラム『白髪の房』現代能楽集 三人姉妹』）」林あまり　テアトロ　798　2007.11　p54〜55

## TORAJI 2010　㊟新宿梁山泊
*4280* 上演：2010年1月20日〜1月24日　場所：タイニイ・アリス　作：呉泰錫　演出：金守珍
◇「〈歴史〉と演劇 呉泰錫作・金守珍『TORAJI 2010』を考える」嶋田直哉　シアターアーツ　42　2010.3　p114〜117

## トラップ・ストリート　㊟演劇集団円
*4281* 上演：2004年10月1日〜10月14日　場所：ステージ円　作：別役実　演出：國峰眞
◇「人と人との結びつきと別れ（民藝『スポイルズ・オブ・ウォー』，円『トラップ・ストリート』，THEATRE 1010『1954のホテルライフ』）」渡辺淳　テアトロ　745　2004.12　p50〜52

## 虎―野田秀樹の国性爺合戦　㊟東宝
*4282* 上演：1994年12月5日〜12月27日　場所：日生劇場　作・演出：野田秀樹
◇「翻案劇3態（松竹『王女メディア』，うらら舎『水の街のメディア』，東宝『虎―野田秀樹の国性爺合戦』）」渡辺淳　テアトロ　626　1995.2　p80〜82

## DORA〜100万回生きたねこ　㊟ホリプロ
*4283* 上演：1996年6月21日〜7月29日　場所：東京芸術劇場中ホール　原作：佐野洋子　脚本：筒井ともみ　演出・振付：フィリップ・ドゥクフレ
◇「ネコ，劇場にあらわる（大回転劇団『JUNP THEY SAY』，ホリプロ主催 P.ドゥクフレ演出『DORA〜100万回生きたねこ』）」大岡淳　テアトロ　646　1996.9　p76〜77

## トラブル　㊟三人芝居
*4284* 上演：1996年8月13日〜8月18日　場所：シアター・トップス　作・演出：北野ひろし
◇「孤独な女の激情を端正に描く（昴 ザ・サード・ステージ『修道女』，ピース・ユニット『ベンチ』，三人芝居『トラブル』，東京シェイクスピアカンパニー『お気に召すまま』，グローブ座カンパニー『十二夜』，日生劇場『走れメロス』）」結城雅秀　テアトロ　647　1996.10　p72〜78

## トラブル2002　㊟劇工房燐
*4285* 上演：2002年7月17日〜7月24日　場所：TACCS1179　作：北野ひろし　演出：手塚敏夫
◇「苦悩の新進作家に拍手（円小劇場『蔵のある家』，椿組『東京ウェポン』，オフィスイレブン『麗しのサブリナ』，劇工房燐『トラブル2002』）」佐藤康平　テアトロ　726　2002.9　p56〜57

**Dramatic翔** [団]修羅の華

**4286** 上演：1993年9月　場所：京都子供文化会館　作・演出：武田哲平

◇「9月の関西 「つづみの女」について」宮辻政夫　テアトロ　609　1993.11　p133～135

**ドラマ・ドクター** [団]T Factory

**4287** 上演：2015年10月23日～11月2日　場所：吉祥寺シアター　作・演出：川村毅

◇「Pro‐or Counter‐Popularity（朋友『ら・ら・ら』,Tファクトリー『ドラマ・ドクター』,紅王国『破提宇子』）」斎藤偕子　テアトロ　913　2016.1　p24～25,60～61

**DRAMANCE FIRST TOUR STARRING NAOTO TAKENAKA** [団]ドラマンス

**4288** 上演：1984年9月20日　場所：日本青年館大ホール　作：桑原茂一

◇「気分はもう「ドラマンス」（ことばの劇場）」高野嗣郎　新劇　31（11）　1984.11　p24～28

**虎美 別府・三億円保険金殺人事件** [団]1980

**4289** 上演：1989年11月14日～11月19日　場所：ジァン・ジァン　作・演出：藤田傳

◇「正体のない男たち」七字英輔　新劇　37（1）　1990.1　p26～29

**ドラム一発！ マッドマウス** [団]青年座

**4290** 上演：1980年7月2日～7月6日, 9月19日～11月23日　場所：青年座劇場　作：高桑徳三郎　演出：篠崎光正

◇「中年, この性的熟練者」堂本正樹　新劇　27（9）　1980.9　p26～29

◇「青年座の三つの舞台（青年座「鏡よ鏡」「ほととぎす, ほととぎす」「ドラマ1発！ マッドマウス」）」大笹吉雄　テアトロ　451　1980.9　p34～38

**虎よ、虎よ** [団]Pカンパニー

**4291** 上演：2016年8月25日～8月29日　場所：シアターウエスト　作・演出：福田善之

◇「屈折する人間像さまざま（Pカンパニー『虎よ、虎よ』, 文化座『びっくり箱』）」斎藤偕子　テアトロ　924　2016.11　p40～41

**トランクス** [団]自転車キンクリーツカンパニープロデュース

**4292** 上演：1992年1月19日～1月26日　場所：紀伊國屋ホール　作：飯島早苗　演出：鈴木裕美

◇「人生はプロモーション・ヴィデオ」三田格　Les Specs　39（4）　1992.4　p22～23

**4293** 上演：1994年3月22日～3月27日　場所：シアターアプル　脚本：飯島早苗　構成・演出：鈴木裕美

◇「芝居の神髄は「語り」にあり（パルコ『ゴールド家のたそがれ』, 文化座『サンダカン八番娼館』, 四季『ジーザス・クライスト＝スーパースター』, 東京サンシャイン・ボーイズ『ショウ・マスト・ゴー・オン』, 自転車キンクリーツ『トランクス』, 黒テント『あちゃらか商人』）」結城雅秀　テアトロ　617　1994.6　p53～57

**トランス** [団]KOKAMI@network

**4294** 上演：2005年11月8日～11月27日　場所：紀伊國屋ホール　作・演出：鴻上尚史

◇「観念の遊戯の成否（ひょうご舞台芸術『芝居―朱鷺雄の城』,KARA・COMPLEX『調教師』, パルコ劇場『メアリー・ステュアート』, KOKAMI@network『トランス』）」七字英輔　テアトロ　773　2006.1　p56～58

**トランス** [団]サードステージ

**4295** 上演：1996年1月26日～2月26日　場所：紀伊國屋ホール　作・演出：鴻上尚史

◇「強烈な陰影と媒体の多様化（ヒューストン・グランド・オペラ『ポーギーとベス』, 東京ルネッサンス『ポリグラフ―うそ発見器』, パルコ劇場『シャネル』, 劇団京『危険な曲がり角』, サードステージ『トランス』, ひょうご舞台芸術『おやすみデズデモーナ, おはようジュリエット』）」結城雅秀　テアトロ　641　1996.4　p62～68

**トランス** [団]パルコ

**4296** 上演：1998年4月16日～4月27日　場所：パナソニック・グローブ座　作：鴻上尚史　演出：鈴木裕美

◇「神なき時代の罪と罰（THE・ガジラ『貪りと瞋りと愚かさと』, ウォーキング・スタッフ『REDRUM～赤い羊』, パルコ・プロデュース『トランス』, 東京乾電池『スイム スイム スイム―新・真夏の果実』）」七字英輔　テアトロ　669　1998.6　p60～64

**とりあえずの死―日本棄民伝** [団]俳優座

**4297** 上演：1992年7月3日～7月15日　場所：俳優座劇場　作：藤田傳　演出：西木一夫

◇「必要にして十分か？（俳優座『とりあえずの死』, 文学座アトリエ『フェードル』, 円『わが師わが街』, 一跡二跳『イエスマンの最後のイエス』）」みなもとごろう　テアトロ　595　1992.9　p66～68

**4298** 上演：1996年9月10日～9月15日　場所：俳優座劇場　作：藤田傳　演出：西木一夫

◇「弱者への暖かい目差し（俳優座『とりあえずの死』, 東演『そして、あなたに逢えた』）」八橋卓　テアトロ　648　1996.11　p68～69

**とりあえず、ボレロ** [団]PM/飛ぶ教室

**4299** 上演：2015年7月3日～7月6日　場所：AI・HALL　作：清水邦夫　演出：蟷螂襲

◇「6・7月の関西 この不確かなリアリティ（南河内万歳一座『楽園』, 悪い芝居『キスインヘル』, PM/飛ぶ教室『とりあえず、ボレロ』）」太田耕人　テアトロ　908　2015.9　p38～39

**とりあえず、ボレロ** [団]木冬社

**4300** 上演：1983年12月18日～12月25日　場所：紀伊國屋ホール　作：清水邦夫

◇「詩の光と影（木冬社『とりあえず, ボレロ』）」渡辺保　テアトロ　493　1984.3　p30～31

**トリガー** [団]ユニークポイント

**4301** 上演：2004年3月3日～3月9日　場所：OFF・OFFシアター　作・演出：山田裕幸

◇「現代社会の"負"を凝視する（ユニークポイント『トリガー』, メープルリーフ・シアター『やとわれ

仕事』, ブッシュシアター『アドレナリン・ハート』, ヤーン・カンパニー『ロメオ+ジュリエット』, 燐光群『だるまさんがころんだ』)」丸田真悟　テアトロ　749　2004.5　p50～52

**鳥影**　[団]萬國四季協會

**4302** 上演：2010年5月12日～5月16日　場所：シアターイワト　作：響リュウ　演出：渡辺大策

◇「俳優の重み(Pカンパニー『夏の砂の上』, グループる・ばる『高橋さんの作り方』, 萬國四季協會『鳥影』)」斎藤偕子　テアトロ　835　2010.7　p46～47

**トリゴーリンの手帳**　[団]虹企画/ぐるうぷシュラ

**4303** 上演：2010年11月25日～11月28日　場所：アトリエフォンテーヌ　作：チェーホフ　翻案：テネシー・ウィリアムズ　訳：古木圭子　演出：三條三輪

◇「過去をまさぐる奇手妙手(アリストパネスカンパニー『タイピンにおける死』, 虹企画/ぐるうぷシュラ『トリゴーリンの手帳』, 劇団め組『PS』)」中本信幸　テアトロ　844　2011.2　p58～59

**トリスタンとイゾルデ**　[団]ク・ナウカ

**4304** 上演：2006年7月24日～7月30日　場所：東京国立博物館・特設舞台　原作：リヒャルト・ワーグナー　台本・演出：宮城聰　作曲：原田敬子

◇「喪を拒絶する—ク・ナウカ『トリスタンとイゾルデ』」本橋哲也　シアターアーツ　28　2006.9　p75～77

◇「究極美の野外劇(ク・ナウカ『トリスタンとイゾルデ』, 演劇集団・円『ファウスト』, 宝塚クリエイティブアーツ『花嫁付き添い人の秘密』, 昴 ザ・サード・ステージ『猫の恋、昴は天にのぼりつめ』)」結城雅秀　テアトロ　783　2006.10　p48～51

**Tri_K**　[団]川口隆夫プロジェクト

**4305** 上演：2010年1月23日～1月26日　場所：森下スタジオ　作：ディック・ウォン, 川口隆夫, 今泉浩一

◇「パフォーマンスにおける「三」の意味 川口隆夫プロジェクト『Tri_K』」堀切克洋　シアターアーツ　42　2010.3　p122～125

**とりつくしま**　[団]俳優座

**4306** 上演：2013年4月13日～4月24日　場所：シアタートラム　原作：東直子　脚本・演出：眞鍋卓嗣　振付：沢のえみ　音楽：金剛地武志

◇「戦争と人間の関係(民藝『夏・南方のローマンス　神と人とのあいだ〈第二部〉』, 俳優座『とりつくしま』, 彩の国シェイクスピア・シリーズ『ヘンリー四世』)」水落潔　テアトロ　876　2013.6　p54～55

**砦**　[団]トム・プロジェクト

**4307** 上演：2016年3月1日～3月6日　場所：東京芸術劇場シアターウエスト　原作：松下竜一　作・演出：東憲司　制作：岡田潔

◇「あの人たちが居て、今の日本がある(トム・プロジェクト『砦』, 劇団一九八〇『楢山節考』, 東京演劇アンサンブル『最後の審判の日』, 無名塾『おれたちは天使じゃない』, 俳優座劇場プロデュース『もし、終電に乗り遅れたら…』)」結城雅秀　テアトロ　917　2016.5　p32～35

**4308** 上演：2018年4月10日～4月15日　場所：シアターX　原作：松下竜一　作・演出：東憲司

◇「再演で磨かれた舞台(シーエイティプロデュース『Take Me Out』, トム・プロジェクト『砦』,Pカンパニー『鎮魂歌(レクイエム)』, オフィス・ミヤモト『ブラインド・タッチ』,MONO『隣の芝生も。』)」杉山弘　テアトロ　946　2018.6　p32～34

**鳥の女**　[団]東京演劇アンサンブル

**4309** 上演：1993年2月21日～2月28日　場所：ブレヒトの芝居小屋　作・演出：広渡常敏

◇「地球の通行人(劇団協議会『はるなつあきふゆ』, 青年劇場『アダムの星』, 東京演劇アンサンブル『鳥の女』)」岩波剛　テアトロ　603　1993.5　p58～61

**鳥の飛ぶ高さ**　[団]青年団

**4310** 上演：2009年6月12日～6月14日　場所：京都芸術センター・フリースペース　原作：ミッシェル・ヴィナヴェール　訳：藤井慎太郎　演出：アルノー・ムニエ　翻案・演出協力：平田オリザ

◇「企業の作る人間関係描く(青年団国際演劇交流プロジェクト『鳥の飛ぶ高さ』, 文学座アトリエの会『結婚』, 桟敷童子『ふうふうの神様』)」丸田真悟　テアトロ　824　2009.9　p44～45

**鳥笛／公孫樹下**　[団]遊劇体

**4311** 上演：2015年10月16日～10月20日　場所：アトリエ劇研　作：泉鏡花　演出：キタモトマサヤ

◇「11月の関西 新進劇作家の季節(iaku『Walk in closet』, 演劇計画Ⅱ『また愛か』, 劇団大阪『姉川写真館の四季』, 兵庫県立ピッコロ劇団『東男迷都路』, 劇団・太陽族『劇論』, 遊劇体『鳥笛』『公孫樹下』)」太田耕人　テアトロ　913　2016.1　p36～38

**Dreamin'**　[団]SHA・LA・LA

**4312** 上演：1988年3月29日～4月4日　場所：こまばアゴラ劇場　作・演出：内村光良,SHA・LA・LA

◇「チラシの魔法にかけられて」林あまり　新劇　35(6)　1988.6　p38～41

**ドリーミング**　[団]四季

**4313** 上演：1985年11月15日～1986年2月28日　場所：青山劇場　原作：メーテルリンク　ミュージカル台本：劇団四季文芸部　演出：浅利慶太

◇「大人と子供のミュージカル(帝国劇場『シカゴ』, 四季『ドリーミング』)」藤田洋　テアトロ　515　1986.1　p38～41

**ドリーム**　[団]ミスタースリムカンパニー

**4314** 上演：2000年12月20日～12月24日　場所：アトリエフォンテーヌ　作・演出：深水龍作

◇「新たな視点の「忠臣蔵」(シアタームーブメント・仙台V演劇プロデュース『イヌの仇討』, ミスタースリムカンパニー『ドリーム』, 岡部企画『色悪』)」佐藤康平　テアトロ　705　2001.3　p76～78

とりむ

**ドリームエクスプレスAT** 囲世仁下乃一座
**4315** 上演：1989年1月31日～2月3日　場所：本多劇場　作・演出：岡安伸治
◇「『わたしは違う』ってホント？」林あまり　新劇 36(4)　1989.4　p38～41

**ドリームス** 囲遊劇体
**4316** 上演：2000年8月21日～8月28日　場所：京大西部講堂前　作：キタモトマサヤ
◇「9月の関西 新劇のリベンジ（潮流『乱れて熱き吾身には一藤村・『春』一』、京芸『文殊九助』、遊劇体『ドリームス』、A級 Missing Link『目には太陽見えてもこの感じは雨だ』）」太田耕人　テアトロ 700　2000.11　p128～130

**DOLL** 囲NOISE
**4317** 上演：1983年　場所：Studio200　作・演出：如月小春
◇「鳴々、夢の遊眠社無惨（ことばの劇場）」今野裕一　新劇 30(6)　1983.6　p21～24

**奴隷島／いさかい** 囲櫻花舎
**4318** 上演：1995年11月22日～11月26日　場所：ジァン・ジァン　作：マリヴォー　訳：井村順一、佐藤実枝
◇「最も衝撃的な事象（銀座セゾン劇場『エンジェルズ・イン・アメリカ』第二部、地人会『五重奏』、俳優座『ミラノの奇跡』、英国・ウォータミル劇団『オセロ』、櫻花舎『奴隷島』『いさかい』、燐光群『反戦自衛官=森のまわり道』、入道雲『サトコ―蟻の街のマリア』）」結城雅秀　テアトロ 639　1996.2　p65～71

**ドレッサー** 囲加藤健一事務所
**4319** 上演：2018年2月23日～3月11日　場所：本多劇場　作：ロナルド・ハーウッド　訳：松岡和子　演出：鵜山仁
◇「一緒になりたい相手が、消えてしまう…（椿組『毒おんな』、加藤健一事務所『ドレッサー』、劇団東адзе『臨時病室』、ワンツーワークス『蠅の王』）」結城雅秀　テアトロ 945　2018.5　p29～31

**ドレッサー** 囲シス・カンパニー
**4320** 上演：2013年6月28日～7月28日　場所：世田谷パブリックシアター　作：ロナルド・ハーウッド　訳：徐賀世子　演出：三谷幸喜
◇「今、われわれの演じる西洋近代名作（文学座『ガリレイの生涯』、シス・カンパニー『ドレッサー』、華のん企画・子供のためのシェイクスピア『ジュリアス・シーザー』）」斎藤偕子　テアトロ 880　2013.9　p48～49

**ドレッサー** 囲松竹
**4321** 上演：1988年1月15日～1月31日　場所：サンシャイン劇場　作：ロナルド・ハーウッド　訳：松岡和子　演出：ロナルド・エアー
◇「死の周辺」長谷部浩　新劇 35(4)　1988.4　p38～41
◇「アイロニカルな役者の魅力（サンシャイン劇場『ドレッサー』）」斎藤偕子　テアトロ 541　1988.3　p25～26

**4322** 上演：1989年11月11日～12月4日　場所：サンシャイン劇場　作：ロナルド・ハーウッド　訳：松岡和子　演出：ロナルド・エアー
◇「役者、この奇怪なるもの」扇田昭彦　新劇 37(1)　1990.1　p30～33

**ドレッサー** 囲東宝
**4323** 上演：1981年1月3日～1月28日　場所：日生劇場　作：ロナルド・ハーウッド　訳：倉橋健　演出：出口典雄
◇「鞍馬天狗の正体」森秀男　新劇 28(3)　1981.3　p26～29
◇「ひねりのきいたバックステージ・ドラマ（東宝『ドレッサー』）」大場建治　テアトロ 457　1981.3　p30～31

**ドレッサー** 囲パルコ
**4324** 上演：2005年8月24日～9月11日　場所：PARCO劇場　作：ロナルド・ハーウッド　訳：松岡和子　演出：鈴木勝秀
◇「生きて、死ぬ。その壮大なドラマ（シアターコクーン『天保十二年のシェイクスピア』、『赤い月』、俳優座劇場プロデュース『夜の来訪者』、パルコ劇場『ドレッサー』）」結城雅秀　テアトロ 770　2005.11　p54～57

**トレンド・ミー・テナー** 囲加藤健一事務所
**4325** 上演：1996年5月24日～6月16日　場所：本多劇場　作：ケン・ラドウィッグ　訳：小田島雄志、小田島若子　演出：星充
◇「無駄を削る勇気を（遊◎機械／シアター『ムーンライト』、加藤健一事務所『トレンド・ミー・テナー』、かたつむりの会『クラムボンは笑った』）」林あまり　テアトロ 645　1996.8　p63～64

**トロイアの女** 囲国際舞台芸術研究所
**4326** 上演：1982年7月24日,8月7日　場所：利賀野外劇場　構成・演出：鈴木忠志　※世界演劇祭
◇「利賀村への旅」渡辺保　テアトロ 476　1982.10　p54～59

**トロイアの女たち** 囲テルアビブ市立カメリ・シアター
**4327** 上演：2012年12月11日～12月20日　場所：東京芸術劇場プレイハウス　作：エウリピデス　演出：蜷川幸雄
◇「マナリズムの諸相と舞台のスタイル（シス・カンパニー『トップドッグ／アンダードッグ』、Bunkamura&キューブ『祈りと怪物』、東京芸術劇場&テルアビブ市立カメリ・シアター『トロイアの女たち』）」みなもとごろう　テアトロ 872　2013.2　p64～66

**トロイアの女たち** 囲文学座アトリエの会
**4328** 上演：2010年9月7日～9月20日　場所：文学座アトリエ　作：エウリピデス　演出：松本祐子
◇「「人間」、単純か複雑か？（平田オリザ+石黒浩研究室『森の奥』ロボット版、シーエイティプロデュース、ジェイクリップ『今は亡きヘンリー・モス』、文学座アトリエの会『トロイアの女たち』）」斎藤偕子　テアトロ 840　2010.11　p54～56

**トロイ戦争は起こらない** [団]新国立劇場

4329 上演：2017年10月5日～10月22日　場所：新国立劇場中劇場　作：ジャン・ジロドゥ　訳：岩切正一郎　演出：栗山民也

◇「だから芝居は楽しい（KAAT神奈川芸術劇場『作者を探す六人の登場人物』，東京芸術劇場『One Green Bottle～「表に出ろいっ！」English version～』，WATANABE ENTERTAINMENT『関数ドミノ』，新国立劇場『トロイ戦争は起こらない』，劇団俳優座『クスコ～愛の叛乱～』）」杉山弘　テアトロ　941　2018.1　p26～28

**トロイメライ** [団]NOISE

4330 上演：1984年　作・演出：如月小春

◇「不自由な身体を持てあまして（ことばの劇場）」長谷部浩　新劇　31（11）　1984.11　p28～31

**トロイラスとクレシダ** [団]彩の国さいたま芸術劇場

4331 上演：2012年8月17日～9月2日　場所：彩の国さいたま芸術劇場大ホール　作：シェイクスピア　訳：松岡和子　演出：蜷川幸雄　音楽：かみむら周平

◇「さあ新しい器で！　船出のとき（こまつ座『芭蕉通夜舟』，彩の国シェイクスピア・シリーズ『トロイラスとクレシダ』，NODA・MAP『エッグ』）」高橋豊　テアトロ　868　2012.11　p48～49

**トロイラスとクレシダ** [団]世田谷パブリックシアター

4332 上演：2015年7月15日～8月2日　場所：世田谷パブリックシアター　作：シェイクスピア　訳：小田島雄志　演出：鵜山仁

◇「クレシダの白いブーツ（世田谷パブリックシアター『トロイラスとクレシダ』，東京芸術劇場『COCOON―憧れも、初恋も、爆撃も、死も』，Tプロジェクト『堅塁奪取』『愛をこめてあなたを憎む』，俳優座劇場『音楽劇 わが町』）」結城雅秀　テアトロ　908　2015.9　p32～34

**トロイラスとクレシダ** [団]日欧舞台芸術交流会

4333 上演：2005年11月25日～11月27日　場所：俳優座劇場　作：シェイクスピア　訳：松岡和子　演出：高瀬久男

◇「「耳で観る」という想像力（RSC『夏の夜の夢』，日欧舞台芸術交流会『トロイラスとクレシダ』，テアトル・エコー『暗くなったら帰っておいで』，劇団四季『間奏曲』）」結城雅秀　テアトロ　774　2006.2　p60～63

**泥人魚** [団]唐組

4334 上演：2003年5月3日～6月22日　場所：花園神社　作・演出：唐十郎

◇「ブルーワーカーたちの離合集散のドラマ」堀切直人　シアターアーツ　19　2004.6　p75～77

**泥花** [団]桟敷童子

4335 上演：2015年11月5日～11月12日　場所：すみだパークスタジオ倉　作：サジキドウジ　演出：東憲司

◇「強固な意志の実現（エイコーン『メアリー・スチュアート』，桟敷童子『泥花』，オフィス樹『邪宗門』『空気はぜひ必要です』，トム・プロジェクト『南阿佐ヶ谷の母』，森組芝居『或る日、或る時』，新国立劇場『桜の園』）」結城雅秀　テアトロ　913　2016.1　p29～32,60～62

**トロピカル・マーメイド 南の島のラブ・ソング** [団]ドリーム・カンパニー

4336 上演：1998年4月18日～4月19日　場所：本多劇場　作・演出：徳満亮一

◇「意欲を見せた三つの公演（青年劇場『真珠の首飾り』，銅鑼『ヨーン・ガブリエル・ボルクマン』，ドリーム・カンパニー『トロピカル・マーメイド』）」水落潔　テアトロ　669　1998.6　p58～59

**泥棒たち** [団]東京演劇アンサンブル

4337 上演：2017年9月8日～9月18日　場所：ブレヒトの芝居小屋　作：デーア・ローアー　訳・ドラマトゥルク：三輪玲子　演出：公家義徳

◇「ドイツ演劇の現在地（世田谷パブリックシアター『チック』，東京演劇アンサンブル『泥棒たち』，東京芸術座『父を騙す―72年目の遺言―』，Bunkamura『プレイヤー』，花組芝居『いろは四谷怪談』）」杉山弘　テアトロ　938　2017.11　p65～67

**泥棒物語―追いつ追われつ、ういしゃばだ** [団]早稲田「新」劇場

4338 上演：1981年5月23日～6月7日　場所：早稲田大学大隈講堂裏仮設劇場　台本：堀江寛　構成・演出：大橋宏

◇「事実（リアル）と真実（リアル）」衛紀生　新劇　28（8）　1981.8　p30～31

**どろん どろん** [団]民藝

4339 上演：2010年10月15日～10月27日　場所：紀伊國屋サザンシアター　作：小幡欣治　演出：丹野郁弓

◇「近代古典と二つの新作（新国立劇場『ヘッダ・ガーブレル』，（株）パルコ企画・製作『33の変奏曲』，民藝『どろん どろん』）」水落潔　テアトロ　841　2010.12　p46～47

**トワイライツ** [団]モダンスイマーズ

4340 上演：2009年2月19日～3月1日　場所：吉祥寺シアター　作・演出：蓬莱竜太

◇「宙づりにされる笑い（ポッドール『愛の渦』，モダンスイマーズ『トワイライツ』，箱庭円舞曲『メガネに騙された』）」丸田真悟　テアトロ　819　2009.5　p44～45

**トワイライト** [団]維新派

4341 上演：2015年9月19日～9月27日　場所：曽爾村健民運動場　作・演出：松本雄吉

◇「10月の関西 社会を撃つ（維新派『トワイライト』，伏兵コード『遠浅』，演劇計画Ⅱ『新・内山』）」太田耕人　テアトロ　911　2015.12　p37～39

**どんぐり森のうたたねの木** [団]衛星

4342 上演：2000年10月13日～10月15日　場所：神戸アートビレッジセンター KAVC　作・演出：蓮行

◇「10月の関西 方言の日常性、せりふの非日常

とんし

性(兵庫県立ピッコロ劇団『おままごと』、異国幻燈舎『ブルペン』、流山児★事務所『百舌鳥夕雲町歌声喫茶』、劇団衛星『どんぐり森のうたたねの木』)」太田耕人　テアトロ　701　2000.12　p66〜68

**ドン・ジュアン**　　㊂東京演劇集団風
4343　上演：2004年3月26日〜3月31日　場所：レパートリーシアターKAZE　原作：モリエール　訳：上田浩二　演出：浅野佳成
◇「演技のリアリティ(フランス演劇クレアシオン『アニェス・ベラドンヌ』、東京演劇集団・風『ドン・ジュアン』、流山児★事務所『イエロー・フィーバー』)」渡辺淳　テアトロ　750　2004.6　p50〜51

**ドン・ジュアン**　　㊂文学座
4344　上演：2003年3月12日〜3月20日　場所：世田谷パブリックシアター　作：モリエール　脚本：野田治彦　演出：西川信廣
◇「神への挑戦者たち(文学座『ドン・ジュアン』、青年座『乳房』)」渡辺淳　テアトロ　735　2003.5　p52〜53

**ドン・ジョヴァンニ 超人のつくり方**　㊂銀座セゾン劇場
4345　上演：1988年12月3日〜12月26日　場所：銀座セゾン劇場　作・作詞・演出：加藤直　作曲・音楽監督：林光
◇「ミュージカル評―ミュージカルへのアプローチ」萩尾瞳　新劇 36(3)　1989.3　p46〜49
◇「石像歩き出さず(銀座セゾン劇場『ドン・ジョバンニ』)」堀切直人　テアトロ　552　1989.2　p28〜29

**遁走譜**　㊂仲間
4346　上演：1980年6月26日〜6月29日　場所：砂防会館ホール　作：真船豊　演出：中村俊一
◇「芝居らしい芝居の新鮮さ(仲間『遁走譜』)」みなもとごろう　テアトロ　451　1980.9　p40〜41

4347　上演：1997年11月1日〜11月9日　場所：俳優座劇場　作：真船豊　演出：小林裕
◇「アモルファスあるいは中心の空虚(戦後一幕物傑作選 門井均プロデュース『署名人』『マッチ売りの少女』、北条純プロデュース『城館』『冬眠まんざい』、木山潔プロデュース『鋏』『秋の歌』、水谷内助義プロデュース『礼服』、仲間『遁走譜』)」みなもとごろう　テアトロ　664　1998.1　p74〜77

**遁走譜**　㊂俳優座
4348　上演：1984年11月18日〜12月2日　場所：俳優座劇場　作：真船豊　演出：千田是也
◇「体験を背負う演技と演出(俳優座『遁走譜』)」八橋卓　テアトロ　503　1985.1　p38〜39

**どん底**　㊂THEガジラ
4349　上演：2011年5月20日〜5月29日　場所：笹塚ファクトリー　作：ゴーリキー　台本・演出：鐘下辰男
◇「奈落から照射する(THE・ガジラ『どん底』、オフィスワンダーランド『からくり儀右衛門』、萬組四季協会『木霊坂夢野病院』)」中本信幸　テアトロ　851　2011.8　p46〜47

**どん底**　㊂「座・新劇」Part2製作委員会
4350　上演：1997年7月18日〜7月27日　場所：世田谷パブリックシアター　作：松田正隆　演出：マキノノゾミ
◇「天を仰がぬ人々(ピープルシアター『猿の王国』、第三エロチカ『パーマネント・ブレイン・ダメージ』、座・新劇Part2『どん底』)」大岡淳　テアトロ　659　1997.9　p78〜79

**どん底**　㊂新劇団協議会
4351　上演：1985年1月9日〜1月22日　場所：東横劇場　作：ゴーリキー　台本・演出：佐藤信
◇「『どん底』の使用人(ことばの劇場)」安達英一　新劇 32(3)　1985.3　p30〜33
◇「桜の下で見る夢(新劇団協議会『どん底』)」中本信幸　テアトロ　505　1985.3　p21〜24

**どん底**　㊂東演
4352　上演：1989年9月27日〜10月8日　場所：東演パラータ　作：ゴーリキー　訳：坂本英介　演出：千田是也
◇「東演『どん底』(コンパクトな『どん底』)」堀江新二　テアトロ　562　1989.12　p26〜27

4353　上演：1998年12月14日〜12月20日　場所：朝日生命ホール　作：ゴーリキー　訳：佐藤史郎、外塚由利子　演出：ワレリー・ベリャコーヴィッチ
◇「やはり芝居はせりふだ(新国立劇場『野望と夏草』、銀座セゾン劇場『リボンの騎士』、東演『どん底』)」江原吉博　テアトロ　678　1999.2　p70〜71

4354　上演：2001年3月2日〜3月11日　場所：世田谷パブリックシアター　作：ゴーリキー　訳：佐藤史郎、外塚由利子　演出：ワレリー・ベリャコーヴィッチ
◇「インタープリティションとアーティキュレイション(東演『どん底』、文化座『いろはに金米糖』、民藝『晴れのちくもり時々涙』、S.W.A.T!『The Great Quiz Show』)」みなもとごろう　テアトロ　707　2001.5　p49〜51

**どん底**　㊂東京芸術座
4355　上演：1998年8月29日〜8月30日　場所：六行会ホール　作：ゴーリキー　演出：ウラジーミル・ペトロフ
◇「エネルギッシュで猥雑に(流山児★事務所『煙の向こうのもう一つのエントツ』、流山児★事務所『カレー屋の女』、カメレオン会議『たしあたま』、東京芸術座『どん底』)」江原吉博　テアトロ　674　1998.11　p58〜60

**どん底**　㊂虹企画/ぐるうぷシュラ
4356　上演：2016年4月15日〜4月17日　場所：萬劇場　作：ゴーリキー　訳：小山内薫　演出：三條三輪
◇「春を彩る三つの華(エム・アール『葉子』、劇団俳小『タルタロスの契り』、虹企画/ぐるうぷシュラ『どん底』)」黒羽英二　テアトロ　918　2016.6　p36〜38

どん底　⊕俳優座
4357　上演：2010年1月18日～1月17日　場所：紀伊國屋サザンシアター　作：ゴーリキー　脚本・演出：安川修一　振付：河路雅義
◇「三つの群像劇（ホリプロ『按針―イングリッシュサムライ』、Bunkamura『東京月光魔曲』、俳優座『どん底』）」水落潔　テアトロ　831　2010.3　p48～49

どん底　⊕Bunkamura
4358　上演：2008年4月6日～4月27日　場所：シアターコクーン　原作：ゴーリキー　台本・演出：ケラリーノ・サンドロヴィッチ
◇「したたかな『微笑』―ケラリーノ・サンドロヴィッチ演出『どん底』を考える」嶋田直哉　シアターアーツ　35　2008.6　p96～99
◇「格闘する演劇と格闘じみた演劇（文学座アトリエの会『ダウト 疑いをめぐる寓話』、Bunkamura『どん底』、新国立劇場『焼肉ドラゴン』）」村井健　テアトロ　806　2008.6　p40～44

どん底　⊕民藝、松竹
4359　上演：1990年10月19日～11月4日　場所：サンシャイン劇場　作：ゴーリキー　脚色・演出：渡辺浩子
◇「「どん底」の新しさ（民芸・松竹『どん底』）」岩波剛　テアトロ　574　1990.12　p21～22

どん底　⊕無名塾
4360　上演：1985年11月3日～11月20日　場所：PARCO劇場　作：ゴーリキー　訳：神西清　演出：隆巴
◇「街いのない舞台作り（仲代プロ『どん底』）」千野幸一　テアトロ　515　1986.1　p21～24
4361　上演：2000年2月18日～3月2日　場所：サンシャイン劇場　作：ゴーリキー　訳：神西清　演出：林清人
◇「人間礼賛、そして人間の尊厳（仕事・無名塾『どん底』、加藤健一事務所『煙が目にしみる』、ベル・シェイクスピア・カンパニー+南オーストラリア州立劇場『死の舞踏』、イスラエル・アッコ劇場『ジ・アンソロジー』）」結城雅秀　テアトロ　694　2000.5　p62～65

どん底　⊕モスクワ・ユーゴザーパド劇場
4362　上演：2000年10月5日～10月11日　場所：アートスフィア　作：ゴーリキー　演出：ワレリー・ベリャーコーヴィッチ
◇「トリッキーな演出に潜むアイロニー（ユーゴザーパド劇場『どん底』『ロミオとジュリエット』『検察官』）」七字英輔　テアトロ　701　2000.12　p60～62

とんでもない女　⊕トム・プロジェクト
4363　上演：2007年4月21日～4月29日　場所：ベニサン・ピット　作・演出：中津留章仁
◇「物語性に富む劇作家二人の新作（クラクラ・プロデュース『恥ずかしながらグッドバイ』、トム・プロジェクト『とんでもない女』）」扇田昭彦　テアトロ　793　2007.7　p52～53
4364　上演：2011年4月2日～4月7日　場所：シアターX　作・演出：中津留章仁
◇「「トップ」の女性たちを描く三つの舞台（シス・カンパニー『トップ・ガールズ』、パルコ・プロデュース『欲望という名の電車』、トム・プロジェクト『とんでもない女』）」扇田昭彦　テアトロ　848　2011.6　p48～49

ドン・トン・カルレオーネのギャグギャグエブリバディー　⊕東京ヴォードヴィルショー
4365　上演：1993年12月19日～12月29日　場所：紀伊國屋ホール　原案：佐藤B作　作：東京ヴォードヴィルショー文芸部　演出：滝大作
◇「「ことば」へのこだわり（青い鳥〔最終版〕『ゆでたまご』、転位21『ボブと学校』、東京ヴォードヴィルショー『ドン・トン・カルレオーネのギャグギャグエブリバディー』、東京壱組『チャフラフスカの犬』、離風霊船『花椿』）」大沢圭司　テアトロ　614　1994.3　p86～89

どんぶりの底　⊕流山児★事務所
4366　上演：2014年9月26日～10月5日　場所：ザ・スズナリ　作：戌井昭人　演出：流山児祥
◇「現実の前に蕊む妄想（東京芸術劇場『小指の思い出』、文化座『旅立つ家族』、流山児★事務所『どんぶりの底』）」丸田真悟　テアトロ　897　2014.12　p34～35

【　な　】

ナイス・エイジ　⊕ナイロン100℃
4367　上演：2000年9月1日～9月17日　場所：本多劇場　作・演出：ケラリーノ・サンドロヴィッチ
◇「いままで生きてしまった、ということ（ナイロン100℃『ナイス・エイジ』、NODA・MAP番外公演『農業少女』、カメレオン会議『モナ美』）」林あまり　テアトロ　700　2000.11　p118～119

ナイチンゲールではなく　⊕昴
4368　上演：2003年10月17日～11月3日　場所：三百人劇場　作：テネシー・ウィリアムズ　訳・演出：村田元史　音楽：日高哲英
◇「虚実の狭間で（昴『ナイチンゲールではなく』、木山事務所『チャーチ家の肖像』、テアトル・エコー『ドアをあけると…』、朋友『神様が眠っていた12ヶ月』）」渡辺淳　テアトロ　745　2004.1　p55～57

Night Shift　⊕卍
4369　上演：1985年9月27日～10月4日　場所：解体劇場　作・演出：菅間勇
◇「ただもうそれだけを（ことばの劇場）」長谷部浩　新劇　32(12)　1985.12　p49～52

ナイト・マザー おやすみ、母さん　⊕俳優座劇場
4370　上演：1986年6月25日～7月10日　場所：俳優座劇場　作：マーシャ・ノーマン　訳・演出：渡辺浩子

◇「『リア』と『フール・フォア・ラブ』」渡辺保　新劇　33(9)　1986.9　p34〜39

## nine　⑨俳優座
**4371**　上演：2009年6月17日〜6月25日　場所：シアターX　作：小原延之　演出：山田潤
◇「栗山・堀尾・市村のトリオ―現代にこそのの『炎の人』（ホリプロ『炎の人』、俳優座『nine』、NLT『四角関係』）」みなもとごろう　テアトロ　823　2009.8　p42〜44

## ナイン　⑨日生劇場
**4372**　上演：1983年3月4日〜3月28日　場所：日生劇場　作：アーサー・コピット　演出・振付：堀内完
◇「まずは拍手を（日生劇場『ナイン』）」野口久光　テアトロ　483　1983.5　p21〜24

## 1984　⑨新国立劇場
**4373**　上演：2018年4月12日〜5月13日　場所：新国立劇場　原作：ジョージ・オーウェル　脚本：ロバート・アイク、ダンカン・マクミラン　訳：平川大作　演出：小川絵梨子
◇「様々な相貌見せる「日常」（モダンスイマーズ『鳴呼いま、だから愛。』、文学座『最後の炎』、新国立劇場『1984』、青年団＋こまばアゴラ演劇学校"無隣館"『革命日記』、ナイロン100℃『百年の秘密』）」丸田真悟　テアトロ　947　2018.7　p32〜35

## 90ミニッツ　⑨パルコ
**4374**　上演：2011年12月3日〜12月30日　場所：PARCO劇場　作・演出：三谷幸喜
◇「自由意志の結果は？（Bunkamura/Quaras『あゝ、荒野』、シス・カンパニー『その妹』、パルコ企画制作『90ミニッツ』）」北川登園　テアトロ　858　2012.2　p56〜57

## NOW HERE WOMAN　⑨展覧会のA
**4375**　上演：1995年9月28日〜10月1日　場所：ウィングフィールド　作・演出：田中守幸
◇「10月の関西 手応えあったが（展覧会のA『NOW HERE WOMAN』、人形劇団クラルテ『しんとく丸』、関西芸術アカデミー『大経師昔暦』、潮流『夢幻乱歩館』）」宮辻政夫　テアトロ　636　1995.12　p72〜74

## 永い遠足　⑨サンプル
**4376**　上演：2013年11月17日〜11月25日　場所：にしすがも創造舎　作・演出：松井周
◇「映画館とともに失ったもの（燐光群『ここには映画館があった』、サンプル『永い遠足』、俳優座劇場プロデュース『もし、終電に乗り遅れたら…』）」丸田真悟　テアトロ　886　2014.2　p72〜73

## 長い墓標の列　⑨新国立劇場
**4377**　上演：2013年3月7日〜3月24日　場所：新国立劇場　作：福田善之　演出：宮田慶子
◇「警告に満ちた力作舞台！（燐光群『カウラの班長会議』、新国立劇場『長い墓標の列』、トラッシュマスターズ『来訪者』）」村井健　テアトロ　875　2013.5　p42〜43

## 長い墓標の列　⑨兵庫県立ピッコロ劇団
**4378**　上演：2017年4月13日〜4月16日　場所：ピッコロシアター中ホール　作：福田善之　演出：島守辰明
◇「5月の関西 打ち震える芝居を求めて（林英世ひとり語り『桜の森の満開の下』、劇団犯罪友の会『ラジオのように』、兵庫県立ピッコロ劇団オフシアター『長い墓標の列』、Plant M『凛然グッドバイ』）」九鬼葉子　テアトロ　933　2017.7　p54〜56

## 長靴三銃士　⑨演劇組織 夜の樹
**4379**　上演：1989年11月21日〜11月26日　場所：文芸坐ル・ピリエ　作・演出：和田周
◇「芝居が連れてゆくところ」林あまり　新劇　37(2)　1990.2　p44〜49

## 長崎ぶらぶら節　⑨文学座
**4380**　上演：2008年3月4日〜3月10日　場所：東京芸術劇場　作・脚色：なかにし礼　演出：鵜山仁
◇「さまざまな愛の形（文学座『長崎ぶらぶら節』、日本テレビ/Bunkamura『さらば、わが愛 覇王別姫』、T FACTORY『ワニの涙』）」北川登園　テアトロ　805　2008.5　p36〜37

## 流しの辻説法師　⑨アクターズスタジオ櫻会
**4381**　上演：2017年3月17日〜3月26日　場所：中野新橋櫻会スタジオ　作・演出：沢田次郎
◇「人の世の生き方いろいろ（劇団NLT『脱退会議』『その牙に気をつけろ』、アクターズスタジオ櫻会『流しの辻説法師』）」黒羽英二　テアトロ　933　2017.7　p48〜49

## 中島陸郎を演劇する　⑨大阪現代舞台芸術協会
**4382**　上演：2009年3月17日〜3月22日　場所：精華小劇場　演出：キタモトマサヤ
◇「4月の関西 N氏をめぐる追憶、あるいは間テキスト性（DIVEプロデュース『中島陸郎を演劇する』、dracom『BROILER'S SONG』、劇団・太陽族『足跡の中から明日を』、兵庫県立ピッコロ劇団『あの森には行ってはならない』）」太田耕人　テアトロ　820　2009.6　p52〜54

## 泣かないで　⑨音楽座
**4383**　上演：1994年4月14日〜4月29日　場所：東京芸術劇場中ホール　原作：遠藤周作　脚本：ワームホールプロジェクト　脚本・演出：横山由和　音楽：井上ヨシマサ、高田浩　振付：鎌田真由美
◇「人物配置の巧みさ（こまつ座『頭痛肩こり樋口一葉』、音楽座『泣かないで』、東京芸術座『12人の怒れる男たち』、1980『行路死亡人考』、博品館劇場『アーサー家のローズ』、NOISE『朝、冷たい水で』、青年団『東京ノート』）」大沢圭司　テアトロ　618　1994.7　p56〜61

## 中西和久のエノケン　⑨京楽座
**4384**　上演：2006年5月24日〜5月28日　場所：紀伊國屋サザンシアター　作・演出：ジェームス三木
◇「「昭和」の時代を回顧する…（京楽座『中西和久のエノケン』、東京ギンガ堂『夢〜歌舞伎町物語』、青年劇場『尺には尺を』、マウスプロモーション『桜の花にだまされて』）」結城雅秀　テアトロ　781　2006.8　p60〜63

**4385**　上演：2007年10月5日〜10月7日　場所：紀

伊國屋ホール　作・演出：ジェームス三木
◇「愛しく、美しい可知と大塚のラヴシーン（俳優座『豚と真珠湾』，京楽座『山椒大夫考』『中西和久のエノケン』，東京演劇アンサンブル『母―おふくろ』）」みなもとごろう　テアトロ　799　2007.12　p44〜45

**4386** 上演：2010年10月29日〜10月31日　場所：紀伊國屋ホール　作・演出：ジェームス三木
◇「音楽劇志向の異化効果（東京ギンガ堂『百年の絆 孫文と梅屋庄吉』，ギイ・フォワシイ・シアター35周年記念公演，京楽座『中西和久のエノケン』，俳協『國語元年』）」中本信幸　テアトロ　843　2011.1　p46〜47

### 「中野エスパー」をめぐる冒険　[団]ジャブジャブサーキット

**4387** 上演：2001年11月1日〜11月4日　場所：ウィングフィールド　作・演出：はせひろいち
◇「11月の関西 反復による前進（劇団八時半『うれしい朝を木の下で』，犯罪友の会『紫陽花の指絵』，ジャブジャブサーキット『「中野エスパー」をめぐる冒険』）」太田耕人　テアトロ　717　2002.1　p80〜82

### 中野金属荘、PK戦　[団]桃園会

**4388** 上演：2004年5月28日〜5月30日　場所：AI・HALL　作・演出：深津篤史
◇「絶望の果てにあるもの―桃園会『中野金属荘、PK戦』」九鬼葉子　シアターアーツ　20　2004.9　p101〜103
◇「6月の関西 匿名性への憧れ（桃園会『中野金属荘、PK戦』，南河内万歳一座＋天下の台所改善隊『日本三文オペラ』，犯罪友の会『手の紙』）」太田耕人　テアトロ　753　2004.8　p50〜52

**4389** 上演：2012年8月31日〜9月3日　場所：ウィングフィールド　作・演出：深津篤史
◇「9月の関西 部屋という隠喩（桃園会『中野金属荘、PK戦』，ピッコロ劇団『扉を開けて、ミスター・グリーン』，おにぎり貿易『ダム・ウェイター』）」太田耕人　テアトロ　868　2012.11　p53〜55

### 中橋公館　[団]文学座

**4390** 上演：2017年6月30日〜7月9日　場所：紀伊國屋ホール　作：真船豊　演出：上村聡史
◇「温故知新の乱舞（萬國四季協会〈かきつばた〉『芥島異聞―逆さ吊りの夢―』，ワンツーワークス『アジアン・エイリアン』，文学座第114回公演・紀伊国屋書店提携『中橋公館』，演劇集団ア・ラ・プラス『ビザール〜奇妙な午後〜』）」中本信幸　テアトロ　936　2017.9　p73〜74

### 中村岩五郎　[団]地人会

**4391** 上演：1992年9月3日〜9月13日　場所：紀伊國屋ホール　作：井上ひさし　演出：木村光一
◇「ひとり芝居・スペイン芝居（地人会『弥々・中村岩五郎・サンフランシスコ案内』，青年座『モロッコの甘く危険な香り』）」藤田洋　テアトロ　597　1992.11　p64〜67
◇「ひとり芝居の刺激とやすらぎ」コリーヌ・ブレ　Les Specs　39（11）　1992.11　p34〜35

### ながれまち　[団]PM/飛ぶ教室, Z system

**4392** 上演：2008年12月10日〜12月16日　場所：精華小劇場　作：蟷螂襲　演出：中川浩三
◇「12月の関西 追憶するせりふ（PM/飛ぶ教室＋Z system『ながれまち』，くじら企画『山の声―ある登山者の追想―』，デス電所『ヌンチャクトカレフ鉈鉄球』）」太田耕人　テアトロ　816　2009.2　p65〜67

### 流れる　[団]東宝

**4393** 上演：1991年3月3日〜4月30日　場所：芸術座　原作：幸田文　脚本：平岩弓枝　演出：戌井市郎　振付：西川左近　音楽：桑原研郎
◇「山田五十鈴と杉村春子」長谷部浩　しんげき　38（5）　1991.5　p18〜21

### 流れる庭―あるいは方舟　[団]一跡二跳

**4394** 上演：2008年7月3日〜7月13日　場所：シアタートップス　作・演出：古城十忍
◇「力作揃った七月の創作劇（新国立劇場『まほろば』，イキウメ『表と裏と、その向こう』，一跡二跳『流れる庭―あるいは方舟』）」村井健　テアトロ　810　2008.9　p52〜54

### 流れんな　[団]大阪現代舞台芸術協会

**4395** 上演：2018年2月15日〜2月18日　場所：ウィングフィールド　作：横山拓也　演出：樋口ミユ
◇「3月の関西 才能の交流。演劇界の広がりへの可能性（演劇EXPO2018『流れんな』，現代演劇レトロスペクティヴ『二十世紀の退屈男』，兵庫県立ピッコロ劇団『マルーンの長いみち』，大阪劇団協議会合同公演『築地にひびく銅鑼』，清流劇場『アンドラ』）」九鬼葉子　テアトロ　945　2018.5　p38〜40

### 泣き虫なまいき石川啄木　[団]こまつ座

**4396** 上演：1986年6月6日〜6月22日　場所：紀伊國屋ホール　作：井上ひさし　演出：木村光一
◇「2人の啄木」渡辺保　新劇　33（8）　1986.8　p30〜35
◇「家庭・笑い・死（こまつ座『泣き虫なまいき石川啄木』）」岩波剛　テアトロ　522　1986.8　p28〜29

### 嘆きの天使　[団]昴

**4397** 上演：2001年10月19日〜11月6日　場所：三百人劇場　作：ハインリヒ・マン　脚色・演出：菊池准　振付：神崎由布子　音楽：上田亨
◇「愚かな人間への限りない信頼とあふれる愛情（文化座『夢たち』，昴『嘆きの天使』，結城座『くぐつ草紙』）」丸田真悟　テアトロ　715　2001.12　p66〜67

### 嘆きのベイルート　[団]ピープルシアター

**4398** 上演：2014年10月22日〜10月26日　場所：シアターX　原作：ラウィ・ハージ　訳：藤井光　脚本・演出・美術：森井睦
◇「超リアリズム芝居の怪異（ピープルシアター『嘆きのベイルート』，青年座『地の乳房』，名作劇場『母の死』『大臣候補』）」中本信幸　テアトロ

899　2015.1　p36〜37

## 投げられやすい石　㈳ハイバイ
**4399**　上演：2011年1月19日〜1月30日　場所：こまばアゴラ劇場　作・演出：岩井秀人
◇「きらめくイメージあふれる舞台（Tプロデュース『チェーホフ?!』,M&O Plays『国民傘』,ハイバイ『投げられやすい石』）」丸田真悟　テアトロ　846　2011.4　p48〜49

## NASZA KLASA（ナシャ・クラサ）私たちは共に学んだ―歴史の授業・全14課　㈳文学座アトリエの会
**4400**　上演：2012年5月18日〜6月1日　場所：文学座アトリエ　作：タデウシュ・スウォジャネク　訳：久山宏一,中山夏織　演出：髙瀬久男
◇「過酷と慰撫（文学座アトリエの会『ナシャ・クラサ 私たちは共に学んだ』,SHIMIN劇場II『そして・家族とは？ ごめんなさい』,俳優座ラボ『バック オブ ブライズ』,昴『危機一髪』）」中本信幸　テアトロ　865　2012.8　p46〜47

## ナース・コール　㈳青年劇場
**4401**　上演：2005年5月14日〜5月22日　場所：紀伊國屋サザンシアター　作：髙橋正圀　演出：松波喬介
◇「近未来とアイデンティティ（tpt『A Number』,KERA・MAP『砂の上の植物群』,東京演劇集団風『エヴァ,帰りのない旅』,青年劇場『ナース・コール』）」北川登園　テアトロ　765　2005.7　p58〜60

## ナスターシャ　㈳松竹
**4402**　上演：1989年3月1日〜4月25日　場所：ベニサン・ピット　原作：ドストエフスキー　脚本・演出：アンジェイ・ワイダ,マチェイ・カルピンスキィ　訳：鴨治晃次
◇「演出は静かに劇を作り変える」長谷部浩　新劇　36(6)　1989.6　p34〜37

## なすの庭に、夏。　㈳関西芸術座
**4403**　上演：1993年11月17日〜11月21日　場所：関西芸術座スタジオ　作・演出：鈴江俊郎
◇「魅力ある演技とは（関西芸術座『なすの庭に、夏』,犬の事ム所『密会』,遊體『火の夜をもつ女』）」宮辻政夫　テアトロ　613　1994.2　p78〜80

## なぜか青春時代　㈳パルコ
**4404**　上演：1987年7月4日〜7月31日　場所：PARCO劇場　作：清水邦夫　演出：蜷川幸雄
◇「輝ける"あの日"（パルコ劇場『なぜか青春時代』）」岩波剛　テアトロ　535　1987.9　p21〜23

## なぜヘカベ　㈳東京演劇集団風
**4405**　上演：2013年9月4日〜9月11日　場所：レパートリーシアターKAZE　作：マテイ・ヴィスニユック　訳：谷島貫太　演出：江原早哉香　舞台美術・衣裳：アンドラ・バドゥレスコ　音楽：バンジャマン・クルシエ　仮面制作：エリック・ドゥニオー　照明：フランソワ・シャファン
◇「どうして疑問は続くのか（木山事務所『はだしのゲン』,東京演劇集団風『なぜヘカベ』,世田谷パブリックシアター『ジャンヌ』）」北川登園　テアトロ　882　2013.11　p52〜53

**4406**　上演：2015年4月3日〜4月12日　場所：レパートリーシアターKAZE　作：マテイ・ヴィスニユック　訳：谷島貫太　演出：江原早哉香
◇「過去よ未来に届け（東京演劇集団風『なぜヘカベ』,Bunkamuraシアターコクーン『禁断の裸体』,チョコレートケーキ『追憶のアリラン』）」北川登園　テアトロ　904　2015.6　p40〜41

## 謎解き 河内十人斬り　㈳1980
**4407**　上演：2001年2月1日〜2月4日　場所：東京芸術劇場中ホール　原案：李闘士男　作・演出：藤田傳
◇「実録・寓話・近未来（1980（ハチマル）『謎解き 河内十人斬り』,PARCO劇場『兵士の物語』,松竹パフォーマンス『コミック・ポテンシャル』）」七字英輔　テアトロ　706　2001.4　p56〜58

**4408**　上演：2013年11月29日〜12月5日　場所：シアターX　原案：李闘士男　作・演出：藤田傳
◇「劇的時空のたくらみ（梅左事務所『玉櫛笥』,テラヤマ☆歌舞伎『無頼漢』,劇団1980『謎解き 河内十人斬り』）」中本信幸　テアトロ　886　2014.2　p74〜75

**4409**　上演：2016年11月23日〜11月27日　場所：シアターX　原案：李闘士男　作・演出：藤田傳　演出：河本瑞貴
◇「演劇力の乱舞（1980『謎解き 河内十人斬り』,勝田演劇事務所『タイタス・アンドロニカス』,俳小『弟の戦争』）」中本信幸　テアトロ　928　2017.2　p70〜71

## 謎のそばにいて　㈳月夜果実店
**4410**　上演：2002年3月28日〜3月31日　場所：ラピュタ阿佐ヶ谷ザムザ　作・演出：堀切和雄
◇「時空間を埋め尽くそうとする欲望（流山児★事務所『最後から二番目の邪魔物』,演劇集団円『マルフィ公爵夫人』,月夜果実店『謎のそばにいて』）」丸田真悟　テアトロ　722　2002.6　p42〜43

## 謎の変奏曲　㈳テレビ朝日
**4411**　上演：2017年9月14日〜9月24日　場所：世田谷パブリックシアター　作：エリック=エマニュエル・シュミット　訳：岩切正一郎　演出：森新太郎
◇「対立の彼岸から此岸へ（テレビ朝日『謎の変奏曲』,ティーファクトリー『エフェメラル・エレメンツ』,俳優座『海の凹凸』,HEADS・こまばアゴラ劇場『待ちながら』）」小山内伸　テアトロ　939　2017.12　p39〜41

## ナターシャ　㈳東演
**4412**　上演：1982年9月4日〜9月26日　場所：三越ロイヤルシアター　作：トゥルゲーネフ　訳：宮沢俊一　演出：アナトーリイ・エーフロス

◇「舞台的再創造の成果（東演『ナターシャ』）」渡辺淳　テアトロ　477　1982.11　p26～29

### 夏　㈱トム・プロジェクト
**4413**　上演：1999年10月16日～10月19日　場所：紀伊國屋サザンシアター　作・演出：山崎哲
◇「"原っぱ"に心残して（キンダースペース『夜明けに消えた』、ピープルシアター『異人たちの辻』、トム・プロジェクト『夏』、篠塚祥司プロデュース『胸さわぎの放課後'99』）」佐藤康平　テアトロ　688　1999.12　p62～64

### 懐しき人々　㈱新劇団協議会
**4414**　上演：1990年　作：兼平陽子
◇「援助のある新作上演の意義（新劇団協議会『懐しき人々』）」藤田洋　テアトロ　571　1990.9　p26～27

### なつかしの学童疎開　㈱演奏舞台
**4415**　上演：2007年12月7日～12月9日　場所：門仲天井ホール　作：久保田猛　演出・音楽：浅井星太郎
◇「芝居ならではの劇薬（虹企画・ぐるうぷしゅら『テネシー・ウィリアムズの世界Ⅳ』、トム・プロジェクト『僕と彼と娘のいる舞台』、劇団1980『行路死亡人考』、演奏舞台『なつかしの学童疎開』）」中本信幸　テアトロ　802　2008.2　p58～59

### 夏きたりなば　㈱トム・プロジェクト
**4416**　上演：2003年8月29日～9月7日　場所：本多劇場　作・演出：ふたくちつよし
◇「家族のドラマ三様（Bunkamura／フジテレビ主催『エレクトラ』、トム・プロジェクト『夏きたりなば』、木冬社『イエスタディ』）」渡辺淳　テアトロ　742　2003.11　p50～52

**4417**　上演：2007年9月18日～9月23日　場所：本多劇場　作・演出：ふたくちつよし
◇「心優しい人びと（松原祭『明日への夢』『まだ見ぬ幸せ』『黄昏れて、途方に暮れて』、トム・プロジェクト『夏きたりなば』）」斎藤偕子　テアトロ　798　2007.11　p48～49

### 夏木マリ・印象派　㈱アクターズ・フェスティバルNAGOYA実行委員会
**4418**　上演：1999年9月4日～9月5日　場所：マツザカヤホール
◇「一人芝居の可能性　アクターズ・フェスティバルNAGOYA'99」安住恭子　シアターアーツ　11　2000.1　p132～135

### 夏子の冒険　㈱みなと座
**4419**　上演：1993年7月13日～7月18日　場所：本多劇場　作：村松友視　演出：西川信廣
◇「観る方の想像力（新宿梁山泊『それからの夏』、300『月に眠る人』、葦の会『遥か遠き果てに』、みなと座『夏子の冒険』、遊◯機械／全自動シアター『オーマイパパ』）」大沢佳司　テアトロ　607　1993.9　p140～143

### なつざんしょ…　夏残暑　㈱南河内万歳一座
**4420**　上演：1999年7月8日～7月18日　場所：扇町ミュージアムスクエア　作・演出：内藤裕敬
◇「十六進法の終末論～すべてがエセになる～（南河内万歳一座『なつざんしょ…—夏残暑—』、七ツ寺共同プロデュース『不測の神々』）」岡野宏文　テアトロ　685　1999.9　p70～71

### 夏宵漫百鬼夜行（なつでそぞろでひゃっきやぎょう）　㈱テアトル・エコー
**4421**　上演：1985年6月24日～7月14日　場所：テアトル・エコー　作：岡本螢　演出：熊倉一雄
◇「王子様の出てこない「シンデレラ」（ことばの劇場）」川本三郎　新劇　32(9)　1985.9　p57～61
◇「日になんべんも、イッキ飲み（ことばの劇場）」安達天一　新劇　32(9)　1985.9　p62～65

### 夏・南方のローマンス　㈱民藝
**4422**　上演：2013年4月10日～4月22日　場所：紀伊國屋サザンシアター　作：木下順二　演出：丹野郁弓
◇「戦争と人間の関係（民藝『夏・南方のローマンス　神と人とのあいだ〈第二部〉』、俳優座『とりつくしま』、彩の国シェイクスピア・シリーズ『ヘンリー四世』）」水落潔　テアトロ　876　2013.6　p54～55

### 夏・南方のローマンス　㈱民藝、銀座セゾン劇場
**4423**　上演：1987年5月8日～6月1日　場所：銀座セゾン劇場　作：木下順二　演出：宇野重吉、内山鶉
◇「快作「ゴジラ」」渡辺保　新劇　34(7)　1987.7　p34～39
◇「改訂台本のねらい（民芸・銀座セゾン劇場『夏・南方のローマンス』）」宮岸泰治　テアトロ　533　1987.7　p21～23

### 夏に死す　㈱桟敷童子
**4424**　上演：2016年8月2日～8月14日　場所：すみだパークスタジオ倉　作：サジキドウジ　演出：東憲司
◇「情熱、熱狂、花園神社野外劇（椿組『贋・四谷怪談』、劇団桟敷童子『夏に死す』、風姿花伝『いま、ここにある武器』、劇団昴 ザ・サード・ステージ『ザ・グリークス』全三部、エイコーン『松井須磨子』、東京演劇集団風『ジャンヌ・ダルク―ジャンヌと炎』）」結城雅秀　テアトロ　923　2016.10　p38～41

### 夏のエチュード　㈱ちかまつ芝居
**4425**　上演：1988年8月3日～8月8日　場所：タイニイ・アリス　演出：松本修　構成：石川耕士
◇「過去にも未来にも連ならない「物語」の生成とその消滅」衛紀生　新劇　35(10)　1988.10　p26～29
◇「いつも誰かを見つめていたい」長谷部浩　新劇　35(10)　1988.10　p38～41

### 夏の盛りの蟬のように　㈱文学座
**4426**　上演：2014年4月11日～4月22日　場所：三越劇場　作：吉永仁郎　演出：西川信廣
◇「シンプリシティと絢爛さと（山の手事情社『ヘッダ・ガブラー』、文学座『夏の盛りの蟬のように』、フランス演劇クレアシオン『Vol 2037 フライトNo.2037』）」七字英輔　テアトロ　890　2014.6　p48～49

## なつの

### 夏の砂の上　団芸術祭典・京実行委員会
**4427**　上演：1999年5月14日〜5月23日　場所：京都市北文化会館　作：松田正隆　演出：平田オリザ
◇「5月の関西 再演の厚み、新作の心意気（芸術祭典・京主催『夏の砂の上』、三角フラスコ『マンボウ水族館』、糾〜あざない〜『桜桃ごっこ』）」太田耕人　テアトロ　683　1999.7　p66〜68

### 夏の砂の上　団青年団プロデュース
**4428**　上演：1998年11月4日〜11月8日　場所：青山円形劇場　作：松田正隆　演出：平田オリザ
◇「なだれ落ちる廃材（青年団プロデュース『夏の砂の上』）」長谷部浩　テアトロ　677　1999.1　p76〜77

### 夏の砂の上　団Pカンパニー
**4429**　上演：2010年4月28日〜5月3日　場所：シアターグリーン BIG TREE THEATER　作：松田正隆　演出：高瀬久男
◇「俳優の重み（Pカンパニー『夏の砂の上』、グループ・ばる『高橋さんの作り方』、萬國四季協會『鳥影』）」斎藤偕子　テアトロ　835　2010.7　p46〜47

### ナツノトビラ　団維新派
**4430**　上演：2006年7月14日〜7月17日　場所：梅田芸術劇場メインホール　作・演出：松本雄吉　美術：黒田武志　照明：皿袋誠路　音楽：内橋和久　音響：松村和幸
◇「8月の関西 ポスト=ドラマの二つの地平（維新派『ナツノトビラ』、少年王者舘『I KILL』）」太田耕人　テアトロ　783　2006.10　p62〜64

### 夏の匂い　団ザ・コア・システム
**4431**　上演：1999年2月18日〜2月23日　場所：「劇」小劇場　作・演出：高橋亜子
◇「平和な家庭という幻想（文学座+三越『家路』、あまがさき近松創造劇場『蜻蛉』、ザ・コア・システム『夏の匂い』）」江原吉博　テアトロ　680　1999.4　p60〜61

### 夏の庭　団パルコ、ケイファクトリー
**4432**　上演：1997年8月1日〜8月17日　場所：PARCO劇場　原作：湯本香樹実　脚色：鐘下辰男　演出：鶴橋康夫
◇「深化されないテーマと風俗劇化の危険（東演『名なしの権兵衛―息子があぶない』、パルコ・ケイファクトリー提携公演『夏の庭』）」江原吉博　テアトロ　660　1997.10　p70〜71

### 夏の庭／20世紀よ！／勲章の川　団東京芸術座
**4433**　上演：2001年3月29日〜4月8日　場所：紀伊國屋サザンシアター　作：湯本香樹実（夏の庭）、平石耕一（20世紀よ！）、本田英郎（勲章の川―あの夏花岡で―）　演出：印ების貞人（夏の庭）、平石耕一（20世紀よ！）、高橋左近（勲章の川―あの夏花岡で―）
◇「記念上演にふさわしい三作品（村山知義生誕100周年記念 東京芸術座『夏の庭』『20世紀よ！』『勲章の川』）」佐藤康平　テアトロ　708　2001.6　p60〜61

### 夏ノ方舟　団演劇集団円
**4434**　上演：2013年9月12日〜9月23日　場所：ステージ円　作・演出：東憲司
◇「歳月の経過（青年劇場『怒濤』、オフィスワンダーランド『アチャラカ』、演劇集団円『夏ノ方舟』）」山本健一　テアトロ　882　2013.11　p50〜51

### 夏の場所　団演劇集団円
**4435**　上演：1988年6月24日〜7月6日　場所：ステージ円　作：太田省吾　演出：前川錬一
◇「劇の漂着する場所（円『夏の場所』）」西堂行人　テアトロ　547　1988.9　p34〜35

### 夏の夜の夢　団子供のためのシェイクスピアカンパニー
**4436**　上演：2007年7月7日　場所：キラリ☆ふじみ　作：シェイクスピア　訳：小田島雄志　作・演出：山崎清介
◇「舞台ならではの手応えと現実感を（渡辺squared郎商店『小泊の長い夏』、子供のためのシェイクスピアカンパニー『夏の夜の夢』、NLT『佐賀のがばいばあちゃん』）」みなもとごろう　テアトロ　796　2007.9　p58〜59

### 夏の夜の夢　団コンパス・シアター・カンパニー
**4437**　上演：1995年4月1日〜4月2日　場所：パナソニック・グローブ座　作：シェイクスピア　演出：ニール・シッソンズ
◇「制約を創造の源泉とする…（コンパス『夏の夜の夢』『ヴォイツェク』、RSC『恋の骨折り損』、円+シアターX『母』、俳優座『南回帰線にジャポネースの歌は弾む』、文化座『青春デンデケデケデケ』、一跡二跳『ONとOFFのセレナーデ』）」結城雅秀　テアトロ　630　1995.6　p62〜68

### 夏の夜の夢　団彩の国さいたま芸術劇場
**4438**　上演：2000年4月28日〜5月3日　場所：彩の国さいたま芸術劇場大ホール　作：シェイクスピア　訳：小田島雄志　演出：蜷川幸雄
◇「不信に満ちた家族の濃密な対話（新国立劇場『夜への長い旅路』、第七病棟『雨の塔』、彩の国さいたま芸術劇場『夏の夜の夢』、円『から騒ぎ』）」結城雅秀　テアトロ　696　2000.7　p68〜71

### 夏の夜の夢　団新国立劇場
**4439**　上演：2007年5月31日〜6月17日　場所：新国立劇場　作：シェイクスピア　訳：松岡和子　演出：ジョン・ケアード
◇「さまざまな人生という舞台（新国立劇場『夏の夜の夢』、音楽座ミュージカル『アイ・ラブ・坊っちゃん』、劇団1980『下弦の夏―昭和十九年―』）」北川登園　テアトロ　795　2007.8　p46〜47

### 夏の夜の夢　団昴
**4440**　上演：1985年11月13日〜11月26日　場所：三百人劇場　作：シェイクスピア　訳・演出：福田恆存　演出：樋口昌弘
◇「台詞劇とスペクタル劇の合体（昴『夏の夜の夢』）」結城雅秀　テアトロ　515　1986.1　p36〜37

**4441**　上演：2006年10月6日〜10月29日　場所：三百人劇場　作：シェイクスピア　訳：福田恆

存　演出：三輪えり花
◇「不条理の世界を描くブラックユーモア溢れた舞台（世田谷パブリックシアター『エンドゲーム』、円『ロンサム・ウェスト』、昴『夏の夜の夢』）」北川登園　テアトロ　785　2006.12　p60〜61

## 夏の夜の夢　㈲東京壱組
*4442* 上演：1992年8月13日〜8月17日　場所：シアターサンモール　作：シェイクスピア　訳：小田島雄志　演出：大谷亮介
◇「演劇を作る「戦略」について（キャラメルボックス『ザ・ウーマン・イン・ブラック』、キャラメルボックス『カレッジ・オブ・ザ・ウィンド』、東京壱組『夏の夜の夢』、俳優座LABO『埋められた子供』）」大沢圭司　テアトロ　596　1992.10　p58〜62

## 夏の夜の夢　㈲東京乾電池
*4443* 上演：2001年12月27日〜2002年1月9日　場所：ザ・スズナリ　作：シェイクスピア　訳：福田恆存　演出：柄本明
◇「味わい深い名作舞台の再演（東京乾電池『夏の夜の夢』、シアターX名作劇場『みごとな女』『釣堀にて』、青年団『冒険王』他）」佐藤康平　テアトロ　719　2002.3　p74〜75

## 夏の夜の夢　㈲東京グローブ座
*4444* 上演：1999年1月5日〜1月17日　場所：東京グローブ座　作：シェイクスピア　脚本：ウラ・オーベリー　訳：高橋康也　演出：ペーター・ストルマーレ
◇「乱雑と洗練（東京グローブ座『夏の夜の夢』、シアターコクーン『夏の夜の夢』）」大場建治　テアトロ　679　1999.3　p86〜87

## 夏の夜の夢　㈲日本大学芸術学部NAP
*4445* 上演：2002年4月1日〜4月10日　場所：シアターNAP　作：シェイクスピア　構成・演出・美術：串田和美
◇「串田和美の『陰翳礼讚』（日藝アートプロジェクト『夏の夜の夢』、パルコ劇場『葵上』『卒塔婆小町』、テアトル・エコー『シルヴィアの結婚』）」内田洋一　テアトロ　722　2002.6　p40〜41

## 夏の夜の夢　㈲原宿シェイクスピア
*4446* 上演：1999年　作：シェイクスピア　演出：山本健翔
◇「時代の殺人相鮮やかに（ウォーキング・スタッフ・インパクト『SOLID』、グループしぜん『人斬り以蔵』、21世紀FOX『ここより永遠に　最後の闘い』、原宿シェイクスピア『夏の夜の夢』）」佐藤康平　テアトロ　683　1999.7　p58〜59

## 夏の夜の夢　㈲パルコ
*4447* 上演：1988年7月8日〜7月27日　場所：PARCO劇場　作：シェイクスピア　訳：福田恆存　演出：テレンス・ナップ
◇「人間と妖精世界のバランス（パルコ劇場『夏の夜の夢』）」加来英治　テアトロ　547　1988.9　p30〜31

## 夏の夜の夢　㈲プロペラ
*4448* 上演：2009年7月2日〜7月12日　場所：東京芸術劇場プレイハウス　作：シェイクスピア　演出：エドワード・ホール
◇「それぞれの公共劇場の特性を（さいたまゴールド・シアター『アンドウ家の一夜』、新国立劇場『現代能楽集　鵺』、東京芸術劇場プロペラ来日公演『夏の夜の夢』）」高橋豊　テアトロ　824　2009.9　p42〜43

## 夏の夜の夢　㈲Bunkamura
*4449* 上演：1999年1月12日〜1月29日　場所：シアターコクーン　作：シェイクスピア　訳：松岡和子　演出：ルドルフ・ジョーウォ
◇「乱雑と洗練（東京グローブ座『夏の夜の夢』、シアターコクーン『夏の夜の夢』）」大場建治　テアトロ　679　1999.3　p86〜87

## 夏の夜の夢　㈲ロイヤル・シェイクスピア・カンパニー
*4450* 上演：1997年1月17日〜2月8日　場所：銀座セゾン劇場　作：シェイクスピア　演出：エイドリアン・ノーブル
◇「台詞術の面とスペクタクル性（RSC『夏の夜の夢』、安澤事務所+幹の会『リア王』、俳優座『ハムレット』、東京オビニオンズ『太陽が死んだ日』、シアターX『乞食と夢』『掏摸の家』）」結城雅秀　テアトロ　653　1997.3　p69〜73
*4451* 上演：2005年12月9日〜12月17日　場所：東京芸術劇場中ホール　作：シェイクスピア　演出：グレゴリー・ドーラン
◇「「耳で観る」という想像力（RSC『夏の夜の夢』、日欧舞台芸術交流会『トロイラスとクレシダ』、テアトル・エコー『暗くなったら帰っておいで』、劇団四季『間奏曲』）」結城雅秀　テアトロ　774　2006.2　p60〜63

## 夏ノ夜ノ夢　㈲松竹
*4452* 上演：2006年3月5日〜3月14日　場所：日生劇場　作：シェイクスピア　訳：福田恆存　脚色：小池竹見　脚色・演出：加納幸和
◇「伝統と「新劇」との融合（松竹『夏ノ夜ノ夢』、3軒茶屋婦人会『女たち』、劇団NLT『一人二役』、THE・ガジラ『ひかりごけ』、演劇実験室∴紅王国『不死病2006』）」結城雅秀　テアトロ　777　2006.5　p64〜67

## 夏ホテル　㈲シアターナインス
*4453* 上演：2001年4月30日〜5月27日　場所：PARCO劇場　作・演出：岩松了
◇「対照的なマジシャン劇二本（シアターナインス/パルコ・松竹提携『夏ホテル』、唐組『闇の左手』）」扇田昭彦　テアトロ　709　2001.7　p50〜51

## 夏祭浪花鑑　㈲木ノ下歌舞伎
*4454* 上演：2011年12月8日〜12月11日　場所：アトリエ劇研　監修・補綴：木ノ下裕一
◇「12月の関西　劇団の行方（水の会　最終公演『サン』、木ノ下歌舞伎『夏祭浪花鑑』、大阪放送劇団『お父さんのハイライト』）」太田耕人　テアトロ　858　2012.2　p81〜83

## 棗の実　㈲八時半
*4455* 上演：2003年6月28日〜6月29日　場所：ウィングフィールド　原作：東理子　脚色・

演出：鈴江俊郎
◇「7月の関西 再演の実験性（内田淳子&ネットワークユニットDuo『Jericho 2』，楽市楽座『夜の鳥がひろげる巨きな翼の下で私達は悪い夢を…』，劇団八時半『棗の実』）」太田耕人　テアトロ　740　2003.9　p60～62

**夏休み**　[団]OMSプロデュース
4456 上演：1998年1月4日～1月13日　場所：新梅田シティワンダースクエア内特設テント　作：内藤裕敬　演出：いのうえひでのり
◇「二つの『夏休み』 OMSプロデュース『夏休み』/アイホール演劇ファクトリー第1期生解体公演『二千一夜の夏休み』」九鬼葉子　シアターアーツ　9　1999.3　p114～117
◇「1月の関西 日常レベルでない言葉の表現（OMSプロデュース『夏休み』，桃園会『うちやまつり』，劇団神戸『火の鳥Ⅲ（ギリシャ篇）』）」宮辻政夫　テアトロ　666　1998.3　p80～81

**夏休み**　[団]南河内万歳一座
4457 上演：1995年7月26日～8月6日　場所：扇町ミュージアムスクエア　作・演出：内藤裕敬
◇「8月の関西 朗読の持つ力（南河内万歳一座『夏休み』，高橋美美子プロデュース『大阪が燃えた―空襲の証言』）」宮辻政夫　テアトロ　634　1995.10　p80～81

**ナツヤスミ語辞典**　[団]演劇集団キャラメルボックス
4458 上演：1991年8月28日～9月16日　場所：青山円形劇場　作・演出：成井豊
◇「みんなで作る」岡本蛍　しんげき　38（12）1991.11　p44～47

**夏休みのばあちゃん家**　[団]コンブリ団
4459 上演：2017年9月15日～9月17日　場所：common cafe　作・演出：はしぐちしん
◇「10月の関西 小空間での実験作続く。着実な前進に期待（コンブリ団『夏休みのばあちゃん家』，壁ノ花団『ウィークエンダー』，A級 Missing Link『罪だったり罰だったり』，虚空旅団『Voice Training』，兵庫県立ピッコロ劇団『かさぶた式部考』）」九鬼葉子　テアトロ　939　2017.12　p50～52

**夏夢ちゃん**　[団]山の手事情社
4460 上演：1995年7月13日～7月16日　場所：全労済ホール/スペース・ゼロ　作：シェイクスピア　演出：安田雅弘
◇「前衛VSウェルメイド？（山の手事情社『夏夢ちゃん』，赤信号劇団『イメルダ』）」山登敬之　テアトロ　633　1995.9　p74～75

**七色インコ**　[団]R・U・P
4461 上演：2000年5月14日～5月30日　場所：赤坂ACTシアター　原作：手塚治虫　脚本：樫田正剛　演出：落合正幸
◇「存在の耐えられない軽さ（流山児★事務所『血は立ったまま眠っている』，文学座『最後の晩餐』，THE・ガジラ『レプリカ』，R・U・P『七色インコ』）」七字英輔　テアトロ　696　2000.7　p62～65

**731**　[団]パラドックス定数
4462 上演：2018年4月24日～5月2日　場所：シアター風姿花伝　作・演出：野木萌葱
◇「耳を澄ませ、観察し、俯瞰する（パラドックス定数『731』，タチ・ワールド『I DO！ I DO！』，劇団NLT『マカロニ金融』，KAAT+世田谷パブリックシアター『バリーターク』）」杉山弘　テアトロ　947　2018.7　p28～30

**731の幻想**　[団]虹企画/ぐるうぷシュラ
4463 上演：2004年11月27日～11月29日　場所：アートボックスホール　原作：檜山良昭　台本・演出：三條三輪
◇「歴史を裁く講壇（アリストパネス・カンパニー『松藤狂詩曲』，虹企画・ぐるうぷしゅら『731の幻想』，演奏舞台『能・21シリーズⅢ』，俳優座劇場プロデュース『十二人の怒れる男たち』）」中本信幸　テアトロ　760　2005.2　p56～58
4464 上演：2014年8月　場所：虹企画アトリエ・ミニミニシアター　原作：檜山良昭　台本・演出：三條三輪
◇「技あり芝居の究極（劇団朋友『吾輩はウツである』，劇団ま『ボクはヒロイン』，虹企画/ぐるうぷシュラ『731の幻想』）」中本信幸　テアトロ　895　2014.10　p38～39

**ななし**　[団]南船北馬一団
4465 上演：2007年8月3日～8月6日　場所：精華小劇場　作・演出：棚瀬美幸
◇「8月の関西 よく分からない芝居の魅力（地点『かもめ』，南船北馬一団『ななし』）」太田耕人　テアトロ　797　2007.10　p61～63

**名なしの権兵衛―息子があぶない**　[団]東演
4466 上演：1997年7月17日～7月21日　場所：シアタートラム　作：岡部耕大　演出：松川暢生
◇「深化されないテーマと風俗劇化の危険（東演『名なしの権兵衛―息子があぶない』，パルコ・ケイファクトリー提携公演『夏の庭』）」江原吉博　テアトロ　660　1997.10　p70～71

**七つの人形の恋物語**　[団]音楽座
4467 上演：2008年8月23日～8月31日　場所：赤坂ACTシアター　作：ポール・ギャリコ　脚色・演出：ワームホールプロジェクト
◇「自分を一番知らないのは自分（音楽座ミュージカル『七つの人形の恋物語』，シス・カンパニー『人形の家』，東宝製作・シアタークリエ『青猫物語』，東京演劇集団風『肝っ玉おっ母とその子供たち、マハゴニー市の興亡』）」北川登園　テアトロ　812　2008.11　p48～50
4468 上演：2010年7月31日～8月8日　場所：ル・テアトル銀座　作：ポール・ギャリコ　脚本・演出：ワームホールプロジェクト
◇「再演と初演、どちらも意欲的（音楽座ミュージカル『七つの人形の恋物語』，ホリプロ『ロックンロール』）」小藤田千栄子　テアトロ　839　2010.10　p44～45

**な…七つの大罪**　[団]演劇組織 夜の樹
4469 上演：2000年12月1日～12月3日　場所：東京芸術劇場小ホール1　作・演出：和田周

◇「新しいエロスの誕生(花組芝居『泉鏡花の海神別荘』,夜の樹『な…七つの大罪』,Cherry Bombers project『The Cherry Bonbers』)」林あまり テアトロ 704 2001.2 p66〜67

### 何をしてたの五十年 [団]NLT

**4470** 上演:2017年10月11日〜10月15日 場所:博品館劇場 作:アンドレ・ルッサン 訳:小澤僥謳 演出:釜紹人

◇「多様な演劇、多様な劇場(青年劇場『アトリエ』,劇団NLT『何をしてたの五十年』,劇団匂組『ミロンガ』,状況劇場(うらら舎の改名)『六条御息所』)」斎藤偕子 テアトロ 939 2017.12 p42〜43

### 何か いけないことをしましたでしょうか?という私たちのハナシ [団]文学座

**4471** 上演:2016年6月3日〜6月12日 場所:紀伊國屋サザンシアター 作:中島淳彦 演出:鵜山仁

◇「女たちの渦巻く百面相(Tファクトリー『愛情の内乱』,オフィスワンダーランド『奇妙なり』,文学座『何か いけないことをしましたでしょうか?という私たちのハナシ』)」斎藤偕子 テアトロ 921 2016.8 p23〜25

### なにもいらない—山頭火と放哉 [団]俳小

**4472** 上演:2012年3月21日〜3月25日 場所:シアターグリーン BIG TREE THEATER 作・演出:竹内一郎

◇「終の棲家、終の檻、そして終の映画(劇団俳小『なにもいらない—山頭火と放哉—』,きなせ企画『終の檻』,MODE『満ちる』)」七字英輔 テアトロ 862 2012.6 p42〜44

### なにもしない冬 [団]MONO

**4473** 上演:2001年2月3日〜2月4日 場所:シアター1200 作・演出:土田英生

◇「2月の関西 固有名と向きあう(公共ホール演劇製作ネットワーク事業『サド公爵夫人』,MONO『なにもしない冬』,鋼鉄猿廻し一座『ドライヴな夜』,のはら工房『コンコンとんとんポロンぽろん』)」太田耕人 テアトロ 706 2001.4 p66〜68

### 難波津に咲くやこの花 [団]演奏舞台

**4474** 上演:2000年4月21日〜4月23日 場所:アトリエフォンテーヌ 作:川俣晃自 構成・演出:久保田猛 演出補佐:佐藤由美子

◇「役者が舞台で遊び、それを見て客席が沸く仕掛け(演奏舞台『難波津に咲くやこの花』,唐組『夜壺』,弘前劇場『三日月堂書店』,てんびん座『プロポーズ』『橋』,黒テント『メザス ヒカリノ サキニアルモノ もしくはパラダイス』)」佐藤康平 テアトロ 696 2000.7 p66〜67

### なにわの甍 [団]大阪新劇団協議会

**4475** 上演:1994年2月11日〜2月13日 場所:近鉄劇場 原作:川口真帆子 脚本:梅林貴久生 演出:瀬木宏康

◇「演劇の状況が浮かび上がる(ひょうご舞台芸術『かもめ』,そとばこまちworkers『Birth』,大阪新劇団協議会プロデュース『なにわの甍』,時空劇場『海と日傘』)」宮辻政夫 テアトロ 615 1994.4 p82〜84

### なにわバタフライ [団]パルコ

**4476** 上演:2010年2月7日〜2月28日 場所:PARCO劇場 作・演出:三谷幸喜

◇「命懸けの自己証明(民藝『巨匠』,モダンスイマーズ『凡骨タウン』,パルコ・プロデュース『なにわバタフライ』)」北川登園 テアトロ 832 2010.4 p48〜49

### ナノ クライシス ポルノグラフィティ [団]演劇集団砂地

**4477** 上演:2009年10月21日〜10月26日 場所:SPACE雑遊 作:アルトゥール・シュニッツラー 構成・演出:船岩祐太

◇「物語の創造と脱構築(KAKUTA『甘い丘』,砂地『ナノ クライシス ポルノグラフィティ』,トム・プロジェクト『逝った男の残したものは』)」村井健 テアトロ 829 2010.1 p48〜49

### 菜の花らぷそでぃ [団]青年劇場

**4478** 上演:2000年4月18日〜4月30日 場所:紀伊國屋サザンシアター 原作:山下惣一 台本:高橋正圀 演出:松波喬介

◇「ふたたび、今、ポリティカルであること(第三エロチカ『わらの心臓』,青年劇場『菜の花らぷそでぃ』)」斎藤偕子 テアトロ 696 2000.7 p72〜73

### 鉛の兵隊 [団]唐組

**4479** 上演:2005年4月30日〜5月1日 場所:花園神社 作・演出:唐十郎

◇「語りえないものと対峙する—唐組『鉛の兵隊』(クロスレビュー)」高橋宏幸 シアターアーツ 23 2005.6 p21〜24

◇「『鉛の兵隊』のフェイク性—代理品的な手触り(クロスレビュー)」鹿野晶子 シアターアーツ 23 2005.6 p24〜26

◇「情念を超えて「自然」と和解する(岡部企画『花祭』,文学座『風をつむぐ少年』,唐組『鉛の兵隊』,東京演劇アンサンブル『林檎園日記』)」結城雅秀 テアトロ 765 2005.7 p46〜48

**4480** 上演:2013年5月10日〜6月16日 場所:花園神社 作・演出:唐十郎 演出:久保井研

◇「アイデンティティの渦—唐組『鉛の兵隊』」森井マスミ シアターアーツ 55 2013.7 p59〜64

### 涙なしで玉葱の皮をむく方法〜むかし僕の台所は涙でいっぱいだった [団]遊◎機械/全自動シアター

**4481** 上演:1987年3月27日〜3月30日 場所:タイニイ・アリス

◇「オフ・シアター断想」鴻英良 新劇 34(6) 1987.6 p18〜23

### 涙の谷、銀河の丘 [団]大阪

**4482** 上演:2007年6月15日〜6月17日 場所:プラネットホール 作:松田正隆 演出:堀江ひろゆき

◇「6月の関西 家族の空間(桃園会『a tide of classics』,焚火の事務所『ワスレノコリ』,演劇ユニット・昼ノ月『顔を見ないと忘れる』,犯罪友の会

## 涙の谷、銀河の丘 　団新国立劇場

**4483** 上演：2003年5月13日〜5月25日　場所：新国立劇場中劇場　作：松田正隆　演出：栗山民也
◇「三本の優れた創作劇（民藝『モンゴル帰りの爺』、新国立劇場『涙の谷、銀河の丘』、こまつ座『兄おとうと』）」水落潔　テアトロ　737　2003.7　p54〜53
◇「『私はライト』、劇団大阪『涙の谷、銀河の丘』）」太田耕人　テアトロ　795　2007.8　p59〜61

## 波のまにまに お吉 　団民藝

**4484** 上演：1996年12月7日〜12月24日　場所：三越劇場　作：山本有三　演出：北林谷栄
◇「お吉とスクルージ（民藝『波のまにまに お吉』、サンシャイン劇場『クリスマス・キャロル』）」水落潔　テアトロ　652　1997.2　p60〜61

## 波―わが愛 　団俳優座

**4485** 上演：1982年10月7日〜10月24日　場所：俳優座劇場　原作：山本有三　脚色：八木柊一郎　演出：島田安行
◇「〈観客の誤解〉と〈現場の誤認〉」衛紀生　新劇　29(12)　1982.12　p28〜29
◇「脚色劇ふたつ（西武劇場『西鶴・好色一代男』、俳優座『波―わが愛』」みなもとごろう　テアトロ　478　1982.12　p28〜31

**4486** 上演：1985年6月6日〜6月27日　場所：三越劇場　原作：山本有三　脚色：八木柊一郎　演出：島田安行
◇「『新劇』巡礼老舗マップ - 5 - 俳優座の『波―わが愛』」堂本正樹　新劇　32(8)　1985.8　p62〜65

## NAMETOKOYAMA 　団金杉忠男アソシエーツ

**4487** 上演：1995年12月9日〜12月17日　場所：こまばアゴラ劇場　作・演出：金杉忠男
◇「三代代の観客として（金杉忠男アソシエーツ『NAMETOKOYAMA』、文学座『華岡青洲の妻』）」林あまり　テアトロ　640　1996.3　p66〜67

## 納屋の中の戀 　団龍昇企画

**4488** 上演：2010年2月24日〜2月28日　場所：シアターイワト　作：犬井邦益　演出：保科耕一　音楽：渡辺禎宏
◇「劇的魔術の威力（NLT『シャルルとアンヌと社長の死体』、こまつ座『シャンハイムーン』、龍昇企画『納屋の中の戀』、文化座『王子の狐かぎをくはえて』）」中本信幸　テアトロ　833　2010.2　p42〜43

## なよたけ 　団松竹

**4489** 上演：1990年1月4日〜1月28日　場所：日生劇場　作：加藤道夫　演出：坂東玉三郎
◇「死から目をそらさずに」長谷部浩　しんげき　37(3)　1990.3　p34〜37
◇「ヒガシ君の顔が見えない」岡本蛍　しんげき　37(4)　1990.4　p26〜29

## なよたけ 　団新国立劇場

**4490** 上演：2000年4月11日〜4月26日　場所：新国立劇場中劇場 PLAY HOUSE　作：加藤道夫　演出：木村光一
◇「月の魔力―青春・狂気（JIS企画『月ノ光』、新国立劇場『なよたけ』）」斎藤偕子　テアトロ　695　2000.6　p58〜59

## 奈落のシャイロック 　団名取事務所

**4491** 上演：2017年10月13日〜10月22日　場所：下北沢小劇場B1　作：堤春恵　演出：小笠原響
◇「トラウマを生きる古典名作の現代版（東京芸術劇場『リチャード三世』、文学座『鼻』、名取事務所『奈落のシャイロック』）」斎藤偕子　テアトロ　941　2018.1　p32〜33

## 無頼漢―ならずもの 　団流山児★事務所

**4492** 上演：2013年11月21日〜12月1日　場所：豊島公会堂　原作：寺山修司　脚本：中津留章仁　演出：流山児祥　振付：北村真実　音楽：上妻宏光
◇「劇的時空のたくらみ（梅左事務所『玉櫛笥』、テラヤマ☆歌舞伎『無頼漢』、劇団1980『謎解き 河内十人斬り』）」中本信幸　テアトロ　886　2014.2　p74〜75

## なるべく派手な服を着る 　団MONO

**4493** 上演：2008年2月22日〜3月2日　場所：HEP HALL　作・演出：土田英生
◇「3月の関西 兄弟という同一性（MONO『なるべく派手な服を着る』、兵庫県立ピッコロ劇団『十二夜』）」太田耕人　テアトロ　805　2008.5　p51〜53

## 名は五徳 　団俳優座劇場

**4494** 上演：2004年5月6日〜5月16日　場所：俳優座劇場　作：川崎照代　演出：マキノノゾミ
◇「言葉が創り出す空間（風琴工房『記憶、或いは辺境』、俳優座劇場プロデュース『名は五徳』、青年団『ヤルタ会談』『忠臣蔵・OL篇』、新国立劇場『てのひらのこびと』)」丸田真悟　テアトロ　751　2004.7　p51〜53

## ナンシー・トマトの三つの聖痕 　団ブリキの自発団

**4495** 上演：1984年2月29日〜3月4日　場所：ザ・スズナリ　作・演出：生田萬
◇「フィリップ・K・ディックに導かれて（ことばの劇場）」川本三郎　新劇　31(5)　1984.5　p26〜29

## 汝等青少年学徒 　団仲間

**4496** 上演：1984年9月29日〜10月7日　場所：俳優座劇場　作：榎本滋民　演出：増見利清
◇「若い俳優のアンサンブル（仲間、東京演劇アンサンブル）」中本信幸　テアトロ　502　1984.12　p29〜32

## ナンセンス 　団青年座

**4497** 上演：1989年2月1日〜2月5日　場所：青山劇場　作：ダン・ゴギン　訳：松岡和子　翻案・演出：高木達

◇「ミュージカル評―キャスト替わりのおもしろさ」萩尾瞳　新劇　36(4)　1989.4　p42〜45

### 南島俘虜記　⦿青年団
**4498** 上演：2003年9月25日〜10月9日　場所：こまばアゴラ劇場　作・演出：平田オリザ
◇「閉塞と退屈と（俳優座『ワーニャ伯父さん』、青年団『南島俘虜記』、青年団『ビジネスクラス』）」渡辺淳　テアトロ　743　2003.12　p56〜57

### 南部高速道路　⦿世田谷パブリックシアター
**4499** 上演：2012年6月4日〜6月24日　場所：シアタートラム　作：フリオ・コルタサル　構成・演出：長塚圭史
◇「才子、才に溺れるの譬えも（世田谷パブリックシアター『南部高速道路』、パルコプロデュース『三谷版 桜の園』、新国立劇場『サロメ』）」北川登園　テアトロ　865　2012.8　p42〜43

### 南北逆曼荼羅　⦿無人駅
**4500** 上演：2012年7月28日〜7月30日　場所：武蔵野芸能劇場　作・演出：翠羅臼
◇「見世物のイマーゴ・ムンディ（ピープルシアター『新宿・夏の渦』、万有引力『怪人フー・マンチュー』、無人駅『南北逆曼荼羅』）」田之倉稔　テアトロ　867　2012.10　p40〜41

### 南北恋物語〜人はいとしや　⦿東宝
**4501** 上演：1982年11月5日〜12月26日　場所：帝国劇場　作：秋元松代　演出：蜷川幸雄
◇「幕の向うを覗いたら（帝劇『南北恋物語』）」落合清彦　テアトロ　479　1983.1　p26〜29

### なんぼのもんじゃい　⦿そとばこまち
**4502** 上演：1995年5月1日〜5月3日　場所：近鉄アート館　作・演出：谷口秀一
◇「5月の関西 台詞構造の単調さ（往来『我愛弥 WAR I NEED』、そとばこまち『なんぼのもんじゃい』、MOTHER『クラウドバスター〜吸血鬼は彗星の夜に〜』）」宮辻政夫　テアトロ　631　1995.7　p80〜81

### なんぼのもんじゃい！ My Love…　⦿つくもはじめプロデュース
**4503** 上演：1987年1月18日〜1月12日　場所：シアター・トップス　作・演出：谷口秀一
◇「ことばのリズムはドラマに寄りそう」鴻英良　新劇　34(3)　1987.3　p22〜27
◇「ことばは肉（ししむら）のうちにはぐくまれる」佐々木幹郎　新劇　34(3)　1987.3　p28〜33

### 南洋くじら部隊　⦿燐光群
**4504** 上演：2000年11月23日〜12月11日　場所：ザ・スズナリ　作・演出：坂手洋二
◇「インターカルチュラリズムの虚と実（燐光群・国際交流基金『南洋くじら部隊』、ダムタイプ『メモランダム―memorandum』）」斎藤偕子　テアトロ　704　2001.2　p80〜81

## 【に】

### 匂ひガラス　⦿唐組
**4505** 上演：1994年6月16日〜6月19日　場所：花園神社　作・演出：唐十郎
◇「演出家の職能（蜷川カンパニー『ペール・ギュント』、唐組『匂ひガラス』）」内野儀　テアトロ　618　1994.7　p62〜64

### にほやかな櫛　⦿犯罪友の会
**4506** 上演：2005年10月20日〜10月25日　場所：難波宮跡特設野外劇場　作・演出：武田一度
◇「11月の関西 交錯する物語（演劇計画2005『from DICTEE』、劇団・太陽族『晴れて風無し』、犯罪友の会『にほやかな櫛』）」太田耕人　テアトロ　773　2006.1　p66〜68

### 二階の女　⦿青年劇場
**4507** 上演：1999年9月22日〜9月26日　場所：朝日生命ホール　原作：獅子文六　脚色：飯沢匡　演出：松波喬介
◇「混沌の彼方のもの（日欧舞台芸術交流実行委員会『ファウスト』、ギィ・フォワシー・シアター『チェロを弾く女』、燐光舎『トーキョー裁判1999』、青年劇場『二階の女』）」渡辺淳　テアトロ　687　1999.11　p52〜54

### 二階の女　⦿博品館劇場
**4508** 上演：1982年3月3日〜3月24日　場所：博品館劇場　作・演出：飯沢匡
◇「こわくない「二階の女」」西村博子　新劇　29(5)　1982.5　p30〜31

### 似顔絵のひと　⦿文学座
**4509** 上演：1990年10月2日〜10月14日　場所：サンシャイン劇場　作・演出：江守徹
◇「問題提起の初戯曲（文学座『似顔絵のひと』）」小田切一юлэ　テアトロ　574　1990.12　p26〜27

### 二月のディナー　⦿演劇集団五色の花
**4510** 上演：1995年2月15日〜2月19日　場所：OFF・OFFシアター　作：平松耕一　演出：玉野井直樹
◇「言葉の魔術で膨らむイメージ（RSC『ヘンリー6世』、劇団1980『あゝ東京行進曲』、パルコ・メジャーリーグ『クラウド・ナイン』、こまつ座『黙阿弥オペラ』、俳優座劇場『夜の来訪者』、東演『週刊・金色夜叉』、五色の花『2月のディナー』）」結城雅秀　テアトロ　628　1995.4　p60〜67

### 肉体の清算　⦿昴
**4511** 上演：2000年4月11日〜4月21日　場所：三百人劇場　作：ヒュー・ホワイトモア　訳：福田逸　演出：村田元史
◇「神なき時代の受難劇（昴『肉体の清算』、tpt『ロング・アフター・ラブ 卒塔婆小町・葵上』、RSC『マクベス』）」結城雅秀　テアトロ　695　2000.6　p46〜49

## 肉付きの面現代版—絵— 団トリコ・A
4512 上演：2004年8月4日〜8月8日　場所：アートコンプレックス1928　作・演出：山口茜
◇「8月の関西 なにもない場所から（『キャラメルと弾丸、凪の日のこと』、トリコ・Aプロデュース『肉付きの面現代版—絵—』、清流劇場『わが町』）」太田耕人　テアトロ　755　2004.10　p66〜68

## 肉の海 団オフィス3〇〇
4513 上演：2018年6月7日〜6月17日　場所：本多劇場　原作：上田岳弘　脚本・演出：渡辺えり
◇「シュールで、にぎやかで、なぜか切ない（新国立劇場『ヘンリー五世』、オフィス3〇〇『肉の海』、シアターコクーン『ニンゲン御破算』）」高橋豊　テアトロ　949　2018.8　p44〜46

## 逃げだしたジュピター 団人形劇団プーク
4514 上演：2004年10月22日〜10月31日　場所：プーク人形劇場　作：川尻泰司　潤色・演出：渡辺真知子
◇「仮想と現実（名取事務所『ヘッダ・ガブラー』、人形劇団プーク『逃げだしたジュピター』、ギィ・フォワシィシアター『湾岸から遠く離れて』、ピープルシアター『パンタグレーズ』）」中本信幸　テアトロ　759　2005.1　p64〜67

## ニコライ2世 団モスクワ・マールイ劇場
4515 上演：1993年2月12日〜2月14日　場所：東京芸術劇場中ホール　作：クズネツォフ　訳：太田丈太郎　演出：ボリス・モローゾフ、チェトヴォルキン
◇「古典劇の風格と生々しいドキュメントと（モスクワ・マールイ劇場『皇帝フョードル』『桜の園』『ニコライ2世』）」七字英輔　テアトロ　602　1993.4　p48〜51

## ニコライの鐘—大津事件の顛末 団文学座
4516 上演：1986年5月16日〜6月1日　場所：紀伊國屋ホール　作：佐木隆三　演出：藤原新平
◇「明治という時代を生きた女（文学座『ニコライの鐘』）」大笹吉雄　テアトロ　521　1986.7　p30〜31

## 西へゆく女 団オリガト・プラスティコ、演劇集団円
4517 上演：2003年9月19日〜9月28日　場所：シアタートラム　作・演出：岩松了
◇「新作競演舞台の二種の体験（オリガト・プラスティコと演劇集団・円による二つの上演『西へゆく女』）」斎藤偕子　テアトロ　742　2003.11　p48〜49

## 虹を渡る女 団新国立劇場
4518 上演：1998年5月7日〜5月28日　場所：新国立劇場小劇場　作・演出：岩松了
◇「虚構としてのユートピア 岩松了『虹を渡る女』」今村忠純　シアターアーツ　9　1999.3　p110〜113
◇「主題追求の不徹底（新国立劇場『虹を渡る女』、オフィシャルサプライヤー『ワーニャ伯父さん』、劇団1980『七人目の悪霊』、木山事務所『かもめ』）」江原吉博　テアトロ　670　1998.7　p42〜44

## 錦鯉 団MONO
4519 上演：2000年6月9日〜6月11日　場所：近鉄アート館　作・演出：土田英生
◇「ゲームの規則—MONO『錦鯉』と桃園会『どこかの通りを突っ走って』」出口逸平　シアターアーツ　13　2001.4　p134〜137
◇「6月の関西 生きることの感触、そして死（八時半『煩を赤くして』、MONO『錦鯉』、烏丸ストロークロック『ジェシカ・モーレン』、桃園会『どこかの通りを突っ走って』、PM/飛ぶ教室『舟唄。霧の中を行くための』）」太田耕人　テアトロ　697　2000.8　p66〜68

## 二十世紀 団ひょうご舞台芸術、キャスター・ウエストエンド・シアター
4520 上演：2000年1月12日〜1月23日　場所：世田谷パブリックシアター　作：山崎正和　演出：栗山民也
◇「ふたつの世紀ドラマ（ひょうご舞台芸術+キャスター・ウエストエンド・シアター『二十世紀』、民藝『アンナ・カレーニナ』）」渡辺淳　テアトロ　692　2000.3　p92〜93

## 二十世紀少年少女読本 団姫路市文化国際交流財団、はりま劇団協議会
4521 上演：2018年9月22日〜9月23日　場所：姫路キャスパホール　作・演出：鄭義信
◇「10月の関西 才能の出会いが状況を活性化させる（姫路市文化国際交流財団・はりま劇団協議会『二十世紀少年少女読本』、おうさか学生演劇祭×劇団壱劇屋×一心寺シアター倶楽協同プロデュース『さよなら竜馬』、劇団しようよ『バフ』、エイチエムピー・シアターカンパニー『高野聖』）」九鬼葉子　テアトロ　953　2018.12　p65〜67

## 20世紀ノスタルジア ホギウタ 団ブリキの自発団、青山円形劇場
4522 上演：1999年10月14日〜10月20日　場所：青山円形劇場　作：北村想　演出：生田萬
◇「舞台の上の〈自然〉への欲望（青山円形劇場+ブリキの自発団『20世紀ノスタルジア ホギウタ』、グループ・ばる『ホトトギス』、ジャブジャブサーキット『ダブルフェイク』）」浦崎浩實　テアトロ　688　1999.12　p60〜61

## 二十世紀の退屈男 団現代演劇レトロスペクティブ
4523 上演：2018年2月22日〜2月26日　場所：AI・HALL　作・演出：内藤裕敬
◇「3月の関西 才能の交流。演劇界の広がりへの可能性（演劇EXPO2018『流れんな』、現代演劇レトロスペクティヴ『二十世紀の退屈男』、兵庫県立ピッコロ劇団『マルーンの長いみち』、大阪劇団協議会合同公演『築地にひびく銅鑼』、清流劇場『アンドラ』）」九鬼葉子　テアトロ　945　2018.5　p38〜40

## 西海渡花香 団兵庫県立ピッコロ劇団
4524 上演：2017年5月26日〜6月4日　場所：ピッコロシアター大ホール　作：シェイクスピア　翻案：喜志哲雄　演出：孫高宏
◇「6月の関西 戦争と対立がテーマの新作・再演

続く（兵庫県立ピッコロ劇団『西海渡花香』、木ノ下歌舞伎『東海道四谷怪談—通し上演』、南河内万歳一座『守護神』、匿名劇壇『レモンキャンディ』、劇団・太陽族『かえるでんわ』）」九鬼葉子　テアトロ　935　2017.8　p52〜54

**西の国の伊達男**　㈹俳小
*4525* 上演：2008年9月19日〜9月23日　場所：東京芸術劇場小ホール2　作：ジョン・ミリントン・シング　訳：大場建治　演出：入谷俊一　音楽：平岩佐和子
◇「待つこと—詩と現実（Pカンパニー『ポンコツ車と五人の紳士』『しあわせな男』、俳小『西の国の伊達男』、黒テント『テッポー玉』）」蔵原惟治　テアトロ　813　2008.12　p46〜48

**西の国のプレイボーイ**　㈹ドルイド・シアター・カンパニー
*4526* 上演：2007年3月22日〜3月24日　場所：パークタワーホール　作：ジョン・ミリントン・シング　演出：ギャリー・ハインズ　音楽：サム・ジャクソン
◇「笑いと活力と陰影に富むシングの劇世界—ドルイド・シアター・カンパニー初来日公演『西の国のプレイボーイ』」扇田昭彦　シアターアーツ　31　2007.6　p32〜34

**虹のバクテリア**　㈹NINAGAWA STUDIO
*4527* 上演：1987年5月23日〜5月30日　場所：ベニサン・ピット　作：宇野イサム　演出：蜷川幸雄
◇「ジョバンニの帰還」鴻英良　新劇　34(8)　1987.8　p22〜27

**にしむくさむらい**　㈹劇工房燐
*4528* 上演：1999年6月6日〜6月13日　場所：代々木パオ　作：別役実　演出：手塚敏夫
◇「コトバ、さまざま（プロジェクトOIE『ミッドサマーナイトドリーム』、風『ヘレン・ケラー ひびき合うものたち』、燐『にしむくさむらい』、花企画『相沢三郎の世界』、ストアハウスカンパニー『箱—Boxes—』）」浦崎浩實　テアトロ　684　1999.8　p64〜66

**29歳の女たち**　㈹博品館劇場，クリエイティブ・アート・スィンク
*4529* 上演：1996年5月30日〜6月2日　場所：博品館劇場　脚本：松原惇子　企画・構成・演出：多田誠
◇「舞台における「官能性」とは（博品館劇場＋クリエイティブ・アート・スィンク『29歳の女たち』、パルコ劇場『近代能楽集/葵上・卒塔婆小町』、山海塾＋銀座セゾン劇場『ひよめき』『ゆらぎ』）」七字英輔　テアトロ　645　1996.8　p77〜80

**29歳の女たち**　㈹MY company
*4530* 上演：1995年4月15日〜4月16日　場所：扇町ミュージアムスクエア　作：九鬼葉子　企画・構成・演出：多田誠
◇「4月の関西 関西新劇陣の好舞台（大阪新劇団協議会プロデュース『茶館』、劇団M・O・P『ちゃっかり八兵衛』、関西芸術座『女の平和』、九鬼葉子プロデュース『29歳の女たち』）」宮辻政夫　テアト

ロ　630　1995.6　p108〜110

**二十二夜待ち／彦市ばなし**　㈹松竹パフォーマンス，まさかね企画
*4531* 上演：1997年8月2日〜8月4日　場所：紀伊國屋サザンシアター　作：木下順二　演出：米倉斉加年，観世栄夫
◇「民話劇と和洋の家庭劇（松竹パフォーマンス＋まさかね企画『二十二夜待ち』『彦市ばなし』、東宝現代劇75人の会『ジンジャーブレッド・レディ』、文学座『盛装』）」水落潔　テアトロ　660　1997.10　p66〜67

**24番地の桜の園**　㈹Bunkamura
*4532* 上演：2017年11月9日〜11月28日　場所：シアターコクーン　作：チェーホフ　訳・脚色：木内宏昌　演出・脚色・美術：串田和美
◇「期待を膨らませたものの（てがみ座『風紋—青のはて2017〜』、JACROW『骨と肉』、Bunkamura『24番地の桜の園』、世田谷パブリックシアター『管理人』、加藤健一事務所『夢一夜』）」杉山弘　テアトロ　942　2018.2　p54〜56

**ニジンスキー**　㈹パルコ
*4533* 上演：2000年2月7日〜2月27日　場所：PARCO劇場　作：ウィリアム・ルース　訳：松岡和子　演出：ジョン・ティリンジャー
◇「人間の異常・狂気（俳優座『肝っ玉おっ母とその子供たち』、パルコ劇場『ニジンスキー』）」斎藤偕子　テアトロ　693　2000.4　p54〜55

**ニセS高原から〜S高原から連続上演**　㈹アゴラ企画・こまばアゴラ劇場
*4534* 上演：2005年8月28日〜9月27日　場所：こまばアゴラ劇場　作：平田オリザ　演出：島林愛，関美能留，前田司郎，三浦大輔
◇「掌の上で踊れ—『ニセS高原から』をめぐって」林カヲル　シアターアーツ　25　2005.12　p65〜67

**贋ダイヤを弔う**　㈹金真須美プロデュース
*4535* 上演：1995年11月　場所：AI・HALL　原作：金真須美　脚本・演出：洞口ゆずる
◇「11月の関西 一人芝居を二つ（M・O・P『ラヴィアンローズ・スイート』、俳優詩房『鏡の向こうに』、金真須美プロデュース『贋ダイヤを弔う』）」宮辻政夫　テアトロ　638　1996.1　p80〜81

**贋の侍女 または「罰を受けたいかさま師」**　㈹櫻花舎
*4536* 上演：1994年11月24日〜11月27日　場所：ジァン・ジァン　作：マリヴォー　訳：佐藤実枝　演出：守輪咲良
◇「古典を伝統的な手法で演出する（円，六行会『十二夜』、オクスフォード劇団『ロミオとジュリエット』、桜花舎『贋の侍女』、銀座セゾン劇場『エンジェルス・イン・アメリカ』、文学座『背信の日々』、ハーフムーン・シアター『リタ・ジョーの幻想』、一跡二跳『愛しすぎる男たち』、青杜『怪談三日月丸』）」結城雅秀　テアトロ　626　1995.2　p62〜70

**似世物小屋**　㈹南河内万歳一座
*4537* 上演：2009年6月5日〜6月11日　場所：ウル

トラマーケット　作・演出：内藤裕敬

◇「6月の関西 肉体と声（兵庫県立ピッコロ劇団『ノット アバウト ナイチンゲール』, 南河内万歳一座『似世物小屋』, 遊劇体『海神別荘』）」太田耕人　テアトロ　823　2009.8　p49～51

**贋・四谷怪談**　[団]椿組

4538 上演：2016年7月13日～7月24日　場所：花園神社境内特設ステージ　原作：鶴屋南北　脚色：立松和平　構成・演出：西沢栄治

◇「情熱、熱狂、花園神社野外劇（椿組『贋・四谷怪談』, 劇団桟敷童子『夏に死す』, 風姿花伝『いま、ここにある武器』, 劇団昴 ザ・サード・ステージ『ザ・グリークス』全三部, エイコーン『松井須磨子』, 東京演劇集団風『ジャンヌ・ダルク―ジャンヌと炎』）」結城雅秀　テアトロ　923　2016.10　p38～41

**2001人芝居**　[団]NODA・MAP

4539 上演：2001年2月3日～2月28日　場所：スパイラルホール　作・演出：野田秀樹

◇「大いなる助走を終えて…（パパ・タラフマラ『青/ao』,NODA・MAPスペシャルステージ『2001人芝居』）」大岡淳　テアトロ　706　2001.4　p48～49

**二千一夜の夏休み**　[団]AI・HALL

4540 上演：1998年3月13日～3月15日　場所：AI・HALL　作・演出：岩崎正裕

◇「二つの『夏休み』 OMSプロデュース『夏休み』/アイホール演劇ファクトリー第1期生解体公演『二千一夜の夏休み』」九鬼葉子　シアターアーツ　9　1999.3　p114～117

**2013年・蒼白の少年少女たちによるオイディプス王**　[団]彩の国さいたま芸術劇場

4541 上演：2013年2月14日～2月24日　場所：彩の国さいたま芸術劇場インサイド・シアター　原作：ソフォクレス　訳：小塩節, 前野光弘　上演台本：ホフマンスタール　演出：蜷川幸雄

◇「観客と舞台とのコレスポンダンスは（さいたまネクスト・シアター『2013年・蒼白の少年少女たちによるオイディプス王』, パルコ・プロデュース『ホロヴィッツとの対話』, トム・プロジェクト『熱風』）」みなもとごろう　テアトロ　874　2013.4　p46～47

**2014年・蒼白の少年少女たちによるカリギュラ**　[団]彩の国さいたま芸術劇場

4542 上演：2014年2月15日～2月27日　場所：彩の国さいたま芸術劇場インサイド・シアター　作：アルベール・カミュ　訳：岩切正一郎　演出：蜷川幸雄

◇「戯曲の重量と演出・演技（新国立劇場『アルトナの幽閉者』, さいたまネクストシアター『2014年・蒼白の少年少女たちによるカリギュラ』,Pカンパニー『猿飛佐助の憂鬱』）」みなもとごろう　テアトロ　889　2014.5　p44～45

**日輪の翼**　[団]ステージトレーラープロジェクト

4543 上演：2017年9月14日～9月17日　場所：タイムズ鴨川西ランプ特設会場　原作：中上健次　演出：やなぎみわ

◇「野外劇の思想―やなぎみわステージトレーラープロジェクト『日輪の翼』に見るしたたかな擬態」梅山いつき　シアターアーツ　62　2018.5　p102～109

**日暮里泥棒物語**　[団]東京ヴォードヴィルショー

4544 上演：2002年11月23日～12月4日　場所：紀伊國屋ホール　作・演出：水谷龍二

◇「殺人と泥棒の話（THE・ガジラ『ルート64』, 東京ヴォードヴィルショー『日暮里泥棒物語』）」渡辺淳　テアトロ　732　2003.2　p58～59

**ニッポン・ウォーズ**　[団]第三エロチカ

4545 上演：1984年3月7日～3月11日　場所：ザ・スズナリ　作・演出：川村毅

◇「現実と虚構の間で、醒めて…（ことばの劇場）」渡辺弘　新劇　31（5）　1984.5　p40～42

4546 上演：1986年3月2日～3月6日　場所：紀伊國屋ホール　作・演出：川村毅

◇「アンドロイドは夢を見る」鴻英良　新劇　33（5）　1986.5　p18～23

4547 上演：1987年12月1日～12月5日　場所：シアターアプル　作・演出：川村毅

◇「ハッカーの世界に立ち合って（第3エロチカ『ニッポン・ウォーズ』）」佐伯隆幸　テアトロ　540　1988.2　p40～42

**ニッポン・ウォーズ ニュー・バージョン**　[団]第三エロチカ

4548 上演：2001年8月21日～9月2日　場所：サイスタジオ　作・演出：川村毅

◇「復活する古典の群（流山児★事務所『狂人教育』, 第三エロチカ『ニッポン・ウォーズ ニュー・バージョン』, メイエルホリド・シアター・センター『変身』, 燐光群『BREATHLESS 1990 ゴミ袋を呼吸する夜の物語』）」大岡淳　テアトロ　714　2001.11　p48～51

**にっぽん男女騒乱期**　[団]トム・プロジェクト

4549 上演：2018年9月5日～9月12日　場所：東京芸術劇場シアターウエスト　作・演出：東憲司

◇「科学者の責任の在り処問う（パルコプロデュース『チルドレン』, 文学座アトリエ『かのような私』, トム・プロジェクト『にっぽん男女騒乱期』, 名作劇場『家主の上京』『屑屋の神様』）」丸田真悟　テアトロ　952　2018.11　p54～56

**にっぽん茶館**　[団]満開座

4550 上演：1979年10月　作・演出：仁王門大五郎

◇「満開座・創造的どもり」井上明彦　新劇　27（2）　1980.2　p38～41

**NIPPON CHA！ CHA！ CHA！**　[団]NOISE

4551 上演：1988年5月11日～5月16日　場所：世田谷美術館野外　作・演出：如月小春

◇「「過去」にむきあう演劇」七字英輔　新劇　35（7）　1988.7　p26～29

## ニーナあるいは剝製のかもめの脆さについて
 ㋕東京演劇集団風

4552 上演：2011年2月1日〜2月6日　場所：レパートリーシアターKAZE　作：マテイ・ヴィスニュック　訳：谷島貫太　演出：江原早哉香
◇「言葉のドラマトゥルギー(東京演劇集団風『ニーナ あるいは剝製のかもめの脆さについて』、Bunkamura ミシマダブル『サド侯爵夫人』『わが友ヒットラー』)」田之倉稔　テアトロ　846　2011.4　p50〜51

## NINAGAWA・マクベス　㋕東宝

4553 上演：1980年2月4日〜2月28日　場所：日生劇場　作：シェイクスピア　訳：小田島雄志　演出：蜷川幸雄
◇「桜吹雪と仏壇と(東宝『NINAGAWA・マクベス』)」結城雅秀　テアトロ　446　1980.4　p30〜33

4554 上演：1987年12月4日〜12月28日　場所：帝国劇場　作：シェイクスピア　訳：小田島雄志　演出：蜷川幸雄
◇「知的冒険心を満足させる(帝劇『NINAGAWA・マクベス』)」衛紀生　テアトロ　540　1988.2　p25〜27

## 2番目、或いは3番目　㋕ナイロン100℃

4555 上演：2010年6月21日〜7月19日　場所：本多劇場　作・演出：ケラリーノ・サンドロヴィッチ
◇「永遠の課題、精神の廃墟(流山児★事務所『お岩幽霊 ぶえのすあいれす』、ナイロン100℃『2番目、或いは3番目』、モダンスイマーズ『真夏の迷光とサイコ』)」北川登園　テアトロ　838　2010.9　p42〜43

## ニープタイド　㋕ハーフムーン・シアター・カンパニー

4556 上演：1992年10月　場所：シアター代官山　作：サラ・ダニエルズ　訳・演出：吉岩正晴　共同演出：柴田理恵子
◇「ある「演劇祭」への疑問(『女たちの演劇祭(PART2)』ハーフムーン・シアターカンパニー、『スカーミッシィズ』、『ニープタイド』、『リアル・エステイト』)」大沢圭司　テアトロ　598　1992.12　p76〜77

## ニープレイ　㋕三井フェスティバル実行委員会

4557 上演：1988年6月15日〜6月17日　場所：アウラホール　作・演出：ロバート・ウィルソン
◇「ドラマの「新世界」」扇田昭彦　新劇　35(8)　1988.8　p34〜37

## 1/2の少女—岡田有希子投身事件　㋕転位・21

4558 上演：1989年10月14日〜10月22日　場所：本多劇場　作・演出：山崎哲
◇「死ぬのはいつも他人」長谷部浩　新劇　36(12)　1989.12　p34〜37
◇「同心円という衰弱(転位21『1/2の少女』)」鴻英良　テアトロ　562　1989.12　p24〜25

## 日本芸人伝—白鳥乱子一座 江戸の極楽とんぼ
 ㋕俳優座

4559 上演：2007年7月16日〜7月25日　場所：俳優座5F稽古場　原作：織田久　脚本：上田次郎　演出：立花一男　振付：浦辺日佐夫
◇「異なる色合い、多彩な方向性(世田谷パブリックシアター『国盗人』、民藝『林の中のナポリ』、俳優座『日本芸人伝—白鳥乱子一座 江戸の極楽とんぼ』)」藤田洋　テアトロ　796　2007.9　p48〜50

## 日本三文オペラ—疾風馬鹿力篇　㋕南河内万歳一座、天下の台所改善隊

4560 上演：2004年5月13日〜5月16日　場所：大阪城ホール西倉庫内特設劇場 ウルトラマーケット　原作：開高健　演出：内藤裕敬
◇「南河内万歳一座 天下の台所改善隊プロデュース『日本三文オペラ—疾風馬鹿力篇』」菊川徳之助　シアターアーツ　19　2004.6　p98〜100
◇「6月の関西 匿名性への憧れ(桃園会『中野金属荘、PK戦』、南河内万歳一座+天下の台所改善隊『日本三文オペラ』、犯罪友の会『手の紙』)」太田耕人　テアトロ　753　2004.8　p50〜52

## 日本人のへそ　㋕こまつ座

4561 上演：1985年1月12日〜1月31日　場所：紀伊國屋ホール　作：井上ひさし　演出：栗山民也
◇「宮のこと(ことばの劇場)」長谷部浩　新劇　32(3)　1985.3　p34〜37
◇「都市論としての「日本人のへそ」(こまつ座『日本人のへそ』)」岩波剛　テアトロ　505　1985.3　p30〜31

4562 上演：2011年3月8日〜3月27日　場所：シアターコクーン　作：井上ひさし　演出：栗山民也　音楽：小曽根真　振付：謝珠栄
◇「弱き死すべきもの人間の賛歌(朋友『R.P.G』、Hプロデュース『音楽劇わが町』、こまつ座『日本人のへそ』)」中本信幸　テアトロ　847　2011.5　p38〜39

## 日本人のへそ　㋕テアトル・エコー

4563 上演：2010年9月18日〜10月3日　場所：恵比寿エコー劇場　作：井上ひさし　演出：熊倉一雄　音楽：服部公一
◇「「継続」という再発見(テアトル・エコー『日本人のへそ』、俳優座『樫の木坂 四姉妹』、文化座『大つごもり』)」高橋豊　テアトロ　841　2010.12　p48〜49

## 日本人のへそ　㋕宮崎県立芸術劇場

4564 上演：2013年2月9日〜2月11日　場所：宮崎県立芸術劇場イベントホール　作：井上ひさし　演出：永山智行
◇「九州演劇界のエネルギー—井上ひさし『日本人のへそ』を考える」嶋田直哉　シアターアーツ　54　2013.4　p59〜62

## 日本の面影　㋕大阪

4565 上演：1994年10月14日〜10月16日　場所：近鉄小劇場　作：山田太一　演出：熊本一

にほん

◇「10月の関西 百閒の世界の舞台化」宮辻政夫 テアトロ 623 1994.12 p79〜81

## 日本の面影 ⓣ地人会
4566 上演：1996年6月19日〜6月30日 場所：紀伊國屋ホール 作：山田太一 演出：木村光一
◇「日本人という民族、それにフランスの国民性（地人会『日本の面影』、青年団『冒険王』、櫻社舎『愛と偶然の戯れ』、ギィ・フォワシイ・シアター『勳機』他、木山事務所『瀕死の王様』、みなと座『大浦屋お慶』、四季『イリヤ・ダーリン』」結城雅秀 テアトロ 645 1996.8 p69〜76
4567 上演：2006年5月6日〜5月15日 場所：紀伊國屋ホール 作：山田太一 演出：木村光一
◇「抽象と具象（日本大学芸術学部NAP『周辺飛行』、地人会『日本の面影』、俳優座『風薫る日に』）」斎藤偕子 テアトロ 779 2006.7 p58〜59

## 日本の気象 ⓣ東京演劇アンサンブル
4568 上演：2004年2月11日〜2月14日 場所：俳優座劇場 作：久保栄 演出：広渡常敏
◇「流れにさおさす（演奏舞台『噫ふ桐生悠々』、京楽座『をぐり考』、昴『嵐城門』、東京演劇アンサンブル『日本の気象』、こんにゃく座『花のラ・マンチャ騎士道あるいはドン・キホーテ最後の冒険』）」中本信幸 テアトロ 748 2004.4 p53〜55
4569 上演：2008年3月28日〜3月30日 場所：ブレヒトの芝居小屋 作：久保栄 演出：広渡常敏 音楽：林光
◇「外国産劇と国産劇（俳小『ベイビー・ダンス』、東京演劇アンサンブル『日本の気象』、青年劇場『呉将軍の足の爪』）」蔵原惟治 テアトロ 806 2008.6 p34〜36

## 日本文学盛衰史 ⓣ青年団
4570 上演：2018年6月7日〜7月9日 場所：吉祥寺シアター 原作：高橋源一郎 作・演出：平田オリザ
◇「違和感の正体（青年団『日本文学盛衰史』、モダンスイマーズ『悲しみよ、消えないでくれ』、劇団下町ダニーローズ『人形島同窓会』）」丸田真悟 テアトロ 950 2018.9 p68〜69

## 二万七千光年の旅 ⓣ夢の遊眠社
4571 上演：1980年3月 場所：駒場小劇場 作・演出：野田秀樹
◇「私の内なる観客」利光哲夫 新劇 27(6) 1980.6 p30〜33

## 20000ページ ⓣ文学座アトリエの会
4572 上演：2015年4月16日〜4月30日 場所：文学座アトリエ 作：ルーカス・ベアフース 訳：松鵜功記 演出：中野志朗
◇「厄介で愛おしい人間たち（地人会新社『クライムズ オブ ザ ハート』、文学座『20000ページ』、民藝『冬の時代』）」丸田真悟 テアトロ 905 2015.7 p34〜35

## にもかかわらず、ドン・キホーテ ⓣ文学座アトリエの会
4573 上演：2011年6月7日〜6月21日 場所：文学座アトリエ 作：別役実 演出：藤原新平

◇「3・11後の現実に向き合う舞台（燐光群『推進派』、文学座アトリエ『にもかかわらず、ドン・キホーテ』、世田谷パブリックシアター『モリー・スウィーニー』、あうるすぽっと『NOISES OFF』）」丸田真悟 テアトロ 851 2011.8 p48〜50

## 入院バケーション ⓣはちみつパイ
4574 上演：2001年6月29日〜7月1日 場所：HEP HALL 作・演出：後藤はっち
◇「舞台と現実の狭間で—第1回女性作家・演出家フェス〜姫ごと〜」栗田偲右 シアターアーツ 15 2001.12 p140〜142

## NEWS NEWS—テレビは何を伝えたか
ⓣ東京芸術座
4575 上演：2001年6月20日〜6月24日 場所：俳優座劇場 作：平石耕一 演出：西川信廣
◇「観客の居場所がない！（東京芸術座『NEWS NEWS—テレビは何を伝えたか』、東京演劇アンサンブル『セーヌ川の身元不明の女』、山の手事情社『平成・円朝・牡丹燈籠』）」浦崎浩實 テアトロ 710 2001.8 p69〜71

## ニューヨーク青春物語〜アランとバディ ⓣピュアーマリー
4576 上演：2006年2月11日〜2月22日 場所：三越劇場 作：ニール・サイモン 訳：保坂磨理子 演出：竹邑類
◇「翻訳劇の自由と制約（彩の国シェイクスピア・シリーズ『間違いの喜劇』、民藝『橋からの眺め』、ピュアーマリー『ニューヨーク青春物語』）」みなもとごろう テアトロ 776 2006.4 p46〜48

## ニューヨーク・ニューヨーク ⓣ東京ヴォードヴィルショー
4577 上演：1980年 作・演出：喰始
◇「私の内なる観客」利光哲夫 新劇 27(6) 1980.6 p30〜33

## ニュルンベルク裁判 ⓣひょうご舞台芸術
4578 上演：2003年10月31日〜11月2日 場所：新神戸オリエンタル劇場 作：アビー・マン 訳：小田島恒志 演出：鵜山仁
◇「個と共同体と（ひょうご舞台芸術『ニュルンベルク裁判』、地人会『心と意志』、シアターコクーン『ハムレット』）」渡辺淳 テアトロ 746 2004.2 p61〜63

## 女房学校 ⓣ虹企create/ぐるうぷシュラ
4579 上演：2002年 作：モリエール 台本・演出：三條三輪
◇「愛のかたちいろいろ（地人会『浅草・花岡写真館』、俳優座『舞姫—鴎外の恋』、円『エレクトラ』、虹企create・ぐるうぷシュラ『女房学校』）」渡辺淳 テアトロ 725 2002.8 p62〜63

## 女人嵯峨 ⓣ俳小
4580 上演：2018年7月15日〜7月22日 場所：俳優座劇場 作：堀江安夫 演出：中野誠也
◇「人間の業の深さを描く三作品（俳小特別プロジェクト『女人嵯峨』、ホリプロ『アンナ・クリスティ』、ホリプロ『レインマン』）」水落潔 テアトロ 951 2018.10 p40〜41

**楡の木陰の欲望** [団]TPT

**4581** 上演：2004年10月18日～10月31日　場所：シアター1010　作：ユージン・オニール　訳：木内宏昌　演出：ロバート・アラン・アッカーマン

◇「「西洋演劇」受容と了解の構造（2）―TPT『楡の木陰の欲望』と『喪服の似合うエレクトラ』」内野儀　シアターアーツ　21　2004.12　p88～91

◇「重厚な名作と課題の残る新作（THEATRE1010『楡の木陰の欲望』，新国立劇場『二人の女兵士の物語』，文学座『踏台』）」扇田昭彦　テアトロ　759　2005.1　p48～50

**庭を持たない女たち** [団]ひょうご舞台芸術

**4582** 上演：1994年5月18日～5月26日　場所：新神戸オリエンタル劇場　作：筒井ともみ　演出：勝田安彦

◇「6月の関西 戦時下の生活の確実な手ざわり（劇団大阪『明日』，兵庫県立ピッコロ劇団『海を山に』，ひょうご舞台芸術『庭を持たない女たち』）」宮辻政夫　テアトロ　619　1994.8　p78～80

**にわか師三代** [団]道化

**4583** 上演：2001年8月3日～8月4日　場所：紀伊國屋サザンシアター　作・演出：熊井宏之　脚本：中村芳子

◇「三つの創作劇（道化『にわか師三代』，文学座『阿蘭陀影繪』，PARCO劇場『二人の噺』）」水落潔　テアトロ　713　2001.10　p44～45

**庭はすべて** [団]地人会

**4584** 上演：1986年5月8日～5月17日　場所：本多劇場　作：エドワード・オールビー　訳：鳴海四郎　演出：木村光一

◇「清水邦夫と山崎哲と」渡辺保　新劇　33（7）　1986.7　p34～39

**人魚** [団]下鴨車窓

**4585** 上演：2009年12月9日～12月14日　場所：アトリエ劇研　作・演出：田辺剛

◇「12月の関西 訪れぬもの、訪れるもの（兵庫県立ピッコロ劇団『モスラを待って』，下鴨車窓『人魚』，スイス銀行『107』）」太田耕人　テアトロ　830　2010.2　p87～89

**4586** 上演：2011年7月22日～7月24日　場所：AI・HALL　作・演出：田辺剛

◇「7月の関西〈父なるもの〉の喪失（桃園会『a tide of classics～動員挿話・ぶらんこ・父帰る』，MONO特別企画『空と私のあいだ』，下鴨車窓『人魚』）」太田耕人　テアトロ　852　2011.9　p51～53

**人形師卯吉の余生** [団]人間座

**4587** 上演：2002年1月8日～1月12日　場所：人間座スタジオ　作：田畑実　演出：草野京伝

◇「1月の関西 共同体のほうへ（海のサーカス『杏仁豆腐のココロ』，A級 Missing Link『Missing Linkの謎を追え！』，人間座『人形師卯吉の余生』）」太田耕人　テアトロ　733　2003.3　p81～83

**人形島同窓会** [団]下町ダニーローズ

**4588** 上演：2018年6月7日～6月17日　場所：下北沢小劇場B1　作・演出：立川志らく

◇「違和感の正体（青年団『日本文学盛衰史』，モダンスイマーズ『悲しみよ、消えないでくれ』，劇団下町ダニーローズ『人形島同窓会』）」丸田真悟　テアトロ　950　2018.9　p68～69

**人形の家** [団]演劇集団虹プロデュース

**4589** 上演：1997年3月　場所：ドーンセンター　作：イプセン　訳：原千代海　演出：岩田直二

◇「3月の関西 再生への願望描く（OMSプロデユース『ともだちが来た』，大阪新劇団協議会プロデユース『がめつい奴』，演劇集団虹プロデュース『人形の家』）」宮辻政夫　テアトロ　655　1997.5　p78～80

**人形の家** [団]銀座セゾン劇場

**4590** 上演：1991年1月9日～1月29日　場所：銀座セゾン劇場　作：イプセン　訳：坂口玲子　演出：今野勉

◇「ノラの娘・ヘルメルの息子」豊崎由美　しんげき　38（3）　1991.3　p18～21

◇「ノラやノラや」だるま食堂　しんげき　38（4）　1991.4　p38～41

◇「遠い遠いおはなし（銀座セゾン劇場『人形の家』）」林あまり　テアトロ　577　1991.3　p30～31

**人形の家** [団]現代演劇協会

**4591** 上演：2012年9月7日～9月9日　場所：シアターグリーン　作：イプセン　訳：三輪えり花　演出：ニコラス・バーター

◇「新しい修辞としての古典（人形劇団プーク『怪談 牡丹燈籠』，劇団1980『ボクゼン』，RADAイン東京20周年記念公演『人形の家』）」田之倉稔　テアトロ　868　2012.11　p46～47

**人形の家** [団]シス・カンパニー

**4592** 上演：2008年9月5日～9月30日　場所：シアターコクーン　作：イプセン　英訳：フランク・マクギネス　訳：徐賀世子　演出：デヴィッド・ルヴォー

◇「自分を一番知らないのは自分（音楽座ミュージカル『七つの人形の恋物語』，シス・カンパニー『人形の家』，東宝製作・シアタークリエ『青猫物語』，東京演劇集団風『肝っ玉おっ母とその子供たち、マハゴニー市の興亡』）」北川登園　テアトロ　812　2008.11　p48～50

**人形の家** [団]俳優座劇場

**4593** 上演：2017年1月26日～1月29日　場所：俳優座劇場　作：イプセン　訳：原千代海　演出：西川信廣　作曲・音楽：上田亨　作詞：宮原芽映

◇「「沖縄」は何も変わっていない（俳優座劇場『人形の家』，文化座『命どぅ宝』，シアターコクーン『陥没』）」杉山弘　テアトロ　930　2017.4　p42～43

## 人形の家　🅣民藝
**4594**　上演：1986年6月18日〜6月29日　場所：サンシャイン劇場　作：イプセン　訳：宮内満也　訳・演出：内山鶉
◇「フレッシュな愛の家庭劇(民藝『人形の家』)」渡辺淳　テアトロ　522　1986.8　p24〜25

## 人形の夢ひとの夢　🅣木山事務所
**4595**　上演：2006年11月28日〜12月6日　場所：俳優座劇場　作：小松幹生　演出：三輪えり花
◇「夢に賭けた芸人たち(民藝『喜劇の殿さん』、木山事務所『人形の夢ひとの夢』)」水落潔　テアトロ　788　2007.2　p54〜55

## 人魚伝説　🅣新宿梁山泊
**4596**　上演：1990年7月18日〜8月6日　場所：上野不忍池特設テント　作：鄭義信　演出：金盾進
◇「きれいはきたない。きたないはきれい」長谷部浩　しんげき　37(10)　1990.10　p42〜45
◇「結ばなかった夢(新宿梁山泊『人魚伝説』)」江原吉博　テアトロ　571　1990.9　p28〜29
**4597**　上演：1995年4月29日〜5月7日　場所：新宿住友ビル恋弁天前特設テント　作：鄭義信　演出：金盾進
◇「戦略の深化(青年団『火宅か修羅か』、唐組『裏切りの街』、新宿梁山泊『人魚伝説』、青年劇場『時間のない喫茶店』、鳥獣戯画『SUKEROKU—花菖蒲助六恋賑』、ZAZOUS THEATER『ルーニィー』)」大沢圭司　テアトロ　631　1995.7　p66〜70

## ニングルの森　🅣SHIMIN劇場Ⅱ
**4598**　上演：2009年6月　場所：シアターイワト　作：倉本聰　演出・美術：高橋幸夫
◇「のるか、反るか…(こまつ座＆ホリプロ『きらめく星座』、俳小『賭博師・梟』、SHIMIN劇場Ⅱ『ニングルの森』)」中本信幸　テアトロ　823　2009.8　p40〜41

## 人間が不老不死なら全て解決　🅣A級 Missing Link
**4599**　上演：2007年3月23日〜3月27日　場所：ウィングフィールド　作・演出：土橋淳志
◇「4月の関西 戯曲を見直す(空の驛舎『空の驛舎』、A級 Missing Link『人間が不老不死なら全て解決』、アグリーダックリング『三日月エレファント』)」太田耕人　テアトロ　792　2007.6　p59〜61

## にんげんかんたん　🅣南船北馬一団
**4600**　上演：2005年1月13日〜1月16日　場所：ウィングフィールド　作・演出：棚瀬美幸
◇「1月の関西 かくも長き時をへだてて(寺田夢酔企画芝居『義937記』、南船北馬一団『にんげんかんたん』)」太田耕人　テアトロ　761　2005.3　p114〜116

## 人間合格　🅣こまつ座
**4601**　上演：1989年12月15日〜12月26日　場所：紀伊國屋ホール　作：井上ひさし　演出：鵜山仁
◇「太宰治と三島由紀夫」七字英輔　しんげき　37(3)　1990.3　p26〜29
**4602**　上演：1998年6月12日〜6月28日　場所：紀伊國屋サザンシアター　作：井上ひさし　演出：鵜山仁
◇「『おりき』『人間合格』の成果(花組芝居『日本橋』、三生社『花粉熱』、文化座『おりき』、こまつ座『人間合格』)」水落潔　テアトロ　671　1998.8　p54〜56
**4603**　上演：2003年3月12日〜3月30日　場所：紀伊國屋サザンシアター　作：井上ひさし　演出：鵜山仁
◇「小説の劇化による逸品(うりんこ『シェイクスピアを盗め！』、こまつ座『人間合格』、イプセンを上演する会『ロスメルスホルム』)」浦崎浩實　テアトロ　735　2003.5　p46〜47
**4604**　上演：2008年2月10日〜3月16日　場所：紀伊國屋サザンシアター　作：井上ひさし　演出：鵜山仁
◇「記憶として受け継がれるもの(こまつ座『人間合格』、演劇復興の会『海ゆかば水漬く屍』、青年劇場『あるハムレット役者の夢』、パパ・タラフマラ『シンデレラJ』)」丸田真悟　テアトロ　804　2008.4　p42〜44

## ニンゲン御破産　🅣Bunkamura
**4605**　上演：2003年2月4日〜2月24日　場所：シアターコクーン　作・演出：松尾スズキ
◇「エンゲキ御破産!?—日本のポストドラマ演劇(遊園地再生事業団『トーキョーボディ』、日本劇団協議会『青ひげ公の城』、シアターコクーン『ニンゲン御破産』)」七字英輔　テアトロ　734　2003.4　p50〜52

## ニンゲン御破算　🅣Bunkamura
**4606**　上演：2018年6月7日〜7月1日　場所：シアターコクーン　作・演出：松尾スズキ
◇「シュールで、にぎやかで、なぜか切ない(新国立劇場『ヘンリー五世』、オフィス３〇〇『肉の海』、シアターコクーン『ニンゲン御破算』)」高橋豊　テアトロ　949　2018.8　p44〜46

## 人間万事金世中　🅣前進座
**4607**　上演：2018年5月12日〜5月22日　場所：国立劇場大劇場　作：河竹黙阿弥　演出：小野文隆
◇「人が本音を語る時(加藤健一事務所『煙が目にしみる』、こまつ座『たいこどんどん』、前進座『人間万事金世中』)」水落潔　テアトロ　947　2018.7　p26〜27

## 人間万事漱石の自転車　🅣木山事務所
**4608**　上演：2002年11月5日〜11月10日　場所：東京芸術劇場小ホール1　作：堤春恵　演出：末木利文
◇「安んじて観劇に身をゆだねたく候(木山事務所『人間万事漱石の自転車』、東京ギンガ堂『阿吽—女と胃袋』、名取事務所＋シアターX『ロスメルスホルムの白い馬』)」浦崎浩實　テアトロ　731　2003.1　p54〜56

## 人情噺 紺屋高尾　🅣扉座
**4609**　上演：2011年12月1日〜12月11日　場所：座・高円寺　作・演出：横内謙介

◇「アクチュアリティー舞台の内と外と―（イキウメ『太陽』、燐光群『たった一人の戦争』、扉座『人情噺 紺屋高尾』）」みなもとごろう　テアトロ　858　2012.2　p62〜63

人情噺 文七元結　㊕結城座
4610　上演：1999年3月10日〜3月14日　場所：シアターX　原作：三遊亭円朝,結城雪斎　監修：竹本素京
◇「一面的に描かなかった画家の創造（東京ギンガ堂『KAZUKI〜ここが私の地球』、結城座『人情噺 文七元結』、自転車キンクリートSTORE『検察側の証人』）」佐藤康平　テアトロ　681　1999.5　p56〜57

にんじん　㊕松竹
4611　上演：1983年8月2日〜8月25日　場所：日生劇場　原作：ジュール・ルナール　脚色：山川啓介　演出：福田善之
◇「"いまだけ"の伊藤つかさ（ことばの劇場）」川本三郎　新劇　30（10）　1983.10　p25〜28
◇「おじんの「おしん」版「にんじん」（錯誤の紋章学）」堂本正樹　新劇　30（10）　1983.10　p44〜47

## 【ぬ】

鵺／NUE　㊕世田谷パブリックシアター
4612　上演：2006年11月3日〜11月26日　場所：シアタートラム　作・演出：宮沢章夫
◇「鵺／NUE／キモイ―宮沢章夫作・演出『鵺／NUE』」菊地浩平　シアターアーツ　29　2006.12　p104〜106

温水夫妻　㊕パルコ
4613　上演：1999年3月8日〜4月18日　場所：PARCO劇場　作・演出：三谷幸喜
◇「悲・喜劇の手ごたえ（木冬社『エレジー』、パルコ・プロデュース『温水夫妻』）」渡辺淳　テアトロ　681　1999.5　p48〜49

ぬけがら　㊕文学座アトリエの会
4614　上演：2005年5月10日〜5月22日　場所：文学座アトリエ　作：佃典彦　演出：松本祐子
◇「シュールな世界をリアルな手触りで（文学座アトリエ『ぬけがら』、まつもと市民芸術館『いとこ同志』、新国立劇場『その河をこえて、五月』）」丸田真悟　テアトロ　765　2005.7　p52〜54

抜目のない未亡人　㊕シス・カンパニー
4615　上演：2014年6月28日〜7月31日　場所：新国立劇場中劇場　作：カルロ・ゴルドーニ　台本・演出：三谷幸喜
◇「時空をまたぐ劇的ありよう（萬員四季協会『黒椿洋裁店』、青年座『あゆみ』、シス・カンパニー『抜目のない未亡人』）」中本信幸　テアトロ　894　2014.9　p34〜35

命どぅ宝　㊕文化座
4616　上演：2017年2月2日〜2月12日　場所：東京芸術劇場シアターウエスト　作：杉浦久幸　演出：鵜山仁　音楽：吉田さとる
◇「「沖縄」は何も変わっていない（俳優座劇場『人形の家』、文化座『命どぅ宝』、シアターコクーン『陥没』）」杉山弘　テアトロ　930　2017.4　p42〜43

奴婢訓　㊕東京グローブ座
4617　上演：1989年8月4日〜8月10日　場所：東京グローブ座　原作：ジョナサン・スウィフト　作・演出：寺山修司　演出：J・A・シーザー
◇「中心の不在、あるいは中心の遍在」七字英輔　新劇　36（10）　1989.10　p26〜29

沼地―FEN―　㊕東京演劇アンサンブル
4618　上演：1996年6月19日〜6月23日　場所：ブレヒトの芝居小屋　作：キャリル・チャーチル　訳・脚本・演出：堀真理子　演出：志賀澤子
◇「押入のなかの骸骨（東京演劇アンサンブル『沼地』、俳優座・三越劇場提携『ゆの暖簾』、まにあアート『きぬという道連れ』、金杉忠男アソシエーツ『POOL SIDE』）」みなもとごろう　テアトロ　645　1996.8　p65〜68

ヌンチャクトカレフ鉈鉄球　㊕デス電所
4619　上演：2008年11月29日〜12月7日　場所：AI・HALL　作・演出：竹内佑
◇「12月の関西 追憶するせりふ（PM/飛ぶ教室+Z system『ながれまち』、くじら企画『山の声―ある登山者の追想―』、デス電所『ヌンチャクトカレフ鉈鉄球』）」太田耕人　テアトロ　816　2009.2　p65〜67

## 【ね】

Naked―裸　㊕TPT
4620　上演：2000年6月1日〜6月6日　場所：ベニサン・ピット　作：ルイージ・ピランデッロ　演出：デヴィッド・ルヴォー
◇「デクラメイションと平幹二朗（彩の国さいたま芸術劇場『テンペスト』,tpt『Naked―裸』、演劇集団円『ハムレットの楽屋』、イプセンを上演する会『ヨーン・ガブリエル・ボルクマン』）」みなもとごろう　テアトロ　697　2000.8　p44〜47

姉さんの英雄ポロネーズがききたい　㊕広島の女上演委員会
4621　上演：2003年8月6日〜8月9日　場所：全労済ホール／スペース・ゼロ　作・演出：村井志摩子
◇「年々歳々…されど（地人会『この子たちの夏 1945・ヒロシマ ナガサキ』、広島の女上演委員会『姉さんの英雄ポロネーズがききたい』、アイランズ制作『料理昇降機』）」みなもとごろう　テアトロ　741　2003.10　p60〜62

ねぇ…ねぇ…海はまだですか　㊕焚火の事務所
4622　上演：2004年12月3日〜12月5日　場所：AI・

HALL　作・演出：三枝希望
◇「12月の関西 語りえぬものをめぐって（MONO『相対的浮世絵』，焚火の事務所『ねぇ…ねぇ…海はまだですか』,HEP HALL Theatre 14『ハムレット』）」太田耕人　テアトロ　760　2005.2　p119～121

**ネガティブ・ポップス・ストーリー**　[団]スーパーエキセントリック・シアター
4623 上演：1989年1月1日～1月8日　場所：シアターアプル　作：大沢直行　演出：三宅裕司
◇「ミュージカル評―ミュージカルへのアプローチ」萩尾瞳　新劇　36（3）　1989.3　p46～49

**根岸庵律女**　[団]民藝
4624 上演：1998年6月12日～6月21日　場所：東京芸術劇場中ホール　作・演出：小幡欣治　演出：本間忠良
◇「演技の“必要”と“不必要”（民芸『根岸庵律女』，流山児★事務所『ピカレスク黙阿弥』,MODE『孤独な惑星』，扉座『無邪気』）」みなもとごろう　テアトロ　671　1998.8　p58～60
4625 上演：2015年12月4日～12月19日　場所：三越劇場　作：小幡欣治　演出：丹野郁弓
◇「名作の再演二つ（民藝『根岸庵律女』，シアターコクーン『元禄港歌』）」水落潔　テアトロ　915　2016.3　p54～55

**ネクタルの音**　[団]糾
4626 上演：2003年9月21日～9月14日　場所：AI・HALL　作・演出：芳崎洋子
◇「9月の関西 名指しとマイノリティ（劇団・太陽族『それを夢と知らない』,MONO『京都11区』，糾～あざない～『ネクタルの音』）」太田耕人　テアトロ　742　2003.11　p66～68

**猫一族**　[団]浪漫伝
4627 上演：1988年11月5日～11月9日　場所：シアターグリーン　作・演出：川村理有
◇「「美しい」芝居あります」林あまり　新劇　36（1）　1989.1　p42～45

**ねこになった漱石**　[団]東京ギンガ堂
4628 上演：2008年6月7日～6月15日　場所：大久保公園 特設テント劇場　作・演出：品川能正　振付：神崎由布子　音楽：上田亨
◇「劇空間の問題（文学座『風のつめたき櫻かな』，東京ギンガ堂『ねこになった漱石』，新国立劇場『オットーと呼ばれる日本人』）」蔵原惟治　テアトロ　809　2008.8　p40～42

**猫の恋、昴は天にのぼりつめ**　[団]昴 ザ・サード・ステージ
4629 上演：2006年7月21日～8月3日　場所：三百人劇場　作：畑澤聖悟　演出：黒岩亮
◇「究極美の野外劇（ク・ナウカ『トリスタンとイゾルデ』，演劇集団・円『ファウスト』，宝塚クリエイティブアーツ『花嫁付き添い人の秘密』，昴 ザ・サード・ステージ『猫の恋、昴は天にのぼりつめ』）」結城雅秀　テアトロ　783　2006.10　p48～51

**猫ふんぢゃった**　[団]劇工房燐
4630 上演：1997年5月23日～5月31日　場所：代々木パオ　作：別役実　演出：手塚敏夫
◇「空虚さえ空虚ならば（劇工房燐『猫ふんぢゃった』，遊園地再生事業団『あの小説の中で集まろう』，ク・ナウカ『熱帯樹』）」大岡淳　テアトロ　658　1997.8　p72～73

**猫ふんぢゃった**　[団]文学座
4631 上演：1991年11月8日～11月17日　場所：文学座アトリエ　作：別役実　演出：藤原新平
◇「こころのテンポを探りかねて」長谷部浩　しんげき　39（1）　1992.1　p30～33

**猫町**　[団]演劇集団円
4632 上演：1999年7月1日～7月8日　場所：紀伊國屋ホール　作：別役実　演出：國峰眞
◇「舞台の上の時代と現在と リアリティのありか（演劇集団円『猫町』，山の手事情社『印象 タイタス・アンドロニカス』，こまつ座『頭痛 肩こり 樋口一葉』）」みなもとごろう　テアトロ　685　1999.9　p76～78

**寝覚町の旦那のオモチャ**　[団]少年王者舘, tsumazuki no ishi
4633 上演：2014年8月22日～9月1日　場所：ザ・スズナリ　作：スエヒロケイスケ　演出：天野天街　振付：夕沈
◇「喜劇の容貌をした悲劇（地点『コリオレイナス』，青年座『台所の女たちへ』，少年王者舘+tsumazuki no ishi『寝覚町の旦那のオモチャ』）」丸田真悟　テアトロ　896　2014.11　p36～37

**ねじの回転**　[団]状況劇場
4634 上演：1986年4月26日～6月1日　場所：花園神社境内　作・演出：唐十郎
◇「観客席は浮遊している」佐々木幹郎　新劇　33（7）　1986.7　p28～33

**ねずみ男**　[団]青年座
4635 上演：2008年4月19日～4月27日　場所：本多劇場　作：赤堀雅秋　演出：黒岩亮
◇「共同体再生の可能性描く（文化座『月の真昼間』，青年座『ねずみ男』，桃唄309『月の砂をかむ女』）」丸田真悟　テアトロ　807　2008.7　p40～41

**ねずみ狩り**　[団]うずめ劇場
4636 上演：2005年4月15日～4月17日　場所：シアターX　原作：ペーター・トゥリーニ　訳：寺尾格　演出：ペーター・ゲスナー，藤沢友
◇「衝撃の舞台、二本！（劇団本谷有希子『乱暴と待機』，うずめ劇場『ねずみ狩り』，新国立劇場『コミュニケーションズ』）」林あまり　テアトロ　764　2005.6　p52～53

**ねずみとり**　[団]西武劇場
4637 上演：1982年6月10日～6月29日　場所：PARCO西武劇場　作：アガサ・クリスティ　訳：鳴海四郎　演出：宮島春彦
◇「陸の孤島につのる恐怖感（西武劇場『ねずみとり』）」渡辺淳　テアトロ　474　1982.8　p30～31

**熱狂／ある記憶の記録**　[団]チョコレートケーキ
4638 上演：2017年12月7日～12月19日　場所：サ

ンモールスタジオ　作：古川健　演出：日澤雄介

◇「合わせ鏡として観る（劇団チョコレートケーキ『熱狂』『ある記憶の記録』，青年座『断罪』）」丸田真悟　テアトロ　943　2018.3　p74〜75

**熱血仮面**　[団]南河内万歳一座

**4639** 上演：1996年11月20日〜11月28日　場所：扇町ミュージアムスクエア　作・演出：内藤裕敬

◇「12月の関西 意欲作ぞろいだが…（南河内万歳一座『熱血仮面』，龍の会『逃亡』）」宮辻政夫　テアトロ　652　1997.2　p80〜81

**捏造 大塩騒動伝**　[団]THEATER THINKTANK 万化

**4640** 上演：1996年7月　場所：一心寺シアター・PART2　作・演出：小田益弘

◇「8月の関西 暴力，欲望，家庭を描く傑作（犬の事ム所『ドアの向こうの薔薇』，芝居屋坂道ストア『マイナス100℃の夏』，満遊戯賊『義経伝』，THEATER THINKTANK 万化『捏造 大塩騒動伝』）」宮辻政夫　テアトロ　647　1996.10　p82〜84

**熱帯樹**　[団]オフィスC&P，三島由紀夫上演委員会

**4641** 上演：1980年2月23日〜3月9日　場所：PARCO西武劇場　作：三島由紀夫　演出：串田和美

◇「トーテムが倒れる日—近親相姦劇の無効性」衛紀生　新劇　27（4）　1980.4　p34〜37

◇「三島戯曲へ最低の礼を」堂本正樹　新劇　27（5）　1980.5　p26〜29

◇「霜枯れた木々の風景（オフィスC&P+西部劇場『熱帯樹』）」小田切一雄　テアトロ　447　1980.5　p34〜35

**熱帯樹**　[団]ク・ナウカ

**4642** 上演：1997年4月27日〜4月29日　場所：利賀山房　作：三島由紀夫　演出：宮城聰

◇「空虚さえ空虚ならば（劇工房燐『猫ふんぢゃった』，遊園地再生事業団『あの小説の中で集まろう』，ク・ナウカ『熱帯樹』）」大岡淳　テアトロ　658　1997.8　p72〜73

**熱帯祝祭劇マウイ**　[団]東京オピニオンズフェスティバル

**4643** 上演：1995年2月1日〜3月5日　場所：アートスフィア　作：戸井十月　演出：宮本亜門

◇「舞台にみなぎる緊張感（弘前劇場『家には高い木があった』，青年劇場『もう1人のヒト』，NLT『ジャングル・ジム』，アートスフィア『熱帯祝祭劇マウイ』，BOYAKIの会『KVETCH（ぼやき）』）」大沢圭司　テアトロ　628　1995.4　p68〜71

**熱帯のアンナ**　[団]文学座アトリエの会

**4644** 上演：2013年9月4日〜9月18日　場所：文学座アトリエ　作：ニロ・クルス　訳：鴇澤麻由子　演出：西川信廣

◇「共同体と排除の論理（彩の国シェイクスピア・シリーズ『ヴェニスの商人』，文学座アトリエの会『熱帯のアンナ』，新国立劇場『OPUS/作品』）」田之倉稔　テアトロ　882　2013.11　p56〜57

**熱帯夜／うちやまつり**　[団]桃園会

**4645** 上演：2004年11月5日〜11月7日　場所：精華小劇場　作・演出：深津篤史

◇「11月の関西 偽史からはなれて（桃園会『熱帯夜』『うちやまつり』，維新派『キートン』，犯罪友の会『白いとかげ』）」太田耕人　テアトロ　759　2005.1　p106〜108

**熱帯夜—うちやまつり前日譚**　[団]桃園会

**4646** 上演：1999年9月17日〜9月19日　場所：アトリエ劇研　作・演出：深津篤史

◇「9月の関西 劇のはじまり、あるいは迷路への入り口（桃園会『熱帯夜〜うちやまつり前日譚』，船の階『海に送った灯』，あうん堂『あいたか ないか』）」太田耕人　テアトロ　687　1999.11　p70〜72

**熱闘!!飛龍小学校☆パワード**　[団]惑星ピスタチオ

**4647** 上演：1997年5月10日〜5月25日　場所：シアターアプル　作・演出：西田シャトナー

◇「もっと戦慄を！（世田谷パブリックシアター『ライフ・イン・ザ・シアター』，惑星ピスタチオ『熱闘!!飛龍小学校☆パワード』，シアターコクーン『トゥーランドット姫』）」大岡淳　テアトロ　657　1997.7　p54〜56

**熱風**　[団]トム・プロジェクト

**4648** 上演：2013年1月23日〜1月29日　場所：赤坂RED/THEATER　作・演出：桑原裕子

◇「観客と舞台とのコレスポンダンスは（さいたまネクスト・シアター『2013年・蒼白の少年少女たちによるオイディプス王』，パルコ・プロデュース『ホロヴィッツとの対話』，トム・プロジェクト『熱風』）」みなもとごろう　テアトロ　874　2013.4　p46〜47

**Never Say Goodbye—ある愛の軌跡—**　[団]宝塚歌劇団

**4649** 上演：2006年5月26日〜7月2日　場所：東京宝塚劇場　作・演出：小池修一郎　音楽：フランク・ワイルドホーン

◇「宝塚というメタシアター—『Never Say Goodbye—ある愛の軌跡—』をめぐって」吉田季実子　シアターアーツ　28　2006.9　p87〜90

**NEVER SAY DREAM**　[団]Bunkamura

**4650** 上演：1994年4月6日〜4月17日　場所：シアターコクーン　作：台場達也　演出：栗山民也

◇「絶望の果てに何を見るのか（サードステージ『ゴドーを待ちながら』，扉座『ジプシー〜千の輪の切り株の上の物語』『新羅生門』，THE・ガジラ『カストリ・エレジー』，シアターコクーン『NEVER SAY DREAM』）」山登敬之　テアトロ　617　1994.6　p58〜62

**値踏み算**　[団]1980

**4651** 上演：2002年9月11日〜9月15日　場所：シアタートラム　作・演出：藤田傳

◇「寡黙な出だしと饒舌な芝居のことなど（トム・プロジェクト『子供騙し』，1980『値踏み算』，オフィス樹『ハルピン帰りのヤスケ』）」浦崎浩實

# ねむた

テアトロ　728　2002.11　p50～52

## 眠たしの虜　⦿突撃ネクタリン
***4652*** 上演：2000年2月12日～2月13日　場所：ウィングフィールド　作・演出：河合良平
◇「2月の関西 再演という反復（展覧会のA『風の中を跳べ、鯨…』、3つの木綿『柘榴』、突撃ネクタリン『眠たしの虜』、嘘つき『地球は踊らない』、C・T・T制作・杉山企画『ミレニアム・スウィート』）」太田耕人　テアトロ　693　2000.4　p111～113

## 眠っちゃいけない子守歌　⦿日高企画
***4653*** 上演：1984年6月20日～6月24日　場所：ジャン・ジャン　作：別役実　演出：村井志摩子
◇「おい そろそろ飯にしないか（ことばの劇場）」長谷部浩　新劇　31(8)　1984.8　p38～42

## 眠っちゃいけない子守歌　⦿水戸芸術館ACM劇場
***4654*** 上演：1995年3月11日～3月26日　場所：水戸芸術館　作：別役実　演出：山崎哲
◇「小劇場演劇の名作舞台は甦るか？（水戸芸術館ACM劇場『ジョン・シルバー』『ぼくらが非情の大河をくだる時』『眠っちゃいけない子守歌』）」山登敬之　テアトロ　629　1995.5　p61～62

## 眠らない僕の夜　⦿遊◎機械/全自動シアター
***4655*** 上演：1986年12月6日～12月12日　場所：バウスシアター　構成・演出：吉澤耕一
◇「世界はB級感覚」鴻英良　新劇　34(2)　1987.2　p22～27
◇「「風の駅」の感動」渡辺保　新劇　34(2)　1987.2　p34～39

## 眠らぬ月の下僕　⦿玉造小劇店
***4656*** 上演：2018年6月27日～7月1日　場所：近鉄アート館　作・演出：わかぎゑふ
◇「7月の関西 人物の半生を通し、近・現代の問題を照射（劇団・太陽族『Sumako』、玉造小劇店配給芝居『眠らぬ月の下僕』、遊劇舞台二月病『Delete』、ももちの世界『鎮骨に天使が眠っている』、エイチエムピー・シアターカンパニー『忠臣蔵・序 ビッグバン/抜刀』、劇団未来『斜交』）」九鬼葉子　テアトロ　950　2018.9　p73～75

## 眠り草　⦿唐組
***4657*** 上演：1999年5月21日～5月30日　場所：雑司ヶ谷鬼子母神　作・演出：唐十郎
◇「キオスク・牛丼・黒マント（遊園地再生事業団『おはようと、その他の伝言』、唐組『眠り草』、扉座『アゲイン—怪人二十面相の優しい夜—』）」長谷部浩　テアトロ　683　1999.7　p48～50

## 眠りの王たち　⦿ブリキの自発団
***4658*** 上演：1987年11月7日～11月24日　場所：ザ・スズナリ　作・演出：生田萬
◇「おののきの空間」佐々木幹郎　新劇　35(1)　1988.1　p32～37

## 眠りのともだち　⦿イキウメ
***4659*** 上演：2008年2月27日～3月9日　場所：赤坂RED/THEATER　作・演出：前川知大
◇「演技・あそび・虚構（まつもと市民芸術館『ジャックとその主人』、俳優座LABO『コンスタント・ワイフ』、イキウメ『眠りのともだち』）」斎藤偕子　テアトロ　805　2008.5　p44～45

## ねむり姫　⦿オルガンヴィトー
***4660*** 上演：2002年4月24日～4月29日　場所：ザ・スズナリ　作・演出：不二稿京
◇「確かな混沌、未整備の肉体の歓喜（オルガンヴィトー『バロウ』『ねむり姫』、東京タンバリン『ぐずるぜ』、鳥獣戯画『雲にのった阿国』）」浦崎浩實　テアトロ　723　2002.7　p62～63

## 眠り姫　⦿浪花グランドロマン
***4661*** 上演：1999年9月15日～9月19日　場所：大阪市内ベイエリア特設テント劇場　作・演出：浦部喜行
◇「大阪野外演劇フェスティバルのエネルギー—浪花グランドロマン『眠り姫』を中心に、そして『維新派』と『遊劇体』と」菊川徳之助　シアターアーツ　11　2000.1　p136～139

## 眠り姫　⦿文学座
***4662*** 上演：2004年3月28日～4月4日　場所：全労済ホール/スペース・ゼロ　作：ルーファス・ノリス　訳：鵜澤麻由子　演出：鵜山仁
◇「"な"の微妙な関係を描く（文学座アトリエの会『中二階な人々』、ペンギンプルペイルパイルズ『スマイル・ザ・スマッシャー』、文学座ファミリーシアター『眠り姫』）」浦崎浩實　テアトロ　750　2004.6　p52～53

## ネームリング　⦿世仁下乃一座
***4663*** 上演：1984年11月22日～11月26日　場所：タイニィ・アリス　作・演出：岡安伸治
◇「ある日、ぼくらは劇場のなかで出会う（ことばの劇場）」西村博子　新劇　32(2)　1985.2　p42～47

## 眠れない夜なんてない　⦿青年団
***4664*** 上演：2008年6月27日～7月6日　場所：吉祥寺シアター　作・演出：平田オリザ
◇「家族と国家を見据える（新国立劇場『混じりあうこと、消えること』、青年団『眠れない夜なんてない』、(社)日本劇場団協議会『3on3』）」丸田真悟　テアトロ　810　2008.9　p58～59

## 眠れぬ鳩　⦿U・快連邦
***4665*** 上演：1980年　場所：シアターグリーン　作：北村想　演出：鈴木完一郎
◇「「適度」の熱中と客席」堂本正樹　新劇　27(6)　1980.6　p26～29

## 眠れる森の死体　⦿一跡二跳
***4666*** 上演：1995年7月5日～7月9日　場所：青山円形劇場　作・演出：古城十忍
◇「人物が立つ（離風旋廻『赤い鳥逃げた…』、一跡二跳『眠れる森の死体』、文学座『愛の森』、つかこうへい事務所『銀ちゃんが逝く』、木山事務所『紙風船』『この道はいつかきた道』）」大沢圭司　テアトロ　685　1995.9　p70～73

## 眠れる森の美女　⦿一跡二跳
***4667*** 上演：2005年3月15日～3月24日　場所：ザムザ阿佐谷　作：別役実　演出：伊藤大

◇「芸術家の運命と〈体制〉(風琴工房『機械と音楽』, ペンギンプルペイルパイルズ『機械』, 一跡二跳『眠れる森の美女』)」浦崎浩實 テアトロ 763 2005.5 p60〜61

**眠れる森の美女** 〓演劇集団円
***4668*** 上演:1990年9月14日〜9月23日 場所:シアターサンモール 作:別役実 演出:岸田良二
◇「約束の在り処」岡本蛍 しんげき[37](11) 1990.11 p40〜42

**年中無休!朝日堂も春** 〓カクスコ
***4669*** 上演:1992年4月19日〜4月27日 場所:シアタートップス 作:MEN, 青島利幸 演出:中村育二
◇「大都会に住む青年の心情がズバリ浮き彫りにされて」風間研 Les Specs 39(7) 1992.7 p16〜17

## 【の】

**ノーアート、ノーライフ** 〓ナイロン100℃
***4670*** 上演:2001年11月1日〜11月13日 場所:本多劇場 作・演出:ケラリーノ・サンドロヴィッチ
◇「キムラ緑子の快演は掘り出し物(M.O.P.『ジンジャーブレッド・レディはなぜアル中になったのか』, ナイロン100℃『ノーアート、ノーライフ』, ザ・ガジラ『或る憂鬱』)」内田洋一 テアトロ 717 2002.1 p56〜58

**ノイゼス・オフ** 〓シェイクスピア・シアター
***4671*** 上演:1989年2月17日〜2月26日 場所:青山円形劇場 作:マイケル・フレイン 訳:松岡和子 演出:出口典雄
◇「おいしい役者たち」林あまり 新劇 36(5) 1989.5 p38〜41

**ノイゼス・オフ** 〓CATプロデュース
***4672*** 上演:2011年6月9日〜6月26日 場所:あうるすぽっと 作:マイケル・フレイン 訳:小田島恒志 演出:千葉哲也
◇「3・11後の現実に向き合う舞台(燐光群『推進派』, 文学座アトリエ『にもかかわらず, ドン・キホーテ』, 世田谷パブリックシアター『モリー・スウィーニー』, あうるすぽっと『NOISES OFF』)」丸田真悟 テアトロ 851 2011.8 p48〜50

**ノイゼーズ・オフ 舞台裏騒ぎ** 〓松竹
***4673*** 上演:1983年10月1日〜10月25日 場所:サンシャイン劇場 作:マイケル・フレイン 訳・演出:和田豊
◇「舞台裏から芝居を観ると(松竹『ノイゼーズ・オフ』)」結城雅秀 テアトロ 490 1983.12 p26〜29

**NO WAY OUT!…出口なし** 〓コズミックシアター
***4674*** 上演:1998年9月3日〜9月6日 場所:セルフ・ソウ・アートギャラリー 作・演出:ジャニス・A・リン
◇「9月の関西 日常生活をどう描き出すか(インパクトD『UNDERGROUND』, コズミックシアター『NO WAY OUT』, 関西芸術座『遥かなる甲子園』, 潮流『あひるの靴』, 199Q太陽族『それを夢と知らない』)」宮辻政夫 テアトロ 674 1998.11 p82〜84

**農業少女** 〓東京芸術劇場
***4675*** 上演:2009年11月19日〜11月23日 場所:東京芸術劇場小ホール2 作:野田秀樹 訳・演出:ニコン・セタン
◇「他者とはどこにいるのかバンコク・シアターネットワーク×東京芸術劇場『赤鬼』『農業少女』」高橋宏幸 シアターアーツ 41 2009.12 p114〜117
***4676*** 上演:2010年3月1日〜3月31日 場所:東京芸術劇場小ホール1 作:野田秀樹 演出:松尾スズキ
◇「原罪としての象殺し(トム・プロジェクト『藤島土建』, 野田秀樹芸術監督就任記念プログラム『農業少女』, 新国立劇場『象』)」内田洋一 テアトロ 833 2010.5 p44〜46

**農業少女** 〓NODA・MAP
***4677*** 上演:2000年9月8日〜10月9日 場所:シアタートラム 作・演出:野田秀樹
◇「いままで生きてしまった、ということ(ナイロン100℃『ナイス・エイジ』, NODA・MAP番外公演『農業少女』, カメレオン会議『モナ美』)」林あまり テアトロ 700 2000.11 p118〜119

**能・21シリーズI** 〓演奏舞台
***4678*** 上演:1998年10月27日〜10月28日 場所:北沢タウンホール 訳・構成・演出:久保田猛
◇「佐野史郎・伊藤克・北島角子の力量(トム・プロジェクト『マラカス一消尽』, 同人会+現代『椎名麟三没後25周年記念公演』, 夜の樹『夜の隣人たち』, 演奏舞台『能・21・シリーズ1』, 沖縄実験劇場『山のサバニーヤンバル・パルチザン伝』)」浦崎浩實 テアトロ 677 1999.1 p78〜80

**能・21シリーズII** 〓演奏舞台
***4679*** 上演:2002年7月12日〜7月14日 場所:アトリエフォンテーヌ 作・演出:久保田猛 演出:兼都代実
◇「光は闇の中に輝いている一(昴『ゆうれい貸屋』, 広島の女上演委員会『星よ降れ震える世界よ』, 演奏舞台『能・21シリーズII』, 青七『サイロの砦』)」浦崎浩實 テアトロ 726 2002.9 p49〜51

**能・21シリーズIII** 〓演奏舞台
***4680*** 上演:2004年12月3日〜12月5日 場所:アトリエフォンテーヌ 作:久保田猛(通盛・花子), 柳原和音(籠太鼓) 演出:兼都代実(通盛), 浅井星太郎(花子), 久保田猛(籠太鼓)
◇「歴史を裁く講壇(アリストパネス・カンパニー『松蔭狂詩曲』, 虹企画・ぐるぷしゅら『731の幻

想」、演奏舞台『能・21シリーズⅢ』、俳優座劇場プロデュース『十二人の怒れる男たち』)」中本信幸　テアトロ　760　2005.9　p56〜58

### 野鴨　俳優座
**4681**　上演：1980年12月8日〜12月25日　場所：俳優座劇場　作：イプセン　訳：毛利三彌　演出：阿部廣次
◇「役者ぶりの次へ」堂本正樹　新劇　28(2)　1981.2　p26〜29

### 野鴨　文学座
**4682**　上演：2016年4月16日〜4月30日　場所：文学座アトリエ　作：イプセン　訳：原千代海　演出：稲葉賀恵
◇「現代日本の問題とは(青年劇場『雲ヲ摑ム』、モダンスイマーズ『嗚呼いま、だから愛。』、文学座『野鴨』、青年座『フォーカード』)」丸田真悟　テアトロ　919　2016.7　p44〜46

### 野鴨中毒　結城座、ベトナム青年劇場
**4683**　上演：2016年3月16日〜3月21日　場所：東京芸術劇場シアターイースト　原作：イプセン　脚本・演出：坂手洋二　人形美術・衣装：寺門孝之
◇「夫婦と家族の形を見つめる(文学座『春疾風』、ワンツーワークス『死に顔ピース』、結城座＋ベトナム青年劇場『野鴨中毒』)」丸田真悟　テアトロ　918　2016.6　p34〜35

### ノクターン—月下の歩行者　新国立劇場, 維新派
**4684**　上演：2003年9月8日〜9月21日　場所：新国立劇場　構成・演出：松本雄吉　音楽監督・作曲：内藤和久
◇「表現への欲求と必然性(宇ість堂『りぼん』、新国立劇場/維新派『ノクターン』、青年劇場『キジムナー・キジムナー』)」丸田真悟　テアトロ　742　2003.11　p56〜58

### nostalgia　維新派
**4685**　上演：2007年6月29日〜7月11日　場所：大阪城ホール西倉庫内特設劇場 ウルトラマーケット　作・演出：松本雄吉
◇「二十世紀を旅する—維新派『nostalgia』」太田耕人　シアターアーツ　32　2007.9　p88〜90
◇「7月の関西 物語化されない記憶(維新派『nostalgia』、劇団・太陽族『越境する蝸牛』、遊劇体『天守物語』)」太田耕人　テアトロ　796　2007.9　p66〜68

### のぞき穴、哀愁　MONO
**4686**　上演：2014年3月6日〜3月12日　場所：HEP HALL　作・演出：土田英生
◇「3月の関西 二元論の彼方に(MONO『のぞき穴、哀愁』、メイシアタープロデュース SHOW劇場『グッド・バイ』)」太田耕人　テアトロ　889　2014.5　p50〜51

### 野田版・愛陀姫　松竹
**4687**　上演：2008年8月9日〜8月27日　場所：歌舞伎座　作・演出：野田秀樹
◇「歌舞伎とオペラの距離—野田秀樹『野田版・愛陀姫』」嶋田直哉　シアターアーツ　37　2008.12　p96〜98

### 野田版・国性爺合戦　銀座セゾン劇場
**4688**　上演：1989年11月1日〜12月24日　場所：銀座セゾン劇場　作・演出：野田秀樹
◇「演技と劇場」長谷部浩　新劇　37(1)　1990.1　p34〜37
◇「キャスティングと本の枠組み(銀座セゾン劇場『野田版・国性爺合戦』)」村井健　テアトロ　563　1990.1　p26〜27

### 野田秀樹のから騒ぎ　東宝
**4689**　上演：1990年8月2日〜8月24日　場所：日生劇場　作：シェイクスピア　訳：小田島雄志　演出：野田秀樹
◇「真夏の夜に"踊るポンポコリン"を見た」豊崎由美　しんげき　37(10)　1990.10　p38〜41
◇「長かった少年の月日」岡本蛍　しんげき　37(10)　1990.10　p46〜49

### 野田秀樹の十二夜　東宝
**4690**　上演：1986年7月5日〜7月28日　場所：日生劇場　作：シェイクスピア　訳：小田島雄志　演出：野田秀樹
◇「演出家の度胸」佐々木幹郎　新劇　33(10)　1986.10　p28〜33
◇「世界はB級感覚」鴻英良　新劇　34(2)　1987.2　p22〜27

### のたり、のたり　桃園会
**4691**　上演：2002年3月12日〜3月14日　場所：カラビンカ　作：深津篤史　演出：キタモトマサヤ
◇「3月の関西 差異としての関係(桃園会『のたり、のたり』、『四季一会』、アグリーダックリング『がくぶちの王国』、異国幻燈舎『殿上湯の旦那』、あうん堂『あまつつみ』)」太田耕人　テアトロ　721　2002.5　p56〜58

### のたり、のたり　遊劇体
**4692**　上演：2017年11月23日〜11月26日　場所：ウィングフィールド　作：深津篤史　演出：キタモトマサヤ
◇「12月の関西 大阪劇団協議会フェスティバルに力作続く(劇団未来『静かな海へ—MINAMATA—』、劇団大阪『ここにライオンはいない』、劇団潮流『夢見る言葉』、遊劇体『のたり、のたり』、極東退屈劇場『ファントム』)」九鬼葉子　テアトロ　942　2018.2　p75〜77

### ノット アバウト ナイチンゲール　兵庫県立ピッコロ劇団
**4693**　上演：2009年6月5日〜6月10日　場所：ピッコロシアター　作：テネシー・ウィリアムズ　演出：松本祐子
◇「6月の関西 肉体と声(兵庫県立ピッコロ劇団『ノット アバウト ナイチンゲール』、南河内万歳一座『似世物小屋』、遊劇体『海神別荘』)」太田耕人　テアトロ　823　2009.8　p49〜51

## NOTORIOUS BEAUTY 　㈲パラノイア百貨店
**4694** 上演：1992年4月18日〜4月26日　場所：ザ・スズナリ　作：岡本圭之輔　演出：林和義
　◇「ボディ・コンシャス・ミュージック」三田格　Les Specs　39（7）　1992.7　p24〜25

## のにさくはな　㈲タイタスプロジェクト2001
**4695** 上演：2001年9月29日〜10月8日　場所：京大西部講堂前野外劇場　脚本：深津篤史　演出：キタモトマサヤ
　◇「10月の関西 世界の現れ方をみつめる（タイタスプロジェクト2001『のにさくはな』、ピッコロ劇団『夢幻家族』、ら・すとら〜だ『S高原から』）」太田耕人　テアトロ　715　2001.12　p74〜76

## のにさくはな　㈲桃園会
**4696** 上演：2014年2月6日〜2月10日　場所：AI・HALL　作・演出：深津篤史
　◇「2月の関西 現実を映す（桃園会『のにさくはな』、伏兵コード『留鳥の根』）」太田耕人　テアトロ　888　2014.4　p50〜51

## 野火　㈲俳優座
**4697** 上演：2006年12月6日〜12月20日　場所：俳優座5F稽古場　原作：大岡昇平　作・演出：鐘下辰男
　◇「肉体に刻まれる歴史の刻印（名取事務所＋シアターX『ゆうれい』、T FACTORY『黒いぬ』、俳優座『野火』）」斎藤偕子　テアトロ　788　2007.2　p58〜59

## 信長　㈲め組
**4698** 上演：2009年7月31日〜8月4日　場所：吉祥寺シアター　作：合馬百香　演出：与儀英一
　◇「怪しい噺の真（め組『信長』、NLT『花の元禄後始末』、シス・カンパニー『怪談 牡丹燈籠』）」中本信幸　テアトロ　825　2009.10　p46〜47

## 上りの始発―丸子組、旅に出る　㈲カクスコ
**4699** 上演：1997年5月1日〜5月25日　場所：シアター・トップス　原作：藤森有紀　作・演出：中村育二
　◇「チェーホフを縦糸として（T.P.T『イサドラ』、流山児★事務所『ザ・寺山』、カクスコ『上りの始発〜丸子組旅にでる』、R・U・Pプロデュース『広島に原爆を落とす日』）」長谷部浩　テアトロ　658　1997.8　p57〜61

**4700** 上演：2000年7月18日〜7月31日　場所：紀伊國屋ホール　原作：藤森有紀　作・演出：中村育二
　◇「芝居は「汚れた水をかくす川」か？（こまつ座『連鎖街のひとびと』、シアターXプロデュース『一人だけの「検察官」』、カクスコ『上りの始発―丸子組、旅に出る』）」七字英輔　テアトロ　698　2000.9　p45〜47

## 蚤とり侍　㈲1980
**4701** 上演：1995年6月14日〜6月18日　場所：萬スタジオ　作：小松重男　演出：藤田傳
　◇「「多重化」の意味（青山劇場『ラ・マンチャの男』、1980『蚤とり侍』、木山事務所『命を弄ぶ男ふたり』『壊れた風景』、花企画『吾心の深き底には』、円小劇場の会『蛇』『雨空』）」大沢圭司　テアトロ　632　1995.8　p65〜68

## ノーラ　㈲カンパニーデラシネラ
**4702** 上演：2013年12月7日〜12月8日　場所：あうるすぽっと　原作：イプセン　テキスト：山口茜　演出：小野寺修二
　◇「ノーラ競演（承前）―現代イプセン演劇祭（日本：カンパニーデラシネラ『ノーラ』、日本：名取事務所『ふたりのノーラ』、チリ：マリアシアター『ノーラ・ヘルメルを追いかけて』）」斎藤偕子　テアトロ　887　2014.3　p64〜65

## ノーラ　㈲tgSTAN
**4703** 上演：2013年11月27日〜11月28日　場所：あうるすぽっと　作：イプセン
　◇「魅惑的ノーラ競演（前）現代イプセン演劇祭（ノルウェー：ユーニ・ダール『イプセンの女たち』、ベルギー：ティージースタン『ノーラ』、ルーマニア：国立ラドゥ・スタンカ劇場『ノーラ』）」斎藤偕子　テアトロ　886　2014.2　p70〜71

## ノーラ　㈲ルーマニア国立ラドゥ・スタンカ劇場
**4704** 上演：2013年12月5日〜12月5日　場所：あうるすぽっと　作：イプセン　演出：ラドゥ・アレクサンドル・ニカ
　◇「魅惑的ノーラ競演（前）現代イプセン演劇祭（ノルウェー：ユーニ・ダール『イプセンの女たち』、ベルギー：ティージースタン『ノーラ』、ルーマニア：国立ラドゥ・スタンカ劇場『ノーラ』）」斎藤偕子　テアトロ　886　2014.2　p70〜71

## 野良犬　㈲コンチック・ショー
**4705** 上演：1998年1月21日〜1月25日　場所：中野光座　作・演出：沼田康弘
　◇「新人の味わい、ヴェテランの舶帰！（北区つかこうへい劇団新人劇作家公演No.1、文化座アトリエ『思い出してよ！』、レクラム舎＋シアターX『梅花美しき日々』、コンチック・ショー『野良犬』、Nest『Circulation Module』）」浦崎浩實　テアトロ　667　1998.4　p56〜58

## ノラ―人形の家より　㈲シャウビューネ劇場
**4706** 上演：2005年6月17日〜6月21日　場所：世田谷パブリックシアター　作：イプセン　演出：トーマス・オスターマイアー
　◇「問題劇か風俗劇か（世田谷パブリックシアター企画制作／シャウビューネ劇場『ノラ―人形の家より』『火の顔』）」毛利三彌　テアトロ　768　2005.9　p53〜55

## ノーラ・ヘルメルを追いかけて　㈲マリアシアター
**4707** 上演：2013年11月27日〜12月8日　場所：あうるすぽっと　演出：A・フォン＝フンメル
　◇「ノーラ競演（承前）―現代イプセン演劇祭（日本：カンパニーデラシネラ『ノーラ』、日本：名取事務所『ふたりのノーラ』、チリ：マリアシアター『ノーラ・ヘルメルを追いかけて』）」斎藤偕子　テアトロ　887　2014.3　p64〜65

## 野分立つ　㈲文学座
**4708** 上演：1995年10月22日〜10月30日　場所：

東京芸術劇場小ホール2　作：川崎照代　演出：藤原新平
　◇「日米共同による2言語の芝居(昴・MRT『沈黙』、文学座『野分立つ』『噂のチャーリー』、こまつ座『父と暮せば』、二兎社『パパのデモクラシー』、シアター・コクーン『阿呆劇・フィガロの結婚』、博品館劇場『ブラック・コメディ』)」結城雅秀　テアトロ　638　1996.1　p63〜69

**4709** 上演：2002年4月27日〜5月2日　場所：俳優座劇場　作：川崎照代　演出：藤原新平
　◇「観客と一体となる稀有な舞台(文学座『野分立つ』、唐組『糸女郎』、手織座『湯葉と文鎮』)」佐藤康平　テアトロ　723　2002.7　p54〜53

## 【は】

### 廃屋の怪人・パウル氏　㈳演劇集団円
**4710** 上演：1997年3月14日〜3月23日　場所：シアターX　作：タンクレート・ドルスト　訳：岩淵達治　演出：ヨッシー・ヴィラー
　◇「ドイツ的なるものと日本的なるもの(円『廃屋の怪人・パウル氏』、東京演劇アンサンブル『魔子とルイズ』、ラッパ屋『鰻の出前』)」七字英輔　テアトロ　655　1997.5　p70〜72

### 廃屋のパーティ　㈳民藝
**4711** 上演：1981年6月6日〜6月14日　場所：砂防会館ホール　作：エデュアルド・マネ　訳・演出：渡辺浩子
　◇「過去が現実と接触する時(民芸『廃屋のパーティ』)」ほんちえいき　テアトロ　462　1981.8　p26〜29

### 梅花美しき日々　㈳レクラム舎、シアターX
**4712** 上演：1998年2月17日〜2月22日　場所：シアターX　作：小松幹生　演出：赤石武生
　◇「新人の味わい、ヴェテランの韜晦！(北区つかこうへい劇団新人劇作家公演No.1,文芸座アトリエ『思い出してよ！』、レクラム舎＋シアターX『梅花美しき日々』、コンチック・ショー『野良犬』、Nest『Circulation Module』)」浦崎浩實　テアトロ　667　1998.4　p56〜58

### 廃墟　㈳青年座
**4713** 上演：1996年10月19日〜10月24日　場所：俳優座劇場　作：三好十郎　演出：鐘下辰男
　◇「ポストコロニアルの視線—鐘下辰男の二つの「戦争」」内野儀　シアターアーツ　8　1997.5　p112〜115
　◇「リアルで迫力満点の鐘下演出(水谷内助義プロデュース『廃墟』、花企画『白い椿が咲いた』)」江原吉博　テアトロ　649　1996.12　p64〜65

### 廃墟　㈳東演、文化座
**4714** 上演：2015年5月29日〜6月1日　場所：文化座アトリエ　作：三好十郎　演出：鵜山仁
　◇「人間の不条理、そして議論劇(Pカンパニー『ジョバンニの父への熱』、演劇集団円『バースデイ・パーティー』、東演・文学座『廃墟』)」結城雅秀　テアトロ　907　2015.8　p37〜38

### 黴菌　㈳Bunkamura
**4715** 上演：2010年12月4日〜12月26日　場所：シアターコクーン　作・演出：ケラリーノ・サンドロヴィッチ
　◇「人間の心の闇に迫る(世田谷パブリックシアター『現代能楽集V』、兵庫県立芸術文化センター『令嬢ジュリー』,Bunkamura『黴菌』)」北川登園　テアトロ　844　2011.2　p56〜57

### ハイキング　㈳転形劇場
**4716** 上演：1986年6月20日〜6月24日　場所：T2スタジオ　作：別役実　演出：井上浩司
　◇「「笑い」から「泣き」まで」佐々木幹郎　新劇　33(9)　1986.9　p28〜33

### 拝啓フィリップ・トルシエ様　㈳S.W.A.T！
**4717** 上演：2002年3月22日〜3月31日　場所：本多劇場　作・演出：四大海
　◇「時代を巧みに映し出す舞台(ストアハウスカンパニー『Territory』,S.W.A.T！『拝啓フィリップ・トルシエ様』、人間座・亀の子新社制プロデュース『青春を返せ！』、グループしぜん『捨吉』『お、酒よ』)」佐藤康平　テアトロ　722　2002.6　p48〜49

### 廃車長屋の異人さん　㈳SPAC(静岡県舞台芸術センター)
**4718** 上演：2007年3月17日　場所：静岡芸術劇場　演出：ゴーリキー　演出：鈴木忠志
　◇「グローカルの強み生かした三つの舞台(イルホム劇場『コーランに倣いて』、SPAC『廃車長屋の異人さん』、楽天団『レインボーズ・エンド』)」村井健　テアトロ　792　2007.6　p40〜42

### 背信　㈳俳優座
**4719** 上演：1980年11月20日〜12月4日　場所：俳優座劇場　作：ハロルド・ピンター　訳：喜志哲雄　演出：島田安行
　◇「過ぎ去った時間(俳優座『背信』)」柴田稔彦　テアトロ　456　1981.2　p34〜35

### 背信の日々　㈳文学座
**4720** 上演：1994年12月3日〜12月13日　場所：紀伊國屋ホール　作：ヒュー・ホワイトモア　訳：安西徹雄　演出：西川信廣
　◇「古典を伝統的な手法で演出する(円,六行会『十二夜』、オクスフォード劇団『ロミオとジュリエット』、桜花舎『贋の侍女』、銀座セゾン劇場『エンジェルス・イン・アメリカ』、文学座『背信の日々』、ハーフムーン・シアター『リタ・ジョーの幻想』、一跡二跳『愛しすぎる男たち』、青社『怪盗三日月丸』)」結城雅秀　テアトロ　626　1995.2　p62〜70

### 背水の孤島　㈳トラッシュマスターズ
**4721** 上演：2011年9月9日〜9月19日　場所：笹塚ファクトリー　作・演出：中津留章仁
　◇「「現代」を描く気鋭の新作3本(トラッシュマスターズ『背水の孤島』、ポツドール『おしまいのとき』、文学座『連結の子』)」七字英輔　テアトロ　854　2011.11　p46〜48

## ハイツブリが飛ぶのを ㊄iaku
**4722** 上演：2017年11月2日～11月6日　場所：ウィングフィールド　作：横山拓也　演出：上田一軒
◇「11月の関西 権力構造の矛盾突く(清流劇場『メアリー・ステュアート』,劇団犯罪友の会『ことの葉こよみ』,匿名劇壇『悪い癖』,空晴『遠くの花火』,iaku『ハイツブリが飛ぶのを』)」九鬼葉子　テアトロ　941　2018.1　p42～44

## バイトショウ ㊄扉座
**4723** 上演：2013年10月16日～10月27日　場所：座・高円寺1　作・演出・作詞：横内謙介　音楽監督・作曲：深沢桂子　振付：ラッキィ池田,彩木エリ
◇「遠くて近い芝居の珍味(虹企画/ぐるぶシュラ『テネシィ・ウィリアムズの世界Ⅵ』,新宿梁山泊『月の家』,扉座『バイトショウ』)」中本信幸　テアトロ　883　2013.12　p52～53

## ハイナー・ミュラーの使い方 ㊄太虚〈TAO〉
**4724** 上演：1997年3月27日～3月31日　場所：シアターX　作：ハイナー・ミュラー　構成・演出：鈴木絢士
◇「混沌に響く歌声(太虚<TAO>『ハイナーミュラー・アンソロジー』,プロダクション坂手塚プレゼンツ『男の一生』,コーロ・カロス『ヴィヨン 笑う中世』,黒テント『夕日の老人ブルース』)」大岡淳　テアトロ　656　1997.6　p70～72

## バイパー NODA・MAP
**4725** 上演：2009年1月4日～2月28日　場所：シアターコクーン　作・演出：野田秀樹
◇「それぞれの生き方(民藝『海霧』,文学座アトリエの会『日陰者に照る月』,NODA・MAP『バイパー』)」水落潔　テアトロ　817　2009.3　p55～57

## バイバイ ㊄演劇集団よろずや
**4726** 上演：2013年8月10日～8月11日　場所：ABCホール　作・演出：寺田夢酔
◇「8月の関西 記号の記号として(演劇集団よろずや『バイバイ』,中野組団『イレカワ』)」太田耕人　テアトロ　881　2013.10　p48～49

## バイ・マイセルフ ㊄松竹,パルコ
**4727** 上演：1997年4月25日～5月25日　場所：PARCO劇場　作：三谷幸喜　演出：山田和也
◇「"メメント・モリ"の変奏(パルコ・松竹提携『バイ・マイセルフ』,青年座『フエシロ』,演劇集団円『春のうららの隅田川』,青年劇場『こんにちはかぐや姫』)」みなもとごろう　テアトロ　657　1997.7　p58～61

## ハイ・ライフ ㊄流山児★事務所
**4728** 上演：2001年3月6日～3月11日　場所：シアターX　作：リー・マクドゥーガル　演出：流山児祥
◇「優美に苦悩する情熱的なヒロイン(エイコーン『薔薇の刺青』,パルコ劇場『ラ・テラス』,メープルリーフ・シアター『パレードを待ちながら』,流山児★事務所『ハイ・ライフ』)」結城雅秀　テアトロ　707　2001.5　p52～55

**4729** 上演：2003年12月2日～12月10日　場所：ザ・スズナリ　作：リー・マクドゥーガル　訳：吉原豊司　台本・演出：流山児祥　音楽：トムソン・ハイウェイ
◇「嘘から真実が(アリストパネス・カンパニー『喪服のエレクトラ』,流山児★事務所『ハイ・ライフ』,青年座『カゾク・カレンダー』,一跡二跳『パラサイト パラダイス』,S.W.A.T『第八八独立普通科連隊 西へ！』)」中本信幸　テアトロ　746　2004.2　p64～66

## パイレーツ・オブ花山田小学校 ㊄うりんこ
**4730** 上演：2007年9月6日　場所：かめありリリオホール　作・演出：佃典彦　音楽：ノノヤマナコ
◇「虚構の魔力(うりんこ『パイレーツ・オブ花山田小学校』,青果鹿『焔の黄土,のたうつ龍』,青年劇場『シャッター通り商店街』)」中本信幸　テアトロ　798　2007.11　p50～51

## ハーヴィーからの贈り物 ㊄NLT
**4731** 上演：2006年6月16日～6月25日　場所：俳優座劇場　作：メアリー・チェイス　訳：黒田絵美子　演出：グレッグ・デール
◇「素晴らしい二村周作の美術(文化座『鈴が通る』,一跡二跳『平面になる』,NLT『ハーヴィーからの贈り物』,朋友『円山町幻花』)」みなもとごろう　テアトロ　781　2006.8　p57～59

## ハーヴェイ ㊄俳優座劇場
**4732** 上演：2016年11月17日～11月27日　場所：俳優座劇場　作：メアリー・チェイス　訳：常田景子　演出：西川信廣
◇「意味ある古典の再読(演劇団『景清』,東演『琉球の風』,俳優座劇場『ハーヴェイ』)」杉山弘　テアトロ　928　2017.2　p56～57

## Housewarming ㊄京都芸術センター
**4733** 上演：2012年8月3日～8月5日　場所：船鉾町家　演出：ミア・カバルフィン,ロサム・プルデンシャド・Jr.
◇「大きなテーマを「町家」という空間に包み込んで－ミア＆ロサム『Housewarming』」上念省三　シアターアーツ　52　2012.10　p81～84

## パウダー・ケグ ㊄燐光群
**4734** 上演：2000年4月6日～4月19日　場所：ザ・スズナリ　作：デヤン・ドゥコフスキ　訳：常田景子　演出：坂手洋二
◇「ドラマに見る歴史の種々相(民藝『オットーと呼ばれる日本人』,日本・ハンガリー友好演劇『鉄格子』,燐光群『パウダー・ケグ』,パルコ劇場『サイドマン』)」渡辺淳　テアトロ　695　2000.6　p50～52

## バウンテイフルへの旅 ㊄民藝
**4735** 上演：2014年12月6日～12月20日　場所：三越劇場　作：ホートン・フート　訳・演出：丹野郁弓
◇「家族間の憎しみ、故郷への愛着(シス・カンパ

ニー『鼬』,民藝『バウンテイフルへの旅』,新国立劇場『星ノ数ホド』)」水落潔 テアトロ 900 2015.2 p108〜109

**蠅取り紙 山田家の5人兄妹** [団]自転車キンクリートSTORE

**4736** 上演:1999年7月17日〜7月25日 場所:全労済ホール/スペース・ゼロ 作:飯島早苗 作・演出:鈴木裕美

◇「電話のない空間を待ちながら…(自転車キンクリートSTORE『蠅取り紙 山田家の5人兄妹』,石井愃一プロデュース『僕の錬金時間』,MODE『女と男のいる舗道』,無条件降伏委員会『臍』)」浦崎浩實 テアトロ 685 1999.9 p68〜69

**蝿の王** [団]青年座

**4737** 上演:1988年9月4日〜9月11日 場所:青年座劇場 原作:ゴールディング 脚色:レフ・ドージン 訳:桜井郁子 演出:高木達

◇「困難な時代に立ち昇る「物語」とは?」衛紀生 新劇 35(11) 1988.11 p26〜29

**蝿の王** [団]レニングラード・マールイ・ドラマ劇場

**4738** 上演:1989年8月22日〜9月16日 場所:銀座セゾン劇場 原作:ゴールディング 脚色・演出:レフ・ドージン

◇「不条理とリアリズム(レニングラード・マールイ・ドラマ劇場『蝿の王』)」村井健 テアトロ 561 1989.11 p24〜26

**蝿の王** [団]ワンツーワークス

**4739** 上演:2018年3月1日〜3月11日 場所:赤坂RED/THEATER 作・演出:古城十忍

◇「一緒になりたい相手が、消えてしまう…(椿組『毒おんな』,加藤健一事務所『ドレッサー』,劇団東演『臨時病室』,ワンツーワークス『蝿の王』)」結城雅秀 テアトロ 945 2018.5 p29〜31

**破戒** [団]京楽座

**4740** 上演:2006年10月11日〜10月15日 場所:俳優座劇場 原作:島崎藤村 脚本:中川小鐵 演出:西川信廣

◇「海に生きる者の夢とロマン(東京演劇アンサンブル『海の五十二万石』,オフィス樹『オホーツクの女』,青年座『ブンナよ、木からおりてこい』,京楽座『破戒』)」結城雅秀 テアトロ 785 2006.12 p46〜49

**破壊裁判** [団]演奏舞台

**4741** 上演:2001年5月3日〜5月5日 場所:アトリエフォンテーヌ 原作:高木彬光 台本・演出:久保田猛

◇「本物の三遺言を含んだ「午後の遺言状」(オフィス・イレブン製作『午後の遺言状』,R+1『ブラック・グラフティ』,演奏舞台『破壊裁判』)」佐藤康平 テアトロ 709 2001.7 p54〜53

**馬鹿一の夢** [団]民藝,三越劇場

**4742** 上演:1987年11月27日〜12月3日 場所:三越劇場 作:武者小路実篤 演出:宇野重吉

◇「宇野重吉の死」渡辺保 新劇 35(3) 1988.3 p34〜39

**破壊ランナー** [団]惑星ピスタチオ

**4743** 上演:1999年6月10日〜6月25日 場所:シアターアプル 作・演出:西田シャトナー

◇「「屈託」の無い屈託(ギィ・フォワシィ・シアター『湾岸から遠く離れて』,惑星ピスタチオ『破壊ランナー』)」里見宗律 テアトロ 684 1999.8 p60〜61

**博士の愛した数式** [団]青年劇場

**4744** 上演:2006年8月16日〜8月23日 場所:青年劇場スタジオ結 原作:小川洋子 脚本・演出:福山啓子

◇「「聖」と「俗」のあわいに…(青年劇場スタジオ結(Yui)『博士の愛した数式』,東京芸術座『よだかの星―わが子よ、賢治―』,海亀の産卵『回遊〜せいリング』)」中本信幸 テアトロ 784 2006.11 p56〜57

**端敵★天下茶屋** [団]扉座

**4745** 上演:2012年10月17日〜10月28日 場所:座・高円寺 作・演出:横内謙介

◇「切り捨てられた者たちの意地(文学座『貘さんがゆく』,青年座『タカラレ六郎の仇討ち』,扉座『端敵★天下茶屋』)」丸田真悟 テアトロ 871 2013.1 p48〜49

**博多小女郎波枕** [団]兵庫県立ピッコロ劇団

**4746** 上演:2012年6月15日〜6月20日 場所:ピッコロシアター 作:近松門左衛門 脚本・構成・演出:鐘下辰男

◇「6月の関西 再演される〈現在〉(土田英生セレクション『燕のいる駅』,劇団大阪『イノセント・ピープル』,南河内万歳一座『夕陽ヶ丘まぼろし営業所』,兵庫県立ピッコロ劇団『博多小女郎波枕』)」太田耕人 テアトロ 865 2012.8 p51〜53

**儚みのしつらえ** [団]トラッシュマスターズ

**4747** 上演:2014年11月7日〜11月12日 場所:紀伊國屋ホール 作・演出:中津留章仁

◇「演劇と文学へのオマージュ(加藤健一事務所『ブロードウェイから45秒』,Bunkamura『皆既食』,トラッシュマスターズ『儚みのしつらえ』)」小山内伸 テアトロ 899 2015.1 p26〜27

**バカのカベ** [団]加藤健一事務所

**4748** 上演:2012年11月15日〜12月2日 場所:本多劇場 作:フランシス・ヴェベール 訳・演出:鵜山仁

◇「深みと拡がりを増した世界(イキウメ『まとめ*図書館的人生(上)』,豊島区テラヤマプロジェクト実行委員会『地球☆空洞説』,燐光群『星の息子』,加藤健一事務所『バカのカベ』)」丸田真悟 テアトロ 872 2013.2 p78〜80

**バカのカベ〜フランス風** [団]加藤健一事務所

**4749** 上演:2015年4月24日〜5月3日 場所:本多劇場 作:フランシス・ヴェベール 演出:鵜山仁

◇「直視を促す表現方法(フランス演劇クレアシオン『私は太田、広島の川』,加藤健一事務所『バカのカベ』,新国立劇場『海の夫人』)」斎藤偕子 テアトロ 905 2015.7 p30〜31

**バカ爆発**　㋲人力舎，シアターアプル
*4750* 上演：1991年　場所：シアターアプル
　◇「飽食観劇」岡本蛍　しんげき　38(13)
　　1991.12　p78〜81

**袴垂れはどこだ**　㋲新人会
*4751* 上演：1984年5月30日〜6月6日　場所：俳優座劇場　作：福田善之　演出：八田満穂
　◇「時代を振りかえる意味(新人会『袴垂れはどこだ』，民芸『林檎園日記』)」八橋卓　テアトロ498　1984.8　p26〜29

**袴垂れはどこだ**　㋲俳小
*4752* 上演：2017年12月13日〜12月17日　場所：シアターX　作：福田善之　演出：シライケイタ
　◇「状況変れど生き抜く力(菅間馬鈴薯堂『光合成クラブ・Ⅱ〜男のいない女たち〜』，直井おさむ企画『同窓会へようこそ』，劇団俳小『袴垂れはどこだ』，劇団黒テント『浮かれるベリカン』)」黒羽英二　テアトロ　943　2018.3　p76〜78

**萩家の三姉妹**　㋲二兎社
*4753* 上演：2000年11月4日〜11月19日　場所：シアタートラム　作・演出：永井愛
　◇「ニュー・ヨークの『寺山修司』！(リチャード・フォアマン『バッドボーイ・ニーチェ！』，二兎社『萩家の三姉妹』，音楽座『メトロに乗って』，英国ヤング・ヴィック劇場『ジュリアス・シーザー』)」結城雅秀　テアトロ　703　2001.1　p56〜59
*4754* 上演：2003年10月11日〜10月19日　場所：世田谷パブリックシアター　作・演出：永井愛
　◇「戦後を経てたどり着いた世界(新国立劇場『夢の泪』，二兎社『萩家の三姉妹』)」村井健　テアトロ　743　2003.12　p44〜45

**萩咲く頃に**　㋲トム・プロジェクト
*4755* 上演：2014年12月2日〜12月7日　場所：東京芸術劇場シアターウエスト　作・演出：ふたくちつよし
　◇「在世あれこれ(ワンツーワークス『海のてっぺん』，俳協『紙屋悦子の青春』，トム・プロジェクト『萩咲く頃に』)」中本信幸　テアトロ　900　2015.2　p114〜115
*4756* 上演：2017年3月21日〜3月26日　場所：全労済ホール/スペース・ゼロ　作・演出：ふたくちつよし
　◇「舞台を生かす演技の表現力(シスカンパニー『令嬢ジュリー』『死の舞踏』，トム・プロジェクト『萩咲く頃に』，虹企画/ぐるーぷ・しゅら『バンザイシェイクスピア パーティ』)」斎藤偕子　テアトロ　932　2017.6　p30〜31

**BUG/バグ**　㋲燐光群
*4757* 上演：2009年9月18日〜9月30日　場所：ザ・スズナリ　作：トレイシー・レッツ　台本・演出：坂手洋二
　◇「現代の幻想(燐光群+グッドフェローズ『BUG/バグ』，青ё鹿『ブルカニロ博士の実験』，劇団俳小『啄木鳥が鳴く森の中で』，黒テント『ショパロヴィッチ巡業劇団』)」斎藤偕子　テアトロ　827　2009.12　p34〜36

**白鯨**　㋲文学座アトリエの会
*4758* 上演：2015年12月8日〜12月22日　場所：文学座アトリエ　原作：メルヴィル　脚本：セバスチャン・アーメスト　訳：小田島恒志　演出：高橋正徳
　◇「神を感じさせる…(文学座アトリエ『白鯨』，タチ・ワールド『口笛は誰でも吹ける』，パルコ『レミング』，俳優座『城塞』，新国立劇場第9期生『噛みついた女』)」結城雅秀　テアトロ　915　2016.3　p65〜67

**白鯨**　㋲燐光群
*4759* 上演：2001年11月29日〜12月9日　場所：ザ・スズナリ　作：メルヴィル　構成・演出：リアン・イングルスルード　芸術監督：坂手洋二
　◇「人間狂騒曲(新国立劇場『美女で野獣』，地人会『クリスマス狂騒曲ナポリ風』，燐光群+グッドフェローズ『白鯨』，黒テント『十字軍』)」渡辺淳　テアトロ　718　2002.2　p60〜62

**獏さんがゆく**　㋲文化座
*4760* 上演：2012年10月25日〜11月4日　場所：俳優座劇場　杉浦久幸　演出：原田一樹
　◇「切り捨てられた者たちの意地(文学座『獏さんがゆく』，青年座『タカラレ六郎の仇討ち』，扉座『端敵★天下茶屋』)」丸田真悟　テアトロ　871　2013.1　p48〜49

**PARK CITY**　㋲マレビトの会
*4761* 上演：2009年10月24日〜10月25日　場所：びわ湖ホール　作・演出：松田正隆
　◇「11月の関西 写真、歴史、記憶(マレビトの会『PARK CITY』，維新派『ろじ式』，MONO『チェーホフを待ちながら』)」太田耕人　テアトロ　829　2010.1　p93〜95

**伯爵夫人**　㋲俳優座劇場
*4762* 上演：2003年7月10日〜7月20日　場所：俳優座劇場　作：グレゴリイ・マーフィ　訳：名和由理　演出：高瀬久男
　◇「通奏低音がききたい(俳優座劇場プロデュース『伯爵夫人』，文学座アトリエ『Just Business—商談』，tpt『時間ト部屋』)」渡辺淳　テアトロ　740　2003.9　p54〜56

**バクスター氏の実験**　㋲ジャブジャブサーキット
*4763* 上演：1999年2月27日〜3月1日　場所：東京グローブ座　作・演出：はせひろいち
　◇「皮膚に切り傷—グローブ座春のフェスティバル(レニ・バッソ『bittersidewinder』，ジャブジャブサーキット『バクスター氏の実験』，演劇集団池の下『青ひげ公の城』)」長谷部浩　テアトロ　681　1999.5　p52〜53

**ハクスタブル家の無邪気な客人**　㋲俳優座
*4764* 上演：1995年5月17日〜5月24日　場所：俳優座第一稽古場　作：アラン・エイクボーン　訳・演出：宮崎真子
　◇「『栄光の時は長つづきしない』ものなのか(俳優座ラボ『ハクスタブル家の無邪気な客人』，ザ・ガジラ『闇の枕絵師』)」大場建治　テアトロ　631

1995.7　p64～65

**剝製の猿/征服**　[団]遊気舎

4765 上演：2014年1月23日～1月26日　場所：インディペンデントシアター2nd　作・演出：久保田浩

◇「1月の関西 躍動する個性（万博設計『見参！ リバーサイド犬』，遊気舎『剝製の猿/征服』）」太田耕人　テアトロ　887　2014.3　p72～73

**バグダッドの兵士たち**　[団]ピープルシアター

4766 上演：2010年5月26日～5月31日　場所：シアターX　作：ジェイソン・マガノーイ　訳：吉原豊司　演出：森井睦

◇「固有の現代的テンポ（俳優座『沈黙亭のあかり』，ピープルシアター『バグダッドの兵士たち』，青年座『つちのこ』）」斎藤偕子　テアトロ　837　2010.8　p48～49

**白痴**　[団]俳優座

4767 上演：1989年10月7日～10月22日　場所：東京グローブ座　原作：ドストエフスキー　訳：宮沢俊一　脚本・演出：ヴァレリー・フォーキン

◇「人は何のために生きるのか」七字英輔　新劇　36（12）　1989.12　p26～29

**白痴**　[団]ルーマニア国立ラドゥ・スタンカ劇場

4768 上演：2002年8月29日～9月2日　場所：レパートリーシアターKAZE　原作：ドストエフスキー　脚色：ヴァレリー・マモントフ　脚色・演出：アンドリー・ゾルダック

◇「小さな劇場の大きな挑戦（ラドゥ・スタンカ劇場『白痴』，東京演劇集団風『第三帝国の恐怖と貧困』）」北川登園　テアトロ　728　2002.11　p48～49

**白鳥銀塩館**　[団]萬國四季協會

4769 上演：2018年1月12日～1月16日　場所：サンモールスタジオ　作：響リュウ　演出：渡辺大策

◇「真実は時空を超えて（萬國四季協會『白鳥銀塩館』，流山児★事務所『オケハザマ』）」黒羽英二　テアトロ　944　2018.4　p50～51

**獏のゆりかご**　[団]大阪

4770 上演：2016年6月3日～6月12日　場所：谷町劇場　作：青木豪　演出：岡田力

◇「6月の関西 アーツ・マネジメント～兵庫と大阪の明暗～（夕暮れ社 弱男ユニット『モノ』，兵庫県立ピッコロ劇団『メトミミトヤミ』，南河内万歳一座『肥満男』，劇団大阪『獏のゆりかご』）」九鬼葉子　テアトロ　921　2016.8　p34～36

**獏のゆりかご**　[団]シス・カンパニー

4771 上演：2006年9月1日～9月29日　場所：紀伊國屋ホール　作・演出：青木豪

◇「雨音に無言の抗議を聴く（ホリプロ制作『オレステス』，SISカンパニー『獏のゆりかご』，文学座『ゆれる車の音』）」内田洋一　テアトロ　784　2006.11　p58～60

**幕末維新シリーズ 岡田以蔵**　[団]め組

4772 上演：2004年3月31日～4月4日　場所：東京芸術劇場小ホール1　作：合馬百香　演出：与儀英一

◇「酷薄な万華鏡（ヴァイトクス・スタジオ "P.S"×銅鑼『sakura イン・ザ・ウィンド』，劇団め組『岡田以蔵』，東京芸術座『遠い水の記憶』，こまつ座『太鼓たたいて笛ふいて』）」中本信幸　テアトロ　750　2004.6　p45～47

**幕末ジャイアンツ**　[団]S.W.A.T！

4773 上演：1998年5月13日～5月17日　場所：本多劇場　作・演出：四大海

◇「初日がモンダイ！（S.W.A.T！『幕末ジャイアンツ』，夏の大三角形『贋作・宝島』，フールズキャップ『紙のライオン』，吹きだまり『オレンジ色の夢』）」浦崎浩實　テアトロ　670　1998.7　p54～55

4774 上演：2002年7月30日～8月4日　場所：本多劇場　作・演出：四大海

◇「屈指のギャグ芝居など（S.W.A.T！『幕末ジャイアンツ』，オフィスプロジェクトM『Life Cycle』，R+1『水の村幻想奇譚』，ミュージカル座『舞台に立ちたい』，仲間『青い図書カード』，弘前劇場『月の二階の下』）」浦崎浩實　テアトロ　727　2002.10　p56～59

**幕末純情伝―黄金マイクの謎**　[団]パルコ

4775 上演：1989年8月7日～9月27日　場所：PARCO劇場　作・演出：つかこうへい

◇「パレードの光景」扇田昭彦　新劇　36（10）　1989.10　p30～33

◇「60年代の熱い想い」七字英輔　新劇　36（11）　1989.11　p26～29

◇「センシュアルなセリフづくり（パルコ劇場『幕末純情伝』）」斎藤偕子　テアトロ　560　1989.10　p32～33

**幕末青春譜 明日に架ける橋**　[団]S.W.A.T！，博品館劇場

4776 上演：1993年11月18日～11月23日　場所：博品館劇場　作・演出：四大海

◇「劇作女流三人展の成果（民藝『メイ・ストーム―花のもとにて―』，現代演劇協会+プロツーカンパニー『あざみの蜜』，木山事務所『築地ホテル館炎上』，文学座『舞台・愛しすぎる人たちよ』，S.W.A.T+博品館劇場『幕末青春譜 明日に架ける橋』）」江原吉博　テアトロ　612　1994.1　p73～76

**幕末太陽傳**　[団]1980

4777 上演：2000年5月3日～5月8日　場所：紀伊國屋サザンシアター　作・演出：河本瑞貴

◇「舞台の中の社会、社会の中の舞台（青年劇場『真珠の首飾り』，1980『幕末太陽傳』，こんにゃく座『吾輩は猫である』，地人会『私のなかの見えない炎』）」みなもとごろう　テアトロ　696　2000.7　p74～77

**幕末2001**　[団]流山児★事務所

4778 上演：2001年10月19日～10月23日　場所：本多劇場　作：山元清多　演出：流山児祥

◇「ありえたかもしれぬ歴史の一幕（汎マイム工房『オリンポスのMIMOS』，文学座『崩れた石垣、のぼる鮭たち』，流山児★事務所『幕末2001』）」大岡淳　テアトロ　715　2001.12　p62～64

**禿の女歌手**　[団]青年座イヨネスコ上演委員会

**4779** 上演：2010年3月3日〜3月7日　場所：座・高円寺2　作：イヨネスコ　台本・演出：石澤秀二

◇「新たな可能性開いた舞台（文学座『女の一生』，自転車キンクリートSTORE『富士見町アパートメント』，青年座イヨネスコ上演委員会『禿の女歌手』）」丸田真悟　テアトロ　833　2010.5　p38〜39

**バケレッタ！**　[団]勝田演劇事務所，海のサーカス

**4780** 上演：2009年10月2日〜10月8日　場所：吉祥寺シアター　作・演出：鄭義信　振付：吉野記代子　音楽：久米大作

◇「演劇への愛情に溢れた舞台（勝田演劇事務所×海のサーカス『バケレッタ！』，三田村組『home〜ホーム』，マレビトの会『クリプトグラフ』）」丸田真悟　テアトロ　827　2009.12　p42〜43

**箱師よ、その町の暁に釘を打て。**　[団]Ugly duckling

**4781** 上演：2007年10月26日〜10月28日　場所：ウルトラマーケット　作：樋口美友喜　演出：池田祐佳理

◇「11月の関西 ロングランの季節（デス電所『残魂エンド摂氏零度』，劇団アグリーダックリング『箱師よ、その町の暁に釘を打て。』，地点『桜の園』）」太田耕人　テアトロ　800　2008.1　p129〜131

**箱根強羅ホテル**　[団]新国立劇場

**4782** 上演：2005年5月19日〜6月8日　場所：新国立劇場中劇場　作：井上ひさし　演出：栗山民也

◇「宇宙全体に溢れる愛（京楽座『しのだづま考』，新国立劇場『箱根強羅ホテル』，tpt『桜の園』，テアトル・エコー『朝の時間』）」結城雅秀　テアトロ　767　2005.8　p58〜60

**箱の中身**　[団]五期会

**4783** 上演：1995年12月　場所：千里A&Hホール　作：原田宗典　演出：今西俊夫

◇「12月の関西 人間の深み（MONO『Holy Night』，五期会『箱の中身』）」宮辻政夫　テアトロ　639　1996.2　p80〜81

**箱の中身**　[団]東京壱組

**4784** 上演：1989年10月25日〜10月30日　場所：天幕劇場　作：原田宗典　演出：大谷亮介

◇「小劇場のいい女たち」林あまり　新劇　37（1）　1990.1　p38〜41

**4785** 上演：1991年5月2日〜5月12日　場所：ザ・スズナリ　作：原田宗典　演出：大谷亮介

◇「わたしはアナタをしらない」岡本蛍　しんげき　38（7）　1991.7　p34〜37

◇「'91年度・私にとっての収穫（'91演劇界回顧）」岡本蛍　しんげき　39（2）　1992.2　p26〜29

**箱―Boxes―**　[団]ストアハウスカンパニー

**4786** 上演：1999年6月16日〜6月20日　場所：江古田ストアハウス　作・演出：木村真悟

◇「コトバ、さまざま（プロジェクトOIE『ミッドサマーナイトドリーム』，風『ヘレン・ケラー ひびき合うものたち』，燐『にしむくさむらい』，花企画『相沢三郎の世界』，ストアハウスカンパニー『箱―Boxes―』）」浦崎浩實　テアトロ　684　1999.8　p64〜66

**はごろも**　[団]木山事務所

**4787** 上演：2002年2月7日〜2月16日　場所：俳優座劇場　作：別役実　演出：末木利文

◇「海と水のある乾いた風景（木山事務所『はごろも』，フリーク・ランド『かしかしら』）」北川登園　テアトロ　720　2002.4　p44〜45

**羽衣 House**　[団]青年劇場

**4788** 上演：2014年9月12日〜9月21日　場所：紀伊國屋ホール　作：篠原久美子　演出：ふじたあさや

◇「劇的ファンタジーの飛翔効果（ギイ・フォワシイ・シアター『相寄る魂』『ファンファーレを待ちながら』，ジャブジャブサーキット『ディラックの花嫁』，子供のためのシェイクスピアカンパニー『ハムレット』，青年劇場『羽衣 House』）」中本信幸　テアトロ　896　2014.11　p40〜41

**ハザマとスミちゃん**　[団]黒テント

**4789** 上演：1992年4月18日〜4月30日　場所：本多劇場　翻案・演出：山元清多

◇「ブレヒト劇の今日的意義（黒テント『ハザマとスミちゃん』）」瀬戸宏　テアトロ　592　1992.6　p44〜45

**鋏／秋の歌**　[団]木山潔プロデュース

**4790** 上演：1997年11月13日〜11月18日　場所：東京芸術劇場小ホール1　作：田中澄江（鋏），小山祐士（秋の歌）　演出：末木利文（鋏），小林裕（秋の歌）

◇「アモルファスあるいは中心の空虚（戦後一幕物傑作選 門井均プロデュース『署名人』『マッチ売りの少女』，北条純プロデュース『城館』『冬眠まんざい』，木山潔プロデュース『鋏』『秋の歌』，水谷内助義プロデュース『礼服』，仲間『遁走譜』）」みなもとごろう　テアトロ　664　1998.1　p74〜77

**橋を渡ったら泣け**　[団]Bunkamura，キューブ

**4791** 上演：2007年3月5日〜3月29日　場所：シアターコクーン　作：土田英生　演出：生瀬勝久

◇「三つの再演に見る〈現代性〉（黒テント『クレイジー!!吉原百人斬り！「籠釣瓶花街酔醒」』，Bunkamura+キューブ『橋を渡ったら泣け』，ポツドール『激情』）」七字英輔　テアトロ　791　2007.5　p43〜45

**橋を渡ったら泣け**　[団]MONO

**4792** 上演：2002年3月15日〜3月17日　場所：近鉄小劇場　作・演出：土田英生

◇「4月の関西 引用の創造性（劇団・太陽族『ここからは遠い国』，MONO『橋を渡ったら泣け』，劇団八時半『ママ』，犯罪友の会『紅いカラス』）」太田耕人　テアトロ　722　2002.6　p64〜66

**橋からの眺め**　[団]TPT

**4793** 上演：1999年4月30日〜5月30日　場所：ベ

ニサン・ピット　作：アーサー・ミラー　訳：薛珠麗　演出：ロバート・アラン・アッカーマン
◇「二十世紀をよぎって(劇団SPAC『シラノ・ド・ベルジュラック』,レンコム劇場『かもめ』,TPT『橋からの眺め』)」七字英輔　テアトロ　683　1999.7　p51～53

### 橋からの眺め　㊞民藝
**4794** 上演：2006年2月8日～2月20日　場所：紀伊國屋サザンシアター　作：アーサー・ミラー　訳：菅原卓　演出：兒玉庸策
◇「翻訳劇の自由と制約(彩の国シェイクスピア・シリーズ『間違いの喜劇』,民藝『橋からの眺め』,ピュアーマリー『ニューヨーク青春物語』)」みなもとごろう　テアトロ　776　2006.4　p46～48

### 橋の上の男　㊞ギイ・フォワシイ・シアター
**4795** 上演：1993年12月22日～12月24日　場所：東京FMホール　作：ギイ・フォワシイ　訳：山本邦彦　演出：谷川牛歩
◇「有能な役者による自己の実現(俳優座『アドルフに告ぐ』,睦月の会『船長』,劇書房・松竹『女たちの十二夜』,ギイ・フォワシイ・シアター『橋の上の男』)」結城雅彦　テアトロ　614　1994.3　p82～85

### 橋の上の男／テラス　㊞ギイ・フォワシイ・シアター
**4796** 上演：2002年6月12日～6月16日　場所：シアターX　作：ギイ・フォワシイ　訳：ジル・フェブリィエ,山本邦彦,柴田耕太郎　演出：ジル・フェブリィエ(フランス版),沢田次郎(日本版)
◇「フランス演劇競演で見えるもの(ギイ・フォワシイ・シアター『橋の上の男』『テラス』,テアトル・エコー『ら抜きの殺意』,参人芝居『敵前逃亡の弥勒菩薩』)」佐藤康平　テアトロ　725　2002.8　p54～53

### 橋の上の男／派遣の女　㊞ギイ・フォワシイ・シアター
**4797** 上演：2010年10月24日～11月3日　場所：シアターX　作：ギイ・フォワシイ　訳：山本邦彦(橋の上の男)　訳：佐藤康(派遣の女)　演出：山崎哲史(橋の上の男)　作：村田大(日本側),パスカル・マイヤール(パリシー・バーラ劇団)(派遣の女)
◇「音楽劇志向の異化効果(東京ギンガ堂『百年の絆 孫文と梅屋庄吉』,ギイ・フォワシイ・シアター35周年記念公演,京楽座『中西和久のエノケン』,俳協『國語元年』)」中本信幸　テアトロ　843　2011.1　p46～47

### 橋／プロポーズ　㊞てんぴん座
**4798** 上演：2000年5月5日～5月7日　場所：相鉄本多劇場　作：マリオ・フラッティ　訳：岩田治彦(橋)　チェーホフ　訳：原卓也(プロポーズ)
◇「役者が舞台で遊び、それを見て客席が沸く仕掛け(演奏舞台『難波津に咲くやこの花』,唐組『夜壺』,弘前劇場『三日ハ月堂書店』,てんぴん座『プロポーズ』『橋』,黒テント『メザス ヒカリノ サキニ アルモノ もしくはパラダイス』)」佐藤康平　テアトロ　696　2000.7　p66～67

### 始まりのアンティゴネ　㊞椿組
**4799** 上演：2017年2月24日～3月5日　場所：ザ・スズナリ　作・演出：瀬戸山美咲
◇「劇団の志と重なる熱い舞台(文学座『食いしん坊万歳！』,椿組『始まりのアンティゴネ』,青い鳥『普通の生活』,下北澤姉妹社『月の姉妹』)」丸田真悟　テアトロ　931　2017.5　p32～34

### ハシムラ東郷　㊞燐光群
**4800** 上演：2009年11月20日～11月30日　場所：座・高円寺1　作・演出：坂手洋二
◇「少年犯罪二題と風評の日本人(THE・ガジラ『大人の時間』,演劇実験室∴紅王国『我が名はレギオン』,燐光群『ハシムラ東郷』)」七字英輔　テアトロ　830　2010.2　p47～49

### 橋ものがたり　㊞新劇団協議会
**4801** 上演：1991年1月13日～1月22日　場所：東京芸術劇場中ホール　原作：藤沢周平　脚色：小松幹生　演出：鵜山仁
◇「ディテールの妙味に不足(新劇団協議会『橋ものがたり』)」水落潔　テアトロ　577　1991.3　p25～26

### 芭蕉通夜舟　㊞こまつ座
**4802** 上演：2012年8月17日～9月2日　場所：紀伊國屋サザンシアター　作：井上ひさし　演出：鵜山仁
◇「さあ新しい器で！船出のとき(こまつ座『芭蕉通夜舟』,彩の国シェイクスピア・シリーズ『トロイラスとクレシダ』,NODA・MAP『エッグ』)」高橋豊　テアトロ　868　2012.11　p48～49

### 芭蕉通夜舟　㊞しゃぼん玉座
**4803** 上演：1983年9月23日～10月3日　場所：紀伊國屋ホール　作：井上ひさし　演出：木村光一
◇「黙阿弥・南北・芭蕉・江戸の夕映え(ことばの劇場)」郡司正勝　新劇　30(11)　1983.11　p61～64
◇「糞する芭蕉(しゃぼん玉座『芭蕉通夜舟』)」大笹吉雄　テアトロ　490　1983.12　p30～31

### 場所と思い出　㊞兵庫県立ピッコロ劇団
**4804** 上演：2007年6月13日～6月19日　場所：ピッコロシアター大ホール　作：別役実　演出：松本修
◇「時代を超えて、時代と向き合う(東京演劇アンサンブル『明日を紡ぐ娘たち』,ピッコロ劇団『場所と思い出』,モダンスイマーズ『回転する夜』,ピュアーマリー『HONK！ みにくいアヒルの子』)」丸田真悟　テアトロ　793　2007.7　p48～50

### 走りながら眠れ　㊞アトリエ劇研
**4805** 上演：2017年1月19日～1月22日　場所：アトリエ劇研　作：平田オリザ　演出：あごうさとし
◇「2月の関西 大胆な諷刺劇と"ぽろっかす"の愛の表現～大阪色の舞台続く～(劇団・太陽族『大

阪レ・ミゼラブル』、メイシアタープロデュース『人恋歌〜晶子と鉄幹〜』、PM/飛ぶ教室『足場の上のゴースト』、DIVEプロデュース『メイド イン ジャパン』、あごうさとし演出『走りながら眠れ』、桃園会『ふっと溶暗』）」九鬼葉子　テアトロ　930　2017.4　p52〜54

## 走れメルス　少女の唇からはダイナマイト
㊟夢の遊眠社
**4806** 上演：1981年6月12日〜7月12日　場所：新宿もりえーる　作・演出：野田秀樹　演出：高萩宏
◇「先端の感性・根源の衝動」扇田昭彦　新劇　28（8）　1981.8　p21〜25

## 走れメロス　㊟東京演劇アンサンブル
**4807** 上演：1980年4月8日〜4月18日　場所：サンシャイン劇場　原作：太宰治　脚本・演出：広渡常敏
◇「三つの劇場公演を見て（前進座『太陽の子』、東京演劇アンサンブル『走れメロス』、四季『赤毛のアン』）」田島義雄　テアトロ　448　1980.6　p32〜35

## Birth　㊟そとばこまちworkers
**4808** 上演：1994年2月　場所：オレンジルーム　作・演出：八十田勇一、小原延之、牧野晋弥　構成：藤原考一
◇「演劇の状況が浮かび上がる（ひょうご舞台芸術『かもめ』、そとばこまちworkers『Birth』、大阪新劇団協議会プロデュース『なにわの夢』、時空劇場『海と日輪』）」宮辻政夫　テアトロ　615　1994.4　p82〜84

## 恥ずかしながらグッドバイ　㊟クラクラ・プロデュース
**4809** 上演：2007年4月20日〜4月28日　場所：紀伊國屋サザンシアター　作・演出：中島淳彦
◇「物語性に富む劇作家二人の新作（クラクラ・プロデュース『恥ずかしながらグッドバイ』、トム・プロジェクト『とんでもない女』）」扇田昭彦　テアトロ　793　2007.7　p52〜53

## バースディ・パーティ　㊟俳優座
**4810** 上演：1981年11月20日〜12月2日　場所：俳優座劇場　作：ハロルド・ピンター　演出：島田安行
◇「なぜ鶏は道を横切ったか（俳優座『バースディ・パーティ』）」岩波剛　テアトロ　468　1982.2　p30〜31

## バースデイ・パーティ　㊟演劇集団円
**4811** 上演：2015年5月22日〜5月31日　場所：シアターX　作：ハロルド・ピンター　訳：喜志哲雄　演出：内藤裕子
◇「人間の不条理、そして議論劇（Pカンパニー『ジョバンニの父への旅』、演劇集団円『バースデイ・パーティー』、東演・文学座『廃墟』）」結城雅秀　テアトロ　907　2015.8　p37〜38

## 蓮の花　㊟演劇組織 夜の樹
**4812** 上演：2006年11月8日〜11月12日　場所：ザ・ムザ阿佐ヶ谷　作・演出：和田周

◇「哀愁漂う中にきらめく個性（東京ヴォードヴィルショー『エキストラ』、アリストパネス・カンパニー『男装の麗人伝説』、夜の樹『蓮の花』、銕仙会『ベケットの夕べ』、世田谷パブリックシアター『ベケットを読む』）」結城雅秀　テアトロ　787　2007.1　p56〜59

## ハズバンズ＆ワイブズ　㊟ラッパ屋
**4813** 上演：2011年11月11日〜11月20日　場所：紀伊國屋ホール　作・演出：鈴木聡
◇「劇団・プロダクションの個性が光る公演（パルコ製作『想い出のカルテット』、俳優座『ある馬の物語』、ラッパ屋『ハズバンズ＆ワイブズ』）」七字英輔　テアトロ　857　2012.1　p44〜46

## パスポート　㊟文学座アトリエの会
**4814** 上演：1987年4月6日〜4月19日　場所：文学座アトリエ　作：ピエール・ブルジュアッド　訳・演出：鵜山仁
◇「オフ・シアター断想」鴻英良　新劇　34（6）　1987.6　p18〜23
◇「都市のかたち」佐々木幹郎　新劇　34（6）　1987.6　p24〜29
◇「収穫なし」渡辺保　新劇　34（6）　1987.6　p30〜35
◇「フランス現代劇の味わい（文学座アトリエ『パスポート』『アガタ』）」渡辺淳　テアトロ　532　1987.6　p21〜23

## パズラー　㊟ショーマ
**4815** 上演：1987年3月3日〜3月8日　場所：ザ・スズナリ　作・演出：高橋いさを
◇「劇評家殺人事件」渡辺保　新劇　34（5）　1987.5　p34〜39

## 破提宇子（はだいうす）　㊟演劇実験室∴紅王国
**4816** 上演：2015年10月28日〜11月3日　場所：ウッディシアター中目黒　作・演出：野中友博　振付：恩田眞美　音楽：寺田английs
◇「Pro - or Counter - Popularity（朋友『ら・ら・ら』、Tファクトリー『ドラマ・ドクター』、紅王国『破提宇子』）」斎藤偕子　テアトロ　913　2016.1　p24〜25,60〜61

## 旗を高く揚げよ　㊟青年座
**4817** 上演：2017年7月28日〜8月6日　場所：青年座劇場　作：古川健　演出：黒岩亮
◇「古典の現代化はアイデア次第（オフィスコットーネ・プロデュース『怪談 牡丹燈籠』、蝸の『奇想の前提』、こまつ座『イヌの仇討』、劇団青年座『旗を高く揚げよ』）」杉山弘　テアトロ　937　2017.10　p48〜50

## 裸でスキップ　㊟ラッパ屋
**4818** 上演：2004年1月3日〜1月25日　場所：シアタートップス　作・演出：鈴木聡
◇「コミュニティのドラマいろいろ（民藝『明石原人』、風の子劇場『風の中の蝶たち』、円『スティール・マグノリアス』、ラッパ屋『裸でスキップ』）」渡辺淳　テアトロ　748　2004.4　p50〜52

## 裸に勾玉　㊟MONO
**4819** 上演：2016年3月23日〜3月27日　場所：

ABCホール　作・演出：土田英生
◇「4月の関西 過去にむかう想像力（MONO『裸に勾玉』、ルンチェルンパシアター『桜の森の満開の下』）」太田耕人　テアトロ　918　2016.6　p44～45

はだかの王様―見える見えない物語　㊐西友
**4820** 上演：1987年7月30日～8月5日　場所：青山劇場　作・演出・振付：竹邑類
◇「子供の感覚とおとなの見方（西友『はだかの王様』）」石崎勝久　テアトロ　536　1987.10　p32～33

裸の国　㊐かもねぎショット
**4821** 上演：1995年9月5日～9月17日　場所：シアタートップス　原作：アラバール　作・演出：高見亮子
◇「空しさ、迷い、そして…（THE・ガジラ『汚れっちまった悲しみに……Nへの手紙―』、かもねぎショット『裸の国』、こんにゃく座『オペラ金色夜叉』、加藤健一事務所『セイムタイム・ネクストイヤー』）」林あまり　テアトロ　635　1995.11　p72～74

はたがめの鳴る里　㊐京芸
**4822** 上演：2000年3月23日～3月26日　場所：淀D・Dシアター　作：下戸明夫
◇「4月の関西 新しい一人芝居（京芸『はたがめの鳴る里』、京芸『花いちもんめ』、中村美保一人芝居『私、うれしい』、池上和美一人芝居『曲がり角と郷愁』、off・H『仮説「I」を棄却するマリコ』、アグリーダックリング『つぶならべ』）」太田耕人　テアトロ　695　2000.6　p64～68

裸足で散歩　㊐NLT
**4823** 上演：2003年10月30日～11月5日　場所：俳優座劇場　作：ニール・サイモン　訳：斎藤偕子　演出：小林裕
◇「演劇は時代の歪んだ鏡か（NLT『裸足で散歩』、文学座『リチャード三世』、世田谷パブリックシアター「AOI/KOMACHI」）」岩波剛　テアトロ　745　2004.1　p60～62

裸足で散歩　㊐銀座セゾン劇場
**4824** 上演：1999年2月21日～3月9日　場所：銀座セゾン劇場　作：ニール・サイモン　訳：小田島雄志、小田島若子　演出：大野木直之
◇「長蛇を逸したブレヒト劇（銀座セゾン劇場『裸足で散歩』、加藤健一事務所『銀幕の向うに』、世田谷パブリックシアター『ガリレオの生涯』）」村井健　テアトロ　681　1999.5　p44～45

裸足で散歩　㊐ロングラン・シアター
**4825** 上演：1984年10月1日～12月27日　場所：ロングラン・シアター　作：ニール・サイモン　訳：斎藤偕子　演出：小林裕
◇「ロングラン・シアター柿落し（ロングラン・シアター『裸足で散歩』）」石崎勝久　テアトロ　502　1984.12　p35～37

はだしのゲン　㊐木山事務所
**4826** 上演：1999年8月14日～8月17日　場所：紀伊國屋サザンシアター　原作：中沢啓治　脚色・作詞・演出：木島恭

◇「時事的問題劇の再演（パルコ劇場『オレアナ』、青年座『見よ、飛行機の高く飛べるを』、木山事務所『はだしのゲン』）」渡辺淳　テアトロ　686　1999.10　p74～75

**4827** 上演：2013年8月23日～8月25日　場所：俳優座劇場　原作：中沢啓治　脚本・作詞・演出：木島恭
◇「どうして疑問は続くのか（木山事務所『はだしのゲン』、東京演劇集団風『なぜヘカベ』、世田谷パブリックシアター『ジャンヌ』）」北川登園　テアトロ　882　2013.11　p52～53

肌の融点　㊐CAB DRIVER
**4828** 上演：2001年10月3日～10月8日　場所：中野ザ・ポケット　作：日下由子　演出：いのべけんじ
◇「芝居の"生"は"死"から始まる（遊◎機械/全自動シアター『ラ・ヴィータ』、カメレオン会議プロデュース1"4作品連続公演"ほか）」浦崎浩實　テアトロ　715　2001.12　p58～60

はたらくおとこ　㊐阿佐ヶ谷スパイダース
**4829** 上演：2004年4月1日～4月11日　場所：本多劇場　作・演出：長塚圭史
◇「『はたらくおとこ』―りんご農園の三兄弟」杵渕里果　シアターアーツ　19　2004.6　p93～95
◇「長塚圭史の誠実（阿佐ヶ谷スパイダース『はたらくおとこ』、新国立劇場『透明人間の蒸気』、KOKAMI@network『ハルシオン・デイズ』）」林あまり　テアトロ　750　2004.6　p48～49

鉢植を持つ男　㊐竹中直人の会
**4830** 上演：1991年6月25日～7月1日　場所：ザ・スズナリ　作・演出：岩松了
◇「過激と緻密」安住恭子　しんげき　38(8)　1991.8　p34～37

八月に乾杯！　㊐俳優座
**4831** 上演：2002年4月21日～5月3日　場所：俳優座5F稽古場　作：アルブーゾフ　訳・演出：袋正
◇「時代の影（青年座『湖底』、NLT『毒薬と老嬢』、東京演劇集団風『Touch～孤独から愛へ』、俳優座『八月に乾杯！』）」渡辺淳　テアトロ　723　2002.7　p48～50

8月の家族たち　㊐キューブ
**4832** 上演：2016年5月7日～5月29日　場所：シアターコクーン　作：トレイシー・レッツ　訳：目黒条　台本・演出：ケラリーノ・サンドロヴィッチ
◇「生存の苦悩と美の啓示（キューブ『八月の家族たち』、パルコ『猟銃』、劇団俳優座『反応行程』、イキウメ『太陽』、劇団NLT『しあわせの雨傘』）」結城雅秀　テアトロ　919　2016.7　p47～50

八月の狩　㊐THEガジラ
**4833** 上演：2004年8月26日～9月12日　場所：ザ・スズナリ　作：井上光晴　構成・脚色・演出：鐘下辰男
◇「さまざまな戦争（THE・ガジラ『八月の狩』、シ

アターコクーン『赤鬼』,tpt『カモの変奏曲・シカゴの性倒錯』, シス・カンパニー『ママがわたしに言ったこと』)」渡辺淳　テアトロ　756　2004.11　p62〜64

八月の鯨　[団]昴

4834 上演：2005年10月6日〜10月16日　場所：三百人劇場　作：デイヴィッド・ベリー　訳：村田元史　演出：菊池准

◇「高齢化社会を生きる（民藝+無名塾『ドライビング・ミス・デイジー』, パルコ・ルテアトル銀座『ふたりのカレンダー』, 昴『八月の鯨』, 東京演劇アンサンブル『マイという女』, 鳥獣戯画『三人でシェイクスピア』)」結城雅秀　テアトロ　771　2005.12　p51〜55

八月の鯨　[団]民藝

4835 上演：2013年12月4日〜12月19日　場所：三越劇場　作：デイヴィッド・ベリー　訳・演出：丹野郁弓

◇「居場所を求める人たち（民藝『八月の鯨』, 文学座『大空の虹を見ると私の心は踊る』, シス・カンパニー『グッドバイ』)」水落潔　テアトロ　886　2014.2　p78〜79

八月の人魚たち　[団]テアトル・エコー

4836 上演：2017年8月25日〜9月5日　場所：テアトル・エコー　作：J・ジョーンズ,N・ホープ・J・ウーテン　訳：鈴木小百合　演出：酒井洋子

◇「女性はどのように生き抜いてきたか（aibook『疾走』, テアトル・エコー『八月の人魚たち』, 劇団俳小『夜の学校』)」黒羽英二　テアトロ　938　2017.11　p74〜75

八月の雹　[団]トラッシュマスターズ

4837 上演：2014年8月27日〜8月28日　場所：タイニイ・アリス　作・演出：中津留章仁

◇「母が女である時（中津留章仁Lovers『八月の雹』, こまつ座『きらめく星座』, 静岡県舞台芸術センター『マハーバーラタ』)」結城雅秀　テアトロ　896　2014.11　p38〜39

8月6日広島デー1997　[団]広島の女上演委員会

4838 上演：1997年8月6日　場所：新宿文化センター大ホール　作：栗原千絵子　監修・演出：村井志摩子

◇「〈季節〉の出し物, 再演の意義（広島の女上演委員会『8月6日広島デー1997』, 地人会『朗読劇/この子たちの夏1945・ヒロシマ ナガサキ』, レクラム舎『人類館』)」浦崎浩實　テアトロ　660　1997.10　p74〜76

はちどりはうたっている　[団]民藝

4839 上演：2007年2月7日〜2月18日　場所：紀伊國屋ホール　作：松田伸子　演出：渾大防一枝

◇「虚構の世界のリアリティ（民藝『はちどりはうたっている』,THE・ガジラ『セルロイド』)」北川登園　テアトロ　790　2007.4　p58〜59

八人の犬士たち　[団]日生劇場

4840 上演：1993年8月27日　場所：日生劇場　原作：滝沢馬琴　脚本：遠藤宣彦　演出：村田元史

◇「解散が惜しまれる成果（ぐるーぷえいと『塩祝申そう』, 文学座『フエンテ・オベフーナ』, 岡部企画『夢みた夢子』, ウォーキング・スタッフ『アイアンマン』, 青年劇場『将軍が目覚めた時』, ピープル・シアター『地の、十字架たちよ』, 日生劇場国際児童フェスティバル『八人の犬士たち』)」江原吉博　テアトロ　609　1993.11　p75〜80

蜂ノ巣城—2002年中津江村より　[団]岡部企画

4841 上演：2004年5月12日〜5月16日　場所：紀伊国屋ホール　作・演出：岡部耕大

◇「「不条理」という現実の中で（青年団『山羊—シルビアってだれ？—』, シス・カンパニー『ダム・ウェイター』, 岡部企画『蜂ノ巣城—2002年中津江村より』, 東京演劇集団風『肝っ玉おっ母とその子供たち』)」北川登園　テアトロ　751　2004.7　p48〜50

二十日鼠と人間〜ある夏の四日間の出来事　[団]俳優座劇場

4842 上演：1994年10月14日〜10月25日　場所：俳優座劇場　作：スタインベック　訳：斎藤偕子　演出：西川信廣

◇「作家と観客の「事情」（俳優座劇場プロデュース『二十日鼠と人間』,THE・ガジラ『アプレゲール』, 水戸芸術館ACM劇場『恋する妊婦』)」山登敬之　テアトロ　623　1994.12　p64〜66

4843 上演：1995年9月11日〜9月16日　場所：俳優座劇場　作：スタインベック　訳：斎藤偕子　演出：西川信廣

◇「台詞における心理描写の不足（民藝『青春の甘き小鳥』, 俳優座劇場『二十日鼠と人間』, 東京演劇集団風『三人姉妹』, 朋友『幸福』, 青年劇場『青春の砦』)」結城雅秀　テアトロ　635　1995.11　p64〜69

パック オブ ライズ〜うそ ウソ 嘘　[団]俳優座LABO

4844 上演：2012年6月10日〜6月17日　場所：俳優座5F稽古場　作：ヒュー・ホワイトモア　訳・演出：森一

◇「過酷と慰撫（文学座アトリエの会『ナシャ・クラサ 私たちは共に学んだ』,SHIMIN劇場Ⅱ『そして・家族とは？ ごめんなさい』, 俳優座ラボ『パック オブ ライズ』, 昴『危機一髪』)」中本信幸　テアトロ　865　2012.8　p46〜47

ハックルベリーにさよならを　[団]演劇集団キャラメルボックス

4845 上演：1991年3月20日〜4月7日　場所：シアターモリエール　作・演出：成井豊　演出：堤泰之

◇「表現に対する無自覚と〈ばか〉」宮沢章夫　しんげき　38(6)　1991.6　p52〜55

ハッケヨイ'84　[団]ネヴァーランド・ミュージカル・コミュニティ

4846 上演：1984年2月8日〜2月12日　場所：ザ・スズナリ　作：左納和宣　作・演出：堤泰之

◇「アンドロイドが踊る舞台（ことばの劇場）」

渡辺弘　新劇　31(4)　1984.4　p34〜37

八犬伝　[団]銀河鉄道

**4847** 上演：1985年10月14日〜10月16日　場所：三百人劇場　原作：東由多加　台本・演出：上村良介

◇「地域演劇東京演劇祭（多様に展開する地域演劇）」藤木宏幸　テアトロ　515　1986.1　p68〜72

一初恋　[団]MONO

**4848** 上演：1997年5月16日〜5月17日　場所：ウィングス京都　作・演出：土田英生

◇「5月の関西 問題提起も意匠の一つ？（199Q太陽族『あしたの憂歌』,MONO『一初恋』, 別嬪倶楽部『HOTEL BLUE BEE』)」宮辻政夫　テアトロ　657　1997.7　p62〜63

**4849** 上演：1999年10月15日〜10月16日　場所：アトリエ劇研　作・演出：土田英生

◇「悪夢で会いましょう〜Stardust Nightmares（唐組『秘密の花園』,MONO『一初恋』, 維新派『水街』,PM/飛ぶ教室『水嶋さんのストライキ』)」岡野宏文　テアトロ　690　2000.1　p62〜65

はつ恋―抱月と須磨子　[団]地人会

**4850** 上演：1995年7月4日〜7月16日　場所：紀伊國屋ホール　作：斎藤憐　演出：木村光一

◇「異色の顔合わせが生むパワー（青春五月党『グリーン・ベンチ』, 第三エロチカ『四谷怪談・解剖室』, 地人会『はつ恋―抱月と須磨子』, 俳優座『ソフィストリー―詭弁』, トム・プロジェクト『たたかう女』, 演奏舞台『甘粕大尉―季節はずれの卒論』, 劇団青杜『ペガサス』)」結城雅秀　テアトロ　633　1995.9　p62〜69

バッコスの信女　[団]SCOT

**4851** 上演：1981年8月　場所：利賀山房　作：エウリピデス　演出：鈴木忠志

◇「熱狂と批評」扇田昭彦　新劇　28(10)　1981.10　p21〜24

**4852** 上演：1987年8月1日〜8月2日　場所：利賀野外劇場　作：エウリピデス　演出：鈴木忠志

◇「エクスキューズの演技」佐々木幹郎　新劇　34(10)　1987.10　p32〜37

ハッシャ・バイ　[団]第三舞台

**4853** 上演：1986年12月4日〜12月22日　場所：サンシャイン劇場　作・演出：鴻上尚史

◇「世界はB級感覚」鴻英良　新劇　34(2)　1987.2　p22〜27

bash　[団]TPT

**4854** 上演：2002年8月30日〜9月29日　場所：ベニサン・ピット　作：ニール・ラビュート　訳：常田景子　演出：デヴィッド・ゴサード

◇「問われる演出の工夫（東京芸術座『ウィンダミア・レディ』,tpt『bash』, 青年座『お茶をすすって』, 紅王国『女郎花』)」渡辺淳　テアトロ　728　2002.11　p54〜56

バッタモン　[団]トム・プロジェクト

**4855** 上演：2008年10月29日〜11月3日　場所：ザ・スズナリ　作・演出：中津留章仁　※田畑智子ひとり芝居

◇「芝居いろいろ、遊びをせんとや生まれけむ（テアトルエコー『フレディ』, 下條アトムひとり芝居『思ヒ出ニ、タダイマ！』, 田畑智子ひとり芝居『バッタモン』, ピープルシアター『狂気の路地』, 東京ギンガ堂『サムライ 高峰譲吉』)」中本信幸　テアトロ　815　2009.1　p38〜39

バッド・ニュース☆グッド・タイミング　[団]パルコ

**4856** 上演：2001年10月8日〜11月11日　場所：PARCO劇場　作・演出：三谷幸喜

◇「笑えない喜劇と怖くないホラー（PARCO劇場『バッド・ニュース☆グッド・タイミング』, 演劇集団円『当世風 雨月物語』)」七字英輔　テアトロ　715　2001.12　p68〜70

バッド・ボーイ・ニーチェ！　[団]オントロジカル・ヒステリック・シアター

**4857** 上演：2000年11月16日〜11月19日　場所：新宿パーク・タワー・ホール　作・演出・デザイン・作曲：リチャード・フォアマン

◇「ニュー・ヨークの「寺山修司」！（リチャード・フォアマン『バッドボーイ・ニーチェ！』, 二兎社『萩家の三姉妹』, 音楽座『メトロに乗って』, 英国ヤング・ヴィック劇場『ジュリアス・シーザー』)」結城雅秀　テアトロ　703　2001.1　p56〜59

初萩ノ花　[団]演劇集団円

**4858** 上演：2014年9月19日〜9月28日　場所：ステージ円　作・演出：内藤裕子

◇「勃興と低迷（演劇集団円 女流劇作家書き下ろしシリーズ『初萩ノ花』『朽ちるまにまに』, Bunkamura『ジュリエット通り』)」江原吉博　テアトロ　897　2014.12　p32〜33

Happy Days　[団]流山児★事務所

**4859** 上演：2000年2月17日〜2月27日　場所：本多劇場　作：鐘下辰男　演出：ケラリーノ・サンドロヴィッチ

◇「パワフルに迫り来る存在（流山児★事務所『Happy Days』, 東京ギンガ堂『ヒューマン・ダイナモ』, サードステージ・R・U・P共同プロデュース『ララバイ、または 百年の子守唄』)」結城雅秀　テアトロ　693　2000.4　p58〜60

HAPPY MAN　[団]Cカンパニー

**4860** 上演：1992年1月9日〜1月16日　場所：紀伊國屋ホール　作・演出：マキノノゾミ

◇「人生はプロモーション・ヴィデオ」三田格　Les Specs　39(4)　1992.4　p22〜23

バッファローの月　[団]加藤健一事務所

**4861** 上演：2002年10月18日〜11月3日　場所：本多劇場　作：ケン・ラドウィッグ　訳：小田島恒志　演出：久世龍之介

◇「真実を求めて（昴『転落』, 加藤健一事務所『バッファローの月』, 朋友『キエ』, ピープルシアター『神々は、戯れせんとや生まれけん』)」渡辺淳　テアトロ　731　2003.1　p58〜60

バッファローの月　[団]テアトル・エコー

**4862** 上演：2016年9月29日〜10月10日　場所：エ

コー劇場　作：ケン・ラドウィッグ　訳・演出：勝田安彦
- ◇「秀逸作が出そろった充実の秋（Bunkamura『るつぼ』、民藝『熱海』、ホリプロ『鱈々』、新国立劇場『フリック』、トム・プロジェクト『静かな海へ～MINAMATA』、テアトル・エコー『バッファローの月』）」結城雅秀　テアトロ　925　2016.12　p52～55

**バッファローの月**　㊙ひょうご舞台芸術
**4863**　上演：1997年4月1日～4月9日　場所：新神戸オリエンタル劇場　作：ケン・ラドウィッグ　訳・演出：勝田安彦
- ◇「4月の関西　人間とは何か、を問う眼（南河内万歳一座『錆びたナイフ』、ひょうご舞台芸術『バッファローの月』、関西芸術座『木の咲くとき』）」宮辻政夫　テアトロ　656　1997.6　p82～83

**8分間**　㊙燐光群
**4864**　上演：2014年11月21日～11月30日　場所：座・高円寺1　作・演出：坂手洋二
- ◇「繰り返される時間の意味（燐光群『8分間』、渡辺源四郎商店『さらば！原子力ロボむつ』、イキウメ『新しい祝日』）」丸田真悟　テアトロ　900　2015.2　p110～111

**初雷**　㊙文学座
**4865**　上演：2007年2月23日～3月5日　場所：紀伊國屋ホール　作：川崎照代　演出：藤原新平
- ◇「舞台の醍醐味いろいろ（横浜夢座『ヨコハマキネマホテル』、文学座『初雷』、加藤健一事務所『特急二十世紀』）」中本信幸　テアトロ　791　2007.5　p48～49

**バーディ**　㊙関西芸術座
**4866**　上演：1998年5月20日～5月24日　場所：関芸スタジオ　原作：ウィリアム・ワートン　脚本：ナオミ・ウォレス　訳・演出：亀井繁二
- ◇「6月の関西「日常」の描き方（MONO『きゅうりの花』、南船北馬一団『ただすまう』、劇団八時半『川底にみどりの魚はいる』、関西芸術座『バーディ』）」宮辻政夫　テアトロ　671　1998.8　p82～84

**バーディ**　㊙民藝
**4867**　上演：2001年2月4日～2月9日　場所：紀伊國屋サザンシアター　原作：ウィリアム・ウォートン　脚色：ナオミ・ウォレス　訳：丹野郁冴　演出：上野日呂登
- ◇「家族のための最後の自己犠牲（無名塾『セールスマンの死』、民藝『泰山木の木の下で』『バーディ』、四季『ハムレット』）」結城雅秀　テアトロ　706　2001.4　p50～53

**ハテノウタ**　㊙MONO
**4868**　上演：2017年3月3日～3月7日　場所：ABCホール　作・演出：土田英生
- ◇「3月の関西　名作に独自のアプローチ。力作続く（兵庫県立ピッコロ劇団『歌うシャイロック』、地点『ファッツァー』、流山児劇場『オイディプス王』、空の驛舎『どこかの通りを突っ走って』,MONO『ハテノウタ』）」九鬼葉子　テアトロ　931　2017.5　p49～51

**果てるまで行く**　㊙東京壱組
**4869**　上演：1996年9月19日～9月25日　場所：本多劇場　脚本：大谷薫平　原案・脚本協力：原田宗典　演出：大谷亮介
- ◇「「演じること」を問いかける（NOISEプロデュース'96『青ひげ公の城』、離風霊船『J』、東京壱組『果てるまで行く』）」大沢圭司　テアトロ　649　1996.12　p77～79

**波濤を越える渡り鳥**　㊙キンダースペース
**4870**　上演：1985年10月24日～10月　場所：こまばアゴラ劇場　作・演出：原田一樹
- ◇「劇作家であることと、演出家であること（ことばの劇場）」衞紀生　新劇　32(12)　1985.12　p56～59

**バドゥー警視**　㊙ギィ・フォワシィ・シアター
**4871**　上演：2000年8月31日～9月8日　場所：銀座みゆき館劇場　作：ギィ・フォワシィ　訳：山本邦彦　潤色：小金丸大和　演出：小林大祐
- ◇「人間精神の根幹を成すもの（青年団プロデュース＋『月の岬』プロジェクト『月の岬』、サンシャイン劇場製作『オーファンズ』、グッド・フェローズプロデュース『2.5Minute Ride』、ギィ・フォワシィ・シアター『バドゥー警視』）」結城雅秀　テアトロ　700　2000.11　p112～115

**バドゥー警視**　㊙ギィ・フォワシィ・シアター、シアターX
**4872**　上演：2005年6月1日～6月5日　場所：シアターX　作：ギィ・フォワシィ　訳：山本邦彦、佐藤康　演出：沢田次郎
- ◇「時代を映す喜劇（マウスプロモーション『桜の田』、ギィ・フォワシイシアター『バドゥー警視』、山の手事情社『銀河鉄道の夜』、トム・プロジェクト『カラフト伯父さん』）」中本信幸　テアトロ　767　2005.8　p52～54

**パートタイマー・秋子**　㊙青年座
**4873**　上演：2003年6月5日～6月15日　場所：紀伊國屋ホール　作：永井愛　演出：黒岩亮
- ◇「「言葉」と「風俗」のあいだ（新国立劇場『サド侯爵夫人』、ピープルシアター『アヴァター　聖なる化身』、加藤健一事務所『木の皿』、青年座『パートタイマー・秋子』）」みなもとごろう　テアトロ　739　2003.8　p58～60

**4874**　上演：2005年11月15日～11月20日　場所：本多劇場　作：永井愛　演出：黒岩亮
- ◇「劇に「命」が躍ると…（新国立劇場『屋上庭園』『動員挿話』、黒テント『ぴらんでっろ―作者を探す6人の登場人物』、NLT『ボビー』、青年座『パートタイマー・秋子』）」中本信幸　テアトロ　773　2006.1　p59～61

**ハードタイムス**　㊙近松劇場
**4875**　上演：2001年3月7日～3月11日　場所：メイシアター　作・演出：岩崎正裕
- ◇「3月の関西　演劇のローカリティ（近松劇場『ハードタイムス』、犯罪友の会『白蓮の針』、南河内万歳一座『新作・錆びたナイフ』）」太田耕人　テアトロ　707　2001.5　p66～68

## パートナー ㊲文化座
***4876*** 上演:1999年9月4日〜9月12日 場所:紀伊國屋ホール 作:木庭久美子 演出:越光照文
◇「芝居は"人恋しさ"に始まる!(文化座『パートナー』、オフィス樹『蟻たちへの伝言』、THE・ガジラ『tatsuya/最愛なる者の側へ』、OPEN SESAME『クラウンのいる風景=星の砂漠』)」浦崎浩實 テアトロ 687 1999.11 p62〜64

## バートルビーズ ㊲燐光群
***4877*** 上演:2015年8月24日〜9月9日 場所:ザ・スズナリ 原作:メルヴィル 作・演出:坂手洋二
◇「新しい表現求め、今の時代の窒息感(シス・カンパニー『RED』、オフィスコットーネ『人民の敵』、燐光群『バートルビーズ』、劇団桟敷童子『エトランゼ』)」河野孝 テアトロ 910 2015.11 p32〜34

## Battlefield『マハーバーラタ』より ㊲C.I.C.T., パリ・ブッフ・デュ・ノール劇場
***4878*** 上演:2015年11月25日〜11月29日 場所:新国立劇場中劇場 作・翻案・演出:ピーター・ブルック 脚本:ジャン=クロード・カリエール 演出:マリー=エレーヌ・エティエンヌ 音楽:土取利行
◇「これを観ずして「俳協」を語るなかれ(劇団俳協『待つ人々』、パルコ招聘『バトルフィールド』、梅左事務所『清姫異聞』、燐光群『お召し列車』)」結城雅秀 テアトロ 914 2016.2 p44〜45
◇「フランス、スペインの劇三題(ピーター・ブルック『バトルフィールド』、アンジェリカ・リデル『地上に広がる大空(ウェンディ・シンドローム)』、勝田演劇事務所プロデュース『ファンドとリス(アラバール2本立て)』)」七字英輔 テアトロ 914 2016.2 p46〜49

## パードレ・ノーストロ―我らが父よ ㊲世田谷パブリックシアター
***4879*** 上演:2002年2月3日〜2月10日 場所:世田谷パブリックシアター 作:ルイジ・ルナーリ 訳:溝口廸夫 演出:佐藤信
◇「家族の紐帯、その光と影(世田谷パブリックシアター『パードレ・ノーストロ―我らが父よ』、演劇集団円『オナー』、東京演劇集団 風『パレードを待ちながら』)」七字英輔 テアトロ 720 2002.4 p52〜55

## 花 ㊲岸田理生プロデュース
***4880*** 上演:1994年1月30日 場所:湘南台文化センター市民シアター 作・演出:岸田理生
◇「コミュニケーション幻想(岸田理生プロデュース『花』)」内野儀 テアトロ 615 1994.4 p71〜72

## 花 ㊲黒テント
***4881*** 上演:1998年6月3日〜6月10日 場所:ザ・スズナリ 作:松本大洋 演出:斎藤晴彦、山元清多
◇「演劇であること、その必然性についての演劇(黒テント『花』、俳優座劇場プロデュース『十二人の怒れる男たち』、劇工房燐『パパは誘拐犯』)」川口賢哉 テアトロ 671 1998.8 p72〜73

## 鼻 ㊲文学座
***4882*** 上演:1994年12月14日〜12月23日 場所:文学座アトリエ 作:別役実 演出:藤原新平
◇「〈引用すること〉と〈物語ること〉―別役実『鼻』+清水邦夫『我が夢にみた青春の友』」みなもとごろう シアターアーツ 2 1995.4 p106〜108
◇「作品と演出の「ズレ」(銀座セゾン劇場『シャンブル・マンダリン』、文学座アトリエ『鼻』)」大沢圭司 テアトロ 627 1995.3 p74〜75
***4883*** 上演:2017年10月21日〜10月30日 場所:紀伊國屋サザンシアターTAKASHIMAYA 作:別役実 演出:鵜山仁
◇「トラウマを生きる古典名作の現代版(東京芸術劇場『リチャード三世』、文学座『鼻』、名取事務所『奈落のシャイロック』)」斎藤偕子 テアトロ 941 2018.1 p32〜33

## 花いちもんめ ㊲京芸
***4884*** 上演:2000年3月23日〜3月26日 場所:淀D・Dシアター 作・演出:宮本研
◇「4月の関西 新しい一人芝居(京芸『はたがめの鳴る里』、京芸『花いちもんめ』、中村美保一人芝居『私、うれしい』、池上和美一人芝居『曲がり角と郷愁』、off・H『仮説「1」を乗坦するマリコ』、アグリーダックリング『つぶならべ』)」太田耕人 テアトロ 695 2000.6 p64〜68

## 花いちもんめ ㊲BLISS企画
***4885*** 上演:2015年10月8日〜10月11日 場所:下北沢駅前劇場 作:宮本研 演出:加藤健一
◇「目に見えない存在を認識する(梅田芸術劇場『夜への長い旅路』、俳優座劇場『月の獣』、BLISS企画『花いちもんめ』、タチ・ワールド『ジェニーの肖像』、演劇集団円『フォースタス』)」結城雅秀 テアトロ 921 2015.12 p28〜30,61〜63

## 花売り ㊲文化座
***4886*** 上演:1989年2月3日〜2月12日 場所:文化座アトリエ 作:謝名元慶福 演出:入谷俊一
◇「「昭和」の傷痕(文化座『花売り』)」岩波剛 テアトロ 554 1989.4 p28〜29

## 華岡青洲の妻 ㊲松竹
***4887*** 上演:2017年1月2日〜1月23日 場所:三越劇場 作:有吉佐和子 演出:齋藤雅文
◇「人間の本質は変わらない(新派『華岡青洲の妻』、俳優座『病いは気から』)」水落潔 テアトロ 929 2017.3 p52〜53

## 華岡青洲の妻 ㊲文学座
***4888*** 上演:1987年2月12日〜2月19日 場所:国立劇場 作:有吉佐和子 演出:戌井市郎
◇「杉村春子絶妙の於継(文学座『華岡青洲の妻』)」藤田洋 テアトロ 530 1987.4 p21〜22
***4889*** 上演:1996年1月6日〜1月21日 場所:サンシャイン劇場 作:有吉佐和子 演出:戌井市郎

◇「三十代の観客として（金杉忠男アソシエーツ『NAMETOKOYAMA』, 文学座『華岡青洲の妻』）」林あまり　テアトロ　640　1996.3　p66〜67

**4890** 上演：1998年2月12日〜2月22日　場所：紀伊國屋サザンシアター　作：有吉佐和子　演出：江守徹

◇「女たちの生きざま（文学座『華岡青洲の妻』, みなと座『糸女』）」斎藤偕子　テアトロ　667　1998.4　p52〜53

## 花咲く頃の憂鬱　[団]3○○

**4891** 上演：1983年4月2日〜4月10日　場所：PARCO SPACE PART3　作・演出：渡辺えり子

◇「往生の物語（ことばの劇場）」蛭田権造　新劇　30（6）　1983.6　p28〜33

## 花咲くチェリー　[団]文学座

**4892** 上演：2009年5月22日〜5月31日　場所：紀伊國屋ホール　作：ロバート・ボルト　訳：坂口玲子　演出：坂口芳貞

◇「敗北していく男たち（民藝『来年こそは』, 文学座『花咲くチェリー』,Bunkamura『桜姫』）」水落潔　テアトロ　823　2009.8　p36〜37

## 花咲く港　[団]新国立劇場

**4893** 上演：2005年3月14日〜3月31日　場所：新国立劇場　作：菊田一夫　演出：鵜山仁

◇「さまざまな笑い（阿佐ヶ谷スパイダース『悪魔の唄』, シス・カンパニー/大人計画『蛇よ！』, 新国立劇場『花咲く港』）」北川登園　テアトロ　763　2005.5　p62〜64

## 花咲く港　[団]仲間

**4894** 上演：1982年3月19日〜3月24日　場所：俳優座劇場　作：菊田一夫　演出：中村俊一, 三宅博

◇「淡々とした舞台（仲間『花咲く港』）」藤木宏幸　テアトロ　472　1982.6　p30〜31

## 花里町プレタポルテ　[団]演劇ラボラトリー上田一軒プロジェクト

**4895** 上演：2016年1月30日〜1月31日　場所：AI・HALL　作：高橋恵　演出：上田一軒

◇「2月の関西 逸れてゆく「現実」（烏丸ストロークロック『国道、業火、背高泡立草』, 演劇ラボラトリー上田一軒プロジェクト『花里町プレタポルテ』, オイスターズ『この声』）」太田耕人　テアトロ　916　2016.4　p40〜41

## 話セバ解カル　[団]地点

**4896** 上演：2008年1月25日〜1月27日　場所：ART COMPLEX 1928　演出：三浦基, 村川拓也

◇「2月の関西 翻訳劇の翻案、そして領有（KUNIO03『椅子』, メイシアタープロデュース・売込隊ビーム『お気に召すまま』, ベトナムからの笑い声『ベトナムイサン』, 地点『話セバ解カル』）」太田耕人　テアトロ　804　2008.4　p58〜60

## 花ぞむかしの色に化けなん　[団]未来劇場

**4897** 上演：1999年4月8日〜4月18日　場所：博品館劇場　作・演出：里吉しげみ

◇「〈説明〉でなく〈表現〉が欲しい（NODA・MAP『半神』, 東京演劇アンサンブル『桜の森の満開の下』, 未来劇場『花ぞむかしの色に化けなん』, 東京芸術座『永遠の旅路』）」浦崎浩實　テアトロ　682　1999.6　p56〜57

## ハナタカ　[団]山本能楽堂

**4898** 上演：2018年8月19日〜8月20日　場所：山本能楽堂　作・演出：林慎一郎

◇「9月の関西 怒り、諷刺、茶化し。多彩なアプローチ（劇団犯罪友の会『私はレフト』, 能×現代演劇work#5『ハナタカ』, 匿名劇壇『笑う茶化師と事情女子』, 虚空旅団『きつねのかみそり』, 平成30年度兵庫県舞台芸術団体フェスティバル『通天閣』）」九鬼葉子　テアトロ　952　2018.11　p68〜70

## 花椿　[団]離風霊船

**4899** 上演：1994年1月12日〜1月18日　場所：本多劇場　作・演出：大橋泰彦

◇「「ことば」へのこだわり（青い鳥〔最終版〕『ゆでたまご』, 転位21『ボブと学校』, 東京ヴォードヴィルショー『ドン・トン・カルレオーネのギャグギャグエブリバディー』, 東京壱組『チャフラフスカの犬』, 離風霊船『花椿』）」大沢圭司　テアトロ　614　1994.3　p86〜89

## 華と石と　[団]朋友

**4900** 上演：2015年5月6日〜5月10日　場所：シアターサンモール　作：ふたくちつよし　演出：黒岩亮

◇「三者三様の“伝説”と舞台表現と（朋友『華と石と』, シアターコクーン『地獄のオルフェウス』, トム・プロジェクト『満月の人よ』）」みなもとごろう　テアトロ　905　2015.7　p36〜37

## 花になりて散らばや　[団]東演

**4901** 上演：2000年5月20日〜5月27日　場所：紀伊國屋ホール　作：松澤佳子　演出：鈴木完一郎

◇「ペテン師を心良く観せる技（東演『花になりて散らばや』, オフィス樹『秋雷』, トム・プロジェクト『東海道四谷怪談』）」佐藤康平　テアトロ　697　2000.8　p48〜49

## 花のお江戸の法界坊　[団]R・U・P

**4902** 上演：1992年6月12日〜6月21日　場所：シアターサンモール　作：羽原大介　演出：池田成志

◇「「惚れて」いても「駄目」になる恋愛とは？」風間研　Les Specs　39（9）　1992.9　p16〜17

## 花のかたち　[団]文学座アトリエの会

**4903** 上演：1999年11月17日〜11月28日　場所：文学座アトリエ　作：松田正隆　演出：高瀬久男

◇「観客の想像力を刺激する台詞（木山事務所『ワーグナー家の女』, 円『サラマンダー』, 文学座アトリエ『花のかたち』, パルコ劇場『ザ・ウーマン・イン・ブラック』, 京『ゆうれい』）」結城雅秀　テアトロ　690　2000.1　p68〜71

## 花の紅天狗　劇団☆新感線
**4904** 上演：1996年10月25日～10月30日　場所：シアター・ドラマシティ　作：中島かずき　演出：いのうえひでのり　振付：川崎悦子　音楽：岡崎司
◇「11月の関西 海辺の不思議な大劇場（維新派『ヂャンヂャンオペラ ROMANCE』,KTカンパニー『幽人ども』,劇団☆新感線『花の紅天狗』)」宮江政夫　テアトロ　651　1997.1　p80～81

**4905** 上演：2003年4月9日～4月27日　場所：ル・テアトル銀座　作：中島かずき　演出：いのうえひでのり
◇「ゲームとメタシアター（tpt『ヴァージニア・ウルフなんかこわくない?』,パルコ劇場『青ひげ公の城』,劇団☆新感線『花の紅天狗』)」水落潔　テアトロ　736　2003.6　p56～57

## 花のさかりに死んだあの人　木冬社
**4906** 上演：1986年3月5日～3月9日　場所：ジァン・ジァン　作・演出：清水邦夫
◇「様々なる演技」渡辺保　新劇　33(5)　1986.5　p30～35
◇「闇のあかるさ（木冬社『花のさかりに死んだあの人』)」岩波剛　テアトロ　519　1986.5　p32～34

## 花の下にて春死なん　ピープルシアター
**4907** 上演：1993年10月27日～10月31日　場所：SPACE107　作・演出：森井睦
◇「高度の象徴性と演技する人間（ルベール劇場『シェイクスピア三部作』『シャンハイ・ムーン』,俳優座『復活』,ピープルシアター『花の下にて春死なん』)」結城雅秀　テアトロ　612　1994.1　p62～65

## 花の寺―更科原っぱ物語　同人三間堂
**4908** 上演：1986年4月4日～4月13日　場所：中村座アトリエ　作・演出：金杉忠男
◇「小品の凝縮力」佐々木幹郎　新劇　33(6)　1986.6　p24～29

## 花の寺―更科原っぱ物語　中村座
**4909** 上演：1982年　作・演出：金杉忠男
◇「演じられる劇の在り処」西堂行人　新劇　30(2)　1983.2　p42～43

## 花の氷室　文学座
**4910** 上演：1993年6月4日～6月13日　場所：文学座アトリエ　作：今門洋子　演出：鵜田俊哉
◇「才気と、そのストイシズム（シアターコクーン『恋人たちの短い夜』,パルコ・パート3『ダア！ダア！ダア！』,ONLYクライマックス『結婚契約破棄宣言』,文学座アトリエ『花の氷室』,THE・ガジラ『かげろふ人』)」大沢圭司　テアトロ　606　1993.8　p66～71

## 華のまるやま七人みさき～泥に咲くのが蓮の花　世仁下乃一座
**4911** 上演：2013年6月19日～6月23日　場所：座・高円寺1　作・演出：岡安伸治　作曲：鮎ват京吾
◇「実在と非現実を映す詐術（青年座『崩れゆくセールスマン』,世仁下乃一座『華のまるやま七人みさき』,扉座『アトムへの伝言』)」中本信幸　テアトロ　880　2013.9　p50～51

## 花のもとにて春死なむ　兵庫県立ピッコロ劇団
**4912** 上演：2010年11月12日～11月17日　場所：ピッコロシアター　作：別役実　演出：佐野剛
◇「11月の関西 空間を書き直す（くじら企画『密会』,遊劇体『縄文人にあいういう』,A級Missing Link『蒼天、神を殺すにはいい日』,兵庫県立ピッコロ劇団『花のもとにて春死なむ』)」太田耕人　テアトロ　843　2011.1　p52～54

## 華々しき一族　新国立劇場
**4913** 上演：2000年2月9日～3月1日　場所：新国立劇場小劇場　作：森本薫　演出：鐘下辰男
◇「ノンシャランな日本人家族（文学座『デンティスト―愛の隠れんぼ―』,こまつ座『黙阿彌オペラ』,新国立劇場『華々しき一族』)」七字英輔　テアトロ　693　2000.4　p64～66

## 華々しき一族　文学座
**4914** 上演：1996年9月28日～10月13日　場所：文学座アトリエ　作：森本薫　演出：戌井市郎
◇「"地芸"と"アンサンブル"（文学座『華々しき一族』,木山事務所『私の下町―母の写真』)」みなもとごろう　テアトロ　649　1996.12　p66～67

## 花吹雪ゾンビーズ　ネヴァーランド・ミュージカル・コミュニティ
**4915** 上演：1989年2月2日～2月6日　場所：紀伊國屋ホール　作・演出：堤泰之
◇「ミュージカル評―キャスト替わりのおもしろさ」萩尾瞳　新劇　36(4)　1989.4　p42～45

## 花祭　岡部企画
**4916** 上演：2005年4月20日～4月24日　場所：紀伊國屋ホール　作・演出：岡部耕大　音楽：園田容子
◇「情念を超えて「自然」と和解する（岡部企画『花祭』,文学座『風をつむぐ少年』,唐組『鉛の兵隊』,東京演劇アンサンブル『林檎園日記』)」結城雅秀　テアトロ　765　2005.7　p46～48

## 花見の駅で、二月に　PM/飛ぶ教室
**4917** 上演：1999年4月9日～4月11日　場所：扇町ミュージアムスクエア　作・演出：蟷螂襲
◇「4月の関西 内藤演出の特徴（OMSプロデュース『ここからは遠い国』,PM/飛ぶ教室『花見の駅で、二月に』)」宮辻政夫　テアトロ　682　1999.6　p110～111

## 花も嵐も　萬國四季協會
**4918** 上演：2007年1月18日～1月21日　場所：中野光座　作：ごとうかず美　演出：渡辺大策
◇「時空を超えて今を写す（萬國四季協會『花も嵐も』,NLT『宴会泥棒』,アステム制作『元禄光琳模様』)」中本信幸　テアトロ　790　2007.4　p56～57

## 花も実もあり　ぐるーぷえいと
**4919** 上演：1991年5月29日～6月9日　場所：ぐ

るーぷえいとアトリエ　作：兼平陽子　演出：藤原新平
◇「おばさんという色物」岡本蛍　しんげき　38(8)　1991.8　p26〜29

**華やかなる鬼女たちの宴**　[団]俳優座

**4920** 上演：1984年7月23日〜8月5日　場所：俳優座劇場　作：岡部耕大　演出：西木一夫
◇「女たちの存在革命序曲(俳優座『華やかなる鬼女たちの宴』)」渡辺淳　テアトロ　500　1984.10　p21〜22

**花よりタンゴ 銀座ラッキーダンスホール物語**　[団]こまつ座

**4921** 上演：1986年9月27日〜10月25日　場所：紀伊國屋ホール　作・演出：井上ひさし
◇「夏目漱石と井上ひさし(俳優座『心—わが愛』,こまつ座『花よりタンゴ』)」石崎勝久　テアトロ　526　1986.12　p40〜43

**4922** 上演：1997年10月3日〜10月19日　場所：紀伊國屋サザンシアター　作：井上ひさし　演出：栗山民也
◇「三つの喜劇(民藝『あっぱれクライトン』,前進座『戦国武士の有給休暇』,こまつ座『花よりタンゴ』)」水落潔　テアトロ　662　1997.12　p66〜67

**離れて遠く二万キロ**　[団]俳優座

**4923** 上演：2000年11月24日〜12月6日　場所：紀伊國屋ホール　作：山田太一　演出：安井武　振付：沢のえみ
◇「近くて遠い現実、遠くて近い現実(劇団八時半『素足の日記』,俳優座『離れて遠く二万キロ』,MODE×世田谷パブリックシアター提携『しあわせな日々/芝居』)」大岡淳　テアトロ　704　2001.2　p68〜71

**離れのある家**　[団]民藝

**4924** 上演：1987年2月8日〜4月8日　場所：紀伊國屋ホール　作：黒井千次　演出：渡辺浩子
◇「嵐のような〈劇性〉,風のような〈中間〉」鴻英良　新劇　34(4)　1987.4　p22〜27
◇「軍隊芝居の虚しさ」渡辺保　新劇　34(4)　1987.4　p34〜39
◇「家という不思議な生きもの(民藝=離れのある家)」水落潔　テアトロ　530　1987.4　p24〜25

**花はらんまん**　[団]NLT

**4925** 上演：2013年8月17日〜8月25日　場所：三越劇場　作・演出：池田政之　音楽：川崎絵都夫
◇「世代による価値観の相違(青年座『LOVE、LOVE、LOVE』,二兎社『兄帰る』,NLT『花はらんまん』)」水落潔　テアトロ　881　2013.10　p42〜43

**ハノーヴァの肉屋(改訂版)**　[団]岸田事務所, 演劇企画集団・楽天団

**4926** 上演：1985年5月3日〜5月19日　場所：スタジオあくとれ　作：岸田理生　演出：和田喜夫
◇「ガ・ン・バレ・肉体(からだ)(ことばの劇場)」わたせひろのぶ　新劇　32(7)　1985.7　p86〜88

**パノラマ島綺譚**　[団]月蝕歌劇団

**4927** 上演：2017年3月18日〜3月20日　場所：ザムザ阿佐谷　原作：江戸川乱歩　演出：高取英　音楽：J・A・シーザー
◇「宿命の場の生と死(燐光群『くじらの墓標2017』,月蝕歌劇団『パノラマ島綺譚』『寺山修司—過激なる疾走—』,東京ノーヴイ・レパートリーシアター『メディア』)」黒羽英二　テアトロ　932　2017.6　p32〜33

**パノラマビールの夜**　[団]匣の階

**4928** 上演：2018年1月25日〜1月28日　場所：神戸アートビレッジセンター　脚本・演出：久野那美
◇「2月の関西 阪神大震災に静かに思いを馳せる(Plant M『blue film』,匣の階『パノラマビールの夜』,烏丸ストロークロック『まほろばの景』,能×現代演劇work『ともえと、』,田中遊『戯式』)」九鬼葉子　テアトロ　944　2018.4　p65〜67

**母**

**4929** 上演：1993年10月　場所：テイジンホール　原作：三浦綾子　脚色・演出：ふじたあさや　※河東けいひとり芝居
◇「南河内の傑作「賞金稼ぎ」(南河内万歳一座『賞金稼ぎ』,河東けいひとり芝居『母』,西鶴ルネッサンス委員会『好色一代男』,M・O・P『オールディーズ』)」宮辻政夫　テアトロ　612　1994.1　p77〜80

**母**　[団]演劇集団円, シアターX

**4930** 上演：1995年4月17日〜5月1日　場所：シアターX　作：ヴィトケヴィッチ　訳・演出：大橋也寸
◇「制約を創造の源泉とする…(コンパス『夏の夜の夢』『ヴォイツェク』,RSC『恋の骨折り損』,円+シアターX『母』,俳優座『南回帰線にジャポネースの歌は弾ね』,文化座『青春デンデケデケデケ』,一跡二跳『ONとOFFのセレナーデ』)」結城雅秀　テアトロ　630　1995.6　p62〜68

**パパ、I LOVE YOU！**　[団]加藤健一事務所

**4931** 上演：1994年3月2日〜3月27日　場所：本多劇場　作：レイ・クーニー　訳：小田島雄志, 小田島恒志　演出：織田俊樹
◇「「演じる」ことの位相(円『叔母との旅』,加藤健一事務所『パパ、I Love You！』,民藝『旧アルバート街のメルヘン』,ギィ・フォワシィ・シアター『湾岸から遠く離れて』,東京ギンガ堂『ブレイン・ストーム'94』,楽劇コースケ事務所『Face to Mask』,楽天団『恋 其之四』)」大沢圭司　テアトロ　616　1994.5　p70〜75

**パパ、I LOVE YOU！**　[団]水戸芸術館ACM劇場

**4932** 上演：2010年1月23日〜2月7日　場所：水戸芸術館ACM劇場　作：レイ・クーニー　訳：小田島雄志, 小田島恒志　演出：松本小四郎
◇「異質の現代劇舞台それぞれ(幹の会+リリック

『冬のライオン』、水戸芸術館『パパ、I LOVE YOU！』、燐光群『アイ・アム・マイ・オウン・ワイフ』）」斎藤偕子　テアトロ　832　2010.4　p42～43

## 母アンナ・フィアリングとその子供たち ㊐シアターX

**4933** 上演：2005年4月1日～4月7日　場所：シアターX　作：ブレヒト　訳：千田是也　構成・演出：ルティ・カネル　振付：ケイタケイ　音楽：ロネン・シャピラ
◇「再演三題…回る旅人生・拡散した空間・モノクロの幻想（シアターX『母アンナ・フィアリングとその子供たち』、シアターコクーン『KITCHEN』、北九州芸術劇場『ルル』）」斎藤偕子　テアトロ　764　2005.6　p60～62

## 母を逃がす ㊐大人計画

**4934** 上演：1999年5月2日～5月16日　場所：本多劇場　作・演出：松尾スズキ
◇「ユートピアの精神（円『小さなエイヨルフ』、大人計画『母を逃がす』、テアトル・エコー『他人の首』）」里見宗捷　テアトロ　683　1999.7　p46～47

## 母―おふくろ ㊐東京演劇アンサンブル

**4935** 上演：2007年10月5日～10月14日　場所：ブレヒトの芝居小屋　作：ブレヒト　訳：千田是也　演出：入江洋佑　音楽：林光
◇「愛しく、美しい可知と大塚のラヴシーン（俳優座『豚と真珠湾』、京楽座『山椒大夫考』『中西和久のエノケン』、東京演劇アンサンブル『母―おふくろ』）」みなもとごろう　テアトロ　799　2007.12　p44～45

## 母が口にした「進歩」　その言葉はひどく嘘っぽく響いていた ㊐東京演劇集団風

**4936** 上演：2016年8月30日～9月4日　場所：レパートリーシアターKAZE　作：マテイ・ヴィスニユック　訳：川口覚子　演出：江原早哉香
◇「今では皇室にのみ残る伝統と慣習（劇団俳優座『華族令嬢たちの大正・昭和』、Tファクトリー『荒野のリア』、ホリプロ『娼年』、CATプロデュース『クレシダ』、文学座アトリエの会『弁明』、東京演劇集団風『母が口にした「進歩」…』）」結城雅秀　テアトロ　924　2016.11　p42～43

## 母からの手紙 ㊐ギィ・フォワシィ・シアター

**4937** 上演：2007年11月1日～11月8日　場所：銀座みゆき館劇場　作：マルセル・ジュアンドー　訳：山本邦彦　演出：薛珠麗
◇「現代を照らす万華鏡（一跡二跳『誰も見たことのない場所』、ピープルシアター『聖なる路地』、ギィ・フォワシィ・シアター『母からの手紙』『相寄る魂』他、アリストパネス・カンパニー『男やもめのスラム団地』）」中本信幸　テアトロ　800　2008.1　p124～125

## 母・肝っ玉とその子供たち―三十年戦争年代記 ㊐新国立劇場

**4938** 上演：2005年11月28日～12月11日　場所：新国立劇場中劇場 PLAY HOUSE　作：ブレヒト　訳：谷川道子　演出：栗山民也　衣装：ワダエミ
◇「Long Long Critic ハハ・これが肝っ玉（新国立劇場『母・肝っ玉とその子供たち』）」岩淵達治　テアトロ　774　2006.2　p96～99

## 母たちの国へ ㊐新国立劇場

**4939** 上演：2001年1月10日～1月28日　場所：新国立劇場小劇場　作：松田正隆　演出：西川信廣
◇「異様な緊張の中で追求する人間の尊厳（tpt『蜘蛛女のキス』、新国立劇場『母たちの国へ』、世田谷パブリックシアター『ゴドーを待ちながら』、俳優座『十二夜』）」結城雅秀　テアトロ　705　2001.3　p70～73

## 母という名の女 ㊐自由

**4940** 上演：1997年3月7日～3月20日　場所：三百人劇場　作・演出：金正鈺
◇「"既視感"の功罪（現代演劇協会『家族』、日本『ふるさとへ帰ろうよ あなた』、韓国『母という名の女』、アメリカ『（PARENT) thetical - 親』、中国『夫妻夜話』）」みなもとごろう　テアトロ　655　1997.5　p64～67

## 母と暮せば ㊐こまつ座

**4941** 上演：2018年10月5日～10月21日　場所：紀伊國屋ホール　作：井上ひさし　演出：栗山民也
◇「芝居も色々、役者も色々（民藝『時を接ぐ』、加藤健一事務所『イカれてるぜ！』、こまつ座『母と暮せば』、劇団NLT『やっとことっちゃうんとこな』）」水落潔　テアトロ　953　2018.12　p34～36

## 母と惑星について、および自転する女たちの記録 ㊐パルコ

**4942** 上演：2016年7月7日～7月31日　場所：PARCO劇場　作：蓬莱竜太　演出：栗山民也
◇「緊張空間における光と闇（演劇企画集団ザ・ガジラ『或る女』、パルコ『母と惑星について、および自転する女たちの記録』、世田谷パブリックシアター『レイディアント・ヴァーミン』、ロベール・ルパージュ『887』、民藝『炭鉱の絵描きたち』、パルコ『BENT』）」結城雅秀　テアトロ　922　2016.9　p40～43

## パパに乾杯 ㊐ケイダッシュステージ

**4943** 上演：1999年1月7日～1月17日　場所：新国立劇場小劇場　作：アラン・エイクボーン　訳：池内美奈子, 吉岡裕一　演出：山田和也
◇「せりふだけでは説得力は生まれない（第三エロチカ『ロスト・バビロン』、ケイダッシュステージ『パパに乾杯』）」江原吉博　テアトロ　679　1999.3　p84～85

## 母に欲す ㊐パルコ

**4944** 上演：2014年7月10日～7月29日　場所：PARCO劇場　作・演出：三浦大輔　音楽：大友良英
◇「苦悩する魂の真剣勝負（民藝『白い夜の宴』、パルコ・プロデュース『母に欲す』、花企画『トウサンの娘たち』）」結城雅秀　テアトロ　894　2014.9　p32～33

## 母の死／大臣候補　⓪オフィス樹, シアターX
***4945*** 上演：2014年10月28日〜11月1日　場所：シアターX　作：能島武文（母の死）, 長谷川如是閑（大臣候補）　演出：川和孝
◇「超リアリズム芝居の怪異（ピープルシアター『嘆きのベイルート』, 青年座『地の乳房』, 名作劇場『母の死』『大臣候補』）」中本信幸　テアトロ　899　2015.1　p36〜37

## パパのデモクラシー　⓪五期会
***4946*** 上演：1997年10月9日〜10月12日　場所：A&Hホール　作：永井愛　演出：森下昌秀
◇「10月の関西 見応えあった近松作品（人形劇団クラルテ『紅葉狩り剣のゆくゑ』, 南河内万歳一座『百物語（改訂版）』, 五期会『パパのデモクラシー』）」宮辻政夫　テアトロ　662　1997.12　p118〜119

## パパのデモクラシー　⓪東京ヴォードヴィルショー
***4947*** 上演：2013年4月4日〜4月14日　場所：座・高円寺1　作：永井愛　演出：鈴木裕美
◇「佳作舞台の再演・三演に新鮮な魅力（MODE『城』, 東京芸術劇場『マシーン日記』, 東京ヴォードヴィルショー『パパのデモクラシー』）」七字英輔　テアトロ　876　2013.6　p48〜49

## パパのデモクラシー　⓪二兎社
***4948*** 上演：1995年10月30日〜11月15日　場所：ベニサン・ピット　作・演出：永井愛
◇「日米共同による2言語の芝居（昴・MRT『沈黙』, 文学座『野分立つ』『噂のチャーリー』, こまつ座『父と暮せば』, 二兎社『パパのデモクラシー』, シアター・コクーン『阿呆劇・フィガロの結婚』, 博品館劇場『ブラック・コメディ』）」結城雅秀　テアトロ　638　1996.1　p63〜69

## 母の法廷　⓪CANプロ
***4949*** 上演：2018年5月24日〜5月27日　場所：スタジオCAN　作：高橋いさを　演出：佐藤雄一
◇「老婦人を演じる若い女優の「異化効果」（五反田『うん、さようなら』, CANプロ『母の法廷』, 劇団昴『冬』『ダウィー夫人の勲章』, 青年劇場『分岐点〜ぼくらの黎明期〜』, 劇団球『紫陽花』）」杉山弘　テアトロ　949　2018.8　p51〜53

## バーバパパ　⓪セイブ ザ ライフ
***4950*** 上演：1993年8月10日〜8月23日　場所：赤坂プリンスホテル・クリスタルルーム　原作：アネット・チゾン, タラス・テーラー　脚本：北村想　演出：宮田慶子
◇「ウェルメイドの難しさ（三越・文学座『夜のキャンバス』, 博品館劇場・三生社『And The World Goes 'Round』, セイブ ザ ライフ『バーバパパ』）」江原吉博　テアトロ　608　1993.10　p56〜58

## ハバリ・ヒニ〜神に選ばれた人　⓪ライターズカンパニー プロデュース
***4951*** 上演：1993年8月　場所：近鉄小劇場　作：丘辺渉　演出：大森青児
◇「「ハバリ・ヒニ」について（ライターズカンパニー プロデュース『ハバリ・ヒニ〜神に選ばれた人』, MOTHER/リリパット・アーミー共同プロデュース『毒薬と老嬢』, 2年6組山田学級『千年銭湯漂流記』, 立身出世劇場『大迷路…ん？（デカメロン）』, 遊気舎『じゃばら』）」宮辻政夫　テアトロ　608　1993.10　p60〜63

## パパは誘拐犯 芦屋令嬢誘拐事件　⓪劇工房燐
***4952*** 上演：1998年5月23日〜5月31日　場所：代々木パオ　作：山崎哲　演出：手塚敏夫
◇「演劇であること、その必然性についての演劇（黒テント『花』, 俳優座劇場プロデュース『十二人の怒れる男たち』, 劇工房燐『パパは誘拐犯』）」川口賢哉　テアトロ　671　1998.8　p72〜73

## パフ　⓪しようよ
***4953*** 上演：2018年9月27日〜10月1日　場所：KAIKA　作・演出：大原渉平
◇「10月の関西 才能の出会いが状況を活性化させる（姫路市文化国際交流財団・はりま劇団協議会『二十世紀少年少女読本』, おうさか学生演劇祭×劇団壱劇屋×一心寺シアター倶楽部共同プロデュース『さよなら竜馬』, 劇団しようよ『パフ』, エイチエムビー・シアターカンパニー『高野聖』）」九鬼葉子　テアトロ　953　2018.12　p65〜67

## ハーブ園の出来事　⓪俳優座劇場
***4954*** 上演：2000年7月7日〜7月16日　場所：俳優座劇場　作：ピーター・ウェラン　訳：青井陽治　演出：西川信廣
◇「人間劇のありよう（俳優座劇場プロデュース『ハーブ園の出来事』, ピープルシアター『りゅうりぇんれん』, 現代制作舎『マリアの首』, ポイント東京『そして誰もいなくなった』）」渡辺淳　テアトロ　698　2000.9　p42〜44

## HARVEY　⓪往来
***4955*** 上演：1995年9月14日〜9月17日　場所：近鉄小劇場　作：メアリー・チェイス　訳：小澤僥謳　鈴木健之亮　総指揮：森川英雄
◇「9月の関西 大阪新劇フェスティバル開幕（劇団往来『HARVEY』, 遊気舎『ピロシキ』, 結城座『横顔』）」宮辻政夫　テアトロ　635　1995.11　p80〜81

## ハーベイ　⓪俳優座劇場
***4956*** 上演：1986年11月3日〜11月9日　場所：俳優座劇場　作：メアリー・チェイス　訳・演出：小沢僥謳
◇「空足」渡辺保　新劇　34(1)　1987.1　p38〜43

## ハーベイ　⓪プロジェクトOIE
***4957*** 上演：1998年7月3日〜7月12日　場所：シアターVアカサカ　作：メアリー・チェイス　訳：小澤僥謳
◇「昭和七年、未発の"ルル"（ヨメナ座『奏鳴曲ニ短調 ベートーベン 作品三一ノ二』『ふきのとう』, 結城座『魔界放浪記』, プロジェクトOIE『ハーベイ』）みなもとごろう　テアトロ　672　1998.9　p70〜71

## ハーベスト　⓪世田谷パブリックシアター
***4958*** 上演：2012年12月11日〜12月24日　場所：世田谷パブリックシアター　作：リチャー

ド・ビーン　訳：平川大作, 小田島恒志　演出：森新太郎

◇「人間、この愚かなる者（世田谷パブリックシアター『ハーベスト』, 俳優座『心細い日のサングラス』,Bunkamura『祈りと怪物』）」水落潔　テアトロ　873　2013.3　p54～55

### パーマネント・ウェイ　[団]AI・HALL

4959 上演：2008年9月19日～9月20日　場所：AI・HALL　作：デイヴィッド・ヘアー　演出：坂手洋二

◇「9月の関西 ローカルであるということ（姫路市文化振興財団設立二十周年『映像都市2008』,『廓』上演を成功させる会『廓』, ドラマ・リーディング『パーマネント・ウェイ』）」太田耕人　テアトロ　812　2008.11　p79～81

### パーマネント・ウェイ　[団]燐光群

4960 上演：2005年11月20日～12月4日　場所：シアタートラム　作：デイヴィッド・ヘアー　訳：常田景子　演出：坂手洋二

◇「現実に厳しく迫る不条理劇（青年団『砂と兵隊』, 流山児★事務所『SMOKE - LONG VERSION』, 俳優座劇場プロデュース『サマーハウスの夢』, 燐光群『パーマネント・ウェイ』）」丸田真悟　テアトロ　774　2006.2　p56～58

### パーマネント・ブレイン・ダメージ　[団]第三エロチカ

4961 上演：1997年7月15日～7月20日　場所：シアタートップス　作：リチャード・フォアマン　演出：川村毅

◇「天を仰がぬ人々（ピープルシアター『猿の王国』, 第三エロチカ『パーマネント・ブレイン・ダメージ』, 座・新劇Part2『どん底』）」大岡淳　テアトロ　659　1997.9　p78～79

### 浜辺のもてないおんな達　[団]パルコ

4962 上演：1991年5月31日～6月6日　場所：PARCO SPACE PART3　構成：宮本亜門

◇「スタッフの仕事の充実度（'91演劇界回顧）」安住恭子　しんげき　39（2）　1992.2　p34～37

### パーマ屋スミレ　[団]新国立劇場

4963 上演：2012年3月5日～3月25日　場所：新国立劇場　作・演出：鄭義信

◇「生き抜く力としての希望（新国立劇場『パーマ屋スミレ』, 銅鑼『砂の上の星』, 加藤健一事務所『ザ・シェルター』『寿歌』）」丸田真悟　テアトロ　861　2012.5　p48～49

### HAMLET　[団]KUNIO

4964 上演：2014年7月3日～7月7日　場所：京都芸術センター　作：シェイクスピア　訳：桑山智成　演出・美術：杉原邦生

◇「7月の関西 鮮やかなる再読（桃園会『覚めてる間は夢を見ない』,KUNIO『HAMLET』, 大阪現代舞台芸術協会プロデュース『坊っちゃん』, 虚空旅団『誰故草』）」太田耕人　テアトロ　894　2014.9　p41～43

### ハムレット　[団]木山事務所

4965 上演：1987年11月20日～11月25日　場所：三百人劇場　作：シェイクスピア　訳：福田恆存　演出：末木利文

◇「張出し舞台をどう活かすか―シェイクスピア演劇祭（三百人劇場）」大場建治　テアトロ　540　1988.2　p28～31

### ハムレット　[団]銀座セゾン劇場

4966 上演：1990年3月23日～4月21日　場所：銀座セゾン劇場　作：シェイクスピア　演出：ユーリー・リュビーモフ

◇「大胆と細心（銀座セゾン劇場『ハムレット』）」大場建治　テアトロ　567　1990.5　p24～25

4967 上演：1995年10月7日～11月8日　場所：銀座セゾン劇場　作：シェイクスピア　訳：松岡和子　演出：蜷川幸雄

◇「シェイクスピア翻案の魅力（俳優座『正劇・室鷲郎』, 銀座セゾン劇場『ハムレット』, シアターX『女中たち』, パルコ劇場『熱海殺人事件、モンテカルロ版』, 円『赤い階段の家』,ONLYクライマックス『四人兄弟』）」結城雅秀　テアトロ　636　1995.12　p64～70

4968 上演：1998年3月2日～3月29日　場所：銀座セゾン劇場　作：シェイクスピア　訳：松岡和子　演出：蜷川幸雄

◇「シェイクスピアの言葉の手触り（銀座セゾン劇場『ハムレット』, 岡部企画『紙屋悦子の青春』,TBプラネット『愛と勇気のエンゲキ［コラソン!!］』, 東京オレンジ『Tigershot Meet With Shakespeare』）」長谷部浩　テアトロ　668　1998.5　p62～64

### ハムレット　[団]子供のためのシェイクスピアカンパニー

4969 上演：2004年7月15日～7月20日　場所：世田谷パブリックシアター　作：シェイクスピア　訳：小田島雄志　脚本・演出：山崎清介

◇「劇界制する小田島父子の翻訳（パルコプロデュース『イット・ランズ・イン・ザ・ファミリー』, 俳優座劇場プロデュース『ハロー・アンド・グッドバイ』, 子供のためのシェイクスピアカンパニー『ハムレット』）」北川登園　テアトロ　754　2004.9　p50～51

4970 上演：2014年9月11日～9月15日　場所：あうるすぽっと　作：シェイクスピア　訳：小田島雄志　脚本・演出：山崎清介

◇「劇的ファンタジーの飛翔効果（ギイ・フォワシイ・シアター『相寄る魂』『ファンファーレを待ちながら』, ジャブジャブサーキット『ディラックの花嫁』, 子供のためのシェイクスピアカンパニー『ハムレット』, 青年劇場『羽衣 House』）」中本信幸　テアトロ　896　2014.11　p40～41

### ハムレット　[団]彩の国さいたま芸術劇場

4971 上演：2012年2月20日～3月1日　場所：彩の国さいたま芸術劇場インサイド・シアター　作：シェイクスピア　訳：河合祥一郎　演出：蜷川幸雄

◇「マジックと神話と笑劇の弥生三月（さいたまネクスト・シアター『ハムレット』, モダンスイマーズ

『ロマンサー——夜明峠編——』,劇団四季『解ってたまるか！』)」村井健　テアトロ　861　2012.5　p46～47

***4972*** 上演：2015年1月22日～2月15日　場所：彩の国さいたま芸術劇場大ホール　作：シェイクスピア　訳：河合祥一郎　演出：蜷川幸雄
◇「忘れるなよ、過去を(彩の国さいたま芸術劇場『ハムレット』,世田谷パブリックシアター『マーキュリー・ファー』,NODA・MAP『エッグ』)」結城雅秀　テアトロ　902　2015.4　p38～39

ハムレット　㉚四季
***4973*** 上演：1982年10月5日～10月28日　場所：日生劇場　作：シェイクスピア　訳：福田恆存　演出：浅利慶太
◇「あまりに説明的な(四季『ハムレット』)」結城雅秀　テアトロ　478　1982.12　p21～23

***4974*** 上演：1993年10月5日～10月25日　場所：東京芸術劇場中ホール　作：シェイクスピア　訳：福田恆存　演出：浅利慶太
◇「時はすべてを運び去るか？(俳優座『十二夜』,四季『ハムレット』)」大場建治　テアトロ　610　1993.12　p58～61

***4975*** 上演：2001年1月27日～3月14日　場所：四季劇場・秋　作：シェイクスピア　訳：福田恆存　演出：浅利慶太　振付：三井山彦　音楽：松村禎三
◇「家族のための最後の自己犠牲(無名塾『セールスマンの死』,民藝『泰山木の木の下で』『バーディ』,四季『ハムレット』)」結城雅秀　テアトロ　706　2001.4　p50～53

ハムレット　㉚松竹
***4976*** 上演：1984年2月4日～2月26日　場所：日生劇場　作：シェイクスピア　訳：福田恆存　演出：木村光一
◇「ハムレットの実体とエネルギー(松竹『ハムレット』)」結城雅秀　テアトロ　494　1984.4　p21～24

***4977*** 上演：1995年5月6日～5月31日　場所：サンシャイン劇場　作：シェイクスピア　訳：小田島雄志,吉田美枝　演出：ジャイルス・ブロック
◇「役者個人の固有の魅力(松竹『ハムレット』,ヒラ・グローブ座『リチャード三世』,民藝『熊楠の家』,グローブ座カンパニー『ハムレット』,テアトル・エコー『ボディ・ランゲージ』,まにまアート『極めて家庭的に—木村好子の詩集より』,東京ギンガ堂『狂想曲』)」結城雅秀　テアトロ　631　1995.7　p71～78

***4978*** 上演：1997年10月31日～11月18日　場所：サンシャイン劇場　作：シェイクスピア　脚本：ナイジェル・フリス　訳：小田島雄志,吉田美枝　演出：ジャイルス・ブロック
◇「想像力のさまざまなかたち(青年団プロデュース『マッチ売りの少女たち～別役実 初期作品群より』,宮沢章夫＆ウクレレプロデュース『会議』,松竹『ハムレット』,３００『ガーデン』)」長谷部浩　テアトロ　664　1998.1　p60～63

***4979*** 上演：1998年8月2日～8月26日　場所：大阪松竹座　作：シェイクスピア　訳：福田恆存　演出：末木利文
◇「8月の関西 演技の振幅、ふくらみ(松竹『ハムレット』,南河内万歳一座『秘密探偵』,未来探偵社『ファンタ爺ィ』)」宮辻政夫　テアトロ　673　1998.10　p82～84

ハムレット　㉚新国立劇場
***4980*** 上演：2002年9月7日～9月18日　場所：新国立劇場中劇場　作：シェイクスピア　演出：ペーター・シュタイン
◇「ふたりの巨匠、ふたつのシェイクスピア劇(国際チェーホフ演劇祭inモスクワ／新国立劇場『ハムレット』,ベルリナー・アンサンブル『リチャード2世』)」大岡淳　テアトロ　728　2002.11　p44～46

ハムレット　㉚スウェーデン王立劇場
***4981*** 上演：1988年7月2日～7月9日　場所：東京グローブ座　作：シェイクスピア　演出：イングマール・ベルイマン
◇「父の力、父の不在」七字英輔　新劇　35(9)　1988.9　p30～33
◇「ベルイマンの衝撃」扇田昭彦　新劇　35(9)　1988.9　p34～37
◇「正統と異端(スウェーデン王立劇場『令嬢ジュリー／ハムレット』)」毛利三彌　テアトロ　547　1988.9　p21～24

ハムレット　㉚スパイラルシアター
***4982*** 上演：1988年6月14日～6月29日　場所：恵比寿第二ファクトリー　作：シェイクスピア　訳：坪内逍遥,小田島雄志　演出：蜷川幸雄
◇「「亡霊」というコンセプト」七字英輔　新劇　35(8)　1988.8　p30～33

ハムレット　㉚昴
***4983*** 上演：1984年11月7日～11月18日　場所：三百人劇場　作：シェイクスピア　訳・演出：福田恆存
◇「"激情の奴隷"は何処か(昴『ハムレット』)」結城雅秀　テアトロ　503　1985.1　p34～36

ハムレット　㉚東演
***4984*** 上演：2011年3月11日～3月17日　場所：本多劇場　作：シェイクスピア　訳：外塚由利子,佐野史郎　演出：ワレリー・ベリャコーヴィッチ
◇「生か死か？ それが問題だ(東演『ハムレット』,舞台芸術学院60周年記念公演『月にぬれた手』,フランス演劇クレアシオン『天国への二枚の切符』)」中本信幸　テアトロ　848　2011.6　p44～45

ハムレット　㉚東京演劇集団風
***4985*** 上演：2004年8月20日～8月26日　場所：レパートリーシアターKAZE　作：シェイクスピア　訳：小田島雄志　演出：ペトル・ヴトカレウ
◇「終末を生きる若者の祈り(彩の国シェイクスピア・シリーズ『お気に召すまま』,東京演劇集団風『ハムレット』)」内田洋一　テアトロ　755　2004.10　p52～53

はむれ

4986 上演：2007年12月23日～12月24日　場所：レパートリーシアターKAZE　作：シェイクスピア　訳：小田島雄志　演出：ペトル・ヴトカレウ
　◇「気儘な女たちと窮屈な男たち(俳小『フユヒコ』，レパートリーシアターKAZE『ハムレット』，朋友『ロッカビーの女たち』)」蔵原惟治　テアトロ　803　2008.3　p66～68

4987 上演：2014年12月23日～12月25日　場所：レパートリーシアターKAZE　作：シェイクスピア　訳：小田島雄志　演出：ペトル・ヴトカレウ，浅野佳成
　◇「古典をどう演じるか(東京演劇集団風『ハムレット』，文学座アトリエ『リア王』，俳優座『桜の園』)」結城雅秀　テアトロ　901　2015.3　p50～51

ハムレット　㊨東京グローブ座
4988 上演：1994年8月4日～8月14日　場所：パナソニック・グローブ座　作：シェイクスピア　訳：小田島雄志　演出：ロン・ダニエルズ，スティーブン・メイラー
　◇「役者は年齢を超越する(グローブ座『ハムレット』，万有引力『ハムレット』，博品館『ローゼンクランツとギルデンスターンは死んだ』，昴，ザ・サード・ステージ『ベルナルダ・アルバの家』，シアターX(カイ)『アガタ』，うらら舎『少女仮面』)」結城雅秀　テアトロ　621　1994.10　p47～53

4989 上演：1995年4月11日～4月23日　場所：パナソニック・グローブ座　作：シェイクスピア　訳：高橋康也　脚色：ウラ・オーベリー　演出・美術：ペーター・ストルマーレ
　◇「役者個人の固有の魅力(松竹『ハムレット』，ヒラ・グローブ座『リチャード三世』，民藝『熊楠の家』，グローブ座カンパニー『ハムレット』，テアトル・エコー『ボディ・ランゲージ』，まにまアート『極めて家庭的に一木村好子の詩集より』，東京ギンガ堂『狂想曲』)」結城雅秀　テアトロ　631　1995.7　p71～78

ハムレット　㊨東京芸術劇場
4990 上演：2017年4月9日～4月28日　場所：東京芸術劇場プレイハウス　作：シェイクスピア　訳：松岡和子　上演台本：今井麻緒子　上演台本・演出：ジョン・ケアード
　◇「新しい読みはどこまで可能か？(東京芸術劇場『ハムレット』，青年座『わが兄の弟 贋作アントン・チェーホフ傳』，東京演劇集団風『窓辺の馬』)」小山内伸　テアトロ　932　2017.6　p27～29

ハムレット　㊨俳優座
4991 上演：1980年1月10日～1月27日　場所：東横劇場　作：シェイクスピア　訳：小田島雄志　演出：増見利清
　◇「残すべきか切るべきか(俳優座『ハムレット』)」中野里皓史　テアトロ　445　1980.3　p21～24

4992 上演：1997年1月10日～1月21日　場所：パナソニック・グローブ座　作：シェイクスピア　訳：松岡和子　演出：グレッグ・デール
　◇「台詞術の面とスペクタクル性(RSC『夏の夜の夢』，安澤事務所+幹の会『リア王』，俳優座『ハムレット』，東京オピニオンズ『太陽が死んだ日』，シアターX『乞食と夢』『掏摸の家』)」結城雅秀　テアトロ　653　1997.3　p69～73

ハムレット　㊨兵庫県立ピッコロ劇団
4993 上演：2007年3月8日～3月14日　場所：兵庫県立芸術文化センター　作：シェイクスピア　演出：ワレリー・ベリャコーヴィッチ
　◇「3月の関西 せりふと演出(兵庫県立ピッコロ劇団『ハムレット』，AI・HALL自主企画・日英現代戯曲交流プロジェクト『ステキなアバター』，犯罪友の会・若手公演『白蓮の針』)」太田耕人　テアトロ　791　2007.5　p55～57

ハムレット　㊨福岡県民創作劇場
4994 上演：2001年11月1日～11月7日　場所：ぽんプラザホール　作・演出：こすぎきょうへい
　◇「古典のこころみ―福岡県民創作劇場の『四谷怪談』『ハムレット』『かもめ』」梁木靖弘　シアターアーツ　16　2002.4　p138～139

ハムレット　㊨文学座
4995 上演：1981年2月6日～2月22日　場所：東横劇場　作：シェイクスピア　訳：小田島雄志　演出：江守徹
　◇「単純化された性格(文学座『ハムレット』)」結城雅秀　テアトロ　458　1981.4　p21～24

ハムレット　㊨Bunkamura
4996 上演：1993年4月14日～4月29日　場所：シアターコクーン　作：シェイクスピア　訳：小田島雄志　演出：佐藤信
　◇「政治的上演は可能か？(青年団『ソウル市民』，シアターコクーン『ハムレット』，燐光群『犬の生活』)」内野儀　テアトロ　605　1993.7　p54～57

4997 上演：2003年11月16日～12月14日　場所：シアターコクーン　作：シェイクスピア　訳：河合祥一郎　演出：蜷川幸雄
　◇「個と共同体と(ひょうご舞台芸術『ニュルンベルク裁判』，地人会『心と意志』，シアターコクーン『ハムレット』)」渡辺淳　テアトロ　746　2004.2　p61～63

ハムレット　㊨HEP HALL
4998 上演：2004年12月5日～12月19日　場所：HEP HALL　作：シェイクスピア　訳：中井由梨子　演出：大塚雅史
　◇「12月の関西 語りえぬものをめぐって(MONO『相対的浮世絵』，焚火の事務所『ねぇ…ねぇ…海はまだですか』，HEP HALL Theatre 14『ハムレット』)」太田耕人　テアトロ　760　2005.2　p119～121

ハムレット　㊨ホリプロ，世田谷パブリックシアター
4999 上演：2003年6月17日～7月26日　場所：世田谷パブリックシアター　作：シェイクスピア　訳：河合祥一郎　演出：ジョナサン・ケント
　◇「「壁」は乗り越えられるか(ホリプロ+世田谷パブリックシアター『ハムレット』，T factory『ハム

レットクローン』)」内田洋一　テアトロ　740　2003.9　p43〜45

ハムレット　㊊モスクワ・ユーゴザーパド劇場
**5000**　上演：1990年5月17日〜6月3日　場所：PARCO劇場　作：シェイクスピア　演出：ワレリー・ベリャコーヴィッチ
◇「ベリャコーヴィッチの〈コロンブスの卵〉(パルコ劇場『ハムレット』)」衛紀生　テアトロ　569　1990.7　p21〜22

ハムレットクローン　㊊第三エロチカ
**5001**　上演：2000年1月12日〜1月16日　場所：アサヒ・スクエアA　作・演出：川村毅
◇「台詞劇の復活と前衛劇の台詞(新国立劇場『怒濤』,幹の会+リリック『シラノ・ド・ベルジュラック』,第三エロチカ『ハムレットクローン』)」結城雅秀　テアトロ　692　2000.3　p80〜82

ハムレットクローン　㊊T Factory
**5002**　上演：2003年6月28日〜7月6日　場所：森下スタジオ　作・演出：川村毅
◇「『壁』は乗り越えられるか(ホリプロ+世田谷パブリックシアター『ハムレット』,T factory『ハムレットクローン』)」内田洋一　テアトロ　740　2003.9　p43〜45

ハムレット〜幻鏡のオフィーリア　㊊愛知芸術文化センター
**5003**　上演：2007年2月2日　場所：愛知県芸術劇場大ホール　台本：麻創けい子　構成：唐津絵里
◇「ダンスオペラは現代の「バレエ・リュス」になり得るか—『ハムレット〜幻鏡のオフィーリア』」鳩羽風子　シアターアーツ　30　2007.3　p125〜127

ハムレット 死と蠟燭の明暗法　㊊演劇実験室◎万有引力
**5004**　上演：1994年8月4日〜8月14日　場所：本多劇場　作：シェイクスピア　構成・演出・音楽・美術・美粧：J・A・シーザー
◇「役者は年齢を超越する(グローブ座『ハムレット』,万有引力『ハムレット』,博品館『ローゼンクランツとギルデンスターンは死んだ』,昂、ザ・サード・ステージ『ベルナルダ・アルバの家』,カイ『アガタ』,うらら舎『少女仮面』)」結城雅秀　テアトロ　621　1994.10　p47〜53

ハムレットの楽屋　㊊演劇集団円
**5005**　上演：2000年5月23日〜5月28日　場所：俳優座劇場　作：ロレー・ベロン　訳・演出：大間知靖子
◇「デクラメイションと平幹二朗(彩の国さいたま芸術劇場『テンペスト』,tpt『Naked—裸』,演劇集団円『ハムレットの楽屋』,イプセンを上演する会『ヨーン・ガブリエル・ボルクマン』)」みなもとごろう　テアトロ　697　2000.8　p44〜47

ハムレットの悲劇　㊊世田谷パブリックシアター
**5006**　上演：2001年6月23日〜7月5日　場所：世田谷パブリックシアター　作・演出：ピーター・ブルック
◇「ある対照(世田谷パブリックシアター『ハムレットの悲劇』,文学座アトリエ『ペンテコスト』)」大場建治　テアトロ　712　2001.9　p54〜53

ハムレット／フォーティンブラス　㊊扉座
**5007**　上演：2001年8月30日〜9月10日　場所：紀伊國屋ホール　作：シェイクスピア　訳：井上優(ハムレット)　訳：横内謙介(フォーティンブラス)　演出：横内謙介(ハムレット),栗田芳宏(フォーティンブラス)
◇「生きることの意味を考える晩年の名優(松竹『サラ』,幹の会+リリック『冬物語』,扉座『ハムレット』『フォーティンブラス』,B級遊撃隊『アルケオプテリクスの卵』)」結城雅秀　テアトロ　714　2001.11　p40〜44

ハムレットマシーン　㊊太虚〈TAO〉
**5008**　上演：1992年　作：ハイナー・ミュラー　演出：鈴木絢士
◇「演出の「力」(流山児★事務所『改訂決定版tatsuya』,THE・ガジラ『POPCORN NAVY』,太虚『ハムレットマシーン』,東京演劇アンサンブル『ハムレットマシーン』)」内野儀　テアトロ　597　1992.11　p68〜72

ハムレットマシーン　㊊東京演劇アンサンブル
**5009**　上演：1992年9月12日〜10月3日　場所：ブレヒトの芝居小屋　作：ハイナー・ミュラー　訳：岩淵達治,谷川道子　演出：ヨーゼフ・サイラー　振付：西田堯　音楽：池辺晋一郎
◇「演出の「力」(流山児★事務所『改訂決定版tatsuya』,THE・ガジラ『POPCORN NAVY』,太虚『ハムレットマシーン』,東京演劇アンサンブル『ハムレットマシーン』)」内野儀　テアトロ　597　1992.11　p68〜72

ハメツノニワ　㊊ヒンドゥー五千回
**5010**　上演：2005年5月2日〜5月3日　場所：シアタートラム　構成・演出：扇田拓也
◇「本を読むひと、独り言するひと—ヒンドゥー五千回『ハメツノニワ』」川口賢哉　シアターアーツ　23　2005.6　p62〜64

林の中のナポリ　㊊民藝
**5011**　上演：2007年6月21日〜7月3日　場所：紀伊國屋サザンシアター　作：山田太一　演出：丹野郁弓
◇「異なる色合い、多彩な方向性(世田谷パブリックシアター『国盗人』,民藝『林の中のナポリ』,俳優座『日本芸人伝—白鳥乱子一座 江戸の極楽とんぼ』)」藤田洋　テアトロ　796　2007.9　p48〜50

払えないの？ 払わないのよ！　㊊民藝
**5012**　上演：1985年12月10日〜12月25日　場所：三越劇場　作：ダリオ・フォ　訳：高田和文　訳：渡辺浩子
◇「多彩なギャグ(民藝『払えないの？ 払わないのよ！』)」千野幸一　テアトロ　516　1986.2　p25〜26

## パラオ島の自由と憂鬱　㈲アリストパネス・カンパニー

**5013** 上演：2008年11月　場所：スタジオAR　作・演出：黒川欣映
◇「曖昧さを映す(梅左事務所+シアターX『綾描恋糸染』、虹企画/ぐろうぶ・しゅら+ペルソナ合同公演『お医者さん万歳!』、アリストパネスカンパニー『パラオ島の自由と憂鬱』、SHIMIN劇場Ⅱ『おたふく・南天・福寿草』、俳協『新・明暗』)」中本信幸　テアトロ　816　2009.2　p56～57

## 悪党(バラガキ)　㈲兵庫県立ピッコロ劇団

**5014** 上演：1999年2月26日～2月27日　場所：ピッコロシアター中ホール　作・演出：梁瀬満
◇「3月の関西 もう一つの顔(兵庫県立ピッコロ劇団『1999明日の劇場』、関西芸術座『風が吹くとき』)」宮辻政夫　テアトロ　681　1999.5　p58～59

## パラサイト・パラダイス　㈲一跡二跳

**5015** 上演：2003年12月10日～12月21日　場所：シアター・トップス　作・演出：古城十忍
◇「嘘から真実が(アリストパネス・カンパニー『喪服のエレクトラ』、流山児★事務所『ハイ・ライフ』、青年座『カゾク・カレンダー』、一跡二跳『パラサイト パラダイス』、S.W.A.T!『第九八独立普通科連隊 西へ!』)」中本信幸　テアトロ　746　2004.2　p64～66

**5016** 上演：2005年10月19日～10月26日　場所：シアターグリーン　作・演出：古城十忍
◇「緊迫感溢れるスリリングな会話劇(自転車キンクリートSTORE『ブラウニング・バージョン』、一跡二跳『パラサイト パラダイス』、メープルリーフシアター『地にありて静かに』)」丸田真悟　テアトロ　773　2006.1　p44～46

## 薔薇十字団・渋谷組　㈲パルコ

**5017** 上演：1986年4月24日～4月30日　場所：PARCO SPACE PART3　作・演出：清水邦夫
◇「観客席は浮遊している」佐々木幹郎　新劇　33(7)　1986.7　p28～33
◇「清水邦夫と山崎哲と」渡辺保　新劇　33(7)　1986.7　p34～39

## 薔薇戦争七部作　㈲ESC

**5018** 上演：1988年4月8日～4月28日　場所：東京グローブ座　作：シェイクスピア　演出：マイケル・ボグダノフ
◇「時をこえる劇場空間」扇田昭彦　新劇　35(6)　1988.6　p30～33
◇「『過去』にむきあう演劇」七字英輔　新劇　35(7)　1988.7　p26～29
◇「壮大な権力闘争劇(ESC『薔薇戦争七部作』)」大場建治　テアトロ　544　1988.6　p32～35

## パラダイスオブギンザ　㈲青年座

**5019** 上演：1986年11月8日～11月16日　場所：本多劇場　作：高木達　演出：前田和出　振付：中川久美
◇「鍛えられた俳優たち(青年座『パラダイスオブギンザ』)」千野幸一　テアトロ　527　1987.1　p28～29

## Paradise lost,lost　㈲桃園会

**5020** 上演：2005年9月16日～9月18日　場所：AI・HALL　作：深津篤史
◇「9月の関西 ミステリーに倣う(桃園会『Paradise lost,lost』、南船北馬一団『どこかにいます。』、青年団若手自主企画『笑うタンパク質』)」太田耕人　テアトロ　770　2005.11　p62～64

## バラック　㈲三人芝居

**5021** 上演：1998年2月24日～3月1日　場所：シアター・トップス　作・演出：北野ひろし
◇「現代演劇の"うち"と"そと"(東京演劇アンサンブル『肝っ玉おっ母とその子供たち』『ノラが夫を捨てたあと』、民藝『夢二の妻』、青年劇場アトリエ『サラエヴォのゴドー』、三人芝居『バラック』)」みなもとごろう　テアトロ　668　1998.5　p68～71

## バラード　㈲文学座アトリエの会

**5022** 上演：2003年12月11日～12月23日　場所：文学座アトリエ　作：川村毅　演出：藤沢新平
◇「見えないものを見る(燐光群『象』、文学座アトリエ『バラード』、OPAP+青年団『もう風も吹かない』)」渡辺淳　テアトロ　747　2004.3　p110～111

## 薔薇と海賊　㈲演劇集団円

**5023** 上演：1996年7月3日～7月8日　場所：紀伊國屋ホール　作：三島由紀夫　演出：大間知靖子
◇「価値体系の極度の転換、そして狂気(文学座アトリエ『モーリー・スウィニー』、円『薔薇と海賊』、こまつ座『頭痛肩こり樋口一葉』、自由劇場『ダム・ウェイター』、東京ギンガ堂『阿国一女と胃袋』、燐光『救いの猫ロリータはいま…』、ピープルシアター『阿詩瑪』)」結城雅秀　テアトロ　646　1996.9　p66～72

## 薔薇と棺桶　㈲昴

**5024** 上演：1980年12月3日～12月14日　場所：紀伊國屋ホール　作：ジョー・オートン　訳：喜志哲雄　潤色・演出：荒川哲生
◇「ミステリーの娯しさ(すばる『薔薇と棺桶』)」矢野誠一　テアトロ　456　1981.2　p32～33

## 薔薇とサムライ　㈲劇団☆新感線

**5025** 上演：2010年3月18日～4月18日　場所：赤坂ACTシアター　作：中島かずき　演出：いのうえひでのり　作詞：森雪之丞　音楽：岡崎司
◇「歴史を問う二作品(劇団☆新感線『薔薇とサムライ』、新国立劇場『夢の裂け目』、青年劇場『太陽と月』)」水落潔　テアトロ　834　2010.6　p36～37

## 薔薇と大砲～フリドニア日記#2　㈲ナイロン100℃

**5026** 上演：1999年3月28日～4月13日　場所：全労済ホール/スペース・ゼロ　作・演出：ケラリーノ・サンドロヴィッチ
◇「滑走する悪夢(ナイロン100℃『薔薇と大砲～フリドニア日記#2～』、コンドルズ『太陽にくちづけ

Vビューティフルサンデー』,春フェスティバル公演『どぽんど(陥人)〜ヴェニスで溺れて〜』)」長谷部浩　テアトロ　682　1999.6　p54〜55

**薔薇の刺青**　[団]エイコーン

**5027** 上演：2001年3月11日　場所：かめありリリオホール　作：テネシー・ウィリアムズ　訳・演出：加来英治

◇「優美に苦悩する情熱的なヒロイン(エイコーン『薔薇の刺青』,パルコ劇場『ラ・テラス』,メープルリーフ・シアター『パレードを待ちながら』,流山児★事務所『ハイ・ライフ』)」結城雅秀　テアトロ　707　2001.5　p52〜55

**薔薇の苔**　[団]ロマンチカ

**5028** 上演：1989年6月16日〜6月18日　場所：明治大学和泉校舎一号館実験劇場作業場　構成・演出：林巻子

◇「演技はめぐる」扇田昭彦　新劇　36(8)　1989.8　p30〜33

**薔薇の花束の秘密**　[団]TPT

**5029** 上演：2000年11月24日〜12月17日　場所：ベニサン・ピット　作：マヌエル・プイグ　訳：吉田美枝　演出：ロバート・アラン・アッカーマン

◇「コミュニケーションの不在(竹中直人の会『隠れる女』,tpt『薔薇の花束の秘密』)」北川登園　テアトロ　705　2001.3　p74〜75

**ハリウッド物語**　[団]木山事務所

**5030** 上演：2006年2月10日〜2月18日　場所：俳優座劇場　作：クリストファー・ハンプトン　訳・演出：勝田安彦

◇「記憶の狭間に心の痛みを描く(ティーファクトリー『フクロウの賭け』,青年座『評決』,木山事務所『ハリウッド物語』)」丸田真悟　テアトロ　776　2006.4　p56〜57

**BARRIKADE**　[団]飴屋法水・三上晴子共同企画

**5031** 上演：1987年11月7日〜11月23日　場所：ランドスコップ　演出：飴屋法水,三上晴子

◇「映画スタジオの青い鳥」鴻英良　新劇　35(1)　1988.1　p26〜31

◇「おののきの空間」佐々木幹郎　新劇　35(1)　1988.1　p32〜37

**バリーターク**　[団]神奈川芸術劇場,世田谷パブリックシアター

**5032** 上演：2018年4月16日〜5月6日　場所：KAAT神奈川芸術劇場大スタジオ　作：エンダ・ウォルシュ　訳：小宮山智津子　演出：白井晃

◇「耳を澄ませ、観察し、俯瞰する(パラドックス定数『731』,タチ・ワールド『I DO! I DO!』,劇団NLT『マカロニ金融』,KAAT+世田谷パブリックシアター『バリーターク』)」杉山弘　テアトロ　947　2018.7　p28〜30

**バリモア**　[団]無名塾

**5033** 上演：2014年11月3日〜11月16日　場所：シアタートラム　作：ウィリアム・ルース　訳・演出：丹野郁弓

◇「「未完。」に挑む役者根性(東京芸術劇場『半神』,文化座『近未来能 天鼓』,無名塾『バリモア』)」北川登園　テアトロ　899　2015.1　p28〜29

**5034** 上演：2015年7月4日〜7月20日　場所：無名塾 仲代劇堂　作：ウィリアム・ルース　訳・演出：丹野郁弓

◇「ひとり芝居、再演で充実(無名塾『バリモア』,東京芸術劇場『障子の国のティンカーベル』,華のん企画『ロミオとジュリエット』)」河野孝　テアトロ　908　2015.9　p30〜31

**春／嘘／恥**　[団]PM/飛ぶ教室

**5035** 上演：2003年12月12日〜12月14日　場所：大阪市立芸術創造館　作：藤澤清造　演出：蟷螂襲

◇「12月の関西 閉ざされた部屋(PM/飛ぶ教室『春』『嘘』『恥』,桃園会『深海魚』,芝居屋坂道ストア『木造モルタル式青空』,劇団八時半『久保君をのぞくすべてのすみっこ』)」太田耕人　テアトロ　746　2004.2　p111〜113

**遥か遠き果てに**　[団]葦の会

**5036** 上演：1993年6月29日〜7月4日　場所：シアターサンモール　作・演出：柳橋光隆

◇「観る方の想像力(新宿梁山泊『それからの夏』,300『月に眠る人』,葦の会『遥か遠き果てに』,みなと座『夏子の冒険』,遊◎機械/全自動シアター『オーマイパパ』)」大沢圭司　テアトロ　607　1993.9　p140〜143

**遥かなる甲子園**　[団]関西芸術座

**5037** 上演：1998年9月4日〜9月5日　場所：近鉄小劇場　原作：戸部良也　脚色：西岡誠一　演出：鈴木完一郎

◇「9月の関西 日常生活をどう描き出すか(インパクトD『UNDERGROUND』,コズミックシアター『NO WAY OUT』,関西芸術座『遥かなる甲子園』,潮流『あひるの靴』,199Q太陽族『それを夢と知らない』)」宮辻政夫　テアトロ　674　1998.11　p82〜84

**はるかなる来し方への幻想(卑弥呼の愛)**　[団]現代

**5038** 上演：1995年　　作・演出：成田次穂,演出：伊藤勝昭

◇「現代演劇の活性化のために(燐『寝室(ベッドルーム)』,現代『はるかなる来し方への幻想』)」植村瞭　テアトロ　639　1996.2　p74〜75

**遥かなる虹へ**　[団]民藝

**5039** 上演：2003年6月20日〜7月3日　場所：紀伊國屋サザンシアター　作：松田伸子　演出：渾大防一枝

◇「女性作家の新作(新国立劇場『ゴロヴリョフ家の人々』,民藝『遥かなる虹へ』)」斎藤偕子　テアトロ　740　2003.9　p46〜47

**バルカン動物園**　[団]青年団

**5040** 上演：1997年5月17日〜6月24日　場所：こまばアゴラ劇場　作・演出：平田オリザ

◇「方言と方言らしさの落差(青年団『バルカン動物園』,弘前劇場『家には高い木があった』,花企画『被告の椅子』)」江原吉博　テアトロ　658　1997.8　p66～67

春子ブックセンター　[団]大人計画

5041 上演：2002年5月15日～6月2日　場所：本多劇場　作・演出：宮藤官九郎

◇「狂うことすら出来ない(MODE『恋愛日記/屋上のひと』,大人計画『春子ブックセンター』,燐光群『屋根裏』)」里見宗律　テアトロ　723　2002.7　p56～58

ハルシオン・デイズ　[団]KOKAMI@network

5042 上演：2004年3月19日～4月11日　場所：紀伊國屋ホール　作・演出：鴻上尚史

◇「長塚圭史の誠実(阿佐ケ谷スパイダース『はたらくおとこ』,新国立劇場『透明人間の蒸気』,KOKAMI@network『ハルシオン・デイズ』)」林あまり　テアトロ　750　2004.6　p48～49

春(四季シリーズ)　[団]トム・プロジェクト

5043 上演：2001年10月16日～10月23日　場所：シアターX　作・演出：山崎哲

◇「『手話』が輝く伝達美(オフィス樹『ハルピン帰りのヤスケ』,トム・プロジェクト『輝く午後の光に～メノポーズ物語』,鍊肉工房『カフカ』,演奏舞台『太鼓』『火山島』,俳優座劇場プロデュース『小さき神のつくりし子ら』,佐野史郎×安達祐実二人芝居『春』)」佐藤康平　テアトロ　715　2001.12　p54～53

春、忍び難きを　[団]俳優座

5044 上演：2005年5月5日～5月16日　場所：俳優座劇場　作：斎藤憐　演出：佐藤信

◇「卑小なアンチヒーローたちの戦後(俳優座『春、忍び難きを』,青年座『妻と社長と九ちゃん』)」みなもとごろう　テアトロ　765　2005.7　p50～51

春過ぎて夏来にけらし白妙の衣ほすてふ天の香具山　[団]満開座

5045 上演：1988年12月16日～12月18日　場所：SPACE107　作・演出：仁王門大五郎

◇「「幻想」の行方」七字英輔　新劇　36(3)　1989.3　p30～33

春立ちぬ　[団]俳優座

5046 上演：2008年11月20日～11月30日　場所：俳優座劇場　作：ふたくちつよし　演出：亀井光子　音楽：上田亨

◇「テーマの現代性とは 戯曲と演出の関係(俳優座『春立ちぬ』,燐光群『戦争と市民』,流山児★事務所『ドブネズミたちの眠り』)」みなもとごろう　テアトロ　816　2009.2　p50～52

ハルディン・ホテル　[団]ナイロン100℃

5047 上演：2003年11月8日～11月30日　場所：本多劇場　作・演出：ケラリーノ・サンドロヴィッチ

◇「幻想とリアル、そしてブラックコメディ(演劇集団・円『あいにゆくから』,俳優座『三人姉妹』,ナイロン100℃『ハルディン・ホテル』)」七字英輔　テアトロ　745　2004.1　p66～68

春という黄昏、秋というトスカ　[団]文化座

5048 上演：2000年6月20日～7月3日　場所：文化座アトリエ　作：堀江安夫　演出：越光照文　※ドラマ・リーディング

◇「系統のちがう三本の舞台を観て(文化座『春という黄昏、秋というトスカ』,一跡二跳『コネクト』,うりんこ『女王様 弟を助けて！』)」佐藤康平　テアトロ　698　2000.9　p52～53

ハルとフォルスタッフ　[団]結城座

5049 上演：1989年1月15日～1月29日　場所：武蔵野芸能劇場　作：シェイクスピア　訳：小田島雄志　構成・演出：福田善之

◇「巨人と等身大のあいだ」扇田昭彦　新劇　36(3)　1989.3　p34～37

はるなつあきふゆ　[団]木山事務所

5050 上演：1994年8月29日～9月8日　場所：俳優座劇場　作：別役実　演出：末木利文

◇「見ること,見られること,見せること(木山事務所『はるなつあきふゆ』,S.W.A.T！『My Boy～嘆きの銀河』,東京ギンガ堂『クレイジー・フルーツ～夢野Q作とドグラ・マグラ』,NEST『Q・E・D』)」山登敬之　テアトロ　622　1994.11　p76～78

はるなつあきふゆ 歌入り絵草紙　[団]日本劇団協議会

5051 上演：1993年3月10日～3月21日　場所：俳優座劇場　作：別役実　演出：末木利文

◇「地球の通行人(劇団協議会『はるなつあきふゆ』,青年劇場『アダムの星』,東京演劇アンサンブル『鳥の女』)」岩波剛　テアトロ　603　1993.5　p58～61

春の赤ずきん　[団]青杜

5052 上演：2000年　場所：青杜アトリエ　作：島敏光　脚色・演出：古川登志夫

◇「作者とは？(青杜『春の赤ずきん』,現代制作舎・百年ハモニカ提携『APARTMENT HOUSE#4』,演奏舞台『暗殺風聞―'84気ヲツケ カケアシ ススメ』)」佐藤康平　テアトロ　704　2001.2　p72～73

ハルのいる家　[団]桃園会

5053 上演：2002年6月14日～6月17日　場所：ウィングフィールド　作・演出：深津篤史

◇「6月の関西 反復の可能性(ラックシステム『お弁当』,南河内万歳一座『改訂版・賞金稼ぎ』,桃園会『ハルのいる家』,劇団大阪『戦い』)」太田耕人　テアトロ　725　2002.8　p106～108

春のうららの隅田川　[団]演劇集団円

5054 上演：1997年5月14日～5月24日　場所：紀伊國屋ホール　作：別役実　演出：岸田良二

◇「“メメント・モリ”の変奏(パルコ・松竹提携『バイ・マイセルフ』,青年座『フユヒコ』,演劇集団円『春のうららの隅田川』,青年劇場『こんにちはかぐや姫』)」みなもとごろう　テアトロ　657　1997.7　p58～61

春の音、曇天。をつけてみる　[団]AI・HALL

5055 上演：2000年2月25日～2月27日　場所：AI・

HALL　作・演出：深津篤史
◇「3月の関西 多声のテクスト（アイホール演劇ファクトリー『春の音、曇天。をつけてみる』、鋼鉄猿廻し一座『あちらの人々は白昼に主婦と集団で待ち合わせをする』、魚灯『祭りの兆し』）」太田耕人　テアトロ　694　2000.5　p82～84

## 春の音、曇天。をつけてみる　㈲ことのは
**5056** 上演：2010年4月1日～4月5日　場所：アトリエS-pace　作：深津篤史　演出：関川佑一
◇「4月の関西 戯曲と出会う（トリコA『クリスチネ』、マレビトの会『UBU ROI』、ことのは『春の音、曇天。をつけてみる』）」太田耕人　テアトロ　834　2010.6　p45～47

## 春のサラサラ　㈲パノラマ歓喜団
**5057** 上演：1991年3月21日～3月25日　場所：ザ・スズナリ　作：仁村仁　演出：久保英明
◇「ラストにこだわる」岡本蛍　しんげき　38（6）　1991.6　p48～51

## バールの賛歌～バールを愛した女　㈲東京演劇集団風
**5058** 上演：2017年8月25日～9月3日　場所：レパートリーシアターKAZE　作：ブレヒト　訳：岩淵達治　台本・演出：浅野佳成
◇「初心貫く創立三十周年の成果（東京演劇集団風の二作品）」北川登園　テアトロ　938　2017.11　p54～55

## 春の新派祭 鹿鳴館　㈲松竹
**5059** 上演：1980年2月1日～2月26日　場所：明治座　作：三島由紀夫　演出：戌井市郎
◇「三島戯曲へ最低の礼を」堂本正樹　新劇　27（5）　1980.5　p26～29

## 春のめざめ　㈲TPT
**5060** 上演：1998年11月1日～11月23日　場所：ベニサン・ピット　作：フランク・ヴェデキント　訳：広島実　演出：串田和美
◇「台本の強さと弱さ（新国立劇場『ディア・ライアー』、演劇集団円『スカパンの悪だくみ』、T.P.T『春のめざめ』、こまつ座『貧乏物語』、ピッコロ劇団『ホクロのある左足』）」渡辺淳　テアトロ　677　1999.1　p72～74

## 春疾風　㈲文学座
**5061** 上演：2016年3月12日～3月21日　場所：紀伊國屋ホール　作：川崎照代　演出：藤原新平
◇「夫婦と家族の形を見つめる（文学座『春疾風』、ワンツーワークス『死に顔ピース』、結城座＋ベトナム青年劇場『野鴨中毒』）」丸田真悟　テアトロ　918　2016.4　p34～35

## ハルビン帰りのヤスケ　㈲オフィス樹
**5062** 上演：2001年9月26日～9月30日　場所：東京芸術劇場小ホール2　作：花季実子　台本・演出：岩村久雄
◇「『手話』が輝く伝達美（オフィス樹『ハルビン帰りのヤスケ』、トム・プロジェクト『輝く午後の光に～メノポーズ物語』、錬肉工房『カフカ』、演奏舞台『太鼓』『火山島』、俳優座劇場プロデュース『小さき神の作りし子ら』、佐野史郎×安達祐実二人芝居『春』）」佐藤康平　テアトロ　715　2001.12　p54～53

**5063** 上演：2002年9月7日～9月8日　場所：東京芸術劇場小ホール2　作：花季実子　台本・演出：岩村久雄
◇「寡黙な出だしと饒舌な芝居のことなど（トム・プロジェクト『子供騙し』、1980『値踏み算』、オフィス樹『ハルビン帰りのヤスケ』）」浦崎浩實　テアトロ　728　2002.11　p50～52

## はるまげどん　㈲離風霊船
**5064** 上演：1988年2月11日～2月16日　場所：シアタートップス　作・演出：大橋泰彦
◇「「何とかしなきゃいけない」世界」扇田昭彦　新劇　35（4）　1988.4　p34～37

## 春はたびらこ生うる原に　㈲花企画
**5065** 上演：1995年10月19日～10月22日　場所：築地本願寺ブディストホール　作・演出：植村達雄
◇「歴史意識の稀薄さを問う（花企画『春はたびらこ生うる原に』、1980『大往生』）」植村瞭　テアトロ　638　1996.1　p72～73

## バーレスク・1931 赤い風車があった街　㈲パルコ、スタジオ・ターボ
**5066** 上演：1981年6月7日～6月28日　場所：PARCO西武劇場　作・演出：斎藤憐　振付：山田卓
◇「不思議な魅力（西武劇場『バーレスク・1931』）」千野幸一　テアトロ　462　1981.8　p23～25

## 晴れて風無し　㈲太陽族
**5067** 上演：2005年11月3日～11月6日　場所：精華小劇場　作・演出：岩崎正裕
◇「11月の関西 交錯する物語（演劇計画2005『from DICTEE』、劇団・太陽族『晴れて風無し』、犯罪友の会『にほやかな櫛』）」太田耕人　テアトロ　773　2006.1　p66～68

## パレードを待ちながら　㈲東京演劇集団風
**5068** 上演：2002年2月1日～2月3日　場所：レパートリーシアターKAZE　作：ジョン・マレル　訳：吉原豊司　演出：和田喜夫
◇「家族の紐帯、その光と影（世田谷パブリックシアター『パードレ・ノーストロ―我らが父よ』、演劇集団円『オナー』、東京演劇集団 風『パレードを待ちながら』）」七字英輔　テアトロ　720　2002.4　p52～55

**5069** 上演：2003年5月30日～6月1日　場所：レパートリーシアターKAZE　作：ジョン・マレル　訳：吉原豊司　演出：和田喜夫
◇「忘れられた女優をめぐって…（方の会『過ぎし日々―女優志賀暁子のこと』、東京演劇集団風『パレードを待ちながら』、ジャブジャブサーキット『タイタニック・ポーカー』、文学座『龍の伝説』）」浦崎浩實　テアトロ　739　2003.8　p56～57

## パレードを待ちながら　㈲ハーフムーン・シアター・カンパニー
**5070** 上演：1997年10月22日～10月27日　場所：「劇」小劇場　作：ジョン・マレル　訳：吉

原豊司　演出：吉岩正晴
◇「戦争とジャパユキと70年代と（扉座『ホテルカリフォルニア―私戯曲 県立厚木高校物語』，ハーフムーン・シアターカンパニー『パレードを待ちながら』，黒テント+PETA『喜劇ロミオとジュリエット』）」七字英輔　テアトロ　664　1998.1　p68〜70

**パレードを待ちながら　[団]文学座**
5071 上演：2004年6月4日〜6月13日　場所：紀伊國屋ホール　作：ジョン・マレル　訳：吉原豊司　演出：鵜山仁
◇「メッセージいろいろ（青年劇場『悪魔のハレルヤ』，ひょうご舞台芸術『曲がり角の向こうには』，文学座『パレードを待ちながら』，ギィ・フォワシイ・シアター『シカゴ・ブルース』）」渡辺淳　テアトロ　753　2004.8　p38〜40

**パレードを待ちながら　[団]メープルリーフ・シアター**
5072 上演：2001年2月21日〜2月25日　場所：シアターX　作：ジョン・マレル　訳：吉原豊司　演出：貝山武久
◇「優美に苦悩する情熱的なヒロイン（エイコーン『薔薇の刺青』，パルコ劇場『ラ・テラス』，メープルリーフ・シアター『パレードを待ちながら』，流山児★事務所『ハイ・ライフ』）」結城雅秀　テアトロ　707　2001.5　p52〜55

**晴れのちくもり時々涙…　[団]民藝**
5073 上演：2001年3月7日〜3月18日　場所：三越劇場　作：阿部照義　演出：若林光夫
◇「インタープリティションとアーティキュレイション（東演『どん底』，文化座『いろはに金米糖』，民藝『晴れのちくもり時々涙…』，S.W.A.T！『The Great Quiz Show』）」みなもとごろう　テアトロ　707　2001.5　p49〜51

**はれほれふらら - 愛　[団]DA・M**
5074 上演：1986年4月21日〜5月28日　場所：ジァン・ジァン　構成・演出：大橋宏
◇「観客席は浮遊している」佐々木幹郎　新劇　33（7）　1986.7　p28〜33

**はれほれふらら - 愛その2　[団]DA・M**
5075 上演：1986年8月4日〜8月5日　場所：利賀山房　構成・演出：大橋宏
◇「関係としてのドラマ」鴻英良　新劇　33（10）　1986.10　p22〜27

**ハロー・アンド・グッドバイ　[団]俳優座劇場**
5076 上演：2004年7月8日〜7月18日　場所：俳優座劇場　作：アソル・フガード　訳：小田島恒志　演出：栗山民也
◇「劇界制する小田島父子の翻訳（パルコプロデュース『イット・ランズ・イン・ザ・ファミリー』，俳優座劇場プロデュース『ハロー・アンド・グッドバイ』，子供のためのシェイクスピアカンパニー『ハムレット』）」北川登園　テアトロ　754　2004.9　p50〜51

**バロウ　[団]オルガンヴィトー**
5077 上演：2002年4月18日〜4月21日　場所：ザ・スズナリ　作・演出：不二稿京
◇「確かな混沌、未整備の肉体の歓喜（オルガンヴィトー『バロウ』『ねむり姫』，東京タンバリン『ぐずるぜ』，鳥獣戯画『雲にのった阿国』）」浦崎浩實　テアトロ　723　2002.7　p62〜63

**ハロルドとモード　[団]愛知県女性総合センター**
5078 上演：1998年2月　場所：愛知県女性総合センター　作：コリン・ヒギンズ　演出：はせひろいち
◇「最近の名古屋の演劇」安住恭子　シアターアーツ　10　1999.7　p116〜119

**ハロルドとモード　[団]師子座**
5079 上演：1987年10月6日〜10月8日　場所：三百人劇場　作：コリン・ヒギンズ　訳：三上中子　演出：中村信成
◇「水準高く充実した舞台―第三回地域劇団東京演劇祭」藤木宏幸　テアトロ　538　1987.12　p36〜37

**ハロルドとモード　[団]新劇団協議会**
5080 上演：1990年2月4日〜2月20日　場所：紀伊國屋ホール　作：コリン・ヒギンズ　演出：ディスノー・デボラ
◇「メルヘンと現実（新劇団協議会『ハロルドとモード』）」村井健　テアトロ　566　1990.4　p26〜27

**ハロルドとモード　[団]青年座**
5081 上演：2002年11月16日〜11月24日　場所：本多劇場　原作：コリン・ヒギンズ　翻案：ジャン=クロード・カリエール　訳・演出：伊藤大
◇「アメリカ・フランス・イギリス―さまざまな人生を追っかける（パルコ・ル テアトル銀座提携公演『ブロンドに首ったけ』，青年座『ハロルドとモード』，扉座『いちご畑よ永遠に』）」みなもとごろう　テアトロ　731　2003.1　p62〜64

**ハロルドとモード　[団]文学座**
5082 上演：1981年4月3日〜4月15日　場所：紀伊國屋ホール　作：コリン・ヒギンズ　脚色：ジャン=クロード・カリエール　訳・演出：加藤新吉
◇「生と死の優しきフーガ（文学座『ハロルドとモード』）」菊地貞三　テアトロ　460　1981.6　p32〜33

**ハロルドとモード　[団]無名塾**
5083 上演：1992年10月13日〜10月18日　場所：PARCO劇場　作：コリン・ヒギンズ　訳：黒田絵美子　演出：仲代達矢，林清人
◇「エロスと死（俳優座『不満のコーラス』，文学座『その先は知らず』，無名塾『ハロルドとモード』）」岩波剛　テアトロ　598　1992.12　p81〜84

**ハロルド・ピンター・コレクション 10のスケッチを含む『コレクション』　[団]銀座セゾン劇場**
5084 上演：1988年4月5日〜4月24日　場所：銀座セゾン劇場　作：ハロルド・ピンター　訳：

喜志哲雄　演出：高平哲郎
◇「演出の成功と誤算（銀座セゾン劇場『ハロルド・ピンター・コレクション』）」石崎勝久　テアトロ　544　1988.6　p28～29

ハロルド&モード　[団]あうるすぽっと
5085 上演：2007年9月20日～9月30日　場所：あうるすぽっと　原作：コリン・ヒギンズ　台本・詩：トム・ジョーンズ　演出・訳・訳詞：勝田安彦　振付：ジム・クラーク　音楽：ジョゼフ・サルキン
◇「メロドラマ、ミュージカル、詩（NLT『マグノリアの花たち』，あうるすぽっと『ハロルド&モード』，円『天使都市』）」斎藤偕子　テアトロ　799　2007.12　p46～47

挽歌　[団]トム・プロジェクト
5086 上演：2016年11月30日～12月4日　場所：東京芸術劇場シアターイースト　作：古川健　演出：日澤雄介
◇「執着する人々のドラマ（シス・カンパニー『エノケソ一代記』，トム・プロジェクト『挽歌』，民藝『SOETSU―韓くにの白き太陽―』）」水落潔　テアトロ　928　2017.2　p54～55

ハングマン　[団]パルコ
5087 上演：2018年5月16日～5月27日　場所：世田谷パブリックシアター　作：マーティン・マクドナー　訳：小川絵梨子　演出：長塚圭史
◇「「物語」の型を超えて（パルコ『ハングマン』，イキウメ『図書館的人生vol.4 襲ってくるもの』，俳優座『首のないカマキリ』，桟敷童子『翼の卵』）」小山内伸　テアトロ　949　2018.8　p48～50

バンザイ シェイクスピア パーティー　[団]虹企画/ぐるうぷシュラ
5088 上演：2017年4月14日～4月16日　場所：虹企画アトリエ・ミニミニシアター　作：シェイクスピア　台本・演出：三條三輪
◇「舞台を生かす演技の表現力（シスカンパニー『令嬢ジュリー』『死の舞踏』，トム・プロジェクト『萩咲く頃に』，虹企画/ぐるーぷ・しゅら『バンザイシェイクスピア パーティ』）」斎藤偕子　テアトロ　932　2017.6　p30～31
5089 上演：2017年10月6日～10月8日　場所：虹企画アトリエ・ミニミニシアター　作：シェイクスピア　台本・演出：三條三輪
◇「あそびバンザイ（虹企画/ぐるうぷシュラ『バンザイ シェイクスピア パーティー』，前進座『柳橋物語』，劇団東演『検察官』）」中本信幸　テアトロ　939　2017.12　p44～45

ばんさんかい　[団]青年劇場
5090 上演：2009年4月17日～4月26日　場所：紀伊國屋ホール　作・演出：高瀬久男
◇「「いま」と「ここ」とを目指して（演劇集団円『初夜と蓮根』，ギイ・フォワシィ・シアター『ジェラール・フィリップへの愛ゆえに』，青年劇場『ばんさんかい』）」みなもとごろう　テアトロ　821　2009.7　p44～46

パン猪狩ボードヴィルショー
5091 上演：1985年　場所：スタジオアルタ
◇「パン猪狩の顔顔顔顔顔顔…（ことばの劇場）」筏丸けいこ　新劇　32（12）　1985.12　p53～55

班女　[団]総合芸術学院
5092 上演：1980年　作：三島由紀夫　演出：荒川哲生
◇「三島戯曲へ最低の礼を」堂本正樹　新劇　27（5）　1980.5　p26～29

半神　[団]東京芸術劇場
5093 上演：2014年10月24日～10月31日　場所：東京芸術劇場　原作・脚本：萩尾望都　脚本・演出：野田秀樹
◇「「未完。」に挑む役者根性（東京芸術劇場『半神』，文化座『近未来能 天鼓』，無名塾『バリモア』）」北川登園　テアトロ　899　2015.1　p28～29

半神　[団]NODA・MAP
5094 上演：1999年4月2日～5月2日　場所：シアターコクーン　原作・脚本：萩尾望都　脚本・演出：野田秀樹
◇「〈説明〉でなく〈表現〉が欲しい（NODA・MAP『半神』，東京演劇アンサンブル『桜の森の満開の下』，未来劇場『花ぞむかしの色に化けなん』，東京芸術座『永遠の旅路』）」浦崎浩實　テアトロ　682　1999.6　p56～57

半神　[団]夢の遊眠社
5095 上演：1986年12月15日～12月30日　場所：本多劇場　原作・脚本：萩尾望都　脚本・演出：野田秀樹
◇「ことばのリズムはドラマに寄りそう」鴻英良　新劇　34（3）　1987.3　p22～27
◇「ことばは肉（ししむら）のうちにはぐくまれる」佐々木幹郎　新劇　34（3）　1987.3　p28～33
5096 上演：1988年4月7日～4月29日，5月8日～5月15日　場所：シアターアプル　原作・脚本：萩尾望都　脚色・演出：野田秀樹
◇「お話してよ、私が眠りにつけるように」長谷部浩　新劇　35（7）　1988.7　p34～37
◇「〈時代の肩凝り〉おかげんいかが？」林あまり　新劇　35（7）　1988.7　p38～41
◇「野田秀樹とその観客（夢の遊眠社『半神』）」西堂行人　テアトロ　545　1988.7　p26～27

ハンス・アンデルセン　[団]四季
5097 上演：1987年1月9日～2月20日　場所：青山劇場　作：ビバリー・クロス　訳・台本：劇団四季文芸部　製作・演出：浅利慶太　作詞・作曲：フランク・レッサー
◇「ことばのリズムはドラマに寄りそう」鴻英良　新劇　34（3）　1987.3　p22～27
◇「四季ミュージカルの強み（四季『ハンス』）」石崎勝久　テアトロ　529　1987.3　p34～36

反戦自衛官＝森の中のまわり道　[団]燐光群
5098 上演：1995年11月18日～12月4日　場所：

はんた

ザ・スズナリ　作・演出：坂手洋二
◇「最も衝撃的な事象(銀座セゾン劇場『エンジェルズ・イン・アメリカ』第二部、地人会『五重奏』、俳優座『ミラノの奇跡』、英国・ウォータミル劇団『オセロ』、櫻花舎『奴隷島』『いさかい』、燐光群『反戦自衛官＝森の中のまわり道』、入道雲『サトコ─蜥の街のマリア』)」結城雅秀　テアトロ　639　1996.2　p65～71

## パンタグレーズ　㊙ピープルシアター

**5099** 上演：2004年10月27日～10月31日　場所：東京芸術劇場小ホール1　作：ミシェル・ド・ゲルドロード　訳：利光哲夫　脚本・演出：森井睦
◇「仮想と現実(名取事務所『ヘッダ・ガブラー』、人形劇団ブーク『逃げだしたジュピター』、ギィ・フォワシィシアター『湾岸から遠く離れて』、ピープルシアター『パンタグレーズ』)」中本信幸　テアトロ　759　2005.1　p64～67

## パンドラの鐘　㊙NODA・MAP

**5100** 上演：1999年11月6日～12月26日　場所：世田谷パブリックシアター　作・演出：野田秀樹
◇「希望へ向かう想像力と歴史の重み　『パンドラの鐘』が奏でたふたつの音色」野中広樹　シアターアーツ　11　2000.1　p128～131
◇「爆発音と鐘の音と─二つの「パンドラの鐘」(NODA・MAP『パンドラの鐘』、蜷川幸雄演出『パンドラの鐘』)」林あまり　テアトロ　690　2000.1　p60～61

## パンドラの鐘　㊙Bunkamura

**5101** 上演：1999年11月16日～12月23日　場所：シアターコクーン　作：野田秀樹　演出：蜷川幸雄
◇「希望へ向かう想像力と歴史の重み　『パンドラの鐘』が奏でたふたつの音色」野中広樹　シアターアーツ　11　2000.1　p128～131
◇「爆発音と鐘の音と─二つの「パンドラの鐘」(NODA・MAP『パンドラの鐘』、蜷川幸雄演出『パンドラの鐘』)」林あまり　テアトロ　690　2000.1　p60～61

## ハンナのかばん　㊙銅鑼

**5102** 上演：2009年3月12日～3月15日　場所：東京芸術劇場小ホール2　作：いずみ凛　演出：モニ・ヨセフ　演出助手・通訳・翻訳：大谷賢治郎
◇「ドラマの内の時間と外の時間(まつもと市民芸術館『ピランデッロのヘンリー四世』、新国立劇場『昔の女』、銅鑼『ハンナのかばん』)」みなもとごろう　テアトロ　819　2009.5　p38～40

## 犯人は私だ！　㊙NLT

**5103** 上演：2005年8月3日～8月7日　場所：博品館劇場　作：ジョルジュ・ベール、ルイ・ヴェルヌーユ　訳：幸田village　演出：グレッグ・デール
◇「夢よ、再び(S.W.A.T！『伝説の若大将』、NLT『犯人は私だ！』、かもねぎショット『ロシアと20人の女たち』)」中本信幸　テアトロ　769　2005.10　p58～59

## 反応工程　㊙俳優座

**5104** 上演：2016年5月13日～5月22日　場所：紀伊國屋ホール　作：宮本研　演出：小笠原響
◇「生存の苦悩と美の啓示(キューブ『八月の家族たち』、パルコ『猟銃』、劇団俳優座『反応行程』、イキウメ『太陽』、劇団NLT『しあわせの雨傘』)」結城雅秀　テアトロ　919　2016.7　p47～50

## 反応工程　㊙文化座

**5105** 上演：1990年8月3日～8月9日　場所：文化座アトリエ　作：宮本研　演出：貝山武久
◇「「反応工程」の時差(文化座『反応工程』)」岩波剛　テアトロ　572　1990.10　p24～25
**5106** 上演：2018年8月17日～8月19日　場所：東京芸術劇場シアターウエスト　作：宮本研　演出：米山実
◇「人間の強さと脆さ(文化座『反応工程』、新橋演舞場『オセロー』、NODA・MAP『贋作 桜の森の満開の下』、浅利事務所『アンドロマック』)」水落潔　テアトロ　952　2018.11　p46～48

## Vampire LESBIAN of SODOM　㊙シアター・イン・リンボ

**5107** 上演：1992年2月12日～3月1日　場所：博品館劇場　作：チャールズ・ブッシュ　演出：ケネス・エリオット
◇「オオカミの皮を着たヒツジたち」コリーヌ・ブレ　Les Specs　39(4)　1992.5　p14～15

## 半変化束恋道中(はんばけおたばこいのみちゆき)　㊙テアトル・エコー

**5108** 上演：2004年9月8日～9月22日　場所：恵比寿エコー劇場　作：岡本螢　演出：永井寛孝
◇「80年代演劇と現在をつなぐもの(青い鳥『シンデレラ・ファイナル』、テアトル・エコー『半変化束恋道中』、文学座アトリエ『テラ・ノヴァ』)」七字英輔　テアトロ　756　2004.11　p60～61

## vamp show　㊙サードステージ・プロデュース

**5109** 上演：1992年2月24日～3月8日　場所：全労済ホール／スペース・ゼロ　作：三谷幸喜　演出：板垣恭一、池田成志
◇「想像力が刺激されたい」風間研　Les Specs　39(6)　1992.6　p12～13

## パン屋文六の思案・続・岸田國士一幕劇コレクション　㊙ナイロン100℃

**5110** 上演：2014年4月10日～5月3日　場所：青山円形劇場　作：岸田國士　潤色・構成・演出：ケラリーノ・サンドロヴィッチ
◇「男と女のままならない関係(ナイロン100℃『パン屋文六の思案』、日本の30代『十二夜』、東京乾電池『そして誰もいなくなった』)」丸田真悟　テアトロ　890　2014.6　p46～47

## 【ひ】

**悲哀の路地** 団ピープルシアター
*5111* 上演：2010年12月11日～12月19日　場所：東京芸術劇場　作・演出：森井睦　振付：小松花奈子
◇「歴史に挑む劇的記憶（文化座『銀の滴 降る降るまわりに一首里945』，ピープルシアター『悲哀の路地』，萬國四季協会『ワーニャ伯父さん』）」中本信幸　テアトロ　845　2011.3　p56～57

**ピアノ** 団TPT
*5112* 上演：1996年6月27日～7月28日　場所：ベニサン・ピット　作：トレヴァー・グリフィス　訳：松岡和子　演出：中島晴美
◇「特集・劇評バトル（T.P.T『ピアノ』）」長谷部浩，斎藤偕子，江原吉博　テアトロ　646　1996.9　p28～33

**ピアノのはなし** 団京楽座
*5113* 上演：2004年7月27日～7月28日　場所：新国立劇場小劇場　原話：上野歌子　原作：毛利恒之　脚本：中西和久　演出：栗谷川洋
◇「役者の動きや台詞は装置に規定される（テアトル・エコー『星逢井戸命洗濯』，京楽座『ピアノのはなし』,F.Y.K企画『命をかけて』）」浦崎浩實　テアトロ　755　2004.10　p58～59

**ピアフの妹** 団アテナの会
*5114* 上演：1993年10月2日～10月6日　場所：シアターV　作：木庭久美子　演出：渾大防一枝
◇「舞台の「外」へ向かう力（風『三人姉妹』,黒テント『荷風のオペラ』,アテナの会『ピアフの妹』,仲間『ゴヤ』,B『ブリーズ』）」大沢圭司　テアトロ　610　1993.12　p66～69

**ピアフの妹** 団木山事務所
*5115* 上演：1998年6月19日～6月23日　場所：東京芸術劇場小ホール1　作：木庭久美子　演出：宮田慶子
◇「賢明な実作者は傑作ミマンで勝負する!?（木山事務所『ピアフの妹』,岡部企画＋プロデュースX『新大久保の猫』,ラッパ屋『阿呆浪士』,花企画『旅終の人』,かたつむりの会『月と明』）」浦崎浩實　テアトロ　671　1998.8　p62～64

**ピアフの妹** 団谷正雄プロデュース
*5116* 上演：1998年9月13日～9月15日　場所：シアターX　作：木庭久美子　演出：渾大防一枝
◇「幻のフランス，幻のインド（無言劇かんぱにい＋劇団鳥獣戯画『モダンダモン』,谷正雄プロデュース『ピアフの妹』,新国立劇場『音楽劇ブッダ』）」七字英輔　テアトロ　674　1998.11　p74～77

**火あぶり／二人の家** 団シアターX
*5117* 上演：2001年7月17日～7月22日　場所：シアターX　作：鈴木泉三郎（火あぶり），川口一郎（二人の家）　演出：川和孝
◇「昔日の作家による気品に満ちた台詞（シアターX名作劇場『火あぶり』『二人の家』，演劇実験室◎万有引力『ローラ?』）」結城雅秀　テアトロ　712　2001.9　p50～51

**PS** 団め組
*5118* 上演：2010年11月26日～11月29日　場所：吉祥寺シアター　作：合馬百香　演出：与儀英一
◇「過去をまさぐる奇妙手（アリストパネスカンパニー『タイピンにおける死』，虹企画／ぐるうぷシュラ『トリゴーリンの手帳』，劇団め組『PSJ』」中本信幸　テアトロ　844　2011.2　p58～59

**ピエールとリュース** 団アートスペース無門館，アトリエ劇研
*5119* 上演：2014年11月13日～11月18日　場所：アトリエ劇研　作：ロマン・ロラン　脚色：波多野長彌，小島達雄　演出：あごうさとし
◇「11月の関西 都市の基層から（維新派『透視図』，アートスペース無門館＋アトリエ劇研開館30周年記念公演『ピエールとリュース』）」太田耕人　テアトロ　899　2015.1　p42～43

**火を継ぐもの―小林多喜二** 団人間座，花企画，亀の子新社，ノーベルエージェンシー
*5120* 上演：2003年9月5日～9月7日　場所：豊島区民センター文化ホール　作：藤川健夫　演出：植村達雄
◇「日常をこえる（東京演劇アンサンブル『ヒロシマの夜打つ太鼓』，人間座・花企画・亀の子新社・ノーベルエージェンシー合同公演『火を継ぐもの』，銅鑼『Big Brother』，現代演劇協会 RADAイン東京『花粉熱』）」中本信幸　テアトロ　742　2003.11　p59～61

**皮革製造所殺人事件** 団燐光群
*5121* 上演：1997年6月27日～7月20日　場所：シアタートラム　台本・演出：坂手洋二
◇「断片・7月の劇をめぐる（NODA・MAP『キル』，青年団プロデュース＋月の岬プロジェクト『月の岬』，地人会『海の沸点』，燐光群『皮革製造所殺人事件』，自転車キンクリート『例の件だけど，』）」長谷部浩　テアトロ　659　1997.9　p72～75

**日陰でも110度** 団勝田演劇事務所
*5122* 上演：2014年10月22日～10月26日　場所：萬劇場　作：N・リチャード・ナッシュ　演出：勝田安彦
◇「自由な生きざまか，衝撃度？（黒テント『山崎方代の歌物語』，勝田演劇事務所『日陰でも110度』，Pカンパニー『シリーズ罪と罰―沈黙』）」斎藤偕子　テアトロ　899　2015.1　p32～33

**日陰者に照る月** 団文学座アトリエの会
*5123* 上演：2008年12月11日～12月22日　場所：吉祥寺シアター　作：ユージン・オニール　訳：酒井洋子　演出：西川信廣
◇「それぞれの生き方（民藝『海獣』，文学座アトリエの会『日陰者に照る月』，NODA・MAP『パイパー』）」水落潔　テアトロ　817　2009.3　p55～57

## ピカソの女たち～オルガ ㊛ウジェーヌ・イヨネスコ劇場, 東京演劇集団風

**5124** 上演：2005年10月3日～10月7日　場所：レパートリーシアターKAZE　作：ブライアン・マキャベラ　訳：志賀重仁　演出：ペトル・ヴトカレウ, ヴィタリエ・ドルチェック

◇「小さな国際的なビエンナーレKAZE演劇祭2005（『三文オペラ』『ピカソの女たち』『年老いたクラウン』）」斎藤偕子　テアトロ　770　2005.11　p44～45

## ピカソの女たち～オルガ ㊛東京演劇集団風

**5125** 上演：2008年1月24日～1月29日　場所：レパートリーシアターKAZE　作：ブライアン・マキャベラ　訳：志賀重仁　演出：ペトル・ヴトカレウ

◇「劇的選択のゆくえ（民藝『選択』, 東京演劇集団風『ピカソの女たち～オルガ』, オフィス樹・シアターX名作劇場『俥』『春の枯葉』, 萬國四季協會『コジラだ！』）」中本信幸　テアトロ　804　2008.4　p52～54

## ピカドン・キジムナー ㊛新国立劇場

**5126** 上演：2001年2月10日～3月1日　場所：新国立劇場小劇場　作：坂手洋二　演出：栗山民也

◇「人間賛歌さまざま（新国立劇場『ピカドン・キジムナー』, 東京演劇アンサンブル『コーカサスの白墨の輪』, 円『シラノ・ド・ベル・ジュラック』）」渡辺淳　テアトロ　706　2001.4　p43～45

## 光をあつめて ㊛女性芸術劇場

**5127** 上演：2012年3月23日～3月25日　場所：ドーンセンター　作：山沢栄子　脚本：高橋恵　演出：深津篤史

◇「4月の関西 暗い部屋をめぐって（女性芸術劇場『光をあつめて』, コンプリ団『ムイカ』, 犯罪友の会『白蓮の針』）」太田耕人　テアトロ　862　2012.6　p50～52

## ひかりごけ ㊛THEガジラ

**5128** 上演：2006年3月2日～3月14日　場所：ザ・スズナリ　原作：武田泰淳　構成・脚本・演出：鐘下辰男

◇「伝統と「新劇」との融合（松竹『夏ノ夜ノ夢』, 3軒茶屋婦人会『女中たち』, 劇団NLT『一人二役』, THE・ガジラ『ひかりごけ』, 演劇実験室∴紅王国『不死病2006』）」結城雅秀　テアトロ　777　2006.5　p64～67

## ひかりごけ ㊛四季

**5129** 上演：2003年12月9日～12月23日　場所：自由劇場　作：武田泰淳　製作・演出：浅利慶太

◇「人間の複雑さを描いた三つの劇（新国立劇場『世阿彌』, 民藝『信濃坂』, 四季『ひかりごけ』）」水落潔　テアトロ　746　2004.2　p55～57

## 光の国から僕らのために―金城哲夫伝 ㊛民藝

**5130** 上演：2016年2月10日～2月21日　場所：紀伊國屋サザンシアター　作：畑澤聖悟　演出：丹野郁弓

◇「「写実劇」の面目（二兎社『書く女』, 阿佐ヶ谷Picasso『壊れたガラス』, 民藝『光の国から僕らのために』）」斎藤偕子　テアトロ　916　2016.4　p34～35

## 光の祭典 ㊛少女都市

**5131** 上演：2018年6月1日～6月3日　場所：AI・HALL　作・演出：蘐本未織

◇「6月の関西 新感覚の劇作家台頭。ベテラン勢も新境地（コトリ会議『しずかミラクル』, 少女都市『光の祭典』, うんなま『ひなんくんれん』, トリコ・A『私の家族』, 空晴『となりのところ』, 南河内万歳一座『秘密探偵』）」九鬼葉子　テアトロ　949　2018.8　p72～74

## 光の時代―Le Temps de Lumiere ㊛綺畸

**5132** 上演：1980年2月15日～2月17日　場所：駒場小劇場　作：如月小春　演出：伊藤一尋

◇「表徴と時間」利光哲夫　新劇　27（4）1980.4　p30～33

## 光のない。 ㊛地点

**5133** 上演：2014年10月18日～10月19日　場所：京都芸術劇場・春秋座　作：エルフリーデ・イェリネク　訳：林立騎　演出：三浦基

◇「10月の関西 類似と相同（遊劇体『お忍び』, 地点『光のない。』, 犯罪友の会『ほつれ髪』）」太田耕人　テアトロ　897　2014.12　p41～43

## 光る時間（とき） ㊛演劇集団円

**5134** 上演：1998年7月3日～7月11日　場所：紀伊國屋ホール　作：渡辺えり子　演出：岸田良二

◇「光に曝されて, はじめて蠢くもの（演劇集団円『光る時間』, 東京乾電池『風立ちぬ』, スタジオライフ『訪問者』, 文学座アトリエ『みみず』）」川口賢哉　テアトロ　672　1998.9　p76～78

## ヒカルヒト ㊛THEガジラ

**5135** 上演：2005年12月8日～12月15日　場所：本多劇場　作・演出：鐘下辰男

◇「カリスマ俳優の現在（文学座『毒の香り～浅草オペラ物語』, THE・ガジラ『ヒカルヒト』, 演奏舞台『小〇百姓一揆考』）」みなもとごろう　テアトロ　774　2006.2　p54～55

## 光る森 ㊛東京ギンガ堂

**5136** 上演：2003年12月3日～12月6日　場所：俳優座劇場　作・演出：品川能正

◇「悲憤, 悲嘆, 悲傷―三つの戦後史（劇団1980『少々乱暴―へいせいニッポン烈伝―』, オフィス・ワンダーランド『神鷲は死なない』, 東京ギンガ堂『光る森』）」七字英輔　テアトロ　746　2004.2　p58～60

## ピカレスク南北 ㊛流山児★事務所

**5137** 上演：1995年12月16日～12月28日　場所：本多劇場　原作：鶴屋南北　脚本：山元清多　演出：流山児祥

◇「暗い問題劇の徹底的な喜劇化（安澤事務所＋幹の会『メジャー・フォー・メジャー』, シェイクスピア・シアター『アテネのタイモン』, T.P.T『渦巻』, 俳優座『桜の園』, シルバーライニング『おお, 星条

旗娘！』,流山児★事務所『ピカレスク南北』)」結
城雅秀　テアトロ　640　1996.3　p70〜76

**ピカレスク黙阿弥 花の吉原百人斬り** ㊞流山
児★事務所

*5138* 上演：1998年6月3日〜6月14日　場所：本多
劇場　原作：河竹新七　脚本：山元清多　演
出：流山児祥
◇「演技の"必要"と"不必要"（民芸『根岸庵律
女』,流山児★事務所『ピカレスク黙阿弥』,MODE
『孤独な惑星』,扉座『無邪気』）」みなもとご
ろう　テアトロ　671　1998.8　p58〜60

**—悲喜劇—自殺者** ㊞俳小

*5139* 上演：2004年9月29日〜10月3日　場所：東
京芸術劇場小ホール2　作：ニコライ・エル
ドマン　訳：中本信幸　演出：ウラジーミ
ル・ベイリス
◇「ヴァラエティに富んだ翻訳劇四題（世田谷パブ
リックシアター『リア王の悲劇』,俳小『—悲喜劇—
自殺者』,メープルリーフ・シアター『狐火』,シア
ターアンネフォール『BLASTED—爆風—』)」七
字英輔　テアトロ　757　2004.12　p60〜62

**悲喜こもごも** ㊞ONLYクライマックス

*5140* 上演：1994年10月26日〜10月31日　場所：東
京芸術劇場小ホール2　作・演出：北野ひろし
◇「今月は『転校生』がおもしろかった（青山円形
劇場プロデュース『転校生』,燐光群『くじらの墓
標』,ONLYクライマックス『悲喜こもごも』,東京
ヴォードヴィルショー『その場しのぎの男たち』)」
山登敬之　テアトロ　625　1995.1　p72〜75

**悲喜こもごも** ㊞劇工房燐

*5141* 上演：2000年6月4日〜6月11日　場所：代々
木パオ　作：北野ひろし　演出：手塚敏夫
◇「リアル・タッチの手ごたえ（パルコ・プロ
デュース『オケピ！』,ハーフムーン・シアター・カ
ンパニー『聖女グレース』,三人芝居『帰ってきたオ
トウサン』,劇工房燐『悲喜こもごも』）」渡辺淳
テアトロ　697　2000.8　p50〜52

**引き潮の時間** ㊞演劇組織 夜の樹

*5142* 上演：1994年11月22日〜11月27日　場所：
文芸坐ル・ピリエ　作・演出：和田周
◇「究極の選択,そして…（夜の樹『引き潮の時間』,
自転車キンクリーツカンパニープロデュース『法王
庁の避妊法』,加藤健一事務所『ブラック・コメ
ディ』,ロマンチカ『メディア』)」林あまり　テア
トロ　626　1995.2　p134〜136

**曳舟川十三橋—三角スペース物語** ㊞卍

*5143* 上演：1982年　作・演出：菅間勇
◇「演劇の自己探索行」堂本行人　新劇　29(6)
1982.6　p28〜29

**ピグマリオン** ㊞新国立劇場

*5144* 上演：2013年11月13日〜12月1日　場所：新
国立劇場　作：バーナード・ショー　訳：小
田島恒志　演出：宮田慶子
◇「舞台としての現実感は（ワンツーワークス『息
をひそめて—シリア革命の真実—』,新国立劇場『ピ
グマリオン』,Bunkamura『マクベス』）」みなもと

ごろう　テアトロ　886　2014.2　p76〜77

**日暮町風土記** ㊞二兎社

*5145* 上演：2001年12月13日〜12月27日　場所：
シアタートラム　作・演出：永井愛
◇「誠実？ 善意？（二兎社『日暮町風土記』,扉座
『TSUTOMU』)」斎藤偕子　テアトロ　718
2002.2　p56〜57

**日暮れて、二楽章のセレナーデ** ㊞文学座

*5146* 上演：1994年5月29日〜6月7日　場所：紀伊
國屋ホール　作：吉永仁郎　演出：加藤武
◇「『スタイル』からの戦略（トム・プロジェクト
『ベンチャーズの夜』,扉座『お伽の棺』,かたつむり
の会『消えなさい・ローラ』,燐『スターマン』,文
学座『日暮れて、二楽章のセレナーデ』)」大沢圭
司　テアトロ　619　1994.8　p70〜73

**美藝公** ㊞KUDAN Project

*5147* 上演：2007年3月16日〜3月21日　場所：ザ・
スズナリ　原作：筒井康隆　脚本・演出：天
野天街
◇「鴻上尚史のメッセージ（KOKAMI@network
『僕たちの好きだった革命』,鳳人話プロジェクト
『鳳人話〜ひのとりひとのはなし』,KUDAN
Project『美藝公』,彩の国シェイクスピアシリーズ
『恋の骨折り損』)」林あまり　テアトロ　791
2007.5　p50〜51

**悲劇 アトレウス家の崩壊** ㊞東宝

*5148* 上演：1983年12月2日〜12月26日　場所：帝
国劇場　作：アイスキュロス,ソフォクレス,
エウリピデス　訳：呉茂一,田中美知太郎,松
平千秋,松本仁助　構成・演出：鈴木忠志
◇「前衛性と表現の隘路（帝劇『悲劇—アトレウス
家の崩壊』)」衛紀生　テアトロ　492　1984.2
p40〜42

**悲劇 ブリタニキュス** ㊞演劇集団円

*5149* 上演：1980年6月7日〜6月20日　場所：紀伊
國屋ホール　作：ジャン・ラシーヌ　訳・演
出：渡辺守章
◇「補註の鉄鎖」堂本正樹　新劇　27(8)
1980.8　p26〜29
◇「解説が必要な舞台（円『ブリタニキュス』)」千
野幸一　テアトロ　450　1980.8　p26〜29

**被告の椅子（大正十五年）** ㊞花企画

*5150* 上演：1997年6月19日〜6月22日　場所：プ
ディストホール　作・演出：植村達雄
◇「方言と方言らしさの落差（青年団『バルカン動
物園』,弘前劇場『家には高い木があった』,花企画
『被告の椅子』)」江原吉博　テアトロ　658
1997.8　p66〜67

**彦馬がゆく** ㊞東京サンシャインボーイズ

*5151* 上演：1993年11月10日〜11月19日　場所：
シアタートップス　作・演出：三谷幸喜
◇「『正攻法』の舞台の魅力（東京サンシャインボー
イズ『彦馬がゆく』,新宿梁山泊『少女都市からの呼
び声』,夜の樹『食卓の輝き』,ぴいろ企画『上手な
嘘のつき方』,シアターVアカサカ『コレット・コ
ラージュ』)」大沢圭司　テアトロ　612

1994.1　p66～69

## 彦馬がゆく　⑥パルコ
5152　上演：2002年1月8日～2月3日　場所：PARCO劇場　作・演出：三谷幸喜
◇「重いものをかろく（シアターコクーン『ゴドーを待ちながら』、パルコ劇場『彦馬がゆく』）」桂木嶺　テアトロ　719　2002.3　p72～73

## 陽ざかりの女たち～FALLING FROM GRACE　⑥ひょうご舞台芸術
5153　1998年9月2日～9月15日　場所：新国立劇場小劇場　ハニー・レイソン　鵜山仁
◇「ドラマを探せば、そこに女性がいた ひょうご舞台芸術の試みから」畑ière江　シアターアーツ　10　1999.7　p112～115
◇「友情と信頼と（ひょうご舞台芸術『陽ざかりの女たち』、NLT『マカロニ金融』）」村井健　テアトロ　674　1998.11　p68～69

## ビザール～奇妙な午後　⑥演劇集団ア・ラ・プラス、壁なき演劇センター
5154　上演：2017年6月29日～7月3日　場所：シアター風姿花伝　作：ジェーリコ・フバッチ　訳：高橋ブランカ　構成・演出：杉山剛志
◇「温故知新の乱舞（國立四季協会『（かきつばた）』『芥島異聞―逆さ吊りの夢―』、ワンツーワークス『アジアン・エイリアン』、文学座第114回公演・紀伊國屋書店提携『中橋公館』、演劇集団ア・ラ・プラス『ビザール～奇妙な午後～』）」中本信幸　テアトロ　936　2017.9　p73～74

## ピサロ　⑥パルコ
5155　上演：1985年7月4日～7月28日　場所：PARCO劇場　作：ピーター・シェファー　訳：伊丹十三　演出：テレンス・ナップ
◇「トータル・シアターのむずかしさ（パルコ『ピサロ』）」渡辺淳　テアトロ　511　1985.9　p21～23

## ビジネスクラス　⑥青年座
5156　上演：2003年9月12日～9月28日　場所：青年座劇場　作：飯島早苗　演出：黒岩亮
◇「閉塞と退屈と（俳優座『ワーニャ伯父さん』、青年団『南島俘虜記』、青年座『ビジネスクラス』）」渡辺淳　テアトロ　743　2003.12　p56～57

## 非常の人何ぞ非常に～奇譚 平賀源内と杉田玄白　⑥パルコ
5157　上演：2013年7月8日～7月28日　場所：PARCO劇場　作・演出：マキノノゾミ
◇「表と裏の顔、虚実なまぜに（パルコ企画・製作『非常の人何ぞ非常に～奇譚 平賀源内と杉田玄白～』、Bunkamura企画・製作・企画協力『盲導犬』、東京芸術劇場Roots Vol.1『ストリッパー物語』）」北川登園　テアトロ　880　2013.9　p44～45

## 美女で野獣　⑥新国立劇場
5158　上演：2001年12月10日～12月27日　場所：新国立劇場小劇場　作：荻野アンナ　演出：宮田慶子
◇「人間狂騒曲（新国立劇場『美女で野獣』、地人会

『クリスマス狂騒曲ナポリ風』、燐光群+グッドフェローズ『白鯨』、黒テント『十字軍』）」渡辺淳　テアトロ　718　2002.2　p60～62

## 美女と野獣　⑥四季
5159　上演：1995年11月　場所：赤坂ミュージカル劇場　作：リンダ・ウルバートン　訳・演出：浅利慶太　作曲：アラン・メンケン
◇「ゴージャスに夢々しく（四季『美女と野獣』、東宝『シー・ラヴズ・ミー』）」小藤田千栄子　テアトロ　639　1996.2　p76～77

## 避暑に訪れた人びと—ベルリン・シャウビューネ改作版　⑥東京演劇アンサンブル
5160　上演：2010年9月11日～9月20日　場所：ブレヒトの芝居小屋　原作：ゴーリキー　改作：ペーター・シュタイン、ボート・シュトラウス　訳・ドラマトゥルク：大塚直　演出：入江洋佑　音楽：川本哲
◇「「チェーホフ生誕150年」を飾る舞台の数々（流山児★事務所『櫻の園』、東京演劇アンサンブル『避暑に訪れた人びと』、燐光群『現代能楽集 チェーホフ』）」七字英輔　テアトロ　840　2010.11　p45～47

## びすかうと物語／密夫屋　⑥小松重男事務所
5161　上演：1999年1月11日～1月17日　場所：俳優座劇場　作：小松重男　演出：印南貞人
◇「二人の小説家の初戯曲（文学座アトリエ『幽れ窓』、小松重男事務所『びすかうと物語』『密夫屋』）」水落潔　テアトロ　679　1999.3　p90～91

## 歪みたがる隊列　⑥ジャブジャブサーキット
5162　上演：2006年11月16日～11月19日　場所：こまばアゴラ劇場　作・演出：はせひろいち
◇「人間への信頼と再生の希望を描く（ジャブジャブサーキット『歪みたがる隊列』、燐光群『チェックポイント黒点島』、文化座『冬華』）」丸田真悟　テアトロ　787　2007.1　p64～65

## 肥前風土記　⑥文学座
5163　上演：1981年6月15日～6月24日　場所：国立劇場小劇場　作：田中千禾夫　演出：戌井市郎
◇「ナイーブな混沌の面白さ（文学座『肥前風土記』）」渡辺淳　テアトロ　462　1981.8　p30～32

## 肥前松浦女人塚　⑥俳優座
5164　上演：1982年3月3日～3月17日　場所：俳優座劇場　作：岡部耕大　演出：西木一夫
◇「鬼籠る女たちの松浦」衛紀生　新劇　29(5)　1982.5　p24～25

## 密やかな結晶　⑥ホリプロ
5165　上演：2018年2月2日～2月25日　場所：東京芸術劇場プレイハウス　原作：小川洋子　脚本・演出：鄭義信
◇「国家と個人、その狭間の意識を問う（パルコ・兵庫県立芸術文化センター『TERROR テロ』、虚構の劇団『もうひとつの地球の歩き方』、ホリプロ『密やかな結晶』、トム・プロジェクト『シング ア ソング』）」小山内伸　テアトロ　944　2018.4

### 常陸坊海尊 ㊂東京演劇アンサンブル
***5166*** 上演：2002年10月4日～10月13日　場所：ブレヒトの芝居小屋　作：秋元松代　演出：広渡常敏
◇「問い続けること(民藝『ありてなければ』、広島の上上演委員会『広島の女』、東京演劇アンサンブル『常陸坊海尊』)」北川登園　テアトロ　729　2002.12　p54～53

### 常陸坊海尊 ㊂俳優座
***5167*** 上演：2016年11月9日～11月24日　場所：俳優座5F稽古場　作：秋元松代　演出・美術：安川修一
◇「風土に根ざした劇世界(文学座『越前竹人形』、俳優座『常陸坊海尊』)」水落潔　テアトロ　926　2017.1　p46～47

### 常陸坊海尊 みちのくの伝説 ㊂ポイント東京
***5168*** 上演：1997年12月6日～12月28日　場所：世田谷パブリックシアター　作：秋元松代　共同演出：蜷川幸雄、釜紹人
◇「現代に通じるリアリティ(俳優座LABO『メフィスト』、ポイント東京『常陸坊海尊』、民藝『遠い声』)」江直吉博　テアトロ　665　1998.2　p78～79

### ピーターパン ㊂新宿コマ劇場、ホリプロ
***5169*** 上演：1989年8月1日～8月27日　場所：新宿コマ劇場　作：ジェームス・マシュー・バリー　訳・演出：青井陽治
◇「ミュージカル評―犬の時代」萩尾瞳　新劇　36(10)　1989.10　p42～45

### ピーターパン ㊂ホリプロ
***5170*** 上演：1991年3月14日～4月7日　場所：青山劇場　作：ジェームス・マシュー・バリー　訳・演出：加藤直
◇「この芝居にしてこの料金、とはねえ」豊崎由美　しんげき　38(6)　1991.6　p40～43

### PW～Prisoner of War ㊂THEガジラ
***5171*** 上演：1997年4月26日～5月1日　場所：紀伊國屋ホール　作・演出：鐘下辰男
◇「悪魔の後ろ姿(カムカムミニキーナ『鈴木の大地』、THE・ガジラ『PW PRISONER OF WAR』、M・O・P『KANOKO』、唐組『海の口笛 渡り海女の伝説より』)」長谷部浩　テアトロ　657　1997.7　p50～53

***5172*** 上演：2009年3月6日～3月15日　場所：本多劇場　作・演出：鐘下辰男
◇「現在と過去と想念が入り混じるドラマ二つ(グリング『吸血鬼』、THE・ガジラ『PW/Prisoner of War』)」七字英輔　テアトロ　819　2009.5　p48～49

### ひだまりの海 ㊂犯罪友の会
***5173*** 上演：1999年10月26日～10月31日　場所：弁天埠頭に係留した台船　作・演出：武田一度
◇「11月の関西 記憶の劇場(維新派『水街』、犯罪友の会『ひだまりの海』、劇団八時半『黒い空とふたりと』、アグリーダックリング『深流波』、スクエア『だし』)」太田耕人　テアトロ　690　2000.1　p82～84

### 陽だまりの樹 ㊂大阪新劇団協議会
***5174*** 上演：1998年3月13日～3月15日　場所：道頓堀中座　原作：手塚治虫　脚色・演出：内藤裕敬
◇「3月の関西 重い問いかけの劇(ひょうご舞台芸術『エヴァ、帰りのない旅』、演劇集団虹『月の海』、羊団『Jerichoエリコ』、大阪新劇団協議会『陽だまりの樹』)」宮辻政夫　テアトロ　668　1998.5　p78～80

### 陽だまりの樹 ㊂銀座セゾン劇場
***5175*** 上演：1992年7月4日～7月26日　場所：銀座セゾン劇場　作：横内謙介　演出：杉田成道
◇「「劇的興奮」を味わいたい」風間研　Les Specs　39(10)　1992.10　p16～17

### 陽だまりの樹 ㊂俳協
***5176*** 上演：2014年5月28日～6月1日　場所：TACCS1179　原作：手塚治虫　脚本：横内謙介　演出：伍堂哲也
◇「人間至上を撃つはなし(SHIMIN劇場Ⅱ『旦那と彼とタケコとカツコ』、俳協『陽だまりの樹』、文化座『少年と白い馬』)」中本信幸　テアトロ　893　2014.8　p28～29

### ビッグビーチ ㊂そとばこまち
***5177*** 上演：1997年7月25日～7月27日　場所：扇町ミュージアムスクエア　作：牧野晋弥　演出：小原延之
◇「8月の関西 「共有されない夢想」の時代(兵庫県立ピッコロ劇団『さらっていってよ、ピーターパン』、そとばこまちworkers『Big Beach』)」宮辻政夫　テアトロ　660　1997.10　p80～81

### ビッグ・フェラー ㊂世田谷パブリックシアター
***5178*** 上演：2014年5月20日～6月8日　場所：世田谷パブリックシアター　作：リチャード・ビーン　訳：小田島恒志　演出：森新太郎
◇「スリリングな台本を活かせたか(世田谷パブリックシアター『ビッグ・フェラー』、文学座アトリエ『信じる機械』、マームとジプシー『ΛΛΛかえりの合図、まってた食卓、そこ、きっと―』)」江原吉博　テアトロ　893　2014.8　p24～25

### Big Brother ㊂銅鑼
***5179*** 上演：2003年9月12日～9月15日　場所：東京芸術劇場小ホール1　作：小関直人　演出：山田昭一
◇「日常をこえる(東京演劇アンサンブル『ヒロシマの夜打つ太鼓』、人間座・花企画・亀の子新社・ノーベルエージェンシー合同公演『火を継ぐもの』、銅鑼『Big Brother』、現代演劇協会 RADAイン東京『花粉熱』)」中本信幸　テアトロ　742　2003.11　p59～61

### PICK POCKET―あの人の十九の春 ㊂プロジェクト・ナビ
***5180*** 上演：1989年3月14日～3月19日　場所：本多劇場　作・演出：北村想

◇「被抑圧者の演劇と自己批評の演劇」七字英輔　新劇　36(5)　1989.5　p26〜29

◇「劇の溜息」長谷部浩　新劇　36(5)　1989.5　p34〜37

**びっくり仰天街**　[団]南河内万歳一座

**5181** 上演：2010年5月18日〜5月23日　場所：エイトスタジオ　作・演出：内藤裕敬

◇「5月の関西 構造化、あるいは撚りあわせること(南河内万歳一座『びっくり仰天街』, 売込隊ビーム『トバスアタマ』, 悪い芝居『らぶドロッドロ人間』, 地点『誰も、何も、どんな巧みな物語も』)」太田耕人　テアトロ　835　2010.7　p55〜57

**5182** 上演：2017年12月7日〜12月12日　場所：一心寺シアター倶楽　作・演出：内藤裕敬

◇「1月の関西 表と裏、内と外。人間の両面性の謎を追う(虚空旅団『アトリエのある背中』, 南河内万歳一座『びっくり仰天街』, エイチエムピー・シアターカンパニー『盟三五大切』, くじら企画『サヨナフ』, 兵庫県立ピッコロ劇団『赤ずきんちゃんの森の狼たちのクリスマス』)」九鬼葉子　テアトロ　943　2018.3　p82〜84

**びっくり箱**　[団]文化座

**5183** 上演：1987年6月26日〜6月28日　場所：アール・エヌホール　作：アン・チスレット　訳：吉原豊司　演出：貝山武久

◇「民芸の『ヴィシーでの出来事』」渡辺保　新劇　34(9)　1987.9　p30〜35

**5184** 上演：1989年4月4日〜4月16日　場所：サンシャイン劇場　作：アン・チスレット　訳：吉原豊司　演出：貝山武久

◇「いきいきとする農民ドラマ(文化座『びっくり箱』)」藤田洋　テアトロ　556　1989.6　p30〜31

**5185** 上演：2016年9月1日〜9月11日　場所：シアターX　作：アン・チスレット　訳：吉原豊司　演出：西川信廣

◇「屈折する人間像さまざま(Pカンパニー『虎よ、虎よ』, 文化座『びっくり箱』)」斎藤偕子　テアトロ　924　2016.11　p40〜41

**引越のススメ／一番の誕生日！**　[団]空晴

**5186** 上演：2008年12月18日〜12月23日　場所：精華小劇場　作・演出：岡部尚子

◇「1月の関西 虚構と現実の交通(桃園会『電波猿の夜』, 空晴『引越のススメ』『一番の誕生日！』, M_Produce『寿歌西へ』)」太田耕人　テアトロ　817　2009.3　p92〜94

**ピッチフォークディズニー**　[団]遊◎機械/全自動シアター

**5187** 上演：2002年5月24日〜6月23日　場所：シアタートラム　作：フィリップ・リドリー　演出：白井晃

◇「その背後の無底の深淵(T factory『アーカイヴス』, 遊◎機械/全自動シアター『ピッチフォークディズニー』, テアトロ・ヴァシェッロ『かもめ』, ポかリン記憶舎『庭宴』)」里見宗律　テアトロ　725　2002.8　p58〜60

**H・E・A・T**　[団]演劇人集団☆河童塾

**5188** 上演：2002年8月24日〜8月25日　場所：名演小劇場　作・演出：加藤真人

◇「名古屋・今夏の注目作品(劇団うりんこ『ともだちや ともだちくるかな』, 演劇人集団☆河童塾『H・E・A・T』)」河野光雄　テアトロ　728　2002.11　p58〜59

**人が恋しい西の窓**　[団]文学座

**5189** 上演：2002年10月3日〜10月12日　場所：紀伊國屋ホール　作：山田太一　演出：坂口芳貞

◇「栄光と孤独と(文学座『人が恋しい西の窓』, 前進座『出雲の阿国』, 二兎社『新・明暗』)」水落潔　テアトロ　729　2002.12　p46〜47

**ひとがた**　[団]WI'RE

**5190** 上演：2013年2月9日〜2月10日　場所：アトリエ劇研　構成・美術：サカイヒロト

◇「2月の関西 記憶を探る(桃園会『blue film』『よぶには、とおい』, 下鴨車窓『煙の塔』,WI'RE『ひとがた』, 伏兵コード『木菟と岩礁』)」太田耕人　テアトロ　874　2013.4　p53〜55

**ヒトガタ**　[団]グリング

**5191** 上演：2007年6月6日〜6月18日　場所：シアタートップス　作・演出：青木豪

◇「夫婦・親子の有り様を見つめる(加藤健一事務所『モスクワからの退却』, グリング『ヒトガタ』, 阿佐ヶ谷スパイダース『少女とガソリン』)」丸田真悟　テアトロ　795　2007.8　p48〜49

**人斬り以蔵**　[団]グループしぜん

**5192** 上演：1999年5月13日〜5月15日　場所：ムーブ町屋　作：真山青果　演出：伊藤漠

◇「時代の殺人相鮮やかに(ウォーキング・スタッフ・インパクト『SOLID』, グループしぜん『人斬り以蔵』,21世紀FOX『ここより永遠に 最後の闘い』, 原宿シェイクスピア『夏の夜の夢』)」佐藤康平　テアトロ　683　1999.7　p58〜59

**5193** 上演：2004年5月　場所：浅草橋アドリブ小劇場　作：真山青果　演出：伊藤漠

◇「人間存在のあやうさ(グループしぜん『人斬り以蔵』, 萬國四季協會『鬼沢』, 円『Life×3』,NLT『毒薬と老嬢』, ぼっくすおふぃす『鍵』)」中本信幸　テアトロ　753　2004.8　p41〜43

**人恋歌〜晶子と鉄幹**　[団]メイシアター, 壱劇屋

**5194** 上演：2017年1月19日〜1月22日　場所：メイシアター小ホール　作：高橋恵　演出：大熊隆太郎

◇「2月の関西 大胆な諷刺劇と“ぽろっかす”の愛の表現〜大阪色の舞台続く〜(劇団・太陽族『大阪レ・ミゼラブル』, メイシアタープロデュース『人恋歌〜晶子と鉄幹〜』,PM/飛ぶ教室『足場の上のゴースト』,DIVEプロデュース『メイド イン ジャパン』, あごうさとし演出『走りながら眠れ』, 桃園会『ふっと溶暗』)」九鬼葉子　テアトロ　930　2017.4　p52〜54

**ヒトジチ**　[団]民藝

**5195** 上演：2015年2月6日〜2月17日　場所：紀伊

國屋サザンシアター　作：ブレンダン・ベーハン　訳・演出：丹野郁弓　音楽：武田広一郎
◇「今日との取っ掛かり方(トム・プロジェクト『スィートホーム』,劇団民藝『ヒトジチ』,萬國四季協會『欠陥＋禿の女歌手』)」斎藤偕子　テアトロ902　2015.4　p36～37

## 海星　㈲唐組
**5196** 上演：2012年11月16日～11月17日　場所：金沢市民芸術村・憩いの広場特設紅テント　作・演出：唐十郎
◇「海星へのメタモルフォーゼ―唐組金沢公演『海星』」森井マスミ　シアターアーツ54　2013.4　p67～70

## 人の香り　㈲燈座
**5197** 上演：2013年1月17日～1月20日　場所：ウィングフィールド　作：石原燃　演出：キタモトマサヤ
◇「1月の関西 女性作家の競演(辻企画『不埒なまぐろ』,燈座『人の香り』,虚空旅団『ゆうまぐれ、龍のひげ』,カンパニーデラシネラ『カルメン』)」太田耕人　テアトロ873　2013.3　p58～60

## ヒトノカケラ　㈲新国立劇場
**5198** 上演：2004年10月22日～11月3日　場所：新国立劇場小劇場　作：篠原久美子　演出：宮崎真子
◇「人間と愛の再検証(新国立劇場『ヒトノカケラ』,トム・プロジェクトプロデュース『帰郷』,昴『チェーホフ的気分』,地人会『怒りをこめてふり返れ』)」渡辺淳　テアトロ759　2005.1　p56～58

## ひとりの群像　㈲1980
**5199** 上演：2010年8月19日～8月23日　場所：紀伊國屋ホール　作：藤田傳　演出：山本隆世
◇「悪党不在の怨霊劇(俳優座LABO『ブレーメンの自由』,円『死んでみたら死ぬのもなかなか四谷怪談―恨一』,劇団1980『ひとりの群像』)」中本信幸　テアトロ839　2010.10　p46～47

## 一人二役 DOUBLE JEU　㈲NLT
**5200** 上演：2006年3月15日～3月21日　場所：銀座みゆき館劇場　作：ロベール・トマ　訳：仁科余志子　演出：釜紹人
◇「伝統と「新劇」との融合(松竹『夏ノ夜ノ夢』,3軒茶屋婦人会『女中たち』,劇団NLT『一人二役』,THE・ガジラ『ひかりごけ』,演劇実験室∴紅王国『不死993神2006』)」結城雅秀　テアトロ777　2006.5　p64～67

## ひとり息子　㈲野中マリ子企画
**5201** 上演：1987年7月3日～7月5日　場所：ジァン・ジァン　作・演出：戸板康二　演出：西中昭市
◇「民芸の『ヴィシーでの出来事』」渡辺保　新劇34(9)　1987.9　p30～35

## 雛　㈲文学座アトリエの会
**5202** 上演：1995年12月1日～12月10日　場所：文学座アトリエ　作：別役実　演出：杉本正治

◇「演劇はいかにして装置を切り詰めるか(文学座アトリエの会『雛』,NODA・MAP『L』)」藤谷忠昭　テアトロ639　1996.2　p72～73

## 日向ぼっこ　㈲清流劇場
**5203** 上演：2006年4月28日～4月30日　場所：大阪市立芸術創造館　作・演出：田中孝弥
◇「5月の関西 終りのない終り(清流劇場『日向ぼっこ』,マレビトの会『船福本』『パライゾノート』)」太田耕人　テアトロ779　2006.7　p66～67

## ひなの砦　㈲光の領地,虚空旅団
**5204** 上演：2014年11月27日～11月30日　場所：ウィングフィールド　作：くるみざわしん　演出：高橋恵
◇「12月の関西 個のありよう(缶の階『舞台篇 ヒーローに見えない男/缶コーヒーを持つ男』『客席篇『椅子に座る女/椅子を並べる男』』,光の領地・虚空旅団提携創造公演『ひなの砦』)」太田耕人　テアトロ900　2015.2　p116～117

## ひなんくんれん　㈲うんなま
**5205** 上演：2018年6月9日～6月10日　場所：AI・HALL　作・演出：繁澤邦明
◇「6月の関西 新感覚の劇作家台頭。ベテラン勢も新境地(コトリ会議『しずかミラクル』,少年都市『光の祭典』,うんなま『ひなんくんれん』,トリコ・A『私の家族』,空晴『となりのところ』,南河内万歳一座『秘密探偵』)」九鬼葉子　テアトロ949　2018.8　p72～74

## ビニールの城　㈲第七病棟
**5206** 上演：1985年10月25日～11月10日　場所：浅草常盤座　作：唐十郎
◇「沈みゆく豊饒(ロマン)の城(ことばの劇場)」秋川比呂美　新劇32(12)　1985.12　p60～63

## 微熱ガーデン　㈲fullsize
**5207** 上演：2016年12月8日～12月11日　場所：スペース・イサン　脚本・演出：田辺剛
◇「1月の関西 京都の小劇場が次々と閉鎖(劇団fullsize『微熱ガーデン』,iaku『車窓から、世界の』,劇団きづがわ『追憶のアリラン』,点の階『…(てんてんてん)』)」九鬼葉子　テアトロ929　2017.3　p75～76

## ヒネミ　㈲遊園地再生事業団
**5208** 上演：1995年1月25日～1月29日　場所：紀伊國屋ホール　作・演出：宮沢章夫
◇「私たちは、どこへいくのか(宮沢章夫と松本修の近作をめぐって(阪神大震災と演劇)」長谷部浩　テアトロ628　1995.4　p38～42

## 陽のあたる教室　㈲えとせとら・eye
**5209** 上演：2000年3月29日～4月15日　場所：世田谷パブリックシアター　原作：パトリック・シェーン・ダンカン　脚本：砂本量　訳：常田景子　演出：吉川徹
◇「テーマ主義とザッピング芝居と…(遊◎機械スペシャルPRESENTS『S―記憶のけもの―』,えとせとら・eye『陽のあたる教室』,青柱『REVENGE』その他)」浦崎浩實　テアトロ

695　2000.6　p53〜55

**火の顔**　[団]シャウビューネ劇場

**5210** 上演：2005年6月24日〜6月26日　場所：世田谷パブリックシアター　作：マリウス・フォン・マイエンブルグ　演出：トーマス・オスターマイアー

◇「『火の顔』歪んだ「家族」—シャウビューネ劇場」淺井圭介　シアターアーツ　24　2005.9　p58〜60

◇「問題劇か風俗劇か（世田谷パブリックシアター企画制作/シャウビューネ劇場『ノラ—人形の家より』『火の顔』）」毛利三彌　テアトロ　768　2005.9　p53〜55

**火の起源**　[団]青年座

**5211** 上演：1994年9月7日〜10月20日　場所：青年座劇場　作：坂手洋二　演出：越光照文

◇「歴史と日常から（青年座『Mother』『火の起源』『レンタルファミリー』『カデット』，結城座『アノコ』）」渡辺淳　テアトロ　622　1994.11　p74〜75

**火の国**　[団]パルコ

**5212** 上演：1989年12月2日〜12月7日　場所：PARCO劇場　作：朴範信　演出：呉泰錫

◇「芝居が連れてゆくところ」林あまり　新劇　37(2)　1990.2　p44〜49

**ピノッキオ**　[団]座・高円寺

**5213** 上演：2018年9月1日〜10月4日　場所：座・高円寺1　原作：カルロ・コッローディ　訳：石川若枝　脚本・演出：テレーサ・ルドヴィコ　台本監修：佐藤信　美術・衣装：ルカ・ルッツァ

◇「絶妙なアンサンブル効果（テアトル・エコー『青い鳥たち、カゴから』，座・高円寺『ピノッキオ』，こまつ座『マンザナ、わが町』）」中本信幸　テアトロ　952　2018.11　p52〜53

**日の出**　[団]民藝

**5214** 上演：1981年12月9日〜12月27日　場所：三越ロイヤルシアター　作：曹禺　演出：内山鶉

◇「"生活"への認識と愛情（民藝『日の出』）」八橋卓　テアトロ　468　1982.2　p32〜33

**火の鳥**　[団]スペース・ゼロ

**5215** 上演：1989年2月8日〜2月28日　場所：全労済ホール/スペース・ゼロ　原作：手塚治虫　脚本・演出：鈴木完一郎

◇「ミュージカル評—歌やダンスは飾りじゃない」萩尾瞳　新劇　36(5)　1989.5　p42〜45

**火の鳥**　[団]民話芸術座

**5216** 上演：1998年8月4日〜8月9日　場所：東京芸術劇場小ホール2　原作：手塚治虫　脚色・演出：小村哲生

◇「空間の〈呼吸〉、人物の〈呼吸〉（燐光群『ロウチ氏の死と復活』，一跡二跳『アジアン・エイリアン』，青杜『セラピスト』，石原広子朗読の會『文學を呼吸する』，民話芸術座『火の鳥』）」浦崎浩實　テアトロ　673　1998.10　p74〜76

**火の鳥Ⅲ（ギリシャ篇）**　[団]神戸

**5217** 上演：1998年1月16日〜1月18日　場所：朝日ホール　原作：手塚治虫　台本：梶川忠　台本・演出：夏目俊二

◇「1月の関西 日常レベルでない言葉の表現（OMSプロデュース『夏休み』，桃園会『うちやまつり』，劇団神戸『火の鳥Ⅲ（ギリシャ篇）』）」宮辻政夫　テアトロ　666　1998.3　p80〜81

**日の丸心中**　[団]コーロ

**5218** 上演：1994年1月7日〜1月9日　場所：近鉄小劇場　作：さねとうあきら　演出：村上嘉利

◇「演出を考える（『書留へ ピアノより』，往来『幽霊』，コーロ『日の丸心中』）」宮辻政夫　テアトロ　614　1994.3　p94〜95

**火のようにさみしい姉がいて**　[団]シス・カンパニー

**5219** 上演：2014年9月6日〜9月30日　場所：シアターコクーン　作：清水邦夫　演出：蜷川幸雄

◇「人間の危うさを描く三つの劇（シス・カンパニー『火のようにさみしい姉がいて』，新国立劇場『三文オペラ』，俳優座『クレアモントホテルにて』）」水落潔　テアトロ　896　2014.11　p34〜35

**火のようにさみしい姉がいて**　[団]東京演劇集団風

**5220** 上演：1998年3月13日〜3月15日　場所：レパートリーシアターKAZE　作：清水邦夫　演出：井森雅人

◇「斜面に立つ人物たち（一跡二跳『平面になる』，オフィス・ワンダーランド+ジァン・ジァン『賭博師 梟』，東京演劇集団 風『火のようにさみしい姉がいて』，ステージ・ワンダー+世田谷パブリックシアター『怪しき村の旅人』）」浦崎浩實　テアトロ　668　1998.5　p58〜59

**火のようにさみしい姉がいて'96**　[団]木冬社

**5221** 上演：1996年12月10日〜12月23日　場所：紀伊國屋サザンシアター　作・演出：清水邦夫

◇「舞台に渦巻く力（木冬社『火のようにさみしい姉がいて'96』，プロツー・カンパニー『三好家の引っ越し』，夜の樹『つめくさの花の数列の果て〜賢治迷い』）」林あまり　テアトロ　652　1997.2　p64〜65

**火の夜をもつ女**　[団]遊劇体

**5222** 上演：1993年12月10日〜12月12日　場所：扇町ミュージアムスクエア　作：竹田真二　演出：キタモトマサヤ

◇「魅力ある演技とは（関西芸術座『なすの庭に、夏』，犬の事ム所『密会』，遊劇体『火の夜をもつ女』）」宮辻政夫　テアトロ　613　1994.2　p78〜80

**火計り〜四百年の肖像**　[団]昴，美醜

**5223** 上演：2001年3月9日〜3月25日　場所：三百人劇場　作：品川能正　演出：孫榥策，村田元史

◇「〈特集・演劇バトル、春爛漫〉（昴・美醜共同公

演『火計り』」西堂行人,佐藤康平,渡辺淳　テアトロ　707　2001.5　p28～30

**火花みたいに**　㊥八時半
5224　上演：2002年10月25日～10月27日　場所：大阪市立芸術創造館マンスリーシアター　作・演出：鈴江俊郎
　◇「11月の関西　「えい。解散を命ずる」(劇団・太陽族『そして夜に光った』,劇団八時半『火花みたいに』,犯罪友の会『あさがおの半鐘』)」太田耕人　テアトロ　731　2003.1　p106～108

**ひばり**　㊥四季
5225　上演：2004年6月17日～7月11日　場所：自由劇場　作：ジャン・アヌイ　演出：浅利慶太
　◇「手法生きた扉座『新浄瑠璃　百鬼丸』(扉座『百鬼丸』,四季『ひばり』)」村井健　テアトロ　754　2004.9　p48～49

**ひばり**　㊥Bunkamura
5226　上演：2007年2月7日～2月28日　場所：シアターコクーン　作：ジャン・アヌイ　演出：蜷川幸雄
　◇「ひばりの行方―三本の作品が奏でる『通奏低音』(シアターコクーン『ひばり』,朋友『黙って行かせて』,俳優座『国境のある家』)」村井健　テアトロ　790　2007.4　p60～62

**ビー・ヒア・ナウ**　㊥第三舞台
5227　上演：1990年8月16日～9月13日　場所：シアターコクーン　作・演出：鴻上尚史
　◇「不安のネットワーク」長谷部浩　しんげき　37(11)　1990.11　p36～39
　◇「誰だかよく分からないどこかの人」宮沢章夫　しんげき　37(11)　1990.11　p44～47
　◇「変わりつつある今を,つみかさねて('90年演劇界回顧(特集))」長谷部浩　しんげき　38(2)　1991.2　p34～37

**日々の敵**　㊥俳優座
5228　上演：2001年10月20日～11月4日　場所：俳優座5F稽古場　作：秋元松代　演出：安川修一
　◇「生き方を問う(俳優座space V『日々の敵』『僕の東京日記』,新国立劇場『コペンハーゲン』,B.B『森の精』,Studioコクーンプロジェクト『カスパー』)」渡辺淳　テアトロ　717　2002.1　p70～73

**ひまわり**　㊥秘法零番館
5229　上演：1988年10月26日～11月6日　場所：ザ・スズナリ　作・演出：竹内銃一郎
　◇「チェーホフは同時代人か?」衛紀生　新劇　36(1)　1989.1　p26～29
　◇「根源的(ラディカル)な意志」七字英輔　新劇　36(1)　1989.1　p30～33
　◇「チェーホフ変奏曲の現在」扇田昭彦　新劇　36(1)　1989.1　p34～37
　◇「電子の森、立ちすくんで」長谷部浩　新劇　36(1)　1989.1　p38～41
　◇「あのガラス拭きさえも(秘法零番館『ひまわり』)」堀切直人　テアトロ　551　1989.1　p28～29

**肥満男**　㊥南河内万歳一座
5230　上演：2016年6月1日～6月5日　場所：一心寺シアター倶楽　作・演出：内藤裕敬
　◇「6月の関西　アーツ・マネジメント～兵庫と大阪の明暗～(夕暮れ社　弱男ユニット『モノ』,兵庫県立ピッコロ劇団『メトミミトヤミ』,南河内万歳一座『肥満男』,劇団大阪『獏のゆりかご』)」九鬼葉子　テアトロ　921　2016.8　p34～36

**秘密探偵**　㊥南河内万歳一座
5231　上演：1998年8月5日～8月11日　場所：扇町ミュージアムスクエア　作・演出：内藤裕敬
　◇「8月の関西　演技の振幅、ふくらみ(松竹『ハムレット』,南河内万歳一座『秘密探偵』,未来探偵社『ファンタ爺ィ』)」宮辻政夫　テアトロ　673　1998.10　p82～84
5232　上演：2018年5月29日～6月3日　場所：一心寺シアター倶楽　作・演出：内藤裕敬
　◇「6月の関西　新感覚の劇作家台頭。ベテラン勢も新境地(コトリ会議『しずかミラクル』,少女都市『光の祭典』,ひなんくんれん,トリコ・A『私の家族』,空晴『となりのところ』,南河内万歳一座『秘密探偵』)」九鬼葉子　テアトロ　949　2018.8　p72～74

**秘密の花園**　㊥シアター1010
5233　上演：2006年4月15日～4月30日　場所：シアター1010　作：唐十郎　演出：三枝健起　振付：大川妙子　音楽：三枝成彰
　◇「幼き日々の夢の思い出(シアター1010『秘密の花園』,唐組『紙芝居の絵の町で』,黒テント『森の直前の夜』『西埠頭』,東京演劇アンサンブル『ガリレイの生涯』)」結城雅秀　テアトロ　779　2006.7　p46～49

**秘密の花園**　㊥本多劇場
5234　上演：1982年11月6日～11月30日　場所：本多劇場　作：唐十郎　演出：小林勝也
　◇「坂の途中に立つ男」如月小春　新劇　30(2)　1983.2　p39～40
　◇「唐十郎の〈水〉(本多劇場『秘密の花園』)」大笹吉雄　テアトロ　479　1983.1　p40～42

**秘密の花園　ジゴロ・唐十郎扮する版**　㊥唐組
5235　上演：1999年10月8日～10月31日　場所：雑司ヶ谷鬼子母神　作・演出：唐十郎
　◇「悪夢で会いましょう～Stardust Nightmares(唐組『秘密の花園』,MONO『一初恋』,維新派『水街』,PM/飛ぶ教室『水嶋さんのストライキ』)」岡野宏文　テアトロ　690　2000.1　p62～65

**姫ちゃんのリボン**　㊥博品館劇場
5236　上演：1993年12月3日～12月26日　場所：博品館劇場　原作：水沢めぐみ　上演台本：佐藤万博　構成・演出・振付：謝珠栄　音楽：佐橋俊彦　作詞：織田ゆり子
　◇「『物語』の生まれ方(文学座アトリエ公演『窓から外を見ている』,扉座『夜曲』,博品館劇場『姫ちゃんのリボン』,優曇華の会『おしゃべりランチ』『大海原で』)」大沢圭司　テアトロ　613　1994.2　p68～71

**ヒメハル〜ヒメジョオン・ハルジオン** [団]俳優座

5237 上演：2012年5月9日〜5月20日　場所：俳優座劇場　作：スエヒロケイスケ　演出：眞鍋卓嗣

◇「観るものの精神構造(ティーファクトリー『騙り。』,演劇集団 円『胸の谷間に蟻』,俳優座『ヒメハル』)」斎藤偕子　テアトロ　863　2012.7　p42〜43

**ヒモのはなし** [団]つかこうへい事務所, 俳優座映画放送

5238 上演：1981年3月31日〜4月15日　場所：俳優座劇場　作・演出：つかこうへい

◇「後ろ指の指されかた」森秀男　新劇　28(6)　1981.6　p26〜29

**百三十二番地の貸家／落葉日記** [団]木山事務所

5239 上演：1994年10月18日〜10月23日　場所：シアターサンモール　作：岸田國士　演出：末木利文

◇「時代に対するアイロニカルな視線(岸田國士シリーズ10年連続記念公演『百三十二番地の貸家』『落葉日記』)」七字英輔　テアトロ　623　1994.12　p77〜78

**百式サクセション** [団]極東退屈道場

5240 上演：2016年10月28日〜10月30日　場所：AI・HALL　作・演出：林慎一郎　美術：柴田隆弘　振付：原和代

◇「11月の関西 新しい演劇的地平への模索と挑戦(兵庫県立ピッコロ劇団『砂壁の部屋』,あごうさとし新作公演『Pure Nation』,遊劇体『ありとほし』,極東退屈道場『百式サクセション』,清流劇場『アルトゥロ・ウイ』)」九鬼葉子　テアトロ　926　2017.1　p71〜73

**百年の絆 孫文と梅屋庄吉** [団]東京ギンガ堂

5241 上演：2010年10月16日〜10月24日　場所：紀伊國屋ホール　作・演出：品川能正　振付：酒井美佳　音楽：日高哲英

◇「音楽劇志向の異化効果(東京ギンガ堂『百年の絆 孫文と梅屋庄吉』,ギイ・フォワシイ・シアター35周年記念公演,京楽座『中西和久のエノケン』,俳協『國語元年』)」中本信幸　テアトロ　843　2011.1　p46〜47

**百年の孤独** [団]ズニ

5242 上演：1989年8月4日　場所：利賀野外劇場　構成・演出：ダニー・ユン

◇「中心の不在、あるいは中心の遍在」七字英輔　新劇　36(10)　1989.10　p26〜29

◇「パレードの光景」扇田昭彦　新劇　36(10)　1989.10　p30〜33

**百年の秘密** [団]ナイロン100℃

5243 上演：2012年4月22日〜5月20日　場所：本多劇場　作・演出：ケラリーノ・サンドロヴィッチ

◇「舞台としての深度(ホリプロ『海辺のカフカ』,新国立劇場『負傷者16人—SIXTEEN WOUNDED—』,ナイロン100℃『百年の秘密』)」高橋豊　テアトロ　863　2012.7　p40〜41

5244 上演：2018年4月7日〜4月30日　場所：本多劇場　作・演出：ケラリーノ・サンドロヴィッチ

◇「様々な相貌見せる「日常」(モダンスイマーズ『嗚呼いま、だから愛。』,文学座『最後の炎』,新国立劇場『1984』,青年団+こまばアゴラ演劇学校"無隣館"『革命日記』,ナイロン100℃『百年の秘密』)」丸田真悟　テアトロ　947　2018.7　p32〜35

**百枚めの写真〜一銭五厘たちの横丁** [団]トム・プロジェクト

5245 上演：2010年12月8日〜12月12日　場所：紀伊國屋ホール　原作：児玉隆也　作・演出：ふたくちつよし

◇「見つめ返す眼差し(トム・プロジェクトプロデュース『百枚めの写真——銭五厘たちの横丁』,THE SHAMPOO HAT『砂町の王』,THE・ガジラ『さよなら渓谷』)」丸田真悟　テアトロ　844　2011.2　p54〜55

5246 上演：2013年7月24日〜7月28日　場所：笹塚ファクトリー　原作：児玉隆也　作・演出：ふたくちつよし

◇「挑戦とシンボリックとさりげなさ(トラッシュマスターズ『極東の地、西の果て』,カタルシツ『地下室の手記』,トム・プロジェクト『百枚めの写真』)」村井健　テアトロ　881　2013.10　p44〜45

5247 上演：2016年8月15日〜8月18日　場所：俳優座劇場　原作：児玉隆也　作・演出：ふたくちつよし

◇「夏の叫び(俳優座『狙撃兵：デッド・メタファー』,俳優座『朗読 戦争とは…2016』,トムプロジェクト『百枚めの写真』)」斎藤偕子　テアトロ　923　2016.10　p34〜35

**百物語** [団]南河内万歳一座

5248 上演：2006年10月9日〜10月15日　場所：ウルトラマーケット　作・演出：内藤裕敬

◇「10月の関西 灰になる言葉(マレビトの会『アウトダフェ』,犯罪友の会『かしげ傘』,南河内万歳一座『百物語』)」太田耕人　テアトロ　785　2006.12　p66〜68

**百物語 改定版** [団]南河内万歳一座

5249 上演：1997年9月19日〜9月23日　場所：扇町ミュージアムスクエア　作・演出：内藤裕敬

◇「10月の関西 見応えあった近松作品(人形劇団クラルテ『紅葉狩り剣のゆくゑ』,南河内万歳一座『百物語(改訂版)』,五期会『パパのデモクラシー』)」宮辻政夫　テアトロ　662　1997.12　p118〜119

**白夜** [団]TPT

5250 上演：1997年9月18日〜10月19日　場所：ベニサン・ピット　作：寺山修司　演出：大鷹明良

◇「人がみずからの時間と向き合うとき(T.P.T『白夜』,ケイダッシュステージ『ラパン・アジールに来たピカソ』,東京演劇集団・風『桜の園』,第三エロチカ『オイディプスWHY?』)」長谷部浩　テアトロ　661　1997.11　p67〜69

白夜 ㊋民藝
*5251* 上演：1984年9月8日〜9月22日　場所：紀伊國屋ホール　原作：ドストエフスキー　訳：渾大防一枝　脚本：ジル・サンディエ　演出：若杉光夫
◇「出演者二人の好演（民芸『白夜』）」千野幸一　501　1984.11　p24〜25

白夜の女騎士（ワルキューレ）　㊋Bunkamura
*5252* 上演：2006年5月7日〜5月30日　場所：シアターコクーン　作：野田秀樹　演出：蜷川幸雄
◇「『闘争の物語』への収束でいいの？（シアターコクーン『白夜の女騎士（ワルキューレ）』、大人計画『まとまったお金の唄』）」杉山弘　テアトロ　779　2006.7　p44〜45

白夜の女騎士（ワルキューレ）　㊋夢の遊眠社
*5253* 上演：1985年2月9日〜3月4日　場所：紀伊國屋ホール　作・演出：野田秀樹
◇「第4フォワードは誰か」長谷部浩　新劇　32（4）　1985.4　p22〜25

白蓮の針　㊋犯罪友の会
*5254* 上演：2001年2月22日〜2月25日　場所：ウィングフィールド　作・演出：武田一度
◇「3月の関西 演劇のローカリティ（近松劇場『ハードタイムス』、犯罪友の会『白蓮の針』、南河内万歳一座『新作・錆びたナイフ』）」太田耕人　テアトロ　707　2001.5　p66〜68

*5255* 上演：2007年3月14日〜3月15日　場所：ウィングフィールド　作・演出：武田一度
◇「3月の関西 せりふと演出（兵庫県立ピッコロ劇団『ハムレット』、AI・HALL自主企画・日英現代戯曲交流プロジェクト『ステキなアバター』、犯罪友の会・若手公演『白蓮の針』）」太田耕人　テアトロ　791　2007.5　p55〜57

*5256* 上演：2012年4月13日〜4月15日　場所：ウィングフィールド　作・演出：武田一度
◇「4月の関西 暗い部屋をめぐって（女性芸術劇場『光をあつめて』、コンブリ団『ムイカ』、犯罪友の会『白蓮の針』）」太田耕人　テアトロ　862　2012.6　p50〜52

百鬼丸　㊋扉座プロデュース
*5257* 上演：2004年6月16日〜6月23日　場所：紀伊國屋ホール　原作：手塚治虫　作・演出：横内謙介
◇「手法生きた扉座『新浄瑠璃 百鬼丸』（扉座『百鬼丸』、四季『ひばり』）」村井健　テアトロ　754　2004.9　p48〜49

Pure Nation　㊋あごうさとし事務所
*5258* 上演：2016年11月3日〜11月8日　場所：アトリエ劇研　作・演出：あごうさとし　ドラマトゥルク：仲正昌樹
◇「11月の関西 新しい演劇的地平への模索と挑戦（兵庫県立ピッコロ劇団『砂壁の部屋』、あごうさとし新作公演『Pure Nation』、遊劇体『ありとはし』、極東退廃道場『百式サクセション』、清流劇場『アルトゥロ・ウイ』）」九鬼葉子　テアトロ　926　2017.1　p71〜73

ひゅう・どろどろ　㊋オンシアター自由劇場
*5259* 上演：1987年6月5日〜6月30日　場所：本多劇場　作：山元清多　演出：串田和美
◇「ジョバンニの父への旅」渡辺保　新劇　34（8）　1987.8　p34〜39
◇「パロディの難しさ（オンシアター自由劇場『ひゅう・どろどろ』）」石崎勝久　テアトロ　534　1987.8　p34〜35

ビューティ・クイーン・オブ・リナーン　㊋演劇集団円
*5260* 上演：2004年11月16日〜11月22日　場所：シアターX　作：マーティン・マクドナー　訳：芦沢みどり　演出：岸田良二
◇「演技に物申す（円『ビューティクイーン・オブ・リナーン』、新国立劇場『喪服の似合うエレクトラ』、CATプロデュース『ディファイルド』）」渡辺淳　テアトロ　760　2005.2　p63〜65

ビューティ・クイーン・オブ・リナーン　㊋パルコ
*5261* 上演：2007年12月7日〜12月30日　場所：PARCO劇場　作：マーティン・マクドナー　訳：目黒条　演出：長塚圭史
◇「レトリックと舞台…ドラマのありかは？（あうるすぽっと『朱雀家の滅亡』、パルコプロデュース『ビューティ・クイーン・オブ・リナーン』、パラダイス一座『続・オールド・バンチ 復讐のヒットパレード！』）」みなもとごろう　テアトロ　802　2008.2　p60〜61

ヒューマン・ダイナモ―人間発動機・野口英世　㊋東京ギンガ堂
*5262* 上演：2000年2月2日〜2月6日　場所：東京芸術劇場小ホール1　作・演出：品川能正
◇「パワフルに迫り来る存在（流山児★事務所『Happy Days』、東京ギンガ堂『ヒューマン・ダイナモ』、サードステージ・R・U・P共同プロデュース『ララバイ、または 百年の子守唄』）」結城雅秀　テアトロ　693　2000.4　p58〜60

*5263* 上演：2005年10月29日〜11月3日　場所：紀伊國屋サザンシアター　作・演出：品川能正
◇「評伝劇の喚起力（地人会『島清、世に敗れたり』、ピープルシアター『二人の柳』、東京ギンガ堂『ヒューマン・ダイナモ―人間発動機・野口英世』）」野中広樹　テアトロ　773　2006.1　p48〜49

病気　㊋シリーウォークプロデュース
*5264* 上演：1997年10月17日〜10月26日　場所：青山円形劇場　別役実　演出：ケラリーノ・サンドロヴィッチ
◇「こわばり、揺らぎ、色気のさまざまなかたち（シリーウォークプロデュース『病気』、青山円形劇場＋演劇企画集団66『スパイものがたり〜へのへのもへじの謎』、TPS＝シアタープロジェクトさっぽろ『女と男のいる舗道』、劇団☆新感線『髑髏城の七人』）」長谷部浩　テアトロ　662　1997.12　p80〜84

評決　㊋青年座
*5265* 上演：2006年2月11日〜2月19日　場所：紀

伊國屋ホール　作：国弘威雄, 斉藤珠緒　演出：鈴木完一郎
◇「記憶の狭間に心の痛みを描く（ティーファクトリー『フクロウの賭け』, 青年座『評決』, 木山事務所『ハリウッド物語』）」丸田真悟　テアトロ 776　2006.4　p56～57

**漂鳥の儚（ゆめ）** [団]オフィスワンダーランド
**5266** 上演：2001年3月8日～3月11日　場所：東京芸術劇場小ホール1　作：さいふうめい　演出：岩村久雄
◇「ちまたに“役者”があふれている…（青年劇場『かもめ』, 木山事務所『仮名手本ハムレット』, オフィス・ワンダーランド『漂鳥の儚』, スイセイ・ミュージカル『ONLY ONE』ほか）」浦崎浩實　テアトロ　707　2001.5　p56～69

**漂泊** [団]オフィスコットーネ
**5267** 上演：2015年3月20日～3月30日　場所：吉祥寺シアター　作：蓬莱竜太　演出：田村孝裕
◇「耐え難い人災（俳小『子供の時間』, オフィスコットーネ『漂泊』, 名作劇場『女よ、気をつけろ！』『或る夜の出来事』）」斎藤偕子　テアトロ 904　2015.6　p36～37

**漂流家族―「イエスの方舟」事件** [団]転位・21
**5268** 上演：1981年2月6日～3月1日　場所：旧眞空鑑劇場　作・演出：山崎哲
◇「嘔吐する家庭劇」森秀男　新劇　28（4） 1981.4　p25～28

**漂流物** [団]一跡二跳
**5269** 上演：2007年7月20日～7月29日　場所：シアター・トップス　作：三井快　演出：古城十忍
◇「うそ寒い現実を映すブラックユーモア（日本劇団協議会 一跡二跳制作『漂流物』,TPT『三人姉妹』, め組『戊辰残照』, レクラム舎『そらの時間ヒトのユメ』）」中本信幸　テアトロ　797 2007.10　p54～55

**火男** [団]ルナパーク・ミラージュ
**5270** 上演：2001年4月14日～4月22日　場所：新川崎創造のもり横花壇広場内仮設小屋　作・演出：翠羅臼
◇「甘美なる日々（フランス演劇クレアシオン『デジレ』, ルナパーク・ミラージュ『火男』）」大岡淳　テアトロ　708　2001.6　p66～67

**火男の火** [団]鐘下辰男ワークショップ 塵の徒党
**5271** 上演：1996年12月4日～12月8日　場所：ザ・スズナリ　作：原田宗典　演出：鐘下辰男
◇「徹底したマクベスの改作（流山児★事務所『焼跡のマクベス』, 東京シェイクスピア・カンパニー『マクベス裁判』, 鐘下辰男ワークショップ『火男の火』, 四季『エビータ』, ピープルシアター『プラットホーム・炎の秋』, 劇団1980『新・棄老伝説 ニッポン縁切堂』）」結城雅秀　テアトロ　652 1997.2　p71～77

**火男の火** [団]東京壱組
**5272** 上演：1993年4月16日～4月27日　場所：本多劇場　作：原田宗典　演出：大谷亮介
◇「演劇の「企み」（善人会議『愚者には見えないラ・マンチャの王様の裸』, シアターコクーン『ブリキノマチノ夏の夜の夢』, 東京壱組『火男の火』, 文学座『息子です こんにちは』）」大沢圭司　テアトロ 605　1993.7　p60～63

**ビヨンド・トーキョー** [団]燐光群
**5273** 上演：1986年4月3日～4月6日　場所：T2スタジオ　作・演出：坂手洋二
◇「開かれたドラマツルギー」鴻英良　新劇 33（6）　1986.6　p18～23

**ピラカタ・ノート** [団]ニットキャップシアター
**5274** 上演：2012年7月6日～7月10日　場所：京都芸術センター　作・演出：ごまのはえ
◇「7月の関西 掘り返される歴史（維新派『夕顔のはなしろきゆふぐれ』, ニットキャップシアター『ピラカタ・ノート』, 木ノ下歌舞伎『義経千本桜』）」太田耕人　テアトロ　866　2012.9　p55～57

**平手造酒を探せ！** [団]はみだし劇場
**5275** 上演：1988年7月20日～7月25日　場所：花園神社境内　原作：長部日出雄　脚色：はみだし劇場　演出：田村寛
◇「「劇評家」のユウウツ」衛紀生　新劇 35（9）　1988.9　p26～29

**ぴらんでっろ** [団]黒テント
**5276** 上演：2004年10月8日～10月17日　場所：中野光座　原作：ルイージ・ピランデッロ　訳：溝口廸夫　演出：斎藤晴彦
◇「“関係”に心ひかれて（黒テント『ぴらんでっろ』, 流山児★事務所『心中天の網島』, 猫のホテル『しぶき』）」林あまり　テアトロ　757 2004.12　p58～59

**ぴらんでっろ―作者を探す6人の登場人物** [団]黒テント
**5277** 上演：2005年10月28日～11月6日　場所：シアターイワト　作：ルイージ・ピランデッロ　訳：溝口廸夫　演出：斎藤晴彦
◇「劇に「命」が躍ると…（新国立劇場『屋上庭園』『動員挿話』, 黒テント『ぴらんでっろ―作者を探す6人の登場人物』,NLT『ボビー』, 青年座『パートタイマー・秋子』）」中本信幸　テアトロ　773 2006.1　p59～61

**ピランデッロのヘンリー四世** [団]まつもと市民芸術館
**5278** 上演：2009年2月12日～3月15日　場所：シアタートラム　作：ルイージ・ピランデッロ　演出：白井晃
◇「ドラマの内の時間と外の時間（まつもと市民芸術館『ピランデッロのヘンリー四世』, 新国立劇場『昔の女』, 銅鑼『ハンナのかばん』）」みなもとごろう　テアトロ　819　2009.5　p38～40

**ピランデルロの殿様** [団]水戸芸術館ACM劇場
**5279** 上演：1996年1月5日～1月21日　場所：水戸芸術館ACM劇場　作：ルイージ・ピランデッロ　構成・演出：加藤雅治, 長谷川裕久
◇「翼なき名匠の世界（ACM劇場'96ニューイヤー・パフォーマンス『ピランデルロの殿様』『エレクト

ラ』)」大岡淳　テアトロ　640　1996.3　p77～79

### ビリーとヘレン　㈶新潟市芸術文化振興財団
**5280** 上演：2004年7月15日～7月16日　場所：りゅーとぴあ劇場　作：マーティン・マクドナー　訳・演出：栗田芳宏
◇「人間のドラマ(燐光群『私たちの戦争』, りゅーとぴあ『ビリーとヘレン』, 加藤健一事務所『コミック・ポテンシャル』)」渡辺淳　テアトロ　755　2004.10　p60～62

### 飛龍伝'90—殺戮の秋　㈶つかこうへい事務所
**5281** 上演：1990年11月6日～11月25日　場所：銀座セゾン劇場　作・演出：つかこうへい
◇「変わりつつある今を, つみかさねて('90年演劇界回顧〈特集〉)」長谷部浩　しんげき　38(2)　1991.2　p34～37

### 飛龍伝'94—いつの日か白き翼にのって　㈶銀座セゾン劇場
**5282** 上演：1994年7月19日～8月27日　場所：銀座セゾン劇場　作・演出：つかこうへい
◇「舞台の「空気」と「時間」(レクラム舎『風の吹く日は』, 青年団『S高原から』, 300『赤い靴』, 銀座セゾン劇場『飛竜伝'94』, 自転車キンクリート『ダイヤルMを廻せ!』)」大沢圭司　テアトロ　621　1994.10　p54～57

### ピルグリム　㈶新国立劇場
**5283** 上演：2003年1月14日～2月2日　場所：新国立劇場中劇場　作・演出：鴻上尚史
◇「意欲は買うが…シアターコクーン『桜の園』, 新国立劇場『ピルグリム』)」中本信幸　テアトロ　733　2003.3　p74～75

### ピルグリム　㈶第三舞台
**5284** 上演：1989年9月11日～10月14日　場所：全労済ホール/スペース・ゼロ　作・演出：鴻上尚史
◇「死ぬのはいつも他人」長谷部浩　新劇　36(12)　1989.12　p34～37
◇「私も"役"をもらえました!」林あまり　新劇　36(12)　1989.12　p38～41

### 蛭子の栖　㈶演劇実験室・紅王国
**5285** 上演：2003年10月22日～10月28日　場所：劇場MOMO　作・演出：野中友博
◇「さまざまな意匠(劇団四季『オンディーヌ』, アトリエダンカン企画製作『欲望という名の電車』, 演劇実験室∴紅王国『蛭子の栖』)」北川登園　テアトロ　745　2004.1　p52～54

### ビルのゲーツ　㈶ヨーロッパ企画
**5286** 上演：2014年8月14日～8月17日　場所：京都府立文化芸術会館　作・演出：上田誠
◇「8月の関西 使用される人間(南河内万歳一座『使用人』, ヨーロッパ企画『ビルのゲーツ』)」太田耕人　テアトロ　895　2014.10　p46～47

### ヒーロー　㈶加藤健一事務所
**5287** 上演：2005年7月2日～7月18日　場所：本多劇場　作：アラン・エイクボーン　訳：小田島恒志　演出：加藤健一
◇「ひとりの人間の死の背後に(Happy Hunting Ground『きゅうりの花』, 加藤健一事務所『ヒーロー』, ピュアーマリー『マウストラップ』)」みなもとごろう　テアトロ　768　2005.9　p66～68

### ビロクシー・ブルース　㈶パルコ, 翔企画
**5288** 上演：1987年2月4日～2月28日　場所：PARCO劇場　作：ニール・サイモン　訳・演出：青井陽治
◇「嵐のような〈劇性〉, 風のような〈中間〉」鴻英良　新劇　34(4)　1987.4　p22～27
◇「軍隊芝居の虚しさ」渡辺保　新劇　34(4)　1987.4　p34～39
◇「複合民族的キャラクターの芝居(パルコ劇場『ビロクシー・ブルース』)」斎藤偕子　テアトロ　530　1987.4　p30～31

### 広くてすてきな宇宙じゃないか　㈶演劇集団キャラメルボックス
**5289** 上演：1990年4月17日～4月30日　場所：シアターモリエール　作・演出：成井豊
◇「肯定の創造と優しさに慰藉される90分と60分」豊崎由美　しんげき　37(7)　1990.7　p14～17

### ピロシキ　㈶遊気舎
**5290** 上演：1995年9月17日～9月20日　場所：近鉄アート館　作・演出：後藤ひろひと
◇「9月の関西 大阪新劇フェスティバル開幕(劇団往来『HARVEY』, 遊気舎『ピロシキ』, 結城座『横顔』)」宮辻政夫　テアトロ　635　1995.11　p80～81

### HIROSHIMA—太田川七つの流れ　㈶Bunkamura
**5291** 上演：1995年10月7日～10月15日　場所：シアターコクーン　作：エクス・マキナ・ケベック　演出：ロベール・ルパージュ
◇「最新アートが重層するオーガニック・シアター—『HIROSHIMA』は生成・変容を繰り返す「生き物」だ」桂真菜　シアターアーツ　4　1996.1　p158～163
◇「台詞の節約と混沌の提示(テアトル・ド・コンプリシテ『ルーシー・キャブロルの三つの人生』, シアターコクーン『HIROSHIMA—太田川七つの流れ』)」渡辺淳　テアトロ　636　1995.12　p54～57

### ヒロシマ・ガールズ　㈶広島の女上演委員会
**5292** 上演：1999年8月6日　場所：新宿文化センター大ホール　脚本・演出：村井志摩子　※朗読劇
◇「原作批判としての舞台(劇団ひまわり+電通製作『少年H』, 東宝現代劇75人の会『来られない友に乾杯』, 広島の女上演委員会『ヒロシマ・ガールズ』)」みなもとごろう　テアトロ　686　1999.10　p68～70

### 広島に原爆を落とす日　㈶R・U・P
**5293** 上演：1997年6月14日～6月29日　場所：紀伊國屋サザンシアター　作：つかこうへい

ひろし

演出：いのうえひでのり　振付：川崎悦子
◇「チェーホフを縦糸として(T.P.T『イサドラ』、流山児★事務所『ザ・寺山』、カクスコ『上りの始発～丸子紐旅にでる』、R・U・Pプロデュース『広島に原爆を落とす日』)」長谷部浩　テアトロ　658　1997.8　p57～61

## 広島の女　㈲広島の女上演委員会
**5294** 上演：1984年12月7日～12月13日　場所：俳優座劇場　作・演出：村井志摩子
◇「記憶のドラマ(上演委員会『広島の女』)」岩波剛　テアトロ　504　1985.2　p36～37

**5295** 上演：2002年10月8日～10月13日　場所：「劇」小劇場　作・演出：村井志摩子
◇「問い続けること(民藝『ありてなければ』、広島の女上演委員会『広島の女』、東京演劇アンサンブル『常陸坊海尊』)」北川登園　テアトロ　729　2002.12　p54～53

## ヒロシマのピーターパン・デスティニー　㈲広島の女上演委員会
**5296** 上演：2001年8月5日～8月7日　場所：全労済ホール/スペース・ゼロ　作・演出：村井志摩子
◇「コイズミさんと"劇"の関係をめぐって(ひまわり『コルチャック先生』、広島の女上演委員会『ヒロシマのピーターパン・デスティニー』、仲間『カモメに飛ぶことを教えた猫』、R+1『仙人がくれた不思議なずきん』)」浦崎浩實　テアトロ　713　2001.10　p54～56

## ヒロシマの夜打つ太鼓　㈲東京演劇アンサンブル
**5297** 上演：2003年8月29日～9月6日　場所：ブレヒトの芝居小屋　作・演出：広渡常敏　音楽：林光
◇「日常をこえる(東京演劇アンサンブル『ヒロシマの夜打つ太鼓』、人間座・花企画・亀の子新社・ノーベルエージェンシー合同公演『火を継ぐもの』、銅鑼『Big Brother』、現代演劇協会 RADAイン東京『花粉឵』)」中本信幸　テアトロ　742　2003.11　p59～61

## ピローマン　㈲パルコ
**5298** 上演：2004年11月6日～11月23日　場所：PARCO劇場　作：マーティン・マクドナー　訳：目黒条　演出：長塚圭史
◇「七十年の時を隔てて甦った喜劇(パルコ・プロデュース『ピローマン』、テアトル・エコー『ルームサービス』、NLT『宴会泥棒』、シルバーライニング『セメタリー倶楽部』)」みなもとごろう　テアトロ　759　2005.1　p60～63

## ピンクの象と五人の紳士　㈲俳優座劇場
**5299** 上演：1994年2月9日～2月17日　場所：俳優座劇場　作：別役実　演出：岸田良二
◇「「存在すること」への問いかけ(俳優座劇場『ピンクの象と五人の紳士』、I・Q150『月光狂曲』、東京芸術劇場『洒落男たち』、万有引力『電球式アンモナイト』、民藝『女たちのまつり』)」大沢圭司　テアトロ　615　1994.4　p64～67

## 閩江風土記　㈲俳優座
**5300** 上演：1994年3月28日～4月10日　場所：俳

優座劇場　作：水上勉　演出：安川修一
◇「「時間」を感じさせる舞台(地人会『奇妙な果実』、アトリエ・ダンカン『ラストチャンスキャバレー』、キャラメルボックス『アローン・アゲイン』、プラチナ・ペーパーズ『櫻の園』、俳優座『閩江風土記』)」大沢圭司　テアトロ　617　1994.6　p49～52

## 瀕死の王　㈲あうるすぽっと
**5301** 上演：2008年9月28日～10月5日　場所：あうるすぽっと　作：イヨネスコ　訳：佐藤康　演出・美術：佐藤信
◇「寓話と不条理とリアリズムの中の「死」(新国立劇場『近代能楽集 綾の鼓、弱法師』、あうるすぽっと『瀕死の王』、劇団俳優座『スペース・ターミナル・ケア』)」七字英輔　テアトロ　813　2008.12　p49～51

## 瀕死の王さま　㈲東京演劇集団風
**5302** 上演：2010年9月1日～9月5日　場所：レパートリーシアターKAZE　作：イヨネスコ　訳：大久保輝臣　演出：ペトル・ヴトカレウ
◇「観客の想像力について(シス・カンパニー『叔母との旅』、東京演劇集団風『瀕死の王さま』、劇団NLT『ベン』)」北川登園　テアトロ　840　2010.11　p48～49

## 瀕死の王様　㈲木山事務所
**5303** 上演：1996年6月4日～6月9日　場所：三百人劇場　作：イヨネスコ　訳：大久保輝臣　演出：末木利文
◇「日本人という民族、それにフランスの国民性(地人会『日本の面影』、青年団『冒険王』、櫻花舎『愛と偶然の戯れ』、ギィ・フォワシイ・シアター『動機』他、木山事務所『瀕死の王様』、みなと座『大浦屋お慶』、四季『イリヤ・ダーリン』)」結城雅秀　テアトロ　645　1996.8　p69～76

## 貧すれば鈍す／いっしょに夕食を！　㈲NLT
**5304** 上演：1996年5月9日～5月19日　場所：NLTアトリエ　作：ペッピーノ・デ・フィリッポ　訳：高田和文　演出：井上思
◇「「何もない空間」に世界を構築する(グローブ座カンパニー『ヴェニスの商人』、青年劇場『愛が聞こえます』、銀座セゾン劇場『セツァンの善人』、文学座『シンガー』、NLT『貧すれば鈍す／いっしょに夕食を！』、東京乾電池『田園ハレム―常盤女子高物語』)」結城雅秀　テアトロ　644　1996.7　p59～65

## 貧乏物語　㈲こまつ座
**5305** 上演：1998年10月17日～11月3日　場所：新国立劇場　作：井上ひさし　演出：栗山民也
◇「台本の強さと弱さ(新国立劇場『ディア・ライアー』、演劇集団円『スカパンの悪だくみ』、T.P.T『春のめざめ』、こまつ座『貧乏物語』、ピッコロ劇団『ホクロのある左足』)」渡辺淳　テアトロ　677　1999.1　p72～74

## 貧民倶楽部　㈲東宝
**5306** 上演：1986年12月3日～12月28日　場所：帝国劇場　原作：泉鏡花　脚色：堀井康明　演出：蜷川幸雄

◇「ことばは肉（ししむら）のうちにはぐくまれる」佐々木幹郎　新劇　34（3）　1987.3　p28〜33

◇「未来じかんの鏡花（帝劇『貧民倶楽部』）」扇田昭彦　テアトロ　528　1987.2　p25〜27

## 【ふ】

### ファイナル・チャンピオン―ポットの中の英雄達　㈱キンダースペース
**5307** 上演：1985年　作・演出：原田一樹
◇「小劇場演劇と座付作者（ことばの劇場）」衛紀生　新劇　32（8）　1985.8　p53〜56

### ファイナルファンタジックスーパーノーフラット　㈱劇団、本谷有希子
**5308** 上演：2007年6月4日〜6月24日　場所：吉祥寺シアター　作・演出：本谷有希子
◇「上半期ベスト1！（劇団、本谷有希子『ファイナルファンタジックスーパーノーフラット』、黒テント『鉄砲玉』、東京ギンガ堂『デージーが咲く街―新宿物語』）」林あまり　テアトロ　795　2007.8　p50〜51

### 5DAYS〜辺境のロミオとジュリエット　㈱ワタナベエンターテインメント、CATプロデュース、ぴあ
**5309** 上演：2018年4月3日〜4月23日　場所：KAAT神奈川芸術劇場中スタジオ　脚本・作詞・演出：石丸さち子　音楽：和田俊輔
◇「古典の現代化とフィジカルシアター（ワタナベエンターテインメント『5DAYS〜辺境のロミオとジュリエット〜』、ヒンドゥー五千回『空観』、温泉ドラゴン『嗚呼、萬朝報！』、コクーン歌舞伎『切られの与三』）」七字英輔　テアトロ　947　2018.7　p36〜38

### ファウスト　㈱演劇集団円
**5310** 上演：2006年7月21日〜7月30日　場所：紀伊國屋ホール　原作：ゲーテ　脚本：石塚千明　演出：平光琢也
◇「究極美の野外劇（ク・ナウカ『トリスタンとイゾルデ』、演劇集団・円『ファウスト』、宝塚クリエイティブアーツ『花嫁付き添い人の秘密』、昴 ザ・サード・ステージ『猫の恋、昴は天にのぼりつめ』）」結城雅秀　テアトロ　783　2006.10　p48〜51

### ファウスト　㈱ミュンヘン・カンマーシュピーレ劇場
**5311** 上演：1990年9月1日〜9月7日　場所：日生劇場　作：ゲーテ　演出：ディーター・ドルン
◇「小市民、人生やり直しても小市民、なのかなア」豊崎由美　しんげき　［37］（11）　1990.11　p32〜35

### ファウスト 第1部・第2部　㈱日欧舞台芸術交流会
**5312** 上演：1999年9月10日〜9月12日　場所：紀伊國屋サザンシアター　作：ゲーテ　訳：森鷗外　演出：西川信廣、高瀬久男、野村万之丞
◇「混沌の彼方のもの（日欧舞台芸術交流実行委員会『ファウスト』、ギィ・フォワシィ・シアター『チェロを弾く女』、燐光群『トーキョー裁判1999』、青年劇場『二階の女』）」渡辺淳　テアトロ　687　1999.11　p52〜54

### ファウストの悲劇　㈱Bunkamura
**5313** 上演：2010年7月4日〜7月25日　場所：シアターコクーン　作：クリストファー・マーロウ　訳：河合祥一郎　演出：蜷川幸雄
◇「宮沢りえの神話的な声（NODA・MAP『ザ・キャラクター』、MODE『変身』、Bunkamura『ファウストの悲劇』）」内田洋一　テアトロ　838　2010.9　p33〜35

### ファウスト―ワルプルギスの音楽劇　㈱北九州芸術劇場
**5314** 上演：2004年3月10日〜3月21日　場所：世田谷パブリックシアター　原作：ゲーテ　脚本・作詞：能祖将夫　構成・演出：白井晃　作曲：中西俊博
◇「女に導かれるファウストと忠兵衛（北九州芸術劇場プロデュース『ファウスト―ワルプルギスの音楽劇』、ポイント東京製作『新・近松心中物語』）」内田洋一　テアトロ　749　2004.5　p58〜59

### ファッツァー　㈱地点
**5315** 上演：2017年3月3日〜3月5日　場所：アンダースロー　作：ブレヒト　訳：津崎正行　演出：三浦基
◇「3月の関西 名作に独自のアプローチ。力作続く（兵庫県立ピッコロ劇団『歌うシャイロック』、地点『ファッツァー』、清流劇場『オイディプス王』、空の驛舎『どこかの通りを突っ走って』、MONO『ハテノウタ』）」九鬼葉子　テアトロ　931　2017.5　p49〜51

### ファニー・マネー　㈱俳優座劇場
**5316** 上演：2002年7月19日〜7月28日　場所：俳優座劇場　作：レイ・クーニー　訳：小田島恒志　演出：菊池准
◇「東西二つの喜劇のリアリティ（こまつ座『太鼓たたいて笛ふいて』、俳優座劇場プロデュース『ファニー・マネー』）」みなもとごろう　テアトロ　727　2002.10　p48〜49

### ブァー・マーダラー 哀しき殺人者　㈱無名塾
**5317** 上演：1986年11月19日〜11月29日　場所：PARCO劇場　作：パヴェル・コホウト　訳：倉橋健、甲斐萬里江　演出：隆巴
◇「原作の読み取りの問題（青年座『桜の園』、無名塾『ブァーマーダラー』）」中本信幸　テアトロ　528　1987.2　p40〜43

### ファンタ爺ィ　㈱未来探偵社
**5318** 上演：1998年8月14日〜8月16日　場所：扇町ミュージアムスクエア　作・演出：隈本晃俊
◇「8月の関西 演技の振幅、ふくらみ（松竹『ハムレット』、南河内萬歳一座『秘密探偵』、未来探偵社『ファンタ爺ィ』）」宮辻政夫　テアトロ　673　1998.10　p82〜84

## ふあん

### ファントム ㊙極東退屈道場
*5319* 上演：2017年11月24日～11月26日　場所：AI・HALL　作・演出：林慎一郎　振付：原和代　美術：柴田隆弘
◇「12月の関西 大阪劇団協議会フェスティバルに力作続く（劇団未来『静かな海へ—MINAMATA—』、劇団大阪『ここにライオンはいない』、劇団潮流『夢見る言葉』、遊劇体『のたり、のたり』、極東退屈道場『ファントム』）」九鬼葉子　テアトロ 942　2018.2　p75～77

### ファントム・ペイン ㊙第三舞台
*5320* 上演：2001年9月14日～10月1日　場所：ル・テアトル銀座　作・演出：鴻上尚史
◇「力強いブランチ（青山演劇フェスティバルラストスペシャル『欲望という名の電車』、tpt『ガラスの動物園』、第三舞台『ファントム・ペイン』）」林あまり　テアトロ 714　2001.11　p46～47

### ファンレター 大根役者殺人事件 ㊙二兎社
*5321* 上演：1986年1月10日～1月12日　場所：紀伊國屋ホール　作：秋元一平　演出：永井愛
◇「旗幟を鮮明に舞台に打ち出す良さ（ことばの劇）」衛紀生　新劇 33(3)　1986.3　p54～57

### 浮標 ㊙葛河思潮社
*5322* 上演：2011年1月17日～1月23日　場所：神奈川芸術劇場　作：三好十郎　演出：長塚圭史
◇「演出家として作品を読む力（葛河思潮社『浮標』、神奈川芸術劇場『金閣寺』）」高橋豊　テアトロ 846　2011.4　p40～41

### 浮標 ㊙五期会
*5323* 上演：2012年11月15日～11月18日　場所：A&Hホール　作：三好十郎　演出：尾崎磨基
◇「11月の関西 語られる風景『AI・HALL+DIVE『オダサク、わが友』、遊劇体『戰國茶漬』、五期会『浮標』）」太田耕人　テアトロ 871　2013.1　p77～79

### 浮標 ㊙新国立劇場
*5324* 上演：2003年2月19日～3月7日　場所：新国立劇場小劇場　作：三好十郎　演出：栗山民也
◇「時代の関数と遊びの関数と（新国立劇場『浮標』、彩の国シェイクスピア・シリーズ『ペリクリーズ』）」みなもとごろう　テアトロ 735　2003.5　p56～57

### 浮標 ㊙桃園会
*5325* 上演：2010年8月4日～8月8日　場所：精華小劇場　作：三好十郎　演出：深津篤史
◇「8月の関西 戦争をみつめる（維新派『台湾の、灰色の牛が背のびをしたとき』、桃園会『浮標』、大阪女優の会『遠くの戦争』）」太田耕人　テアトロ 839　2010.10　p53～55

### フィガロの結婚 ㊙地人会
*5326* 上演：1987年5月20日～5月31日　場所：本多劇場　作：ボーマルシェ　訳：小場瀬卓三、佐藤実枝、辰野隆、内藤濯　英訳：ヴィンセント・ルチアー　演出：木村光一
◇「芸達者が笑わせた軽喜劇（地人会『フィガロの結婚』）」藤田洋　テアトロ 534　1987.8　p26～27

### フィガロの離婚 ㊙地人会
*5327* 上演：2006年7月8日～7月17日　場所：紀伊國屋サザンシアター　作：エデン・フォン・ホルヴァート　訳：新野守広　台本・演出：鵜山仁
◇「若者の情念と不安（Bunkamuraシアターコクーン『あわれ彼女は娼婦』、地人会『フィガロの離婚』、俳優座ラボ『主人は浮気なテロリスト!?』、ルームルーデンス『身毒丸』）」結城雅秀　テアトロ 782　2006.9　p46～49

### フィモジス／カメトカゲ ㊙ジャン・ジャン
*5328* 上演：2000年2月23日～2月27日　場所：ジャン・ジャン　作：三原世司奈　演出：おきあんご、小林勝也
◇「残酷で辛辣な真実（テアトロ書き下ろし・ファンタスティック劇場＜三原世司奈シリーズ＞ジャン・ジャンプロデュース『フィモジス』『カメトカゲ』）」北川登園　テアトロ 694　2000.5　p55～57

### フィレモン ㊙日本芸能マネージメント事業者協会
*5329* 上演：2009年1月22日～1月28日　場所：あうるすぽっと　作：トム・ジョーンズ　訳・演出：勝田安彦　音楽：ハーヴェイ・シュミット
◇「ためらう者のドラマ（黒テント／社団法人日本劇団協議会主催『イスメネ／控室／地下鉄』、マネ協プロデュース『フィレモン』、水戸芸術館ACM劇場『北京の幽霊』）」蔵原惟治　テアトロ 818　2009.4　p42～44

### 風景画 ㊙維新派
*5330* 上演：2011年9月23日～9月25日　場所：岡山市犬島・中の谷入り江　作・演出：松本雄吉
◇「10月の関西 あふれる光、閉ざされた闇（維新派『風景画』、三角フラスコ『あと少し待って』、ジャブジャブサーキット『無重力チルドレン』）」太田耕人　テアトロ 855　2011.12　p48～50

### 風景画—東京・池袋 ㊙維新派
*5331* 上演：2011年10月7日～10月16日　場所：西武池袋本店 4階まつりの広場　作・演出：松本雄吉
◇「欠落と忘却の狭間に広がる風景（遊園地再生事業団『トータル・リビング1986-2011』、維新派『風景画—東京・池袋』、マームとジプシー『Kと真夜中のほとりで』）」丸田真悟　テアトロ 855　2011.12　p42～43

### 風船おじさん ㊙トム・プロジェクト
*5332* 上演：1997年4月4日～4月13日　場所：シアタートップス　作・演出：山崎哲
◇「見えない天秤と失われた金貨（文学座アトリエの会『金鵄紋付の帯しめながら』、自転車キンクリートSTORE『第17捕虜収容所』、博品館劇場＋メジャーリーグ『ローゼンクランツとギルデンスターンは死んだ』、トム・プロジェクト『風船おじさん』、彩の国さいたま芸術劇場＋テレビ東京＋メ

ジャーリーグ『草迷宮』)」長谷部浩　テアトロ　656　1997.6　p60〜64

## ふうふうの神様　㊐桟敷童子
**5333**　上演：2009年6月19日〜6月28日　場所：ザ・スズナリ　作：サジキドウジ　演出：東憲司
◇「企業の作る人間関係描く（青年団国際演劇交流プロジェクト『鳥の飛ぶ高さ』,文学座アトリエの会『結婚』,桟敷童子『ふうふうの神様』)」丸田真悟　テアトロ　824　2009.9　p44〜45

## 風紋〜青のはて2017　㊐てがみ座
**5334**　上演：2017年11月9日〜11月19日　場所：赤坂RED/THEATER　作：長田育恵　演出：田中圭介
◇「期待を膨らませたものの（てがみ座『風紋〜青のはて2017〜』,JACROW『骨と肉』,Bunkamura『24番地の桜の園』,世田谷パブリックシアター『管理人』,加藤健一事務所『夢一夜』)」杉山弘　テアトロ　942　2018.2　p54〜56

## 風来人形座　㊐仲間
**5335**　上演：1990年10月30日〜11月4日　場所：俳優座劇場　作：榎本滋民　演出：稲岡正順
◇「テーマと舞台のアポリアと（仲間『風来人形座』)」みなもとごろう　テアトロ　575　1991.1　p26〜27

## Fairy Tale　㊐彩の国さいたま芸術劇場
**5336**　上演：1997年12月12日〜12月14日　場所：彩の国さいたま芸術劇場小ホール　作：平田オリザ　演出：安田雅弘
◇「あの冷たい暴力（T.P.T『燈臺』,ヤングヴィック劇場&KPプロダクション『リア王』,P4合同公演『Fairy Tale』,ナイロン100℃『フランケンシュタイン』,流山児★事務所『愛の乞食』)」長谷部浩　テアトロ　665　1998.2　p122〜125

## Fairy Tale／jam 2001　㊐山の手事情社
**5337**　上演：2001年10月20日〜10月28日　場所：青山円形劇場　作：平田オリザ（Fairy Tale）,安田雅弘（jam 2001）　演出：安田雅弘
◇「拘束される身体と解放される身体！―第3回フィジカルシアターフェスティバル（山の手事情社『Fairy Tale』『jam 2001』,東京国際舞台芸術フェスティバル2001〈リージョナルシアター・シリーズ〉,NLT『くたばれハムレット』)」浦崎浩實　テアトロ　717　2002.1　p66〜69

## フェイク―記憶の庭園　㊐東京ギンガ堂
**5338**　上演：1993年10月14日〜10月17日　場所：シアターVアカサカ　作・演出：品川能正
◇「生きる力と勇気を与えてくれた芝居（博品館『私はシャーリー・ヴァレンタイン』,MODE『きみのともだち』,東京ギンガ堂『フェイク―記憶の庭園』,一跡二跳『赤のソリスト93』)」結城雅秀　テアトロ　610　1993.12　p62〜65

## Face to Mask　㊐楽劇コースケ事務所
**5339**　上演：1994年2月25日〜3月6日　場所：銀座小劇場　作・演出：野村耕介　エラール・シュティフェル仮面
◇「「演じる」ことの位相（円『叔母との旅』,加藤健一事務所『パパ、I Love You！』,民藝『旧アルバート街のメルヘン』,ギィ・フォワシィ・シアター『湾岸から遠く離れて』,東京ギンガ堂『ブレイン・ストーム'94』,楽劇コースケ事務所『Face to Mask』,楽天団『恋 其之四』)」大沢圭司　テアトロ　616　1994.5　p70〜75

## フェイドラの恋　㊐シアターX
**5340**　上演：2007年5月21日〜5月29日　場所：シアターX　作：サラ・ケイン　訳：芦沢みどり　演出：高瀬一樹
◇「緊密な人間ドラマ（円『実験』,萬國四季協會＜モード＞『黒椿洋裁店』,シアターX『フェイドラの恋』,北区つかこうへい劇団『うどん屋』,THE・ガジラ『かげろふ人』)」斎藤偕子　テアトロ　795　2007.8　p43〜45

## フェードル　㊐演劇集団円
**5341**　上演：1986年10月10日〜10月14日　場所：プレイス24　作：ジャン・ラシーヌ　演出：渡辺守章
◇「自転車キンクリート」渡辺保　新劇　33(12)　1986.12　p34〜39

## フェードル　㊐テアトル・ヴィディ・ローザンヌ
**5342**　上演：1999年1月21日〜1月31日　場所：銀座セゾン劇場　作：ジャン・ラシーヌ　演出：リュック・ボンディ
◇「情念の形象化（テアトル・ヴィディ・ローザンヌ『フェードル』,俳優座『千鳥』)」渡辺淳　テアトロ　679　1999.3　p94〜95

## フェードル　㊐文学座アトリエの会
**5343**　上演：1992年7月3日〜7月12日　場所：文学座アトリエ　作：ジャン・ラシーヌ　訳：二宮ふさ　演出：鵜山仁
◇「必要にして十分か？（俳優座『とりあえずの死』,文学座アトリエ『フェードル』,円『わが師わが街』,一跡二跳『イエスマンの最後のイエス』)」みなもとごろう　テアトロ　595　1992.9　p66〜68

## フェードル／女房学校　㊐四季
**5344**　上演：1983年6月1日〜7月19日　場所：紀伊國屋ホール　作：ジャン・ラシーヌ（フェードル）,モリエール（女房学校）　訳：諏訪正　演出：浅利慶太
◇「仏古典劇上演へ一つの灯光（四季『フェードル』『女房学校』)」伊southeastern洋　テアトロ　486　1983.8　p21〜24

## 不死鳥の落胤　㊐オフィスワンダーランド
**5345**　上演：2002年4月17日〜4月21日　場所：東京芸術劇場小ホール2　作：さいふうめい　演出：岩村久雄
◇「舞台が舞台であることは？（演劇集団円『栗原課長の秘密基地』,オフィス・ワンダーランド『不死鳥の落胤』,ピープルシアター『心、きれぎれの夢』)」みなもとごろう　テアトロ　722　2002.6　p50〜52

## フエンテ・オベフーナ　㊐文学座
**5346**　上演：1993年9月10日〜9月19日　場所：文学座アトリエ　作：ロペ・デ・ベガ　英訳：エ

ドリアン・ミッチェル　訳・演出：高瀬久男
◇「解散が惜しまれる成果（ぐるーぷえいと『塩祝申そう』、文学座『フエンテ・オベフーナ』、岡部企画『夢みた夢子』、ウォーキング・スタッフ『アイアンマン』、青年劇場『将軍が目覚めた時』、ピープル・シアター『地の、十字架たちよ』、日生劇場国際児童劇フェスティバル『八人の犬士たち』）」江原吉博　テアトロ　609　1993.11　p75～80

## 4Hクラブ　㈹マッシュ
*5347* 上演：1987年1月　場所：下北沢駅前劇場　作：サム・シェパード　演出：髙橋三十四
◇「ことばのリズムはドラマに寄りそう」鴻英良　新劇　34(3)　1987.3　p22～27

## フォーエバーヤング　㈹壁ノ花団
*5348* 上演：2011年3月25日～3月27日　場所：HEP HALL　作・演出：水沼健
◇「4月の関西　語り手のいる舞台―物語化する演劇（地点『Kappa/或小説』、DIVE×メイシアター合同プロデュース『オダサク、わが友』、壁ノ花団『フォーエバーヤング』、ピースピット『BOOK』）」太田耕人　テアトロ　848　2011.6　p56～58

## フォーカード　㈹青年座
*5349* 上演：2016年4月15日～4月24日　場所：紀伊國屋ホール　作：鈴木聡　演出：宮田慶子
◇「現代日本の問題とは（青年劇場『雲ヲ摑ム』、モダンスイマーズ『嗚呼いま、だから愛。』、文学座『野鴨』、青年座『フォーカード』）」丸田真悟　テアトロ　919　2016.7　p44～46

## フォーシーズン　出逢いと別れ、生と死が交差する四つの季節の四つの恋の物語　㈹東京演劇集団風
*5350* 上演：1997年4月9日～4月13日　場所：シアターVアカサカ　作：岸田理生　演出：井森雅人
◇「日本の抒情とは何か？（俳優座『門―わが愛』、文化座『瞽女さ、きてくんない』、鳥獣戯画『雲にのった祖国』、東京演劇集団風『フォーシーズン』）」七字英輔　テアトロ　656　1997.6　p74～76

## フォースタス　㈹演劇集団円
*5351* 上演：2015年10月16日～10月25日　場所：東京芸術劇場シアターウエスト　作：クリストファー・マーロウ　台本・演出：鈴木勝秀
◇「目に見えない存在を認識する（梅田芸術劇場『夜への長い旅路』、俳優座劇場『月の獣』、BLISS企画『花いちもんめ』、タチ・ワールド『ジェニーの肖像』、演劇集団円『フォースタス』）」結城雅秀　テアトロ　911　2015.12　p28～30,61～63

## フォーティンブラス　㈹善人会議
*5352* 上演：1990年3月17日～3月22日　場所：紀伊國屋ホール　作・演出：横内謙介
◇「右脳で感動する芝居について左脳で考えた」豊崎由美　しんげき　37(6)　1990.6　p42～45
◇「心やさしい父子のドラマ（善人会議『フォーティンブラス』）」藤本宏幸　テアトロ　567　1990.5　p26～27

## 醜男　㈹世田谷パブリックシアター
*5353* 上演：2008年6月13日～6月14日　場所：シアタートラム　※ドラマ・リーディング
◇「ドラマ・リーディング？　リラティブリィ・スピーキング？（世田谷パブリックシアター『日本語を読む―リーディング形式による上演』、『ドラマ・リーディング「醜男」』、水戸芸術館ACM劇場『スリッパ、誰の？』）」斎藤偕子　テアトロ　809　2008.8　p44～45

## フォルスタッフ―華麗なる無頼　㈹文芸坐ル・ピリエ
*5354* 上演：1988年8月25日～8月17日　場所：文芸坐ル・ピリエ　作：堂本正樹　演出：水田晴康
◇「老人の眼差し、死者の記憶」七字英輔　新劇　35(11)　1988.11　p30～33

## 深川安楽亭　㈹青年座
*5355* 上演：2004年11月25日～12月5日　場所：ザ・スズナリ　原作：山本周五郎　脚色：小松幹生　演出：高木達
◇「劇団の代謝機能（青年座『下北沢5劇場同時公演』、文学座『THE CRISIS』）」丸田真悟　テアトロ　760　2005.2　p60～62

## ブカブカジョーシ　ブカジョーシ　㈹くじら企画
*5356* 上演：1999年2月　場所：全労済ホール／スペース・ゼロ　作・演出：大竹野正典
◇「2月の関西　企業内の非人間と、男の幼児性（くじら企画『ブカブカジョーシ　ブカジョーシ』、ひょうご舞台芸術『ダブル・アクト』）」宮辻政夫　テアトロ　680　1999.4　p76～77

## 複合過去／エリゼ・ビスマルクの長い人生　㈹ギィ・フォワシィ・シアター
*5357* 上演：2012年5月9日～5月13日　場所：シアターX　作：ギィ・フォワシィ　訳：佐藤実枝（複合過去）　訳：山本邦彦（エリゼ・ビスマルクの長い人生）　演出：関川慎二
◇「『想定外』と幻想力（ギィ・フォワシィ・シアター『複合過去』『エリゼ・ビスマルクの長い人生』、青年劇場『臨界幻想2011』、おふぃす3○○『月にぬれた手』『天使猫』）」中本信幸　テアトロ　863　2012.7　p44～46

## 復讐するは我にあり　㈹文学座
*5358* 上演：1980年4月5日～4月16日　場所：紀伊國屋ホール　作：佐木隆三　演出：藤原新平
◇「榎津巌という男（文学座『復讐するは我にあり』）」大笹吉雄　テアトロ　448　1980.6　p21～24

## ふくすけ　㈹日本総合悲劇協会
*5359* 上演：1998年12月17日～12月27日　場所：世田谷パブリックシアター　作・演出：松尾スズキ
◇「アバンギャルドと悲劇（日本総合悲劇協会『ふくすけ』、DV8 Physical Theatre『エンター・アキレス』）」里見宗律　テアトロ　679　1999.3　p92～93

## ふくろう ㊍昴Page2
**5360** 上演：2017年4月17日〜4月23日　場所：Pit昴　原作：新藤兼人　脚色・台本：北村総一朗
- ◇「生老病死からの解放（イキウメ『天の敵』、シス・カンパニー『黒塚家の娘』、劇団昴Page2『ふくろう』、新国立劇場『マリアの首』）」杉山弘　テアトロ　933　2017.7　p36〜38

## フクロウの賭け ㊍T Factory
**5361** 上演：2006年2月9日〜2月19日　場所：シアタートラム　作・演出：川村毅
- ◇「記憶の狭間に心の痛みを描く（ティーファクトリー『フクロウの賭け』、青年座『評決』、木山事務所『ハリウッド物語』）」丸山真悟　テアトロ　776　2006.4　p56〜57

## ふくろう—辺境第3部 ㊍萬國四季協會
**5362** 上演：2008年5月15日〜5月18日　場所：中野光座　作・演出：響リュウ　演出：渡辺大策
- ◇「演技と作品／演出様式の融合（モダンスイマーズ『夜光ホテル』、青果鹿『しゃなりしゃなりと闇夜の鱗粉』、萬國四季協會『ふくろう』）」斎藤偕子　テアトロ　807　2008.7　p38〜39

## 夫妻夜話 ㊍中央実験話劇院
**5363** 上演：1997年3月7日〜3月20日　場所：三百人劇場　作：孫文学　演出：呉曉紅
- ◇「『既視感』の功罪（現代演劇協会『家族』、日本『ふるさとへ帰ろうよ あなた』、韓国『母という名の女』、アメリカ『(PARENT)thetical - 親』、中国『夫妻夜話』）」みなもとごろう　テアトロ　655　1997.5　p64〜67

## ふしぎの国のアリス ㊍世田谷パブリックシアター
**5364** 上演：1998年8月6日〜8月12日　場所：世田谷パブリックシアター　作：ルイス・キャロル　脚本：宮沢章夫　演出：松本修
- ◇「夢を見続ける力（世田谷パブリックシアター『ふしぎの国のアリス』、シアター・ムーブメント仙台『夢の観覧車』）」杉山弘　テアトロ　673　1998.10　p72〜73

## ふしぎの国のアリス ㊍プラハ・ブラックライト・シアター
**5365** 上演：1995年　演出：イジー・スルネッツ
- ◇「子供たちと観る演劇（児counted20周年記念 海外招へい公演、ゲイル・ラジョーイ『スノー・フレイク』、アルブレヒト・ローゼル『道化グスタフとそのアンサンブル』、ディナモ・シアター『ミュー・ミュー』、プラハ・ブラックライト・シアター『ふしぎの国のアリス』）」大岡淳　テアトロ　634　1995.10　p76〜78

## ふしぎの国のアリス ㊍三越劇場
**5366** 上演：1982年8月4日〜8月28日　場所：三越ロイヤルシアター　作：北村想　演出：鈴木光枝
- ◇「北村想の∞月」西村博子　新劇　29(10)　1982.10　p34〜35

## 不思議の国の白雪姫 ㊍飛行船
**5367** 上演：1985年8月3日〜8月25日　場所：サンシャイン劇場　作・演出：おおすみ正秋
- ◇「おじさんの子供のミュージカル観激記（ことばの劇場）」わたせひろのぶ　新劇　32(10)　1985.10　p69〜72

## 藤島土建 ㊍トム・プロジェクト
**5368** 上演：2010年2月20日〜2月28日　場所：本多劇場　作・演出：中津留章仁
- ◇「原罪としての象殺し（トム・プロジェクト『藤島土建』、野田秀樹芸術監督就任記念プログラム『農業少女』、新国立劇場『象』）」内田洋一　テアトロ　833　2010.5　p44〜46

## 不時着 ㊍水と油
**5369** 上演：2001年3月16日〜3月18日　場所：東京グローブ座　作・演出：水と油
- ◇「先送りの果てへの旅 グローブ座春のフェスティバル（阿佐ヶ谷スパイダース『ライヒ』、劇団☆世界一団『645』、水と油『不時着』、BQMAP『月感アンモナイト』）」野中広樹　テアトロ　707　2001.5　p60〜62

## 藤戸 ㊍梅左事務所
**5370** 上演：2012年3月9日〜3月11日　場所：シアターX　作・演出：堀川登志子
- ◇「舞台化の巧み（朋友『女たちのジハード』、梅左事務所『藤戸』、青年劇場『野球部員、舞台に立つ！』）」中本信幸　テアトロ　861　2012.5　p50〜51

## 藤戸 ㊍うらら舎
**5371** 上演：2015年5月21日〜5月23日　場所：観世能楽堂　作：李麗仙　演出：笠井智一
- ◇「幻想と現実、そして現実（うらら舎『藤戸』、シス・カンパニー『草枕』、民藝『クリームの夜』）」斎藤偕子　テアトロ　907　2015.8　p33〜34

## 不死病 ㊍演劇実験室∴紅王国
**5372** 上演：1999年11月17日〜11月23日　場所：ウッディシアター中目黒　作・演出：野中友博
- ◇「『地域』の芝居に東京で酔う！（地域劇団東京演劇祭ふぁいなる、飛ぶ劇場『IRON』、カタコンベ『あなたから逃げていく街に漂う煙について』、紅王国『不死病』）」浦崎浩實　テアトロ　690　2000.1　p76〜78

## 不死病2006 ㊍演劇実験室∴紅王国
**5373** 上演：2006年3月1日〜3月5日　場所：中野ザ・ポケット　作・演出：野中友博
- ◇「伝統と『新劇』との融合（松竹『夏ノ夜ノ夢』、3軒茶屋婦人会『女中たち』、劇団NLT『一人二役』、THE・ガジラ『ひかりごけ』、演劇実験室∴紅王国『不死病2006』）」結城雅秀　テアトロ　777　2006.5　p64〜67

## 富士見町アパートメント ㊍自転車キンクリートSTORE
**5374** 上演：2010年2月27日〜3月14日　場所：座・高円寺1　作：蓬莱竜太、赤堀雅秋、鄭義信、マキノノゾミ　演出：鈴木裕美
- ◇「新たな可能性開いた舞台（文学座『女の一生』、

## ふしよ

自転車キンクリートSTORE『富士見町アパートメント』、青年座イヨネスコ上演委員会『禿の女歌手』)」丸田真悟　テアトロ　833　2010.4　p38〜39

### 負傷者16人—SIXTEEN WOUNDED　団新国立劇場

**5375** 上演：2012年4月23日〜5月20日　場所：新国立劇場　作：エリアム・クライエム　訳：常田景子　演出：宮田慶子

◇「舞台としての深度(ホリプロ『海辺のカフカ』、新国立劇場『負傷者16人—SIXTEEN WOUNDED—』、ナイロン100℃『百年の秘密』)」高橋豊　テアトロ　863　2012.7　p40〜41

### 不条理・四谷怪談　団兵庫県立ピッコロ劇団

**5376** 上演：2013年6月7日〜6月12日　場所：ピッコロシアター　作：別役実　演出：佐野剛

◇「6月の関西 発掘するエクリチュール(兵庫県立ピッコロ劇団『不条理・四谷怪談』、南河内万歳一座『宝島』、劇団大阪『飆』)」太田耕人　テアトロ　879　2013.8　p58〜60

### 不信—彼女が嘘をつく理由　団パルコ

**5377** 上演：2017年3月7日〜4月30日　場所：東京芸術劇場シアターイースト　作・演出：三谷幸喜

◇「心理サスペンス劇の佳作2本(パルコ『不信—彼女が嘘をつく理由』、名取事務所『エレファント・ソング』、流山児★事務所『だいこん・珍奇なゴド—』、劇団黒テント『亡国のダンサー—』)」杉山弘　テアトロ　932　2017.6　p24〜26

### 婦人ジャンプ2　団かもねぎショット

**5378** 上演：1991年5月29日〜6月3日　場所：スタジオ200　作：多田慶子、木内里美、高見亮子　演出：伊藤多恵

◇「おばさんという色物」岡本蛍　しんげき　38(8)　1991.8　p26〜29

### 不測の神々　団七ツ寺共同プロデュース

**5379** 上演：1999年7月2日〜7月8日　場所：七ツ寺共同スタジオ　作・演出：はせひろいち

◇「十六進法の終末論〜すべてがエセになる〜(南河内万歳一座『なつざんしょ……夏残暑—』、七ツ寺共同プロデュース『不測の神々』)」岡野宏文　テアトロ　685　1999.9　p70〜71

### 舞台に立ちたい　団ミュージカル座

**5380** 上演：2002年8月14日〜8月18日　場所：博品館劇場　脚本・演出・作詞：ハマナカトオル　作曲・編曲・音楽監督：山口琇也

◇「屈指のギャグ芝居など(S.W.A.T！『幕末ジャイアンツ』、オフィスプロジェクトM『Life Cycle』、R+1『水の村幻想奇譚』、ミュージカル座『舞台に立ちたい』、仲間『青い図書カード』、弘前劇場『月の二階の下』)」浦崎浩實　テアトロ　727　2002.10　p56〜59

### 舞台篇「ヒーローに見えない男/缶コーヒーを持つ男」客席篇「椅子に座る女/椅子を並べる男」　団缶の階

**5381** 上演：2014年12月13日〜12月14日　場所：船場サザンシアター　作・演出：久野那美

◇「12月の関西 個のありよう(缶の階『舞台篇「ヒーローに見えない男/缶コーヒーを持つ男」』客席篇『椅子に座る女/椅子を並べる男』、光の領土・虚空旅団提携公演『ひなの砦』)」太田耕人　テアトロ　900　2015.2　p116〜117

### 舞台は夢　団NLT

**5382** 上演：2014年3月19日〜3月23日　場所：シアターグリーン BIG TREE THEATER　作：ピエール・コルネイユ　訳：伊藤洋　脚色：池田政之　演出：竹邑類、川端槙二　音楽：岩崎健一郎　振付：鳥居かほり

◇「「劇」薬の摩訶ふしぎ(NLT『舞台は夢』、燐光群『現代能楽集 初めてなのに知っていた』、きなせ企画『天下御免☆想定外』)」中本信幸　テアトロ　890　2014.6　p42〜45

### 舞台は夢〜イリュージョン・コミック　団新国立劇場

**5383** 上演：2008年12月3日〜12月23日　場所：新国立劇場　作：ピエール・コルネイユ　訳：伊藤洋　演出：鵜山仁

◇「夢に居直るか 現実に囚われるか(NLT『オーカッサンとニコレット』、新国立劇場『舞台は夢〜イリュージョン・コミック〜』、朋友『9人の女』)」蔵原惟治　テアトロ　816　2009.2　p53〜55

### ぶた草の庭　団MONO

**5384** 上演：2015年3月18日〜3月24日　場所：HEP HALL　作・演出：土田英生

◇「4月の関西 外部を照射する(MONO『ぶた草の庭』、エイチエムピー・シアターカンパニー『桜姫—歌ヒ鳴ク雉ノ行方』)」太田耕人　テアトロ　904　2015.6　p46〜47

### 双子のキメラ　団虚構パーティー

**5385** 上演：1994年8月　場所：ウィングフィールド　作・演出：梶原慎二

◇「実力派4女優の対決 8月の関西(南河内アマゾン『青木さん家の奥さんⅡ』、ニュートラル『そして列車はゆく』、劇団虚構パーティー『双子のキメラ』)」宮辻政夫　テアトロ　621　1994.10　p64〜65

### ふたごの星　団座・高円寺

**5386** 上演：2015年9月3日〜9月18日　場所：座・高円寺　原作：宮沢賢治　脚本・演出：佐藤信

◇「秋の前線(加藤健一事務所『滝沢家の内乱』、パルコ・プロダクション『転校生』、オフィスワンダーランド『アレキサンドル昇天』、座・高円寺『ふたごの星』)」斎藤偕子　テアトロ　910　2015.11　p36〜37

### ふたごの星　団世田谷パブリックシアター

**5387** 上演：2002年7月25日〜8月1日　場所：シアタートラム　原作：宮沢賢治　脚本・演出：佐藤信

◇「語りの力、イリュージョンの力(世田谷パブリックシアター 音楽劇『ふたごの星』、文学座ファミリーシアター『アラビアン・ナイト』、扉座『新羅生門』、JIS企画『今宵かぎりは…』)」大岡淳　テアトロ　727　2002.10　p50〜52

**豚小屋** ⓣ T Factory
*5388* 上演：2011年5月20日〜5月29日　場所：座・高円寺　作：ピエル・パオロ・パゾリーニ　訳：大崎さやの　台本・演出：川村毅
　◇「翻訳劇スタイルに、それぞれ工夫（昴『エデンの東』、.tpt『イェルマ』、ティーファクトリー『豚小屋』）」みなもとごろう　テアトロ　851　2011.8　p42〜43

**再びこの地を踏まず　異説野口英世物語** ⓣ文学座
*5389* 上演：2015年11月6日〜11月15日　場所：紀伊國屋サザンシアター　作：マキノノゾミ　演出：西川信廣
　◇「永遠に不可解な男女の関係（民藝『大正の肖像画』、シアターコクーン『青い瞳』、パルコ劇場『オレアナ』、文学座『再びこの地を踏まず』）」水落潔　テアトロ　913　2016.1　p26〜27

**二つのダイヤモンド** ⓣ青年座
*5390* 上演：1983年4月20日〜4月29日　場所：本多劇場　作：原田一樹　演出：鈴木完一郎
　◇「痛痒を感じない傷口（青年座『二つのダイヤモンド』）」藤田洋　テアトロ　485　1983.7　p24〜26

**豚と真珠湾　幻の八重山共和国** ⓣ俳優座
*5391* 上演：2007年10月4日〜10月14日　場所：俳優座劇場　作：斉藤憐　演出・美術：佐藤信　音楽：中村透
　◇「愛しく、美しい可知と大塚のラヴシーン（俳優座『豚と真珠湾』、京楽座『山ban大夫考』『中西和久のエノケン』、東京演劇アンサンブル『母—おふくろ』）」みなもとごろう　テアトロ　799　2007.12　p44〜45

**二人だけの『検察官』** ⓣシアターX
*5392* 上演：2000年6月23日〜7月2日　場所：シアターX　訳：入市翔　作・演出：ロジャー・パルバース
　◇「芝居は『汚れた水をかくす川』か？（こまつ座『連鎖街のひとびと』、シアターXプロデュース『二人だけの「検察官」』、カクスコ『上りの始発—丸子組、旅に出る』）」七字英輔　テアトロ　698　2000.9　p45〜47

**二人だけの芝居—クレアとフェリース** ⓣ民藝
*5393* 上演：2016年4月4日〜4月21日　場所：東京芸術劇場シアターウエスト　作：テネシー・ウィリアムズ　訳・演出：丹野郁弓
　◇「記憶の渦巻く舞台（民藝『二人だけの芝居』、燐光群『カムアウト』、MODE『あなたに会ったことがある・4…チェーホフ短編小説より』）」斎藤偕子　テアトロ　918　2016.6　p26〜28

**二人だけの舞踏会** ⓣ仲間
*5394* 上演：1998年11月3日〜11月8日　場所：東京芸術劇場小ホール2　作：小山祐士　演出：藤原新平
　◇「戦後『名作』戯曲上演の対照（仲間『二人だけの舞踏会』、文化庁芸術祭主催『象』）」七字英輔　テアトロ　677　1999.1　p82〜84

**二人だけの舞踏会** ⓣ俳優座
*5395* 上演：1984年10月10日〜10月25日　場所：俳優座劇場　作：小山祐士　演出：東野英治郎
　◇「ひとつの時代の証言（俳優座『二人だけの舞踏会』）」渡辺淳　テアトロ　502　1984.12　p23〜25

**二人だけの舞踏会** ⓣ民藝
*5396* 上演：1999年12月4日〜12月21日　場所：三越劇場　作：小山祐士　演出：兒玉庸策
　◇「戯曲史への好奇心—わたしの「俳優無用論」（民藝『二人だけの舞踏会』、新国立劇場『かくて新年は』）」みなもとごろう　テアトロ　691　2000.2　p72〜73

**二人で狂う** ⓣ遊劇体
*5397* 上演：2002年8月1日〜8月6日　場所：扇町公園特設野外劇場　作：イヨネスコ　演出：キタモトマサヤ
　◇「8月の関西 ゆたかな野外の収穫（維新派『カンカラ』、遊劇体『二人で狂う』、MONO『きゅうりの花』、魚灯『満開の案山子がなる』、佳楠かこプロデュース『ソラノテザワリ』）」太田耕人　テアトロ　727　2002.10　p63〜65

**ふたりのイーダ** ⓣ仲間
*5398* 上演：2006年7月25日〜7月26日　場所：東京芸術劇場小ホール1　作：松谷みよ子　脚色：宋英徳　演出：鈴木龍男
　◇「夏休みの子供向けの舞台（仲間『ふたりのイーダ』、日生劇場『うつぼ猿』『くさびら』）」野中広樹　テアトロ　783　2006.10　p56〜57

**2人の夫とわたしの事情** ⓣシス・カンパニー
*5399* 上演：2010年4月17日〜5月16日　場所：シアターコクーン　作：サマセット・モーム　訳：徐賀世子　台本・演出：ケラリーノ・サンドロヴィッチ
　◇「日本人のメンタリティ（シス・カンパニー『2人の夫とわたしの事情』、新国立劇場『夢の泪』、桟敷童子『厠の兵隊』、李麗仙一人芝居『桜川』）」七字英輔　テアトロ　835　2010.7　p40〜42

**ふたりの女** ⓣ第七病棟
*5400* 上演：1984年4月27日〜5月13日　場所：ザ・スズナリ　作・演出：唐十郎
　◇「ごく、ごく私的に、懐かしの…（ことばの劇場）」萩原なぎさ　新劇　31(7)　1984.7　p40〜44

**二人の女兵士の物語** ⓣ新国立劇場
*5401* 上演：2004年11月8日〜11月21日　場所：新国立劇場小劇場　作・演出：坂手洋二
　◇「重厚な名作と課題の残る新作（THEATRE1010『楡の木陰の欲望』、新国立劇場『二人の女兵士の物語』、文学座『踏台』）」扇田昭彦　テアトロ　759　2005.1　p48〜50

**ふたりのカレンダー** ⓣパルコ
*5402* 上演：2005年10月3日〜10月23日　場所：ル・テアトル銀座　作：アルブーゾフ　英訳：アリアドネー・ニコライエフ　訳：丹野

## ふたり

郁弓　演出：高橋昌也
◇「高齢化社会を生きる（民藝＋無名塾『ドライビング・ミス・デイジー』、パルコ・ルテアトル銀座『ふたりのカレンダー』、昴『八月の鯨』、東京演劇アンサンブル『マイという女』、鳥獣戯画『三人でシェイクスピア』）」結城雅秀　テアトロ　771　2005.12　p51～55

### 二人の死刑執行人／ファンドとリス ㊣勝田演劇事務所

**5403** 上演：2015年11月26日～11月30日　場所：d-倉庫　作：アラバール　訳：若林彰　演出：古藤敦
◇「フランス、スペインの劇三題（ピーター・ブルック『バトルフィールド』、アンジェリカ・リデル『地上に広がる大空（ウェンディ・シンドローム）』、勝田演劇事務所プロデュース『ファンドとリス（アラバール2本立て）』）」七字英輔　テアトロ　914　2016.2　p46～49

### 二人の主人を一度に持つと ㊣結城座

**5404** 上演：1984年9月22日～10月7日　場所：武蔵野芸能劇場　作：カルロ・ゴルドーニ　訳：田之倉稔　演出：加藤直
◇「不自由な身体を持てあまして（ことばの劇場）」長谷部浩　新劇　31(11)　1984.11　p28～31

### 二人の長い影 ㊣民藝

**5405** 上演：2003年10月1日～10月13日　場所：紀伊國屋サザンシアター　作：山田太一　演出：高橋清祐
◇「過去に苦しむ人々（松竹製作『若き日のゴッホ』、民藝『二人の長い影』、サンシャイン劇場・メジャーリーグ企画・製作『モンテ・クリスト伯』）」水落潔　テアトロ　743　2003.12　p54～53

### ふたりのノーラ ㊣名取事務所

**5406** 上演：2005年8月9日～8月10日　場所：梅若能楽学院会館　原作：イプセン　作・演出：上田邦義、毛利三彌
◇「時代と闘った女性たち（名取事務所『ふたりのノーラ』、木山事務所『壁の中の妖精』）」田之倉稔　テアトロ　769　2005.10　p56～57

### ふたりのノーラ～「人形の家」による現代能 ㊣名取事務所

**5407** 上演：2013年12月10日　場所：梅若能楽学院会館　原作：イプセン　台本：上田邦義　台本・演出：毛利三彌　能作：津村禮次郎
◇「ノーラ競演（承前）—現代イプセン演劇祭（日本：カンパニーデラシネラ『ノーラ』、日本：名取事務所『ふたりのノーラ』、チリ：マリアシアター『ノーラ・ヘルメルを追いかけて』）」斎藤偕子　テアトロ　887　2014.3　p64～65

### 二人の噺 ㊣パルコ

**5408** 上演：2001年8月16日～8月29日　場所：PARCO劇場　作・演出：福島三郎
◇「三つの創作劇（道化『にわか師三代』、文学座『阿蘭陀影繪』、PARCO劇場『二人の噺』）」水落潔　テアトロ　713　2001.10　p44～45

### ふたりの蜜月 ㊣遊劇体

**5409** 上演：2015年6月19日～6月23日　場所：アトリエ劇研　作・演出：キタモトマサヤ
◇「6月の関西 この不確かなリアリティ（遊劇体『ふたりの蜜月』）」太田耕人　テアトロ　907　2015.8　p41～42

**5410** 上演：2017年7月15日～7月17日　場所：アトリエ劇研　脚本・演出：キタモトマサヤ
◇「8月の関西 消える京都のブラックボックス—必要性証明（遊劇体『ふたりの蜜月』、あごうさとし構成・演出『リチャード三世—ある王の驗』、土田英生セレクション『きゅうりの花』、ももちの世界『黒いらくだ』）」九鬼葉子　テアトロ　937　2017.10　p65～67

### 二人の柳 ㊣ピープルシアター

**5411** 上演：2005年10月26日～10月30日　場所：東京芸術劇場小ホールI　作・演出：森井睦
◇「評伝劇の喚起力（地人会『島清、世に敗れたり』、ピープルシアター『二人の柳』、東京ギンガ堂『ヒューマン・ダイナモ—人間発動機・野口英世』）」野中広樹　テアトロ　773　2006.1　p48～49

### 二人の老女の伝説 ㊣文化座

**5412** 上演：2005年2月25日～3月6日　場所：紀伊國屋サザンシアター　脚本・詞・演出：福田善之　※ヴェルマ・ウォーリス「ふたりの老女」、星野道夫「森と氷河と鯨」他より
◇「女たちのドラマ（日本劇団協議会主催／文化座製作『二人の老女の伝説』、THEATRE1010『ガス燈』）」渡辺淳　テアトロ　763　2005.5　p56～57

### 不忠臣蔵 ㊣俳優座

**5413** 上演：2002年11月29日～12月14日　場所：俳優座5F稽古場　作：井上ひさし　構成・演出：宮崎真子
◇「精神風土の虚実（俳優座 8人で語る『不忠臣蔵』、流山児★事務所『盟三五大切』、虹企画・ぐるぷシュラ『女優』）」斎藤偕子　テアトロ　732　2003.2　p60～61

### 普通の生活 みーんな、それなりにビョーキ ㊣青い鳥

**5414** 上演：2017年2月21日～2月26日　場所：下北沢小劇場B1　作：天衣織女　演出：芹川藍
◇「劇団の志と重なる熱い舞台（文学座『食いしん坊万歳！』、椿組『始まりのアンティゴネ』、青い鳥『普通の生活』、下北澤姉妹社『月の姉妹』）」丸田真悟　テアトロ　931　2017.5　p32～34

### 復活 ㊣俳優座

**5415** 上演：1993年11月13日～11月21日　場所：サンシャイン劇場　原作：トルストイ　脚色：八木柊一郎　演出：千田是也
◇「高度の象徴性と演技する人間（ルベール劇場『シェイクスピア三部作』、俳優座『復活』、ピープルシアター『花の下にて春死なん』）」結城雅秀　テアトロ　612　1994.1　p62～65

## BOOK　㊵ピースビット
**5416**　上演：2011年3月19日～3月27日　場所：精華小劇場　作・演出：末満健一
◇「4月の関西 語り手のいる舞台―物語化する演劇（地点『Kappa/或小説』,DIVE×メイシアター合同プロデュース『オダサク、わが友』,壁ノ花団『フォーエバーヤング』,ピースビット『BOOK』）」太田耕人　テアトロ　848　2011.6　p56～58

## ふっと溶暗～「断象・ふかつしげふみ」より
㊵桃園会
**5417**　上演：2017年2月11日～2月12日　場所：AI・HALL　作・演出：橋本健司
◇「2月の関西 大胆な諷刺劇と"ぽろっかす"の愛の表現～大阪色の舞台続く～（劇団・太陽族『大阪レ・ミゼラブル』,メイシアタープロデュース『人恋歌～晶子と鉄幹～』,PM/飛ぶ教室『足場の上のゴースト』,DIVEプロデュース『メイド イン ジャパン』,あごうさとし演出『走りながら眠れ』,桃園会『ふっと溶暗』）」九鬼葉子　テアトロ　930　2017.4　p52～54

## 普天間　㊵青年劇場
**5418**　上演：2011年9月13日～9月19日　場所：紀伊國屋ホール　作：坂手洋二　演出：藤井ごう
◇「現代世界のあり方（青果鹿『ライリュウの化石』,青年劇場『普天間』,東京演劇集団風『ジャンヌ・ダルクージャンヌと炎』,シルバーライニング『コレット・コラージュ』）」斎藤偕子　テアトロ　854　2011.11　p40～41

## 舞踏会の手帖　㊵中村座
**5419**　上演：1988年5月11日～5月16日　場所：ザ・スズナリ　作・演出：松本修,金杉忠男
◇「ひたむきな時を紡いで」衛紀生　新劇　35（7）　1988.7　p22～25

## BUDORI―眠れぬ夏の月　㊵21世紀FOX
**5420**　上演：1987年3月25日～3月31日　場所：ザ・スズナリ　作：北村想　演出：肝付兼太
◇「オフ・シアター断想」鴻英良　新劇　34（6）　1987.6　p18～23

## ブドリよ、私は未だ眠る事ができない　㊵演劇有志トウキョウロード
**5421**　上演：2000年7月19日～7月23日　場所：「劇」小劇場　作：やのひでのり　演出：磯村純
◇「悲劇か喜劇か、グレーゾンが問題だ!?（演劇有志トウキョウロード『ブドリよ、私は未だ眠る事ができない』,B級遊撃隊『満ち足りた散歩者』,円小劇場の会『そして、飯島君しかいなくなった』,青杜『麒麟』その他）」浦崎浩實　テアトロ　698　2000.9　p54～56

## 蒲団と達磨　㊵東京乾電池
**5422**　上演：1988年11月22日～11月30日　場所：本多劇場　作・演出：岩松了
◇「チェーホフは同時代人か？」衛紀生　新劇　36（1）　1989.1　p26～29

## 蒲団と達磨　㊵兵庫県立ピッコロ劇団
**5423**　上演：2018年7月18日～7月22日　場所：ピッコロシアター大ホール　作・演出：岩松了
◇「8月の関西 触覚で自己認識する（あごうさとし作・演出『触覚の宮殿』,地点『忘れる日本人』,兵庫県立ピッコロ劇団『蒲団と達磨』,ヨーロッパ企画『サマータイムマシン・ブルース』『サマータイムマシン・ワンスモア』）」九鬼葉子　テアトロ　951　2018.10　p49～51

## 舟唄。霧の中を行くための　㊵PM/飛ぶ教室
**5424**　上演：2000年6月8日～6月11日　場所：扇町ミュージアムスクエア　作：蟷螂襲
◇「6月の関西 生きることの感触、そして死（八時半『頬を赤くして』,MONO『錦鯉』,烏丸ストロークロック『ジェシカ・モーレン』,桃園会『どこかの通りを突っ走って』,PM/飛ぶ教室『舟唄。霧の中を行くための』）」太田耕人　テアトロ　697　2000.8　p66～68

## 船福本／パライゾノート　㊵マレビトの会
**5425**　上演：2006年5月19日～5月22日　場所：アトリエ劇研　作・演出：桝谷雄一郎（船福本）,松田正隆（パライゾノート）
◇「5月の関西 終りのない終り（清流劇場『日向ぼっこ』,マレビトの会『船福本』『パライゾノート』）」太田耕人　テアトロ　779　2006.7　p66～67

## ブーフーウー殺人事件　㊵青年劇場
**5426**　上演：1983年2月18日～2月23日　場所：東横劇場　作・演出：飯沢匡
◇「創作推理喜劇誕生（青年劇場『ブーフーウー殺人事件』）」菊地貞三　テアトロ　483　1983.5　p30～31

## 不満のコーラス　㊵俳優座
**5427**　上演：1992年9月24日～10月4日　場所：俳優座劇場　作：アラン・エイクボーン　訳：芦沢醸　演出：亀井光子
◇「エロスと死（俳優座『不満のコーラス』,文学座『その先は知らず』,無名塾『ハロルドとモード』）」岩淵剛　テアトロ　598　1992.12　p81～84

## 踏台　㊵文学座
**5428**　上演：2004年10月21日～10月31日　場所：紀伊國屋サザンシアター　作：水谷龍二　演出：鵜山仁
◇「重厚な名作と課題の残る新作（THEATRE1010『楡の木陰の欲望』,新国立劇場『二人の女兵士の物語』,文学座『踏台』）」扇田昭彦　テアトロ　759　2005.1　p48～50

## 冬　㊵東京演劇集団風
**5429**　上演：2003年4月25日～4月27日　場所：レパートリーシアターKAZE　作：クローディア・アレン　訳：吉原豊司　演出：和田喜夫
◇「新旧の西風（文学座アトリエ『ホームバディ/カブール』,東京演劇集団風『冬』,NAP+KUSHIDA WORKING『ユビュ王』,エイコーン『令嬢ジュリー』）」渡辺淳　テアトロ　737　2003.7　p56～59

## ふゆ―生きて足れり　㊵俳優座
**5430**　上演：1990年12月5日～12月16日　場所：俳優座劇場　作：岡部耕大　演出：西木一夫
◇「語り継ぐべきもの（俳優座『ふゆ―生きて足れ

り』)」大場建治　テアトロ　576　1991.2　p28～29

## 冬華―演劇と青春　⑳文化座
**5431** 上演：2006年11月9日～11月19日　場所：俳優座劇場　作：堀江安夫　演出：小林裕
◇「人間への信頼と再生の希望を描く（ジャブジャブサーキット『歪みたがる隊列』，燐光群『チェックポイント黒点島』，文化座『冬華』」丸田真悟　テアトロ　787　2007.1　p64～65

## 冬／ダウィー夫人の勲章　⑳昴
**5432** 上演：2018年6月1日～6月17日　場所：Pit昴　作：クローディア・アレン　訳：吉原豊司（冬），ジェームス・マシュー・バリー　訳：福田逸（ダウィー夫人の勲章）　演出：小笠原響
◇「老婦人を演じる若い女優の「異化効果」（五反田団『うん、さようなら』，CANプロ『母の法廷』，劇団冬『ダウィー夫人の勲章』，青年劇場『分岐点～ぼくらの黎明期～』，劇団球『紫陽花』）」杉山弘　テアトロ　949　2018.8　p51～53

## 冬の入口　弘前劇場
**5433** 上演：2000年10月27日～10月29日　場所：青山円形劇場　作・演出：長谷川孝治
◇「「漂流演劇」はどこへ向かうのか（青山演劇フェスティバル『漂流演劇2000』）」野中広樹　テアトロ　703　2001.1　p66～68

## 冬の馬　⑳木冬社
**5434** 上演：1992年12月10日～12月25日　場所：シアターX　作・演出：清水邦夫
◇「現代は幻想を必要とするか？（木冬社『冬の馬』，スペースパート3『星女郎』）」七字英輔　テアトロ　601　1993.3　p104～106

## 冬の皮　⑳大人計画
**5435** 上演：1992年3月18日～3月25日　場所：シアタートップス　作・演出：松尾スズキ
◇「ポテンシャル・ミュージック」三田格　Les Specs　39(6)　1992.6　p20～21

## 冬の時代　⑳民藝
**5436** 上演：2015年4月16日～4月28日　場所：紀伊國屋サザンシアター　作：木下順二　演出：丹野郁弓
◇「厄介で愛おしい人間たち（地人会新社『クライムズ オブ ザ ハート』，文学座『20000ページ』，民藝『冬の時代』）」丸田真悟　テアトロ　905　2015.7　p34～35

## 冬の花 ヒロシマのこころ　⑳民藝
**5437** 上演：2012年10月3日～10月15日　場所：紀伊國屋サザンシアター　作：小山祐士　演出：兒玉庸策
◇「忘れまいヒロシマの心（民藝『冬の花』，『シベリア』上演委員会『シベリア』，無名塾『無明長夜』）」北川登園　テアトロ　869　2012.12　p46～47

## 冬の柩　⑳俳優座
**5438** 上演：1981年2月4日～2月22日　場所：俳優座劇場　作：水上勉　演出：西木一夫
◇「時代の裂け目（俳優座『冬の柩』）」岩波剛　テ

アトロ　458　1981.4　p26～28

## 冬のひまわり　⑳文学座アトリエの会
**5439** 上演：1999年7月1日～7月11日　場所：文学座アトリエ　作：鄭義信　演出：松本祐子
◇「完結しない物語を語りつづける（文学座アトリエ『冬のひまわり』，新宿梁山泊『千年の孤独』）」斎藤偕子　テアトロ　685　1999.9　p62～63

## 冬のライオン　⑳演劇集団円
**5440** 上演：1981年7月22日～8月2日　場所：俳優座劇場　作：ジェームズ・ゴールドマン　訳：安西徹雄　演出：テレンス・ナップ
◇「快いテンポとはずみ（円『冬のライオン』）」渡辺淳　テアトロ　464　1981.10　p21～23

## 冬のライオン　⑳俳優座
**5441** 上演：1997年10月16日～10月29日　場所：俳優座劇場　作：ジェームズ・ゴールドマン　訳：小田島雄志　演出：ジョン・ディヴィッド
◇「再説、外国人演出家について（メジャーリーグ製作『マクベス』，俳優座『冬のライオン』）」大場建治　テアトロ　662　1997.12　p64～65

## 冬のライオン　⑳幹の会，リリック
**5442** 上演：2010年1月15日～1月24日　場所：東京グローブ座　作：ジェームズ・ゴールドマン　訳：小田島雄志　演出：高瀬久男　音楽：永田平八
◇「異質の現代劇舞台それぞれ（幹の会＋リリック『冬のライオン』，水戸芸術館『パパ、I LOVE YOU！』，燐光群『アイ・アム・マイ・オウン・ワイフ』）」斎藤偕子　テアトロ　832　2010.4　p42～43

## フユヒコ　⑳青年座
**5443** 上演：1997年5月9日～5月18日　場所：紀伊國屋サザンシアター　作：マキノノゾミ　演出：宮田慶子
◇「"メメント・モリ"の変奏（パルコ・松竹提携『バイ・マイセルフ』，青年座『フユヒコ』，演劇集団円『春のうららの隅田川』，青年劇場『こんにちはかぐや姫』）」みなもとごろう　テアトロ　657　1997.7　p58～61

## フユヒコ　⑳俳小
**5444** 上演：2007年12月19日～12月24日　場所：シアターグリーン BIG TREE THEATER　作：マキノノゾミ　演出：志村智雄　音楽：平岩佐和子
◇「気儘な女たちと窮屈な男たち（俳小『フユヒコ』，レパートリーシアターKAZE『ハムレット』，朋友『ロッカビーの女たち』）」蔵原惟治　テアトロ　803　2008.3　p66～68

## フユヒコ／赤シャツ／MOTHER　⑳青年座
**5445** 上演：2008年11月4日～11月30日　場所：紀伊國屋ホール　作・演出：マキノノゾミ　演出：宮田慶子
◇「"歴史"の虚実、"虚実"の歴史（円『孤独から一番遠い場所』，青年座 マキノノゾミ三部作『フユヒ

コ』『赤シャツ』『MOTHER』)」みなもとごろう　テアトロ　815　2009.1　p28～30

**冬物語**　㈲子供のためのシェイクスピアカンパニー
*5446*　上演：2011年7月14日～7月18日　場所：渋谷区文化総合センター大和田　作：シェイクスピア　脚本・演出：山崎清介
◇「シュールリアリズムのタッチ（円『未だ定まらず』，パルコ・プロデュース『幽霊たち』，子供のためのシェイクスピアカンパニー『冬物語』，NLT『水族館』)」斎藤偕子　テアトロ　852　2011.9　p44～46

**冬物語**　㈲シェイクスピア・シアター
*5447*　上演：1994年2月15日～2月20日　場所：パナソニック・グローブ座　作：シェイクスピア　訳：小田島雄志　演出：出口典雄
◇「3つの国の「冬物語」(RSC=銀座セゾン劇場，ルーマニア・ブランドラ劇場=パナソニック・グローブ座，シェイクスピア・シアター=パナソニック・グローブ座)」大場建治　テアトロ　616　1994.5　p59～61

**冬物語**　㈲スパイラル
*5448*　上演：1987年6月11日～6月28日　場所：スパイラルホール　作：シェイクスピア　訳：小田島雄志　演出：木村光一
◇「盛りあがる歓喜（スパイラルホール『冬物語』)」千野幸一　テアトロ　534　1987.8　p32～33

**冬物語**　㈲SPAC（静岡県舞台芸術センター）
*5449*　上演：2017年1月16日～2月12日　場所：静岡芸術劇場　作：シェイクスピア　訳：松岡和子　演出：宮城聰
◇「永遠に失われる春 SPAC『冬物語』」塚本知佳　シアターアーツ　62　2018.5　p78～84

**冬物語**　㈲幹の会, リリック
*5450*　上演：2001年9月1日～9月9日　場所：紀伊國屋サザンシアター　作：シェイクスピア　訳：小田島雄志　演出：平幹二郎　振付：相良まみ　音楽：永田平八
◇「生きることの意味を考える晩年の名優（松竹『サラ』，幹の会+リリック『冬物語』，扉座『ハムレット』『フォーティンプラス』，B級遊撃隊『アルケオプテリクスの卵』)」結城雅秀　テアトロ　714　2001.11　p40～44

**冬物語**　㈲ルーマニア・ブランドラ劇場
*5451*　上演：1994年3月9日～3月12日　場所：パナソニック・グローブ座　作：シェイクスピア　演出：アレクサンドル・ダリエ
◇「3つの国の「冬物語」(RSC=銀座セゾン劇場，ルーマニア・ブランドラ劇場=パナソニック・グローブ座，シェイクスピア・シアター=パナソニック・グローブ座)」大場建治　テアトロ　616　1994.5　p59～61

**冬物語**　㈲ロイヤル・シェイクスピア・カンパニー
*5452*　上演：1994年3月11日～4月7日　場所：銀座セゾン劇場　作：シェイクスピア　演出：エイドリアン・ノーブル
◇「3つの国の「冬物語」(RSC=銀座セゾン劇場，ルーマニア・ブランドラ劇場=パナソニック・グローブ座，シェイクスピア・シアター=パナソニック・グローブ座)」大場建治　テアトロ　616　1994.5　p59～61

**プライス—代償**　㈲民藝
*5453*　上演：2008年6月25日～7月7日　場所：紀伊國屋サザンシアター　作：アーサー・ミラー　訳：倉橋健　演出：兒玉庸策
◇「失われた時間（ヨオの会 ジェイクリップ『アブサンス—ある不在』，民藝『プライス—代償』，Bunkamura『道元の冒険』)」水落潔　テアトロ　810　2008.9　p48～49

**ブライトン・ビーチ回顧録**　㈲パルコ, 翔企画
*5454*　上演：1985年9月10日～9月29日　場所：PARCO劇場　作：ニール・サイモン　訳・演出：青井陽治
◇「父の復権（PARCO劇場『ブライトン・ビーチ回顧録』)」岩波剛　テアトロ　513　1985.11　p28～29

**無頼の女房**　㈲東京ヴォードヴィルショー
*5455*　上演：2010年4月3日～4月11日　場所：紀伊國屋ホール　作：中島淳彦　演出：佐藤B作
◇「純愛と倫理観の彼方（ヒューマンデザイン『シャボン玉とんだ宇宙（ソラ）までとんだ』，東京ヴォードヴィルショー『無頼の女房』，演劇集団円『ホームカミング』)」北川登園　テアトロ　834　2010.6　p34～35

**ブラインド・タッチ**　㈲演劇集団円
*5456*　上演：2002年10月10日～10月31日　場所：ステージ円　作：坂手洋二　演出：國峰眞
◇「昔を今へ（青年劇場『銃口』，世田谷パブリックシアター『ミレナ』，俳優座『きょうの雨 あしたの風』，燐光群『最後の一人までが全体である』，円『ブラインド・タッチ』)」渡辺淳　テアトロ　729　2002.12　p50～53

**ブラインド・タッチ**　㈲オフィス・ミヤモト
*5457*　上演：2018年3月19日～4月1日　場所：ザ・スズナリ　作・演出：坂手洋二
◇「再演で磨かれた舞台（シーエイティプロデュース『Take Me Out』，トム・プロジェクト『砦』，Pカンパニー『鎮魂歌（レクイエム）』，オフィス・ミヤモト『ブラインド・タッチ』，MONO『隣の芝生も』)」杉山弘　テアトロ　946　2018.6　p32～34

**ブラウニング・バージョン**　㈲自転車キンクリートSTORE
*5458*　上演：2005年10月20日～10月30日　場所：俳優座劇場　原作：テレンス・ラティガン　訳・演出：鈴木裕美
◇「緊迫感溢れるスリリングな会話劇（自転車キンクリートSTORE『ブラウニング・バージョン』，一跡二跳『パラサイト・パラダイス』，メープルリーフシアター『地にありて静かに』)」丸田真悟　テアトロ　773　2006.1　p44～46

ふらく

## FRAGMENT「F.+2」　㊞弘前劇場, ROGO
5459　上演：2005年3月16日～3月21日　場所：pamplemousse　作・演出：長谷川孝治
◇「暗闇の向こうに続く場所（錬肉工房『月光の遠近法』、五反田団『キャベツの類』、弘前劇場+ROGO『FRAGMENT「F.+2」』、ユニークポイント『鉄扉の中の自由』）」野中広樹　テアトロ　764　2005.6　p54～56

## プラズマ　㊞無名劇団
5460　上演：2009年5月2日～5月3日　場所：精華小劇場　作・演出：中條岳青
◇「5月の関西 俳優を視る（スイス銀行『地球のみなさん、悪く思わないでください』、地点『あたしちゃん、行く先を言って』、浪花グランドロマン『うずまき』、無名劇団『プラズマ』）」太田耕人　テアトロ　821　2009.7　p50～52

## プラス・ワン　㊞桃の会, 俳優座劇場
5461　上演：1989年6月14日～6月18日　場所：俳優座劇場　作・演出：竹内銃一郎
◇「日常性のアイロニーと恐怖」七字英輔　新劇　36(9)　1989.9　p26～29
◇「残酷なドラマ（桃の会『プラス・ワン』）」大笹吉雄　テアトロ　558　1989.8　p21～22

## 不埒なまぐろ　㊞辻企画
5462　上演：2013年1月19日～1月22日　場所：アトリエ劇研　作・演出：司辻有香
◇「1月の関西 女性作家の競演（辻企画『不埒なまぐろ』、燈座『人の香り』、虚空旅団『ゆうまぐれ、龍のひげ』、カンパニーデラシネラ『カルメン』）」太田耕人　テアトロ　873　2013.3　p58～60

## ブラック・グラフティ　㊞R+1
5463　上演：2001年4月24日～4月29日　場所：シアターX　作：小松幹生　演出：喜一朗
◇「本物の三遺言を含んだ「午後の遺言状」（オフィス・イレブン製作『午後の遺言状』、R+1『ブラック・グラフティ』、演奏舞台『破壊裁判』）」佐藤康平　テアトロ　709　2001.7　p54～53

## ブラック・コメディ　㊞加藤健一事務所
5464　上演：1994年11月28日～12月20日　場所：本多劇場　作：ピーター・シェファー　訳：倉橋健　演出：綾田俊樹, 松本きょうじ
◇「究極の選択、そして…（夜の樹『波け潮の時間』、自転車キンクリーツカンパニープロデュース『法王庁の避妊法』、加藤健一事務所『ブラック・コメディ』、ロマンチカ『メディア』）」林あまり　テアトロ　626　1995.2　p134～136

## ブラック・コメディ　㊞博品館劇場
5465　上演：1987年1月28日～2月22日　場所：博品館劇場　作：ピーター・シェファー　訳：倉橋健　演出：出口典雄
◇「嵐のような〈劇性〉、風のような〈中間〉」鴻英良　新劇　34(4)　1987.4　p22～27
◇「変貌のターニング・ポイント」佐々木幹郎　新劇　34(4)　1987.4　p28～33
5466　上演：1995年11月15日～11月26日　場所：博品館劇場　作：ピーター・シェファー　訳：秋房子, 君塚良　演出：萩本欽一
◇「日米共同による2言語の芝居（昴・MRT『沈黙』、文学座『野分立つ』『噂のチャーリー』、こまつ座『父と暮せば』、二兎社『パパのデモクラシー』、シアター・コクーン『阿呆劇・フィガロの結婚』、博品館劇場『ブラック・コメディ』）」結城雅秀　テアトロ　638　1996.1　p63～69

## ブラック・タイ　㊞リミニ・プロトコル
5467　上演：2011年2月25日～2月27日　場所：神奈川芸術劇場
◇「ドキュメンタリー演劇における演技についての考察―リミニ・プロトコル『ブラック・タイ』が開く空間」古後奈緒子　シアターアーツ　47　2011.6　p105～108

## プラットホーム・聖なる冬　㊞ピープルシアター
5468　上演：1997年10月8日～10月12日　場所：東京芸術劇場小ホール1　作・演出：森井睦
◇「秋の傑作舞台、続々登場（JAC『GEKI TOTSU』、三人芝居『動物園の豚』、ピープルシアター『プラットホーム 聖なる冬』、青年劇場『甦る夏の日』、うらら舎『カッポレはもう踊らない』、月蝕歌劇団『高丘親王航海記―夢の宇宙誌』）」浦崎浩實　テアトロ　662　1997.12　p75～77

## プラットホーム・嘆きの春　㊞ピープルシアター
5469　上演：1999年5月25日～5月28日　場所：シアターX　作・演出：森井睦
◇「教育の混沌をそのまま提示した舞台（ピープルシアター『プラットホーム・嘆きの春』、岡部企画『がんばろう』、シアターコクーン『ファルスタッフ』、一路二跳『ガッコー設立委員会！』）」佐藤康平　テアトロ　684　1999.8　p67～69

## プラットホーム・光の夏　㊞ピープルシアター
5470　上演：2003年10月29日～11月2日　場所：東京芸術劇場小ホール1　作・演出：森井睦
◇「詩人、小説家、芸術家、無名の個人の"劇"（ピープルシアター『プラットホーム・光の夏』、プロジェクト介山60『KAIZAN 魔宛の誕生』、広島の女上演委員会『白い蝶々/ミモザ/木蓮 他』）」浦崎浩實　テアトロ　745　2004.1　p63～65

## プラットホーム・炎の秋　㊞ピープルシアター
5471　上演：1996年12月5日～12月9日　場所：SPACE107　作・演出：森井睦
◇「徹底したマクベスの改作（流山児★事務所『焼跡のマクベス』、東京シェイクスピア・カンパニー『マクベス裁判』、鐘下辰男ワークショップ『火男の火』、四季『エビータ』、ピープルシアター『プラットホーム・炎の秋』、劇団1980『新・棄老伝説 ニッポン縁切堂』）」結城雅秀　テアトロ　652　1997.2　p71～77

## プラトーノフ　㊞小川洋三プロデュース
5472　上演：1981年9月26日～9月30日　場所：紀伊國屋ホール　作：チェーホフ　訳：原卓也　台本・演出：早野寿郎
◇「ままならぬものとの戯れ」扇田昭彦　新劇　28(11)　1981.11　p21～24
◇「本邦初演の意味（小川洋三プロデュース『プラトーノフ』）」大笹吉雄　テアトロ　466

1981.12 p30～32

## プラトーノフ ㊙俳小
**5473** 上演：2011年9月21日～9月25日　場所：シアターX　作：チェーホフ　訳：早野寿郎　演出：ウラジーミル・ベイリス
◇「孤独な魂の叫び(新国立劇場『朱雀家の滅亡』,俳小『プラトーノフ』,演劇集団円『ウエアハウス―circle』)」北川登園　テアトロ　855　2011.12 p34～35

## プラトーノフ ㊙MODE
**5474** 上演：1998年2月28日～3月15日　場所：世田谷パブリックシアター　作：チェーホフ　訳：原卓也　演出：松本修
◇「もっと仕掛をチェーホフの演劇による歴史と現在の自明性の再審のために」菅孝行　シアターアーツ 9　1999.3　p102～105
◇「一本の木があれば祭りが始まる(MODE+世田谷パブリックシアター『プラトーノフ』,俳優座『チェーホフ家の人々』,ロシア国立オムスクドラマ劇場『三人姉妹』『砂の女』,TPS『ブルーストッキングの女たち』,俳優座劇場プロデュース『いぬもあるけばぼうにあたる』)」七字英輔　テアトロ 668　1998.5 p72～77

## ブラボー！ ファーブル先生 ㊙東京芸術座
**5475** 上演：1996年4月14日　場所：前進座劇場　作：平石耕一　演出：杉本孝司
◇「力作三作品(東京芸術座『ブラボー！ ファーブル先生』,ポイント東京企画『帝國こころの妻』,弘前劇場『五月の光線』)」八橋卓　テアトロ 644　1996.7 p56～58

## フラミニアの誘拐あるいは恋はルナティコ
㊙テアトロ・デル・ヴィコロ
**5476** 上演：2001年5月22日～5月27日　場所：青山円形劇場　作・演出：アントニオ・ファーヴァ
◇「俳優の個性が躍動する舞台(埼玉県芸術文化振興財団・ホリプロ『ウィンザーの陽気な女房たち』,松竹『アート』,ジャブジャブサーキット『高野の七福神』,テアトロ・デル・ヴィコロ『フラミニアの誘拐』)」結城雅秀　テアトロ 709　2001.7 p58～62

## ブランキ殺し 上海の春 ㊙流山児★事務所
**5477** 上演：2017年10月28日～11月5日　場所：ザ・スズナリ　作：佐藤信　演出：西沢栄治
◇「荒れた心の再生、鮮やかに(文化座『しゃぼん玉』,庭劇団ペニノ『地獄谷温泉無明の宿』,流山児★事務所『ブランキ殺し 上海の春』)」丸田真悟　テアトロ 941　2018.1　p34～35

## プランクトンの踊り場 ㊙イキウメ
**5478** 上演：2010年5月8日～5月23日　場所：赤坂RED/THEATER　作・演出：前川知大
◇「若手四人の充実(劇団、本谷有希子『甘え』,パルコ・プロデュース『裏切りの街』,イキウメ『プランクトンの踊り場』,チェルフィッチュ『ホットペッパー、クーラー、そしてお別れの挨拶』)」林あまり　テアトロ 835　2010.7 p43～45

## フランクフルトに恋人がいるサックス奏者が語るパンダの物語 ㊙東京演劇集団風
**5479** 上演：2007年8月8日～8月13日　場所：レパートリーシアターKAZE　作：ヴィスニユック　訳：川口覚子　演出：浅野佳成
◇「イメージと嫉妬の物語(ビエンナーレKAZE演劇祭2007『フランクフルトに恋人がいるサックス奏者が語るパンダの物語』『年老いたクラウン』,演劇集団円『オセロー』)」北川登園　テアトロ 797　2007.10　p46～48

## フランケンシュタイン ㊙ナイロン100℃
**5480** 上演：1997年12月4日～12月19日　場所：全労済ホール/スペース・ゼロ　原作：メアリー・シェリー　脚本・演出：ケラリーノ・サンドロヴィッチ
◇「あの冷たい暴力(T.P.T『燈臺』,ヤングヴィック劇場&KPプロダクション『リア王』,P4合同公演『Fairy Tale』,ナイロン100℃『フランケンシュタイン』,流山児★事務所『愛の乞食』)」長谷部浩　テアトロ 665　1998.2　p122～125

## フランケンシュタイン・バイブル ㊙結城座
**5481** 上演：1996年4月19日～4月29日　場所：ザ・スズナリ　演出：川村毅
◇「極限状態における人間の価値(俳優座『フル・サークル―ベルリン一九四五』,ザ・ガジラ『さらば北辺のカモメ』,銀座セゾン劇場『幸せの背くらべ』,結城座『フランケンシュタイン・バイブル』,昴『セールスマンの死』,鳥獣戯画『真夏の夜の夢』)」結城雅秀　テアトロ 643　1996.6 p42～48

## フランシスコ白虎隊二万海里 ㊙演劇舎蛹蜉
**5482** 上演：1985年1月12日～1月22日　場所：ザ・スズナリ　作：高取英　演出：小松杏里
◇「若さと演技力, あなたなら, どっち？(ことばの劇場)」萩原なぎさ　新劇 32(3)　1985.3　p38～42

## ブリキノマチノ夏の夜の夢 ㊙Bunkamura
**5483** 上演：1993年5月7日～5月18日　場所：シアターコクーン　原作：シェイクスピア　台本・演出：生田萬
◇「演劇の「企み」(善人会議『愚者には見えないラ・マンチャの王様の裸』,シアターコクーン『ブリキノマチノ夏の夜の夢』,東京壱組『火男の火』,文学座『息子です こんにちは』)」大沢圭司　テアトロ 665　1993.7 p60～63

## フリークス ㊙第三エロチカ
**5484** 上演：1987年3月4日～3月20日　場所：PARCO SPACE PART3　作・演出：川村毅
◇「大いなる単純, 華麗なる空虚」鴻英良　新劇 34(5)　1987.5 p22～27
◇「観客と舞台の出会い方」佐々木幹郎　新劇 34(5)　1987.5 p28～33
◇「劇評家殺人事件」渡辺保　新劇 34(5)　1987.5 p34～39
◇「祝祭的演劇への訣別(第三エロチカ『フリークス』)」衛紀生　テアトロ 531　1987.5　p26～27

## ふりく

**フリークス1988** 団第三エロチカ
5485 上演：1988年3月25日〜4月3日　場所：ザ・スズナリ　作・演出：川村毅
◇「「成熟」を拒む演劇」七字英輔　新劇 35（6）1988.6 p26〜29

**フリー・コミティッド** 団CATプロデュース
5486 上演：2018年6月28日〜7月22日　場所：DDD青山クロスシアター　作：ベッキー・モード　訳：常田景子　演出：千葉哲也
◇「一世一代の舞台（シーエイティプロデュース『フリー・コミティッド』,On7『その頬、熱線に焼かれ』,燐光群『九月、東京の路上で』,日生劇場ファミリーフェスティヴァル『エリサと白鳥の王子たち』）」杉山弘　テアトロ 951 2018.10 p42〜43

**ブリーズ** 団劇団B
5487 上演：1993年9月22日〜9月23日　場所：ジァン・ジァン　作・演出：飯田弘一
◇「舞台の「外」へ向かう力（風『三人姉妹』,黒テント『荷風のオペラ』,アテナの会『ピアフの妹』,仲間『ゴヤ』,B『ブリーズ』）」大沢圭司　テアトロ 610 1993.12 p66〜69

**フリータイム** 団チェルフィッチュ
5488 上演：2008年3月5日〜3月18日　場所：スーパーデラックス　作・演出：岡田利規
◇「イメージの重層化が生み出すリアリティ（チェルフィッチュ『フリータイム』,五反田団『偉大なる生活の冒険』,TPT『ある結婚の風景』,加藤健一事務所『思い出のすきまに』）」丸田真悟　テアトロ 805 2008.5 p41〜43

**ふりだした雪** 団文学座
5489 上演：1987年8月9日〜9月6日　場所：三越劇場　作：久保田万太郎　演出：加藤武
◇「ちかまつ芝居の『悪漢でいっぱい』」渡辺保　新劇 34（10）1987.10 p38〜43
◇「文学座らしい四本立て（文学座『歳月』『ふりだした雪』『弥太五郎源七』『遊女夕霧』）」水落潔　テアトロ 536 1987.10 p24〜28

**フリック** 団新国立劇場
5490 上演：2016年10月13日〜10月30日　場所：新国立劇場小劇場　作：アニー・ベイカー　訳：平川大作　演出：マキノノゾミ
◇「秀逸作が出そろった充実の秋（Bunkamura『るつぼ』,民藝『箆棒』,ホリプロ『鱈か』,新国立劇場『フリック』,トム・プロジェクト『静かな海へ〜MINAMATA』,テアトル・エコー『バッファローの月』）」結城雅秀　テアトロ 925 2016.12 p52〜55

**フリドニア〜フリドニア日記#1** 団ナイロン100℃
5491 上演：1996年7月24日〜8月4日　場所：シアタートップス　作・演出：ケラリーノ・サンドロヴィッチ
◇「透明な笑い—ナイロン100℃『下北沢ビートニクス』ほか」カツラ珪　シアターアーツ 7 1997.1 p148〜150

**鰤の海** 団テアトル・ハカタ
5492 上演：1985年10月2日〜10月4日　場所：三百人劇場　作：佐々木武観　演出：野尻敏彦
◇「地域演劇東京演劇祭—多様に展開する地域演劇」藤木宏幸　テアトロ 515 1986.1 p68〜72

**fool** 団S.W.A.T！
5493 上演：1995年12月27日〜12月31日　場所：ザ・スズナリ　作・演出：四大海
◇「純愛は無限に迂回する（青年団+弘前劇場『この生は受け入れがたし』,S.W.A.T！『FOOL』）」藤谷忠昭　テアトロ 640 1996.3 p68〜69

**ふるあめりかに袖はぬらさじ** 団銀座セゾン劇場
5494 上演：1996年7月3日〜7月28日　場所：銀座セゾン劇場　作：有吉佐和子　演出：戌井市郎
◇「新しい色をもった二作品（エイコーン『欲望という名の電車』,銀座セゾン劇場『ふるあめりかに袖はぬらさじ』）」水落潔　テアトロ 646 1996.9 p64〜65

**ふるあめりかに袖はぬらさじ** 団文学座
5495 上演：1994年9月27日〜10月3日　場所：東京芸術劇場中ホール　作：有吉佐和子　演出：戌井市郎
◇「「方言」による多様性の主張（昴『リチャード二世』,パルコ『毛皮のマリー』,劇団1980『へのへのも〜』,優曇華の会『ミス・ジュリー』,ひょうご舞台芸術『オイディプス王』,俳優座ラボ『goるものは日々に遠し』,文学座『ふるあめりかに袖はぬらさじ』）」結城雅秀　テアトロ 623 1994.12 p54〜61

**古いアルバート街の物語** 団松竹
5496 上演：1981年9月3日〜9月27日　場所：サンシャイン劇場　作：アルブーゾフ　訳・演出：和田豊
◇「滲みでる孤独感（松竹『古いアルバート街の物語』）」千野幸一　テアトロ 465 1981.11 p21〜24

**ブルカニロ博士の実験** 団青果鹿
5497 上演：2009年9月24日〜9月28日　場所：劇場MOMO　原作：宮沢賢治　作：澤藤桂　演出：八木澤賢
◇「現代の幻想（燐光群+グッドフェローズ『BUG/バグ』,青果鹿『ブルカニロ博士の実験』,劇団俳小『啄木鳥が鳴く森の中で』,黒テント『ショパロヴィッチ巡業劇団』）」斎藤偕子　テアトロ 827 2009.12 p34〜36

**POOL SIDE** 団金杉忠男アソシエーツ
5498 上演：1996年5月22日〜5月28日　場所：ザ・スズナリ　作・演出：金杉忠男
◇「押入のなかの骸骨（東京演劇アンサンブル『沼地』,俳優座・三越劇場提携『ゆの暖簾』,まにまアート『きぬという道連れ』,金杉忠男アソシエーツ『POOL SIDE』）」みなもとごろう　テアトロ 645 1996.8 p65〜68

## フル・サークル―ベルリン1945　㈲俳優座

*5499* 上演：1996年4月17日～4月25日　場所：俳優座劇場　作：エーリヒ・マリア・レマルク　潤色：ピーター・ストーン　訳・演出：勝田安彦
◇「極限状態における人間の価値(俳優座『フル・サークル―ベルリン一九四五』,ザ・ガジラ『さらば北辺のカモメ』,銀座セゾン劇場『幸せの背くらべ』,結城座『フランケンシュタイン・バイブル』,昴『セールスマンの死』,鳥獣戯画『真夏の夜の夢』)」結城雅秀　テアトロ　643　1996.6　p42～48

*5500* 上演：2015年5月14日～5月21日　場所：紀伊國屋ホール　作：エーリヒ・マリア・レマルク　潤色：ピーター・ストーン　訳・演出：勝田安彦
◇「全ては開始点に戻って終結(俳優座『フル・サークル』,ホリプロ『夜想曲集』,青年劇場『オールライト』)」結城雅秀　テアトロ　905　2015.7　p32～33

## ふるさとへ帰ろうよ、あなた　㈲沖縄芝居実験劇場

*5501* 上演：1997年3月7日～3月20日　場所：三百人劇場　作：大城立裕　演出：幸喜良秀
◇「"既視感"の功罪(現代演劇協会『家族』,日本『ふるさとへ帰ろうよ あなた』,韓国『母という名の女』,アメリカ『(PARENT) thetical‐親』,中国『夫妻夜話』)」みなもとごろう　テアトロ　655　1997.5　p64～67

## ふるさとの詩　㈲手織座

*5502* 上演：1980年1月6日～1月13日　場所：国立劇場　作：八田尚之　演出：貫恒実
◇「にじみでる人間の哀歓(手織座『ふるさとの詩』)」浜村道哉　テアトロ　445　1980.3　p30～31

## ブルース・イン・ザ・ナイト　㈲テレビ朝日

*5503* 上演：1989年5月25日～6月20日　場所：シアターアプル　作・演出：シェルドン・エップス
◇「ミュージカル評―アンサンブルの勝利」萩尾瞳　新劇　36(8)　1989.8　p42～45

## ブルーストッキングの女たち　㈲欅人

*5504* 上演：2017年5月24日～5月28日　場所：上野ストアハウス　脚本：宮本研　演出：篠本賢一
◇「世相を照らす群像劇(演劇集団円+シアターX提携公演『爪の灯』,劇団欅人『ブルーストッキングの女たち』,オフィスワンダーランド『からくり儀右衛門～技術で明治維新を支えた男～』)」中本信幸　テアトロ　935　2017.8　p46～47

## ブルーストッキングの女たち　㈲京楽座

*5505* 上演：2008年1月16日～1月20日　場所：シアターX　作：宮本研　演出：中西和久　音楽：川崎絵都夫
◇「積重ね(THE・ガジラ『新・雨月物語』,ACM劇場プロデュース『12ライアーズ―評決者たち―』,(社)日本劇団協議会主催/次世代を担う演劇人育成公演(9)京楽座『ブルーストッキングの女たち』)」斎藤偕子　テアトロ　804　2008.4　p40～41

## ブルーストッキングの女たち　㈲地人会

*5506* 上演：2007年3月9日～3月21日　場所：紀伊國屋ホール　作：宮本研　演出：木村光一　音楽：松村禎三
◇「舞台成果と俳優の演技(地人会『ブルーストッキングの女たち』,横浜ボートシアター『火山の王宮』,ユニークポイント『イメージの世界』,フジテレビジョン『殺人者』)」斎藤偕子　テアトロ　791　2007.5　p46～47

## ブルーストッキングの女たち　㈲シアタープロジェクトさっぽろ(TPS)

*5507* 上演：1998年2月27日～3月1日　場所：かでる2・7ホール　作：宮本研　演出：宮田慶子
◇「一本の木があれば祭りが始まる(MODE+世田谷パブリックシアター『プラトーノフ』,俳優座『チェーホフ家の人々』,ロシア国立オムスクドラマ劇場『三人姉妹』『砂の女』,TPS『ブルーストッキングの女たち』,俳優座劇場プロデュース『いぬもあるけばぼうにあたる』)」七字英輔　テアトロ　668　1998.5　p72～77

## 古田新太之丞 東海道五十三次地獄旅 ハヤシもあるでよ　㈲劇団☆新感線

*5508* 上演：1994年10月13日～10月17日　場所：シアタードラマシティ　作：中島かずき　演出：いのうえひでのり
◇「10月の関西 百閒の世界の舞台化」宮辻政夫　テアトロ　623　1994.12　p79～81

## ブルックリン・ボーイ　㈲ひょうご舞台芸術

*5509* 上演：2006年12月14日～12月19日　場所：紀伊國屋サザンシアター　作：ドナルド・マーグリーズ　訳：平川大作　演出：グレッグ・デール
◇「緻密に構成されたオムニバス(劇団M.O.P.『ズビズビ。』,北京人民芸術院『雷雨』,TPT『黒蜥蜴』,ひょうご舞台芸術『ブルックリン・ボーイ』)」結城雅秀　テアトロ　788　2007.2　p48～52

## ブルードラゴン　㈲東京芸術劇場

*5510* 上演：2010年11月11日～11月14日　場所：東京芸術劇場中ホール　作：マリー・ミショー　作・演出：ロベール・ルパージュ
◇「異なるものの現実(日本ろう者劇団『エレファントマン』,Bunkamura『タンゴ』,ロベール・ルパージュ『The Blue Dragon』)」田之倉稔　テアトロ　843　2011.1　p40～41

## BLUE NOTE　㈲ザズゥ・シアター

*5511* 上演：1990年6月27日～7月5日　場所：シアター・トップス　構成・演出：鈴木勝秀
◇「メメント・カコ」豊崎由美　しんげき　37(9)　1990.9　p26～29

## blue film　㈲桃園会

*5512* 上演：2002年11月29日～12月1日　場所：シアタートラム　作・演出：深津篤史
◇「12月の関西 曲がり角にできた桃園会『blue film』,土田英生作・演出『南半球の渦』,遊劇体『紅玉』)」太田耕人　テアトロ　732　2003.2

## ふるふ

p66～68

**5513** 上演：2012年1月27日～1月29日　場所：AI・HALL　作・演出：深津篤史
◇「2月の関西 再利用される過去、あるいはポストモダン（劇団 太陽族『異郷の涙』、桃園会『blue film』、KUTO-10『楽園！』、ニットキャップシアター『さらば箱船』、日韓共同創作『小町風伝』）」太田耕人　テアトロ　860　2012.4　p51～53

### blue film 〔団〕Plant M

**5514** 上演：2018年1月17日　場所：AI・HALL　作：深津篤史　演出：樋口ミユ
◇「2月の関西 阪神大震災に静かに思いを馳せる（Plant M『blue film』、匣の階『パノラマビールの夜』、烏丸ストロークロック『まほろばの景』、能×現代演劇work『ともえと、』、田中遊『戯式』）」九鬼葉子　テアトロ　944　2018.4　p65～67

### blue film／よぶには、とおい 〔団〕桃園会

**5515** 上演：2013年1月24日～1月27日　場所：AI・HALL　作・演出：深津篤史
◇「2月の関西 記憶を探る（桃園会『blue film』『よぶには、とおい』、下鴨車窓『煙の塔』、WT'RE『ひとがた』、伏兵コード『木苑と岩礎』）」太田耕人　テアトロ　874　2013.4　p53～55

### フール・フォア・ラブ 〔団〕パルコ

**5516** 上演：1986年7月10日～7月31日　場所：PARCO SPACE PART3　作：サム・シェパード　訳：塩田殖, 加来英治　演出：ポール・ジョイス
◇「砂漠というユートピア」鴻英良　新劇 33（9）　1986.9　p22～27
◇「『リア』と『フール・フォア・ラブ』」渡辺保　新劇 33（9）　1986.9　p34～39

### プルーフ／証明 〔団〕ひょうご舞台芸術

**5517** 上演：2001年5月13日～5月22日　場所：宝塚バウホール　作：デヴィッド・オーバン　訳：小田島恒志　演出：鵜山仁
◇「5月の関西 逆転と認知（ひょうご舞台芸術『プルーフ／証明』、南船北馬一団『帰りたいうちに』、PM／飛ぶ教室『悲しい親分』、楽市楽座『ジャングルノート』）」太田耕人　テアトロ　709　2001.7　p66～68

### ふるふる―山頭火の褥 〔団〕一人という鳥, アビエルト, Barraca

**5518** 上演：2002年　場所：中野光座　作・演出：翠羅臼
◇「文学と演劇のあいだ…（一人という鳥＋アビエルト＋Barraca共同企画・製作『ふるふる―山頭火の褥』、ク・ナウカ『欲望という名の電車』）」七字英輔　テアトロ　731　2003.1　p66～67

### ブルペン 〔団〕異国幻燈舎

**5519** 上演：2000年10月13日～10月15日　場所：栗東芸術文化会館さきら小ホール　作・演出：宮沢十ъ
◇「10月の関西 方言の日常性、せりふの非日常性（兵庫県立ピッコロ劇団『おままごと』、異国幻燈舎『ブルペン』、流山児★事務所『百舌鳥夕雲町歌声喫茶』、劇団衛星『どんぐり森のうたたねの木』）」太田耕人　テアトロ　701　2000.12　p66～68

### プレイ・ウィズ・ミュージック 花嫁付き添い人の秘密 〔団〕宝塚歌劇団

**5520** 上演：2006年8月2日～8月8日　場所：博品館劇場　作：エリザベス・コールマン　訳：演出・美術：三輪えり花　作曲：石井一孝
◇「究極美の野外劇（ク・ナウカ『トリスタンとイゾルデ』、演劇集団・円『ファウスト』、宝塚クリエイティブアーツ『花嫁付き添い人の秘密』、昴ザ・サード・ステージ『猫の恋、昴は天にのぼりつめ』）」結城雅秀　テアトロ　783　2006.10　p48～51

### ブレイキング・ザ・コード 〔団〕四季

**5521** 上演：1988年9月2日～9月8日　場所：銀座セゾン劇場　原作：アンドリュー・ホッジ　作：ヒュー・ホワイトモア　訳：吉田美枝　演出：浅利慶太
◇「数学者の謎（四季『ブレイキング・ザ・コード』）」斎藤偕子　テアトロ　549　1988.11　p21～22

### プレイボーイが狙った女 〔団〕NLT

**5522** 上演：1982年8月17日～8月31日　場所：銀座みゆき館劇場　作：ロベール・トマ　訳：仁科余志子　演出：賀原夏子
◇「喜劇の"役割"（NLT『プレイボーイが狙った女』、文学座『ル・トルアデック教授の…』）」みなもとごろう　テアトロ　477　1982.11　p40～43

### プレイヤー 〔団〕Bunkamura

**5523** 上演：2017年8月4日～8月27日　場所：シアターコクーン　作：前川知大　演出：長塚圭史
◇「ドイツ演劇の現在地（世田谷パブリックシアター『チック』、東京演劇アンサンブル『泥棒たち』、東京芸術座『父を騙す―72年目の遺言―』、Bunkamura『プレイヤー』、花組芝居『いろは四谷怪談』）」杉山弘　テアトロ　938　2017.11　p65～67

### プレイング・フォア・タイム 命を奏でて 〔団〕昴 ザ・サード・ステージ

**5524** 上演：1998年8月3日～8月9日　場所：三百人劇場　作：アーサー・ミラー　訳：沼澤洽治　演出：村田元史
◇「久々の喜劇の傑作（青年座『大いなる相続』、昴 ザ・サード・ステージ『プレイング・フォア・タイム』、広島の女上演委員会『汽車』、東宝現代劇75人の会『返り花』）」江首吉博　テアトロ　673　1998.10　p64～66

### ブレイン・ストーム'94 〔団〕東京ギンガ堂

**5525** 上演：1994年3月2日～3月5日　場所：大田区民プラザ大ホール　作・演出：品川能正
◇「「演じる」ことの位相（円『叔母との旅』、加藤健一事務所『パパ、I Love You！』、民藝『旧アルバート街のメルヘン』、ギィ・フォワシィ・シアター『湾岸から遠く離れて』、東京ギンガ堂『ブレイン・ストーム'94』、楽劇コースケ事務所『Face to Mask』、楽天団『恋 其之四』）」大沢圭司　テアトロ　616　1994.5　p70～75

## PLEASURE LIFE ㊼ダムタイプ

*5526* 上演：1988年6月3日～6月5日　場所：原宿クエストホール　作：古橋悌二
◇「別のイキモノがおばあちゃんのなかで」長谷部浩　新劇　35(8)　1988.8　p38～41

## ブレス・オブ・ライフ ～女の肖像 ㊼新国立劇場

*5527* 上演：2014年10月8日～10月26日　場所：新国立劇場　作：デイヴィッド・ヘアー　訳：鴨澤麻由子　演出：蓬莱竜太
◇「また、惚れ直してしまいます(オフィスワンダーランド『明星 与謝野鉄幹・晶子の道行き』, 彩の国シェイクスピア『ジュリアス・シーザー』, 新国立劇場『ブレス・オブ・ライフ』)」結城雅秀　テアトロ　897　2014.12　p30～31

## BLASTED—爆風 ㊼シアターアンネフォール

*5528* 上演：2004年10月6日～10月10日　場所：シアターX　作：サラ・ケイン　訳：小山太一　演出：キタムラアラタ
◇「ヴァラエティに富んだ翻訳劇四題(世田谷パブリックシアター『リア王の悲劇』, 俳小『―悲喜劇―自殺者』, メープルリーフ・シアター『狐火』, シアターアンネフォール『BLASTED—爆風―』)」七字英輔　テアトロ　757　2004.12　p60～62

## プレストメトロノーム ㊼EDメタリックシアター

*5529* 上演：1988年12月14日～12月18日　場所：シアタートップス　作：菊地裕　演出：久世龍之介
◇「「幻想」の行方」七字英輔　新劇　36(3)　1989.3　p30～33

## BREATHLESS 1990 ゴミ袋を呼吸する夜の物語 ㊼燐光群

*5530* 上演：2001年9月8日～9月24日　場所：シアタートラム　作・演出：坂手洋二
◇「復活する古典の群(流山児★事務所『狂人教育』, 第三エロチカ『ニッポン・ウォーズ ニュー・バージョン』, メイエルホリド・シアター・センター『変身』, 燐光群『BREATHLESS 1990 ゴミ袋を呼吸する夜の物語』)」大岡淳　テアトロ　714　2001.11　p48～51

## フレディ ㊼テアトル・エコー

*5531* 上演：2008年10月17日～10月29日　場所：エコー劇場　作：ロベール・トマ　訳・演出：上原一子
◇「芝居いろいろ、遊びをせんとや生まれけむ(テアトル・エコー『フレディ』, 下條アトムひとり芝居『思ひ出に、タダイマ！』, 田畑智子ひとり芝居『パットモン』, ピープルシアター『狂気の路地』, 東京銀ヶ堂『サムライ 高峰譲吉』)」中本信幸　テアトロ　815　2009.1　p38～39

## ブレヒト・オペラ ㊼千田是也記念「ブレヒト・オペラ」上演委員会

*5532* 上演：1999年10月22日～11月2日　場所：新国立劇場小劇場　作：斎藤憐　演出：佐藤信
◇「"引用"とポプリとの間に…(千田是也記念公演『ブレヒトオペラ』, 木冬社『戯曲冒険小説』『戯曲推理小説』)」みなもとごろう　テアトロ　690　2000.1　p74～75

## ブレーメンの自由 ㊼俳優座LABO

*5533* 上演：2010年7月18日～7月25日　場所：俳優座5F稽古場　作：R.W.ファスビンダー　訳：渋谷哲也　演出：堀越大史
◇「悪党不在の怨霊劇(俳優座LABO『ブレーメンの自由』, 円『死んでみたら死ぬのもなかなか四谷怪談―恨―』, 劇団1980『ひとりの群像』)」中本信幸　テアトロ　839　2010.10　p46～47

## BROILER'S SONG ㊼dracom

*5534* 上演：2009年4月3日～4月5日　場所：精華小劇場　作：中島陸郎　演出・構成：筒井潤
◇「4月の関西 N氏をめぐる追憶、あるいは間テクスト性(DIVEプロデュース『中島陸郎を演劇する』, dracom『BROILER'S SONG』, 劇団・太陽族『足跡の中から明日を』, 兵庫県立ピッコロ劇団『あの森には行ってはならない』)」太田耕人　テアトロ　820　2009.6　p52～54

## フローズン・ビーチ ㊼ナイロン100℃

*5535* 上演：1998年8月15日～8月25日　場所：紀伊國屋ホール　作・演出：ケラリーノ・サンドロヴィッチ
◇「疾走するKERA ナイロン100℃「ザ・ガンビーズ・ショウ」から「フローズン・ビーチ」まで」江森盛夫　シアターアーツ　10　1999.7　p109～111
◇「実験室のウサギ(大人計画『ヘブンズサイン』, ナイロン100℃『フローズン・ビーチ』)」長谷部浩　テアトロ　673　1998.10　p68～69

*5536* 上演：2002年7月12日～7月28日　場所：紀伊國屋ホール　作・演出：ケラリーノ・サンドロヴィッチ
◇「恐るべき子供たちの祭り(文学座アトリエ『ロベルト・ズッコ』, ナイロン100℃『フローズン・ビーチ』, グローブ座カンパニー『ヴェニスの商人』)」斎藤偕子　テアトロ　726　2002.9　p52～54

## ブロードウェイから45秒 ㊼加藤健一事務所

*5537* 上演：2014年11月6日～11月15日　場所：紀伊國屋サザンシアター　作：ニール・サイモン　訳：小田島恒志, 小田島則子　演出：堤泰之
◇「演劇と文学へのオマージュ(加藤健一事務所『ブロードウェイから45秒』, Bunkamura『皆既食』, トラッシュマスターズ『儚みのしつらえ』)」小山内伸　テアトロ　899　2015.1　p26～27

## ブローニュの森は大騒ぎ ㊼テアトル・エコー

*5538* 上演：2001年7月21日～7月31日　場所：エコー劇場　作：ピエール・シェノー　訳：鈴木治子　演出：納谷悟朗
◇「精緻に描写された弟への恋愛感情(シアター21『おやすみ、こどもたち』, テアトル・エコー『ブローニュの森は大騒ぎ』)」結城雅秀　テアトロ　713　2001.10　p50～51

## プロパガンダ・デイドリーム ㊟

**5539** 上演：2000年5月11日〜6月2日　場所：東京グローブ座　作・演出：鴻上尚史
◇「現代の混沌周辺（俳優座『収容所（ラーゲリ）から来た遺書』、東京演劇集団風『ラブトー誘拐』『星の王子さま』、KOKAMI@network『プロパガンダ・デイドリーム』）」渡辺淳　テアトロ　696　2000.7　p59〜61

## from DICTEE ㊟京都芸術センター

**5540** 上演：2005年10月18日〜10月28日　場所：京都芸術センター　原作：テレサ・ハッキョン・チャン　加筆：松田正隆　構成・演出：三浦基
◇「11月の関西 交錯する物語（演劇計画2005『from DICTEE』、劇団・太陽族『晴れて風無し』、犯罪友の会『にほやかな櫛』）」太田耕人　テアトロ　773　2006.1　p66〜68

## プロメテウス エレクトリック・ポエム ㊟マントゥール劇場

**5541** 上演：2012年8月31日〜9月2日　場所：レパートリーシアターKAZE　作・演出・舞台美術・照明：フランソワ・シャファン
◇「国際的な協働作業の成果（東京演劇集団風『第五回ビエンナーレKAZE国際演劇祭2012』）」北川登園　テアトロ　868　2012.11　p42〜43

## プロメテウスを殺して！ ㊟虹企画/ぐるうぷシュラ

**5542** 上演：2013年2月　場所：虹企画アトリエ・ミニミニシアター　作・演出：三條三輪
◇「あの紅蓮の劫火が忘れえようか（俳優座劇場『音楽劇 わが町』、虹企画／ぐるうぷシュラ『プロメテウスを殺して！』、こんにゃく座『オペラ アル レッキーノ』）」中本信幸　テアトロ　874　2013.4　p48〜49

## プロメテウスの解放 ㊟彩の国さいたま芸術劇場

**5543** 上演：1996年11月23日〜11月24日　場所：彩の国さいたま芸術劇場大ホール　作：ハイナー・ミュラー　演出：ハイナー・ゲッベルス
◇「「芸術」の彼方へ（ハイナー・ゲッベルス演出『プロメテウスの解放』、ロバート・ウィルソン演出『ペルセポネ』）」大岡淳　テアトロ　652　1997.2　p66〜67

## プロレタリア哀愁劇場 ㊟68/71黒色テント

**5544** 上演：1988年6月22日〜7月3日　場所：シアタートップス　作：揚野浩　構成・演出：山元清多
◇「のみごろワイン、あけましょう」林あまり　新劇　35(9)　1988.9　p42〜45

## フローレンスの庭 ㊟AI・HALL

**5545** 上演：2007年11月29日〜12月2日　場所：AI・HALL　作・演出：岩崎正裕　演出：高橋恵
◇「12月の関西 演劇的しかけを愉しむ（桃園会『追奏曲、砲撃』、AI・HALL＋岩崎正裕 共同製作『フローレンスの庭』、遊戯団体『夜叉ヶ池』）」太田耕人　テアトロ　802　2008.2　p95〜97

## プロローグは汽車の中 ㊟レクラム舎

**5546** 上演：1996年10月1日〜10月6日　場所：シアターX　作：小松幹生　演出：赤石武生
◇「芸術至上主義の女の孤独（銀座セゾン劇場『マスター・クラス』、青年座『ベクター』、地人会『サロメの純情』、レクラム舎『プロローグは汽車の中』、文化座『青春』、あすなろ『天皇陛下、萬歳！』）」結城雅秀　テアトロ　649　1996.12　p70〜76

## ブロンドに首ったけ ㊟パルコ

**5547** 上演：2002年11月7日〜12月1日　場所：ル・テアトル銀座　作：クローディア・シアー　訳：丹野郁弓　演出：高橋昌也
◇「アメリカ・フランス・イギリス─さまざまな人生を追っかける（パルコ・ル テアトル銀座提携公演『ブロンドに首ったけ』、青年座『ハロルドとモード』、扉座『いちご畑よ永遠に』）」みなもとごろう　テアトロ　731　2003.1　p62〜64

## 雰囲気のある死体 ㊟演劇集団円

**5548** 上演：1980年10月15日〜10月26日　場所：ABCホール　作：別役実　演出：高橋昌也
◇「詩人と民衆の空間」利光哲夫　新劇　27(12)　1980.12　p34〜37

## 雰囲気のある死体&むりがとおれば ㊟Pカンパニー

**5549** 上演：2012年10月31日〜11月4日　場所：シアターグリーン BOX in BOXTHEATER　作：別役実　演出：小笠原響
◇「美とは？ 問題劇の楽しみ（前進座『おたふく物語』、うらら舎『卒塔婆小町』、Pカンパニー『ベッツァクのビョーインモノ2本立で雰囲気のある死体&むりがとおれば』）」中本信幸　テアトロ　871　2013.1　p52〜53

## 文學を呼吸する ㊟石原広子朗読の會

**5550** 上演：1998年8月8日〜8月9日　場所：ヴァンテホール　演出監修：観世栄夫
◇「空間の〈呼吸〉、人物の〈呼吸〉（燐光群『ロウチ氏の死と復活』、一跡二跳『アジアン・エイリアン』、青杜『セラピスト』、石原広子朗読の會『文學を呼吸する』、民話芸術座『火の鳥』）」浦崎浩實　テアトロ　673　1998.10　p74〜76

## 分岐点〜ぼくらの黎明期 ㊟青年劇場

**5551** 上演：2018年5月18日〜5月27日　場所：紀伊國屋ホール　作・演出：中津留章仁
◇「老婦人を演じる若い女優の「異化効果」（五反田団『うん、さようなら』、CANプロ『母の法廷』、劇団昴『冬』『ダウィー夫人の勲章』、青年劇場『分岐点〜ぼくらの黎明期〜』、劇団球『紫陽花』）」杉山弘　テアトロ　949　2018.8　p51〜53

## 文蔵 ㊟銕仙会

**5552** 上演：1980年
◇「一人芝居（モノドラマ）とその受容」堂本正樹　新劇　27(4)　1980.4　p26〜29

## 文体の獣 ㊟T Factory

**5553** 上演：2012年10月13日〜10月21日　場所：

テアトルBONBON　作：ピエル・パオロ・パゾリーニ　訳：石川若枝　演出：川村毅
◇「「異端」と「正統」（TFactory『文体の獣』、パルコプロデュース『ルーマーズ』、演劇集団円『三人姉妹』）」田之倉稔　テアトロ　871　2013.1　p56〜57

**ブンナよ、木からおりてこい**　㈲青年座
5554　上演：1979年11月6日〜11月25日　場所：青年座劇場　原作：水上勉　脚本：小松幹生　演出：篠崎光正
◇「"小劇場"ならではの魅力（青年座『ブンナよ木からおりてこい』）」田島義雄　テアトロ　443　1980.1　p32〜34
5555　上演：1992年11月11日〜11月23日　場所：本多劇場　作：水上勉　演出：鈴木完一郎
◇「受け継ぐということ（文学座『御意にまかす』、青年座『ブンナよ、木からおりてこい』）」宮下展夫　テアトロ　599　1993.1　p65〜67
5556　上演：2000年8月10日〜8月14日　場所：紀伊國屋サザンシアター　作：水上勉　演出：鈴木完一郎
◇「意味を開示するセリフとしぐさ（シアター21『ディナー・ウィズ・フレンズ』、青年座『ブンナよ、木からおりてこい』）」渡辺淳　テアトロ　699　2000.10　p56〜57
5557　上演：2006年10月14日〜10月22日　場所：本多劇場　作：水上勉　演出：黒岩亮
◇「海に生きる者の夢とロマン（東京演劇アンサンブル『海の五十二万石』、オフィス樹『オホーツクの女』、青年座『ブンナよ、木からおりてこい』、京楽座『破戒』）」結城雅秀　テアトロ　785　2006.12　p46〜49

**文明綺談　開化の殺人**　㈲結城座
5558　上演：1982年1月13日〜1月18日　作・構成・演出：福田善之
◇「幽ը へのこだわり」森秀男　新劇　29(3)　1982.3　p30〜32

## 【へ】

**ヘアー**　㈲松竹
5559　上演：1980年5月3日〜5月27日　場所：サンシャイン劇場　作：ジェローム・ラグニ、ジェイムズ・ラド　訳：青井陽治　奈良橋陽子
◇「「適度」の熱中と客席」堂本正樹　新劇　27(6)　1980.6　p26〜29

**ヘアー'97**　㈲パルコ
5560　上演：1997年3月30日〜4月17日　場所：PARCO劇場　脚本：ジェローム・ラグニ＆ジェイムズ・ラド　訳：常田景子　訳詩：鮎川めぐみ　演出・振付：フィリップ・マッキンリー　ゴルト・マクダーモット
◇「個人と国家の永遠の葛藤（パルコ劇場『ヘアー'97』、木冬社サイスタジオにおける小さな公演『イエスタディ』『ある恋の物語』）」江原吉博　テアトロ　656　1997.6　p68〜69

**（PARENT）thetical - 親**　㈲現代演劇協会
5561　上演：1997年3月7日〜3月20日　場所：三百人劇場　作：ヨハンナ・メラマイド　演出：クリスティン・サンプション
◇「"既視感"の功罪（現代演劇協会『家族』、日本『ふるさとへ帰ろうよ あなた』、韓国『母という名の女』、アメリカ『（PARENT）thetical - 親』、中国『夫妻夜話』）」みなもとごろう　テアトロ　655　1997.5　p64〜67

**兵器のある風景**　㈲俳優座劇場
5562　上演：2010年3月14日〜3月22日　場所：俳優座劇場　作：ジョー・ペンホール　訳：常田景子　演出：坂手洋二　音楽：大友良英
◇「戦争を描く、戦争が描く（彩の国シェイクスピア・シリーズ『ヘンリー六世』、俳優座劇場『兵器のある風景』）」みなもとごろう　テアトロ　833　2010.5　p47〜49

**兵士の物語**　㈲パルコ、ニッポン放送
5563　上演：2001年1月26日〜2月16日　場所：PARCO劇場　脚本：ラミューズ　訳：岩切正一郎　演出：山田和也　作曲：ストラヴィンスキー
◇「実録・寓話・近未来（1980（ハチマル）『謎解き 河内十八軒斬り』、PARCO劇場『兵士の物語』、松竹パフォーマーンス『コミック・ポテンシャル』）」七字英輔　テアトロ　706　2001.4　p56〜58

**平成・円朝・牡丹燈籠**　㈲山の手事情社
5564　上演：2001年6月9日〜6月17日　場所：中野ザ・ポケット　作：三遊亭円朝　構成・演出：安田雅弘
◇「「観客の居場所がない！（東京芸術座『NEWS NEWS─テレビは何を伝えたか』、東京演劇アンサンブル『セーヌ川の身元不明の女』、山の手事情社『平成・円朝・牡丹燈籠』）」浦崎浩實　テアトロ　710　2001.8　p69〜71

**Baby**　㈲ママチョップ
5565　上演：1999年1月　場所：一心寺シアター・PART2　作・演出：井宮和杏　演出：佐々木淳子
◇「1月の関西 深まる孤独（ママチョップ『Baby』、劇団八時半『大きな青の音』）」宮辻政夫　テアトロ　679　1999.3　p96〜97

**ベイビー・ダンス**　㈲俳小
5566　上演：2008年3月19日〜3月23日　場所：シアターグリーン BIG TREE THEATER　作：ジェーン・アンダーソン　訳・演出：松本永実子　音楽：平岩佐和子
◇「外国産劇と国産劇（俳小『ベイビー・ダンス』、東京演劇アンサンブル『日本の気象』、青年座『呉将軍の足の爪』）」蔵原惟治　テアトロ　806　2008.6　p34〜36

**平凡物語**　㈲モスクワ・タバコフ劇場
5567　上演：1993年2月5日〜2月20日　場所：

PARCO劇場　作：イワン・ゴンチャロフ　訳：桜井郁子　脚色：ヴィクトル・ローゾフ　演出：オレグ・タバコフ

◇「タバコフのリアリズム演劇（モスクワ・タバコフ劇場『わが大地』『平凡物語』『検察官』）」内野儀　テアトロ　602　1993.4　p52～54

**平面になる**　[団]一跡二跳

**5568** 上演：1998年3月11日～3月15日　場所：青山円形劇場　作・演出：古城十忍

◇「斜面に立つ人物たち（一跡二跳『平面になる』，オフィス・ワンダーランド+ジァン・ジァン『賭博師 梟』，東京演劇集団 風『火のようにさみしい姉がいて』，ステージ・ワンダー+世田谷パブリックシアター『怪しき村の旅人』）」浦崎浩實　テアトロ　668　1998.5　p58～59

**5569** 上演：2006年6月14日～6月18日　場所：紀伊國屋サザンシアター　作・演出：古城十忍

◇「素晴らしい二村周作の美術（文化座『鈴が通る』，一跡二跳『平面になる』，NLT『ハーヴィーからの贈り物』，朋友『円山町幻花』）」みなもとごろう　テアトロ　781　2006.8　p57～59

**ペガサス**　[団]青杜

**5570** 上演：1995年7月7日～7月9日　場所：シアターアプル　作・演出：古川登志夫

◇「異色の顔合わせが生むパワー（青春五月党『グリーン・ベンチ』，第三エロチカ『四谷怪談・解剖室』，地人会『はつ恋―抱月と須磨子』，俳優座『ソフィストリー―詭弁』，トム・プロジェクト『たたかう女』，演奏舞台『甘粕大尉―季節はずれの卒論』，劇団青杜『ペガサス』）」結城雅秀　テアトロ　633　1995.9　p62～69

**北京の幽霊**　[団]水戸芸術館ACM劇場

**5571** 上演：2009年1月24日～2月8日　場所：水戸芸術館ACM劇場　作：飯沢匡　演出：松本小四郎

◇「ためらう者のドラマ（黒テント/社団法人日本劇団協議会主催『イスメネ/控室/地下鉄』，マネ協プロデュース『フィレモン』，水戸芸術館ACM劇場『北京の幽霊』）」蔵原惟治　テアトロ　818　2009.4　p42～44

**ベクター**　[団]青年座

**5572** 上演：1996年10月12日～10月20日　場所：本多劇場　作：鐘下辰男　演出：黒岩亮

◇「ポストコロニアルの視線―鐘下辰男の二つの「戦争」」内野儀　シアターアーツ　8　1997.5　p112～115

◇「芸術至上主義の女の孤独（銀座セゾン劇場『マスター・クラス』，青年座『ベクター』，地人会『サロメの純情』，レクラム舎『プロローグは汽車の中』，文化座『青春』，あすなろ『天皇陛下，萬歳！』）」結城雅秀　テアトロ　649　1996.12　p70～76

**ベケットの夕べ**　[団]銕仙会

**5573** 上演：2006年11月4日～11月5日　場所：銕仙会能楽研修所　演出：コナー・ハンラティ，観世銕之丞

◇「哀愁漂う中にきらめく個性（東京ヴォードヴィルショー『エキストラ』，アリストパネス・カンパニー『男装の麗人伝説』，夜の樹『蓮の花』，銕仙会『ベケットの夕べ』，世田谷パブリックシアター『ベケットを読む』）」結城雅秀　テアトロ　787　2007.1　p56～59

**臍**　[団]無条件降伏委員会

**5574** 上演：1999年7月22日～7月25日　場所：AsahiスクエアA　作：南条弘二　演出：岩本巧

◇「電話のない空間を待ちながら…（自転車キンクリートSTORE『蠅取り紙 山田家の5人兄妹』，石井愃一プロデュース『僕の錬金時間』，MODE『女と男のいる舗道』，無条件降伏委員会『臍』）」浦崎浩實　テアトロ　685　1999.9　p68～69

**ペチカ物語 二幕八場のコメディ・ルボーク**　[団]文化座

**5575** 上演：1984年3月1日～3月13日　場所：俳優座劇場　作：ニーナ・セミョーノワ　訳：芹川嘉久子　演出：岡田嘉子

◇「ロシアの土の匂い（文化座『ペチカ物語』）」中本信幸　テアトロ　495　1984.5　p140～141

**ベッジ・パードン**　[団]シス・カンパニー

**5576** 上演：2011年6月6日～7月31日　場所：世田谷パブリックシアター　作・演出：三谷幸喜

◇「華を競う女優たち（ナイロン100℃『黒い十人の女』，シス・カンパニー『ベッジ・パードン』，新国立劇場『雨』）」杉山弘　テアトロ　851　2011.8　p44～45

**別荘の人々**　[団]俳優座

**5577** 上演：1985年10月16日～10月29日　場所：俳優座劇場　作：ゴーリキー　訳：蔵原惟治，中島とみ子　脚本・演出：増見利清

◇「俳優たちの魅力（俳優座『別荘の人々』）」千野幸一　テアトロ　514　1985.12　p21～24

**ヘッダ・ガーブラー**　[団]勝田演劇事務所

**5578** 上演：2014年11月27日～11月30日　場所：d-倉庫　作：イプセン　台本・演出：木島恭

◇「ディートリッヒに会った（T-プロジェクト『マレーネ』，劇団1980『粕谷怪談 贋作蘆花傳』，俳小『マイス・アンド・メン』，勝田演劇事務所『ヘッダ・ガーブラー』）」結城雅秀　テアトロ　900　2015.2　p112～113

**ヘッダ・ガブラー**　[団]イプセンを上演する会

**5579** 上演：2001年12月13日～12月16日　場所：新生館　作：イプセン　訳：毛利三彌　演出：花島宣人

◇「古典が甦る時と枯死する時（イプセンを上演する会『ヘッダ・ガブラー』，東演『黄昏のメルヘン』，虹企画Group シュラ『赤いざくろ』『女優（その1）』，グリング『3/3サンブンノサン』）」浦崎浩實　テアトロ　718　2002.2　p58～59

**ヘッダ・ガブラー**　[団]ヴィジョンズシアター

**5580** 上演：2016年11月30日～12月1日　場所：シアターX　作：イプセン　演出：ユーニ・ダール，トニエ・ゴツカルクセンほか

◇「社会批判と女性の矜持と驕慢（イプセン現代演劇祭より）」七字英輔　テアトロ　928　2017.2

p72〜73

**ヘッダ・ガブラー** ㊦シス・カンパニー
**5581** 上演：2018年4月7日〜4月30日　場所：シアターコクーン　作：イプセン　訳：徐賀世子　演出：栗山民也
◇「「自分で破滅の道を選んだ」日本とヘッダ(新国立劇場『赤道の下のマクベス』、シス・カンパニー『ヘッダ・ガブラー』、名作劇場『長女』『木曽節お六』)」河野孝　テアトロ　946　2018.6　p26〜27

**ヘッダ・ガブラー** ㊦地点
**5582** 上演：2016年11月22日〜11月23日　場所：あうるすぽっと　作：イプセン　訳：毛利三彌　演出・構成：三浦基
◇「社会批判と女性の矜持と驕慢(イプセン現代演劇祭より)」七字英輔　テアトロ　928　2017.2　p72〜73

**ヘッダ・ガブラー** ㊦TPT
**5583** 上演：1994年5月13日〜5月29日　場所：ベニサン・ピット　作：イプセン　訳：吉田美枝　演出：デヴィッド・ルヴォー
◇「女たちの生き方(T・P・T『ヘッダ・ガブラー』、青年劇場『女・おんな・オンナ』)」斎藤偕子　テアトロ　618　1994.7　p46〜47

**ヘッダ・ガブラー** ㊦名取事務所
**5584** 上演：2004年10月27日〜10月31日　場所：シアターX　原作：イプセン　台本・演出：毛利三彌
◇「仮想と現実(名取事務所『ヘッダ・ガブラー』、人形劇団プーク『逃げだしたジュピター』、ギィ・フォワシィシアター『湾岸のいるか離れて』、ビープルシアター『パンタグレーズ』)」中本信幸　テアトロ　759　2005.1　p64〜67

**ヘッダ・ガブラー** ㊦山の手事情社
**5585** 上演：2014年3月20日〜3月29日　場所：文化学院講堂　作：イプセン　構成・演出：安田雅弘
◇「シンプリシティと絢爛さと(山の手事情社『ヘッダ・ガブラー』、文学座『夏の盛りの蟬のように』、フランス演劇クレアシオン『Vol 2037 フライトNo.2037』)」七字英輔　テアトロ　890　2014.6　p48〜49

**ヘッダ・ガーブレル** ㊦アクターズスタジオ櫻会
**5586** 上演：2008年7月23日〜8月3日　場所：櫻会スタジオ　作：イプセン　訳：原千代海　台本・演出：沢田次郎
◇「「即物性」と「軽さ」の意味と価値(演劇集団円『死の舞踏』、アクターズスタジオ櫻会『ヘッダ・ガーブレル』)」みなもとごろう　テアトロ　811　2008.10　p40〜41

**ヘッダ・ガーブレル** ㊦新国立劇場
**5587** 上演：2010年9月17日〜10月11日　場所：新国立劇場　作：イプセン　訳：アンネ・ランデ・ペータス、長島確　演出：宮田慶子
◇「近代古典と二つの新作(新国立劇場『ヘッダ・ガーブレル』、(株)パルコ企画・製作『33の変奏曲』、民藝『どろん どろん』)」水落潔　テアトロ　841　2010.12　p46〜47

**ヘッダ・ガーブレル―ヘッダとテーア二人の女** ㊦俳優座
**5588** 上演：2015年9月13日〜9月28日　場所：俳優座5F稽古場　作：イプセン　訳：杉山誠　台本・演出：堀越大史
◇「人は、そういうことはしないものだ…(劇団俳優座『ヘッダ・ガーブレル』、東京演劇集団風『コーカサスの白墨の輪』、青年劇場『真珠の首飾り』、NLTプロデュース『嫁も姑も皆幽霊』)」結城雅秀　テアトロ　910　2015.11　p38〜40

**ベッドルーム** ㊦三人芝居
**5589** 上演：1999年3月25日〜3月30日　場所：ザ・スズナリ　作・演出：北野ひろし
◇「客席を考えさせる土壌を耕す舞台(三人芝居『ベッドルーム』、青杜みに・しあた『怪盗三日月丸』、ショーマ『MIST―ミスト』)」佐藤康平　テアトロ　682　1999.6　p60〜62

**寝室(ベッドルーム)** ㊦劇工房燐
**5590** 上演：1995年11月22日〜11月29日　場所：代々木バオ　作：鈴木正光　演出：手塚敏夫
◇「現代演劇の活性化のために(燐『寝室(ベッドルーム)』、現代『はるかなる来し方への幻想』)」植村瞭　テアトロ　639　1996.2　p74〜75

**ベッドルーム・ファンタジー** ㊦パルコ
**5591** 上演：2009年10月10日〜11月1日　場所：ル・テアトル銀座　作：ジョン・トビアス　訳：丹野郁弓　演出：高橋昌也
◇「フィクションというリアリティ(演劇集団円『コネマラの骸骨』、俳優座『渇いた人々は、とりあえず死を叫び』、パルコ・プロデュース『ベッドルーム・ファンタジー』)」北川登園　テアトロ　827　2009.12　p37〜39

**別役実vs阿藤智恵PARTⅢ バス停のある風景4編** ㊦Pカンパニー
**5592** 上演：2010年1月20日〜1月31日　場所：スタジオP　作：別役実
◇「劇的状態の呈示(Pカンパニー『バス停のある風景/バス停のカモメ他』、ギィ・フォワシィ・シアター『相寄る魂/大笑い/詩人の墓』、青年劇場『三年寝太郎/先駆けるもの』)」蔵原惟治　テアトロ　832　2010.4　p44〜45

**別役実VS阿藤智恵 日替わり公演** ㊦Pカンパニー
**5593** 上演：2012年3月14日〜3月20日　場所：シアターグリーン BOX in BOX THEATER　作：阿藤智恵(どこまでも続く空のむこうに)、別役実(会議)　演出：小笠原響(どこまでも続く空のむこうに)、林次樹、冨士川正美(会議)
◇「作者のイメージ(シス・カンパニー『ガラスの動物園』、世田谷パブリックシアター『サド公爵夫人』、Pカンパニー『別役実VS阿藤智恵 日替わり公演 会議 どこまでも続く空のむこうに』)」斎藤偕子　テアトロ　861　2012.5　p52〜54

へてる

## ペテルブルグの夢「罪と罰」 ㈹木山事務所
**5594** 上演：1981年7月2日～7月9日　場所：紀伊國屋ホール　原作：ドストエフスキー　脚色：ラジンスキー　訳：中本信幸　演出：藤原新平
◇「百余年後の舞台では…(木山事務所『ペテルブルグの夢』、文芸坐『いやな話』)」伊藤洋　テアトロ　463　1981.9　p38～40

## べてんばなし ㈹トム・プロジェクト
**5595** 上演：2010年9月1日～9月5日　場所：本多劇場　作・演出：中津留章仁
◇「サーチライトの威力（東京芸術座『赤ひげ』、トム・プロジェクト『べてんばなし』、青果鹿『北守の騎士とカルボナードの踊る魔女』)」中本信幸　テアトロ　840　2010.11　p52～53

## ベトナムイサン ㈹ベトナムからの笑い声
**5596** 上演：2008年2月8日～2月12日　場所：精華小劇場　作：黒川猛　演出：丸井重樹
◇「2月の関西翻訳劇の翻案、そして饗有（KUNIO03『椅子』、メイシアタープロデュース・売込隊ビーム『お気に召すまま』、ベトナムからの笑い声『ベトナムイサン』、地点『話セバ解カル』)」太田耕人　テアトロ　804　2008.5　p58～60

## ベニスに死すへの前奏曲 ㈹マブ・マインズ
**5597** 上演：1984年8月11日～8月12日　場所：利賀山房　作・演出：リー・ブルーアー
◇「不自由な身体を持てあまして（ことばの劇場)」長谷部浩　新劇　31(11)　1984.11　p28～31

## ベニスの商人 ㈹シェイクスピア・シアター
**5598** 上演：1998年5月15日～5月20日　場所：東京グローブ座　作：シェイクスピア　訳：小田島雄志　演出：出口典雄
◇「対照的な魅力―J・グエアと坂手洋二と（俳優座『あなたまでの6人』、燐光群『沖縄ミルクプラントの最后』、新国立劇場『幽霊はここにいる』、シェイクスピア・シアター『ヴェニスの商人』)」みなもとごろう　テアトロ　670　1998.7　p50～53

## へのへのもへ　民草百人斬異聞 ㈹1980
**5599** 上演：1994年9月27日～10月2日　場所：浅草フランス座　作：武重邦夫　脚本・演出：藤田傳
◇「『方言』による多様性の主張（昴『リチャード二世』、パルコ『毛皮のマリー』、劇団1980『へのへのもへ』、優曇華の会『ミス・ジュリー』、ひょうご舞台芸術『オイディプス王』、俳優座ラボ『去るものは日々に遠し』、文学座『ふるあめりかに袖はぬらさじ』)」結城雅秀　テアトロ　623　1994.12　p54～61

## 蛇 ㈹青年座
**5600** 上演：2006年6月23日～7月1日　場所：青年座劇場　作：赤堀雅秋　演出：磯村純
◇「『性』の深淵をのぞく悲喜劇（昴『億萬長者夫人』、青年座『蛇』、虹企画・ぐるうぷシュラ『テネシィ・ウィリアムズの世界Ⅲ』)」中本信幸　テアトロ　782　2006.9　p52～54

## 蛇／雨空 ㈹演劇集団円
**5601** 上演：1995年6月6日～6月11日　場所：ステージ円　作：久保田万太郎　演出：大間知靖子
◇「『多重化』の意味（青山劇場『ラ・マンチャの男』、1980『蚤とり侍』、木山事務所『命を弄ぶ男ふたり』『壊れた風景』、花企画『吾心の深き底には』、円小劇場の会『蛇』『雨空』)」大沢圭司　テアトロ　632　1995.8　p65～68

## 蛇と天秤 ㈹パラドックス定数
**5602** 上演：2018年10月10日～10月15日　場所：シアター風姿花伝　作・演出：野木萌葱
◇「テロリズムと不条理に満ちた世界（オフィスコットーネ『踊るよ鳥ト少し短く』『US/THEM わたしたちと彼ら』、パラドックス定数『蛇と天秤』)」七字英輔　テアトロ　953　2018.12　p46～47

## 蛇よ! ㈹シス・カンパニー、大人計画
**5603** 上演：2005年3月1日～3月21日　場所：スパイラルホール　作・演出：松尾スズキ
◇「さまざまな笑い（阿佐ヶ谷スパイダース『悪魔の唄』、シス・カンパニー／大人計画『蛇よ!』、新国立劇場『花咲く港』)」北川登園　テアトロ　763　2005.5　p62～64

## ベビールーム―僕が喋った最後の夏 ㈹遊◎機械／全自動シアター
**5604** 上演：1988年8月17日～8月29日　場所：シアタートップス　演出：吉澤耕一、白井晃、高泉淳子
◇「過去にも未来にも連ならない『物語』の生成とその消滅」衛紀生　新劇　35(10)　1988.10　p26～29
◇「翼が生えるまでのひととき」林あまり　新劇　35(11)　1988.11　p42～45
◇「破壊された劇場のように、私たちは立ち続ける」長谷部浩　新劇　35(12)　1988.12　p38～41

## Heaven ㈹浪漫伝
**5605** 上演：1989年9月29日～10月1日　場所：鬼子母神境内特設テント　作・演出：川松理有
◇「私も"役"をもらえました!」林あまり　新劇　36(12)　1989.12　p38～41

## ヘブンズサイン ㈹大人計画
**5606** 上演：1998年7月29日～8月10日　場所：本多劇場　作・演出：松尾スズキ
◇「実験室のウサギ（大人計画『ヘブンズサイン』、ナイロン100℃『フローズン・ビーチ』)」長谷部浩　テアトロ　673　1998.10　p68～69

## 部屋 ㈹かたつむりの会、俳優座劇場
**5607** 上演：1987年2月26日～3月1日　場所：俳優座劇場　作：別役実　演出：村井志摩子
◇「大いなる単純、華麗なる空虚」鴻英良　新劇　34(5)　1987.5　p22～27

## 部屋に流れる時間の旅 ㈹チェルフィッチュ
**5608** 上演：2017年6月16日～6月25日　場所：シアタートラム　作・演出：岡田利規

◇「小説から、したたかに離れて(日本劇団協議会『SCRAP』、ウォーキング・スタッフ『怪人21面相』、チェルフィッチュ『部屋に流れる時間の旅』)」小山内伸　936　2017.9　p68～70

## 部屋＝ROOM　㈲キンダースペース
***5609*** 上演：1995年9月27日～10月1日　場所：OFF・OFFシアター　作・演出：原田一樹
◇「劇作品と演技の間(ピープルシアター『幻影のムーランルージュ』、劇団キンダースペース『部屋＝ROOM』)」植村瞭　テアトロ　636　1995.12　p58～59

## ベラックのアポロ　㈲四季
***5610*** 上演：1987年1月23日～1月30日　場所：第一生命ホール　作：ジャン・ジロドゥ　演出：浅利慶太
◇「クレオンの悲劇(四季『ベラックのアポロ/アンチゴーヌ』)」千野幸一　テアトロ　530　1987.4　p26～28

## 箆棒　㈲民藝
***5611*** 上演：2016年9月28日～10月9日　場所：紀伊國屋サザンシアター　作・演出：中津留章仁　音楽：高畠洋
◇「秀逸作が出そろった充実の秋(Bunkamura『るつぼ』、民藝『箆棒』、ホリプロ『鱈々』、新国立劇場『フリック』、トム・プロジェクト『静かな海へ～MINAMATA』、テアトル・エコー『バッファローの月』)」結城雅秀　テアトロ　925　2016.12　p52～55

## ペリクリーズ　㈲加藤健一事務所
***5612*** 上演：2015年2月19日～3月1日　場所：本多劇場　作：シェイクスピア　訳：小田島雄志　演出：鵜山仁
◇「格差社会と「どん底」(トラッシュマスターズ『砂の骨』、ピープルシアター『金色の翼に乗りて』、加藤健一事務所『ペリクリーズ』)」結城雅秀　テアトロ　903　2015.5　p36～37

## ペリクリーズ　㈲彩の国さいたま芸術劇場
***5613*** 上演：2003年2月19日～3月16日　場所：彩の国さいたま芸術劇場大ホール　作：シェイクスピア　演出：松岡和子　振付：前田清実、花柳錦之介　音楽：笠松泰洋
◇「時代の関数と遊びの関数と(新国立劇場『浮標』、彩の国シェイクスピア・シリーズ『ペリクリーズ』)」みなもとごろう　テアトロ　735　2003.5　p56～57

## ヘル　㈲THEガジラ
***5614*** 上演：2007年10月4日～10月14日　場所：吉祥寺シアター　作：スエヒロケイスケ　演出：鐘下辰男
◇「古典の書替えの成否、あるいは疑問(新国立劇場『アルゴス坂の白い家』、新国立劇場『たとえば野に咲く花のように』、THE ガジラ『ヘル』)」七字英輔　テアトロ　799　2007.12　p51～53

## ペール・ギュント　㈲SPAC(静岡県舞台芸術センター)
***5615*** 上演：2010年3月6日～3月21日　場所：静岡芸術劇場　作：イプセン　訳：毛利三彌　演出：宮城聰
◇「壮大な人生放浪の伝説譚(静岡県舞台芸術センター『ペール・ギュント』)」斎藤偕子　テアトロ　833　2010.5　p50～51

## ペール・ギュント　㈲世田谷パブリックシアター, 兵庫県立芸術文化センター
***5616*** 上演：2017年12月6日～12月24日　場所：世田谷パブリックシアター　作：イプセン　訳：石川樹里　台本・演出：梁正雄
◇「追及する者と追及される者(城山羊の会『相談者たち』、水戸芸術館ACM劇場『斜交』、劇団民藝『仕事クラブ』の女優たち』、燐光群『くじらと見た夢』、世田谷パブリックシアター・兵庫県立芸術文化センター『ペール・ギュント』)」小山内伸　テアトロ　942　2018.2　p57～60

## ペール・ギュント　㈲NINAGAWA COMPANY
***5617*** 上演：1994年4月20日～4月30日　場所：銀座セゾン劇場　作：イプセン　演出：蜷川幸雄
◇「演出家の職能(蜷川カンパニー『ペール・ギュント』、唐組『匂ひガラス』)」内野儀　テアトロ　618　1994.7　p62～64

## ベルサイユのばら　㈲宝塚歌劇団
***5618*** 上演：1989年11月3日～11月28日　場所：東京宝塚劇場　原作：池田理代子　脚本・演出：植田紳爾、阿古健　作曲：平尾昌晃
◇「ミュージカル評―拡がる境界線」萩尾瞳　新劇　37(1)　1990.1　p42～45

## ペルセポネ　㈲彩の国さいたま芸術劇場
***5619*** 上演：1996年11月30日～12月1日　場所：彩の国さいたま芸術劇場大ホール　演出：ロバート・ウィルソン
◇「「芸術」の彼方へ(ハイナー・ゲッペルス演出『プロメテウスの解放』、ロバート・ウィルソン演出『ペルセポネ』)」大岡淳　テアトロ　652　1997.2　p66～67

## ベルナルダ・アルバの家　㈲五月舎
***5620*** 上演：1987年7月22日～8月2日　場所：シアターモリエール　作：ガルシア・ロルカ　演出：鵜山仁
◇「ちかまつ芝居の『悪漢でいっぱい』」渡辺保　新劇　34(10)　1987.10　p38～43

## ベルナルダ・アルバの家　㈲シアター1010
***5621*** 上演：2006年2月17日～2月26日　場所：シアター1010　作：ガルシア・ロルカ　訳：田尻陽一　演出：高瀬久男
◇「こころの図像(紀尾井人形邦楽館『北越誌』、シアター1010『ベルナルダ・アルバの家』、ユニークポイント『しるし』)」斎藤偕子　テアトロ　777　2006.5　p62～63

## ベルナルダ・アルバの家　㈲昴 ザ・サード・ステージ
***5622*** 上演：1994年7月24日～7月31日　場所：三百人劇場　作：ガルシア・ロルカ　台本：吉田美枝　演出：村田元史

へれん

◇「役者は年齢を超越する（グローブ座『ハムレット』, 万有引力『ハムレット』, 博品館『ローゼンクランツとギルデンスターンは死んだ』, 昴, ザ・サード・ステージ『ベルナルダ・アルバの家』, シアターX (カイ)『アガタ』, うらら舎『少女仮面』)」結城雅秀　テアトロ　621　1994.10　p47～53

## ヘレン・ケラー ひびき合うものたち　㊞東京演劇集団風

5623　上演：1999年5月20日～5月22日　場所：レパートリーシアターKAZE　作：松兼功　演出：浅野佳成, 佐竹修

◇「コトバ, さまざま（プロジェクトOIE『ミッドサマーナイトドリーム』, 風『ヘレン・ケラー ひびき合うものたち』, 燐『にしむくさむらい』, 花企画『相沢三郎の世界』, ストアハウスカンパニー『箱—Boxes—』)」浦崎浩實　テアトロ　684　1999.8　p64～66

5624　上演：2004年2月19日～2月25日　場所：レパートリーシアターKAZE　作：松兼功　演出：浅野佳成

◇「素直な感動と素直な感想（東京演劇集団・風『ヘレン・ケラー～ひびき合うものたち』, 朋友『元禄・馬の物言い』)」北川登園　テアトロ　749　2004.5　p45～47

## ヘレンの首飾り　㊞流山児★事務所

5625　上演：2007年7月11日～7月15日　場所：シアターX　作：キャロル・フレシェット　英語版：ジョン・マレル　訳：吉原豊司　演出：小林七緒　振付：北村真美

◇「通りゃんせ, いつか来た道？（文化座『眼のある風景』, 流山児★事務所『ヘレンの首飾り』, ビル・ケンライトカンパニー/パルコ『The Last Laugh』)」中本信幸　テアトロ　796　2007.9　p60～61

## ペン　㊞NLT

5626　上演：2010年9月2日～9月8日　場所：俳優座劇場　作：ピエール・バリエ, ジャン＝ピエール・グレディ　訳：住田未歩　演出：釜紹人　ドラマトゥルク：佐藤康

◇「観客の想像力について（シス・カンパニー『叔母との旅』, 東京演劇集団風『瀕死の王さま』, 劇団NLT『ペン』)」北川登園　テアトロ　840　2010.11　p48～49

## ベンガルの虎　㊞新宿梁山泊

5627　上演：2009年　場所：井の頭恩賜公園特設紫テント　作：唐十郎　演出：金守珍

◇「溺れる舞台 新宿梁山泊『ベンガルの虎』」高橋信良　シアターアーツ　40　2009.9　p135～138

## ペンキ塗りたて～残された肖像画　㊞NLT

5628　上演：2016年7月1日～7月5日　場所：シアターグリーン BOX in BOXTHEATER　作：ルネ・フォショワ　訳：佐藤庸　演出：グレッグ・デール

◇「時空は回帰するか？（萬国四季協会『哄笑, 時の泡一おおー, 海よ, 逝きし歳月一』, 劇団NLT『ペンキ塗りたて～残された肖像画』, こまつ座『紙屋町さくらホテル』)」中本信幸　テアトロ　922　2016.9　p44～45

## 弁償するとき目が光る　㊞猫ニャー

5629　上演：1999年7月9日～7月11日　場所：東京芸術劇場小ホール2　作・演出：ブルースカイ

◇「ひとのこころ (NINAGAWA STUDIO『血の婚礼』, 猫ニャー『弁償するとき目が光る』, 劇団☆新感線『直撃！ドラゴンロック2』)」長谷川浩　テアトロ　685　1999.9　p74～75

## 変身　㊞桂枝雀落語芝居

5630　上演：1995年6月27日～6月29日　場所：前進座劇場　作：秋山シュン太郎, 小佐田定雄　作・演出：早坂暁

◇「現代に挑む民俗（桂枝雀落語芝居『変身』, 文学座アトリエの会『メモランダム』, 劇団東演・ユーゴザバド合同公演『ロミオとジュリエット』)」大岡淳　テアトロ　633　1995.9　p76～78

## 変身　㊞スフィアコーポ

5631　上演：1992年11月10日～11月29日　場所：アートスフィア　作：カフカ　訳：川本燁子　演出：スティーブン・バーコフ

◇「ポリフォニーの不足（スフィアコーポ『変身』)」和光哲夫　テアトロ　599　1993.1　p76～77

## 変身　㊞デュッセルドルフ劇場

5632　上演：1984年6月29日～6月30日　場所：日生劇場　作：カフカ　演出：スティーブン・バーコフ

◇「遠来の劇団へ注文あり デュッセルドルフ劇場」池田信雄　テアトロ　499　1984.9　p21～24

## 変身　㊞メイエルホリド・シアター・センター

5633　上演：2001年9月14日～9月15日　場所：新国立劇場小劇場　作：カフカ　演出：ヴァレリー・フォーキン

◇「復活する古典の群（流山児★事務所『狂人教育』, 第三エロチカ『ニッポン・ウォーズ ニュー・バージョン』, メイエルホリド・シアター・センター『変身』, 燐光群『BREATHLESS 1990 ゴミ袋を呼吸する夜の物語』)」大岡淳　テアトロ　714　2001.11　p48～51

## 変身　㊞MODE

5634　上演：2010年7月6日～7月11日　場所：シアターイワト　作：カフカ　構成・演出：松本修

◇「宮沢りえの神話的な声（NODA・MAP『ザ・キャラクター』, MODE『変身』, Bunkamura『ファウストの悲劇』)」内田洋一　テアトロ　838　2010.9　p33～35

## ヘンスフォワード～これから　㊞銀座セゾン劇場

5635　上演：1990年5月8日～5月27日　場所：銀座セゾン劇場　作：アラン・エイクボーン　訳・演出：高平哲郎

◇「ふたりの演出家のさくひん」岡本蛍　しんげき　37(7)　1990.7　p22～25

**Bench** 劇R+1
*5636* 上演：2005年2月24日～2月27日　場所：スタジオシアター・スパーク1　作：大久保昌一良,小松幹生,香取俊介　演出：喜一朗
◇「なぜ舞台、なぜ演劇?（東京演劇アンサンブル『櫻の森の満開の下』,東京演劇集団風『星の王子さま』,R+1『Bench』）」みなもとごろう　テアトロ　763　2005.5　p58～59

**ベンチ** 劇ピース・ユニット
*5637* 上演：1996年8月8日～8月11日　場所：銀座みゆき館劇場　作：アレクサンドル・ゲーリマン　訳：宮沢俊一　演出：和田憲明
◇「孤独な女の激情を確正に描く（昴 ザ・サード・ステージ『修道女』,ピース・ユニット『ベンチ』,三人芝居『トラブル』,東京シェイクスピアカンパニー『お気に召すまま』,グローブ座カンパニー『十二夜』,日生劇場『走れメロス』）」結城雅秀　テアトロ　647　1996.10　p72～78

**ベンチャーズの夜** 劇トム・プロジェクト
*5638* 上演：1994年6月11日～6月15日　場所：アクト・セイゲイ・シアター　作・演出：岩松了
◇「『スタイル』からの戦略（トム・プロジェクト『ベンチャーズの夜』,扉座『お伽の棺』,かたつむりの会『消えなさい・ローラ』,燐『スターマン』,文学座『日暮れて、二楽章のセレナーデ』）」大沢圭司　テアトロ　619　1994.8　p70～73

**Bench3** 劇レクラム舎
*5639* 上演：2007年1月3日～1月14日　場所：スタジオAR　作：別役実,小松幹生　演出：青柳敦子,喜一朗
◇「人間、この混沌とした存在（ホリプロ『スウィーニー・トッド』,トム・プロジェクト『カラフト伯爵さん』,東京演劇集団風『マハゴニー市の興亡』,黒テント『メザスヒカリノサキニアルモノ若しくはパラダイス』,レクラム舎『Bench3』）」結城雅秀　テアトロ　789　2007.3　p108～112

**ペンテコスト** 劇文学座アトリエの会
*5640* 上演：2001年6月28日～7月8日　場所：文学座アトリエ　作：ディヴィッド・エドガー　訳：吉田美枝　演出：松本祐子
◇「ある対照（世田谷パブリックシアター『ハムレットの悲劇』,文学座アトリエ『ペンテコスト』）」大場建治　テアトロ　712　2001.9　p54～53

**ペンテジレーア** 劇うずめ劇場
*5641* 上演：2003年10月4日～10月5日　場所：スフィアメックス　作：ハインリッヒ・クライスト　訳：佐藤恵三　演出：ペーター・ゲスナー
◇「観念の熱と俳優の身体（DONNA・DONNA『タバタノ』,『綿畑の孤独のなかで』,うずめ劇場『ペンテジレーア』,山海塾『仮想の庭ーうつり』）」斎藤倫子　テアトロ　743　2003.12　p52～53

**ベント** 劇パルコ
*5642* 上演：1986年7月4日～7月27日　場所：PARCO劇場　作：マーティン・シャーマン　訳：青井陽治　演出：テリー・シュライバー

◇「強烈なインパクト（パルコ劇場『ベント』）」石崎勝久　テアトロ　523　1986.9　p21～24
*5643* 上演：2016年7月9日～7月24日　場所：世田谷パブリックシアター　作：マーティン・シャーマン　訳：徐賀世子　演出：森新太郎
◇「緊張空間における光と闇（演劇企画集団ザ・ガジラ『或る女』,パルコ『母と惑星について、および自転する女たちの記録』,世田谷パブリックシアター『レイディアント・ヴァーミン』,ロベール・ルパージュ『887』,民藝『炭鉱の絵描きたち』,パルコ『BENT』）」結城雅秀　テアトロ　922　2016.9　p40～43

**変な女の恋** 劇ONLYクライマックス
*5644* 上演：1995年3月11日～3月19日　場所：シアタートップス　作・演出：北野ひろし
◇「安易な取り組みを排する（T.P.T『チェンジリング』,ONLYクライマックス『変な女の恋』）」大場建治　テアトロ　629　1995.5　p42～44

**変な女の恋** 劇CANプロ
*5645* 上演：2016年11月11日～11月13日　場所：第7秘密基地　作：北野ひろし　演出：佐藤雄一
◇「恋と劇場 演じるしかない人生（NLT,劇団ま『劇場』,うずめ劇場『アントニーとクレオパトラ』,CANプロ『変な女の恋』）」斎藤倫子　テアトロ　926　2017.1　p49～49

**変な女の恋** 劇三人芝居
*5646* 上演：1998年10月20日～10月25日　場所：本多劇場　作・演出：北野ひろし
◇「芝居とパンフの危険な (!?) 関係（シアターコクーン『Zenmai 金色の草原に立つ時限爆弾を持った少年』,THE・ガジラ『カストリ・エレジー』,燐光群『神々の国の首都』,柄本劇団『定理と法則』,三人芝居『変な女の恋』,第14回地域劇団東京演劇祭）」浦崎浩實　テアトロ　675　1998.12　p58～61

**弁明** 劇文学座アトリエの会
*5647* 上演：2016年9月7日～9月21日　場所：文化座アトリエ　作：アレクシ・ケイ・キャンベル　訳：広田敦郎　演出：上村聡史
◇「今では皇室にのみ残る伝統と慣習（劇団俳優座『華族令嬢たちの大正・昭和』,Tファクトリー『荒野のリア』,ホリプロ『娼年』,CATプロデュース『クレシダ』,文学座アトリエの会『弁明』,東京演劇集団風『母が口にした「進歩」,…』）」結城雅秀　テアトロ　924　2016.11　p42～45

**ヘンリー五世** 劇新国立劇場
*5648* 上演：2018年5月17日～6月3日　場所：新国立劇場中劇場　作：シェイクスピア　訳：小田島雄志　演出：鵜山仁
◇「シュールで、にぎやかで、なぜか切ない（新国立劇場『ヘンリー五世』,オフィス300『肉の海』,シアターコクーン『ニンゲン御破算』）」高橋豊　テアトロ　949　2018.8　p44～46

**ヘンリー四世** 劇彩の国さいたま芸術劇場
*5649* 上演：2013年4月13日～5月2日　場所：彩の国さいたま芸術劇場大ホール　作：シェイクスピア　訳：松岡和子　構成：河合祥一郎

## へんり

演出：蜷川幸雄　音楽：阿部海太郎
◇「戦争と人間の関係（民藝『夏・南方のローマンス 神と人とのあいだ〈第二部〉』、俳優座『とりつくしま』、彩の国シェイクスピア・シリーズ『ヘンリー四世』）」水落潔　テアトロ　876　2013.6　p54〜55

### ヘンリー四世　団新国立劇場
5650　上演：2016年11月26日〜12月22日　場所：新国立劇場　作：シェイクスピア　訳：小田島雄志　演出：鵜山仁
◇「不安定な玉座（新国立劇場『ヘンリー四世』）」谷岡健彦　テアトロ　928　2017.2　p58〜59

### ヘンリー四世　団パルコ
5651　上演：1991年4月1日〜4月17日　場所：PARCO劇場　作：ルイージ・ピランデッロ　訳：黒田絵美子　演出：テレンス・ナップ
◇「この芝居にしてこの料金、とはねえ」豊崎由美　しんげき　38（6）　1991.6　p40〜43

### ヘンリー四世　騎士フォールスタフの滑稽譚　団昴
5652　上演：1982年6月4日〜6月16日　場所：三百人劇場　作：シェイクスピア　訳・演出：福田恆存
◇「単純化されたフォールスタフ（すばる『ヘンリー四世』）」中野里皓史　テアトロ　474　1982.8　p26〜28

### ヘンリー六世　団彩の国さいたま芸術劇場
5653　上演：2010年3月11日〜4月3日　場所：彩の国さいたま芸術劇場　作：シェイクスピア　訳：松岡和子　構成：河合祥一郎　演出：蜷川幸雄
◇「戦争を描く、戦争が描く（彩の国シェイクスピア・シリーズ『ヘンリー六世』、俳優座劇場『兵器のある風景』）」みなもとごろう　テアトロ　833　2010.5　p47〜49

### ヘンリー六世―王冠のための戦い　団ロイヤル・シェイクスピア・カンパニー
5654　上演：1995年2月9日〜2月18日　場所：パナソニック・グローブ座　作：シェイクスピア　演出：ケイティ・ミッチェル
◇「言葉の魔術で膨らむイメージ（RSC『ヘンリー6世』、劇団1980『あ、東京行進曲』、パルコ・メジャーリーグ『クラウド・ナイン』、こまつ座『黙阿弥オペラ』、俳優座劇場『夜の来訪者』、東宝『週刊・金色夜叉』、五色の花『2月のディナー』）」結城雅秀　テアトロ　628　1995.4　p60〜67

### ヘンリー六世　3部作　団新国立劇場
5655　上演：2009年10月27日〜11月23日　場所：新国立劇場　作：シェイクスピア　訳：小田島雄志　演出：鵜山仁
◇「理知的な俯瞰、等身大の『ヘンリー六世』3部作」河合祥一郎　シアターアーツ　41　2009.12　p12〜15
◇「九時間の力業（新国立劇場『ヘンリー六世　第一部　百年戦争　第二部　敗北と混乱　第三部　薔薇戦争』）」大場建治　テアトロ　829　2010.1　p46〜47

### ヘンリー六世Ⅲ／リチャード三世　団子供のためのシェイクスピアカンパニー
5656　上演：2012年7月14日〜7月22日　場所：あうるすぽっと　作：シェイクスピア　作・演出：山崎清介
◇「今日が、どう語られている？（新国立劇場『温室』、劇団集団円『ガリレイの生涯』、子どものためのシェイクスピアカンパニー『ヘンリー六世Ⅲ』『リチャード三世』）」斎藤偕子　テアトロ　866　2012.9　p48〜50

### 片鱗　団イキウメ
5657　上演：2013年11月8日〜11月24日　場所：青山円形劇場　作・演出：前川知大
◇「あいまいな現実（文学座アトリエの会『未来を忘れる』、イキウメ『片鱗』、劇団昴『本当のことを言ってください』）」斎藤偕子　テアトロ　885　2014.1　p42〜43

## 【ほ】

### Voices In The Dark―分解された劇場あるいは人間ゴミ箱　団東京演劇集団風, カーラバ集団
5658　上演：2017年2月8日〜2月12日　場所：レパートリーシアターKAZE　作：マテイ・ヴィスニユック　訳：谷島貫太　構成・演出・人形美術・舞台美術：エリック・ドゥニオー　演出：江原早哉香
◇「時空を経て見える舞台力（森崎芝居『記憶のパズル』、KAZE『Voices in the Dark―分解された劇場あるいは人間ゴミ箱』、オフィス3○○『鯱よ！私の手に乗れ』）」斎藤偕子　テアトロ　930　2017.4　p40〜41

### Voice Training　団虚空旅団
5659　上演：2017年9月22日〜9月24日　場所：AI・HALL　作・演出：高橋恵
◇「10月の関西　小空間での実験続く。着実な前進に期待（コンプリ団『夏休みのばあちゃん家』、壁ノ花団『ウィークエンダー』、A級 Missing Link『罪だったり罰だったり』、虚空旅団『Voice Training』、兵庫県立ピッコロ劇団『かさぶた式部考』）」九鬼葉子　テアトロ　939　2017.12　p50〜52

### ほいとうの妻―山頭火たれ山頭火たれ／中也が愛した女―いかに泰子いまこそは　団紀尾井朗読スペシャル
5660　上演：2005年9月20日〜9月21日　場所：紀尾井小ホール　作：杉浦久幸（ほいとうの妻）、古城十忍（中也が愛した女）
◇「定型を破る女たち（紀尾井朗読スペシャル『ほいとうの妻―山頭火たれ山頭火たれ―』『中也が愛した女―いかに泰子いまこそは―』、朋友『明日の幸福』）」中本信幸　テアトロ　771　2005.12　p56〜57

**ボイラールーム・ロマンス**　[団]東京演劇集団風

**5661** 上演：2001年4月19日〜4月22日　場所：レパートリーシアターKAZE　作：レックス・デヴェレル　訳：吉原豊司　演出：和田喜夫

◇「東京裁判と南方熊楠—問いかける"稗史"の力（新国立劇場『夢の裂け目』, 俳優座『阿修羅の妻』, 東京演劇集団風『ボイラールーム・ロマンス』）」みなもとごろう　テアトロ　709　2001.7　p42〜44

**ボーイング・ボーイング**　[団]新神戸オリエンタル劇場

**5662** 上演：1995年3月7日〜3月12日　場所：サンシャイン劇場　作：マルク・カモレッティ　訳：三田地里穂　演出：竹邑類

◇「練り上げられた舞台の楽しさ（博品館『リトル・ショップ・オブ・ホラーズ』, 音楽座『アイ・ラブ・坊ちゃん』, サンシャイン劇場『ボーイング・ボーイング』, ダブルフェイス『トップダンサー』, MODE『窓からあなたが見える』）」大沢圭司　テアトロ　629　1995.5　p57〜60

**ボーイング・ボーイング**　[団]パルコ

**5663** 上演：1987年5月9日〜5月24日　場所：PARCO劇場　作：マルク・カモレッティ　訳・演出：青井陽治

◇「毒なしの恋愛騒動（パルコ劇場『ボーイング・ボーイング』）」千野幸一　テアトロ　533　1987.7　p28〜29

**法王庁の避妊法**　[団]自転車キンクリーツカンパニープロデュース

**5664** 上演：1994年12月10日〜12月19日　場所：全労済ホール/スペース・ゼロ　原作：篠田達明　作：飯島早苗　演出：鈴木裕美

◇「究極の選択, そして…（夜の樹『引き潮の時間』, 自転車キンクリーツカンパニープロデュース『法王庁の避妊法』, 加藤健一事務所『ブラック・コメディ』, ロマンチカ『メディア』）」林あまり　テアトロ　626　1995.2　p134〜136

**法王庁の避妊法**　[団]自転車キンクリートSTORE

**5665** 上演：1997年1月25日　場所：かめありリリオホール　原作：篠田達明　作：飯島早苗　演出：鈴木裕美

◇「俳優という一冊の本（松竹『夫婦善哉』, 自転車キンクリーツカンパニー『法王庁の避妊法』, 劇団3○○『深夜特急 めざめれば別の国』）」長谷部浩　テアトロ　653　1997.3　p66〜68

**鳳凰の切り札**　[団]オフィスワンダーランド

**5666** 上演：2000年3月15日〜3月19日　場所：スフィアメックス　作：さいふうめい　演出：岩村久雄

◇「事件との距離（在日韓国YMCA+上演実行委員会『銃剣と処容の舞い』, 東京演劇アンサンブル『ゲド戦記』, オフィス・ワンダーランド『鳳凰の切り札』）」佐藤康平　テアトロ　694　2000.5　p72〜73

**棒きれと骨**　[団]民藝

**5667** 上演：1981年10月24日〜11月4日　場所：砂防会館ホール　作：デヴィッド・レイブ　訳：倉橋健, 甲斐萬里江　演出：渡辺浩子

◇「ホームドラマの伝統（民芸『棒きれと骨』）」斎藤偕子　テアトロ　467　1982.1　p34〜36

**BROKEN 西遊記**　[団]上杉祥三プロデュースチーム

**5668** 上演：1991年2月8日〜2月17日　場所：新神戸オリエンタル劇場　作・演出：上杉祥三

◇「スタッフの仕事の充実度（'91演劇界回顧）」安住恭子　しんげき　39（2）　1992.2　p34〜37

◇「六道を、世界を、生きるということ（上杉祥三『BROKEN西遊記』）」安土政夫　テアトロ　578　1991.4　p28〜29

**BROKEN ハムレット**　[団]上杉祥三プロデュースチーム

**5669** 上演：1990年2月8日〜2月23日　場所：本多劇場　作・演出：上杉祥三

◇「ハムレット1990」長谷部浩　しんげき　37（4）　1990.4　p22〜25

**BROKEN 四谷怪談**　[団]上杉祥三プロデュースチーム

**5670** 上演：1989年7月12日〜7月30日　場所：本多劇場　原作：鶴屋南北　作・演出：上杉祥三

◇「お岩の勝ちいくさ」扇田昭彦　新劇　36（9）　1989.9　p30〜33

**冒険王**　[団]青年団

**5671** 上演：1996年5月23日〜6月17日　場所：こまばアゴラ劇場　作・演出：平田オリザ

◇「日本人という民族, それにフランスの国民性（地人会『日本の面影』, 青年団『冒険王』, 櫻花舎『愛と偶然の戯れ』, ギィ・フォワシイ・シアター『動機』他, 木山事務所『瀕死の王様』, みなと座『大浦屋お慶』, 四季『イリヤ・ダーリン』）」結城雅秀　テアトロ　645　1996.8　p69〜76

**5672** 上演：2002年1月9日〜1月30日　場所：こまばアゴラ劇場　作・演出：平田オリザ

◇「味わい深い名作舞台の再演（東京乾電池『夏の夜の夢』, シアターX名作劇場『みごとな女』『釣堀にて』, 青年団『冒険王』他）」佐藤康平　テアトロ　719　2002.3　p74〜75

**冒険ダン吉の冒険**　[団]青年座

**5673** 上演：1981年11月11日〜11月29日　場所：紀伊國屋ホール　作：宮本研　演出：五十嵐康治

◇「停った時間=ダン吉の腕時計（青年座『冒険ダン吉の冒険』）」尾崎秀樹　テアトロ　467　1982.1　p30〜32

**冒険!!ロビンソン・クルウ島**　[団]21世紀FOX

**5674** 上演：1998年4月14日〜4月19日　場所：シアターサンモール　作：北村想　演出：肝付兼太

◇「八十年代演劇のアイコンを探して（流山児★事務所『私の青空』, 21世紀FOX『冒険!!ロビンソン・クルウ島』, スーパーエキセントリック・シアター『昨日たちの旋律』）」川口賢哉　テアトロ　669　1998.6　p66〜67

**亡国のダンサー** [団]黒テント

**5675** 上演：2017年3月25日～3月29日　場所：ザ・スズナリ　作・演出・美術：佐藤信

◇「心理サスペンス劇の佳作2本（パルコ『不信―彼女が嘘をつく理由』, 名取事務所『エレファント・ソング』, 流山児★事務所『だいこん・珍奇なゴドー』, 劇団黒テント『亡国のダンサー』）」杉山弘　テアトロ　932　2017.6　p24～26

**鳳人話～ひのとりひとのはなし** [団]鳳人話プロジェクト

**5676** 上演：2007年2月23日～2月25日　場所：東京芸術劇場小ホール1　作・演出：キタムラアラタ

◇「鴻上尚史のメッセージ（KOKAMI@network『僕たちの好きだった革命』, 鳳人話プロジェクト『鳳人話～ひのとりひとのはなし』, KUDAN Project『美藝公』, 彩の国シェイクスピアシリーズ『恋の骨折り損』）」林あまり　テアトロ　791　2007.5　p50～51

**法廷外裁判** [団]NLT

**5677** 上演：2014年10月29日～11月2日　場所：俳優座劇場　原作：ヘンリー・セシル　訳：吉田誠一　脚本・演出：池田政之　音楽：岩崎健一郎

◇「ディートリッヒの世界（新国立劇場『ご臨終』, 劇団昴『ラインの監視』, NLT『法廷外裁判』）」結城雅秀　テアトロ　899　2015.1　p34～35

**訪問者** [団]スタジオライフ

**5678** 上演：1998年7月1日～7月12日　場所：スタジオゼロ　原作：萩尾望都　作・演出：倉田淳

◇「光に曝されて, はじめて蠢くもの（演劇集団円『光る時間』, 東京乾電池『風立ちぬ』, スタジオライフ『訪問者』, 文学座アトリエ『みみず』）」川口賢哉　テアトロ　672　1998.9　p76～78

**抱擁ワルツ** [団]演劇集団円

**5679** 上演：1989年5月27日～6月3日　場所：ステージ円　作：太田省吾　演出：國峰眞

◇「死にゆく者の翳」七字英輔　新劇　36(8)　1989.8　p26～29

**5680** 上演：2000年1月18日～1月25日　場所：ステージ円　作：太田省吾　演出：阿部初美

◇「「効果」は十分『友情』のロングラン（愛のチャリティー劇場『友情～秋桜のバラード～』, 流山児★事務所『完璧な一日』, 演劇集団円『抱擁ワルツ』）」佐藤康平　テアトロ　692　2000.3　p86～87

**抱擁ワルツ** [団]転形劇場

**5681** 上演：1979年11月6日～11月25日　場所：転形劇場　作・演出：太田省吾

◇「せめぎあう音と意味」小苅米晛　新劇　27(2)　1980.2　p30～33

**放埒の人** [団]燐光群

**5682** 上演：2007年5月20日～6月17日　場所：SPACE雑遊　原作：沢野ひとし　作・演出：坂手洋二

◇「新作三本の成果（俳優座『上意討ち―拝領妻始末―』, 桟敷童子『軍鶏307』, 燐光群『放埒の人』）」水落潔　テアトロ　795　2007.8　p52～54

**放浪記** [団]東宝

**5683** 上演：1983年9月2日～12月26日　場所：芸術座　原作：菊田一夫　潤色・演出：三木のり平

◇「食べる芸（ことばの劇場）」矢野誠一　新劇　30(12)　1983.12　p28～31

**5684** 上演：2006年9月1日～9月28日　場所：帝国劇場　原作：菊田一夫　潤色・演出：三木のり平

◇「様々な生き方、死に方（東宝『放浪記』, 俳優座『コルチャック』）」水落潔　テアトロ　784　2006.11　p54～55

**頬を赤くして** [団]八時半

**5685** 上演：2000年5月19日～5月21日　場所：扇町ミュージアムスクエア　作・演出：鈴江俊郎

◇「6月の関西 生きることの感触、そして死（八時半『頬を赤くして』, MONO『錦鯉』, 烏丸ストロークロック『ジェシカ・モーレン』, 桃園会『どこかの通りを突っ走って』, PM/飛ぶ教室『舟唄。霧の中を行くための』）」太田耕人　テアトロ　697　2000.8　p66～68

**鬼灯町鬼灯通り三丁目** [団]トム・プロジェクト

**5686** 上演：2008年8月23日～8月31日　場所：ザ・スズナリ　作・演出：東憲司

◇「笑いの効用（俳優座劇場プロデュース『東京原子核クラブ』, トム・プロジェクト『鬼灯町鬼灯通り三丁目』）」蔵原惟治　テアトロ　812　2008.11　p52～53

**5687** 上演：2010年9月28日～10月3日　場所：赤坂RED/THEATER　作・演出：東憲司

◇「知の俯瞰と意志の仰視（演劇集団円『シーンズ フロム ザ ビッグ ピクチュアー』, ジャブジャブサーキット『蒼の組曲』, ONEOR8『絶滅のトリ』, トム・プロジェクト『鬼灯町鬼灯通り三丁目』）」丸田真悟　テアトロ　841　2010.12　p52～54

**寿歌** [団]オンシアター自由劇場

**5688** 上演：1982年2月13日～2月24日　場所：俳優座劇場　作：北村想　演出：串田和美

◇「「ええかげん」の呼吸法」如月小春　新劇　29(4)　1982.4　p30～31

**寿歌** [団]加藤健一事務所

**5689** 上演：1981年10月11日～10月30日　場所：銀座みゆき館劇場　作：北村想　演出：大杉祐

◇「世界は喜劇へ傾斜する」扇田昭彦　新劇　28(12)　1981.12　p21～24

**5690** 上演：1982年2月15日～2月21日　場所：紀伊國屋ホール　作：北村想　演出：大杉祐

◇「「ええかげん」の呼吸法」如月小春　新劇　29(4)　1982.4　p30～31

◇「逸脱者の視線」山本健一　新劇　29(4)　1982.4　p36～37

**5691** 上演：1984年11月9日～11月20日　場所：紀伊國屋ホール　作：北村想　演出：大杉祐

◇「編集長サマご推薦はおもしろかったよ（こと

ばの劇場)」萩原なぎさ　新劇　32(1)　1985.1　p40～44

**寿歌**　[団]シス・カンパニー

**5692** 上演：2012年1月5日～2月2日　場所：新国立劇場　作：北村想　演出：千葉哲也

◇「古典と呼ぶには早すぎるけれど(Bunkamuraシアターコクーン『下谷万年町物語』, シス・カンパニー『寿歌』, こまつ座&ホリプロ『十一ぴきのネコ』)」北川登園　テアトロ　859　2012.3　p56～57

**寿歌**　[団]TPO師団

**5693** 上演：1980年4月24日～4月25日　場所：木馬館　作・演出：北村想

◇「二つの町の二つの不思議な芝居」衛紀生　新劇　27(6)　1980.6　p34～37

**寿歌**　[団]プロジェクト・ナビ

**5694** 上演：1990年1月25日～1月30日　場所：青山円形劇場　作・演出：北村想

◇「『寿歌』の自在さ」豊崎由美　しんげき　37(4)　1990.4　p18～20

◇「演劇とその掲示上学」蛭田権造　しんげき　37(4)　1990.4　p30～33

**寿歌西へ**　[団]M_Produce

**5695** 上演：2009年1月9日～1月13日　場所：アトリエ劇研　作：北村想　演出：山口浩章

◇「1月の関西 虚構と現実の交通(桃園会『電波猿の夜』, 空晴『引越のススメ』『一番の誕生日！』, M_Produce『寿歌西へ』)」太田耕人　テアトロ　817　2009.3　p92～94

**寿歌Ⅱ**　[団]彗星'86

**5696** 上演：1982年　作・演出：北村想

◇「『寿歌』を生きること」如月小春　新劇　29(6)　1982.6　p26～27

**5697** 上演：1983年2月15日～5月23日　場所：本多劇場　作・演出：北村想

◇「ウナセラディ・寿歌―「三年目」の北村想(ことばの劇場)」小堀純　新劇　30(4)　1983.4　p25～28

**ホーキ星の出た日**　[団]清流劇場

**5698** 上演：2003年7月24日～7月27日　場所：大阪市立芸術創造館　作・演出：田中孝弥

◇「8月の関西 多重的に世界を視る(清流劇場『ホーキ星の出た日』, パノラマ☆アワー『ぼくのパノラマ昆虫記』)」太田耕人　テアトロ　741　2003.10　p66～68

**ホーキング博士のブラックホール生活**　[団]ミヤギサトシ・プロデュース

**5699** 上演：1992年8月14日～8月23日　場所：東京パーンホール　作：荒俣宏　企画・演出：磨赤兒

◇「水に溶けた体」布施英利　Les Specs　39(11)　1992.11　p38～39

**北緯三十九度・森からもらった話**　[団]コーロ・カロス

**5700** 上演：2000年7月15日～7月16日　場所：新国立劇場小劇場　原作：宮沢賢治　構成・演出：加藤直　作曲：林光

◇「象徴性の高い官能と恐怖(パルコ劇場『滅びかけた人類、その愛の本質とは…』, 自転車キンクリートSTORE『またもや！ 休むに似たり』, シェイクスピア・シアター『尺には尺を』, コーロ・カロス『北緯三十九度・森からもらった話』)」結城雅秀　テアトロ　698　2000.9　p48～51

**北緯45度のドン・キホーテたち**　[団]本多劇場

**5701** 上演：1988年9月3日～9月11日　場所：本多劇場　作：高橋撲一郎　演出：小林裕

◇「好材料生かし切れず(本多劇場『北緯45度のドンキホーテたち』)」千野幸一　テアトロ　549　1988.11　p26～27

**北越誌**　[団]紀尾井人形邦楽館

**5702** 上演：2006年2月20日～2月21日　場所：紀尾井小ホール　作：秋元松代　演出：大間知靖子　音楽：本條秀太郎　美術・衣装：朝倉摂

◇「こころの図像(紀尾井人形邦楽館『北越誌』, シアター1010『ベルナルダ・アルバの家』, ユニークポイント『しるし』)」斎藤偕子　テアトロ　777　2006.5　p62～63

**北限の猿**　[団]青年団

**5703** 上演：1996年11月10日～11月25日　場所：こまばアゴラ劇場　作・演出：平田オリザ

◇「青年団の実験室演劇(青年団『カガクするココロ』『北限の猿』)」山登敬之　テアトロ　651　1997.1　p70～72

**ボクサァ**　[団]ショーマ

**5704** 上演：1986年6月18日～6月22日　場所：シアターグリーン　作・演出：高橋いさを

◇「「笑い」から「泣き」まで」佐々木幹郎　新劇　33(9)　1986.9　p28～33

**5705** 上演：1991年8月21日～8月26日　場所：シアターサンモール　作・演出：高橋いさを

◇「1万分の2のアイロニー(ショーマ『ボクサァ』, 山の手事情社『CHARGE！』)」岩波剛　テアトロ　585　1991.11　p42～44

**北守の騎士とカルボナードの踊る魔女**　[団]青果鹿

**5706** 上演：2010年9月2日～9月6日　場所：テアトルBONBON　作：澤藤桂　演出：八木澤賢

◇「サーチライトの威力(東京芸術座『赤ひげ』, トム・プロジェクト『ぺてんばなし』, 青果鹿『北守の騎士とカルボナードの踊る魔女』)」中本信幸　テアトロ　840　2010.11　p52～53

**ボクゼン**　[団]1980

**5707** 上演：2012年8月29日～9月2日　場所：シアターX　作：大谷美智浩　演出：山本隆世

◇「新しい修辞としての古典(人形劇団プーク『怪談 牡丹燈籠』, 劇団1980『ボクゼン』, RADAイン東京20周年記念公演『人形の家』)」田之倉稔　テアトロ　868　2012.11　p46～47

**僕たちの好きだった革命**　[団]KOKAMI@network

**5708** 上演：2007年2月28日～3月11日　場所：シ

## 僕亭先生の鞄持／京都の虹　㈱俳優座

**5709** 上演：1996年11月15日～11月23日　場所：俳優座5F稽古場　作：田中千禾夫（僕亭先生の鞄持）、田中澄江（京都の虹）　演出：内田透（僕亭先生の鞄持）、阿部廣次（京都の虹）

◇「奔放と忍従と（田中千禾夫・田中澄江作品集Aプロ『ほたるの歌』『おふくろ』Bプロ『僕亭先生の鞄持』『京都の虹』)」江原吉博　テアトロ　651　1997.1　p64～65

## 僕と彼と娘のいる場所　㈱トム・プロジェクト

**5710** 上演：2007年11月21日～11月29日　場所：紀伊國屋ホール　作・演出：鄭義信

◇「芝居ならではの劇薬（虹企画・ぐるぅぷしゅらテネシー・ウィリアムズの世界Ⅳ』、トム・プロジェクト『僕と彼と娘のいる場所』、劇団1980『行路死亡人考』、演奏舞台『なつかしの学童疎開』）」中本信幸　テアトロ　802　2008.2　p58～59

## ぼくの伯父さんの会社の人事　㈱MODE

**5711** 上演：1991年4月27日～5月2日　場所：紀伊國屋ホール　演出：松本修

◇「創作より面白い等身大の会社員」豊崎由美　しんげき　38(7)　1991.7　p26～29

## 僕の錬金時間（ゴールデンタイム）　㈱石井愃一プロデュース

**5712** 上演：1999年7月17日～7月20日　場所：STUDIOコクーン　作：北野ひろし　演出：井上尊晶

◇「電話のない空間を待ちながら…（自転車キンクリートSTORE『蝿取り紙 山田家の5人兄妹』、石井愃一プロデュース『僕の錬金時間』、MODE『女と男のいる舗道』、無条件降伏委員会『臍』）」浦崎浩實　テアトロ　685　1999.9　p68～69

## 僕の時間の深呼吸Vol.2　遊◎機械/全自動シアター

**5713** 上演：1988年1月20日～1月31日　場所：青山円形劇場　構成・演出：吉澤耕一、白井晃

◇「明るく自閉する方法」衛紀生　新劇　35(4)　1988.4　p26～29

◇「観客席から、こんにちは」林あまり　新劇　35(4)　1988.4　p42～45

◇「ミクロ・ユートピアの呼吸法（遊◎機械/全自動シアター『僕の時間の深呼吸vol2』）」西堂行人　テアトロ　542　1988.4　p36～37

## 僕の時間の深呼吸Vol.3　遊◎機械/全自動シアター

**5714** 上演：1991年1月13日～2月11日　場所：青山円形劇場　脚色：高泉淳子　演出：吉澤耕一、白井晃

◇「少年の話、レズビアンの話、わたしの話」豊崎由美　しんげき　38(4)　1991.4　p18～211

## ぼくの失敗 私の下町3　㈱木山事務所

**5715** 上演：2000年10月3日～10月22日　場所：俳優座劇場　作・演出：福田善之　作曲：古賀義弥　美術：石井みつる

◇「日米の音楽劇の意欲作（新国立劇場『太平洋序曲』、木山事務所『ぼくの失敗 私の下町3』)」扇田昭彦　テアトロ　701　2000.12　p44～45

## ぼくの好きな末の娘　㈱レクラム舎

**5716** 上演：1992年10月22日～10月25日　場所：ジァン・ジァン　作：小松幹生　演出：赤石武生

◇「戯曲と「散文精神」（仲間「空飛ぶ家族」、レクラム舎『ぼくの好きな末の娘』）」みなもとごろう　テアトロ　599　1993.1　p68～70

## 僕の東京日記　㈱二兎社

**5717** 上演：1996年12月5日～12月21日　場所：ベニサン・ピット　作・演出：永井愛

◇「新しい感性の出現（文学座アトリエの会『髪をかきあげる』、二兎社『僕の東京日記』、青ი『怪盗コブラ仮面』）」江原吉博　テアトロ　652　1997.2　p62～63

## 僕の東京日記　㈱俳優座

**5718** 上演：2001年11月16日～12月2日　場所：俳優座5F稽古場　作：永井愛　演出：安井武

◇「生き方を問う（俳優座space V『日々の敵』『僕の東京日記』、新国立劇場『コペンハーゲン』、B.B『森の精』、Studioコクーンプロジェクト『カスパー』）」渡辺淳　テアトロ　717　2002.1　p70～73

## ぼくのパノラマ昆虫記　㈱パノラマ☆アワー

**5719** 上演：2003年8月8日～8月10日　場所：京都府立文化芸術会館　演出：右来左往

◇「8月の関西 多重的に世界を視る（清流劇場『ホーキ星の出た日』、パノラマ☆アワー『ぼくのパノラマ昆虫記』）」太田耕人　テアトロ　741　2003.10　p66～68

## 僕のヘビ母さん　㈱突劇金魚

**5720** 上演：2017年4月1日～4月16日　場所：突劇金魚アトリエ　作・演出：サリngROCK

◇「4月の関西 大阪府吹田市と大東市が地域密着の演劇を主催し、成果（ファミリーミュージカル『さよなら、五月』、大東市主催『河内キリシタン列伝』、エイチエムビー・シアターカンパニー『アラビアの夜』、サファリ・P『悪童日記』、突劇金魚『僕のヘビ母さん』）」九鬼葉子　テアトロ　932　2017.6　p37～39

## ボクの四谷怪談　㈱シス・カンパニー

**5721** 上演：2012年9月17日～10月14日　場所：シアターコクーン　作：橋本治　演出：蜷川幸雄　音楽：鈴木慶一

◇「今の時代と古典劇を結ぶ回路（青年劇場『十二夜』、新国立劇場『リチャード三世』、シス・カンパニー『ボクの四谷怪談』）」高橋豊　テアトロ　869　2012.12　p42～43

**ぼくらが非情の大河をくだる時** [団]水戸芸術館ACM劇場

*5722* 上演：1995年3月11日〜3月26日　場所：水戸芸術館　作：清水邦夫　演出：山崎哲

◇「小劇場演劇の名作舞台は甦るか？(水戸芸術館ACM劇場『ジョン・シルバー』『ぼくらが非情の大河をくだる時』『眠っちゃいけない子守歌』)」山登敬之　テアトロ　629　1995.5　p61〜62

**ぼくらは生まれ変わった木の葉のように** [団]レクラム舎

*5723* 上演：1980年　　作：清水邦夫

◇「水・鏡・変身」利光哲夫　新劇　27(5)　1980.5　p30〜33

**黒子な私** [団]桃園会

*5724* 上演：1998年6月26日〜6月27日　場所：扇町ミュージアムスクエア　作・演出：深津篤史

◇「〈体験〉としての作品 桃園会『黒子な私』」太田耕人　シアターアーツ　10　1999.7　p120〜121

◇「7月の関西 謎解きの浅さと深さ(桃園会『黒子な私』,永盛丸『手の中の林檎』,R・U・Pプロデュース『昏からナイフ』)」宮辻政夫　テアトロ　672　1998.9　p118〜120

**ホクロのある左足** [団]兵庫県立ピッコロ劇団

*5725* 上演：1998年10月7日〜10月11日　場所：ピッコロシアター　作：別役実　演出：藤原新平

◇「10月の関西 別役の107作目(兵庫県立ピッコロ劇団『ホクロのある左足』,維新派『ヂャンヂャン☆オペラ 王國』)」宮辻政夫　テアトロ　675　1998.12　p67〜68

◇「台本の強さと弱さ(新国立劇場『ディア・ライアー』,演劇集団円『スカパンの悪だくみ』,T.P.T『春のめざめ』,こまつ座『貧乏物語』,ピッコロ劇団『ホクロのある左足』)」渡辺淳　テアトロ　677　1999.1　p72〜74

**ぼくは、きみの夢を見た** [団]演劇集団円

*5726* 上演：1993年2月25日〜3月7日　場所：シアターサンモール　作・演出：太田省吾

◇「白光の下の非日常(円『ぼくは、きみの夢をみた』)」利光哲夫　テアトロ　603　1993.5　p52〜53

**ぼくは十七才—女子高生コンクリート詰め殺人事件** [団]転位・21

*5727* 上演：1992年5月10日〜5月26日　場所：ザ・スズナリ　作・演出：山崎哲

◇「演劇を嫌悪すること(転位・21『ぼくは十七才—女子高生コンクリート詰め殺人事件』)」内野儀　テアトロ　593　1992.7　p96〜97

**ボクはヒロイン** [団]劇団〈ま〉

*5728* 上演：2014年7月29日〜8月3日　場所：恵比寿エコー劇場　作：M・ガブリエル　演出：池田政之

◇「技あり芝居の究極(劇団朋友『吾輩はウツである』,劇団ま『ボクはヒロイン』,虹企画/ぐるうぷシュラ『731の幻想』)」中本信幸　テアトロ　895　2014.10　p38〜39

**星逢井戸命洗濯** [団]テアトル・エコー

*5729* 上演：2004年7月20日〜8月4日　場所：恵比寿エコー劇場　作：岡本螢　演出：永井寛孝

◇「役者の動きや台詞は装置に規定される(テアトル・エコー『星逢井戸命洗濯』,京楽座『ピアノのはなし』,F.Y.K企画『命をかけて』)」浦崎浩實　テアトロ　755　2004.10　p58〜59

**星女郎** [団]パルコ

*5730* 上演：1992年12月10日〜12月18日　場所：PARCO SPACE PART3　作：渡辺えり子　演出：朝倉摂

◇「現代は幻想を必要とするか？(木冬社『冬の馬』,スペースパート3『星女郎』)」七字英輔　テアトロ　601　1993.3　p104〜106

**星の王子さま** [団]シアターアプル

*5731* 上演：1985年2月14日〜3月5日　場所：シアターアプル　作・演出：佐藤信

◇「星の王子さまの硬質さ(シアターアプル『星の王子さま』)」矢野誠一　テアトロ　506　1985.4　p40〜41

**星の王子さま** [団]東京演劇集団風

*5732* 上演：1996年4月17日〜4月21日　場所：青山円形劇場　原作：サン=テグジュペリ　訳：内藤濯　構成・演出：浅野佳成

◇「足元から始める作業(NODA・MAP『TABOO』,そとばこまち『おまえを殺しちゃうかもしれない』,東京演劇集団風『星の王子さま』)」林あまり　テアトロ　643　1996.6　p40〜41

*5733* 上演：2005年3月9日〜3月13日　場所：レパートリーシアターKAZE　原作：サン=テグジュペリ　訳：内藤濯　構成・演出：浅野佳成

◇「なぜ舞台、なぜ演劇？(東京演劇アンサンブル『櫻の森の満開の下』,東京演劇集団風『星の王子さま』,R+1『Bench』)」みなもとごろう　テアトロ　763　2005.5　p58〜59

*5734* 上演：2009年3月7日〜3月8日　場所：レパートリーシアターKAZE　原作：サン=テグジュペリ　訳：内藤濯　構成・演出：浅野佳成　音楽：八幡茂

◇「幻想の妙(東京演劇集団風『星の王子さま』,オフィスプロジェクトM『離宮のタルト』,虹企画・ぐるうぷしゅら『女優』,民藝+無名塾『ドライビング・ミス・デイジー』)」中本信幸　テアトロ　819　2009.5　p46〜47

**星の王子さま** [団]民主音楽協会

*5735* 上演：1987年1月21日〜2月11日　場所：シアターアプル　原作：サン=テグジュペリ　訳：内藤濯　訳・演出：佐藤信

◇「きみはボクの心の星(シアター・アプル『星の王子さま』)」有州井仁子　テアトロ　530　1987.4　p36〜38

**星ノ数ホド** [団]新国立劇場

*5736* 上演：2014年12月3日〜12月21日　場所：新国立劇場　作：ニック・ペイン　訳：渡辺千

鶴　演出：小川絵梨子
◇「家族間の憎しみ、故郷への愛着（シス・カンパニー『鶴』、民藝『バウンテイフルへの旅』、新国立劇場『星ノ数ホド』）」水落潔　テアトロ　900　2015.2　p108～109

## 星の忍者　⒯劇団☆新感線
**5737**　上演：1988年2月25日～2月28日　場所：シアタートップス　作：中島かずき　演出：いのうえひでのり
◇「「ニュー歌舞伎」って、なあに？」林あまり　新劇　35(5)　1988.5　p38～41

## 星の息子　⒯燐光群
**5738**　上演：2012年11月16日～11月28日　場所：座・高円寺1　作・演出：坂手洋二
◇「制度と苦しみ—燐光群『星の息子』」佐藤一成　シアターアーツ　54　2013.4　p78～80
◇「深みと拡がりを増した世界（イキウメ『まとめ＊図書館的人生（上）』、豊島区テラヤマプロジェクト実行委員会『地球☆空洞説』、燐光群『星の息子』、加藤健一事務所『バカのカベ』）」丸田真悟　テアトロ　872　2013.2　p78～80

## 星の村　⒯宇宙堂
**5739**　上演：2001年5月3日～5月16日　場所：ザ・スズナリ　作・演出：渡辺えり子
◇「愛すべき人物の誕生（青年座『赤シャツ』、M.O.P.『黒いハンカチーフ』、宇宙堂『星の村』）」丸田真悟　テアトロ　709　2001.7　p52～53

## 星よ降れ震える世界よ　⒯広島の女上演委員会
**5740**　上演：2002年7月17日～7月20日　場所：全労済ホール／スペース・ゼロ　作・演出：村井志摩子
◇「光は闇の中に輝いている—（昴『ゆうれい貸屋』、広島の女上演委員会『星よ降れ震える世界よ』、演奏舞台『能・21シリーズⅡ』、青札『サイロの砦』）」浦崎浩實　テアトロ　726　2002.9　p49～51

## 戊辰残照　⒯め組
**5741**　上演：2007年8月3日～8月5日　場所：紀伊國屋サザンシアター　作：合馬百音　演出：与儀英一　振付：山田一善
◇「うそ寒い現実を映すブラックユーモア（日本劇団協議会　一跡二跳制作『漂流物』、TPT『三人姉妹』、め組『戊辰残照』、レクラム舎『そらの時間ヒトのユメ』）」中本信幸　テアトロ　797　2007.10　p54～55

## PORTAL　⒯松本雄吉×林慎一郎
**5742**　上演：2016年3月12日～3月13日　場所：ロームシアター京都　作：林慎一郎　演出：松本雄吉
◇「3月の関西　国際舞台芸術祭の季節（地点『スポーツ劇』、『PORTAL』、サファリ・P『欲望線』、清流劇場『賢者ナータン』）」太田耕人　テアトロ　917　2016.5　p39～41

## 螢　⒯文学座
**5743**　上演：1982年8月5日～8月27日　場所：三越劇場　作：久保田万太郎　演出：龍岡晋
◇「初心をたしかめる（文学座『沢氏の二人娘』『おりき』『かくて新年は』『螢』）」ほんちえいき　テアトロ　476　1982.10　p21～24

## ほたるの歌／おふくろ　⒯俳優座
**5744**　上演：1996年11月5日～11月13日　場所：俳優座5F稽古場　作：田中澄江（ほたるの歌）、田中千禾夫（おふくろ）　演出：内田透（ほたるの歌）、島田安行（おふくろ）
◇「奔放と忍従と（田中千禾夫・田中澄江作品集Aプロ『ほたるの歌』『おふくろ』Bプロ『僕亭先生の鞄持』『京都の虹』）」江原吉博　テアトロ　651　1997.1　p64～65

## ホタルの栖—育ヶ丘団地一家心中事件　⒯転位・21
**5745**　上演：1984年11月9日～11月18日　場所：ザ・スズナリ　作・演出：山崎哲
◇「死と変容（ことばの劇場）」川本三郎　新劇　32(1)　1985.1　p29～34
◇「ローン地獄のアブジェクト（ことばの劇場）」長谷部浩　新劇　32(1)　1985.1　p36～39

## 蛍の光　⒯兵庫県立ピッコロ劇団
**5746**　上演：2011年6月3日～6月8日　場所：ピッコロシアター　作：角ひろみ　演出：深津篤史
◇「6月の関西　女性劇作家の成熟（兵庫県立ピッコロ劇団『蛍の光』、京都舞台芸術協会プロデュース公演『異邦人』、ルドルフ『ルドルフのまっしろけでゴー』）」太田耕人　テアトロ　851　2011.8　p55～57

## 牡丹亭　⒯TBS
**5747**　上演：2010年10月6日～10月28日　場所：赤坂ACTシアター　作・演出：湯顯祖
◇「玉三郎の『牡丹亭』（坂東玉三郎・中国・昆劇合同公演『牡丹亭』）」藤田洋　テアトロ　841　2010.12　p42～43

## 牡丹燈幻想　⒯虹企画／ぐるうぷシュラ
**5748**　上演：1997年11月21日～11月23日　場所：シアターゆたか　作・演出：もり・りゅう
◇「〈や・お・い〉などについて（弘前劇場『休憩室』、燐『暁の使者』、虹企画／ぐるうぷ・しゅら『牡丹燈幻想』、S.W.A.T！『緑の戦場』）」浦崎浩實　テアトロ　665　1998.2　p82～84

**5749**　上演：2000年　　　作・演出：三條三輪
◇「宇宙の精霊たちに癒される！（岡部企画『秋日和』『精霊流し』、演劇実験室∴紅王国『水神抄』、こんにゃく座『森は生きている—オーケストラ版』、虹企画・ぐるうぷシュラ『牡丹燈幻想』）」浦崎浩實　テアトロ　712　2001.9　p60～62

**5750**　上演：2012年6月　　場所：萬劇場　作・演出：三條三輪
◇「浮遊する幻視鏡（青年座『THAT FACE』、虹企画／ぐるうぷしゅら『牡丹燈幻想』、萬國四季協會『漂流夢行一座』）」中本信幸　テアトロ　866　2012.9　p44～45

## 牡丹灯籠　⒯メイシアター
**5751**　上演：2012年3月8日～3月11日　場所：メイシアター　原作：三遊亭円朝　脚色・演出：ウォーリー木下

◇「3月の関西 幻想か、不条理か。(メイシアター×sunday『牡丹灯籠』、空の驛舎『追伸』、神戸アートビレッジセンター『地中』、兵庫県立ピッコロ劇団『劇場版 日本三文オペラ』)」太田耕人 テアトロ 861 2012.5 p75〜77

## 牡丹のゆくへ 団犯罪友の会
**5752** 上演：1996年 場所：京大西部講堂前 作・演出：武田一度
◇「見上げれば、秋の夜空(ク・ナウカ『天守物語』、犯罪友の会『牡丹のゆくへ』)」大岡淳 テアトロ 649 1996.12 p68〜69

**5753** 上演：1998年10月15日〜10月25日 場所：荒川区南千住イベント広場特設野外劇場 作・演出：武田一度
◇「虚構の密度が成否を分ける(彩の国シェークスピアカンパニー『十二夜』、青年団プロデュース『新版・小町風伝』、犯罪友の会『牡丹のゆくへ』)」江原吉博 テアトロ 675 1998.12 p62〜63

**5754** 上演：2000年10月24日〜10月29日 場所：京大西部講堂前 作・演出：武田一度
◇「11月関西 野外劇の季節(維新派『流星』、犯罪友の会『牡丹のゆくへ』、199Q太陽族『街路劇ほぼほぢいこか』、桃園会『世界に一家』)」太田耕人 テアトロ 703 2001.1 p111〜113

## ポッシブル・ワールド 団燐光群+グッドフェローズ
**5755** 上演：2003年7月31日〜8月17日 場所：ザ・スズナリ 作：ジョン・マイトン 訳：常田景子 演出：坂手洋二
◇「人間関係の明暗(シアター21『スリーデイズ・オブ・レイン』、燐光群+グッドフェローズ『ポッシブル・ワールド』、東京演劇集団・風『出口なし』)」渡辺淳 テアトロ 741 2003.10 p48〜50

## 坊っちゃん 団大阪現代舞台芸術協会
**5756** 上演：2014年7月4日〜7月6日 場所：AI・HALL 原作：夏目漱石 演出：泉寛介、くるみざわしん
◇「7月の関西 鮮やかなる再読(桃園会『覚めてる間は夢を見ない』、KUNIO『HAMLET』、大阪現代舞台芸術協会プロデュース『坊っちゃん』、虚空旅団『誰故草』)」太田耕人 テアトロ 894 2014.9 p41〜43

## 坊っちゃん 団俳優座
**5757** 上演：2001年9月19日〜9月30日 場所：俳優座劇場 原作：夏目漱石 脚本・詞・演出：福田善之
◇「アイデンティティ探し(俳優座『坊っちゃん』、青年劇場『カムサハムニダ』)」渡辺淳 テアトロ 714 2001.11 p54〜53

## ホットペッパー、クーラー、そしてお別れの挨拶 団チェルフィッチュ
**5758** 上演：2010年5月7日〜5月19日 場所：ラフォーレミュージアム原宿 作・演出：岡田利規
◇「若き四人の充実(劇団、本谷有希子『甘え』、パルコ・プロデュース『裏切りの街』、イキウメ『プランクトンの踊り場』、チェルフィッチュ『ホットペッパー、クーラー、そしてお別れの挨拶』)」林あまり テアトロ 835 2010.7 p43〜45

## ポップコーン 団銀座セゾン劇場
**5759** 上演：1998年5月26日〜6月14日 場所：銀座セゾン劇場 作：ベン・エルトン 訳・演出：福田陽一郎
◇「銃と砂肝(銀座セゾン劇場『ポップコーン』、遊◎機械/全自動シアター『食卓の木の下で』)」長谷部浩 テアトロ 671 1998.8 p52〜53

## POPCORN NAVY 鹿屋の四人 団THEガジラ
**5760** 上演：1992年8月22日〜8月31日 場所：シアタートップス 作・演出：鐘下辰男
◇「演出の「力」(流山児★事務所『改訂決定版tatsuya』、THE・ガジラ『POPCORN NAVY』、太虚『ハムレットマシーン』、東京演劇アンサンブル『ハムレットマシーン』)」内野儀 テアトロ 597 1992.11 p68〜72

## ほつれ髪 団犯罪友の会
**5761** 上演：2014年10月16日〜10月21日 場所：宮跡公園野外特設会場 作・演出：武田一度
◇「10月の関西 類似と相同(遊劇体『お忍び』、地点『光のない。』、犯罪友の会『ほつれ髪』)」太田耕人 テアトロ 897 2014.12 p41〜43

## ボディ・ウォーズ 団第三エロチカ
**5762** 上演：1988年7月20日〜7月30日 場所：JR貨物東高島駅構内 作・演出：川村毅
◇「劇能と野外劇」七字英輔 新劇 35(10) 1988.10 p30〜33
◇「涙と笑いの夏」林あまり 新劇 35(10) 1988.10 p40〜41

## ボディ・ウォーズ2 団第三エロチカ
**5763** 上演：1989年12月8日〜12月23日 場所：本多劇場 作・演出：川村毅
◇「いきどまりを表現する」長谷部浩 新劇 37(2) 1990.2 p38〜43

## ボディ・ランゲージ 団テアトル・エコー
**5764** 上演：1995年5月12日〜5月20日 場所：俳優座劇場 作：アラン・エイクボーン 訳：出戸一幸 演出：勝田安彦
◇「役者個人の固有の魅力(松竹『ハムレット』、ヒラ・グローブ座『リチャード三世』、民藝『熊楠の家』、グローブ座カンパニー『ハムレット』、テアトル・エコー『ボディ・ランゲージ』、まにまアート『極めて家庭的に―木村好子の詩集より』、東京ギンガ堂『狂想曲』)」結城雅秀 テアトロ 631 1995.7 p71〜78

## ホテルカリフォルニア―私戯曲 県立厚木高校物語 団扉社
**5765** 上演：1997年11月12日〜11月18日 場所：紀伊國屋ホール 作・演出：横内謙介
◇「戦争とジャパユキと70年代と(扉座『ホテルカリフォルニア―私戯曲 県立厚木高校物語』、ハーフムーン・シアターカンパニー『パレードを待ちながら』、黒テント+PETA『喜劇ロミオとジュリエット』)」七字英輔 テアトロ 664 1998.1

ほてる　　　　　　　　　　　　　　　　　　　　　　　　　　　　5766～5780

p68～70

**5766** 上演：1999年9月30日～10月11日　場所：シアターサンモール　作・演出：横内謙介
◇「ウエルメード劇こそ演技力が勝負（東演『みんなで渡れば…』、パルコ劇場『罠』、民藝『湧きいずる水は』、扉座『ホテルカリフォルニア』）」江原吉博　テアトロ　688　1999.12　p48～50

**ホテルZOO**　団NLT
**5767** 上演：2008年5月9日～5月18日　場所：銀座みゆき館劇場　作：ロベール・トマ　訳：米村晰　演出：小山ゆうな
◇「それぞれの味わい—フリンジの翻訳劇（勝田演劇事務所『シチリアのライム』、東京演劇集団風『誘拐—ラプト』、NLT『ホテルZOO』）」みなもとごろう　テアトロ　807　2008.7　p42～43

**ホテルニューカレドニア**　団三角フラスコ
**5768** 上演：2000年7月14日～7月16日　場所：扇町ミュージアムスクエア　作・演出：花田明子
◇「7月の関西 記憶という差異（ひょうご舞台芸術『水の記憶』、NEO企画『浅川町5丁目1番5号』、三角フラスコ『ホテルニューカレドニア』、アグリーダックリング『こども魂』）」太田耕955 テアトロ　698　2000.9　p61～63

**HOTEL BLUE BEE**　団別嬪倶楽部
**5769** 上演：1997年5月1日～5月4日　場所：近鉄小劇場　作：阿栗きい　演出：紅萬彦
◇「5月の関西 問題提起も意匠の一つ？（199Q太陽族『あしたの憂歌』、MONO『一初恋』、別嬪倶楽部『HOTEL BLUE BEE』）」宮辻政夫　テアトロ　657　1997.7　p62～63

**BOAT**　団東京芸術劇場、アーツカウンシル東京
**5770** 上演：2018年7月16日～7月26日　場所：東京芸術劇場プレイハウス　作・演出：藤田貴大
◇「現代社会を見据える眼差し（東京芸術劇場『BOAT』、モダンスイマーズ『死ンデ、イル。』、DULL-COLORED POP『一九六一年：夜に昇る太陽』」丸山真悟　テアトロ　951　2018.10　p44～45

**ほどける呼吸**　団自転車キンクリート
**5771** 上演：1988年6月1日～6月30日　場所：文芸坐ル・ピリエ　作：飯島早苗　演出：鈴木裕美
◇「やっぱりときめく、小劇場」林あまり　新劇　35(8)　1988.8　p42～45

**ホトトギス**　団グループる・ばる
**5772** 上演：1999年10月15日～10月24日　場所：シアター・トップス　作・演出：鐘下辰男
◇「舞台の上の〈自然〉への欲望（青山円形劇場＋ブリキの自発団『20世紀ノスタルジア ホギウタ』、グループる・ばる『ホトトギス』、ジャブジャブサーキット『ダブルフェイク』）」浦崎浩實　テアトロ　688　1999.12　p60～61

**ほととぎす・ほととぎす**　団青年座
**5773** 上演：1980年7月9日～11月24日　場所：青年座劇場　作：宮本研　演出：鈴木完一郎
◇「女の夢、女のいくさ」森秀男　新劇　27(10)

1980.10　p21～24
◇「青年座の三つの舞台（青年座『鏡よ鏡』「ほととぎす、ほととぎす」「ドラマ1発！マッドマウス』）」大笹吉雄　テアトロ　451　1980.9　p34～38

**5774** 上演：2011年8月25日～8月31日　場所：青年座劇場　作：宮本研　演出：須藤黄英
◇「虚と実とリアリティ（NLT＋三越劇場『喜劇 姑は推理（ミステリー）作家』、世田谷パブリックシアター『現代能楽集VI 奇ッ怪 其ノ弐』、青年座『ほととぎす・ほととぎす』）」水落潔　テアトロ　854　2011.11　p44～45

**ほにほに、おなご医者**　団文化座
**5775** 上演：1995年9月21日～10月1日　場所：俳優座劇場　原作：志賀かう子　脚色：堀江安夫　演出：鈴木完一郎
◇「ふたつの一代記物（文化座『ほにほに、おなご医者』、地人会『薮原検校』）」藤木宏幸　テアトロ　636　1995.12　p60～61

**骨唄**　団トム・プロジェクト
**5776** 上演：2006年8月5日～8月15日　場所：吉祥寺シアター　作・演出：東憲司
◇「現実の彼方をみつめる（宇宙堂『夢のかたち・第一部 私の船』、トム・プロジェクト『骨唄』『ダモイ』）」斎藤偕子　テアトロ　783　2006.10　p54～55

**5777** 上演：2012年6月28日～7月1日　場所：あうるすぽっと　作・演出：東憲司
◇「差別や権力に挑む悪の論理（こまつ座＆世田谷パブリックシアター『薮原検校』、トム・プロジェクト『骨唄』、岡部企画『玄界灘』）」北川登園　テアトロ　866　2012.9　p40～41

**骨と肉**　団JACROW
**5778** 上演：2017年11月15日～11月20日　場所：SPACE雑遊　作・演出：中村暢明
◇「期待を膨らませたものの（てがみ座『風紋～青のはて2017～』、JACROW『骨と肉』、Bunkamura『24番地の桜の園』、世田谷パブリックシアター『管理人』、加藤健一事務所『夢一夜』）」杉山弘　テアトロ　942　2018.2　p54～56

**骨の鳴るお空—連続幼女誘拐殺害事件**　団転位・21
**5779** 上演：1991年5月24日～6月2日　場所：ザ・スズナリ　作・演出：山崎哲
◇「隔靴掻痒の殺人狂時代」豊崎由美　しんげき　38(8)　1991.8　p18～21
◇「忌み名を呼びかねて」長谷部浩　しんげき　38(8)　1991.8　p22～25
◇「〈世界認識〉の行方と〈演技〉の運命」宮沢章夫　しんげき　38(8)　1991.8　p30～33

**炎 アンサンディ**　団世田谷パブリックシアター
**5780** 上演：2014年9月28日～10月15日　場所：シアタートラム　作：ワジディ・ムアワッド　訳：藤井慎太郎　演出：上村聡史
◇「痛快喜劇と超弩級の神話劇（THE SHAMPOO HAT『風の吹く夢』、トム・プロジェクト『淑女のロマンス』、世田谷パブリックシアター『炎 アンサ

## 焔の黄土、のたうつ龍 ㈲青果鹿

5781 上演：2007年9月7日〜9月12日　場所：麻布 die pratze　作・演出：澤藤桂
◇「虚構の魔力（うりんこ『パイレーツ・オブ花山田小学校』、青果鹿『焔の黄土、のたうつ龍』、青年劇場『シャッター通り商店街』）」中本信幸　テアトロ　798　2007.11　p50〜51

## 炎の人 ㈲ホリプロ

5782 上演：2009年6月12日〜6月28日　場所：天王洲 銀河劇場　作：三好十郎　演出：栗山民也
◇「栗山、堀尾・市村のトリオ—現代にこその「炎の人」（ホリプロ『炎の人』、俳優座『nine』、NLT『四角関係』）」みなもとごろう　テアトロ　823　2009.8　p42〜44

## 炎の人〜ヴァン・ゴッホ小伝 ㈲民藝

5783 上演：2000年6月17日〜7月4日　場所：紀伊國屋サザンシアター　作：三好十郎　演出：内山鶉
◇「俳優の存在感（民藝『炎の人〜ヴァン・ゴッホ小伝』、オフィスプロジェクトM『終着駅の向こうには…』）」斎藤偕子　テアトロ　697　2000.8　p60〜61

## 炎の人 ゴッホ小伝 ㈲銅鑼

5784 上演：1983年1月27日〜1月31日　場所：よみうりホール　作：三好十郎　演出：早川昭二
◇「全力疾走の気迫（銅鑼『炎の人』）」八橋卓　テアトロ　482　1983.4　p30〜33

## 炎は消えず ㈲徳島

5785 上演：1988年10月8日〜10月9日　場所：三百人劇場　原作：林啓介　脚色：藤原卓　演出：浅香寿穂
◇「風土と演劇と—地域劇団東京演劇祭」藤木宏幸　テアトロ　550　1988.12　p28〜29

## ボビー ㈲NLT

5786 上演：2005年11月16日〜11月20日　場所：俳優座劇場　作：ナンシー・ヘイスティ　訳：黒田絵美子　演出：原田一樹
◇「劇に「命」が躍ると…（新国立劇場『屋上庭園』『動員挿話』、黒テント『ぴらんでっろ—作者を探す6人の登場人物』、NLT『ボビー』、青年座『パートタイマー・秋子』）」中本信幸　テアトロ　773　2006.1　p59〜61

## ボブと学校—平塚市オノ男教室乱入事件 ㈲転位・21

5787 上演：1993年12月8日〜12月26日　場所：下北沢駅前劇場　作・演出：山崎哲
◇「「ことば」へのこだわり（青い鳥『最終版』『ゆでたまご』、転位21『ボブと学校』、東京ヴォードヴィルショー『ドン・トン・カルネオーネのギャグギャグエブリバディー』、東京壱組『チャフラフスカの犬』、離風霊船『花椿』）」大沢圭以　テアトロ　614　1994.3　p86〜89

## ポプラの館〜オム・アルメ通り8番地 ㈲NLT

5788 上演：2012年9月13日〜9月19日　場所：銀座みゆき館劇場　作：ウジェーヌ・ラビッシュ　訳：佐藤康　演出：木村有里　音楽：小林史
◇「新劇的一代記—芸術家の悲喜劇（文学座『エゲリア』、俳優座『かもめ』、NLT『ポプラの館』）」斎藤偕子　テアトロ　868　2012.11　p44〜45

## home〜ホーム ㈲三田村組

5789 上演：2009年10月1日〜10月11日　場所：中野ザ・ポケット　作・演出：田村孝裕
◇「演劇への愛情に溢れた舞台（勝田演劇事務所×海のサーカス『バケレタ！』、三田村組『home〜ホーム』、マレビトの会『クリプトグラフ』）」丸田真悟　テアトロ　827　2009.12　p42〜43

## ホームカミング ㈲演劇集団円

5790 上演：2010年4月12日〜4月25日　場所：ステージ円　作：ハロルド・ピンター　訳：小田島雄志（帰郷）　脚色・演出：大橋也寸
◇「純愛と倫理観の彼方（ヒューマンデザイン『シャボン玉とんだ宇宙（ソラ）までとんだ』、東京ヴォードヴィルショー『無頼の女房』、演劇集団円『ホームカミング』）」北川登園　テアトロ　834　2010.6　p34〜35

## ホームバディ/カブール ㈲文学座アトリエの会

5791 上演：2003年4月19日〜5月1日　場所：文学座アトリエ　作：トニー・クシュナー　訳：名和由理　演出：松本祐子
◇「文学座『ホームバディ/カブール』『ホームバディ/カブール』の難しさ」河合祥一郎　シアターアーツ　18　2003.8　p88〜89
◇「文学座『ホームバディ/カブール』『餓えた魂を持つ女たち』」林あまり　シアターアーツ　18　2003.8　p91〜93
◇「文学座『ホームバディ/カブール』『実力見せつけた舞台』」木村隆　シアターアーツ　18　2003.8　p93〜95
◇「新旧の西風（文学座アトリエ『ホームバディ/カブール』、東京演劇集団風『冬』、NAP+KUSHIDA WORKING『ユビュ王』、エイコーン『令嬢ジュリー』）」渡辺淳　テアトロ　737　2003.7　p56〜59

## 焔〜ほむら ㈲JACROW

5792 上演：2018年3月28日〜4月1日　場所：下北沢駅前劇場　作・演出：中村ノブアキ
◇「今年の収穫の1作『砂塵のニケ』（青年座『砂塵のニケ』、Bunkamura『そして僕は途方に暮れる』、JACROW『焔〜ほむら〜』、ミナモザ『Ten Commandments』）」小山内伸　テアトロ　946　2018.6　p28〜31

## ホームレスたちの挽歌 ㈲SHIMIN劇場Ⅱ

5793 上演：2007年5月　場所：シアターイワト　作：沢田次郎　演出：高橋幸夫
◇「時代に殉じる（SHIMIN劇場Ⅱ『ホームレスたちの挽歌』、シェイクスピア・シアター『ヴェローナの二紳士』『こころ』、水戸芸術館『檻褸と宝石』）」中本信幸　テアトロ　795　2007.8　p54〜58

## ほむれ

### ホームレス・ハート　園トム・プロジェクト
**5794** 上演：1998年4月2日～4月9日　場所：紀伊國屋サザンシアター　作・演出：水谷龍二
◇「〈場所〉のなまえ(M・O・P『遠州の葬儀屋』、トム・プロジェクト『ホームレス・ハート』、青杜みに.しあた『テレスコープ〜彷徨篇』、演劇集団池の下『青森県のせむし男』)」浦崎浩實　テアトロ　669　1998.6　p68～69

### 誉め兄弟　園スクエア
**5795** 上演：2008年11月7日～11月11日　場所：HEP HALL　作：森澤匡晴　演出：上田一軒
◇「11月の関西 ノンセンス、不条理、笑い(壁ノ花団『アルカリ』、下鴨車窓『書庫』、スクエア『誉め兄弟』)」太田耕人　テアトロ　815　2009.1　p46～48

### ほら そら ごらん　園南船北馬一団
**5796** 上演：2000年1月8日～1月10日　場所：シアトリカル應典院　作・演出：棚瀬美幸
◇「1月の関西 距離をとって見る眼(流星倶楽部『真紅の頬で海へと還る、そんな時も笑っていたい』、南船北馬一団『ほら そら ごらん』、清流劇場『かたつむりの島にへんな人がたずねてくる記』、覇王樹座『枯れ葉が舞い散ればきみは気づく』)」太田耕人　テアトロ　692　2000.3　p97～99

### ほらふき王女バートリー　園ミジンコターボ
**5797** 上演：2014年4月17日～4月21日　場所：HEP HALL　作・演出：片岡百萬円
◇「4月の関西 エンターテイメントと疾走感(いるかHotel『木曜組曲』、楽団鹿殺し『喇叭道中音栗毛』、ミジンコターボ『ほらふき王女バートリー』)」太田耕人　テアトロ　890　2014.6　p50～51

### ポリグラフ―うそ発見器　園東京ルネッサンス
**5798** 上演：1996年2月9日～2月18日　場所：東京芸術劇場小ホール2　構想・脚本・演出：ロベール・ルパージュ、マリー・ブラサール　訳：松岡和子
◇「強烈な陰影と媒体の多様化(ヒューストン・グランド・オペラ『ポーギーとベス』、東京ルネッサンス『ポリグラフ―うそ発見器』、パルコ劇場『シャネル』、劇団京『危険な曲がり角』、サードステージ『トランス』、ひょうご舞台芸術『おやすみデズデモーナ、おはようジュリエット』)」結城雅美　テアトロ　641　1996.4　p62～68

### ボリス・ゴドゥノフ　園モスクワ・タガンカ劇場
**5799** 上演：1993年3月3日～3月21日　場所：銀座セゾン劇場　作：プーシキン　演出：ユーリー・リュビーモフ
◇「異色の民衆劇(モスクワ・タガンカ劇場『ボリス・ゴドゥノフ』『罪と罰』)」渡辺淳　テアトロ　603　1993.5　p54～56

### Holy Night　園MONO
**5800** 上演：1995年12月2日～12月3日　場所：扇町ミュージアムスクエア　作・演出：土田英生
◇「12月の関西 人間の深みに(MONO『Holy Night』、五期会『箱の中身』)」宮辻政夫　テアトロ　639　1996.2　p80～81

### ポルカ　園芝居屋
**5801** 上演：2017年5月24日～5月28日　場所：テアトルBONBON　作・演出：増田再起
◇「人は宿命とどう向き合うか(方の会『高橋お伝―毒婦になった女―』、劇団鳥獣戯画『不知火譚』、劇団芝居屋『ポルカ』)」黒羽英二　テアトロ　935　2017.8　p44～45

### ボールは高く雲に入り　園俳優座劇場
**5802** 上演：2007年7月5日～7月15日　場所：俳優座劇場　原作：マーク・ハリス　訳：小宮山智津子　翻案・演出：菊池准
◇「人間の尊厳と時代・国家(地人会『朝焼けのマンハッタン』、メープルリーフ・シアター『リタ・ジョーの幻想』、ミズキ事務所『黄昏のメルヘン』、俳優座劇場『ボールは高く雲に入り』)」丸田真悟　テアトロ　796　2007.9　p54～55

### ホロヴィッツとの対話　園パルコ
**5803** 上演：2013年2月9日～3月10日　場所：PARCO劇場　作・演出：三谷幸喜
◇「観客と舞台とのコレスポンダンスは(さいたまネクスト・シアター『2013年・蒼白の少年少女たちによるオイディプス王』、パルコ・プロデュース『ホロヴィッツとの対話』、トム・プロジェクト『熱風』)」みなもとごろう　テアトロ　874　2013.4　p46～47

### 襤褸と宝石　園水戸芸術館ACM劇場
**5804** 上演：2007年6月1日～6月17日　場所：水戸芸術館ACM劇場　作：加藤道夫　演出：松本小四郎
◇「時代に呪じる(SHIMIN劇場Ⅱ『ホームレスたちの挽歌』、シェイクスピア・シアター『ヴェローナの二紳士』『こころ』、水戸芸術館『襤褸と宝石』)」中本信孝　テアトロ　795　2007.8　p57～58

### 滅びかけた人類、その愛の本質とは…　園パルコ
**5805** 上演：2000年7月1日～7月16日　場所：PARCO劇場　作：ブラッド・フレイザー　訳：常田景子　演出：宮本亜門
◇「象徴性の高い官能と恐怖(パルコ劇場『滅びかけた人類、その愛の本質とは…』、自転車キンクリートSTORE『またもや！ 休むに似たり』、シェイクスピア・シアター『尺には尺を』、コーロ・カロス『北緯三十九度・森からもらった話』)」結城雅美　テアトロ　698　2000.9　p48～51

### ポロロッカ〜料理・掃除・洗濯　園青い鳥
**5806** 上演：2003年8月5日～8月9日　場所：スパイラルホール　作：葛西佐紀　作・演出：芹川藍
◇「アブザード、ドタバタ、ポロロッカ(パルコ・プロデュース『ウィー・トーマス』、NLT『さぁどうする!?』、青い鳥『ポロロッカ』)」斎藤偕子　テアトロ　741　2003.10　p51～53

### HONK！(ホンク)みにくいアヒルの子　園ピュアーマリー
**5807** 上演：2003年7月25日～7月30日　場所：めぐろパーシモンホール　作・脚本：アンソ

ニー・ドリュー　訳：保坂磨理子　演出：鈴木孝宏　音楽：ジョージ・スタイルス　振付：スティーヴン・メア　音楽監督：古賀義弥
◇「一服の清涼剤（ぼくすねふぁにすプロデュース『遠い水の記憶 夏の訪問者』,子供のためのシェイクスピアカンパニー『シンベリン』,ピュアーマリー『ホンク！みにくいアヒルの子』,東京演劇アンサンブル『目をさませトラゴロウ』)」中本信幸　テアトロ　741　2003.10　p56～59

**5808** 上演：2007年4月20日～4月22日　場所：全労済ホール/スペース・ゼロ　作・脚本：アンソニー・ドリュー　訳：保坂磨理子　演出：鈴木孝宏
◇「時代を超えて、時代と向き合う（東京演劇アンサンブル『明日を紡ぐ娘たち』,ピッコロ劇団『場所と思い出』,モダンスイマーズ『回転する夜』,ピュアーマリー『HONK！みにくいアヒルの子』)」丸田真悟　テアトロ　793　2007.7　p48～50

### ポンコツ車と五人の紳士／しあわせな男　㈲Ｐカンパニー
**5809** 上演：2008年10月8日～10月19日　場所：スタジオP　作：別役実（ポンコツ車と五人の紳士）　作・演出：阿藤智恵（しあわせな男）　演出：冨士川正美（ポンコツ車と五人の紳士）
◇「待つこと―詩と現実（Pカンパニー『ポンコツ車と五人の紳士』『しあわせな男』,俳小『西の国の伊達男』,黒テント『テッポー王』)」蔵原惟治　テアトロ　813　2008.12　p46～48

### ポンコツ車のレディ　㈲パルコ
**5810** 上演：2001年10月12日～11月4日　場所：ル・テアトル銀座　作：アラン・ベネット　訳：丹野郁弓　演出：髙橋昌也
◇「レディと少女（パルコ・ルテアトル銀座提携『ポンコツ車のレディ』,メープルリーフ・シアター『赤毛のアン』)」斎藤偕子　テアトロ　715　2001.12　p48～49

### 凡骨タウン　㈲モダンスイマーズ
**5811** 上演：2010年2月5日～2月21日　場所：東京芸術劇場　作・演出：蓬莱竜太
◇「命懸けの自己証明（民藝『巨匠』,モダンスイマーズ『凡骨タウン』,パルコ・プロデュース『なにわバタフライ』)」北川登園　テアトロ　832　2010.4　p48～49

### 香港ラプソディー　㈲東京オピニオンズフェスティバル
**5812** 上演：1993年3月1日～4月11日　場所：アートスフィア　作：西木正明　脚本：永沢慶樹　演出：宮本亜門
◇「脚本、そして演出の構図（黒テント『窓ぎわのセロ弾きのゴーシュ』,パルコ『危険な関係』,アートスフィア『香港ラプソディー』)」大沢圭司　テアトロ　603　1993.5　p62～64

### 本当のことを言ってください　㈲昴
**5813** 上演：2013年10月19日～10月27日　場所：赤坂RED/THEATER　作：畑澤聖悟　演出：黒岩亮
◇「あいまいな現実（文学座アトリエの会『未来を忘れる』,イキウメ『片鱗』,劇団昴『本当のことを言ってください』)」斎藤偕子　テアトロ　885　2014.1　p42～43

### ほんとうのハウンド警部　㈲演劇集団円
**5814** 上演：1987年3月12日～3月22日　場所：ステージ円　作：トム・ストッパード　訳：喜志哲雄　演出：神山繁
◇「観客と舞台の出会い方」佐々木幹郎　新劇　34(5)　1987.5　p28～33
◇「劇評家殺人事件」渡辺保　新劇　34(5)　1987.5　p34～39

### BORN～MATATABIの時代　㈲ウォーキング・スタッフ
**5815** 上演：1994年8月17日～8月21日　場所：俳優座劇場　演出：和田憲明
◇「演劇は発見だ!?（京劇『孫悟空』,Wave Theater Company『くちべにの話』,ウォーキング・スタッフ『BORN～MATATABIの時代』)」山登敬之　テアトロ　621　1994.10　p61～63

### 本牧ラグピッカーズ　㈲本多劇場
**5816** 上演：1985年7月10日～7月21日　場所：本多劇場　作・演出：小林裕
◇「サービス過剰の作・演出（本多劇場『本牧ラグピッカーズ』)」千野幸一　テアトロ　511　1985.9　p24～25

### ボーンルーム～骨格標本室　㈲勝田演劇事務所
**5817** 上演：2012年12月19日～12月23日　場所：ザムザ阿佐谷　作：ジョーンズ＆シュミット　訳・演出：勝田安彦　音楽：ハーヴィー・シュミット
◇「時は往く 怖いファンタジー（勝田演劇事務所『ボーンルーム～骨格標本室～』,円・こどもステージ『魔女とたまごとお月様』,新国立劇場『音のいない世界で』)」斎藤偕子　テアトロ　873　2013.3　p52～53

## 【ま】

### マイケルの冗談　㈲ジャブジャブサーキット
**5818** 上演：1998年7月9日～7月14日　場所：シアターグリーン　作・演出：はせひろいち
◇「都市の成熟・演劇の成熟 番組『小さな水の中の果実』,ジャブジャブサーキット『マイケルの冗談』,北区つかこうへい劇団・生田萬演劇実験室『スカブラ』)」浦崎浩實　テアトロ　672　1998.9　p74～75

### 迷子になるわ　㈲五反田団
**5819** 上演：2010年11月5日～11月14日　場所：東京芸術劇場小ホール1　作・演出：前田司郎
◇「抑えがたい暴力への衝動描く（文学座アトリエ『ダーウィンの城』,五反田団『迷子になるわ』,イキウメ『図書館的人生vol.3 食べもの連鎖』)」丸田真悟　テアトロ　843　2011.1　p38～39

## 迷子の天使たち ㈴新神戸オリエンタル劇場
**5820** 上演：1993年9月　場所：新神戸オリエンタル劇場　脚本：藤本義一　演出：鵜山仁
◇「9月の関西 「つづみの女」について」宮辻政夫　テアトロ　609　1993.11　p133～135

## マイ・シスター・インディス・ハウス ㈴文学座アトリエの会
**5821** 上演：2000年11月17日～12月18日　場所：文学座アトリエ　作：ウェンディ・ケッセルマン　訳：芦沢穣　演出：高瀬久男
◇「ドラマとりどり(セゾンシアタープログラム『レティスとラベッジ』、文学座アトリエ『マイシスター・インディス・ハウス』『エレファントマン』『ザ・ウィアー(堰)』、東京『楽團終着駅』『そして、あなたに逢えた!』)」渡辺淳　テアトロ　704　2001.2　p58～61

## マイス・アンド・メン ㈴俳小
**5822** 上演：2014年12月10日～12月14日　場所：シアターグリーン　原作：スタインベック　共同脚色：早野寿郎、名取敏行　演出：河田園子
◇「ディートリッヒに会った(T・プロジェクト『マレーネ』、劇団1980『粕谷怪談贋作蘆花傳』、俳小『マイス・アンド・メン』、勝田演劇事務所『ヘッダ・ガーブラー』)」結城雅秀　テアトロ　900　2015.2　p112～113

## マイという女 ㈴東京演劇アンサンブル
**5823** 上演：2005年10月10日～11月24日　場所：ブレヒトの芝居小屋　作：マリーナ・カー　訳：舟橋美香　演出：志賀澤子
◇「高齢化社会を生きる(民藝+無名塾『ドライビング・ミス・デイジー』、パルコ・ルテアトル銀座『ふたりのカレンダー』、昴『八月の鯨』、東京演劇アンサンブル『マイという女』、鳥獣戯画『三人でシェイクスピア』)」結城雅秀　テアトロ　771　2005.12　p51～55

## マイナス100℃の夏 ㈴芝居屋坂道ストア
**5824** 上演：1996年7月26日～7月28日　場所：神戸アートビレッジセンター　作：うわやみほこ　演出：角ひろみ
◇「8月の関西 暴力、欲望、家庭を描く傑作(犬の事務所『ドアの向こうの薔薇』、芝居屋坂道ストア『マイナス100℃の夏』、満遊戯賊『義経伝』、THEATER THINKTANK 万也『捏造 大塩騒動伝』)」宮辻政夫　テアトロ　647　1996.10　p82～84

## マイノリマジョリテ・トラベル ㈴東京境界線紀行『ななつの大罪』
**5825** 上演：2006年
◇「境界線の彼方のリアルなもの—マイノリマジョリテ・トラベル 東京境界線紀行『ななつの大罪』」坂口勝彦　シアターアーツ　27　2006.6　p82～84

## 舞姫―鷗外の恋 ㈴俳優座
**5826** 上演：2002年6月6日～6月23日　場所：三越劇場　作：荻原雄一　脚色：佐藤五月　台本・演出：佐竹修
◇「愛のかたちいろいろ(地人会『浅草・花岡写真館』、俳優座『舞姫—鷗外の恋』、円『エレクトル』、虹企画・ぐるうぷシュラ『女房学校』)」渡辺淳　テアトロ　725　2002.8　p62～63

## マイ・フェア・レディ ㈴テレビ東京
**5827** 上演：1989年3月31日～4月23日　場所：厚生年金会館ホール　作：バーナード・ショー　脚色：アラン・ラーナ、フレデリック・ロウ　演出：ジェームス・ハマースタイン
◇「ミュージカル評—成熟のあと」萩尾瞳　新劇　36(6)　1989.6　p42～45

## マイ・フォークス ㈴ピック・アップ・カンパニー
**5828** 上演：1986年8月11日　場所：近鉄劇場　演出：デビッド・ゴードン
◇「関係としてのドラマ」鴻英良　新劇　33(10)　1986.10　p22～27

## My Boy～嘆きの銀河 ㈴S.W.A.T !
**5829** 上演：1994年9月14日～9月25日　場所：博品館劇場　作・演出：四大海
◇「見ること、見られること、見せること(木山事務所『はるなつあきふゆ』、S.W.A.T !『My Boy～嘆きの銀河』、東京ギンガ堂『クレイジー・フルーツ～夢野Q作とドグラ・マグラ』、NEST『Q・E・D』)」山登敬之　テアトロ　622　1994.11　p76～78

## 埋没 ㈴トラッシュマスターズ
**5830** 上演：2018年3月1日～3月11日　場所：座・高円寺　作・演出：中津留章仁
◇「死を見つめる生を鮮やかに描く(世田谷パブリックシアター『岸リトラル』、トラッシュマスターズ『埋没』、文学座『真実』)」丸田真悟　テアトロ　945　2018.5　p29～33

## 舞いみぞれ ㈴鈴蘭党
**5831** 上演：1981年
◇「流浪民ならざるもののために—鈴蘭党「舞いみぞれ」を見て」長尾一雄　新劇　29(2)　1982.2　p34～37

## まいらない男たち ㈴龍昇企画
**5832** 上演：1989年　場所：こまばアゴラ劇場　作・演出：福井泰司
◇「「物語」の衷弱に打ち克つためには?」七字英輔　新劇　36(6)　1989.6　p26～29

## マイ・ロックンロール・スター ㈴パルコ
**5833** 上演：2002年11月9日～11月24日　場所：PARCO劇場　作・演出：長塚圭史
◇「深い哀しみたたえる戯曲(新国立劇場『↑ヤジルシ—誘われて』、STUDIOコクーン・プロジェクト『障子の国のティンカー・ベル』、パルコ劇場『マイ・ロックンロール・スター』)」内田洋一　テアトロ　731　2003.1　p52～53

## マイロの通夜 ㈴東京演劇集団風
**5834** 上演：2006年5月9日～5月14日　場所：レパートリーシアターKAZE　作：マージェリー&マイケル・フォード　訳：須藤鈴　演出：和田喜夫　音楽：園田容子
◇「ああ、家族(シス・カンパニー『屋上の狂人』『父

帰る』,新国立劇場『マテリアル・ママ』,東京演劇集団・風『マイロの通夜』)」田之倉稔 テアトロ 779 2006.7 p52〜54

**マインド・キング** ㊐P3 art and environment
5835 上演：1995年6月2日〜6月12日 場所：東長寺地下 作：リチャード・フォアマン 訳：梅澤葉子,鴻英良 演出：巻上公一 音楽：J・ゾーン 装置：小竹信節
◇「民族性と普遍性と(劇団舞天『オイディプスとの旅』,R・フォアマン作・巻上公一演出『マインド・キング』)」大岡淳 テアトロ 632 1995.8 p77〜78

**マウストラップ** ㊐ピュアーマリー
5836 上演：2005年7月12日〜7月20日 場所：三百人劇場 作：アガサ・クリスティ 訳：鳴海四郎 演出：大和田伸也
◇「ひとりの人間の死の背後に(Happy Hunting Ground『きゅうりの花』,加藤健一事務所『ヒーロー』,ピュアーマリー『マウストラップ』)」みなもとごろう テアトロ 768 2005.9 p66〜68

**前髪に虹がかかった** ㊐PM/飛ぶ教室
5837 上演：2002年4月18日〜4月21日 場所：扇町ミュージアムスクエア 作・演出：蟷螂襲
◇「5月の関西 最後のOMSプロデュース(OMSプロデュース『深流波〜シンリュウハ〜』,PM/飛ぶ教室『前髪に虹がかかった』)」太田耕人 テアトロ 723 2002.7 p106〜108

**魔界放浪記** ㊐結城座
5838 上演：1998年7月3日〜7月11日 場所：花園神社境内特設テント 作・演出：川村毅
◇「昭和七年、未発の"ルル"(ヨメナ座『奏鳴曲ニ短調 ベートーベン 作品三一ノ二』『ふきのとう』,結城座『魔界放浪記』,プロジェクトOIE『ハーベイ』)」みなもとごろう テアトロ 672 1998.9 p70〜71

**曲がり角と郷愁** ㊐カラン
5839 上演：2000年3月24日〜3月26日 場所：カラビンカ 作・演出：キタモトマサヤ
◇「4月の関西 新しい一人芝居(京芸『はたがめの鳴る里』,京芸『花いちもんめ』,中村美保一人芝居『私、うれしい』,池上和美一人芝居『曲がり角と郷愁』,off・H『仮説『I』を棄却するマリコ』,アグリダックリング『つぶならべ』)」太田耕人 テアトロ 695 2000.6 p64〜68

**曲がり角の悲愁** ㊐善人会議
5840 上演：1987年10月14日〜10月21日 場所：紀伊國屋ホール 作・演出：横内謙介
◇「見やすい、楽しい、わかりやすい(善人会議『曲がり角の悲劇』)」瀬戸宏 テアトロ 538 1987.12 p34〜35

**曲がり角の悲劇** ㊐扉座
5841 上演：1995年8月8日〜8月16日 場所：本多劇場 作：横内謙介 演出：マキノノゾミ
◇「極限状況における人間の魂の尊厳(ひょうご舞台芸術『ゲットー』,劇団ひまわり『コルチャック先生』,六行会『ワンダリング・アイズ』,文学座『怪談・牡丹灯籠』,SWAT！『ジャスティス』,扉座『曲がり角の悲劇』,仲間『見えない友達』)」結城雅秀 テアトロ 634 1995.10 p65〜71

**曲がり角の向こうには** ㊐ひょうご舞台芸術
5842 上演：2004年5月6日〜5月14日 場所：新神戸オリエンタル劇場 作：ジョアンナ・マレースミス 訳：平川大作 演出：鵜山仁
◇「メッセージいろいろ(青年劇場『悪魔のハレルヤ』,ひょうご舞台芸術『曲がり角の向こうには』,文学座『パレードを待ちながら』,ギィ・フォワシイ・シアター『シカゴ・ブルース』)」渡辺淳 テアトロ 753 2004.8 p38〜40

**曲がれ！スプーン** ㊐ヨーロッパ企画
5843 上演：2010年2月5日〜2月7日 場所：京都府立文化芸術会館 作・演出：上田誠
◇「2月の関西 他者性を演じる(ピッコロシアタープロデュース『真田風雲録』,ヨーロッパ企画『曲がれ！スプーン』,精華小劇場製作作品『イキシマ breath island』)」太田耕人 テアトロ 832 2010.4 p53〜55

**マカロニ金融** ㊐NLT
5844 上演：1998年9月9日〜9月15日 場所：俳優座劇場 作：アルベール・ユッソン 演出：黒柳徹子
◇「友情と信頼と(ひょうご舞台芸術『陽ざかりの女たち』,NLT『マカロニ金融』)」村井健 テアトロ 674 1998.11 p68〜69

5845 上演：2018年5月9日〜5月15日 場所：シアターグリーン BIG TREE THEATER 作：アルベール・ユッソン 訳：和田誠一 脚色：池田政之 演出：大江祥彦
◇「耳を澄ませ、観察し、俯瞰する(パラドックス定数『731』,タチ・ワールド『I DO！ I DO！』,劇団NLT『マカロニ金融』,KAAT+世田谷パブリックシアター『バリーターク』)」杉山弘 テアトロ 947 2018.7 p28〜30

**マギーの博物館** ㊐民藝
5846 上演：2012年4月5日〜4月16日 場所：紀伊國屋サザンシアター 原作：シェルドン・カリー 脚本：ウェンディー・リル 訳：吉原豊司
◇「いつの時代も金がらみ(東京演劇集団風『セチュアンの善人』,民藝『マギーの博物館』,華のん企画『賭け』)」北川登園 テアトロ 862 2012.6 p40〜41

**マーキュリー・ファー** ㊐世田谷パブリックシアター
5847 上演：2015年2月1日〜2月22日 場所：シアタートラム 作：フィリップ・リドリー 訳：小宮山智津子 演出：白井晃
◇「忘れるな、過去を(彩の国さいたま芸術劇場『ハムレット』,世田谷パブリックシアター『マーキュリー・ファー』,NODA・MAP『エッグ』)」結城雅秀 テアトロ 902 2015.4 p38〜39

**マグノリアの花たち** ㊐NLT
5848 上演：2007年9月20日〜9月24日 場所：博

品館劇場　作：ロバート・ハーリング　訳：黒田絵美子　演出：北澤秀人
◇「メロドラマ、ミュージカル、詩（NLT『マグノリアの花たち』，あうるすぽっと『ハロルド&モード』，円『天使都市』）」斎藤偕子　テアトロ　799　2007.12　p46〜47

マクベス　[団]演劇集団円
5849 上演：2005年7月22日〜7月31日　場所：紀伊國屋ホール　作：シェイクスピア　訳：松岡和子　演出：平光琢也
◇「歴史と伝統の重み（東京ギンガ堂＋ソウル市劇団『沈黙の海峡』，ク・ナウカ『王女メデイア』，青年座スタジオ公演『龍か、あれは俺の友だち』，円『マクベス』）」結城雅秀　テアトロ　769　2005.10　p52〜55

マクベス　[団]銀座セゾン劇場
5850 上演：1989年7月8日〜7月30日　場所：銀座セゾン劇場　原作：シェイクスピア　台本：山崎努　訳：福田恆存，小津次郎，小田島雄志　演出：森田雄三
◇「現代的視点へのこだわり（銀座セゾン劇場『マクベス』）」吉岡範明　テアトロ　559　1989.9　p26〜27

マクベス　[団]銀座セゾン劇場，TPT
5851 上演：1996年9月6日〜10月6日　場所：銀座セゾン劇場　作：シェイクスピア　訳：松岡和子　演出：デヴィッド・ルヴォー
◇「視覚の芝居と聴覚の芝居（銀座セゾン劇場＋T.P.T『マクベス』，シェイクスピア・シアター『マクベス』，民藝『壊れたガラス』，MOP『青猫物語』，青年劇場『私よりましな私』，東京演劇集団風『かもめ』，浪漫亭企画『おつむてんてん』）」結城雅秀　テアトロ　648　1996.11　p70〜77

マクベス　[団]ク・ナウカ
5852 上演：2004年11月11日〜11月21日　場所：ザ・スズナリ　作：シェイクスピア　訳：松岡和子　演出：宮城聰
◇「「ク・ナウカ」の方法―ク・ナウカ『マクベス』『アンティゴネ』」小田幸子　シアターアーツ　21　2004.12　p101〜104

マクベス　[団]劇工房ライミング
5853 上演：1994年11月7日〜11月20日　場所：ベニサン・ピット　作：シェイクスピア　訳：小田島雄志　演出：グレン・ウォルフォード
◇「もっとパワフルな台詞を！（スフィア『インスペクター・コールズ』，劇工房ライミング『マクベス』，みなと座『糸女』，文化座『夢の碑―田中一村伝』，音楽座『ホーム』，演奏舞台『私の上に降る雪は』）」結城雅秀　テアトロ　625　1995.1　p62〜69

マクベス　[団]子供のためのシェイクスピアカンパニー
5854 上演：2009年7月18日〜7月26日　場所：紀伊國屋サザンシアター　作：シェイクスピア　訳：小田島雄志　脚本・演出：山崎清介
◇「古典に新趣向を凝らす（子供のためのシェイクスピア『マクベス』，日生劇場＋文学座ファミリーステージ『かぐや姫』，人形劇団プーク『怪談 牡丹燈籠』）」水落潔　テアトロ　825　2009.10　p48〜49

マクベス　[団]彩の国さいたま芸術劇場
5855 上演：2001年3月16日〜3月25日　場所：彩の国さいたま芸術劇場大ホール　作：シェイクスピア　訳：松岡和子　演出：蜷川幸雄
◇「〈特集・演劇バトル、春欄漫〉頭上には赤い綱（彩の国シェイクスピアシリーズ「マクベス」(1)）()」長谷部浩，大岡淳，七字英輔　テアトロ　707　2001.5　p31〜33

マクベス　[団]シェイクスピア・シアター
5856 上演：1987年10月21日〜10月26日　場所：三百人劇場　作：シェイクスピア　訳：小田島雄志　演出：出口典雄
◇「蜷川幸雄演出の『ギプス』」渡辺保　新劇　35(1)　1988.1　p38〜43
◇「張出し舞台をどう活かすか（シェイクスピア演劇祭（三百人劇場））」大場建治　テアトロ　540　1988.2　p28〜31
5857 上演：1996年9月11日〜9月16日　場所：パナソニック・グローブ座　作：シェイクスピア　訳：小田島雄志　演出：出口典雄
◇「視覚の芝居と聴覚の芝居（銀座セゾン劇場＋T.P.T『マクベス』，シェイクスピア・シアター『マクベス』，民藝『壊れたガラス』，MOP『青猫物語』，青年劇場『私よりましな私』，東京演劇集団風『かもめ』，浪漫亭企画『おつむてんてん』）」結城雅秀　テアトロ　648　1996.11　p70〜77

マクベス　[団]自転車キンクリートSTORE
5858 上演：1999年12月9日〜12月19日　場所：全労済ホール/スペース・ゼロ　作：シェイクスピア　訳：小田島雄志　演出：鈴木裕美
◇「劇場空間とテレビの画面（俳優座『伊能忠敬物語』，自転車キンクリートSTORE『マクベス』）」結城雅秀　テアトロ　691　2000.2　p80〜81

マクベス　[団]松竹
5859 上演：1987年11月6日〜11月29日　場所：サンシャイン劇場　作：シェイクスピア　訳：小田島雄志　演出：ジャイルス・ブロック
◇「安全と化したシェイクスピア（『十二夜』『マクベス』『リチャード三世』）」大場建治　テアトロ　539　1988.1　p21〜24
5860 上演：1989年6月2日〜6月18日　場所：サンシャイン劇場　作：シェイクスピア　訳：小田島雄志　演出：ジャイルス・ブロック
◇「リチャード三世風「マクベス」（サンシャイン劇場『マクベス』）」渡辺保　テアトロ　558　1989.8　p26〜27

マクベス　[団]新国立劇場
5861 上演：2000年9月8日〜9月30日　場所：新国立劇場中劇場　作：シェイクスピア　訳：福田恆存　演出：鐘下辰男
◇「対照的な三つの舞台（新国立劇場『マクベス』，俳優座劇場プロデュース『高き彼物』，東京演劇集団風『肝っ玉おっ母とその子供たち』）」斎藤偕子

テアトロ　700　2000.11　p104～106
*5862* 上演：2004年5月13日～5月28日　場所：新国立劇場オペラ劇場　原作：シェイクスピア　台本：フランチェスコ・マリア・ピアーヴェ, アンドレア・マッフェイ　演出：野田秀樹　作曲：ヴェルディ
　◇「死者たちの〈歴史/物語（イストワール）〉―野田秀樹演出　ヴェルディ『マクベス』」嶋田直哉　シアターアーツ　20　2004.9　p85～87

マクベス　㊌昴
*5863* 上演：1986年9月27日～10月12日　場所：三百人劇場　作：シェイクスピア　訳・演出：福田恆存　演出：福田逸
　◇「暗闇と不安の斜面（昴『マクベス』）」結城雅秀　テアトロ　526　1986.12　p21～24

マクベス　㊌世田谷パブリックシアター
*5864* 上演：2010年3月6日～3月20日　場所：世田谷パブリックシアター　作：シェイクスピア　訳：河合祥一郎　構成・演出：野村萬斎
　◇「懐旧と挑戦と（Bunkamura主催『上海バンスキング』, テレビ朝日主催『ジョン・ガブリエルと呼ばれた男』, せたがや文化財団主催『マクベス』）」北川登園　テアトロ　833　2010.5　p40～41

*5865* 上演：2013年2月22日～3月4日　場所：世田谷パブリックシアター　作：シェイクスピア　訳：河合祥一郎　演出：野村萬斎
　◇「現代ルーマニア演劇は魅了する（ルーマニア国立ラドゥ・スタンカ劇場『ルル』, 世田谷パブリックシアター『マクベス』, 錬肉工房『オイディプス』）」高橋豊　テアトロ　906　2013.5　p46～47

マクベス　㊌仲代プロジェクト
*5866* 上演：1982年11月13日～11月30日　場所：PARCO西武劇場　作：シェイクスピア　訳：小田島雄志　演出：隆巴
　◇「いいとも悪いとも言える（仲代プロジェクト『マクベス』）」中野里皓史　テアトロ　479　1983.1　p34～37

マクベス　㊌兵庫県立ピッコロ劇団
*5867* 上演：2015年2月20日～2月22日　場所：兵庫県立芸術文化センター　作：シェイクスピア　訳：喜志哲雄　演出：ジェイスン・アーカリ
　◇「3月の関西　反復と古典（桃園会『うちやまつり』『paradise lost, lost』, 兵庫県立ピッコロ劇団『マクベス』）」太田耕人　テアトロ　903　2015.5　p44～46

マクベス　㊌Bunkamura
*5868* 上演：2013年12月8日～12月29日　場所：シアターコクーン　作：シェイクスピア　訳：松岡和子　演出：長塚圭史
　◇「舞台としての現実感（ワンツーワークス『息をひそめて―シリア革命の真実―』, 新国立劇場『ピグマリオン』, Bunkamura『マクベス』）」みなもとごろう　テアトロ　886　2014.2　p76～77

マクベス　㊌メジャーリーグ
*5869* 上演：1997年10月8日～10月25日　場所：紀伊國屋ホール　作：シェイクスピア　訳：松岡和子　演出：アレキサンドル・ダリエ
　◇「再説、外国人演出家について（メジャーリーグ製作『マクベス』, 俳優座『冬のライオン』）」大場建治　テアトロ　662　1997.12　p64～65

マクベス　㊌ロイヤル・シェイクスピア・カンパニー
*5870* 上演：2000年3月24日～4月8日　場所：東京グローブ座　作：シェイクスピア　演出：グレゴリー・ドーラン
　◇「アントニー・シャーの悪夢―ロイヤル・シェイクスピア・カンパニー『マクベス』」河合祥一郎　シアターアーツ　12　2000.7　p120～121
　◇「神なき時代の受難劇（昴『肉体の清算』, tpt『ロング・アフター・ラブ　卒塔婆小町・葵上』, RSC『マクベス』）」結城雅秀　テアトロ　695　2000.6　p46～49

マクベス―おさらば教の隆盛　㊌水戸芸術館ACM劇場
*5871* 上演：1991年1月4日～1月20日　場所：水戸芸術館ACM劇場　作：シェイクスピア　演出：鈴木忠志
　◇「情報の波に突き動かされる現実」長谷部浩　しんげき　38(3)　1991.3　p22～25

マクベス／コリオレイナス／テンペスト　㊌ルペール劇場
*5872* 上演：1993年11月4日～11月14日　場所：パナソニック・グローブ座　作：シェイクスピア　演出：ロベール・ルパージュ
　◇「高度の象徴性と演技する人間（ルベール劇場『シェイクスピア三部作』, こまつ座『シャンハイ・ムーン』, 俳優座『復活』, ピープルシアター『花の下にて春死なん』）」結城雅秀　テアトロ　612　1994.1　p62～65

マクベス裁判　㊌東京シェイクスピア・カンパニー
*5873* 上演：1996年12月4日～12月10日　場所：萬スタジオ　作：奥泉光　演出：前川士郎
　◇「徹底したマクベスの改作（流山児★事務所『焼跡のマクベス』, 東京シェイクスピア・カンパニー『マクベス裁判』, 鐘下辰男ワークショップ『火男の火』, 四季『エビータ』, ピープルシアター『プラットホーム・炎の秋』, 劇団1980『新・棄老伝説　ニッポン縁切堂』）」結城雅秀　テアトロ　652　1997.2　p71～77

マクロプロス300年の秘密　㊌演劇集団円
*5874* 上演：2003年2月28日～3月12日　場所：ステージ円　作：カレル・チャペック　訳：田才益夫　演出：山下悟
　◇「舞台の人生模様アラカルト（ギリシャ国立劇場『アンティゴネ』, 加藤健一事務所『ギャンブラー』, 演劇集団円『マクロプロス一三〇〇年の秘密』）」斎藤偕子　テアトロ　735　2003.5　p40～42

まことむすびの事件　㊌東京乾電池
*5875* 上演：1986年3月12日～3月23日　場所：紀伊國屋ホール　作：山崎哲　演出：岩松了

◇「谺する声」佐々木幹郎　新劇　33(5)　1986.5　p24～29

**魔子とルイズ 流れに抗って生きる華麗な花**
[団]東京演劇アンサンブル

**5876** 上演：1997年3月14日～3月25日　場所：俳優座劇場　作：立原りゅう　脚本：山内久　演出：広渡常敏

◇「ドイツ的なるものと日本的なるもの（円『廃屋の怪人・パウル氏』，東京演劇アンサンブル『魔子とルイズ』，ラッパ屋『鰻の出前』）」七字英輔　テアトロ　655　1997.5　p70～72

**マ○コの話～あるいはヴァギナ・モノローグス**
[団]On7

**5877** 上演：2016年7月14日～7月18日　場所：神奈川芸術劇場　作：イヴ・エンスラー　訳・演出：谷賢一

◇「日本人の倫理観を問う（トラッシュマスターズ『殺人者J』，燐光群『ゴンドララドンゴ』，On7『マ○コの話～あるいはヴァギナ・モノローグス～』）」丸田真悟　テアトロ　923　2016.10　p36～37

**将門伝説PART2**　[団]ロック歌舞伎スーパー一座

**5878** 上演：1991年12月1日～12月27日　場所：大須演芸場　原作：滝沢馬琴　脚色・演出：岩田信市

◇「退屈に一番は新鮮な刺激」安住恭子　しんげき　39(3)　1992.3　p86～89

**MOTHER—君わらひたまふことなかれ**
[団]青年座

**5879** 上演：1994年9月7日～10月20日　場所：青年座劇場　作：マキノノゾミ　演出：宮田慶子

◇「歴史と日常から（青年座『Mother』『火の起源』『レンタルファミリー』『カデット』，結城座『アノコ』）」渡辺淳　テアトロ　622　1994.11　p74～75

**5880** 上演：1995年10月29日～11月5日　場所：本多劇場　作：マキノノゾミ　演出：宮田慶子

◇「歳々年々，花相似たり（まにまアート『山ほととぎすほしいまま』，青年座『MOTHER』）」岩波剛　テアトロ　638　1996.1　p70～71

**5881** 上演：1998年4月23日～5月2日　場所：紀伊國屋ホール　作：マキノノゾミ　演出：宮田慶子

◇「現代演劇の財産（未来劇場『甘き夢みし酔ひもせず，ん？』，青年座『MOTHER』，サンシャイン劇場『アマデウス』）」水落潔　テアトロ　670　1998.7　p48～49

**真砂女**　[団]朋友

**5882** 上演：2010年11月10日～11月14日　場所：俳優座劇場　作：瀬戸口郁　演出：西川信廣

◇「愛は常識を超える（ティーファクトリー『新宿八犬伝 第五巻—犬街の夜—』，tpt『おそるべき親たち』，朋友『真砂女』）」北川登園　テアトロ　843　2011.1　p44～45

**5883** 上演：2013年2月18日～2月27日　場所：新国立劇場小劇場　作：瀬戸口郁　演出：西川信廣

◇「レパートリーを彫琢する劇団（朋友『真砂女』，ワンツーワークス『奇妙旅行』，劇団1980『あゝ東京行進曲』）」中本信幸　テアトロ　875　2013.5　p50～51

**5884** 上演：2016年10月31日～11月2日　場所：府中の森芸術劇場ふるさとホール　作：瀬戸口郁　演出：西川信廣

◇「時代を超えて生き抜く人々（劇団朋友『真砂女』，菅間馬鈴薯堂『踊り子』）」黒羽英二　テアトロ　926　2017.1　p52～54

**まじカル/ラップステイツ—神々の深きジレンマ**　[団]東京プレイマップスシアター

**5885** 上演：1987年4月　場所：シアタートップス　作・演出：斎藤潤哉

◇「収穫なし」渡辺保　新劇　34(6)　1987.6　p30～35

**マジック狂時代**　[団]コマ・プロダクション

**5886** 上演：1979年11月23日～12月20日　場所：新宿コマ劇場　構成・演出：西山博行　構成・振付：トーマス・モリナロ　マジック企画・監修：ダグ・ヘニング

◇「マジック・ショウの出発点（新宿コマ『マジック狂時代』）」戸部銀作　テアトロ　443　1980.1　p36～37

**マジックタイム2**　[団]遊◎機械/全自動シアター

**5887** 上演：1992年7月3日～7月14日　場所：シードホール　演出：白井晃

◇「逃走することだけ上手になって」三田格　Les Specs　39(9)　1992.9　p24～25

**マシュマロ・ウエーブ**　[団]マシュマロウェーブ

**5888** 上演：1991年2月27日～3月5日　場所：ジァン・ジァン

◇「女子の“ごっこ”と，男子の“無闇矢鱈”」豊崎由美　しんげき　38(5)　1991.5　p14～17

**魔女が恋を知ったとき**　[団]昴

**5889** 上演：1984年2月6日～2月12日　場所：三百人劇場　作：ジョン・V・ドールテン　訳：沼澤洽治　演出：福田逸

◇「芝居の魔術にかからない（すばる『魔女が恋を知ったとき』）」千野幸一　テアトロ　494　1984.4　p30～31

**魔女とたまごとお月様**　[団]演劇集団円

**5890** 上演：2012年12月20日～12月27日　場所：シアターX　作：別役実　演出：國峰眞

◇「時は往く怖いファンタジー（勝田演劇事務所『ボーンルーム～骨格標本室～』，円・こどもステージ『魔女とたまごとお月様』，新国立劇場『音のいない世界で』）」斎藤偕子　テアトロ　873　2013.3　p52～53

**魔女の猫探し**　[団]かたつむりの会

**5891** 上演：1993年6月16日～6月20日　場所：ジァン・ジァン　作：別役実　演出：村井志摩子

◇「ものみなウェルメイドに向かう？（NOISE『A・R』，かたつむりの会『魔女の猫探し』，T・P・T『あわれ彼女は娼婦』）」内野儀　テアトロ

606 1993.8 p60〜62

**混じりあうこと、消えること** [団]新国立劇場

**5892** 上演：2008年6月27日〜7月6日 場所：新国立劇場 作：前田司郎 演出：白井晃

◇「家族と国家を見据える（新国立劇場『混じりあうこと、消えること』，青年団『眠れない夜なんてない』，(社)日本劇場団協議会『3on3』）」丸田真悟 テアトロ 810 2008.9 p58〜59

**マシーン日記** [団]スズキビリーバーズ

**5893** 上演：2001年7月6日〜7月17日 場所：本多劇場 作・演出：松尾スズキ

◇「"松尾スズキ"という現象―イジメと虐待（スズキビリーバーズ『悪霊〜下女の恋』『マシーン日記』）」七字英輔 テアトロ 713 2001.10 p58〜59

**マシーン日記** [団]東京芸術劇場

**5894** 上演：2013年3月14日〜3月31日 場所：東京芸術劇場シアターイースト 作・演出：松尾スズキ

◇「佳作舞台の再演・三演に新鮮な魅力（MODE『城』，東京芸術劇場『マシーン日記』，東京ヴォードヴィルショー『パパのデモクラシー』）」七字英輔 テアトロ 876 2013.6 p48〜49

**マスター・クラス** [団]銀座セゾン劇場

**5895** 上演：1996年10月18日〜11月10日 場所：銀座セゾン劇場 作：テレンス・マクナリー 訳：黒田絵美子 演出：サミー・ダラス・ベイズ

◇「芸術至上主義の女の孤独（銀座セゾン劇場『マスター・クラス』，青年座『ベクター』，地人会『サロメの純情』，レクラム舎『プロローグは汽車の中』，文化座『青春』，あすなろ『天皇陛下，萬歳！』）」結城雅秀 テアトロ 649 1996.12 p70〜76

**5896** 上演：1999年4月10日〜5月9日 場所：銀座セゾン劇場 作：テレンス・マクナリー 訳：黒田絵美子 演出：サミー・ダラス・ベイズ

◇「三様の人間の描き方（青年座『リセット』，銀座セゾン劇場『マスター・クラス』，民藝『蕨野行』）」水落潔 テアトロ 682 1999.6 p52〜53

**マスターピーシィズ―傑作** [団]演劇企画レ・キャンズ

**5897** 上演：1987年9月9日〜9月12日 場所：ジァン・ジァン 作：サラ・ダニエルズ 訳・演出：吉岩正晴

◇「守川くみ子と立石涼子」渡辺保 新劇 34(11) 1987.11 p30〜35

**また愛か** [団]京都芸術センター

**5898** 上演：2015年10月24日〜11月2日 場所：京都芸術センター 作・演出：山崎彬

◇「11月の関西 新進劇作家の季節（iaku『Walk in closet』，演劇計画Ⅱ『また愛か』，劇団大阪『姉川写真館の四季』，兵庫県立ピッコロ劇団『東男迷都路』，劇団・太陽族『劇論』，遊劇体『鳥笛』『公孫樹下』）」太田耕人 テアトロ 913 2016.1 p36〜38

**又三郎** [団]十月劇場

**5899** 上演：1988年8月20日〜10月9日 場所：テントツアー 作・演出：石井裕人

◇「困難な時代に立ち昇る「物語」とは？」衛紀生 新劇 35(11) 1988.11 p26〜29

**まだ見ぬ幸せ** [団]東京ヴォードヴィルショー

**5900** 上演：2007年8月29日〜9月2日 場所：紀伊國屋サザンシアター 作・演出：松原敏春 演出：中嶋しゅう

◇「心優しい人びと（松原祭〈明日への夢〉『まだ見ぬ幸せ』『黄昏れて、途方に暮れて』，トム・プロジェクト『夏きたりなば』）」斎藤偕子 テアトロ 798 2007.11 p48〜49

**マダムX** [団]愛知県芸術劇場

**5901** 上演：1999年9月10日〜9月11日 場所：愛知県芸術劇場小ホール 作・演出：一尾直樹

◇「一人芝居の可能性 アクターズ・フェスティバルNAGOYA'99」安住恭子 シアターアーツ 11 2000.1 p132〜135

**またもや！ 休むに似たり** [団]自転車キンクリートSTORE

**5902** 上演：2000年7月5日〜7月23日 場所：シアタートップス 脚本：飯島早苗 構成・演出：鈴木裕美

◇「象徴性の高い官能と恐怖（パルコ劇場『滅びかけた人類、その愛の本質とは…』，自転車キンクリートSTORE『またもや！ 休むに似たり』，シェイクスピア・シアター『尺には尺を』，コーロ・カロス『北緯三十九度・森からもらった話』）」結城雅秀 テアトロ 698 2000.9 p48〜51

**マダラ姫** [団]JIS企画

**5903** 上演：2004年12月3日〜12月12日 場所：紀伊國屋サザンシアター 作・演出：竹内銃一郎

◇「にんげん、このミステリアスな存在（THE・ガジラ『あるいは友をつどいて』，ナイロン100℃『消失』，JIS企画『マダラ姫』）」斎藤偕子 テアトロ 760 2005.2 p66〜68

**まちがいつづき** [団]演劇集団円

**5904** 上演：1980年2月29日〜3月6日 場所：紀伊國屋ホール 作：シェイクスピア 訳・演出：安西徹雄

◇「新人演出家の誕生（円『まちがいつづき』）」大場建治 テアトロ 447 1980.5 p30〜32

**5905** 上演：1981年3月9日〜3月15日 場所：紀伊國屋ホール 作：シェイクスピア 訳・演出：安西徹雄

◇「ロマンスとファルスの融合（円『まちがいつづき』）」柴田稔彦 テアトロ 459 1981.5 p30〜31

**5906** 上演：2006年3月18日〜3月29日 場所：ステージ円 作：シェイクスピア 訳：安西徹雄 演出：前川錬一

◇「役者人生の黄昏を生きる（木山事務所『出番を待ちながら』，ホリプロ『ライフ・イン・ザ・シアター』，文学座アトリエ『エスペラント』，演劇集団・円『まちがいつづき』，TPT『皆に伝えよ！ ソイレント・グリーンは人肉だと』）」結城雅秀 テ

## まちか

アトロ　778　2006.6　p48〜52

### 間違いの喜劇　㈱彩の国さいたま芸術劇場
**5907**　上演：2006年2月3日〜2月19日　場所：彩の国さいたま芸術劇場大ホール　作：シェイクスピア　訳：松岡和子　演出：蜷川幸雄
◇「翻訳劇の自由と制約（彩の国シェイクスピア・シリーズ『間違いの喜劇』、民藝『橋からの眺め』、ピュアーマリー『ニューヨーク青春物語』）」みなもとごろう　テアトロ　776　2006.4　p46〜48

### 間違いの喜劇　㈱シェイクスピア・シアター
**5908**　上演：1987年5月8日〜5月17日　場所：青山円形劇場　作：シェイクスピア　訳：小田島雄志　演出：出口典雄
◇「快作「ゴジラ」」渡辺保　新劇　34（7）　1987.7　p34〜39

**5909**　上演：1999年9月10日〜9月19日　場所：ニュー・プレイス　作：シェイクスピア　訳：小田島雄志　演出：出口典雄
◇「視覚的効果と聴覚の快楽（彩の国さいたま芸術劇場・RSC『リア王』、シェイクスピア・シアター『間違いの喜劇』）」結城雅秀　テアトロ　687　1999.11　p60〜61

### 間違いの喜劇—現夢也双子戯劇　㈱兵庫県立ピッコロ劇団
**5910**　上演：2013年10月12日〜10月14日、10月19日〜10月20日　場所：ピッコロシアター　作：シェイクスピア　翻案：喜志哲雄　演出：孫高宏
◇「10月の関西　秀作ひしめく秋（維新派『MAREBITO』、兵庫県立ピッコロ劇団『間違いの喜劇—現夢也双子戯劇』、遊劇体『往生安楽園』ほか）」太田耕人　テアトロ　883　2013.12　p57〜59

### まちがいの狂言　㈱世田谷パブリックシアター
**5911**　上演：2002年8月10日〜8月22日　場所：世田谷パブリックシアター　作：シェイクスピア　翻案：高橋康也　演出：野村萬斎
◇「いくつかの死とひとつの生（スカイスケープ主催『海の上のピアニスト』、燐光群『CVR—チャーリー・ビクター・ロミオ』、ひょうご舞台芸術『ジェイブス—記憶の棲む家』、世田谷パブリックシアター『まちがいの狂言』）」渡辺淳　テアトロ　727　2002.10　p53〜55

### 街角の事件　㈱手の会
**5912**　上演：1984年10月20日〜10月28日　場所：紀伊國屋ホール　作：別役実　演出：末木利文
◇「「ない」と「ある」（ことばの劇場）」川本三郎　新劇　31（12）　1984.12　p25〜29
◇「舞台の上の殺人（ことばの劇場）」長谷部浩　新劇　31（12）　1984.12　p30〜33

### 町の入墨師／瞼の母　㈱前進座
**5913**　上演：1983年4月7日〜4月18日　場所：前進座劇場　作：長谷川伸　演出：市川正、谷屋充
◇「劇的なテンポについて（前進座『長谷川伸名作劇場』）」衛紀生　テアトロ　484　1983.6　p26〜27

### マチのモノガタリ　㈱テアトル・エコー
**5914**　上演：2004年3月5日〜3月15日　場所：エコー劇場　作：森江賢二　演出：納谷悟朗
◇「生活感を共有する…（テアトル・エコー『マチのモノガタリ』、加藤健一事務所『すべて世は事も無し』、弘前劇場『家には高い木があった』、円『私の金子みすゞ』、ギィ・フォワシィ・シアター＋シアターX『ギィ・フォワシィ演劇コンクール』）」浦崎浩實　テアトロ　749　2004.5　p53〜55

### 待ちましょう　㈱MODE
**5915**　上演：1990年3月8日〜3月10日　場所：大田区民プラザ大ホール　構成・演出：松本修
◇「現実の感触」長谷部浩　しんげき　37（5）　1990.5　p40〜43

### マーちゃんの神曲—藤沢悪魔払い儀式事件　㈱転位・21
**5916**　上演：1988年6月5日〜6月14日　場所：紀伊國屋ホール　作・演出：山崎哲
◇「「ニン」についての二、三のこと」衛紀生　新劇　35（8）　1988.8　p26〜29
◇「「亡霊」というコンセプト」七字英輔　新劇　35（8）　1988.8　p30〜33
◇「別のイキモノがおばあちゃんのなかで」長谷部浩　新劇　35（8）　1988.8　p38〜41
◇「家族の劇という視点（転位21『マーちゃんの神曲』）」村井健　テアトロ　546　1988.8　p26〜27

### 松井須磨子　㈱エイコーン
**5917**　上演：2016年8月　場所：かめあり リリオホール　演出：加来英治
◇「情熱、熱狂、花園神社野外劇（椿組『贋・四谷怪談』、劇団桟敷童子『夏に死す』、風姿花伝『いま、ここにある武器』、劇団昴　ザ・サード・ステージ『ザ・グリークス』全三部、エイコーン『松井須磨子』、東京演劇集団風『ジャンヌ・ダルク—ジャンヌと炎』）」結城雅秀　テアトロ　923　2016.10　p38〜41

### 松井誠奮闘公演　㈱誠
**5918**　上演：1991年
◇「松井誠の「それは誠か！」」だるま食堂　しんげき　38（8）　1991.8　p38〜41

### マック・ザ・ナイフ　㈱スパイラル
**5919**　上演：1985年12月20日〜1986年1月26日　場所：スパイラルホール　作：ブレヒト　台本・演出：佐藤信　作曲：クルト・ヴァイル
◇「場所と記憶」鴻英良　新劇　33（4）　1986.4　p18〜23
◇「渡辺えり子と順みつきの存在感（スパイラルホール『マック・ザ・ナイフ』）」石崎勝久　テアトロ　517　1986.3　p20〜21

### マッチ売りの少女　㈱新国立劇場
**5920**　上演：2003年4月8日〜4月27日　場所：新国立劇場小劇場　作：別役実　演出：坂手洋二
◇「『マッチ売りの少女』別役実＝作／坂手洋二＝演出（戯曲は名作、だが演出不在—手塚とおるが演じていたのに）」菅孝行　シアターアーツ　18　2003.8　p82〜84

◇「『マッチ売りの少女』別役実=作/坂手洋二＝演出「別役劇の暴力と身体」」小池美佐子　シアターアーツ　18　2003.8　p85〜87
◇「新旧、"別役劇"の毒（新国立劇場『マッチ売りの少女』、俳優座劇場プロデュース『むりがとおれば』）」岩波剛　テアトロ　736　2003.6　p58〜59

## マッチ売りの少女たち〜別役実 初期作品群より　㊞青年団プロデュース

**5921** 上演：1997年10月29日〜11月2日　場所：青山円形劇場　原作：別役実　構成・演出：平田オリザ
◇「想像力のさまざまなかたち（青年団プロデュース『マッチ売りの少女たち〜別役実 初期作品群より』、宮沢章夫＆ウクレレプロデュース『会議』、松竹『ハムレット』、300『ガーデン』）」長谷部浩　テアトロ　664　1998.1　p60〜63

## 待つ人々　㊞俳協

**5922** 上演：2015年11月26日〜11月29日　場所：TACCS1179　作：青田ひでき　演出：伍堂哲也
◇「これを観ずして「俳協」を語るなかれ（劇団俳協『待つ人々』、パルコ招聘『バトルフィールド』、梅左事務所『清ён異聞』、燐光群『お召し列車』）」結城雅彦　テアトロ　914　2016.2　p44〜45

## マツモト・シスターズ　㊞民藝

**5923** 上演：2004年6月19日〜7月2日　場所：紀伊國屋サザンシアター　作：フィリップ・カン・ゴタンダ　訳：吉原豊司　演出：高橋清祐
◇「政治と演劇（昴『コリオレイナス』、民藝『マツモト・シスターズ』、俳優座LABO『蒼ざめた馬』）」渡辺淳　テアトロ　754　2004.9　p52〜54

## 松本荘の人たち　㊞あしたの会

**5924** 上演：1997年
◇「演劇環境をじっくり見ること・つくることの必要性―第18回 KYOTO演劇フェスティバル」菊川德之助　シアターアーツ　8　1997.5　p116〜119

## 祭りの兆し　㊞魚灯

**5925** 上演：2000年3月4日〜3月5日　場所：アトリエ劇研　作・演出：山岡德貴子
◇「3月の関西 多声のテクスト（アイホール演劇ファクトリー『春の音、曇天。をつけてみる』、鋼鉄猿廻し一座『あちらの人々は白塗に主顔と集団で待ち合わせをする』、魚灯『祭りの兆し』）」太田耕人　テアトロ　694　2000.5　p82〜84

## 祭りばやしは聞こえない　㊞文化座

**5926** 上演：1984年11月2日〜11月14日　場所：俳優座劇場　作：中島丈博　演出：木村光一
◇「ドラマの日常性と誇張と（文化座『祭りばやしは聞こえない』）」藤田洋　テアトロ　503　1985.1　p21〜24

## マディソン郡の橋　㊞東京オピニオンズフェスティバル、TBS

**5927** 上演：1999年9月2日〜9月19日　場所：アートスフィア　原作：R・J・ウォラー　脚本：鎌田敏夫　演出：山田和也

◇「現代の家族の様々な形（東京オピニオンズ＋TBS『マディソン郡の橋』、かたつむりの会『十六夜日記』、地人会『土曜・日曜・月曜』、木山事務所『壁の中の妖精』）」水落潔　テアトロ　687　1999.11　p48〜50

## 待てば海路の…　㊞民藝

**5928** 上演：2006年9月28日〜10月9日　場所：紀伊國屋サザンシアター　作：佐藤五月　演出：高橋清祐
◇「多彩な表現の可能性（民藝『待てば海路の…』、緒形拳ひとり舞台『白野（シラノ）』、人形劇団プーク『La pupa Teatro 11 おとなの時間』）」水落潔　テアトロ　785　2006.12　p54〜55

## マテリアル・ママ　㊞新国立劇場

**5929** 上演：2006年4月19日〜5月4日　場所：新国立劇場小劇場　作・演出：岩松了
◇「ああ、家族（シス・カンパニー『屋上の狂人』『父帰る』、新国立劇場『マテリアル・ママ』、東京演劇集団・風『マイロの通夜』）」田之倉稔　テアトロ　779　2006.7　p52〜54

## 窓を開ければ港が見える　㊞俳優座劇場

**5930** 上演：1985年1月11日〜1月27日　場所：俳優座劇場　作：別役実　演出：末木利文
◇「別役流〈夢の劇〉（俳優座劇場『窓を開ければ港が見える』）」渡辺淳　テアトロ　505　1985.3　p26〜28

## 窓からあなたが見える　㊞MODE

**5931** 上演：1995年3月3日〜3月12日　場所：東京芸術劇場小ホール2　作：平田オリザ　演出：松本修
◇「練り上げられた舞台の楽しさ（博品館『リトル・ショップ・オブ・ホラーズ』、音楽館『アイ・ラブ・坊ちゃん』、サンシャイン劇場『ボーイング・ボーイング』、ダブルフェイス『トップダンサー』、MODE『窓からあなたが見える』）」大沢圭司　テアトロ　629　1995.5　p57〜60

## 窓から外を見ている　㊞文学座アトリエの会

**5932** 上演：1993年12月3日〜12月12日　場所：文学座アトリエ　作：別役実　演出：石川耕士
◇「「物語」の生まれ方（文学座アトリエ公演『窓から外を見ている』、扉座『夜曲』、博品館劇場『姫ちゃんのリボン』、優曇華の会『おしゃべりランチ『大海原で』）」大沢圭司　テアトロ　613　1994.2　p68〜71

## 窓ぎわのセロ弾きのゴーシュ　㊞黒テント

**5933** 上演：1993年3月4日〜3月10日　場所：黒テント作業場　原作：宮沢賢治　作・演出：山元清多　演出：斎藤晴彦
◇「脚本、そして演出の構図（黒テント『窓ぎわのセロ弾きのゴーシュ』、パルコ『危険な関係』、アートスフィア『香港ラプソディー』）」大沢圭司　テアトロ　603　1993.5　p62〜64

**5934** 上演：1994年6月7日〜6月12日　場所：バウスシアター　原作：宮沢賢治　作・演出：山元清多　演出：斎藤晴彦
◇「演出意図の衝突と調和（松竹『ヴェニスの商人』、流山児★事務所『悪漢リチャード』、昴『熱い

トタン屋根の上の猫』，木山事務所『私の下町―母の写真』，花企画『相沢三郎の世界』，黒テント『窓ぎわのセロ弾きのゴーシュ』）」結城雅秀　テアトロ　619　1994.8　p58～64

**5935** 上演：2011年10月7日～10月10日　場所：イワト劇場　原作：宮沢賢治　作：山元清多　演出：斎藤晴彦

◇「定評ある「シリーズ」と再演舞台（彩の国さいたま芸術劇場『アントニーとクレオパトラ』，黒テント『窓ぎわのセロ弾きのゴーシュ』，流山児★事務所『ユーリンタウン』）」七字英輔　テアトロ　855　2011.12　p40～41

**窓辺の馬** [団]東京演劇集団風

**5936** 上演：2017年4月11日～4月16日　場所：レパートリーシアターKAZE　作：マテイ・ヴィスニユック　訳：川口覚子　演出：ペトル・ヴトカレウ

◇「新しい読みはどこまで可能か？（東京芸術劇場『ハムレット』，青年座『わが兄の弟 贋作アントン・チェーホフ傳』，東京演劇集団風『窓辺の馬』）」小山内伸　テアトロ　932　2017.6　p27～29

**まとまったお金の唄** [団]大人計画

**5937** 上演：2006年5月4日～5月28日　場所：本多劇場　作・演出：松尾スズキ

◇「「闘争の物語」への収束でいいの？（シアターコクーン『白夜の女騎士（ワルキューレ）』，大人計画『まとまったお金の唄』）」杉山弘　テアトロ　779　2006.7　p44～45

**マトリョーシカ** [団]松竹，パルコ

**5938** 上演：1999年4月25日～5月25日　場所：PARCO劇場　作・演出：三谷幸喜

◇「作り物でどこまで人を魅了できるか（俳優座『ロボット』，パルコ・松竹提携『マトリョーシカ』，新国立劇場『セツアンの善人』）」江原吉博　テアトロ　683　1999.7　p44～45

**聖母（マドンナ）の戦きありや神無月** [団]俳優座

**5939** 上演：1986年9月10日～9月21日　場所：俳優座劇場　作：岡部耕大　演出：西木一夫

◇「恋 其之弐」渡辺保　新劇　33（11）　1986.11　p34～39

◇「極彩色の言葉と舞台空間（俳優座『聖母の戦きありや神無月』）」衛紀生　テアトロ　525　1986.11　p30～33

**真夏の迷光とサイコ** [団]モダンスイマーズ

**5940** 上演：2010年7月8日～7月18日　場所：青山円形劇場　作・演出：蓬莱竜太

◇「永遠の課題、精神の廃墟（流山児★事務所『お岩幽霊 ぶゑのすあいれす』，ナイロン100℃『2番目、或いは3番目』，モダンスイマーズ『真夏の迷光とサイコ』）」北川登園　テアトロ　838　2010.9　p42～43

**真夏の夜の山田の夢** [団]2年6組山田学級

**5941** 上演：1997年8月22日～8月24日　場所：扇町ミュージアムスクエア　脚本：播州力　演出：ひよこBeauty

◇「9月の関西 時代をどう表現するか（関西芸術座『おかあさん疲れたよ』，劇団その1『夕暮れ少年』，劇団潮流『続・夢幻乱歩館』，劇団2年6組山田学級『真夏の夜の山田の夢』）」宮辻政夫　テアトロ　661　1997.11　p77～79

**夏至夜夢―まなつのよのゆめ** [団]態変

**5942** 上演：2002年9月26日～9月28日　場所：大阪城公園太陽の広場特設テント　原作：シェイクスピア　構成・演出：金満里

◇「10月の関西 古典の野外上演（劇団態変『夏至夜夢』，楽市楽座『かもめ』，兵庫県立ピッコロ劇団『樅の木に短冊』，くじら企画『サヨナフ』）」太田耕人　テアトロ　729　2002.12　p64～66

**真夏の夜の夢** [団]オフィス・ザ・サード・ステージ

**5943** 上演：1989年7月12日～7月21日　場所：東京グローブ座　作：シェイクスピア　脚色：オフィス・ザ・サードステージ　演出：木野花

◇「見えないちからに触れるために」長谷部浩　新劇　36（9）　1989.9　p34～37

◇「一夜の夢と、さすらいと」林あまり　新劇　36（9）　1989.9　p38～41

**真夏の夜の夢** [団]シェイクスピア・シアター

**5944** 上演：1981年6月29日～30日，7月4日　場所：俳優座劇場　作：シェイクスピア　演出：出口典雄

◇「真夏の夜の夢たち」扇田昭彦　新劇　28（9）　1981.9　p21～25

**真夏の夜の夢** [団]鳥獣戯画

**5945** 上演：1996年3月26日～3月31日　場所：本多劇場　原作：シェイクスピア　脚色・演出・振付：知念正文　音楽：雨宮賢明

◇「極限状態における人間の価値（俳優座『フル・サークル―ベルリン一九四五』，ザ・ガジラ『さらば北辺のカモメ』，銀座セゾン劇場『幸せの背くらべ』，結城座『フランケンシュタイン・バイブル』，昴『セールスマンの死』，鳥獣戯画『真夏の夜の夢』）」結城雅秀　テアトロ　643　1996.6　p42～48

**5946** 上演：2001年4月25日～4月29日　場所：本多劇場　作：シェイクスピア　脚本・演出・振付：知念正文

◇「息子と嫁と母の関係（一跡二跳『海のてっぺん』，流山児★事務所『ゾンビな夜』，鳥獣戯画『真夏の夜の夢』）」浦崎浩實　テアトロ　709　2001.7　p48～49

**真夏の夜の夢** [団]俳優座

**5947** 上演：1981年7月6日～7月30日　場所：サンシャイン劇場　作：シェイクスピア　演出：増見利清

◇「真夏の夜の夢たち」扇田昭彦　新劇　28（9）　1981.9　p21～25

**真夏の夜の三人姉妹** [団]68/71黒色テント

**5948** 上演：1986年8月6日～8月17日　場所：俳優座劇場　作：チェーホフ　構成・台本・演出：佐藤信

◇「白石加代子のラネーフスカヤ夫人」渡辺保　新劇　33（10）　1986.10　p34～39

◇「切り落された情緒（黒色テント・俳優座劇場『真夏の夜の三人姉妹』）」千野幸一　テアトロ　524　1986.10　p26～27

## マニラ瑞穂記　[団]新国立劇場

5949 上演：2014年4月3日～4月20日　場所：新国立劇場　作：秋元松代　演出：栗山民也

◇「喜劇の幅を楽しむ—三者三様の喜劇の味（ねずみの三銃士『万獣こわい』，新国立劇場『マニラ瑞穂記』，フジテレビ/ホリプロ主催『酒と涙とジキルとハイド』）」みなもとごろう　テアトロ　890　2014.6　p42～43

## マハゴニー市の興亡　[団]東京演劇集団風

5950 上演：2007年1月12日～1月17日　場所：レパートリーシアターKAZE　作：ブレヒト　訳：岩淵達治　演出：浅野佳成　音楽：八幡茂

◇「人間、この混沌とした存在（ホリプロ『スウィーニー・トッド』，トム・プロジェクト『カラフト伯父さん』，東京演劇集団風『マハゴニー市の興亡』，黒テント『メザスヒカリノサキニアルモノ若しくはパラダイス』，レクラム舎『Bench3』）」結城雅秀　テアトロ　789　2007.3　p108～112

5951 上演：2007年8月28日～9月2日　場所：レパートリーシアターKAZE　作：ブレヒト　訳：岩淵達治　演出：浅野佳成　音楽：八幡茂

◇「差別や偏見、そして欲望の果ては？（ホリプロ・天王洲 銀河劇場『ヴェニスの商人』，月蝕歌劇団『寺山修司 過激なる疾走』，東京演劇集団風『マハゴニー市の興亡』）」北川登園　テアトロ　798　2007.11　p52～53

5952 上演：2008年8月22日～8月27日　場所：レパートリーシアターKAZE　作：ブレヒト　訳：岩淵達治　演出：浅野佳成　音楽：八幡茂

◇「自分を一番知らないのは自分（音楽座ミュージカル『七つの人形の恋物語』，シス・カンパニー『人形の家』，東宝製作・シアタークリエ『青猫物語』，東京演劇集団風『肝っ玉おっ母とその子供たち、マハゴニー市の興亡』）」北川登園　テアトロ　812　2008.11　p48～50

5953 上演：2016年4月2日～4月10日　場所：レパートリーシアターKAZE　作：ブレヒト　訳：岩淵達治　演出：浅野佳成　音楽：八幡茂

◇「過去は現在とつながり、全ては寂滅（シス・カンパニー『アルカディア』，新国立劇場『たとえば野に咲く花のように』，劇団東演『兄弟』，劇団昴『ヴェニスの商人』，東京演劇集団風『マハゴニー市の興亡』，名取事務所『記念碑』）」結城雅秀　テアトロ　918　2016.6　p30～33

## マバタキノ棺　[団]少年王者舘

5954 上演：1991年8月7日～8月11日　場所：ザ・スズナリ　作・演出：天野天街

◇「〈頭をひっぱたく行為〉の〈表現〉への昇華」宮沢章夫　しんげき　38（11）　1991.10　p36～39

◇「だるまはなぜ下北へ行ったか」だるま食堂　しんげき　38（11）　1991.10　p44～47

## マハーバーラタ　[団]銀座セゾン劇場

5955 上演：1988年5月29日～7月22日　場所：銀座セゾン劇場　作・演出：ジャン=クロード・カリエール，ピーター・ブルック

◇「ドラマの「新世界」」扇田昭彦　新劇　35（8）　1988.8　p34～37

◇「ピーター・ブルックの力業（銀座セゾン劇場『マハーバーラタ』）」大場建治　テアトロ　546　1988.11　p21～23

## マハーバーラタ 太陽の王子ナラの冒険　[団]ク・ナウカ

5956 上演：2003年11月4日～11月16日　場所：東京国立博物館東洋館地下　演出：宮城聰

◇「様式性、リアリティー、関係性（ク・ナウカ『マハーバーラタ』，燐光群『CVR チャーリー・ビクター・ロミオ』，青年団リンク・地点『三人姉妹』）」丸田真悟　テアトロ　745　2004.1　p58～59

## マハーバーラタ～ナラ王の冒険　[団]SPAC（静岡県舞台芸術センター）

5957 上演：2014年9月12日～9月13日　場所：神奈川芸術劇場　台本：久保田梓美　演出：宮城聰　音楽：棚川寛子　空間構成：木津潤平

◇「母が女である時（中津留章仁Lovers『八月の雹』，こまつ座『きらめく星座』，静岡県舞台芸術センター『マハーバーラタ』）」結城雅秀　テアトロ　896　2014.11　p38～39

## 瞼の女—まだ見ぬ海からの手紙　[団]3○○

5958 上演：1984年6月29日～7月20日　場所：バウスシアター　作・演出：渡辺えり子

◇「ウォーキンポストで配達されなかった手紙（ことばの劇場）」川本三郎　新劇　31（9）　1984.9　p21～26

◇「砂嵐の中の〈物語〉（ことばの劇場）」渡辺弘　新劇　31（9）　1984.9　p40～43

◇「作・俳優ともに魅力的（3○○『瞼の女—まだ見ぬ海からの手紙』）」石崎勝久　テアトロ　499　1984.9　p29～31

## 瞼の母　[団]グループしぜん

5959 上演：2005年5月　場所：アドリブ小劇場　作：長谷川伸　構成・演出：伊藤漠

◇「劇的文体の妙（グループしぜん『瞼の母』，萬國四季協會『岬—波の間に間に義経さまが—』，演劇集団円『梅津さんの穴を埋める』）」中本信幸　テアトロ　765　2005.7　p56～57

## 瞼の母　[団]シス・カンパニー

5960 上演：2008年5月10日～6月8日　場所：世田谷パブリックシアター　作：長谷川伸　演出：渡辺えり

◇「夢の魔性のおそろしさ（Bunkamura『わが魂は輝く水なり』，シス・カンパニー『瞼の母』，阿佐ヶ谷スパイダース『失われた時間を求めて』）」内田洋一　テアトロ　807　2008.7　p46～48

## まほうつかいのでし　[団]扉座

5961 上演：2000年8月9日～8月16日　場所：ザ・

スズナリ　作：横内謙介　演出：茅野イサム
◇「自然現象と人間精神の自由（東京演劇アンサンブル『蜃気楼の見える町』, 扉座『まほうつかいのでし』, 花企画『酒も泪も溜息も』, 広島の女上演委員会『もうレクイエムは歌わない』）」結城雅秀　テアトロ　699　2000.10　p50〜54

**幻ろさんじん**　[団]みなと座
5962 上演：1990年5月24日〜6月12日　場所：浅草公会堂　作：岩間芳樹　演出：津川雅彦
◇「魯山人の謎（みなと座『幻ろさんじん』）」野村喬　テアトロ　570　1990.8　p21〜22

**幻に心もそぞろ狂おしのわれら将門**　[団]青年座
5963 上演：1994年4月24日〜5月2日　場所：紀伊國屋ホール　作：清水邦夫　演出：石澤秀二
◇「テクストの解釈ということ（ESC『ロミオとジュリエット』, 四季『この生命は誰のもの？』, 青年座『幻に心もそぞろ狂おしのわれら将門』, 俳優座『コーカサスの白墨の輪』, 岩松了プロデュース『アイスクリームマン』, 花組芝居『定本いろは四谷怪談』）」結城雅秀　テアトロ　618　1994.7　p48〜54

**幻に心もそぞろ狂おしのわれら将門**　[団]Bunkamura
5964 上演：2005年2月5日〜2月28日　場所：シアターコクーン　作：清水邦夫　演出：蜷川幸雄
◇「遊戯性と豪華絢爛の絵巻物（まつもと市民芸術館など『コーカサスの白墨の輪』,Bunkamura『幻に心もそぞろ狂おしのわれら将門』, パルコ製作『SHAKESPEARE'S R&J』）」北川登園　テアトロ　762　2005.4　p52〜54

**まぼろしの一家**　[団]アリストパネス・カンパニー
5965 上演：2003年5月16日〜5月25日　場所：スタジオAR　作・演出：黒川欣映
◇「アンサンブル効果（S.W.A.T！『アカツキ7』, アリストパネス・カンパニー『まぼろしの一家』, 演劇集団 円『アトリエ』）」中本信幸　テアトロ　737　2003.7　p48〜49

**幻の殺人者**　[団]四季
5966 上演：1981年7月4日〜7月14日　場所：日生劇場　作：パヴェル・コホウト　訳：倉橋健, 甲斐萬里江　演出：浅利慶太
◇「再現劇, 重層性の混乱（四季『幻の殺人者』）」結城雅秀　テアトロ　463　1981.9　p34〜37

**幻の光**　[団]メジャーリーグ, 博品館劇場
5967 上演：1996年9月5日〜9月16日　場所：博品館劇場　作：宮本輝　演出：鴨下信一　音楽：宮川彬良
◇「小説の言葉と映画の言葉（メジャーリーグ『幻の光』, 東京乾電池『しとやかな獣』）」江原吉博　テアトロ　648　1996.11　p66〜67

**まほろば**　[団]大阪
5968 上演：2010年10月15日〜17日,22日〜24日　場所：谷町劇場　作：蓬莱竜太　演出：熊本一
◇「10月の関西 空間と演技（劇団大阪『まほろば』, スイス銀行『おっぱい博士』, 犯罪友の会『あやつむぎ』）」太田耕人　テアトロ　841　2010.12　p58〜60

**まほろば**　[団]新国立劇場
5969 上演：2008年7月14日〜7月21日　場所：新国立劇場　作：蓬莱竜太　演出：栗山民也
◇「人の妊娠を笑うな 新国立劇場『まほろば』」水島葉子　シアターアーツ　36　2008.9　p109〜111
◇「力作揃った七月の創作劇（新国立劇場『まほろば』, イキウメ『表と裏と、その向こう』, 一跡二跳『流れる庭—あるいは方舟』）」村井健　テアトロ　810　2008.9　p52〜54

**まほろばの景**　[団]烏丸ストロークロック
5970 上演：2018年2月9日〜2月11日　場所：ロームシアター京都ノースホール　作・演出：柳沼昭徳
◇「2月の関西 阪神大震災に静かに思いを馳せる（Plant M『blue film』, 匣の階『パノラマビールの夜』, 烏丸ストロークロック『まほろばの景』, 能×現代演劇work『ともえと､』, 田中遊『戯式』）」九鬼葉子　テアトロ　944　2018.4　p65〜67

**ママ**　[団]八時半
5971 上演：2002年4月13日〜4月14日　場所：京都芸術センター　作・演出：山岡徳貴子
◇「4月の関西 引用の創造性（劇団・太陽族『ここからは遠い国』,MONO『橋を渡ったら泣け』, 劇団八時半『ママ』, 犯罪友の会『紅いカラス』）」太田耕人　テアトロ　722　2002.6　p64〜66

**ママがわたしに言ったこと**　[団]シス・カンパニー
5972 上演：2004年9月4日〜10月3日　場所：青山円形劇場　作：シャーロット・キートリー　訳：常田景子　演出：鈴木勝秀
◇「さまざまな戦争（THE・ガジラ『八月の狩』, シアターコクーン『赤鬼』,tpt『カモの変奏曲・シカゴの性倒錯』, シス・カンパニー『ママがわたしに言ったこと』）」渡辺淳　テアトロ　756　2004.11　p62〜64

**マヨイガの妖怪たち**　[団]調布市せんがわ劇場
5973 上演：2015年6月12日〜6月30日　場所：調布市せんがわ劇場　作：堀江安夫　演出：河田園子　振付：スズキ拓朗　音楽：川崎絵都夫
◇「弱者の喜劇、抵抗は現実を越える（ピープルシアター『新宿・夏の渦』, せんがわ劇場『マヨイガの妖怪たち』）」斎藤偕子　テアトロ　908　2015.9　p28〜29

**真夜中仮面**　[団]南河内万歳一座
5974 上演：1985年5月24日〜5月26日　場所：オレンジルーム　作・演出：内藤裕敬
◇「シンデレラはダーウィン博士と出会わない（ことばの劇場）」長谷部浩　新劇　32（8）　1985.8　p58〜61

**真夜中のキッチン**　[団]R+1
5975 上演：1999年8月13日〜8月15日　場所：下北沢駅前劇場　作・演出：鈴木一功
◇「子どもの時間、大人の時間（うりんこ『ロビン

ソンとクルーソー』,うりんこ『よみがえれ！ ブッダ』,東京演劇アンサンブル『ちゅうたのくうそう』,東京演劇アンサンブル『おんにょろ盛衰記』,たんぽぽ『距離 DISTANCE〜俺たちのHARMONY〜』,R+1『真夜中のキッチン』)」浦崎浩實　テアトロ　686　1999.10　p64〜67

### 真夜中の太陽　㈲民藝
**5976**　上演：2013年2月13日〜2月24日　場所：紀伊國屋サザンシアター　作：工藤千夏　演出：武田弘一郎　原案・音楽：谷山浩子
◇「消えることのない負の記憶(WOWOW ぴあ TSP 銀河劇場 制作『テイキングサイド』,民藝『真夜中の太陽』,無名塾 秘演『授業』)」北川登園　テアトロ　874　2013.4　p44〜45

### 真夜中のパーティ　㈲パルコ
**5977**　上演：1992年2月8日〜2月27日　場所：PARCO劇場　作：マート・クローリィ　訳・演出：青井陽治
◇「音楽風土のディファレンス」三田格　Les Specs　39(5)　1992.5　p20〜21

### 真夜中の弥次さん喜多さん　㈲少年王者舘
**5978**　上演：2004年1月6日〜1月13日　場所：シアターグリーン　原作：しりあがり寿　脚色・演出：天野天街
◇「時代ものが映える(自由人会『松陰吉田寅次郎』,少年王者舘KUDAN Project『真夜中の弥次さん喜多さん』,俳優座『三屋清左衛門残日録〜夕映えの人』)」中本信幸　テアトロ　747　2004.3　p108〜109

### マラカス―消尽　㈲トム・プロジェクト
**5979**　上演：1998年10月27日〜11月4日　場所：シアタートップス　作・演出：唐十郎
◇「佐野史郎・伊藤克・北島角子の力量(トム・プロジェクト『マラカス―消尽』,同人会『椎名麟三没後25周年記念公演』,夜の樹『夜の隣人たち』,清奏舞台『能・21・シリーズ1』,沖縄実験劇場『山のサバニ〜ヤンバル・パルチザン伝』)」浦崎浩實　テアトロ　677　1999.1　p78〜80

### マリアの首―幻に長崎を想う曲　㈲現代制作舎
**5980**　上演：2000年6月25日〜7月5日　場所：ベニサン・ピット　作：田中千禾夫　演出：上田ボッコ
◇「人間劇のありよう(俳優座劇場プロデュース『ハーブ園の出来事』,ピープルシアター『りゅうりぇんれん』,現代制作舎『マリアの首』,ポイント東京『そして誰もいなくなった』)」渡辺淳　テアトロ　698　2000.9　p42〜44

### マリアの首―幻に長崎を想う曲　㈲新劇団協議会
**5981**　上演：1992年1月23日〜2月2日　場所：パナソニック・グローブ座　作：田中千禾夫　演出：出口典雄
◇「もう一度澄明な詩を(劇団協議会『マリアの首』)」森秀男　テアトロ　590　1992.4　p40〜41

### マリアの首―幻に長崎を想う曲　㈲新国立劇場
**5982**　上演：2017年5月10日〜5月28日　場所：新国立劇場小劇場 THE PIT　作：田中千禾夫　演出：小川絵梨子
◇「生老病死からの解放(イキウメ『天の敵』,シス・カンパニー『黒塚家の娘』,劇団昴Page2『ふくろう』,新国立劇場『マリアの首』)」杉山弘　テアトロ　933　2017.7　p36〜38

### マリアの首―幻に長崎を想う曲　㈲俳優座劇場
**5983**　上演：1999年12月4日〜12月12日　場所：俳優座劇場　作：田中千禾夫　演出：鐘下辰男
◇「近・現代古典の再生(俳優座劇場プロデュース『マリアの首』幻に長崎を想う曲,tpt『令嬢ジュリー』,劇団サンウリウム『ゴドーを待ちながら』)」渡辺淳　テアトロ　691　2000.2　p74〜75

### マリウス　㈲文学座
**5984**　上演：1984年12月1日〜12月23日　場所：東横劇場　作：マルセル・パニョル　訳：永戸俊雄　演出：戌井市郎
◇「心意気のボルテージ(文学座『マリウス』)」渡辺淳　テアトロ　504　1985.2　p25〜27

### マリコの悪縁教室　㈲77年企画
**5985**　上演：2006年6月18日〜6月25日　場所：精華小劇場　原作：山口茜　脚本：ごまのはえ　企画：竹内佑,金田明子
◇「7月の関西 進化する精華演劇祭(77年企画『マリコの悪縁教室』,桃園会『もういいよ』,劇団・太陽族『だけど、ほらごらん』)」太田耕人　テアトロ　782　2006.9　p62〜64

### マルグリット先生のやり方　㈲真咲美岐モノローグドラマの会
**5986**　上演：1980年2月4日〜2月29日　場所：パモス青芸館　作：ロベルト・アタイド　脚色：ジャン・ルゥ・タバディ　演出：吉原正晴
◇「一人芝居(モノドラマ)とその受容」堂本正樹　新劇　27(4)　1980.4　p26〜29

### マルフィ公爵夫人　㈲演劇集団円
**5987**　上演：2002年3月19日〜3月31日　場所：ステージ円　作：ジョン・ウェブスター　訳・演出：安西徹雄
◇「時空間を埋め尽くそうとする欲望(流山児★事務所『最後から二番目の邪魔物』,演劇集団円『マルフィ公爵夫人』,月夜果実店『謎のそばにいて』)」丸田真悟　テアトロ　722　2002.6　p42〜43

### 円山町幻花　㈲朋友
**5988**　上演：2006年6月14日〜6月18日　場所：シアターサンモール　作：三井快　演出：西方亨
◇「素晴らしい二村周作の美術(文化座『鈴が通る』,一跡二跳『平面になる』,NLT『ハーヴィーからの贈り物』,朋友『円山町幻花』)」みなもとごろう　テアトロ　781　2006.8　p57〜59

### 丸山蘭水楼の遊女たち　㈲文学座
**5989**　上演：1979年12月10日〜12月23日　場所：東横劇場　作：井上光晴　演出：戌井市郎
◇「あまりに"芝居"的な(文学座『丸山蘭水楼の遊

女たち』）」菊地貞三　テアトロ　444　1980.2　p30～33

マルーンの長いみち～小林一三物語　[団]兵庫県立ピッコロ劇団

5990 上演：2018年2月23日～2月25日　場所：兵庫県立芸術文化センター　作：古川貴義　演出：マキノノゾミ

◇「3月の関西 才能の交流。演劇界の広がりへの可能性（演劇EXPO2018『流れんな』，現代演劇レトロスペクティヴ『二十世紀の退屈男』，兵庫県立ピッコロ劇団『マルーンの長いみち』，大阪劇団協議会合同公演『築地にひびく銅鑼』，清流劇場『アンドラ』）」九鬼葉子　テアトロ　945　2018.5　p38～40

マレーネ　[団]銀座セゾン劇場

5991 上演：1999年10月30日～11月28日　場所：銀座セゾン劇場　作：パム・ジェムス　訳：黒田絵美子　演出：高橋昌也

◇「恋と人生と政治と（松竹『恋の三重奏』，銀座セゾン劇場『マレーネ』，燐光群『天皇と接吻』）」渡辺淳　テアトロ　690　2000.1　p57～59

マレーネ　[団]T-PROJECT

5992 上演：2014年11月18日～11月24日　場所：赤坂RED/THEATER　作：パム・ジェムス　訳・演出・美術：三輪えり花

◇「ディートリッヒに会った（T-プロジェクト『マレーネ』，劇団1980『粕谷怪談 贋作蘆花傳』，俳小『マイス・アンド・メン』，勝田演劇事務所『ヘッダ・ガーブラー』）」結城雅秀　テアトロ　900　2015.2　p112～113

マレーネ　[団]ベルリン・ルネッサンス劇場

5993 上演：2001年6月6日～6月14日　場所：アートスフィア　作：パム・ジェムス　脚本：フォルカー・キューン　演出：ディートマー・プフレーゲール

◇「楽屋における女優の孤独と情熱（ベルリン・ルネッサンス劇場『マレーネ』，木冬社『女優N―戯曲推理小説より』，地人会『アンチゴーヌ』，東京ギンガ堂『KAZUKI～ここが私の地球』）」結城雅秀　テアトロ　710　2001.8　p64～68

MAREBITO　[団]維新派

5994 上演：2013年10月5日～10月14日　場所：犬島海水浴場　演出：松本雄吉　音楽：内橋和久

◇「10月の関西 秀作ひしめく秋（維新派『MAREBITO』，兵庫県立ピッコロ劇団『間違いの喜劇―現夢也双子戯劇―』，遊劇体『往生安楽國』ほか）」太田耕人　テアトロ　883　2013.12　p57～59

満開の案山子がなる　[団]魚灯

5995 上演：2002年8月2日～8月4日　場所：イサン東福寺　作・演出：山岡徳貴子

◇「8月の関西 ゆたかな野外の収穫（維新派『カンカラ』，遊劇体『二人で狂う』，MONO『きゅうりの花』，魚灯『満開の案山子がなる』，佳梯かこプロデュース『ソラノテザワリ』）」太田耕人　テアトロ　727　2002.10　p63～65

漫画の祖、ふたり―楽天と一平　[団]演劇集団ワンダーランド

5996 上演：2018年9月21日～9月24日　場所：紀伊國屋ホール　作・演出：竹内一郎

◇「時空を超えて変らぬものは（劇団鳥獣戯画『不知火譚 第二章』，演劇集団ワンダーランド『漫画の祖、ふたり―楽天と一平』，虹企画/ぐるうぷ・シュラ『スキスキ病気』）」黒羽英二　テアトロ　953　2018.12　p48～49

満月　[団]南河内万歳一座

5997 上演：2013年10月30日～11月4日　場所：インディペンデントシアター2nd　作・演出：内藤裕敬

◇「11月の関西 喪失される日常（南河内万歳一座『満月』，劇団大阪『臨界幻想』，A級 Missing Link『あの町から遠く離れて』）」太田耕人　テアトロ　885　2014.1　p50～52

満月の人よ　[団]トム・プロジェクト

5998 上演：2012年9月22日～9月30日　場所：紀伊國屋ホール　作・演出：東憲司

◇「アンサンブルの妙（柿喰う客『無差別』，トム・プロジェクト『満月の人よ』，アミューズ『阿呆の鼻毛で蜻蛉をつなぐ』）」丸田真悟　テアトロ　869　2012.12　p44～45

5999 上演：2015年4月21日～4月26日　場所：あうるすぽっと　作・演出：東憲司

◇「三者三様の“伝説”と舞台表現と（朋友『華と石と』，シアターコクーン『地獄のオルフェウス』，トム・プロジェクト『満月の人よ』）」みなもとごろう　テアトロ　905　2015.7　p36～37

マンザナ、わが町　[団]こまつ座

6000 上演：1997年12月13日～12月21日　場所：紀伊國屋ホール　作：井上ひさし　演出：鵜山仁

◇「日付けのある喜劇二つ（こまつ座『マンザナ、わが町』，劇団1980『黒念仏殺人事件』）」みなもとごろう　テアトロ　666　1998.3　p76～77

6001 上演：2018年9月7日～9月15日　場所：紀伊國屋ホール　作：井上ひさし　演出：鵜山仁

◇「絶妙なアンサンブル効果（テアトル・エコー『青い鳥たち、カゴから』，座・高円寺『ピノッキオ』，こまつ座『マンザナ、わが町』）」中本信幸　テアトロ　952　2018.11　p52～53

万獣こわい　[団]パルコ〔ねずみの三銃士〕

6002 上演：2014年3月15日～4月8日　場所：PARCO劇場　作：宮藤官九郎　演出：河原雅彦

◇「喜劇の幅を楽しむ―三者三様の喜劇の味（ねずみの三銃士『万獣こわい』，新国立劇場『マニラ瑞穂記』，フジテレビ/ホリプロ主催『酒と涙とジキルとハイド』）」みなもとごろう　テアトロ　890　2014.6　p42～43

満州戦線　[団]流山児★事務所

6003 上演：2018年7月11日～7月16日　場所：ザ・スズナリ　作：パク・グニョン　訳：石川樹里　演出：シライケイタ

◇「その先が見たい（新国立劇場『消えていくなら朝』，ナイロン100℃『睾丸』，流山児★事務所『満州戦線』，KAAT×地点『山山』，シス・カンパニー『お蘭、登場』）」杉山弘　テアトロ　950　2018.9　p46～48

**MANCHURIA 贋・川島芳子伝**　[団]青年座

6004 上演：2000年4月8日～4月16日　場所：紀伊國屋ホール　作：西島大　演出：黒岩亮

◇「妄評多罪（NODA・MAP『カノン』，青年座『マンチューリア―贋・川島芳子伝』，新国立劇場『新・地獄変』）」大場建治　テアトロ　695　2000.6　p60～62

**満天の桜**　[団]民藝

6005 上演：2012年12月6日～12月20日　場所：三越劇場　作：畑澤聖悟　演出：丹野郁弓

◇「男は建て前、女は度胸（現代演劇協会『明暗』，劇団1980『白浪五人女』，劇団民藝『満天の桜』）」北川登園　テアトロ　872　2013.2　p60～61

**満点の星よ**　[団]二兎社

6006 上演：1985年7月24日～7月28日　場所：銀座みゆき館劇場　作・演出：永井愛

◇「コピーではなく、オリジナルを―〈本歌取り〉作品の事情（ことばの劇場）」衛紀生　新劇　32（9）　1985.9　p66～69

**まんどらごら異聞2011**　[団]ジャブジャブサーキット

6007 上演：2011年3月11日～3月13日　場所：精華小劇場　作・演出：はせひろいち

◇「3月の関西 記憶を刻む（遊劇体『蘇りて歌はん』，ジャブジャブサーキット『まんどらごら異聞2011』，兵庫県立ピッコロ劇団『天保十二年のシェイクスピア』）」太田耕人　テアトロ　847　2011.5　p50～52

**真ん中の者の話**　[団]ソパナム座

6008 上演：1982年

◇「ルーツに根ざした現代演劇」梅本洋一　新劇　29（10）　1982.10　p36～37

**マンボウ水族館**　[団]三角フラスコ

6009 上演：1999年4月23日～4月25日　場所：扇町ミュージアムスクエア　作・演出：花田明子

◇「5月の関西 再演の厚み、新作の心意気（芸術祭典・京主催『夏の砂の上』，三角フラスコ『マンボウ水族館』，糾～あざない～『桜桃ごっこ』）」太田耕人　テアトロ　683　1999.7　p66～68

## 【み】

**見えざるモノの生き残り**　[団]イキウメ

6010 上演：2009年12月2日～12月7日　場所：紀伊國屋ホール　作・演出：前川知大

◇「座敷わらし、海獣、ジャム（イキウメ『見えざるモノの生き残り』，桟敷童子『海獣』，グリング『jam』）」みなもとごろう　テアトロ　830　2010.2　p52～53

**見えない友達**　[団]仲間

6011 上演：1995年7月23日～7月25日　場所：東京芸術劇場小ホール　作：アラン・エイクボーン　訳：出戸一幸　演出：亀井光子

◇「極限状況における人間の魂の尊厳（ひょうご舞台芸術『ゲットー』，劇団ひまわり『コルチャック先生』，六行会『ワンダリング・アイズ』，文学座『怪談・牡丹灯籠』，SWAT！『ジャスティス』，扉座『曲がり角の悲劇』，仲間『見えない友達』）」結城雅秀　テアトロ　634　1995.10　p65～71

**三日月エレファント**　[団]Ugly duckling

6012 上演：2007年3月29日～4月1日　場所：精華小劇場　作：樋口美友喜　演出：池田祐佳理

◇「4月の関西 戯曲を見直す（空の驛舎『空の驛舎』，A級 Missing Link『人間が不老不死なら全て解決』，アグリーダックリング『三日月エレファント』）」太田耕人　テアトロ　792　2007.6　p59～61

**三日月堂書店**　[団]弘前劇場

6013 上演：2000年5月3日～5月7日　場所：ザ・スズナリ　作・演出：長谷川孝治

◇「役者が舞台で遊び、それを見て客席が沸く仕掛け（演奏舞台『難波津に咲くやこの花』，唐組『夜壺』，弘前劇場『三日月堂書店』，てんびん座『プロポーズ』『橋』，黒テント『メザス ヒカリノ サキニアルモノ もしくはパラダイス』）」佐藤康平　テアトロ　696　2000.7　p66～67

**みごとな女／釣堀にて**　[団]シアターX

6014 上演：2002年1月8日～1月13日　場所：シアターX　作：森本薫（みごとな女），久保田万太郎（釣堀にて）　演出：川和孝

◇「味わい深い名作舞台の再演（東京乾電池『夏の夜の夢』，シアターX名作劇場『みごとな女』『釣堀にて』，青年団『冒険王』他）」佐藤康平　テアトロ　719　2002.3　p74～75

**岬―波の間に間に義経さまが**　[団]萬國四季協會

6015 上演：2005年5月12日～5月13日　場所：中野光座　作：響リュウ　演出：渡辺大策

◇「劇的文体の妙（グループしぜん『瞼の母』，萬國四季協會『岬―波の間に間に義経さまが―』，演劇集団円『梅津さんの穴を埋める』）」中本信幸　テアトロ　765　2005.7　p56～57

**岬に住む人をめぐって**　[団]花企画

6016 上演：1997年11月6日～11月9日　場所：築地本願寺ブディストホール　作・演出：植村達雄

◇「「ぢらい」に心奪われる！（第13回地域劇団東京演劇祭，花企画『岬に住む人をめぐって』，青杜『樹海』，本多劇場『K2―運命のザイル』）」浦崎浩實　テアトロ　664　1998.1　p71～73

**ミザリー**　[団]コマ・プロダクション

6017 上演：2005年6月14日～6月19日　場所：シアターアプル　原作：スティーブン・キング　脚本：サイモン・ムーア　訳：常田景子　演出：松本祐子

◇「心ならずも映画版が思い浮かび（コマ・プロダクション『ミザリー』，ジャブジャブサーキット『成

## 短い手紙 ㊙民藝

**6018** 上演:1986年2月17日〜2月23日　場所:砂防会館ホール　作:庄野英二　演出:高橋清祐
◇「凶器と毒薬」渡辺保　新劇　33(4)　1986.4　p30〜35

## 水いらずの星 ㊙壁ノ花団

**6019** 上演:2016年9月2日〜9月4日　場所:AI・HALL　作:松田正隆　演出:水沼健
◇「9月の関西 観客層を広げなければならない、というミッション(コンプリ団『カラカラ』、エイチエムビー・シアターカンパニー『四谷怪談』、兵庫県立ピッコロ劇団オフオフシアター『おはなしBOX』、兵庫県立芸術文化センタープロデュース『テロ』、壁ノ花団『水いらずの星』)」九鬼葉子　テアトロ　924　2016.11　p50〜52

## 水いらずの星 ㊙羊団

**6020** 上演:2000年11月7日〜11月8日　場所:青山円形劇場　作:松田正隆　演出:水沼健
◇「「漂流演劇」はどこへ向かうのか(青山演劇フェスティバル『漂流演劇2000』)」野中広樹　テアトロ　703　2001.1　p66〜68

## みず色の空、そら色の水 ㊙AI・HALL

**6021** 上演:1996年8月29日〜9月1日　場所:AI・HALL　作・演出:竹内銃一郎　関西弁翻訳:岩崎正裕
◇「9月の関西 言葉の問題(関西芸術座『ロンリーハート』、AI・HALLプロデュース『みず色の空、そら色の水』、ひょうご舞台芸術『シャドー・ランズ』、劇団コーロ『刻を踏む』)」宮辻政夫　テアトロ　648　1996.11　p81〜83

## みず色の空、そら色の水 ㊙the nextage

**6022** 上演:2018年5月10日〜5月13日　場所:ウィングフィールド　作:竹内銃一郎　演出:松本修
◇「5月の関西 重い記憶とどう向き合い、出発するのか(悪い芝居『ラスト・ナイト・エンド・ファースト・モーニング』、IKSALON表現者工房『コギ』、竹内銃一郎集団連続公演『タニマラーさびしい風』、the nextage『みず色の空、そら色の水』、プロトテアトル『どこよりも遠く、どこでもあった場所。あるいは、どこよりも近く、なにもない。』)」九鬼葉子　テアトロ　947　2018.7　p42〜44

## みず色の空、そら色の水 ㊙東京乾電池

**6023** 上演:1993年9月18日〜9月30日　場所:シアタートップス　作・演出:竹内銃一郎
◇「「古典」を読み解く意味(THE・ガジラ『女殺油地獄』、東京乾電池『みず色の空、そら色の水』)」大沢圭司　テアトロ　609　1993.11　p72〜74

## 湖の秋 ㊙俳優座

**6024** 上演:2005年9月22日〜10月2日　場所:俳優座劇場　作:長谷川孝治　演出:高岸未朝
◇「日本人の戯画描く政治的笑劇(二兎社『歌わせたい男たち』、俳優座新進演出家三連続公演『湖の秋』『三ちゃんと梨枝』『しとやかな獣』)」内田洋一　テアトロ　771　2005.12　p48〜50

## 湖のまるい星 ㊙文学座

**6025** 上演:2006年1月26日〜2月5日　場所:紀伊國屋サザンシアター　作:鈴江俊郎　演出:藤原新平
◇「演出力(燐光群『スタッフ・ハプンズ』、文学座『湖のまるい星』、新国立劇場『ガラスの動物園』)」斎藤偕子　テアトロ　776　2006.4　p60〜62

## 水を運ぶ夜 ㊙龍昇企画

**6026** 上演:2002年3月8日〜3月17日　場所:中野ザ・ポケット　作:平田俊子　演出:福井泰司
◇「死を舞台に投げ見せた鬼籍の二人(DONNA-DONNA『公の園』、3.1の会『自由の彼方で』、源氏物語朗読『六条の御息所』、龍昇企画『水を運ぶ夜』)」佐藤康平　テアトロ　721　2002.5　p46〜47

## 水鏡 ㊙ポかリン記憶舎

**6027** 上演:2002年3月30日〜3月31日　場所:Gallery SD602 Kingryo　作・演出:明神慈
◇「存在の演劇(ク・ナウカ『生きてゐる小平次』、ポかリン記憶舎 和服美女空間『水鏡』)」里見宗律　テアトロ　722　2002.6　p54〜53

## ミス・サイゴン ㊙東宝

**6028** 上演:1992年4月23日〜8月30日　場所:帝国劇場　作:アラン・ブーブリル、ノブコ・オルベリー　訳:岩谷時子　演出:ニコラス・ハイトナー　振付:ボブ・エイビアン、クロード・ミッシェル・シェーンベルク、リチャード・モリトビーJr、アラン・ブーブリル
◇「演技の息づかない舞台(民芸『リア王』、帝劇『ミス・サイゴン』)」村井健　テアトロ　593　1992.7　p92〜94

## 水嶋さんのストライキ ㊙PM/飛ぶ教室

**6029** 上演:1999年11月5日〜11月7日　場所:下北沢駅前劇場　作・演出:蜷螂襲
◇「悪夢で会いましょう〜Stardust Nightmares(唐組『秘密の花園』、MONO『一初恋』、維新派『水街』、PM/飛ぶ教室『水嶋さんのストライキ』)」岡野宏文　テアトロ　690　2000.1　p62〜65

## MISS JULIE―令嬢ジュリ ㊙優曇華の会

**6030** 上演:1994年9月30日〜10月2日　場所:シアターVアカサカ　作:ストリンドベリ　訳・演出:小林志郎
◇「「方言」による多様性の主張(昴『リチャード二世』、パルコ『毛皮のマリー』、劇団1980『へのへのへ』、優曇華の会『ミス・ジュリー』、ひょうご舞台芸術『オイディプス王』、俳優座ラボ『去るものは日々に遠し』、文学座『ふるあめりかに袖はぬらさじ』)」結城雅秀　テアトロ　623　1994.12　p54〜61

## みすてられた島 ㊙青年劇場

**6031** 上演:2014年5月10日〜5月18日　場所:紀伊國屋サザンシアター　作・演出:中津留章仁
◇「群を抜く「みすてられた島」の面白さ(俳優座『七人の墓友』、青年劇場『みすてられた島』、演劇集団砂地『3Crock』)」村井健　テアトロ　891

2014.7　p46〜47

**MIST—ミスト**　[団]ショーマ

**6032** 上演：1999年4月13日〜4月25日　場所：中野ザ・ポケット　作・演出：高橋いさを

◇「客席を考えさせる土壌を耕す舞台（三人芝居『ベッドルーム』，青杜みに・しあた『怪盗三日月丸』，ショーマ『MIST—ミスト』）」佐藤康平　テアトロ　682　1999.6　p60〜62

**水に絵を描く**　[団]自転車キンクリート

**6033** 上演：1989年4月27日〜5月7日　場所：全労済ホール/スペース・ゼロ　作：飯島早苗　演出：鈴木裕美

◇「待ちつづけた灯」林あまり　新劇　36（7）1989.7　p38〜41

**水の味**　[団]プラチナ・ペーパーズ，ネルケプランニング

**6034** 上演：1998年5月23日〜5月27日　場所：紀伊國屋サザンシアター　作：島田裕巳　演出：堤泰之

◇「秘儀的芸術—このうしろ側の見えざるもの（万有引力『五月の鷹—北は南の反対ではない』，ヴィムヴァンデ・ケイビュス『7-決して語られない秘密』，プラチナ・ペーパーズ&ネルケプランニング『水の味』）」里見宗律　テアトロ　671　1998.8　p66〜68

**水の駅**　[団]転形劇場

**6035** 上演：1981年4月28日〜5月17日　場所：転形劇場工房　作・演出：太田省吾

◇「へだたりの構造」三浦雅士　新劇　28（7）1981.7　p26〜29

**水の駅—2**　[団]BeSeTo演劇祭実行委員会

**6036** 上演：1995年11月　場所：パナソニックグ・グローブ座　作・演出：太田省吾

◇「『水の駅 2』—その演劇方法と「日本人さ」について」朴祚烈　シアターアーツ　5　1996.5　p94〜96

◇「異文化への理解と協調—第二回「BeSeTo演劇祭」を終えて」七字英輔　テアトロ　638　1996.1　p58〜60

**水の駅—3**　[団]太田省吾演劇事務所

**6037** 上演：1998年9月19日〜9月20日　場所：世田谷パブリックシアター　作・演出：太田省吾

◇「さまざまな身体的変奏（太田省吾演劇事務所『水の駅—3』，東京演劇アンサンブル『セチュアンの善人』，サンシャイン劇場『欲望という名の電車』，DiDim Dance Company『明成皇后』）」渡辺淳　テアトロ　675　1998.12　p55〜57

**水の鏡**　[団]錬肉工房

**6038** 上演：1982年5月1日〜5月10日　場所：錬肉工房アトリエ　作・演出：岡本章

◇「演戯と即興」西堂行人　新劇　29（7）1982.7　p28〜29

**6039** 上演：1983年2月5日〜2月20日　場所：錬肉工房アトリエ　作・演出：岡本章

◇「ボケの完成とこれから—錬肉工房公演「水の鏡」（ことばの劇場）」長尾一雄　新劇　30（5）1983.5　p34〜36

**水の記憶**　[団]ひょうご舞台芸術

**6040** 上演：2000年6月16日〜6月25日　場所：新神戸オリエンタル劇場　作：シーラ・スティーヴンスン　訳：小田島恒志　演出：栗山民也

◇「7月の関西 記憶という差異（ひょうご舞台芸術『水の記憶』，NEO企画『浅川町5丁目1番5号』，三角フラスコ『ホテルニューカレドニア』，アグリーダックリング『こども魂』）」太田耕人　テアトロ　698　2000.9　p61〜63

**水の休日 ↑＝2**　[団]転形劇場

**6041** 上演：1987年11月20日〜11月29日　場所：転形劇場T2スタジオ　作・演出：太田省吾

◇「演出家の前衛的な態度（転形劇場『水の休日』）」西堂行人　テアトロ　540　1988.2　p38〜39

**水の戯れ**　[団]竹中直人の会

**6042** 上演：1998年12月3日〜12月28日　場所：本多劇場　作・演出：岩松了

◇「深度のない現実（NODA・MAP『Right Eye』，T.P.T『ルル』，竹中直人の会『水の戯れ』）」長谷部浩　テアトロ　678　1999.2　p72〜75

**水の街のメディア**　[団]うらら舎

**6043** 上演：1994年12月3日〜12月11日　場所：シアターX　作：渡辺えり子　演出：鈴木絢士

◇「翻案劇3態（松竹『王女メディア』，うらら舎『水の街のメディア』，東宝『虎—野田秀樹の国性爺合戦』）」渡辺淳　テアトロ　626　1995.2　p80〜82

**水の村幻想奇譚**　[団]R+1

**6044** 上演：2002年7月30日〜8月4日　場所：「劇」小劇場　作・演出：喜一朗

◇「屈指のギャグ芝居など（S.W.A.T！『幕末ジャイアンツ』，オフィスプロジェクトM『Life Cycle』，R+1『水の村幻想奇譚』，ミュージカル座『舞台に立ちたい』，仲間『青い図書カード』，弘前劇場『月の二階の下』）」浦崎浩實　テアトロ　727　2002.10　p56〜59

**みずみずしい水、みずくさい水**　[団]青い鳥

**6045** 上演：1992年6月12日〜6月14日　場所：アレーナ・ホール　作・演出：市堂令

◇「演劇の〈ブランド性〉ということ（第七病棟『オルゴールの墓』，青い鳥『みずみずしい水、みずくさい水』，かたつむりの会『死のような死』，NOISE『夜の学校』）」内野儀　テアトロ　594　1992.8　p82〜84,153〜153

**ミセス・サヴェッジ**　[団]文学座アトリエの会

**6046** 上演：2008年9月11日〜9月22日　場所：吉祥寺シアター　作：ジョン・パトリック　訳：安達紫帆　演出：上村聡史

◇「人間、この愚者のあがき（東京演劇集団風『アポカリプティカ』，文学座アトリエの会『ミセス・サヴェッジ』，THE・ガジラ『ゆらゆら』）」斎藤偕子　テアトロ　812　2008.11　p56〜57

**魅せられてヴェラ**　[団]シアターアプル

**6047** 上演：1989年11月3日〜11月26日　場所：シ

アターアプル　原作：J・オハラ　作詞：R・ハート　訳・演出：青井陽治　作曲：R・ロジャース

◇「ミュージカル評―拡がる境界線」萩尾瞳　新劇　37(1)　1990.1　p42～45

**三谷版 桜の園**　[団]パルコ

*6048* 上演：2012年6月9日～7月8日　場所：PARCO劇場　作：チェーホフ　演出：三谷幸喜

◇「才子、才に溺れるの譬えも（世田谷パブリックシアター『南部高速道路』, パルコプロデュース『三谷版 桜の園』, 新国立劇場『サロメ』）」北川登園　テアトロ　865　2012.8　p42～43

**猥り現**　[団]トラッシュマスターズ

*6049* 上演：2016年2月18日～2月28日　場所：赤坂RED/THEATER　作・演出：中津留章仁

◇「勇む舞台の乱れ打ち（劇団TRASHMASTERS『猥り現』, ホリプロ『ライ王のテラス』, 新国立劇場『焼肉ドラゴン』）」河野孝　テアトロ　917　2016.5　p30～31

**乱れて熱き吾身には―藤村・「春」**　[団]潮流

*6050* 上演：2000年9月1日～9月2日　場所：大阪厚生年金会館芸術ホール　作：吉永仁郎　演出：藤本栄治

◇「9月の関西 新劇のリベンジ（潮流『乱れて熱き吾身には―藤村・「春」―』, 京芸『文殊九助』, 遊劇体『ドリームス』,A級 Missing Link『目には太陽見えてもこの感じは雨だ』）」太田耕人　テアトロ　700　2000.11　p128～130

**満ち足りた散歩者**　[団]B級遊撃隊

*6051* 上演：2000年7月5日～7月9日　場所：ザ・スズナリ　作・演出：佃典彦

◇「悲劇か喜劇か、グレーゾンが問題だ!?（演劇有志トウキョウロード『ブドリよ、私は未だ眠る事ができない』,B級遊撃隊『満ち足りた散歩者』, 円 小劇場の会『そして、飯島君しかいなくなった』, 青杜『麒麟』その他）」浦崎浩實　テアトロ　698　2000.9　p54～56

**満ちる**　[団]MODE

*6052* 上演：2012年3月22日～3月31日　場所：座・高円寺1　作：竹内銃一郎　演出：松本修

◇「終の棲家、終の檻、そして終の映画（劇団俳小『なにもいらない―山頭火と放哉―』, きなせ企画『終の檻』,MODE『満ちる』）」七字英輔　テアトロ　862　2012.6　p42～44

**密会**　[団]犬の事ム所

*6053* 上演：1993年11月　場所：全労済ホール/スペース・ゼロ　作・演出：大竹野正典

◇「魅力ある演技とは（関西芸術座『なすの庭に、夏』, 犬の事ム所『密会』, 遊劇体『火の夜をもつ女』）」宮辻政夫　テアトロ　613　1994.2　p78～80

**密会**　[団]オフィスコットーネ

*6054* 上演：2014年8月14日～8月18日　場所：ザ・スズナリ　作：大竹野正典　演出：日澤雄介

◇「ダブル、トリプルのドラマ空間（文学座アトリエ『終の楽園』, 加藤健一事務所『If I Were You こっちの身にもなってよ』, オフィスコットーネ『密会』）」斎藤偕子　テアトロ　895　2014.10　p40～41

**密会**　[団]くじら企画

*6055* 上演：2010年10月29日～10月31日　場所：ウィングフィールド　作：大竹野正典

◇「11月の関西 空間を書き直す（くじら企画『密会』, 遊劇体『縄文人にあいうえお』,A級 Missing Link『蒼天、神を殺すにはいい日だ』, 兵庫県立ピッコロ劇団『花のもとにて春死なむ』）」太田耕人　テアトロ　843　2011.1　p52～54

**密航者 STOWAWAYS**　[団]フィリップ・ジャンティ・カンパニー

*6056* 上演：2000年7月13日～7月15日　場所：彩の国さいたま芸術劇場　作・演出：フィリップ・ジャンティ

◇「保守的な演劇とグロテスクな現実（劇団S.W.A.T！『雪原を血にそめて』, 文学座『峠の雲』, フィリップ・ジャンティ・カンパニー『密航者 STOWAWAYS』）」七字英輔　テアトロ　699　2000.10　p42～44

**MITSUKO 世紀末の伯爵夫人**　[団]マルーラ, 博品館劇場

*6057* 上演：1994年2月15日～2月20日　場所：博品館劇場　作・演出：大間知靖子

◇「時間と空間を超越する役者たち（マルーラ+博品館『MITSUKO』, 木山事務所『壁の中の妖精』, フラワーズ・カンパニー『カラマーゾフの兄弟』, 松竹+文学座『ウェストサイド・ワルツ』）」結城雅秀　テアトロ　615　1994.4　p60～63

**ミッション**　[団]イキウメ

*6058* 上演：2012年5月11日～5月27日　場所：シアタートラム　作：前川知大　演出：小川絵梨子

◇「ルービックキューブのように―イキウメ『ミッション』」西堂行人　シアターアーツ　51　2012.6　p107～110

◇「一歩踏み込む勇気（NODA・MAP『THE BEE』, ヤングヴィック劇場『カフカの猿』, イキウメ『ミッション』）」杉山弘　テアトロ　863　2012.7　p38～39

**Missing Linkの謎を追え！**　[団]A級 Missing Link

*6059* 上演：2003年1月11日～1月12日　場所：神戸アートビレッジセンター　作・演出：土橋淳志

◇「1月の関西 共同体のほうへ（海のサーカス『杏仁豆腐のココロ』,A級 Missing Link『Missing Linkの謎を追え！』, 人間座『人形師卯吉の余生』）」太田耕人　テアトロ　733　2003.3　p81～83

**三つのダイアローグ・「父親」**　[団]演劇集団円

*6060* 上演：1989年5月10日～5月16日　場所：ステージ円　作：山本有三　演出：山下悟

◇「痴呆性老人の世界とテレビ・メディア」七字英輔　新劇　36(7)　1989.7　p26～29

**ミッドサマーナイトドリーム** [団]プロジェクトOIE
6061 上演：1999年5月28日〜6月2日　場所：東京芸術劇場小ホール1　原作：シェイクスピア　訳・台本・演出：小澤僥謳
◇「コトバ、さまざま（プロジェクトOIE『ミッドサマーナイトドリーム』，風『ヘレン・ケラー ひびき合うものたち』，燐『にしむくさむらい』，花企画『相沢三郎の世界』，ストアハウスカンパニー『箱―Boxes―』）」浦崎浩實　テアトロ　684　1999.8　p64〜66

**MIDNIGHT UPRIGHT（うしみつ時のピアノ）** [団]自転車キンクリート
6062 上演：1986年9月19日〜9月21日　場所：ジァン・ジァン　作：飯島早苗　演出：鈴木裕美
◇「女に見られる男の時代」佐々木幹郎　新劇　33（12）　1986.12　p28〜33
◇「自転車キンクリート」渡辺保　新劇　33（12）　1986.12　p34〜39

**蜜の味** [団]俳小
6063 上演：2007年3月27日〜4月1日　場所：アトリエ俳小　作：シーラ・ディレーニー　訳：小田島雄志　演出：松本永実子
◇「プロの表現・プロの意識（俳小『蜜の味』，翠『毛皮のマリー』，ギイ・フォワシィ・シアター『私もカトリーヌ・ドヌーブ』『父の言い分』『劇的リーディング』）」斎藤偕子　テアトロ　792　2007.6　p44〜45

**蜜の味／二等辺三角形** [団]「劇」小劇場
6064 上演：1997年9月24日〜9月30日　場所：「劇」小劇場　作：大岩真理　演出：宮田慶子
◇「最低辺の現実に肉薄する試み（ウォーキング・スタッフ『アリゲーター・ダンス2』，下北沢『劇』小劇場開場記念公演『蜜の味』『二等辺三角形』，文学座『人生と呼べる人生』，東京ギンガ堂『クレイジー・フルーツ』，兵庫県立ピッコロ劇団『わたしの夢は舞う』）」江原吉博　テアトロ　662　1997.12　p72〜74

**三屋清左衛門残日録〜夕映えの人** [団]俳優座
6065 上演：2004年1月14日〜1月25日　場所：紀伊國屋ホール　原作：藤沢周平　脚本：八木柊一郎　演出：安川修一
◇「時代ものが映える（自由人会『松陰吉田寅次郎』，少年王者舘KUDAN Project『真夜中の弥次さん喜多さん』，俳優座『三屋清左衛門残日録〜夕映えの人』）」中本信幸　テアトロ　747　2004.3　p108〜109

**密林譚** [団]解体社
6066 上演：1986年1月18日〜19日，2月1日〜2日　場所：横浜国立大学鎌倉蒼翠寮
◇「場所と記憶」鴻英良　新劇　33（4）　1986.4　p18〜23
◇「世界はB級感覚」鴻英良　新劇　34（2）　1987.2　p22〜27

**緑のかげのなかへ／夫への日記** [団]地人会
6067 上演：2005年2月11日〜2月20日　場所：ベニサン・ピット　作：フィン・メトリング，フィン・カーリング　訳：毛利三彌　脚色：ルイス・ミュインツア　演出：浅沼一彦，保科耕一
◇「南北端の地のドラマ（文学座『最果ての地よりさらに遠く』，地人会『緑のかげのなかへ』『夫への日記』）」渡辺淳　テアトロ　762　2005.4　p58〜59

**緑の戦場** [団]S.W.A.T！
6068 上演：1997年12月3日〜12月7日　場所：パナソニック・グローブ座　作・演出：四大海
◇「〈や・お・い〉などについて（弘前劇場『休憩室』，燐『暁の使者』，虹企画/ぐるうぷ・しゅら『牡丹燈幻想』，S.W.A.T！『緑の戦場』）」浦崎浩實　テアトロ　665　1998.2　p82〜84

**緑の戦場2** [団]S.W.A.T！
6069 上演：1998年8月15日〜8月16日　場所：アートスフィア　作・演出：四大海
◇「さらってくれるお芝居を（兵庫県立ピッコロ劇団『さらっていってよピーターパン』，S.W.A.T！『緑の戦場2』，かもねぎショット『約束』）」林あまり　テアトロ　673　1998.10　p70〜71

**みどりの星の落ちる先** [団]流山児★事務所
6070 上演：1999年6月25日〜7月4日　場所：本多劇場　作：鈴江俊郎　演出：流山児祥
◇「社会の変質を伝える喜劇二本（二兎社『兄帰る』，流山児★事務所『みどりの星の落ちる先』）」七字英輔　テアトロ　685　1999.9　p64〜65

**みどりのゆび** [団]日生劇場
6071 上演：2003年8月22日〜8月24日　場所：日生劇場　原作：モーリス・ドリュオン　脚本・演出：梶賀千鶴子
◇「夏休み企画の公演から（日生劇場国際ファミリーフェスティヴァル『みどりのゆび』，日本テレビ、パルコ・東宝芸能企画・製作『シンデレラ・ストーリー』，テアトル・エコー『九月になれば』）」水落潔　テアトロ　742　2003.11　p46〜47

**水無月の云々** [団]トラッシュマスターズ
6072 上演：2012年6月21日〜7月1日　場所：タイニイ・アリス　作・演出：中津留章仁
◇「再演されるべき作品（俳優座劇場プロデュース『東京原子核クラブ』，風琴工房『記憶、或いは辺境』，中津留章仁Lover's『水無月の云々』）」丸田真悟　テアトロ　866　2012.9　p42〜43

**港町ちぎれ雲** [団]木山事務所
6073 上演：2004年5月21日〜5月30日　場所：俳優座劇場　作・演出：福田善之　作曲・音楽監督：古賀義弥
◇「ケータイ以前と以後、芝居の存亡（木山事務所『港町ちぎれ雲』，トム・プロジェクト『狐狸狐狸ばなし』，虹企画/ぐるうぷ・しゅら『黒雪姫と七人の大人たち』）」浦崎浩實　テアトロ　753　2004.8　p44〜45

**皆に伝えよ！ ソイレント・グリーンは人肉だと** [団]TPT
6074 上演：2006年3月29日〜4月16日　場所：ベニサン・ピット　作・演出：ルネ・ポレシュ

日本語台本：木内宏昌　訳：本田雅也
◇「役者人生の黄昏を生きる（木山事務所『出番を待ちながら』、ホリプロ『ライフ・イン・ザ・シアター』、文学座アトリエ『エスペラント』、演劇集団・円『まちがいつづき』、TPT『皆に伝えよ！ソイレント・グリーンは人肉だと』）」結城雅秀　テアトロ　778　2006.6　p48～52

## 南阿佐ヶ谷の母　㈲トム・プロジェクト
**6075** 上演：2015年11月3日～11月10日　場所：紀伊國屋ホール　作・演出：水谷龍二
◇「強固な意志の実現（エイコーン『メアリー・スチュアート』、桟敷童子『泥花』、オフィス樹『邪宗門』、『空気はぜひ必要です』、トム・プロジェクト『南阿佐ヶ谷の母』、森組芝居『或る日、或る時』、新国立劇場『桜の園』）」結城雅秀　テアトロ　913　2016.1　p29～32,60～62

## 南へ　㈲青年団
**6076** 上演：1996年2月2日～2月12日　場所：こまばアゴラ劇場　作・演出：平田オリザ
◇「腐敗の進行と回虫の現在―『南へ』と『この生は受け入れがたし』」江森盛夫　シアターアーツ　5　1996.5　p97～99
◇「人々はまどろみながらジュースを飲み、ときおりせわしげに煙草を吸う（俳優座劇場プロデュース『遊園地の思想』、青年団『南へ』）」藤谷忠昭　テアトロ　641　1996.4　p60～61

## 南へ　㈲NODA・MAP
**6077** 上演：2011年2月10日～3月31日　場所：東京芸術劇場　作・演出：野田秀樹
◇「アイデンティティはどこに（NODA・MAP『南へ』、NLT『ササフラスの枝にそよぐ風』、地点『舞台で観る、芥川龍之介の言葉 Kappa/或小説』）」斎藤偕子　テアトロ　847　2011.5　p36～37

## 南回帰線にジャポネースの歌は弾ね 日本棄民伝Ⅱ　㈲俳優座
**6078** 上演：1995年4月10日～4月25日　場所：俳優座劇場　作：藤田傳　演出：西木一夫
◇「制約を創造の源泉とする…（コンパス『夏の夜の夢』『ヴォイツェク』、RSC『恋の骨折り損』、円＋シアターX『母』、俳優座『南回帰線にジャポネースの歌は弾ね』、文化座『青春デンデケデケデケ』、一跡二跳『ONとOFFのセレナーデ』）」結城雅秀　テアトロ　630　1995.6　p62～68

## 南半球の渦　㈲アートネットワーク・ジャパン
**6079** 上演：2002年11月28日～12月10日　場所：シアタートラム　作・演出：土田英生
◇「12月の関西 曲がり角にいる作家たち（桃園会『blue film』、土田英生作・演出『南半球の渦』、遊劇体『紅玉』）」太田耕人　テアトロ　732　2003.2　p66～68

## 醜い男　㈲TPT
**6080** 上演：2009年3月22日～3月29日　場所：BankART Studio NYK　作：マリウス・フォン・マイエルンブルグ　演出：トーマス・オリバー・ニーハウス
◇「国際交流効果、せりふの生かし方（SCOTウインターシーズン（利賀村）『エレクトラ』、TPTリスタート（BankART Studio）『醜い男』」斎藤偕子　テアトロ　820　2009.6　p36～37

## 峯の雪　㈲民藝
**6081** 上演：2010年6月22日～7月4日　場所：紀伊國屋サザンシアター　作：三好十郎　演出：兒玉庸策
◇「『戦い』をめぐる三つの舞台（民藝『峯の雪』、木山事務所『壁の中の妖精』、新国立劇場『エネミイ』）」高橋豊　テアトロ　838　2010.9　p38～39

## ミハイル・バリシニコフ&坂東玉三郎　㈲銀座セゾン劇場
**6082** 上演：1998年8月5日～8月27日　場所：銀座セゾン劇場
◇「近代の毒消しとして…（東宝・パルコ提携『きららの指輪たち』、文学座『怪談 牡丹灯籠』、銀座セゾン劇場『ミハイル・バリシニコフ&坂東玉三郎』）」みなもとごろう　テアトロ　673　1998.10　p62～63

## ミー&マイガール　㈲宝塚歌劇団
**6083** 上演：1987年8月2日～8月30日　場所：宝塚劇場　作：アーサー・ローズ, ダグラス・ファーバー　訳：清水俊二　脚色・演出：小原弘稔
◇「紐育版による宝塚ミュージカル（宝塚『ミー・アンドマイガール』）」藤田洋　テアトロ　536　1987.10　p30～31

## みみず　㈲文学座アトリエの会
**6084** 上演：1998年7月10日～7月19日　場所：文学座アトリエ　作：坂手洋二　演出：鵜山仁
◇「光に曝されて、はじめて蠢くもの（演劇集団『光る時間』、東京乾電池『風立ちぬ』、スタジオライフ『訪問者』、文学座アトリエ『みみず』）」川口賢哉　テアトロ　672　1998.9　p76～78

## 木菟と岩礁　㈲伏兵コード
**6085** 上演：2013年1月25日～1月28日　場所：インディペンデントシアター1st　作・演出：稲田真理
◇「2月の関西 記憶を探る（桃園会『blue film』『よぶには、とおい』、下鴨車窓『煙の塔』、WI'RE『ひとがた』、伏兵コード『木菟と岩礁』）」太田耕人　テアトロ　874　2013.4　p53～55

## 耳に蚤—疑いのとりこ　㈲NLT
**6086** 上演：1995年10月19日～10月25日　場所：博品館劇場　作：ジョルジュ・フェドー　訳：米村晰　演出：出口典雄
◇「中途半端な二本（俳優座劇場プロデュース『いそという女』、NLT『耳に蚤—疑いのとりこ』）」大場建治　テアトロ　636　1995.12　p52～53

## 宮城野　㈲プロメテ
**6087** 上演：1986年10月4日～10月6日　場所：三百人劇場　作：矢代静一　演出：岡村嘉隆
◇「着実な展開みせる地域演劇—地域劇団東京演劇祭」藤木宏幸　テアトロ　527　1987.1　p40～41

ミヤギ能 オセロー～夢幻の愛　[団]SPAC（静岡県舞台芸術センター）

6088 上演：2018年2月11日～3月11日　場所：静岡芸術劇場　原作：シェイクスピア　台本：平川祐弘　演出：宮城聰

◇「鎮魂から祝祭へ『ミヤギ能 オセロー～夢幻の愛～』における物語の13回忌/回帰」本橋哲也　シアターアーツ　62　2018.5　p125～132

宮沢賢治―お父さんのかばん

6089 上演：1980年

◇「詩人と民衆の空間」利光哲夫　新劇 27（12）　1980.12　p34～37

宮沢賢治旅行記　[団]68/71黒色テント

6090 上演：1982年2月10日～14日,19日～21日　場所：68/71作業場　作・構成・演出：佐藤信

◇「キャバレー・声・演戯」梅本洋一　新劇 29（4）　1982.4　p25～26

◇「演劇の変節=物語る演劇」西堂行人　新劇 29（5）　1982.5　p28～29

宮部みゆきの世界　[団]FM東京

6091 上演：2001年7月27日～7月29日　場所：TOKYO FMホール　作：宮部みゆき　演出：品川能正　※朗読

◇「うそらしくない嘘を生かせ（リーディングサーカスvol.1『朗読 宮部みゆきの世界』,東宝現代劇75人の会『赤樫降りて』,花企画『ものみな歌でおわる』,木山事務所『ミレット』）」佐藤康平　テアトロ　713　2001.10　p46～48

ミュージカル回転木馬　[団]富山市民文化事業団

6092 上演：2011年3月25日～3月27日　場所：オーバード・ホール　訳・台本・演出：宮島春彦　脚本・作詞/オスカー・ハマースタイン二世　作曲：リチャード・ロジャーズ

◇「富山市民文化事業団の快挙～『回転木馬』を観て災害復興支援を想う（富山市民文化事業団『ミュージカル回転木馬』）」石澤秀二　テアトロ 848　2011.6　p42～43

ミュージカル ザ・キッチン　[団]地人会

6093 上演：2000年8月26日～9月9日　場所：世田谷パブリックシアター　作：アーノルド・ウェスカー　演出：木村光一　作曲：D・バーンズ　振付：前田清実

◇「イギリスの二作品（地人会『ミュージカル ザ・キッチン』,テアトル・エコー『チンプス』,青年劇場『島清、世に敗れたり』）」水落潔　テアトロ 700　2000.11　p110～111

美神（ミューズ）の鏡　[団]演劇実験室∴紅王国

6094 上演：2005年9月28日～10月4日　場所：「劇」小劇場　作・演出：野中友博

◇「寺山・唐作品の感染力（黒テント『血筋』,演劇実験室∴紅王国『美神の鏡』,新国立劇場・唐ゼミ★『黒いチューリップ』『盲導犬』,唐組『カーテン』）」野中広樹　テアトロ　771　2005.12　p58～60

ミューミュー　[団]ディナモ・シアター

6095 上演：1995年7月31日～8月2日　場所：俳優座劇場

◇「子供たちと観る演劇（児演協20周年記念 海外招へい公演,ゲイル・ラジョーイ『スノー・フレイク』,アルブレヒト・ローゼル『道化グスタフとそのアンサンブル』,ディナモ・シアター『ミューミュー』,プラハ・ブラックライト・シアター『ふしぎの国のアリス』）」大岡淳　テアトロ　634 1995.10　p76～78

ミュンヒハウゼン男爵の大冒険　[団]スパイラルシアター

6096 上演：1991年7月5日～7月14日　場所：スパイラルホール　総合監督：小竹信節　監督補佐：飴屋法水　音楽：コシミハル

◇「64年後の学則天」長谷部浩　しんげき 38（10）　1991.9　p34～37

◇「奇怪な機械の喜界な機会」だるま食堂　しんげき　38（10）　1991.9　p50～53

明星 与謝野鉄幹・晶子の道行き　[団]オフィスワンダーランド

6097 上演：2014年10月9日～10月12日　場所：紀伊國屋ホール　作・演出：竹内一郎

◇「また、惚れ直してしまいます（オフィスワンダーランド『明星 与謝野鉄幹・晶子の道行き』,彩の国シェイクスピア『ジュリアス・シーザー』,新国立劇場『ブレス・オブ・ライフ』）」結城雅秀　テアトロ　897　2014.12　p30～31

三好家の引っ越し　[団]扉座

6098 上演：1998年9月2日～9月10日　場所：シアターサンモール　作・演出：横内謙介

◇「心動かされた台詞（日生劇場『辰之助の 走れメロス』,扉座『三好家の引っ越し』,初舞台『終わらない夜』,銅鑼『らぶそんぐ』）」浦崎浩實　テアトロ　674　1998.11　p64～66

三好家の引っ越し　[団]プロツーカンパニー

6099 上演：1996年11月26日～12月7日　場所：アイランドホール　作・演出：横内謙介

◇「舞台に渦巻く力（木冬社『火のようにさみしい姉がいて'96』,プロツー・カンパニー『三好家の引っ越し』,夜の樹『つめくさの花の数列の果て～賢治迷い』）」林あまり　テアトロ　652　1997.2 p64～65

見よ、飛行機の高く飛べるを　[団]青年座

6100 上演：1999年8月7日～8月11日　場所：紀伊國屋サザンシアター　作：永井愛　演出：黒岩亮

◇「時事的問題劇の再演（パルコ劇場『オレアナ』,青年座『見よ、飛行機の高く飛べるを』,木山事務所『はだしのゲン』）」渡辺淳　テアトロ　686 1999.10　p74～75

6101 上演：2003年1月22日～1月26日　場所：本多劇場　作：永井愛　演出：黒岩亮

◇「無謀なモチーフに拍手を送りつつも…（オフィスプロジェクトM『明治とサムライと×××』,東京乾電池『雨上がりの夜空に…』,青年座『見よ、飛行機の高く飛べるを』,青杜『TELESCOPE テレスコープ』,虹企画・グループしゅら『桃花村祝婚歌』）」浦崎浩實　テアトロ　734　2003.4　p46～49

**6102** 上演：2014年5月10日～5月18日　場所：本多劇場　作：永井愛　演出：黒岩亮
◇「出過ぎた脇役たち（青年座『見よ、飛行機の高く飛べるを』、シス・カンパニー『ロンサム・ウェスト』、新国立劇場『テンペスト』）」江原吉博　テアトロ　891　2014.7　p42～43

**見よ、飛行機の高く飛べるを**　⑱世田谷パブリックシアター

**6103** 上演：2004年11月1日～11月21日　場所：シアタートラム　作：永井愛　演出：アントワーヌ・コーベ
◇「具象、抽象、普遍…変奏される戯曲の生命力――『見よ、飛行機の高く飛べるを』」桂真菜　シアターアーツ　21　2004.12　p85～87
◇「永井戯曲の舞台 明と暗（二兎社『新・明暗』、世田谷パブリックシアター『見よ、飛行機の高く飛べるを』、弘前劇場『賢治幻想 電信柱の歌』）」杉山弘　テアトロ　759　2005.1　p52～54

**未来を忘れる**　⑱文学座アトリエの会

**6104** 上演：2013年10月18日～11月1日　場所：文学座アトリエ　作：松井周　演出：上村聡史
◇「あいまいな現実（文学座アトリエの会『未来を忘れる』、イキウメ『片鱗』、劇団昴『本当のことを言ってください』）」斎藤偕子　テアトロ　885　2014.1　p42～43

**ミラノの奇跡**　⑱俳優座

**6105** 上演：1995年11月27日～12月10日　場所：俳優座劇場　原作：チェーザレ・ザヴァティーニ　脚本：竹内銃一郎　演出：栗山民也
◇「最も衝撃的な事象（銀座セゾン劇場『エンジェルズ・イン・アメリカ』第二部、地人会『五重奏』、俳優座『ミラノの奇跡』、英国・ウォーターミル劇団『オセロ』、櫻花舎『奴隷島』『いさかい』、燐光群『反戦自衛官＝森の中のまわり道』、入道雲『サトコ＝蟻の街のマリア』）」結城雅秀　テアトロ　639　1996.2　p65～71

**ミレット**　⑱木山事務所

**6106** 上演：2001年8月4日～8月7日　場所：東京グローブ座　作：エリザベス・ディッグス　演出・訳・訳詞：勝田安彦
◇「うそらしくない嘘を生かせ（リーディングサーカスvol.1『朗読 宮ების世界』、東宝現代劇75人の会『赤樫降りて』、花企画『ものみな歌でおわる』、木山事務所『ミレット』）」佐藤康平　テアトロ　713　2001.10　p46～48

**ミレナ**　⑱世田谷パブリックシアター

**6107** 上演：2002年9月27日～10月8日　場所：世田谷パブリックシアター　作：斎藤憐　演出：佐藤信
◇「昔を今へ（青年劇場『銃口』、世田谷パブリックシアター『ミレナ』、俳優座『きょうの雨 あしたの風』、燐光群『最後の一人までが全体である』、円『ブラインド・タッチ』）」渡辺淳　テアトロ　729　2002.12　p50～53

**ミレナ**　⑱俳協

**6108** 上演：2013年5月29日～6月2日　場所：TACCS1971　作：斎藤憐　演出：伍堂哲也
◇「歴史の『酷薄劇』は流出したか？（俳協『ミレナ』、萬國四季協會『流砂』、SHIMIN劇場Ⅱ『わらべうた』）」中本信幸　テアトロ　879　2013.8　p48～49

**ミレニアム・スウィート**　⑱C・T・T、杉山企画

**6109** 上演：2000年2月5日～2月6日　場所：東山青年の家　作：高橋いさを　演出：杉山準
◇「2月の関西 再演という反復（展覧会のA『風の中を跳べ、鯨…』、3つの木綿『柘榴』、突撃ネクタリン『眠たしの虜』、嘘つき『地球は踊らない』、C・T・T制作・杉山企画『ミレニアム・スウィート』）」太田耕人　テアトロ　693　2000.4　p111～113

**ミロンガ**　⑱句組

**6110** 上演：2017年10月4日～10月8日　場所：SPACE雑門　作・演出：大森句子　演出：村上秀樹
◇「多様な演劇、多様な劇場（青年劇場『アトリエ』、劇団NLT『何をしてたの五十年』、劇団句組『ミロンガ』、状況劇場（うらら舎の改名）『六条御息所』）」斎藤偕子　テアトロ　939　2017.12　p42～43

**MIWA**　⑱NODA・MAP

**6111** 上演：2013年10月4日～11月24日　場所：東京芸術劇場　作・演出：野田秀樹
◇「常に時代を反映する物語（こまつ座＆ホリプロ『それからのブンとフン』、Bunkamura『唐版滝の白糸』、NODA・MAP『MIWA』）」北川登園　テアトロ　883　2013.12　p48～49

**民衆の敵**　⑱燐光群

**6112** 上演：2006年5月26日～6月4日　場所：俳優座劇場　作・演出：坂手洋二
◇「イブセン、十九世紀末からの警告（演劇集団円『ロスメルスホルム』、燐光群『民衆の敵』、イブセンを上演する会『ゆうれい』）」北川登園　テアトロ　781　2006.8　p54～56

**ミントティー、それともレモン…？**　⑱NLT

**6113** 上演：2015年3月4日～3月11日　場所：銀座みゆき館劇場　作：ダニエル・ナヴァーロ＝オドゥクール、パトリク・オドゥクール　訳：佐藤康　演出：山上優
◇「差別が咲かせた悪の華（こまつ座＆世田谷パブリックシアター『藪原検校』、NLT『ミントティー、それともレモン…？』、ワンツーワークス『誰も見たことのない場所2015』）」北川登園　テアトロ　903　2015.5　p34～35

**みんなで渡れば…**　⑱東演

**6114** 上演：1999年9月22日～9月28日　場所：本多劇場　作：アラン・エイクボーン　訳：吉田美枝　演出：野沢那智
◇「ウエルメード劇こそ演技力が勝負（東演『みんなで渡れば…』、パルコ劇場『罠』、民藝『湧きいずる水は』、扉座『ホテルカリフォルニア』）」江原吉博　テアトロ　688　1999.12　p48～50

**みんなの歌**　⑱南河内万歳一座

**6115** 上演：2003年6月1日～6月8日　場所：HEP HALL　作・演出：内藤裕敬
◇「6月の関西 想像力の死、死の想像力（南河内万歳一座『みんなの歌』、アグリーダックリング『くち

## みんなの歌3　⑨南河内万歳一座

*6116* 上演：2005年5月9日〜5月15日　場所：ウルトラマーケット　作・演出：内藤裕敬

◇「5月の関西 物語から解き放たれて（hmp『cage』、南船北馬一団『シアン』、南河内万歳一座『みんなの歌3』）」太田耕人　テアトロ　765　2005.7　p66〜68

## 民話・秋田おばこ物語 貞子　⑨博品館劇場

*6117* 上演：1996年1月20日〜1月28日　場所：博品館劇場　作：今村勉　演出：鈴木完一郎

◇「演技のいさぎよさ（博品館劇場『貞子』、オンシアター自由劇場『黄昏のボードビル』、空間演技『籠城』）」大場建治　テアトロ　641　1996.4　p57〜59

# 【 む 】

## ムイカ　⑨コンブリ団

*6118* 上演：2012年3月30日〜4月2日　場所：ウイングフィールド　作・演出：はしぐちしん

◇「4月の関西 暗い部屋をめぐって（女性芸術劇場『光をあつめて』、コンブリ団『ムイカ』、犯罪友の会『白蓮の針』）」太田耕人　テアトロ　862　2012.6　p50〜52

## むかしここは沼だった。しろく　⑨八時半

*6119* 上演：2007年2月16日〜2月25日　場所：ウイングフィールド　作・演出：鈴江俊郎

◇「2月の関西 好舞台、競いあう！（MONO『地獄でございます』、劇団八時半『むかしここは沼だった。しろく』、桃園会『月と象ノ庭、或いは宵の鳥、三羽』、地点『ワーニャ伯父さん』）」太田耕人　テアトロ　790　2007.4　p66〜68

## 昔の女　⑨新国立劇場

*6120* 上演：2009年3月12日〜3月22日　場所：新国立劇場　作：ローラント・シンメルプフェニヒ　訳：大塚直　演出：倉持裕

◇「ドラマの内の時間と外の時間（まつもと市民芸術館『ピランデッロのヘンリー四世』、新国立劇場『昔の女』、銅鑼『ハンナのかばん』）」みなもとごろう　テアトロ　819　2009.5　p38〜40

## 麦の穂の揺れる穂先に　⑨文学座

*6121* 上演：2010年5月31日〜6月9日　場所：紀伊國屋サザンシアター　作：平田オリザ　演出：戌井市郎

◇「父娘の愛情をきめ細かく（文学座『麦の穂の揺れる穂先に』、加藤健一事務所『モリー先生との火曜日』、アル☆カンパニー『家の内臓』）」丸田真悟　テアトロ　837　2010.8　p44〜47

## 夢幻家族　⑨兵庫県立ピッコロ劇団

*6122* 上演：2001年10月10日〜10月14日　場所：ピッコロシアター　作：清水邦夫　演出：秋浜悟史

◇「10月の関西 世界の現れ方をみつめる（タイタスプロジェクト2001『のにさくはな』、ピッコロ劇団『夢幻家族』、ら・すとら〜だ『S高原から』）」太田耕人　テアトロ　715　2001.12　p74〜76

## 夢幻乱歩館　⑨潮流

*6123* 上演：1995年10月12日〜10月15日　場所：A&Hホール　原作：江戸川乱歩　作：葛山耿介　演出：藤本栄治

◇「10月の関西 手応えあったが（展覧会のA『NOW HERE WOMAN』、人形劇団クラルテ『しんとく丸』、関西芸術アカデミー『大経師昔暦』、潮流『夢幻乱歩館』）」宮辻政夫　テアトロ　636　1995.12　p72〜74

## むこうみずなとり　⑨南船北馬一団

*6124* 上演：2004年1月10日〜1月12日　場所：京都芸術センター・フリースペース　作・演出：棚瀬美幸

◇「1月の関西 失効する境界（南船北馬一団『むこうみずなとり』、サラ・ケイン何かがはじまる『4時48分サイコシス』、劇団・太陽族『飛ぶように過ぎゆく』）」太田耕人　テアトロ　747　2004.3　p116〜118

## 向う横丁のお稲荷さん　⑨俳優座劇場、かたつむりの会

*6125* 上演：1988年6月9日〜6月12日　場所：俳優座劇場　作：別役実　演出：村井志摩子

◇「まがまがしき情念（俳優座劇場『向う横丁のお稲荷さん』）」千野幸一　テアトロ　546　1988.8　p28〜29

## 無差別　⑨柿喰う客

*6126* 上演：2012年9月14日〜9月24日　場所：東京芸術劇場シアターイースト　作・演出：中屋敷法仁

◇「アンサンブルの妙（柿喰う客『無差別』、トム・プロジェクト『満月の人よ』、アミューズ『阿呆の鼻毛で蜻蛉をつなぐ』）」丸田真悟　テアトロ　869　2012.12　p44〜45

## 貪りと瞋りと愚かさと　⑨THEガジラ

*6127* 上演：1998年4月10日〜4月22日　場所：世田谷パブリックシアター　作・演出：鐘下辰男

◇「神なき時代の罪と罰（THE・ガジラ『貪りと瞋りと愚かさと』、ウォーキング・スタッフ『REDRUM〜赤い羊』、パルコ・プロデュース『トランス』、東京乾電池『スイム スイム スイム〜新・真夏の果実』）」七字英輔　テアトロ　669　1998.6　p60〜64

## 虫　⑨関西芸術座

*6128* 上演：1995年5月　場所：エルシアター　作：藤本義一　演出：道井直次

◇「6月の関西 別役実の新作（兵庫県立ピッコロ劇団『風の中の街』、関西芸術座『虫』、京都演劇会議『美しきものの伝説』）」宮辻政夫　テアトロ　632　1995.8　p79〜81

## 虫たちの日　⑨演劇集団円

*6129* 上演：1983年9月22日〜10月2日　場所：ステージ円　作：別役実　演出：岸田良二

◇「食べる芸（ことばの劇場）」矢野誠一　新劇

30 (12)　1983.12　p28〜31

無邪気　[団]扉座

6130 上演：1998年5月20日〜5月31日　場所：ザ・スズナリ　作・演出：横内謙介

◇「演技の“必要”と“不必要”(民芸『根岸庵律女』,流山児★事務所『ピカレスク黙阿弥』,MODE『孤独な惑星』,扉座『無邪気』)」みなもとごろう　テアトロ　671　1998.8　p58〜60

無重力チルドレン　[団]ジャブジャブサーキット

6131 上演：2011年6月23日〜6月26日　場所：七ツ寺共同スタジオ　作・演出：はせひろいち

◇「舞台が孕む「悪意」と「善意」(ジャブジャブサーキット『無重力チルドレン』,オフィス3〇〇『ゲゲゲのげ—逢魔が時に揺れるブランコ』,日露SAKURAプロジェクト『シベリアに桜咲くとき』)」みなもとごろう　テアトロ　853　2011.10　p36〜37

◇「10月の関西 あふれる光、閉ざされた闇(維新派『風景画』,三角フラスコ『あと少し待って』,ジャブジャブサーキット『無重力チルドレン』)」太田耕人　テアトロ　855　2011.12　p48〜50

むずかしい演劇　[団]New Produce Project

6132 上演：2004年2月4日〜2月8日　場所：京都芸術センター・フリースペース

◇「2月の関西 台頭する演出(清流劇場『この恋や思いきるべきさくらんぼ』,New Produce Project—3『むずかしい演劇』,鉛乃文檎『天使捕獲』『番長皿屋敷』)」太田耕人　テアトロ　748　2004.4　p59〜61

息子　[団]民藝,三越劇場

6133 上演：1987年11月27日〜12月3日　場所：三越劇場　作：小山内薫　演出：滝沢修

◇「宇野重吉の死」渡辺保　新劇　35 (3)　1988.3　p34〜39

息子です こんにちは　[団]松竹,文学座

6134 上演：1991年2月14日〜2月24日　場所：サンシャイン劇場　作：アレクサンドル・ヴァムピーロフ　訳：桜井郁子　演出：鵜山仁

◇「泣き笑いの愛(松竹・文学座『息子です、こんにちは』)」林あまり　テアトロ　578　1991.4　p26〜27

息子です こんにちは　[団]文学座

6135 上演：1993年5月8日〜5月19日　場所：紀伊國屋ホール　作：アレクサンドル・ヴァムピーロフ　訳：桜井郁子　演出：鵜山仁

◇「演劇の「企み」(善人会議『愚者には見えないラ・マンチャの王様の裸』,シアターコクーン『ブリキノマチノ夏の夜の夢』,東京壱組『火男の火』,文学座『息子です こんにちは』)」大沢圭司　テアトロ　605　1993.7　p60〜63

娘に祈りを　[団]TPT

6136 上演：1998年5月7日〜5月31日　場所：ベニサン・ピット　作：トーマス・ベイブ　訳：小田島恒志　演出：ロバート・アラン・アッカーマン

◇「ヴァルネラビリティと「差別」(文学座『THE BOYS—ストーンヘンジアパートの隣人たち』,T.P.T『娘に祈りを』)」七字英輔　テアトロ　670　1998.7　p45〜47

無駄骨　[団]THEガジラ

6137 上演：2003年12月26日〜12月30日　場所：「劇」小劇場　作：張鎭　訳：青木謙介　演出：大鷹明良

◇「寓話と象徴の力(THE・ガジラ『無駄骨』,公共ホール演劇製作ネットワーク『だれか、来る』)」新野守広　テアトロ　747　2004.3　p106〜107

むっちゃんのニュース　[団]青い鳥

6138 上演：1990年4月28日〜4月29日　場所：NBNホール　作・演出：市堂令

◇「演劇のかたちときもち」安住恭子　しんげき　37 (7)　1990.7　p26〜29

胸騒ぎの放課後　[団]中村座

6139 上演：1987年12月1日〜12月7日　場所：中村座アトリエ　作・演出：金杉忠男

◇「物語の死体」佐々木幹郎　新劇　35 (3)　1988.3　p28〜33

胸さわぎの放課後 ニュー・ヴァージョン　[団]中村座

6140 上演：1988年9月3日〜9月7日　場所：タイニイ・アリス　作・演出：金杉忠男

◇「困難な時代に立ち昇る「物語」とは？」衛紀生　新劇　35 (11)　1988.11　p26〜29

◇「老人の眼差し,死者の記憶」七字英輔　新劇　35 (11)　1988.11　p30〜33

◇「「機嫌のいい」時代に生きて」扇田昭彦　新劇　35 (11)　1988.11　p34〜37

胸さわぎの放課後'99　[団]篠塚祥司プロデュース

6141 上演：1999年10月22日〜10月24日　場所：青山円形劇場　作：金杉忠男　演出：篠塚祥司,中野精子

◇「“原っぱ”に心残して(キンダースペース『夜明けに消えた』,ピープルシアター『異人たちの辻』,トム・プロジェクト『夏』,篠塚祥司プロデュース『胸さわぎの放課後'99』)」佐藤康平　テアトロ　688　1999.12　p62〜64

胸の谷間に蟻　[団]演劇集団円

6142 上演：2012年4月20日〜5月2日　場所：ステージ円　作：土田英生　演出：内藤裕子

◇「観るものの精神構造(ティーファクトリー『騙り。』,演劇集団 円『胸の谷間に蟻』,俳優座『ヒメハル』)」斎藤偕子　テアトロ　863　2012.7　p42〜43

ムネモパーク　[団]アートネットワーク・ジャパン

6143 上演：2008年3月14日〜3月17日　場所：にしすがも創造舎　作：ダニエル・ベロネッセ

◇「過去と現在の照合(東京都国際芸術祭2008TIF『溺れる男』『ムネモパーク』『スリー・スペルズ』)」村井健　テアトロ　805　2008.5　p46〜47

無法松の一生　[団]青年座

6144 上演：1998年1月16日〜1月25日　場所：サンシャイン劇場　原作：岩下俊作　脚本：西

島大　演出：鈴木完一郎

◇「二つの新しい大衆劇（二十一世紀歌舞伎組『龍神伝』，青年座『無法松の一生』）」水落潔　テアトロ　666　1998.3　p78～79

### 夢魔　[団]青の会

**6145** 上演：1988年7月6日～7月10日　場所：銀座みゆき館劇場　作：岡田禎子　演出：伊藤祥子

◇「父の力、父の不在」七字英輔　新劇　35（9）1988.9　p30～33

### 無明長夜　[団]無名塾

**6146** 上演：2012年10月8日～10月14日　場所：吉祥寺シアター　作：松永尚三　演出：鐘下辰男

◇「忘れまいヒロシマの心（民藝『冬の花』，『シベリア』上演委員会『シベリア』，無名塾『無明長夜』）」北川登園　テアトロ　869　2012.12　p46～47

### 無欲の人 熊谷守一物語　[団]民藝

**6147** 上演：2013年6月20日～7月2日　場所：紀伊國屋サザンシアター　作：相良敦子　演出：兒玉庸策

◇「どこまで踏み込むか！―「評伝劇」の内と外（劇団民藝『無欲の人 熊谷守一物語』，新国立劇場『象』，こまつ座『頭痛肩こり樋口一葉』）」みなもとごろう　テアトロ　880　2013.9　p46～47

### 村井家の人々　[団]青年劇場

**6148** 上演：1994年9月14日～9月21日　場所：朝日生命ホール　作：ふじたあさや　演出：千田是也

◇「この秋、力作の三舞台（フラワーズ・カンパニー『ゴドーを待ちながらプラス○』，青年劇場『村井家の人々』，ギィ・フォワシイ・シアター『詩人の墓』『ストレス解消センター行き』）」斎藤偕子　テアトロ　622　1994.11　p72～73

### 村岡伊平治伝　[団]「座・新劇」上演実行委員会

**6149** 上演：1994年7月19日～7月24日　場所：俳優座劇場　作：秋元松代　演出：増見利清

◇「〈座・新劇〉の3作品について」森秀男　シアターアーツ　1　1994.12　p102～104

### 村岡伊平治伝　[団]俳優座

**6150** 上演：1997年9月2日～9月8日　場所：俳優座劇場　作：秋元松代　演出：増見利清

◇「幕切れがキマらない！（俳優座『村岡伊平治伝』，まにまアート『赤い糸に結ばれて』，文化座『いろはに金米糖』，東演『そして、あなたに逢えた』，キンダースペース『残酷な17才』）」浦崎浩實　テアトロ　661　1997.11　p64～66

**6151** 上演：2009年1月8日～1月18日　場所：俳優座劇場　作：秋元松代　演出：安川修一

◇「集団と個（俳優座『村岡伊平治伝』，萬國四季協會『いつか夢みたように』，トム・プロジェクト『かもめ来るころ』）」蔵原惟治　テアトロ　817　2009.3　p58～60

### 紫式部ダイアリー　[団]パルコ

**6152** 上演：2014年11月1日～11月30日　場所：PARCO劇場　作・演出：三谷幸喜

◇「才女の弱さ、庶民のしたたかさ（パルコ・プロデュース『紫式部ダイアリー』，俳優座『巨人伝説』，円『囁谷シルバー男声合唱団』）」水落潔　テアトロ　899　2015.1　p30～31

### ムラは3・3・7拍子　[団]ふるさときゃらばん

**6153** 上演：1989年12月1日～12月12日　場所：シアターアプル　作・演出：石塚克彦

◇「ミュージカル評―ブロードウェイから東京へ」萩尾瞳　新劇　37（2）　1990.2　p50～55

### ムーランルージュ　[団]青年座

**6154** 上演：1998年10月17日～10月25日　場所：本多劇場　作：斎藤憐　演出：伊藤大

◇「老舗劇団の5公演（文学座『牛乳屋テヴィエ物語』，手織座『季節のない街』，俳優座『遅咲きの花のワルツ』，ピープルシアター『幻影のムーランルージュ』，青年座『ムーランルージュ』）」水落潔　テアトロ　675　1998.12　p49～51

### むりがとおれば　[団]俳優座劇場

**6155** 上演：2003年4月4日～4月13日　場所：俳優座劇場　作：別役実　演出：岸田良二

◇「新旧、“別役劇”の毒（新国立劇場『マッチ売りの少女』，俳優座劇場プロデュース『むりがとおれば』）」岩波剛　テアトロ　736　2003.6　p58～59

### ムーンライト～夏の夜の不思議な夢の物語

[団]遊◎機械/全自動シアター

**6156** 上演：1996年6月16日～6月30日　場所：シアターコクーン　作：高泉淳子　演出：白井晃　音楽監督：中西俊博

◇「無駄を削る勇気を（遊◎機械/全自動シアター『ムーンライト』，加藤健一事務所『トレンド・ミー・テナー』，かたつむりの会『クラムボンは笑った』）」林あまり　テアトロ　645　1996.8　p63～64

## 【め】

### メアリ・スチュアート　[団]俳優座

**6157** 上演：1983年5月7日～5月27日　場所：俳優座劇場　作：シラー　訳：岩淵達治　演出：千田是也

◇「複眼的なシラー劇演出（俳優座『メアリー・スチュアート』）」宮下啓三　テアトロ　485　1983.7　p28～29

### メアリー・スチュアート　[団]エイコーン

**6158** 上演：2013年5月3日～5月7日　場所：サンシャイン劇場　原作：シラー　脚色・演出：加来英治

◇「愛のドラマは異なもの（演劇集団円『あわれ彼女は娼婦』，エイコーン『メアリー・スチュアート』，劇団NLT『恋の冷凍保存』）」中本信幸　テアトロ　877　2013.7　p48～49

**6159** 上演：2015年11月12日　場所：かめありリリオホール　原作：シラー　脚色・演出：加来英治

## めあり

◇「強固な意志の実現(エイコーン『メアリー・スチュアート』、桟敷童子『泥花』、オフィス樹『邪宗門』『空気はぜひ必要です』、トム・プロジェクト『南阿佐ヶ谷の母』、森組芝居『或る目、或る時』、新国立劇場『桜の園』)」結城雅秀　テアトロ　913　2016.1　p29～32,60～62

### メアリー・スチュアート　㈲勝田演劇事務所
**6160** 上演:2013年10月3日～10月7日　場所:下北沢Geki地下Liberty　作:ダーチャ・マライーニ　訳:望月紀子　演出:千田恵子

◇「小規模舞台への親しみ(人形劇団ブーク『カチカチ山』『約束』、タチ・ワールド『殺しの接吻』、勝田演劇事務所『メアリー・スチュアート』)」斎藤偕子　テアトロ　883　2013.12　p50～51

### メアリー・ステュアート　㈲清流劇場
**6161** 上演:2017年10月19日～10月22日　場所:AI・HALL　原作:シラー　訳:岩淵達治　ドラマトゥルク:柏木貴久子　構成・演出:田中孝弥

◇「11月の関西 権力構造の矛盾突く(清流劇場『メアリー・ステュアート』、劇団犯罪友の会『ことの葉こよみ』、匿名劇壇『悪い癖』、空晴『遠くの花火』、iaku『ハイツブリが飛ぶのを』)」九鬼葉子　テアトロ　941　2018.1　p42～44

### メアリー・ステュアート　㈲パルコ
**6162** 上演:2005年11月3日～11月22日　場所:PARCO劇場　作:ダーチャ・マライーニ　訳:望月紀子　演出:宮本亜門

◇「観念の遊戯の成否(ひょうご舞台芸術『芝居―朱鷺雄の城』、KARA・COMPLEX『調教師』、パルコ劇場『メアリー・ステュアート』、KOKAMI@network『トランス』)」七字英輔　テアトロ　773　2006.1　p56～58

**6163** 上演:2015年6月13日～7月5日　場所:PARCO劇場　作:ダーチャ・マライーニ　訳:望月紀子　演出:マックス・ウェブスター

◇「現代との接点があってこそ(勝田演劇事務所『かもめ』、新国立劇場『東海道四谷怪談』、パルコ劇場『メアリー・ステュアート』)」杉山弘　テアトロ　907　2015.8　p39～40

### メアリー・ルウ　㈲旧眞空鑑
**6164** 上演:1998年6月2日～6月3日　場所:スウェーデン大使館内オーディトリウム　作:ラーシュ・フォシェル　訳:富永由美　演出:豊川潤

◇「夢うすきファンタジー(唐組『汚れつちまつた悲しみに…』、演劇実験室 紅王国『化蝶譚―けてふたん』、新国立劇場 小劇場『今宵かぎりは…』、旧眞空鑑『メアリー・ルウ』)」七字英輔　テアトロ　671　1998.8　p74～77

### 明暗　㈲現代演劇協会
**6165** 上演:2012年11月28日～12月2日　場所:紀伊國屋サザンシアター　作:福田恆存　演出:福田逸

◇「男は建て前、女は度胸(現代演劇協会『明暗』、劇団1980『白浪五人女』、劇団民藝『満天の桜』)」北川登園　テアトロ　872　2013.2　p60～61

### 明治とサムライと×××　㈲オフィスプロジェクトM
**6166** 上演:2003年1月22日～1月28日　場所:中野ザ・ポケット　作・演出:丸尾聡

◇「無謀なモチーフに拍手を送りつつも…(オフィスプロジェクトM『明治とサムライと×××』、東京乾電池『雨上がりの夜空に…』、青年座『見よ、飛行機の高く飛べるを』、青社『TELESCOPE テレスコープ』、虹企画・グループしゅら『桃花村祝婚歌』)」浦崎浩實　テアトロ　734　2003.4　p46～49

### 明治の柩　㈲青年座
**6167** 上演:2000年11月18日～11月26日　場所:本多劇場　作:宮本研　演出:鈴木完一郎

◇「二つの『明治の柩』が照射する宮本研のしたたかさ(花企画『明治の柩』、青年座『明治の柩』)」扇田昭彦　テアトロ　703　2001.1　p54～53

### 明治の柩　㈲東演
**6168** 上演:2015年11月27日～12月4日　場所:紀伊國屋ホール　作:宮本研　演出:黒岩亮

◇「過酷な『下流』の変わらぬ哀しみ(青年座『からゆきさん』、東演『明治の柩』、俳優座『ラスト・イン・ラブソディ』)」髙橋豊　テアトロ　914　2016.2　p42～43

### 明治の柩　㈲花企画
**6169** 上演:2000年11月16日～11月19日　場所:シアターVアカサカ　作:宮本研　台本・演出:牧武志

◇「二つの『明治の柩』が照射する宮本研のしたたかさ(花企画『明治の柩』、青年座『明治の柩』)」扇田昭彦　テアトロ　703　2001.1　p54～53

### 明治の柩　㈲文学座
**6170** 上演:2015年6月11日～6月24日　場所:あうるすぽっと　作:宮本研　演出:髙瀬久男

◇「志を受けついだ俳優陣の気魄(イキウメ『聖地X』、海外コメディ・シリーズ『ルーマーズ』、文学座『明治の柩』)」河野孝　テアトロ　907　2015.8　p35～36

### 名人戦2046 君のハートに王手飛車取り　㈲その1
**6171** 上演:1996年12月22日～12月23日　場所:扇町ミュージアムスクエア　作・演出:北浜ちゃば

◇「1月の関西 殺人とミカン(時空劇場『雪がふる』、劇団その1『名人戦2046』、PM/飛ぶ教室『足場の上のゴースト』、転球劇場『竹輪』)」宮辻政夫　テアトロ　653　1997.3　p79～81

### メイ・ストーム―花のもとにて　㈲民藝
**6172** 上演:1993年10月18日～10月24日　場所:三百人劇場　作:小池倫代　演出:兒玉庸策

◇「創作女流三人展の成果(民藝『メイ・ストーム―花のもとにて―』、現代演劇協会+ブロッターカンパニー『あざみの蜜』、木山事務所『築地ホテル館炎上』、文学座『舞台・愛しすぎる人たち』、S.W.A.T+博品館劇場『幕末青春譜 明日に架ける橋』)」江原吉博　テアトロ　612　1994.1　p73～76

### メイド イン ジャパン ㊙大阪現代舞台芸術協会
**6173** 上演：2017年2月2日～2月6日　場所：ウィングフィールド　作：土橋淳志　演出：笠井友仁
◇「2月の関西 大胆な諷刺劇と"ぼろっかす"の愛の表現～大阪色の舞台続く～(劇団・太陽族『大阪レ・ミゼラブル』, メイシアタープロデュース『人恋歌～晶子と鉄幹～』, PM／飛ぶ教室『足場の上のゴースト』, DIVEプロデュース『メイド イン ジャパン』, あごうさとし演出『走りながら眠れ』, 桃園会『ふっと溶暗』)」九鬼葉子　テアトロ　930　2017.4　p52～54

### 銘々のテーブル ㊙俳優座LABO
**6174** 上演：2005年6月19日～6月26日　場所：俳優座5F稽古場　作：テレンス・ラティガン　訳：小田島雄志　演出：原田一樹
◇「孤独と不義の代償(俳優座LABO『銘々のテーブル』, THE・ガジラ『死の棘』, 青年座『こんにゃくの花』, 黒テント『帝国の建設者』, 新国立劇場『うら騒ぎ／ノイゼズ・オフ』)」結城雅秀　テアトロ　768　2005.9　p56～59

### 目をさませトラゴロウ ㊙東京演劇アンサンブル
**6175** 上演：2003年7月30日～8月4日　場所：ブレヒトの芝居小屋　作：小沢正　脚本・演出：広渡常敏　音楽：林光
◇「一服の清涼剤(ぽっくすおふぃすプロデュース『遠い水の記憶 夏の訪問者』, 子供のためのシェイクスピアカンパニー『シンベリン』, ピュアマリー『ホンク！ みにくいアヒルの子』, 東京演劇アンサンブル『目をさませトラゴロウ』)」中本信幸　テアトロ　741　2003.10　p56～59

### 夫婦善哉 ㊙松竹, 新橋演舞場
**6176** 上演：1996年12月1日～12月25日　場所：新橋演舞場　作：織田作之助　脚色：土井行夫, 土井陽子　演出：中川彰　音楽：加納光記
◇「俳優という一冊の本(松竹『夫婦善哉』, 自転車キンクリーツカンパニー『法王庁の避妊法』, 劇団3○○『深夜特急 めざめれば別の国』)」長谷部浩　テアトロ　653　1997.3　p66～68

### 夫婦犯罪 ㊙トム・プロジェクト
**6177** 上演：2006年2月3日～2月12日　場所：本多劇場　作・演出：水谷龍二
◇「人間の魂を連結する…(トム・プロジェクト『夫婦犯罪』, ホリプロ『クラウディアからの手紙』, TBS『レインマン』)」結城雅秀　テアトロ　776　2006.4　p52～54

### メガ・デス・ポリス ㊙スーパーエキセントリック・シアター
**6178** 上演：1989年9月5日～9月24日　場所：青山劇場　作：大沢直行　演出：三宅裕司
◇「ミュージカル評―アンビバレントな日々」萩尾瞳　新劇　36(11)　1989.11　p38～41

### メカニズム作戦 ㊙日本劇団協議会
**6179** 上演：2017年1月13日～1月29日　場所：Space早稲田　作：宮本研　構成・演出：流山児祥　構成・音楽：朝比奈尚行

◇「家族的か、個人的か、社会的か(青年座『砂漠のクリスマス』, 青年団国際交流企画『愛のおわり』, 新演劇人養成企画『メカニズム作戦』)」斎藤偕子　テアトロ　929　2017.3　p54～55

### メガネに騙された ㊙箱庭円舞曲
**6180** 上演：2009年2月18日～3月1日　場所：OFF・OFFシアター　作・演出：古川貴義
◇「宙づりにされる笑い(ポツドール『愛の渦』, モダンスイマーズ『トワイライツ』, 箱庭円舞曲『メガネに騙された』)」丸田真悟　テアトロ　819　2009.5　p44～45

### 女狐 ㊙岡部企画
**6181** 上演：1995年5月26日～6月4日　場所：本多劇場　作・演出：岡部耕大
◇「激情の中で燃え尽きる魂(ブランドラ劇場『ジュリアス・シーザー』, 韓国・劇団自由『血の婚礼』, 流山児★事務所『青ひげ公の城』, オンシアター自由劇場『スカパン』, かたつむりの会『六月の電話』, 岡部企画『女狐』, 昴『ザ・カウバルケイダーズ』)」結城雅秀　テアトロ　632　1995.8　p69～76

### めぐるめく ㊙KAKUTA
**6182** 上演：2010年5月21日～5月30日　場所：シアタートラム　作・演出：桑原裕子
◇「面白さダントツのトラッシュマスターズ(トラッシュマスターズ『convention hazard奇行遊戯』, KAKUTA『めぐるめく』, 楽天団プロデュース『ウィンドミル・ベイビー』)」村井健　テアトロ　837　2010.8　p46～47

### めくるめく沈酔金魚 ㊙青果鹿
**6183** 上演：2007年5月2日～5月9日　場所：ゴールデン街劇場　作：澤藤桂　演出：八木澤賢
◇「レトロにギャグにナンセンス(ナイロン100℃『犬は鎖につなぐべからず』, 大人計画『ドブの輝き』, 青果鹿『めくるめく沈酔金魚』)」七字英輔　テアトロ　793　2007.7　p40～42

### メザスヒカリノサキニアルモノ若しくはパラダイス ㊙黒テント
**6184** 上演：2000年5月11日～5月21日　場所：ザ・スズナリ　作：松本大洋　演出：斎藤晴彦
◇「役者が舞台で遊び、それを見て客席が沸く仕掛け(演奏舞台『難波津に咲くやこの花』, 唐組『夜壺』, 弘前劇場『三日月堂書店』, てんぷん座『プロポーズ』, 燐光『橘』, 黒テント『メザス ヒカリノ サキニアルモノ もしくはパラダイス』)」佐藤康平　テアトロ　696　2000.7　p66～67

**6185** 上演：2001年5月19日～5月27日　場所：芝公園プールシアター　作：松本大洋　演出：斎藤晴彦
◇「お天道様はまだ頭上を回っている(黒テント『メザスヒカリノサキニアルモノ若しくはパラダイス』, 文学座『思い出のブライトン・ビーチ』)」大岡淳　テアトロ　710　2001.8　p72～73

**6186** 上演：2006年12月15日～12月24日　場所：シアターイワト　作：松本大洋　演出：斎藤晴彦
◇「人間、この混沌とした存在(ホリプロ『スウィーニー・トッド』, トム・プロジェクト『カラフ

めしや

ト伯父さん」，東京演劇集団風『マハゴニー市の興亡』，黒テント『メザスヒカリノサキニアルモノ若しくはパラダイス』，レクラム舎『Bench3』）」結城雅秀　テアトロ　789　2007.3　p108～112

## メジャーフォーメジャー ～尺には尺を 団幹の会, 安澤事務所

**6187** 上演：1996年1月10日～1月21日　場所：紀伊國屋ホール　作：シェイクスピア　訳：小田島雄志　演出：栗山民也

◇「暗い問題劇の徹底的な喜劇化（安澤事務所＋幹の会『メジャー・フォー・メジャー』，シェイクスピア・シアター『アテネのタイモン』，T.P.T『渦巻』，俳優座『桜の園』，シルバーライニング『おお、星条旗娘！』，流山児★事務所『ピカレスク南北』）」結城雅秀　テアトロ　640　1996.3　p70～76

## MESS 団WI'RE

**6188** 上演：2002年7月18日～7月22日　場所：住之江公園倉庫　作・演出：サカイヒロト

◇「7月の関西 非＝劇場空間から（劇団衛星『ここでKissして』，WI'RE『MESS』，糾『ゆらゆらと水』，清流劇場『うさぎの電報』）」太田耕人　テアトロ　726　2002.9　p64～66

## メッカへの道 団ひょうご舞台芸術

**6189** 上演：1998年4月1日～4月12日　場所：神戸朝日ホール　作：アソル・フガード　訳：小田島恒志　演出：栗山民也

◇「ドラマを探せば、そこに女性がいた ひょうご舞台芸術の試みから」畑律江　シアターアーツ　10　1999.7　p112～115

◇「4月の関西 見応えのある作品続く（ひょうご舞台芸術『メッカへの道』，コズミックシアター『桜の森の満開の下』，劇団☆新感線『SUSANOH～魔性の剣』）」宮辻政夫　テアトロ　669　1998.6　p77～80

## 滅裂博士 団南河内万歳一座

**6190** 上演：2016年12月1日～12月6日　場所：一心寺シアター倶楽　作・演出：内藤裕敬

◇「12月の関西 現代社会の不安を喚起する（南河内万歳一座『滅裂博士』，虚空旅団『誰故草』，リリパットアーミー『天獄界～哀しき金糸鳥』，少女都市『聖女』）」九鬼葉子　テアトロ　928　2017.2　p79～81

## メディア 団東京ノーヴィ・レパートリーシアター

**6191** 上演：2017年2月23日～2月25日　場所：東京ノーヴィ・レパートリーシアター　作：エウリピデス　訳・台本：山下和彦　演出：レオニード・アニシモフ

◇「宿命の場の生と死（燐光群『くじらの墓標2017』，月蝕歌劇団『パノラマ島綺譚』『寺山修司―過激なる疾走―』，東京ノーヴィ・レパートリーシアター『メディア』）」黒羽英二　テアトロ　932　2017.6　p32～33

## メディア 団日生劇場

**6192** 上演：1983年2月3日～2月26日　場所：日生劇場　作：エウリピデス　台本：須永朝彦　演出：栗山昌良

◇「啞のメディアはただ一人―女形の負性と玉三郎（錯誤の紋章学）」堂本正樹　新劇　30(4)　1983.4　p38～41

## メディア 団Bunkamura

**6193** 上演：2005年5月6日～5月28日　場所：シアターコクーン　作：エウリピデス　訳：山形治江　演出：蜷川幸雄

◇「新しい視点と趣向で切りこむ蜷川の新演出―シアターコクーン『メディア』」扇田昭彦　シアターアーツ　24　2005.9　p46～48

◇「古典へのスポットの当て方（エイコーン『令嬢ジュリー』，シアターコクーン『メディア』，劇団四季『解ってたまるか！』）」水落潔　テアトロ　765　2005.7　p44～45

## メディア 団ロマンチカ

**6194** 上演：1994年11月19日～12月11日　場所：シードホール　作：エウリピデス　訳：中村善也　演出：林巻子

◇「究極の選択、そして…（夜の樹『引き潮の時間』，自転車キンクリーツカンパニープロデュース『法王庁の避妊法』，加藤健一事務所『ブラック・コメディ』，ロマンチカ『メディア』）」林あまり　テアトロ　626　1995.2　p134～136

## メテオ・カレイド 団みかんがむ

**6195** 上演：2002年8月17日～8月18日　場所：HEP HALL　作・演出：森美幸

◇「9月の関西 『じつは…』の変容（糾『沙羅、すべり』，みかんがむ『メテオ・カレイド』，そとばこまち『シークレット・ライフ第三部』）」太田耕人　テアトロ　728　2002.11　p64～66

## メトミミトヤミ 団兵庫県立ピッコロ劇団

**6196** 上演：2016年6月4日～6月15日　場所：ピッコロシアター大ホール　作：角ひろみ　企画・シナリオ：鈴木田竜二　作曲：橋本剛

◇「6月の関西 アーツ・マネジメント―兵庫と大阪の明暗―（夕暮れ社 弱男ユニット『モノ』，兵庫県立ピッコロ劇団『メトミミトヤミ』，南河内万歳一座『肥満男』，劇団大阪『獏のゆりかご』）」九鬼葉子　テアトロ　921　2016.8　p34～36

## メトロに乗って 団音楽座

**6197** 上演：2000年10月21日～11月8日　場所：ル・テアトル銀座　原作：浅田次郎　脚本・演出：ワームホールプロジェクト

◇「ニュー・ヨークの『寺山修司』！（リチャード・フォアマン『バッドボーイ・ニーチェ！』，二兎社『萩家の三姉妹』，音楽座『メトロに乗って』，英国ヤング・ヴィック劇場『ジュリアス・シーザー』）」結城雅秀　テアトロ　703　2001.1　p56～59

**6198** 上演：2007年12月21日～12月30日　場所：東京芸術劇場中ホール　原作：浅田次郎　脚本・演出：ワームホールプロジェクト　音楽：井上ヨシマサ，高田浩　振付：野坂公夫，畠山龍子

◇「人間の多面性を描く（音楽座ミュージカル『メトロに乗って』，俳優座『赤ひげ』）」水落潔　テアトロ　803　2008.3　p64～65

**目には太陽見えてもこの感じは雨だ**　[団]A級 Missing Link

6199 上演：2000年9月2日〜9月3日　場所：ウィングフィールド　作・演出：土橋淳志

◇「9月の関西 新劇のリベンジ（潮流『乱れて熱き吾身には—藤村・『春』—』，京芸『文殊九助』，遊劇体『ドリームス』，A級 Missing Link『目には太陽見えてもこの感じは雨だ』）」太田耕人　テアトロ 700　2000.11　p128〜130

**manymany**　[団]解体社

6200 上演：2000年4月7日〜4月9日　場所：FreeSpaceカンバス

◇「theatre of deconstructive image/theatre of deconstruction——解体社『manymany』」川口賢哉　シアターアーツ　12　2000.7　p124〜125

**眼のある風景—夢しぐれ東長崎バイフー寮**　[団]文化座

6201 上演：2007年6月21日〜7月1日　場所：俳優座劇場　原作：窪島誠一郎　脚本：杉浦久幸　演出：西川信廣　音楽：川崎絵都夫

◇「通りゃんせ、いつか来た道？（文化座『眼のある風景』，流山児★事務所『ヘレンの首飾り』，ビル・ケンライトカンパニー/パルコ『The Last Laugh』）」中本信幸　テアトロ　796　2007.9　p60〜61

6202 上演：2012年3月14日〜3月25日　場所：あうるすぽっと　原作：窪島誠一郎　脚本：杉浦久幸　演出：西川信廣

◇「会話と伝達の難しさについて（劇団1980『芝居二態《落語芝居》《漫才芝居》』，東京演劇アンサンブル『荷—チムー』，劇団文化座『眼のある風景—夢しぐれ東長崎バイフー寮』）」七字英輔　テアトロ　861　2012.5　p44〜45

**メフィスト**　[団]俳優座LABO

6203 上演：1997年11月20日〜11月30日　場所：俳優座5F稽古場　原作：クラウス・マン　脚色：アリアンヌ・ムヌーシュキン　英訳：ティンバーレイク・ワーテンベイカー　訳・演出：藤田安彦

◇「現代に通じるリアリティ（俳優座LABO『メフィスト』，ポイント東京『常陸坊海尊』，民藝『遠い声』）」江原吉博　テアトロ　665　1998.2　p78〜79

**メモランダム**　[団]ダムタイプ

6204 上演：2000年11月27日〜12月16日　場所：新国立劇場小劇場　構想・構成：ダムタイプ

◇「忘却というオブセッション—ダムタイプ『メモランダム』」里見宗律　シアターアーツ　13　2001.4　p130〜133

◇「インターカルチュラリズムの虚と実（燐光群・国際交流基金『南洋くじら部隊』，ダムタイプ『メモランダム—memorandum』）」斎藤偕子　テアトロ　704　2001.2　p80〜81

**メモランダム**　[団]文学座アトリエの会

6205 上演：1995年7月7日〜7月16日　場所：文学座アトリエ　作：ヴァーツラフ・ハヴェル　訳：安達紫帆　演出：靍田俊哉

◇「現代に挑む民俗（桂枝雀落語芝居『変身』，文学座アトリエの会『メモランダム』，劇団東演・ユーゴザパド合同公演『ロミオとジュリエット』）」大岡淳　テアトロ　633　1995.9　p76〜78

**メモリーズ—Tウイリアムズ一幕劇**　[団]文学座

6206 上演：2011年12月3日〜12月17日　場所：文学座アトリエ　作：テネシー・ウィリアムズ　訳：倉橋健，鳴海四郎　演出：靍田俊哉

◇「アメリカとロシアの異端者（文学座『メモリーズ—Tウイリアムズ一幕劇一挙上演』，青年座『欲望という名の電車』，俳優座『カラマーゾフの兄弟』）」斎藤偕子　テアトロ　859　2012.3　p52〜53

**メランコリーベイビー**　[団]遊◎機械/全自動シアター

6207 上演：2000年10月13日〜10月25日　場所：青山円形劇場　作：高泉淳子　演出：白井晃

◇「「漂流演劇」はどこへ向かうのか（青山演劇フェスティバル『漂流演劇2000』）」野中広樹　テアトロ　703　2001.1　p66〜68

**メリー・ウィドウへの旅**　[団]俳優座劇場

6208 上演：1995年3月9日〜3月19日　場所：俳優座劇場　作：八木柊一郎　演出：西川信廣

◇「戦後を書いた八木作品（加藤健一事務所『What a SEXY Dinner！』，俳優座劇場プロデュース『メリー・ウィドウへの旅』）」水落潔　テアトロ　629　1995.5　p45〜46

**メリーさんの羊**　[団]ジァン・ジァン

6209 上演：1984年1月20日〜1月22日　場所：ジァン・ジァン　作：別役実　演出：岸田良二

◇「童話ゲームの毒（ジァン・ジァン『メリーさんの羊』）」岩波剛　テアトロ　493　1984.3　p32〜34

6210 上演：1988年9月26日〜9月29日　場所：ジァン・ジァン　作：別役実　演出：岸田良二

◇「正しい〈羊〉の飼い方」林あまり　新劇　35（12）　1988.12　p42〜45

**Melody Cup**　[団]AI・HALL

6211 上演：2011年2月19日〜2月20日　場所：横浜赤レンガ倉庫1号館　構成・演出：高嶺格

◇「心身の「鎧」から突出しようとする「個の力」—高嶺格『Melody Cup』」原田広美　シアターアーツ　47　2011.6　p102〜104

**面倒なお客**　[団]前進座

6212 上演：1986年3月13日〜3月23日　場所：前進座劇場　作・演出：飯沢匡

◇「様々なる演技」渡辺保　新劇　33（5）　1986.5　p30〜35

## 【も】

**もーいいかい・まーだだよ**　[団]演劇集団円

6213 上演：1988年4月12日〜4月26日　場所：ス

テージ円　作：別役実　演出：岸田良二

◇「不在の闇（ステージ円『もーいいかい・まーだだよ』）」渡辺保　テアトロ　544　1988.6　p21〜22

## もういいよ　[団]桃園会

**6214** 上演：2006年6月29日〜7月2日　場所：精華小劇場　作・演出：深津篤史

◇「7月の関西 進化する精華演劇祭（77年企画『マリコの悪縁教室』，桃園会『もういいよ』，劇団・太陽族『だけど、ほらごらん』）」太田耕人　テアトロ　782　2006.9　p62〜64

## もう風も吹かない　[団]桜美林パフォーミングアーツプログラム〈OPAP〉，青年団

**6215** 上演：2003年11月9日〜11月16日　場所：桜美林大学プラネット淵野辺キャンパス プルヌスホール　作・演出：平田オリザ

◇「見えないものを見る（燐光群『象』，文学座アトリエ『バラード』，OPAP+青年団『もう風も吹かない』）」渡辺淳　テアトロ　747　2004.3　p110〜111

## 盲導犬　[団]東宝

**6216** 上演：1989年12月5日〜12月27日　場所：日生劇場　作：唐十郎　演出：蜷川幸雄

◇「これからも，ずっと」林あまり　しんげき　37（3）　1990.3　p38〜41

◇「帰還と出発」扇田昭彦　新劇　37（2）　1990.2　p32〜37

## 盲導犬　[団]Bunkamura

**6217** 上演：2013年7月6日〜7月28日　場所：シアターコクーン　作：唐十郎　演出：蜷川幸雄

◇「表と裏の顔、虚実ないまぜに（パルコ企画・製作『非常の人何ぞ非常に〜奇譚 平賀源内と杉田玄白〜』，Bunkamura企画・製作『盲導犬』，東京芸術劇場Roots Vol.1『ストリッパー物語』）」北川登園　テアトロ　880　2013.9　p44〜45

## もうひとつのグラウンド・ゼロ　[団]プロツーカンパニー

**6218** 上演：2005年8月6日〜8月7日　場所：カメリアホール　原作：林京子　脚本：津川泉　演出・補綴：成瀬芳一

◇「戦時中の体験を語り継ぐ（プロツーカンパニー『もうひとつのグラウンド・ゼロ』，青年座『明日』，東演『月光の夏』，関西芸術座『少年H』，燐光群『だるまさんがころんだ』）」野中広樹　テアトロ　769　2005.10　p60〜63

## もうひとつの地球の歩き方　[団]虚構の劇団

**6219** 上演：2018年1月19日〜1月28日　場所：座・高円寺1　作・演出：鴻上尚史

◇「国家と個人、その狭間の意識を問う（パルコ・兵庫県立芸術文化センター『TERROR テロ』，虚構の劇団『もうひとつの地球の歩き方』，ホリプロ『密やかな結晶』，トム・プロジェクト『シング ア ソング』）」小山内伸　テアトロ　944　2018.4　p46〜49

## もうひとりの飼主　[団]かたつむりの会

**6220** 上演：1997年6月11日〜6月15日　場所：ジァン・ジァン　作：別役実　演出：村井志摩子

◇「戯曲と舞台と（木山事務所プロデュース『海と日傘』，かたつむりの会『もうひとりの飼主』，扉座『ドラキュラ白書』）」林あまり　テアトロ　658　1997.8　p68〜69

## もう一人のヒト　[団]青年劇場

**6221** 上演：1995年2月24日〜3月1日　場所：俳優座劇場　作：飯沢匡　演出：松波喬介

◇「舞台にみなぎる緊張感（弘前劇場『家には高い木があった』，青年劇場『もう1人のヒト』，NLT『ジャングル・ジム』，アートスフィア『熱帯祝祭劇マウイ』，BOYAKIの会『KVETCH（ぼやき）』）」大沢圭司　テアトロ　628　1995.4　p68〜71

## もうレクイエムは歌わない　[団]広島の女上演委員会

**6222** 上演：2000年8月6日〜8月9日　場所：全労済ホール/スペース・ゼロ　作・演出：村井志摩子

◇「自然現象と人間精神の自由（東京演劇アンサンブル『蜃気楼の見える町』，扉座『まほうつかいのでし』，花企画『酒も泪も溜息も』，広島の女上演委員会『もうレクイエムは歌わない』）」結城雅秀　テアトロ　699　2000.10　p50〜54

## 燃えあがる荒野　[団]ピープルシアター

**6223** 上演：2017年10月18日〜10月24日　場所：シアターX　原作：船戸与一　脚本・演出・美術：森井睦

◇「アジアの中の日本の行方は（ピープルシアター『燃えあがる荒野』，青年劇場『「事件」という名の事件』，ワンダーランド『デモクラティアの種—熊楠が孫文に伝えた世界』）」黒羽英二　テアトロ　941　2018.1　p36〜37

## 燃えひろがる荒野　[団]ピープルシアター

**6224** 上演：2018年10月3日〜10月8日　場所：シアターX　原作：船戸与一　脚本・演出・美術：森井睦

◇「原作の世界観をどう舞台化するか（青年劇場『キネマの神様』，KAAT神奈川芸術劇場『華氏451度』，ピープルシアター『燃えひろがる荒野』，東京芸術劇場『ゲゲゲの先生へ』，シス・カンパニー『出口なし』）」杉山弘　テアトロ　953　2018.12　p40〜43

## 殯（もがり）の海　[団]青年劇場

**6225** 上演：2001年4月12日〜4月23日　場所：紀伊國屋サザンシアター　作：島田九輔　演出：松波喬介

◇「人間疎外劇いろいろ（燐光群『ララミー・プロジェクト』，世田谷パブリックシアター『AMERIKA』，青年劇場『殯の海』，東京演劇アンサンブル『海鳴りの底から』，文学座アトリエ『柘榴変』）」渡辺淳　テアトロ　708　2001.6　p50〜54

## 黙阿彌オペラ　[団]こまつ座

**6226** 上演：1995年1月31日〜2月3日　場所：シアターコクーン　作：井上ひさし　演出：栗山民也

◇「言葉の魔術で膨らむイメージ（RSC『ヘンリー

6世)』、劇団1980『あゝ東京行進曲』、パルコ・メジャーリーグ『クラウド・ナイン』、こまつ座『黙阿弥オペラ』、俳優座劇場『夜の来訪者』、東演『週刊・金色夜叉』、五色の花『2月のディナー』)」結城雅秀　テアトロ　628　1995.4　p60~67

**6227**　上演：1997年2月28日~3月21日　場所：紀伊國屋ホール　作：井上ひさし　演出：栗山民也
◇「不屈の精神の行方(こまつ座『黙阿弥オペラ』、東演『モリエール』、民藝『グラバーの息子』)」江原吉博　テアトロ　655　1997.5　p68~69

**6228**　上演：2000年2月5日~2月19日　場所：紀伊國屋ホール　作：井上ひさし　演出：栗山民也
◇「ノンシャランな日本人家族(文学座『デンティスト―愛の隠れんぼー』、こまつ座『黙阿彌オペラ』、新国立劇場『華々しき一族』)」七字英輔　テアトロ　693　2000.4　p64~66

### 黙阿彌オペラ　団こまつ座、ホリプロ

**6229**　上演：2010年7月18日~8月22日　場所：紀伊國屋サザンシアター　作：井上ひさし　演出：栗山民也　音楽：宇野誠一郎
◇「遺された言葉を探して(こまつ座&ホリプロ『黙阿彌オペラ』、M.O.P.『さらば八月のうた』、桟敷童子『蟹』)」杉山弘　テアトロ　839　2010.10　p48~49

### 木造モルタル式青空　団芝居屋坂道ストア

**6230**　上演：2003年12月5日~12月7日　場所：神戸アートビレッジセンター　作・演出：角ひろみ
◇「12月の関西 閉ざされた部屋(PM/飛ぶ教室『春』『嘘』『恥』、桃園会『深海魚』、芝居屋坂道ストア『木造モルタル式青空』、劇団八時半『久保君をのぞくすべてのすみっこ』)」太田耕人　テアトロ　746　2004.2　p111~113

### 木曜組曲　団いるかHotel

**6231**　上演：2014年4月11日~4月13日　場所：神戸アートビレッジセンター　作・演出：谷省吾
◇「4月の関西 エンターテイメントと疾走感(いるかHotel『木曜組曲』、楽団鹿殺し『喇叭道中音栗毛』、ミジンコターボ『ほらふき王女パートリー』)」太田耕人　テアトロ　890　2014.6　p50~51

### モグラ町1丁目　団龍昇企画

**6232**　上演：2009年8月26日~9月2日　場所：シアターイワト　作・演出：前川麻子　音楽：山中洋史
◇「ルールが先にある現実と、ない現実(俳優座劇場プロデュース『サマーハウスの夢』、トム・プロジェクト『エル・スール』、龍昇企画『モグラ町1丁目』)」蔵原惟治　テアトロ　826　2009.11　p46~48

### 木蓮沼　団錬肉工房、千賀ゆう子企画

**6233**　上演：1987年6月19日~6月23日　場所：ジァン・ジァン　作：石澤富子　構成・演出：岡本章
◇「集団ということ」佐々木幹郎　新劇　34(9)　1987.9　p24~29

### もし、終電に乗り遅れたら…　団俳優座劇場

**6234**　上演：2013年11月14日~11月24日　場所：俳優座劇場　作：アレクサンドル・ヴァムピーロフ　訳：宮沢俊一、五月女道子　演出：菊池准
◇「映画館とともに失ったもの(燐光群『ここには映画館があった』、サンプル『永い遠足』、俳優座劇場プロデュース『もし、終電に乗り遅れたら…』)」丸田真悟　テアトロ　886　2014.2　p72~73

**6235**　上演：2018年7月5日~7月7日　場所：俳優座劇場　作：アレクサンドル・ヴァムピーロフ　訳：宮沢俊一、五月女道子　演出：菊池准
◇「日常の背後に潜むもの(さいたま芸術劇場『ジハード』、日本劇作家協会プログラム『リボンの騎士』、俳優座劇場プロデュース『もし、終電に乗り遅れたら…』)」みなもとごろう　テアトロ　950　2018.9　p49~51

### モジョ ミキボー　団「モジョ ミキボー」上演委員会

**6236**　上演：2013年1月30日~2月11日　場所：OFF・OFFシアター　作：オーウェン・マカファティ　演出：鵜山仁
◇「分断されつつある世界―隣人となったモジョ ミキボー『モジョ ミキボー』」中村直樹　シアターアーツ　54　2013.4　p81~83

### モスクワからの退却　団加藤健一事務所

**6237**　上演：2007年6月6日~6月20日　場所：本多劇場　作：ウィリアム・ニコルソン　訳：小田島恒志　演出：鵜山仁
◇「夫婦・親子の有り様を見つめる(加藤健一事務所『モスクワからの退却』、グリング『ヒトガタ』、阿佐ヶ谷スパイダース『少女とガソリン』)」丸田真悟　テアトロ　795　2007.8　p48~49

### 百舌鳥夕雲町歌声喫茶　団流山児★事務所

**6238**　上演：2000年10月13日~10月15日　場所：扇町ミュージアムスクエア　作：深津篤史　演出：大鷹明良
◇「10月の関西 方言の日常性、せりふの非日常性(兵庫県立ピッコロ劇団『おままごと』、異国幻燈舎『ブルペン』、流山児★事務所『百舌鳥夕雲町歌声喫茶』、劇団衛星『どんぐり森のうたたねの木』)」太田耕人　テアトロ　701　2000.12　p66~68

### 百舌鳥夕雲町歌声喫茶／湾岸線浜浦駅高架下4：00AM(土・日除ク)　団深津篤史企画

**6239**　上演：2001年9月13日~9月16日　場所：大阪市立芸術創造館　作・演出：深津篤史
◇「9月の関西 世界観と物語と。(劇団潮流『弟よ』、劇団京芸『さよなら竜馬』、深津篤史企画『百舌鳥夕雲町歌声喫茶』『湾岸線浜浦駅高架下4：00AM(土・日除ク)』、MONO『約三十の嘘』)」太田耕人　テアトロ　714　2001.11　p60~62

### モスラを待って　団兵庫県立ピッコロ劇団

**6240**　上演：2007年10月10日~10月14日　場所：ピッコロシアター　作：鄭義信　演出：内藤裕敬
◇「10月の関西 ベタということ、そしてその対

極(兵庫県立ピッコロ劇団『モスラを待って』,犯罪友の会『たほり鵠』,演劇計画2007『生きてるものはいないのか』)」太田耕人　テアトロ　799　2007.12　p59〜61

**6241**　上演：2009年11月13日〜11月17日　場所：ピッコロシアター　作：鄭義信　演出：内藤裕敬
◇「12月の関西　訪れぬもの、訪れるもの(兵庫県立ピッコロ劇団『モスラを待って』,下鴨車窓『人魚』,スイス銀行『107』)」太田耕人　テアトロ　830　2010.2　p87〜89

## モーターサイクル・ドン・キホーテ　⑳遊園地再生事業団
**6242**　上演：2006年5月23日〜5月29日　場所：横浜赤レンガ倉庫1号館　作・演出：宮沢章夫
◇「シェイクスピアからチェーホフへのモビリティ―遊園地再生事業団プロデュース『モーターサイクル・ドン・キホーテ』」内丸公平　シアターアーツ　28　2006.9　p84〜86

## モダンダモン　⑳むごん劇かんぱにい,鳥獣戯画
**6243**　上演：1998年8月28日〜9月1日　場所：シアターX　作・演出：IKUO三橋,知念正文
◇「幻のフランス、幻のインド(無言劇かんぱにい+劇団鳥獣戯画『モダンダモン』,谷正雄プロデュース『ピアフの妹』,新国立劇場『音楽劇　ブッダ』)」七字英輔　テアトロ　674　1998.11　p74〜77

## 洒落男たち(モダンボーイズ)　⑳東京芸術劇場
**6244**　上演：1994年2月4日〜2月13日　場所：東京芸術劇場中ホール　作：横内謙介　演出：河毛俊作
◇「「存在すること」への問いかけ(俳優座劇場『ピンクの象と五人の紳士』,I・Q150『月光夜曲』,東京芸術劇場『洒落男たち』,万有引力『電球式アンモナイト』,民藝『女たちのまつり』)」大沢圭司　テアトロ　615　1994.4　p64〜67

## モダン・ホラー　⑳第三舞台
**6245**　上演：1984年9月19日〜10月7日　場所：ザ・スズナリ　作・演出：鴻上尚史
◇「匂いと速度(ことばの劇場)」川本三郎　新劇　31(11)　1984.11　p21〜24

## モダン・ホラー　特別編　⑳第三舞台
**6246**　上演：1987年12月4日〜12月29日　場所：本多劇場　作・演出：鴻上尚史
◇「抒情とレトロ感覚」鴻英良　新劇　35(3)　1988.3　p22〜27

## もっと泣いてよフラッパー　⑳オンシアター自由劇場
**6247**　上演：1982年6月10日〜7月7日　場所：博品館劇場　作・演出：串田和美
◇「もっと酔わせてフラッパー(自由劇場『もっと泣いてよフラッパー』)」日下令光　テアトロ　474　1982.8　p32〜33

## もっと泣いてよフラッパー　⑳Bunkamura
**6248**　上演：2014年2月8日〜3月2日　場所：シアターコクーン　作・演出・美術：串田和美

◇「現代劇のスタイルさまざま(トム・プロジェクト『楽山子』,Bunkamura『もっと泣いてよフラッパー』,東京芸術劇場『障子の国のティンカーベル』)」みなもとごろう　テアトロ　888　2014.4　p42〜43

## MODEカフカ・プロジェクト 2013　⑳MODE
**6249**　上演：2013年12月1日〜12月18日　場所：座・高円寺　原作：カフカ　構成・演出：松本修
◇「現代演劇を飛翔させる一つの道―MODEカフカ・プロジェクト 2013三部作連続上演を観て」黒羽英二　テアトロ　887　2014.3　p68〜69

## もとの黙阿弥　⑳松竹
**6250**　上演：1983年9月2日〜9月26日　場所：新橋演舞場　作：井上ひさし　演出：木村光一
◇「黙阿弥・南北・芭蕉・江戸の夕映え(ことばの劇場)」郡司正勝　新劇　30(11)　1983.11　p61〜64
◇「"かとみせかけて"の傑作(新橋演舞場『もとの黙阿弥』)」岩波открытья　テアトロ　489　1983.11　p34〜37

## 求塚　⑳世田谷パブリックシアター
**6251**　上演：2004年7月10日〜7月25日　場所：シアタートラム　作・演出：鐘下辰男
◇「愛と外道の闇をめぐるドラマ(世田谷パブリックシアター『求塚』,演劇集団『風流線』)」斎藤偕子　テアトロ　754　2004.9　p60〜61

## モナ美　⑳カメレオン会議
**6252**　上演：2000年9月14日〜9月24日　場所：ザ・スズナリ　作・演出：竹内銃一郎
◇「いままで生きてしまった、ということ(ナイロン100℃『ナイス・エイジ』,NODA・MAP番外公演『農業少女』,カメレオン会議『モナ美』)」林あまり　テアトロ　700　2000.11　p118〜119

## モノ　⑳夕暮れ社　弱男ユニット
**6253**　上演：2016年5月28日〜5月29日　場所：AI・HALL　作：フィリップ・レーレ　演出：村上慎太郎
◇「6月の関西　アーツ・マネジメント〜兵庫と大阪の明暗〜(夕暮れ社　弱男ユニット『モノ』,兵庫県立ピッコロ劇団『メトミミトヤミ』,南河内万歳一座『肥満男』,劇団大阪『猿のゆりかご』)」九鬼葉子　テアトロ　921　2016.8　p34〜36

## 物語―威風堂堂　⑳青い鳥
**6254**　上演：1984年10月11日〜10月28日　場所：ザ・スズナリ　作・演出：市堂令
◇「「ない」と「ある」(ことばの劇場)」川本三郎　新劇　31(12)　1984.12　p25〜29
◇「舞台の上の殺人(ことばの劇場)」長谷部浩　新劇　31(12)　1984.12　p30〜33
◇「編集長サマゴ推薦はおもしろかったよ(ことばの劇場)」萩原なぎさ　新劇　32(1)　1985.1　p40〜44

## ものがたり降る夜　⑳KOKAMI@network
**6255**　上演：1999年6月10日〜7月21日　場所：俳

優座劇場　作・演出：鴻上尚史
◇「混迷はいよいよ深まって（新宿梁山泊『東京アパッチ族』、パルコプロデュース『東京原子核クラブ』、鴻上ネットワーク『ものがたり降る夜』）」長谷部浩　テアトロ　684　1999.8　p62～63

## 武士（もののふ）の旗　⑮岡部企画
**6256** 上演：1999年11月25日～12月1日　場所：紀伊國屋サザンシアター　作・演出：岡部耕大
◇「才気十分に、観客振り回す（青让『サイロの砦』、岡部企画『武士の旗』、劇団1980『男冬村會議事録』）」佐藤康平　テアトロ　691　2000.2　p78～79

## ものみな歌でおわる　⑮花企画
**6257** 上演：2001年8月3日～8月5日　場所：駒場エミナース　作：花田清輝　演出：植村達雄
◇「うそらしくない嘘を生かせ（リーディングサーカスvol.1『朗読 宮部みゆきの世界』、東宝現代劇75人の会『赤樫降りて』、花企画『ものみな歌でおわる』、木山事務所『ミレット』）」佐藤康平　テアトロ　713　2001.10　p46～48

## もはやこれまで　⑮東京サンシャインボーイズ
**6258** 上演：1992年10月27日～11月25日　場所：シアタートップス　作・演出：東京サンシャインボーイズ
◇「喜劇の効用（東京ヴォードヴィルショウ『その場しのぎの男たち』、東京サンシャインボーイズ『もはやこれまで』）」渡辺淳　テアトロ　599　1993.1　p72～74

## 喪服のエレクトラ　⑮アリストパネス・カンパニー
**6259** 上演：2003年11月21日～11月30日　場所：スタジオAR　原作：ユージン・オニール　訳・脚色・演出：黒川欣映
◇「嘘から真実が（アリストパネス・カンパニー『喪服のエレクトラ』、流山児★事務所『ハイ・ライフ』、青年座『カゾク・カレンダー』、一跡二跳『パラサイト パラダイス』、S.W.A.T！『第八独立普通科連隊 西へ！』）」中本信幸　テアトロ　746　2004.2　p64～66

## 喪服の似合うエレクトラ　⑮新国立劇場
**6260** 上演：2004年11月16日～12月5日　場所：新国立劇場中劇場　作：ユージン・オニール　訳：沼澤洽治　演出：栗山民也
◇「演技に物申す（円『ビューティクィーン・オブ・リナーン』、新国立劇場『喪服の似合うエレクトラ』、CATプロデュース『ディファイルド』）」渡辺淳　テアトロ　760　2005.2　p63～65

## 紅葉狩り剣のゆくゑ　⑮人形劇団クラルテ
**6261** 上演：1997年10月2日～10月4日　場所：テイジンホール　原作：近松門左衛門　脚色・演出：東口次登
◇「10月の関西 見応えあった近松作品（人形劇団クラルテ『紅葉狩り剣のゆくゑ』、南河内万歳一座『百物語（改訂版）』、五期会『パパのデモクラシー』）」宮辻政夫　テアトロ　662　1997.12　p118～119

## 樅の木に短冊　⑮兵庫県立ピッコロ劇団
**6262** 上演：2002年10月9日～10月13日　場所：ピッコロシアター　作・演出：土田英生
◇「10月の関西 古典の野外上演（劇団憑依『夏至夜夢』、楽市楽座『かもめ』、兵庫県立ピッコロ劇団『樅の木に短冊』、くじら企画『サヨナフ』）」太田耕人　テアトロ　729　2002.12　p64～66

## モモ　⑮お伽座
**6263** 上演：1988年
◇「ひたむきな時を紡いで」衛紀生　新劇35（7）　1988.7　p22～25

## ももからうまれたももたろう　⑮文学座アトリエの会
**6264** 上演：1988年12月7日～月18日　場所：文学座アトリエ　作：別役実　演出：藤原新平
◇「別役実の方法（文学座アトリエ『ももからうまれたももたろう』）」西堂行人　テアトロ　552　1989.2　p30～31

## 桃太郎侍　⑮梅沢武生劇団
**6265** 上演：1990年7月29日～8月9日　場所：サンシャイン劇場
◇「真夏の夜に"踊るポンポコリン"を見た」豊崎由美　しんげき　37（10）　1990.10　p38～41

## モモと時間どろぼう　⑮仲間
**6266** 上演：1985年7月24日～7月28日　場所：都市センターホール　原作：ミヒャエル・エンデ　脚色：小松幹生　訳：大島かおり　演：香川良成
◇「豊かな真実を包み込んで（仲間『モモと時間どろぼう』）」ほんちえいき　テアトロ　512　1985.10　p30～32

## 百夜の夢#4 ギルガメシュの夜　⑮遊劇体
**6267** 上演：1999年7月15日　場所：京大西部講堂　作・演出：キタモトマサヤ
◇「8月の関西 極限状況を書く（ウイングフィールド『自動小銃の銃口から覗いた風景』、MONO『燕のいる駅』、遊劇体『百夜の夢#4 ギルガメシュの夜』）」太田耕人　テアトロ　686　1999.10　p80～82

## MORAL 2nd　⑮NOISE
**6268** 上演：1985年3月22日～3月28日　場所：PARCO SPACE PART3　作・演出：如月小春
◇「14回、まばたきしても（ことばの劇場）」長谷部浩　新劇　32（5）　1985.5　p66～69

## モリエール　⑮東演
**6269** 上演：1997年3月11日～3月16日　場所：シアターサンモール　作：ミハイル・ブルガーコフ　訳：外塚由利子, 佐藤史郎　演出：ワレリー・ベリャーコーヴィッチ
◇「不屈の精神の行方（こまつ座『黙阿彌オペラ』、東演『モリエール』、民藝『グラバーの息子』）」江原吉博　テアトロ　655　1997.5　p68～69

## 森から来たカーニバル　⑮演劇集団円
**6270** 上演：1994年11月5日～11月13日　場所：俳

優座劇場　作：別役実　演出：岸田良二

◇「観客に思考を強いるもの(円『森から来たカーニバル』,東京乾電池『桜の園』)」大沢圭司　テアトロ　625　1995.1　p70～71

**モーリー・スウィニー**　[団]文学座アトリエの会

*6271* 上演：1996年7月5日～7月14日　場所：文学座アトリエ　作：ブライアン・フリール　訳：鴇澤麻由子　演出：鵜山仁

◇「価値体系の極度の転換,そして狂気(文学座アトリエ『モーリー・スウィニー』,円『薔薇と海賊』,こまつ座『頭痛肩こり樋口一葉』,自由劇場『ダム・ウェイター』,東京ギンガ堂『阿吽—女と胃袋』,燐『救いの猫ロリータはいま…』,ピープルシアター『阿詩瑪』)」結城雅秀　テアトロ　646　1996.9　p66～72

**モリー・スウィーニー**　[団]世田谷パブリックシアター

*6272* 上演：2011年6月10日～6月19日　場所：シアタートラム　作：ブライアン・フリール　訳・演出：谷賢一

◇「3・11後の現実に向き合う舞台(燐光群『推進派』,文学座アトリエ『にもかかわらず、ドン・キホーテ』,世田谷パブリックシアター『モリー・スウィーニー』,あうるすぽっと『NOISES OFF』)」丸田真悟　テアトロ　851　2011.8　p48～50

**モリー先生との火曜日**　[団]加藤健一事務所

*6273* 上演：2010年6月3日～6月15日　場所：本多劇場　作：ミッチ・アルボム　脚色：ジェフリー・ハッチャー　訳：吉原豊司　演出：高瀬久男

◇「父娘の愛情をきめ細かく(文学座『麦の穂の揺れる穂先に』,加藤健一事務所『モリー先生との火曜日』,アル☆カンパニー『家の内臓』)」丸田真悟　テアトロ　837　2010.8　p44～45

**森の奥 ロボット版**　[団]平田オリザ+石黒浩研究室

*6274* 上演：2010年8月21日～8月24日　場所：愛知芸術文化センター　脚本・演出：平田オリザ

◇「「人間」、単純か複雑か？(平田オリザ+石黒浩研究室『森の奥』ロボット版,シーエイティプロデュース、ジェイクリップ『今は亡きヘンリー・モス』,文学座アトリエの会『トロイアの女たち』)」斎藤偕子　テアトロ　840　2010.11　p54～56

**森の精**　[団]B.B.

*6275* 上演：2001年11月1日～11月4日　場所：シアターX　作：チェーホフ　訳：中本信幸　台本・演出：岩淵達治　※東京国際舞台芸術フェスティバル

◇「生き方を問う(俳優座space V『日々の敵』『僕の東京日記』,新国立劇場『コペンハーゲン』,B.B『森の精』,Studioコクーンプロジェクト『カスパー』)」渡辺淳　テアトロ　717　2002.1　p70～73

**森の直前の夜／西埠頭**　[団]黒テント

*6276* 上演：2006年4月19日～5月14日　場所：シアターイワト　作：ベルナール=マリ・コルテス　訳・監修：佐伯隆幸　演出・美術：佐藤信

◇「幼き日々の夢の思い出(シアター1010『秘密の花園』,唐組『紙芝居の絵の町で』,黒テント『森の直前の夜』『西埠頭』,東京演劇アンサンブル『ガリレイの生涯』)」結城雅秀　テアトロ　779　2006.7　p46～49

**森は生きている**　[団]仲間

*6277* 上演：2004年12月23日～12月27日　場所：紀伊國屋サザンシアター　作：マルシャーク　訳：湯浅芳子　演出：高田潔

◇「「悪玉」はどこに？(俳優座『次郎長が行く』,仲間『森は生きている』,流山児★事務所『桜姫表裏大綺譚』,トム・プロジェクト『子供騙し』)」中本信幸　テアトロ　761　2005.3　p108～110

**モロッコの甘く危険な香り**　[団]青年座

*6278* 上演：1992年9月14日～9月23日　場所：青年座劇場　作：ホセ・ルイス・アロンソデ・サントス　訳：古屋雄一郎　台本・演出：鈴木完一郎

◇「ひとり芝居・スペイン芝居(地人会『弥々・中村岩五郎・サンフランシスコ案内』,青年座『モロッコの甘く危険な香り』)」藤田洋　テアトロ　597　1992.11　p64～67

**もろびとこぞりて Ver.2,3**　[団]青い鳥

*6279* 上演：2006年2月3日～2月5日　場所：スパイラルホール　作：北村想　演出：芹川藍

◇「自己愛を越えて…(青い鳥+北村想『もろびとこぞりてver.2,3』,銅鑼『流星ワゴン』,萬國四季協會『THE MONSTER CARNIVAL'06—眠れない夜の悪夢は惑う』,虹企画/ぐるうぷ・しゅら『アララビアンナイト2006』)」浦崎浩實　テアトロ　776　2006.4　p58～59

**モローラ—灰**　[団]神奈川芸術文化財団

*6280* 上演：2006年2月17日～2月21日　場所：神奈川県立青少年センターホール　作・演出：ヤエル・ファーバー

◇「消尽した後に残るもの—ヤエル・ファーバー演出『モローラ—灰』」高橋宏幸　シアターアーツ　26　2006.3　p103～105

**モンゴル帰りの爺**　[団]民藝

*6281* 上演：2003年4月16日～4月29日　場所：紀伊國屋ホール　作・演出：水谷龍二

◇「三本の優れた創作劇(民藝『モンゴル帰りの爺』,新国立劇場『涙の谷、銀河の丘』,こまつ座『兄おとうと』)」水落潔　テアトロ　737　2003.7　p54～53

**文殊九助**　[団]京芸

*6282* 上演：2000年9月7日～9月10日　場所：呉竹文化センター　原作：西口克己　劇化：尾川原和雄　演出：岩田直二

◇「9月の関西 新劇のリベンジ(潮流『乱れて熱き吾身には—藤村・『春』—』,京芸『文殊九助』,遊劇体『ドリームス』,A級 Missing Link『目には太陽見えてもこの感じは雨だ』)」太田耕人　テアトロ　700　2000.11　p128～130

## モンタージュ はじまりの記憶 ⓗ遊◎機械/全自動シアター
*6283* 上演：1991年6月19日～6月26日　場所：青山円形劇場　作：高泉淳子, 伊沢磨紀　演出：白井晃
◇「『モンタージュ』を巡る記憶のあれこれ」豊崎由美　しんげき　38(10)　1991.9　p30～33

## モンテ・クリスト伯 ⓗ文学座
*6284* 上演：2001年2月22日～3月8日　場所：紀伊國屋サザンシアター　原作：デュマ　訳：山内義雄　脚色・演出：高瀬久男
◇「〈特集・演劇バトル, 春爛漫〉(文学座『モンテ・クリスト伯』)」北川登園, 麻生直, 林あまり　テアトロ　707　2001.5　p22～24

*6285* 上演：2004年7月22日～7月28日　場所：アートスフィア　原作：デュマ　訳：山内義雄　脚色・演出：高瀬久男
◇「珍сь話の清涼効果(文学座『モンテ・クリスト伯』, 道学先生『エキスポ』, 劇作家・小松幹生の仕事 R+1『横恋ぼうず走り雨』他)」中本信幸　テアトロ　755　2004.10　p54～56

## モンテ・クリスト伯 ⓗメジャーリーグ
*6286* 上演：2003年10月4日～10月14日　場所：サンシャイン劇場　原作：デュマ　台本：笹部博司　演出：栗田芳宏
◇「過去に苦しむ人々(松竹製作『若き日のゴッホ』, 民藝『二人の長い影』, サンシャイン劇場・メジャーリーグ企画・製作『モンテ・クリスト伯』)」水落潔　テアトロ　743　2003.12　p54～53

## 門番と黄色い天使 ⓗB級遊撃隊
*6287* 上演：1998年5月　場所：名古屋姫池052スタジオ
◇「最近の名古屋の演劇」安住恭子　シアターアーツ　10　1999.7　p116～119

## 門―わが愛 ⓗ俳優座
*6288* 上演：1983年10月8日～10月25日　場所：俳優座劇場　原作：夏目漱石　脚本：早坂暁　演出：島田安行
◇「揺れない現実と揺れる現実(ことばの劇場)」落合一泰　新劇　30(12)　1983.12　p31～35

*6289* 上演：1997年4月14日～4月26日　場所：紀伊國屋サザンシアター　原作：夏目漱石　脚本：早坂暁　演出：島田安行
◇「日本の抒情とは何か？(俳優座『門―わが愛』, 文化座『瞽女さ, きてくんない』, 鳥獣戯画『雲にのった阿国』, 東京演劇集団風『フォーシーズン』)」七字英輔　テアトロ　656　1997.6　p74～76

## 門 若き日の近松 ⓗ兵庫県立ピッコロ劇団
*6290* 上演：2009年2月24日～3月1日　場所：兵庫県立芸術文化センター　作：石川耕士　演出：西川信廣
◇「3月の関西 家族の肖像(マレビトの会『声紋都市-父への手紙』, MONO『床下のほら吹き男』, メイシアタープロデュース『チェーホフ 三人姉妹』, 兵庫県立ピッコロ劇団『門 若き日の近松』)」太田耕人　テアトロ　819　2009.5　p54～56

## 【や】

## 野外劇ニッポン・ウォーズ ⓗ第三エロチカ
*6291* 上演：1986年8月6日　場所：野外劇場　作・演出：川村毅
◇「関係としてのドラマ」鴻英良　新劇　33(10)　1986.10　p22～27
◇「世界はB級感覚」鴻英良　新劇　34(2)　1987.2　p22～27

## 山羊―シルビアってだれ？ ⓗ青年団
*6292* 上演：2004年4月29日～5月16日　場所：こまばアゴラ劇場　作：エドワード・オールビー　訳：松田弘子　演出：バリー・ホール
◇「「不条理」という現実の中で(青年団『山羊―シルビアってだれ？―』, シス・カンパニー『ダム・ウェイター』, 岡部企画『蜂ノ巣城~2002年中津江村より』, 東京演劇集団風『肝っ玉おっ母とその子供たち』)」北川登園　テアトロ　751　2004.7　p48～50

## 山羊…それって…もしかして…シルビア？ ⓗ文学座アトリエの会
*6293* 上演：2011年7月15日～7月30日　場所：文学座アトリエ　作：エドワード・オールビー　訳：添田園子　演出：鵜山仁
◇「現実と切り結ぶイメージ(阿佐ヶ谷スパイダース『荒野に立つ』, 文学座アトリエ『山羊…それって…もしかして…シルビア？』, 加藤健一事務所『滝沢家の内乱』, 俳優座ラボ『妻の家族』)」丸田真悟　テアトロ　851　2011.10　p40～42

## 焼肉ドラゴン ⓗ新国立劇場
*6294* 上演：2008年4月17日～4月27日　場所：新国立劇場　作・演出：鄭義信　演出：梁正雄
◇「格闘する演劇と格闘じみた演劇(文学座アトリエの会『ダウト―疑いをめぐる寓話』, Bunkamura『どん底』, 新国立劇場『焼肉ドラゴン』)」村井健　テアトロ　806　2008.6　p40～44

*6295* 上演：2011年2月7日～2月20日　場所：新国立劇場　作・演出：鄭義信
◇「歴史と伝説の狭間(新国立劇場『焼肉ドラゴン』, テレビ朝日/ホリプロ『ザ・シェイプ・オブ・シングス～モノノカタチ』, 文学座『美しきものの伝説』)」北川登園　テアトロ　846　2011.4　p42～43

*6296* 上演：2016年3月7日～3月27日　場所：新国立劇場　作・演出：鄭義信
◇「勇む舞台の乱れ打ち(劇団TRASHMASTERS『獵り現』, ホリプロ『ライ王のテラス』, 新国立劇場『焼肉ドラゴン』)」河野孝　テアトロ　917　2016.5　p30～31

## 野球部員、舞台に立つ！ ⓗ青年劇場
*6297* 上演：2012年3月14日～3月18日　場所：紀伊國屋ホール　原作：竹島由美子　作・演出：福山啓子　音楽：石川ホベルト
◇「舞台化の巧み(朋友『女たちのジハード』, 梅左事

## やきよ

務所『藤戸』,青年劇場『野球部員,舞台に立つ!』)」中本信幸　テアトロ　861　2012.5　p50〜51

### 夜曲―放火魔ツトムの優しい夜　⑮善人会議
**6298**　上演：1987年5月7日〜5月10日　場所：紀伊國屋ホール　作・演出：横内謙介
◇「快作「ゴジラ」」渡辺保　新劇　34(7)　1987.7　p34〜39

**6299**　上演：1988年8月20日〜8月28日　場所：本多劇場　作・演出：横内謙介
◇「かれのからだは私を誘惑し,混乱させる」長谷部浩　新劇　35(11)　1988.11　p38〜41

### 夜曲―放火魔ツトムの優しい夜　⑮扉座
**6300**　上演：1993年12月7日〜12月16日　場所：紀伊國屋ホール　作・演出：横内謙介
◇「「物語」の生まれ方(文学座アトリエ公演『窓から外を見ている』,扉座『夜曲』,博品館劇場『姫ちゃんのリボン』,優曇華の会『おしゃべりランチ』『大海原で』)」大沢圭司　テアトロ　613　1994.2　p68〜71

### 約三十の嘘　⑮Happy Hunting Ground
**6301**　上演：2004年7月16日〜7月25日　場所：サイスタジオ　作：土田英生
◇「芝居は芝居、夢は夢、されど…(椿組『一天地六―幕末新宿遊侠伝』,ジャブジャブサーキット『動物ダウト ver.04』,ピープルシアター『猿の王国』,HAPPY HUNTING GROUND『その鉄塔に男たちはいるという』『約三十の嘘』他)」浦崎浩實　テアトロ　754　2004.9　p55〜57

### 約三十の嘘　⑮MONO
**6302**　上演：1996年7月5日〜7月7日　場所：扇町ミュージアムスクエア　作・演出：土田英生
◇「7月の関西　「アングラ」二十五年(演劇群『翔』『龍馬を斬った男』,金子順子一人芝居『釈迦内柩唄』,MONO『約三十の嘘』)」宮辻政夫　テアトロ　646　1996.9　p81〜82

**6303**　上演：2001年9月13日〜9月17日　場所：AI・HALL　作・演出：土田英生
◇「9月の関西　世界観と物語と。(劇団潮流『弟よ』,劇団京芸『さよなら竜馬』,深津篤史企画『百舌鳥夕雲町歌声喫茶』『湾岸線浜浦駅高架下4：00AM(土・日除ク)』,MONO『約三十の嘘』)」太田耕人　テアトロ　714　2001.11　p60〜62

### 約束　⑮かもねぎショット
**6304**　上演：1998年8月18日〜8月24日　場所：シアタートップス　作・演出：高見亮子
◇「さらってくれるお芝居を(兵庫県立ピッコロ劇団『さらっていってよピーターパン』,S.W.A.T!『緑の戦場2』,かもねぎショット『約束』)」林あまり　テアトロ　673　1998.10　p70〜71

### 約束のヒト　⑮清流劇場
**6305**　上演：2001年12月7日〜12月9日　場所：扇町ミュージアムスクエア　作・演出：田中孝弥
◇「12月の関西　曖昧化する境界(アグリーダックリング『獣のこのこ』,絆『氷の雨』『犬』,清流劇場『約束のヒト』)」太田耕人　テアトロ　718　2002.2　p66〜68

### 焼跡のマクベス　⑮流山児★事務所
**6306**　上演：1996年11月29日〜12月8日　場所：本多劇場　脚本：山元清多　原作：福田善之　演出：流山児祥
◇「徹底したマクベスの改作(流山児★事務所『焼跡のマクベス』,東京シェイクスピア・カンパニー『マクベス裁判』,鐘下辰男ワークショップ『火男の火』,四季『エビータ』,ピープルシアター『プラットホーム・炎の秋』,劇団1980『新・棄老伝説 ニッポン縁切堂』)」結城雅秀　テアトロ　652　1997.2　p71〜77

### 焼け焦げるたましい　⑮ピープルシアター
**6307**　上演：2009年10月28日〜11月3日　場所：東京芸術劇場小ホール2　作：ワジディ・ムアワッド　訳：吉原豊司　演出：森井睦
◇「戦争と平和(ピープルシアター『焼け焦げるたましい』,文学座『定年ゴジラ』,朋友『百合の季節』)」蔵原惟治　テアトロ　829　2010.1　p52〜53

### やけたトタン屋根の上の猫　⑮新国立劇場
**6308**　上演：2010年11月9日〜11月28日　場所：新国立劇場　作：テネシー・ウィリアムズ　訳：常田景子　演出：松本祐子
◇「役者の見せる舞台(新国立劇場『やけたトタン屋根の上の猫』,俳優座劇場『家族の写真』,劇団NLT・博品館劇場『テーブルに十三人』)」斎藤偕子　テアトロ　843　2011.1　p42〜43

### やけたトタン屋根の上の猫　⑮パルコ
**6309**　上演：1987年9月1日〜9月15日　場所：PARCO劇場　作：テネシー・ウィリアムズ　訳：田島博　台本・演出：鵜山仁
◇「演出家のたくらみ」鴻英良　新劇　34(11)　1987.11　p18〜23
◇「悲劇のホームカミング(パルコ劇場『やけたトタン屋根の上の猫』)」斎藤偕子　テアトロ　537　1987.11　p24〜26

### 焼けた花園　⑮文学座アトリエの会
**6310**　上演：2005年9月7日〜9月21日　場所：文学座アトリエ　作：ウーゴ・ベッティ　訳：溝口廸夫　演出：上村聡史
◇「吹き出しのような会話に切実感(劇団八時半『私の音符は武装している』,こまつ座『小林一茶』,自転車キンクリートSTORE『ウィンズロウ・ボーイ』,文学座アトリエ『焼けた花園』)」丸田真悟　テアトロ　770　2005.11　p50〜52

### 夜光ホテル　⑮モダンスイマーズ
**6311**　上演：2008年5月3日〜6月1日　場所：OFF・OFFシアター　作・演出：蓬莱竜太
◇「演技と作品/演出様式の融合(モダンスイマーズ『夜光ホテル』,青果鹿『しゃなりしゃなりと闇夜の鱗粉』,萬國四季協會『ふくろう』)」斎藤偕子　テアトロ　807　2008.7　p38〜39

### やさしい犬　⑮流山児★事務所
**6312**　上演：1987年2月28日〜3月8日　場所：本多劇場　作：生田萬　演出：加藤直
◇「大いなる単純、華麗なる空虚」鴻英良　新劇　34(5)　1987.5　p22〜27

## 弥次喜多　松竹, 青年座

*6313* 上演：1985年11月14日〜11月27日　場所：サンシャイン劇場　原作：十返舎一九　作：矢代静一　演出：高木達　協力：森塚敏

◇「西田・大塚コンビの魅力（青年座『弥次喜多』）」大笹吉雄　テアトロ　515　1986.1　p30〜31

## やし酒飲み　アトムの会

*6314* 上演：1980年12月　場所：横浜石川町運河　原作：エイモス・チュツオーラ　訳・演出：遠藤琢郎

◇「仮面・人形・本地もの」堂本正樹　新劇　28（3）　1981.3　p30〜33

◇「生と死のはざまに」利光哲夫　新劇　28（3）　1981.3　p34〜37

## 夜叉ヶ池　南河内万歳一座

*6315* 上演：2004年2月26日〜2月29日　場所：大阪市立芸術創造館　作：泉鏡花　演出：荒谷清水

◇「3月の関西　フィグーラ、あるいは相似形への感受性（南河内万歳一座万公演『夜叉ヶ池』、近松門左衛門『木偶の坊や』、劇団魚灯『笑役』）」太田耕人　テアトロ　749　2004.5　p102〜104

## 夜叉ヶ池　遊戯空間

*6316* 上演：2007年11月28日〜12月2日　場所：銀座みゆき館劇場　作：泉鏡花　演出：篠本賢一　音楽：田中佐知子

◇「過去への遡及と懐旧の思い（ナイロン100℃『わが闇』、オフィス3○○『りぼん』、黒テント『上海ブギウギ1945』、遊戯空間『夜叉ヶ池』）」七字英輔　テアトロ　802　2008.2　p66〜68

## 夜叉ヶ池　遊劇体

*6317* 上演：2007年11月16日〜11月20日　場所：ウィングフィールド　作：泉鏡花　演出：キタモトマサヤ

◇「12月の関西　演劇的しかけを愉しむ（桃園会『追奏曲、砲撃』、AI・HALL＋岩崎正裕 共同製作『フローレンスの庭』、遊劇体『夜叉ヶ池』）」太田耕人　テアトロ　802　2008.2　p95〜97

## 野獣郎見参！　BEAST IS RED　劇団☆新感線

*6318* 上演：1996年3月21日〜3月25日　場所：リサイタルホール　作：中島かずき　演出：いのうえひでのり

◇「4月の関西　常識の舞台化（プロデュース567＆桃園会『五軒町商店街寄合会』、劇団☆新感線『Beast is Red—野獣郎見参！』）」宮辻政夫　テアトロ　643　1996.6　p85〜86

## ↑（やじるし）　転形劇場

*6319* 上演：1986年3月11日〜3月23日　場所：T2スタジオ　作・演出：太田省吾

◇「アンドロイドは夢を見る」鴻英良　新劇　33（5）　1986.5　p18〜23

◇「笏する声」佐々木幹郎　新劇　33（5）　1986.5　p24〜29

◇「開かれたドラマツルギー」鴻英良　新劇　33（6）　1986.6　p18〜23

◇「世界はB級感覚」鴻英良　新劇　34（2）　1987.2　p22〜27

## ↑ヤジルシー誘われて　新国立劇場

*6320* 上演：2002年11月12日〜12月1日　場所：新国立劇場小劇場　作・演出：太田省吾

◇「深い哀しみたたえる戯画（新国立劇場『↑ヤジルシー誘われて』、STUDIOコクーン・プロジェクト『障子の国のティンカー・ベル』、パルコ劇場『マイ・ロックンロール・スター』）」内田洋一　テアトロ　731　2003.1　p52〜53

## 夜想曲集　ホリプロ

*6321* 上演：2015年5月11日〜5月24日　場所：天王洲 銀河劇場　原作：カズオ・イシグロ　脚本：長田育恵　演出：小川絵梨子

◇「全ては開始点に戻って終結（俳優座『フル・サークル』、ホリプロ『夜想曲集』、青年劇場『オールライト』）」結城雅秀　テアトロ　905　2015.7　p32〜33

## 弥太五郎源七　文学座

*6322* 上演：1984年6月8日〜6月17日　場所：俳優座劇場　作：久保田万太郎　演出：戌井市郎

◇「俳優の年輪（現代劇センター『螺蝠安』『雪の宿場』、文学座『弥太五郎源七』『衣裳』）」大笹吉雄　テアトロ　498　1984.8　p30〜33

*6323* 上演：1987年8月9日〜9月6日　場所：三越劇場　作：久保田万太郎　演出：戌井市郎

◇「ちかまつ芝居の『悪漢でいっぱい』」渡辺保　新劇　34（10）　1987.10　p38〜43

◇「文学座らしい四本立て（文学座『歳月』『ふりだした雪』『弥太五郎源七』『遊女夕霧』）」水落潔　テアトロ　536　1987.10　p24〜28

## やっかいな楽園　テアトル・エコー

*6324* 上演：2000年3月19日〜3月26日　場所：エコー劇場　作：小川未玲　演出：保科耕一

◇「佃典彦、小川未玲の各2作品を中心に（グローブ座『春のフェスティバル』、ガマ発動機『精肉工場のミスターケチャップ』、ACTネットワーク『お勝手の姫』、テアトル・エコー『やっかいな楽園』）」浦崎浩實　テアトロ　694　2000.5　p68〜70

## やってきたゴドー　木山事務所

*6325* 上演：2007年3月24日〜3月31日　場所：俳優座劇場　作：別役実　演出：末木利文

◇「別役劇に喜劇の力を（木山事務所『やってきたゴドー』、俳優座劇場プロデュース『壊れた風景』、青年劇場『修学旅行』）」内田洋一　テアトロ　792　2007.6　p32〜33

## やっとことっちゃうんとこな　NLT

*6326* 上演：2018年10月13日〜10月21日　場所：俳優座劇場　作・演出：池田政之

◇「芝居も色々、役者も色々（民藝『時を接ぐ』、加藤健一事務所『イカれてるぜ！』、こまつ座『母と暮せば』、劇団NLT『やっとことっちゃうんとこな』）」水落潔　テアトロ　953　2018.12　p34〜36

## 宿無団七時雨傘　国立劇場

*6327* 上演：1980年8月10日〜8月24日　場所：国

やとわ

立劇場小劇場　作：並木正三　補綴・監修：戸部銀作
◇「「あてこみ(スタンドプレー)」の功罪」堂本正樹　新劇　27(10)　1980.10　p26～29

**やとわれ仕事** ㊞メープルリーフ・シアター
***6328*** 上演：2004年3月3日～3月7日　場所：シアターX　作：フランク・モハー　訳：吉原豊司　演出：貝山武久
◇「現代社会の"負"を凝視する(ユニークポイント『トリガー』、メープルリーフ・シアター『やとわれ仕事』、ブッシュコンパトリエ『アドレナリン・ハート』、ヤーン・カンパニー『ロメオ+ジュリエット』、燐光群『だるまさんがころんだ』)」丸田真悟　テアトロ　749　2004.5　p50～52

**ヤナギダアキラ最期の日** ㊞渡辺源四郎商店
***6329*** 上演：2010年4月11日～4月18日　場所：アトリエ・グリーンパーク　作・演出：畑澤聖悟
◇「先取りされた未来から見た過去―渡辺源四郎商店『ヤナギダアキラ最期の日』」堀切克洋　シアターアーツ　43　2010.6　p156～159

**柳橋物語** ㊞前進座
***6330*** 上演：2017年10月14日～10月25日　場所：三越劇場　原作：山本周五郎　脚色：田島栄　演出：十島英明
◇「あそびバンザイ(虹企画/ぐるうぷシュラ『バンザイ シェイクスピア パーティー』、前進座『柳橋物語』、劇団東演『検察官』)」中本信幸　テアトロ　939　2017.12　p44～45

**家主の上京／屑屋の神様** ㊞オフィス樹, シアターX
***6331*** 上演：2018年9月11日～9月15日　場所：シアターX　作：椎名麟三(家主の上京), 齋藤豊吉(屑屋の神様)　企画・演出：川和孝
◇「科学者の責任の在り処問う(パルコプロデュース『チルドレン』、文学座アトリエ『かのような私』、トム・プロジェクト『にっぽん男女騒乱期』、名作劇場『家主の上京』『屑屋の神様』)」丸田真悟　テアトロ　952　2018.11　p54～56

**屋根裏** ㊞燐光群
***6332*** 上演：2002年5月16日～6月4日　場所：梅ヶ丘BOX　作・演出：坂手洋二
◇「狂うことすら出来ない(MODE『恋愛日記/屋上のひと』、大人計画『春子ブックセンター』、燐光群『屋根裏』)」里見宗律　テアトロ　723　2002.7　p56～58

**やぶのなか** ㊞メイシアター
***6333*** 上演：2015年1月23日～1月26日　場所：メイシアター小ホール　作：芥川龍之介　脚色・演出：ウォーリー木下
◇「2月の関西 背離する視点(メイシアタープロデュース公演SHOW劇場『やぶのなか』、伏兵コード『我が行路』、大阪新劇団協議会プロデュース公演『老貴婦人の訪問』)」太田耕人　テアトロ　902　2015.4　p43～45

**藪の中** ㊞THEガジラ
***6334*** 上演：2002年7月12日～7月22日　場所：世田谷パブリックシアター　原作：芥川龍之介　脚本・演出：鐘下辰男
◇「光を抜けて、闇を潜って(青年座『美しきものの伝説』、THE・ガジラ『藪の中』、加藤健一事務所『劇評』)」大岡淳　テアトロ　726　2002.9　p46～48

**藪の中から龍之介** ㊞青年劇場
***6335*** 上演：2008年9月12日～9月21日　場所：紀伊國屋サザンシアター　作：篠原久美子　演出：原田一樹
◇「智と情のあわい(二十一世紀歌舞伎組『新・水滸伝』、青果鹿『かまどの虫』、青年劇場『藪の中から龍之介』)」中本信幸　テアトロ　812　2008.11　p54～55

**藪原検校** ㊞こまつ座, 世田谷パブリックシアター
***6336*** 上演：2012年6月12日～7月1日　場所：世田谷パブリックシアター　作：井上ひさし　演出：栗山民也
◇「差別や権力に挑む悪の論理(こまつ座&世田谷パブリックシアター『藪原検校』、トム・プロジェクト『骨唄』、岡部企画『玄界灘』)」北川登園　テアトロ　866　2012.9　p40～41

***6337*** 上演：2015年2月23日～3月20日　場所：世田谷パブリックシアター　作：井上ひさし　演出：栗山民也
◇「差別が咲かせた悪の華(こまつ座&世田谷パブリックシアター『藪原検校』、NLT『ミントティー、それともレモン…？』、ワンツーワークス『誰も見たことのない場所2015』)」北川登園　テアトロ　903　2015.5　p34～35

**藪原検校** ㊞地人会
***6338*** 上演：1995年9月27日～10月9日　場所：紀伊國屋ホール　作：井上ひさし　演出：木村光一
◇「ふたつの一代記物(文化座『ほにほに、おなご医者』、地人会『藪原検校』)」藤木宏幸　テアトロ　636　1995.12　p60～61

**藪原検校** ㊞ホリプロ, Bunkamura
***6339*** 上演：2007年5月8日～5月31日　場所：シアターコクーン　作：井上ひさし　演出：蜷川幸雄
◇「渋谷で名作を新装、新作の名作誕生(シス・カンパニー『写楽考』、ホリプロ・Bunkamura『藪原検校』、パルコプロデュース『コンフィダント・絆』)」北川登園　テアトロ　793　2007.7　p46～47

**破れ傘長庵** ㊞結城座
***6340*** 上演：2008年12月10日～12月14日　場所：シアタートラム　原作：河竹黙阿弥　脚本・演出：山元清多
◇「伝統芸能における身体性の逆説的表出 『破れ傘長庵』と串田歌舞伎」吉田季実子　シアターアーツ　38　2009.3　p134～137

**破れた魂に侵入―Life Line** ㊞木冬社
***6341*** 上演：2001年11月16日～11月25日　場所：サイスタジオ　作・演出：清水邦夫　演出：松本典子

◇「清水の才に脚光再び期待したい(演劇企画木冬社『破れた魂に侵入』,S.W.A.T!『突撃! 第九八独立普通科連隊』,翌檜座+鴎座『終着駅の向こうには…』,スイセイ・ミュージカル『ONLY ONE』,芝居小屋六面座『鈴の鳴る家』)」佐藤康平 テアトロ 718 2002.2 p54〜53

**野望と夏草** [団]新国立劇場

6342 上演:1998年12月2日〜12月20日 場所:新国立劇場小劇場 作:山崎正和 演出:西川信廣

◇「やはり芝居はせりふだ(新国立劇場『野望と夏草』,銀座セゾン劇場『リボンの騎士』,東演『どん底』)」江原吉博 テアトロ 678 1999.2 p70〜71

**病いは気から** [団]俳優座

6343 上演:2017年1月11日〜1月22日 場所:俳優座劇場 作:モリエール 訳:秋山伸子 演出:高岸未朝

◇「人間の本質は変わらない(新派『華岡青洲の妻』,俳優座『病いは気から』)」水落潔 テアトロ 929 2017.3 p52〜53

**山から吹きおり** [団]八時半

6344 上演:1997年6月 場所:スペースイサン東福寺 作・演出:鈴江俊郎

◇「7月の関西 鈴江俊郎の最新作(劇団八時半『山から吹きおり』,ぐるっぺ・あうん企画『夕映えにクヮルテット』)」宮辻政夫 テアトロ 659 1997.9 p80〜81

6345 上演:2004年3月27日〜3月28日 場所:スペースイサン東福寺 作・演出:鈴江俊郎

◇「4月の関西 メタファーとリアリティー(遊劇体『エディアカラの楽園』,立身出世劇場『黄昏のカンガルーハイツ』,劇団八時半『山から吹きおり』)」太田耕人 テアトロ 750 2004.6 p60〜62

**山崎方代の歌物語** [団]黒テント

6346 上演:2014年10月18日〜10月26日 場所:タイニイ・アリス 作・演出:坂口瑞穂 音楽:古賀義弥

◇「自由な生きざまか、衝撃度?(黒テント『山崎方代の歌物語』,勝田演劇事務所『日陰でも110度』,Pカンパニー『シリーズ罪と罰〜沈黙』)」斎藤偕子 テアトロ 899 2015.1 p32〜33

**山脈(やまなみ)** [団]東京演劇アンサンブル

6347 上演:2010年3月30日〜3月31日 場所:シアターX 作:木下順二 演出:入江洋佑 音楽:林光

◇「重いシチュエーション、重い主題(俳小『ゴルゴダ・メール』,東京演劇アンサンブル『山脈』,民藝『そしてナイチンゲールは歌う』)」斎藤偕子 テアトロ 834 2010.6 p32〜33

**山猫からの手紙 イーハトーボ伝説** [団]文学座

6348 上演:1990年11月2日〜11月13日 場所:紀伊國屋ホール 作:別役実 演出:藤原新平

◇「静謐と緊張(文学座『山猫からの手紙』)」瀬戸宏 テアトロ 575 1991.1 p24〜25

**山猫理髪店** [団]木山事務所

6349 上演:1998年9月18日〜9月27日 場所:俳優座劇場 作:別役実 演出:末木利文

◇「風化と執念(木山事務所『山猫理髪店』,博品館劇場『デッド・ギルティ』)」斎藤偕子 テアトロ 674 1998.11 p54〜55

**山猫理髪店** [団]民藝

6350 上演:2005年6月16日〜6月30日 場所:紀伊國屋サザンシアター 作:別役実 演出:山下悟

◇「時間の刻印(流山児★事務所『戦場のピクニック・コンダクタ』,俳優座劇場プロデュース『家族の写真』,オン・タイム製作『ちいさな歳月』,民藝『山猫理髪店』)」田之倉稔 テアトロ 767 2005.8 p48〜50

**山の巨人たち** [団]演劇集団円

6351 上演:1983年11月12日〜11月24日 場所:紀伊國屋ホール 作:ルイージ・ピランデッロ 訳:田之倉稔 演出:神山繁

◇「ユニークな演劇論的なお芝居(円『山の巨人たち』)」渡辺淳 テアトロ 491 1984.1 p28〜29

**山の巨人たち** [団]ク・ナウカ

6352 上演:2005年2月25日〜3月6日 場所:ザ・スズナリ 作:ルイージ・ピランデッロ 訳:田之倉稔 演出:宮城聰

◇「ピランデッロと劇中劇(ク・ナウカ『山の巨人たち』,四季『アンチゴーヌ』,ホリプロ『デモクラシー』)」田之倉稔 テアトロ 763 2005.5 p66〜68

**山の巨人たち** [団]新国立劇場

6353 上演:2008年10月23日〜11月9日 場所:新国立劇場 作:ルイージ・ピランデッロ 訳:田之倉稔 演出:ジョルジュ・ラヴォーダン

◇「現実と精神の乖離(新国立劇場『山の巨人たち』,ギィ・フォワシィ・シアター『背中のナイフ』『証言』,ジャブジャブサーキット『死立探偵』)」蔵原惟治 テアトロ 815 2009.1 p32〜34

**山の声—ある登山者の追想** [団]くじら企画

6354 上演:2008年12月5日〜12月7日 場所:ウィングフィールド 作・演出:大竹野正典

◇「12月の関西 追憶するせりふ(PM/飛ぶ教室+Z system『ながれまち』,くじら企画『山の声—ある登山者の追想—』,デス電所『ヌンチャクトカレフ鉈鉄球』)」太田耕人 テアトロ 816 2009.2 p65〜67

6355 上演:2011年1月21日〜1月23日 場所:インディペンデントシアター2nd 作・演出:大竹野正典

◇「1月の関西 別れの挨拶(くじら企画『山の声』,Ugly duckling『凛然グッド・バイ』,下鴨車窓『王様』)」太田耕人 テアトロ 845 2011.3 p96〜98

**山のサバニ—ヤンバル・パルチザン伝** [団]沖縄芝居実験劇場

6356 上演:1998年10月31日〜11月1日 場所:前

進座劇場　作：大城貞俊　演出：幸喜良秀
◇「佐野史郎・伊藤克・北島角子の力量（トムプロジェクト『マラカス―消尽』、同人会＋現代『椎名麟三没後25周年記念公演』、夜の樹『夜の隣人たち』、演奏舞台『能・21・シリーズ』、沖縄実験劇場『山のサバニーヤンバル・パルチザン伝』）」浦崎浩實　テアトロ　677　1999.1　p78～80

## 山吹　⓪遊劇体
**6357** 上演：2008年6月26日～6月30日　場所：精華小劇場　作：泉鏡花　演出：キタモトマサヤ
◇「7月の関西 どこでもない空間（WANDERING PARTY『レオナール・F S改』、A級 Missing Link『裏山の犬にでも喰われろ！』、遊劇体『山吹』、地点『三人姉妹』）」太田耕人　テアトロ　810　2008.9　p81～83

## 山ほととぎすほしいまま　⓪俳優座
**6358** 上演：1980年5月12日～5月27日　場所：紀伊國屋ホール　作：秋元松代　演出：増見利清
◇「新劇シルバー・シート」堂本正樹　新劇　27（7）　1980.7　p26～29
◇「純粋に燃えて落つ（俳優座『山ほととぎすほしいまま』）」ほんちえいき　テアトロ　449　1980.7　p21～24

## 山ほととぎすほしいまま　⓪ポイント東京
**6359** 上演：2003年5月17日～5月28日　場所：ル・テアトル銀座　作：秋元松代　演出：江守徹
◇「戯曲表現の位相と舞台の可能性（俳優座『九番目のラオ・ジウ』、弘前劇場/J.CLIP制作協力『あの川に遠い窓』、ポイント東京『山ほととぎすほしいまま』）」みなもとごろう　テアトロ　737　2003.7　p44～46

## 山ほととぎすほしいまま　⓪まにまアート
**6360** 上演：1993年11月13日～11月21日　場所：前進座劇場　作：秋元松代　演出：立沢雅人
◇「激情、愛と自由と良心（無名塾『リチャード三世』、まにまアート『山ほととぎすほしいまま』、キャラメルボックス『キャンドルは燃えているか』、新人会『私を蘇らせて』）」結城雅秀　テアトロ　613　1994.2　p64～67

**6361** 上演：1995年10月31日～11月9日　場所：前進座劇場　作：秋元松代　演出：立沢雅人
◇「歳々年々、花相似たり（まにまアート『山ほととぎすほしいまま』、青年座『MOTHER』）」岩波剛　テアトロ　638　1996.1　p70～71

## 山本周五郎の妻　⓪横浜夢座
**6362** 上演：2008年2月14日～2月18日　場所：ランドマークホール　作：小松與志子　演出：遠藤吉博
◇「思想風土の逆説をめぐるドラマ（世田谷パブリックシアター＋コンプリシテ共同制作『春琴』、二兎社『歌わせたい男たち』、横浜夢座『山本周五郎の妻』）」みなもとごろう　テアトロ　805　2008.5　p38～40

## 山山　⓪神奈川芸術劇場、地点
**6363** 上演：2018年6月6日～6月16日　場所：KAAT神奈川芸術劇場中スタジオ　作：松原俊太郎　演出：三浦基

◇「その先が見たい（新国立劇場『消えていくなら朝』、ナイロン100℃『鑿天』、流山児★事務所『満州戦線』、KAAT×地点『山山』、シス・カンパニー『お蘭、登場』）」杉山弘　テアトロ　950　2018.9　p46～48

## 闇市愚連隊　⓪空間演技
**6364** 上演：1989年9月22日～9月27日　場所：本多劇場　作・演出：岡部耕大
◇「私も"役"をもらえました！」林あまり　新劇　36（12）　1989.12　p38～41

## 闇と舌先　⓪前進座
**6365** 上演：1996年3月24日～3月31日　場所：前進座劇場　作：藤田傳　演出：香川良成
◇「書き下ろし二作（前進座『闇と舌先』、銅鑼『凍土の鶴より』）」八橋卓　テアトロ　643　1996.6　p49～50

## 闇に咲く花―愛敬稲荷神社物語　⓪こまつ座
**6366** 上演：1987年10月9日～10月14日　場所：紀伊國屋ホール　作：井上ひさし　演出：栗山民也
◇「無言のギタリストが語ること（こまつ座『闇に咲く花』）」扇田昭彦　テアトロ　538　1987.12　p30～31

## 闇の光明　⓪東京演劇集団風
**6367** 上演：2010年4月27日～5月1日　場所：レパートリーシアターKAZE　作：ブレヒト　訳：岩淵達治　演出：桐山知也
◇「『金融システム』は世界を救済できるか（東京演劇集団風『闇の光明』『戦場のような女』、燐光群『ザ・パワー・オブ・イエス』）」田之倉稔　テアトロ　835　2010.7　p48～49

## 闇の中の白い道　⓪青年劇場
**6368** 上演：1983年9月19日～9月21日　場所：朝日生命ホール　作：ふじたあさや　演出：千田是也
◇「プロパガンダと様式の古さ―『蟹工船』『闇の中の白い道』『石よ哭け』」堂本正樹　新劇　30（11）　1983.11　p77～80

## 闇の左手　⓪唐組
**6369** 上演：2001年5月5日～6月24日　場所：花園神社　作・演出：唐十郎
◇「対照的なマジシャン劇二本（シアターナインス/パルコ・松竹提携『夏ホテル』、唐組『闇の左手』）」扇田昭彦　テアトロ　709　2001.7　p50～51

## 闇の枕絵師　⓪THEガジラ
**6370** 上演：1995年5月18日～5月24日　場所：シアタートップス　作・演出：鐘下辰男
◇「『栄光の時は長つづきしない』ものなのか（俳優座ラボ『ハクスタブル家の無邪気な客人』、ザ・ガジラ『闇の枕絵師』）」大場建治　テアトロ　631　1995.7　p64～65

## 闇光る　⓪遊劇体
**6371** 上演：2006年11月1日～11月5日　場所：京都芸術センター　作・演出：キタモトマサヤ
◇「11月の関西 秋の収穫（遊劇体『闇光る』、AI・

HALL+岩崎正裕共同製作『ルカ追送』,Ugly duckling『スパイク・レコード』,sunday『四月のさかな』,デス電所『夕景殺伐メロウ』)」太田耕人　テアトロ　787　2007.1　p101〜103

### 闇夜の祭り　⑳音楽座
***6372***　上演：1981年2月13日〜2月15日　場所：三百人劇場　作・作詞・演出：横山由和　作曲：小崎光洋
◇「新鋭小崎光洋の音楽に注目（音楽座『闇夜の祭り』）」野口久光　テアトロ　458　1981.4　p30〜32

### 弥々　⑳J.CLIP
***6373***　上演：2009年10月27日〜11月3日　場所：赤坂RED/THEATER　脚本：矢代静一　演出：毬谷友子　※毬谷友子ひとり語り
◇「どうする、終わりを（五反田団『生きてるものはいないのか』『生きてるものか』、毬谷友子ひとり語り『弥々』,NLT『OH！マイママ』、青い鳥『ザ還暦』）」斎藤偕子　テアトロ　829　2010.1　p54〜56

### 弥々　⑳地人会
***6374***　上演：1992年9月3日〜9月13日　場所：紀伊國屋ホール　作：矢代静一　演出：石澤秀二
◇「ひとり芝居・スペイン芝居（地人会『弥々・中村岩五郎・サンフランシスコ案内』、青年座『モロッコの甘く危険な香り』）」藤田洋　テアトロ　597　1992.9　p64〜67
◇「ひとり芝居の刺激とやすらぎ」コリーヌ・ブレ　Les Specs　39（11）　1992.11　p34〜35

### ヤルタ会談／忠臣蔵・OL編　⑳青年団
***6375***　上演：2004年5月1日〜5月16日　場所：アトリエ春風舎　作・演出：平田オリザ
◇「言葉が創り出す空間（風琴工房『記憶、或いは辺境』、俳優座劇場プロデュース『名は五億』、青年団『ヤルタ会談』『忠臣蔵・OL編』、新国立劇場『てのひらのこびと』）」丸田真悟　テアトロ　751　2004.7　p51〜53

### 柔らかい肌　⑳ブリキの自発団
***6376***　上演：1987年6月21日〜7月5日　場所：PARCO SPACE PART3　作・演出：生田萬
◇「ノスタルジックな虚無感覚」鴻英良　新劇　34（9）　1987.9　p18〜23
◇「宇宙的でつつましく（ブリキの自発団『柔らかい肌』）」扇田昭彦　テアトロ　535　1987.9　p26〜27

### やわらかい服を着て　⑳新国立劇場
***6377***　上演：2006年5月22日〜6月11日　場所：新国立劇場小劇場　作・演出：永井愛
◇「巧いことの意味（シス・カンパニー『ヴァージニア・ウルフなんかこわくない？』、新国立劇場『やわらかい服を着て』）」斎藤偕子　テアトロ　781　2006.8　p64〜65

## 【 ゆ 】

### You Are The Top―今宵の君　⑳ホリプロ
***6378***　上演：2002年3月5日〜3月31日　場所：世田谷パブリックシアター　作・演出：三谷幸喜
◇「戸田恵子の末期の眼（ホリプロ企画制作『You Are The Top―今宵の君―』、シアター21『グラディスおばあさんの画廊』）」内668洋一　テアトロ　721　2002.5　p42〜43

### 結の風らぶそでい　⑳青年劇場
***6379***　上演：2009年9月18日〜9月27日　場所：紀伊國屋サザンシアター　作：高橋正圀　演出：松波喬介
◇「執念のトリック（青年劇場『結の風らぶそでい』、ジャブジャブサーキット『河童橋の魔女』、前進座『或る「小倉日記」伝』）」中本信幸　テアトロ　827　2009.12　p40〜41

### 遊園地の思想　⑳俳優座劇場
***6380***　上演：1996年2月3日〜2月11日　場所：俳優座劇場　作：別役実　演出：岸田良二
◇「人々はまどろみながらジュースを飲み、ときおりせわしげに煙草を吸う（俳優座劇場プロデュース『遊園地の思想』、青年団『南へ』）」藤谷忠昭　テアトロ　641　1996.4　p60〜61

### 誘拐―ラプト　⑳東京演劇集団風
***6381***　上演：2008年4月18日〜4月23日　場所：レパートリーシアターKAZE　作：アメド・マダニ　訳：堀内ゆかり　演出：和田喜夫
◇「それぞれの味わい―フリンジの翻訳劇（勝田演劇事務所『シチリアのライム』、東京演劇集団風『誘拐―ラプト』、NLT『ホテルZOO』）」みなもとごろう　テアトロ　763　2008.7　p42〜43

### 夕顔のはなしろきゆふぐれ　⑳維新派
***6382***　上演：2012年7月12日〜7月29日　場所：デザイン・クリエイティブセンター神戸　構成・演出：松本雄吉
◇「7月の関西 掘り返される歴史（維新派『夕顔のはなしろきゆふぐれ』、ニットキャップシアター『ピラカタ・ノート』、木ノ下歌舞伎『義経千本桜』）」太田耕人　テアトロ　866　2012.9　p55〜57

### 夕暮れ少年　⑳その1
***6383***　上演：1997年8月29日〜8月31日　場所：扇町ミュージアムスクエア　作・演出：藤堂尚樹
◇「9月の関西 時代をどう表現するか（関西芸術座『おかあさん疲れたよ』、劇団その1『夕暮れ少年』、劇団潮流『続・夢幻乱歩館』、劇団2ち6組山田学級『真夏の夜の山田の夢』）」宮辻政夫　テアトロ　661　1997.11　p77〜79

### 夕景殺伐メロウ　⑳デス電所
***6384***　上演：2006年11月10日〜11月19日　場所：精華小劇場　作・演出：竹内佑
◇「11月の関西 秋の収穫（遊劇体『闇光る』,AI・HALL+岩崎正裕共同製作『ルカ追送』,Ugly

duckling『スパイク・レコード』,sunday『四月のさかな』, デス電所『夕景殺伐メロウ』)」太田耕人　テアトロ　787　2007.1　p101〜103

**友情〜秋桜のバラード**　[団]愛のチャリティー劇場

***6385*** 上演：1999年11月11日〜2月22日　場所：シアターVアカサカ　作：布勢博一　演出：田中林輔

◇「「効果」は十分『友情』のロングラン(愛のチャリティー劇場『友情〜秋桜のバラード〜』, 流山児★事務所『完璧な一日』, 演劇集団円『抱擁ワルツ』)」佐藤康平　テアトロ　692　2000.3　p86〜87

**遊女夕霧**　[団]文学座

***6386*** 上演：1987年8月9日〜9月6日　場所：三越劇場　作：川口松太郎　演出：戌井市郎

◇「ちかまつ芝居の『悪漢でいっぱい』」渡辺保　新劇　34(10)　1987.10　p38〜43

◇「文学座らしい四本立て(文学座『歳月』『ふりだした雪』『弥太五郎源七』『遊女夕霧』)」水落潔　テアトロ　536　1987.10　p24〜28

**幽人ども**　[団]KTカンパニー

***6387*** 上演：1996年11月　場所：ウィングフィールド　作：狩場直史　演出：二口大学

◇「11月の関西 海辺の不思議な大劇場(維新派『ヂャンヂャンオペラ ROMANCE』,KTカンパニー『幽人ども』, 劇団☆新感線『花の紅天狗』)」宮辻政夫　テアトロ　651　1997.1　p80〜81

**遊人〈1〉**　[団]SCOT

***6388*** 上演：1989年8月4日〜8月12日　場所：SCOTセンター　作：シェイクスピア　訳：小田島雄志　構成・演出：鈴木忠志

◇「中心の不在、あるいは中心の遍在」七字英輔　新劇　36(10)　1989.10　p26〜29

**夕鶴**　[団]銀座セゾン劇場

***6389*** 上演：1997年8月3日〜9月15日　場所：銀座セゾン劇場　作：木下順二　演出：栗山昌良

◇「視線, 声, 形(多摩市文化振興財団『寺山修司の迷宮世界◎100年気球メトロポリス』, キャラメルボックス『嵐になるまで待って』, 銀座セゾン劇場『夕鶴』)」長谷部浩　テアトロ　660　1997.10　p61〜65

**夕鶴**　[団]上海昆劇団

***6390*** 上演：1996年5月10日〜5月31日　場所：東京芸術劇場中ホール　作：木下順二　演出：郭小男

◇「昆劇の革新—中国昆劇合同公演を観て」石澤秀二　テアトロ　644　1996.7　p53〜55

**夕鶴**　[団]山本安英の会

***6391*** 上演：1986年4月12日〜4月17日　場所：青山劇場　作・演出：木下順二

◇「ロンドン, パリ, ナポリ, そして東京」渡辺保　新劇　33(6)　1986.6　p30〜35

**遊星ブンボーグの接近**　[団]ヨーロッパ企画

***6392*** 上演：2015年9月10日〜9月13日　場所：京都府立文化芸術会館　作・演出：上田誠

◇「9月の関西 文脈を並列する(ヨーロッパ企画『遊星ブンボーグの接近』, スクエア『湿原ラジオ』, 虚空旅団『呼子鳥』)」太田耕人　テアトロ　910　2015.11　p44〜45

**夕空晴れて**　[団]トム・プロジェクト

***6393*** 上演：2005年12月17日〜12月28日　場所：本多劇場　作・演出：ふたくちつよし

◇「いかに生きるか、何をなすべきか(うりんこ『弟の戦争』, トム・プロジェクト『夕空晴れて』, 俳優座『喜多川歌麿女絵草紙』)」中本信幸　テアトロ　775　2006.3　p78〜79

**夕凪の街 桜の国**　[団]大阪女優の会

***6394*** 上演：2008年8月8日〜8月10日　場所：谷町劇場　原作：こうの史代　構成・演出：キタモトマサヤ

◇「8月の関西 西日本演劇圏の黎明？(劇団・太陽族『往くも還るも』, 桃園会『お顔』, 少年王者舘『アジサイ光線』, 大阪女優の会『夕凪の街 桜の国』)」太田耕人　テアトロ　811　2008.10　p51〜53

**夕映えにクヮルテット—朝は7時**　[団]ぐるっぺ・あうん企画

***6395*** 上演：1997年7月11日〜7月12日　場所：近鉄小劇場　作：ポール・オズボーン　訳：青井陽治　演出：熊本一

◇「7月の関西 鈴江俊郎の最新作(劇団八時半『山から吹きおり』, ぐるっぺ・あうん企画『夕映えにクヮルテット』)」宮辻政夫　テアトロ　659　1997.9　p80〜81

**夕陽ヶ丘まぼろし営業所**　[団]南河内万歳一座

***6396*** 上演：2012年6月13日〜6月18日　場所：一心寺シアター倶楽　作・演出：内藤裕敬

◇「6月の関西 再演される〈現在〉(土田英生セレクション『燕のいる駅』, 劇団大阪『イノセント・ピープル』, 南河内万歳一座『夕陽ヶ丘まぼろし営業所』, 兵庫県立ピッコロ劇団『博多小女郎波枕』)」太田耕人　テアトロ　865　2012.8　p51〜53

**ゆうひかげ**　[団]犯罪友の会

***6397*** 上演：2008年10月16日〜10月21日　場所：難波宮跡公園野外特設劇場　作・演出：武田一度

◇「10月の関西 時を超える—野外劇の豊饒さ(維新派『呼吸機械』, 犯罪友の会『ゆうひかげ』)」太田耕人　テアトロ　813　2008.12　p57〜59

**夕日の老人ブルース**　[団]黒テント

***6398*** 上演：1997年4月10日〜4月20日　場所：ザ・スズナリ　作：野長瀬正夫　構成・演出：山元清多

◇「混沌から響く歌声(太虚<TAO>『ハイナーミュラー・アンソロジー』, プロダクション坂手塚プレゼンツ『男の一生』, コーロ・カロス『ヴィヨン 笑う中世』, 黒テント『夕日の老人ブルース』)」大岡淳　テアトロ　656　1997.6　p70〜72

**ゆうまぐれ、龍のひげ**　[団]虚空旅団

***6399*** 上演：2012年12月14日〜12月16日　場所：ウィングフィールド　作・演出：高橋恵

◇「1月の関西 女性作家の競演(辻企画『不埒なまぐろ』, 燈座『人の香り』, 虚空旅団『ゆうまぐれ、

龍のひげ』, カンパニーデラシネラ『カルメン』)」 太田耕人　テアトロ　873　2013.3　p58〜60

### 夕闇　[団]現代演劇協会

6400 上演：2013年9月4日〜9月8日　場所：シアターグリーン　作：ノエル・カワード　訳・演出：福田逸

◇「西洋古典生む笑いの今(シス・カンパニー『かもめ』, 俳優座『三人姉妹』, (財)現代演劇協会『夕闇』)」 斎藤偕子　テアトロ　882　2013.11　p54〜55

### ゆうれい　[団]イプセンを上演する会

6401 上演：2006年6月16日〜6月18日　場所：新生館スタジオ　作：イプセン　訳：毛利三彌　演出・美術：花島宣人

◇「イプセン、十九世紀末からの警告(演劇集団円『ロスメルスホルム』, 燐光群『民衆の敵』, イプセンを上演する会『ゆうれい』)」 北川登園　テアトロ　781　2006.8　p54〜56

### ゆうれい　[団]演劇集団円

6402 上演：1997年9月18日〜9月22日　場所：紀伊國屋サザンシアター　作：イプセン　訳：毛利三彌　演出：タリエ・マーリ

◇「境界をゆらめくイプセン(演劇集団円『ゆうれい』『ヨーン・ガブリエル・ボルクマン』)」 大岡淳　テアトロ　662　1997.12　p70〜71

### ゆうれい　[団]京

6403 上演：1999年11月12日〜11月21日　場所：下北沢ミニシアターKYO　作：イプセン　訳：毛利三彌　演出：速水一郎, 菅沢晃

◇「観客の想像力を刺激する台詞(木山事務所『ワーグナー家の女』, 円『サラマンダー』, 文学座アトリエ『花のかたち』, パルコ劇場『ザ・ウーマン・イン・ブラック』, 京『ゆうれい』)」 結城雅秀　テアトロ　690　2000.1　p68〜71

### ゆうれい　[団]名取事務所, シアターX

6404 上演：2006年11月22日〜11月26日　場所：シアターX　原作：イプセン　台本・演出：毛利三彌

◇「肉体に刻まれる歴史の刻印(名取事務所+シアターX『ゆうれい』, T FACTORY『黒いぬ』, 俳優座『野火』)」 斎藤偕子　テアトロ　788　2007.2　p58〜59

### 幽霊　[団]往来

6405 上演：1993年12月16日〜12月19日　場所：近鉄小劇場　作：田中守幸　演出：鈴木健之亮

◇「演出を考える(『書留へ ピアノより』, 往来『幽霊』, コーロ『日の丸心中』)」 宮辻政夫　テアトロ　614　1994.3　p94〜95

### ゆうれい貸屋　[団]昴

6406 上演：2002年7月5日〜7月14日　場所：俳優座劇場　原作：山本周五郎　脚色・演出：福田逸

◇「光は闇の中に輝いている―(昴『ゆうれい貸屋』, 広島の女上演委員会『星よ降れ震える世界よ』, 演奏舞台『能・21 シリーズII』, 青杜『サイロの砦』)」 浦崎浩實　テアトロ　726　2002.9　p49〜51

### 幽霊さん　[団]文化座

6407 上演：2015年7月29日〜8月2日　場所：シアターX　作：司修　演出・音楽・映像：金大偉

◇「幽冥界がおどる時(佐々木愛ひとり芝居『幽霊さん』, 虹企画『地獄のオルフェウス』, 俳優座特別公演『戦争とは…2015』)」 中本信幸　テアトロ　909　2015.10　p26〜27

### 幽霊人命救助隊　[団]朋友

6408 上演：2011年9月28日〜10月2日　場所：俳優座劇場　原作：高野和明　作・演出：古城十忍

◇「役者の現代世界の創造方(民藝『カミサマの恋』, 朋友『幽霊人命救助隊』, Pカンパニー『岸田國士的なるものをめぐって〜「果樹園に降る雨」「はっさく」「曼珠沙華」』)」 斎藤偕子　テアトロ　855　2011.12　p36〜37

### 幽霊たち　[団]パルコ

6409 上演：2011年6月14日〜7月3日　場所：PARCO劇場　作：ポール・オースター　訳：柴田元幸　構成・演出：白井晃

◇「シュールリアリズムのタッチ(円『未だ定まらず』, パルコ・プロデュース『幽霊たち』, 子供のためのシェイクスピアカンパニー『冬物語』, NLT『水族館』)」 斎藤偕子　テアトロ　852　2011.9　p44〜46

### 幽霊はここにいる　[団]KOKAMI@network

6410 上演：2002年5月9日〜6月1日　場所：紀伊國屋サザンシアター　作：安部公房　演出：鴻上尚史

◇「物足りない思い(加藤健一事務所『煙が目にしみる』, KOKAMI@network『幽霊はここにいる』, 新国立劇場『ワーニャおじさん』)」 林あまり　テアトロ　723　2002.7　p64〜65

### 幽霊はここにいる　[団]新国立劇場

6411 上演：1998年5月12日〜5月31日　場所：新国立劇場中劇場　作：安部公房　演出：串田和美

◇「対照的な魅力―J・グエアと坂手洋二と(俳優座『あなたまでの6人』, 燐光群『沖縄ミルクプラントの最后』, 新国立劇場『幽霊はここにいる』, シェイクスピア・シアター『ヴェニスの商人』)」 みなもとごろう　テアトロ　670　1998.7　p50〜53

### 誘惑エレキテル。　[団]芝居屋坂道ストア

6412 上演：2000年4月27日〜4月30日　場所：扇町ミュージアムスクエア　作・演出：角ひろみ

◇「5月の関西 ジェンダーへの意識(第6回女性芸術劇場『桜色観覧車』, スクエア『俺の優しさ』, 芝居屋坂道ストア『誘惑エレキテル。』, 転球劇場『CAT』)」 太田耕人　テアトロ　696　2000.7　p82〜84

### 誘惑女神　[団]早稲田銅鑼魔館

6413 上演：1986年11月2日〜11月11日　場所：早稲田銅鑼魔館　作：谷崎潤一郎　脚色：森尻純夫　演出：観世栄夫

◇「空足」 渡辺保　新劇　34(1)　1987.1　p38〜43

## ゆかし

**床下のほら吹き男** 団MONO
6414 上演:2009年1月31日〜2月1日 場所:京都府立文化芸術会館 作・演出:土田英生
◇「3月の関西 家族の肖像(マレビトの会『声紋都市─父への手紙』、MONO『床下のほら吹き男』、メイシアタープロデュース『チェーホフ 三人姉妹』、兵庫県立ピッコロ劇団『門 若き日の近松』)」太田耕人 テアトロ 819 2009.5 p54〜56

**床の新聞** 団深津篤史企画
6415 上演:2000年8月4日〜8月6日 場所:大阪市立芸術創造館 作:中村賢司、大正まろん、杉山晴佳 構成・演出:深津篤史
◇「8月の関西 大阪弁、この演劇的なるもの(くじら企画『屋上ペーパームーン』、転球劇場『生。』、深津企画『床の新聞』)」太田耕人 テアトロ 699 2000.10 p64〜66

**雪をわたって…** 団プロジェクト・ナビ
6416 上演:1988年3月16日〜3月21日 場所:本多劇場 作・演出:北村想
◇「「成熟」を拒む演劇」七字英輔 新劇 35(6) 1988.6 p26〜29
◇「素粒子の童話学(本多劇場・ナビ『雪をわたって』)」鴻英良 テアトロ 543 1988.5 p32〜33

**雪がふる** 団時空劇場
6417 上演:1996年12月14日〜12月15日 場所:京都市北文化会館 作・演出:松田正隆
◇「1月の関西 殺人とミカン(時空劇場『雪がふる』、劇団その1『名人戦2046』、PM/飛ぶ教室『足場の上のゴースト』、転球劇場『竹輪』)」宮辻政夫 テアトロ 653 1997.3 p79〜81

**雪国** 団地人会
6418 上演:2001年3月21日〜3月28日 場所:紀伊國屋サザンシアター 原作:川端康成 脚本:宮本研 演出:木村光一
◇「二つの優れた創作劇の再演(地人会『雪国』、新国立劇場『紙屋町さくらホテル』)」水落潔 テアトロ 708 2001.6 p48〜49

**雪国** 団日生劇場
6419 上演:1982年1月3日〜1月27日 場所:日生劇場 作:宮本研 演出:木村光一
◇「魅力ある松坂の駒子(日生劇場『雪国』)」千野幸一 テアトロ 469 1982.3 p26〜27

**ゆきと鬼んべ** 団らくりん座
6420 上演:1985年10月18日〜10月20日 場所:三百人劇場 作:さねとうあきら 演出:浅野玲子
◇「地域演劇東京演劇祭(多様に展開する地域演劇)」藤木宏幸 テアトロ 515 1986.1 p68〜72

**雪・西風・浪つつみなぜか死に消ゆ** 団雪の会
6421 上演:1985年10月22日〜10月24日 場所:三百人劇場 作・演出:篠崎淳之介 演出:牧良介
◇「地域演劇東京演劇祭(多様に展開する地域演劇)」藤木宏幸 テアトロ 515 1986.1 p68〜72

**雪の宿場街** 団現代劇センター
6422 上演:1984年5月30日〜6月3日 場所:本多劇場 作:長谷川伸 演出:池田一臣
◇「俳優の年輪(現代劇センター『蝶蝠安』『雪の宿場街』、文学座『弥太五郎源七』『衣裳』)」大笹吉雄 テアトロ 498 1984.8 p30〜33

**雪迎えの朝** 団絆
6423 上演:2003年2月1日〜2月2日 場所:ウィングフィールド 作・演出:芳崎洋子
◇「2月の関西 書きうるテクスト(PM/飛ぶ教室『滝の茶屋のおじちゃん2003』、京都芸術センター『デュオの可能性』、絆〜あざない〜『雪迎えの朝』)」太田耕人 テアトロ 734 2003.4 p59〜61

**雪やこんこん** 団こまつ座
6424 上演:1987年10月26日〜11月12日 場所:紀伊國屋ホール 作:井上ひさし 演出:鵜山仁
◇「おののきの空間」佐々木幹郎 新劇 35(1) 1988.1 p32〜37
◇「騙される快感(こまつ座『雪やこんこん』)」千野幸一 テアトロ 539 1988.1 p30〜31
6425 上演:2012年2月19日〜3月11日 場所:紀伊國屋サザンシアター 作:井上ひさし 演出:鵜山仁
◇「再演による戯曲の新たな読み込み(民藝『静かな落日』、オリガト・プラスティコ『龍を撫でた男』、こまつ座『雪やこんこん』)」高橋豊 テアトロ 860 2012.4 p42〜43

**遊行の景色2** 団解体社
6426 上演:1986年
◇「世界はB級感覚」鴻英良 新劇 34(2) 1987.2 p22〜27

**往くも還るも** 団太陽族
6427 上演:2008年8月8日〜8月10日 場所:AI・HALL 作・演出:岩崎正裕
◇「8月の関西 西日本演劇圏の黎明?(劇団・太陽族『往くも還るも』、桃園会『お顔』、少年王者舘『アジサイ光線』、大阪女優の会『夕凪の街 桜の国』)」太田耕人 テアトロ 811 2008.10 p51〜53

**湯毛の中のナウシカ** 団第七病棟
6428 上演:1987年10月19日〜11月4日 場所:阿佐ヶ谷オデオン座 作・演出:唐十郎
◇「おののきの空間」佐々木幹郎 新劇 35(1) 1988.1 p32〜37

**ユタと不思議な仲間たち** 団四季
6429 上演:1989年10月11日〜11月24日 場所:青山劇場 原作:三浦哲郎 演出:浅利慶太
◇「ミュージカル評─とってもオリジナル? ちょっぴりオリジナル」萩尾瞳 新劇 36(12) 1989.12 p42〜45

**油単** 団演劇集団STAMP
6430 上演:2005年9月21日〜9月25日 場所:東京芸術劇場小ホール2 作:川崎照代 演出:藤原新平
◇「不滅な女性原理(青年座『夢.桃中軒牛右衛門

の』,青年劇場『谷間の女たち』,演劇集団STAMP『油単』)」田之倉稔　テアトロ　771　2005.12　p62〜64

**ゆでたまご—きみたちの巨きなまっ白な素足青い鳥**　[団]青い鳥

*6431* 上演：1987年11月17日〜11月23日　場所：東宝スタジオ・第一ステージ　作・演出：市堂令

◇「映画スタジオの青い鳥」鴻英良　新劇　35(1)　1988.1　p26〜31

◇「物語の死体」佐々木幹郎　新劇　35(3)　1988.3　p28〜33

**ユートピア?**　[団]フェスティバル/トーキョー実行委員会

*6432* 上演：2009年3月23日〜3月29日　場所：あうるすぽっと　作・演出：平田オリザ,アミール・レザ・コヘスタニ,シルヴァン・モーリス

◇「「あたらしいリアル」とは？(フェスティバル/トーキョー『ユートピア？』『転校生』『95kgと97kgのあいだ』)」丸田真悟　テアトロ　820　2009.6　p44〜45

**UNIQUE NESS**　[団]青年座

*6433* 上演：2014年8月1日〜8月10日　場所：青年座劇場　作・演出：早川康介

◇「どこかにボタンのかけ違いが…(Bunkamura『太陽2068』,彩の国シェイクスピアシリーズ番外編『ロミオとジュリエット』,青年座『UNIQUE NESS』)」みなもとごろう　テアトロ　895　2014.10　p36〜37

**ゆの暖簾**　[団]俳優座

*6434* 上演：1996年6月6日〜6月19日　場所：三越劇場　作：平石耕一　演出：阿部廣次

◇「押入のなかの骸骨(東京演劇アンサンブル『沼地』,俳優座・三越劇場提携『ゆの暖簾』,まにまアート『きぬという道連れ』,金杉忠男アソシエーツ『POOL SIDE』)」みなもとごろう　テアトロ　645　1996.8　p65〜68

**湯葉と文鎮〜芥川龍之介小伝**　[団]手織座

*6435* 上演：2002年5月17日〜5月26日　場所：俳優座劇場　作：桶上拓郎　演出：古城十忍

◇「観客と一体となる稀有な舞台(文学座『野分立つ』,唐組『糸女郎』,手織座『湯葉と文鎮』)」佐藤康平　テアトロ　723　2002.7　p54〜53

**ユビュ王**　[団]日本大学芸術学部NAP, KUSHIDA WORKING

*6436* 上演：2003年4月21日〜4月27日　場所：日本大学芸術学部江古田校舎シアターNAP　作：アルフレッド・ジャリ　訳：穴澤万里子　構成・演出・美術：串田和美

◇「新旧の西風(文学座アトリエ『ホームバディ/カブール』,東京演劇集団風『冬』,NAP+KUSHIDA WORKING『ユビュ王』,エイコーン『令嬢ジュリー』)」渡辺淳　テアトロ　737　2003.7　p56〜59

**ユビュ王**　[団]結城座

*6437* 上演：2000年6月16日〜6月25日　場所：ザ・バスハウス　原作：アルフレッド・ジャリ　訳：竹内健　演出：佐藤信　人形製作：結城美栄子

◇「夏の夜の悪夢を求めて(山の手事情社『印象 夏の夜の夢』,結城座『ユビュ王』,シアターコクーン『キレイ 神様と待ち合わせした女』)」大岡淳　テアトロ　697　2000.8　p53〜55

**UBU ROI**　[団]マレビトの会

*6438* 上演：2010年3月26日〜3月28日　場所：アートコンプレックス1928　作：アルフレッド・ジャリ　訳：窪田般彌　演出：松田正隆

◇「4月の関西 戯曲と出会う(トリコA『クリスチネ』,マレビトの会『UBU ROI』,ことのは『春の音、曇天。をつけてみる』)」太田耕人　テアトロ　834　2010.6　p45〜47

**夢一夜**　[団]加藤健一事務所

*6439* 上演：2017年12月6日〜12月17日　場所：紀伊國屋サザンシアターTAKASHIMAYA　作：カトリーヌ・フィユー　訳：常田景子　演出：堤泰之

◇「期待を膨らませたものの(てがみ座『風紋〜青のはて2017〜』,JACROW『骨と肉』,Bunkamura『24番地の桜の園』,世田谷パブリックシアター『管理人』,加藤健一事務所『夢一夜』)」杉山弘　テアトロ　942　2018.2　p54〜56

**夢顔**　[団]ジェットラグプロデュース

*6440* 上演：2007年8月24日〜9月2日　場所：シアタートップス　作・演出・美術：東憲司

◇「圧倒する肉体と声(ウジェーヌ・イヨネスコ劇場『授業』,少年王者舘『シフォン』,ジェットラグプロデュース『夢顔』)」丸田真悟　テアトロ　798　2007.11　p46〜47

**夢〜歌舞伎町物語**　[団]東京ギンガ堂

*6441* 上演：2006年5月17日〜5月21日　場所：シアターアプル　作・演出：品川能正

◇「「昭和」の時代を回顧する…(京楽座『中西和久のエノケン』,東京ギンガ堂『夢〜歌舞伎町物語』,青年劇場『尺には尺を』,マウスプロモーション『桜の花にだまされて』)」結城雅秀　テアトロ　781　2006.8　p60〜63

**夢から醒めた夢**　[団]四季

*6442* 上演：2000年10月20日〜12月10日　場所：四季劇場・秋　原作：赤川次郎　台本：奈良和江　台本・演出：浅利慶太

◇「夢と現実と(新国立劇場『欲望という名の電車』,円『イリュージョン・コミック』,四季『夢から醒めた夢』)」渡辺淳　テアトロ　703　2001.1　p62〜63

**夢去りて、オルフェ**　[団]木冬社

*6443* 上演：1986年12月3日〜12月18日　場所：紀伊國屋ホール　作・演出：清水邦夫

◇「劇作家の反撃」佐々木幹郎　新劇　34(2)　1987.2　p28〜33

◇「〈ゲーム〉の果ての真実(木冬社『夢去りて、オルフェ』)」岩波剛　テアトロ　528　1987.2　p30〜31

夢二―大正さすらい人 ⓓ民藝
**6444** 上演：1983年4月6日～4月24日　場所：三越劇場　作：吉永仁郎　演出：渡辺浩子
◇「市井の芸術家としての夢二(民芸『夢二―大正さすらい人』)」ほんちえいき　テアトロ　484　1983.6　p21～22

夢二の妻　ⓓ民藝
**6445** 上演：1998年3月5日～3月20日　場所：三越劇場　作：木庭久美子　演出：若杉光夫
◇「現代演劇の"うち"と"そと"(東京演劇アンサンブル『肝っ玉おっ母とその子供たち』『ノラが夫を捨てたあと』、民藝『夢二の妻』、青年劇場アトリエ『サラエヴォのゴドー』、三人芝居『バラック』)」みなもとごろう　テアトロ　668　1998.5　p68～71

夢たち　ⓓ文化座
**6446** 上演：2001年10月11日～10月20日　場所：紀伊國屋ホール　作：三好十郎　演出：文化座演出部, 越光照文
◇「愚かな人間への限りない信頼とあふれる愛情(文化座『夢たち』、昴『嘆きの天使』、結城座『くぐつ草紙』)」丸山真悟　テアトロ　715　2001.12　p66～67

**6447** 上演：2018年5月10日～5月20日　場所：シアターX　作：三好十郎　演出：松本祐子
◇「時代の荒波の中で(劇団文化座公演151『夢たち』、演劇集団ワンダーランド＋平石耕一事務所『戦争と日本人』、劇団銅鑼『池袋モンパルナス』、劇団芝居屋『通る夜・2018』)」黒羽英二　テアトロ　949　2018.8　p54～56

夢で逢えたら　ⓓ市民小劇場, A計劃
**6448** 上演：1993年　場所：AI・HALL　作・演出：洞口ゆずる　演出：西野勝広
◇「『南河内』と『そとば』合同公演(そとばこまち&南河内万歳一座『九月の昆虫記』、M・O・Pプロデュース『エンジェル・アイズ』、ひょうご舞台芸術『クックドゥードゥルドゥー』、Vカンパニー『鮮やかな朝』、市民小劇場・A計劃『夢で逢えたら』)」宮辻政夫　テアトロ　610　1993.12　p133～135

夢・桃中軒牛右衛門の　ⓓ新劇団協議会
**6449** 上演：1989年3月9日～3月20日　場所：俳優座劇場　作：宮本研　演出：木村光一
◇「『夢』のゆくえ」扇田昭彦　新劇　36(5)　1989.5　p30～33
◇「再生の祈りをこめた挽歌(新劇団協議会『夢・桃中軒牛右衛門の』)」菅孝行　テアトロ　555　1989.5　p28～29

夢・桃中軒牛右衛門の　ⓓ青年座
**6450** 上演：2005年9月17日～9月25日　場所：本多劇場　作：宮本研　演出：鈴木完一郎
◇「不滅なる女性原理(青年座『夢.桃中軒牛右衛門の』、青年劇場『谷ური女たち』、演劇集団STAMP『油単』)」田之倉稔　テアトロ　771　2005.12　p62～64

夢のあるうち今のうち　ⓓかもねぎショット
**6451** 上演：1989年9月8日～9月10日　場所：スタジオams　作・演出：高見亮子

◇「60年代の熱い想い」七字英輔　新劇　36(11)　1989.11　p26～29
**6452** 上演：1991年10月2日～10月7日　場所：明石スタジオ　作：多田慶子, 木内里美　作・演出：高見亮子
◇「私は鴨かもだるまかも」だるま食堂　しんげき　38(13)　1991.12　p90～93

夢の女　ⓓMODE
**6453** 上演：1999年10月16日～10月24日　場所：シアタートラム　原案：久保田万太郎　原作：永井荷風　脚本：松田正隆　演出：松本修
◇「夢か現か、現か夢か…(MODE『夢の女』、俳優座『かもめ』、シアターコクーン『かもめ』、昴『ワーニャ伯父さん』、あすなろ『恭しき娼婦』)」結城雅秀　テアトロ　688　1999.12　p56～59

夢の海賊　ⓓオフィス・タイプス
**6454** 上演：2005年7月20日～7月24日　場所：俳優座劇場　作：横内謙介　演出：朴芳一
◇「戦後六十年を考える(Rカンパニー『21C：マドモアゼル・モーツァルト』、蒲田演劇工場『思い出を売る男』、トム・プロジェクト『ダモイ』、オフィス・タイプス『夢の海賊』)」北川登園　テアトロ　769　2005.10　p49～51

夢の海賊　ⓓ桜組, 加藤健一事務所
**6455** 上演：1997年1月28日～2月2日　場所：下北沢駅前劇場　作：横内謙介　演出：加藤健一
◇「戯曲の解熱、演技の解体(桜組・加藤健一事務所『夢の海賊』、一跡二跳『少女と老女のポルカ』)」大沢圭司　テアトロ　654　1997.4　p58～59

夢の痂(かさぶた)　ⓓ新国立劇場
**6456** 上演：2006年6月28日～7月23日　場所：新国立劇場　作：井上ひさし　演出：栗山民也　作曲：宇野誠一郎
◇「昭和の宿題や信念の物語(新国立劇場『夢の痂』、文学座アトリエの会『オトコおとこ』、民藝『エイミーズ・ビュー』)」北川登園　テアトロ　782　2006.9　p40～42

**6457** 上演：2010年6月3日～6月20日　場所：新国立劇場小劇場　作：井上ひさし　演出：栗山民也
◇「遊び心が拓く夢、過去から未来へ(扉座『神崎与五郎東下り』、俳小『テンペスト』、新国立劇場『夢の痂』、俳優座＋三越劇場『大岡政前』)」中本信幸　テアトロ　837　2010.8　p50～51

夢ノかたち 第一部 私の船　ⓓ宇宙堂
**6458** 上演：2006年8月16日～8月27日　場所：白萩ホール　作：渡辺えり子　振付：菅原鷹志　音楽：藤澤太郎
◇「現実の彼方をみつめる(宇宙堂『夢ノかたち・第一部 私の船』、トム・プロジェクト『骨咀』『ダモイ』)」斎藤偕子　テアトロ　783　2006.10　p54～55

夢ノかたち 第二部 緑の指　ⓓ宇宙堂
**6459** 上演：2006年10月4日～10月15日　場所：シアターグリーン　作・演出：渡辺えり子　振付：菅原鷹志　音楽：近藤達郎

## 夢の観覧車 ㊙シアタームーブメント仙台

**6460** 上演：1998年8月21日～8月23日　場所：仙台市青年文化センター　作：文月奈緒子　演出：高瀬久男

◇「夢を見続ける力(世田谷パブリックシアター『ふしぎの国のアリス』、シアター・ムーブメント仙台『夢の観覧車』)」杉山弘　テアトロ　673　1998.10　p72～73

## 夢の裂け目 ㊙新国立劇場

**6461** 上演：2001年5月8日～5月31日　場所：新国立劇場小劇場　作：井上ひさし　演出：栗山民也

◇「東京裁判と南方熊楠—問いかける"稗史"の力(新国立劇場『夢の裂け目』、俳優座『阿修羅の妻』、東京演集団風『ボイラールーム・ロマンス』)」みなもとごろう　テアトロ　709　2001.7　p42～44

**6462** 上演：2010年4月8日～4月28日　場所：新国立劇場　作：井上ひさし　演出：栗山民也

◇「歴史を問う二作品(劇団☆新感線『薔薇とサムライ』、新国立劇場『夢の裂け目』、青年劇場『太陽と月』)」水落潔　テアトロ　834　2010.6　p36～37

**6463** 上演：2018年6月4日～6月24日　場所：新国立劇場　作：井上ひさし　演出：栗山民也

◇「古きを訪ね何を知るか？(IFYプロジェクト『ソレイル～太陽の王様～』、新国立劇場『夢の裂け目』、朋友『久保田万太郎を読むⅢ』)」中本信幸　テアトロ　949　2018.8　p66～67

## 夢の島イニシュマーン ㊙文学座

**6464** 上演：1999年10月7日～10月17日　場所：紀伊國屋ホール　作：マーティン・マクドナー　訳：鴇澤麻由子　演出：鵜山仁

◇「アングロ・サクソンの現代劇三題(世田谷パブリックシアター『ザ・マン・フー』、東京国際舞台芸術フェスティバル『ダンシング・アット・ルーナッサ』、文学座『夢の島イニシュマーン』)」渡辺淳　テアトロ　688　1999.12　p65～67

## 夢の城 ㊙ポツドール

**6465** 上演：2006年3月2日～3月12日　場所：シアタートップス　作・演出：三浦大輔

◇「ほとんど、前途有望な若者たち—ポツドール『夢の城』をめぐって」林カヲル　シアターアーツ　27　2006.6　p79～81

## 夢のタイムリミット ㊙スイセイ・ミュージカル

**6466** 上演：2000年2月9日～2月13日　場所：東京芸術劇場中ホール　作：高橋由美子　演出・振付：荒巻正

◇「闇は"悪"ではないとやさしく教える(トム・プロジェクト『王将』、スイセイ・ミュージカル『夢のタイムリミット』、オペラシアターこんにゃく座『ファーブル昆虫記』『ふしぎなたまご』)」佐藤康平　テアトロ　693　2000.4　p62～63

## 夢の続きによろしく—純情物語その2 ㊙Cカンパニー

**6467** 上演：1988年10月27日～11月12日　場所：シアタートップス　作・演出：長谷川康夫

◇「『根源的(ラディカル)な意志』七字英輔　新劇　36(1)　1989.1　p30～33

## 夢の泪 ㊙新国立劇場

**6468** 上演：2003年10月9日～11月3日　場所：新国立劇場小劇場　作：井上ひさし　演出：栗山民也

◇「戦後を経てたどり着いた世界(新国立劇場『夢の泪』、二兎社『萩家の三姉妹』)」村井健　テアトロ　743　2003.12　p44～45

**6469** 上演：2010年5月6日～5月23日　場所：新国立劇場小劇場　作：井上ひさし　演出：栗山民也

◇「日本人のメンタリティ(シス・カンパニー『2人の夫とわたしの事情』、新国立劇場『夢の泪』、桟敷童子『厠の兵隊』、李關仙一人芝居『桜川』)」七字英輔　テアトロ　835　2010.7　p40～42

## 夢の碑—私説・田中一村伝 ㊙文化座

**6470** 上演：1994年11月2日～11月13日　場所：三百人劇場　作：堀江安夫　演出：佐々木雄二

◇「もっとパワフルな台詞を！(スフィア『インスペクター・コールズ』、劇工房ライミング『マクベス』、みなと座『糸女』、文化座『夢の碑—田中一村伝』、音楽座『ホーム』、演奏舞台『私の上に降る雪は』)」結城雅秀　テアトロ　625　1995.1　p62～69

## 夢のひと ㊙メイシアター

**6471** 上演：2006年3月17日～3月21日　場所：メイシアター　作：わかぎゑふ　演出：マキノノゾミ

◇「3月の関西　土地、記憶、手紙(下鴨車窓『旅行者』、メイシアタープロデュース『夢のひと』)」太田耕人　テアトロ　777　2006.5　p113～115

## 夢、ハムレットの～陽炎篇 ㊙Pカンパニー

**6472** 上演：2011年6月17日～6月26日　場所：吉祥寺シアター　作・演出：福田善之　振付：渡辺美津子、西川鯉之祐

◇「真摯な思いを託す軽みと重み(Pカンパニー『夢、ハムレットの～陽炎篇～』、文化座『骸骨ビルの庭』、扉座『アトムの伝言』)」みなもとごろう　テアトロ　852　2011.9　p40～41

## 夢みた夢子 ㊙岡部企画

**6473** 上演：1993年9月9日～9月14日　場所：本多劇場　作・演出：岡部耕大

◇「解散が惜しまれる成果(ぐるーぷえいと『塩祝申そう』、文学座『フエンテ・オベフーナ』、岡部企画『夢みた夢子』、ウォーキング・スタッフ『アイアンマン』、青年劇場『将軍が目覚めた時』、ピープル・シアター『地の、十字架たちよ』、日生劇場国際児童フェスティバル『八人の犬士たち』)」江原吉博　テアトロ　609　1993.11　p75～80

## 夢見る言葉 ㊙潮流

**6474** 上演：2017年11月23日～11月25日　場所：潮流スタジオ　作：松澤佳子　脚本・演出：

藤本栄治
◇「12月の関西 大阪劇団協議会フェスティバルに力作続く(劇団未来『静かな海へ―MINAMATA―』,劇団潮流『ここにライオンはいない』,劇団潮流『夢見る言葉』,遊輪体『のたり、のたり』,極東退屈劇場『ファントム』)」九鬼葉子 テアトロ 942 2018.2 p75～77

## 夢夢しい女たち ⓓ文学座
**6475** 上演:1986年12月4日～12月21日 場所:俳優座劇場 作:矢代静一 演出:加藤新吉
◇「「風の駅」の感動」渡辺保 新劇 34(2) 1987.2 p34～39
◇「"雄々しい役者たち"の新作(文学座『夢夢しい女たち』)」藤田洋 テアトロ 528 1987.2 p32～33

**6476** 上演:1988年6月18日～6月23日 場所:紀伊國屋ホール 作:矢代静一 演出:加藤新吉
◇「のみごろワイン、あけましょう」林あまり 新劇 35(9) 1988.9 p42～45

## ゆらゆら ⓓTHEガジラ
**6477** 上演:2008年9月15日～9月28日 場所:ベニサン・ピット 作・演出:鐘下辰男
◇「人間、この愚者のあがき(東京演劇集団風『アポカリプティカ』,文学座アトリエの会『ミセス・サヴェッジ』,THE・ガジラ『ゆらゆら』)」斎藤偕子 テアトロ 812 2008.11 p56～57

## ゆらゆらと水 ⓓ斜
**6478** 上演:2002年6月22日～6月23日 場所:扇町ミュージアムスクエア 作・演出:芳崎洋子
◇「7月の関西 非=劇場空間から(劇団衛星『ここでKissして』,WI'RE『MESS』,斜『ゆらゆらと水』,清流劇場『うさぎの電報』)」太田耕人 テアトロ 726 2002.9 p64～66

## ユリア ⓓ俳優座劇場
**6479** 上演:1984年3月17日～4月1日 場所:俳優座劇場 原作:ストリンドベリ 訳:松岡和子 翻案・演出:ロジャー・パルバース
◇「鳥籠のなかの解剖学(俳優座劇場『ユリア』)」扇田昭彦 テアトロ 495 1984.5 p142～143

## ユリディス ⓓ四季
**6480** 上演:1983年2月11日～2月17日 場所:第一生命ホール 作:ジャン・アヌイ 訳:米村晰 演出:浅利慶太
◇「記念公演の成果(四季『アルデールまたは聖女』『ユリディス』)」渡辺淳 テアトロ 482 1983.4 p38～40,62

## 百合の季節 ⓓ朋友
**6481** 上演:2009年11月4日～11月8日 場所:俳優座劇場 作:桃谷方子 脚色:相馬杜宇 演出:黒岩亮
◇「戦争と平和(ピープルシアター『焼け焦げるたましい』,文学座『定年ゴジラ』,朋友『百合の季節』)」蔵原惟治 テアトロ 829 2010.1 p52～53

## ユーリンタウン ⓓ流山児★事務所
**6482** 上演:2009年5月29日～6月28日 場所:座・高円寺1 台本・詞:グレッグ・コティス 訳:吉原豊司 台本:坂手洋二 演出:流山児祥 音楽・詞:マーク・ホルマン
◇「力強い「ユーリンタウン」(流山児★事務所『ユーリンタウン』,黒テント『新装大回転 玉手箱』,青年座『その受話器はロバの耳』)」林あまり テアトロ 823 2009.8 p38～39

**6483** 上演:2011年10月14日～10月30日 場所:座・高円寺 台本・詞:グレッグ・コティス 訳:吉原豊司 台本:坂手洋二 演出:流山児祥 音楽・詞:マーク・ホルマン
◇「定評ある「シリーズ」と再演舞台(彩の国さいたま芸術劇場『アントニーとクレオパトラ』,黒テント『窓ぎわのセロ弾きのゴーシュ』,流山児★事務所『ユーリンタウン』)」七字英輔 テアトロ 855 2011.12 p40～41

## ゆるやかなトンビリラロの身だしなみ ⓓ山の手事情社
**6484** 上演:1989年3月23日～3月29日 場所:本多劇場 作・演出:安田雅弘
◇「劇場、このふしぎなおともだち」林あまり 新劇 36(6) 1989.6 p38～41

## ゆれる車の音 ⓓ文学座
**6485** 上演:2006年9月14日～9月24日 場所:紀伊國屋サザンシアター 作:中島淳彦 演出:鵜山仁
◇「雨音に無言の抗議を聴く(ホリプロ制作『オレステス』,SISカンパニー『猿のゆりかご』,文学座『ゆれる車の音』)」内田洋一 テアトロ 784 2006.11 p58～60

## 【よ】

## 夜明けに消えた ⓓキンダースペース
**6486** 上演:1999年10月8日～10月11日 場所:シアターX 作:矢代静一 演出:原田一樹
◇「"原っぱ"に心残して(キンダースペース『夜明けに消えた』,ピープルシアター『異人たちの辻』,トム・プロジェクト『夏』,篠塚祥司プロデュース『胸さわぎの放課後'99』)」佐藤康平 テアトロ 688 1999.12 p62～64

## 夜明けの花火―新之助純愛指南 ⓓCカンパニー
**6487** 上演:1990年10月10日～10月30日 場所:紀伊國屋ホール 作・演出:長谷川康夫
◇「明るくて悲しい光景」長谷部浩 しんげき 37(12) 1990.12 p18～21

## 夜明けの星たち ⓓレニングラード・マールイ・ドラマ劇場
**6488** 上演:1989年8月23日～9月20日 場所:銀座セゾン劇場 作:アレクサンドル・ガーリン 演出:レフ・ドージン,タチャーナ・ショスタコーワ
◇「演劇にこころを動かす」長谷部浩 新劇

36(11) 1989.11 p30～33
◇「『夜明け』はいつ来るのだろうか(レニングラード・マールイ・ドラマ劇場『夜明けの星たち』)」渡辺保　テアトロ　561　1989.11　p21～23

## 夜明けの街　⓽東京芸術座
**6489** 上演：2000年9月1日～9月5日　場所：紀伊國屋ホール　原作：E・D・フィリッポ　翻案・脚色・演出：藤原新平
◇「人間見据えた芝居二本(東京芸術座『夜明けの街』、東宝現代劇75人の会『熊楠の家』)」佐藤康平　テアトロ　700　2000.11　p116～117

## 夜明け前　⓽新国立劇場
**6490** 上演：1997年12月3日～12月24日　場所：新国立劇場中劇場　原作：島崎藤村　脚色：村山知義　補訂脚本：津上忠　演出：木村光一
◇「老いと家庭と思想と(民藝『黄落』、俳優座劇場プロデュース『秋日狂乱』、新国立劇場開場記念公演『夜明け前』)」水落潔　テアトロ　665　1998.2　p76～77

## 夜明け前　第一部　⓽民藝
**6491** 上演：1980年10月17日～10月26日　場所：国立劇場小劇場　原作：島崎藤村　脚色：村山知義　補綴・演出：滝沢修　演出：久保栄
◇「成功した若い世代への引きつぎ(民藝『夜明け前』第一部)」ほんちえいき　テアトロ　454　1980.12　p21～24

## 夜明け前　第二部　⓽民藝
**6492** 上演：1981年9月10日～9月20日　場所：国立劇場大劇場　原作：島崎藤村　脚色：村山知義　補綴・演出：滝沢修　演出：久保栄
◇「お民の眼(民藝『夜明け前』第二部)」清水一朗　テアトロ　465　1981.11　p32～33

## 宵庚申思いの短夜　⓽文学座
**6493** 上演：1989年8月12日～9月6日　場所：三越劇場　原作：近松門左衛門　脚本・演出：戌井市郎
◇「新しい『宵庚申』(文学座『宵庚申思いの短夜』)」水落潔　テアトロ　560　1989.10　p30～31

## 宵の春　⓽兵庫県立ピッコロ劇団
**6494** 上演：1999年2月26日～2月27日　場所：ピッコロシアター中ホール　作：森万紀　演出：高橋健二
◇「3月の関西　もう一つの顔(兵庫県立ピッコロ劇団『1999明日の劇場』、関西芸術館『風が吹くとき』)」宮辻政夫　テアトロ　681　1999.5　p58～59

## 宵待草　⓽岸田事務所, 演劇企画集団・楽天団
**6495** 上演：1986年3月28日～3月30日　場所：ジァン・ジァン　作：岸田理生　演出：和田喜夫
◇「小品の凝縮力」佐々木幹郎　新劇　33(6)　1986.6　p24～29

## 酔・待・草　⓽秘法十番館
**6496** 上演：1986年9月6日～9月11日　場所：紀伊國屋ホール　作・演出：竹内銃一郎
◇「恋 其之弐」渡辺保　新劇　33(11)　1986.11　p34～39

## 溶解ロケンロール　⓽大人計画
**6497** 上演：1991年5月31日～6月2日　場所：東演パラータ　作・演出：松尾スズキ
◇「〈世界認識〉の行方と〈演技〉の運命」宮沢章夫　しんげき　38(8)　1991.8　p30～33

## 葉子　⓽アロンジ
**6498** 上演：2016年3月2日～3月6日　場所：座・高円寺1　作：金塚悦子　演出：川口啓史
◇「春を彩る三つの華(エム・アール『葉子』、劇団俳小『タルタロスの契り』、虹企画/ぐるうぷシュラ『どん底』)」黒羽英二　テアトロ　918　2016.6　p36～38

## 妖精たちの砦—焼跡のピーターパン　⓽木山事務所
**6499** 上演：2005年11月4日～11月13日　場所：俳優座劇場　作・演出：福田善之
◇「不思議な満足感(演劇集団円『オリウノノオバ物語』、アリストパネス・カンパニー『聖者のお水』、世田谷パブリックシアター『偶然の音楽』、木山事務所『妖精たちの砦』)」結城雅秀　テアトロ　773　2006.1　p52～55

## 幼虫主人の庭　⓽突劇金魚
**6500** 上演：2010年6月30日～7月4日　場所：シアトリカル應典院　作・演出：サリngROCK
◇「7月の関西　眠らないで見る夢(劇団Ugly duckling『ゲゲゲのげ』、劇団・太陽族『S小学校の眠らない夜』、突劇金魚『幼虫主人の庭』)」太田耕人　テアトロ　838　2010.9　p47～49

## 世替りや、世替りや　⓽沖縄芝居実験劇場
**6501** 上演：1987年10月3日～10月4日　場所：三百人劇場　作：大城立裕　演出：幸喜良秀
◇「水準高く充実した舞台—第三回地域劇団東京演劇祭」藤木宏幸　テアトロ　538　1987.12　p36～37

## ヨークシャーたちの空飛ぶ会議　⓽善人会議
**6502** 上演：1989年1月26日～2月5日　場所：ザ・スズナリ　作・演出：横内謙介
◇「『やさしさ』のアンチテーゼ」七字英輔　新劇　36(4)　1989.4　p26～29
◇「『わたしは違う』ってホント？」林あまり　新劇　36(4)　1989.4　p38～41

## 欲望線　⓽サファリ・P
**6503** 上演：2016年3月4日～3月7日　場所：アトリエ劇研　作：テネシー・ウィリアムズ　構成・演出：山口茜
◇「3月の関西　国際舞台芸術祭の季節(地点『スポーツ劇』『PORTAL』、サファリ・P『欲望線』、清流劇場『賢者ナータン』)」太田耕人　テアトロ　917　2016.5　p39～41

## 欲望という名の市電　⓽東宝
**6504** 上演：1988年3月1日～3月28日　場所：帝国劇場　原作：テネシー・ウィリアムズ　脚本：堀井康明　演出：蜷川幸雄
◇「演出のありかた」衛紀生　新劇　35(5)

1988.5　p22〜25

◇「「成熟」を拒む演劇」七字英輔　新劇　35(6)　1988.6　p26〜29

◇「演出家が主役の舞台(帝劇『欲望という名の市電』)」水落潔　テアトロ　543　1988.5　p26〜27

### 欲望という名の電車　[団]アトリエ・ダンカン

6505 上演：2001年9月7日〜9月24日　場所：青山円形劇場　作：テネシー・ウィリアムズ　訳：小田島雄志　演出：鈴木勝秀

◇「力強いブランチ(青山演劇フェスティバルラストスペシャル『欲望という名の電車』,tpt『ガラスの動物園』,第三舞台『ファントム・ペイン』)」林あまり　テアトロ　714　2001.11　p46〜47

6506 上演：2003年11月7日〜11月30日　場所：青山円形劇場　作：テネシー・ウィリアムズ　訳：小田島雄志　演出：鈴木勝秀

◇「さまざまな意匠(劇団四季『オンディーヌ』,アトリエダンカン企画製作『欲望という名の電車』,演劇実験室∴紅王国『蛭子の栖』)」北川登園　テアトロ　745　2004.1　p52〜54

### 欲望という名の電車　[団]エイコーン

6507 上演：1996年　作：テネシー・ウィリアムズ　訳：小田島雄志　演出：加来英治

◇「新しい色をもった二作品(エイコーン『欲望という名の電車』,銀座セゾン劇場『ふるあめりかに袖はぬらさじ』)」水落潔　テアトロ　646　1996.9　p64〜65

6508 上演：1998年9月29日〜10月4日　場所：サンシャイン劇場　作：テネシー・ウィリアムズ　訳：小田島雄志　演出：加来英治

◇「さまざまな身体的変奏(太田省吾演劇事務所『水の駅―3』,東京演劇アンサンブル『セチュアンの善人』,サンシャイン劇場『欲望という名の電車』,DiDim Dance Company『明成皇后』)」渡辺淳　テアトロ　675　1998.12　p55〜57

6509 上演：2000年10月6日〜10月9日　場所：サンシャイン劇場　作：テネシー・ウィリアムズ　演出：加来英治

◇「強烈なヒロイン像に挑む女優たち(民藝『かの子かんのん』,エイコーン企画・製作『欲望という名の電車』)」斎藤偕子　テアトロ　701　2000.12　p56〜57

### 欲望という名の電車　[団]演劇集団円

6510 上演：1989年9月13日〜9月24日　場所：シアターサンモール　作：テネシー・ウィリアムズ　訳：小田島雄志　演出：村田大

◇「岸田今日子のめざましい達成(円『欲望という名の電車』)」大場建治　テアトロ　549　1989.11　p30〜31

### 欲望という名の電車　[団]ク・ナウカ

6511 上演：2002年10月31日〜11月10日　場所：ザ・スズナリ　作：テネシー・ウィリアムズ　訳：小田島雄志　演出：宮城聰

◇「文学と演劇のあいだ…(一人という鳥+アビエルト+Barraca共同企画・製作『ふるふる―山頭火の褥』,ク・ナウカ『欲望という名の電車』)」七字英輔　テアトロ　731　2003.1　p66〜67

### 欲望という名の電車　[団]新国立劇場

6512 上演：2000年10月20日〜11月11日　場所：新国立劇場中劇場　作：テネシー・ウィリアムズ　訳：鳴海四郎　演出：栗山民也

◇「夢と現実と(新国立劇場『欲望という名の電車』,円『イリュージョン・コミック』,四季『夢から醒めた夢』)」渡辺淳　テアトロ　703　2001.1　p62〜63

### 欲望という名の電車　[団]青年座

6513 上演：2012年2月15日〜2月25日　場所：世田谷パブリックシアター　作：テネシー・ウィリアムズ　訳：鳴海四郎　演出：鵜山仁

◇「アメリカとロシアの異端者(文学座『メモリーズ―Tウイリアムズ一幕劇一挙上演』,青年座『欲望という名の電車』,俳優座『カラマーゾフの兄弟』)」斎藤偕子　テアトロ　859　2012.3　p52〜53

### 欲望という名の電車　[団]虹企画/ぐるうぷシュラ

6514 上演：2014年3月　場所：虹企画アトリエ・ミニミニシアター　作：テネシー・ウィリアムズ　訳：鳴海四郎　演出：三條三輪,跡見梵

◇「現世の最果てに挑む(虹企画・ぐるうぷシュラ『欲望という名の電車』,世田谷パブリックシアター『神なき国の騎士―あるいは、何がドン・キホーテにそうさせたのか？』,Tファクトリー『荒野のリア』)」中本信幸　テアトロ　889　2014.5　p42〜43

### 欲望という名の電車　[団]パルコ

6515 上演：2011年4月12日〜5月1日　場所：PARCO劇場　作：テネシー・ウィリアムズ　訳：小田島恒志　演出：松尾スズキ

◇「「トップ」の女性たちを描く三つの舞台(シス・カンパニー『トップ・ガールズ』,パルコ・プロデュース『欲望という名の電車』,トム・プロジェクト『とんでもない女』)」扇田昭彦　テアトロ　848　2011.6　p48〜49

### 欲望という名の電車　[団]文学座,松竹

6516 上演：1986年3月1日〜3月23日　場所：サンシャイン劇場　作：テネシー・ウィリアムズ　訳：鳴海四郎　演出：江守徹

◇「様々なる演技」渡辺保　新劇　33(5)　1986.5　p30〜35

◇「「風の駅」の感動」渡辺保　新劇　34(2)　1987.2　p34〜39

◇「まことの〈花〉のこころ(文学座『欲望という名の電車』)」斎藤偕子　テアトロ　519　1986.5　p21〜24

### 欲望という名の電車　[団]文学座,東宝

6517 上演：1980年5月4日〜5月28日　場所：日生劇場　作：テネシー・ウィリアムズ　訳：鳴海四郎　演出：木村光一

◇「新劇シルバー・シート」堂本正樹　新劇　27(7)　1980.7　p26〜29

◇「いま,なお「欲望…」(文学座『欲望という名の電車』)」日下令光　テアトロ　449　1980.7　p26〜29

**欲望という名の電車** 圑Bunkamura
*6518* 上演：2002年5月4日〜5月30日　場所：シアターコクーン　作：テネシー・ウィリアムズ　訳：小田島恒志　演出：蜷川幸雄
◇「記憶という傷痕（扉座『そらにさからふもの』，シアターコクーン『欲望という名の電車』，青年劇場『愛さずにいられない』）」北川登園　テアトロ　723　2002.7　p52〜53

**欲望という名の電車** 圑ミルウォーキー・レパートリー・シアター
*6519* 上演：1981年5月23日〜6月7日　場所：三百人劇場　作：テネシー・ウィリアムズ　演出：シャロン・オット
◇「二人のブランチ」扇田昭彦　新劇　28(7)　1981.7　p21〜24
◇「アメリカ・リアリズムのゆとり（MRT『欲望という名の電車』）」斎藤偕子　テアトロ　462　1981.8　p21〜22

**横顔** 圑結城座
*6520* 上演：1994年12月14日〜12月18日　場所：俳優座劇場　作・演出：内藤裕敬
◇「家族を絡めた劇二題（二兎社『時の物置』，結城座『横顔』）」斎藤偕子　テアトロ　626　1995.2　p76〜77

*6521* 上演：1995年9月5日〜9月8日　場所：扇町ミュージアムスクエア　作・演出：内藤裕敬
◇「9月の関西 大阪新劇フェスティバル開幕（劇団往来『HARVEY』，遊気舎『ピロシキ』，結城座『横顔』）」宮辻政夫　テアトロ　635　1995.11　p80〜81

**横須賀ドブ板物語** 圑俳協
*6522* 上演：2001年1月20日〜1月28日　場所：TACCS1179　作・演出：西川徹
◇「二つの新撰組上演が今の日本に語るもの（オフィスプロジェクトM『新撰組』，月蝕歌劇団『新撰組in1944—ナチス少年合唱団—』，俳協『横須賀ドブ板物語』，ぼうふら座『戀の病』）」佐藤康平　テアトロ　706　2001.4　p54〜53

**横丁のダーリン** 圑犯罪友の会
*6523* 上演：2014年5月16日〜5月18日　場所：ウィングフィールド　作・演出：武田一度
◇「5月の関西 心理とプロット（OFT『わたしの焦げた眼球/遠視』，犯罪友の会『横丁のダーリン』，遊気舎『最後の剥製の狼』，dracom gala『たんじょうかい#2』，ニットキャップシアター『月がみていた話』，スクエア特別公演『アベノ座の怪人たち』）」太田耕人　テアトロ　891　2014.7　p51〜53

**ヨコハマキネマホテル** 圑横浜夢座
*6524* 上演：2007年2月16日〜2月18日　場所：ランドマークホール　作：福田卓郎　演出：遠藤浩my　音楽：後藤浩明
◇「舞台の醍醐味いろいろ（横浜夢座『ヨコハマキネマホテル』，文学座『初雷』，加藤健一事務所『特急二十世紀』）」中本信幸　テアトロ　791　2007.5　p48〜49

**横濱短篇ホテル** 圑青年座
*6525* 上演：2013年4月19日〜4月28日　場所：紀伊國屋ホール　作：マキノノゾミ　演出：宮田慶子
◇「死者と生者の視線持て（文学座アトリエの会『十字軍』，青年座『横濱短篇ホテル』，トム・プロジェクト『完全姉妹』）」北川登園　テアトロ　877　2013.7　p50〜51

**横濱物語** 圑文学座
*6526* 上演：1983年8月4日〜8月28日　場所：三越劇場　作：八木柊一郎　演出：戌井市郎
◇「象徴的な語り口の行方（文学座『横濱物語』）」渡辺淳　テアトロ　488　1983.10　p21〜24

**汚れた手** 圑昂
*6527* 上演：2013年6月1日〜6月9日　場所：俳優座劇場　作：サルトル　訳：白井浩司　演出：森新太郎
◇「西欧劇の系譜（新国立劇場『つく、きえる』，昂『汚れた手』，世田谷パブリックシアター『オセロ』）」水落潔　テアトロ　879　2013.8　p46〜47

**汚れつちまつた悲しみに…** 圑唐組
*6528* 上演：1998年5月29日〜6月7日　場所：雑司ヶ谷鬼子母神　作・演出：唐十郎
◇「夢うすきファンタジー（唐組『汚れっちまつた悲しみに…』，演劇実験室 紅王国『化蝶譚—けてふたん』，新国立劇場 小劇場『今宵かぎりは…』，旧眞空鑑『メアリー・ルゥ』）」七字英輔　テアトロ　671　1998.8　p74〜77

**汚れっちまつた悲しみに…—Nへの手紙** 圑THEガジラ
*6529* 上演：1995年8月30日〜9月3日　場所：俳優座劇場　作：鐘下辰男
◇「空しさ、迷い、そして…（THE・ガジラ『汚れっちまつた悲しみに…—Nへの手紙—』，かもねぎショット『裸の国』，こんにゃく座『オペラ金色夜叉』，加藤健一事務所『セイムタイム・ネクストイヤー』）」林あまり　テアトロ　635　1995.11　p72〜74

**横恋ぼうず走り雨** 圑R+1
*6530* 上演：2004年7月29日〜8月3日　場所：シアタートラム　作：小松幹生　演出：福田善之, 中村和彦, 喜一朗
◇「珍奇な話の清涼効果（文学座『モンテ・クリスト伯』，道学先生『エキスポ』，劇作家・小松幹生の仕事 R+1『横恋ぼうず走り雨』他）」中本信幸　テアトロ　755　2004.10　p54〜56

**吉田神経クリニックの場合** 圑ナイロン100℃
*6531* 上演：1998年5月7日〜5月15日　場所：中野ザ・ポケット　作・演出：ケラリーノ・サンドロヴィッチ
◇「退屈というイマドキの〈気分〉（遊園地再生事業団『Go Go Girlie！』，惑星ピスタチオ『大切なバカンス』，ナイロン100℃『吉田神経クリニックの場合』）」里見宗律　テアトロ　670　1998.7　p56〜57

**義経千本桜** 圑木ノ下歌舞伎
*6532* 上演：2012年7月7日〜7月8日　場所：京都

よしつ

芸術劇場・春秋座　監修・補綴：木ノ下裕一
◇「7月の関西 掘り返される歴史(維新派『夕顔のはなしろきゆふぐれ』、ニットキャップシアター『ピラカタ・ノート』、木ノ下歌舞伎『義経千本桜』)」太田耕人　テアトロ　866　2012.9　p55～57

## 義経伝　団満遊戯賊

**6533** 上演：1996年8月16日～8月18日　場所：扇町ミュージアムスクエア　脚本：遠藤麻子　原案・構成・演出：表雄一郎
◇「8月の関西 暴力、欲望、家庭を描く傑作(犬の事務所『ドアの向こうの薔薇』、芝居屋坂道ストア『マイナス100℃の夏』、満遊戯賊『義経伝』、THEATER THINKTANK 万化『捏造 大塩騒動伝』)」宮辻政夫　テアトロ　647　1996.10　p82～84

## 義朝記　団寺田夢酔企画芝居

**6534** 上演：2004年12月16日～12月19日　場所：大阪市立芸術創造館　作：郡虎彦　演出：寺田夢酔
◇「1月の関西 かくも長き時をへだてて(寺田夢酔企画芝居『義朝記』、南船北馬一団『にんげんかんたん』)」太田耕人　テアトロ　761　2005.3　p114～116

## 吉野の盗賊　団民藝

**6535** 上演：1992年9月19日～10月3日　場所：サンシャイン劇場　作：久保栄　演出：滝沢修
◇「演出の功(テアトル・エコー『カリフォルニア・スィート』、民芸『吉野の盗賊』)」水落潔　テアトロ　597　1992.11　p73～76

## 吉本新喜劇東京極楽公演　団吉本新喜劇

**6536** 上演：1991年2月25日～2月27日　場所：シアターアプル　監修：高平哲郎
◇「笑い薬の効用」岡本螢　しんげき　38(5)　1991.5　p22～25

## 4時48分サイコシス　団サラ・ケイン何かがはじまる

**6537** 上演：2003年12月28日～12月31日　場所：アトリエ劇研　作：サラ・ケイン　演出：久保亜紀子
◇「1月の関西 失効する境界(南船北馬一団『むこうみずなとり』、サラ・ケイン何かがはじまる『4時48分サイコシス』、劇団・太陽族『飛ぶように過ぎゆく』)」太田耕人　テアトロ　747　2004.3　p116～118

## 予想屋～後藤を待ちわびて　団少年ボーイズ

**6538** 上演：2003年2月1日～2月7日　場所：少年ボーイズSHOW劇場　作：佃典彦　演出：多田木亮佑
◇「名古屋の活力をみせた三公演(劇団B級遊撃隊『消しゴム』、日本劇作家協会東海支部プロデュース『劇王』、少年ボーイズ『予想屋』)」河野光雄　テアトロ　734　2003.4　p54～53

## よだかの星―わが子よ、賢治　団東京芸術座

**6539** 上演：2006年8月30日～9月3日　場所：紀伊國屋サザンシアター　作：早坂暁　演出：杉本孝司　音楽：松下功
◇「『聖』と『俗』のあわいに…(青年劇場スタジオ結(Yui)『博士の愛した数式』、東京芸術座『よだかの星―わが子よ、賢治―』、海亀の産卵『回遊～せいリング』)」中本信幸　テアトロ　784　2006.11　p56～57

## 夜壺　団唐組

**6540** 上演：2000年4月29日～6月18日　場所：花園神社　作・演出：唐十郎
◇「役者が舞台で遊び、それを見て客席が沸く仕掛け(演奏舞台『難波津に咲くやこの花』、唐組『夜壺』、三日月堂書店、てんぷら亭『プロポーズ』『橋』、黒テント『メザス ヒカリノ サキニ アルモノ もしくはパラダイス』)」佐藤康平　テアトロ　696　2000.7　p66～67

## 四谷怪談　団Ort-d.d

**6541** 上演：2004年7月1日～7月7日　場所：東京国立博物館 表慶館　作：鶴屋南北　演出：倉迫康史
◇「『P4』の遺伝子を受け継いだ倉迫康史の到達点―Ort-d.d『四谷怪談』」荻野達也　シアターアーツ　20　2004.9　p104～106

## 四谷怪談　団銀座セゾン劇場

**6542** 上演：1995年9月9日～9月30日　場所：銀座セゾン劇場　原作：鶴屋南北　脚本：齋藤雅文　演出：平幹二郎
◇「二つの歌舞伎もどき(二十一世紀歌舞伎組『雪之丞変化2001年』、銀座セゾン劇場『四谷怪談』)」水落潔　テアトロ　635　1995.11　p62～63

## 四谷怪談　団福岡県民創作劇場

**6543** 上演：2001年10月3日～10月9日　場所：ぽんプラザホール　原作：鶴屋南北　演出：日下部信
◇「古典のこころみ―福岡県民創作劇場の『四谷怪談』『ハムレット』『かもめ』」梁木靖弘　シアターアーツ　16　2002.4　p138～139

## 四谷怪談　団Bunkamura

**6544** 上演：2001年12月8日～2002年1月10日　場所：シアターコクーン　作：鶴屋南北　演出：蜷川幸雄　音楽：東京スカパラダイスオーケストラ
◇「女性像のリアリテは…(青年座『悔しい女』、俳優座劇場プロデュース『風の季節』、シアターコクーン『四谷怪談』)」みなもとごろう　テアトロ　718　2002.2　p51～53

## 四谷怪談・解剖室　団第三エロチカ

**6545** 上演：1995年7月1日～7月2日　場所：テアトル・フォンテ　原作：鶴屋南北　作・演出：川村毅
◇「異色の顔合わせが生むパワー(青春五月党『グリーン・ベンチ』、第三エロチカ『四谷怪談・解剖室』、地人会『はつ恋―抱月と須磨子』、俳優座『ソフィストリー―詭弁』、トム・プロジェクト『たたかう女』、演奏舞台『甘粕大尉―季節はずれの卒論』、劇団青би『ペガサス』)」結城雅秀　テアトロ　633　1995.9　p62～69

## 四谷怪談 男優版 女優版　㋾エイチエムビー・シアターカンパニー

**6546** 上演：2016年9月7日～9月20日　場所：ウィングフィールド　原作：鶴屋南北　脚本：くるみざわしん　演出・舞台美術：笠井友仁

◇「9月の関西 観客層を広げなければならない、というミッション（コンプリ団『カラカラ』、エイチエムビー・シアターカンパニー『四谷怪談』、兵庫県立ピッコロ劇団オフオフシアター『おはなしBOX』、兵庫県立芸術文化センタープロデュース『テロ』、壁ノ花団『水いらずの星』）」九鬼葉子　テアトロ　924　2016.11　p50～52

## 夜中に犬に起こった奇妙な事件　㋾Quaras

**6547** 上演：2014年4月4日～4月20日　場所：世田谷パブリックシアター　原作：マーク・ハッドン　戯曲：サイモン・スティーヴンス　訳：蓬萊竜太　演出：鈴木裕美　振付：熊谷拓明、柴一平　音楽：かみむら周平

◇「いま一つの、脚色・翻案劇（Quaras『夜中に犬に起こった奇妙な事件』、埼玉県芸術文化振興財団／ホリプロ『わたしを離さないで』、民藝『シズコさん』）」みなもとごろう　テアトロ　891　2014.7　p44～45

## 夜中に起きているのは　㋾地人会

**6548** 上演：1995年3月18日～3月30日　場所：東京芸術劇場中ホール　作：山田太一　演出：木村光一

◇「小さな人生（地人会『夜中に起きているのは』、ギィ・フォワシィ・シアター『湾岸から遠く離れて』）」斎藤偕子　テアトロ　629　1995.5　p47～48

## 四人兄弟　㋾ONLYクライマックス

**6549** 上演：1995年10月14日～10月22日　場所：シアター・トップス　作・演出：北野ひろし

◇「シェイクスピア翻案の魅力（俳優座『正劇・室鷺郎』、銀座セゾン劇場『ハムレット』、シアターX『女中たち』、パルコ劇場『熱海殺人事件、モンテカルロ版』、円『赤い階段の家』、ONLYクライマックス『四人兄弟』）」結城雅秀　テアトロ　636　1995.12　p64～70

## 四人姉妹　㋾兵庫県立ピッコロ劇団

**6550** 上演：1996年6月5日～6月9日　場所：ピッコロシアター　作：岩松了　演出：藤原新平

◇「6月の関西 もう一歩、踏み込んだ世界を（時空劇場『明日は天気になる』、兵庫県立ピッコロ劇団『四人姉妹』、ランニングシアターダッシュ『新・ぼくの先生』、逆境VAND『痛い目にあいたい』）」宮辻政夫　テアトロ　645　1996.8　p81～84

## 4人のN氏　㋾惑星ピスタチオ

**6551** 上演：2000年3月3日～3月12日　場所：シアターアプル　作・演出：西田シャトナー　編曲：山田直毅

◇「舞台の上の"ジェネレイション"（木山事務所『青空・もんしろちょう』、惑星ピスタチオ『4人のN氏』）」みなもとごろう　テアトロ　694　2000.5　p66～67

## 呼子鳥　㋾虚空旅団

**6552** 上演：2015年9月4日～9月6日　場所：ジャン・トゥトゥクー　作・演出：高橋恵

◇「9月の関西 文脈を並列する（ヨーロッパ企画『遊星ブンボーグの接近』、スクエア『湿原ラジオ』、虚空旅団『呼子鳥』）」太田耕人　テアトロ　910　2015.11　p44～45

## よぶには、とおい　㋾桃園会

**6553** 上演：2003年6月13日～6月15日　場所：AI・HALL　作・演出：深津篤史

◇「6月の関西 想像力の死、死の想像力（南河内万歳一座『みんなの歌』、アグリーダックリング『くちなしジョッキィ』、桃園会『よぶには、とおい』）」太田耕人　テアトロ　739　2003.8　p66～68

## 蘇りて歌はん　㋾遊劇体

**6554** 上演：2011年3月3日～3月7日　場所：精華小劇場　作：中島陸郎　演出：キタモトマサヤ

◇「3月の関西 記憶を刻む（遊劇体『蘇りて歌はん』、ジャブジャブサーキット『まんどらごら異聞2011』、兵庫県立ピッコロ劇団『天保十二年のシェイクスピア』）」太田耕人　テアトロ　847　2011.5　p50～52

## 甦る夏の日　㋾青年劇場

**6555** 上演：1997年9月27日～10月6日　場所：朝日生命ホール　作：布勢博一　演出：堀口始

◇「秋の傑作舞台、続々登場（JAC『GEKI TOTSU』、三人芝居『動物園の豚』、ピープルシアター『プラットホーム 聖なる冬』、青年劇場『甦る夏の日』、うらら舎『カッポレはもう踊らない』、月蝕歌劇団『高丘親王航海記―夢の宇宙誌』）」浦崎浩實　テアトロ　662　1997.12　p75～77

## よみがえれ！ブッダ　㋾うりんこ

**6556** 上演：1999年8月5日　場所：東京都児童会館　原作：手塚治虫　脚本：小田健也　音楽：宇野誠一郎

◇「子どもの時間、大人の時間（うりんこ『ロビンソンとクルーソー』、うりんこ『よみがえれ！ブッダ』、東京演劇アンサンブル『ちゅうたのぼうけん』、東京演劇アンサンブル『おんにょろ盛衰記』、たんぽぽ『距離 DISTANCE～俺たちのHARMONY～』、R+1『真夜中のキッチン』）」浦崎浩實　テアトロ　686　1999.10　p64～67

## 嫁も姑も皆幽霊　㋾NLTプロデュース

**6557** 上演：2015年8月20日～8月30日　場所：三越劇場　作・演出：池田政之

◇「人は、そういうことはしないものだ…（劇団俳優座『ヘッダ・ガーブレル』、東京演劇集団風『コーカサスの白墨の輪』、青年劇場『首飾り』、NLTプロデュース『嫁も姑も皆幽霊』）」結城雅秀　テアトロ　910　2015.11　p38～40

## 夜への長い旅路　㋾梅田芸術劇場

**6558** 上演：2015年9月7日～9月23日　場所：シアタートラム　作：ユージン・オニール　訳・台本：木内宏昌　演出：熊林弘高

◇「目に見えない存在を認識する（梅田芸術劇場『夜への長い旅路』、俳優座劇場『月の獣』、BLISS企画『花いちもんめ』、タチ・ワールド『ジェニーの肖

像」、演劇集団円『フォースタス』)」結城雅秀　テアトロ　911　2015.12　p28〜30,61〜63

## 夜への長い旅路　囲新国立劇場
**6559**　上演:2000年5月11日〜5月31日　場所:新国立劇場小劇場　作:ユージン・オニール　訳:沼澤洽治　演出:栗山民也
◇「不信に満ちた家族の濃密な対話(新国立劇場『夜への長い旅路』、第七病棟『雨の塔』、彩の国さいたま芸術劇場『夏の夜の夢』、円『から騒ぎ』)」結城雅秀　テアトロ　696　2000.7　p68〜71

## ヨールカの灯り　囲民藝
**6560**　上演:1981年4月10日〜4月17日　場所:砂防会館ホール　作:アルブーゾフ　演出:若杉光夫
◇「ソビエト演劇・内からのテーマ(民芸『ヨールカの灯り』)」宮岸泰治　テアトロ　460　1981.6　p28〜30

## 夜からの声　囲地人会
**6561**　上演:2004年9月21日〜10月2日　場所:紀伊國屋ホール　作:山田太一　演出:木村光一
◇「女優が織りなす〈夜〉の旅路(俳優座『ザ・パイロット』、青年劇場『夜の笑い』、地人会『夜からの声』)」村井健　テアトロ　756　2004.11　p66〜68

## 夜と信号機2　囲DA・M
**6562**　上演:1988年5月19日　場所:DA・M House　演出:佐木美奈子、大橋宏
◇「ひたむきな時を紡いで」衛紀生　新劇　35(7)　1988.7　p22〜25

## 夜と星と風の物語〜「星の王子さま」より　囲シアター1010
**6563**　上演:2008年7月26日〜8月3日　場所:シアター1010　作:別役実　演出:藤原新平　振付:森田守恒　音楽:稲本響
◇「時空を超えた世界(シアター1010『夜と星と風の物語』、日生劇場+文学座ファミリーステージ『トムは真夜中の庭で』、劇団M.O.P.『阿片と拳銃』)」水落潔　テアトロ　811　2008.10　p42〜43

## 夜と夜の夜　囲68/71黒色テント
**6564**　上演:1981年5月22日〜5月31日　場所:黒色テント　作・演出:佐藤信
◇「都市の影の部分」森秀男　新劇　28(8)　1981.8　p26〜29

## 夜、ナク、鳥　囲くじら企画
**6565**　上演:2003年4月24日〜4月27日　場所:南港特設野外劇場・ラフレシア　作・演出:大竹野正典
◇「5月の関西 演技を演ずる(くじら企画『夜、ナク、鳥』、MONO『チェーホフは笑いを教えてくれる』、遊機体『残酷の一夜』、ひょうご舞台芸術『扉を開けて、ミスター・グリーン』)」太田耕人　テアトロ　737　2003.7　p64〜66

## 夜ニ浮カベテ　囲ミサダプロデュース
**6566**　上演:2006年3月16日〜3月21日　場所:ウィングフィールド　作:ミサダシンイチ　演出:白井哲也
◇「4月の関西 春は過ぐとも(A級 Missing Link『決定的な失策に補償などありはしない』、劇団ミサダプロデュース『夜ニ浮カベテ』)」太田耕人　テアトロ　778　2006.6　p63〜65

## 夜に群がる星の騎馬隊—昭和の終わりの暗い日曜日　囲新宿梁山泊
**6567**　上演:1988年5月20日〜6月12日　場所:サンシャイン広場特設テント　作:渡辺えり子　演出:金盾進
◇「やっぱりときめく、小劇場」林あまり　新劇　35(8)　1988.8　p42〜45

## 夜の影—優しい怪談　囲300
**6568**　上演:1981年12月4日〜12月13日　場所:新宿もりえーる　作・演出:渡辺えり子
◇「鏡の力・姉の力」扇田昭彦　新劇　29(2)　1982.2　p21〜24

## 夜の学校　囲NOISE
**6569**　上演:1992年5月29日〜6月7日　場所:ザ・スズナリ　作・演出:如月小春
◇「演劇の〈ブランド性〉ということ(第七病棟『オルゴールの墓』、青い鳥『みずみずしい水、みずくさい水』、かたつむりの会『死のような死』、NOISE『夜の学校』)」内野儀　テアトロ　594　1992.8　p82〜84,153〜153
◇「サスペンスのつくり方」コリーヌ・プレ Les Specs　39(8)　1992.8　p20〜21

## 夜の学校　囲俳小
**6570**　上演:2017年9月13日〜9月17日　場所:萬劇場　作:如月小春　演出:入谷俊一
◇「女性はどのように生き抜いてきたか(aibook『疾走』、テアトル・エコー『八月の人魚たち』、劇団俳小『夜の学校』)」黒羽英二　テアトロ　938　2017.11　p74〜75

## 夜のキャンヴァス　囲文学座
**6571**　上演:1993年8月14日〜9月11日　場所:三越劇場　作:江守徹　演出:戌井市郎
◇「ウェルメイドの難しさ(三越・文学座『夜のキャンバス』、博品館劇場・三生社『And The World Goes 'Round』、セイブ ザ ライフ『バーババパ』)」江原吉博　テアトロ　608　1993.10　p56〜58

## 夜のキリン　囲海市・工房
**6572**　上演:2002年10月2日〜10月6日　場所:「劇」小劇場　作:しゅう史奈　演出:小松幸作
◇「風土とホームカミング(文学座アトリエ『沈黙と光』、海市・工房『夜のキリン』)」斎藤偕子　テアトロ　729　2002.12　p58〜59

## 夜の子供　囲ブリキの自発団
**6573**　上演:1986年5月1日〜5月27日　場所:ザ・スズナリ　作・演出:生田萬
◇「終末か, 始原か」鴻英良　新劇　33(8)　1986.8　p18〜23

**6574**　上演:1987年8月6日　場所:利賀野外劇場　作・演出:生田萬
◇「エクスキューズの演技」佐々木幹郎　新劇

34(10)　1987.10　p32～37

**夜の子供2/やさしいおじさん**　[団]現代演劇レトロスペクティブ

*6575* 上演：2016年9月15日～9月19日　場所：AI・HALL　作・演出：生田萬

◇「10月の関西 関西発の企画、演劇祭が相次ぐ(維新派『アマハラ』,現代演劇レトロスペクティブ『夜の子供2』,Plant M『君ヲ泣ク』,匿名劇壇『戸惑えよ』,ヨーロッパ企画『来てけつかるべき新世界』,ジャブジャブサーキット『猿川方程式の誤算あるいは死亡フラグの正しい折り方』)」九鬼葉子　テアトロ　925　2016.12　p70～72

**夜の子供2/やさしいおじさん**　[団]ブリキの自発団

*6576* 上演：1990年7月17日～7月22日　場所：タイニイ・アリス　作・演出：生田萬

◇「傷ついたコカ・コーラの瓶」長谷部浩　しんげき　37(9)　1990.9　p30～33

**夜の空を翔る サン=テグジュペリの生涯**　[団]日本劇団協議会, 東京演劇アンサンブル

*6577* 上演：2008年9月11日～9月17日　場所：ブレヒトの芝居小屋　作：広渡常敏　演出：松下重人

◇「言葉にどう向き合うのか(オペラシアターこんにゃく座『そしてみんなうそをついた』,セッションハウス企画『あの山羊たちが道をふさいだパートⅡ』,日本劇団協議会・東京演劇アンサンブル『夜の空を翔る』)」丸田真悟　テアトロ　812　2008.11　p58～59

**よるのたかさで光をのぞむ**　[団]創造集団アノニム

*6578* 上演：1998年12月5日～12月6日　場所：京都府立文化芸術会館　作：鈴江俊郎　演出：菊川徳之助

◇「12月の関西 世界、闘争、笑い(夏目組『キョウノコト。』,創造集団アノニム『よるのたかさで光をのぞむ』,MONO『その鉄塔に男たちはいるという』)」宮辻政夫　テアトロ　678　1999.2　p82～84

**夜の鳥がひろげる巨きな翼の下で私達は悪い夢を…**　[団]楽市楽座

*6579* 上演：2003年6月20日～6月23日　場所：南港特設野外劇場・ラフレシア　作・演出：長山現　音楽：長山現

◇「7月の関西 再演の実験性(内田淳子&ネットワークユニットDuo『Jericho 2』,楽市楽座『夜の鳥がひろげる巨きな翼の下で私達は悪い夢を…』,劇団八時半『棗の実』)」太田耕人　テアトロ　740　2003.9　p60～62

**夜の来訪者**　[団]京

*6580* 上演：1989年6月3日～6月11日　場所：京ホール　作：J・B・プリーストリー　訳：内村直也　演出：速水一郎

◇「死にゆく者の翳」七字英輔　新劇　36(8)　1989.8　p26～29

**夜の来訪者**　[団]俳優座劇場

*6581* 上演：1995年1月30日～2月7日　場所：俳優座劇場　原作：J・B・プリーストリー　翻案：八木柊一郎　演出：西川信廣

◇「言葉の魔術で膨らむイメージ(RSC『ヘンリー6世』,劇団1980『あゝ東京行進曲』,パルコ・メジャーリーグ『クラウド・ナイン』,こまつ座『黙阿弥オペラ』,俳優座劇場『夜の来訪者』,東演『週刊・金色夜叉』,五色の花『2月のディナー』)」結城雅秀　テアトロ　628　1995.4　p60～67

*6582* 上演：2005年8月27日～9月3日　場所：俳優座劇場　作：J・B・プリーストリー　訳：内村直也　脚本：八木柊一郎　演出：西川信廣

◇「生きて、死ぬ。その壮大なドラマ(シアターコクーン『天保十二年のシェイクスピア』,文学座『赤い月』,俳優座劇場プロデュース『夜の来訪者』,パルコ劇場『ドレッサー』)」結城雅秀　テアトロ　770　2005.11　p54～57

**夜の来訪者**　[団]文芸座

*6583* 上演：1998年　原作：J・B・プリーストリー　翻案：内村直也　演出：小泉博

◇「「とやま舞台芸術祭利賀'98秋」の演劇公演から(劇団文芸座 利賀版『夜の来訪者』,テアトル・ア・ドーフィンヌ『女中たち』,レ・ゾランジュ・ブル『アピりんご』)」三原文　テアトロ　674　1998.11　p70～72

**夜の隣人たち**　[団]演劇組織 夜の樹

*6584* 上演：1998年10月30日～11月1日　場所：ジァン・ジァン　作・演出：和田周

◇「佐野史郎・伊藤克・北島角子の力量(トム・プロジェクト『マラカス―消尽』,同人会+現代『椎名麟三没後25周年記念公演』,夜の樹『夜の隣人たち』,演奏舞台『能・21・シリーズ1』,沖縄実験劇場『山のサバニ―ヤンバル・パルチザン伝』)」浦崎浩實　テアトロ　677　1999.1　p78～80

**夜の笑い**　[団]青年劇場

*6585* 上演：2004年9月18日～9月28日　場所：紀伊國屋サザンシアター　作：飯沢匡　演出：松波喬介

◇「女優が織りなす〈夜〉の旅路(俳優座『ザ・パイロット』,青年劇場『夜の笑い』,地人会『夜からの声』)」村井健　テアトロ　756　2004.11　p66～68

**夜よさよなら～TEMPO**　[団]3○○

*6586* 上演：1996年7月31日～8月18日　場所：ザ・スズナリ　作・演出：渡辺えり子

◇「「世界最大のデパート」での演劇と文化―劇団3○○と第三エロチカの公演から ピーター・エカソール 訳」内野儀　シアターアーツ　7　1997.1　p140～144

◇「劇団と観客との「間」について(カクスコ『廊下は静かに！』『年中無休』,劇団3○○『夜よさよなら～TEMPO』)」山登敬之　テアトロ　647　1996.10　p68～69

**ヨーン・ガブリエル・ボルクマン**　[団]イプセンを上演する会

*6587* 上演：2000年6月9日～6月11日　場所：新生館　作：イプセン　訳：毛利三彌　演出：花島宣人

◇「デクラメイションと平幹二朗(彩の国さいたま芸術劇場『テンペスト』,tpt『Naked—裸』,演劇集団円『ハムレットの楽屋』,イプセンを上演する会『ヨーン・ガブリエル・ボルクマン』)」みなもとごろう　テアトロ　697　2000.8　p44〜47

**ヨーン・ガブリエル・ボルクマン** [団]演劇集団円

6588 上演：1997年9月24日〜9月27日　場所：紀伊國屋サザンシアター　作：イプセン　訳：毛利三彌　演出：安西徹雄

◇「境界をゆらめくイプセン(演劇集団円『ゆうれい』『ヨーン・ガブリエル・ボルクマン』)」大岡淳　テアトロ　662　1997.12　p70〜71

**ヨーン・ガブリエル・ボルクマン 現代社会の死の舞踏** [団]名取事務所

6589 上演：2009年11月25日〜11月29日　場所：俳優座劇場　作：イプセン　台本・演出：毛利三彌

◇「罪と罰(名取事務所『ヨーン・ガブリエル・ボルクマン』,アリストパネス・カンパニー『戯れの恋』,まつもと市民芸術館『エドワード・ボンドのリア』)」蔵原惟治　テアトロ　830　2010.2　p50〜51

**ヨーン・ガブリエル・ボルクマン 氷の炎** [団]銅鑼

6590 上演：1998年4月17日〜4月26日　場所：俳優座劇場　作：イプセン　訳：堀江新二　演出：セルゲイ・ユールスキィ

◇「意欲を見せた三つの公演(青年劇場『真珠の首飾り』,銅鑼『ヨーン・ガブリエル・ボルクマン』,ドリーム・カンパニー『トロピカル・マーメイド』)」水落潔　テアトロ　669　1998.6　p58〜59

**四色の色鉛筆があれば** [団]toi

6591 上演：2009年1月27日〜1月28日　場所：世田谷パブリックシアター　作・演出：柴幸男

◇「バラバラになった言葉と時間 柴幸男の方法」小田幸子　シアターアーツ　38　2009.3　p142〜145

**4.48サイコシス** [団]フェスティバル/トーキョー実行委員会

6592 上演：2009年11月16日〜11月23日　場所：あうるすぽっと　作：サラ・ケイン　演出：飴屋法水

◇「舞台に上げられた観客 飴屋法水演出『4・48サイコシス』」富山雅之　シアターアーツ　42　2010.3　p118〜121

## 【ら】

**雷雨** [団]北京人民芸術院

6593 上演：2006年11月24日〜11月26日　場所：四季劇場・秋　編劇：曹禺　導演：顧威

◇「緻密に構成されたオムニバス(劇団M.O.P.『ズビズビ。』,北京人民芸術院『雷雨』,TPT『黒蜥蜴』,ひょうご舞台芸術『ブルックリン・ボーイ』)」結城雅秀　テアトロ　788　2007.2　p48〜52

**ライ王のテラス** [団]ホリプロ

6594 上演：2016年3月4日〜3月17日　場所：赤坂ACTシアター　作：三島由紀夫　演出：宮本亜門　振付：Chumvan Sodhachivy　美術：松井るみ

◇「勇む舞台の乱れ打ち(劇団TRASHMASTERS『猥り現』,ホリプロ『ライ王のテラス』,新国立劇場『焼肉ドラゴン』)」河野孝　テアトロ　917　2016.5　p30〜31

**ライオン狩り** [団]南河内万歳一座

6595 上演：1998年10月23日〜10月24日　場所：ピッコロシアター　作・演出：内藤裕敬

◇「11月の関西 大阪弁のブレヒト(南河内万歳一座『ライオン狩り』,清流劇場『珊瑚抄』,劇団大阪『セチュアンの善人』)」宮辻政夫　テアトロ　677　1999.1　p126〜127

**ライオンキング** [団]四季

6596 上演：1998年12月20日〜1999年8月31日　場所：四季劇場・春　演出：浅利慶太

◇「Long Long Critic(4) アメリカン・テイストに彩られた「ライオンキング」の秘密 四季劇場 春 こけら落とし公演」村井健　テアトロ　679　1999.3　p81〜83

**ライオンのあとで** [団]パルコ

6597 上演：2018年9月29日〜10月15日　場所：EXシアター六本木　作：ロナルド・ハーウッド　訳：出戸一幸　演出：高橋昌也,前川錬一

◇「女性という「怪物」が拓く世界(東京演劇アンサンブル『トゥランドット姫あるいは嘘のウワヌリ大会議』,パルコ『ライオンのあとで』,世田谷パブリックシアター『竹取』,新宿梁山泊『恭しき娼婦』)」高橋豊　テアトロ　953　2018.12　p37〜39

**ライオンのいる場所** [団]空の驛舎

6598 上演：2013年2月22日〜2月24日　場所：ウィングフィールド　作・演出：中村賢司

◇「3月の関西 創られた世界(ピッコロシアタープロデュース『泡』,MONO『うぶな雲は空で迷う』,A級Missing Link『或いは魂の止まり木』,空の驛舎『ライオンのいる場所』,犯罪友の会『ラジオの時間』)」太田耕人　テアトロ　875　2013.5　p55〜57

**ライチ・光クラブ** [団]東京グランギニョル

6599 上演：1985年12月　場所：東演パラータ　作：K・TAGANE　演出：飴屋法水

◇「不意打ちされたクリスマス・イブ(ことばの劇場)」長谷部浩　新劇　33(3)　1986.3　p45〜47

**Right Eye** [団]NODA・MAP

6600 上演：1998年12月3日〜12月29日　場所：シアタートラム　作・演出：野田秀樹

◇「深度のない現実(NODA・MAP『Right Eye』,T.P.T『ルル』,竹中直人の会『水の戯れ』)」長谷部浩　テアトロ　678　1999.2　p72〜75

**来年こそは** [団]民藝

6601 上演：2009年5月21日〜6月1日　場所：紀伊

國屋サザンシアター　作：アン・チスレット，キース・ロウルストン　訳：吉原豊司　演出：高橋清祐
◇「敗北していく男たち（民藝『来年こそは』，文学座『花咲くチェリー』，Bunkamura『桜姫』）」水落潔　テアトロ　823　2009.8　p36～37

## ライヒ　㈲阿佐ヶ谷スパイダース

*6602*　上演：2001年2月28日～3月4日　場所：東京グローブ座　作・演出：長塚圭史
◇「先送りの果てへの旅 グローブ座春のフェスティバル（阿佐ヶ谷スパイダース『ライヒ』，劇団☆世界一団『645』，水と油『不時着』，BQMAP『月感アンモナイト』）」野中広樹　テアトロ　707　2001.5　p60～62

## ライフ・アンド・タイムズ—エピソード1　㈲ネイチャー・シアター・オブ・オクラホマ

*6603*　上演：2012年6月16日～6月17日　場所：静岡芸術劇場　構成・演出：パヴォル・リシュカ、ケリー・コッパー
◇「ものみな歌でおわる―アメリカのポストドラマ演劇の誕生に関する一考察―ネイチャー・シアター・オブ・オクラホマ『ライフ・アンド・タイムズ—エピソード1』」日比野啓　シアターアーツ　52　2012.10　p71～74

## ライフ・イン・ザ・シアター　㈲世田谷パブリックシアター

*6604*　上演：1997年5月2日～5月25日　場所：シアタートラム　作：デイヴィッド・マメット　訳：小田島恒志　演出：佐藤信
◇「もっと戦慄を！（世田谷パブリックシアター『ライフ・イン・ザ・シアター』，惑星ピスタチオ『熱闘!!飛龍小学校☆パワード』，シアターコクーン『トゥーランドット姫』）」大岡淳　テアトロ　657　1997.7　p54～56

## ライフ・イン・ザ・シアター　㈲ホリプロ

*6605*　上演：2006年3月30日～4月9日　場所：シアター1010　作：デイヴィッド・マメット　訳：小田島恒志　演出：ポール・ミラー
◇「役者人生の黄昏を生きる（木山事務所『出番を待ちながら』，ホリプロ『ライフ・イン・ザ・シアター』，文学座アトリエ『エスペラント』，演劇集団・円『まちがいつづき』，TPT『皆に伝えよ！ サイレント・グリーンは人肉だと』）」結城雅秀　テアトロ　778　2006.6　p48～52

## ライフ・イン・ザ・シアター　㈲水戸芸術館ACM劇場

*6606*　上演：2011年1月28日～2月6日　場所：水戸芸術館ACM劇場　作：デイヴィッド・マメット　演出：大澤遊
◇「いろいろ（水戸芸術館ACM劇場『ライフ・イン・ザ・シアター』，チェルフィッチュ『ゾウガメのソニックライフ』，五反田団『俺のお尻から優しい音楽』）」斎藤偕子　テアトロ　846　2011.4　p44～45

## Life Cycle　㈲オフィスプロジェクトM

*6607*　上演：2002年7月23日～7月28日　場所：タイニイ・アリス　作・演出：丸尾聡
◇「屈指のギャグ芝居など(S.W.A.T.『幕末ジャイアンツ』，オフィスプロジェクトM『Life Cycle』，R+1『水の村幻想奇譚』，ミュージカル座『舞台に立ちたい』，仲間『青い図書カード』，弘前劇場『月の二階の下』)」浦崎浩實　テアトロ　727　2002.10　p56～59

## Life×3　㈲演劇集団円

*6608*　上演：2004年5月19日～5月30日　場所：ステージ円　作：ヤスミナ・レザ　訳・演出：大間知靖子
◇「人間存在のあやうさ（グループしぜん『人斬り以蔵』，萬國四季協會『鬼沢』，円『Life×3』，NLT『毒薬と老嬢』，ぼっくすおふぃす『鍵』）」中本信幸　テアトロ　753　2004.8　p41～43

## 来訪者　㈲トラッシュマスターズ

*6609*　上演：2013年3月14日～3月20日　場所：座・高円寺　作・演出：中津留章仁
◇「警告に満ちた力作舞台！（燐光群『カウラの班長会議』，新国立劇場『長い墓標の列』，トラッシュマスターズ『来訪者』）」村井健　テアトロ　875　2013.5　p42～43

## 雷鳴　㈲青年座

*6610*　上演：2012年9月21日～9月30日　場所：青年座劇場　原作：梁石日　脚本：江原吉博　脚色・演出：高木達
◇「オリジンと類型、そして図式（青年座スタジオ『雷鳴』，オフィスワンダーランド『日本アニメ（ジャパニメーション）、夜明け前』，まつもと市民芸術館『K.ファウスト』）」七字英輔　テアトロ　869　2012.12　p48～49

## 来来来来来（ライライライライライ）　㈲劇団、本谷有希子

*6611*　上演：2009年7月31日～8月16日　場所：本多劇場　作・演出：本谷有希子
◇「「家」は消えず、復響する（劇団、本谷有希子『来来来来来（ライライライライライ）』，モダンスイマーズ『血縁～飛んで火に入る五兄弟』，演劇集団円『宙をつかむ―海軍じいさんとロケット戦闘機』）」内田洋一　テアトロ　825　2009.10　p50～52

## ライリュウの化石　㈲青果鹿

*6612*　上演：2011年9月1日～9月5日　場所：劇場MOMO　作：澤藤桂　演出：八木澤賢
◇「現代世界のあり方（青果鹿『ライリュウの化石』，青年劇場『普天間』，東京演劇集団風『ジャンヌ・ダルクージャンヌと炎』，シルバーライニング『コレット・コラージュ』）」斎藤偕子　テアトロ　854　2011.11　p40～41

## ラインの監視　㈲昴

*6613*　上演：2014年11月12日～11月16日　場所：座・高円寺　作：リリアン・ヘルマン　訳：小田島雄志　演出：原田一樹
◇「ディートリッヒの世界（新国立劇場『ご臨終』，劇団昴『ラインの監視』，NLT『法廷外裁判』）」結城雅秀　テアトロ　899　2015.1　p34～35

## ラヴ　㈲劇書房，松竹

*6614*　上演：1994年3月4日～3月27日　場所：サン

らうい

シャイン劇場　原作：マレー・シスガル　台本：ジェフリー・スウィート　訳・演出：勝田安彦　作曲：ハワード・マーレン
◇「斬新な着想、人間性の描写（RSC『ジュリアス・シーザー』、劇書房・松竹『ラヴ』、ONLYクライマックス『結婚契約破棄宣言』、ニュースタッフ・エージェンシー『XYプラスZ』、燐光群『神田川の妻』）」結城雅秀　テアトロ　616　1994.5　p65～69

**ラヴィアンローズ・スイート**　㈲M.O.P.
*6615* 上演：1995年11月1日～11月5日　場所：近鉄小劇場　作・演出：マキノノゾミ
◇「11月の関西 一人芝居を二つ（M・O・P『ラヴィアンローズ・スイート』、俳優座『鏡の向こう』、金真須美プロデュース『贋ダイヤを弔う』）」宮辻政夫　テアトロ　638　1996.1　p80～81

**ラ・ヴィータ 愛と死をみつめて**　㈲遊◎機械／全自動シアター
*6616* 上演：1991年11月10日～11月24日　場所：全労済ホール／スペース・ゼロ　作：高泉淳子　演出：白井晃
◇「観客席が寒い（'91演劇界回顧）」長谷部浩　しんげき　39(2)　1992.2　p22～25
◇「'91年度・私にとっての収穫（'91演劇界回顧）」岡本蛍　しんげき　39(2)　1992.2　p26～29
*6617* 上演：2001年10月6日～10月21日　場所：世田谷パブリックシアター　作：高泉淳子　演出：白井晃
◇「芝居の"生"は"死"から始まる（遊◎機械／全自動シアター『ラ・ヴィータ』、カメレオン会議プロデュース1"4作品連続公演"ほか）」浦崎浩實　テアトロ　715　2001.12　p58～60

**ラヴ―こころ、甘さに飢えて**　㈲三越劇場
*6618* 上演：1983年3月5日～3月27日　場所：三越劇場　作：山田太一　演出：木村光一
◇「家族の言葉 言葉の家族（ことばの劇場）」川本三郎　新劇　30(5)　1983.5　p25～28

**ラヴ・チャイルド**　㈲マニー・マニム・プロダクション
*6619* 上演：1998年3月4日～3月8日　場所：三百人劇場　作：グシナ・ムショーペ　演出：シビーウェ・クマラ
◇「一人芝居の熱さに欠けた (財)現代演劇協会主催第二回国際ひとり芝居フェスティバル」村井健　テアトロ　668　1998.5　p54～55

**Round**　㈲遊劇舞台二月病
*6620* 上演：2017年6月23日～6月25日　場所：シアトリカル應典院　作・演出：中川真一
◇「7月の関西 危機に無自覚になった、のんきな人々（劇団未来『ずぶ濡れのハト』、遊劇舞台二月病『Round』、エイチエムピー・シアターカンパニー『月の光』、下鴨車窓『渇いた蜃気楼』）」九鬼葉子　テアトロ　936　2017.9　p86～88

**ラ・カージュ・オ・フォール**　㈲東宝
*6621* 上演：1985年2月3日～2月28日　場所：帝国劇場　作：ジャン・ポワレ、ハーベイ・ファイアスティン　訳：丹野郁弓、岩谷時子、滝弘太郎　振付・演出：リンダ・ヘイパーマン、訳・演出：青井陽治　振付：スコット・サーモン
◇「水準以上にまとまる（帝国劇場『ラ・カージュ・オ・フォール』）」野口久光　テアトロ　506　1985.4　p34～35

**ラガー―騒乱罪の男たち**　㈲空間演技
*6622* 上演：1985年4月27日～5月6日　場所：シアター・ビッグヒル　作・演出：岡部耕大
◇「遠くを見つめる道化師たち（大っきらいだパフォーマンスなんて！〈特集〉）」衛紀生　新劇　32(7)　1985.7　p73～76

**ラ・カメラ・アストラッタ／抽象の部屋**　㈲ジョルジオ・B・コルセッティ・カンパニー、スタジオ・アッズーロ
*6623* 上演：1991年8月16日～8月20日　場所：ラフォーレミュージアム赤坂
◇「読めば分かると思うけど今月は改行が一つもないのでとても読みにくかろうことを予め御了承下さい」宮沢章夫　しんげき　38(12)　1991.11　p48～51

**楽園**　㈲南河内万歳一座
*6624* 上演：2015年5月31日～6月8日　場所：シアトリカル應典院　作・演出：内藤裕敬
◇「6・7月の関西 この不確かなリアリティ（南河内万歳一座『楽園』、悪い芝居『キスインヘル』、PM／飛ぶ教室『とりあえず、ボレロ』）」太田耕人　テアトロ　908　2015.9　p38～39

**楽園**　㈲モダンスイマーズ
*6625* 上演：2012年11月7日～11月15日　場所：吉祥寺シアター　作・演出：蓬莱竜太
◇「『失楽の園』を描く3作（二兎社『こんばんは、父さん』、モダンスイマーズ『楽園』、昴『石棺』）」村井健　テアトロ　871　2013.1　p54～55

**楽園！**　㈲KUTO-10
*6626* 上演：2012年2月9日～2月11日　場所：インディペンデントシアター2nd　作：サリngROCK　演出：山口茜
◇「2月の関西 再利用される過去、あるいはポストモダン（劇団 太陽族『異郷の涙』、桃園会「blue film」、KUTO-10『楽園！』、ニットキャップシアター『さらば箱船』、日韓共同創作『小町風伝』）」太田耕人　テアトロ　860　2012.4　p51～53

**楽園終着駅**　㈲東演
*6627* 上演：1980年9月18日～9月28日　場所：呉服橋三越劇場　作：近石絞子　演出：野部靖夫
◇「好評再演の充実した舞台（東演『楽園終着駅』）」八橋卓　テアトロ　453　1980.11　p34～36
*6628* 上演：1994年2月19日～2月28日　場所：東演パラータ　作：近石絞子　演出：松川暢生
◇「老年の華・虚・醜（東演『楽園終着駅』、三越劇場『合縁奇縁くされ縁』、世仁下ぷ一座『別れが辻』）」岩波剛　テアトロ　616　1994.5　p62～64

**楽園終着駅／そして、あなたに逢えた**　㈲東演
*6629* 上演：2000年11月25日～12月3日　場所：紀

伊國屋サザンシアター　作：近石綏子　演出：福田善之（そして、あなたに逢えた），越光照文（楽園終着駅）

◇「ドラマとりどり（セゾンシアタープログラム『レティスとラベッジ』，文学座アトリエ『マイシスター・インディス・ハウス』『エレファントマン』『ザ・ウィアー（堰）』，東演『楽園終着駅』『そして、あなたに逢えた』）」渡辺淳　テアトロ　704　2001.2　p58～61

**らくだ**　[団]民藝

**6630** 上演：2009年10月7日～10月19日　場所：紀伊國屋サザンシアター　作：別役実　演出：山下悟

◇「ベテラン作家の新作饗宴（こまつ座+ホリプロ『組曲虐殺』，民藝『らくだ』，青年座『千里眼の女』）」水落潔　テアトロ　827　2009.12　p44～45

**擦刻（ラグタイム）**　[団]太陽族

**6631** 上演：2009年7月16日～7月20日　場所：ウィングフィールド　作・演出：岩崎正裕

◇「7月の関西 劇団の力を伸ばす（桃園会『a tide of classics』，劇団・太陽族『擦刻』，PM/飛ぶ教室『会えないで帰った月夜』）」太田耕人　テアトロ　824　2009.9　p54～56

**収容所（ラーゲリ）から来た遺書―33年目の脱字**　[団]俳優座

**6632** 上演：2000年5月10日～5月21日　場所：俳優座劇場　原作：辺見じゅん　脚色：藤田傳　演出：西木一夫

◇「現代の混沌周辺（俳優座『収容所（ラーゲリ）から来た遺書』，東京演劇集団風『ラブトー誘拐』『星の王子さま』，KOKAMI@network『プロパガンダ・デイドリーム』）」渡辺淳　テアトロ　696　2000.7　p59～61

**ラジオの時間**　[団]犯罪友の会

**6633** 上演：2013年3月2日～3月3日　場所：ウィングフィールド　作・演出：武田一度

◇「3月の関西 創られた世界（ピッコロシアタープロデュース『泡』，MONO『うぶな雲は空で迷う』，A級Missing Link『或いは魂の止まり木』，空の驛舎『ライオンのいる場所』，犯罪友の会『ラジオの時間』）」太田耕人　テアトロ　875　2013.5　p55～57

**ラジオのように**　[団]犯罪友の会

**6634** 上演：2017年5月19日～5月21日　場所：ウィングフィールド　作・演出：武田一度

◇「5月の関西 打ち震える芝居を求めて（林英世ひとり語り『桜の森の満開の下』，劇団犯罪友の会『ラジオのように』，兵庫県立ピッコロ劇団オフシアター『長い墓標の列』，Plant M『凛然グッドバイ』）」九鬼葉子　テアトロ　933　2017.7　p54～56

**羅城門**　[団]昴

**6635** 上演：2004年2月6日～2月15日　場所：三百人劇場　原作：芥川龍之介　脚色・演出：菊池准

◇「流れにさおさす（演奏舞台『嗤ふ―桐生悠々』，京楽座『をぐり考』，昴『羅城門』，東京演劇アンサンブル『日本の気象』，こんにゃく座『花のラ・マンチャ騎士道あるいはドン・キホーテ最後の冒険』）」中本信幸　テアトロ　748　2004.4　p53～55

**羅生門**　[団]新国立劇場

**6636** 上演：1999年6月4日～6月18日　場所：新国立劇場小劇場　原作：芥川龍之介　構成・演出：渡辺和子

◇「視覚効果だけでなく台詞も大切（新国立劇場『羅生門』，世田谷パブリックシアター『ジョルジュ』，昴『から騒ぎ』）」江原吉博　テアトロ　684　1999.8　p58～59

**羅生門**　[団]前進座

**6637** 上演：1986年2月23日～2月25日　場所：前進座劇場　原作：芥川龍之介　脚色：田島栄　演出：十島英明

◇「原作に対する読みの深さ（前進座『羅生門』，近松座『心中天の網島』）」ほんちえいき　テアトロ　519　1986.5　p36～39

**Las Ideas**　[団]KYOTO EXPERIMENT 2016 AUTUMN

**6638** 上演：2016年10月28日～10月30日　場所：京都芸術センター講堂　作・演出：フェデリコ・レオン

◇「舞台における虚構と実在、観客の想像力（フェデリコ・レオン『アイディア』，京都国際舞台芸術祭招待作品）」田尻陽一　テアトロ　926　2017.1　p65～70

**ラスト・アジア**　[団]流山児★事務所

**6639** 上演：1986年10月　場所：用賀駅北口特設ステージ　作：川村毅　演出：佐藤信

◇「一風変わった演劇」鴻英良　新劇　33（12）　1986.12　p22～27

◇「女に見られる男の時代」佐々木幹郎　新劇　33（12）　1986.12　p28～33

◇「世界はB級感覚」鴻英良　新劇　34（2）　1987.2　p22～27

**ラスト・イン・ラプソディ**　[団]俳優座

**6640** 上演：2015年11月18日～11月29日　場所：俳優座劇場　作：美苗　演出：原田一樹　音楽：和田啓

◇「過酷な「下流」の変わらぬ哀しみ（青年座『からゆきさん』，東演『明治の柩』，俳優座『ラスト・イン・ラプソディ』）」高橋豊　テアトロ　914　2016.2　p42～43

**ラストシャフル**　[団]六番シード

**6641** 上演：2004年9月2日～9月5日　場所：萬スタジオ　作・演出：久間勝彦

◇「劇的マンダラ（巣林舎『津國女夫池』，東京芸術座『GO』，六番シード『ラストシャフル』，東京演劇集団風『三人姉妹』）」中本信幸　テアトロ　756　2004.11　p57～59

**LAST SHOW**　[団]パルコ

**6642** 上演：2005年7月1日～7月24日　場所：PARCO劇場　作・演出：長塚圭史

◇「『ラストショウ』と『摂州合邦辻』―『ラストショウ』長塚圭史と近世古典劇」小田幸子　シアターアーツ　24　2005.9　p61～64

◇「坂手洋二の大胆な一歩(燐光群『上演されなかった「三人姉妹」』,シアターコクーン『キレイ』,シス・カンパニー『新編・吾輩は猫である』,パルコ製作『LAST SHOW』)」内田洋一　テアトロ　768　2005.9　p62〜65

## ラスト・スパート　⑳離風霊船
**6643** 上演:1991年6月19日〜6月23日　場所:浅草常盤座　作・演出:大橋泰彦
◇「夏のセンソウ」岡本蛍　しんげき　38(10)　1991.9　p38〜41

## ラストチャンスキャバレー　⑳アトリエ・ダンカン
**6644** 上演:1994年3月18日〜3月31日　場所:シアターコクーン　原作:オスカー・カストロ,ピエール・バルー　脚本:高泉淳子　構成・演出:白井晃　音楽:アニタ・ヴァレホ,ピエール・バルー　音楽監督:小林靖宏
◇「「時間」を感じさせる舞台(地人会『奇妙な果実』,アトリエ・ダンカン『ラストチャンスキャバレー』,キャラメルボックス『アローン・アゲイン』,プラチナ・ペーパーズ『櫻の園』,俳優座『関江風土記』)」大沢圭司　テアトロ　617　1994.6　p49〜52

## ラスト・ナイト・エンド・ファースト・モーニング　⑳悪い芝居
**6645** 上演:2018年5月12日〜5月20日　場所:HEP HALL　作・演出:山崎彬
◇「5月の関西 重い記憶とどう向き合い、出発するのか(悪い芝居『ラスト・ナイト・エンド・ファースト・モーニング』,IKSALON表現者工房『コギ』,竹内銃一郎集成連続公演『タニマラーさびしい風』,the nextage『みず色の空、そら色の水』,プロトテアトル『どこよりも遠く、どこでもあった場所。あるいは、どこよりも近く、なにもない。』)」九鬼葉子　テアトロ　947　2018.7　p42〜44

## ラスト・フランケンシュタイン　⑳第三エロチカ
**6646** 上演:1986年6月13日〜6月29日　場所:ザ・スズナリ　作・演出:川村毅
◇「終末か,始原か」鴻英良　新劇　33(8)　1986.8　p18〜23
◇「生け贄選びのゲーム」佐々木幹郎　新劇　33(8)　1986.8　p24〜29
◇「2人の啄木」渡辺保　新劇　33(8)　1986.8　p30〜35

## ラストワルツ　⑳JIS企画
**6647** 上演:1999年7月29日〜8月10日　場所:本多劇場　作・演出:竹内銃一郎
◇「戯曲を生かす演出の工夫を(JIS企画『ラストワルツ』,キャスター・ウエストエンド・シアター『クローサー』,S.W.A.T!『Rush(ラッシュ)』)」江原吉博　テアトロ　686　1999.10　p62〜63

## 埒もなく汚れなく　⑳オフィスコットーネ
**6648** 上演:2016年6月1日〜6月12日　場所:シアター711　作・演出:瀬戸山美咲
◇「連続的に変化する意識と観念(シス・カンパニー『コペンハーゲン』,新国立劇場『あわれ彼女は娼婦』,彩の国シェイクスピア『尺には尺を』,テアトロ・エコー『淑女はここにいる』,オフィスコットーネ『埒もなく汚れなく』)」結城雅秀　テアトロ　921　2016.8　p26〜29

## Rush　⑳S.W.A.T!
**6649** 上演:1999年7月21日〜8月1日　場所:ザ・スズナリ　作・演出:四大海
◇「戯曲を生かす演出の工夫を(JIS企画『ラストワルツ』,キャスター・ウエストエンド・シアター『クローサー』,S.W.A.T!『Rush(ラッシュ)』)」江原吉博　テアトロ　686　1999.10　p62〜63

## 喇叭道中音栗毛　⑳楽団鹿殺し
**6650** 上演:2014年4月10日〜4月13日　場所:AI・HALL　作・演出:丸尾丸一郎
◇「4月の関西 エンターテイメントと疾走感(いるかHotel『木曜組曲』,楽団鹿殺し『喇叭道中音栗毛』,ミジンコターボ『ほらふき王女バートリー』)」太田耕人　テアトロ　890　2014.6　p50〜51

## ラディカル・パーティー――あなたがここにいてほしい!　⑳第三エロチカ
**6651** 上演:1983年5月11日〜5月21日　場所:アートシアター新宿　作・演出:川村毅
◇「稚拙な思い入れという強度(ことばの劇場)」梅本洋一　新劇　30(7)　1983.7　p21〜24

## ラ・テラス　⑳パルコ
**6652** 上演:2001年3月1日〜3月18日　場所:PARCO劇場　作:ジャン=クロード・カリエール　訳:丹野郁弓,武藤洋　演出:山田和也
◇「優美に苦悩する情熱的なヒロイン(エイコーン『薔薇の刺青』,パルコ劇場『ラ・テラス』,メープルリーフ・シアター『パレードを待ちながら』,流山児★事務所『ハイ・ライフ』)」結城雅秀　テアトロ　707　2001.5　p52〜55

## ら・とてちーた　⑳早稲田「新」劇場
**6653** 上演:1982年5月21日〜6月6日　場所:早稲田「新」劇場　構成・演出:大橋宏　※セルバンテス『ドン・キホーテ』より
◇「劇と自意識」西堂行人　新劇　29(8)　1982.8　p26〜27

## ら抜きの殺意　⑳テアトル・エコー
**6654** 上演:1997年12月5日〜12月11日　場所:紀伊國屋サザンシアター　作・演出:永井愛
◇「三つの「喜劇」,三様の味わい(テアトル・エコー『ら抜きの殺意』,ゴドーを待ちながら上演実行委員会『ゴドーを待ちながら』,木山事務所『私の下町一姉の恋愛』)」七字英輔　テアトロ　665　1998.2　p73〜75

**6655** 上演:2002年6月18日〜6月23日　場所:俳優座劇場　作・演出:永井愛
◇「フランス演劇競演で見えるもの(ギイ・フォワシィ・シアター『橋の上の男』『テラス』,テアトル・エコー『ら抜きの殺意』,参人芝居『敵前逃亡の弥勒菩薩』)」佐藤康平　テアトロ　725　2002.8　p54〜53

ら抜きの殺意　俳小
6656　上演：2006年7月6日～7月10日　場所：シアターグリーン・メインホール　作：永井愛　演出：入谷俊一　音楽：平岩佐和子
◇「さまざまな舞台上のアポリア（ギイ・フォワシィ・シアター『王様と私たち』『橋の上の男』、子供のためのシェイクスピアカンパニー『リチャード三世』、俳小『ら抜きの殺意』）」みなもとごろう　テアトロ　782　2006.9　p50～51

ラ・パルティーダ—出発'06　態変
6657　上演：2006年9月21日～9月23日　場所：扇町公園内特設雷魚テント　作・演出：金満里
◇「9月の関西　異領域との交通（松本邦雄作・演出『アメリカ』、チェルフィッチュ『体と関係のない時間』、劇団態変『ラ・パルティーダ—出発'06』）」太田耕人　テアトロ　784　2006.11　p66～68

ラバン・アジールに来たピカソ　ケイダッシュステージ
6658　上演：1997年8月29日～9月16日　場所：シアターX　作：スティーブ・マーティン　訳：池田美奈子　演出：ランダル・アーニー
◇「人がみずからの時間と向き合うとき（T.P.T『白夜』、ケイダッシュステージ『ラバン・アジールに来たピカソ』、東京演劇集団・風『桜の園』、第三エロチカ『オイディプスWHY？』）」長谷部浩　テアトロ　661　1997.11　p67～69

ラブ　P&P企画制作
6659　上演：1989年2月10日～2月21日　場所：シアターVアカサカ　作：ジェフリー・スウィート　演出：勝田安彦
◇「ミュージカル評—キャスト替わりのおもしろさ」萩尾瞳　新劇　36(4)　1989.4　p42～45

ラブ★ギャラクシー　スクエア
6660　上演：2011年5月20日～5月23日　場所：ABCホール　作：森澤匡晴　演出：上田一軒
◇「5月の関西　軽やかさとローカリティー（遊気舎『エエトコ』、ヨーロッパ企画『芝浦ブラウザー』、スクエア『ラブ★ギャラクシー』）」太田耕人　テアトロ　849　2011.7　p50～52

ラブコメ　スクエア
6661　上演：2005年2月2日～2月7日　場所：HEP HALL　作：森澤匡晴　演出：上田一軒
◇「2月の関西　手触りと類型化（糾—あざない—『とおとし』、スクエア『ラブコメ』、日英現代戯曲交流プロジェクト『ガガーリン・ウェイ』）」太田耕人　テアトロ　762　2005.4　p64～66

ラブコール　東宝
6662　上演：1985年3月5日～4月29日　場所：芸術座　作：ベティ・カムデン、アドルフ・グリーン　訳：新谷忠彦、岩谷時子　演出：竹邑類、振付・演出：ジェローム・ロビンス　振付：ボブ・フォッシー、宮本亮次　音楽：ジュール・スタイン
◇「50年代ミュージカルの競演（東宝『ガイズ＆ドールズ』、芸術座『ラブコール』）」風早美樹　テアトロ　507　1985.5　p28～30

らぶそんぐ　銅鑼
6663　上演：1998年9月15日～9月20日　場所：東京芸術劇場小劇場1　作・演出：大峰順二　演出：早川昭二
◇「心動かされた台詞（日生劇場『辰之助の走れメロス』、扉座『三好家の引っ越し』、初舞台『終わらない夜』、銅鑼『らぶそんぐ』）」浦崎浩實　テアトロ　674　1998.11　p64～66

ラプトー誘拐／星の王子さま　東京演劇集団風
6664　上演：2000年4月21日～4月24日　場所：レパートリーシアターKAZE　作：アメド・マダニ（ラプトー誘拐）、サン＝テグジュペリ（星の王子さま）　訳：堀内ゆかり　構成・演出：和田喜夫、浅野佳成　作詞：横山由和
◇「現代の混沌周辺（俳優座『収容所（ラーゲリ）から来た遺書』、東京演劇集団風『ラプトー誘拐／星の王子さま』、KOKAMI@network『プロパガンダ・デイドリーム』）」渡辺淳　テアトロ　696　2000.7　p59～61

らぶドロッドロ人間　悪い芝居
6665　上演：2010年5月19日～5月23日　場所：アートコンプレックス1928　作・演出：山崎彬
◇「5月の関西　構造化、あるいは捩りあわせること（南河内万歳一座『びっくり仰天街』、売込隊ビーム『トバスアタマ』、悪い芝居『らぶドロッドロ人間』、地点『誰も、何も、どんな巧みな物語も』）」太田耕人　テアトロ　835　2010.7　p55～57

**LOVE、LOVE、LOVE**　青年座
6666　上演：2013年8月2日～8月11日　場所：青年座劇場　作：マイク・バートレット　訳：小田島恒志、小田島則子　演出：伊藤大
◇「世代による価値観の相違（青年座『LOVE、LOVE、LOVE』、二兎社『兄帰る』、NLT『花はらんまん』）」水落潔　テアトロ　881　2013.10　p42～43

ラブレター　南河内万歳一座
6667　上演：2010年11月9日～11月14日　場所：エイトスタジオ　作・演出：内藤裕敬
◇「12月の関西　創造的なる反復（南河内万歳一座『ラブレター』、MONO『トナカイを数えたら眠れない』、ニットキャップシアター＋モノクロームサーカス『チェーホフの御478舞』）」太田耕人　テアトロ　844　2011.2　p65～67

ラブレター　愛と火の精神分析　木冬社
6668　上演：1984年12月8日～12月19日　場所：紀伊國屋ホール　作・演出：清水邦夫
◇「世の果てのメルヘン（木冬社『ラブレター』）」宮岸泰治　テアトロ　504　1985.2　p32～34

ラ・マンチャの男　東宝
6669　上演：1989年4月7日～5月28日　場所：青山劇場　脚本：デール・ワッサーマン　訳：森岩雄、高田蓉子　演出：エディ・ロール、中村哮夫
◇「ミュージカル評—成熟のあと」萩尾瞳　新劇　36(6)　1989.6　p42～45

◇「松本幸四郎の演技の幅（帝劇『ラ・マンチャの男』）」村井健　テアトロ　556　1989.6　p26〜27

**6670** 上演：1995年6月4日〜6月29日　場所：青山劇場　脚本：デール・ワッサーマン　訳：森岩雄，高田蓉子　演出：エディ・ロール，中村哮夫　音楽：ミッチ・レイ

◇「「多重化」の意味（青山劇場『ラ・マンチャの男』，1980『蚤とり侍』，木山事務所『命を弄ぶ男ふたり』『壊れた風景』，花企画『吾心の深き底には』，円小劇場の会『蛇』『雨空』）」大沢圭司　テアトロ　632　1995.8　p65〜68

**ララバイ、または 百年の子守唄**　[団]サードステージ，R・U・P

**6671** 上演：2000年1月28日〜2月19日　場所：紀伊國屋サザンシアター　作・演出：鴻上尚史

◇「パワフルに迫り来る存在（流山児★事務所『Happy Days』，東京ギンガ堂『ヒューマン・ダイナモ』，サードステージ・R・U・P共同プロデュース『ララバイ、または 百年の子守唄』）」結城雅秀　テアトロ　693　2000.4　p58〜60

**ララミー・プロジェクト**　[団]燐光群

**6672** 上演：2001年3月12日〜3月16日　場所：東京芸術劇場小ホール1　構成：モイゼス・カウフマン，テクトニック・シアター・プロジェクト　訳：常田景子　演出：坂手洋二

◇「人間疎外劇いろいろ（燐光群『ララミー・プロジェクト』，世田谷パブリックシアター『AMERIKA』，青年劇場『殯の海』，東京演劇アンサンブル『海鳴りの底から』，文学座アトリエ『柘榴変』）」渡辺淳　テアトロ　708　2001.6　p50〜54

**ら・ら・ら**　[団]朋友

**6673** 上演：2012年7月4日〜7月8日　場所：シアターサンモール　作：太田善也　演出：黒岩亮

◇「軽やかで心弾む舞台に（演劇企画JOKO『だらぶち』，朋友『ら・ら・ら』，こまつ座&ホリプロ『しみじみ日本・乃木大将』）」高橋豊　テアトロ　866　2012.9　p46〜47

**6674** 上演：2015年10月15日〜10月23日　場所：三越劇場　作：太田善也　演出：黒岩亮

◇「Pro‐or Counter‐Popularity（朋友『ら・ら・ら』，Tファクトリー『ドラマ・ドクター』，紅王国『破提宇子』）」斎藤偕子　テアトロ　913　2016.1　p24〜25,60〜61

**乱―かな女覚え書**　[団]文学座

**6675** 上演：1980年7月1日〜7月13日　場所：東横劇場　作：宮本研　演出：戌井市郎

◇「女の夢，女のいくさ」森秀男　新劇　27（10）　1980.10　p21〜24

◇「明治は遠く（文学座『乱』）」矢野誠一　テアトロ　451　1980.9　p21〜24

**LAND→SCAPE/海を眺望→街を展望**　[団]北九州芸術劇場

**6676** 上演：2012年11月13日〜11月18日　場所：北九州芸術劇場　作・演出：藤田貴大

◇「街の記憶/物語を語ること―藤田貴大『LAND→SCAPE/海を眺望→街を展望』を考える」嶋田直哉　シアターアーツ　53　2012.12　p64〜67

**乱暴と待機**　[団]劇団、本谷有希子

**6677** 上演：2005年4月8日〜4月17日　場所：シアターモリエール　作・演出：本谷有希子

◇「衝撃の舞台、二本！（劇団本谷有希子『乱暴と待機』，うずめ劇場『ねずみ狩り』，新国立劇場『コミュニケーションズ』）」林あまり　テアトロ　764　2005.6　p52〜53

**乱歩・白昼夢**　[団]結城座

**6678** 上演：2011年11月8日〜11月9日　場所：渋谷区文化総合センター大和田 伝承ホール　作・演出：斎藤憐

◇「『乱歩・白昼夢』を観て」石澤秀二　テアトロ　857　2012.1　p47〜48

## 【り】

**リア**　[団]国際交流基金アジアセンター

**6679** 上演：1997年9月9日〜9月15日　場所：シアターコクーン　原作：シェイクスピア　脚色：岸田理生　演出：オン・ケンセン

◇「水平線の向こう側（オペラシアターこんにゃく座『ガリバー』，国際交流基金アジアセンター『リア』）」大岡淳　テアトロ　661　1997.11　p70〜71

**リア**　[団]文学座アトリエの会

**6680** 上演：1986年7月15日〜7月26日　場所：文学座アトリエ　作：エドワード・ボンド　脚色：大西信行　訳・演出：鵜山仁

◇「「風の駅」の感動」渡辺保　新劇　34（2）　1987.2　p34〜39

◇「この切実なパラドックス（文学座アトリエ『リア』）」扇田昭彦　テアトロ　523　1986.9　p34〜35

**リア**　[団]指輪ホテル

**6681** 上演：2004年7月8日〜7月19日　場所：EX'REALM　作：岸田理生　演出：羊屋白玉

◇「暴力の肯定というアクチュアリティ―指輪ホテル『リア』（作・岸田理性、演出・羊屋白玉）」坂口勝彦　シアターアーツ　20　2004.9　p91〜93

**リア王**　[団]演劇集団円

**6682** 上演：1987年10月29日〜11月3日　場所：三百人劇場　作：シェイクスピア　訳・演出：安西徹雄

◇「蜷川幸雄演出の『ギプス』」渡辺保　新劇　35（1）　1988.1　p38〜43

◇「張出し舞台をどう活かすか（シェイクスピア演劇祭（三百人劇場））」大場建治　テアトロ　540　1988.2　p28〜31

リア王　[団]彩の国さいたま芸術劇場, ホリプロ

6683 上演：2008年1月19日〜2月5日　場所：彩の国さいたま芸術劇場　作：シェイクスピア　訳：松岡和子　演出：蜷川幸雄

◇「『リア王』の二幕目─ 蜷川幸雄演出『リア王』」西堂行人　シアターアーツ　34　2008.3　p90〜92

◇「身近な不安を感じさせる「リア王」(足立コミュニティ・アーツ『肝っ玉おっ母とその子どもたち』, 埼玉県芸術文化振興財団+ホリプロ『リア王』, NLT『ジゼルと粋な子供たち』)」北川登園　テアトロ　804　2008.4　p46〜48

リア王　[団]彩の国さいたま芸術劇場, ロイヤル・シェイクスピア・カンパニー

6684 上演：1999年9月23日〜10月11日　場所：彩の国さいたま芸術劇場大ホール　作：シェイクスピア　演出：蜷川幸雄

◇「父娘の物語 二つのシェイクスピア上演から─トレヴァー・ナン演出『ベニスの商人』と蜷川幸雄演出『リア王』」本橋哲也　シアターアーツ　11　2000.1　p124〜127

◇「視覚的効果と聴覚の快楽(彩の国さいたま芸術劇場・RSC『リア王』, シェイクスピア・シアター『間違いの喜劇』)」結城雅秀　テアトロ　687　1999.11　p60〜61

リア王　[団]シェイクスピア・グローブ・シアター・カンパニー

6685 上演：2001年10月3日〜10月14日　場所：東京グローブ座　作：シェイクスピア　演出：バリー・カイル　音楽：クレア・ヴァン・カンペン

◇「古典の再生(国立ボクロフカ劇場『検察官』, シェイクスピア・グローブ・シアター・カンパニー『リア王』)」渡辺淳　テアトロ　715　2001.12　p52〜53

リア王　[団]シェイクスピア・シアター

6686 上演：1999年5月19日〜5月25日　場所：東京グローブ座　作：シェイクスピア　訳：小田島雄志　演出：出口典雄

◇「十七世紀と現代─世界の多義性をめぐって(東京演劇アンサンブル『ガリレイの生涯』, シェイクスピア・シアター『リア王』, 幹の会+リリックプロデュース『十二夜』)」みなもとごろう　テアトロ　683　1999.7　p54〜56

リア王　[団]新国立劇場

6687 上演：1998年1月17日〜2月3日　場所：新国立劇場中劇場　作：シェイクスピア　訳：松岡和子　演出：鵜山仁

◇「this great stage(新国立劇場開場記念公演『リア王』, キャスター・ウエストエンド・シアター『家族の気分』)」大場建治　テアトロ　666　1998.3　p74〜75

リア王　[団]SCOT

6688 上演：1989年4月18日〜4月23日　場所：東京グローブ座　作：シェイクスピア　訳：小田島雄志　演出：鈴木忠志

◇「妄想のふたつのかたち」長谷部浩　新劇　36(7)　1989.7　p34〜37

6689 上演：2010年12月15日〜12月21日　場所：吉祥寺シアター　原作：シェイクスピア　演出：鈴木忠志　※4ヵ国語版

◇「狂気が照射する人間の暗部(SCOT『リア王4ヵ国語版』『酒神ディオニュソス』)」河野孝　テアトロ　845　2011.3　p50〜52

6690 上演：2013年12月12日〜12月16日　場所：吉祥寺シアター　原作：シェイクスピア　演出：鈴木忠志　※3ヵ国語版

◇「劇団SCOT吉祥寺公演、「シンデレラ」で演劇白熱教室(『リア王』, 『新訳・瞼の母』, 『シンデレラ』)」河野孝　テアトロ　887　2014.3　p62〜63

リア王　[団]昴

6691 上演：2014年6月7日〜6月14日　場所：あうるすぽっと　作：シェイクスピア　訳：福田恆存　演出：菊池准　音楽：上田亨

◇「福田恆存の遺産、健在なり(演劇集団円『錬金術師』, 昴『リア王』, 俳優座『先生のオリザニン』)」結城雅秀　テアトロ　893　2014.8　p22〜23

リア王　[団]俳優座

6692 上演：2011年1月13日〜1月23日　場所：俳優座劇場　作：シェイクスピア　訳：小田島雄志　台本・演出：安川修一

◇「宇宙規模のドラマ(新国立劇場『わが町』, 俳優座『リア王』)」斎藤偕子　テアトロ　845　2011.3　p54〜55

リア王　[団]文学座アトリエの会

6693 上演：2015年1月6日〜1月22日　場所：文学座アトリエ　作：シェイクスピア　訳：小田島雄志　演出：鵜山仁

◇「古典をどう演じるか(東京演劇集団風『ハムレット』, 文学座アトリエ『リア王』, 俳優座『桜の園』)」結城雅秀　テアトロ　901　2015.3　p50〜51

リア王　[団]幹の会, 安澤事務所

6694 上演：1997年1月10日〜1月22日　場所：紀伊國屋サザンシアター　作：シェイクスピア　訳：小田島雄志　演出：栗山民也

◇「台詞術の面とスペクタクル性(RSC『夏の夜の夢』, 安澤事務所+幹の会『リア王』, 俳優座『ハムレット』, 東京オピニオンズ『太陽が死んだ日』, シアターX『乞食と夢』『掏摸の家』)」結城雅秀　テアトロ　653　1997.3　p69〜73

リア王　[団]民藝

6695 上演：1992年4月24日〜5月21日　場所：紀伊國屋ホール　作：シェイクスピア　訳：木下順二　演出：米倉斉加年

◇「演技の息づかない舞台(民芸『リア王』, 帝劇『ミス・サイゴン』)」村井健　テアトロ　593　1992.7　p92〜94

リア王　[団]ヤングヴィック劇場

6696 上演：1997年11月21日〜11月29日　場所：パナソニック・グローブ座　作：シェイクス

ピア　演出：ヘレナ・コートホーソン
　◇「あの冷たい暴力(T.P.T『燈臺』、ヤングヴィック劇場&KPプロダクション『リア王』、P4合同公演『Fairy Tale』、ナイロン100℃『フランケンシュタイン』、流山児★事務所『愛の乞食』)」長谷部浩　テアトロ　665　1998.2　p122〜125

## リア王(アメリカ版)　 アリーナ・ステージ、ミルウォーキー・レパートリー・シアター、バークレー・レパートリー・シアター、ステージ・ウエスト
**6697**　上演：1988年7月〜8月　場所：利賀野外劇場　作：シェイクスピア　構成・演出：鈴木忠志
　◇「劇能と野外劇」七字英輔　新劇　35(10)　1988.10　p30〜33
　◇「演技・夏のさかりに」扇田昭彦　新劇　35(10)　1988.10　p34〜37

## リア王の悲劇　 世田谷パブリックシアター
**6698**　上演：2004年9月25日〜10月11日　場所：世田谷パブリックシアター　作：シェイクスピア　訳：近藤弘幸　演出：佐藤信
　◇「ヴァラエティに富んだ翻訳劇四題(世田谷パブリックシアター『リア王の悲劇』、俳小一悲喜劇一自殺者』、メープルリーフ・シアター『狐火』、シアターアンネフォール『BLASTED─爆風─』)」七字英輔　テアトロ　757　2004.12　p60〜62

## リア王〜King Lear　 大日本プロレス
**6699**　上演：2008年8月7日　場所：横浜赤レンガ倉庫3階ホール　作：シェイクスピア　演出：八代眞奈美
　◇「流血のシェイクスピア　大日本プロレス『リア王〜King Lear〜』」花土翔　シアターアーツ　36　2008.9　p120〜123

## リアル・エステイト　 ハーフムーン・シアター・カンパニー
**6700**　上演：1992年10月　場所：シアター代官山　作：ルイーズ・ペイジ　訳・演出：吉岩正晴
　◇「ある『演劇祭』への疑問(『女たちの演劇祭(PART2)』ハーフムーン・シアターカンパニー、『スカーミッシィズ』、『ニープタイド』、『リアル・エステイト』)」大沢圭司　テアトロ　598　1992.12　p76〜77

## リアルシング　 文学座、松竹
**6701**　上演：1986年10月4日〜10月26日　場所：サンシャイン劇場　作：トム・ストッパード　訳：吉田美枝　演出：レオン・ルービン
　◇「自転車キンクリート」渡辺保　新劇　33(12)　1986.12　p34〜39
　◇「タイムリーな企画(文学座・サンシャイン劇場『ザ・リアル・シング』)」衛紀生　テアトロ　526　1986.12　p26〜29

## 力道山　まだ観ぬ蒼き貌の人　 空間演技
**6702**　上演：1987年11月21日〜11月30日　場所：紀伊國屋ホール　作・演出：岡部耕大
　◇「解ききれない謎のつみ重ね(空間演技『力道山』)」菅孝行　テアトロ　540　1988.2　p36〜37

## 離宮のタルト　 オフィスプロジェクトM
**6703**　上演：2009年3月3日〜3月10日　場所：サンモールスタジオ　作・演出：丸尾聡
　◇「幻想の妙(東京演劇集団風『星の王子さま』、オフィスプロジェクトM『離宮のタルト』、虹企画・ぐるうぷしゅら『女優』、民藝+無名塾『ドライビング・ミス・デイジー』)」中本信幸　テアトロ　819　2009.5　p46〜47

## リクエスト・コンサート　 パルコ
**6704**　上演：1988年1月22日〜11月28日　場所：PARCO SPACE PART3　作：フランク・クサファー・クルツ　演出：マヌエル・ルトゥゲンホルスト
　◇「異質性の方へ」七字英輔　新劇　35(4)　1988.4　p30〜33
　◇「孤独な魂のドラマ(パルコ・パート3『リクエスト・コンサート』『ロンリー・ハート』)」渡辺淳　テアトロ　542　1988.4　p32〜34

## リグレッツ・オンリー　 パルコ
**6705**　上演：2007年10月15日〜11月4日　場所：ル・テアトル銀座　作：ポール・ラドニック　訳：丹野郁弓　演出：高橋昌也
　◇「さまざまな笑い(パルコ製作『リグレッツ・オンリー』、俳優座劇場プロデュース『家族の写真』、文学座『殿様と私』)」北川登園　テアトロ　800　2008.1　p122〜123

## 李香蘭　 四季
**6706**　上演：1991年1月7日〜1月27日　場所：青山劇場　構成・演出：浅利慶太
　◇「感情同化への疑問(四季『李香蘭』)」瀬戸宏　テアトロ　577　1991.3　p28〜29

## リセット　 一跡二跳
**6707**　上演：1996年7月17日〜7月28日　場所：ザ・スズナリ　作・演出：古城十忍
　◇「演劇への思い入れ(流山児★事務所『ダフネの嵐』、一跡二跳『リセット』、花企画『堕天女の夫』)」大沢圭司　テアトロ　646　1996.9　p73〜75

## リセット　 青年座
**6708**　上演：1999年4月3日〜4月11日　場所：紀伊國屋ホール　作：市川森一　演出：西田敏行
　◇「三様の人間の描き方(青年座『リセット』、銀座セゾン劇場『マスター・クラス』、民藝『蕨野行』)」水落潔　テアトロ　682　1999.6　p52〜53

## 理想の、あとかたづけ　 空晴
**6709**　上演：2013年8月24日〜9月2日　場所：ウィングフィールド　作・演出：岡部尚子
　◇「9月の関西　手法を見せる(空晴『理想の、あとかたづけ』、ヨーロッパ企画『建てましにつぐ建てましボルカ』)」太田耕人　テアトロ　882　2013.11　p74〜75

## リーダー　ある検閲官の夢　 青年劇場
**6710**　上演：2000年2月23日〜2月27日　場所：シアターサンモール　作：アリエル・ドーフマン　訳：水谷八也　演出：松波喬介
　◇「二つの夢の物語(青年劇場『Reader』、地人会

『ジョセフィン』)」渡辺淳　テアトロ　694　2000.5　p60〜61

**リタ・ジョーの幻想**　[団]ハーフムーン・シアター・カンパニー

**6711** 上演：1994年11月16日〜11月23日　場所：シアター代官山　作：ジョージ・リガ　訳：吉原豊司　演出：流山児祥

◇「古典を伝統的な手法で演出する(円,六行会『十二夜』,オクスフォード劇団『ロミオとジュリエット』,桜花舎『贋の侍女』,銀座セゾン劇場『エンジェルス・イン・アメリカ』,文学座『背信の日々』,ハーフムーン・シアター『リタ・ジョーの幻想』,一跡二跳『愛しすぎる男たち』,青杜『怪盗三日月丸』)」結城雅秀　テアトロ　626　1995.2　p62〜70

**リタ・ジョーの幻想**　[団]メープルリーフ・シアター

**6712** 上演：2007年7月5日〜7月8日　場所：シアターX　作：ジョージ・リガ　訳：吉原豊司　演出：貝山武久　音楽：西野萌,泉拓充,小原木克郎

◇「人間の尊厳と時代・国家(地人会『朝焼けのマンハッタン』,メープルリーフ・シアター『リタ・ジョーの幻想』,ミズキ事務所『黄昏のメルヘン』,俳優座劇場『ボールは高く雲に入り』)」丸田真悟　テアトロ　796　2007.9　p54〜55

**リチャード三世**　[団]演劇集団円

**6713** 上演：2003年7月10日〜7月20日　場所：紀伊國屋ホール　作：シェイクスピア　訳：松岡和子　演出：平光琢也

◇「日常の姿をした恐ろしい思想劇(劇工房燐『頭ならびに腹』,演劇集団・円『リチャード三世』)」みなもとごろう　テアトロ　740　2003.9　p52〜53

**リチャード三世**　[団]子供のためのシェイクスピアカンパニー

**6714** 上演：2006年7月13日〜7月18日　場所：東京グローブ座　作：シェイクスピア　訳：小田島雄志　脚本・演出：山崎清介

◇「さまざまな舞台上のアポリア(ギイ・フォワシィ・シアター『王様と私たち』『橋の上の男』,子供のためのシェイクスピアカンパニー『リチャード三世』,俳小『ら抜きの殺意』)」みなもとごろう　テアトロ　782　2006.9　p50〜51

**リチャード三世**　[団]彩の国さいたま芸術劇場

**6715** 上演：1999年2月13日〜2月28日　場所：彩の国さいたま芸術劇場大ホール　作：シェイクスピア　訳：松岡和子　演出：蜷川幸雄

◇「スキゾフレニックな舞台(彩の国シェイクスピア・カンパニー『リチャード三世』)」七字英輔　テアトロ　681　1999.5　p54〜55

**リチャード三世**　[団]松竹

**6716** 上演：1980年9月23日〜11月25日　場所：サンシャイン劇場　作：シェイクスピア　訳：坪内逍遥　演出・補綴：和田豊

◇「"何もない空間"での歌舞伎役者(松竹『リチャード三世』)」結城雅秀　テアトロ　454　1980.12　p26〜29

**リチャード三世**　[団]松竹,銀座セゾン劇場

**6717** 上演：1995年3月1日〜3月26日　場所：銀座セゾン劇場　作：シェイクスピア　訳：小田島雄志　演出：ジャイルス・ブロック

◇「台詞に弾丸を籠める…(銀座セゾン劇場+松竹『リチャード三世』,シェイクスピア・シアター『じゃじゃ馬ならし』,青年座『黄昏』,民藝『私を忘れないで』,三重県演劇塾『決定版・團十郎と音二郎』,国際青年演劇センター+北極舎『ティー』,レクラム舎『笑う猫』)」結城雅秀　テアトロ　629　1995.5　p49〜56

**リチャード三世**　[団]新国立劇場

**6718** 上演：2012年10月3日〜10月21日　場所：新国立劇場　作：シェイクスピア　訳：小田島雄志　演出：鵜山仁

◇「今の時代と古典劇を結ぶ回路(青年劇場『十二夜』,新国立劇場『リチャード三世』,シス・カンパニー『ボクの四谷怪談』)」高橋豊　テアトロ　869　2012.12　p42〜43

**リチャード三世**　[団]昴

**6719** 上演：1989年11月11日〜11月19日　場所：東京グローブ座　作：シェイクスピア　訳：福田恆存　演出：福田逸

◇「役者,この奇怪なるもの」扇田昭彦　新劇　37(1)　1990.1　p30〜33

◇「藤木孝の大芝居(昴『リチャード三世』)」大場建治　テアトロ　563　1990.1　p24〜25

**リチャード三世**　[団]東京グローブ座

**6720** 上演：1995年5月11日〜5月21日　場所：パナソニック・グローブ座　作：シェイクスピア　訳：小田島雄志　演出：エドワード・ホール

◇「役者個人の固有の魅力(松竹『ハムレット』,ヒラ・グローブ座『リチャード三世』,民藝『熊楠の家』,グローブ座カンパニー『ハムレット』,テアトル・エコー『ボディ・ランゲージ』,まにまアート『極めて家庭的に—木村好子の詩集より』,東京ギンガ堂『狂想曲』)」結城雅秀　テアトロ　631　1995.7　p71〜78

**リチャード三世**　[団]東京芸術劇場

**6721** 上演：2017年10月18日〜10月30日　場所：東京芸術劇場プレイハウス　作：シェイクスピア　訳：木下順二　台本・演出：シルヴィウ・プルカレーテ

◇「トラウマを生きる古典名作の現代版(東京芸術劇場『リチャード三世』,文学座『鼻』,名取事務所『奈落のシャイロック』)」斎藤偕子　テアトロ　941　2018.1　p32〜33

**リチャード三世**　[団]パルコ

**6722** 上演：1987年11月8日〜11月30日　場所：PARCO劇場　作：シェイクスピア　台本・演出：高橋昌也

◇「安全と化したシェイクスピア(『十二夜』『マクベス』『リチャード三世』)」大場建治　テアトロ　539　1988.1　p21〜24

**リチャード三世** [団]文学座

6723 上演：2003年11月1日〜11月9日　場所：世田谷パブリックシアター　作：坪内逍遥　演出：レオン・ルービン

◇「演劇は時代の歪んだ鏡か(NLT『裸足で散歩』, 文学座『リチャード三世』, 世田谷パブリックシアター『AOI/KOMACHI』)」岩波剛　テアトロ　745　2004.1　p60〜62

**リチャード三世** [団]無名塾

6724 上演：1993年11月24日〜12月2日　場所：サンシャイン劇場　作：シェイクスピア　訳：三神勲　演出：隆巴

◇「激情、愛と自由と良心(無名塾『リチャード三世』, まにまアート『山ほととぎすほしいまま』, キャラメルボックス『キャンドルは燃えているか』, 新人会『私を蘇らせて』)」結城雅秀　テアトロ　613　1994.2　p64〜67

6725 上演：1996年11月18日〜12月1日　場所：サンシャイン劇場　作：シェイクスピア　訳：三神勲　演出：隆巴, 林清人

◇「俳優の力を示した三作品(俳優座劇場プロデュース『守銭奴』, 無名塾『リチャード三世』, 蟬の会『すててこてこてこ』)」水落潔　テアトロ　651　1997.1　p60〜61

**リチャード三世** [団]メジャーリーグ

6726 上演：2000年12月7日〜12月17日　場所：六行会ホール　作：シェイクスピア　訳：松岡和子　演出：栗田芳宏

◇「明断な台詞を異様な尊厳をもって語る(地人会『この夏、突然に』, あまがさき近松創造劇場『ここでkissして』, メジャーリーグ『リチャード三世』, シアター21『川を越え、森をぬけて』)」結城雅秀　テアトロ　704　2001.2　p74〜77

**リチャード三世―ある王の身体** [団]あごうさとし事務所

6727 上演：2017年7月12日〜7月17日　場所：KYOTO ONISHI SOU 3F　原作：シェイクスピア　ドラマトゥルク：仲正昌樹　構成・演出：あごうさとし

◇「8月の関西 消える京都のブラックボックス―必要性証明(遊劇体『ふたりの蜜月』, あごうさとし構成・演出『リチャード三世―ある王の身体―』, 土田英生セレクション『きゅうりの花』, ももちの世界『黒いらくだ』)」九鬼葉子　テアトロ　937　2017.10　p65〜67

**リチャード三世 薔薇と道化と王冠と…** [団]テアトル・エコー

6728 上演：1994年9月9日〜9月25日　場所：テアトル・エコー　作：堂本正樹　演出：水田晴康

◇「舞台の絵画的効果と群衆処理(松竹『オセロー』, 銀座セゾン劇場+民芸『怒りのぶどう』, T・P・T『双頭の鷲』, テアトル・エコー『リチャード三世』, 平成元年『教祖リチャード』, 東京演劇集団風『桜の園』, ピープルシアター『地の風』)」結城雅秀　テアトロ　622　1994.11　p59〜66

**リチャード2世** [団]ベルリナー・アンサンブル

6729 上演：2002年9月10日〜9月15日　場所：シアターコクーン　作：シェイクスピア　訳：トーマス・ブラシュ　演出：クラウス・パイマン

◇「ふたりの巨匠、ふたつのシェイクスピア劇(国際チェーホフ演劇祭inモスクワ/新国立劇場『ハムレット』, ベルリナー・アンサンブル『リチャード2世』)」大岡淳　テアトロ　728　2002.11　p44〜46

**リチャード二世** [団]英国アルメイダ劇場

6730 上演：2000年10月17日〜10月29日　場所：赤坂ACTシアター　作：シェイクスピア　演出：ジョナサン・ケント

◇「高貴である。でもそれでよいのか？―レイフ・ファインズ主演『リチャード二世』『コリオレイナス』」野田学　シアターアーツ　13　2001.4　p127〜129

◇「台詞の詩的パワーが造る劇的空間(英国アルメイダ劇場『リチャード二世』『コリオレイナス』)」結城雅秀　テアトロ　701　2000.12　p46〜47

**リチャード二世** [団]彩の国さいたま芸術劇場

6731 上演：2015年4月5日〜4月19日　場所：彩の国さいたま芸術劇場インサイド・シアター　作：シェイクスピア　訳：松岡和子　演出：蜷川幸雄

◇「戯曲の弾性と舞台の表相(俳優座劇場プロデュース『十二人の怒れる男たち』, 彩の国シェイクスピア・シリーズ『リチャード二世』, 新国立劇場『ウィンズロウ・ボーイ』)」みなもとごろう　テアトロ　904　2015.6　p42〜43

**リチャード二世** [団]昴

6732 上演：1994年9月22日〜10月16日　場所：三百人劇場　作：シェイクスピア　訳：福田恆存　演出：村田元史

◇「「方言」による多様性の主張(昴『リチャード二世』, パルコ『毛皮のマリー』, 劇団1980『へのへのもへ』, 優曇華の会『ミス・ジュリー』, ひょうご舞台芸術『オイディプス王』, 俳優座ラボ『去るものは日々に遠し』, 文学座『ふるあめりかに袖はぬらさじ』)」結城雅秀　テアトロ　623　1994.12　p54〜61

**リチャード二世** [団]太陽劇団

6733 上演：1982年　作：シェイクスピア　演出：アリアンヌ・ムヌーシュキン　※アヴィニョン演劇祭

◇「演劇的引用と形態」梅本洋一　新劇　29(10)　1982.10　p25〜26

**リトル・ウィミン** [団]松竹

6734 上演：1985年8月2日〜8月25日　場所：日生劇場　原作：オルコット　脚本：山川啓介　演出：福田善之

◇「おじさんの子供のミュージカル観激記(ことばの劇場)」わたせひろのぶ　新劇　32(10)　1985.10　p69〜72

## リトル・ショップ・オブ・ホラーズ 〈団〉博品館劇場

**6735** 上演：1984年8月2日～8月22日　場所：博品館劇場　台本：ハワード・アシュマン　訳：青井陽治　演出：ポール・ホームズ　音楽：宮本亮次, アラン・メンケン
◇「人を食った話（ことばの劇場）」安達英一　新劇　31（10）　1984.10　p21～24

**6736** 上演：1995年3月2日～3月15日　場所：博品館劇場　台本：ハワード・アシュマン　演出・訳・訳詞：勝田安彦　音楽：アラン・メンケン
◇「練り上げられた舞台の楽しさ（博品館『リトル・ショップ・オブ・ホラーズ』、音楽座『アイ・ラブ・坊ちゃん』、サンシャイン劇場『ボーイング・ボーイング』、ダブルフェイス『トップダンサー』、MODE『窓からあなたが見える』）」大沢圭司　テアトロ　629　1995.5　p57～60

## リトル プリンス 〈団〉音楽座

**6737** 上演：1993年9月18日～10月5日　場所：本多劇場　原作：サン=テグジュペリ　脚本・演出：横山由和
◇「古さに新しさを求める試み（地人会『朝焼けのマンハッタン』、文学座『恋と仮面のカーニバル』、昴『チャリング・クロス街84番地』、燐光群『神々の国の首都』、民藝『終末の刻』、1980『裏読み 味噌樽で縮んだズボン』、音楽座『リトル プリンス』、青年座『愛すればこそ』）」江原吉博　テアトロ　610　1993.12　p70～76

**6738** 上演：2006年11月9日～11月19日　場所：東京芸術劇場　原作：サン=テグジュペリ　脚本・演出：ワームホールプロジェクト　音楽：高田浩, 金子浩介
◇「名作は生きている（Bunkamura『タンゴ・冬の終わりに』、音楽座ミュージカル『リトルプリンス』）」北川登園　テアトロ　787　2007.1　p106～107

## リビエールの夏の祭り 〈団〉俳優座

**6739** 上演：2007年5月10日～5月18日　場所：俳優座劇場　作：吉永仁郎　演出：中野誠也
◇「「生」と「死」の混交した舞台（俳優座『リビエールの夏の祭り』、世田谷パブリックシアター『死のバリエーション』）」田之倉稔　テアトロ　793　2007.7　p38～39

## リビング・クォーター 〈団〉俳小

**6740** 上演：2009年3月25日～3月30日　場所：アトリエ俳小　作：ブライアン・フリール　訳・演出：松本永実子　音楽：平岩佐利子
◇「再び集団と個、及び変身（俳小『リビング・クォーター』、文学座アトリエの会『犀』、フランス演劇クレアシオン『砂の病』）」蔵原惟治　テアトロ　820　2009.6　p41～43

## Refresh！ 〈団〉ガバメント・オブ・ドッグス

**6741** 上演：2008年5月23日～5月25日　場所：新ABCホール　作・演出：故林広志　演出：水沼健
◇「5月の関西 「伝説」の劇、「伝説」の集団（兵庫県立ピッコロ劇団『あの大鴉、さえも』、ユリイカ百貨店『チョコレート・ホース』、ガバメント・オブ・ドッグス『Refresh！』、維新派『聖・家族』）」太田耕人　テアトロ　807　2008.7　p52～54

## リベンジ 〈団〉青杜

**6742** 上演：2000年4月1日～4月4日　場所：スペースアクロス　作・演出：古川登志夫
◇「テーマ主義とザッピング芝居と…（遊◎機械スペシャルPRESENTS『S―記憶のけもの―』、えとせとら・eye『陽のあたる教室』、青杜『REVENGE』その他）」浦崎浩實　テアトロ　695　2000.6　p53～55

## リボルバー 〈団〉M.O.P.

**6743** 上演：2009年7月29日～8月9日　場所：紀伊國屋ホール　作・演出：マキノノゾミ　音楽：川崎晴美
◇「現代を投影する再話のドラマ（世田谷パブリックシアター『奇ッ怪』、燐光群『現代能楽集 イプセン』、M.O.P.『リボルバー』）」みなもとごろう　テアトロ　825　2009.10　p43～45

## りぼん 〈団〉宇宙堂

**6744** 上演：2003年9月2日～9月11日　場所：青山円形劇場　作・演出：渡辺えり子
◇「表現への欲求と必然性（宇宙堂『りぼん』、新国立劇場/維新派『ノクターン』、青年劇場『キジムナー・キジムナー』）」丸田真悟　テアトロ　742　2003.11　p56～58

## りぼん 〈団〉オフィス3〇〇

**6745** 上演：2007年12月6日～12月24日　場所：吉祥寺シアター　作・演出：渡辺えり　振付：菅原鷹志　音楽：近藤達郎
◇「過去への遡及と懐旧の思い（ナイロン100℃『わが闇』、オフィス3〇〇『りぼん』、黒テント『上海ブギウギ1945』、遊戯空間『夜叉ヶ池』）」七字英輔　テアトロ　802　2008.2　p66～68

## リボンの騎士―県立鷲尾高校演劇部奮闘記 2018 〈団〉扉座

**6746** 上演：2018年6月20日～7月1日　場所：座・高円寺1　原作：手塚治虫　脚本・演出：横内謙介
◇「日常の背後に潜むもの（さいたま芸術劇場『ジハード』、日本劇作家協会プログラム『リボンの騎士』、俳優座劇場プロデュース『もし、終電に乗り遅れたら…』）」みなもとごろう　テアトロ　950　2018.9　p49～51

## リボンの騎士 鷲尾高校演劇部奮闘記 〈団〉銀座セゾン劇場

**6747** 上演：1998年11月26日～12月18日　場所：銀座セゾン劇場　原作：手塚治虫　脚本・横内謙介　演出：河毛俊作
◇「やはり芝居はせりふだ（新国立劇場『野望と夏草』、銀座セゾン劇場『リボンの騎士』、東演『どん底』）」江原吉博　テアトロ　678　1999.2　p70～71

## リメイン～時は残る、君の心に 〈団〉現代制作舎

**6748** 上演：2000年10月17日～10月22日　場所：TACCS　原作：ソーントン・ワイルダー

構成・演出：冷泉公裕
◇「何時死がくるか分からんぞ日本少年達(現代制作舎『リメイン〜時は残る、君の心に〜』、東京ヴォードヴィルショー『竜馬の妻とその夫と愛人』、扉座『愚者には見えないラ・マンチャの王様の裸』)」佐藤康平　テアトロ　703　2001.1　p60〜61

## リメンバー・ワイキキ・ビーチ　⑳極東退屈道場
**6749** 上演：2009年8月21日〜8月23日　場所：ウィングフィールド　作・演出：林慎一郎
◇「8月の関西 子どもと老人と。(兵庫県立ピッコロ劇団『うそつき、大好き、かぐや姫』、劇団京芸・人形劇団京芸『ウィッシュリスト』、焚火の事務所『硝子の声』、極東退屈道場『リメンバー・ワイキキ・ビーチ』)」太田耕人　テアトロ　825　2009.10　p56〜58

## 略奪王NAGAMASA　⑳2TB
**6750** 上演：1998年4月　場所：プラネット・ステーション　作・演出：小田益弘　演出：細川博司
◇「5月の関西 商業演劇風の小劇場(2TB『略奪王NAGAMASA』,199Q太陽族『ガラス壜の中の船』)」宮辻政夫　テアトロ　670　1998.7　p62〜63

## リュウオー　⑳新橋演舞場
**6751** 上演：1989年3月4日〜4月27日　場所：新橋演舞場　作：呂瑞明、奈河彰輔　企画・総合演出：市川猿之助　共同演出：李光
◇「水魚の交わりを見せた合作(新橋演舞場『リュウオー』)」野村喬　テアトロ　555　1989.5　p30〜31

## 龍を撫でた男　⑳オリガト・プラスティコ
**6752** 上演：2012年2月3日〜2月12日　場所：本多劇場　作：福田恆存　演出：ケラリーノ・サンドロヴィッチ
◇「再演による戯曲の新たな読み込み(民藝『静かな落日』、オリガト・プラスティコ『龍を撫でた男』、こまつ座『雪やこんこん』)」高橋豊　テアトロ　860　2012.4　p42〜43

## 龍を撫でた男　⑳THEガジラ、世田谷パブリックシアター
**6753** 上演：1999年4月3日〜4月22日　場所：シアタートラム　作：福田恆存　演出：鐘下辰男
◇「セリフの向う側(ザ・ガジラ+世田谷パブリックシアター『龍を撫でた男』、文学座アトリエ『王様は白く思想する』、地人会『ガラスの動物園』)」渡辺淳　テアトロ　682　1999.6　p64〜66

## 龍か、あれは俺の友だち　⑳青年座
**6754** 上演：2005年8月6日〜8月13日　場所：紀伊國屋ホール　作：小松幹生　企画・製作：五十嵐明
◇「歴史と伝統の重み(東京ギンガ堂+ソウル市劇団『沈黙の海峡』、ク・ナウカ『王女メデイア』、青年座スタジオ公演『龍か、あれは俺の友だち』、円『マクベス』)」結城雅秀　テアトロ　769　2005.10　p52〜55

## 琉歌・アンティゴネー　⑳ピープルシアター
**6755** 上演：2001年10月23日〜10月28日　場所：東京芸術劇場小ホール1　作・演出：森井睦　振付：川田禮子,小松花奈子　音楽：中川秀子
◇「実存在を多様に攻め上げ(ピープルシアター『琉歌・アンティゴネー』、鳥獣戯画『カリフォルニアドリーミン』、Uフィールド『風よ、声よ、光よ』、朋友『一九一七年の三人姉妹』)」佐藤康平　テアトロ　717　2002.1　p64〜65

## 琉球の風　⑳東演
**6756** 上演：2016年11月14日〜11月27日　場所：東演パラータ　作：中津留章仁　演出：松本祐子
◇「意味ある古典の再読(演劇集団円『景清』、東演『琉球の風』、俳優座劇場『ハーヴェイ』)」杉山弘　テアトロ　928　2017.2　p56〜57

## 流砂　⑳萬國四季協會
**6757** 上演：2013年6月5日〜6月9日　場所：SPACE雑遊　作：響リュウ　演出：渡辺大策
◇「歴史の『酷薄劇』は流出したか？(俳協『ミレナ』、萬國四季協會『流砂』,SHIMIN劇場Ⅱ『わらべうた』)」中本信幸　テアトロ　879　2013.8　p48〜49

## 流星　⑳維新派
**6758** 上演：2000年10月20日〜11月7日　場所：大阪南港ふれあい港館広場　作・演出：松本雄吉
◇「11月関西 野外劇の季節(維新派『流星』、犯虎友の会『牡丹のゆくへ』,199Q太陽族『街踏劇ほちぽちいこか』、桃園会『世界に一家』)」太田耕人　テアトロ　703　2001.1　p111〜113

## 流星に捧げる　⑳地人会
**6759** 上演：2006年3月10日〜3月26日　場所：紀伊國屋サザンシアター　作：山田太一　演出：木村光一
◇「孤立する心を救うものは…(シーエイティプロデュース『6週間のダンスレッスン』、東京演劇集団風『Touch〜孤独から愛へ〜』、地人会『流星に捧げる』)」北川登園　テアトロ　777　2006.5　p59〜61

## 流星ワゴン　⑳銅鑼
**6760** 上演：2006年1月27日〜1月29日　場所：東京芸術劇場小ホール2　原作：重松清　脚色：青木豪　演出：磯村純　音楽：平井真美子
◇「自己愛を越えて…(青い鳥+北村想『もろびとこぞりてver.2,3』、銅鑼『流星ワゴン』、萬國四季協會『THE MONSTER CARNIVAL '06〜眠れない夜の悪夢は惑う』、虹企画/ぐるうぷ.しゅら『アララビアンナイト2006』)」浦崎浩實　テアトロ　776　2006.4　p58〜59

## 留鳥の根　⑳伏兵コード
**6761** 上演：2014年2月21日〜2月24日　場所：シアトリカル應典院　作・演出：稲田真理
◇「2月の関西 現実を映す(桃園会『のにさくはな』、伏兵コード『留鳥の根』)」太田耕人　テアトロ　888　2014.4　p50〜51

**理由なき女殺油地獄** 🏢オンシアター自由劇場
*6762* 上演：1990年10月11日～10月29日　場所：シアターコクーン　作・演出：山元清多
◇「古典劇の現代化(自由劇場『理由なき女殺油地獄』)」瀬戸宏　テアトロ　574　1990.12　p28～29

**龍の伝説**　🏢文学座
*6763* 上演：2003年5月19日～5月28日　場所：紀伊國屋サザンシアター　原案：木本正次　作・演出：得丸伸二
◇「忘れられた女優をめぐって…(方の会『過ぎし日々一女優志賀暁子のこと』、東京演劇集団風『パレードを待ちながら』、ジャブジャブサーキット『タイタニック・ポーカー』、文学座『龍の伝説』)」浦崎浩實　テアトロ　739　2003.8　p56～57

**流氷の海に女工節がきこえる**　🏢文化座
*6764* 上演：1983年2月25日～3月6日　場所：俳優座劇場　作：合田一道　脚色：本山節弥　演出：ふじたあさや
◇「理解することと感動すること(文化座『流氷の海に女工節がきこえる』)」八橋卓　テアトロ　483　1983.5　p26～29

**りゅうりえんれん**　🏢ピープルシアター
*6765* 上演：2000年7月11日～7月16日　場所：シアターX　原作：茨木のり子　劇化・演出：森井睦
◇「人間劇のありよう(俳優座劇場プロデュース『ハーブ園の出来事』、ピープルシアター『りゅうりえんれん』、現代制作舎『マリアの首』、ポイント東京『そして誰もいなくなった』)」渡辺淳　テアトロ　698　2000.9　p42～44

**猟銃**　🏢パルコ
*6766* 上演：2016年4月2日～4月24日　場所：PARCO劇場　原作：井上靖　翻案：セルジュ・ラモット　日本語監修：鴨下信一　演出：フランソワ・ジラール
◇「生存の苦悩と美の啓示(キューブ『八月の家族たち』、パルコ『猟銃』、劇団俳優座『反応行程』、イキウメ『太陽』、劇団NLT『しあわせの雨傘』)」結城雅秀　テアトロ　917　2016.7　p47～50

**龍馬を斬った男—その名は今井信郎**　🏢演劇群
*6767* 上演：1996年7月12日～7月14日　場所：扇町ミュージアムスクエア　原案：中村彰彦　作・演出：有行端
◇「7月の関西　「アングラ」二十五年(演劇群『翔』『龍馬を斬った男』、金子順子一人芝居『釈迦内柩唄』、MONO『約三十の嘘』)」宮辻政夫　テアトロ　646　1996.9　p81～82

**竜馬の妻とその夫と愛人**　🏢東京ヴォードヴィルショー
*6768* 上演：2000年10月26日～11月3日　場所：本多劇場　作：三谷幸喜　演出：山田和也
◇「何時死がくるか分からんぞ日本少年達(現代制作舎『リメイン～時は残る、君のに～』、東京ヴォードヴィルショー『竜馬の妻とその夫と愛人』、扉座『愚者には見えないラ・マンチャの王様の裸』)」

佐藤康平　テアトロ　703　2001.1　p60～61

**料理昇降機**　🏢アイランズ
*6769* 上演：2003年　作：ハロルド・ピンター　監修・訳：喜志哲雄　脚本・演出：高平哲郎
◇「年々歳々…されど(地人会『この子たちの夏1945・ヒロシマ ナガサキ』、広島の女上演委員会『姉さんの英雄ポロネーズがききたい』、こまつ座『頭痛肩こり樋口一葉』、アイランズ制作『料理昇降機』)」みなもとごろう　テアトロ　741　2003.10　p60～62

**料理人**　🏢岸田事務所，演劇企画集団・楽天団
*6770* 上演：1988年12月17日～12月25日　場所：ベニサン・ピット　作：岸田理生　演出：和田喜夫
◇「食べること、つながること」林あまり　新劇36(3)　1989.3　p42～45
◇「黒い笑い(岸田事務所＋楽天団『料理人』)」千野幸一　テアトロ　553　1989.3　p28～29

**旅行者**　🏢下鴨車窓
*6771* 上演：2006年3月16日～3月21日　場所：京都芸術センター　作・演出：田辺剛
◇「3月の関西　土地、記憶、手紙(下鴨車窓『旅行者』、メイシアタープロデュース『夢のひと』)」太田耕人　テアトロ　777　2006.5　p113～115

*6772* 上演：2008年3月20日～3月23日　場所：精華小劇場　作・演出：田辺剛
◇「4月の関西　融化するアイデンティティ(リージョナルシアター・シリーズ『着座するコブ』、下鴨車窓『旅行者』)」太田耕人　テアトロ　806　2008.6　p45～47

*6773* 上演：2016年8月6日～8月7日　場所：AI・HALL　作・演出：田辺剛
◇「8月の関西　OMS戯曲賞受賞作家の活躍(A級Missing Link『或いは魂の止まり木』、下鴨車窓『旅行者』、空の驛舎『ただ夜、夜と記されて』、兵庫県立ピッコロ劇団『オズのオジさんやーい』、空晴『ここも誰かの旅先』)」九鬼葉子　テアトロ　923　2016.10　p46～48

**旅愁の人**　🏢花企画
*6774* 上演：1998年6月19日～6月25日　場所：築地本願寺ブディストホール　作・演出：植村達雄
◇「賢明な実作者は傑作ミマンで勝負する!?(木山事務所『ピアフの妹』、岡部企画＋シアターX『新大久保の猫』、ラッパ屋『阿呆浪士』、こまつ座『旅愁の人』、かたつむりの会『月と卵』)」浦崎浩實　テアトロ　671　1998.8　p62～64

**リリー・マルレーン**　🏢シアターアプル
*6775* 上演：1983年2月2日～2月27日　場所：シアターアプル　作・演出：藤田敏雄
◇「"新宿オペラ"復興の足がかり(シアター・アプル『リリー・マルレーン』)」ほんちえいき　テアトロ　482　1983.4　p34～37

**リルの着く駅**　🏢東京乾電池
*6776* 上演：1983年4月17日～4月28日　場所：紀伊國屋ホール　作・演出：岩松了

◇「えもっちゃんへの手紙（ことばの劇場）」高野嗣郎　新劇　30（6）　1983.6　p25〜28

**臨界幻想**　[団]大阪

*6777* 上演：2013年11月8日〜11月10日　場所：一心寺シアター倶楽　作：ふじたあさや　演出：堀江ひろゆき

◇「11月の関西 喪失される日常（南河内万歳一座『満月』，劇団大阪『臨界幻想』，A級 Missing Link『あの町から遠く離れて』）」太田耕人　テアトロ　885　2014.1　p50〜52

**臨界幻想2011**　[団]青年劇場

*6778* 上演：2012年5月18日〜5月27日　場所：紀伊國屋サザンシアター　作・演出：ふじたあさや　音楽：川崎絵都夫

◇「「想定外」と幻想力（ギイ・フォワシイ・シアター『複合過去』『エリゼ・ビスマルクの長い人生』，青年劇場『臨界幻想2011』，おふぃす3〇〇『月にぬれた手』『天使猫』）」中本信幸　テアトロ　863　2012.7　p44〜46

**林檎園日記**　[団]東京演劇アンサンブル

*6779* 上演：2005年5月13日〜5月24日　場所：ブレヒトの芝居小屋　作：久保栄　演出：広渡常敏

◇「情念を超えて「自然」と和解する（岡部企画『花祭』，文学座『風をつむぐ少年』，唐組『鉛の兵隊』，東京演劇アンサンブル『林檎園日記』）」結城雅秀　テアトロ　765　2005.7　p46〜48

**林檎園日記**　[団]民藝

*6780* 上演：1984年6月15日〜6月24日　場所：砂防会館ホール　作：久保栄　演出：内山鶉

◇「時代を振りかえる意味（新人会『袴垂れはどこだ』，民芸『林檎園日記』）」八橋卓　テアトロ　498　1984.8　p26〜29

**林檎幻燈**　[団]太陽族

*6781* 上演：2013年6月27日〜6月30日　場所：S-pace　作：西史夏　演出：岩崎正裕

◇「7月の関西 幻想を共有する（遊劇体『戀女房―吉原火事―』，くじら企画『ドアの向こうの薔薇』，劇団 太陽族『林檎幻燈』）」太田耕人　テアトロ　880　2013.9　p56〜58

**林檎時計**　[団]浪漫伝

*6782* 上演：1988年4月2日〜4月6日　場所：シアターグリーン　作・演出：川松理有

◇「チラシの魔法にかけられて」林あまり　新劇　35（6）　1988.6　p38〜41

**リンゴ畑のマーティン・ピピンその2**　[団]自転車キンクリート

*6783* 上演：1988年1月10日〜1月16日　場所：青山円形劇場　脚色：飯島早苗　構成・演出：鈴木祐美

◇「蜷川幸雄演出の『ギプス』」渡辺保　新劇　35（1）　1988.1　p38〜43

◇「宇野重吉の死」渡辺保　新劇　35（3）　1988.3　p34〜39

**臨時病室**　[団]東演

*6784* 上演：2018年2月9日〜2月18日　場所：東演パラータ　作：沈虹光　訳：菱沼彬晁　演出：シライケイタ

◇「一緒になりたい相手が、消えてしまう…（椿組『毒おんな』，加藤健一事務所『ドレッサー』，劇団東演『臨時病室』，ワンツーワークス『蝿の王』）」結城雅秀　テアトロ　945　2018.5　p29〜31

**凛然グッド・バイ**　[団]Ugly duckling

*6785* 上演：2010年12月16日〜12月19日　場所：AI・HALL　作：樋口ミユ　演出：池田祐佳理

◇「1月の関西 別れの挨拶（くじら企画『山の声』，Ugly duckling『凛然グッド・バイ』，下鴨車窓『王様』）」太田耕人　テアトロ　845　2011.3　p96〜98

**凛然グッド・バイ**　[団]Plant M

*6786* 上演：2017年4月22日〜4月30日　場所：IKSALON表現者工房　作・演出：樋口ミユ

◇「5月の関西 打ち震える芝居を求めて（林英世ひとり語り『桜の森の満開の下』，劇団犯罪友の会『ラジオのように』，兵庫県立ピッコロ劇団オフシアター『長い墓標の列』，Plant M『凛然グッドバイ』）」九鬼葉子　テアトロ　933　2017.7　p54〜56

**リンドバークの飛行／七つの大罪**　[団]日生劇場

*6787* 上演：1998年11月21日〜11月25日　場所：日生劇場　台本：ブレヒト　演出：岩淵達治　作曲：K・ヴァイル

◇「アンチ・ヒーローへのオマージュ（日生劇場『リンドバークの飛行』『七つの大罪』，俳優座劇場プロデュース『疵だらけのお秋』，民藝『勤皇やくざ瓦版』，俳優座LABO『家族な人々』，文学座『ジンジャーブレッド・レディー』）」渡辺淳　テアトロ　678　1999.2　p66〜69

**りんりんと、手ぶらで行く**　[団]PM/飛ぶ教室

*6788* 上演：2011年2月17日〜2月20日　場所：AI・HALL　作・演出：蟷螂襲

◇「2月の関西 叙情と風刺（PM/飛ぶ教室『りんりんと、手ぶらで行く』，劇団・太陽族+アイホール共同製作『大阪マクベス』，期間限定Saccharin『その鉄塔に女たちはいるという』）」太田耕人　テアトロ　846　2011.4　p56〜58

## 【る】

**ルカ追送**　[団]AI・HALL

*6789* 上演：2006年11月9日〜11月12日　場所：AI・HALL　原作：中島らも　構成・演出：岩崎正裕

◇「11月の関西 秋の収穫（遊劇体『闇光る』，AI・HALL+岩崎正裕共同製作『ルカ追送』，Ugly duckling『スパイク・レコード』，sunday『四月のさかな』，デス電所『夕景殺伐メロウ』）」太田耕人　テアトロ　787　2007.1　p101〜103

## ルーシー・キャブロルの三つの人生　㈱テアトル・ド・コンプリシテ

**6790** 上演：1995年9月29日～10月7日　場所：パナソニック・グローブ座　原作：ジョン・バーガー　脚色：マーク・ヒートレイ　原作・演出：サイモン・マクバーニー
- ◇「「今ここ」のテクスチャー—テアトル・ド・コンプリシテをめぐって」河合祥一郎　シアターアーツ　4　1996.1　p152～154
- ◇「台詞の節約と混沌の提示(テアトル・ド・コンプリシテ『ルーシー・キャブロルの三つの人生』,シアターコクーン『HIROSHIMA—太田川七つの流れ』)」渡辺淳　テアトロ　636　1995.12　p54～57

## ルシファーは楽園の夢をみる　㈱ショーマ

**6791** 上演：1989年3月30日～4月21日　場所：シアタートップス　作・演出：高橋いさを
- ◇「「物語」の衰弱に打ち克つためには？」七字英輔　新劇　36(6)　1989.6　p26～29
- ◇「劇場、このふしぎなおともだち」林あまり　新劇　36(6)　1989.6　p38～41

## るつぼ　㈱新国立劇場

**6792** 上演：2012年10月29日～11月18日　場所：新国立劇場　作：アーサー・ミラー　訳：水谷八也　演出：宮田慶子
- ◇「強烈なドラマを支える役者—近代の写実劇と不条理劇(新国立劇場『るつぼ』,ハーフムーン・シアター・カンパニー『誰もいない国』)」斎藤偕子　テアトロ　2013.1　p50～51

## るつぼ　㈱Bunkamura

**6793** 上演：2016年10月7日～10月30日　場所：シアターコクーン　作：アーサー・ミラー　訳：広田敦郎　演出：ジョナサン・マンビィ
- ◇「秀逸作が出そろった充実の秋(Bunkamura『るつぼ』,民藝『箆棒』,ホリプロ『鱈々』,新国立劇場『フリック』,トム・プロジェクト『静かな海へ～MINAMATA』,テアトル・エコー『バッファローの月』)」結城雅秀　テアトロ　925　2016.12　p52～55

## るつぼ　㈱民藝

**6794** 上演：1986年4月17日～4月27日　場所：砂防会館ホール　作：アーサー・ミラー　訳：倉橋健　演出：滝沢修
- ◇「魂の尊厳が輝く(民芸『るつぼ』)」千野幸一　テアトロ　521　1986.7　p21～24

**6795** 上演：1998年9月10日～10月2日　場所：紀伊國屋サザンシアター　作：アーサー・ミラー　訳：倉橋健　演出：内山鶉
- ◇「止まった時計(民藝『るつぼ』,T・P・T『楽屋』)」長谷部浩　テアトロ　674　1998.11　p62～63

## ルート64　㈱THEガジラ

**6796** 上演：2002年11月21日～12月1日　場所：ザ・スズナリ　作・演出：鐘下辰男
- ◇「殺人と泥棒の話(THE・ガジラ『ルート64』,東京ヴォードヴィルショー『日暮里泥棒物語』)」渡辺淳　テアトロ　732　2003.2　p58～59

## ル・トルアデック教授の華麗なる黄昏　㈱文学座

**6797** 上演：1982年8月27日～9月5日　場所：文学座アトリエ　作：ジュル・ロマン　訳：岩田豊雄　演出：坂口芳貞
- ◇「喜劇の"役割"(NLT『プレイボーイが狙った女』,文学座『ル・トルアデック教授の…』)」みなもとごろう　テアトロ　477　1982.11　p40～43

## ルドルフのまっしろけでゴー　㈱ルドルフ

**6798** 上演：2011年6月3日～6月5日　場所：アトリエ劇研　作・演出：筒井加寿子
- ◇「6月の関西 女性劇作家の成熟(兵庫県立ピッコロ劇団『蛍の光』,京都舞台芸術協会プロデュース公演『異邦人』,ルドルフ『ルドルフのまっしろけでゴー』)」太田耕人　テアトロ　851　2011.8　p55～57

## ルナ 輪廻転生の物語　㈱銀座セゾン劇場

**6799** 上演：1992年5月9日～5月23日　場所：銀座セゾン劇場　作・演出：島田雅彦
- ◇「そして「時間」だけが残った」布施英利　Les Specs　39(7)　1992.7　p22～23

## ルーニィー エレクトリックエイジのロミオとジュリエット　㈱ザズゥ・シアター

**6800** 上演：1995年4月5日～4月14日　場所：青山円形劇場　構成・演出：鈴木勝秀
- ◇「戦略の深化(青年団『火宅か修羅か』,唐組『裏切りの街』,新宿梁山泊『人魚伝説』,青年劇場『時間のない喫茶店』,鳥獣戯画『SUKEROKU—花菖蒲助六恋ערし』,ZAZOUS THEATER『ルーニィー』)」大沢圭司　テアトロ　631　1995.7　p66～70

## ル・バル　㈱Bunkamura

**6801** 上演：1991年4月25日～5月12日　場所：シアターコクーン　作・演出：大間知靖子
- ◇「わたしはアナタをしらない」岡本蛍　しんげき　38(7)　1991.7　p34～37

## ルパン　㈱無名塾,パルコ

**6802** 上演：1987年10月8日～10月25日　場所：PARCO劇場　作・演出：隆巴
- ◇「ドラマが稀薄(無名塾・パルコ『ルパン』)」千野幸一　テアトロ　538　1987.12　p24～26

## ルーマーズ—口から耳へ、耳から口へ　㈱パルコ

**6803** 上演：2012年10月18日～11月4日　場所：ル・テアトル銀座　作：ニール・サイモン　訳：黒田絵美子　演出：高橋昌也
- ◇「「異端」と「正統」(TFactory『文体の獣』,パルコプロデュース『ルーマーズ』,演劇集団円『三人姉妹』)」田之倉稔　テアトロ　871　2013.1　p56～57

**6804** 上演：2015年5月16日～5月31日　場所：EXシアター六本木　作：ニール・サイモン　訳：黒田絵美子　演出：高橋昌也
- ◇「志を受けついだ俳優陣の気魄(イキウメ『聖地X』,海外コメディ・シリーズ『ルーマーズ』,文学座『明治の柩』)」河野孝　テアトロ　907　2015.8　p35～36

## ルームサービス　圏テアトル・エコー

**6805**　上演：2004年10月29日～11月7日　場所：俳優座劇場　作：ジョン・マレー、アレン・ボレッツ　訳・演出：酒井洋子
　◇「七十年の時を隔てて甦った喜劇（パルコ・プロデュース『ビローマン』、テアトル・エコー『ルームサービス』、NLT『宴会泥棒』、シルバーライニング『セメタリー倶楽部』）」みなもとごろう　テアトロ　759　2005.1　p60～63

## ルル　圏TPT

**6806**　上演：1998年12月6日～12月29日　場所：ベニサン・ピット　作：フランク・ヴェデキント　台本：エリック・ベントレー　訳：松岡和子　演出：デヴィッド・ルヴォー
　◇「tptの『ルル』をめぐって」岩淵達治　シアターアーツ　11　2000.1　p143～147
　◇「深度のない現実（NODA・MAP『Right Eye』、T.P.T『ルル』、竹中直人の会『水の戯れ』）」長谷部浩　テアトロ　678　1999.2　p72～75

## ルル　圏ルーマニア国立ラドゥ・スタンカ劇場

**6807**　上演：2013年2月27日～3月3日　場所：東京芸術劇場プレイハウス内特設ステージ　作：フランク・ヴェデキント　訳：ヴィクトル・ククコアデツ　脚色・演出：シルヴィウ・プルカレーテ　舞台美術・照明デザイン：ヘルムト・ストゥルメル　音楽：ヴァシレ・シルリ
　◇「現代ルーマニア演劇は魅了する（ルーマニア国立ラドゥ・スタンカ劇場『ルル』、世田谷パブリックシアター『マクベス』、錬肉工房『オイディプス』）」高橋豊　テアトロ　875　2013.5　p46～47

## ルル～破滅の微笑み　圏北九州芸術劇場

**6808**　上演：2005年4月8日～4月17日　場所：世田谷パブリックシアター　原作：フランク・ヴェデキント　構成・演出：白井晃
　◇「再演三題…回る旅人生・拡散した空間・モノクロの幻想（シアターX『母アンナ・フィアリングとその子供たち』、シアターコクーン『KITCHEN』、北九州芸術劇場『ルル』）」斎藤偕子　テアトロ　764　2005.6　p60～62

## 流浪伝説　圏銀座セゾン劇場

**6809**　上演：1990年2月16日～3月11日　場所：銀座セゾン劇場　作：斎藤憐　演出：渡辺浩子
　◇「隔靴掻痒の大悲劇（銀座セゾン劇場『流浪伝説』）」藤田洋　テアトロ　566　1990.4　p28～29

## 【れ】

## 令嬢ジュリー　圏エイコーン

**6810**　上演：2003年　作：ストリンドベリ　演出：加来英治
　◇「新旧の西風（文学座アトリエ『ホームバディ/カブール』、東京演劇集団風『冬』、NAP+KUSHIDA WORKING『ユビュ王』、エイコーン『令嬢ジュリー』）」渡辺淳　テアトロ　737　2003.7　p56～59

**6811**　上演：2005年5月6日～5月8日　場所：サンシャイン劇場　作：ストリンドベリ　訳・演出：加来英治
　◇「古典へのスポットの当て方（エイコーン『令嬢ジュリー』、シアターコクーン『メディア』、劇団四季『解ってたまるか！』）」水落潔　テアトロ　765　2005.7　p44～45

## 令嬢ジュリー　圏スウェーデン王立劇場

**6812**　上演：1988年6月27日～7月9日　場所：東京グローブ座　作：ストリンドベリ　演出：イングマール・ベルイマン
　◇「ベルイマンの衝撃」扇田昭彦　新劇　35(9)　1988.9　p34～37
　◇「正統と異端（スウェーデン王立劇場『令嬢ジュリー/ハムレット』）」毛利三彌　テアトロ　547　1988.9　p21～24

## 令嬢ジュリー　圏TPT

**6813**　上演：1999年11月25日～2000年1月9日　場所：ベニサン・ピット　作：ストリンドベリ　演出：デヴィッド・ルヴォー
　◇「近・現代古典の再生（俳優座劇場プロデュース『マリアの首』幻に長崎を想う曲、tpt『令嬢ジュリー』、劇団サンウルリム『ゴドーを待ちながら』）」渡辺淳　テアトロ　691　2000.2　p74～75

## 令嬢ジュリー　圏兵庫県立芸術文化センター

**6814**　上演：2010年11月27日～12月2日　場所：赤坂RED/THEATER　原作：ストリンドベリ　台本：木内宏昌　演出：毬谷友子
　◇「人間の心の闇に迫る（世田谷パブリックシアター『現代能楽集V』、兵庫県立芸術文化センター『令嬢ジュリー』、Bunkamura『黴菌』）」北川登園　テアトロ　844　2011.2　p56～57

## 令嬢ジュリー／死の舞踏　圏シス・カンパニー

**6815**　上演：2017年3月10日～4月1日　場所：シアターコクーン　作：ストリンドベリ　翻案：コナー・マクファーソン（死の舞踏）　演出：小川絵梨子
　◇「舞台を生かす演技の表現力（シスカンパニー『令嬢ジュリー』『死の舞踏』、トム・プロジェクト『萩咲く頃に』、虹企画/ぐるーぷ・しゅら『バンザイシェイクスピア パーティ』）」斎藤偕子　テアトロ　932　2017.6　p30～31

## 冷蔵庫のうえの人生　圏兵庫県立芸術文化センター

**6816**　上演：2016年6月8日～6月12日　場所：草月ホール　作：アリス・カイパース　上演台本：山谷典子　訳：八木明子　演出：謝珠栄
　◇「7月の関西 関西の観客層を広げる試み（リリパットアーミーII 30周年記念公演『銀の系譜』、兵庫県立芸術文化センター『冷蔵庫のうえの人生』、劇団未来『その頬、熱線に焼かれ』、劇団犯罪友の会『風の姿で』）」九鬼葉子　テアトロ　922　2016.9　p49～51

**Later Life** 団朋友
*6817* 上演：1998年4月14日～4月22日　場所：ウッディシアター中目黒　作：A・R・ガーニー　訳：土屋誠　演出：青井陽治
◇「せりふの持つ肉体(青年座『盟三五大切』,東京芸術座『勲章の川』,朋友『Later Life』)」みなもとごろう　テアトロ　669　1998.6　p72～74

**レイディエント・ヴァーミン** 団世田谷パブリックシアター
*6818* 上演：2016年7月12日～7月31日　場所：シアタートラム　作：フィリップ・リドリー　訳：小宮山智津子　演出：白井晃
◇「緊張空間における光と闇(演劇企画集団ザ・ガジラ『或る女』,パルコ『母と惑星について、および自転する女たちの記録』,世田谷パブリックシアター『レイディアント・ヴァーミン』,ロベール・ルパージュ『887』,民藝『炭鉱の絵描きたち』,パルコ『BENT』)」結城雅秀　テアトロ　922　2016.9　p40～43

**例の件だけど、** 団自転車キンクリートSTORE
*6819* 上演：1997年7月2日～7月21日　場所：紀伊國屋サザンシアター　飯島早苗,志田英邦　作・演出：鈴木裕美
◇「断片～7月の劇をめぐる(NODA・MAP『キル』,青年団プロデュース＋月の岬プロジェクト『月の岬』,地人会『海の沸点』,燐光群『皮革製造所殺人事件』,自転車キンクリートSTORE『例の件だけど,』」長谷部浩　テアトロ　659　1997.9　p72～75

**礼服** 団水谷内助義プロデュース
*6820* 上演：1997年11月21日～11月26日　場所：東京芸術劇場小ホール1　作：秋元松代　演出：鈴木完一郎
◇「アモルファスあるいは中心の空虚(戦後一幕物傑作選 門井均プロデュース『署名人』『マッチ売りの少女』,北条純プロデュース『城館』『冬眠まんざい』,木山潔プロデュース『鋏』『秋の歌』,水谷内助義プロデュース『礼服』,仲間『遁走譚』)」みなもとごろう　テアトロ　664　1998.1　p74～77

**レインボーズ・エンド** 団演劇企画集団・楽天団
*6821* 上演：2007年3月21日～3月26日　場所：スタジオあくとれ　作：ジェーン・ハリスン　訳：須藤鈴　演出：和田喜夫
◇「『レインボーズ・エンド』、そして楽天団のオーストラリア演劇」林あまり　シアターアーツ　31　2007.6　p35～37
◇「グローカルの強み生かした三つの舞台(イルホム劇場『コーランに倣いて』,SPAC『廃車長屋の異人さん』,楽天団『レインボーズ・エンド』)」村井健　テアトロ　792　2007.6　p40～42

**レインマン** 団TBS
*6822* 上演：2006年2月3日～2月19日　場所：東京グローブ座　原作：バリー・モロー　脚本・演出：鈴木勝秀
◇「人間の魂を連結する…(トム・プロジェクト『夫婦犯罪』,ホリプロ『クラウディアからの手紙』,TBS『レインマン』)」結城雅秀　テアトロ　776　2006.4　p52～54

**レインマン** 団ホリプロ
*6823* 上演：2018年7月20日～8月4日　場所：新国立劇場中劇場　脚本：ダン・ゴードン　台本・演出：松井周
◇「人間の業の深さを描く三作品(俳小特別プロジェクト『女人嵯峨』,ホリプロ『アンナ・クリスティ』,ホリプロ『レインマン』)」水落潔　テアトロ　951　2018.10　p40～41

**レオナール・F S改** 団WANDERING PARTY
*6824* 上演：2008年6月17日～6月22日　場所：精華小劇場　作・演出：あごうさとし
◇「7月の関西 どこでもない空間(WANDERING PARTY『レオナール・F S改』,A級 Missing Link『裏山の犬にでも喰われろ！』,遊劇体『山吹』,地点『三人姉妹』)」太田耕人　テアトロ　810　2008.9　p81～83

**レオナルド熊の鬼ヶ島** 団七曜日
*6825* 上演：1984年1月18日～1月22日　場所：ヤクルトホール　作・演出：レオナルド熊
◇「人の心に鬼がいる(ことばの劇場)」安達英一　新劇　31(3)　1984.3　p35～38

**鎮魂歌(レクイエム)** 団Pカンパニー
*6826* 上演：2018年3月22日～3月26日　場所：全労済ホール/スペース・ゼロ　原作：ドストエフスキー　脚本・演出・翻案：木島恭
◇「再演で磨かれた舞台(シーエイティプロデュース『Take Me Out』,トム・プロジェクト『砦』,Pカンパニー『鎮魂歌(レクイエム)』,オフィス・ミヤモト『ブラインド・タッチ』,MONO『隣の芝生も。』)」杉山弘　テアトロ　946　2018.6　p32～34

**レズビアンたちの夜・一八八九年** 団中野文吾プロデュース
*6827* 上演：1980年9月　場所：スリーダンダン　作：ペール・ウーロフ・エンクイスト　訳：宮内満也,川喜多聡司
◇「病める"男"への逆説的頌歌(中野文吾プロデュース『レズビアンたちの夜』)」菊地貞三　テアトロ　455　1981.1　p30～31

**RED** 団シス・カンパニー
*6828* 上演：2015年8月21日～10月4日　場所：新国立劇場小劇場　作：ジョン・ローガン　訳・演出：小川絵梨子
◇「新しい表現求め、今の時代の窒息感(シス・カンパニー『RED』,オフィスコットーネ『人民の敵』,燐光群『バートルビーズ』,劇団桟敷童子『エトランゼ』)」河野孝　テアトロ　910　2015.11　p32～34

**RED CITY** 団浪漫伝
*6829* 上演：1988年6月23日～6月26日　場所：ディプラッツ　作・演出：川松理有
◇「のみごろワイン、あけましょう」林あまり　新劇　35(9)　1988.9　p42～45

**REDRUM～赤い羊** 団ウォーキング・スタッフ
*6830* 上演：1998年4月9日～4月16日　場所：シア

ター・トップス　作・演出：和田憲明
◇「神なき時代の罪と罰（THE・ガジラ『貪りと瞋りと愚かさと』，ウォーキング・スタッフ『REDRUM～赤い羊』，パルコ・プロデュース『トランス』，東京乾電池『スイム スイム スイム―新・真夏の果実』）」七字英輔　テアトロ　669　1998.6　p60～64

**レティスとラベッジ**　[団]パルコ

**6831** 上演：2000年11月16日～12月10日　場所：ル・テアトル銀座　作：ピーター・シェファー　訳：黒田絵美子　演出：高橋昌也
◇「ドラマとりどり（セゾンシアタープログラム『レティスとラベッジ』，文学座アトリエ『マイシスター・インディス・ハウス』『エレファントマン』『ザ・ウィアー（堰）』，東演『楽園終着駅』『そして、あなたに逢えた』）」渡辺淳　テアトロ　704　2001.2　p58～61

**LADY DAY**　[団]オフィスぱれいど

**6832** 上演：1990年5月17日～5月26日　場所：シアターVアカサカ　作：レニー・ロバートソン　訳・演出：栗山民也
◇「ふたりの演出家のさくひん」岡本蛍　しんげき　37（7）　1990.7　p22～25

**レプリカ**　[団]演劇舎蟷螂

**6833** 上演：1986年1月10日～1月19日　場所：ザ・スズナリ　作・演出：小松杏里
◇「旗幟を鮮明に舞台に打ち出す良さ（ことばの劇場）」衛紀生　新劇　33（3）　1986.3　p54～57

**レプリカ**　[団]THEガジラ

**6834** 上演：2000年5月12日～5月23日　場所：世田谷パブリックシアター　作・演出：鐘下辰男
◇「存在の耐えられない軽さ（流山児★事務所『血は立ったまま眠っている』，文学座『最後の晩餐』，THE・ガジラ『レプリカ』，R・U・P『七色インコ』）」七字英輔　テアトロ　696　2000.7　p62～65

**レ・ボリューション#99**　[団]199Q太陽族

**6835** 上演：1999年5月28日～5月30日　場所：神戸アートビレッジセンター　作・演出：岩崎正裕
◇「6月の関西 開かれた作品（199Q太陽族『レ・ボリューション#99』，芝居屋坂道ストア『あくびと風の威力』，3つの木綿『柘榴』）」太田耕人　テアトロ　684　1999.8　p79～81

**レ・ミゼラブル**　[団]東宝

**6836** 上演：1987年6月17日～10月30日　場所：帝国劇場　原作：ユーゴー　潤色：アラン・ブーブリル，クロード・ミッシェル・シェーンベルク　訳：酒井洋子　訳詞：岩谷時子　演出：ジョン・ケアード，トレバー・ナン
◇「舞台に青春を見つけた（東宝『レ・ミゼラブル』）」宮下展夫　テアトロ　534　1987.8　p21～24

**6837** 上演：1989年6月5日～8月31日　場所：帝国劇場　原作：ユーゴー　潤色：アラン・ブーブリル，クロード・ミッシェル・シェーンベルク　訳：酒井洋子　訳詞：岩谷時子　演出：ジョン・ケアード，トレバー・ナン
◇「ミュージカル評―アンサンブルの勝利」萩尾瞳　新劇　36（8）　1989.8　p42～45

**レミング―世界の涯まで連れてって**　[団]天井桟敷

**6838** 上演：1982年12月9日～12月15日　場所：紀伊國屋ホール　台本：岸田理生　作・演出：寺山修司　作・音楽：J・A・シーザー
◇「環境は越えられるか？」梅本洋一　新劇　30（2）　1983.2　p33～34

**レミング―世界の涯まで連れてって**　[団]パルコ

**6839** 上演：2013年4月21日～5月16日　場所：東京芸術劇場プレイハウス　作：寺山修司　台本：天野天街　演出：松本雄吉
◇「人の世は夢…か？―「夢」三態（ティーファクトリー『カルデロン』，パルコ劇場『レミング』，さいたまゴールド・シアター『鴉よ、おれたちは弾丸をこめる』）」七字英輔　テアトロ　877　2013.7　p54～56

**6840** 上演：2015年12月6日～12月20日　場所：東京芸術劇場プレイハウス　作：寺山修司　演出：松本雄吉
◇「神を感じさせる…（文学座アトリエ『白鯨』，タチ・ワールド『口笛は誰でも吹ける』，パルコ『レミング』，俳優座『城塞』，新国立劇場第9期生『噛みついた女』）」結城雅秀　テアトロ　915　2016.3　p65～67

**レモンキャンディ**　[団]匿名劇壇

**6841** 上演：2017年5月18日～5月22日　場所：シアトリカル應典院　作・演出：福谷圭祐
◇「6月の関西 戦争と対立がテーマの新作・再演続く（兵庫県立ピッコロ劇団『西海渡花香』，木ノ下歌舞伎『東海道四谷怪談―通し上演』，南河内万歳一座『守護神』，匿名劇壇『レモンキャンディ』，劇団・太陽族『かえるでんち』）」九鬼葉子　テアトロ　935　2017.8　p52～54

**恋愛喜劇 青猫物語**　[団]M.O.P.

**6842** 上演：1996年9月4日～9月8日　場所：俳優座劇場　作・演出：マキノノゾミ
◇「視覚の芝居と聴覚の芝居（銀座セゾン劇場+T.P.T『マクベス』，シェイクスピア・シアター『マクベス』，民藝『壊れたガラス』，MOP『青猫物語』，青年劇場『私よりましな私』，東京演劇集団風『かもめ』，浪漫亭企画『おつむてんてん』）」結城雅秀　テアトロ　648　1996.11　p70～77

**恋愛恐怖病／修羅／盆栽**　[団]南船北馬一団

**6843** 上演：2000年12月14日～12月17日　場所：大阪市立芸術創造館　作：岸田國士（恋愛恐怖病），田中千禾夫（修羅），菊池寛（盆栽）　演出：棚瀬美幸
◇「12月の関西 クラシック・ルネサンスの始まり（南船北馬一団『恋愛恐怖病・修羅・盆栽』，A級Missing Link『運河』，三角フラスコ『惑星のプロペラ』）」太田耕人　テアトロ　704　2001.2　p82～84

**恋愛御法度** [団]東京乾電池

*6844* 上演：1988年3月9日〜3月10日　場所：紀伊國屋ホール　作・演出：岩松了

◇「「感動させない芝居」のめまい」七字英輔　新劇　35(5)　1988.5　p26〜29

**恋愛小説のように** [団]木冬社

*6845* 上演：1989年12月2日〜12月11日　場所：紀伊國屋ホール　作・演出：清水邦夫

◇「世界の黄昏に向けて」七字英輔　新劇　37(2)　1990.2　p26〜31

◇「帰還と出発」扇田昭彦　新劇　37(2)　1990.2　p32〜37

**恋愛日記** [団]秘法零番館

*6846* 上演：1984年11月29日〜12月16日　場所：秘法零番館アトリエ　作・演出：竹内銃一郎

◇「芝居を聞く(ことばの劇場)」長谷部浩　新劇　32(2)　1985.2　p47〜51

**恋愛日記／屋上のひと** [団]MODE

*6847* 上演：2002年5月16日〜5月26日　場所：ザ・スズナリ　原作：竹内銃一郎(恋愛日記), 北村想(屋上のひと)　演出：松本修

◇「狂うことすら出来ない(MODE『恋愛日記/屋上のひと』, 大人計画『春子ブックセンター』, 燐光群『屋根裏』)」里見宗律　テアトロ　723　2002.7　p56〜58

**恋愛論** [団]俳優座劇場

*6848* 上演：1986年2月6日〜2月19日　場所：俳優座劇場　作：サムイル・アリョーシン　訳：宮沢俊一　演出：セルゲイ・ユールスキィ

◇「孤独な愛の姿(栗原小巻プロデュース『恋愛論』)」千野幸一　テアトロ　518　1986.4　p21〜22

**錬金術師** [団]演劇集団円

*6849* 上演：2014年5月20日〜6月1日　場所：東京芸術劇場シアターウエスト　作：ベン・ジョンソン　訳：安西徹雄　台本・演出：鈴木勝秀

◇「福田恆存の遺産、健在なり(演劇集団円『錬金術師』, 昴『リア王』, 俳優座『先生のオリザニン』)」結城雅秀　テアトロ　893　2014.8　p22〜23

**連結の子** [団]文学座

*6850* 上演：2011年9月9日〜9月23日　場所：吉祥寺シアター　作：田村孝裕　演出：上村聡史

◇「「現代」を描く気鋭の新作3本(トラッシュマスターズ『背水の孤島』, ポツドール『おしまいのとき』, 文学座『連結の子』)」七字英輔　テアトロ　854　2011.11　p46〜48

**連鎖街のひとびと** [団]こまつ座

*6851* 上演：2000年6月19日〜7月2日　場所：紀伊國屋ホール　作：井上ひさし　演出：鵜山仁

◇「芝居は「汚れた水をかくす川」か？(こまつ座『連鎖街のひとびと』, シアターXプロデュース『二人だけの「検察官」』, カクスコ『上りの始発—丸子組、旅に出る』)」七字英輔　テアトロ　698　2000.9　p45〜47

**レンタルファミリー** [団]青年座

*6852* 上演：1994年9月14日〜10月21日　場所：青年座劇場　作：砂本量　演出：高木達

◇「歴史と日常から(青年座『Mother』『火の起源』『レンタルファミリー』『カデット』, 結城座『アノコ』)」渡辺淳　テアトロ　622　1994.11　p74〜75

**レンド・ミー・ア・テナー** [団]加藤健一事務所

*6853* 上演：2008年6月18日〜6月29日　場所：本多劇場　作：ケン・ラドウィッグ　訳：小田島雄志, 小田島若子　演出：久世龍之介

◇「演技者のアウラ(加藤健一事務所『レンド・ミー・ア・テナー』, 昴『ジュリアス・シーザー』, パルコ・プロデュース『サンシャイン・ボーイズ』)」中本信幸　テアトロ　810　2008.9　p50〜51

**連如〜われ深き渕より** [団]前進座

*6854* 上演：1995年12月3日〜12月21日　場所：中日劇場　作：五木寛之　演出：高瀬精一郎

◇「舞台技術としての声を聞く—前進座『連如』ほか」神沢和明　シアターアーツ　4　1996.1　p164〜167

## 【ろ】

**ロイヤル・セレモニー行進曲** [団]ギィ・フォワシィ・シアター

*6855* 上演：2003年5月28日〜6月1日　場所：シアターX　作：ギィ・フォワシィ　訳：中條忍, 根岸徹郎　演出：沢田次郎

◇「演出の手並み(ユーゴザーパド劇場『巨匠とマルガリータ』『かもめ』, 世田谷パブリックシアター+コンプリシテ『エレファント・バニッシュ』, ギイ・フォワシィ・シアター『ロイヤル・セレモニー行進曲』)」渡辺淳　テアトロ　739　2003.8　p52〜54

**廊下は静かに！／年中無休** [団]カクスコ

*6856* 上演：1996年7月31日〜8月11日　場所：紀伊國屋ホール　作・演出：中村育二

◇「劇団と観客との「間」について(カクスコ『廊下は静かに！』『年中無休』, 劇団3〇〇『夜よさよなら〜TEMPO』)」山登敬之　テアトロ　647　1996.10　p68〜69

**老貴婦人の訪問** [団]大阪新劇団協議会

*6857* 上演：2015年1月30日〜2月1日　場所：メイシアター中ホール　作：フリードリヒ・デュレンマット　訳：市川明　演出：堀江ひろゆき　演出補佐：菊川徳之助

◇「2月の関西 背離する視点(メインシアタープロデュース公演SHOW劇場『やぶのなか』, 伏兵コード『我が行路』, 大阪新劇団協議会プロデュース公演『老貴婦人の訪問』)」太田耕人　テアトロ　902　2015.4　p43〜45

**籠城** [団]空間演技

*6858* 上演：1996年2月6日〜2月12日　場所：ザ・

スズナリ　作・演出：岡部耕大
◇「演技のいさぎよさ（博品館劇場『貞子』, オンシアター自由劇場『黄昏のボードビル』, 空間演技『籠城』）」大場建治　テアトロ　641　1996.4　p57～59

**老人が来た～止まった時間**　団うりんこ
*6859*　上演：2000年8月23日～8月24日　場所：名古屋市芸術創造センター　作：関功　演出：玉野井直樹
◇「心の壁に迫る二作品（うりんこ『老人が来た』, Y・K・K『COLOR』）」河野光雄　テアトロ　700　2000.11　p122～123
*6860*　上演：2001年7月1日　場所：東京芸術劇場中ホール　作：関功　演出：玉野井直樹
◇「野外劇を含む異色の四本（うりんこ『老人が来た～止まった時間』, 宗田千恵子一人芝居『語・演・歌』, 流山児★事務所『書を捨てよ、町へ出よう』, 椿組『新宿・路地裏の空海』）」佐藤康平　テアトロ　712　2001.9　p52～53

**蠟燭の灯、太陽の光**　団民藝
*6861*　上演：2014年2月14日～2月25日　場所：紀伊國屋サザンシアター　作：テネシー・ウィリアムズ　訳：吉原豊司　演出：高橋清祐
◇「功を奏した新劇団の重み（文学座『お気に召すまま』, 『尺には尺を』, 民藝『蠟燭の灯、太陽の光』）」斎藤偕子　テアトロ　888　2014.4　p44～45

**ロウチ氏の死と復活**　団燐光群
*6862*　上演：1998年7月18日～7月26日　場所：梅ヶ丘BOX　作：トマス・キルロイ　構成・演出：坂手洋二
◇「空間の〈呼吸〉、人物の〈呼吸〉（燐光群『ロウチ氏の死と復活』, 一跡二跳『アジアン・エイリアン』, 青社『セラピスト』, 石原広子朗読の會『文學を呼吸する』, 民話芸術座『火の鳥』）」浦崎浩實　テアトロ　673　1998.10　p74～76

**労働者M**　団Bunkamura
*6863*　上演：2006年2月5日～2月28日　場所：シアターコクーン　作・演出：ケラリーノ・サンドロヴィッチ
◇「ふたつの世界（山の手事情社『タイタス・アンドロニカス』, シアターコクーン『労働者M』, 阿佐ヶ谷スパイダース『桜飛沫』）」野中広樹　テアトロ　776　2006.4　p49～51

**ROUVA**　団トリコ・A
*6864*　上演：2012年12月9日　場所：八尾プリズムホール 小ホール　作・演出：山口茜
◇「12月の関西 迷路としての演劇（南河内万歳一座『お馬鹿屋敷』, KUTO-10『血、きってみる』, トリコ・Aプロデュース『ROUVA』）」太田耕人　テアトロ　872　2013.2　p86～88

**六惡党**　団THEガジラ
*6865*　上演：1996年7月10日～7月17日　場所：青山円形劇場　作・演出：鐘下辰男
◇「特集・劇評バトル（THE・ガジラ『六惡党』）」西堂行人, 大場建治, 扇田昭彦　テアトロ　646　1996.9　p34～39

**六月の電話**　団かたつむりの会
*6866*　上演：1995年6月14日～6月18日　場所：ジァン・ジァン　作：別役実　演出：村井志摩子
◇「激情の中で燃え尽きる魂（ブランドラ劇場『ジュリアス・シーザー』, 韓国・劇団自由『血の婚礼』, 流山児★事務所『青ひげ公の城』, オンシアター自由劇場『スカパン』, かたつむりの会『六月の電話』, 岡部企画『女狐』, 昴『ザ・カヴァルケイダーズ』）」結城雅秀　テアトロ　632　1995.8　p69～76

**六月のバラ**　団卍
*6867*　上演：1989年6月8日～6月14日　場所：江古田ストアハウス　作：中原聖子　作・演出：菅間勇
◇「"演出"への注文あれこれ」林あまり　新劇　36（8）　1989.8　p38～41

**6号室**　団黒テント
*6868*　上演：2011年2月2日～2月6日　場所：シアターイワト　原作：チェーホフ　訳：松下裕　台本・演出：坂口瑞穂
◇「弱り目に抗して花やぐ…（トム・プロジェクト『青空…！』, 民藝『喜劇 ファッションショー』, 黒テント『6号室』）」中本信幸　テアトロ　846　2011.4　p46～47

**6週間のダンスレッスン**　団CATプロデュース
*6869*　上演：2006年2月6日～2月16日　場所：博品館劇場　作：R・マイケル　訳：常田景子　演出：西川信廣
◇「孤立する心を救うものは…（シーエイティプロデュース『6週間のダンスレッスン』, 東京演劇集団風『Touch―孤独から愛へ―』, 地人会『流星に捧げる』）」北川登園　テアトロ　777　2006.5　p59～61

**六条の御息所**　団博品館劇場
*6870*　上演：2002年2月21日～3月2日　場所：博品館劇場　作：瀬戸内寂聴　演出：久世光彦
◇「死を舞台に投げ出す鬼籍の二人（DONNA-DONNA『公の園』, 3.1の会『自由の彼方で』, 源氏物語朗読『六条の御息所』, 龍昇企画『水を運ぶ夜』）」佐藤康平　テアトロ　721　2002.5　p46～47

**六条御息所**　団芝居屋・劇団羊のしっぽ
*6871*　上演：2017年10月5日～10月8日　場所：銕仙会能楽堂　演出：笠井賢一
◇「多様な演劇、多様な劇場（青年劇場『アトリエ』, 劇団NLT『何をしてたの五十年』, 劇団匂組『ミロンガ』, 状況劇場『うらら舎の改名』, 『六条御息所』）」斎藤偕子　テアトロ　939　2017.12　p42～43

**ろくでなし啄木**　団ホリプロ
*6872*　上演：2011年1月7日～1月23日　場所：東京芸術劇場　作・演出：三谷幸喜
◇「「憂い顔の喜劇」たち（Bunkamura『十二夜』, シス・カンパニー『大人は、かく戦えり』, ホリプロ『ろくでなし啄木』）」髙橋豊　テアトロ　845　2011.2　p58～59

**六人の作家と六人の女優による一人芝居**　団地人会
*6873*　上演：1982年7月2日～7月18日　場所：三越

ロイヤルシアター
◇「“母”の像の変容（三越ロイヤル・シアター・地人会公演）」岩波剛　テアトロ　475　1982.9　p21〜24

**鹿鳴館**　[団]四季
*6874* 上演：2006年1月14日〜5月21日　場所：自由劇場　作：三島由紀夫　演出：浅利慶太
◇「70年代の熱気が今（tpt『アメリカン・バッファロー』，新宿梁山泊『風のほこり』，劇団四季『鹿鳴館』，音楽座ミュージカル『とってもゴースト』）」結城雅秀　テアトロ　775　2006.3　p75〜77

**645**　[団]劇団☆世界一団
*6875* 上演：2001年3月10日〜3月11日　場所：東京グローブ座　作・演出：ウォーリー木下
◇「先送りの果てへの旅 グローブ座春のフェスティバル（阿佐ヶ谷スパイダース『ライヒ』，劇団☆世界一団『645』，水と油『不時着』，BQMAP『月感アンモナイト』）」野中広樹　テアトロ　707　2001.5　p60〜62

**ロシアと20人の女たち**　[団]かもねぎショット
*6876* 上演：2005年8月3日〜8月10日　場所：ザ・スズナリ　作・演出：高見亮子
◇「夢よ、再び（S.W.A.T！『伝説の若大将』，NLT『犯人は私だ！』，かもねぎショット『ロシアと20人の女たち』）」中本信幸　テアトロ　769　2005.10　p58〜59

**路地裏のシュラ**　[団]青果鹿
*6877* 上演：2014年9月3日〜9月7日　場所：下北沢小劇場B1　作・演出：澤藤桂　演出：八木澤賢
◇「悪夢か、ファンタジーか、歴史か（演劇集団風『海との対話』，青果鹿『路地裏のシュラ』，チョコレートケーキ『親愛なる我が総統』）」斎藤偕子　テアトロ　896　2014.11　p42〜43

**ろじ式**　[団]維新派
*6878* 上演：2009年11月13日〜11月23日　場所：精華小劇場　作・演出：松本雄吉
◇「11月の関西 写真、歴史、記憶（マレビトの会『PARK CITY』，維新派『ろじ式』，MONO『チェーホフを待ちながら』）」太田耕人　テアトロ　829　2010.1　p93〜95

**路上**　[団]T Factory
*6879* 上演：2007年7月25日〜7月31日　場所：SPACE雑遊　作・演出：川村毅
◇「完成度の高い夏の舞台（スタジオ・ライフ『孤児のミューズたち』，ティーファクトリー『路上』，公共ホール演劇製作ネットワーク事業『いとこ同志』，こまつ座+シス・カンパニー『ロマンス』）」斎藤偕子　テアトロ　797　2007.10　p49〜51

**路上3・11**　[団]T Factory
*6880* 上演：2011年12月20日〜12月23日　場所：SPACE雑遊　作・演出：川村毅
◇「絆などではなく―ティーファクトリー『路上3・11』」佐藤一成　シアターアーツ　50　2012.3　p138〜140

**ロスト・イン・ヨンカーズ**　[団]パルコ
*6881* 上演：2013年10月5日〜11月3日　場所：PARCO劇場　作：ニール・サイモン　台本・演出：三谷幸喜
◇「肉親という厄介な絆（民藝『集金旅行』，梅田芸術劇場/ぴあ企画・制作『トゥルー・ウエスト』，(株)パルコ企画製作『ロスト・イン・ヨンカーズ』）」水落潔　テアトロ　883　2013.12　p46〜47

**ロスト・サブウェイ**　[団]ルナパーク・ミラージュ
*6882* 上演：1998年11月19日〜11月24日　場所：ジュラルミン劇場　作・演出：翠羅臼
◇「中年たちの祭り（ルナパーク・ミラージュ『ロスト・サブウェイ』，ラッパ屋『中年ロミオ』）」斎藤偕子　テアトロ　678　1999.2　p64〜65

**ロスト・バビロン**　[団]第三エロチカ
*6883* 上演：1999年1月14日〜1月24日　場所：ザ・スズナリ　作・演出：川村毅
◇「せりふだけでは説得力は生まれない（第三エロチカ『ロスト・バビロン』，ケイダッシュステージ『パパに乾杯』）」江原吉博　テアトロ　679　1999.3　p84〜85

**ロスメルスホルム**　[団]イプセンを上演する会
*6884* 上演：2003年3月13日〜3月16日　場所：新生館スタジオ　作：イプセン　訳：毛利三彌　演出：花島宣人
◇「小説の劇化による逸品（うりんこ『シェイクスピアを盗め！』，こまつ座『人間合格』，イプセンを上演する会『ロスメルスホルム』）」浦崎浩實　テアトロ　735　2003.5　p46〜47

**ロスメルスホルム**　[団]演劇集団円
*6885* 上演：2006年5月18日〜5月28日　場所：ステージ円　作：イプセン　訳・演出：安西徹雄
◇「イプセン、十九世紀末からの警告（演劇集団円『ロスメルスホルム』，燐光群『民衆の敵』，イプセンを上演する会『ゆうれい』）」北川登園　テアトロ　781　2006.8　p54〜56

**ロスメルスホルムの白い馬**　[団]名取事務所
*6886* 上演：2002年10月30日〜11月3日　場所：シアターX　作：イプセン　台本・演出：毛利三彌
◇「安んじて観劇に身をゆだねたく候（木山事務所『人間万事漱石の自転車』，東京ギンガ堂『阿吽―女と胃袋』，名取事務所+シアターX『ロスメルスホルムの白い馬』）」浦崎浩實　テアトロ　731　2003.1　p54〜56

**ローゼ・ベルント**　[団]燐光群
*6887* 上演：2008年6月30日〜7月13日　場所：調布市せんがわ劇場　作：ゲアハルト・ハウプトマン　台本・演出：坂手洋二
◇「人間、この不可思議な存在（ホリプロ企画制作『かもめ』，燐光群+グッドフェローズ『ローゼ・ベルント』，パルコ・プロデュース『SISTERS』）」北川登園　テアトロ　810　2008.9　p44〜46

## ローゼンクランツとギルデンスターンは死んだ ㈲テアトル・エコー
**6888** 上演：1980年3月14日～3月28日　場所：テアトル・エコー　作：トム・ストッパード　訳：倉橋健　演出：水田晴康
- ◇「〈喜劇役者〉への提言」衛紀生　新劇 27（5）　1980.5　p34～37
- ◇「成功しなかった喜劇化（テアトル・エコー『ローゼンクランツとギルデンスターンの死んだ』）」溝口迪夫　テアトロ　447　1980.5　p36～37

## ローゼンクランツとギルデンスターンは死んだ ㈲博品館劇場
**6889** 上演：1994年8月16日～8月28日　場所：博品館劇場　作：トム・ストッパード　訳：松岡和子　演出：鵜山仁
- ◇「役者は年齢を超越する（グローブ座『ハムレット』、万有引力『ハムレット』、博品館『ローゼンクランツとギルデンスターンは死んだ』、昂、ザ・サード・ステージ『ベルナルダ・アルバの家』、シアターX（カイ）『アガタ』、うらら舎『少女仮面』）」結城雅秀　テアトロ　621　1994.10　p47～53

## ローゼンクランツとギルデンスターンは死んだ ㈲博品館劇場、メジャーリーグ
**6890** 上演：1997年4月3日～4月13日　場所：博品館劇場　作：トム・ストッパード　訳：松岡和子　演出：鵜山仁
- ◇「見えない天秤と失われた金貨（文学座アトリエの会『金襴緞子の帯しめながら』、自転車キンクリートSTORE『第17捕虜収容所』、博品館劇場＋メジャーリーグ『ローゼンクランツとギルデンスターンは死んだ』、トム・プロジェクト『風船おじさん』、彩の国さいたま芸術劇場＋テレビ東京＋メジャーリーグ『草迷宮』）」長谷部浩　テアトロ　656　1997.6　p60～64

## ローゼンクランツとギルデンスターンは死んだ ㈲パルコ
**6891** 上演：1985年7月17日～7月28日　場所：PARCO SPACE PART3　作：トム・ストッパード　訳：松岡和子　演出：出口典雄
- ◇「コピーではなく、オリジナルを―〈本歌取り〉作品の事情（ことばの劇場）」衛紀生　新劇 32（9）　1985.9　p66～69

## ロダンの花子 ㈲九プロダクション＜楽市楽座＞
**6892** 上演：2000年9月28日～9月30日　場所：朝日生命ホール　原作：澤田助太郎　作：畑嶺明　演出：神山征二郎
- ◇「人間臭いロボット、ロボットじみたニンゲン（参人芝居『デイ・ケア』、九プロダクション＜楽市楽座＞『ロダンの花子』、Uフィールド『そして、今は』ほか）」浦崎浩實　テアトロ　701　2000.12　p50～51

## ロッカビーの女たち ㈲朋友
**6893** 上演：2007年12月19日～12月24日　場所：俳優座劇場　作：デボラ・プレヴォート　訳：渡辺ひとみ　演出：西川信廣　音楽：後藤浩明

- ◇「気儘な女たちと窮屈な男たち（俳小『フユヒコ』、レパートリーシアターKAZE『ハムレット』、朋友『ロッカビーの女たち』）」蔵原惟治　テアトロ　803　2008.3　p66～68

## ロックンロール ㈲ホリプロ
**6894** 上演：2010年8月3日～8月29日　場所：世田谷パブリックシアター　作：トム・ストッパード　訳：小田島恒志　演出：栗山民也
- ◇「再演と初演、どちらも意欲的（音楽座ミュージカル『七つの人形の恋物語』、ホリプロ『ロックンロール』）」小藤田千栄子　テアトロ　839　2010.10　p44～45

## ロッテ ㈲俳優座
**6895** 上演：2000年9月15日～9月24日　場所：青山円形劇場　作：ボート・シュトラウス　訳：渡辺知也　演出：ポール・ビナッツ
- ◇「日常と狂気と幻想と（俳優座『ロッテ』、青年座『天草記』、円『永遠―PART1.彼女』）」渡辺淳　テアトロ　700　2000.11　p107～109

## ロード・ショー ㈲産経新聞社，ワンダープロダクション，ステージ・ワンダー
**6896** 上演：2001年2月3日～2月12日　場所：東京グローブ座　作：マレー・シスガル　訳：山内あゆ子　演出：塩見哲
- ◇「嘘か真か必然か（オリガト・プラスティコ『カフカズ・ディック』、産経新聞社／ワンダープロダクション／ステージ・ワンダー『ロード・ショー』）」斎藤偕子　テアトロ　706　2001.4　p46～47

## ロビンソンとクルーソー ㈲うりんこ
**6897** 上演：1999年7月28日～7月29日　場所：大田区民プラザ　作：ニーノ・ディントローナ、ジャーコモ・ラヴィッキョ　潤色：ふじたあさや　演出：李潤澤
- ◇「子どもの時間、大人の時間（うりんこ『ロビンソンとクルーソー』、うりんこ『よみがえれブッダ』、東京演劇アンサンブル『ちゅうたのくうそう』、東京演劇アンサンブル『おんにょろ盛衰記』、たんぽぽ『距離 DISTANCE～俺たちのHARMONY～』、R+1『真夜中のキッチン』）」浦崎浩實　テアトロ　686　1999.10　p64～67

## ロープ ㈲NODA・MAP
**6898** 上演：2006年12月5日～2007年1月31日　場所：シアターコクーン　作・演出：野田秀樹
- ◇「鉄条網の向こう側―NODA・MAP『ロープ』」今井克佳　シアターアーツ　30　2007.3　p116～118
- ◇「ソウル1929、日本2006（青年団『ソウル市民三部作連続上演』、新国立劇場『エンジョイ！』、NODA・MAP『ロープ』）」林あまり　テアトロ　788　2007.2　p46～47

## ロベルト・ズッコ ㈲黒テント
**6899** 上演：2005年4月1日～4月13日　場所：シアターイワト　作：ベルナール＝マリ・コルテス　訳：佐伯隆幸　演出：佐藤信
- ◇「ことば、ことば、ことば―黒テント『ロベルト・ズッコ』」梅山いつき　シアターアーツ　23　2005.6　p59～61

◇「演ずる側の目線(地人会『丘の上のイエッペ』,横浜ボートシアター『極めて家庭的に 軽の太子とその妹』,青年劇場『3150万秒と、少し』,黒テント『ロベルト・ズッコ』)」中本信幸　テアトロ　764　2005.6　p57～59

**ロベルト・ズッコ** [団]世田谷パブリックシアター

**6900** 上演：2000年3月8日～3月23日　場所：世田谷パブリックシアター　作：ベルナール=マリ・コルテス　訳：石井惠　演出：佐藤信　美術・衣装：レギーナ・エッシェンベルグ

◇「「状況」を捉えるということ(世田谷パブリックシアター『ロベルト・ズッコ』,あまがさき近松創造劇場『風花』,文化座『遠い花―汝が名はピーチ・ブロッサム―』)」七字英輔　テアトロ　694　2000.5　p74～76

**ロベルト・ズッコ** [団]文学座アトリエの会

**6901** 上演：2002年6月28日～7月10日　場所：文学座アトリエ　作：ベルナール=マリ・コルテス　訳：石井惠　演出：佐藤信

◇「恐るべき子供たちの祭り(文学座アトリエ『ロベルト・ズッコ』,ナイロン100℃『フローズン・ビーチ』,グローブ座カンパニー『ヴェニスの商人』)」斎藤偕子　テアトロ　726　2002.9　p52～54

**ロベルトの操縦** [団]ヨーロッパ企画

**6902** 上演：2011年8月21日,26日～28日　場所：京都府立文化芸術会館　作・演出：上田誠

◇「9月の関西 逃れゆく人びと(ヨーロッパ企画『ロベルトの操縦』,虚空旅団『カガクノカケラ』,劇団・太陽族『スタイリッシュ(仮)』)」太田耕人　テアトロ　854　2011.11　p54～56

**ロボット** [団]俳優座

**6903** 上演：1999年5月14日～5月23日　場所：俳優座劇場　作：カレル・チャペック　訳：千野栄一　台本・演出：栗山民也

◇「作り物でどこまで人を魅了できるか(俳優座『ロボット』,パルコ・松竹提携『マトリョーシカ』,新国立劇場『セツアンの善人』)」江原吉博　テアトロ　683　1999.7　p44～45

**ローマを見た 天正の少年使節ものがたり** [団]ベンジャミン企画,木山事務所

**6904** 上演：1989年9月1日～9月17日　場所：東京グローブ座　作：山崎正和　演出：森泉博行

◇「ミュージカル評―アンビバレントな日々」萩尾瞳　新劇　36(11)　1989.11　p38～41

**ロマンサー―夜明峠編** [団]モダンスイマーズ

**6905** 上演：2012年2月23日～3月4日　場所：シアタートラム　作・演出：蓬莱竜太

◇「マジックと神話と笑劇の弥生三月(さいたまネクスト・シアター『ハムレット』,モダンスイマーズ『ロマンサー―夜明峠編―』,劇団四季『解ってたまるか！』)」村井健　テアトロ　861　2012.5　p46～47

**ロマンス** [団]こまつ座,シス・カンパニー

**6906** 上演：2007年8月3日～9月30日　場所：世田谷パブリックシアター　作：井上ひさし　演出：栗山民也

◇「完成度の高い夏の舞台(スタジオ・ライフ『孤児のミューズたち』,ティーファクトリー『路上』,公共ホール演劇製作ネットワーク事業『いとこ同志』,こまつ座+シス・カンパニー『ロマンス』)」斎藤偕子　テアトロ　797　2007.10　p49～51

**ロマンス―漱石の戀** [団]俳優座

**6907** 上演：1995年2月2日～2月21日　場所：紀伊國屋ホール　作：福田善之　演出：島田安行

◇「秀作「ロマンス―漱石の戀」」水落潔　テアトロ　628　1995.4　p56～57

**ロマンチック・コメディ** [団]パルコ

**6908** 上演：1998年1月23日～2月15日　場所：PARCO劇場　作：バーナード・スレイド　訳：福田美環子　訳・演出：福田陽一郎

◇「生き方を問う二つの舞台(民藝『どちらの側に立つか』,パルコ劇場『ロマンチック・コメディ』)」水落潔　テアトロ　667　1998.4　p54～55

**ロマンティック・コメディ** [団]博品館劇場

**6909** 上演：1988年6月5日～6月17日　場所：博品館劇場　作：バーナード・スレイド　訳・演出：加来英治

◇「「ニン」についての二、三のこと」衛紀生　新劇　35(8)　1988.8　p26～29

**ロミオ&ジュリエット** [団]Bunkamura

**6910** 上演：1998年1月9日～1月25日　場所：シアターコクーン　作：シェイクスピア　訳：小田島雄志　演出：ノノン・パディーリャ

◇「愛するものが待つ場所へ(彩の国シェイクスピア・カンパニー『ロミオとジュリエット』,俳優座『ロミオとジュリエット』,Bunkamuraシアターコクーン『ロミオ&ジュリエット』)」長谷部浩　テアトロ　666　1998.3　p117～119

**ロミオとジュリエット** [団]ESC

**6911** 上演：1994年4月20日～4月24日　場所：パナソニック・グローブ座　作：シェイクスピア　演出：マイケル・ボグダノフ

◇「テクストの解釈ということ(ESC『ロミオとジュリエット』,四季『この生命は誰のもの？』,青年座『幻に心もそぞろ狂おしのわれら将門』,俳優座『コーカサスの白墨の輪』,岩松了プロデュース『アイスクリームマン』,花組芝居『定本いろは四谷怪談』)」結城雅秀　テアトロ　618　1994.7　p48～54

**ロミオとジュリエット** [団]オクスフォード劇団

**6912** 上演：1994年11月22日～11月26日　場所：パナソニック・グローブ座　作：シェイクスピア　演出：ジョン・レタラック

◇「古典を伝統的な手法で演出する(円,六行会『十二夜』,オクスフォード劇団『ロミオとジュリエット』,桜花舎『贋の侍女』,銀座セゾン劇場『エンジェルス・イン・アメリカ』,文学座『背信の日々』,ハーフムーン・シアター『リタ・ジョーの幻想』,一跡二跳『愛しすぎる男たち』,青杜『怪盗三日月丸』)」結城雅秀　テアトロ　626　1995.2　p62～70

**ロミオとジュリエット** [団]関西芸術座

**6913** 上演：1997年12月12日～12月13日　場所：

近鉄小劇場　作：シェイクスピア　訳：小田島雄志　演出：岩田直二
◇「12月の関西 鉱脈を掘り進む（関俳協新人研修事業積年受賞者公演『一身上の都合』、劇団大坂『そして、あなたに逢えた』、関西芸術座『ロミオとジュリエット』、199Q太陽族『透明ノ庭』）」宮辻政夫　テアトロ　665　1998.2　p130〜133

## ロミオとジュリエット　㈲子供のためのシェイクスピアカンパニー
**6914**　上演：2015年7月16日〜7月21日　場所：あうるすぽっと　作：シェイクスピア　訳：小田島雄志　脚本・演出：山崎清介
◇「ひとり芝居、再演で充実（無名塾『バリモア』、東京芸術劇場『障子の国のティンカーベル』、華のん企画『ロミオとジュリエット』）」河野孝　テアトロ　908　2015.9　p30〜31

## ロミオとジュリエット　㈲彩の国さいたま芸術劇場
**6915**　上演：1998年1月21日〜2月1日　場所：彩の国さいたま芸術劇場大ホール　作：シェイクスピア　訳：松岡和子　演出：蜷川幸雄
◇「愛するものが待つ場所へ（彩の国シェイクスピア・カンパニー『ロミオとジュリエット』、俳優座『ロミオとジュリエット』、Bunkamuraシアターコクーン『ロミオ&ジュリエット』）」長谷部浩　テアトロ　666　1998.3　p117〜119

**6916**　上演：2014年8月7日〜8月24日　場所：彩の国さいたま芸術劇場小ホール　作：シェイクスピア　訳：松岡和子　演出：蜷川幸雄
◇「どこかにボタンのかけ違いが…（Bunkamura『太陽2068』、彩の国シェイクスピアシリーズ番外編『ロミオとジュリエット』、青年座『UNIQUENESS』）」みなもとごろう　テアトロ　895　2014.10　p36〜37

## ロミオとジュリエット　㈲シェイクスピア・シアター
**6917**　上演：1981年1月23日〜1月27日　場所：俳優座劇場　作：シェイクスピア　訳：小田島雄志　演出：出口典雄
◇「プラモデルを持ったシェイクスピア」衛紀生　新劇　28(3)　1981.3　p38〜41

## ロミオとジュリエット　㈲四季
**6918**　上演：1986年11月9日〜11月30日　場所：青山劇場　作：シェイクスピア　訳：福田恆存　演出：浅利慶太
◇「"運命"不在の光と影（四季『ロミオとジュリエット』）」結城雅秀　テアトロ　527　1987.1　p30〜32

## ロミオとジュリエット　㈲松竹
**6919**　上演：1986年9月2日〜9月28日　場所：サンシャイン劇場　作：シェイクスピア　訳：福田恆存　演出：坂東玉三郎
◇「直情を抑えた計算（サンシャイン劇場『ロミオとジュリエット』）」扇田昭彦　テアトロ　525　1986.11　p34〜35

**6920**　上演：1988年9月4日〜9月25日　場所：サンシャイン劇場　作：シェイクスピア　訳：福田恆存　演出：坂東玉三郎
◇「薄味の雰囲気（サンシャイン劇場『ロミオとジュリエット』）」瀬戸宏　テアトロ　549　1988.11　p24〜25

## ロミオとジュリエット　㈲SPAC（静岡県舞台芸術センター）
**6921**　上演：2012年11月24日〜12月9日　場所：静岡芸術劇場　作：シェイクスピア　訳：河合祥一郎　構成・演出：オマール・ポラス
◇「〈少女〉が沈黙するとき—オマール・ポラス構成・演出『ロミオとジュリエット』」塚本知佳　シアターアーツ　54　2013.4　p63〜66

## ロミオとジュリエット　㈲地人会
**6922**　上演：1996年11月9日〜11月24日　場所：紀伊國屋サザンシアター　作：シェイクスピア　訳：小田島雄志　演出：木村光一
◇「演出意図の分からない芝居（シェアード・エクスペリエンス・シアター『テンペスト』、地人会『ロミオとジュリエット』、円・シアターX『月下』、文学座『特ダネ狂騒曲』、仲間『十二月』、演奏舞台『小○百姓一揆考』）」結城雅秀　テアトロ　651　1997.1　p73〜79

## ロミオとジュリエット　㈲調布市せんがわ劇場
**6923**　上演：2008年8月9日〜8月17日　場所：せんがわ劇場　作：シェイクスピア　訳：小田島雄志　演出：宮崎真子
◇「「序章」の舞台〜「ガラスの仮面」（彩の国ファミリーシアター「音楽劇 ガラスの仮面」、Bunkamura『女教師は二度抱かれた』、調布市せんがわ劇場『ロミオとジュリエット』）」林あまり　テアトロ　811　2008.10　p44〜45

## ロミオとジュリエット　㈲東演, モスクワ・ユーゴザーパド劇場
**6924**　上演：1995年7月4日〜7月9日　場所：東京芸術劇場小ホール　作：シェイクスピア　訳：外塚由利子　演出：ワレリー・ベリャコーヴィッチ
◇「現代に挑む民俗（桂枝雀落語芝居『変身』、文学座アトリエの会『メモランダム』、劇団東演・ユーゴザパド合同公演『ロミオとジュリエット』）」大岡淳　テアトロ　633　1995.9　p76〜78

## ロミオとジュリエット　㈲東京グローブ座
**6925**　上演：1995年7月27日〜8月8日　場所：パナソニック・グローブ座　作：シェイクスピア　訳：松岡和子　構成：田中浩司　演出：加藤幸和
◇「演劇と向かい合う（昴 ザ・サード・ステージ『カモメたちの晩夏』、空組『想稿・銀河鉄道の夜』、グローブ座カンパニー『ロミオとジュリエット』、仲間『かぐや姫』）」大沢圭司　テアトロ　634　1995.10　p72〜75

## ロミオとジュリエット　㈲俳優座
**6926**　上演：1981年1月6日〜1月11日　場所：俳優座劇場　作：シェイクスピア　訳：小田島雄志　演出：増見利清

- ◇「生と死のはざまに」利光哲夫　新劇　28（3）1981.3　p34〜37
- ◇「気品あるジュリエット（俳優座『ロミオとジュリエット』）」柴田稔彦　テアトロ　457　1981.3　p21〜24

***6927*** 上演：1998年1月8日〜1月18日　場所：俳優座劇場　作：シェイクスピア　訳：松岡和子　脚色・演出：宮崎真子
- ◇「愛するものが待つ場所へ（彩の国シェイクスピア・カンパニー『ロミオとジュリエット』,俳優座『ロミオとジュリエット』,Bunkamuraシアターコクーン『ロミオ&ジュリエット』）」長谷部浩　テアトロ　666　1998.3　p117〜119

**ロミオとジュリエット**　㊨モスクワ・ユーゴザーパド劇場

***6928*** 上演：2000年10月6日〜10月15日　場所：アートスフィア　作：シェイクスピア　演出：ワレリー・ベリャコーヴィッチ
- ◇「トリッキーな演出に潜むアイロニー（ユーゴザーパド劇場『どん底』『ロミオとジュリエット』『検察官』）」七字英輔　テアトロ　701　2000.12　p60〜62

**ロミオとジュリエット**　㊨ロイヤル・シェイクスピア・カンパニー

***6929*** 上演：1998年5月29日〜6月10日　場所：パナソニック・グローブ座　作：シェイクスピア　演出：マイケル・アッテンボロー
- ◇「二つの舞台の憂鬱（東京グローブ座 RSC『ロミオとジュリエット』,あさり座『足の裏の神様』）」大場建治　テアトロ　671　1998.8　p70〜71

**ロミオとジュリエット'83**　㊨東宝

***6930*** 上演：1983年6月2日〜6月27日　場所：帝国劇場　作：シェイクスピア　訳：小田島雄志　演出：マイケル・ボグダノフ
- ◇「三流外人演出家凡打の譜―現代版の「ロミオとジュリエット」（錯誤の紋章学）」堂本正樹　新劇　30（8）　1983.8　p38〜41
- ◇「言葉の力と近代的解釈（すばる『ヴェニスの商人』, 東宝『ロミオとジュリエット』）」結城雅秀　テアトロ　486　1983.8　p30〜33

**ロミオとフリージアのある食卓**　㊨綺崎

***6931*** 上演：1981年10月28日〜11月8日　場所：駒場小劇場　作・演出：如月小春
- ◇「世界は喜劇へ傾斜する」扇田昭彦　新劇　28（12）　1981.12　p21〜24

**ロミオとフリージアのある食卓**　㊨シェイクスピア・シアター

***6932*** 上演：1982年5月8日〜5月10日　場所：俳優座劇場　作：如月小春　演出：出口典雄
- ◇「日常性と儀式性」梅本洋一　新劇　29（7）　1982.7　p21〜22

**ロミオ+ジュリエット**　㊨ヤーン・カンパニー

***6933*** 上演：2004年3月6日〜3月9日　場所：パークタワーホール　原作：シェイクスピア　脚色：ニキータ・スロヴァーク　演出・振付：ヤーン・デュロヴチーク　音楽：ヘンヌリッヒ・レスコ
- ◇「現代社会の"負"を凝視する（ユニークポイント『トリガー』,メープルリーフ・シアター『やとわれ仕事』,ブッシュシアター『アドレナリン・ハート』,ヤーン・カンパニー『ロミオ+ジュリエット』,燐光群『だるまさんがころんだ』）」丸田真悟　テアトロ　749　2004.5　p50〜52

**ローラ？**　㊨演劇実験室◎万有引力

***6934*** 上演：2001年7月17日〜7月22日　場所：浅草橋アドリブ小劇場　作・演出・映像：根本豊
- ◇「昔日の作家による気品に満ちた台詞（シアターX名作劇場『火あぶり』『二人の家』,演劇実験室◎万有引力『ローラ？』）」結城雅秀　テアトロ　712　2001.9　p50〜51

**ローリング・ストーン**　㊨NODA・MAP

***6935*** 上演：1998年4月4日〜5月13日　場所：シアターコクーン　作・演出：野田秀樹
- ◇「野田秀樹の変革の意志 NODA MAP『ローリング・ストーン』」内田洋一　シアターアーツ　9　1999.3　p106〜109
- ◇「long long critic 真冬の川を渡る（NODA・MAP『ローリング・ストーン』）」長谷部浩　テアトロ　669　1998.6　p54〜57

**ロング・アフター・ラブ 卒塔婆小町/葵上**　㊨TPT

***6936*** 上演：2000年3月17日〜4月16日　場所：ベニサン・ピット　作：三島由紀夫　演出：山下晃彦,デヴィッド・ルヴォー
- ◇「未完成戯曲の上演―tpt公演・三島由紀夫作『LONG AFTER LOVE』」山中剛史　シアターアーツ　12　2000.7　p125〜128
- ◇「神なき時代の受難劇（昴『肉体の清算』,tpt『ロング・アフター・ラブ 卒塔婆小町・葵上』,RSC『マクベス』）」結城雅秀　テアトロ　695　2000.6　p46〜49

**LONG LONG TIME A GO**　㊨離風霊船

***6937*** 上演：1992年2月6日〜2月16日　場所：シアターサンモール　作・演出：伊東由美子
- ◇「失われた「幸福」を求めて」風間研　Les Specs　39（4）　1992.5　p12〜13

**ロンサム・ウェスト**　㊨演劇集団円

***6938*** 上演：2006年10月5日〜10月18日　場所：ステージ円　作：マーティン・マクドナー　訳：芦沢みどり　演出：森新太郎
- ◇「不条理の世界を描くブラックユーモア溢れた舞台（世田谷パブリックシアター『エンドゲーム』,円『ロンサム・ウェスト』,昴『夏の夜の夢』）」北川登園　テアトロ　785　2006.12　p60〜61

**ロンサム・ウェスト**　㊨シス・カンパニー

***6939*** 上演：2014年5月3日〜6月1日　場所：新国立劇場小劇場 THE PIT　作：マーティン・マクドナー　訳・演出：小川絵梨子
- ◇「出過ぎた脇役たち（青年座『見よ、飛行機の高く飛べるを』,シス・カンパニー『ロンサム・ウェスト』,新国立劇場『テンペスト』）」江原吉博　テアトロ　891　2014.7　p42〜43

## ろんさ

### ロンサム・ウエスト 神の忘れたまいし土地
㊐ひょうご舞台芸術
6940 上演：2002年5月10日〜5月19日　場所：世田谷パブリックシアター　作：マーティン・マクドナー　訳：鵜澤麻由子　演出：鵜山仁
◇「「みんな、自分でいっぱい」な時代に。(青い鳥『Tokyo Paris London SAKURA』、パルコ劇場『おやすみの前に』、ひょうご舞台芸術『ロンサム・ウエスト 神の忘れたまいし土地』)」桂木嶺　テアトロ　723　2002.7　p60〜61

### 輪舞　㊐銀座セゾン劇場
6941 上演：1987年7月11日〜8月9日　場所：銀座セゾン劇場　作：アルトゥール・シュニッツラー　訳：高橋健二　台本・演出：木村光一
◇「民芸の『ヴィシーでの出来事』」渡辺保　新劇　34(9)　1987.9　p30〜35
◇「言葉のかげのエロスの真立(銀座セゾン劇場『輪舞』)」渡辺淳　テアトロ　535　1987.9　p24〜25

### ロンドン版 ショーシャンクの空に　㊐東宝
6942 上演：2014年12月11日〜12月29日　場所：シアタークリエ　原作：スティーブン・キング　脚本：オーウェン・オニール、デイヴ・ジョーンズ　訳：白井晃
◇「騙りの力、「心で好きとさけんでも…」(SCOT『からたち日記由来』、東宝『ロンドン版ショーシャンクの空に』)」河野孝　テアトロ　901　2015.3　p52〜53

### ロンリー・ハート　㊐関西芸術座
6943 上演：1996年8月21日〜8月25日　場所：関西芸術座スタジオ　作：ベス・ヘンリー　訳：安達紫帆　演出：門田裕
◇「9月の関西 言葉の問題(関西芸術座『ロンリー・ハート』、AI・HALLプロデュース『みず色の空、そら色の水』、ひょうご舞台芸術『シャドー・ランズ』、劇団コーロ『刻を踏む』)」宮辻政夫　テアトロ　648　1996.11　p81〜83

### ロンリー・ハート　㊐パルコ
6944 上演：1988年1月31日〜2月14日　場所：PARCO SPACE PART3　作：ベス・ヘンリー　訳：西川信廣
◇「孤独な魂のドラマ(パルコ・パート3『リクエスト・コンサート』『ロンリー・ハート』)」渡辺淳　テアトロ　542　1988.4　p32〜34

## 【わ】

### わいわいせっせ―〈男と女〉の即興劇パートⅡ
㊐早稲田「新」劇場
6945 上演：1985年9月20日〜9月23日　場所：ザ・スズナリ　構成・演出：大橋宏
◇「恥の弁証法としての〈即興〉演技―早稲田「新」劇場の深化(ことばの劇場)」衛紀生　新劇　32(11)　1985.11　p62〜65

### わが兄の弟 贋作アントン・チェーホフ傳
㊐青年座
6946 上演：2017年4月7日〜4月16日　場所：紀伊國屋ホール　作：マキノノゾミ　演出：宮田慶子
◇「新しい読みはどこまで可能か？(東京芸術劇場『ハムレット』、青年座『わが兄の弟 贋作アントン・チェーホフ傳』、東京演劇集団風『窓辺の馬』)」小山内伸　テアトロ　932　2017.6　p27〜29

### 若き日のゴッホ Vincent in Brixton
㊐松竹
6947 上演：2003年10月1日〜10月13日　場所：日生劇場　作：ニコラス・ライト　訳：吉田美枝　演出：ジャイルス・ブロック
◇「過去に苦しむ人々(松竹製作『若き日のゴッホ』、民藝『二人の長い影』、サンシャイン劇場・メジャーリーグ企画・製作『モンテ・クリスト伯』)」水落潔　テアトロ　743　2003.12　p54〜55

### 若草物語　㊐文学座、日生劇場
6948 上演：2007年8月17日〜8月19日　場所：日生劇場　原作：オルコット　脚本・演出：高瀬久男　振付：新海絵理子　音楽：川崎絵都夫
◇「外国人演出家の視点(昴『うつろわぬ愛』、日本テレビ/ホリプロ/天王洲 銀河戦線『錦繍』、日生劇場+文学座ファミリーステージ『若草物語』)」水落潔　テアトロ　797　2007.10　p52〜53

### 我が行路　㊐伏兵コード
6949 上演：2015年2月6日〜2月9日　場所：シアトリカル應典院　作・演出：稲田真理
◇「2月の関西 背離する視点(メインシアタープロデュース公演SHOW劇場『やぶのなか』、伏兵新劇団協議会プロデュース公演『我が行路』、大阪新劇団協議会プロデュース公演『老貴婦人の訪問』)」太田耕人　テアトロ　902　2015.4　p43〜45

### 吾心の深き底には　㊐花企画
6950 上演：1995年6月8日〜6月11日　場所：築地本願寺ブディストホール　作・演出：植村達雄
◇「「多重化」の意味(青山劇場『ラ・マンチャの男』、1980『蚤とり侍』、木山事務所『命を弄ぶ男ふたり』『壊れた風景』、花企画『吾心の深き底には』、円小劇場の会『蛇』『雨空』)」大沢圭司　テアトロ　632　1995.8　p65〜68

### わが師・わが街　㊐演劇集団円
6951 上演：1992年7月1日〜7月12日　場所：シアターサンモール　作：別役実　演出：岸田良二
◇「必要にして十分か？(俳優座『とりあえずの死』、文学座アトリエ『フェードル』、円『わが師わが街』、一熊二跳『イエスマンの最後のイエス』)」みなもとごろう　テアトロ　595　1992.9　p66〜68

### わが大地　㊐モスクワ・タバコフ劇場
6952 上演：1993年2月4日〜2月24日　場所：PARCO劇場　作：アレクサンドル・ガイチ　訳：中本信幸　演出：オレグ・タバコフ
◇「タバコフのリアリズム演劇(モスクワ・タバコ

フ劇場『わが大地』『平凡物語』『検察官』)」内野儀　テアトロ　602　1993.4　p52〜54

## わが魂は輝く水なり　源平北越流誌　㈲Bunkamura

**6953** 上演：2008年5月4日〜5月27日　場所：シアターコクーン　作：清水邦夫　演出：蜷川幸雄
◇「夢の魔性のおそろしさ(Bunkamura『わが魂は輝く水なり』,シス・カンパニー『瞼の母』,阿佐ヶ谷スパイダース『失われた時間を求めて』)」内野洋一　テアトロ　807　2008.7　p46〜48

## わが魂は輝く水なり　源平北越流誌　㈲民藝

**6954** 上演：1980年2月16日〜3月9日　場所：砂防会館ホール　作：清水邦夫　演出：宇野重吉
◇「実盛の二つの時間」森秀男　新劇　27(5)　1980.5　p21〜24
◇「水・鏡・変身」利光哲夫　新劇　27(5)　1980.5　p30〜33
◇「"輝く水"を求めて(民芸『わが魂は輝く水なり』)」岩波剛　テアトロ　447　1980.5　p21〜24

## 解ってたまるか！　㈲四季

**6955** 上演：2005年5月5日〜5月22日　場所：自由劇場　作：福田恆存　演出：浅利慶太
◇「古典へのスポットの当て方(エイコーン『令嬢ジュリー』,シアターコクーン『メディア』,劇団四季『解ってたまるか！』)」水落潔　テアトロ　765　2005.7　p44〜45

**6956** 上演：2012年3月3日〜3月14日　場所：自由劇場　作：福田恆存　演出：浅利慶太
◇「マジックと神話と笑劇の弥生三月(さいたまネクスト・シアター『ハムレット』,モダンスイマーズ『ロマンサー―夜明峠編―』,劇団四季『解ってたまるか！』)」村井健　テアトロ　861　2012.5　p46〜47

## わが闘争　㈲THEガジラ

**6957** 上演：2006年10月19日〜10月29日　場所：シアターグリーン BIG TREE THEATER　作・演出：鐘下辰男
◇「様々な絆描く舞台(THE・ガジラ『わが闘争』,東京ギンガ堂+釜山市立劇団『くじら島』,シアター21『あのやさしい夜のなかへ』,THE SHAMPOO HAT『津田沼』)」丸山真悟　テアトロ　785　2006.12　p50〜52

## わが友ヒットラー　㈲Project Natter

**6958** 上演：2010年7月14日〜7月19日　場所：ザ・スズナリ　作：三島由紀夫　演出：ペーター・ゲスナー
◇「今は昔(シス・カンパニー『アット・ホーム・アット・ザ・ズー』,NLT『ダルマさんに会いたい』,プロジェクトナッター『わが友ヒットラー』)」斎藤偉子　テアトロ　838　2010.9　p36〜37

## 我が名はレギオン　㈲演劇実験室∴紅王国

**6959** 上演：2009年11月26日〜11月29日　場所：中野ザ・ポケット　作・演出：野中友博
◇「少年犯罪二題と風評の日本人(THE・ガジラ『大人の時間』,演劇実験室∴紅王国『我が名はレギオン』,燐光群『ハシムラ東郷』)」七字英輔　テアトロ　830　2010.2　p47〜49

## 吾輩はウツである　㈲朋友

**6960** 上演：2014年7月24日〜7月29日　場所：俳優座劇場　原作：長尾剛　脚本：瀬戸口郁　演出：西川信廣　振付：渥美博　音楽：上田亨
◇「技あり芝居の究極(劇団朋友『吾輩はウツである』,劇団ま『ボクはヒロイン』,虹企画/ぐるうぷシュラ『731の幻想』)」中本信幸　テアトロ　895　2014.10　p38〜39

## 吾輩は漱石である　㈲しゃぼん玉座

**6961** 上演：1982年11月24日〜12月4日　場所：紀伊國屋ホール　作：井上ひさし　演出：木村光一
◇「淋しい井上ひさし」西村博子　新劇　30(2)　1983.2　p44〜45
◇「"淋しさ"の二乗(しゃぼん玉座『吾輩は漱石である』)」藤田洋　テアトロ　480　1983.2　p25〜28

## わが町　㈲銀座セゾン劇場

**6962** 上演：1997年12月2日〜12月21日　場所：銀座セゾン劇場　作：ソーントン・ワイルダー　演出：鴨下信一
◇「日常的な生と死のドラマ(文学座アトリエ『月がとっても蒼いから』,銀座セゾン劇場『わが町』)」渡辺淳　テアトロ　665　1998.2　p80〜81

## わが町　㈲新国立劇場

**6963** 上演：2011年1月13日〜1月29日　場所：新国立劇場　作：ソーントン・ワイルダー　訳：水谷八也　演出：宮田慶子
◇「宇宙規模のドラマ(新国立劇場『わが町』,俳優座『リア王』)」斎藤偉子　テアトロ　845　2011.3　p54〜55

## わが町　㈲清流劇場

**6964** 上演：2004年7月30日〜8月1日　場所：大阪市立芸術創造館　作・演出：田中孝弥
◇「8月の関西 なにもない場所から(『キャラメルと弾丸,凪の日のこと』,トリコ・Aプロデュース『肉付きの面現代版―絵―』,清流劇場『わが町』)」太田耕人　テアトロ　755　2004.10　p66〜68

## わが町　㈲俳優座劇場

**6965** 上演：2011年3月3日〜3月13日　場所：俳優座劇場　作：ソーントン・ワイルダー　訳：鳴海四郎　演出：西川信廣　音楽：上田亨　作詞：宮原芽映
◇「弱き死すべきもの人間の賛歌(朋友『R.P.G』,Hプロデュース『音楽劇わが町』,こまつ座『日本人のへそ』)」中本信幸　テアトロ　847　2011.5　p38〜39

**6966** 上演：2013年1月30日〜2月3日　場所：俳優座劇場　作：ソーントン・ワイルダー　訳：鳴海四郎　演出：西川信廣　音楽：上田亨　作詞：宮原芽映
◇「あの紅蓮の劫火が忘れえようか(俳優座劇場『音楽劇 わが町』,虹企画/ぐるうぷシュラ『プロメ

## わかや

テウスを殺して！」、こんにゃく座『オペラ アル レッキーノ』)」中本信幸 テアトロ 874 2013.4 p48〜49

**6967** 上演：2015年7月1日〜7月5日 場所：俳優座劇場 作：ソーントン・ワイルダー 訳：鳴海四郎 演出：西川信廣 音楽：上田亨 作詞：宮原芽映
◇「クレシダの白いブーツ（世田谷パブリックシアター『トロイラスとクレシダ』、東京芸術劇場『COCOON—憧れも、初恋も、爆撃も、死も』、Tプロジェクト『堅塁奪取』『愛をこめてあなたを憎む』、俳優座劇場『音楽劇 わが町』)」結城雅秀 テアトロ 908 2015.9 p32〜34

### わが闇 ⓖナイロン100℃

**6968** 上演：2007年12月8日〜12月30日 場所：本多劇場 作・演出：ケラリーノ・サンドロヴィッチ
◇「過去への遡及と懐旧の思い（ナイロン100℃『わが闇』、オフィス3○○『りぼん』、黒テント『上海ブギウギ1945』、遊戯空間『夜叉ヶ池』)」七字英輔 テアトロ 802 2008.2 p66〜68

### わが夢にみた青春の友 ⓖ木冬社

**6969** 上演：1994年12月17日〜12月29日 場所：紀伊國屋ホール 作・演出：清水邦夫
◇「〈引用すること〉と〈物語ること〉—別役実『鼻』+清水邦夫『わが夢にみた青春の友』」みなもとごろう シアターアーツ 2 1995.4 p106〜108
◇「芝居はフィクションだ！（民芸『黄金バット伝説』、木冬社『わが夢にみた青春の友』)」江原吉博 テアトロ 627 1995.3 p72〜73

### 分からない国 ⓖ東京壱組

**6970** 上演：1991年1月26日〜2月3日 場所：本多劇場 作：原田宗典 演出：大谷亮介
◇「ノラやノラや」だるま食堂 しんげき 38(4) 1991.4 p38〜41

### 別れを告げにきた男 ⓖ俳優座

**6971** 上演：1991年7月3日〜7月14日 場所：俳優座劇場 作：小松幹生 演出：亀井光子
◇「日常会話と場の飛躍（俳優座『別れを告げにきた男』)」石崎勝久 テアトロ 583 1991.9 p42〜43

### 別れが辻 ⓖ世仁下乃一座

**6972** 上演：1983年4月24日〜4月30日 場所：タイニィ・アリス 作・演出：岡安伸治
◇「もうコリゴリ。グッドバイと世仁下する一きどりの弁」西村博子 新劇 30(8) 1983.8 p27〜32

**6973** 上演：1986年3月13日〜3月14日 場所：ジァン・ジァン 作・演出：岡安伸治
◇「様々なる演技」渡辺保 新劇 33(5) 1986.5 p30〜35

**6974** 上演：1994年3月25日〜3月27日 場所：江古田ストアハウス 作：岡安伸治 演出・テキストレジー：下川志乃ぶ
◇「老年の華・虚・醜（東演『楽園終着駅』、三越劇場『合縁奇縁くされ縁』、世仁下乃一座『別れが辻』)」岩波剛 テアトロ 616 1994.5 p62〜64

### 湧きいずる水は ⓖ民藝

**6975** 上演：1999年9月27日〜10月12日 場所：紀伊國屋サザンシアター 作：平石耕一 演出：高橋清祐
◇「ウエルメード劇こそ演技力が勝負（東演『みんなで渡れば…』、パルコ劇場『罠』、民藝『湧きいずる水は』、扉座『ホテルカリフォルニア』)」江原吉博 テアトロ 688 1999.12 p48〜50

### ワーク・イン・プログレス、君の名は… ラ・トスカ ⓖ黒テント

**6976** 上演：2006年9月14日〜9月18日 場所：シアターイワト 作：坂口瑞穂 演出：桐谷夏子
◇「孤独を避ければ、そこは地獄（燐光群/グッドフェローズ『さすらい』、壊れた風景』、『出口なし』プロジェクト『出口なし』、黒テント『ラ・トスカ』、劇団NLT『Daughters』)」結城雅秀 テアトロ 784 2006.11 p48〜52

### 惑星のプロペラ ⓖ三角フラスコ

**6977** 上演：2000年12月8日〜12月10日 場所：AI・HALL 作・演出：花田明子
◇「12月の関西 クラシック・ルネサンスの始まり（南船北馬一団『恋愛恐怖病・修羅・盆栽』、A級Missing Link『運河』、三角フラスコ『惑星のプロペラ』)」太田耕人 テアトロ 704 2001.2 p82〜84

### ワーグナー家の女 ⓖ木山事務所

**6978** 上演：1999年11月20日〜11月28日 場所：俳優座劇場 作：福田善之
◇「観客の想像力を刺激する台詞（木山事務所『ワーグナー家の女』、円『サラマンダー』、文学座アトリエ『花のかたち』、パルコ劇場『ザ・ウーマン・イン・ブラック』、京『ゆうれい』)」結城雅秀 テアトロ 690 2000.1 p68〜71

### 忘れな草 ⓖスパイラル

**6979** 上演：1986年6月21日〜7月6日 場所：スパイラルホール 作：岸田理生 演出：佐藤信
◇「『リア』と『フール・フォア・ラブ』」渡辺保 新劇 33(9) 1986.9 p34〜39
◇「妖花一輪（スパイラル・ホール『忘れな草』)」岩波剛 テアトロ 523 1986.9 p32〜33

### ワスレノコリ ⓖ焚火の事務所

**6980** 上演：2007年5月25日〜5月27日 場所：ウィングフィールド 作・演出：三枝希望
◇「6月の関西 家族の空間（桃園会『a tide of classics』、焚火の事務所『ワスレノコリ』、演劇ユニット・昼ノ月『顔を見ないと忘れる』、犯罪友の会『私はライト』、劇団大阪『涙の谷、銀河の丘』)」太田耕人 テアトロ 795 2007.8 p59〜61

### 忘れる日本人 ⓖ地点

**6981** 上演：2017年4月13日〜4月23日 場所：神奈川芸術劇場 作：松原俊太郎 演出：三浦基
◇「漂流する日本と忘れるということ（地点『忘れる日本人』、民藝『送り火』、東京芸術座『おんやりょう』)」丸田真悟 テアトロ 933 2017.7

p45〜46

6982 上演：2018年7月18日〜7月21日　場所：ロームシアター京都ノースホール　作：松原俊太郎　演出：三浦基

◇「8月の関西 触覚で自己認識する（あごうさとし作・演出『触覚の宮殿』，地点『忘れる日本人』，兵庫県立ピッコロ劇団『蒲団と達磨』，ヨーロッパ企画『サマータイムマシン・ブルース』『サマータイムマシン・ワンスモア』）」九鬼葉子　テアトロ　951　2018.10　p49〜51

## 私、うれしい　[団]八時半

6983 上演：2000年3月25日〜3月26日　場所：アトリエ劇研　作・演出：鈴江俊郎　※中村美保一人芝居

◇「4月の関西 新しい一人芝居（京芸『はたがめの鳴る里』，京芸『花いちもんめ』，中村美保一人芝居『私、うれしい』，池上和美一人芝居『曲がり角と郷愁』，off‐H『仮説『I』を棄却するマリコ』，アグリーダックリング『つぶならべ』）」太田耕人　テアトロ　695　2000.6　p64〜68

## わたしを離さないで　[団]彩の国さいたま芸術劇場，ホリプロ

6984 上演：2014年4月29日〜5月15日　場所：彩の国さいたま芸術劇場大ホール　原作：カズオ・イシグロ　訳：土屋政雄　脚色：倉持裕　演出：蜷川幸雄

◇「いま一つの、脚色・翻案劇（Quaras『夜中に犬に起こった奇妙な事件』，埼玉県芸術文化振興財団/ホリプロ『わたしを離さないで』，民藝『シズコさん』）」みなもとごろう　テアトロ　891　2014.7　p44〜45

## 私を甦らせて―エイズと共にいきる時代に　[団]新人会

6985 上演：1993年12月8日〜12月12日　場所：東京芸術劇場小ホール　作・演出：吉原廣　振付：ケイタケイ

◇「激情、愛と自由と良心（無名塾『リチャード三世』，まにまアート『山ほととぎすほしいまま』，キャラメルボックス『キャンドルは燃えているか』，新人会『私を蘇らせて』）」結城雅秀　テアトロ　613　1994.2　p64〜67

## 私を忘れないで　[団]民藝

6986 上演：1995年3月4日〜3月19日　場所：三越劇場　作：早坂暁　演出：内山鶉

◇「台詞に弾丸を籠める…（銀座セゾン劇場+松竹『リチャード三世』，シェイクスピア・シアター『じゃじゃ馬ならし』，青年座『黄昏』，民藝『私を忘れないで』，三重県演劇塾『決定版・團十郎と音二郎』，国際青年演劇センター+北極舎『ティー』，レクラム舎『笑う猫』）」結城雅秀　テアトロ　629　1995.5　p49〜56

## 私が語りはじめた彼は　[団]エレベーター企画

6987 上演：2005年9月23日〜9月25日　場所：大阪市立芸術創造館　原作：三浦しをん　演出：外輪能隆

◇「10月の関西 小説から舞台へ（演劇計画2005『象を使う』，エレベーター企画『私が語りはじめた彼は』，南河内万歳一座『仮面軍団』）」太田耕人　テアトロ　771　2005.12　p102〜104

## わたしが子どもだったころ・北海道版／瀬戸内版　[団]MODE

6988 上演：1994年2月18日〜2月20日　場所：全労済ホール/スペース・ゼロ　原作：ソーントン・ワイルダー　台本：坂手洋二　台本・演出：松本修

◇「『わが町』2本勝負！（MODE『わたしが子どもだったころ・北海道版』『同・瀬戸内版』）」山登敬之　テアトロ　616　1994.5　p76〜78

## 私たちの戦争　[団]燐光群

6989 上演：2004年7月15日〜8月4日　場所：ザ・スズナリ　作・演出：坂手洋二

◇「人間のドラマ（燐光群『私たちの戦争』，りゅうとぴあ『ビリーとヘレン』，加藤健一事務所『コミック・ポテンシャル』）」渡辺淳　テアトロ　755　2004.10　p60〜62

## 私たちの望むものは　[団]太陽族

6990 上演：2003年3月27日〜3月30日　場所：ウィングフィールド　作・演出：岩崎正裕

◇「4月の関西 権力のかたち（劇団・太陽族『私たちの望むものは』，近松劇場『月が乾く』，水の会『じゃんぐる』，京都芸術センター・日韓プロジェクト『海と日傘』韓国語版）」太田耕人　テアトロ　736　2003.6　p66〜68

## 私の青空　[団]本多劇場

6991 上演：1984年7月12日〜7月29日　場所：本多劇場　作・演出：北村想

◇「ウォーキンポストで配達されなかった手紙（ことばの劇場）」川本三郎　新劇　31（9）　1984.9　p21〜26

◇「滲んでくる優しさ（本多劇場『私の青空』）」千野幸一　テアトロ　499　1984.9　p32〜33

## 私の青空　[団]流山児★事務所

6992 上演：1998年4月8日〜4月15日　場所：Space早稲田　作：北村想　演出：流山児祥

◇「八十年代演劇のアイコンを探して（流山児★事務所『私の青空』，21世紀FOX『冒険!!ロビンソン・クルウ島』，スーパーエキセントリック・シアター『昨日たちの旋律』）」川口賢哉　テアトロ　669　1998.6　p66〜67

## 私の上に降る雪は　[団]演奏舞台

6993 上演：1994年11月16日〜11月20日　場所：文芸坐ル・ピリエ　作：石崎一正　演出：久保田猛

◇「もっとパワフルな台詞を！（スフィア『インスペクター・コールズ』，劇工房ライミング『マクベス』，みなと座『糸女』，文化座『夢の碑―田中一村伝』，音楽座『ホーム』，演奏舞台『私の上に降る雪は』）」結城雅秀　テアトロ　625　1995.1　p62〜69

## 私の音符は武装している　[団]八時半

6994 上演：2005年9月10日　場所：ザ・スズナリ　作・演出：鈴江俊郎

◇「吹き出しのような会話に切実感（劇団八時半『私の音符は武装している』，こまつ座『小林一茶』，

## わたし

自転車キンクリートSTORE『ウィンズロウ・ボーイ』、文学座アトリエ『焼けた花園』)」丸田真悟　テアトロ　770　2005.11　p50〜52

### 私の家族　㋱トリコ・A
**6995** 上演：2018年5月31日〜6月3日　場所：ウィングフィールド　作・演出：山口茜
◇「6月の関西 新感覚の創作劇台頭。ベテラン勢も新境地(コトリ会議『しずかミラクル』、少女都市『光の祭典』、うんなま『ひなんくんかん』、トリコ・A『私の家族』、空晴『となりのところ』、南河内万歳一座『秘密探偵』)」九鬼葉子　テアトロ　949　2018.8　p72〜74

### 私の金子みすゞ　㋱演劇集団円
**6996** 上演：2004年2月21日〜2月29日　場所：ステージ円　作・演出：小森美巳
◇「生活感を共有する…(テアトル・エコー『マチのモノガタリ』、加藤健一事務所『すべて世は事も無し』、弘前劇場『家には高い木があった』、円『私の金子みすゞ』、ギィ・フォワシィ・シアター+シアターX『ギィ・フォワシィ演劇コンクール』)」浦崎浩實　テアトロ　749　2004.5　p53〜55

### 私のかわいそうなマラート／寿歌　㋱兵庫県立ピッコロ劇団
**6997** 上演：2013年4月5日〜4月11日　場所：ピッコロシアター　作：アルブーゾフ(私のかわいそうなマラート)、北村想(寿歌)　訳・演出：島守辰明(私のかわいそうなマラート)、吉村祐樹(寿歌)
◇「4月の関西 欲望の三角形(兵庫県立ピッコロ劇団オフシアター『私のかわいそうなマラート』『寿歌』、小原延之プロデュース『鉄橋の上のエチュード』)」太田耕人　テアトロ　876　2013.6　p74〜75

### わたしの焦げた眼球／遠視　㋱OFT
**6998** 上演：2014年5月16日〜5月18日　場所：アトリエ劇研　作・演出：田辺剛
◇「5月の関西 心理とプロット(OFT『わたしの焦げた眼球／遠視』、犯罪友の会『横丁のダーリン』、遊気舎『最後の剥製の猿』、dracom gala『たんじょうかい#2』、ニットキャップシアター『月がみていた話』、スクエア特別公演『アベノ座の怪人たち』)」太田耕人　テアトロ　891　2014.7　p51〜53

### 私の下町(ダウンタウン)―姉の恋愛　㋱木山事務所
**6999** 上演：1997年12月10日〜12月18日　場所：俳優座劇場　作・演出：福田善之
◇「三つの「喜劇」、三様の味わい(テアトル・エコー『ら抜きの殺意』、ゴドーを待ちながら上演実行委員会『ゴドーを待ちながら』、木山事務所『私の下町―姉の恋愛』)」七字英輔　テアトロ　665　1998.2　p73〜75

### 私の下町(ダウンタウン)―母の写真　㋱木山事務所
**7000** 上演：1994年5月25日〜6月2日　場所：シアターサンモール　作・演出：福田善之
◇「演出意図の衝突と調和(松竹『ヴェニスの商人』、流山児★事務所『悪漢リチャード』、昴『熱いトタン屋根の上の猫』、木山事務所『私の下町―母の写真』、花企画『相沢三郎の世界』、黒テント『窓ぎわのセロ弾きのゴーシュ』)」結城雅秀　テアトロ　619　1994.8　p58〜64

**7001** 上演：1996年10月5日〜10月13日　場所：俳優座劇場　作・演出：福田善之
◇「"地芸"と"アンサンブル"と(文学座『華々しき一族』、木山事務所『私の下町―母の写真』)」みなもとごろう　テアトロ　649　1996.12　p66〜67

### 私の中をかけぬけた悲しみ　㋱RNC
**7002** 上演：1986年10月21日〜10月23日　場所：三百人劇場　作・演出：八木亮三
◇「着実な展開みせる地域演劇(地域劇団東京演劇祭)」藤木宏幸　テアトロ　527　1987.1　p40〜41

### 私のなかの見えない炎　㋱地人会
**7003** 上演：2000年5月12日〜5月26日　場所：紀伊國屋サザンシアター　作：山田太一　演出：木村光一
◇「舞台の中の社会、社会の中の舞台(青年劇場『真珠の首飾り』、1980『幕末太陽傳』、こんにゃく座『吾輩は猫である』、地人会『私のなかの見えない炎』)」みなもとごろう　テアトロ　696　2000.7　p74〜77

### わたしの夢は舞う―會津八一博士の恋　㋱兵庫県立ピッコロ劇団
**7004** 上演：1996年1月24日〜1月28日　場所：ピッコロシアター　作：清水邦夫　演出：秋浜悟史
◇「2月の関西 役者修行とは(兵庫県立ピッコロ劇団『わたしの夢は舞う』、アイホール自主企画『蝶のやうな私の郷愁』、ひょうご舞台芸術『おやすみデズデモーナ、おはようジュリエット』、芝居屋坂道ストア『あなたがちくわ』)」宮辻政夫　テアトロ　641　1996.4　p79〜81

**7005** 上演：1997年10月17日〜10月19日　場所：三百人劇場　作：清水邦夫　演出：秋浜悟史
◇「最低辺の現実に肉薄する試み(ウォーキング・スタッフ『アリゲーター・ダンス2』、下北沢『劇』小劇場開場記念公演『蜜の味』『二等辺三角形』、文学座『人生と呼べる人生』、東京ギンガ堂『クレイジー・フルーツ』、兵庫県立ピッコロ劇団『わたしの夢は舞う』)」江原吉博　テアトロ　662　1997.12　p72〜74

### 私もカトリーヌ・ドヌーブ／父の言い分／劇的リーディング　㋱ギィ・フォワシィ・シアター
**7006** 上演：2007年4月3日〜4月8日　場所：シアターX　作：ギィ・フォワシィ、ピエール・ノット　訳：佐藤実枝、柴田耕太郎　演出：平山勝
◇「プロの表現・プロの意識(俳小『蜜の味』、翠『毛皮のマリー』、ギィ・フォワシィ・シアター『私もカトリーヌ・ドヌーブ』『父の言い分』『劇的リーディング』)」斎藤偕子　テアトロ　792　2007.6　p44〜45

### 私もカメラ～黒髪先生事件報告　㋱二兎社
**7007** 上演：1987年3月26日〜3月31日　場所：本多劇場　作・演出：永井愛

◇「誠実なおどけ者(二兎社『私もカメラ』)」岩波剛　テアトロ　532　1987.6　p26〜27

## 私よりましな私　㈲青年劇場

**7008** 上演：1996年9月12日〜9月19日　場所：朝日生命ホール　作：ジャン＝ノエル・ファンウィック　訳：高橋啓　演出：松波喬介

◇「視覚の芝居と聴覚の芝居(銀座セゾン劇場＋T.P.T『マクベス』,シェイクスピア・シアター『マクベス』,民藝『壊れたガラス』,MOP『青猫物語』,青年劇場『私よりましな私』,東京演劇集団風『かもめ』,浪漫亭企画『おつむてんてん』)」結城雅秀　テアトロ　648　1996.11　p70〜77

## 私は太田、広島の川―朝は、夜の闇に包まれた　㈲フランス演劇クレアシオン

**7009** 上演：2015年4月23日〜4月26日　場所：シアターX　作：ジャン＝ポール・アレーグル　訳：岡田正子

◇「直視を促す表現方法(フランス演劇クレアシオン『私は太田、広島の川』,加藤健一事務所『バカのカベ』,新国立劇場『海の夫人』)」斎藤偕子　テアトロ　905　2015.7　p30〜31

## 私はシャーリー・ヴァレンタイン　㈲博品館劇場

**7010** 上演：1993年10月12日〜10月16日　場所：博品館劇場　作：ウィリー・ラッセル　訳：安達紫帆　演出：西川信廣

◇「生きる力と勇気を与えてくれた芝居(博品館『私はシャーリー・ヴァレンタイン』,『きみのともだち』,東京ギンガ堂『フェイク―記憶の庭園』,一跡二跳『赤のソリスト93』)」結城雅秀　テアトロ　610　1993.12　p62〜65

## 私はだれでしょう　㈲こまつ座

**7011** 上演：2007年1月14日〜2月25日　場所：紀伊國屋サザンシアター　作：井上ひさし　演出：栗山民也

◇「井上ひさしの新作(こまつ座『私はだれでしょう』,CATプロデュース『黄昏』)」水落潔　テアトロ　789　2007.3　p106〜107

## 私は二度と戻らない　㈲クリコット2

**7012** 上演：1990年3月16日〜4月1日　場所：PARCO劇場　作・演出：タデウシュ・カントール

◇「豊饒したイメージュの群(クリコット2『私は二度と戻らない』)」田之倉稔　テアトロ　568　1990.6　p24〜25

## 私はミチル―Her Reasons　㈲プロジェクト・ナビ

**7013** 上演：1991年4月23日〜4月28日　場所：本多劇場　作・演出：北村想

◇「否到来としての演劇の到来」安住恭子　しんげき　38(7)　1991.7　p42〜45

## 私はライト　㈲犯罪友の会

**7014** 上演：2007年6月8日〜6月13日　場所：精華小劇場　作・演出：武田一度

◇「6月の関西 家族の空間(桃園会『a tide of classics』,焚火の事務所『ワスレノコリ』,演劇ユニット・昼ノ月『顔を見ないと忘れる』,犯罪友の会『私はライト』,劇団大阪『涙の谷、銀河の丘』)」太田耕人　テアトロ　795　2007.8　p59〜61

## 私はレフト　㈲犯罪友の会

**7015** 上演：2018年9月14日〜9月16日　場所：ウィングフィールド　作・演出：武田一度

◇「9月の関西 怒り、諷刺、茶化し。多彩なアプローチ(劇団犯罪友の会『私はレフト』,能×現代演劇work#5『ハナタカ』,匿名劇壇『笑う茶化師と事情女子』,虚空旅団『きつねのかみそり』,平成30年度兵庫県舞台芸術団体フェスティバル『通天閣』)」九鬼葉子　テアトロ　952　2018.11　p68〜70

## 海神の社　㈲演劇実験室∴紅王国

**7016** 上演：2017年2月22日〜2月28日　場所：ウッディシアター中目黒　作・演出：野中友博

◇「新旧の作に見る虚妄の「日本精神」(演劇実験室∴紅王国『海神の社』,新国立劇場『白蟻の巣』)」七字英輔　テアトロ　931　2017.5　p28〜29

## 和知の収穫祭―反応しあう　㈲トリコ・A

**7017** 上演：2011年10月28日〜10月31日　場所：立誠小学校講堂　演出：山口茜

◇「11月の関西 新しき収穫(犯罪友の会『いろゆらぎ』,トリコA『和知の収穫祭―反応しあう―』,エイチエムピー・シアターカンパニー『最後の炎』)」太田耕人　テアトロ　857　2012.1　p52〜53

## ワッサ・ジェレズノーワ　㈲俳優座

**7018** 上演：1992年11月18日〜11月29日　場所：俳優座劇場　作：ゴーリキー　訳：中本信幸　演出：千田是也

◇「20世紀の「夢」の顚末(俳優座『ワッサ・ジェレズノーワ』,銀座セゾン劇場『3人姉妹』)」七字英輔　テアトロ　599　1993.1　p62〜64

## What a SEXY Dinner !　㈲加藤健一事務所

**7019** 上演：1995年3月3日〜3月26日　場所：本多劇場　作：マルク・カモレッティ　訳：小田島雄志　演出：綾田俊樹

◇「戦後を書いた八木作品(加藤健一事務所『What a SEXY Dinner !』,俳優座劇場プロデュース『メリー・ウィドウへの旅』)」水落潔　テアトロ　629　1995.5　p45〜46

## 我鳥と家鴨のブギウギ、ウギ　㈲早稲田「新」劇場

**7020** 上演：1980年11月15日〜11月30日　場所：早稲田大学大隈講堂裏仮設劇場　演出：大橋宏

◇「"屋台崩"しの向う側―試行する空間」衛紀生　新劇　28(2)　1981.2　p34〜37

## 罠　㈲松竹

**7021** 上演：2008年9月20日〜10月5日　場所：サンシャイン劇場　作：ロベール・トマ　訳：青井陽治,武藤洋　演出：齋藤雅文

◇「狂気とサスペンスと、悲喜劇(ホリプロ/銀河劇場『キーン』,松竹(サンシャイン劇場)『罠』,テエイパーズ・ハウス『白雪姫と七人のム・フ・フ…』)」斎藤偕子　テアトロ　813　2008.12　p52〜53

## 罠　㊋東京サンシャインボーイズ

**7022** 上演：1994年9月15日〜12月11日　場所：シアタートップス　作：三谷幸喜　演出：山田和也

◇「舞台における言葉（パルコ劇場『オレアナ』、円『木を揺らす一2』、東京サンシャインボーイズ『罠』、こまつ座『父と暮らせば』、東京芸術座『あわて幕やぶけ芝居』）」大沢圭司　テアトロ　622　1994.11　p67〜71

## 罠　㊋パルコ

**7023** 上演：1999年10月9日〜10月24日　場所：PARCO劇場　作：ロベール・トマ　訳：武藤洋　訳・演出：青井陽治

◇「ウエルメード劇こそ演技力が勝負（東演『みんなで渡れば…』、パルコ劇場『罠』、民藝『湧きいずる水は』、扉座『ホテルカリフォルニア』）」江原吉博　テアトロ　688　1999.12　p48〜50

## 罠　㊋パルコ, 五五の会

**7024** 上演：1985年3月2日〜3月21日　場所：PARCO西武劇場　作：ロベール・トマ　訳：和田誠一　演出：高橋昌也

◇「推理劇の妙味（西武劇場・五五の会『罠』）」渡辺淳　テアトロ　507　1985.5　p24〜25

**7025** 上演：1986年4月2日〜4月15日　場所：PARCO劇場　作：ロベール・トマ　演出：高橋昌也　訳：和田誠一

◇「ロンドン、パリ、ナポリ、そして東京」渡辺保　新劇　33(6)　1986.6　p30〜35

## ワニを素手でつかまえる方法　㊋タ・マニネ

**7026** 上演：2004年2月20日〜3月7日　場所：PARCO劇場　作・演出：岩松了

◇「「世界の現実」から遠く離れて―岩松了の新作二本（タ・マニネ『ワニを素手でつかまえる方法』、シアターコクーン『シブヤから遠く離れて』）」七字英輔　テアトロ　749　2004.5　p63〜65

## ワニの涙　㊋T Factory

**7027** 上演：2008年3月6日〜3月16日　場所：シアタートラム　作・演出：川村毅

◇「さまざまな愛の形（文学座『長崎ぶらぶら節』、日本テレビ/Bunkamura『さらば、わが愛 覇王別姫』、T FACTORY『ワニの涙』）」北川登園　テアトロ　805　2008.5　p36〜37

## ワーニャ伯父さん　㊋華のん企画

**7028** 上演：2009年2月19日〜3月1日　場所：あうるすぽっと　原作：チェーホフ　英訳：マイケル・フレイン　訳：小田島雄志　演出：山崎清介

◇「生と性、さまざまな翻訳劇（華のん企画『ワーニャ伯父さん』、文学座『グレンギャリー・グレンロス』、パルコ・プロデュース『ストーン夫人のローマの春』）」北川登園　テアトロ　819　2009.5　p42〜43

## ワーニャ伯父さん　㊋鴎座

**7029** 上演：2003年2月8日〜2月16日　場所：スパイラルホール　作：チェーホフ　訳：神西清　演出：佐藤信

◇「なぜ、どうして、古典なのか？（俳優座『恋のから騒ぎ』、鴎座『ワーニャ伯父さん』）」みなもとごろう　テアトロ　734　2003.4　p42〜43

## ワーニャ伯父さん　㊋シス・カンパニー

**7030** 上演：2017年8月27日〜9月26日　場所：新国立劇場　作：チェーホフ　台本・演出：ケラリーノ・サンドロヴィッチ

◇「台詞の力と身体の力（文学座『冒した者』、シス・カンパニー『ワーニャ伯父さん』、演劇集団円『DOUBLE TOMORROW』）」丸田真悟　テアトロ　938　2017.11　p68〜70

## ワーニャ伯父さん　㊋昴

**7031** 上演：1999年10月15日〜11月3日　場所：三百人劇場　作：チェーホフ　訳：福田逸　演出：ウィリアム・ギャスケル

◇「夢か現か、現か夢か…（MODE『夢の女』、俳優座『かもめ』、シアターコクーン『かもめ』、昴『ワーニャ伯父さん』、あすなろ『恭しき娼婦』）」結城雅秀　テアトロ　688　1999.12　p56〜59

## ワーニャ伯父さん　㊋地点

**7032** 上演：2007年2月9日〜2月12日　場所：アトリエ劇研　作：チェーホフ　構成・演出：三浦基

◇「2月の関西 好舞台、競いあう！（MONO『地獄でございます』、劇団8時半『むかしここは沼だった。しろく』、桃園会『月ト象ノ庭、或いは宵の鳥、三羽』、地点『ワーニャ伯父さん』）」太田耕人　テアトロ　790　2007.4　p66〜68

## ワーニャ伯父さん　㊋俳優座

**7033** 上演：2003年9月29日〜10月12日　場所：俳優座5F稽古場　作：チェーホフ　訳・演出：袋正

◇「閉塞と退屈と（俳優座『ワーニャ伯父さん』、青年団『南島俘虜記』、青年団『ビジネスクラス』）」渡辺淳　テアトロ　743　2003.12　p56〜57

**7034** 上演：2011年9月14日〜9月29日　場所：俳優座5F稽古場　作：チェーホフ　訳・演出：袋正

◇「破局に棹さす（人形劇団プーク『オズの魔法使い』、東京芸術座『おれはなにわのライオンや』、東京演劇アンサンブル『シャイロック』、俳優座『ワーニャ伯父さん』）」中本信幸　テアトロ　854　2011.11　p42〜43

## ワーニャ伯父さん　㊋萬國四季協會

**7035** 上演：2011年1月12日〜1月17日　場所：シアターイワト　作：チェーホフ　訳：浦雅春　演出：渡辺大策

◇「歴史に挑む劇的記憶（文化座『銀の滴 降る降るまわりに一首里945』、ピープルシアター『悲哀の路地』、萬國四季協會『ワーニャ伯父さん』）」中本信幸　テアトロ　845　2011.3　p56〜57

## ワーニャ伯父さん　㊋文学座

**7036** 上演：1980年11月11日〜11月25日　場所：三越劇場　作：チェーホフ　訳：川崎浹　演出：加藤新吉

◇「役者ぶりの次へ」堂本正樹　新劇　28(2)

1981.2　p26～29
◇「うちに蔵した激しさ（文学座『ワーニャ伯父さん』）」茨木憲　テアトロ　455　1981.1　p21～24

## ワーニャ伯父さん　[団]Bunkamura

**7037** 上演：1998年5月15日～5月31日　場所：シアターコクーン　原作：チェーホフ　上演台本：岩松了　演出：ルドルフ・ジョーウォ
◇「主題追求の不徹底（新国立劇場『虹を渡る女』，オフィシャルサプライヤー『ワーニャ伯父さん』，劇団1980『七人目の悪霊』，木山事務所『かもめ』）」江原吉博　テアトロ　670　1998.7　p42～44

## ワーニャ伯父さん　[団]MODE

**7038** 上演：2001年11月9日～11月18日　場所：シアタートラム　作：チェーホフ　演出：松本修
◇「孤独な人間たちを描いた三つの舞台（MODE『ワーニャ伯父さん』，青年団プロデュース『雲母坂』，文学座『秋の蛍』）」水落潔　テアトロ　717　2002.1　p74～75

## ワーニャ伯父さん 田舎暮らしの出来事　[団]東京演劇アンサンブル

**7039** 上演：2004年10月1日～10月10日　場所：ブレヒトの芝居小屋　作：チェーホフ　訳：牧原純　演出：広渡常敏
◇「チェーホフの秋（ロシア国立アカデミーマールイ劇場『かもめ』『三人姉妹』，東京演劇アンサンブル『ワーニャ伯父さん』，東京演劇集団風『かもめ』）」北川登園　テアトロ　757　2004.12　p54～56

## ワーニャおじさん～四幕の田園生活劇　[団]新国立劇場

**7040** 上演：2002年5月9日～5月26日　場所：新国立小劇場　作：チェーホフ　訳：小野理子　演出：栗山民也
◇「物足りない思い（加藤健一事務所『煙が目にしみる』，KOKAMI@network『幽霊はここにいる』，新国立劇場『ワーニャおじさん』）」林あまり　テアトロ　723　2002.7　p64～65

## ワーニャ伯父ちゃん　[団]演劇集団円

**7041** 上演：1999年3月26日～4月4日　場所：ステージ円　作：チェーホフ　台本・演出：國峰眞
◇「停滞する時間と飛躍する時間（東京演劇集団・風『かもめ』，STUDIOコクーン『かもめ』，演劇集団円『ワーニャ伯父ちゃん』，燐光群『喋る』『その後』）」みなもとごろう　テアトロ　682　1999.6　p48～50

## 笑の大学　[団]パルコ

**7042** 上演：1996年10月25日～11月12日　場所：PARCO劇場　作：三谷幸喜　演出：山田和也
◇「『笑の大学』―「笑いのない喜劇」という不可能性」西堂行人　シアターアーツ　8　1997.5　p109～111
◇「果実は甘い香りを放っていたか（シアターコクーン『零れる果実』，青山円形劇場 宮沢章夫プロデュース『スチャダラ2010』，パルコ・プロデュース『笑の大学』）」長谷部浩　テアトロ　651　1997.1　p57～59

## 笑役（わらいやく）　[団]魚灯

**7043** 上演：2004年3月4日～3月7日　場所：京都芸術センター　作・演出：山岡徳貴子
◇「3月の関西 フィグーラ、あるいは相似形への感受性（南河内万歳一座万公演『夜叉ヶ池』，近松劇場『木偶の坊や』，劇団魚灯『笑役』）」太田耕人　テアトロ　749　2004.5　p102～104

## 嗤ふ―桐生悠々　[団]演奏舞台

**7044** 上演：1995年11月8日～11月12日　場所：文芸坐ル・ピリエ　作・演出：久保田猛
◇「日韓現代劇連続公演（仲間『時間よ朝に還れ』『プゴ テガリ』，演奏舞台『嗤う―桐生悠々』）」八橋卓　テアトロ　638　1996.1　p74～75

**7045** 上演：1999年7月23日～7月25日　場所：ウエストエンドスタジオ　作・演出：久保田猛
◇「主張の詳解より創造の膨らみを（演奏舞台『嗤ふ―桐生悠々』，キャラメルボックス『TRUTH』，流山児組'99『あかずきんちゃんの森の狼たちのクリスマス』）」佐藤康平　テアトロ　686　1999.10　p72～73

**7046** 上演：2004年1月23日～1月25日　場所：アトリエフォンテーヌ　作・演出：久保田猛　演出：兼都代実
◇「流れにさおさす（演奏舞台『嗤ふ―桐生悠々』，京楽座『をぐり考』，昴『羅城門』，東京演劇アンサンブル『日本の気象』，こんにゃく座『花のラ・マンチャ騎士道あるいはドン・キホーテ最後の冒険』）」中本信幸　テアトロ　748　2004.4　p53～55

## 笑うタンパク質　[団]青年団

**7047** 上演：2005年9月9日～9月11日　場所：アトリエ劇研　作・演出：井上こころ
◇「9月の関西 ミステリーに倣う（桃園会『Paradise lost,lost』，南船北馬一団『どこかにいます。』，青年団若手自主企画『笑うタンパク質』）」太田耕人　テアトロ　770　2005.11　p62～64

## 笑う茶化師と事情女子　[団]匿名劇壇

**7048** 上演：2018年8月24日～8月27日　場所：インディペンデントシアター1st　作・演出：福谷圭祐
◇「9月の関西 怒り、諷刺、茶化し。多彩なアプローチ（劇団犯罪友の会『私はレフト』，能×現代演劇work#5『ハナタカ』，匿名劇壇『笑う茶化師と事情女子』，虚空旅団『きつねのかみそり』，平成30年度兵庫県舞台芸術団体フェスティバル『通天閣』）」九鬼葉子　テアトロ　952　2018.11　p68～70

## 笑う猫　[団]レクラム舎

**7049** 上演：1995年2月23日～2月26日　場所：ジァン・ジァン　作・演出：喜一朗
◇「台詞に弾丸を籠める…（銀座セゾン劇場+松竹『リチャード三世』，シェイクスピア・シアター『じゃじゃ馬ならし』，青年座『黄昏』，民藝『私を忘れないで』，三重県演劇塾『決定版・團十郎と音二郎』，国際青年演劇センター+北極舎『ティー』，レクラム舎『笑う猫』）」結城雅秀　テアトロ　629　1995.5　p49～56

**草鞋をはいて** [団]京楽座

7050 上演：2011年10月28日～11月30日　場所：座・高円寺　作・演出：福田善之　演出：ふじたあさや

◇「「戦争」と「移動」の中で（ピープルシアター『砂のクロニクル』, 京楽座『草鞋をはいて』, 華のん企画『三人姉妹』）」髙橋豊　テアトロ　857　2012.1　p42～43

**わらの心臓** [団]第三エロチカ

7051 上演：2000年5月11日～5月21日　場所：シアタートラム　作・演出：川村毅

◇「ふたたび、今、ポリティカルであること（第三エロチカ『わらの心臓』, 青年劇場『菜の花らぷそでぃ』）」斎藤偕子　テアトロ　696　2000.7　p72～73

**蕨野行** [団]民藝

7052 上演：1999年4月15日～5月1日　場所：紀伊國屋ホール　作：村田喜代子　脚色：北林谷栄　演出：米倉斉加年

◇「三様の人間の描き方（青年座『リセット』, 銀座セゾン劇場『マスター・クラス』, 民藝『蕨野行』）」水落潔　テアトロ　682　1999.6　p52～53

**わらべうた** [団]SHIMIN劇場Ⅱ

7053 上演：2013年6月6日～6月9日　場所：銀座みゆき館劇場　作：市川敬太　演出：大内三朗

◇「歴史の「酷薄劇」は流出したか？（俳協『ミレナ』, 萬國四季協會『流砂』,SHIMIN劇場Ⅱ『わらべうた』）」中本信幸　テアトロ　879　2013.8　p48～49

**悪い癖** [団]匿名劇壇

7054 上演：2017年10月26日～10月29日　場所：AI・HALL　作・演出：福谷圭祐

◇「11月の関西 権力構造の矛盾突く（清流劇場『メアリー・ステュアート』, 劇団犯罪友の会『ことの葉こよみ』, 匿名劇壇『悪い癖』, 空晴『遠くの花火』,iaku『ハイツブリが飛ぶのを』）」九鬼葉子　テアトロ　941　2018.1　p42～44

**ワールド・トレード・センター** [団]燐光群

7055 上演：2007年10月20日～11月6日　場所：ザ・スズナリ　作・演出：坂手洋二

◇「演劇の「ドラマ」の三つの現れ方（新国立劇場『異人の唄―アンティゴネ―』, 燐光群『ワールド・トレード・センター』,Bunkamura『カリギュラ』）」七字英輔　テアトロ　800　2008.1　p117～119

**ワルプルギス** [団]東京グランギニョル

7056 上演：1986年10月3日～10月16日　場所：大塚ジェルスホール　作・演出：飴屋法水

◇「一風変わった演劇」鴻英良　新劇　33（12）　1986.12　p22～27

◇「女に見られる男の時代」佐々木幹郎　新劇　33（12）　1986.12　p28～33

◇「自転車キンクリート」渡辺保　新劇　33（12）　1986.12　p34～39

**我らが祖国のために** [団]俳優座

7057 上演：2000年7月19日～7月30日　場所：俳優座劇場　脚本：ティンバーレイク・ワーテンベイカー　訳・演出：勝田安彦

◇「入れ子じかけの劇場（俳優座『我らが祖国のために』, 世田谷パブリックシアターこどもの劇場2000『音楽劇 ネネム』, 時々自動『Recording Angel vol.2』）」大岡淳　テアトロ　699　2000.10　p46～48

**我々もまた世界の中心** [団]マントルプリンシアター

7058 上演：1992年1月14日～1月22日　場所：こまばアゴラ劇場　作・演出：じんのひろあき

◇「舞台と客席に溢れる、淋しい若者たち」風間研　Les Specs　39（4）　1992.4　p14～15

**ONE WEEK―ナビと奇跡の一週間** [団]青年座

7059 上演：1987年7月10日～7月19日　場所：紀伊國屋ホール　作：北村想　演出：越光照文

◇「民芸の『ヴィシーでの出来事』」渡辺保　新劇　34（9）　1987.9　p30～35

◇「カクある地球は救われるか（青年座『ONE WEEK』）」有州井仁子　テアトロ　535　1987.9　p30～31

**107** [団]スイス銀行

7060 上演：2009年12月4日～12月6日　場所：AI・HALL　作：桝野幸宏　演出：久保田浩

◇「12月の関西 訪れぬもの、訪れるもの（兵庫県立ピッコロ劇団『モスラを待って』, 下鴨車窓『人魚』, スイス銀行『107』）」太田耕人　テアトロ　830　2010.2　p87～89

**湾岸から遠く離れて** [団]ギィ・フォワシィ・シアター

7061 上演：1994年3月15日～3月20日　場所：東京芸術劇場小ホール2　作：ギィ・フォワシィ　訳：中條忍　演出：原田一樹

◇「「演じる」ことの位相（円『叔母との旅』, 加藤健一事務所『パパ、I Love You！』, 民藝『旧アルバート街のメルヘン』, ギィ・フォワシィ・シアター『湾岸から遠く離れて』, 東京ギンガ堂『ブレイン・ストーム'94』, 楽劇コースケ事務所『Face to Mask』, 楽天団『恋 其之四』）」大沢圭司　テアトロ　616　1994.5　p70～75

7062 上演：1995年3月24日～3月26日　場所：東京芸術劇場小ホール1　作：ギィ・フォワシィ　訳：中條忍　演出：原田一樹

◇「小さな人生（地人会『夜中に起きているのは』, ギィ・フォワシィ・シアター『湾岸から遠く離れて』）」斎藤偕子　テアトロ　629　1995.5　p47～48

7063 上演：1999年6月3日～6月10日　場所：シアターX　作：ギィ・フォワシィ　訳：中條忍　演出：原田一樹

◇「「屈託」の無い屈託（ギィ・フォワシィ・シアター『湾岸から遠く離れて』, 惑星ピスタチオ『破壊ランナー』）」里見宗律　テアトロ　684　1999.8　p60～61

7064 上演：2004年10月27日～11月4日　場所：銀座みゆき館劇場　作：ギィ・フォワシィ

訳：中條忍，佐藤康　演出：沢田次郎
◇「仮想と現実（名取事務所『ヘッダ・ガブラー』，人形劇団プーク『逃げだしたジュピター』，ギィ・フォワシィシアター『湾岸から遠く離れて』，ピープルシアター『パンタグレーズ』）」中本信幸　テアトロ　759　2005.1　p64〜67

## 湾岸から遠く離れて／王様と私たち／動機／相寄る魂　㈲ギィ・フォワシィ・シアター

*7065* 上演：2001年5月2日〜5月6日　場所：シアターX　作：ギィ・フォワシィ　演出：内田透（湾岸から遠く離れて），沢田次郎（王様と私たち）
◇「条理と不条理の関わり（俳優座劇場プロデュース『ちりもつもれば』，ギィ・フォワシィ・シアター25周年記念『湾岸から遠く離れて』『王様と私たち』『動機』『相寄る魂』）」渡辺淳　テアトロ　709　2001.7　p45〜47

## 湾岸線浜裏駅高架下4：00A.M.（土、日除ク）
㈲燐光群

*7066* 上演：2017年7月6日〜7月19日　場所：ザ・スズナリ　作：深津篤史　演出：坂手洋二
◇「時と所変われば（劇団NLT『劇場の異邦人』『坊やに下剤を』，燐光群『湾岸線浜裏駅高架下4：00A.M.（土、日除ク）』）」黒羽英二　テアトロ　936　2017.9　p71〜72

## One Green Bottle～「表に出ろいっ！」English version　㈲東京芸術劇場

*7067* 上演：2017年11月1日〜11月19日　場所：東京芸術劇場シアターイースト　作：野田秀樹　英語翻案：ウィル・シャープ
◇「だから芝居は楽しい（KAAT神奈川芸術劇場『作者を探す六人の登場人物』，東京芸術劇場『One Green Bottle〜「表に出ろいっ！」English version〜』，WATANABE ENTERTAINMENT『関数ドミノ』，新国立劇場『トロイ戦争は起こらない』，劇団俳優座『クスコ〜愛の叛乱〜』）」杉山弘　テアトロ　941　2018.1　p26〜28

## ワンス・アポン・ア・タイム・イン京都　錦小路の素浪人　㈲燐光群＋グッドフェローズ

*7068* 上演：2002年3月6日〜3月17日　場所：ザ・スズナリ　作・演出：鐘下辰男　芸術監督：坂手洋二
◇「コラボレーションの成果（錬肉工房＋神奈川芸術文化財団『現代能 ベルナルダ・アルバの家』，演劇実験室∴紅王国『御蚕様（オシラサマ）』，燐光群＋グッドフェローズ『ワンス・アポン・ア・タイム・イン京都 錦小路の素浪人』）」大岡淳　テアトロ　721　2002.5　p39〜41

## ワンダリング・アイズ　㈲六行会

*7069* 上演：1995年8月12日〜8月31日　場所：六行会ホール　作：アソル・フガード　脚本：石田和男　演出：森井睦　作曲：いしだ壱成
◇「極限状況における人間の魂の尊厳（ひょうご舞台芸術『ゲットー』，劇団ひまわり『コルチャック先生』，六行会『ワンダリング・アイズ』，文学座『怪談・牡丹灯籠』，SWAT！『ジャスティス』，扉座『曲がり角の悲劇』，仲間『見えない友達』）」結城雅秀　テアトロ　634　1995.10　p65〜71

## 【 英数字 】

### 12　㈲アトリエ劇研

*7070* 上演：2005年7月23日〜7月31日　場所：アトリエ劇研　脚本・演出：山口茜（女性版），ハラダリャン（男性版）
◇「8月の関西 俳優を見る（アトリエ劇研提携公演『12』，ヨーロッパ企画『囲むフォーメーションZ』）」太田耕人　テアトロ　769　2005.10　p106〜108

### 887　㈲ロベール・ルパージュ

*7071* 上演：2016年6月23日〜6月26日　場所：東京芸術劇場プレイハウス　作・演出・美術：ロベール・ルパージュ
◇「緊張空間における光と闇（演劇企画集団ザ・ガジラ『或る女』，パルコ『母と惑星について、および自転する女たちの記録』，世田谷パブリックシアター『レイディアント・ヴァーミン』，ロベール・ルパージュ『887』，民藝『炭鉱の絵描きたち』，パルコ『BENT』）」結城雅秀　テアトロ　922　2016.9　p40〜43

### Vol 2037 フライトNo.2037　㈲フランス演劇クレアシオン

*7072* 上演：2014年4月17日〜4月20日　場所：シアターX　作：ジャン＝ポール・アレーグル　訳・演出：岡田正子
◇「シンプリシティと絢爛さと（山の手事情社『ヘッダ・ガブラー』，文学座『夏の盛りの蝉のように』，フランス演劇クレアシオン『Vol 2037 フライトNo.2037』）」七字英輔　テアトロ　890　2014.6　p48〜49

# 団体名索引

## 【あ】

アイエス
- 1997 午後の遺言状 ......... 2208

IFYプロジェクト
- 2018 ソレイル〜太陽の王様 ...... 3554

I・M企画
- 1980 勝利 ヴィクトール又は権力の座についた子供たち ...... 3019

I・Q150
- 1994 月光夜曲 ......... 2047

IKSALON表現者工房
- 2018 コギ 日本版 ......... 2182

愛知芸術文化センター
- 2007 ハムレット〜幻鏡のオフィーリア ...... 5003

愛知県芸術劇場
- 1999 マダムX ......... 5901

愛知県女性総合センター
- 1998 ハロルドとモード ...... 5078

ITPいわき演劇プロジェクト
- 2017 愛と死を抱きしめて ... 0030

愛のチャリティー劇場
- 1999 友情〜秋桜のバラード ......... 6385

aibook
- 2017 疾走 ......... 2768

AI・HALL
- 1996 蝶のやうな私の郷愁 ... 3874
- みず色の空、そら色の水 ......... 6021
- 1998 二千一夜の夏休み ..... 4540
- 2000 春の音、曇天。をつけてみる ......... 5055
- 2005 ガガーリン・ウェイ ... 1262
- 2006 ルカ追送 ......... 6789
- 2007 ステキなアバター ...... 3286
- フローレンスの庭 ...... 5545
- 2008 パーマネント・ウェイ ......... 4959
- 2011 大阪マクベス ......... 0944
- Melody Cup ......... 6211
- 2012 オダサク、わが友 ... 1014
- 2017 さよなら家族 ......... 2551

アイランズ
- 2003 料理昇降機 ......... 6769

あうるすぽっと
- 2007 ハロルド&モード ..... 5085
- 2008 瀕死の王 ......... 5301

あうん堂
- 1999 あいたか ないか ... 0026
- 2002 あまつつみ ......... 0322
- 2014 どうぎやう むぐら ... 4141
- 2018 五軒町商店街寄合会 ... 2197

青い鳥
- 1982 シンデレラ—ぬか床にひとつ釘を!? ......... 3178
- 1984 ゴドー改続版 ある日せっせと ......... 2260
- 物語—威風堂堂 ...... 6254
- 1985 一日の楽天 すずなりの海 ......... 0522
- シンデレラ シュトルム マウント ドランク ......... 3175
- 1985,1986
- CLOUD9 銀色の雲の上で ...... 1940 1941
- 1986 青い実をたべた—0071
- いつかみた夏の思い出 ......... 0528
- 1987 ある日せっせ、せっせと 兎に角編 ......... 0399
- ゆでたまご—きみたちの巨きなまっ白な素足青い鳥 ......... 6431
- 1988 サイコロの責任 ...... 2392
- 1989 青い実をたべた—つめたい水。おいしい水 ......... 0072
- ギリ・アイルに行きたい ......... 1809
- 1990 さらば、夏の思い出 ... 2576
- むっちゃんのニュース ......... 6138
- 1991 ガルボの帽子—「ある日せっせ、せっせと」より ......... 1564
- 1992 青い鳥のハムレット ... 0065
- みずみずしい水、みずくさい水 ......... 6045
- 1993 〔最終版〕ゆでたまご ......... 2394
- 1999 桂先生砂漠で踊る実験 ......... 1387
- 2002 Tokyo Paris London SAKURA ......... 4138
- 2003 ボロロッカ〜料理・掃除・洗濯 ......... 5806
- 2004 シンデレラ・ファイナル ......... 3179
- 2006 もろびとこぞりて Ver.2,3 ......... 6279
- 2009 ザ還暦 ......... 2413

- 2017 普通の生活 みーんな、それなりにビョーキ ......... 5414

「蒼き狼」上演実行委員会
- 1981 蒼き狼 ......... 0074

青の会
- 1988 黄楊の櫛 ......... 3942
- 夢魔 ......... 6145

青山円形劇場
- 1994 転校生 ......... 4057
- 1996 スチャダラ2010 ...... 3275
- 1997 スパイものがたり〜へのへのもへじの謎 ... 3318
- 1999 20世紀ノスタルジア ホギウタ ......... 4522
- 2001 室温—夜の音楽 ...... 2762

青山円劇カウンシル
- 2013 いやむしろわすれて草 ......... 0592

赤い風
- 1986 北街物語 ......... 1675

赤坂ACTシアター
- 2008 トゥーランドット ..... 4168

赤信号劇団
- 1995 イメルダ ......... 0590

燈座
- 2013 人の香り ......... 5197

アクターズスタジオ櫻会
- 2008 ヘッダ・ガーブレル ... 5586
- 2017 流しの辻説法師 ...... 4381

アクターズ・フェスティバル NAGOYA実行委員会
- 1999 スノーフレーク ...... 3314
- 夏木マリ・印象派 ...... 4418

ACTネットワーク
- 2000 お勝手の姫 ......... 0962

悪魔のしるし
- 2012 倒木図鑑 ......... 4159

Ugly duckling
- 1999 深流波 ......... 3219
- 2000 こども魂 ......... 2270
- つぶならべ ......... 3959
- 2001 獣のこのこ ......... 2069
- さっちゃん ......... 2503
- 2001,2003
- アドウェントゥーラ ......... 0239 0240
- 2002 がくぶちの王国 ...... 1274
- 2003 教科の書 ......... 1763
- くちなしジョッキィ ... 1891
- 2005 トキシラズ 黎明篇 ... 4191
- 2006 スパイク・レコード ... 3315

## あこう

2007 箱師よ、その町の暁に
　　釘を打て。............ 4781
　　三日月エレファント ‥ 6012
2010 ゲゲゲのげー逢魔が時
　　に揺れるブランコ ... 2022
　　凛然グッド・バイ ...... 6785

### あごうさとし事務所
2016 Pure Nation............ 5258
2017 リチャード三世—ある
　　王の身体............ 6727
2018 触覚の宮殿............ 3043

### アゴラ企画・こまばアゴラ劇場
2005 ニセS高原から〜S高
　　原から連続上演...... 4534
2011 交信.................. 2138
2018 革命日記.............. 1275

### 阿佐ヶ谷スパイダース
2001 ライヒ................ 6602
2004 はたらくおとこ........ 4829
2005 悪魔の唄.............. 0148
2006 イヌの日.............. 0557
　　桜飛沫................ 2423
2007 少女とガソリン........ 2995
2008 失われた時間を求め
　　て.................... 0670
2010 アンチクロックワイ
　　ズ・ワンダーラン
　　ド.................... 0426
2011 荒野に立つ............ 2157

### 阿佐ヶ谷Picasso
2016 壊れたガラス.......... 2344

### 糺
1999 桜桃ごっこ............ 0927
　　数億分のいちの空...... 3239
2001 氷の雨／犬............ 2168
2001,2002
　　沙羅、すべり ... 2565 2566
2002 ゆらゆらと水.......... 6478
2003 ネクタルの音.......... 4626
　　雪迎えの朝............ 6423
2004 そらきり草............ 3542
2005 とおとし.............. 4183
2006 すいかずら............ 3226

### 朝日新聞社
1992 シラノ・ド・ベルジュ
　　ラック................ 3071
1997 午後の遺言状.......... 2208

### 浅利演出事務所
2018 アンドロマック........ 0437

### 浅利慶太プロデュース
2015 オンディーヌ.......... 1161

### あさり座
1998 足の裏の神様.......... 0200

## 団体名索引

**Asia Culture Center - Asian Arts Theatre**
2015 God Bless Baseball ‥ 2242

### アジア女性演劇会議（AWT）特別企画
2002 キッチン・カタ........ 1680

### あしたの会
1997 松本荘の人たち........ 5924

### 葦の会
1993 遥か遠き果てに........ 5036

### あしぶえ
1987 落ちこぼれの神様...... 1019

### あすなろ
1996 天皇陛下,萬歳!........ 4097
1999 恭しき娼婦............ 0754

### 翌檜座
2001 終着駅の向こうに
　　は⋯.................. 2905
2004 朝きみは汽車にのる ... 0158

### 足立コミュニティ・アーツ
2008 肝っ玉おっ母とその子
　　どもたち.............. 1714

### アーツカウンシル東京
2018 BOAT................. 5770

### アテナの会
1993 ピアフの妹............ 5114

### アートクラウド
2012 更地................. 2568

### アートスフィア
2004 千年の三人姉妹........ 3451

### アートスペース無門館
2014 ピエールとリュース .... 5119

### アートネットワーク・ジャパン
2002 南半球の渦............ 6079
2007 これがぜんぶエイプリ
　　ルフールだったなら、
　　とナンシーは.......... 2333
2008 溺れる男.............. 1086
　　スリー・スペルズ...... 3340
　　ムネモパーク.......... 6143

### アトムの会
1980 やし酒飲み............ 6314

### ARTLIFE21実行委員会
1994 エレメント............ 0876

### アトリエ劇研
2005 12.................... 7070
2006 アメリカ.............. 0344
2014 ピエールとリュース .... 5119
2017 走りながら眠れ........ 4805

### アトリエ・シマダ
1995 白い地図.............. 3094

### アトリエ・ダンカン
1987 ソールジャーズ・プ
　　レー　兵士たちのブ
　　ルース................ 3552
1992 沢田研二ACTサルバ
　　ドール・ダリ.......... 2594
1994 ラストチャンスキャバ
　　レー.................. 6644
2001,2003
　　欲望という名の電
　　車............ 6505 6506

### アビエルト
2002 ふるふる―山頭火の
　　海.................... 5518

### アフロ13
2001 クロマニヨンショッ
　　ク.................... 2002

### 阿部事務所
2004 千年の三人姉妹........ 3451

### 尼崎市第2回近松賞授賞作品上演実行委員会
2007 元禄光琳模様.......... 2110

### あまがさき近松創造劇場
1999 蜻蛉.................. 1288
2000 風花.................. 1300
　　ここでKissして........ 2203

### アミューズ
2012 阿呆の鼻毛で蜻蛉をつ
　　なぐ.................. 0312

### 飴屋法水・三上晴子共同企画
1987 BARRIKADE............ 5031

### アリストパネス・カンパニー
2003 まぼろしの一家........ 5965
　　喪服のエレクトラ...... 6259
2004 松陰狂詩曲............ 2977
2005 聖者のお水............ 3355
2006 男装の麗人伝説........ 3775
2007 男やもめのスラム団
　　地.................... 1044
2008 パラオ島の自由と憂
　　鬱.................... 5013
2009 戯れの恋.............. 3760
2010 タイピンにおける死 ... 3619
2011 大逆の影.............. 3577
2012 救世軍バーバラ少佐 ‥ 1750

### アリーナ・ステージ
1988 リア王（アメリカ
　　版）................. 6697

### RNC
1986 私の中をかけぬけた悲
　　しみ.................. 7002

### アルカサバ・シアター
2004 アライブ・フロム・パ
　　レスチナ—占領下の
　　物語.................. 0357

2005 壁一占領下の物語Ⅱ‥1422
## Rカンパニー
2005 21C：マドモアゼル・モーツァルト ‥‥‥ 4119
## アル☆カンパニー
2010 家の内臓 ‥‥‥‥‥‥ 0465
## R+1
1999 真夜中のキッチン ‥‥ 5975
2001 仙人がくれた不思議なずきん ‥‥‥‥‥ 3447
　　 ブラック・グラフティ ‥‥‥‥‥‥ 5463
2002 水の村幻想奇譚 ‥‥‥ 6044
2004 横恋ほうず走り雨 ‥‥ 6530
2005 Bench ‥‥‥‥‥‥‥ 5636
## アルブレヒト・ローゼル
1995 道化グスタフとそのアンサンブル ‥‥‥‥ 4144
## R・U・P
1992 花のお江戸の法界坊 ‥ 4902
1997 河童 ‥‥‥‥‥‥‥‥ 1383
　　 サイレントヒート ‥‥ 2401
　　 広島に原爆を落とす日 ‥‥‥‥‥‥‥‥ 5293
1999 蒲田行進曲 ‥‥‥‥‥ 1427
　　 月晶島綺譚 ‥‥‥‥‥ 2053
2000 七色インコ ‥‥‥‥‥ 4461
　　 ララバイ、または百年の子守唄 ‥‥‥ 6671
2007 朱雀家の滅亡 ‥‥‥‥ 3259
## R・U・P〔月影十番勝負〕
1998 唇からナイフ ‥‥‥‥ 1892
## アロンジ
2016 葉子 ‥‥‥‥‥‥‥‥ 6498

## 【い】

## イアキナンディ
2015 地上に広がる大空（ウェンディ・シンドローム） ‥‥‥‥‥ 3818
## iaku
2015 Walk in closet ‥‥‥‥ 0654
2016 車窓から、世界の ‥‥ 2828
2017 ハイツブリが飛ぶのを ‥‥‥‥‥‥‥‥ 4722
## ESC
1988 薔薇戦争七部作 ‥‥‥ 5018
1994 ロミオとジュリエット ‥‥‥‥‥‥‥‥ 6911

## イキウメ
2008 表と裏と、その向こう ‥‥‥‥‥‥‥ 1110
　　 図書館的人生vol.2 盾と矛 ‥‥‥‥‥‥ 4221
　　 眠りのともだち ‥‥‥ 4659
2009 関数ドミノ ‥‥‥‥‥ 1598
　　 見えざるモノの生き残り ‥‥‥‥‥‥‥ 6010
2010 図書館的人生vol.3 食べもの連鎖 ‥‥‥ 4222
　　 プランクトンの踊り場 ‥‥‥‥‥‥‥ 5478
2011 散歩する侵略者 ‥‥‥ 2653
2011,2016
　　 太陽 ‥‥‥‥‥ 3630 3631
2012 The Library of Life まとめ＊図書館的人生（上） ‥‥‥‥ 2558
　　 ミッション ‥‥‥‥‥ 6058
2013 獣の柱 まとめ＊図書館的人生（下） ‥‥ 2070
　　 片鱗 ‥‥‥‥‥‥‥‥ 5657
2014 新しい祝日 ‥‥‥‥‥ 0223
2015 聖地X ‥‥‥‥‥‥‥ 3368
2016 遠野物語・奇ッ怪 其ノ三 ‥‥‥‥‥‥ 4184
2017 天の敵 ‥‥‥‥‥‥‥ 4098
2018 図書館的人生vol.4 襲ってくるもの ‥‥ 4223
## 生田萬演劇実験室
1998 スカブラ ‥‥‥‥‥‥ 3246
## 異国幻燈舎
2000 ブルペン ‥‥‥‥‥‥ 5519
2002 殿上湯の旦那 ‥‥‥‥ 4084
## 石井恂一プロデュース
1999 僕の錬金時間（ゴールデンタイム） ‥‥‥ 5712
## 石井光三オフィス
2018 死神の精度～7Days Judgement ‥‥‥‥‥ 2776
## 石原広子朗読の會
1998 文學を呼吸する ‥‥‥ 5550
## 維新派
1989 スクラップ・オペラ『INDEX』 ‥‥‥‥ 3256
1991 少年街 ‥‥‥‥‥‥‥ 3006
　　 少年街序曲 ‥‥‥‥‥ 3007
1994 青空 ‥‥‥‥‥‥‥‥ 0081
1996 ヂャンヂャンオペラ ROMANCE ‥‥‥‥ 2867
1997 ヂャンヂャン☆オペラ'97 南風 ‥‥‥‥ 2866
1998 ヂャンヂャン☆オペラ王國 ‥‥‥‥‥‥ 2865
1999 水街 ‥‥‥‥‥‥‥‥ 3225

2000 流星 ‥‥‥‥‥‥‥‥ 6758
2001 さかしま ‥‥‥‥‥‥ 2408
2002 カンカラ ‥‥‥‥‥‥ 1585
2003 ノクターン—月下の歩行者 ‥‥‥‥‥‥ 4684
2004 キートン ‥‥‥‥‥‥ 1687
2006 ナツノトビラ ‥‥‥‥ 4430
2007 nostalgia ‥‥‥‥‥‥ 4685
2008 呼吸機械 ‥‥‥‥‥‥ 2183
　　 聖・家族 ‥‥‥‥‥‥ 3348
2009 ろじ式 ‥‥‥‥‥‥‥ 6878
2010 台湾の、灰色の牛が背のびをしたとき ‥‥ 3638
2011 風景画 ‥‥‥‥‥‥‥ 5330
　　 風景画—東京・池袋 ‥ 5331
2012 夕顔のはなしろきゆふぐれ ‥‥‥‥‥‥ 6382
2013 MAREBITO ‥‥‥‥ 5994
2014 透視図 ‥‥‥‥‥‥‥ 4148
2015 トワイライト ‥‥‥‥ 4341
2016 アマハラ ‥‥‥‥‥‥ 0329
## いずみたくプロデュース・劇団フォーリーズ
1980 洪水の前 ‥‥‥‥‥‥ 2150
## イスラエル・アッコ劇場
2000 ジ・アンソロジー 次期千年期のための諸価値 ‥‥‥‥‥‥ 2681
## 199Q太陽族
1997 あしたの夢歌—ぽちぼちいこか番外編 ‥‥‥ 0194
　　 ここからは遠い国 ‥‥ 2199
　　 透明ノ庭 ‥‥‥‥‥‥ 4165
1998 ガラス壜の中の船 ‥‥ 1529
　　 それを夢と知らない ‥ 3555
1999 永遠の雨よりわずかに速く ‥‥‥‥‥‥ 0780
　　 レ・ボリューション#99 ‥‥‥‥‥‥ 6835
2000 街路劇ぼちぼちいこか ‥‥‥‥‥‥‥‥ 1232
## 1980
1988 神露渕村夜叉伝 ‥‥‥‥ 3106
1989 虎美 別府・三億円保険金殺人事件 ‥‥‥ 4289
1993 裏読み 味噌樽で縮んだズボン ‥‥‥‥ 0762
1994 へのへのもへ 民草百人斬異聞 ‥‥‥‥ 5599
1994,2007
　　 行路死亡人考 ‥ 2165 2166
1995 大往生 ‥‥‥‥‥‥‥ 3572
　　 蚤とり侍 ‥‥‥‥‥‥ 4701
1995,2008
　　 素劇 あゝ東京行進曲 ‥‥‥‥‥ 3487 3488

# いちけ　団体名索引

1996　新・棄老伝説　ニッポン縁切堂 ............ 3119
1997　黒念仏殺人事件 ........ 2001
1998　七人目の悪霊 ........... 2756
　　　天女響え歌 ................ 4095
1999　男冬村（おふゆむら）會議事録 .............. 1080
2000　幕末太陽傳 ............... 4777
2001　戦争案内 .................. 3435
2001,2013,2016
　　　謎解き　河内十人斬り ............ 4407~4409
2002　値踏み算 .................. 4651
2003　少々乱暴——へいせいニッポン烈伝 ....... 2990
2004　現代頓服談（いまばなしとんぷくだん）.... 0583
　　　こい／複物語 ............. 2116
2005　子別れ〜アローン・アゲイン ............... 2341
2006　職員会議 .................. 3026
2006,2008
　　　ええじゃないか .................. 0795 0796
2007　下弦の夏——昭和十九年 .............. 1293
2009　宇田川心中 ............... 0686
2010　ひとりの群像 ........... 5199
2011　麻布怪談 .................. 0169
2012　芝居二態《落語芝居》《漫イ芝居》 ...... 2787
　　　白浪五人女 ................ 3068
　　　ボクゼン .................... 5707
2013　あ、東京行進曲 ........ 0006
2014　粕谷怪談　贋作蘆花傳 .................... 1323
2016,2017
　　　素劇　楢山節考 .. 3490 3491

**壱劇屋**
2017　人恋歌〜晶子と鉄幹 .. 5194
2018　さよなら竜馬 .......... 2556

**一跡二跳**
1992　イエスマンの最後のイエス .................... 0460
1993　赤のソリスト93 ....... 0131
1994,2003
　　　愛しすぎる男たち ..................... 0020 0021
1995　ONとOFFのセレナーデ ...................... 1166
　　　声しか見えないあるいはK氏の右目の大叛乱 .................. 2167
　　　眠れる森の死体 ........ 4666
1996　リセット .................. 6707
1997　少女と老女のポルカ .. 2999
1998　アジアン・エイリアン ...................... 0182

1998,2006
　　　平面になる ...... 5568 5569
1999　ガッコー設立委員会! ............................ 1377
2000　コネクト ................. 2275
2001　海のてっぺん ........... 0740
2003,2005
　　　パラサイト・パラダイス .................. 5015 5016
2005　眠れる森の美女 ....... 4667
2006　アラブ・イスラエル・クックブック ....... 0362
2007　きりぎりす .............. 1810
　　　誰も見たことのない場所 ............................ 3755
　　　漂流物 ........................ 5269
2008　流れる庭——あるいは方舟 .............................. 4394

**イッツフォーリーズ**
2008　天切り松　人情闇がたり ............................ 4056

**EDメタリックシアター**
1988　プレストメトロノーム ............................ 5529

**犬の事ム所**
1993　密会 ........................ 6053
1994　サラサーテの盤 ...... 2561
1996　ドアの向こうの薔薇 .. 4114

**イプセンを上演する会**
2000　ヨーン・ガブリエル・ボルクマン ........... 6587
2001　ヘッダ・ガブラー .... 5579
2003　ロスメルスホルム .... 6884
2006　ゆうれい .................. 6401

**いるかHotel**
2014　木曜組曲 ................ 6231

**イルホム劇場**
2007　コーランに倣いて .... 2315

**岩波ホール**
2014　白石加代子「百物語シリーズ」 ................ 3062

**岩松了プロデュース**
1992,1994
　　　アイスクリームマン　中産階級の劇的休息 .................. 0023 0024
1996　傘とサンダル .......... 1296
1998　スターマン 2チャンネルのすべて .......... 3271
2014　「宅悦とお岩」——四谷怪談のそのシーンのために .................... 3656

**インターナショナル・カルチャー**
1985　友竹正則のエッセイ・ミュージカル江分利満氏の優雅な生活 ... 4261

**IMPACT DRIVE**
1998　アンダーグラウンド .. 0424

【う】

**ヴァイトクス・スタジオ "P.S"**
2004　sakura イン・ザ・ウィンド ................ 2421

**ヴィジョンズシアター**
2016　ヘッダ・ガブラー .... 5580

**ヴィムヴァンデ・ケイビュス**
1998　7—決して語られない秘密 .................... 3405

**ヴィレッヂ**
2017　クヒオ大佐の妻 ...... 1912

**ウィングフィールド**
1999　自動小銃の銃口から覗いた風景 .................. 2771

**上杉祥三プロデュースチーム**
1989　BROKEN 四谷怪談 .. 5670
1990　BROKEN ハムレット ............................ 5669
1991　BROKEN 西遊記 ..... 5668

**ウェスト・ヨークシャー・プレイハウス**
1998　タッチング・ヘヴン .. 3693

**Wave Theater Company**
1994　くちべにの話 .......... 1897

**VOGA**
2016　Social Walk ........... 3510

**ウォーキング・スタッフ**
1993　アイアンマン—エディさんのコブシ ........ 0011
1994　BORN〜MATATABIの時代 ....................... 5815
1997　アリゲーター・ダンス2 ............................ 0365
1998　REDRUM〜赤い羊 .. 6830
2017　怪人21面相 ............. 1212

**ウォーキング・スタッフプロデュース**
1999　stones〜コケムスイシタチ .................... 3295
　　　ソリッド ................... 3551

**ウォータミル劇団**
1995　オセロ .................... 1002

## 【う】

**ウジェーヌ・イヨネスコ劇場**
- 1996 ゴドーを待ちながら‥ 2246
- 2001 ゴドーを待ちながら／瀕死の王様 ……… 2258
- 2005 ピカソの女たち～オルガ ……………… 5124
- 2007 授業 ………………… 2948
- 2012 ジャンヌ・ダルク―ジャンヌと炎 …… 2876

**うずめ劇場**
- 2003 ペンテジレーア …… 5641
- 2005 ねずみ狩り ………… 4636
- 2016 アントニーとクレオパトラ …………… 0434

**嘘つき**
- 2000 地球は踊らない …… 3815

**内田淳子＆ネットワークユニット Duo**
- 2003 Jericho 2 …………… 0849

**宇宙堂**
- 2001 星の村 ……………… 5739
- 2002 詩（し）のしの詩（うた） ………… 2777
- 2003 りぼん ……………… 6744
- 2004 アオイバラ ………… 0069
- 2005 花粉の夜に眠る戀～オールドリフレイン ………… 1421
- 2006 夢ノかたち 第一部 私の船 ………… 6458
  - 夢ノかたち 第二部 緑の指 ………… 6459

**優曇華の会**
- 1993 おしゃべりランチ／大海原で ………… 0994
- 1994 MISS JULIE―令嬢ジュリ ………… 6030

**海亀の産卵**
- 2006 回遊～せいリング …… 1237

**海のサーカス**
- 2002 杏仁豆腐のココロ … 0443
- 2009 バケレッタ！ ……… 4780

**梅左事務所**
- 2008 綾描恋糸染 ………… 0352
- 2012 藤戸 ………………… 5370
- 2013 玉櫛笥 六条御息所 … 3725
- 2015 清姫異聞 …………… 1796
- 2017 しずのおだまき 北条政子と静御前物語 … 2749

**梅沢武生劇場**
- 1990 桃太郎侍 …………… 6265

**梅田芸術劇場**
- 2013 TRUE WEST～本物の西部 ……………… 4172
- 2015 夜への長い旅路 …… 6558

**梅田コマ劇場**
- 1986 その男、ゾルバ …… 3515

**うらら舎**
- 1993 アカシヤの雨にうたれて ……………… 0121
- 1994 少女仮面 …………… 2991
  - 水の街のメディア … 6043
- 1997 カッポレはもう踊らない ……………… 1386
- 2010 桜川 ………………… 2422
- 2012 卒塔婆小町 ………… 3513
- 2015 藤戸 ………………… 5371

**売込隊ビーム**
- 2008 お気に召すまま …… 0974
- 2010 トバスアタマ ……… 4249

**うりんこ**
- 1999 よみがえれ!ブッダ … 6556
  - ロビンソンとクルーソー …………… 6897
- 2000 女王様 弟を助けて!… 3022
- 2000,2001
  - 老人が来た～止まった時間 ………… 6859 6860
- 2002 ともだちや ともだちくるかな ………… 4266
- 2003 シェイクスピアを盗め! ……………… 2684
- 2005 弟の戦争 …………… 1032
- 2007 パイレーツ・オブ花山田小学校 ……… 4730
- 2008 ダイアル ア ゴースト～幽霊派遣会社 … 3569

**うんなま**
- 2018 ひなんくんれん …… 5205

## 【え】

**英国アルメイダ劇場**
- 2000 コリオレイナス …… 2316
  - リチャード二世 …… 6730

**エイコーン**
- 1996,1998,2000
  - 欲望という名の電車 ……… 6507～6509
- 2001 薔薇の刺青 ………… 5027
- 2003,2005
  - 令嬢ジュリー … 6810 6811
- 2012 アンナ・カレーニナ … 0440
- 2013,2015
  - メアリー・スチュアート ……… 6158 6159
- 2016 松井須磨子 ………… 5917

**衛星**
- 2000 どんぐり森のうたたねの木 …………… 4342
- 2002 ここでKissして …… 2204

**エイチエムピー・シアターカンパニー**
- 2005 cage ………………… 2028
- 2011 最後の炎 …………… 2389
- 2012 アテンプツ・オン・ハー・ライフ …… 0236
  - 更地 ………………… 2568
- 2015 阿部定の犬 ………… 0306
  - 桜姫―歌ヒ鳴ク雉ノ行方 …………… 2461
- 2016 四谷怪談 男優版 女優版 …………… 6546
- 2017 アラビアの夜 ……… 0360
  - 盟三五大切 ………… 1432
  - 月の光 ……………… 3927
- 2018 高野聖 ……………… 2162
  - 忠臣蔵・序 ビッグバン／抜刀 ……… 3860

**永盛丸**
- 1998 手の中の林檎 ……… 4026

**ASC**
- 2009 ヴェニスの商人 …… 0637

**A級 Missing Link**
- 2000 運河 ………………… 0772
  - 目には太陽見えてもこの感じは雨だ … 6199
- 2001 自由を我等に ……… 2891
- 2003 Missing Linkの謎を追え! ……………… 6059
- 2005 いたち回路 ………… 0518
- 2006 決定的な失策に補償などありはしない … 2055
- 2007 人間が不老不死なら全て解決 ………… 4599
- 2008 裏山の犬にでも喰われろ! …………… 0761
- 2010 蒼天、神を殺すにはいい日だ ………… 3469
- 2013,2014
  - あの町から遠く離れて ……… 0287 0288
- 2013,2016
  - 或いは魂の止まり木 ……… 0370 0371
- 2017 罪だったり罰だったり ………………… 3963

**A計劃**
- 1993 夢で逢えたら ……… 6448

**えとせとら・eye**
- 2000 陽のあたる教室 …… 5209

## N・F・C
- 1980 TURN・ON・THE HEAT ............ 3761

## NLT
- 1982 プレイボーイが狙った女 ............ 5522
- 1994 女占い師 ............ 1167
- 1995 ジャングル☆ジム ... 2863
  - 耳に蚤―疑いのとりこ ............ 6086
- 1996 貧すれば鈍す／いっしょに夕食を! ....... 5304
- 1998,2018
  - マカロニ金融 ... 5844 5845
- 2001 くたばれハムレット .. 1890
- 2002,2004,2018
  - 毒薬と老嬢 ... 4208〜4210
- 2002,2007
  - オスカー ......... 0997 0998
- 2003 記憶の窓 ............ 1626
  - さあどうする!? ....... 2375
  - 幸せの背くらべ ....... 2678
  - 裸足で散歩 ............ 4823
- 2004,2007
  - 宴会泥棒 ......... 0879 0880
- 2005 犯人は私だ! ............ 5103
  - ボビー ............ 5786
- 2006 アルバニアンドリーム ............ 0394
  - Daughters／ドーターズ ............ 4225
  - ハーヴィーからの贈り物 ............ 4731
  - 一人二役 DOUBLE JEU ............ 5200
- 2007 極楽ホームへいらっしゃい ............ 2194
  - 佐賀のがばいばあちゃん ............ 2410
  - マグノリアの花たち ... 5848
- 2008 歌物語 オーカッサンとニコレット ....... 0688
  - 殺人同窓 ............ 2500
  - ジゼルと粋な子供たち ............ 2751
  - ホテルZOO ............ 5767
- 2009 OH!マイパパ ............ 1088
  - 喜劇 花の元禄後始末 紀伊国屋文左衛門の妻 ............ 1643
  - 四角関係 ............ 2705
- 2009,2016
  - OH!マイママ .... 1090 1091
- 2010 シャルルとアンヌと社長の死体 ............ 2857
  - ダルマーさんに会いたい ............ 3749
  - テーブルに十三人 ..... 4030
  - ペン ............ 5626

- 2011 検察官 ............ 2077
  - ササフラスの枝にそよぐ風 ............ 2476
  - 姑は推理(みすてりー)作家 ............ 2908
  - 水族館 ............ 3232
- 2012 幸せの値段 ............ 2679
  - ポプラの館〜オム・アルメ通り8番地 .... 5788
- 2013 恋の冷凍保存 ....... 2133
  - 花はらんまん ............ 4925
- 2014 舞台は夢 ............ 5382
  - 法廷外裁判 ............ 5677
- 2015 旦那様は狩りにお出かけ ............ 3777
  - ミントティー、それともレモン…? ............ 6113
- 2016 劇場 ............ 2013
  - しあわせの雨傘 Potiche〜飾り壺 ..... 2676
  - ペンキ塗りたて〜残された肖像画 ..... 5628
- 2017 劇場の異邦人／坊やに下剤を ............ 2016
  - 脱退会議／その牙に気をつけろ ............ 3688
  - 何をしてたの五十年 .. 4470
- 2018 やっとこととっちゃうんとこな ............ 6326

## NLTプロデュース
- 2015 嫁も姑も皆幽霊 ....... 6557

## N‐300
- 1996 深夜特急 めざめれば別の国 ............ 3211

## エ・ネスト
- 2009 あなたの笑顔 ......... 0264

## FM東京
- 2001 宮部みゆきの世界 ... 6091

## F.Y.K企画
- 2004 命をかけて ............ 0562

## M&O Plays
- 2011 国民傘―避けえぬ戦争をめぐる3つの物語 .. 2191

## M.M.M
- 1988 SKIN#1 DEPART MIX ............ 3252
- 1989 SKIN#2 246MIX ...... 3253

## M.O.P.
- 1993 オールディーズ ..... 1129
- 1994 青猫物語 ............ 0084
- 1995 ちゃっかり八兵衛 ... 3853
  - ラヴィアンローズ・スイート ............ 6615
- 1996 恋愛喜劇 青猫物語 ... 6842
- 1997 KANOKO ............ 1408
- 1998 遠州の葬儀屋 ......... 0887

- 2001 黒いハンカチーフ ..... 1991
  - ジンジャーブレッド・レディはなぜアル中になったのか ............ 3135
- 2003 オールディーズ・バット・ゴールディーズ ............ 1130
- 2005 水平線ホテル ............ 3235
- 2006 ズビズビ。 ............ 3321
- 2007 エンジェル・アイズ .. 0881
- 2008 阿片と拳銃 ............ 0309
- 2009 リボルバー ............ 6743
- 2010 さらば八月のうた ... 2578

## M.O.P.プロデュース
- 1993 エンジェル・アイズ ..0882
- 1994 1862上海大冒険 ... 3453

## M_Produce
- 2009 寿歌西へ ............ 5695

## 柄本劇団
- 1990 陥没 ............ 1610
- 1998 定理と法則 ............ 3994

## えるむ
- 1997 嘘つき女・英子 ..... 0679

## エレベーター企画
- 2002 近代愛 ............ 1836
- 2005 私が語りはじめた彼は ............ 6987

## 演劇企画クォーター
- 1986 修羅の旅して ......... 2962

## 演劇企画集団・楽天団
- 1985 ハノーヴァの肉屋(改訂版) ............ 4926
- 1986 恋 其之弐 ............ 2121
  - 宵待草 ............ 6495
- 1987 糸地獄 ............ 0546
- 1988 料理人 ............ 6770
- 1990 出張の夜 ............ 2960
- 1994 恋 其之四 ............ 2122
- 2006 ダーウィンへの最後のタクシー ............ 3639
- 2007 レインボーズ・エンド ............ 6821

## 演劇企画集団・楽天団プロデュース
- 2010 ウィンドミル・ベイビー ............ 0631

## 演劇企画集団66
- 1988 すなあそび ............ 3298
- 1997 スパイものがたり〜へのへのもへじの謎 ... 3318

## 演劇企画JOKO
- 2012 だらぶち一月夜に荒ぶる男達 ............ 3741

## 団体名索引　えんけ

**演劇企画ユニットDONNA-DONNA**
- 2002 公の園 …… 0952
- 2003 タバタバ／綿畑の孤独のなかで …… 3716

**演劇企画レ・キャンズ**
- 1983 トップ・ガールズ …… 4234
- 1986 スカーミッシィズ …… 3247
- 1987 マスターピーシィズ—傑作 …… 5897

**演劇倶楽部二風館**
- 2000 DANKAI・BATTLE …… 3762

**演劇群**
- 1996 龍馬を斬った男—その名は今井信郎 …… 6767

**演劇実験室∴紅王国**
- 1998 化蝶譚—けてふたん …… 2034
- 1999 不死病 …… 5372
- 2000 人造天女 …… 3166
- 2001 水神抄 …… 3228
- 2002 御蚕様（オシラサマ）…… 0995
  - 女郎花 …… 1096
- 2003 雄蜂の玉座 …… 1069
  - 蛭子の栖 …… 5285
- 2005 美神（ミューズ）の鏡 …… 6094
- 2006 不死病2006 …… 5373
- 2009 我が名はレギオン …… 6959
- 2015 破提宇子（はだいうす）…… 4816
- 2017 海神の社 …… 7016

**演劇実験室◎万有引力**
- 1984 虹翔伝説 …… 2143
- 1993 大疫病流行記 …… 3571
- 1994 電球式アンモナイト …… 4055
  - ハムレット 死と蠟燭の明暗法 …… 5004
- 1995 カスパー・ハウザー …… 1322
- 1997 寺山修司の迷宮世界 100年気球メトロポリス …… 4040
- 1998 五月の鷹—北は南の反対ではない …… 2179
- 2001 ローラ？ …… 6934
- 2012 紙芝居活劇オペラ 怪人フー・マンチュー …… 1441

**演劇舎蠍蜉**
- 1985 フランシスコ白虎隊二万海里 …… 5482
- 1986 レプリカ …… 6833

**演劇集団アジア劇場**
- 1982 風の匂い・3—フーレップ物語 …… 1348

**演劇集団ア・ラ・プラス**
- 2016 かもめ …… 1469
- 2017 ビザール〜奇妙な午後 …… 5154

**演劇集団池の下**
- 1998 青森県のせむし男 …… 0097
- 1999 青ひげ公の城 …… 0087

**演劇集団円**
- 1979 イェルマ …… 0466
  - 鮫（ジョーズ）をやっつけろ …… 3036
- 1980 悲劇 ブリタニキュス …… 5149
  - 雰囲気のある死体 …… 5548
- 1980,1981,2006 まちがいつづき …… 5904〜5906
- 1981 冬のライオン …… 5440
- 1982,2003 アトリエ …… 0246 0247
- 1983 うしろの正面だあれ …… 0674
  - 虫たちの日 …… 6129
  - 山の巨人たち …… 6351
- 1985 おたまじゃくしはかえるのこ …… 1018
  - 島清、世に敗れたり …… 2804
  - 棲家 …… 3333
- 1986 ガラスの動物園 …… 1519
  - 川を渡る夏 …… 1578
  - フェードル …… 5341
- 1987 地獄の機械 …… 2722
  - ほんとうのハウンド警部 …… 5814
  - リア王 …… 6682
- 1988 夏の場所 …… 4435
  - もーいいかい・まーだだよ …… 6213
- 1989 イエスタデイ …… 0457
  - 今日子 …… 1767
  - 三つのダイアローグ・「父親」…… 6060
  - 欲望という名の電車 …… 6510
- 1989,2000 抱擁ワルツ …… 5679 5680
- 1990 木を揺らす …… 1628
  - 眠れる森の美女 …… 4668
- 1992 わが師・わが街 …… 6951
- 1993 ぼくは、きみの夢を見た …… 5726
- 1993,2012 三人姉妹 …… 2618 2619
- 1994 叔母との旅 …… 1070
  - 木を揺らす—2 …… 1629
  - 十二夜 …… 2926
  - 森から来たカーニバル …… 6270
- 1995 赤い階段の家 …… 0100

**演劇集団円**
- 母 …… 4930
- 蛇／雨空 …… 5601
- 1996 月下 …… 2038
  - 三文オペラ …… 2654
  - 薔薇と海賊 …… 5023
- 1997 廃屋の怪人・パウル氏 …… 4710
  - 春のうららの隅田川 …… 5054
  - ゆうれい …… 6402
  - ヨーン・ガブリエル・ボルクマン …… 6588
- 1998 湖上 …… 2226
  - スカパンの悪だくみ …… 3244
  - 光る時間（とき）…… 5134
- 1999 サラマンダー …… 2582
  - 小さなエイヨルフ …… 3782
  - 遠い日々の人 …… 4178
  - 猫町 …… 4632
  - ワーニャ伯父ちゃん …… 7041
- 2000 イリュージョン・コミック …… 0596
  - 永遠—PARTⅠ.彼女 …… 0783
  - から騒ぎ …… 1513
  - そして、飯島君しかいなくなった …… 3500
  - ハムレットの楽屋 …… 5005
- 2001 永遠—PARTⅡ・彼女と彼 …… 0784
  - シラノ・ド・ベルジュラック …… 3072
  - 当世風 雨月物語 …… 4150
- 2002 エレクトル …… 0864
  - オナー …… 1055
  - 蔵のある家 …… 1947
  - 栗原課長の秘密基地 …… 1961
  - ブラインド・タッチ …… 5456
  - マルフィ公爵夫人 …… 5987
- 2003 あいにゆくから …… 0032
  - 西へゆく女 …… 4517
  - マクロプロス 300年の秘密 …… 5874
  - リチャード三世 …… 6713
- 2004 鏡花万華鏡 風流線 …… 1764
  - スティール・マグノリアズ …… 3283
  - トラップ・ストリート …… 4281
  - ビューティ・クイーン・オブ・リナーン …… 5260
  - Life×3 …… 6608
  - 私の金子みすゞ …… 6996
- 2005 アフリカの太陽 …… 0300
  - 梅津さんの穴を埋める …… 0750
  - オリュウノオバ物語 …… 1125

## えんけ

- マクベス ... 5849
- 2006 ファウスト ... 5310
  - ロスメルスホルム ... 6885
  - ロンサム・ウェスト ... 6938
- 2007 オセロー ... 1004
  - 実験 ヒポクラテスに叛いた男 ... 2765
  - 天使都市 ... 4073
- 2008 孤独から一番遠い場所 ... 2261
  - 死の舞踏 ... 2782
  - 田中さんの青空 ... 3704
- 2009 コネマラの骸骨 ... 2276
  - 初夜と蓮根 ... 3050
  - 宙(そら)をつかむ─海軍じいさんとロケット戦闘機 ... 3541
- 2010 シーンズ・フロム・ザ・ビッグ・ピクチュアー ... 3157
  - 死んでみたら死ぬのもなかなか四谷怪談─恨─ ... 3172
  - ホームカミング ... 5790
- 2011 未だ定まらず ... 0582
  - ウエアハウス─circle ... 0633
  - カシオペアの丘で ... 1306
- 2012 ガリレイの生涯 ... 1554
  - 魔女とたまごとお月様 ... 5890
  - 胸の谷間に蟻 ... 6142
- 2013 あわれ彼女は娼婦 ... 0413
  - 夏ノ方舟 ... 4434
- 2014 朽ちるまにまに ... 1899
  - 嗜谷シルバー男声合唱団 ... 2477
  - 初萩ノ花 ... 4858
  - 錬金術師 ... 6849
- 2015 バースデイ・パーティ ... 4811
  - フォースタス ... 5351
- 2016 景清 ... 1287
- 2017 DOUBLE TOMORROW ... 3722
  - 爪の灯 ... 3968

## 演劇集団キャラメルボックス
- 1989 サンタクロースが歌ってくれた ... 2612
- 1990 広くてすてきな宇宙じゃないか ... 5289
- 1991 ナツヤスミ語辞典 ... 4458
  - ハックルベリーにさよならを ... 4845
- 1992 カレッジ・オブ・ザ・ウィンド ... 1570
- 1993 キャンドルは燃えているか ... 1738

## 団体名索引

- 1994 アローン・アゲイン ... 0410
  - 俺たちは志士じゃない ... 1141
- 1997 嵐になるまで待って ... 0359
- 1999 TRUTH ... 4173
- 2001 風を継ぐ者 ... 1327

## 演劇集団五色の花
- 1995 二月のディナー ... 4510

## 演劇集団STAMP
- 2005 油単 ... 6430

## 演劇集団砂地
- 2009 ナノ クライシス ポルノグラフィティ ... 4477
- 2014 3Crock ... 3339

## 演劇集団創造
- 1986 コザ版・どん底 ... 2219

## 演劇集団虹
- 1998 月の海 ... 3922

## 演劇集団虹プロデュース
- 1997 人形の家 ... 4589

## 演劇集団日本
- 1980 阿部一族の復讐 ... 0305

## 演劇集団フラジャイル
- 2001 アナトミア ... 0267

## 演劇集団よろずや
- 2012 青眉のひと ... 3372
- 2013 バイバイ ... 4726

## 演劇集団ワンダーランド
- 2017 デモクラティアの種─熊楠が孫文に伝えた世界 ... 4034
- 2018 戦争と日本人 ... 3437
  - 漫画の祖、ふたり一楽天と一平 ... 5996

## 演劇人集団☆河童塾
- 2002 H・E・A・T ... 5188

## 演劇組織 夜の樹
- 1986 上演台本 ... 2979
- 1989 長靴三銃士 ... 4379
- 1993 食卓の輝き ... 3027
- 1994 引き潮の時間 ... 5142
- 1995 吸血鬼の咀嚼について ... 1745
- 1996 つめくさの花の数列の果て～賢治迷い ... 3967
- 1998 夜の隣人たち ... 6584
- 2000 な…七つの大罪 ... 4469
- 2006 蓮の花 ... 4812

## 演劇部
- 1980 月蝕歌劇団 ... 2054
- 1981 碧い彗星の一夜 勝手にしやがれ ... 0061 1382
- 1984 天狼騎士団 ... 4112

## 演劇復興の会
- 2008 海ゆかば水漬く屍 ... 0747

## 演劇有志トウキョウロード
- 2000 ブドリよ、私は未だ眠る事ができない ... 5421

## 演劇ユニット・昼ノ月
- 2007,2008 顔を見ないと忘れる ... 1251 1252

## 演劇ラボラトリー上田一軒プロジェクト
- 2016 花里町プレタポルテ ... 4895

## 演奏舞台
- 1994 私の上に降る雪は ... 6993
- 1995 甘粕大尉一季節はずれの卒論 ... 0319
- 1995,1999,2004 嗤ふ一桐生悠々 ... 7044～7046
- 1996,2005 小○百姓一揆考 ... 3015 3016
- 1998 能・21シリーズI ... 4678
- 2000 暗殺風聞─'84気ヲツケカケアシススメ ... 0419
  - 難波津に咲くやこの花 ... 4474
- 2001 太鼓／火山島 ... 3583
  - 破壊裁判 ... 4741
- 2002 能・21シリーズⅡ ... 4679
- 2004 能・21シリーズⅢ ... 4680
- 2007 なつかしの学童疎開 ... 4415

## 【お】

## オイスターズ
- 2016 この声 ... 2280

## 櫻花舎
- 1994 鷹の侍女 または「罰を受けたいかさま師」 ... 4536
- 1995 奴隷島／いさかい ... 4318
- 1996 愛と偶然の戯れ ... 0028

## 桜美林パフォーミングアーツプログラム〈OPAP〉
- 2003 もう風も吹かない ... 6215

## 往来
- 1993 幽霊 ... 6405
- 1995 我愛弥 WAR I NEED ... 0651
  - HARVEY ... 4955

## OMSプロデュース
- 1995 坂の上の家 ... 2409

|   |   |   |
|---|---|---|
| 1997 ともだちが来た ……… *4264* | 太田省吾演劇事務所 | 2006 まとまったお金の唄 ‥ *5937* |
| 1998 夏休み ……………… *4456* | 1998 水の駅—3 …………… *6037* | 2007 ドブの輝き ……… *4254* |
| 1999 ここからは遠い国 … *2200* | 岡部企画 | おにぎり貿易 |
| 2001 その鉄塔に男たちはい | 1993 精霊流し …………… *3020* | 2012 ダム・ウェイター ‥‥ *3733* |
| るという ……… *3521* | 夢みた夢子 ……… *6473* | 小原延之プロデュース |
| 2002 深流波 ……………… *3220* | 1994 嗚呼・冒険王 ……… *0007* | 2013 鉄橋の上のエチュー |
| 大川興業 | 1995 女狐 ……………… *6181* | ド ……………… *4013* |
| 1991 地球義理人情 ……… *3809* | 1998 紙屋悦子の青春 …… *1449* | オフィス・イレブン |
| 大阪 | 女傑—龍馬が惚れた | 2001 午後の遺言状 ……… *2209* |
| 1994 明日 ……………… *0188* | 女 …………… *3031* | 2002 麗しのサブリナ ……… *0765* |
| 日本の面影 ……… *4565* | 新大久保の猫 …… *3112* | office utata'neプロデュース |
| 1997 そして、あなたに逢え | 1999 がんばろう ………… *1607* | 1996 グレイオルゴール ……… *1970* |
| る ……………… *3497* | 武士（もののふ）の | オフィス樹 |
| タッチューから吹く | 旗 ……………… *6256* | 1999 蟻たちへの伝言 ……… *0367* |
| 風 ……………… *3692* | 2000 色悪 悪の限りを尽く | 2000 秋雷 ……………… *2945* |
| 1998 セチュアンの善人 … *3384* | し三郎 ………… *0599* | 2001,2002 |
| 2002 戦い ……………… *3680* | 真田風雲録 ……… *2518* | ハルピン帰りのヤス |
| 2007 涙の谷、銀河の丘 …… *4482* | 2001 秋日和／精霊流し …… *0139* | ケ ……… *5062 5063* |
| 2010 まほろば ……………… *5968* | 権兵衛—荒畑家の | 2006 オホーツクの女 …… *1084* |
| 2012 イノセント・ピープ | 人々 ……………… *2371* | 2008 俥／春の枯葉 ……… *1967* |
| ル ……………… *0561* | 天使が微笑んだ男 …… *4068* | 2014 母の死／大臣候補 …… *4945* |
| 2013 鼬 ……………… *0516* | 2004 蜂ノ巣城—2002年中 | 2015 女よ、気をつけろ！／ |
| 臨界幻想 ……… *6777* | 津江村より ……… *4841* | 或る夜の出来事 …… *1194* |
| 2015 姉川写真館の四季 …… *0276* | 2005 花祭 ……………… *4916* | 邪宗門／空気はぜひ必 |
| 2016 猿のゆりかご ……… *4770* | 2012 玄界灘 ……………… *2074* | 要です ……… *2824* |
| 2017 ここにライオンはいな | 岡森企画 | 2016 良人の教育／故郷の |
| い ……………… *2205* | 1995 アメリカン・バッファ | 人 ……………… *1024* |
| 大阪劇団協議会 | ロー …………… *0351* | 五兵衛と六兵衛／柿實 |
| 2018 築地にひびく銅鑼 …… *3913* | 小川洋三プロデュース | る村 ……………… *2294* |
| 大阪現代舞台芸術協会 | 1980 ゴドーを待ちながら …… *2247* | 2017 屍舎／僧俗物語 ……… *1746* |
| 2009 中島陸郎を演劇する ‥ *4382* | 1981 プラトーノフ ……… *5472* | 2018 家主の上京／屑屋の神 |
| 2011,2012 | 沖縄芝居実験劇場 | 様 ……………… *6331* |
| オダサク、わが | 1987 世替りや、世替りや …… *6501* | オフィスコットーネ |
| 友 ……… *1014 1015* | 1997 ふるさとへ帰ろうよ、 | 2011 12人—奇跡の物語 …… *2913* |
| 2014 坊っちゃん ……… *5756* | あなた ……… *5501* | 2014 密会 ……………… *6054* |
| 2017 メイド イン ジャパ | 1998 山のサバニーヤンバ | 2015 人民の敵 ……… *3204* |
| ン ……………… *6173* | ル・パルチザン伝 …… *6356* | 漂泊 ……… *5267* |
| 2018 流れんな ……… *4395* | オクスフォード劇団 | 2016 埒もなく汚れなく ……… *6648* |
| 大阪女優の会 | 1994 ロミオとジュリエッ | 2017 怪談 牡丹燈籠 ……… *1218* |
| 2008 夕凪の街 桜の国 ……… *6394* | ト ……………… *6912* | 2018 US/THEM わたした |
| 2010 遠くの戦争〜日本のお | ¡OJO! | ちと彼ら ……… *0207* |
| 母さんへ ……… *4181* | 1997 オッホの時刻と気分 … *1027* | 踊るよ鳥トシ少し短く ‥ *1054* |
| 大阪新劇団協議会 | お伽座 | オフィス・ザ・サード・ステージ |
| 1994 なにわの葦 ……… *4475* | 1988 モモ ……………… *6263* | 1987 朝日のような夕日をつ |
| 1995 茶館 ……………… *3847* | 大人計画 | れて—天ノ磐戸編 …… *0167* |
| 1997 がめつい奴 ……… *1462* | 1991 溶解ロケンロール ……… *6497* | 1988 大恋愛 ……………… *3637* |
| 1998 陽だまりの樹 ……… *5174* | 1992 冬の皮 ……………… *5435* | 1989 真夏の夜の夢 ……… *5943* |
| 2001 1995こうべ曼陀羅 ……… *3420* | 1998 ヘブンズサイン ……… *5606* | オフィス3○○ |
| 2015 老貴婦人の訪問 ……… *6857* | 1999 母を逃がす ……… *4934* | 2007 りぼん ……………… *6745* |
| 大阪春の演劇まつり | 2001 エロスの果て ……… *0878* | 2011 ゲゲゲのげ—逢魔が時 |
| 1996 幸せさがそ ……… *2672* | 2002 春子ブックセンター …… *5041* | に揺れるブランコ ‥ *2023* |
| 大阪放送劇団 | 2004 ドライブ イン カリ | 2012 月にぬれた手／天使 |
| 2011 お父さんのハイライ | フォルニア ……… *4273* | 猫 ……………… *3918* |
| ト ……………… *1031* | 2005 蛇よ！ ……………… *5603* | 2013 あかい壁の家 ……… *0101* |

## おふい　団体名索引

2017 鯨よ!私の手に乗れ .... 1883
2018 肉の海 ................. 4513

### オフィスC&P
1980 熱帯樹 ................. 4641

### オフィス・シルバーライニング
1994 サンシャイン・ボーイズ ................. 2603

### オフィス・タイプス
2005 夢の海賊 ............... 6454

### オフィス・ナイン
1987 シャーロック・ホームズ探偵物語—血の十字架 ............... 2859
1988 シャーロック・ホームズ最後の冒険 ..... 2858
1989 麗しのサブリナ ....... 0766

### オフィス・バック
1987 ゼウスガーデン衰亡史 ................. 3378

### オフィスぱれいど
1990 LADY DAY ............ 6832

### オフィスプロジェクトM
1999 キャバレー'99／わたしたち 夢 売ってます ................. 1735
2000 終着駅の向こうには ................. 2906
2001 居酒屋物語〜ヨシダさんがイッタ ......... 0490
　　　新撰組 ................. 3161
2002 Life Cycle ............ 6607
2003 明治とサムライと×× × ................. 6166
2004 飯縄おろし ............ 0452
2006 海峡を越えた女 ...... 1203
2009 離宮のタルト ......... 6703

### オフィス・ミヤモト
2018 ブラインド・タッチ .. 5457

### オフィスワンダーランド
1998,1999
　　　賭博師 梟 ...... 4246 4247
2000 鳳凰の切り札 ........ 5666
2001 漂鳥の儚(ゆめ) ..... 5266
2002 不死鳥の落胤 ........ 5345
2003 神鷲は死なない ...... 1457
2011 からくり儀右衛門〜東芝を創った男 ......... 1512
2012,2016
　　　日本のアニメ(ジャパニメーション)夜明け前 ......... 2841 2842
2013 アチャラカ 昭和の喜劇人・古川ロッパ、ハリキる ............ 0325

2014 明星 与謝野鉄幹・晶子の道行き ......... 6097
2015 アレキサンドル昇天青木繁・神話の住処 ................. 0406
2016 奇妙なり一岡本一平とかの子の数奇な航海 ................. 1708
2017 からくり儀右衛門〜技術で明治維新を支えた男 ............ 1511

### off・H
2000 『I』を棄却するマリコ ................. 1334

### OFF・OFF・OFF
1987 セラピイ ............... 3408

### OFT
2014 わたしの焦げた眼球／遠視 ................. 6998

### OPEN SESAME
1999 クラウンのいる風景—星の砂漠 ......... 1943

### オリガト・プラスティコ
2001 カフカズ・ディック .. 1415
2003 西へゆく女 ............ 4517
2006 漂う電球 ............... 3684
2012 龍を撫でた男 ......... 6752

### オリゴ党
1996 多羅尾伴内の世界 .... 3739

### オリビエ・コント
2005 年老いたクラウン ..... 4218

### オルガンヴィトー
2002 ねむり姫 ............... 4660
　　　バロウ ................. 5077

### Ort-d.d
2004 so bad year .......... 3536
　　　四谷怪談 ............... 6541

### 音楽座
1981 闇夜の祭り ............ 6372
1985 コカ・コー(笑) ..... 2172
1989 シャボン玉とんだ宇宙(ソラ)までとんだ .. 2847
1989,2006
　　　とってもゴースト ............ 4232 4233
1993,2006
　　　リトル プリンス ...... 6737 6738
1994 泣かないで ............ 4383
1995,2007
　　　アイ・ラブ・坊っちゃん ............ 0048 0049
2000,2007
　　　メトロに乗って ............ 6197 6198

2008,2010
　　　七つの人形の恋物語 ............ 4467 4468

### オンシアター自由劇場
1982 シンベリン ............ 3196
　　　寿歌 ................. 5688
　　　もっと泣いてよフラッパー ................. 6247
1986 家鴨列車 ............... 0298
1987 ひゅう・どろどろ ..... 5259
1989 A列車 ................. 0868
　　　ティンゲルタンゲル .. 3996
1990 上海バンスキング ... 2877
　　　理由なき女殺油地獄 .. 6762
1994,1995
　　　スカパン ....... 3242 3243
1996 黄昏のボードビル .... 3675
　　　ダム・ウェイター .... 3734

### 温泉ドラゴン
2018 嗚呼、萬朝報! ....... 0008

### オン・タイム
2003 海の上のピアニスト .. 0735
2004 エリザベス・レックス ................. 0854
2005 ちいさな歳月 ........ 3783

### オントロジカル・ヒステリック・シアター
2000 バッド・ボーイ・ニーチェ! ................. 4857

### On7
2015,2018
　　　その頬、熱線に焼かれ ............ 3533 3534
2016 マ〇コの話〜あるいはヴァギナ・モノローグス ................. 5877

### ONLYクライマックス
1993 結婚契約破棄宣言 KATEIの問題 Part6 ................. 2051
　　　沈黙の自治会 ........ 3895
1994 結婚契約破棄宣言 悲喜こもごも ........ 5140
1995 変な女の恋 ............ 5644
　　　四人兄弟 ............... 6549

## 【か】

### 海市-工房
2002 夜のキリン ............ 6572
2003 天使の梯子 ............ 4074

## 解体社
- 1986 DEAR SPECTRUM ......... *3976*
- 密林譚 ................. *6066*
- 遊行の景色2 ......... *6426*
- 2000 manymany ............ *6200*

## 耀人
- 2017 ブルーストッキングの女たち ............ *5504*

## 柿喰う客
- 2012 絶頂マクベス ......... *3399*
- 無差別 ............... *6126*
- 2015 天邪鬼 ............... *0328*

## 楽劇コースケ事務所
- 1994 Face to Mask ......... *5339*

## カクスコ
- 1991 オイ、山本! ........... *0906*
- 1992 年中無休!朝日堂も春 ................. *4669*
- 1996 廊下は静かに!/年中無休 ............... *6856*
- 1997,2000 上りの始発─丸子組、旅に出る ......... *4699 4700*
- 1998 空き室あり! サツキ荘'98秋 ........... *0136*

## KAKUTA
- 2009 甘い丘 ............... *0315*
- 2010 めぐるめく ........... *6182*

## 楽団鹿殺し
- 2014 喇叭道中音栗毛 ....... *6650*

## 風間杜夫アーカイブスシアター
- 2006 黄昏にカウントコール ................. *3673*

## 風間杜夫プロデュース
- 1991 黒い花びら 侠客・千代之介の生涯 ....... *1990*

## 〈仮設劇場〉WA
- 2005 一劇場へ!! ............. *2015*

## 風の旅団
- 1983 東京マルトゥギー魔弾の射手 ............ *4140*

## カタコンブ
- 1999 あなたから逃げて行く街に漂う煙について ............... *0257*

## かたつむりの会
- 1987 受付 ................. *0666*
- トイレはこちら ...... *4116*
- 部屋 ................. *5607*
- 1988 向こう横丁のお稲荷さん ................. *6125*
- 1989 いかけしごむ ........ *0472*
- 1992 死のような死 ........ *2784*

## 語り手たちの会
- 1993 招待されなかった客 ... *3001*
- 魔女の猫探し ......... *5891*
- 1994 消えなさい・ローラ ... *1621*
- 1995 六月の電話 ........... *6866*
- 1996 クラムボンは笑った ... *1950*
- 1997 もうひとりの飼主 .... *6220*
- 1998 月と卵 ................ *3916*
- 1999 十六夜日記 ........... *0492*

## 語りと音楽の会
- 2000 山林鉄道 ............. *2666*

## カタルシツ
- 2013,2015 地下室の手記 ... *3801 3802*
- 2015 語る室 ............... *1373*

## 勝田演劇事務所
- 1987 ジェニーの肖像 ....... *2693*
- 1988 血とバラ ............. *3830*
- 2004 白い悪魔 ............. *3093*
- 2006 九つの不気味な物語～欧米怪談集 ......... *2207*
- 2008 シチリアのライム ..... *2760*
- 2009 バケレッタ! .......... *4780*
- 2012 ボーンルーム～骨格標本室 ............. *5817*
- 2013 メアリー・スチュアート ................. *6160*
- 2014 日陰でも110度 ....... *5122*
- ヘッダ・ガーブラー ... *5578*
- 2015 かもめ .............. *1470*
- 二人の死刑執行人／ファンドとリス ..... *5403*
- 2016 タイタス・アンドロニカス ............... *3600*

## 河童
- 1987 津軽姥捨口伝 ........ *3907*

## 桂枝雀落語芝居
- 1995 変身 ................. *5630*

## 門井均プロデュース
- 1997 署名人／マッチ売りの少女 ............... *3049*

## 加藤健一事務所
- 1981,1982,1984 寿歌 ............ *5689～5691*
- 1983,1988 ザ・シェルター ........ *2480 2481*
- 1986,1994 審判 ............ *3186 3187*
- 1987 建築家とアッシリアの皇帝 ............... *2102*
- 1988 第二章 ............... *3617*
- 1989 おかしな二人 ......... *0958*
- 1993 三人姉妹 ............. *2620*
- 1994 パパ、I LOVE YOU! .............. *4931*
- 1995 ブラック・コメディ ... *5464*
- セイムタイム・ネクストイヤー ............ *3374*
- What a SEXY Dinner! ............. *7019*
- 1996 トレンド・ミー・テナー ................. *4325*
- 1997 カッコーの巣の上を ... *1378*
- 夢の海賊 ............. *6455*
- 1999 銀幕の向うに ........ *1855*
- 2000,2002,2018 煙が目にしみる ............. *2063～2065*
- 2002 劇評 ................. *2019*
- バッファローの月 ..... *4861*
- 2003 木の皿 ............... *1699*
- ギャンブラー ......... *1739*
- 詩人の恋 ............. *2735*
- 2004 コミック・ポテンシャル ................. *2302*
- すべて世は事も無し ... *3328*
- 2005 ヒーロー ............. *5287*
- 2007 特急二十世紀 ........ *4230*
- モスクワからの退却 ... *6237*
- 2008 思い出のすきまに .... *1106*
- レンド・ミー・ア・テナー ................. *6853*
- 2009 高き彼物 ............. *3644*
- 2010 シャドーランズ ....... *2835*
- モリー先生との火曜日 ................. *6273*
- 2011 コラボレーション ..... *2312*
- 2011,2015 滝沢家の内乱 ... *3653 3654*
- 2012 ザ・シェルター／寿歌 ................. *2483*
- バカのカベ ........... *4748*
- 2014 If I Were You こっちの身にもなってよ ... *0575*
- ブロードウェイから45秒 ................. *5537*
- 2015 バカのカベ～フランス風 ............... *4749*
- ペリクリーズ ......... *5612*
- 2017 喝采 ................. *1380*
- 夢一夜 ............... *6439*
- 2018 イカれてるぜ! ........ *0478*
- ドレッサー ........... *4319*

## 加藤健一プロデュース
- 1982 コレクター ........... *2335*

## 神奈川芸術劇場
- 2011 金閣寺 ............... *1828*
- 2012 暗いところからやってくる ............... *1934*
- 2017 作者を探す六人の登場人物 ............... *2419*
- 2018 華氏451度 ........... *1313*

## かなか　団体名索引

グレーテルとヘンゼ
　　ル ················· 1978
バリータータ ············ 5032
山山 ·················· 6363

**神奈川芸術文化財団**
2000 樹と樹の夢 ······· 1686
2002 現代能 ベルナルダ・
　　アルバの家 ········ 2097
2006 モローラ―灰 ······ 6280

**かながわ舞台芸術工房ASK**
2000 ギンネム屋敷 道化と
　　カムフラージュ ····· 1850

**金沢市民芸術村ドラマ工房**
2002 蜃気楼 ············ 3118

**金杉忠男アソシエーツ**
1995 NAME-
　　TOKOYAMA ······ 4487
1996 POOL SIDE ········ 5498

**鉄鉢の会**
1986 うしろ姿のしぐれてゆ
　　くか 漂白の俳人・種
　　田山頭火 ·········· 0672

**可児市文化振興財団**
2011 エレジー 父の夢は舞
　　う ················ 0865

**鐘下辰男ワークショップ 塵の徒党**
1996 火男の火 ·········· 5271

**加納幸和事務所**
1984 敷布を捲って虹色世
　　界 ················ 2712

**華のん企画**
2008 チェーホフ短編集～マ
　　イケル・フレイン翻
　　案『くしゃみ』よ
　　り ················ 3791
2009 ワーニャ伯父さん ··· 7028
2010 チェーホフ短編集
　　1＋2 ·············· 3792
2011 三人姉妹 ·········· 2621
2012 賭け ·············· 1285

**佳梯かこプロデュース**
2002 ソラノテザワリ ····· 3550

**ガバメント・オブ・ドッグス**
2008 Refresh! ··········· 6741

**壁なき演劇センター**
2016 かもめ ············ 1469
2017 ビザール～奇妙な午
　　後 ················ 5154

**壁ノ花団**
2007 悪霊 ·············· 0150
2008 アルカリ ·········· 0378
2011 フォーエバーヤング · 5348
2016 水いらずの星 ······ 6019
2017 ウィークエンダー ··· 0620

**蒲田演劇工場**
2005 思い出を売る男 ····· 1102

**ガマ発動期**
2000 精肉工場のミスターケ
　　チャップ ·········· 3371

**カムカムミニキーナ**
1997 鈴木の大地（一日一話
　　二十四話連続公
　　演） ·············· 3266

**亀の子新社**
2003 火を継ぐもの―小林多
　　喜二 ·············· 5120

**亀の子新社プロデュース**
2002 青春を返せ! ······· 3357

**亀屋東西社**
1991 東京夢幻図絵 ······ 4142

**カメレオン会議**
1998 たしあたま ········ 3663
2000 キリコの小舟 ······ 1812
　　モナ美 ············ 6252

**かもねぎショット**
1989,1991
　　夢のあるうち今のう
　　ち ··········· 6451 6452
1991 東京の道をゆくと ·· 4137
　　婦人ジャンプ2 ····· 5378
1995 裸の国 ············ 4821
1998 約束 ·············· 6304
2005 ロシアと20人の女た
　　ち ················ 6876

**鴎座**
2001 終着駅の向こうに
　　は ················ 2905
2003 ワーニャ伯父さん ··· 7029

**唐組**
1981 黄金バット―幻想教師
　　出現 ·············· 0911
1989 ジャガーの眼 ······ 2812
　　電子城―背中だけの騎
　　士 ················ 4069
1990 セルロイドの乳首 ·· 3416
1991 愛の乞食 ·········· 0036
　　電子城Ⅱ フェロモン
　　の呪縛の巻 ········ 4070
1994 匂ひガラス ········ 4505
1995 裏切りの街 ········ 0756
1997 海の口笛 渡り海女の
　　伝説より ·········· 0738
1998 汚れつちまつた悲しみ
　　に… ·············· 6528
1999 眠り草 ············ 4657
　　秘密の花園 ジゴロ・
　　唐十郎扮する版 ····· 5235
2000 夜壺 ·············· 6540
2001 闇の左手 ·········· 6369

2002,2003
　　糸女郎 ······· 0550 0551
2003 泥人魚 ············ 4334
2004 津波 ·············· 3949
2005 カーテン ·········· 1389
2005,2013
　　鉛の兵隊 ····· 4479 4480
2006 紙芝居の絵の町で ·· 1442
　　透明人間 ·········· 4162
2008 ジャガーの眼・2008 · 2813
2012 海星 ·············· 5196

**KARA・COMPLEX**
2005 調教師 ············ 3867

**烏丸ストロークロック**
2000 ジェシカ・モーレン · 2690
2006 クヨウミチ ········ 1933
2016 国道、業火、背高泡立
　　草 ················ 2190
2018 まほろばの景 ······ 5970

**唐ゼミ☆**
2005 黒いチューリップ／盲
　　導犬 ·············· 1987

**空晴**
2008 引越のススメ／一番の
　　誕生日! ··········· 5186
2013 理想の、あとかたづ
　　け ················ 6709
2015 せんたくの日和 ···· 3441
2016 ここも誰かの旅先 ·· 2210
2017 遠くの花火 ········ 4182
2018 となりのところ ···· 4244

**カーラバ集団**
2017 Voices In The Dark―
　　分解された劇場ある
　　いは人間ゴミ箱 ···· 5658

**カラン**
2000 曲がり角と郷愁 ···· 5839

**伽藍博物堂**
1997 あさきゆめみし ···· 0159

**川口隆夫プロジェクト**
2010 Tri_K ············· 4305

**河原企画プロデュース**
1980 かもめ ············ 1471

**関西芸術アカデミー**
1995 大経師昔暦 ········ 3580

**関西芸術座**
1993 なすの庭に、夏。 ··· 4403
1995 女の平和 ·········· 1191
　　虫 ················ 6128
1996 ロンリー・ハート ·· 6943
1997 おかあさん疲れたよ · 0955
　　木の咲くとき ······ 1698

ロミオとジュリエッ
　　ト ·················· 6913
1998　バーディ ············· 4866
　　　遙かなる甲子園 ····· 5037
1999　風が吹くとき ········· 1330
2005　少年H ··············· 3004

寬斉スーパースタジオ
1987　心エネルギー――羽衣伝
　　　説 ····················· 2212

関西俳優協議会
1997　一身上の都合 ········· 0531

缶の階
2014　舞台篇「ヒーローに見
　　　えない男/缶コー
　　　ヒーを持つ男」客席
　　　篇「椅子に座る女/椅
　　　子を並べる男」 ······ 5381

カンパニーデラシネラ
2013　カルメン ············· 1565
　　　ノーラ ··············· 4702

【き】

ギイ・フォワシィ・シアター
1980　入江 ·················· 0594
　　　雫 ···················· 2746
1993　橋の上の男 ··········· 4795
1994　詩人の墓/ストレス解
　　　消センター行き ····· 2736
1994,1995,1999,2004
　　　湾岸から遠く離れ
　　　て ············· 7061～7064
1996　ソワレ・ブルジョワー
　　　ズ/動機/救急車/
　　　相寄る魂 ············· 3563
1998　ガラス壷 ············· 1516
　　　救急車 ··············· 1742
　　　失業保険受領者社 · 2763
1998,2007
　　　相寄る魂 ······· 0044 0045
1999　チェロを弾く女 ······ 3797
2000,2005
　　　バドゥー警視 ·· 4871 4872
2001　湾岸から遠く離れて/
　　　王様と私たち/動機
　　　/相寄る魂 ·········· 7065
2002　橋の上の男/テラス · 4796
2003　ロイヤル・セレモニー
　　　行進曲 ··············· 6855
2004　ギイ・フォワシィ演
　　　劇コンクール ······· 1614
　　　シカゴ・ブルース ··· 2707
2006　王様と私たち/橋の上
　　　の男 ·················· 0915

2007　ストレス解消センター
　　　行き ·················· 3293
　　　母からの手紙 ········· 4937
　　　私もカトリーヌ・ド
　　　ヌーブ/父の言い分
　　　/劇的リーディン
　　　グ ····················· 7006
2008　オオカッサンとニコ
　　　レット ··············· 0961
　　　背中のナイフ/証言 · 3403
2009　ジェラール・フィリッ
　　　プへの愛ゆえに ····· 2698
2010　大笑い/詩人の墓/相
　　　寄る魂 ··············· 0954
　　　橋の上の男/派遣の
　　　女 ····················· 4797
2012　複合過去/エリゼ・ビ
　　　スマルクの長い人
　　　生 ····················· 5357
2014　相寄る魂/ファン
　　　ファーレを待ちなが
　　　ら ····················· 0046

紀尾井人形邦楽館
2006　北越誌 ··············· 5702

紀尾井朗読スペシャル
2005　ほいとうの妻―山頭火
　　　たれ山頭火たれ/中
　　　也が愛した女―いか
　　　に泰子いまこそは · 5660

期間限定Saccharin
2011　その鉄塔に女たちはい
　　　るという ············· 3524

綺畸
1980　光の時代――Le Temps
　　　de Lumiere ········· 5132
1981　ロミオとフリージアの
　　　ある食卓 ············· 6931
1982　工場物語 ············· 2145

如月小春プロデュース
1998　空室 ·················· 1862

岸田事務所
1985　ハノーヴァの肉屋（改
　　　訂版） ··············· 4926
1986　恋 其之弐 ··········· 2121
　　　宵待草 ··············· 6495
1987　糸地獄 ··············· 0546
1988　料理人 ··············· 6770
1990　出張の夜 ············· 2960

岸田理生プロデュース
1994　花 ···················· 4880

きづがわ
2016　追憶のアリラン ······ 3896

北九州芸術劇場
2004　ファウスト―ワルプル
　　　ギスの音楽劇 ······· 5314
2005　ルル～破滅の微笑み · 6808

2008　青春の門―放浪篇 ····· 3363
2012　LAND→SCAPE/海
　　　を眺望→街を展望 · 6676

北区つかこうへい劇団
1995　つか版・北区お笑い忠
　　　臣蔵 ·················· 3905
1998　おおらかな悲劇/敵前
　　　逃亡のマリア ······· 0953
　　　スカブラ ············· 3246
2001　新・飛龍伝 私のザン
　　　パノ ·················· 3195
2007　うどん屋 ············· 0712

きなせ企画
2012　終の棲 ··············· 3901
2013　大往生 ··············· 3573
2014　天下御免☆想定外 ··· 4052

キノG-7
2018　タニマラ―さびしい
　　　風 ····················· 3711

木ノ下歌舞伎
2009　伊達娘恋緋鹿子 ······ 3700
2010　勧進帳 ··············· 1597
2011　夏祭浪花鑑 ··········· 4454
2012　義経千本桜 ··········· 6532
2017　東海道四谷怪談―通し
　　　上演 ·················· 4123

木場勝己プロデュース
1998　今は昔、栄養映画館 · 0587

木村プロダクション
1995　危険なダブルキャス
　　　ト ····················· 1651

キャスター・ウエストエンド・シ
アター
1998　家族の気分 ··········· 1361
1999　クローサー ··········· 1995
2000　二十世紀 ············· 4520

逆境VAND
1996　痛い目にあいたい ···· 0514

CAB DRIVER
2001　肌の融点 ············· 4828

木山潔プロデュース
1995　雲の涯 ··············· 1929
1997　鋏/秋の歌 ··········· 4790

木山事務所
1981　ペテルブルグの夢「罪
　　　と罰」 ··············· 5594
1988　お気に召すままお芝居
　　　を ····················· 0975
1989　ドラキュラ伯爵の秋 · 4277
　　　ローマを見た 天正の
　　　少年使節ものがた
　　　り ····················· 6904
1993　築地ホテル館炎上 ···· 3914
1994　はるなつあきふゆ ···· 5050

## きやん　　団体名索引

百三十二番地の貸家／
　落葉日記 ………… 5239
1994,1996
　私の下町（ダウンタウ
　ン）―母の写
　真 …………… 7000 7001
1994,1999,2005,2010
　壁の中の妖精―生きて
　いるってこんなに素
　晴らしい …… 1423～1426
1995 命を弄ぶ男ふたり ……… 0563
　紙風船 ………………… 1448
　壊れた風景 …………… 2346
1995,2004
　この道はいつか来た
　道 ……………… 2285 2286
1996 瀕死の王様 …………… 5303
1997 海と日傘 ……………… 0725
　私の下町（ダウンタウ
　ン）―姉の恋愛 …… 6999
1998 かもめ ………………… 1472
　昨今横浜異聞／坂の上
　の家 ………………… 2496
　ピアフの妹 …………… 5115
　山猫理髪店 …………… 6349
1999 紙屋悦子の青春／坂の
　上の家／海と日傘 … 1451
　三人姉妹 ……………… 2622
　ワーグナー家の女 …… 6978
1999,2013
　はだしのゲン … 4826 4827
2000 青空・もんしろちょ
　う ……………………… 0083
　ぼくの失敗 私の下町
　3 ……………………… 5715
2001 桜の園 ………………… 2425
　ミレット ……………… 6106
2001,2004
　仮名手本ハムレッ
　ト ……………… 1400 1401
2002 慶応某年ちぎれ雲 …… 2007
　人間万事漱石の自転
　車 ……………………… 4608
　はごろも ……………… 4787
2003 現代・娘へんろ紀行 … 2100
　チャーチ家の肖像 …… 3852
2004 赤い鳥の居る風景 …… 0110
　雲の涯 ………………… 1930
　死者を埋葬（ほうむ）
　れ ……………………… 2731
　田宮のイメエジ ……… 3732
　港町ちぎれ雲 ………… 6073
2005 コント・ア・ラ・カル
　ト当世殺人考 ……… 2358
　最終目的地は日本 …… 2395
　妖精たちの砦―焼跡の
　ピーターパン ……… 6499
2006 出番を待ちながら …… 4028
　人形の夢ひとの夢 …… 4595

ハリウッド物語 ……… 5030
2007 やってきたゴドー …… 6325
1987 ハムレット …………… 4965

### CANプロ
2016 変な女の恋 …………… 5645
2017 記憶パズル …………… 1627
2018 母の法廷 ……………… 4949

### 球
2018 紫陽花 ………………… 0184

### 旧眞空鑑
1987 うしろの正面だあれ … 0675
1989 しあわせな日々 ……… 2673
1998 メアリー・ルウ ……… 6164
2002 殺す勇気 ……………… 2340

### 九プロダクション＜楽市楽座＞
2000 ロダンの花子 ………… 6892

### Cucumber
2017 きゅうりの花 ………… 1754

### キューブ
2007 橋を渡ったら泣け …… 4791
2012 祈りと怪物 ～ウィル
　ヴィルの三姉妹～
　KERAバージョン … 0566
2016 8月の家族たち ……… 4832
2017 陥没 …………………… 1611

### 京
1989 夜の来訪者 …………… 6580
1996 Dangerous Corner 危
　険な曲り角 ………… 4076
1999 桜の園 ………………… 2426
　ゆうれい ……………… 6403

### 鏡花劇場
1988 繪がたり 瀧の白糸 … 0798

### 京芸
2000 はたがめの鳴る里 …… 4822
　花いちもんめ ………… 4884
　文殊九助 ……………… 6282
2001 さよなら竜馬 ………… 2557
2009 ウィッシュリスト …… 0622

### 狂言劇場
2018 狂言「呼声」／狂言
　「楢山節考」………… 1766

### KYOTO EXPERIMENT 2016 AUTUMN
2016 Las Ideas …………… 6638

### 京都演劇会議
1995 美しきものの伝説 …… 0701

### 京都芸術センター
2003 宇宙の旅、セミが鳴い
　て ……………………… 0697
　海と日傘 韓国語版 … 0727
　海と日傘 日本語版 … 0728

蝶のやうな私の郷愁／
　パ・ド・ドゥ ……… 3875
2004 アルマ即興 …………… 0403
2005 象を使う ……………… 3460
　from DICTEE ………… 5540
2007 生きてるものはいない
　のか …………………… 0483
2012 Housewarming ……… 4733
2015 新・内山 ……………… 3110
　また愛か ……………… 5898

### 京都舞台芸術協会プロデュース
2011 異邦人 ………………… 0578

### 京都府立文化芸術会館
1998 家を出た ……………… 0455

### 京楽座
2004 をぐり考 ……………… 0984
　ピアノのはなし ……… 5113
2005 歌芝居 をぐり ……… 0687
　しのだづま考 ………… 2778
2006 破戒 …………………… 4740
2006,2007,2010
　中西和久のエノケ
　ン ……………… 4384～4386
2007 山椒大夫考 …………… 2608
2008 アウトロー・WE 望郷
　編 ……………………… 0055
　ブルーストッキングの
　女たち ………………… 5505
2011 草鞋をはいて ………… 7050

### 極東退屈道場
2009 リメンバー・ワイキ
　キ・ビーチ ………… 6749
2011 サブウェイ …………… 2532
2012,2015
　タイムズ ……… 3626 3627
2016 百式サクセション …… 5240
2017 ファントム …………… 5319

### 虚構の劇団
2018 もうひとつの地球の歩
　き方 ………………… 6219

### 虚構パーティー
1994 双子のキメラ ………… 5385

### 魚灯
2000 祭りの兆し …………… 5925
2002 満開の案山子がなる … 5995
2004 笑役（わらいやく）… 7043
2005 異邦人 ………………… 0579
2007 静物たちの遊泳 ……… 3373
2008 着座するコブ ………… 3849

### キョード―東京
1996 グッバイ・ガール …… 1908

### ギリシャ国立劇場
2003 アンティゴネ ………… 0430

## ギルド
- 2008 誰？ ... 3750
- 2011 Stake Out～張り込み ... 3287

## 銀河劇場
- 2007 ヴェニスの商人 ... 0638
  - 錦繍 ... 1835
- 2008 キーン ... 1822
- 2011 グレンギャリー・グレン・ロス ... 1980
- 2013 テイキングサイド～ヒトラーに翻弄された指揮者が裁かれる日 ... 3980

## 銀河鉄道
- 1985 八犬伝 ... 4847

## 金魚
- 2009 言葉の縁 ... 2264

## 銀座セゾン劇場
- 1987 カルメンの悲劇 ... 1568
  - 十二夜 ... 2927
  - 朱雀家の滅亡 ... 3260
  - 夏・南方のローマンス ... 4423
  - 輪舞 ... 6941
- 1988 有頂天時代 銀座生れといたしましては ... 0699
  - きらら浮世伝 ... 1803
  - 地獄のオルフェ ... 2718
  - 世阿彌 ... 3344
  - ドン・ジョヴァンニ 超人のつくり方 ... 4345
  - ハロルド・ピンター・コレクション 10のスケッチを含む『コレクション』 ... 5084
  - マハーバーラタ ... 5955
- 1989 桜の園 ... 2440
  - 野田版・国性爺合戦 ... 4688
- 1989,1996
  - マクベス ... 5850 5851
- 1990 女殺油地獄 ... 1171
  - ヘンスフォワード～これから ... 5635
  - 流浪伝説 ... 6809
- 1990,1995,1998
  - ハムレット ... 4966～4968
- 1991 榎本武揚 ... 0839
  - テンペスト ... 4100
  - 人形の家 ... 4590
- 1992 サロメ ... 2589
  - 三人姉妹 ... 2623
  - 審判 ... 3188
  - タイタス・アンドロニカス ... 3601
  - 陽だまりの樹 ... 5175
  - ルナ 輪廻転生の物語 ... 6799
- 1993 血の婚礼 ... 3836
- 1993,1995
  - エリザベス ... 0851 0852
- 1994 海神別荘 ... 1210
  - ゴドーを待ちながら ... 2248
  - シャンブル・マンダリン ... 2885
  - 天守物語 ... 4077
  - 飛龍伝'94―いつの日か白き翼にのって ... 5282
- 1994,1995
  - エンジェルス・イン・アメリカ ... 0883 0884
- 1995 エンジェルズ・イン・アメリカ 第二部 ... 0886
  - 四谷怪談 ... 6542
  - リチャード三世 ... 6717
- 1996 幸せの背くらべ ... 2677
  - セツァンの善人 ... 3388
  - ふるあめりかに袖はぬらさじ ... 5494
- 1996,1999
  - マスター・クラス ... 5895 5896
- 1997 昭和歌謡大全集 ... 3021
  - 夕鶴 ... 6389
  - わが町 ... 6962
- 1998 ヴェリズモ・オペラをどうぞ！ ... 0649
  - ポップコーン ... 5759
  - ミハイル・バリシニコフ&坂東玉三郎 ... 6082
  - リボンの騎士 鷲尾高校演劇部奮闘記 ... 6747
- 1999 KUNISADA 国定忠治 ... 1910
  - 裸足で散歩 ... 4824
  - マレーネ ... 5991

## キンダースペース
- 1985 波濤を越える渡り鳥 ... 4870
  - ファイナル・チャンピオン—ポットの中の英雄達 ... 5307
- 1995 部屋=ROOM ... 5609
- 1997 残酷な17才 ... 2598
- 1999 夜明けに消えた ... 6486

## 金真須美プロデュース
- 1995 贋ダイヤを弔う ... 4535

## 【く】

### 空間アート協会
- 2014 現代版「蔦紅葉宇都谷峠」 ... 2098

### 空間演技
- 1980 キャバレー ... 1732
- 1985 哀しき狙撃手 ... 1395
  - ラガー—騒乱罪の男たち ... 6622
- 1986 團十郎と音二郎 ... 3769
- 1987 力道山 まだ観ぬ蒼き貌の人 ... 6702
- 1989 天敵—新宿どん底物語 ... 4090
  - 闇市愚連隊 ... 6364
- 1996 籠城 ... 6858

### Quaras
- 2010 血は立ったまま眠っている ... 3887
- 2011 あゝ、荒野 ... 0005
- 2014 夜中に犬に起こった奇妙な事件 ... 6547

### KUSHIDA WORKING
- 2003 ユビュ王 ... 6436

### くじら企画
- 1998 黄昏ワルツ ... 3679
- 1999 ブカプカジョーシプカジョーシ ... 5356
- 2000 屋上のペーパームーン—ニセ夜間金庫事件顛末記 ... 0981
- 2002 生きてゐる小平次 ... 0481
- 2002,2017
  - サヨナフーピストル連続射殺魔ノリオの青春 ... 2545 2546
- 2003 夜、ナク、鳥 ... 6565
- 2004,2010
  - サラサーテの盤 ... 2562 2563
- 2008,2011
  - 山の声—ある登山者の追想 ... 6354 6355
- 2010 密会 ... 6055
- 2013 ドアの向こうの薔薇 ... 4115

### 葛河思潮社
- 2011 浮標 ... 5322

### KUDAN Project
- 2007 美藝公 ... 5147

### 究竟頂
- 1980 白鷺物語 ... 3066
- 1982 紺碧の朝 ... 2372

## KUTO-10
- 2012 血、きってみる …… *3808*
  - 楽園! …………………… *6626*
- 2014 ストレッチポリマーインターフェース …… *3294*

## ク・ナウカ
- 1996 天守物語 ……………… *4078*
- 1997 エレクトラ …………… *0859*
  - 熱帯樹 ………………… *4642*
- 2000,2005
  - 王女メデイア … *0925 0926*
- 2002 生きてゐる小平次 … *0482*
  - 欲望という名の電車 … *6511*
- 2003 マハーバーラタ 太陽の王子ナラの冒険 … *5956*
- 2004 マクベス ……………… *5852*
- 2005 オセロー ……………… *1005*
  - 山の巨人たち ………… *6352*
- 2006 トリスタンとイゾルデ ………………… *4304*

## KUNIO
- 2014 HAMLET …………… *4964*
- 2015 ともだちが来た …… *4265*

## KUNIO03
- 2008 椅子 …………………… *0501*

## クラクラ・プロデュース
- 2007 恥ずかしながらグッドバイ ………………… *4809*

## くらす企画
- 1989 代田橋のアトム―決して思い出せない百八の冒険 ………………… *3608*

## クリエイティブ・アート・スィンク
- 1996 29歳の女たち ……… *4529*

## CREATIVE FORCE OSAKA
- 2002 大胸騒ぎ ……………… *0951*

## クリコット2
- 1990 くたばれ!芸術家 …… *1889*
  - 私は二度と戻らない … *7012*

## グリング
- 2001 3/3サンブンノサン … *2652*
- 2007 ヒトガタ ……………… *5191*
- 2009 吸血鬼 ………………… *1744*
  - jam ……………………… *2850*

## クール・ガイア
- 2013 ゴドーを待ちながら … *2249*

## ぐるっぺ・あうん企画
- 1997 夕映えにクワルテット一朝は7時 ………… *6395*

## ぐるーぶえいと
- 1988,1993
  - 塩祝申そう …… *2702 2703*

- 1991 花も実もあり ………… *4919*

## グループしぜん
- 1999,2004
  - 人斬り以蔵 …… *5192 5193*
- 2002 捨吉/お、酒よ ……… *3285*
- 2003 お、酒よ ……………… *0946*
  - 父 砧へ帰る …………… *3822*
- 2005 瞼の母 ………………… *5959*
- 2006 人生万華鏡 …………… *3160*

## グループ2
- 1985 大菩薩峠 ……………… *3622*

## グループる・ばる
- 1999 ホトトギス …………… *5772*
- 2004 片づけたい女たち …… *1367*
- 2010 高橋さんの作り方 …… *3649*

## 「廓」上演を成功させる会
- 2008 廓 ……………………… *1968*

## グレイクリスマスの会
- 2009 グレイクリスマス …… *1971*

## 紅座
- 1985 コインロッカー・ベイビーズ ………………… *2136*

## 黒テント
- 1992 荷風のオペラ ………… *1412*
  - ハザマとスミちゃん …… *4789*
- 1993,1994,2011
  - 窓ぎわのセロ弾きのゴーシュ ……… *5933～5935*
- 1994 あちゃらか商人 ……… *0224*
  - 銀玉王 ………………… *1844*
- 1996 KAN・GAN …………… *1586*
- 1997 喜劇 ロミオとジュリエット ………………… *1646*
  - 狂人教育 ……………… *1770*
  - 夕日の老人ブルース … *6398*
- 1998 花 ……………………… *4881*
- 1999 JUNGLE ……………… *2860*
  - ちか眼のカメレオン … *3807*
- 2000,2001,2006
  - メザスヒカリノサキニアルモノ若しくはパラダイス …… *6184～6186*
- 2001 十字軍 ………………… *2900*
- 2002 隠し砦の肝っ玉 ……… *1269*
- 2003 金玉ムスメ …………… *1845*
  - サハラの薔薇石 ……… *2527*
  - 絶対飛行機 …………… *3397*
- 2004 三文オペラ 新装黒テント版 ………………… *2665*
  - ぴらんでっろ ………… *5276*
- 2005 血筋 …………………… *3819*
  - 帝国の建設者 ………… *3986*
  - ぴらんでっろ一作者を探す6人の登場人物 … *5277*
  - ロベルト・ズッコ …… *6899*

- 2006 森の直前の夜/西埠頭 ……………………… *6276*
  - ワーク・イン・プログレス、君の名は…ラ・トスカ ………… *6976*
- 2007 かもめ ………………… *1473*
  - クレイジー!!吉原百人斬り!『籠釣瓶花街酔醒』 ………………… *1976*
  - 上海ブギウギ1945 …… *2879*
  - 鉄砲玉 ………………… *4017*
- 2008 玉手箱 ………………… *3730*
  - テッポー玉 …………… *4018*
- 2009 イスメネ・控室・地下鉄～終わらない終りについての三章 …… *0509*
  - ショボロヴィッチ巡業劇団 ………………… *3046*
  - 新装大回転 玉手箱 … *3165*
- 2010 歌うワーニャおじさん ……………………… *0683*
- 2011 6号室 ………………… *6868*
- 2012 シェフェレ 女主人たち ……………………… *2696*
- 2014 山崎方代の歌物語 …… *6346*
- 2017 浮かれるペリカン … *0664*
  - 亡国のダンサー ……… *5675*

## クロムモリブデン
- 2001 エスエフ ……………… *0806*

# 【け】

## 芸術祭典・京実行委員会
- 1999 夏の砂の上 …………… *4427*

## ケイダッシュステージ
- 1997 ラパン・アジールに来たピカソ ……………… *6658*
- 1999 パパに乾杯 …………… *4943*

## ケイファクトリー
- 1997 夏の庭 ………………… *4432*

## ゲイル・ラジョーイ
- 1995 スノー・フレイク …… *3313*

## 毛皮族
- 2004 DEEPキリスト狂 …… *3990*

## 劇工房ライミング
- 1986 ヴォートリンの犯罪 … *0658*
  - から騒ぎ ……………… *1514*
- 1989 ジ・アート・オブ・サクセス―風刺劇作家ウィリアム・ホガースの芸術 ……………… *2669*
- 1994 マクベス ……………… *5853*

## 劇工房燐
- 1994 スターマン 2チャンネルのすべて ………… 3272
- 1995 寝室（ベッドルーム） ………… 5590
- 1996 救いの猫ロリータはいま… ………… 3254
- 1997 暁の使者 ………… 0130
- 猫ふんぢゃった ……… 4630
- 1998 深夜急行高知 ………… 3209
- パパは誘拐犯 芦屋令嬢誘拐事件 ………… 4952
- 1999 にしむくさむらい ……… 4528
- 2000 明日は船にのって ……… 0198
- 悲喜こもごも ……… 5141
- 2001 陽炎家 ………… 1290
- 2002 トラブル2002 ……… 4285
- 2003 頭ならびに腹 ……… 0219
- 2004 あなたに逢いたくて ………… 0261

## 劇集零
- 1985 氷の涯 ………… 2169

## 劇場あてがき企画
- 2004 今日、このハコ ……… 1768

## 「劇」小劇場
- 1997 蜜の味／二等辺三角形 ………… 6064

## 劇書房
- 1993 女たちの十二夜 …… 1179
- 1994 ラヴ ………… 6614

## 劇団・岡村靖幸
- 1992 宇宙はこうなっている ………… 0698

## 劇団☆新感線
- 1988 星の忍者 ………… 5737
- 1994 スサノオ～武流転生 …… 3262
- 古田新太之丞 東海道五十三次地獄旅 ハヤシもあるでよ ………… 5508
- 1996 野獣郎見参! BEAST IS RED ………… 6318
- 1996,2003 花の紅天狗 … 4904 4905
- 1997,2004 髑髏城の七人 … 4212 4213
- 1998 SUSANOH～魔性の剣 ………… 3263
- 1999 直撃!ドラゴンロック2 轟天大逆転 九龍城のマムシ ………… 3877
- 2001 大江戸ロケット ……… 0935
- 2010 薔薇とサムライ ……… 5025

## 劇団☆世界一団
- 2001 645 ………… 6875

## 劇団B
- 1993 ブリーズ ………… 5487

## 劇団〈ま〉
- 2012 審査員 ………… 3125
- 2014 ボクはヒロイン ……… 5728
- 2016 劇場 ………… 2013

## 劇団、本谷有希子
- 2005 乱暴と待機 ……… 6677
- 2007 ファイナルファンタジックスーパーノーフラット ………… 5308
- 2009 来来来来来（ライライライライライ） …… 6611
- 2010 甘え ………… 0318

## 劇プロジェクト・K地から
- 2006 カプチーノの味 …… 1418

## 月蝕歌劇団
- 1993 邪宗門 ………… 2823
- 1997 高丘親王航海記―夢の宇宙誌 ………… 3643
- 2001 新撰組in1944―ナチス少年合唱団 ……… 3163
- 2007,2017 寺山修司―過激なる疾走 ……… 4038 4039
- 2017 パノラマ島綺譚 …… 4927

## KTカンパニー
- 1996 幽人ども ………… 6387

## KERA・MAP
- 2005 砂の上の植物群 ……… 3302

## ケルン演劇場
- 1993 三文オペラ ………… 2655

## 玄海竜二・姫川竜之介兄弟劇団
- 1983 玄海竜二・姫川竜之介兄弟劇団 ……… 2075

## 健康
- 1990 牛の人 ………… 0671
- 1991 SUNDAY AFTERNOON …… 2614

## 現代
- 1995 はるかなる来し方への幻想（卑弥呼の愛） … 5038
- 1998 相宿／酔っぱらいマルメラードフ ……… 0043

## 現代演劇協会
- 1993 あざみの蜜 ……… 0172
- 1997 家族 ………… 1357
- （PARENT）thetical - 親 ………… 5561
- 2003 花粉熱 ………… 1419
- 2011 一族再會／堅塁奪取 … 0523
- 2012 人形の家 ………… 4591
- 明暗 ………… 6165
- 2013 夕闇 ………… 6400

## 現代演劇レトロスペクティブ
- 2016 夜の子供2/やさしいおじさん ………… 6575
- 2018 二十世紀の退屈男 … 4523

## 現代劇センター
- 1984 蝙蝠安 ………… 2156
- 雪の宿場街 ………… 6422

## 現代制作舎
- 2000 アパートメントハウス・ナンバー#04 … 0294
- マリアの首―幻に長崎を想う曲 ………… 5980
- リメイン～時は残る、君の心に ………… 6748

# 【こ】

## KOKAMI@network
- 1999 ものがたり降る夜 …… 6255
- 2000 プロパガンダ・デイドリーム ………… 5539
- 2002 幽霊はここにいる …… 6410
- 2004 ハルシオン・デイズ … 5042
- 2005 トランス ………… 4294
- 2007 僕たちの好きだった革命 ………… 5708

## 鋼鉄猿廻し一座
- 2000 あちらの人々は白昼に主婦と集団で待ち合わせをする ………… 0227
- 2001 ドライヴな夜 ……… 4270

## 神戸
- 1998 火の鳥Ⅲ（ギリシャ篇） ………… 5217

## 神戸アートビレッジセンター
- 2002 カラカラ ………… 1507
- 2012 地中 ………… 3827

## 五月舎
- 1980 イーハトーボの劇列車 ………… 0571
- 1981 地球のぐあいはどうだい? 廻ってますぜ、大将! ………… 3813
- 1982 青い紙のラブレター … 0059
- 新・道元の冒険 ……… 3180
- 1983 朝・江戸の酔醒 ……… 0155
- 1986 愛のスクランブル …… 0039
- 1987 カッコーの巣の上を … 1379
- ベルナルダ・アルバの家 ………… 5620

## 五期会
- 1995 箱の中身 ………… 4783
- 1997 パパのデモクラシー …… 4946

## こくう

2012 浮標 ................... 5323

## 虚空旅団
2011 カガクノカケラ ........ 1357
2012 ゆうまぐれ、龍のひ
げ ..................... 6399
2014 ひなの砦 ............... 5204
2014,2016
誰故草 ............ 3757 3758
2015 呼子鳥 ................. 6552
2017 アトリエのある背中 ... 0249
Voice Training ........ 5659
2018 きつねのかみそり ...... 1682

## 国際演劇協会
2006 世界の秀作短編研究シ
リーズ フランス編
――現代フランス演
劇の精鋭たちによる
短編集 ................. 3380

## 国際交流基金
2007 演じる女たち〈3部作〉
――ギリシャ悲劇から
の断章 ................. 0890

## 国際交流基金アジアセンター
1997 リア ................... 6679

## 国際青年演劇センター
1995 ティー ................. 3975

## 国際舞台芸術研究所
1982 荒地とせきれい ........ 0408
つんぼの視線 .......... 3972
トロイアの女 .......... 4326

## 国立劇場
1980 宿無団七時雨傘 ........ 6327
1981 近代能楽集「源氏供
養」「熊野」「卒塔婆
小町」................. 1843

## 国立ボクロフカ劇場
2001 検察官／三人姉妹／結
婚 ..................... 2082

## 五五の会
1985,1986
罠 ................ 7024 7025

## コズミックシアター
1998 桜の森の満開の下 ..... 2451
NO WAY OUT!…出
口なし ................. 4674

## 五反田団
2005 キャベツの類 .......... 1736
2007 生きてるものはいない
のか .................. 0484
2008 偉大なる生活の冒険 ... 0513
2009 生きてるものはいない
のか／生きてるもの
か ..................... 0485
2010 迷子になるわ ......... 5819

2011 俺のお尻から優しい音
楽 ..................... 1143
2018 うん、さようなら ..... 0773

## 乞局
2008 杭抗（コックリ）...... 2241

## ゴドーを待ちながら上演実行委員会
1997 ゴドーを待ちながら .. 2250

## ことのは
2010 春の音、曇天。をつけ
てみる ................. 5056

## 子供のためのシェイクスピアカンパニー
2003,2008
シンベリン ....... 3197 3198
2004,2014
ハムレット ....... 4969 4970
2005 尺には尺を ............ 2814
2006 リチャード三世 ........ 6714
2007 夏の夜の夢 ............ 4436
2009 マクベス ............... 5854
2010 お気に召すまま ........ 0970
2011 冬物語 ................. 5446
2012 ヘンリー六世Ⅲ／リ
チャード三世 .......... 5656
2013 ジュリアス・シー
ザー ................... 2963
2015 ロミオとジュリエッ
ト ..................... 6914

## コトリ会議
2018 しずかミラクル ........ 2745

## こふく劇場
2004 so bad year ............ 3536

## コマ・スタジアム
1989 SFX・OZ ................ 0807

## こまつ座
1984,1988,1994,1996,1999,2003,
2013
頭痛肩こり樋口一
葉 ............... 3276～3282
1985,1992,2009,2014
きらめく星座 .. 1799～1802
1985,2011
日本人のへそ ... 4561 4562
1986 泣き虫なまいき石川啄
木 ..................... 4396
1986,1993,1999
イーハトーボの劇列
車 ............... 0572～0574
1986,1997
花よりタンゴ 銀座
ラッキーダンスホー
ル物語 ........... 4921 4922
1986,2002
國語元年 ......... 2184 2185

1987 闇に咲く花―愛敬稲荷
神社物語 .............. 6366
1987,2012
雪やこんこん ... 6424 6425
1988,2017
イヌの仇討 ....... 0552 0553
1989,1998,2003,2008
人間合格 ........ 4601～4604
1989,2012
十一ぴきのネ
コ ............... 2889 2890
1991,1993,2010
シャンハイムー
ン ............... 2880～2882
1994,1995,1999
父と暮せば ....... 3823～3825
1995,1997,2000,2010
黙阿彌オペラ .. 6226～6229
1995,2018
たいこどん
ど ............... 3586 3587
1996 雨 .................... 0330
1997,2018
マンザナ、わが
町 ............... 6000 6001
1998 貧乏物語 ............... 5305
2000 連鎖街のひとびと ..... 6851
2002,2004
太鼓たたいて笛ふい
て ............... 3584 3585
2003 兄おとうと ............ 0271
2005 円生と志ん生 .......... 0889
2005,2015
小林一茶 ......... 2288 2289
2006,2016
紙屋町さくらホテ
ル ............... 1452 1453
2007 ロマンス ............... 6906
私はだれでしょう .... 7011
2009 組曲虐殺 ............... 1923
2011 キネマの天地 .......... 1692
2012 しみじみ日本・乃木大
将 ..................... 2807
芭蕉通夜舟 ............ 4802
2012,2015
藪原検校 ......... 6336 6337
2013 うかうか三十、ちょろ
ちょろ四十 ............ 0662
木の上の軍隊 .......... 1695
それからのブンとフ
ン ..................... 3558
2018 母と暮せば ............ 4941

## 小松重男事務所
1999 びすかうと物語／密夫
屋 ..................... 5161

## コマ・プロダクション
1979 マジック狂時代 ........ 5886
2005 ミザリー ............... 6017

コミティド・アーティスツ
　1989　ASINAMALI（アシナマリ） …………… 0199
コメディ・フランセーズ
　1988　町人貴族 …………… 3873
コーロ
　1994　日の丸心中 …………… 5218
　1996　刻を踏む …………… 4189
コーロ・カロス
　1997　ヴィヨン 笑う中世 …… 0624
　2000　北緯三十九度・森からもらった話 …………… 5700
コンチック・ショー
　1998　野良犬 …………… 4705
コンパス・シアター・カンパニー
　1995　ヴォイツェク …………… 0652
　　　　夏の夜の夢 …………… 4437
コンプリシテ
　2003,2004
　　　　エレファント・バニッシュ …………… 0871 0872
　2008,2013
　　　　春琴 …………… 2972 2973
コンブリ団
　2012　ムイカ …………… 6118
　2016　カラカラ …………… 1508
　2017　夏休みのばあちゃん家 …………… 4459

【さ】

西鶴ルネッサンス委員会
　1993　好色一代男 …………… 2146
在日韓国YMCA
　2000　銃剣と処容の舞い—三・一独立運動・堤岩里事件 …………… 2897
彩の国さいたま芸術劇場
　1995　サド侯爵夫人 …………… 2509
　1996　プロメテウスの解放 … 5543
　　　　ペルセポネ …………… 5619
　1997　草迷宮 …………… 1873
　　　　Fairy Tale …………… 5336
　1998　十二夜 …………… 2928
　1998,2014
　　　　ロミオとジュリエット …………… 6915 6916
　1999　リチャード三世 …………… 6715
　1999,2008
　　　　リア王 …………… 6683 6684
　2000　テンペスト …………… 4101
　　　　夏の夜の夢 …………… 4438
　2001　ウィンザーの陽気な女房たち …………… 0626
　　　　マクベス …………… 5855
　2003　ペリクリーズ …………… 5613
　2004　お気に召すまま …………… 0971
　2004,2006
　　　　タイタス・アンドロニカス …………… 3602 3603
　2006　間違いの喜劇 …………… 5907
　2007　エレンディラ …………… 0877
　　　　オセロー …………… 1006
　　　　恋の骨折り損 …………… 2129
　　　　コリオレイナス …………… 2317
　2008　音楽劇 ガラスの仮面 …………… 1153
　2009　アンドウ家の一夜 …… 0432
　　　　95kgと97kgのあいだ …………… 1748
　　　　真田風雲録 …………… 2519
　2010　ヘンリー六世 …………… 5653
　2011　アントニーとクレオパトラ …………… 0435
　2012　シンベリン …………… 3199
　　　　トロイラスとクレシダ …………… 4331
　2012,2015
　　　　ハムレット …… 4971 4972
　2013　ヴェニスの商人 …………… 0639
　　　　鵼（たま）をこめる …………… 1530
　　　　2013年・蒼白の少年少女たちによるオイディプス王 …………… 4541
　　　　ヘンリー四世 …………… 5649
　2014　ジュリアス・シーザー …………… 2964
　　　　2014年・蒼白の少年少女たちによるカリギュラ …………… 4542
　　　　わたしを離さないで … 6984
　2015　リチャード二世 …………… 6731
　2016　尺には尺を …………… 2815
　2018　ジハード …………… 2789
THEガジラ
　1991　1980年のブルースハープ …………… 3425
　1992　POPCORN NAVY 鹿屋の四人 …………… 5760
　1992,1994
　　　　アプレゲール … 0301 0302
　1993　女殺油地獄 …………… 1172
　　　　後藤を待ちながら … 2245
　　　　天国への階段 …………… 4062
　1993,2007
　　　　かげろふ人 ワンス・アポン・ア・タイム・イン・京都 …………… 1291 1292
　1994,1998
　　　　カストリ・エレジー …………… 1319 1320
　1995　闇の枕絵師 …………… 6370
　　　　汚れっちまった悲しみに……Nへの手紙 …………… 6529
　1996　さらば北辺のカモメ … 2580
　　　　六悪党 …………… 6865
　1997　温室の前 …………… 1160
　　　　仮釈放 …………… 1549
　1997,2009
　　　　PW〜Prisoner of War …………… 5171 5172
　1998　貪りと瞋りと愚かさと …………… 6127
　1999　女中たち …………… 3039
　　　　tatsuya/最愛なる者の側へ …………… 3697
　　　　龍を撫でた男 …………… 6753
　2000　アーバンクロウ …………… 0295
　　　　レプリカ …………… 6834
　2001　或る憂鬱 …………… 0404
　2002　藪の中 …………… 6334
　　　　ルート64 …………… 6796
　2003　アンコントロール …… 0418
　　　　無駄骨 …………… 6137
　2004　あるいは友をつどいて …………… 0372
　　　　KASANE …………… 1298
　　　　国粋主義者のための戦争寓話 …………… 2189
　　　　八月の狩 …………… 4833
　2005　死の棘 …………… 2779
　　　　ヒカルヒト …………… 5135
　2006　ひかりごけ …………… 5128
　　　　わが闘争 …………… 6957
　2007　セルロイド …………… 3415
　　　　ヘル …………… 5614
　2008　新・雨月物語 …………… 3108
　　　　ゆらゆら …………… 6477
　2009　大人の時間 …………… 1046
　2010　さよなら渓谷 …………… 2552
　2011　どん底 …………… 4349
　2013　ゴルゴン …………… 2326
　2016　或る女 …………… 0376
埼芸
　1985　アンネの日記 …………… 0444
座・キューピー・マジック
　1997　黒いスーツのサンタクロース …………… 1984
桜組
　1997　夢の海賊 …………… 6455
サークル・レパートリー劇団
　1985　ヴァージニア・ウルフなんかこわくない … 0616

## ザ・コア・システム
- 1999 夏の匂い ............... 4431

## 座・高円寺
- 2009 化粧 二幕 ............... 2031
- 2015 ふたごの星 ............... 5386
- 2018 ピノッキオ ............... 5213

## 篠井英介プロデュース
- 1998 毛皮のマリー ............... 2008

## 桟敷童子
- 2006 海猫街—ソコハ、海賊ノ末裔ノ地 ............... 0732
- 2007 軍鶏307…戦ウ鶏達ノ物語 ............... 2852
- 2009 海獣 ............... 1209
- ふうふうの神様 ............... 5333
- 2010 蟹 ............... 1403
- 厠の兵隊 ............... 1583
- 2013 風撃ち ............... 1324
- 2015 エトランゼ ............... 0831
- 泥花 ............... 4335
- 2016 夏に死す ............... 4424
- 2017 蝉の詩 ............... 3406
- 2018 翼の卵 ............... 3956

## THE SHAMPOO HAT
- 2006 津田沼 ............... 3945
- 2010 砂町の王 ............... 3312
- 2014 風の吹く夢 ............... 1350

## 「座・新劇」上演実行委員会
- 1994 美しきものの伝説 ............... 0702
- 風浪 ............... 1297
- 村岡伊平治伝 ............... 6149

## 「座・新劇」Part2製作委員会
- 1997 どん底 ............... 4350

## ザズウ・シアター
- 1988 お言葉をかえすようですが ............... 0989
- 1990 BLUE NOTE ............... 5511
- 1995 ルーニィー エレクトリックエイジのロミオとジュリエット ............... 6340
- 1997 ウェアハウス—Error ............... 0632

## ザ・スズナリ
- 2011 うお傳説—立教大助教授教え子殺人事件 ............... 0655

## ザ・スーパーカムパニイ
- 1980 月は赤らみて血の如く ............... 3939

## ザットマン7
- 1980 NG/OK ............... 0835

## 佐藤B作プロデュース
- 1987 明日を心の友として ............... 0349

## サードステージ
- 1994 ゴドーを待ちながら ............... 2251
- 1995 祈る女 ............... 0569
- 1996 トランス ............... 4295
- 2000 ララバイ、または百年の子守唄 ............... 6671

## サードステージ・プロデュース
- 1992 vamp show ............... 5109

## the nextage
- 2018 みず色の空、そら色の水 ............... 6022

## サファリ・P
- 2016 欲望線 ............... 6503
- 2017 悪童日記 ............... 0143
- 財産没収 ............... 2393

## ザ・フィジィ・カンパニー
- 1985 組み立てられた人間 ............... 1924

## The Bush Theatre
- 2004 アドレナリン・ハート ............... 0251

## 覇王樹座
- 1999 枯れ葉が舞い散ればきみは気づく ............... 1571

## ザ・ライト・カンパニー・ジャパン
- 1989 ゴールデン・ボーイ ............... 2331

## サラ・ケイン何かがはじまる
- 2003 4時48分サイコシス ............... 6537

## サラリーマン新劇喇叭屋
- 1988 ジャズと拳銃—SIDE2 ............... 2826
- シャボン玉ビリーホリデー ............... 2849
- 1989 ショウは終った ............... 3011
- 1990 人生ゲーム ............... 3158

## サンウルリム
- 1999 ゴドーを待ちながら ............... 2252

## 三角フラスコ
- 1999 黄色い花 ............... 1616
- マンボウ水族館 ............... 6009
- 2000 カフェ・ガールズ ............... 1413
- ホテルニューカレドニア ............... 5768
- 惑星のプロペラ ............... 6977
- 2011 あと少し待って ............... 0241

## 産経新聞社
- 2001 ロード・ショー ............... 6896

## 3軒茶屋婦人会
- 2006 女中たち ............... 3040

## 300
- 1981 夜の影—優しい怪談 ............... 6568
- 1982 タ・イ・ム ............... 3625

## 1982,1985
- ゲゲゲのげ—逢魔が時に揺れるブランコ ............... 2024 2025
- 1983 黄色い部屋の秘密 ニヤリの月と散り散りの森 ............... 1617
- 花咲く頃の憂鬱 ............... 4891
- 1984 瞼の女—まだ見ぬ海からの手紙 ............... 5958
- 1987 オールドリフレイン—花粉の夜ニ眠ル戀 ............... 1132
- 1989 踊る砂の伝説—乙女の胸には赤道色の果実 ............... 1053
- 風の降る森 ............... 1351
- 1993 月に眠る人 ............... 3919
- 1994 赤い靴 ............... 0104
- 1995 改訂版 風の降る森 ............... 1227
- 1996 夜よさよなら〜TEMPO ............... 6586
- 1997 ガーデン 空の海、風の国 ............... 1390
- 深夜特急 めざめれば別の国 ............... 3212

## 三生社
- 1989 ザ・クラブ ............... 2463
- 1993 And The World Goes 'Round ............... 0433
- 1998 花粉熱 ............... 1420
- デュエット ............... 4035

## sunday
- 2006 四月のさかな ............... 2708

## 3.1の会
- 2002 自由の彼方で ............... 2941
- 2003 その日、その日にこそ ............... 3527

## 三人芝居
- 1996 トラブル ............... 4284
- 1997 悪意の女 ............... 0141
- 動物園の豚 ............... 4156
- 1998 バラック ............... 5021
- 変な女の恋 ............... 5646
- 1999 ベッドルーム ............... 5589
- 2000 帰ってきたオトウサン ............... 1240
- 2004 キャラメルと弾丸、凪の日のこと ............... 1737

## 参人芝居
- 1999 カゾクゲーム ............... 1359
- 2000 デイ・ケア ............... 3983
- 2002 敵前逃亡の弥勒菩薩 ............... 4000

## サンプル
- 2013 永い遠足 ............... 4376

# 【し】

**C.I.C.T.**
- 2015 Battlefield『マハーバーラタ』より ……… 4878

**シアターアブル**
- 1982 ジャック ……………… 2830
- 1983 霧山荘殺人事件 …… 1813
  - ツー・レディーズ・オン・ステージ ……… 3971
  - リリー・マルレーン …… 6775
- 1985 キス・ミー・ケイト … 1665
  - スージーウォンの世界 ……………………… 3264
  - 星の王子さま ………… 5731
- 1986 お熱いのがお好き … 0896
- 1988 浅草紅団 ……………… 0160
- 1989 魅せられてヴェラ …… 6047
- 1991 バカ爆発 ……………… 4750
- 1995 キャバレー …………… 1733

**シアターアンネフォール**
- 2004 BLASTED―爆風 …… 5528

**シアター・イン・リンボ**
- 1992 Vampire LESBIAN of SODOM ……………… 5107

**シアターX**
- 1994 アガタ ………………… 0126
- 1995 女中たち ……………… 3041
  - 母 ……………………… 4930
- 1996 サクラのサクラ 原体験 ……………………… 2424
- 1997 王女イヴォナ ………… 0919
  - 乞食と夢／掏摸の家 … 2222
- 1998 新大久保の猫 ………… 3112
  - 梅花美しき日々 ……… 4712
- 2000 和泉屋書物店／父と母 ……………………… 0508
  - 二人だけの『検察官』 ………………… 5392
- 2001 火あぶり／二人の家 … 5117
- 2002 みごとな女／釣堀にて ……………………… 6014
- 2005 バドゥー警視 ………… 4872
  - 母アンナ・フィアリングとその子供たち …… 4933
- 2006 ゆうれい ……………… 6404
- 2007 フェイドラの恋 ……… 5340
- 2008 俥／春の枯葉 ………… 1967
- 2009 カヴァレリア・ルスティカーナ ……… 1238
- 2012 新作オペラ 地獄変 … 3126
- 2014 母の死／大臣候補 …… 4945

- 2015 女よ、気をつけろ！／或る夜の出来事 …… 1194
  - 邪宗門／空気はぜひ必要です ………………… 2824
- 2016 良人の教育／故郷の人 ……………………… 1024
  - 五兵衛と六兵衛／柿實る村 …………………… 2294
- 2017 贋е／僧俗物語 ……… 1746
- 2018 家主の上京／屑屋の神様 ……………………… 6331

**THEATER THINKTANK 万化**
- 1996 捏造 大塩騒動伝 …… 4640

**シアタースキャンダル**
- 1981 少女阿部定 …………… 2989

**シアター1010**
- 2004 1954のホテルライフ … 3422
  - 月の光の中のフランキーとジョニー ……… 3930
- 2005 ガス燈 ………………… 1318
  - 写楽考 ………………… 2853
- 2006 秘密の花園 …………… 5233
  - ベルナルダ・アルバの家 ……………………… 5621
- 2008 夜と星と風の物語～「星の王子さま」より ……………………… 6563

**シアター代官山**
- 1987 殺人のストーリー――劇評家殺人事件 …… 2501

**シアターナインス**
- 2001 夏ホテル ……………… 4453
- 2007 シェイクスピア・ソナタ ……………………… 2686

**シアター21**
- 2000 川を越え、森をぬけて ……………………… 1575
  - ディナー・ウィズ・フレンズ ……………… 3987
- 2001 おやすみ、こどもたち ……………………… 1113
- 2002 グラディスおばさんの画廊 …………………… 1946
- 2003 スリーデイズ・オブ・レイン ………………… 3342
- 2006 あのやさしい夜のなかへ ……………………… 0290

**シアターVアカサカ**
- 1993 コレット・コラージュ ……………………… 2336

**シアター風姿花伝**
- 2016 いま、ここにある武器 ……………………… 0581

**シアタープロジェクトさっぽろ（TPS）**
- 1997 女と男のいる舗道 …… 1183
  - 銀河鉄道の夜 ………… 1830
- 1998 ブルーストッキングの女たち ……………… 5507

**シアタームーブメント仙台**
- 1998 夢の観覧車 …………… 6460
- 2000,2002
  - イヌの仇討 ……… 0554 0555

**ジァン・ジァン**
- 1980 出口なし ……………… 4002
- 1984,1988
  - メリーさんの羊 ……………… 6209 6210
- 1990 イッセー尾形のとまらない生活 ………… 0532
- 1998 賭博師 梟 …………… 4247
- 2000 風を食らう …………… 1326
  - フィモジス／カメトカゲ ……………………… 5328

**シェアード・エクスペリエンス・シアター**
- 1996 ザ・テンペスト ……… 2507

**JIS企画**
- 1995,2000
  - 月ノ光 ………… 3928 3929
- 1997 チュニジアの歌姫 …… 3864
- 1999 ラストワルツ ………… 6647
- 2002 今宵かぎりなし――1928超巴里井主義宣言の夜 ……………… 2308
- 2004 マダラ姫 ……………… 5903

**JAC**
- 1997 GEKI TOTSU …… 2018

**JSB日本衛星放送**
- 1991 ジェローム・ロビンス・ブロードウェイ ……………………… 2700

**シェイクスピア・グローブ・シアター・カンパニー**
- 2001 リア王 ………………… 6685

**シェイクスピア・シアター**
- 1981 真夏の夜の夢 ………… 5944
  - ロミオとジュリエット ……………………… 6917
- 1982 ロミオとフリージアのある食卓 …………… 6932
- 1987,1996
  - マクベス ……… 5856 5857
- 1987,1999
  - 間違いの喜劇 … 5908 5909
- 1989 ノイゼス・オフ ……… 4671
- 1994 冬物語 ………………… 5447
- 1995 じゃじゃ馬ならし …… 2818
- 1996 アテネのタイモン …… 0235

## 団体名索引

1998 ベニスの商人 ......... 5598
1999 リア王 ............... 6686
2000 尺には尺を ........... 2816
2007 ヴェローナの二紳士／こころ ............... 0650

**J.CLIP**
2003 あの川に遠い窓 ....... 0283
2008 アプサンス～ある不在 ............... 0299
2009 弥々 ................. 6373

**ジェットラグプロデュース**
2007 夢顔 ................. 6340

**CATプロデュース**
2006 6週間のダンスレッスン ............... 6869
2006,2018 黄昏 ........... 3666 3667
2010 今は亡きヘンリー・モス ............... 0586
2011 ノイゼス・オフ ....... 4672
2016 クレシダ ............. 1977
2018 新・6週間のダンスレッスン ........... 3223
　　 Take Me Out ......... 3982
　　 5DAYS～辺境のロミオとジュリエット ... 5309
　　 フリー・コミティッド ............... 5486

**Cカンパニー**
1988 少年日記をカバンにつめて ............... 3010
　　 夢の続きによろしく—純情物語その2 ..... 6467
1989 明日に夢中 ........... 0192
1990 夜明けの花火—新之助純愛指南 ......... 6487
1992 HAPPY MAN ........... 4860

**Cカンパニープロデュース**
1992 恋と革命 学習大学の校舎裏 ............. 2123

**四季**
1979 この生命誰のもの ..... 2277
1980 赤毛のアン ........... 0117
　　 エレファントマン ..... 0874
　　 かもめ ............... 1474
1981 オリバー！ .......... 1124
　　 ちいさき神の、作りし子ら ............. 3780
　　 幻の殺人者 ........... 5966
1981,1988,2003
　　 オンディーヌ .. 1162～1164
1981,2016
　　 エクウス ....... 0801 0802
1982,1983
　　 アプローズ ..... 0303 0304
1982,1993,2001
　　 ハムレット .... 4973～4975

1983 アルデールまたは聖女 ............... 0387
　　 フェードル／女房学校 ............... 5344
　　 ユリディス ........... 6480
1983,1988,1995
　　 キャッツ ...... 1728～1730
1985 コーラスライン ....... 2310
　　 ドリーミング ......... 4313
1986 ジークフリート ....... 2713
　　 ロミオとジュリエット ............... 6918
1987 孤児たち オーファンズ ............... 2223
　　 ハンス・アンデルセン ............... 5097
　　 ベラックのアポロ ..... 5610
1987,2005
　　 アンチゴーヌ ... 0427 0428
1988 ブレイキング・ザ・コード ............. 5521
1988,1989
　　 オペラ座の怪人 .. 1081 1082
1989 M・バタフライ ....... 0844
　　 ユタと不思議な仲間たち ............... 6429
1989,1994
　　 ジーザス・クライスト＝スーパースター ...... 2728 2729
1991 李香蘭 ............... 6706
1992 アスペクツ・オブ・ラブ 恋はめぐる ....... 0208
1994 この生命は誰のもの？ ............... 2278
1995 美女と野獣 ........... 5159
1996 イリヤ・ダーリン ..... 0595
　　 エビータ ............. 0841
1997 ヴェニスの商人 ....... 0640
1998 ライオンキング ....... 6596
2000 夢から醒めた夢 ....... 6442
2002 アンドロマック ....... 0438
　　 コンタクト ........... 2357
2003 ひかりごけ ........... 5129
2004 ひばり ............... 5225
2005 思い出を売る男 ....... 1103
　　 間奏曲 ............... 1602
2005,2012
　　 解ってたまるか！ ... 6955 6956
2006 鹿鳴館 ............... 6874
2018 恋に落ちたシェイクスピア ............... 2125

**四紀会**
1985 仙女たちのシンフォニー ............... 3446

**時空劇場**
1994 海と日傘 ............. 0726
1996 明日は天気になる ..... 0197
　　 雪がふる ............. 6417

**仕事プロジェクト**
2001 お隣の脱走兵 ......... 1047

**師子座**
1987 ハロルドとモード ..... 5079

**静岡県文化財団**
2009 椿姫 ................. 3952

**シス・カンパニー**
2002 売り言葉 ............. 0763
2004 美しきものの伝説 ..... 0703
　　 ダム・ウェイター ..... 3735
　　 ママがわたしに言ったこと ............... 5972
2005 新編・吾輩は猫である ............... 3201
　　 蛇よ！ ............... 5603
2006 ヴァージニア・ウルフなんかこわくない？.. 0617
　　 屋上の狂人／父帰る .. 0979
　　 獏のゆりかご ......... 4771
2007 写楽考 ............... 2854
　　 ロマンス ............. 6906
2008 人形の家 ............. 4592
　　 瞼の母 ............... 5960
2009 怪談 牡丹燈籠 ........ 1219
　　 楽屋～流れ去るものはやがてなつかしき ... 1280
2010 アット・ホーム・アット・ザ・ズー .... 0233
　　 えれがんす ........... 0857
　　 叔母との旅 ........... 1071
　　 2人の夫とわたしの事情 ............... 5399
2011 大人は、かく戦えり .. 1048
　　 その妹 ............... 3514
　　 トップ・ガールズ ..... 4235
　　 ベッジ・パードン ..... 5576
2012 ガラスの動物園 ....... 1520
　　 トップドック／アンダードック ......... 4237
　　 寿歌 ................. 5692
　　 ボクの四谷怪談 ....... 5721
2013 今ひとたびの修羅 ..... 0584
　　 かもめ ............... 1475
　　 グッドバイ ........... 1906
　　 ドレッサー ........... 4320
2014 鼬 ................... 0517
　　 抜目のない未亡人 ..... 4615
　　 火のようにさみしい姉がいて ............. 5219
　　 ロンサム・ウェスト .. 6939
2015 草枕 ................. 1872

三人姉妹 ……………… 2624
　　　RED ……………………… 6828
2016　アルカディア ………… 0377
　　　エノケソ一代記 ……… 0838
　　　コペンハーゲン ……… 2295
2017　黒塚家の娘 …………… 1996
　　　子供の事情 …………… 2272
　　　令嬢ジュリー／死の舞
　　　　踏 …………………… 6815
　　　ワーニャ伯父さん …… 7030
2018　お蘭、登場 …………… 1118
　　　近松心中物語 ………… 3806
　　　出口なし ……………… 4003
　　　ヘッダ・ガブラー …… 5581

## 自宅劇場
1980　奇数な二人 …………… 1663

## 下町唐座
1988　さすらいのジェニー … 2489
　　　少女都市からの呼び
　　　　声 …………………… 2996

## 下町ダニーローズ
2018　人形島同窓会 ………… 4588

## C・T・T
1999　さよなら方舟 ………… 2555
2000　ミレニアム・スウィー
　　　　ト …………………… 6109

## 自転車キンクリーツカンパニープロデュース
1991　ありがちなはなし 噂
　　　　のジュリエット篇 … 0364
1992,1994
　　　トランクス …… 4292 4293
1994　法王庁の避妊法 ……… 5664

## 自転車キンクリート
1986　MIDNIGHT
　　　URIGHT（うしみ
　　　　つ時のピアノ）……… 6062
1987　シャンデリア・トラブ
　　　　ル（苦い夕立とさま
　　　　ざま双六）…………… 2869
　　　シンドバッド・ハイ
　　　　ヌーン ふとどきな千
　　　　夜一夜 ……………… 3184
1988　ほどける呼吸 ………… 5771
　　　リンゴ畑のマーティ
　　　　ン・ビビンその2 …… 6783
1989　ガールフレンド ……… 1563
　　　水に絵を描く ………… 6033
1992　ソープオペラ ………… 3538
1994　ダイヤルMを廻せ！… 3628

## 自転車キンクリートSTORE
1997　第17捕虜収容所 ……… 3597
　　　法王庁の避妊法 ……… 5665
　　　例の件だけど、……… 6819
1999　検察側の証人 ………… 2076

　　　蠅取り紙 山田家の5人
　　　　兄妹 ………………… 4736
　　　マクベス ……………… 5858
2000　OUT ……………………… 0053
　　　またもや!休むに似た
　　　　り …………………… 5902
2005　ウィンズロウ・ボー
　　　　イ …………………… 0628
　　　ブラウニング・バー
　　　　ジョン ……………… 5458
2010　富士見町アパートメン
　　　　ト …………………… 5374

## シードホール
1988　ディアーナ …………… 3977

## 篠塚祥司プロデュース
1999　胸さわぎの放課
　　　　後'99 ………………… 6141

## 芝居小屋六面座
2001　鈴の鳴る家 …………… 3267

## 芝居屋
2017　ポルカ ……………………… 5801
2018　通る夜・2018 …………… 4185

## 芝居屋・劇団羊のしっぽ
2017　六条御息所 ……………… 6871

## 芝居屋坂道ストア
1996　あなたがちくわ ……… 0256
　　　マイナス100℃の夏 … 5824
1999　あくりと風の威力 …… 0147
　　　家出ショウ …………… 0461
2000　誘惑エレキテル。…… 6412
2001　ジェット猿人 ………… 2691
2002　雨ニ浮カブ …………… 0336
2003　木造モルタル式青空 … 6230

## 磁場製作所
2001　彼方の水源 …………… 1397

## 渋谷慶一郎＋岡田利規
2013　THE END ……………… 2701

## 「シベリア」上演委員会
2012　シベリア ………………… 2799

## シベリア少女鉄道
2005　アパートの窓割ります… 0293
2006　残酷な神が支配する … 2597

## 清水紘治企画
1984　カリギュラ …………… 1546
1987　雨のハムレット ……… 0341

## SHIMIN劇場II
2007　ホームレスたちの挽
　　　　歌 …………………… 5793
2008　あなたがいるから …… 0255
　　　おたふく・南天・福寿
　　　　草 …………………… 1016
2009　ニングルの森 ………… 4598

2010　オロチの水 …………… 1149
2011　さよならを踏みしめ
　　　　て …………………… 2549
2012　そして・家族とは?ご
　　　　めんなさい ………… 3502
2013　わらべうた …………… 7053
2014　旦那と彼とタケコとカ
　　　　ツコ ………………… 3778

## 市民小劇場
1993　夢で逢えたら ………… 6448

## 下鴨車窓
2006,2008,2016
　　　旅行者 ……… 6771〜6773
2008　書庫 …………………… 3032
2009,2011
　　　人魚 …………… 4585 4586
2010　王様 …………………… 0913
2012　小町風伝 ……………… 2298
2013　煙の塔 ………………… 2067
　　　建築家M ……………… 2101
2017　渇いた蜃気楼 ………… 1573

## 下北澤姉妹社
2017　月の姉妹 ……………… 3924

## シャウビューネ劇場
2005　ノラ人形の家より … 4706
　　　火の顔 ………………… 5210

## JACROW
2017　骨と肉 ………………… 5778
2018　焔〜ほむら …………… 5792

## 斜光社
1979　Z ……………………… 3400

## ジャブジャブサーキット
1998　マイケルの冗談 ……… 5818
1999　ダブル・フェイク …… 3723
　　　バクスター氏の実験 … 4763
2000　サワ氏の仕業Ⅲ ……… 2592
2001　高野の七福神 ………… 2158
　　　「中野エスパー」をめ
　　　　ぐる冒険 …………… 4387
2003　タイタニック・ポー
　　　　カー ………………… 3607
2004　動物ダウト ver.04 …… 4157
2004,2015
　　　しずかなごは
　　　　ん …………… 2741 2742
2005　成層圏まで徒歩6分 … 3367
2006　歪みたがる隊列 ……… 5162
2008　死立探偵 ……………… 3084
2009　河童橋の魔女 ………… 1385
2010　蒼の組曲 ……………… 0086
2011　まんどらごら異聞
　　　　2011 ………………… 6007
　　　無重力チルドレン …… 6131
2013　月光カノン …………… 2041
2014　ディラックの花嫁 …… 3993

## ジャブジャブサーキットプロデュース
- 1999 七方美人 ............ 2757

## しゃぼん玉座
- 1982 国語事件殺人辞典 ...... 2187
- 　　　吾輩は漱石である ..... 6961
- 1983 芭蕉通夜舟 ............ 4803
- 1983,1984
- 　　　唐来参和 ........ 4166 4167

## SHA・LA・LA
- 1988 Dreamin' ............ 4312

## 上海戯劇学院
- 2018 風をおこした男―田漢伝 ........... 1325

## 上海昆劇団
- 1996 夕鶴 ................. 6390

## 上海人民芸術院
- 1985 家 ................... 0454

## 自由
- 1995 血の婚礼 .............. 3837
- 1997 母という名の女 ........ 4940

## 十月劇場
- 1985 十月／マクベス ........ 2893
- 1988 又三郎 ................ 5899

## 自由人会
- 2004 「安政異聞」より 松陰吉田寅次郎 ....... 0422

## ジュヌヴィリエ国立演劇センター
- 2016 愛のおわり .......... 0034

## 修羅の華
- 1993 Dramatic翔 ........... 4286

## 翔企画
- 1985 ブライトン・ビーチ回顧録 ............... 5454
- 1987 ビロクシー・ブルース ............... 5288

## 状況劇場
- 1980 女シラノ ............. 1174
- 1981 お化け煙突物語 ....... 1066
- 1982 新・二都物語 ......... 3185
- 1983 住み込みの女 ........ 3334
- 1984 あるタップ・ダンサーの物語 .......... 0386
- 1985 御注意あそばせ ...... 2235
- 　　　少女都市からの呼び声 ................ 2997
- 1986 少女仮面 ............ 2992
- 　　　ねじの回転 .......... 4634

## 正直者の会
- 2018 戯式 ................. 1655

## 少女都市
- 2016 聖女 ................. 3364
- 2018 光の祭典 ............ 5131

## 松竹
- 1979 椿姫 ................. 3953
- 1980 源平布引滝 ........... 2105
- 　　　サンデー・イン・ニューヨーク ........ 2615
- 　　　春の新派祭 鹿鳴館 ... 5059
- 　　　ヘアー .............. 5559
- 1980,1995
- 　　　リチャード三世 ..... 6716 6717
- 1981 毒の華 ............... 4206
- 　　　古いアルバート街の物語 ................ 5496
- 1982,1983,1993,1998,2017
- 　　　アマデウス ..... 0323～0327
- 1983 蒼き狼 ............... 0075
- 　　　K2 .................. 2035
- 　　　サド侯爵夫人 ........ 2510
- 　　　タンジー ............ 3768
- 　　　にんじん ............ 4611
- 　　　ノイゼーズ・オフ 舞台裏騒ぎ ........... 4673
- 　　　もとの黙阿弥 ........ 6250
- 1984 グッド この善良な人たちが ............... 1902
- 　　　ゴングが鳴った！ .... 2350
- 　　　ドラキュラ その愛 .. 4276
- 1984,1995,1997,1998
- 　　　ハムレット ..... 4976～4979
- 1985 弥次喜多 ............ 6313
- 　　　リトル・ウィミン .... 6734
- 1986 奇跡の人 ............ 1666
- 　　　キネマの天地 ........ 1693
- 　　　修羅の旅で .......... 2962
- 　　　転落の後に .......... 4111
- 　　　欲望という名の電車 .. 6516
- 　　　リアルシング ........ 6701
- 1986,1988
- 　　　ロミオとジュリエット ............. 6919 6920
- 1987 ウェッド ............. 0636
- 　　　おさん茂兵衛 ........ 0991
- 1987,1989
- 　　　マクベス ........ 5859 5860
- 1988 逢魔ヶ恋暦 ........... 0930
- 　　　ガラスの仮面 ........ 1517
- 　　　危険な関係 .......... 1647
- 1988,1989
- 　　　ドレッサー ...... 4321 4322
- 1989 唐版・滝の白糸 ....... 1533
- 　　　ナスターシャ ........ 4402
- 1990 黒蜥蜴 ............... 1999

## 松竹パフォーマンス
- 1997 二十二夜待ち／彦市ばなし ............... 4531

## 湘南台文化センター市民センター
- 1992 更地 ................. 2569

## 少年王者舘
- 1991 マバタキノ棺 ........ 5954
- 2004 真夜中の弥次さん喜多さん ............... 5978
- 2005 劇終/OSHIMAI～くだんの件 ............ 2012
- 2006 I KILL .............. 0488

- 　　　どん底 ............... 4359
- 　　　なよたけ ............. 4489
- 1991 息子です こんにちは ................. 6134
- 1991,1993
- 　　　女たちの十二夜 ....... 1179 1180
- 1992,1994
- 　　　がめつい奴 ...... 1463 1464
- 1994 嗚呼・冒険王 ........ 0007
- 　　　ウエストサイドワルツ .................. 0634
- 　　　ヴェニスの商人 ...... 0641
- 　　　王女メディア ........ 0924
- 　　　オセロー ............ 1007
- 　　　けむり太平記 ........ 2066
- 　　　ラヴ ................. 6614
- 1995 絹布の法被 .......... 2104
- 　　　父の詫び状 .......... 3826
- 1996 クリスマス・キャロル .................. 1959
- 　　　夫婦善哉 ............ 6176
- 1997 スカイライト ........ 3241
- 　　　バイ・マイセルフ .... 4727
- 1999 恋の三重奏 .......... 2128
- 　　　ザ・近松 ............ 2494
- 　　　マトリョーシカ ...... 5938
- 1999,2001
- 　　　アート ........ 0237 0238
- 2001 コミック・ポテンシャル .................. 2303
- 　　　サラ―追想で綴る女優サラ・ベルナールの一生 ............... 2570
- 2003 実を申せば ........... 2761
- 　　　若き日のゴッホ Vincent in Brixton ........... 6947
- 2006 夏ノ夜ノ夢 .......... 4452
- 2007 ドラクル ............ 4279
- 2008 野田版・愛陀姫 ...... 4687
- 　　　罠 ................. 7021
- 2012 天日坊 .............. 4093
- 2017 華岡青洲の妻 ........ 4887
- 2018 切られの与三 ........ 1808

- 2007 シフォン .................. *2792*
- 2008 アジサイ光線 ........... *0185*
- 2011 超コンデンス .......... *3869*
- 2012 累―かさね― .......... *1299*
- 2014 寝覚町の旦那のオモチャ .................. *4633*

**少年ボーイズ**
- 2003 予想屋～後藤を待ちわびて .................. *6538*

**しようよ**
- 2018 パフ .................. *4953*

**女性芸術劇場**
- 2009 雑草ワルツ .......... *2502*
- 2012 光をあつめて .......... *5127*

**ショーマ**
- 1984 ある日、ぼくらは夢の中で出会う ......... *0400*
- 1986 けれどスクリーンいっぱいの星 ............ *2071*
- 1986,1991
  - ボクサァ ........ *5704 5705*
- 1987 ウォルター・ミティにさよなら ............ *0661*
  - パズラー ............ *4815*
- 1988 極楽トンボの終わらない明日 ........... *2193*
  - 新版・ある日、ぼくらは夢の中で出会う ... *3190*
- 1989 ルシファーは楽園の夢をみる ........... *6791*
- 1999 MIST―ミスト ........ *6032*

**ジョルジオ・B・コルセッティ・カンパニー**
- 1991 ラ・カメラ・アストラッタ/抽象の部屋 .. *6623*
- 1992 ある戦いの描写 カフカの作品より ........ *0385*

**白石加代子新企画**
- 2015 超税金対策殺人事件／妻の女友達 ........... *3870*

**シリーウォークプロデュース**
- 1997 病気 .................. *5264*
- 2004 ウチハソバヤジャナイ .................. *0700*

**自立の会**
- 1997 ぢらい .................. *3061*

**シルバーライニング**
- 1996 おお、星条旗に！ ...... *0947*
- 1998 アパートの鍵貸します .................. *0291*
- 2004 セメタリー倶楽部 .... *3407*
- 2011 コレット・コラージュ .................. *2337*

**城山羊の会**
- 2017 相談者たち .......... *3468*

**新演劇人グループテアトロ＜海＞**
- 1980 血の泡となりて流れよ .................. *3833*

**新劇交流プロジェクト**
- 2017 その人を知らず ....... *3528*

**新劇団協議会**
- 1980 シュヴァルツの裸の王様 .................. *2886*
- 1985 どん底 ............... *4351*
- 1986 君が人生の時 ......... *1704*
- 1987 かもめ ............... *1476*
  - 世阿彌 ............. *3345*
- 1988 真田風雲録 .......... *2520*
- 1989 夢・桃中軒牛右衛門の .................. *6449*
- 1990 素劇 あゝ東京行進曲 .................. *3489*
  - 懐しき人々 .......... *4414*
  - ハロルドとモード .. *5080*
- 1991 橋ものがたり ........ *4801*
- 1992 マリアの首幻に長崎を想う曲 .......... *5981*

**新神戸オリエンタル劇場**
- 1988 仮名手本忠臣蔵 ....... *1399*
- 1993 迷子の天使たち ....... *5820*
- 1995 ボーイング・ボーイング .................. *5662*

**新国立劇場**
- 1997 銀ちゃんが逝く ....... *1847*
  - 夜明け前 ............. *6490*
- 1997,2001
  - 紙屋町さくらホテル .................. *1454 1455*
- 1998 音楽劇 ブッダ ....... *1158*
  - 今宵かぎりは――1928超巴里丼主義宣言の夜 ............. *2309*
  - ディア・ライアー―すてきな嘘つき .... *3978*
  - 虹を渡る女 .......... *4518*
  - 野望と夏草 .......... *6342*
  - 幽霊はここにいる .. *6411*
  - リア王 .............. *6687*
- 1999 美しきものの伝説 ... *0704*
  - かくて新年は ........ *1272*
  - キーン 或いは狂気と天才 .............. *1823*
  - 子午線の祀り ........ *2723*
  - 新・雨月物語 ........ *3109*
  - セツアンの善人 .... *3389*
  - 棋人（チーレン）.. *3883*
  - 羅生門 .............. *6636*
- 2000 新・地獄変 .......... *3129*
  - 怒濤 .................. *4238*
  - なよたけ ............. *4490*
  - 華しき一族 ........ *4913*

- 欲望という名の電車 .. *6512*
- 夜への長い旅路 ....... *6559*
- 2000,2002
  - 太平洋序曲 ....... *3620 3621*
- 2000,2004
  - マクベス ........ *5861 5862*
- 2001 贋作・桜の森の満開の下 .................. *1589*
  - コペンハーゲン ....... *2296*
  - 母たちの国へ ........ *4939*
  - ピカドン・キジムナー .............. *5126*
  - 美女と野獣 .......... *5158*
- 2001,2004
  - こんにちは、母さん .................. *2365 2366*
- 2001,2010,2018
  - 夢の裂け目 ... *6461～6463*
- 2002 かもめ ............. *1477*
  - くしゃみ/the Sneeze ............. *1876*
  - 櫻の園 .............. *2446*
  - 「三人姉妹」を追放されしトゥーゼンバフの物語 .......... *2644*
  - ハムレット ........ *4980*
  - ↑ヤジルシ―誘われて .................. *6320*
  - ワーニャおじさん～四幕の田園生活劇 ... *7040*
- 2002,2005
  - その河をこえて、五月 .......... *3517 3518*
- 2003 ゴロヴリョフ家の人々 .................. *2339*
  - サド侯爵夫人 ........ *2511*
  - 世阿彌 .............. *3346*
  - 涙の谷、銀河の丘 .. *4483*
  - ノクターン―月下の歩行者 .............. *4684*
  - ピルグリム .......... *5283*
  - 浮標 ................. *5324*
  - マッチ売りの少女 .... *5920*
- 2003,2010
  - 夢の泪 ........ *6468 6469*
- 2004 INTO THE WOODS .......... *0614*
  - The Game/ザ・ゲーム .................. *2472*
  - THE OTHER SIDE/線のむこう側 .... *2668*
  - 請願―静かな叫び .. *3349*
  - 胎内 .................. *3613*
  - てのひらのこびと .... *4027*
  - 透明人間の蒸気 ....... *4163*
  - ヒトノカケラ ........ *5198*
  - 二人の女兵士の物語 .. *5401*
  - 喪服の似合うエレクトラ .................. *6260*

| 2005 | うら騒ぎ／ノイゼズ・オフ | 0759 |
|---|---|---|
| | 屋上庭園／動員挿話 | 0978 |
| | 黒いチューリップ／盲導犬 | 1987 |
| | コミュニケーションズ | 2304 |
| | 城 | 3090 |
| | 箱根強羅ホテル | 4782 |
| | 花咲く港 | 4893 |
| | 母・肝っ玉とその子供たち―三十年戦争年代記 | 4938 |
| 2006 | アジアの女 | 0181 |
| | イワーノフ／オイディプス王 | 0608 |
| | エンジョイ！ | 0888 |
| | カエル | 1246 |
| | ガラスの動物園 | 1521 |
| | シラノ・ド・ベルジュラック | 3073 |
| | マテリアル・ママ | 5929 |
| | やわらかい服を着て | 6377 |
| 2006,2010 | 夢の痂（かさぶた） | 6456 6457 |
| 2007 | アルゴス坂の白い家―クリュタイメストラ | 0382 |
| | 異人の唄―アンティゴネ | 0499 |
| | 下周村―花に嵐のたとえもあるさ | 1312 |
| | CLEANSKINS／きれいな肌 | 1964 |
| | 氷屋来たる | 2170 |
| | たとえば野に咲く花のように―アンドロマケ | 3703 |
| | 夏の夜の夢 | 4439 |
| 2008 | オットーと呼ばれる日本人 | 1022 |
| | 近代能楽集 綾の鼓／弱法師 | 1842 |
| | 舞台は夢～イリュージョン・コミック | 5343 |
| | 混じりあうこと、消えること | 5892 |
| | まほろば | 5969 |
| | 山の巨人たち | 6353 |
| 2008,2011 | 鳥瞰図 | 3865 3866 |
| 2008,2011,2016 | 焼肉ドラゴン | 6294～6296 |
| 2009 | 現代能楽集 鵺 | 2091 |
| | シュート・ザ・クロウ | 2961 |
| | タトゥー | 3701 |
| | ヘンリー六世 3部作 | 5655 |

| 2010 | 昔の女 | 6120 |
|---|---|---|
| | エネミイ | 0837 |
| | ヘッダ・ガーブレル | 5587 |
| | やけたトタン屋根の上の猫 | 6308 |
| 2010,2013 | 象 | 3456 3457 |
| 2011 | 雨 | 0331 |
| | イロアセル | 0600 |
| | おどくみ | 1038 |
| | ゴドーを待ちながら | 2253 |
| | 朱雀家の滅亡 | 3261 |
| | 天守物語 | 4079 |
| | わが町 | 6963 |
| 2012 | 音のいない世界で | 1049 |
| | 温室 | 1159 |
| | サロメ | 2590 |
| | パーマ屋スミレ | 4963 |
| | 負傷者16人―SIXTEEN WOUNDED | 5375 |
| | リチャード三世 | 6718 |
| | るつぼ | 6792 |
| 2013 | アジア温泉 | 0178 |
| | エドワード二世 | 0832 |
| | OPUS／作品 | 1068 |
| | 効率学のススメ | 2164 |
| | つく、きえる | 3940 |
| | 長い墓標の列 | 4377 |
| | ピグマリオン | 5144 |
| 2014 | アルトナの幽閉者 | 0390 |
| | 永遠の一瞬―Time Stands Still | 0781 |
| | ご臨終 | 2324 |
| | 三文オペラ | 2656 |
| | 十九歳のジェイコブ | 2895 |
| | テンペスト | 4102 |
| | ブレス・オブ・ライフ～女の肖像 | 5527 |
| | 星ノ数ホド | 5736 |
| | マニラ瑞穂記 | 5949 |
| 2015 | ウィンズロウ・ボーイ | 0629 |
| | 海の夫人 | 0742 |
| | 桜の園 | 2427 |
| | 東海道四谷怪談 | 4120 |
| 2016 | あわれ彼女は娼婦 | 0414 |
| | 噛みついた女 | 1443 |
| | たとえば野に咲く花のように | 3702 |
| | 月・こうこう、風・そうそう | 3912 |
| | フリック | 5490 |
| | ヘンリー四世 | 5650 |
| 2017 | 君が人生の時 | 1705 |
| | 白蟻の巣 | 3092 |

| | トロイ戦争は起こらない | 4329 |
|---|---|---|
| | マリアの首―幻に長崎を想う曲 | 5982 |
| 2018 | 消えていくなら朝 | 1619 |
| | 誤解 | 2171 |
| | 赤道の下のマクベス | 3382 |
| | 1984 | 4373 |
| | ヘンリー五世 | 5648 |

新宿コマ劇場

| 1989 | ピーターパン | 5169 |
|---|---|---|
| 1993 | その男、ゾルバ | 3516 |

新宿梁山泊

| 1988 | アンモナイトクエスト―遠く雷鳴の聞こえる夜 | 0449 |
|---|---|---|
| | 夜に群がる星の騎馬隊―昭和の終わりの暗い日曜日 | 6567 |
| 1988,1999 | 千年の孤独 | 3449 3450 |
| 1990,1995 | 人魚伝説 | 4596 4597 |
| 1991 | 映像都市1991 | 0787 |
| 1993 | 少女都市からの呼び声 | 2998 |
| | それからの夏 | 3557 |
| 1994 | 青き美しきアジア | 0073 |
| 1999 | 東京アパッチ族 | 4126 |
| 2006,2011 | 風のほこり | 1352 1353 |
| 2009 | 宇田川心中 | 0686 |
| | ベンガルの虎 | 5627 |
| 2010 | TORAJI 2010 | 4280 |
| 2013 | 月の家 | 3920 |
| 2015 | 少女仮面 | 2993 |
| 2018 | 恭しき娼婦 2018 | 0755 |

新人会

| 1984 | 袴垂れはどこだ | 4751 |
|---|---|---|
| 1987 | 石棺 | 3391 |
| 1993 | 私を甦らせて―エイズと共にいきる時代に | 6985 |

薪伝実験劇団

| 2013 | 地雷戦2.0 | 3063 |
|---|---|---|

新日鉄文化財団

| 2004 | 蝶々さん―ある宣教師夫人の日記より／廃墟―谷崎を読む女たち | 3871 |
|---|---|---|

新橋演舞場

| 1985 | アーニー・パイル | 0274 |
|---|---|---|
| 1989 | リュウオー | 6751 |
| 1996 | 夫婦善哉 | 6176 |
| 2018 | オセロー | 1008 |

人力舎
　1991　バカ爆発……………4750

## 【す】

スイス銀行
　2009　地球のみなさん、悪く
　　　　思わないでくださ
　　　　い……………………3814
　　　　107……………………7060
　2010　おっぱい博士…………1025
スイセイ・ミュージカル
　2000　夢のタイムリミット‥6466
　2001　オンリー・ワン………1199
彗星'86
　1982,1983
　　　　寿歌Ⅱ…………5696　5697
　1983　グッドバイーとじこみ
　　　　付録つき……………1907
　1983,1984
　　　　十一人の少年…2887　2888
水田の会
　2012　請願―静かな叫び……3350
スウェーデン王立劇場
　1988　ハムレット………………4981
　　　　令嬢ジュリー……………6812
　1990　サド侯爵夫人……………2512
スカイスケープ
　2002　海の上のピアニスト‥0736
菅間馬鈴薯堂
　2001　チェーホフのブローチ
　　　　～「三人姉妹」の稽
　　　　古の夜に………………3795
　2016　踊り子…………………1051
　2017　光合成クラブ・Ⅱ～男
　　　　のいない女たち………2141
杉山企画
　2000　ミレニアム・スウィー
　　　　ト……………………6109
スクエア
　1999　だし……………………3662
　2000　俺の優しさ………………1145
　2005　ラブコメ………………6661
　2008　誉め兄弟………………5795
　2011　ラブ★ギャラクシー……6660
　2014　アベノ座の怪人たち…0308
　2015　湿原ラジオ……………2766
SCOT
　1981,1987
　　　　バッコスの信
　　　　女…………4851　4852
　1983　昼餐会…………………3857

1983,1986
　　　　王妃クリテムネスト
　　　　ラ………………0928　0929
1986　三人姉妹／桜の園……2645
1988　王女クリテムネスト
　　　　ラ……………………0923
1989　ザ・チェーホフ………2492
　　　　遊人〈1〉………………6388
1989,2010,2013
　　　　リア王…………6688～6690
1994　帰ってきた日本………1241
2009　エレクトラ……………0860
2010　酒神ディオニソス……2954
　　　　前衛漫画劇 新・帰っ
　　　　てきた日本……………3417
2011　新々・帰ってきた日本
　　　　―「瞼の母」より…3155
　　　　世界の果てからこんに
　　　　ちは……………………3381
2012　シンデレラからサド侯
　　　　爵夫人へ………………3174
　　　　シンデレラ シンデレ
　　　　ラ……………………3176
2013　シンデレラ………………3173
　　　　新訳・瞼の母…………3210
2014　からたち日記由来……1531
スズキビリーバーズ
　2001　悪霊―下女の恋………0151
　　　　マシーン日記…………5893
鈴蘭党
　1981　舞いみぞれ……………5831
スタジオ・アッズーロ
　1991　ラ・カメラ・アスト
　　　　ラッタ／抽象の部屋‥6623
STUDIOコクーン
　1999　かもめ…………………1478
　2000　ゴドーを待ちながら…2254
　2001　カスパー………………1321
　2002　障子の国のティンカー
　　　　ベル……………………2986
スタジオ・ターボ
　1981　バーレスク・1931 赤
　　　　い風車があった街…5066
スタジオライフ
　1998　訪問者…………………5678
　2007　孤児のミューズたち‥2224
ステージ・ウエスト
　1988　リア王（アメリカ
　　　　版）……………………6697
Stage Direct Japan
　2015　詩人の家………………2734
ステージトレーラープロジェクト
　2017　日輪の翼………………4543

ステージ・ワンダー
　1998　怪しき村の旅人………0354
　2001　ロード・ショー………6896
ストアハウスカンパニー
　1999　箱―Boxes―……………4786
　2002　Territory………………4042
ズニ
　1989　百年の孤独……………5242
スパイラル
　1985　マック・ザ・ナイフ…5919
　1986　犀……………………2376
　　　　忘れな草………………6979
　1987　冬物語…………………5448
スパイラルシアター
　1988　ハムレット……………4982
　1991　ミュンヒハウゼン男爵
　　　　の大冒険………………6096
スーパーエキセントリック・シ
アター
　1983　コリゴリ博士の華麗な
　　　　る冒険…………………2322
　1989　ネガティブ・ポップ
　　　　ス・ストーリー………4623
　　　　メガ・デス・ポリス…6178
　1998　昨日たちの旋律 イエ
　　　　スタデイズ・メロ
　　　　ディ……………………1696
スーパータンク
　1999　死の棘・1999…………2780
SPAC（静岡県舞台芸術セン
ター）
　1999,2003
　　　　シラノ・ド・ベルジュ
　　　　ラック…………3074　3075
　2007　巨匠……………………1787
　　　　廃車長屋の異人さん‥4718
　2007,2009
　　　　転校生……………4058　4059
　2008　エレクトラ／夜叉ヶ
　　　　池……………………0863
　2009　酒神ディオニソス‥2955
　　　　椿姫……………………3952
　2010　ペール・ギュント……5615
　　　　室内……………………2770
　　　　忠臣蔵…………………3859
　2012　ロミオとジュリエッ
　　　　ト……………………6921
　2013　黄金の馬車……………0910
　2014　マハーバーラタ～ナラ
　　　　王の冒険………………5957
　2017　冬物語…………………5449
　2018　繻子の靴 四日間のス
　　　　ペイン芝居……………2957
　　　　ミヤギ能 オセロー～
　　　　夢幻の愛………………6088

## 昴

- 1980 誰か一人があなたの子 ………… 3752
- 　　 薔薇と棺桶 ………… 5024
- 1981 三月ウサギ ………… 2596
- 1982 ヘンリー四世 騎士フォールスタフの滑稽譚 ………… 5652
- 1983 オイディプス王 ………… 0899
- 1983,2016 ヴェニスの商人 ………… 0642 0643
- 1984 ハムレット ………… 4983
- 　　 魔女が恋を知ったとき ………… 5889
- 1984,1996 セールスマンの死 ………… 3410 3411
- 1985 島清、世に敗れたり ………… 2804
- 1985,2006 夏の夜の夢 ………… 4440 4441
- 1986 ああ求婚 ………… 0004
- 　　 アメリカの日々 ………… 0348
- 　　 マクベス ………… 5863
- 1987 オセロー ………… 1009
- 1989 リチャード三世 ………… 6719
- 1990,2001 アルジャーノンに花束を ………… 0383 0384
- 1993 チャリング・クロス街84番地 ………… 3855
- 1994 熱いトタン屋根の上の猫 ………… 0228
- 　　 リチャード二世 ………… 6732
- 1995 ザ・カヴァルケイダーズ ………… 2407
- 　　 沈黙 ………… 3890
- 1996 堅塁奪取／テムペスト／明暗 ………… 2108
- 1997 十二夜 ………… 2929
- 1998 三人姉妹 ………… 2625
- 　　 SETSUKO ………… 3396
- 1999 から騒ぎ ………… 1515
- 　　 ワーニャ伯父さん ………… 7031
- 2000 罪と罰 ………… 3964
- 　　 肉体の清算 ………… 4511
- 2000,2003 怒りの葡萄 ………… 0475 0476
- 2001 嘆きの天使 ………… 4397
- 　　 火計り〜四百年の肖像 ………… 5223
- 2002 転落 ………… 4110
- 　　 ゆうれい貸屋 ………… 6406
- 2003 ゴンザーゴ殺し ………… 2352
- 　　 ナイチンゲールではなく ………… 4368
- 2004 コリオレイナス ………… 2318
- 　　 チェーホフ的気分 ………… 3743
- 　　 羅城門 ………… 6635
- 2005 八月の鯨 ………… 4834
- 2006 億萬長者夫人 ………… 0983
- 2007 うつろわぬ愛 ………… 0710
- 2008 ジュリアス・シーザー ………… 2965
- 2009 河の向うで人が呼ぶ ………… 1582
- 　　 隣で浮気？ ………… 4242
- 2010 機械じかけのピアノのための未完成の戯曲 ………… 1631
- 　　 スタア ………… 3268
- 2011 エデンの東 ………… 0828
- 2012 危機一髪 ………… 1635
- 　　 石棺 ………… 3392
- 2013 本当のことを言ってください ………… 5813
- 　　 汚れた手 ………… 6527
- 2014 ラインの監視 ………… 6613
- 　　 リア王 ………… 6691
- 2018 冬／ダウィー夫人の勲章 ………… 5432

## 昴 ザ・サード・ステージ

- 1994 ベルナルダ・アルバの家 ………… 5622
- 1995 カモメたちの晩夏 ………… 1504
- 1996 修道女 ………… 2907
- 1998 プレイング・フォア・タイム 命を奏でて ………… 5524
- 2006 猫の恋、昴は天にのぼりつめ ………… 4629
- 2012 暗いところで待ち合わせ ………… 1935
- 2016 THE GREEKS ………… 2464

## Subaru P.BOX

- 2003 オンディーヌを求めて／花嫁付き添い人の秘密 ………… 1165

## 昴Page2

- 2017 ふくろう ………… 5360

## スフィアコーポ

- 1992 変身 ………… 5631

## スペース・ゼロ

- 1989 火の鳥 ………… 5215
- 1993 書留へ ピアノより ………… 1264

## スレイマン・アルバッサーム・シアターカンパニー

- 2004 アル・ハムレット・サミット ………… 0395

## S.W.A.T!

- 1993 幕末青春譜 明日に架ける橋 ………… 4776
- 1994 My Boy〜嘆きの銀河 ………… 5829
- 1995 ジャスティス fool ………… 2825 5493

- 1997 緑の戦場 ………… 6068
- 1997,2000 雪原を血にそめて―あさま山荘事件 ………… 3394 3395
- 1998 緑の戦場2 ………… 6069
- 1998,2002 幕末ジャイアンツ ………… 4773 4774
- 1999 大盗賊 ………… 3610
- 　　 Rush ………… 6649
- 2000 3156 ………… 2391
- 2001 ザ・グレートクイズショー ………… 2466
- 　　 突撃!第九八独立普通科連隊 ………… 4231
- 2002 拝啓フィリップ・トルシエ様 ………… 4717
- 2003 アカツキ7 ………… 0129
- 　　 第九八独立普通科連隊 西へ! ………… 3578
- 2005 伝説の若大将 ………… 4087

## 【せ】

## 青果鹿

- 2007 焔の黄土、のたうつ龍 ………… 5781
- 　　 めくるめく沈酔金魚 ………… 6183
- 2008 かまどの虫 ………… 1429
- 　　 しゃなりしゃなりと闇夜の鱗粉 ………… 2837
- 2009 ブルカニロ博士の実験 ………… 5497
- 2010 北守の騎士とカルボナードの踊る魔女 ………… 5706
- 2011 川竹の流れ流れて、あ、ゴールデン浴場 ………… 1580
- 　　 ライリュウの化石 ………… 6612
- 2014 路地裏のシュラ ………… 6877

## 精華小劇場

- 2010 イキシマbreath island ………… 0480

## 青春五月党

- 1992 魚の祭 ………… 0659
- 1995 グリーン・ベンチ ………… 1965

## 青杜

- 1994,1999 怪盗三日月丸 ………… 1234 1235
- 1995 ペガサス ………… 5570
- 1996 怪盗コブラ仮面 ………… 1233
- 1997 樹海 ………… 2947
- 1998 セラピスト ………… 3409
- 　　 テレスコープ〜彷徨篇 ………… 4044

| 1999,2002 サイロの砦 …… 2402 2403
| 2000 麒麟 …… 1814
|    春の赤ずきん …… 5052
|    リベンジ …… 6742
| 2001 おばあちゃんたちの船
|    出 …… 1062
| 2002 東京海亀伝説～幻の少
|    女篇 …… 4128
| 2003 イーハートーボの祈
|    り …… 0570
|    テレスコープ …… 4043

**成都話劇院**
1995 死水微瀾 …… 2737

**青年劇場**
1982,2002
   愛さずにはいられな
   い …… 0016 0017
1983 ブーフーウー殺人事
   件 …… 5426
   闇の中の白い道 …… 6368
1984 そこを右へ曲って …… 3493
1987 テントの中から星を見
   た …… 4092
1989 総裁公館―国鉄分割民
   営ものがたり …… 3464
1990 限りなく透明に近い
   男 …… 1266
1991 安楽兵舎VSOP …… 0451
1993 アダムの星 …… 0222
   将軍が目醒めた時 …… 2983
1994 女・おんな・オンナ …… 1168
   村井家の人々 …… 6148
1995 青春の砦 …… 3362
   時間（とき）のない喫
   茶店 …… 4193
   もう一人のヒト …… 6221
1996 愛が聞こえます …… 0013
   キッスだけでいいわ …… 1678
   私よりましな私 …… 7008
1997 こんにちはかぐや姫 …… 2367
   唱歌元年 螢のひかり
   窓のゆき …… 2981
   甦る夏の日 …… 6555
1998 サラエヴォのゴドー …… 2560
1998,2000,2015
   真珠の首飾り …… 3148～3150
1999 銀色の狂騒曲 …… 1824
   二階の女 …… 4507
2000 島清、世に敗れたり …… 2805
   翼をください …… 3955
   菜の花らぶそでい …… 4478
   リーダー ある検閲官
   の夢 …… 6710
2001 カムサハムニダ …… 1460
   かもめ …… 1479
   殯（もがり）の海 …… 6225

| 2002 ケプラー～あこがれの
|    星海航路 …… 2061
|    銃口 MASCARA …… 2898
| 2003 顔 MASCARA …… 1253
|    キジムナー・キジム
|    ナー …… 1658
|    袖振り合うも …… 3512
| 2004 悪魔のハレルヤ …… 0149
|    GULF―弟の戦争 …… 1562
|    夜の笑い …… 6585
| 2005 3150万秒と、少し―今
|    までになく懸命に生
|    きた一年 …… 2609
|    谷間の女たち …… 3709
|    ナース・コール …… 4401
| 2006 尺には尺を …… 2817
|    族譜 …… 3484
|    博士の愛した数式 …… 4744
| 2007 シャッター通り商店
|    街 …… 2834
|    修学旅行 …… 2892
| 2008 あるハムレット役者の
|    夢 …… 0396
|    呉将軍の足の爪 …… 2227
|    藪の中から龍之介 …… 6335
| 2009 ばんさんか …… 5090
|    結の風らぷそでい …… 6379
| 2010 三年寝太郎／先駆ける
|    もの …… 2648
|    島 …… 2801
|    太陽と月 …… 3633
| 2011 青ひげ先生の聴診器 …… 0094
|    普天間 …… 5418
| 2012 十二夜 …… 2930
|    野球部員、舞台に立
|    つ！ …… 6297
|    臨界幻想2011 …… 6778
| 2013 田畑家の行方 …… 3715
|    怒濤 …… 4239
| 2014 羽衣 House …… 4788
|    みすてられた島 …… 6031
| 2015 オールライト …… 1134
|    動員挿話／骸骨の舞
|    跳 …… 4117
| 2016 郡上の立百姓 …… 1877
|    雲ヲ摑ム …… 1925
| 2017 アトリエ …… 0248
|    梅子とよっちゃん …… 0749
|    原理日本 …… 2106
|    『事件』という名の事
|    件 …… 2715
| 2018 キネマの神様 …… 1691
|    きみは いくさに 往っ
|    たけれど …… 1710
|    分岐点～ぼくらの黎明
|    期 …… 5551

**青年座**
1979,1992,2000,2006
   ブンナよ、木からおり
   てこい …… 5554～5557
1980 鏡よ、鏡 …… 1260
   木に花咲く …… 1688
   青春の砂のなんと早
   く …… 3361
   近松心中考 …… 3805
   ドラム一発!マッドマ
   ウス …… 4290
1980,2011
   ほととぎす・ほととぎ
   す …… 5773 5774
1981 冒険ダン吉の冒険 …… 5673
1981,1996
   三文オペラ …… 2654 2657
1982 江戸のろくでなし …… 0830
   金閣炎上 …… 1826
   大脱走 太田幸司さん、
   いかがおすごしです
   か? …… 3605
1983 逆修の塔 満鉄と和
   子 …… 1727
   二つのダイヤモンド …… 5390
1984 次郎長が行く …… 3101
1984,2014
   地の乳房 …… 3841 3842
1985 ザ・パイロット …… 2522
   弥次喜多 …… 6313
1986 風が吹くとき …… 1331
   桜の園 弦楽四重奏に
   よる …… 2449
   パラダイスオブギン
   ザ …… 5019
1987 国境のある家 …… 2237
   ONE WEEK―ナビと
   奇跡の一週間 …… 7059
1988 亜也子―母の桜は散ら
   ない桜 …… 0353
   蠅の王 …… 4737
1989 写楽考 …… 2855
   ナンセンス …… 4497
1989,1998
   盟三五大切 …… 1433 1434
1990 希望―幕末無頼伝 …… 1701
1992 永遠の青空 …… 0779
   モロッコの甘く危険な
   香り …… 6278
1993 愛すればこそ …… 0025
   カルメン …… 1566
1994 オルメドの騎士 …… 1133
   カデット …… 1388
   火の起源 …… 5211
   幻に心もそぞろ狂おし
   のわれら将門 …… 5963
   レンタルファミリー …… 6852

1994,1995,1998
　MOTHER—君わらひたまふことなかれ .......... 5879〜5881
1995 つくづく赤い風車—小林一茶 .......... 3941
1995,2010
　黄昏 .......... 3668 3669
1996 審判「神と人とのあいだ」第一部 .......... 3191
　廃墟 .......... 4713
　ベクター .......... 5572
1997 ジャンナ .......... 2870
　フユヒコ .......... 5443
1998 大いなる相続 .......... 0932
　無法松の一生 .......... 6144
　ムーランルージュ .......... 6154
1999 新版 四谷怪談 .......... 3194
　大菩薩峠 .......... 3623
　リセット .......... 6708
1999,2003,2014
　見よ、飛行機の高く飛べるを .......... 6100〜6102
2000 天草記 .......... 4088
　とかげ .......... 4187
　MANCHURIA 贋・川島芳子伝 .......... 6004
　明治の柩 .......... 6167
2001 赤シャツ .......... 0120
　君はこの国を好きか .......... 1712
　悔しい女 .......... 1932
2002 美しきものの伝説 .......... 0705
　お茶をすすって .......... 1020
　湖底 .......... 2243
　ハロルドとモード .......... 5081
2003 カゾクカレンダー .......... 1358
　乳房 .......... 3844
　ビジネスクラス .......... 5156
2003,2005
　パートタイマー・秋子 .......... 4873 4874
2004 桜姫東文章 .......... 2460
　諸国を遍歴する二人の騎士の物語 .......... 3033
　空 .......... 3540
　殺陣師段平 .......... 3698
　友達 .......... 4262
　深川安楽亭 .......... 5355
2005 明日—一九四五年八月八日・長崎 .......... 0191
　こんにゃくの花 .......... 2368
　妻と社長と九ちゃん .......... 3961
　夢・桃中軒牛右衛門の .......... 6450
　龍よ、あれは俺の友だち .......... 6754
2006 評決 .......... 5265

　蛇 .......... 5600
2007 あおげばとうとし .......... 0079
2008 3on3 喫茶店で起こる3つの物語 .......... 3338
　ねずみ男 .......... 4635
　フユヒコ／赤シャツ／MOTHER .......... 5445
2009 千里眼の女 .......... 3455
　その受話器はロバの耳 .......... 3520
　第三の証言 .......... 3593
2010 つちのこ .......... 3947
2011 をんな善哉 .......... 1176
　切り子たちの秋 .......... 1811
2012 THAT FACE〜その顔 .......... 2504
　タカラレ六郎の仇討ち .......... 3652
　欲望という名の電車 .......... 6513
　雷鳴 .......... 6610
2013 崩れゆくセールスマン .......... 1888
　横濱短篇ホテル .......... 6525
　LOVE、LOVE、LOVE .......... 6666
2014 あゆみ .......... 0356
　台所の女たちへ .......... 3611
　UNIQUE NESS .......... 6433
2015 外交官 .......... 1205
　からゆきさん .......... 1545
　鑢一たたら .......... 3686
2016 俺の酒が呑めない .......... 1144
　砂漠のクリスマス—OTHER DESERT CITIES .......... 2525
　フォーカード .......... 5349
2017 断罪 .......... 3767
　旗を高く揚げよ .......... 4817
　わが兄の弟 贋作アントン・チェーホフ傳 .......... 6946
2018 安楽病棟 .......... 0450
　砂塵のニケ .......... 2485

**青年座イヨネスコ上演委員会**
2010 禿の女歌手 .......... 4779

**青年団**
1991,1993
　ソウル市民 .......... 3473 3474
1992 さよならだけが人生か .......... 2554
1994 S高原から .......... 0810
1994,1998
　東京ノート .......... 4135 4136
1995 火宅か修羅か .......... 1366
1996 この生は受け入れがたし .......... 2283
　北限の猿 .......... 5703

　南へ .......... 6076
1996,2000
　カガクするココロ .......... 1255 1256
1996,2002
　冒険王 .......... 5671 5672
1997 バルカン動物園 .......... 5040
1999 海よりも長い夜 .......... 0748
2000 ソウル市民1919 .......... 3477
2001 雲母坂 .......... 1805
2001,2006
　上野動物園再々々襲撃 .......... 0647 0648
2002 インディア・ソング .......... 0612
2003 南島俘虜記 .......... 4498
　もう風も吹かない .......... 6215
2004 暗愚小傳 .......... 0417
　山羊—シルビアってだれ? .......... 6292
　ヤルタ会談／忠臣蔵・OL編 .......... 6375
2005 砂と兵隊 .......... 3300
　笑うタンパク質 .......... 7047
2006 ソウル市民 三部作 .......... 3476
　卵 .......... 3726
　チェンジングルーム .......... 3799
2008 眠れない夜なんてない .......... 4664
2009 青木さん家の奥さん .......... 0076
　サンタクロース会議 .......... 2611
　鳥の飛ぶ高さ .......... 4310
2011 ソウル市民 五部作 .......... 3475
2018 革命日記 .......... 1275
　日本文学盛衰史 .......... 4570

**青年団プロデュース**
1994 思い出せない夢のいくつか .......... 1100
1997 マッチ売りの少女たち〜別役実 初期作品群より .......... 5921
1997,2000
　月の岬 .......... 3932〜3934
1998 新版・小町風伝 .......... 3192
　夏の砂の上 .......... 4428

**青年法律家協会神奈川支部**
1992 がんばれ! 日本国憲法 .......... 1606

**西武劇場**
1982 ねずみとり .......... 4637
1985 愚かな女 .......... 1148
　キーン .......... 1821

**セイブ ザ ライフ**
1993 バーバパパ .......... 4950

**西友**
1985 キュルトヘンの帽子 .......... 1759

## 清流劇場
- 1987 はだかの王様—見える見えない物語 …… 4820
- 1998 珊瑚抄 …… 2600
- 1999 かたつむりの島にへんな人がたずねてくる記 …… 1368
- 2001 約束のヒト …… 6305
- 2002 うさぎの電報 …… 0668
- 2003 ホーキ星の出た日 …… 5698
- 2004 この恋や思いきるべきさくらんぼ …… 2279
- わが町 …… 6964
- 2006 日向ぼっこ …… 5203
- 2012 15人の海民 …… 2899
- 2016 アルトゥロ・ウイ …… 0388
- 賢者ナータン …… 2087
- 2017 オイディプス王 …… 0900
- メアリー・ステュアート …… 6161
- 2018 アンドラ …… 0436

## 世田谷パブリックシアター
- 1997 しあわせな日々 …… 2674
- ライフ・イン・ザ・シアター …… 6604
- 1998 怪しき村の旅人 …… 0354
- ふしぎの国のアリス …… 5364
- 1999 ガリレオの生涯 …… 1559
- ザ・マン・フー …… 2538
- ジョルジュ …… 3055
- 龍を撫でた男 …… 6753
- 2000 音楽劇 ネネム …… 1157
- ゴドーを待ちながら …… 2255
- 三人姉妹 …… 2626
- しあわせな日々／芝居 …… 2675
- ロベルト・ズッコ …… 6900
- 2001 ハムレットの悲劇 …… 5006
- 2001,2003 アメリカ …… 0345 0346
- 2002 月の向こう側 …… 3936
- パードレ・ノーストロ—我らが父よ …… 4879
- ふたごの星 …… 5387
- まちがいの狂言 …… 5911
- ミレナ …… 6107
- 2003 AOI/KOMACHI …… 0060
- 宇宙でいちばん速い時計 …… 0694
- ハムレット …… 4999
- 2003,2004 エレファント・バニッシュ …… 0871 0872
- 2004 だれか、来る …… 3751
- 時の物置 …… 4194
- 見よ、飛行機の高く飛べるを …… 6103
- 求塚 …… 6251
- リア王の悲劇 …… 6698
- 2004,2017 子午線の祀り …… 2724 2725
- 2005 敦—山月記・名人伝 …… 0231
- 偶然の音楽 …… 1864
- 2006 ある夜―老いた大地よ〜『また終わるために』より …… 0405
- アンデルセン・プロジェクト …… 0431
- エンドゲーム …… 0892
- 鵺/NUE …… 4612
- 2007 音楽劇 三文オペラ …… 1155
- 国盗人 …… 1911
- 三文オペラ …… 2658
- 死のバリエーション …… 2781
- 審判/失踪者 …… 3193
- 2008 現代能楽集Ⅳ THE DIVER …… 2093
- 友達 …… 4263
- 醜男 …… 5353
- 2008,2013 春琴 …… 2972 2973
- 2009 奇ッ怪〜小泉八雲から聞いた話 …… 1676
- 2010 ガラスの葉 …… 1528
- 現代能楽集Ⅴ「春独丸」「俊寛さん」「愛の鼓動」 …… 2094
- 2010,2013 マクベス …… 5864 5865
- 2011 現代能楽集Ⅵ 奇ッ怪 其ノ弐 …… 2095
- モリー・スウィーニー …… 6272
- 2012 サド侯爵夫人 …… 2513
- 南部高速道路 …… 4499
- ハーヴェスト …… 4958
- 2012,2015 藪原検校 …… 6336 6337
- 2013 オセロ …… 1003
- ジャンヌ …… 2871
- 2014 神なき国の騎士—あるいは、何がドン・キホーテにそうさせたのか？ …… 1446
- Tribes …… 4274
- ビッグ・フェラー …… 5178
- 炎 アンサンディ …… 5780
- 2015 トロイラスとクレシダ …… 4332
- マーキュリー・ファー …… 5847
- 2016 レイディエント・ヴァーミン …… 6818
- 2017 管理人 …… 1612
- チック …… 3828
- ペール・ギュント …… 5616
- 2018 岸 リトラル …… 1661
- 現代能楽集Ⅸ 竹取 …… 2096
- バリーターク …… 5032

## Z system
- 2008 ながれまち …… 4392

## 蟬の会
- 1992,1994 がめつい奴 …… 1463 1464
- 1996 すててこてこてこ …… 3288
- 1997 しりたまはずやわがこひは 藤村と女たち …… 3083

## 前進座
- 1980 お夏清十郎／文七元結 …… 1057
- 太陽の子 …… 3634
- 1983 越前紙漉き唄 …… 0820
- エリザベス・サンダースホーム物語 ママちゃま …… 0853
- 奥州白石噺 …… 0918
- 尻啖え孫市 …… 3081
- 町の入墨者／瞼の母 …… 5913
- 1984 新絵島物語／ひとつ屋根の下・窯 …… 3111
- 1984,1988 解脱衣楓累 …… 2032 2033
- 1985 巷談宵小夜きぬた …… 2151
- 1986 面倒なお客 …… 6212
- 羅生門 …… 6637
- 1988 終りに見た街 …… 1151
- 1995 連如〜われ深き淵より …… 6854
- 1996 闇と舌先 …… 6365
- 1997 戦国武士の有給休暇 …… 3428
- 2002 出雲の阿国 …… 0510
- 2009 或る「小倉日記」伝 …… 0381
- 2012 おたふく物語 …… 1017
- 2013 三人吉三巴白浪 …… 2617
- 2014 一本刀土俵入／松竹梅湯島掛額 …… 0539
- 2017 柳橋物語 …… 6330
- 2018 人間万事金世中 …… 4607

## 千田是也記念「ブレヒト・オペラ」上演委員会
- 1999 ブレヒト・オペラ …… 5532

## 善人会議
- 1987 鸚鵡とカナリア …… 0931
- 曲がり角の悲劇 …… 5840
- 1987,1988 夜曲―放火魔ツトムの優しい夜 …… 6298 6299
- 1988 新羅生門 …… 3215
- 1989 ジプシー—千の輪の切り株の上の物語 …… 2795

せんほ　　　　　　団体名索引

ヨークシャーたちの空
　　飛ぶ会議……………6502
1990　フォーティンプラス‥5352
1992　女殺桜地獄…………1173
1993　愚者には見えないラ・
　　マンチャの王様の
　　裸………………………1874

穿鞘
1995　I LOVE ×××………0047

千里金蘭大学
2017　さよなら、五月—サヨ
　　ナラ、サツキ…………2553

【そ】

総合芸術学院
1980　葵上………………………0366
　　邯鄲……………………1604
　　班女……………………5092

早春の賦制作委員会
2003　沈黙の海峡—早春の
　　賦………………………2290

創造集団アノニム
1998　よるのたかさで光をの
　　ぞむ……………………6578
1999　一家風………………0526

巣林舎
2004　津国女夫池……………3950

ソウル・アート・センター
1995　トクヘ・オンジュ……4207

ソウル市劇団
2005　沈黙の海峡……………3894
2009　The Sound of Silence
　　—沈黙の声……………2475

そとばこまち
1993　九月の昆虫記…………1867
1995　なんぼのもんじゃい‥4502
1996　おまえを殺しちゃうか
　　もしれない……………1092
1997　ビッグビーチ…………5177
2002　シークレット・ライフ
　　第三部・そして、箱
　　船は行くよ編…………2714
2004　丈夫な教室……………3013

そとばこまちworkers
1994　Birth………………………4808
1995　トーチソングトリロ
　　ジー……………………4227

その1
1996　名人戦2046 君のハー
　　トに王手飛車取り……6171
1997　夕暮れ少年……………6383

ソバナム座
1982　喜劇 僧侶と娼婦………1641
　　真ん中の者の話………6008

空組
1995　想稿・銀河鉄道の夜‥3462

空の驛舎
2004　すばらしいさような
　　ら………………………3320
2007　空の驛舎………………3546
　　太陽風…………………3635
2010　エリアンの手記—中野
　　富士見中学校事件……0845
2012,2015
　　追伸…………………3898 3899
2013　ライオンのいる場所‥6598
2016　ただ夜、夜と記され
　　て………………………3685
2017　どこかの通りを突っ
　　走って…………………4215
2018　かえりみちの木………1245

【た】

大回転劇団
1996　JUNP THEY SAY…2884

第三エロチカ
1981,1988
　　コックサッカー・ブ
　　ルース………………2239 2240
1982　世紀末ラブ—西暦二〇
　　〇八年のロミーシュ
　　ナイダー………………3352
1983　ラディカル・パー
　　ティー—あなたがこ
　　こにいてほしい！……6651
1984　ジェノサイド…………2695
　　チャイルド・オンリー
　　三年R組紅い教室……3846
1984,1986,1987
　　ニッポン・ウォー
　　ズ…………………4545～4547
1985　新宿八大伝……………3143
1986　野外劇ニッポン・
　　ウォーズ………………6291
　　ラスト・フランケン
　　シュタイン……………6646
1987　フリークス……………5484
1988　帝国エイズの逆襲……3984
　　フリークス1988………5485
　　ボディ・ウォーズ……5762
1989　ジョーの物語…………3045
　　ボディ・ウォーズ2…5763
1989,2001
　　近代能楽集………1837 1838
1994　グラン=ギニョル……1951

クリシェ………………1955
1995　四谷怪談・解剖室……6545
1996　オブセッション・サイ
　　ト………………………1078
1997　オイディプス、
　　WHY?…………………0905
　　パーマネント・ブレイ
　　ン・ダメージ…………4961
1999　ロスト・バビロン……6883
2000　ハムレットクローン‥5001
　　わらの心臓……………7051
2001　ニッポン・ウォーズ
　　ニュー・バージョ
　　ン………………………4548

第三舞台
1983　デジャ・ヴュ…………4009
1984　宇宙で眠るための方法
　　について………………0695
　　モダン・ホラー………6245
1986　スワン・ソングが聴こ
　　える場所………………3343
　　デジャ・ヴュ'86………4010
　　ハッシャ・バイ………4853
1987　モダン・ホラー 特別
　　編………………………6246
1988　天使は瞳を閉じて……4085
1989　宇宙で眠るための方法
　　について・序章………0696
　　ピルグリム……………5284
1990　ビー・ヒア・ナウ……5227
1992　天使は瞳を閉じて イ
　　ンターナショナル
　　バージョン……………4086
1997　朝日のような夕日をつ
　　れて'97…………………0168
2001　ファントム・ペイン‥5320

大正直劇団
2003　イヨネスコの夫婦善
　　哉………………………0593

タイタスプロジェクト2001
2001　のにさくはな…………4695

大東市
2017　河内キリシタン列伝‥1581

第七病棟
1983　おとことおんなの午后
　　—"質屋"より…………1040
1984　ふたりの女……………5400
1985　ビニールの城…………5206
1987　湯毛の中のナウシカ‥6428
1992　オルゴールの墓………1128
2000　雨の塔…………………0338

第2回日韓演劇フェスティバル 関
西ブロック企画実行委員会
2012　小町風伝………………2299

大日本プロレス
2008 リア王〜King Lear … *6699*

**Taipei Arts Festival**
2015 God Bless Baseball ‥ *2242*

態変
1984 色は臭へど ………… *0601*
2002 夏至夜夢—まなつのよ
　　　のゆめ ……………… *5942*
2005 色は臭へどⅣ ………… *0602*
2006 ラ・パルティーダ—出
　　　発'06 ………………… *6657*

太陽劇団
1982 十二夜 ………………… *2931*
　　　リチャード二世 ……… *6733*

太陽族
2002 ここからは遠い国 …… *2201*
　　　そして夜に光った …… *3508*
2003 それを夢と知らない ‥ *3556*
　　　飛ぶように過ぎゆく ‥ *4255*
　　　私たちの望むものは ‥ *6990*
2004 空の絵の具／砂の絵の
　　　具 ……………………… *3547*
2005 渦虫綱 ………………… *0678*
　　　JAPANESE IDIOT ‥ *2839*
　　　晴れて風無し ………… *5067*
2006 だけど、ほらごらん ‥ *3659*
2007 越境する蝸牛 ………… *0823*
2008 往くも還るも ………… *6427*
2009 足跡の中から明日を ‥ *0179*
　　　擦刻（ラグタイム） … *6631*
2010 S小学校の眠らない
　　　夜 ……………………… *0813*
2011 大阪マクベス ………… *0944*
　　　スタイリッシュ
　　　　（仮） ……………… *3269*
2012 異郷の涙 ……………… *0487*
2013 血は立ったまま眠って
　　　いる ………………… *3885*
　　　林檎幻燈 ……………… *6781*
2014 執行の七人 …………… *2767*
2015 劇論 …………………… *2021*
2017 大阪レ・ミゼラブル ‥ *0945*
　　　かえるのうた ………… *1247*
2018 Sumako—或新劇女優
　　　探索記 ……………… *3332*

太虚〈TAO〉
1986 キュービック・ナイト
　　　メアー ……………… *1758*
1989 白鬚のリア—第一部・
　　　崩壊 ………………… *3105*
1992 ハムレットマシーン ‥ *5008*
1996 ダイナード一切開され
　　　た神話 ………………… *3614*
1997 ハイナー・ミュラーの
　　　使い方 ………………… *4724*

高橋芙美子プロデュース
1995 大阪が燃えた—空襲の
　　　証言 ………………… *0941*

宝塚歌劇団
1987 ミー＆マイガール …… *6083*
1989 会議は踊る …………… *1204*
　　　ベルサイユのばら …… *5618*
2006 Never Say Goodbye—
　　　ある愛の軌跡 ………… *4649*
　　　プレイ・ウィズ・
　　　ミュージック 花嫁付
　　　き添い人の秘密 ……… *5520*
2013 春雷 …………………… *2975*

焚火の事務所
2003 狐のつかい …………… *1683*
2004 ねぇ…ねぇ…海はまだ
　　　ですか ………………… *4622*
2005 浄火 …………………… *2980*
2007 ワスレノコリ ………… *6980*
2009 硝子の声 ……………… *1518*

竹中直人の会
1991 鉢植を持つ男 ………… *4830*
1992 市ヶ尾の坂 …………… *0520*
1993 こわれゆく男—中産階
　　　級の然るべき頽廃 …… *2349*
1994,2002
　　　月光のつ、し
　　　み ……………… *2044 2045*
1996 テレビ・デイズ ……… *4046*
1998 水の戯れ ……………… *6042*
2000 隠れる女 ……………… *1284*

たけぶえ
1988 水仙 …………………… *3231*

ターザン・グループ
2001 チャーズ イン サ
　　　マー ………………… *3851*

タチ・ワールド
2013 オフ・ブロードウェ
　　　イ・ミュージカル 殺
　　　しの接吻—レディー
　　　を扱うやり方じゃな
　　　い ……………………… *1079*
2014 グロリアス・ワンズ—
　　　輝ける役者たち ……… *2004*
2015 口笛は誰でも吹ける ‥ *1896*
　　　ジェニーの肖像 ……… *2694*
2017 アレグロ ……………… *0407*
2018 I DO!I DO! …………… *0027*

谷正雄プロデュース
1998 ピアフの妹 …………… *5116*

ダブルフェイス
1995 トップダンサー ……… *4236*

玉造小劇店
2018 眠らぬ月の下僕 ……… *4656*

タ・マニネ
2000 悪戯 …………………… *0515*
2004 ワニを素手でつかまえ
　　　る方法 ……………… *7026*

DA・M
1986 はれほれふらら‐愛 ‥ *5074*
　　　はれほれふらら‐愛そ
　　　の2 …………………… *5075*
1988 夜と信号機2 ………… *6562*

ダムタイプ
1988 PLEASURE LIFE ‥ *5526*
1994,1996
　　　S/N ……………… *0804 0805*
1997 OR …………………… *0895*
2000 メモランダム ………… *6204*

田山涼成プロデュース
1991 月夜の潮干狩 ………… *3937*

タラントット鼻行類
1992 安全な真空 …………… *0423*

**DULL-COLORED POP**
2013 最後の精神分析—フロ
　　　イトVSルイス ……… *2385*
2018 一九六一年：夜に昇る
　　　太陽 ………………… *3426*

ダンダンブエノ
2007 砂利 …………………… *2856*

たんぽぽ
1999 距離 俺たちの
　　　HARMONY ……… *1797*

【ち】

地域創造
2001 サド侯爵夫人 ………… *2514*

**Cherry Bombers project**
2000 The Cherry
　　　Bonbers ……………… *2493*

チェルフィッチュ
2006 体と関係のない時間 ‥ *1532*
2008 フリータイム ………… *5488*
2010 ホットペッパー、クー
　　　ラー、そしてお別れ
　　　の挨拶 ……………… *5758*
2011 ゾウガメのソニックラ
　　　イフ ………………… *3461*
2017 部屋に流れる時間の
　　　旅 …………………… *5608*

近松劇場
2000 強いばかりが男じゃな
　　　いといつか教えてく
　　　れたひと ……………… *3969*
2001 ハードタイムス ……… *4875*

## ちかま

- 2003 月が乾く ････････ 3908
- 2004 木偶の坊や ････････ 4007
- 2005 彼氏のそこぢから ････ 1569

## 近松座

- 1986 心中天の網島 ･･････ 3137

## ちかまつ芝居

- 1987 悪漢でいっぱい ････ 0229
- 1988 秋のエチュード ････ 0137
  - 戦士も夢みる ･･････ 3429
  - 夏のエチュード ････ 4425

## 千賀ゆう子企画

- 1987 木蓮沼 ････････････ 6233

## 地人会

- 1982 クリスティーン・その愛のかたち ････ 1958
  - 化粧 ･･････････････ 2030
  - 六人の作家と六人の女優による一人芝居 ･･ 6873
- 1983 ああ家族! ････････ 0003
- 1984 美しきものの伝説 ･･ 0706
- 1985 教員室 ･････････ 1762
- 1986 ジャンプ ･･･････ 2883
  - 庭はすべて ･････････ 4584
- 1986,1999
  - 土曜・日曜・月曜 ･･････ 4267 4268
- 1987 こんな話 ･･･････ 2362
  - フィガロの結婚 ････ 5326
- 1989 天使たちは廃墟に翔く ･･････････ 4072
- 1992 サンフランシスコ案内 ･････････ 2650
  - 中村岩五郎 ･･･････ 4391
  - 弥々 ････････････ 6374
- 1993,2007
  - 朝焼けのマンハッタン ･････ 0174 0175
- 1994 阿Q外傳 ･･･････ 0140
  - 奇妙な果実 ･･･････ 1707
  - 調理場 ･･･････････ 3876
- 1995 五重奏―抱月と須磨子 ････ 2225
  - はつ恋―抱月と須磨子 ････････ 4850
  - 藪原検校 ･･･････ 6338
  - 夜中に起きているのは ･････････ 6548
- 1996 サロメの純情 ････ 2591
  - ロミオとジュリエット ･････････ 6922
- 1996,2006
  - 日本の面影 ･･ 4566 4567
- 1997 海の沸点 ･･･････ 0744
- 1997,2003
  - この子たちの夏1945・ヒロシマ ナガサキ ･･ 2281 2282

## 団体名索引

- 1998 あかるい郊外の店 ･････ 0134
  - デュエットのあとに ･･ 4036
- 1999 ガラスの動物園 ････ 1522
  - 谷間の女たち ･･････ 3710
- 2000 恋び歌―白蓮と龍介 2115
  - この夏、突然に ････ 2284
  - ジョセフィン 虹を夢みて ･････ 3037
  - ミュージカル ザ・キッチン ････ 6093
  - 私のなかの見えない炎 ･･･････ 7003
- 2001 アンチゴーヌ ････ 0429
  - クリスマス狂騒曲ナポリ風 ･･･ 1960
  - 雪国 ･･･････････ 6418
- 2002 浅草・花岡写真館 ･･ 0161
- 2003 心と意志 ･･･････ 2214
- 2004 怒りをこめてふり返れ ･････ 0473
  - 世紀末のカーニバル ･･ 3351
  - 夜からの声 ･･････ 6561
- 2005 丘の上のイエッペ ･･ 0964
  - 島清、世に敗れたり ･･ 2806
  - 緑のかげのなかへ／夫への日記 ････ 6067
- 2006 フィガロの離婚 ････ 5327
  - 流星に捧げる ････ 6759
- 2007 ブルーストッキングの女たち ･････ 5506

## 地人会新社

- 2012 シズウェは死んだ!? ･･ 2738
- 2015 クライムス オブ ザ ハート ･･･････ 1936
- 2017 これはあなたのもの1943―ウクライナ ･･ 2338
- 2018 金魚鉢の中の少女 ･･ 1833

## 地点

- 2003,2008
  - 三人姉妹 ･･･ 2627 2628
- 2004 ある夏の一日 ････ 0391
- 2006 Jericho ･･･････ 0847
  - 沈黙と光 ･･･････ 3892
- 2007 かもめ ･･･････ 1480
  - ワーニャ伯父さん ･･ 7032
- 2007,2008
  - 桜の園 ･････ 2428 2429
- 2008 話セバ解カル ････ 4896
- 2009 あたしちゃん、行く先を言って ････ 0218
- 2010 誰も、何も、どんなみな物語も ････ 3754
- 2011 Kappa／或小説 ････ 1384
- 2014 コリオレイナス 2319
  - 光のない。 ･･･････ 5133
- 2016 スポーツ劇 ････ 3330
  - ヘッダ・ガブラー ････ 5582

- 2017 ファッツァー ･･･ 5315
- 2017,2018
  - 忘れる日本人 ･･ 6981 6982
- 2018 山山 ･･････････ 6363

## TEAM僕らの調査局

- 1992 あなたの思い出 ････ 0265
  - 小津のまほうつかい ･･ 1001

## 中央実験話劇院

- 1997 夫妻夜話 ･････ 5363

## 中国戯曲学院附属中学校

- 1994 孫悟空 ･･･････ 3564

## 鳥獣戯画

- 1985 好色五人女／好色一代男／白浪五人男 ･･ 2149
- 1988 好色五人女 ････ 2148
- 1995 SUKEROKU―花菖蒲助六恋賑 ････ 3257
- 1996,2001
  - 真夏の夜の夢 ･･ 5945 5946
- 1997,2002
  - 雲にのった阿国 ･･･ 1927 1928
- 1998 モダンダモン ･･ 6243
- 2001 カリフォルニアドリーミン ･･･････ 1553
- 2005 三人でシェイクスピア ･･･････････ 2646
- 2016 踊れ唐獅子 ････ 1052
- 2017 不知火譚 ･･･････ 3069
- 2018 不知火譚 第二章 絡め取りノ陣 ･････ 3070

## 調布市せんがわ劇場

- 2008 ロミオとジュリエット ･･･････････ 6923
- 2015 マヨイガの妖怪たち ･･ 5973

## 潮流

- 1986 カチカチ山 ･･･ 1374
- 1993 つづみの女 ･･･ 3943
- 1994 大江山妖鬼伝説―酒呑童子と茨木童子 ････ 0936
- 1995 夢幻乱歩館 ･･･ 6123
- 1997 続・夢幻乱歩館 狂恋編 ･･･････ 3486
- 1998 あひるの靴 アンデルセンの一生 ････ 0297
- 2000 乱れて熱き吾身には―藤村・「春」 ･･･ 6050
- 2001 弟よ ･････････ 1034
- 2017 夢見る言葉 ･･･ 6474

## チョコレートケーキ

- 2014 サラエヴォの黒い手 ･･ 2559
  - 親愛なる我が総統 ･･ 3107
- 2015 追憶のアリラン ･･ 3897
- 2016 治天ノ君 ･････ 3829
- 2017 60'sエレジー ･･ 2764

団体名索引　ていひ

熱狂／ある記憶の記録 …… 4638
2018 ドキュメンタリー …… 4197

## 【つ】

**2NKプロジェクト**
2005 じゃじゃ馬馴らし／じゃじゃ馬馴らしが馴らされて …… 2822

**つかこうへい事務所**
1981 銀ちゃんのこと 蒲田行進曲より …… 1849
　　　ヒモのはなし …… 5238
1982 蒲田行進曲 …… 1428
1987 ソウル版熱海殺人事件 …… 3478
1990 飛龍伝'90―殺戮の秋 …… 5281
1995 銀ちゃんが逝く …… 1848

**月の岬プロジェクト**
1997,2000
　　　月の岬 …… 3932〜3934

**月夜果実店**
2002 謎のそばにいて …… 4410

**つくもはじめプロデュース**
1987 なんぼのもんじゃい!My Love …… 4503

**辻企画**
2013 不埒なまぐろ …… 5462

**辻村ジュサブロー**
1983 天守物語 …… 4080

**つづきサロン**
1986 恋の歓び …… 2132

**土田英生セレクション**
2012 燕のいる駅 …… 3957

**2TB**
1998 略奪王 NAGAMASA …… 6750

**椿組**
1998 小さな水の中の果実 …… 3785
2001 新宿―路地裏の空海 …… 3147
2002 東京ウェポン 真夏の決闘 …… 4127
2004 一天地六―幕末新宿遊侠伝 …… 0534
2005 新宿ブギウギ～戦後闇市興亡史 …… 3146
2010 天保十二年のシェイクスピア …… 4107
2016 贋・四谷怪談 …… 4538

2017 始まりのアンティゴネ …… 4799
2018 毒おんな …… 4203

**tsumazuki no ishi**
2014 寝覚町の旦那のオモチャ …… 4633

## 【て】

**テアトル・ア・ドーフィンヌ**
1998 女中たち …… 3042

**テアトル・ヴィディ・ローザンヌ**
1999 フェードル …… 5342

**テアトル・エコー**
1980 純情雪景色 …… 2974
　　　天才バカボンのパパなのだ …… 4067
　　　ローゼンクランツとギルデンスターンは死んだ …… 6888
1981 水族館 …… 3233
1983 一発逆転 …… 0537
1984 甚助無用鰐烹鍋 …… 3156
1985 夏宵漫百鬼夜行（なつでそぞろにひゃっきやぎょう）…… 4421
1986 腕ずく …… 0711
1992 カリフォルニア・スィート …… 1552
1993 馬かける男たち …… 0716
1994 リチャード三世 薔薇と道化と王冠と …… 6728
1995 ボディ・ランゲージ …… 5764
1997 あしたも7時 …… 0195
1997,2002
　　　ら抜きの殺意 …… 6654 6655
1999 他人の首 …… 3712
2000 チンプス 特選リフォーム見積り無料!? …… 3889
　　　やっかいな楽園 …… 6324
2001 うそつきビリー …… 0681
　　　ブローニュの森は大騒ぎ …… 5538
2002 シルヴィアの結婚 …… 3086
2003 九月になれば …… 1866
　　　ドアをあけると …… 4113
2004 半変化束恋道中（はんばけおたばこいのみちゆき）…… 5108
　　　星逢井戸命洗濯 …… 5729
　　　マチのモノガタリ …… 5914
　　　ルームサービス …… 6805
2005 朝の時間 …… 0166

暗くなったら帰っておいで イディの一生 …… 1945
2008 フレディ …… 5531
2010 日本人のへそ …… 4563
2016 淑女はここにいる …… 2952
　　　バッファローの月 …… 4862
2017 八月の人魚たち …… 4836
2018 青い鳥たち、カゴから …… 0064

**テアトル・デュ・ソレイユ**
2001 堤防の上の鼓手 …… 3991

**テアトル・ド・コンプリシテ**
1995 ルーシー・キャブロルの三つの人生 …… 6790
1998 ストリート・オブ・クロコダイル …… 3292

**テアトル・ハカタ**
1985 鰤の海 …… 5492

**テアトロ・ヴァッシェロ**
2002 かもめ …… 1481

**テアトロ・デル・ヴィコロ**
2001 フラミニアの誘惑あるいは恋はルナティコ …… 5476

**TPO師団**
1980 寿歌 …… 5693
1981 最後の淋しい猫 …… 2383

**tgSTAN**
2013 ノーラ …… 4703
2016 『人民の敵』変奏曲 社会の敵はだれだ …… 3205

**ディナモ・シアター**
1995 ミューミュー …… 6095

**TBS**
1999 マディソン郡の橋 …… 5927
2000 オーファンズ …… 1077
2006 レインマン …… 6822
2010 牡丹亭 …… 5747

**TSP**
2013 テイキングサイド～ヒトラーに翻弄された指揮者が裁かれる日 …… 3980

**TPT**
1993 あわれ彼女は娼婦 …… 0415
1994 双頭の鷲 …… 3470
　　　ヘッダ・ガブラー …… 5583
1995 葵上／斑女 …… 0067
　　　渦巻 …… 0677
　　　チェンジリング …… 3798
1996 ピアノ …… 5112
　　　マクベス …… 5851
1997 イサドラ …… 0491
　　　燈臺 …… 4152

## ていひ　　団体名索引

|  |  |  |
|---|---|---|
|  | 白夜 | 5250 |
| 1998 | 楽屋 | 1278 |
|  | テレーズ・ラカン | 4045 |
|  | 春のめざめ | 5060 |
|  | 娘に祈りを | 6136 |
|  | ルル | 6806 |
| 1999 | 愛の勝利 | 0038 |
|  | 債鬼 | 2380 |
|  | 橋からの眺め | 4793 |
|  | 令嬢ジュリー | 6813 |
| 2000 | 蜘蛛女のキス | 1926 |
|  | 地獄のオルフェ | 2719 |
|  | Naked―裸 | 4620 |
|  | 薔薇の花束の秘密 | 5029 |
|  | ロング・アフター・ラブ 卒塔婆小町／葵上 | 6936 |
| 2001 | ガラスの動物園 | 1523 |
|  | 結婚 | 2048 |
| 2002 | bash | 4854 |
| 2003 | ヴァージニア・ウルフなんかこわくない？ | 0618 |
|  | 時間ト部屋 | 2709 |
| 2004 | アントン・チェーホフ ドラマ四幕 三人姉妹 | 0439 |
|  | エンジェルス・イン・アメリカ | 0885 |
|  | カモの変奏曲／シカゴの性倒錯 | 1468 |
|  | かもめ | 1482 |
|  | 楡の木陰の欲望 | 4581 |
| 2005 | A Number | 0268 |
|  | アメリカン・バッファロー | 0350 |
|  | 桜の園 | 2430 |
| 2006 | 黒蜥蜴 | 2000 |
|  | 皆に伝えよ!ソイレント・グリーンは人肉だと | 6074 |
| 2007 | 三人姉妹 | 2629 |
| 2008 | ある結婚の風景 | 0380 |
| 2009 | 醜い男 | 6080 |
| 2010 | おそるべき親たち | 1313 |
| 2011 | イェルマ | 0467 |

### TB-PLANET
| 1998 | 愛と勇気のエンゲキ コラソン!! | 0031 |

### T Factory
| 2002 | アーカイヴス | 0099 |
| 2003 | ハムレットクローン | 5002 |
| 2006 | 黒いぬ | 1989 |
|  | フクロウの賭け | 5361 |
| 2007 | 路上 | 6879 |
| 2008 | ワニの涙 | 7307 |
| 2010 | 新宿八犬伝 第五巻―犬街の夜 | 3144 |

|  |  |  |
|---|---|---|
|  | 大市民 | 3596 |
| 2011 | 豚小屋 | 5388 |
|  | 路上3・11 | 6880 |
| 2012 | 騙り。 | 1370 |
|  | 文体の獣 | 5553 |
| 2013 | カルデロン＆ピュラデス | 1561 |
| 2014,2016 | 荒野のリア | 2160 2161 |
| 2015 | ドラマ・ドクター | 4287 |
| 2016 | 愛情の内乱 | 0022 |
| 2017 | エフェメラル・エレメンツ | 0843 |

### T-PROJECT
| 2014 | マレーネ | 5992 |
| 2015 | 堅塁奪取／愛をこめてあなたを憎む | 2107 |

### テエイパーズ・ハウス
| 2008 | 白雪姫と七人のムフ・フ… | 3080 |

### 手織座
| 1980 | ふるさとの詩 | 5502 |
| 1998 | 季節のない街 | 1668 |
| 2002 | 湯葉と文鎮～芥川龍之介小伝 | 6435 |

### てがみ座
| 2016 | 燦々 | 2602 |
|  | 対岸の永遠 | 3576 |
| 2017 | 風紋―青のはて2017 | 5334 |
| 2018 | 海越えの花たち | 0723 |

### 「出口なし」プロジェクト
| 2006 | 出口なし | 4004 |

### デス電所
| 2004 | ちょっちゅ念 | 3879 |
| 2006 | 夕景殺伐メロウ | 6384 |
| 2007 | 残魂エンド摂氏零度 | 2601 |
| 2008 | ヌンチャクタカレフ鉈鉄球 | 4619 |

### 銕仙会
| 1980 | 文蔵 | 5552 |
| 2006 | ベケットの夕べ | 5573 |

### 手の会
| 1981 | かなりやの家 | 1402 |
| 1982 | 会議 | 1200 |
| 1984 | 街角の事件 | 5912 |
| 1986 | 白瀬中尉の南極探検 | 3067 |

### デュッセルドルフ劇場
| 1984 | 賢者ナータン | 2088 |
|  | 変身 | 5632 |

### 寺田夢酔企画芝居
| 2004 | 義朝記 | 6534 |

### テルアビブ市立カメリ・シアター
| 2012 | トロイアの女たち | 4327 |

### テレビ朝日
| 1989 | カン・カン | 1587 |
|  | ブルース・イン・ザ・ナイト | 5503 |
| 2011 | ザ・シェイプ・オブ・シングス～モノノカタチ | 2479 |
| 2017 | 謎の変奏曲 | 4411 |

### テレビ東京
| 1989 | マイ・フェア・レディ | 5827 |
| 1994 | 合縁奇縁くされ縁 | 0012 |
| 1997 | 草迷宮 | 1873 |
| 2001 | 午後の遺言状 | 2209 |

### 転位・21
1980,1981
|  | うお傳説―立教大助教授教え子殺人事件 | 0656 0657 |
| 1981 | 砂の女 連合赤軍事件ノート | 3306 |
|  | 漂流家族―「イエスの方舟」事件 | 5268 |
| 1982 | 異族の歌―伊藤素子オンライン詐欺事件 | 0511 |
| 1983 | 子供の領分―金属バット殺人事件 | 2274 |
| 1984 | ホタルの栖―育ヶ丘団地一家心中事件 | 5745 |
| 1986 | エリアンの手記―中野富士見中学校事件 | 0846 |
|  | ジロさんの憂鬱―練馬一家五人殺害事件 | 3100 |
| 1988 | マーちゃんの神曲―藤沢悪魔払い儀式事件 | 5916 |
| 1989 | 1/2の少女―岡田有希子投身事件 | 4558 |
| 1991 | 骨の鳴るお空―連続幼女誘拐殺害事件 | 5779 |
| 1992 | ぼくは十七才―女子高生コンクリート詰め殺人事件 | 5727 |
| 1993 | ボブと学校―平塚市オノ男教室乱入事件 | 5787 |

### 天下の台所改善隊
| 2004 | 日本三文オペラ―疾風馬鹿力篇 | 4560 |

### 転球劇場
| 1997 | 竹輪 | 3817 |
| 2000 | CAT | 1731 |
|  | 生。 | 3347 |
| 2001 | Jack | 2829 |

### 転形劇場
| 1979 | 抱擁ワルツ | 5681 |
| 1981 | 水の駅 | 6035 |
| 1981,1987 | 小町風伝 | 2300 2301 |

| 1985 | 千年の夏 ......... 3452 |
| | 地の駅 ......... 3834 |
| 1986 | 風の駅 ......... 1338 |
| | ハイキング ......... 4716 |
| | ↑（やじるし）......... 6319 |
| 1987 | 水の休日↑＝2 ......... 6041 |

**天井桟敷**
| 1979 | 青ひげ公の城 ......... 0090 |
| 1982 | チェンチ一族 ......... 3800 |
| | レミング―世界の涯ま |
| | で連れてって ......... 6838 |

**天津市芸術学校**
| 1997 | 孫悟空 ......... 3565 |

**点の階**
| 2017 | …（てんてんてん）......... 4091 |

**てんびん座**
| 2000 | 橋／プロポーズ ......... 4798 |
| 2003 | ザ・多喜二 ......... 2491 |

**展覧会のA**
| 1995 | NOW HERE |
| | WOMAN ......... 4375 |
| 2000 | 風の中を跳べ、鯨 ......... 1344 |

## 【と】

**toi**
| 2009 | 四色の色鉛筆があれ |
| | ば ......... 6591 |

**東演**
| 1980,1994 |
| | 楽園終着駅 ...... 6627 6628 |
| 1981 | 歌え!悲しみの深き淵 |
| | より ......... 0684 |
| | 桜の園 ......... 2431 |
| 1982 | ナターシャ ......... 4412 |
| 1983,1987 |
| | 朝未来 ......... 0170 0171 |
| 1985,1987 |
| | アンマー達のカチュー |
| | シー ......... 0447 0448 |
| 1986 | エヴァの森 ......... 0794 |
| 1987 | 風のユンタ ......... 1355 |
| 1989,1998,2001 |
| | どん底 ......... 4352～4354 |
| 1993 | 栄光の季節 ......... 0786 |
| 1995 | 週刊・金色夜叉 ......... 2894 |
| | ロミオとジュリエッ |
| | ト ......... 6924 |
| 1996,1997 |
| | そして、あなたに逢え |
| | た ......... 3498 3499 |
| 1997 | 名なしの権兵衛―息子 |
| | があぶない ......... 4466 |

| | モリエール ......... 6269 |
| 1999 | 祖父に捧げるブルー |
| | ス・ハープ ......... 3539 |
| | みんなで渡れば ......... 6114 |
| 2000 | 花になりて散らばや ......... 4901 |
| | 楽園終着駅／そして、 |
| | あなたに逢えた ......... 6629 |
| 2001 | 黄昏のメルヘン ......... 3676 |
| 2002 | 三文オペラ ......... 2659 |
| 2005 | 月光の夏 ......... 2046 |
| 2006 | 大地のカケラ ......... 3609 |
| 2011 | ハムレット ......... 4984 |
| 2015 | 廃墟 ......... 4714 |
| | 明治の柩 ......... 6168 |
| 2016 | 兄弟 ......... 1775 |
| | 琉球の風 ......... 6756 |
| 2017 | 検察官 ......... 2078 |
| 2018 | 臨時病室 ......... 6784 |

**桃園会**
| 1995 | カラカラ ......... 1509 |
| 1996 | 五軒町商店街寄合会 ......... 2198 |
| 1997 | うちやまつり ......... 0691 |
| 1998 | 黒子な私 ......... 5724 |
| 1999 | 熱帯夜―うちやまつり |
| | 前日譚 ......... 4646 |
| 2000 | 世界に一家 ......... 3379 |
| | どこかの通りを突っ |
| | 走って ......... 4216 |
| 2001 | かえるでんち ......... 1248 |
| 2002 | 四季一会 ......... 2711 |
| | のたり、のたり ......... 4691 |
| | ハルのいる家 ......... 5053 |
| 2002,2012 |
| | blue film ......... 5512 5513 |
| 2003 | よぶには、とおい ......... 6553 |
| 2003,2018 |
| | 深海魚 ......... 3115 3116 |
| 2004 | 熱帯夜／うちやまつ |
| | り ......... 4645 |
| 2004,2012 |
| | 中野金属荘、PK |
| | 戦 ......... 4388 4389 |
| 2005 | 釣堀にて／父帰る ......... 3970 |
| | Paradise lost,lost ......... 5020 |
| 2006 | もういいか ......... 6214 |
| 2007 | 追奏曲、砲撃 ......... 3900 |
| | 月ト象ノ庭、或いは宵 |
| | の鳥、三羽 ......... 3915 |
| 2007,2009,2011 |
| | a tide of |
| | classics ......... 0214～0216 |
| 2008 | お顔 ......... 0956 |
| | 電波猿の夜 ......... 4099 |
| 2009 | ぐり、ぐりっと ......... 1954 |
| 2010 | 浮標 ......... 5325 |
| 2013 | blue film／よぶには、|
| | とおい ......... 5515 |

| 2014 | 覚めてる間は夢を見な |
| | い ......... 2542 |
| | のにさくはな ......... 4696 |
| 2015 | うちやまつり／ |
| | paradise lost, lost ......... 0692 |
| 2017 | ふっと溶暗～「断象・|
| | ふかつしげふみ」よ |
| | り ......... 5417 |

**道学先生**
| 2004 | エキスポ ......... 0800 |
| 2007 | デンキ島―白い家編 ......... 4053 |
| 2017 | 梶山太郎氏の憂鬱と微 |
| | 笑 ......... 1311 |

**東京壱組**
| 1987 | 大漫才―変われるもの |
| | なら変わってみろ |
| | よ ......... 3624 |
| 1988 | 石鹸王国のはなし～ほ |
| | んの昨日の事だけ |
| | ど ......... 3393 |
| | タカハシ、ドイツへ行 |
| | く ......... 3650 |
| 1989 | 改訂版・大漫才―変わ |
| | れるものなら変わっ |
| | てみろよ ......... 1229 |
| 1989,1991 |
| | 箱の中身 ......... 4784 4785 |
| 1991 | お金 ......... 0963 |
| | 分からない国 ......... 6970 |
| 1992 | 夏の夜の夢 ......... 4442 |
| 1993 | 火男の火 ......... 5272 |
| 1994 | チャフラフスカの犬 ......... 3854 |
| 1996 | 果てるまで行く ......... 4869 |

**東京ヴォードヴィルショー**
| 1980 | ニューヨーク・ニュー |
| | ヨーク ......... 4577 |
| 1982 | 1999年、東京はたった |
| | 1人の男の為に巨大な |
| | 精神病院と化してい |
| | たその男の名はロー |
| | ドランナー ......... 3418 |
| 1986 | いつか見た男達 |
| | again ......... 0527 |
| 1987 | 風のタキシード ......... 1342 |
| 1988,2007 |
| | 黄昏れて、途方に暮れ |
| | て ......... 3671 3672 |
| 1992,1994 |
| | その場しのぎの男た |
| | ち ......... 3525 3526 |
| 1993 | ドン・トン・カルレ |
| | オーネのギャグギャ |
| | グエブリバディー ......... 4365 |
| 2000 | 竜馬の妻とその夫と愛 |
| | 人 ......... 6768 |
| 2002 | 日暮里泥棒物語 ......... 4544 |
| 2004 | その人、女優? ......... 3532 |
| 2006 | エキストラ ......... 0799 |

とうき　　　　　　　　　団体名索引

2007　まだ見ぬ幸せ............ 5900
2010　無頼の女房............ 5455
2013　パパのデモクラシー.... 4947
2015　田茂神家の一族........ 3738

東京映像芸術学院
　1981　雲のハンカチ............ 1931

東京演劇アンサンブル
　1980　かもめ.................. 1483
　　　　走れメロス............ 4807
　1981　ご存知伝説の鞍馬天狗
　　　　　―ウ・ナロードの
　　　　　詩.................. 2233
　1981,1998
　　　　セチュアンの善
　　　　　人............ 3385 3386
　1982　男は男だ................ 1045
　　　　銀河鉄道の夜............ 1831
　1983　都会のジャングル........ 4186
　1984,1999,2005
　　　　桜の森の満開の
　　　　　下............ 2452～2454
　1986,1999,2006
　　　　ガリレイの生
　　　　　涯............ 1555～1557
　1989　出口にて／花をくわえ
　　　　た男.................. 4006
　1992　ハムレットマシーン.... 5009
　1993　鳥の女.................. 4309
　1995　沖縄.................... 0966
　1996　沼地―FEN―............ 4618
　1997　魔子とルイズ 流れに
　　　　抗って生きる華麗な
　　　　花.................. 5876
　1998　肝っ玉おっ母とその子
　　　　供たち／ノラが夫を
　　　　捨てたあと............ 1725
　1999　おんにょろ盛衰記........ 1195
　　　　ちゅうたのくうそう.... 3861
　2000　ゲド戦記―影との戦
　　　　い.................. 2058
　　　　蜃気楼の見える町...... 3120
　2001　海鳴りの底から.......... 0730
　　　　コーカサスの白墨の
　　　　　輪.................. 2173
　　　　食卓のない家............ 3029
　　　　セーヌ川の身元不明の
　　　　　女.................. 3404
　2002　消えた海賊............ 1618
　　　　常陸坊海尊............ 5166
　2003　ヒロシマの夜打つ太
　　　　鼓.................. 5297
　　　　目をさませトラゴモ
　　　　　ウ.................. 6175
　2004　ワーニャ伯父さん 田
　　　　舎暮しの出来事...... 7039
　2004,2008
　　　　日本の気象...... 4568 4569
　2005　マイという女............ 5823

2006　海の五十二万石―玄海
　　　あたらしい海........ 0739
2007　明日を紡ぐ娘たち........ 0206
　　　母―おふくろ............ 4935
2008　夜の空を翔る サン＝テ
　　　グジュペリの生涯...... 6577
2010　避暑に訪れた人びと―
　　　ベルリン・シャウ
　　　ビューネ改作版........ 5160
　　　山脈（やまなみ）........ 6347
2011　シャイロック............ 2810
　　　道路.................. 4174
2012　荷―チム―.............. 3845
2016　最後の審判の日.......... 2384
2017　泥棒たち................ 4337
2018　トゥランドット姫ある
　　　いは嘘のウワヌリ大
　　　会議.................. 4170

東京演劇集団風
　1993,1995,2004
　　　　三人姉妹...... 2630～2632
　1994,1997
　　　　桜の園............ 2432 2433
　1995　ガラスの動物園........ 1524
　1996,1999,2001,2004
　　　　かもめ.......... 1484～1487
　1996,2005,2009
　　　　星の王子さま ..5732～5734
　1997　フォーシーズン 出逢
　　　　いと別れ、生と死が
　　　　交差する四つの季節
　　　　四つの恋の物語... 5350
　1998　火のようにさみしい姉
　　　　がいて................ 5220
　1999,2000,2003,2004,2008,2013
　　　　肝っ玉おっ母とその子
　　　　　供たち.... 1715～1720
　1999,2004
　　　　ヘレン・ケラー ひび
　　　　き合うものた
　　　　ち................ 5623 5624
　2000　ラプトー誘拐／星の王
　　　　子さま................ 6664
　2001　ボイラールーム・ロマ
　　　　ンス.................. 5661
　2002　ゴドーを待ちながら.. 2256
　　　　第三帝国の恐怖と貧
　　　　困.................. 3592
　2002,2003
　　　　パレードを待ちなが
　　　　ら.............. 5068 5069
　2002,2006
　　　　Touch～孤独から愛
　　　　へ................ 3690 3691
　2003　出口なし.............. 4005
　　　　冬.................. 5429
　2004　ドン・ジュアン........ 4343

2004,2007,2014
　　　ハムレット .... 4985～4987
2005　エヴァ、帰りのない
　　　旅.................. 0792
2005,2007
　　　第三帝国の恐怖と悲
　　　惨............ 3590 3591
2005,2008
　　　ピカソの女たち～オル
　　　ガ............ 5124 5125
2005,2009
　　　三文オペラ...... 2660 2661
2006　マイロの通夜............ 5834
2007　明日は天気.............. 0196
　　　年老いたクラウン...... 4219
　　　フランクフルトに恋人
　　　がいるサックス奏者
　　　が語るパンダの物
　　　語.................. 5479
2007,2008,2016
　　　マハゴニー市の興
　　　亡............ 5950～5953
2008　アポカリプティカ―20
　　　世紀の黙示録........ 0314
　　　乞食―あるいは死んだ
　　　犬.................. 2220
　　　誘拐―ラプト.......... 6381
2009　ジャンヌ・ダルク―イ
　　　オアナと炎.......... 2872
　　　年老いたクラウン お
　　　前の乳房のうえで調
　　　教したエスカルゴ.... 4220
2009,2010,2012
　　　戦場のような
　　　女............ 3431～3433
2010　瀕死の王さま.......... 5302
　　　闇の光明.............. 6367
2011　これからの人生........ 2334
　　　ニーナあるいは剥製の
　　　かもめの脆さについ
　　　て.................. 4552
2011,2012,2016,2017
　　　ジャンヌ・ダルク―
　　　ジャンヌと
　　　炎............ 2873～2876
2012　カミュの『異邦人』... 1456
　　　セチュアンの善人...... 3387
2013　ダンゼン・鉄はいくら
　　　か.................. 3774
2013,2015
　　　なぜヘカベ...... 4405 4406
2014　異邦人.................. 0580
　　　海との対話............ 0724
2015　コーカサスの白墨の
　　　輪.................. 2174
2016　母が口にした「進歩」
　　　その言葉はひどく
　　　嘘っぽく響いてい
　　　た.................. 4936

| 2017 | 肝っ玉おっ母とその子供たち～あとから生まれてくる人たちに …………………… 1724 |
| | パールの賛歌～パールを愛した女 ………… 5058 |
| | Voices In The Dark—分解されいる劇場あるいは人間ゴミ箱 …… 5658 |
| | 窓辺の馬 …………… 5936 |
| 2018 | 記憶の通り路―孤独に苛まれている老婦人には気をつけて … 1624 |

## 東京オピニオンズフェスティバル
| 1993 | 香港ラプソディー …… 5812 |
| 1994 | インスペクター・コールズ …………………… 0611 |
| 1995 | 熱帯祝祭劇マウイ …… 4643 |
| 1996 | 太陽が死んだ日 …… 3632 |
| 1999 | マディソン郡の橋 …… 5927 |

## 東京オレンジ
| 1998 | Tigershot Meet With Shakespeare ………… 3575 |

## 東京乾電池
| 1981 | 看守さんの耳は福耳 ‥ 1596 |
| 1983 | リルの着く駅 ……… 6776 |
| 1986 | まことむすびの事件 … 5875 |
| 1988 | お茶と説教 ………… 1021 |
| | 台所の灯（ともしび）………………… 3612 |
| | 蒲団と達磨 ………… 5422 |
| | 恋愛御法度 ………… 6844 |
| 1989 | お父さんの海水浴 … 1030 |
| 1990 | お父さんのお父さん . 1029 |
| 1990,2001 | |
| | 質屋の女 ……… 2758 2759 |
| 1991 | かもめ …………… 1488 |
| 1993 | 三人姉妹 ………… 2633 |
| | みず色の空、そら色の水 ………………… 6023 |
| 1994 | 桜の園 …………… 2434 |
| 1996 | しとやかな獣 ……… 2772 |
| | 田園ハレム―常盤女子高物語 ………… 4051 |
| 1998 | 風立ちぬ ………… 1333 |
| | スイム スイム スイム―新・真夏の果実 … 3236 |
| 1999 | 三ねん坂の裏の坂 … 2647 |
| 2001 | 夏の夜の夢 ……… 4443 |
| 2003 | 雨上がりの夜空に … 0333 |
| 2014 | そして誰もいなくなった―ゴドーを待つ十人のインディアン … 3504 |

## 東京キッドブラザーズ
| 1982 | SHIRO …………… 3089 |

## 東京境界線紀行『ななつの大罪』
| 2006 | マイノリマジョリテ・トラベル ………… 5825 |

## 東京ギンガ堂
| 1993 | フェイク―記憶の庭園 ……………… 5338 |
| 1994 | クレイジー・フルーツ～夢野Q作とドグラ・マグラ ……… 1975 |
| | ブレイン・ストーム'94 …………… 5525 |
| 1995 | 狂想曲 ………… 1773 |
| 1996,2002 | |
| | 阿吽―女と胃袋 ……… 0056 0057 |
| 1997 | アチャラカ・ブギ … 0226 |
| | クレイジー・フルーツ ……………… 1974 |
| 1999,2001,2004 | |
| | KAZUKI～ここが私の地球 … 1315～1317 |
| 2000,2005 | |
| | ヒューマン・ダイナモ―人間発動機・野口英世 ……… 5262 5263 |
| 2003 | 光る森 …………… 5136 |
| 2005 | 沈黙の海峡 ……… 3894 |
| 2006 | くじら島 ………… 1878 |
| | 夢―歌舞伎町物語 … 6441 |
| 2007 | 孫文と梅屋庄吉 …… 3567 |
| | デージーが咲く街―新宿物語 …………… 4008 |
| 2008 | サムライ 高峰譲吉 … 2541 |
| | ねこになった漱石 … 4628 |
| 2009 | The Sound of Silence―沈黙の声 …… 2475 |
| | 新宿パラダイス 光は新宿 ………… 3145 |
| 2010 | 東京・坊っちゃん … 4139 |
| | 百年の絆 孫文と梅屋庄吉 …………… 5241 |
| 2011 | 女優X ………… 3053 |

## 東京グランギニョル
| 1985 | ライチ・光クラブ …… 6599 |
| 1986 | ワルプルギス ……… 7056 |

## 東京グローブ座
| 1989 | 奴婢訓 …………… 4617 |
| 1994,1995 | |
| | ハムレット …… 4988 4989 |
| 1995 | リチャード三世 …… 6720 |
| | ロミオとジュリエット ………………… 6925 |
| 1996 | 子供のためのシェイクスピア「十二夜」 … 2273 |
| 1996,2002 | |
| | ヴェニスの商人 ……… 0644 0645 |
| 1997 | コリオレーナス …… 2321 |

| 1999 | どぼんど（陥人）～ヴェニスで溺れて … 4257 |
| | 夏の夜の夢 ……… 4444 |

## 東京芸術劇場
| 1994 | 洒落男たち（モダンボーイズ）……… 6244 |
| 2009 | 赤鬼 …………… 0112 |
| | ザ・ダイバー ……… 2490 |
| 2009,2010 | |
| | 農業少女 ……… 4675 4676 |
| 2010 | ブルードラゴン …… 5510 |
| 2011 | チェーホフ？ …… 3787 |
| 2013 | おのれナポレオン … 1061 |
| | ストリッパー物語 … 3291 |
| | マシーン日記 …… 5894 |
| 2014 | 小指の思い出 …… 2306 |
| | 半神 …………… 5093 |
| 2014,2015 | |
| | 障子の国のティンカーベル ……… 2987 2988 |
| 2015 | 狂人なおもて往生をとぐ～昔、僕達は愛した ……………… 1772 |
| | COCOON―憧れも、初戀も、爆撃も、死も。 …………… 2195 |
| 2017 | ハムレット ……… 4990 |
| | リチャード三世 …… 6721 |
| | One Green Bottle～「表に出ろいっ！」English version … 7067 |
| 2018 | ゲゲゲの先生へ … 2026 |
| | BOAT ………… 5770 |

## 東京芸術座
| 1983,2010 | |
| | 蟹工船 ……… 1404 1405 |
| 1994 | あわて幕やぶけ芝居 ‥ 0412 |
| | 12人の怒れる男たち … 2915 |
| 1996 | ブラボー！ファーブル先生 ………… 5475 |
| 1998 | どん底 ………… 4355 |
| 1998,2016 | |
| | 勲章の川―花岡事件 ……… 2005 2006 |
| 1999 | 永遠の旅路―アンデルセンの恋 ……… 0782 |
| 2000 | 夜明けの街 ……… 6489 |
| 2001 | 夏の庭／20世紀よ！／勲章の川 ……… 4433 |
| | NEWS NEWS―テレビは何を伝えたか … 4575 |
| 2002 | ウィンダミア・レディ ………… 0630 |
| 2004 | GO …………… 2114 |
| | 遠い水の記憶 …… 4179 |
| 2005 | 地球の上に朝が来る … 3812 |
| 2006 | よだかの星―わが子よ、賢治 ……… 6539 |

とうき　　　　　　　　　　　団体名索引

- 2010 赤ひげ ............ 0132
- 2011 おれはなにわのライオンや―動物園がからっぽになった日 ... 1146
- 2015 神隠し八十八ものがたり ............ 1431
- 2017 おんやりょう ...... 1198
    父を騙す―72年目の遺言 ............ 3820

**東京国際演劇祭実行委員会事務局**
- 1992 東京大仏心中 ...... 4133

**東京サンシャインボーイズ**
- 1991 99連隊 ............ 1747
- 1991,1992
    12人の優しい日本人 ........ 2921 2922
- 1992 もはやこれまで ... 6258
- 1993 ダァ!ダァ!ダァ! ... 3568
    彦馬がゆく ........ 5151
- 1994 ショウ・マスト・ゴー・オン 幕を降ろすな ............ 3014
    罠 ................ 7022

**東京シェイクスピア・カンパニー**
- 1996 お気に召すまま ... 0972
    マクベス裁判 ...... 5873

**東京タンバリン**
- 2002 ぐずるぜ .......... 1885

**東京デスロック**
- 2008 その人を知らず ... 3529

**東京ノーヴィ・レパートリーシアター**
- 2011 idiot ............ 0541
- 2017 メディア .......... 6191

**東京プレイマップスシアター**
- 1987 まじカル/ラップステイツ―神々の深きジレンマ ............ 5885

**東京ミルクホール**
- 2009 水晶の夜「グーテンターク!私たち、日本のとある元祖有名少女歌劇団です。」...... 3327

**東京ルネッサンス**
- 1996 ポリグラフ―うそ発見器 ............ 5798

**道化**
- 2001 にわか師三代 ...... 4583

**道化座**
- 2018 通天閣 ............ 3904

**同人会**
- 1998 相宿/酔っぱらいマルメラードフ ........ 0043

**同人三間堂**
- 1986 花の寺―更科原っぱ物語 ............ 4908

**東宝**
- 1980 かもめ ............ 1489
    欲望という名の電車 ... 6517
- 1980,1984
    元禄港歌―千年の恋の森 ........ 2111 2112
- 1980,1987
    NINAGAWA・マクベス ........ 4553 4554
- 1981 スウィーニィ・トッド ............ 3237
    ドレッサー ........ 4323
- 1982 雨の夏、三十人のジュリエットが還ってきた ............ 0339
    遺書―限りなき愛 .... 0495
    南北恋物語～人はいとしや ............ 4501
- 1983 たぬき ............ 3713
    悲劇 アトレウス家の崩壊 ............ 5148
    ロミオとジュリエット'83 ............ 6930
- 1983,2006
    放浪記 ........ 5683 5684
- 1984 桜の園 ............ 2435
- 1985 浮巣 ............ 0665
    ガイズ&ドールズ .... 1213
    恐怖時代 .......... 1782
    シカゴ ............ 2706
    ラ・カージュ・オ・フォール ........ 6621
    ラブコール ........ 6662
- 1986 オイディプス王 .... 0901
    十二夜 ............ 2932
    野田秀樹の十二夜 ... 4690
    貧民倶楽部 ........ 5306
- 1987 テンペスト 佐渡の能舞台でのリハーサル ............ 4106
- 1987,1989
    レ・ミゼラブル ...... 6836 6837
- 1988 桜姫 ............ 2457
    欲望という名の市電 ... 6504
- 1989 エニシング・ゴーズ ... 0834
    王様と私 .......... 0914
    カルメン .......... 1567
    盲導犬 ............ 6216
- 1989,1995
    ラ・マンチャの男 ........ 6669 6670
- 1990 野田秀樹のから騒ぎ ... 4689
- 1991 流れる ............ 4393
- 1992 ミス・サイゴン ...... 6028
- 1994 虎―野田秀樹の国性爺合戦 ............ 4282
- 1995 シー・ラヴズ・ミー ... 3064
- 1998 きららの指輪たち ... 1806
- 2003 シンデレラ・ストーリー ............ 3177
- 2008 青猫物語 .......... 0085
    私生活 ............ 2750
- 2011 風と共に去りぬ ...... 1335
- 2014 ロンドン版 ショーシャンクの空に ...... 6942
- 2015 エンドレス・ショック ............ 0893

**東宝現代劇75人の会**
- 1997 ジンジャーブレッド・レディー ............ 3133
- 1998 返り花 ............ 1244
- 1999 来られない友に乾杯 ... 2314
- 2000 熊楠の家 .......... 1920
- 2001 赤樫降りて ........ 0114

**時々自動**
- 2000 R.A.2「Recording Angel」- Trilogy Part.2 ............ 0375

**徳島**
- 1988 炎は消えず ........ 5785

**匿名劇壇**
- 2016 戸惑えよ .......... 4258
- 2017 レモンキャンディ ... 6841
    悪い癖 ............ 7054
- 2018 笑う茶化師と事情女子 ............ 7048

**豊島区テラヤマプロジェクト実行委員会**
- 2012 地球☆空洞説 地球はもうじきおしまいだ ............ 3810

**突劇金魚**
- 2010 幼虫主人の庭 ...... 6500
- 2017 僕のヘビ母さん .... 5720

**突撃ネクタリン**
- 2000 眠たしの虜 ........ 4652

**とっても便利**
- 1999 あの歌が思い出せない ............ 0278
- 2007 オトギバナシ ...... 1037

**扉座**
- 1993 うたかたの城 ...... 0685
    夜曲―放火魔ツトムの優しい夜 ........ 6300
- 1994 アインシュタインの子供たち ........ 0050
    お伽の棺 .......... 1036
    ジプシー―千の輪の切り株の上の物語 ...... 2796

| | | |
|---|---|---|
| 1994,1995,2002 新羅生門 …… 3216〜3218 | 夏 …………………… 4413 2000 王将 …………………… 0920 侍 …………………… 2540 東海道四谷怪談 …… 4121 | 淑女のロマンス ……… 2951 2014,2017 萩咲く頃に …… 4755 4756 |
| 1995 アメリカン・バッファロー …………… 0351 曲がり角の悲劇 …… 5841 | 2001 輝く午後の光に〜メノポーズ物語 …… 1261 春（四季シリーズ）… 5043 | 2015 東おんなに京おんな…0210 スィートホーム …… 3234 南阿佐ヶ谷の母 …… 6075 |
| 1997 ドラキュラ白書 …… 4278 1997,1999 ホテルカリフォルニア—私戯曲 県立厚木高校物語 ……… 5765 5766 | 2002,2005 子供騙し ……… 2268 2269 2003,2007 夏きたりなば …4416 4417 | 2016 静かな海へ—MINAMATA— …… 2739 挽歌 …………………… 5086 2016,2018 砦 ………………… 4307 4308 |
| 1998 三好家の引っ越し …… 6098 無邪気 ……………… 6130 1999,2001 アゲイン—怪人二十面相の優しい夜 ..0152 0153 | 2004 狐狸狐狸ばなし …… 2323 掃除屋 ……………… 3465 2005 夕空晴れて ………… 6393 2005,2006 ダモイ〜収容所（ラーゲリ）から来た遺 | 2017 明日がある、かな … 0190 風間杜夫ひとり芝居／ピース ………… 1303 2018 シング ア ソング … 3121 にっぽん男女騒乱期…4549 |
| 2000 いとしの儚（はかな）〜100 Days Love … 0547 愚者には見えないそ・マンチャの王様の裸 ……………… 1875 まほうつかいのでし . 5961 | 書 ………… 3736 3737 2005,2007 カラフト伯父さん ……………… 1536 1537 2006 夫婦犯罪 ………… 6177 | トム・プロジェクトプロデュース 1999 絶対零度 ………… 3398 2002 乙女の祈り ……… 1050 2004 帰郷 …………… 1636 2013 裏小路 ………… 0758 |
| 2001 TSUTOMU ………… 3948 ハムレット／フォーティンブラス ……… 5007 2002 いちご畑よ永遠に …… 0521 そらにさからうもの . 3545 2003 きらら浮世伝 ……… 1804 2005,2011,2013 アトムへの伝言 ……… 0243〜0245 | 2006,2012 骨唄 …………… 5776 5777 2007 僕と彼と娘のいる場所 ……………… 5710 2007,2011 とんでもない女 ………… 4363 4364 2008 思ヒ出ニ、タダイマ!. 1104 | 富山市民文化事業団 1997,1998 十二の月たち—森のおとぎ話 ………… 2924 2925 2011 ミュージカル回転木馬 …………… 6092 銅鑼 1983 炎の人 ゴッホ小伝…5784 |
| 2006 ご長寿ねばねばランド ……………… 2236 2009 サツキマスの物語 … 2495 新浄瑠璃 新鬼丸 … 3153 2010 神崎与五郎 東下り … 1588 2011 人情噺 紺屋高尾 …… 4609 | バッタモン …………… 4855 2008,2010 鬼灯町鬼灯通り三丁目 ……… 5686 5687 2009 逝った男の残したものは ……………… 0533 エル・スール〜わが心の博多、そして西鉄ライオンズ ……… 0856 | 1996 凍土の鶴 ……… 4155 1998 ヨーン・ガブリエル・ボルクマン 氷の炎 . 6590 らぶそんぐ ……… 6663 1999 風の一座 沖縄のロミオとジュリエット…1336 2003 Big Brother ……… 5179 |
| 2012 つか版・忠臣蔵〜スカイツリー篇 ……… 3906 端敵★天下茶屋 …… 4745 2013 バイトショウ ……… 4723 2017 江戸のマハラジャ … 0829 2018 リボンの騎士—県立鷲尾高校演劇部奮闘記 2018 ………………… 6746 | 風のセールスマン … 1341 かもめ来るころ—松下竜一と子供 …… 1503 2010 藤島上建 ………… 5368 ぺてんばなし ………… 5595 2010,2013,2016 百枚めの写真〜一銭五厘たちの横 | 2004 sakura イン・ザ・ウィンド …… 2421 2006 流星ワゴン ……… 6760 2009 ハンナのかばん …… 5102 2012 砂の上の星 ……… 3303 2018 池袋モンパルナス …… 0489 |
| 扉座プロデュース 2004 百鬼丸 ……………… 5257 飛ぶ劇場 1999 IRON ………………… 0010 | 丁 ………… 5245〜5247 2011 青空…! ……………… 0082 あとは野となれ山となれ ……………… 0252 嫉妬、混む! ………… 2769 | トライアウト 1998 アガタ …………… 0127 **DRY BONES** 2012 蒸気愛論（すちーむあいろん） ……… 3274 |
| トマ・カラジウ劇場 2009 三人姉妹 …………… 2634 トム・プロジェクト 1994 ベンチャーズの夜 … 5638 1995 たたかう女 ………… 3681 1997 風おじさん ………… 5332 1998 ホームレス・ハート . 5794 マラカス—消尽 …… 5979 1999 麗しき三兄妹 ……… 0764 | 2012 欺瞞と戯言 ………… 1702 重力 ……………… 2946 2012,2015 満月の人よ ……… 5998 5999 2013 完全姉妹 …………… 1601 熱風 ………………… 4648 2014 案山子 ……………… 1258 | **dracom** 2009 BROILER'S SONG ………… 5534 2013 たんじょうかい …… 3770 2014 たんじょうかい#2… 3771 2015 たんじょうかい#3… 3772 トラッシュマスターズ 2010 convention hazard奇行遊戯 ………… 2373 |

| とらま | 団体名索引 | |
|---|---|---|

- 2011 黄色い叫び……… 1615
  - 背水の孤島……… 4721
- 2012 狂おしき怠惰……… 1966
  - 水無月の云々……… 6072
- 2013 極東の地、西の果て 1786
  - 来訪者……… 6609
- 2014 虚像の礎……… 1795
  - 儚みのしつらえ…… 4747
  - 八月の雹……… 4837
- 2015 砂の骨……… 3310
  - そぞろの民……… 3511
- 2016 殺人者J……… 2499
  - 猥り現……… 6049
- 2017 たわけ者の血潮…… 3759
- 2018 奇行遊戯……… 1653
  - 埋没……… 5830

**ドラマクリオ**
- 2006 溺れる花嫁……… 1087

**DRAMA MISSION Z號**
- 2018 コギ 日本版……… 2182

**ドラマンス**
- 1984 DRAMANCE FIRST TOUR STARRING NAOTO TAKENAKA……… 4288

**トランジスタ・ヒッピーズ**
- 1990 エレキング……… 0858

**とりアート2009**
- 2009 新歌舞伎 名和長年… 3117

**トリコ・A**
- 2003 木辻嘘801……… 1677
- 2004 肉付きの面現代版─絵 ……… 4512
- 2010 クリスチネ……… 1957
- 2011 和知の収穫祭―反応し あう……… 7017
- 2012 ROUVA……… 6864
- 2015 赤ずきんちゃん…… 0123
- 2018 私の家族……… 6995

**ドリーム・カンパニー**
- 1998 トロピカル・マーメイ ド 南の島のラブ・ソ ング……… 4336

**ドルイド・シアター・カンパニー**
- 2007 西の国のプレイボー イ……… 4526

【な】

**ナイスミドル劇場**
- 1996 記者と事件……… 1660

**ナイロン100℃**
- 1996 下北沢ビートニクス‥ 2808
  - フリドニア～フリドニ ア日記#1……… 5491
- 1997 フランケンシュタイ ン……… 5480
- 1998 偶然の悪夢……… 1863
  - ザ・ガンビーズ・ショ ウ……… 2412
  - 吉田神経クリニックの 場合……… 6531
- 1998,2002
  - フローズン・ビー チ……… 5535 5536
- 1999 テイク・ザ・マネー・ アンド・ラン……… 3981
  - 薔薇と大砲～フリドニ ア日記#2……… 5026
- 2000 ナイス・エイジ…… 4367
- 2001 すべての犬は天国へ行 く……… 3326
  - ノーアート、ノーライ フ……… 4670
- 2003 ハルディン・ホテル 5047
- 2004 消失……… 2985
  - 男性の好きなスポー ツ……… 3773
- 2007 犬は鎖につなぐべから ず～岸田國士一幕劇 コレクション…… 0559
  - わが闇……… 6968
- 2008 シャープさんフラット さん……… 2844
- 2009 世田谷カフカ……… 3383
- 2010 2番目、或いは3番目 4555
- 2011 黒い十人の女……… 1983
- 2012,2018
  - 百年の秘密……… 5243 5244
- 2014 パン屋文六の思案～ 続・岸田國士一幕劇 コレクション…… 5110
- 2017 ちょっと、まってくだ さい……… 3880
- 2018 睾丸……… 2139

**直井おさむ企画**
- 2017 同窓会へようこそ… 4151

**長岡輝子の会**
- 1980 久保田万太郎─言葉の 美学……… 1917

**中座**
- 1989 新・四谷怪談……… 3214

**中島葵プロデュース**
- 1988 終の栖・仮の宿─川島 芳子伝……… 3902

**仲代プロジェクト**
- 1981 毒の華……… 4206
- 1982 マクベス……… 5866

**中野劇団**
- 2008 楽屋ちゃん……… 1279
- 2013 イレカワ……… 0598

**中野文吾プロデュース**
- 1980 レズビアンたちの夜・ 一八八九年……… 6827

**仲間**
- 1980,1997
  - 遁走譜……… 4346 4347
- 1982 蝶々乱舞……… 3872
  - 花咲く港……… 4894
- 1984 汝等青少年学徒…… 4496
- 1985 モモと時間どろぼう 6266
- 1986 かもめ……… 1490
- 1987 トスキナア……… 4224
- 1988 雁の帰るとき……… 1550
- 1990 風来人形座……… 5335
- 1992 空飛ぶ家族……… 3543
- 1993 ゴヤ 理性の眠りは怪 物を生む……… 2305
- 1995 かぐや姫……… 1281
  - 時間も朝に遅れ／ブゴ テガリ……… 2710
  - 見えない友達……… 6011
- 1996 さようならパッキンガ ム……… 2544
  - 十二月……… 2910
- 1997 乞食と王子……… 2221
- 1998 二人だけの舞踏会… 5394
- 2001 カモメに飛ぶことを教 えた猫……… 1505
- 2002 青い図書カード…… 0062
- 2004 蝦夷地別件……… 0817
  - 森は生きている…… 6277
- 2006 ふたりのイーダ…… 5398

**中村座**
- 1980,1986
  - 竹取物語─本田小学校 篇……… 3660 3661
- 1982 花の寺─更科原っぱ物 語……… 4909
- 1987 胸騒ぎの放課後…… 6139
- 1988 舞踏会の手帖……… 5419
  - 胸さわぎの放課後 ニュー・ヴァージョ ン……… 6140
- 1989 シラノ・ド・ベルジュ ラック―ナカムラ ザ・ヴァージョン… 3079

**中村ゆうじ**
- 1991 THUMBING STRIP round1……… 2539

**ナショナル・シアター**
- 1988 シンベリン……… 3200

**夏の大三角形**
- 1998 贋作・宝島……… 1593

## 夏目組
- 1998 キョウノコト。……… 1779

## 名取事務所
- 2002 ロスメルスホルムの白い馬…………… 6886
- 2004 ヘッダ・ガブラー……… 5584
- 2005 ふたりのノーラ……… 5406
- 2006 ゆうれい……………… 6404
- 2009 ヨーン・ガブリエル・ボルクマン 現代社会の死の舞踏………… 6589
- 2013 ふたりのノーラ〜「人形の家」による現代能……………… 5407
- 2014 運転免許 私の場合 HOW I LEARNED TO DRIVE……… 0775
- 2016 イプセン作『人民の敵』変奏曲 社会の敵はだれだ……………… 0576
  - 記念碑……………… 1694
- 2017 エレファント・ソング…………… 0870
  - 奈落のシャイロック… 4491
- 2018 渇愛……………… 1376

## 77年企画
- 2006 マリコの悪縁教室…… 5985

## 七ツ寺共同プロデュース
- 1999 不測の神々……… 5379

## 七曜日
- 1984 レオナルド熊の鬼ヶ島……………… 6825
- 1988 OFF……………… 1076

## 浪花グランドロマン
- 1999 眠り姫……………… 4661
- 2009 ふずまき……………… 0676
- 2010 人造都市……………… 3167

## 鉛乃文櫃
- 2004 天使捕獲／番長皿屋敷……………… 4075

## 泪目銀座
- 2000 OVER THE CENTURY〜百年の彼方に……… 1067

## 南船北馬
- 2009 それでもワタシは空をみる……………… 3559

## 南船北馬一団
- 1998 ただすまう……… 3683
- 2000 ほら そら ごらん… 5796
  - 恋愛恐怖病／修羅／盆栽……………… 6843
- 2001 帰りたいうちに…… 1242
  - カラブリテイエン… 1538
- 2004 しんじょう……… 3151
  - むこうみずなとり… 6124
- 2005 シアン……………… 2680
  - どこかにいます。… 4214
  - にんげんかんたん… 4600
- 2007 ななし……………… 4465

## NANYA - SHIP
- 2000 安寿―ANJU……… 0420

## 【に】

## 新潟市芸術文化振興財団
- 2004 ビリーとヘレン……… 5280

## 虹企画／ぐるうぷシュラ
- 1997,2000,2012
  - 牡丹燈幻想……5748〜5750
- 2000,2011
  - じょるじゅ・だんだん……………… 3056 3057
- 2001 赤いざくろ／女優（その1）……………… 0105
- 2002 女房学校……… 4579
- 2002,2009
  - 女優……………… 3051 3052
- 2003 俺たち天使じゃないけれど……………… 1140
  - 桃花村祝婚歌……… 4125
- 2004 黒雪姫と七人の大人（おおびと）たち…… 2003
- 2004,2014
  - 731の幻想……… 4463 4464
- 2005 テネシィ・ウィリアムズの世界Ⅱ………… 4019
- 2006 アララビアンナイト 2006……………… 0363
  - テネシィ・ウィリアムズの世界Ⅲ………… 4020
  - 東京都四谷階段〜赤い雪のせれなあで… 4134
- 2007 テネシィ・ウィリアムズの世界Ⅳ………… 4021
- 2008 お医者さん万歳!…… 0897
- 2009 化石童話……………… 1332
- 2010 聖都市壊滅幻想…… 3369
  - トリゴーリンの手帳… 4303
- 2011 テネシィ・ウィリアムズの世界Ⅴ………… 4022
- 2013 テネシィ・ウィリアムズの世界Ⅵ… 4023
  - プロメテウスを殺して！……………… 5542
- 2014 欲望という名の電車… 6514
- 2015 地獄のオルフェウス… 2720
- 2016 どん底……………… 4356
- 2017 バンザイ シェイクスピア バーティー……… 5088 5089
- 2018 スキスキ病気……… 3250

## 21世紀FOX
- 1987 BUDORI―眠れぬ夏の月……………… 5420
- 1998 冒険!!ロビンソン・クルウ島……………… 5674
- 1999 ここより永遠に 最後の闘い 完結篇……… 2211

## 日欧舞台芸術交流会
- 1999 ファウスト第1部・第2部……………… 5312
- 2005 トロイラスとクレシダ……………… 4333

## 日独共同制作プロジェクト
- 1993 砂の駅……………… 3304

## 日露SAKURAプロジェクト
- 2011 シベリアに桜咲くとき……………… 2800

## 日生劇場
- 1982 雪国……………… 6419
- 1983 ナイン……………… 4372
  - メディア……………… 6192
- 1984 ドラキュラ その愛… 4276
- 1985 浮巣……………… 0665
  - 天守物語……… 4081
- 1987 奇跡の人……………… 1667
  - テンペスト 佐渡の能 舞台でのリハーサル……………… 4106
- 1993 八人の犬士たち…… 4840
- 1996,1998
  - 辰之助の走れメロス……………… 3694 3695
- 1998 リンドバークの飛行／七つの大罪……… 6787
- 2003 みどりのゆび……… 6071
- 2006 うつぼ猿／くさびら… 0709
- 2007 若草物語……………… 6948
- 2008 トムは真夜中の庭で… 4259
- 2009 かぐや姫……………… 1282
- 2011 三銃士……………… 2607
- 2018 エリサと白鳥の王子たち……………… 0850

## ニットキャップシアター
- 2004 男亡者の泣きぬるところ……………… 1043
- 2006 お彼岸の魚……… 1074
- 2010 チェーホフの御座舞… 3794
- 2012 さらば箱船……… 2577
  - ピラカタ・ノート… 5274
- 2014 月がみていた話… 3911

## 団体名索引

**ニッポン放送**
- 2001 兵士の物語 ............ 5563

**二兎社**
- 1985 満点の星よ ............ 6006
- 1986 カズオ ............ 1314
  ファンレター 大根役者殺人事件 ............ 5321
- 1987 私もカメラ〜黒髪先生事件報告 ............ 7007
- 1990 あなたと別れたい ...... 0260
- 1994 時の物置 ............ 4195
- 1995 パパのデモクラシー ... 4948
- 1996 僕の東京日記 ......... 5717
- 1999,2013
  兄帰る ......... 0272 0273
- 2000,2003
  萩家の三姉妹 ... 4753 4754
- 2001 日暮町風土記 ........ 5145
- 2002,2004
  新・明暗 ........ 3206 3207
- 2005,2008
  歌わせたい男たち ............ 0689 0690
- 2006,2016
  書く女 ......... 1267 1268
- 2010 かたりの椅子 ......... 1371
- 2011 シングルマザーズ .... 3123
- 2012 こんばんは、父さん .. 2369
- 2014 鷗外の怪談 .......... 0909
- 2017 ザ・空気 ............ 2417
- 2018 ザ・空気ver.2誰も書いてはならぬ ........ 2418

**NINAGAWA COMPANY**
- 1994 ペール・ギュント .... 5617

**NINAGAWA COMPANY'DASH**
- 1996 1996・待つ .......... 3421

**NINAGAWA STUDIO**
- 1984 三人姉妹 ............ 2635
- 1985 95kgと97kgのあいだ ............ 1749
- 1987 ギプス ............ 1700
  虹のバクテリア ........ 4527
- 1999 血の婚礼 ............ 3838

**2年6組山田学級**
- 1993 千円銭湯漂流記 ..... 3448
- 1997 真夏の夜の山田の夢 .. 5941

**ニブロール**
- 2005 トーキョー/不在/ハムレット ............ 4200

**日本芸能マネージメント事業者協会**
- 2009 フィレモン .......... 5329

**日本劇作家協会東海支部プロデュース**
- 2003 仇討ち ............ 0217

**日本劇団協議会**
- 1993 はるなつあきふゆ 歌入り絵草紙 ........ 5051
- 2008 血は立ったまま眠っている ............ 3886
  夜の空を翔る サン=テグジュペリの生涯 .. 6577
- 2009 イスメネ・控室・地下鉄〜終わらない終りについての三章 ... 0509
- 2014 阿部定の犬 .......... 0307
- 2017 SCRAP ............ 3255
  メカニズム作戦 ...... 6179

**日本総合悲劇協会**
- 1998 ふくすけ ............ 5359
- 2002 業音 ............ 2137

**日本大学芸術学部NAP**
- 2002 夏の夜の夢 .......... 4445
- 2003 ユビュ王 ............ 6436
- 2006 周辺飛行〈ボクたちの安部公房〉―イメージの展覧会より ..... 2942

**日本テレビ**
- 1989 アニー ............ 0269
- 2003 シンデレラ・ストーリー ............ 3177
- 2007 錦繍 ............ 1835
- 2008 さらば、わが愛 覇王別姫 ............ 2581
- 2014 真田十勇士 .......... 2517

**日本の30代**
- 2014 十二夜 ............ 2933

**日本・ハンガリー友好演劇上演委員会**
- 2000 鉄格子 ............ 4014

**日本ろう者劇団**
- 2010 エレファントマン .... 0875

**入道雲**
- 1995 サトコ=蟻の街のマリア ............ 2508

**ニュースタッフ・エージェンシー**
- 1994 XY+Z あるしあわせのかたち ............ 0826

**ニュートラル**
- 1994 そして列車はゆく ... 3509

**New Produce Project**
- 2004 むずかしい演劇 ..... 6132

**庭劇団ペニノ**
- 2017 地獄谷温泉無明の宿 .. 2716

**人形劇団京芸**
- 2009 ウィッシュリスト .... 0622

**人形劇団クラルテ**
- 1995 しんとく丸 .......... 3181
- 1997 紅葉狩り剣のゆくゑ .. 6261

**人形劇団ブーク**
- 1997 ちびっこカムのぼうけん ............ 3843
- 2004 逃げだしたジュピター ............ 4514
- 2006 うかうか三十、ちょろちょろ四十 ...... 0663
- 2009,2012
  怪談 牡丹燈籠 .. 1220 1221
- 2011 オズの魔法使い ..... 1000
- 2013 カチカチ山/約束 .... 1375

**人間座**
- 2002 青春を返せ! ........ 3357
  人形師卯吉の余生 ... 4587
- 2003 火を継ぐもの―小林多喜二 ............ 5120
- 2015 最果ての地より さらに遠く ............ 2398

## 【ぬ】

**鵺的**
- 2017 奇想の前提 .......... 1670

**ヌリア・エスペル劇団**
- 1988 イェルマ ............ 0468

## 【ね】

**ネイチャー・シアター・オブ・オクラホマ**
- 2012 ライフ・アンド・タイムズ―エピソード1 . 6603

**ネヴァーランド・ミュージカル・コミュニティ**
- 1984 8ビートは親父のロックⅡ ............ 0789
  ハッケヨイ'84 ...... 4846
- 1987 銀髪慕情 ............ 1854
- 1989 花吹雪ゾンビーズ ... 4915

**NEO企画**
- 2000 浅川町5丁目1番5号 .. 0157

**猫ニャー**
- 1999 弁償するとき目が光る ............ 5629

猫のお尻
1995 いとしいいとしいとい
　　　ふ心 ................... 0544
猫のホテル
1999,2004
　　　しぶき ........... 2793 2794
2003 裏日本〜大きな波に乗
　　　るがいい ............... 0760
Nest
1994 Q・E・D ............. 1740
1998 Circulation Module ·· 2415
ネルケプランニング
1998 水の味 ................. 6034

## 【の】

NOISE
1983 DOLL .................. 4317
1984 トロイメライ ......... 4330
1985 MORAL 2nd ......... 6268
1987 砂漠のように、やさし
　　　く ....................... 2526
1988 NIPPON
　　　 CHA!CHA!CHA!..... 4551
1992 夜の学校 ............. 6569
1993 A・R ................. 0778
1994 朝、冷たい水で ..... 0164
NOISEプロデュース'96
1996 青ひげ公の城 .......... 0088
NODA・MAP
1994,1997
　　　キル .............. 1815 1816
1995 し ....................... 2667
1995,2005
　　　贋作・罪と罰 ... 1594 1595
1996 TABOO ............... 3719
1998 Right Eye .............. 6600
　　　ローリング・ストー
　　　ン ........................ 6935
1999 半神 .................... 5094
　　　パンドラの鐘 ......... 5100
2000 カノン ................. 1411
　　　農業少女 ............. 4677
2001 2001人芝居 ........... 4539
2003 オイル ................. 0907
2006 ロープ ................. 6898
2007,2012
　　　THE BEE ...... 2529 2530
2009 パイパー ............. 4725
2010 表に出ろいっ! ....... 1111
　　　ザ・キャラクター ...... 2414
2011 南へ .................... 6077
2012,2015
　　　エッグ ........... 0824 0825

2013 MIWA ................ 6111
2016 逆鱗 .................... 2020
2017 足跡姫〜時代錯誤冬幽
　　　霊 ....................... 0180
2018 贋作・桜の森の満開の
　　　下 ....................... 1590
野中マリ子企画
1987 ひとり息子 ............. 5201
のはら工房
2001 コンコンとんとんポロ
　　　ンぽろん ............. 2351
ノーベルエージェンシー
2003 火を継ぐもの―小林多
　　　喜二 .................... 5120

## 【は】

俳協
2001 横須賀ドブ板物語 ..... 6522
2006 新撰組一名もなき男た
　　　ちの挿話 ............. 3164
2008 新・明暗 ............. 3208
2010 國語元年 ............. 2186
2013 ミレナ ................. 6108
2014 紙屋悦子の青春 ..... 1450
　　　陽だまりの樹 ......... 5176
2015 待つ人々 ............. 5922
俳小
2004 一悲喜劇―自殺者 ..... 5139
2005 金閣炎上 ............. 1827
2006 美しきものの伝説 ..... 0707
　　　ら抜きの殺意 ......... 6656
2007 狂美花 ................. 1780
　　　フユヒコ ............. 5444
　　　蜜の味 ................. 6063
2008 西の国の伊達男 ..... 4525
　　　ベイビー・ダンス ..... 5566
2009 啄木鳥が鳴く森の中
　　　で ....................... 1681
　　　賭博師 梟 ............. 4248
　　　リビング・クォー
　　　ター .................... 6740
2010 ゴルゴダ・メール ..... 2325
　　　テンペスト ............. 4103
　　　トキワ荘の夏 ......... 4202
2011 プラトーノフ ......... 5473
2012 なにもいらない―山頭
　　　火と放哉 ............. 4472
2013 幻燈辻馬車 ............. 2103
2014 マイス・アンド・メ
　　　ン ....................... 5822
2015 イルクーツク物語 ..... 0597
　　　子供の時間 ............. 2271

2016 弟の戦争 ............. 1033
　　　タルタロスの契り・命
　　　より大切なものがあ
　　　るんだ ................. 3744
2017 谷のかげ／満月 ..... 3708
　　　袴垂れはどこだ ..... 4752
　　　夜の学校 ............. 6570
2018 イエロー・フィー
　　　バー .................... 0470
　　　女人嵯峨 ............. 4580
ハイバイ
2008,2013
　　　て ............... 3973 3974
2011 投げられやすい石 ..... 4399
2018 て／夫婦 ............. 4029
俳優座
1979 高橋おでん 毒婦の
　　　父 ....................... 3648
1980 スカパンの悪だくみ ·· 3245
　　　田中千禾夫・澄江一幕
　　　劇集 .................... 3705
　　　野鴨 .................... 4681
　　　背信 .................... 4719
　　　山ほととぎすほしいま
　　　ま ....................... 6358
1980,1994
　　　コーカサスの白墨の
　　　輪 ............... 2175 2176
1980,1997
　　　ハムレット ...... 4991 4992
1981 バースディ・パー
　　　ティ .................... 4810
　　　冬の柩 ................. 5438
　　　真夏の夜の夢 ......... 5947
1981,1996,2015
　　　桜の園 ........... 2436〜2438
1981,1998
　　　ロミオとジュリエッ
　　　ト ............... 6926 6927
1982 ヴェニスの商人 ..... 0646
　　　食肉市場のジャンヌ・
　　　ダルク ................. 3030
　　　肥前松浦女人塚 ..... 5164
1982,1985
　　　波―わが愛 ...... 4485 4486
1983 ウィンザーの陽気な女
　　　房たち ................. 0627
　　　メアリ・スチュアー
　　　ト ....................... 6157
1983,1997
　　　門―わが愛 ...... 6288 6289
1984 おまえにも罪がある ·· 1093
　　　海賊、森を走ればそれ
　　　は焔 .................... 1214
　　　貴族の階段 ............. 1671
　　　テンペスト ............. 4104
　　　通走譜 ................. 4348

| はいゆ | | 団体名索引 | | | |
|---|---|---|---|---|---|
| | 華やかなる鬼女たちの宴 …… 4920 | | 南回帰線にジャポネースの歌は弾ね 日本棄民伝Ⅱ …… 6078 | | 三文オペラ …… 2662 |
| | 二人だけの舞踏会 …… 5395 | | ミラノの奇跡 …… 6105 | | しとやかな獣 …… 2773 |
| 1984,2000,2002 | | | ロマンス—漱石の戀 …… 6907 | | 次郎長が行く …… 3102 |
| | 肝っ玉おっ母とその子供たち …… 1721〜1723 | 1995,1997,2012 | | | 春、忍び難きを …… 5044 |
| 1985 | エセルとジューリアス …… 0816 | | カラマーゾフの兄弟 …… 1539〜1541 | | 湖の秋 …… 6024 |
| | 遠雷 …… 0894 | 1996 | 僕亭先生の鞄持/京都の虹 …… 5709 | 2006 | 風薫る日に …… 1329 |
| | つづみの女 …… 3944 | | ほたるの歌/おふくろ …… 5744 | | 喜多川歌麿女絵草紙 …… 1672 |
| | 別荘の人々 …… 5577 | | ゆの暖簾 …… 6434 | | 罪と罰 …… 3965 |
| 1986 | アメリカの時計 …… 0347 | 1996,2015 | | | 野火 …… 4697 |
| | 教育 …… 1761 | | フル・サークル—ベルリン1945 …… 5499 5500 | 2006,2009 | |
| | 心—わが愛 …… 2218 | 1997 | 冬のライオン …… 5441 | | コルチャック …… 2327 2328 |
| | セツアンの善人 …… 3390 | 1997,2009 | | 2007 | 国境のある家 …… 2238 |
| | 聖母（マドンナ）の戦きありや神無月 …… 5939 | | 村岡伊平治伝 …… 6150 6151 | | 上意討ち—拝領妻始末 …… 2976 |
| 1987 | あまつ空なる …… 0321 | 1998 | あなたまでの6人 …… 0266 | | スティール・マグノリアズ …… 3284 |
| | たすけて …… 3665 | | 遅咲きの花のワルツ …… 1012 | | 日本芸人伝—白鳥乱子一座 江戸の極楽とんぼ …… 4559 |
| | テーブル・マナー …… 4032 | | チェーホフ家の人々 …… 3789 | | |
| 1988 | 赤きこころもて飛鳥 …… 0116 | 1998,2002 | | | 豚と真珠湾 幻の八重山共和国 …… 5391 |
| | お気に召すまま …… 0973 | | 黄金色の夕暮 …… 2180 2181 | | リビエールの夏の祭り …… 6739 |
| | じゃじゃ馬ならし …… 2819 | 1999 | 伊能忠敬物語 人生を二度生きた男 …… 0560 | 2008 | 赤ひげ …… 0133 |
| 1989 | ウーマン・イン・マインド …… 0718 | | 千鳥 …… 3831 | | 金魚鉢の中の少女 …… 1834 |
| | 女学者 …… 1169 | | ロボット …… 6903 | | 颶風のあと …… 1914 |
| | 季節はずれの長屋の花見 …… 1669 | 1999,2012 | | | スペース・ターミナル・ケア …… 3325 |
| | 白痴 …… 4767 | | かもめ …… 1491 1492 | | 春立ちぬ …… 5046 |
| 1990 | カドリール ゆらゆるスカーツ …… 1393 | 2000 | 離れて遠く二万キロ …… 4923 | 2009 | 蟹工船 …… 1406 |
| | ふゆ—生きて足れり …… 5430 | | 収容所（ラーゲリ）から来た遺書—33年目の脱字 …… 6632 | | 渇いた人々は、とりあえず死を叫ぶ …… 1574 |
| 1991 | さりとはつらいね …… 2583 | | ロッテ …… 6895 | | nine …… 4371 |
| | 別れを告げにきた男 …… 6971 | | 我らが祖国のために …… 7057 | 2010 | 大岡越前—卯の花が咲くとき …… 0937 |
| 1992 | 埋められた子供 …… 0751 | 2001 | 阿修羅の妻 …… 0205 | | 心の止り—この人を心の止りに朝夕見てこそ …… 2215 |
| | 巨人の帽子 …… 1794 | | 日々の敵 …… 5228 | | |
| | 不満のコーラス …… 5427 | | 僕の東京日記 …… 5718 | | 沈黙亭のあかり …… 3891 |
| | ワッサ・ジェレズノーワ …… 7018 | | 坊っちゃん …… 5757 | | どん底 …… 4357 |
| 1992,1996 | | 2002 | きょうの雨 あしたの風 …… 1778 | 2010,2012 | |
| | とりあえずの死—日本棄民伝 …… 4297 4298 | | 八月に乾杯! …… 4831 | | 樫の木坂 四姉妹 …… 1309 1310 |
| 1993 | 復活 …… 5415 | | 不忠臣蔵 …… 5413 | 2011 | ある馬の物語 …… 0373 |
| 1993,2001 | | | 舞姫—鷗外の恋 …… 5826 | | 月光の海 ギタラ …… 2042 |
| | 十二夜 …… 2934 2935 | 2003 | 九番目のラオ・ジウ …… 1753 | | リア王 …… 6692 |
| 1993,2004 | | | 恋のから騒ぎ …… 2127 | 2012 | いのちの渚 …… 0564 |
| | タルチュフ …… 3745 3746 | | しまいこんでいた歌 …… 2802 | | ヒメハル〜ヒメジョオン・ハルジオン …… 5237 |
| 1994 | アドルフに告ぐ …… 0250 | 2003,2011 | | | |
| | 去るものは日々に遠し …… 2588 | | ワーニャ伯父さん …… 7033 7034 | 2013 | 気骨の判決 …… 1654 |
| | 罔江風土記 …… 5300 | 2003,2013 | | | 心細い日のサングラス …… 2216 |
| 1995 | 正劇・室鷲郎（おせろう） …… 3353 | | 三人姉妹 …… 2636 2637 | | とりつくしま …… 4306 |
| | ソフィストリー—詭弁 …… 3537 | 2004 | 足摺岬 …… 0187 | 2014 | 巨人伝説 …… 1793 |
| | | | ザ・パイロット …… 2523 | | クレアモントホテルにて …… 1969 |
| | ハクスタブル家の無邪気な客人 …… 4764 | | 三屋清左衛門残日録〜夕映えの人 …… 6065 | | 七人の墓友 …… 2755 |
| | | 2005 | 三ちゃんと梨枝 …… 2613 | | 先生のオリザニン …… 3434 |

東海道四谷怪談〜強悪にや誰がした……… 4122
2015 詩人かたぎ………… 2733
戦争とは…2015……… 3438
ヘッダ・ガーブレル—ヘッダとテーア二人の女 ……… 5588
ラスト・イン・ラプソディ ……… 6640
2016 城塞……… 2984
戦争とは…2016……… 3439
狙撃兵〜デッド・メタファー ……… 3492
反応工程 ……… 5104
常陸坊海尊 ……… 5167
2017 海の凹凸 ……… 0737
北へんろ ……… 1674
クスコ〜愛の叛乱 … 1884
病いは気から ……… 6343
2018 いつもいつも君を憶ふ ……… 0540
首のないカマキリ … 1913

**俳優座映画放送**
1981 ヒモのはなし……… 5238

**俳優座劇場**
1984 ユリア……… 6479
1985 窓を開ければ港が見える ……… 5930
1986 ナイト・マザー おやすみ、母さん ……… 4370
ハーベイ ……… 4956
恋愛論 ……… 6848
1987 受付 ……… 0666
地獄の機械 ……… 2722
部屋 ……… 5607
1988 向う横丁のお稲荷さん ……… 6125
1989 プラス・ワン ……… 5461
1991 続・ポンコツ車と五人の紳士 ……… 3485
1994 ピンクの象と五人の紳士 ……… 5299
1994,1995
二十日鼠と人間〜ある夏の四日間の出来事 ……… 4842 4843
1995 いそという女 ……… 0512
メリー・ウィドウへの旅 ……… 6208
1995,2005
夜の来訪者 …… 6581 6582
1996 守錢奴 ……… 2959
遊園地の思想 ……… 6380
1997 秋山狂乱 ……… 2902
1998 いぬもあるけばぼうにあたる ……… 0558
疵だらけのお秋 ……… 1664

1998,2004,2010,2011,2015
十二人の怒れる男たち ……… 2916〜2920
1999 マリアの首—幻に長崎を想う曲 ……… 5983
2000 かどで/釣堀にて …… 1391
ハーブ園の出来事 … 4954
2000,2002
高き彼物 ……… 3645 3646
2001 風の季節 ……… 1339
こわれがめ ……… 2342
小さき神のつくりし子ら 愛は静かに激しく響く ……… 3781
ちりもつもれば ……… 3881
2002 ファニー・マネー … 5316
2003 伯爵夫人 ……… 4762
むりがとおれば ……… 6155
2004 名は五徳 ……… 4494
ハロー・アンド・グッドバイ ……… 5076
2005 サマーハウスの夢 … 2537
2005,2007,2010
家族の写真 …… 1362〜1364
2006 女相続人 ……… 1177
2007 壊れた風景 ……… 2347
ボールは高く雲に入り ……… 5802
2008 真実のゆくえ ……… 3131
空の定義 ……… 3549
2008,2012
東京原子核クラブ ……… 4130 4131
2009 音楽劇 サマーハウスの夢 ……… 1154
2010 兵器のある風景 ……… 5562
2011,2013,2015
わが町 ……… 6965〜6967
2013,2018
もし、終電に乗り遅れたら… …… 6234 6235
2014 インポッシブル・マリッジ ありえない結婚 ……… 0615
2015 月の獣 ……… 3923
2016 ハーヴェイ ……… 4732
2017 人形の家 ……… 4593

**俳優座LABO**
1991 ザ・カントリー ……… 2411
1997 メフィスト ……… 6203
1998 家族な人々 ……… 1360
2000 アーズリー家の三姉妹 ……… 0212
2001 危険な曲り角 … 1652
2004 蒼ざめた馬 ……… 0080
2005 銘々のテーブル ……… 6174
2006 主人は浮気なテロリスト!? ……… 2956

2008 コンスタント・ワイフ ……… 2356
2010 ブレーメンの自由 … 5533
2011 妻の家族 ……… 3962
2012 バック オブ ライズ〜うそ ウソ 嘘 ……… 4844
2016 華族令嬢たちの大正・昭和 ……… 1365

**俳優詩房**
1995 鏡の向こうに ……… 1259

**ハカワーティ**
1989 ANTAR（アンタル） ……… 0425

**白山座**
1996 修士の異常な愛情—いかにして私は喜劇を愛するようになったか ……… 2903

**ハクチョン劇場**
2001 地下鉄一号線 ……… 3803

**博品館劇場**
1980 あなただけ今晩は …… 0259
1982 二階の女 ……… 4508
1984,1995
リトル・ショップ・オブ・ホラーズ ‥ 6735 6736
1987,1995
ブラック・コメディ ……… 5465 5466
1988 おかしな二人・女性版 ……… 0959
セイムタイム・ネクストイヤー ……… 3375
ロマンティック・コメディ ……… 6909
1989 麗しのサブリナ ……… 0766
カム・ブロー・ユア・ホーン ……… 1461
1993 幕末青春譜 明日に架ける橋 ……… 4776
姫ちゃんのリボン … 5236
私はシャーリー・ヴァレンタイン ……… 7010
1994 アーサー家のローズ … 0162
MITSUKO 世紀末の伯爵夫人 ……… 6057
1994,1997
ローゼンクランツとギルデンスターンは死んだ ……… 6889 6890
1995 赤ずきんチャチャ ……… 0122
1996 29歳の女たち ……… 4529
幻の光 ……… 5967
民謡・秋田おばこ物語 貞子 ……… 6117
1998 デッド・ギルティ ……… 4015
2002 六条の御息所 ……… 6870

## バークレー・レパートリー・シアター
- 1988 リア王（アメリカ版） …………… 6697

## 箱庭円舞曲
- 2009 メガネに騙された … 6180

## 匣の階
- 2018 パノラマビールの夜 .. 4928

## 八時半
- 1994 区切られた四角い直球 …………… 1868
- 1996,2004 そこにあるということ ……… 3495 3496
- 1997,2004 山から吹きおり ……………… 6344 6345
- 1998 川底にみどりの魚はいる ………………… 1579
- 1999 大きな青の音 ……… 0939
    黒い空とふたりと …… 1985
- 2000 素足の日記 ………… 3224
    頬を赤くして ……… 5685
    私、うれしい ……… 6983
- 2001 うれしい朝を木の下で …………… 0768
    弾道へ光 …………… 3776
- 2002 火花みたいに ……… 5224
    ママ ………………… 5971
- 2003 久保君をのぞくすべてのすみっこ ……… 1915
    棗の実 ……………… 4455
- 2005 私の音符は武装していう ……………… 6994
- 2006 完璧な冬の日 ……… 1609
- 2007 むかしここは沼だった。しろく ……… 6119

## はちみつパイ
- 2001 入院バケーション … 4574

## ハット企画
- 2017 シェフェレ 女主人たち ……………… 2697

## Happy Hunting Ground
- 2004 その鉄塔に男たちはいるという ……… 3522
    約三十の嘘 ………… 6301
- 2005 きゅうりの花 ……… 1755

## 初舞台
- 1998 終わらない夜 ……… 1150

## 鳩ぽっぽ商会
- 1987 かごの鳥 助ケテ下サイ、オ兄サマ。… 1294

## 花企画
- 1994 鐘が鳴る …………… 1407

## 1994,1999
- 相沢三郎の世界 …………… 0018 0019
- 1995 春はたびらこ生うる原に ……………… 5065
    吾心の深き底には …… 6950
- 1996 愛の物語 堕天女の夫 ………………… 0040
    白い椿が咲いた …… 3096
- 1997 被告の椅子（大正十五年） ……………… 5150
    岬に住む人をめぐって ………………… 6016
- 1998 旅愁の人 …………… 6774
- 1999 運命の分れ目 ……… 0776
- 2000 酒も泪も溜息も …… 2473
    明治の柩 …………… 6169
- 2001 ものみな歌でおわる .. 6257
- 2003 火を継ぐもの―小林多喜二 …………… 5120
- 2014 トウサンの娘たち … 4147

## 花組芝居
- 1987 ザ・隅田川 ………… 2486
- 1987,2017 いろは四谷怪談 ……………… 0605 0606
- 1988 怪誕身毒丸 ………… 1216
    桜姫曙草紙 ………… 2459
- 1989 かぶき座の怪人―花組歌戯場繁馬 …… 1417
- 1991 泉鏡花の夜叉ケ池 … 0507
- 1994 定本いろは四谷怪談 .. 3992
- 1998 泉鏡花の日本橋 …… 0506
- 1999 奥女中たち ………… 0982
- 2000 泉鏡花の海神別荘 … 0504
    泉鏡花の天守物語 … 0505
- 2001 泉鏡花の婦系図 …… 0503
- 2003 シャンソマニア …… 2868
- 2016 恐怖時代 …………… 1783
- 2018 天守物語 …………… 4082

## パノラマ☆アワー
- 1995 健さん、俺も男だ!… 2083
- 2003 ぼくのパノラマ昆虫記 ………………… 5719

## パノラマ歓喜団
- 1991 春のサラサラ ……… 5057

## ハーフムーン・シアター・カンパニー
- 1992 スカーミッシイズ … 3248
    ニープタイド ……… 4556
    リアル・エステイト .. 6700
- 1994 リタ・ジョーの幻想 .. 6711
- 1997 パレードを待ちながら ………………… 5070
- 2000 聖女グレース ……… 3365
- 2012 誰もいない国 ……… 3753

## 2013
- 政治の風景／日常の風景 ………………… 3354

## はみだし劇場
- 1988 平手造酒を探せ!…… 5275

## 薔薇座
- 1988 アパートの鍵貸します ………………… 0292
- 1990 おお!活動狂時代 …… 0938

## 原宿シェイクスピア
- 1999 夏の夜の夢 ………… 4446

## パラダイス一座
- 2006 オールド・パンチ 男たちの挽歌 ……… 1131
- 2007 続・オールド・パンチ 復讐のヒットパレード! ………………… 3481

## Barraca
- 2002 ふるふる―山頭火の海 ………………… 5518

## パラドックス定数
- 2018 731 ………………… 4462
    蛇と天秤 …………… 5602

## パラノイア百貨店
- 1992 NOTORIOUS BEAUTY ………… 4694

## パリ・ブッフ・デュ・ノール劇場
- 2015 Battlefield『マハーバーラタ』より …… 4878

## はりま劇団協議会
- 2018 二十世紀少年少女読本 ………………… 4521

## パルコ
- 1979,2003 青ひげ公の城 … 0089 0090
- 1980 情婦―検察側の証人 … 3012
- 1981 下谷万年町物語 …… 2753
    バーレスク・1931 赤い風車があった街 … 5066
- 1982 映画に出たい!……… 0785
    西鶴・好色一代男 … 2379
    少女仮面 …………… 2994
- 1983 黒いチューリップ … 1986
- 1984 時代はサーカスの象にのって'84 ……… 2752
    スプレイ …………… 3324
    双頭の鷲 …………… 3471
    タンゴ・冬の終わりに ………………… 3765
- 1985 デストラップ 死の罠 ………………… 4012
    ピサロ ……………… 5155
    ブライトン・ビーチ回顧録 ………………… 5454

団体名索引　　はるこ

| | | |
|---|---|---|
| | ローゼンクランツとギルデンスターンは死んだ………………6891 | |
| 1985,1986,1988 | | |
| | CLOUD9 銀色の雲の上で………1939〜1941 | |
| 1985,1986,1999 | | |
| | 罠………………7023〜7025 | |
| 1986 | 埋められた子供………0752 | |
| | コリオレイナス………2320 | |
| | じゃじゃ馬ならし……2820 | |
| | トゥルー・ウエスト…4171 | |
| | トーチソングトリロジー………………4228 | |
| | 薔薇十字団・渋谷組…5017 | |
| | フール・フォア・ラブ………………5516 | |
| 1986,2016 | | |
| | ベント………5642 5643 | |
| 1987 | 心エネルギー―羽衣伝説………………2212 | |
| | コープス―死体!……2293 | |
| | 諸国を遍歴する二人の騎士の物語………3034 | |
| | なぜか青春時代………4404 | |
| | ビロクシー・ブルース………………5288 | |
| | ボーイング・ボーイング………………5663 | |
| | やけたトタン屋根の上の猫………………6309 | |
| | リチャード三世………6722 | |
| | ルパン…………………6802 | |
| 1988 | イェルマ………………0469 | |
| | 肝っ玉おっ母と子供たち………………1713 | |
| | グレンギャリー・グレン・ロス………1981 | |
| | SHOW GIRL・No.16 また逢う日まで…3025 | |
| | 帝国エイズの逆襲……3984 | |
| | 夏の夜の夢……………4447 | |
| | リクエスト・コンサート………………6704 | |
| | ロンリー・ハート……6944 | |
| 1989 | たそがれて、カサブランカ……………3670 | |
| | 月の上の夜……………3921 | |
| | ドラキュラ伯爵の秋…4277 | |
| | 幕末純情伝―黄金マイクの謎…………4775 | |
| | 火の国…………………5212 | |
| 1990 | 俊寛……………………2971 | |
| | ドラキュラ……………4275 | |
| 1991 | 青い鳥…………………0063 | |
| | 浜辺のもてないおんな達………………4962 | |
| | ヘンリー四世…………5651 | |
| 1992 | 星女郎…………………5730 | |
| | 真夜中のパーティ……5977 | |
| 1992,1999 | | |
| | ザ・ウーマン・イン・ブラック………2405 2406 | |
| 1993 | 危険な関係……………1648 | |
| 1994 | ゴールド家のたそがれ………………2332 | |
| 1994,1999,2015 | | |
| | オレアナ………1135〜1137 | |
| 1994,2001 | | |
| | 毛皮のマリー…2009 2010 | |
| 1995 | 熱海殺人事件 モンテカルロ・イリュージョン……………0221 | |
| | ガールズ・タイム 女のコよ、大志を抱け!…1560 | |
| | Cloud9………………1938 | |
| | 椿姫……………………3954 | |
| 1996 | 巌流島…………………1613 | |
| | シャネル………………2838 | |
| | 笑の大学………………7042 | |
| 1996,1999,2002 | | |
| | 近代能楽集/葵上・卒塔婆小町……1839〜1841 | |
| 1997 | シルヴィア……………3085 | |
| | スカイライト…………3241 | |
| | 夏の庭…………………4432 | |
| | バイ・マイセルフ……4727 | |
| | ヘアー'97………………5560 | |
| 1998 | きららの指輪たち……1806 | |
| | トランス………………4296 | |
| | ロマンチック・コメディ………………6908 | |
| 1999 | 第2章…………………3616 | |
| | 東京原子核クラブ……4132 | |
| | 温水夫妻………………4613 | |
| | マトリョーシカ………5938 | |
| 2000 | サイドマン……………2397 | |
| | ニジンスキー…………4533 | |
| | 滅びかけた人類、その愛の本質とは……5805 | |
| | レティスとラベッジ…6831 | |
| 2000,2003 | | |
| | オケピ!…………0987 0988 | |
| 2001 | コミック・ポテンシャル………………2303 | |
| | バッド・ニュース☆グッド・タイミング………………4856 | |
| | 二人の噺………………5408 | |
| | 兵士の物語……………5563 | |
| | ポンコツ車のレディ…5810 | |
| | ラ・テラス……………6652 | |
| 2002 | おやすみの前に………1115 | |
| | 彦馬がゆく……………5152 | |
| | ブロンドに首ったけ…5547 | |
| | マイ・ロックンロール・スター…………5833 | |
| 2003 | ウィー・トーマス……0623 | |
| | 幸せの背くらべ………2678 | |
| | 実を申せば……………2761 | |
| | シンデレラ・ストーリー……………3177 | |
| 2004 | イット・ランズ・イン・ザ・ファミリー〜パパと呼ばないで………………0536 | |
| | GOOD…………………1901 | |
| | ピローマン……………5298 | |
| 2005 | SHAKESPEARE'S R&J………………2685 | |
| | 12人の優しい日本人…2923 | |
| | ドレッサー……………4324 | |
| | ふたりのカレンダー…5402 | |
| | LAST SHOW…………6642 | |
| 2005,2015 | | |
| | メアリー・ステュアート………6162 6163 | |
| 2006 | 噂の男…………………0769 | |
| 2007 | コンフィダント・絆…2370 | |
| | ビューティ・クイーン・オブ・リナーン………………5261 | |
| | リグレッツ・オンリー………………6705 | |
| 2008 | Good Night Sleep Tight…………………1904 | |
| | サンシャイン・ボーイズ………………2604 | |
| | 幸せ最高ありがとうマジで!……………2671 | |
| | 49日後…………………2732 | |
| | SISTERS………………2748 | |
| 2009 | 海をゆく者……………0721 | |
| | ストーン夫人のローマの春……………3296 | |
| | 中国の不思議な役人…3856 | |
| | ベッドルーム・ファンタジー………………5591 | |
| 2010 | 裏切りの街……………0757 | |
| | 33の変奏曲……………2605 | |
| | なにわバタフライ……4476 | |
| 2011 | 想い出のカルテット〜もう一度唄わせて…1105 | |
| | 国民の映画……………2192 | |
| | 90ミニッツ……………4374 | |
| | 幽霊たち………………6409 | |
| | 欲望という名の電車…6515 | |
| 2012 | 桜の園…………………2439 | |
| | 其礼成心中……………3561 | |
| | 三谷版 桜の園…………6048 | |
| 2012,2015 | | |
| | ルーマーズ―口から耳へ、耳から口へ……………6803 6804 | |

2013 非常の人何ぞ非常に〜
　　　奇譚 平賀源内と杉田
　　　玄白 ................ 5157
　　　ホロヴィッツとの対
　　　話 .................. 5803
　　　ロスト・イン・ヨン
　　　カーズ ............... 6881
2013,2015
　　　レミング―世界の涯ま
　　　で連れてって‥6839 6840
2014 母に欲す ............. 4944
　　　紫式部ダイアリー ..... 6152
2015 正しい教室 ........... 3682
　　　転校生 ............... 4060
2016 母と惑星について、お
　　　よび自転する女たち
　　　の記録 ............... 4942
　　　猟銃 ................. 6766
2017 すべての四月のため
　　　に ................... 3327
　　　ダニーと紺碧の海 .... 3707
　　　不信―彼女が嘘をつく
　　　理由 ................. 5377
2018 チルドレン ........... 3882
　　　ハングマン ........... 5087
　　　ライオンのあとで .... 6597

## パルコ〔ねずみの三銃士〕
2014 万獣こわい ........... 6002

## パレスチナ・キャラバン
2007 アザリアのピノッキ
　　　オ ................... 0176

## 萬國四季協會
2003 Z航海団 .............. 3401
2004,2010
　　　鬼沢 ........... 1058 1059
2005 風の森 ............... 1354
　　　岬―波の間に間に義経
　　　さまが ............... 6015
2006 海鳥譚 ............... 1225
　　　THE MONSTER
　　　CARNIVAL'06―眠
　　　れない夜の悪夢（ゆ
　　　め）は惑う .......... 2543
2007 花も嵐も ............. 4918
2007,2014
　　　黒椿洋裁店 .... 1997 1998
2008 コジラだ! ............ 2229
　　　ふくろう―辺境第3
　　　部 ................... 5362
2009 いつか夢みたように .. 0529
　　　砂上 ................. 2484
2010 鳥影 ................. 4302
2011 木霊坂麼野病院 奇っ
　　　怪版 ................. 2234
　　　ワーニャ伯父さん .... 7035
2013 流砂 ................. 6757
2015 欠陥＋禿の女歌手 .... 2040

泥流の花 ............... 3995
2016 哄笑、時の泡―おお、
　　　海よ、波立つ蒼い歳
　　　月 ................... 2144
　　　荒野の映写片 ......... 2159
2017 芥島異聞―逆さ吊りの
　　　夢 ................... 0142
2018 三人姉妹 ............. 2638
　　　白鳥銀塩館 ........... 4769

## 犯罪友の会
1996,1998,2000
　　　牡丹のゆくへ ..5752〜5754
1997 椿と海峡 ............. 3951
1999 ひだまりの海 ......... 5173
2001 紫陽花の指絵 ......... 0186
2001,2007,2012
　　　白蓮の針 ...... 5254〜5256
2002 紅いカラス ........... 0102
　　　あさがおの半鐘 ....... 0156
2003 一花のいたち ......... 0525
2004 白いとかげ ........... 3097
2004,2005
　　　手の紙 ........ 4024 4025
2005 にほやかな櫛 ......... 4506
2006 かしげ傘 ............. 1308
2007 たほり鶴 ............. 3724
　　　私はライト ........... 7014
2008 ゆうひかげ ........... 6397
2009 ちぎれぐも ........... 3816
2010 あやつむぎ ........... 0355
2011 いろゆらぎ ........... 0607
2013 ラジオの時間 ......... 6633
2014 ほつれ髪 ............. 5761
　　　横丁のダーリン ....... 6523
2016 風の姿で ............. 1340
2017 ことの葉こよみ ....... 2263
　　　ラジオのように ....... 6634
2018 私はレフト ........... 7015

## 万博設計
2014 見参!リバーサイド
　　　犬 ................... 2084
2015 苔生す箱舟 ........... 2196

## 汎マイム工房
2001 オリンポスの
　　　MIMOS .............. 1126

## 【ひ】

## ぴあ
2013 テイキングサイド〜ヒ
　　　トラーに翻弄された
　　　指揮者が裁かれる
　　　日 ................... 3980

TRUE WEST〜本物
　　　の西部 ............... 4172
2018 5DAYS〜辺境のロミ
　　　オとジュリエット ... 5309

## P&P企画制作
1989 ラブ ................. 6659

## びいろ企画
1993 上手な嘘のつき方 .... 3000

## PM/飛ぶ教室
1996,2017
　　　足場の上のゴース
　　　ト ............. 0201 0202
1997 いま、ラジオがそう
　　　云った。 ............ 0585
1999 花見の駅で、二月に .. 4917
　　　水嶋さんのストライ
　　　キ ................... 6029
2000 舟唄。霧の中を行くた
　　　めの .................. 5424
2001 悲しい親分 ........... 1394
2002 前髪に虹がかかった .. 5837
2003 滝の茶屋のおじちゃん
　　　2003 ................. 3655
　　　春／嘘／恥 ........... 5035
2005 ゴースト・オブ・ア・
　　　チャンス ............. 2230
2008 きょうも恋唄 ......... 1785
　　　ながれまち ........... 4392
2009 会えないで帰った月
　　　夜 ................... 0058
2011 りんりんと、手ぶらで
　　　行く ................. 6788
2015 とりあえず、ボレロ .. 4299

## 光の領地
2008 うどん屋 ............. 0713
2014 ひなの砦 ............. 5204

## Pカンパニー
2008 ポンコツ車と五人の紳
　　　士／しあわせな男 ... 5809
2009 死んだ女 ............. 3169
2010 どうしてそんなにのろ
　　　いのか ............... 4149
　　　夏の砂の上 ........... 4429
　　　別役実vs阿藤智恵
　　　PARTⅢ バス停のあ
　　　る風景4編 ........... 5592
2011 岸田國士的なるものを
　　　めぐって〜3人の作家
　　　による新作短編集 ... 1657
　　　夢、ハムレットの〜陽
　　　炎篇 ................. 6472
2012 月の岬 ............... 3935
　　　雰囲気のある死体＆む
　　　りがとおれば ......... 5549
　　　別役実VS阿藤智恵 日
　　　替わり公演 ........... 5593

| 団体名索引 | | ひょう |

2013 とうめいなすいさいが
／鼎たたいて鳴るよ
しもがな ............ 4161
2014 猿飛佐助の憂鬱 .... 2585
シリーズ罪と罰〜沈
黙 ................... 3082
スパイものがたり .... 3316
2015 ジョバンニの父への旅
―「銀河鉄道の夜」
より ................ 3047
2016 虎よ、虎よ ........ 4291
2017 白い花を隠す〜シリー
ズ罪と罰 CASE3 .... 3098
2018 鎮魂歌（レクイエ
ム） ................ 6826

**B級遊撃隊**
1995 TOTOからの電話 .... 4240
1998 門番と黄色い天使 .... 6287
1999 大改訂版 KAN -
KAN男 ............. 3574
2000 満ち足りた散歩者 .... 6051
2001 アルケオプテリクスの
卵 .................. 0379
2003 消しゴム ........... 2029
2018 365 ................. 2649

**BQMAP**
2001 月感アンモナイト .... 2039

**ひげ太夫**
2007 雲丈郭 ............. 0774

**飛行船**
1985 不思議の国の白雪姫 .. 5367

**美醜**
2001 火計り〜四百年の肖
像 .................. 5223

**ピースビット**
2011 BOOK .............. 5416

**ピース・ユニット**
1996 ベンチ ............. 5637

**日高企画**
1984 眠っちゃいけない子守
歌 .................. 4653

**ビック・アップ・カンパニー**
1986 マイ・フォークス .... 5828

**羊団**
1998 Jericho .............. 0848
2000 水いらずの星 ........ 6020
2004 石なんか投げないで ... 0493

**一人という鳥**
2002 ふるふる一山頭火の
海 .................. 5518

**B.B.**
2001 森の精 ............. 6275

**ピープルシアター**
1993 地の、十字架たちよ .. 3840

花の下にて春死なん .. 4907
1994 地の風 ............. 3835
1994,1999
異人たちの辻 ... 0497 0498
1995,1998
幻影のムーランルー
ジュ ............ 2072 2073
1996 プラットホーム・炎の
秋 ................. 5471
1996,2000
阿詩瑪―愛と勇気の
ファンタジー .. 0203 0204
1997 プラットホーム・聖な
る冬 ............... 5468
1997,2004
猿の王国 ....... 2586 2587
1999 プラットホーム・嘆き
の春 ............... 5469
2000 りゅうりえんれん .... 6765
2001 琉歌・アンティゴ
ネー ............... 6755
2002 神々は、戯れせんとや
生まれけん ........ 1438
心、きれぎれの夢 .... 2213
2003 アヴァター 聖なる化
身 .................. 0051
プラットホーム・光の
夏 ................. 5470
2004 パンタグレーズ ..... 5099
2005 二人の柳 ........... 5411
2006,2011
砂のクロニク
ル ............. 3308 3309
2007 聖なる路地 ........ 3370
2008 一点の恥辱（はじ）な
きことを ........... 0535
狂気の路地 ........ 1765
2009 焼け焦げるたましい .. 6307
2010 バグダッドの兵士た
ち ................. 4766
悲哀の路地 ........ 5111
2012,2015
新宿・夏の渦 ... 3141 3142
2013 女のほむら ......... 1192
2014 嘆きのベイルート ... 4398
2015 金色の翼に乗りて ... 1825
2017 燃えあがる荒野 .... 6223
2018 燃えひろがる荒野 ... 6224

**秘宝壹番館**
1981 食卓秘法（てえぶるま
なあ）・溶ける魚 .... 3997

**秘法十番館**
1986 酔・待・草 ......... 6496

**秘法零番館**
1980 あの大鴉、さえも .... 0279
1984 食卓秘法（てえぶるま
なあ）2 いただき
まあす 別役さん .... 3998

恋愛日記 ........... 6846
1987 新・夜空の口紅 さんら
いず、さんせっと ... 3213
1988 ひまわり ........... 5229

**秘法七番館**
1985 あの大鴉、さえも .... 0280

**秘法4番館**
1983 かきに赤い花咲くいつ
かのあの家 ........ 1265

**ひまわり**
1995,2001
コルチャック先
生 ............. 2329 2330
1999 少年H ............. 3005
2000 ゲーム・オーバー ... 2062

**ひまわり大阪劇団員**
2016 生命の王 ........... 3376

**姫路市文化国際交流財団**
2018 二十世紀少年少女読
本 .................. 4521

**姫路市文化振興財団**
2008 映像都市2008 ....... 0788

**百年ハモニカ**
2000 アパートメントハウ
ス・ナンバー#04 .. 0294

**ピュアマリー**
2003,2007
HONK!（ホンク）みに
くいアヒルの
子 ............. 5807 5808
2005 マウストラップ ..... 5836
2006 ニューヨーク青春物語
〜アランとバディ .. 4576

**ヒューマンデザイン**
2010 シャボン玉とんだ宇宙
（ソラ）までとんだ .. 2848

**兵庫県劇団協議会**
2018 通天閣 ............. 3904

**兵庫県立芸術文化センター**
2010 令嬢ジュリー ....... 6814
2012 神戸 はばたきの坂 .. 2155
2016 冷蔵庫のうえの人生 . 6816
2016,2018
テロ ........... 4047 4048
2017 ダニーと紺碧の海 ... 3707
ペール・ギュント ... 5616

**兵庫県立ピッコロ劇団**
1994 海を山に ........... 0720
1995,1997
風の中の街 ..... 1346 1347
1996 心中天網島 ........ 3139
四人姉妹 ........... 6550

## ひょう

- 1996,1997
  - わたしの夢は舞う―會津八一博士の恋 ……… 7004 7005
- 1997 スパイものがたり ……… 3317
- 1997,1998
  - さらっていってよピーターパン ……… 2571 2572
- 1998 ホクロのある左足 ……… 5725
- 1999 大阪縦断20kmの旅 ……… 0943
  - 悪党（バラガキ） ……… 5014
  - 宵の春 ……… 6494
- 2000 おままごと ……… 1095
- 2001 夢幻家族 ……… 6122
- 2001,2005
  - 雨かしら ……… 0334 0335
- 2002 樅の木に短冊 ……… 6262
- 2006 KANADEHON 忠臣蔵 ……… 1398
  - 喜劇 ほらんばか／楽屋 ……… 1645
- 2007 場所と思い出 ……… 4804
  - ハムレット ……… 4993
- 2007,2009
  - モスラを待って ……… 6240 6241
- 2008 あの大鴉、さえも ……… 0281
  - 一軒の家・一本の樹・一人の息子 ……… 0530
  - 十二夜 ……… 2936
- 2009 あの森には行ってはならない ……… 0289
  - うそつき、大好き、かぐや姫 ……… 0680
  - ノット アバウト ナイチンゲール ……… 4693
  - 門 若き日の近松 ……… 6290
- 2010 真田風雲録 ……… 2521
  - 花のもとにて春死なむ ……… 4912
- 2011 天保十二年のシェイクスピア ……… 4108
  - 蛍の光 ……… 5746
- 2012 エレノア ……… 0869
  - 劇場版 日本三文オペラ ……… 2017
  - 扉を開けて、ミスター・グリーン ……… 4251
  - 博多小女郎波枕 ……… 4746
- 2013 泡 ……… 0411
  - 不条理・四谷怪談 ……… 5376
  - 間違いの喜劇―現夢也双子戯劇 ……… 5910
  - 私のかわいそうなマラート／寿歌 ……… 6997
- 2015 東男迷都路 ……… 0209
  - マクベス ……… 5837
- 2016 オズのオジさんやーい ……… 0999
  - かっちゃんミミちゃんおはなしBOX ……… 1381
  - 砂壁の部屋 ……… 3299
  - メトミミトヤミ ……… 6196
- 2017 赤ずきんちゃんの森の狼たちのクリスマス ……… 0124
  - 歌うシャイロック ……… 0682
  - かさぶた式部考 ……… 1302
  - 長い墓標の列 ……… 4378
  - 西海渡花香 ……… 4524
- 2018 umami ……… 0717
  - 蒲団と達磨 ……… 5423
  - マルーンの長いみち～小林一三物語 ……… 5990

### ひょうご舞台芸術

- 1993 クックドゥードゥルドゥー ……… 1900
- 1994 オイディプス王 ……… 0902
  - かもめ ……… 1493
  - 庭を持たない女たち ……… 4582
- 1995 GHETTO 1943年ビルナゲット―劇場の最後の公演 ……… 2057
- 1996 おやすみデズデモーナ おはようジュリエット ……… 1114
  - シャドー・ランズ―ジョイ、みんな影にすぎないのだから ……… 2836
- 1997 バッファローの月 ……… 4863
- 1998 エヴァ、帰りのない旅 キンダー・トランスポート ……… 0793
  - 陽ざかりの女たち～FALLING FROM GRACE ……… 5153
  - メッカへの道 ……… 6189
- 1999 おばかさんの夕食会 ……… 1063
  - ダブル・アクト ……… 3721
- 2000 二十世紀 ……… 4520
  - 水の記憶 ……… 6040
- 2001 プルーフ／証明 ……… 5517
- 2002 ジェイプス―記憶の棲む家 ……… 2688
  - ロンサム・ウエスト 神の忘れたまいし土地 ……… 6940
- 2003 扉を開けて、ミスター・グリーン ……… 4252
  - ニュルンベルク裁判 ……… 4578
- 2004 曲がり角の向こうは ……… 5842
- 2005 芝居―朱鷺雄の城 ……… 2786
- 2006 獅子を飼う ……… 2730
  - シラノ・ド・ベルジュラック ……… 3077

- ブルックリン・ボーイ ……… 5509

### 平石耕一事務所
- 2018 戦争と日本人 ……… 3437

### 平田オリザ＋石黒浩研究室
- 2010 森の奥 ロボット版 ……… 6274

### ビル・ケンライトカンパニー
- 2007 The Last Laugh ……… 2564

### 弘前劇場
- 1995,1997,2004
  - 家には高い木があった ……… 0462～0464
- 1996 五月の光線 ……… 2178
- 1997 休憩室 ……… 1743
- 2000 冬の入口 ……… 5433
  - 三日月堂書店 ……… 6013
- 2002 月の二階の下 ……… 3926
- 2003 あの川に遠い窓 ……… 0283
  - 今日もいい天気 ……… 1784
- 2004 賢治幻想 電信柱の歌 ……… 2085
- 2005 FRAGMENT「F.+2」……… 5459

### 広島の女上演委員会
- 1984,2002
  - 広島の女 ……… 5294 5295
- 1997 8月6日広島デー1997 ……… 4838
- 1998 汽車 ……… 1659
- 1999 ヒロシマ・ガールズ ……… 5292
- 2000 もうレクイエムは歌わない ……… 6222
- 2001 ヒロシマのピーターパン・デスティニー ……… 5296
- 2002 星よ降れ震える世界よ ……… 5740
- 2003 白い蝶々／ミモザ／木蓮 ……… 3095
  - 姉さんの英雄ポロネーズがききたい ……… 4621

### 品行方正児童会
- 1988 Sentimental Amourette ……… 3443
- 1990 クロウニィ ……… 1994

### ヒンドゥー五千回
- 2001 あの大鴉、さえも ……… 0282
- 2005 ハメツノニワ ……… 5010
- 2018 空観 ……… 1861

## 【ふ】

**ファザーズ・プロデュース**
1991 スターマン 2チャンネルのすべて ……… 3273

**Vカンパニー**
1993 鮮やかな朝 ………… 0173

**フィリップ・ジャンティ・カンパニー**
1996 動かぬ旅人 ………… 0667
2000 密航者 STOWAWAYS ……… 6056

**風琴工房**
2004,2012 記憶、或いは辺境 ………… 1622 1623
2005 機械と音楽 ………… 1632
2013 国語の時間 ………… 2188

**フェスティバル/トーキョー実行委員会**
2009 ユートピア？ ………… 6432
　　　 4.48サイコシス ………… 6592
2015 God Bless Baseball ‥ 2242

**プエルタ・デル・ソル**
1991 J・ギャグニー ……… 2689
1992 アイ・ガット・ママン ……………… 0014

**フォーリーズ**
1989 ガラクータの禁歌隊 ‥ 1510

**フォルクスビューネ**
2005 終着駅アメリカ ……… 2904

**深津篤史企画**
2000 床の新聞 ……………… 6415
2001 百舌鳥夕雲町歌声喫茶／湾岸線浜浦駅高架下4：00AM（土・日除ク）………… 6239

**吹きだまり**
1998 オレンジ色の夢 ……… 1147

**福岡県民創作劇場**
2001 かもめ ………… 1494
　　　 ハムレット ………… 4994
　　　 四谷怪談 ………… 6543

**伏兵コード**
2013 木苺と岩礁 ………… 6085
2014 留鳥の根 ………… 6761
2015 遠浅 ………… 4175
　　　 我が行路 ………… 6949

**釜山市立劇団**
2006 くじら島 ………… 1878

**フジテレビ**
1996 グッバイ・ガール ……… 1908
2003 エレクトラ ……………… 0861
2007 殺人者 ………… 2498

**舞台芸術学院**
2011 月にぬれた手 ……… 3917

**ぶてば企画**
1989 KUMAGUSU ……… 1919

**ぶどう座**
1988 現代民話考／おばあさんと酒と役人と／劇版うたよみざる …… 2099

**船の階**
1999 海に送った灯 ……… 0731

**プラチナ・ペーパーズ**
1994 櫻の園 ………… 2447
1998 水の味 ………… 6034

**プラハ・ブラックライト・シアター**
1995 ふしぎの国のアリス ‥ 5365

**フラワーズ・カンパニー**
1992 カラマーゾフの兄弟 僕たちは、まもなくお別れです ……… 1543
1994 カラマーゾフの兄弟 あの人に伝えて、私はここにいる ………… 1542
　　　 ゴドーを待ちながらプラス〇 ………… 2259

**フランス演劇クレアシオン**
2001 デジレ ………… 4011
2004 アニェス・ベラドンヌ ………… 0270
2009 砂の病 ………… 3311
2011,2012 天国への二枚の切符 ………… 4063 4064
2014 Vol 2037 フライトNo. 2037 ………… 7072
2015 私は太田、広島の川一朝は、夜の闇に包まれた ………… 7009

**Plant M**
2016 君ヲ泣ク ………… 1703
2017 凛然グッド・バイ ……… 6786
2018 blue film ………… 5514

**ブリキの自発団**
1982 卵のふる街 ………… 3727
1983 卵の楽園 ………… 3728
1984 ナンシー・トマトの三つの聖痕 ………… 4495
1985 小さな大國 ………… 3784
1986 かくも長き快楽 ………… 1277
1986,1987 夜の子供 ……… 6573 6574

1987 眠りの王たち ………… 4658
　　　 柔らかい肌 ………… 6376
1988 ケサラン／パサラン ‥ 2027
1989 椅子の下に眠れるひとは ………… 0502
1990 夜の子供2／やさしいおじさん ………… 6576
1992 改定版 夜の子供2 コカコーラ殺人事件 … 1230
1994 キケキケ、犬ノ声 ……… 1640
1999 20世紀ノスタルジア ホギウタ ………… 4522

**フリーク・ランド**
2002 かしかしら ………… 1307

**ブリティッシュカウンシル**
1997 コリオレーナス ……… 2321

**fullsize**
2016 微熱ガーデン ………… 5207

**ふるさときゃらばん**
1989 ムラは3・3・7拍子 … 6153
1999 噂のファミリー―1億円の花婿 ………… 0771

**フールズキャップ**
1998 紙のライオン ………… 1447

**ブルックリン・アカデミー・オブ・ミュージック**
1989 桜の園 ………… 2440

**BLISS企画**
2015 花いちもんめ ………… 4885

**プロジェクトOIE**
1998 ハーベイ ………… 4957
1999 ミッドサマーナイトドリーム ………… 6061

**プロジェクト介山60**
2003 KAIZAN 魔剣の誕生 ………… 1207

**Project Natter**
2010 わが友ヒットラー …… 6958

**プロジェクト・ナビ**
1986 想稿・銀河鉄道の夜 ‥ 3463
1987 DUCK SOAP ……… 3687
1988 雪をわたって ………… 6416
1989 エリゼのために 麗しき懐かしき君の名はエリゼ ………… 0855
　　　 PICK POCKET―あの人の十九の春 ……… 5180
1990 屋上のひと ………… 0980
　　　 寿歌 ………… 5694
1991 こんな梅をみた ……… 2360
　　　 こんな宿屋 ………… 2363
　　　 私はミチル―Her Reasons ………… 7013
1995 けんじの大じけん …… 2086

ふろし　　　　　　　　　団体名索引

2001 処女水 ................ 3035
**PROJECT真夏の太陽ガールズ**
　2017 キラメキ～私はトビウ
　　　　オ、あなたは太陽 ... 1798
**Production 坂手塚**
　1997 男の一生 .............. 1041
**プロツーカンパニー**
　1993 あざみの蜜 ............ 0172
　1996 三好家の引っ越し ...... 6099
　2005 もうひとつのグラウン
　　　　ド・ゼロ .............. 6218
**プロデュース567**
　1996 五軒町商店街寄合会 .. 2198
**プロトテアトル**
　2018 どこよりも遠く、どこ
　　　　でもあった場所。あ
　　　　るいは、どこよりも
　　　　近く、なにもない。.. 4217
**プロペラ**
　2009 夏の夜の夢 ............ 4448
**プロメテ**
　1986 宮城野 ................ 6087
**文学座**
　1979 丸山蘭水楼の遊女た
　　　　ち ................... 5989
　1980 赤色エレジー .......... 0111
　　　　雁の寺 ................ 1551
　　　　結婚披露宴―ドストエ
　　　　　フスキーによる ...... 2052
　　　　復讐するは我にあり .. 5358
　　　　乱―かな女覚え書 ... 6675
　　　　ワーニャ伯父さん ...... 7036
　1980,1986
　　　　欲望という名の電
　　　　　車 ............. 6516 6517
　1981 新釈・金色夜叉 ........ 3132
　　　　ハムレット ............ 4995
　　　　ハロルドとモード ...... 5082
　　　　肥前風土記 ............ 5163
　1981,2012
　　　　三人姉妹 ......... 2639 2640
　1982 おりき ................ 1119
　　　　かくて新年は ......... 1273
　　　　桜の園 ................ 2441
　　　　沢氏の二人娘 .......... 2593
　　　　ショート・アイズ ...... 3044
　　　　新編・吾輩は猫であ
　　　　　る ................... 3202
　　　　黄昏のメルヘン ........ 3677
　　　　螢 .................... 5743
　　　　ル・トルアデック教授
　　　　の華麗なる黄昏 ...... 6797
　1983 横濱物語 .............. 6526
　1983,1989,1996,2010,2015
　　　　女の一生 ...... 1186～1190

1983,2006
　　　シラノ・ド・ベルジュ
　　　　ラック ........... 3076 3077
1984 衣裳 .................... 0494
　　　ジェルソミーナ ........ 2699
　　　十年目の密会 .......... 2940
　　　続・二号 騒がしいウェ
　　　　ディングマーチ ...... 3483
　　　近松女敵討 ............ 3804
　　　マリウス .............. 5984
1984,1987
　　　弥太五郎源七 .... 6322 6323
1985 天使たちが街をゆく .. 4071
1985,1994
　　　ウェストサイドワル
　　　　ツ ............. 0634 0635
1986 ニコライの鐘―大津事
　　　件の顛末 ............ 4516
　　　リアルシング .......... 6701
1986,1988
　　　夢夢しい女た
　　　　ち ............. 6475 6476
1986,1995,1998
　　　怪談 牡丹燈
　　　　籠 ........... 1222～1224
1987 愛と偶然の戯れ ........ 0029
　　　アガタ ................ 0128
　　　かもめ ................ 1495
　　　歳月 .................. 2381
　　　ジョバンニの父への旅
　　　　―「銀河鉄道の夜」
　　　　より ................ 3048
　　　ふりだした雪 .......... 5489
　　　遊女夕霧 .............. 6386
1987,1996,1998
　　　華岡青洲の妻 .. 4888～4890
1988 好色一代女・西鶴今
　　　　昔 .................. 2147
1988,2009
　　　グレンギャリー・グレ
　　　　ン・ロス ...... 1981 1982
1989 青ひげと最後の花嫁 .. 0095
　　　宵庚申思いの短夜 .... 6493
1990 似顔絵のひと .......... 4509
　　　山猫からの手紙 イー
　　　　ハトーボ伝説 ........ 6348
1991 彫刻のある風景・新宿
　　　角筈 ................ 3868
　　　桃花春＝戦の中の青
　　　　春 .................. 4124
　　　猫ふんぢゃった ........ 4631
1991,1993
　　　息子です こんにち
　　　　は ............. 6134 6135
1992 アナザータイム ........ 0253
　　　傾く時のなかで―アリ
　　　　ストクラツ（名門）. 1369
　　　御意にまかす .......... 1760
　　　その先は知らず ........ 3519

1993 恋と仮面のカーニバ
　　　　ル .................. 2124
　　　舞台（しばい）・愛しす
　　　　ぎる人たちよ一智恵
　　　　子と光太郎と ........ 2785
　　　花の氷室 .............. 4910
　　　フエンテ・オベフー
　　　　ナ .................. 5346
　　　夜のキャンヴァス ...... 6571
1994 背信の日々 ............ 4720
　　　日暮れて、二楽章のセ
　　　　レナーデ ............ 5146
　　　ふるあめりかに袖はぬ
　　　　らさじ .............. 5495
1994,2017
　　　鼻 ............. 4882 4883
1995 愛の森―清盛をめぐる
　　　　女人たち ............ 0041
　　　噂のチャーリー ........ 0770
　　　絹布の法被 ............ 2104
1995,2002
　　　野分立つ ...... 4708 4709
1996 シンガー .............. 3113
　　　特ダネ狂騒曲 .......... 4204
　　　華々しき一族 .......... 4914
1997 あ?!それが問題だ .. 0213
　　　河をゆく .............. 1576
　　　寒花 .................. 1584
　　　柘榴のある家―二人佐
　　　　岐明治之新考 ........ 2469
　　　人生と呼べる人生 .... 3159
　　　盛装 .................. 3366
1998 牛乳屋テヴィエ物語 .. 1751
　　　THE BOYS―ストー
　　　　ンヘンジアパートの
　　　　隣人たち ............ 2533
　　　ジンジャーブレッド・
　　　　レディー ............ 3134
1999 家路 .................. 0456
　　　北の阿修羅は生きてい
　　　　るか ................ 1673
　　　翔べない金糸雀（カナ
　　　　リア）の唄 .......... 4256
　　　夢の島イニシュマー
　　　　ン .................. 6464
2000 缶詰 .................. 1600
　　　最後の晩餐 ............ 2387
　　　デンティスト―愛の隠
　　　　れんぼ .............. 4089
　　　峠の雲 ................ 4145
2001 秋の螢 ................ 0138
　　　阿蘭陀影繪 ............ 1117
　　　崩れた石垣、のぼる鮭
　　　　たち ................ 1886
2001,2004
　　　モンテ・クリスト
　　　　伯 ............. 6284 6285

| 2001,2011 | 思い出のブライトン・ビーチ ……… 1107 1108 |
|---|---|
| 2002 | アラビアン・ナイト ‥ 0361 |
| | 大寺學校 ………………… 0950 |
| | 顔／音の世界／女人渇仰 ……………………… 1250 |
| | 月夜の道化師 ………… 3938 |
| | 人が恋しい西の窓 …… 5189 |
| 2003 | ドン・ジュアン ……… 4344 |
| | リチャード三世 ……… 6723 |
| | 龍の伝説 ……………… 6763 |
| 2004 | 風の中の蝶たち ……… 1345 |
| | 眠り姫 ………………… 4662 |
| | パレードを待ちながら ……………………… 5071 |
| | 踏台 …………………… 5428 |
| 2005 | 赤い月 ………………… 0107 |
| | 風をつむぐ少年 ……… 1328 |
| | 最果ての地より さらに遠く ……………… 2399 |
| | 毒の香り〜浅草オペラ物語 ………………… 4205 |
| 2006 | 卵 ……………………… 3726 |
| | チェンジングルーム‥ 3799 |
| | 湖のまるい星 ………… 6025 |
| | ゆれる車の音 ………… 6485 |
| 2007 | 殿様と私 ……………… 4245 |
| | 初雷 …………………… 4865 |
| | 若草物語 ……………… 6948 |
| 2008 | 風のつめたき櫻かな ‥ 1343 |
| | 口紅—Rouge ………… 1898 |
| | トムは真夜中の庭で ‥ 4259 |
| | 長崎ぶらぶら節 ……… 4380 |
| 2009 | かぐや姫 ……………… 1282 |
| | 定年ゴジラ …………… 3988 |
| | 花咲くチェリー ……… 4892 |
| 2010 | くにこ ………………… 1909 |
| | 麦の穂の揺れる穂先に ……………………… 6121 |
| 2011 | 美しきものの伝説 …… 0708 |
| | 岸田國士短編集「明日は天気」「驟雨」「秘密の代償」…………… 1656 |
| | メモリーズ—Tゥイリアムズ一幕劇 ……… 6206 |
| | 連結の子 ……………… 6850 |
| 2012 | エゲリア ……………… 0803 |
| | タネも仕掛けも ……… 3714 |
| 2013 | 大空の虹を見ると私の心は踊る …………… 0948 |
| | ガリレイの生涯 ……… 1558 |
| | セールスマンの死 …… 3412 |
| 2014 | お気に召すまま／尺には尺を ……………… 0976 |
| | 夏の盛りの蟬のように ……………………… 4426 |
| 2015 | 再びこの地を踏まず異説野口英世物語 ‥ 5389 |
| | 明治の柩 ……………… 6170 |
| 2016 | 越前竹人形 …………… 0821 |
| | 何かいけないことをしましたでしょうか? という私たちのハナシ ……………………… 4471 |
| | 野鴨 …………………… 4682 |
| | 春疾風 ………………… 5061 |
| 2017 | 食いしん坊万歳!〜正岡子規青春狂詩曲 ‥ 1858 |
| | 中橋公舘 ……………… 4390 |
| 2018 | この道はいつか来た道 ……………………… 2287 |
| | 真実 …………………… 3130 |

**文学座アトリエの会**

| 1980 | 審判 …………………… 3189 |
|---|---|
| 1981 | 一九八一・嫉妬 ……… 3424 |
| 1983 | G.R.ポイント ………… 2670 |
| 1984 | クリスタルクリアー ‥ 1956 |
| 1985 | 事ありげな夏の夕暮 ‥ 2244 |
| 1986 | さらだ殺人事件 ……… 2567 |
| | 心中・近松の夏 ……… 3136 |
| | リア …………………… 6680 |
| 1987 | あるポーランド神父の死 ……………………… 0402 |
| | THE MERCHANT—商人 ………………… 2536 |
| | パスポート …………… 4814 |
| 1988 | 雨の運動会 …………… 0337 |
| | ももからうまれたももたろう ……………… 6264 |
| 1990 | THE GREEKS ……… 2465 |
| 1992 | フェードル …………… 5343 |
| 1993 | 窓から外を見ている ‥ 5932 |
| 1994 | シンガー ……………… 3114 |
| 1995 | THE BOYS—ストーンヘンジアパートの隣人たち …………… 2534 |
| | 雛 ……………………… 5202 |
| | メモランダム ………… 6205 |
| 1996 | 思い出せない夢のいくつか／水面鏡 …… 1101 |
| | 髪をかきあげる ……… 1430 |
| | モーリー・スウィニー …………………… 6271 |
| 1997 | 金襴緞子の帯しめながら ……………………… 1857 |
| | 月がとっても蒼いから ……………………… 3910 |
| 1998 | 幽れ窓(かくれまど) ……………………… 1283 |
| | クロイツェル・ソナタ ……………………… 1988 |
| | みみず ………………… 6084 |
| 1999 | 王様は白く思想する ‥ 0916 |
| | 花のかたち …………… 4903 |
| | 冬のひまわり ………… 5439 |
| 2000 | エレファント・マン ‥ 0873 |
| | 心破れて ……………… 2217 |
| | ザ・ウィアー(堰) ‥ 2404 |
| | マイ・シスター・インディス・ハウス …… 5821 |
| 2001 | 牛蛙 …………………… 0669 |
| | 柘榴変 ………………… 2470 |
| | ペンテコスト ………… 5640 |
| 2002 | オナー ………………… 1056 |
| | 退屈な時間／ベンゲット道路 ……………… 3581 |
| | 沈黙と光 ……………… 3893 |
| | ロベルト・ズッコ …… 6901 |
| 2003 | Just Business—商談 …………………… 2827 |
| | バラード ……………… 5022 |
| | ホームバディ/カブール ……………………… 5791 |
| 2004 | THE CRISIS—ザ・クライシス—〈危機の十三日間—あとちょっとで世界は滅んだ〉 ……………… 2420 |
| | 中二階な人々 ………… 3862 |
| | テラ・ノヴァ ………… 4037 |
| 2005 | アルバートを探せ …… 0393 |
| | ぬけがら ……………… 4614 |
| | 焼けた花園 …………… 6310 |
| 2006 | AWAKE AND SING! ………………… 0052 |
| | エスペラント—教師たちの修学旅行の夜 ‥ 0815 |
| | オトコおとこ ………… 1039 |
| 2007 | かどで／華々しき一族 ……………………… 1392 |
| | 数字で書かれた物語／犬が西むきゃ尾は東 ……………………… 3240 |
| 2008 | ダウト—疑いをめぐる寓話 ………………… 3641 |
| | 日陰者に照る月 ……… 5123 |
| | ミセス・サヴェッジ ‥ 6046 |
| 2009 | 崩れたバランス ……… 1887 |
| | 結婚 …………………… 2049 |
| | 犀 ……………………… 2377 |
| 2010 | カラムとセフィーの物語 ……………………… 1544 |
| | ダーウィンの城 ……… 3640 |
| | トロイの女たち ……… 4328 |
| 2011 | にもかかわらず、ドン・キホーテ ……… 4573 |
| | 山羊…それって…もしかして…シルビア? ‥ 6293 |
| 2012 | 海の眼鏡 ……………… 0745 |
| | 父帰る／おふくろ …… 3821 |

ふんか　　　　　　　　団体名索引

 NASZA KLASA（ナシャ・クラサ）私たちは共に学んだ―歴史の授業・全14課‥‥4400
2013　十字軍‥‥‥‥‥‥2901
 熱帯のアンナ‥‥‥‥4644
 未来を忘れる‥‥‥‥6104
2014　信じる機械‥‥‥‥3154
 終の楽園‥‥‥‥‥‥3903
2015　あの子はだあれ、だれでしょね‥‥‥‥‥0285
 20000ページ‥‥‥‥4572
 白鯨‥‥‥‥‥‥‥‥4758
 リア王‥‥‥‥‥‥‥6693
2016　青鬼‥‥‥‥‥‥‥5647
2017　青べか物語‥‥‥‥0096
 冒した者‥‥‥‥‥‥0957
2018　かのような私―或いは斎藤平の一生‥‥‥1410
 最後の炎‥‥‥‥‥‥2390

**文化座**
1979　女と刀‥‥‥‥‥‥1185
1980　あめゆきさんの歌‥0343
1981　塩祝申そう 蒼き海よりの旅立ち‥‥‥‥2704
 啄木の妻‥‥‥‥‥‥3658
1982　越後つついし親不知‥0819
1983　石と哭け‥‥‥‥‥0496
 流氷の海に女工節がきこえる‥‥‥‥‥‥6764
1983,1987,1996,1998
 おりき‥‥‥‥1120〜1123
1984　ペチカ物語 二幕八場のコメディ・ルボーク‥‥‥‥‥‥‥‥5345
 祭りばやしは聞こえない‥‥‥‥‥‥‥‥5926
1984,1987
 海の一座‥‥‥‥0733 0734
1985　五番町夕霧楼‥‥‥2291
1986　啄木伝‥‥‥‥‥‥3657
1987,1989,2016
 びっくり箱‥‥‥5183〜5185
1988　斬られの仙太‥‥‥1807
1989　あかきくちびるあせぬまに‥‥‥‥‥‥0115
 花売り‥‥‥‥‥‥‥4886
1990　その人を知らず‥‥3530
1990,2018
 反応工程‥‥‥‥5105 5106
1993,1995
 青春デンデケデケデケ‥‥‥‥‥‥3358 3359
1994　サンダカン八番娼館底辺女性史序章‥‥2610
 夢の碑―私説・田中一村伝‥‥‥‥‥‥6470

1995　ほにほに、おなご医者‥‥‥‥‥‥‥‥5775
1996　青春‥‥‥‥‥‥‥3356
1997　瞽女さ、きてくんな‥‥‥‥‥‥‥‥2232
1997,2001
 いろはに金米糖‥‥‥‥‥0603 0604
1998　思い出してよ!‥‥1099
1999　パートナー‥‥‥‥4876
2000　遠い花―汝が名はビーチ・ブロッサム‥‥4177
 春という黄昏、秋というトスカ‥‥‥‥5048
2001,2018
 夢たち‥‥‥‥6446 6447
2005　二人の老女の伝説‥5412
2006　鈴が通る‥‥‥‥‥3265
 冬華―演劇と青春‥‥5431
2007,2012
 眼のある風景―夢しぐれ東長崎バイフー寮‥‥‥‥‥‥6201 6202
2008　月の真昼間‥‥‥‥3931
2009　こんにちは、おばあちゃん‥‥‥‥‥2364
2010　王子の狐かぎをくはえて‥‥‥‥‥‥0917
 大つごもり‥‥‥‥‥0949
 銀の滴 降る降る まわりに―首里1945‥‥1853
2011　散骨ビルの庭‥‥‥1206
2012　貘さんがゆく‥‥‥4760
2014　近未来能 天鼓‥‥1856
 少年と白い馬‥‥‥‥3009
 旅立つ家族‥‥‥‥‥3718
2015　廃墟‥‥‥‥‥‥‥4714
 幽霊さん‥‥‥‥‥‥6407
2017　しゃぼん玉‥‥‥‥2846
 命どう宝‥‥‥‥‥‥4616

**Bunkamura**
1989　歌劇ホフマン物語‥‥1286
 ティンゲルタンゲル‥3996
1991　ル・バル‥‥‥‥‥6801
1993　恋人たちの短い夜‥2134
 プリキノマチノ夏の夜の夢‥‥‥‥‥‥5483
1993,2003
 ハムレット‥‥‥4996 4997
1994　NEVER SAY DREAM‥‥‥‥‥‥4650
1995　阿呆劇・フィガロの結婚‥‥‥‥‥‥‥0311
 HIROSHIMA―太田川七つの流れ‥‥5291
1996　零れる果実‥‥‥‥2297
1997　トゥーランドット姫‥4169

1998 Zenmai 金色の草原に立つ時限爆弾を持った少年‥‥‥‥‥3454
 ロミオ&ジュリエット‥‥‥‥‥‥‥‥6910
 ワーニャ伯父さん‥‥7037
1999　阿呆劇 ファルスタッフ‥‥‥‥‥‥‥‥0310
 かもめ‥‥‥‥‥‥‥1496
 夏の夜の夢‥‥‥‥‥4449
 パンドラの鐘‥‥‥‥5101
2000　ヴォヤージュ‥‥‥0660
 グリークス―10本のギリシャ劇によるひとつの物語‥‥‥‥1953
2000,2005
 キレイ 神様と待ち合わせした女‥‥1817 1818
2000,2013
 唐版・滝の白糸‥‥‥‥‥1534 1535
2001　三人姉妹‥‥‥‥‥2641
 真情あふるる軽薄さ2001‥‥‥‥‥‥3152
 四谷怪談‥‥‥‥‥‥6544
2001,2009
 三文オペラ‥‥‥2663 2664
2002　オイディプス王‥‥0903
 ゴドーを待ちながら‥2257
 欲望という名の電車‥6518
2003　エレクトラ‥‥‥‥0861
 桜の園‥‥‥‥‥‥‥2442
 ニンゲン御破産‥‥‥4605
2004　赤鬼‥‥‥‥‥‥‥0113
 カメレオンズ・リップ‥‥‥‥‥‥‥‥1465
 シブヤから遠く離れて‥‥‥‥‥‥‥‥2798
 ディファイルド‥‥‥3989
2005　KITCHEN‥‥‥‥1679
 天保十二年のシェイクスピア‥‥‥‥‥4109
 幻に心もそぞろ狂おしのわれら将門‥‥5964
 メディア‥‥‥‥‥‥6193
2006　あわれ彼女は娼婦‥0416
 緒形拳ひとり舞台『白野―シラノ』‥‥‥0960
 タンゴ・冬の終わりに‥‥‥‥‥‥‥‥3766
 白夜の女騎士（ワルキューレ）‥‥‥‥5252
 労働者M‥‥‥‥‥‥6863
2007　演じる女たち〈3部作〉―ギリシャ悲劇からの断章‥‥‥‥0890
 カリギュラ‥‥‥‥‥1547
 ドラクル‥‥‥‥‥‥4279
 橋を渡ったら泣け‥‥4791

|  |  |  |  |  |  |
|---|---|---|---|---|---|
|  | ひばり ………………… 5226 |  | プレイヤー ………… 5523 | ベルリナー・アンサンブル |  |
|  | 藪原検校 ……………… 6339 | 2018 | 切られの与三 …… 1808 | 2002 | リチャード2世 …… 6729 |
| 2008 | 表裏源内蛙合戦 …… 1109 |  | そして僕は途方に暮れ | 2005 | アルトゥロ・ウイの興 |
|  | 女教師は二度抱かれ |  | る ………………… 3507 |  | 隆 ………………… 0389 |
|  | た ………………… 1170 |  | ニンゲン御破算 … 4606 | ベルリン・ルネッサンス劇場 |  |
|  | 恋する妊婦 …………… 2118 | Bunkamura〔大規模修繕劇団〕 |  | 2001 | マレーネ …………… 5993 |
|  | さらば、わが愛 覇王 | 2011 | 血の婚礼 …………… 3839 | ペンギンプルペイルパイルズ |  |
|  | 別姫 ……………… 2581 | 文芸座 |  | 2004 | スマイル・ザ・スマッ |
|  | 道元の冒険 …………… 4146 | 1998 | 夜の来訪者 ………… 6583 |  | シャー …………… 3331 |
|  | どん底 ………………… 4358 | 文芸坐ル・ピリエ |  | 2005 | 機械 ………………… 1630 |
|  | わが魂は輝く水なり |  1980 | 宇宙ælégance … 0693 | ベンジャミン企画 |  |
|  | 源平北越流誌 …… 6953 |  | NG/OK ……………… 0835 | 1989 | ローマを見た 天正の |
| 2009 | 雨の夏、三十人のジュ |  | 雫 …………………… 2746 |  | 少年使節ものがた |
|  | リエットが還ってき | 1981 | いやな話 …………… 0591 |  | り ………………… 6904 |
|  | た ………………… 0340 | 1988 | フォルスタッフ—華麗 |  |  |
|  | 音楽劇 三文オペラ … 1156 |  | なる無頼 ………… 5354 |  |  |
|  | コースト・オブ・ユー |  |  |  | 【ほ】 |
|  | トピア～ユートピア |  |  |  |  |
|  | の岸へ …………… 2231 |  | 【へ】 | ポイント東京 |  |
|  | 桜姫 …………………… 2458 |  |  | 1996 | 帝國こころの妻 …… 3985 |
|  | 十二人の怒れる男 … 2914 | 平成元年 |  | 1997 | 常陸坊海尊 みちのく |
|  | 東京月光魔曲 ………… 4129 | 1994 | 教祖リチャード …… 1774 |  | の伝説 …………… 5168 |
| 2010 | 上海バンスキング … 2878 | 北京人民芸術院 |  | 2000 | そして誰もいなくなっ |
|  | タンゴ ………………… 3763 | 1983 | 茶館 ………………… 3848 |  | た ………………… 3503 |
|  | 血は立ったまま眠って | 2006 | 雷雨 ………………… 6593 | 2003 | 山ほととぎすほしいま |
|  | いる ……………… 3887 | Vegetable Actors Theater |  |  | ま ………………… 6359 |
|  | 黴菌 …………………… 4715 | 1983 | シルバーロード …… 3088 | 2004 | 新・近松心中物語 … 3170 |
|  | ファウストの悲劇 … 5313 | BeSeTo演劇祭実行委員会 |  | 冒険団 |  |
| 2011 | あゝ、荒野 …………… 0005 | 1995 | 水の駅—2 ………… 6036 | 1988 | スピリット ………… 3322 |
|  | サド侯爵夫人／わが友 | PETA |  | 冒険物語 |  |
|  | ヒットラー ……… 2516 | 1997 | 喜劇 ロミオとジュリ | 1989 | 朝に別れのギムレット |
|  | 十二夜 ………………… 2937 |  | エット …………… 1646 |  | を ………………… 0165 |
|  | たいこどんどん ……… 3588 | ペターポーツ |  | 北篠純プロデュース |  |
| 2012 | 祈りと怪物 ～ウイル | 1998 | GREAT ZEBRA IN | 1995 | 崑崙山の人々 ……… 2374 |
|  | ヴィルの三姉妹～ |  | THE DARK'98 …… 1979 | 1997 | 城館（しろ）／冬眠ま |
|  | KERAバージョン … 0566 | HEADS |  |  | んざい …………… 3103 |
|  | 下谷万年町物語 …… 2754 | 2017 | を待ちながら ……… 1094 | 鳳人話プロジェクト |  |
| 2013 | 祈りと怪物 ～ウイル | 別嬪倶楽部 |  | 2007 | 鳳人話～ひのとりひと |
|  | ヴィルの三姉妹～蜷 | 1997 | HOTEL BLUE |  | のはなし ………… 5676 |
|  | 川バージョン …… 0567 |  | BEE ……………… 5769 | 方の会 |  |
|  | マクベス ……………… 5868 | HEP HALL |  | 2003 | 過ぎし日々—女優志賀 |
|  | 盲導犬 ………………… 6217 | 2004 | ハムレット ………… 4998 |  | 暁子のこと ……… 3249 |
| 2014 | 皆既食 ………………… 1202 | ベトナムからの笑い声 |  | 2017 | 高橋お伝—毒婦になっ |
|  | ジュリエット通り …… 2969 | 2008 | ベトナムイサン …… 5596 |  | た女 ……………… 3647 |
|  | 太陽2068 ……………… 3636 | ベトナム青年劇場 |  | ぼうふら座 |  |
|  | 冬眠する熊に添い寝し | 2016 | 野鴨中毒 …………… 4683 | 2001 | 戀の病 ……………… 2131 |
|  | てごらん ………… 4160 | ベル・シェイクスピア・カン |  | 朋友 |  |
|  | もっと泣いてよフラッ | パニー |  | 1995 | 幸福 ………………… 2153 |
|  | パー ……………… 6248 | 2000 | 死の舞踏 …………… 2783 | 1996 | チロリンマンの逆 |
| 2015 | 青い瞳 ………………… 0070 | ペルソナ |  |  | 襲! ……………… 3884 |
|  | 禁断の裸体 …………… 1846 | 2008 | お医者さん万歳! …… 0897 | 1998 | Later Life ………… 6817 |
|  | 地獄のオルフェウス … 2721 |  |  | 2001 | 一九一七年の三人姉 |
| 2016 | 元禄港歌—千年の恋の |  |  |  | 妹 ………………… 3423 |
|  | 森 ………………… 2113 |  |  |  |  |
|  | るつぼ ………………… 6793 |  |  |  |  |
| 2017 | 陥没 …………………… 1611 |  |  |  |  |
|  | 危険な関係 …………… 1649 |  |  |  |  |
|  | 24番地の桜の園 …… 4532 |  |  |  |  |

**BOYAKIの会**
- 1995 KVETCH（ぼやき） ‥ 1860

**ボリショイドラマ劇場**
- 1983 ある馬の物語 ……… 0374
- 　　 検察官 ……………… 2079

**ホリプロ**
- 1989 12ヶ月のニーナ ……… 2909
- 1989,1991
- 　　 ピーターパン …5169 5170
- 1996 DORA～100万回生き
- 　　 たねこ ……………… 4283
- 2001 ウィンザーの陽気な女
- 　　 房たち ……………… 0626
- 　　 大江戸ロケット ……… 0935
- 　　 キャバレー …………… 1734
- 2002 You Are The Top—今
- 　　 宵の君 ……………… 6378
- 2003 ハムレット …………… 4999
- 2005 デモクラシー ………… 4033
- 2006 オレステス …………… 1138
- 　　 クラウディアからの手
- 　　 紙 …………………… 1937
- 　　 ライフ・イン・ザ・シ
- 　　 アター ……………… 6605
- 2007 ヴェニスの商人 ……… 0638
- 　　 エレンディラ ………… 0877
- 　　 オセロー ……………… 1006
- 　　 錦繡 …………………… 1835
- 　　 スウィーニー・トッ
- 　　 ド …………………… 3238
- 　　 藪原検校 ……………… 6339
- 2008 かもめ ………………… 1497
- 　　 キーン ………………… 1822
- 　　 リア王 ………………… 6683
- 2009 按針—イングリッシュ
- 　　 サムライ ……………… 0421
- 　　 きらめく星座 ………… 1802
- 　　 組曲虐殺 ……………… 1923
- 　　 炎の人 ……………… 5782
- 2010 黙阿彌オペラ ………… 6229
- 　　 ロックンロール ……… 6894
- 2011 ザ・シェイプ・オブ・
- 　　 シングス～モノノカ
- 　　 タチ ………………… 2479
- 　　 ろくでなし啄木 ……… 6872
- 2012 海辺のカフカ ………… 0746
- 　　 しみじみ日本・乃木大
- 　　 将 …………………… 2807
- 　　 十一ぴきのネコ ……… 2890
- 2013 木の上の軍隊 ………… 1695
- 　　 それからのブンとフ
- 　　 ン …………………… 3558
- 2014 酒と涙とジキルとハイ
- 　　 ド …………………… 2471
- 　　 わたしを離さないで … 6984
- 2015 夜想曲集 ……………… 6321
- 2016 娼婦 …………………… 3003

**ほえい**
- 2002 キエ 囚われ女の日
- 　　 記 …………………… 1620
- 2003 神様が眠っていた12ヶ
- 　　 月 …………………… 1439
- 2004 元禄・馬の物言い …… 2109
- 2005 明日の幸福 …………… 0193
- 　　 それどころでない人 … 3560
- 2006 円山町幻花 …………… 5988
- 2007 黙って行かせて ……… 3729
- 　　 ロッカビーの女たち … 6893
- 2008 9人の女 ……………… 1752
- 　　 ザ・パイロット ……… 2524
- 2009 百合の季節 …………… 6481
- 2010,2013,2016
- 　　 真砂女 ………5882～5884
- 2011 R.P.G. ………………… 0398
- 　　 幽霊人命救助隊 ……… 6408
- 2012 女たちのジハード …… 1178
- 2012,2015
- 　　 ら・ら・ら ……6673 6674
- 2013 女たちの招魂祭 ……… 1181
- 2014 吾輩はウツである …… 6960
- 2015 華と石と ……………… 4900
- 2018 久保田万太郎を読む
- 　　 Ⅲ …………………… 1916

**ホエイ**
- 2018 郷愁の丘ロマントピ
- 　　 ア …………………… 1769

**ポかリン記憶舎**
- 2002 庭宴 …………………… 3979
- 　　 水鏡 …………………… 6027

**細川展裕プロデュース**
- 1998 象 …………………… 3458

**北極舎**
- 1995 ティー ………………… 3975

**ぼっくすおふいす**
- 2003 遠い水の記憶 夏の訪
- 　　 問者 ………………… 4180
- 2004 鍵 ……………………… 1263

**ポツドール**
- 2006 女のみち ……………… 1193
- 　　 夢の城 ………………… 6465
- 2007 激情 …………………… 2014
- 2008 顔よ …………………… 1254
- 2009 愛の渦 ………………… 0033
- 2011 おしまいのとき ……… 0993

**ボニージャックス**
- 1992 オラトリオ ヤマトタ
- 　　 ケル—愛と平和への
- 　　 出発（たびだち）…… 1116

**ホモフィクタス**
- 1996 ヴァン・ゴッホ 社会
- 　　 が自殺させた男 …… 0619

- 　　 鱈々 ………………… 3740
- 　　 ライ王のテラス ……… 6594
- 2018 アンナ・クリスティ 0442
- 　　 密やかな結晶 ………… 5165
- 　　 レインマン …………… 6823

**本多劇場**
- 1982 そして誰もいなくなっ
- 　　 た—ゴドーを待つ十
- 　　 人の小さなインディ
- 　　 アン ………………… 3505
- 　　 秘密の花園 …………… 5234
- 1983 イカルガの祭り ……… 0477
- 　　 グレイクリスマス …… 1972
- 1984 私の青空 ……………… 6991
- 1985 本牧ラグピッカーズ … 5816
- 1988 北緯45度のドン・キ
- 　　 ホーテたち …………… 5701
- 1997 K2—運命のザイル …… 2036

**【ま】**

**MY company**
- 1995 29歳の女たち ………… 4530

**マウスプロモーション**
- 2005 桜の田（その）……… 2445
- 2006 桜の花にだまされて … 2450

**誠**
- 1991 松井誠奮闘公演 ……… 5918

**マコンドープロデュース**
- 2017 祖国は我らのために ‥ 3494

**MOTHER**
- 1993 毒薬と老嬢 …………… 4211
- 1995 クラウドバスター～吸
- 　　 血鬼は彗星の夜に … 1942

**まさかね企画**
- 1997 二十二夜待ち／彦市ば
- 　　 なし ………………… 4531

**真咲美岐モノローグドラマの会**
- 1980 マルグリット先生のや
- 　　 り方 ………………… 5986

**マシュマロウェーブ**
- 1990 SANDSTORM ……… 2616
- 1991 マシュマロ・ウエー
- 　　 ブ …………………… 5888

**マッシュ**
- 1987 4Hクラブ …………… 5347

**松田晴世の会**
- 1983 葵上曼陀羅／それでど
- 　　 うしたの… ………… 0068

## 松原敏春プロデュース
- 1989 「渾身愛」シリーズ三部作 灯に誘われて ‥2353
- 「渾身愛」シリーズ三部作 明日を心の友として ‥2354
- 「渾身愛」シリーズ三部作 まだ見ぬ幸せ ‥2355

## まつもと市民芸術館
- 2005 コーカサスの白墨の輪 ‥2177
- 2005,2007 いとこ同志 ‥0542 0543
- 2008 ジャックとその主人 ‥2831
- 2009 エドワード・ボンドのリア ‥0833
- ピランデッロのヘンリー四世 ‥5278
- 2012 K.ファウスト ‥2060

## 松本雄吉×林慎一郎
- 2016 PORTAL ‥5742

## 真夏の會
- 2011 エダニク ‥0818

## まにまアート
- 1993,1995 山ほととぎすほしいまま ‥6360 6361
- 1995 極めて家庭的に一木村好子の詩集より ‥1820
- 1996 きぬという道連れ ‥1690
- 1997 赤い糸に結ばれて ‥0098

## マニー・マニム・プロダクション
- 1998 ラヴ・チャイルド ‥6619

## マブ・マインズ
- 1984 ベニスに死すへの前奏曲 ‥5597

## ママチョップ
- 1999 Baby ‥5565

## マームとジプシー
- 2011 Kと真夜中のほとりで ‥2059
- 2014 ΛΛΛ かえりの合図、まってた食卓、そこ、きっと― ‥1243

## マリアシアター
- 2013 ノーラ・ヘルメルを追いかけて ‥4707

## マルーラ
- 1994 MITSUKO 世紀末の伯爵夫人 ‥6057

## マレビトの会
- 2004 蜻蛉 ‥1289
- 島式振動器官 ‥2803
- 2005 王女A ‥0922
- 2006 アウトダフェ ‥0054

- 船福本／パライゾノート ‥5425
- 2009 クリプトグラフ ‥1962
- 声紋都市―父への手紙 ‥3377
- PARK CITY ‥4761
- 2010 UBU ROI ‥6438

## マレビト・ライブ
- 2011 N市民 緑下家の物語 ‥0836

## 満開座
- 1979 にっぽん茶館 ‥4550
- 1988 春過ぎて夏来にけらし白妙の衣ほすてふ天の香具山 ‥5045

## 卍
- 1982 曳舟川十三橋―三角スペース物語 ‥5143
- 1984 一吾嬬町綺譚―風の社 ‥0211
- 1985 Night Shift ‥4369
- 1986 河をわたる ‥1577
- Good Night おやすみなさい ‥1903
- 1989 六月のバラ ‥6867

## マントゥール劇場
- 2012 プロメテウス エレクトリック・ポエム ‥5541
- 2014 海との対話 ‥0724

## マントルプリンシアター
- 1992 我々もまた世界の中心 ‥7058

## 満遊戯賊
- 1996 義経伝 ‥6533

## 【み】

## 三重県演劇塾
- 1995 決定版・團十郎と音二郎 ‥2056

## みかんがむ
- 2002 メテオ・カレイド ‥6195

## 幹の会
- 1995 オセロー ‥1010
- 1996 メジャーフォーメジャー ～尺には尺を ‥6187
- 1997 リア王 ‥6694
- 1999 十二夜 ‥2938
- 2000 シラノ・ド・ベルジュラック ‥3078
- 2001 冬物語 ‥5450
- 2010 冬のライオン ‥5442

## ミサダプロデュース
- 2006 夜ニ浮カベテ ‥6566

## 三島由紀夫上演委員会
- 1980 熱帯樹 ‥4641

## ミジンコターボ
- 2014 ほらふき王女バートリー ‥5797

## ミズキ事務所
- 2007 黄昏のメルヘン ‥3678

## ミスタースリムカンパニー
- 2000 ドリーム ‥4314

## 水谷内助義プロデュース
- 1995 天国への遠征 ‥4061
- 1997 礼服 ‥6820

## 水と油
- 2001 不時着 ‥5369

## 水の会
- 2003 じゃんぐる ‥2861
- 2011 サン ‥2595

## 三田村組
- 2006 仰げば尊くなし ‥0078
- 2009 home～ホーム ‥5789
- 2010 男の一生 ‥1042

## 三井フェスティバル実行委員会
- 1988 ニープレイ ‥4557

## 三越劇場
- 1980 階段の上の時間 ‥1217
- 1981 越前竹人形 ‥0822
- 1982 ふしぎの国のアリス ‥5366
- 1983 ラヴーこころ、甘さに飢えて ‥6618
- 1987 御柱 ‥1197
- 馬鹿一の夢 ‥4742
- 息子 ‥6133
- 1988 好色一代女・西鶴今昔 ‥2147
- 1997 恋文 ‥2135
- 1999 家路 ‥0456
- 2010 大岡越前一卯の花が咲くとき ‥0937

## 3つの木綿
- 1999,2000 柘榴 ‥2467 2468

## 未踏
- 1981 土 ‥3946

## 水戸芸術館ACM劇場
- 1990 サド侯爵夫人 ‥2515
- 1991 マクベス―おさらば教の隆盛 ‥5871
- 1994 恋する妊婦 ‥2119
- ジュリエットープロコフィエフによる ‥2970

## みとり

- 1995 ジョン・シルバー …… 3059
  - 眠っちゃいけない子守歌 …………………… 4654
  - ぼくらが非情の大河をくだる時 …………… 5722
- 1996 エレクトラ ………… 0862
  - ピランデルロの殿様 ‥ 5279
- 2007 麗しのハリマオ ……… 0767
  - 檻褸と宝石 …………… 5804
- 2008 スリッパ、誰の？ …… 3341
  - 12 ライアーズ―評決者たち …………………… 4118
- 2009 北京の幽霊 …………… 5571
- 2010 パパ、I LOVE YOU! ………………… 4932
- 2011 ライフ・イン・ザ・シアター ………………… 6606
- 2017 斜交〜昭和40年のクロスロード ……………… 2832

## 翠

- 2007 毛皮のマリー ………… 2011

## みなと座

- 1990 幻ろさんじん ………… 5962
- 1992 お侠―生涯を嘘で固めた女 ………………… 0977
- 1993 夏子の冒険 …………… 4419
- 1994 女相撲―憧れのハワイ場所 ………………… 1175
- 1994,1998
  - 糸女 ……………… 0548 0549
- 1996 大浦屋お慶 …………… 0934

## みなと横浜演劇祭実行委員会

- 2006 ど破戸港一代 ………… 4250

## 南オーストラリア州立劇場

- 2000 死の舞踏 ……………… 2783

## 南河内アマゾン

- 1994 青木さん家の奥さんⅡ ……………………… 0077

## 南河内万歳一座

- 1984,1986,1996
  - 唇に聴いてみる ………… 1893〜1895
- 1985 真夜中仮面 …………… 5974
- 1987 風のタキシード ……… 1342
- 1988,2005
  - 仮面軍団 ……… 1466 1467
- 1993 九月の昆虫記 ………… 1867
  - 賞金稼ぎ ……………… 2982
- 1994 さよならオレンジ版百物語 ………………… 2550
  - さらば青春 …………… 2575
- 1995 夏休み ………………… 4457
- 1996 熱血仮面 ……………… 4639
- 1997 錆びたナイフ ………… 2531
  - 百物語 改訂版 ……… 5349
- 1998 ライオン狩り ………… 6595

## 団体名索引

- 1998,2018
  - 秘密探偵 ……… 5231 5232
- 1999 なつざんしょ… 夏残暑 ……………………… 4420
- 2001 新作・錆びたナイフ ‥ 3127
- 2002 改訂版・賞金稼ぎ …… 1228
- 2003 さらバイ ……………… 2573
  - みんなの歌 …………… 6115
- 2004 日本三文オペラ―疾風馬鹿力篇 ……………… 4560
  - 夜叉ヶ池 ……………… 6315
- 2005 みんなの歌3 ………… 6116
- 2006 百物語 ………………… 5248
- 2006,2012
  - お馬鹿屋敷 …… 1064 1065
- 2008 ジャングル …………… 2862
- 2009 S高原から …………… 0811
  - 似世物小屋 …………… 4537
- 2010 ラブレター …………… 6667
- 2010,2017
  - びっくり仰天街 ……… 5181 5182
- 2012 夕陽ヶ丘まぼろし営業所 …………………… 6396
- 2013 宝島 …………………… 3651
  - 満月 …………………… 5997
- 2014 使用人 ………………… 3002
- 2015 楽園 …………………… 6624
- 2016 肥満男 ………………… 5230
  - 滅裂博士 ……………… 6190
- 2017 守護神 ………………… 2953

## 南座

- 2008 赤い城 黒い砂 ……… 0106

## ミナモザ

- 2018 Ten Commandments …… 4066

## 迷夢迷住

- 1994 あなた次第 …………… 0258

## ミヤギサトシ・プロデュース

- 1992 ホーキング博士のブラックホール生活 ‥ 5699

## 宮崎県立芸術劇場

- 2013 日本人のへそ ………… 4564

## 宮沢章夫＆ウクレレプロデュース

- 1997 会議 …………………… 1201

## 宮沢章夫プロデュース

- 1996 スチャダラ2010 …… 3275

## 宮本企画

- 1989 アイ・ガット・マーマン ……………………… 0015
  - イッヒ・ビン・ヴァイル ……………………… 0538

## ミュージカル座

- 2002 舞台に立ちたい ……… 5380

## ミュンヘン・カンマーシュピーレ劇場

- 1990 ファウスト …………… 5311

## 未来

- 2016 その頬、熱線に焼かれ ……………………… 3535
- 2017 静かな海へ―MINAMATA― …… 2740
  - ずぶ濡れのハト ……… 3323
- 2018 斜交〜昭和40年のクロスロード ……………… 2833

## 未来劇場

- 1981 大喰い女と骨なしヴァランタン ……………… 0940
- 1998 甘き夢みし酔ひもせず、ん？ ……………… 0320
- 1999 花ぞむかしの色に化けなん ………………… 4897

## 未来探偵社

- 1998 ファンタ爺ィ ………… 5318

## ミルウォーキー・レパートリー・シアター

- 1981 欲望という名の電車 ‥ 6519
- 1983 埋められた子供 ……… 0753
  - ガラスの動物園 ……… 1525
- 1988 リア王（アメリカ版） ……………………… 6697
- 1995 沈黙 …………………… 3890

## 民藝

- 1979,2011
  - アンネの日記 … 0445 0446
- 1980 朝はだんだん見えてくる ……………………… 0177
  - 古風なコメディ ……… 2292
  - センチメンタル・ジャーニイ 足のある幽霊 ………………… 3444
  - 夜明け前 第一部 …… 6491
  - わが魂は輝く水なり 源平北越流誌 ……… 6954
- 1981 廃屋のパーティ ……… 4711
  - 日の出 ………………… 5214
  - 棒きれと骨 …………… 5667
  - 夜明け前 第二部 …… 6492
  - ヨールカの灯り ……… 6560
- 1982 十二月 ………………… 2911
  - すてでこてこてこ …… 3289
  - タナトロジー 死にかたの研究 …………… 3706
  - とよはた雲に入り日さし …………………… 4269
- 1983 エレジー 父の夢は舞う ……………………… 0866
  - 夢二―大正さすらい人 ……………………… 6444
- 1984 セールスマンの死 …… 3413

団体名索引　みんけ

|  |  |
|---|---|
| | 白夜 ………… 5251 |
| | 林檎園日記 ………… 6780 |
| 1985 | こんな筈では…払えないの?払わないのよ! ………… 5012 / 2361 |
| 1986 | おんにょろ盛衰記／三年寝太郎 ………… 1196 |
| | 転落の後に ………… 4111 |
| | 人形の家 ………… 4594 |
| | 短い手紙 ………… 6018 |
| 1986,1998 | るつぼ ………… 6794 6795 |
| 1987 | ヴィシーでの出来事 … 0621 |
| | 御柱 ………… 1197 |
| | クラクションを吹きならせ! ………… 1944 |
| | 馬鹿一の夢 ………… 4742 |
| | 離れのある家 ………… 4924 |
| | 息子 ………… 6133 |
| 1987,2013 | 夏・南方のローマンス ………… 4422 4423 |
| 1988 | 雨 ………… 0332 |
| | 第二次大戦のシュベイク ………… 3615 |
| 1990 | どん底 ………… 4359 |
| 1992 | 吉野の盗賊 ………… 6535 |
| | リア王 ………… 6695 |
| 1993 | 君はいま、何処に … 1711 |
| | 終末の刻 ………… 2943 |
| | メイ・ストーム―花のもとにて ………… 6172 |
| 1994 | 怒りのぶどう ………… 0474 |
| | おはなはん ………… 1072 |
| | 女たちのまつり ………… 1182 |
| | 旧アルバート街のメルヘン ………… 1741 |
| | 修善寺物語 ………… 2958 |
| 1995 | 黄金バット伝説 ………… 0912 |
| | 青春の甘き小鳥 ………… 3360 |
| | 研師源六 ………… 4190 |
| | 私を忘れないで ………… 6986 |
| 1995,2017 | 熊楠の家 ………… 1921 1922 |
| 1996 | osanbaカメちゃん―平成助産婦ものがたり ………… 0990 |
| | 帯に短し…くちなし幻想 ………… 1075 |
| | 壊れたガラス ………… 2345 |
| | 波のまにまに お吉 … 4484 |
| 1997 | あっぱれクライトン … 0234 |
| | アニマル・ファーム―動物農場 ………… 0275 |
| | グラバーの息子 ………… 1948 |
| | 黄落 ………… 2163 |
| | 遠い声 ………… 4176 |

|  |  |
|---|---|
| 1997,2004,2010 | 巨匠 ………… 1788〜1790 |
| 1998 | 勤皇やくざ瓦版 ………… 1851 |
| | どちらの側に立つか … 4229 |
| | 夢二の妻 ………… 6445 |
| 1998,2015 | 根岸庵律女 ………… 4624 4625 |
| 1999 | グレイクリスマス ………… 1973 |
| | 大司教の天井 ………… 3595 |
| | 二人だけの舞踏会 ………… 5396 |
| | 湧きいずる水は ………… 6975 |
| | 蕨野行 ………… 7052 |
| 2000 | アンナ・カレーニナ … 0441 |
| | オットーと呼ばれる日本人 ………… 1023 |
| | かの子かんのん ………… 1409 |
| | 桜の園 ………… 2443 |
| | 炎の人～ヴァン・ゴッホ小伝 ………… 5783 |
| 2001 | 泰山木の木の下で … 3594 |
| | バーディ ………… 4867 |
| | 晴れたちくもり時々涙 ………… 5073 |
| 2001,2012 | 静かな落日―広津家三代 ………… 2743 2744 |
| 2002 | ありてなければ ………… 0368 |
| | アルベルト・シュペーア ………… 0401 |
| | 海の夫人 ………… 0743 |
| | その人を知らず ………… 3531 |
| 2003 | 信濃坂 ………… 2774 |
| | 遥かなる虹へ ………… 5039 |
| | 二人の長い影 ………… 5405 |
| | モンゴル帰りの爺 ………… 6281 |
| 2004 | 明石原人 ある夫婦の物語 ………… 0119 |
| | スポイルズ・オブ・ウォー そして得たもの ………… 3329 |
| | マツモト・シスターズ ………… 5923 |
| 2005 | 火山灰地 第Ⅰ部・第Ⅱ部 ………… 1305 |
| | 山猫理髪店 ………… 6350 |
| 2005,2009 | ドライビング・ミス・デイジー ………… 4271 4272 |
| 2006 | エイミーズ・ビュー … 0791 |
| | 神と人とのあいだ 第一部 審判 ………… 1444 |
| | 喜劇の殿さん ………… 1642 |
| | 橋からの眺め ………… 4794 |
| | 待てば海路の… ………… 5928 |
| 2007 | 沖縄 ………… 0967 |
| | 坐漁荘の人びと ………… 2416 |

|  |  |
|---|---|
| | 白バラの祈り ゾフィー・ショル、最期の日々 ………… 3104 |
| | はちどりはうたっている ………… 4839 |
| | 林の中のナポリ ………… 5011 |
| 2008 | 海霧 ………… 0722 |
| | 海鳴り ………… 0729 |
| | 選択―一ヶ瀬典子の場合 ………… 3440 |
| | プライス一代償 ………… 5453 |
| 2009 | 神戸北ホテル ………… 2154 |
| | 来年こそは ………… 6601 |
| | らくだ ………… 6630 |
| 2010 | 十二月―下宿屋「四丁目ハウス」 ………… 2912 |
| | そしてナイチンゲールは歌う ………… 3506 |
| | どろん どろん ………… 4339 |
| | 峯の雪 ………… 6081 |
| 2011 | 帰れ、いとしのシーバ ………… 1249 |
| | カミサマの恋 ………… 1440 |
| | 帰還 ………… 1633 |
| | 喜劇 ファッションショー ………… 1644 |
| | 思案橋 ………… 2682 |
| 2012 | うしろ姿のしぐれてゆくか 漂白の俳人・種田山頭火 ………… 0673 |
| | 冬の花 ヒロシマのころ ………… 5437 |
| | マギーの博物館 ………… 5846 |
| | 満天の桜 ………… 6005 |
| 2013 | 集金旅行 ………… 2896 |
| | 八月の鯨 ………… 4835 |
| | 真夜中の太陽 ………… 5976 |
| | 無欲の人 熊谷守一物語 ………… 6147 |
| 2014 | コラボレーション―R・シュトラウスとS・ツヴァイク ………… 2313 |
| | シズコさん ………… 2747 |
| | 白い夜の宴 ………… 3099 |
| | バウンテイフルへの旅 ………… 4735 |
| | 蠟燭の灯、太陽の光 … 6861 |
| 2015 | クリームの夜 ………… 1963 |
| | 大正の肖像画 ………… 3598 |
| | ヒトジチ ………… 5195 |
| | 冬の時代 ………… 5436 |
| 2016 | SOETSU―韓くにの白き太陽 ………… 3479 |
| | 炭鉱の絵描きたち ………… 3764 |
| | 光の国から僕らのために―金城哲夫伝 ………… 5130 |
| | 二人だけの芝居―クレアとフェリース ………… 5393 |

日本の演劇―公演と劇評目録　　573

|        箆棒 ················ 5611
2017 送り火 ·············· 0985
     33の変奏曲 ··········· 2606
     「仕事クラブ」の女優
     たち ················ 2727
2018 神と人とのあいだ 第
     一部「審判」第二部
     「夏・南方のローマン
     ス」 ················ 1445
     時を接ぐ ············· 4188

**民主音楽協会**
1987 星の王子さま ········· 5735

**民話芸術座**
1998 火の鳥 ·············· 5216

【む】

**むうぶ・おん**
1988 丘の上のハムレットの
     馬鹿 ················ 0965

**むごん劇かんぱにい**
1991 イメージシネサーカ
     ス ·················· 0588
1998 モダンダモン ········· 6243

**無条件降伏委員会**
1999 臍 ·················· 5574

**無人駅**
2012 南北逆曼荼羅 ········· 4500

**舞天**
1995 オイディプスとの旅 ·· 0904

**睦月の会**
1993 船長 ················ 3445

**無名劇団**
2009 プラズマ ············· 5460

**無名塾**
1980 ソルネス ············· 3553
1985,2000
     どん底 ··········· 4360 4361
1986 プァー・マーダラー
     哀しき殺人者 ········· 5317
1987 ルパン ··············· 6802
1988 肝っ玉おっ母と子供た
     ち ·················· 1713
1992 ハロルドとモード ····· 5083
1993,1996
     リチャード三
     世 ············ 6724 6725
1998 いのちぼうにふろう物
     語 ·················· 0565
2001 セールスマンの死 ····· 3414

2005,2009
     ドライビング・ミス・
     デイジー ········ 4271 4272
2012 無明長夜 ············· 6146
2013 ウィリアム・シェイク
     スピア ··············· 0625
     授業 ················· 2949
2014,2015
     バリモア ········ 5033 5034
2016 おれたちは天使じゃな
     い ·················· 1142

【め】

**メイエルホリド・シアター・セ
ンター**
2001 変身 ················· 5633

**名演プロデュース**
1982 ザ・シェルター ······· 2482

**名画座**
1986 ダイヤルMを廻せ! ···· 3629

**メイシアター**
1994 曽我BROTHERS～で
     きるなら雁になっ
     て ·················· 3480
1998 新・曽根崎心中 ······· 3168
2006 夢のひと ············· 6471
2008 お気に召すまま ······· 0974
2009 チェーホフ 三人姉
     妹 ·················· 3790
2010 かもめ ··············· 1498
2011 オダサク、わが友 ····· 1015
2012 牡丹灯籠 ············· 5751
2014 グッド・バイ ········· 1905
2015 やぶのなか ··········· 6333
2017 さよなら、五月一サヨ
     ナラ、サツキ ········· 2553
     人恋歌～晶子と鉄幹 ·· 5194

**明治座**
1990 忠治御用旅 ··········· 3858

**梅蘭芳京劇団**
1999 天女散花／虹橋贈珠／
     覇王別姫／貴妃酔
     酒 ·················· 4094

**メインステージM&S**
1986 曖昧屋 ··············· 0042

**め組**
2004 幕末維新シリーズ 岡
     田以蔵 ··············· 4772
2006 アサシン一彰義隊後日
     譚 ·················· 0163
     鬼夜叉 ··············· 1060

     傀儡/KUGUTSU～忘
     れ得ぬ面影の総司 ··· 1871
2007 戊辰残照 ············· 5741
2009 新撰組 ··············· 3162
     信長 ················· 4698
2010 PS ·················· 5118

**メジャーリーグ**
1993 ガラスの動物園 ······· 1526
1995 Cloud9 ·············· 1938
     身毒丸 ··············· 3182
1996 幻の光 ··············· 5967
1997 草迷宮 ··············· 1873
     マクベス ············· 5869
     ローゼンクランツとギ
     ルデンスターンは死
     んだ ················ 6890
2000 リチャード三世 ······· 6726
2001 おやすみ、母さん ····· 1112
2003 モンテ・クリスト伯 ·· 6286
2010 ジョン・ガブリエルと
     呼ばれた男 ··········· 3058

**メープルリーフ・シアター**
2000 ジン・ゲームートラ
     ンプ遊び ············· 3124
2001 赤毛のアン ··········· 0118
     パレードを待ちなが
     ら ·················· 5072
2003 太公望のひとりごと ··· 3582
2004 狐火 ················· 1684
     やとわれ仕事 ········· 6328
2005 地にありて静かに ····· 3832
2007 リタ・ジョーの幻想 ··· 6712
2012 請願一静かな叫び ····· 3350

【も】

**黙示体**
1980 宇宙狂時代 ··········· 0693

**木冬社**
1980 あの、愛の一群たち ·· 0277
1981 あらかじめ失われた恋
     人たちよ一劇篇 ······· 0358
1982 昨日はもっと美しかっ
     た一某地方巡査と息
     子にまつわる挿話 ··· 1697
1983 とりあえず、ボレロ ·· 4300
1984 ラブレター 愛と火の
     精神分析 ············ 6668
1986 花のさかりに死んだあ
     の人 ················ 4906
     夢去りて、オルフェ ·· 6443

1987,1999
　戯曲推理小説―ローズマリーの赤ん坊のように ………… *1637 1638*
1989　恋愛小説のように …… *6845*
1990　弟よ一姉、乙女から坂本龍馬への伝言 …… *1035*
1992　冬の馬 ……………… *5434*
1993　哄笑 智恵子、ゼームス坂病院にて ……… *2142*
1994　悪童日記 …………… *0144*
　　　わが夢にみた青春の友 …………………… *6969*
1996　火のようにさみしい姉がいて'96 ………… *5221*
1997　イエスタディ／ある恋の物語 …………… *0459*
1999　エレジー 父の夢は舞う ………………… *0867*
　　　戯曲冒険小説一歳月よ、老いさらばえた姫たちよ ……… *1639*
2000　恋する人びと ……… *2120*
2001　女優N「戯曲推理小説」より …………… *3054*
　　　破れた魂に侵入―Life Line …………… *6341*
2003　イエスタデイ ……… *0458*

**木冬社リターン**
1998　海へ…ヘミングウェイ幻想／陸へ…サムトの女たち ……… *0719*

**木花（モクファ）**
1988　胎（タエ）……… *3642*

**「モジョ ミキボー」上演委員会**
2013　モジョ ミキボー …… *6236*

**モスクワ芸術座**
1988　伯父ワーニャ ……… *0996*
　　　かもめ ……………… *1499*
　　　真珠貝のジナイーダ … *3140*

**モスクワ・タガンカ劇場**
1993　罪と罰 ……………… *3966*
　　　ボリス・ゴドゥノフ … *5799*

**モスクワ・タバコフ劇場**
1993　検察官 ……………… *2080*
　　　平凡物語 …………… *5567*
　　　わが大地 …………… *6952*

**モスクワ・マールイ劇場**
1993　皇帝フョードル …… *2152*
　　　桜の園 ……………… *2444*
　　　ニコライ2世 ……… *4515*

**モスクワ・ユーゴザーパド劇場**
1990　ハムレット ………… *5000*

1995,2000
　ロミオとジュリエット ……………… *6924 6928*
2000　検察官 ……………… *2081*
　　　どん底 ……………… *4362*
2003　巨匠とマルガリータ／かもめ ……………… *1791*
2006　巨匠とマルガリータ／マクベス …………… *1792*

**モダンスイマーズ**
2007　回転する夜 ………… *1231*
2008　夜光ホテル ………… *6311*
2009　血縁～飛んで火に入る五兄弟 …………… *2037*
　　　トワイライツ ……… *4340*
2010　凡骨タウン ………… *5811*
　　　真夏の迷光とサイコ・*5940*
2011　デンキ島―松田リカ篇 ………………… *4054*
2012　楽園 ……………… *6625*
　　　ロマンサー―夜明峠編 ………………… *6905*
2016,2018
　嗚呼いま、だから愛。……………… *0001 0002*
2018　悲しみよ、消えないでくれ ……………… *1396*
　　　死ンデ、イル。……… *3171*

**MODE**
1989　言いだしかねて …… *0453*
1990　待ちましょう …… *5915*
1991　ぼくの伯父さんの会社の人事 …………… *5711*
1992　魚の祭 ……………… *0659*
1993　きみのともだち …… *1706*
1994　旅路の果て ………… *3717*
　　　わたしが子どもだったころ・北海道版／瀬戸内版 ……… *6988*
1995　窓からあなたが見える ………………… *5931*
1998　孤独な惑星 ………… *2262*
　　　プラトーノフ ……… *5474*
1999　女と男のいる舗道 …… *1184*
　　　夢の女 ……………… *6453*
2000　しあわせな日々／芝居 ………………… *2675*
2001　ワーニャ伯父さん … *7038*
2002　恋愛日記／屋上のひと ………………… *6847*
2003　アメリカ …………… *0346*
2004　ささやく声 ………… *2478*
2010　変身 ……………… *5634*
2011　あなたに会ったことがある ……………… *0262*
2012　満ちる ……………… *6052*
2013　城 ……………… *3091*

MODEカフカ・プロジェクト 2013 …… *6249*
2016　あなたに会ったことがある・4…チェーホフ短編小説より …… *0263*

**MONO**
1995　Holy Night ………… *5800*
1996,2001
　約三十の嘘 …… *6302 6303*
1997,1999
　一初恋 ……… *4848 4849*
1998　その鉄塔に男たちはいるという ………… *3523*
1998,2002
　きゅうりの花 … *1756 1757*
1999　燕のいる駅 ………… *3958*
2000　錦鯉 ……………… *4519*
2001　なにもしない冬 …… *4473*
2002　橋を渡ったら泣け … *4792*
2003　京都11区 ……… *1777*
　　　チェーホフは笑いを教えてくれる ………… *3796*
2004　相対的浮世絵 ……… *3467*
2005　衛兵たち、西高東低の鼻を嗅ぐ ………… *0790*
2007　地獄でございます…… *2717*
2008　なるべく派手な服を着る ………………… *4493*
2009　チェーホフを待ちながら ………………… *3788*
　　　床下のほら吹き男 …… *6414*
2010　赤い薬 ……………… *0103*
　　　トナカイを数えたら眠れない …………… *4241*
2011　空と私のあいだ …… *3544*
2013　うぶな雲は空で迷う … *0715*
2014　のぞき穴、哀愁 …… *4686*
2015　ぶた草の庭 ……… *5384*
2016　裸に勾玉 ……… *4819*
2017　ハテノウタ ……… *4868*
2018　隣の芝生も。……… *4243*

**モノクロームサーカス**
2010　チェーホフの御座舞 … *3794*

**桃唄309**
2008　月の砂をかむ女 …… *3925*

**ももちの世界**
2017　黒いらくだ ………… *1992*
2018　鎖骨に天使が眠っている ………………… *2474*

**桃の会**
1987　東京物語 …………… *4143*
1989　プラス・ワン ……… *5461*

**森組芝居**
2015　或る日、或る時 …… *0397*
2017　記憶のパズル ……… *1625*

## 団体名索引

### モルシアター
1986 f/Fパラサイト（平行植物） …… 0842

## 【 や 】

### 安澤事務所
1987 ソールジャーズ・ブルース 兵士たちのブルース Go Go Girlie! …… 3552
1995 オセロー …… 1010
1996 メジャーフォーメジャー 〜尺には尺を …… 6187
1997 リア王 …… 6694

### 山崎正和スタジオ
1988 お気に召すままお芝居を …… 0975

### 山の手事情社
1989 ゆるやかなトンビリロの身だしなみ …… 6484
1990 STOVE PLAY …… 3290
1991 CHARGE! …… 3850
1995 夏夢ちゃん …… 4460
1999 印象 タイタス・アンドロニカス …… 0609
2000 印象 夏の夜の夢 …… 0610
2001 Fairy Tale／jam 2001 …… 5337
　　　平成・円朝・牡丹燈籠 …… 5564
2004 jamゴールドブレンド／夏の夜の夢／オイディプス@Tokyo …… 2851
2005 銀河鉄道の夜 …… 1832
2006 タイタス・アンドロニカス／牡丹燈籠／ぴ …… 3604
2014 ヘッダ・ガブラー …… 5585

### 山本能楽堂
2017 韋駄天 …… 0519
2018 ともえと、ハナタカ …… 4260, 4898

### 山本安英の会
1981 子午線の祀り …… 2726
1986 夕鶴 …… 6341

### ヤーン・カンパニー
2004 ロメオ+ジュリエット …… 6933

### ヤングヴィック劇場
1997 リア王 …… 6696
2000 ジュリアス・シーザー …… 2966
2012 カフカの猿 …… 1416

## 【 ゆ 】

### 遊園地再生事業団
1994 砂の国の遠い声 …… 3307
1995 ヒネミ …… 5208
1997 あの小説の中で集まろう …… 0286
1998 Go Go Girlie! 2202
　　　14歳の国 …… 2944
1999 おはようと、その他の伝言 …… 1073
　　　砂に沈む月 …… 3301
2003 トーキョーボディ …… 4201
2005 トーキョー／不在／ハムレット …… 4200
2006 モーターサイクル・ドン・キホーテ …… 6242
2010 ジャパニーズ・スリーピング／世界でいちばん眠い場所 …… 2840
2011 トータル・リビング 1986 - 2011 …… 4226

### 遊機械オフィス
2003 宇宙でいちばん速い時計 …… 0694
2004 溺れた世界 …… 1085

### 遊○機械／全自動シアター
1986 眠らない僕の夜 …… 4655
1987 学習図鑑 見たことのない小さな海の巨人の僕の必需品 …… 1270
　　　涙なしで玉葱の皮をむく方法─むかし僕の台所は涙でいっぱいだった …… 4481
1988 ベビールーム─僕が喋った最後の夏 …… 5604
　　　僕の時間の深呼吸Vol.2 …… 5713
1989 学習図鑑VOL・2 …… 1271
1991 僕の時間の深呼吸Vol.3 …… 5714
　　　モンタージュ はじまりの記憶 …… 6283
1991,2001
　　　ラ・ヴィータ 愛と死をみつめて …… 6616, 6617
1992 マジックタイム2 …… 5887
1993 オーマイパパ …… 1089
1996 ムーンライト〜夏の夜の不思議な夢の物語 …… 6156
1997 こわれた玩具（おもちゃ） …… 2343

## 【 よ 】

1998 食卓の木の下で あの日、あの時、みんな笑った …… 3028
1999 アナザディ …… 0254
2000 S─記憶のけもの─メランコリーベイビー …… 0808, 6207
2001 食卓（テーブル）の木の下 …… 4031
2002 クラブ・オブ・アリス …… 1949
　　　ピッチフォークデイズニー …… 5187

### 遊戯空間
2007 夜叉ヶ池 …… 6416

### 結城座
1980 傀儡幻夢しりーず 忠臣蔵・四谷怪談 …… 1869
1982 文明綺談 開化の殺人 …… 5558
1984 二人の主人を一度に持つと …… 5404
1986 ある人形一座によるハムレット …… 0392
1989 ハルとフォルスタッフ …… 5049
1994 アノコ。 …… 0284
1994,1995
　　　横顔 …… 6520, 6521
1996 アリスーどんどんお家が遠くなる …… 0366
　　　フランケンシュタイン・バイブル …… 5481
1998 魔界放浪記 …… 5838
1999 人情噺 文七元結 …… 4610
2000 ユビュ王 …… 6437
2001 くぐつ草紙 …… 1870
2008 破れ傘長庵 …… 6340
2011 乱歩・白昼夢 …… 6678
2016 野鴨中毒 …… 4683

### 遊気舎
1993 じゃばら …… 2843
1995 ビロシキ …… 5290
2001 月影ホテル …… 3909
2007 シャイア2〜仮面の忍者か赤影は？ …… 2809
2010 イキトン …… 0486
2011 エエトコ …… 0797
2014 最後の剥製の猿 …… 2386
　　　剥製の猿／征服 …… 4765

### 夕暮れ社 弱男ユニット
2016 モノ …… 6253

### 遊劇体
1993 火の夜をもつ女 …… 5222
1999 百夜の夢#4 ギルガメシュの夜 …… 6267

| 団体名索引 | | らくり |

- 2000 出口ありません……… *4001*
  - ドリームス……………… *4316*
- 2002 紅玉……………………… *2140*
  - 二人で狂う……………… *5397*
- 2003 残酷の一夜……………… *2599*
- 2004 エディカラの楽園……… *0827*
- 2006 闇光る………………… *6371*
- 2007 天守物語……………… *4083*
  - 夜叉ヶ池……………… *6317*
- 2008 山吹…………………… *6357*
- 2009 海神別荘……………… *1211*
- 2010 縄文人にあいういう… *3018*
  - 多神教………………… *3664*
- 2011 蘇りて歌はん………… *6554*
- 2012 戰國茶漬……………… *3427*
- 2013 往生安楽園…………… *0921*
  - 戀女房―吉原水事…… *2126*
- 2014 お忍び………………… *0992*
- 2015 鳥笛／公孫樹下……… *4311*
- 2015,2017
  - ふたりの蜜月… *5409 5410*
- 2016 ありとほし…………… *0369*
- 2017 のたり、のたり……… *4692*

### 遊劇舞台二月病
- 2017 Round……………… *6620*
- 2018 Delete……………… *4041*

### U・快連邦
- 1980 眠れぬ鳩…………… *4665*
- 1982 1999年のブーとフーと
  - ウー……………… *3419*

### 雪の会
- 1985 雪・西風・浪つつみな
  - ぜか死に消ゆ……… *6421*

### ユシェット座
- 1990 革命のミステリー…… *1276*

### ユニークポイント
- 2004 トリガー……………… *4301*
- 2005 鉄扉の中の自由……… *4016*
- 2006 しるし………………… *3087*
- 2007 イメージの世界……… *0589*

### ユーニ・ダール
- 2013 イプセンの女たち一驚
  - を鳥籠に入れたら… *0577*

### 指輪ホテル
- 2000 祈りはたらけ………… *0568*
- 2004 リア…………………… *6681*

### U・フィールド
- 2000 そして、今は………… *3501*
- 2001 風よ、声よ、光よ…… *1356*

### 夢工房
- 1997 銀河ステーションゆき
  - 最終バス…………… *1829*

### 夢の遊眠社
- 1980 二万七千光年の旅…… *4571*
- 1981 少年狩り 末はあやめ
  - も知れぬ闇………… *3008*
  - ゼンタ城の虜……… *3442*
  - 走れメルス 少女の唇
  - からはダイナマイ
  - ト…………………… *4806*
- 1982 怪盗乱魔 亭主と間男
  - の共存できる家族制
  - 度を求めて………… *1236*
- 1983 小指の思い出………… *2307*
  - 大脱走 太田幸司さん、
  - いかがおすごしです
  - か?…………………… *3606*
- 1985 白夜の女騎士（ワル
  - キューレ）………… *5253*
- 1986 石舞台星七変化（ス
  - トーンヘンジ）・三部
  - 作…………………… *3297*
- 1986,1988
  - 半神……………… *5095 5096*
- 1987 明るい冒険一見よ、ポ
  - ロロッカ空に逝く!… *0135*
- 1988 彗星の使者（ジークフ
  - リート）…………… *3230*
- 1989,1992
  - 贋作・桜の森の満開の
  - 下………………… *1591 1592*
- 1991 赤穂浪士 目に青葉ヤ
  - マホトトギス……… *0154*
  - 透明人間の蒸気…… *4164*

### ユリイカ百貨店
- 2008 チョコレート・ホー
  - ス……………………… *3878*

## 【 よ 】

### ヨオの会
- 2008 アプサンス～ある不
  - 在…………………… *0299*

### 横浜ボートシアター
- 2005 極めて家庭的に 軽の
  - 太子とその妹……… *1819*
- 2007 火山の王宮 象を殺し
  - た者………………… *1304*

### 横浜夢座
- 2007 ヨコハマキネマホテ
  - ル…………………… *6524*
- 2008 山本周五郎の妻…… *6362*

### 吉田日出子プロデュース
- 1989 あたま山心中―散ル散
  - ル、満チル………… *0220*
- 1996 ジョンとジョー…… *3060*

### 吉本新喜劇
- 1991 吉本新喜劇東京極楽公
  - 演…………………… *6536*

### 世仁下乃一座
- 1983,1986,1994
  - 別れが辻…… *6972～6974*
- 1984 ネームリング……… *4663*
- 1987 洞道のヒカリ虫…… *4154*
- 1989 ドリームエクスプレス
  - AT………………… *4315*
- 2013 華のまるやま七人みさ
  - き～泥に咲くのが蓮
  - の花………………… *4911*

### ヨメナ座
- 1998 奏鳴曲二短調 ベー
  - トーベン 作品三一ノ
  - 二／ふきのとう…… *3472*

### ヨーロッパ企画
- 2005 囲むフォーメーション
  - Z…………………… *1295*
- 2010 曲がれ!スプーン…… *5843*
- 2011 芝浦ブラウザー…… *2788*
  - ロベルトの操縦…… *6902*
- 2013 建てましにつぐ建てま
  - しポルカ…………… *3699*
- 2014 ビルのゲーツ……… *5286*
- 2015 遊星ブンボーグの接
  - 近…………………… *6392*
- 2016 来てけつかるべき新世
  - 界…………………… *1685*
- 2018 サマータイムマシン・
  - ブルース／サマー
  - タイムマシン・ワンス
  - モア………………… *2535*

## 【 ら 】

### ライターズカンパニー プロ
デュース
- 1993 ハバリ・ヒニ～神に選
  - ばれた人…………… *4951*

### ライトアイ
- 2017 桜の森の満開の下… *2455*

### 楽市楽座
- 1999 ジェットゴースター… *2692*
- 2001 ジャングルノート… *2864*
- 2002 かもめ……………… *1500*
- 2003 アメリカンドリームと
  - 犬の生活…………… *0349*
  - 夜の鳥がひろげる巨き
  - な翼の下で私達は悪
  - い夢を……………… *6579*

### らくりん座
- 1985 ゆきと鬼んべ……… *6420*

## ら・すとら～だ
- 2001 S高原から ............... 0812

## RADAイン東京
- 2003 花粉熱 ................. 1419

## ラックシステム
- 2002 お弁当 ................. 1083
- 2012 体育の時間 ............. 3570

## ラッパ屋
- 1993 アロハ颱風 ............. 0409
- 1997 鰻の出前 ............... 0714
-       エアポート'97 ......... 0777
- 1998 阿呆浪士 ............... 0313
-       中年ロミオ ............. 3863
- 2001 斎藤幸子 ............... 2396
- 2004 裸でスキップ ........... 4818
- 2011 凄い金魚 ............... 3258
-       ハズバンズ＆ワイフ
-       ズ ..................... 4813

## ランニングシアターダッシュ
- 1996 新・ぼくの先生 ......... 3203

## ランプティ・パンプティ
- 1988 GRANDE―君によこ
-       たふ天の河 ............. 1952

## 【り】

## 六行会
- 1995 ワンダリング・アイ
-       ズ ..................... 7069

## 立身出世劇場
- 1995 杉本タダスケと仲間た
-       ち スイカあたまの戦
-       争 ..................... 3251
- 2004 黄昏のカンガルーハイ
-       ツ ..................... 3674

## 立身出世劇場プロデュース
- 1993 大迷路…ん？（デカメ
-       ロン） ................. 3999

## 離風霊船
- 1987 ゴジラ ................. 2228
- 1988 赤い鳥逃げた…'88 .... 0109
-       はるまげどん ........... 5064
- 1990 風の牛若丸 ............. 1337
-       時代（とき）、すで
-       に ..................... 4192
- 1991 地球サイズのハムレッ
-       ト ..................... 3811
-       ラスト・スパート ....... 6643
- 1992 LONG LONG TIME
-       A GO ................... 6937
- 1994 花椿 ................... 4899
- 1995 赤い鳥逃げた ........... 0108

## 1996 J ....................... 2683

## リミニ・プロトコル
- 2011 ブラック・タイ ......... 5467

## 流山児組'99
- 1999 赤ずきんちゃんの森の
-       狼たちのクリスマ
-       ス ..................... 0125

## 流山児★事務所
- 1986 さよなら悪魔のいるク
-       リスマス ............... 2547
-       ラスト・アジア ......... 6639
- 1987 やさしい犬 ............. 6312
- 1989,1995,2003
-       青ひげ公の城 ..0091～0093
- 1992 改訂決定版tatsuya 最
-       愛なる者の側へ ......... 1226
- 1993 tatsuya ................ 3696
- 1993,1997
-       ザ・寺山 ......... 2505 2506
- 1994 悪漢リチャード ......... 0230
- 1995 ピカレスク南北 ......... 5137
- 1996 ダフネの嵐 ............. 3720
-       焼跡のマクベス ......... 6306
- 1997 愛の乞食 ジョン・シ
-       ルバー3 ................ 0037
- 1998 カレー屋の女 ........... 1572
-       煙の向こうのもう一つ
-       のエントツ ............. 2068
-       ピカレスク黙阿弥 花
-       の吉原百人斬り ......... 5138
-       私の青空 ............... 6992
- 1999 みどりの星の落ちる
-       先 ..................... 6070
- 2000 完璧な一日 ............. 1608
-       血は立ったまま眠って
-       いる ................... 3888
-       Happy Days ............. 4859
-       百舌鳥夕雲町歌声喫
-       茶 ..................... 6238
- 2001 狂人教育 ............... 1771
-       書を捨てよ、町へ出よ
-       う―花札伝綺 ........... 3023
-       ゾンビな夜 ............. 3566
-       幕末2001 ............... 4778
- 2001,2003
-       ハイ・ライフ ..4728 4729
- 2002 EVER MORE ............. 0840
-       盟三五大切 ............. 1435
-       最後から二番目の邪魔
-       物 ..................... 2382
-       殺人狂時代 ............. 2497
- 2003 Sheep fucker's exit～
-       殺しのコンツェル
-       ト ..................... 2797
-       書を捨てよ、町へ出よ
-       う―花札伝綺2003 ...... 3024
- 2004 イエロー・フィー
-       バー ................... 0471

- ガラスの動物園 ........... 1527
- 心中天の網島 ............. 3138
- 続・殺人狂時代 ........... 3482
- 2005 桜姫表裏大綺譚／盟三
-       五大切 ................. 2462
-       SMOKE - LONG
-       VERSION ................ 3336
-       戦場のピクニック・コ
-       ンダクタ ............... 3430
- 2007 オッペケペ ............. 1026
-       ヘレンの首飾り ......... 5625
- 2008 ドブネズミたちの眠
-       り ..................... 4253
- 2009,2011
-       ユーリンタウ
-       ン .............. 6482 6483
- 2009,2014
-       田園に死す ...... 4049 4050
- 2010 お岩幽霊 ぶゑのすあ
-       いれす ................. 0908
-       櫻の園 ................. 2448
- 2012 さらば、豚 ............. 2579
- 2013 アトミック☆ストー
-       ム ..................... 0242
-       無頼漢―ならずもの .... 4492
- 2014 どんぶりの底 ........... 4366
- 2016 OKINAWA1972 ........... 0968
- 2017 だいこん・珍奇なゴ
-       ........................ 3589
-       ブランキ殺し 上海の
-       春 ..................... 5477
- 2018 オケハザマ ............. 0986
-       満州戦線 ............... 6003

## 龍昇企画
- 1985 風花の駅 ............... 1301
- 1986 新山月記 ............... 3128
- 1987 会社の人事 ............. 1208
- 1989 まいらない男たち ....... 5832
- 2002 水を運ぶ夜 ............. 6026
- 2009 モグラ町1丁目 ......... 6232
- 2010 納屋の中の戀 ........... 4488
- 2016 甘い傷 ................. 0316

## 流星倶楽部
- 2000 真紅の頬で海へと還
-       る、そんな時も笑っ
-       ていたい ............... 3122

## 流星舎
- 1980 愛の、革命記念日。... 0035

## 龍の会
- 1996 逃亡 ................... 4158

## リリック
- 1999 十二夜 ................. 2938
- 2000 シラノ・ド・ベルジュ
-       ラック ................. 3078
- 2001 冬物語 ................. 5450
- 2010 冬のライオン ........... 5442

## リリパット・アーミー
- 1991 一郎ちゃんがもっと行く ……………… 0524
- 1993 毒薬と老嬢 ………… 4211
- 1994 桃天紅 ……………… 4153

## リリパット・アーミーⅡ
- 2007 大阪芝居〜街編 ……… 0942
- 2016 銀の系譜 …………… 1852
- 天獄界〜哀しき金糸鳥 ………………… 4065

## RINK
- 1987 ASHES ……………… 0232

## 燐光群
- 1986 ビヨンド・トーキョー ……………… 5273
- 1988 トーキョー裁判 …… 4198
- 1989 さすらい …………… 2487
- 1991 汚名 ………………… 1097
- カムアウト ………… 1458
- 1993 犬の生活 …………… 0556
- 1993,1994
- くじらの墓標 … 1880 1881
- 1993,1998
- 神々の国の首都 ……………… 1436 1437
- 1994 神田川の妻 ………… 1603
- 1995 アクバルの姫君 …… 0146
- 反戦自衛官=森の中のまわり道 ………… 5098
- 1996 甘い生活 …………… 0317
- 小泉八雲劇場=夜光るもの ……………… 2117
- 1997 漱石とヘルン ……… 3466
- 皮革製造所殺人事件 … 5121
- 1998 沖縄ミルクプラントの最后 …………… 0969
- ロウチ氏の死と復活 ‥ 6862
- 1999 喋る／その後 ……… 2845
- 天皇と接吻 ………… 4096
- トーキョー裁判1999 ‥ 4199
- 2000 南洋くじら部隊 …… 4504
- パウダー・ケグ …… 4734
- 2001 白鯨 ………………… 4759
- BREATHLESS 1990
- ゴミ袋を呼吸する夜の物語 …………… 5530
- ララミー・プロジェクト ………………… 6672
- 2002 最後の一人までが全体である ………… 2388
- 屋根裏 ……………… 6332
- 2002,2003
- CVR チャーリー・ビクター・ロミオ ……………… 2790 2791
- 2003 象 …………………… 3459
- 2004 ときはなたれて …… 4196
- 私たちの戦争 ……… 6989
- 2004,2005
- だるまさんがころんだ ………………… 3747 3748
- 2005 上演されなかった『三人姉妹』 ……… 2978
- パーマネント・ウェイ ………………… 4960
- 2006 壊れた風景 ………… 2348
- さすらい／壊れた風景 ………………… 2488
- スタッフ・ハプンズ ‥ 3270
- チェックポイント黒点島 ………………… 3786
- 民衆の敵 …………… 6112
- 2007 白髪の房／現代能楽集三人姉妹 ……… 3065
- 放埒の人 …………… 5682
- ワールド・トレード・センター ………… 7055
- 2008 戦争と市民 ………… 3436
- ローゼ・ベルント …… 6887
- 2009 現代能楽集 イプセン ………………… 2089
- BUG／バグ ………… 4757
- ハシムラ東郷 ……… 4800
- 2010 アイ・アム・マイ・オウン・ワイフ …… 0009
- 現代能楽集 チェーホフ ………………… 2090
- ザ・パワー・オブ・イエス ………………… 2528
- 3分間の女の一生 … 2651
- 2011 推進派 ……………… 3229
- たった一人の戦争 … 3689
- 2012 ALL UNDER THE WORLD 地球は沈没した ………………… 1127
- 星の息子 …………… 5738
- 2013 カウラの班長会議 … 1239
- 帰還 ………………… 1634
- ここには映画館があった ………………… 2206
- 2014 現代能楽集 初めてなのに知っていた …… 2092
- 8分間 ……………… 4864
- 2015 お召し列車 ………… 1098
- クイズ・ショウ …… 1859
- バートルビーズ …… 4877
- 2016 カムアウト 2016 ←→ 1989 ……………… 1459
- ゴンドララドンゴ … 2359
- 2017 くじらと見た夢 …… 1879
- くじらの墓標2017 … 1882
- 湾岸線浜裏駅高架下 4：00A.M.(土、日除く) ………………… 7066
- 2018 九月、東京の路上で ‥ 1865

## 燐光群＋グッドフェローズ
- 2000 2.5Minute Ride ……… 3960
- 2002 ワンス・アポン・ア・タイム・イン京都 錦小路の素浪人 …… 7068
- 2003 ポッシブル・ワールド ………………… 5755
- 2004 犀 …………………… 2378

# 【る】

## ルドルフ
- 2010 授業 ………………… 2950
- 2011 ルドルフのまっしろけでゴー ……………… 6798
- 2015 COLLAPSAR ……… 2311

## ルナパーク・ミラージュ
- 1998 ロスト・サブウェイ ‥ 6882
- 2001 火男 ………………… 5270

## ルベール劇場
- 1993 マクベス／コリオレイナス／テンペスト … 5872

## ルーマニア国立ラドゥ・スタンカ劇場
- 2002 白痴 ………………… 4768
- 2013 ゴドーは待たれながら ………………… 2266
- ノーラ ……………… 4704
- ルル ………………… 6807

## ルーマニア・ブランドラ劇場
- 1994 冬物語 ……………… 5451
- 1995 ジュリアス・シーザー ……………… 2967
- 2009 解体 タイタス―ローマの没落 ………… 1215

## ルームルーデンス
- 2006 身毒丸 ……………… 3183

## ルンチェルンバシアター
- 2016 桜の森の満開の下 …… 2456

# 【れ】

## レクラム舎
- 1980 いとしいとしのぶーたれ乞食 …………… 0545
- ぼくらは生まれ変わった木の葉のように ‥ 5723
- 1984 タランチュラ ……… 3742
- 1992 ぼくの好きな末の娘 ‥ 5716

## れそら

- 1993 雨降りしきる風の吹く日は―チェーホフ作「桜の園」より …… 0342
- 1994 風の吹く日は―チェーホフ作「かもめ」より …… 1349
- 1995 住めば都も北の空／人類館 …… 3335
- 　　　笑う猫 …… 7049
- 1996 プロローグは汽車の中 …… 5546
- 1997 人類館 …… 3222
- 1998 梅花美しき日々 …… 4712
- 2007 そらの時間ヒトのユメ …… 3548
- 　　　Bench3 …… 5639
- 2010 ダルクの森 アディクション‐依存 …… 3743
- 2012 S町の物語 …… 0814
- 2013 それはさておき恋はくせもの …… 3562

## レ・ゾランジュ・ブル

- 1998 アピりんご …… 0296

## レニングラード・マールイ・ドラマ劇場

- 1989 兄弟姉妹 …… 1776
- 　　　蝿の王 …… 4738
- 　　　夜明けの星たち …… 6488

## 漣

- 2004 久保美芸子ひとり語りⅦ …… 1918

## レンコム劇場

- 1999 かもめ …… 1501

## 錬肉工房

- 1982,1983 水の鏡 …… 6038 6039
- 1987 木蓮沼 …… 6233
- 2001 カフカ …… 1414
- 2002 現代能 ベルナルダ・アルバの家 …… 2097
- 2005 月光の遠近法 …… 2043
- 2013 オイディプス …… 0898

## 【ろ】

## ロイヤル・シェイクスピア・カンパニー

- 1990 じゃじゃ馬ならし …… 2821
- 1991 危険な関係 …… 1650
- 1994 ジュリアス・シーザー …… 2968
- 　　　冬物語 …… 5452
- 1995 恋の骨折り損 …… 2130

- 　　　ヘンリー六世―王冠のための戦い …… 5654
- 1997,2005 夏の夜の夢 …… 4450 4451
- 1998 ロミオとジュリエット …… 6929
- 1999 リア王 …… 6684
- 2000 マクベス …… 5870
- 2001 テンペスト …… 4105
- 2004 オセロー …… 1011

## 六番シード

- 2004 ラストシャフル …… 6641

## ROGO

- 2005 FRAGMENT「F.+2」 …… 5459

## ロサンゼルス・イル・ヴィットリアーレ

- 1989 タマラ …… 3731

## ロシア国立アカデミーマールイ劇場

- 2004 かもめ …… 1502
- 　　　三人姉妹 …… 2642

## ロシア国立オムスクドラマ劇場

- 1998 三人姉妹 …… 2643
- 　　　砂の女 …… 3305

## ロック歌舞伎スーパー一座

- 1991 将門伝説PART2 …… 5878

## ロベール・ルパージュ

- 2016 887 …… 7071

## ロマンチカ

- 1989 薔薇の苔 …… 5028
- 1990 カリギュラ …… 1548
- 1992 悪の教典 …… 0145
- 　　　官能の形態 …… 1605
- 　　　頽廃のオペラ …… 3618
- 1994 メディア～辺境の …… 6194

## 浪漫亭企画

- 1995 おつむてんてん …… 1028

## 浪漫

- 1988 猫一族 …… 4627
- 　　　林檎時計 …… 6782
- 　　　RED CITY …… 6829
- 1989 森林限界抄 …… 3221
- 　　　Heaven …… 5605

## ロングラン・シアター

- 1984 裸足で散歩 …… 4825

## 【わ】

## WI'RE

- 2002 MESS …… 6188

- 2013 ひとがた …… 5190

## Y・K・K

- 2000 COLOR …… 1506

## WOWOW

- 2013 テイキングサイド～ヒトラーに翻弄された指揮者が裁かれる日 …… 3980

## 惑星ピスタチオ

- 1994 俺たちは志士じゃない …… 1141
- 1997 熱闘!!飛龍小学校☆パワード …… 4647
- 1998 大切なバカンス …… 3599
- 1999 破壊ランナー …… 4743
- 2000 4人のN氏 …… 6551

## 匂組

- 2017 ミロンガ …… 6110

## 早稲田「新」劇場

- 1980 大いなる道化たち …… 0933
- 　　　我鳥と家鴨のブギウギ、ウギ …… 7020
- 1981 泥棒物語―追いつ追われつ、ういしゃばだ …… 4338
- 1982 ら・とてちーた …… 6653
- 1985 わいわいせっせー〈男と女〉の即興劇パートⅡ …… 6945

## 早稲田銅鑼魔館

- 1984 敷布を捲って虹色世界 …… 2712
- 1986 誘惑女神 …… 6413

## ワタナベエンターテインメント

- 2013 十二夜 …… 2939
- 2017 関数ドミノ …… 1599
- 2018 5DAYS～辺境のロミオとジュリエット～ …… 5309

## 渡辺源四郎商店

- 2007 小泊の長い夏 …… 2267
- 2010 ヤナギダアキラ最期の日 …… 6329
- 2014 さらば!原子力ロボむつ～愛・戦士編～ …… 2574

## WAHAHA本舗

- 1991 シェイクスピアだよ!全員集合!! …… 2687

## 悪い芝居

- 2010 らぶドロドロ人間 …… 6665
- 2014 スーパーふぃクション …… 3319
- 2015 キスインヘル …… 1662
- 2018 ラスト・ナイト・エンド・ファースト・モーニング …… 6645

**ONEOR8**
  2010 絶滅のトリ ............ *3402*

**ワンダープロダクション**
  2001 ロード・ショー ........ *6896*

**WANDERING PARTY**
  2008 レオナール・FS改 ... *6824*

**ワンツーワークス**
  2013 息をひそめて―シリア
      革命の真実 ........... *0479*
      奇妙旅行 ............... *1709*
      恐怖が始まる .......... *1781*
  2014 海のてっぺん .......... *0741*
  2015 誰も見たことのない場
      所2015 ................. *3756*
  2016 死に顔ピース .......... *2775*
  2017 アジアン・エイリア
      ン ....................... *0183*
      消滅寸前（あるいは逃
      げ出すネズミ）....... *3017*
  2018 蝿の王 ................... *4739*

## 【 英数字 】

**68/71黒色テント**
  1980 西遊記 .................... *2400*
      「処置」および「処
      置」について ......... *3038*
  1981 夜と夜の夜 ............. *6564*
  1982 宮沢賢治旅行記 ....... *6090*
  1985 ヴォイツェク ........... *0653*
  1986 真夏の夜の三人姉妹 .. *5948*
  1988 逆光線玉葱 ............. *1726*
      黒色テント版・三文オ
      ペラ .................... *1993*
      プロレタリア哀愁劇
      場 ....................... *5544*

**DV8 Physical Theatre**
  1998 エンター・アキレス .. *0891*

**P3 art and environment**
  1995 マインド・キング ..... *5835*

**SITI**
  1992 オレステス ............. *1139*
  1994 スモール・ライフ／
      ビッグ・ドリーム ... *3337*

作家・演出家名索引

## 【あ】

アイク, ロバート ……… 4373
相沢 史郎 ……………… 0794
アイスキュロス …… 0923 0928
　0929 1126 2464 2465 5148
会田 由 ………………… 0466
合馬 百香 …… 0163 1060 1871
　3162 4698 4772 5118 5741
相馬 杜宇 ……………… 6481
アイヒ, ギュンター …… 1863
アイム, ヴィクトル …… 3036
アイン, ドゥエルナ …… 1387
青井 陽治 …… 0266 0303 0304
　0735 0736 0834 0854 1213
　1468 2463 2838 3037 3040
　3186 3187 3189 3214 3237
　3374 3375 3392 3537 3667
　3780 3783 4227 4228 4275
　4954 5169 5288 5454 5559
　5642 5663 5663 5977 6047 6395
　6621 6735 6817 7021 7023
青木 謙介 ……………… 6137
青木 豪 …… 0815 1038 1153
　1574 1744 1856 1963 2125
　2410 2652 2850 2939 3549
　4203 4770 4771 5191 6760
青木 砂織 ……………… 3024
青木 笙子 ……………… 2727
青木 秀樹 ……………… 0806
青島 利幸 ……………… 4669
青田 ひでき …………… 5922
青柳 敦子 ……………… 5639
青山 真治 ……………… 1980
赤石 武生 …… 0342 1349 3222
　3335 3742 4712 5546 5716
赤川 次郎 ……………… 6442
赤堀 雅秋 …… 0312 1350 2498
　3312 3945 4235 5374 5600
アーカリ, ジェイスン …… 5867
阿寒 弁 ………………… 3741
秋 房子 ………………… 5466
秋田 雨雀 …… 1763 2648 4117
秋之 桜子 ……………… 1935
秋浜 悟史 …… 0277 0720 1645
　1807 2571 2572 3000 3103
　3317 3657 6122 7004 7005
秋本 一平 ……………… 5321
秋元 松代 ……………… 1302
　1690 1819 1820 2111 2112
　2113 3170 3806 3985 4501
　5166 5167 5168 5228 5702

　5949 6149 6150 6151 6358
　6359 6360 6361 6820
秋山 シュン太郎 …… 2146 5630
秋山 伸子 ……………… 6343
芥川 比呂志 …… 0429 0754 0755
芥川 龍之介 …… 1384 3126
　6333 6334 6635 6636 6637
阿栗 きい ……………… 5769
揚野 浩 ………………… 5544
アゲバティ, モハメド …… 0890
阿古 健 …………… 1204 5618
あごう さとし ………… 3043
　4805 5119 5258 6727 6824
浅井 星太郎 …… 4415 4680
浅香 寿穂 ……………… 5785
朝倉 摂 ………………… 5730
浅田 次郎 …… 4056 6197 6198
糾 ……………………… 0927
浅沼 一彦 ……………… 6067
浅野 利昭 ……………… 1045
　1556 1557 2860 3386
浅野 佳成 ……………… 0580
　1456 1485 1486 1487 1715
　1716 1717 1718 1719 1720
　1724 2220 2256 2632 2661
　2873 2874 2875 2876 3387
　3431 3432 3592 3690 3691
　4005 4343 4987 5058 5479
　5623 5624 5732 5733 5734
　5950 5951 5952 5953 6664
浅野 玲子 ……………… 6420
朝比奈 尚行 …… 0375 6179
アザマ, ミシェル …… 2900 2901
朝深 大介 …… 0942 1852
浅利 慶太 ……………… 0117
　0208 0303 0304 0387 0427
　0428 0437 0438 0595 0640
　0801 0802 0841 0874 1081
　1082 1103 1124 1161 1162
　1163 1164 1602 1728 1729
　1730 2223 2277 2278 2310
　2713 2728 2729 3780 4313
　4973 4974 4975 5097 5129
　5159 5225 5344 5521 5610
　5966 6429 6442 6480 6596
　6706 6874 6918 6955 6956
芦沢 醸 ………………… 5427 5821
芦沢 みどり …………… 1977
　2276 3157 5260 5340 6938
芦野 すなお …………… 3358 3359
アシャール, マルセル …… 1148
アシュマン, ハワード
　…………………… 6735 6736
アシュマン, マイク …… 1567
東 理子 ………………… 4455
麻創 けい子 …… 3999 5003

アタイド, ロベルト …… 5986
安達 紫帆 ……………… 1177
　2124 2284 2679 4204 4234
　6046 6205 6943 7010
安達 紀子 ……………… 2152
安達 まみ ……………… 2684
アダバシアン, アレクサンドル
　………………………… 1631
アーチャー, ジェフリー … 3131
アッカーマン, ロバート・アラン
　…………… 0439 0491 0883
　0884 0886 1523 1926 2048
　3296 4581 4793 5029 6136
アッテンボロー, マイケル
　………………………… 6929
阿藤 智恵 ……………… 1657
　2734 3169 3862 5593 5809
跡見 梵 ………………… 3052
　4019 4020 4023 6514
穴澤 万里子 …………… 6436
アーニー, ランダル …… 6658
アニシモフ, レオニード
　………………… 0541 6191
アヌイ, ジャン …… 0387 0427
　0428 0429 5225 5226 6480
アブラーモフ, フョードル
　………………………… 1776
安部 公房 ……………… 0839
　1093 1793 2424 2942 2984
　3305 4262 4263 6410 6411
阿部 照義 …… 0114 1244 5073
阿部 初美 ……………… 5680
阿部 日奈子 …………… 1414
阿部 廣次 …… 1012 1669
　3831 3944 4681 5709 6434
アボット, ジョージ …… 0716 1739
天衣 織女 …… 1564 4138 5414
天野 天街 …… 0185 0488
　1299 2012 2382 2792 2797
　3336 3810 3869 4049 4050
　4633 5147 5954 5978 6839
尼宮 玲子 ……………… 1741
アーメスト, セバスチャン
　………………………… 4758
飴屋 法水 ……………… 1094
　3110 3252 3253 4058 4059
　5031 6096 6592 6599 7056
綾田 俊樹 ……………… 0333
　0958 1378 2036 2304 2647
　2759 3236 5464 7019
彩乃木 崇之 …………… 0637
彩花 みん ……………… 0122
アヤマン, デヴィッド …… 2681
鮎川 めぐみ …………… 5560
あらい 汎 ……………… 1126
荒川 哲生 ……………… 0066

あらた　　　　　　　　　　作家・演出家名索引

　　　　　2804　5024　5092
荒谷 清水 ……………… 6315
アラバール … 2102　4821　5403
荒巻 正 ………………… 6466
荒俣 宏 ………………… 5699
有島 武郎 ……… 0376　1197
アリストパネス ………… 1191
有行 端 ………………… 6767
有吉 佐和子 …… 0510　4887
　　4888　4889　4890　5494　5495
アリョーシン, サムイル ‥ 6848
アーリンズ, リン ……… 2004
アルカサバ・シアター …… 0357
アルツィーバシェフ, セルゲイ
　　　　　　　　　　　2082
アルトー, アントナン
　……………………… 0619　3800
アルバッサーム, スレイマン
　……………………………… 0395
アールパード, ゲンツ …… 4014
アルファイアリー, リチャード
　……………………………… 3223
アルブーゾフ ‥ 0597　1741　2292
　4831　5402　5496　6560　6997
アルベリィ 信子 ………… 2356
アルボム, ミッチ ……… 6273
アレキサンダー, ビル …… 2821
アレーグル, ジャン=ポール
　……………………………… 0270
　3311　4063　4064　7009　7072
アレン, ウディ ………… 3684
アレン, クローディア
　………………………… 5429　5432
アロンソ・デ・サントス, ホセ・ルイス …………… 6278
安西 徹雄 ……………… 1070
　1513　2782　2926　3782　4720
　5440　5904　5905　5906　5987
　　　6588　6682　6849　6885
安西 美智子 ……… 2221　2800
アンダーソン, ジェーン ‥ 5566
アンダーソン, ロバート ‥ 0684
アンデルセン …………… 0850
安東 伸介 ……… 1081　1082
安堂 信也 ……………… 2247
　2248　2251　2254　2255　2256
　　　2257　2673　2674　2675
安保 健 ………………… 3820

【い】

李 康白 ……… 2710　3726　3740

李 光 …………………… 6751
李 盤 …………… 2897　3527
李 炳烈 ………… 3517　3518
李 潤澤 ………… 2299　6897
飯尾 憲士 ……………… 1460
飯沢 匡 ………… 1266　2374　2885
　2886　3483　3493　4507　4508
　　5426　5571　6212　6221　6585
飯島 研 ………………… 1593
飯島 早苗 ……… 0053　0364
　1563　2076　2869　3184　3338
　3538　3597　3628　4292　4293
　4736　5156　5664　5665　5771
　　5902　6033　6062　6783　6819
飯田 かおり …………… 0570
飯村 弘一 ……………… 5487
イェリネク, エルフリーデ
　……………… 1725　3330　5133
五十嵐 明 ……………… 6754
五十嵐 康治 …………… 1727
　　　　　2522　3361　5673
IKUO三橋 ……… 0588　6243
生田 みゆき …………… 2390
生田 恵 ………………… 0241
生田 萬 ………… 0092　0502
　0660　1230　1277　1640　2027
　3220　3246　3727　3728　3784
　4495　4522　4658　5483　6312
　　6376　6573　6574　6575　6576
池内 紀 ………… 2663　3090　3193
池内 文平 ……………… 4140
池内 美奈子 …… 4943　6658
池田 一臣 ……… 2156　6422
池田 健太郎 …………… 0608
　　　　　1476　1483　1495
池田 弘太郎 …………… 3471
池田 成志 ……… 2732　4902　5109
池田 政之 ……………… 1643
　　1672　2013　2194　2445
　2450　2705　2857　2908　3125
　3688　3747　4894　4925　5382　5677
　　　5728　5845　6326　6557
池田 祐佳理 …………… 0239
　0240　1274　1891　2022
　2069　2503　3315　3959　4181
　　4191　4781　6012　6785
池田 理代子 …………… 5618
伊坂 幸太郎 …………… 2776
伊沢 磨紀 ……………… 6283
石井 章雄 ……………… 1076
石井 君子 ……………… 0012
石井 貴久 ……… 0840　3566
石井 ふく子 …… 0193　2153
石井 惠 ………… 6900　6901
石岡 三郎 ……………… 3464

石上 慎 ………………… 3907
石川 耕士 ……… 0229　1398　3117
　3136　3429　4425　5932　6290
石川 樹里 ……………… 1376
　2227　3740　3845　5616　6003
石川 妙子 ……………… 0367
石川 螢 ………………… 1829
石川 裕人 ……… 2893　5899
石川 若枝 ……………… 1370
　　　　　1561　5213　5553
イシグロ, カズオ ……… 6321　6984
石黒 英男 ……………… 4186
石崎 収 ………………… 3418
石崎 一正 ……… 3872　4224　6993
石澤 秀二 ……………… 0702
　1434　1688　1690　2172　2237
　2657　2855　3101　3139　3194
　3605　3805　4779　5963　6374
石澤 富子 ……… 1260　6233
石塚 千明 ……………… 5310
石田 衣良 ……………… 3003
石田 和男 ……………… 7069
伊地知 克介 …… 0276　2205
石塚 克彦 ……… 0771　6153
石橋 幸 ………………… 2449
石橋 蓮司 ……… 0338　1040　1128
石原 哲也 ……………… 3026
石原 燃 ‥ 1657　3082　3098　5197
石丸 さち子 …………… 5309
石森 史郎 ……… 0264　4008　4097
石山 浩一郎 …………… 3106
石山 雄三 ……… 1740　2415
泉 鏡花 ………………… 0503
　0504　0505　0506　0507　0798
　0863　0992　1210　1211　1764
　1873　2126　2140　2162　3062
　3427　3664　4077　4078　4079
　4080　4081　4082　4083　4311
　　5306　6315　6316　6317　6357
泉 三太郎 ……………… 0597
泉 寛介 ………………… 5756
いずみ 凛 ……………… 1505
　　　　　2114　2329　3303　5102
泉田 武二 ……………… 1148
磯村 純 ………………… 0450
　1144　3338　5421　5600　6760
井田 邦明 ……………… 3126
板垣 恭一 ……… 3666　5109
板倉 哲 ………………… 3150
伊武 竜太 ……………… 3762
伊丹 十三 ……………… 5155
一尾 直樹 ……………… 5901
市川 明 ………………… 0388
　0436　2087　3384　3680　6857

作家・演出家名索引　　　　　　　　　　　　　　　　　　　　　　いわた

市川 猿之助 ‥ 2105 2971 6751
市川 敬太 …… 2549 3502 7053
市川 崑 …………………… 3012
市川 森一 ……………… 0649
　　　　　　3844 3871 6708
市川 正 …… 1625 4142 5913
市川 夏江 ……………… 3249
壱組 ……………………… 3650
一条 さゆり …………… 4236
市堂 令 ……………… 0071 0072
　0399 0522 0528 1809 2260
　2392 2394 2576 3175 3178
　3179 6045 6138 6254 6431
五木 寛之 ……… 3363 6854
一色 伸幸 ……………… 1900
一跡二跳 ………………… 3755
井出 伊代子 …………… 0172
伊藤 明子 ……………… 3371
伊藤 一尋 ……………… 5132
伊藤 勝昭 ……………… 1028
　　　　　　2941 3527 5038
伊東 幸一郎 …………… 2002
伊藤 祥子 ……… 3942 6145
いとう せいこう ……
　　　　　　2265 2266 2304
伊藤 精治 ……………… 0232
伊藤 多恵 ……………… 5378
伊藤 ちひろ …………… 1823
伊藤 漢 ……… 0946 3160
　3285 3822 5192 5193 5959
伊藤 洋 ……… 5382 5383
伊東 弘充 ……… 0912 4269
伊藤 昌弥 ……………… 3815
伊藤 大 ……… 1133 1545
　1712 2504 2870 3033 3669
　3767 4667 5081 6154 6666
伊東 由美子 …………… 1337
　　　　　　3146 3811 6937
イトウ ワカナ ………… 3911
稲岡 正順 ……………… 1550
　　　　　　3872 4224 5335
稲垣 純 ………………… 2915
稲川 実代子 …………… 2141
稲田 真理 ……………… 4175
　　　　　　6085 6761 6949
稲葉 賀恵 ……… 2171 2043 4682
戌井 昭人 ……… 0096 3589 4366
戌井 市郎 ……………… 0665
　0950 0991 1117 1119 1186
　1187 1188 1189 1190 1222
　1223 1224 1273 1343 1345
　1392 2147 2469 3132 3202
　4205 4393 4888 4889 4914
　5059 5163 5494 5495 5984
　5989 6121 6322 6323 6386

　　　　　　6493 6526 6571 6675
乾 英一郎 …………… 0468 0469
犬井 邦益 …………… 1208 4488
乾 燿 ………………… 1301 3128
井上 思 ……………………… 0169
　　　　　　1493 3721 4035 5304
井上 浩司 …………………… 4716
井上 こころ ………………… 7047
井上 幸子 …………………… 0663
　　　　　　1000 1220 1221 1375
井上 尊晶 …………… 1008 1321
　2815 2986 3201 3838 5712
井上 享 ……………………… 2243
井上 智昭 …………………… 1342
井上 ひさし ………………… 0271
　0330 0331 0552 0553 0554
　0555 0571 0572 0573 0574
　0662 0663 0889 1109 1452
　1453 1454 1455 1692 1693
　1695 1799 1800 1801 1802
　1923 2030 2031 2184 2185
　2186 2187 2288 2289 2807
　2880 2881 2882 2889 2890
　3180 3276 3277 3278 3279
　3280 3281 3282 3558 3584
　3585 3586 3587 3588 3823
　3824 3825 4107 4108 4109
　4146 4166 4167 4391 4396
　4561 4562 4563 4564 4601
　4602 4603 4604 4782 4802
　4803 4921 4922 4941 5413
　6000 6001 6226 6227 6228
　6229 6250 6336 6337 6338
　6339 6366 6424 6425 6456
　6457 6462 6462 6463 6468
　6469 6851 6906 6961 7011
いのうえ ひでのり … 0584 0935
　1219 3262 3263 3806 3877
　4212 4213 4456 4904 4905
　5025 5293 5508 5737 6318
井上 裕朗 …………………… 3924
井上 弘久 …………… 1356 3501
井上 文夫 …………………… 3779
井上 文勝 …………………… 2329
井上 優 ……………………… 5007
井上 光晴 …………………… 0188
　　　　　　　　0191 4833 5989
井上 靖 ……… 0074 0075 6766
いのべ けんじ ……………… 4828
井原 西鶴 …………………… 0068
　　　　　　　　2146 2147 2379
茨木 のり子 ………………… 6765
伊吹 武彦 …………………… 4005
井伏 鱒二 …………………… 2896
イプセン …………………… 0576
　0577 0742 0743 3058 3204
　3205 3444 3553 3782 4589

4590 4591 4592 4593 4594
4681 4682 4683 4702 4703
4704 4706 5406 5407 5578
5579 5580 5581 5582 5583
5584 5585 5586 5587 5588
5615 5616 5617 6401 6402
6403 6404 6587 6588 6589
　　6590 6884 6885 6886
イブラヒム, ジョージ …… 1422
イボットソン, エヴァ …… 3569
今井 麻緒子 ……………… 4990
今泉 浩一 ………………… 4305
今門 洋子 ………………… 4910
今西 俊夫 ………………… 4783
今村 昌平 …… 0795 0796 4142
今村 由香 …… 1250 2533 2534
井宮 和杏 ………………… 5565
林 英雄 …………… 1460 2252
井村 順一 …………… 0596 4318
井森 雅人 ………………… 1484
　1524 2433 2631 5220 5350
イヨネスコ …… 0403 0500 0501
　0593 2040 2258 2376 2377
　2378 2472 2948 2949 2950
　4779 5301 5302 5303 5397
入市 翔 …………… 3126 5392
イリインスキー ………… 2444
入江 洋佑 ………………… 2810
　　　　　　　4935 5160 6347
入谷 俊一 ………………… 0496
　0707 1681 1780 1827 2271
　　4525 4886 6570 6656
岩井 秀人 ………………… 3973
　　　　　　　3974 4029 4399
磐城 春 …………………… 1627
岩切 正一郎 ‥ 0390 1547 2171
　2253 4329 4411 4542 5563
岩浅 豊明 ………………… 3472
岩崎 正裕 ………………… 0179
　0194 0487 0678 0780
　0813 0823 0944 0945 1232
　1247 1259 1288 1418 1498
　1529 2021 2199 2200 2201
　2767 2839 3269 3332 3347
　3508 3537 3555 3556 3659
　3808 3885 4165 4255 4540
　4875 5067 5545 6427 6631
　6781 6789 6835 6990
岩下 俊作 ………………… 6144
岩瀬 成子 ………………… 0177
岩瀬 孝 …………… 2016 3813
岩田 信市 ………………… 5878
岩田 豊雄 …… 1760 3581 6797
岩田 直二 ………………… 0941
　　　　　　　4589 6282 6913
岩田 治彦 ………………… 4798

岩谷 時子 ……………… 1902
　　2706　2728　2729　3515　3516
　　6028　6621　6662　6836　6837
岩橋 貞典 ……………… 3739
岩淵 達治 ……………… 1558
　　1714　1717　1718　1720　1724
　　1725　2174　2220　2660　2661
　　3019　3030　3227　3387　3590
　　3591　3774　4710　5009　5058
　　5950　5951　5952　5953　6157
　　　　6161　6275　6367　6787
岩間 芳樹 ……………… 5962
岩松 了 ……………… 0023　0024
　　0070　0100　0189　0411　0515
　　0520　0660　1021　1029　1030
　　1284　1296　1488　1496　1610
　　1988　2044　2045　2118　2119
　　2191　2349　2641　2644　2686
　　2798　2969　3271　3272　3273
　　3299　3612　3656　4046　4264
　　4453　4517　4518　4830　5422
　　5423　5638　5875　5929　6042
　　6550　6776　6844　7026　7037
岩村 久雄 ……………… 1084
　　　　1457　2639　4246　5062
　　　　5063　5266　5345　5666
岩本 巧 ………………… 5574
イングルスルード、リアン
　　　　　　……………… 1127　4759
インジ、ウィリアム ‥ 1217　1249
印南 貞人 ……………… 0782　1405
　　2006　3812　4179　4433　5161

【う】

于 黛琴 ………………… 2172
ヴァイトクス、ヨーナス ‥ 2421
ヴァイル、マルク ……… 2315
ヴァムピーロフ、アレクサンド
　ル ‥ 6134　6135　6234　6235
ヴィアン、ボリス ……… 3986
ヴィスニユック、マテイ … 1624
　2872　2873　2874　2875
　2876　3431　3432　3433　4218
　4219　4220　4405　4406　4552
　　　　4936　5479　5658　5936
ヴィトケヴィッチ ……… 4930
ヴィトラック、ロジェ … 3019
ヴィナヴェール、ミッシェル
　　……………………… 4310
ヴィラー、ヨッシー …… 4710
ヴィラヌエヴァ ………… 3065
ウィリアムズ、クリフォード
　　……………………… 2435

ウィリアムズ、テネシー ‥ 0228
　　1519　1520　1521　1522
　　1523　1524　1525　1526　1527
　　2284　2393　2718　2719　2720
　　2721　2904　3296　3360　4019
　　4021　4022　4023　4303　4368
　　4693　5027　5393　6206　6308
　　6309　6503　6504　6505　6506
　　6507　6508　6509　6510　6511
　　6512　6513　6514　6515　6516
　　　　6517　6518　6519　6861
ウィルソン、ランフォード
　　……………………… 0794
ウィルソン、ロバート
　　……………… 3972　4557　5619
ウィンフィールド、ジェス
　　……………………… 2646
ウェアーズ、サーシャ … 0268
ヴェイス、カーリー …… 0207
ウェスカー、アーノルド ‥ 0059
　　　1679　1958　2052　2536
　　　　2810　3876　6093
上杉 祥三 ……………… 0952
　　　　　　5668　5669　5670
ウェストール、ロバート
　　……………… 1032　1033　1562
上田 一軒 ……………… 0308
　　0654　2766　2828　3662　4722
　　4895　5795　6660　6661
上田 邦義 ……………… 5406　5407
上田 浩二 ……………… 4343
上田 次郎 ……………… 4559
植田 神爾 ……………… 5618
上田 岳弘 ……………… 4513
上田 ボッコ …………… 5980
上田 誠 ‥ 1295　1685　2535　2788
　　3699　5286　5843　6392　6902
上田 泰人 ……………… 3629
ヴェデキント、フランク ‥ 5060
　　　　　　6806　6807　6808
上野 歌子 ……………… 5113
上野 日呂登 …………… 4867
上原 一子 ……………… 3712　5531
上原 裕美 ……………… 3299
上原 美香 ……………… 3275
ウェブスター、ジョン
　　……………………… 3093　5987
ウェブスター、マックス ‥ 6163
ヴェベール、フランシス
　　……………… 1063　4748　4749
植村 達雄 ……………… 0018　0019
　　0040　0776　1207　1407　2473
　　3096　3357　4147　5065　5120
　　5150　6016　6257　6774　6950
上村 良介 ……………… 4847
ウェラー、マイケル …… 3329

ヴェラ、ロディ ………… 1646
ウェラン、ピーター …… 4954
ヴェルガ、ジョヴァンニ ‥ 1238
ヴェルディ ……………… 0310
ヴェルヌーユ、ルイ …… 5103
ウォーカー、ジョージ・F. ‥ 3492
ヴォーゲル、ポーラ …… 0775
ウォーターハウス、キース
　　……………………… 0681
ウォートン、ウィリアム ‥ 4867
ウォラー、R.J. ………… 5927
ウォーリー木下 ………… 0289
　　2708　5751　6333　6875
ウォルシュ、エンダ …… 5032
ウォルフォード、グレン
　　……………… 0641　1514　5853
ウォレス、ナオミ ……… 4866　4867
ウォン、デイヴィッド・ヘン
　リー ……………………… 0844
ウォン、ディック ……… 4305
鵜澤 秀行 ……………… 0916
薄井 ゆうじ …………… 2243
内垣 啓一 ……………… 2175　2176
内田 透 ………………… 2897
　　　2945　5709　5744　7065
内田 百閒 ……………… 2561　2562
内田 喜彦 ……………… 0466
内田 麟太郎 …………… 4266
内村 光良 ……………… 4312
内村 直也 ……………… 1652
　　　3706　6580　6582　6583
うちやま きよつぐ …… 0165
内山 鶉 ………………… 0621
　1197　1305　1788　1790　2345
　2723　3531　4423　4594　5214
　　　5783　6780　6795　6986
内山 寛 ………………… 4006
ウーテン、J. …………… 4836
鵜戸 聡 ………………… 2333
ウトカレウ、ペトル …… 2166
　　2246　2258　2872　2873
　2874　2876　4985　4986　4987
　　5124　5125　5302　5936
宇野 イサム …………… 1700　4527
宇野 邦一 ……………… 0405　3754
宇野 重吉 ……………… 0866　1196
　1444　2292　2361　2726　2911
　3594　3706　4423　4742　6954
宇野 信夫 …… 1967　2151　3111
梅澤 葉子 ……………… 5835
梅田 晴夫 ……………… 0045
　0046　0954　0997　0998　1167
　　1516　2016　2133　2705
梅谷 二美 ……………… 1274

作家・演出家名索引　　おおた

| | | | |
|---|---|---|---|
| 梅林 貴久生 ............... | | | 4475 |
| 鵜山 仁 ............... | | 0029 | 0041 |
| 0107 | 0128 | 0220 | 0271 | 0382 |
| 0600 | 0643 | 0662 | 0807 | 0889 |
| 0976 | 0997 | 0998 | 1022 | 1063 |
| 1087 | 1106 | 1179 | 1180 | 1190 |
| 1246 | 1286 | 1328 | 1361 | 1362 |
| 1363 | 1364 | 1452 | 1453 | 1575 |
| 1600 | 1635 | 1645 | 1664 | 1751 |
| 1760 | 1860 | 1909 | 1995 | 2091 |
| 2134 | 2289 | 2296 | 2312 | 2332 |
| 2338 | 2342 | 2404 | 2427 | 2465 |
| 2533 | 2534 | 2670 | 2676 | 2738 |
| 2786 | 2827 | 2835 | 2858 | 2871 |
| 2933 | 2938 | 2959 | 3077 | 3078 |
| 3109 | 3113 | 3114 | 3129 | 3130 |
| 3159 | 3342 | 3528 | 3530 | 3667 |
| 3709 | 3823 | 3824 | 3825 | 3903 |
| 3917 | 3918 | 3938 | 4056 | 4319 |
| 4332 | 4380 | 4471 | 4578 | 4601 |
| 4602 | 4603 | 4604 | 4616 | 4662 |
| 4714 | 4748 | 4749 | 4801 | 4802 |
| 4814 | 4883 | 4893 | 5071 | 5153 |
| 5327 | 5343 | 5383 | 5428 | 5517 |
| 5612 | 5620 | 5648 | 5650 | 5655 |
| 5820 | 5840 | 5842 | 6000 | 6001 | 6084 |
| 6134 | 6135 | 6236 | 6237 | 6271 |
| 6293 | 6309 | 6424 | 6425 | 6464 |
| 6485 | 6513 | 6680 | 6687 | 6693 |
| 6718 | 6851 | 6889 | 6890 | 6940 |
| 浦 雅春 ............... | | 2077 | 7035 |
| 浦田 徳久 ............... | | | 0798 |
| 浦辺 千鶴 ............... | | 1705 | 3923 |
| 浦部 喜行 ............... | | | 4661 |
| ウーリー、アルフレッド |
| ............... | | 4271 | 4272 |
| 瓜生 正美 ............... | | | 1460 |
| | | 2227 | 2367 | 3362 |
| ウルバートン、リンダ .... | | | 5159 |
| うわや みほこ ............... | | | 5824 |

【 え 】

| | | | |
|---|---|---|---|
| エアー、ロナルド .... | | 4321 | 4322 |
| 衛 紀生 ............... | | | 3622 |
| 永 六輔 ............... | | 3572 | 3573 |
| エイクボーン、アラン .... | | | 0575 |
| 0718 | 1154 | 2128 | 2302 | 2303 |
| 2314 | 2537 | 3341 | 4032 | 4113 |
| 4242 | 4764 | 4943 | 5287 | 5427 |
| 5635 | 5764 | 6011 | 6114 |
| 永戸 俊雄 ............... | | | 5984 |
| エヴァンス、ジョン・モーガン |
| ............... | | | 4225 |
| エウリピデス ...... | | 0923 | 0924 |

| | | | |
|---|---|---|---|
| 0925 | 0926 | 0928 | 0929 | 1126 |
| 1138 | 1139 | 2464 | 2465 | 2954 |
| 2955 | 4327 | 4328 | 4851 | 4852 |
| 5148 | 6191 | 6192 | 6193 | 6194 |
| エクス・マキナ・ケベック ... | | | 5291 |
| エスペル、ヌリア ...... | | 0851 | 0852 |
| エップス、シェルドン ...... | | | 5503 |
| エティエンヌ、マリー＝エレーヌ |
| ............... | | | 4878 |
| エデルソン、アリ ...... | | 0618 | 1468 |
| 江戸 馨 ............... | | | 0972 |
| 江戸 馬齢 ............... | | | 1746 |
| 江藤 淳 ............... | | | 3855 |
| エドガー、ディヴィッド |
| ............... | | 0401 | 5640 |
| 江戸川 乱歩 ............... | | | 1999 |
| | | 2000 | 4927 | 6123 |
| エドマンドソン、ヘレン .. | | | 0441 |
| 榎本 滋民 ............... | | | 0075 |
| | | 3713 | 4496 | 5335 |
| 江原 早哉香 ............... | | | 0724 |
| 1624 | 2174 | 3433 | 3774 | 4405 |
| 4406 | 4552 | 4936 | 5658 |
| 江原 吉博 ............... | | | 6610 |
| エブ、フレッド ...... | | 1733 | 2706 |
| FOペレイラ宏一朗 ............... | | | 4217 |
| エフレーモフ、オレグ |
| ............... | | 0996 | 1499 | 3140 |
| エーフロス、アナトーリイ |
| ............... | | | 2431 | 4412 |
| エーメ、マルセル ............... | | | 3712 |
| 柄本 明 ...... | | 1341 | 1488 | 1610 |
| 2434 | 2633 | 2772 | 3504 | 4443 |
| 江本 純子 ............... | | | 3990 |
| 江守 徹 ............... | | | 0213 |
| 0634 | 0635 | 1189 | 1495 | 1823 |
| 1981 | 1982 | 2104 | 3519 | 3804 |
| 3821 | 4089 | 4194 | 4509 | 4890 |
| 4995 | 6359 | 6516 | 6571 |
| エリオット、ケネス ...... | | | 5107 |
| エリオット、スコット ...... | | | 4172 |
| エリオット、T.S. ...... |
| | | 1728 | 1729 | 1730 |
| 江里口 喬 ............... | | | 0537 |
| エリス、スコット ............... | | | 0433 |
| エリス、デボラ ............... | | | 3303 |
| エルドマン、ニコライ ...... | | | 5139 |
| エルトン、ベン ............... | | | 5759 |
| エンクイスト、ペール・ウーロフ |
| ............... | | 3423 | 6827 |
| エンゲル、アンドレ ...... | | | 2589 |
| エンスラー、イヴ ............... | | | 5877 |
| 円地 文子 ............... | | | 3029 |
| エンデ、ミヒャエル ...... | | | 6266 |

| | | | |
|---|---|---|---|
| 遠藤 麻子 ............... | | | 6533 |
| 遠藤 周作 ............... | | 3890 | 4383 |
| 遠藤 琢郎 ............... | | 1304 | 6314 |
| 遠藤 宜彦 ............... | | | 4840 |
| 遠藤 吉博 .... | | 0649 | 6362 | 6524 |

【 お 】

| | | | |
|---|---|---|---|
| 呉 泰錫 ...... | | 3642 | 4280 | 5212 |
| 王 景愚 ............... | | | 2172 |
| オーウェル、ジョージ |
| ............... | | 0275 | 4373 |
| オーウェン、ゲイリー ...... | | | 1085 |
| 扇谷 国男 ............... | | | 3907 |
| 大井 敦代 ............... | | | 1698 |
| 大石 静 ............... | | | 1560 |
| 大岩 誠 ............... | | | 4206 |
| 大岩 真理 ............... | | | 6064 |
| 大内 三朗 ............... | | | 7053 |
| 大江 祥彦 ...... | | 1088 | 3777 | 5845 |
| 大岡 昇平 ............... | | | 4697 |
| 大垣 肇 ............... | | 1404 | 1405 |
| 大川 豊 ............... | | | 3809 |
| 大木 宏斗 ............... | | | 4220 |
| 大久保 昌一良 ............... | | | 5636 |
| 大久保 輝臣 ............... | | | 0711 |
| | | 1651 | 5302 | 5303 |
| 大熊 隆太郎 ............... | | 2556 | 5194 |
| おおこうち なおこ ............... | | | 2488 |
| 大河内 なおこ ............... | | | 2378 |
| 大崎 さやの ............... | | | 5388 |
| 大沢 秋生 ............... | | | 3509 |
| 大沢 直行 ............... | | 4623 | 6178 |
| 大澤 遊 ............... | | | 6606 |
| 大澤 豊 ............... | | | 2666 |
| 大島 かおり ............... | | | 6266 |
| 大島 信久 ............... | | | 1147 |
| 大島 真寿美 ............... | | | 0081 |
| 大城 貞俊 ............... | | | 6356 |
| 大城 立裕 ............... | | 5501 | 6501 |
| 大杉 祐 .. | | 2335 | 2480 | 2481 | 2483 |
| 3186 | 3617 | 5689 | 5690 | 5691 |
| おおすみ 正秋 ............... | | | 5367 |
| 太田 和司 ............... | | 0081 | 2866 |
| 太田 省吾 ............... | | | 0218 |
| | | 0405 | 0876 | 1338 | 1628 |
| 1629 | 2298 | 2299 | 2300 | 2301 |
| 2568 | 2569 | 3192 | 3304 | 3333 |
| 3452 | 3751 | 3834 | 4435 | 5679 |
| 5680 | 5681 | 5726 | 6035 | 6036 |
| | | 6037 | 6041 | 6319 | 6320 |

| | | |
|---|---|---|
| 太田 丈太郎 | | 4515 |
| 太田 善也 | 3947 6273 | 6674 |
| 太田 竜 | | 0305 |
| 大鷹 明良 | | 3049 |
| | 5250 6137 | 6238 |
| 大竹野 正典 | 0481 | 0981 |
| | 2545 2546 2561 2562 | 2563 |
| | 3679 4114 4115 5356 | 6053 |
| | 6054 6055 6354 6355 | 6565 |
| 大谷 潔 | | 0173 |
| 大谷 薫平 | | 4869 |
| 大谷 賢治郎 | 2106 | 4117 |
| 大谷 直人 | | 3362 |
| 大谷 美智浩 | 2341 2787 | 5707 |
| 大谷 亮介 | | 0963 |
| | 1229 2494 3624 3854 | 4442 |
| | 4784 4785 4869 5272 | 6970 |
| 大塚 直 | | 0360 |
| | 2384 3940 5160 | 6120 |
| 大塚 雅史 | 3203 | 4998 |
| 大坪 雅俊 | | 3778 |
| 鳳 いく太 | | 1104 |
| 鴻 英良 | 3787 | 5835 |
| 大西 信行 | 0268 | 1219 |
| | 1222 1223 1224 1668 | 6680 |
| 大西 弘記 | | 1710 |
| 大野 慶助 | | 3275 |
| 大野 裕之 | 0278 | 1037 |
| 大野 舞 | | 0724 |
| 大野木 直之 | 1651 | 4824 |
| 大場 建治 | 4032 | 4525 |
| 大橋 喜一 | 0177 0412 | 0990 |
| 大橋 二郎 | 3252 | 3253 |
| 大橋 宏 | 0933 4338 | 5074 |
| | 5075 6562 6653 6945 | 7020 |
| 大橋 也寸 | | 1125 |
| | 2424 4930 | 5790 |
| 大橋 泰彦 | 0108 0109 | 2228 |
| | 2683 4192 4899 5064 | 6643 |
| 大原 渉平 | | 4953 |
| 大前田 一 | | 0544 |
| 大間知 靖子 | 0246 0247 | 0248 |
| | 0299 1578 3283 5005 | 5023 |
| | 5601 5702 6057 6608 | 6801 |
| 大峰 順二 | | 6663 |
| 大村 アトム | | 1025 |
| 大森 寿美男 | | 3545 |
| 大森 青児 | | 4951 |
| 大森 雅仁 | 1362 1363 | 1364 |
| 大森 匂子 | | 6110 |
| 大矢 亜由美 | | 4051 |
| おおや かづみ | | 3904 |
| 大和田 伸也 | | 5836 |
| 岡 博史 | | 0424 |

| | | |
|---|---|---|
| 岡井 直道 | | 4006 |
| 小笠原 響 | | 1657 |
| | 1694 3082 3098 3600 | 4161 |
| | 4491 5104 5432 5549 | 5593 |
| 緒方 規矩子 | | 1819 |
| 岡田 敬二 | | 3761 |
| 岡田 力 | | 4770 |
| 岡田 禎子 | | 6145 |
| 岡田 利規 | | 0888 |
| | 1532 2242 2701 3461 | 3701 |
| | 4263 5488 5608 | 5758 |
| 岡田 正子 | | 0044 |
| | 0270 0591 0613 1516 | 3311 |
| | 4011 4063 4064 7009 | 7072 |
| 岡田 正代 | | 2350 |
| 岡田 八千代 | | 3942 |
| 小形 雄二 | | 1596 |
| 岡田 嘉子 | | 5575 |
| 岡部 耕大 | | 0007 |
| | 0139 0353 0599 0977 | 1395 |
| | 1449 1607 1727 1732 | 1990 |
| | 2056 2074 2371 2518 | 3020 |
| | 3031 3112 3769 4068 | 4090 |
| | 4466 4841 4916 4920 | 5164 |
| | 5430 5939 6181 6256 | 6364 |
| | 6473 6622 6702 | 6858 |
| 岡部 尚子 | | 2210 |
| | 2502 2553 3441 | 4182 |
| | 4244 4260 5186 | 6709 |
| 丘辺 渉 | | 4951 |
| 岡見 さえ | | 1978 |
| 岡村 春彦 | | 1546 |
| 岡村 嘉隆 | | 6087 |
| 岡室 美奈子 | | 0892 |
| 岡本 章 | 0898 | 1414 |
| | 2043 2097 6038 6039 | 6233 |
| 岡本 和彦 | | 1375 |
| 岡本 克己 | | 1766 |
| 岡本 綺堂 | 2958 3138 | 4075 |
| オカモト 國ヒコ | | 1798 |
| 岡本 圭之輔 | | 4694 |
| 岡本 螢 | 3156 4421 5108 | 5729 |
| 岡安 伸治 | 1431 4154 | 4315 |
| | 4663 4911 6972 6973 | 6974 |
| 小川 絵梨子 | | 0586 |
| | 0629 0775 1068 | 1934 |
| | 2295 2913 3982 4003 | 4237 |
| | 4373 5087 5736 5982 | 6058 |
| | 6321 6815 6828 | 6939 |
| 小川 真由美 | | 0063 |
| 小川 未玲 | 0962 | 6324 |
| 岡和 洋 | | 2710 |
| 小川 洋子 | 4744 | 5165 |
| 尾जिम原 和雄 | 1968 | 6282 |
| おき あんこ | 1675 | 5328 |

| | | |
|---|---|---|
| 荻野 アンナ | | 5158 |
| 荻原 雄一 | | 5826 |
| 奥泉 光 | | 5873 |
| 奥野 将彰 | 2351 | 2861 |
| 奥村 直義 | | 2039 |
| 桶上 拓郎 | | 6435 |
| 尾崎 紅葉 | | 2131 |
| 尾崎 士郎 | | 0584 |
| 尾崎 麿基 | | 5323 |
| 長田 育恵 | | 0723 |
| | 0850 2485 2602 2727 | 3479 |
| | 3576 3903 5334 | 6321 |
| 小佐田 定雄 | | 5630 |
| 小山内 薫 | 4356 | 6133 |
| 長部 日出雄 | | 5275 |
| 小沢 栄太郎 | | 3813 |
| 小澤 僥謳 | 0351 0594 | 1546 |
| | 2670 2885 3036 3044 | 3324 |
| | 4470 4955 4956 4957 | 6061 |
| 小沢 昭一 | | 4166 |
| 小沢 正 | 3861 | 6175 |
| 小澤 緑 | 2790 | 2791 |
| 小沢 由佳子 | | 3503 |
| 小塩 節 | | 4541 |
| 押川 昌一 | | 0422 |
| 小津 次郎 | | 5850 |
| オースター, ポール | 1864 | 6409 |
| オスターマイアー, トーマス | | |
| | 4706 | 5210 |
| オズボーン, ジョン | | 0473 |
| オズボーン, ポール | | 0195 |
| | 3264 | 3328 6395 |
| 小田 健也 | | 6556 |
| 織田 作之助 | | 6176 |
| オダ タクミ | | 0676 |
| 織田 俊樹 | | 4931 |
| 織田 久 | | 4559 |
| 小田 益弘 | 4640 | 6750 |
| 織田 ゆり子 | | 0122 |
| 小田島 恒志 | | 0207 |
| | 0290 0377 0478 0491 | 0536 |
| | 0575 0721 0759 0792 | 0793 |
| | 1071 1077 1106 1113 | 1137 |
| | 1202 1380 1575 1699 | 1739 |
| | 1822 1855 1876 1946 | 1964 |
| | 2019 2057 2128 2295 | 2302 |
| | 2303 2312 2504 2688 | 2735 |
| | 2835 2836 2961 3131 | 3328 |
| | 3342 3791 3882 3987 | 4230 |
| | 4578 4672 4758 4861 | 4931 |
| | 4932 4958 5076 5144 | 5178 |
| | 5287 5316 5517 5537 | 6040 |
| | 6136 6176 6237 6515 | 6518 |
| | 6604 6605 6666 | 6894 |
| 小田島 則子 | 0207 | 0575 |

1380 2312 2504 5537 6666
小田島 雄志 …… 0065 0235 0341 0413 0414 0415 0416 0536 0537 0625 0627 0637 0641 0645 0646 0650 0947 0965 0970 0973 1007 1010 1114 1179 1180 1378 1379 1472 1473 1477 1478 1492 1521 1522 1523 1524 1679 2036 2225 2273 2425 2442 2603 2620 2622 2646 2718 2814 2816 2817 2818 2820 2835 2836 2871 2927 2930 2932 2933 2938 2963 3093 3196 3197 3198 3515 3516 3552 3600 3601 4103 4106 4325 4332 4436 4438 4442 4553 4554 4689 4690 4824 4931 4932 4969 4970 4977 4978 4982 4985 4986 4987 4988 4991 4995 4996 5049 5441 5442 5447 5448 5450 5598 5612 5648 5650 5655 5790 5850 5853 5854 5856 5857 5858 5859 5860 5866 5908 5909 6063 6174 6187 6388 6505 6506 6507 6508 6510 6511 6613 6686 6688 6692 6693 6694 6714 6717 6718 6720 6853 6910 6913 6914 6917 6922 6923 6926 6930 7019 7028
小田島 若子 …… 0947 1378 1379 2603 3552 4325 4824 6853
落合 正幸 …… 4461
落合 真奈美 …… 0564
乙一 …… 1935
尾辻 克彦 …… 3088
オッセン, ロベール …… 3071
オット, シャロン …… 0753 6519
オッフェンバック …… 0296
オデッツ, クリフォード …… 0052 2331
オドォクール, パトリク …… 6113
オートン, ジョー …… 5024
オニール, オーウェン …… 6942
オニール, ユージン …… 0442 2170 2733 4581 5123 6259 6260 6558 6559
小野 文隆 …… 4607
小野 正和 …… 2859
小野 理子 …… 2439 7040
小野田 勇 …… 1072
小野寺 修二 …… 1565 2096 3870 4702
小場瀬 卓三 …… 3057 5326
小幡 欣治 …… 0119 0495
1409 1642 1920 1921 1922 2154 2416 4339 4624 4625
オハラ,J. …… 6047
小原 延之 …… 2714 3013 4013 4227 4371 4808 5177
小原 弘稔 …… 6083
オーバン, デヴィッド …… 5517
オフィス・ザ・サードステージ …… 5943
オーベリー, ウラ …… 4444 4989
尾宮 玲子 …… 2361
表 雄一郎 …… 6533
小里 清 …… 0080 0267 0393 2138 2188
オルコット …… 6734 6948
オルス, フランシスコ …… 0851 0852
オルドロイド, ウィリアム …… 1822
オールビー, エドワード …… 0233 0616 0617 0618 0632 0633 2677 2678 4584 6292 6293
オルベリー, ノブコ …… 6028
オン・ケンセン …… 6679

## 【か】

カー, マリーナ …… 5823
過 士行 …… 1246 3883
夏 淳 …… 3847 3848
甲斐 萬里江 …… 0323 0324 0325 0326 0327 0402 1369 3237 4171 5317 5667 5966
ガイガー, フランツ …… 1204
開高 健 …… 2017 4560
ガイチ, アレクサンドル …… 6952
カイパース, アリス …… 6816
貝山 武久 …… 0118 1099 1684 3124 3350 3582 3658 3832 4014 5072 5105 5183 5184 6328 6712
カイル, バリー …… 6685
カヴァンダー, ケネス …… 2464
カウフマン, モイゼス …… 2605 2606 6672
高 行健 …… 4158
香川 良成 …… 1151 3634 6266 6365
柿沼 昭徳 …… 2190
加来 英治 …… 0440 5027 5516 5917 6158 6159 6507 6508 6509 6810 6811 6909
郭 小男 …… 6390
カークウッド, ルーシー …… 3882
覚王 …… 1471
笠井 賢一 …… 2422 3513 5371 6871
葛西 佐紀 …… 1564 5806
笠井 心 …… 1207
笠井 友仁 …… 0236 0306 0360 1432 2028 2162 2389 2461 2568 3860 3927 6173 6546
司辻 有香 …… 5462
風見 弦 …… 0897
カザロフ, セルゲイ …… 2080
梶賀 千鶴子 …… 0117 1124 6071
梶川 忠 …… 5217
柏倉 敏之 …… 1447
樫田 正剛 …… 4461
梶山 季之 …… 3484
柏木 貴久子 …… 0388 0436 0900 6161
梶原 慎二 …… 5385
カストルフ, フランク …… 2904
カストロ, オスカー …… 6644
加太 こうじ …… 0912
カターエフ …… 3749
片岡 長次郎 …… 2075
片岡 百萬両 …… 5797
カーツ, アルカージィ …… 2643 3305
勝然 武美 …… 1150
勝田 安彦 …… 0027 0292 0407 1079 1114 1896 2004 2207 2336 2337 2622 2693 2694 2760 3093 3830 3852 3889 4113 4582 4862 4863 5030 5085 5122 5329 5499 5500 5764 5817 6106 6614 6659 6736 7057
勝田 有子 …… 0292
カッツマン, アルカージー …… 1776
勝山 俊介 …… 0782
門井 均 …… 0350 0467 2000 2629
加藤 学生 …… 1696
河東 けい …… 1191
加藤 健一 …… 2302 2620 3328 3462 4885 5287 6455
加藤 新吉 …… 2040 2376 2378 2381 2593 2785 2940 3677 4071 4124 5082 6475 6476 7036
加藤 武 …… 0253 3868 5146 5489
加藤 直 …… 0224 0366 0624 0896 0965 1686 1850 2594 2942 4345 5170 5404 5700 6312

| | | |
|---|---|---|
| 加藤 千恵 …………… 3937 | ガブリエル, M. …… 2857 5728 | ……………… 0877 1686 |
| 加藤 徹 …………… 2169 | 釜 紹人 …………… 0879 0880 | ガルシア・ロルカ ……… 0466 |
| 加藤 真人 …………… 5188 | 1090 1091 1213 2133 2410 | 0467 0468 0469 2097 |
| 加藤 雅治 …………… 5279 | 3064 4470 5168 5200 5626 | 3837 5620 5621 5622 |
| 加藤 道夫 …………… 1102 | 鎌田 敏夫 …………… 5927 | カルチェイム, リー ……… 3989 |
| 1103 1704 4489 5290 5804 | 上村 聡史 …………… 0052 | カルピンスキィ, マチェイ |
| 加藤 幸和 …………… 6925 | 0390 0957 1661 2464 | ……………… 4402 |
| 門上 庚照 …………… 3105 | 3154 3576 4390 5647 5780 | 河合 祥一郎 …………… 0421 |
| 門田 裕 …………… 6943 | 6046 6104 6310 6850 | 0638 0832 1008 1911 4971 |
| 香取 俊介 …………… 5636 | 上村 柚梨子 …………… 1564 | 4972 4997 4999 5313 5649 |
| 香中 穹 ……… 1368 2600 | 神谷 尚吾 …… 0379 2029 2649 | 5653 5864 5865 6921 |
| 金塚 悦子 …………… 6498 | カミュ, アルベール ‥ 0580 1456 | 河合 純枝 …………… 0391 3751 |
| 金杉 忠男 …………… 0337 | 1546 1547 1548 2171 4542 | 河合 義隆 …………… 1803 |
| 0647 0648 3079 3660 | カムデン, ベティ | 河合 良平 …………… 4652 |
| 3661 4487 4908 4909 5419 | ……………… 0303 0304 6662 | 川池 丈司 …… 0132 1405 |
| 5498 6139 6140 6141 | 亀井 賢二 …… 1330 3922 4866 | 川上 洸 …………… 0597 |
| カニ, ジョン …… 2362 2738 | 亀井 光子 …………… 0250 | 河上 肇 …………… 5305 |
| ガーニー, A.R. …………… | 0817 1329 1360 1490 | 川喜多 聡司 …………… 6827 |
| 0348 3085 6817 | 5046 5427 6011 6971 | 川口 一郎 ……… 3732 5117 |
| 兼 都代実 …… 4679 4680 7046 | 鴨治 晃次 …………… 4402 | 川口 啓史 …… 1654 2438 6498 |
| 金子 成人 …… 1117 2699 3826 | 鴨下 信一 …………… 3062 | 川口 覚子 …………… 1624 |
| 金子 義広 …………… 2103 | 3375 5967 6766 6962 | 2334 3431 3432 3433 |
| 金子 良次 ……… 0937 2976 | カモレッティ, マルク | 4219 4936 5479 5936 |
| 鐘下 辰男 …………… 0295 | ……………… 5662 5663 7019 | 川口 隆夫 …………… 4305 |
| 0301 0302 0372 0376 0404 | 茅野 イサム ‥ 3218 3545 5961 | 川口 松太郎 …………… 0991 |
| 0418 0499 0817 1032 1046 | 唐 十郎 ‥ 0036 0037 0338 0386 | 3108 3109 6386 |
| 1160 1172 1226 1291 1292 | 0550 0551 0738 0756 0911 | 川口 真帆子 …………… 4475 |
| 1298 1319 1320 1388 1549 | 0930 1066 1128 1174 1352 | 河毛 俊作 ……… 6244 6747 |
| 1584 1673 1937 2189 2203 | 1353 1389 1442 1533 1534 | 川崎 少百合 …………… 1016 |
| 2245 2326 2497 2511 2552 | 1535 1986 1987 2235 2489 | 川崎 照代 …… 1339 2702 |
| 2580 2588 2779 3039 3108 | 2753 2754 2812 2813 2991 | 2703 2704 3864 3866 4494 |
| 3109 3129 3363 3398 3415 | 2992 2993 2994 2996 2997 | 4708 4709 4865 5061 6430 |
| 3425 3482 3640 3649 3696 | 2998 3059 3185 3334 3416 | 川崎 徹 …………… 2259 |
| 3697 4062 4349 4432 4697 | 3867 3949 4069 4070 4162 | 川崎 洪 …………… 7036 |
| 4713 4746 4833 4859 4913 | 4334 4479 4480 4505 4634 | 川島 慶子 …………… 2338 |
| 5128 5135 5171 5172 5271 | 4657 5196 5206 5233 5234 | 川島 勇樹 …………… 2903 |
| 5572 5614 5760 5772 5861 | 5235 5400 5627 5979 6216 | 川尻 泰司 …… 1220 1221 4514 |
| 5983 6127 6146 6251 6334 | 6217 6369 6428 6528 6540 | 川田 文 …………… 3835 |
| 6370 6477 6529 6753 6796 | 烏森 三郎 …………… 1919 | 河田 園子 …………… 0470 |
| 6834 6865 6957 7068 | 唐津 絵里 …………… 5003 | 0597 0828 1033 1165 2325 |
| 金城 一紀 …………… 2114 | カラルコ, ジョー …………… 2685 | 3609 3741 5822 5973 |
| 金田 明子 …………… 5985 | カリー, シェルドン ……… 5846 | 河竹 新七 …………… 5138 |
| ガーネット, デビッド ……… 0208 | カリエール, ジャン=クロード | 河竹 登志夫 ……… 0548 0549 |
| 兼平 陽子 …… 4414 4919 | ……………… 1568 4100 | 河竹 黙阿弥 ……… 0539 2617 |
| 金光 不二夫 …………… 3391 | 4878 5081 5082 5955 6652 | 3068 3339 4093 4607 6340 |
| カネル, ルティ …………… 4933 | ガリエンヌ, ギョーム …… 4004 | カワード, ノエル ……… 0677 |
| 加納 健次 …………… 3688 | カリノスキー, リチャード | 1419 1420 2750 4028 6400 |
| 加納 幸和 …… 0503 0504 0505 | ……………… 3923 | 河野 万里子 …………… 1505 |
| 0506 0507 0605 0606 0982 | 狩場 直史 …… 2297 6387 | 川端 槇二 …………… 0688 |
| 1216 1398 1417 1783 2459 | カリヤーキン, Y. …………… 3965 | 1167 2016 5382 |
| 2486 2868 3992 4082 4452 | ガーリン, アレクサンドル | 川畑 秀樹 …………… 2348 |
| 賀原 夏子 …… 2016 4210 5522 | ……………… 2361 2870 6488 | 川端 康成 …………… 6418 |
| カバルフィン, ミア ……… 4733 | カーリング, フィン ……… 6067 | 河原 雅彦 …………… 0312 |
| カフカ ‥ 0262 0345 0385 1414 | カルギン, セルゲイ ……… 1479 | 0979 2493 3514 6002 |
| 1416 3090 3091 3188 3193 | ガルシア, ビクトル ……… 0468 | 河辺 美樹 …………… 2198 |
| 5631 5632 5633 5634 6249 | ガルシア=マルケス, G. | |

作家・演出家名索引　　　　　　　　　　　きむら

川俣 晃自 ･････････････ 4474
川松 理有 ･････････････ 3221
　4627 5605 6782 6829
川村 毅 ･･･････････････ 0022
　0060 0099 0382 0669 0843
　0905 1039 1078 1370 1446
　1561 1837 1838 1870 1951
　1955 1989 2094 2160 2161
　2239 2240 2374 2695 3045
　3143 3144 3352 3596 3846
　3984 4287 4545 4546 4547
　4548 4961 5001 5002 5022
　5361 5388 5481 5484 5485
　5553 5762 5763 5838 6291
　6545 6639 6646 6651 6879
　6880 6883 7027 7051
川村 光夫 ･････････････ 2099
川本 茂雄 ･････････････ 0688
河本 瑞貴 ･････････ 4409 4777
川本 燁子 ･････････････ 1733 1959
　2405 2406 2421 2654 5631
川和 孝 ･･･････････ 0508 1024
　1194 1746 1967 2222 2294
　2824 4945 5117 5014 6331
カーン, シャン ･･･････････ 1964
姜 祺東 ･･･････････････ 0055
神沢 利子 ･････････････ 3843
観世 銕之丞 ･･･････････ 5573
観世 栄夫 ･････････････ 1701
　1921 2723 2724 2726
　3579 4531 5550 6413
観世 葉子 ･････････････ 2799
神田 宏人 ･････････････ 1581
カントール, タデウシュ
　･････････････････ 1889 7012

【き】

キイス, ダニエル ･････ 0383 0384
喜一朗 ････････････････ 0814
　3447 3548 3562 3743 5463
　5636 5639 6044 5530 7049
木内 宏昌 ･････････････ 0808
　1013 1468 1482 1772
　2430 2448 2709 4274 4532
　4581 6074 6558 6814
木内 稔 ･･･････････････ 0040
菊川 徳之助 ･･････ 1660 6578 6857
菊島 伊久栄 ･･･････････ 0062
菊田 一夫 ･･･････ 1335 1462 1463
　1464 4893 4894 5683 5684
菊池 寛 ･･･････････････ 0216
　0979 3002 3821 3970 6843
菊池 准 ･･･････････････ 0383

0384 0523 0983 1505 1515
1631 2107 2352 2407 2625
2894 2929 3694 3695 3741
3793 3964 4397 4834 5316
5802 6234 6235 6635 6691
危口 統之 ･････････････ 4159
菊地 裕 ･･･････････････ 5529
菊地 勇一 ･････････････ 2221
菊本 健郎 ･････････････ 0157
如月 小春 ･････････････ 0088
　0164 0778 1862 2145 2526
　4317 4330 4551 5132 6268
　6569 6570 6931 6932
キージ, ケン ･･････ 1378 1379
喜志 哲雄 ･････････ 0209 1159
　3000 3354 3733 3734 3753
　3927 4524 4719 4811 5024
　5084 5814 5867 5910 6769
岸田 國士 ･･･ 0196 0214 0215
　0216 0559 0563 0978 1160
　1250 1448 1656 2381 2496
　2593 4117 5110 5239 6843
岸田 理生 ･････････ 0160 0546
　0783 0784 1873 2121 2122
　2581 2960 3182 3183 3614
　3902 4880 4926 5350 6495
　6679 6681 6770 6838 6979
岸田 良二 ･････････････ 0032
　0558 1113 2582 3034 3333
　3485 3881 4668 5054 5134
　5260 5299 6129 6155 6209
　6210 6213 6270 6380 6951
木島 恭 ･･･････････････ 1657
　4826 4827 5578 6286
木嶋 茂雄 ･･･････ 2062 3376
岸山 真里 ･････････････ 2710
北 則昭 ･･･････････････ 0873
北尾 亀男 ･････････････ 1194
北岡 啓孝 ･････････････ 0812
北澤 秀人 ･････････････ 0394
　1890 4225 5848
木谷 茂生 ･････････････ 3583
北野 茨 ･･･････････････ 2367
北野 ひろし ･･･････････ 0141
　0261 0826 1240 1290 2050
　2051 3895 4156 4284 4285
　5021 5140 5141 5589 5644
　5645 5646 5712 6549
北野 勇作 ･････････････ 3251
北浜 ちゃぼ ･･･････････ 6171
北林 谷栄 ･･･････ 2163 4484 7052
北原 章彦 ･････････････ 3820
キタムラ アラタ ････ 5528 5676
北村 想 ･･･････････････ 0061
　0249 0855 0980 1014 1015
　1118 1830 1872 1906 1907
　1996 2015 2086 2211 2279

2360 2363 2383 2480 2481
2482 2483 2547 2887 2888
3035 3462 3463 3607 3687
4522 4665 4950 5180 5366
5420 5674 5688 5689 5690
5691 5692 5693 5694 5695
5696 5697 6279 6416 6847
6991 6992 6997 7013 7059
北村 総一朗 ･･････････ 5360
北村 壽子 ･････････････ 1572
北村 直樹 ･･･････ 0622 3022
キタモト マサヤ ･････････ 0369
　0827 0921 0992 1211 1397
　1954 2126 2140 2456 2599
　2711 3018 3427 3664 3913
　4001 4083 4311 4316 4382
　4691 4692 4695 5197 5222
　5397 5409 5410 5839 6267
　6317 6357 6371 6394 6554
鬼頭 哲人 ･････････････ 0864
ギトリー, サッシャ ･･････ 4011
キートリー, シャーロット
　･･･････････････････････ 5972
木内 里美 ････ 4137 5378 6452
キノトール ･････････････ 0711
木野 花 ･･････････ 0167 0569 0723
　1542 1543 1939 1940 1941
　2102 2259 2401 3637 5943
木下 順二 ････ 0203 0204 0212
　0966 0967 1022 1023 1195
　1196 1297 1444 1445 1787
　1788 1789 1790 2648 2723
　2724 2725 2726 3099 3191
　4422 4423 4531 5436 6347
　6389 6390 6391 6695 6721
木下 杢太郎 ･･････････ 0508
木ノ下 裕一 ･･････････ 1597
　1808 3700 4123 4454 6532
ギブス, ロン ･･･････････ 0433
ギブスン, ウィリアム
　･･･････････････ 1666 1667 2331
君塚 良一 ･････････････ 5466
金 義卿 ･･･････････････ 3718
金 正鈺 ･････････ 3837 4940
キム・ジョンスク ･･････ 2475
金 守珍 ･･･････････････ 0686
　0755 0795 0796 1352 1353
　2993 3718 3920 4280 5627
金 盾進 ･･･････ 0073 0449
　0787 2998 3449 3450 3557
　3985 4126 4596 4597 6567
金 承福 ･･･････････････ 3726
金 満里 ･･ 0601 0602 5942 6657
金 明和 ･･･････････ 3517 3518
キム・ミンギ ･･･････････ 3803
金 眆貞 ･･･････････････ 1376
木村 光一 ･･･････ 0003 0059

593

## きむら

| | | | |
|---|---|---|---|
| 0134 | 0140 | 0161 | 0174 | 0330 |
| 0429 | 0473 | 0552 | 0571 | 0572 |
| 0573 | 0574 | 0684 | 0704 | 0706 |
| 0819 | 0822 | 0964 | 1217 | 1551 |
| 1704 | 1707 | 1762 | 1800 | 1958 |
| 2030 | 2031 | 2052 | 2115 | 2187 |
| 2225 | 2281 | 2282 | 2288 | 2291 |
| 2362 | 2376 | 2591 | 2615 | 2738 |
| 2880 | 2881 | 2883 | 3037 | 3180 |
| 3264 | 3276 | 3277 | 3278 | 3279 |
| 3280 | 3281 | 3349 | 3351 | 3586 |
| 3710 | 3876 | 4036 | 4072 | 4267 |
| 4268 | 4391 | 4396 | 4490 | 4566 |
| 4567 | 4584 | 4803 | 4850 | 4976 |
| 5326 | 5448 | 5506 | 5926 | 6093 |
| 6250 | 6338 | 6418 | 6419 | 6449 |
| 6490 | 6517 | 6548 | 6561 | 6618 |
| 6759 | 6922 | 6941 | 6961 | 7003 |

木村 早智 ……………… 3303
木村 真悟 ………… 4042 4786
木村 有里 ………… 2016 5788
肝付 兼太 …… 2211 5420 5674
木本 正次 ……………… 6763
ギャスケル、ウィリアム … 7031
木山 潔 ………………… 0110
ギャラーティ、フランク ‥ 0474
　　　　　　0475 0476 3746
ギャリー、ロマン ……… 2334
ギャリコ、ポール … 4267 4468
キャロル、ルイス ……… 5364
キャンベル、アレクシ・ケイ
　　　　　　　　3154 5647
キューン、フォルカー … 5993
今日 マチ子 …………… 2195
行田 藤兵衛 …………… 0693
京念門左衛門 ………… 3448
清永 聡 ………………… 1654
桐谷 夏子 ………… 3819 6976
桐山 知也 …… 0196 4103 6367
キルティ、ジェローム
　　　　　　　　3000 3978
キルロイ、トマス ……… 6862
金 大偉 ………………… 6407
金 真須美 ……………… 4535
キング、スティーブン
　　　　　　　　6017 6942

## 【く】

グエア、ジョン ………… 0266
郭 宝崑 …………… 1586 1753
九鬼 葉子 ……………… 4530
クコラデツ、ヴィクトル … 6807

日下 由子 ……………… 4828
草皆 伸一 ………… 0735 0736
日下部 信 ……………… 6543
草野 京伝 ……………… 4587
串田 和美 ……………… 0298
　0311 0660 0868 1808 1910
　2060 2177 2254 2257 2458
　2831 2877 2878 2937 3243
　3389 3675 3996 4093 4445
　4532 4641 5060 5259 5688
　6247 6248 6411 6436
串田 杏弥 ………… 0593 2884
クシュナー、トニー …… 0883
　　　　　　0884 0885 0886 5791
くじら企画 …………… 2546
クズネツオフ ………… 4515
楠 美津香 …………… 1386
葛山 耿介 ………… 3486 6123
久世 光彦 ……………… 6870
久世 龍之介 …… 1699 1739 1855
　2019 2063 2064 2735 3268
　4230 4236 4861 5529 6853
クック、ドミニク …… 0361 1544
グットマン、ロラン …… 0612
グッドリッチ、フランセス
　　　　　　　　0445 0446
宮藤 官九郎 ……………… 2493
　　　　4093 4254 5041 6002
工藤 千夏 ……………… 5976
工藤 森栄 ……………… 1675
工藤 幸雄 ……………… 0994
クーニー、レイ …… 0478 0536
　1088 2375 4931 4932 5316
国弘 威雄 ……………… 5265
國峰 眞 ………………… 0100
　1326 3968 4150 4281 4632
　5456 5679 5890 7041
久野 那美 ……………… 0731
　　　　　　4091 4928 5381
クーパー、スーザン …… 1684
グバリェフ、ウラディミール
　　　　　　　　3391 3392
久保 亜紀子 …………… 6537
久保 晶 ………………… 1149
久保 栄 …………… 1305 4568 4569
　6491 6492 6535 6779 6780
久保 英明 ……………… 5057
久保井 研 ………… 0551 4480
窪島 誠一郎 ……… 6201 6202
久保田 梓美 ……… 0910 5957
窪田 啓 …………… 0580 1456
久保田 千太郎 …… 0548 0549
久保田 猛 ……………… 0319
　0419 3015 3016 3583 4415
　4474 4678 4679 4680 4741

| | | |
|---|---|---|
| 6993 | 7044 | 7045 | 7046 |

窪田 般彌 ……………… 6438
久保田 浩 ………… 0486 0797
　2386 2809 3909 4765 7060
久保田 万太郎 ………… 0949
　　　0950 1119 1391 1916
　　1917 3970 5489 5601 5743
　　　　6014 6322 6323 6453
窪田 吉宏 ……………… 1099
熊井 宏之 ………… 2630 2962 4583
熊倉 一雄 ……………… 0537
　1876 2974 3156 4421 4563
神代 辰巳 ……………… 0160
熊林 弘高 ……………… 1013
　1482 1772 2430 4274 6558
隈本 晃俊 ……………… 5318
熊本 一 …………… 0516 1462
　2205 3497 4565 5968 6395
クマロ、シビーウェ …… 6619
久山 宏一 ……………… 4400
クライエム、エリアム … 5375
クライスト、ハインリッヒ
　　　　　　　　2342 5641
グライツマン、モリス
　　　　　　　　2544 3022
クラーク、ブライアン … 2277
　　　　　　2278 3349 3350
倉迫 康史 ………… 3536 6541
クラスナー、ノーマン … 2615
倉田 淳 …………… 2224 5678
倉橋 健 ………………… 0325
　0326 0327 0347 0621 0801
　1489 2080 2344 2345 2393
　2435 2859 3237 3414 3595
　3668 4111 4276 4323 5317
　5453 5464 5465 5667 5966
　　　　6206 6794 6795 6888
蔵原 惟治 ……………… 5577
倉持 裕 …………… 0600 1630 2094
　2856 3331 3338 6120 6984
倉本 聰 …………… 1165 4598
倉本 朋幸 ……………… 3494
グランベール、ジャン=クロー
　ド ‥ 0246 0247 0248 0396
クリザンク、ジョン …… 3731
クリスティ、アガサ …… 1813
　2076 3012 3503 4637 5836
クリストフ、アゴタ …… 0143
　　　　　　0144 3060 4174
クリスプ、ノーマン …… 0290
栗田 芳宏 ……………… 1077
　　　　5007 5280 6286 6726
クリップ、レグ ………… 3639
栗原 千絵子 …………… 4838
グリフィス、トレヴァー ‥ 5112
グリフィン、トム …… 2533 2534

作家・演出家名索引　　　　こうす

グリム ･･････････････ 3173
栗谷川 洋 ･･････････ 5113
栗山 民也 ････ 0106 0331 0377
　0414 0442 0721 0744 0793
　1010 1137 1158 1443 1497
　1522 1692 1695 1801 1802
　1823 1900 1923 1964 1972
　2057 2170 2184 2185 2247
　2309 2446 2650 2669 2730
　2836 3005 3058 3282 3325
　3346 3558 3584 3585 3613
　3740 3882 3923 4329 4483
　4520 4561 4562 4650 4782
　4922 4938 4941 4942 5076
　5126 5305 5324 5581 5782
　5949 5969 6040 6105 6187
　6189 6226 6227 6228 6229
　6260 6336 6337 6366 6456
　6457 6461 6462 6463 6468
　6469 6512 6559 6694 6832
　6894 6903 6906 7011 7040
栗山 昌良 ･･･････････ 0699
　1260 2718 3668 6192 6389
グリーン, アドルフ
　････････････ 0303 0304 6662
グリーン, グレアム ･･ 1070 1071
グリーンバーグ, リチャード
　･･･････････････････ 3342 3982
クリンプ, マーティン ･･･ 0236
クルス, ニロ ････････ 4644
クルチコフスキ, レオン ･ 0816
クルツ, フランク・クサフ
　ァー ････････････ 6704
くるみざわ しん ･･･････ 0360
　0712 0713 1432 2461
　3860 5204 5756 6546
呉 茂一 ･････････ 0929 5148
呉 澄子 ････････････ 2252
グレイ, アムリン ･･･････ 1660
グレイ, サイモン ･･････ 2688
クレイトン, バリー ････ 3721
グレゴリー, アービン
　･･････････････････ 2790 2791
グレゴリー夫人 ････････ 3708
グレディ, ジャン=ピエール
　････････････････ 2676 5626
紅 萬子 ･･････････････ 5769
クレーマー, ギュンター ･ 2655
黒井 千次 ･･･････････ 4924
黒岩 亮 ･･･････ 0079 0800 1020
　1205 1206 1388 1811 1853
　1888 2364 2368 3532 3549
　3652 3947 4629 4635 4817
　4873 4874 4900 5156 5557
　5572 5813 6004 6100 6101
　6102 6168 6481 6673 6674
黒川 猛 ･･････････････ 5596

黒川 麻衣 ･･･････ 1027 3275
黒川 陽子 ････････････ 4188
黒川 欣映 ････････････ 1044
　1750 2977 3355 3577 3619
　3760 3775 5013 5965 6259
黒木 仁 ･･････････････ 0494
グローグ, リリアン ･････ 3104
黒沢 明 ･･････････････ 2845
クロース, ハンス・ペーター
　･････････････････････ 2009
クロス, ビバリー ･････ 5097
黒田 絵美子 ･････････ 0052
　0770 0786 1088 2375 3134
　4208 4209 4210 4731 5083
　5651 5786 5848 5895 5896
　　5991 6803 6804 6831
黒田 容子 ･････････････ 4170
クローデル, ポール ･･ 2138 2957
クローニン, ヒューム ････ 1684
黒柳 徹子 ････････････ 5844
クローリー, ジョン ････ 3049
クローリィ, マート ･････ 5977
クローン, リサ ････････ 3960
桑原 茂一 ････････････ 4288
桑原 裕子 ････････････ 0315
　　　　　1899 4648 6182
桑山 智成 ････････････ 4964
クンデラ, ミラン ･････ 2831

【け】

ケアード, ジョン ･････ 1835
　2750 4439 4990 6836 6837
K・TAGANE ･･･････ 6599
ケイビュス, ヴィムヴァンデ
　････････････････････ 3405
ケイン, サラ ･･････････ 5340
　　　　　5528 6537 6592
劇団四季文芸部 ････ 4313 5097
劇団ひまわり文芸演出部 ･ 2330
ゲスナー, ペーター ････ 0434
　　　　　4636 5641 6958
ケスラー, ライル ････ 1077
　　　　　2223 3690 3691
ゲッセル, ヴァン ･･････ 3890
ケッセルマン, ウェンディ
　･･･････････････････････ 5821
ケッセルリング, ジョセフ
　･･････････ 4208 4209 4210 4211
ゲッツ, オーガスタ&ルース
　･･･････････････････････ 1177
ゲッベルス, ハイナー ･･ 5543

ゲーテ ･････････････ 2975
　5310 5311 5312 5314
ケニー, ダン ･･････ 0303 0304
ケラリーノ・サンドロヴィッ
　チ ････････････ 0432 0559
　0566 0567 0617 0671 0700
　0769 1415 1465 1475 1611
　1863 1983 2139 2304 2323
　2412 2493 2614 2624 2762
　2808 2844 2985 3302 3326
　3336 3383 3684 3773 3880
　3981 4129 4358 4367 4555
　4670 4715 4832 4859 5026
　5047 5110 5243 5244 5264
　5399 5480 5491 5535 5536
　6531 6752 6863 6968 7030
ケリー, ジュード ･･････ 3693
ゲーリマン, アレクサンドル
　････････････････････ 5637
ゲルドロード, ミッシェル・ド
　･･････････････････････ 5099
ケルブラ, パトリス ･･ 0237 0238
玄海 竜二 ････････････ 2075
ケント, ジョナサン
　･･････････････ 2316 4999 6730
ケンピンスキー, トム ････ 4036

【こ】

顧 威 ････････････････ 6593
呉 暁紅 ･･････････････ 5363
コアル, ロベルト ･･････ 3828
小池 朝雄 ････････････ 0642
小池 修一郎 ･･････････ 4649
小池 章太郎 ･･････････ 2032
小池 竹見 ･･････ 0394 2053 4452
小池 真理子 ･･････････ 3870
小池 美佐子 ･･････････ 1958
小池 倫代 ･･････ 0722 2747 6172
小泉 博 ･･････････････ 6583
鴻上 尚史 ････････････ 0167
　0168 0626 0695 0696
　2251 3177 3343 4009 4010
　4085 4086 4294 4295 4296
　4853 5042 5227 5283 5284
　5320 5539 5708 6219 6245
　6246 6255 6410 6671
幸喜 良秀 ････････････ 2219
　　　　　5501 6356 6501
公家 義徳 ････････････ 0206
　　　　　2384 4170 4337
神品 正子 ･･････ 1263 4179 4180
高津 春繁 ････････････ 1191

| | | |
|---|---|---|
| 幸田 文 ……… 4393 | コートホーソン, ヘレナ ‥ 6696 | 薦田 愛 ……… 0146 |
| 合田 一道 ……… 6764 | ゴドロ, ジェルヴェ …… 1978 | 小森 美巳 ……… 0709 6996 |
| 幸田 礼雅 ……… 5103 | ゴードン, ダン ……… 6823 | 小山 太一 ……… 5528 |
| 幸田 露伴 ……… 3117 | ゴードン, デビッド …… 5828 | 小山 祐士 ……… 2910 |
| こうの 史代 ……… 6394 | 虎馬 鯨 ……… 2792 | 2911 2912 3594 4790 |
| 神山 繁 ……… 5814 6351 | 木庭 久美子 ……… 1644 3440 | 5394 5395 5396 5437 |
| 神山 征二郎 ……… 6892 | 4876 5114 5115 5116 6445 | 小山 ゆうな ……… 3828 5767 |
| 郡 虎彦 ……… 0508 6534 | 小林 勝也 ……… 0500 | ゴーリキー ……… 4349 4351 |
| 古賀 かつゆき ……… 1264 | 0747 1576 2217 2699 | 4352 4353 4354 4355 4356 |
| 小金丸 大和 ……… 3164 4871 | 2994 4067 5234 5328 | 4357 4358 4359 4360 4361 |
| 古木 知彦 ……… 2266 | 小林 恭二 ……… 0169 0686 3378 | 4362 4718 5160 5577 7018 |
| ゴギン, ダン ……… 4497 | 小林 修 ……… 2102 | ゴーリン, グリゴーリイ ‥ 1751 |
| コクトー, ジャン ……… 1013 | 小林 志郎 ……… 6030 | コリンズ, バリー ……… |
| 2722 3470 3471 | 小林 大祐 ……… 4871 | 3186 3187 3189 |
| ゴーゴリ ……… 2077 | 小林 多喜二 ‥ 1404 1405 1406 | コルセッティ, ジョルジオ・ |
| 2078 2079 2080 2081 2082 | 小林 七緒 ……… 5625 | B. ……… 0385 |
| ゴサード, デヴィッド …… 4854 | こばやし ひろし ……… 1877 | コルタサル, フリオ ……… 4499 |
| 小島 達雄 ……… 5119 | 故林 広志 ……… 6741 | ゴールディング ……… 4737 4738 |
| 小島 政二郎 ……… 1711 | 小林 裕 ……… 0039 | コルテス, ベルナール=マリ |
| 越光 照文 ……… 0353 1331 | 0155 0786 1379 1759 1929 | ……… 3716 |
| 3356 3676 4061 4262 4876 | 1930 2425 2603 3044 3265 | 6276 6899 6900 6901 |
| 5048 5211 6446 6729 7059 | 3552 3678 4347 4790 4823 | ゴルドーニ, カルロ ‥ 4615 5404 |
| 五社 英雄 ‥ 2859 3324 4012 | 4825 5431 5701 5816 | ゴールドマン, ウィリアム |
| コジャクリ, オブリヤクリ | コバーン, D.L. ……… 3124 | ……… 1079 |
| ……… 0890 | コビット, アーサー ……… 4372 | ゴールドマン, ジェームズ |
| 古城 十忍 ……… 0020 | コーベ, アントワーヌ | ……… 5440 5441 5442 |
| 0021 0131 0182 0183 0362 | ……… 2781 6103 | コルトン, ジョン ……… 0332 |
| 0398 0460 0479 0740 0741 | コヘスタニ, アミール・レザ | コルネイユ, ピエール |
| 1166 1377 1709 1781 1810 | ……… 6432 | ……… 0596 5382 5383 |
| 2167 2275 2775 2999 3017 | コーヘン, D.J. ……… 1079 | コルファー, オーエン ……… 0622 |
| 3755 3756 4394 4666 4739 | コホウト, パヴェル ‥ 5317 5966 | コールマン, エリザベス |
| 5015 5016 5326 5568 5569 | 古木 圭子 ……… 4303 | ……… 1165 5520 |
| 5660 6408 6435 6707 | 小牧 游 ……… 1752 | 是枝 正彦 ……… 4236 |
| こすぎ きょうへい ……… 4994 | 小松 杏里 ……… 5482 6833 | コンスタン, マリウス …… 1568 |
| 小関 直人 ……… 0489 5179 | 小松 幸作 ……… 4074 6572 | 渾大防 一枝 ……… 1182 |
| 小竹 信節 ……… 6096 | 小松 重男 ‥ 2799 4701 5161 | 1644 2313 3440 3980 4229 |
| 児玉 寿愛 ……… 2332 | 小松 純也 ……… 1092 | 4839 5039 5114 5116 5251 |
| 児玉 隆也 ……… 5245 5246 5247 | 小松 幹生 ……… 0130 0158 | ゴンチャロフ, イワン …… 5567 |
| 児玉 庸策 ……… 0673 0967 | 0188 0191 0198 0219 0342 | コント, オリビエ ……… 4220 |
| 0985 0990 1249 1409 1444 | 0894 1151 1206 1349 2100 | 近藤 和見 ……… 3510 |
| 1445 2747 3764 4794 5396 | 2710 3209 3335 3358 3359 | 近藤 二郎 ……… 2328 2329 |
| 5437 5453 6081 6147 6172 | 3447 3543 3548 3562 3742 | 近藤 弘幸 ……… 6698 |
| ゴタンダ, フィリップ・カン | 3843 4595 4712 4801 5355 | 近藤 真理 ……… 2831 |
| ……… 3582 5923 | 5463 5546 5554 5636 5639 | 近藤 峰子 ……… 2780 |
| ゴツカルクセン, トニエ ‥ 5580 | 5716 6266 6530 6754 6971 | 近藤 康子 ……… 2328 |
| ゴッツィ, カルロ ……… 4169 | 小松 奥志子 ……… 6362 | コンドゥーリ, ニケティ ‥ 0430 |
| コッパー, ケリー ……… 6603 | ごまのはえ ……… 1043 | 今野 勉 ‥ 1666 4590 6117 |
| コッローディ, カルロ …… 5213 | 1074 2551 2577 3286 | 金野 むつ江 ……… 3267 |
| コティス, グレッグ ‥ 6482 6483 | 3794 3911 5274 5985 | 今野 祐一 ……… 3977 |
| ごとう かず美 ……… 0529 | 小宮山 智津子 ……… 0694 | コンブローヴィッチ, ヴィト |
| 2229 2543 4918 | 1085 1528 2262 2478 | ルド ……… 0919 |
| 伍堂 哲也 ……… 3208 | 5032 5802 5847 6818 | |
| 5176 5922 6108 | 小村 哲生 ……… 5216 | |
| 後藤 はっち ……… 4574 | 米谷 ゆかり ……… 2138 | |
| 後藤 ひろひと ‥ 2843 5290 | 菰岡 喜一郎 ……… 0105 | |

## 【さ】

査 麗芳 …………… 2737
さい ふうめい …… 1457 4246
　4247 4248 5266 5345 5666
斉樹 潤哉 …………… 0042
西光 万吉 …………… 2980
サイディ, イスマイル …… 2789
斉藤 樹実子 ………… 4193
斎藤 公一 …… 2707 2736 3293
斉藤 耕一 …………… 0200
斎藤 潤哉 …………… 5885
斉藤 真一 …………… 2232
斉藤 珠緒 …………… 5265
斉藤 徹 ……………… 3614
斎藤 偕子 …………… 4823
　　　　　4825 4842 4843
齋藤 豊吉 …………… 6331
斎藤 晴彦 …………… 0683
　1473 4881 5276 5277 5933
　5934 5935 6184 6185 6186
齋藤 雅文 ……… 0238 1764
　3455 4077 4887 6542 7021
斉藤 祐一 …………… 2846
斎藤 憐 ……………… 0063
　0116 0174 0175 0274 0477
　0660 1047 1884 1971 1972
　1973 2115 2591 2877 2878
　2971 3055 3351 3489 3675
　4850 5044 5066 5391 5532
　6107 6108 6154 6678 6809
西原 れん …………… 0962
サイモン, ニール ……… 0291
　0292 0770 0785 0947 0958
　0959 1107 1108 1461 1552
　1855 1908 2603 2604 3133
　3134 3616 3617 4035 4576
　4823 4824 5328 5454
　　　　5537 6803 6804 6881
サイラー, ヨーゼフ ……… 5009
幸 晃彦 ……………… 2811
ザヴァティーニ, チェーザレ
　…………………… 6105
佐江 衆一 …………… 2163
佐伯 隆î ……… 6276 6899
三枝 健起 …………… 5233
三枝 希望 …………… 1518
　　　　　1683 2980 4622 6980
五月女 道子 …… 6234 6235
酒井 法子 …………… 1461
サカイ ヒロト …… 5190 6188
酒井 誠 ………… 2723 2726

酒井 洋子 …………… 0959
　1112 1135 1136 1552
　1866 1945 2420 2706 2916
　2917 2918 2919 2920 3064
　3086 3133 3412 3781 4836
　　　　5123 6805 6836 6837
坂口 安吾 ……… 2451 2452
　2453 2454 2455 2456 3460
坂口 瑞穂 …………… 0664
　0908 1845 3165 3730 4017
　4018 4253 6346 6868 6976
坂口 芳貞 …………… 0337
　0770 0815 1101 1107 1391
　2640 3910 4892 5189 6797
坂口 玲子 …………… 1328
　　　　2640 3799 4590 4892
阪後 昇 ……………… 4140
坂手 洋二 …………… 0009
　0146 0317 0542 0543 0556
　0628 0744 0877 0969 1041
　1097 1098 1127 1239 1436
　1437 1458 1459 1603 1633
　1634 1859 1865 1879 1880
　1881 1882 2015 2089 2090
　2091 2092 2117 2206 2214
　2359 2378 2388 2487 2488
　2528 2651 2790 2791 2845
　2978 3065 3229 3270 3325
　3430 3436 3459 3466 3681
　3689 3747 3748 3786 3845
　3960 3994 4096 4126 4187
　4196 4198 4199 4504 4683
　4734 4757 4800 4864 4877
　4959 4960 5098 5121 5126
　5211 5273 5401 5418 5456
　5457 5530 5562 5682 5738
　5755 5920 6084 6112 6332
　6482 6483 6672 6862 6887
　　　　6988 6989 7055 7066
坂本 英介 …………… 4352
坂本 チラノ …………… 3875
坂本 真貴乃 ………… 1698
坂元 裕二 …………… 2123
酒寄 進一 …………… 1155
　　　　1156 2658 2664 4047 4048
相良 敦子 …………… 6147
佐木 美奈子 ………… 6562
佐木 隆三 ……… 4516 5358
鷺沢 萌 ……………… 1712
佐久間 広一郎 ……… 3999
佐久間 崇 ……… 0457 2619
桜井 郁子 ……… 0373 1751
　3965 4737 5567 6134 6135
桜井 敏 ……………… 3446
桜井 秀峰 ……… 0267 3799
篠井 英介 ……… 1608 3138
佐々木 淳子 ………… 5565

佐々木 武観 ………… 5492
佐々木 智広 ………… 2002
佐々木 雄二 ………… 2232
　　　　　3358 3359 6470
笹部 博司 ……… 3058 3870 6286
笹峯 愛 ……………… 2768
サジキドウジ ……… 0732 0831
　1209 1324 1403 1583 2852
　3406 3956 4335 4424 5333
佐竹 修 ……………… 0560
　　　　2127 2935 5623 5826
サタケミキオ ………… 1898
定村 忠士 …………… 1948
サッカー, デイヴィット …… 2968
サックス, オリバー …… 2538
里居 正美 …………… 0332
佐藤 愛子 …………… 1012
佐藤 アヤ子 ………… 2224
佐藤 恭子 …………… 2305
佐藤 恵三 …………… 5641
佐藤 康平 …………… 2250
佐藤 紅緑 …………… 1024
佐藤 五月 …………… 0039
　　0155 0560 1075 5826 5928
佐藤 史郎 …………… 2078
　　　　2659 4353 4354 6269
佐藤 剛史 …………… 0159
佐藤 徹也 ……… 2755 3962
佐藤 B作 ……… 3672 4365 5455
佐藤 浩史 …………… 0636
佐藤 信 ……………… 0091 0175
　0284 0306 0307 0509 0653
　0892 1157 1158 1412 1586
　1726 1770 1844 1993 2255
　2297 2400 2505 2665 2860
　3038 3055 3397 3627 3716
　4017 4351 4879 4996 5044
　5213 5301 5386 5387 5391
　5477 5532 5675 5731 5735
　5919 5948 6090 6107 6276
　6437 6564 6604 6639 6698
　6899 6900 6901 6979 7029
佐藤 正俊 …………… 3688
佐藤 万理 …………… 5236
佐藤 実枝 …………… 2707
　　2736 2746 3293 4318
　　4536 5326 5357 7006
佐藤 康 ……… 1090 1091 2676
　2707 2901 4030 4797 4872
　5301 5626 5788 6113 7064
佐藤 雄一 …… 1627 4949 5645
佐藤 由美子 ………… 4474
佐藤 庸 ……………… 5628
佐藤 里恵 …………… 2822
里吉 しげみ …… 0320 0940 4897

さねと　　　　　　　　　　　作家・演出家名索引

さねとう あきら ………… 1146
　　　　　 2221　5218　6420
佐野 史郎 ……………… 4984
佐野 崇匡 ……………… 3227
佐野 剛 …… 0530　4912　5376
佐野 洋子 ………… 2747　4283
左納 和宣 ……………… 4846
ザハーロク, マルク ……… 1501
サマヴィル, ジョン ……… 2420
サミュエルズ, ダイアン
　　　………………… 0792　0793
サリngROCK …………
　　　　　 5720　6500　6626
サルトル ………………… 0390
　　　 0754　0755　1822　1823　4002
　　　　　 4003　4004　4005　6527
サローヤン, ウィリアム
　　　　……… 1704　1705　4072
澤井 杏介 ……………… 2501
佐和田 敬司 ‥ 1055　1056　3639
沢田 正二郎 …………… 0960
沢田 次郎 ……………… 0915
　　 2707　4381　4796　4872　5586
　　　 5793　6855　7064　7065
澤田 助太郎 …………… 6892
沢野 ひとし …………… 5682
澤藤 桂 ‥ 1429　1580　2837　5497
　　 5706　5781　6183　6612　6877
三軒茶屋婦人会 ………… 3040
三條 三輪 ……………… 0105
　　 0363　0897　1140　1332　2003
　　 2720　3051　3052　3056　3057
　　 3250　3369　4019　4020　4021
　　 4023　4125　4134　4303　4356
　　 4463　4464　4579　5088　5089
　　　 5542　5749　5750　6514
サンディエ, ジル ………… 5251
サン＝テグジュペリ ‥ 5732　5733
　　 5734　5735　6664　6737　6738
サンプション, クリスティン
　　　……………………………… 5561
サンブリッシュ, ヴェアチェ
　　スラヴ ……… 2696　2697
三辺 律子 ……………… 3569
三遊亭 円朝 …… 1057　1218
　　 1220　1221　1222　1223　1224
　　 2151　3604　4610　5264　5751

【し】

シアー, クローディア …… 5547
椎貝 路生 ……………… 2491
椎名 麟三 ……………… 0043

　　　　　　　　　　 2941　3593　4061　6331
J・A・シーザー ‥ 0089　1322　1441
　 2008　2143　2179　3571　3800
　 4040　4055　4617　5004　6838
シェイクスピア ………… 0065
　 0106　0209　0213　0230
　 0235　0341　0392　0434　0435
　 0609　0610　0626　0627　0637
　 0638　0639　0640　0641　0642
　 0643　0644　0645　0646　0650
　 0965　0970　0971　0972　0973
　 0976　1002　1003　1004　1005
　 1006　1007　1008　1009　1010
　 1011　1179　1180　1513　1514
　 1515　1646　1792　1911　2127
　 2129　2130　2160　2161　2273
　 2316　2317　2318　2319　2320
　 2321　2507　2685　2814　2815
　 2816　2817　2818　2819　2820
　 2821　2822　2893　2926　2927
　 2928　2929　2930　2931　2932
　 2933　2934　2935　2937　2938
　 2939　2963　2964　2965　2966
　 2967　2968　3105　3196　3197
　 3198　3199　3200　3600　3601
　 3602　3603　3604　4100　4101
　 4102　4103　4104　4105　4106
　 4331　4332　4333　4436　4437
　 4438　4439　4440　4441　4442
　 4443　4444　4445　4446　4447
　 4448　4449　4450　4451　4452
　 4460　4524　4553　4554　4689
　 4690　4964　4965　4966　4967
　 4968　4969　4970　4971　4972
　 4973　4974　4975　4976　4977
　 4978　4979　4980　4981　4982
　 4983　4984　4985　4986　4987
　 4988　4989　4990　4991　4992
　 4993　4995　4996　4997　4998
　 4999　5000　5004　5007　5018
　 5049　5088　5089　5446　5447
　 5448　5449　5450　5451　5452
　 5483　5598　5612　5613　5648
　 5649　5650　5652　5653　5654
　 5655　5656　5849　5850　5851
　 5852　5853　5854　5855　5856
　 5857　5858　5859　5860　5861
　 5862　5863　5864　5865　5866
　 5867　5868　5869　5870　5871
　 5872　5904　5905　5906　5907
　 5908　5909　5910　5911　5942
　 5943　5944　5945　5946　5947
　 6061　6088　6187　6388　6679
　 6682　6683　6684　6685　6686
　 6687　6688　6689　6690　6691
　 6692　6693　6694　6695　6696
　 6697　6698　6699　6713　6714
　 6715　6716　6717　6718　6719
　 6720　6721　6722　6724　6725
　 6726　6727　6729　6730　6731
　 6732　6733　6910　6911　6912

　 6913　6914　6915　6916　6917
　 6918　6919　6920　6921　6922
　 6923　6924　6925　6926　6927
　 6928　6929　6930　6933
ジェイムズ, ヘンリー …… 1177
シェノー, ピエール ……… 5538
シェハーデ, ラディ ……… 0425
シェパード, サム ………… 0586
　　 0751　0752　0753　2411
　　 4171　4172　5347　5516
シェファー, ピーター …… 0323
　　 0324　0325　0326　0327
　 0801　0802　2225　3632　5155
　　 5464　5465　5466　6831
ジェムス, バム ………… 3954
　　　　　 5991　5992　5993
ジェームス三木 ………… 0016
　 0017　0149　0222　0451　1794
　 3148　3149　3150　3428　3484
　 3633　3955　4384　4385　4386
シェリー, メアリー ……… 5480
シェルバン, アンドレイ ‥ 1474
ジェンセン, エリック …… 4196
シェーンベルク, クロード・
　 ミッシェル ……… 6836　6837
塩田 殖 ………………… 5516
シオドア, リー ………… 2830
塩野谷 正幸 …………… 2068
シオミ, リック …… 0470　0471
塩見 哲 ………… 0354　6896
志賀 佳世子 …………… 2356
志賀 かう子 …………… 5775
志賀 澤子 ……………… 0739
　　　　　 3029　4618　5823
志賀 重仁 ……………… 2696
　　 2697　2872　2873　2874
　　 2875　2876　5124　5125
鹿沢 信夫 ……………… 1531
敷居 高 ………………… 0989
鴫原 真一 ……………… 1660
シクスー, エレーヌ ……… 3991
重松 清 …… 1306　3988　6760
茂山 千之丞 …………… 3943
獅子 文六 ……………… 4507
シスガル, マレー …… 6614　6896
志田 英邦 ……………… 6819
四大海 ………………… 0129
　 2018　2391　2466　2825　3394
　 3395　3578　3610　4087　4231
　 4717　4773　4774　4776　5493
　　　 5829　6068　6069　6649
シチェドリン, サルティコフ
　　　…………………………… 2339
G2 ………… 1942　3040　4211
実相寺 昭雄 …………… 1843

| 作家・演出家名索引 | | しらい |

シッソンズ, ニール ‥ 0652 4437
寺十吾 ‥ 1118 1376 1599 1670
　　　 1872 1906 1935 1996 4266
十返舎 一九 ……………… 6313
品川 能正 ………………… 0056
　　0057 0226 1315 1316
　1317 1773 1878 1974 1975
　2475 2541 3053 3145 3408
　3567 3894 4008 4139 4628
　5136 5223 5241 5262 5263
　　　 5338 5525 6091 6441
篠崎 淳之介 ……………… 6421
篠崎 光正 ………………… 0269
　　　 1826 3008 4290 5554
篠塚 祥司 ………………… 6141
篠田 節子 ………………… 1178
篠田 達明 ………… 5664 5665
篠藤 ゆり ………………… 3920
篠原 久美子 ……………… 1033
　1178 1562 2061 2109 2325
　　4181 4788 5198 6335
篠原 陽子 ………… 2035 3768
篠本 賢一 ………… 5504 6316
柴 幸男 …………… 0356 6591
司馬 遼太郎 ……………… 3081
柴田 綾子 ………………… 2538
柴田 耕太郎 ……… 4796 7006
柴田 元幸 ………………… 1864 6409
柴田 義之 ………………… 2116
柴田 理恵子 ……………… 4556
柴田 千栄雄 ……………… 3231
渋川 善助 ………………… 2372
澁澤 龍彦 ………………… 3643
渋谷 哲也 ………………… 5533
島 敏光 …………………… 5052
しま よしみち ‥ 2833 3323 3535
島尾 敏雄 ………… 2779 2780
島川 聖一郎 ……………… 0004
島崎 藤村 ………………… 4740
　　　　 6490 6491 6492
島田 九輔 ………………… 2981
　　　 2983 3812 6225
島田 正吾 ………………… 0960
島田 裕巳 ………………… 6034
島田 雅彦 ………………… 6799
島田 三樹夫 ……………… 3094
島田 安行 1169 1393 2218
　3648 3705 4485 4486 4719
　　4810 5744 6288 6289 6907
島田 洋七 ………………… 2410
島林 愛 …………………… 4534
島守 辰明 ‥‥ 3009 4378 6997
清水 巌 …………………… 3420
清水 馨 …………………… 3071

清水 邦夫 ……………… 0041 0121
　0144 0277 0339 0340 0358
　0458 0459 0545 0719 0865
　0866 0867 1034 1035 1214
　1278 1280 1530 1637 1638
　1639 1645 1697 1748 1749
　1772 1915 2120 2142 3021
　3049 3054 3152 3254 3361
　3424 3670 3765 3766 3836
　3838 3839 4299 4300 4404
　4906 5017 5219 5220 5221
　5434 5722 5723 5963 5964
　6122 6341 6443 6668 6845
　6953 6954 6969 7004 7005
清水 紘治 ………………… 0341
清水 俊二 ………………… 6083
清水 信臣 ………………… 3976
清水 友陽 ………………… 0692
清水 真砂子 ……………… 2058
清水 満 …………………… 0012
志村 智雄 ………… 2103 5444
霜 康司 …………………… 0479
シモヴィッチ, リュボミル
　…………………………… 3046
下川 志乃ぶ ……………… 6974
下条 アトム ……………… 1261
下戸 明夫 ………………… 4822
下西 啓正 ………………… 2241
下野 武彦 ………………… 2733
詩森 ろば ………………… 0737
　0968 1622 1623 1632 2188
謝 珠栄 …… 2155 5236 6816
ジャイアール, グザヴィエ
　…………………………… 2334
ジャウイ, アニエス ……… 1361
寂光根隅的父 …………… 2249
ジャッジ, イアン ………… 2130
謝名元 慶福 ……………… 0170
　0171 0447 0448 0733 0734
　　1336 1355 1725 4886
ジャニー喜多川 ………… 0893
ジャパンアクションクラブ
　…………………………… 2018
シャープ, ウィル ………… 7067
シャファン, フランソワ
　………………………… 0724 5541
シャーマン, ジョナサン・マー
　ク ………………………… 3537
シャーマン, マーティン ‥ 0491
　　　　 3296 5642 5643
ジャーメイン, マーク・セン
　ト ………………………… 2385
SHA・LA・LA …………… 4312
ジャリ, アルフレッド
　………………… 6436 6437 6438
張 貞任 …………………… 3840

ジャンティ, フィリップ
　…………………… 0667 6056
シャンリィ, ジョン・パトリッ
　ク ………………… 3641 3707
ジュアンドー, マルセル ‥ 4937
しゅう 史奈 ……… 4074 6572
シュヴァーブ, ヴェルナー
　…………………… 2696 2697
シュヴァルツ, エヴゲニイ
　…………………………… 2886
シュタイン, ペーター
　…………………… 4980 5160
ジュデ, リチャード ……… 3042
シュトラウス, ボート
　…………… 2709 5160 6895
シュナイダー, ヘルガ …… 3729
シュニッツラー, アルトゥー
　ル ………………… 4477 6941
ジュネ, ジャン …………… 3039
　　　　 3040 3041 3042
シュミット, エリック=エマ
　ニュエル ………………… 4411
シュライバー, テリー
　…………… 1667 2035 5642
シュルツ, ブルーノ ……… 3292
ショー, アーウィン ……… 2731
ショー, バーナード ‥ 0004 1044
　1750 2871 3760 5144 5827
徐 賀世子 ………… 0233 0442
　0617 1048 1520 1612 4235
　4320 4592 5399 5581 5643
ジョイス, ポール ………… 5516
ジョーウォ, ルドルフ
　…………………… 4169 4449 7037
庄司 雅子 ………………… 0953
庄野 英二 ………………… 6018
ショスタコーワ, タチャーナ
　…………………………… 6488
ジョバンニ, ポール ……… 2859
ジョーンズ, デイヴ ……… 6942
ジョーンズ, トム ………… 0027
　　　　 2336 5085 5329
ジョーンズ,J. ……………… 4836
ジョーンズ&シュミット
　…………………… 2337 5817
ジョンソン, ベン ………… 6849
シラー ‥ 6157 6158 6159 6161
白井 晃 … 0254 0310 0431 0694
　0759 0808 0833 1003 1085
　1089 1155 1270 1271 1313
　1528 1864 1949 2343 2658
　3028 3856 4031 4079 4102
　5032 5397 5428 5314 5604
　5713 5714 5847 5887 5892
　6156 6207 6283 6409 6616
　6617 6644 6808 6818 6942

しらい　　　　　　　作家・演出家名索引

シライ　ケイタ ............ 0008
　　0450　3255　4752　6003　6784
白井　浩司 ................ 6527
白井　哲也 ................ 6566
白石　圭右 ................ 0580
白澤　定雄 ................ 2419
シーラッハ, フェルディナン
　ト・フォン ...... 4047　4048
ジラール, フランソワ ..... 6766
しりあがり　寿 ...... 0986　5978
ジロドゥ, ジャン ........... 0864
　　1161　1162　1163　1164
　　1602　2713　4329　5610
沈　虹光 .................. 6784
シング, ジョン・ミリントン
　...... 3355　3708　4525　4526
神西　清 .................. 1469
　　1498　2427　2429　2434　2446
　　2618　2627　2628　2633　2639
　　2645　4360　4361　7029
新庄　哲夫 ......... 2277　2310
新谷　忠彦 ................ 6662
新藤　兼人 ................ 2208
　　2209　2772　2773　5360
新堂　陣 .................. 3688
じんの　ひろあき ..... 2447　7058
シンメルプフェニヒ, ローラ
　ント ....... 0360　3940　6120

【す】

翠　羅臼 .................. 0176
　　4500　5270　5518　6882
スウィート, ジェフリー
　................... 6614　6659
スウィフト, ジョナサン ... 4617
スウォジャネク, タデウシュ
　............................ 4400
末木　利文 ......... 0083　0563　0642
　　0725　1200　1400　1401　1402
　　1448　2131　2285　2286　2346
　　2358　2395　2496　3067　3344
　　3345　3353　3732　3914　4002
　　4028　4277　4608　4787　4790
　　4965　4979　5050　5051　5239
　　5303　5912　5930　6325　6349
スエヒロ　ケイスケ ........ 2797
　　　　　　4633　5287　5614
末満　健一 ................ 5416
菅　専助 .................. 3700
菅沢　晃 .................. 6403
菅田　華絵 ......... 3438　3439
菅間　勇 ... 0211　1051　1577　1903

　　2141　3795　4369　5143　6867
スカルニッチ, ジュリオ
　................... 0879　0880
菅原　卓 ...... 0444　3413　4794
杉　良太郎 ................ 3858
杉浦　久幸 ...... 0055　0420　1101
　　1439　1853　2304　3931　3988
　　4616　4760　5660　6201　6202
杉田　成道 ...... 1171　3670　5175
杉原　邦生 ................ 0501
　　1597　4123　4265　4964
杉村　和哉 ................ 4044
杉本　孝司 ................ 0412
　　1146　2114　5475　6539
杉本　正治 ...... 1283　1857　5202
杉本　苑子 ................ 0205
杉本　タダスケ ............ 3251
杉本　明朗 ................ 0217
杉本　凌士 ................ 0625
杉山　準 .................. 6109
杉山　剛志 ......... 1469　5154
杉山　晴佳 ................ 0026
　　0322　2197　4141　6415
杉山　誠 ............ 2271　5588
鈴江　俊郎 ................ 0455
　　0697　0768　0916　0939　1251
　　1252　1264　1430　1569　1579
　　1609　1868　1915　1985　2015
　　2297　3224　3495　3496　4027
　　4264　4265　4403　4455　5224
　　5685　6025　6070　6119　6344
　　6345　6578　6983　6994
鈴置　洋孝 ...... 2063　2064　2065
鈴木　一功 ................ 5975
鈴木　勝彦 ................ 0633
鈴木　勝秀 ...... 0569　0632　0960
　　0989　2854　3223　3735　3989
　　4168　4324　5351　5511　5972
　　6505　6506　6800　6822　6849
鈴木　完一郎 .............. 0115
　　0191　0512　0603　0604
　　0705　0830　1358　1433　1566
　　2046　2449　2460　2657　3004
　　3191　3623　3657　3698　3768
　　3841　3941　4177　4665　4901
　　5037　5215　5265　5390　5555
　　5556　5773　5775　6117　6144
　　6167　6278　6450　6820
鈴木　幹二 ................ 0381
鈴木　絢士 ................ 3614
　　　　　　4724　5008　6043
鈴木　健二 ......... 1758　3105
鈴木　健之亮 .............. 0651
　　　　　　2672　4955　6405
鈴木　康司 ................ 0028
鈴木　聡 ...... 0313　0409　0714
　　0777　1176　2396　2755　2826

　　2849　3011　3158　3258　3863
　　3961　3962　4813　4818　5349
鈴木　小百合 .............. 0362
　　　　　　3684　3707　3721　4836
鈴木　信太郎 .............. 3073
　　　　　　3074　3076　3077　3078
鈴木　泉三郎 ...... 0481　0482　5117
鈴木　孝宏 ......... 5807　5808
スズキ　拓朗 .............. 0207
鈴木　忠志 ...... 0608　0860　0862
　　0863　0923　0928　0929　1241
　　1531　2492　2645　2954　2955
　　2970　3073　3074　3075　3155
　　3173　3174　3176　3210　3237
　　3381　3417　3857　3952　4326
　　4718　4851　4852　5148　5871
　　6388　6688　6689　6690　6697
鈴木　龍男 ................ 0381
　　　　　　0510　0539　2617　5398
鈴木　哲也 ......... 2557　3146
鈴木　治子 ................ 5538
鈴木　正光 ......... 2785　3950　5590
鈴木　光枝 ...... 1120　1121　1122
　　1123　1185　2610　2704　5366
鈴木　ユキオ .............. 2264
鈴木　裕美 ......... 0053　0364
　　0380　0629　0837　1112　1278
　　1563　1892　2076　2869　3184
　　3538　3597　3628　3645　3646
　　3702　3703　4235　4292　4293
　　4296　4736　4947　5374　5458
　　5664　5665　5771　5858　5902
　　6033　6062　6547　6783　6819
スズキ　与太郎 ............ 1149
鈴木　力衛 ................ 1823
　　2959　3244　3245　3745　3746
鈴木田　竜二 .............. 6196
スタイン, ジョセフ ... 3515　3516
スタインベック ...... 0474　0475
　　0476　0828　4842　4843　5822
スティーヴンス, サイモン
　............................ 6547
スティーヴンスン, シーラ
　............................ 6040
スティーブンス, トニー
　................... 1733　2706
スティルゴー, リチャード
　................... 1081　1082
ステナム, ポリー .......... 2504
ステュアート, パトリック
　............................ 1959
須藤　黄英 ................ 2525
　　　　　　3338　3520　3686　5774
須藤　鈴 .................. 5834　6821
ストッパード, トム ........ 0377
　　0537　2125　2231　5814　6701
　　6888　6889　6890　6891　6894

作家・演出家名索引　　　　　　　　　　たかた

ストラウス, チャールズ ‥ 0269
ストーリー, デイヴィッド
‥‥‥‥‥‥‥‥‥‥‥‥ 3799
ストリンドベリ ‥‥‥‥‥ 2380
　2782　2783　6030　6479　6810
　6811　6812　6813　6814　6815
ストルマーレ, ペーター
‥‥‥‥‥‥‥‥‥ 4444　4989
ストローマン, スーザン
‥‥‥‥‥‥‥‥‥ 0433　2357
ストーン, ピーター
‥‥‥‥‥‥ 0896　5499　5500
須永 朝彦 ‥‥‥‥‥‥‥ 6192
須永 克彦 ‥‥‥‥‥‥‥ 3847
砂田 量爾 ‥‥ 1711　4176　4190
砂本 量 ‥ 0779　0932　5209　6852
ズビ, ニザール ‥‥‥‥‥ 0357
スピネッリ, ジェリー ‥‥ 0062
スピーワック, サム＆トベッラ
‥‥‥‥‥‥‥‥‥‥‥‥ 1142
スペワック, サム ‥‥‥‥ 1665
スペワック, ベラ ‥‥‥‥ 1665
角 ひろみ ‥‥ 0147　0256　0336
　0461　2477　2691　3827　3968
　5746　5824　6196　6230　6412
スミス, オリオール ‥‥‥ 4015
住田 未歩 ‥‥‥‥‥‥‥ 5626
スラデク, ミラン ‥‥‥‥
　　　　　　　 0314　2660　2661
スルネッツ, イジー ‥‥‥ 5365
スレイド, バーナード ‥‥ 3374
　3375　6908　6909
スロヴァーク, ニキータ ‥ 6933
諏訪 正 ‥‥‥ 0387　0427　0428
　1162　1163　2040　2713　5344
スワーリング, ジョー ‥‥ 1213

【 せ 】

世阿弥 ‥‥‥‥‥‥‥‥ 2422
瀬川 如皐 ‥‥‥‥‥‥‥ 1808
瀬川 昌治 ‥‥‥‥‥‥‥ 2208
関 功 ‥‥‥‥‥‥ 6859　6860
関 秀人 ‥‥‥‥‥‥‥‥ 3674
瀬木 宏康 ‥‥‥‥ 3922　4475
関 美能留 ‥‥‥‥ 0655　4534
関川 慎二 ‥‥‥‥ 0045　5357
関川 佑一 ‥‥‥‥‥‥‥ 5056
関口 次郎 ‥‥‥‥‥‥‥ 2222
関根 時正 ‥‥‥‥ 0919　4169
関根 信一 ‥‥‥‥‥‥‥ 1710
関矢 幸雄 ‥‥‥‥‥‥‥ 0006

　2990　3487　3488　3490　3491
セシル, ヘンリー ‥‥‥‥ 5677
セタン, ニコン ‥‥‥‥‥ 4675
薛 珠麗 ‥‥ 0885　3293　4793　4937
瀬戸 宏 ‥‥‥‥‥‥‥‥ 4158
瀬戸内 寂聴 ‥‥‥‥ 4176　6870
瀬戸口 郁 ‥‥ 0803　0917　1858
　2420　5882　5883　5884　6960
瀬戸山 美咲 ‥‥‥‥‥‥ 0749
　1134　2789　4066　4799　6648
瀬野 英也 ‥‥‥‥‥‥‥ 1918
妹尾 和夫 ‥‥‥‥‥‥‥ 3480
妹尾 河童 ‥‥‥‥ 3004　3005
セプルベダ, ルイス ‥‥‥ 1505
セミョーノワ, ニーナ ‥‥ 5575
芹川 藍 ‥‥‥‥‥‥‥‥ 0065
　1387　1564　2394　2413　3179
　4138　5414　5806　6279
芹川 嘉久子 ‥‥‥‥ 2292　5575
ゼレール, フロリアン ‥‥ 3130
千田 恵子 ‥‥‥‥ 3338　6160
千田 是也 ‥‥‥‥‥‥‥ 0116
　0321　0816　1093　1539
　1540　1554　1555　1671　1721
　1722　1723　1725　2175　2176
　2436　2662　2819　3030　3390
　3391　3464　3489　3592　3805
　4348　4352　4933　4935　5415
　6148　6157　6368　7018
扇田 拓也 ‥‥‥‥‥‥‥ 0282
　0850　0870　1861　2602　5010

【 そ 】

曹 禺 ‥‥‥‥‥ 0454　5214　6593
宋 英徳 ‥‥ 0300　2765　3541　5398
ソヴァジョン, マルク＝ジル
ベール ‥‥‥‥‥‥‥‥ 4030
添田 園子 ‥‥‥‥ 2827　6293
添田 忠伸 ‥‥‥‥‥‥‥ 3671
會我廼家 五郎 ‥‥‥‥‥ 2294
外輪 能隆 ‥‥‥‥ 1836　6987
ソニエ, ジョルジュ ‥ 3232　3233
曽根原 美保 ‥‥‥‥‥‥ 1860
園山 土筆 ‥‥‥‥‥‥‥ 1019
ソフォクレス ‥‥‥ 0430　0608
　0859　0860　0861　0862　0898
　0899　0900　0901　0902　0903
　1126　2464　2465　4541　5148
ソボル, ジョシュア ‥‥‥ 2057
ゾラ, エミール ‥‥‥‥‥ 4045
空ノ驛舎 ‥‥‥ 0692　3685　3899

ゾルダック, アンドリー ‥ 4768
ソローミン, ユーリー
‥‥‥‥‥‥‥‥‥ 1502　2642
孫 基龍 ‥‥‥‥‥‥‥‥ 1878
孫 振策 ‥‥‥ 0178　2668　5223
ソン・ソノ ‥‥‥‥‥‥‥ 0727
孫 高宏 ‥‥‥ 0209　4524　5910
孫 文学 ‥‥‥‥‥‥‥‥ 5363
ソーンズ, ロビン ‥‥‥‥ 0362
ソンドハイム, スティーヴン
‥‥‥‥‥‥‥‥‥‥‥‥ 1896

【 た 】

大幸 亮平 ‥‥‥‥‥‥‥ 3851
大正 まろん ‥‥‥‥‥‥ 1397
　　　　　　　 3122　3550　6415
第七病棟演出部 ‥‥ 0338　1128
台場 達也 ‥‥‥‥ 1970　4650
田尾下 哲 ‥‥‥‥‥‥‥ 2607
高井 浩子 ‥‥‥‥‥‥‥ 1885
高泉 淳子 ‥‥‥‥‥‥‥ 0254
　1089　1270　1271　1949　2343
　3028　4031　5604　5714　6156
　6207　6283　6616　6617　6644
高木 彬光 ‥‥‥‥‥‥‥ 4741
高木 達 ‥‥‥‥‥ 0030　0779
　0932　1330　1331　4497　4737
　5019　5355　6313　6610　6852
高木 登 ‥‥‥‥‥‥‥‥ 1670
高木 優佳 ‥‥‥‥‥‥‥ 3409
高岸 未朝 ‥‥‥‥‥‥‥ 1574
　2356　2956　6024　6343
高桑 徳三郎 ‥‥‥‥‥‥ 4290
たかしま ちせこ ‥‥‥‥ 3669
高杉 一郎 ‥‥‥‥‥‥‥ 4259
高瀬 一樹 ‥‥‥‥ 2731　5340
高瀬 せい ‥‥‥‥‥‥‥ 3480
高瀬 精一郎 ‥‥‥‥‥‥ 1057
　2032　2033　2723　2726
　2958　3111　3137　6854
高瀬 久男 ‥‥‥‥‥‥‥ 0252
　0361　0575　0697　0976　1282
　1430　1544　1558　1562　1636
　1898　1971　2049　2061　2100
　2465　2470　2536　2806　2817
　2889　2951　2991　3240　3581
　3644　3653　3654　3666　3862
　3893　3935　4259　4333　4400
　4429　4762　4903　5090　5312
　5346　5442　5621　5821　6170
　6273　6284　6285　6460　6948
高田 和文 ‥‥‥‥ 5012　5304

| | | |
|---|---|---|
| 高田 潔 | ‥ 1281 2710 3543 | 6277 |
| 高田 三悟 | | 2432 |
| 高田 蓉子 | ‥‥ 0914 6669 | 6670 |
| 高堂 要 | ‥ 0043 1028 2897 | 2941 |
| 高取 英 | ‥ 2054 2823 3163 | 3643 |
| | 4038 4039 4112 4927 | 5482 |
| 高野 和明 | | 6408 |
| 高萩 宏 | | 4806 |
| 高橋 亜子 | | 4431 |
| 高橋 あやのすけ | | 0514 |
| 高橋 いさを | ‥‥‥‥ 0400 | 0661 |
| | 2071 2193 3190 4815 | 4949 |
| | 5704 5705 6032 6109 | 6791 |
| 高橋 克彦 | | 1626 |
| 高橋 撰一郎 | | 5701 |
| 高橋 啓 | | 7008 |
| 高橋 源一郎 | | 4570 |
| 高橋 健二 | ‥‥‥‥ 0943 6494 | 6941 |
| 高橋 左近 | ‥‥‥‥‥ 2005 | 4433 |
| 高橋 三十四 | | 5347 |
| 高橋 清祐 | | 0177 |
| | 0368 0729 1075 1711 | 1741 |
| | 1851 2443 2682 2743 | 2744 |
| | 2774 2896 2912 3104 | 3598 |
| | 4176 4190 5405 5923 | 5928 |
| | 6018 6601 6861 | 6975 |
| 高橋 知伽江 | ‥ 2155 2525 | 4028 |
| 高橋 徹郎 | | 2304 |
| 高橋 ブランカ | | 5154 |
| 高橋 正圀 | | 0013 |
| | 0094 1658 1678 1691 | 1824 |
| | 2834 3715 4401 4478 | 6379 |
| 高橋 正徳 | ‥‥‥‥ 0397 0745 | 0821 |
| | 1039 1282 1410 1896 | 2524 |
| | 2832 3640 4037 4203 | 4758 |
| 高橋 昌也 | | 0674 |
| | 1018 1105 2320 2605 | 2677 |
| | 2678 5402 5547 5548 | 5591 |
| | 5810 5991 6597 6705 | 6722 |
| | 6803 6804 6831 7024 | 7025 |
| 高橋 恵 | | 0249 |
| | 1257 1581 1682 2502 | 3757 |
| | 3758 4895 5127 5194 | 5204 |
| | 5545 5659 6399 | 6552 |
| 高橋 康也 | | 0405 |
| | 2247 2248 2251 | 2254 |
| | 2255 2256 2257 2673 | 2674 |
| | 2675 4444 4989 | 5911 |
| 高橋 悠玄 | | 1361 |
| 高橋 幸夫 | ‥‥‥‥ 0255 | 1016 |
| | 2549 3502 3778 4598 | 5793 |
| 高橋 由美子 | ‥‥‥‥ 1299 | 6466 |
| 高橋 洋二 | | 3275 |
| 高林 幸兵 | | 1774 |
| 高平 哲郎 | | 5084 |
| | 5635 5286 | 6769 |

| | | |
|---|---|---|
| 高見 亮子 | ‥‥‥‥ 4137 | 4821 |
| | 5378 6304 6451 6452 | 6876 |
| 高嶺 格 | | 6211 |
| 高谷 信之 | ‥‥‥‥‥ 3287 | 3750 |
| 高安 美帆 | | 2568 |
| 高柳 誠 | ‥‥‥‥‥ 0898 | 2043 |
| 高山 図南雄 | | 0672 |
| 滝 弘太郎 | ‥‥‥‥‥ 3237 | 6621 |
| 滝 大作 | ‥‥‥ 3525 3526 | 4365 |
| 滝口 康彦 | | 2976 |
| 滝沢 修 | | 0234 |
| | 0445 2943 3413 4269 | 6133 |
| | 6491 6492 6535 | 6794 |
| 滝沢 馬琴 | ‥‥‥‥‥ 4840 | 5878 |
| 田口 萌 | | 0184 |
| 田窪 一世 | | 1984 |
| 武井 岳史 | | 1797 |
| 武井 真紀子 | | 3042 |
| 竹内 一郎 | ‥‥ 0225 0406 | 1511 |
| | 1512 1654 1708 2841 | 2842 |
| | 3065 3437 3744 4034 | 4202 |
| | 4247 4248 4472 5996 | 6097 |
| 竹内 健 | | 6437 |
| 竹内 銃一郎 | | 0220 |
| | 0263 0279 0280 | 0281 |
| | 0282 0371 0587 0839 | 1265 |
| | 1294 1333 1812 2244 | 2308 |
| | 2309 2409 3213 3274 | 3400 |
| | 3421 3458 3663 3711 | 3864 |
| | 3928 3929 3997 3998 | 4133 |
| | 4143 5229 5461 5903 | 6021 |
| | 6022 6023 6052 6105 | 6252 |
| | 6496 6647 6846 | 6847 |
| 竹内 佑 | ‥‥‥‥‥ 2304 | 2601 |
| | 2732 3879 4619 5985 | 6384 |
| 武重 邦夫 | ‥‥‥‥‥ 2001 | 5599 |
| 竹重 洋平 | | 0828 |
| 竹島 由美子 | | 6297 |
| 武田 明日香 | | 2127 |
| 武田 操美 | | 4075 |
| 竹田 出雲 | | 3860 |
| 武田 一度 | | 0102 |
| | 0156 0186 0355 0525 | 0607 |
| | 1308 1340 2263 3097 | 3724 |
| | 3816 3951 4024 4025 | 4506 |
| | 5173 5254 5255 5256 | 5752 |
| | 5753 5754 5761 6397 | 6523 |
| | 6633 6634 7014 | 7015 |
| 武田 弘一郎 | | 5976 |
| 竹田 真二 | | 5222 |
| 武田 泰淳 | | 0354 |
| | 1671 5128 | 5129 |
| 武田 哲平 | | 4286 |
| 竹中 昌宏 | ‥‥‥‥‥ 2536 | 2810 |
| 竹邑 類 | ‥‥ 0291 1420 | 1843 |
| | 2476 2500 3407 4030 | 4261 |

| | | |
|---|---|---|
| | 4576 4820 5382 5662 | 6662 |
| 嶽本 あゆ美 | | 1125 |
| 竹本 積 | ‥ 1657 2470 4149 | 4161 |
| 竹本 素京 | | 4610 |
| 太宰 治 | | 1374 |
| | 1375 1967 3694 3695 | 4807 |
| 田才 益夫 | | 5874 |
| 田島 栄 | ‥‥‥ 3081 6330 | 6637 |
| 田島 哲 | | 0658 |
| 田島 博 | | 6309 |
| 田尻 陽一 | ‥‥‥‥‥ 3818 | 5621 |
| 多田 慶子 | ‥‥ 4137 5378 | 6452 |
| 多田 淳之介 | | 3529 |
| 多田 誠 | ‥‥‥‥‥ 4529 | 4530 |
| 多田木 亮佑 | | 6538 |
| 忠の仁 | | 1510 |
| 太刀川 敬一 | | 2329 |
| 立川 志らく | | 4588 |
| 立川 三貴 | ‥‥‥‥ 0413 | 2344 |
| 立川 雄三 | | 3946 |
| 立花 一男 | | 4559 |
| 立原 りゅう | ‥‥‥‥ 1168 | 5876 |
| 龍岡 晋 | ‥‥‥‥‥ 1917 | 5743 |
| ダッシン,ジュールス | ‥‥ | 0595 |
| 辰野 隆 | | 3073 |
| | 3074 3076 3077 3078 | 5326 |
| 立沢 雅人 | | 0098 |
| | 1690 1820 6360 | 6361 |
| 立松 和平 | ‥‥‥‥ 0894 | 4538 |
| 立山 ひろみ | | 3986 |
| 田中 孝弥 | | 0388 |
| | 0436 0668 0900 | 1368 |
| | 2087 2279 2600 2899 | 5203 |
| | 5698 6161 6305 | 6964 |
| 田中 邦雄 | | 0545 |
| 田中 圭介 | | 5334 |
| 田中 浩司 | | 0645 |
| | 2273 2684 3197 | 6925 |
| 田中 純 | | 1746 |
| 田中 澄江 | ‥‥ 0105 3472 | 3705 |
| | 3943 3944 4790 5709 | 5744 |
| 田中 壮太郎 | ‥ 1833 1834 | 1936 |
| 田中 崇 | | 3275 |
| 田中 千禾夫 | ‥‥‥‥ 1191 | 1671 |
| | 1761 1929 1930 2613 | 3705 |
| | 3821 3831 5163 5709 | 5744 |
| | 5980 5981 5982 5983 | 6843 |
| 田中 弘史 | | 0531 |
| 田中 倫郎 | | 0612 |
| 田中 美知太郎 | | 5148 |
| 田中 守幸 | | 0651 |
| | 1344 4375 | 6405 |
| 田中 遊 | ‥‥‥‥‥ 1655 | 2204 |
| 田中 林輔 | | 6385 |

| 棚瀬 美幸 | ……… | 1242 |
| | 1538 2467 2468 | 2680 |
| 3151 3559 3683 4214 | 4465 |
| 4600 5796 6124 | 6843 |
| 田辺 剛 ·· 0913 1573 1768 | 2067 |
| 2101 2298 3032 4585 | 4586 |
| 5207 6771 6772 6773 | 6998 |
| 田辺 聖子 …… 0955 | 1375 |
| 田辺 久弥 ………… | 3183 |
| 谷 賢一 ………… | 2385 |
| 3092 3426 5877 | 6272 |
| 谷 省吾 ………… | 6231 |
| ダニエルズ, サラ … 4556 | 5897 |
| ダニエルズ, パトリック | |
| ………… 2790 | 2791 |
| ダニエルズ, ロン … 3601 | 4988 |
| 谷岡 健彦 …… 1262 | 3286 |
| 谷川 牛歩 ………… | 4795 |
| 谷川 俊太郎 ……… | 0709 |
| 谷川 道子 … 2656 4938 | 5009 |
| 谷口 秀一 ……… 4502 | 4503 |
| 谷崎 潤一郎 …… 0025 | 1782 |
| 1783 2972 2973 3871 | 6413 |
| タニノ クロウ … 2716 | 3787 |
| 谷屋 充 ………… | 5913 |
| 田ノ口 誠悟 ……… | 2789 |
| 田之倉 稔 ………… | 0003 |
| 1561 1960 4267 | 4268 |
| 5404 6351 6352 | 6353 |
| タバコフ, オレグ … 5567 | 6952 |
| 田畑 実 ………… | 4587 |
| タバディ, ジャン・ルゥ | 5986 |
| ダビジャ, アレクサンドル | |
| ………… | 2634 |
| 喰 始 …… 2687 3418 | 4577 |
| 玉井 敬友 ………… | 2989 |
| 田槇 道子 ………… | 0298 |
| たまご☆マン … 0676 | 3167 |
| 玉野井 直樹 … 4510 6859 | 6860 |
| たみお ………… | 3878 |
| 田宮 虎彦 ………… | 0187 |
| 田向 正健 ………… | 4275 |
| ダムタイプ ………… | 6204 |
| 田村 孝裕 …… 0210 2952 | 2961 |
| 3402 3611 5267 5789 | 6850 |
| 田村 寛 ………… | 5275 |
| タリー, テッド ……… | 4037 |
| ダリエ, アレクサンドル ·· | 1215 |
| 2967 3388 5451 | 5869 |
| ダール, ユーニ ……… | 5580 |
| ダルドリー, スティーブン | |
| ………… | 0611 |
| タルブージ, レンゾ … 0879 | 0880 |
| 俵 万智 ………… | 0680 |

| 檀 臣幸 ………… | 3593 |
| ダンカン, パトリック・シェーン | |
| ………… | 5209 |
| 丹下 和彦 ………… | 0900 |
| 丹野 郁弓 ………… | 0119 |
| 0234 0275 0401 | 0441 |
| 0446 0474 0722 0743 | 0791 |
| 1105 1142 1249 1440 | 1445 |
| 1642 1922 2154 2313 | 2416 |
| 2605 2606 2677 2678 | 2727 |
| 2882 2949 3099 3329 | 3360 |
| 3407 3479 3506 3764 | 3978 |
| 4188 4271 4272 4339 | 4422 |
| 4625 4735 4835 4867 | 5011 |
| 5033 5034 5130 5195 | 5393 |
| 5402 5436 5547 5591 | 5810 |
| 6005 6621 6652 | 6705 |
| 丹野 久美子 ……… | 2047 |

### 【ち】

| 崔 善愛 ………… | 2395 |
| チェイス, メアリー … | 4731 |
| 4732 4955 4956 | 4957 |
| チェトヴョルキン ……… | 4515 |
| チェーホフ … 0263 0439 | 0608 |
| 0683 0710 0996 1285 | 1469 |
| 1470 1472 1473 1474 | 1475 |
| 1476 1477 1478 1479 | 1480 |
| 1481 1482 1483 1484 | 1485 |
| 1486 1487 1488 1489 | 1490 |
| 1491 1492 1493 1494 | 1495 |
| 1496 1497 1498 1499 | 1500 |
| 1501 1502 1791 1876 | 2082 |
| 2425 2426 2427 2428 | 2429 |
| 2430 2431 2432 2433 | 2434 |
| 2435 2436 2437 2438 | 2439 |
| 2440 2441 2442 2443 | 2444 |
| 2446 2448 2449 2618 | 2619 |
| 2620 2621 2622 2623 | 2624 |
| 2625 2626 2627 2628 | 2629 |
| 2630 2631 2632 2633 | 2634 |
| 2635 2636 2637 2638 | 2639 |
| 2640 2641 2642 2643 | 2644 |
| 3140 3790 3791 3792 | 3794 |
| 3796 4303 4532 4798 | 5472 |
| 5473 5474 5948 6048 | 6275 |
| 6868 7028 7029 7030 | 7031 |
| 7032 7033 7034 7035 | 7036 |
| 7037 7038 7039 7040 | 7041 |
| 近石 綏子 ………… | 3497 |
| 3498 3499 6627 6628 | 6629 |
| 近松 門左衛門 … 0229 | 1287 |
| 3137 3138 3139 3480 | 3579 |
| 3580 3950 4746 6261 | 6493 |
| チスレット, アン ……… | 3832 |

| 5183 5184 5185 | 6601 |
| チゾン, アネット ……… | 4950 |
| ちねん せいしん …… 3222 | 3335 |
| 知念 正真 ………… | 2219 |
| 知念 正文 ………… | 0162 |
| 1052 1553 1927 | 1928 |
| 2148 2149 2646 3069 | 3070 |
| 3257 5945 5946 | 6243 |
| 千野 栄一 ………… | 6903 |
| 千野 幸一 ………… | 3140 |
| 千葉 哲也 …… 0233 | 0581 |
| 2245 2448 4672 5486 | 5692 |
| 千葉 雅子 ………… | 0760 |
| 0857 2793 | 2794 |
| チム, ジム ………… | 2472 |
| ちゃき 克影 ………… | 3214 |
| チャーチル, キャリル … | 0268 |
| 1938 1939 1940 | 1941 |
| 4234 4235 | 4618 |
| チャペック, カレル ·· 5874 | 6903 |
| チャン, テレサ・ハッキョン | |
| ………… | 5540 |
| 蒋 正一 ………… | 0904 |
| 張 鏕 ………… | 6137 |
| チュツオーラ, エイモス ·· | 6314 |
| チョウ 紗玉 ………… | 2897 |
| 張 春孝 …… 3564 | 3565 |
| チョン, ピン ……… | 1924 |
| 鄭 義信 ………… | 0073 |
| 0138 0178 0443 0682 | 0787 |
| 0788 0948 1536 1537 | 2261 |
| 2304 2505 2506 3327 | 3382 |
| 3449 3450 3557 3702 | 3703 |
| 3785 4521 4596 4597 | 4780 |
| 4963 5165 5374 5439 | 5710 |
| 6240 6241 6294 6295 | 6296 |
| 鄭 福根 ………… 3845 | 4207 |
| チン, ジミー … 1866 1945 | 3086 |

### 【つ】

| ツァラ, トリスタン ……… | 1931 |
| つか こうへい ………… | 0221 |
| 1427 1428 1767 1847 | 1848 |
| 1849 3195 3291 3478 | 3906 |
| 4775 5238 5281 5282 | 5293 |
| 司 修 ………… | 6407 |
| 司 このみ ………… | 0766 |
| 津上 忠 …… 0510 | 0820 |
| 0853 2290 2648 3111 | 6490 |
| 津川 泉 ………… | 6218 |
| 津川 雅彦 ………… | 5962 |
| 筑地 久実 ………… | 0937 |

## 【つ】

佃 典彦 ‥ 0242 0379 0956 1572
　1608 2029 2068 2382 2462
　2649 3371 3481 3574 3714
　4240 4614 4730 6051 6538
つげ くわえ ‥‥‥‥‥‥‥ 4266
津崎 正行 ‥‥‥‥‥‥ 3330 5315
辻 邦生 ‥‥‥‥‥‥‥‥‥ 4071
辻村 ジュサブロー ‥‥‥‥ 4080
都築 二郎 ‥‥‥‥‥‥‥‥ 1919
土田 世紀 ‥‥‥‥‥‥‥‥ 0499
土田 英生 ‥‥‥‥‥‥‥‥ 0064
　0103 0455 0715 0790 0887
　1262 1754 1755 1756 1757
　1777 1886 1932 2015 2304
　2717 3050 3467 3520 3521
　3522 3523 3524 3544 3788
　3796 3957 3958 4241 4243
　4473 4493 4519 4686 4791
　4792 4819 4848 4849 4868
　5384 5800 6079 6142 6262
　6301 6302 6303 6414
土橋 淳志 ‥‥‥‥‥‥ 0287 0288
　0370 0371 0518 0761 0772
　1571 2055 2891 3469 3524
　3963 4599 6059 6173 6199
土屋 誠 ‥‥‥‥‥‥‥‥‥ 6817
土屋 政雄 ‥‥‥‥‥‥‥‥ 6984
土屋 理敬 ‥‥‥‥‥‥‥‥ 0750
　1306 1961 3500 3649 3704
土屋 亮一 ‥‥‥‥‥‥ 0293 2597
筒井 加寿子 ‥‥‥‥‥ 2311 6798
筒井 潤 ‥‥ 3770 3771 3772 5534
筒井 ともみ ‥ 2626 4283 4582
筒井 広志 ‥‥ 2847 2848 4232
筒井 康隆 ‥‥‥‥‥‥ 2304 2529
　2530 2596 2983 3268 5147
筒井 庸助 ‥‥‥‥‥‥‥‥ 3580
堤 孝夫 ‥‥‥‥‥‥‥‥‥ 3375
堤 春恵 ‥‥‥‥ 1400 1401 2395
　2582 3353 3914 4491 4608
堤 泰之 ‥‥‥‥‥ 0478 0789 1854
　2063 2064 2065 2447 3845
　4846 4915 5537 6034 6439
堤 幸彦 ‥‥‥‥‥‥‥ 2517 5708
常田 景子 ‥‥‥‥‥‥‥‥ 0268
　0615 0628 0677 0781 1828
　1901 1908 1980 2048 2528
　3065 3223 3270 3735 3930
　3960 4033 4196 4782 4834
　4854 4960 5209 5375 5486
　5560 5562 5755 5805 5972
　6017 6208 6439 6672 6869
角田 智仁 ‥‥‥‥‥‥‥‥ 3663
坪内 逍遥 ‥‥‥‥ 4982 6716 6723
津村 禮次郎 ‥‥‥‥‥‥‥ 5407
鶴田 俊哉 ‥‥‥‥‥‥‥‥ 1339
　4910 6205 6206
鶴橋 康夫 ‥‥‥‥‥‥‥‥ 4432
鶴屋 南北 ‥‥‥‥‥‥‥‥ 1432
　1433 1434 1435 2032 2033
　2457 2458 2460 2462 3172
　3194 4120 4121 4122 4123
　4538 5137 5670 6541 6542
　6543 6544 6545 6546

## 【て】

ディア，ニック ‥‥‥‥‥ 2669
ディヴィッド，ジョン
　‥‥‥‥‥‥‥‥‥ 1821 5441
テイゲン，レーネ・テレーセ
　‥‥‥‥‥‥‥‥‥‥‥‥ 1752
ディケンズ，チャールズ ‥ 1959
ティージ スタン ‥‥‥‥‥ 3205
ディス，プロスペール
　‥‥‥‥‥‥‥‥‥ 2900 3046
ディスノー，デボラ ‥‥‥ 2679
ディーツ，スティーブン
　‥‥‥‥‥‥‥‥‥ 2262 3890
ディッグス，エリザベス ‥ 6106
ディドロ，ドゥニ ‥‥‥‥ 2907
ティーパン，コリン
　‥‥‥‥‥‥‥‥ 1416 2529 2530
ディピエトロ，ジョー ‥‥ 1575
tpt workshop ‥‥‥‥‥‥ 0885
ディメック，フランク ‥‥ 2138
テイラー，エリザベス ‥‥ 1969
テイラー，サミュエル
　‥‥‥‥‥‥‥‥‥ 0765 0766
テイラー，セシル.P.
　‥‥‥‥‥‥‥‥ 1901 1902 3506
ティリンジャー，ジョン ‥ 4533
ディレーニー，シーラ ‥‥ 6063
ディロン，ジョン ‥‥ 0228 0475
　0476 0710 1525 3410 3411
ディントローナ，ニーノ ‥ 6897
デヴェレル，レックス ‥‥ 5661
デヴォア，クリストファー
　‥‥‥‥‥‥‥‥‥‥‥‥ 0875
デクスター，ジョン ‥‥‥ 0844
出口 典雄 ‥‥‥‥‥‥ 0235 0650
　1461 2816 2818 3260 4323
　4671 5447 5495 5598 5856
　5857 5908 5909 5944 5981
　6086 6686 6891 6917 6932
テクトニック・シアター・プ
　ロジェクト ‥‥‥‥‥‥ 6672
手塚 治虫 ‥‥ 0250 1158 3153
　4461 5174 5176 5215 5216
　5217 5257 6556 6746 6747

手塚 とおる ‥‥‥‥‥‥‥ 2493
手塚 敏夫 ‥‥‥‥‥‥‥‥ 0130
　0198 0219 0261 1290 2186
　3209 3254 3272 4285 4528
　4630 4952 5141 5590
鉄丸 ‥‥‥‥‥‥‥‥‥‥‥ 2212
出戸 一幸 ‥‥‥‥‥‥ 0253 0994
　1154 2537 2544 3022 3113
　3114 4113 5764 6011 6597
デービス，ハワード ‥‥‥ 1902
デ・フィリッポ，エドワルド
　‥‥‥‥‥‥‥‥‥‥‥‥ 0003
　1960 3752 4267 4268
デ・フィリッポ，ペッピーノ
　‥‥‥‥‥‥‥‥‥‥‥‥ 5304
デフォセ，ロジェ ‥‥‥‥ 1276
デボラ，ディスノー ‥‥‥ 5080
デュマ ‥‥‥‥‥‥‥‥‥‥ 1276
　2607 6284 6285 6286
デュマ・フィス ‥‥‥‥‥
　　3952 3953 3954
デュラス，マルグリット ‥ 0126
　0127 0128 0612 1490
デュレンマット，フリードリ
　ヒ ‥‥‥‥‥‥‥‥ 1681 6857
デュロヴチーク，ヤーン ‥ 6933
テーラー，タラス ‥‥‥‥ 4950
寺尾 格 ‥‥‥‥‥‥‥‥‥ 4636
寺岡 永泰 ‥‥‥‥‥‥‥‥ 3122
寺島 幹夫 ‥‥‥‥‥‥‥‥ 0570
寺嶋 康憲 ‥‥‥‥‥‥‥‥ 1897
寺田 夢酔 ‥‥ 3372 4726 6534
寺山 修司 ‥‥‥‥‥‥‥‥ 0005
　0087 0088 0089 0090 0091
　0092 0093 0097 1441 1770
　1771 2008 2009 2010 2011
　2577 2752 2823 3023 3024
　3182 3183 3571 3810 3819
　3856 3885 3886 3887 3888
　4040 4049 4050 4492 4617
　5250 6838 6839 6840
デール，グレッグ ‥‥‥‥ 1114
　2375 2751 3232 4208
　4209 4210 4252 4731
　4992 5103 5509 5628
田 沁鑫 ‥‥‥‥‥‥‥‥‥ 1325
転球劇場 ‥‥‥‥‥‥ 2829 3347
天光 真弓 ‥‥‥‥‥‥‥‥ 0065

## 【と】

戸井 十月 ‥‥‥‥‥‥‥‥ 4643
戸井 昌造 ‥‥‥‥‥‥‥‥ 3435

| | | |
|---|---|---|
| 土井 美和子 ............... 1152 | ............... 0374 2079 | 6520 6521 6595 6624 6667 |
| 土井 行夫 ............... 6176 | ドーフマン, アリエル ...... 1253 | 内藤 裕子 ............... 1198 |
| 土井 陽子 ......... 2066 6176 | 2668 3709 3710 6710 | 3050 4811 4858 6142 |
| 戸板 康二 ............... 5201 | ドーフマン, ロドリゴ ...... 1253 | ナヴァーロ＝オドゥクール, ダ |
| 湯 顕祖 ............... 5747 | 戸部 銀作 ......... 2105 6327 | ニエル ............... 6113 |
| ドヴァル, ジャック ...... 0711 | 戸部 信一 ............... 3712 | 直井 おさむ ............... 4151 |
| トゥエイン, マーク ...... 2221 | 戸部 良也 ............... 5037 | 永井 愛 ‥ 0260 0272 0273 0689 |
| 東京ヴォードヴィルショー文 | トマ, ロベール ............ 1651 | 0690 0909 1267 1268 1314 |
| 芸部 ............... 4365 | 2500 2885 5200 5522 5531 | 1367 1371 2339 2365 2366 |
| 東京サンシャインボーイズ | 5767 7021 7023 7024 7025 | 2369 2417 2418 3123 3206 |
| ............... 2922 6258 | 泊 篤志 ......... 0010 3338 3911 | 3207 3208 4194 4195 4753 |
| ドゥクフレ, フィリップ ‥ 4283 | 富田 稔英 ......... 0947 3134 | 4754 4873 4874 4946 4947 |
| 藤解 麻璃亜 ............... 3364 | 富永 由美 ......... 2340 6164 | 4948 5145 5321 5717 5718 |
| ドゥコフスキ, デヤン ...... 4734 | トムソン, ボブ ......... 1959 2564 | 6006 6100 6101 6102 6103 |
| 藤堂 志津子 ............... 1806 | 友澤 晃一 ............... 0255 | 6377 6654 6655 6656 7007 |
| 藤堂 尚樹 ............... 6383 | 友寄 有司 ............... 1237 | 永井 荷風 ......... 2116 6453 |
| ドゥニオー, エリック ...... 5658 | 土門 譲 ............... 3088 | 永井 寛孝 ...... 0166 5108 5729 |
| 東野 英治郎 ......... 3648 5395 | 豊川 潤 ......... 2673 6164 | ナガイ ヒデミ ............... 0985 |
| トゥフィーク, ファディ ...... 2333 | ドーラン, グレゴリー ...... 0421 | 中井 由梨子 ............... 4998 |
| 堂本 正樹 ............... 2143 | 0638 1011 4451 5870 | 中江 良夫 ............... 3858 |
| 3833 5354 6728 | 鳥居 與三 ............... 1194 | 長尾 剛 ............... 6960 |
| トゥリーニ, ペーター ...... 4636 | ドリュー, アンソニー | 中上 健次 ...... 2866 2895 4543 |
| トゥルゲーネフ ............ 4412 | ............... 5807 5808 | 中川 彰 ............... 6176 |
| トゥルビナ ............... 2152 | ドリュオン, モーリス ...... 6071 | 中川 浩三 ......... 1798 4392 |
| 蜷螂 襲 ‥ 0058 0201 0202 0585 | トリンズ, ジョナサン ...... 2332 | 中川 小鐵 ......... 0055 4740 |
| 1394 1768 1785 2183 3655 | ドルスト, タンクレート ‥ 4710 | 中川 真一 ......... 4041 6620 |
| 3814 3969 4299 4392 4917 | トルストイ ............... 0373 | 中川 千尋 ............... 0716 |
| 5035 5424 5837 6029 6788 | 0374 0440 0441 2152 5415 | 中川 秀子 ............... 0051 |
| 遠坂 創三 ............... 0541 | ドルチェック, ヴィタリエ | 中川 龍一 ............... 2871 |
| ド・オバルディア, ルネ ‥ 2476 | ............... 2948 5124 | 仲木 貞一 ............... 2294 |
| 鍋澤 麻由子 ......... 0361 2404 | ドールテン, ジョン・V. ...... 5889 | 中里 介山 ............... 3623 |
| 2533 2534 3597 4225 4644 | ドルン, ディーター ...... 5311 | 永沢 慶樹 ............... 5812 |
| 4662 5527 6271 6464 6940 | トワイマン, リチャード ‥ 1649 | 中沢 啓治 ......... 4826 4827 |
| 鍋田 英太郎 ............... 2824 | トンプソン, アーネスト ‥ 0634 | 中島 敦 ............... 0231 |
| 得丸 伸二 ............... 6763 | 0635 3666 3667 3668 3669 | 中島 淳彦 ............... 0079 |
| 徳満 亮一 ............... 4336 | | 0800 1311 1909 2607 3532 |
| 所 奏 ............... 0096 | | 3652 4471 4809 5455 6485 |
| 豊島 重之 ............... 0842 | 【な】 | 中島 新 ............... 2946 |
| 十島 英明 ...... 3081 6330 6637 | | 長島 確 ............... 0742 |
| 利光 哲夫 ......... 1490 1931 | 内藤 濯 ............... 3250 | 2164 2781 3722 5587 |
| 2476 2501 3986 4002 5099 | 5326 5732 5733 5734 5735 | 中島 かずき ............... 0935 |
| ドージン, レフ ............... 1776 | 内藤 俊人 ......... 3242 3243 | 1383 1892 2053 3262 |
| 4737 4738 6488 | 内藤 裕敬 ......... 0077 0334 | 3263 4212 4213 4904 4905 |
| ドストエフスキー ......... 0541 | 0335 0811 0951 1064 1065 | 5025 5508 5737 6318 |
| 0591 1539 1540 1541 | 1228 1342 1466 1467 1867 | 中嶋 しゅう ............... 5900 |
| 1542 1543 3801 3802 | 1893 1894 1895 2015 2017 | 中島 丈博 ............... 5926 |
| 3964 3965 3966 4402 4767 | 2200 2521 2531 2550 2573 | 中島 とみ子 ............... 5577 |
| 4768 5251 5594 6826 | 2575 2862 2953 2982 3002 | 中島 直俊 ............... 3437 |
| 戸中井 三太 ............... 0257 | 3065 3127 3294 3651 3867 | 中島 晴美 ............... 5112 |
| 外塚 由利子 ............... 4353 | 4007 4026 4420 4456 4457 | 中島 陽典 ............... 2780 |
| 4354 4984 6269 6924 | 4523 4537 4560 4639 5174 | 中島 らも ......... 4153 6789 |
| トパチオ, ソクシー ...... 1646 | 5181 5201 5230 5231 5232 | 中島 陸郎 ............... 0179 |
| トビアス, ジョン ............ 5591 | 5248 5249 5974 5997 6115 | 1259 2771 5534 6554 |
| トフストノーゴフ, G. | 6116 6190 6240 6241 6396 | 中條 忍 ......... 2763 3403 |
| | | 6855 7061 7062 7063 7064 |

|  |  |
|---|---|
| 中條 岳青 | 5460 |
| 仲田 恭子 | 2098 |
| 仲代 達矢 | 5083 |
| 長塚 圭史 | 0148 0181 0426 0517 0557 0623 0670 1049 1313 1520 2157 2419 2423 2458 2540 2748 2890 2995 3763 4279 4499 4829 5087 5261 5298 5322 5523 5833 5868 6602 6642 |
| 長塚 節 | 3946 |
| 中津留 章仁 | 0190 0758 1601 1615 1653 1702 1786 1795 1966 2373 2499 2769 3310 3511 3759 3767 4363 4364 4492 4721 4747 4837 4855 5368 5551 5595 5611 5830 6031 6049 6072 6609 6756 |
| 中西 和久 | 0915 5113 5505 |
| なかにし 礼 | 0107 1567 4380 |
| 中野 敦之 | 1987 |
| 長野 和文 | 0087 0097 |
| 中野 志朗 | 1787 4572 |
| 中野 精子 | 6141 |
| 中野 誠也 | 1541 2216 3891 4580 6739 |
| 中野 千春 | 3362 |
| 中野 守 | 0598 1279 |
| 中野 実 | 0193 4145 |
| 中原 薫 | 1372 |
| 中原 聖子 | 6867 |
| 仲正 昌樹 | 5258 6727 |
| 中村 彰彦 | 6767 |
| 中村 育二 | 0136 0906 4669 4699 4700 6856 |
| 中村 和彦 | 6530 |
| 中村 ケンシ | 1245 |
| 中村 賢司 | 0227 0845 1768 2595 3320 3546 3635 3685 3898 3899 4215 4270 6415 6598 |
| 中村 俊一 | 4346 4894 |
| 中村 淳之介 | 3322 |
| 中村 眞一郎 | 0321 |
| 中村 善也 | 6194 |
| 中村 哮夫 | 0259 0594 0914 3471 3515 3516 6669 6670 |
| 中村 ノブアキ | 5792 |
| 中村 暢明 | 5778 |
| 中村 信成 | 5079 |
| 中村 まり子 | 1240 2377 |
| 中村 ゆうじ | 2539 |
| 中村 芳子 | 4583 |
| 中本 信幸 | 0816 |
| 2352 2426 2444 2638 3793 5139 5594 6275 6952 7018 | |
| 中屋敷 法仁 | 0242 0328 3399 6126 |
| 中山 夏織 | 1544 4400 |
| 長山 現 | 0349 1500 2692 2864 6579 |
| 永山 智行 | 1384 3536 4564 |
| 長与 孝子 | 4167 |
| 奈河 彰輔 | 2105 6751 |
| 南雲 史成 | 1456 2334 4220 |
| 夏樹 静子 | 3053 |
| ナッシュ,N.リチャード | 5122 |
| ナップ,テレンス | 1519 4447 5155 5440 5651 |
| 夏目 俊二 | 5217 |
| 夏目 漱石 | 0650 2218 3206 3207 5756 5757 6288 6289 |
| 夏目 雅也 | 1779 |
| 棗田 光行 | 3404 |
| 名取 敏行 | 5822 |
| 生瀬 勝久 | 1280 1867 4791 |
| 並木 正三 | 6327 |
| 並木 千柳 | 2105 3860 |
| 納谷 悟朗 | 5538 5914 |
| 奈良 和江 | 6442 |
| 奈良橋 陽子 | 5559 |
| 成田 次穂 | 0043 5038 |
| 成井 豊 | 0359 0410 1141 1327 1570 1738 2612 4173 4458 4845 5289 |
| 成瀬 芳一 | 6218 |
| 鳴海 四郎 | 1107 1108 1519 1527 2720 4023 4584 4637 5836 6206 6512 6513 6514 6516 6517 6965 6966 6967 |
| 名和 由理 | 1087 2398 2399 4037 4762 5791 |
| ナン,トレバー | 6836 6837 |
| 南条 弘二 | 5574 |
| ナンニ,ジャンカルロ | 1481 |

【に】

|  |  |
|---|---|
| 新野 守広 | 1887 2389 2390 5327 |
| 仁王門 大五郎 | 3018 4550 5045 |
| ニカ,ラドゥ・アレクサンドル | 4704 |
| 二階堂 里芽 | 3403 |
| ニキフォロフ,オーリガ | 3305 |
| ニコライ,アルド | 3232 3233 |
| ニコライエフ,アリアドネー | 5402 |
| ニコルソン,ウィリアム | 2835 2836 6237 |
| 西 加寿子 | 1506 |
| 西 加奈子 | 3904 |
| 西 史夏 | 6781 |
| 西岡 誠一 | 2672 3692 5037 |
| 西方 亨 | 5988 |
| 西ヶ谷 正人 | 0080 2773 |
| 西川 徹 | 6522 |
| 西川 信廣 | 0055 0195 0393 0548 0549 0615 0681 0708 0716 0803 0865 0917 0934 1047 1056 1101 1135 1136 1175 1177 1181 1318 1361 1386 1439 1504 1584 1620 1656 1673 1714 1858 1886 1916 1956 2124 2244 2399 2533 2534 2846 2902 2916 2917 2918 2919 2920 3118 3130 3131 3366 3412 3423 3560 3581 3781 3871 3930 3988 4171 4204 4245 4344 4419 4426 4575 4593 4644 4720 4732 4740 4842 4843 4939 4954 5123 5185 5312 5389 5660 5882 5883 5884 6201 6202 6208 6290 6342 6581 6582 6869 6893 6944 6960 6965 6966 6967 7010 |
| 西木 一夫 | 0754 3245 4032 4297 4298 4920 5164 5430 5438 5939 6078 6632 |
| 西木 正明 | 5812 |
| 西口 克己 | 1968 6282 |
| 西沢 栄治 | 0307 0316 4107 4538 5477 |
| 西島 明 | 1979 |
| 西島 大 | 3805 6004 6144 |
| 西田 シャトナー | 3599 4647 4743 6551 |
| 西田 昭市 | 5201 |
| 西田 敏行 | 6708 |
| 西田 直木 | 1199 |
| 仁科 余志子 | 5200 5522 |
| 西野 勝広 | 6448 |
| 西本 良治郎 | 2018 |
| 西山 辰夫 | 1031 |
| 西山 博行 | 5886 |
| 西山 水木 | 3924 |
| 蜷川 幸雄 | 0005 0339 0340 0416 0432 0435 0567 0639 0746 0861 0877 0901 0903 0924 0971 1006 1007 1109 1138 1153 1202 1399 1478 1530 1533 1534 |

作家・演出家名索引　　　　　　　　　　　　　　　　　はしも

|  |  |  |  |  |
|---|---|---|---|---|
| 1535 | 1547 | 1679 | 1700 | 1748 |
| 1749 | 1782 | 1873 | 1953 | 1986 |
| 2111 | 2112 | 2113 | 2129 | 2231 |
| 2248 | 2297 | 2317 | 2442 | 2516 |
| 2519 | 2581 | 2623 | 2635 | 2663 |
| 2753 | 2754 | 2798 | 2807 | 2815 |
| 2914 | 2928 | 2964 | 3021 | 3152 |
| 3170 | 3182 | 3199 | 3421 | 3588 |
| 3602 | 3603 | 3636 | 3765 | 3766 |
| 3836 | 3838 | 3839 | 3887 | 4101 |
| 4106 | 4109 | 4146 | 4160 | 4327 |
| 4331 | 4404 | 4438 | 4501 | 4527 |
| 4541 | 4542 | 4553 | 4554 | 4967 |
| 4968 | 4971 | 4972 | 4982 | 4997 |
| 5101 | 5168 | 5219 | 5226 | 5252 |
| 5306 | 5313 | 5613 | 5617 | 5649 |
| 5653 | 5721 | 5855 | 5907 | 5964 |
| 6193 | 6216 | 6217 | 6339 | 6504 |
| 6518 | 6544 | 6683 | 6684 | 6715 |
| 6731 | 6915 | 6916 | 6953 | 6984 |

二宮 ふさ ……………… 5343
ニーハウス, トーマス・オリ
　バー ………………… 2709 6080
仁村 仁 ………………… 5057
ニュートン, ロイド ……… 0891
ニーラム・マン・シン・チャ
　ウドリー …………… 1680

【ぬ】

額田 やえ子 ……………… 1666
　　　　　　　1667 2914 2915
額田 六福 ……………… 0960
貫 恒実 ………………… 5502
ヌッショナ, ウィンストン
　………………… 2362 2738
沼澤 洽治 ……… 0228 0475
　0476 0710 2170 3410 3411
　4110 5524 5889 6260 6559
沼田 幸二 ……………… 4189
沼田 康弘 ……………… 4705
沼野 充義 ……… 1470 1497

【ね】

ネイサン, ロバート ‥ 2693 2694
根岸 徹郎 ……… 2763 6855
根本 順善 ……………… 1192
根本 豊 ………………… 6934
ネルソン, リチャード …… 1113

【の】

ノ・ギョンシク ………… 3920
能祖 将夫 ……………… 5314
野木 萌葱 ……………… 1205
　　　　　　1212 1888 4462 5602
野口 絵美 ……………… 0681
野口 達二 ……………… 3658
野崎 美子 ……………… 0489
野沢 那智 ……… 0292 0938 6114
野沢 尚 ………………… 2134
能島 武文 ……………… 4945
野尻 敏彦 ……………… 5492
ノゾエ 征爾 ……… 1054 2324
野田 治彦 ……………… 4344
野田 秀樹 ……………… 0112
　0113 0135 0154 0180
　0763 0824 0825 0907 1111
　1236 1411 1589 1590 1591
　1592 1594 1595 1815 1816
　2020 2093 2306 2307 2414
　2490 2529 2530 2667 2932
　2986 2987 2988 3008 3230
　3297 3442 3605 3606 3719
　4163 4164 4282 4539 4571
　4675 4676 4677 4687 4688
　4689 4690 4725 4806 5093
　5094 5095 5096 5100 5101
　5252 5253 5862 6077 6111
　6600 6898 6935 7067
ノット, ピエール ……… 0961
　　　　　　　2698 3403 7006
ノット, フレデリック
　………………… 3628 3629
野中 友博 ……… 0995 1069 1096
　2034 3166 3228 4816 5285
　5372 5373 6094 6959 7016
野長瀬 正夫 …………… 6398
乃南 アサ ……………… 2846
延江 昭子 ……………… 1586
ノーブル, エイドリアン
　………………… 2927 4450 5452
野部 靖夫 ……………… 6627
登り山 美穂子 ………… 2011
ノーマン, マーク ……… 2125
ノーマン, マーシャ ‥ 1112 4370
野村 耕介 ……………… 5339
野村 萬斎 ……… 0231 1446 1911
　2513 2725 5864 5865 5911
野村 万作 ……………… 1766
野村 万之丞 …………… 5312
ノリス, ダレット ……… 1587

ノリス, ルーファス ……… 4662
ノレーン, ラーシュ …… 2340

【は】

灰谷 健次郎 …………… 3634
ハイトナー, ニコラス …… 6028
パイマン, クラウス ……… 6729
ハインズ, ギャリー ……… 4526
ハウ, ティナ …………… 3852
ハヴァガル, ジャイルズ
　………………… 1070 1071
ハヴェル, ヴァーツラフ ‥ 6205
ハーウッド, ロナルド …… 0253
　0402 1105 1380 2312 2313
　3980 4229 4319 4320 4321
　4322 4323 4324 6597
ハウプトマン, ゲアハルト
　…………………………… 6887
バーガー, ジョン ……… 6790
バーガー, ロバート ‥ 2790 2791
萩尾 望都 ……………… 1759
　5093 5094 5095 5096 5678
萩本 欽一 ……………… 5466
萩原 朔美 ……………… 2752
巴金 …………………… 0454
パーク, グレゴリー ……… 1262
パク・グニョン ………… 6003
朴 祚烈 ………………… 2227
朴 範信 ………………… 5212
朴 芳一 ………………… 6454
パークス, スーザン・ロリ
　…………………………… 4237
バクリ, ジャン・ピエール … 1361
ハケット, アルバート
　………………… 0444 0445 0446
ハケット, フランセス・G. … 0444
バーコフ, スティーブン ‥ 1860
　2321 3188 5631 5632
狭間 鉄 ………………… 3647
ハージ, ラウィ ………… 4398
パジィエッホ, A.ブエロ … 2305
はしぐち しん …… 4459 6118
橋口 亮輔 ……………… 2652
橋本 英治 ……………… 1017
橋本 治 ………………… 5721
橋本 和子 ……………… 0934
橋本 匡 ………………… 2084
橋本 匡市 ……………… 2196
橋本 邦彦 ……………… 0614
　　　　　　　3238 3620 3621

日本の演劇―公演と劇評目録　　　　　　　　　　　　　　　607

橋本 健司 ………… 5417
橋本 忍 …………… 2976
はせ ひろいち ………… 0086
　　0809　1334　1385　1508　1954
　　2015　2041　2158　2548　2584
　　2592　2741　2742　2757　3084
　　3367　3607　3609　3723　3993
　　4157　4387　4763　5078　5162
　　5379　5818　6007　6131
長谷川 幸延 …………… 3698
長谷川 孝治 …………… 0283
　　0462　0463　0464　1743　2085
　　2178　5433　5459　6013　6024
長谷川 時雨 …………… 2168
長谷川 伸 ……… 0539　2156　2222
　　3210　5913　5959　5960　6422
長谷川 仰子 …………… 2646
長谷川 如是閑 ………… 4945
長谷川 裕久 …………… 0767
　　　　　　3059　4118　5279
長谷川 康夫 …………… 0192
　　　　　　3010　3673　6467　6487
長谷 基弘 ……………… 3925
パゾリーニ, ピエル・パオロ
　… 1370　1561　5388　5553
パーター, スルジット …… 1680
パーター, ニコラス ……… 1419
　　　　2965　4242　4591
秦 恒平 ………………… 2218
畑 嶺明 ………………… 6892
バタイユ, ニコラ ………
　　　　0591　0263　1276
波多江 伸子 …………… 0990
畠 祐美子 ……………… 3560
畠山 貴憲 ……………… 1780
畑澤 聖悟 ……… 0561　1440
　　1784　2267　2574　2892　3926
　　4629　5130　5813　6005　6329
波多野 茂彌 …………… 5119
旗野 修二 ……………… 1696
八田 尚之 ……………… 5502
八田 満穂 ……………… 4751
ハッチャー, ジェフリー … 6273
服部 有吉 ……………… 2697
ハッドン, マーク ……… 6547
パディーリャ, ノノン …… 6910
バート, ライオネル ……… 1124
ハート, ロン …………… 0994
ハート, R. ……………… 6047
パトリック, ジョン … 2679　6046
バートレット, マイク …… 6666
バトレル, ジョナサン
　　　　　　2380　2719
バートン, ジョン ………
　　　　1953　2124　2464

花 季実子 …… 0367　5062　5063
花島 宜人 ……………… 5579
　　　　　　6401　6587　6884
花田 明子 ……………… 1413
　　1616　5768　6009　6977
花田 清輝 ……………… 6257
花房 トオル …………… 1307
花房 徹 ………………… 1663
花輪 あや ……………… 0693
花輪 充 ………………… 4250
パニッチ, モーリス
　　　　1833　1834　2324
パニョル, マルセル …… 5984
帚木 蓬生 ……………… 0450
羽原 大介 ……………… 4902
ハーフォード, ロビン
　　　　　　2405　2406
ハマースタイン, オスカー,2世
　　　　0407　0914　6092
ハマースタイン, ジェームス
　　　　　　　　　　5827
ハマナカ トオル ……… 5380
浜野 浩一 ……………… 2907
はみだし劇場 ………… 5275
ハミルトン, パトリック ‥ 1318
早川 康介 ……………… 6433
早川 昭二 …… 4155　5784　6663
早川 保清 ……………… 0807
早坂 暁 ……… 1175　2146　2962
　　5630　6288　6289　6539　6986
早坂 久子 ……………… 1550
林 和義 ………………… 4694
林 京子 ………… 3356　6218
林 清人 ………………… 0565
　　2949　3414　4361　5083　6725
林 啓介 ………………… 5785
林 謙一 ………………… 1072
林 慎一郎 ……… 0519　0818
　　2532　3294　3626　3627　4260
　　4898　5240　5319　5742　6749
林 立騎 ………………… 5133
林 次樹 ………… 3047　3316　5593
林 恒宏 ………………… 3118
林 英樹 ………………… 1348
林 巻子 ………………… 0145
　　1548　1605　3618　5028　6194
林 和 …………………… 2824
林田 時夫 ……………… 3896
早野 寿郎 ……………… 1191
　　　　　　5472　5473　5822
早船 聡 ………………… 0717
　　　　0869　3686　3865　3866
速水 一郎 …… 4076　6403　6580
原 孝 …………………… 0794

原 卓也 ……… 4798　5472　5474
原 武彦 ………………… 2945
原 千代海 ……………… 3204
　　　　4589　4593　4682　5586
原 徹郎 ………………… 0250
原田 一樹 ……………… 0212
　　0765　0949　1626　1652
　　1742　1753　2514　2598　2736
　　2763　2863　3249　3419　3931
　　4760　4870　5307　5390　5609
　　5786　6174　6335　6486　6613
　　　　6640　7061　7062　7063
原田 勝 ………… 1032　1033
原田 マハ ……………… 1691
原田 宗典 …… 3854　4783　4784
　　4785　4869　5271　5272　6970
原田 康子 ……………… 0722
原田 ゆう ……………… 0008
ハラダ リャン ………… 7070
原田 諒 ………………… 2975
バリー, ジェームス・マシ
　ュー … 0234　5169　5170　5432
バリエ, ピエール …… 2676　5626
ハリス, アラン ………… 2164
ハリス, ジニー …… 2398　2399
ハリス, マーク ………… 5802
ハリス, リチャード ‥ 2564　4015
ハリスン, ジェーン …… 6821
バリッコ, アレクサンドロ
　　　　　　　　0735　0736
ハーリング, ロバート
　… 3283　3284　5848
バルー, ピエール ……… 6644
春口 洋 ………………… 3454
バルバース, ロジャー … 0752
　　　　2783　5392　6479
ハレンディ, ジョセフ …… 3890
バロウズ, エイブ …… 1213　1587
バロン, ジェフ …… 4251　4252
ハワード, ヘレン ……… 1087
韓 泰淑 ………… 3172　4207
繁澤 邦明 ……………… 5205
播州 力 ………………… 5941
ハンズ, テリー ………… 3632
ハンター, N.C. ………… 3922
ばんどう ちかこ ……… 0424
坂東 玉三郎 …………… 1210
　　1517　1999　4489　6919　6920
ハントケ, ペーター …… 1321
ハンフ, ヘレーン ……… 3855
ハンプトン, クリストファー
　　　　　　　　　　1202
　　1647　1648　1649　1650　5030
ハンラティ, コナー …… 5873

## 【ひ】

ピアーヴェ,フランチェスコ・マリア ……… 5862
ピアス,フィリッパ …… 4259
ビエドゥ,フランソワ …… 3813
桧垣 平 ……………… 3851
東 憲一 ‥ 0082 0553 0732 0745
　0831 0856 1209 1258 1324
　1403 1583 2579 2852 3406
　3956 4307 4308 4335 4347
　4434 4549 5333 5686 5687
　5776 5777 5998 5999 6440
東 直子 ……………… 4306
東 由多加 ………… 3089 4847
東口 次登 ……………… 6261
東野 圭吾 ……………… 3870
ヒギンズ,コリン …… 5078 5079
　5080 5081 5082 5083 5085
樋口 一葉 ………… 0949 1119
樋口 隆之 ……………… 2136
樋口 昌弘 ……………… 0004
　0172 2108 2596 4440
樋口 ミユ ………… 1703 3808
　4181 4395 5514 6785 6786
樋口 美友喜 …………… 0239
　0240 1274 1763 1891 2069
　2270 2503 3219 3220 3315
　3959 4007 4191 4781 6012
日暮 忠夫 ……………… 1731
久板 栄二郎 …………… 2106
久野 浩平 ……………… 0826
久間 勝彦 ……………… 6641
日澤 雄介 ……………… 2559
　2764 3107 3121 3234
　3255 3533 3534 3829 3897
　4197 4638 5086 6054
土方 与平 ………… 0396 2886
菱沼 彬晁 …… 1246 3883 6784
羊屋 白玉 ……… 0568 6681
ヒッピーズ,トランジスタ
　………………………… 0858
人見 嘉久彦 …………… 3472
ヒートレイ,マーク …… 6790
ビナッツ,ポール ……… 6895
ピニエロ,ミギュエル … 3044
響 リュウ …… 0142 1058 1059
　1225 1354 1997 1998 2144
　2159 2250 2484 3401 3995
　4302 4769 5362 6015 6757
百年ハーモニカ ……… 0294
檜山 良昭 ……… 4463 4464

ヒューストン,ヴェリナ ‥ 3975
ビュヒナー,ゲオルク
　……………………… 0652 0653
ひょうた ……………… 0210
ひよこBeauty ………… 5941
ビヨン,ニコラス ……… 0870
平 幹二朗 …… 5450 6542
平井 久美子 …… 0680 0999
平石 耕一 ……… 0456 0630
　2038 2058 2226 3437 4155
　4433 4575 5475 6434 6975
平岩 弓枝 ……………… 4393
平川 祐弘 …………… 1005 6088
平川 大作 ……………… 0236
　1068 1575 4014 4251 4252
　4373 4958 5490 5509 5842
平田 オリザ …………… 0034
　0076 0417 0647 0648 0748
　0809 0810 0811 0812 1100
　1101 1255 1256 1275 1312
　1343 1366 1805 2283 2554
　2611 3192 3300 3473 3474
　3475 3476 3477 3517 3518
　3859 3910 3932 3933 3934
　4057 4058 4059 4060 4135
　4136 4178 4310 4427 4428
　4498 4534 4570 4664 4805
　5040 5336 5337 5671 5672
　5703 5921 5931 6076 6121
　6215 6274 6375 6432
平田 兼三 ……………… 0539
平田 俊子 ……………… 0316
　　　　　　　 1862 2096 6026
平塚 隼介 ……………… 0746
平塚 直隆 ……………… 2280
平野 暁人 ……… 0034 2138
平野 啓一郎 …………… 2590
平野 稔 ……………… 1947
平林 史有 ……………… 0953
平林 恒茂 ……………… 3196
平松 耕一 ……………… 4510
平光 琢也 ……………… 1004
　2477 3157 5310 5849 6713
平山 勝 ‥ 0961 2698 3403 7006
ピランデッロ,ルイージ ‥ 1760
　2419 2760 4006 4620
　5276 5277 5278 5279
　5651 6351 6352 6353
ヒーリー,マイケル …… 1106
ヒル,スーザン …… 2405 2406
広岩 近広 ……………… 0562
広島 友好 ……………… 2560
広島 実 …………… 2709 5060
広田 敦郎 ……………… 0350

　0380 0439 0467 0618
　1468 1846 2231 2629 2721
　3154 4172 5647 6793
広渡 常敏 ……………… 0206
　0730 0739 0966 1045 1195
　1297 1476 1483 1555 1556
　1557 1618 1725 1831 2058
　2173 2233 2452 2453 2454
　2544 3029 3120 3385 3386
　3404 3861 4186 4309 4568
　4569 4807 5166 5297 5876
　6175 6577 6779 7039
ビーン,リチャード …… 4958 5178
ピンク地底人3号 …… 1992 2474
ピンター,ハロルド …… 1159
　1612 3354 3733 3734
　3735 3753 3927 4719 4810
　4811 5084 5790 6769

## 【ふ】

ファイアスティン,ハーベイ
　………………… 4227 4228 6621
ファーヴァ,アントニオ ‥ 5476
ファウルス,ジョン …… 2335
ファスビンダー,R.W. … 5533
ファッターマン,イーニド
　………………………… 2693 2694
ファニュ,シェリダン・レ 3830
ファーバー,ダグラス …… 6083
ファーバー,ヤエル …… 6280
ファビシャック,アレクサンデル
　……………………… 2330
ファンウィック,ジャン=ノエル
　……………………… 7008
プイグ,マヌエル …… 1926 5029
プイチコフ,ユーリー … 3793
ブイッソン,シャンタル
　……………………… 0915 3797
フィッチ,ジョージア …… 0251
フィッツサイモンズ,レイマンド
　……………………… 1821
フィユー,カトリーヌ … 6439
フィリッポ,E.D ……… 6489
フィンドリー,ティモシー
　……………………… 0854
風太郎 ……………… 1381
フェドー,ジョルジュ
　………………… 2016 3777 6086
フェブリィエ,ジル …… 4796
フォ,ダリオ …… 1944 2956 5012
フォアマン,リチャード
　………………… 4857 4961 5835

ふおき　　　　　　　作家・演出家名索引

フォーキン, ヴァレリー
　　　　　　　　4767　5633
フォシェル, ラーシュ　‥　6164
フォショワ, ルネ　‥‥‥‥　5628
フォックス, ジョン　‥‥‥　0408
フォッシー, ボブ　‥‥‥‥　2706
フォッセ, ヨン　‥　0391　2781　3751
フォード, ジョン　‥‥‥‥　0413
　　0414　0415　0416　2217
フォード, マイケル　‥‥‥　5834
フォワシィ, ギイ　‥‥‥‥　0044
　　0045　0046　0594　0915
　　0954　1516　1742　2707　2736
　　2746　2763　3293　3403　3563
　　3797　4795　4796　4797　4871
　　4872　5357　6855　7006　7061
　　　　7062　7063　7064　7065
フォン=フンメル, A.　‥‥　4707
深作 健太　‥‥‥‥　0540　4047
深沢 七郎　‥‥‥　1766　3490　3491
深津 篤史　‥‥‥‥‥‥‥　0214
　　0215　0216　0691　0692　0956
　　0978　1014　1015　1159　1247
　　1248　1334　1507　1508　1509
　　1737　1842　1954　2197　2198
　　2542　2711　2771　3115　3116
　　3239　3379　3456　3457　3550
　　3790　3900　3908　3915　3970
　　4099　4158　4215　4216　4388
　　4389　4645　4646　4691　4692
　　4695　4696　5020　5053　5055
　　5056　5127　5325　5512　5513
　　5514　5515　5724　5746　6214
　　6238　6239　6415　6553　7066
フガード, アソル　‥‥‥‥　2362
　　　　　2738　5076　6189　7069
深堀 寛二　‥‥‥‥‥‥‥　2401
深町 眞理子　‥‥‥‥‥‥　1813
深町 幸男　‥‥‥‥‥‥‥　3826
深水 龍作　‥‥‥‥　2331　4314
福井 信子　‥‥‥‥‥‥‥　0625
福井 泰司　‥‥　4151　5832　6026
福島 三郎　‥‥‥‥‥‥‥　0769
　　　　　1067　1115　3540　5408
福田 卓郎　‥‥‥‥‥‥‥　6524
福田 恆存　‥‥‥‥‥‥‥　0523
　　0608　0640　0642　0643
　　0899　0983　1009　1515　2107
　　2108　2318　2319　2929　2965
　　3752　3964　4440　4441　4443
　　4447　4452　4964　4965　4973　4974
　　4975　4976　4979　4983　5652
　　5850　5861　5863　6165　6691
　　6719　6732　6752　6753　6918
　　　　6919　6920　6955　6956
福田 恒雄　‥‥‥‥‥‥‥　3833
福田 転球　‥‥‥‥‥‥‥　3817

福田 逸　‥‥‥‥‥‥‥‥　0523
　　1419　1631　1999　2107　2108
　　2625　4511　5432　5863　5889
　　6165　6400　6406　6719　7031
福田 美環子　‥‥‥‥‥‥　2397
　　　　2604　3423　3852　3889　6908
福田 陽一郎　‥‥‥‥‥‥　0785
　　1148　2293　2397　2604　2820
　　3025　3085　3616　5759　6908
福田 善之　‥‥‥‥‥　0392　1026
　　1423　1424　1425　1426　1451
　　1701　1869　1914　2007　2518
　　2519　2520　2521　2585　2799
　　4276　4291　4377　4378　4611
　　4751　4752　5049　5412　5558
　　5715　5757　6073　6306　6472
　　6499　6530　6629　6734　6907
　　6978　6999　7000　7001　7050
福谷 圭祐　‥‥‥‥‥‥‥　4258
　　　　　　　　6841　7048　7054
福永 綾子　‥‥‥‥‥‥‥　1586
福原 秀雄　‥‥‥‥‥‥‥　3647
福森 久助　‥‥‥‥‥‥‥　0539
福山 啓子　‥‥‥‥‥‥‥　0749
　　　　　2648　3715　4744　6297
福山 庸治　‥‥‥‥‥‥‥　4119
袋 正　‥‥‥‥‥‥　0187　1309
　　　　1310　3965　4831　7033　7034
藤井 清美　‥‥‥‥‥‥‥　0062
　　　　　　1358　1712　2109　2609
藤井 ごう　‥‥　0248　1134　1459
　　1691　1877　2801　2892　5418
藤井 慎太郎　‥‥　1661　4310　5780
藤井 光　‥‥‥‥‥‥‥‥　4398
藤井 真澄　‥‥‥‥‥‥‥　1763
藤川 健夫　‥‥‥‥‥‥‥　0098
　　　　　　　　0562　3357　5120
冨士川 正美　‥‥‥‥‥‥　1657
　　　　　　4149　4161　5593　5809
ふじき みつ彦　‥‥‥‥‥　2304
プーシキン　‥‥‥‥　2315　5799
藤倉 梓　‥‥‥‥‥‥‥‥　3554
藤沢 薫　‥‥‥‥‥‥‥‥　1968
藤沢 周平　‥‥‥‥‥‥‥　0729
　　　　1672　1778　2682　4801　6065
藤沢 新平　‥‥‥‥‥‥‥　5022
藤澤 清造　‥‥‥‥‥‥‥　5035
藤沢 友　‥‥‥‥‥‥‥‥　4636
ふじた あさや　‥　0343　0679　0687
　　0955　0984　1185　1797　2099
　　2608　2610　2715　2778　2799
　　4239　4788　4929　6148　6368
　　6764　6777　6778　6897　7050
藤田 俊太郎　‥‥‥‥　3707　3982
藤田 貴大　‥‥‥‥‥‥‥　1243
　　2059　2195　2306　5770　6676
藤田 傳　‥‥‥‥　0006　0583　0762

　　0795　0796　1080　1293　2001
　　2165　2166　2756　2990　3026
　　3068　3106　3119　3435　3487
　　3488　3572　3573　3901　4052
　　4095　4189　4289　4297　4298
　　4407　4408　4409　4651　4701
　　5199　5599　6078　6365　6632
藤田 敏雄　‥‥‥‥‥‥‥　0074
　　　　　　2150　2909　3445　6775
藤田 安彦　‥‥‥‥‥‥‥　6203
フジノ サツコ　‥‥‥‥‥　1218
　　　　　　　　1287　3204　4120
藤本 栄治　‥‥‥　0297　0936　1034
　　1374　3486　6050　6123　6474
藤本 義一　‥‥‥‥‥　5820　6128
藤本 恵子　‥‥‥‥‥‥‥　3913
藤本 聡　‥‥‥‥‥‥‥‥　3905
藤森 有紀　‥‥‥‥‥　4699　4700
ブシャール, ミシェル・マル
　ク　‥‥‥‥‥‥‥‥‥　2224
不二稿 京　‥‥‥‥‥　4660　5077
藤原 考一　‥‥‥‥‥‥‥　4808
藤原 新平　‥‥‥‥　0095　0111
　　0285　0402　0456　0669　1095
　　1102　1302　1346　1347　1369
　　1988　2287　2387　2567　2702
　　2703　2910　3048　3076　3189
　　3240　3424　3451　3505　3726
　　4516　4573　4631　4708　4709
　　4865　4882　4919　5061　5358
　　5394　5594　5725　6025　6264
　　6348　6430　6489　6550　6563
藤原 大介　‥‥‥‥‥‥‥　3875
藤原 卓　‥‥‥‥‥‥‥‥　5785
藤原 正教　‥‥‥‥‥‥‥　1157
藤原 留香　‥‥‥‥‥　2042　2613
フス, ミハイ　‥‥‥‥‥‥　2246
布勢 博一　‥‥‥　2898　6385　6555
二口 大学　‥‥‥‥‥‥‥　6387
ふたくち つよし　‥‥‥‥　1020
　　1329　1360　1503　1811　1969
　　2368　2739　2740　3736　3737
　　4416　4417　4755　4756　4900
　　5046　5245　5246　5247　6393
ブッシュ, チャールズ　‥‥　5107
プッチーニ　‥‥‥‥‥‥‥　4168
フッチャー, マイケル　‥‥　1087
プテ, ジャン=リュック　‥　3873
フート, ホートン　‥‥‥‥　4735
プトゥーシキナ, ナジェージ
　ダ　‥‥‥‥　1362　1363　1364
船岩 祐太　‥‥‥‥　3339　4477
船戸 与一　‥‥‥‥　0817　3141
　　3142　3308　3309　6223　6224
舟橋 美香　‥‥‥‥‥‥‥　5823
フバッチ, ジェーリコ　‥‥　5154

ブーブリル, アラン
　　　　　　6028　6836　6837
ブフレーゲール, ディート
　マー　　　　　　　　　5993
文月 奈緒子　　　　　　6460
フラー, チャールズ　　　3552
フライシュマン, ポール　1328
ブラウン, ラルフ　　　　2609
ブラウン, ワーナー　　　0938
ブラサートーン, プラディッ
　ト　　　　　　　　　　0112
ブラサール, マリー　　　5798
ブラシュ, トーマス　　　6729
ブラックウッド, ゲアリー
　　　　　　　　　　　　2684
ブラックマン, マロリー　1544
フラッティ, マリオ　　　4798
ブラッドウェル, マイク　0251
ブラッドベリ, レイ　　　1313
フラナリー, ピーター
　　　　　　　　3113　3114
フランク, アンネ
　　　　　　0444　0445　0446
ブランク, ジェシカ　　　4196
ブリオヴィル, ファビアン
　　　　　　　　　　　　3722
ブリケール＆ラセイグ
　　　　　1090　1091　2501
フリス, ナイジェル　　　4978
プリーストリー,J.B. ‥0611　1652
　　4076　6580　6581　6582　6583
ブリッグス, レイモンド
　　　　　　　　1330　1331
フリッシュ, マックス　　0436
ブリッツシュタイン, マーク
　　　　　　　　　　　　2654
ブーリバ, セミョン・A.　2077
フリール, ブライアン　　1369
　　　　　　6271　6272　6740
ブリーン, フィリップ　　2721
プリンス, ハロルド‥1081　1082
ブルーアー, リー　　　　5597
ブルガーコフ, ミハイル
　　　　　　　　1791　1792　6269
ブルカレーテ, シルヴィウ
　　　　　　　　　6721　6807
古川 貴義　　1144　5990　6180
古川 健‥1410　2559　2764　2832
　　2833　3107　3121　3234　3494
　　3533　3534　3535　3829　3896
　　3897　4197　4638　4817　5086
ふるかわ 照　　　　　　0422
古川 登志夫　　　　　　0570
　　1062　1233　1234　1235　1814
　　2402　2403　2947　3409　4043

　　4044　4128　5052　5570　6742
古川 日出男　　　　　　4160
古澤 良治郎　　　　　　2116
ブルジュアッド, ピエール
　　　　　　　　　　　　4814
ブルースカイ　　　0700　5629
古田 新太　　　　　　　2732
ブルック, イリーナ　　　1521
ブルック, ピーター　　　1568
　　　　　2440　2538　2674　4100
　　　　　　　　4878　5006　5955
プルデンシャド, ロサム,Jr.
　　　　　　　　　　　　4733
古橋 悌二　　0804　0805　5526
古林 逸朗　　　　3298　3318
古藤 敦　　　　　　　　5403
ブルーム, マイケル　　　1526
古屋 雄一郎　　　0852　6278
ブルンケン, ティルツァ　1725
フレイザー, ブラッド　　5805
フレイン, マイケル　0759　1472
　　1876　2295　2296　2629　3791
　　4033　4671　4672　4673　7028
プレヴォート, デボラ　　6893
フレシェット, キャロル　5625
フレッチャー, ジョン
　　　　　　　　0106　2822
ブレヒト　　　　　　　　0388
　　0389　1045　1155　1156　1554
　　1555　1556　1557　1558　1559
　　1713　1714　1715　1716　1717
　　1718　1719　1720　1721　1722
　　1723　1724　1725　1993　2173
　　2174　2175　2176　2177　2220
　　2654　2655　2656　2657　2658
　　2659　2660　2661　2662　2663
　　2664　2860　3030　3384　3385
　　3386　3387　3388　3389　3390
　　3590　3591　3592　3615　3774
　　4170　4186　4933　4935　4938
　　5058　5135　5919　5950　5951
　　　　　5952　5953　6367　6787
プレフォール, アレクサンド
　ル　　　　　　　　　　0259
プローズ, フランシーヌ　2004
ブロック, サイモン　　　3889
ブロック, ジャイルス　　0323
　　0324　0325　0326　3241　4077
　　4978　5859　5860　6717　6947
文化座演出部　　　　　　6446

## 【へ】

ヘアー, デイヴィッド
　　　　　　　　0791　2528
　　3241　3270　4959　4960　5527
ベアフース, ルーカス　　4572
ベイカー, アニー　　　　5490
ベイジ, ルイーズ　　　　6700
ヘイズ, キャサリン‥3247　3248
ベイズ, サミー・ダラス
　　　　　　　　3971　5895　5896
ヘイスティ, ナンシー　　5786
ベイツ, ジョン・ロビン　2525
ヘイバーマン, リンダ　　6621
ベイブ, トーマス　2048　6136
ベイリス, ウラジーミル
　　　　　　2152　5139　5473
平和堂 ミラノ　　　　　3599
ペイン, ニック　　　　　5736
ベガ, ロペ・デ　　1133　5346
ヘクト, ベン　　　4204　4230
ベケット　　0405　0892　2246
　　2247　2248　2249　2250　2251
　　2252　2253　2254　2255　2256
　　2257　2259　2673　2674　2675
ベシェク, ヤン　　　　　0919
ベセゴフ, アレクセイ　　2800
ペータス, アンネ・ランデ
　　　　　　　　　0742　5587
別所 文　　　　　1294　3711
ヘッセ, フォルカー　　　2088
ベッティ, ウーゴ　　　　6310
別役 実　　　　　　　　0083
　　0095　0110　0111　0124　0125
　　0285　0472　0492　0530　0558
　　0666　0674　0675　0747　0999
　　1018　1095　1200　1201　1341
　　1346　1347　1621　1688　1857
　　1950　2085　2285　2286　2287
　　2304　2346　2347　2348　2358
　　2387　2567　2571　2572　2784
　　3001　3033　3034　3047　3048
　　3049　3067　3240　3298　3316
　　3317　3318　3451　3456　3457
　　3458　3459　3485　3504　3505
　　3881　3912　3916　3998　4067
　　4116　4150　4161　4277　4281
　　4528　4573　4630　4631　4632
　　4653　4654　4667　4668　4716
　　4787　4804　4882　4883　4912
　　5050　5051　5054　5202　5264
　　5299　5376　5548　5549　5592
　　5593　5607　5639　5725　5809

## へ・と・ろ　作家・演出家名索引

ペトロフ, ウラジーミル　5890 5891 5912 5920 5921 5930 5932 6125 6129 6155 6209 6210 6213 6220 6264 6270 6325 6348 6349 6350 6380 6563 6630 6866 6951
ペトロフ, ウラジーミル …… 3305 4355
ペニントン, マイケル …… 2934
ベネット, アラン …… 5810
ベネット, マイケル …… 2310
ベーハン, ブレンダン …… 5195
ベフチェレフ, セルゲイ ‥ 1776
ベリー, デイヴィッド
　　……… 2670 4834 4835
ベリャコーヴィッチ, ワレリー ‥ 1791 1792 2078 2081 2659 4353 4354 4362 4984 4993 5000 6269 6924 6928
ベール, ジョルジュ …… 5103
ベルイマン, イングマール
　…… 0380 2512 4981 6812
ヘルマン, リリアン ‥ 2271 6613
ヘルンドルフ, ヴォルフガング ……………… 3828
ベロネッセ, ダニエル
　………… 1086 3340 6143
ベロン, ロレー …… 0299 5005
ベーン, アフラ …… 2124
ベンガル …………… 0333
　　　　　　　　 2647 2759 3236
ベントレー, エリック
　　………………… 2177 6806
ペンホール, ジョー
　………… 0581 2478 5562
辺見 じゅん ‥ 3736 3737 6632
ヘンリー, ベス ………… 0615
　　　　　　 1936 6943 6944

## 【ほ】

黄 佐臨 ……………… 0454
ボイエ, カスパー・ヨハネス
　………………………… 0625
ホィーラー, ヒュー ‥ 3237 3238
北條 秀司 …… 0920 2323
蓬莱 竜太 …… 0001 0002
　0078 0106 0837 1042 1231
　1396 1619 1695 3171 3682
　4053 4054 4340 4942 5267
　5374 5527 5811 5940 5968
　5969 6311 6547 6625 6905
ボウルトン, マイク …… 0421
ボガート, アン …… 1289 3337

ボグダノフ, マイケル …… 1489
　　　　　　　 5018 6911 6930
保坂 磨理子 ‥ 4576 5807 5808
星 新一 ……………… 3548
星 充 ………… 3187 4325
星川 清司 …………… 4205
星川 葭夫 …………… 2508
保科 耕一 …… 4488 6067 6324
細川 徹 ……………… 3275
細川 博司 …………… 6750
細谷 マリコ ………… 0265
ポーター, コール …… 0834 1587
ホッジ, アンドリュー …… 5521
堀田 清美 …………… 2801
堀田 善衞 …………… 0730
保戸田 時子 ………… 2110
ポピュエル, ヤツェク …… 2330
ホープ, N. ……………… 4836
ホフマン, ロアルド …… 2338
ホフマン, E.T.A. ……… 1286
ホフマンスタール ……
　　　　　　 0862 0863 4541
ボーボーズ …………… 1812
ボーマルシェ …… 0311 5326
ボーム, ライマン・フランク
　　…… 0807 0999 1000
ホームズ, ポール …… 6735
ポメランス, バーナード
　　………………… 0873 0874
ホメロス ……… 2464 2465
洞口 ゆずる …… 4535 6448
ポラス, オマール …… 6921
堀 茂樹 …… 0143 3060 4174
堀 真理子 …………… 4618
堀井 康明 …… 1399 5306 6504
堀内 完 ……………… 4372
堀内 ゆかり …… 6381 6664
堀江 新二 …… 2870 6590
堀江 寛 ……………… 4338
堀江 ひろゆき ‥ 0188 0561 3384
　3680 3692 4482 6777 6857
堀江 安夫 ………… 0187 0603
　0604 1309 1310 1674 2232
　3004 3356 3434 3539 4580
　5048 5431 5775 5973 6470
堀川 登志子 ………… 0352
　1796 2749 3725 5707
堀切 和雄 …………… 4410
堀口 始 ………… 1168 2648
　2898 3512 4092 4193 6555
堀越 大史 …… 1365 5533 5588
堀越 真 ‥ 1335 2135 2446 2457
ホリンガー, マイケル …… 1068

ホール, ウィルス ……… 0681
ホール, エドワード
　………… 1002 4448 6720
ホール, バリー …… 6292
ホール, ピーター ‥ 0275 3200
ホール, ボブ …… 4276
ホール, リー …… 2125 3764
ホルヴァート, エデン・フォン ……… 2384 3404 5327
ボルト, ロバート …… 4892
ホルベア, ルドヴィ …… 0964
ホールム, ジョン・セシル
　………………… 0716 1739
ポレシュ, ルネ …… 6074
ボレッツ, アレン …… 6805
ホワイトモア, ヒュー …… 4511
　　　　　　 4720 4844 5521
ポワレ, ジャン …… 6621
ホーン, ジュールズ …… 3286
洪 元基 ……………… 1878
本庄 佳輔 …………… 1024
本田 次布 …………… 0232
本田 英郎 …… 2005 2006 4433
本田 雅也 …………… 6074
ボンディ, リュック …… 5342
ボンド, エドワード ‥ 0833 6680
ボンド, クリストファー
　………………… 3237 3238
本間 忠良 …………… 4624

## 【ま】

馬 政熙 ……………… 1878
マイエルンブルグ, マリウス・フォン …… 5210 6080
マイケル, R. ……………… 6869
マイトン, ジョン …… 3783 5755
マイヤーヨハン, ウォルター
　………………………… 1416
マイヤール, パスカル …… 4797
前川 麻子 …… 1994 3443 6232
前川 士郎 …………… 5873
前川 知大 …………… 0223
　1110 1373 1598 1599
　1676 1934 2026 2070 2095
　2558 2653 3368 3630 3631
　3636 3801 3802 4098 4184
　4221 4222 4223 4659 5478
　5523 5657 6010 6058
前川 錬一 …… 0596 0864 1628
　3244 4435 5906 6597 6804

## 作家・演出家名索引　まつも

前田 和則 ......... 2335 5019
前田 司郎 ................. 0465
　　0483 0484 0485 0513
　　0582 0592 0773 1143 1736
　　1842 4534 5819 5892
前野 光弘 ..................... 4541
マガノーイ, ジェイソン ‥ 4766
マカファーティ, オーウェン
　　................. 2961 3157 6236
マギー ................. 0857 1048
牧 武志 ..................... 6169
牧 良介 ..................... 6421
巻上 公一 ..................... 5835
牧野 晋弥 ......... 4808 5177
マキノ ノゾミ ............. 0084
　　0085 0120 0309 0701 0703
　　0881 0882 0887 1129 1130
　　1408 1477 1806 1991 2517
　　2556 2578 2761 2853 3005
　　3135 3168 3235 3321 3453
　　3644 3645 3646 3853 4130
　　4131 4132 4238 4245 4350
　　4494 4860 5157 5374 5389
　　5443 5444 5445 5490 5841
　　5879 5880 5881 5990 6471
　　6525 6615 6743 6842 6946
牧原 純 ............. 2443 7039
マキャベラ, ブライアン
　　..................... 5124 5125
マキャベリ, ニッコロ ..... 4206
マクギネス, フランク ..... 4592
マクドゥーガル, リー
　　..................... 4728 4729
マクドナー, マーティン ‥ 0623
　　2276 5087 5260 5261 5280
　　5298 6464 6938 6939 6940
マクドナルド, アン・マリー
　　................................. 1114
マクドナルド, ジェイムズ
　　................................. 4105
マクナリー, テレンス
　　................. 3930 5895 5896
マクバーニー, サイモン ..... 0871
　　0872 2972 2973 3292 6790
マクファーソン, コナー ..... 0721
　　　　　　　2182 2404 6815
マクミラン, ダンカン ..... 4373
マグラー, ジョン・E. ..... 2164
マーグリーズ, ドナルド
　　......... 0781 3987 5509
マケンドリック, J. ......... 0652
まご いずみ ................. 0765
正宗 白鳥 ......... 1836 4075
マージェリー ................. 5834
真柴 あずき ................. 0410
　　　　1141 1327 4173

マーシャル, リンダ ......... 2107
マシュマロウェーブ ..... 2616
魔人ハンターミツルギ ..... 3909
増田 敦 ............. 1450 3164
増田 再起 ......... 4185 5801
桝谷 雄一郎 ................. 5425
マスタロフ, ジョー
　　................. 1733 1734 3064
マストロシモヌ, ウィリアム
　　................................. 3324
桝野 幸宏 ..................... 1025
　　　　　3663 3814 7060
増見 利清 ..................... 0347
　　0627 0646 0718 0973 1214
　　1490 2305 2437 3745 4081
　　4104 4496 4991 5577 5947
　　6149 6150 6358 6926
マダニ, アメド ......... 6381 6664
又吉 栄喜 ..................... 1850
松井 周 ‥ 2895 4376 6104 6823
松井 範雄 ......... 1961 3500
松鵜 功記 ..................... 4572
松浦 竹夫 ..................... 2510
松尾 スズキ ......... 0151 0878
　　0920 1170 1817 1818 2137
　　4254 4273 4605 4606 4676
　　4934 5359 5435 5603 5606
　　5893 5894 5937 6497 6515
松岡 和子 ......... 0195 0431 0434
　　0435 0626 0639 1004 1006
　　1526 1821 1890 1938 1940
　　1941 2125 2129 2160 2161
　　2177 2317 2685 2750 2815
　　2928 2937 2939 2964 3199
　　3388 3389 3602 3603 3606
　　4101 4102 4319 4321 4322
　　4324 4331 4333 4439 4449
　　4497 4533 4671 4967 4968
　　4990 4992 5112 5449 5613
　　5649 5653 5798 5849 5851
　　5852 5855 5868 5869 5907
　　6479 6683 6687 6713 6715
　　6726 6731 6806 6889 6890
　　6891 6915 6916 6925 6927
マッカーサー, チャールズ
　　..................... 4204 4230
松兼 功 ............. 5623 5624
松川 暢生 ..................... 0170
　　0171 0447 0448 1336
　　3498 3499 4466 6628
マッキンリー, フィリップ
　　..................... 2838 5560
松澤 佳子 ......... 4901 6474
松下 重人 ..................... 6577
松下 裕 ‥ 0683 1285 1479 1484
　　1485 1486 1487 2432 2433
　　2621 2630 2631 2632 6868

松下 竜一 ..... 1503 4307 4308
松田 章一 ......... 2804 2805 2806
松田 伸子 ......... 4839 5039
松田 弘子 ..................... 6292
松田 正隆 ......... 0032 0054 0197
　　0480 0493 0725 0726 0727
　　0728 0836 0847 0848 0849
　　0922 1288 1289 1300 1449
　　1450 1451 1636 1805 1962
　　2015 2049 2203 2204 2409
　　2496 2803 3377 3663 3874
　　3875 3892 3893 3932 3933
　　3934 3935 4073 4088 4350
　　4427 4428 4429 4482 4483
　　4761 4903 4939 5425 5540
　　6019 6020 6417 6438 6453
松田 和吉 ..................... 3700
松平 千秋 ..................... 5148
松谷 みよ子 ................. 5398
松永 尚三 ......... 4256 6146
松波 喬介 ..................... 0013
　　0094 0396 1658 1678 1824
　　2560 2805 2834 2930 2981
　　2983 4401 4478 4507 6221
　　6225 6379 6585 6710 7008
松原 惇子 ..................... 4529
松原 俊太郎 ‥ 6363 6981 6982
松原 敏春 ..................... 0189
　　0527 2353 2354 2355 2974
　　　　3159 3671 3672 5900
マッフェイ, アンドレア ‥ 5862
松村 武 ‥ 1071 3266 4127 4257
松村 みね子 ................. 3708
松村 都 ..................... 1631
松本 伊瑳子 ................. 3991
松本 永実子 ................. 2325
　　3708 3890 5566 6063 6740
松本 修 ......... 0137 0262 0263
　　0345 0346 0453 0659 1183
　　1184 1208 1559 1706 1830
　　2262 2478 2626 2675 3090
　　3091 3094 3193 3717 4425
　　4804 5364 5419 5474 5634
　　5711 5915 5931 6022 6052
　　6249 6453 6847 6988 7038
松本 きょうじ ..... 1952 5464
松本 邦雄 ..................... 0344
松本 幸四郎 ................. 0327
松本 小四郎 ................. 3341
　　　　　4932 5571 5804
松本 清張 ..................... 0381
松本 大洋 ..................... 4881
　　　　6184 6185 6186
松本 徹 ..................... 1868
松本 仁助 ..................... 5148
松本 典子 ..................... 0144

日本の演劇―公演と劇評目録　　　613

|  |  |  |  |  |
|---|---|---|---|---|
| | 0458 | 0459 | 1638 | 1639 | 6341 |
| 松本 雄吉 ………… | | | | 0081 |
| | 0329 | 0480 | 1585 | 1687 | 2183 |
| | 2408 | 2865 | 2866 | 2867 | 2895 |
| | 3006 | 3007 | 3225 | 3256 | 3348 |
| | 3638 | 4148 | 4341 | 4430 | 4684 |
| | 4685 | 5330 | 5331 | 5742 | 5994 |
| | 6382 | 6758 | 6839 | 6840 | 6878 |
| 松本 祐子 ………… | | | | 0138 |
| | 0281 | 0948 | 1250 | 1380 | 1470 |
| | 1527 | 1775 | 2377 | 3714 | 3865 |
| | 3866 | 4027 | 4108 | 4256 | 4328 |
| | 4614 | 4693 | 5439 | 5640 | 5791 |
| | 6017 | 6308 | 6447 | 6756 |
| 松山 善三 ………… | | | | 0200 |
| マーティン, スティーブ ‥ | | | | 6658 |
| マトハーノワ, ネリ …… | | | | 2800 |
| 真名子 敬二 ………… | | | | 3242 |
| 眞鍋 卓嗣 ………… | | | | 0373 |
| | 0737 | 1492 | 1674 | 1793 | 1913 |
| | 2984 | 3434 | 3492 | 4306 | 5237 |
| 間部 敏明 ………… | | | | 1606 |
| マーニ, マルチェロ ‥ 2987 2988 |
| マニエ, クロード ……… |
| | 0997 0998 2705 |
| マネ, エデュアルド …… 4711 |
| マーバー, パトリック ‥ 1995 |
| マーフィ, グレゴリイ ‥ 4762 |
| マーフィー, ジェラード ‥ 0644 |
| 真船 豊 ………… 0516 |
| | 0517 4346 4347 4348 4390 |
| マメット, デイヴィッド ‥ 0350 |
| | 0351 1135 1136 1137 |
| | 1468 1980 1981 1982 |
| | 6604 6605 6606 |
| マモントフ, ヴァレリー ‥ 4768 |
| 真山 青果 …… 1057 5192 5193 |
| 眞山 直則 ………… 4351 |
| マライーニ, ダーチャ |
| | ………… 6160 6162 6163 |
| マラトレット, スティーブン |
| | ………………… 2405 2406 |
| マランス, ジョン …… 2735 |
| マーリ, タリエ ……… 6402 |
| マリヴォー ………… 0028 |
| | 0029 0038 4318 4536 |
| 毬谷 友子 …… 6373 6814 |
| マーリン, アレクサンドル |
| | ………………… 1722 1723 |
| 丸井 重樹 ………… 5596 |
| 丸尾 聡 ………… 0452 |
| | 0490 1203 1735 2905 2906 |
| | 3161 6166 6607 6703 |
| 丸尾 丸一郎 …… 3827 6650 |
| マルシャーク ‥ 2924 2925 6277 |
| マルテンス ………… 2444 |

|  |  |  |  |  |
|---|---|---|---|---|
| 丸本 隆 ………… | | | | 1713 |
| 丸山 博一 ………… | | | | 1244 |
| | | 1920 | 2314 | 3133 |
| マレー, ジョン ………… | | | | 6805 |
| マレースミス, ジョアンナ |
| | ………… 1055 1056 5842 |
| マレル, ジョン …… 2570 5068 |
| | 5069 5070 5071 5072 5625 |
| 麿 赤兒 ………… 5699 |
| マーロウ, クリストファー |
| | ………… 0832 5313 5351 |
| マロウィッツ, チャールズ |
| | ………………………… 2858 |
| マン, アビー ………… 4578 |
| マン, クラウス ………… 6203 |
| マン, ハインリヒ ………… 4397 |
| マンビィ, ジョナサン …… 6793 |

## 【み】

| | | | | |
|---|---|---|---|---|
| 美内 すずえ ……… 1153 1517 |
| 三浦 綾子 …… 2898 4929 |
| 三浦 しをん ………… 6987 |
| 三浦 大輔 …… 0033 0757 0993 |
| | 1254 1846 2014 2479 3003 |
| | 3291 3507 4534 4944 6465 |
| 三浦 哲郎 ………… 6429 |
| 三浦 基 ‥ 0218 0391 0728 0847 |
| | 0849 1384 1480 2319 2428 |
| | 2429 2627 2628 3330 3754 |
| | 3892 4896 5133 5315 5540 |
| | 5582 6363 6981 6982 7032 |
| 三神 勲 ………… 2819 |
| | 2934 2935 6724 6725 |
| 三上 晴子 ………… 5031 |
| 三上 中子 ………… 5079 |
| 三木 聡 ………… 3275 |
| 三木 のり平 ‥ 2583 5683 5684 |
| 右来左往 ‥ 2083 2863 5719 |
| ミサダ シンイチ …… 6566 |
| 三島 由紀夫 …… 0060 0066 |
| | 0067 1604 1828 1837 1838 |
| | 1839 1840 1841 1842 1843 |
| | 1999 2000 2509 2510 2511 |
| | 2512 2513 2514 2515 2516 |
| | 3062 3092 3259 3260 3261 |
| | 4152 4641 4642 5023 5059 |
| | 5092 6594 6874 6936 6958 |
| ミショー, マリー ………… 5510 |
| 水上 勉 ‥ 0297 0496 0819 0820 |
| | 0821 0822 1551 1826 1827 |
| | 2291 2811 3841 3842 5300 |
| | 5438 5554 5555 5556 5557 |

|  |  |  |  |  |
|---|---|---|---|---|
| 水木 しげる ………… | | | | 2026 |
| 水木 洋子 ………… | | | | 3804 |
| 水沢 めぐみ ………… | | | | 5236 |
| 水島 直樹 ………… | | | | 1974 |
| 水田 晴康 ………… | | | | 2132 |
| | 2746 3233 5354 6728 6888 |
| 水谷 八也 …… 1635 2668 |
| | 3709 3710 6710 6792 6963 |
| 水谷 幹夫 ………… 2457 |
| 水谷 龍二 ………… 0166 |
| | 0252 0533 0534 0764 1050 |
| | 1303 1600 2268 2269 2951 |
| | 3147 3465 4056 4544 5428 |
| | 5794 6075 6177 6281 |
| 水と油 ………… 5369 |
| 水沼 健 …… 0150 0378 0403 |
| | 0493 0620 0848 1569 2950 |
| | 3460 5348 6019 6020 6741 |
| 水野 義一 ………… 2314 |
| 水原 紫苑 ………… 2097 |
| 溝口 真希子 ………… 1193 |
| 溝口 廸夫 ………… 4879 |
| | 5276 5277 6310 |
| 三田 純市 ………… 2233 |
| 三田地 里穂 …… 1318 5662 |
| 三谷 幸喜 ………… 0590 |
| | 0799 0838 0987 0988 1061 |
| | 1613 1904 2192 2272 2370 |
| | 2439 2471 2564 2921 2922 |
| | 2923 3014 3525 3526 3561 |
| | 3568 3738 4320 4374 4476 |
| | 4613 4615 4727 4856 5109 |
| | 5151 5152 5377 5576 5803 |
| | 5938 6048 6152 6378 6768 |
| | 6872 6881 7022 7042 |
| 道井 直次 …………… 0955 6128 |
| 道又 力 ………… 1626 |
| 三井 快 …… 5269 5988 |
| 光岡 湧太郎 ………… 2245 |
| ミッチェル, エドリアン ‥ 5346 |
| ミッチェル, ケイティ …… 5654 |
| ミッチェル, マーガレット |
| | ………………………… 1335 |
| 三ツ矢 雄二 ………… 0122 |
| ミドルトン, トーマス …… 3798 |
| 美苗 …… 2215 6640 |
| 皆川 博子 ………… 1283 |
| 南 俊一 ………… 2527 |
| 南出 謙吾 ………… 3323 |
| 三原 世司奈 ‥ 1307 1326 5328 |
| ミハルコフ, セルゲイ …… 2221 |
| ミハルコフ, ニキータ …… 1631 |
| 宮内 満也 …… 4594 6827 |
| 宮川 一郎 ………… 2153 |
| 宮城 聰 ………… 0482 |

|  |  |  |  |  |
|---|---|---|---|---|
| 0859 | 0862 | 0863 | 0910 | 0925 |
| 0926 | 1005 | 1787 | 3859 | 4078 |
| 4304 | 4642 | 5449 | 5615 | 5852 |
| 5956 | 5957 | 6088 | 6352 | 6511 |

三宅 博 ……………………… 4894
三宅 裕司 ……… 1696 4623 6178
宮崎 真子 …………………… 1154
 1178 1253 2537 3729 4764
 5198 5413 6923 6927
宮沢 章夫 ……………… 0286 1073
 1201 1576 2202 2840 2944
 3275 3301 3307 4200 4201
 4226 4612 5208 5364 6242
宮沢 賢治 …………………… 0570
 1830 1831 1832 5386 5387
 5497 5700 5933 5934 5935
宮沢 俊一 ……………… 2431 4412
 4767 5637 6234 6235 6848
宮沢 十馬 …………… 4084 5519
宮地 仙 ………………… 3762 3913
宮島 春彦 ……………… 0274 0437
 0438 0902 1493 1665 1813
 2331 2924 2925 4637 6092
宮田 慶子 …………………… 0120
 0420 0554 0555 0742
 0781 0978 1038 1115 1176
 1272 1300 1472 1619 1705
 1932 1946 2110 2128 2303
 2485 2570 2654 2656 2688
 3259 3261 3374 3455 3540
 3842 3844 3912 3940 3961
 3978 3987 4088 4130 4131
 4377 4950 5115 5144 5158
 5349 5375 5443 5445 5507
 5587 5879 5880 5881 6064
 6525 6792 6946 6963
宮永 雄平 ……………………… 3103
宮原 昭夫 ……………………… 1182
宮部 みゆき ……… 0398 6091
宮本 亜門 ……… 0014 0015 0538
 0614 0677 0834 1156 1560
 1828 2590 2664 2689 3238
 3620 3621 3954 4168 4643
 4962 5805 5812 6162 6594
宮本 勝行 ……………… 0265 1001
宮本 研 ……… 0140 0584 0672
 0673 0701 0702 0703 0704
 0705 0706 0707 0708 1545
 2522 2523 2524 3101 3102
 3132 3201 3202 4884 4885
 5104 5105 5106 5504 5505
 5506 5507 5673 5773 5774
 6167 6168 6169 6170 6179
 6418 6419 6449 6450 6475
宮本 輝 ……… 1206 1835 5967
ミュインツア, ルイス ……… 6067
ミュラー, ハイナー ……… 0389 1215
 3680 4724 5008 5009 5543

明神 慈 ……………… 3979 6027
三好 十郎 ……………… 0957 1120
 1121 1122 1123 1443 1664
 1807 3265 3285 3528 3529
 3530 3531 3613 4713 4714
 5322 5323 5324 5325 5782
 5783 5784 6081 6446 6447
三好 松洛 ……………… 2105 3860
三由 寛子 …………………… 4174
ミラー, アーサー …………… 0347
 0621 2344 2345 3410 3411
 3412 3413 3414 3595 4110
 4111 4269 4793 4794 5453
 5524 6792 6793 6794 6795
ミラー, ジェイソン ………… 0786
ミラー, ポール ……… 4033 6605
ミルロイ, デービッド ……… 0631
美輪 明宏 …………………… 1839
 1840 1841 2010
三輪 えり花 … 1165 2936 4242
 4441 4591 4595 5520 5992
三輪 玲子 ……………… 3701 4337
ミン・ボッキ ………………… 2182

## 【む】

ムーア, サイモン …………… 6017
ムアワッド, ワジディ
 ………… 1661 5780 6307
向田 邦子 ……………… 2153 3826
武者小路 実篤 ……………… 1836
 3376 3514 4742
ムショーペ, グシナ ………… 6619
武藤 洋 … 3040 6652 7021 7023
武藤 真弓 …………………… 2304
ムニエ, アルノー …………… 4310
ムヌーシュキン, アリアンヌ
 ……… 2931 3991 6203 6733
村井 志摩子 ………………… 0472
 0492 0666 1621 1659 1950
 2784 3001 3095 3916 4116
 4621 4653 4838 5292 5294
 5295 5296 5607 5740 5891
 6125 6220 6222 6866
村井 雄 ……………………… 3810
村尾 靖子 …………………… 1937
村上 慎太郎 ………………… 6253
村上 春樹 ……… 0746 0871 0872
村上 秀樹 …………………… 6110
村上 嘉利 …………………… 5218
村上 龍 ……………………… 3021
村川 拓也 …………………… 4896
村田 元史 …………………… 0348

|  |  |  |  |
|---|---|---|---|
| 1009 | 1582 | 2107 | 2108 |
| 2318 | 2654 | 2907 | 3396 | 3890 |
| 4110 | 4368 | 4511 | 4834 | 4840 |
| 5223 | 5524 | 5622 | 6732 |

村田 喜代子 ………………… 7052
村田 大 ……………………… 0466
 0954 1055 2618 4797 6510
村松 友視 …………………… 4419
村山 知義 …………………… 1404
 1910 2943 6490 6491 6492
ムルエ, ラビア ……………… 2333
ムロジェック …… 0994 3763
ムーン, ジェラルド ………… 2293

## 【め】

メイスン, リチャード …… 3264
メイソン, マーシャル …… 0616
メイヤーズ, パトリック
 ……………………… 2035 2036
メイラー, スティーブン …… 4988
目黒 条 … 0623 4832 5261 5298
メックラー, ナンシー …… 2507
メディカス, オリバー …… 0296
メーテルリンク …… 2770 4313
メドフ, マーク …… 3780 3781
メトリング, フィン ………… 6067
メラー, ケイ ………………… 3693
メラメイド, ヨハンナ …… 5561
メリアム, イヴ ……………… 2463
メリメ, プロスペル ……… 0910
 1565 1566 1567
メリル, ボブ ………………… 0896
メルヴィル … 4758 4759 4877
MEN …………… 0906 4669
メンチェル, アイヴァン … 3407
メンデス, サム …………… 1734

## 【も】

毛利 恒之 … 2042 2046 5113
毛利 三彌 …………………… 0576
 0964 3553 4681 5406 5407
 5579 5582 5584 5615 6067
 6401 6402 6403 6404 6587
 6588 6589 6884 6886
最上 勇 ……………………… 4147
モダンスイマーズ ………… 2037
望月 純 ……………………… 2420

| | | |
|---|---|---|
| 望月 純吉 ………… | 1108 | 3641 |
| 望月 紀子 …… 6160 | 6162 | 6163 |
| 望月 市郎 ………… | 2072 | 2073 |
| モックス, アイワラス …… | | 2421 |
| MODE …………………… | | 3717 |
| モード, ベッキー ………… | | 5486 |
| 本橋 たまき ………………… | | 0644 |
| 本橋 哲也 ………………… | | 0644 |
| 本広 克行 ………………… | | 4060 |
| 本谷 有希子 ……………… | | 0318 |
| 2671 2856 5308 6611 | | 6677 |
| 本山 節弥 ………… | 1084 | 6764 |
| モハー, フランク …………… | | 4844 |
| モーム, サマセット …… 2364 | | 6328 |
| モーム, サマセット ……… | | 0212 |
| 0332 2013 2356 | | 5399 |
| 桃田 のん ………………… | | 0258 |
| 桃谷 方子 ………………… | | 6481 |
| 森 岩雄 …… 0914 6669 | | 6670 |
| 森 鷗外 ………… 3058 | | 5312 |
| 森 さゆ里 ………………… | | 1392 |
| 森 新太郎 ………………… | | 0832 |
| 1218 1287 1554 1612 | | 1977 |
| 2253 2261 2276 3172 | | 3204 |
| 3704 4048 4073 4120 | | 4411 |
| 4958 5178 5643 6527 | | 6938 |
| 森 一 ……………………… | | 1884 |
| 1969 2215 2637 3284 | | 4844 |
| 森 治美 …………… 0397 | | 1625 |
| 森 万紀 …………………… | | 6494 |
| 森 美幸 ……… 3372 3875 | | 6195 |
| もり・りゅう ……………… | | 5748 |
| 森井 睦 ‥ 0051 0203 0204 | | 0497 |
| 0498 0535 1192 1438 | | 1765 |
| 1825 2072 2073 2213 | | 2586 |
| 2587 2800 3141 3142 | | 3308 |
| 3309 3370 3835 3840 | | 4398 |
| 4766 4907 5099 5111 | | 5411 |
| 5468 5469 5470 5471 | | 6223 |
| 6224 6307 6755 6765 | | 7069 |
| 森泉 博行 ………… 1947 | | 6904 |
| もりうち すみこ …………… | | 3303 |
| 森江 賢二 ………………… | | 5914 |
| モリエール …… 0897 1169 | | 2959 |
| 3056 3057 3242 3243 | | 3244 |
| 3245 3250 3745 3746 | | 3873 |
| 4343 4344 4579 5344 | | 6343 |
| 森木 エリ子 ……………… | | 2491 |
| 森口 豁 …………………… | | 3931 |
| 森澤 匡晴 ………… 0308 | | 1145 |
| 2766 3362 3662 5795 6660 | | 6661 |
| 森下 昌秀 ………………… | | 4946 |
| 森尻 純夫 …… 0035 2712 | | 6413 |
| モリス, エドマンド ……… | | 1699 |
| モーリス, シルヴァン ……… | | 6432 |
| モリス, メアリ ……… 2544 | | 3022 |

| | | |
|---|---|---|
| 森塚 敏 …………… 0025 | | 6313 |
| 森田 守恒 ………………… | | 0124 |
| 森田 雄三 ………… 0532 | | 5850 |
| 森本 薫 …………………… | | 0494 |
| 0526 1186 1187 1188 | | 1189 |
| 1190 1272 1273 1392 | | 3581 |
| 4238 4239 4913 4914 | | 6014 |
| 森本 景文 ………… 2740 | | 3420 |
| 森本 洋史 ………… 3116 | | 3733 |
| 森屋 由紀 ………… 1356 | | 3501 |
| 森安 二三子 ……………… | | 3580 |
| 森山 正行 ………………… | | 2116 |
| 守輪 咲良 ………… 0028 | | 4536 |
| 森脇 京子 ………………… | | 0173 |
| 0531 1031 | | 2062 |
| 守分 寿男 ………………… | | 1789 |
| モロー, バリー …………… | | 6822 |
| モローゾフ, ボリス ……… | | 4515 |
| 孟 京輝 …………………… | | 0047 |
| モンゴメリ ………………… | | 0117 |

## 【 や 】

| | | |
|---|---|---|
| 八木 明子 ………………… | | 6816 |
| 八木 貞男 ………………… | | 0733 |
| 八木 柊一郎 ……………… | | 0115 |
| 0205 0512 0665 1181 | | 1393 |
| 1539 1540 1541 1620 | | 2147 |
| 2237 2238 2469 2902 | | 3623 |
| 3789 4177 4485 4486 | | 5415 |
| 6065 6208 6526 6581 | | 6582 |
| 八木 亮三 ………………… | | 7002 |
| 八木澤 賢 ………………… | | 5497 |
| 5706 6183 6612 | | 6877 |
| 柳沼 昭徳 ………………… | | 0578 |
| 1933 2690 3110 | | 5970 |
| 矢沢 英一 ………………… | | 2925 |
| 谷島 貫太 ………………… | | 0580 |
| 1456 4405 4406 4552 | | 5658 |
| 矢代 静一 ………… 0699 | | 0830 |
| 1169 2150 2853 2854 | | 2855 |
| 2940 3103 3648 3676 | | 3677 |
| 3678 3941 4124 6087 | | 6313 |
| 6373 6374 6475 6476 | | 6486 |
| 安井 武 …………………… | | 0205 |
| 0751 0752 0894 1491 | | 2180 |
| 2181 2411 2588 2636 | | 2662 |
| 2802 3746 4923 | | 5718 |
| 安尾 芳明 ………………… | | 3843 |
| 安岡 治子 ………………… | | 3802 |
| 安川 修一 …… 0133 1406 | | 1672 |
| 1778 2238 2327 2328 | | 2523 |
| 3102 3665 4122 4357 | | 5167 |

| | | |
|---|---|---|
| 5228 5300 6065 6151 | | 6692 |
| 安田 晋 …………………… | | 0622 |
| 安田 雅弘 …… 0609 0610 | | 1832 |
| 2851 3290 3604 3850 | | 4460 |
| 5336 5337 5564 5585 | | 6484 |
| 安永 史明 ………………… | | 1494 |
| 八十田 勇一 ……………… | | 4808 |
| 八代 眞奈美 ……………… | | 6699 |
| やなぎ みわ ……………… | | 4543 |
| 柳田 國男 ………………… | | 4184 |
| 柳橋 光隆 ………………… | | 5036 |
| 柳原 和音 ………………… | | 4680 |
| 梁瀬 満 …………………… | | 5014 |
| やの ひでのり …………… | | 1359 |
| 3983 4000 | | 5421 |
| 矢吹 正信 ………………… | | 4155 |
| 藪西 正道 ………………… | | 1238 |
| 山内 あゆ子 ……………… | | 1114 |
| 3264 3830 | | 6896 |
| 山内 ケンジ ……………… | | 3468 |
| 山内 久司 ………………… | | 2066 |
| 山内 義雄 ………… 6284 | | 6285 |
| 山岡 徳貴子 ……………… | | 0578 |
| 0579 2555 3373 3776 | | 3849 |
| 5925 5971 5995 | | 7043 |
| 山形 治江 ………………… | | 0861 |
| 0903 1138 | | 6193 |
| 山上 優 …………… 3749 | | 6113 |
| 山川 啓介 ………… 4611 | | 6734 |
| 山川 三太 …… 0449 2372 | | 3066 |
| 山口 茜 ‥ 0123 0143 1677 | | 1957 |
| 2393 4512 4702 5985 | | 6503 |
| 6626 6864 6995 7017 | | 7070 |
| 山口 あきら ‥ 1359 3983 | | 4000 |
| 山口 瞳 …………………… | | 4261 |
| 山口 浩章 ………… 2398 | | 5695 |
| 山口 洋子 ………………… | | 0068 |
| 山崎 彬 …………………… | | 1662 |
| 1905 3319 5898 6645 | | 6665 |
| 山崎 清介 ………… 0645 | | 0970 |
| 1285 2273 2621 2684 | | 2814 |
| 2963 3197 3198 3569 | | 3791 |
| 3792 4436 4969 4970 | | 5446 |
| 5656 5854 6714 6914 | | 7028 |
| 山崎 努 …………………… | | 5850 |
| 山崎 哲 …………… 0037 | | 0093 |
| 0511 0655 0656 0657 | | 0845 |
| 0846 1040 1382 2235 | | 2274 |
| 2379 3100 3306 3566 | | 3622 |
| 4121 4413 4558 4654 | | 4952 |
| 5043 5268 5332 5722 | | 5727 |
| 5745 5779 5787 5875 | | 5916 |
| 山崎 哲史 ………………… | | 4797 |
| 山崎 朋子 ………… 0343 | | 2610 |
| 山崎 正和 ………… 0873 | | 0902 |
| 0975 1402 2730 2786 | | 3344 |

## 作家・演出家名索引　よしむ

山　　　　　3345　3346　4520　6342　6904
山沢 栄子 ……………… 5127
山下 晃彦 ……………… 6936
やました うみ ………… 2169
山下 和彦 ……………… 6191
山下 悟 ………………… 0290
　　　1633　1960　1963　2284　2347
　　　5874　6060　6350　6630
山下 澄人 ……………… 1094
山下 惣一 ……………… 4478
山下 哲 ………………… 0858
山下 裕士 ……………… 3080
山下 純照 ……………… 2342
山田 亜樹 ……………… 3937
山田 和也 ……………… 0085　0536
　　　1335　1613　1806　1901　3177
　　　3503　3738　4727　4943　5563
　　　5927　6652　6768　7022　7042
山田 佳奈 ……………… 1054
山田 潤 ………………… 4371
山田 昭一 ……………… 5179
山田 太一 ……………… 0134
　　　0161　1151　1582　1762
　　　2180　2181　2216　2650　2802
　　　2883　3891　4565　4566　4567
　　　4923　5011　5189　5405　6548
　　　6561　6618　6759　7003
山田 民雄 ……………… 3634
山田 信夫 ……………… 1810
山田 裕幸 ……………… 0589
　　　3087　4016　4301
山田 風太郎 …… 1345　2103
山田 百次 ……………… 1769
山田 洋次 ……………… 3445
山名 宏和 ……………… 3275
山西 惇 ………………… 1092
山内 久 ………………… 3356
　　　3512　3665　4092　5876
山の手俳優陣 ………… 3604
山村 晋平 ……………… 0158
　　　0562　2905　4097
山元 清多 ……………… 0224
　　　0230　0311　1131　1269
　　　1435　1646　1753　1910　1976
　　　1993　2462　2879　3138　3807
　　　4778　4789　4881　5137　5138
　　　5259　5544　5933　5934　5935
　　　6306　6340　6398　6762
山本 邦彦 ……………… 0915
　　　0954　2736　3797　4795　4796
　　　4797　4871　4872　4937　5357
山本 健翔 ……………… 0046
　　　0413　0783　0784　1764
　　　2038　2226　3283　4446
山本 鉱太郎 …………… 2666
山本 周五郎 …………… 0096

0132　0133　0512　0565　1017
　　　1668　4190　5355　6330　6406
山本 隆世 …………… 5199　5707
山本 正典 ……………… 2745
山本 有三 ……………… 4484
　　　4485　4486　6060
山谷 典子 ……………… 0540　6816
ヤン, オリヴィア ……… 2472
梁 正雄 ………………… 5616　6294
梁 石日 ………………… 6610
ヤング, フィル ………… 1956

## 【ゆ】

ユ・ヒソン ……………… 2475
湯浅 芳子 ……………… 2339
　　　2436　2437　2438　2623　6277
余 華 …………………… 1775
喩 栄軍 ………………… 1418
柳 美里 ……………… 0659　1965
由布木 一平 …………… 0444
結城 雪斎 ……………… 4610
結城 亮一 ……… 0006　3487　3488
夕暮 マリー …………… 0005
行定 勲 ………………… 3980
ユーゴー …… 0945　6836　6837
ユッソン, アルベール … 1140
　　　1142　5844　5845
ユパンキ, ヘーゼル …… 2758
湯本 香樹実 …… 4432　4433
ユールスキィ, セルゲイ
　　　　　　　　　6590　6848
ユン, ダニー …………… 5242

## 【よ】

与儀 英一 ……… 0163　1060　1871
　　　3162　4698　4772　5118　5741
横内 謙介 ……… 0050　0152
　　　0153　0243　0244　0245　0521
　　　0547　0685　0829　0931　1036
　　　1171　1173　1588　1803　1804
　　　1874　1875　2236　2494　2495
　　　2795　2796　3153　3215　3216
　　　3217　3218　3906　3948　4278
　　　4609　4723　4745　5007　5175
　　　5176　5257　5352　5765　5766
　　　5840　5841　5961　6098　6099
　　　6130　6244　6298　6299　6300
　　　6454　6455　6502　6746　6747

横光 利一 ……………… 1836
横山 仁一 ……………… 3575
横山 拓也 ……………… 0654
　　　0974　1768　1913　2828
　　　3544　4249　4395　4722
横山 由和 ……………… 0049
　　　1715　1716　1717　2847　2848
　　　4232　4233　4383　6372　6737
吉井 三奈子 …………… 4211
吉岩 正晴 ……………… 0994
　　　1902　3247　3248　3354
　　　3365　3753　3855　4234　4556
　　　5070　5897　5986　6700
吉岡 裕一 …… 2479　3666　4943
吉川 進 ………………… 3396
吉川 徹 ‥ 1908　2135　2465　5209
芳崎 洋子 …… 0157　0927　2168
　　　2351　2565　2566　3226　3239
　　　3542　4183　4626　6423　6478
吉澤 耕一 ……………… 1271
　　　4655　5604　5713　5714
吉沢 京子 ……………… 2426
吉田 秋生 ……………… 2447
吉田 修一 ……………… 2552
吉田 誠一 ……………… 5677
吉田 清治 ……………… 3181
吉田 大八 ……………… 1912
吉田 秀穂 ……………… 1229
　　　3393　3422　3608　3624　3650
吉田 美枝 ……………… 0117
　　　0718　0844　0883　0884　0886
　　　1647　1648　1926　1953　2223
　　　2465　3241　3470　3632　3690
　　　3691　3798　4012　4045　4977
　　　4978　5029　5521　5583　5622
　　　5640　6114　6701　6947
吉田 豊 ………………… 0835
吉田 喜重 ……………… 1843
吉永 仁郎 ……………… 0729
　　　0936　1012　1345　1669　1778
　　　1851　2583　2682　2743　2744
　　　2774　2896　3083　3288　3289
　　　3598　3653　3654　3868　4426
　　　5146　6050　6444　6739
吉野 好子 ……………… 2330
吉原 公一郎 …………… 0564
吉原 豊司 ……………… 0118
　　　0470　0870　1684　1694　2324
　　　2364　2570　3104　3124　3349
　　　3350　3492　3582　3832　4729
　　　4766　5068　5069　5070　5071
　　　5072　5183　5184　5185　5429
　　　5432　5625　5661　5846　5923
　　　6273　6307　6328　6482　6483
　　　6601　6711　6712　6861
吉原 廣 ……………… 3884　6985
吉村 昭 ………………… 1549

| 吉村 やよひ ............... | 0774 |
| 吉村 祐樹 ..... 0717 0869 | 6997 |
| 吉本 哲雄 ......... 4142 | 4145 |
| 葭本 未織 ......... 3364 | 5131 |
| 吉行 淳之介 ............... | 2379 |
| ヨセフ、モニ ............... | 5102 |
| 米内山 明宏 ............... | 0875 |
| 米倉 斉加年 ............... | 1023 |
| 1072 1948 2163 | 2290 |
| 3595 4531 6695 | 7052 |
| 米村 晰 ............ 1161 | 1164 |
| 1602 3777 5767 6086 | 6480 |
| 米山 実 ..................... | 5106 |
| ヨルダノフ、ネジャルコ ... | 2352 |

【ら】

| RaiKen Plus ............... | 0937 |
| ライス、ティム ... 0841 2728 | 2729 |
| ライト、ウォーレン ......... | 2397 |
| ライト、ニコラス ............ | 0658 |
| 1977 | 4045 |
| ラヴィッキョ、ジャーコモ | |
| ............................... | 6897 |
| ラーヴェンスキフ ............ | 2152 |
| ラヴォー、真知子 ............ | 2698 |
| ラヴォーダン、ジョルジュ | |
| ............................... | 6353 |
| ラグニ、ジェローム ... 5559 | 5560 |
| ラサール石井 ... 1383 3587 | 3720 |
| ラシーヌ、ジャン ... 0437 | 0438 |
| 5149 5341 5342 | 5343 5344 |
| ラジンスキー ............... | 5594 |
| ラッカム、クレア ............ | 3768 |
| ラッセル、ウィリー ......... | 7010 |
| ラティガン、テレンス ...... | 0628 |
| 0629 | 5458 6174 |
| ラド、ジェイムズ ..... 5559 | 5560 |
| ラドウィッグ、ケン ......... | 4230 |
| 4325 4861 4862 4863 | 6853 |
| ラドキン、デヴィッド ...... | 0232 |
| ラドニック、ポール ... 1890 | 6705 |
| ラーナ、アラン ............... | 5827 |
| ラパイン、ジェイムズ ...... | 0614 |
| ラビッシュ、ウジェーヌ ... | 5788 |
| ラビュート、ニール ... 2479 | 4854 |
| ラファティ、ゾウ ............ | 0479 |
| ラブロワ、エリザベータ ... | 2440 |
| ラミューズ .................. | 5563 |
| ラモス=ペレア、ロベルト | |
| ............................... | 0051 |

| ラモット、セルジュ ... 1828 | 6766 |
| ラン、デイヴィッド ......... | 2966 |
| ランドルフ、クレメンス ... | 0332 |
| ランベール、パスカル ...... | 0034 |

【り】

| リー、チャールズ ..... 4218 | 4219 |
| 李 劼人 ..................... | 2737 |
| リ・サンウ .................. | 2182 |
| 李 闘士男 ..... 4407 4408 | 4409 |
| 李 碧華 ..................... | 2581 |
| 李 六乙 ..................... | 1312 |
| 李 麗仙 ......... 0121 3513 | 5371 |
| リガ、ジョージ ...... 6711 | 6712 |
| リシュカ、パヴォル ......... | 6603 |
| リーチ、ウィルフォード ... | 3830 |
| リッチモンド、デビット ... | 4276 |
| リデル、アンジェリカ ...... | 3818 |
| リドリー、フィリップ ...... | 0694 |
| 1528 5187 5847 | 6818 |
| リニー、ロミュラス ......... | 0710 |
| リヒター、ファルク ......... | 1887 |
| 隆 巴 ........................ | 0565 |
| 1713 3444 3553 4206 | 4360 |
| 5317 5866 6724 6725 | 6802 |
| 竜 真知子 .................. | 0291 |
| 柳下亭 種員 ......... 3069 | 3070 |
| 柳下亭 種彦 ......... 3069 | 3070 |
| 流山児 祥 .................. | 0061 |
| 0093 0125 0230 0471 | 0840 |
| 0908 0986 1026 1131 | 1226 |
| 1435 1771 2054 2068 | 2462 |
| 2497 2547 2579 3023 | 3024 |
| 3430 3481 3482 3589 | 3696 |
| 3810 3886 3888 4112 | 4253 |
| 4366 4492 4728 4729 | 4778 |
| 5137 5138 6270 6719 | 6306 |
| 6482 6483 6711 | 6992 |
| リュック、ジャン・ベルナー | |
| ル ........................... | 2133 |
| リュビーモフ、ユーリー ... | 3965 |
| 3966 4966 | 5799 |
| 呂 瑞明 ..................... | 6751 |
| リル、ウェンディー ......... | 5846 |
| リン、ジャニス・A. ... 2451 | 4674 |
| 林 兆華 ..................... | 3883 |

【る】

| ルヴォー、デヴィッド ...... | 0038 |
| 0067 0415 1647 | 1648 |
| 1650 2000 3470 | 3798 |
| 4045 4152 4592 4620 | 5583 |
| 5851 6806 6813 | 6936 |
| ルカシェフスキー、ソフィ | |
| ............................... | 2515 |
| ル=グウィン、アーシェラ・ | |
| K. .......................... | 2058 |
| ルーシー、ダグ ............... | 3365 |
| ルース、ウィリアム ......... | 2838 |
| 4533 5033 | 5034 |
| ルチアー、ヴィンセント ... | 5326 |
| ルッサン、アンドレ | |
| ............... 1167 2016 | 4470 |
| ルーディ、ピエール ......... | 0613 |
| ルドヴィコ、テレーサ ...... | 5213 |
| ルートヴィヒ、フォルカー | |
| ............................... | 3803 |
| ルトゥゲンホルスト、マヌエ | |
| ル ........................... | 6704 |
| ルナーリ、ルイジ ............ | 4879 |
| ルナール、ジュール ......... | 4611 |
| ルノワール、ジャン ......... | 0910 |
| ルパージュ、ロベール | |
| ...................... 0431 | 3936 |
| 5291 5510 5798 5872 | 7071 |
| ルービン、レオン ..... 6701 | 6723 |
| ルーフ、ロジャー ............ | 2827 |
| ルボー、スザンヌ ............ | 1978 |
| ルモニエ、クロディ ......... | 2707 |
| ルルー、ガストン ..... 1081 | 1082 |

【れ】

| レイスン、ハニー ............ | 5153 |
| 冷泉 公裕 .................. | 6748 |
| レイブ、デヴィッド ......... | 5667 |
| レイン、ニーナ ............... | 4274 |
| レヴィン、アイラ ..... 2019 | 4012 |
| レオナルド熊 .................. | 6825 |
| レオン、フェデリコ ......... | 6638 |
| レザ、ヤスミナ ............... | 0237 |
| 0238 1048 | 6608 |
| レジ、クロード ............... | 2770 |
| レタラック、ジョン ......... | 6912 |

作家・演出家名索引　TRZ

レッシング, ゴットホルト・エ
　フライム ……… 2087  2088
レッツ, トレイシー ‥ 4757  4832
レマルク, エーリヒ・マリア
　………………… 5499  5500
レーレ, フィリップ ……… 6253
蓮行 ………………… 2204  4342
連城 三紀彦 ………… 0115  2135

【ろ】

ローアー, デーア ………… 2389
　　　　2390  3701  4337
ロイド, マシュー ………… 1938
ロイド＝ウェバー, アンドリ
　ュー ……… 0208  1081  1082
ロウ, フレデリック ……… 5827
老舎 ………………… 3847  3848
ロウルストン, キース …… 6601
ローガン, ジョン ………… 6828
ローザ, デニス …………… 2694
ロジャース, デヴィッド ‥ 0383
ローズ, アーサー ………… 6083
ローズ, リチャード ……… 3731
ローズ, レジナルド …… 2914  2915
　　2916  2917  2918  2919  2920
ロスタン, エドモン ……… 0960
　　　　3071  3072  3073  3074
　　　　3075  3076  3077  3078
ローゾフ, ヴィクトル …… 5567
ロゾーフスキー, マルク
　……………………… 0373  0374
ローチ, ビリー …………… 2407
ロドリゲス, ネルソン …… 1846
ロネガン, ケネス ………… 1946
ロバートソン, レニー …… 6832
ロビネット, ジョセフ …… 0118
ロビンス, ジェローム
　…………………… 2700  6662
ローマー, サックス ……… 1441
ロマン, ジュル …………… 6797
ロラン, ロマン …………… 5119
ローリー, ウィリアム …… 3798
ロール, エディ …… 6669  6670
ローレンツ, アーサー …… 1896

【わ】

ワイダ, アンジェイ ……… 4402
ワイドマン, ジョン
　………………… 2357  3620  3621
ワイルダー, ソーントン ‥ 1635
　　　　6748  6962  6963  6965
　　　　6966  6967  6988
ワイルド, オスカー ‥ 2589  2590
わかぎ ゑふ ……………… 0524
　　0942  1083  1852  3570  4065
　　　　4153  4211  4656  6471
若杉 光夫 ………………… 0332
　　　　　　5251  6445  6560
若竹 笛躬 ………………… 3700
若菜 トシヒロ …………… 3647
若林 彰 ……………… 3975  5403
若林 一郎 ………………… 1281
若林 光夫 ………………… 5073
若村 こうじ ……………… 0162
和久田 理人 ……………… 0031
ワグナー, コリーン ……… 1694
ワーグナー, リヒャルト ‥ 4304
鷲ücerli 照章 ……………… 3539
ワシーリーエフ ………… 2152
和田 憲明 ………………… 0011
　　0365  1212  2776  3295
　　3551  5637  5815  6830
和田 周 ‥ 1745  2979  3027  3967
　　4379  4469  4812  5142  6584
和田 史郎 ………………… 3400
和田 誠一 ………………… 0046
　　1742  2500  2751  3232  3233
　　3749  5845  7024  7025
和田 徹 …………………… 0941
和田 夏十 ………………… 1983
和田 誠 …………………… 1665
和田 豊 ‥ 2441  4673  5496  6716
和田 喜夫 …… 0546  0631  0792
　　2121  2122  2960  3639  4926
　　5068  5069  5429  5661  5834
　　6381  6495  6664  6770  6821
渡辺 えり ……  0101  1883  2022
　　3917  3918  4513  5960  6745
渡辺 えり子 …… 0069  0104  0590
　　0930  1053  1132  1227  1351
　　1390  1421  1716  2023
　　2024  2025  2304  2350  2777
　　3211  3212  3454  3625  3768
　　3919  3921  3938  4891  5134
　　5730  5739  5958  6043  6458
　　6459  6567  6568  6586  6744
渡辺 鶴 …………………… 3847

渡辺 和子 ………………… 6636
渡辺 喜恵子 ……… 0200  3658
渡辺 淳一 ………………… 1810
渡辺 大策 ………………… 0142
　　0529  1058  1059  1225  1354
　　1997  1998  2040  2144  2159
　　2229  2234  2484  2543  2638
　　3401  3995  4302  4769  4918
　　5362  6015  6757  7035
渡辺 千明 ………………… 1323
渡辺 千鶴 ……………… 2961  5736
渡辺 知也 ………………… 6895
渡辺 ひとみ ……………… 6893
渡辺 浩子 ………………… 0468
　　0469  0474  1454  1455
　　1463  1464  1944  1965  1973
　　2956  3083  3288  3289  3615
　　4111  4359  4370  4711  4924
　　5012  5667  6444  6809
渡辺 真知子 ……………… 4514
渡辺 守章 ………………… 0126
　　0127  2509  2722  2957
　　3041  3072  5149  5341
ワッサーマン, デール …… 1378
　　　　1379  6669  6670
ワーテンベイカー, ティンバー
　レイク ……………… 6203  7057
ワトキンズ, モーリンダラス
　…………………………… 2706
ワートン, ウィリアム …… 4866
ワームホールプロジェクト
　…………………………… 0048
　　0049  2848  4119  4233  4383
　　4467  4468  6197  6198  6738
ワン・チョン ……………… 3063

【英数字】

BEVAN,DONALD ……… 3597
TRZCINSKI,EDMUND
　…………………………… 3597

# 評者名索引

# 評者名索引

## 【あ】

秋川 比呂美 ……… 1782 5206
淺井 圭介 ……………… 5210
安土 政夫 ……………… 5668
安住 恭子 …… 0787 0809 0980
　　1029 1180 1564 1610 2360
　　2363 2576 2649 2689 2741
　　2757 2880 3007 3035 3314
　　3536 3809 3811 3937 3937
　　4418 4830 4962 5078 5668
　　5878 5901 6138 6287 7013
麻生 直 ………………… 6284
安達 英一 ……………… 0068
　　0304 0537 0635 0866
　　1799 1902 1956 2075 2274
　　2310 2361 3088 3333 4261
　　4351 4421 6735 6825
穴澤 万里子 ……… 0960 3073
荒牧 正憲 ………… 1124 2150
有州井 仁子 ……… 5735 7059
粟田 俏右 ……………… 1538
　　2503 2691 3851 4574

## 【い】

筏丸 けいこ …………… 5091
池田 信雄 ………… 2088 5632
石崎 勝久 …… 0039 0636 0699
　　0853 0868 0896 0918 1148
　　1665 1986 2132 2187 2218
　　3036 3081 3264 3768 3971
　　4820 4825 4921 5084 5097
　　5259 5642 5919 5958 6971
石澤 秀二 ……………… 1305
　　4094 6092 6390 6678
市川 雅 ………………… 0468
伊藤 寧美 ……………… 1159
伊藤 洋 ………………… 0246
　　0591 1162 2441 5274 5594
井上 明彦 ……………… 4550
井上 優 ………………… 0910
茨木 憲 ………………… 1483
　　1489 2431 2436 7036
今井 克佳 ………… 3399 6898
今村 忠純 ………… 1305 4518
今村 めぐみ …………… 0907
岩瀬 孝 …………… 0466 3873
岩波 剛 …………… 0012 0059
　　0060 0222 0469 0571 0672
　　0819 1266 1395 1667 1688
　　1713 1762 1923 1958 1990
　　2035 2057 2184 2237 2670
　　3034 3361 3519 3530 3605
　　3813 3850 4143 4167 4309
　　4359 4396 4404 4561 4810
　　4823 4886 4906 5051 5083
　　5105 5294 5427 5438 5454
　　5705 5880 5920 6155 6209
　　6250 6361 6443 6628 6723
　　6873 6954 6974 6979 7007
岩淵 達治 …… 3615 4938 6806

## 【う】

植村 瞭 ………………… 2072
　　3572 5038 5065 5590 5609
内田 洋一 …… 0113 0181 0346
　　0393 0404 0614 0670 0689
　　0779 0877 0903 0971 0988
　　1085 1138 1267 1298 1346
　　1465 1482 1509 1805 1818
　　1841 1901 1946 2037 2093
　　2170 2347 2414 2478 2529
　　2613 2668 2732 2750 2773
　　2777 2844 2856 2892 2923
　　2978 2986 3086 3135 3170
　　3201 3456 3541 3613 3746
　　4164 4168 4194 4445 4670
　　4676 4771 4985 4999 5002
　　5313 5314 5368 5634 5833
　　5960 6024 6320 6325 6378
　　6485 6611 6642 6935 6953
内野 儀 ………………… 0301
　　0357 0395 0415 0556 0778
　　0805 0977 1078 1128 1139
　　1173 1226 1241 1296 1412
　　1844 1951 2080 2784 3211
　　3242 3337 3474 4505 4581
　　4713 4880 4996 5008 5009
　　5567 5572 5617 5727 5760
　　5891 6045 6569 6586 6952
内丸 公平 ………… 3603 6242
梅本 洋一 …… 1428 1641 2379
　　2931 2994 3196 3800 6008
　　6090 6651 6733 6838 6932
梅山 いつき ……… 1353 2189
　　2378 2665 3639 4543 6899
浦崎 浩實 ……………… 0010
　　0019 0021 0043 0057 0062
　　0097 0098 0105 0130 0139
　　0158 0159 0182 0257 0261
　　0267 0282 0313 0333 0354
　　0363 0367 0464 0476 0534
　　0562 0570 0593 0603 0740
　　0782 0808 0887 0953 0962
　　1062 1069 1099 1140 1147
　　1150 1165 1184 1195 1199
　　1207 1317 1320 1336 1386
　　1400 1437 1447 1479 1505
　　1593 1614 1626 1630 1632
　　1735 1743 1784 1797 1804
　　1812 1814 1824 1827 1829
　　1850 1885 1890 1918 1928
　　1943 2003 2018 2036 2268
　　2281 2323 2330 2371 2378
　　2391 2403 2415 2426 2453
　　2491 2494 2543 2587 2598
　　2652 2684 2759 2797 2822
　　2868 2947 3056 3061 3093
　　3095 3112 3222 3228 3246
　　3249 3295 3328 3331 3367
　　3371 3401 3404 3409 3447
　　3454 3499 3500 3501 3522
　　3532 3539 3566 3607 3643
　　3676 3695 3697 3723 3785
　　3822 3861 3862 3916 3926
　　3955 3983 3994 4025 4043
　　4044 4074 4125 4156 4157
　　4247 4522 4528 4575 4603
　　4608 4651 4660 4662 4667
　　4678 4679 4704 4712 4736
　　4773 4774 4786 4828 4838
　　4876 4897 5063 5069 5077
　　5094 5113 5115 5209 5216
　　5220 5266 5296 5337 5372
　　5380 5421 5468 5470 5550
　　5564 5568 5574 5579 5623
　　5646 5712 5729 5740 5748
　　5749 5772 5794 5818 5914
　　5946 5975 5979 6016 6017
　　6044 6051 6061 6068 6073
　　6098 6101 6150 6166 6279
　　6301 6324 6356 6406 6555
　　6556 6584 6607 6617 6663
　　6742 6760 6763 6774 6862
　　6884 6886 6892 6897 6996

## 【え】

衛 紀生 ………………… 0137
　　0279 0292 0339 0462 0511
　　0569 0656 0657 0693 0846
　　0866 0933 1200 1216 1301
　　1461 1495 1663 1803 2024
　　2054 2136 2149 2169 2187
　　2335 2383 2489 2893 3375
　　3419 3429 3625 3713 3779
　　4085 4338 4425 4485 4554
　　4641 4737 4870 5000 5148
　　5164 5229 5275 5307 5321
　　5419 5422 5484 5604 5693
　　5713 5899 5913 5916 5939
　　6006 6140 6263 6504 6562
　　6622 6701 6833 6888 6891

## えはら　　　評者名索引

|  |  |  |  |
|---|---|---|---|
| | 6909 | 6917 | 6945 | 7020 |

**江原 吉博** ............ 0011

0025 0146 0172 0174 0365
0433 0456 0459 0463 0660
0762 0786 0912 0932 1233
1243 1244 1288 1430 1436
1472 1515 1572 1659 1711
1899 1948 1974 1995 2068
2124 2540 2703 2756 2772
2785 2928 2943 2969 2983
3055 3096 3154 3159 3192
3389 3663 3840 3855 3914
3928 4102 4176 4353 4355
4431 4432 4466 4518 4596
4713 4776 4840 4858 4943
4950 5040 5112 5150 5168
5178 5346 5524 5560 5709
5717 5744 5753 5766 5938
5967 6064 6102 6114 6172
6203 6227 6269 6342 6473
6571 6636 6647 6649 6737
6747 6883 6903 6939 6969
　　6975 7005 7023 7037

**江森 盛夫** ............ 2283
　　　　2412 5535 6076

## 【お】

**大岡 淳** ............ 0047 0286
0317 0361 0366 0375 0610
0612 0619 0624 0632 0705
0862 0904 0995 1041 1078
1107 1126 1157 1256 1322
1586 1652 1686 1770 1771
1817 1838 1886 1984 2007
2019 2045 2086 2097 2117
2246 2308 2424 2497 2538
2586 2675 2737 2884 3152
3182 3195 3218 3224 3313
3517 3531 3614 3621 3646
3936 4011 4078 4144 4169
4187 4207 4283 4350 4539
4548 4630 4642 4647 4724
4778 4923 4961 4980 5270
5279 5365 5387 5530 5543
5619 5630 5633 5752 5835
5855 6095 6185 6205 6334
6398 6402 6437 6588 6604
6679 6729 6847 7057 7068

**大笹 吉雄** ............ 0298
　　0339 0494 0931 1045
1260 1499 1550 1551 1578
1671 1776 2156 3333 3424
3622 3765 4154 4290 4516
4803 5234 5358 5461 5472
　　5773 6313 6322 6422

**大沢 圭司** ............ 0340

　　0041 0048 0073 0088
0104 0108 0162 0164 0351
0409 0410 0412 0462 0563
0685 0716 0751 0756 0810
0994 1036 1070 1089 1135
1167 1172 1182 1281 1291
1349 1366 1407 1412 1448
1504 1570 1594 1613 1621
1629 1648 1678 1707 1741
1848 1860 1874 1880 2047
2051 2122 2134 2165 2285
2305 2336 2346 2394 2405
2434 2447 2603 2630 2683
2863 2885 2915 2922 2998
2999 3000 3020 3027 3187
3248 3257 3272 3278 3358
3462 3557 3568 3601 3628
3696 3720 3745 3823 3854
3876 3919 4055 4135 4193
4236 4240 4365 4383 4419
4442 4556 4597 4643 4666
4701 4869 4882 4899 4910
4931 5036 5114 5146 5151
5236 5272 5282 5299 5300
5339 5483 5487 5525 5601
5638 5662 5787 5812 5931
5932 5933 6023 6135 6221
6244 6270 6300 6455 6644
6670 6700 6707 6736 6800
　　6925 6950 7022 7061

**大塩 竜也** ............ 4107

**太田 耕人** ............ 0026
　　0054 0058 0076 0102
0103 0123 0147 0150 0156
0157 0179 0185 0186 0209
0214 0215 0216 0218 0227
0236 0239 0240 0241 0276
0278 0281 0287 0288 0289
0306 0308 0322 0334 0335
0336 0344 0349 0355 0370
0378 0403 0411 0443 0461
0480 0481 0483 0486 0487
0488 0501 0516 0518 0525
0526 0530 0561 0578 0579
0598 0602 0607 0622 0654
0668 0676 0678 0680 0692
0697 0713 0715 0727 0728
0731 0761 0768 0772 0780
0788 0790 0797 0806 0811
0812 0813 0818 0823 0827
0836 0845 0847 0849 0869
0913 0921 0922 0927 0942
0944 0951 0956 0974 0981
0992 1014 1015 1025 1031
1034 1037 1043 1064 1065
1074 1083 1095 1145 1159
1211 1228 1232 1242 1248
1251 1252 1257 1262 1274
1279 1289 1295 1299 1308
1334 1344 1368 1384 1394
1397 1398 1413 1418 1467

1480 1498 1500 1507 1518
1532 1565 1569 1571 1585
1597 1609 1616 1645 1662
1677 1680 1683 1687 1731
1737 1757 1763 1768 1777
1785 1836 1891 1905 1915
1933 1954 1957 1968 1985
2002 2015 2017 2021 2022
2028 2055 2062 2067 2069
2084 2087 2101 2110 2126
2140 2155 2168 2183 2190
2196 2201 2204 2230 2249
2270 2279 2280 2298 2299
2311 2351 2386 2389 2398
2428 2456 2461 2467 2468
2502 2503 2514 2521 2532
2542 2545 2555 2557 2562
2563 2565 2566 2568 2573
2577 2592 2595 2599 2601
2628 2680 2690 2692 2708
2711 2714 2717 2730 2742
2766 2767 2771 2788 2803
2809 2829 2839 2861 2862
2864 2891 2936 2950 2980
3002 3013 3018 3032 3097
3110 3115 3122 3127 3151
3167 3219 3220 3225 3226
3235 3239 3269 3274 3286
3294 3315 3319 3320 3330
3347 3348 3372 3373 3376
3377 3379 3427 3441 3460
3467 3469 3496 3508 3510
3521 3524 3542 3544 3546
3547 3550 3556 3559 3570
3626 3627 3635 3638 3651
3655 3659 3662 3664 3674
3680 3699 3700 3724 3733
3754 3757 3762 3770 3771
3772 3776 3788 3790 3794
3796 3808 3814 3815 3816
3827 3849 3869 3875 3878
3879 3885 3892 3898 3899
3900 3908 3909 3911 3915
3957 3958 3959 3970 4001
4007 4013 4024 4027 4075
4083 4084 4099 4108 4115
4141 4148 4175 4181 4183
4191 4214 4216 4241 4249
4251 4252 4255 4265 4270
4299 4311 4316 4341 4342
4382 4387 4388 4389 4392
4427 4430 4454 4455 4465
4473 4482 4493 4506 4512
4519 4537 4560 4585 4586
4587 4599 4600 4619 4622
4626 4645 4646 4652 4685
4685 4686 4691 4693 4695
4696 4726 4746 4761 4765
4781 4792 4819 4822 4875
4884 4895 4896 4912 4959
4964 4993 4998 5020 5035

評者名索引　　　　きたか

5053 5055 5056 5067 5119
5127 5133 5173 5181 5186
5190 5197 5203 5204 5224
5248 5254 5255 5256 5274
5286 5323 5325 5330 5348
5376 5381 5384 5397 5409
5416 5424 5425 5460 5462
5512 5513 5515 5517 5519
5534 5540 5545 5596 5685
5695 5698 5719 5724 5742
5746 5751 5754 5756 5761
5768 5795 5796 5797 5837
5839 5843 5867 5898 5919
5925 5942 5968 5971 5985
5994 5995 5997 6007 6009
6012 6040 6050 6055 6059
6079 6085 6109 6115 6116
6118 6119 6122 6124 6131
6132 6188 6195 6199 6214
6230 6231 6238 6239 6240
6241 6262 6267 6282 6290
6303 6305 6315 6317 6333
6345 6354 6355 6357 6371
6382 6384 6392 6394 6396
6397 6399 6412 6414 6415
6423 6427 6438 6471 6478
6500 6503 6523 6532 6534
6537 6552 6553 6554 6565
6566 6579 6598 6624 6626
6631 6633 6650 6657 6660
6661 6665 6667 6709 6741
6749 6758 6761 6771 6772
6777 6781 6785 6788 6789
6798 6824 6835 6843 6857
6864 6878 6902 6949 6964
6977 6980 6983 6987 6990
6997 6998 7014 7017 7032
　　　7043 7047 7060 7070
鴻 英良 ‥‥‥‥ 0071 0128 0135
0167 0189 0232 0341 0392
0399 0402 0528 0621 0661
0666 0752 0842 0842 0846
0928 1277 1379 1555 1568
1578 2071 2102 2301 2526
2547 2567 2645 2992 3010
3045 3048 3100 3128 3213
3230 3260 3297 3329 3343
3378 3390 3463 3485 3976
4111 4171 4481 4503 4527
4546 4558 4655 4690 4814
4853 4924 5031 5075 5095
5097 5273 5288 5347 5420
5465 5484 5516 5607 5828
5919 6066 6066 6246 6291
6291 6309 6312 6315 6319
6319 6376 6416 6431 6573
6573 6639 6639 6646 7056
大場 建治 ‥‥‥‥‥‥‥‥ 0007
　　　0200 0512 1009 1133
　　　1361 1369 1411 1576 1908
　　　1953 1981 2321 2365 2534

2927 2929 2934 3060 3129
3241 3675 3798 3954 4104
4323 4444 4449 4764 4965
4966 4974 5006 5018 5430
5441 5447 5451 5452 5640
5644 5655 5856 5859 5869
5904 5955 6004 6086 6117
6370 6510 6682 6687 6719
　　　6722 6858 6865 6929
岡野 宏文 ‥‥‥‥‥‥‥‥ 1387
　　　1427 2053 3225 3574 4420
　　　4849 5235 5379 6029
岡本 蛍 ‥‥‥‥‥‥‥‥‥ 0260
　　　0364 0532 0588 0858 0906
　　　0963 1171 1488 1999 2758
　　　2921 3858 4142 4164 4458
　　　4489 4668 4689 4750 4785
　　　4785 4919 5057 5378 5635
　　　6536 6616 6643 6801 6832
荻野 達也 ‥‥‥‥‥‥ 0197 6541
尾崎 秀樹 ‥‥‥‥‥‥‥‥ 5673
小山内 伸 ‥‥‥‥‥‥‥‥ 0190
　　　0407 0450 0723 0737 0843
　　　1094 1202 1212 1879 1912
　　　1913 2125 2418 2485 2697
　　　2727 2764 2832 3017 3121
　　　3255 3327 3406 3468 3494
　　　3507 3707 3880 3956 4048
　　　4066 4223 4411 4747 4990
　　　5087 5165 5537 5608 5616
　　　5792 5936 6219 6946
小田 幸子 ‥‥‥ 0231 0513 2043
　　　2724 3973 5852 6591 6642
小田切 一雄 ‥‥‥‥‥ 4509 4641
落合 一泰 ‥‥‥‥‥‥‥‥ 6288
落合 清彦 ‥‥‥‥‥‥‥‥ 4501

【 か 】

加来 英治 ‥‥‥‥‥‥‥‥ 4447
風早 美樹 ‥‥‥‥‥‥ 1213 6662
風間 研 ‥ 0023 1570 4086 4669
　　　4902 5109 5175 6937 7058
鹿島 則一 ‥‥‥‥‥‥‥‥ 2904
カツラ 珪 ‥‥‥‥‥‥ 2808 5491
桂 真菜 ‥‥‥‥ 3684 5291 6103
桂木 嶺 ‥‥‥‥ 0053 0153 0490
　　　1067 1115 1327 1486 1712
　　　2257 4031 4138 5152 6940
神沢 和明 ‥‥‥‥‥‥‥‥ 6854
唐 十郎 ‥‥‥‥‥‥‥‥‥ 0657
河合 祥一郎 ‥‥‥‥‥‥‥ 3207
　　　5655 5791 5870 6790
川口 賢哉 ‥‥‥‥‥‥ 0044 1333
　　　1516 1696 1742 2763 2916

4136 4881 4952 5010 5134
5674 5678 6084 6200 6992
河野 光雄 ‥‥‥‥‥‥ 0217 1506
　　　2029 4266 5188 6538 6859
川本 三郎 ‥‥‥‥‥‥‥‥ 0522
0601 0674 0695 1152 1940
2260 2695 3156 3175 3276
3442 3728 3784 4009 4112
4421 4495 4611 5745 5912
5958 6245 6254 6618 6991
菅 孝行 ‥‥‥‥ 0116 0353 1637
　　　1807 5474 5920 6449 6702

【 き 】

菊川 徳之助 ‥ 4560 4661 5924
菊地 浩平 ‥‥‥‥‥‥‥‥ 4612
菊地 貞三 ‥‥‥ 1831 3245 3289
3872 5082 5426 5989 6827
如月 小春 ‥‥‥‥‥‥‥‥ 3089
3997 5234 5688 5690 5906
喜志 哲雄 ‥‥‥‥‥‥‥‥ 3515
きだ きんのすけ ‥‥ 0866 4080
北川 登園 ‥‥‥‥‥‥‥‥ 0005
0017 0049 0085 0148 0163
0268 0300 0368 0550 0583
0615 0633 0638 0660 0708
0721 0758 0791 0792 0795
0885 0892 0908 0909 1004
1013 1039 1071 1102 1103
1112 1164 1284 1285 1293
1307 1326 1363 1456 1487
1497 1502 1535 1574 1601
1654 1714 1718 1719 1720
1790 1846 1856 1898 1904
1982 2074 2094 2100 2103
2109 2154 2177 2192 2266
2276 2313 2334 2352 2370
2395 2479 2581 2590 2641
2642 2661 2664 2685 2748
2751 2754 2799 2848 2854
2871 2872 2875 2876 2878
2890 2901 2914 2949 2961
3058 3068 3144 3164 3261
3291 3296 3302 3387 3415
3431 3435 3465 3514 3545
3549 3558 3592 3602 3644
3691 3735 3736 3756 3766
3773 3774 3897 3930 3980
4038 4068 4119 4219 4220
4245 4374 4380 4401 4405
4406 4439 4441 4467 4476
4499 4555 4592 4715 4768
4787 4827 4839 4841 4893
4969 5029 5033 5058 5076
5093 5157 5166 5285 5295
5302 5328 5437 5455 5473

きねふ　　　　　　　　　　評者名索引

5479　5541　5591　5603　5624
5626　5692　5777　5790　5811
5846　5864　5882　5940　5951
5952　5964　5976　6005　6048
6111　6112　6113　6146　6165
6217　6284　6292　6295　6336
6337　6339　6401　6454　6456
6506　6518　6525　6683　6705
6738　6759　6814　6869　6885
6887　6938　7027　7028　7039
杵渕 里果 ………………… 0313
　　　　0689　1155　2985　4829
木村 重雄 ………………… 0090　3953
木村 隆 ‥ 0259　2277　3761　5791

【く】

九鬼 葉子 ……… 0081　0124　0143
0202　0249　0329　0360　0369
0371　0388　0436　0519　0620
0682　0717　0804　0869　0900
0935　0945　0999　1245　1247
1302　1340　1381　1432　1508
1573　1581　1651　1682　1685
1687　1703　1754　1798　1852
1992　2162　2182　2197　2205
2210　2263　2393　2408　2455
2474　2535　2546　2551　2553
2556　2584　2740　2749　2828
2833　2953　3043　3116　3299
3323　3332　3364　3535　3685
3711　3758　3860　3896　3904
3913　3927　3963　4041　4047
4065　4091　4123　4182　4215
4217　4243　4244　4258　4260
4378　4388　4395　4456　4459
4521　4523　4524　4540　4656
4692　4722　4770　4805　4868
4898　4928　4953　5131　5182
5194　5205　5207　5230　5232
5240　5258　5315　5319　5410
5417　5423　5514　5659　5720
5970　5990　6019　6022　6161
6173　6190　6196　6253　6474
6546　6575　6620　6634　6645
6727　6773　6786　6816　6841
6982　6995　7015　7048　7054
蔵原 惟治 ………………… 0321
0509　0529　0688　0833　0856
0954　1022　1154　1343　1392
1503　1752　1834　2227　2328
2364　2377　2416　2500　2648
3084　3198　3311　3403　3760
3988　4018　4130　4242　4525
4569　4628　4986　5329　5383
5444　5566　5571　5592　5686
5809　6151　6232　6307　6353

　　　　6481　6589　6740　6893
黒羽 英二 ………………… 0316　0489
0664　0829　0968　0986　1051
1052　1091　1653　1746　1766
1882　2016　2141　2294　2638
2715　2768　3069　3070　3250
3437　3647　3688　3708　3744
4034　4039　4151　4185　4356
4381　4752　4769　4836　4927
5801　5884　5996　6191　6223
6249　6447　6498　6570　7066
郡司 正勝 ……… 0155　4803　6250

【こ】

小池 美佐子 ……………… 5920
河野 孝 …………………… 0814
0831　1531　2171　2738　2954
2988　3155　3173　3176　3204
3210　3223　3368　3381　3382
4109　4197　4877　5034　5581
6049　6170　6296　6594　6689
6690　6804　6828　6914　6942
小苅米 晛 ………………… 3705　5681
古後 奈緒子 ……………… 1523　5467
小藤田 千栄子 …………… 1161
1335　1560　1730　1980　3064
3870　4468　5159　6894
小堀 純 …………………… 5697
小谷野 敦 ………………… 1523
コルベイ, スティーブ …… 3859
近藤 瑞男 ………………… 3117
今野 裕一 ……… 3606　4317

【さ】

斎藤 偕子 ………………… 0009
0022　0030　0034　0069　0096
0101　0118　0121　0178　0196
0233　0248　0263　0285　0314
0332　0348　0372　0383　0406
0430　0434　0470　0472　0485
0543　0549　0573　0575　0577
0582　0586　0589　0616　0617
0623　0637　0645　0662　0712
0724　0735　0742　0748　0749
0767　0781　0802　0803　0860
0876　0883　0976　0998　1024
1035　1049　1059　1079　1087
1090　1135　1143　1159　1168
1190　1194　1268　1292　1303
1304　1312　1329　1341　1364
1367　1370　1375　1376　1380

1384　1393　1401　1409　1415
1435　1440　1445　1451　1459
1463　1473　1475　1492　1520
1521　1524　1527　1528　1541
1544　1554　1558　1566　1625
1657　1674　1679　1681　1708
1710　1716　1722　1739　1764
1783　1822　1872　1877　1883
1963　1988　1989　1997　2011
2013　2040　2142　2207　2224
2245　2259　2271　2317　2325
2337　2339　2344　2356　2365
2375　2413　2440　2470　2484
2498　2505　2509　2513　2525
2637　2660　2718　2734　2736
2749　2765　2802　2823　2831
2835　2837　2840　2842　2851
2873　2906　2918　2942　2957
2963　2973　2985　2993　3001
3044　3046　3051　3062　3075
3080　3082　3087　3107　3108
3142　3215　3232　3234　3270
3304　3316　3330　3341　3439
3450　3461　3492　3506　3511
3567　3571　3576　3645　3649
3654　3672　3716　3737　3749
3753　3802　3825　3863　3871
3891　3893　3895　3903　3912
3929　3947　3948　3991　4015
4030　4036　4060　4062　4073
4111　4118　4161　4195　4196
4210　4213　4218　4273　4287
4291　4302　4320　4321　4328
4417　4429　4470　4471　4478
4490　4491　4504　4517　4533
4567　4659　4697　4702　4703
4704　4707　4749　4756　4757
4766　4775　4816　4883　4890
4932　4933　5039　5085　5088
5112　5122　5124　5130　5145
5185　5195　5237　5247　5267
5288　5340　5353　5362　5371
5386　5393　5407　5413　5418
5439　5442　5446　5497　5505
5506　5521　5536　5583　5593
5615　5621　5641　5645　5656
5657　5658　5667　5702　5776
5783　5788　5806　5810　5813
5817　5848　5861　5874　5890
5900　5903　5973　6025　6046
6054　6063　6077　6080　6104
6110　6142　6148　6160　6179
6204　6206　6251　6274　6308
6309　6311　6346　6347　6349
6373　6377　6400　6404　6408
6409　6458　6459　6477　6509
6513　6516　6519　6520　6548
6572　6606　6612　6674　6692
6721　6792　6808　6815　6861
6871　6877　6879　6882　6896
6901　6906　6958　6963　7006

評者名索引　せと

```
              7009 7021 7051 7062
佐伯 隆幸 ‥‥ 1701 2520 4547
坂口 勝彦 ………… 5825 6681
阪田 寛夫 …………………  0324
佐々木 幹郎 … 0071 0128 0399
  0527 0528 0546 0675 0846
  0901 0929 1132 1208 1270
  1294 1338 1342 1568 1577
  1758 1894 1903 1941 2102
  2184 2212 2228 2301 2486
  2567 2645 2869 2979 3048
  3067 3100 3184 3247 3260
  3297 3297 3343 3478 3624
  3661 3687 3769 4010 4503
  4634 4658 4690 4716 4814
  4852 4908 5017 5031 5074
  5095 5306 5465 5484 5704
  5814 5875 6062 6139 6233
  6319 6424 6428 6431 6443
  6495 6574 6639 6646 7056
佐藤 一成 ‥‥ 1934 5738 6880
佐藤 康平 …………………  0114
  0125 0254 0294 0310 0419
  0420 0498 0550 0554 0599
  0764 0765 0771 0776 0840
  0920 0952 0982 1080 1199
  1235 1261 1315 1356 1359
  1372 1377 1414 1553 1607
  1608 1875 1920 1947 2058
  2061 2076 2131 2209 2211
  2275 2402 2518 2647 2666
  2897 2905 2941 2945 3022
  3023 3147 3161 3163 3267
  3285 3357 3423 3551 3583
  3781 4000 4042 4121 4127
  4128 4173 4231 4246 4285
  4314 4431 4433 4443 4446
  4474 4610 4709 4717 4741
  4796 4798 4901 5043 5048
  5052 5062 5192 5223 5463
  5469 5589 5666 5672 5680
  6013 6014 6026 6032 6091
  6106 6141 6184 6256 6257
  6341 6385 6435 6466 6486
  6489 6522 6540 6655 6748
  6755 6768 6860 6870 7045
里見 宗律 ………… 0099 0127
  0482 0568 0777 0859 0891
  0895 0919 1481 1549 1840
  1847 2008 2179 2202 2226
  2258 2343 2780 2793 3039
  3405 3466 3599 3610 3712
  3782 3979 4045 4743 4934
  5041 5187 5359 6027 6103
  6204 6332 6531 6847 7063
沢 美也子 …………………  2480
```

【し】

```
鹿野 晶子 …………………  4479
七字 英輔 ………… 0008 0032
  0072 0093 0094 0151 0180
  0199 0207 0220 0262 0272
  0337 0340 0373 0382 0425
  0435 0457 0499 0538 0552
  0558 0559 0576 0587 0655
  0696 0704 0714 0718 0855
  0868 0868 0967 0975 0993
  1021 1030 1046 1054 1055
  1060 1105 1158 1246 1253
  1254 1296 1300 1371 1399
  1405 1406 1433 1457 1469
  1501 1530 1547 1561 1583
  1603 1646 1647 1684 1715
  1744 1767 1808 1810 1839
  1842 1861 1914 1919 1927
  1952 1964 1976 1993 2014
  2031 2033 2034 2060 2081
  2090 2152 2232 2240 2250
  2290 2303 2309 2331 2353
  2354 2355 2387 2417 2422
  2444 2448 2512 2533 2589
  2623 2636 2643 2673 2737
  2786 2787 2798 2841 2879
  2889 2970 2990 3011 3045
  3053 3074 3091 3092 3105
  3106 3109 3121 3179 3188
  3200 3205 3236 3298 3305
  3322 3325 3363 3395 3429
  3449 3458 3516 3527 3596
  3612 3642 3707 3759 3789
  3818 3830 3845 3867 3888
  3901 3902 3942 3981 3984
  4006 4037 4072 4089 4090
  4145 4150 4174 4177 4201
  4207 4254 4256 4277 4289
  4294 4296 4362 4407 4426
  4461 4472 4515 4529 4551
  4601 4605 4617 4700 4710
  4721 4767 4775 4791 4793
  4800 4813 4856 4878 4879
  4913 4947 4981 4982 5018
  5045 5047 5068 5070 5108
  5116 5136 5139 5160 5172
  5180 5229 5239 5242 5301
  5309 5350 5354 5392 5394
  5399 5403 5434 5461 5474
  5485 5507 5518 5528 5529
  5563 5580 5582 5585 5602
  5614 5679 5730 5762 5765
  5832 5855 5876 5893 5894
  5916 5935 6036 6052 6056
  6060 6070 6127 6136 6140
  6145 6162 6164 6183 6202
```

```
  6228 6243 6289 6316 6388
  6416 6451 6467 6469 6483
  6502 6504 6511 6528 6580
  6610 6654 6697 6698 6704
  6715 6745 6791 6830 6834
  6839 6844 6845 6850 6851
  6900 6928 6959 6968 6999
  7016 7018 7026 7055 7072
柴田 隆子 …………………  4159
柴田 稔彦 …………………  2052
              4719 5905 6926
島崎 友紀子 ………………  3766
嶋田 直哉 …………………  0340
  1156 2439 3865 4280 4358
       4564 4687 5862 6676
清水 一朗 …………………  0991
  1196 2111 3111 3260 3483
       3804 4081 4116 6492
上念 省三 …………………  4733
```

【す】

```
末永 蒼生 …………………  1592
杉山 弘 ……………………  0027
  0113 0169 0184 0327 0331
  0523 0553 0555 0564 0580
  0606 0773 0775 0832 0850
  0870 1118 1218 1287 1311
  1313 1403 1416 1470 1599
  1611 1612 1619 1624 1627
  1649 1670 1691 1702 1705
  1724 1811 1865 1884 1922
  1978 1983 1996 2004 2026
  2077 2085 2106 2139 2272
  2312 2338 2385 2419 2530
  2578 2606 2653 2725 2776
  2939 3098 3118 3207 3258
  3491 3528 3534 3589 3667
  3714 3820 3828 3866 3982
  4003 4029 4054 4098 4120
  4243 4308 4329 4337 4462
  4532 4593 4616 4732 4817
  4949 5032 5252 5334 5360
  5364 5377 5432 5457 5486
  5523 5551 5576 5675 5778
  5845 5937 5982 6003 6058
  6103 6163 6224 6229 6363
  6439 6460 6756 6826 7067
諏訪 正 ……… 1821 1902 2435
```

【せ】

```
瀬戸 宏 ……… 0258 0451 0839
```

| | | | |
|---|---|---|---|
| *0973* | *1097* | *2880* | *3063* | *4789* |
| *5840* | *6348* | *6706* | *6762* | *6920* |

扇田 昭彦 ................. *0109*
    *0137* *0176* *0280* *0353*
*0453* *0502* *0617* *0635* *0959*
*0996* *1006* *1081* *1187* *1215*
*1236* *1461* *1474* *1499* *1517*
*1533* *1591* *1697* *1807* *1837*
*1972* *2193* *2199* *2235* *2244*
*2365* *2431* *2440* *2489* *2512*
*2520* *2596* *2612* *2634* *2658*
*2669* *2753* *2826* *2849* *3008*
*3011* *3189* *3213* *3214* *3233*
*3383* *3424* *3620* *3671* *3731*
*3856* *3953* *4069* *4235* *4277*
*4322* *4363* *4364* *4453* *4526*
*4557* *4581* *4775* *4806* *4809*
*4851* *4981* *5018* *5028* *5049*
*5064* *5229* *5242* *5306* *5401*
*5428* *5472* *5670* *5689* *5715*
*5944* *5947* *5955* *6140* *6167*
*6169* *6193* *6216* *6366* *6369*
*6376* *6449* *6479* *6515* *6519*
*6568* *6680* *6697* *6719* *6812*
    *6845* *6865* *6919* *6931*

## 【た】

高取 英 ................. *1265*
高野 嗣郎 ........... *0706* *1040*
  *1617* *1986* *3334* *4288* *6776*
高橋 信良 ................. *5627*
高橋 宏幸 ........... *0112* *1687*
  *2978* *3174* *4479* *4675* *6280*
高橋 豊 ................. *0252*
*0432* *0557* *0732* *0746* *0755*
*0824* *0837* *0863* *0865* *0893*
*0898* *0949* *1048* *1309* *1426*
*1545* *1692* *1772* *1787* *1828*
*1859* *2091* *2096* *2231* *2236*
*2519* *2621* *2624* *2679* *2744*
*2807* *2930* *2937* *3193* *3199*
*3309* *3682* *3738* *3741* *3821*
*4170* *4331* *4448* *4513* *4563*
*4606* *4802* *5243* *5292* *5375*
*5648* *5721* *5865* *6081* *6168*
*6425* *6597* *6640* *6673* *6718*
    *6752* *6807* *6872* *7040*
竹田 真理 ................. *2264*
田島 義雄 ................. *0117*
        *3634* *4807* *5554*
田尻 陽一 ................. *6338*
立木 あき子 ................. *2668*
立花 恵子 ................. *3796*
谷岡 健彦 ................. *5650*
田之倉 稔 ................. *0052*

*0389* *0394* *0428* *0431* *0608*
*0639* *0673* *0729* *0875* *0890*
*0979* *1068* *1210* *1221* *1362*
*1425* *1441* *1780* *1944* *2231*
*2358* *2490* *2516* *2524* *2528*
*2579* *2619* *2662* *2781* *3073*
*3104* *3141* *3430* *3432* *3590*
*3709* *3763* *3783* *3906* *4033*
*4100* *4500* *4552* *4591* *4644*
*5406* *5510* *5553* *5707* *5834*
*5929* *6350* *6352* *6367* *6430*
  *6450* *6739* *6803* *7012*
だるま食堂 ... *0507* *0524* *1747*
*3006* *3273* *3809* *4070* *4590*
*5918* *5954* *6096* *6452* *6970*

## 【ち】

千野 幸一 .... *0004* *0029* *0274*
*0303* *0347* *0427* *0537* *0785*
*0801* *0996* *1163* *1187* *1476*
*1693* *1782* *1799* *1813* *2223*
*2233* *2320* *2699* *2702* *2819*
*2859* *2962* *3012* *3030* *3324*
*3444* *3505* *3742* *3944* *4012*
*4032* *4071* *4360* *5012* *5019*
*5066* *5149* *5251* *5448* *5496*
*5577* *5610* *5663* *5701* *5816*
*5889* *5948* *6125* *6419* *6424*
*6770* *6794* *6802* *6848* *6991*

## 【つ】

塚本 知佳 ................. *1005*
    *2770* *4058* *5449* *6921*
津田 類 ............. *2032* *4276*

## 【て】

出口 逸平 ............. *4216* *4519*

## 【と】

堂本 正樹 ................. *0066*
    *0277* *0496* *0613* *0635*
*0822* *0835* *1217* *1236* *1404*
*1474* *1551* *1604* *1689* *1732*
*1813* *1931* *2105* *2233* *2361*

*2615* *2746* *2974* *3189* *3276*
*3324* *3345* *3553* *3579* *3752*
*3939* *3944* *4002* *4067* *4290*
*4486* *4611* *4641* *4665* *4681*
*5059* *5092* *5149* *5552* *5559*
*5986* *6192* *6314* *6327* *6358*
    *6368* *6517* *6930* *7036*
土岐 迫子 ........... *1072* *1175*
時実 新子 ................. *2147*
利光 哲夫 ................. *0035*
    *0111* *0279* *0305* *0500*
*0545* *1057* *1471* *1474* *1489*
*1869* *1917* *2247* *2657* *3019*
*3066* *3245* *3660* *3833* *4571*
*4577* *5132* *5548* *5723* *5726*
    *6089* *6314* *6926* *6954*
外岡 尚美 ................. *1680*
戸部 銀作 ................. *0323*
    *1843* *2292* *2989* *5886*
富山 雅之 ................. *6592*
豊崎 由美 ................. *0063*
    *0208* *0671* *0980* *1180*
*1458* *1994* *2616* *3006* *3158*
*3273* *3290* *4137* *4192* *4590*
*4689* *5170* *5289* *5311* *5352*
*5511* *5651* *5694* *5711* *5714*
    *5779* *5888* *6265* *6283*

## 【な】

長井 和博 ................. *1496*
長尾 一雄 ........... *5831* *6039*
長崎 航 ................. *1558*
中西 理 ........... *1507* *1769*
中野里 皓史 ................. *0646*
        *4991* *5652* *5866*
中村 直樹 ................. *6236*
中本 信幸 ................. *0006*
*0045* *0046* *0064* *0082* *0129*
*0132* *0142* *0183* *0193* *0210*
*0231* *0245* *0247* *0255* *0264*
*0352* *0356* *0374* *0381* *0398*
*0413* *0422* *0440* *0446* *0452*
*0535* *0539* *0541* *0597* *0650*
*0683* *0686* *0687* *0707* *0741*
*0745* *0750* *0774* *0796* *0800*
*0817* *0880* *0889* *0897* *0917*
*0937* *0946* *0961* *0964* *0970*
*0978* *0983* *0984* *1000* *1016*
*1017* *1032* *1033* *1044* *1058*
*1088* *1104* *1131* *1146* *1149*
*1176* *1178* *1181* *1192* *1203*
*1219* *1237* *1238* *1263* *1325*
*1332* *1354* *1358* *1385* *1419*
*1429* *1431* *1446* *1450* *1453*
*1477* *1511* *1512* *1536* *1580*

| 1582 | 1588 | 1618 | 1631 | 1635 |
| 1643 | 1644 | 1672 | 1709 | 1717 |
| 1723 | 1750 | 1765 | 1802 | 1819 |
| 1832 | 1833 | 1853 | 1871 | 1887 |
| 1888 | 1916 | 1935 | 1967 | 1998 |
| 2041 | 2078 | 2079 | 2092 | 2110 |
| 2114 | 2116 | 2133 | 2144 | 2160 |
| 2164 | 2166 | 2185 | 2186 | 2194 |
| 2220 | 2229 | 2234 | 2269 | 2289 |
| 2341 | 2361 | 2421 | 2442 | 2445 |
| 2449 | 2452 | 2462 | 2475 | 2495 |
| 2504 | 2541 | 2549 | 2564 | 2604 |
| 2607 | 2609 | 2617 | 2629 | 2632 |
| 2659 | 2678 | 2682 | 2720 | 2735 |
| 2769 | 2810 | 2814 | 2834 | 2853 |
| 2857 | 2882 | 2917 | 2919 | 2946 |
| 2965 | 2977 | 3009 | 3026 | 3052 |
| 3057 | 3102 | 3125 | 3131 | 3145 |
| 3146 | 3153 | 3160 | 3162 | 3169 |
| 3172 | 3197 | 3208 | 3227 | 3268 |
| 3287 | 3293 | 3308 | 3350 | 3354 |
| 3369 | 3370 | 3380 | 3410 | 3433 |
| 3438 | 3440 | 3502 | 3512 | 3513 |
| 3548 | 3554 | 3560 | 3562 | 3569 |
| 3573 | 3577 | 3578 | 3582 | 3585 |
| 3591 | 3600 | 3609 | 3619 | 3686 |
| 3698 | 3725 | 3743 | 3750 | 3755 |
| 3777 | 3778 | 3792 | 3812 | 3842 |
| 3917 | 3918 | 3920 | 3935 | 3950 |
| 3965 | 3968 | 3993 | 3995 | 4019 |
| 4020 | 4021 | 4022 | 4023 | 4052 |
| 4056 | 4063 | 4082 | 4087 | 4103 |
| 4117 | 4134 | 4139 | 4179 | 4180 |
| 4202 | 4209 | 4230 | 4248 | 4250 |
| 4272 | 4274 | 4303 | 4349 | 4351 |
| 4386 | 4390 | 4398 | 4400 | 4408 |
| 4409 | 4415 | 4463 | 4464 | 4488 |
| 4492 | 4496 | 4514 | 4562 | 4568 |
| 4598 | 4615 | 4680 | 4698 | 4723 |
| 4729 | 4730 | 4744 | 4755 | 4772 |
| 4788 | 4797 | 4844 | 4855 | 4865 |
| 4872 | 4874 | 4911 | 4918 | 4937 |
| 4945 | 4970 | 4984 | 5013 | 5015 |
| 5089 | 5099 | 5103 | 5111 | 5118 |
| 5120 | 5125 | 5154 | 5176 | 5179 |
| 5193 | 5199 | 5213 | 5241 | 5269 |
| 5277 | 5283 | 5297 | 5317 | 5357 |
| 5370 | 5382 | 5504 | 5531 | 5533 |
| 5542 | 5549 | 5575 | 5584 | 5595 |
| 5600 | 5625 | 5628 | 5660 | 5706 |
| 5710 | 5728 | 5734 | 5741 | 5750 |
| 5781 | 5786 | 5793 | 5804 | 5807 |
| 5883 | 5959 | 5965 | 5978 | 6001 |
| 6015 | 6065 | 6108 | 6158 | 6175 |
| 6201 | 6259 | 6277 | 6285 | 6297 |
| 6330 | 6335 | 6379 | 6393 | 6407 |
| 6457 | 6463 | 6514 | 6524 | 6530 |
| 6539 | 6608 | 6635 | 6641 | 6703 |
| 6757 | 6778 | 6853 | 6868 | 6876 |
| 6899 | 6960 | 6965 | 6966 | 7034 |
| | 7035 | 7046 | 7053 | 7064 |

【に】

新野 守広 ‥‥ 3751 3803 6137
西谷 修 ‥‥‥‥‥‥‥‥‥ 2515
西堂 行人 ‥‥‥‥‥‥‥‥ 0484
　　　　　0907 1348 1726 2187
　　2239 2372 3185 3344 3352
　　3397 3425 3727 4140 4435
　　4909 5096 5143 5223 5713
　　6038 6041 6058 6090 6264
　　　　　6653 6683 6865 7042
西村 博子 ‥‥‥‥‥‥‥‥ 0016
　　0400 0495 1893 1907 2030
　　2187 2322 2482 2695 2712
　　3178 3180 3185 3418 4508
　　　　　4663 5366 6961 6972

【ね】

根津 芳樹 ‥‥‥‥‥‥‥‥ 0080

【の】

野口 久光 ‥‥‥‥‥‥‥‥ 2830
　　　　　3237 4372 6372 6621
野田 学 ‥‥‥‥‥‥‥‥‥ 1422
　　　　　1594 2316 3482 6730
野中 広樹 ‥‥‥‥‥‥‥‥ 0191
　　　0243 0293 0439 0709
　　0925 1389 1421 1595 1736
　　1987 2012 2039 2043 2046
　　2423 2806 3004 3090 3604
　　3748 3819 4016 4200 5100
　　5101 5263 5369 5398 5411
　　5433 5459 6020 6094 6207
　　　　　6218 6602 6863 6875
野村 喬 ‥‥‥‥‥‥‥ 5962 6751

【は】

萩尾 瞳 ‥‥‥‥ 0015 0269 0538
　　0766 0807 0834 0914 0938
　　1082 1204 1286 1510 1567
　　1587 1729 2463 2728 2847
　　2889 2909 4232 4345 4497
　　4623 4915 5169 5215 5503
　　5618 5827 6047 6153 6178

| 6429 | 6659 | 6669 | 6837 | 6904 |

萩原 朔美 ‥‥‥‥‥‥‥‥ 1337
萩原 なぎさ ‥‥‥‥ 0386 0789
　　2025 2112 2350 2752 3471
　　3846 5400 5482 5691 6254
朴 祥烈 ‥‥‥‥‥‥‥‥‥ 6036
長谷部 浩 ‥‥‥ 0031 0036 0037
　　0067 0087 0152 0154 0168
　　0192 0211 0226 0359 0364
　　0453 0491 0502 0508 0653
　　0738 0744 0905 0923 1027
　　1053 1073 1183 1201 1271
　　1278 1390 1408 1449 1466
　　1591 1650 1767 1776 1816
　　1823 1830 1857 1863 1873
　　1924 1939 1979 1981 2143
　　2145 2199 2240 2251 2274
　　2297 2380 2401 2433 2440
　　2481 2489 2492 2496 2506
　　2635 2700 2795 2812 2821
　　2877 2888 2944 2996 2997
　　3028 3143 3175 3190 3212
　　3252 3253 3266 3271 3275
　　3301 3318 3333 3416 3421
　　3443 3452 3575 3597 3717
　　3834 3838 3864 3877 3933
　　3998 4040 4064 4069 4085
　　4086 4126 4132 4152 4164
　　4164 4178 4212 4257 4321
　　4330 4369 4393 4402 4425
　　4428 4489 4558 4561 4596
　　4631 4653 4657 4688 4699
　　4763 4968 4978 5026 5096
　　5112 5121 5171 5180 5208
　　5227 5229 5250 5253
　　5264 5281 5284 5293 5332
　　5336 5404 5480 5526 5535
　　5597 5604 5606 5629 5665
　　5669 5745 5759 5763 5779
　　5855 5871 5912 5915 5916
　　5921 5943 5974 6042 6096
　　6176 6254 6255 6268 6299
　　6389 6487 6488 6576 6599
　　6600 6616 6658 6688 6696
　　6795 6806 6819 6846 6890
　　6910 6915 6927 6935 7042
畑 律江 ‥‥‥‥ 0793 5153 6189
鳩羽 風子 ‥‥‥ 2529 2748 5003
花土 翔 ‥‥‥‥‥‥‥‥‥ 6699
浜村 道哉 ‥‥‥ 0445 3658 5502
林 あまり ‥‥‥ 0095 0109 0122
　　0144 0165 0318 0418 0426
　　0449 0469 0502 0503 0504
　　0515 0547 0694 0699 0700
　　0725 0757 0760 0784 0857
　　0878 0878 0881 0888 0930
　　0958 0965 0989 1053 1076
　　1092 1130 1153 1170 1227
　　1229 1269 1280 1296 1351
　　1523 1563 1598 1745 1767

はやし

| | | | | |
|---|---|---|---|---|
| 1809 | 1910 | 1939 | 1949 | 1950 |
| 2010 | 2027 | 2064 | 2118 | 2120 |
| 2129 | 2137 | 2148 | 2167 | 2193 |
| 2304 | 2366 | 2374 | 2392 | 2459 | 2481 |
| 2487 | 2492 | 2493 | 2572 | 2671 |
| 2762 | 2794 | 2855 | 2858 | 2960 |
| 3024 | 3025 | 3065 | 3079 | 3138 |
| 3165 | 3215 | 3221 | 3230 | 3253 |
| 3256 | 3374 | 3393 | 3476 | 3488 |
| 3520 | 3608 | 3617 | 3623 | 3637 |
| 3650 | 3701 | 3704 | 3719 | 3730 |
| 3791 | 3795 | 3807 | 3865 | 3886 |
| 3887 | 3921 | 3967 | 3977 | 3990 |
| 3996 | 4008 | 4017 | 4085 | 4163 |
| 4198 | 4221 | 4277 | 4278 | 4279 |
| 4312 | 4315 | 4325 | 4367 | 4379 |
| 4469 | 4487 | 4590 | 4627 | 4636 |
| 4671 | 4677 | 4784 | 4821 | 4829 |
| 4889 | 5042 | 5096 | 5100 | 5101 |
| 5142 | 5147 | 5212 | 5221 | 5276 |
| 5284 | 5308 | 5320 | 5464 | 5478 |
| 5544 | 5604 | 5605 | 5664 | 5676 |
| 5708 | 5713 | 5732 | 5737 | 5758 |
| 5762 | 5771 | 5791 | 5943 | 6033 |
| 6069 | 6099 | 6134 | 6156 | 6194 |
| 6210 | 6216 | 6220 | 6252 | 6284 |
| 6304 | 6364 | 6410 | 6476 | 6482 |
| 6484 | 6502 | 6505 | 6529 | 6567 |
| 6677 | 6770 | 6782 | 6791 | 6821 |
| 6829 | 6867 | 6898 | 6923 | 7040 |

林 カヲル ................. 0484
　0559　0926　1138　2241　2429
　2628　2923　2995　3291　3476
　　　　3481　3529　4534　6345
原田 広美 ................. 6211
梁木 靖弘 ..... 1494　2994　6543

【ひ】

彦坂 尚嘉 ............ 0061　1382
日下 令光 .................. 0074
　　　　　　　0874　6247　6517
日比野 啓 .................. 2098
　　　　　　　　2904　3517　6603
ビーマン, ウィリアム・O. ... 2300
蛭田 権造 ..... 2887　4891　5694

【ふ】

藤木 宏幸 ..... 0444　0798　0820
　　1019　1120　1151　1374　1675
　　2099　2219　3231　3446　3553
　　3657　3907　4847　4894　5079

| | | | | |
|---|---|---|---|---|
| 5352 | 5492 | 5775 | 5785 | 6087 |
| 6338 | 6420 | 6421 | 6501 | 7002 |

藤倉 秀彦 .................. 0732
藤田 洋 .................... 0665
　0718　1276　1911　2247　2583
　2639　2650　2706　2726　3648
　3805　3868　4228　4313　4391
　4414　4559　4888　5011　5184
　5326　5390　5747　5926　6083
　6278　6374　6475　6809　6961
藤谷 忠昭 .................. 2283
　　2667　5202　5493　6076　6380
藤原 央登 .................. 3377
布施 英利 ............ 0014　0145
　　0385　1605　3618　5699　6799
ブレ, コリーヌ ...... 1116　1230
　　1543　1606　2554　2569　2650
　　3538　4391　5107　6374　6569

【ほ】

星野 明彦 ............ 2351　3420
堀江 新二 .................. 4352
堀切 克洋 ............ 4305　6329
堀切 直人 .... 0551　1169　2996
　　3185　3949　4334　4345　5229
ほんち えいき .. 0003　0075　0171
　　0448　0684　0734　0816　1119
　　1121　1186　1273　1331　1355
　　1704　2151　2291　2350　2522
　　2593　2704　2804　3067　3101
　　3137　3665　3677　3780　3841
　　3848　4224　4711　5743　6266
　　6358　6444　6491　6637　6775

【ま】

正木 喜勝 .................. 2899
松井 憲太郎 ................ 1591
松岡 和子 .................. 0386
　　0871　2307　2363　2753　4069
丸田 真悟 .................. 0001
　　0002　0033　0078　0079　0086
　　0120　0175　0206　0223　0251
　　0290　0307　0312　0328　0380
　　0396　0417　0465　0513　0542
　　0592　0625　0628　0648　0747
　　0872　0957　0985　1106　1189
　　1193　1198　1225　1231　1275
　　1324　1373　1396　1410　1622
　　1623　1658　1661　1748　1795
　　1858　1870　1878　1925　1936
　　1962　1991　2049　2059　2157

| | | | | |
|---|---|---|---|---|
| 2188 | 2191 | 2206 | 2288 | 2306 |
| 2319 | 2326 | 2359 | 2382 | 2390 |
| 2420 | 2460 | 2483 | 2499 | 2537 |
| 2552 | 2558 | 2559 | 2574 | 2597 |
| 2611 | 2627 | 2716 | 2775 | 2791 |
| 2792 | 2846 | 2895 | 2933 | 2948 |
| 2995 | 3033 | 3130 | 3157 | 3171 |
| 3229 | 3284 | 3300 | 3303 | 3312 |
| 3336 | 3338 | 3349 | 3402 | 3412 |
| 3426 | 3475 | 3504 | 3518 | 3533 |
| 3540 | 3593 | 3611 | 3640 | 3652 |
| 3653 | 3656 | 3673 | 3678 | 3718 |
| 3722 | 3726 | 3747 | 3767 | 3786 |
| 3787 | 3799 | 3810 | 3832 | 3882 |
| 3924 | 3925 | 3931 | 3938 | 3945 |
| 3962 | 3974 | 4027 | 4049 | 4050 |
| 4053 | 4059 | 4131 | 4222 | 4226 |
| 4262 | 4301 | 4310 | 4340 | 4366 |
| 4373 | 4376 | 4397 | 4399 | 4410 |
| 4494 | 4549 | 4570 | 4572 | 4573 |
| 4588 | 4604 | 4614 | 4633 | 4635 |
| 4638 | 4664 | 4672 | 4682 | 4683 |
| 4684 | 4745 | 4748 | 4760 | 4779 |
| 4780 | 4799 | 4804 | 4864 | 4960 |
| 4963 | 5016 | 5030 | 5061 | 5110 |
| 5162 | 5191 | 5244 | 5245 | 5265 |
| 5331 | 5333 | 5349 | 5355 | 5361 |
| 5374 | 5414 | 5431 | 5436 | 5458 |
| 5477 | 5488 | 5687 | 5738 | 5739 |
| 5770 | 5789 | 5802 | 5808 | 5819 |
| 5830 | 5877 | 5892 | 5956 | 5987 |
| 5998 | 6072 | 6121 | 6126 | 6180 |
| 6234 | 6237 | 6272 | 6273 | 6293 |
| 6310 | 6328 | 6331 | 6375 | 6432 |
| 6440 | 6446 | 6577 | 6712 | 6744 |
| 6933 | 6957 | 6981 | 6994 | 7030 |

【み】

三浦 雅士 ............ 3857　6035
水牛 健太郎 ................ 2333
水落 潔 .. 0070　0089　0133　0134
　0136　0138　0234　0253　0271
　0273　0275　0291　0299　0309
　0320　0326　0330　0362　0421
　0437　0442　0478　0492　0505
　0506　0510　0517　0540　0565
　0567　0574　0600　0618　0649
　0663　0679　0710　0719　0722
　0821　0838　0854　0948　0960
　1003　1008　1012　1026　1038
　1108　1111　1117　1123　1137
　1177　1188　1220　1250　1282
　1283　1297　1378　1420　1424
　1444　1455　1534　1540　1552
　1590　1633　1642　1656　1668
　1733　1751　1788　1793　1805

評者名索引　　　　　　　　　　　　　　　　　むらい

| | | | | | | | | | |
|---|---|---|---|---|---|---|---|---|---|
| 1835 | 1866 | 1906 | 1909 | 1923 | 1789 | 1794 | 1806 | 1845 | 1929 |
| 1959 | 1969 | 1973 | 2042 | 2065 | 1930 | 1932 | 1961 | 2001 | 2005 |
| 2073 | 2095 | 2104 | 2113 | 2135 | 2023 | 2089 | 2108 | 2115 | 2127 |
| 2163 | 2180 | 2208 | 2215 | 2216 | 2138 | 2181 | 2213 | 2221 | 2253 |
| 2287 | 2327 | 2381 | 2457 | 2458 | 2261 | 2262 | 2267 | 2282 | 2286 |
| 2469 | 2477 | 2517 | 2605 | 2656 | 2314 | 2367 | 2374 | 2379 | 2410 |
| 2686 | 2723 | 2724 | 2774 | 2801 | 2443 | 2454 | 2466 | 2471 | 2511 |
| 2805 | 2852 | 2870 | 2896 | 2902 | 2527 | 2544 | 2560 | 2585 | 2602 |
| 2908 | 2912 | 2958 | 2959 | 2976 | 2608 | 2622 | 2651 | 2696 | 2698 |
| 2981 | 3021 | 3048 | 3077 | 3083 | 2705 | 2721 | 2731 | 2743 | 2747 |
| 3133 | 3148 | 3177 | 3194 | 3206 | 2760 | 2761 | 2782 | 2789 | 2800 |
| 3288 | 3346 | 3366 | 3428 | 3455 | 2845 | 2850 | 2860 | 2911 | 2920 |
| 3479 | 3484 | 3586 | 3587 | 3588 | 2938 | 2972 | 2987 | 3005 | 3016 |
| 3598 | 3633 | 3666 | 3669 | 3670 | 3029 | 3031 | 3049 | 3050 | 3103 |
| 3710 | 3806 | 3826 | 3839 | 3843 | 3124 | 3126 | 3149 | 3166 | 3191 |
| 3883 | 3889 | 3940 | 3941 | 4035 | 3209 | 3259 | 3265 | 3280 | 3281 |
| 4079 | 4122 | 4129 | 4146 | 4160 | 3282 | 3398 | 3407 | 3436 | 3451 |
| 4172 | 4188 | 4190 | 4229 | 4259 | 3457 | 3464 | 3472 | 3481 | 3543 |
| 4268 | 4306 | 4336 | 4339 | 4357 | 3561 | 3565 | 3584 | 3595 | 3630 |
| 4422 | 4483 | 4484 | 4531 | 4580 | 3636 | 3689 | 3732 | 3829 | 3961 |
| 4583 | 4595 | 4602 | 4607 | 4625 | 4061 | 4064 | 4077 | 4095 | 4101 |
| 4725 | 4735 | 4801 | 4835 | 4887 | 4133 | 4149 | 4184 | 4205 | 4237 |
| 4892 | 4905 | 4922 | 4924 | 4925 | 4253 | 4297 | 4327 | 4346 | 4347 |
| 4941 | 4958 | 5025 | 5086 | 5106 | 4354 | 4371 | 4385 | 4436 | 4485 |
| 5123 | 5129 | 5161 | 5167 | 5189 | 4541 | 4542 | 4576 | 4609 | 4618 |
| 5219 | 5389 | 5405 | 5408 | 5453 | 4620 | 4621 | 4624 | 4632 | 4648 |
| 5489 | 5494 | 5587 | 5649 | 5682 | 4727 | 4731 | 4777 | 4790 | 4794 |
| 5684 | 5736 | 5774 | 5854 | 5881 | 4873 | 4882 | 4900 | 4914 | 4935 |
| 5896 | 5927 | 5928 | 6071 | 6093 | 4940 | 4957 | 5005 | 5021 | 5044 |
| 6144 | 6152 | 6154 | 6193 | 6198 | 5046 | 5054 | 5073 | 5081 | 5090 |
| 6208 | 6281 | 6286 | 6323 | 6326 | 5102 | 5135 | 5138 | 5144 | 5261 |
| 6343 | 6386 | 6418 | 6462 | 6490 | 5278 | 5287 | 5292 | 5298 | 5316 |
| 6493 | 6504 | 6507 | 6527 | 6535 | 5324 | 5335 | 5343 | 5345 | 5363 |
| 6542 | 6563 | 6590 | 6601 | 6650 | 5388 | 5391 | 5396 | 5443 | 5445 |
| 6666 | 6708 | 6725 | 6811 | 6823 | 5498 | 5501 | 5522 | 5532 | 5547 |
| 6881 | 6907 | 6908 | 6947 | 6948 | 5561 | 5562 | 5569 | 5586 | 5598 |
| 6955 | 7011 | 7019 | 7038 | 7052 | 5613 | 5636 | 5653 | 5661 | 5716 |

水島 葉子 ················· 5969
溝口 廸夫 ······ 0594 1481 6888
三田 格 ······ 0023 0265 0520
　　0698 1001 1800 2123 2265
　　2554 2594 2614 3425 4292
　　4694 4860 5435 5887 5977
道下 匡子 ················· 3277
みなもと ごろう ········· 0051
　　0065 0083 0110 0115
　　0198 0204 0205 0219 0242
　　0244 0266 0283 0390 0460
　　0467 0479 0493 0521 0566
　　0584 0604 0609 0629 0647
　　0659 0667 0690 0769 0828
　　0879 0907 0915 0950 0966
　　0969 0997 1042 1056 1061
　　1127 1160 1206 1209 1224
　　1258 1272 1290 1306 1310
　　1339 1347 1357 1391 1434
　　1452 1464 1478 1485 1556
　　1584 1589 1628 1634 1638
　　1639 1676 1690 1695 1699
　　1725 1727 1753 1755 1781

5733 5767 5782 5803 5836
5838 5868 5907 5949 5988
5999 6000 6002 6010 6082
6120 6130 6131 6147 6235
6248 6359 6362 6381 6411
6433 6434 6445 6461 6472
6544 6547 6551 6587 6656
6686 6713 6714 6731 6743
6746 6769 6797 6805 6817
6820 6916 6951 6969 6984
　　7001 7003 7029 7041
三原 文 ······ 0296 3042 6583
宮岸 泰治 ················· 0170
　　0177 0343 0894 1185
　　2172 2277 3276 3413 3706
　　　　3946 4423 6560 6668
宮沢 章夫 ········· 0423 0787
　　1458 1548 1610 2539 2687
　　3416 3873 4124 4137 4845
　　5227 5779 5954 6497 6623
宮下 啓三 ······ 1555 3390 6157
宮下 展夫 ················· 1433
　　1728 1760 3489 5555 6836

宮辻 政夫 ················· 0077
0084 0173 0188 0194 0197
0201 0256 0297 0424 0455
0514 0531 0544 0585 0651
0691 0701 0720 0726 0726
0793 0848 0882 0902 0936
0939 0941 0943 0955 1114
1129 1141 1191 1259 1264
1330 1346 1383 1462 1493
1529 1579 1660 1698 1756
1779 1867 1868 1892 1895
1900 1942 1970 2057 2066
2083 2146 2178 2200 2409
2451 2531 2550 2561 2571
2575 2600 2672 2811 2836
2843 2865 2866 2867 2903
2982 3139 3168 3181 3203
3251 3262 3263 3317 3384
3448 3453 3480 3486 3495
3497 3509 3523 3555 3580
3679 3683 3692 3721 3739
3817 3847 3853 3874 3922
3932 3943 3951 3999 4026
4114 4153 4158 4165 4189
4211 4227 4264 4286 4375
4403 4456 4457 4475 4502
4530 4535 4565 4582 4589
4639 4640 4674 4783 4808
4848 4863 4866 4904 4917
4929 4946 4951 4955 4979
5014 5037 5174 5177 5217
5218 5222 5231 5249 5290
5318 5356 5385 5508 5565
5724 5725 5769 5800 5820
5824 5941 6021 6053 6123
6128 6171 6189 6261 6302
6318 6344 6383 6387 6395
6405 6417 6448 6494 6521
6533 6550 6578 6595 6615
6750 6767 6913 6943 7004

## 【む】

村井 健 ······ 0055 0160 0315
0533 0631 0667 0844 1081
1086 1109 1110 1239 1249
1350 1417 1454 1559 1615
1767 1786 1792 1803 1815
1855 1862 1966 1971 2070
2238 2315 2349 2365 2369
2373 2489 2523 2625 2640
2755 2795 2855 2951 3010
3240 3292 3339 3340 3392
3396 3641 3693 3715 3729
3801 3952 4263 4358 4377
4394 4477 4688 4718 4738
4754 4824 4971 5080 5153

|  |  |  |  |  |
|---|---|---|---|---|
| 5225 | 5226 | 5246 | 5257 | 5780 |
| 5844 | 5916 | 5969 | 6028 | 6031 |
| 6143 | 6182 | 6294 | 6468 | 6561 |
| 6585 | 6596 | 6609 | 6619 | 6625 |
| 6669 | 6695 | 6821 | 6905 | 6956 |

村上 知彦 ……………… 2887

## 【も】

毛利 三彌 ……………… 3140
　　　4706　4981　5210　6812
本橋 哲也 ……………… 3174
　　　3517　4304　6088　6684
森 秀男 ‥ 0277　0358　0571　0702
　1066　1174　1297　1596　1688
　1849　2233　2400　3038　3189
　3237　3306　3361　3400　3805
　4323　5238　5268　5558　5773
　5981　6149　6564　6675　6954
森井 マスミ …………… 2242
　　　2813　4162　4480　5196
森尻 純夫 ……………… 3132

## 【や】

八木 近直 ……………… 2925
矢沢 英一 ……………… 2924
安井 武 …… 0753　1525　1546
八橋 卓 ………………… 0733
　0990　1122　1826　2178　2710
　3202　3385　3493　3498　3884
　3985　4155　4186　4269　4298
　4348　4751　5214　5475　5784
　6365　6627　6764　6780　7044
矢野 誠一 ……………… 0552
　0940　1018　1093　1214　1402
　1669　2886　3076　4166　5024
　　　5683　5731　6129　6675
矢野 輝雄 ……………… 0447
山川 三太 ………… 0391　3751
山崎 哲 ………………… 0911
山田 剛久 ……………… 2913
山登 敬之 ……………… 0050
　　0302　0590　1100　1255
　1319　1640　1740　1881　1897
　1975　2119　2251　2618　2620
　2633　2796　3059　3094　3216
　3307　3526　3564　3836　3905
　4057　4460　4650　4654　4842
　5050　5140　5703　5722　5815
　　　5829　6586　6856　6988
山中 剛史 ……………… 6936

山野 雄大 ……………… 2701
山本 健一 ……………… 0059
　0225　1826　4239　4434　5690
山森 雅弘 ………… 1300　3969

## 【ゆ】

結城 雅秀 ……………… 0013
　　0018　0020　0024　0028
　0056　0092　0100　0107　0126
　0131　0141　0166　0203　0212
　0213　0221　0224　0228　0230
　0235　0238　0250　0311　0319
　0325　0338　0342　0350　0376
　0377　0379　0397　0405　0414
　0416　0429　0474　0497　0548
　0560　0581　0595　0611　0626
　0627　0634　0640　0641　0642
　0643　0644　0652　0677　0681
　0739　0754　0759　0770　0799
　0815　0825　0826　0841　0851
　0883　0886　0899　0902　0926
　0934　0947　0972　1002　1007
　1010　1028　1077　1084　1098
　1113　1114　1125　1134　1142
　1144　1166　1179　1205　1223
　1234　1316　1323　1328　1352
　1365　1423　1442　1443　1484
　1491　1496　1513　1526　1537
　1539　1542　1557　1575　1602
　1603　1651　1666　1694　1706
　1730　1738　1773　1774　1775
　1796　1801　1821　1825　1864
　1896　1921　1926　1937　1938
　1945　1965　1977　2000　2006
　2009　2020　2038　2044　2048
　2050　2056　2057　2063　2107
　2130　2153　2158　2159　2161
　2174　2176　2195　2203　2217
　2222　2225　2255　2273　2278
　2284　2295　2316　2324　2329
　2332　2345　2348　2368　2384
　2396　2406　2407　2427　2430
　2432　2437　2438　2450　2464
　2473　2488　2507　2508　2548
　2570　2580　2582　2588　2591
　2610　2631　2646　2676　2677
　2681　2694　2729　2733　2739
　2778　2779　2783　2815　2816
　2817　2818　2820　2824　2825
　2838　2874　2881　2894　2907
　2910　2926　2932　2935　2940
　2952　2956　2964　2966　2967
　2968　2984　2991　3003　3014
　3015　3030　3041　3047　3054
　3078　3085　3099　3113　3119
　3120　3150　3183　3217　3238

|  |  |  |  |  |
|---|---|---|---|---|
| 3243 | 3254 | 3279 | 3310 | 3321 |
| 3326 | 3353 | 3355 | 3356 | 3359 |
| 3360 | 3362 | 3388 | 3394 | 3411 |
| 3414 | 3434 | 3445 | 3470 | 3477 |
| 3487 | 3490 | 3537 | 3563 | 3594 |
| 3631 | 3632 | 3668 | 3681 | 3694 |
| 3702 | 3734 | 3740 | 3764 | 3775 |
| 3824 | 3835 | 3837 | 3890 | 3894 |
| 3923 | 3934 | 3960 | 3964 | 3975 |
| 3986 | 3992 | 4004 | 4028 | 4051 |
| 4076 | 4097 | 4109 | 4147 | 4203 |
| 4204 | 4225 | 4233 | 4238 | 4271 |
| 4284 | 4293 | 4295 | 4304 | 4307 |
| 4318 | 4319 | 4324 | 4332 | 4333 |
| 4335 | 4361 | 4384 | 4424 | 4437 |
| 4438 | 4440 | 4450 | 4451 | 4452 |
| 4479 | 4510 | 4511 | 4536 | 4538 |
| 4553 | 4566 | 4629 | 4673 | 4708 |
| 4714 | 4720 | 4728 | 4739 | 4740 |
| 4753 | 4758 | 4782 | 4795 | 4811 |
| 4812 | 4832 | 4834 | 4837 | 4843 |
| 4850 | 4857 | 4859 | 4862 | 4867 |
| 4871 | 4878 | 4885 | 4903 | 4907 |
| 4916 | 4930 | 4936 | 4939 | 4942 |
| 4944 | 4948 | 4967 | 4972 | 4973 |
| 4975 | 4976 | 4977 | 4983 | 4987 |
| 4988 | 4989 | 4992 | 4995 | 5001 |
| 5004 | 5007 | 5023 | 5027 | 5072 |
| 5098 | 5104 | 5117 | 5128 | 5137 |
| 5200 | 5233 | 5262 | 5271 | 5303 |
| 5304 | 5310 | 5327 | 5338 | 5351 |
| 5373 | 5402 | 5415 | 5450 | 5466 |
| 5471 | 5476 | 5481 | 5490 | 5495 |
| 5499 | 5500 | 5509 | 5520 | 5527 |
| 5538 | 5546 | 5557 | 5570 | 5572 |
| 5573 | 5578 | 5588 | 5599 | 5611 |
| 5612 | 5622 | 5637 | 5639 | 5643 |
| 5647 | 5654 | 5671 | 5677 | 5700 |
| 5764 | 5798 | 5805 | 5822 | 5823 |
| 5841 | 5847 | 5849 | 5851 | 5853 |
| 5857 | 5858 | 5863 | 5870 | 5872 |
| 5873 | 5895 | 5902 | 5906 | 5909 |
| 5917 | 5922 | 5934 | 5945 | 5950 |
| 5953 | 5957 | 5961 | 5963 | 5966 |
| 5992 | 5993 | 6011 | 6030 | 6057 |
| 6074 | 6075 | 6078 | 6097 | 6105 |
| 6159 | 6174 | 6177 | 6181 | 6186 |
| 6187 | 6197 | 6222 | 6226 | 6271 |
| 6276 | 6306 | 6321 | 6360 | 6403 |
| 6441 | 6453 | 6470 | 6499 | 6545 |
| 6549 | 6557 | 6558 | 6559 | 6581 |
| 6582 | 6593 | 6605 | 6613 | 6614 |
| 6648 | 6652 | 6671 | 6684 | 6691 |
| 6693 | 6694 | 6711 | 6716 | 6717 |
| 6720 | 6724 | 6726 | 6728 | 6730 |
| 6732 | 6754 | 6766 | 6779 | 6784 |
| 6793 | 6818 | 6822 | 6840 | 6842 |
| 6849 | 6866 | 6874 | 6889 | 6911 |
| 6912 | 6918 | 6922 | 6930 | 6934 |
| 6936 | 6967 | 6976 | 6978 | 6985 |
| 6986 | 6993 | 7000 | 7008 | 7010 |

```
              7031 7049 7069 7071
```

## 【よ】

吉岡 範明 ................ 5850
吉田 季実子 .............. 0106
    2975 4093 4649 6340
吉野 万里雄 .............. 0431
米屋 尚子 ................ 0884

## 【わ】

和光 哲夫 ................ 5631
わたせ ひろのぶ .......... 1749
    1759 3143 4926 5367 6734
渡辺 淳 ...... 0038 0080 0113
0119 0128 0140 0149 0161
0187 0195 0237 0270 0277
0284 0295 0345 0358 0384
0387 0401 0438 0441 0454
0458 0471 0473 0475 0477
0596 0630 0667 0703 0730
0736 0743 0763 0783 0830
0852 0861 0864 0867 0871
0873 0916 0924 0987 1011
1020 1023 1047 1050 1063
1075 1096 1101 1136 1200
1240 1318 1321 1345 1360
1388 1438 1439 1460 1468
1490 1522 1562 1600 1620
1636 1664 1673 1721 1734
1778 1791 1851 1876 1955
1960 2082 2128 2173 2175
2189 2214 2243 2248 2252
2254 2256 2293 2296 2302
2318 2340 2342 2357 2376
2388 2397 2399 2404 2411
2425 2446 2470 2472 2510
2538 2626 2644 2654 2663
2674 2688 2707 2709 2719
2746 2790 2827 2898 2900
3037 3071 3072 3114 3134
3244 3283 3329 3335 3342
3351 3365 3386 3391 3422
3459 3503 3525 3581 3616
3690 3793 3797 3831 3844
3852 3881 3910 3966 3978
3987 3989 4005 4014 4088
4096 4105 4106 4110 4113
4199 4206 4208 4234 4281
4282 4343 4344 4368 4412
4416 4498 4507 4520 4544
4578 4579 4594 4613 4637
4734 4759 4762 4814 4818
4826 4831 4833 4854 4861
4920 4954 4997 5022 5060
5071 5126 5141 5155 5156
5158 5163 5198 5211 5223
5228 5260 5280 5291 5305
5312 5342 5395 5412 5429
5440 5456 5539 5556 5718
5725 5755 5757 5791 5799
5821 5826 5842 5879 5911
5923 5930 5972 5980 5983
5984 5991 6037 6043 6067
6100 6107 6215 6225 6258
6260 6275 6351 6436 6442
6464 6480 6508 6512 6526
6629 6632 6664 6672 6685
6704 6710 6753 6765 6787
6790 6796 6810 6813 6831
6852 6855 6895 6941 6944
6962 6989 7024 7033 7065
渡辺 保 ...... 0042 0091 0128
0229 0402 0408 0572 0605
0621 0658 0661 0711 0794
1197 1222 1222 1314 1338
1495 1514 1519 1568 1578
1700 1704 1758 1761 1854
1889 1894 1944 2121 2212
2218 2228 2237 2293 2320
2362 2381 2465 2501 2536
2567 2645 2645 2655 2693
2713 2722 2859 2883 2927
2955 2971 3010 3048 3067
3100 3100 3136 3186 3247
3343 3345 3390 3408 3417
3552 3624 3629 3657 3687
3972 4032 4092 4111 4171
4267 4275 4300 4326 4370
4396 4423 4584 4655 4742
4814 4815 4906 4924 4956
5017 5183 5201 5259 5288
5341 5484 5489 5516 5620
5814 5856 5860 5885 5897
5908 5939 5948 6018 6062
6133 6212 6213 6298 6323
6386 6391 6413 6475 6488
6496 6516 6516 6646 6680
6682 6701 6783 6783 6941
6973 6979 7025 7056 7059
渡辺 弘 ...... 4545 4846 5958

## 監修者略歴

**鈴木 理映子**（すずき・りえこ）

編集者、演劇ライター。演劇情報誌「シアターガイド」編集長を経て、2009年よりフリー。青山学院大学「ACL現代演劇批評アーカイブ」の開設にも携わる。ACL特別研究員。編著に「〈現代演劇〉のレッスン 拡がる場、越える表現」、共著に「戦後ミュージカルの展開」などがある。

## 協　力

**青山学院大学総合文化政策学部附置青山コミュニティ・ラボ（ACL）**

青山学院大学に2008年設置された、総合文化政策学部の附置研究所。ACL現代演劇批評アーカイブ (http://acl-ctca.net/) を管理・運営。

---

# 日本の演劇
## ─公演と劇評目録 1980年〜2018年

2019年7月25日　第1刷発行

- 監　　　修／鈴木理映子
- 協　　　力／青山学院大学総合文化政策学部附置青山コミュニティ・ラボ(ACL)
- 発 行 者／大高利夫
- 編集・発行／日外アソシエーツ株式会社
  - 〒140-0013 東京都品川区南大井 6-16-16 鈴中ビル大森アネックス
  - 電話 (03)3763-5241（代表）　FAX(03)3764-0845
  - URL　http://www.nichigai.co.jp/
- 発 売 元／株式会社紀伊國屋書店
  - 〒163-8636 東京都新宿区新宿 3-17-7
  - 電話 (03)3354-0131（代表）
  - ホールセール部（営業）電話 (03)6910-0519

電算漢字処理／日外アソシエーツ株式会社
印刷・製本／株式会社平河工業社

不許複製・禁無断転載　　《中性紙三菱クリームエレガ使用》
〈落丁・乱丁本はお取り替えいたします〉
**ISBN978-4-8169-2786-7**　　**Printed in Japan, 2019**

本書はディジタルデータでご利用いただくことができます。詳細はお問い合わせください。

## 演劇・舞踊の賞事典

A5・690頁　定価（本体15,000円＋税）　2015.3刊

主に国内の演劇・舞踊に関する賞145賞を収録した事典。現代劇・ミュージカル・ストリートプレイ・歌舞伎などの演劇、戯曲・バレエ・日舞などのダンスや舞踊に関するさまざまな賞の概要と歴代の受賞情報を掲載。個人名から引ける「受賞者名索引」付き。

## 映画原作事典 2007-2018
### 日本映画・外国映画・アニメ

スティングレイ・日外アソシエーツ 共編
A5・580頁　定価（本体13,500円＋税）　2019.4刊

2007年〜2018年12月に国内で公開された日本映画・外国映画・アニメ映画2,400本の基本情報を収録。映画の原作名と、原作が収録された図書情報を記載。「原作名索引」「原作者名索引」付き。

## 「知」のナビ事典 日本の伝統芸能

A5・410頁　定価（本体9,250円＋税）　2017.6刊

国立劇場で演じられる伝統芸能から地域の郷土芸能まで、解説と参考図書で案内する事典。邦楽、雅楽、声明、琵琶、幸若舞、常磐津節、地唄舞、能・狂言、薪能、人形浄瑠璃、歌舞伎、落語、アイヌ古式舞踊、鬼剣舞、チャッキラコ、京都の六斎念仏、壬生の花田、椎葉神楽、エイサーなど394の伝統芸能を収録。各伝統芸能の歴史的背景、地域、演目等の解説と理解を深めるための図書4,700点を併載。

## 俳句季語よみかた辞典

A5・620頁　定価（本体6,000円＋税）　2015.8刊

季語の読み方と語義を収録した辞典。季語20,700語の読み方と簡単な語義を調べることができる。難読ではない季語も含め、できるだけ網羅的に収録。

## 読み間違えやすい 全国地名辞典

A5・510頁　定価（本体6,000円＋税）　2018.6刊

全国の現行地名の中から複数の読みを持つ地名、一般に難読と思われる地名など32,000件の読みかたを収録。「地域順一覧」により"読み間違えやすい地名"を都道府県別、地域毎に一覧できる。

---

データベースカンパニー
**日外アソシエーツ**

〒140-0013　東京都品川区南大井6-16-16
TEL.(03)3763-5241　FAX.(03)3764-0845　http://www.nichigai.co.jp/